ENCYCLOPÉDIE

MÉTHODIQUE,

OU

PAR ORDRE DE MATIÈRES;

PAR UNE SOCIÉTÉ DE GENS DE LETTRES,
DE SAVANS ET D'ARTISTES;

Précédée d'un Vocabulaire univerſel, ſervant de Table pour tout l'Ouvrage, ornée des Portraits de MM. DIDEROT & D'ALEMBERT, premiers Éditeurs de l'Encyclopédie.

ENCYCLOPÉDIE

MÉTHODIQUE.

FINANCES.

TOME PREMIER.

A PARIS,

Chez PANCKOUKE, Libraire, hôtel de Thou, rue des Poitevins ;

A LIÉGE,

Chez PLOMTEUX, Imprimeur des Etats.

M. DCC. LXXXIV.

AVEC APPROBATION, ET PRIVILÈGE DU ROI.

AVERTISSEMENT.

SI l'art de la finance ne confiftoit qu'à lever arbitrairement des impôts au nom du fouverain, à les verfer dans fon tréfor après quelques profits, la langue propre à cet art feroit très-bornée. Pour en compofer le dictionnaire, il ne faudroit que ce peu de mots : percevoir, rendre compte, & bénéficier.

Mais la maffe des revenus de l'Etat étant formée de la réunion de différentes fources qui arrivent au même point, chacune fur un plan particulier, & par divers canaux d'une forme infiniment variée, & d'autant moins facile à fuivre, qu'elle eft remplie de finuofités, l'entretien & la direction de ces fources eft proprement la fcience pratique, la fcience du financier ; comme le calcul de leurs effets, la combinaifon de leurs rapports, la difpofition de leurs produits, eft la fcience théorique, ou la fcience de l'homme d'Etat.

Celle-ci eft le fruit d'un génie actif & profond, qui a long-tems médité fur les véritables caufes de la profpérité d'une nation, & dont la paffion du bien public, toujours ferme & conftante, n'eft jamais rebutée par les contrariétés, ni détournée par les cris de l'intérêt particulier.

On peut étudier les principes de cette fcience, dans l'hiftoire de Sully, de Colbert & de quelques autres miniftres, qu'une ame courageufe & une confcience toujours pure, ont foutenu dans leurs opérations, & que l'impartiale poftérité a vengé ou vengera de l'injuftice de leurs contemporains.

La partie pratique des finances, eft établie fur des loix pofitives qui diftinguent les cas, défignent les circonftances, & indiquent les lieux où chaque nature d'impofition doit être payée. L'autorité légiflative ayant enfuite étendu ou reftreint, diminué ou augmenté l'impôt, l'habileté d'un régiffeur eft de connoître ces divers règlemens, de fe pénétrer de leur efprit, & d'étudier leurs motifs, afin de ne pas s'en écarter dans les difficultés qui naiffent fans ceffe de l'action du percepteur, & de la réaction du redevable.

La finance, en général, peut être confidérée fous trois rapports.
Dans fa burfalité.
Dans fon utilité pour la police du gouvernement civil.
Dans fa liaifon avec la politique.

La finance burfale ou fifcale, eft celle qui n'a en vue que de procurer des fecours au gouvernement, foit en levant, pour un tems limité, une forte fomme, pour fubvenir à des befoins du moment, ou à l'acquittement de dettes extraordinaires, foit en établiffant un impôt, dont l'unique but eft de former une branche de revenu. L'impofition du doublement de la capitation, d'un fecond & troifieme vingtieme, eft dans le premier cas. Le privilège exclufif de la vente du fel & du tabac, les droits d'aides, la taille, la capitation, le premier vingtieme, font dans le fecond.

La finance, dans fes rapports avec le gouvernement civil, devient un moyen d'empêcher qu'une province, une ville, n'obtienne un avantage trop fenfible dans fa condition & dans fon commerce fur d'autres provinces & d'autres villes, à moins que ce ne foit pour l'intérêt général. Elle doit, en conféquence, s'inftruire des produits & des reffources de chacune, de ce qu'elle tire de fa pofition locale, afin que l'égalité de traitement règne par-tout, & que la nullité ou la modicité des tributs d'une efpèce, foient balancées par l'augmentation de ceux d'un autre genre. Ainfi, les provinces non fujettes aux aides, ou exemptes de gabelles, doivent fupporter, toute proportion gardée avec leurs facultés, plus de tailles ou de capitation, que les provinces où ces perceptions font établies.

La finance liée à la politique, eft celle, qui embraffant d'un coup-d'œil toutes les relations extérieures de l'Etat, empêche qu'elles ne puiffent devenir préjudiciables à la nation, tant en impofant des droits fur les objets de l'induftrie & du crû des étrangers, lorfque ces mêmes objets fe trouvent dans le royaume en quantité fuffifante pour la confommation du dedans, & pour l'exportation au dehors; qu'en établiffant une réciprocité qui rende la condition des fujets des puiffances alliées ou voifines, parfaitement femblable à celle qu'éprouvent chez elles les fujets de l'Etat (a).

(a) On n'ignore pas que plufieurs écrivains ont penfé que la fuppreffion abfolue des douanes & de tous les droits qui en dépendent, feroit une opération infiniment avantageufe en foi. On trouve à ce fujet le paffage fuivant dans les mémoires fur la vie & les ouvrages de M. Turgot, in-8. 1782, pag. 195.

» Il auroit propofé au roi de fupprimer tous les droits de traites. Leur abolition étoit une grande » vue politique qui devoit nous donner fur l'Angleterre une fupériorité fi prodigieufe, qu'il eût » été impoffible à cette puiffance de lutter à l'avenir contre nous; elle a environ foixante-douze

Sous ce triple point de vue, le Dictionnaire des Finances devient très-étendu. Il ne doit plus être borné, comme dans la premiere édition de l'Encyclopédie, à un petit nombre d'articles propres à expliquer quelques opérations publiques, à faire connoître la forme & l'effet de certaines impofitions, ou enfin à définir

---

» millions de revenus établis fur les droits de traite ; elle fe feroit vue forcée de les facrifier, & » alors de diminuer fa puiffance de tous les efforts que folde ce revenu, ou de voir fuir en » France prefque tout le commerce fur lequel ce revenu même eft fondé ; car, de deux Etats » auffi voifins l'un de l'autre, celui qui voudroit s'obftiner à lever foixante-douze millions fur le » commerce, tandis que l'autre ne lui demanderoit rien, doit s'attendre à voir le commerce » prefque entier paffer du côté de la franchife. »

Il eft difficile de concevoir comment s'opéreroit cette infigne révolution. Dans l'état actuel des chofes, où la prohibition abfolue & le danger de l'enfreindre, s'oppofent à l'introduction des draperies & étoffes angloifes de laine ; il en entre en France une affez grande quantité pour nuire à nos manufactures, & pour exciter les plaintes des manufacturiers. Cependant leur valeur eft renchérie de plus de dix pour cent par les frais d'affurance & d'un tranfport clandeftin. Quel feroit le débordement de ces étoffes, fi les portes du royaume leur étoient ouvertes ? que deviendroient nos fabriques d'étoffes, de bonneterie, & les millions de bras qu'elles emploient ? Cependant les matieres premieres dont elles fe fervent, ne paient aucuns droits ; les objets de leur fabrique font également francs à l'exportation ; &, malgré ces deux grands moyens pour que nos étoffes entrent en concurrence avec les étoffes angloifes, celles-ci, par leur fupériorité & par la modicité de leur prix, obtiennent non-feulement de plus grands débouchés, mais même la préférence en France fur les étoffes nationales. Les ouvrages d'acier & de cuir font dans le même cas.

D'un autre côté, nos vins de Bourgogne, de Champagne, de Bordeaux, & autres, de premiere qualité ; nos huiles s'enlevent malgré les droits qu'ils paient ; il n'en refte chaque année que la quantité néceffaire à notre confommation : que produiroit de plus leur affranchiffement abfolu, finon une perte pour les revenus de l'Etat, & un bénéfice pour le propriétaire, au profit duquel tourneroit la nullité des droits, car la valeur de la denrée n'en feroit pas diminuée ?

Concluons de ces faits, que des circonftances locales, de bénignes influences du climat, des faveurs de la nature & du fol, attachent à certaines nations des avantages qu'on tenteroit en vain de leur enlever ; mais qu'il eft prudent de fe garantir à un certain point de cette fupériorité, pour tâcher de faire valoir la concurrence qu'on peut efpérer d'acquérir dans le même genre.

Ce feroit affurément le trait le plus fublime d'une politique éclairée, que de facrifier dix-neuf millions pour en faire perdre foixante-douze à une puiffance rivale & fouvent ennemie. Mais les fpéculations & les raifonnemens des écrivains qui confeillent ce facrifice, ne font-ils pas démentis par l'évidence & par leurs propres allégations ?

Si l'Angleterre, malgré les foixante-douze millions qu'elle leve fur le commerce, eft la nation de l'Europe dont le commerce eft le plus confidérable & le plus animé ; comment fe fait-il que la France, qui ne leve que dix-neuf millions fur fon commerce ; où le fol & l'induftrie varient davantage les objets d'un grand trafic ; dont la population eft plus que le double, n'attire pas à elle le

briévement des termes généraux par lesquels on diftingue les perfonnes & les
chofes attachées aux finances (b).

On a raffemblé tous les mots en ufage dans chacune des divifions de la finance,
telles qu'elles viennent d'être préfentées, de façon que cet ouvrage pût faire un
vocabulaire pour la taille, la capitation & le vingtieme, fans ceffer d'en être
également un particulier, pour les aides, pour les gabelles, pour le tabac, pour
les droits de traites, pour les rentes, & pour tout ce qui concerne l'adminiftration générale des finances, & la laugue particuliere à chacune des parties
qu'elle comprend.

Il n'eft pas échappé que quelques-uns de ces mots fe trouvent déja définis
dans le *Dictionnaire de jurifprudence*, qui eft une portion du corps de l'*Encyclopédie méthodique*; mais comme ils n'ont été confidérés que du côté de leur
liaifon avec cette fcience; que leur définition & l'explication des détails attachés
à leur acception, n'ont pas reçu toute l'étendue dont ils étoient fufceptibles, on
s'eft cru obligé de rappeller ces termes dans le Dictionnaire des Finances, comme
en formant une partie intégrante & effentielle. D'ailleurs, le but qu'on fe propofe, & qui eft d'offrir le travail le plus complet qui ait encore été publié fur
les finances, n'eût pas été rempli, fi on eût laiffé fubfifter l'inconvénient de
recourir au *Dictionnaire de jurifprudence*, pour trouver la définition de plufieurs
termes fpécialement, confacrés à la-légiflation des finances.

Afin de faire juger du nombre & du mérite des articles qui ont été tirés de
la premiere édition de l'Encyclopédie, on les a diftingués par un aftérique,
quand on les a donnés dans leur intégrité, & par deux aftériques, quand ils ont
été augmentés, réformés, ou diminués.

---

plus grand commerce, qu'on fuppofe être une fuite de l'abolition de tous les droits de douane, & par
conféquent de leur modicité?

Attendons, pour voir réalifer cette merveilleufe révolution, que dans le traité de la paix univerfelle,
toutes les nations conviennent, l'une, d'être uniquement agricole, une autre, feule fabricante, une
troifieme, exclufivement occupée de pêche & de navigation, une quatrieme, adonnée aux travaux des
mines & des métaux, &c. &c. C'eft dommage que cette paix univerfelle foit moralement impoffible;
car, pour l'établir, il faudroit parvenir à dépouiller l'homme de fes paffions, c'eft-à-dire, détruire
fon effence, & anéantir ce qui eft le principe de toutes fes actions. Autant vaudroit ôter au feu fa
chaleur & fa flamme, & cependant attendre qu'il brûle & qu'il confume.

(b) Voyez ce qui a été dit à ce fujet dans le Profpectus général de l'Encyclopédie méthodique.

Avant de continuer l'expofition du plan qu'on a fuivi, il convient d'obferver que M. Digeon, directeur des fermes, qui s'étoit d'abord chargé du Dictionnaire des finances, avoit indiqué, dans le prospectus général de l'*Encyclopédie méthodique*, publié en 1782, la marche qu'il projetoit pour arriver à son but. Mais des raifons perfonnelles l'ayant engagé à abandonner la carriere qu'il s'étoit ouverte, nous y fommes entrés avec une opinion & des vues qui, fans s'écarter beaucoup des fiennes, en different cependant affez pour exiger ici quelque développement.

Toutes les branches de produit qui compofent la fomme des revenus de l'Etat, fe diftinguent généralement en impofitions & en perceptions. Les premieres font la taille, le taillon, la capitation, les vingtiemes. Elles ne varient jamais, ni par le fond, ni par la forme de leur levée. Elles ne tiennent point aux circonftances, ni à la volonté des contribuables.

Au contraire, les perceptions, qui font les droits de toute efpèce, tels que ceux d'aides, de gabelles, de traites, domaines, éprouvent des variations dans leurs produits, fans que leur effence ceffe d'être la même; leur paiement eft purement fpontanée : ce font des cas particuliers, de certaines conjonctures, qui en operent la néceffité; par conféquent il dépend, en quelque forte, des redevables de s'en affranchir.

Mais les impofitions, comme les perceptions, font établies & adminiftrées par d'anciennes loix qui leur font propres, & qui ont été réformées ou étendues par de nouvelles, tant fur la règle de leur affiette, que fur la forme de leur recouvrement. On a cru devoir rapporter la derniere, quand elle a prefcrit des changemens de quelque importance, ou quand il en eft réfulté de nouvelles lumieres fur la confiftance d'une impofition, & de nouveaux principes pour fa manutention.

A l'égard des perceptions; on a donné une définition hiftorique & matérielle de chaque droit. On a remonté à fon origine, & aux prétextes ou aux motifs de fon établiffement. On l'a fuivi dans les variations qu'il a éprouvées; dans les reftrictions qu'il a reçues; on fait voir comment le produit d'un droit nouveau, d'abord incertain & peu intéreffant, s'eft accru, 1°. par les foins qu'un fermier met à le régir; 2°. par la perfection que cette régie reçoit de bail en bail; 3°. par la conceffion, de la part du prince, de quelques nouvelles formalités tendant à la confervation du droit, & dès-lors plus gênantes, mais auffi plus capables de réprimer la fraude, & de faire fructifier la recette. Enfuite on fait connoître la nature actuelle de chaque droit, les principes qui en conftituent le fond & règlent la forme de le percevoir ; finalement on donne le montant de fon produit annuel.

Chaque citoyen qui paie, defirant de favoir pourquoi il paie, comment il doit payer, s'il eft des moyens de fe procurer quelque affranchiffement, on a dû faire mention des privilèges relatifs à chaque efpèce de droit & d'impofitions à fon article alphabétique. Mais il n'a pas été poffible de defcendre dans le détail des immunités particulieres d'une ville, d'une paroiffe, d'une communauté, & dans l'examen des titres qui en font le fondement. On ne s'eft arrêté qu'aux privilèges d'une province entiere, ou à ceux qui, par leur étendue ou leur fingularité, méritoient quelque confidération.

Par une fuite de ce plan, on n'a ni pu, ni dû parler des droits des particuliers, feigneuriaux ou autres, qui n'ont aucun rapport avec ceux qui compofent les revenus publics.

On n'a pas cru non plus devoir faire mention de ce qui regarde les monnoies & le change, parce que la connoiffance de ces matieres tient aux opérations du commerce, & que leur adminiftration entre naturellement dans la fcience générale de l'économie politique.

Les droits de douane ou de traites intéreffant toutes les claffes de la fociété, principalement celle qui fabrique, celle qui commerce & celle qui voyage, on a traité les articles de cette partie avec plus de détail que les autres, & l'on peut dire même avec plus de confiance, parce que vingt années de pratique & de théorie ont mis à portée de fe garantir d'erreur & d'illufion. On doit ajouter encore, parce que jufqu'à préfent il n'a rien été imprimé de relatif à ces droits, que le tarif de 1664, & l'ordonnance de 1687, avec des commentaires qui d'ailleurs n'ont pas été retouchés depuis près de trente années.

On a recherché pourquoi cette branche de revenu qui rapporte à l'Angleterre environ foixante-douze millions de livres, produit à peine quinze millions à la France (c).

_____

(c) On réduit ce produit à quinze millions, parce qu'en effet les droits de traites proprement dits,

Quant à la partie des domaines, qui eſt également d'un grand intérêt, & d'une difficulté non moins grande à connoître à fond ; tout ce qui s'y rapporte eſt dû à un directeur qui joint à trente années d'expérience, une théorie très-éclairée, & qui a toujours trouvé le tems de cultiver la littérature avec fruit. C'eſt à ſon attachement pour nous, & à ſon zèle pour la propagation des lumieres, que nous devons les articles qu'il a inſérés dans ce Dictionnaire, & nous nous faiſons un plaiſir de lui en marquer ici toute notre reconnoiſſance.

Ce ſentiment ne nous parle pas moins en faveur des directeurs des fermes, & de ceux de la régie générale, qui ont bien voulu nous fournir un grand nombre d'articles concernant le tabac, les aides, les cartes, les cuirs, & nous procurer des renſeignemens, ou des inſtructions compoſées pour les différens prépoſés qui ſont attachés à la manutention des droits de ces parties.

Un commentaire très-eſtimé ſur l'ordonnance des gabelles a beaucoup ſervi pour les articles de cette ferme.

Nous avons auſſi fait uſage de pluſieurs mémoires manuſcrits, dont nous avons été à portée de prendre connoiſſance, ou qui nous ont été communiqués, tout en impoſant à notre ſenſibilité la condition de ſe taire. Quoique ces mémoires continſſent des idées & des principes différens des nôtres, nous nous ſommes fait un ſcrupule d'y toucher ; nous les avons donnés tels qu'ils nous ont été remis, ſans en garantir les faits, & ſans en diſcuter les conſéquences.

Si malgré tous les ſecours que nous avons recherchés, il eſt encore quelques articles qui laiſſent à deſirer, nous oſons aſſurer que c'eſt contre notre intention. Mais malgré les peines qu'on a priſes pour acquérir des documens, on n'a pas toujours réuſſi.

Parmi les perſonnes qui étoient à portée d'en fournir, les unes les ont fait eſpérer ſans jamais les donner ; les autres, ſans les refuſer expreſſément, les ont promis de ſi mauvaiſe grace, qu'il eût été déraiſonnable d'y compter. Quelques

---

ne montent guere qu'à cette ſomme, & ne s'élevent à vingt millions, comme on l'obſerve au mot DROIT, que parce qu'on y a joint depuis long-tems pluſieurs droits qui, par leur nature, tiennent à la partie des aides ou à celle des gabelles : droits que le régime des traites a plus de facilités & de moyens pour percevoir que ces deux parties.

autres ont répondu aux follicitations qui leur ont été faites, par des phrafes majeftueufement contournées, qui fignifioient que leur bonne volonté étoit enchaînée par leur devoir, ou plutôt que leur importance tenoit à leur difcrétion; comme s'il eût été queftion de révéler le fecret de l'Etat, quand on demandoit fimplement à connoître, avec exactitude, les produits de quelques impofitions dans certains pays; les formes de leur répartition, & celles de leur recouvrement. Et ces difficultés, on les faifoit dans un tems peu éloigné de celui où le tableau général des finances venoit d'être mis fous les yeux du public, & n'avoit pas moins fervi à gagner fa confiance, qu'à s'attirer l'admiration des gouvernemens voifins!

En France, où tout fe fait pour le fouverain & par le fouverain, la nation eft peu inftruite de la fituation des revenus publics. Loin d'exciter fon zèle par cette confidence, à laquelle elle n'a jamais été admife que par des hommes d'Etat, fupérieurs aux petites vues & aux petites craintes de la médiocrité; tout s'arrange de façon qu'elle ne connoît pas plus la totalité des recettes que celle des dépenfes. Le moyen, après cet état des chofes, d'obtenir des renfeignemens de gens jaloux d'agrandir leur importance, par l'opinion qu'ils font les confidens de l'Etat, & perfuadés que le myftere & les ténebres doivent fans ceffe envelopper leurs actions, leurs paroles, & jufqu'à leur filence!

Il a même été un tems où l'on a porté cette politique, auffi étroite que rigoureufe, jufqu'à défendre févèrement de rien écrire fur les matieres d'adminiftration; comme fi des hommes fenfés, des citoyens pleins d'amour pour leur patrie, après avoir mûrement réfléchi fur les caufes de fon bonheur, ne pouvoient pas avoir le droit de propofer leurs idées, en y joignant la fageffe de dénoncer, non des perfonnes, mais des abus inhérens à la nature des chofes établies, & en montrant la néceffité & la poffibilité de les réformer.

N'eft-ce pas dans les ouvrages de plufieurs écrivains fur l'économie politique, qu'on a fouvent trouvé des vues que leur utilité a fait adopter par l'adminiftration? N'eft-ce pas d'après les réclamations réitérées des hommes éclairés, fur l'évidence des avantages de l'exportation des grains, préfentée dans de bons livres, que cette liberté a été accordée généralement, & qu'elle l'eft encore particuliérement? *Voyez* ce qui a été dit au mot ANNUEL.

Au

Au reste, quelques soins qu'on se soit donné, on n'a point prétendu présenter un corps de doctrine irréfragable pour les financiers, ni un système parfait pour les finances. Ce Dictionnaire n'est véritablement que le recueil des mots qui sont en usage dans l'administration générale & particuliere des finances; mais la définition & le développement de ces mots, deviennent quelquefois assez étendus pour former une sorte de petit traité sur l'objet auquel ils se rapportent. *Voyez* les articles BALANCE DU COMMERCE, BANQUE, CAISSE D'ESCOMPTE, CAISSE DE POISSY, CAPITATION, CHAMBRE DE JUSTICE, CLERGÉ, COMPTABLIE, CRÉDIT PUBLIC, DOMAINES, DOUANE DE LYON, DROGUERIES-EPICERIES, DROITS, &c. &c.

La marche que nous avions à suivre pour remplir cette tâche, a été tracée par les célebres écrivains qui ont conçu & exécuté le premier plan du Dictionnaire Encyclopédique. Au mot ENCYCLOPÉDIE, on y trouve, " que l'En-
" cyclopédie doit être une exposition rapide & désintéressée des découvertes
" des hommes, dans tous les tems, dans tous les lieux, dans tous les siecles,
" dans tous les genres, sans aucun jugement des personnes; qu'elle doit parti-
" culiérement extraire des auteurs les idées singulieres, les observations, les
" expériences, les vues, les maximes & les faits; qu'il y a des ouvrages si
" importans, si bien médités, si précis, qu'une Encyclopédie doit les engloutir
" en entier; qu'il faut distribuer les matieres extraites aux endroits qui leur sont
" propres; savoir dépecer artistement un ouvrage, en ménager les distributions,
" en présenter le plan, en faire une analyse qui forme une ou plusieurs parties
" d'un article dont les renvois indiqueront le reste du corps; qu'il importe
" quelquefois de faire mention des choses absurdes, mais légérement & en
" passant, seulement pour l'histoire du genre humain, qui se dévoile quelque-
" fois mieux dans certains travers singuliers, que dans les actions les plus
" raisonnables.

" Il faudra avoir un censeur intelligent, qui sache se prêter au caractere
" général de l'ouvrage, voir sans intérêt ni pusillaninité, n'avoir de respect que
" pour ce qui est vraiment respectable; distinguer le ton qui convient à chaque
" personne & à chaque sujet; ne s'effaroucher ni des propos cyniques de
" Diogene, ni des termes techniques de Winslou, ni des syllogismes d'Anaxa-
" goras; ne pas exiger qu'on réfute, qu'on affoiblisse ou qu'on supprime ce
" qu'on ne raconte qu'historiquement; sentir la différence d'un ouvrage immense

* *

„ & d'un *in*-12 ; aimer affez la vérité, la vertu, le progrès des connoiffances
„ humaines & l'honneur de la nation, pour n'avoir en vue que ces grands
„ objets. „

Tel eft l'efprit dans lequel a été exécutée l'Encyclopédie des finances. Elle
eft précédée d'un difcours préliminaire, ou effai hiftorique, dans lequel on a
confidéré l'état des finances chez les nations les plus anciennes & les plus
célebres. On a fait enfuite le tableau des nôtres, depuis la formation de la
monarchie jufqu'à nos jours. On a vainement cherché fi l'art ou la fcience du
gouvernement des finances avoit fait des progrès proportionnés à ceux des
autres fciences ; c'eft-à-dire, fi on avoit découvert le moyen intéreffant de
concilier la malheureufe néceffité de lever des impôts, avec une telle équité dans
leur répartition, que la profpérité de l'Etat, comme celle des peuples, en fût
le réfultat néceffaire.

Nous n'avons plus maintenant qu'à citer les ouvrages principaux, fur lefquels nous avons mis en pratique la doctrine que nous ont enfeignée nos maîtres
& nos devanciers, au mot ENCYCLOPÉDIE.

Au nombre de ces ouvrages, font les *Economiques*, trois volumes *in*-4°,
attribués à M. Dupin, fermier-général, qui a fourni différens articles à la
premiere édition de l'Encyclopédie. Ces trois volumes, imprimés en 1745 &
1746, traitent de tout ce qui a rapport à l'économie politique & aux finances
de l'Etat. On s'eft fait d'autant moins de fcrupule de s'en approprier une grande
partie, qu'il n'en exifte qu'un très-petit nombre d'exemplaires, originairement
diftribués par l'auteur, fans qu'il en ait été vendu un feul.

Les *Recherches & confidérations fur les finances*, fix volumes *in*-12, publiés
par M. de Forbonnais, nous ont également fourni des fecours importans.

Mais les plus confidérables, nous les avons tirés des *Mémoires concernant
les impofitions & les droits qui ont lieu en Europe & en France*. Cet ouvrage,
qui préfente des renfeignemens fur les finances de la plus grande partie des
nations Européennes, qui fait connoître en particulier l'origine & la forme de
chacune des branches de revenu qui compofent la maffe de la recette du tréfor
royal, a été imprimé, en 1768 & 1769, à l'imprimerie royale, en quatre vol. *in*-4°.

On le doit aux soins & au travail de M. Moreau de Beaumont, intendant des finances. Il n'en a été répandu dans le public qu'environ deux cents exemplaires.

Les autres sources majeures dans lesquelles nous avons puisé, sont le *Bail des fermes royales unies*, fait à Mᵉ. Jacques Forceville le 16 septembre 1738, pour six années, imprimé en 1739, *in-4°*, à l'imprimerie royale; bail dont les conditions subsistent encore dans toute leur force, attendu qu'il n'y en a point eu d'autre fait avec les mêmes détails; le *Traité général des aides*, par feu M. le Fevre de la Bellande, directeur de correspondance dans cette partie, à l'hôtel des fermes, *in-4°*, 1760; le *Dictionnaire des domaines*, de Bosquet, aussi mort directeur de correspondance de ces droits, trois volumes *in-4°*, 1762; le *Dictionnaire de législation, de jurisprudence & de finances, pour toutes les fermes-unies de France*, par M. Buterne, agent des fermes à Aix. On n'a rien emprunté de cet ouvrage, que pour la partie des petites gabelles, sur lesquelles l'auteur paroît assez instruit, ainsi que sur les formes de procédure admises à la chambre des comptes & cour des aides de Provence, à laquelle son ouvrage est dédié, *in-4°*, un volume, imprimé en 1763; le *Code des tailles*, six volumes *in-12*.

Nous ne devons pas oublier de citer encore l'*Eloge de Colbert*, avec des notes très-intéressantes sur toutes les matieres qui sont du ressort de l'administration des finances, couronné en 1773 par l'Académie Françoise.

Le *Compte rendu au roi en 1781*, par M. Neker, directeur général des finances.

Le *Dictionnaire des finances*, petit *in-12*, imprimé en 1727, qui contient une courte définition de quelques mots en usage dans les bureaux de cette partie, extraite des dictionnaires de Richelet, de Furetiere, & de l'Académie Françoise, ne nous a servi uniquement qu'à completter la nomenclature autant qu'il étoit possible.

L'expérience de trente années passées en différentes parties de finance, nous a été bien plus utile. Elle nous a mis en état de définir des mots techniques, d'expliquer les termes d'une langue uniquement établie par la tradition, qui, jusqu'à présent, n'étoit entrée dans aucun dictionnaire; & enfin, de prendre dans leur usage, la connoissance des idées qu'ils emportent, & des formalités qu'ils imposent.

Si le defir de feconder les obligations de l'Entrepreneur de l'Encyclopédie méthodique, & de répondre à l'empreffement du public pour cet ouvrage, a pû laiffer échapper quelques moyens de le fatisfaire, nous recevrons, avec reconnoiffance, toutes les obfervations qu'on voudra bien nous faire, tous les mémoires que l'on aura la générofité de nous adreffer, tant fur notre plan, & fur les différens articles qui compofent ce volume, que fur ceux qui feront la matiere des volumes fuivans. Tout eft difpofé pour renfermer l'Encyclopédie des finances en trois volumes, & nous comptons publier les deux derniers dans l'efpace de deux années.

Nous ne devons pas terminer cet avertiffement, fans annoncer ici que toutes les fois que nous avons eu à parler, ou d'opérations de finance, ou des motifs qui les infpiroient, nous avons pris la liberté d'expofer notre façon de penfer, fans néanmoins nous permettre de juger les chofes, ni les perfonnes. Dans cette circonftance, comme par-tout, nous ne nous fommes expliqués qu'avec les égards qu'on doit à des hommes, mais avec un plus grand refpect encore pour ce qui nous a paru être la vérité.

Voyez les mots BEAUCAIRE, (foire de) BOULOGNE, BRETAGNE, CALAIS, CONTREBANDE.

Egalement éloignés de déshonorer notre plume par de viles calomnies, ou de la proftituer à de baffes adulations, nous ne nous fommes pas laiffés féduire par la manie fi commune de tout blâmer, de tout contredire, & nous nous fommes défendus de toute affection particuliere ; mais nous n'avons pu réfifter au plaifir fi doux de louer & d'applaudir quand l'occafion s'en eft offerte. On reconnoîtra que le plus fouvent nous n'avons été que l'écho des gens raifonnables & défintéreffés.

Voyez les mots BAIL, CRÉDIT PUBLIC, CONTRÓLEUR – GÉNÉRAL DES FINANCES.

DISCOURS

DISCOURS

PRÉLIMINAIRE,

O U

ESSAI HISTORIQUE

SUR LES FINANCES.

Par M. Rousselot de Surgy, *Ancien Premier Commis des Finances, de l'Académie des Sciences, Arts & Belles-Lettres de Dijon, & Censeur Royal.*

Lorsque Tacite dit que le repos des nations ne peut être assuré que par les armes, que les armes ne peuvent être entretenues que par des dépenses, que les dépenses enfin sont fondées sur les tributs ; cet écrivain profond nous indique à-la-fois le principe & la fin des finances (1). Sous le nom de finances, on comprend toute espèce de deniers publics, & le pouvoir de les lever est un des attributs de la souveraineté ; mais comme un prince & tout homme qui commande à d'autres hommes , doit se proposer pour objet leur utilité & leur bonheur, son premier soin dans la levée des deniers publics est d'user de modération, & d'établir une juste proportion entre les facultés & la contribution des sujets de l'Etat.

Les grandes exactions diminuent les revenus publics , quoiqu'elles semblent d'abord les augmenter ; elles en tarissent les sources, détruisent l'agriculture & le commerce ; elles excitent les plaintes , & finissent par enfanter des troubles & des révolutions (2).

L'objet le plus essentiel de toutes les sociétés politiques , est donc de régler les impositions de maniere qu'elles ne soient onéreuses à personne ; car c'est moins encore le poids de l'impôt que l'inégalité de sa charge qui chagrine & révolte. Que chaque individu contribue , dans une proportion mesurée sur ses forces , à donner de la vigueur au corps politique dont il est membre ; c'est ce concours d'intérêts & d'efforts qui fait la sûreté de l'Etat , assure la propriété particuliere de chacun , & maintient l'exécution des loix établies pour la tranquillité générale. Les exceptions, les privilèges , toujours en faveur des riches , sont un mal d'autant

_____

(1) Nec quies gentium sine armis , nec arma sine stipendiis , nec stipendia sine tributis. *Hist. lib.* 4.

(2) Personne n'ignore que l'indépendance que le continent Américain vient d'acquérir si glorieusement, tire son origine de l'acte du timbre , qui, en 1764 , défendoit d'admettre dans les tribunaux tout titre qui n'auroit pas été écrit sur du papier marqué , & vendu par le fisc.

plus grand ; qu'ils détruisent cette proportion, & renversent toutes les règles de la justice. Plus un citoyen a de propriétés, plus il a d'intérêt à la conservation de la chose publique, & plus il doit par conséquent contribuer aux moyens d'assurer cette conservation.

L'administration des finances, considérée sous ce point de vue, est la premiere & la plus importante des sciences dans tous les gouvernemens. L'auteur de l'essai politique sur le commerce, en a une si haute opinion, qu'il dit qu'il vaudroit mieux, pour un État, perdre cent mille hommes par une faute de politique, que d'en commettre, ou laisser subsister une essentielle dans la finance, parce que le dommage de la premiere se réduiroit à cent mille hommes de moins, & que la seconde en feroit peut-être périr plus de cinq cents mille, & souffrir dix-huit à vingt millions. M. de Sully dit, en parlant de l'administration des finances : » c'est le point le plus essentiel & » le plus intéressant du gouvernement. C'est » par le moyen des finances que l'on fait » tout. Sans elles, on ne sauroit rien faire. » C'est de-là que dépend le soulagement ou » l'accablement des peuples. C'est de-là que » dérivent les bons ou les mauvais succès » des desseins & des entreprises ; c'est ce qui » cause la grandeur ou la ruine des empires. »

Il est donc certain que le premier gouvernement formé par les hommes, fut le berceau de la science économico-politique ; mais a-t-elle fait des progrès en raison de son ancienneté & de son utilité ? Est-elle arrivée, ainsi que plusieurs autres sciences, à un degré de perfection qui ne laisse rien à desirer ? C'est ce qu'on se propose d'examiner ici.

La finance ou l'art de régler, de percevoir & de dépenser les revenus publics, indépendamment des principes généraux que nous avons exposés ci-devant, en a qui lui lui font propres. Ils tiennent à la nature des climats & des gouvernemens, au caractère des peuples, à ses mœurs & à son génie.

La connoissance de ces différens objets peut seule devenir une suite d'idées, dont la combinaison sert à former un système où un plan de finances ; car, en derniere analyse, les revenus publics ne peuvent être que le produit des contributions de chaque particulier.

Si nous parcourons les annales des nations les plus anciennes, nous verrons que les taxes qu'elles payoient, d'abord simples & peu considérables, comme les Etats naissans dont elles avoient à soutenir la foiblesse, s'accrûrent & se multiplierent sous différens noms, à mesure que l'esprit de conquête s'introduisit, ou dès que l'autorité, jalouse de ses droits, voulut tenter de les étendre.

On doit avoir la plus haute opinion de l'état des finances des Babyloniens, par les dépenses qui avoient été faites dans leur Capitale. Si l'on s'en rapporte à ce que racontent les historiens ; les murailles, les quais, les ponts, les digues, les canaux faits pour l'Euphrate, les palais, les jardins, tout annonçoit la plus solide opulence dans la nation ; les richesses du seul temple de Bel, consistant en statues, en tables, en coupes, vases, encensoirs, étoient évaluées à plus de cinq cents millions de notre monnoie.

Les rois d'Egypte possédoient de vastes domaines ; &, riches par leur économie, trouvoient dans leurs revenus particuliers & dans l'affection de leurs sujets voués au service de la patrie, sans autre intérêt que celui de la défendre, les ressources nécessaires pour réprimer les offenses de leurs voisins, & même pour soumettre plusieurs nations à des tributs, dont une partie étoit réservée au souverain, & l'autre se partageoit entre les prêtres & les guerriers, qui composoient tout l'Etat.

C'est ainsi que Sésostris, 1520 ans avant l'ère chrétienne, rendit l'Ethyopie & une partie de l'Inde tributaires de l'Egypte. Ses successeurs imposerent de semblables loix à la Judée.

Les fruits de leurs victoires épargnoient des subsides aux peuples, ou du moins réduisoient ceux qu'ils payoient à de légeres taxes, réparties par arure de terre, qui étoit à-peu-près notre demi arpent. Elles s'acquittoient partie en monnoie, & partie en denrées, qu'on rassembloit dans des magasins royaux.

Il paroît que dans la suite ces taxes furent réglées au dixième du produit des terres. Aristote en fait mention au livre 2 de ses économiques. Diodore de Sicile & Strabon confirment ce récit.

L'histoire sacrée vient à l'appui des historiens profanes. On trouve au premier livre des rois, que le droit des rois est de prendre le dixième des moissons, des vendanges & des troupeaux (3).

Cette même taxe sur les terres se trouve dans toutes les républiques de la Grèce. Solon, qui avoit une parfaite connoissance de la législation égyptienne, en emprunta la division qu'il fit du peuple Athénien en quatre classes, dont chacune payoit au trésor public la dixième partie de son revenu. Suivant la lettre de Pisistrate à Solon (4), outre cette taille réelle, les Athéniens levoient le dixième de la valeur des marchandises importées dans leur port appellé Pirée. Suivant Xénophon (5) & Démosthène (6), cette derniere imposition varia sans doute beaucoup dans la suite, puisqu'on voit dans les historiens (7), qu'elle fut successivement réduite au vingtième, au cinquantième, & même au centième (8).

Au reste, quelle qu'ait été la quotité de cette imposition, il est certain qu'on la

donnoit à ferme dans chaque port. C'est ce qui se voit dans Andocide, oraison des Mystères. Il rapporte qu'un Argyrien affermoit trente talens l'impôt du cinquantième, qui se levoit à Olympie, ville de la Morée (9).

Mais tous ces impôts, qui ne paroissent établis que dans les ports de mer, semblent moins être une ressource du fisc, qu'une indemnité des dépenses faites pour construire & entretenir les ports. Ils sont le prix de la facilité & de la commodité que trouvoient les navigateurs, tant pour aborder que pour décharger les marchandises qu'ils apportoient.

Les finances de la Grèce reçurent beaucoup d'accroissement, lorsqu'Athènes en fut devenue la métropole, 490 ans avant l'ère chrétienne. Tous les états de cette partie du monde, toutes les nations qui l'habitoient, reconnoissoient la nécessité d'avoir toujours sur pied des forces à opposer aux Perses qui leur donnoient de l'inquiétude. Aristide fut choisi, d'un consentement unanime, pour régler le subside destiné à cette dépense extraordinaire. Ce vertueux Athénien le fixa à quatre cents soixante talens (10). Il en fit la répartition avec tant de sagesse, que cette contribution, également agréable à tous les confédérés, fut appellée le bonheur de la Grèce : premier & peut-être unique exemple, qu'un impôt ait obtenu les applaudissemens de tous ceux qui en supportoient le poids.

On ne trouve rien de détaillé dans les historiens, sur les finances des Lacédémoniens. On voit seulement, par les loix de Licurgue, que ceux qui avoient trois enfans, n'étoient sujets qu'à une taxe médio-

---

(3) Hoc erit jus regis qui imperaturus est vobis & segetes vestras & vinearum reditus addecimabit, greges quoque vestros addecimabit, *dit le prophète aux Israélites.*

(4) Histoire universelle, trad. de l'anglois, édition in-4. tom. 4. pag. 412.

(5) Hist. greq. lib. 1, pag. 430.

(6) Oratio adversus Leptinem.

(7) Thucydide, lib. 7, num. 28, dit que les peuples soumis à la domination des Athéniens payoient, par forme de tribut, le vingtième des marchandises qu'ils transportoient par mer.

(8) Xénophon rapporte que cet impôt n'étoit pour les alliés que du centième de la valeur des marchandises.

(9) Voyez l'ouvrage de M. Bouchaud, intitulé : de l'impôt du vingtième sur les successions, in-8. 1772.

(10) Le talent, suivant Budée, dans son traité *de asse*, est estimé environ 1400 liv.

a ij

cre ; & lorfqu'on en avoit quatre , on n'en payoit aucune. Il paroît que ce peuple , qui recevoit une éducation fi propre à former des foldats , étoit peu habile dans la fcience des finances. L'expédient dont il fit ufage pour payer aux Samiens les fubfides qu'ils demandoient , n'a pas trouvé d'imitateurs , & probablement n'en aura jamais. Comme il n'y avoit point de tréfor public à Sparte , & qu'on étoit fans moyens pour fatisfaire à cette demande , il fut ordonné que tous les citoyens , leurs familles & leurs troupeaux , jeûneroient pendant un jour , & que la dépenfe qui auroit eu lieu fans ce jeûne , feroit donnée aux Samiens (11).

Si nous paffons à l'examen des finances des Romains , nous reconnoîtrons que c'eft à ce peuple conquérant , qui parvint à former un empire à-peu-près auffi étendu que l'étoit alors le monde connu , que l'Europe doit les principes & la légiflation qu'elle fuit en matière d'impofitions.

Quoique la plus grande partie des écrivains attribue la décadence de ce fameux empire à des caufes qui femblent étrangères aux finances , cependant il n'eft pas moins vrai que leur défordre y contribua beaucoup. On apperçoit aifément des liaifons & des rapports entre le fafte & la cupidité , entre une dépenfe défordonnée & les vexations , enfin , entre la tyrannie & le relâchement de tous les liens de l'état.

C'eft un fpectacle digne de tout homme public , de voir que jamais l'empire Romain ne fut porté au plus haut degré de fplendeur que fous les règnes de Céfar & d'Augufte. Ces empereurs , à l'exemple de Servius Tullius , qui le premier avoit ordonné le dénombrement de fes fujets , fe procurèrent une connoiffance exacte & détaillée des forces & de la richeffe de leur empire , & c'eft ce qui compofa le rationaire

romain. Ce cadaftre les mit en état de faire une fage difpenfation des revenus publics , dont la diffipation entraîna fous leurs fucceffeurs la ruine de l'Etat.

Mais n'anticipons point fur les événemens. Il paroît que fous les rois de Rome , les impôts confiftoient en une efpèce de capitation ou taxe par tête , & dans des redevances exigées fur les objets du commerce maritime , & qu'on peut appeler droits de douane , ainfi qu'on les a vus dans la Grèce. Tite-Live le donne à entendre , en difant que l'expulfion des rois délivra le peuple des contributions qu'il payoit (12).

Il paroît cependant que les impôts continuèrent de fubfifter , puifque Valerius , Publicola ou Poplicola , troifième conful , en accorda l'exemption aux veuves , aux pauvres & aux orphelins. Ce fut ce même conful qui ordonna que le tréfor public feroit dépofé dans le temple de Saturne , pour que le peuple Romain pût avoir connoiffance des dépenfes auxquelles il fourniffoit.

Jufqu'à la trois cent cinquantième année de la fondation de Rome , les foldats ne furent point foudoyés par la république ; ils alloient à la guerre à leurs frais , & ce ne fut qu'au fiège de Veyes que les troupes commencèrent à recevoir une folde. Lorfque les Romains avoient vaincu une nation , ils ne lui accordoient jamais la paix qu'après avoir pris une partie du territoire des vaincus , & il étoit incorporé à celui de la république. Une partie de ces champs conquis fe vendoit pour indemnifer l'Etat des frais de la guerre ; une autre fe diftribuoit gratuitement aux foldats & aux pauvres du peuple ; quelquefois on en donnoit à cens au profit de la république , & des patriciens avides fe les faifoient adjuger , pour les céder enfuite moyennant une redevance confidérable , & indépendamment du cens dû au domaine.

Les armées étoient nombreufes , & néan-

(11) Lacedemonii cùm Samii ab ipfis peterent ut pecunias fibi conferrent recuperaturis patriam , fcitum fecerunt, una die debere, & dominos, & familiam & jumenta jejunare, & quantum infumpfiffet, fi non jejunaretur, quifque tantùm tribuere Samiis. *Arift. economica, vol. 2. pag. 503.*

(12) Portoriis quoque & tributo plebs liberata, dit cet hiftorien , lib. 2, cap. 9.

moins les impôts étoient modiques. Le bon ordre & l'économie du gouvernement, les richesses de Carthage, de la Sicile & des villes d'Asie, qui furent portées dans les trésors, suppléerent aux contributions du peuple. Les généraux d'armée n'étoient alors que les dépositaires du butin conquis sur les ennemis.

Quintus, Flaminius, Cornelius Lentulus, Lucius Tertinius, Quintus Minucius, Titus Quintus Flaminius, Acilius, Scipion l'Africain, Lucius Scipion, Cneius Manlius, Caton d'Utique, & plusieurs autres, firent entrer dans le trésor public des sommes immenses après leur conquête de la Macédoine, de l'Espagne, de la Grèce, de l'Afrique, de l'Egypte, du royaume de Pont & de l'Arménie.

Celles que Paul Emile apporta après la défaite du roi Persée, furent si prodigieuses, qu'au rapport de Plutarque, on ne leva aucune sorte d'impôts depuis ce tems jusqu'au consulat de Hirtius & de Pansa (13).

Marius, Sylla, Pompée, César, Lucullus, furent les premiers qui commencèrent à s'attribüer une partie des dépouilles des peuples vaincus auxquels on imposoit pour principale condition, celle de payer les frais de la guerre.

Ils étoient encore obligés de fournir aux armées romaines des tributs & toutes sortes de denrées, même des vaisseaux de guerre & des bâtimens de transport : ainsi, lorsque les armées étoient hors du territoire de la république, elles lui coûtoient peu. On en voit une preuve dans la réponse laconique que Portius Cato, qui commandoit l'armée d'Espagne, fit aux commissaires des vivres que la république avoit envoyés pour pourvoir à la subsistance des troupes.

Ce général les congédia, en leur disant : Bellum se alit ; & à son retour, il fit porter vingt millions dans le temple de Saturne.

Les historiens ne font plus mention de taxes ni d'impôts que sous le consulat de Cornelius Dolabella & M. Fulvius Nobilior, l'an de Rome 595 ; 159 ans avant l'ère chrétienne.

Tite-Live dit que ces consuls établirent beaucoup d'impositions, & nommément des droits de doüane (14), c'est-à-dire, sur les marchandises.

Quarante ans après, Caïus Gracchus, devenu tribun du peuple, & auteur de la sédition des Gracches, imposa des droits considérables sur les marchandises qui seroient apportées dans les ports du royaume de Pergame, ou qui en seroient exportées : royaume que son souverain Attale avoit légué à la république par testament.

A mesure que les Romains soumettoient des nations, ils y établissoient des impôts du même genre ; on les voit en Sicile, en Espagne, dans les Gaules, dans la Grande-Bretagne & l'Ecosse.

Les tributs de tant de contrées formoient un revenu qui suffisoit aux dépenses de la république. Cette considération, jointe aux plaintes qu'occasionnoit la perception des droits de doüane en Italie, fit proposer leur suppression par le préteur Metellus ; & la loi qui l'ordonna environ un siècle avant notre ère, fut reçue avec des applaudissemens universels.

Il ne restoit plus à Rome & dans toute l'Italie d'autre impôt que le vingtième du prix des esclaves vendus ou affranchis par leurs maîtres, créé deux cents cinquante ans auparavant, sous le consulat de C. N. Manlius & Caïus Martius, pour former un trésor public destiné à des (15) dépenses pressantes ou extraordinaires.

---

(13) Tite-Live & Plutarque rapportent que ce consul, après avoir vaincu Antiochus & les Etoliens, obtint les honneurs du triomphe ; qu'on y vit quatre mille cinq cents marcs d'argent en masse, près de huit mille marcs d'argent monnoyé, deux cents quarante-huit mille cistophores, une grande quantité de vases d'argent ciselés d'un grand poids, & quarante-six couronnes d'or, &c. &c.

(14) Portoria quoque & vectigalia multa instituerunt, lib. 40, cap. 51.

(15) Tite-Liv. lib. 7, cap. 16, & in lib. 27, cap. 12, où il appelle cet impôt aurum vicesimarium.

Dans le même tems où les douanes de l'Italie étoient fermées, Q. Mucius Scevola, proconful ou gouverneur de Pergame, punit rigoureusement les chevaliers Romains qui s'étoient rendus coupables d'extorsions dans la perception des revenus de la république dont ils étoient les fermiers. Il en condamna plusieurs à la prison, & fit mettre en croix un esclave qui avoit été le complice de son maître (16).

Il établit aussi des inspecteurs d'une probité reconnue & très-versés dans les affaires de finance, pour examiner les livres des Publicains, & parvint en moins de neuf mois à réformer tous les abus qui s'étoient introduits dans les taxes & dans la manutention des finances de son proconsulat.

A juger de ces abus par l'étendue & les effets de la reconnoissance des habitans de Pergame, il falloit qu'ils fussent bien oppressifs, puisqu'ils confacrèrent la mémoire du gouverneur qui les en avoit délivrés, en instituant en son honneur une fête à laquelle ils donnerent le nom de *Mucia*. Monument qui prouve combien la justice a d'empire sur le cœur des peuples, & plus glorieux pour Mucius, que l'éclat passager d'un jour de triomphe.

Plusieurs autres gouverneurs de province suivirent l'exemple de Mucius Scevola, & le sénat chargea les consuls & les préteurs de porter également leur vigilance sur la levée des deniers publics; en forte, difent les historiens, que les vexations des fermiers qui avoient rendu le joug de la république insupportable, furent arrêtées du moins pour quelque tems.

La suppression des douanes en Italie ne dura qu'environ cinquante ans, c'est-à-dire, jusqu'à la dictature de Jules César, qui les rétablit au rapport de Suétone (17).

Auguste, son héritier, trouvant le tré-sor public épuisé par les guerres civiles, & insuffisant, malgré ces nouveaux revenus, pour payer la solde des troupes, fonda une caisse militaire. A son entretien, il affecta le produit du vingtième qu'il imposa fur les successions, les legs, & toute espèce de donation à cause de mort (18).

On rapporte à ce sujet que, mécontent de ce que le sénat différoit d'approuver l'établissement de ce vingtième, qui étoit annoncé depuis quelques années, il usa de l'adresse suivante.

Cet empereur déclara qu'il alloit mettre encore une taxe sur toutes les terres & les maisons, sans dire quelle seroit sa quotité, ni la forme de sa levée. Il envoya en même tems des émissaires en différens endroits, pour dresser des rôles de toutes les propriétés; chaque sénateur craignant, d'après ces préliminaires, d'être plus chargé par cette nouvelle imposition, que par le vingtième des successions, opina pour ce dernier. Il fut établi comme l'empereur l'avoit propofé. C'est à ce même empereur que paroît remonter l'origine de la taille & de la capitation (19), qui se sont perpétuées jusqu'à nous; mais il leur donna une base plus certaine qu'auparavant, en faisant faire avec soin ce dénombrement dont parle l'évangile (20). On prétend que c'est fur ce travail qu'il composa & écrivit de sa propre main le *rationarium* ou *breviarium imperii*.

Les successeurs d'Auguste accrurent & multiplierent les impôts, ou plutôt les exactions, suivant leur caractère de sagesse ou d'avarice.

Néron, à son avénement au trône des Césars, témoigna le desir de supprimer les droits de douane, qui sans doute donnoient un produit considérable; mais il se

(16) Histoire universelle, traduite de l'anglois, in 4. tom. 8, pag. 608.

(17) Peregrinarum mercium portoria instituit, in Julio Cæsare, caput 43.

(18) Dion Cassius, lib. 55, pag. 565, édition de 1606.

(19) Tributa ordinaria instituit alia, in agros, alia in capita, dit Suétone.

(20) S. Luc. Exiit editum à Cæsare Augusto, ut describeretur universus orbis.

rendit aux raisons du sénat, qui lui représenta que c'étoit préparer la ruine de l'empire, que de diminuer les revenus destinés à le soutenir, parce que, s'il ôtoit les douanes, bientôt après on lui demanderoit l'abolition de tous les autres impôts (21).

Après s'être rendu aux représentations du sénat, il renouvella & confirma des loix faites pour réprimer les vexations & la cupidité des fermiers publics. Jusques-là leurs baux & leurs droits avoient été tenus secrets ; il fut ordonné qu'ils seroient publics & affichés ; que les receveurs ne pourroient, après une année révolue, demander ce qu'ils auroient négligé de percevoir (22). Que le préteur à Rome & les gouverneurs ou leurs lieutenans dans les provinces (23), connoîtroient de tout ce qui auroit rapport à la manutention des fermiers.

Mais lorsque des gouverneurs avides ou avares les favorisoient, il n'y avoit plus de bornes à la tyrannie.

On voit sous Jules César, Licinius, ci-devant son esclave, ensuite son affranchi, & intendant dans les Gaules, profiter des nouveaux noms donnés au mois de juillet & d'août, pour composer l'année de quatorze mois, afin d'exiger des Gaulois la contribution personnelle qui leur étoit imposée par chaque mois. C'est à cette tyrannie qu'on attribue la révolte des Gaulois & des Sicambres. Ce Licinius, accusé dans la suite de concussion, fait voir à Auguste un monceau d'or & d'argent, lui représente que c'est pour lui qu'il l'a recueilli, & que c'est ainsi qu'on ôte au peuple tout moyen de se révolter. Prenez, lui dit-il, cet or & cet argent ; je ne l'ai point destiné à d'autre usage qu'à passer en vos mains. Cette courte apologie lui servit de justification, & fit de son juge, son complice.

Indépendamment des droits qui se levoient à l'importation & à l'exportation, & qui paroissent avoir été d'un objet très-important, les finances des Romains comprenoient beaucoup d'autres revenus que l'avarice & la cupidité des empereurs augmentoient arbitrairement. La plus ancienne des impositions étoit la taille réelle, d'abord fixée par les rois de Rome au dixième du produit des terres, & au huitième de celui des arbres fruitiers. Les terres du domaine de l'empereur n'étoient pas exemtes de cette taille, & elle étoit assise par des officiers publics appellés *Censitores Perequatores*. Elle se payoit en trois tems, au premier septembre, au premier janvier & au premier mai (24).

Après la taille réelle, étoit le droit appellé *scriptura*, qui avoit été imposé sur les bestiaux qu'on menoit paître dans les

---

(21) Dubitavit Nero, an cuncta vectigalia omitti juberet, idque pulcherrimum donum generi mortalium daret, sed impetum ejus attinuère senatores dissolutionem imperii docendo, si fructus quibus respublica sustineretur, diminuerentur, quippe sublatis portoriis, sequens ut tributorum abolitio expostularetur. *Tacit. lib.* 13, *annalium, cap.* 50.

Il suit de ce passage, que Tacite emploie également le mot de *vectigal,* & de *portorium* pour désigner les droits de douane & autres imposés sur les objets de commerce, & les distinguer des taxes qui se levoient sur les terres, & sur les personnes auxquelles il applique le mot de *tributum.*

(22) Temperandas planè publicanorum cupidines edixit princeps, ut leges cujusque publici occultæ ad id tempus, proscriberentur, omissas petitiones non ultra annum resumerent. *Tacit. lib.* 13, *annalium, cap.* 50 & 51.

(23) Il paroît par la lettre de Cicéron à son frere, gouverneur d'Asie, que la plus grande difficulté de sa place étoit de contenir les publicains sans les mécontenter. « Hic te ita versari, ut & publicanis satisfacias, præsertim publicis malè redemptis, & socios perire non sinas divina cujusdem virtutis esse videtur, id est tuæ. » *ed. in-12.* 1776, *pag.* 25.

(24) Traité des finances & de la fausse monnoie des Romains, *in-12.* 1740. Cet ouvrage, dont le manuscrit est déposé à la bibliothèque du roi, étoit resté inconnu jusqu'à l'époque de sa publication. On l'attribue à M. de Chassipol, qui avoit été intendant de la maison de Bouillon, & ami de M. de Colbert. Ce ministre l'engagea à le composer, pour avoir une connoissance détaillée des finances des Romains, & les ordonnances qu'il a fait rédiger sur cette matiere, annoncent qu'il a beaucoup emprunté de leur légisation.

champs, qui compofoient le domaine de la république.

La taille que les poffeffeurs de fonds avoient à payer, ne les difpenfoit pas de contribuer, fuivant les circonftances, pour une certaine quantité de bled, de lard, de vinaigre, de vin, & autres denrées qui fe diftribuoient aux gens de guerre, auxquels il falloit encore quelquefois fournir du foin, de la paille, & même des habits.

La conftruction de quelques édifices publics donnoit encore lieu à des contributions, foit en deniers, foit en corvées; & perfonne n'en étoit exempt que l'ordre des fénateurs.

La capitation, ou la taille perfonnelle, étoit également établie chez les Romains, & tous les individus y étoient fujets fans diftinction de fexe; favoir, les hommes depuis l'âge de quatorze ans, & les femmes depuis douze jufqu'à foixante-cinq ans. Quant à fa quotité, elle n'étoit pas la même par-tout; mais au befoin, elle étoit doublée, & l'on exigeoit plufieurs années d'avance.

Augufte avoit impofé un droit fur les effets expofés en vente dans les foires & dans les places publiques. Ce droit fe trouve défigné par le nom de *vectigal rerum venalium*. Il fe payoit d'abord par le vendeur, à raifon de deux centièmes de la valeur de certaines marchandifes, du centième fur d'autres, & enfin du cinquantième fur les efclaves (25).

Sous Caligula, ce droit fut porté au vingt-cinquième; les comeftibles même y furent affujettis.

On vit alors des impofitions auffi bizarres qu'odieufes, enfantées par le caprice & la tyrannie, pour affouvir la foif de l'or.

Les unes confiftoient en des taxes fur les mendians, fur les courtifanes & leurs miniftres, fur les urines & les immondices (26).

Les autres portoient, fuivant Pline & Dion Caffius, fur les mariages, fur les fépultures, fur les cheminées, même fur chaque tuile de maifon de ville ou de campagne (27).

Caligula condamna les filles publiques à payer chaque jour au fifc autant qu'elles recevoient en une fois. Il taxa les portefaix au huitième de leurs journées; il s'attribua le quarantième des fommes ou de la valeur des biens pour lefquels on plaidoit, & fit défenfe de s'accommoder fans payer ce droit.

Ce monftre d'avarice & de débauche eut la malignité de ne point faire afficher fes édits, afin qu'il y eût un plus grand nombre de contraventions & de confifcations à fon profit.

Cependant, lorfque le peuple l'eut preffé, par fes murmures, de les publier, il les fit graver en caractères fi fins, qu'il n'étoit prefque pas poffible de les lire.

Les peuples ne furent pas plus heureux après la tranflation de l'empire dans l'Orient. On vit fes fouverains mettre des impôts fur l'air & les élémens. Saint Chryfoftôme s'en plaint, en difant: on nous vend les élémens; les chemins font tributaires, & l'air eft vénal; *non tantùm pro folo, fed & pro cœlo*.

Les mines formoient auffi une branche

---

(25) C'étoit l'objet principal du luxe chez les Romains. Strabon rapporte, lib. 4, qu'on a vendu à Delus en Cilicie, jufqu'à dix mille efclaves qui étoient deftinés pour Rome. L'hiftoire fait mention d'un fénateur qui avoit quatre cents efclaves habitans avec lui: qu'ayant été affaffiné par quelques-uns d'eux, tous fans exception furent mis à mort. *Tacit. annal. lib. 14. cap. 43.*

(26) On a accufé d'exagération & de ridicule ceux qui ont rapporté que Vefpafien avoit mis un impôt fur les urines; un écrivain de notre tems a prétendu qu'il avoit lieu fur la teinture d'orfeille, plante que l'on fait macérer dans l'urine.... Conftantin Manaffès dit expreffément que cet impôt fut fupprimé par l'empereur Anaftafe. « Chryfargirum fuftulit quod erat ut omnes viri, fœminæ, pueri, fervi liberi, argentum, nomine ftercoris, & urinæ fifco darent. » *Voyez* de l'impôt du vingtième chez les Romains.

(27) Cet impôt étoit de fix fols (*fex affes*) pour chaque tuile, & ne fut établi que fur les fénateurs, par Octavius.

de

de revenu intéressante pour l'empire, puisque Pline rapporte que du tems de Néron, on tiroit par jour cinquante livres d'or des mines d'Illyrie. Ceux qui ramaf- foient de l'or ou de l'argent dans les ri- vieres, devoient au tréfor public le quart de la valeur de ce qu'ils avoient trouvé.

Le droit de vendre le fel appartenoit auffi à l'empire, & les falines d'où on le tiroit étoient données à ferme ; le fel ne fe vendoit que par les fermiers de la répu- blique, ou par ceux qui en avoient obtenu la permiffion.

Outre les différentes efpèces de revenus dont nous avons fait l'énumération, on en forma encore une branche, du produit des couronnes d'or qui fe donnoient aux géné- raux & aux empereurs, pour les féliciter fur leurs victoires, & ils les faifoient porter devant eux à leurs triomphes.

Ces couronnes étoient en conféquence appellées *triomphales* ; elles n'étoient com- pofées, dans les premiers tems de la ré- publique, que de branches de laurier ; mais elles devinrent trop fimples dans la fuite, lorfque les richeffes & le luxe de l'Afie fe furent introduits à Rome.

César & Augufte avoient reçu de plu- fieurs provinces, villes & communautés, jufqu'à dix-huit cents vingt-deux de ces couronnes d'or, du poids de dix livres chacune.

Ces préfens étoient d'abord volontaires, & les effets d'une pure libéralité ; ils de- vinrent bientôt un devoir & une fervitude. Le prix de ces couronnes fut évalué en argent ; on en fit une taxe, qu'on impofa fur les provinces, les villes, les commu- nautés. Ce revénu (28) s'appelloit *aurum coronarium*. On peut appercevoir dans cet impôt, de l'analogie avec les droits réfer-

vés, d'abord établis fous le nom de don gratuit des villes.

Suivant l'hiftoire, Augufte avoit mis tant d'ordre & d'économie dans les finan- ces de l'empire ; il en avoit fi bien fécondé les reffources, qu'à fa mort il laiffa dans le tréfor public plus de deux cents millions de notre monnoie.

Caligula, fon fucceffeur, les diffipa en moins d'un an. Néron prodigua de même les tréfors de Claude, à qui il avoit fuc- cédé ; & Tacite rapporte qu'il diffipa en profufion quatre cents quatre millions de fefterces, ou cinquante - un mille marcs d'argent.

Plutarque rapporte que du tems de Pompée, le feul revenu de l'Afie mineure, connue aujourd'hui fous le nom d'Anato- tolie, étoit de fix millions ; & Appien Alexandrin dit que de fon tems cette pro- vince feule rapportoit vingt millions à l'empereur Adrien.

Les fubfides que fourniffoit l'Egypte à fon roi Ptolomée, pere de Cléopâtre, étoient, fuivant Strabon, d'environ fept millions. Après la conquête de ce royaume par Céfar, ces impôts furent augmentés jufqu'à dix & douze millions. Velleius Paterculus dit à ce fujet, que les tributs payés par l'Egypte, approchoient de ceux de la Gaule, qui montoient à douze millions.

Appien Alexandrin, qui a vécu fous les empereurs Trajan, Adrien & Antonin le débonnaire, promet, dans fon dernier livre, de donner un compte du revenu général des Romains ; mais, fi ce compte a exifté, il n'eft pas parvenu jufqu'à nous. Il lui étoit d'autant plus aifé de le faire, qu'il paroît très-bien connoître l'état de la ré- publique, & que les empereurs, depuis Augufte, étoient dans l'ufage d'expofer en public, un état abrégé des finances de l'em- pire, tant en recette qu'en dépenfe : cet état eft appellé, comme on l'a dit, *bre- viarium imperii* (29).

(28) Economiques, 3 vol. *in-4°.* imprimés en 1745, tirés feulement à 15 ou 20 exemplaires. On attribue cet ouvrage, qui eft plein de recherches & de favantes differtations fur tous les objets d'é- conomie politique, à M. Dupin, fermier-général, qui a donné l'article *Salines*, dans la premiere édition de l'Encyclopédie.

(29) Prolatum à Tiberio libellum, quo opes pu- blicæ continebantur, quantum civium, fociorum-

* *b*

Juste Lipse (30) prétend que le revenu annuel des empereurs montoit à trois cents millions. Il ajoute que, sous Adrien, les forces de l'empire consistoient en deux cents mille hommes d'infanterie, quarante mille de cavalerie, deux mille chariots de bataille, trois cents éléphans, deux mille vaisseaux ronds, & quinze cents galères.

Après avoir donné une idée des finances des Romains, nous avons à parler d'abord, des loix qui leur étoient applicables, & des privilèges qu'elles comportoient; nous ferons mention ensuite des personnes chargées du recouvrement des deniers publics, sous les officiers qui présidoient à l'administration générale.

Lorsqu'on avoit payé plus qu'il n'étoit dû, ou pour des choses exemptes, on étoit en droit de réclamer ce qui avoit été perçu induement ; & même, si l'erreur de cette perception n'étoit pas prouvée, le percepteur étoit sujet à une punition arbitraire réglée par les juges.

Si un fermier avoit négligé de lever les droits sur quelques denrées ou marchandises, son successeur ne pouvoit en rétablir la perception sans un ordre du prince. Il étoit également défendu de réformer, soit en ajoutant, soit en diminuant la quotité des impositions (31).

La déclaration seule des marchands ne suffisoit pas pour établir la perception des droits. Les receveurs ou préposés (32) étoient autorisés à ouvrir les malles & les ballots, & à les visiter avec soin, pour vérifier si les marchandises avoient été exactement déclarées (33). On en trouve la preuve dans l'opuscule de Plutarque, sur la curiosité. « Nous sommes irrités » contre les Publicains, dit cet auteur, » & nous supportons impatiemment, non » pas qu'ils visitent les marchandises ex- » posées à la vue, mais qu'ils fouillent » par-tout, sans aucun ménagement, pour » découvrir les marchandises que l'on tient » cachées. Cependant la loi leur permet » de faire ces recherches, & s'ils ne les » font pas, cette négligence tourne à leur » préjudice. »

Ciceron, dans l'oraison seconde *de lege agraria contra Rullum*, fait allusion à la coutume des douaniers, de fouiller tout le monde, en les comparant aux décemvirs, qu'on proposoit d'établir, pour faire la recherche de toutes les fortunes.

Au reste, l'examen des objets déclarés étoit d'autant plus nécessaire, que le désir d'éluder le paiement du droit, est né dans des ames basses & avides, en même tems que ce droit a été établi.

Ciceron reproche à Verrès d'avoir fait exporter une grande quantité de meubles & d'effets précieux, sans payer les droits dûs aux fermiers de la république, & d'avoir ainsi fraudé en quelques mois vingt à trente mille livres de notre monnoie (35).

Comme les esclaves étoient sujets à payer le cinquantieme, ensuite le vingt-cinquieme de leur valeur, Quintilien & Suétone rapportent que ceux qui en trafiquoient, faisoient revêtir de la prétexte (35) des enfans qu'ils amenoient à Rome pour les vendre, afin qu'ils parussent être d'une condition distinguée, & qu'ils fussent, en conséquence, affranchis des droits.

Les avantages du corps politique étant communs à tous les membres qui le com-

---

-que in armis, quot classes, regna, provinciæ, tributa aut vectigalia, & largitiones ad necessitates. *Tacit. lib.* 1. *annalium.*

(30) De magnitudine Romanâ, *cap.* 3.

(31) Si quid indebitum, per errorem solventis, publicanus acceperit, retrò eum restituere rescriptum est. *Dig. L.* 26. Vectigalia sine imperatoris præcepto, neque præsidi, neque curatori constituere, nec prudentiâ reformare, vel his addere, vel diminuere licet. Lib. 19, §. *de publicanis.*

(32) Ceux qui percevoient les revenus publics, étoient appellés *curatores, procuratores, decennarii,* & devoient leur création à Auguste, suivant Dion Cassius, *lib.* 53.

(33) *Traduction de M. Bouchaud, dans son ouvrage intitulé, De l'impôt du vingtieme sur les successions, & de l'impôt sur les marchandises,* in-8°. p. 264.

(34) Oratio in Verrem, *lib.* 2. num. 72 & 74.

(35) C'étoit une robe traînante & bordée, que les enfans des patriciens portoient jusqu'à sept ans.

poſent , & ces avantages tenant à l'exécution des loix, il eſt dangereux que quelques
ſujets ſoient diſpenſés de leur obéir. Ce
principe s'applique naturellement aux
finances , & exclud tous privilèges relatifs
aux impoſitions.

Lorſque Solon donna des loix aux Athéniens , il eſtima les biens de tous les
citoyens , & les taxa en proportion de
leur valeur , abſtraction faite des poſſeſſeurs. Il permit à ceux qui ſe croyoient
fondés à ſe plaindre , d'échanger leurs
biens & la charge qu'ils ſupportoient.

Après l'abolition de la royauté à Rome,
il fut ſtatué qu'il ne ſeroit accordé aucun
privilège que dans l'aſſemblée générale
du peuple ; clauſe que l'on conſigna dans
les douze tables , que l'on obſerva fort
religieuſement, comme Cicéron le remarque dans ſon troiſième livre des loix.

Les prêtres Romains, quoique exempts
de toutes charges, ne l'étoient pas de celles
que la guerre exigeoit. On en a l'exemple
lorſqu'il fallut s'oppoſer aux irruptions des
Gaulois & des Volſques. Sylla marchant
contre Mithridate , fit fondre les vaſes &
les ornemens ſacrés des temples, en diſant:
*Eſt enim neceſſitas , quam ne Dii quidem
ſuperant.*

Pluſieurs commentateurs des loix Romaines ont prétendu que toutes les choſes
à l'uſage des perſonnes , tant chez ſoi qu'en
voyage, étoient affranchies des droits, &
que celles dont on faiſoit commerce ,
étoient les ſeules qui fuſſent impoſées ;
mais l'erreur de cette opinion s'explique
naturellement par un article du digeſte ,
qui accorde une exemption expreſſe aux objets deſtinés pour les armées , comme les
munitions de bouche & les étoffes propres
à l'habillement des troupes (36).

Les ambaſſadeurs des nations alliées des
Romains payoient le droit ſur ce qu'ils
apportoient de leur pays à Rome ; mais
tout ce qu'ils en remportoient , étoit
exempt.

Suivant un fragment de la loi cenſo-
rienne, excepté les choſes néceſſaires en
voyage, tout étoit ſoumis aux droits de
quarantième (37). Les ſoldats mêmes. ne
jouiſſoient de l'immunité que ſur les choſes
à leur uſage. Ils payoient les droits de
celles dont ils faiſoient commerce.

Les Romains , ainſi que les Grecs ,
avoient des peines fiſcales contre ceux qui
faiſoient commerce de marchandiſes de
contrebande.

Les Athéniens plaçoient dans cette claſſe
le lin, le bois , la cire , la poix , & toutes les matières propres à la conſtruction.

Sous les empereurs Romains, il étoit
défendu d'exporter de l'empire, du vin ,
de l'huile, du bled , de l'or & des armes, à peine d'être déclaré criminel de
lèſe-majeſté : ce qui emportoit la confiſcation de tous les biens des coupables.

Du tems de la république Romaine ,
les fermiers de ſes revenus étoient pris
dans l'ordre équeſtre , d'où ſortoient également les ſénateurs & les premiers magiſtrats. Titus Aufidius & Publius Ru-
tilius paſſèrent des fermes , l'un au gouvernement d'une province , & l'autre au
conſulat.

On appelloit ces fermiers, publicains (38),
parce que leurs fonctions devenoient publiques , en s'étendant à lever les tri-

---

(36) Res exercitui paratas præſtationi vectigalium oneri ſubjici non placuit. *Julius Paulus , dig.
l. 9 , §. 7. de publicanis.*

Ea vero quæ extra prædictas cauſas vel negocia-
tionis cauſâ portantur, ſolitæ penſitationi ſubju-
gamus.

(37) Præter inſtrumenta itineris, omnes res, qua-
dragefimum publicano debent. *Quintilianus , decla-
mat. 359.*

Conſtantin ajouta dans la ſuite aux choſes
exemptes , les inſtrumens aratoires. *De vectigalibus,
lib. 5.*

(38) Publicani dicuntur qui , publica vectigalia
habent conducta ; *on les nommoit auſſi* conductores,
redemptores vectigalium.

Sous Gratien & Valentinien, on les voit déſignés
par le nom d'*Octavarii* ; ce qui ſembleroit indiquer
qu'ils étoient alors chargés de la levée du droit de
huitième.

buts publics. Ils formoient des fociétés, & prenoient à ferme tous les impôts d'une ou de plufieurs provinces.

Il y avoit un adjudicataire, qui étoit comme le prince & le maître de la fociété (39). Tout fe faifoit en fon nom. Il étoit refponfable de fes affociés envers l'Etat, & fa réfidence ordinaire étoit à Rome. C'eft là qu'il faifoit tenir les regiftres & les comptes de fon adminiftration : il avoit la faculté de faire tous actes & arrangemens qu'il jugeoit néceffaires pour fes dettes, fes créances & fes recouvremens, tant à Rome que dans les provinces dont il avoit les impôts à bail.

Ce chef des publicains pouvoit commettre un *pro-magifter*, ou fous-maître, efpèce de directeur dans les villes de provinces où il le jugeoit utile, pour veiller aux intérêts de la fociété.

Les magiftrats chargés de l'adminiftration des finances, portèrent d'abord le nom de quefteurs. Plutarque place l'époque de leur création fous le confulat de Publicola, après l'expulfion des rois de Rome. D'autres prétendent que les places des quefteurs furent inftituées par *Tullius Hoftilius*.

Au refte, s'il s'élève quelque incertitude fur l'origine des quefteurs, on s'accorde généralement fur la nature de leurs fonctions.

Elles confiftoient à garder les deniers de l'Etat, qu'ils recevoient des publicains ; à tenir des regiftres de recette & dépenfe, & enfin à rendre compte au fénat de leur exercice, qui ne devoit durer qu'une année.

C'étoit les quefteurs qui délivroient les fommes néceffaires pour le fervice public, qui recevoient les ambaffadeurs des alliés, & leur procuroit tout ce qui étoit néceffaire pour leur logement & leur entretien. Un général ne pouvoit obtenir les

honneurs du triomphe, qu'après leur avoir rendu compte du butin fait fur les ennemis.

Ces quefteurs ou furintendans des finances ne furent d'abord qu'au nombre de deux, & les plus illuftres patriciens, même après avoir été confuls, ne regardoient point ces fonctions au deffous d'eux.

L'hiftoire nous apprend que Caton le cenfeur devint quefteur, après avoir reçu les honneurs du triomphe.

Lorfque le territoire de la république fe fut étendu, deux autres quefteurs furent inftitués pour payer les armées hors de l'Italie, & pour convertir en argent les fruits des victoires des généraux ; mais ces derniers, qui n'étoient que des tréforiers de la guerre, furent tirés de l'ordre du peuple. Dans la fuite, on en ajouta quatre nouveaux, avec le titre de quefteurs provinciaux. Ils préfidoient à la levée des impôts & aux dépenfes publiques dans les provinces foumifes à la domination Romaine.

Le tems amena la fuppreffion des quefteurs ; leurs fonctions pafsèrent à d'autres officiers appellés *præfecti ærarii*, intendans ou préfets du tréfor. Ils connoiffoient de toutes les affaires relatives aux impôts & au fifc, & fubfiftèrent jufqu'au regne d'Augufte.

Cet empereur les remplaça par des intendans connus fous le nom de *procuratores Cæfaris*. C'eft ainfi que Ponce-Pilate étoit à-la-fois gouverneur de la Judée, intendant des finances & du domaine impérial.

Les quefteurs de l'épargne, établis par l'empereur Alexandre Sévère, fuccédèrent aux prépofés de Céfar. Conftantin fupprima tous ces titres. Il créa deux charges de furintendant, dont l'un fut appellé *comes facrarum largitionum*, & l'autre, *comes rerum privatarum*.

Le premier avoit l'adminiftration de tous les deniers publics ; le fecond, la direction du domaine impérial.

Le titre de comte fut donné par Conftantin à ces deux officiers, parce qu'il mit

---

(39) Cicéron, *in oratione pro Cn. Plancio*, dit que le père de Plancius avoit été prince des publicains, *princeps publicanorum* : d'autres écrivains appellent ce prince publicain, *Manceps*.

leurs places au rang des premières charges de la maison impériale.

Elles méritoient en effet cette considération, puisque depuis que la monarchie avoit succédé à la république, la dépense la plus importante des empereurs étoit de gagner ou d'entretenir la faveur du peuple à force de largesses.

Le surintendant des finances partageoit le titre d'illustre (40) avec les douze premiers officiers de l'empire. Il faisoit exécuter ses ordres par plusieurs subdélégués répandus dans les provinces, & qui portoient le nom de *comites largitionum;* mais ils n'avoient que le titre de *perfectissimi* (41). Ils étoient chargés de toutes les fonctions des procureurs de César & des questeurs d'épargne.

Les directeurs, ou intendans du commerce, *comites commerciorum,* étoient au nombre de cinq, & résidoient dans les provinces d'où se tiroient les marchandises du plus grand prix. Ils étoient subordonnés au surintendant des finances.

Son département comprenoit encore le grand-maître des mines, le domaine d'Egypte, qui étoit administré par un directeur particulier, désigné par le nom de *comes rationalis Egypti.* Il présidoit à la levée des droits d'entrée & de sortie sur

les marchandises de l'Arabie, & leur produit étoit très-considérable, puisque Pline dit qu'il montoit à soixante millions de notre monnoie (42).

Les directeurs des fabriques, ceux des teintures, des monnoies, des charriots & transports des lins, appartenoient aussi au département des finances : *Procuratores gynecæorum, baphiorum, monetarum, bastagiarum linificiorum.*

Les bureaux du surintendant des finances étoient au nombre de onze, à la tête desquels on plaçoit celui de la recette, appellé *scrinium canonum;* ce qui ne peut mieux s'exprimer que par la dénomination de *trésor impérial.*

Le chef de ce bureau avoit le titre de *perfectissime;* le second supérieur portoit le nom de *ducenarius;* le troisième celui de *centenarius,* relativement au nombre des commis qui étoient sous ses ordres dans la capitale & les provinces.

On comptoit encore dans le trésor impérial dix secrétaires, appellés *epistolares,* parce qu'ils tenoient la correspondance du surintendant des finances avec les gouverneurs des provinces, pour le recouvrement des impôts & la collection des fonds publics.

Le second des bureaux du surintendant des finances, étoit composé de greffiers, contrôleurs ou gardes-rôles, appellés *tabularii;* ils expédioient des quittances aux comptables; ils délivroient les baux, les obligations, les cautionnemens qui concernoient les finances.

Les commis chargés de la rédaction des comptes, des bordereaux, formoient le troisième bureau, & portoient le nom de *numerarii.*

Le quatrieme étoit celui de la masse d'or, dans lequel on tenoit registre de tout l'or mis en masse. Le directeur de ce bureau s'appelloit *Primicerius massæ,* &

---

(40) Son sceau, ou ses armes, étoient un livre rouge sur une table portant au dos une tête d'or de l'empereur, entre deux tranches d'or. La couverture du livre étoit d'argent, avec des bordures d'or aux coins & aux extrêmités. Au dessous de ce livre, on lisoit le mot *largitiones;* & cette devise étoit entourée de pièces d'or & d'argent, de vases qui en regorgeoient.

(41) Aussi-tôt que l'esprit & le zèle patriotiques, qui suffisoient pour mériter des distinctions glorieuses dans une république, furent éteints par l'établissement d'une monarchie, le souverain dispensa à son gré les titres honorables, pour se faire des partisans. L'avarice & la vanité furent les liens de leur attachement. On comptoit, sous Constantin, cinq qualifications différentes, attribuées aux différens ordres des particuliers. La première étoit celle d'*illustris;* la deuxième, celle de *spectabilis;* la troisième, celle de *clarissime;* la quatrième, celle de *perfectissime;* & la cinquième, celle d'*egregie.*

(42) Cinq millions d'écus d'or; *millies quinquagies centum millium aureorum & amplius.* On peut supposer ici de l'exagération ou de l'erreur. *lib.* 2, *cap.* 18.

avoit fous lui quatre claffes de commis. La premiere fuivoit la correfpondance des provinces ; la feconde comprenoit ceux qui fabriquoient des étoffes d'or pour le fervice de l'empereur ; la troifieme tenoit un état de l'or remis chaque jour aux monnoies ; & la quatrieme étoit compofée des orfevres qui faifoient des vafes, des anneaux & des bracelets d'or, &c.

Le cinquieme bureau étoit chargé de payer les frais des courriers que l'empereur & les généraux envoyoient dans les provinces & aux armées. Il étoit défigné par le nom de *fcrinium auri ad refponfum*.

Le fixieme étoit le bureau du veftiaire, qui comprenoit trois claffes d'officiers & d'écrivains occupés de tout ce qui concernoit non-feulement la garde-robe de l'empereur & de fa famille, mais encore l'habillement des troupes.

Le feptieme étoit celui de la vaiffelle de l'empereur, *fcrinium ab argento*.

Les fonctions des huitieme & neuvieme s'étendoient à la fabrication des monnoies d'argent, appellées *milliarenffes* (43), deftinées à la folde des troupes, au paiement de la vaiffelle du prince, & à tous les détails qui s'enfuivoient.

Des fecrétaires ou greffiers, qui tenoient regiftre des jugemens & décifions du furintendant, compofoient le dixieme bureau.

Enfin le onzieme étoit formé des infpecteurs appellés *Mittendarii*, parce qu'ils étoient envoyés dans les provinces pour preffer le recouvrement des impofitions, & pour faire voiturer les deniers au tréfor impérial.

Parmi les commis des provinces, on comptoit d'abord les receveurs généraux, appellés *Thefaurarii*, des receveurs particuliers établis en différens diftricts, à-peu-près de l'étendue de nos élections, défignés par le nom de *Metrocomia*. Les quittances que délivroient ces derniers, étoient non-feulement fignées d'eux, mais

d'autres commis d'un grade inférieur, appellés *Arcarii*, caiffiers, des contrôleurs nommés *Tabularii*, & des commis aux expéditions, appellés *Chartularii*.

Le furintendant du domaine, *Comes rerum privatarum*, avoit auffi le titre d'illuftre (44) ; fon département embraffoit tout ce qui a rapport aux rivieres & à leur navigation. A fa place étoit attachée une juridiction, dont le reffort s'étendoit à différens crimes, tels que le viol & l'incefte, la corruption des juges, les exactions des huiffiers ou fergens appellés *Palatini*.

Ce furintendant rempliffoit auffi les fonctions de grand-maître, & faifoit toute la dépenfe de la maifon de l'empereur & de l'impératrice.

Il avoit, dans les provinces, plufieurs officiers ou lieutenans, appellés *Procuratores rationales*, chargés d'incorporer au domaine les biens tombés en commife, ou dévolus au fifc par quelque caufe que ce fût. Ils étoient en même tems directeurs des fonds & des revenus affectés autrefois au culte des fauffes divinités, & appliqués depuis aux églifes.

Les intendans des haras, les infpecteurs ou maîtres des forêts, étoient encore fubordonnés au furintendant du domaine, ainfi que le grand-écuyer ou connétable de l'empereur.

On comptoit quatre bureaux affectés à la régie du domaine impérial.

Le premier, pour l'adminiftration des biens concédés aux églifes, & tenir regiftre des privileges, s'appelloit *fcrinium beneficiorum*.

Le fecond avoit pour objet de faire payer les cens annuels & les prix des baux.

Dans le troifieme, auquel on donnoit le nom de *fcrinium fecuritatum*, fe déli-

---

(43) Cette monnoie valoit la dixieme partie d'un écu d'or, & revenoit à deux fols tournois.

(44) Ses armes étoient un livre élevé fur une table couverte d'un tapis. A gauche étoit un coffre, & tout le champ étoit femé de piles d'or & de vafes remplis de différentes monnoies.

vroient les quittances & les décharges des redevables & fermiers.

Le quatrieme, qui étoit celui des largeſſes particulieres, *ſcrinium largitionum privatarum*, étoit chargé de tenir l'état des gages ordinaires, & des gratifications qui étoient payées par ordre de l'empereur. Perſonne n'entroit dans ce bureau, ſans un ordre écrit de la main de ce prince.

En traitant de tout ce qui a rapport aux finances des Romains, nous ne devons pas oublier de parler du grand moyen qui ſervit à les améliorer ; le dénombrement de l'empire : c'eſt celui que recommandent tous les écrivains politiques, comme le plus avantageux, & que conſeille la ſaine raiſon pour ſervir de baſe à la répartition des impôts.

Le premier dénombrement fut ordonné par Servius Tullius, ſixieme roi de Rome, l'an 577. C'étoit l'état général de tous ſes ſujets, de leur âge, de leur condition, de leur famille. Il montoit à quatre-vingt mille hommes.

Ce recenſement devoit être fait tous les cinq ans ; mais après l'expulſion des rois, l'horreur que l'on conſerva pour eux s'étendit à toutes les inſtitutions dont ils avoient été les auteurs. Cependant Auguſte, ſentant les avantages d'un dénombrement général, ordonna celui que nous avons rappellé.

Le dernier ſe fit ſous Veſpaſien, c'eſt-à-dire, cinq cents quatre-vingts années après Tullius, l'an 8 de notre ère. Il comprenoit ſept millions d'hommes en état de porter les armes, ſans compter les légions qui étoient de trois cents quatre-vingt mille hommes, tous citoyens Romains (45).

Les rôles de ces dénombremens étoient rédigés, dans chaque cité, par les officiers du lieu. Ils étoient approuvés par le gouverneur de la province, qui en envoyoit une copie à Rome. L'original reſtoit dépoſé dans les archives publiques.

Lorſque le ſouverain vouloit établir un impôt, ou général, ou particulier, ou extraordinaire, il avoit recours à ce dénombrement ; il ſe trouvoit, par ce moyen, en état de faire une répartition, ſinon abſolument exacte, du moins très-approchante de l'équité.

Ce ſeroit un tems perdu que de rechercher quels furent l'état & la conſtitution des finances chez les Gaulois, avant qu'ils fuſſent ſoumis à l'adminiſtration Romaine.

Dans un pays ſauvage, gouverné par des prêtres barbares qui dévouoient à l'anathême & à la mort quiconque refuſoit de plier ſous leurs volontés ; dans un pays où le deſpotiſme, ſecondé de la ſuperſtition, dictoit des loix ; où l'ignorance faiſoit de tous les hommes un peuple abruti, à l'exception des Druides ; qui auroit pu tranſmettre aux races futures la connoiſſance des reſſources & des formes du gouvernement, ſi ce n'eſt l'ordre ſacré qui ſavoit les trouver, en uſer, & les abolir au gré de ſes intérêts ? Mais n'étoit-il pas dès-lors porté à les envelopper d'un myſtere religieux, pour en aſſurer davantage les effets, ſans en laiſſer pénétrer les cauſes ?

D'après ce que rapporte Céſar, il falloit que les impôts fuſſent, dans les Gaules, en grand nombre & bien peſans, puiſqu'il dit que les Gaulois, pour s'y ſouſtraire, vendoient leur liberté, & ſe réduiſoient à la ſervitude (46).

---

(45) L'hiſtoire dit cinquante légions, cinquante-ſept cohortes. La légion étoit de ſix mille cent fantaſſins & ſept cents vingt-ſept cavaliers, & la cohorte de ſix cents.

(46) Plebs penè ſervorum habetur loco, quæ per ſe nihil audet & nulli adhibetur conſilio ; plerique quum ære alieno & magnitudine tributorum & injuriâ potentiorum premantur, ſeſe in ſervitutem dicant nobilibus.... Druides rebus civicis interſunt, ſacrificia publica & privata procurant ; religiones interpretantur ; ad hos magnus adoleſcentium numerus diſciplinæ cauſâ, concurrit : de omnibus controverſiis publicis & privatis conſtituunt ; & ſi quod eſt admiſ-

Il ne regne pas moins d'obscurité dans l'histoire des finances, sous les premieres races de nos rois, après l'établissement de la monarchie. On n'y trouve que des faits plus curieux qu'intéressans, relativement à l'état actuel des choses, & encore sont-ils très-incertains. C'est du moins l'idée qu'en donne la contradiction des systêmes élevés, sur cette matiere, par différens écrivains également dignes d'estime, & d'après les mêmes monumens qu'ils ont expliqués d'une maniere tout-à-fait opposée (47).

M. l'abbé Dubos & M. l'abbé Garnier ont prétendu que Clovis & ses successeurs maintinrent toutes les impositions établies dans les Gaules par les Romains; que les fonds qui appartenoient au fisc, formerent le domaine de la couronne; que ces rois conserverent les usages de l'empire pour la levée du subside annuel, qui s'appelloit le *tribut public*, parce qu'il étoit affecté au paiement des troupes & à l'acquittement des autres charges de l'état; au lieu que le domaine formoit un revenu séparé, spécialement destiné à l'entretien du prince & de sa maison.

Ils soutiennent aussi que les droits de douane & de péage, que levoient les Romains, ont subsisté sous la premiere & la seconde race de nos rois, & que leur produit faisoit une des plus considérables branches des revenus de ces princes; enfin, qu'ils récevoient de leurs sujets, en certaines occasions, des dons volontaires ou

réputés tels, ainsi que les empereurs Romains.

Ce systême a été vivement combattu par d'autres écrivains, qui pensent que les impôts de tout genre, levés par les Romains, cesserent dans les Gaules en même tems que leur domination; que le prince eut pour sa dépense particuliere, ses domaines, qui consistoient en des terres cultivées & régies d'une maniere économique; que les droits de douane ne furent pas connus des premiers François, & que les péages n'étoient point une imposition publique & fiscale, mais des droits établis par les seigneurs, dans l'étendue de leurs terres, sous prétexte des dépenses nécessaires pour l'entretien des chemins & les réparations des ponts & chaussées; que les rois avoient, à la vérité, quelques-uns de ces péages dans leurs domaines, mais au même titre que ceux des seigneurs; que le gîte qui étoit dans les archevêchés, évêchés & abbayes, fut converti depuis en argent, appellé *droit de gîte*, & qu'il en fut de même de l'obligation imposée aux habitans de la campagne, de fournir des chevaux & des voitures, & qui fut changée en un droit d'*ost*, ou *de chevauchée*. (*)

Il seroit inutile d'entrer dans le détail des autorités employées de part & d'autre, pour appuyer ces opinions opposées. Sans s'engager dans des dissertations qui n'auroient pas plus d'utilité que d'agrément, on se contentera de prévenir qu'on trouvera bientôt des faits qui fortifient beaucoup la premiere de ces opinions.

---

sum facinus, si cædes facta est; si de hæreditate, de finibus, controversia est, litem decernunt, præmia, pœnasque constituunt : si quis aut privatus, aut publicus eorum decreto non stetit, sacrificiis interdicunt; hæc pœna apud eos gravissima. Quibus est ita interdictum, iis numero impiorum & sceleratorum habentur, iis omnes decedunt; ad itum eorum sermonemque diffugiunt, ne quid est contagione incommodi accipiant; neque iis petentibus jus redditur, neque honos ullus communicatur. *De Bello Gallico*, *lib.* 6.

(47) Histoire critique de la Monarchie Françoise, par M. l'abbé Dubos,

---

(*) Ni sous la premiere, ni sous la seconde race, ni bien avant dans la troisieme lignée de nos rois, nous ne connoissions en France l'usage des tailles, aides, subsides, tels que nous les voyons aujourd'hui. Nos rois, pour leur entretenement, faisoient fonds de leur domaine. Quant aux levées extraordinaires, il s'étoit insinué une coutume, que les rois passant par les archevêchés, évêchés, abbayes, y gîtoient & aubergeoient pour une nuit; chose qui fut changée en quelque redevance en argent, non grande, appellée *droit de gîte*. *Recherches de Pasquier*, *liv.* 2, *chap.* 7.

On

On verra que sous les rois des premieres races, il se levoit sur les marchandises, des droits qu'on peut indistinctement appeller de douane ou de péage, puisque ces deux mots, avec ceux de redevance, de coutume, d'aide, de subvention & de gabelle, dénomination successivement donnée à ces deux sortes de droits, semblent désigner un impôt quelconque, perceptible, soit localement dans une certaine étendue de pays, soit généralement à l'entrée ou à la sortie du royaume.

On pense donc que les droits de douane qui se levoient dans les ports de l'empire Romain, eurent également lieu dans les Gaules, tant qu'elles en firent partie, & qu'ils continuerent d'y subsister lorsque Clovis fut parvenu à fonder son royaume sur les débris de l'autorité Romaine, dont une partie lui étoit confiée (48).

Ce n'est que plus de cent ans après le règne de Clovis, qu'il est question, dans les historiens, des droits que payoient les marchandises de toute espèce, & qui sont proprement les droits de douane.

Clotaire II, quatrieme roi de France, convoque un concile à Paris en 615. On y rapporte les représentations des peuples, contre la multiplicité des bureaux de douane ou péage, contre la quotité des droits, & contre la façon dont on les exigeoit. Ce prince rend un édit, pour faire défense d'établir désormais d'autres droits que ceux qui existoient sous ses prédécesseurs (49).

L'histoire de Dagobert, successeur de Clotaire, nous apprend que ces droits étoient levés par des officiers appellés *Actores regii*, préposés royaux, qui étoient établis receveurs dans les différens bureaux.

On y voit aussi que ce monarque ayant donné à l'église de Saint-Denis une rente de cent sols d'or, pour l'entretien du luminaire de cette église; il en assigna le paiement sur le produit de la douane de Marseille, & qu'il chargea même les officiers de cette douane, d'employer ces cent sols à l'achat des meilleures huiles, & qu'enfin ces huiles devoient être chargées sur six voitures, & conduites à leur destination, avec affranchissement de tous les droits, soit en sortant de Marseille, soit dans les autres villes de la route, comme Valence, Lyon & autres (50).

Il paroît par un diplôme du même roi, en faveur du marché de Saint-Denis (51), que plusieurs de ces droits, sans qu'on sache quelle étoit leur quotité, se percevoient sur les marchandises vendues dans les foires & dans les places publiques (52); que d'autres avoient lieu au passage des

---

(48) Cette opinion a été adoptée aussi par un M. Gelée, correcteur en la chambre des comptes, qui a mis des observations à chaque article de l'ouvrage de Jean Hennequin, intitulé *le Guidon général des finances*, in-18, imprimé en 1605. Ces deux écrivains prétendent que Chilperic imposa le droit de huitieme sur le vin. *Voyez* les pages 15 & 172. Quoique l'on convienne généralement, d'après Grégoire de Tours, que Chilperic exigea *unam amphoram*, par arpent de vigne, cependant on n'est pas d'accord sur la continence du vaisseau *amphora*. M. l'abbé Dubos le traduit par un tonneau, & M. l'abbé de Mably par une cruche.

(49) De *teloneo ut per ea loca debet exigi*,

vel de speciebus ipsis de quibus præcidentium principum tempore est exactum... *Baluz. t. premier,* pag. 23.

Placuit nobis ut antiqua & justa telonea à negociatoribus exigantur, tam de pontibus, quàm de navigiis seu mercatis, *dit également Charlemagne, capit. lib. 3, cap. 12.*

(50) Præceptumque taliter, ut tam ipsa Massilia quàm Valentia, Lugdunum, vel quocumque per reliqua loca transitus erat omne teloneum de sex plaustris quibus hæc videbatur deferri usquè quoad hanc basilicam peraccederent, omnimodis effet indultum. *De gestis Dagoberti, cap.* 18. Suivant Procope, les François furent absolument maîtres de la Provence & de Marseille, dès 539. *Abrégé chronolog. du Pré. Hénault, tom. premier, pag.* 14.

(51) Continuation d'Aimoin, liv. 5, chap. 10, capitul. lib. 4, cap. 31.

(52) On a vu ce même impôt, établi d'abord par Auguste dans l'empire Romain, & étendu ensuite par Caligula.

c

ponts, dans les chemins & dans les ports, sur les voitures & sur les bateaux chargés de marchandises.

La dénomination de ces divers droits se retrouve dans les chartes de Pepin & de Charlemagne, sous les noms de *rodaticum*, *foraticum*, *pontaticum*, *portaticum*, *salutaticum*, *cespitaticum*, *mutaticum*, *pulveraticum*.

Mais doit-on présumer que le produit de tous ces droits fût bien considérable, lorsqu'on voit que Charlemagne tiroit de son domaine la plus grande partie de ses revenus, en faisant vendre, dit Montesquieu, les œufs de ses basses-cours, & les herbes inutiles de ses jardins (53) ?

Les Normands, & autres nations sorties du Nord, ayant fait des irruptions dans les plus belles provinces de la monarchie, vers la fin du neuvieme siecle, le désordre & la confusion s'introduisirent dans toutes les parties du corps politique, déja affoibli par l'indolence des successeurs de Charlemagne. Les impôts n'eurent plus de bornes. Louis & Carloman en accablerent tellement les provinces de leur domination, qu'ils furent appellés *truands*, mot formé de *trus*, qui signifie tribut.

Quoique Carloman eut plusieurs fois battu les Normands, il fut encore obligé de leur donner douze mille marcs d'argent, pour les faire sortir du pays, l'an 882.

Les seigneurs profiterent du malheur public, pour rendre héréditaires, des terres & des dignités que la volonté du monarque avoit jusque-là conférées. Ils s'approprierent, dit Daniel, les tributs, les amendes & les droits du roi, dont ils n'étoient auparavant que les receveurs.

C'est ainsi que s'introduisit l'empire des constitutions féodales : il s'étendit ensuite au point que chaque seigneur exerçoit dans son fief une autorité illimitée : tout serf devint taillable & corvéable à la volonté du seigneur, & presque tous les habitans subirent le joug de cette servitude.

---

(53) *Esprit des loix*, édition in-12, tome 4.

Réduits à un domaine très-borné, & obligés de lutter perpétuellement contre l'usurpation des grands vassaux, nos rois étoient forcés de faire contribuer les sujets de leurs domaines, aux frais qu'exigeoit le maintien de leur dignité. Les impositions qu'ils établissoient, étoient aussi-tôt adoptées par leurs feudataires, & le peuple, livré au despotisme d'une foule de petits tyrans, gémissoit dans une oppression continuelle. On rapporte à ces tems malheureux, l'origine de la taille, des corvées, & d'une foule de droits désastreux, dont le moindre effet fut de rompre toute communication, de ruiner tout commerce.

Chaque province, chaque seigneurie forma en quelque sorte un Etat particulier, de façon que si elles ne devinrent pas ennemies, du moins furent-elles étrangeres les unes aux autres.

La multiplicité des seigneurs, dit M. Dupin, dans ses *Economiques*, *tome premier*, *page* 87, avoit porté le désordre dans toutes les parties de l'Etat ; chacun vouloit être indépendant : pour y parvenir, on employoit une violence excessive envers les foibles, pour en tirer des secours personnels & de l'argent. Les chemins étoient impraticables : les marchands étoient pillés : les châtelains rançonnoient tout ce qui étoit sans défense, & faisoient payer des droits arbitraires dans tous les passages & ports de leurs districts. Les habitans de la campagne furent si tourmentés, qu'ils abandonnerent la culture de terres, & on craignit, avec raison, la ruine entiere de la monarchie.

De cette anarchie perpétuée par des guerres intestines, résulterent encore d'autres maux non moins funestes. Les ténebres de l'ignorance couvrirent tout le royaume, & il n'y eut plus de monumens de l'administration publique. On prétend qu'en 1194, l'arriere-garde de l'armée de Philippe-Auguste ayant été battue dans le Blaisois, par l'armée de Richard, roi d'Angleterre, ce prince lui enleva son chartrier, qu'il ne voulut jamais rendre. On suppose que c'est cet accident qui a fait perdre l'important traité qui fut passé entre

Huges Capet & les grands vassaux de la couronne, lorsqu'il fut élevé sur le trône.

A commencer de l'an 929, où finissent les capitulaires de nos rois, jusqu'en 1226, sous Saint Louis, on ne trouve presque plus de titres relatifs au gouvernement de l'Etat (54). Ce ne sont que des chartes accordées à des villes, à des églises ou à des monasteres, à l'exception de l'ordonnance de Philippe-Auguste, de 1190, ou plutôt le testament de ce prince, par lequel il règle ce que devront faire la reine & l'archevêque de Reims son oncle, dans le cas où il viendroit à mourir dans la terre sainte, pour laquelle il partoit.

Si l'on remarque que les moines & les gens d'église étoient les seuls qui sussent alors lire & écrire, que les traités de mariage se concluoient verbalement aux portes des églises, sans en avoir d'autre titre que la mémoire des témoins, combien ne sera pas chancelante la foi qu'on exigeroit pour tous les actes de ces tems de trouble & de barbarie !

M. le président Hénault, malgré la disette de preuves historiques, n'hésite cependant pas à mettre au rang des revenus de la couronne, lorsqu'elle passa sur la tête de Huges Capet, en 987, les droits d'entrée & de sortie perçus sur les frontieres du royaume (54) ; mais il ne parle en aucune façon de leur objet. Il ne pouvoit qu'être très-modique, en considérant la situation fâcheuse de l'Etat, sa division en une multitude de souverainetés, & le peu de relation que ses parties avoient entre elles, puisque, suivant le même

écrivain, on regardoit comme un voyage en pays étranger & inconnu, que de venir de Cluny en Bourgogne, à Saint-Maur, près Paris.

L'autorité royale étoit presque anéantie, puisque d'après le traité du nouveau roi, les seigneurs avoient un droit naturel & foncier sur leurs vassaux : ils pouvoient en recevoir les redevances de vivres & du service ordinaire, leur imposer des tailles extraordinaires. Le monarque n'avoit pas droit d'en imposer sur les sujets des seigneurs ; mais, dans les besoins de l'Etat, il convoquoit les barons, qui étoient particulièrement chargés des deniers d'imposition, pour les faire consentir à la levée des sommes nécessaires.

Ces barons se cotisoient entre eux pour le paiement, & ils imposoient ensuite sur leurs vassaux une taille arbitraire, sur laquelle ils prenoient la somme demandée par le roi, & ils pouvoient retenir le surplus. C'est ce qu'on voit par une charte de Philippe-le-Bel, en faveur des seigneurs du comté d'Alençon.

Les choses subsistèrent dans cet état jusques au tems des guerres saintes, sous le règne de Philippe Ier, vers l'an 1095. La religion en fut le prétexte ; la politique en entretint l'ardeur pendant près de deux cents ans.

Les papes, comme chefs naturels d'une guerre de religion, acquirent le droit de commander aux empereurs & aux rois ; ceux-ci profiterent de cette occasion pour établir des impôts, & réunir à leurs domaines des villes, des provinces & de grandes terres, que les seigneurs se trouvoient dans la nécessité de vendre ou d'engager, pour subvenir aux frais de ces grands voyages.

La puissance souveraine ne commença véritablement à se relever, que sous le règne de Louis-le-Gros, mort en 1137, après avoir occupé le trône vingt-neuf ans. L'établissement des communes, & l'affranchissement des serfs, y contribuerent d'abord. La création, par Philippe-Auguste, des grands bailliages,

(54) On a cru devoir modifier l'assertion positive de M. le président Hénault, parce qu'on a trouvé un mandement du 21 mai 1132, portant défenses de sortir du royaume des bleds, & toutes espèces de grains ; des lettres du mois d'août 1204, qui règlent les honoraires des sénéchaux de Poitou & de Guyenne, & par lesquelles il paroît qu'ils étoient en même tems receveurs des droits & revenus du roi, *Recueil des ordonnances de nos rois*, tome 11, page 288.

(55) *Abrégé chronologique de l'histoire de France*, tome premier, page 139.

c ij

auxquels reſſortiſſoient les juſtices ſeigneuriales, les conquêtes de ce prince, & la
réunion de pluſieurs grands fiefs à la couronne, ſous Saint Louis, ſon petit-fils,
furent enſuite des moyens lents, mais
ſûrs, qui minerent inſenſiblement l'autorité des ſeigneurs dans leurs domaines particuliers. On en comptoit alors plus de
quatre-vingt dans le royaume qui faiſoient
battre monnoie : à la vérité, le roi ſeul
pouvoit en faire fabriquer d'or & d'argent (56).

Pour prendre une idée des finances dans
ces tems reculés, ſuivons le fil hiſtorique
des impôts qui ſe ſont ſuccédés depuis le
commencement de la troiſieme race de
nos rois, juſqu'au règne de Louis XIV.

Louis le Jeune impoſe en 1147 le ſol
pour livre, ou le vingtieme des biens poſſédés par ſes ſujets. Cette noüveauté, qui
n'avoit pas été tentée par ſes prédéceſſeurs,
excita de grands murmures contre lui &
contre Saint Bernard, qui avoit conſeillé
la ſeconde croiſade. Ce dernier ſe défendit
avec force, par des écrits apologétiques,
dans leſquels il proteſtoit que la mort ou
la captivité de plus de deux cents mille
hommes, ne devoient être attribués qu'à
leurs crimes énormes, & que ceux qui
avoient échappé devoient ſe féliciter de la
bonté du Tout-puiſſant, qui leur faiſoit
grace, puiſqu'ils ne valoient pas mieux
que les autres.

La dîme ſaladine, qui conſiſtoit dans le
dixieme des biens-meubles & immeubles
de tous les ſujets, miſe en 1188 par Philippe-Auguſte, n'eut lieu que pendant
un an.

L'ordonnance de 1190, de ce même
prince, & dont nous avons fait mention,
apprend que la taille qui ſubſiſtoit déja,
conſiſtoit en une certaine portion du produit des terres, qui étoit payée en nature,
comme bleds, vins, poules, & ſe revendoit enſuite au profit du roi.

Il y eſt auſſi fait mention de l'aide *auxi-*

lium, que les égliſes étoient obligées de
fournir en tems de guerre.

Ce prince eſt celui de tous les rois de
la troiſieme race, qui a le plus acquis de
terre à la couronne, & de puiſſance au
monarque. Par les troupes qu'il eut le premier à ſa ſolde, il accoutuma les grands
au reſpeét, & les peuples aux impôts.

Ses revenus étoient d'environ trente-ſix
mille marcs d'argent, à deux livres dix
ſols le marc ; ce qui faiſoit alors quatre-
vingt-dix mille livres.

Les ordonnances rendues par S. Louis,
en 1254 (57) & 1256, celle de 1262,
ſur le fait des monnoies, divers mandemens du même tems, font voir que ce
monarque étoit rentré dans tous les droits
de la ſouveraineté, & que l'on commençoit à entrevoir les vrais principes de l'adminiſtration générale, dont il avoit reſſaiſi
les rênes, puiſque l'on ſentoit combien il
étoit avantageux de protéger le commerce
dans le royaume, & ſur-tout de favoriſer
celui des bleds & des vins.

Les baillis & ſénéchaux, qui réuniſ-
ſoient le gouvernement militaire à l'adminiſtration de la juſtice, exerçoient alors
toute police, chacun dans l'étendue de
ſon reſſort. Ils avoient le droit d'y permettre ou d'empêcher l'exportation des
grains, vins & autres comeſtibles, & le
plus ſouvent ces permiſſions ne s'accordoient qu'au plus offrant, de ſorte qu'elles
occaſionnoient des diſettes locales, ou pri-
voient au moins les propriétaires de la liberté de vendre leurs denrées à leurs voiſins.

Ces ordonnances de 1254 & 1256, répriment ces abus. Elles portent que le
tranſport des grains, d'une province à
l'autre, ne pourroit être défendu par les

(56) *Voyez* l'ordonnance de 1262. *Recueil des ordonnances de nos rois, tome premier, page* 93.

(57) Cette ordonnance a pour objet la réformation des mœurs dans le Languedoc, qui comprenoit alors toute la partie méridionale du royaume ;
on y défend de porter aux Sarraſins des armes,
des vivres, ni d'autres marchandiſes, tant qu'ils
ſeront en guerre avec les chrétiens. *Recueil des ordonnances, page* 67.

juges, que dans le cas d'une néceffité bien reconnue ; & que lorfque les défenfes auroient été faites , il n'y auroit d'exception pour perfonne.

. Le même monarque régla, en 1270, la forme de procéder à la répartition de la taille coutumiere, dont la taille actuelle eft une génération. ·

Philippe-le-Hardi, fucceffeur de S. Louis, ordonna, le 12 mars 1277, que, pour le commun profit du royaume, on n'en pourroit traire hors, nulle laine, ni bled, ni aucune efpèce de grain & de vin. Il enjoint aux feigneurs & baillis de faire exécuter ces défenfes dans la baillive de leurs terres ; & en cas de foupçon qu'un marchand puiffe en exporter, y eft-il dit, il faut prendre fûreté pour qu'il rapporte enfeigne qu'il les a vendues dans le royaume.

Le goût du luxe, apporté de l'Orient à la fuite des croifades, & les différentes guerres que Philippe-le-Bel eut à foutenir, l'obligerent à recourir à des expédiens extraordinaires, pour fe procurer des revenus.

L'extinction des Templiers , des exactions fur les Juifs, l'altération des monnoies, l'anobliffement des roturiers, furent fes premieres reffources. ·

On voit varier fans ceffe, fous ce règne, la quotité des droits impofés fur les marchandifes vendues dans le royaume, & les défenfes, ainfi que les permiffions d'en exporter. Cette mobilité de principes indique affez les vues burfales qui dictoient toutes les ordonnances.

Celle du 7 mars 1294, affujettit les Italiens & Ultramontains à payer deux deniers tournois par livre de la valeur des marchandifes qu'ils vendront dans le royaume hors les foires de Champagne, dans lefquelles le droit n'étoit que d'un denier , & les acheteurs devoient auffi payer deux deniers pour livre.

L'année fuivante, les Lombards & Italiens, commerçant dans le royaume, font affranchis de taille & de toute autre impofition, au moyen du droit d'une obole & une pite par livre de la valeur de toute efpece de marchandifes par eux vendues.

C'eft à ce prince qu'on peut rapporter le premier établiffement de la capitation, ou d'une impofition qui l'a enfantée. L'ordonnance du 31 mars 1302, confirmée les 29 mai & 5 octobre 1303, porte que ceux qui auront cent livres tournois de revenu en fonds de terre, paieront vingt livres, & pareille fomme pour chaque cent livre ; que ceux qui auront cinq cents livres en meubles, paieront vingt-cinq livres, & au-deffous de cent livres, ne paieront rien. Il réfulte de cette difpofition, que Philippe-le-Bel levoit le cinquieme du revenu de fes fujets.

Par un mandement du vendredi après la Touffaints, de 1302, il ordonne aux furintendans des finances, & commis prépofés à la levée de la fubvention pour la guerre de Flandre, de faire payer cette fubvention aux nobles qui auront quarante livres & plus de revenu, & aux non nobles qui auront trois cents livres en meubles, ou la valeur de cinq cents livres, tant en meubles qu'en immeubles, & d'apporter promptement au Louvre toutes les fommes au-deffus de mille livres qu'ils auront entre les mains.

En 1302, il fut fait défenfe de tranfporter hors du royaume, de l'or, de l'argent, des chevaux, des mulets, des bleds, des vins, & aucune efpèce de vivres, fous peine de confifcation de corps & biens ; mais la liberté de fortir les laines & les étoffes fut continuée, pourvu qu'on n'en fît pas paffer aux ennemis de l'Etat.

Les ouvriers en laine repréfenterent, en 1304, que cette liberté étoit très-préjudiciable à leurs fabriques. Ils demanderent que l'exportation des matieres premieres, ou propres à l'apprêt & à la teinture de leurs étoffes, fût prohibée, en offrant de payer un droit de douze deniers par chaque piece de drap de douze à treize aunes qui feroient vendues en gros, & de fept deniers pour celles qui le feroient en détail.

Philippe-le-Bel agréa ces propositions, & défendit, par son ordonnance du premier février 1304, non-seulement d'exporter les laines & les matieres premieres, mais encore toutes sortes de denrées & de marchandises fabriquées en France, à moins qu'on ne s'adressât à lui pour obtenir la permission de faire ces exportations.

Cette ordonnance contient les plus expresses défenses de faire passer aux étrangers, sans permission, & à peine de confiscation, de l'argent en barre ou de vieilles espèces, des armes, des chevaux, des mulets, toutes sortes de grains & de légumes, des vins, du miel, de l'huile, du poivre, du gingembre, la canelle, le sucre, le galanga, les amandes; le fer, l'acier, le cuivre, l'étain, le plomb, toute espèce de cuirs & de pelleterie apprêtés ou non préparés, la soie, le coton, la laine, le lin, le chanvre filé ou non filé, les toiles, les draps, & autres étoffes en blanc, crues ou non teintes, toute espèce de graines propres à la teinture, la cire, le suif, le saindoux & les graisses.

Cette ordonnance portoit cependant que la liberté d'exporter des monnoies d'or & d'argent nouvellement fabriquées, quelques épiceries, telles que le pignolat ou pignon, le cumin, & les autres espèces non dénommées ci-dessus, étoit générale & sans restriction.

Ainsi l'interdiction du commerce sur certaines espèces, n'avoit d'autre objet que de faire acheter la permission d'en faire la traite à l'étranger.

Afin de le remplir dans toute son étendue, le monarque chargea, par ses lettres du 6 du même mois de février 1304, Geoffroy Coquatrix, comme parfaitement instruit des besoins du royaume, d'y conserver les choses nécessaires à la consommation des habitans, & de régler ensuite quel étoit le superflu qu'il convenoit de laisser passer aux alliés de l'Etat seulement.

Ces mêmes lettres autorisent ce commissaire à placer des gardes sur les frontieres & les passages du royaume, à changer ceux qui étoient déja établis, & à en nommer d'autres; à donner les permissions de porter en pays étranger, mais non ennemi, les marchandises & denrées dont il jugeroit l'exportation sans inconvéniens; & enfin à prononcer contre ceux qui contreviendroient aux dispositions de l'ordonnance de 1304, les peines que mériteroit leur désobéissance.

Ces lettres portent encore que les ennemis de l'Etat, qui étoient alors les nations non chrétiennes, ne pourront ni apporter des marchandises dans le royaume, ni en extraire. Elles enjoignent à tous les justiciers & gardes des passages, de saisir, excepté dans les lieux sacrés & religieux, les étoffes & marchandises qui en viendront.

Il ne fallut pas moins de six ans à Coquatrix, qui doit être regardé comme le premier maître des ports & passages du royaume, ou comme l'instituteur des douanes, pour établir les barrieres & les gardes destinés à faire observer cette ordonnance, & pour composer un tarif du prix de chaque permission de commercer au-dehors, suivant la marchandise qui en étoit l'objet; car Philippe-le-Bel adresse, le 25 avril 1310, aux gardes des frontieres, un mandement par lequel il leur enjoint de faire porter à ses trésoriers à Paris, tout l'argent qu'ils auroient reçu dans les ports & passages. On voit, par cette injonction, que ces gardes étoient à-la-fois receveurs, & qu'ils tenoient probablement de Coquatrix, une instruction sur la quotité des droits qu'ils devoient exiger pour chaque exportation.

Les défenses de porter aux ennemis de la foi, des armes, des chevaux, du fer, de l'or, de l'argent, des pierres précieuses, des laines, de la garance & de la gaude, furent encore renouvellées sous ce règne, le 28 août 1312.

On a vu ci-devant que les revenus de Philippe-Auguste, aïeul de S. Louis, n'alloient qu'à trente-six mille marcs d'argent, valant quatre-vingt-dix mille livres. Philippe - le - Bel fit monter les fiens à quatre-vingt mille marcs, qui, à raifon de cinq livres, valoient quatre cents mille livres, & porta même la valeur du marc à huit livres; ce qui élevoit fon revenu à fix çents quarante mille livres, fomme d'autant plus confidérable pour le tems, qu'alors la Guyenne, la Bretagne, la Provence, le Dauphiné, les deux Bourgognes, l'Auvergne, le Bourbonnois, la Flandre, & plufieurs autres grandes feigneuries, n'étoient pas unies à la couronne.

Louis Hutin, qui fuccéda à Philippe-le-Bel, craignant l'effet des ligues & des affociations formées par les provinces & les communautés contre fon prédéceffeur, à caufe des impôts exceffifs qu'il avoit mis, déclara, par fes lettres du mois d'avril 1315, tant pour lui que pour fes fucceffeurs, qu'à l'avenir il ne fe pourroit lever aucuns deniers dans le royaume, que du confentement des Etats qui en feroient eux-mêmes le recouvrement & l'emploi, pour éviter les concuffions & la diffipation.

Ce prince procura quelques foulagemens au commerce, en réuniffant les différens droits en un feul qu'il modéra beaucoup, & en permettant de porter à l'étranger toutes fortes de vivres & même des toiles, fur les permiffions qui feroient accordées par les officiers royaux.

Des lettres du 2 juillet 1315, portent que les Italiens cafaniers, paieront cent fols de chaque çent de marchandifes qu'ils vendront dans le royaume, au moyen de quoi ils feront exempts de toute autre aide, fubvention & redevance.

Dans le même mois, ce prince établit fur toutes les marchandifes montant & defcendant la Seine, depuis le Pont-de-l'arche jufqu'à la mer, un droit fixé fuivant le tarif énoncé dans ce mandement, & abolit toutes autres charges & coutumes qui fe levoient, dans cet efpace, fur les denrées & marchandifes. Il paroît, par les détails de ce mandement

& par les lettres du 7 août 1315, qui invitent à porter des munitions en Flandres, qu'alors tous les droits étoient réputés de *péage, vinage* ou *coutume.*

Ce mot de coutume, pour défigner les droits levés fur les marchandifes, fe retrouve dans plufieurs ordonnances, & notamment dans celles des mois de mars 1325 & mai 1327. C'eft dans cette même année, au 25 feptembre, qu'on trouve les premieres lettres concernant la vente du fel, lettres qui ont pour objet d'empêcher le monopole de cette denrée.

La guerre contre les Flamands exigeoit des fecours. Ce prince fit affembler la nobleffe & le peuple par fénéchauffée, pour les exhorter à lui fournir des fubfides extraordinaires, à titre de prêt, avec promeffe qu'ils feroient rembourfés fur les revenus du domaine.

A ces reffources, il ajouta celle de vendre le droit de bourgeoifie, des lettres d'affranchiffement, & d'impofer quelques taxes fur les marchands; de façon que, fous ce regne, les peuples ne furent pas moins foulés que fous le précédent: il eft vrai qu'ils commencerent à fentir le prix de la liberté qu'on les forçoit d'acheter, & qu'ils préparerent aux générations fuivantes les moyens de jouir du droit d'être hommes.

Philippe-le-Long, porté au trône en 1316, publia en 1317, le 9 feptembre, des lettres qui confirment celles de 1315, impofant le droit d'un denier & une maille pour livre du prix des marchandifes vendues par les Italiens. Elles ajoutent que fi le produit annuel de cette impofition, qui avoit été affermée pour quatre ans par plufieurs particuliers, moyennant onze mille livres, excédoit cette fomme, il en appartiendroit un quart au roi. C'eft ici le premier exemple d'une efpèce de régie intéreffée.

C'eft ce même prince qui, le premier, mit un impôt fur le fel, en déclarant toutefois, par fon ordonnance du 25 février 1318, que cette impofition étoit momentanée, & que fon intention n'étoit pas qu'elle durât toujours. Cependant, en 1342, elle devint permanente, & Philippe de Valois établit des greniers pour vendre le sel à son profit : c'est ce qui le fit appeler l'auteur de la loi salique, par Edouard III.

Philippe-le-Long fit revivre, en 1321, la prohibition portée par l'ordonnance de 1304, renouvellant ensuite, le 19 mai de la même année, les défenses précédemment faites, de laisser sortir aucune des marchandises prohibées, sans payer finance ; il statua que le montant de cette imposition, dont, jusqu'à cette époque, le maître des ports avoit réglé l'emploi, seroit à la disposition de la chambre des comptes de Paris.

Cette chambre nomma en conséquence trois commissaires, qui furent Pierre Chalon, chanoine d'Autun ; Guillaume de Marcilly, chevalier ; & le même Coquatrix, maître des ports, choisi par Philippe-le-Bel.

L'instruction donnée par la chambre des comptes à ce sujet, fait voir que c'étoit à cette cour que devoient s'adresser les marchands qui vouloient faire la traite étrangere, & qu'elle déterminoit la somme à payer, suivant la quantité & la qualité des marchandises qui étoient exportées.

Il paroît qu'il étoit tenu registre de ces permissions & du prix qu'elles coûtoient, puisqu'on voit, dans la suite, ce prix désigné par le nom de *haut-passage*, droit rappellé dans le préambule du tarif de 1664, & qui se perçoit encore, sous ce nom, en Provence, sur les frontieres du comté de Nice.

Lorsque les formalités nécessaires pour faire le commerce d'exportation avoient été remplies auprès de la chambre des comptes, elle adressoit à celui de ses commissaires par le département duquel devoit sortir la marchandise, un mandement portant la quotité de la somme à faire payer, & distinguant les choses par quantités & qualités.

Ce commissaire, après avoir reçu la somme spécifiée, en délivroit une quittance, avec une copie du mandement de la chambre des comptes, à laquelle il ajoûtoit la permission particuliere de traire hors du royaume telles espèces de marchandises, de façon qu'il étoit défendu d'étendre cette permission à d'autres espèces & à de plus grandes quantités.

Lorsque les conducteurs de ces marchandises étoient arrivés dans le port ou le lieu du passage par lequel la traite devoit en être faite, ils présentoient leur permission au garde qui y résidoit. Celui-ci inscrivoit dans un registre destiné à cet usage, les noms des propriétaires des marchandises, la quantité, la qualité des différentes espèces, & il imposoit son seing ou sa marque sur chaque ballot, en indiquant le tems où ils devoient partir : alors il effaçoit sa marque, & les ballots étoient enlevés.

On trouve dans le registre de la chambre des comptes, que les marchandises dont le commerce extérieur étoit permis, moyennant une finance, consistoient dans des laines & agnelins, dans les grains de toute espèce, les draps écrus, le lin, le chanvre, le fil, le brésil, l'alun, les semences, les teintures, l'acier, l'or, l'argent en platte & le billon ; mais Charles-le-Bel rétablit, en 1324, les choses dans l'état où elles avoient été mises par l'ordonnance de 1304.

La premiere année de son règne fut marquée par une recherche des financiers & des usuriers qui étoient presque tous Italiens. La Guette, ministre des finances, mourut à la question. Il fut défendu en même tems de choisir pour receveurs des deniers royaux, des Lombards ni Ultramontains.

L'interdiction de tout commerce extérieur alarma les étrangers. Pour engager ce monarque à la lever, ils offrirent de payer quatre deniers pour livre de la valeur des marchandises qu'ils exporteroient, & ces offres furent acceptées.

Une ordonnance du 13 décembre 1324, établit en conséquence un droit fixé par

un

un tarif, fur les marchandifes fortant du royaume, & fur celles qui feroient vendues dans l'intérieur, appellé *de rève*, qui fignifioit alors recette. Elle règle que ce droit fera de quatre deniers pour livre fur toutes les draperies & autres marchandifes non fpécifiées ; qu'il fera acquitté au lieu de l'enlévement, & qu'il y fera pris acquit pour être repréfenté aux gardes établis fur les confins du royaume (59) : mais elle porte que l'on ne pourra faire fortir les armes, les harnois, les chevaux, le fer, l'acier, les draps blancs écrus & non teints, les fils de laine, les chardons à drapier, les teintures, les bétes à laine, les laines, le fil, le chanvre, le lin, les toiles & le linge de table.

Cependant les commiffaires de la chambre des comptes, qui faifoient les fonctions de maîtres des ports & paffages, recommencerent à vendre bientôt après des permiffions particulieres de faire la traite extérieure des marchandifes qui dévoient être prohibées, en leur faifant payer, outre le droit de rève, celui de haut-paffage.

Philippe de Valois, voyant la difpofition générale des efprits à la révolte & à la fédition, ainfi que du tems de Philippe-le-Bel, laiffa arrêter, dans les Etats-généraux tenus en fa préfence, qu'aucune taille ne pourroit à l'avenir être impofée, fans une urgente néceffité, & que les rois en feroient ferment à leur facre.

En conféquence, il ordonna, par fes lettres du 18 juin 1328, de reftituer ce qui avoit été levé fur la province de Berry, à caufe de la guerre de Gafcogne qui n'eut pas lieu, le roi d'Angleterre

ayant rendu l'hommage lige qu'il avoit d'abord refufé.

L'exemple des permiffions accordées d'exporter diverfes marchandifes, engagerent des particuliers qui réfidoient dans l'étendue de la fénéchauffée de Carcaffonne, à offrir, en 1331, de payer chaque année une fomme de cent cinquante mille livres tournois, tant qu'il plairoit au roi de leur permettre l'exportation des marchandifes & denrées de leur territoire, dont le commerce étoit défendu à l'étranger (60).

Ces propofitions ayant été admifes, c'eft à cette époque qu'il fut établi des bureaux en Normandie & en Poitou, du côté de la mer feulement ; dans le Languedoc, fur les côtes & les frontieres du Rouffillon ; dans le Lyonnois, du côté de la Breffe & de la principauté de Dombes ; dans la Picardie, limitrophe du Hainaut & du Cambrefis ; & dans la Champagne, fur la ligne frontiere du Hainaut, du Luxembourg, de la Lorraine & de la Franche-Comté : on ne put parvenir alors (61) à en établir fur les autres frontieres du royaume.

Les permiffions d'exporter des laines fe multiplierent au point de devenir trèsonéreufes au commerce, à caufe de la

---

(59) On trouve dans la même année 1324, au mois de janvier, qu'il fut impofé un droit d'un denier pour livre de la valeur des marchandifes & denrées entrant dans Paris, à commencer au premier février, avec la condition qu'à défaut de guerre, les deniers levés feroient partagés en trois parties, dont deux appartiendroient au roi, & la troifieme retourneroit au profit de la ville de Paris.

(60) On voit par les lettres du 11 mars 1331, auxquelles eft jointe l'ordonnance des commiffaires chargés de leur exécution, du mois d'avril 1333, qu'elles ont pour but de révoquer les défenfes faites jufques-là, d'exporter de la fénéchauffée de Carcaffonne les laines & peaux en laine, les grains, les lins, le paftel, la garance, les chardons, les bois, & toutes drogueries propres à la teinture & à l'apprêt des draperies ; & de fupprimer l'impofition de douze deniers pour livre, appellée *gabelle*, à laquelle ces marchandifes étoient fujettes, en laiffant feulement fubfifter celle de quatre deniers pour livre. Cette gabelle de douze deniers eft celle qui fut établie en 1304, d'après la propofition des ouvriers en laine, ainfi qu'on l'a vu ci-devant fous le regne de Philippe-le-Bel.

(61) *Mémoire fur les impofitions*, édition du Louvre, tom. 3, pag. 490.

d

fixation arbitraire du prix qu'elles étoient achetées.

Cette considération, jointe aux difficultés que trouvoit la chambre des comptes à suffire à expédier ces permissions particulieres, firent prendre à cette cour le parti de former un tarif des droits qui seroient payés sur les marchandises de cette espèce.

Suivant ce règlement, qui ne fut rendu public que le 5 avril 1342, il étoit permis de faire commerce de laines avec le pays étranger, en acquittant à leur sortie du royaume les droits de soixante sols parisis, par chaque charge de laine d'Angleterre ; six livres parisis pour chaque charge d'agnelin du même pays, & même somme pour les laines de la Bourgogne.

On reconnut, en 1349, (62) que cette

_____

(62) Dans cet intervalle de treize ans, on voit Philippe de Valois rappeler, le 16 octobre 1340, l'ordonnance de 1324, pour la confirmer, & pour mander au sénéchal de Baucaire de veiller à son exécution, & d'affermer cette redevance dans l'étendue de sa sénéchauffée, au plus offrant, après les criées & subhaftations accoutumées, & en prenant, des fermiers, une caution solvable.

Ce même prince accorde, dans les mois de mai & septembre 1341, aux marchands Portugais, l'exemption de toute imposition & subvention, quelle qu'elle soit, tant sur les denrées & marchandises qu'ils feront venir dans le royaume, que sur celles qu'ils en voudront extraire.

En mars 1345, le même prince ordonne qu'il sera payé une obole par piece de bétail, venant des pays étrangers dans le Gévaudan, pour entrée & sortie, au lieu de deux deniers & une obole qui se payoient.

Le 19 août de la même année, il mande au sénéchal de Baucaire de faire lever l'imposition accoutumée sur les bestiaux, amenés des pays étrangers dans le royaume, pour y paître. On doit se ressouvenir que ce droit étoit établi chez les Romains. Il ne faut pas omettre de citer ici deux règlemens, relatifs au systême des finances ; le premier du 28 janvier 1349, qui suspend tous les receveurs royaux ; le second du 14 juillet 1349, qui fait défense au chancelier & à la chambre des comptes, de commettre aucune personne aux recettes du roi ; mais ordonne que les receveurs seront élus de la même maniere que les sénéchaux & les baillis.

permission indéfinie de faire sortir les laines du royaume, étoit préjudiciable aux foires de Champagne & de Brie ; il fut, en conséquence, sursis, par ordonnance du 6 août, à l'exécution du règlement de 1342 ; mais cette surséance ne dura qu'une année, & finit avec le règne de Philippe de Valois.

Au mois de février de la même année, 1349, les habitans de Paris avoient consenti de payer pendant un an, une imposition sur toutes les denrées & marchandises qui seroient vendues dans cette ville & dans ses fauxbourgs. La quotité du droit & la forme de sa perception, furent réglées par les lettres du 17 février, & Philippe y donne toutes les assurances capables de persuader au peuple que cet impôt n'étoit que momentané.

Ce monarque sentant approcher sa derniere heure, manda ses enfans & les princes du sang ; il les exhorte, entre autres choses, à soulager les peuples, par la diminution des impôts ; mais (comme dit Mézeray) les princes recommandent plus volontiers en mourant cette bonne œuvre, qu'ils ne la pratiquent de leur vivant.

Les assurances que Philippe avoit données aux habitans de Paris en 1349, resterent sans effet, par sa mort & par l'avénement du roi Jean au trône, en 1350. Il obtint des Etats de la ville de Paris, la prolongation de l'impôt. La délibération prise en conséquence, au mois de mars 1351, porte, qu'il sera payé une aide ou droit fixe, sur toutes les marchandises qu'elle spécifie ; & six deniers pour livre du prix de toutes celles dont il n'y est pas fait mention, lorsqu'elles seront vendues, soit en gros, soit en détail.

C'est à tort que cette assemblée a été présentée par quelques écrivains, comme celle des Etats généraux du royaume. Il est certain qu'il n'y fut pas accordé une aide générale, puisqu'on voit les Etats particuliers des bailliages des provinces, se soumettre successivement en 1350, 1351, 1352 & 1354 ; (63) à l'imposition de six

_____

(63) Voyez les ordonnances du 30 mars 1350,

deniers pour livre des vins & marchandifes vendues dans l'étendue de leur reffort, & renouveller tous les ans cet affujettiffement.

La permiffion d'exporter les laines, fut confirmée, en y mettant feulement la condition de fortir par certains ports & paf-

---

portant établiffement d'un droit d'aide de 6 deniers pour livre, fur le vin & les autres marchandifes vendues dans le bailliage de Vermandois. L'art. 4 porte qu'il fera défendu de prendre plus de 4 den. d'une lettre de caution pour les marchandifes traites hors du royaume; & également 4 den. pour la délivrance ou décharge de la caution.

En juin 1351, femblable ordonnance pour le bailliage d'Amiens; en août 1352, id. pour celui de Beauvais & de Vermandois, portant aide de 6 den. pour livre; juin 1354, même aide de 6 den. dans le bailliage de Senlis. En 1357, il fut rendu une ordonnance pour établir plufieurs maîtres vifiteurs & gardes des paffages du royaume, attendu qu'il n'y en avoit qu'un.

Il eft à croire que cette dernière ordonnance n'eut fon exécution que les années fuivantes; car les lettres du 12 juillet 1358, qui règlent la jurifdiction du maître des ports, ne parlent que du chevalier Guillaume Soumartin, comme étant feul en exercice.

D'autres lettres, datées de Londres le 16 feptembre de la même année, règlent encore la jurifdiction du maître vifiteur-général des ports & paffages du royaume, & fixent les droits à payer pour les marchandifes qui en fortent.

On y trouve la défenfe de faire fortir les toiles, les peaux en laine, les moutons & brebis, par d'autres ports & paffages que ceux qui font établis par le maître des ports, en payant, pour les toiles, fept deniers pour livre, outre les quatre deniers de la rève, & les autres quatre deniers de la boîte aux Lombards. Il y eft queftion auffi du fubvifiteur, de fes gens, gardes ou commis, & autres officiers de port.

* L'origine de cette boîte aux lombards eft perdue dans la nuit de ces tems éloignés. Tous les renfeignemens qu'on a pu fe procurer fur cette impofition, fe réduifent à un fragment de lettres de naturalité accordée en mars 1358 à un Florentin, dans lefquelles on lit : *Quod nihilominùs à malatotâ veteri quatuor denariorum pro libra, vocata buta Lombardorum, & à duobus denariis, qui folvuntur pro clavaria portûs regis Aquarum-Mortuarum, pro introïtu & exitu regni prædicti, ac ab omnibus & fingulis impofitionibus feu couftumis, contributionibus & fervitutibus per Lombardos, five Italicos, aut per alios foraneos folvi hactenùs confuetos.* Recueil des ordonnances, tom. 3, pag. 254.

---

fages, & en augmentant le taux des droits auxquels ces marchandifes étoient fujettes.

Ces mêmes droits éprouvèrent encore quelques changemens en 1358 & 1361, qu'ils demeurèrent enfin fixés uniformément par tout le royaume, à quatre florins (64) par charge de faine, qui eft de trois cents livres.

Les mêmes motifs, c'eft-à-dire, ceux d'augmenter les revenus du roi, portèrent à faire enfuite, pour les toiles & les fils, les mêmes difpofitions qui avoient lieu à l'égard des laines.

Il fut permis de porter aux étrangers des toiles & des fils, en payant un droit de fix deniers pour livre de tout ce qui fortiroit par le port d'Aigues-Mortes en Languedoc, non compris fept deniers pour le droit de haut paffage.

Ces petits moyens ne fuffifoient pas aux befoins immenfes qu'exigeoit la néceffité de chaffer les Anglois qui occupoient déja une grande partie du royaume, & cependant il n'étoit plus permis de lever des deniers fans le confentement des Etats.

Le roi les convoque à Ruel en 1355, & ils accordent cinquante mille livres pour l'entretien de trente mille hommes d'armes, ce qui fuppofe quatre-vingt-dix mille hommes effectifs, puifque chacun d'eux avoit deux archers à cheval.

Dans la vue de fe procurer les cinquante mille livres, on propofa l'établiffement d'une gabelle fur le fel, & d'une impofition générale de huit deniers pour livre fur la vente de toutes les denrées & marchandifes, à l'exception des héritages; avec la condition, porte l'ordonnance du 28 décembre 1355, que cette gabelle & impofition feront payées par le roi, la reine & les princes.

Le roi fentant l'infuffifance de ces impôts, propofa celui d'une capitation, ou taille perfonnelle, comme le moyen le plus prompt & le moins embarraffant;

---

(64) Le florin valoit alors 17 fols 11 deniers, ce qui revient à 71 fols 8 deniers tournois.

d ij

mais les Etats ne voulurent pas y confentir d'abord ; cependant ayant reconnu, dans une feconde affemblée, qu'un grand nombre de villes avoit refufé de fe foumettre à l'aide de huit deniers pour livre, ils fe déterminèrent à accorder la capitation générale, telle que le roi l'avoit demandée. Elle fut fixée à quatre livres pour cent livres du revenu, à quarante fols au deffous de cent livres, & vingt fols au deffous de quarante livres ; toute perfonne y fut fujette, même celle de lignage royal, les eccléfiaftiques, les nobles, barons, chevaliers, fans exception. Les ferviteurs & domeftiques y furent affujettis dans la proportion de dix fols pour cinq livres de gages.

La valeur des meubles fut eftimée pour en former un revenu, en forte que celui qui en avoit pour cent livres, étoit taxé comme s'il avoit cent livres de revenu.

Plufieurs règlemens renouvellèrent en 1358 & 1361, les défenfes d'exporter les armes, harnois & chevaux, mais ils permettoient en même tems au maître & vifiteur-général des ports & paffages, d'accorder des permiffions, fuivant l'exigence des cas.

Le règlement de 1361 (65) lui attribuoit même la faculté de mettre à ces permiffions le prix qu'il jugeoit convenable, fuivant le plus ou moins de valeur des chofes qui feroient exportées.

_____

(65) On voit, par l'inftruction donnée le 4 août 1361, au vifiteur des ports & paffages des bailliages d'Amiens, de Lille & Douai, par la chambre des comptes, qu'il devoit être ouvert deux paffages en chacun, ès lieux où l'on reçoit les autres deniers du roi, & qu'il falloit y établir un fous-vifiteur ou député, pour pefer les marchandifes, & enrégiftrer les noms des marchands ; que les chevaux, les armes, le fer, l'acier travaillé, le fuif, ne pouvoient s'exporter fans permiffion du vifiteur, qui devoit faire payer les droits fuivant la valeur des marchandifes ; que celles qui n'étoient pas déclarées, ou auxquelles on donnoit une fauffe eftimation, étoient également fujettes à faifie, dont le cinquième étoit attribué au vifiteur, & qu'il y avoit de plus une peine pécuniaire en forme d'amende, pour chaque fauffe déclaration.

Les fuites funeftes de la journée de Poitiers, & la paix de Bretigny, avoient obligé les Etats-généraux du royaume, affemblés en 1360, d'accorder au roi, par forme d'aide & de fubfide, une taxe de douze deniers pour livre, de la valeur des marchandifes & denrées qui feront vendues, foit en gros, foit en détail ; le cinquième fur le fel, le treizième fur le vin & les autres boiffons.

On fait que la rançon du roi Jean fut ftipulée dans le traité de Bretigny, à trois millions d'écus d'or, valant trois livres ; & on n'en comptoit alors que pour quatre millions dans tout le royaume : auffi l'efpèce devint fi rare, que pour fubvenir aux dépenfes journalières, on y fubftitua une monnoie de cuir, ayant l'empreinte d'une fleur de lis fur la tête d'un petit clou d'argent qui y étoit attaché. Le marc d'argent valoit alors douze livres quinze fols trois deniers ; le marc d'or, foixante-trois livres dix-huit fols onze deniers.

Quelques provinces fe refuférent aux nouvelles impofitions ; d'autres furent abonnées ; & ces abonnemens fe perpétuant d'année en année, devinrent dans la fuite la fource de l'exemption des droits d'aides dont jouirent ces provinces.

Dans la même année 1360, le roi Jean, pour fubvenir aux frais de fa rançon, ajouta aux droits de haut paffage & de rève, que nous avons vu fucceffivement établis, un troifième droit de fortie fous le nom d'impofition foraine, fixé à douze deniers pour livre de la valeur des marchandifes (66).

_____

(66) En rappellant ici l'origine de tous les impôts créés dans ces tems malheureux, il ne faut pas ometrre l'ordonnance du 11 février 1359, qui prefcrit la vifite des perfonnes & des marchandifes fortant de Paris, & la levée de quatre deniers pour livre de la valeur de ces marchandifes, droit pour lequel il fera expédié une *cédule de paffe-porte.*

Quoiqu'on ne retrouve point d'ordonnance ni de règlement qui impofent des droits fur les marchandifes apportées dans le royaume ; cependant il paroît par les différens paffages que l'on a re-

Et afin de s'indemnifer du refus que faifoient quelques provinces, de contribuer à l'aide de douze deniers, impofée fur les chofes vendues dans l'intérieur du royaume ; ce monarque ordonna que ces provinces feroient traitées, comme les pays étrangers, dans leur commerce avec celles où l'aide avoit cours ; c'eft-à-dire, que le droit de fortie de douze deniers feroit payé fur les marchandifes fortant de ces dernieres provinces, pour aller dans celles où l'aide n'étoit pas établie, de la même façon qu'elle étoit payée fur ce qui fortoit du royaume pour le pays étranger.

C'eft par une fuite de ces difpofitions, qu'il fut fucceffivement établi des barrieres, ou lignes de féparation, formées par des bureaux, entre la Picardie & l'Artois ; dans l'Anjou & le Maine, du côté de la Bretagne ; dans le Poitou, du côté de l'Angoumois ; dans le Berry & le Bourbonnois, du côté de la Marche, de l'Auvergne & du Forez ; & dans le Lyonnois & le Languedoc, du côté du Dauphiné & de la Provence.

Dans cet état des chofes, les marchandifes ou denrées fortant des provinces où étoient placés ces bureaux, payoient trois fortes de droits ; celui de rève, de quatre deniers ; celui de l'impofition fo-

raine, de douze ; & celui de haut paffage, de fept ; foit qu'elles fuffent envoyées en pays étranger ou dans les provinces réputées étrangeres ; c'eft-à-dire, dans celles où les aides ne fe levoient pas (67). Il faut obferver auffi que le droit de haut paffage, créé en 1362, ne fe percevoit que fur les marchandifes qui avoient été prohibées fous Charles-le-Bel, telles que les draps, les peaux, les laines, le fil, le lin, les toiles, le fer & l'acier non fabriqués, les armes, & quelques autres. Ces trois fortes de droits étoient indépendans de ceux qui étoient perçus dans l'intérieur des provinces fur les marchandifes vendues, conféquemment à l'ordonnance de 1360, à moins qu'elles n'en fuffent nommément exemptées par une autorité particuliere (68).

Charles, qui avoit été régent du royaume pendant la captivité & l'abfence du

---

cueillis, qu'il en exiftoit depuis long-tems, & qu'ils étoient de douze deniers pour livre. *Voyez* les notes précédentes, 62 & 63.

On en trouve une nouvelle preuve dans l'ordonnance rendue le 29 janvier 1363, par le maréchal Daudeneham, lieutenant du roi dans le Languedoc. Elle permet aux marchands nationaux & étrangers, de décharger à Lattes leurs marchandifes, & de les faire tranfporter de-là à Montpellier, en payant les mêmes droits, *jura clavaria*, qu'ils euffent acquittés, en les faifant décharger à Aigues-Mortes, avec défenfe de débarquer fur la côte, depuis Leucate jufqu'au grau de Paffone.

L'ordonnance du 2 novembre 1364, fait mention auffi d'un droit d'entrée très-anciennement levé, en renouvellant l'obligation de payer ce droit d'un denier pour livre de la valeur des marchandifes dont feront chargés les vaiffeaux, foit nationaux, foit étrangers, à peine de confifcation des navires & des marchandifes.

---

(67) Les Etats d'Artois, du Boulonnois & Comté de Saint-Paul, ayant donné au roi une fomme par forme de fubvention extraordinaire, il fut rendu une ordonnance le 19 novembre 1366, portant que tout fubfide & impofition, treizième fur le vin, le quint du fel & toute autre aide extraordinaires impofés pour la délivrance du roi, cefferont en Artois, Boulonnois & Comté de Saint-Paul ; & que les habitans des pays qui acheteront dans les pays où ce treizième fur le vin, & cinquième fur le fel, ont cours, des marchandifes pour les mener chez eux, & non ailleurs, pour leur confommation & ufage, feront quittes des impofitions & de toutes entrées & iffues qui fe levent fur ceux qui menent denrées aux pays où les aides n'ont pas cours. On entend toujours par ces mots d'aides, l'impofition de 1360, à la vente des marchandifes & boiffons ; & quoiqu'on donne la même dénomination indiftinctement à tout fubfide de ces tems, il faut pourtant diftinguer, fuivant Ducange, les aides légitimes & coutumieres, établies depuis long-tems, des aides extraodinaires & gracieufes, qui étoient demandées dans des befoins preffans, ou accordées volontairement à titre de fecours.

(68) Les coquilles, médailles & autres marchandifes de quincaillerie, vendues au mont Saint-Michel, à ceux qui y alloient en pélerinage, furent exemptées des douze deniers d'aide, par lettres du 15 février 1393.

roi fon père, lui fuccéda en 1364. Tous les anciens impôts furent continués ; on y ajouta même encore le fouage ou la taille, fixée à raifon de quatre livres par feu, dans les villes, & d'un franc & demi dans les campagnes. Ce mot de feu fervoit à défigner chaque partie d'une étendue quelconque, de façon que chaque feu fujet à une certaine impofition fixée, pouvoit embraffer une ou deux lieues dans certains cantons, & trois ou quatre lieues dans un autre, fuivant leurs produits refpectifs.

On rapporte que le monarque laiffa à fa mort, arrivée le 16 feptembre 1380, des tréfors évalués à dix-fept millions de livres. L'argent ne valoit plus que cinq livres neuf fols le marc, & l'or, foixante-deux livres cinq fols; & l'on prétend que le jour même de fa mort, il figna une ordonnance qui fupprimoit une grande partie des impôts qu'il avoit un peu forcés.

Sous le nouveau règne de Charles VI, dont l'efprit aliéné permettoit tout à fes oncles & à fon époufe, les maximes anciennes furent anéanties ; les Etats-généraux ne furent plus confultés ; la taille fut impofée à difcrétion dans tout le royaume ; la confufion s'introduifit dans toutes les affaires. La taille, qui jufques-là avoit porté différens noms, reçut celui de taille, par la déclaration donnée à Avignon le 28 janvier 1389.

Les commencemens de ce règne furent marqués par deux féditions violentes, caufées par les impôts. Ceux qui portoient fur les comeftibles, & qui auroient dû finir avec la guerre, furent continués, fous le prétexte de chaffer les Anglois de l'Anjou & de la Touraine.

Le duc d'Anjou, régent du royaume, avoit arrêté le tarif de l'impofition fur les menues denrées vendues dans les marchés; c'eft-à-dire, les fruits, les herbages, les légumes, les œufs, le beurre, les fromages, & en avoit donné la perception moyennant une fomme confidérable. Un percepteur fondé fur ce tarif, demande un denier à une herbiere qui entroit à Paris. Cette femme refufe & contefte. On veut confifquer fa marchandife. Elle jette des cris qui fonnent le tocfin parmi le peuple. Dans un inftant tout Paris eft en émeute, & le peuple entre en fureur. Dans leur premier mouvement, les féditieux marchent à l'hôtel-de-ville, & en enfoncent les portes. Il s'y trouve trois à quatre mille maillets de fer deftinés pour les gens de guerre. Ces furieux s'en faififfent, pourfuivent les fermiers, receveurs & prépofés à la perception de l'impôt, jufqu'au pied des autels, pillent leurs maifons, & les abattent; fe portent aux prifons, en brifent les portes, & font fortir les criminels. C'eft de là que cette fédition reçut le nom *des Maillotins*.

On parvint à appaifer les révoltés par la douceur, & en promettant une amniftie. Le régent en fit excepter ceux qui avoient forcé les prifons. Sous ce prétexte, le prévôt de Paris en fit arrêter un grand nombre, qui fut jeté la nuit dans la rivière à diverfes fois, parce qu'on n'ofoit pas faire exécuter publiquement tant de coupables.

Malgré cette rigueur, à laquelle on ajouta celle de faire occuper la ville par des gens de guerre mis à difcrétion, les Parifiens ne voulurent pas confentir au rétabliffement de l'impôt qui les avoit révoltés. Cette affaire fe termina par la voie des négociations, & la ville paya cent mille livres pour toutes chofes.

La fédition *de la Harelle* à Rouen eut le même principe, & prit fa fource dans le marché. La populace furieufe fe créa un roi qu'elle promena en triomphe par la ville, & le contraignit de prononcer l'abolition de l'impôt fur les menues denrées. Le roi s'étant rendu à Rouen, en fit abattre une porte, pour entrer par la brèche. Le peuple fut défarmé. Des féditieux, les uns furent punis de mort, les autres affujettis à des taxes confidérables, & l'impôt fut rétabli. Selon Pline, liv. 19, ch. 14, un femblable impôt fur les petites denrées dont le trafic occupe le menu peuple, avoit de même caufé à Rome une émeute fi violente, qu'on ne l'avoit appaifée qu'en le fupprimant : preuve évidente que le peuple eft le même par-tout ; attaché à la vie comme tous les êtres fenfibles, & prêt à fe révolter quand on attaque les moyens de la conferver, qu'il trouve dans fes bras & fon induftrie ; preuve auffi qu'il eft auffi dangereux d'établir un impôt mal combiné, qu'imprudent de tourmenter par des exactions, des gens qui n'ayant rien à perdre, peuvent croire avoir tout à gagner au milieu des troubles & des défordres qu'un intérêt défefpéré les porte à exciter.

En 1383, on renouvella la fixation du droit de haut paffage à fept deniers d'argent, ou douze deniers tournois par quintal, pour le prix des permiffions d'exporter le fer & l'acier en barres.

Le prix de la faculté de faire fortir les draps blancs & écrus, les laines filées, fut réglé à fept deniers par livre ; celui des teintures, à douze deniers ; celui du paftel & autres drogues de même genre, à fix deniers ; eelui du tartre ou graiffe de tonneau, à quatre fols la charge.

Ces permiffions continuèrent vraifemblablement d'être accordées par les maîtres ou par les vifiteurs des ports & paffages ; car les lettres du 26 mars 1394, portent que celles qui feront délivrées par le maître des ports de Baucaire & de Nîmes, feront enregiftrées, fcellées de fon fcel manuel, & fignées par le contrôleur des ports & paffages (69).

Dans la même année 1383, on vit naître des mouvemens féditieux dans les principales villes du royaume, toujours pour les impôts pendant l'abfence du roi, qui étoit allé en Flandres. Mais à fon retour, la ville de Paris fut la première châtiée par la fuppreffion de la prévôté des marchands & de l'échevinage, & par l'exécution de plus de trois cents de fes habitans, qui furent noyés, décapités, ou pendus fans forme de procès, & par la condamnation de plufieurs autres, qui ne purent fe racheter que par les groffes amendes pécuniaires qui leur furent impofées.

Les autres villes furent traitées de même, & punies par la mort, la profcription, la révocation des privilèges & par des taxes exceffives.

Par-tout les impôts furent rétablis, & on les exigea avec des violences indicibles.

A tous ces moyens, on ajouta en 1396 & 1398, la confirmation de tous les anciens droits de fortie impofés fur les marchandifes conduites hors du royaume, avec la condition que ces droits ne feroient payés qu'aux derniers paffages (70).

---

(69) Les fonctions de cet officier paroiffent indiquées par fon titre ; mais on ne trouve rien fur l'époque de fa création, ni fur les motifs qui y donnèrent lieu, à moins qu'il ne faille préfumer qu'il avoit été inftitué pour vifiter les marchandifes qui étoient exportées. Cette opinion eft fortifiée par l'inftruction du 28 mai 1392, concernant la levée de la foraine.

Elle porte permiffion de vifiter les ballots, & que s'il eft fait remife de ladite impofition, le montant en fera déduit fur le prix de la ferme. Elle règle auffi que les draps & autres denrées de France paffans par les villes des diocèfes de Paris, Troyes & Auxerre, pour fortir du royaume par la Seine

& le Rhône, & le port d'Aigues-Mortes, ne paieront que fix deniers pour livre ; que s'il fe trouve dans les ballots d'autres marchandifes que celles qui auront été déclarées, elles feront confifquées ; que le fermier aura le tiers de la confifcation ou de l'amende, outre le paiement de l'impofition ; qu'il fera payé douze deniers pour les marchandifes chargées dans les trois diocèfes, pour être vendues à Châlons-fur-Saône, attendu que l'impofition n'y eft pas levée pour le roi ; & fi elles font revendues à Châlons-fur-Saône, pour être portées en pays étranger, il ne fera plus payé que fix deniers pour livre. La Bourgogne avoit alors fes fouverains particuliers. Louis XI ayant réuni cette province à fa couronne en 1436, les aides & impofitions qui y avoient été abolies par les lettres-patentes de Philippe-le-Bon, du 4 mars 1465, n'y furent rétablies que par l'ordonnance du 18 décembre 1488.

(70) Lettres du 26 février 1396, portant que le droit de rève de quatre deniers pour livre, & les autres anciens droits accoutumés être perçus &

Les lettres & inftructions adreffées les 8 & 9 janvier 1398, à Pierre Hardy, bourgeois de Rouen, commiffaire-général, chargé de réprimer les fraudes qui fe commettoient en cette ville, fur l'impofition foraine, prefcrivent des formalités, defquelles font émanées celles qui s'obfervent encore aujourd'hui relativement aux acquits à caution.

Elles portent que ceux qui déclareront des marchandifes pour les provinces du royaume où les aides ont cours, feront obligés de donner caution, & de rapporter certification ou refcription des lieux où lefdites marchandifes & denrées feront portées, en certain tems raifonnable qui leur fera ordonné par le commis ; & icelui terme paffé, ils feront contraints de payer ladite impofition, tout ainfi que fi lefdites denrées & marchandifes étoient menées hors du royaume, & les conducteurs des marchandifes trouvés fans acquit après cette ordonnance, feront punis d'amende arbitraire.

La certification ou refcription fera prife à Rouen auprès du receveur de l'impofition, & portée à Paris pour obtenir le déchargement de la caution, & il fera payé douze deniers tournois pour chaque refcription, & pareille fomme pour le déchargement, & quatre deniers parifis pour les quittances.

Les princes qui gouvernoient l'efprit du roi, voulant regagner l'affection des Parifiens, leur rendirent tous leurs privilèges en 1409, en y ajoutant celui de tenir des fiefs avec la même franchife que les gentilshommes.

L'univerfité de Paris, touchée de l'excès des impôts, fit des remontrances au roi, fur ce que les tailles, qui précédemment n'étoient que de quatre-vingt quatorze mille livres, avoient été portées à quatre cents cinquante mille livres.

Le règne de Charles VII, monté fur le trône en 1422, ne fut pas moins malheureux que le précédent. En 1440, la taille fut rendue perpétuelle; le 26 feptembre, une ordonnance diftingué les finances en ordinaires & extraordinaires, & porte que les premières, par lefquelles on entend les revenus du domaine, feront payées entre les mains des changeurs du tréfor; que les fecondes, qui comprennent les tailles & toutes les autres impofitions, le feront entre les mains du receveur-général des finances, alors feul pour cette partie.

C'eft à ce prince qu'il faut attribuer les célebres règlemens de la gendarmerie, de la taille générale, & des francs-archers; règlemens alors excellens pour opérer le falut de l'Etat, & qui eurent leurs effets; mais qui font devenus le principe de fon malheur, en donnant naiffance à des impofitions arbitraires, d'autant plus dangereufes fous un fouverain diffipateur ou prodigue, qu'il eft affuré d'y trouver des reffources, & d'autant plus funeftes aux peuples, qu'elles détruifent les familles, dépeuplent les campagnes, & tariffent toutes les fources de la reproduction & du commerce.

L'autorité royale étayée par des troupes toujours fubfiftantes, qui pilloient également les ennemis & les compatriotes, avoit commencé à s'affermir fous le regne de Charles VII. Elle reçut de nouvelles forces par fon fils Louis XI, qui mit fa gloire à abaiffer les grands, & à charger les peuples d'impôts, puifqu'en vingt-deux ans il augmenta les tailles de trois millions, en les portant à quatre millions fept cents mille livres, le marc d'argent étant à neuf livres cinq fols.

L'avénement de Charles VIII fut fignalé par une diminution fur les tailles, & une réduction dans le nombre des gens de guerre. C'eft à ce monarque que furent dues la fuppreffion du droit fur les menues denrées, qui avoit caufé tant d'émeutes populaires, & fa converfion en une aug-

mentation

---

levés fur les marchandifes menées hors du royaume, feront payés aux ports & paffages par lefquels elles fortiront du royaume.

mentation de taille, appellée crue. Néanmoins la taille fut réduite à douze cents mille livres, & l'état général des finances ne montoit à fa mort qu'à environ deux millions fix cents mille livres, le marc d'argent valant onze livres (71).

Louis XII déteftant les nouvelles impofitions, préféra de faire vendre les charges de finances, & ne regna pas affez long-tems pour un peuple dont il mérita d'être furnommé le père.

L'hiftoire apprend que malgré les guerres continuelles de fon regne, il diminua les tailles d'année en année, & qu'on le voyoit répandre des larmes lorfque la néceffité le forçoit d'impofer des fubfides. Frappé de l'exemple de Charles V, qui avoit laiffé un tréfor amaffé aux dépens du bonheur des peuples, Louis XII voulut laiffer le fien dans la bourfe de fes fujets, & fon fucceffeur eut l'avantage d'y trouver en effet des reffources étonnantes, lorfqu'il fallut payer fa rançon & celle de fes enfans.

Le gouvernement modéré de Louis XII avoit préparé le fiècle de François Ier,

monté fur le trône en 1515, avec une grande difpofition à la prodigalité. Pour la fatisfaire, il hauffa les tailles, il aliéna le domaine, & mit plufieurs nouveaux impôts, entr'autres, celui qui portoit fur les villes clofes, pour la folde de cinquante mille hommes.

C'eft fous ce prince auffi que l'on voit les encouragemens accordés au favoir, attirer les arts dans le royaume, & exciter l'induftrie, qui eft la mère du commerce. La fphère des connoiffances s'étendit, & l'activité de l'efprit françois embraffa tout.

Dans cette révolution générale, l'économie politique fut également éclairée d'un rayon de cette lumière naiffante, & l'on commença de voir fous un jour nouveau les droits impofés fur les marchandifes, lefquels jufques-là n'avoient été que de fimples tributs payés au fifc, & des moyens d'augmenter les revenus de la couronne.

On fit entrer ces droits pour quelque chofe dans le fyftême de l'adminiftration, & on entrevit que quoiqu'ils duffent leur origine à la néceffité, on pouvoit cependant s'en fervir utilement pour favorifer le commerce, & en faire une efpèce de fauve-garde pour les manufactures nationales. L'aurore de ces vues politiques s'annonce par le préambule de la déclaration du 7 feptembre, & l'édit du 25 novembre 1540; mais elle fut bientôt obfcurcie par les horreurs des féditions & des guerres civiles nées fous les petits-fils de François Ier (72). Sa clarté bienfaifante guida quelques inftans le grand Henri,

---

(71) On fuivit fous ce regne, à l'égard des droits d'entrée & de fortie, le plan établi fous le roi Jean.

L'ordonnance du 18 décembre 1488, renouvelle les difpofitions de l'inftruction de 1398, & prefcrit l'établiffement de différens bureaux en Champagne, à Arras, Tournay, Saint-Omer & Boulogne, pour la perception de la foraine. L'article 6 accorde aux marchands de Brabant, de Hollande & Hainaut & autres étrangers, la facilité de remporter chez eux, en exemption de droits, les draps, denrées & marchandifes qu'ils auront apportées dans le royaume, & qui feront reftées *invendues*, en prenant certification des receveurs ou commis des lieux où elles auront été déchargées. L'article 9 porte qu'il fera établi des commis-receveurs de l'impofition foraine à Dijon & Châlon-fur-Saone, &c. autres villes de Bourgogne, nouvellement retournées à la couronne, & où ce droit n'avoit point encore été recueilli; les articles 13, 14, 15 & 16 donnent aux fermiers, qui étoient alors par provinces ou diocèfes, la faculté de vifiter les balles & ballots après les déclarations, ou au paffage des marchandifes qui auront déja acquitté la foraine, dans une autre province.

(72) On ne peut donner une idée plus exacte des défordres de ces tems malheureux, qu'en rapportant le réfultat des calculs préfentés en détail pour chaque diocèfe du royaume, dans le *fecret des finances*, imprimé en 1581. Fromenteau, qui en eft l'auteur, prétend que depuis 1548, jufqu'au 31 octobre 1580, il fut levé en France quatre milliards fept cents cinquante millions de livres; le marc d'or étant alors à cent quatre-vingt livres, & celui d'argent à quinze livres, taux moyen pris

e

conseillé par le vertueux Sully ; elle fut
éclipsée de nouveau sous Louis XIII, &
ne reparut jamais avec plus d'éclat que
sous le ministère de l'immortel Colbert.

Cet édit porte : « Comme nous avons été
avertis, de grandes vexations & molestes
que les fermiers de notre imposition foraine, par leur insatiable cupidité, donnent
aux marchands tant de notre royaume,
qu'étrangers, en levant sur les marchandises notredit droit avec une si grande
rigueur & exaction, que souvent ils sont
contraints de payer deux fois, &c. ou
bien font apprécier les marchandises beaucoup plus qu'elles ne valent ; pour à quoi
donner ordre, désirant de tout notre
pouvoir entretenir la négociation & le
commerce tant de nos sujets qu'étrangers, en la plus grande liberté que faire
se pourra, avons statué que ladite imposition foraine se levera à raison de douze
deniers pour livre (73). »

Après avoir défendu, par les articles 3
& 4, de conduire des marchandises sans
les avoir fait visiter, de les conduire par
d'autres chemins que ceux où sont établis les maîtres des ports & gardes des
passages, il est permis de transporter jusqu'à cent livres de marchandises, & au
dessous, dans le royaume, excepté sur
les limites, sans donner de caution.

L'article 5 ordonne que les marchandises seront appréciées & évaluées, afin
que les marchands sachent ce qu'ils de-

vront payer par muid, par cent, par
balle ou charge, de quelque denrée que
ce soit, bonne ou mauvaise.

Ladite imposition sera levée par les
receveurs des aides, en toutes les villes
où il y a élus, ou commis d'élus, & les
receveurs seront contrôlés par lesdits élus
ou leurs greffiers ; & à cette fin sera à
iceux élus, receveurs & greffiers, déterminé certain lieu qu'on a coutume d'appeller vulgairement bureau, auquel ils
feront résidence tout le long du jour, ou
eux ou leurs commis, pour dépêcher les
marchands qui viendront ; c'est à savoir,
ceux qui voudront aller hors de notre
royaume, leur bailler acquit de ce qu'ils
paieront, signé de l'un desdits élus &
desdits receveurs, leur greffier ou commis, & à ceux qui ne voudront issir hors
le royaume, & qui partant, bailleront
seulement caution de rapporter certification de la descente, selon nosdites ordonnances, leur bailler des lettres de passage signées comme ledit acquit.

Lesquels élus, receveurs, greffiers ou
commis par ensemble, seront tenus de
faire un papier-journal contenant toutes
les expéditions qui se feront, lequel sera
signé chaque jour par leurs mains.

Pareillement feront registre des acquits
& lettres de passage qui se délivreront
aux marchands, & des confiscations qu'ils
recevront d'eux, pour décharger leurs
cautions ; desquelles certifications ils prendront douze deniers tournois (74).

Lesdits élus, receveurs & greffiers
auront chacun en son regard commis
esdits lieux, où seront établis les maîtres
des ports & gardes des passages, pour
recevoir ladite imposition & faire registre
de tout ce qui passera, & des visitations
qui se feront desdites marchandises, & aussi
pour retenir les acquits des marchandises
desquels ils feront pareillement registre ;
& quant ès lieux où ne sont ni élus, ni

---

dans cet espace de trente-deux ans ; qu'il en coûta
la vie à 765,200 personnes ; qu'il y eut 12,300
femmes ou filles violées, 9 villes & 252 villages
brûlés ou rasés, & 128,256 maisons détruites.
Tom. 2. pag. 378.

(73) On a cru devoir rappeller ici les principales dispositions de cet édit, parce qu'elles font
voir par quels degrés la raison & la régularité se
sont introduites dans l'administration des droits
de douane, combien en se perfectionnant, leur
régie a acquis plus de douceur, & a mis plus de
proportion entre les contraventions qu'elle avoit à
craindre, & les peines propres à les réprimer.
Voyez le recueil de Fontanon, tom. 2., page
452.

(74) Ce même salaire avoit déja été fixé par l'ordonnance de 1398 ; *voyez* ci-devant.

ños juges ordinaires, receveurs & greffiers en feront le femblable (75).

Les difpofitions des déclarations du 20 octobre 1539, 18 juillet & 7 septembre 1540, n'étoient pas moins favorables au commerce extérieur.

L'une concerne l'entrée des épiceries, & les autres ont directement pour objet de favorifer les progrès des fabriques de Lyon, en foumettant toutes les étoffes de foie apportées des pays étrangers à paffer par cette ville, pour y acquitter des droits affez confidérables (76).

On a vu qu'il avoit été ordonné, le 25 novembre 1540, que les droits de l'impofition foraine, rève & haut paf-

fage, feroient dorénavant levés fous la main du roi (77), & par qui cette perception devoit être faite. Afin de ne laiffer ni arbitraire, ni variation fur cet article, il avoit été nommé des commiffaires pour évaluer de concert, avec les marchands, le prix des marchandifes, & en fixer les droits. Ces commiffaires rapportèrent le procès-verbal de leur opération le 20 juillet 1541; & le 20 avril de l'année fuivante, intervint l'édit portant évaluation générale des marchandifes, laquelle reçut des modifications & des additions par les lettres-patentes des 28 mars & 21 juin 1543 (78).

---

(75) L'article 3 prononçoit la peine de confifcation de corps & de biens contre les marchands & voituriers faifant conduire, ou conduifant des marchandifes dans le royaume, fans préalablement avoir payé les droits, ou donné caution pour leur deftination en pays d'aides. La prifon étoit alors la punition de toutes les infractions aux loix concernant les droits. Le 2 juillet de la même année 1540, les généraux des finances avoient ordonné l'emprifonnement d'un voiturier de Roanne, faute d'avoir rapporté le certificat de la defcente des marchandifes qu'il avoit déclarées pour un lieu des provinces fujettes aux aides. La même contravention n'eft punie aujourd'hui que par le paiement du quadruple droit qui étoit dû dans ce cas, & encore le plus fouvent, cette peine eft modérée au double droit.

(76) Il eft dit dans les lettres-patentes du 18 juillet, comme pour plufieurs bonnes caufes & confidérations, nos prédéceffeurs & nous, aurions fait plufieurs édits & ordonnances fur le fait des entrées dans notre royaume, de tous draps d'or, d'argent & de foie, & à ce que nos droits defdites entrées fuffent acquittés fans fraude, avons ordonné que tous draps d'or, d'argent & de foie, & pareillement toute efpèce de cannetilles, paffemens, rubans, ceintures, franges, pannes, ornemens, habillemens, & toute efpèce de tiffure & d'ouvrages de fil d'or, d'argent & de foie, venant d'Italie, ne pourront entrer dans le royaume, que par Suze, venant d'Avignon par Montelimart, & venant d'Efpagne par Bayonne & Narbonne, defquelles villes elles feront conduites à Lyon, pour y être pefées, & payer le droit de gabelle accoutumé.

Les marchandifes & ouvrages des manufactures de Gênes, doivent payer, outre le droit de gabelle ordinaire, deux écus par pièce de velours;

& des autres étoffes à l'équipolent, & felon le taux fur ce ordonné. Une ordonnance du 16 octobre de la même année 1540, défend de paffer par des chemins obliques & détournés, tant par eau que par terre, & porte que ces chemins feront rompus de manière qu'on ne puiffe y paffer.

La déclaration du 14 octobre 1564, de François II, renouvella les difpofitions de la déclaration du 7 septembre 1540, & fubftitua le pont de Beauvoifin à la ville de Suze, qui avoit été rendue au duc de Savoie.

(77) François I, &c. comme tant par feu de bonne mémoire les rois Charles VIII & Louis XII, derniers décédés, que par d'autres, nos prédéceffeurs rois, pour certaines caufes concernant le bien, profit & l'utilité de notre royaume & de la chofe publique, aient été faits plufieurs édits & prohibitions à toute perfonne de faire venir, amener, ni entrer en notre royaume, aucune épicerie, fi ce n'eft par les ports & havres maritains d'icelui; cependant plufieurs marchands & autres, par voie indirecte, & pour leur fingulier profit, s'efforcent y contrevenir, en faifant paffer par terre, lefdites épiceries des pays circonvoifins, pour les enrichir au détriment de notre royaume; à quoi voulant pourvoir, inhibons & défendons à toutes perfonnes quelconques, l'entrée, defcente & diftribution dans notre royaume, de toute forte d'épiceries, de quelque pays qu'elles viennent, fi ce n'eft qu'elles foient abordées, defcendues & déchargées aux ports & havres maritains de notre royaume, non regratées, ni vendues, en payant pour icelles nos droits anciens & accoutumés.

(78) Comme de tout tems nos prédéceffeurs ont levé douze deniers pour livre fur toutes denrées & marchandifes fortant hors de notre royaume, ou

François I mourant en 1547, recommanda très-inftamment à fon fils de diminuer les tailles qu'il avoit pouffées à l'excès. Il lui repréfenta que les François étant le meilleur peuple du monde, méritoient d'autant plus de ménagement, qu'ils fe facrifioient pour leur roi dans le befoin.

Ces exhortations furent bientôt oubliées par Henri II; mais ce prince fit l'expérience de la bonté de fon peuple en 1557, lorfqu'après la malheureufe bataille de Saint-Quentin, il fallut trouver des fecours pour fauver le royaume, & calmer l'alarme générale fur l'invafion des Efpagnols.

Dans l'année 1549, le taillon avoit été établi par ordonnance du 20 octobre, &

confirmé par celle du 14 mars 1552, pour la folde de la gendarmerie.

Dans la même année 1549, ce prince établit, par édit du mois de feptembre, un maître des ports général en chacune des provinces de Normandie, Picardie, Champagne, Bourgogne, Mâconnois & Lyonnois, avec des lieutenans & des bureaux fur la ligne frontière de ces provinces, du côté du pays étranger. Il ordonne auffi qu'il fera député des commiffaires pour faire les mêmes établiffemens en Bretagne, dans le duché d'Anjou, dans le Maine, le Poitou, le gouvernement de la Rochelle, la Saintonge, la Guyenne, le Languedoc, la Provence, le Dauphiné, Piémont, Savoie & Breffe(79), afin que dorénavant les extrémités & limites de notre royaume foient gardées, régies & gouvernées d'une même forte pour le paiement des droits.

A cet édit fut jointe une inftruction des commiffaires, fur le détail des formalités qui devoient être généralement obfervées dans les bureaux, foit par les marchands, foit par les commis; elle prefcrit la manière de procéder à la vifite, à la pefée & au plombage des marchandifes, de délivrer les expéditions, d'enregiftrer les confifcations & amendes; elle préfente un protocole pour les acquits de toute nature, pour les certificats d'arrivée, les décharges de cautions, les paffeports des couriers, les paffavans des colporteurs, &c.

Elle ordonne que toutes les expéditions feront fignées du maître des ports, ou de fon lieutenant, avec le greffier du rece-

---

tranfportées en nos pays & lieux où nos aides n'ont cours, dit François I; lequel droit eft vulgairement appelé impofition foraine, & en outre quatre deniers pour livre, & cinq fols pour queue de vin, que l'on appelle droit de rève, en aucuns lieux & ès autres, domaine forain; auffi fept deniers pour livre fur aucune efpèce de marchandifes; droit que l'on appelle de haut paffage.... & combien que ladite appréciation foit grandement à notre défavantage, & que les marchandifes ne foient prifées qu'à la moitié de leur valeur, tellement que notre droit d'impofition, qui eft de cinq pour cent, ne reviendroit pas à deux & demi.... On voit qu'il n'eft queftion ici que de la foraine proprement dite, de douze deniers pour livre, dont le taux reftoit le même, mais qui fe trouvoit réduit au deffous de moitié, par la foible appréciation des marchandifes dénommées au tarif de ce droit.

Il n'eft pas inutile de relever ici une erreur de l'eftimable auteur des *Recherches fur les finances*. Quoique peu importante en elle-même, elle fert à faire voir que les ouvrages les plus intéreffans doivent être lus avec précaution.

Cet écrivain dit que l'impofition foraine eft due à Philippe de Valois. On a vu qu'elle ne fut établie qu'en 1360, par le roi Jean, dix ans après la mort de Philippe de Valois. Ce que cet écrivain ajoute fur les droits de rève & de haut paffage, dont l'édit de 1542 eft, felon lui, le premier où il en foit fait mention, comme étant d'une grande ancienneté, n'eft pas plus exact, & fait voir que fes recherches fur l'origine des droits de douane, n'avoient pas été pouffées fort loin. *Tom.* 2, *pag.* 237 & 238, *éd. in-12.*

(79) Le Piémont, la Savoie & la Breffe font ici compris pour les provinces du royaume, parce qu'en 1535, la conquête en avoit été faite par l'amiral Chabot.

La plus grande partie de ces pays fut rendue en 1559, à la paix de Câteau-Cambréfis, au duc de Savoie, dont ils compofoient les Etats. L'autre fut gardée en féqueftre jufqu'à ce que les droits de la ducheffe d'Angoulême, mère de François I, euffent été liquidés. Ce n'eft qu'en 1562 que le duc de Savoie rentra en poffeffion de cette dernière partie.

veur ou peseur-scelleur-mesureur ou commis en chaque bureau établi par le roi notre sire, pour lever & cueillir sous sa main, les droits d'imposition foraine.

Le même prince réunit, le 14 novembre 1551, tous ces droits de sortie en deux; savoir, celui de rève & haut passage, sous le nom de domaine forain, fixé à huit deniers, & celui de traite ou imposition foraine, à douze deniers; il en résultoit donc une réduction de trois deniers, mais elle étoit rachetée par la condition que *ces deux droits* seroient levés sur toute espèce de marchandises & denrées dont le transport étoit permis. Il fut en même tems établi dix-huit recettes générales dans tout le royaume, pour réunir les deniers de tous les bureaux de perception.

Ces deux droits ne subsistèrent dans cet état que jusqu'au mois de mai 1556 (80),

(80) Voici les motifs de cet édit.... Après la publication duquel (édit de 1551,) les marchands, tant nos sujets qu'étrangers, estimant que ces deux droits leur reviennent à une grande charge, & qu'au lieu que nous estimons les avoir déchargés, ils se tiendroient plus chargés, de sorte que comme ils avoient libéralement payé les anciennes impositions, pour lesdites surcharges, ils étoient contraints de discontinuer leur trafic, & prendre cours ailleurs & en autres endroits hors de notre royaume, & fait plusieurs autres plaintes & remontrances sur lesquelles nous aurions délibéré pourvoir & remettre le tout en l'ancienne forme.

Révoquons, cassons & annullons ledit édit du mois de novembre 1551..... Réduisons, remettons & rétablissons lesdits droits en leur ancienne dénomination, ainsi qu'ils étoient; savoir, douze deniers pour livre pour le droit de traite foraine; quatre deniers pour le droit de rève & domaine forain sur toutes marchandises sortant des terres de notre obéissance; & pour le droit de haut passage, sept deniers pour livre ès endroits & sur les marchandises que ledit droit étoit payé avant 1551, demeurant les bureaux & officiers en la forme qu'ils sont à présent.

D'après des dispositions aussi formelles, & qui embrassent la généralité du royaume, on ne voit pas pourquoi, dans le *Mémoire sur les droits de traites*, qui fait partie de la collection imprimée en 1768 au Louvre, tom. 3, il est dit que l'édit de 1551 continua d'avoir son exécution

qu'ils furent de nouveau divisés en trois, tels qu'ils existoient avant l'édit de 1551, qui fut révoqué.

Le regne très-court de François II, celui de Charles IX, sans cesse troublé par les orages du fanatisme, & par les fureurs de l'ambition, n'apportèrent point d'autre changement dans l'administration des finances, sinon que les tailles furent diminuées, mais dans une proportion bien inférieure à la quotité de plusieurs autres impôts (81) mis sous différens prétextes, & exigés avec tant de rigueur, que jamais la misere ne fut si grande dans les campagnes.

en différentes provinces, & que les trois droits rétablis dans leur ancien état, ne se levèrent que dans les autres provinces qui avoient fait des représentations.

S'il falloit d'autres preuves que les termes même de l'édit de 1556, on les trouveroit dans un ouvrage très-voisin de ce tems. On y lit: le roi Henri II avoit réduit les droits de rève, domaine forain & haut passage, en un de huit deniers; celui de la traite & imposition foraine restant en son taux accoutumé de douze deniers. Mais depuis il a ordonné qu'il seroit levé douze deniers pour le droit de traite & imposition foraine; quatre deniers pour le droit de rève, & sept pour celui de haut passage; & pour recevoir lesdits droits par toutes les villes frontières du royaume. Il avoit, en l'an 1551, établi des bureaux particuliers, composés de plusieurs officiers. *Voyez* le guidon général des finances, par Hennequin, avec les annotations de M. Gelé, correcteur de la chambre des comptes, imprimé à Paris en 1605, petit in-12. pag. 116.

Ces trois droits se trouvent également rappellés dans un autre ouvrage en 2 vol. in-12. publié en 1581, par Fromenteau, sous le titre de secret des finances, & dans les lettres-patentes de Henri III, du 8 novembre 1583.

(81) On doit distinguer celui de cinq sols par muid de vin, entrant dans toute ville close, imposé en 1561, & prorogé pour six ans, par déclaration du premier avril 1568. Ce dernier règlement porte en même tems abolition du subside des procès, qui étoit de cent sols.

Il existoit encore un droit de vingt livres par clocher, payable par les fabriques des églises, à titre de *don charitatif*, comme le qualifie Fromenteau.

Jamais les droits de toute espèce ne furent en si grand nombre que sous Henri III, monté sur le trône en 1574, & ceux des traites se ressentirent de cette multiplication.

Ce prince déclare, au mois de février 1577, que la faculté, autorité & puissance d'octroyer permission & congé de traite & transport quelconque hors du royaume, est droit royal & domanial, & défend à toute personne d'en user, à peine de lèse-majesté.

Conséquemment à ce principe, & sur le prétexte que les troubles avoient depuis seize ans favorisé l'inexécution des règlemens relatifs au transport des bleds, vins & autres denrées, il impose sous le nom de domanial un droit, pour être perçu avec celui de foraine, rève & haut passage, sur les grains & légumes, sur les vins & les toiles, les bestiaux & le pastel transporté hors du royaume & dans les provinces non sujettes aux aides, par tere ; il est nécessaire de faire cette distinction, puisque l'art. 15 de cet édit de 1577 affranchit de la traite domaniale tout ce qui est transporté par mer d'une province à l'autre, & qu'on voit par le préambule du tarif de 1664, que ce droit fut réduit à moitié sur les marchandises portées dans les provinces non sujettes aux aides, par une déclaration de 1582 (82).

Le même édit de 1577 interdisoit absolument l'exportation des laines, des chanvres & lins, à cause du besoin dont ils étoient aux manufactures & à l'usage des habitans.

L'année 1581 fut l'époque de l'établissement d'une douane, telle qu'elle existoit à Paris, dans toutes les villes du royaume, & il étoit enjoint d'y porter toutes les marchandises y entrant, tant par eau que par tere, pour être marquées aux armes de chacune des villes, & acquitter les mêmes droits qui se payoient à Paris (83), droits dont la durée étoit fixée à dix ans, & dont le montant étoit affecté au remboursement des rentes constituées sur les aides.

Cette même année vit encore imposer par le même prince un droit d'entrée sur les marchandises & denrées amenées des pays étrangers dans le royaume, même dans les provinces réputées étrangères (84).

_____

(82) L'estimable auteur des Recherches sur les finances paroît avoir encore erré dans ce qu'il dit de la traite domaniale, & n'avoir pas bien connu la nature de ce droit. A la page 274 du premier volume, (édition in-12.) il est fait mention de la domaniale comme d'un droit qui excita les représentations du tiers-état en 1615, parce qu'il étoit levé sur les marchandises portées en certaines provinces. A la page 239, tom. 2, il est dit que le droit de traite domaniale n'étoit pas perceptible sur ce qui étoit transporté de province à province, même par mer ; & à celle 257 du même volume, on lit que les droits de la traite domaniale avoient été modérés en faveur des provinces où les aides n'ont pas cours, par déclaration de septembre 1582, & qu'il n'étoit levé réellement que la moitié de cette modération. *Voyez* l'arrêt du conseil du 3 décembre 1609.

(83) Ces droits ne portoient que sur des marchandises de luxe plutôt que d'utilité, telles que l'or & l'argent filé, les étoffes de soie de toute espèce, les maroquins, les toiles fines, &c. Toutes celles de ces marchandises qui étoient trouvées sans marques étoient sujettes à confiscation. L'édit de la création des douanes, qui est du 20 mai, rappelle celui du 3 septembre 1548, qui avoit établi celle de Paris pour ordonner l'exécution de ses dispositions à l'égard des marchandises qui n'auroient pas été portées dans les bureaux.

(84) Il porte : les rois nos prédécesseurs, pour bonnes & raisonnables causes concernant le bien, profit & utilité de notre royaume, conservation & augmentation de notre domaine, auroient fait plusieurs édits, statuts & ordonnances sur l'entrée & sortie des denrées & marchandises en notre royaume, & sur partie d'icelles, ordonné être pris & levé quelques droits & subsides modérés, tant pour éviter la foule de nos sujets, que pour entretenir le commerce avec les nations étrangères ; sachant qu'en notredit royaume l'on apporte de plusieurs pays étrangers, quantité de denrées & marchandises sur lesquelles jusqu'à présent n'a été levé par nous aucun droit général à leur entrée, & apport d'icelles, considérant qu'à l'avenir il en pourroit résulter un grand bien à l'augmentation de nos finances, sans surcharger nos sujets : déclarons & ordonnons qu'à l'avenir les den-

Les befoins de Henri IV n'étant pas moins preffans que ceux de fon prédéceffeur, mort en 1589, il convoqua à Rouen une affemblée de perfonnages notables, pour examiner la fituation de fes finances, & rechercher les moyens de fatisfaire aux charges de l'Etat, occafionnées par trente-cinq ans de troubles & de guerres.

Après quatre mois de travail, cette affemblée propofa la création d'un droit fur les denrées & marchandifes, à leur

entrée des villes, gros bourgs & bour-gades, ou vendues dans les foires & marchés.

L'édit du mois de mars 1597 adopta ce droit (85), & régla qu'il n'auroit lieu que pendant trois années, & il y fut joint un tarif de fa quotité. Les foies crues, les lainès, le lin, chanvres, & autres matières propres aux manufactures, furent exemptes de ce droit.

Jufques-là les néceffités publiques & la multitude de droits qu'elles avoient en-gendrés, l'avidité des favoris du foible Henri III, dont l'attachement ne fe mar-quoit que par de fcandaleufes prodigali-tés **, avoient introduit la confufion dans la régie des revenus du roi. Toutes les parties étoient affermées au deffous de leur valeur; cependant les fermiers, fûrs de trouver de l'appui dans le confeil, dont plufieurs membres étoient à-la-fois leurs affociés & leurs complices, éten-doient arbitrairement les impôts. Plufieurs grands feigneurs en avoient créé de nou-veaux, qu'ils faifoient lever à leur profit dans leur gouvernement, fans y avoir été autorifés que par la licence des guerres ci-viles. Les marchands profitoient égale-ment de ces tems de défordres pour élu-der le paiement des droits.

Ceux des cinq groffes fermes, en parti-culier, n'étoient adminiftrés que fuivant d'antiques ordonnances, dont les difpofi-

---

rées & marchandifes venant des pays étrangers en ce royaume, paieront à leur entrée le droit porté dans le règlement attaché à ces préfentes; droit qui étoit de deux pour cent de la valeur. Mais s'étant trouvé de la différence entre les évalua-tions des marchandifes faites dans les provinces, il fut dreffé un nouveau tarif le 11 feptembre 1582, portant modération des droits, & confir-mant l'exemption abfolue accordée aux draps d'An-gleterre de toute forte.

C'eft ici l'occafion de relever une erreur pré-fentée dans la collection des mémoires fur les im-pofitions. *On ne connoiffoit, avant Henri III, y eft-il dit, à la page 495 du troifième volume, d'autres droits à l'entrée des marchandifes étran-gères dans le royaume, que fur les drogueries, épiceries & les aluns. Le droit fur les épiceries fixé à quatre pour cent, avoit été établi en 1549; & celui des aluns en 1554, à raifon d'un écu par quintal.* Il eft aifé de juger de l'exactitude de cette affertion, après avoir vu que dès 1345, il exiftoit des droits d'entrée fur les beftiaux; en 1358, un autre droit d'entrée de douze de-niers fur les marchandifes étrangères apportées en Languedoc, fans parler de la boëte aux Lom-bards; autre droit d'entrée qu'on trouve rap-pellé dans les éclairciffemens qui font à la rête du deuxième volume de l'ouvrage intitulé le fecret des finances. Ce dernier droit eft dénommé parmi quinze autres d'une nature différente, & qui fe levoient dans le diocèfe de Rouen. D'ailleurs l'édit même de Henri III annonce, par fon préambule, qu'il exiftoit déja des droits d'entrée particuliers à différentes parties du royaume, fans parler de ceux de la douane de Lyon, antérieurs même à François Ier, & que l'objet actuel du monarque, étoit feulement d'établir un droit qui fût général & perceptible fur toutes les frontieres du royaume, indépendamment des autres droits particuliers qui fe payoient. *Voyez* la fin des lettres-patentes du 11 feptembre 1582; l'hiftoire du tarif de 1664, tome Ier, pag. 117.

(85) **Nous a été repréfenté** (porte cet édit) n'y avoir moyen plus tolérable & plus égal pour le foulagement de notre peuple, attendu que l'ancienne aide de douze deniers pour livre, eft prefque anéantie, que de faire lever un droit d'entrée mo-déré fur toutes les denrées & marchandifes entrant ès villes, fauxbourgs d'icelles, gros bourgs & bour-gades, ainfi qu'aucuns rois nos prédéceffeurs avoient fait lorfqu'ils étoient travaillés des guerres, & que le peuple étoit appauvri par la longueur d'icelles, comme il l'eft à préfent. *Recueil de Fontanon, tome 2, pag. 132.*

(**) Le duc de Joyeufe ayant époufé une fœur de la reine en 1581, ce prince lui donna quatre cents mille écus de dot, & les noces coûterent quatre millions de livres.

tions plioient au gré des intéressés, & jamais à l'avantage des redevables.

M. de Sully, devenu furintendant des finances, parvint à diffiper les ténèbres qui enveloppoient toutes les affaires de fon département ; & fi l'ordre & la clarté qu'il mit dans fon adminiftration, ne détruifirent pas d'abord tous les abus, ils fervirent à les découvrir & à les réprimer. On peut voir dans les mémoires de ce fage & laborieux miniftre, le détail de toutes fes utiles opérations. *Je remis par tout le royaume, dit ce miniftre dans fes mémoires, (tom. 5 ; pag. 295) le refte des impôts de 1596, qui étoient encore à payer ; action autant de néceffité que de charité. Cette gratification, qui commença à faire refpirer le peuple, fit perdre au roi vingt millions ; mais auffi elle facilita le paiement des fubfides de 1597, qui fans cela feroit devenu moralement impoffible.*

Voyez le mot CONTRÔLEUR GÉNÉRAL DES FINANCES. On y trouve un parallèle de Sully avec Colbert, qui fait dignement connoître ces deux grands miniftres entre lefquels on a cru devoir en placer un troifième.

Le réfultat des opérations de Sully fut qu'à la mort de Henri IV, il avoit acquitté trois cents millions de dettes, & racheté des parties de domaine pour foixante millions, l'argent étant à vingt livres cinq fols quatre deniers le marc.

Sous ce monarque, les arfenaux avoient été pourvus de toutes fortes d'armes & de munitions ; on avoit fortifié grand nombre de villes frontières, érigé de fuperbes édifices, & acquis une quantité confidérable de meubles précieux & de pierreries ; on comptoit vingt millions d'argent dans le tréfor du roi, & feize qui pouvoient y revenir chaque année ; preuve que les reffources de cet empire font inépuifables quand elles font ménagées, & qu'un miniftre peut toujours compter fur des fuccès, avec de l'ordre & de l'économie.

Un règlement général rendu le 31 mai 1607, donna à la régie des droits de traites, & aux précautions néceffaires pour affurer leur perception, une forme unique & ftable (86) qui fut enfuite adoptée par l'ordonnance des fermes de 1687 fur cette même matière.

Le miniftère du cardinal de Richelieu, qui produifit de fi grands changemens dans les intérêts politiques de l'Europe, n'apporta aucune innovation dans les finances. Occupé tour-à-tour à lutter contre les ennemis de l'autorité royale, & à combattre les fiens propres, ce miniftre fe mit peu en peine de connoître l'état des revenus publics, qui cependant font la bafe de toutes les opérations du gouvernement ; ou plutôt il laiffa les finances à la difcrétion de ceux qui les gouvernoient, pourvu qu'ils ferviffent fa politique & fa profufion. Elle fut telle, fuivant M. Talon, que pendant le regne de Louis XIII, il fut plus levé d'argent fur le peuple, que depuis l'établiffement de la monarchie ; le cardinal ne s'étant foutenu dans le miniftère qu'en corrompant tous ceux qui lui étoient néceffaires, tant au dehors qu'au dedans du royaume.

En 1643, à la mort de Louis XIII, les revenus de 1644, 1645 & 1646, étoient déja confommés.

L'adminiftration du fage Sully avoit procuré à l'État un embonpoint qui le foutint quelque tems ; auffi, fans rien

_____

(86) L'art. 11 fait défenfe à tous officiers en titre de s'immifcer dans l'adminiftration & levée des droits, fi ce n'eft du confentement des fermiers. L'art. 13 veut que, comme de tout tems la Bretagne, la Guyenne, le Languedoc, la Provence, le Dauphiné, les trois Evêchés, le Limofin, l'Auvergne, la Marche, l'Angoumois, le Périgord, le Quercy, le Forez, le Beaujolois & autres, où ne font établis les bureaux, & où ne fe levent les droits des fermes, foient & demeurent cenfés comme étrangers, ou que les bureaux y feront établis dans fix mois, paffé lequel tems, tout ce oe qui fera tranfporté des provinces qui ont reçu ces bureaux, ou en viendra en icelles, paiera les fufdits droits d'entrée & ceux de fortie, comme fi les marchandifes & denrées alloient ou venoient des pays étrangers.

changer

changer au fond ni à la forme des impôts, on fe contenta de les étendre & de les multiplier.

Une régence orageufe fuccéda au règne de Louis XIII. Les troubles intérieurs défoloient Paris & les provinces; la guérre embrâfoit les frontières; le poids des impôts devint fi accablant, que l'impuiffance de les payer, impofa la néceffité de les réduire. La nation n'avoit plus, comme du tems de Sully, les moyens de repouffer la mifère par le travail; & elle manquoit des reffources qui fe trouvent dans un commerce animé.

Les Italiens, d'abord placés dans l'adminiftration des finances, fous Catherine de Médicis, dont la plupart étoient les parens, avoient été chaffés en 1594, après la mort du furintendant des finances, M. d'O. Ils furent rappellés fous le miniftère du cardinal Mazarin; & c'eft à eux qu'il dut plufieurs moyens onéreux d'extorquer de l'argent par des affaires qu'ils prenoient en parti, ou par traité, & pour des fommes modiques. De-là vinrent les noms de partifans & de traitans que l'on donna dès-lors aux financiers.

On peut voir dans *les Recherches & confidérations fur les finances*, le détail chronologique de toutes les opérations qui fe firent fous ce règne, les unes dangereufes, d'autres vicieufes en elles-mêmes, mais prefque forcées par les obftacles que de meilleures trouvoient dans leur établiffement de la part des Cours, dont la vérification devenoit une formalité indifpenfable.

Nous touchons au tems heureux où le zèle infatigable & patriotique de Colbert, va pofer les fondemens folides de notre profpérité, & montrer dans les faveurs accordées au commerce, la véritable fource des revenus de l'Etat. Peut-être laiffe-t-il à defirer que ces faveurs ne fe foient pas étendues fur les grains; mais n'anticipons pas fur les événemens. Arrêtons-nous à faire connoître rapidement la fituation des finances avant l'avénement de ce grand homme au miniftère. On en

fera plus à portée d'apprécier tout le mérite de fes travaux.

La requête que les trois Etats de l'Ifle de France préfentèrent au parlement en 1648 contre le cardinal Mazarin, va nous donner des lumières fur notre objet : » Il a ruiné » les finances, difent-ils; il a confondu » l'ordre, en les mettant en parti; les » tailles ne fe levent plus que par le » moyen des compagnies de fufiliers, » qui commettent tous les jours des » cruautés inouies. Il s'eft vu à - la - fois » vingt-trois mille prifonniers dans les » provinces du royaume, pour caufe de » taille ou autres impofitions, defquels » il en eft mort cinq mille de mifère en » l'année 1646, ainfi qu'il a été juftifié » par les écrous & regiftres des geo-» liers. On a confommé tous les ans » cent à fix - vingt millions fans avoir » payé les gens de guerre, ni les au-» tres dépenfes de la marine & de l'ar-» tillerie, auxquels il eft dû plus de » quatre années, ni pourvu les places » frontières d'hommes & de munitions. »

L'année fuivante fit voir jufqu'où le défordre & la licence étoient portés. Les peuples accablés d'impofitions refufoient de payer les tailles, les aides & les gabelles. Le fel fe vendoit publiquement dans les marchés, à vingt lieues aux environs de Paris. Douze cents bateliers de la Loire étoient allés ouvertement à Nantes chercher du fel, & il fe vendoit publiquement dans les villages, à la porte des églifes, comme une marchandife ordinaire. Quiconque étoit pourfuivi pour dettes ou pour crime, n'avoit qu'à crier à *la maltôte*, & le peuple fe déclaroit pour lui.

Depuis 1621 feulement, il avoit été créé pour vingt-cinq millions cinq cents trente-deux mille livres de rentes; y compris les onze millions empruntés en 1634, pour rembourfer au denier dix - huit les droits aliénés fur les tailles & les gabelles....... Les divers traités paffés avec les gens d'affaires, n'avoient fervi qu'à faciliter leurs rapines. Le befoin continuel où l'on étoit d'eux, leurs alliances avec les premières familles de l'Etat, engageoient le ministre à dissimuler. Les effets publics créés pour rembourser des offices & des rentes, étoient tellement multipliés, qu'ils en étoient avilis, parce que l'Etat se trouvoit dans l'impuissance d'y faire honneur.

Les partisans, au lieu de procurer au roi une partie du bénéfice qu'offroit l'achat des effets décriés, les lui passèrent en compte, à-peu-près sur le pied de la constitution originaire. Pour couvrir ce manège, ils se procuroient des ordonnances de comptant sur le trésor royal; & ils paroissoient avoir rempli leurs engagemens, en y remettant les contrats quittancés. D'autres plus adroits passoient les remboursemens au roi sur le pied fictif où ils les avoient fait, mais ils obtenoient des remises si considérables sur d'autres traités, que de toutes manières, l'Etat s'obéroit sous leurs usures; car on accorda jusqu'au tiers de la remise, avec quinze pour cent d'intérêt. Pour rembourser ces traitans, il falloit de nouveau créer d'autres rentes & d'autres charges qui se mettoient encore en parti à une remise considérable, & se négocioient dans le public sur le pied du denier quatre & cinq.

En vain tous les droits des fermes avoient été augmentés de soixante pour cent, ou douze sols pour livre, depuis 1633; le produit en étoit moindre qu'avant l'augmentation.

Les tailles, montées à cinquante-sept millions quatre cents mille livres, ne rapportoient pas même autant que lorsqu'elles étoient à dix-huit & vingt millions, comme avant 1620. Le commerce surchargé de droits étoit près d'en être accablé & ruiné. C'est ce qu'on voit par les *remontrances des six corps des marchands de Paris, sur le fait de commerce*, faites au roi en 1655.

Enfin, suivant le même écrivain dont nous venons d'emprunter une partie de ce tableau, en 1660, le peuple payoit environ quatre-vingt-dix millions d'impôts, & le roi en touchoit à peine trente-cinq. Le revenu de 1661 & 1662 étoit consommé d'avance.

Vers le même tems, le désordre s'accrut au point que presque toutes les provinces se réunirent pour réclamer contre les extorsions des traitans & contre l'administration des intendans. Le Parlement demanda qu'on révoquât les intendans, & qu'on réformât leur gestion. La cour résista long-tems, mais elle fut obligée de céder.

M. Fouquet, dernier surintendant des finances, gouvernoit cette partie sous le cardinal, & trouva le moyen de remettre au peuple, cette même année, les arrérages de vingt millions dus sur les tailles de 1647 à 1656. Ce ministre, instruit par son expérience, & par celle de son père, des ressources que le commerce fournit aux finances, s'en occupa essentiellement.

Plusieurs vaisseaux armés pour son compte, fréquentèrent les Antilles, le Sénégal, la côte de Guinée, Madagascar, Cayenne & Terre-Neuve; & il est probable que c'est à son exemple, comme à ses encouragemens, que la France fut en partie redevable de la conservation de ces possessions qui étoient totalement oubliées du conseil.

L'année 1660 fut l'époque de la création du droit de cinquante sols par chaque tonneau de mer que contenoient les navires étrangers arrivans dans nos ports. Ce droit, dont celui que Henri IV avoit imposé en 1601 (87), donnoit naturelle-

_____

(87) Les étrangers avoient mis des droits d'ancrage assez considérables sur nos vaisseaux qui mouilloient dans leurs ports; & nous avions tellement négligé de leur rendre la pareille, que leurs navires étoient employés en France préférablement aux nôtres. Henri, malgré Sully & malgré les oppositions du Parlement, ordonna habilement, par un édit, d'exiger des vaisseaux étrangers les mêmes droits auxquels ils avoient assujetti les bâtimens de ses sujets. La résistance qu'éprouva ce bon roi, démontre qu'on étoit encore loin

ment l'idée , est un nouveau bienfait que le commerce reçut de M. Fouquet pendant son administration. Ce droit mérite d'autant mieux d'être remarqué, qu'il fut le fruit d'une saine politique, & qu'il eut pour but d'encourager notre navigation , en écartant de nos ports les bâtimens étrangers qui faisoient alors presque tout le commerce de province à province, qu'on appelle cabotage.

Indépendamment des désordres produits par l'excès des impositions , les abus produits par la diversité des droits de perception, subsistoient toujours , & l'augmentation des sols pour livre , créés en différens tems , en agravoit encore le joug sur le commerce.

Ces droits n'étoient pas les mêmes partout. Les provinces non sujettes aux aides , étoient moins chargées dans leur commerce avec l'étranger , que celles où les aides avoient cours ; mais aussi elles ne pouvoient commercer avec ces derniers, qu'en payant des droits dont celles-ci étoient exemptes dans leur relation entre elles.

De ce défaut d'égalité, qui est un vice essentiel dans l'administration d'un Etat, résultent plusieurs inconvéniens. Les moyens de recouvremens doivent être plus multipliés ; les frais augmentent ; il s'élève plus souvent des difficultés entre le négociant & le préposé à la levée des droits , & dès-lors l'obscurité & l'incertitude s'introduisent dans la perception.

C'est là malheureusement le tableau de ce qui est arrivé dans les droits de douane ou de traites , de même que dans ceux des aides. Des besoins sans cesse renaissans se faisoient sentir. Le moment pressoit. On créoit un droit pour y subvenir. Une province proposoit un arrangement pour s'en affranchir. Il étoit accepté, &

d'avoir des principes bien réfléchis à l'égard du commerce. *Recherches & considérations sur les finances.*

c'étoit un moyen de se procurer promptement des fonds que les conjonctures rendirent indispensables.

Mais il s'ensuivoit qu'une partie du royaume supportoit des charges dont l'autre partie étoit exempte, ou qu'elle n'étoit pas du moins assujettie dans la proportion d'égalité qu'un bon gouvernement doit maintenir entre tous les citoyens. De-là, plus d'union entre les sujets d'un même prince ; plus d'unité dans les formes de leur administration. La France étoit un corps monstrueux, dont chaque membre avoit ses difformités. Ainsi un même Etat sembloit composé de plusieurs Etats étrangers les uns aux autres ; chacun s'isolant dans ses jouissances particulières , ne vouloit en rien s'en relâcher pour concourir au point d'uniformité qu'exigeoit le bonheur général.

Telle étoit la situation de la plupart de nos provinces , lorsque Colbert fut appellé au gouvernement des finances en 1661 (88). Son premier soin fut de venir au secours du commerce, qui languissoit sous l'oppression des droits. Il descendit dans les détails de leur multitude, de leur variété, de leur produit, & de leurs effets. Il prit une connoissance sûre des avantages de leur suppression , auprès des négocians les plus considérables & les plus éclairés. Rien ne lui parut petit, parce qu'il étoit grand. Ses vues sublimes & bienfaisantes sont déve-

(88) On ne peut rien ajouter au magnifique éloge qui a été fait de ce ministre en 1773, & auquel l'académie françoise a justement décerné la palme de l'éloquence. Il seroit impossible de développer avec plus de sagacité le génie & les motifs qui ont en tout tems dirigé M. de Colbert. Une tâche aussi difficile ne pouvoit être plus heureusement remplie que par un écrivain estimable , qui , par la profondeur de ses vues, étoit déja homme d'Etat, & que tous les bons citoyens ont vu avec transport remplir la même place que le ministre dont il avoit si bien loué les opérations. *Voyez* l'article CONTRÔLEUR-GÉNÉRAL DES FINANCES.

f ij

loppées avec autant de nobleſſe que de clarté dans le préambule de l'édit du mois de ſeptembre 1664, auquel eſt joint le tarif des droits d'entrée & de ſortie qui devoit avoir ſon exécution par tout le royaume.

Pluſieurs provinces s'obſtinèrent à ne pas vouloir admettre ce tarif, & préférèrent de conſerver ceux qui y étoient établis. M. Colbert, qui n'avoit en vue que le plus grand avantage des provinces, ne crut pas devoir uſer d'autorité pour vaincre cette réſiſtance. De-là vint la diſtinction qui ſubſiſte aujourd'hui.

Les provinces qui acceptèrent le tarif de 1664, ſont connues ſous la dénomination des provinces des cinq groſſes fermes, parce que les droits auxquels elles avoient été anciennement ſujettes, compoſoient cinq fermes particulières.

Celles qui s'y refuſèrent, furent appellées provinces réputées étrangères, parce qu'elles étoient effectivement étrangères au tarif dont les autres ſuivoient la loi.

Trois années après la publication de l'édit de 1664, on s'apperçut que les droits impoſés à l'entrée ſur certaines marchandiſes de fabrique étrangère, & à la ſortie ſur quelques matières premières étoient trop foibles. Il parut intéreſſant d'écarter les unes, & de conſerver les autres, non-ſeulement dans l'étendue des cinq groſſes fermes, mais même dans les provinces réputées étrangères.

En conſéquence, une déclaration rendue le 18 avril 1667, impoſa un droit conſidérable & uniforme, tant à l'entrée qu'à la ſortie du royaume, ſur les eſpèces de marchandiſes qui y ſont déſignées. C'eſt ce qu'on appelle le tarif de 1667.

Quoique les deux tarifs de 1664 & 1667, euſſent été combinés avec les égards que méritoient la culture des terres, les intérêts du commerce, & les progrès de nos manufactures, on en étoit alors au point qu'il falloit ménager les liaiſons politiques que nous avions avec des puiſ-

ſances étrangères, & ce dernier objet n'avoit pas été rempli.

Les Hollandois avoient d'abord pris des inquiétudes au ſujet du tarif de 1667, parce qu'ils nous fourniſſoient la plus grande partie des marchandiſes ſur leſquelles les droits y étoient augmentés. Ils s'en vengèrent en 1671, en défendant chez eux l'entrée des vins, des eaux-de-vie & des manufactures de France.

Cette interdiction ſatisfaiſoit à la vérité la vengeance politique de l'Etat; mais elle nuiſoit à ſes ſujets, en leur faiſant acheter plus cher, & ailleurs que dans nos ports, des denrées de France, qui étoient pour eux de première néceſſité; & elle nous rendoit un plus grand ſervice, en nous mettant dans le cas de porter nous-mêmes, à diverſes nations du Nord, celles qu'ils étoient dans l'habitude (89) de recevoir de la Hollande.

Il eût été à ſouhaiter que cette réflexion, que le commerce de la Hollande ne pouvoit diminuer, ſans que le nôtre en reçût des accroiſſemens, eût ſoutenu l'exécution générale de la déclaration de 1667. Mais la guerre vint déconcerter toutes les réſolutions du miniſtre.

Les inſtances des Hollandois pour la révocation de ce tarif, ayant redoublé dans les conférences tenues à Nimègue pour la concluſion de la paix; l'arrêt du conſeil, du 30. août 1678, anéantit le tarif de 1667 à leur égard, & rétablit pour eux, ſur les articles qu'il comprend,

_____

(89) Auſſi l'on voit que, dans le période de tems qui remplit l'intervalle de 1667 à 1678, l'infatigable Colbert fit tous ſes efforts pour établir un commerce direct avec les nations du Nord, & dans la mer Baltique. Il eſt ſeulement malheureux qu'il ait choiſi une compagnie à qui il falloit un privilège excluſif. Les encouragemens qui lui furent prodigués, & qui ne purent empêcher ſa décadence dans la guerre de 1672, auroient eu de très-grands ſuccès, s'ils euſſent accompagné la liberté de ce commerce, & ſi, au lieu d'avance de fonds que l'Etat fit à cette compagnie, il ſe fût contenté de protéger les particuliers, en envoyant des eſcadres dans ces mers où la navigation n'eſt ouverte qu'en certaines ſaiſons.

la feule perception des droits du tarif de 1664.

Les ordonnnaces des mois de mai & juin 1680, celle de 1681, & celle du mois de février 1687, toutes faites fous Colbert, poferent des principes folides pour régler l'exercice du privilège exclu-fif de la gabelle & du tabac, pour fixer la perception des droits d'aides & des en-trées de Paris ; & enfin, pour affujettir la manutention des douanes, & la levée des droits qui y font dûs, à des formes qui puffent être auffi familières aux re-devables qu'aux percepteurs.

Toutes les autres parties de la finance attirerent également fon attention, & l'agriculture elle-même, qu'on accufe ce mi-niftre d'avoir négligée, lui dut des encou-ragemens. C'eft fous ce point de vue que fe préfentent la réduction des tailles & le fameux édit du mois de novembre 1666, en faveur des mariages. Il ordonna que tous fujets taillables, qui feroient mariés avant ou dans la vingtieme année de leur âge, demeureroient exempts de toutes contri-butions aux tailles, impofitions & autres charges publiques, fans pouvoir y être compris avant l'âge de vingt-cinq ans ac-complis. La même exemption fut accordée à tout père de famille qui auroit dix enfans vivans, non prêtres ou religieux, avec des penfions, en faveur des gentilshommes, & des citadins des villes franches, qui au-roient auffi dix enfans vivans.

S'il s'agiffoit de faire l'éloge de ce mi-niftre immortel, il faudroit rappeller en détail tout ce qu'il fit pour améliorer les finances ; il faudroit parler des grandes routes qui furent ouvertes, de celles qu'il répara, du fuperbe canal de Languedoc, qu'il entreprit, & de celui de Bour-gogne, qu'il projeta. Toutes ces opéra-tions font préfentées dans fon éloge, cou-ronné en 1773, avec des couleurs dignes à la fois du miniftre qui les a exécutées, & de l'homme d'Etat qui devoit bientôt devenir l'émule de fa gloire. Ainfi, en étendant, en ranimant la marine, la pê-che, le commerce, les colonies, les arts

& les manufactures, c'étoit, comme le dit fon panégyrifte, donner à la terre de nouveaux hommes à nourrir, & aux pro-priétaires de nouveaux objets de jouiffance.

S'il ne permit pas la fortie générale & illimitée des bleds ; c'eft qu'en favorifant la population par les loix, & en l'encou-rageant par de nouvelles manufactures, il falloit bien en même tems affurer la fub-fiftance des travailleurs qui fe multi-plioient, & des ouvriers de toute efpèce qu'il avoit attirés dans le royaume, fans déranger les nouveaux rapports qui fe trouvoient entre la récolte & la confom-mation. Dans ces conjonctures délicates, il ne pouvoit qu'autorifer momentanément & localement l'exportation ; car il n'étoit pas poffible de favoir avec exactitude, où commenceroit la fortie du néceffaire, & où finiroit celle du fuperflu.

On a vu les finances rétablies par Sully, retomber dans le défordre & la confufion fous fes fucceffeurs. Elles prirent, par les foins de Colbert, un nouvel éclat qui éblouit encore quelque tems après fa mort, arrivée en 1683 ; mais l'oubli des prin-cipes fuivis par ces grands miniftres, le défaut de méditation & de connoiffances fur les fources & fur la nature des impôts, fur leur action réciproque des uns contre les autres ; la négligence de l'ordre & de l'économie dans la diftribution des fonds publics, précipiterent une feconde fois les finances dans une fubverfion & un bouleverfement dont un demi fiècle a pu réparer à peine les fâcheux effets.

Le mouvement qu'un commerce animé, fous Colbert, avoit procuré à la circulation, continuoit encore, quoique ce miniftre fût perdu pour la France, comme on voit un corps fe mouvoir long-tems après l'im-pulfion qu'il a reçue. Mais en 1684, la guerre avec l'Efpagne, la dépenfe du bom-bardement d'Alger & de Gênes, la difette de grains multiplierent tellement les be-foins, qu'il fallut recourir à des reffources extraordinaires, à des moyens forcés, dont les vices font aujourd'hui vivement fentis, autant par leurs funeftes conféquences, que par les fuccès des grands miniftres qui fe font attachés à les rejeter de leur adminiftration. Ces reffources, ces moyens, furent des créations innombrables de charges, des augmentations de gages attachés à des fupplémens de finances, des emprunts fans mefure & fans combinaifon, & enfin une addition aux tailles, que la mifere des campagnes força de diminuer les années fuivantes. A toutes ces opérations défaftreufes, on ajouta la réforme des monnoies, qui furent augmentées d'un dixième au bénéfice du roi; c'eft-à-dire, que le marc d'argent monnoyé fut porté à vingt-neuf livres quatorze fols, tandis qu'il ne valoit auparavant que vingt-fix livres quinze fols. On comptoit cinq cents millions d'efpèces dans le royaume. Le bénéfice paroiffoit donc être à-peu-près de cinquante millions. Mais l'effet ne répondit point à des apparences fi féduifantes : une défiance naturelle refferra l'argent de toutes parts ; les faux-monnoyeurs étrangers furent excités par l'appât du gain, & ils enlevèrent une partie de celui qu'on avoit efpéré. Cependant on augmentoit les impôts, & une guerre générale faifoit languir le commerce. Le roi perdoit fur tout ce qui lui étoit dû par fes peuples, & ceux-ci perdoient avec les étrangers ; car s'il leur étoit dû, ils recevoient moins ; & s'ils devoient, ils payoient plus qu'avant la réforme. Une dette réciproque de dix millions, entre la France & l'Allemagne, ne pouvoit être payée qu'avec onze millions.

Tous ces expédiens, dont l'influence fe faifoit fortement fentir fur les impôts de perception, s'épuifoient, & l'art inventeur des traitans, qui prenoient en parti les créations d'offices & les affaires nouvelles, étoit en défaut. La néceffité ramena en 1695, vers l'opération que les bons principes euffent dû indiquer au commencement de la crife : c'étoit l'établiffement de la capitation, qui produifit cette même année environ vingt-un millions cinq cents mille livres, malgré le difcrédit public, malgré le poids des droits fur les confom-

mations dans les villes, & malgré la mifere des campagnes : preuve certaine que fix à fept ans auparavant, cette impofition eût facilement pu rapporter le double. La paix de Rifwick vint, en 1697, mettre fin à la détreffe caufée par une guerre de douze années, qui coûtoit à la France au moins feize cents millions.

On avoit une dette énorme à payer ; on vouloit rembourfer des rentes créées au denier quatorze & au denier douze, fupprimer plufieurs offices dont les attributions gênoient les arts ou le commerce.

Il fallut recourir à de nouvelles aliénations, à des traités extraordinaires d'offices & de rentes au denier vingt. Les premiers momens de la paix portèrent auffi à s'occuper des moyens d'améliorer le commerce. On créa un confeil permanent pour cette partie, & on tenta d'anéantir ce préjugé national, qui fait croire qu'un homme noble, ceffe de l'être, quand il fe rend utile à l'Etat par des relations & des correfpondances de commerce.

La guerre de la fucceffion d'Efpagne caufa, dans les finances, un bouleverfement inexprimable. On trouva d'abord des reffources dans une taxe fur les financiers, dans le rétabliffement de la capitation, dans la refonte des monnoies, & dans la création de promeffes de la caiffe d'emprunt, de billets de monnoie, de rentes & de loterie ; bientôt elles furent épuifées.

C'eft ainfi que fe paffèrent les fept à huit premieres années de ce fiècle. Depuis 1683 jufqu'en 1704, c'eft-à-dire dans l'efpace de vingt années, le bail des fermes générales étoit diminué de vingt millions, fuite néceffaire de l'augmentation des charges, de l'altération des monnoies, & de la décadence du commerce. Perfonne n'ofoit alors prendre ce bail pour plus d'un an, & on le prorogeoit enfuite.

La promotion de M. Defmarets, neveu de Colbert, à la place de contrôleur-général des finances, releva le crédit & ranima la confiance ; preuve qu'il eft toujours intéreffant de placer les hommes de réputation dans les grandes places, & que la connoissance du caractère moral d'un administrateur, influe plus qu'on ne pense sur le succès des opérations publiques. Ce ministre nous apprend lui-même, dans un mémoire qu'il remit à M. le Régent, après la mort de Louis XIV, que la rareté des espèces, les sommes confidérables dues aux trésoriers & aux entrepreneurs, le défaut de paiement des assignations, le discrédit des effets royaux, l'usure qui se faisoit sur les billets de monnoie, avoient mis les finances dans un état qui paroissoit sans remede.... Il sut si bien faire mouvoir les ressorts du crédit & du mouvement, en substituant toujours de nouveaux moyens à ceux qui s'épuisoient ou s'affoiblissoient, enfin, en établissant le dixieme, qu'il parvint non-seulement à mettre les peuples en état, par leur travail & leur industrie, de supporter les charges qui leur étoient imposées, mais encore à soutenir la France, & l'empêcher de succomber sous les efforts de ses ennemis, aigris & irrités au point de se partager les provinces du royaume, qu'ils regardoient déja comme une proie qui ne pouvoit plus leur échapper.

Voyez le détail de toutes les opérations de finance, dans l'ouvrage de M. de Forbonnais, tome 4 & 5, *in-12.*

La paix d'Utrecht, en rendant le repos à l'Europe, laissoit la France accablée sous le poids d'une dette énorme; la nation étoit épuisée par des guerres presque continuelles depuis 1666; les campagnes étoient désertes; le commerce languissoit; la confiance ne subsistoit plus; une infinité de familles réduites à une pauvreté extrême, avec des titres de propriétés immenses, tel étoit le tableau douloureux du royaume.

La mort de Louis XIV, arrivée en 1715, accrut encore la calamité générale. Le désordre des finances étoit si grand, qu'on rapporte que peu de tems avant sa mort, ce monarque ayant eu un besoin pressant de huit millions, fut obligé de se servir du crédit d'une compagnie, qui ne les obtint des étrangers qu'avec des rescrip-

tions ou des billets pour trente-deux millions. *Réflexions politiques sur les finances, par Dutot, tome premier, page 83.*

Heureusement que le droit du sang & les vœux du peuple appellerent au gouvernement de l'Etat, pendant la minorité du successeur de Louis XIV, un prince dont le génie aussi vaste, que son intention étoit droite, donnoit à la nation l'espérance de se relever de ses malheurs.

Cette espérance fut bientôt fortifiée encore, par le plan qu'adopta le Régent, & par les premieres opérations qui en furent le résultat. En établissant différens conseils sur chaque partie de l'administration, dont le travail se rapportoit au conseil de Régence, c'étoit exciter l'émulation des hommes, que de les rassembler pour les mêmes affaires, préparer la sagesse de leurs décisions, par une plus grande profondeur dans l'examen, & accélérer le cours des expéditions, sans rien donner à la précipitation.

On peut voir à l'article *gouvernement,* l'extrait de la déclaration qui établit ces différens conseils.

Jamais on ne vit de plus beaux règlemens sur les finances, que ceux qui sortirent du conseil de cette partie, auquel présidoit le maréchal de Noailles. Il faut convenir que la situation des affaires ne demandoit pas moins de prudence que d'habileté, pour inspirer au peuple de la confiance dans un gouvernement qui prenoit naissance au milieu du plus affreux bouleversement.

Suivant l'auteur des *Réflexions politiques sur les finances,* il étoit dû deux milliards trois cents millions à la mort de Louis XIV, l'argent étant alors à quarante livres le marc, & une bonne partie des revenus de 1716 & de 1717 étoit consommée.

La difficulté de payer une dette aussi prodigieuse, fit donner pour premier conseil au Régent, d'en faire la banqueroute totale. « Le royaume est ruiné, lui disoit-» on, il faut en sacrifier une partie pour » sauver l'autre. La partie sacrifiée est » moins à celle que l'on conservera, que

» n'eſt un à ſix cents ; ainſi le plus grand » nombre mérite la préférence. »

On conſeilla à ce prince, en ſecond lieu, de faire faire une réviſion générale de tous les effets qui formoient la dette de l'Etat, afin de le ſoulager par leur réduction.

Enfin, pour troiſieme conſeil, on lui repréſenta qu'il étoit néceſſaire d'établir une chambre de juſtice dont les recherches contre les traitans & gens d'affaires, produiroient de quoi éteindre ſept à huit cents millions de dettes. *Réflexions politiques ſur les finances, tome premier, page 85.*

Le Régent & le conſeil ſe refuſerent au projet déshonorant de né pas reconnoître les dettes contractées par le feu roi. Il fut unanimement réſolu de maintenir la foi publique ; & au milieu des inquiétudes les plus alarmantes, on eut du moins la ſatisfaction conſolante d'avoir rejeté un remede honteux & violent, dont la propoſition ne pouvoit être excuſée, que par l'énormité des maux auxquels on l'appliquoit.

Mais les deux autres moyens furent adoptés. Tout le monde ſait que l'établiſſement du bureau du *viſa*, au vieux Louvre, eut pour objet de faire la vérification des effets, billets & promeſſes de toute eſpèce ; que ſon réſultat fut de réduire la dette de près d'un milliard, en retranchant deux, trois & quatre cinquièmes ſur quelques-uns de ces effets, & d'échanger les parties conſervées, contre des billets auxquels on donna le nom de *billet de l'Etat. Voyez* le mot *billet.* L'article *chambre de juſtice*, apprendra auſſi que les effets des tribunaux de ce genre, n'ont rien que de fâcheux ; 1°. en ce qu'ils ralentiſſent la circulation, en faiſant reſſerrer l'argent, & mettent l'Etat dans la néceſſité de l'acheter plus cher qu'auparavant ; 2°. en ce qu'ils altèrent le crédit national, en dévoilant l'incapacité ou les prévarications de ceux qui ont part à la manutention des finances ; 3°. enfin, en ce qu'ils ſervent toujours de prétexte à la faveur & à l'intrigue, pour vendre aux plus riches & aux plus cou-

pables une indulgence qui ne doit tomber que ſur les gens innocens.

Une des plus belles opérations des commencemens de la régence, la plus propre à lui concilier l'affection des peuples, fut la lettre du Régent aux intendans du royaume, pour leur recommander de veiller à faire ceſſer & à prévenir les abus dans la répartition des tailles & dans leur recouvrement. Cette lettre, remplie de ſentimens de bonté, ſera rapportée au mot *taille.*

Cependant on ne laiſſoit échapper aucun des moyens propres à conſoler les peuples ou à les ſoulager. Pluſieurs traitans faiſoient des pourſuites à l'occaſion de leurs traités, ou de recouvremens de taxes, quoique tous traités extraordinaires, antérieurs à 1713, euſſent été ſupprimés par édit du 9 juillet 1715 ; il leur fut ordonné de reſtituer, dans quinzaine, tout ce qu'ils avoient reçu depuis la publication de cet édit.

Une multitude d'états, de rôles de création d'offices, de modération & de réformation de paiemens, de récépiſſés, fut dreſſé dans tout le royaume, afin de connoître au juſte ce que les traitans avoient reçu, & de les mettre dans l'impoſſibilité de refuſer des quittances de finance à ceux dont ils retenoient les deniers.

Quoiqu'il fût très-difficile de diminuer d'une façon ſenſible les impoſitions, juſqu'à ce que les charges euſſent été diminées en proportion, la miſere des campagnes le demandoit ſi hautement, que le conſeil accorda une remiſe ſur les tailles de 1716, de trois millions quatre cents ſoixante-huit mille huit cents quatre-vingt-ſept livres ; ſans compter celle qui fut auſſi accordée ſur le dixieme & ſur la capitation de la même année.

On jeta auſſi des regards favorables ſur le commerce & ſur l'agriculture, en permettant l'exportation des grains & leur circulation en franchiſe ; moyen ſûr de rendre les impôts plus légers pour les cultivateurs, en excitant leur émulation & accroiſſant leur aiſance.

On

On s'étoit si bien habitué à regarder l'augmentation numéraire des monnoies comme bénéfice, que, malgré les promesses de n'y pas toucher, on en ordonna une refonte, par édit du mois de décembre 1715. Il s'ensuivit un désavantage si marqué pour notre commerce, que, suivant *M. Dutot, dans ses Réflexions politiques sur les finances, page* 114, le change qui étoit en notre faveur de 2 $\frac{1}{7}$ à 4 $\frac{3}{10}$ pour cent, tomba à 4 $\frac{4}{7}$ ou 8 $\frac{4}{7}$ à notre préjudice, ce qui faisoit une différence de 10 pour $\frac{0}{0}$.

Nous n'entrerons pas dans le détail de toutes les opérations qui furent faites pour ranimer le crédit de l'État, pour relever le commerce & fortifier la confiance. Mais nous ne devons pas passer sous silence une de celles qui fut la plus salutaire alors, opération dont tous les grands ministres ont donné l'exemple, & que l'on a vue décriée en 1780, parce que l'intérêt personnel est parvenu, par ses clameurs, à subjuguer les esprits les mieux intentionnés, & à étouffer la voix de tous les gens éclairés qui applaudissoient à ce changement. Nous voulons parler de la suppression des receveurs-généraux des finances, & de la conversion de leurs charges en une administration.

Voici le compte que l'on trouve de cet arrangement dans les *Recherches & considérations sur les finances, tome* 5, *in*-12.

« Les receveurs-généraux des finances » se trouvoient, à la mort de Louis XIV, » avoir fait des avances qui paroissoient » considérables, & on leur en avoit alloué » une grande partie pour les intérêts. Ils » s'étoient fait donner des quittances comp-» tables, non-seulement des exercices pas-» sés, mais même de leurs exercices à ve-» nir; en sorte qu'ils comptoient que la » partie du trésor royal leur appartenoient » presque en entier jusqu'en 1718.

» Dans les premiers jours de la régence, » ils signerent un résultat par lequel ils » s'obligeoient de fournir deux millions » de livres pendant chacun des quatre der-» niers mois de 1715, & trente millions » dans l'année 1716, à raison de deux » millions cinq cents mille livres pour

» chaque mois. Ce résultat ne fut point » exactement rempli. L'inexactitude des » receveurs-généraux venoit en grande » partie de leur impuissance : tel étoit le » chaos de leur administration, qu'eux-» mêmes ignoroient leur véritable situa-» tion, soit avec l'État, soit avec les rece-» veurs particuliers & avec leurs créanciers. » Quelle qu'en fut la cause, on sentit la » nécessité absolue de faire rentrer le roi » dans ses revenus, sans égard aux avances » des receveurs-généraux, comme Sully » & Colbert l'avoient pratiqué autrefois » dans des occasions semblables.

» Le ministre fit part de la situation vio-» lente des affaires, aux sieurs Paris, dont » il connoissoit le génie, l'activité & les » connoissances. Bientôt le projet de l'ad-» ministration des recettes fut rédigé & » adopté. Le sieur Paris l'aîné fut chargé » de travailler, sans perte de tems, aux » détails nécessaires de l'exécution.

» Pour la préparer, une déclaration du » 24 mars 1716, ordonna que les billets » délivrés par les receveurs-généraux, pour » le montant des assignations tirées sur eux » par anticipation, & les billets de Le-» gendre, endossés par eux, seroient visés; » ce qui exigea huit jours. On prit ensuite » des précautions pour avoir une connois-» sance très-exacte des journaux, tant des » receveurs particuliers que des receveurs-» généraux. Elle fut prise par-tout le même » jour; on dressa des procès-verbaux de » la situation de toutes les caisses, des re-» gistres & papiers; en sorte que les bor-» dereaux arrêtés chez les receveurs-géné-» raux, devenoient le contrôle de ceux » qui étoient arrêtés chez les receveurs » particuliers, & réciproquement les bor-» dereaux de ceux-ci, le contrôle des » autres.

» La déclaration du 10 juin 1716, éta-» blit une caisse commune & générale d'ad-» ministration, pour recevoir tous les de-» niers des vingt généralités des pays d'é-» lection; dix receveurs-généraux furent » nommés administrateurs, & le caissier » rendoit compte, chaque jour, au mi-

» niftre, par un état dans lequel l'argent
» & le papier étoient diftingués.

» Les dix adminiftrateurs firent au greffe
» du confeil leur foumiffion, par laquelle
» ils s'obligèrent folidairement à l'exécu-
» cution du réfultat, & le miniftre exigea
» de plus qu'ils fiffent l'avance d'un mil-
» lion par mois, à commencer en juillet.
» Mais le fuccès de cette adminiftration
» fut fi grand, que les adminiftrateurs
» furent bientôt libérés de cet engage-
» ment.

» Au premier juillet, il reftoit à payer
» du contingent de quinze millions, fix
» millions cinq cents mille livres. Malgré
» la difficulté des tems, la recette effec-
» tive des impofitions dés vingt généra-
» lités, monta, pendant les fix derniers
» mois de la même année 1716, à vingt-
» cinq millions fix cents mille livres. »
Ainfi, en fuppofant égale celle des fix
premiers mois, il en réfultoit que les receveurs-généraux, fi l'arrangement de 1715
eût eu fon exécution, auroient gagné
vingt-un millions trois cents mille livres
dans une année.

» Si le crédit confifte dans l'affurance du
» paiement, ajoute l'eftimable écrivain
» que nous venons d'analyfer, voilà de
» ces opérations qui y conduifent fûre-
» ment un Etat, dans quelque délabrement
» que les affaires paroiffent tombées.

» Trop de gens étoient intéreffés cepen-
» dant à décrier l'ordre, pour que cet
» établiffement n'effuyât pas des contra-
» dictions. En pareil cas, c'eft une chofe
» furprenante que la facilité avec laquelle
» chacun fe prête aux plaintes d'autrui,
» & les répète fans en examiner le fonds.
» Le tems diffipe enfuite ces clameurs in-
» confidérées, & l'on vient à s'étonner
» que la perfection même d'un projet ait
» contribué à le renverfer.

» Parmi les objections frivoles qui fu-
» rent faites alors contre l'adminiftration
» des recettes générales, nous n'en remar-
» querons qu'une feule, non que fa foli-
» dité mérite cette diftinction, mais parce
» que l'efprit d'intérêt qui lui donna

» naiffance, l'a protégée jufqu'ici. On dit
» que cette adminiftration nuifoit au com-
» merce, en ce qu'elle faifoit fortir l'ar-
» gent des provinces, beaucoup plus tôt
» qu'il n'auroit fait. La réponfe eft bien
» fimple; il y rentroit plus vîte, ce qui
» revient abfolument au même pour la
» circulation. »

Les années fuivantes virent éclore également des opérations auffi propres à procurer du foulagement aux peuples, qu'à
faire refleurir le commerce, & rétablir
l'ordre dans les finances. Le dixième, fur
les fonds & l'induftrie, fut fupprimé, à
commencer en 1718. On révoqua tous les
privilèges de franc-falé, & d'exemption de
droits d'aides, en forte que ces impôts
furent ramenés à leur inftitution primitive.
Toutes les penfions furent réduites dans
une proportion mefurée fur leur quotité,
& celles des princes du fang même ne
furent point épargnées.

Le commerce des ifles de l'Amérique
fut affujetti à de nouvelles règles plus favorables à fes fuccès, & déchargé de plufieurs droits & formalités que l'obfcurité
& la confufion des règlemens contribuoient
à aggraver.

Nous touchons à l'époque de cet établiffement, qui, d'abord produit fous la
forme d'une banque particulière, devint
enfuite en peu d'années une forte de gouf-
fre qui engloutit à la fois les finances, le
crédit de l'Etat, & les fortunes de la plus
grande partie des fujets. En avril 1717,
il fut ordonné que les billets de la banque
générale pourroient être reçus en paiement des impofitions, & même échangés
contre l'or & l'argent qui fe trouveroient
dans les caiffes du roi. Dès-lors elle prit
le titre de banque royale, & chacun vit
avec plaifir s'élever un édifice qu'on regardoit en ce moment, comme le temple de la
confiance & de la profpérité.

Il feroit inutile de fuivre ici le détail de
toutes les opérations de finances, dont cette
banque devint le centre & le mobile. On
trouvera au mot billet de banque, l'hiftorique de tout ce qui fe paffa depuis l'ori-

gine de ce fyftême de crédit, jufqu'à fon anéantiffement en 1720. Mais nous avons à le confidérer dans les révolutions qu'il a opérées, foit à l'égard des particuliers, foit à l'égard des finances de l'Etat.

Un très-grand nombre de familles, fans doute, fut écrafé fous les ruines du fyftême ; mais un grand nombre d'autres fe releva de l'abaiffement, en trouvant le moyen de libérer fes dettes. C'eft principalement aux propriétaires des terres qu'il fut favorable. Les uns profitèrent du haut prix où elles étoient portées, pour liquider de gros emprunts, par la vente d'une petite partie de leurs fonds ; d'autres empruntèrent à bas intérêt, pour rembourfer ce qu'ils devoient fur le pied de cinq à fix pour cent, & diminuèrent ainfi leurs charges.

Plufieurs profitèrent du difcrédit des billets pour les acheter à vil prix & rembourfer leurs créanciers. En général tous les débiteurs gagnoient ce que perdoient les créanciers. Mais il fe trouva une perte qui ne fut au profit de perfonne, fur la baiffe des effets qui avoient circulé comme monnoie, & qui avoient été employés dans les rembourfemens.

Quand même on fuppoferoit que la même fomme d'argent exiftoit dans l'Etat, ce qui n'eft pas vraifemblable, il faudroit toujours convenir que l'inégalité étoit devenue plus grande dans la répartition ; que quantité de familles bien établies, en état de fecourir la chofe publique, furent renverfées, fans que leur malheur tournât au profit d'un nombre égal de familles enrichies ; que dès-lors la population dut perdre beaucoup, ainfi que les finances.

D'un autre côté, les cultivateurs & les gens de campagne gagnèrent au fyftême dans les environs des grandes villes, parce que la confommation fut très-vive, & que leurs fermages continuant fur le pied où ils étoient avant le tourbillon, ils s'acquittèrent des arrérages de leurs impofitions. Mais ce bénéfice ne fut pas de longue durée, parce que les non-valeurs qui fuivirent la chute du fyftême, le défaut de circulation & l'augmentation des impôts les replongèrent dans la pauvreté d'où ils venoient de fortir.

Les manufactures travaillèrent affez vivement pendant quelque tems, pour répondre à l'accroiffement de la confommation, & des demandes de ceux qui réalifoient en marchandifes ; mais le commerce perdit confidérablement par le décri des billets de banque, par l'anéantiffement où le défaut de circulation le retint, après leur aviliffement pendant plufieurs années.

Cependant le luxe qui commença à s'introduire, foit parmi la nobleffe, qui s'étoit libérée de fes dettes, foit parmi les particuliers enrichis par l'agiotage, anima l'induftrie dans quelques branches. L'impoffibilité de garder des efpèces qui avoient été prohibées par plufieurs arrêts du confeil, avoient porté nombre de perfonnes à les convertir en vaiffelle & en bijoux précieux. Leur éclat une fois étalé, n'ofa plus difparoître, & ne fit qu'augmenter chaque jour. Des agioteurs, fpéculant fur les apparences d'une fortune éblouiffante, afin de la faire réellement, s'étoient montrés fous le mafque d'un fafte opulent, pour étayer les débris d'un crédit chancelant, & par une chaîne fatale d'impoftures, toutes les conditions excitées par le même intérêt, avoient ufé de la même reffource. Chacun avoit emprunté les marques d'un état fupérieur au fien ; & la vanité de paroître l'emportoit fur la crainte de fe ruiner. La première opulence ne connoiffoit plus de bornes, & toutes les claffes aifées vouloient s'en rapprocher. Ces diverfes caufes donnèrent, il eft vrai, de l'émulation & de l'effor au génie des artifans, abattu par une longue inaction, & peut-être eft-ce en cela feul que le fyftême fit quelque bien. Il introduifit auffi l'efprit de calcul, d'examen & de difcuffion en affaires d'argent, de change & de commerce. Mais il eft à préfumer que tous ces bons effets euffent pu être produits par un plan d'adminiftration moins orageux & moins funefte au commerce comme aux finances.

Elles fe trouvèrent chargées de plus gros capitaux de dettes après la chûte du fyftême qu'auparavant, parce que les billets de mille & de dix mille livres furent déclarés actions rentières, dont le roi répondoit.

En 1718, les revenus & la dépenfe étoient au pair ; en 1721, la dette fe trouva d'un milliard fept cents millions fept cents trente-trois mille livres. Il fallut de nouveau augmenter les impofitions : on réduifit auffi l'intérêt des contrats au denier quarante, & on fit encore divers retranchemens fur les dépenfes que l'on avoit rétablies, pour parvenir à la libération de l'Etat ; mais la plaie qu'il avoit reçue étoit trop profonde pour être fi-tôt guérie. On peut même affurer que les crifes qu'il reffent encore de nos jours, ont toujours le même principe.

Suivons les opérations de finances qui fuccéderent au fyftême de Law. Le dixième, qui avoit été fupprimé en 1718, fut remplacé par le cinquantième en 1725. La déclaration du 5 juin ordonna qu'il feroit levé en nature fur tous les biensfonds, terres, prés, bois & autres biens produifant revenus pendant douze années, pour finir au premier octobre 1737. Son produit devoit fervir au remboursement des rentes affignées fur les fermes & fur les tailles, à ceux qui voudroient le recevoir, avec une remife fur le capital.

L'année fuivante, une autre déclaration du 21 juin révoqua la perception de cet impôt en nature, & la convertit en argent, par impofition ou par forme d'abonnement : elle ne fubfifta que jufqu'en 1728. La guerre de 1733 ramena dans les finances le plan ancien & vicieux qui avoit été fuivi fous le règne précédent. On abandonna les reftes du bail des fermes de 1726, moyennant une fomme fi peu proportionnée à leur objet, que l'auteur des *Recherches & confidérations fur les finances* dit que cette opération coûta foixante millions à l'Etat. On revendit les offices fur les ports au tiers de leur valeur ; on

rétablit le dixième : puis on créa des rentes fur la ferme des gabelles, fur celle des aides, fur les tailles, fur les poftes : on ouvrit auffi des tontines, des emprunts viagers ; on érigea une loterie royale. Ces différens moyens fournirent aux befoins jufqu'à la paix. La fuppreffion du dixième fuivit de près la fignature des préliminaires arrêtés le 3 octobre 1735. Mais on continua d'ufer des mêmes expédiens que ci-devant, pour acquitter les dettes de la guerre. On n'étoit pas près d'arriver à cet heureux but, qu'une nouvelle guerre obligea, en 1740, de chercher de nouvelles reffources.

On en trouva dans les mêmes moyens que nous venons de voir mis en pratique. Le dixième fut rétabli en 1741, & étendu fur l'induftrie. On n'érigea pas alors de nouvelles charges, mais on taxa les anciennes, c'eft-à-dire, qu'on affujettit, en 1744, les titulaires à payer des fupplémens de finance. Celui des fecrétaires du roi fut de vingt-cinq mille livres, les autres à proportion de la valeur des charges, & fixés à-peu-près au cinquième de leur prix.

L'année fuivante, on revint au fyftême de création d'offices, avec le titre d'infpecteurs & contrôleurs, des maîtres & gardes du corps des marchands, des jurés des communautés d'arts & métiers ; mais ces corps aimerent mieux fournir la finance de ces charges, que de les voir établir, & ils fe chargerent de percevoir les attributions qu'on y avoit attachées. Dans la fuite, on ajouta deux fols pour livre au dixième, pour être perçus même après la fuppreffion de cette impofition ; on mit quatre fols pour livre fur la capitation ; on augmenta les droits d'entrée & d'octroi des villes, la taille, l'uftenfile, & enfin on affujettit à un nouvel impôt les cires, les fuifs, le papier, la poudre à poudrer & le carton ; le droit de marc d'or fur les charges & offices, tant cafuels qu'héréditaires, fut établi dans le même tems. C'eft ainfi qu'on parvint à l'heureufe époque de la paix de 1748. Elle ne dura que huit ans, & une nouvelle guerre força de rétablir une partie des impôts, dont la fuppreffion avoit fuivi le dernier traité.

Mais comme depuis trente années les vrais principes du gouvernement, oubliés ou écartés dans les momens de détreffe & de crife, avoient été remis en vigueur de tems en tems, ils avoient r'ouvert & multiplié les fources de l'aifance publique, foit en protégeant le commerce, foit en facilitant fes opérations extérieures; & toutes les claffes de l'Etat avoient plus aifément fupporté leurs charges, quoique très-pefantes.

On avoit d'abord commencé à réduire de moitié les droits de fortie fur les étoffes de fil, poil ou laine mêlées de foie, enfuite fur les chapeaux & les papiers. La pêche avoit auffi reçu des encouragemens, par l'affranchiffement abfolu accordé aux huiles de poiffon qui en proviendroient. Tous les droits impofés fur la vaiffelle & les ouvrages d'orfévrerie d'or & d'argent exportés du royaume, avoient été modérés. Le commerce de l'Inde, celui des îles de l'Amérique, la traite des noirs, avoient également reçu des faveurs. Mais la plus étendue & la plus fenfible fut celle qui date du 13 octobre 1743. Elle confiftoit dans une exemption entiere des droits fur les étoffes & tiffus de toute efpèce, en laine, poil, coton, fil, ou mêlés de ces différentes matieres, fur les toiles, fur les ouvrages de bonneterie & les chapeaux des fabriques du royaume, & qui en feroient exportés (90).

Mais ce n'étoit pas affez d'exciter ainfi le débouché de nos fabriques. L'année qui fuivit la paix, vit également affranchir entiérement toutes les matieres premieres qui leur étoient propres, comme les laines non filées, les cotons en laine, les chanvres & les lins en maffe, les poils de chèvre & de chameau (91).

---

(90) On ne doit pas omettre de citer, au fujet de cette fuppreffion de droits, un trait de défintéreffement de la part des fermiers-généraux, parce que les exemples de l'amour du bien public peuvent en tout tems trouver des imitateurs.

Le roi avoit annoncé, par fon arrêt du 13 octobre 1743, que cette fuppreffion de droits auroit lieu au premier octobre 1744, époque d'un nouveau bail des fermes. Les fermiers-généraux, cautions de Forceville, repréfenterent qu'il étoit à craindre que jufqu'à ce tems cette exemption ne fît un effet contraire aux vues de fa majefté, par une fufpenfion de commerce, laquelle, quoique momentanée,

pourroit caufer du dérangement; que pour l'éviter, ils penfoient que les fabricans ne pouvoient jouir trop tôt d'une grace auffi intéreffante pour le commerce. Dans cette vue, & afin de donner des marques de leur zèle pour le bien public & pour le fervice de fa majefté, ils confentirent que cette immunité eût lieu dès le premier novembre 1743, *fans demander aucune indemnité.* Ces offres furent agréées par l'arrêt du 13 octobre.

(91) Cet affranchiffement ne devoit avoir lieu qu'au premier octobre 1750, & le règlement qui l'accordoit étoit publié au mois de novembre 1749. Les cautions de l'adjudicataire la Rue imiterent leurs prédéceffeurs, ils demanderent qu'il commençât dès le premier janvier fuivant, & fe défifterent de toute indemnité. Quelle différence entre cette conduite & celle des cautions de Templier, qui fe trouve confignée dans l'arrêt du 2 avril 1702. Ceux-ci refuferent de fe prêter à une fuppreffion & diminution de droits fans indemnité; cette réfiftance mal entendue obligea le gouvernement à fufpendre, en grande partie, cette faveur, qui devoit avoir lieu au premier janvier 1702, jufqu'au premier octobre 1703, qui étoit le terme de leur bail; & les conjonctures empêcherent enfuite qu'elle ne fût accordée jufqu'en 1743.

C'eft aux fermiers-généraux qu'on doit la confervation du Palais-Bourbon, qui fait un point de vue fi agréable pour la place de Louis XV. On en trouve la preuve dans l'arrêt du confeil du 30 août 1754. Il ordonne l'exécution de la délibération des fermiers-généraux, cautions de Bocquillon, du 29 juillet précédent; délibération portant qu'ayant été informés que la démolition de l'hôtel appellé le Palais-Bourbon avoit été projetée, ils ont arrêté, dans la vue de conferver un édifice propre à contribuer à l'embelliffement du monument que la ville de Paris fe propofe de faire ériger, pour tranfmettre à la poftérité la mémoire des conquêtes du roi, & donner à fa majefté des preuves de leur zèle, ils fourniront la fomme de neuf cents mille livres, qu'on leur a dit être néceffaire pour l'acquifition de ce palais, dont trois cents mille livres ne feront jamais rembourfées, & les autres fix cents mille livres leur feront rendues en fix ans, & fans intérêt.

A ce double bienfait, si propre à donner un grand mouvement à l'industrie Françoise, & à féconder les champs de la finance, on en ajouta d'autres encore les années suivantes.

Une déclaration du 24 novembre 1751, augmenta du double, le droit de fret sur les bâtimens étrangers, lequel n'étoit que de cinquante sols, & dont la modicité ne suffisoit plus pour les écarter de la concurrence avec les navires nationaux.

L'arrêt du 23 octobre 1753, déchargea de tous droits quelconques, tant à l'entrée du royaume qu'à la circulation, les fumiers, les cendres de houille & toutes autres matieres servant uniquement à l'engrais des terres.

En cherchant ainsi les moyens de ferti-

lifer les campagnes, c'étoit, en quelque sorte, les assurer qu'elles ne perdroient rien à obtenir des moissons abondantes. L'arrêt du conseil du 17 septembre 1754, rendit libre le commerce de toute espèce de grains dans l'intérieur du royaume, soit par eau, soit par terre, & même l'exportation fut permise, seulement par deux ports des provinces méridionales.

Cet essai, qui fut continué pendant dix années, & étendu, suivant les circonstances, à un plus grand nombre de ports, & à des débouchés par terre, produisit en 1764 le fameux édit du mois de juillet, qui accorde la pleine liberté d'exporter du royaume, & d'y importer des grains de toute espèce.

Ce règlement, dont les heureuses conséquences avoient été présentées à la nation par des gens parfaitement éclairés sur ses intérêts, produisit une révolution avantageuse pour les finances ; mais ses dispositions furent, dans la suite, souvent restreintes, modifiées ou suspendues, suivant l'opinion des administrateurs, & quelquefois par des motifs de prévoyance qui ne pouvoient pas être improuvés.

Dans l'intervalle de ces dix années, il se fit quelques opérations de finance qui ne doivent pas être oubliées, soit à cause de leur utilité, soit par rapport aux vues qui les avoient inspirées.

Une déclaration du mois d'août 1751, avoit ordonné que tous les bénéficiers du royaume donneroient, dans six mois, des déclarations des biens & revenus de leurs bénéfices. Malheureusement ces dispositions sont restées sans exécution, & le gouvernement a perdu tout moyen de s'assurer si le clergé partage le poids des contributions publiques, dans une proportion mesurée sur les facultés & sur les avantages qu'il retire de la force du corps politique dont il fait partie. *Voyez* CLERGÉ.

L'année suivante, le roi remit trois millions sur les tailles des habitans de la campagne. Mais les heureux effets de cette bienfaisance furent troublés peu d'années après,

---

Il est vrai aussi que depuis plusieurs années, jusques vers 1751, le timon de la ferme générale avoit été entre les mains d'un homme qui joignoit à une ame élevée, toutes les vues d'un administrateur ; homme supérieur à son état, mais si éclairé sur tout ce qui se rapportoit aux finances, qu'il étoit devenu le conseiller intime, l'avocat consultant du ministre qui les gouvernoit. Il faut voir avec quelle force & quelle adresse il presse, il analyse, il dissèque un projet de finance, pour en montrer les parties vicieuses, pour faire toucher au doigt la foiblesse de ses ressorts, & mettre en évidence les résultats fâcheux qui s'opposent à son admission. C'est le bon citoyen qui juge, & jamais le financier. Sa grande modestie fait pardonner ses grandes connoissances ; & par-tout on reconnoît un homme également incapable d'intrigue & de flatterie ; un homme ennemi de ces voies sourdes & ténébreuses, par lesquelles des esprits bornés ou pusillanimes se traînent à leurs fins ; un homme toujours certain d'obtenir de sa compagnie, des suffrages qu'elle ne peut refuser à une éloquence persuasive & à un jugement solide ; ne pensant jamais à les lui arracher par des petites factions, ou par des menées insidieuses, qui peuvent captiver un moment, mais dont l'effet se termine par exciter la haine & attirer le mépris : on reconnoît enfin un homme naturellement porté à tout ce qui est noble & grand, qui n'eût pas moins bien été placé à la tête d'un sénat, qu'à celle d'une compagnie de finance, & auquel on n'a pu reprocher que peut être trop de délicatesse, pour sacrifier ce qui avoit toujours fait le secret de son corps, à la vaine ambition de conserver la faveur dont il jouissoit.

par l'inquiete jaloufie de nos voifins, qui rallumerent la guerre en Amérique. La néceffité d'y fubvenir, fit impofer un fecond vingtième, pour être levé avec celui qui avoit fuccédé au dixième fupprimé en 1749. On prorogea auffi la levée de différens droits ; on établit deux nouveaux fols pour livre, & l'on eut recours à un troifième vingtième, à un doublement de capitation, & au triplement pour les gens de finances, à des emprunts, foit en rentes viageres ou perpétuelles, foit par voie de loterie, & à tous les moyens qu'on a vus employés précédemment.

L'impuiffance de continuer la guerre, ramena la paix en 1762. Dès l'année fuivante, on s'occupa des moyens d'acquitter les dettes qu'elle avoit occafionnées, & de remettre de l'ordre dans les finances, qui étoient dans le plus grand épuifement.

Le roi, par fa déclaration du 21 novembre 1763, demanda aux parlemens, chambres des comptes & cours des aides, des mémoires fur les moyens de perfectionner & fimplifier l'établiffement, la répartition, le recouvrement, l'emploi & la comptabilité de toutes les finances du royaume, & de donner aux différentes parties la forme la moins onéreufe aux fujets de l'Etat.

La même loi ordonnoit de procéder à la confection d'un cadaftre général de tous les biens-fonds du royaume, fans exception ; de ceux même dépendans du domaine de la couronne, de ceux appartenans aux princes du fang, aux eccléfiaftiques, nobles, privilégiés, de quelque nature & qualité qu'ils foient, & ce, dans la forme la plus utile au foulagement des peuples.

Cette loi affectoit un fonds annuel de vingt millions, à la caiffe d'amortiffement, pour être employé inviolablement & exclufivement, à rembourfer & éteindre les capitaux des dettes de l'Etat, tant anciennes que nouvelles.

Tant & de fi belles difpofitions reftèrent fans fuite, ou du moins elles eurent très-

peu d'effet. On ne publia jamais aucun mémoire fur le premier objet.

Le fecond, qui pouvoit conduire à un nouveau fyftême de finance très-propre à remplir les grandes vues de foulagement dont on paroiffoit animé, fut auffi-tôt oublié que conçu.

Quant au troifieme, l'édit du mois de décembre 1764 règla définitivement les opérations de la caiffe des amortiffemens, & les formalités qui devoient être remplies par tous les créanciers de l'Etat, pour faire vifer leurs titres & contrâts de rentes. Mais une des difpofitions de cet édit, dont on ne concevra jamais les motifs, c'eft qu'on affuroit le remboursement de plufieurs rentes portant un foible intérêt, tandis qu'on laiffoit fubfifter des dettes qui emportoient un intérêt beaucoup plus fort.

Quoi qu'il en foit, cette même loi établit en même tems un droit de mutation fur toutes les rentes, lors de chaque changement de propriété par fucceffion collatérale feulement ; un dixième des rentes & des arrérages & intérêts de tous les effets payables au porteur, & des gages, taxations, profits & émolumens des gens intéreffés dans les finances ; enfin, il annonçoit que tous les effets & reconnoiffances donnés en paiement, feroient convertis en contrats de rentes perpétuelles.

Tandis que l'on manifeftoit ainfi le defir de libérer l'Etat, le parlement faifoit des remontrances fur les moyens qu'on employoit. On ne diminuoit en rien la dépenfe, & le befoin força bientôt d'augmenter la maffe des dettes. Un edit du mois de janvier 1766, créa cinq millions de rentes viageres à dix pour cent, fans diftinction d'âge, avec retenue d'un dixième.

Un autre édit du mois de juin de la même année, dicté pour le bien de l'agriculture & du commerce, fixa l'intérêt de l'argent à quatre pour cent. *Voyez* CAISSE D'AMORTISSEMENT, page 156.

Depuis fept années on jouiffoit de la paix, l'agriculture & le commerce commençoient à refleurir ; mais les finances étoient dans un état bien différent. La profusion d'un côté, le gaspillage de l'autre, des dépenses sans mesure, des recettes sans ordre, une cupidité inexprimable par-tout, avoient ramené les tems malheureux du règne de Henri II. Il falloit des impôts & des expédiens nouveaux, pour suffire aux besoins sans cesse renaissans. C'est dans cette perplexité que commença l'année 1770.

Une des premieres opérations fut de fermer la caisse des amortissemens, & de suspendre les remboursemens assurés si solemnellement. Plusieurs édits bursaux furent publiés & enregistrés ; la liberté d'exporter les grains fut interdite ; des arrêts du conseil réduisirent les intérêts de quantité d'effets royaux ; les uns d'un cinquième, les autres de deux, de moitié, suivant le taux de leur valeur courante. Les tontines furent supprimées & converties en rentes viageres. Les pensions, les gratifications grévées d'un, de deux ou trois dixièmes, à commencer dès 1768, chose inouie ; & le paiement des billets des fermes, des rescriptions des receveurs-généraux, & des assignations sur les revenus du roi, fut suspendu par arrêt du conseil, sans préalable ni disposition ultérieure. Jamais les propriétés n'avoient été si cruellement attaquées ; & jamais la circulation n'avoit éprouvé des entraves aussi désespérantes. *Voyez* ce qui a été dit au mot CRÉDIT PUBLIC.

La crise violente dans laquelle se trouvoient les finances, fut encore augmentée par le nouveau systême introduit en 1770 dans l'administration de la justice. On vouloit faire au peuple l'insigne bienfait de supprimer la vénalité des charges de magistrature, pour en créer de nouvelles, dont les titulaires devoient rendre la justice gratuitement. Cette subversion de l'ordre établi, grévoit, à ce qu'on prétend, le fisc de plus de quatre-vingt millions de capitaux, & mettoit à sa charge au moins six millions d'arrérages, & près de deux millions d'appointemens ou gages pour les nouveaux officiers. Aussi ne vit-on jamais au milieu de la guerre la plus désastreuse,

sortir du génie de la fiscalité, autant d'impôts & d'édits bursaux, qu'on en vit en ces tems malheureux, quoiqu'on fût en paix depuis neuf années. Des emprunts étoient ouverts ; les rentes de l'hôtel-de-ville furent soumises à un dixième ; différens pourvus d'offices furent imposés à des taxes ; on créa des charges de perruquiers, de courtiers, &c. On augmenta les droits des entrées de Paris ; on en mit de nouveaux sur l'amidon, sur les papiers & cartons. Enfin, l'édit de novembre 1771, combla la mesure de toutes les impositions, en ajoutant deux nouveaux sols pour livre aux six qui existoient déja, & frappant de huit sols pour livre, tous les droits du roi, & même ceux des particuliers qui jusques-là n'en avoient supporté aucuns.

Mais passons rapidement sur ces années funestes, où l'on ne savoit améliorer les finances de l'état, épuisées par une horrible déprédation, qu'à force d'impôts ; où l'on aimait mieux sacrifier la propriété & l'aisance des particuliers, que de réduire les folles dépenses destinées à engraisser des vermines attachées à sucer la substance de l'Etat.

L'aurore d'un nouveau règne commence à briller sur la France ; le timon des finances est remis dans des mains pures & vertueuses. Pourquoi la passion du bien public & la connoissance des affaires ne se trouvent-elles pas toujours réunies à la connoissance des hommes, à l'expérience des efforts de l'intérêt particulier ? Pourquoi la séduction d'une liberté illimitée, d'une perfection impossible, vint-elle se mêler à des spéculations dirigées vers la félicité publique, mais trop sublimes pour convenir à une nation chez laquelle le luxe immodéré étouffe chaque jour le cri du patriotisme ?

On nous apprend dans les *Mémoires sur la vie & les ouvrages de M. Turgot*, qui fut le premier chargé des finances après la mort de Louis XV, arrivée en mai 1774, que les dépenses de l'année 1775 surpasserent le montant de la recette, de dix-huit millions six cents quatre-vingt-six mille neuf cents quatre-vingt-douze livres, y compris

pris à la vérité vingt-trois millions huit cents trente-trois mille quatre-vingt-onze livres, pour des remboursemens indispensables ; que le montant des anticipations étoit déja à soixante-dix-huit millions deux cents cinquante mille livres ; que les pensions étoient arriérées de trois à quatre années ; qu'il existoit de plus, dans chaque département, une dette exigible arriérée, très-considérable : mais on ne dit point quels étoient les capitaux ; on ne distingue point ceux qui pouvoient être exigibles, de ceux qui ne l'étoient pas ; en sorte qu'il n'est pas possible d'évaluer, avec exactitude, la masse de la dette nationale à cette époque. Des gens instruits & modérés, prétendent qu'elle n'étoit pas moindre de trois milliards.

L'esprit d'ordre & l'amour du bien, qu'on voyoit régner dans toutes les opérations du nouveau ministère, inspirerent la confiance, & le crédit fut rétabli. Au mois d'octobre 1775, l'intérêt de l'argent étoit tombé à quatre pour cent. Plusieurs provinces & le clergé emprunterent à ce taux, pour rembourser des fonds dont ils payoient cinq pour cent.

En vingt mois, quatre-vingt-huit millions furent répandus tant sur la dette exigible arriérée, que sur la dette constituée, & sur les soixante & dix millions d'anticipations ; & malgré les fonds faits pour le remboursement annuel de vingt-cinq millions, les finances se trouvoient avec un excédent de trois millions six cents mille livres de la recette à la dépense (92), & qui devoit s'accroître d'année en année.

Une nouvelle administration n'adopta pas les mêmes principes d'ordre, d'économie & d'exactitude. Elle fut principalement marquée par l'établissement d'un jeu public d'argent sur quatre-vingt-dix numéros, jeu qui séduit toujours les pauvres, les esprits foibles, & les gens toujours dévorés par la cupidité ; établissement connu sous le nom de *Loterie Royale*, & dont on reconnoîtra peut-être un jour que les effets sont aussi funestes aux mœurs, que nuisibles aux finances de l'Etat.

Les anticipations qui avoient été réduites à cinquante-un millions, remonterent à cinquante-six ; on fit quelques emprunts ; on reçut des fonds des administrateurs de la loterie royale, & des fermiers des octrois de Lyon. La situation des finances empiroit, lorsqu'au titre de contrôleur-général fut substitué celui de directeur-général des finances. Il se trouvoit un déficit de vingt-quatre millions entre la recette & la dépense ; il fut effacé en peu de tems. Moins de quatre années suffirent pour remonter la recette au-dessus de la dépense de dix millions deux cents mille livres ; c'est ce qu'établit le compte rendu en 1781.

En vain a-t-on prétendu que cet excédent étoit illusoire ; que la recette étoit forcée de trois millions cent mille livres sur le nouveau bail des fermes ; de trois millions sur la régie générale ; de six millions sur l'administration générale des domaines ; que la part du roi dans les produits de ces trois régies, étoit exagérée à douze cents mille livres, &c. &c. &c.

L'expérience a justifié l'exactitude des fixations qui avoient été faites. Trois années expirées ont mis en évidence que les produits de ces perceptions, bien loin d'être forcés comme on l'a avancé si légèrement, ont, malgré l'augmentation du dixième mis en 1781, augmenté de plusieurs millions, de façon à donner un bénéfice annuel de soixante à soixante-dix mille livres aux fermiers-généraux ; de quarante-huit à cinquante-quatre mille livres aux régisseurs généraux, & de soixante-quatre à soixante-douze mille livres aux administrateurs généraux des domaines ; en sorte que cette dernière partie, sur laquelle on supposoit l'exagération la plus considérable, porte elle seule la part du roi dans les bénéfices, à environ quinze cents mille livres pour chacune des trois années expirées ; & l'on

h

---

(92) Mémoires sur la vie & les ouvrages de M. Turgot, *in-8°*, page 125 & 136.

fait que cette manutention n'à jamais éprou-vé de diminution. *Voyez* le mot DOMAINE.

On laisse aux gens sensés le soin d'appré-cier le mérite de ces écrits répandus contre les faits, les plans & les bénéfices éventuels qui ont été consignés & présumés dans le compte rendu en 1781. On observera seule-ment, que tandis que l'esprit de parti souf-floit en France une foule de petits détrac-teurs plus vains qu'instruits, contre les opé-rations de finances, qui, depuis quatre an-nées, procuroient au crédit national une solidité & une étendue qu'il n'avoit jamais eues; toute cette administration étoit vantée & citée comme un modèle, au parlement d'Angleterre.

Suivons l'administration des finances jus-qu'à la paix de 1783. Malgré trois années de guerre, le génie fiscal n'avoit pas cessé de dormir depuis 1777. Nulle loi bursale n'avoit été promulguée. Son réveil arriva en 1781, & il fut marqué par l'édit du mois d'août, qui ajoutoit un dixième aux droits du roi, qui imposoit un doublement des droits établis sur les huiles & les sa-vons, & plusieurs droits nouveaux aux en-trées de Paris, sur les matériaux propres à la construction, sur les glaces, le café, le sucre & la cire.

Le rétablissement de différens offices de finance supprimés, des emprunts & des loteries, procurerent aussi des ressources qui mirent en état de pousser la guerre dont la fin arriva heureusement dans les premiers jours de l'année 1783.

En résumant tout ce qui a été dit sur les finances, on voit que parmi les sciences & les arts dont les Romains nous ont donné des leçons & laissé des modeles, il faut compter la science de la finance, si l'on peut appeller science, celle de trouver divers impôts aussi bizarres qu'odieux, enfantés par la cupidité, établis par la tyrannie, & supportés par la servitude.

On voit encore que cet art fiscal de tour-menter les nations par des taxes & des tri-buts, s'est malheureusement introduit dans le berceau de la monarchie, avec le code des loix Romaines; qu'ensuite un heureux usurpateur voulant gagner l'attachement & l'appui de ses pairs, leur accorda une grande partie du pouvoir souverain, jusqu'alors concentré dans la personne du monarque, quoique son autorité eût, sous les règnes précédens, été fréquemment attaquée & atténuée par des vassaux ambitieux & tur-bulens, qui tiroient leur plus grande force de sa foiblesse.

Alors la force du corps politique ne con-sistoit que dans la réunion des forces des grands seigneurs & des hommes libres, qui contribuoient de leurs personnes au service militaire de l'Etat, fournissoient des hommes, des chevaux & des voitures pour les voyages du roi & de sa suite, & s'en dédommageoient ensuite par toute sorte de vexations sur leurs serfs & les habitans non libres de leurs seigneuries.

Mais lorsque les barons, & ensuite les communes affranchies & réunies en un corps d'assemblée, eurent une fois consenti de payer au chef de l'Etat, une taxe ou une dîme, sous prétexte de la conquête de la Terre-sainte, les chefs continuerent quel-que tems à demander des secours & des subsides, dont ils exposoient la nécessité, pour la conservation & l'avantage général de la société. La concession des peuples devint le droit du monarque.

L'abaissement des grands seigneurs, qui suivit l'affranchissement des communes, né rendit pas la condition du peuple plus douce; il ne fit que changer d'oppresseurs. Au lieu d'être vexé par les seigneurs immédiats, il le fut par les sénéchaux, par les grands baillis & les autres officiers royaux qui réunissoient au commandement militaire, l'administration de la justice, celle de la finance, & même la recette des deniers royaux, comme on l'a vu ci-devant.

Du moment que l'autorité, pour se faire respecter au-dehors & au-dedans, eut pris le parti d'avoir des gens d'armes toujours subsistans, elle devint assez forte pour lever à son gré les subsides qu'exigeoient ses pro-jets & ses vues. Les impôts furent sans mesure & sans bornes.

On voit quelquefois briller des étincelles de fens & de raifon, qui femblent indiquer que dans les impofitions on confulte les facultés des contribuables, qu'on en calcule le poids fur leurs forces, & qu'on le combine avec les ménagemens dûs aux fources de la richeffe publique; mais cette clarté paffagere fe diffipe prefque auffi-tôt. Le fifc, armé de la hache du pouvoir, menace les propriétés, envahit les revenus, & s'empare de la portion la plus claire des fortunes particulieres, fans s'inquiéter des moyens de reproduction, & fans être arrêté par le défefpoir des peuples. Telle fut la fituation du royaume fous les règnes de Philippe-le-Bel & de Louis X. Ces jours défaftreux fe renouvellerent fous Charles V & fon fucceffeur; le fardeau des charges étoit accablant: il fut fenfiblement allégé fous le règne de Louis XII: ce bonheur, trop rapide, difparut avec ce bon prince, & ne reparut que dans un intervalle très-court, fous Henri IV.

La lumiere dont l'aurore avoit brillé fous François I*er*, s'étendit à toutes les fciences & à tous les arts; mais celui de la finance ne fe perfectionnoit qu'en créant de nouvaux impôts fous des noms jufqu'alors inconnus, & en multipliant les précautions & les peines, pour exiger plus rigoureufement le paiement des anciens. Sully gouverne les finances, & la nation fent avec plaifir fon exiftence. Le fanatifme détruit tout fon efpoir. Une minorité orageufe la replonge dans la détreffe. L'excès du malheur produit l'excès de la licence. La conjuration eft générale contre les revenus publics. Enfin, Colbert arrive, & pofe les fondemens de notre profpérité, en agrandiffant le plan déja tracé par le vertueux Sully dans l'adminiftration des finances. Sans doute que les impôts ne furent ni moins nombreux, ni moins confidérables qu'auparavant, fur-tout à la fin du dernier fiecle; mais les peuples eurent plus de reffources pour les payer, plus de moyens pour arriver à une aifance qui s'eft toujours accrue.

Il eft probable que cette heureufe révolution, due en partie aux grands principes adoptés par Sully & Colbert, fut encore favorifée par l'élévation & l'agrandiffement des colonies de l'Amérique. Elles procurerent à toute l'Europe une augmentation de richeffe, en donnant au commerce une plus grande activité, qui multiplia les hommes & les efpèces. Mais cette augmentation de fortune, loin d'opérer conftamment la félicité des peuples, ne manquera pas de leur devenir funefte, fi les gouvernemens ne favent jamais mefurer leurs dépenfes fur leurs revenus, & fur l'amélioration fucceffive que ces revenus peuvent recevoir de l'accroiffement de la richeffe publique; fi toujours prodigues d'un vain fafte, & avides de la fauffe gloire des armes, ils continuent de facrifier les fruits de plufieurs années, au befoin du moment, & étouffent ainfi les générations futures, fous le joug qui accable les générations préfentes.

Quel peut être le remede à ce mal? Ce feroit de trouver dans la fcience des finances une forme d'impofition qui, fans altérer la liberté des citoyens, & en étendant celle de l'agriculture & du commerce, pût affurer à l'Etat un revenu graduel qui fuffît pour tous les tems & pour tous les befoins.

On ne dira pas que cet avantage fe rencontre en France dans le régime actuel des finances; car, parmi la multitude de droits & d'impôts qui le conftituent, plufieurs portent directement fur la culture. Pour les fupprimer ou les modifier, il faut trouver des remplacemens. Il ne paroît pas qu'on puiffe y parvenir, fans établir un nouveau fyftême de finances, qui, loin de contrarier ou d'éloigner la félicité publique, tende à l'opérer, en faifant contribuer chaque membre de la fociété dans la jufte proportion de ce qu'il poffede.

On croit appercevoir deux moyens d'amener cet utile changement, fans fecouffe, & fans priver l'Etat de la moindre portion de fon revenu. Le premier, de faire faire un cadaftre général, à la faveur duquel on pourroit rendre la taille réelle, & taxer les terres fuivant leurs qualités & leurs produits.

Le fecond, de fuivre le projet des adminiftrations provinciales, dans lefquelles l'avantage d'être admis feroit une diftinction ou une récompenfe, & qui, après la fixation du tribut de chaque province, procéderoient à fa répartition par la voie la plus équitable & la plus économique.

Tant que l'un ou l'autre de ces établiffemens ne fera pas fait, il paroît impoffible d'efpérer ni l'abolition abfolue des droits d'aides, ni la réforme qu'il eft fi aifé de faire à cet égard, en délivrant les campagnes de ce fléau deftructeur de la culture, & en laiffant néanmoins fubfifter les droits qui ont lieu à l'entrée des villes, & que l'on pourroit convertir en un feul.

La fuppreffion des gabelles, ou la réduction du prix du fel à un taux modique & payable à l'enlévement des marais falans, reftera probablement de même au rang de ces belles chimeres, dont une imagination fenfible au bonheur des humains conçoit la réalité, mais que les gens inftruits dans l'avenir, par l'expérience du paffé, ne voient que comme un rêve métaphyfique, qui ne laiffe que la douceur d'en avoir été occupé.

Heureux & mille fois heureux cependant le miniftre qui, par un zèle courageux & par un amour profond de fa patrie, furmonteroit les obftacles qui contrarient l'exécution d'un fyftême de finances fi propre à produire le bien! Il en recevroit la récompenfe par la gloire qui accompagneroit à jamais fon nom, & par les bénédictions multipliées que lui adrefferoient la reconnoiffance des générations préfentes & la félicité des générations futures.

ABO

ABONNEMENT , f. m. convention au moyen de laquelle un pays, une communauté, une paroiffe où un particulier devient exempt de droits fur certains objets fpécifiés, en payant une fomme annuelle. Toutes les parties d'impofitions font fufceptibles d'*abonnement* ; mais en général ces compofitions nuifent aux produits des impôts & donnent lieu à des abus.

Il eft cependant des cas où la perception d'un droit quelconque , foit d'aides , foit d'un autre genre, devenant trop-difficile , il peut être avantageux d'en fixer la quotité à une fomme qui fe paie annuellement. Alors cette convention n'exempte pas des recherches & des vifites que les prépofés à la perception pourroient faire. Ces traités ne font pas rares fur les droits de courtiers-jaugeurs , & d'infpecteurs aux boucheries, qui tiennent à la régie des aides , & même fur les droits de cette partie. Le titre 7 de l'ordon. de 1680, autorife ces *abonnemens*. *Voyez le Traité général des Aides* , de le Fevre de la Bellande.

La Flandre , l'Artois , le Hainault , font des provinces abonnées pour les droits de contrôle & d'infinuation qui dépendent de la régie des domaines. *Voyez le Dictionnaire de cette partie*, par M. Bofquet.

A l'égard des droits des fermes proprement dits , & qui font ceux de traites, les *abonnemens* n'ont lieu en quelques pays que parce que leur ancienneté & l'ufage les ont en quelque forte confacrés : en d'autres par des confidérations politiques ; & le plus communément lorfque les formalités prefcrites pour les déclarations, pour le tranfport des denrées ou marchandifes au bureau, & pour la perception des droits , ne peuvent s'exécuter fans des lenteurs ou des difficultés trop génantes pour le commerce, ou fans occafionner des frais de régie onéreux , c'eft-à-dire , plus confidérables que ne le feroient les produits d'un bureau qu'on pourroit établir exprès pour cette perception.

Par exemple , le propriétaire , maître ou fermier d'une forge fituée fur les limites de deux provinces, réfide en l'une , & tire fon minerai de l'autre. S'il eft dû des droits d'entrée & de fortie, il eft tenu de faire conduire au plus prochain bureau tout le minerai néceffaire à l'aliment de fes fourneaux , d'en déclarer le poids, d'en fouffrir la vérification & la vifite , conformément aux articles 3 , 4 , 5 & 6 de l'ordonnance de 1687. Toutes ces formalités font d'autant plus embarraffantes, qu'il fe trouve plus éloigné du bureau. En établir un exprès à cette forge, la recette n'indemniferoit pas de la dépenfe. Il eft plus naturel & plus commode pour le maître de forges , qui fait ce qu'il confomme de matieres minérales , de demander à payer chaque année une fomme, pour tenir lieu des droits qu'il devroit par chaque voiture de matiere, & s'affranchir de toutes

formalités : de fon côté la Régie trouve fon avantage à faire cet arrangement.

Les mêmes confidérations & les mêmes motifs font également accorder des *abonnemens* à de petits pays , à de fimples paroiffes ou communautés , qui , fe trouvant enclavées dans une province, autre que celle dont ils font partie, ne pourroient y communiquer qu'en payant des droits & rempliffant des formalités très-embarraffantes.

Tels font plufieurs villages de Champagne, près Langres , qui fe trouvent renfermés dans la province de Lorraine. Ils ont des *abonnemens* tant pour les droits d'aides que pour ceux des fermes.

L'adjudicataire eft autorifé par fon bail à continuer ou réfilier les *abonnemens* faits par fes prédéceffeurs , & à abonner ceux des droits qu'il juge à propos. C'eft ce qui confirment les difpofitions de l'article 15 de l'arrêt de prife de poffeffion, du 5 juillet 1780, de Nicolas Salzard , adjudicataire actuel du bail des fermes, qui n'eft que la confirmation de l'article 585 du bail de Forceville.

En 1726, le confeil ayant accepté les offres qui furent faites par diverfes provinces, pour fe racheter du paiement des droits dûs à la fabrication des huiles & favons ; droits dont la perception exige les vifites fréquentes des commis dans les preffoirs & moulins à huile ; depuis cette époque , ces *abonnemens* font confirmés & prorogés à chaque renouvellement de bail par un arrêt du confeil ; mais ils n'ont d'effet que pour les huiles qui fe confomment en chaque généralité ou province. Si une partie d'huile en eft exportée dans une autre, même abonnée , elle devient fujette aux droits de la déclaration du 21 mars 1716 , indépendant des autres droits de fortie & d'entrée, s'il en eft dû.

Voyez HUILES.

On connoît différens *abonnemens* ou tranfactions qui ont pour objet la modération de certains droits ; tels que ceux de la douanne de Lyon ; de la douanne de Valence, de la Foraine, de la Comptablie, de la Traite de Charente, & même du tarif de 1664, fur lequel M. Dagueffeau rapporte plufieurs exemples au procès-verbal de fes opérations en 1689, dans les provinces de Lyon & de Dauphiné, où il avoit été envoyé en qualité de commiffaire du confeil.

Ces tranfactions n'ont eu originairement en vue, que d'affurer une perception incertaine ou facile à éluder. Leur titre actuel eft un très-ancien ufage auquel le commerce eft accoutumé, & qui, par cette raifon , a toujours été refpecté.

L'*abonnement* du Haut-Comtat avec la Ferme Générale , pour commercer en franchife de tous droits avec le Dauphiné, eft un exemple des confidérations politiques qui déterminent quelquefois la confirmation de ces actes, quelque préjudiciables qu'ils

A

foient aux revenus de l'état. Il est prouvé que depuis 1727, qui est l'époque où cet *abonnement* a été fixé à 1825 liv. jusqu'en 1783, les droits ont beaucoup été augmentés, & que les denrées de toute espece ont renchéri en raison de l'accroissement du numéraire dans le royaume.

Par une conséquence naturelle, le montant du prix de l'*abonnement* devoit suivre cette proportion; ou même la résiliation absolue de cet *abonnement* eût eu l'avantage de détruire un grand nombre d'abus dont il est la source; mais les égards du gouvernement pour la cour de Rome, fous la domination de laquelle est ce petit pays, ont empêché jusqu'à présent de rien changer à l'état des choses.

Suivant l'article 478 du bail des fermes, adjugé à Forceville, la régie du tabac a un *abonnement* de cent mille livres, qu'elle paie annuellement à la partie des cinq grosses fermes ou des Traites, pour tenir lieu des droits d'entrée & de fortie, droits locaux, droits des tarifs, de poids-le-roi, & autres droits unis faisant partie des fermes générales, pour tous les tabacs, matieres & ustensiles qu'elle fait entrer dans le royaume, qu'elle en fait fortir ou qui traversent les différentes provinces.

ABONNEMENT fe dit encore d'un accord fait entre un fermier du roi & les juges auxquels fe rapportent les objets de fon bail.

Quoiqu'en général il foit défendu par les ordonnances, aux juges, de traiter avec les parties des épices & des frais de leurs jugemens, cependant les adjudicataires des droits-royaux ont toujours été autorisés à passer des transactions de cette espece. Les motifs de cette dérogation à la règle générale, ont été que ces fermiers ne font pas proprement regardés comme des parties civiles, uniquement occupées de leurs intérêts particuliers, mais plutôt comme des parties publiques, qui, chargées de la manutention des droits du Roi, ne doivent chercher qu'à conferver ces droits dans leur intégrité, & faire punir ceux qui en éludent le paiement.

Les arrêts du conseil des 12 mai 1693, & 13 août 1709, rendus fur les *abonnemens* faits entre Charles Ifambert, adjudicataire-général, & les officiers de divers greniers à fel, font devenus des titres qui ont fervi de bafe aux *abonnemens* postérieurs.

« La plus grande partie des premiers juges, & » les différens adjudicataires font en conféquence » des accords refpectifs fur leurs épicés & vaca- » tions, dit M. Buterne, fans tomber en prévari- » cation, ni donner lieu à des plaintes. Il en peut » naître un avantage pour le public, s'ils ne s'en » prévalent que pour en diminuer le poids en faveur » des malheureux qui fuccombent. C'est ce que Sa » Majesté a confié à leur probité & a leur confcience: » elle doit être bien délicate & bien éclairée ; car, » comme on dit proverbialement, le pas est glissant ». *Dictionnaire de Législation, de Jurisprudence & de Finances, dédié à MM. de la chambre des comptes & cour des aides de Provence ; par M. Buterne, agent des fermes, in-4°. 1763, au mot* ABONNEMENT.

ABORD, f. m. action par laquelle un navire ou tout bâtiment de mer s'arrête, ou navigue à la diftance d'une lieue des côtes, des ports ou des rivieres dans lefquels s'exécute ordinairement le déchargement des navires. Cette action oblige le capitaine ou patron à faire une déclaration dans les vingt-quatre heures où il aura abordé ou approché les côtes, au plus prochain bureau du lieu, & de fe foumettre à la vifite de fon bâtiment. *Voyez les mots* DÉCLARATION, ECHOUEMENT.

ABORD, (droit d') ce droit fe trouve ordinairement réuni à celui de *confommation*, parce que tous deux ont été établis en même tems, & fur les mêmes objets.

Ils paroiffent devoir leur origine à la fupreffion des offices de jurés vendeurs de poiffons, créés dans un tems de befoin, par l'édit du mois de janvier 1583, avec attribution d'un fol pour livre de la valeur du poiffon vendu par les titulaires de ces charges.

Les marchands & mariniers qui apportoient du poiffon dans les villes les plus confidérables où réfidoient ces officiers, les chargeoient de le vendre, & ceux-ci leur en avançoient le prix, fous la réferve de leurs droits & de quelques conditions particulieres.

Sans doute que l'on reconnut des abus dans l'exercice de ces offices, puifqu'ils furent tous fupprimés, excepté ceux de Paris, par la déclaration du 13 février 1635.

Ce règlement qui établit à la fois, & avec affez de confufion, des droits fur les beftiaux, fur les cuirs & fur le poiffon de mer, frais, fec & falé, ne défigne pas nommément les droits d'*abord* & confommation. Il fixe feulement un droit à payer fur le poiffon apporté dans les ports, rades & havres des provinces où les aides ont cours.

Mais le titre de la perception des droits d'*abord* & confommation, fe trouve configné & formellement expliqué dans l'ordonnance de 1681.

Il réfulte des différens articles compris dans ce titre particulier, que les droits d'*abord* font dûs, même en tems de foire, fur le poiffon de mer, frais, fec & falé, de pêche étrangere, apporté dans tous les ports, havres, rades & plages des provinces & généralités où les aides ont cours à l'arrivée des navires, barques & autres bâtimens, outre les droits d'entrée du tarif de 1664, & fuivant la fixation portée dans le tarif particulier qui est joint à cette ordonnance, & qu'on trouvera à la fin de cet article.

Ce droit est également dû fur le poiffon de mer, frais, fec & falé, entrant dans la province d'Anjou par terre ou par la riviere de Loire.

Les capitaines, patrons ou maîtres de vaiffeaux, navires ou barques, & tous voituriers conduifant du poiffon, font tenus d'en faire leur déclaration au bureau du lieu de leur arrivée, ou au plus prochain, à peine de confifcation & de 500 livres d'amende.

Il est défendu, fous les mêmes peines, aux marichands de recevoir ce poisson dans leur magasin, avant que la visite en ait été faite, & que les droits en soient acquittés.

Le droit d'*abord* n'est dû qu'une fois, & ne peut être levé sur des poissons gâtés.

Les pêcheurs des villes & côtes de Normandie, sont exempts du droit d'*abord* sur le poisson de leur pêche, ainsi que tout françois qui fait arriver du poisson de sa pêche sur des vaisseaux qui lui appartiennent, pourvu que les équipages soient au moins moitié françois ; mais la déclaration doit toujours en être faite. Ces dispositions ont été confirmées par l'arrêt du conseil du 5 avril 1740, & la déclaration du roi du 5 mai 1743.

Il suit de ces règlemens, que le droit d'*abord* est un droit politique, dont l'objet est de renchérir le poisson de pêche étrangère, afin d'assurer la préférence à celui qui provient de la pêche nationale, & de favoriser cette branche intéressante d'industrie. *Voyez* PÊCHE.

Quant aux droits de *consommation*, ils seront levés, porte l'article 9, même en tems de foire, sur le poisson frais, sec & salé qui sera transporté par eau ou par terre, des ports, havres, rades & plages de notre province de Normandie & de la généralité d'Amiens, suivant le tarif joint aux présentes, sans aucune exemption ni privilége.

La déclaration du roi du 24 juillet 1691, a ordonné que ce tarif auroit également lieu dans la province d'Anjou.

Le poisson pêché dans les parcs, filets, piquets & pêcheries qui sont sur les grèves de la mer & dans les rivieres où s'étend le flux & le reflux, est sujet à ces droits, même les saumons, aloses, éperlans, lamproies & autres poissons de mer, quoique pêchés dans les endroits des rivieres où il n'y a ni flux ni reflux. L'arrêt du 12 août 1740, confirme cette perception sur les aloses pêchées dans la Seine.

Les droits de *consommation* sont dûs dans les lieux où s'enleve le poisson, à peine de confiscation & de cent liv. d'amende ; excepté celui qui est enlevé de Calais, de Boulogne, & de tous les autres endroits des pays reconquis : au lieu d'y payer le droit, ce poisson les acquitte au bureau de Pontdormy, à l'entrée de la Picardie. Il en est de même de tout le poisson apporté par terre en Picardie, des pays-bas Autrichiens. Il doit au premier bureau les droits d'*abord* & de *consommation*, suivant la déclaration du roi du 5 mai 1743.

Le droit d'*abord* ne se perçoit pas non plus dans ces mêmes pays exempts du droit de *consommation*, quoique les aides y aient cours ; quoiqu'ils soient du ressort de la cour des aides ou du parlement de Paris, & que, suivant les termes mêmes de l'ordonnance, ce droit d'*abord* dût y être levé, puisqu'il est dans l'intérêt des pêcheries françoises qui occupent la plus grande partie des habitans.

Tous les coquillages autres que les huitres, tels que les crabbes, écrevisses de mer, crevettes, moules, &c. n'ont jamais été assujettis aux droits d'*abord* & de *consommation*, vu qu'il n'en est pas fait mention dans l'article de l'ordonnance qui impose ce droit.

Tout le poisson déclaré pour Paris, doit être exempt du droit de *consommation*, tant & si long-tems que les offices des jurés-vendeurs de poisson y subsisteront ; mais celui qui après y avoir été apporté en est réexporté sans avoir été vendu, devient sujet aux droits de *consommation*, conformément à l'arrêt du 3 juillet 1722.

Les motifs de ces dispositions sont, que le droit perçu à Paris par les officiers jurés-vendeurs de poisson, est le droit primitivement établi lors de leur création ; droit qui a donné naissance à ceux d'*abord* & de *consommation*.

L'un & l'autre ne sont dûs qu'une fois ; le premier à l'arrivée du poisson, le second à son enlévement ; mais le poisson déclaré pour Paris ne paie le droit de *consommation* que lorsque le même marchand qui l'a apporté le remporte pour aller vendre ailleurs : dans ce cas, qui est très-rare, les officiers jurés-vendeurs n'ayant pas perçu le droit attaché à leur charge, celui de *consommation*, qui le représente, est exigible au bureau de l'enlévement, où est rapporté l'acquit à caution qui accompagne tout le poisson expédié pour Paris.

Les délais pour le rapport de ces acquits, sont fixés par les articles 14 & 15 du même titre, à trois semaines pour le poisson sec & salé qui y est porté par terre ; à six semaines pour celui qui y est conduit par eau, & à quinze jours pour le poisson frais. Ces acquits doivent être revêtus du certificat de déchargement & de vente à Paris, par les jurés-vendeurs ; & faute de remplir ces formalités, les droits sont exigibles, en vertu des contraintes solidaires qui seront décernées contre les propriétaires & leurs cautions, & par emprisonnement de leurs personnes.

La fraude des droits de *consommation* étant d'autant plus facile qu'elle s'opere par la seule déclaration du poisson pour Paris, c'est ce qui a fait décerner, contre le défaut de rapport des acquits à caution délivrés en cette circonstance, des peines beaucoup plus rigoureuses que contre toute autre contravention du même genre. *Voyez* ACQUIT A CAUTION.

Les contestations qui s'élevent pour raison de ces deux droits, sont portées en premiere instance, pardevant les juges des traites, & par appel, à la cour des aides de Paris ou de Rouen, qui embrassent toute l'étendue de la perception de ces droits, suivant l'arrêt du conseil du 27 mai 1746, revêtu de lettres-patentes.

TARIF des droits d'ABORD & CONSOMMATION, avec des observations sur les changemens qui y sont survenus depuis sa formation.

NATURE ET ESPÈCE DE POISSON.	QUOTITÉ		OBSERVATIONS.
	Du droit d'ABORD.	Du droit de CONSOMMATION.	
Poisson salé.			
Adots & seiche, le 1000,	1 . . 13 S. . . . 6 d.	1 . . 13 S. . . 6 d.	
Anchois, baleines, marsouins, melettes, sardines, thons & autres poissons non dénommés,	1 . . . . le quintal.	1 . . . 7 . . . . 6 .	Les sardines de Bretagne, entrant par les provinces d'Anjou & du Maine, ne doivent que 10 sols, arrêt du conseil des 28 juin & 20 septem. 1757.
Harengs blancs ou saurs, par baril qui en contient 850	" . . . 10 . du quintal.	" . . . 13	
	1 . . . 6	1 . . . . 7 . . . . . "	
Maquereaux, le baril, qui en contient ordinairement 250	1 . . . 7	1 . . 13 . . . . 7 .	
Morues seches ou stocfisch, de pêche étrangere, le 100, de 132 poissons : décision du conseil du 25 avril 1764,	1	1 . . . . " . . . "	La morue seche, de pêche françoise, a été déchargée de tous droits à l'entrée & à la circulation, par arrêt du 30 janvier 1775.
Morues vertes en pile le 100, 66 poignées, ou 132 poissons	3 . . . 7 . . . 3 .	4 . . . " . . . 8 .	
Nots & langues de morues, ou tripes, arrêt du 17 nov. 1744,	1 . . . . . le quintal.	1 . . . . " . . . . "	
Saumon le hambourg, tonneau qui pèse de 300 à 350 liv.	2 . . . " . . . " . .	3 . . . 7 . . . 3 .	
Poisson frais.			
Chaque panier ou manequin, le panier composé de 4 aloses, suivant l'arrêt du 12 avril 1740,	" . . 13 . . . 5 . .	" . . 13 . . . 5 .	
Saumon & tout poisson non contenu en panier, la piece	" . . . 13 . . . 5 .	. . . 13 . . . 5 .	Les arrêts & les déclarations du 22 janv. 1718, confirment ce droit, reglent le nombre du panier, & ordonnent la perception du droit d'entrée.
Huitres en panier qui en contient 400	. . . . 10 . . . 9 . .	. . . . 10 . . . 9 .	
Huitres en nombre, par millier	1 . . . 6 . . . 11 ..	1 . . . . 6 . . . . 11 .	

ABSENCE des marchands lors des saisies. Quand les propriétaires ou conducteurs d'une marchandise saisie sont absens, il doit être fait description de la marchandise en présence du procureur du roi, à moins que le conducteur n'ait été sommé d'être présent à cette description, auquel cas cette sommation équivaut à sa présence.

Il doit être fait pareillement mention dans le procès-verbal, de l'*absence* du propriétaire, à peine de nullité. *Ordonnance de 1687, tit. 11. art. 1.*

ABSENCE. Les employés à la perception des droits du roi, ne peuvent faire d'*absence* qu'après en avoir obtenu la permission de leur supérieur immédiat, ou de leurs commettans. Dans ce dernier cas, le congé qui leur est expédié porte la clause expresse de la privation de leurs appointemens pen-

dant le tems de leur *abfence*, à moins qu'il ne s'a-
giffe d'une place à maniement de deniers. Alors le
congé exprime l'obligation de fe faire remplacer
par une perfonne capable, que celui qui veut s'abfenter cautionne, & dont il garantit la geftion.

ACCESSOIRE, f. m. que l'on applique à un
droit nouveau ajouté à un plus ancien, qui par
oppofition eft appelé *principal*. L'*acceffoire* fuit la
proportion du principal. La douanne de Lyon,
par exemple, eft un droit principal grévé de deux f.
pour livre fur les marchandifes qui entrent dans
l'étendue du tarif de cette douanne par-tout ailleurs
qu'à Lyon ; mais dans cette ville, ce droit *acceffoire*
n'eft que d'un fol fur les marchandifes deftinées
pour cette ville. *Voyez* DOUANNE DE LYON,
FORAINE, &c.

Le plus confidérable des droits *acceffoires*, eft les
dix f. pour liv. établis en 1771 & 1781, pour être
perçus au profit du roi, en fus de tous les autres
droits qui font acquittés dans le royaume. Ces huit
fols pour livre font perçus en différens cas fur les
fols pour livre originairement *acceffoires* de plufieurs
autres droits : en forte que ces premiers *acceffoires*
font confondus dans la maffe des droits principaux
fur lefquels on perçoit les dix fols pour livre.

ACCISE, f. f. impôt dont la dénomination eft
commune à un grand nombre d'états en Europe,
mais qui n'a pas par-tout la même fignification. On
peut dire cependant en général, qu'on entend par
accife un droit fur les liqueurs, denrées & autres
objets de confommation.

A Amfterdam & dans tous les états des provinces-
unies, il fe perçoit fur diverfes fortes de marchandifes & de denrées, comme le froment & autres
grains, la biere, les tourbes, les charbons de
pierre, &c. *Voyez* HOLLANDE.

Il y a en Angleterre deux droits fous la dénomination d'*accife* ou *excife* ; l'un eft pour un tems
limité, & l'autre à perpétuité. *Voyez* ANGLE-
TERRE.

L'*accife*, en Suede, porte fur toutes les denrées &
s'appelle auffi droit de confommation. *V.* SUEDE.

Il fe perçoit en Dannemarck un droit qui porte
le même nom. *Voyez* DANNEMARCK.

L'*accife*, à Hambourg, porte fur les vins, la
viande & la bierre. *Voyez* HAMBOURG.

A Dantzik, c'eft un droit de confommation fur
tout ce qui entre dans la ville pour l'ufage des habitans.

L'*accife*, dans les états du roi de Pruffe, fe perçoit fur les denrées & objets du commerce & de
confommation. On l'acquitte à l'entrée des villes,
fur ce qui y eft apporté, foit de l'étranger, foit de
quelques provinces privilégiées, foit enfin du plat
pays, ou des campagnes & villages qui ne font point
exemptes de l'*accife*.

L'*accife*, en Saxe, eft un droit de confommation.

L'*accife*, en Baviere, fait partie des droits électoraux ; elle s'acquitte fur les denrées qui fe confomment dans les villes & bourgs, fur le vin venant de l'étranger, & fur le tabac.

L'*accife*, en Portugal, eft un droit qui fe perçoit
fur tout ce qui fe vend & s'achete, & n'a lieu que
dans quelques provinces de ce royaume. La quotité
de cette impofition varie beaucoup.

ACCOLADE, f. f. ce nom fe donne, dans les
bureaux, à deux traits de plume joints enfemble,
& tirés perpendiculairement dans un état ou une
expédition, pour réunir différentes fommes : l'addition s'en fait au point de jonction des deux traits,
dans la forme fuivante :

$$\left.\begin{array}{r}348 \\ 4222 \\ 326 \\ 453\end{array}\right\} 5349 \text{ tt.}$$

ACCOLER, v. a. joindre enfemble plufieurs
fommes par une *accolade*, fuivant l'exemple ci-
deffus.

ACCOMMODEMENT, f. m. c'eft un acte par
lequel on termine une affaire, une faifie fondée fur
un procès-verbal des employés à la perception des
droits du Roi. Tous les *accommodemens* doivent
porter la claufe qu'ils font faits, fous le bon plaifir
& du confentement des fermiers, régiffeurs & autres
commettans, à moins que le titre exprès qui autorife l'*accommodement*, ne foit rapporté par celui
qui le figne au nom des fermiers. L'objet des *accommodemens* eft de procurer aux parties qui le demandent, la décharge de l'amende qu'ils ont encourue, & la main-levée des marchandifes arrêtées
ou faifies, moyennant une fomme fouvent réduite
à moitié, au tiers ou au quart de la valeur des
marchandifes, réunie à la quotité de l'amende.
Mais toutes les fois qu'il s'agit de marchandifes de
contrebande, comme fel, tabac, mouffelines, &c.
elles reftent confifquées.

Dans tous les cas où il ne s'agit que de droits
fraudés, la première condition des *accommodemens*
& toujours fous-entendue, quand même elle ne feroit pas exprimée, eft le paiement de ces droits.

ACHAT, f. m. c'eft l'acquifition d'une chofe
en payant fa valeur. En appliquant ce mot au fel,
qui eft une denrée de première néceffité, on doit
obferver que l'*achat* ne peut en être fait que dans
les greniers du Roi, ou chez les regratiers qui ont
obtenu la permiffion d'en vendre.

Un arrêt du confeil, du 21 mai 1701, permet
aux particuliers pauvres, de s'affocier jufqu'au
nombre de quatre habitans, dans le reffort d'un
même grenier, pour y faire l'*achat* d'un quart de
minot de fel ; au nombre de huit pour un demi minot, & de feize pour un minot, fans néanmoins
être obligés d'affifter tous à la délivrance du fel, &
de le partager à la porte du grenier.

Les difpofitions de cet arrêt expliquent naturellement l'article 2 de l'ordonnance de 1680, qui
enjoint aux communautés, colléges, hôpitaux,

gentils-hommes, bourgeois des villes & bourgs, hôteliers, cabaretiers, pâtiffiers, boulangers, & généralement tous ceux qui confomment dans leurs maifons plus d'un litron de fel, de fe pourvoir aux greniers, & leur défend de s'apprivifionner chez les regratiers, à peine de trois cents liv. d'amende.

Tous ceux qui achetent du fel de contrebande, dit M. Buterne, dans fon *Dictionnaire des Finances*, tombent dans le cas du faux-faunage. Un arrêt de la cour des aides d'Aix, du 30 octobre 1711, défend d'acheter ainfi du fel en fraude, à peine d'être réputé faux-faunier, & condamne à 200 liv. d'amende. *Voyez* GABELLE, SEL.

ACQUIT, f. m. eft une expédition de bureau qui fait la preuve qu'on s'y eft préfenté, conformément aux réglemens qui ordonnent cette formalité.

On diftingue trois fortes d'*acquits :*

L'*acquit* à caution.

L'*acquit* de franchife.

L'*acquit* de paiement.

L'*acquit* à caution fe délivre dans la circonftance où une marchandife qui eft exempt de droits à une certaine deftination, doit, pour y parvenir, traverfer des lieux qui donnent ouverture à des droits ; ou encore lorfqu'une marchandife, ou fujette à des droits, ou prohibée à la fortie d'une province ou du royaume, eft portée fur les frontieres ; alors cet *acquit* à caution a pour objet, d'affurer qu'elle a été déchargée à fa deftination, & non exportée en fraude des droits, ou au préjudice de la prohibition.

L'origine des *acquits* à caution eft très-ancienne. On la découvre dans l'ordonnance du 12 mars 1277, qui porte, *qu'en cas de foupçon qu'un marchand puiffe traire des grains hors du royaume, il faut prendre fûreté pour qu'il rapporte enfigne qu'il les a vendus dans le royaume.*

Par exemple, un négociant de Paris expédie des draperies ou des étoffes de foie pour l'Italie ; elles font affranchies de tous droits à cette deftination ; mais pour arriver à la frontiere du royaume, elles paffent dans des provinces où il feroit dû des droits, fi elles y reftoient. Afin d'empêcher qu'elles n'y foient déchargées en fraude des droits, il prend un *acquit* à caution ; c'eft-à-dire, il fait la déclaration de fes marchandifes à la douane, & préfente une perfonne connue qui devient fa caution, en fignant fur un regiftre exprès, une obligation par laquelle elle fe foumet, tant à faire fortir les marchandifes fpécifiées, du royaume, par un certain bureau fixé, en paffant par ceux qui font indiqués, & dans les délais prefcrits, qu'à rapporter, dans un autre terme, un certificat des commis de ce dernier bureau, juftifiant que la marchandife eft en effet fortie dans le même état qu'elle a été expédiée de Paris. Ces fortes de foumiffions, que l'on vouloit affujetir aux droits de contrôle, en ont été exemptées par arrêt du confeil du 4 février 1738. Si ces étoffes étoient feulement pour

Lyon, deftination privilégiée auffi, pour laquelle les droits de fortie du tarif de 1664 ne font pas dûs, l'*acquit* à caution peut être pris indifféremment, ou au lieu de l'enlèvement, ou au bureau de la derniere ligne des cinq groffes fermes, afin d'affurer l'arrivée des marchandifes à Lyon. La foumiffion, dans ce cas, fait mention qu'il fera rapporté certificat des commis de la douane de cette ville, pour conftater que les marchandifes y font arrivées dans le tems porté par l'*acquit* à caution, lequel préfente toujours la copie de la foumiffion.

Lorfque le propriétaire ou le conducteur d'une marchandife eft connu des commis du bureau où il fe préfente, il peut être admis à figner lui-même la foumiffion, & n'a pas befoin de caution ; mais fi l'un & l'autre font inconnus, il eft indifpenfable d'exiger qu'un homme domicilié au lieu où le bureau eft établi, leur ferve de caution. Cette précaution, prefcrite par l'article 2 du titre 6 de l'ordonnance de 1687, eft d'affurer le rapport de l'*acquit* délivré, ou le paiement de l'amende prononcée, faute de ce rapport.

Cette derniere formalité n'eft parfaitement remplie, qu'autant que les conditions exprimées dans la foumiffion font accomplies ; car fi un *acquit* à caution qui a pour objet des marchandifes portées à l'étranger en exemption de droits, n'a pas été vifé dans tous les bureaux de la route, par les directeurs des fermes, dans les lieux par lefquels les marchandifes ont paffé, les commis du dernier bureau doivent refufer leur certificat de fortie, conformément à l'article 5 de l'arrêt du confeil du 14 août 1744, qui leur défend expreffément, & à l'article 3 de l'arrêt du 10 oct. de la même année. *V.* BUREAU.

Si le certificat de fortie avoit été délivré après l'expiration des délais portés fur l'*acquit* à caution, ou fi étant en regle fur ce point, il étoit figné des commis d'un bureau autre que celui qui a été défigné, ce certificat eft nul, fuivant l'article 8 du titre 6 de l'ordonnance de 1687, 17, des lettres-patentes du mois d'août 1717, & 1er. de l'arrêt du confeil du 14 août 1744, confirmés par l'arrêt du confeil du 18 février 1772.

La peine de l'inobfervation de ces formalités, auxquelles le foumiffionnaire s'eft volontairement obligé, eft de payer le quadruple droit de fortie des marchandifes, fans préjudice de leur confifcation, ou de leur valeur, s'il y a fraude reconnue.

Ce quadruple droit confifte 1°. dans le fimple droit ordinaire, ou avec les huit fols pour livre acceffoires fur les marchandifes mentionnées dans l'*acquit* à caution, comme fi elles avoient été portées dans la province, dont la deftination opere la plus forte perception, & qui fe trouve fur la route qu'elles ont dû tenir ; 2°. dans le triple de ce même droit fans acceffoires.

Lorfque les circonftances ne permettent pas au propriétaire ou conducteur d'une marchandife, de fournir une caution, il peut demander à configner le montant des droits ordinaires dûs, fuivant la deftination & la qualité des marchandifes ; en s'obligeant, par écrit, à rapporter le certificat de leur fortie, ou de leur arrivée au lieu défigné, dans un terme réglé d'après la diftance des lieux, & de maniere que dans ce délai on ne puiffe pas faire fervir l'*acquit* à caution à tranfporter deux fois à la même deftination, les mêmes efpeces de marchandifes, & le même poids.

S'il fatisfait à cet engagement, fa confignation lui eft rendue, & fa foumiffion eft anullée. Dans le cas contraire, la fomme confignée eft acquife au fermier du moment que le tems fixé pour le rapport du certificat de fortie du royaume ou d'arrivée eft expiré; mais la peine du quadruple droit n'a pas lieu. C'eft ce qui réfulte des articles 2, 11 & 12 du titre 8 de l'ordonnance de 1687.

Dans le pays de labour, au lieu de caution & de confignation, les commis font autorifés à exiger des gages, pour obliger au rapport des *acquits*. Ces gages reftent au profit du fermier, fi le certificat de l'arrivée des marchandifes n'eft pas rapporté dans les termes fixés.

Mais à l'égard des marchandifes fortant pour l'étranger, avec *acquit* à caution, on y a introduit, en faveur des conducteurs & voituriers qui font tous illitérés, l'ufage de les difpenfer de rapporter eux-mêmes leurs *acquits* revêtus du certificat du dernier bureau de fortie. Il fuffit qu'ils laiffent ces *acquits* dans le dernier bureau. Les commis font chargés de les faire repaffer en règle au bureau où ils ont été délivrés.

Cette méthode a l'avantage d'être plus expéditive que celle qui laiffe les *acquits* à la charge du négociant jufqu'à leur rapport; elle prévient les faux certificats qui font quelquefois fabriqués par les conducteurs des marchandifes, pour tenir lieu de ceux des commis, & ne permet pas de faire de doubles emplois.

On voit par ces détails, que l'objet d'un *acquit* à caution eft d'empêcher que dans le tranfport d'une marchandife, ou privilégiée, ou deftinée pour un lieu privilégié, il n'y ait fubftitution, fouftraction, ou altération de poids, & d'affurer fon identité & fon intégrité, depuis le lieu de l'enlèvement jufqu'à celui de la deftination.

Pour appercevoir toute l'utilité des *acquits* à caution, il faut obferver que le Royaume entier eft divifé en trois parties, dont l'une compofe les cinq groffes fermes où fe levent les droits du tarif de 1664; la feconde, les provinces étrangeres à ce tarif; la troifieme, les provinces traitées comme le pays étranger avec lequel elles confervent une libre communication.

Les provinces renfermées dans le cercle des cinq groffes fermes, commercent enfemble fans payer aucun droit. Mais fi du centre ou d'un des points intérieurs de ce cercle, des marchandifes font envoyées dans quelques endroits de la circonférence formée par l'efpace des quatre lieues limitrophes du pays étranger ou des provinces réputées étran-

geres, il faut qu'elles foient accompagnées d'un *acquit* à caution, qui fert à conftater qu'elles ne franchiffent pas ces quatre lieues, parce que ce paffage affujettit aux droits de fortie.

L'obligation de prendre un *acquit* à caution, eft la même lorfque l'on porte, par mer, des marchandifes d'un lieu en un autre des cinq groffes fermes, ou qu'en les voiturant par terre on emprunte le paffage fur les provinces réputées étrangeres, ou traitées comme pays étrangers.

C'eft ce que prefcrivent expreffément les articles 1 & 15 du titre 6 de l'ordonnance de 1687, titre qui regle toutes les formalités inhérentes aux *acquits* à caution.

Les arrêts de la cour des aides de Paris, du 20 janvier 1702, l'arrêt du confeil du 21 mai 1726, celui de la cour des aides de Montauban, du 7 janvier 1749; les arrêts du parlement de Grenoble, des 21 mars & 17 juillet 1753, font conformes aux difpofitions des articles 15 & 16 de cette même ordonnance de 1687.

Les formalités attachées aux *acquits* à caution, confiftent, comme on l'a vu, & comme on ne peut trop l'expliquer, à faire la déclaration des marchandifes, & à foufcrire une foumiffion de rapporter dans les délais fixés, le certificat, ou du déchargement des marchandifes à la deftination donnée, ou de leur fortie du royaume par le bureau défigné.

Obfervons encore qu'il ne faut pas confondre ces délais avec le tems convenu pour le tranfport, foit par eau, foit par terre, de ces marchandifes. Ce tems doit être, aux termes de l'article 3 de même titre 6, réglé fuivant la diftance des lieux, & de maniere que fur un même *acquit* à caution on ne puiffe pas exécuter deux voyages, au lieu que le délai pour le rapport des certificats, doit être plus long: attendu qu'outre le tems de conduire la marchandife au lieu déclaré, il en faut encore, pour revenir au bureau d'où l'*acquit* à caution eft émané, ou pour l'y renvoyer en regle.

L'article 5 du même titre 6, porte qu'en cas de confignation des droits, l'*acquit* à caution en fera mention, ainfi que de la foumiffion de rapporter le certificat de defcente ou de fortie dans le terme prefcrit. Il ne doit être fait aucune grace à fon expiration; c'eft-à-dire, que les droits confignés doivent être portés en recette auffi-tôt que le délai accordé pour le rapport du certificat eft paffé.

Lorfque les marchandifes font deftinées pour un lieu où il n'y a pas de bureau, le certificat de leur déchargement doit être donné au dos de l'*acquit* à caution, par les juges, échevins ou fyndics des paroiffes, en conformité de l'article 7 du même titre de l'ordonnance de 1687. La chambre des comptes & cour des aides de Provence, a jugé le 7 juin 1752, qu'on pouvoit admettre dans cette province, les certificats des curés.

Mais dans tous les cas, fi des accidens ou des empêchemens, de quelque nature qu'ils foient, ont retardé le tranfport des marchandifes, de façon qu'elles ne soient arrivées à leur destination, qu'après les délais portés sur les *acquits* à caution, ce qui se voit par la comparaison de la date des certificats, avec l'époque fixée pour l'arrivée de la marchandise au lieu déclaré, les marchands doivent rapporter des procès-verbaux en forme, faits, en supposant qu'il n'y ait ni bureau, ni employés des fermes, par les juges des lieux, ou, en leur absence, par le plus ancien praticien, & dans les vingt-quatre heures après que ces accidens auront cessé, s'il s'agit de marchandises voiturées par terre. A l'égard de celles qui sont transportées par eau, dans les deux jours qui suivent leur arrivée au port, en présence des commis de l'endroit, s'il y a bureau. Sans cette précaution judiciaire, qui seule peut justifier, suivant les articles 9 & 10 du titre 6, de la réalité des obstacles qui ont occasionné des retards, les certificats rapportés sont nuls, & les marchands deviennent sujets à la même peine du quadruple droit, que s'ils n'en présentoient aucuns; ou perdent le montant de leur consignation, s'ils en ont fait une.

L'arrêt du conseil du 10 septembre 1689, confirmant l'exécution de toutes ces formalités, fait défense aux cours & à tous juges d'admettre la preuve testimoniale de ces retardemens.

Ceux du 10 janvier 1708, & 5 juin 1745, défendent aussi aux juges de rendre aucune sentence pour servir d'*acquit* à caution, à peine de nullité, & de dommages-intérêts envers le fermier.

Un autre arrêt du conseil, du 28 octobre 1749, revêtu de lettres-patentes, fait encore défenses à tous curés, vicaires & autres personnes publiques, de s'immiscer à donner aucun certificat ou attestation, pour tenir lieu des *acquits* qui doivent être uniquement délivrés par les commis de l'adjudicataire de la ferme des droits du roi.

Quant aux provinces réputées étrangeres, le commerce qu'elles font entre-elles étant presque toujours assujetti aux droits qui ont lieu à l'entrée & à la sortie de chacune qui a ses tarifs particuliers, les cas de l'*acquit* à caution ne se présentent que dans trois circonstances.

1°. Lorsque des marchandises sont transportées dans les quatre lieues frontieres du pays étranger ou limitrophes d'une autre province réputée étrangere, suivant les articles ci-devant rappellés de l'ordonnance de 1687, dont l'exécution est expressément ordonnée en Provence, par l'arrêt de la cour des aydes & finances d'Aix, du 7 juin 1752, & par l'arrêt du conseil du 13 août 1772, qui est d'une exécution générale sur toute la frontiere du pays étranger, par-tout où il se leve des droits de traites.

2°. Lorsque des marchandises, qui, par leur espece, jouissent d'une exportation franche de tous droits, traversent le royaume pour aller à leur destination.

3°. Enfin, lorsque des marchandises sont expédiées dans une province réputée étrangere, pour une autre de même qualité qui est sujette aux aides, ou à des droits qui les représentent, & à laquelle on ne peut arriver qu'en traversant une qui ne jouit d'aucune exemption.

Ainsi, une marchandise enlevée de Provence ou de Languedoc pour le Dauphiné, doit les droits de foraine à la sortie de l'une ou de l'autre de ces premieres provinces. Si elle est portée à Lyon ou dans toute autre province sujette aux aides, elle en est exempte; mais alors, la nécessité du passage par le Dauphiné, entraîne celle d'un *acquit* à caution, pour sûreté de son déchargement à Lyon, ou dans les cinq grosses fermes, & non dans les lieux de son passage, desquels la destination eût donné ouverture à des droits.

Le rapport du certificat de sortie des commis du dernier bureau du royaume, si les marchandises ont été portées au-dehors, ou du certificat de descente pris sur le lieu pour lequel elles ont été destinées, n'est pas encore le complément des formalités attachées aux *acquits* à caution.

Le soumissionnaire, ou tout particulier qui rapporte pour lui, l'un & l'autre de ces certificats, est encore obligé de donner au-dessous une attestation qu'il souscrit, portant que les signatures mises au bas des vûs & des certificats sont véritables. Telles sont les dispositions des arrêts & lettres-patentes des 13 mars & 14 avril 1722, confirmées par l'arrêt du conseil du 14 avril 1744. La décharge ou nullité de la soumission, n'est effectuée qu'après que la vérification des signatures des commis a été faite, & pour laquelle ce dernier arrêt accorde quatre mois, à compter du jour du rapport des *acquits* à caution.

Ce rapport ne pouvant être constaté que par la date de la certification des signatures, il est donc très-important qu'aucun *acquit* à caution ne soit admis au bureau où il a été délivré, qu'avec la précaution d'exiger cet acte de certification, daté & souscrit de celui qui s'est obligé à rapporter l'*acquit* à caution en regle. Les quatre mois étant expirés; ni les propriétaires des marchandises, ni leurs cautions ne peuvent être inquiétés ou recherchés pour raison de ces *acquits*. Dans le cas où il seroit reconnu qu'il se trouve des signatures supposées ou contrefaites, les propriétaires ou leurs cautions deviennent solidairement sujets à la peine du quadruple des droits que les marchandises auroient payé, si elles avoient été destinées pour la consommation du royaume, avec trois cents liv. d'amende, sans préjudice des poursuites extraordinaires que l'adjudicataire peut faire, contre les auteurs du faux & leurs complices, s'ils sont reconnus.

Mais comme il étoit très-difficile de s'assurer si le soumissionnaire qui présente des certificats revêtus de fausses signatures, ou de qualités supposées dans ceux qui les ont donnés, étoit réellement auteur du faux, & qu'il y avoit beaucoup d'inconvéniens à diriger une poursuite extraordinaire

contre

contre un homme qui pouvoit, de bonne-foi, ignorer le faux dont avoit pu se rendre coupable le
conducteur des marchandises, les cours des aides
de Montpellier & d'Aix ont ordonné dans leur
ressort, par arrêt des 11 août 1775, & 27 janvier
1776, qu'il seroit procédé à fins civiles, conformément à l'ordonnance du mois d'avril 1667, & à
l'édit du mois de décembre 1684, à la vérification
des certificats & signatures mises au dos des acquits
à caution ; qu'à cet effet il sera expédié par les
juges des fermes du bureau où les acquits seront
rapportés, une commission rogatoire adressée au
juge du département du lieu d'où seront datés les
certificats, aux fins de ladite vérification, sans préjudice, à l'adjudicataire, de la voie extraordinaire ;
sauf à lui à opter entre ces deux moyens, avant
l'introduction de l'instance à fins civiles.

Ces cours se sont décidées, sur la représentation
qui leur a été faite, que le conseil avoit adopté &
autorisé cette forme de procéder dans la déclaration du 17 avril 1764, relative à la vérification
des plombs d'entrée apposés sur les toiles peintes
ou blanches, & suspectées de faux, & dans les
lettres-patentes du 29 mai 1766, où la procédure
civile est encore prescrite, pour s'assurer de la
vérité des marques empreintes sur les cuirs & les
peaux.

Il n'a été jusqu'ici question que des formalités
que les commis doivent faire observer par tous ceux
à qui les acquits à caution sont délivrés, & des
peines qui sont attachées à l'inobservation de ces
formalités ; il n'est pas moins nécessaire de faire
connoître les obligations imposées aux préposés des
fermes, à l'égard de ces mêmes expéditions.

Lorsqu'ils en délivrent, ils doivent avoir attention de porter, soit au pied, soit au dos de l'acquit,
la liquidation des droits qui seroient dûs dans leur
bureau sur les marchandises énoncées ; de même à
chaque bureau de la route, jusqu'à la destination,
où il est dû quelque droit local, l'acquit devant y
être visé, il est indispensable que les commis fassent
une nouvelle liquidation des droits qui y sont exigibles.

Cette précaution est nécessaire pour faire acquitter tous les droits à une marchandise qui au lieu de
consommer la destination privilégiée qui lui procure la franchise absolue, seroit mise dans la consommation du royaume, parce qu'alors elle devient
sujette à tous les droits dûs, depuis le lieu de son
enlèvement, jusqu'à celui de son déchargement.

Il a été recommandé aux préposés de s'y conformer, à peine d'être forcés en recette des droits
qui ne seroient pas perçus, faute par eux de n'en
avoir pas établi la quotité au dos des acquits à
caution qu'ils auront ou expédié ou visé.

Sans répéter ici que la visite & la pesée doivent
être exactement faites des marchandises après leur
déclaration & avant l'expédition des acquits à caution, il est encore une vérification à faire en chaque
bureau, toutes les fois qu'un acquit à caution y est

présenté pour être visé ; mais alors elle ne doit
consister qu'à examiner si le nombre des caisses,
balles ou ballots chargés sur la voiture, est conforme à celui de l'acquit à caution ; si les plombs
qui y sont apposés sont sains, entiers & bien attachés à chaque balle, ainsi que le prescrit l'article 2
de l'arrêt du conseil, revêtu de lettres-patentes du
14 août 1744 ; enfin, si les cordes ne sont point
dérangées, lâches ou renouées, après avoir été
coupées.

L'article 3 du même reglement, permet même
aux directeurs des fermes, seulement, lorsqu'ils auront des soupçons de fraude sur des marchandises
de transit passant dans leur résidence, de faire faire
en leur présence la visite du contenu dans les caisses,
balles ou tonneaux, quand bien même les plombs
paroîtroient sains & entiers, à la charge d'appeler
à cette visite le juge des fermes, qui sera tenu de
s'y rendre à la première réquisition, à peine de
dommages-intérêts, pour être, aux frais de l'adjudicataire, dressé procès-verbal, signé dudit juge,
par lequel seront constatés le jour de l'arrivée des
marchandises, & l'état dans lequel elles seront
trouvées ; dérogeant, Sa Majesté, aux dispositions
des précédens réglemens qui n'ont permis la visite
des marchandises en pareille circonstance, que
lorsque les plombs se trouveroient rompus ou al-
térés.

Mais s'il n'a été commis aucune contravention,
l'adjudicataire est tenu de faire rencaisser ou rem-
baller à ses frais les marchandises, & de dédommager le voiturier.

C'est au dernier bureau de sortie du royaume,
qu'après une exacte vérification du nombre des
balles, caisses & tonneaux, on doit couper les
plombs qui y sont apposés, & laisser passer les
marchandises à l'étranger. Si même on soupçonne,
par le désordre des balles ou ballots, par le relâchement des cordes qui portent les plombs, qu'il
s'est commis quelque abus, il faut faire une visite
& une pesée exacte des marchandises, afin de constater la différence qui peut se trouver entre le poids
ou la quantité existans, & ce qui est énoncé dans
l'acquit à caution, & rédiger procès-verbal du
tout, pour valoir ce que de raison.

Ces formalités remplies, on peut toujours délivrer au dos de l'acquit à caution, le certificat ordinaire de sortie ; mais on doit avoir soin d'y inférer
qu'il ne s'est trouvé que telle quantité, ou tel
poids de marchandise, de manière qu'il en résulte
un déficit soustrait en route. Lorsque cet acquit sera
reporté au bureau d'où il est émané, par le soumissionnaire qui en a contracté l'obligation, on est
fondé à exiger le paiement du quadruple des droits
dûs sur les marchandises manquantes à la totalité
portée dans l'acquit à caution.

Au reste, c'est aux préposés à rendre compte de
l'abus qu'ils ont découvert, & du procès-verbal qui
en constate toutes les circonstances ; & c'est à la
régie à statuer, si le cas est susceptible d'indulgence

& de la feule peine du quadruple droit ; car l'art. 7 du réglement de 1744, déja cité, l'autorife à beaucoup plus de rigueur.

Il porte : « Lorfqu'il eft reconnu fur la route ou » dans le dernier bureau de fortie, qu'il a été pra- » tiqué quelque fraude & abus, par la fouftraction » des marchandifes expédiées, fubftitution d'autres » marchandifes ou autrement, les marchands, voi- » turiers & autres complices de la fraude, feront » condamnés en l'amende de mille livres ; & en la » confifcation, tant des voitures & des marchan- » difes, ou effets qui pourront avoir été fubftitués, » que de celles qui feront reftées en nature, & » de la valeur de celles qui s'y trouveront de » moins. Et fi les marchands & leurs complices » font convaincus de quelque intelligence avec les » commis des fermes, ordonne Sa Majefté que les » uns & les autres foient punis fuivant la rigueur » des déclarations des 20 feptembre 1701, & 12 » octobre 1715 ». Voyez le mot PRÉVARICA- TION.

Si, au contraire, il fe trouve de l'excédent, au lieu de déficit, fur le nombre des balles, caiffes ou ballots énoncés dans les acquits à caution, ou fur le poids des marchandifes, on eft fondé à en faire payer les droits de fortie, & tous ceux qui peuvent être dûs fur la route, depuis le lieu de l'enlèvement. De même, en cas de fauffeté dans la qualité des marchandifes, il faut fe conformer à l'article 7 qu'on vient de rappeler, & en réclamer l'exécution.

ACQUIT de franchife.

L'acquit de franchife, appellé auffi billet de fran- chife, eft celui qui fe délivre pour exempter de droits, ou d'une partie des droits, la marchandife qu'il accompagne. Il juftifie qu'elle a été enlevée en tel lieu privilégié, en tel tems, & fixe les délais dans lefquels elle doit être portée hors du royaume, pour jouir de la franchife ou de la modération des droits.

C'eft à Lyon, fur-tout, qu'on appelle acquits de franchife, les expéditions délivrées en tems de foire, pour procurer l'affranchiffement de tous droits de fortie du royaume, fur les marchandifes enlevées de cette ville, & portées à l'étranger par les pro- vinces du tarif de 1664 feulement, & avant la te- nue de la foire fuivante. Cet acquit de franchife s'expédie au bureau de l'hôtel-de-ville.

Si ces marchandifes font exportées par la Pro- vence ou le Languedoc, elles jouiffent de l'exemp- tion des quatre cinquiemes de la foraine dûe à la fortie de ces provinces ; c'eft-à-dire, qu'elles n'en paient qu'un cinquieme, avec la réapréciation en- tiere, & les dix fols pour livre, depuis l'édit du mois d'août 1781.

Dans tous les cas de cette exportation à l'étran- ger, pour que l'acquit de franchife dont il s'agit ait fon effet aux derniers bureaux du royaume, il faut que les marchandifes foient marquées ou plombées fur les balles ou ballots qui les contiennent ; que cet acquit foit contrôlé par le prépofé de la ferme

qui affifte aux expéditions faites à l'hôtel-de-ville, & encore vifé par les commis des portes de Lyon, conformément à l'article 229 du bail des fermes.

Ce vifa eft indifpenfable pour conftater la fortie effective des marchandifes de la ville de Lyon, dans le terme prefcrit pour les privilèges des foires.

Il fuffit enfuite que le conducteur de ces marchan- difes repréfente cet acquit de franchife aux com- mis du bureau de fortie, pour ne devoir aucun autre droit que celui de la domaniale, fi les efpeces y font fujettes. Ceux-ci font tenus de vérifier fi les plombs appofés à Lyon font en bon état ; fi le nombre des balles, ballots, caiffes ou tonneaux, eft le même que celui dont il eft fait mention fur l'acquit de franchife ; s'il n'y a point de différence dans le poids & la qualité des marchandifes, & fi l'acquit eft vifé par les commis des portes de Lyon.

Après cette vérification, & la repréfentation de l'acquit des droits locaux, s'il en eft dû fur la route de Lyon, à ce dernier bureau, l'acquit de franchife y refte, & la marchandife fuit fa deftination. Si le paiement de ces droits locaux n'étoit pas juftifié, ils doivent être perçus, & il en eft délivré un acquit ; autrement celui qui eft repréfenté eft confervé, & fa place on délivre un brevet de contrôle.

Voyez l'article FOIRES, le mot CERTIFICAT D'ARRIVÉE OU DE DESCENTE.

ACQUIT de paiement.

Un acquit de paiement eft la quittance des droits qui ont été payés pour les marchandifes qu'elle accompagne. Cette quittance doit être fur papier timbré. Son prix, de même que celui des autres acquits, varie fuivant le montant des droits. On terminera cet article par des détails à ce fujet.

Un feul acquit de paiement fuffit pour une voiture chargée pour le même marchand, & conduite au même lieu ; mais il doit en être délivré autant qu'il fe trouve, fur une même voiture, de parties defti- nées à différens marchands, & pour différens en- droits, parce que chacune doit faire un article de perception féparée, & payer un droit d'acquit, conformément à l'article 15 du titre 1er. de l'ordon- nance de 1687, & que dans tous les cas, une mar- chandife ne doit être conduite qu'avec une expé- dition de bureau.

Les acquits de paiement doivent être délivrés immédiatement après la vifite des marchandifes, laquelle fuit la déclaration. Ils doivent défigner la quantité de balles ou ballots de marchandifes, le poids & la marque de chacun, s'ils font compofés d'efpeces différentes, annoncer le poids total de tous les ballots qui ne renferment qu'une même marchan- dife ; & comprendre, en conformité de l'arrêt du confeil du 3 février 1688, les fommes payées.

Il faut encore que ces acquits indiquent le nom du bureau, les numéros des regiftres de déclaration & de recette ; qu'ils portent la deftination fixe des marchandifes, la route qu'elles tiendront, les bu- reaux par lefquels elles pafferont, & le nombre de jours néceffaires pour exécuter ce tranfport, fuivant la diftance du lieu de la deftination. S'il ne faut que quelques heures, elles doivent être réglées, en énonçant celle où l'*acquit* eft délivré. Les délais donnés une fois expirés, l'*acquit* eft nul, à moins qu'il ne foit juftifié par un procès-verbal en forme, rédigé par les juges, ou le plus ancien praticien de l'endroit, des obftacles qui ont retardé ce tranf-port.

Des marchandifes voiturées avec un *acquit* de paiement qui eft nul, ou par une autre route que celle qui eft indiquée, font confifcables, avec amende de 100 liv. Tel eft l'efprit de l'article 16 du titre 2 de la même ordonnance.

Les articles 17 & 18, ordonnent que les *acquits* de paiement feront repréfentés dans tous les bureaux de la route, pour y être vifés, & qu'ils refteront au dernier bureau du royaume : là les commis vifi-teront les marchandifes, & délivreront, fans frais, à la place des *acquits* de paiement, des brevets de contrôle qui en font la repréfentation.

On voit au mot brevet de contrôle, que les em-ployés, où gardes ambulans, font auffi autorifés à délivrer de ces expéditions ; mais ils ne peuvent faire l'ouverture des balles, caiffes & ballots, les vifites ne pouvant être faites que dans les bureaux des fermes. *Voyez les mots* BREVET DE CON-TRÔLE ET VISITE.

ACQUIT (droit d'). Les trois efpeces d'*acquits* dont il a été queftion, font payées par les rede-vables. Leur prix forme un acceffoire de tous les droits, parce qu'il eft le payement de la quit-tance qui leur eft délivrée ; c'eft ce prix qu'on ap-pelle droit d'*acquit*.

On a vu (dans le difcours préliminaire) que les droits d'*acquits*, de certificats de defcente & dé-charge d'*acquits* à caution, avoient été fixés, par les ordonnances de 1398 & 1540, à douze deniers tournois, tandis que ceux des *acquits* de paiement n'étoient que de quatre deniers parifis.

Sans doute que dans la fuite ces droits augmen-terent & varierent beaucoup, puifqu'à l'époque de 1687, ils étoient très-différens dans toutes les provinces, & qu'en quelques-unes le droit d'un *acquit* à caution montoit jufqu'à treize livres.

Il eft affez vraifemblable que cette quotité ne devint auffi confidérable, que parce que les prépofés à la perception s'en attribuerent une partie, à pro-portion de la fomme des droits principaux, de la maffe & de la valeur des marchandifes pour lefquels ils délivroient un *acquit*. Auffi diftingue-t-on le grand *acquit* à caution, pour un navire entier, des autres *acquits*, & le droit eft toujours le plus fort à la fortie. C'eft fur-tout dans la percep-tion des droits de comptablie & de convoi à Bordeaux, de coutume à Bayonne, qu'on trouve les traces les plus marquées de ces fixations, d'abord arbitraires, des droits d'*acquits* de paiement & à caution, mais enfuite confirmées par le con-feil & par un ufage immémorial. *Voyez les mots* COMPTABLIE, CONVOI, COUTUME.

La perception des droits d'*acquits*, qui varie en différentes provinces réputées étrangeres, eft égale & uniforme dans toutes celles qui compofent l'é-tendue du tarif de 1664, fuivant les articles 11, 12 & 13 du titre 1er. de l'ordonnance de 1687. Ces droits font fixés à cinq fols par chaque *acquit* de paiement, indépendamment du timbre, lorfque les droits des marchandifes dont il porte quittance font de trois livres & au-deffus.

Si ces droits font feulement de vingt fols jufqu'à trois livres, l'*acquit* ne fe paie que deux fols fix deniers.

Les droits étant au-deffous de vingt fols, il n'eft rien dû que le prix du timbre pour le droit d'*acquit*, & c'eft alors qu'on délivre une quittance appellée billet de minutie. *Voyez* MINUTIE.

La même règle s'applique aux droits des *acquits* à caution & des certificats de defcente qui en font une fuite néceffaire. Mais les *acquits* à caution n'é-tant délivrés que pour la confervation des droits, il eft très-rare que l'on en expédie lorfqu'il ne s'agit que d'affurer le paiement de trois livres, & jamais il n'en eft donné pour conferver un droit de vingt fols & au-deffous.

L'arrêt du 2 feptembre 1687, ayant eu en vue d'établir l'uniformité de la perception des droits d'*acquits*, avoit ordonné que l'article 16 du titre 1er. de l'ordonnance du mois de février précédent, feroit exécuté pour les droits d'entrée & de fortie, ceux de convoi, comptablie de Bordeaux, traite de Charente & Arzac, patente de Languedoc, fo-raine de Provence, douanne de Lyon & de Va-lence, prévôté de Nantes, la Rochelle & autres fermes où il fe leve des droits d'*acquits* ; c'eft-à-dire, que ces droits d'*acquits*, tels qu'ils étoient perçus, feroient réunis aux droits des fermes. C'eft du moins l'interprétation qui fut alors donnée à ces difpofitions, par Domergue, adjudicataire des fermes unies, lequel perçut à fon profit ces droits d'*acquits* que s'attribuoient les receveurs. Cet ad-judicataire, malgré les plaintes portées contre lui aux commiffaires du confeil, affemblés en 1688 à Xaintes, par les négocians de Bordeaux & des provinces voifines, qui prétendoient que ces droits d'*acquits* étoient des ufurpations des commis, fût maintenu dans leur perception, par l'apoftille des commiffaires fur l'état général de ces droits, & il l'a tranfmife à fes fucceffeurs.

L'arrêt du 18 décembre 1696, autorifa dans la fuite les receveurs des traites, créés en titre d'of-fice, par édit du mois de décembre 1694, à perce-voir les droits d'*acquits* fuivant les ufages établis en chaque province à l'époque de leur création : ce qui eût lieu jufqu'au 1er. juillet 1717, que ces droits recommencerent à être perçus au profit de l'adjudicataire-général des fermes, en conformité de l'arrêt du 27 novembre de la même année.

Le confeil ayant reconnu, en 1773, qu'il n'étoit perçu aucun droit d'*acquit* en plufieurs provinces, ordonna, par arrêt du 29 mars, que ce droit feroit levé dans les provinces de Bretagne, Franche-Comté, Rouffillon, Dauphiné & autres, aux mêmes quotités, dans les mêmes circonftances, & ainfi qu'il eft prefcrit par les articles 11, 12 & 13 du titre premier de l'ordonnance de 1687, enfemble les dix fols pour livre des droits principaux, conformément aux édits des mois de novembre 1771, & août 1781.

Mais cet arrêt de 1773 n'a apporté aucun changement dans la perception des droits d'*acquits* en Languedoc & dans le Lyonois.

Dans la premiere de ces provinces, les droits d'*acquits* de paiement, à caution & certificat, font de cinq fols dans les bureaux d'entrée du royaume, ainfi que dans les cinq groffes fermes ; mais dans les bureaux de l'intérieur, qui font fitués fur la frontiere de Provence, du Comtat & du Dauphiné, le long du Rhône, le droit d'*acquit* eft nul lorfque le droit pour lequel il eft délivré eft au-deffous de trente fols.

Si le droit eft de trente fols & au-deffus, à quelque fomme qu'il puiffe monter, le prix de l'*acquit* eft d'un fol 9 deniers, avec les dix fols pour livre & le droit de timbre, qui, depuis 1781, eft d'un fol 5 deniers. Au furplus, on fait connoître la variété des droits d'*acquits*, en parlant de chaque droit principal qui fe perçoit d'après un tarif particulier.

ACQUIT DE COMPTANT, f. m. lettres-patentes expédiées à la décharge du garde du tréfor-royal, pour certaines fommes remifes comptant entre les mains du roi.

Les *acquits de comptant* ne font point libellés ; ce font des lettres de validation qui regardent certaines fommes données manuellement au roi, & que fa majefté veut que la chambre des comptes paffe en dépenfe, fans qu'il foit fait mention de l'emploi auquel on les a deftinées, impofant, fur ce, filence à fes procureurs-généraux.

ACQUIT PATENT, f. m. c'eft un ordre ou mandement du roi, en vertu duquel les tréforiers ou receveurs des domaines de fa majefté, font obligés de payer la fomme fpécifiée.

Les *acquits patents* font ordinairement de trois mille livres. On les nomme ainfi, parce qu'ils font expédiés en parchemin, à la grande chancellerie, dans la forme des lettres-patentes.

Sous le règne de Henri II, les *acquits patents* étoient fort en ufage, foit pour dons ou rembourfemens de prêt, foit en d'autres circonftances ; mais comme il s'en trouva plufieurs qui furent reconnus faux, & qui avoient été acquités, le roi défendit aux receveurs & tréforier de payer à l'avenir aucune fomme en vertu d'*acquits patents*. *Voyez le Réglement général des Finances de l'année 1557, article 31.*

Malgré ce réglement, l'ufage des *acquits patents* s'eft confervé au tréfor-royal ; mais pour être validés, il faut qu'ils foient vérifiés à la chambre des comptes, & enregiftrés au controle général des finances, fuivant le réglement du 6 mars 1716.

ACQUITER, v. n. payer une fomme dont on eft redevable. Les droits des marchandifes entrant dans le royaume, ou en fortant, doivent être acquités dans les bureaux, & non ailleurs, à peine d'être exigés une feconde fois.

ACTION, f. f. portion d'intérêt que l'on prend dans une affaire de finance ou de commerce. En général les affaires de finance ne font plus divifées par *action*. Cependant il a été créé plufieurs fois des *actions* des fermes, dont les porteurs devoient partager les bénéfices des fermiers. Cette opération eut lieu en 1759 ; il fut créé foixante-douze mille *actions* de mille livres chacune, portant intérêt de cinq pour cent, payable tous les fix mois. Outre cet intérêt, le roi abandonna aux actionnaires la moitié qu'il s'étoit réfervé dans les bénéfices des fermes.

Le rembourfement de ces *actions* devoit fe faire dans la durée du bail commencé le premier octobre de la même année, à raifon de mille par mois. Mais en 1761, les actionnaires ayant offert de rétrocéder au roi la moitié des bénéfices des fermes générales affectés à leurs *actions*, ces propofitions furent acceptées par arrêt du 7 avril 1761, qui ordonna en même tems qu'il feroit payé, indépendamment de l'intérêt de cinq pour cent, un dividende de quinze livres par an par chaque *action*.

Les dépenfes de la guerre ayant empêché d'effectuer les rembourfemens des douze mille *actions* par année, qui avoient été réglés lors de leur création, en 1766 il n'en avoit été réellement rembourfé que cinquante-deux mille quatre-vingt quatorze, en exécution de l'édit du mois de décembre 1764 ; enforte qu'il réfultoit de cet état des chofes, une perte confidérable pour les finances du roi ; c'eft ce qui fervit de motif à l'arrêt du confeil du 18 juillet 1766, qui fupprima définitivement le bénéfice des *actions* des fermes. En 1771, l'intérêt qu'elles rapportoient a été réduit, & elles ont été converties en contrats.

ACTIONAIRE, f. m. le propriétaire d'une *action* ; celui qui a une action ou une part dans les fonds publics, dans le capital d'une affaire, ou d'une compagnie particuliere.

ACTIONISTE, f. m. par lequel on défigne un homme qui fait commerce d'actions. Ce mot n'eft d'ufage qu'en Angleterre, où ces fortes d'agioteurs font très-utiles au gouvernement, par l'art qu'ils ont de mettre le numéraire en circulation, pour le fervice de l'état.

ADJOINT, adjectif, pris fubftantivement. On appelle ainfi, en finance, une forte d'affocié qui partage les fonctions du titulaire, & quelquefois les émolumens.

Les adjoints ont jufqu'à préfent été fort communs dans les affaires de finance, mais l'arrêt de réglement du 9 janvier 1780, a profcrit ces arrangemens, excepté du pere au fils : voici comment il s'explique :

« Sa Majefté, en fuprimant tous les *adjoints*, » fe réferve cependant de maintenir aux fils de

» ceux qu'elle nommera pour membres des trois
» compagnies de finance qu'elle a créés, l'adjonc-
» tion dont ils jouissent actuellement, d'après
» toutefois le compte qui sera rendu à sa majesté,
» de leur âge, de leur conduite & de leur applica-
» tion. Sa majesté croit qu'il est convenable de
» ménager aux personnes qui la serviront avec
» distinction dans ses finances, l'espérance de faire
» passer leurs places à leurs enfans, parce qu'indé-
» pendamment des motifs de bonté qui peuvent
» déterminer sa majesté, elle a considéré que ces
» expectatives données aux peres de famille, les en-
» gageroient d'autant plus à se contenter de profits
» modérés, & qu'ainsi une telle disposition deve-
» noit favorable à ses finances ».

Chez les anciens romains, les magistrats, les
questeurs ou trésoriers avoient des adjoints ou ad-
juteurs, qui partageoient avec eux les fonctions de
leurs places. On lit dans le corps du droit romain,
plusieurs loix au sujet des *adjoints*.

ADJONCTION, s. f. nom que l'on donne à
la faculté de partager les fonctions d'une place, ou
quelquefois les émolumens. Les *adjonctions* ne peuvent plus avoir lieu dans les trois compagnies de
finances chargées de la perception des droits, qu'en
faveur des enfans des titulaires de places. *Voyez*
ADJOINT.

ADJUDICATAIRE, s. m. en général c'est le
plus offrant, le plus haut enchérisseur auquel la
propriété ou le bail d'une chose a été adjugé.

L'*adjudicataire* des fermes est un particulier au nom
de qui le bail des droits est passé, & dont les fermiers
généraux sont cautions pendant la durée du bail.

Le nom de cet *adjudicataire* est le seul qui paroisse
dans l'arrêt du conseil qui met en possession des
fermes du roi les nouveaux fermiers. Cet arrêt se
rend ordinairement six mois avant l'expiration du
bail courant, & doit être revêtu de lettres-patentes,
pour qu'il soit enregistré dans les cours souveraines
& dans les jurisdictions inférieures auxquelles la
connoissance des contestations relatives aux droits
des fermes est attribuée.

Tous les arrêts, les jugemens & sentences qui se
rendent sur cette matiere, ne font jamais mention
que de l'*adjudicataire* des fermes, soit pour le condamner, soit pour l'absoudre, soit pour le charger
de quelque partie nouvelle de régie. Les actes judiciaires de toute espece, sont passés en son nom &
signifiés à son domicile, qui est à l'hôtel des fermes,
à Paris, & dans les provinces, dans tous les bureaux. Par ce nom alors on entend toujours les
cautions. Il est collectif pour désigner le corps de
la ferme générale, ou la compagnie des fermiers
généraux.

Quoiqu'il soit constant que les droits des fermes
aient depuis un tems très-ancien été donnés à bail,
soit par ville, soit par diocèse ou province, ainsi
qu'on l'a vu dans le discours préliminaire, c'est à
Fauconnet que les baux ont commencé à se succéder

avec quelque régularité, & à comprendre en une
seule ferme, tous les droits qui avoient composé plusieurs traités particuliers.

On se fixera par cette raison à l'époque de cet
adjudicataire, pour faire connoître quels ont été
ses successeurs jusqu'à nos jours, c'est-à-dire, pendant un siecle.

Fauconnet fut subrogé à Claude Boutet pour
6 années, par arrêt du 29 juin 1620.

Chariere, pour 4 années, arrêt du 18 mars 1687.

Pointeau, pour *idem*, arrêt du 25 septembre 1691.

Templier, pour 6 années, *idem*, 14 mai 1697.

Ferreau, pour 3 années, *idem*, 18 août 1703.

Par continuation, 10 septembre 1707.

Isambert, pour un an chargé des fermes mises en
régie, 4 septembre 1708.

Idem, pour un an, 17 septembre 1709.

Idem, prorogé d'année en année par les arrêts
des 2 septembre 1710, 6 septembre 1712.

Nerville, pour 2 ans, 29 août & 9 décembre 1713.

Bonnet & Manis, pour 6 ans, par les arrêts des
25 juin, & 5 octobre 1715.

Celui du 17 avril 1717, fixe à trente le nombre
des cautions de Manis.

Ce bail fut résilié par arrêt du conseil du 28 juin
1718, & accordé à Lambert pour six années, par
arrêt du conseil du 6 septembre 1718.

Résiliation de ce dernier bail, par arrêt du conseil du 27 août 1719, qui nomma ensuite Pillavoine
pour la compagnie des Indes par arrêts des premier
& 23 septembre 1719.

Cette compagnie prit la résolution de ne point
faire de sous-ferme, & de régir elle-même toutes
les parties des fermes.

Son bail fut cependant résilié le 5 septembre 1721,
& le conseil arrêta que les fermes seroient administrées par quarante régisseurs, cautions de Cordier, nommé *adjudicataire* général le 11 janvier
1721, & continué par arrêts des 7 septembre 1722,
13 juillet 1723, & 19 juin 1725, jusqu'au premier
octobre 1726.

A cette époque, le bail général des fermes fut
adjugé à Carlier pour six années, par arrêt du
conseil du 20 août 1726.

Desbove succéda à Carlier pour le même terme,
par arrêt du conseil du 9 septembre 1732.

Forceville à Desboves, par arrêt du premier
juillet 1738.

La Rue à Forceville, par arrêt du 15 octo. 1743.

Girardin entra en possession par arrêt du conseil
du 28 octobre 1749; mais sa mort lui fit subroger
Bocquillon, par arrêt du conseil du 6 mars 1751.

Henriet devint *adjudicataire* d'un nouveau bail,
par arrêt du 31 août 1756; & c'est alors que toutes
les sous-fermes furent supprimées. La compagnie des
fermiers généraux, qui n'étoit que de quarante,
fut augmentée de vingt membres, & les différentes
parties resterent régies par la ferme générale.

Jean Jacques Prévost fut admis en qualité d'*adjudicataire*, par arrêt du conseil du 6 juillet 1762.

Il a eu pour succeſſeur Julien Alaterre, nommé par arrêt du conſeil du 24 novembre 1767.

A ce dernier a ſuccédé Laurent David, qui a été remplacé par Nicolas Salzard, *adjudicataire* actuel, mis en poſſeſſion au premier octobre 1780, par arrêt du 5 juillet.

Dès le 9 janvier précédent, le roi avoit fait connoître ſes intentions ſur la nouvelle forme qu'alloit prendre la perception de ſes droits, par un réglement qui annonce des vues pleines de ſageſſe & d'amour pour les peuples, & prépare des changemens eſſentiels à leur repos.

Cette perception eſt diviſée entre trois compagnies, qui ſont, la ferme générale, la Régie générale, & l'adminiſtration des domaines.

Chacune des trois compagnies a ſon *adjudicataire* ſéparé.

Salzard eſt, comme on l'a dit, pour la ferme générale.

Pour la régie générale, Henry Clavel, ſuivant les lettres-patentes pour ſa priſe de poſſeſſion du 5 juillet 1780.

Pour l'adminiſtration des domaines, Jean-Vincent René, ſuivant l'arrêt du conſeil, portant priſe de poſſeſſion, du 4 août 1780.

Autrefois l'*adjudicataire*, ou prête-nom de la ferme générale, avoit ſix mille livres par année pendant la durée du bail dont il étoit prête-nom. Ce ſalaire étoit enſuite réduit à moitié pendant ſix autres années. Depuis le dernier bail, cet *adjudicataire* n'a plus que quatre mille livres par an.

Ceux de la régie générale & de l'adminiſtration des domaines, ont trois mille livres.

ADJUDICATION, ſ. f. qui exprime l'acte par laquelle une choſe eſt adjugée.

ADJUGER, c'eſt accorder la préférence dans une vente publique, au plus offrant & dernier enchériſſeur ; & dans une proclamation d'ouvrages ou d'entrepriſes au rabais, à celui qui demande le moins.

Les juges ne peuvent *adjuger* les marchandiſes ſauvées du naufrage, ou des marchandiſes provenant de priſes ſur les ennemis de l'état, qu'à la charge d'en payer les droits d'entrée du royaume. Article 2 du titre 5 de l'ordonnance de 1687. Arrêt du conſeil du 27 août 1778, portant réglement ſur les marchandiſes de priſe.

ADMINISTRATEUR, ſ. m. Pour ſe renfermer dans l'acception de ce mot, relativement aux finances, nous ferons ici le portrait de l'*adminiſtrateur* de cette partie, dans un grand état. Nous empruntons les couleurs de l'homme de génie qui, après avoir tracé toutes les qualités néceſſaires à un *adminiſtrateur* des finances, devoit lui-même ſe montrer l'émule de l'immortel miniſtre dont il avoit été le panégyriſte.

Si, comme nous l'avons eſtimé dans notre orgueil, l'homme eſt l'image de Dieu ſur la terre, celui qui peut, avec le plus de raiſon, prétendre à cet auguſte titre, c'eſt, après le ſouverain, l'*adminiſtrateur* des finances.

Comme le maître du monde, il doit gouverner ſans effort & ſans paroître. Ainſi que l'Être ſuprême fait ſervir le mouvement à l'harmonie de l'univers, un *adminiſtrateur* des finances doit diriger les paſſions vers la force & la félicité publiques. C'eſt lui qui doit raſſembler en ſa penſée les droits de l'homme & ceux d'une nation ; ce qu'il faut à l'un pour ſon bonheur, ce que l'autre exige pour ſa défenſe.

Il doit être le médiateur entre l'intérêt perſonel qui ſe refuſe à l'impôt, & les beſoins de la ſociété qui le réclament.

Recevoir les tributs impoſés, payer les dépenſes fixées, c'eſt une fonction bien facile ; mais combiner les reſſources d'un état, ſentir les juſtes raports entre la richeſſe & l'impôt, entre le prix des denrées & les facultés des hommes, entre l'agriculture & l'induſtrie, entre le bonheur & la force ; démêler ces vérités qui ſont en raiſon compoſée de tant de motifs ; parcourir les inſtitutions & les uſages ; voir où s'arrêtent leurs avantages, ou commencent leurs abus ; réformer les uns ſans détruire les autres ; concevoir un deſſein & diriger vers ſon but toutes les circonſtances ; former de nouveaux plans & les faire avancer ſans convulſion, ſans révolter l'habitude & l'eſprit pratique des hommes, ſans produire par une trop grande ardeur, de nouvelles réſiſtances ; voilà, peut-être, le plus grand travail qui puiſſe être confié à l'intelligence de l'homme.

Dans la conſtitution actuelle des ſociétés, c'eſt à l'adminiſtration des finances que ſe rapportent toutes les parties du gouvernement. C'eſt elle qui doit indiquer à la marine, à la guerre, la portion de richeſſe qu'on peut conſacrer à ſa force ; c'eſt elle qui doit enſeigner à la politique le langage de la puiſſance ; c'eſt, enfin, l'*adminiſtrateur* des finances qui enveloppe dans ſes ſoins les intérêts de tout un peuple ; car c'eſt par une juſte meſure & une intelligente application des impôts, qu'ils accompagnent l'induſtrie, ſans la combattre, & que le travail s'unit au bonheur ; c'eſt par une ſage diſtribution des dépenſes, que le tribut des citoyens remplit ſa deſtination, & retourne en accroiſſement de ſûreté, d'ordre & de tranquillité.

Quelle éminente & redoutable fonction que celle où l'on peut ſe dire : Tous les ſentimens de mon cœur, tous les mouvemens de ma penſée, tous les inſtans de ma vie peuvent nuire ou ſervir au bonheur de vingt-quatre millions d'hommes, & préparer la ruine ou la proſpérité de la race future.

La ſenſibilité donne à un *adminiſtrateur* des finances le déſir d'être utile aux hommes ; la vertu lui en fait un devoir ; le génie lui en ouvre les moyens ; le caractere les met en uſage, & la connoiſſance des hommes adapte ces moyens à leurs paſſions & à leurs foibleſſes.

La ſenſibilité qu'on lui demande, n'eſt pas cette ſenſibilité commune qui s'agite à l'aſpect d'un miſérable, & qui ſe calme après avoir détourné la vue ; mais une ſenſibilité vaſte, durable & profonde, capable d'unir ſon bonheur perſonel au bonheur de tout un peuple ; qui préfente à fes yeux le pauvre obfcur au fond de la province, qui lui fait entendre fes cris, qui lui montre fes larmes, qui dans l'immenfité d'un grand royaume anéantit les diftances, & range autour de lui, par la penfée, tous ceux auxquels il peut faire du bien.

La vertu néceffaire à un *adminiftrateur* des finances, n'eft fixée par aucune borne. A chaque inftant le bien public lui demande le facrifice de fon intérêt, de fes affections, & même de fa gloire. Il faut qu'il foit pourfuivi par cette penfée, que la bienfaifance d'un homme d'état eft une juftice inébranlable ; que cette juftice fait le bonheur d'un peuple, & la faveur celui d'un feul homme ; il faut qu'il foit entraîné vers ces principes, où par un heureux inftinct, ou par une méditation profonde fur les loix de la fociété, ou par un mouvement plus grand, plus rapide & plus impétueux ; par l'idée d'un Dieu qui tient entre fes mains les premiers anneaux de cette vafte chaîne, qui nous a permis d'entrevoir l'harmonie de l'univers, & qui dans cet exemple magnifique nous donnant une idée de l'ordre, nous excite à l'obferver par l'ardent defir de lui plaire.

Les facultés de l'efprit qui doivent former le génie de l'*adminiftrateur* des finances, font tellement étendues & diverfifiées, qu'elles femblent, pour ainfi dire, hors de la dénomination de notre langue.

Il faut, pour s'en faire une idée, réunir l'étendue à la profondeur, la facilité à l'exactitude, la rapidité à la juftelle, la fagacité à la force, l'immenfité à la mefure.

Auffi, devant l'efprit d'adminiftration, tous les autres difparoiffent. L'efprit de fociété fe borne à confidérer les objets fucceffivement, fous différentes faces & par des rapports ingénieux mais prochains. Il faut que cet efprit ne préfente que des combinaifons fimples, afin qu'elles foient proportionnées à l'attention d'un inftant qui doit les appercevoir. L'efprit d'adminiftration eft bien d'une autre trempe. Les objets qu'il doit enchaîner, les rapports qu'il doit faifir, font à grande diftance. C'eft à l'hommage des nations & des fiecles qu'il doit prétendre ; & c'eft à l'étendue de leurs lumieres qu'il doit proportionner fes combinaifons. L'homme doué de cet efprit, peut avoir prefque feul la confcience de fes forces. Il ne peut conduire les autres jufqu'aux bornes de ce qu'il voit, & fa grandeur eft une grandeur inconnue, fouvent, du moins, le fecret n'en eft confié qu'à la fucceffion des âges ; le tems & la poftérité, ce font-là fes juges.

Peut-il y avoir de la comparaifon entre les moyens d'une ame fenfible, à quelque degré qu'elle puiffe pratiquer la bienfaifance, & ceux qui repofent entre les mains d'un *adminiftrateur* des finances. Quel plaifir dans le recueillement de la folitude, dans le filence de la nuit, d'élever fon ame vers l'être fuprême, & de fe dire à foi-même : Ce jour, j'ai adouci la rigueur des impôts ; ce jour, je les ai fouftraits au caprice de l'autorité ; ce jour, en les diftribuant plus également, je pourrai con-

vertir un fafte inutile au bonheur, dans une aifance générale ; ce jour, j'ai tranquillifé vingt mille familles alarmées fur leurs propriétés ; j'ai ouvert un accès au travail, & un afyle à la mifere ; ce jour, j'ai prêté l'oreille aux gémiffemens fugitifs & aux plaintes impuiffantes des habitans de la campagne ; j'ai défendu leurs droits contre les prétentions impérieufes du crédit & de l'opulence. Oh quel fuperbe entretien, quelle magnifique confidence de l'homme au créateur du monde. Qu'un pareil *adminiftrateur* paroît grand alors.

L'efprit de méditation s'étend fort loin, fans doute ; fes bornes ne font pas connues ; mais il s'avance pas à pas ; c'eft de chaînons en chaînons qu'il atteint à la vérité. Le génie d'adminiftration ne marche point ainfi. Il faut qu'il embraffe à la fois tous les objets de fon attention ; il faut qu'il découvre d'un feul regard, le but & les moyens, les rapports & les contrariétés, les reffources & les obftacles. Il faut, pour ainfi dire, que l'univers fe déploie devant lui. Il eft quelques principes qui s'enchaînent, mais ils fléchiffent à l'application ; les circonftances, le tems : tout les modifie ; c'eft le coup-d'œil donné par la nature qui en fixe la mefure, & pour ce coup-d'œil il n'eft point de leçons, il n'eft point de loix écrites ; elles naiffent & meurent dans l'ame des grands-hommes.

Un *adminiftrateur* des finances, doué des heureufes qualités dont nous venons de parler, foumet à fon intelligence tous les objets de fon attention. Mais la puiffance de l'homme, bornée par la nature, le met dans la néceffité d'avoir recours à fes femblables pour l'exécution de fes deffeins.

Si les hommes font les inftrumens de fa penfée, il doit les connoître & les difcerner. Confondus par des formes femblables, ils trompent facilement la médiocrité qui les prend & les emploie au hafard, ou qui ne les diftingue que par des maffes frappantes, & les inftructions tardives de l'expérience. Mais chaque jour eft précieux à l'homme chargé du bonheur des peuples. Il ne lui eft pas permis de n'être éclairé que par fes fautes. Il faut donc qu'il ait ce tact auffi fin que rapide : ce talent de connoître les hommes, & de les diftinguer par des nuances fugitives plus fubtiles que l'expreffion. Cet art de furprendre leur caractere lorfqu'ils parlent & qu'ils écoutent ; cette promptitude à les faifir jufques dans leur hypocrifie & dans leur diffimulation, & lorfqu'ils cherchent à lui plaire, & lorfqu'ils veulent le tromper. Habile fur-tout à diftinguer ce qu'ils font de ce qu'ils croient être, un *adminiftrateur* éclairé fait les juger & les mettre à leur place. Il n'exige ni ce qu'ils offrent, ni ce qu'ils promettent, mais ce qu'on peut en attendre.

Toutes ces grandes qualités feront encore infuffifantes fans celle qui donne la vie à toutes les autres ; c'eft le caractere.

Il faut entendre par le caractere, cette puiffance de l'ame, cette force inconnue qui femble unir par une flamme invifible le mouvement à la volonté, &

la volonté à la pensée. Différent de l'esprit qui s'accroît par l'instruction, & qui s'enrichit des idées des autres, le caractere ne doit sa force qu'à la nature. Il ne se prend ni ne s'inspire ; il ne se donne ni ne se communique. C'est par lui cependant que la vertu est active & le génie bienfaisant. C'est par lui que l'homme s'éleve & qu'il atteint à sa véritable grandeur, au pouvoir d'agir & de faire, de poursuivre & d'exécuter, de résister & de vaincre.

Augmenter la force publique sans nuire au bonheur des particuliers, voila le but de l'administration des finances.

Ce but est grand, sans doute, mais il est difficile à remplir ; car les moyens qui constituent la puissance de la société, contrarient souvent le bonheur de ses membres : l'une demande des sacrifices, l'autre ne veut que des jouissances.

L'*administrateur* tempere ces oppositions sans pouvoir les détruire, & ses succès sont annoncés par l'accroissement de la population ; car elle naît du bonheur, & c'est elle qui produit la force.

C'est à la faveur d'une aisance générale que les hommes se multiplient ; c'est par le respect du monarque pour leur liberté & leurs propriétés, qu'ils s'attachent à la société qui les a vu naître, qu'ils la servent, qu'ils la défendent. Au milieu de cette aisance, mille & mille cris d'allégresse s'élevent chaque jour pour demander la conservation du souverain : pour bénir le choix qu'il a fait d'un *administrateur* aussi sage, aussi zélé pour la félicité publique ; & le nom de ce digne ministre est transmis aux races futures avec les expressions de l'amour & de la vénération qu'il a mérité des gens éclairés de son tems.

ADMINISTRATEUR. Ce titre se donne aux membres de la compagnie qui est chargée de l'administration des loteries, de la régie des postes, & de celle qui régit les domaines du roi. *Voyez* DOMAINES, LOTERIES, POSTES.

ADMINISTRATION MUNICIPALE ou PROVINCIALE, s. f. par lequel on désigne une nouvelle institution composée d'un certain nombre d'habitans d'une même province, choisis dans le clergé, dans la noblesse, & dans le tiers état. Cette assemblée doit toujours être combinée de maniere que la somme du tiers-état soit égale à celle des ecclésiastiques & des gentils-hommes pris ensemble.

Les fonctions de ces *administrations* doivent s'étendre à répartir les impositions, à proposer les formes les plus favorables, à prêter une oreille attentive aux plaintes des contribuables, à diriger la confection des routes, à choisir pour y parvenir la maniere la moins onéreuse aux peuples, à rechercher enfin tous les moyens nouveaux de prospérité qu'une province peut développer.

L'assemblée provinciale ne peut pas durer plus d'un mois. Les suffrages y sont comptés par tête, & non par distinction d'ordre. Le roi lui fait connoître ses volontés par des commissaires chargés de ses instructions.

Dans l'intervalle de ces assemblées, il subsiste un bureau d'*administration* composé du quart environ des membres de l'assemblée provinciale. Il est chargé de suivre les détails de toutes les parties sur lesquelles cette assemblée étend ses soins ; il est obligé de se conformer aux délibérations qu'elle a prises, & de lui rendre compte de toutes ses opérations.

Le bureau, ainsi que l'assemblée, est autorisé à faire en tout temps des représentations au roi, & de lui proposer les réglemens qu'on croit utiles à la province, sans cependant pouvoir sous ce prétexte apporter aucun obstacle à la levée des impositions.

L'intendant de la province a le droit de prendre connoissance des délibérations de l'assemblée provinciale & du bureau d'*administration*, toutes les fois qu'il le juge à propos.

Ni l'assemblée, ni le bureau ne peuvent faire aucune dépense qu'elle ne soit autorisée par le roi.

Ces *administrations* qui, jusqu'à présent, ne peuvent être regardées que comme des essais, & qui n'ont lieu que dans les généralités de Bourges, de Grenoble, Montauban & Moulins, ont pour objet principal, d'adoucir le fardeau des impositions par les modifications dont elles sont susceptibles, & par la sagesse des répartitions. On a pensé que la marche uniforme & suivie de ces *administrations*, leur attention plus subdivisée, les diverses connoissances qu'elles pourroient rassembler, les mettroient à portée d'écarter tout arbitraire, de proposer des plans pour animer le commerce & l'industrie dans chaque province.

Comme ces assemblées ne consentent pas les impôts, mais simplement les répartissent, ce n'est pas la plus grande énergie de propriété qui est la qualité essentielle pour y avoir entrée ; c'est plutôt l'amour de l'ordre & de la justice ; c'est l'impartialité ; c'est l'instruction.

Au reste, nous ne pouvons mieux faire connoître la fin que s'étoit proposée l'homme d'état qui avoit conçu ce grand projet, qu'en donnant ici le mémoire dans lequel il a développé la profondeur de ses vues.

Mémoire sur l'établissement des administrations provinciales.

Une multitude de plaintes se sont élevées dans tous les tems contre la forme d'administration employée dans les provinces : elles se renouvellent plus que jamais, & l'on ne pourroit continuer à s'y montrer indifférent, sans avoir peut-être de justes reproches à se faire. A peine, en effet, peut-on donner le nom d'administration à cette volonté arbitraire d'un seul homme qui, tantôt présent, tantôt absent, tantôt instruit, tantôt incapable, doit régir les parties les plus importantes de l'ordre public ; & qui ne considere sa place que comme un échelon à son ambition. Si, comme il est raisonnable,

nable, on ne lui donne à gouverner en débutant qu'une généralité d'une médiocre étendue, il la voit comme un lieu de paffage, & n'eft point excité à préparer des établiffemens dont le fuccès ne lui fera point attribué, & dont l'éclat ne paroîtra pas lui appartenir. Enfin, préfumant toujours, & peut-être avec raifon, qu'on avance encore plus par l'effet de l'intrigue ou des affections que par le travail & l'étude, ces commiffaires font impatiens de venir à Paris, & laiffent à leurs fecrétaires ou à leurs fubdélégués le foin de les remplacer dans leur devoir public.

Ces fubdélégués n'ont jamais de relation avec leur miniftre, même en l'abfence de l'intendant qui, dans quelque lieu qu'il foit, retient toujours à lui feul la correfpondance; ainfi ils ne peuvent acquérir aucun mérite direct auprès du gouvernement, ni aucune gloire qui leur foit propre.

Tous ces inconvéniens, qui feroient fenfibles dans le tems le plus heureux, deviennent plus aggravans quand les peuples gémiffent fous le poids d'impôts accumulés, & quand il eft alors fi néceffaire d'adoucir, par une attention paternelle, la rigueur de leur fort: de là cette fermentation générale, & fur la répartition des impofitions, & fur les corvées, & fur l'arbitraire abfolu, & fur la difficulté d'obtenir juftice, & fur le défaut d'encouragement : de là peut-être l'indifférence générale pour le bien de l'état, qui gagne tous les jours.

Le gouvernement, témoin de toutes ces plaintes, ne trouvera jamais que des moyens infuffifans pour y remédier, tant que la forme actuelle d'adminiftrer les provinces n'éprouvera aucune modification. En effet, il eft à remarquer qu'il n'y a dans les pays d'élection aucun contradicteur légitime du commiffaire départi, & il ne peut même en exifter dans l'ordre actuel; fans déranger la fubordination & contrarier la marche des affaires. Ainfi, à moins qu'on ne foit averti par des injuftices éclatantes ou par quelques fcandales publics, on eft obligé de voir par les yeux de l'homme même qu'on auroit befoin de juger. On peut aifément fe faire une idée de l'abus & prefque du ridicule de cette prétendue adminiftration.

Il vient au miniftre des plaintes d'un particulier ou d'une paroiffe entiere : que fait-on alors, & qu'a-t-on fait de tous les tems? On communique à l'intendant cette requête : celui-ci, en réponfe, ou contefte les faits ou les explique, & toujours de maniere à prouver que tout ce qui a été fait par fes ordres a été bien fait; alors on écrit au plaignant qu'on a tardé à lui répondre jufqu'à ce qu'on ait eu pris connoiffance de fon affaire, & alors on lui tranfmet comme un jugement réfléchi du confeil, la fimple réponfe de l'intendant; quelquefois même, à fa réquifition, on réprimande le contribuable ou la paroiffe de s'être plaint mal à propos. Et qui fait s'ils ne fe reffentent pas encore d'une autre maniere de leur hardieffe? car un intendant & fes fubdélégués voyant toujours que les requêtes leur font renvoyées, que leurs décifions font adoptées & que cette déférence à leurs

avis eft néceffaire, doivent naturellement méprifer les plaintes auxquelles des corps entiers ne s'affocient pas; voilà pourquoi ils font fi fort redoutés dans les provinces, de la part de ceux qui n'ont pas de relation avec la cour ou avec la capitale.

Quand de longs murmures dégénerent en plaintes générales, le parlement vient fe placer entre le roi & fes peuples; mais ce remede eft un inconvénient lui-même, puifqu'il habitue les fujets de votre majefté à partager leur confiance & à connoître une autre protection que l'amour & la juftice de leur fouverain.

C'eft après avoir été frappé de la défectuofité de cette contexture d'adminiftration, que j'ai défiré fortement pour la gloire de votre majefté, pour le bonheur de fes peuples & pour l'accompliffement du devoir de ma place, qu'on pût développer à votre majefté la néceffité de s'occuper effentiellement de cet important objet.

En même tems je fens plus que perfonne la convenance de n'employer que des moyens lents, doux & fages : il n'eft rien où l'expérience n'ajoute encore à l'inftruction & à la confiance. Ainfi ce n'eft que dans une feule généralité que je propoferois à votre majefté d'introduire un changement qui confifteroit effentiellement dans l'effai d'une adminiftration provinciale ou municipale.

Il eft fans doute des parties d'adminiftration qui, tenant uniquement à la police, à l'ordre public, à l'exécution des volontés de votre majefté, ne peuvent jamais être partagées & doivent conftamment repofer fur un intendant feul; mais il en eft auffi, telles que la répartition de la levée des impofitions, l'entretien & la conftruction des chemins, le choix des encouragemens favorables au commerce, au travail en général, & au débouché de la province en particulier, qui, foumifes à une marche plus lente & plus conftante, peuvent être confiées préférablement à une commiffion compofée de propriétaires, en réfervant au commiffaire départi l'importante fonction d'éclairer le gouvernement fur différens réglemens qui feroient propofés : de cette maniere, votre majefté auroit des garans multipliés du bonheur de fes peuples; & fans déranger en rien l'ordre public, elle feroit fûre que les tributs néceffaires au befoin de l'état feroient adoucis par la répartition & plus encore par la confiance.

On ne verroit plus cumuler fur le peuple & le poids des impôts & les frais de juftice, qui atteftent fon impuiffance, ainfi que les moyens rigoureux qu'on eft obligé de mettre en ufage.

On délivreroit peut-être infenfiblement les habitans de la compagne du joug fous lequel ils vivent.

Subdélégués, officiers d'élections, directeurs, receveurs & contrôleurs de vingtiemes, commiffaires & collecteurs de tailles, officiers des gabelles, voituriers, buraliftes, huiffiers, piqueurs de corvées, commis aux aides, aux contrôles, aux droits réfervés; tous ces hommes de l'impôt, chacun felon fon caractere, affujettiffent à leur petite autorité

& enveloppent de leur science fiscale des contribuables ignorans, inhabiles à connoître si on les
trompe, mais qui le soupçonnent ou le craignent
sans cesse. Si ces diverses servitudes peuvent un
jour être tempérées; si d'un pareil chaos il peut
enfin sortir un système simple & régulier d'imposition, on ne peut l'espérer, à travers les obstacles
de l'habitude, qu'à l'aide des administrations provinciales, qui en proposeroient successivement les
moyens & qui en faciliteroient l'exécution.

En même tems ce qui convient à chaque province en particulier seroit mieux connu.

La France, composée de vingt-quatre millions
d'habitans répandus sur des sols différens, & soumise à diverses coutumes, ne peut pas être assujettie au même genre d'impositions. Ici la rareté
excessive du numéraire peut obliger à commander
la corvée en nature; ailleurs une multitude de circonstances invitent à la convertir en contribution
pécuniaire: ici la gabelle est supportable; là, des
troupeaux qui composent la fortune des habitans,
font de la cherté du sel un véritable fléau: ici, où
tous les revenus sont en fonds de terre, l'on
peut confondre la capitation avec la taille ou les
vingtièmes; ailleurs, de grandes richesses mobiliaires & l'inégalité de leur distribution invitent à
séparer ces divers impôts: ici l'impôt territorial
peut être fixe & immuable; là, tout est vignoble,
& tellement soumis à des révolutions, que si l'impôt
n'est pas un peu flexible, il sera trop rigoureux:
ici, les impôts sur les consommations sont préférables; ailleurs, le voisinage de l'étranger les rend
illusoires & difficiles à maintenir.

Enfin par-tout, en même tems que la raison commande, l'habitude & le préjugé sont existans. Cependant c'est l'impossibilité de pourvoir à toutes ces
diversités par des loix générales, qui oblige d'y suppléer par l'administration la plus compliquée; &
comme la force morale & physique d'un ministre des
finances ne sauroit suffire à cette tâche immense & à
de si justes sujets d'attention, il arrive nécessairement
que c'est du fond des bureaux que la France est gouvernée; & selon qu'ils sont plus ou moins instruits,
plus ou moins purs, plus ou moins vigilans, les
embarras du ministre & les plaintes des provinces
s'y accroissent ou diminuent.

En ramenant à Paris tous les fils de l'administration, il se trouve que c'est dans le lieu où l'on
ne sait que par des rapports éloignés, où l'on ne
croit qu'à ceux d'un seul homme, & où l'on n'a
jamais le tems d'approfondir, qu'on est obligé de
diriger & discuter toutes les parties de l'exécution
appartenant à cinq cents millions d'impositions sub-
divisées de plusieurs manieres par les formes, les
especes & les usages. Quelle différence entre la fa-
tigue impuissante d'une telle administration, & le
repos & la confiance que pourroit donner une administration provinciale, sagement composée! Aussi
n'est-il aucun ministre sage qui n'eût dû desirer un
pareil changement, si, trompé par une fausse appa-

rence d'autorité, il n'eût imaginé qu'il augmentoit
son pouvoir en rapportant tout à un intendant qui
prenoit ses ordres, tandis que les Contrôleurs Généraux auroient dû sentir qu'en ramenant à eux une
multitude d'affaires au-dessus de l'attention, des
forces & de la mesure du tems d'un seul homme, ce
ne sont plus eux qui gouvernent, ce sont leurs
commis.

Mais ces mêmes commis, ravis de leur influence,
ne manquent jamais de persuader au ministre qu'il
ne peut se détacher de commander un seul détail,
qu'il ne peut laisser une seule volonté libre pour
renoncer à ses prérogatives & diminuer sa consistance: comme si l'établissement de l'ordre & son
maintien par les mesures les plus simples, ne doivent
pas être le seul but de tous les administrateurs raisonnables.

On apperçoit aisément qu'on peut modifier les
détails du plan qui semblera préférable, de différentes manieres, & remplir le but qu'on se propose.
Un sage équilibre entre les trois ordres, soit qu'ils
soient séparés ou qu'ils soient confondus; un nombre
de représentans qui, sans embarrasser, soit suffisant pour avoir une garantie du vœu de la province; des regles simples de comptabilité; l'administration la plus économe, les assemblées générales
aussi éloignées que l'entretien du zele & de la confiance peut le permettre; l'obligation de soumettre
toutes les délibérations à l'approbation du conseil
éclairé par le commissaire départi; l'engagement
de payer la même somme d'imposition versée aujourd'hui au trésor royal; le simple pouvoir de faire
des observations en cas de demandes nouvelles, de
maniere que la volonté du roi fût toujours éclairée
& jamais arrêtée; enfin le mot de *don gratuit* absolument interdit, & celui de pays d'administration
subrogé à celui de pays d'états; afin que la res-
semblance des noms n'entraîne jamais des prétentions semblables: voilà en abrégé l'idée des conditions essentielles.

Il est aisé de les remplir en rassemblant diverses
opinions & les lumieres que peuvent donner la réflexion & l'expérience, sur-tout lorsque l'on n'est
gêné par aucune convention intérieure, & que de
la part du souverain tout devient concession & bienfaisance.

J'ajouterai encore comme une condition essentielle, que quelque perfection qu'on crût avoir
donnée à cette institution nouvelle, il ne faudroit
annoncer sa durée que pour un tems; sauf à la confirmer ensuite pour un nouveau terme, & ainsi de
suite, aussi long-tems que votre majesté le jugeroit
à-propos; de maniere qu'après avoir pris tous les
soins nécessaires pour former un bon ouvrage,
votre majesté eût encore constamment dans sa main
le moyen de le supprimer ou de le maintenir.

Avec une semblable prudence, quel inconvénient
pourroit-on craindre, & que de bien au contraire
ne doit-on pas attendre d'une pareille expérience?
Déja j'ai indiqué une partie des avantages attachés

à ce nouvel ordre d'adminiſtration, il en eſt beaucoup d'autres que j'omets ; c'en ſeroit un que de
multiplier les moyens de crédit en procurant à
d'autres provinces la faculté d'emprunter ; c'en
ſeroit un plus grand que d'attacher davantage les
propriétaires dans leurs provinces, en leur y ménageant quelqu'occupation publique dont ils ſe
cruſſent honorés : cette petite part à l'adminiſtration, releveroit le patriotiſme abattu & porteroit
vers le bien de l'état une réunion de lumieres &
d'activité dont on éprouveroit le plus grand effet ;
c'en ſeroit un eſſentiel encore que d'inſpirer à
chaque ordre de la ſociété une confiance plus directe dans la juſtice & la bonté du monarque ; c'eſt
ce qu'on éprouve dans les pays d'état : au lieu que
dans une généralité d'élection où un intendant
paroît bien plus un vice-roi qu'un lien entre le
ſouverain & les ſujets, on eſt entraîné à porter ſes
regards & ſes eſpérances vers les parlemens, qui
deviennent ainſi dans l'opinion les protecteurs du
peuple.

Enfin, comme il eſt généralement connu que l'adminiſtration des pays d'élection & la forme actuelle
des impoſitions inſpirent aux étrangers une ſorte
du frayeur plus ou moins fondée, tout projet d'a-
mélioration attireroit en France de nouveaux habitans, & deviendroit ſous ce rapport ſeul une nouvelle ſource de richeſſes.

Il eſt tems d'examiner les raiſonnemens qu'on
peut oppoſer aux opinions que nous venons de
développer. Ne dira-t-on point d'abord que c'eſt
diminuer l'autorité que de confier la répartition
des impôts à une adminiſtration municipale ? Il eſt
aiſé, ce me ſemble, de lever un pareil doute.

L'autorité royale repoſe ſur des baſes inalté-
rables, & ne conſiſte point à ſe montrer dans tous
les détails ; elle exiſte également & même dans un
plus grand éclat, lorſque par un arrangement ſage,
& par une premiere impulſion dont elle ſait maintenir les effets, elle ſe diſpenſe d'agir ſans ceſſe.

C'eſt le pouvoir d'impoſer qui conſtitue eſſentiellement la grandeur ſouveraine ; mais la répartition
des impôts & tant d'autres parties d'exécution ne
ſont que des émanations de la confiance du monarque : n'importe en quelles mains il ait dépoſé
cette confiance ; ſeulement ceux de ſes ſujets qui
peuvent le mieux y répondre, rappellent davantage aux peuples la ſurveillance d'un bon roi.

Cette confuſion continuelle entre l'exercice journalier & l'autorité même, eſt une ſource d'inconvéniens ; & le grand art de tous les adminiſtrateurs
ſubalternes eſt d'entretenir cette confuſion : car ils
voudroient que le reſpect à leurs commandemens
les plus arbitraires, fût un des plus grands intérêts
de la royauté : mais à combien d'embarras ce ſyſtême n'entraîne-t-il pas l'adminiſtration ? Un miniſtre ſurchargé de détails, auxquels il ne peut faire
une longue attention ſans arrêter la marche des
affaires, doit néceſſairement être entraîné rapidement par les rapports qui lui ſont faits ; il ordonne,

il permet, il approuve ſans un examen ſuffiſant ;
l'autorité engagée, on veut la ſoutenir, & on le
fait d'autant plus facilement, que dans les premiers
momens d'oppoſition on eſpere qu'avec un arrêt
du conſeil on terminera tout : mais la réſiſtance, la
réunion des corps ſe forment & entraînent à des
difficultés ſérieuſes. On trouve alors que les diſpoſitions que l'on vouloit maintenir, ne ſont plus
d'une importance proportionnée à la peine & au
bruit qu'occaſionnent des actes répétés d'autorité ;
on temporiſe, on héſite, on foiblit, & le miniſtre
lui-même, qui peut avoir paſſé le but en commençant, mais qui craint d'expoſer ſa propre ſtabilité,
eſt le premier à conſeiller la condeſcendance.

Je ne dis pas qu'il faille tout ſoutenir, puiſque
ce ſeroit prendre des engagemens, & cauſer bien
des mépriſes ; mais pour éviter de compromettre ſi
ſouvent l'autorité, il ne faudroit pas être jaloux de
l'exercer ſans ceſſe : on s'épuiſe à la déployer inutilement, & l'on manque de force dans les occaſions où il eſt important de la maintenir.

Toutes les diſcuſſions avec les parlemens & les
cours des aides pour les vingtiemes & la capitation,
la taille & les corvées, ceſſeroient par l'effet d'une
adminiſtration différente. Eh, que fait au roi, que
fait à ſa grandeur, qu'un commiſſaire départi,
qu'un ſubdélégué ou un collecteur répartiſſent en
ſon nom les diverſes contributions ? Dès qu'une
fois la quantité en eſt déterminée, quand les impôts
ſont au comble, les meilleurs miniſtres des finances,
ſecondés des intendans les plus habiles & les mieux
intentionnés, ne ſauroient prévenir les plaintes &
les murmures. Comment peut-on aimer la gloire
du roi, & s'il m'eſt permis de le dire, comment
peut-on jouir de ſon bonheur & deſirer qu'il ſoit
par-tout ordonnateur & garant des détails les plus
durs & les plus rigoureux ? comment peut-on ſe
plaire à faire bruit de ſes ordres pour mettre garni-
ſon chez un contribuable, pour vendre ſes meubles
& même ſon grabat ? Si de triſtes contraintes ne
peuvent être évitées ſous aucune eſpece d'adminiſtration, ne ſeroit-il pas trop heureux qu'elles
ſe fiſſent ſur le commandement des repréſentans de
la province, & que le nom de votre majeſté toujours
chéri, ne fût entendu que pour la commiſération
& la clémence ; qu'intermédiaire entre ſes états
& ſes peuples, ſon autorité ne parût que pour
marquer les limites entre la rigueur & la juſtice ?

Ce n'eſt pas ſeulement au cœur ſenſible de votre
majeſté que je préſente ces conſidérations, c'eſt
encore au maître du royaume, c'eſt au ſouverain
d'une nation vive & éclairée, où l'amour & la
confiance rendront toujours l'exercice de l'autorité
plus facile.

On prétendra peut-être encore qu'en établiſſant
une adminiſtration provinciale, ſous quelque forme
que ce fût, ce ſeroit diminuer les reſſources de la
finance & mettre des bornes à la faculté d'impoſer.
On établiroit pour premiere condition, que le
nouveau pays d'adminiſtration paieroit préciſément

A D M

la même somme d'imposition que votre majesté en retire ; & rien ne seroit plus juste, puisqu'en promettant aux propriétaires de modifier & d'améliorer la répartition & la perception, ce seroit leur procurer les moyens de payer plus facilement.

Quant aux augmentations futures, je dirai d'abord avec peine, mais avec vérité, que le premier obstacle à ces augmentations viendra de l'état même des contribuables. Les sujets de votre majesté, animés par leur zele & par leur amour, feront peut-être encore capables de quelques efforts momentanés au milieu de la guerre ; mais le ministre qui pendant la paix occuperoit votre majesté des moyens d'augmenter ses revenus autrement que par l'ordre & l'économie & une meilleure administration, seroit à jamais indigne de la confiance de votre majesté & de l'estime publique ; il trahiroit son devoir, s'il n'étoit pas uniquement occupé de préparer au cœur bienfaisant de votre majesté les moyens de soulager ses peuples, & s'il lui cachoit que la plus nombreuse partie de ses sujets en a le plus pressant besoin.

Mais, pour ôter même aux défenseurs de la forme actuelle d'administration, l'avantage qu'ils voudroient tirer de l'intérêt fixe, mis en opposition au bonheur des peuples, il suffira de rappeler qu'entre toutes les ressources du trésor royal, la plus sûre sans doute est l'égalité proportionnelle des impositions, puisque c'est la plus intelligente maniere d'adoucir le fardeau commun & de se ménager le pouvoir de l'augmenter. Mais dans la forme actuelle d'administration, cette égalité est presqu'impossible à établir ; & jusqu'à présent à cet égard on a bien plus fait de tentatives que de progrès. Il y a dans la répartition une disproportion sensible entre les contribuables, les paroisses & les généralités ; & les connoissances nécessaires pour établir un juste équilibre, ne sont pas même rassemblées. Les oppositions des cours, les résistances que ces oppositions occasionnent de la part des contribuables, la nécessité enfin de se servir d'une multitude d'employés, contre lesquels l'intérêt général se réunit, & qu'on cherche sans cesse à tromper ou à séduire ; ce sont là les difficultés que la vie momentanée du ministre des finances essaie en vain de surmonter ; & c'est ainsi que dans la forme actuelle d'administration une bonne pensée & des loix sages ne suffisent pas encore pour opérer le bien : au lieu que dans les administrations provinciales, il ne peut y avoir de l'inégalité que dans les principes ou les réglemens de répartition ; & c'est au gouvernement à y veiller. Mais ces principes une fois établis, ils représentent le vœu général, & l'exécution n'en est pas arrêtée, d'autant plus que l'intérêt commun oblige d'y veiller, & que les rapports entre les facultés des contribuables ne peuvent échapper.

Enfin, il reste à montrer que le pouvoir légal d'imposer ne seroit point affoibli par l'introduction d'une administration municipale ; & à cet égard une

seule observation suffiroit, c'est que l'autorité de cette administration pourroit être bornée à répartir les impositions, & qu'ainsi les formes actuellement usitées pour les établir ne seroient point altérées.

Si l'on examine ensuite ce qui doit se passer pour le choix des impôts, on remarquera qu'en un pays d'états composé de trois ordres réunis aussi justement qu'il est possible, l'intérêt est le vœu national ; au lieu que les membres des cours souveraines, s'ils ne parviennent pas à s'élever au-dessus de leurs convenances particulieres, doivent nécessairement préférer ou rejetter des impositions par des motifs que la nation ne peut partager.

Bien loin donc qu'on dût envisager l'institution d'administration provinciale bien ordonnée, comme tendant à diminuer l'autorité, je ne doute point que les rois ne trouvassent dans ce contrepoids d'états & de parlemens, des moyens d'asseoir plus tranquillement leur autorité : la réunion de tant de corps presque toujours jaloux les uns des autres, devient impossible ; & si elle avoit jamais lieu, ce ne pourroit être que par l'effet d'un malheur général & par des actes accumulés d'injustices & d'oppressions.

Mais si votre majesté pouvoit instituer une administration qui, en applanissant le chemin à sa justice, ne fût qu'un obstacle possible aux abus du pouvoir, ce ne seroit peut-être à ses yeux que le point de perfection, puisqu'après avoir fait le bonheur de ses peuples pendant son regne, elle en seroit encore le bienfaiteur dans les tems les plus reculés.

Je cherche de nouvelles objections pour y répondre. Voudroit-on, par exemple, objecter les embarras qu'occasioneroient quelques pays d'états ? Mais il est bien aisé d'appercevoir que ces embarras tiennent à d'anciennes conventions vis-à-vis des provinces qui ont eu le droit de traiter en s'unissant à la France ; aucun n'existeroit dans la conversion volontaire d'une administration de pays d'élection en une autre administration quelconque. Les conditions les plus sages, les précautions contre tous les abus seroient le résultat facile d'un arrangement. La seule bienfaisance de votre majesté seroit dans le cas de dicter des loix. Bien plus (& ceci est une réflexion d'une grande importance) on tireroit un jour d'une administration provinciale bien ordonnée, un moyen de force pour corriger & perfectionner les constitutions actuelles des pays d'états, dont les vices même conservent un degré de respect, lorsqu'on n'a pour objet de comparaison que l'administration plus défectueuse encore des pays d'élection.

On dira peut-être enfin, qu'il seroit à craindre que le peuple ne perdît au changement qu'on propose, par l'effet de la supériorité que la noblesse pourroit prendre dans une administration provinciale.

Il paroît d'abord difficile que le peuple pût être plus maltraité qu'il ne l'est en général dans les pays d'élection, où l'on n'a d'autres secrets, à mesure de nouvelles dépenſes publiques , que d'augmenter la taille , impôt arbitraire, difficile à répartir ; & où le peuple eſt preſque toujours ſacrifié ; d'ailleurs la trop grande influence de la nobleſſe eſt facile à éviter par une ſage conſtitution & un équilibre raiſonnable entre les différens ordres , d'autant plus que le clergé, qui ne paie pas de vingtieme , partage ; par la taille de ſes fermiers , les intérêts des roturiers, en même tems que les devoirs de ſon état l'attachent à la protection du pauvre. Enfin, quelqu'exceſſifs que ſoient les impôts , c'eſt encore moins de leur étendue que naiſſent les plaintes & les clameurs , que du défaut de baſe ſolide dans les répartitions , & du déſeſpoir qu'inſpire la difficulté d'obtenir juſtice.

D'ailleurs, comme les aſſemblées ne pourroient établir aucune baſe de répartition, ni aucune forme de perception, ſans l'approbation de votre majeſté, il ſeroit bien aiſé de juger de l'équité des principes qu'on voudroit adopter.

Ces baſes fondamentales ſont bientôt meſurées , parce qu'elles tiennent à des idées générales que le bon ſens & l'eſprit de juſtice peuvent aiſément reconnoître ; mais dans l'application de ces mêmes principes à l'exécution , c'eſt dans l'adminiſtration de tout ce qui eſt indéterminé , que votre majeſté ne peut ſe repoſer avec tranquillité ſur l'eſprit ou ſur la volonté d'un ſeul homme, ainſi qu'on y eſt contraint dans les pays d'élection.

Ce genre d'adminiſtration ne ſeroit ſupportable qu'autant que les impôts ſeroient ſoumis à des regles abſolument ſimples ; mais lorſqu'une longue ſuite de fautes ou de malheurs a obligé d'étendre & de diverſifier les impôts de toutes les manieres , & lorſque l'eſprit fiſcal, après avoir tout parcouru, a ſu ménager encore un vague dans l'exécution dont il eſt facile d'abuſer , le dernier des maux alors eſt une adminiſtration arbitraire qui affecte l'imagination des contribuables & leur préſente ſans ceſſe de nouvelles craintes.

Ainſi , même dans les pays les plus deſpotes , on ne connoît pas cette maniere de ſoumettre la répartition des impôts aux déciſions d'un ſeul commiſſaire ; & bien loin que cette méthode ſoit de l'eſſence de la monarchie, ſe ſeroit plutôt dans les gouvernemens où la ſouveraineté eſt diviſée entre pluſieurs, qu'on pourroit l'employer avec moins d'inconvéniens. L'adminiſtration ne peut échapper à la ſurveillance générale , & il peut convenir, pour éviter les chocs & les longueurs , que ce ne ſoit pas un corps nombreux qui exécute , quand c'eſt un corps nombreux qui commande ; mais dans un pays monarchique , où la ſeule volonté du prince fait la loi , cette même convenance diſparoît ; & l'inquiétude du ſouverain doit ſe borner à être certain que ſes intentions juſtes & bienfaiſantes ſoient remplies, & à prévenir qu'on n'abuſe jamais de ſon autorité. Je me ſuis encore préſenté à moi-même un doute à lever.

La nature des impoſitions, leur étendue, leur

diverſité , la bigarrure des formes, des uſages, des priviléges & des prérogatives.

Tout cet ouvrage imparfait & ſucceſſif de l'adminiſtration Françoiſe , en même tems qu'il ſemble appeler preſque dans tous ſes points une main habile , préſente auſſi par-tout des obſtacles ? Qui peut dans chaque province les vaincre ou les ſurmonter plus facilement ? Eſt-ce un ſeul homme ? Eſt-ce un corps d'adminiſtration ? C'eſt un ſeul homme ſans doute, ſi vous réuniſſez en lui les qualités néceſſaires ; rien n'eſt plus efficace que le pouvoir dans une ſeule main ; le choix des délibérations n'arrêtant pas la marche, l'unité de penſées & d'exécution rend les ſuites plus faciles. Mais en même tems que je crois, autant qu'un autre, à la puiſſance active d'un ſeul homme qui réunit au génie la fermeté , la ſageſſe & la vertu, je ſais auſſi combien de tels hommes ſont rares dans le monde ; combien, lorſqu'ils exiſtent, il eſt accidentel qu'on les rencontre , & combien , après les avoir rencontrés, il eſt rare qu'ils ſe trouvent dans le petit circuit où on eſt obligé de prendre des intendans de province.

L'expérience & la théorie indiquent également que ce n'eſt pas avec des hommes ſupérieurs , mais avec le plus grand nombre de ceux qu'on connoît & qu'on a connus, qu'il eſt juſte de comparer une adminiſtration provinciale, & alors toute la préférence demeurera à cette derniere : car dans une commiſſion permanente, compoſée de principaux propriétaires d'une province, la réunion des connoiſſances , la ſucceſſion des idées donnent à la médiocrité même une conſiſtance ; le concours de l'intérêt général vient augmenter la ſomme des lumieres , & la publicité des délibérations force à l'honnêteté. Et ſi le bien arrive avec lenteur, il arrive du moins ; & une fois obtenu , il eſt à l'abri du caprice & ſe maintient : au lieu qu'un intendant, le plus rempli de zele & de connoiſſances, eſt bientôt ſuivi par un autre qui dérange ou abandonne le projet de ſon prédéceſſeur.

Je crois donc que le véritable bienfait d'un ſouverain envers ſes peuples , ſeroit d'ouvrir des voies d'amélioration indépendantes des qualités des hommes auxquels il donnera ſa confiance , & il ſeroit l'heureux effet des adminiſtrations provinciales bien conſtituées.

Au reſte, quand on prétendroit que les adminiſtrations provinciales ne ſeroient pas aujourd'hui la maniere la plus convenable de ſimplifier les finances & d'atteindre le meilleur ſyſtême d'impoſition, il ſeroit encore ſage de la choiſir comme étant celle qui ſous un point de vue purement abſtrait, paroîtroit préférable , quand même elle trouveroit, à titre de nouveauté , des obſtacles d'exécution, d'où pourroit naître le découragement. L'adminiſtration montre bien moins d'habileté lorſqu'elle veut exécuter tout-à-coup le plus grand bien qu'elle conçoit, que lorſqu'elle s'en rapproche par degrés, mais plus ſûrement , en ſuivant la route que l'opinion générale a le plus frayée.

J'entends une derniere objection. La guerre est-elle un tems favorable pour un changement important, de quelque nature qu'il soit.

Je conviens qu'il en est malheureusement plusieurs en administration, auxquels le tems de guerre n'est point favorable pour un changement, & je n'ai pu l'appercevoir sans regret, quelquefois même sans une douleur personnelle.

C'est ainsi qu'on est obligé, par esprit de sagesse, de renvoyer à une autre époque les modifications dont la gabelle, les aides & les traites seroient susceptibles. Deux importantes considérations doivent engager à ce parti : l'une est, qu'en tems de guerre on ne peut risquer ni une privation de revenu ni une suspension même dans sa perception ; l'autre, c'est que dans un tems où chacun connoît au gouvernement des besoins extraordinaires, le changement le plus conforme à l'ordre & au bonheur des peuples, & où votre majesté, bien loin de gagner, feroit des sacrifices, seroit toujours envisagé comme une opération fiscale, qui essuieroit, sous ce point de vue, un surcroît d'obstacles, en même tems que les intentions bienfaisantes de votre majesté seroient méconnues ; mais dans la proposition qu'on met sous les yeux de votre majesté, il n'y a aucun risque à courir, puisqu'on exigeroit de la généralité dont on feroit choix, la même somme d'imposition qu'elle paie actuellement. Cette condition préviendroit aussi nécessairement tout soupçon injuste de la part des contribuables, & la bonté paternelle de votre majesté paroîtroit dans tout son jour.

Enfin, ce regard sur l'administration intérieure au milieu de la guerre, manifesteroit un calme favorable au crédit ; & je ne doute point aussi qu'un moyen d'encourager les provinces aux nouveaux efforts que la guerre rendra indispensables, ce seroit de leur ouvrir l'espérance d'une administration plus conforme à leurs vœux. Cet espoir, on ne peut se le dissimuler, est devenu presque nécessaire. Il se trouve tout à la fois que les impôts sont à leur comble, & que les esprits sont tournés plus que jamais vers les objets d'administration ; en sorte que, tandis que cette multiplicité d'impôts rend l'administration infiniment difficile, le public, par la tournure des esprits, a les yeux ouverts sur tous les inconvéniens.

Ceux qui craignent toute espece de changemens & respectent jusqu'aux plus grands abus quand ils sont anciens, approuveront l'esprit de sagesse de votre majesté, qui l'auroit engagée à ne faire qu'un essai, & à renvoyer une détermination générale à un tems plus éloigné, après les leçons de l'expérience. Enfin, tous les sujets de votre majesté se béniroient d'avoir pris au moins en sérieuse considération un objet si intéressant pour le bonheur de ses peuples & pour la prospérité du royaume.

ADMINISTRATION. En France on qualifie d'administration la régie des postes, la direction des

loteries & celle des domaines du roi, depuis que cette partie a été distraite du bail de la ferme générale.

Toute l'administration du royaume est divisée en six départemens. Voyez DÉPARTEMENT.

ADMINISTRATION. Les Espagnols du Pérou nomment ainsi le magasin d'entrepôt établi à Colao, petite ville située sur la mer du sud, qui sert de port à Lima, capitale de cette partie de l'Amérique méridionale.

C'est à l'administration que les navires étrangers qui obtiennent la permission de trafiquer le long des côtes, sont obligés de faire décharger les marchandises d'Europe qu'ils y apportent, en payant treize pour cent du prix de la vente, si la cargaison est entiere, & jusqu'à seize pour cent si elle ne l'est pas, outre trois par mille, pour les droits de consulat & autres petits droits royaux. *Dictionnaire de SAVARY.*

AFFAIRE, s. f. On comprend souvent sous cette dénomination générale, les différentes branches des revenus du roi. On dit dans ce sens, un homme d'*affaires*, un homme intéressé dans les *affaires*.

AFFIRMATION, s. f. C'est un acte par lequel les commis ou employés des fermes ou régies affirment par serment devant un juge quelconque, que le procès-verbal au pied duquel ils présentent leur *affirmation*, ne contient que la vérité. Les commis & le juge signent cette acte, & il est ensuite déposé au greffe de la jurisdiction de ce même juge.

Les articles 19 du titre commun de l'ordonnance de 1681, & du titre 17 de l'ordonnance des gabelles, l'article 8 du titre 11 de celle de 1687, l'arrêt du conseil & les lettres-patentes des 23 janvier & 6 février 1725, enfin la déclaration du roi du 4 octobre de la même année, veulent que tous procès-verbaux, tant au civil qu'au criminel, soient affirmés véritables. C'est le complément de cet acte.

Le juge qui reçoit l'*affirmation*, doit la lire aux employés qui l'ont rédigée, & les interpeller s'ils entendent y faire quelque augmentation ou diminution, ou si simplement ils persistent dans les faits qu'elle contient ; elle peut être à tous égards assimilée au récollement, dans lequel, en matiere criminelle, un témoin peut faire quelques changemens à sa déposition, & après lesquels il ne peut plus varier.

L'*affirmation* offre encore aux employés instruits une ressource intéressante, en ce qu'elle est rédigée de sens-froid & avec réflexion ; elle les met à portée de dissiper les obscurités qui peuvent facilement se glisser dans un procès-verbal fait à la hâte & dans le tumulte, de rétablir les circonstances essentielles qui ont pu être omises, & enfin de détailler les faits de maniere à rendre la contravention aussi évidente qu'elle peut l'être.

Il n'y a qu'un seul cas où la formalité de l'*affirmation* n'est pas nécessaire ; c'est lorsque les procès-verbaux ont été faits en présence d'un juge qui figne avec les commis, ainfi que s'en expliquent les arrêts du confeil & lettres-patentes des 22 octobre & 16 novembre 1718.

Le motif de cette exception eft, que la fignature du juge confirmant le rapport des commis, l'affirmation, qui n'eft qu'un moyen imaginé pour affurer la vérité de leur procès-verbal, devient alors fans utilité.

La déclaration du 23 feptembre 1732, autorife les employés à prêter leur affirmation non-feulement pardevant les juges des fermes, mais encore pardevant les plus prochains juges, foit royaux, foit feigneuriaux.

Pourvu qu'un praticien ait le caractère de juge, il eft en état de recevoir cette affirmation; mais il doit feulement faire mention du lieu où il l'a reçue, afin de conftater qu'il étoit dans le reffort de fa jurifdiction, & même cette omiffion ne peut être une nullité, d'après l'arrêt de la cour des aides de Paris, du 14 décembre 1746.

Quoique un arrêt de la même cour des aides, du 11 janvier 1759, ait prononcé que le procureur du roi de la jurifdiction des traites des fables d'Olonne pouvoit, en l'abfence du juge, recevoir l'affirmation d'un procès-verbal, cependant, afin de prévenir tout prétexte de conteftation, on a penfé que les affirmations des procès-verbaux des employés à la perception des revenus du roi, ne devoient être portées ftrictement que devant des juges.

Il eft enjoint par les arrêts du confeil du 10 décembre 1707, 22 février 1710, 26 mai & 7 feptembre 1722, aux juges de recevoir ces affirmations au moment où fe préfentent les employés, & fans frais, à peine d'interdiction & de trois cents livres d'amende.

D'après l'article 8 du titre 11 de l'ordonnance de 1687, l'affirmation doit être faite, en matiere de droits de traites, dans le même délai que l'affignation, parce qu'elle fait le complément d'un procès-verbal, & qu'il faut que ce dernier acte foit revêtu de toutes fes formes pour mettre le juge en état de prononcer.

Deux commis ou gardes fuffifent pour affirmer un procès-verbal fait & figné par un plus grand nombre, fuivant l'article 32 de la déclaration du premier août 1721.

A l'égard du dépôt au greffe du procès-verbal tout affirmé, il n'eft point de rigueur, fi l'on confulte la déclaration du roi du 30 janvier 1717, les arrêts du confeil des 5 avril 1723, 9 août & 8 octobre 1729, & enfin les arrêts de la cour des aides de Paris, des 31 janvier 1740, 23 mars 1742, & 6 mai 1749.

L'arrêt de la cour des aides de Paris, du 7 août 1777, a infirmé une fentence de l'élection de Poitiers, qui avoit annullé un procès-verbal de

vifite chez un chantre, fous prétexte qu'en lui fignifiant le procès-verbal on ne lui avoit pas donné copie de l'acte d'affirmation.

AFFIRMER, v. a. Faire devant un juge l'affirmation d'un procès-verbal relatif à une contravention aux droits du roi.

L'arrêt du confeil du 25 juin 1709, défend aux officiers des élections de percevoir aucuns droits pour l'affirmation des procès-verbaux, nonobftant le réglement contraire fait par la cour des aides, du 15 décembre 1707, à peine de concuffion. Voyez AFFIRMATION.

AFFRANCHISSEMENT, f. m. Quoique ce mot ne dût proprement s'employer qu'à l'égard des perfonnes, pour défigner l'action par laquelle on accorde la liberté à un efclave, cependant il s'applique auffi aux chofes. Dans cette acception il fignifie une immunité quelconque, une exemption de certains droits, une libération de l'afferviffement à quelques formalités ou à toute efpece de redevance exprimée dans le titre d'affranchiffement.

AGE, f. m. Tous les employés dans les fermes & dans les régies des droits royaux, doivent être âgés de vingt ans au moins. Article 8 du titre 14 de l'ordonnance de 1687.

AGIO-TAGE, f. m. Agio eft un mot italien qui fignifie aide ou aife, commodité. Il défigne la différence qu'il y a entre l'argent courant ou de caiffe, & l'argent de banque ou le billet. Lorfqu'il exifte, par exemple, une différence de quatre & demi pour cent entre l'argent courant d'Amfterdam & celui de banque, c'eft-à-dire que pour avoir cent florins argent de banque, il faut donner cent quatre florins & demi courant, on dit que l'agio eft à quatre & demi. En 1748, l'agio à la banque de Venife étoit de vingt pour cent. Il falloit cent vingt ducats courans pour en avoir cent à la banque.

L'agio exprime encore le profit que l'on fait fur des efpeces dont le cours eft fixé; fur des matieres d'or & d'argent dont la valeur eft déterminée.

L'agiotage eft l'art de pratiquer l'agio. Mais rarement ce mot fe prend en bonne part.

L'agiotage qui eût lieu en France en 1720 fur les billets de banque, donna lieu à tant de monopoles, il eut des effets fi funeftes, que depuis ce tems ce trafic a été regardé comme odieux & ufuraire.

Agioter, c'eft faire le commerce de l'agio; & l'on donne le nom d'agioteur à ceux qui le font.

M. Melon, qui avoit été employé dans le fyftême de Law, & témoin de tous les défordres occafionés par les manœuvres des agioteurs, penfe, dans fon Effai politique fur le Commerce, que l'état pourroit tirer des avantages de cette efpece de trafic, & en réprimer les abus, fans le profcrire abfolument. Voyez BILLET DE BANQUE.

AIDES, s. f. Vers le commencement de la troifieme race de nos rois, on entendoit par le mot
d'*aide*, un fecours d'hommes armés, qui étoient
entretenus par la ville ou la province à laquelle le
monarque le demandoit, ou une fomme d'argent
qui en tenoit lieu, & qui fe payoit dans des circonftances particulieres.

Le fervice militaire qui formoit l'obligation la
plus effentielle d'un vaffal envers fon fuzerain,
étoit quelquefois converti en argent; il s'appeloit
auffi *aide auxiliaire*, ou *fubvention*.

On voit par deux mandemens de Philippe le Bel,
de 1308, & 1313, que ce fouverain ordonna la
la levée de l'*aide* qui lui étoit dûe, pour le mariage
de fa fille Ifabelle avec le roi d'Angleterre, & pour
raifon de la chevalerie qu'il avoit conféré à fon
fils.

Des lettres-patentes de ce fils, devenu fon fucceffeur, fous le nom de Louis Hutin, du 2 juillet
1315, portent que les Italiens paieront cent fols
de chaque cent de marchandifes qu'ils vendront
dans le royaume, au moyen de quoi ils feront
exempts de toute autre *aide*, *fubvention* & redevance.

Il exiftoit en effet des *aides* particulieres qui
s'accordoient chaque année. On en trouve une établie à Paris par lettres-patentes du 17 février 1349,
& prolongée au mois de mars 1351.

Chaque bailliage avoit fes affemblées, dans lefquelles on délibéroit fur l'*aide* annuelle qu'on devoit accorder.

On voit une *aide* de fix deniers pour livre, fucceffivement impofée dans les bailliages d'Amiens,
de Beauvoifis & Vermandois, de Senlis, par les
ordonnances de juin 1351, août 1352, & juin
1354.

L'*aide* générale de douze deniers pour livre,
& dont nos *aides* actuelles font une génération, ne
fut établie qu'en 1360, après l'affemblée des états
généraux de la nation. C'étoit dans fon origine,
marquée par la malheureufe journée de Poitiers,
une taxe d'un fol pour livre de la valeur de toutes
marchandifes & denrées vendues foit en gros, foit
en détail, d'un cinquieme de la valeur du fel, &
du treizieme fur le vin & les autres boiffons. Auffi
Ducange obferve qu'on doit diftinguer les *aides*
légitimes & coutumieres ufitées depuis long-tems,
des *aides* extraordinaires & gracieufes étoient
demandées dans des befoins preffans, ou accordées
volontairement à titre de fecours.

Aujourd'hui le mot d'*aides* ne fignifie plus que
l'impôt établi fur le vin & les vendanges, fur l'eau-
de-vie, le cidre, le poiré, la biere & toutes les
liqueurs dans la compofition defquelles entre l'une
de celles qu'on vient de nommer.

Plufieurs provinces n'avoient pas voulu fe foumettre à l'*aide* générale de 1360; le Roi Jean, pour
s'indemnifer de ce refus, ordonna qu'elles feroient
traitées comme les pays étrangers; c'eft-à-dire que
le fol pour livre de la valeur, créé la même année

1360, fous le nom d'impofition foraine, feroit exigé
à la fortie des denrées & marchandifes qui feroient
envoyées dans ces provinces, par celles où l'*aide*
avoit lieu. De là vint la diftinction des provinces
fujettes aux *aides*, de celles qui ne l'étoient pas.
Cette diftinction s'applique de même à d'autres provinces qui, après avoir reçu l'*aide*, s'abonnerent
pour une fomme annuelle, ou s'en racheterent entiérement par un feul paiement.

D'anciens écrivains, tels que Ducrot dans fon
Traité des Aides, *Tailles* & *Gabelles*, imprimé en
1633, *in-12*; Defmaifons, dans un femblable ouvrage, de 1666, avancent, il eft vrai, fans autre
autorité, que leur opinion, que l'*aide* de douze deniers a été fubftituée à la dîme que nos rois étoient,
dès le commencement de la monarchie, dans l'u-
fage de lever fur le peuple lorfqu'ils avoient des
befoins extraordinaires. L'un & l'autre donnent
comme une faveur du fouverain cette réduction du
droit de dîme à un fol pour livre, & prétendent
que l'*aide* eft fous ce point de vue le plus légitime,
le plus jufte & le plus agréable de tous les impôts.
Le tems où ils écrivoient doit leur faire pardonner
la fauffeté & l'abfurdité de ce raifonnement.

Plus d'un fiecle après l'établiffement de l'*aide*
générale, Louis XI y apporta quelque changement.
Ses édits du mois d'août 1465, & fa déclaration
de 1467 fuppriment le fol pour livre fur toutes les
marchandifes, à l'exception du vin, du poiffon,
du bétail, des draps, & de la bûche. Cependant
cette perception fubfiftoit encore en partie deux
fiecles après cet arrangement. L'édit du mois de
novembre 1668 en fixa définitivement l'objet, en
ordonnant qu'elle n'auroit plus lieu que fur les
boiffons, le poiffon de mer, frais, fec, & falé; le
bétail à pied fourché, & le bois; ce qui forme les
quatre efpeces réfervées.

Les *aides*, telles qu'elles fubfiftent actuellement,
ne fe levent que dans le reffort de la cour des *aides*
de Paris & de Rouen, & fe diftinguent en droits
d'entrée & droits de détail.

Elles font l'objet d'une ferme du roi, à laquelle
on a réuni beaucoup d'autres droits, à caufe de
l'analogie qui fe trouvoit dans la forme de leur
perception. *Voyez* RÉGIÉ GÉNÉRALE.

Il eft encore d'autres droits qui font à proprement parler des droits d'*aides*, & portent de même
fur les boiffons de toute efpece; mais ils appartiennent à des provinces qui les donnent à ferme
pour leur compte. On les connoît fous la dénomination de *devoirs* en Bretagne, & d'*équivalent* en
Languedoc. Le droit de *mafphening*, en Alface, eft
auffi de même nature. *Voyez* ces mots.

Il ne refte plus qu'à voir en quoi confiftent ces
droits d'*aides*, & dans quelles généralités ou élections ils ont cours.

Dans la généralité d'Alençon, ce font les anciens
& nouveaux cinq fols, la fubvention à l'entrée; au
détail, le quatrieme & la fubvention,

Dans

Dans la généralité d'Amiens, les anciens & nouveaux cinq sols, la subvention & le sol pour livre ou vingtieme à l'entrée, le gros à la vente & revente ; au détail, le quatrieme.

Dans la généralité de Bourges, le huitieme & la subvention au détail.

Dans la généralité de Caen, les anciens & nouveaux cinq sols ; la subvention à l'entrée ; au détail le quatrieme & la subvention.

Dans la généralité de Châlons, les anciens & nouveaux cinq sols, le sol pour livre aux entrées, le gros à la vente & revente ; au détail le huitieme & la subvention.

Dans la généralité de la Rochelle, excepté l'élection de Marenne, le huitieme & la subvention au détail.

Dans la généralité de Lyon, non compris la principauté de Dombes, qui en a été désunie par édit du mois de septembre 1781, les anciens cinq sols ; le huitieme & la subvention au détail.

Dans la généralité de Moulins, excepté les élections de Gueret & de Combrailles, le huitieme & la subvention au détail.

Dans la généralité d'Orléans, les anciens cinq sols à l'entrée ; au détail le huitieme.

Dans la généralité de Paris, les anciens & nouveaux cinq sols à l'entrée, le gros à la vente & revente ; au détail le huitieme & la subvention.

Dans la généralité de Poitiers, le huitieme & la subvention au détail.

Dans la généralité de Rouen, les anciens & nouveaux cinq sols, la subvention à l'entrée, au détail le quatrieme & la subvention.

Dans la généralité de Soissons, les anciens & nouveaux cinq sols à l'entrée, le gros à la vente & revente ; au détail le huitieme & la subvention.

Dans la généralité de Tours, les anciens cinq sols à l'entrée ; au détail le huitieme & la subvention.

Dans la généralité de Dijon, l'élection d'Auxerre est sujette au gros, à la vente & revente ; au détail, au huitieme.

L'élection de Bar sur Seine, est sujette au gros & au quatrieme.

L'élection de Mâcon étoit aussi sujette au gros & au quatrieme, mais ces droits ont été rachetés par les états du pays.

Dans la généralité de Limoges, les élections d'Angoulême & de Bourganeuf sont sujettes au huitieme, & à la subvention au détail.

Tous ces pays s'appellent indistinctement pays d'aides ; mais on voit que ces droits ne sont pas uniformément établis par-tout. Il se trouve encore de la variété non-seulement dans leur quotité, mais dans la façon de les percevoir. Ce défaut d'uniformité est sans contredit un vice essentiel, & il en résulte beaucoup d'inconvéniens. Les frais & les difficultés se multiplient ; une partie du royaume supporte des charges dont l'autre est affranchie, ou n'y est pas sujette dans la juste proportion d'égalité

qui doit se trouver entre tous les sujets d'un même prince.

Les droits d'anciens & nouveaux cinq sols, d'annuel, de courtiers-jaugeurs, de jauge & courtage, d'inspecteurs aux boissons & inspecteurs aux boucheries, sont encore des droits d'aides généraux qui ont été compris dans le rachat de quelques provinces qui en sont aujourd'hui exemptes.

Il s'en trouve aussi de particuliers qui, par leur nature, ont toujours été considérés comme droits d'aides, quoiqu'ils n'aient lieu que dans quelques provinces, ou même dans quelques villes ; tels sont les droits de riviere, ceux de cloison double & triple cloison, dûs sur la Loire en Anjou ; les droits du tarif d'Alençon.

On traitera sommairement de chaque droit suivant sa dénomination alphabétique, ainsi qu'on a traité des anciens cinq sols.

Mais on ne peut s'empêcher de remarquer que les aides, par les formes inhérentes à leur régime, paroissent l'impôt le plus contraire à la liberté & au repos des citoyens des provinces où elles ont cours. Aussi de grands ministres, frappés de cette multitude d'entraves & de gênes sur laquelle repose ce régime, ont laissé voir le desir qu'ils avoient de simplifier & réduire ces droits. Plusieurs écrivains politiques, également pleins de zele pour le bonheur public, se sont livrés à des observations sur la nécessité d'une réforme ; ils ont proposé des plans d'imposition à substituer aux aides. C'est ici le lieu d'analyser ces différens écrits.

On voit dans un mémorial de la main de M. de Colbert, que ce ministre immortel, en rendant compte à Louis XIV de l'état de ses finances, proposoit de diminuer les droits d'aides, & de les rendre par-tout égaux & uniformes, en révoquant tous les privileges.

Au mot administration provinciale, on a vu que l'homme d'état qui développoit ses vues sur leur établissement, jugeoit la gabelle, les aides & les traites, susceptibles de modification.

Il s'est expliqué de la même maniere dans la déclaration du 13 février 1780, & encore avec plus d'étendue dans le compte rendu au Roi en 1781, mais toujours de maniere à faire sentir combien la réforme des aides intéressoit le bien général.

« Je me suis occupé des droits d'aides, & j'ai examiné différens projets ; mais jusqu'à présent je n'en ai trouvé aucun qui me satisfît parfaitement. Cependant je proposerai incessamment à votre majesté, quelques adoucissemens en faveur de la partie des contribuables qui ont le plus de besoin de secours. Comme des dispositions entraîneront un petit sacrifice de la part du trésor royal, j'avouerai naturellement que j'ai différé d'y engager votre majesté, jusqu'à ce que la situation de ses finances fût assez connue pour qu'on ne pût envisager ce léger sacrifice comme une sorte de faste de bienfaisance qui ne s'accorde pas avec cet esprit de mesure, qui doit régler sans cesse une prudente administration.

D

« D'ici à l'époque de la paix, on discutera de
» nouveau toutes les idées qui peuvent être relatives
» à la nature des droits d'*aides* en général ; & comme
» ce sont des droits purement locaux, dont la modi-
» fication ne dépend pas, comme les gabelles, d'une
» législation générale, on pourra faire quelques
» essais partiels, & les administrations provinciales
» seront en état de seconder, à cet égard, les vues
» bienfaisantes de votre majesté ».

M. de Boulainvilliers donna en 1716 un projet
pour supprimer les *aides*, & les remplacer par un
droit de bouchon, dont il imaginoit que le produit
pouvoit monter à vingt-quatre millions, presque
sans frais ; bien entendu que la vente en détail des
boissons seroit réservée exclusivement à ceux qui
auroient obtenu le privilège de tenir cabaret.

Voici son calcul. Il compte en France 48112
paroisses, dont moitié à la campagne & moitié dans
les villes closes. Parmi celles de la campagne, il
s'en trouve beaucoup où il n'y a point de cabarets,
& beaucoup aussi en ont trois ou quatre. Il estime
en conséquence qu'on peut sans erreur en compter
vingt mille.

À l'égard des 28112 paroisses de ville, il y place
quarante mille cabarets ; ce qui fait soixante mille
en tout. Supposant que dans quelques-uns de ces
cabarets, sur-tout à Paris, on vend jusqu'à deux
cent muids de vin, pour lesquels les droits sont
de sept à huit mille livres, il propose de ne faire
payer au plus fort cabaretier que quatre cents liv.
& au plus foible, cinquante livres.

En conséquence il forme six classes de tous ces
cabarets, & les taxe dans l'ordre suivant.

Dix mille cabaretiers à	50 liv. . .	500000 liv.
Idem, ... à	100 . .	1000000
Id. . . . . . à	150 . .	1500000
Id. . . . . . à	200 . .	2000000
Id. . . . . . à	300 . .	3000000
Id. . . . . . à	400 . .	4000000
		12000000

En doublant ces taxes, les plus foibles paieroient
cent livres, & les plus forts huit cents livres, & il
en résulteroit vingt-quatre millions.

Mais ce projet, dans son exécution, s'écarteroit
des principes de la justice. Sans parler des priviléges des provinces, des villes, des corps, communautés & particuliers auxquels il n'est fait aucune
attention, comment former un plan général & commun sur une consommation qui dépend de tant de
circonstances ?

La situation d'un cabaret, l'intelligence & l'activité du cabaretier lui attireront un débit prodigieux, tandis qu'un autre dans la même ville, dans
la même paroisse, mais moins favorablement placé,
n'aura qu'un débit très-médiocre, & cependant
paiera la même somme, parce qu'il sera dans la
même classe. On ne voit ni proportion ni sûreté
dans cet arrangement. Ceux qui gagneroient à ce

marché paieroient exactement ; ceux qui ne seroient
qu'un médiocre bénéfice paieroient mal ; ceux qui
perdroient ne rendroient rien du tout.

L'objet du produit des *aides* est trop intéressant
pour le confier ainsi à l'incertitude & aux difficultés
du recouvrement.

M. Dupin, fermier général, homme très-instruit & rempli de bonnes vues, donne un autre
projet de réforme des *aides* dans ses *Économiques*,
ouvrage en 3 vol. *in-4°.* imprimé en 1746, & dont
il n'a été tiré que vingt exemplaires.

Ce financier, très-zélé pour le bien public, convient que la multiplicité des droits d'*aides*, la variété dans leur quotité exigent une forme coûteuse,
compliquée, contentieuse, & qui donne des entraves au commerce & à la consommation. Il rappelle ce qu'en dit M. Melon dans son *Essai politique sur le commerce.* Quelle funeste science que
celle qui ne pouvant s'apprendre qu'avec tant de
difficultés pour les fermiers, laisse de malheureux
redevables qui ne savent pas lire, accablés d'un
monstrueux assemblage de procédures ?

Excité par cette réflexion à présenter un remede
à ce mal, voici le plan que propose M. Dupin.

Le commerce du vin, de l'eau-de-vie, de la
biere, du cidre, &c, a deux objets. La consommation intérieure, & la vente au dehors. L'un &
l'autre sont considérables, & une des grandes
sources des richesses de l'état. Pour en tirer tout
l'avantage possible, il conviendroit :

1°. Quant à la consommation intérieure, au lieu
de cette multitude immense de différens droits, de
les réduire tous à un seul, uniforme, raisonnable,
& tel qu'il ne pût nuire à la culture des héritages,
& au desir que chacun a de travailler & de faire
produire à la terre tout ce qu'elle est capable de
rendre.

2°. Imposer ce droit ainsi réduit, seulement sur
la vente en détail, en prenant les précautions convenables pour empêcher la fraude, & laissant subsister les droits d'octrois & autres qui se perçoivent
sur les boissons à l'entrée des villes fermées.

3°. Assujettir à ce nouveau droit les provinces
où les *aides* n'ont point eu cours jusqu'à présent,
nonobstant tous usages & privilèges contraires.

Je sens les objections que l'on peut faire sur cette
proposition, & particuliérement sur le dernier article. Mais on doit sentir pareillement les avantages
qui résulteroient de cette uniformité. Il faudroit
saisir les tems & les circonstances convenables, &
procurer aux provinces nouvellement assujetties
aux *aides*, une diminution proportionnée sur les
autres impôts, dont on pourroit trouver le remplacement sur les provinces qui gagneroient au nouvel ordre de choses.

Il s'en manque bien que ce projet doive être
regardé comme impraticable. Il faudra toujours
moins de génie pour changer cette imposition en
un droit simple, qu'il n'en a fallu pour créer &
imaginer toutes les loix qui subsistent aujourd'hui.

Ce qui vient d'être dit pour le vin, pourroit de même avoir lieu à. l'égard de l'eau-de-vie & du cidre. Quant à la biere, comme les brafferies confomment une grande quantité de grains qui pourroit être plus utilement employée, & que la confommation de cette liqueur nuit à celle du vin, il feroit à propos de régler le droit qui fe paie à la fabrication, en raifon de la valeur des grains, au mois de janvier de chaque année ; enforte que dans les années abondantes le prix de la biere fe trouvât augmenté d'un tiers ou d'un quart, & que dans les années de difette le droit fût affez fort pour empêcher de braffer.

Quant au commerce du dehors, il doit être favorifé autant qu'il feroit poffible, en le débarraffant de toutes les entraves auxquelles il eft affujetti, & en réduifant les droits de fortie, tant par terre que par eau & par mer, à un droit uniforme & modique. La maxime fondamentale du commerce, eft de procurer, par toutes voies, l'exportation des denrées du cru qui font furabondantes, & celles de l'induftrie, avec la précaution d'écarter tout ce que l'art & la nature donnent à ce même état en quantité fuffifante.

Auffi-tôt qu'une denrée ou marchandife eft pouffée au-delà de la valeur naturelle, par l'effet des impôts; la confommation ceffe ou diminue fenfiblement, & le produit de l'impôt reffent le même coup. On ne fauroit donc avoir trop d'attention à entretenir cette jufte proportion, fans laquelle le commerce ne peut fubfifter. Les cultures s'affoibliffent. Les revenus de la nation diminuent dans toutes les parties, parce qu'elles ont entre-elles une liaifon intime & indiffoluble ; la richeffe du prince s'anéantit, parce qu'il n'en a pas d'autre que celle de fes fujets.

La légiflation de la partie des *aides*, eft fixée par l'ordonnance du mois de juin 1680, qui a été fuivie de plufieurs réglemens interprétatifs. Les principaux font les édits de feptembre 1684, décembre 1686, la déclaration du 4 mai 1688, pour le droit de gros.

La déclaration du 10 octobre 1689, les édits de février 1704, & octobre 1705, pour la jauge-courtage, les droits d'infpecteurs aux boiffons & aux boucheries ; celle du 23 octobre 1708, pour les droits de courtiers-jaugeurs, &c. *Voyez* chacun de ces mots.

Un écrivain très-eftimable & très-inftruit, a donné fur la légiflation des *aides*, & notamment fur l'ordonnance de 1680, des obfervations qui peuvent être utiles lorfqu'on s'occupera de la modification de cet impôt. C'eft un motif pour les configner ici. *Recherches & confidérations, fur les Finances*, par M. de Forbonnais, édition *in-*12, 1753, *tom.* 3, *pag.* 146.

Les divers droits d'*aides* furent fimplifiés & même réduits de quelque chofe. C'étoit un grand avantage fans doute ; mais l'opération ne fut pas complette, parce qu'on ne corrigea pas la diverfité de

l'impôt entre les diverfes généralités, entre les élections même & les particuliers.

L'origine de ces différences vient de ce que quelques-uns des droits avoient été rachetés dans certains cantons. C'eft une juftice fans doute de les faire jouir d'un engagement contracté avec eux, mais il n'en eft pas moins vrai que les communications fouffrent de cet embarras, & que les loix uniformes font toujours utiles à l'état en général.

Seroit-il donc injufte d'examiner comment ce rachat a été fait ? Si c'eft par l'établiffement d'une autre impofition, comme il en eft peu dont la répartition foit plus égale & plus douce que dans celui-ci, s'il eft modéré & fi le commerce étranger n'en fouffre pas, il ne fembleroit point impoffible de revenir contre ces compenfations.

Si le rachat a été fait moyennant une fomme d'argent, il ne paroît pas jufte qu'il foit perpétuel. Le prince a toujours la faculté de rembourfer ou de faire rembourfer par fes fermiers, en leur abandonnant pour un tems la jouiffance des droits.

Il femble qu'on en pourroit dire autant des privilèges particuliers, toujours accordés aux riches. Rien de plus contraire à l'efprit de la juftice diftributive, qui eft le premier devoir des légiflateurs, l'ame & le lien des fociétés.

L'augmentation des produits ne feroit pas le feul avantage d'une exacte uniformité d'impofition entre les provinces & les fujets ; elle mettroit tous les lieux & tous les concitoyens dans un équilibre naturel pour le commerce, pour la vente de leurs denrées, & pour leur contribution aux charges publiques.

Il fe préfente de puiffantes objections contre ce fyftème, & il eft très-douteux que cette uniformité de droits fur les vins, fût généralement avantageufe. Si le droit étoit fixé par muid, feroit-il jufte que les vins qui par une qualité fupérieure font fufceptibles d'un grand commerce extérieur, ou deftinés à la confommation des riches, ne payaffent que le même droit que les vins dont la qualité médiocre exige qu'ils foient confommés dans la province, fur le territoire qui les a produits ?

Si le droit eft réglé par la valeur du vin, quelle fource intariffable, de difficultés pour le percepteur, de fraudes de la part du redevable... *Voyez* ci-après au mot ALSACE, combien l'uniformité d'impofitions dans un état auffi étendu & auffi varié que la France dans fes productions, peut entraîner d'inconvéniens. *Voyez auffi* DROIT DE GROS.

L'ouvrage que nous venons d'analyfer, préfente enfuite des réflexions très-fondées, fur l'effet de quelques réglemens, en matieres d'*aides*, nuifibles au commerce des vins en Normandie.

Il femble que l'on ait étudié les moyens d'empêcher la fortie des vins de cette province pour l'étranger. Au Havre, les droits font les mêmes fur des vins qui y reftent ou qui paffent debout. A Rouen, l'ordonnance les affujettit à cinq livres quinze fols onze deniers en paffant debout, fans

compter la fubvention par doublement, l'augmentation, &c. A Dieppe, les vins ne peuvent être
entrepofés que pendant fix femaines. Il faut que
l'armateur trouve un vaiffeau prêt, à point nommé;
que le vent & la marée foient d'accord avec la
regle établie; envain un négociant aura-t-il reçu
des avis favorables pour former une fpéculation;
il eft prefque impoffible qu'il en profite; l'occafion
feroit paffée avant que les vins fuffent arrivés, &
il lui eft défendu de les entrepofer pour réalifer
fes fpéculations; il eft de toute vérité que jamais
le fermier n'a perçu dix piftoles de cette maniere,
que le roi n'en ait en même tems perdu plus de
quatre cents.

Un autre ouvrage très-récent, offre un tableau pi-
quant du régime des aides; des devoirs qu'il impofe; des formalités qu'il prefcrit. Si les couleurs
en font un peu vives & fortes, c'eft fans doute que
l'écrivain les a jugées plus propres à opérer la conviction des maux que caufe cette impofition, & à
infpirer une ferme volonté d'y remédier.

Cet auteur fuppofe avoir une converfation avec
un vifir, ou miniftre, qui veut bien lui expliquer
les moyens dont il fe fert pour lever les contributions néceffaires au foutien de l'état.

LE VISIR.

Après avoir impofé les marchandifes à l'entrée,
à la fortie du royaume, au paffage d'une province
en une autre, je fuis à la pifte du conducteur qui
les voiture, dès le lieu où il les a chargées. Lorfque le befoin le pouffe dans une hôtellerie; au
moyen d'une affociation avec le maître....

L'AUTEUR.

Quoi, Vifir, le cabaretier eft ton affocié!

LE VISIR.

Affurément. Eft-ce qu'il y a quelque chofe de
vil quand il s'agit du maintien de la force publique, & par conféquent de la richeffe du fifc? Au
moyen de cette affociation, je reçois une partie
du prix de la boiffon confommée.

L'AUTEUR.

Mais comment te trouves-tu l'affocié d'un aubergifte, d'un tavernier, dans le débit de fes boiffons?
Serois-tu fon pourvoyeur?

LE VISIR.

Moi, fon pourvoyeur, je m'en fuis bien gardé.
Où feroit le bénéfice de vendre le vin que le vigneron m'auroit donné pour le tribut de fon induftrie?
J'entends un peu mieux mes affaires. J'ai d'abord
avec le propriétaire où le vigneron, avec le braf-
feur de biere, le diftilateur d'eau-de-vie, une affociation par laquelle j'obtiens une partie du prix
qu'ils vendent leur boiffon à l'aubergifte, au cabaretier, au détailleur. J'en ai enfuite avec celui-ci
une feconde, par lequel il me compte à fon tour

une portion du prix qu'il reçoit du confommateur,
fur lequel il ne manque pas de reprendre ce qu'il
me donne.

L'AUTEUR.

Cela eft très-beau, il faut en convenir: mais,
Vifir, comment affiftes-tu à tous les marchés de
boiffons qui fe font dans l'Empire? Comment n'es-
tu pas pillé par ce cabaretier de mauvaife foi?
Après ce que tu m'as certifié, je ne doute de rien,
mais je fuis curieux.

LE VISIR.

C'eft ici que je paroîtrai profond. D'abord,
nul ne peut déplacer une piece de vin, de
cidre, de biere, d'eau-de-vie, foit du lieu de la
récolte ou de la fabrication, foit du cellier, foit
de la cave, foit pour vendre, foit pour envoyer,
n'importe à quelle deftination, fans ma permiffion
par écrit. Je fais par-là ce qu'elles deviennent.
Si l'on en rencontre quelqu'une fans ce paffeport,
je m'en empare, & le propriétaire me paie fur
le champ, en fus, le double ou le triple de la valeur.

Enfuite les mêmes agens qui circulent nuit &
jour de toutes parts, pour m'affurer de la fidélité
des propriétaires, marchands en gros, & vendans
en détail, à tenir leur pacte d'affociation, defcendent tous les jours, plutôt deux fois qu'une, chez
chaque cabaretier ou aubergifte, fondent les tonneaux, comptent les bouteilles, & pour peu qu'on
foit foupçonné de quelque efcamotage fur ma part,
on en eft fi féverement puni, qu'on n'en eft pas
tenté davantage.

L'AUTEUR.

Mais, Vifir, pour te plaire, tes agens ne font-
ils pas autant de petits tyrans fubalternes?

LE VISIR.

Je n'en doute pas, & je les en recompenfe bien.
Ils reçoivent une partie dans le produit des faifies
& confifcations auxquelles ils ont occafion de procéder: ainfi l'intérêt eft leur éguillon.

L'AUTEUR.

A merveille. Mais, Vifir, ces affociations avec
le propriétaire, le marchand en gros, le détailleur, font chofe bien étrange.

LE VISIR.

Vous n'y penfez pas. Les miennes font autorifées
par la loi & par l'inftitution facrée de la force
publique. Rien ne vous en impofe-t-il donc? Venez
maintenant aux portes de la cité, où je ne fuis pas
moins admirable. Rien n'y entre fans verfer dans
mes mains. Si ce font des boiffons, elles contribuent, non en raifon de leur prix, comme dans
mes autres arrangemens, mais en raifon de la
quantité, & foyez fûr que je ne fuis pas dupe.

Le citoyen ou l'aubergiste n'a rien à dire, quoique j'aie d'ailleurs affaire à lui lors de l'achat & du débit, puisque ce n'est pas de la même maniere. Si ce sont des comestibles, j'ai mes agens non-seulement aux portes, mais aux boucheries, dans les marchés aux poissons. Nul n'essaieroit à me voler sans risquer plus que son vol ne lui rendroit. Vous voyez donc que quiconque habite les villes, soit qu'on y subsiste de son industrie, soit qu'on y emploie son revenu, ou une partie de son lucre à salarier un homme industrieux, personne ne peut consommer sans payer, & plus sur les choses usuelles & indispensables que sur les autres.

D'après ce qui a été dit des *aides*, on conçoit qu'elles forment par leur consistance une imposition ramifiée à l'infini, & dont les branches couvrent toute une province; que pour en assurer la perception & en faire le recouvrement, elle exige une quantité prodigieuse de surveillans & d'agens, qui, par leurs privileges, deviennent une charge pour les autres sujets de l'état.

On compte environ trois mille employés dans les *aides*, non compris trois ou quatre mille buralistes proposés à l'expédition des congés, & qui la plupart du tems ne sont payés que par des immunités & une médiocre remise sur le produit de leur recette.

Dans une régie intéressée à connoître au juste tout ce que rapportent les vignes d'une province, à y suivre la fabrication des vins, leur déchet, leur simple déplacement de cellier, leur consommation, leur changement de paroisse ou leur exportation au dehors de la province; dans une régie obligée de mesurer & connoître journellement la vente momentanée d'un cabaretier, pour lui ôter tout moyen de remplacer ce qu'il a débité, on doit nécessairement mettre en procédés, en vigilance & en activité ce qu'une autre régie mettroit en étude & en méditation. Aussi n'est-il point de partie des revenus du roi, où les formes du régime intérieur soient aussi simples & aussi multipliées; où les devoirs des agens soient plus rigoureux & sentent plus l'esclavage. Et comme les fonctions de ces agens tendent sans cesse à gêner la liberté de tous les citoyens, qu'elles ne s'exercent le plus communément que dans des lieux obscurs & souterrains, chez des gens de la classe du peuple; leurs personnes ne sont regardées en général qu'avec haîne & dédain, & souvent exposées à des avanies.

La régie des *aides* a donc eu à prémunir ses préposés contre cette sorte d'avilissement, effet d'un préjugé injuste sans doute, mais néanmoins réel: par le spectacle des hommes parvenus à de grandes places des finances, après avoir commencé dans les emplois des *aides*, qu'on prétend inculquer cet esprit d'ordre & de suite, qui est l'aptitude aux affaires. Pour cela, cette régie fait d'abord le choix de ses employés, dans une classe mitoyenne où l'éducation & l'honneur peuvent donner quelque éléva-

tion dans les sentimens avec l'ambition de parvenir. Ensuite elle soutient leur courage & leur patience, elle excite leur zele & leur exactitude par la perspective du relâchement des chaînes qu'on trouve à l'entrée de cette carriere. Elle compense la modicité des salaires qu'elle accorde, par l'espérance d'une gradation successive, mais rapide & avantageuse. Ces différens objets sont remplis d'une maniere si supérieure, que cette régie a servi de modele à toutes les autres manutentions.

Aussi, comme nous l'avons observé ci-devant, il a fallu, pour porter le régime des *aides* au point de perfection où il est actuellement, beaucoup plus de combinaisons & de soins que n'en eût demandé la réforme de ces droits, où la découverte d'une autre genre d'imposition.

Le produit général des *aides* étoit évalué en 1726, suivant le bail passé à Carlier le 19 août 1726, à trente-deux millions, y compris le produit de la marque des fers & des entrées de Paris; le marc d'argent étant alors, d'après l'arrêt du conseil du 15 juin, à quarante-six liv. dix-huit f. le marc.

Les droits d'*aides* sont actuellement en régie pour le compte du roi. On en trouve les raisons dans son arrêt de réglement du 9 janvier 1780. Sa majesté a remarqué que les *aides* ne pouvoient être données à bail qu'avec désavantage pour ses finances, parce que leur produit étant susceptible de variations importantes, en raison de l'intempérie des saisons; des fermiers ne pouvoient garantir ces événemens; qu'à l'aide d'une latitude dans le prix du bail, proportionnée à leurs risques, ensorte que le roi payoit une prime d'assurance considérable.

A cet effet ils ont été distraits de la ferme générale pour être joints à plusieurs autres, & composer la régie générale. Les *aides* des provinces ont été évaluées à vingt-un millions 743620 liv. produit brut, ou dix-huit millions 11607 liv. produit net; de sorte que les frais de régie sont de trois millions 732614 livres.

Voyez BAIL, FERME, RÉGIE GÉNÉRALE.

AIGUESMORTES, petite ville en Languedoc, près la méditérannée, qui jouit de plusieurs privileges relatifs au droit de gabelle.

Le titre de ces privileges remonte à des lettres-patentes accordées en 1540 aux habitans de la ville d'Aiguesmortes. Il leur permet de tirer des salins de Peccais, sans payer aucun droit de gabelle, trente gros muids de sel pour l'usage & consommation des habitans, & pour la salaison des poissons de leur pêche.

Un receveur nommé par la communauté, délivre les quantités de sels que chaque habitant va lever au magasin de la communauté. Il y réside un contrôleur établi par l'adjudicataire des fermes, qui a une clef du magasin, & qui doit assister à la distribution du sel, pour enregistrer les quantités délivrées sur les billets qui lui sont réprésentés.

Ce préposé est autorisé à faire refuser du sel aux personnes auxquelles il en a été distribué des quantités trop considérables, & qui sont soupçonnées d'en avoir abusé.

Les habitans d'*Aiguesmortes* jouissent encore de la liberté, de transporter en Languedoc les poissons salés de leur pêche, sans payer aucun droit, quoiqu'il y en ait un particulier connu sous le nom de *rachat*, imposé à l'entrée du poisson salé sur les côtes de la méditérannée, c'est-à-dire en Provence, Roussillon & Languedoc. *Voyez* les articles 116, 117 & 118 du bail de Forceville ; DROIT DE RACHAT.

ALCAVALA, droit de douanne que l'on paie en Espagne & dans l'Amérique Espagnole ; c'est un droit d'entrée fixé à raison de cinq pour cent du prix des marchandises.

ALCAVALA Y CIENTOS, droit qui se perçoit en Espagne sur toutes les choses mobiliaires & immobiliaires, qui sont vendues, échangées & négociées. Ce droit est de six pour cent ; il doit être acquité dans les cinq jours de la vente, à peine de payer le double droit: ce droit fait partie des rentes provinciales. *Voyez* ESPAGNE.

ALFAADIGA. C'est ainsi que l'on nomme la douanne de Lisbonne, capitale du Portugal. C'est-là que se paient les droits d'entrée & de sortie, comme il se pratique dans toutes les douannes des autres états.

ALLEMAGNE. (Finances de l'). L'*Allemagne* considérée comme un corps politique composé de différentes souverainetés soumises à l'Empereur, est assujettie à des impositions dont ce souverain ne peut ordonner la levée sans le consentement des états. Ces impôts ou taxes sont ordinaires ou extraordinaires.

Sous les premieres sont comprises les *taxes matriculaires*, que chaque état paie pour l'entretien de la chambre impériale. Suivant un résultat de l'Empire, de 1720, elles devoient rapporter annuellement 103,600 rixdales ; mais les non-valeurs & les diminutions font cause qu'aujourd'hui la matricule usuelle ne porte que *39396* rixdales 15 kreutzers. Quoique le paiement de ces taxes soit fort inexact, on n'a pas laissé de percevoir, en 1768, la somme de 103,198 rixdales.

On appelle *taxes extraordinaires*, celles que les états accordent dans des cas imprévus ; par exemple pour l'entretien de l'empereur, de l'armée de l'empire, des fortifications de Philipsbourg ; &c. Ce que les états paient à ces différens titres, est connu sous le nom de *mois romain*. Cette dénomination provient des expéditions que les empereurs faisoient à Rome pour y recevoir la couronne impériale des mains du pape, & pour lesquelles les états fournissoient & entretenoient un certain nombre de gens d'armes pendant six mois, à moins qu'ils n'aimassent mieux payer, par mois, douze florins

pour un cavalier, & quatre florins pour un fantassin. C'est ce subside pécuniaire qui a retenu le nom de *mois Romain*. Cette évaluation a été conservée, & l'on a dressé une matricule pour fixer la taxe de chaque état. Un *mois Romain* produit à-peu-près cinquante mille florins.

L'empereur Charles VII ayant été chassé de ses états héréditaires en 1742, l'empire lui accorda cinquante *mois Romains*. *Voyez* MOIS ROMAIN.

ALLOCATION, s. f. C'est l'action par laquelle on alloue, on approuve une somme portée dans un compte.

ALLOUER, v. a. qui signifie aprouver. Les deux termes d'*allouer* & d'*allocation*, sont fort en usage en finance, pour dire que l'on passe en dépense les articles employés dans un compte ; que cette partie présentée n'est pas susceptible de contestation.

ALMOXARISFAGO. On nomme ainsi dans quelques ports de l'Amérique Espagnole, particuliérement à Buenos-Aires, un droit de deux & demi pour cent qui se paie au roi d'Espagne, à raison de la valeur des peaux de taureaux qui s'exportent sur les vaisseaux d'Europe. Outre ce droit, il est encore dû le droit de *quint* ; mais seulement à raison de quatre réaux par cuir de même espece. SAVARY.

ALIÉNATION, s. f. mot générique par lequel on désigne toute espece de dette, d'émolumens ou d'intérêts payés par le gouvernement, à quelque titre que ce soit. Ainsi des rentes, des offices, des gages, des billets d'état & autres effets royaux sont de véritables *aliénations* du revenu ; ou des créances qui ont leurs hypotheques sur tous les biens fonds du royaume. *Voyez* RENTES.

ALSACE. Cette province, considérée sous ses rapports avec la finance, présente une exception aux loix générales. C'est un motif pour faire connaître en quoi elle consiste.

L'*Alsace* avec la Lorraine, les trois Évêchés & le pays de Gex, est traité comme le pays étranger ; c'est-à-dire que tout ce qui en vient, tout ce qui y passe acquite les mêmes droits que pour venir du pays étranger où pour y aller. La raison de ce traitement est, qu'il n'existe point de bureaux sur ses limites du côté du pays étranger, & que dès-lors elle y fait un commerce libre, sans payer aucun de ces droits politiques qui servent à repousser les marchandises étrangeres de nos frontieres, ou à conserver dans le royaume les choses nécessaires & les matieres propres à l'industrie nationale.

Cette condition est-elle avantageuse à l'état ? procure-t-elle à l'*Alsace* un bien particulier ? c'est ce qu'on se propose d'examiner.

L'*Alsace* n'a point de tarif régulier par lequel les variations & la balance de son commerce puissent être exactement connues, & qui serve de regle à ses opérations. Cependant elle a beaucoup de terres labourables & de forêts, il s'y trouve des haras en grand nombre. Toutes ces denrées & marchandises pourroient être utiles à l'intérieur du royaume, où le besoin s'en fait souvent sentir, & ou l'espece de bois devient de plus en plus rare.

Il seroit donc intéressant d'avoir, dans ces cas, la ressource de l'*Alsace*. Mais au moyen de la liberté de commerce dont elle jouit, & de sa communication libre avec les étrangers qui l'avoisinent, elle porte au dehors les marchandises qui deviendroient souvent précieuses au dedans du royaume, & elle reçoit en échange non de l'argent, mais des objets des fabriques & des manufactures étrangeres qui sont les mêmes qu'elle trouveroit en France.

Il en résulte l'inconvénient que lorsque nous avons besoin de ces marchandises passées à l'étranger, nous sommes obligés de les racheter fort cher en argent, & que nos manufactures perdent le débouché qu'elles trouveroient en *Alsace*, si elle n'étoit pas apprivisionnée par les étrangers.

Cette province ne seroit donc pas fondée à se plaindre si, d'après les vues du gouvernement, elle étoit incorporée au reste du royaume, & si on établissoit sur ses frontieres le tarif uniforme qui doit faire tomber toutes ces barrieres intérieures qui séparent une province d'une autre province, & des sujets d'un même état, en font des étrangers.

En composant ce tarif de droits si légers qu'ils deviennent insensibles, & qu'ils sont un moyen seulement de procurer au gouvernement une connoissance exacte & détaillée du genre & de la masse de chaque branche de commerce, ce parti ne pourroit occasioner ni clameurs ni résistance ; la province elle-même se trouveroit à portée de juger en connoissance de cause des avantages qui en résulteroient.

M. de Colbert en étoit très-persuadé, & c'est à quoi tendoient insensiblement toutes ses opérations. On voit en effet que par la déclaration du 12 janvier 1663, ce ministre commença par faire constater l'état & la quotité des péages qui sont dûs sur toutes les marchandises qui entrent dans la haute & basse *Alsace*, ou qui en sortent.

Un autre arrêt du conseil du 3 octobre 1680, supprima tous les bureaux qui étoient dans le milieu de la haute *Alsace*, & en établit d'autres sur les frontieres de la haute & basse *Alsace*, tant du côté des Suisses, de la Lorraine & du Palatinat, que du côté de la ville de Strasbourg, qui n'étoit point encore sous la domination du roi, & qui ne s'y soumit que le 30 septembre 1681, par une capitulation particuliere.

En conséquence, le 13 juin 1682, un nouvel arrêt ordonna que toutes les marchandises sortant de cette ville pour la consommation de la haute & basse *Alsace*, acquiteroient les droits de péages ; que celles qui n'y arriveroient que pour une destination ultérieure, pourroient en obtenir une modération de gré à gré ; mais que les marchandises qui de ces cantons viendroient à Strasbourg, seroient déchargées de tous droits.

Par arrêt du 20 février 1683, on établit un bureau dans la ville de Strasbourg, pour y percevoir les droits sur les marchandises qui en sortiroient pour la haute & basse *Alsace*, & on accorda l'exemption à toutes celles qui y entreroient à la destination de cette ville.

Le même réglement affranchit également toutes les marchandises, sortant de Strasbourg, pour passer dans les pays hors de l'enceinte de l'*Alsace* ; assujettit à huit sols par quintal, pour tous droits, toute sorte de marchandise indistinctement qui sortiront de Strasbourg pour le pays étranger, en passant par la basse *Alsace*. Les bourgeois domiciliés de Strasbourg, furent autorisés en même tems à porter des marchandises aux foires & marchés d'*Alsace*, sous la condition d'en faire au bureau des fermes la déclaration & la soumission de payer, à leur retour, les droits de celles de ces marchandises qu'ils ne rapporteroient pas.

On voit par toutes ces dispositions, que M. de Colbert ne perdoit point de vûe le plan qu'il avoit formé d'entourer nos commerce du côté de l'étranger ; de débarrasser l'intérieur du royaume des entraves contraires à la circulation, & qu'après avoir commencé en 1663 par des opérations préparatoires pour l'*Alsace*, développé ses vues dans le tarif de 1664, il revenoit à cette province en 1680, 1682 & 1683, pour amener successivement au même point tout ce qui pouvoit être susceptible de la même forme d'administration ; sans que l'on puisse néanmoins assurer que M. de Colbert fût décidé à porter le tarif de 1664 jusques à cette frontiere, ou qu'il eût préféré de faire pour l'*Alsace* un tarif propre & particulier, comme il avoit fait pour la Flandre en 1671.

En suivant le même plan, il semble que l'on ôteroit aux habitans tout motif de se plaindre ; car pourquoi toléreroit-on pour eux des usages qui nuisent à tous les autres ? On doit sans doute les favoriser, les ménager & les protéger autant & de la maniere que peuvent le permettre les loix générales & l'harmonie du gouvernement ; mais est-il juste que ces faveurs, ces égards soient accordés au préjudice des autres sujets du même prince, de leurs freres ? N'est-il pas plus équitable que les graces que l'on peut faire, & que l'on convient qu'ils méritent, se prennent sur les étrangers, leurs ennemis par état, plûtot que sur leurs compatriotes, dont ils ne sauroient multiplier les avantages sans augmenter en proportion ceux dont ils jouissent dès à présent ? Pourquoi voudroient-ils regarder comme une peine & comme une sorte de vexation ce qui tendroit uniquement à rétablir le bon ordre, tandis qu'ils regardent comme un bienfait, ce qui le trouble & l'intervertit.

A ces raisons, dont la force est sensible, on peut ajouter encore, celles de l'intérêt général de l'état, & le droit du souverain, de faire tous les établissemens propres à le favoriser.

On ne peut pas toutefois se dissimuler, qu'il n'est rien que ne puisse empoisonner & présenter, sous une face désavantageuse, la prévention ou l'entêtement.

La réfiſtance alors prend le nom d'une noble fermeté ; & les paſſions ſecondées par le talent, tranf-
forment les droits les mieux fondés en deſpotiſme,
changent les meilleures intentions en vexations, &
les plus ſages réglemens en loix injuſtes & dérai-
ſonnables.

On a vu en effet des habitans de la Bretagne &
de la Lorraine, ſe permettre, en 1761, les plus
vives déclamations contre le projet du tarif unique
& général dont le miniſtere avoit annoncé l'établiſſement.

Voyez TARIF.

On peut compter que de pareilles difpoſitions
ſont dans le cœur de tous les habitans des provinces
privilégiées ; ou qui croient avoir des privilèges.
La réſiſtance, les murmures ſe manifeſtent au premier mouvement qui paroît bleſſer des franchiſes &
des immunités que l'on s'accoutume aiſément à regarder, comme des droits certains & irrévocables.
Les clameurs ſe multiplient ; elles jettent même dans
l'intérieur du royaume un trouble toujours contraire aux deſſeins du gouvernement, & qui influe
ſur d'autres opérations. Souvent même il en réſulte
que l'on ne fait pas le bien dont on s'étoit ſi fort
occupé, & que l'on fait un mal auquel on n'avoit
pas penſé.

Ces ſortes de plaintes ſeroient d'autant plus à
craindre de la part de l'*Alſace*, qu'elles pourroient
paroître fondées, en y ajoutant l'obſervation qu'elle
eſt une frontiere, qu'elle ſert de rempart au reſte
du royaume ; qu'en tems de guerre elle eſt chargée de convois & de travaux conſidérables pour
les fortifications, les ponts & les grands chemins.

Si ces conſidérations ne ſont pas d'un grand
poids, il en eſt d'autres pour déterminer à traiter
avec ménagement & modération une province qui
n'a pas toujours appartenu à la France ; qui eſt
voiſine d'une puiſſance avec laquelle elle conſerve
des liaiſons par ſa langue, par ſes mœurs & par ſa
religion. Quoique les Alſaciens témoignent en général pour les François une affection qui paroît
d'autant plus ſincere qu'elle eſt moins revêtue des
dehors de la politeſſe & du vernis des complimens,
cependant on pourroit tout craindre d'une commotion qui les rameneroit au goût de l'ancienne domination. Les caracteres les plus doux deviennent les
plus dangereux, quand ils ſont une fois aliénés.
Ils diroient que leur ſoumiſſion & leur attachement
ne doivent pas être des raiſons pour leur ôter des
jouiſſances dans leſquelles ils ſont nés, & auxquelles
ils ſont accoutumés. Au projet de ſymmétrie &
d'uniformité dont on leur vanteroit les avantages
pour introduire dans le royaume une harmonie
complette ; ils répondroient que l'harmonie ne réſide pas dans la reſſemblance & l'uniformité des
ſons, qu'elle eſt au contraire dans leur variété &
dans l'art de les accorder enſemble, enſorte que
ſans être les mêmes, chacun en particulier, ils

concourent néanmoins tous, à produire l'effet général que l'on s'eſt propoſé.

Il n'eſt donc pas eſſentiel pour le bien public,
diront-ils, & pour former cet enſemble dont on eſt
ſi jaloux, que tous les pays d'un même état ſoient
aſſujettis à la même forme d'adminiſtration, aux
mêmes droits, aux mêmes précautions ; il ſuffit que
chaque province ſoit gouvernée comme il convient
à ſa ſituation phyſique & politique, aux productions de ſon ſol, à celles de l'induſtrie, & enfin
comme le demandent le génie & les mœurs de ſes
habitans. En conſidérant l'*Alſace* ſous ces différens
rapports avec les autres provinces du royaume,
il eſt bon qu'elle ſoit impoſée en proportion &
de la maniere dont elle eſt ſuſceptible. Si ce but
eſt rempli, cette province rentrera comme toutes
les autres dans l'harmonie générale, ſans qu'elle
ſoit pour cela traitée de la même façon.

Il eſt juſte ſans doute que chaque partie de l'état
qui participe aux avantages de la nation, contribue, autant & de la maniere qui lui eſt poſſible
de le faire, au bien général ; mais eſt-il néceſſaire
que tous y contribuent d'une maniere uniforme ?
La négative ſemble admiſſible ſur ce point. Il peut
même paroître important qu'ils y coopèrent diver-
ſement, pour que toutes les vues ſoient remplies ;
car on peut dire de toutes les provinces, comme de
tous les habitans qui compoſent chacune en particulier ; que c'eſt la variété des ſecours, du travail
& des ſoins qu'ils mettent dans la ſociété, qui
donne les moyens de ſatisfaire à tout : la variété
des beſoins exigeant néceſſairement diverſes formes
d'y pourvoir, puiſqu'il n'eſt point de talens, de
goûts & de profeſſions qui ne répondent à quelques
beſoins, il ne faut donc en négliger aucuns pour
le bien général, quoiqu'en particulier aucuns ne
ſe reſſemblent parfaitement.

Quelques provinces paroiſſent faire beaucoup
pour l'état en payant certains droits, certaines
impoſitions, & cependant elles ne contribuent pas
davantage, en proportion, que celles qui paroiſſent
payer moins, parce qu'elles trouvent en elles-
même, ou dans leurs alentours, de quoi ſe dédommager amplement de ce qui paroît leur coûter
le plus.

D'autres pays au contraire ſemblent pour ainſi
dire ne contribuer en rien, ou du moins pour
fort peu de choſe aux charges de l'état, parce
qu'ils ont des privilèges qui les exemptent de
certaines impoſitions ; mais ils en dédommagent par
les ſervices qu'ils rendent, par les ſecours qu'ils
fourniſſent dans les conjonctures les plus intéreſſantes pour la nation. Les travaux de la culture
& de l'induſtrie y ſont troublés & interrompus,
tandis que les habitans des provinces de l'intérieur du royaume ſe livrent paiſiblement à tous
les travaux, à tous les arts dont ils ont l'habitude
de s'occuper.

En ſuppoſant que l'*Alſace*, dans ſa poſition
actuelle, faſſe un aſſez grand commerce extérieur
pour

pour lui procurer un million, ou même deux, de bénéfice, cette somme répartie entre tous les habitans, répare en tems de paix les dommages qu'ils souffrent pendant la guerre, & leur fournit les moyens de satisfaire aux contributions qui leur sont demandées.

Supposons que des arrangemens nouveaux fassent entrer ces deux millions dans le royaume ; de quel effet seroit une pareille somme sur l'universalité des provinces ? Elle n'y feroit aucune sensation remarquable. L'*Alsace* aura donc perdu, sans que le reste de la nation en reçoive un soulagement sensible.

Outre les droits de péage qui se levent en *Alsace* sur les marchandises, cette province est encore sujette à la taille qui s'y appelle subvention ; à des droits sur le sel, sur le tabac étranger & sur le vin ; ce dernier porte la dénomination de *Masphening* ; à une imposition connue sous le nom des *Epics du Rhin*, dont le produit s'applique à l'entretien des digues sur ce fleuve, à l'imposition du fourage. Le Roi y jouit aussi de tous les droits domaniaux, tels que ceux d'*aubaine*, de *déshérence*, *transmigration*, enfin du droit de *protection* sur les juifs. *Voyez* ces différens mots.

ALTERNATIF, adj. nom qu'on donne à un receveur ou trésorier pourvu d'un office dont l'exercice n'a lieu que tous les deux ans.

Ce mot est opposé à ancien.

En 1776, 1779 & 1780, il avoit été ordonné qu'une partie des offices de finance qui sont *alternatifs*, tels que les recettes des tailles, seroient réunis à mesure qu'ils deviendroient vaquans, sous le titre de receveur des impositions ; mais en 1781 & 1782, les receveurs généraux des finances qui de quarante-huit avoient été réduits à douze, pour former une régie, ayant été rétablis pour faire un exercice *alternatif* ; il en a été de même des recettes des tailles.

ALUN (droit sur l'). Ce droit consiste dans le trentieme de l'*Alun* qui se tire des mines de Suede, lequel appartient au roi, & se paie en argent. *Voyez* SUEDE.

AMBULANT, ad. pris substantivement. On appelle *ambulant* dans les fermes & les régies du roi, des commis dont les fonctions sont de parcourir un certain nombre de bureaux, pour voir s'il ne s'y passe rien contre l'intérêt public & contre celui des droits du roi. La résidence de cet *ambulant* est au milieu de son département, & il rend compte de ses opérations au directeur & aux fermiers ou régisseurs généraux.

On ne donne le nom de contrôleurs *ambulans*, qu'aux contrôleurs dans les aides & les domaines. Dans les fermes générales, les employés qui remplissent les mêmes fonctions portent le nom de contrôleurs généraux des fermes.

AMBULANCE, s. f. qui désigne l'emploi que remplit un contrôleur ambulant, & l'étendue de pays qu'il est chargé d'inspecter. *Voyez* COMMIS, DROITS, FERME GÉNÉRALE.

AMENDE, s. f. Peine pécuniaire prononcée par les ordonnances, dans tous les cas où leurs dispositions ont été enfreintes.

En matiere de droits des fermes, toute contravention est punie par la confiscation des objets qu'on a voulu soustraire aux droits, & toute confiscation emporte *amende*, qui doit être arbitrée par les juges, lorsqu'elle n'a point été fixée par les réglemens.

Voici les cas principaux pour lesquels elles le sont, & dont la connoissance intéresse toutes les classes de la société.

Marchandises ou denrées destinées pour les pays étrangers, ou pour les provinces réputées étrangeres, enlevées dans les cinq grosses fermes, & passées devant le bureau le plus près du lieu de leur chargement, sans y avoir été déclarées, trois cents livres ; articles 1 & 2 de l'ordonnance de 1687 ; article 23 du titre commun de l'ordon. de 1681.

Marchandises enlevées d'un lieu où il y a bureau, sans y avoir été conduites avant le chargement, ou qui après la déclaration seroient reconduites dans les maisons des marchands ou voituriers, trois cents livres ; articles premier & 10 du titre 2 de l'ordonnance de 1687.

Marchandises sujettes à des droits d'entrée ou de sortie, ayant passé les premiers bureaux d'entrée ou de conserve sans déclaration & sans être accompagnées d'expéditions, trois cents livres ; articles 1, 2, 3, 4, 6, 7 & 13 du titre 2 de l'ordonnance de 1687 ; articles 24 & 25 du titre commun de celle de 1681.

Marchandises faussement déclarées, soit en quantité, soit en qualité, trois cents livres ; article 13 du titre 2 de l'ordonnance de 1687 ; article 24 du titre commun de celle de 1681.

Marchandises conduites par d'autres bureaux que ceux qui sont indiqués par les acquits, ou après l'expiration des délais de ces acquits, deux cents livres ; article 16 du titre 2 de l'ordonnance de 1687.

Marchandises conduites par des chemins obliques & détournés, ou roulant dans les quatre lieues limitrophes du pays étranger, sans être accompagnées d'acquits à caution, trois cents livres ; article 23 du titre 2 de l'ordonnance de 1687 ; article 15 & 16 du titre 6 de la même ordonnance ; arrêt & lettres-patentes des 13 & 23 juillet 1725 ; arrêt du 13 août 1772.

Contrefaction des plombs, marques ou signatures des commis, & de tous actes qu'ils délivrent, est punie par le fouet & le bannissement pour la premiere fois ; par les galeres en cas de récidive ; article 21 & 22 du titre commun de l'ordonnance de 1681.

E

Il eſt des *amendes* plus conſidérables, prononcées dans les cas d'introduction de certaines marchandiſes dont l'entrée eſt prohibée, ou reſtreinte par certains bureaux, comme les étoffes d'Angleterre, & toute eſpece d'étoffes de ſoie & de laine; les drogueries & épiceries; & dans le cas d'exportation de celles qui ſont défendues, comme les bois, les armes & munitions de guerre.

Les arrêts des 21 octobre 1720, 16 octobre 1722, 9 mai 1725, & l'article 577 du bail, défendent aux juges de modérer les *amendes* relatives aux contraventions ſur la partie des traites, & celui du 8 février 1724, caſſe une ſentence du maître des ports de Rouen, qui avoit modéré à cinquante livres une *amende* de trois cents livres.

L'arrêt du conſeil du 24 janvier 1726, a prononcé que les parties n'étoient pas contraignables par corps pour ces mêmes *amendes*.

Le même article 577 du bail des fermes, confirme l'adjudicataire dans la faculté de tranſiger pour raiſon de ces *amendes*, ſans attendre le jugement des ſaiſies ou contraventions, & de les modérer après ces jugemens; faculté qui lui avoit été déja accordée par l'arrêt du 19 janvier 1694. Il eſt enjoint par ce même article aux directeurs & receveurs, de donner quittance de ces *amendes*, à peine de concuſſion.

On ne parle pas des *amendes* prononcées en matieres de droits d'aides, de gabelles, de domaine & de tabac, on fera mention des principales en traitant de ces objets en particulier. *Voyez* CONTREBANDE, PROHIBITION.

AMIDON (droit ſur l'), ſ. m. L'édit du mois de février 1771, a impoſé un droit de deux ſols par livre ſur l'*Amidon* fabriqué dans le royaume. Celui qui vient du pays étranger acquire, ainſi que la poudre à poudrer, le double de ce droit.

Ce réglement défend de fabriquer de l'*Amidon* & de la poudre, ailleurs que dans les lieux où cette fabrication étoit établie en 1771.

Les fabricans ſont tenus de ſouffrir à toute heure la viſite des commis à la perception de ce droit; & il eſt défendu aux amidonniers de faire entrer dans la fabrication de la poudre à poudrer, d'autres matieres que l'*Amidon*.

Un arrêt du conſeil du 20 mars 1772, renouvelle les diſpoſitions des réglemens qui défendent aux amidonniers de ſe ſervir de bons grains pour faire de l'*amidon*, & ne permettent d'en tirer que des ſons & autres iſſues des farines employées par les boulangers & des grains gâtés, abſolument hors d'état d'être convertis en pain: diſpoſitions rappellées dans les ſtatuts de la communauté des amidonniers de la ville de Paris, autoriſées par lettres-patentes du mois de mars 1744, regiſtrées au parlement le 12 janvier 1746. On voit que le motif du renouvellement de ces diſpoſitions, eſt que les amidonniers des provinces, achetent journellement les plus beaux grains pour les

faire ſervir à la fabrication des *amidons*; que ſous ce prétexte même ils commettent un double abus, en les préparant de façon à les rendre propres à faire du pain, & les faiſant paſſer à l'étranger ſous le nom d'*amidon*; que par des manœuvres auſſi répréhenſibles, ils ſoutiennent le prix exceſſif des grains, & arrêtent l'effet des ſages meſures priſes pour empêcher l'exportation des bleds.

Comme l'*amidon* entre dans la compoſition des deſſerts & ſucreries de toute eſpece, n'eſt-il pas à craindre que ces comeſtibles deviennent ou nuiſibles, ou au moins déſagréables, s'ils ſont faits d'*amidons* provenans de bleds gâtés?

Le produit de ce droit ſur l'*amidon*, eſt évalué à ſix cents mille livres.

AMIRAUTÉ. C'eſt une juriſdiction établie dans la plupart des ports de mer, pour juger tous les différens relatifs à la conſtruction, à l'armement, aux échouemens & naufrages des vaiſſeaux; aux contrats, dettes de cargaiſon, & à tous actes faits pour le commerce de mer.

On ne parle ici des *amirautés*, que pour indiquer en quel cas, la régie des droits des fermes, a des rapports avec ces juriſdictions.

Leur compétence leur donne la faculté de connoître, conjointement avec les intendans des provinces, des contraventions découvertes ſur les vaiſſeaux, dans les ports, côtes & rivages de la mer, ſur le fait des marchandiſes de contrebande ou prohibées à l'entrée & à la ſortie du royaume, & des fraudes de même eſpece qui ſe font aux iſles & colonies françoiſes de l'Amérique. C'eſt ainſi que s'en expliquent les arrêts du conſeil des 25 mai & 14 ſeptembre 1728, & 24 juin 1738.

Les officiers de l'*amirauté* de ſaint Malo avoient exigé que les affirmations des procès-verbaux ſur ces matieres fuſſent préſentées par des actes ſéparés, au lieu d'être au pied du procès-verbal, pour ſe taxer des droits & vacations en conſéquence, & prétendoient que les commis des fermes devoient dépoſer les originaux même des procès-verbaux, afin d'en délivrer des groſſes, & procurer des émolumens aux greffiers. Ces prétentions, contraires aux ordonnances des fermes, furent réprimées par l'arrêt du conſeil du 7 octobre 1738, qui enjoint aux officiers des *amirautés* de ſe conformer aux ordonnances de 1670, 1680, 1687, aux déclarations de 25 mars & 23 ſeptembre 1732, & leur défend de prendre de plus grands droits pour leurs épices & vacations, que ceux portés par les édits & déclarations de 1686, 1687 & 1688, à peine de reſtitution du quadruple, & de mille livres d'amende.

Les officiers des ſièges d'*amirautés* ont, privativement à tous autres juges, la connoiſſance des bris & échouemens; mais lorſqu'il s'éleve des conteſtations ſur le paiement des droits des marchandiſes ſauvées du naufrage, elles doivent être portées ou devant les maîtres des ports, ou devant les juges des traites.

Ce sont les officiers des *amirautés* qui procedent à l'inventaire & à la reconnoissance des marchandises & effets trouvés sur les navires de prises, conformément aux déclarations du roi, & arrêt du conseil des 24 juin & 27 août 1778.

Voyez ECHOUEMENT , NAUFRAGE.

AMORTIR , v. a. qui signifie éteindre, racheter , payer le droit d'amortissement pour les biens qui y sont sujets.

AMORTISSEMENT , s. m. C'est la faculté que le souverain, accorde , à des gens de main-morte , de tenir & posséder des biens ; & l'on nomme droit d'*amortissement* la finance que la main-morte paie pour la concession de cette faculté.

Les gens de main-morte sont , tous les états , corps & communautés , tant ecclésiastiques que laïques , qui sont perpétuels, & subsistent malgré le décès successif des membres qui les composent.

La loi de l'*amortissement* est très-ancienne. Elle étoit établie à Rome du tems de la république. Il étoit défendu d'élever des temples aux dieux , ni de leur consacrer , & à leurs ministres , de nouveaux biens , sans l'approbation du peuple romain. C'est ce qui est attesté par la loi *Papiria.*

L'ordonnance la plus ancienne connue en France, sur cette matiere, est celle de *Philippe III ,* dit *le Hardi ,* fils de *St. Louis ,* de l'an 1275 ; mais elle fait connoître que l'usage de l'*amortissement* étoit déja établi. En effet il s'exerçoit sous *St. Louis ,* ainsi qu'on le voit par la déclaration de *Louis XIV ,* du 5 juillet 1689 ; & l'on trouve même des *amortissemens* de biens , dans des tems antérieurs.

L'*amortissement* est en usage dans la plupart des pays de l'Europe, particuliérement dans ceux qui sont soumis à la domination du pape , en Espagne, en Sicile , en Angleterre, &c.

Le droit d'*amortissement* appartient au roi à cause de sa souveraineté. Il est inaliénable & imprescriptible de sa nature. On doit le considérer comme un dédommagement payé à l'état, tant pour le préjudice qu'il éprouve par la sortie des biens du commerce , que relativement à l'exemption de divers impôts dont jouissent les gens de main-morte.

Il faut distinguer ce droit de celui d'indemnité, qui est purement seigneurial , & que la main-morte paie , outre l'*amortissement* , soit au roi , soit aux autres seigneurs, pour les acquisitions de biens dans leurs censives , mouvances & justices , en compensation & dédommagement des droits de mutation que ces biens auroient produit s'ils étoient restés dans le commerce.

L'*amortissement* est dû au roi, 1°. dans les cas d'acquisitions d'immeubles réels & fictifs , faites

par les gens de main-morte , soit à titre onéreux ou lucratif , même par voie d'échange , & quand même l'acquisition seroit faite d'une autre main-morte & de biens déja amortis ; étant de principe que l'*amortissement* est personnel à la main-morte qui l'a obtenu , & que son effet cesse du moment qu'elle est expropriée du bien qui en est l'objet. Au surplus, depuis l'édit du mois d'août 1749 , la main-morte ne peut acquérir aucun bien immeuble , ni contrat de rente sur particulier , à quelque titre que ce soit , sans avoir obtenu préalablement des lettres-patentes qui l'y autorisent , & que ces lettres n'aient été enrégistrées au parlement.

2°. Lorsque la main-morte fait construire des bâtimens ou édifices qu'elle met dans le commerce & dont elle retire un revenu. C'est alors une espece d'acquisition qu'elle fait sur elle-même , & qui donne également ouverture à l'*amortissement* , sauf que le droit n'est dû que sur la valeur nue des bâtimens, abstraction faite du sol , si l'on justifie qu'il a été précédemment amorti avec finance.

De même dans les cas de *reconstruction* , il y a lieu de déduire , pour la liquidation du droit , la valeur des anciens bâtimens , d'après le revenu qu'ils produisoient , s'il est établi que l'*amortissement* en a été payé. Lorsque la construction est faite par un preneur à bail emphytéotique , & que la main-morte , à l'expiration du bail, ou par l'effet de sa résolution, entre en possession des bâtimens construits, elle en doit aussi l'*amortissement.* Au surplus les premiers baux passés après la construction ou reconstruction , devant servir à fixer le droit d'*amortissement* qui en résulte , il est de règle que le bail soit fait aux enchères pardevant l'intendant de la généralité , ou telle personne qu'il commet à cet effet. Il est aussi d'observation que les plans & devis doivent lui être communiqués avant la construction, même dans le cas où les bâtimens ne seroient pas de nature à produire un revenu , à peine de payer le double du droit qui seroit exigible s'ils étoient sujets à l'*amortissement.*

3°. Le droit est encore dû pour les dons & legs faits au profit de la main-morte , de sommes & autres objets mobiliaires , à charge de fondation perpétuelle , ou à vie , ou à tems limité excédant neuf années. Le motif est que la charge de fondation emporte l'obligation de faire emploi de la somme donnée , afin d'assurer l'exécution de la fondation. Lorsqu'elle est faite à vie , ou pour cinquante ans & au-dessous , il n'est dû que moitié du droit ordinaire d'*amortissement.*

Telle est la disposition générale des réglemens concernant ce droit , notamment des arrêts du conseil du 21 janvier 1738, & du 13 avril 1751 , rendus pour en fixer la jurisprudence.

Les exceptions à cet égard sont 1°, en faveur des hôpitaux , des maisons & écoles de charité , assemblées des pauvres & autres établissemens de

E ij

cette nature où l'hospitalité est exercée. Ces insti-tutions, par une suite de la faveur que mérite leur destination, sont exemptes de l'*amortissement* pour leurs acquisitions & constructions, ainsi que pour les fondations faites à leur profit, qui ont pour objet le soulagement des malades, la sub-sistance des pauvres ou leur instruction gratuite ; si l'objet de ces établissemens venoit à changer, & que l'hospitalité n'y fût plus exercée, l'exemp-tion cesseroit, & l'*amortissement* deviendroit exi-gible pour ces biens acquis ou donnés précé-demment.

2°. Les acquisitions & constructions destinées soit pour des églises & chapelles, soit pour servir de lieux réguliers & clôtures aux personnes reli-gieuses de l'un & de l'autre sexe, sont aussi exemptes d'*amortissemens* tant que ces bâtimens & terrains ne sont pas mis dans le commerce & ne produisent point un revenu particulier ; car dans le cas de changement l'*amortissement* devient exi-gible, si l'usage est dénaturé & la destination changée à perpétuité ; mais si au contraire la disposition n'est que momentanée, il y a seulement ouverture, tant qu'elle subsiste, au droit de nou-vel acquet, lequel consiste au vingtieme du revenu annuel que produit l'objet.

A l'égard des acquisitions que les villes & com-munautés font de terrains ou de bâtimens destinés au service du roi, à l'utilité publique & à la décoration des villes, l'*amortissement* n'en est dû que sur le pied du sol seulement ; mais si dans la suite l'usage de ces bâtimens vient à changer, & qu'ils produisent un revenu aux villes & commu-nautés qui en sont propriétaires, le droit devient alors exigible sur la valeur entiere, à la déduc-tion de ce qui a d'abord été payé pour le sol.

Quant à la forme de l'*amortissement*, au lieu des quittances sur parchemin qui étoient ci-devant délivrées aux gens de main-morte par les rece-veurs généraux, & contrôlées par les contrôleurs généraux des domaines & bois, sur lesquelles on requéroit souvent des lettres d'*amortissemens* qui passoient au grand sceau & étoient enregistrées dans les cours, l'usage actuel, depuis la décla-ration du roi du premier juin 1771, est qu'il soit délivré de simples quittances sur papier timbré, par les préposés à la perception : quittances qui sont insinuées, & suffisent pour établir le paiement du droit & la libération de la main-morte.

Quoique les droits d'*amortissemens* soient im-prescriptibles, ainsi qu'on l'a observé, l'époque des recherches est néanmoins fixée au premier janvier 1700, à l'égard des bénéficiers, corps & communautés qui font partie du clergé de France, ayant été accordé des *amortissemens* gé-néraux pour les biens acquis & possédés antérieu-rement.

La quotité du droit d'*amortissement* est en gé-néral du cinquieme de la valeur des fiefs & biens nobles, & du sixieme des biens en roture & des

sommes & effets mobiliaires ; mais cette regle souffre quelques exceptions.

En Franche-Comté la fixation, pour les fon-dations à prix d'argent, est à raison de trois années du revenu.

En Roussillon l'*amortissement*, dans tous les cas, se paie sur le pied du quart de la valeur des biens.

Dans les provinces de Flandres, Hainault & Artois, à raison d'une année & demi du revenu des biens nobles ou roturiers, pour les hôpitaux & maisons de charité, dans le cas où ils y sont sujets, & sur le pied de trois années du revenu pour les autres gens de main-morte.

Le droit d'*amortissement* produit annuellement, dans le royaume, environ cent vingt mille liv. non compris les dix sols pour livre qui se perçoivent en sus. Le produit en étoit bien plus considérable avant l'édit d'août 1749, qui prohibe les acqui-sitions des gens de main-morte ; mais l'état a gagné à perdre ce revenu.

(*Par M. L. directeur des domaines*).

AMORTISSEMENT signifie aussi extinction, remboursement ; dans ce sens on appelle caisse d'*a-mortissement* celle qui est destinée à payer certaines parties des dettes de l'état, soit en intérêts, soit en capitaux.

La caisse d'*amortissement*, ou des arrérages, qui existe actuellement, est ouverte toute l'année ; elle paie par ordre de numéros, & non suivant l'ordre alphabétique des noms. Cette méthode, lors des constitutions de rente, pourroit être égale-ment adoptée, & paroît la plus propre à accélérer le complément des emprunts. *Voyez* CAISSE.

AMPLIATION, s. f. par lequel on désigne un double, une copie de décision du conseil, de quit-tance & de pieces de toute espece en finance, revêtues d'une signature qui constate l'autorité d'où cette décision est émanée.

Lorsqu'une *ampliation* portant quelque ordre particulier est adressée par une régie à un employé supérieur, il la renvoie avec la soumission de faire exécuter ce qu'elle contient.

ANCIEN, adj. pris substantivement, titre que l'on donne à un comptable lorsqu'il a un alterna-tif, c'est-à-dire un second, qui fait les mêmes fonc-tions que lui de deux années l'une.

Cette distinction vient de ce que lors de la création des offices alternatifs, celui qui a exercé le premier a reçu le nom d'*ancien*.

ANCIENS CINQ SOLS, s. m. droit qui fait partie de la régie des aides, & qui se perçoit en général à l'entrée des villes où il est dû, le plus souvent avec les nouveaux cinq sols.

A l'avénement de Charles IX au trône, les finances étoient épuisées. Il convoqua les états à

Pontoife, pour avifer aux moyens d'acquiter les dettes de l'état. On s'arrêta a des impôts. En conféquence, un édit du 22 feptembre 1561, ordonna qu'il feroit payé un droit de cinq fols par muid de vin, à l'entrée des villes & lieux clos, par toutes fortes de perfonnes fans exception, foit eccléfiaftiques, nobles, foit privilégiés relativement aux autres droits, même pour le vin du domaine du roi, ou deftiné pour fa maifon. Cette impofition ne devoit avoir lieu que fix années ; elle fut enfuite prorogée par plufieurs déclarations.

Comme celle du 16 juin 1568, portoit que cet impôt ne feroit levé qu'à l'entrée des villes, bourgs & lieux qui avoient été taxés pour la folde des cinquante mille hommes, & pour tenir lieu de cette taxe, on appella d'abord cette impofition les cinq fols des cinquante mille hommes.

Treize années après, Henri III fe trouvant dans le même befoin que Charles IX, fuivit fon exemple. Ses lettres-patentes du 18 juillet 1581, ajouterent aux premiers cinq fols une augmentation de quinze fols par muid de vin, dont le produit devoit être employé au rachat des rentes aliénées. Un droit auffi confidérable donna lieu à des repréfentations. Elles furent fuivies des lettres-patentes du 28 décembre 1581, qui réduifirent ces quinze fols à cinq fols. Dès-lors on diftingua les premiers cinq fols par la dénomination d'anciens, & on appella les derniers, nouveaux.

Les uns & les autres avoient été impofés dans tous les pays d'aides ; mais les déclarations qui les prorogerent, & les baux qui les affermerent, font voir qu'ils ne furent réellement levés que dans les provinces de Normandie, Picardie, Champagne, & dans la généralité de Paris, qui y font encore fujettes. Les autres pays d'aides fe redimèrent des nouveaux cinq fols ; ceux où elles n'ont pas cours, furent taxées à des fommes équivalentes à cette impofition.

Quelques provinces & élections des pays d'aides, fe racheterent en même tems des anciens & des nouveaux cinq fols. Telles font les généralités de Bourges, la Rochelle, Moulins & Poitiers ; les élections d'Auxerre, Bar-fur-Seine, Mâcon, Angoulême & Bourganeuf.

Les généralités où ne fe paient point les *anciens cinq fols*, font Orléans, Tours & Lyon.

Les droits d'anciens & nouveaux cinq fols fe perçoivent, ainfi que tous les droits d'aides, à raifon du muid de Paris, de trente-fix feptiers, compofé de huit pintes chacun. D'après ce principe, configné dans l'ordonnance des aides de 1680, le fermier peut faire jauger tous les vaiffeaux entrans dans les lieux fujets aux anciens & nouveaux cinq fols, & percevoir fon droit fur leur réduction au muid de Paris. Il eft cependant une obfervation à faire, à l'égard des vins qui ne font pas tirés au clair, c'eft de déduire fur chaque muid un feptier & demi, pour la place qu'occupe

la lie ; fuivant les lettres-patentes du 8 avril 1715.

Le même ordonnance des aides porte, que les anciens & nouveaux cinq fols feront levés nonfeulement dans les villes, mais encore dans les paroiffes, hameaux, écarts & maifons détachées en dépendans, compris dans l'état arrêté au confeil. La perception dans les hameaux, donna lieu à des difficultés pour déterminer la dépendance de ces hameaux. Il fut décidé, par déclaration du 19 décembre 1682, qu'elles feroient réglées felon les mandemens & commiffions des tailles. Le mal étoit diminué, mais non pas guéri. Il s'éleva de nouvelles plaintes. Une déclaration du 4 mai 1688, y fit droit, en ordonnant qu'il feroit dreffé par les intendans des provinces, des états des hameaux & écarts, contenant le nombre de feux, avec la confiftance du territoire ; & déchargea, par provifion, les lieux fur lefquels il y avoit difficulté du paiement des anciens & nouveaux cinq fols, & pour l'année feulement dans laquelle on devoit procéder à la confection de ces états. Cette décharge a été prorogée par différens arrêts, & a reçu en quelque forte force de loi. Une déclaration du 10 avril 1714, deux arrêts du confeil des 5 feptembre 1716, & 16 octobre 1734, ont fixé la légiflation fur ce point, en ordonnant que les droits dont il s'agit feroient levés conformément aux états annexés à l'ordonnance de 1680 ; que les hameaux, écarts & habitations détachées dépendans des lieux compris auxdits états, y feroient de même affujettis, lorfqu'ils n'en feroient féparés que par des rues, chemins, ponts, rivieres, foffés, chauffées ou ruiffeaux ; & que les feuls écarts qui jouiroient de l'exemption accordée par la déclaration de 1688, feroient ceux qui fe trouveroient détachés des lieux fujets, en conformité de la déclaration du 10 avril 1714.

Les cas où les anciens & nouveaux cinq fols font perceptibles, fe réduifent à quatre. 1°. Toutes les fois que le vin entre dans un lieu fujet à ces droits, pour y être vendu ou confommé.

2°. Autant de fois que le vin eft transporté d'une paroiffe fujette, en une autre de même qualité ; pour y être vendu ou confommé, quand même ces paroiffes feroient de la même élection.

3°. A la fortie des provinces où les aides ont cours, fur les vins deftinés pour les provinces réputées étrangeres, ou pour le pays étranger.

4°. Sur des vins fortans d'un pays fujet aux aides, pour rentrer dans un pays de même qualité, ou enlevés d'un pays exempt & paffant dans une province fujette pour aller dans une exempte. Cet emprunt de territoire ; à moins que le paffage ne foit que de trois lieues & au-deffous, entraîne le paiement des anciens & nouveaux cinq fols. Dans le cas où ces vins font affranchis de ces droits, en ne traverfant qu'un efpace de trois lieues, foit fur le pays exempt, foit fur le pays fujet, il eſt différentes formalités à remplir, & dont l'objet eſt de conſtater que les vins ont conſommé leur deſtination.

Ces mêmes droits d'anciens & nouveaux cinq ſols, ſont dûs ſur les vendanges, dans les mêmes cas où ils ſe perçoivent ſur le vin ; mais on compte trois muids de vendanges pour deux muids de vin.

Les droits dont il s'agit doivent être acquités, ſavoir, dans les lieux fermés, ſur tous les vins qui y entrent journellement pendant le cours de l'année, à l'entrée des portes, s'il y a bureau établi ; s'il n'y en a pas, au bureau principal du lieu, avant que d'être déchargés. Si ces vins viennent par eau, les droits doivent en être acquités, avant d'être tirés des bateaux & mis à terre, à peine de confiſcation & de trois cents livres d'amende pour chaque muid de vin.

Il en eſt de même pour les vendanges ; les droits doivent être payés, à meſure qu'elles ſont importées dans les lieux où le vin doit être fait.

D'après la déclaration de 1688, le fermier étoit déclaré non-recevable dans la demande qu'il pourroit faire des droits d'anciens & nouveaux cinq ſols après l'année expirée, à moins que par oppoſition des redevables il n'y eût inſtance indécife qui eût empêché le recouvrement de ces droits dans le délai preſcrit. Mais une autre déclaration du 26 novembre 1709, a ſurſis à l'exécution de la première. Ainſi cet objet rentre dans la claſſe commune des droits ſur leſquels a prononcé l'article 34 du titre commun de l'ordonnance de 1681. *Voyez* SUBVENTION, GROS.

ANCRAGE (droit d'), ſ. m. Cette impoſition eſt commune à pluſieurs états en Europe.

En France, l'arrêt du 4 mai 1745 avoit réglé que ce droit ſeroit payé par tous navires, barques & bâtimens étrangers arrivans dans les ports du royaume, à raiſon de trois ſols par tonneau plein, & un ſol ſix deniers par tonneau vuide ; & la perception de ce droit ſe faiſoit au profit de l'amiral.

L'arrêt du 22 mars 1753 a ordonné qu'il ſeroit payé annuellement une ſomme de cinquante mille livres à M. le duc de Penthievre & à ſes ſuccesſeurs dans la charge d'amiral, pour tenir lieu du droit d'*ancrage*, & il a été ſupprimé.

Ce même droit ſe perçoit dans les douannes du royaume de Naples, en raiſon de la grandeur des vaiſſeaux.

Les vaiſſeaux à deux ponts paient neuf ducats, (vingt-huit livres cinq ſols) ; ceux à un pont, ſix ducats ; ceux qui n'ont point de ponts, trois ducats ; les petites barques à proportion de leur grandeur.

Les droits ſont perçus toutes les fois que le bâtiment rentre dans le port, même après le voyage le plus court. *Voyez* NAPLES.

ANGLETERRE (Finances de l').

On diſtingue le revenu de l'*Angleterre* en ordinaire & extraordinaire.

On entend par le revenu extraordinaire, l'ancien patrimoine de la couronne : ſon produit eſt preſque anéanti.

Le revenu ordinaire eſt ſubdiviſé en revenu eccléſiaſtique & revenu ſéculier.

Le revenu eccléſiaſtique eſt compoſé de deux branches.

1°. De la garde du temporel des évêchés vacans : revenu qui s'attribue ordinairement au doyen & au chapitre. C'étoit autrefois un très-gros article des finances royales, mais il eſt aujourd'hui d'un foible produit, les rois étant dans l'uſage de remettre tout ce qu'ils en ont touché, au nouvel évêque, auſſi-tôt après ſon inſtallation.

2°. Les premiers fruits des bénéfices appelés annates, c'eſt-à-dire le produit entier de la première année. Il faut y joindre les décimes, ou la première partie du produit annuel qui ſe payoit, ainſi que les annates, au pontife romain. La reine Anne a fait exempter du paiement des décimes, tous les bénéfices dont le produit annuel eſt au-deſſous de cinquante livres ſterling ; & elle a fait même ordonner, par un acte paſſé ſous la ſeconde année de ſon règne, qu'il ſeroit formé du produit des annates & décimes, un fond perpétuel pour ſubvenir aux beſoins des petits bénéficiers. Ainſi cette branche de revenu eſt nulle pour le roi.

Le revenu ſéculier ordinaire, eſt formé de quatorze branches.

1°. Les rentes payées au roi par les terres domaniales de la couronne. La plupart de ces terres ayant été ſucceſſivement aliénées à perpétuité, ou engagées par des baux de très-longue durée, cet article de revenu eſt d'un modique rapport. Il pourra néanmoins devenir plus conſidérable, à la faveur d'une loi paſſée ſous Guillaume III, qui reſtreint les conceſſions & baux des terres du domaine.

2°. L'acciſe héréditaire, droit créé à perpétuité au rétabliſſement de Charles II, qui eſt de quinze deniers ſterlings ſur chaque baril de bierre ou d'aile, & d'une ſomme proportionnelle ſur certaines autres liqueurs.

3°. Une ſomme annuelle de ſept milles liv. ſter. payable ſur le produit du contrôle des permiſſions de vendre du vin en détail.

4°. Les amendes levées pour ſatisfaction des délits commis contre les loix des forêts du roi. Cet objet de produit eſt nul. Le tribunal chargé du maintien de ces droits étant odieux au peuple, ne s'eſt pas aſſemblé depuis 1632.

5°. Les droits de juſtice, comme amendes pour défaut & pour fol appel, & autres droits pour une infinité d'actes judiciaires.

Les rois ont donné ou tranſporté la plupart de ces droits à des particuliers qui les perçoivent. Cependant, depuis la reine Anne, ces conceſſions ne peuvent plus avoir lieu, que durant la vie du souverain qui a jugé à propos de les faire.

5°. Les poissons royaux, c'est-à-dire la baleine & l'esturgeon, qui appartiennent au roi lorsqu'ils sont échoués sur les côtes, avec cette réserve par rapport à la baleine, que la tête seulement doit être portée au roi ; la queue étant destinée à la reine. Le motif de ce partage est , suivant les anciennes annalles, pour que la garde-robe de la reine soit fournie de côtes de baleine.

7°. Le droit de bris & de naufrage.

Le roi, en vertu de ce droit, s'emparoit anciennement de tous les vaisseaux & effets échoués: aujourd'hui il ne l'exerce qu'autant qu'il ne se présente point de réclamateur, autrement les vaisseaux & marchandises sont rendus à quiconque prouve qu'il en est propriétaire.

Le revenu des bris & naufrages non réclamés, est abandonné aux seigneurs les plus voisins ; mais les choses trouvées sur la mer appartiennent au roi.

8°. Les mines royales. Elles ne comprennent que celles d'or & d'argent. A l'égard des autres, le roi n'a que la faculté de retirer ces métaux lorsqu'ils s'y trouvent mêlés, en les payant comme s'ils n'étoient que du métal de la mine même.

9°. Les trésors trouvés en terre ; mais non les trésors abandonnés ou perdus, ou retirés du fonds des eaux : ceux-ci appartiennent aux personnes qui en font la découverte.

10°. Les effets volés & jettés, ou abandonnés par le voleur dans sa fuite. Il en faut néanmoins excepter les effets volés aux marchands étrangers.

11°. Les épaves, c'est-à-dire les animaux utiles qui sont égarés & errans, & que personne ne réclame.

Les seigneurs particuliers sont presque tous aujourd'hui en jouissance de ce droit, par concession de la couronne.

12°. Les confiscations. Elles transportent au roi la propriété des biens meubles d'un délinquant, & dans le cas de crime de haute trahison, & autre de nature atroce, celle de ses biens immeubles, ou pour un tems, ou a perpétuité.

Les rois ont encore abandonné ce droit aux seigneurs.

13°. La reversion qui se fait au profit du roi, des terres à la propriété desquelles personne ne succède en qualité d'héritier.

14°. La garde des imbécilles de naissance.

A cette garde est attachée le revenu des biens, & elle est ordinairement donnée par le roi à quiconque a assez de crédit pour l'obtenir.

Le roi est aussi le gardien de ceux qui sont devenus imbécilles ; mais il est comptable de leurs revenus envers eux ou leurs héritiers.

Le revenu extraordinaire est appelé plus communément subside. Ce subside est réglé par les communes de la grande Bretagne, assemblées en parlement, c'est-à-dire par la chambre basse.

On donne aujourd'hui le nom de subside à la somme totale de ce qui est octroyé pour le service de l'année. Autrefois il ne s'entendoit que d'un droit levé sur les terres, & accordé suivant les besoins du gouvernement. Il est composé présentement des taxes annuelles & des taxes perpétuelles, ou du surplus du fond d'amortissement & de l'emprunt.

La taxe annuelle est composée de celle sur les terres, & du droit sur la drêche.

La taxe annuelle des terres a remplacé plusieurs anciennes taxes auxquelles on avoit recours dans les besoins extraordinaires. On les appeloit secours occasionels ; on les levoit sur les propriétés ou sur les personnes, relativement à leur propriété, par dixiemes ou quinziemes, par subsides sur les terres, & par *hydages*, *scutages* & *taillages*. *Voyez* ces mots.

Les dixiemes & les quinziemes étoient la dixieme ou quinzieme partie de tout le mobilier des sujets. Henri II établit ce dixieme à l'occasion d'une croisade contre Saladin. Aussi cet impôt prit le nom de *dixieme Saladin*. Le produit en étoit d'autant plus foible, que les richesses mobiliaires de ce tems-là étoient peu considérables.

D'ailleurs ces taxes n'avoient point de base certaine. On en faisoit une nouvelle assise, chaque fois qu'on les octroyoit. Elles ne furent fixées par un tarif permanent, que sous Edouard III. Le quinzieme du mobilier de toutes les villes & communautés, ne se monta, dans la huitieme année du règne de ce prince, qu'à 28000 livres sterlings. Chaque communauté levoit le quinzieme, & le versoit dans l'échiquier.

C'est sous les règnes de Richard II & d'Henri IV, que les subsides succédèrent aux anciennes taxes. Ils étoient imposés sur les sujets en proportion du bien qu'on leur connoissoit, à raison de quatre schellings par livre pour les immeubles ; de deux sols six deniers sterlings pour les meubles, & du double pour les étrangers.

Comme le clergé ne payoit aucune des anciennes taxes ; de même aujourd'hui il n'y a aucun subside ecclésiastique ; mais les terres qu'ils possèdent supportent la taxe commune ; ce qui procure aux bénéficiers le droit, qu'ils n'avoient pas auparavant, de donner leur voix à l'élection des représentans du comté où leur bénéfice est situé.

La taxe des terres est réglée sur une évaluation faite sous le règne de Guillaume III. Elle varie depuis un schelling jusqu'à quatre, pour liv. sterling du produit des terres. On l'a vue depuis 1693 jusqu'en 1783, plus de la moitié de ce tems, à quatre sols pour livre, plusieurs fois à trois & à deux ; & dans les seules années 1732 & 1733, à un schelling ; elle a été fixée en 1767 à trois schellings pour livre, & portée à quatre en 1778.

Cette imposition a été réglée par comtés, villes, bourgs & villages, sur leur déclaration volontaire. Comme les Jacobites firent des déclarations inférieurés à la valeur réelle, & les partifans de Guillaume des déclarations très-exactes; tandis que les gens neutres prirent un parti mitoyen, il en eft réfulté, dans cette taxe, une inégalité qui fubfifte encore.

Quoique l'évaluation des terres qui paient cette taxe foit fort éloignée de l'exactitude, cependant il en réfulte pourtant cet avantage, que l'on peut compter fur un produit de cinq cent mille livres fterlings pour chaque fchelling par livre.

Il a été ftipulé dans le traité d'union de l'Ecôffe, qu'elle paieroit pour la taxe de terres 48000 livres, quand on leveroit, pour cette taxe, fur l'Angleterre 1997,763 livres, & que cette proportion feroit fuivie par les différens taux où cette taxe feroit en Angleterre. Aujourd'hui la proportion de l'Ecoffe eft moindre encore. Elle paie les autres taxes & droits dans une proportion très-inférieure au taux qui les règle en Angleterre. Il en eft cependant quelques-unes dont elle paie la moitié.

La taxe des terres fe leve en affignant à chaque comté la fomme qu'il doit fournir fuivant l'évaluation des terres, & fur tous les biens perfonnels & réels qui y font fujets.

Le recouvrement en eft fait par les principaux poffeffeurs des terres du comité, affiftés de leurs officiers.

Le droit fur la drêche, qui eft l'autre taxe annuelle, confifte en fix deniers par boiffeau de drêche, & en une fomme proportionnelle fur certaines boiffons, telles que le cidre & le poiré.

Les taxes perpétuelles font:

Le droit de douanne.

Le droit d'accife.

Le droit fur le fel.

Le droit fur les ports de lettres.

Le droit de contrôle.

Le droit fur les maifons & fenêtres.

Le droit fur les permiffions néceffaires aux caroffes de place; & enfin le droit fur les offices & penfions.

1°. Le droit de douanne.

C'eft celui que paient toutes les marchandifes qui entrent dans le royaume ou qui en fortent. Le nom de *coutume* lui eft affecté en anglais.

Ce droit ne fe levoit anciennement que fur la laine, les peaux de moutons & les cuirs à leur fortie du royaume. On les appelloit marchandifes d'étape, parce qu'il falloit qu'elles fuffent apportées dans les ports où étoit l'étape du roi, pour y être taxées avant leur exportation. Dans le latin barbare des anciens régiftres de douanne, ce droit eft appelé *cuftuma. Cuftuma antiqua five magna.* Il étoit de la moitié plus fort pour le marchand étranger que pour le régnicole.

Le premier payoit encore féparément un droit de trois deniers par livre de la valeur de toutes les marchandifes qu'il faifoit entrer ou fortir. Ce droit avoit le nom de *cuftuma parva & nova,* ou droit des étrangers.

Plufieurs anciens droits font fondus dans celui de douanne. Tels font ceux de *bulterage*, de *pondage*, de *tonnage* & *prifage. Voyez* ces différens mots.

Tous les droits de douanne font détaillés dans deux tarifs; l'un du règne de Charles II, l'autre de Georges Iᵉʳ. Il s'eft paffé peu d'années depuis ce règne, que l'on n'y ait ajouté de nouveaux articles, ou qu'on n'ait furchargé les anciens.

Ces droits font plus forts pour les étrangers. Leur produit net, c'eft-à-dire déduction faite des frais de perception, qui font de dix à onze pour cent, & du paiement des remifes & encouragemens pour l'exportation de certaines denrées ou marchandifes, eft d'environ 2,000,000 fterlings.

Il étoit employé dans l'état des finances de 1775, pour 2,142,956 livres 6 fols $\frac{4}{15}$.

Il y a près de trois mille articles qui paient les droits de douanne; mais les principaux font le fucre, le vin, le tabac, le charbon, le thé, les toiles, les mouffelines, les épices, les foiries, les toiles de coton, le chanvre & le fer. Ces articles forment environ les quatre cinquiemes de ce produit. Le fel y entre, année commune, pour près de 210,000 livres fterling.

En 1767, le feul port de Londres a produit deux millions fterling brut.

2°. Le droit d'accife.

C'eft une charge intérieure quelquefois fur le confommateur; mais plus fréquemment fur la vente en détail.

La régie de ce droit occupe au moins quatre mille perfonnes, & coûte au public dix ou onze pour cent du produit. Cette adminiftration eft on ne peut pas plus arbitraire, & les Anglais, malgré leur paffion pour la liberté, fe font accoutumés, avec le tems, aux vifites qui fe font chez les débitans à toute heure de jour & de nuit, & à des jugemens fi defpotiques, que la fortune d'un débitant peut être renverfée fans qu'il puiffe réclamer le privilége commun à tous les Anglais; d'être jugé par fes pairs. Ce font les commiffaires de l'accife qui prononcent fur ces conteftations, & leur jugement eft fans appel.

L'inftitution originaire de ce droit eft de 1643; elle a eu le parlement même pour auteur, lorfqu'il fe fut féparé de fon fouverain.

Ce droit ne fut d'abord levé que fur les débitans de biere, d'aile, de cidre & de poiré. Les royaliftes imiterent cet exemple, & des deux côtés on protefta contre toute intention de le laiffer fubfifter après la guerre. Cependant le parlement, affemblé à Weftminfter, l'étendit à la viande, au vin, au tabac, au fucre, & à tant d'autres denrées, qu'il pourroit être regardé comme un impôt général.

On y étoit fi bien accoutumé à l'avénement de Charles II, que fans aucune difficulté on lui accorda quinze deniers par baril de biere, pour éteindre un refte de droits féodaux, & d'autres charges défagréables à la nation.

Guillaume III

Guillaume III & chacun de fes fuccesseurs ont affujetti à ce droit une infinité de nouvelles denrées & marchandifes, à proportion de leurs befoins, fur-tout pendant les guerres. En 1760 on mit une augmentation de trois fchellings, par baril de biere braffée pour vendre, & valant plus de fix fchellings.

La proportion de l'Ecoffe dans le droit fur la biere & fur la drêche, eft comme de deux fols à quatre fols neuf deniers, conformément au feptieme article du traité d'union.

L'eau-de-vie & les liqueurs paient l'accife dans le laboratoire.

Les foieries & les toiles peintes, chez l'imprimeur.

L'amidon & la poudre, chez le fabricant.

Le fil d'or & d'argent, chez le tireur d'or.

Toute la vaiffelle, chez l'orfévre qui la vend & qui achete tous les ans la permiffion de la vendre; enfuite chez celui qui l'a achetée, & qui paie un droit annuel pour la garder.

Enfin, les caroffes & autres voitures, chez ceux qui en font propriétaires.

C'eft le détaillant qui paie le droit d'accife pour le café & le thé; pour le chocolat & la pâte de cacao.

Le manufacturier ou le fabricant en eft chargé pour les vins factices; pour le papier & le carton blanc, peint ou imprimé; pour la drêche, dont le droit annuel eft de fix deniers par boiffeau, & de trois deniers créés à perpétuité en 1760; enfin, pour les vinaigres, les verres & glaces, la chandelle & le favon.

Cette accife fe leve fur le houblon, entre les mains de celui qui le recueille, fur toutes les liqueurs de drêche à la brafferie, chez le tanneur fur les cuirs & peaux, & chez le débitant fur le cidre & le poiré.

Le feul article du thé rend à l'accife, année commune, plus de 420 mille livres fterling.

Les deux tiers du droit de l'accife font fupportés par les braffeurs & diftillateurs.

Le produit annuel de l'accife, eft d'environ quatre millions de livres fterlings, c'eft-à-dire le double de celui des douanes. En 1775 il a été de quatre millions deux cent quatre-vingt-cinq mille neuf cent douze livres fterlings.

3°. Le droit fur le fel, qui confifte dans une accife de trois fols quatre deniers par boiffeau, & qui a été rendue perpétuelle en 1759.

4°. Le droit fur le port des lettres.

L'adminiftration de cette partie ne remonte qu'en 1657. Les membres du parlement jouiffent depuis 1660 de la franchife des lettres qu'ils reçoivent, & de la faveur du contre-feing pour les paquets qui n'excedent pas deux onces.

Le même acte qui, dans la quatrieme année du règne de George III, a confirmé le droit des membres du parlement, a réformé les abus qui s'étoient gliffés dans les affranchiffemens. Ils étoient tels, que le montant des franchifes qui en 1715

ne montoit qu'à 23000 livres fterlings, fe trouvoit en 1763 de 170,000 livres fterlings.

5°. Le droit de timbre.

Ce droit s'étend fur tous les parchemins & papiers qui fervent aux actes judiciaires ou extra-judiciaires, ainfi que fur les permiffions de vendre du vin, fur les almanachs, les gazettes, les affiches & annonces, les brochures moindres de fix feuilles, les cartes & les dez.

6°. La taxe fur les maifons eft de deux efpeces. La premiere, qui eft générale, confifte en une impofition de trois fchellings fur chaque maifon, foit qu'elle ait fept fenêtres, où qu'elle en ait moins.

La feconde confifte dans une impofition additionnelle fur toute maifon qui a plus de fix fenêtres.

Celles qui en ont depuis fept jufqu'à onze, paient un fchelling fterling par fenêtre, & celles qui en ont douze & au-deffus, un fchelling & demi par fenêtre; le tout fans préjudice des trois fchellings de la premiere impofition.

Les collecteurs de ce droit font autorifés à traverfer les maifons, deux fois l'année, pour compter les vues pratiquées du côté intérieur.

On trouve dans le *Mémoire fur l'adminiftration des finances de l'Angleterre*, ouvrage attribué à M. Greenville, miniftre d'état, chargé de ce département en 1763, 1764 & 1765, un tableau curieux du nombre des maifons en 1765. Il fait voir combien on en comptoit à cette époque, & met à portée de calculer ce que rapporte cette taxe, fuivant fa quotité, qui varie en raifon des befoins du gouvernement.

Nombre des maifons.	Nombre de leurs fenêtres.	Taxe par maifon.
400,273	7	tt. 1 s. 2
9336	8	4
29378	9	6
15564	10	8 4
48247	11	11
6358	12	14
9230	13	17 4
25384	14	1 1
3994	15	1 2 6
6951	16	1 4
7159	17	1 5 6
8070	18	1 7
14213	19	1 8 6
4135	20	1 11 8
3262	21	1 15
3100	22	1 18 6
2951	23	2 2 2
3091	24	2 6
2964	25	2 10

F

On n'a point rapporté le nombre des maisons ayant vingt-six fenêtres & au-dessus ; mais on sait que le nombre de ces fenêtres est de 1,340,292, qui ont été toutes taxées à deux sols par fenêtre.

Cette imposition sur les maisons & sur les fenêtres a été considérablement augmentée en 1778 ; on en a mis de nouvelles.

7°. Les permissions pour les carosses de place & les chaises à porteurs dans Londres & ses environs.

En 1654, le nombre des carosses de place n'étoit que de deux cent cinquante-quatre. On compte aujourd'hui huit cents carosses & quatre cents chaises, tant dans les villes de Londres & Westminster, que dans leurs banlieues.

On peut mettre au même rang les permissions de vendre de la biere, un certain droit sur les polices d'assurances & sur les saisies ; les droits des actes de justice, & plusieurs autres branches peu considérables.

8°. Le droit particulier d'un sol pour livre sur le produit des offices & des pensions payés par la couronne, & dont le revenu est de plus de cent livres sterling.

La plupart de ces taxes n'étoient que pour un tems. Les unes se renouvelloient tous les ans, les autres avoient un terme fixe, tel qu'un certain nombre d'années, ou la durée de la vie du monarque régnant.

Mais vers la fin du règne de George Ier (1726), on a commencé à les renouveller, pour être perçues jusqu'à ce que les emprunts auxquels leur produit étoit affecté, fussent éteints, en capitaux & en intérêts. A cette clause on a substitué dans la suite que ces taxes seroient perçues à perpétuité, à condition qu'après l'acquittement de la dette hypothéquée, on ne pourroit pas disposer du produit sans le consentement du parlement. Ainsi les revenus de l'Angleterre consistent dans les impôts fixes & permanens, & dans ceux qui se renouvellent tous les ans. La taxe sur les terres & le droit sur le malt ou la drêche sont du nombre de ces derniers.

Le produit de ces huit branches perpétuelles de revenu, déduction faite de toute charge, est employé dans l'état de l'année 1775, pour huit millions trois cent soixante mille liv. ster. 2 s. 7 d. ainsi les six dernieres taxes produisoient alors un million soixante-sept mille deux cents dix-sept livres sterling 4 sols 6 $\frac{1}{15}$.

Il existe en Angleterre une autre imposition, qui est moins un revenu de l'état qu'une cotisation forcée des citoyens ; on l'appelle la taxe des pauvres. Elle est assise sur tout ce qui donne un produit réel, tel que les terres, les maisons, & même les dîmes. Il n'y a aucune exception ni exemption ; elle varie suivant que le nombre de ceux qui se trouvent en chaque paroisse est plus ou moins considérable. Dans des cas urgens elle devient personnelle ; ainsi un marchand qui a des fonds & des marchandises est souvent taxé à raison de cette double propriété.

Dans les paroisses qui sont le moins chargées de pauvres, on paie cinq pour cent du produit des fonds, dans d'autres, dix pour cent, & dans quelques-unes jusqu'à quinze pour cent.

Cette taxe est une espece d'imposition pieuse, qui se fait par ceux qui composent la sacristie, à l'exception du ministre, qui n'y influe que par la nomination du collecteur. Ce sont deux juges de paix qui évaluent les fonds pour les taxer, & cette opération se fait deux fois par an ; à Noël & à la S. Jean. Elle produit soixante millions de notre monnoie, somme considérable, mais encore insuffisante pour son objet, puisqu'on compte plus de quinze cent mille personnes à qui les secours de cette taxe sont indispensables.

On peut ajouter aux taxes annuelles & perpétuelles dans le détail desquelles on est précédemment entré, le produit des droits sur les peaux de castor, qui paient un denier par piece à l'importation, & sept à l'exportation ; & sur la gomme du Sénégal, dont l'Angleterre s'étoit attribué le commerce exclusif. Cette drogue payoit une livre dix sols sterling par cent pesant à l'exportation, tandis qu'elle n'étoit sujette à l'importation qu'à six deniers sterling.

En 1775, le produit du droit sur la gomme exportée d'Angleterre, a été de seize mille cent, quatre-vingt-cinq liv. ster. ; mais le Sénégal ayant passé sous la domination de la France, par le traité de paix de 1783, cette branche de revenu ne doit plus entrer dans les finances de l'Angleterre.

Il faut encore compter dans le revenu de cette puissance, des sommes accidentellement payées par la compagnie des indes, pour obtenir le renouvellement de sa charte. Toutes ces parties réunies font un objet d'environ deux cent quarante millions de notre monnoie, sans compter les ressources fictives qu'elle se procure, par le secours de la banque de Londres, par des *emprunts en annuités ou rentes, par des lotteries, billets de l'échiquier*, &c.

Les finances sont administrées par un bureau composé de cinq commissaires de la trésorerie, qui sont à la nomination du roi. C'est le premier de ces commissaires qui fait les fonctions de contrôleur général ; & c'est le chancelier de l'échiquier qui revoit les comptes de ce bureau.

L'échiquier est le nom du tribunal de justice qui connoît de toutes les matieres de finance & de ce qui concerne les revenus de l'état.

On a vu que ces revenus consistent chaque année dans environ deux cent quarante millions de notre monnoie.

Les dépenses consistent dans le paiement des intérêts des sommes empruntées, qui fait un objet immense ; dans l'entretien de sa marine, de ses troupes & des officiers du gouvernement civil, & enfin dans la liste civile qui est affectée aux dépenses du trône dont le montant s'eleve à huit cents mille livres sterling.

Suivant le mémoire remis au parlement le 5

janvier 1767, la dette nationale étoit de quatre millions sept cent sept mille deux cents dix-sept liv. tant en intérêts qu'en longues annuités. Il étoit dû encore une somme de quatre-vingt-cinq mille quatre cents une liv. pour différens intérêts de capitaux dûs ou à des fournisseurs, ou à des prêteurs de fonds, ou à la banque, pour l'avance qu'elle fait de la taxe sur les terres & sur ladrêche.

Ainsi il paroît, d'après M. Greenville, que les finances de l'Angleterre étoient chargées au commencement de 1767, y compris la liste civile, de cinq millions neuf cents quatre-vingt douze mille six cents dix-sept liv. fter. ou cent trente-fix millions sept cents deux mille huit cents soixante-sept liv. de France; sans parler de sa dépense courante, tant ordinaire qu'extraordinaire, qui, dans la même année, est évaluée à huit millions neuf cents huit mille sept cents vingt-huit liv. fter. ou deux cents trois millions deux cents vingt-quatre mille huit cents quarante-quatre liv. de France, ensorte que sa dépense totale pouvoit aller à trois cents trente-neuf millions neuf cents vingt-sept mille sept cents onze liv. & qu'elle étoit obligée de consommer cent millions par anticipation.

Cependant à l'époque de la guerre de 1741, la nation ne devoit, suivant les calculs de l'auteur de la *Richesse d'Angleterre*, (*ouvrage in-4°. imprimé à Vienne en 1771, page 78*), que quarante millions de livres sterling; à celle de la guerre de 1755, soixante-onze millions huit cents soixante-dix mille

liv. fter.; en 1763, cent quarante-fept millions neuf cents soixante-quatorze mille liv; en 1769, la dette n'étoit plus que de cent quarante-un millions, parce qu'elle avoit remboursé six millions dans les six premieres années qui ont suivi le traité de paix de 1763.

Cette dette s'est accrue d'une maniere effrayante pour l'Angleterre depuis 1773, époque de la guerre avec ses colonies, & dont le feu s'est ensuite communiqué à la France, à l'Espagne & à la Hollande.

Un écrivain anglais a publié à la fin de 1782 les réflexions suivantes, sur l'état de sa patrie & sur la situation de ses finances. On sera à portée de juger en comparant la nature, le nombre & la quotité des impôts qui se levent en Angleterre, avec ceux qui se levent en France, quelle est la nation qui a le plus de raisons de se plaindre.

« On a observé que tout état se ruinoit infailli-
» blement lorsqu'il employoit à la guerre plus de
» la centieme partie de ses habitans. Nos opéra-
» tions militaires occupent pour le service actuel,
» la cinquantieme partie au moins de la population
» de la Grande-Bretagne. On peut juger combien
» ce nombre d'hommes enlevés à notre agriculture,
» à nos manufactures, appauvrit le royaume &
» accélere sa ruine.

» Rien n'est plus propre à la faire craindre que
» le tableau des taxes payables à perpétuité, &
» imposées depuis la guerre ».

En 1776.

Timbre sur les actes & contrats	30000 liv. ft.	
sur les papiers nouvelles	18000	
sur les cartes à jouer	6000	73000
Droits additionels sur les carosses	19000	

En 1777.

Taxe sur les domestiques	105,000	
Timbre	55000	
Droits additionels sur le verre	45000	242,000
Droits sur les ventes à l'encan	37000	

En 1778.

Taxe sur le loyer des maisons	264,000	
Droit additionel sur les vins	72000	336,000

En 1779.

Taxe de cinq pour cent sur les droits de douane & d'accise .	314,000	
Taxe sur les chevaux de poste	164,000	478,000

En 1780.

Taxe additionelle sur la drêche	310,000	
Droit additionnel sur les petits vins de groseille, framboise, &c. faits en Angleterre	20617	
Idem. Sur les liqueurs distillées dans le royaume	4557	
Id. Sur l'eau-de-vie	35310	
Id. Sur le Rum	70958	
Second droit additionel sur les vins	72000	701,603
Droit additionel sur le charbon à l'exportation . . .	12839	
Droit de cinq pour cent sur ces différens droits . . .	46139	
Droit additionel sur le sel	69000	
Idem. Sur le timbre	51000	
Droit sur les permissions de vendre du thé . . .	9185	
		1,830,603

En 1781.

	liv. ft.	
Droit de cinq pour cent sur l'accise, excepté la drêche, le favon, les chandelles & les peaux	150,000	
Escompte des douannes	167,000	
Droit de fept farthings, ou trois fols fix deniers par livre . . .	61000	} 814000
Idem. D'un fol fur le fucre	326,000	
Id. Sur le papier & les almanachs	111,000	

Total 2,644,605.

A la fuite de cette énumération des impôts, cet écrivain affure, en derniere analyfe, que fa patrie, qui ne devoit au premier janvier 1776, qu'environ cent millions d'intérêt pour fes dettes, étoit au premier janvier 1782, chargée de près de deux cents millions d'intérêt, argent de France.

A ce réfultat, qui eft confirmé par le difcours de M. Pitt, chancelier de l'échiquier, au parlement, le premier février 1783, nous ajouterons le tableau de la fituation des finances de l'Angleterre, mis fous les yeux de la chambre des communes au mois de mars fuivant.

Dettes fondées & non fondées, arrêtées le 31 janvier 1783, montant à cent trente-deux millions trois cents cinquante-quatre mille cent vingt-fept livres, treize fchellings neuf pences fterling, portant un intérêt annuel de onze millions . . . . 563,164 liv. ft.
Lifte civile, un million . 200,000
Dépenfe du gouvernement en tems de paix, quatre millions 300,000
Dépenfe annuelle . . . 17,063,164

Revenu annuel. . . . 12,000,279
Déficit annuel 5,063,164

Jufqu'en 1769, les fonds de la caiffe d'amortiffement fervoient à éteindre partie des capitaux dûs par la nation, & fourniffoient auffi des fecours pour fubvenir au défaut des revenus annuels, lorfque les circonftances le demandoient.

Voici l'origine de cette caiffe. Pendant long-tems on n'avoit point penfé, (dit l'auteur des *Mémoires fur les impofitions de l'Europe, à l'article Angleterre*), dans cet état, au rembourfement des dettes; cependant on s'en eft oucupé plutôt qu'en France, où cet objet n'a réellement été pris en confidération qu'en 1749.

Quelques excédens qui fe trouverent dans certaines branches du revenu anglais, donnerent la premiere idée d'une caiffe d'amortiffement pour la libération des dettes de l'état, & elle fût adoptée par le parlement. Il ordonna que ces excédens, dont il s'étoit jufques-là réfervé la difpofition, feroient apurés, réunis & portés dans une caiffe dont les fonds furent deftinés à retirer les billets de l'échiquier, & à racheter à mefure les capitaux de la dette. —

La réduction qui fe fit enfuite de l'intérêt de la dette nationale, de fix à cinq pour cent, produifit un accroiffement dans l'excédent des impôts; mais les fonds de cette caiffe qui auroient alors libéré la nation des cinquante millions qu'elle devoit, s'ils euffent été fidélement employés à cet objet, furent fouvent diftraits de leur deftination, & appliqués à d'autres ufages.

Ces fonds avoient été accrus encore, par la réduction faite fous George II, de l'intérêt de la dette nationale, de cinq à quatre pour cent, & même à trois pour cent. De plus, le parlement avoit chargé cette caiffe, depuis 1752 jufqu'en 1762, du paiement de diverfes rentes ou annuités qui abforboient les quatre millions qui y étoient verfés, à l'exception d'un million & demi. Au lieu d'employer cette fomme à diminuer la dette tous les ans, on a été obligé de la faire fervir à des befoins preffans, enforte que fouvent les délégations données fur la caiffe d'amortiffement, ont furpaffé d'un demi million fterling les fonds qui doivent y être portés.

Ces fonds font compofés de trois articles. 1°. Des droits agrégés généraux, & de la compagnie du fud.
2°. Des droits confolidés, ou rendus perpétuels.
3°. Des fommes que l'on tire du fubfide accordé chaque année, & qui fervent à remplir les non-valeurs que fouffrent les fonds deftinés au paiement des rentes ou annuités.

La dette publique & les impôts font immenfes en Angleterre, dit le célèbre panégyrifte de Colbert, fi on les compare à la réproduction; auffi tout y eft fort cher; mais les charmes de la liberté fervent jufqu'à préfent de dédommagement.

Le même écrivain, devenu homme d'état, après avoir obfervé que la clarté & la franchife n'ont befoin que de parler à la raifon pour infpirer la confance publique, ajoute: C'eft pour avoir fuivi conftament cette maxime, que l'Angleterre trouve encore à préfent jufqu'à trois cents millions dans une année, & qu'elle déploie une fomme d'efforts & de puiffance qui n'eft dans aucune proportion avec fes richeffes numéraires & fa population. (*Compte rendu au roi en 1781*).

ANJOU. Province de France qui fait partie des cinq grosses fermes. Elle est sujette aux aides, aux gabelles, au tabac:& à toutes les impositions ordinaires. C'est de toutes les provinces celle où se trouve le plus de droits locaux; comme droits de simple, double & triple cloison d'Angers, droits de concédés, droits d'imposition foraine & de traite par terre, droits des officiers, &c. Voyez ces mots.

La situation de l'Anjou, qui confine à la Bretagne, avec laquelle on communique par la Loire, paroît avoir été la cause de ces impositions, établies dans la vue de les faire supporter à la Bretagne, qui a toujours été traitée comme province réputée étrangère. Voyez BRETAGNE.

ANNUEL, ad. pris substantivement. Droit au moyen du paiement duquel les propriétaires des offices casuels les rendent transmissibles par succession ou par vente.

Ce droit est fondé sur le principe que toute charge est une aliénation du domaine, à raison de ce qu'elle est un exercice de la puissance qui réside toute entière dans le souverain, & qu'attendu sa nature, elle est purement personnelle.

L'origine de ce droit remonte à Charles IX, dans un tems où les guerres du fanatisme rendoient les besoins extrêmes. Ce prince permit indistinctement à tous propriétaires d'offices, de les résigner, en payant le tiers de leur valeur. Ces dispositions furent ensuite renouvellées sous Henri III, par les édits de 1576 & 1586.

Ces résignations n'avoient leur effet que dans le cas où les titulaires survivoient quarante jours après la date de la quittance de finance, qui étoit payée pour raison du droit de résignation. S'il arrivoit que les titulaires mourussent dans l'intervalle, leurs offices étoient dévolus au roi, de même que s'ils mouroient sans en avoir disposé.

Comme le terme fatal de quarante jours, engageoit la plupart des pourvus d'offices à s'en démettre, d'après les sollicitations de leurs familles, & avant d'avoir acquis les connoissances nécessaires pour en remplir dignement les fonctions, il en résultoit que les charges n'étoient le plus souvent remplies que par des jeunes gens sans talens & sans expérience. Henri IV se détermina à les rendre héréditaires, & son édit du 12 sept. 1604, porte sur ces motifs apparens. Mais la véritable raison fut que M. de Sully, reconnoissant que l'état ne retiroit aucun avantage de la casualité des offices, parce qu'ils étoient souvent accordés à l'intrigue & aux importunités, résolut de mettre à profit l'expédient que lui suggéra Charles Paulet, secrétaire de la chambre du roi.

Cet expédient fut d'assurer l'hérédité des offices à la veuve & aux héritiers des titulaires, pourvu que ceux-ci payassent annuellement le soixantieme

denier de la finance à laquelle leurs charges avoient été évaluées. Ce droit fut appelé annuel ou Paulette, du nom de son inventeur, qui en devint le fermier.

Le paiement de ce droit ne fut point forcé, son premier établissement ne devoit être que de neuf ans. Le souverain a souvent fait difficulté de le renouveller. On trouve plusieurs remontrances du parlement qui demandoit sa suppression. Enfin, elle fut accordée aux états généraux assemblés en 1615. Mais le parlement, alors mieux instruit de l'avantage de ce droit pour l'intérêt & le repos des sujets, en sollicita vivement la continuation. Elle ne fut cependant accordée qu'en 1720, avec la condition de payer par tous les pourvus le vingtieme du prix de leur office.

Ce droit a, comme la plupart des autres impositions, éprouvé beaucoup de changemens & de variations. Un édit du mois d'octobre 1641, supprima tous les offices & les déclara casuels. Une déclaration du 25 janvier suivant, rétablit l'hérédité, moyennant une redevance annuelle & perpétuelle du soixantieme denier. Un édit du mois de juin 1644, remit les choses dans l'état où elles étoient auparavant, en confirmant l'hérédité des charges.

Cette disposition fut encore révoquée par édit du mois de décembre 1709, qui ordonna que les offices seroient à l'avenir possédés à titre de survivance, en payant par les pourvus, pour le prêt & annuel, une somme fixée au denier seize de leur office.

Enfin, en 1722, le prêt & annuel ont été rétablis pour neuf ans. En 1731, continués pour neuf années, & renouvellés ainsi à leur échéance.

Ce droit est aujourd'hui fixé au centieme denier, réglé sur l'évaluation volontaire faite en conformité de l'édit de 1771.

Il se paie chaque année avant l'expiration du mois de décembre; passé ce tems les offices pour lesquels il n'avoit point été acquitté tomboient aux parties casuelles à la mort du titulaire, & ses héritiers en étoient privés.

Par lettres-patentes du 27 février 1780, le roi a ordonné que les pourvus d'offices royaux casuels, sujets au droit annuel, se racheteroient du paiement de huit années de ce droit, en payant avant le premier octobre 1780, le montant de six années, conformément aux fixations faites par le rôle général des évaluations des offices du royaume.

Le même réglement a abrogé les dispositions des précédens, qui rendoient vacans au profit du roi les offices de ceux qui venoient à décéder sans avoir payé l'annuel, ou sans avoir survécu quarante jours à leur résignation. Cette peine a été convertie en un paiement du double droit de mutation, & du double du montant de la somme qui se trouvera alors due, pour toutes les années du droit *annuel* qui n'auront pas été acquittées.

On ne peut se dispenser d'observer ici, que ce parti de modération & de bienfaisance se trouve indiqué dans les *Recherches sur les finances*, par M. de Forbonnais, (*tome premier, pag.* 267, *édition in-12, Liége*, 1758). Les changemens utiles dont cet ouvrage, ainsi qu'un petit nombre d'autres, ont donné l'idée, sont une preuve de l'utilité qui résulte de la publication des écrits sur l'administration.

Un arrêt du conseil du mois de mars 1780, a réglé le traitement du receveur de l'annuel & des revenus casuels, à 25000 livres par an, à commencer de l'exercice de 1781, indépendamment des gages au denier vingt, tant de la finance de son office, que de la finance particuliere qu'il a payée en 1722, pour jouir des droits de quittance, que sa majesté a supprimé, le tout franc de retenue, & de tous frais quelconques.

ANNUEL est aussi un droit uni à la régie des aides, & qui se paie chaque année. C'est le prix de la permission de fabriquer des boissons, ou d'en vendre en gros & en détail. Un édit du mois de mars 1577, défend de tenir hôtellerie, taverne ou cabaret, sans permission du roi, & la finance en fut fixée. Cinq années ensuite, la déclaration du 30 décembre 1582 ordonna que les marchands de vins en gros, seroient tenus de payer aussi la même finance.

Enfin, l'ordonnance de 1680 l'a fixé à huit livres par an dans les villes, & à six livres dix sols dans les autres lieux.

Il doit être payé en un seul paiement, après le 15 février de chaque année, & sans répétition de la part de ceux qui quitteroient leur commerce dans le cours de l'année.

Ce droit se perçoit dans toute l'étendue des pays d'aides, même en Bretagne, conformément aux conditions exprimées dans le bail du grand & petit devoir de cette province, & sur le taux qu'on vient d'indiquer, sans égard pour l'espece de boisson qui a été vendue. La seule différence qui existe à cet égard, c'est que le revendeur de biere n'est assujetti qu'au demi droit, & que le brasseur le paie en entier.

L'*annuel* est dû par les marchands & fabriquans d'eau-de-vie, par les marchands & brasseurs de bierre, marchands en gros de vins & autres boissons, par les hôteliers taverniers, cabaretiers, même par les suisses & marchands privilégiés suivant la cour; loueurs de chambres garnies, aubergistes, traiteurs, & par tous autres qui font trafic de boissons en gros ou en détail.

Il faut observer encore que ce droit est exigible pour chaque genre de fabrication ou de commerce, & pour la vente de chaque espece de boisson.

Ainsi les marchands qui vendent en même tems en gros & en détail, doivent autant d'*annuels* qu'ils

ont de caves ouvertes hors de leurs maisons, pour le débit.

Suivant les arrêt & lettres-patentes du 24 août 1728, celui qui fait à la fois commerce en gros d'eau-de-vie, de vin, de cidre, poiré & de bierre, doit trois *annuels*; savoir un pour l'eau-de-vie, un pour le vin, cidre & poiré, dont le commerce réuni ne peut donner ouverture qu'à un seul droit, & un pour la bierre; s'il vend en détail les mêmes boissons, il est encore sujet à trois autres droits d'*annuels*.

Ce droit est également dû par tous particuliers, quoique non marchands de profession, qui vendent, pendant une année, plus de trois muids de vin, ou plus de six muids de cidre & poiré.

Tous autres particuliers qui n'ont point chez eux de boissons d'achat, peuvent vendre en gros & en détail, en exemption du droit d'*annuel*, les vins, cidres & poirés provenans des héritages ou pressoirs qu'ils font valoir par leurs mains, & dont ils sont propriétaires, usufruitiers & preneurs à longues années. Ils peuvent aussi vendre, en gros seulement, sans être sujets au même droit, les boissons de pareille espece, provenant des vignes, dîmes & pressoirs qu'ils tiennent à ferme. Quant à l'eau-de-vie, il n'existe d'exemption qu'en faveur d'un propriétaire qui, dans son domicile, & non ailleurs, en fait fabriquer, pour sa consommation, un demi muid & au-dessous.

ANNUITÉS, s. f. forme d'emprunt combiné de maniere qu'au bout d'un certain nombre d'années l'état débiteur se trouve libéré du capital & des intérêts.

Les *annuités* sont très-usitées en Angleterre; elles portent les noms des fonds sur lesquels elles sont assignées.

Voyez ANGLETERRE.

Un ouvrage que nous avons déja cité plusieurs fois avec éloge, nous fournit un plan de création d'*annuités* qui peut être utile. *Recherches sur les finances*, *édition in-12*, 1758, *tom.* 2, *pag.* 106.

Dans les circonstances où les besoins du gouvernement forcent de déroger aux loix de l'économie, pour se procurer de l'argent, on pourroit, sans recourir aux rontines ou aux rentes viageres, essayer quelque combinaison d'un désavantage moins sensible.

Ce seroit d'établir des *annuités* viageres; c'està-dire, un emprunt dont le capital seroit remboursé certainement, par égales portions, dans un nombre d'années, soit que les prêteurs vécussent ou non; mais on y attacheroit un intérêt, qui ne cesseroit qu'à la mort du prêteur.

Le remboursement annuel d'une partie du capital, mettroit les familles en état de replacer à intérêt les sommes, à mesure du remboursement; ainsi, lorsque le capital entier seroit rentré, le prêteur jouiroit en sus de son intérêt ordinaire, d'une rente viagere fur l'état. Si le prêteur venoit à mourir dès la premiere année du prêt, la famille n'auroit jamais perdu que la partie des intérêts, & recouvreroit en entier le capital aux termes fixés : ainfi, 1°. l'intérêt de cet emprunt pourroit être fort bas. 2°. Il n'eſt point de chef de famille qui ne trouvât de l'avantage à placer quelque fomme, de cette maniere, fur la tête d'un ou de plufieurs enfans. En fixant cet intérêt à deux & demi, ou même deux pour cent, l'état trouveroit des prêteurs en grand nombre.

Suppofons des *annuités* viageres dont le capital feroit rembourfable en dix paiemens égaux, dans l'efpace de dix années, portant deux & demi pour cent d'intérêt jufqu'à la mort du prêteur.

En portant trente mille livres, on recevroit 1°. en dix ans trente mille livres. 2°. Sept cents cinquante livres de rente pendant toute fa vie.

Le premier rembourfement de trois mille livres, replacé à quatre & demi pour cent, pendant neuf ans rapporteroit . . . . . 1215 liv.
Le fecond, pendant huit ans . 1086
Le troifieme, pendant fept ans . 945
Le quatrieme, pendant fix ans . 810
Le cinquieme, pendant cinq ans . 675
Le fixieme, pendant quatre ans . 540
Le feptieme, pendant trois ans . 405
Le huitieme, pendant deux ans . 270
Le neuvieme, pendant un an . 135
Le dixieme, de 3000 liv. néant.
                                    ――――
                                    6078
De plus, pendant chacune des dix années . . . . . , 750
Pour la rente viagere . . 7500
                                    ――――
                                    13575

Si ce même argent eût été placé pendant dix ans à quatre & demi pour cent, il n'eût produit que 13500 liv. en intérêt.

On auroit donc reçu, par la forme propofée, une fomme plus forte que par le placement ordinaire, & l'on auroit la jouiſſance de fon capital au bout de dix ans, & de plus une rente viagere de 750 livres.

Quand même le prêteur mourroit quinze jours après fon placement en *annuités*, il n'y auroit que fept mille quatre cent vingt-cinq livres de perdues fur les arrérages.

Ainfi le rifque eſt le même que celui d'une rente à dix pour cent, puifque en s'expofant à perdre en dix ans 7425 livres fur les arrérages, on peut fe procurer une rente viagere de 750 liv.

L'avantage de l'état n'eſt pas équivoque. 1°. Avec un fonds de deux millions pendant dix ans, il peut s'en procurer un fur le champ de cent millions. 2°. Il ne paieroit que deux millions cinq cent mille livres d'arrérages, & par toute autre voie le paiement annuel fera plus

fort. 3°. Les arrérages s'éteindroient fucceffivement. 4°. La vie commune des hommes étant évaluée à vingt-cinq ans, il eſt clair que l'état n'auroit payé pour éteindre fa dette dans les vingt-cinq années, que cent foixante-deux millions cinq cent mille livres ; au lieu que par une rente viagere à fept & demi pour cent, l'état auroit payé cent quatre-vingt-fept millions dans le même efpace de vingt-cinq ans.

Par un emprunt fans terme, à cinq pour cent, l'état auroit paié cent vingt-cinq millions en vingt-cinq ans, & reſteroit encore chargé du capital.

Les *annuités* fimples, fans rente viagere, font donc une forme d'emprunt préférable à toute autre : car cent millions empruntés & rembourfables en dix ans, feroient acquités, avec les intérêts, en dix années & demie, par un fonds annuel de douze millions cinq cent mille livres, & à l'expiration des dix années, l'état n'auroit payé en tout que cent trente-deux millions cent vingt-neuf mille cent vingt-huit livres.

L'expédient des *annuités* viageres n'eſt bon que dans un moment où l'on feroit forcé de faire des conditions très-avantageufes aux prêteurs.

Les coupons des loteries, dont la mife porte intérêt, font, à proprement parler, des *annuités*, puifqu'à l'expiration d'un nombre déterminé d'années, le capital fe trouve rembourfé, après avoir procuré la chance des primes fixées. La loterie royale de 1744, celles de mars & juin 1757, celles de 1777, 1780 & 1783, ont été inftituées fur ce plan. *Voyez* LOTERIES, RENTES.

» ANTICIPATIONS, f. f. Les *anticipations*
» font une difpofition des revenus du roi, faite à
» l'avance par la négociation de refcriptions ou
» d'affignations à un terme plus ou moins long. Les
» perfonnes qui ne veulent placer leur argent que
» pour un tems, recherchent ces fortes d'effets.
» Ainfi, même en tems de paix, il y auroit de
» l'inconvénient à fupprimer entiérement ce genre
» d'emplois, parce qu'on écarteroit peut-être de
» la circulation beaucoup de fonds qu'il eſt utile
» d'y entretenir ; mais en même tems on ne peut
» fe diffimuler que c'eſt une maniere d'emprunter
» dont il eſt facile & dangereux d'abufer.
» On eſt porté à l'étendre, parce qu'elle n'exige
» aucune formalité, & qu'on peut l'employer
» obfcurément. Le foulagement d'un embarras pré-
» fent décide. On efpere qu'à l'échéance des affi-
» gnations qu'on délivre, on en négociera d'autres
» en remplacement. Une circulation trop confidé-
» rable s'engage, & le foutien de cette circulation
» dépendant abfolument de l'opinion, le miniſtre
» des finances qui en conçoit le péril, eſt obligé
» de vivre dans une inquiétude continuelle.
» C'eſt du milieu de pareilles circonſtances
» qu'eſt né l'ancien pouvoir d'un banquier de la
» cour. Choifi pour intermédiaire de ces négocia-

» tions, une premiere condition qu'il prescrivoit,
» c'étoit d'être seul à les diriger, & cette premiere
» loi subie, il pouvoit dicter toutes celles qu'il lui
» plaisoit ; car il tenoit dès-lors la vie morale
» d'un contrôleur général entre ses mains. En
» effet, si chaque mois c'est de la continuation de
» sa confiance ou de sa bonne volonté que dépend
» le renouvellement des *anticipations*, la crainte
» d'un éclat, dont il menace sans cesse le ministre
» des finances, permet au banquier de la cour de
» lui commander en maître.

» Il est deux manieres de parer aux inconvé-
» niens qui viennent d'être développés. L'une de
» borner les *anticipations* à une somme assez mo-
» dérée pour que les ralentissemens passagers qui
» surviennent quelquefois dans la confiance, puissent
» être indifférens ; alors ce secours peut être fait
» simplement par le trésor royal. Mais quand les
» circonstances obligent d'étendre davantage ce
» genre d'emprunt, alors il faut employer trois
» ou quatre intermédiaires, afin d'éviter la domi-
» nation d'un seul, & choisir parmi les gens de
» finances, les plus distingués par leur réputation
» & leur fortune. C'est le systême qui a été suivi
» depuis quatre années, & l'expérience a justifié
» cette théorie. Malgré les besoins de la guerre,
» qui ont fait entretenir une somme d'*anticipations*
» supérieure à celle qu'on eût pu déterminer en
» tems de paix, ces services ont été recherchés,
» & les conditions en ont été fixées de maniere que
» ces emprunts n'ont coûté que six pour cent par
» an, en y comprenant tous les frais. Ce prix,
» bien différent de celui des tems passés, eût même
» été réduit à cinq & demi pour cent, si l'abus
» qu'on avoit fait des billets des trésoriers, n'a-
» voit pas donné atteinte au taux de l'intérêt.

» Les intérêts & les frais des *anticipations*, sont
» environ, chaque année, de cinq millions cinq
» mille livres. (*Compte rendu au roi en* 1781) ».
Voyez BANQUIER DE LA COUR , RES-
CRIPTIONS.

APALLATEUR ROYAL , s. m. officier
chargé, dans le royaume de Naples, de vendre
la manne, de la vente de laquelle le roi a le
privilège exclusif. *Voyez* NAPLES.

APOSTILLE , s. f. C'est en général une
note , une addition mise en marge d'un écrit,
pour suppléer à ce qui manque dans le texte,
ou pour l'éclaircir & l'expliquer.

En terme de comptabilité, c'est la note de
celui qui, après avoir examiné un compte, &
toutes les pieces qui y ont rapport, observe que
tout y est en règle.

En matiere de droits des fermes, on appelle
un tarif, un réglement *apostillé*, celui qu'on a
eu soin de revêtir en marge, des changemens qui
y ont été faits postérieurement à sa confection,
en citant les autorités qui les ont ordonnés.

APOSTILLER , v. a. mettre une *appostille*
pour servir de décision de réponse sur un mémoire ou un compte.

Quand un auditeur des comptes a vérifié &
trouvé en règle un compte, avec toutes les pieces
justificatives rapportées par le comptable, il
apostille chaque article d'une approbation ou
d'un vu, en des termes d'usage & convenables
à la nature du compte.

APPEL , s. m. c'est un acte par lequel une
partie qui croit avoir raison de se plaindre d'un
jugement, demande que l'affaire soit examinée &
jugée de nouveau, par un tribunal supérieur à
la jurisdiction qui a d'abord prononcé.

En matiere de fermes, on ne peut pas appeler
de tous les jugemens rendus par les juges inférieurs indistinctement.

Dans la partie des gabelles, l'*appel* ne peut
avoir lieu qu'à des conditions qu'il faut remplir
préalablement, sinon il est rejetté. Dans ce cas,
l'*appel* est, pour ainsi dire, inséparable des
amendes ou peines pécuniaires, dont le montant
doit être consigné, conformément à l'article 1er.
de l'édit du mois de février 1664, & à l'article
21 du titre 17 de l'ordonnance des gabelles de
1680.

Ce dernier défend de recevoir l'*appel* des sentences définitives, même de celles qui portent
peine afflictive, sans que les sommes auxquelles
monteront les condamnations aient été consignées
entre les mains des commis de l'adjudicataire des
fermes ; & l'article 27 porte expressément que
les sentences, soit qu'il y ait *appel* ou non,
passeront en force de chose jugée, & seront
pleinement exécutées, si les sommes ne sont pas
payées ou consignées, dans le mois du jour de
la prononciation.

Les sentences sont exécutoires pour ce qui
concerne les amendes, à quelques sommes qu'elles
puissent monter, comme pour le principal, nonobstant *appel*, & sans y préjudicier, pourvu
néanmoins qu'il n'y ait pas inscription de faux
contre les procès-verbaux qui ont donné lieu
aux condamnations ; & en fournissant par le fermier
pour caution, leurs directeurs ou receveurs rési-
dens sur les lieux, & qui sont tenus d'en faire
leur soumission au greffe en leur propre nom,
sans préjudice des cautions du bail des fermes.

L'article 43 du titre commun de l'ordonnance
de 1681, avoit limité l'exécution provisoire des
sentences portant amende, lorsqu'elle étoit de
la somme de cinquante livres & au-dessous, mais
les déclarations de 1705 & 1720 ont levé cette
restriction.

Les *appels* se relevent dans les cours supérieures, par des lettres de chancellerie qui se
nomment *lettres de relief d'appel*, ou par un arrêt
qui s'obtient sur requête. Ce dernier moyen
s'emploie sur-tout lorsque le fermier a intérêt
d'empêcher

d'empêcher l'exécution d'une fentence, & alors il la faut joindre à la requête.

Il eft des circonftances où le fermier fe pourvoit directement au confeil, & y demande l'évocation d'une affaire, avec la furféance à toutes pourfuites. Telles font celles où il s'agit du fonds des droits, de la dérogation aux ordonnances & réglemens qui les concernent.

Sur fa requête intervient arrêt, qui ordonne qu'elle fera communiquée aux procureurs-généraux des cours, & qu'ils enverront au contrôleur général des finances, les motifs des arrêts dont le fermier follicite la caffation. Le confeil prononce enfuite en définitif.

Quant aux *appels* des parties contre le fermier, il faut qu'ils foient relevés dans les trois mois du jour de la fignification de la fentence, fuivant l'article 47 du titre commun de l'ordonnance de 1681, & qu'ils foient mis en état d'être jugés dans les neuf mois, d'après l'article 48, finon la fentence demeure confirmée de plein droit, avec amende & dépens. Cette forme de procédure a été prefcrite encore par l'article 15 du titre 12 de l'ordonnance de 1687; par l'arrêt du confeil du 10 décembre 1709, par celui du 2 mai 1724; enfin, par la déclaration du roi, revêtue de lettres-patentes du 20 juin de la même année 1724, l'article 377 du bail, & par les arrêts du confeil des 4 janvier & 1er février 1752: le premier caffant un arrêt de la cour des aides de Bordeaux, qui avoit admis l'*appel* de la fentence du juge des traites de la même ville, trois mois & demi après fa date.

Ces *appels* font nuls & non-recevables, fi les amendes qui ont été prononcées, ne font confignées dans le mois, fuivant les arrêts du confeil des 20 juin 1705, 14 mars 1711, & la déclaration du 1er août 1721.

L'*appel* des jugemens interlocutoires ne peut empêcher l'inftruction & le jugement d'une affaire. L'article 10 du titre 12 de l'ordonnance de 1687, dont les difpofitions font rappelées dans l'article 375 du bail de Forceville, défend aux cours de donner en ce cas aucune furféance ou défenfe de procéder. Toutes pourfuites font déclarées nulles par le même article; & les procureurs, qui ont figné les requêtes, font fufceptibles d'une amende de cent livres, qui ne peut être ni remife, ni modérée, conformément à l'arrêt du confeil du 7 janvier 1738, qui a caffé deux arrêts de la cour des aides de Paris, comme contraires à ces principes.

APPOINTEMENT D'INSTANCE, f. m.

qui fignifie en général un jugement préparatoire par lequel le juge, pour mieux s'inftruire d'une affaire, ordonne qu'elle fera difcutée par écrit.

L'*appointement*, en matiere de droits des fermes, eft défendu par l'article 9 du titre 12 de l'ordonnance de 1687, conçu en ces termes: « Tous » les différens feront jugés fommairement, & » fans épices, après avoir ouï les parties par » leurs bouches, (fi elles font préfentes, & ils » ne pourront être appointés, à peine de nullité » des jugemens, à la réferve toutefois, des procès » criminels où il échoit peine afflictive ».

APPOINTEMENS, f. m. Ce font les falaires donnés aux différens commis & employés des fermes, régies, &c. &c.

On n'en parle ici, que pour obferver que ces *appointemens* ne peuvent être faifis, fous aucun prétexte, par des créanciers, d'après les difpofitions de l'art. 14 du titre commun de l'ordon. de 1681, confirmées par les arrêts des 14 fept. 1688, & 4 oct. 1723, & l'art. 582 du bail de Forceville.

Les motifs de ce privilège ont été d'affurer aux employés des fermes, les reffources fur lefquelles eft fondée leur fubfiftance, & de leur ôter toute occafion d'abandonner ou de négliger leurs fonctions. Mais un commis qui a quitté l'emploi, n'eft pas admiffible à demander les *appointemens* qui lui étoient dûs au moment de fa retraite, s'il en forme la demande deux ans après l'expiration du bail pendant lequel il a exercé fes fonctions; c'eft ce que prononce la déclaration du roi du 20 janvier 1699.

Il faut diftinguer des *appointemens* fixes, les émolumens cafuels, tels que des remifes ou des gratifications, qui fe paient ordinairement en une feule fois, après la révolution de chaque année, ou après l'expiration de chaque bail. Ces émolumens ont toujours été faififfables; mais ils ne peuvent plus l'être depuis les lettres-patentes du 28 décembre 1782, regiftrées en la cour des aides de Paris le 22 janvier 1783.

Ce réglement déclare les remifes & gratifications des employés des fermes & régies du roi, infaififfables, comme leurs *appointemens*.

Voyez COMMIS, EMPLOYÉS.

APPRÉCIATEURS, adjectif pris fubftantivement. On donne à Bordeaux le nom d'*appréciateurs*, à des commis de la douane d'entrée de cette ville, qui font au nombre de trois.

Leurs fonctions confiftent:

1°. A vifiter & vérifier toutes les marchandifes apportées à la douane.

2°. A faire l'évaluation ou appréciation de ces marchandifes, pour que les droits foient perçus en conféquence.

3°. A expédier tous les permis d'entrer, ou billets d'entrée, fur lefquels ils doivent porter l'appréciation des marchandifes qui y font dénommées.

Les places d'*appréciateurs* ne font confiées qu'à des hommes d'une probité éprouvée par une longue expérience, & verfés dans la connoiffance des marchandifes. Comme c'eft leur opération qui règle la valeur & la qualité des marchandises, on apperçoit qu'ils font, en quelque façon, les maîtres des droits, & que leur infidélité ou leur impéritie, peut porter le plus grand préjudice aux intérêts de la perception.

APPRÉCIATION DES MARCHANDISES,

f. f. évaluation des marchandises qui doivent les droits à la valeur. Elle étoit faite autrefois de gré à gré, par les commis & les marchands ; mais comme il en résultoit de fréquentes contestations préjudiciables au commerce, il a été ordonné, par arrêts du conseil des 2 août 1740, & 27 septembre 1747, revêtus de lettres-patentes dûment enregistrées en la cour des aides de Paris les 29 novembre 1740, & 27 septembre 1747, que les marchands seroient les maîtres de déclarer la valeur de leur marchandise comme ils voudroient ; mais ces réglemens autorisent en même tems les commis de l'adjudicataire des fermes, à la retenir, en payant le sixieme en sus, s'ils jugeoient l'estimation trop foible. Dans le cas où ils ne croient pas devoir user de cette faculté, ils font obligés de s'en tenir à l'estimation donnée par les marchands, & à faire la liquidation des droits en conséquence.

Voyez DÉCLARATIONS.

APPROVISIONNEMENS DES SELS, f. m.

Le sel se fait, comme l'on sait, dans des marais salans, voisins de la mer, & qui appartiennent à des particuliers. Ils font tenus de les entretenir & sauner suffisamment, pour que l'adjudicataire de la ferme y puisse prendre, chaque année, au prix courant, & par préférence à tous autres, jusqu'à la concurrence de quinze mille muids de sel, mesure de Paris, pour les *approvisionnemens* des greniers à sel.

Il se fournit dans le gouvernement de Brouage, des sels de Marennes & d'Oleron, qui sont reconnus pour être les meilleurs du royaume. Ses *approvisionnemens*, dans le comté Nantois, se font sur les marais de Bouin, Beauvoir, Bourgneuf & Noirmoutier.

La ferme a plusieurs dépôts où ses sels sont portés des marais. Tous ceux qui sont situés dans la manche ne reçoivent que des sels de Brouage. Les dépôts de Nantes sont approvisionnés en sel du comté Nantois.

Il est défendu au fermier, de faire venir des sels, des pays étrangers, sinon en vertu d'une permission par écrit du roi.

Les magasins où se déposent les sels destinés à approvisionner les pays de gabelles, sont situés conformément à l'ordonnance des gabelles de 1680, à l'embouchure des rivieres de Loire, d'Orne & de Seine & de Somme. Ces magasins sont situés à Nantes pour la Loire, à Caen, pour la riviere d'Orne, à Honfleur, au Havre

& à Dieppedalle, près Rouen, pour la Seine, & à saint Vallery pour la Somme.

On les appelle suivant les lieux ; dépôts à Caen & à saint Vallery ; seules, au Havre ; magasins à Honfleur, & caves à Dieppedalle.

C'est-là que les sels font transportés, & reçus par les commis de la ferme, après avoir été mesurés à la trémie, à une grille, au minot de Paris, en présence des commis & des juges des dépôts. Les uns & les autres tiennent un registre de la réception & du mesurage. Chaque magasin est suivi par emplacement & relevement, & le déchet se trouve constaté, par la différence de la quantité entrée, avec la quantité sortie.

Les sels se transportent ensuite de ces dépôts dans les greniers, par terre ou par eau, & quelquefois, par ces deux voies, suivant la situation des greniers.

Ce service s'exécute, au moyen d'un marché que les fermiers généraux ont fait, avec des entrepreneurs, pour différentes especes de transport, à prix convenu, à raison de tant par muid de Paris, livré dans les greniers, & ces prix varient suivant les distances & les difficultés des transports.

Le même traité fixe un prix à ces entrepreneurs pour les frais d'emplacement, pour le loyer des sacs qu'ils font chargés de fournir ; il détermine aussi les déchets qui font accordés & qui arrivent dans les transports. Mais les entrepreneurs demeurent garants des déchets extraordinaires, c'est-à-dire de ceux qui excedent les déchets accordés. D'après l'ordonnance de 1680, les entrepreneurs doivent payer, au prix des greniers, le sel manquant à la quantité qu'ils ont reçue dans les dépôts, déduction faite du déchet ordinaire.

De son côté, la ferme générale paie à raison de douze livres le minot, tout le sel excédant la quantité livrée au dépôt.

L'objet des *approvisionnemens* annuels, est d'environ douze à treize mille muids de sel dans le pays des grandes gabelles. *Voyez* ce mot.

Tous le sel destiné à être vendu dans les greniers de la ferme, doit, suivant l'article 27 du bail de Forceville, être mis en dépôt & en masse deux ans avant que d'être distribué, afin qu'il puisse acquérir toutes les qualités requises.

Voyez FOURNISSEMENS, GABELLES.

APPUREMENT DE COMPTE, f. m.

C'est la reddition d'un compte sur laquelle il paroît qu'un comptable est valablement déchargé de sa gestion.

Les anglais appellent cette décharge un *quietus est*, parce qu'elle se termine chez eux par la formule latine ; *ab inde recessit quietus.*

Voyez COMPTE.

APPURER, v. a. se dit, en finance, de

l'action de faire l'appurement d'un compte ; c'est

à-dire, on levet toutes les difficultés, le clorre, l'arrêter & le folder.

Les difficultés font levées en rapportant tous les acquits, toutes les quittances qui ont rapport aux charges & aux dépenfes.

Un compte eft clos après avoir été revêtu d'un arrêté à la fuite de l'état final.

Il eft foldé lorfqu'on a compté la fomme portée par l'arrêté.

Voyez APPUREMENT.

APPUI, f. m. mot d'ufage dans la comptabilité. On dit : rapporter des pieces à l'*appui* de fon compte, c'eft-à-dire, repréfenter les pieces qui prouvent la vérité des articles de recette & dépenfe employés dans le compte.

APPUYER, v. a. dont on fe fert dans la comptabilité, pour défigner l'action de rapporter des pieces au foutien d'un compte. On dit en ce fens, *appuyer* un compte de pieces juftificatives.

ARBITRAIRE, adj. par lequel on défigne un pouvoir qui n'eft limité par aucune loi ; un impôt, qui n'a point de bafe certaine, ou dont les principes font fi peu fûrs, que la volonté de l'administrateur peut en tenir lieu. Les impôts perfonnels ont l'inconvénient d'être *arbitraires*, parce qu'ils font fondés fur une connoiffance prétendue des facultés des redevables. Heureufe la nation chez laquelle tout *arbitraire* eft impoffible en matiere d'imposition !

Voyez IMPÔTS.

ARCHERS, nom par lequel l'ordonnance des gabelles défigne les gardes attachés à cette partie. Ils font appelés indifféremment gardes & *archers*, dans les articles 10 du titre 17, 19 du titre 18 de l'ordonnance dont il s'agit.

ARÉOMETRE, f. m. inftrument de phyfique dont l'ufage a d'abord été ordonné aux barrieres de Paris, pour connoître les différens degrés de force de l'eau-de-vie, & l'affujettir aux droits en conféquence.

Plus l'eau-de-vie eft forte & fpiritueufe, plus l'inftrument s'y plonge & fait connoître par une échelle de graduation fi la liqueur eft fimple, double, ou efprit-de-vin.

Lorfque l'*aréometre* n'entre dans la liqueur que jufqu'au vingt-deuxieme degré, l'eau-de-vie eft fimple.

S'il enfonce jufqu'au trente-quatrieme, c'eft de l'eau-de-vie double ou rectifiée.

Au trente-quatrieme degré & au-deffus, c'eft de l'efprit-de-vin ; &, fuivant cette indication, on perçoit les droits, fimples, doubles, ou triples.

L'expérience qui a été faite de l'utilité de l'*aréometre*, pour prévenir les fauffes déclarations

de la qualité des eaux-de-vies, a déterminé le confeil à en ordonner l'ufage général, par lettrespatentes du 13 février 1782, régiftrées en la cour des aides de Paris, le 15 mars fuivant, toutes les fois qu'il feroit queftion de percevoir des droits fur des eaux-de-vies ; ces lettres accordent le privilège excluf & indéfini de la fabrication & de la vente des *aréometres*, au fieur Carlier.

Voyez EAU-DE-VIE.

ARGENT (L'), f. m. Ce mot, pris dans un fens général, fignifie richeffe. Ainfi l'*argent* doit être confidéré comme figne ou mefure des valeurs, & comme le moyen d'acquérir des jouiffances. A ce double titre, ce mot mérite bien une place dans un dictionnaire de finance, puifque cette fcience a pour but unique, de recueillir une portion de la richeffe publique, ou, pour parler en d'autres termes, d'attirer l'argent des fujets de l'état, fans néanmoins en tarir, ni altérer les fources.

On verra par l'analyfe de l'opinion des plus célebres écrivains politiques fur l'*argent*, que comme ce métal n'eft que le gage d'un marché, ou la repréfentation d'une valeur, il peut arriver un tems, où fon abondance extrême, exigera qu'on le fupplée ou par l'or, ou par un autre figne quélconque.

« L'*argent*, dit M. de Montefquieu, liv. 4, ch. 7, » doit être banni des inftitutions où l'on veut » conferver les mœurs pures. Mais dans les » grandes fociétés, la variété, l'embarras, l'im- » portance des affaires, la facilité des achats, » la lenteur des échanges, demandent une mefure » commune. Pour porter par-tout fa puiffance, » ou la défendre, il faut avoir ce à quoi les » hommes ont attaché par-tout la puiffance ».

Auffi-tôt que la fécondité de la terre & le travail des hommes eurent multiplié les objets de leurs defirs, les échanges devinrent plus difficiles, & l'on eût befoin d'établir une mefure commune à laquelle on pût rapporter tous les marchés. On choifit fucceffivement différens objets pour remplir cette fonction ; mais infenfiblement l'*argent*, ainfi que l'or, fût adopté par la plus grande partie des nations. La rareté, la beauté de ces métaux & la faculté qu'ils ont d'être à la fois très-divifibles & non périffables, déterminerent, avec raifon, cette préférence.

La divifion de ces métaux en portions égales, revêtues de l'effigie du prince, rendit cette mefure des valeurs encore plus commode : chacun étant difpenfé de pefer cet or & cet *argent*, & d'examiner fi ces métaux étoient purs & fans alliage.

On ne connoît parmi les états policés, que la Chine, où l'*argent* ne foit pas monnoyé. On le divife en petits lingots, que l'on coupe par petits morceaux, pour faire les paiemens. C'eft le poids feul qui fait la valeur, & non la marque du prince. Tous les gens de négoce, portent ſur eux des petites balances d'une grande préciſion, qui ſervent à ſolder leurs marchés.

L'*argent* qui entre dans un pays ne peut pas être conſidéré comme un profit de commerce, parce qu'il faudroit ſuppoſer en même tems que cet *argent* eſt une perte pour d'autres pays. Au contraire, l'Eſpagne & le Portugal, qui fourniſſent l'Europe d'*argent*, loin d'éprouver une perte, par l'exportation de leur *argent*, y gagnent; car cette perte devient l'échange raiſonnable d'un métal ſtérile, contre des jouiſſances.

L'*argent* tiré des mines de l'Amérique, tranſporté en Europe, de-là encore envoyé à l'Orient, a favoriſé la navigation de l'Europe. (*Eſprit des loix, liv. 22, chap 5*). C'eſt une marchandiſe de plus que l'Europe reçoit en troc de l'Amérique, & qu'elle envoie en troc aux Indes. Une plus grande quantité d'or & d'*argent* eſt donc favorable, lorſqu'on regarde ces métaux comme marchandiſes; elle ne l'eſt point, lorſqu'on les regarde comme ſignes, parce que cette qualité eſt fondée ſur leur rareté.

Avant la premiere guerre punique, (on la place en 264) le cuivre étoit à l'*argent*, comme neuf cent ſoixante eſt à un. Il eſt aujourd'hui, comme ſoixante-treize & demi eſt à un. Quand la proportion ſeroit comme autrefois, l'*argent* n'en feroit que mieux ſa fonction de ſigne.

M. Hume, dans un de ſes *Diſcours politiques, édition de 1754*, a conſacré un chapitre, à traiter de l'*argent*. Il y réfute l'opinion de M. Melon, qui, dans ſon *Eſſai politique ſur le commerce, au chap. 15*, a penſé que l'*argent* a une valeur intrinſeque numéraire, par le paſſage ſuivant, tiré d'un ouvrage de Loke. « L'*argent* ne ſert point au
» commerce ſimplement, comme meſure ou comme
» les jettons. Il ſert par lui-même, de gage & de
» ſûreté; c'eſt pourquoi tous les moyens qu'on
» peut mettre en œuvre, pour le multiplier ficti-
» vement, en fabriquant des billets, ne nous
» empêchent pas d'être pauvres, mais nous ca-
» chent, pour quelque tems, notre pauvreté ».

« Une grande population, dit encore
» M. Hume, (*pag. 98, tom. premier, édition
» in-12 de 1754*) une grande induſtrie ſont d'un
» avantage certain, dans tous les cas, au de-
» dans & au dehors, dans le particulier & dans
» le public; mais la plus grande abondance
» d'*argent* eſt limitée dans ſes uſages, & peut
» même quelquefois être nuiſible à un état dans
» ſon commerce avec les étrangers.... Lorſqu'une
» nation a pris le deſſus ſur une autre dans le
» commerce, il eſt fort difficile pour la der-
» niere, de regagner ce qu'elle a perdu, à
» cauſe de la ſupériorité de l'induſtrie de la
» premiere, & des plus grands fonds dont ſes
» marchands ſont en poſſeſſion, & parce qu'ils peu-
» vent ſe borner à de moindres bénéfices. Il eſt vrai
» que ces avantages ſont, en quelque ſorte,

» compenſés par le bas prix du travail, dans
» chaque nation qui n'a pas un commerce étendu,
» & chez laquelle n'abonde pas l'*argent*.... On
» peut obſerver en général, que la cherté de
» toute choſe, que produit l'abondance de l'*ar-
» gent*, eſt un déſavantage qui ſuit un commerce
» établi, & qui y met des bornes dans tous les
» pays; parce qu'elle fait que les états les plus
» pauvres, peuvent vendre à plus bas prix dans
» tous les marchés étrangers ».

» Ce fait m'a jetté dans un grand doute ſur
» l'utilité des banques & des papiers de crédit, qui
» paſſent ſi généralement pour être avantageux à
» toute nation; car ſi les denrées & le travail de-
» viennent plus chers par l'augmentation du com-
» merce, c'eſt, à beaucoup d'égards, un inconvé-
» nient qu'on ne peut éviter, & qui eſt l'effet de
» la richeſſe publique, à laquelle tendent tous nos
» deſirs. Cet inconvénient eſt, à la vérité ba-
» lancé, par l'utilité que nous retirons de la poſſeſ-
» ſion de ces précieux métaux, & par le poids
» qu'ils donnent à la nation, dans toutes les guerres
» étrangeres & dans les négociations; mais je ne
» vois point de raiſons pour accroître cet incon-
» vénient, par une monnoie contrefaite, que les
» étrangers ne veulent pas recevoir, & que quel-
» que grand déſordre dans l'état, réduiroit à rien.

» Nous pouvons conclure de ce raiſonnement,
» qu'à l'égard du bonheur intérieur d'un état, il
» importe peu, que l'*argent* y ſoit en plus ou moins
» grande quantité. La bonne police du gouverne-
» ment conſiſte uniquement, à faire, s'il eſt poſſible,
» qu'il aille toujours en augmentant, attendu que,
» par ce moyen, il tient en haleine l'eſprit d'in-
» duſtrie, & qu'il augmente le magaſin de travail,
» qui fait le pouvoir réel & les vraies richeſſes
» d'une nation.

» En effet, une nation dont l'*argent* diminue,
» eſt en ce moment plus foible & plus miſérable,
» qu'une autre nation, qui n'a pas plus d'*argent*,
» mais qui eſt en train de l'augmenter.

» Dans un pays où l'*argent* eſt rare, le prince
» ne peut lever que peu ou point de taxes, & ſeu-
» lement de la même maniere; & comme des im-
» poſitions ainſi payées, ne peuvent être que mé-
» diocres, un pareil état, n'a que peu de force au
» dedans; il ne peut entretenir des flottes & des
» armés, auſſi loin que ſi l'*argent* étoit abondant.

» C'eſt une maxime évidente, que le prix de
» chaque choſe dépend de la proportion entre les
» denrées & l'*argent*, & que toute altération un
» peu ſenſible, ſur l'un ou l'autre ſujet, a le même
» effet de hauſſer ou diminuer les prix. Augmentez
» les denrées, elles deviennent à meilleur marché;
» augmentez l'*argent*, elles hauſſent de valeur.

» Il n'eſt pas moins certain, que les prix ne dé-
» pendent pas tant, de la quantité abſolue d'*argent*
» & de denrées qui ſont dans une nation, que de
» la quantité d'*argent* qui circule, ou de denrées
» qui ſe portent au marché. Car ſi l'*argent* eſt ren-

» fermé dans des coffres, c'eſt la même choſe, à
» l'égard des prix, que s'il étoit anéanti. Si les
» denrées reſtent dans les greniers, il s'enſuit le
» même effet. L'argent & les denrées ne ſe
» rencontrant jamais, alors il n'en réſulte aucun
» changement dans les prix.

» Il paroît, par les calculs les plus exacts, que
» depuis la découverte de l'Amérique, les prix de
» toutes choſes n'ont que quadruplé. Cependant,
» perſonne n'oſeroit aſſurer, qu'il n'y a que quatre
» fois plus d'argent, qu'il n'y en avoit dans le
» quinzieme ſiecle.

» Les Eſpagnols & les Portugais, de leurs
» mines ; les Anglois, les François & les Hollan-
» dois, de leur commerce d'Afrique, & par leurs
» interlopes, dans les Indes occidentales, tirent
» environ ſept millions par an, dont la dixieme
» partie ne va pas aux Indes Orientales. Cette
» ſeule ſomme, en dix ans, doubleroit probable-
» ment l'ancien fonds d'argent en Europe. Le chan-
» gement dans les mœurs & dans les coutumes, eſt
» la ſeule raiſon ſatisfaiſante que l'on puiſſe donner,
» de ce que les prix de tout ne ſe ſoit pas
» élevé à un dégré beaucoup plus exhorbitant.
» Mais la prodigieuſe augmentation du commerce,
» a augmenté le beſoin du gage des échanges, pro-
» portionnellement à la quantité des pays devenus
» commerçans. Les manufactures de luxe & de
» commodités multipliées dans toute l'Europe ;
» l'uſage plus commun de la vaiſſelle ; l'argent
» tranſporté aux Indes Orientales, tout cela fait
» une compenſation vague & impoſſible à appré-
» cier, & empêche que tout n'éprouve un ſur-
» hauſſement de prix, qui ſeroit effrayant, s'il
» étoit dans une juſte proportion avec l'accroiſ-
» ſement de l'argent ».

Selon M. Melon, (chap. 24) la trop grande
quantité d'argent, ou de gages quelconques des
échanges, ſeroit bien plus nuiſible que l'inſuf-
fiſance de ce gage. Car ſi ce gage manquoit, les
crédits publics pourroient le remplacer ; au lieu
que ſi l'argent devenoit commun, comme le fer ou
les pierres, il ne pourroit plus être la commune
meſure des denrées, parce qu'il ſeroit donné ſans
meſure. Il faudroit néceſſairement revenir à un
autre gage moins commun ; & en attendant les
conventions générales là-deſſus, que le beſoin
rendroit promptes, le commerce, ſans doute,
recommenceroit par échanges des marchandiſes.

On eſtime qu'il y a maintenant en France (1773)
près de deux milliards d'argent en eſpeces, & que
l'accroiſſement annuel eſt d'environ trente millions.
(Éloge de Colbert, qui a remporté le prix à
l'Académie).

Voyez BANQUE, INTÉRÊT, LUXE,
MONNOIES.

ARLES, ville de France, ſur le Rhône, &
l'une des plus conſidérables de la Provence. En
ne la conſidérant que du côté de ſes privilèges

relatifs aux droits des fermes, on ſe bornera à
dire qu'elle eſt exempte de gabelles.

Ses habitans ont le privilège de prendre chaque
année dans les ſalins de Badon, ſitués à trois
lieues de cette ville, ſoixante gros muids de ſel,
compoſés chacun de cent quarante-quatre minots,
pour leur conſommation ſeulement, en conformité de l'article 123 du bail de Forceville.

L'arrêt du conſeil du 15 mai 1731, autoriſe
les conſuls d'Arles à donner des billets aux pêcheurs, comme aux autres habitans, pour ſe procurer le ſel néceſſaire à leur conſommation & à
celle de leur famille ; mais le ſel qu'exigent leurs
ſalaiſons, ne peut être délivré que ſur des billets
ſéparés. La quantité en eſt fixée à quarante liv.
pour un quintal d'anguilles, & pour un de carpes,
loups, muges, & autres poiſſons de même qualité ; le tout poids de table, qui eſt d'un ſeizieme
plus foible que le poids de marc.

Le même arrêt ordonne qu'il ſera délivré à
chaque chiourme de pêcheurs, pour la ſalaiſon
d'un quintal de ſardines, melettes, maquereaux
& autres petits poiſſons, ſix émines de ſel ; ſous
la condition de repréſenter le poiſſon frais qu'ils
voudront ſaler dans la ville, & de ſouffrir la
viſite des employés après qu'il aura été ſalé ; mais
la repréſentation de ce poiſſon ne peut être exigée qu'une fois.

Les chaircuitiers d'Arles ont le droit de prendre
trente livres de ſel, poids de table, pour la ſalaiſon d'un quintal de chair. Cette quantité de
ſel peut être augmentée ſuivant leurs repréſentations, dans le cours de l'année, pourvu qu'ils
déclarent au contrôleur des gabelles prépoſé par
le fermier, ce qui leur eſt néceſſaire, en raiſon
des ſalaiſons qu'ils veulent faire.

Le dénombrement des habitans d'Arles, qui
participent à ſon privilège de franc-ſalé, doit
être remis chaque année, par les conſuls, au
commis de l'adjudicataire, qui l'inſcrit ſur un
regiſtre appelé ſexté.

Il eſt défendu de porter du ſel hors du territoire d'Arles, à peine d'être traité comme faux-
ſaunier.

Voyez FRANC-SALÉ, PRIVILÈGES.

ARMEMENT. On appelle armement l'action
par laquelle un navire eſt mis en état d'entreprendre le voyage, ou de remplir l'objet auquel
il eſt deſtiné, par l'avituaillement de tout ce qui
eſt néceſſaire à la ſubſiſtance de l'équipage, & par
l'approviſionnement d'une cargaiſon convenable.

On diſtingue, en conſéquence, autant d'armemens qu'il peut y avoir de ſorte de commerce :
dans ce ſens on dit, armer ou faire un armement
pour Guinée, pour les Colonies, pour la pêche,
pour la courſe. On peut même appliquer ces mots
à tous les pays où ſe rend un navire, & dire,
armer pour la Ruſſie, pour la Suede, la Hollande,
l'Angleterre, &c. Mais comme ces armemens ne

jouiffent d'aucun privilège, relativement aux droits des fermes, il ne fera queftion ici que de ceux de la courfe. On parlera aux articles Guinée, Colonies & Pêche, des immunités attachées à ces *armemens*.

Celles que procurent les *armemens* pour la courfe, font fondées fur la politique, qui, dans les guerres maritimes, a en vue de multiplier les corfaires, pour troubler & intercepter le commerce des ennemis.

Ces immunités confiftent, fuivant la déclaration du roi du 24 juin 1778, regiftrée en parlement le 14 juillet, en ce que, tout ce qui fert à la conftruction, *armement* & avitaillement des navires deftinés pour la courfe, font exempts des droits de traites.

On peut voir dans les foixante-deux articles qui compofent cette déclaration, le détail de tous les avantages qu'elle accorde pour encourager les *armemens* en courfe.

ARMEMENT (droit d'), droit qui fe per- cevoit autrefois dans les douannes de Naples, toutes les fois qu'un bâtiment entroit dans le port, & relativement à la valeur des armes qu'il portoit.

Aujourd'hui ce droit fe rachete pour toujours. la quotité en eft arbitraire, & dépend du grand amiral ou de fon lieutenant. *Voyez* NAPLES.

ARMES (port d'). Les fermiers & régiffeurs des droits du roi, & tous ceux de leurs commis qui ont ferment en juftice, jouiffent du droit de porter des armes; article 11 du titre commun de l'ordonnance de 1681.

Cette difpofition eft toujours confirmée par l'arrêt de prife de poffeffion de chaque adjudicataire. Elle l'a été très-récemment encore, par l'arrêt du confeil du 21 août 1779, concernant les privilèges, franchifes & exemptions des pré- pofés, commis & employés des fermes de fa ma- jefté, adminiftrations & régies. *Voyez* COMMIS.

ARRENDEMENT, f. m. Ce mot fignifie revenu, & vient d'*arrendamenti*, fort en ufage dans le royaume de Naples, pour défigner une branche des finances du roi. Ainfi on dit les *arrendemens* royaux; l'*arrendement* du fel, l'*arren- dement* de la foie, l'*arrendement* du fer, de la manne, &c. &c. *Voyez* NAPLES.

ARRÉRAGES, f. m. On appelle ainfi, ce qui eft échu d'une rente conftituée. Quoique les *arrérages* d'une rente de cette nature foient prefcrits par cinq ans, le roi n'ufe jamais du bénéfice de la prefcription à cet égard, & le rentier parvient aifément à fe faire rétablir dans les états du roi, lorfqu'il a ceffé d'y être employé. *Voyez* RENTES.

ARRÊT DU CONSEIL, f. m. Les *arrêts du confeil* des finances font loi en cette partie. Ils expli- quent, reftraignent ou amplifient les édits & dé- clarations. Les cours des aides font dans l'ufage, en matiere de perception de droits, non-feule- ment de juger conformément aux *arrêts du confeil*, mais même de renvoyer par devers le roi, pour avoir un *arrêt* ou une décifion du *confeil*, lorfque la quotité d'une perception n'eft pas clairement établie.

Suivant l'article 185 du bail de Forceville, qui fert de bafe à tous les baux fubféquens des fermes du roi, & qui font enregiftrés dans toutes les cours fouveraines, l'adjudicataire doit fe confor- mer à la jurifprudence établie par les *arrêts du confeil*, dans l'adminiftration & la perception des droits dont la régie lui eft confiée. *Voyez* BAIL DES FERMES, DROITS.

ARRÊTÉ DE COMPTE, f. m. déclaration mife au pied d'un compte, pour établir la ba- lance de la recette & de la dépenfe, & annoncer fi le comptable redoit ou s'il eft quitte. *Voyez* APPURER.

ARRÊTER UN COMPTE, v. act. c'eft, après l'avoir examiné & vérifié fur les pieces juftifi- catives, & en avoir calculé les différens cha- pitres de recette & de dépenfe, en former la ba- lance, déclarer au pied, par un écrit, fi le comptable eft quitte, ou s'il eft reliquataire, & de quelle fomme. *Voyez* APPURER.

ARRÊTS (droits des nouveaux). Droits qui fe perçoivent à l'entrée & à la fortie du royaume, fur des marchandifes particulieres, qui ont été tirées de la claffe générale des tarifs, foit à caufe de leur abondance, foit par rapport à leur rareté. Cette dénomination, donnée à ces droits, vient de ce que la perception en a été ordonnée par des *arrêts* poftérieurs aux tarifs. Ces droits font plus connus fous le nom de *droits uniformes*. *Voyez* DROITS UNIFORMES.

ARRIÉRÉ, ARRIÉRÉE, adjectif. Ce terme eft paffé en ufage depuis affez peu de tems, fur- tout en matiere de finance, pour exprimer un recouvrement en retard, une penfion exigible, & qui n'eft pas payée depuis plufieurs années.

Depuis 1780, il ne fe trouve plus de penfions *arriérées*; elles fe paient exactement, tous les fix mois, au tréfor-royal.

Cette exactitude eft due à l'ordre qui a été mis dans les finances, d'abord en 1775, par M. Turgot, & enfuite par M. Necker, qui a rendu de grands fervices à l'adminiftration dans ce genre.

ARRONDISSEMENT, f. m. fignifie, en matiere de droits des fermes, une certaine étendue de pays qui reffortit à un bureau où les habitans doivent prendre leur fel, ou faire la déclaration, foit à l'entrée, foit à la fortie, des marchandifes qu'ils reçoivent ou qu'ils expédient. Ainfi, l'*arrondiffement* d'un bureau des fermes, d'un grenier à fel, d'un entrepôt de tabac, eft l'efpace circulaire qu'il comprend.

Mais il y a cette différence entre l'*arrondiffement* d'un bureau de traites, & celui d'un bureau de gabelles, ou grenier à fel, que le premier n'étant que de convenance & pour la commodité publique, la liberté de choifir, pour faire fa déclaration des marchandifes qu'on expédie ou qu'on reçoit, entre deux bureaux, à diftance égale, refte toujours aux perfonnes domiciliées dans ce diftrict : au lieu qu'étant comprifes dans l'*arrondiffement* d'un bureau de gabelles, elles font obligées d'y aller lever leur fel, à peine de trois cents liv. d'amende, conformément aux difpofitions des arrêts & lettres-patentes des 25 juillet & premier août 1719.

Les notaires font auffi tenus de faire contrôler leurs actes, au bureau de contrôle dans l'*arrondiffement* duquel ils font fitués.

Voyez BUREAU, CONTRÔLE DES ACTES.

ARTICLE, f. m. mot qui s'emploie pour défigner quelque objet particulier d'un compte.

ARTOIS, province de France qui, par fes privilèges relatifs aux finances, doit être diftingué des autres provinces du royaume.

Nous allons, en conféquence, la confidérer fous les différens points de vue qui ont rapport aux tailles, aux gabelles & tabac ; aux droits de domaine & à ceux de traites.

L'*Artois* eft un pays d'états, qui s'affemblent tous les ans, en vertu des ordres du roi. Les commiffaires font le gouverneur de la province, l'intendant & le premier préfident du confeil provincial de l'*Artois*.

Ils reçoivent des commiffions, en forme de lettres-patentes, & expofent aux états, conformément à leurs inftitutions, les ordres dont ils font chargés.

Les états nomment, pendant la tenue, des commiffaires, pour prendre connoiffance des fonds auxquels il faut fournir, tant pour le roi, que pour les charges courantes & extraordinaires. Ces commiffaires s'inftruifent du fervice de l'année précédente, & de la pofition actuelle des caiffes ; ils forment en conféquence leur projet de fonds, & fur leur rapport, l'affemblée générale délibere. Elle fixe enfuite l'état d'impofitions. S'il excede la mefure ordinaire de celles qui ont cours dans la province, ou s'il donne lieu à un accroiffement d'impôt, il faut qu'il foit autorifé par des lettres-patentes.

Ces impofitions font de deux fortes ; les unes fur les terres & les maifons, les autres fur les denrées & les confommations.

La premiere, qui eft une taille réelle, porte, en *Artois*, le nom de *centieme*. *Voyez* ce mot.

L'impofition fur les confommations confifte en droits fur les vins & les boiffons vendues dans les cabarets & en droits perçus à l'entrée des villes.

L'*Artois* jouit de l'exemption des gabelles, & n'eft pas non plus fujet à la vente exclufive du tabac.

L'ordonnance du mois de mai 1780, titre 16, article 25, maintient les habitans de cette province dans le privilège d'ufer du fel gris & du fel blanc indifféremment, pour leurs groffes & menues falaifons, à la charge qu'il ne fera fait aucun amas de fel au-delà de ce qui eft néceffaire aux habitans pour l'ufage & dépenfe de leurs maifons pendant fix mois, à raifon d'un minot du poids de cent livres, pour fept perfonnes par an, dans un certain nombre de paroiffes limitrophes de la Picardie qui font défignées ; à peine contre les contrevenans, de confifcation du fel, & de cinq cents livres d'amende pour la premiere fois ; de cinq ans de galere pour la feconde, à l'égard des hommes ; du fouet & du baniffement perpétuel de la province, à l'égard des femmes.

L'article 26 du même titre, défend aux commis & prépofés du fermier, de faire aucune recherche ni vifite dans les villes, bourgs, villages & lieux autres que ceux qui font défignés dans l'article précédent, à peine de punition corporelle ; cependant il eft dit que le fermier pourra établir des gardes aux portes des villes d'Hefdin & de Bapaume, pour obferver les enlèvemens de fel.

Ces précautions ayant paru infuffifantes dans la fuite, pour empêcher les magafins de fel & le faux-faunage dans la Picardie, un arrêt du confeil du 27 février 1717, ordonna que, conformément à celui du 2 août 1707, les habitans des paroiffes d'*Artois*, fituées dans les trois lieues des limites de la Picardie, fourniroient la déclaration des feux, familles & perfonnes dont chaque communauté eft compofée, fignée des lieutenans & gens du roi, une feule fois au mois d'octobre de chaque année ; que ces paroiffes feroient exemptes des vifites des commis de la ferme, pour ce qui regarde la vérification du nombre des perfonnes compofant chaque famille ; mais fans préjudice des vifites que ces commis pourroient faire, fur les avis qui leur feroient donnés, des amas de fel faits par des habitans au-delà de leur provifion.

Le même arrêt porte une double injonction, 1°. aux commis, de requérir le lieutenant, ou l'un des gens de loi, de les accompagner dans les vifites qu'ils voudroient faire dans une paroiffe ; 2°. à ces chefs de communauté d'accéder à la premiere réquifition des commis, fans aucun frais, à peine de cent livres d'amende.

La contrebande en fel continuant toujours, on impofa, par arrêt du 28 juillet 1719, un droit de dix livres, & les quatre fols pour livre, fur chaque rafiére de fel, entrant dans les ports de Dunkerque, Calais, Boulogne & Etaples, à la deftination de l'*Artois*. *Voyez* BOULOGNE.

Les états repréfenterent que cette impofition portoit une atteinte fenfible à leurs privilèges; que puifqu'elle avoit pour motif de diminuer l'abus du fel gris en *Artois*, ils croyoient ne pouvoir donner à fa majefté, des preuves plus finceres de leur zèle pour fon fervice, & du defir qu'ils avoient de concourir à la deftruction du faux-faunage, qu'en confentant à ce que l'ufage & le commerce du fel gris fuffent interdits dans leur province.

Cette propofition ayant été agréée, il intervint le 29 février 1719, un arrêt du confeil qui révoqua celui du 28 juillet précédent; défendit l'ufage & le commerce du fel gris, à peine de confifcation, & trois mille livres d'amende, & permit le tranfport & l'ufage du fel blanc, dans toute l'étendue de la province, avec la liberté d'en faire des magafins, excepté dans les paroiffes fituées dans les trois lieues limitrophes du pays de gabelles.

Un autre arrêt du 21 juin 1773, prefcrivit de nouvelles précautions pour empêcher le faux-faunage qui fe faifoit à faint Pol. Il fut défendu aux habitans d'avoir dans leurs maifons, une plus grande quantité de fel à la fois, que ce qui étoit néceffaire pour leur ufage pendant fix mois, à raifon de cent livres, pour fept perfonnes par an, fous les peines portées par l'ordonnance.

Les déclarations des 9 avril 1743, & 13 mai 1746, ajouterent encore des formalités à fuivre, pour le tranfport du fel & du tabac, dans les trois lieues frontieres de la Picardie, & pour établir une police uniforme relativement aux certificats qui doivent accompagner les tranfports. Elles fixerent auffi la quotité des amendes à prononcer par l'intendant, en première inftance, dans les cas de contravention, fuivant les quantités de fel qui feroient faifies, avec la claufe, que les particuliers réfidans dans l'intérieur de la province, ou ceux des provinces voifines fujettes à la gabelle, qui feroient furpris dans les trois lieues limitrophes, portant, voiturant, conduifant ou efcortant du fel ou du tabac, fous tel prétexte que ce pût être, feroient pourfuivis comme faux-fauniers ou faux tabatiers, de même que s'ils avoient été trouvés dans l'étendue des fermes des gabelles & du tabac, & fujets aux confifcations, amendes & peines prononcées par les réglemens.

La légiflation n'a point éprouvé de variations à cet égard depuis cette époque, & on voit par ce qui a été dit, qu'elle eft également applicable au tabac; c'eft-à-dire, qu'il eft défendu de faire des magafins, des tranfports, & le commerce de tabac, dans les trois lieues limitrophes de la Picardie, avec lequelle l'*Artois* confine.

L'*Artois* jouit relativement aux droits de domaine, de la même franchife qu'à l'égard de ceux de gabelle. La déclaration du 14 juillet 1699 le difpenfe du contrôle des actes; & l'édit du mois de décembre 1703, des droits d'infinuation laïque. Mais cette province paie chaque année, par forme d'abonnement, la fomme de cent foixante-onze mille fept cents cinquante livres, compris les dix fols pour livre, pour tenir lieu de tous les droits domaniaux, comme centieme denier, petit fcel & droits d'ufage, fuivant l'arrêt du confeil du 23 décembre 1781.

Le droit de franc-fief s'y perçoit, comme dans toutes les provinces de l'intérieur du royaume, & fur le pied d'une année du revenu, depuis l'arrêt du confeil du 15 mars 1723; mais il ordonne que les poffeffeurs roturiers qui auront payé ce droit, ne pourront, eux, ni leurs héritiers, être pourfuivis ni inquiétés, tant & fi longuement que les uns & les autres feront en poffeffion des biens pour lefquels le droit aura été payé.

Quant aux droits de traites, l'*Artois* n'en eft point exempt. Mais cette province eft, avec la Flandre, le Cambrefis & le Haynault, réputée étrangere. Elle en differe néanmoins en ce qu'elle ne renferme ni bureaux, ni commis fur cette partie. N'ayant, par fa fituation, aucune communication immédiate avec le pays étranger elle ne peut en recevoir aucune marchandife, ni en expédier à cette deftination. Si elle en envoie en Picardie, elles font fujettes au tarif de 1664. Lorfqu'elle en reçoit de l'étranger, elles ont néceffairement acquitté les droits dûs à l'entrée de la Flandre & du Haynault, provinces au milieu defquelles l'*Artois* eft enclavé, & elles n'ont en plus à payer pour aller en *Artois*. Si pour y parvenir, des marchandifes étrangeres ont paffé par la Picardie, elles y arrivent de même en franchife, après avoir acquitté les droits des nouveaux arrêts, ou ceux du tarif de 1664, fuivant leur efpece.

Comme il fe trouve en *Artois*, un point qui n'eft éloigné du pays étranger que d'une lieue & demie, on a vu fouvent des bandes de fraudeurs à cheval, chargés de marchandifes de contrebande, ou d'efpeces fujettes à des droits confidérables, franchir rapidement cet efpace, & verfer ces marchandifes dans la province, au grand préjudice des fabriques établies en Flandres & dans le Haynault. Ces abus font d'une pratique d'autant plus aifée & d'autant plus fûre, que la ferme générale n'a dans l'*Artois* ni employés, ni bureaux, & qu'elle eft, par conféquent, fans aucun moyen pour réprimer ce défordre.

D'un autre côté, la communication libre dont l'*Artois* jouit avec la Flandre & le Haynault, fous la feule condition de faire accompagner les objets de fon commerce, de certificats des gens de loi, justifiant juftifiant que ces objets font du cru ou des fabriques de la province, c'eſt un nouvel appât pour ſe livrer à la contrebande, puiſque ces certificats, qu'on ſe procure facilement, deviennent une ſorte de paſſe-ports qui aſſurent le commerce frauduleux, en favoriſant le débouché & le débit des marchandiſes qui en font la matiere.

La multiplicité des abus de ce genre ayant excité, il y a deux ans, les plaintes du commerce de la Flandre & du Haynault, le conſeil les a accueillies. Dans cette vue, il a jugé devoir preſcrire les formalités, qui devoient être ſuivies, dans le tranſport des marchandiſes de l'*Artois* en Flandre, par l'arrêt ſuivant, du 16 juin 1781.

Vu par le roi, étant en ſon conſeil, les repréſentations adreſſées à ſa majeſté, tant par la chambre du commerce de Lille, que par les raſineurs des provinces de Flandre & du Haynault, ſur les verſemens frauduleux qui s'y font des marchandiſes de l'*Artois*, ſpécialement des ſucres, qu'on ſuppoſe fauſſement, & à la faveur des certificats ſurpris, provenir des raſineries de cette province, laquelle jouit de pluſieurs privilèges particuliers. Sa majeſté a reconnu la néceſſité d'empêcher la continuation d'un abus auſſi contraire au bon ordre, que nuiſible à l'intérêt général du commerce. A quoi voulant pourvoir, ouï le rapport, &c. Le roi, étant en ſon conſeil, a ordonné & ordonne ce qui ſuit.

ARTICLE PREMIER.

Les marchandiſes provenantes des fabriques de la province d'*Artois*, ou de ſon commerce avec d'autres provinces du royaume, qui, par leur nature, font ſoumiſes à la marque & au plomb de fabrique nationale, ſeront admiſes en franchiſe, comme par le paſſé, à l'entrée de la Flandre, du Haynault & du Cambreſis, toutes les fois qu'elles ſeront revêtues de ces marques ou plombs.

ARTICLE II.

Les denrées & productions du ſol de l'*Artois*, jouiront auſſi, comme elles ont toujours joui, de la même franchiſe.

ART. III.

Les ſucres & cafés n'obtiendront la franchiſe à leur paſſage de l'*Artois* dans la Flandre, le Haynault & le Cambreſis, qu'autant que les envois ſeront accompagnés d'un certificat des officiers municipaux des villes d'Arras, S. Omer, Béthune, Aire, Bapaume, Heſdin & S. Pol. Ceux qui ſeroient délivrés par les gens de loi des villages, bourgs & tous autres lieux non dénommés, ne ſeront plus reçus à l'avenir.

ART. IV.

Leſdits certificats devront être ſignés par deux échevins, ou autres officiers municipaux, & par le greffier de la ville. Ils ne ſeront délivrés qu'après que le raſineur qui fera l'envoi des

ſucres, aura préſenté aux officiers municipaux une déclaration ſignée de lui, expoſitive des quantités & qualités de marchandiſes qu'il déclarera provenir de ſa fabrique, & le certificat qui ſera mis au bas de ladite déclaration, aſſurera que le raſineur qui l'aura ſignée eſt domicilié en *Artois*.

ART. V.

Dans le cas où l'envoi des ſucres ou cafés ſeroit fait par un négociant ou marchand, ſa déclaration ne pourra être reçue & certifiée par les échevins & greffier de la ville de ſon domicile, ou de la ville la plus voiſine, qu'après qu'il leur aura juſtifié avoir tiré leſdites marchandiſes d'une ville ſituée en *Artois*, ou qu'il leur aura repréſenté l'acquit du paiement des droits à un des bureaux des fermes de ſa majeſté, & le certificat qui ſera délivré en conſéquence, au bas de ladite déclaration, fera mention expreſſe du nom du fabricant d'*Artois* qui aura vendu la marchandiſe, ou de celui du bureau qui aura délivré les acquits de paiement; & ladite déclaration atteſtera que le marchand qui prend le certificat eſt domicilié en *Artois*, le tout à peine de nullité.

ART. VI.

Afin que le même acquit ne puiſſe pas ſervir par double emploi à l'exportation d'une quantité de marchandiſe, plus conſidérable que celle qui s'y trouveroit mentionnée, les officiers municipaux qui délivreront les certificats, auront ſoin d'annoter en marge dudit acquit de paiement, les parties exportées, juſqu'à l'entier épuiſement d'icelle.

ART. VII.

Quant aux marchandiſes & objets d'eſpeces & qualités ſemblables à ceux des crus & fabriques étrangeres, qui par leur nature ne font ſuſceptibles, ni de la marque, ni du plomb, autres que les ſucres & les cafés, il ne ſera rien innové; ſe réſervant néanmoins, ſa majeſté, dans le cas où il ſeroit reconnu qu'il en réſultât des abus, d'y pourvoir par un nouveau réglement. Enjoint, ſa majeſté, aux officiers municipaux des villes de l'*Artois*, de ſe conformer au contenu du préſent arrêt, & au ſieur intendant & commiſſaire départi, de tenir la main à ſon exécution, auquel effet il le fera imprimer, publier & afficher par-tout où beſoin ſera.

ASSALIR, v. act. qui paroît ſignifier la même choſe qu'enſaliner, donner un goût de ſel. Ce terme eſt fort uſité en Provence. On ne le rappelle ici, que pour obſerver que l'article 175 du bail des fermes, fait à Forceville, porte: « Il ne ſera permis à aucun de nos ſujets, ni étrangers, d'*aſſalir* leurs » beſtiaux dans les marais ſalans, & autres lieux » où il y a du ſel; de les faire boire aux eaux » de la mer, ni de les faire conduire hors des

» limites de notre ferme, pour pacager, sinon, » en prenant du sel de l'adjudicataire, pour les » *assalir*, à peine de confiscation, & de trois » cents livres d'amende ».

Et l'article 176 : les habitans du Comtat d'A-vignon, qui auront des terres & fermes en Pro-vence & Dauphiné, ne pourront aussi faire con-duire leurs bestiaux dans le Comtat, pour les y *assalir*, aux peines de l'article précédent.

ASSALIMENT, s. m. action par laquelle on assalit..... Empêcher de faire paître des bestiaux dans des lieux où se trouve du sel, pour procurer à leur chair un goût salin, paroîtra, sans doute, un des moyens les plus fâcheux qui puisse être employé pour faire fructifier la ferme des gabelles. Mais tel est l'effet d'un impôt vicieux par sa nature, que pour empêcher l'infraction des loix qui l'établissent, il faut prendre les mesures les plus contraires à la liberté & à la tranquillité des citoyens. *Voyez* AIDES, GABELLES.

ASSÉEUR, s. m. terme usité à la cour des aides, pour signifier un habitant d'un bourg ou d'un village, commis par sa communauté, pour asseoir les tailles & autres impositions sur chaque habitant, c'est-à-dire, pour régler & déter-miner ce que chacun en supportera, & en faire ensuite le recouvrement.

Les *asséurs* différoient autrefois des collecteurs, qui ne faisoient alors que la recette dont les pre-miers avoient arrêté le rôle ; aujourd'hui les deux fonctions sont réunies.

L'article 10 du titre 8 de l'ordonnance des gabelles, défend à tous seigneurs, gentils-hommes, juges, officiers & autres personnes, de quelque qualité & condition qu'elles soient, d'intimider ou contraindre les *asséurs*, à peine d'être privés de leurs charges, fiefs & droits de haute justice, & autre punition exemplaire, de faire faire les nominations & les rôles de l'impôt du sel, dans leurs châteaux & maisons, ni d'en prendre com-munication.

ASSEMBLÉE. C'est en général la réunion de plusieurs personnes en un même lieu, pour un même objet.

Dans le langage des fermes, ce mot désigne le jour où s'assemblent plusieurs fermiers géné-raux, nommés par le ministre des finances, & présidés par l'un d'eux, également choisi par le ministre, pour être chargés spécialement de l'administration de telle ou telle partie des droits des fermes.

Chaque fermier général qui a un département, c'est-à-dire, qui suit la correspondance relative au contentieux & à la police de cette même partie, dans un certain nombre de provinces, fait à ces *assemblées* le rapport des affaires &

des questions qui se sont élevées dans son dépar-tement ; on y lit les lettres qu'il juge propres à les terminer & à les résoudre, ou à rétablir la discipline, s'il s'agit de police ; & elles sont signées par les assistans.

Il y a des *assemblées* pour les gabelles, pour les entrées de Paris, pour le tabac, pour les traites.

Dans la régie générale, dans l'administration des postes, dans celle des domaines, &c. il est aussi des jours d'*assemblées*, ou de comité, où se traitent les affaires respectives, de la même manière qu'à la ferme générale.

Voyez COMITÉ.

ASSIETTE, s. f. Il signifie à la fois l'action d'asseoir la taille, & le rôle qui comprend les noms des paroisses de toute une élection, avec la quotité des sommes que chaque paroisse doit pour sa taille. Ainsi on dit, on a fait l'*assiette* des tailles ; & le rôle a été dressé sur l'*assiette* de l'élection.

Ce sont les intendans des provinces qui font l'*assiette* des tailles dans les élections, avec les officiers de ces jurisdictions.

ASSIETTE est aussi un terme d'aides. Vendre du vin à l'*assiette*, c'est l'opposé de vendre du vin à pôt. Dans le premier cas, c'est donner à manger à ceux à qui on débite le vin, & par conséquent leur servir des *assiettes*.

Dans le second cas, quoiqu'on vende égale-ment du vin en détail, il n'est pas permis de mettre une nappe devant les buveurs, ni de leur donner à manger.

Les cabaretiers, hôteliers & taverniers mar-chands de vin, vendent à *assiette* ; les bourgeois vendent à pôt.

ASSIETTE est encore en usage dans les eaux & forêts, & sert à désigner le canton qu'on veut mettre en coupe dans une forêt. Ce sont les offi-ciers des jurisdictions qui vont faire l'*assiette* des ventes.

ASSIGNATION, s. f. En procédure de finances, c'est un acte judiciaire par lequel on signifie à quelqu'un, d'avoir à se présenter à un tribunal de judicature, pour y répondre à des demandes, ou se voir condamné à des peines.

La déclaration du 17 février 1688, renouvellée le 5 janvier 1740, prescrit, à cet égard, toutes les formalités qui s'observent relativement aux droits de gabelle.

Tous exploits d'*assignation* doivent être donnés à personne, au domicile des parties, & contenir les conclusions & sommairement les moyens de la demande, à peine de nullité.

Les demandeurs sont tenus, sous la même peine, de faire donner, dans la même feuille du cahier de l'exploit, copie des pieces sur lesquelles la demande eft fondée, ou des extraits, fi elles font trop longues.

À l'égard des demandes faites à des communautés de paroiffe, la fignification doit avoir lieu un jour de dimanche ou de fête, à l'iffue des offices, en parlant au fyndic, ou marguillier, en préfence de deux habitans au moins, que le fergent eft tenu de nommer dans l'exploit, à peine de nullité, & de vingt livres d'amende contre lui.

À l'égard des villes où il y a des maires & échevins, les *affignations* pour l'acquittement de l'impôt du fel, doivent être données à leurs perfonnes ou domicile.

Les délais des *affignations* font fixés à trois jours, à l'égard des perfonnes domiciliées dans le lieu où le fiège de la jurifdiction eft établi, & à huitaine, pour ceux qui réfident hors de l'étendue du reffort.

Il eft à obferver que le jour de la fignification de l'exploit, ni ceux de l'échéance ne font point compris dans le délai de l'*affignation*; mais que les jours de dimanche, fêtes & de vacation, doivent être comptés.

Voyez cet article dans le DICTIONNAIRE DE JURISPRUDENCE.

ASSIGNATION, f. f. ordonnance, mandement ou refcription, dont l'objet eft de faire payer par un comptable une fomme quelconque, dans un tems fixé.

Les tréforiers généraux de la guerre, de la marine, &c. reçoivent des *affignations* fur diverfes fermes, ou fur des recettes, pour faire les fonds deftinés à leur fervice.

ASSIGNER, v. a. donner une ordonnance, un mandement ou une refcription à quelqu'un, à l'effet de recevoir d'un comptable le paiement d'une fomme fpécifiée dans l'ordre préfenté.

ASSIGNER, v. a. donner affignation à comparoître devant un juge. *Voyez* ASSIGNATION.

ASSIMILATION, f. f. action d'affimiler une chofe à une autre. Il eft de certains droits qui fe perçoivent par *affimilation*; tels font ceux de la douane de Valence.

Ce droit étant, par fa nature, une forte de péage impofé fur les matieres, fans diftinction de la forme & de la valeur qu'elles ont reçue, l'arrêt du confeil du 26 août 1760, a ordonné que les marchandifes obmifes dans le tarif de la douane de Valence, qui n'eft compofé que de neuf articles, acquitteroient les droits, d'après l'*affimilation* qui pourroit en être faite aux marchandifes qui y font comprifes.

Mais cette méthode d'*affimilation* peut donner lieu à beaucoup de difficultés; car elle fuppofe dans les commis qui la pratiquent, des connoiffances parfaites de la nature, de la conftitution, de l'ufage & de l'emploi des objets qui leur font préfentés, pour qu'ils puiffent les affimiler, avec

juftefle, à des objets dénommés dans leurs tarifs, & réuniffans les mêmes qualités & les mêmes avantages.

ATTACHE, f. f. C'eft, en matiere de tailles, l'enrégiftrement des commiffions adreffées aux bureaux des finances des différentes généralités du royaume. Après cet enrégiftrement, ces commiffions font revêtues d'un mandement adreffé aux officiers de l'élection, pour les inviter à travailler en toute diligence, à l'affiette, à l'impofition & au département de la fomme générale, portée dans la commiffion fur laquelle eft inferit le mandement.

ATTRIBUTION (de jurifdiction), f. f. C'eft le pouvoir donné par le fouverain, à un juge, de connoître de certaines affaires, à l'exclufion de tous autres juges.

La connoiffance des conteftations qui s'élevent au fujet des droits du roi, eft attribuée, en premiere inftance, à différens juges, établis exprès. Tels font les officiers des élections, des greniers à fel, pour tout ce qui concerne les droits d'aides, gabelles, & le tabac; les maîtres des ports en Provence & en Languedoc, & les juges des traites pour les droits d'entrée, de fortie, & de circulation; les intendans pour les droits de domaine, droits rétablis, &c., &c.

Les commiffions de Reims, Valence, Saumur, &c. ont reçu l'*attribution* de toutes les affaires criminelles qui concernent la contrebande en fel, en tabac & en marchandifes prohibées. *Voyez* COMMISSION.

ATTROUPEMENT, f. m. qui fignifie la réunion de cinq perfonnes & au-deffus. L'*attroupement* donne à la contrebande, aux fraudes, & même aux contraventions, un caractère de gravité qui les rendent fufceptibles de peines plus féveres, que fi elles avoient été pratiquées par des perfonnes ifolées.

Les déclarations du 30 janvier 1717, & 12 juillet 1723, régiftrées dans les cours des aides de Paris & de Rouen, prononcent la peine de mort contre tous foldats vagabonds, & gens fans aveu, qui font *attroupés* au nombre de cinq & au-deffus, avec armes offenfives, entrant ou efcortant, foit de jour, foit de nuit, des boiffons, du bétail à pied fourché, de la viande & toute autre denrée & marchandifes fujettes aux droits, ou de contrebande; ou qui s'oppofent, avec violence, aux vifites des commis, & commettent des excès dans les bureaux.

Les lettres-patentes du 8 décembre 1722, & un arrêt du confeil du 2 août 1729, enjoignent aux fyndics & habitans des bourgs par lefquels il paffera des particuliers *attroupés*, & conduifant des chevaux chargés de contrebande, de fonner le tocfin, pour les faire arrêter, à peine de complicité & de cinq cents livres d'amende. La fraude & la contrebande par *attroupement*, font des cas dont la compétence appartient aux commissions. *Voyez* ce mot.

AUBAIN, ad. & f. On donne ce nom à un étranger décédé dans le royaume, fans y être naturalifé, & dont la fucceffion eft, en conféquence, dévolue au fifc, ou domaine du roi.

AUBAINE, f. f. par lequel on défigne le droit que le fouverain a de recueillir la fucceffion d'un aubain.

L'efprit philofophique, qui a fait tant de progrès dans ce fiecle, & qui n'eft que la raifon mieux connue, a fait fentir aux fouverains qu'il étoit également humain & avantageux, de renoncer au droit d'*aubaine*.

Le roi de France en a donné divers exemples, en paffant des traités ou conventions avec plufieurs princes, pour abolir ce droit en faveur de leurs fujets refpectifs.

Tel eft l'objet du traité du 15 août 1761, avec les rois d'Efpagne & des deux Siciles.

Des lettres-patentes du mois de mai 1764, en faveur des habitans d'Aix-la-Chapelle.

De la convention du 23 novembre 1765, avec le Marcgrave de Baden Dourlach.

De celle du 10 mars 1766, avec le duc des Deux-Ponts.

De celle du 3 août 1766, avec l'impératrice reine de Bohême & d'Autriche.

De celle du 23 août 1768, avec le prince évêque de Spire.

De celle du 12 octobre 1768, avec l'archevêque de Cologne.

De celle du 19 décembre 1768, avec le prince évêque de Liége.

Des lettres-patentes du mois de février 1769, en faveur de la nobleffe immédiate de l'empire des cercles de Suabe, Franconie & du Rhin.)

Des lettres-patentes du mois de novembre 1774, renouvellant, en faveur des citoyens & habitans des vingt-trois villes impériales dénommées, l'exemption du droit d'*aubaine*, qui leur avoit été accordée en 1710.

De celles du 12 janvier 1775, renouvellant le même privilège accordé en 1770, aux habitans de la ville impériale de Rentlingen.

De la convention du 28 février 1774, avec la république de Venife.

De celle du 25 janvier 1776, avec le prince de Naffau Weilbourg.

De celle du 20 juillet 1776, avec l'électeur de Saxe.

De celle du mois de feptembre de la même année, avec le prince de Schwartrenberg.

De celle du 29 octobre de la même année, avec la république de Ragufe.

De celle du 16 mai 1777, avec le prince de Naffau Ufingen, pour renouveller en faveur de fes fujets le privilège qui leur avoit été accordé en 1767.

Enfin, de celle du 12 novembre 1782, en faveur des fujets du comte de la Leyen.

AUDITEURS DES COMPTES, officier de la chambre des comptes, créé pour examiner, clorre & arrêter tous les comptes des comptables qui ont le maniement des deniers royaux.

Les *auditeurs des comptes* font feuls rapporteurs des comptes, & de tout ce qui en dépend; par conféquent, juges examinateurs de toutes les pieces qui fervent à l'appurement des comptes, & à la décharge des comptables.

Ils font auffi rapporteurs de toutes les lettres ou pieces propres à juftifier de l'emploi régulier d'une fomme rayée ou mife en fouffrance.

Ce font encore les *auditeurs des comptes* qui expédient les attaches fur les foi & hommage, aveux & dénombremens, fermens de fidélité, & fur les déclarations du temporel.

Voyez le traité de la chambre des comptes, & le mot AUDITEUR, dans le dictionnaire de jurifprudence.

AUGMENTATIFS (droits). On diftingue par cette qualification, les droits des fermes qui ont reçu quelque augmentation, poftérieurement à la conceffion d'un privilège. Ces droits ont ordinairement pour objet, ou de conferver dans le royaume une matiere néceffaire à l'aliment de l'induftrie nationale, ou de repouffer le produit de l'induftrie étrangere.

Dans le premier cas, ces *droits augmentatifs* font impofés à la fortie du royaume.

Dans le fecond, ils le font à l'entrée. On doit en exiger le paiement malgré les privilèges des foires. *Voyez* DROITS UNIFORMES.

AUGMENTATION DE GAGES. C'eft une addition qui s'accorde aux pourvus d'office de toute nature, en raifon d'un fupplément de finance qui eft demandé.

Un édit du mois d'août 1758, créa une *augmentation de gages* d'un million de livres, à répartir entre tous les pourvus & les propriétaires des charges du royaume, en finançant, par eux, une fomme de vingt millions.

En 1770, il fut encore créé une *augmentation de gages* de fix cents mille livres, en faveur des trois cents fecrétaires du roi du grand collège, dont on exigea une finance à raifon du denier vingt.

La même année, autre édit, qui ordonne une *augmentation de gages* à différens officiers; favoir, deux cents mille livres aux tréforiers payeurs de tout genre; deux cents mille livres à d'autres officiers, non compris ceux de judicature.

Quatrieme édit ordonnant une *augmentation de gages* aux officiers de la chancellerie, en payant un fupplément de finance de huit cents mille livres.

AUMONE, f. f. peine pécuniaire prononcée par les juges, pour facrilèges, fait de débauche & autres cas où il n'y a lieu à une amende envers le roi, & où la condamnation d'œuvre pie fait partie de la réparation. Pour tous les autres crimes & délits, c'eft en l'amende que les prévenus doivent être condamnés, & les juges ne peuvent faire aucune converfion ni application.

La recette des *aumônes* prononcées en juftice, doit être faite par les receveurs des amendes & autres droits du domaine, pour en compter fuivant l'application ordonnée par les fentences & jugemens. Il en eft dû, en même tems, les huit fols pour livre, qui reftent au profit du roi, ainfi que le droit de quittance, lequel eft de fix fols huit deniers, non compris les fols pour livre accefloires.

AUTRICHE (Impofitions d').

On comprend fous le nom d'*Autriche*, l'Autriche proprement dite, la Stirie, la Carinthie, la Carniole, le Frioul Autrichien, le Littoral, ou les côtes de la mer Adriatique, Gradifca, le comté de Gorice & le comté de Cilley.

Chacune de ces provinces a fon adminiftration & fes états à part; mais la contribution & les autres impôts y font à-peu-près les mêmes, & s'y perçoivent de la même maniere.

Anciennement, & même dans le dernier fiecle, les états de ces provinces jouiffoient de privilèges très-étendus. On les voyoit fouvent refufer de déférer aux demandes de leur fouverain. L'empereur Léopold a reftreint ces privilèges, & n'a confervé à ces états que ceux dont jouiffoient les états de Bohême.

En 1762, on reconnut que les états tenoient une caiffe fecrette, qu'ils rempliffoient en augmentant le montant de la fomme des impofitions.

La forme de l'adminiftration fût changée; on deftitua les malverfateurs; mais les impofitions refterent au taux où elles avoient été portées.

Ainfi, dans l'ordre actuel des chofes, les états n'ont que le droit de déterminer la fomme que chaque ville ou feigneurie doit fupporter dans la contribution générale de la province. Ils font en même tems refponfables de la rentrée des deniers provenans de cette contribution, dont chaque quartier doit être remis d'avance dans la caiffe impériale.

La répartition générale fe fait d'après un ancien cadaftre, par lequel eft déterminée la portion que chaque ville & chaque feigneurie doit fupporter. On expédie en conféquence des mandemens aux officiers municipaux & feigneuriaux, qui, d'après ces mandemens, & un cadaftre particulier, règlent la portion que chaque communauté dépendante d'une même feigneurie doit acquiter.

Ces officiers font tenus de raffembler les deniers qui proviennent de la contribution, & de les

verfer dans l'une des caiffes des états qui leur eft affignée.

Ils ne jouiffent d'aucune rétribution particuliere pour ce travail, & la plus légere négligence de leur part, eft punie par des amendes.

Lorfque la portion qui doit être acquittée par chaque ville & par chaque communauté dépendante d'une même feigneurie, eft ainfi réglée par les officiers municipaux & feigneuriaux, les prépofés de chaque communauté fixent, d'après un cadaftre qui contient l'énumération de tous les biens fujets à contribution, la portion que chaque particulier doit acquiter.

Cette portion a été déterminée dans le principe, par la valeur réelle de chaque fonds fixé, foit d'après les titres de propriété & d'acquifition qui ont été reprefentés par les propriétaires, foit d'après des eftimations faites par des experts, lorfque les titres n'étoient pas en forme authentique, ou qu'ils n'établiffoient point fuffifamment la valeur des fonds: ainfi, chaque propriétaire fait ce qu'il doit acquiter.

Anciennement les biens nobles, ceux du clergé & tous les fonds qui n'étoient point attachés à des maifons roturieres, étoient exempts de la contribution; mais depuis 1748, tous les biens fonds, même ceux qui forment le patrimoine du fouverain & des églifes, font fujets à l'impofition.

Les feigneurs, en Autriche, font, ainfi qu'en Bohême, refponfables des taxes de leurs vaffaux, & ont, par cette raifon, intérêt à leur faciliter les moyens de s'acquitter.

Lorfqu'un feigneur eft en retard de porter le montant de fa contribution dans la caiffe des états au jour indiqué, les états paient pour lui; mais ils exigent, dans ce cas, dix pour cent d'intérêt de leurs avances. Ils donnent deux ans pour les rembourfer, & fi le rembourfement n'eft pas fait au terme, ils font faifir la terre.

Si cette terre forme un *majorat*, le revenu en appartient aux états, jufqu'à ce qu'ils foient remplis de ce qui leur eft dû.

Si c'eft une terre libre, elle eft vendue fur le champ au plus offrant & dernier enchériffeur, & on prélève, fur le prix, les fommes qui font dûes aux états.

Il exifte auffi une contribution fur l'induftrie: la répartition s'en fait en exigeant de ceux qui en font fufceptibles, une déclaration, fous la foi du ferment, du produit annuel de leur induftrie: elle ne porte que fur les habitans des villes & des bourgs.

Les autres impofitions qui fe levent dans l'Autriche, font les mêmes que celles qui ont lieu dans la Bohême. (*Mémoires concernant les impofitions & droits en Europe; de l'imprimerie royale, in-4°. 1768*). *Voyez* BOHÊME.

AVANCE (fonds d'). Sommes que les intéreffés dans les affaires de finances, font obligés de faire, pour affurer l'exécution des engagemens qu'ils ont pris avec le miniftère.

Lorfque l'adminiftration infpire une grande confiance, elle n'eft pas dans le cas de demander ces *avances* aux financiers, ou du moins elle les réduit aux fommes propres à garantir la fûreté de leur manutention, ou l'exploitation de leurs privilèges excluſifs. Elle trouve plus d'avantage à ouvrir un emprunt, qu'à recevoir, à l'*avance*, des fommes des financiers, auxquels il faut accorder un intérêt plus haut qu'au public. D'ailleurs, la méthode d'exiger des *fonds d'avance*, a l'inconvénient de rendre les financiers néceffaires, & d'ôter la liberté de faire les opérations les plus utiles au bien général. Elle eft auffi un obftacle aux réformes qui tendent à diminuer leurs bénéfices.

En 1720, un arrêt du confeil du 22 janvier, ordonna le rembourſement de tous les *fonds d'avance* remis par ceux qui avoient traité d'affaires extraordinaires.

Sans les divers emplois que la finance offre fans ceffe, a dit le grand homme de qui nous avons emprunté le portrait d'un véritable adminiftrateur des finances, l'intérêt de l'argent feroit bientôt auffi bas en France que par-tout ailleurs.

Un particulier qui tire de fes fonds neuf à dix pour cent, fe détermine aifément à en donner fix & fept dans les circonftances difficiles ; & le prêteur qui a joui d'un pareil avantage, ne peut plus fe réfoudre à en prêter au taux légal, qui eft déja trop fort, & qui ne fait aucune proportion avec l'abondance des matieres d'or & d'argent.

Les *fonds d'avance*, dans la ferme générale, font d'un million cinq cents foixante mille livres par place.

Dans la régie générale, ils font d'un million par fol d'intérêt. A la fin de 1781, il leur a été demandé un fupplément de cent mille livres.

Ceux de l'adminiftration générale des domaines, font également d'un million par fol d'intérêt ; & cent mille livres d'augmentation, demandées en même tems qu'aux régiffeurs généraux.

Ceux de chaque adminiftrateur des poftes, font de fix cents mille livres.

Il eft plufieurs autres compagnies de financiers, affociés pour exploiter une branche des revenus royaux, & qui ont également donné des *fonds d'avance*.

Telle eft la compagnie des poudres & falpêtres ; celle des meffageries, celle des fiacres, qui a obtenu en 1780 un privilège excluſif pour trente années.

A l'égard des gardes du tréfor royal, des tréforiers généraux, receveurs généraux des finances, & autres places de ce genre, ce font des offices auxquels font attribués des gages, en raifon du montant de l'évaluation de chaque charge.

AVARIA. Impofition qui fe leve dans les états de Gênes, & confifte dans une taxe établie fur les biens fonds proportionnée à leur valeur déterminée par un cadaftre.

Cette taxe revient communément à cinq pour cent.

Il y a auffi une *avaria* ou impofition perfonnelle, qui répond à notre capitation. *Voyez* GÊNES.

AVIGNON (Comtat d').

Quoique la ville d'*Avignon*, & le petit pays dont elle eft la capitale, foient foumis à une domination étrangere, il n'en eft pas moins vrai que le tout ne doive être confidéré comme un ancien démembrement de la France. Indépendamment de cet afpect, fous lequel fe préfente le *Comtat d'Avignon*, fa fituation fur les bords d'un des plus grands fleuves du royaume, & entre trois provinces confidérables, lui donne avec elles des rapports qui ont néceffité des précautions pour empêcher une communication nuifible aux revenus du roi, & préjudiciable à l'induftrie de fes fujets.

En conféquence, le gouvernement, fans voir dans le *Comtat d'Avignon*, un pays abfolument étranger, a néanmoins cru devoir mettre quelque différence entre le traitement que fupporteroient dans leur commerce avec la France, les fujets d'une domination étrangere, & celui qui feroit fait aux nationaux. C'eft donc relativement aux droits de la ferme générale, qu'il convient d'expofer la condition des habitans du *Comtat*.

Le pape y jouit de la vente excluſive du fel & du tabac ; mais ce font les fermiers generaux de France qui afferment ce droit, pour la fomme de vingt-quatre mille livres, afin d'être autoriſés à garantir les provinces voifines du verſement qui s'y feroit, fi la vente du fel étoit entre des mains intéreffées à favorifer la confommation du *Comtat*.

En conféquence, le vice-légat du pape paffe aux fermiers généraux un bail dont ils paient le prix à la chambre apoftolique.

Le fel ne vaut que fix livres dix fols le minot, mefuré à la pelle, dans le *Comtat d'Avignon*, tandis qu'il eft de vingt-trois à vingt-fix livres dans les provinces voifines qui confinent au *Comtat*, & mefuré à la trémie. Auffi n'en délivre-t-on qu'une quantité réglée fur le dénombrement des comtadins ; & des beftiaux qu'ils nourriffent.

A l'égard du tabac, jufqu'en 1734 il en a exifté des plantations ; mais à cette époque leur deftruction fût ordonnée par arrêt de fa fainteté, du 31 mars. Le vrai motif de ce réglement, fut d'arrêter les verfemens qui fe faifoient hors du *Comtat* ; & il fut paffé bail du privilège de la vente excluſive dans le *Comtat*, moyennant une fomme de deux cents trente mille livres, que les fermiers généraux s'obligerent de payer chaque année, de trois mois en trois mois. En vertu de cet arrangement, le tabac s'y vend au même prix qu'en France, & la régie de cette partie y est suivie de la même maniere. *Voyez* TABAC.

Antérieurement à la possession éventuelle du *Comtat* par le pape, ce pays, appelé *Comté de Venisse*, *Comtat Venaissin*, formoit un état séparé de la ville d'*Avignon*, qui, avec son territoire, en composoit un autre, & tous deux étoient fiefs de l'Empire, comme dépendans de l'ancien royaume d'Arles.

En 1228, le jeune Raimond de Toulouse, fils du malheureux Raimond VI, dépouillé de ses états par le concile de Latran, avoit été rétabli dans la succession de son pere par Innocent III ; mais pour obtenir l'absolution de ses torts, & cautionner sa fidélité à l'église Romaine, il céda, à titre de dépôt, par traité du 10 décembre, le marquisat de Provence & le pays Venaissin.

Douze années après, l'empereur Frédéric II, s'étant brouillé avec Grégoire IX, ce prince s'empara du comté de Venisse, comme seigneur suzérain, & le rendit à Raimond VII.

La fille de ce Prince avoit apporté son héritage en dot à Alphonse, comte de Poitiers, frere de saint Louis. La mort de ces deux épouxe fit réunir à la couronne leurs états, qui comprenoient la Provence, le pays Venaissin avec une partie de la ville d'*Avignon*, & le comté de Toulouse.

Philippe le Hardi, à qui échut cette riche succession, remit, en 1272, le comté Venaissin à Grégoire X, qui réclama la possession d'Innocent III, suivant les clauses du traité de Méaux, du 10 décembre 1228.

La ville d'*Avignon* & son territoire, qui étoient restés unis à la Provence, ne passerent aux papes que sous le pontificat de Clément VI, qui l'acheta, par contrat du 15 juin 1348, de la fameuse Jeanne, reine de Naples, moyennant quatre mille écus d'or, qu'on prétend n'avoir jamais été payés.

Quoi qu'il en soit, il y a apparence que le *Comtat* & la ville d'*Avignon*, renfermés dans le royaume, furent toujours traités comme un état étranger dans les relations qu'ils pouvoient y avoir, jusque vers le milieu du seizieme siecle ; époque à laquelle on fixe les premiers privilèges que les habitans d'*Avignon* ont obtenu des rois de France.

Ces privilèges se bornerent d'abord, suivant les lettres-patentes du mois de février 1535, de François Ier., à rendre ces étrangers habiles & dispensés, pour tenir & posséder dans le royaume toute sorte de bénéfices séculiers & réguliers. Dans la suite le même monarque, en reconnoissance des secours de subsistance, que ces habitans lui avoient fourni pendant les guerres, & en considération de ce que la ville d'*Avignon* est enclose dans le royaume, les exempta, par lettres-patentes du mois de septembre 1543, du droit de l'imposition foraine & de l'écu par

tonneau sur les denrées & marchandises qu'ils tireroient du royaume pour leur consommation.

Une somme de trois mille livres donnée en 1554 à ce prince, par ces mêmes habitans, leur procura de nouvelles lettres-patentes semblables aux premieres.

Les successeurs de François Ier confirmerent ces faveurs jusqu'à Louis XIII, sous lequel elles reçurent quelques restrictions, par l'établissement des bureaux de la foraine, fait en 1621, dans toute la circonférence de la Provence. Dès-lors le *Comtat d'Avignon*, exempt en général de toute foraine dans son commerce avec le royaume pour tous les objets de sa consommation, n'eut plus de privilège qu'à l'égard de cette province, dans laquelle il étoit incorporé, par sa qualité de régnicole, aux termes des lettres-patentes du mois d'octobre 1571, & de l'arrêt du conseil du 9 septembre 1605.

Il y est dit, « que les Avignonois ne pourront » être contraints au paiement d'aucun autre droit » & imposition, que celles auxquelles les naturels » françois sont assujettis, tant pour le transport » de l'argent d'une province en une autre, que » pour celui des denrées & marchandises ». Les lettres-patentes du mois de mars 1611, qui confirmerent ces habitans dans l'exemption de la foraine, ajouterent : « Qu'à l'égard des droits de » douane de Lyon, il y seroit pourvu par ju- » gement ; n'entendant que pour ladite douane, » & choses sujettes à icelle, ils fussent tenus de » payer autres & plus grands droits que les sujets » de Provence ».

La déclaration du mois de septembre de cette même année, décidant sur ce dernier point, porte : « Que ces habitans ne sont censés régnicoles & » naturalisés, que par rapport au droit d'au- » baine, à la capacité de posséder des offices & » des biens dans le royaume, & à l'exemption » de la foraine ; mais que leurs privilèges ne pour- » ront les dispenser du paiement des droits de » douane de Lyon ».

Les années 1632 & 1634, furent de nouvelles époques où les comtadins se virent assujettis, par le tarif du 28 octobre 1632, comme étrangers, aux droits de douanne de Lyon, pour leurs étoffes de soie, introduites dans le royaume, & exemptés, comme originaires de Provence, par l'arrêt du 26 juillet 1634, confirmatif de celui du 5 février 1613, des droits de foraine & domaniale, sur les denrées & marchandises portées de cette province à *Avignon*, en même tems que celles qu'ils porteroient en Dauphiné & hors du royaume y sont déclarées sujettes.

C'est sous ces mêmes réserves que les privilèges du *Comtat* & d'*Avignon*, confirmés & renouvellés à l'avénement de Louis XIV à la couronne, par lettres-patentes du mois d'octobre 1643, ont subsisté depuis ce tems, & subsistent encore,

La preuve de la condition de ces habitans à cet égard, se tire de l'accommodement passé le 15 août 1688, entre le député de la ferme générale, & les habitans du *Comtat*, en préfence de M. Daguesseau, conseiller d'état & commissaire du roi.

Il faut observer ici, que le *Comtat d'Avignon* est divisé en deux parties, dont l'une appelée *Bas-Comtat*, est enclavée dans la Provence, & l'autre désignée par le nom de *Haut-Comtat*, est renfermée dans le Dauphiné ; en sorte que ces deux districts ne peuvent communiquer ensemble, qu'en empruntant le passage sur une langue de terre qui est Dauphiné.

Cette position fut le motif de l'accommodement dont il s'agit.

On voit, que par l'article premier les comtadins font affranchis de la foraine pour toutes les denrées & marchandises qu'ils font passer d'un district du *Comtat* dans l'autre, ou en Provence, ou qu'ils tirent de cette province, en empruntant les terres du Dauphiné ; que les articles 2, 4 & 5 les assujettissent, dans ce cas, à la simple douane de Valence, & les dispensent du paiement des droits de douane de Lyon ; mais que ces derniers droits font dûs sur les denrées & marchandises passans du *Comtat* en Provence & Languedoc, & non fur celles qui entrent en Dauphiné pour y être consommées ; & qui alors font sujettes à la foraine & à la douane de Valence ; étant expliqué que la douane de Lyon ne sera payée fur ces dernières que lorsqu'elles iront du *Comtat* à l'étranger par le Dauphiné.

La confirmation des immunités d'*Avignon* & du *Comtat*, accordée par les lettres-patentes du mois de mars 1716, n'y a rien changé, & la convention de 1688 n'a pas cessé d'avoir son effet jusqu'en 1727.

Les communautés du *Haut-Comtat* ; instruites par l'expérience, qu'un commerce libre avec le Dauphiné leur feroit plus avantageux que celui qu'ils faisoient avec le *Bas-Comtat* & la Provence, en payant la douane de Valence & la foraine, à cause de l'emprunt de passage en Dauphiné, propoferent à Pierre Carlier, alors adjudicataire des fermes générales, un abonnement au moyen duquel ils commerceroient avec le Dauphiné, fans payer aucuns droits ; & il fut accepté.

Ces habitans renoncerent en même tems à toute convention antérieure, notamment au bénéfice de l'accommodement passé en 1688, & demeurerent ainsi incorporés au Dauphiné quant aux droits des fermes ; fe foumettant même à la jurisdiction des traites de Montelimart, pour les difficultés qui pourroient naître fur l'exécution de leur abonnement ; & confentant de payer la foraine fur les marchandises & denrées apportées chez eux du *Bas-Comtat*, de la même maniere qu'elle eft dûe fur celles qui vont de Provence en Dauphiné, avec lequel le *Haut-Comtat* devenoit identique.

L'interdiction du commerce du royaume avec le *Comtat d'Avignon*, prononcée par les arrêts des 10 juin & 30 octobre 1731, ne changea rien à ces arrangemens. L'année fuivante, le réglement du 29 janvier 1732 ayant expressément ordonné que les droits de traite, foraine & domaniale feroient perçus fur toutes les marchandises, denrées & bestiaux qui fortiroient du royaume pour tout pays qui ne feroit pas de la domination du roi, nonobstant toute exemption, immunité & possession à ce contraires ; ces dispositions furent exécutées à l'égard du *Comtat* dans fa communication avec la Provence & le Languedoc ; mais le *Haut-Comtat* restoit toujours Dauphiné, & les droits étoient repréfentés par fon abonnement.

Les différens élevés entre la cour de Rome & celle de Versailles, & dont l'interruption du commerce avec le *Comtat* avoit été la fuite, furent arrangés au commencement de 1734. Il s'enfuivit un concordat du 11 mars de la même année, par lequel les Comtadins furent rétablis dans tous les privilèges dont ils avoient joui avant 1731 ; c'eft-à-dire, qu'ils rentrerent dans les immunités attachées à la qualité de régnicoles de Provence, qui les affranchissoit des droits de fortie dûs fur les marchandises passant de cette province dans le *Bas-Comtat*.

Indépendamment de cette faveur, qui n'étoit que renouvellée, l'arrêt du 16 mars, conféquent au concordat, y en ajouta une autre que les Comtadins n'avoient jamais obtenue. Ce fut la liberté d'emprunter les terres de France fans payer aucuns droits pour communiquer d'un district du *Comtat* en l'autre. Cet arrêt approuva en même tems la liberté de commerce établie entre le *Haut-Comtat* & le Dauphiné, par l'abonnement passé avec la ferme générale ; enforte que cette double communication a prefque anéanti la perception des droits dûs, dans le commerce de la Provence avec le Dauphiné, ou du moins a procuré une grande facilité pour l'éluder.

La Provence envoie dans le *Bas-Comtat* en exemption de droits, à cause de la qualité de régnicole ; le *Bas-Comtat* expédie de même, pour le *Haut*, en vertu du transit permis par l'arrêt de 1734 ; & le *Haut-Comtat* commerce avec le Dauphiné en franchife, d'après fon abonnement, qu'il s'eft empreffé de renouveler le 30 avril de cette même année 1734.

C'eft donc d'après ces différentes autorités qu'il faut établir la condition actuelle du *Comtat*, à laquelle fa réunion momentanée à la couronne, depuis 1768 jufqu'en 1773, n'a pas plus apporté de modification que les lettres-patentes du mois de décembre 1774, lefquelles confirment purement & fimplement celles de 1643 & de 1716.

Une remarque importante à faire fur ce pays, c'eft que fa position le foumet forcément à toutes les prohibitions générales qui ont lieu à l'entrée & à la sortie du royaume ; que sa qualité de régnicole de Provence, lui procure différens privilèges, parmi lesquels il faut sur-tout compter l'exemption des droits de sortie de cette province, de façon qu'il a plus d'avantages à cet égard que le Dauphiné ; & qu'enfin sa condition d'état sous une domination étrangere, le rend sujet à une partie des loix politiques, qui ont en vue d'assurer une préférence au commerce & à l'industrie des sujets naturels, & d'écarter les objets qui pourroient y préjudicier.

D'après cet état des choses, le *Comtat* ne peut envoyer à l'étranger, ni en recevoir les marchandises & denrées dont la sortie ou l'entrée est défendue en France.

Les étoffes de soie du *Comtat*, ne paient à leur entrée dans le royaume, que la moitié en sus des droits qui se perçoivent sur les étoffes nationales, & peuvent être commercées en Provence, Dauphiné & Languedoc, aux termes de l'arrêt du 13 mars 1717, pourvu qu'elles soient revêtues de marques qui constatent leur origine, sans passer par Lyon, ainsi que les étoffes étrangeres y sont soumises.

Les soies, de quelque qualité qu'elles soient, paient sept sols par livre ; c'est-à-dire, moitié moins que les soies apportées des pays étrangers, tandis que les soies nationales sont affranchies de tous droits, à leur circulation dans le royaume.

Les étoffes de laine ne paient aussi, à leur entrée, que les droits ordinaires, & non ceux qui ont lieu sur les especes étrangeres, & qui ne peuvent être introduites que par Calais & saint Valery.

La fabrication des toiles peintes étant défendue dans toute l'étendue du *Comtat*, suivant l'article deux du concordat, ce pays est traité comme national, pour les toiles peintes qui y sont portées, ou qui en viennent, & il n'est dû d'autres droits, que ceux qui paient ces marchandises, lorsqu'elles passent d'une province en une autre.

Afin de prévenir le préjudice qui pouvoit résulter du transit franc, accordé aux Comtadins, pour leur commerce entre-eux, il a été déclaré nul, à l'égard des soies, des cocons, des étoffes de soie & de laine : « Voulant, porte l'article » sept de l'arrêt de 1734, que les droits établis » à l'entrée du royaume, sur les étoffes, sur les » soies & cocons, soient perçus au profit de sa » majesté, dans le cas où l'on emprunteroit les » terres de son obéissance, pour les faire passer » d'un lieu à l'autre de l'état d'*Avignon*, & du » Comtat Venaissin ».

Le *Comtat* n'est donc ni absolument étranger pour les étoffes de soie & les soies, ni absolument national ; il participe néanmoins de cette derniere qualité, pour les étoffes de laine, qui, suivant

l'ordonnance du vice-légat, du 4 novembre 1734, doivent porter une marque caractéristique de leur origine ; mais aussi le commerce de ces especes, d'un district du *Comtat* à l'autre, est sujet aux mêmes droits, que pour entrer dans la province dont elles empruntent le territoire.

De cette distinction, établie entre différentes especes de marchandises, dont les unes sont affranchies de droits, & les autres y sont sujettes, jointe à la qualité de régnicole de Provence, laquelle n'a d'effet qu'à la sortie de cette province, sur la foraine, & n'en a aucun à l'égard de la douane de Lyon, il est résulté de l'incertitude en divers cas de perception, & de la variété dans le traitement qui est fait aux mêmes marchandises du royaume, expédiées pour le *Comtat*.

Ainsi les étoffes & les gazes envoyées de Paris dans le *Comtat*, ne sont assujetties à aucun droit, de la même façon que si elles passoient en pays étranger, suivant les arrêts de 1743 ; & cependant ces mêmes étoffes & ouvrages, expédiés de Lyon, du Dauphiné & du Languedoc, pour le *Comtat*, acquitent tous les droits locaux ; comme s'ils passoient simplement en Provence.

La mercerie & la quincaillerie, portées de Lyon à *Avignon* & *Comtat*, n'acquitent que le droit d'un pour cent, perceptible à leur exportation pour l'étranger. Celles qui en sont apportées dans le royaume, paient les droits imposés par les arrêts des 3 juillet 1692, & 15 mai 1760. Ce sont les seuls articles sur lesquels il y ait unité & conséquence de perception, avec les grains & les bestiaux, pour lesquels le *Comtat* a long-tems été absolument étranger.

Il l'est encore pour les pattes, drilles & vieux drapeaux destinés à l'aliment des fabriques de papier, sans être étranger pour les papiers qui y sont portés du royaume. Il est étranger pour les cotons filés, & ne l'est pas, pour les cotons en laine.

Les cotons filés de la principauté d'Orange, qui est enclavée dans le *Comtat*, ont été assujettis au droit prohibitif de vingt livres du quintal, par décision expresse du conseil, du 7 février 1762. Cependant les cotons en laine, qui passent de Provence en *Comtat*, n'acquitent aucun droit.

Il est étranger pour les cuirs & les huiles d'olive qui en viennent, non pour ceux qui y vont.

Les cuirs préparés, ou ouvrés, apportés du *Comtat* dans les provinces voisines, acquitent les droits dûs sur les cuirs étrangers, & ceux qui y passent paient les droits de sortie ; néanmoins les droits de marque ne sont pas restitués dans ce cas, comme ils doivent l'être sur les cuirs tannés, exportés à l'étranger.

Les huiles d'olive du *Comtat*, sont traitées, dans le royaume, comme huiles étrangeres à leur

I

importation. Celles du royaume qui y font portées, paient comme pour aller dans l'intérieur. Pour les huiles de poiſſon de pêche françoiſe qui y paſſent, le *Comtat* devient national; il devient étranger pour celles qui en viennent.

Il l'eſt enfin, pour les thés, cafés, porcelaines qu'il importe dans le royaume, & non pour les thés, cafés, porcelaines qu'il en exporte.

Les thés & cafés, ſuivant une explication donnée en 1744, doivent, en venant du *Comtat*, les droits d'entrée du royaume, & les cacaos ne les doivent pas; cependant ces trois eſpeces ne peuvent être arrivées, au *Comtat*, qu'après les avoir payés, puiſqu'à cet égard il n'eſt pas pays étranger, & que les droits acquités ſur les thés ne ſont pas rembourſés, quand ils ſont envoyés dans le *Comtat*.

A l'égard des cafés; ne pouvant en être introduits dans le royaume par terre, que par Lorient & Septemes, en payant vingt-cinq livres du quintal, celui qui eſt porté du *Comtat* en Languedoc, actuellement ne doit rien, puiſqu'il eſt cenſé avoir payé tous les droits à l'entrée du royaume.

De ces détails il faut conclure, qu'il n'y a aucun principe ſûr, d'après lequel la condition du *Comtat* ſoit fixée; que ſa qualité de régnicole de Provence, utile à cette province, pour les marchandiſes qu'elle y envoie, mais inutile au *Comtat* pour celles que ce pays y porte, ainſi que dans les autres provinces voiſines, ne ſert qu'à obſcurcir l'aſpect ſous lequel il ſe préſente naturellement, puiſqu'il eſt tantôt étranger & tantôt national, ſuivant l'intérêt de l'état, relativement au commerce & à l'induſtrie de ſes ſujets, & qu'alors la politique impoſe & dirige la perception.

Il eſt vrai pourtant, que même ſous ce point de vue, il ſeroit raiſonnable d'être conſéquent, & de ne pas traiter le même pays, & comme étranger & comme national, ſur le même objet, ainſi qu'il l'eſt à l'égard des papiers & cartons. Les drilles & vieux chiffons deſtinés pour le *Comtat*, ont été aſſujettis aux droits prohibitifs, ou même abſolument prohibés, parce que ce pays eſt alors conſidéré comme étranger, & qu'on veut conſerver dans le royaume ces matieres premieres; en même tems les papiers de nos fabriques, expédiés pour le *Comtat*, ſont traités comme s'ils paſſoient dans un lieu national, tandis que les papiers du *Comtat*, qui ſont importés chez nous, ſont traités comme étrangers.

Cette bizarrerie exiſte également à l'égard des marchandiſes des Colonies & de l'Inde, portées du *Comtat* dans les provinces voiſines. Les unes y ſont aſſujetties aux droits uniformes d'entrée du royaume, quoiqu'elles n'aient pas joui de l'affranchiſſement accordé aux mêmes eſpeces; lorſqu'elles ſont expédiées des ports pour le pays étranger;

& les autres; telles que le cacao, le chocolat & le ſucre, n'acquittent que les droits locaux des provinces où elles paſſent; ce qui eſt plus juſte & plus conſéquent, puiſque ces denrées n'ont pu arriver dans le *Comtat*, qu'après avoir néceſſairement acquitté les droits d'entrée du royaume.

Pour maintenir l'exécution d'un principe ſi ſimple, il ſemble qu'il faut partir du traitement qu'éprouvent *Avignon* & le *Comtat*, ſur un objet, dans ſon commerce avec le royaume.

Ainſi, ce pays pouvant y introduire les étoffes de ſoie de ſes fabriques, en ne payant que moitié plus de droits que les étoffes nationales, il eſt naturel que celles qu'il tire du royaume, ne ſoient pas affranchies de droits comme à la deſtination du pays étranger, puiſqu'à cet égard le *Comtat* ne l'eſt pas.

La mercerie, la quincaillerie, & les papiers du *Comtat*, étant regardés comme étrangers, lors de leur introduction en Dauphiné, Languedoc & Provence, ce pays doit reſter étranger pour ces objets qu'il tire de ces provinces: de même ſur tous les autres.

Si ce parti, qui paroît propre à prévenir les variétés & les incertitudes de la perception, éprouvoit des obſtacles dans ſon exécution, il s'en préſente deux autres dans leſquels on peut choiſir.

Le premier, indiqué par la nature des lieux, ſeroit de réputer les deux diſtricts du *Comtat*, régnicoles des deux provinces dans leſquelles ils ſont reſpectivement enclavés. Le *Bas-Comtat* ſeroit Provence; & le *Haut-Comtat*, Dauphiné. Leur condition ſe préſente alors ſous l'aſpect le plus favorable. Leur induſtrie, leur commerce y gagnent toute ſorte d'avantages.

Ces deux diſtricts ne communiqueront plus à la vérité, entre-eux, avec la même liberté dont ils jouiſſent aujourd'hui, mais celle qu'ils auront avec la province dont ils feront les enfans adoptifs, les dédommagera amplement de cette privation. De ce moment, plus d'autre prohibition, à leur égard, que celles qui ſont générales à l'entrée & à la ſortie du royaume: jouiſſance de toutes franchiſes établies à la circulation, ſur les matieres premieres, & à l'exportation, ſur les matieres fabriquées. Les ports & les débouchés de la Provence, deviennent ceux du *Bas-Comtat*. Le *Haut-Comtat* acquiert les iſſues & les relations du Dauphiné. L'un & l'autre ne peuvent rien déſirer de plus heureux; car, dans l'état actuel, le *Bas-Comtat* ne fait de commerce que par la Provence; & le beſoin que le *Haut-Comtat* a du Dauphiné, eſt prouvé par l'abonnement qu'il a paſſé, pour y obtenir une communication affranchie de tous droits.

Le dernier moyen dont on peut uſer envers le *Comtat*, pour aſſurer ſa condition, quant aux droits de traites, paroît s'accorder davantage avec fa conftitution d'état étranger, & avec les vues confignées dans l'arrêt du 16 mars 1734 : vues dictées par des principes politiques, dont la nature des chofes exige la modification, furtout lorfqu'ils ne font pliés aux circonftances, que pour l'utilité du gouvernement.

Ce moyen eft de traiter ce pays comme national, dans fon commerce avec le royaume, pour tout ce qui n'eft pas objet de fubfiftance & d'induftrie, & comme étranger dans fes relations étrangeres ; c'eft-à-dire de l'affujettir aux droits d'entrée & de fortie ordinaires, fur tout ce qu'il tirera de l'étranger, ou qu'il y enverra directement.

C'eft fûrement ici le cas le plus décidé, quand on confidere que toute queftion fur ce point fe réduit à favoir, s'il eft avantageux ou préjudiciable à l'état, d'enrichir le Comtat d'Avignon, & que l'examen d'une carte de la France la réfout par l'affirmative fur la premiere propofition.

Qu'importe, en effet, que le Comtat paie moins d'impôts que les provinces voifines, fi l'induftrie de fes habitans, en prenant plus d'effor & d'activité, ne fert qu'à faire le bénéfice de ces provinces, & par conféquent y accroître la maffe des richeffes patrimoniales.

La pofition du Comtat eft fi précaire, que ce pays ne peut avoir aucune relation étrangere, que par fes voifins. Ce fecours intermédiaire leur deviendra d'autant plus avantageux, qu'il fera impoffible au Comtat de s'en paffer. Ce feront ces voifins, qui lui fourniront fes drogueries propres aux fabriques, les épiceries, les marchandifes de nos colonies, les métaux de toute efpece : autant de bénéfice pour le commerce françois.

De même les objets du cru & de l'induftrie du Comtat, ne pouvant être portés à l'étranger que par des mains françoifes : nouveau bénéfice pour l'état.

Toutes les productions du Comtat font réduites à trois, par le fol & le climat. Des vins, des huiles & des foies. Autres motifs pour traiter le Comtat de maniere à y encourager la culture : car fi ces richeffes territoriales augmentent ; les jouiffances des Comtadins fe multiplieront & s'étendront. Où en chercheront-ils, fi ce n'eft en France. Tous, en général, n'y prennent-ils pas un état ? n'y confacrent-ils pas leur perfonne, au fervice de la chofe publique.

D'ailleurs, tant que les productions du Comtat excéderont les befoins de fes habitans, elles reflueront dans le royaume. Elles y feront à d'autant meilleur marché, que l'abondance en fera plus grande, & que le pays eft moins chargé d'impofitions. Qu'en pourra-t-il arriver, fi ce n'eft de remplacer les denrées de même efpece, exportées à l'étranger, par les nationaux, en franchife, ou avec modération de droits : les huiles & les vins font fufceptibles de cette faveur : c'eft un double avantage pour l'état.

Par cet arrangement, on obvie à tous les inconvéniens de la condition préfente du Comtat, laquelle eft difforme autant que bizarre, & les Comtadins fe trouvent dans l'abfolue néceffité de ne commercer qu'avec la France, ou de n'avoir aucune relation étrangere, que par l'entremife des François.

Toutes les fois qu'ils enverront eux-mêmes des marchandifes à l'étranger, ou qu'il en arrivera pour leur compte immédiatement, elles ne pourront paffer à leur deftination, qu'en payant les droits ordinaires d'entrée & de fortie, de la province dont elles emprunteront le territoire, & il conviendroit feulement d'abolir à cet égard, toute prohibition & toute franchife.

Ainfi des matieres premieres de laine, coton, &c, deftinées pour le Comtat, paieroient les droits ordinaires à l'entrée & à la fortie de Provence ; au lieu que fi elles étoient deftinées d'abord pour un provençal qui le feroit paffer en Comtat, elles n'acquitteroient aucun droit d'entrée, & ne feroient fujettes qu'à ceux de fortie.

A l'égard des denrées de fubfiftance, comme les grains, les beftiaux, & toute efpece de comeftibles dont il eft intéreffant de conferver l'abondance dans le royaume où elles jouiffent de tout affranchiffement à la circulation, elles feroient fujettes feulement aux droits locaux dûs de province à province, fans égard à la qualité de régnicole, qui feroit réduite à ne procurer que la faculté de pofféder des biens & des offices ; de fuccéder, tefter, &c.

Les étoffes de laine, coton & foie, ou mêlées de ces matieres, pourroient être introduites dans le royaume, en payant moitié en fus des droits ordinaires dûs fur les étoffes nationales, de la même maniere que ce traitement eft établi par l'arrêt du 16 mars 1734, pour les feules étoffes de foie.

On pourroit, peut-être, même affranchir encore ces étoffes, de cette moitié de droits audeffus de ceux que paient les étoffes nationales, & n'impofer que le quart, afin d'indemnifer les Comtadins de la privation du titre de régnicole de Provence, quant aux droits de traites. Cette faveur, jointe à la levée de toutes loix prohibitives à leur égard, leur feroit infiniment plus avantageufe, & ils gagneroient en Dauphiné ce qu'ils perdroient en Provence : car la qualité de régnicole de cette derniere province, les affujettit aux droits de foraine dans leur commerce avec l'étranger, & avec les provinces du royaume où les aides n'ont pas cours ; au lieu que le Comtat, par ces principes établis, formant un état ifolé, il feroit traité dans fon commerce avec le Dauphiné, & les autres provinces du même rang, comme l'eft cette province, dont il emprunteroit le paffage ; en ne payant que la douanne de Valence, & les droits locaux dûs fur la route.

La principauté d'Orange étant absolument renfermée dans le *Comtat*, elle en subiroit nécessairement le fort, & ne pourroit plus exporter directement à l'étranger, en franchise, les draperies & étoffes de ses fabriques, afin de prévenir tout abus, facile par l'intelligence des Comtadins avec les fabriquans d'Orange : à moins qu'il ne parût plus simple de ne rien changer à ce qui se pratique actuellement.

C'est ici le lieu d'observer que les droits de douanne de Lyon, dûs, comme on l'a vu, sur tout ce qui passe dans le royaume, du *Comtat d'Avignon* & de la principauté d'Orange, qui commercent librement ensemble, d'après d'anciens traités passés avec les princes d'Orange, se perçoivent, suivant un tarif d'usage, moins fort que celui qui a lieu à l'entrée du royaume & à Lyon, sur les marchandises étrangeres; mais quelque espece que ce soit, portée du *Comtat* à Lyon, y paie les droits de douanne, comme toute marchandise venue du pays étranger. Autre bizarrerie qui, pour être ancienne, n'en est pas moins absurde, & qui peut bien avoir engendré les incertitudes & les inconséquences qui ont été remarquées. Comment réunir à la fois deux qualités opposées? Être à la fois naturel & étranger! Le *Comtat*, déclaré régnicole de Provence, devroit communiquer, comme cette province, avec le Languedoc & le Dauphiné, sans payer les droits de douanne de Lyon. Au contraire, il est traité comme étranger par-tout, même dans la province où il est naturalisé.

Il y a apparence que le paiement des droits de douanne de Lyon, ordonné sur les soies & étoffes de soie, obligées de passer à Lyon, suivant les anciennes ordonnances, toutes rendues à dessein de favoriser les fabriques & le commerce de cette ville, a été ensuite étendu à toute espece de marchandises, en conséquence des réglemens de 1611. Du moins cette probabilité s'accorde très-bien avec l'origine du tarif d'usage, qui est placée en l'année 1612.

Henri IV avoit ordonné, par lettres-patentes du mois de décembre 1605, contre les dispositions de celles du mois d'août 1599, que toute marchandise manufacturée à *Avignon*, ne pourroit entrer dans le royaume, qu'après avoir été portée à Lyon, & y avoir acquitté les droits de douanne. Les Comtadins n'avoient pas encore subi cette loi en 1611, & réclamoient sans cesse contre son exécution, en invoquant la loi de 1599. Louis XIII, par ses lettres-patentes du mois de mars 1611, confirmoit cette derniere, par laquelle Henri IV avoit permis aux habitans d'*Avignon*, de vendre leurs étoffes de soie dans le royaume, en ne payant que les mêmes droits que leurs propres sujets, sous la condition de n'y employer que des soies prises à Lyon, & que ces étoffes y seroient marquées, avant que d'être débitées dans le royaume. La déclaration du mois

de septembre, de cette même année 1611, vint ensuite prononcer, que ces habitans seroient assujettis au paiement des droits de douanne, nonobstant tout privilège, sur tout ce qu'ils apporteroient dans le royaume. Il fallut bien prendre des précautions propres à assurer ce paiement.

Dans cette vue, & pour faire cesser toute contestation à ce sujet, Urbain de la Motte, fermier de ces droits, passa, avec les consuls & députés de la ville d'*Avignon*, le 28 février 1612, une transaction par laquelle les droits furent réglés sur les étoffes de soie, à la même quotité que celle que payoient les étoffes des fabriques de Tours, à la charge que ces droits seroient perçus, dans *Avignon*, par un commis du fermier, après qu'il auroit marqué les étoffes, lesquelles le seroient préalablement de la marque du pape, & de celle d'*Avignon*.

Un arrêt de la cour des aides de Montpellier, ayant enjoint, en 1643, à Toussaint la Ruelle, adjudicataire de la douanne de Lyon, de produire les titres de la perception qu'il faisoit à *Avignon*, sur les étoffes portées du *Comtat* dans les provinces voisines, il intervint, le 16 septembre de la même année, un arrêt du conseil, qui ordonna que les droits de la douanne de Lyon, seroient payés sur les soies, denrées & autres marchandises quelconques, apportées d'*Avignon*, du *Comtat* & principauté d'Orange, dans les provinces de Languedoc, Provence & Dauphiné, par toute sorte de personnes.

Et comme la convention de 1612, abrogée en 1632, par le nouveau tarif de la douanne de Lyon, pour les étoffes de soie, qui s'y trouvent traitées comme étrangeres, subsistoit toujours pour les autres denrées & marchandises qui, sans doute, y avoient été comprises, elle reçut une nouvelle extension après l'arrêt de 1643, & de-là s'est formé le tarif d'usage d'*Avignon*.

Ce tarif a, dans la suite, été approuvé, notamment par les arrêt & lettres-patentes du 18 juillet 1724, enregistrées à la cour des comptes & aides de Provence, le 26 août de la même année.

Ce tarif paroît n'avoir ni base déterminée, ni quotité proportionnée à celle du tarif de la douanne de Lyon : plusieurs articles sont les mêmes; d'autres sont plus foibles d'un tiers ou d'un quart; mais en général, les marchandises de la classe des drogueries, paroissent n'avoir éprouvé aucune réduction de droits.

Les finances du *Comtat d'Avignon*, c'est-à-dire, le revenu que le pape en retire, ne consiste qu'en terres domaniales, & droits casuels de censives, &c. & dans le prix du bail passé avec les fermiers-généraux, pour le privilège exclusif de la vente du sel & du tabac, ce qui forme un produit d'environ trois cents mille livres,

Il ne fe leve d'autre impofition dans ce pays, qu'un droit de *poids*, dû au paffage du *Bas-Comtat* dans le *Haut*; & reverfiblement, en raifon du poids & de la qualité des marchandifes; ce droit eft très-modique, & fert à payer le prix de l'abonnement du *Haut-Comtat*, avec la ferme générale.

Tout ce revenu eft employé aux dépenfes attachées à la fouveraineté; pour le gouvernement, pour l'adminiftration de la juftice & le maintien de l'ordre public. Ainfi le pape ne retire véritablement rien du *Comtat*. Pour peu qu'il en retirât quelques fommes; ce pays feroit épuifé à la longue, puifque ce fouverain n'a nulle occafion d'y reverfer de l'argent.

Au refte, lorfque le *Comtat d'Avignon* paffa fous la domination du roi, en 1768, les premiers magiftrats du parlement de Provence difoient au miniftere, que ce pays *devoit être regardé comme une terre en décret*; ce qui fembleroit annoncer qu'il ne peut être d'aucune utilité à l'état, & que fa condition eft abfolument indifférente.

BAC

BACS, BACHOTS, BATEAUX, f. m. On ne s'arrête à ces mots, que pour rappeler les réglemens qui les concernent, dans leur rapport avec les droits du roi.

L'article 15 du titre 17 de l'ordonnance des gabelles, du mois de mai 1780, a défendu à tous fermiers des ponts & paffages, meûniers ou lavandiers, & autres, ayant fur les rivieres *bacs* & *bateaux*, de paffer ou faire paffer les faux-fauniers, à peine de complicité ; & leur a enjoint d'attacher, la nuit, leurs *bacs* & *bateaux*, à chaînes de fer, & ferrures fermantes à clefs, du côté des paroiffes des greniers, à peine de confifcation, & de trois cents livres d'amende.

L'exécution de ces difpofitions, qui n'intéreffe pas moins la police générale du royaume, que la confervation des droits des fermes, eft ordonnée par un grand nombre d'autres réglemens relatifs à toutes les parties des fermes, tels que l'ordonnance du mois de janvier 1639, celle du 20 février 1659.

Malgré leur précifion, les propriétaires des ponts & des *bacs*, leurs domeftiques & fermiers ; les voituriers, bateliers, pêcheurs, lavandiers, meûniers, & autres particuliers, ayant des *bateaux* ou nacelles, continuoient de faciliter le paffage des rivieres aux gens de guerre & autres qui conduifoient du faux fel, dans le pays de gabelles ; & au lieu d'enchaîner leurs *bacs* & *bateaux*, au defir des commis prépofés pour l'exiger, & d'en donner les clefs à ces commis, ainfi que de leur prêter main-forte, à toute réquifition, ils refufoient de les paffer, lorfqu'ils fe mettoient en devoir de fuivre les faux-fauniers ; ce qui donnoit à ceux-ci le tems de fe procurer des retraites.

Ces confidérations déterminerent le confeil à rendre, le 13 mai 1660, un arrêt, qui fit défenfes aux propriétaires des *bacs* & *bateaux* établis fur les rivieres fituées dans l'étendue des gabelles, & dans les cinq lieues limitrophes des dernieres paroiffes en dépendantes, ainfi qu'à leurs fermiers, & à tous voituriers-bateliers, &c, de paffer, ni fouffrir être paffés, dans leurs *bacs* & *bateaux*, aucuns gens de guerre, ou autres perfonnes portant ou conduifant du faux fel. Cet arrêt leur enjoignit de nouveau, d'enchaîner & cadenaffer leurs *bateaux*, au defir des commis, & de leur donner les clefs des ferrures & cadenats, de leur prêter main-forte, fi befoin étoit ; enfin, de les paffer inceffamment & fans retard, à toutes les heures, où ils le defireroient, foit de jour, foit de nuit ; le tout à peine de

BAC

privation des ponts, paffages & lavanderies ; de confifcation des *bacs*, *bateaux*, nacelles & équipages ; de cinq cents livres d'amende pour chaque contravention, & de leur être leur procès fait, fuivant la rigueur des ordonnances : au furplus, injonction fut faite aux commis, de ne pas abufer des clefs qui leur feroient confiées, & de n'apporter aucun préjudice ni retardement au public ; aux propriétaires, leurs fermiers & autres, fous les peines qui y échéroient.

Tous les propriétaires des *bacs* & *bateaux*, ne s'étant pas exactement conformés aux difpofitions de l'article 15 du titre 17 de l'ordonnance de 1680, les arrêts & lettres-patentes des 3 juin & 13 juillet 1704, ont d'une part renouvellé la défenfe de paffer, ou laiffer paffer, les faux-fauniers, à peine de complicité, & de l'autre, réïtéré l'injonction d'attacher, pendant la nuit, leur *bacs* & *bateaux*, à chaînes de fer, & ferrures fermantes à clefs, du côté des greniers ; à peine de confifcation des *bateaux*, trouvés non attachés, & de trois cents livres d'amende. Les arrêts & lettres-patentes des 7 & 16 juillet 1722, ont en outre ordonné que les propriétaires des *bateaux*, leurs fermiers ou receveurs, commis & prépofés, feroient, en cas de contravention, condamnés folidairement au paiement de l'amende encourue.

On voit par l'arrêt du confeil du 16 février 1723, que les propriétaires des *bateaux* naviguans fur la Somme, rendoient illufoires les difpofitions des réglemens, en les laiffant errer fur la riviere, & que lorfque les commis les faififfoient, ils foutenoient qu'ils ne leur appartenoient pas.

Pour faire ceffer ce défordre, l'arrêt dont il s'agit ordonna que tous particuliers ayant barques ou *bateaux* fur la Somme, feroient tenus de les marquer d'un numéro, ou de telle autre marque que bon leur fembleroit, & de faire au greffe du grenier le plus prochain, une déclaration defdits numéros ou marques, pour que l'on pût y avoir recours au befoin.

Il ajouta, que les commis du fermier drefferoient un état des *bateaux* qui feroient dans l'étendue de leurs poftes, de leurs marques ou numéros, & du nom de leurs propriétaires ; il enjoignit à chaque propriétaire de figner au pied de cet état, fa reconnoiffance de la marque de chacun de fes *bateaux*, & il ordonna qu'il feroit dépofé au greffe du grenier le plus prochain. Cet arrêt fut adreffé à tous les officiers des greniers du département de faint Quentin, avec injonction de tenir la main à ce qu'il fût littéralement exécuté.

L'arrêt du conseil du 27 septembre de la même année, caſſa deux ſentences des officiers du grenier à ſel de Nevers, qui avoient renvoyé des concluſions du fermier, ſans tirer à conſéquence & dépens compenſés, les nommés Chapats & Chenu, dont les *bateaux* avoient été ſaiſis, faute par eux de les avoir attachés à chaînes de fer, & ſerrures fermantes à clefs, ſur ce qu'ils avoient allégué que la diminution des eaux de la riviere ne leur avoit pas permis d'attacher leurs *bateaux* aux pieux deſtinés à cet uſage.

L'adjudicataire repréſenta qu'il étoit facile à ces propriétaires de *bateaux*, de déplacer leurs pieux, ou d'alonger leurs chaînes ; & il ajouta, que, pour qu'ils ne puſſent méconnoître quelles étoient à cet égard, leurs obligations, il leur avoit fait ſignifier les arrêt & lettres-patentes de 1704 & de 1722. Ces obſervations déciderent le conſeil à prononcer la confiſcation des *bateaux* ſaiſis, à condamner les nommés Chapats & Chenu en l'amende de trois cents livres, à faire enfin défenſes aux officiers du grenier de Nevers, de rendre à l'avenir de pareilles ſentences.

Il fut reconnu en 1723, que les diſpoſitions des réglemens rendus juſqu'à cette époque, reſtoient ſans exécution, ſoit parce que les propriétaires ou fermiers d'un grand nombre de *bateaux*, ſe refuſoient à les attacher pendant la nuit, ſoit parce que ceux qui les attachoient, les détachoient ſouvent pour favoriſer le paſſage des faux-ſauniers ; ce qui leur étoit d'autant plus facile, que les clefs reſtoient entre leurs mains ; ſoit enfin, parce que les pêcheurs, ſous le prétexte que la nuit étoit plus favorable à la pêche, ſe croyoient moins aſſujettis à ſe conformer à l'ordonnance, & ſe permettoient de naviguer pendant la nuit, d'où s'enſuivoit la facilité de paſſer impunément les faux-ſauniers.

L'arrêt du conſeil, du 14 décembre 1723, ordonna, pour faire ceſſer ces abus, que l'article 15 du titre 17 de l'ordonnance des gabelles ſeroit exécuté ſelon ſa forme & teneur, & en y ajoutant, fit défenſes à tous propriétaires, des ponts & *bacs* établis ſur les rivieres ſituées dans l'étendue de la ferme des gabelles, à leurs fermiers, commis, & prépoſés, comme auſſi, à tous voituriers, bateliers, pêcheurs, lavandiers, meûniers & autres de quelque condition qu'ils fuſſent, qui auroient des barques, *bateaux*, ou autres nacelles, de paſſer, ou laiſſer paſſer des gens de guerre, ou autres perſonnes, portant ou conduiſant du faux ſel, à peine de complicité.

Il leur enjoignit d'attacher la nuit, leurs *bateaux*, à chaînes & ſerrures fermantes à clef, du côté des paroiſſes des greniers, de remettre tous les ſoirs, à ſoleil couchant, les clefs des ſerrures ou cadenats, aux employés prépoſés à la conſervation des droits des fermes, comme auſſi, de leur prêter main-forte, ſi le beſoin étoit, & de

les paſſer, ſans retard, à toutes les heures du jour & de la nuit, où ils le deſireroient, le tout à peine de privation des ponts, paſſages & lavanderies, de confiſcation des *bacs*, *bateaux*, nacelles, & équipages, & de trois cents livres d'amende contre les contrevenans, à la charge, néanmoins, par les employés, de ne pas abuſer des clefs, de n'apporter aucun préjudice ou retardement au public, aux propriétaires, à leurs fermiers, &c, & de remettre les clefs, lorſqu'elles leur ſeroient demandées pour le ſervice public, ſous les peines qui y échoiroient. Il ordonna enfin, à tous les officiers des greniers, de ſe conformer à ces diſpoſitions dans leurs jugemens, à peine de répondre en leur propre & privé nom, tant de l'amende, que des dommages & intérêts du fermier.

Il intervint ſur cet arrêt, des lettres-patentes, le 15 Janvier 1724. La cour des aides de Paris ne procéda à leur enregiſtrement, qu'à la charge, que les clefs des ſerrures ou cadenats des *bacs* & *bateaux* ne ſeroient remiſes aux employés, que lorſqu'ils auroient un bureau dans le lieu où leſdits *bacs* & *bateaux* ſeroient établis, & en ſe réſervant de modérer les peines & amendes, ſuivant l'exigence des cas, & les circonſtances du fait ; mais il ne paroît pas que le conſeil ait approuvé cette derniere modification.

L'arrêt qu'il a rendu le 30 janvier 1725, après avoir en effet ordonné, ſans tirer à conſéquence, l'exécution de la ſentence rendue au grenier de Caen, le 7 août précédent, quoiqu'elle n'eût prononcé qu'une amende de dix livres contre le nommé Houer, qui avoit négligé d'attacher pendant la nuit, ſon *bac*, avec chaînes de fer, & ſerrures fermantes à clef, a enjoint, tant à ce particulier, qu'à tous autres bateliers des rivieres d'Eure & d'Orne, d'attacher, la nuit, leurs *bateaux* du côté du chef-lieu du grenier dont ils ſeroient les plus près, à peine de confiſcation des *bateaux* non attachés, & de trois cents livres d'amende, & aux officiers du grenier de Caen, ainſi qu'à tous autres, de ſe conformer audit arrêt dans leurs jugemens, à peine de répondre, tant de l'amende de trois cents livres, pour chaque contravention, que de la valeur des *bacs* & *bateaux* ſaiſis, dont ils auroient donné main-levée.

Pluſieurs particuliers, pour éluder les réglemens, prétendoient que l'adjudicataire des fermes devoit fournir les chaînes, ſerrures, & cadenats néceſſaires à l'attache de leurs *bacs* & *bateaux* ; mais l'arrêt du conſeil du 27 mai 1727, en interprétant, en tant que de beſoin, les arrêts des 7 février, & 14 décembre 1723, & les lettres-patentes du 15 janvier 1724, a ordonné que les propriétaires ou fermiers des *bacs* & *bateaux* ſeroient tenus de ſe fournir à leurs frais, des chaînes, ſerrures & cadenats néceſſaires pour attacher leurs *bateaux*.

Les diſpoſitions des réglemens qui viennent d'être rappellés, ont été réſumées dans les arti-

cles 219 & 220 du bail fait à Forceville, en 1738.
Ils portent en effet, que les maîtres des ponts,
& les propriétaires ou fermiers des *bacs* & *bateaux*, convaincus d'avoir laissé passer quelques
personnes, conduisans du faux sel, seront punis
comme faux-sauniers, & qu'ils seront tenus d'attacher pendant la nuit, leurs *bateaux*, avec des
chaînes de fer, & des serrures ou cadenats, dont
les clefs seront remises entre les mains des employés; conformément aux arrêt & lettres - patentes des 3 juin, & 13 juillet 1704, 7 & 16
juillet 1722, 14 décembre 1723, & 15 janvier
1724, & sous les peines y portées. L'article 220
ajoute que les propriétaires ou fermiers, seront
tenus de se fournir, à leurs frais, des chaînes,
serrures, ou cadenats nécessaires, pour attacher
leurs *bateaux*, conformément à l'arrêt du 27 mai
1727.

La législation des petites gabelles est sur ce point
absolument semblable à celle des grandes gabelles.

L'article 9 de l'édit du mois de Février 1664,
portant réglement général pour les gabelles de
Provence & de Dauphiné, a fait défenses à tous
fermiers des ponts & passages, meûniers, lavandiers & autres ayant bateaux sur les rivieres, de
passer ou faire passer les faux-sauniers; à peine de
complicité, & leur a enjoint de les attacher la
nuit à chaînes de fer, & serrures fermantes à
clefs, afin que les faux-sauniers ne puissent en abu-
ser. L'article 20 de la Déclaration du 18 mai 1706,
portant nouveau réglement pour les gabelles du
Dauphiné, en réiterant aux propriétaires des
bacs & *bateaux*, la défense de passer ou laisser passer les faux-sauniers, à peine de complicité, leur
a enjoint d'attacher pendant la nuit leurs bateaux
du côté des greniers, à peine de confiscation &
de trois cents livres d'amende: & l'article 20 de
celle du 3 mars 1711, portant réglement pour les
gabelles de Languedoc, contient des dispositions
absolument semblables.

Les articles qu'on a cité du bail de Forceville, ont
d'ailleurs rendu communes aux gabelles du Lyonnois, du Languedoc, de la provence, & du
Dauphiné, les dispositions des réglemens qui y
sont rappellés.

L'arrêt du Conseil-Royal de finance & de commerce du Roi de Pologne, Duc de Lorraine, du
24 juillet 1756, registré en la Chambre des
Comptes de Nancy, le 28 du même mois, prescrit, en Lorraine, les mêmes obligations, & sous
les peines semblables.

On doit ajouter ici que les *bachots* & *bateaux*,
saisis pour fraude, soit en sel, soit en matiere
d'aides, sont confiscables, quand même les propriétaires n'y auroient aucune part, suivant l'arrêt
du Conseil, du 31 octobre 1730.

BADON (Salins de). On donne le nom
de Salin, en Languedoc & en Provence, a une
étendue de terrain, situé à peu de distance de la

mer, & où l'on en fait remonter les eaux par des
puits à roue pour former le sel.

Les Salins sont divisés en différens quarrés ou
compartimens, appellés Nas, & séparés par de
petites chaussées. Quand l'eau de la mer y est répandue à une certaine hauteur, le soleil attire,
& le vent fait évaporer les parties aqueuses les plus
subtiles & les plus menues; ensorte qu'il résulte
de cette dessication que les parties salines restent
unies, & se forment en lames ou en grains, d'un
blanc roux, qui constituent le sel.

C'est ainsi qu'on fait le sel aux salins de *Badon*,
qui appartiennent à la ville d'Arles, dont on peut
voir les privilèges à cet égard, au mot *Arles*. La
ville & le comtat d'Avignon sont fournis de ce sel,
conformément aux articles 121 & 122 du bail de
Forceville. *Voyez* SALINS

BAGLIRA. Droits auxquels sont assujettis,
à raison du poids, les fruits & les herbages,
entrant dans la ville de Gênes, pour être vendus
au marché. *Voyez* GÊNES.

BAIL. s. m. C'est une convention, par laquelle un propriétaire cede l'usufruit, ou la jouissance d'une chose désignée, pour un tems limité,
& moyennant un certain prix.

Le *bail* des fermes-générales n'est conséquemment, que la cession faite par le roi, des droits
qui y sont dénommés à un particulier qu'on appelle adjudicataire, & dont les cautions en tel
nombre qu'il plaît à sa majesté de les admettre,
sont appellés fermiers-généraux.

L'ordonnance du 22 juillet 1781, avoit réglé,
par un titre exprès, tout ce qui a rapport à la
publication, aux enchères, & à l'adjudication
du *bail* des fermes. Mais, comme ces formes
n'étoient plus suivies depuis long-tems, attendu
que ce *bail* a cessé de s'adjuger en public, elles
ont été abrogées par les lettres - patentes du 27
mars 1780.

Lorsque le ministre des finances a déclaré le
prix que le roi met au *bail* de sa ferme-générale,
les fermiers en possession contestent, discutent,
& présentent les motifs de leurs offres. Si le
ministre persiste, tout s'arrange, & le *bail* est
passé.

Un arrêt du conseil, qu'on appelle résultat,
assure la jouissance de ce *bail*, à la compagnie
agréée; des lettres-patentes adressées aux cours
souveraines, & un arrêt du conseil, portant
prise de possession, qui doit être enregistré dans
les jurisdictions inférieures, mettent le sceau
à ce *bail*, en lui donnant toute la publicité qu'il
exige.

On a vu au mot *adjudicataire*, que les baux de
la ferme-générale, n'ont été quelquefois que
d'un an ou deux. Depuis 1726, leur durée
n'a pas cessé d'être de six années. Ce terme a
été jugé nécessaire en ce cas, ainsi que dans les
baux

baux ordinaires, pour mettre le fermier à portée d'améliorer fa ferme, & de trouver une égalité de produit annuel, dans les fix années de fa jouissance.

Depuis le *bail* des fermes fait à Jacques Forceville, le 16 septembre 1738, pour commencer au premier octobre suivant, relativement aux gabelles, tabac, aides, huiles & favons, & à la partie des domaines, au premier Juillet 1739. Il n'y en a point eu de publié dans la même forme; c'est-à-dire qui comprît le détail de tous les droits, en rappelant les différens réglemens applicables à leur régie & perception, & qui préfentât les différentes claufes & conditions de la jouissance de chaque adjudicataire.

L'arrêt de prife de-poffeffion, & les lettres-patentes qui s'expédient fur le réfultat du confeil, dénomment fimplement les droits affermés; ils portent que l'adjudicataire dont il s'agit, jouira comme ont joui, ou dû jouir fes prédéceffeurs, & que les édits, arrêts & réglemens rendus en leur faveur, feront exécutés à fon profit, comme s'ils avoient été rendus en fon nom.

Au refte, pour donner une connoiffance complette de la forme & du fonds du *bail* actuel de la ferme-générale, on croit devoir rapporter l'extrait des lettres-patentes, dont il a été fait mention. On y verra la dénomination de tous les droits qui dépendent de la ferme-générale; l'évaluation de leur produit, avec les charges, claufes & conditions de ce *bail*.

On va feulement faire précéder cet extrait de quelques détails néceffaires fur les changemens faits dans cette partie des revenus du roi, & qui ont préparé la confection de ce nouveau *bail*. On remarquera par-tout de grandes vues, & un zèle profond pour des reffources auffi avantageufes aux finances de l'état, qu'utiles au bonheur des peuples.

L'époque de l'expiration du *bail* des fermes-générales, a dû fixer toute l'attention du roi; *réglement* du 9 janvier 1780. Il étoit important, fans doute, de profiter d'une révolution qui ne revient que tous les fix ans, pour effayer de perfectionner, par un nouvel ordre, les fermes & les régies des droits du roi, pour y porter les principes d'économie & de modération, qui plaifent à fa majefté, & dont elle a tiré depuis quelque tems, de fi grands avantages. Mais des rembourfemens confidérables à faire pour remplir ce but; l'efprit de juftice & de bonne foi, qui dirige fa Majefté, même dans les opérations qui intéreffent le plus fon amour du bien public; enfin, des circonftances difficiles & impérieufes, tout fembloit au premier coup-d'œil, devoir contraindre fa majefté, à fuivre les anciennes traces, & à renouveller purement & fimplement, de *bail* de fes fermes, dans les mêmes formes, & felon les ufages précédens. Mais, fa majefté

combattant contre une idée qui renvoyoit de nouveau, à un terme éloigné, des améliorations effentielles à l'état & à fes finances, & qui les foumettoit alors au hafard des contrariétés, que les hommes & les événemens feroient naître, n'a pu voir qu'avec fatisfaction, le plan qui lui a été propofé, pour furmonter les obftacles qui paroiffoient s'oppofer à fes vues, & pour faire fortir du milieu de la guerre, la conftitution qu'on eut dû choifir à la paix, & conferver dans tous les tems.

Sa majefté confidérant d'abord la multiplicité & l'accroiffement progreffif des droits gérés par la ferme générale, elle a été frappée de l'étendue des détails & des fonctions confiées à une feule compagnie. Elle a bien fenti qu'il étoit raifonnable de ne point défunir les perceptions qui s'entr'aident; tels, par exemple, que les gabelles, le tabac, les traites & quelques autres parties, puifque c'eft par les mêmes précautions, qu'on veille à ces récouvremens, & qu'on fe garantit de la contrebande & de la fraude. Mais les aides & les droits domaniaux n'ayant aucun rapport avec ces premieres impofitions, & les connoiffances néceffaires pour en guider la perception, étant abfolument diftinctes; nul fecours de lumieres ne peut réfulter de la réunion d'objets fi divers. C'eft, au contraire, affoiblir la furveillance naturelle des co-intéreffés, en les féparant les uns des autres, par la trop grande différence de leurs travaux, & de leurs connoiffances....

Déterminée par ces diverfes réflexions, fa majefté a donc penfé, qu'en diftrayant de fes fermes, les objets foumis à des révolutions dans leurs produits, en féparant les adminiftrations, qui n'ont enfemble aucune connexion, en réuniffant celles d'un genre analogue, & en remédiant ainfi à la confufion qui regne aujourd'hui dans ces diftributions, elle rempliroit efficacement les vues utiles dont elle eft animée.

C'eft pour tendre encore à ce but, qu'elle s'eft propofé de réformer un abus long-tems confacré dans la ferme-générale, & dont le *bail* actuel fournit des exemples frappans; cet abus eft celui des croupes, des penfions, & des intérêts accordés dans les places des fermiers-généraux, à des perfonnes abfolument étrangeres à cette manutention; abus, qui, en admettant diverfes claffes de la fociété, au partage des bénéfices des fermiers, a dû prêter de la force à leurs prétentions, & accroître les obftacles qui fe préfentent toujours aux projets de réforme & d'amélioration; abus encore, qui donne des armes à l'intrigue contre le talent; qui cache aux yeux du fouverain, l'étendue des graces qu'il accorde, en même-tems, que cette efpece de don eft préfentée comme une fimple diftribution d'intérêt, indifférente aux finances de fa majefté,

K

quoiqu'il fût aisé d'appercevoir que tous ces partages, dans les bénéfices des fermiers, retomboient tacitement sur le prix du *bail*, & diminuoient les revenus du roi.

Enfin, sa majesté animée par un grand motif d'intérêt public, & par son amour pour les peuples, a senti, qu'en réunissant la perception de tous les droits, à une seule compagnie, & en se liant, par un *bail* rigoureux, elle prépareroit elle-même, des obstacles au dessein, où elle est d'ordonner dans plusieurs parties, des changemens essentiels au repos des contribuables.

En conséquence, sa majesté s'est d'abord déterminée à diviser la perception de ses droits entre trois compagnies, qui auront une manutention absolument différente & distincte.

La premiere compagnie, sous le nom de ferme-générale, sera chargée des recouvremens qui tiennent à l'importation, ou l'exportation des marchandises étrangeres & nationales, & aux privilèges exclusifs qu'il faut défendre, tant aux frontieres du royaume, qu'aux barrieres de la capitale, & sur les limites des provinces qui sont encore étrangeres, ou réputées telles.

Cette compagnie sera composée de quarante intéressés, qui auront chacun, quinze cent-soixante mille livres de fonds, divisées en deux parts; l'une de douze cent mille livres, qui ne sera remboursable que sur les produits de la derniere année du *bail*; l'autre de trois cent-soixante mille livres, qui pourra être remboursée, dès l'époque de la paix, en avertissant six mois d'avance. Sa majesté paiera jusques-là, sur ce dernier capital de trois cent-soixante mille livres, cinq pour cent d'intérêt par an, & deux pour cent par forme de dividende; sacrifice passager, que sa majesté fait aux circonstances...

Quant au capital de douze cents mille livres, l'intention de sa majesté est d'en assurer aux fermiers généraux, l'intérêt à cinq pour cent, avec trente mille livres de rétribution fixe, franche de retenue, ainsi que de tous frais généraux & particuliers. Sa majesté a cru ce traitement aussi modéré que les circonstances pouvoient le permettre,.; elle a résolu en même-tems de fixer le *bail* à un prix assez bas, pour que les fermiers-généraux eux-mêmes, n'y voient aucune chance possible de perte, mais de ne les admettre à un partage dans les bénéfices, qu'à partir d'une somme plus haute, de maniere qu'il n'y ait plus de prétexte à confondre dans le même traité, les prétentions pour la valeur des risques, & d'un engagement rigoureux, avec le mérite du travail & des soins. Et comme, par l'effet de ce même arrangement, les fermiers-généraux n'auront plus à cautionner un prix de *bail* susceptible de hasard, leurs fonds d'avance, en entier, deviendront un gage absolument assuré, & le succès des emprunts que quelques-uns d'entr'eux pourroient faire, deviendra d'autant plus facile.

Le réglement que nous analysons, annonce ensuite la suppression de tous les adjoints aux fermiers-généraux, celles des croupes & pensions, dont quelques places étoient grévées; il accorde toute liberté dans la nomination des emplois, en bornant l'influence du ministre des finances, à prendre connoissance des motifs du choix, afin de veiller à ce que dans ces compagnies mêmes, (la ferme-générale, la régie, &c.) il ne s'introduise point d'esprit de faveur & de protection contraire au bien du service.

Enfin, ces compagnies sont affranchies de toute espece de pots-de-vin, ou droits de contrôle, attribués ci-devant aux ministres des finances, lors du renouvellement des baux des fermes & régies. Ce pot-de-vin étoit pour le *bail* de la ferme-générale de cent-cinquante mille livres.

Versailles, le 27 mars 1780.

LOUIS, par la grâce de Dieu, Roi de France & de Navarre: A tous ceux qui ces présentes lettres verront; salut. Après avoir, par le réglement de notre conseil du 9 janvier dernier, & la table y annexée, déterminé les objets qui doivent désormais former la consistance de nos fermes générales, & fixé les conditions principales du bail que nous nous proposions de passer en conséquence, nous nous sommes fait rendre compte de l'état actuel des produits de chacune des perceptions qui doivent y être comprises, ainsi que des dépenses qui y sont relatives.

En ayant ensuite fait communiquer les résultats à ceux des fermiers généraux, cautions de Laurent David, adjudicataire actuel, que nous avons choisis pour cautions du bail qui doit commencer le premier octobre prochain; & nous étant fait rendre compte de leurs offres conséquentes aux dispositions dudit réglement du 9 janvier dernier, nous avons jugé qu'il y avoit moins lieu que jamais de rappeler les anciennes formalités des publications & enchères qui, quoique consignées dans l'ordonnance du mois de juillet 1681, sont néanmoins, depuis long-tems, tombées en désuétude, & que le bien de notre service n'exigeoit autre chose que d'assurer aux fermiers généraux, dans la forme usitée pour les derniers baux, l'exécution des conditions qu'ils ont acceptées. A quoi nous avons pourvu par le résultat de notre conseil, du 19 du présent mois, portant bail de notre ferme générale, sous le nom de Nicolas Salzard, pour l'exécution duquel nous avons ordonné que toutes lettres nécessaires seroient expédiées.

A ces causes, voulant que ledit résultat soit exécuté, & que ledit Nicolas Salzard jouisse de l'effet & contenu en icelui; de l'avis de notre conseil, qui a vu ledit résultat dudit jour 19 du présent mois, dont expédition est ci-attachée fous le contre-fcel de notre chancellerie ; & de notre certaine fcience, pleine puiſſance & autorité royale, nous avons par ces préſentes, ſignées de notre main, fait & faiſons bail audit Nicolas Salzard , des perceptions & droits ci-après.

ARTICLE PREMIER.

Des droits appelés trente-cinq ſols de brouage, tant primitifs , qu'acceſſoires & réunis, tels qu'en jouit Laurent David, adjudicataire actuel , en principal & huit ſols pour livre ; & en outre, de la portion deſdits droits réunis, rétrocédée au feu Roi, notre très-honoré ſeigneur & aïeul, par notre très-cher & très-amé couſin , le feu prince de Conti ; enſemble des huit ſols pour livre , tant de ladite portion , que de celles dont l'aliénation ſubſiſte ; comme auſſi des droits en principal & deux ſols pour livre , qui ſe lèvent à Marennes , concurremment avec leſdits droits de trente-cinq ſols de brouage, par commutation de partie de ceux fixés par le tarif annexé à la déclaration du Roi, notre très-honoré ſeigneur & aïeul , du 3 janvier 1759, pour le don gratuit réſervé ; enſemble des huit ſols pour livre perçus à notre profit, en fus des droits d'octroi ſur le ſel, à Marennes & à Oleron.

Des Gabelles de France, telles qu'en jouit actuellement ledit Laurent David, tant en prix primitifs du ſel, que des droits manuels & huit ſols pour livre , y compris les perceptions, ſoit des droits principaux, ſoit des ſols pour livre du produit ou bénéfice deſquelles il eſt tenu de compter en fus du prix de ſon bail, à quoi ne ſera tenu ledit Nicolas Salzard ; enſemble des droits principaux & huit ſols pour livre ſur le ſel formé dans les ſauneries de Normandie , & du prix du ſel en principal & huit ſols pour livre, tels qu'ils ſe perçoivent actuellement dans les villes de franchiſe , diſtricts & lieux privilégiés compris dans l'étendue des grandes gabelles, où en dépendans : comme auſſi du droit en principal & deux ſols pour livre, qui ſe lève au grenier de Richelieu , pour y tenir lieu de partie de ceux fixés par ledit tarif , annexé à ladite déclaration du 3 janvier 1759, ainſi que des droits principaux & huit ſols pour livre qui ſe lèvent dans les villes de ſaint Vallery en Caux,-Fécamp, Harfleur, Eu & Tréport, pour y tenir lieu des octrois municipaux.

Des droits de Brieux, de Prévôté, de Traite de Charente , de Convoi, ainſi que de ceux de Tranſit en Flandre, & à l'arrivée à Boulogne, Calais & Etaples, & généralement de tous les droits, tant en principaux que ſols pour livre, levés à la ſortie ou au paſſage de province à province, ſur les ſels d'Océan, dans les diſtricts & lieux non ſujets à la gabelle. Des droits ſur le ſel gris & blanc, entrant ou conſommé dans

le Haynault ; leſquels droits ſont compris dans le bail actuel de Laurent David ; enſemble des droits ſur le ſel, faiſant partie de ceux appelés des quatre membres de la Flandre maritime ; comme auſſi des huit ſols pour livre perçus à notre profit, en fus de la partie du droit principal de ſix deniers pour livre de la Traite de Charente, qui a lieu ſur le ſel.

ART. II.

Des Gabelles du Lyonnois , Dauphiné , Provence , Languedoc, Rouſſillon , haute Auvergne & dépendance, telles qu'en jouit Laurent David, adjudicataire actuel , en prix primitifs du ſel, droits manuels & autres droits acceſſoires, y compris les huit ſols pour livre , tant ceux dont le principal ſe perçoit à notre profit , que de ceux qui ont été aliénés ou concédés, même ceux dûs ſur les différentes parties du prix du ſel délivré à titre de franc-ſalé ; gratification ou privilège ; du produit deſquels huit ſols pour livre, ledit Laurent David doit compter en fus de ſon bail, de quoi ne ſera tenu ledit Nicolas Salzard : & du droit, tant en principal que huit ſols pour livre , qui ſe lève à Perpignan , en fus du prix du ſel, pour y tenir lieu des octrois municipaux.

ART. III.

De l'exploitation des ſalines à nous appartenant dans nos provinces de Lorraine , Trois-Évêchés & Franche-Comté , y compriſe celle nouvellement conſtruite dans notredite province de Franche-Comté, de la vente à l'étranger des ſels formés de s leſdites ſalines , & des gabelles ou vente des mêmes ſels , tant dans les noſdites provinces que dans celle d'Alſace, ſur le pied des mêmes droits , tant en principaux que ſols pour livre, dont jouit actuellement ledit Laurent David, y compris le droit d'un ſol par pain de ſel Roſiere, & deux ſols pour livre dudit droit, tenant lieu des octrois municipaux dans notredite province de Franche-Comté, faiſant partie du bail actuel ; & les huit ſols pour livre du prix du ſel délivré à titre de franc-ſalé ou gratification, dans notre province des Trois-Évêchés, du produit deſquels ledit Laurent David doit compter en fus du prix de ſon bail ; de quoi ne ſera tenu ledit Nicolas Salzard.

ART. IV.

Du privilège excluſif de la vente des tabacs de toute nature, dans nos provinces où il doit avoir lieu, aux mêmes prix en principal & quatre ſols pour livre, avec la même étendue & aux mêmes conditions qu'en a joui ou dû jouir ledit Laurent David, adjudicataire actuel ; enſemble du droit de trente ſols en principal, par livre de tabac étranger , entrant dans notre royaume, par les provinces où ledit privilège n'a pas lieu, & des huit fols pour livre dudit droit.

ART. V.

Des droits de fortie, entrée, cinq groffes fermes, douanne de Lyon, douanne de Valence, foraine, coûtume, convoi, comptablie, traite de charente, patente de Languedoc, prévôté de Nantes, & généralement de tous les droits connus fous la dénomination commune & générique de droits de traite, & autres y joints, outre & non compris les droits fur les fels, ci-devant fpécifiés ; ainfi qu'en a joui & a dû jouir ledit Laurent David, en principaux & fols pour livre, tels qu'ils fe perçoivent actuellement, tant fur nos droits que fur la portion des droits de coutume à Bayonne, dont jouit le duc de Gram-mont, en quoi font compris le droit de fubven-tion par doublement, dans toutes les circonf-tances où il a lieu, & les droits fur les vins entrant par mer à Calais, Boulogne & Etaples, avec les huit fols pour livre defdits droits, tels qu'ils font fixés & réglés pour le principal, par l'article 235 du bail de Forceville ; enfemble ceux de jauge & courtage, dûs fur les boiffons quel-conques, vendanges & fruits y fujets, tant à l'arrivée, foit de l'étranger, foit des pays exempts d'aides dans les pays & fujets, qu'à la fortie des pays d'aides non fujets au gros vers l'étranger ou les provinces exemptes d'aides ; comme auffi au paffage par un pays d'aides, en allant d'un pays exempt en un autre pays exempt.

Ceux de foraine & haut-conduit dans la Lor-raine & le Barrois, avec ceux de paffage & me-nues ventes aux portes de Nancy.

Le droit de protection des juifs en Alface, en principal & huit fols pour livre ; & les droits de péage dans notredite province, en principaux & fols pour livre, tels qu'ils fe perçoivent préfen-tement.

Le droit de foraine & gabelle dans les géné-ralités d'Auch & de Pau, actuellement réunies, faifant maintenant partie de la régie des droits de contrôle & autres y joints.

Le droit fur le charbon de terre, entrant du Haynault Autrichien, dans le Haynault Fran-çois.

Le droit appelé *Pas de Penas*, dû fur les beftiaux fortant du Haynault François,

Des droits en principal & huit fols pour livre, tant à l'entrée de notre royaume, fur les huiles & favons venant de l'étranger, que fur les huiles du crû des provinces de notre royaume, exemptes ou abonnées, pour quelque deftination que ce foit.

Tous les droits ci-deffus, faifant partie du bail de Laurent David.

Du droit de marque fur les fers, fontes & aciers, en principal & huit fols pour livre,

perceptibles, tant à l'entrée de notre royaume, fur lefdites matières, & autres marchandifes y fujettes, venant de l'étranger, qu'au paffage de province à province ; fur les fers, fontes & aciers fabriqués dans notre royaume, dans le cas où ledit droit eft dû fuivant les réglemens ; & fur la mine de fer à fa fortie pour l'étranger, même fur celle étrangere, ou des provinces exemptes, dans les circonftances où elle eft affu-jettie audit droit, pour entrer dans des provinces fujettes ou non fujettes.

Du droit de vidangle, en principal & huit fols pour livre, dû fur les beftiaux fortant de la Flandre maritime pour le pays étranger, ou pour les autres provinces de notre royaume.

Du fol pour livre perçu à notre profit, dans les bureaux de la fénéchauffée de Bordeaux, en fus des droits de traites & autres y joints, & de ceux fur les huiles & favons, pour y tenir lieu des octrois municipaux.

Des huit fols pour livre perçus dans les mêmes bureaux, fur les trois fols pour livre d'octroi, dont celui ci-deffus fait partie.

Des fols pour livre pareillement perçus à notre profit, en fus des droits principaux dont l'amiral de France jouit dans les ports de notre royaume, fur les bâtimens & marchandifes ; comme auffi en fus des droits de leftage & déleftage, du droit de fix deniers pour livre de la traite de Cha-rente, fur les denrées & marchandifes autres que les fels ; de l'octroi des marchands de Rouen ; des droits perçus au profit de la chambre du commerce de Marfeille ; & de celui de trente-cinq fols fur les huiles d'Italie.

Des droits de péage fur le Rhône, rétrocédés au feu roi, notre très-honoré feigneur & aïeul, par le feu prince de Conti & le maréchal prince de Soubife, en principaux & fols pour livre, tels qu'ils fe perçoivent actuellement, ainfi que de ceux de traite domaniale de Bretagne, traite vive de Nantes, Méage & Rebillotage, & huit fols pour livre defdits droits.

Des droits d'acquits ou de certificats de paie-ment, de ceux d'acquits à caution, & certificat de décharge & de defcente, & autres expédi-tions relatives à la perception & régie des droits ci-deffus énoncés, & enfin du produit réfultant des marchandifes, & autres effets abandonnés dans les douanes & bureaux, dont la vente aura été faite, conformément à l'arrêt de notre confeil, & lettres-patentes du 13 août 1726.

ART. VI.

Des droits de rivières, mentionnés en l'ar-ticle 423 du bail de Forceville, mais feulement fur les vins deftinés pour la ville & élection de Paris ; enfemble de l'univerfalité des droits & perceptions, tant en principaux que fols pour livre, qui fe lèvent à notre profit, à l'effectif,

ou par abonnement, fur les boiſſons, beſtiaux, denrées & marchandiſes, dans la ville,
faux-bourgs, banlieue & élection de Paris, tant
ceux affermés audit Laurent David, que ceux
actuellement régis pour notre compte, au nom
dudit David, ou de Henri Clavel, à l'exception
des droits ſur les beſtiaux, dans les marchés de
Sceaux & de Poiſſy, de ceux de marque d'or &
d'argent, & des cuirs, & de ceux ſur l'amidon,
les papiers & cartons, & les cartes, tant en principaux perçus à notre profit, que ſols pour livre,
ſoit deſdits principaux, ſoit des vingtiemes attribués aux hôpitaux ſur leſdits droits exceptés;
dans leſquels droits ci-deſſus affermés audit Nicolas Salzard, dans la ville, fauxbourgs, banlieue
& élection de Paris, ſont compris ceux de jauge
& courtage dûs, ſoit avec le droit de gros d'arrivée dans l'élection de Paris, ſoit pour les boiſſons deſtinées pour notre ville de Paris; ceux
de la formule des quittances, acquits & expéditions pour la perception & régie, tant deſdits
droits, que de ceux de traite, & cinq groſſes
fermes perçus à la douane de Paris.

A R T. V I I.

Seront auſſi compris dans le préſent bail, les
ſommes ci-après, à nous dues, à titre d'abonnement : ſavoir ; celle de trente mille livres, par
les états du pays de Gex, pour y tenir lieu des
gabelles, du privilège excluſif du tabac, & des
droits de traite ; pareille ſomme de trente mille
livres, par notre très-cher & très-amé frere
Monſieur, pour les huit ſols pour livre des droits
de trépas de loire, & de traite par terre ; &
celle de cinquante mille livres, par les con-
ceſſionnaires de l'exploitation des marais-ſalans
de Cette, pour tenir lieu des droits de ſortie ſur
les ſels en provenant.

A R T. V I I I.

La durée dudit bail ſera de ſix années, à
compter, du premier janvier 1781, juſqu'au
31 Décembre 1786, pour les gabelles d'Alſace ;
le droit de protection des juifs, & les péages de
notredite province ; pour les droits du Haynault,
ſur les ſels gris & blancs, ſur les beſtiaux, &
ſur le charbon de terre, ainſi que pour les gabelles de la principauté de Dombes, les droits de
foraine & de gabelle, dans la généralité d'Auch ;
& pour le ſurplus de toutes les autres perceptions,
de ſix ans & trois mois, qui commenceront au
premier octobre prochain 1780, & finiront ledit
jour 31 décembre 1786.

A R T. I X.

Le preneur jouira, pendant la durée dudit bail,
telle qu'elle vient d'être déterminée, de tous les
droits ci-deſſus exprimés, tant en principaux,

que ſols pour livre, tels qu'ils ſe perçoivent actuellement, & de ceux qui y ſont joints, quoique
non exprimés, ſuivant qu'ils ſont énoncés dans
le bail fait à Jacques Forceville, ou dans les réſultats, ſoit des baux ſubſéquens, ſoit des traités &
régies, dans leſquels, aucuns ont été compris ;
enſemble, de ceux établis, ou réunis à la régie,
des fermiers-généraux, pendant le bail de Laurent
David, conformément aux édits, déclarations,
lettres-patentes, tarif, & autres réglemens conſ-
titutifs de la perception ; & ce, ainſi & de la
même maniere qu'en ont joui ou dû jouir ledit
Forceville, les adjudicataires ſes ſucceſſeurs, &
les autres fermiers, régiſſeurs, ou officiers ſupprimés.

A R T. X.

Le prix du préſent bail, pour les objets énoncés
aux articles précédens, ſera & demeurera fixé ;
ſavoir, pour les quinze mois du premier octobre
prochain, au premier janvier 1782, à la ſomme
de cent cinquante-trois millions quatre cents dix
mille livres, & à la ſomme de cent vingt-deux
millions neuf cents mille livres, pour chacune des
cinq années ſubſéquentes, qui finiront, pour
toutes les parties, le 31 décembre 1786; deſquels
prix, ledit Nicolas Salzard, & les fermiers
généraux, ſes cautions, demeureront, ſuivant
leurs offres, garants & reſponſables envers nous,
& qu'ils ſeront tenus de verſer en notre tréſor
royal, par portions égales, de mois en mois,
à commencer du mois d'octobre de la préſente
année 1780, à la déduction :

1°. D'une ſomme de trois millions ſix cents
mille livres, tant ſur le prix des quinze premiers
mois, que ſur celui de chacune des ſeconde,
troiſieme & quatrieme années, & d'un million
ſept cents trente-cinq mille livres ſeulement, ſur
celui de la cinquieme, à l'effet de ſe rembourſer
de celle de ſeize millions cent trente-cinq mille
livres, qu'ils s'obligent de payer d'avance ſur le
prix deſdites ſix années, ainſi qu'il ſera réglé
par l'article XIII, ci-après ; comme auſſi des
intérêts des billets du ſieur Colin de Saint-
Marc, dont le paiement a été ſuspendu par
l'arrêt du conſeil du 18 février 1770, ſur le pied
de ce qui ſubſiſtera chaque année deſdits billets,
dont le principal monte actuellement à ladite
ſomme de ſeize millions cent trente-cinq mille
livres ; laquelle ſera verſée à la caiſſe dudit
Nicolas Salzard, par Laurent David, adjudicataire ſortant.

2°. Des intérêts des cautionnemens en argent,
tant anciens que nouveaux, fournis par les employés attachés aux parties qui forment la conſiſtance du préſent bail, ou payés à leur décharge, par les précédens adjudicataires.

3°. Des intérêts de la totalité des fonds d'a-
vance des fermiers généraux, tels qu'ils ſeront
ci-après déterminés ; enſemble des dividendes,

émolumens & frais à eux attribués, en exécution dudit réglement du 9 janvier 1780, suivant l'état particulier par nous arrêté.

4°. Des rentes sur les aides & gabelles, & autres parties, dont le paiement a été jusqu'à présent, ou pourroit être à l'avenir, par forme de délégation, assigné sur ledit prix du bail, suivant l'état qui en sera arrêté chaque année.

A R T. X I.

Ledit Nicolas Salzard, & les fermiers généraux, ses cautions, seront tenus en outre, conformément audit réglement du 9 janvier dernier, de verser en notre trésor royal ; ce qui, sur les deniers clairs des produits de chaque année, surpassera, savoir, pour les quinze premiers mois, ladite somme de cent cinquante-trois millions quatre cents dix mille livres, & pour chacune des cinq dernieres années, celle susdite de cent vingt-deux millions neuf cents mille livres, jusqu'à celle de cent cinquante-sept millions deux cents quatre-vingt-cinq mille livres pour les quinze premiers mois ; & de cent vingt-six millions pour chacune des cinq dernieres années : de maniere que les bénéfices ne consisteront que dans les excédents respectifs desdites dernieres sommes de cent cinquante-sept millions deux cents quatre-vingt-cinq mille livres, ou cent vingt-six millions, desquels bénéfices nous nous réservons la moitié ; à l'effet de quoi il sera rendu, après la révolution du bail, un compte général à notre conseil, ainsi qu'il sera ci-après ordonné : & seront en conséquence, les fermiers généraux, cautions dudit Nicolas Salzard, & leurs successeurs dans le cours dudit bail, dispensés de tous dixiemes d'amortissemens, soit sur la moitié desdits bénéfices à eux dévolus, soit sur leurs intérêts & attributions annuelles, ainsi que des droits de marc d'or, à cause du résultat du 19 de ce mois, même les adjoints qui y sont compris, dans le cas où avant l'expiration dudit bail, ils deviendroient titulaires, par le décès ou la démission de leurs pères ; dérogeant à cet effet, pour ce regard seulement, à l'édit du mois de novembre 1764, en ce qui concerne le dixieme d'amortissement, & à l'édit du mois de décembre 1770, concernant le droit de marc d'or.

A R T. X I I.

Le fonds nécessaire, tant pour les prêts & avances ci-après déterminés, que pour l'exploitation dudit *bail*, & le paiement du prix d'icelui, sera en total de la somme de soixante-trois millions neuf cents soixante mille livres à fournir : par la compagnie des quarante fermiers-généraux, soixante-deux millions quatre cents mille livres, à raison de quinze cents soixante mille livres par chaqun d'eux, & les quinze cents soixante mille livres de surplus, formant le fonds d'une

quarante-unieme place, par ceux des principaux sujets attachés à l'administration des fermes-générales à Paris, que nous aurons choisi, comme devant, par leur travail & leur capacité, concourir essentiellement au succès de la régie & exploitation des droits & perceptions compris au présent *bail* ; au moyen de quoi, la moitié des bénéfices au-delà desdits prix de cent cinquante-sept millions deux cents quatre-vingt-cinq mille livres pour les quinze premiers mois, & de cent vingt-six millions pour chacune des cinq dernieres années, sera divisée en quarante-une portions, dont quarante pour les fermiers-généraux, & la quarante-unieme sera répartie entre qui, & ainsi qu'il aura été par nous réglé, au prorata desdits quinze cents soixante mille livres de fonds supplémentaires.

A R T. X I I I.

Du fonds total ci-dessus fixé à soixante-trois millions neuf cents soixante mille livres, les fermiers généraux, cautions dudit Nicolas Salzard, seront tenus, suivant leurs offres, d'en remettre en notre trésor royal, dans le courant du mois de septembre prochain 1780, savoir ; quatorze millions sept cents soixante mille livres, à titre de prêt, pour leur être par nous remboursés, ainsi qu'il est prévu par le réglement du 9 janvier dernier, ou en tout cas, sur le prix des six derniers mois du présent bail ; & seize millions cent trente-cinq mille livres, à titre d'avance ou cautionnement, dont ils seront remboursés à raison de trois millions six cents mille liv. dans les quinze premiers mois ; pareille somme dans chacune des seconde, troisieme & quatrieme années ; & dix-sept cents trente-cinq mille livres, dans la cinquieme année dudit bail, par la déduction de pareilles sommes sur les prix dont ils sont garants, ainsi qu'il est porté par l'article X, ci-dessus.

A R T. X I V.

En conséquence des déductions stipulées par ledit article X, & au moyen de ce que Laurent David, adjudicataire actuel, & ses cautions, aux termes de l'article XVIII de leur bail, auront versé à la caisse dudit Nicolas Salzard, la somme de seize millions cent trente-cinq mille livres, montant des reconnoissances fournies en échange des billets du sieur Colin de Saint-Marc, dont le paiement a été suspendu par ledit arrêt du 18 février 1770 ; ledit Nicolas Salzard & les fermiers généraux, ses cautions, seront tenus, comme charge du présent bail, de payer à compter du premier mars, présent mois, aux porteurs desdites reconnoissances, les intérêts du montant d'icelles, à raison de quatre & demi pour cent, & d'en continuer le remboursement, à raison de trois millions six cents mille livres par an, par la voie du fort, jufqu'à l'extinction abfolue.

ART. XV.

Sur ladite fomme de cent cinquante-trois millions quatre cents dix mille livres, pour les quinze premiers mois dudit bail, & celle de cent vingt-deux millions neuf cents mille livres, pour chacune des cinq dernieres années, ledit Nicolas Salzard, & fes cautions, feront tenus de compter, tant à notre confeil, par état au vrai, qu'en nos chambres des comptes, en la forme ordinaire, favoir :

A notre chambre des comptes de Grenoble, à caufe des gabelles de Dauphiné & de la principauté d'Orange, de la fomme de dix-huit cents mille livres, pour les quinze premiers mois, & de celle de quatorze cents quarante mille livres, pour chacune des cinq dernieres années.

A notre chambre des comptes d'Aix, à caufe des gabelles de Provence, de la fomme de treize cents foixante-quinze mille livres, pour les quinze premiers mois, & de celle de onze cents mille livres, pour chacune des cinq dernieres années.

A notre chambre des comptes de Montpellier, à caufe des gabelles de Languedoc & de Rouffillon, de la fomme de trois millions huit cents foixante-quinze mille livres, pour les quinze premiers mois, & de celle de trois millions cent mille livres, pour chacune des cinq dernieres années.

Et du furplus faifant pour les quinze premiers mois, cent quarante-fix millions trois cents foixante mille livres, & pour chacune des cinq dernieres années, cent dix-fept millions deux cents foixante mille livres, à notre chambre des comptes de Paris.

A l'égard des fommes que ledit Nicolas Salzard fera tenu de verfer en notre tréfor royal, foit pour l'excédent des deniers clairs au-delà du prix refpectif dont les fermiers généraux feront refponfables, foit pour la moitié des bénéfices à nous réfervés, comme auffi du produit des perceptions que ledit Nicolas Salzard, & les fermiers fes cautions, s'engagent de régir pour notre compte, ainfi qu'il fera ci-après réglé, ils feront tenus feulement d'en compter à notre confeil dans la forme qui fera ordonnée ; les difpenfant d'en compter en nos chambres des comptes, ni ailleurs, impofant fur ce, en tant que befoin feroit, filence à nos procureurs généraux en icelles, & à tous autres.

ART. XVI.

Il fera tenu compte par nous, chaque année, audit preneur, fur ledit prix du bail, & dans la forme ordinaire.

1°. Du prix du fel délivré, en franc-falé, aux privilégiés compris dans l'état à notre charge,

fur le pied des mêmes prix du fel, que pour le bail actuel.

2°. Des droits dont font exempts fur les boiffons, entrant dans Paris, pour leur confommation, les privilégiés compris dans un état qui s'arrête pareillement chaque année en notre confeil.

3°. Du fupplément de prix pour le fel délivré aux Suiffes, à la république de Valais, & au chapitre de Befançon.

4°. De ceux des droits compris au préfent bail, dûs fur les marchandifes expédiées ou délivrées avec franchife & exemption defdits droits, en vertu des paffeports émanés de nos fecrétaires d'état, & vifés en finance, ou d'ordres du miniftre de nos finances, avec exemption de droits.

ART. XVII.

Ne pourront le preneur & les fermiers généraux fes cautions, prétendre les indemnités fixes portées par les articles 183, 184, 185, 186, 187, 188, & 466 du bail de Forceville, & autres baux ou arrêts depuis intervenus, non plus que la jouiffance de vingt mille livres, pour les ports de lettres de Lorraine, attendu que lefdites fommes ne font point entrées en produit dans les calculs d'après lefquels ont été fixés les prix ci-devant ftipulés ; mais en même tems feront ledit preneur, & les fermiers généraux fes cautions, difpenfés d'acquitter les charges portées aux articles 53 & 467 dudit bail de Forceville, & celles que Laurent David, & les précédens adjudicataires étoient tenus de payer en fus du prix du bail, en vertu d'arrêts du confeil, attendu que lefdites charges ne font point non plus entrées en dépenfe dans les calculs d'après lefquels ont été fixés lefdits prix ci-devant ftipulés.

ART. XVIII.

Conformément à l'article 551 du bail de Jacques Forceville, ledit Nicolas Salzard fera mis en poffeffion, au commencement du préfent bail, de tous les immeubles, navires, barques, bateaux, pataches, meubles, fels, tabacs, uftenfiles & autres effets mobiliers, fervant à l'exploitation defdits droits & perceptions, fuivant l'état qui en fera dreffé & l'eftimation fixée à dire d'experts, entre lui & Laurent David fon prédéceffeur, pour s'en charger ; favoir, des immeubles, fous la condition de les entretenir de menues réparations, & des effets mobiliers, jufqu'à concurrence de la fomme de fept millions neuf cents foixante-dix-neuf mille cent trente-fept livres trois fols trois deniers, à laquelle fe trouvent monter ceux defdits effets qui nous appartiennent, pour en rendre la même quantité ou valeur, fans en payer aucuns intérêts : & pour le furplus de ce que ledit David tranfmettra en quantités ou valeurs ledit Nicolas Salzard fera tenu de lui en rembourfer le prix excédant la fomme ci-deffus.

Comme auffi ledit preneur fera tenu de rembourfer audit Laurent David, fermier actuel, les fommes par lui avancées en vertu d'arrêts de notre confeil, ou d'ordres de nous, pour achats de terreins, conftructions ou réparations de bâtimens, pendant le cours de fon bail, même celles que ledit Laurent David & fes cautions ont remboursées à leurs prédéceffeurs fur de femblables ordres; enfemble celles qu'ils juftifieront avoir payées de leurs deniers, fur celles auxquelles ont été fixés, par les rôles arrêtés en notre confeil, les premiers cautionnemens en argent, à fournir par les employés des parties qui forment la confiftance du préfent bail, conformément à l'article 15 du bail de David.

A R T. X I X.

Confirmons, en tant que de befoin, la difpofition de l'arrêt de réglement du 9 janvier dernier, concernant les croupes & penfions, laquelle fera exécutée felon fa forme & teneur; en conféquence, voulons que tous traités & engagemens qui pourroient avoir été contractés ou foufcrits par aucunes des cautions dudit Nicolas Salzard, lors de leur admiffion dans les précédens baux, ou dans le cours d'iceux, & par lefquels lefdites cautions fe feroient chargées de penfions, ou auroient cédé fur leurs places des portions d'intérêts, ne puiffent être d'aucune valeur, ni avoir aucun effet pour le préfent bail, ni les fubféquens : nous nous réfervons, & à notre confeil, la connoiffance des conteftations qui pourroient intervenir fur cet objet, & icelle interdifons à toutes nos cours & autres juges; faifant défenfes aux parties de procéder ailleurs qu'en notre confeil, à peine de nullité de procédures, & de toutes pertes, dépens, dommages & intérêts.

A R T. X X.

Indépendamment des droits & perceptions comprifes au préfent bail, ledit Nicolas Salzard & fes cautions, feront tenus de faire, pour & à notre profit, la perception, régie & recouvrement des droits & produits ci-après, defquels ils compteront en notre confeil, en recette & dépenfe & deniers clairs, ainfi qu'il eft prefcrit par l'article XV ci-deffus, favoir :

1°. Des droits de domaine d'Occident en France, & aux ifles du Vent, en principaux & huit fols pour livre, tant des droits primitifs compris dans le bail dudit David, que demi pour cent perçu en fus defdits droits primitifs; enfemble des fols pour livre additionnels qui fe perçoivent à notre profit dans les bureaux de la fénéchauffée de Bordeaux, en fus defdits droits, comme fur les droits de traite & ceux fur les huiles & favons, ainfi qu'il eft porté par l'article V du préfent bail, & ce, pendant fix années, à compter du premier janvier 1781, jufqu'au 31 décembre 1786.

2°. Du droit de dix livres par tête de nègre, dont la perception a été ordonnée & réglée par l'arrêt du confeil du 31 juillet 1767, auffi pendant les mêmes fix années.

3°. Du prix de ferme, foit pour le tems de guerre, foit pour le tems de paix, des fols pour livre perçus à notre profit, en fus des droits de domaine, poids, vicomté & autres, dont le principal eft perçu au profit de notre très-cher & très-amé coufin le duc d'Orléans, premier prince de notre fang; de notre très-cher & très-amé coufin le prince de Condé, prince de notre fang, & autres aliénataires à Rouen, au Havre & autres villes maritimes de Normandie, fuivant le bail qui en fera paffé, en notre nom, à Antoine Tarriot, fermier actuel, ou autre.

4°. Des cinq fols en principal pour minot de fel, pour l'entretien du canal de Lofnes, & pareils cinq fols établis pour l'entretien du chemin de Touloufe à Saint-Sulpice-de-la-Pointe, tels qu'ils fe perçoivent dans la plupart des greniers des gabelles fournis en fel de Méditerranée, pendant les fix années & trois mois de la durée du préfent bail.

5°. Du produit de la vente du fel de falpêtre à l'arfenal de Paris, au prix de cinq fols la livre, telle qu'elle fe fait actuellement; lequel produit nous avons attribué à l'entretien des hofpices de charité nouvellement établis, ou à établir, dans notre bonne ville de Paris.

A R T. X X I.

Pour fûreté des prix, claufes & conditions portées par ledit réfultat du 19 de ce mois, ledit Nicolas Salzard & fes cautions, dénommés audit réfultat, ayant fait leurs foumiffions les vingt-quatrieme & vingt-cinquieme jours du préfent mois, nous les avons, par ces préfentes, difpenfés & difpenfons de donner d'autres cautions en nos chambres des comptes, cours des aides, hôtel-de-ville, ni ailleurs.

A R T. X X I I.

Voulons que ces préfentes expédiées fur ledit réfultat, du 19 de ce mois, portant bail, foient enrégiftrées par-tout où befoin fera, purement & fimplement, fans aucune modification, & qu'elles foient exécutées dans tous les lieux où elles doivent l'être, nonobftant le défaut de publications prefcrites par l'ordonnance du mois de juillet 1681, à laquelle, & à tous réglemens contraires, nous avons dérogé & dérogeons, pour le bien de notre fervice; & en cas de trouble ou empêchemens quelconques, nous nous en réfervons la connoiffance à nous & à notre confeil, icelle interdifant à toutes nos cours & juges : Voulons également que pour lefdits enrégiftremens dans nos cours des aides, chambres des comptes & autres jurifdictions, ledit Nicolas Salzard & fes
cautions,

cautions, ne puissent être tenus d'aucuns frais pour épices, vacations &. autres attributions, pas même celle des greffes, encore que lesdits enregistremens fussent réquis au nom dudit Nicolas Salzard; nous réservant d'y pourvoir directement, ainsi qu'à ce qui concerne, tant l'expédition du résultat du 19 de ce mois, dans la forme qui sera réglée, & de la soumission à fournir au pied d'icelui, que le sceau des présentes.

Si donnons en mandement à nos amés & feaux, &c. & à tous autres officiers qu'il appartiendra, sur ce requis, que du contenu en ces présentes, ils fassent jouir l'adjudicataire de notre ferme générale, ses cautions, ayans-cause, procureurs, commis & sous-fermiers, sans aucun empêchement, nonobstant oppositions quelconques, arrêts, lettres, privilèges & autres choses à ce contraires, auxquels & aux dérogatoires nous avons dérogé & dérogeons par ces présentes; & si aucunes contestations surviennent pour le titre des droits de notredite ferme générale, nous en avons retenu & réservé, retenons & réservons la connoissance à nous & à notre conseil d'état, l'interdisons à toutes nos cours & juges, nonobstant toutes ordonnances, privilèges & lettres à ce contraires, auxquels nous avons dérogé: mandons, &c.

L'article 14 des lettres-patentes qu'on vient de rapporter, est le seul qui ait éprouvé quelque changement. Il imposoit aux fermiers-généraux, l'obligation de rembourser, par voie du sort, trois millions six cents mille livres chaque année, jusqu'à l'extinction absolue des billets des fermes, dont le montant étoit de seize millions cent trente-cinq mille livres, à l'époque du bail. Un arrêt du conseil, du 7 décembre 1782, a accepté la soumission que les fermiers-généraux ont faite de rembourser ces effets, à mesure de-leur échéance, & sans user de la voie du sort, ni des délais qui avoient été réglés.

On a vu que le prix du bail, est de cent vingt-deux millions neuf cents mille livres par année; qu'il s'y trouve quarante-une places d'intéressés, faisant un fonds de soixante-trois millions neuf cents mille livres, & que ce n'est qu'au-de-là de cent vingt-six millions, qu'il peut y avoir partage de bénéfices, dont la moitié est réservée au roi. On indiquera le prix particulier pour lequel chaque branche de revenu est entrée dans la masse de ce bail, sous son nom respectif.

Voyez ENTRÉES DE PARIS, GABELLES, TABAC, TRAITES.

Quant à la composition de ce bail; à la nouvelle époque de son commencement, & de son terme; à la distraction qui en a été faite des domaines & des aides, cette opération a eu des partisans & des détracteurs.

Sans adopter l'opinion des uns ni des autres, nous nous contenterons de la liberté qu'a tout écrivain, d'exposer les réflexions que lui inspire la méditation du sujet qu'il traite.

On ne peut disconvenir, qu'il ne fût au moins très-bizarre, que la ferme de quelques parties, commençât au premier Octobre, tandis que le bail des autres ne se renouvelloit qu'au premier janvier. L'uniformité établie sur ce point, ne peut donc, à ce qu'il semble, trouver de contradicteurs raisonnables.

La désunion des domaines du bail de la ferme-générale, paroît également avoir eu tous les gens sensés pour approbateurs; elle n'entraîne du moins aucun inconvénient; car, d'un côté, à quelque degré de perfection qu'on suppose portée la régie de la gabelle, du tabac & des traites, son influence est absolument nulle sur les produits d'une imposition, à laquelle sont soumis tous les actes, toutes les transactions, conventions & dispositions, qui ont lieu entre des hommes; d'un autre côté, les agens attachés à cette manutention, isolée autant par ses principes & ses ressorts, que par ses détails, ne peuvent en aucun cas, suppléer les employés de l'ancienne consistance de la ferme-générale, ni jamais être remplacés par eux.

Mais la partie des aides est-elle dans les mêmes circonstances que celle des domaines? la nature des droits qu'elle comprend, & des objets qui donnent ses produits, a-t-elle été assez examinée, pour qu'on puisse assurer qu'il ne se trouve aucune espece de relation entre les aides & les gabelles? L'affirmative semble décidée par une expérience constante.

Dans les années où le vin abonde, les produits des aides augmentent par l'accroissement de la consommation; mais les produits de la gabelle diminuent, par l'effet de cette consommation plus considérable. Les journaliers, les artisans, & toutes les classes du peuple, qui ont le vin à bon marché, en font une des principales parties de leur nourriture. Le vin remplace des alimens plus communs & plus substantiels, dans lesquels il entre beaucoup de sel, tels que les soupes & les viandes préparées. Ils font, en conséquence, une moindre consommation de sel, que lorsque le vin est à haut prix: tems où la dépense de cette denrée augmente sensiblement.

L'action des aides & des gabelles, l'une sur l'autre sembloit donc un motif pour les réunir, afin qu'elles se servissent mutuellement d'appui. On laisse à juger si la considération de cette influence réciproque, ne présente pas des motifs plus solides, & plus déterminans, que le petit avantage de former une régie séparée, avec tous les droits d'exercice: droits auxquels on n'a, sans doute, trouvé ni connexion, ni rapport avec les gabelles & le tabac, que parce qu'on a rapidement envisagé leur manutention intérieure, & que la liaifon extérieure de leurs produits, n'a pas plus été apperçue, que la caufe fi fimple qui l'opéroit.

Si, lorfque nous avons déja eu l'occafion de parler de l'homme d'état, qui a préfidé à la confection du bail des fermes, nous nous fommes livrés à des fentimens de refpect & d'admiration pour fa perfonne & pour fes vues; c'eft que nous les avons dans le cœur, & qu'ils font la fuite de notre maniere de voir & de fentir. Mais nous avons cru pouvoir ici, fans y déroger, nous permettre des obfervations fur l'avantage de mettre dans une même main, la régie des gabelles, & la régie des aides: par la raifon même, que cette derniere étant fujette à des révolutions fufceptibles de grands écarts, la ferme qui les comprend toutes deux, doit fe trouver toujours balancée, & remife en équilibre par l'une ou l'autre de ces parties.

Voyez ADJUDICATAIRE, DOMAINES, RÉGIE GÉNÉRALE.

BALANCE DU COMMERCE. C'eft le réful-tat des importations & des exportations comparées enfemble. On n'en parle ici parce que ce réful-tat eft une opération de finance, qui s'exécute par le relevé des regiftres des douannes, dans lefquels on trouve le détail des marchandifes entrées & forties, & qui s'évaluent enfuite en argent. Ils fourniffent auffi la connoiffance du nombre des bâti-mens de mer étrangers & nationnaux entrés dans les ports, & qui en font fortis, avec celle de leur contenance; des lieux de leur arrivée, & de leur deftination.

La fin de cette *balance* eft d'éclairer un état fur fon commerce extérieur, & de lui procurer autant qu'il peut être poffible, les moyens de vendre beau-coup aux étrangers & d'en acheter peu, ou pour parler en termes plus clairs, de s'approprier une partie de leur argent.

Nombre d'écrivains économiques ont exercé leur plume fur la *balance du commerce*, & tous paroiffent n'avoir pas une grande opinion de fon utilité.

MM. Mun, Melon, Nickolz & Hume, pen-fent, avec raifon, que l'argent eft toujours dans une quantité proportionelle au travail & à l'activité d'une nation; qu'il en eft, à cet égard, de l'argent comme d'un fluide qui tend fans ceffe à prendre fon niveau; enforte que dans l'état où l'on trouve des jouiffances, des commodités & de l'induftrie, au double, au triple ou au quadruple de ce qu'elles font dans un autre état, la maffe d'argent y eft infailli-blement double, triple & quadruple.

Parmi les nations qui entendent le mieux la *ba-lance du commerce*, dit M. Hume, (*Difcours poli-tique*, *tome premier*, *page* 201, *édit. in-12*, 1754. une forte jaloufie, à l'égard, de l'argent y prévaut encore, elles craignent que cet argent ne les quitte. Cette crainte cependant paroît entiérement dé-

pourvue de fondement dans prefque tous les cas. J'appréhenderois auffi-tôt, de voir tarir toutes nos fources & nos rivieres, que de voir l'argent aban-donner un royaume où il y a des hommes & de l'in-duftrie. Confervons foigneufement ces derniers avantages, & nous n'aurons jamais à craindre de perdre le premier.

Il eft aifé de remarquer que tous les calculs tou-chant la *balance du commerce* font fondés fur des fuppofitions, & fur des faits incertains. On convient que les regiftres des douannes font une bafe infuf-fifante. Le prix du change n'eft guere meilleur, à moins que de le comparer avec celui de toutes les nations, & de connoître auffi les proportions des différentes fommes remifes; ce que l'on peut affurer hardiment, être impoffible.

M. Melon avoit dit avant M. Hume (*Effai politique fur le commerce*) que pour établir une *ba-lance* exacte *du commerce*, il falloit joindre à l'état des chofes importées & exportées, un examen du change: non d'un change momentané de quelques jours, mais la totalité des changes d'une année; opération à-peu-près impoffible ou du moins dont le réfultat n'offriroit rien de certain, à caufe des relations intermédiaires qui peuvent fe trouver en-tre deux places de commerce.

L'auteur de l'ordre effentiel & politique des fo-ciétés, va plus loin: il traite tout fyftême de *ba-lance du commerce*, de chimere. Il expofe avec force les inconvéniens de cette prétention: *de vouloir beaucoup vendre*, *& acheter peu*. Il démontre, qu'en fuppofant tout l'argent de plufieurs nations raffemblé chez une feule, il en réfulteroit un ren-chériffement dans la main-d'œuvre: ce qui opére-roit l'apauvriffement des propriétaires fonciers, du fouverain, des cultivateurs, & diminueroit la maffe des productions territoriales, tandis que la claffe induftrieufe, après s'être enrichie, iroit porter fa fortune en pays étranger.

D'un autre côté, fi cette nation renchériffoit, comme elle y feroit obligée, fes productions & les ouvrages de l'induftrie, l'étranger, loin d'en ache-ter, lui vendroit les fiens ou ceux de fes voifins. En vain elle chercheroit à les écarter par des pro-hibitions, il les introduiroit clandeftinement, & il enleveroit ainfi, une partie d'argent qui feroit perdue pour la claffe productive.

Cet écrivain, allant enfuite au-devant de l'ob-jection, que comme la maffe d'argent va toujours croiffant d'année en année dans notre continent, la *balance du commerce* peut fervir à s'approprier une bonne portion de cet accroiffement; il répond que cette *balance* eft inutile; que le bénéfice eft un effet naturel & néceffaire de la liberté du com-merce; qu'enfin cet accroiffement fi défiré d'ar-gent, s'opere de lui-même, quand on ne fait rien pour l'empêcher; attendu que c'eft par la liberté que fe multiplient les valeurs qui doivent être échangées contre l'argent.

La juſteſſe de ce raiſonnement eſt fortifiée par l'opinion d'un homme d'état, dont les grandes vues lui ont acquis autant de vénération, que de regrets. » Il ne faut pas croire que les agens chargés de » fournir des matieres d'or & d'argent pour » être fabriquées, puiſſent ſervir à faire entrer » ces métaux dans le royaume. L'or & l'argent » n'y arrivent que par la puiſſance du commerce » national avec l'étranger, & par le réſultat des » échanges ».

Quand la France a vendu aux autres nations plus de marchandiſes qu'elle n'en a acheté d'elles, ce compte ſe balance néceſſairement avec de l'argent. Ainſi les plus riches financiers, les banquiers les plus habiles ne peuvent pas plus augmenter l'importation de l'or & de l'argent en France, qu'ils ne peuvent la diminuer. Ils influent moins à cet égard, que le plus petit fabriquant de Lodêve ou de Louvier, qui parvient, par ſon induſtrie, à augmenter, d'une balle de drap, le commerce du royaume avec l'étranger.

On voit par tout ce qui vient d'être dit, qu'il exiſte, ſinon de l'impoſſibilité, au moins de très-grandes difficultés à former une balance exacte du commerce, & que dès-lors celles qui ſe font, méritent en général peu de confiance. Cependant toutes les nations de l'Europe s'occupent de cette balance, ſur laquelle on n'a commencé à ouvrir les yeux, que vers la fin du ſiècle dernier, après avoir reconnu que le commerce étoit la baſe de la prépondérance des nations. Dès-lors, tous les gouvernemens ont recherché les moyens d'aggrandir le leur. La connoiſſance de ſes réſultats a paru dévoiler le ſecret de conduire, de fortifier & d'étendre chaque branche de commerce d'exportation, & apprendre l'art de gêner, d'élaguer & de détourner les branches du commerce d'importation.

Si les choſes exportées excedent celles qui ſont importées, on en conclud que l'état gagne, & que cet excédent eſt ajouté à la richeſſe publique. Dans le cas contraire, c'eſt une perte, & il faut bien examiner comment elle peut ſe réparer.

Sous cet aſpect, quand la balance du commerce ne ſerviroit qu'à préſenter, par aproximation même incertaine, les réſultats du commerce extérieur d'un peuple, il ſeroit toujours avantageux au gouvernement, de s'occuper de cette opération & de la rendre publique chaque année. Les négocians éclairés ſeroient à portée de donner des avis utiles, pour faire pancher la balance en faveur de l'état, & de diriger leurs ſpéculations en conſéquence.

Il eſt probable que c'eſt le but que ſe propoſe le gouvernement anglois, qui entend ſi bien les intérêts de ſon commerce, parce qu'il eſt compoſé du concours de tous les eſprits, de tous les yeux & de tous les intérêts des ſujets. Tous les ans, les bureaux de comptabilité des douannes, préſentent à la chambre des communes, un état général des marchandi-

ſes entrées & ſorties ; cet état rendu public, auſſi-tôt devient la matiere des réflexions & des pétitions de toutes les perſonnes verſées dans la ſciencé du commerce.

Un membre du Parlement qui a publié, en 1776, un vol. in-fol. (cet ouvrage a été traduit en françois, en 1777, ſous le titre de Commerce de la Grande Bretagne, & tableau de ſes importations & exportations par le chevalier Withyorch) rempli des tableaux du commerce univerſel & progreſſif de ſa nation, depuis 1698 juſqu'en 1773, fait les réflexions ſuivantes dans ſa préface.

Quiconque s'imagineroit que la balance de l'argent donne ſeule la vraie balance du commerce, ſe tromperoit lourdement.

Il y a deux ſortes de balances du commerce ; celle de l'argent & celle de l'induſtrie : la balance de l'argent pourroit être en notre faveur, quoique celle du commerce fût en général contre nous. C'eſt ce qui arriveroit, ſi nous commercions avec un pays d'où nous tirerions des matieres travaillées, ou des articles, qui n'étant pas de premiere néceſſité, ne ſeroient pas ſuſceptibles du travail de notre induſtrie, & auquel nous enverrions des matieres premieres de notre crû, ou du produit des pays étrangers. L'Eſpagne s'eſt ruinée par ſon commerce avec ſes établiſſemens dans les deux Indes; la balance de l'induſtrie étant totalement contre elle.

D'un autre côté, il peut ſe faire que la balance de l'argent ſoit contre nous, & que cependant, celle du commerce nous ſoit favorable. C'eſt ce qui arriveroit en n'envoyant dans un pays, que des choſes produites ou manufacturées dans le nôtre, & qui nous fourniroit des matieres crues ou des choſes d'une néceſſité indiſpenſable ; alors, la balance de l'induſtrie ſeroit en notre faveur ; tel eſt l'état de notre commerce avec la Ruſſie.

M. Whitworch poſe enſuite les maximes ſuivantes : Si les retours après l'exportation de nos manufactures, conſiſtent en matieres premieres, propres aux fabriques, ce commerce eſt doublement avantageux.

Le commerce d'échanges de manufactures contre manufactures, de denrées contre denrées, ne peut pas être regardé comme déſavantageux.

L'échange de denrées pour denrées, deviendroit infiniment utile, ſi celles d'importation pouvoient être réexportées. Un ſemblable échange nous procureroit un fonds pour l'achat d'autres productions de premiere néceſſité ; il créeroit un fonds pour entretenir un corps de matelots, & une école pour les former ; il acquitteroit en même-tems la dépenſe de l'augmentation de notre marine. Lorſque la Hollande faiſoit, elle ſeule, le commerce du ſud au nord de l'Europe, les vins qu'elle achetoit en France, lui ſervoient de fonds pour acheter les denrées du nord.

L ij

On remarque, par les tableaux de M. Whit-worch, que l'année commune du commerce passif, ou d'importation de l'Angleterre avec la France pendant soixante-seize ans, n'a produit que quarante-cinq à cinquante mille livres sterling, & que son commerce actif, ou d'exportation avec nous, n'a pas moins donné de cent cinquante à deux cents mille livres, ensorte que l'avantage a été constamment de deux à trois cents pour cent, au profit de sa patrie, sans compter ses bénéfices avec la Flandre, dont le commerce est confondu avec celui de la Flandre-Autrichienne.

On reconnoît, en rapprochant les importations des exportations effectuées en 1762, & les années suivantes, jusques & compris 1773, que la *balance* a été, année commune, de cent mille livres au moins, en faveur de l'Angleterre, à l'exception de 1765, où elle a procuré trois mille deux cents cinquante-six livres à la France. Mais les années 1772 & 1773, nous sont très-défavorables, car la solde de notre commerce, avec cet état, paroît nous avoir coûté deux cents trente-six & deux cents quarante-un mille livres. Il est évident, d'après ces calculs, & d'après l'augmentation prodigieuse des importations de l'Angleterre en Flandre, que c'est vers l'année 1767, que le goût des marchandises angloises, de bijouterie, mercerie, quincaillerie, rubannerie & sellerie, a pris avec une fureur épidémique, & qu'un de ses moindres effets est d'enlever trois à quatre cents mille livres sterling par année, ou environ douze millions de livres, à l'industrie nationale, pour enrichir nos rivaux.

Au reste, l'auteur Anglois convient, que différents motifs d'intérêt & de vanité concourent à jetter des doutes sur la fidélité du tableau général du commerce de sa patrie. Comme une grande partie des marchandises exportées ne doit aucun droit, n'est sujette à aucune visite, les négocians sont dans l'usage d'évaluer très-haut leurs exportations, pour accroître leur crédit, & d'estimer le moins possible les objets de leurs importations, afin de diminuer les droits, qui ne portent en général, que sur ces derniers. Quoique la déclaration se fasse dans ces deux circonstances; étant reçue gratuitement, lors de l'exportation, plus elle est enflée, plus elle donne la réputation d'un commerce étendu & d'une grande richesse. Il appelle ces déclarations exagérées, des fourberies innocentes, toutes les fois qu'il n'y a ni droits à payer, ni gratifications à recevoir.

Il ne seroit pas moins utile que curieux de s'assurer par l'examen des états tenus en France, pour établir aussi la *balance* de son commerce, si les calculs anglois sont exacts, & si notre désavantage apparent, en 1772 & 1773, a continué, & s'est accru dans les années suivantes, jusqu'en 1778, époque de la rupture survenue entre les deux états. Mais il semble que la *balance* de notre commerce n'ait jamais été jugée digne de l'attention de la nation, puisque jamais on ne lui en a fait conoître les résultats.

On sait cependant, que le gouvernement fait depuis long-tems, la dépense nécessaire pour rassembler les états généraux d'importation & d'exportation. Un arrêt du conseil du 29 février 1716, ordonna la formation de ces états, par ordre alphabétique, & assigna dix mille livres pour ce travail. Cette somme a été augmentée en 1745; mais il y a lieu de croire que ces états sont très-imparfaits, ou très-peu satisfaisans. Cette présomption se fortifie encore, par la connoissance de la constitution du royaume, relativement aux droits d'entrée & de sortie.

Tant qu'il existera des provinces & des villes traitées comme pays étrangers, il sera impossible de former en France, une *balance de commerce*, qui ait la moindre exactitude, par la raison que, tout ce que ces provinces & ces villes tirent de l'intérieur du royaume, tout ce qu'elles y envoient, est censé passer à l'étranger ou en venir. C'est donc ici un très-grand obstacle à ajouter à ceux qui naissent du fonds même de l'entreprise, & sont par-tout les mêmes : c'est-à-dire, l'infidélité des déclarations, la pratique de la fraude & de la contrebande à l'importation : objets qui ne peuvent être balancés, comme le prétendent quelques écrivains, par les exportations clandestines; car, dans ce dernier cas, il n'existe, en France, qu'un très-petit nombre d'articles, qui offrent du bénéfice, & l'on pense, qu'ils sont comme un à mille, rapprochés de ceux d'importation.

L'auteur de la *Richesse de l'Angleterre*, ouvrage in-4°. imprimé à Vienne, en 1772, & dans lequel a été fondu le *Mémoire sur les Finances d'Angleterre*, de M. Greenville, prétend que le commerce de l'Inde, a non-seulement fait pancher la *balance* du côté de l'Asie; mais qu'elle a contribué, pendant plus d'un demi-siecle, à la décadence de l'industrie Européenne, qui n'a jamais pu soutenir la concurrence de l'industrie Indienne. » Les nations industrieuses qui se sont livrées au » commerce des Indes, (dit cet écrivain *page 73*), » ont cru conserver leur industrie, par les pro- » hibitions chez elles, des *toiles & des étoffes des* » *Indes*, & *en les renvoyant à l'étranger*; mais elles » n'ont apporté au mal qu'elles se faisoient, qu'un » demi remede. Pouvoient-elles se dissimuler, que » ces mêmes toiles, ces mêmes étoffes, prenoient » chez l'étranger, la place de leurs manufactures, » & les détruisoient, en diminuant sans cesse, le » nombre de leurs consommateurs. C'est cependant » à la France & à l'Angleterre, les deux nations » les plus éclairées de l'Europe, qu'on peut re- » procher cette faute ».

Cette faute ne paroîtra pas si grave, si l'on fait attention, que, quoiqu'en effet le commerce de l'Inde soit désavantageux par sa *balance*, qui se solde en espèces, néanmoins il procure le débit d'un grand nombre d'articles de bijouterie, d'horlogerie, mercerie, quincaillerie, tous arts, dans lesquels la matiere n'acquiert de prix, que par la main-d'œuvre ; qu'il fournit une grande partie des objets du commerce de Guinée, si utile à nos colonies ; qu'il opere la consommation de nos vins, & autres productions territoriales, & qu'enfin, il est une école de marine, & une pépiniere de matelots.

Cette faute a encore été atténuée en France, par le parti que l'on a pris d'y permettre depuis 24 ans, l'entrée & la fabrication des indiennes ou toiles peintes, dont il se faisoit, à ce qu'on prétend, une introduction pour vingt millions par année. Comme les toiles des Indes, font en général d'un prix assez haut, le gouvernement en a tiré avantage, en permettant que les toiles apportées de l'Inde, en blanc, après avoir payé un droit d'entrée, propre à encourager la fabrique dans le royaume même, pussent y être teintes ou peintes, & mises par la modicité de leur valeur, à portée d'un plus grand nombre de consommateurs, tant en Europe qu'en Amérique.

Quoi qu'il en soit, on pourroit beaucoup espérer des nouveaux soins qui ont été pris en 1781, pour former un bureau, uniquement chargé de la balance du commerce, & à portée de se procurer les renseignemens nécessaires, dans les régistres de la comptabilité des droits d'entrée & de sortie, s'il étoit possible d'accorder une grande confiance à une opération qui ne peut embrasser, comme on l'a dit, l'universalité du commerce du royaume.

Il est d'ailleurs fort à desirer que le travail qu'exige cette balance, soit dirigé sur un plan différent de celui qui a été suivi jusqu'à présent, & qui étoit très-défectueux. Les états d'importation & d'exportation varioient en chaque douane ; les uns portoient l'évaluation des marchandises, leur origine, leur destination ; les autres n'en faisoient aucune mention, & les résultats étoient l'affaire du hasard. M. Dupont, inspecteur-général du commerce ; très-instruit & très-versé dans la connoissance de tout ce qui s'y rapporte, avoit donné un excellent plan à suivre pour assurer les résultats les moins erronés. On y trouvoit une marche simple & claire ; une suite de procédés rapides, sûrs & uniformes. Mais l'opinion que le concours de la ferme générale, étoit indispensable, pour la formation de cette balance, lorsqu'il n'est réellement utile que pour en rassembler & fournir les matériaux, a empêché que le bureau, qui est payé par le gouvernement, ne fût subordonné au bureau du commerce, qui devoit naturellement en diriger les opérations. L'ambition de créer & de se donner de l'importance, a fait rejetter le plan proposé ; on y a substitué une marche embarrassée, lente & confuse, dont le modèle a été pris dans le régime des droits de traites. Voyez TRAITES.

BALE, ville de Suisse, capitale du canton qui porte son nom, & dont le gouvernement est un mélange d'aristocratie & de démocratie. Les revenus de l'état de Bâle consistent en différents droits, dont on va faire le détail.

Toute personne qui entre dans la magistrature, ou qui obtient une charge, un emploi susceptible de quelque produit, est obligée de payer une fois pour toutes, au trésor public, une somme réglée sur ce produit.

Le vin qui se vend en détail, les bestiaux que l'on tue dans les boucheries, doivent des droits, mais très-modiques.

Chaque bourgeois de Bâle, paie environ quinze livres de notre monnoie, pour la garde de la ville.

Tous les habitans du canton font imposés à une sorte de capitation de six sols par tête, & à une taille réelle de deux sols par arpent de terre, dont il est propriétaire.

Les corvées pour la construction & la réparation des chemins, ne portoient anciennement que sur les laboureurs ; mais actuellement, tous les habitans y sont sujets, & paient une taxe proportionnée à leurs facultés.

L'état de Bâle a, comme tout souverain, des dîmes, des rentes foncieres, des droits de lods & ventes, d'aubaine sur les successions.

Les premiers ne sont qu'à un ou deux pour cent, & n'ont lieu que dans quelques endroits.

Les rentes ou cens fonciers, se paient, pour la plupart, en denrées, & sont d'un objet modique.

Les droits de lods & de vente, sont de vingt-cinq pour cent.

C'est le produit de ces droits qui forme une partie des émolumens du greffe, & compose les honoraires du bailli.

Lorsqu'un habitant veut sortir du pays, ou qu'une femme veut se marier à un étranger, ils sont obligés de payer dix pour cent, de tout le bien qu'ils possedent dans l'étendue du canton.

On y perçoit encore des droits de péage sur les voitures & sur les bestiaux.

Mais la partie la plus considérable du revenu public, consiste dans les droits de douane.

Chaque négociant est obligé de déclarer, sous la foi du serment, la valeur des marchandises qu'il expédie pour l'étranger, & de payer un demi pour cent de cette valeur. Mais si ce négociant peut prouver, qu'il a été obligé de faire revenir ses marchandises, faute de les avoir vendues, il ne doit rien pour leur retour.

Le marchand forain, paie cinq deniers par florin de toutes les marchandises qu'il achete, ou qu'il vend dans le pays.

L'artisan paie un quart pour cent, de la valeur des ouvrages qu'il fait passer au dehors.

Le cultivateur, doit deux sols par quintal, des denrées qu'il exporte.

La manière dont se font la liquidation & la levée de l'impôt, épargne beaucoup de frais de régie, & en même-tems, annonce cette simplicité de mœurs, compagne de la droiture & de la bonne foi, dont on fait généralement honneur à la nation Suisse.

Chaque bourgeois prête tous les ans, serment de payer ce qu'il devra d'impôt, & tous les trois mois, le marchand & le cabaretier, qui forment entr'eux une très-grande partie de la bourgeoisie, envoient, soit aux trésoriers de l'état, soit aux baillis, un compte de ce qu'ils ont vendu, tant dans le pays qu'à l'étranger; au bas de ce compte, est l'arrêté de la somme qu'ils jugent due légitimement, & qu'ils remettent aux trésoriers; ceux-ci présentent à la fin de chaque année, le compte général de leur recette & dépense, au grand conseil de *Bâle*.

BALISE, s. f. On donne ce nom à une marque, à un indice que l'on met dans un port, sur une côte, ou dans une riviere, pour annoncer qu'il s'y trouve du danger. Ainsi, l'effet de la *balise* est le même dans le jour, que celui des fanaux pendant la nuit.

Comme le renouvellement, la garde & l'entretien des *balises*, exigent de la dépense, les propriétaires des lieux où sont placées les *balises*, sont autorisés à percevoir un droit de péage, auxquels sont sujets tous les navires qui passent près de la *balise*.

Par exemple, les religieuses Carmélites de Notre-Dame de Nantes, ont été maintenues, par arrêt du conseil du 9 août 1695, dans la possession du droit de péage d'un quart de sel, payable à raison de trente livres par an, sur chaque barque portant plus de six muids de sel, venant de la mer au port de Nantes, à la charge de mettre des *balises* depuis l'isle Boice, jusqu'à Trantemont.

L'adjudicataire des fermes est exempt du paiement du droit de *balise*, pour les navires & bateaux employés au transport & au fournissement des sels, soit que ces navires lui appartiennent, soit qu'il les ait pris à fret. L'article 204 du bail de Forceville, prononce formellement cette exemption.

BALLE, BALLOTS, signifie un certain volume de marchandises enveloppé dans une toile qu'on nomme emballage, afin de le garantir des injures de l'air, & de tout ce qui pourroit le détériorer.

En présentant, dans un bureau des fermes, une *balle* ou un *ballot*, il ne suffit pas de déclarer vaguement qu'il contient des marchandises : il faut en désigner l'espece & la qualité, en indiquer le poids; dire le nom du propriétaire ou du facteur qui l'envoie, celui du marchand auquel le *ballot* est adressé. Les commis doivent mettre en marge

de leurs registres, les marques & numéros des *ballots*, & les rappeler dans les acquits qu'ils délivrent; ils doivent aussi, suivant des ordres généraux de régie, viser la lettre de voiture sur laquelle la déclaration a été rédigée, afin de constater l'identité de la marchandise qui leur a été présentée, avec celle qui est annoncée dans cette lettre de voiture.

Aux termes de l'article 2 du titre premier de l'ordonnance de 1687, les droits doivent être perçus sur le poids des *balles* & *ballots*, compris celui de l'emballage, excepté pour les marchandises d'or, d'argent, de soie; les drogueries & les épiceries.

Une décision du conseil, du 25 janvier 1773, a jugé que tout ce qui servoit à envelopper un *ballot*, une boëte, un paquet, étoit seulement réputé emballage, mais non les cartons sur lesquels peuvent être pliées ou roulées les étoffes ou dentelles, & les épingles qui les attachoient.

BAN (Infraction de). Il ne s'agit ici que des femmes & filles condamnées au bannissement pour faux-saunage. Une déclaration du roi, du 16 octobre 1696, après avoir rappelé les différentes loix publiées pour remédier au faux-saunage, reconnoît qu'il n'a pas été pourvu aux *infractions de ban*, parce qu'il n'étoit pas à présumer que des femmes & des filles eussent la témérité de retourner dans les lieux d'où elles avoient été bannies, pour recommencer leur commerce de contrebande; en conséquence, elle ordonne que celles qui tomberont dans ce cas, étant reconnues, seront, de plein droit, emprisonnées dans les prisons de la jurisdiction où elles auront été condamnées, qu'elles y resteront pendant une année, pour la premiere *infraction*; deux années, en cas de récidive, avec défenses aux juges des gabelles d'en diminuer le tems.

A l'égard des hommes, le droit commun règle la peine qu'ils encourent. Les ordonnances & la déclaration du roi, du 31 mai 1682, prononcent la peine des galères. *Dictionnaire de législation sur les fermes-unies.*

BANDE, s. f. qui désigne un nombre considérable de fraudeurs, de contrebandiers attroupés. C'est ordinairement dans les provinces frontieres, que l'on voit des *bandes* de contrebandiers, à pied & à cheval, introduire audacieusement des marchandises prohibées, ou sujettes à des droits considérables, qui équivalent à une prohibition.

Ces *bandes*, par le seul fait d'attroupement, deviennent justiciables des commissions établies pour juger des délits de contrebande.

Voyez COMMISSIONS, PROHIBITIONS.

BANDOULIERES. Large bande de cuir, ou de drap, couverte des armes du roi, ou autres, qui se porte par les cavaliers de maréchauffée, par les gardes-chaffe, & par les employés des fermes, dans la partie des gabelles & du tabac.

L'article 19 du titre 18 de l'ordonnance des gabelles, ordonne que les archers des gabelles, seront tenus de porter des *bandoulieres* chargées des armes du roi; c'est-à-dire, qu'elles doivent être en vue, de façon à faire connoître leurs qualités.

BANQUE. f. f. On n'entend pas parler ici du commerce d'argent, que fignifie le mot *banque*, pris dans une acception générale, mais d'un établiffement fait par tout gouvernement, pour former une caiffe publique, dont la confiance dans la nation, eft la base & le foutien.

Telles font les *banques* de Venife, d'Amfterdam, de Londres, de Hambourg, & de plufieurs autres états de l'Europe. Il n'entre pas dans notre plan, de faire l'hiftoire de leur établiffement, & de parler de leur conftitution refpective; toutes ayant le même but, font mues à-peu-près, par des refforts femblables, & font les mêmes opérations; la principale eft d'avancer de l'argent à l'état, & au public fur des valeurs quelconques, ou de garder en dépôt, l'argent du public, pour le rendre à la premiere réquifition.

Voyez CAISSE D'ESCOMPTE.

Nous nous arrêterons à confidérer une *banque* nationale dans fes rapports avec les finances d'un royaume. Ses effets ont été vantés par plufieurs écrivains politiques, & repréfentés par d'autres comme un mal. Il faut faire connoître ces diverfes opinions.

M. Melon, dans fon *Effai politique fur le commerce, chap.* 6, dit : « La circulation des fonds eft une » des grandes richeffes de nos voifins, (les An- » glois) leur banque, leurs annuités, leurs actions, » tout eft commerce chez eux. Les fonds de notre » compagnie feroient comme morts, dans le tems » que fes vaiffeaux les tranfportent d'une partie » du monde dans l'autre; fi par la repréfentation » des actions fur la place, ils n'avoient une fe- » conde valeur réelle circulante, libre, non exi- » gible, & par conféquent, non fujette aux in- » convéniens d'une monnoie de crédit, & en » ayant néanmoins les propriétés effentielles ».

M. Hume penfe d'une maniere toute oppofée. » Je ne connois point, (*Difcours politique, tome* » *premier, page* 208,) de méthode plus fûre, pour » faire tomber l'argent au deffous de fon niveau, » que ces établiffemens de *banque*, de fonds & de » papiers de crédit, dont nous fommes fi infatués » dans ce royaume. Ces *banques* rendent le papier » équivalent à l'argent, le font circuler dans tout » l'état, lui font tenir lieu d'efpèces, hauffent en » proportion le prix du travail & des jouiffances, » & par ce moyen, ou font fortir une grande » partie d'or & d'argent, ou les empêchent de

» s'accroître davantage. Que nos raifonnemens » montrent fur ce fujet, combien nous avons la » vue courte ! Nous nous imaginons que, parce » qu'un individu feroit beaucoup plus riche, fi » fon fonds d'argent étoit doublé, le même » effet avantageux arriveroit, fi l'argent de chaque » particulier augmentoit; ne confidérant pas que » le prix de toute chofe hausseroit d'autant, & ré- » duiroit par-là, chacun avec le tems, à la même » condition qu'auparavant ».

C'eft feulement dans nos négociations publiques, & dans nos engagemens avec les étrangers, qu'un plus grand fonds d'argent eft avantageux. Comme là, nos papiers ne font abfolument d'aucune valeur, nous fentons alors, tous les mauvais effets que produit une grande abondance d'argent, fans en recueillir aucun des avantages.

Suppofons qu'il exifte douze millions en papiers circulans dans le royaume, & dix-huit en efpèces réelles, ce royaume peut donc foutenir un fonds de trente millions; s'il eft en état de le foutenir, il l'eût acquis néceffairement en or & en argent, fi l'entrée de ces métaux n'étoit arrêtée par cette nouvelle invention de papiers. D'où auroit-il tiré cette fomme? de tous les royaumes du monde. Mais pourquoi? parce que, fi vous ôtez ces douze millions, l'argent eft, dans l'état, au deffous de fon niveau, comparé avec nos voifins, & il faut qu'auffi-tôt nous tirions d'eux tous, jufqu'à ce que nous foyons pleins, & que, pour ainfi dire, nous n'en puiffions plus tenir. Par notre fage politique, nous fommes fi foigneux de farcir la nation de cette belle denrée de billets de *banque* & autres papiers, qu'il femble que nous ayons peur d'être furchargés d'or & d'argent.

Il n'eft pas à douter que l'abondance de matiere en France, eft en grande partie due au manque de papier de crédit. Les Français n'ont point de *banque*... Plufieurs citoyens ont des fommes confidérables dans leurs coffres; il y a beaucoup d'argenterie dans les maifons particulieres & dans les églifes. Par ce moyen, les denrées & le travail font encore à beaucoup meilleur marché parmi eux que chez les nations qui ne font pas la moitié fi riches en or & en argent. L'avantage de cette fituation en fait de commerce, auffi bien que dans les cas de néceffités publiques, eft trop évident pour être difputé.

Quel dommage que Licurgue n'ait pas penfé à l'établiffement d'une *banque* & des papiers de crédit, lorfqu'il vouloit bannir l'or & l'argent de Sparte. Il eût mieux répondu à fes fins, que le fer, divifé en morceaux, qu'il mit en ufage pour fervir de monnoie. Cet établiffement auroit auffi prévenu plus efficacement, tout commerce avec les étrangers, comme étant intrinféquement d'une valeur moins réelle.

Mais comme nos projets favoris de papiers de crédit font pernicieux, étant prefque le feul expédient par lequel nous pouvons faire tomber l'argent au-deſſous de ſon niveau, à mon avis auſſi, le ſeul moyen de le porter au-deſſus, eſt une pratique contre laquelle tout le monde s'écrieroit comme deſtructive ; c'eſt-à-dire, d'amaſſer des ſommes conſidérables dans le tréſor public, de les y enfermer, & d'en prévenir abſolument la circulation. Le fluide ne communiquant pas avec l'élément voiſin, peut, par un pareil artifice, être élevé à la hauteur qu'on veut lui donner.

Nos politiques modernes, par ce grand uſage de papiers de crédit, embraſſent l'unique méthode de bannir l'argent, & rejettent en même tems le ſeul moyen de l'augmenter ; c'eſt-à-dire, la pratique de l'entaſſer. C'eſt ce qui les oblige d'avoir recours à cent manœuvres qui ne ſervent qu'à arrêter l'induſtrie, & à nous priver, nous & nos voiſins, des bénéfices communs de l'art & de la nature.

Pluſieurs autres écrivains anglais, & des hommes d'état même, parmi leſquels on compte Milord Bolingbroke, ont penſé comme M. Hume, que la *banque*, & tous les effets par leſquels on remplace la monnoie, avoient le déſavantage de nuire à l'accroiſſement de l'argent, & à la multiplication des eſpeces, tout en produiſant néanmoins un renchériſſement général. *Voyez* les *Réflexions de Bolingbroke ſur l'état de l'Angleterre, après la paix de* 1748.

Les écrivains françois les plus verſés dans la connoiſſance de la *banque*, & de ſes effets, n'ont pas une façon de penſer différente de celle des écrivains anglois, dont il vient d'être queſtion.

L'eſtimable auteur des *Recherches ſur les finances*, ne ſemble approuver l'établiſſement d'une *banque*, que dans des cas d'épuiſement. « Lorſque des » profits énormes ont concentré les richeſſes dans » un petit nombre de familles, eſt-il dit, (*tom.* 5, » *pag.* 327), qu'une longue habitude de défiance » a reſſerré l'argent & les denrées, que le ſort » de l'homme induſtrieux eſt plus fâcheux que » celui de toute autre condition, la ſeule reſſource » conſiſte à préſenter aux hommes, un crédit neuf » & volontaire, qui devient une eſpece de centre » de réunion.

» Les *banques* marchandes & reſtreintes, ſont » l'expédient le plus naturel & le plus heureux » qui ait encore été imaginé. Le fonds capital dont » elles ſont compoſées, commence par faire ſortir » de leur retraite une ſomme conſidérable de va- » leurs : les ſtipulations ſont faites en eſpecès dont » le titre & le poids eſt invariablement fixé...... » Celui qui veut tranſporter au loin, une ſomme » d'argent, & qui n'oſoit prendre aucune lettre- » de-change, ni ſe réſoudre aux riſques & à la » dépenſe du tranſport de ſon argent, l'échange » contre du papier qui ſera reçu par-tout avec » confiance.... Les billets de la *banque* deviennent » donc en un moment, par un accord unanime,

» le moyen terme le plus propre à faciliter le » commerce.

» Dès que toutes les valeurs renfermées ont un » motif pour rentrer en circulation, il eſt de l'in- » térêt de chaque propriétaire de les y remettre. » L'induſtrie & le travail renaiſſent, le nombre des » prêteurs augmente ; l'argent tombe de prix. Tel » eſt l'effet général de toute *banque* ; mais on en » pourroit diſtinguer trois ſortes, dans l'exécution. » Si les billets que donne la *banque*, étoient ſans » ceſſe compenſés par une valeur numéraire, tou- » jours exiſtante dans la caiſſe, ils animeroient & » ſoutiendroient la circulation, ſans augmenter le » prix des denrées, puiſqu'ils ſeroient ſimplement » la repréſentation, & non une multiplication de » l'argent ; ce qui forme une *banque* reſtreinte.

» Mais toutes font valoir leur crédit ; elles en » donnent un aux particuliers ; ſoit ſur des gages, » ſoit ſur leur réputation ; enfin, elles font valoir » l'argent dépoſé, & leurs billets dans le commerce » excedent la quantité d'argent exiſtante dans la » caiſſe.... Alors il eſt clair qu'elles multiplient » l'argent ou le ſigne des denrées, & qu'elles ren- » chériſſent le prix de toutes choſes.

» Une troiſieme eſpece de *banque*, eſt en même » tems commerçante & politique ; c'eſt-à-dire, » qu'elle ſert tout-à-la-fois de dépôt ou de garant » aux valeurs que l'on veut mettre dans le com- » merce, & qu'elle fournit des ſecours à l'état. » Alors une partie des dettes que contracte le gou- » vernement, ſe trouve circuler, comme feroit une » ſomme d'argent introduite par un commerce étran- » ger. Elle a les mêmes effets au-dedans.... Mais » étant difficile de ne pas abuſer de l'extrême faci- » lité de dépenſer, l'état multiplie ſans ceſſe ſes » obligations avec la *banque*, ſans jamais ſonger à » les acquitter. La ſituation des affaires paroît heu- » reuſe & tranquille ; cependant la fermentation » des humeurs accumulées dans le corps politique, » le ravage & le bouleverſe ».

L'Eſprit des loix, tom. 2, *in*-12, *pag.* 251, préſente auſſi, ſur les *banques*, des réflexions qui trouvent naturellement ici leur place.

Dans les états qui font le commerce d'économie, on a heureuſement établi des *banques*, qui, par leur crédit, ont formé de nouveaux ſignes des valeurs ; mais on auroit tort de les tranſporter dans les états qui font le commerce de luxe.

Les mettre dans des pays gouvernés par un ſeul, c'eſt ſuppoſer l'argent d'un côté, & la puiſſance de l'autre, c'eſt-à-dire, la faculté de tout avoir, ſans aucun pouvoir, & de l'autre le pouvoir, avec la faculté de rendre tout.

Un autre écrivain, également du premier ordre, & dont l'opinion eſt du plus grand poids dans cette matiere, fait ſentir tous les dangers d'une *banque* publique, dans l'éloge de Colbert.

Si la ſomme d'argent qui exiſte en différens pays,

pàys, étoit nécessairement la mesure comparative de leurs richesses, l'Angleterre paroîtroit un des plus pauvres royaumes de l'univers ; car on y voit très-peu d'argent circulant. On ne croira pas, sans doute, que sa pauvreté comparative en soit la cause, car tout annonce dans ce pays-là, l'aisance, les richesses, & les moyens d'en acquérir. Cette rareté d'argent ne tient donc qu'à une seule circonstance : c'est que les billets de la *banque* d'Angleterre font office de monnoie, & dispensent de garder de l'or & de l'argent pour remplir cette fonction. La somme de ces billets, répandus dans le public, excede infiniment le montant des especes qui sont à la *banque*. Aussi ne pourroit-elle jamais acquitter ces billets en argent, si l'on venoit en foule l'exiger. Mais comme on sait que la *banque* est créanciere du gouvernement, & que les revenus de ce gouvernement, ainsi que ses dépenses, sont déterminés par les représentans de la nation, il résulte de la connoissance publique ces circonstances, une confiance aux billets de *banque*, qui n'a été qu'ébranlée, dans les tems de la plus grande crise.

Les billets de la *banque* étant devenus la monnoie la plus générale de l'Angleterre ; ceux qui thésaurisent ailleurs de l'or & de l'argent, thésaurisent, en Angleterre, des billets de *banque*, comme plus faciles à cacher & à transporter : ensorte qu'ils remplacent l'argent dans son double office. On voit donc, que la petite somme des monnoies d'or & d'argent qui circule en Angleterre, n'est point un effet de sa pauvreté, & que ses richesses ont augmenté par cette circonstance.

Il est certain que la richesse d'un état peut augmenter par l'institution libre & volontaire d'une monnoie de *banque*, qui parvient à acquérir la confiance publique. Dans cette supposition, tout l'argent destiné aux échanges & à la thésaurisation, deviendroit un argent inutile dans l'intérieur ; il s'appliqueroit, par conséquent, à acquérir au dehors des créances à intérêt, ou à faire valoir une nouvelle colonie, ou à ouvrir de nouvelles branches de commerce, ou à rembourser aux étrangers la dette nationale ; & d'une maniere ou d'autre, l'état gagneroit en jouissance, l'intérêt annuel de cet argent ; & si à mesure qu'il lui arriveroit de nouveaux métaux, la même opération étoit suivie, il augmenteroit encore ses jouissances annuelles, de l'intérêt de ces nouveaux trésors. Mais il ne faudroit pas que plusieurs nations voulussent suivre cet exemple ; car comme chaque nation, ne peut tirer parti de son argent, qu'en l'appliquant à acquérir des biens chez l'étranger, & que cette acquisition suppose nécessairement l'estime que les étrangers font de cet argent, si chaque nation vouloit suppléer, par du papier, à l'argent qui circule chez elle, aucune ne pourroit tirer un avantage particulier de cette opération. Elles nuiroient seulement, en commun, à l'Espagne & au Portugal, qui ne sauroient que faire des métaux du Brésil & du Méxique ; si tous les états pouvoient imiter l'exemple de l'Angleterre, & instituer chez eux des billets de *banque*. La nature des gouvernemens de l'Europe, rend impossible le succès d'un pareil projet.

Il seroit sur-tout d'une exécution très-dangereuse dans un grand état, quoiqu'il profitât d'abord d'une augmentation de revenus, tant que son papier jouiroit d'une parfaite confiance. Mais lorsque par des erreurs d'administration, par des événemens qui ébranlent l'opinion, ou par une crainte bien ou mal fondée, la défiance se répand sur ce papier, le pays où il circule est fort embarrassé ; car la nécessité de rétablir les signes en métaux dans la circulation, l'oblige de sacrifier à leur acquisition ses productions & ses objets d'industrie, & jusqu'à ce qu'il y soit parvenu, il souffre dans ses jouissances & dans sa force.

Voilà pourquoi, lors même qu'on pourroit parvenir, par une administration parfaite, à établir pour un tems, une confiance générale dans des billets de *banque*, il seroit dangereux de leur donner une certaine étendue dans un gouvernement monarchique ; la confiance publique y dépend toujours de l'opinion qu'on a du prince & de ses ministres, & il est dans la nature des hommes, qu'elle ne soit pas durable.

En Angleterre, où l'ordre est l'effet des loix & de l'harmonie de la constitution, la confiance dans les billets de *banque* peut durer long-tems. Si jamais elle cessoit par des événemens extraordinaires, & que la nation ne réunît pas toute son intelligence & sa volonté pour y remédier, il y auroit en Angleterre, une crise dont on ne peut pas calculer les effets.

Jusqu'à présent, en parlant d'une *banque* & de ses billets, on a supposé que la confiance en eux seroit libre, & l'effet de l'opinion. Mais si un souverain vouloit créer des billets de *banque* pour payer ses dettes, avec injonction à ses sujets de les recevoir comme de l'argent, dans tous les échanges ; de toutes les opérations injustes, ce seroit la plus déraisonnable ; car tout échange étant une action libre, celui qui est propriétaire d'un bien réel, ne le cédera jamais contre un papier dont il se défie. La puissance du prince se bornera donc à contraindre ses propres créanciers, & les créanciers de ses créanciers, à recevoir en paiement, les billets de *banque*. Puis lorsqu'ils seront rapportés à son trésor, il faudra nécessairement qu'ils soient décriés, parce qu'ils ne pourront servir à acquérir, ni denrée, ni service libre.

Les souverains sont appellés à se tromper comme les autres hommes ; ainsi, quand par leurs fautes, par celles de leurs ministres ou par des circonstances malheureuses, les finances d'un état ne sont plus en équilibre, il faut déployer la loi de la nécessité, avec cette noble franchise qui fait tout pardonner, & qui réunit les efforts de tous les citoyens, pour le rétablissement de l'ordre.

Après ce qui vient d'être dit de la *banque* d'Angleterre, & de la confiance qu'elle mérite à cause de la constitution du gouvernement, il est nécessaire de la faire connoître.

Cette *banque* appellée *banque* royale, fut établie sous le roi Guillaume III, vers l'an 1694, pour fournir aux besoins de l'état, qui, dans ce tems-là trouvoit avec peine de l'argent à seize pour cent, tandis que les billets de l'échiquier perdoient moitié. Sa première opération fut de prêter à huit pour cent, douze cents mille livres, dont l'intérêt lui est encore payé à six pour cent par le gouvernement ; mais il ne donne que quatre ou quatre & demi pour cent, des fonds qu'il en a emprunté depuis la création, & qui sont un objet de plus de trois cents millions de notre monnoie. Cette *banque* a le privilège de prêter sur les fonds du gouvernement, de recevoir en dépôt, pour ses billets, l'argent du public, qu'elle prête ensuite à l'état avec intérêt. Le parlement, qui est garant pour la *banque*, lui assigne les fonds nécessaires pour le paiement des intérêts des sommes qu'elle prête à l'état. Il suit de cet arrangement, que la base sur laquelle repose cette *banque*, n'a de consistance & de solidité, qu'autant qu'en peut avoir sa créance sur l'état.

Nous avons vu à l'article *Angleterre*, que cette *banque* avance chaque année, une grande partie du produit de la taxe sur les terres. Sa créance est très-considérable, & le devient davantage chaque année ; ensorte que plus elle s'accroît, & plus le fonds de la *banque* perdroit de sa solidité dans tout autre gouvernement. Mais en Angleterre, c'est la nation qui, à proprement parler, constitue le gouvernement. C'est la nation, par conséquent, qui tient la *banque*, qui veille sur ses paiemens, qui garantit leur exactitude, & ses paiemens se font encore à la nation. Ainsi, la nation assiste & préside même à toutes les opérations de la *banque* royale d'Angleterre ; si des circonstances malheureuses & imprévues pouvoient un jour ébranler & faire chanceler le crédit de cette *banque* ; le remède se trouveroit aussi-tôt dans l'extinction d'une partie de ses dettes, par la réduction volontaire, ou des capitaux, ou des intérêts des sommes dont elle est dépositaire ; puisqu'alors l'intérêt particulier de chacun des individus, composant la nation, concourroit à empêcher un mal général.

Le roi ni les ministres ne peuvent en aucune maniere s'immiscer dans l'administration de cette *banque*. Elle est dirigée par vingt-quatre directeurs & deux gouverneurs, & sous gouverneurs qui ont des honoraires très-modiques.

Nous finirons cet article de la *banque* d'Angleterre, par le tableau qu'en fait un auteur de sa nation ; M. John Nickolls, dans son ouvrage intitulé *Remarques sur les avantages & les désavantages de la France & de la Grande-Bretagne*, *in-12*, 1754.

La préférence que ses billets ont obtenu sur l'argent, les grandes sommes dont les particuliers la font dépositaire, les profits répétés qu'elle fait sur son commerce d'argent, sur ses avances au gouvernement, les sommes immenses qu'elle en reçoit pour intérêts, à distribuer entre ses actionnaires, forment le mystère, le fondement & les moyens de son crédit ; mais plus ce crédit opère de prodiges, c'est-à-dire, plus la disproportion entre ses moyens réels & ses engagemens devient grande, plus elle augmente l'impossibilité d'y satisfaire dans le moment d'une crise.

On ne se souvient pas, sans frémir, des alarmes & de la détresse où se trouva cette *banque* en 1745, lorsque le fils du prétendant n'étoit qu'à 120 milles (environ 40 lieues) de Londres. La déclaration publique, & l'accord que firent entre-eux plusieurs commerçans propriétaires de fonds publics, de ne point refuser de paiemens, en notes de *banque*, lui fut plus salutaire, sans doute, que la foible ressource de payer en petite monnoie, pour gagner du tems. Si ces rebelles n'eussent été forcés de se retirer, faute du secours qu'ils attendoient d'une descente dans le comté de Norfolck, que devenoit la *banque* ? quel crédit, quel soutien eût-elle trouvé ? Dans un tel désastre, c'eût été, peut-être, une consolation que d'avoir eu l'honnête occasion d'une banqueroute forcée, envers l'étranger intéressé dans nos fonds publics, & de perdre à jamais l'avantage ruineux de sa confiance.

Il seroit superflu de faire mention de la fameuse *banque* de Law, qui ne se montra d'abord que sous la forme d'un établissement particulier, mais qui, par une suite de la vivacité du caractere national, bouleversa tout le royaume, & changea en peu de tems la fortune & les mœurs de toute la nation.

Nombre d'écrivains se sont chargés de faire l'histoire de ce prodige monstrueux en finance, dès le moment de son apparition ; de décrire ses effets, & de le suivre dans son cours jusqu'à l'instant de sa chûte, où les particuliers qui avoient pris plaisir à l'étayer de leur fortune, n'apperçurent plus qu'une vaine illusion embrassée par leur cupidité.

Nous nous bornerons à dire quelques mots des billets de *banque*, au mot *billet*. Mais remarquons ici, en passant, que la *banque* de Law, qualifiée royale, & présentée comme un fleuve dont les canaux devoient porter par-tout la fécondité, devint un torrent impétueux qui entraîna notre or & notre argent chez nos voisins, & fut le fléau de l'état, en le laissant plus épuisé qu'il ne l'avoit été par vingt années de guerre. Il est vrai que l'auteur, enivré lui-même par le délire de la nation, mit tant d'irrésolution & d'inconstance dans le choix des expédiens propres à arrêter la rapidité de ce torrent, que le mal, au lieu de diminuer, devint incurable. *Voyez* les *Recherches sur les finances* de M. Forbonnais, t. 6, p. 278; Les *Mémoires pour servir à l'histoire générale des finances*. *Voyez* BILLETS D'ÉTAT, BILLETS DE BANQUE, VISA.

BANQUES A SEL. On donne ce nom à des magasins situés sur les frontieres de la Savoye, du côté de la France, dans lesquels vont s'approvisionner les faux-sauniers françois. Ces magasins, dont le principal est celui de Regonfle, sont, par une suite des traités passés entre les cours de Versailles & de Turin, fournis de sel de France, jusqu'à la concurrence de mille muids. *Voyez* SEL.

BANQUIER DE LA COUR. On appelle *banquier de la cour*, la personne chargée de faire remettre aux ambassadeurs & ministres du roi, dans les cours étrangeres, les subsides que la cour de France paie aux puissances, les appointemens & gratifications de ces ministres.

Dans les tems d'une sage administration, les fonctions du *banquier de la cour* se bornent à cette seule opération pour laquelle il lui est accordé des remises d'usage dans le commerce, & dûes à tout *banquier* qui tire d'une place sur une autre.

Mais, comme nous l'avons dit au mot *anticipation*, c'est le *banquier de la cour* qui étoit chargé exclusivement, de la négociation des assignations délivrées à l'avance sur les revenus de l'état.

On lui passoit des frais de voiture pour les fonds des rescriptions tirées sur les recettes générales: il jouissoit, exclusivement, du privilège de fournir les monnoies du royaume; des matieres d'or & d'argent, pour la fabrication des especes.

Plus les anticipations étoient nombreuses, & leurs sommes considérables, plus le *banquier* s'enrichissoit. Le crédit se concentroit dans sa personne, & il devenoit le maître absolu de la fortune de l'état.

Tout le monde connoît la considération & le crédit dont Samuel Bernard & Pâris de Montmartel ont joui. L'immensité de la fortune qu'ils ont laissée, celle qu'ont acquise ceux qu'on a vus après eux remplir les mêmes fonctions, déposent que la place de *banquier de la cour* est une mine d'or extrêmement féconde, qui ne peut enrichir le pourvû qu'aux dépens de l'état.

Les fonctions de *banquier de la cour*, ou plutôt sa place, fut supprimée par arrêt du premier janvier 1767, qui établissoit une caisse d'escompte pour faire le service du roi. *Voyez* CAISSE D'ESCOMPTE.

Mais la suppression de cette caisse, en 1769, ramena la nécessité d'un *banquier*. En 1778, ce titre fut définitivement anéanti. Le trésor royal fut chargé de toutes les opérations précédemment faites par le *banquier de la cour*.

On peut se faire une idée de ses bénéfices, en rapportant que le montant des remises dont il a joui en 1776, a été compris, dans les dépenses du gouvernement, pour dix millions.

BANVIN, s. m. C'est le nom d'un droit attaché à une seigneurie, & qui consiste dans le privilège de vendre exclusivement, pendant un certain tems de l'année, le vin recueilli sur son territoire. Le *banvin* a fait la matiere d'un chapitre de l'ordonnance des aides de 1680, parce qu'il emporte l'exemption de tous droits pendant sa durée, qui est communément de quarante jours. Sous ce point de vue, il doit en être question ici.

L'auteur du *Traité général des aides*, prétend que *ban*, dont est formé celui de *banvin*, signifie publication, & exprime en même tems l'exercice exclusif d'un privilège; qu'en conséquence, le mot *banvin* veut dire, publication de vente exclusive de vin. A juger de ce droit par sa nature, il paroît que c'est un ancien vestige de servitude, un reste de cette tyrannie féodale des tems d'ignorance, où la force s'arrogeoit tous les droits qu'elle jugeoit utiles à ses intérêts. Le droit de *banvin* n'a d'autre objet, que de faciliter aux seigneurs la vente de leurs vins, par préférence à ceux de leurs vassaux.

Suivant les instructions données aux généraux des aides, le 4 janvier 1392, par Charles VI, le seigneur, usant de son droit de *banvin*, pouvoit vendre en détail, en exemption, durant le *ban*, le vin du cru de son héritage. S'il en vendoit ou faisoit vendre d'autre que le sien, il étoit privé de l'exemption, & condamné à une amende.

L'ordonnance des aides, titre 8, a réglé les formalités & les conditions qui doivent être remplies lorsqu'on exerce le droit de *banvin*.

Il faut 1°. que le titre qui le donne, soit antérieur au premier avril 1560; que les aveux & dénombremens anciens aient été reçus avec les officiers auxquels la connoissance en appartient.

2°. Que la vente soit faite dans la maison seigneuriale, quand même elle seroit séparée du bourg ou village, ou dans la maison destinée pour la ferme.

3°. Qu'elle soit faite à pôt seulement, & par les domestiques du seigneur.

4°. Qu'elle ne s'étende que sur les vins du cru de la paroisse, ou de la terre à laquelle le droit est inhérent. On entend par vins du cru, même celui qui provient des dimes inféodées, ou de pressoirs bannaux, pourvu que ces dimes & ces pressoirs ne soient pas donnés à ferme.

Le même titre autorise les commis à se transporter chaque année, après les vendanges, dans les maisons seigneuriales de ceux qui ont droit de *banvin*, pour inventorier & marquer les vins déclarés être du cru de la paroisse ; & on doit aussi leur faire connoître la situation des vignes, par tenans & aboutissans, à peine de déchéance du privilège de *banvin*, pour l'année où ces formalités auroient été négligées.

Il est permis aux hôtelliers, même pendant la durée du *banvin*, & nonobstant la publication qui en a été faite, de vendre du vin à leurs hôtes, & aux passans qui n'ont point leur domicile d'habitation dans la paroisse, quoique ce vin n'ait pas été pris dans la maison seigneuriale.

Dans le cas de contravention par ceux qui jouissent du *banvin*, ils sont tenus de payer les droits du vin qu'ils ont vendu, & sont privés du droit de *banvin* pour l'année suivante ; en cas de récidive, ils en sont déchus pour toute leur vie.

Les contestations pour le droit de *banvin*, dans lesquelles le fermier est partie principale ou intervenante, doivent être portées, en premiere instance, dans les élections, & par appel, à la cour des aides.

BARCELLONNETTE (Vallée de). C'est un petit pays situé entre la Provence & le Dauphiné. Les privilèges dont il jouit par rapport aux droits du roi, deviennent un motif pour expliquer en quoi ils consistent.

La *vallée de Barcellonnette* ayant été cédée à la France par le traité d'Utrecht, elle fut réunie au comté de Provence par lettres-patentes du 30 décembre 1714.

Pour concilier les ménagemens dûs à ces nouveaux sujets, avec la nécessité de les fournir de sel, il fût établi, par réglement du 11 janvier 1716, un grenier à sel à *Barcellonnette* & à Allos, & le sel y fut fixé à six livres treize sols quatre deniers. Ce prix a depuis reçu l'augmentation des droits manuels & des dix sols pour livre.

Mais afin d'empêcher que l'excédent de la consommation de ce pays ne fut versé frauduleusement dans les provinces voisines, où le sel vaut vingt & vingt-trois livres, il a été établi une police à-peu-près semblable à celle qui existe sur les frontieres d'une province où le sel se vend à un prix inférieur à celui qu'il vaut dans le canton voisin.

Cette police consiste à exiger un dénombrement des habitans & des bestiaux, & de régler, en conséquence, la quantité de sel qui doit leur être délivrée. *Voyez* GABELLES.

BARRAGE (droit de). Ce droit a pris son origine dans la nécessité de pourvoir à la dépense de l'entretien des chemins. Il consiste à faire payer aux voituriers une redevance réglée suivant la somme de marchandises qu'ils transportent.

Dans cette vue, on établit des barrieres à chaque endroit ou ce droit est dû, & il se perçoit sur toutes les voitures qui passent, proportionnellement à leur grandeur, & à la dégradation qu'elles peuvent occasioner dans les routes.

Le droit de *barrage* dû aux entrées de Paris, est uni à celui de domaine, sous le nom de *domaine* & *barrage*, pour lequel la déclaration du 17 septembre 1692, a arrêté un tarif qui confond ces deux droits en un seul. *Voyez* DOMAINE ET BARRAGE.

BARRIERES, s. f. sorte de retranchement fait en bois, pour séparer deux provinces ou deux endroits qui ne peuvent communiquer ensemble, sans payer quelque imposition.

Elles sont établies pour arrêter les chevaux & les voitures de toute espece, mais sur-tout celles qui portent des marchandises, & afin que les commis des bureaux, placés auprès de ces *barrieres*, visitent & fassent acquitter les droits de ces marchandises.

Les particuliers à pied, porteurs de paquets, ou soupçonnés de quelque manœuvre frauduleuse, peuvent également y être arrêtés & visités. Mais, sur ce point, la régie des fermes a toujours eu grand soin de recommander, en tout tems, beaucoup de circonspection & de ménagement.

On donne communément le nom de *barrieres*, à toutes les portes de Paris, qui sont au nombre de soixante-six, parce qu'en effet il s'y trouve des bureaux où les formalités dont on vient de parler sont remplies.

Les vins qui arrivent par terre à Paris, ne doivent entrer que par dix-huit *barrieres* désignées ; ce sont celles de Saint-Bernard, de la Conférence, de Saint-Honoré, de Montmartre, du Temple, de Saint-Victor, de Saint-Marcel, de Saint-Jacques, de Saint-Michel, des Carmes du faux-bourg Saint-Germain, du Roule, de la Ville-l'Évêque, de Sainte-Anne, de Saint-Denis, de Saint-Martin, de la Croix, du fauxbourg de Picpus, & de Rambouillet. Toutes les autres *barrieres* sont déclarées faux passages.

Le motif de cette restriction est, qu'à chacune de ces *barrieres*, sont des commis en nombre suffisant pour assurer la vérification des vins & le paiement des droits. Si l'entrée étoit permise par toutes les *barrieres* indistinctement, il faudroit que les bureaux de visite & de recette y fussent tous également montés, & il en résulteroit une dépense considérable & inutile, d'après l'arrangement fixé par l'article premier du titre 6 de l'ordonnance de 1680, pour les entrées de Paris.

Il est permis au fermier, par l'article 257 du bail, de faire construire telles *barrieres*, clôtures, bureaux & fossés, & en tel lieu que bon lui semble, pour la sûreté & la perception des droits. *Voyez* BUREAU.

BARRILLAGE, s. m. En matiere d'aides, on entend par ce mot, la fraude qui se fait au moyen de barils & de vaisseaux de ce genre, que leur petitesse donne la facilité d'introduire clandestinement dans les lieux sujets aux droits d'entrée.

« Défendons, porte l'article 3 du titre 4 de » l'ordonnance de 1680, relatif aux entrées de » Paris, à toutes personnes, sur peine de cent » livres d'amende, de faire arriver du vin en » bouteilles, cruches, barils, ni en vaisseaux » moindres que muids, demi muids, quarts & » huitiemes; en ce, non compris le vin de li- » queur venant en caisse. Permettons aux com- » mis & gardes, d'arrêter & d'emprisonner, en » vertu des présentes, ceux qui s'en trouveront » saisis, dont ils dresseront leur procès-verbal. » Faisons défense à notre cour des aides, & à » tous autres juges, de les mettre hors des pri- » sons, ni de leur donner provision de leur » personne, qu'en payant l'amende. Voulons » qu'en cas de récidive, il soit procédé contre- » eux extraordinairement. Déclarons les barils, » bouteilles, cruches & autres pareils vaisseaux, » confisqués, en vertu des présentes, sur le » procès-verbal des commis, sans qu'il soit besoin » d'aucun jugement; sauf aux particuliers à se » pourvoir contre le procès-verbal, par les voies » de droit, sans retardement du paiement de l'a- » mende, & de la confiscation ».

Les lettres-patentes du 30 mars 1719, ont ensuite restraint les dispositions de cet article, quant aux huitiemes de muid, dont elles défendent expressément l'entrée. Mais les arrêts du conseil, & lettres-patentes des 18 & 30 mars, & 17 juillet 1731, confirment le surplus de cet article 3.

Un arrêt du conseil du 16 décembre 1734, rend les maîtres de maisons, les pères & mères responsables, civilement & solidairement, des condamnations prononcées contre leurs domestiques, ou contre les enfans de famille, mineurs, & demeurans avec eux, pour complicité de fraude ou rébellion.

L'arrêt de la cour des aides de Paris, du 16 mars 1768, a ordonné l'exécution du même article 3.

La rigueur des peines prononcées dans ces cas de contravention, paroîtra, sans doute, excessive; elle a été jugée nécessaire pour détruire, ou, au moins, diminuer une fraude facile, & d'autant plus préjudiciable, qu'elle est fréquente, & très-difficile à découvrir.

En Bretagne, la conservation des devoirs, qui sont des droits d'aides appartenans à la province, a fait également défendre d'y vendre du vin en gros, d'en faire venir, ou d'en transporter dans des vaisseaux au-dessous d'un quart de pipe, ou vingt-cinq pots; en exceptant toutefois de cette règle, les vins de liqueurs, qui peuvent être vendus ou transportés en barils de six pots, & ceux du Cap-Breton, que l'on peut transporter

en quartauts : article 7, du bail du grand devoir, adjugé en 1783.

Voyez ENTRÉES.

BARRILLAGE, à Bordeaux, signifie un changement d'eau-de-vie en barils, dont la contenance est fixée, par arrêt du conseil du 10 février 1724, à sept, quatorze, vingt-huit, & cinquante-six pots. Il est défendu d'en employer d'autres, que de cette jauge, sans y être autorisé par le bureau des fermes, ou sans que la déclaration en ait été faite pour les isles. Sans cette précaution, des barils de six pots seroient comptés pour sept, ceux de dix ou douze, pour quatorze, &c; & on percevroit les droits sur ce pied.

L'article 326 du bail de Forceville, défend de transporter, à Bordeaux, aucuns vins, eaux-devies & vinaigres en bouteilles & barils, sans billets de l'adjudicataire, visés aux portes, conformément à l'arrêt de la cour des aides de Guyenne, du 9 mars 1675.

Voyez BACS, BATEAUX.

BATARDISE (droit de). Ce droit est attaché à la souveraineté. Il consiste à recueillir la succession des bâtards non légitimés, qui meurent *ab intestat*; car si un bâtard a des enfans, ou qu'il ait disposé de ses biens par testament, alors ils héritent; sauf la réduction des legs à la nature & à la somme des biens, dont les coutumes permettent de disposer.

Les loix des anciens peuples, traitoient les bâtards avec plus de sévérité que les nôtres, & sans doute que les législateurs avoient en vue d'établir & de conserver les bonnes mœurs, & d'éloigner le libertinage, en punissant les pères dans la personne de leurs enfans, qui en étoient le fruit. Ces anciennes loix donnoient aux bâtards des noms d'opprobre & d'abjection. Ils étoient bannis des assemblées publiques, incapables de succéder à leurs pères, & privés de toutes les prérogatives dont jouissoient les familles auxquelles ils appartenoient. Le prince seul, par sa puissance absolue, pouvoit les laver des taches d'infamie, les rendre habiles à parvenir aux charges publiques. Telle fut la coutume exactement pratiquée chez les Romains.

Sous les rois de la première & seconde race, il n'y avoit point de droit de *bâtardise*, puisqu'on ne mettoit point de différence entre un enfant légitime & un bâtard.

Suivant Grégoire de Tours, & M. le Bret, dans son *Traité de la souveraineté du Roi*, liv. 2, chap. 9, ce n'est que depuis Hugues Capet, que les bâtards ont été distingués.

Jusqu'aux règnes de Louis Hutin, Philippe-le-Long & Charles VI, les bâtards suivirent la condition des aubains. Ils étoient serfs & mainmortables de corps. Mais ces princes déclarerent successivement, que le droit de *bâtardise* étoit royal, que le souverain seul , pouvoit donner des lettres de légitimation aux bâtards, & les rendre habiles à exercer toutes sortes d'offices.

Il importe à l'état , & à la conservation de l'autorité royale, que la condition des sujets ne puisse être changée sans la permission du prince. Du tems de la république Romaine, il falloit un décret du peuple, pour confirmer l'adoption que faisoit un particulier. Sous les empereurs, c'étoit leur rescrit qui la confirmoit. C'est de cette maxime qu'est dérivé le droit de *bâtardise*.

Cependant, malgré l'origine de ce droit, plusieurs seigneurs haut-justiciers , ont obtenu des arrêts qui les confirment dans la possession de cette faculté de succéder aux bâtards : ce qui ne peut être arrivé, que par la négligence des officiers chargés de défendre les droits de la couronne.

Le droit des seigneurs est restreint en ce cas, au concours des trois conditions suivantes.

Il faut que les bâtards ou bâtardes soient nés dans leurs terres, qu'ils y aient demeuré & qu'ils y soient morts; & même les seigneurs ne peuvent prétendre que les biens, meubles ou immeubles qui sont situés dans l'étendue de leur justice.

BATEAU-MERE; nom que l'on donne, en style de gabelles au bateau principal qui est chargé de sel , pour remonter les rivieres.

L'article 3 du titre 12 de l'ordonnance des gabelles, porte : que le droit de péage dû sur chaque bateau chargé de sel, ne sera pris que sur le *bateau-mere*, & non sur les alleges , tirots & soustirots.

« Déclarons, est-il dit, article 4, *bateau-mere*, » dans les grandes rivieres , celui qui est chargé » aux embouchures, & mentionné aux brevets & » rescriptions des officiers qui y sont établis ; » & dans les moindres rivieres qui ne pourront » porter les bateaux chargés aux embouchures, » déclarons *bateau-mere*, celui qui est à la tête de » l'équippe, encore qu'il y ait plusieurs traits ; » ensorte que tous les bateaux dans lesquels aura » été versé le sel du *bateau-mere*, chargé à l'em- » bouchure, ne soient réputés qu'un seul & même » bateau ».

BAVIERE (finances de).
Les revenus de l'électeur de *Baviere* sont de deux sortes.

Les uns consistent dans ce qu'on appelle les revenus généraux du pays.

Les autres, dans les revenus électoraux, qui sont administrés par les officiers de l'électeur.

Les revenus généraux sont régis par des états formés des trois ordres, le clergé, la noblesse & les villes.

La députation ordinaire est composée de huit gentils-hommes , quatre prélats, & quatre députés des villes.

Le duché de *Baviere* est divisé en quatre *rentants* ou intendances , savoir , Munich, Strobenck , Landshut & Bourghausen.

Les revenus généraux consistent dans une imposition territoriale, ou taille réelle, connue sous la dénomination de *stever*, & à laquelle sont sujets tous les fonds domaniaux , ecclésiastiques , nobles ou roturiers , sans distinction.

Le montant du *stever* est réglé annuellement dans l'assemblée des états.

Les fonds de terre sont divisés en *hoffs*, ou métairies de différentes valeurs & étendues, sur lesquelles la taille est répartie, d'après un cadastre qui est déposé au greffe de chaque bailliage.

Le cadastre contient le nombre des arpens de terre, prairies & autres fonds dont chaque *hoff* ou métairie est composée, & le nom du possesseur.

Chaque *rentant* réunit le cadastre des différens bailliages dont il est composé, & les cadastres des quatre *rentants* forment le cadastre général de l'état.

Le *stever* consiste dans le vingt-cinquieme du produit net de chaque métairie, déduction faite des frais de culture & de la redevance que paie le possesseur , soit au domaine , soit à tout autre de qui il tient sa propriété.

Cette taxe est doublée ou triplée, suivant que les besoins de l'état exigent qu'on lève deux ou trois *stevers*.

La députation ordinaire des états s'assemble tous les ans à Munich, au mois de janvier; les commissaires de l'électeur se rendent à cette assemblée. Ils exposent les besoins de l'état ; & demandent ou un *stever* simple, ou le nombre de *stever* qui est jugé nécessaire.

Lorsque la quotité de l'imposition est réglée, l'électeur fait publier des universaux, pour en faire connoître l'objet.

La répartition en est faite par des commissaires provinciaux, qui s'assemblent tous les ans, à la chandeleur, au nombre de quatre ; savoir, un prélat, deux nobles , & un député des villes. Ces mêmes commissaires se réunissent à la saint Martin, pour se charger des recettes.

Dans chaque *rentant* ou intendance, on nomme un prélat, pour faire le recouvrement de ce qui concerne le clergé ; deux gentils-hommes , pour faire celui de l'imposition sur la noblesse. Les magistrats des villes sont chargés de rassembler les deniers levés sur les particuliers de leurs districts.

Les préposés à la collecte de ces fonds, remettent à chacun de ces receveurs généraux, le montant de leur recette. On envoie à la chambre des finances de l'électeur, la somme convenue.

L'imposition se paie en quatre termes , en

février, à la Pentecôte, le 8 septembre, & le 11 novembre.

Les états sont dans l'usage d'imposer, en sus de la somme qui a été réglée, un vingtieme, dont le produit est destiné à payer les frais de perception, & à accorder des remises aux communautés ou particuliers qui ont essuyé des pertes, par des événemens imprévus.

Les revenus électoraux consistent 1°. en droits seigneuriaux, tels qne lods & ventes, cens, droit de main-morte, &c.

2°. Dans le produit des brasseries électorales, & dans les impots que paient les brasseries seigneuriales & particulieres.

3°. Dans l'accise ou droit d'entrée, soit sur les denrées que consomment les villes & bourgs, soit sur le vin venant de l'étranger, & sur le tabac.

4°. Dans les péages ou droit d'entrée sur les marchandises venant de l'étranger.

5°. Dans les salines.

6°. Dans la monnoie.

7°. Dans le produit des forêts & de la glandée.

La régie & la perception de ces diverses impositions, est faite par autant de personnes différentes.

Les baillis électoraux font, chacun dans leur bailliage, la recette des cens, lods & ventes, & autres droits seigneuriaux. Ils rendent leur compte à un *Rentmester*, ou receveur général, qui est établi dans chaque intendance, & qui est obligé de faire tous les ans une tournée pour recevoir ces comptes.

Les directeurs des brasseries électorales, font la recette des droits que paient les brasseries seigneuriales & particulieres. Ils en comptent directement à la chambre des finances de l'électeur.

L'accise, ou droit d'entrée, est perçu aux portes des villes & bourgs, par des commis préposés à cet effet, & surveillés par des inspecteurs choisis parmi les nobles, & qui comptent à la chambre des finances.

Les péages sont exigés par des officiers qui sont inspectés par les nobles, & sous la dépendance de la chambre des péages.

Les salines, les monnoies sont administrées par des officiers & par une chambre qui comptent aussi directement à la chambre des finances.

Cette chambre nomme annuellement des commissaires, qui font des tournées dans toute l'étendue de l'électorat, & qui vérifient les comptes des receveurs & employés à la perception.

Indépendamment de cette chambre des finances, dont les fonctions paroissent les mêmes que celles du trésor, il existe à Munich une commission permanente, appelée *status commission*, qui s'occupe uniquement des moyens d'améliorer les revenus du prince, & de réformer les abus.

Tous les emplois sont à vie. Le gouvernement, dans la vue d'exciter le zèle & l'attachement des employés, prend un soin particulier des veuves & enfans de ceux qui meurent dans les emplois. (*Mémoires sur les impositions en Europe*).

BAYONNE & le pays de Labour ont une condition si variée & si incertaine, relativement aux droits des fermes, qu'ils forment une classe particuliere & unique dans le royaume. Ainsi, pour jetter du jour sur l'état de ce pays, il est indispensable de commencer par en donner quelques notions topographiques.

Les gabelles ni les aides n'y ont pas lieu; mais les droits de domaines, & toutes les autres impositions s'y lèvent comme dans le reste du royaume.

Le pays de Labour est composé de trente-trois paroisses, qui occupent un espace d'environ huit lieues de long, sur quatre de large.

Il est borné au couchant, par la Bidassoa, riviere qui sépare la France de l'Espagne; au sud, par la haute Navarre, province de ce dernier état; au levant, par la basse Navarre, qui fait partie du royaume, & enfin au nord, par la mer & par l'Adour, riviere qui descend des monts Pyrénées en Bigorre.

Après *Bayonne*, qui est la capitale de ce petit pays, les lieux les plus considérables sont Saint-Jean-de-Luz & Hasparn, dont la condition n'est pas exactement la même que celle de cette premiere ville.

Le port de *Bayonne* n'est ni franc, ni étranger, comme ceux de Dunkerque & de Marseille, puisqu'il s'y lève un droit local de coutume, sur toutes les marchandises qui ne sont pas destinées pour le bourgeois.

Les prohibitions générales imposées par la politique, & dans l'intérêt du commerce national, y ont lieu aussi.

Quelques droits qui ont le même objet, & dont le poids est presque équivalent à une prohibition, se lèvent encore à *Bayonne*; mais ceux des tarifs de 1667, 1699, & des arrêts postérieurs qui sont uniformes, n'y ont pas lieu; ou du moins, s'ils s'y perçoivent, ce n'est que pour la facilité du commerce, & avec une circonstance singuliere qu'on n'oubliera pas de rapporter.

D'un autre côté, cette ville, & le pays de Labour, participent de la qualité de pays étranger, puisqu'ils reçoivent les draperies & les étoffes du royaume, avec le même affranchissement que si elles passoient en pays étranger effectif.

Le droit local dû à *Bayonne*, & à l'entrée du pays de Labour, que l'on fait connoître particulierement sous le mot de coutume, est de cinq pour cent à l'entrée & à la sortie, lorsque les marchandises entrent & sortent pour le compte du même marchand qui a la qualité de voisin ou bourgeois: mais lorsqu'elles ont changé de main entre l'entrée & la sortie, elles paient à la sortie trois & demi pour cent, comme à l'entrée.

Il faut donc toujours confidérer enfemble, *Bayonne* & le pays de Labour, puifque leur réunion forme le pays du Coutumat, à l'exception toutefois du fauxbourg du Saint-Efprit de *Bayonne*, qui n'a jamais partagé les privilèges de cette ville.

Il réfulte de cet afpect, que le pays de Labour a la liberté de commercer avec *Bayonne*, fans payer aucun droit, & que tout ce qu'on va dire des immunités & de la condition de cette ville, fera également applicable au territoire qu'embraffe le droit de coutume; fauf les exceptions que nous rapporterons dans la fuite, & qui regardent Saint-Jean-de-Luz & Hafparn.

Si l'on s'en tient à ce que *Bayonne* rapporte elle-même de fes privilèges, il eft peu de villes qui en ait d'auffi anciens & d'auffi authentiques. Elle les fait remonter au neuvieme fiecle, lorfqu'elle compofoit une partie du royaume d'Aquitaine, formé par Charlemagne, & elle préfente une longue fuite de titres qui les ont confirmés, foit pendant qu'elle a appartenu à l'Angleterre, foit depuis l'heureufe époque de fa réunion à la France.

(*Mémoire de la chambre du commerce de Bayonne, imprimé en* 1738, *contre les entreprifes de la ferme générale*).

Il n'entre pas dans ce plan, d'examiner en quoi ces privilèges anciens ont confifté; il fuffit d'établir quel eft leur effet depuis l'année 1664, que le roi étant devenu poffeffeur de la moitié du droit de coutume, qui appartenoit à la ville, la réunit à fes fermes, & rendit *Bayonne* fujette à la régie néceffaire pour cette perception.

Mais le fermier du roi n'ayant pu obtenir aucun des tarifs, pieces & titres qui fervoient de fondement & de règle à la perception du droit de coutume, fes prépofés n'eurent pour guide, que la foible lueur qu'ils recueillirent dans les regiftres des années antérieures, & dans quelques pancartes obfcures, dont les lambeaux garantiffoient à la fois l'ufage & l'antiquité.

Quoiqu'il en foit, les privilèges attachés à la qualité de voifin, ou bourgeois de *Bayonne*, furent reconnus, & n'ont pas été conteftés depuis cette époque.

Ces bourgeois doivent être francs & quittes du droit de coutume, fur toutes les denrées & marchandifes à eux appartenantes, qu'ils feront entrer en leur nom, tant en la ville de *Bayonne*, que dans celle de Saint-Jean-de-Luz, ou qu'ils en feront fortir.

La qualité de bourgeois, fuivant l'arrêt du parlement de Bordeaux, du 9 juin 1514, appartient à tout enfant né à *Bayonne*.

Elle s'acquiert par un étranger qui époufe la fille d'un bourgeois, ou par une étrangere qui fe marie avec un bourgeois, & qui habitent enfemble dans la ville.

Le troifieme moyen de fe procurer le droit de citadin, eft, après y avoir habité quelque tems, d'obtenir des maire, échevins & confeil de la ville, l'admiffion au rang de bourgeois, & dans ce cas, le candidat eft tenu de payer une certaine fomme, pour tenir lieu de la piece d'artillerie, ou harnois propre à la défenfe de la ville, à quoi la coutume obligeoit jadis en pareil cas, & de prêter le ferment accoutumé.

Vingt-trois ans après la réunion du droit de coutume aux droits des fermes, la ville de *Bayonne* fe plaignit que Domergue, alors adjudicataire, portoit atteinte à fes privilèges, en faifant percevoir les droits de coutume & de traite foraine d'Arfac, fur les marchandifes & denrées que les habitans du Labour tiroient des provinces voifines.

Après une longue difcuffion, il intervint, le 10 février 1688, un arrêt du confeil, qui difpenfe le pays de Labour des bureaux de la foraine; accorde l'exemption du droit de coutume, fur les beftiaux, vins, bleds, brais, réfines, fruits & autres comeftibles pour nourriture, & fur les étoffes, habits & marchandifes à l'ufage perfonnel des habitans de ce pays, & affranchit de la foraine feulement, les beftiaux qui y feront conduits pour la confommation du pays. Toutes les autres efpeces de marchandifes & denrées refteront affujetties aux droits de coutume à leur arrivée.

Une nouvelle conteftation élevée en 1700, au fujet de l'exécution des tarifs de 1667 & 1699, dont le fermier vouloit établir la perception à *Bayonne*, donna lieu à l'arrêt du 16 feptembre 1702, qui confirme tous les privilèges de cette ville & du pays de Labour; ordonne qu'il n'y fera perçu que le droit du tarif de fa coutume, & la décharge de ceux de 1667, 1699, & arrêts poftérieurs.

Ainfi c'eft d'après ce règlement & l'ufage confirmé par la poffeffion jufqu'à ce jour, qu'il faut établir l'état de *Bayonne* & pays de Labour, en le confidérant fous trois rapports.

Dans fes relations avec l'étranger.

Dans fon commerce avec les colonies.

Et enfin dans fa communication avec les provinces du royaume.

On a déja dit que toutes les marchandifes abfolument prohibées à l'entrée du royaume, font profcrites à *Bayonne*. Telles font les draperies & foieries, mercerie & quincaillerie d'Angleterre.

Le fel & le café étrangers y font également interdits.

A l'exception des étoffes de laine & de foie, qui font affez abondantes dans le royaume pour fuffire au commerce de *Bayonne*, toute autre marchandife étrangere dont l'entrée eft reftrainte par certains bureaux, comme les toiles, les dentelles, les verreries, peuvent entrer à *Bayonne* en n'y payant que le droit de coutume. C'eft une faveur pour fon commerce avec l'Efpagne.

Les

Les foies non ouvrées peuvent y entrer auffi, mais fous la condition d'aller acquiter à Lyon les droits qui leur font particuliers, & dont la perception appartient à cette ville.

Les cuirs verds & tanés, apportés de l'étranger, n'y paient que les droits de coutume.

D'autres efpeces de marchandifes étrangeres qui intéreffent particuliérement l'induftrie nationale, la navigation, la culture des colonies & les droits du roi, n'ont la liberté d'entrer à *Bayonne*, qu'en payant les droits excluſifs impofés dans tout le royaume.

Ce font les poiffons falés, les fucres rafinés & autres fucres, & les tabacs.

Mais afin de ne pas gêner le commerce de ces trois efpeces, elles font mifes en entrepôt à leur arrivée, & jouiffent du bénéfice de la réexportation, ou tranfit à l'étranger, en exemption de tous droits.

Tous les fucres, rafinés ou autres, même les caffonades du Bréfil, qui peuvent être entrepofées à *Bayonne*, & fortir pour le pays étranger feulement, en exemption de droits, paient, en arrivant, les droits de l'arrêt du 25 avril 1690, confirmés par l'art. 24 des lettres-patentes de 1717, fans diftinction de privilégiés ou non privilégiés.

Mais auffi les fucres rafinés à *Bayonne*, jouiffent de l'exemption de tous droits, en paffant à l'étranger, par un ufage établi relativement aux drogueries, épiceries, dans la claffe defquelles font comprifes toutes les efpeces de fucre.

A l'égard des tabacs, ils acquittent, à leur arrivée, le droit de trente fols par livre, fuivant la déclaration du 4 mai 1749.

Quant aux marchandifes défendues à la fortie du royaume, comme les chanvres, les lins, les drilles & chiffons, *Bayonne* ne peut en faire le commerce avec l'étranger, parce qu'elle a la liberté d'en tirer du royaume. C'eft un principe général, fans lequel elle deviendroit une porte ouverte, malgré la prohibition.

Ce principe pofé, & *Bayonne* étant un magafin confidérable de laincs d'Efpagne, dont fon commerce eft-parfaitement libre, en payant le droit de coutume, par les non privilégiés, elle devient étrangere pour les laines du royaume.

Le commerce des toiles peintes & autres, n'y eft pas moins libre que celui des faines; & les toiles peintes, étrangeres, ne paient, tant à leur entrée, qu'à leur fortie de *Bayonne* & du Labour, que le droit local de coutume.

Toute marchandife dont la fortie a été encouragée par la modération de droits, ne paie pas le droit de coutume en arrivant à *Bayonne*, pourvu qu'elle paffe fans changer de main à une deftination étrangere, & qu'elle y foit arrivée avec l'acquit du droit modératif de fortie, délivré au bureau d'enlevement.

Si elle change de main, elle paie trois & demi pour cent de la valeur, à la fortie.

Finances. Tome I.

La baffe Navarre, le pays de Soule & le Béarn, n'étant féparés de l'Efpagne par aucun bureau, ce qui fort du pays de Labour, pour ces provinces, eft traité de la même façon qu'en paffant à l'étranger effectif, & cependant ce qui eft déclaré dans l'intérieur du royaume, pour ces mêmes pays acquite les droits locaux.

Par exemple, une partie de mercerie déclarée à Rouen pour *Bayonne*, n'a payé, en cette premiere ville, qu'un pour cent de la valeur; elle peut être envoyée de *Bayonne* en Efpagne, par le négociant qui l'a reçue, fans payer aucun autre droit, quoique, à la rigueur, dès qu'elle eft arrivée à *Bayonne*, fa deftination foit confommée, & qu'elle dût, par ce motif, le droit de coutume. Mais comme les bourgeois en font exempts, & qu'il s'agit d'une marchandife dont la fortie eft favorifée, la régie des fermes, qui s'eft fait une loi de concourir, en toute circonftance, aux vues de l'adminiftration, s'eft écartée du principe général, pour rapprocher le non bourgeois de l'égalité du premier; car ce principe feroit d'une exécution d'autant mieux fondée à *Bayonne*, que la moitié de ce droit de coutume, abfolument local, eft toujours perçue pour M. le duc de Grammont, dans ces mêmes circonftances où la ferme générale ne fait pas de perception.

Les marchandifes des fabriques du pays de Labour, paient, à leur exportation, le droit de coutume, fi elles fortent pour le compte d'un non privilégié; rien, fi c'eft pour un bourgeois.

Suivant l'arrêt du confeil du 31 août 1728, les commis peuvent exiger du privilégié qui envoie des marchandifes en Efpagne, avec cette exemption, qu'il affirme, par ferment, devant les magiftrats, qu'elles font réellement pour fon compte, & qu'il faffe fa foumiffion de rapporter, dans deux mois, certificat du directeur ou receveur des droits au lieu de la deftination en Efpagne, qui juftifie que les marchandifes y ont réellement été déchargées, & qu'elles ont acquitté les droits.

Le droit de fret, qui eft en quelque forte le bouclier de notre navigation, fe perçoit, à *Bayonne*, comme dans les autres ports, fur les bâtimens des nations qui y font fujettes.

Les formalités du commerce de *Bayonne* avec les colonies, font fixées par l'arrêt du 19 février 1754, qui déroge à quelques articles du règlement général de 1717.

La néceffité de concilier la loi de l'égalité, due à tous les fujets du roi, qui font le même commerce, avec les faveurs qu'exigeoit la pofition de *Bayonne*, & la diftinction établie entre fes habitans, a dicté les difpofitions de cet arrêt, qui n'eft applicable qu'à cette ville.

Il en réfulte, que les bœufs & viandes falées, les beurres, fuifs, chandelles, faumons falés & autres denrées & marchandifes qu'il eft permis de tirer de l'étranger, & d'envoyer aux ifles en exemption de tous droits, ne paient, à *Bayonne*,

N

que ceux de coutume, par les non privilégiés; mais ces droits font restitués, lorfqu'il est justifié que ces mêmes denrées ont été embarquées pour les isles.

Les autres marchandifes apportées de l'étranger à la même destination des isles, n'acquittent de même, que le droit de coutume à leur arrivée; mais lorfqu'elles font embarquées, elles paient les mêmes droits d'entrée qu'elles auroient payé à Bordeaux, & il est tenu compte aux non privilégiés, des droits de coutume, qu'ils justifient avoir payé par la représentation de leur acquit.

Les marchandifes des fabriques de *Bayonne* même, & du pays de Labour, paient, dans ce cas, les mêmes droits d'entrée dûs à Bordeaux, suivant la décision du conseil du 10 février 1765.

Quant aux marchandifes tirées de l'intérieur du royaume, pour les colonies, elles arrivent à *Bayonne* en exemption de tous droits, & font foumises aux mêmes formalités que dans les autres ports, fuivant les articles 3, 4, 5, 6, 7, 8 & 9 des lettres-patentes de 1717, dont l'arrêt de 1754 confirme l'exécution.

A l'égard des marchandifes de retour des Colonies; il faut distinguer celles qui en font apportées directement, & celles qui y viennent des autres ports du royaume.

Les premieres ne doivent, à *Bayonne*, que les droits du domaine d'occident, de trois & demi pour cent de leur valeur, & ceux de coutume, par les non privilégiés. Les marchandifes de la feconde claffe n'y paient que ce dernier droit, fuivant la qualité du propriétaire, attendu qu'elles ont dû acquitter le droit du domaine d'occident, dans le port de leur arrivée.

Celui d'un pour cent, dû fur les marchandifes chargées fous voile aux isles, feroit également dû. *Voyez* le mot COLONIES.

Il faut excepter des marchandifes des Colonies, apportées à *Bayonne*, qui ne paient que le droit du domaine d'occident & le droit de coutume, les cafés, les fucres en pain & les tabacs.

Les cafés font mis en entrepôt à leur arrivée, & n'acquittent le droit de dix livres du quintal qu'en fortant, pour paffer dans la confommation de *Bayonne* & du royaume. S'ils font expédiés à l'étranger, ils n'en acquittent aucun, pas même le droit de coutume, quoique, fuivant la nature de ce droit, il fût dû par les non privilégiés.

Mais l'usage de ne pas percevoir ce droit de fortie fur les marchandifes des Colonies s'étant établi, il n'y a rien été changé, & les cafés jouiffent de cette faveur.

Les fucres en pain des Colonies font affujettis, à *Bayonne* comme à Marseille, au droit de foixante livres du quintal, parce que c'est un droit général confervatoire des rafineries du royaume, & propre à refferrer le lien qui unit les Colonies à la métropole, dans le fein de laquelle doit être l'unique débouché de leurs denrées les plus intéressantes.

Les tabacs, foit des Colonies, foit d'ailleurs, acquittent, à leur arrivée à *Bayonne*, le droit de trente fols par livre, impofé par la déclaration du 4 mai 1749; droit d'abord exempté des quatre fols pour livre, par décision du conseil du 23 août 1760, & affujetti aux dix fols pour livre, comme tous les autres droits des fermes, par les édits du mois de novembre 1771, & d'août 1781.

L'arrêt du 4 mai 1773, avoit établi la vente exclusive du tabac à *Bayonne*, comme par-tout le royaume; mais en confidération des pertes que le pays de Labour éprouva par les maladies épizootiques, de 1774 & 1775, le ministre des finances annonça, par fa lettre du 28 mars 1775, que les intentions de fa majesté étoient de fufpendre provifoirement l'exécution de l'arrêt du 4 mai 1773, afin de rendre à cette ville la liberté du commerce du tabac.

Il fuit de cette expofition, que *Bayonne* peut, en tout tems, envoyer en Efpagne les marchandifes des isles, à l'exception des cafés, des tabacs & des cacaos, fans payer aucun autre droit que celui qui a été acquitté à leur arrivée; que les cafés, les fucres en pain & les tabacs, ne doivent aucun droit en paffant de *Bayonne* dans le pays de Labour.

Les efpeces qui ne jouiffent du tranfit par terre que fous la condition de certaines formalités, confirmées par l'arrêt de 1754, pour *Bayonne* même, y font plombées & expédiées par acquit à caution *gratis*; & même, pour débarraffer le commerce de toute entrave fur ce point, au lieu d'exiger au bureau de *Bayonne* le rapport des acquits duement revêtus du certificat de fortie du dernier bureau du royaume, on a confenti que les acquits reftaffent dépofés à ce dernier bureau, qui est chargé de les renvoyer à *Bayonne*.

Cette facilité est abfolument néceffaire, à caufe de la difficulté du tranfport des marchandifes, qui ne peut fe faire qu'à dos de mulets, & par des conducteurs ou étrangers, ou illitérés, qui, le plus fouvent, manqueroient aux formalités qu'exigent les acquits à caution.

Voyez le mot ACQUIT.

Le cacao est mis en entrepôt à *Bayonne* comme ailleurs, à titre de marchandife privilégiée des Colonies. Sans doute que *Bayonne* ayant fait attention qu'elle ne pouvoit trouver un débouché de fes cacaos en Efpagne, qui s'en procure de la meilleure qualité dans fes Colonies, elle a demandé à pouvoir en faire commerce avec le royaume, en concurrence avec les autres ports. Voilà les raifons de l'entrepôt dont elle jouit pour cette efpece de marchandife: auffi, lorfqu'elle y entre, elle ne paie que les droits des lettres-patentes de 1717. Par conféquent, fur cet article, & fur celui du café, *Bayonne* fe trouve en parité avec les autres ports.

Bayonne, dans fon commerce avec le royaume, est en général plutôt ville étrangere, que ville intérieure ; mais il n'en eft pas de même du pays de Labour.

Les étoffes, les chapeaux, les toiles & les favons, dont l'exportation eft franche de tous droits pour le pays étranger, paffent, à *Bayonne*, avec le même affranchiffement ; mais auffi les trois derniers articles, qui n'ont aucune marque caractériftique de leur origine nationale, ne pourroient rentrer dans le royaume qu'en payant les droits, & en empruntant le paffage des bureaux affectés aux marchandifes étrangeres de cette efpece.

La mercerie, la quincaillerie, & toutes les autres marchandifes fur lefquelles on a accordé une modération de droits à la fortie du royaume, avec une deftination étrangere, en jouiffent lorfqu'elles font déclarées pour *Bayonne* ; & fi elles y paffent de bout pour l'étranger, elles n'acquitent aucun droit ; fi elles y ont féjourné & changé de main, elle paient le droit de coutume à la fortie. Mais les mêmes efpeces, paieroient les droits ordinaires, fi elles étoient expédiées dans les bureaux du royaume, pour le pays de Labour.

Il eft vrai que *Bayonne* étant le magafin ordinaire où s'approvifionne tout le pays, il fe fait très-rarement des déclarations pour un autre endroit que cette ville ; & par-là le pays de Labour fe trouve avoir les mêmes avantages.

Par une fuite du même afpect, fous lequel fe préfente *Bayonne*, les laines, les peaux d'agneau & de mouton, en laine du royaume, qui y paffent, acquitent les droits prohibitifs, comme fi elles alloient en pays étranger ; mais celles qui en viennent, dans le royaume, ne font fujettes à aucun droit.

Les bois, les charbons, dont la fortie eft défendue, peuvent paffer, à *Bayonne*, en payant les droits fur ces denrées, comme fur celles de cette efpece qui font portées à Marfeille & Dunkerque, parce que l'arrêt de 1722 fait défenfe feulement d'en vendre aux étrangers.

Par une faveur particuliere, les bouteilles qui y font portées du royaume, y font mifes en entrepôt, fous la clef du fermier, afin de leur ménager la faculté de rentrer dans les provinces voifines, en y payant feulement les droits locaux ; au lieu que fans la précaution de l'entrepôt, elles y feroient affujetties à celui de dix ou vingt livres du quintal, qui eft prohibitif.

Les étoffes arrivées en franchife, à *Bayonne*, & qui rentrent enfuite dans le royaume, paient les droits qu'elles auroient acquité, fi, dès le lieu de leur fabrique, elles euffent reçu la même deftination ; &, dans ce cas, elles ne doivent pas le droit de coutume à la fortie, à moins que la route qui conduit à cette deftination, ne foit de paffer par *Bayonne* ; autrement, il feroit inconféquent de leur faire payer ce droit.

1°. Parcequ'il ne peut y avoir, à *Bayonne*, que des étoffes françoifes, dont l'origine eft conf-

tatée par les plombs & marques de fabrique.

2°. Parce que c'eft une fuite toute fimple de la faveur qui leur eft accordée, de les confidérer comme paffant directement dans le royaume du lieu de leur fabrique, & que dès-lors elles font cenféces ne pas emprunter le paffage de *Bayonne*.

Des marchandifes fujettes à des droits uniformes de fortie du royaume, les acquitent au dernier bureau, ainfi qu'on l'a dit ci-devant ; mais tous les habitans du pays de Labour font exempts des droits de coutume fur les bleds, vins, brais & comeftibles ; fur les habits & marchandifes néceffaires à leur confommation & à leur ufage perfonnel ; ils ont même la liberté de rapporter d'Efpagne, en échange, du poiffon frais, fec & falé, qu'ils y ont porté, des vins & des huiles ; auffi en exemption de tous droits d'entrée, conformément à l'arrêt du 10 février 1688.

La condition de *Bayonne* & du pays de Labour eft fi bizarre à l'égard des cuirs, qu'elle eft à la fois ville étrangere & ville du royaume. Le grand nombre de tanneries renfermées dans ce pays, le met dans la néceffité de tirer des cuirs verds, pour alimenter leur induftrie ; & ces cuirs, fortant du royaume, acquitent les mêmes droits que s'ils paffoient en pays étrangers. De même les cuirs tannés à *Bayonne* & en Labour, les ouvrages fabriqués avec cette matiere, acquitent, à leur entrée dans le royaume, les mêmes droits que s'ils venoient de l'étranger, & ils les paient auffi, s'ils font expédiés pour nos Colonies.

Bayonne auroit quelque avantage dans fon commerce de cuirs avec l'étranger, fi elle en pouvoit tirer de verds, & y en envoyer de tannés, attendu qu'ils ne font fujets qu'aux droits de coutume, en venant ou fortant pour le compte d'un non privilégié ; ce qui rend ce droit nul, s'ils font pour un bourgeois ; mais elle ne s'en fournit de verds que dans le royaume ; & le grand débouché de ceux qui font tannés ou fabriqués, eft dans nos colonies.

Le droit de marque, qui eft établi dans fon fein, la rend ville nationale, & affujettie au même droit de fabrication qui a lieu par-tout ; de forte que fi elle étoit fermée aux cuirs étrangers, elle feroit en état d'envoyer dans tout le royaume fes cuirs fabriqués, fans payer aucun droit, & de les expédier pour les Colonies, avec le même affranchiffement.

L'empire des préjugés adoptés par *Bayonne*, la rend en ce point martyre de l'illufion qu'elle s'eft faite fur fes privilèges, & elle leur a facrifié l'intérêt de fes fabriques ; car le droit de marque qu'elle paie, lui eft onéreux fans aucune utilité, & fon commerce avec l'étranger ne lui produit rien, & lui coûte très-cher, parce qu'elle n'en tire ni cuirs verds, ni tannés, & qu'elle y envoie infiniment moins de ces derniers, avec l'exemption des droits, qu'elle n'en fournit aux provinces du royaume & à nos Colonies, en acquitant les droits.

Les sucres des rafineries de *Bayonne*, introduits dans le royaume, y sont considérés de maniere à encourager cette branche d'industrie, par la raison qu'il ne peut y en venir de l'étranger, que sous la condition du paiement du droit prohibitif. Ainsi, ces sucres ne paient que cinq livres douze sols du quintal, au premier bureau, à raison de deux cents vingt-cinq livres de sucre brut, pour cent livres de sucre rafiné; de façon que c'est la partie de sucre brut, qui acquite d'abord les droits des lettres-patentes de 1717, comme dans tous les ports du royaume, & ensuite le sucre rafiné paie les droits locaux, suivant la destination qu'il a reçue.

Les sels de Bretagne, de Brouage, & des autres provinces du royaume, peuvent entrer à *Bayonne*, & pays de Labour, en payant, pour droit de coutume, deux sols par conque, mesure qui pese environ cent cinquante livres. Lorsque ce sel est déclaré pour la pêche, il est exempt de ce modique droit, sous la condition de l'entrepôt, jusqu'à son embarquement.

Les marchandises sortant de *Bayonne*, pour les provinces du royaume, paient le droit de coutume, & subissent ensuite le sort qui leur est imposé à l'entrée du royaume, & sur la route qu'elles tiennent, pour parvenir à leur destination.

Mais les matieres premieres, exemptes de tous droits, par les arrêts de 1749, comme les laines, les cotons en laine & les poils de chevre, ne paient pas le droit de coutume; du moins la partie qui est réunie aux droits des fermes, & entrent, en France, avec la même franchise.

Celles qui arrivent, à *Bayonne*, pour la consommation du royaume, telles que les bois & drogueries propres à la teinture, obtiennent la modération des droits de coutume, conformément à l'arrêt du 15 mai 1760.

Les cires blanches, destinées pour *Bayonne*, jouissent de la même restitution de droits qui a lieu sur celles qui passent du royaume en pays étranger, en remplissant les mêmes formalités; &, par un privilège particulier, dont l'usage fait le seul titre, les cires blanches, ainsi que les jaunes, ne doivent rien à leur entrée à *Bayonne*, & dans le pays de Labour, de quelque lieu qu'elles y viennent.

Il résulte de ces détails, que *Bayonne* est ville du royaume, pour les matieres premieres, nécessaires aux manufactures & aux fabriques d'étoffes, & qu'elle perd cette qualité pour les cires, à l'égard desquelles elle est ville étrangere.

Lorsque des marchandises, sujettes à des droits généraux & uniformes d'entrée, passent de *Bayonne* ou du pays de Labour, dans le royaume, elles y acquitent ces droits, sans distinction de leur origine primitive, & de ceux qu'elles peuvent avoir payé à leur arrivée, parce qu'elles sont confondues avec les mêmes especes venues de l'étranger.

Mais, dans cette circonstance, par ménagement pour les privilèges de *Bayonne*, & dans la vue de faciliter les opérations du commerce, la régie des fermes a consenti que le registre sur lequel sont portés ces droits uniformes, qui ne devroient être perçus qu'au bureau du faux-bourg du Saint-Esprit, fut timbré, *registre des droits qui ne sont pas dûs à Bayonne*.

Les bestiaux, les grains exempts de droits au passage d'une province en une autre, vont à *Bayonne* sans payer de droits, par la raison que lorsqu'ils sortent du Labour, ils acquittent ceux qui sont uniformément imposés par l'arrêt de 1763, & que d'ailleurs l'arrêt du 10 février 1688, établit clairement le privilège du pays de Labour à cet égard.

Le droit des huiles & savons étant abonné, suivant l'arrêt du conseil du 14 août 1782, pour la consommation de *Bayonne* & du faux-bourg du Saint-Esprit, moyennant une somme annuelle de quatre mille cinq cents livres, ce droit se perçoit sur toutes les huiles qui passent de ces lieux dans le pays de Labour, parce qu'il n'y a de bureau pour la levée de ces droits, qu'à Saint-Jean-de-Luz; ainsi tout le reste du pays de Labour est exempt de ce droit pour les huiles qu'il fabrique & qu'il consomme; car celles qui sortent du Labour pour aller à l'étranger, ou dans les provinces voisines, acquitent les droits dans les bureaux placés sur les confins de ce pays.

Après avoir établi les privilèges de *Bayonne* & du pays de Labour en général, dans ses rapports avec le pays étranger, avec les colonies & avec le royaume, il est à propos de faire connoître les immunités particulieres accordées à quelques lieux, comme S. Jean-de-Luz, & Hasparn.

Saint-Jean-de-Luz est un petit port à trois lieues & demie de *Bayonne*, & séparé de Cibourg par une riviere appelée Lourdacourry.

De tout tems ce port a fait des armemens si considérables pour la pêche de la baleine & de la morue, qu'il a reçu des encouragemens pour cette branche d'industrie. Tel est l'objet des arrêts du 20 Juillet 1734, & 20 octobre 1750, qui accordent à cette ville la même faveur à cet égard, que celle dont jouissent les ports qui font le commerce des isles; c'est-à-dire, d'y entreposer tout ce qui est nécessaire à l'armement & avitaillement des bâtimens destinés à la pêche de la baleine & de la morue, & de ne payer les droits de ces denrées & marchandises, qu'autant qu'elles entrent dans la consommation du royaume.

Hasparn est un bourg à quatre lieues de *Bayonne*, & à trois de la frontiere d'Espagne. Il n'est composé que de corroyeurs, de cordonniers, & de fabriquans d'une étoffe grossiere appelée Capa; & c'est ce qui rend le marché de ce bourg considérable. Les Espagnols des environs viennent s'y approvisionner.

Ce marché, établi par déclaration du roi, du

mois de février 1656, se tient tous les quinze jours, & dure vingt-quatre heures, pendant lesquelles tout ce qui entroit & sortoit a été exempt de droits, & même de déclaration, jusqu'en 1773; mais à cette époque, la ferme générale ayant repris l'instance qui étoit au conseil, depuis le commencement de ce siecle, elle exposa que la franchise de ce marché étoit un abus, à la faveur duquel Hasparn devenoit une porte ouverte à l'exportation de toute espèce de marchandises, même de celles dont la sortie est prohibée, puisqu'il n'en étoit fait ni déclaration ni visite.

Sur ce motif, le conseil décida, le 2 juin 1773, que le droit de coutume seroit perçu, à Hasparn, les jours de marché, comme en tout autre tems, sur tout ce qui entreroit & en sortiroit. Le ministre marqua aussi à l'intendant d'Auch, le 15 juillet suivant, d'interposer son autorité, pour faire exécuter les intentions du roi.

En considération des fabriques de Hasparn, les peaux des Colonies, qui sortent des entrepôts de la Rochelle, à la destination de ce bourg, pour y être apprêtées, & passer ensuite à l'étranger, ne paient aucun droit d'entrée ni de sortie dans le port de l'entrepôt, & sont expédiées par acquit à caution pour Bayonne, Saint-Jean-de-Luz, ou Hasparn, où le droit de coutume est payable par les non privilégiés. Les mêmes peaux, étant portées à l'étranger, ne paient plus que huit livres huit sols, par charge de trois quintaux, sans égard, sur ce point, à la qualité de privilégiés ou non. Cette espece de composition est la suite d'une convention passée entre la ferme générale & la chambre du commerce de Bayonne, le 14 avril 1731.

En résumant tout ce qui vient d'être dit de Bayonne & du pays de Labour, on voit que les privilèges dont ils jouissent se présentent sous trois points de vue: sous celui de privilèges personnels, de privilèges locaux, & de privilèges politiques.

Ceux qui sont attachés à la qualité de bourgeois de Bayonne, & s'étendent à Saint-Jean-de-Luz & Cibourg, peuvent être désignés par la dénomination de privilèges personnels. Sans doute qu'ils sont une suite de l'ancienne propriété du droit de coutume dont jouissoit Bayonne, & qu'ils sont devenus une distinction pour les bourgeois, comme ayant droit de prétendre aux charges de la municipalité.

Les privilèges qui sont particuliers à quelques lieux, peuvent être distingués par le nom de locaux; ainsi Bayonne a ses foires; tout le pays de Labour a les immunités de l'arrêt de 1688: Saint-Jean-de-Luz en a de particuliers pour sa pêche; Hasparn en a eu par son marché, qui n'avoient rien de commun avec ceux de Bayonne.

Enfin on entend par privilèges politiques, ceux qui ont pour objet l'intérêt général du commerce extérieur, & qui paroissent n'être accordés à Bayonne, qu'à cause de sa situation, qui la rend un magasin pour l'Espagne, & qui devient consé-

quemment un débouché très-avantageux à tout le royaume, pour les étoffes de ses fabriques, & pour les produits de l'industrie nationale. Ces privilèges consistent, à considérer Bayonne comme ville étrangere, pour les étoffes, les chapeaux, la bonneterie, la mercerie, &c, & à ne pas assujettir ces marchandises, à leur passage à Bayonne, aux droits de coutume qui, par leur nature, seroient dûs, & dont l'affranchissement a eu en vue de favoriser le commerce général.

L'article 30 du traité de commerce & d'amitié, signé à Paris le 6 février 1778, entre la France & les treize états unis de l'Amérique, promettant d'accorder aux sujets de cette république un ou plusieurs ports francs, pour favoriser le débit des denrées & marchandises du cru de ce pays, on avoit jetté les yeux sur Bayonne, pour établir ce port franc.

La situation de cette ville, à l'extrémité du royaume, & à portée de l'Espagne, sembloit la rendre moins dangereuse, pour le fisc, que ne l'auroit été une autre ville placée au centre. Il paroissoit plus aisé de garantir le reste du royaume du versement des marchandises de contrebande, qui aura nécessairement lieu, lorsqu'un de nos ports sera devenu, par sa franchise, un entrepôt général des tabacs de l'Amérique, & des marchandises anglaises de toute espece. Mais les suites préjudiciables aux intérêts du roi, qui seroient nécessairement-résultées de l'affranchissement de la ville de Bayonne, & de tout le pays de Labour, qui est, en quelque sorte, regardé comme son territoire; les embarras de garder une aussi grande étendue de terrain, & sur-tout la difficulté de régler la double indemnité qui étoit dûe à la ferme-générale, pour les droits compris dans son bail, & à la maison de Grammont, pour la moitié du droit de coutume, qui lui appartient, ont fait abandonner ce projet.

On a tourné les vues sur Lorient, qui, par sa situation, & par le local intérieur du port, paroît offrir plus de commodité aux sujets des États-Unis, & plus de facilité pour en surveiller toutes les opérations.

Quelque soit la ville qui sera choisie pour ce port franc, il est très-important qu'elle soit absolument ville étrangere, comme Dunkerque, & ne participe pas de la double qualité de nationale & étrangere, ainsi que Marseille, qui est à-la-fois place de commerce, & ville fabriquante.

Cette ville offre l'exemple de la condition la plus extraordinaire & la plus incertaine qu'il soit possible d'imaginer. Aussi les abus s'y multiplient en raison de la facilité qu'on a d'étendre & de restreindre ce privilège d'étranger, & de le faire sympathiser avec les avantages de ville nationale.

Plusieurs choses y devant des droits, toutes les autres doivent être déclarées, visitées & vérifiées, pour s'assurer qu'il ne s'y trouve rien de sujet à la perception, dès-lors la liberté est détruite. Outre cet inconvénient, que de bigarrure, d'embarras & de doute jettent ainsi dans la régie des droits, les exceptions aux principes conftans, & les écarts de la loi générale?

Ou la liberté de commercer avec l'étranger, eft affez avantageufe à une ville, pour la dédommager de fa féparation du refte du royaume, ou elle ne mérite pas d'être établie. Cette liberté une fois admife, il ne faut y joindre aucune immunité à l'égard de la mere patrie, que pour les denrées de fubfiftance, parce qu'en ce cas fa population fait la règle de fa confommation, & prévient l'abus; mais fur tout autre objet, fon commerce avec l'étranger lui procureroit les moyens d'envahir la branche de trafic, pour laquelle elle jouiroit de quelque privilège, en donnant pour ouvrage de fon induftrie, ce qu'elle auroit tiré de l'étranger.

Un commerce qui embraffe la double fourniture des marchandifes étrangeres aux nationaux, & des marchandifes nationales aux étrangers, doit être affez confidérable & affez animé pour attirer dans une ville une grande population, fans y joindre encore l'établiffement des fabriques; car ces fabriques confommeroient plus de matieres étrangeres que de patrimoniales, & vraifemblablement elles trouveroient encore l'intérêt de leur argent plus haut, & la main-d'œuvre plus chere que dans le refte du royaume.

Voyez PORT-FRANC, TRANSIT.

On ne doit pas oublier d'ajouter encore, qu'outre l'abonnement dont jouit *Bayonne* & le faux-bourg du faint-Efprit, pour y tenir lieu du droit des huiles & favons, ils en ont un féparé pour les droits de courtiers-jaugeurs & d'infpecteurs aux boiffons, fixé par le même arrêt du 14 août 1782, à quinze mille livres, depuis le premier octobre 1781; favoir, dix mille pour le principal, & cinq mille livres pour les dix fols pour livres.

La répartition de ces dix-neuf mille cinq cents liv. qui compofent le montant des deux abonnemens, doit, en conformité de l'article 3 de l'arrêt de 1782, être faite fous l'autorifation de l'intendant de Bordeaux, par les maire, échevins & fyndics, entre les différens contribuables, & le produit en être verfé, fans frais, à la caiffe de la régie générale tenue à Pau, en quatre paiemens égaux, de trois en trois mois.

Voyez COURTIERS-JAUGEURS, INSPECTEURS AUX BOISSONS.

BÉARN, province de France, fituée aux pieds des monts Pyrenées, & réunie à la France avec la baffe-Navarre, après l'avénement de Henri IV au trône, par les édits du mois d'octobre 1607 & 1620.

Cette province jouit de plufieurs privilèges relatifs aux finances. Elle eft exempte de droits d'aides, de gabelles, & en grande partie des droits de traites, tant dans fon commerce étranger, que dans celui qu'elle fait avec le royaume. Mais elle eft fujette à la vente ex-clufive du tabac, & aux droits de contrôle des actes, infinuation, centieme denier, & autres dépendans de l'adminiftration des domaines.

Le *Béarn* & la baffe-Navarre, font pays d'états. Ce qu'ils paient au roi, s'appelle donation. L'impofition s'en fait par feux: c'eft un objet médiocre. Ils font abonnés pour différens droits généraux qui fe lèvent dans tout le royaume, tels que les octrois, pour dons gratuits, appelés droits réfervés, par l'édit d'avril 1768; les droits des courtiers-jaugeurs, d'infpecteurs aux boiffons & aux boucheries.

L'arrêt du 29 mai 1782, a fixé l'abonnement, pour les droits réfervés, à foixante-quinze mille livres, tant en principal que dix fols pour livre; & le fecond abonnement à quinze mille livres.

Ces pays ufent d'un fel très-blanc, qui provient de l'ébulition des eaux de la fontaine de Saliés, qui eft au milieu de la ville de ce nom. On prétend que c'eft à ce fel que les jambons qui en font falés, doivent cette fupériorité, qui les diftingue fous le nom de jambons de Bayonne. D'après les expériences faites fur l'eau de cette fontaine, on a trouvé qu'elle eft un peu plus de cinq fois plus falée que l'eau de la mer. Soixante huit livres de cette eau, fourniffent ordinairement douze à quinze livres de fel, fuivant la faifon de l'été ou de l'hiver.

A l'égard des droits des fermes, les privilèges des *Béarnois* font rappellés & confirmés dans l'article 301, du bail des fermes de Forceville. Il y eft dit: « Les habitans du *Béarn* jouiront de » l'exemption des droits de la foraine de Langue- » doc, & de la foraine d'Arzac, pour les bleds, » vins, & menues denrées néceffaires à leur com- » mun ufage, comeftible, en obfervant les forma- » lités prefcrites par l'arrêt du confeil du 28 » juin 1704, & lettres-patentes fur icelui ».

Le difpofitif de cet arrêt, paroit fufceptible d'une plus grande extenfion que celle qu'on lui donne ici. Il porte après comeftible, *comme volaille, gibier, chevreaux, uftenfiles & autres femblables, qu'ils voudront cueillir dans leurs terres, ou acheter de gré à gré dans les provinces du royaume*. Pour les foies, draperies, toilés, bétail, & toutes autres fortes de marchandifes que lefdits habitans tireront des provinces d'Armagnac, Bigorre, & autres de l'ancien domaine de Navarre, ou des autres provinces du royaume, pour être transportées en *Béarn*, ils paieront les droits defdites foraines de Languedoc, & d'Arzac, fuivant qu'ils font dûs & réglés par les tarifs & les ufages; que l'exemption, pour les vins, bleds, & autres denrées ci-deffus mentionnées, n'aura lieu que lorfque lefdits habitans viendront eux-mêmes les cueillir dans leurs terres, ou acheter de gré à gré dans les provinces du royaume; & lorfqu'elles feront apportées par les habitans des autres provinces, les droits feront payés en la maniere accoutumée, & conformément à l'arrêt du conseil du 24 août 1694 ; que les habitans de *Béarn* seront & demeureront exempts de la traite domaniale de Languedoc, pour les marchandises & denrées qui y font fujettes, qu'ils tireront de cette province pour leur confommation, & paieront feulement lefdits droits, pour celles defdites marchandifes & denrées, qu'ils feront paffer de *Béarn* à l'étranger ; à l'effet dequoi, fera permis au fermier d'établir fur les frontieres dudit pays, tels bureaux qu'il avifera bon être. En effet la même année il fut établi 7 bureaux, tant du côté de l'Arragon, que vers la baffe-Navarre.

Des difficultés s'étant élevées dans la fuite, fur l'exemption de cette derniere claufe, entre le fyndic général du *Béarn*, & l'adjudicataire des fermes, les habitans & négocians de la ville d'Oléron, prirent une délibération pour fe foumettre aux difpofitions qu'on vient de rapporter, à l'égard des marchandifes du Languedoc. Pour éviter tout foupçon de fraude, ils s'obligerent à préfenter aux commis des bureaux placés fur la frontière de *Béarn*, des certificats juftificatifs de l'origine des marchandifes exportées ; certificats fignés des confuls ou juges des lieux & fous la condition que les mêmes efpèces de marchandifes venues des autres provinces du royaume, par tranfit ou du cru & fabrique de *Béarn*, feroient exemptes de ces droits. Cette délibération fut approuvée par le miniftère des finances, le 19 juillet 1742.

Quoiqu'il fe trouve des bureaux fur la ligne frontière du *Béarn* à l'Efpagne ; cependant on n'y perçoit aucun des droits généraux & uniformes d'entrée & de fortie excepté celui qui eft dû fur les beftiaux. Les habitans ne s'y font pas refufés, parce que ce droit eft plus foible que celui de la traite domaniale. Ainfi, on devroit par une conféquence de cet état des chofes, traiter le *Béarn* comme pays étranger, puifqu'il n'eft pas fujet aux droits qui font dans l'intérêt de la culture, & du commerce national. Mais les immunités accordées par l'arrêt de 1704, perfonnellement aux Béarnois feroient abrogées.

Indépendamment des droits de traites qui font dûs en certain cas, fur les marchandifes entrant dans le *Béarn*, ou en fortant, il en eft deux autres purement domaniaux ; le premier eft appellé gabelle, & le fecond foraine. L'origine du premier de ces droits, remonte à l'année 1502. Il fut créé pour être levé fur les marchandifes qui paffent en Bigorre, à raifon de 8 fols 8 d. par quintal. Ce droit n'a fouffert autre changement, finon qu'il a reçu les dix fols pour livre additionel impofés, 1771 & 1781.

Le droit de foraine fut établi par Henri d'Albret, fouverain du *Béarn*, par lettres-patentes du 18 juillet 1552, fur les marchandifes entrant dans ce pays, ou en fortant, à raifon de deux pour cent de leur valeur. En conféquence,

il fut arrêté un tarif, par ordonnance du 22 novem. 1553, avec la claufe que les marchands & autres du *Béarn* pourroient tranfporter hors dudit pays, leurs draps, fels, fromages, &c, fans payer ladite impofition : claufe confirmée, l'année fuivante, par d'autres lettres-patentes.

Il s'éleva, dans la fuite, des conteftations fur l'étendue de cette immunité, & fur les formalités dont elle doit être accompagnée. Un arrêt du confeil du 24 avril 1688, les termina, en ordonnant, article 2, que lefdits droits de foraine ne feroient pas perçus fur les beftiaux, marchandifes & denrées entrant dans la province de *Béarn*, pour y être vendues & confommées, ni fur celles du cru & fabrique du pays, exportées pour le compte de fes habitans.

Et comme l'article 7 porte que ces marchandifes feront déclarées au premier bureau de la foraine, fans qu'elles puiffent être déployées ni deballées, les conducteurs devant être crus fur leur déclaration, il ajoute, que les voituriers feront tenus de faire cette déclaration, à peine de dix livres d'amende, pour la premiere fois ; de vingt livres, pour la feconde, & cinquante livres, avec confifcation, pour la troifieme.

L'article 11 veut que les habitans déclarent au bureau, la quantité & qualité des marchandifes, qu'ils jurent & affirment qu'elles leur appartiennent, & qu'ils prennent un paffavant, pour lequel il fera payé fix deniers. Enfin, l'article 12 prononce que, faute de faire ces déclarations, ou en cas qu'il foit vérifié qu'elles foient fauffes, ils feront condamnés en cent livres d'amende, outre la confifcation.

Les droits de gabelle & de foraine, comme domaniaux de leur nature, n'ont fouffert aucune altération, quelque changement qui ait été ordonné pour les autres droits des fermes. Toutes les fois qu'il eft accordé une exemption générale de ces derniers droits, ainfi qu'elle a lieu fur les marchandifes deftinées pour les colonies, fur les manufactures exportées du royaume, il eft entendu qu'elle n'a point d'effet fur les droits dépendans des régies des aides & domaines. C'eft ce qu'explique formellement l'article 3 des lettres-patentes de 1717, concernant le commerce des colonies ; l'article premier des arrêts des 13 octobre & 23 décembre 1743, & encore l'arrêt du 30 juin 1730, qui dit expreffément que l'intention du roi n'a jamais été d'accorder la décharge des droits de domaine, qui, par leur nature, leur deftination & leur modicité, doivent être perpétuellement perçus.

Les deux droits dont il s'agit, de gabelle & de foraine du *Béarn*, ont été diftraits de la régie des domaines, pour être compris dans le bail de la ferme générale ; mais ils n'en confervent pas moins leur origine primitive, en faifant partie du domaine territorial de Bigorre & de *Béarn*. Sous ce point de vue, & d'après les principes domaniaux, ils ne doivent jamais éprouver de réduction.

Voyez l'article 7 des lettres-patentes portant bail de la ferme générale, au mot BAIL.

BEAUCAIRE est une ville du Languedoc, sur le Rhône, fameuse par la foire qui s'y tient tous les ans le 22 de juillet, & qui dure trois jours, non compris les fêtes.

Nous allons considérer cette foire dans sa constitution, & dans les immunités qu'elle procure ; dans ses produits pour la ferme générale, & dans ses effets par rapport au commerce particulier des provinces qui l'avoisinent, & au commerce avec l'étranger.

Nous l'envisagerons ensuite du côté de l'usage où est la ferme générale, de faire assister un de ses membres à cette foire, pour examiner si cet usage n'a pas dégénéré de son institution primitive.

Les marchandises & denrées qu'on apporte à la foire de *Beaucaire*, soit du pays étranger, soit de l'intérieur du royaume, ne jouissent d'aucune exemption.

Il n'en est attaché qu'aux marchandises qui en sortent. L'immunité même, en ce cas, ne porte que sur les anciens droits de foraine, & sur les appréciations ou augmentations qu'ils ont reçues jusqu'en 1632 ; époque où il fût fait à ces droits une nouvelle addition, qui se lève sur toutes les marchandises susceptibles de ce droit, conformément à l'article 292 du bail de Forceville.

Il avoit été ordonné, *dit* M. d'Aguesseau, *dans le procès-verbal de ses opérations, en qualité de commissaire du conseil, en Lyonnois, au chapitre de la foraine,* par un arrêt du conseil du 12 juillet 1608, que les marchandises sortant de la foire de *Beaucaire*, pendant les trois jours que dure sa franchise, paieroient le cinquieme denier des anciens droits de foraine, pour les gages des officiers, ainsi qu'il se pratique aux foires de Lyon. Mais, par un autre arrêt du conseil du 26 mars 1611, ce cinquieme denier a été abonné à la somme de quinze cents livres par an, dont la ville de *Beaucaire* a été déchargée, par les lettres de confirmation des privilèges de cette foire, du mois de septembre 1632, quoique cette somme soit comprise dans le 240e article du bail de Fauconnet.

La franchise de cette foire a reçu une atteinte, par la perception que les fermiers du roi y font, de laquelle le sieur Marmion a été l'auteur, dans le tems qu'il a eu la direction des fermes en Languedoc & Provence. Voici quel en a été le fondement.

Il étoit porté par un des articles du bail des fermes de ce tems-là, qui a été rappelé par le 241e article du bail de Fauconnet, que les marchandises qui auroient été déballées & vendues à la foire de *Beaucaire*, jouiroient de la franchise ; sous ce prétexte, on a voulu obliger les marchands à déballer effectivement leurs marchandises dans la foire. On les a fatigués d'abord par des saisies & des poursuites qui troubloient leur commerce,

& on les a réduits ainsi, à se rédimer de la nécessité de déballer leurs marchandises, par un abonnement qui étoit très-modique dans les commencemens, & qui a été augmenté peu-à-peu, jusqu'au taux où il est à présent, depuis quelques années ; savoir :

Pour la draperie, couvertures de laine, burats d'Auvergne,& bouracans fil & laine, 1 liv. 2 s. d.			
Pour la mercerie	»	8	6
Pour les toiles crues	»	11	»
Pour les toiles blanches . .	1	2	»
Pour les ouvrages de soie .	3	»	»
Pour les ouvrages d'or & d'argent	6	»	»
Pour les dentelles du Puy . .	2	»	»
Pour le verdet ou verd-de-gris	2	»	»

Le tout par chaque quintal.

Cet abonnement se renouvelle tous les ans à chaque foire, & produit, depuis 1682, qu'il a commencé, environ sept mille livres.

M. Daguesseau écrivoit en 1689. Ce fait pouroit donner lieu à beaucoup de réflexions. Il est du moins une preuve qu'en matiere d'imposition, il est essentiel que les loix soient assez claires, assez précises, pour prévenir toute induction ; & se refuser à l'extension.

Ce droit d'abonnement, *ajoute cet illustre magistrat,* doit être regardé comme une chicane qu'on a faite aux marchands, sur un mauvais fondement ; car il est certain que ce mot de *déballées,* qu'on a mis dans les baux depuis celui de 1665 seulement, à ce qu'on prétend, n'est point dans les lettres, arrêts & réglemens concernant cette foire, qui portent simplement, que toutes les marchandises amenées, vendues & débitées à cette foire, jouiront de la franchise.

Quoiqu'il en soit de la légitimité de ce droit, dont le tarif vient d'être rapporté, l'arrêt du 3 octobre 1702 ordonna par l'article 11, qui constitue les privilèges de la foire de *Beaucaire*, que les marchandises qui en proviendroient paieroient, à la sortie du Languedoc, les droits de la réapréciation en entier, avec les augmentations, ensemble les droits d'abonnement pour les marchandises non déballées, & les droits locaux de l'intérieur du royaume.

Malgré ces dispositions, il s'est toujours élevé, de tems en tems, des difficultés sur la perception de ce droit d'abonnement, ainsi qu'on le voit par l'arrêt du conseil du 12 juillet 1723, qui ordonne expressément l'exécution de l'article 11 de l'arrêt du 3 octobre 1702.

L'article 292 du bail de Forceville, & qui subsiste dans toute sa force, puisqu'il n'y en a pas eu d'autre fait en détail depuis 1738, rappelle encore les deux arrêts qu'on vient de citer, comme des titres qui assurent la perception du droit d'abonnement.

Cependant, soit par la difficulté de distinguer dans une immensité de marchandises déposées dans les magasins des négocians, celles qui n'y sont

conduites

conduites que pour profiter de la franchise de la foire, sans être déballées ni commercées ; soit qu'il ait été reconnu que. le foible produit de ce droit ne méritoit pas que l'on prît toutes les précautions propres à en assurer le paiement, parce qu'il en seroit résulté, pour le commerce, des gênes & des fatigues qui auroient pu dégoûter les négocians de cette foire, & préjudicier ainsi au produit des autres droits que l'on y perçoit ; il est certain que le droit d'abonnement ne se perçoit plus, & qu'en 1775, suivant la tradition établie à *Beaucaire* même, il y avoit plus de trente à quarante ans qu'on ne l'avoit vu acquitter.

Nous avons dit précédemment que toutes les marchandises apportées à la foire de *Beaucaire*, soit de l'intérieur du royaume, soit du pays étranger, doivent tous les droits d'entrée, & de route, jusqu'à cette destination.

Celles qui en sortent, sont sujettes à trois différens droits, suivant leur destination & leur nature. Ces droits sont ; 1°. La foraine dûe généralement sur tout ce qui sort du Languedoc ; comme droit de sortie de cette province.

2°. La domaniale à laquelle sont assujetties quelques espèces de denrées exportées à l'étranger seulement ; comme les vins, les toiles blanches & crûes, des fabriques étrangeres, les bestiaux de charge & de labourage.

Voyez DOMANIALE.

3°. La douanne de Lyon dûe sur certaines marchandises, allant par terre en Franche-Comté, Suisse, Piémont, comté de Nice, Savoie, Italie Allemagne, & principalement de Dombes, sur le motif que l'arrêt du conseil du 23 mars 1603, y assujettit les marchandises sortant du Languedoc, pour ces différens endroits.

Les soieries & les étoffes de soie, portées de la foire de *Beaucaire* en Roussillon, par terre, ne doivent que la moitié du droit ordinaire de la douanne de Lyon, ou à raison de deux & demi pour cent.

Ces diverses perceptions sont comprises dans un tarif particulier : extrait du tarif général de la foraine & de la douanne de Lyon, imprimé exprès, en 1771, à Montpellier, pour l'instruction des commis appellés extraordinairement à *Beaucaire*, pendant la foire.

Ce seroit peut-être ici le lieu d'examiner si les dispositions de l'arrêt de 1603, doivent avoir leur exécution à la foire de *Beaucaire*, & si la levée de la douanne de Lyon, sur les marchandises envoyées par terre en Roussillon, est également fondée. On pourroit objecter contre ces perceptions, l'article XI de l'arrêt de 1702, & l'article 292, du bail de Forceville, qui ne font mention que des droits de foraine, comme les seuls dûs sur les marchandises, sortant de cette foire. Cette restriction n'est pas à la vérité

formellement prononcée ; mais elle est une conséquence naturelle des expressions de ces règlemens.

Au reste, les étoffes & toute espèce de tissus des fabriques nationales, jouissent d'un affranchissement absolu à leur exportation : cet affranchissement a lieu à *Beaucaire*, comme par-tout, en remplissant les conditions sous lesquelles il a été accordé.

On observera qu'à l'égard de la principauté de Dombes, qui se trouve mise dans la classe du pays étranger, loin d'être actuellement un petit état séparé, elle a été réunie à la Bresse, & fait partie des cinq grosses fermes. Cette considération, doit donc la faire traiter à *Beaucaire*, & dans tous les bureaux où se perçoit la foraine, comme cinq grosses fermes.

Toutes les fois qu'une marchandise enlevée à la foire de *Beaucaire*, pour le pays étranger, est imposée à la sortie du royaume, a un droit plus foible que celui du tarif : c'est le foible droit qui doit être perçu, par la raison que les vues du législateur, sont de favoriser l'exportation de cette marchandise.

Indépendamment des droits exigés par l'adjudicataire des fermes, il en est encore dû un particulier, au maître des ports, comme attribution de son office de juge des fraudes aux droits des fermes.

Voyez MAÎTRE DES PORTS.

La quotité de ce droit, qui est très-rare dans le royaume, n'est pas déterminée par la valeur, ou la qualité de la marchandise ; il est fixé par chaque nature d'expédition, à raison de cinq à six sols ; & le maître des ports est obligé de signer l'expédition.

Le produit annuel de la foire de *Beaucaire*, s'élève à cent, ou cent vingt mille livres. Si l'on considère cette foire dans son influence particulière sur le Languedoc, & générale sur le commerce étranger, on ne trouvera pas des résultats aussi avantageux que pourroit le faire croire l'idée qu'en donne sa célébrité. Elle ne semble utile au Languedoc, qu'en ce qu'elle est un marché très-considérable pour les soies, & qu'elle occasionne une grande consommation par le concours nombreux qu'elle rassemble ; car pour l'exportation des ouvrages de ses manufactures, en tout tems elle jouit d'une franchise absolue, & la foire de *Beaucaire* n'ajoute rien à cette faveur.

On remarquera même que les habitans du Languedoc, en se fournissant à cette foire, de quantité de denrées & marchandises qui y sont arrivées, en remontant le Rhône, par Arles, paient des droits qu'elles n'auroient pas dû, si elles eussent été importées directement dans la province, par Cette ou Agde, & qu'elles ont par-là éprouvé un renchérissement de quatre pour cent, à quoi montent les droits acquités à Arles.

La foire de *Beaucaire* est bien moins utile encore aux provençaux, puisque s'ils y achetent des marchandises venues des pays étrangers, elles ont également été renchéries de ces quatre pour cent, payés en remontant le Rhône. Celles qu'ils y vendent, soit pour l'étranger, soit pour le royaume, n'y gagnent pas plus ; si, d'un côté, elles jouissent de l'exemption d'une partie de la foraine ; d'un autre, elles paient ou les même quatre pour cent, en descendant le Rhône, pour aller en pays étranger, ou les droits ordinaires & locaux dûs sur les routes, par lesquelles on les transporte dans les provinces intérieures du royaume.

Les habitans du Dauphiné, sont ceux qui trouvent un véritable avantage dans l'établissement de la foire dont il s'agit ; ce n'est pas cependant pour les marchandises qu'ils y portent, mais pour celles qu'ils en tirent ; ces dernières payant environ neuf à dix pour cent de moins qu'en tout autre tems, ou que si elles passoient de Provence directement dans le Dauphiné.

Si l'on recherche actuellement quel bénéfice l'étranger trouve dans cette foire, on reconnoîtra qu'il n'en a pas d'autre, que dans le plus prompt débit des marchandises qu'il a lui-même apportées ; car il est, relativement aux droits, moins bien traité que s'il faisoit directement son commerce avec Marseille, ou avec les provinces qui fabriquent les objets de sa consommation.

Les marchandises que cet étranger importe à *Beaucaire*, acquittent les mêmes droits qu'en tout autre tems de l'année : celles qu'il exporte, dans le genre des étoffes ; des toiles, des chapeaux, de la mercerie & de la quincaillerie, accroissent de valeur, par l'addition de tous les droits locaux qu'elles ont payé en venant à *Beaucaire*, si elles n'ont pas été déclarées pour le pays étranger. En ajoutant à ces frais la dépense du vendeur, pour le transport de ses marchandises, pour son voyage, son établissement & son séjour à *Beaucaire*, il est évident que cet étranger qui, de son côté, fait la même dépense, & court risque d'avoir des marchandises invendues, ou de les donner à bas prix ; bénéficieroit de plus de quatre à cinq pour cent, si, sans se déplacer, il tiroit des fabriques, ou par un commissionnaire résident dans un port, les divers articles qu'on a dénommés, & qui forment l'objet principal du commerce extérieur à la foire de *Beaucaire* ; articles qui toute l'année-jouissent à leur exportation, ou d'un affranchissement absolu, ou d'une exemption partielle qui réduit beaucoup la perception.

Sous ce point de vue, & en comparant les petits avantages que procure cette foire au Languedoc & au Dauphiné, avec les inconvéniens qui en résultent réellement, à cause de sa situation, pour le commerce général du royaume & pour les fabriques, on sera tenté de croire que la suppression de cette foire seroit un bien.

Voici ces inconvéniens. Le concours de cette foire est une occasion sûre de débiter une grande quantité de marchandises sujettes à des droits d'entrée considérables, qui ont été fraudés par toute sorte de manœuvres clandestines. Ainsi, des sucres rafinés & autres, des cafés, des cotons filés, des toiles peintes, des mousselines revêtues de faux plombs, une fois introduites du Piémont dans la Provence, ou sorties du territoire de Marseille, arrivent sans difficulté à *Beaucaire*, comme si elles étoient d'origine provençale ; elles y obtiennent même la préférence sur les mêmes especes arrivées sans fraude. Dès-lors la balance du commerce intérieur, si essentielle dans une foire, ne conserve plus son équilibre ; elle penche nécessairement du côté de la mauvaise foi & de la contrebande ; la droiture & la loyauté sont opprimées.

La conservation de cette foire ne devient pas plus intéressante, si l'on s'arrête sur l'objet des ventes qui s'y font. On verra que malgré le renchérissement universel, produit par l'augmentation du numéraire, les ventes diminuent chaque année, en raison de ce que le commerce général acquiert plus d'activité & d'étendue, par les encouragemens qu'il a reçus depuis quarante ans.

L'année commune des ventes, prise tous les dix ans, depuis 1744, offre une dégradation sensible malgré quatorze années de paix, qui ont donné tant de ressort à l'industrie françoise.

Cette année commune a été, depuis 1744 jusqu'en 1755, de quatorze millions trois cents onze mille cinq cents soixante-trois livres ; depuis 1756 jusqu'en 1765, de douze millions cent soixante-dix mille trois cents dix-neuf livres ; depuis 1766 jusqu'en 1776, de dix millions cinq cents quarante-deux mille mille livres.

Il ne reste plus qu'à examiner si la députation de la ferme générale à la foire de *Beaucaire*, est utile au commerce & à la régie des droits. On terminera cet article, par proposer, pour perfectionner la manutention de cette foire, un plan inspiré par l'attention suivie qu'on a donnée aux opérations qu'elle exige

Il est à présumer que la présence d'un fermier-général a paru anciennement nécessaire à Arles, quelques jours avant l'ouverture de la foire, & à *Beaucaire*, pendant qu'elle dure, pour terminer sommairement les difficultés qui pouvoient s'élever entre les redevables des droits, & les préposés à leur perception.

Peut-être même, la table que le député de la ferme tient successivement dans ces deux villes, n'a-t-elle eu primordialement, d'autre objet que de rassembler les négocians les plus éclairés & les plus considérables qui viennent à la foire, & d'y traiter des intérêts du commerce. Sans doute qu'alors on s'occupoit à conférer avec eux sur les moyens de procurer plus de faveur, de donner des débouchés plus faciles à certains objets de fabrique nationale ; à rechercher fi l'importation de telle ou telle matiere, ou brute, ou façonnée, ne devoit pas être reftrainte par une augmentation de droits, ou attirée par une modération.

On conçoit qu'un établiffement fondé fur de femblables vues, & dans un tems où la politique commençant à s'éclairer, tentoit tout pour faire pencher la balance du commerce, pouvoit apporter quelques fruits à la nation.

Mais depuis 1743, que prefque tous les ouvrages de nos manufactures jouiffent, à leur fortie du royaume, de l'exemption de tous droits, ou du moins d'une réduction très-confidérable ; depuis 1749, que les matieres premieres, propres à ces manufactures, ont obtenu la même faveur à l'importation, il n'eft que très-peu d'objets particuliers qui pourroient, fuivant les circonftances, être fufceptibles d'une femblable immunité à l'entrée, ou d'une reftriction à la fortie ; & la foire de *Beaucaire*, offre moins d'occafions de faire des obfervations fûres à cet égard, que les ports du royaume. Auffi, parmi le concours journalier qui fe trouve chez le député de la ferme, on voit bien rarement des négocians.

C'eft la nobleffe des trois provinces & de fes enclaves, le Languedoc, la Provence, le Comtat & le Dauphiné, qui y forme l'affluence. Elle fe rend à cette foire par oifiveté, & s'attache à l'hôtel de la ferme par difcernement.

Si la préfence d'un fermier-général pouvoit influer fur les progrès du commerce, fur les produits de la foire, ou fur l'exactitude des prépofés aux vérifications & aux perceptions, on pourroit penfer qu'en détruifant la caufe, on feroit ceffer des effets avantageux ; mais on eft fondé à obferver qu'il n'en eft pas ainfi.

Le grand monde qu'on reçoit à l'hôtel de la ferme, occupe les commis fupérieurs ; il leur dérobe un tems confidérable qu'ils pourroient employer à la furveillance des fubordonnés, ou à fe faire rendre compte de leurs travaux. De-là, les affaires font traitées fouvent avec légereté ; les abus anciens fe multiplient, & il en naît fans ceffe de nouveaux.

La preuve que la préfence d'un fermier-général eft au moins indifférente à cette foire, c'eft que l'on compte plufieurs années où il ne s'y en eft pas trouvé, & les produits de ces années, foit par hafard, foit par les fuites d'une vigilance plus active, furpaffent ceux des années antérieures & fubféquentes.

Au refte, fi malgré ces obfervations, dictées par un zèle économique, & par l'amour du plus grand bien, il paroît effentiel que l'état faffe annuellement le facrifice de vingt-cinq à trente mille liv. pour conferver, à la ferme-générale, l'honorable ufage de député un de fes membres à la foire de *Beaucaire*, on croit appercevoir un moyen de rendre les produits de cette foire fufceptibles de tous les fuccès qui dépendent de la vigilance des chefs, & de l'exactitude des fubordonnés.

Ce feroit de fixer les produits à une certaine mefure ; par exemple, à cent mille livres, & d'accorder une remife de deux fols pour livre fur l'excédent, jufqu'à cent vingt, & de quatre ou cinq fols pour livre, au-deffus de cette fomme, quel qu'en pût être le montant.

La maffe de cette remife feroit divifée en un certain nombre de parts, & diftribuée après la confection de l'état général des produits.

Cette méthode adoptée ; les gratifications accordées aux prépofés appelés à cette foire, à titre de commis extraordinaires, feroient réduites à une fomme uniquement deftinée à les indemnifer des frais de leur déplacement & de leur voyage. Ils auroient du moins un intérêt direct à redoubler d'activité & de foins, pour fuivre & recueillir tous les produits ; au lieu qu'à préfent le zèle & l'activité font au même niveau que l'indifférence & l'inaction.

BEAUJOLOIS, petite province de France, qui fait partie des cinq groffes fermes, depuis l'arrêt du 10 avril 1717, & dans laquelle font établis tous les droits qui ont lieu dans les provinces du même genre.

BÉNÉFICE DE CESSION. La ceffion des biens eft un bénéfice accordé à des débiteurs, que des malheurs & des pertes ont rendu infolvables.

Dans tous les cas qui fe rapportent à des dettes dans lefquelles les droits & les deniers du roi font compromis, il ne peut y avoir lieu au *bénéfice de ceffion*.

L'article 13 du titre commun pour toutes les fermes, porte expreffément :

« Ne feront reçus au *bénéfice de ceffion*, ceux » de nos fujets qui font contraignables par corps » au paiement de nos droits ».

Cette difpofition s'applique naturellement à tous les comptables, receveurs & autres perfonnes chargées de deniers royaux.

Voyez CONTRAINTE.

BERNE, ville de Suiffe, capitale du canton de ce nom, qui eft gouverné ariftocratiquement, c'eft-à-dire, par les nobles du pays.

Il ne s'agit ici que de confidérer cet état du côté de fes finances.

Le canton de *Berne*, quoique le plus étendu, & gouverné par un pouvoir ariftocratique, lève néanmoins dans fon territoire très-peu de contributions qu'on puiffe regarder comme de véritables impôts, vu leur modicité.

On y perçoit trois fols de France par chaque

O ij

piece de vin deftinée pour la confommation des particuliers, & fix fols fur chacune de celles qui font vendues en détail.

Comme chaque bourgeois étoit anciennement obligé de monter la garde à fon tour, il paie onze livres cinq fols par année pour en être difpenfé. Le produit de cette impofition fert à payer une garde réglée qui a été établie.

Il exifte de même deux autres impofitions, qui ont pour objet la fûreté & la commodité. La premiere s'applique à la moitié du paiement d'une troupe, qui fait les fonctions de nos maréchauffées; l'autre moitié eft à la charge de l'état.

La feconde eft deftinée à fubvenir à la dépenfe de l'illumination de la ville de *Berne*.

Le magiftrat paie fuivant le revenu de fa place, depuis dix livres jufqu'à vingt livres de notre monnoie.

Les capitaines qui font au fervice de France & de Piémont, paient dix livres; ceux qui font au fervice de la Hollande, feize livres.

Les bourgeois qui ont des places lucratives, font taxés en proportion de leurs revenus.

Anciennement, dans les befoins preffans de l'état, on mettoit fur tout le canton une impofition générale & momentanée, après qu'on avoit confulté tout le pays, les villes & mêmes les villages; mais depuis long-tems cet ufage a été aboli.

La défenfe du pays confiftant uniquement dans la fidélité des habitans & des alliés du canton, on n'entretient point de troupes. Tout habitant, depuis l'âge de feize ans jufqu'à foixante, eft enrégimenté. Chacun fe fournit, à fes dépens, d'un habit uniforme & d'armes.

L'officier & le foldat n'ont de paie qu'en tems de guerre, & chaque bailliage entretient un fond deftiné à cette dépenfe, fans qu'on puiffe y toucher que du confentement des communautés qui compofent ce bailliage.

Les autres impôts font : 1°. Le droit de naturalité, qui eft de trois cents livres.

2°. Une taxe perçue fur ceux qui veulent féjourner quelque tems dans le pays.

3°. Le droit de recruter, qui eft accordé aux capitaines attachés à un fervice étranger. Il fe paie trente livres de France, outre une pareille fomme, pour les émolumens du fecrétaire de la chambre des recrues.

Indépendamment de ces différens impôts, dont le produit eft à la difpofition du fénat de *Berne*, cet état a encore plufieurs autres branches de revenu, qui font d'un objet plus important.

Elles confiftent en dîmes, en rentes ou cens fonciers, en lods & ventes, péages, & dans le privilège exclufif de la vente du fel.

Il eft très-peu d'héritages, dans toute l'étendue de la Suiffe, qui ne foient fujets à une dîme qui fe lève au profit de l'état, & le produit qui en réfulte dépend de l'étendue du territoire; à *Berne* il eft confidérable.

Les rentes ou cens fonciers, font des redevances dûes, en conféquence d'anciens baux emphythéotiques, & qui fe perçoivent en bled, vin, poules, œufs, & en argent.

Les droits de lods font perçus à raifon du fixième du prix de la vente des fiefs nobles, & du dixième pour les héritages en roture.

Dans la partie du canton de *Berne*, fituée en pays allemand, le peuple qui étoit anciennement de condition fervile, a racheté fa liberté, en fe foumettant à des redevances, à des corvées, & à d'autres charges de ce genre.

Il eft tel bailliage dans lequel, lorfqu'un pere de famille meurt, le bailli peut exiger une portion de la fucceffion, ou le meilleur cheval de l'écurie. Ces redevances tiennent lieu de lods dans les cantons où ils font en ufage.

Les péages qui font établis, portent fur les perfonnes, fur les marchandifes & denrées, fur les chevaux & beftiaux de tout genre. Ils montent depuis un jufqu'à trente fchellings, ou quarante-cinq fols de notre monnoie, fuivant la nature & la quantité des marchandifes, denrées & beftiaux.

L'impôt fur le vin eft régi par une chambre compofée de plufieurs officiers, préfidés par un fénateur. Il eft perçu par des commis qui rendent compte tous les mois de leur geftion à cette chambre. On s'en rapporte toujours ici, comme à Bâle, à la déclaration des particuliers, fur la quantité de vin qu'ils ont fait arriver chez eux, & fur celle qu'ils ont débitée.

Les baillis du canton de *Berne*, au nombre de foixante-douze, font chargés de recevoir les dîmes, les lods & ventes, les redevances ou rentes foncieres. C'eft au confeil des finances, ou aux tréforiers de la république, qu'ils en rendent leurs comptes, qui font examinés avec la plus grande exactitude.

Une autre chambre, ou commiffion, également préfidée par un membre du fénat, régit la partie des péages, dont le produit eft employé à réparer les chemins, & à en faire de nouveaux.

Enfin, la ferme du fel eft fous l'adminiftration d'une troifieme chambre, qui reçoit les comptes des prépofés à la vente de cette denrée. Quoiqu'elle ne vaille qu'environ trois fols la livre, cependant elle donne un produit intéreffant à l'état qui fait régir cette partie.

En général les revenus de la république font exactement verfés dans la caiffe générale : leur recouvrement eft fuivi par la chambre économique, ou le confeil des finances, compofé de quatre bannerets, auquel préfide un des tréforiers-généraux. Mais les charges, telles que les appointemens des magiftrats, ceux des employés, les bâtimens publics, les gratifications que l'on accorde à des particuliers, les aumônes fréquentes qui sont faites, l'entretien des ministres du culte public, absorbent presque toujours la totalité de ces revenus.

Chaque ville, bourg ou village, a son trésor ou sa caisse particuliere, pour subvenir aux besoins pressans; les deniers qu'elle reçoit, proviennent du produit des fonds dont ces communautés sont propriétaires.

BERRE (Salins de). On a vu au mot *Badon*, ce qu'on appelle salin, & comment on y fait former le sel.

Les salins de *Berre* appartiennent presque en entier à M. Dalbertas, premier président de la chambre des comptes & cour des aides de Provence. Ils sont situés en Provence, & donnent un sel d'un beau blanc, qui passe pour un des meilleurs de l'Europe.

Ce sel sert à fournir les greniers à sel du Dauphiné. Il est payé aux propriétaires à raison de cinq & six sols le minot; & il leur avoit été en outre accordé un franc-salé de soixante minots de sel chaque année, par l'arrêt du 24 juillet 1691; mais ce privilège a subi une réduction d'après la règle générale établie sur cet objet en 1771, par le ministre des finances.

Voyez FRANC-SALÉ, SALINS.

BIERE. Les droits auxquels la *biere* est sujette, font la matiere d'un titre de l'ordonnance des aides, qui en règle à la fois leur quotité, & les cas où ils sont perceptibles.

Il en résulte, que cette liqueur est sujette à un droit de contrôle, qui représente l'attribution attachée aux offices de contrôleurs des *bieres*, créés en 1625, dans toutes les villes & bourgs du royaume. Ce droit est de trente-sept sols sept deniers par muid, dans la ville de Paris, & de trente-sols par muid par-tout ailleurs, dans les pays d'aides.

Ce droit est dû pour toutes sortes de *bieres* indistinctement, soit qu'elles aient été façonnées par des brasseurs de profession, pour les vendre, soit par des particuliers ou quelques autres personnes que ce soit, ecclésiastiques, nobles, communautés religieuses, même pour leur provision. La déclaration du roi du 12 juin 1708, registrée à la cour des aides de Paris le 21 du même mois, ont confirmé ces dispositions.

Les motifs de cette rigueur apparente, relativement à des *bieres* brassées par des particuliers ou communautés, pour leur consommation, tiennent à ce qu'en général les immunités ne sont accordées que pour des boissons du crû; que celles qui exigent une préparation, telles que la *biere* & l'eau-de-vie, ne peuvent être mises dans la même classe, encore qu'elles soient faites avec des ma-

tieres du crû; ces matieres étant dénaturées de façon que leur origine ne peut plus être reconnue; & d'ailleurs la fabrication de ces boissons tenant à l'industrie & au commerce d'une profession qui ne jouit, à cet égard, d'aucun privilège.

Les brasseurs, & tous ceux qui fabriquent des *bieres*, sont tenus d'avertir, par écrit à chaque brassin, les commis, du jour & de l'heure qu'ils doivent mettre le feu sous les chaudieres, au moins trois heures avant de l'allumer, & de retirer le double de leur déclaration, qui doit leur être délivré sans frais.

Les heures de l'entonnement des *bieres* sont fixées, pendant l'été, depuis cinq heures du matin jusqu'à sept heures du soir; & depuis le premier octobre jusqu'au premier avril, depuis sept heures du matin jusqu'à cinq; les commis doivent être présens, ou dûment appelés, à peine de confiscation des *bieres* & instrumens servant à la fabrication, & de cent livres d'amende contre les brasseurs.

Les arrêts du conseil des 14 mars & 4 avril 1719, premier août & 26 septembre 1721, 12 mai 1722; deux autres du 22 janvier 1726, ont renforcé cette amende contre des brasseurs de Paris, qui avoient contrevenu aux dispositions ci-dessus. Quelques-uns ont été condamnés en trois cents & cinq cents livres d'amende, avec interdiction de commerce pour six mois & un an.

Il est défendu de se servir de cuves, chaudieres, baquets, dont la jauge n'a pas été faite par les commis, qui doivent y appliquer leurs marques, & en dresser procès-verbal.

A mesure que les entonnemens sont faits, ces commis doivent aussi marquer les tonneaux pleins, tenir registre de leur nombre, de leur contenance; & il est défendu aux brasseurs de souffrir l'enlévement de ces futailles, avant qu'elles aient été démarquées par les commis, à peine de confiscation & de cinq cents livres d'amende.

Les droits peuvent être exigés, au choix du fermier, ou sur le nombre & la contenance des vaisseaux dans lesquels la *biere* a été entonnée, sans déduction pour les coulages, ni remplages, ou sur le pied de la jauge des chaudieres, à la déduction du quart.

Il est défendu aux brasseurs d'enlever, ou laisser enlever, les *bieres* vendues en gros, sans congé de remuage, & dans les mêmes heures que celles qui sont prescrites pour les entonnemens, à peine de confiscation des *bieres* & voitures servant à leur transport, & de cent livres d'amende.

Ils sont tenus, sous les mêmes peines, de souffrir les visites & exercices des commis, dans tous les tems & à toutes sortes d'heures, tant de jour que de nuit. Les arrêts & lettres-patentes des 20 novembre & 4 décembre 1725, registrées à la cour des aides le 29 janvier 1726, confirment le droit des commis du fermier en ce point.

Indépendamment des droits dûs à la fabrication de la *bicre*, il en est dû encore suivant les provinces où il en est importé, & suivant les circonstances de sa vente.

La *bicre* doit le droit de gros dans les lieux où il est perceptible, à raison de huit sols par muid mesure de Paris.

Le droit de jauge-courtage, à l'entrée des villes & lieux sujets, est de neuf sols.

Lorsque la *biere* est vendue au détail, tant à pôt qu'à assiette, elle doit les droits de huitieme & ceux de quatrieme, suivant les pays où ces droits sont établis.

Mais à Paris, la *biere* qui a payé les droits chez le brasseur, n'en doit plus aucun autre, parce que ceux d'entrée sont perçus en même tems. Cependant, lorsque la *biere* est portée en pays de gros, ce droit est acquité. C'est ce qui a été jugé contre les habitans d'Étampes, par arrêt du conseil du 6 juin 1730.

Ces droits sont composés de celui de contrôle, dont on a parlé ci-devant; du droit des essayeurs, qui est de trente-cinq sols par muid, & de plusieurs autres.

Ce dernier droit fut créé par édit du mois d'août 1697, & attribué aux offices d'essayeurs, qui furent érigés pour inspecter la fabrication des *bieres*. L'année suivante ces offices furent supprimés, & la perception de leurs droits resta au profit du roi, conformément à l'édit du mois de mars 1698.

Les autres droits consistent dans ceux de contrôleurs-jaugeurs, de visiteurs-inspecteurs, &c, qui font un objet de cinq livres dix sols neuf deniers, lesquels, joints aux deux droits de contrôle & d'essayeurs, forment un total de neuf livres treize sols dix deniers par muid, & les dix sols pour livre.

Les brasseurs de *biere* font sujets à l'annuel; mais ceux qui la vendent en détail ne doivent que le demi droit.

L'article 11 du titre de l'ordonnance porte, que tous les réglemens pour les droits de gros, de détail réglé, quatrieme & subvention sur le vin, seront exécutés pour la *biere*.

Un écrivain moderne nous assure, dans un ouvrage intitulé: *La vie privée des François*, 3 vol. in-8°. qu'en 1750 on fabriquoit communément soixante-quinze mille muids de *biere*, & qu'actuellement, 1782, on n'en fait plus que vingt-six mille muids. Cet historien est mal informé; la fabrique de la *biere* a été, année commune, depuis 1768 jusqu'en 1780, à soixante-six, soixante-douze mille muids, suivant que le vin s'est trouvé plus ou moins abondant.

BIFFAGE, s. m. vieux mot dont on se servoit autrefois à la chambre des comptes, pour dire examen. On disoit, le *biffage* de tel compte donne tel résultat. Ce terme n'est plus en usage, non plus que le verbe actif *biffer*, dont le mot *biffage* est le dérivé.

BIFFER, v. act. qui s'employoit anciennement à la chambre des comptes, pour dire examiner.

Ce mot est passé dans les bureaux avec une autre signification; elle est la même que celle des mots *rayer*, *effacer*, avec lesquels celui de *biffer* est synonyme.

BILLET, s. m. C'est en général une promesse de payer une somme quelconque, ou à volonté, ou à terme fixe. Pour ne parler que des *billets* de finances, c'est-à-dire, de ceux qui servent aux dépenses de l'état, il faut se borner aux *billets* des gardes du trésor-royal, des trésoriers-généraux, des receveurs-généraux des finances, & des fermes-générales. Ces *billets* comprennent les sommes versées dans ces différentes caisses, & assignent le terme d'un an pour leur remboursement, sans parler des intérêts, parce qu'il est d'usage de les prélever sur la somme qui est remise. A l'expiration du terme, on est libre de recevoir son remboursement, ou simplement les intérêts de son capital pour une année, en prenant un nouveau *billet* d'un an; & cette opération se renouvelle ainsi tous les ans, si on le juge à propos.

On a vu au mot *anticipation*, que l'abus des *billets* des trésoriers-généraux avoit fait monter en 1780 l'intérêt de l'argent à six pour cent, par la raison, que plus il se trouve dans le public de papiers qui n'ont pas une entiere confiance, plus les bourses se resserrent, & plus l'argent hausse de prix.

Ces *billets*, dans ce cas, ne font qu'un moyen par lequel un trésorier, un receveur-général prête son nom & son crédit à l'état, pour emprunter de l'argent destiné à faire le service dont il est chargé. Ce font proprement des anticipations.

On connoît dans l'histoire de nos finances, pendant ce siecle, trois especes particulieres de *billets* créés dans des tems de besoin. Ce font les *billets* de monnoie, les *billets* de l'état & les *billets* de banque. Nous devons les faire connoître; on dira deux mots ensuite des *billets* des fermes.

Les *billets* de monnoie eurent lieu à l'occasion de la refonte générale des monnoies, ordonnée par l'édit du mois de septembre 1701. Comme il n'y avoit pas de fonds prêts, pour payer les matieres & les vieilles especes qu'on étoit obligé de porter aux hôtels des monnoies, les directeurs furent autorisés à donner leurs *billets* particuliers à terme, qui formerent une portion des dettes de l'état.

L'exactitude avec laquelle ils furent acquités pendant deux années, accoutuma le public à les négocier comme des lettres-de-change.

En 1704, une refonte nouvelle fit prendre encore la voie des *billets*, ainsi qu'en 1701. On attacha aux uns & aux autres un intérêt de sept & demi pour cent. On en fabriqua dans la suite une si grande quantité, qu'ils vinrent à perdre jusqu'à soixante & soixante-quinze pour cent.

Deux années après, on permit la conversion de ces *billets* en rentes au denier dix-huit, & en *billets* des fermiers-généraux ou receveurs-généraux, payables en cinq ans. Ce qui restoit de ces *billets* fut retiré, en partie, lors de la refonte de 1709, ou porté à la tontine en 1712, en payant moitié en argent.

Mais les *billets* de monnoie ne tarderent pas à être remplacés par d'autres, qui servoient aux mêmes usages.

En 1759 la vaisselle d'argent des particuliers ayant été portée à la monnoie, elle fut payée partie en argent & partie en *billets*, & qu'on appela *billets* de monnoie. Ils furent compris dans les effets dont l'édit du mois de décembre 1764, concernant la libération des dettes de l'état, ordonna la vérification & le visa, pour être remboursés, & les six mois d'abord accordés pour leur représentation, furent successivement prolongés jusqu'en 1768, que l'arrêt du 20 février annulla tous les *billets* de monnoie qui n'avoient pas été liquidés.

En 1715, les finances étoient toujours dans le plus grand désordre. Un édit du 7 décembre ordonna la vérification & la liquidation de tous les différens effets ou papiers royaux qui se trouveroient dans le public, pour être visés & convertis en une seule espece de *billets*, qui furent appelés *billets* de l'état, avec quatre pour cent d'intérêt.

Le préambule de cet édit expose si clairement l'état des finances, qu'il est indispensable de le rapporter.

« S'il eût été possible, à notre avénement à la
» couronne d'acquiter les dettes immenses qui ont
» été contractées sur l'état, pendant les deux der-
» nieres guerres, & de supprimer, en même-tems,
» toutes les impositions extraordinaires dont nos
» peuples sont surchargés, notre satisfaction auroit
» été encore plus grande que celle de nos peuples
» même. Mais il n'y avoit pas le moindre fonds,
» ni dans notre trésor-royal, ni dans nos recettes,
» pour satisfaire aux dépenses les plus urgentes, &
» nous avons trouvé le domaine de notre couronne
» aliéné, les revenus de l'état presque anéantis,
» par une infinité de charges & de constitutions ;
» les impositions ordinaires consommées par avance ;
» des arrérages de toute espece, accumulés depuis
» plusieurs années ; le cours des recettes interverti ;
» une multitude de billets, d'ordonnances & assi-
» gnations anticipées de tant & de natures diffé-
» rentes, & qui montent à des sommes si consi-
» dérables, qu'à peine en peut-on faire la suppu-

» tation. Au milieu d'une situation si violente, nous
» n'avons pas laissé de rejetter la proposition qui
» nous a été faite, de ne point reconnoître des
» engagemens que nous n'avons pas contractés. Nous
» avons aussi évité le dangereux exemple d'em-
» prunter à des usures énormes, & nous avons re-
» fusé des offres intéressées, dont l'odieuse condi-
» tion étoit, d'abandonner nos peuples à de nou-
» velles vexations.

» Ces expédiens pernicieux, que l'obligation de
» soutenir la guerre, pour parvenir à une paix glo-
» rieuse, a pu rendre nécessaires, auroient bientôt
» achevé de précipiter l'état dans une ruine totale,
» & nous auroient fait perdre jusqu'à l'espérance
» de pouvoir jamais le rétablir.

» La premiere résolution que nous avons cru
» devoir prendre, a été d'assurer d'abord le paie-
» ment de deux charges privilégiées, la subsistance
» des troupes, & les arrérages des rentes consti-
» tuées sur l'hôtel de notre bonne ville de Paris.

» A l'égard des autres dettes, nous avons écouté
» les avis, & examiné les mémoires qui nous ont
» été présentés de toutes parts, avant que de nous
» déterminer, &, après avoir pesé les inconvéniens
» de chaque proposition, nous n'avons eu garde
» d'accepter aucune de celles qui tendoient à obli-
» ger de recevoir des *billets* dans les paiemens, ou
» à les convertir en rentes, parce que nous ne vou-
» lons gêner ni le commerce, ni la liberté pu-
» blique, & que bien loin de créer de nouvelles
» rentes, qui rendroient perpétuelles les impositions
» de la capitation & du dixieme, notre intention
» est d'en affranchir nos peuples, aussi-tôt que les
» mesures que nous prenons pour l'arrangement de
» nos affaires auront eu leur effet.

» Dans cette vue, nous n'avons rien trouvé de
» plus convenable que de faire faire la vérification
» & la liquidation de tous les différens papiers dont
» la possession est devenue presque inutile, par le
» décri où ils sont tombés, pour les convertir en
» une seule espece de *billets*, qui ne seront plus su-
» jets à aucune variation, jusqu'à ce qu'ils aient
» été entiérement retirés.

» Nous nous sommes portés d'autant plus volon-
» tiers à prendre ce parti, qu'il nous a été inspiré
» par les plus habiles marchands & négocians, &
» unanimement approuvé par les députés pour le
» conseil du commerce des principales villes de
» notre royaume, & que d'ailleurs il fera cesser
» les usures criminelles qui s'exercent & se multi-
» plient à l'occasion de la diversité des papiers.

» En substituant de nouveaux papiers aux an-
» ciens, notre objet n'est pas de nous en faire une
» ressource ; nous prétendons uniquement rendre
» l'état de chaque particulier certain, & rétablir
» l'ordre dans nos finances, non-seulement pour
» proportionner la recette à la dépense ordinaire,
» mais encore pour parvenir à la suppression des
» charges les plus onéreuses à l'état.

» Au surplus, dans la réduction qui sera faite
des anciens papiers, si nous avons à considérer
» ceux auxquels il est légitimement dû, nous ne
» sommes pas moins obligés de faire attention à la
» situation de nos peuples, sur qui tombent les
» impositions qu'on doit employer à l'acquittement
» des dettes; & tenant cet équilibre, nous ren-
» drons, autant qu'il nous sera possible, la justice
» que nous devons également à tous nos sujets.
» Et comme nous voulons payer régulièrement les
» intérêts des nouveaux billets, & en éteindre suc-
» cessivement les capitaux, nous emploierons à cet
» effet les moyens les plus convenables, & nous y
» destinons dès à présent des fonds restraints, outre
» une partie de ceux qui reviendront de la réduc-
» tion des dépenses les plus onéreuses, des grands
» retranchemens que nous faisons, & que nous con-
» tinuerons de faire sur nous-même, & de la sage
» dispensation de nos revenus ».

Chacun de ces billets devoit être timbré, signé
du prévôt des marchands & d'un échevin, &
porter un intérêt de quatre pour cent, assigné
sur le produit de divers revenus, à commencer
du premier janvier 1716; mais cette forme fut
changée.

Il fut fait pour deux cents cinquante millions
de ces billets, registrés à l'hôtel-de-ville, signés
par le receveur de la ville, un député des six
corps, & le prévôt des marchands.

Indépendamment des fonds assignés pour le paiement des intérêts à quatre pour cent, par les
payeurs des rentes, & le remboursement du capital, il fut ordonné qu'il y seroit employé trois
millions, à prendre sur les recettes des pays d'é-
lections, & que ces billets de l'état seroient brûlés
à l'hôtel-de-ville, à mesure qu'ils rentreroient,
sans qu'il en pût être réservé aucuns, ou faits de
nouveau.

Au mois de juin suivant, on remit aux payeurs
des rentes trois millions cinq cents quatre-vingt
mille livres, pour acquiter les six premiers mois
de l'intérêt de ces billets au premier juillet suivant. Afin de commencer à en retirer quelques-uns
du commerce, il fut ensuite réglé que dans les
ventes des meubles, faites en exécution des arrêts
de la chambre de justice, toute partie au-dessus
de trois cents livres, pouvoit être payée, aux
trois quarts, en billets de l'état.

On leur ouvrit un nouveau débouché dès le
commencement de l'année 1717, en autorisant
les gentils-hommes, les officiers de guerre & de
justice, à qui il étoit dû des arrérages de pensions, gages ou gratifications, de payer en billets
de l'état, ce qu'ils devoient d'arrérages de la capitation & du dixieme; & cette opération soutint
le crédit de ces effets.

Ces billets furent encore admis, 1°. en rentes
viageres, à raison du denier seize, sans distinction d'âge,

2°. En paiement de quelques parties de forêts,
qui furent vendues, & de plusieurs portions de
domaines qu'on aliéna.

3°. Enfin, en échange d'actions des compagnies
établies pour différens commerces privilégiés, avec
un intérêt de quatre pour cent, payable tous les
six mois. La compagnie d'Occident, qui avoit
le privilège exclusif du commerce de la Louisiane,
fit rentrer ainsi des billets de l'état pour cent
millions.

Le même édit, qui offroit ces divers genres
d'emploi aux billets de l'état, annonçoit qu'après
un certain terme il n'en seroit plus payé d'intérêt,
& ce terme fut ensuite réglé au premier janvier
1718. Mais la crainte que les propriétaires ne
fussent alarmés de cette espece de contrainte, ou
qu'éloignés de la capitale, ils n'eussent pas l'occasion d'user des voies prescrites, dans le tems
limité, détermina à proroger le paiement de ces
intérêts environ quinze à dix-huit mois, & c'est
ainsi que le plus grand nombre s'éteignit.

Ce qui en restoit fut bientôt fondu dans la banque
de Law, devenue royale, depuis l'arrêt du conseil
du mois d'avril 1717, qui ordonna à tous les receveurs des deniers royaux, de recevoir en paiement les billets de cette banque; & plus particuliérement encore après l'arrêt du 4 décembre
1718, qui prescrivoit le remboursement de six
millions, auxquels montoient les douze cents actions qui faisoient le fond de la banque. La compagnie d'occident devint le centre de toutes les
opérations de la banque royale, & la base sur
lequel étoit établi le fameux systême qui lui avoit
donné la naissance.

On établit, en plusieurs provinces, des bureaux
de correspondance, tant pour fournir des billets
de banque aux demandes qui seroient faites, que
pour acquiter ceux qu'on présenteroit. Il en existoit au commencement de 1719, pour cent dix
millions; de mille, de cent, & de dix livres.

L'arrêt du 22 avril 1718, portoit que ces
billets, stipulés en livres tournois, ne pourroient
jamais être sujets aux diminutions qui survien-
droient sur les especes d'or & d'argent.

Cette clause étoit faite, sans doute, pour assurer
une grande confiance aux billets de la banque
royale; mais, comme le remarque très-judicieu-
sement l'estimable auteur des Recherches sur les
finances, la faute sensible que l'on commit, ce fut
de délivrer des billets de dix livres. C'étoit faire
participer les menues denrées & les salaires au
renchérissement général que devoit occasionner la
multiplication des signes de valeur, & s'exposer
à beaucoup de danger, en assoçiant au crédit
public, le petit peuple, toujours trop timide, ou
trop hardi, dans toutes ses démarches.

La compagnie d'occident avoit acquis le Sénégal; on lui remit le privilège exclusif du commerce des Indes & de la Chine; & c'est alors

qu'elle

qu'elle prit le nom de compagnie des Indes. Cette nouvelle compagnie fit pour vingt-cinq millions de nouvelles actions, qui acquirent un crédit prodigieux, & en redonnerent aux anciennes, au moyen d'une souscription ouverte à ceux seulement qui représenterent une somme d'actions anciennes, quatre fois plus forte que celle qu'on desiroit. Ces vingt-cinq millions furent partagés en trois mille billets de dix actions, & vingt mille, d'une action.

La compagnie des Indes obtint encore le privilège de la compagnie d'Afrique. Elle fut bientôt après, chargée des monnoies, & ensuite du bail général des fermes, pour lequel elle offrit une augmentation de trois millions cinq cents mille livres.

Tant de moyens de prospérités, accumulés dans les mêmes mains, fortifioient la confiance, & faisoient hausser la valeur des actions de cette compagnie. On augmentoit le nombre des billets de banque, à proportion de cet accroissement.

Le 12 septembre 1719, on ordonna une nouvelle fabrication de ces billets, pour la somme de cent vingt millions, ensorte qu'à cette époque on en comptoit pour cinq cents vingt millions. C'est alors qu'une espece d'ivresse saisit la nation. Une grande partie des rentes & des dettes de l'état, devoit être remboursée ou acquitée en billets de banque, ou en actions. Ceux qui avoient ces paiemens à recevoir, s'empressoient de demander des actions. L'ardeur pour s'en procurer fut telle, qu'elles monterent jusqu'à dix & douze mille livres, quoique leur valeur primordiale ne fût que de cinq cents livres.

Les billets de banque, de leur côté, avoient une valeur de dix pour cent au-dessus de l'or & de l'argent. Leur multiplication n'étoit pas épargnée. Elle devenoit nécessaire à mesure que les négociations s'échauffoient, & que les actions augmentoient de prix. Un arrêt du 24 octobre ordonna qu'il en seroit fabriqué pour cent vingt millions, ce qui ne devoit former, suivant les arrêts connus & publics, que six cents quarante millions. Mais il paroît que la quantité effective de ces billets fut beaucoup plus considérable; car elle n'auroit pu suffire à la valeur de quatre cent mille actions circulant dans le commerce, & qui faisoient une somme de plus de quatre milliards.

On reconnut en effet, par la suite, qu'il avoit été créé pour près de trois milliards de ces billets. C'est sur-tout pendant le mois de novembre 1719, que le jeu des actions, & par conséquent la circulation des billets, furent portés a l'excès. Chacun vouloit y employer ses remboursemens. On vendoit les plus belles terres, pour les échanger contre du papier. Le prix de ces actions étoit monté jusqu'à vingt mille livres. Cette valeur exhorbitante amena la réflexion qu'elle ne pouvoit être maintenue. On en convertit en billets de banque, & les billets en

or & en argent. Cet exemple, sourdement imité par plusieurs gros intéressés, donna lieu à divers arrêts propres à rassurer les esprits, & à maintenir la confiance à l'égard des actions.

Ce premier coup une fois porté aux billets de banque, c'est envain qu'il fut ordonné à la compagnie de ne plus recevoir d'especes, pour être converties en billets, & défendu de faire au trésor-royal, des paiemens dans une autre monnoie qu'en billets, en lui permettant d'exiger, à l'avenir, l'acquittement des impositions de la même maniere, dans toutes les villes où il se trouvoit des caisses de la banque. On avoit beau renouveller ainsi, tous les avantages qui devoient procurer à la monnoie de papier, la préférence sur l'argent, les calculateurs les plus éclairés, les étrangers sur-tout, réaliserent toujours leurs effets, même avec des sacrifices, tandis que d'autres, qui craignoient des diminutions sur les monnoies, donnoient encore huit & dix pour cent d'avantage au billet sur l'argent.

Pour confirmer, en quelque sorte, la confiance de ces derniers, un arrêt du 21 décembre ordonna que l'argent de la banque demeureroit fixé à cinq pour cent au-dessus de l'argent courant, auquel prix il seroit délivré des billets de banque, tant au bureau général de Paris, que dans les bureaux établis en province, sauf aux porteurs de ces billets, après que ceux de la banque auroient été distribués, à les négocier au plus haut prix qu'ils jugeroient à propos.

Le même arrêt régla que les especes ne pourroient plus être reçues dans les paiemens au-dessus de dix livres; & celles d'or, dans les paiemens au-dessus de trois cents livres; que le paiement de toutes les lettres-de-change se feroit en billets. On avoit pensé que cet expédient obligeroit les étrangers à employer leurs créances en denrées de france; mais le commerce fuit la contrainte; & l'intérêt particulier trouve toujours des moyens d'éluder la loi qui contrarie ou gêne ses opérations.

Aussi cet arrêt n'arrêta point les réalisations qui se firent par les étrangers, principalement par les Genevois, les Allemands, les Hollandois, & par ceux des François qui savoient calculer.

La prime de cinq pour cent, attachée au billet de banque, sur les especes, procura même plus de facilité à ces opérations secrettes, parce qu'on en fit grace à ceux qui avoient de gros paiemens à faire.

Un nouvel arrêt vint encore étayer le crédit des billets de banque, le 29 décembre, en ordonnant qu'il en seroit fabriqué pour trois cents soixante millions, & faire, avec ce qui existoit, la somme d'un milliard, en assurant qu'elle ne seroit jamais excédée à l'avenir. Cette promesse n'empêcha pas de continuer de réaliser des billets, en les échangeant, à perte, contre de l'argent.

P

On effaya de foutenir les actions en réglant, pour l'année 1720, un dividende de quarante pour cent, fur trois cents millions; ce qui ne faifoit pas deux pour cent, fur le pied où circuloient les fix cents mille actions. Le public jugea impoffible cette répartition; il en prit de la défiance, & l'ardeur de réalifer ne s'amortiffoit point. Les marchands, de leur côté, s'obftinoient à exiger le double & le triple de leurs marchandifes, lorfqu'on les payoit en *billets*. Plufieurs faifoient convertir leurs *billets* en efpeces à la banque, en faifant demander le paiement par petites fommes, & par diverfes perfonnes.

Les moyens odieux dont on fit ufage pour foutenir encore la circulation des *billets*, foit en défendant tout tranfport d'efpeces d'or & d'argent hors de Paris, & des villes où il fe fabrique des monnoies, foit en ordonnant que les *billets* de banque auroient cours dans tout le royaume, foit enfin en permettant les vifites dans les maifons, pour s'affurer s'il ne s'y trouvoit pas des vieilles efpeces, dont la garde étoit défendue, & dont la faifie étoit adjugée en entier aux dénonciateurs, ne firent qu'aigrir le mal. Cette violence, faite à la propriété & à la confiance, intimida quelques perfonnes; mais fon effet général fut d'effrayer les efprits & d'aliéner les cœurs.

Un nouvel arrêt, du 30 janvier 1720, faifoit remife des quatre fols pour livre ajoutés aux droits des fermes, à ceux qui les acquitteroient en *billets*, & ordonnoit de les exiger de ceux qui paieroient en efpeces; c'étoit vingt-cinq pour cent d'avantage en faveur de *billets*, à caufe des cinq pour cent de prime qu'ils emportoient. Ces *billets* n'en acquirent plus de confiance. Elle n'eft pas de nature à être forcée par les réglemens. Tout crédit eft fondé fur l'opinion. Il devient nul, fi on tente de la contraindre.

Bientôt les matieres fe trouverent manquer à l'empreffement des réalifeurs. A tout prix ils échangeoient leurs *billets* contre des perles, des diamans & de l'argenterie, malgré la défenfe d'en porter, qui furvint alors. Les jouailliers envoyerent leurs *billets* en province, pour les faire payer aux caiffes qui y étoient établies. Les orfévres, qui avoient vendu leurs ouvrages à des prix exceffifs, acheterent, avec leurs *billets*, aux hôtels des monnoies, des matieres qu'on ne pouvoit leur refufer, & les garderent jufqu'à ce que les affaires euffent pris de la ftabilité.

Dans une fituation auffi embarraffante, on effaya d'employer la voie de la perfuafion, par de fages difpofitions confignées dans l'arrêt du 23 février. Elles venoient trop tard. La défiance alloit toujours croiffant. Les *billets* de banque étoient trop répandus, & en trop grand nombre, pour que le public pût les préférer à l'argent, dont la nature eft inaltérable. La défenfe de garder plus de cinq cents livres chez foi, tant en efpeces qu'en

matieres d'or ou d'argent; celle de fabriquer & de vendre de la vaiffelle, faites l'une & l'autre, le 27 février, annonçoient l'extrême embarras de l'adminiftrateur des finances.

L'arrêt du 5 mars fuivant, acheva de répandre une alarme générale, par diverfes difpofitions qui attaquoient encore la propriété & la liberté, & qui excitoient la méfiance, en encourageant les dénonciations. Enfin, un autre arrêt du 21 mai ordonna la réduction des *billets* de banque à moitié de leur valeur, avec la claufe cependant qu'ils feroient reçus pour leur valeur entiere, au paiement des impofitions, jufqu'au premier janvier 1721, & en acquifitions de rentes viageres.

Malgré cette double faveur attachée de nouveau aux *billets* de banque, le bouleverfement fut terrible, & dans la capitale, & dans les provinces. Chacun s'écria que la foi publique étoit violée, & s'imagina perdre la moitié de fon bien, fans être affuré de conferver l'autre.

Cependant, fur les remontrances du parlement, l'arrêt du 21 mai fut révoqué par celui du 27. Ce qui avoit été préfenté comme un remede, porta le mal à un excès incurable; les *billets* de banque perdirent bientôt moitié, & enfuite tomberent au dixieme de leur valeur. Expérience funefte & trop commune, dit l'auteur des *Recherches fur les finances*, qui prouve que la fcience des loix, n'eft pas fouvent unie à la fcience de l'adminiftration.

Jufqu'au mois d'octobre fuivant, on tenta toûte forte d'expédiens pour ramener la confiance à l'égard des *billets* de banque; mais elle étoit éteinte, & l'arrêt du 27 mai avoit détruit tout efpoir; car il en étoit réfulté une baiffe bien plus confidérable que celle qui avoit été réglée le 21. Celle-ci eût pu être maintenue à ce taux, en brûlant une quantité de *billets* propre à n'en laiffer qu'en proportion de la quantité du numéraire, qu'on pouvoit augmenter de moitié, pour un tems, en portant le marc d'argent à cent vingt livres, au lieu de foixante, où il fût fixé. Ce moyen, fans doute, étoit violent & deftructif du commerce étranger; mais ne valoit-il pas mieux facrifier une partie, que de perdre le tout, par le renverfement des fortunes, & par une convulfion dont l'état devoit encore, long-tems après, reffentir les fuites.

On vit, par l'arrêt du 5 octobre, qu'il avoit été fabriqué pour plus de trois milliards de *billets*, puifqu'il en reftoit dans le commerce pour un milliard cent foixante-neuf millions foixante-douze mille livres, quoiqu'il en eût été brûlé & remis dans les caiffes royales pour un milliard huit cents trente-fept millions trois cents vingt-fept mille quatre cents foixante livres.

il fut ordonné qu'à compter du premier novembre, les *billets* de banque ne pourroient être donnés, ni reçus en paiement, pour aucune cause, que de gré à gré ; & que du jour de la publication de l'arrêt, ils ne pourroient être admis en paiement dans les bureaux de re- cettes ; que passé le 30 novembre , ce qui resteroit de *billets* de banque, ne pourroit plus être con- verti qu'en actions rentieres, ou en dixieme d'ac- tions. Mais le 24 du même mois, la compagnie des Indes offrit au roi un don gratuit de vingt millions, en quatre paiemens, à condition qu'on recevroit aux hôtels des monnoies, des especes sans *billets* de banque , & sur un pied qui lui assuroit un bénéfice de quatorze pour cent.

Telle fut la malheureuse fin de ce déplorable système de crédit de finance , dont les partisans attribuerent le mauvais succès à la légéreté & à la précipitation. Ce fut un mal sur-tout, que de voir l'autorité se compromettre, pour essayer de soutenir ce système, parce que c'étoit se jouer du bonheur public ; car la confiance reposant sur l'opinion qu'on a des maximes du gouvernement & du caractere des administrateurs , ils doivent , de leur côté , à peine de se rendre coupables du malheur général , plier leurs combinaisons, & ac- commoder leurs réglemens à la nature morale de la nation qu'ils gouvernent.

Les *billets* des fermes, dont il nous reste à par- ler , sont de la même nature que ceux qui se renouvellent chaque année auprès des trésoriers ou des receveurs-généraux, & servent aux mêmes usages.

En 1770, après sept années de paix, les dé- penses excédant toujours de beaucoup les revenus, & se multipliant sans cesse, le crédit se trouvoit épuisé. Il ne fournissoit pas de quoi faire le service ordinaire des départemens; ou il falloit recourir à des expédiens ruineux. Cette situation embarras- sante, détermina à se servir d'un moyen funeste au crédit public. Ce fut le suspendre, par un arrêt du 18 février , le remboursement des ré- criptions & des *billets* des fermes, à compter du premier mars suivant , en ordonnant néanmoins le paiement des intérêts. On se récria sur cette violation de la bonne-foi & de la propriété ; mais il fallut bien céder à la nécessité.

Il existoit pour environ soixante millions de ces *billets* ; un arrêt du 13 novembre ordonna qu'ils seroient remboursés par voie de loterie, à com- mencer du premier février 1771, à raison de trois millions six cents mille livres par année , jusqu'à leur extinction , dont l'adjudicataire des fermes fut chargé.

Cette loterie eut en effet lieu jusqu'en 1782, & devoit ne finir qu'en 1785; mais les fermiers- généraux , desirant donner une preuve de leur zèle pour le service de l'état , *comme le porte le préambule de l'arrêt du 7 decembre 1782*, offrirent d'éteindre tous ces *billets*, sans y pro- céder par voie de loterie, & dans le cours d'une seule année , à mesure qu'expireroit le terme de

chacun de ces effets , ou de la reconnoissance dé- livrée pour les remplacer. Ces propositions sont consignées dans l'arrêt qu'on vient de rappeller , & qui en confirme l'exécution.

Postérieurement à 1771 , il a été fait de nou- veaux *billets* des fermes, dont la négociation, au pair de leur valeur , annonce qu'ils ont entiére- ment regagné la confiance publique.

BILLET SOMMAIRE, nom que l'on donne, en Normandie , à un acte par lequel les commis aux aides déclarent aux personnes qu'ils ont sur- pris en fraude , qu'ils vont dresser leur procès- verbal de cette fraude, dont la nature & l'espece sont exprimées sommairement.

Le *billet sommaire* n'est d'usage que dans le ressort de la cour des aides de Rouen , qui l'a autorisé par arrêt du 12 juin 1708. Ce réglement dispense les commis de représenter l'original des *billets sommaires* ; mais le procès-verbal dressé à la suite doit l'être dans le même jour que le *billet sommaire*, & faire mention qu'il a été délivré aux parties saisies.

BILLETIER , s. m. C'est le nom que l'on donne, à Bordeaux, aux gardes sédentaires atta- chés aux portes de la ville. Ils sont au nombre de trente-huit , distribués aux quinze portes de la ville, & commandés par deux lieutenans , sous l'inspection du capitaine général.

Les fonctions de ces *billetiers* sont d'être assidus à leurs postes, pour observer tout ce qui entre & sort, d'examiner si chaque partie de marchan- dise est accompagnée d'une billette, d'un permis ou acquit de bureau, & à défaut , d'en déclarer la saisie ; de visiter les malles & valises des voya- geurs , & d'enrégistrer toutes les billettes ou ac- quits de paiement, & à caution , qui leur sont présentés, tant à l'entrée qu'à la sortie. A cet effet, ils sont obligés de tenir deux registres, l'un pour les marchandises qui entrent, & l'autre pour celles qui sortent.

A quelques-unes des portes de la ville, un de ces *billetiers* est chargé de recevoir les droits dûs sur les sels qui sortent en cueillerées ou demi- cueillerées, mesure équivalente à un boisseau ou demi-boisseau. Tous les samedis, ces *billetiers* portent le montant de leur recette , au receveur de la porte de Bourgogne , qui , de son côté , compte au receveur de la douane de sortie.

BILLETS OU PASSE-DE-BOUT, s. m. Ce sont des especes de passe-ports que l'on prend aux portes ou aux barrieres d'une ville, à l'entrée, pour être représentés à la porte par laquelle on sort, dans le cas ou la marchandise que l'on con- duit , a une destination ultérieure.

Voyez PASSE-AVANT, PASSE-DE-BOUT.

P ij

BILLETTE, nom que l'on donne en général à Bordeaux, à Bayonne, à Dax & dans quelques autres villes voisines, à une expédition des bureaux des fermes, laquelle se délivre dans les mêmes circonstances & par les mêmes motifs, qu'un permis d'embarquer, de débarquer des marchandises, ou de les faire sortir hors de la ville; aussi cette *billette* prend le nom de *billette* d'embarquement, de débarquement & de sortie, suivant l'usage auquel on l'applique.

A Bordeaux, elle s'appelle *billette* de consommation, quand elle est délivrée pour justifier que des marchandises des Colonies ont payé les droits des lettres-patentes de 1717, imposés sur celles qui se consomment dans le royaume.

Ainsi, un négociant qui a payé les droits en masse d'une cargaison de café, d'indigo, ou de toute autre marchandise des Colonies, représente la *billette* qui lui a été délivrée, lors de ce paiement, à chaque fois qu'il expédie dans l'intérieur une portion des marchandises qu'elle comprend. On lui délivre un passe-avant ou une *billette* de sortie de la ville, & on fait mention de cette quantité au dos de la *billette* de consommation. Cette méthode se suit jusqu'à ce que la totalité soit ainsi consommée, & prévient les additions abusives qui pourroient être faites aux marchandises acquittées.

Voyez PERMIS.

BILLOTS, nom d'un droit qui est toujours uni à celui d'impôt; ensorte qu'on dit, les impôts & *billots* qui se lèvent en Bretagne sur les vins, eaux-de-vie, biere, cidre & poiré.

Voyez IMPÔTS.

BINNELAND-PASS, nom que l'on donne, à Amsterdam, & dans toutes les villes de la Hollande, à une sorte de passe-ports ou passe-avants qu'on est obligé de prendre quand on veut transporter une marchandise d'une ville à une autre, sans payer de droits d'entrée, ni de sortie. Ce *binneland-pass*, ou passe-avant, ne coûte que vingt-quatre sols de France; mais il faut qu'il soit rapporté acquité, au bout de six semaines; c'est-à-dire, avec un certificat des commis, portant que les marchandises sont arrivées au lieu de leur destination. Sans cette formalité, elles paieroient les droits comme si elles étoient sorties pour passer en pays étranger. Cette expédition remplace notre acquit à caution.

(*Dictionnaire de* SAVARY).

BISCAPIT, s. m. par lequel on désigne le double emploi d'une somme comptée deux fois, soit en recette, soit en dépense. Ce terme, qui n'est usité qu'à la chambre des comptes, est de peu d'usage par-tout ailleurs.

BLANC (droit de petit). On a donné à ce droit cette qualification, sans doute à cause du nom de la monnoie avec laquelle il étoit originairement acquité. Il a été perçu dès les premiers tems de l'établissement des gabelles, sur les sels livrés aux fermiers du roi, par les propriétaires des salins de Peccais, de Peyriac & de Sijean, & son produit devoit être employé, ainsi qu'on le voit par les arrêts du conseil du 30 octobre 1664, & 21 mai 1737, aux réparations & à l'entretien du pont du saint-Esprit, & des chauffées établies sur le Rhône pour la conservation de ce pont; comme aussi à l'entretien du service divin, & à la nourriture des prêtres & des pauvres des hôpitaux de cette ville.

Ce droit est de sept livres quatre sols par muid, aujourd'hui composé de cent soixante-onze minots mesurés à la trémie, sur les sels chargés aux salins de Peccais, pour la fourniture des greniers du Lyonnois, Avignon, & comtat Venaissin, & pour être vendus hors du royaume.

Il est de cinq livres huit sols, pour chaque gros muid, également composé de cent soixante-onze minots, sur ceux qui sont chargés, soit sur les salins de Peccais, soit sur ceux de Peyriac & de Sijean, pour la fourniture des greniers du Languedoc, de l'Auvergne, du Rouergue & du Roussillon.

Avant la déclaration du 9 juin 1711, qui a ordonné que ces sels seroient mesurés dans les différens salins du Languedoc, avec la trémie, dont elle a fixé les proportions, le gros muid de sel, garni en police, & tel qu'il étoit livré aux fermiers du roi, étoit composé de soixante-douze quintaux, ou cent quarante-quatre minots, & le droit de petit *blanc* étoit perçu à raison de deux sols par quintal, ou d'un sol par minot, sur les sels destinés pour la fourniture des greniers du Lyonnois, & pour la traite étrangere, & à raison d'un sol six deniers par quintal, ou de neuf deniers par minot, sur ceux destinés pour la fourniture des greniers du Languedoc, de l'Auvergne, du Rouergue & du Roussillon: cette fixation portoit exactement ces droits à sept livres quatre sols par muid, à l'égard des premiers, & à cinq livres huit sols à l'égard des seconds.

Les états de la province de Languedoc ayant offert, en 1737, d'avancer les fonds nécessaires pour les réparations qu'il étoit urgent, à cette époque, de faire, tant au pont du Saint-Esprit, qu'aux chauffées qui en dépendent, l'arrêt du conseil du 3 septembre de la même année, pour leur assurer le remboursement de ces avances, ordonna à leur profit le doublement du droit de petit *blanc*; &, pour indemniser l'adjudicataire des fermes de l'augmentation de dépense que ce doublement lui occasionneroit, les arrêts & lettres-patentes du 12 août 1738, l'autoriserent à percevoir, à compter du premier octobre suivant, fous le titre de droit de petit *blanc*, un fol par minot, fur tous les fels qui feroient vendus dans les greniers dépendans de la ferme des gabelles du Lyonnois, & neuf deniers, auffi par minot, dans ceux du haut & bas Languedoc, du Rouergue & de l'Auvergne.

Cette perception, fuivant le réglement & l'article 126 du bail de Forceville, devoit ceffer en même-tems que le doublement ordonné en faveur des états de Languedoc, par l'arrêt du 3 feptembre 1737, c'eft-à-dire, auffi-tôt que les états fe trouveroient remboursés de toute la dépenfe des réparations faites aux ponts & chauffées du Saint-Efprit ; mais la jouiffance du doublement du droit de petit *blanc* ayant été confervée aux états, par différentes décifions miniftérielles, la perception autorifée par les arrêt & lettres-patentes du 12 août 1738, à continué d'avoir lieu.

Il réfulte, au furplus, des explications dans lefquelles on vient d'entrer, que le droit de petit *blanc* eft de deux efpeces. Celui de la première eft acquité par le fermier des gabelles, fur les fels qu'il enlève des falins de Languedoc, & il eft de quatorze livres huit fols, y compris le doublement fur chaque gros muid de fel, compofé de cent foixante-onze minots, mefurés à la trémie, deftiné à la fourniture des greniers du Lyonnois, ou à la traite étrangere, & de dix livres feize fols, y compris également le doublement, fur chaque gros muid compofé du même nombre de minots, deftiné pour la fourniture des greniers du Languedoc, du Rouergue, de l'Auvergne & du Rouffillon.

Le droit de petit *blanc* de la feconde efpece, eft, au contraire, perçu par le fermier, à raifon d'un fol par minot, fur les fels vendus dans les greniers dépendans de la ferme des gabelles du Lyonnois, & de neuf deniers fur ceux vendus dans les greniers du haut & bas Languedoc, de l'Auvergne & du Rouergue.

Le premier, qui eft le droit originaire, n'eft grévé d'aucun fol pour livre, non plus que le doublement ; mais le dernier a été affujetti aux dix fols pour livre, dont la perception a été ordonnée par les édits des mois de novembre 1771, & août 1781.

BLANQUE (droit de). Ce droit eft une portion de ceux de gabelles, qui a été abandonnée aux propriétaires des falins de Peccais, pour les indemnifer des frais que la facture des fels & l'entretien de la clôture de leurs falins pouvoient leur occafionner.

Avant l'établiffement des gabelles, ces propriétaires difpofoient des fels qu'ils fabriquoient, ainfi qu'ils le jugeoient convenable, & les circonftances les mettoient fouvent à portée d'en tirer un parti très-avantageux. Il parut indifpenfable à l'époque de l'établiffement des gabelles, pour affurer l'ap-

provifionnement des greniers du roi, de les affujettir, tant à n'en difpofer qu'en faveur des feuls fermiers des gabelles, qu'à les leur livrer à un prix très-modéré, & cet arrangement les ayant privé des bénéfices qui leur procuroient antérieurement les moyens de maintenir leurs falins en bon état, plufieurs d'entre-eux cefferent de les faire fauner.

Le découragement dans lequel ceux-ci tomberent, étoit d'autant plus fâcheux, qu'en mêmetems qu'il reftreignoit le produit du droit de feptain, qui fe percevoit alors en nature, au profit du roi, fur tous les fels fabriqués dans les falins de Peccais, il pouvoit forcer le gouvernement à recourir à l'étranger, pour l'approvifionnement des greniers. Le duc d'Anjou, lieutenant-général en Languedoc, pour Charles V, fon frere, reconnut, par ces motifs, qu'il étoit très-important de faire ceffer cet inconvénient. Dans cette vue, il accorda aux propriétaires, fur le montant des droits de gabelles, qui étoient alors perçus, le quart d'un gros d'argent pour chaque quintal de fel compofé de deux minots, qu'ils livreroient aux fermiers du roi, & ce, en fus du prix qui leur feroit payé pour leur rembourfement des frais de la facture des fels.

Le duc de Berry qui, en 1338, commandoit dans la province de Languedoc, pour Charles VI fon neveu, trouva jufte d'augmenter, en faveur des propriétaires des falins de Peccais, cette efpece de fubvention, & il la porta à un blanc valant quatre deniers parifis par quintal : c'eft du nom de cette monnoie qu'eft dérivé vraifemblablement celui de *blanque*, qu'a retenu le droit dont il s'agit.

Charles VII, fur des repréfentations faites par les propriétaires des falins, à Charles de Bourbon, gouverneur du Languedoc, augmenta, en 1422, le droit de *blanque* de deux deniers parifis ; ce qui le porta à fept deniers obole tournois, par chaque quintal de fel compofé de deux minots, & cette augmentation fut maintenue, tant par les lettres-patentes que les propriétaires obtinrent de Louis XI en 1441 & en 1442, que par celles que Charles VIII leur accorda le 15 feptembre 1489.

Les chofes refterent en cet état jufqu'en 1563. Les propriétaires, à cette époque, repréfenterent qu'eu égard aux différens frais que l'exploitation de leurs falins néceffitoit, elle leur devenoit onéreufe. Sur cet expofé, qui fut reconnu exact, Charles IX leur accorda une nouvelle augmentation de dix deniers tournois fur les droits de *blanque*, qu'ils avoient précédemment obtenus ; ce qui les porta à dix-fept deniers & obole, fur chaque quintal de fel. Cette fomme, perçue fur les foixante-douze quintaux, valant cent quarante-quatre minots, dont le gros muid, garni en police, & tel qu'il étoit livré aux fermiers du roi, étoit alors compofé, revenoit à cinq livres cinq fols par

BLA

muid ; & c'eſt de-là qu'a été formé ce que l'on appelle aujourd'hui l'*ancien droit de blanque*.

Henri IV aſſura, par des lettres-patentes du 19 octobre 1594, aux propriétaires des ſalins de Peccais, la jouiſſance de ce droit, & il ordonna qu'il ſeroit acquité par les fermiers des gabelles qui feroient des achats de ſels, à l'inſtant même où ces ſels ſeroient enlevés ; ce qui fut confirmé par des lettres-patentes de Louis XIII, du mois d'août 1616.

Les arrêts & lettres-patentes du 28 juillet 1596, pour faire ceſſer les conteſtations qui s'élevoient ſouvent, entre les propriétaires des ſalins de Peccais & les fermiers des gabelles, ſur le prix des ſels, le fixerent à trente livres par gros muid garni en police, c'eſt-à-dire, compoſé de cent quarante-quatre minots ; mais il ne fut rien changé à ce qui avoit été précédemment réglé quant au droit de *blanque*.

Deux arrêts du conſeil des 15 novembre 1639, & 8 août 1640, ayant impoſé aux propriétaires des ſalins l'obligation du paiement d'une ſomme de cent mille livres, pour obtenir la conſervation de ce droit, & la diſpenſe d'en compter, ils payerent une partie de cette ſomme, dans le cours du mois de ſeptembre ſuivant.

Les beſoins de l'état portèrent, vers le même tems, le gouvernement à leur faire la nouvelle demande d'une ſomme de cent mille livres, & ils ſe ſoumirent à la payer ; mais ils inſiſtèrent pour que leur droit de *blanque* fût augmenté. Un arrêt du 25 mai 1641 ordonna qu'en ſus des cinq livres cinq ſols dont ils jouiſſoient, ils percevroient deux livres cinq ſols par gros muid. Un ſecond arrêt, du 7 août de la même année, les autoriſa à imputer ſur leur nouvelle taxe de cent mille livres, les paiements qu'ils avoient faits au mois de ſeptembre 1640, à titre de droit de confirmation & de diſpenſe de compter du droit de *blanque*.

Les propriétaires des ſalins de Peccais, ont toujours conſidéré l'augmentation qui leur a été accordée par l'arrêt du 25 mai 1641, moins comme un accroiſſement réel au droit de *blanque*, deſtiné à les indemniſer des frais de leur ſalin, que comme le prix du prêt par eux fait à l'état ; ils ont, en conſéquence, évité de confondre le produit de cette augmentation avec celui de l'ancien droit, & ils l'en diſtinguent encore aujourd'hui par le titre de *produit du nouveau droit de blanque*.

On propoſa, en 1675, d'appliquer l'ancien droit, à l'entretien des canaux de la Radelle, du Bourgidon & de Silvéréal, qui joignent les étangs avec la mer & le Rhône. Avant de prendre un parti à cet égard, le conſeil ordonna que les propriétaires repréſenteroient à M. Dagueſſeau, alors intendant en Languedoc, les titres en vertu deſquels ils jouiſſoient de ce droit, & qu'ils juſtifieroient de l'emploi de ſon produit. Ils préten-

dirent que d'après les diſpoſitions des arrêts de 1639 & 1640, ils ne pouvoient être aſſujettis à compter de ce produit. Ils mirent néanmoins ſous les yeux de M. Dagueſſeau, un état de l'emploi qu'ils en faiſoient, & ce magiſtrat ayant penſé qu'ils ne pourroient en être privés ſans beaucoup d'inconvénient, un arrêt du conſeil du 5 avril 1677, leur en conſerva la jouiſſance, ſous la condition qu'ils entretiendroient leurs ſalins en bon état, & qu'ils fabriqueroient, chaque année, des ſels, en quantité ſuffiſante pour aſſurer l'approviſionnement des greniers.

En 1706, une inondation conſidérable avoit ſi exceſſivement dégradé les chauſſées du Rhône, & les digues qui couvrent les ſalins de Peccais, que la dépenſe des ouvrages qu'il étoit indiſpenſable d'y faire pour les réparer, fut évaluée à deux cents mille livres. On agita la queſtion de ſavoir ſi cette dépenſe ne devoit pas être laiſſée à la charge des propriétaires, & s'il convenoit de leur conſerver la jouiſſance du droit de *blanque*. Il leur fut enjoint de rendre un nouveau compte de l'emploi qu'ils faiſoient du produit de ce droit, & ils le mirent ſous les yeux de M. de Baſville, ſucceſſeur de M. Dagueſſeau.

Ce magiſtrat penſa, quant au premier objet, que la dégradation des chauſſées & des digues, n'ayant pas été le réſultat d'un défaut d'entretien, il étoit d'autant plus juſte de venir au ſecours des propriétaires, que le ſervice de l'état exigeoit que les réparations à faire ne fuſſent pas différées.

Les arrêts & lettres-patentes des 4 ſeptembre 1706, & 15 mars 1707, ordonnerent, en conſéquence, qu'il ſeroit perçu dans les gabelles du Languedoc & du Lyonnois, pendant quatre années, cinq ſols ſur chaque minot de ſel vendu, pour en être, le produit, employé à l'acquittement des dépenſes cauſées par les réparations à faire, & que les propriétaires des ſalins contribueroient perſonnellement à ces dépenſes d'une ſomme de trente mille livres.

Quant au droit de *blanque*, un arrêt du 5 avril 1707, également rendu ſur l'avis de M. de Baſville, ordonna que les propriétaires continueroient à en jouir, ſous les conditions exprimées dans l'arrêt du 5 avril 1677, qui continueroit à être exécuté.

La déclaration du 9 juin 1711, ordonna qu'à l'avenir les ſels ſeroient meſurés, tant aux ſalins de Peccais, que dans tous les greniers dépendans de la ferme des gabelles de Languedoc, avec la trémie, dont elle détermina les proportions. L'ancien & le nouveau droit de *blanque*, dont jouiſſoient alors les propriétaires des ſalins de Peccais, ne reçut des diſpoſitions de ce règlement d'autres changemens, ſinon que, d'après le réſultat des expériences faites, en 1699, par M. de Baſville, & du conſentement, tant des états de Languedoc, que des propriétaires des ſalins, il fut ſtatué que le gros muid, chargé en police, qui étoit compoſé , dans l'ancienne forme de meſurer , de cent quarante-quatre minots, le ſeroit de cent ſoixante-onze minots, meſurés à la trémie.

L'année ſuivante, les propriétaires des ſalins , ſur le motif que le prix qui leur étoit payé par le fermier des gabelles, des ſels qu'ils lui livroient, étoit inſuffiſant pour les indemniſer de leurs frais, ſolliciterent une augmentation du droit de *blanque*. Leur demande fut rejettée , & l'on ſe borna à leur accorder , en 1714, un ſecours momentané ; mais les nouvelles repréſentations qu'ils firent l'année ſuivante, détermina à leur concéder, par arrêt du conſeil du 27 novembre 1717, le doublement de l'ancien droit de *blanque* ; enſorte qu'ils furent autoriſés à percevoir ſur chaque gros muid compoſé de cent ſoixante-onze minots meſurés à la trémie , dix livres dix ſols , tant pour l'ancien droit de *blanque*, fixé, en 1563,à cinq livres cinq ſols par muid , que pour le doublement de ce droit, & en outre deux livres cinq ſols , pour le nouveau droit de *blanque* , qu'ils avoient obtenu en 1641.

Le même arrêt ordonna que les greniers du Rouſſillon , du Conflans & de la Cerdagne, qui étoient alors approviſionnés en ſels de Peyrac & Sijean, le ſeroient , à l'avenir , en ſels de Peccais.

La peſte qui affligea la ville de Marſeille & ſes environs , en l'année 1720, avoit exigé que toutes les communications fuſſent interceptées. Auſſi-tôt qu'elles furent rétablies, le fermier des gabelles , pour ne plus ſe trouver dans le cas de recourir aux moyens diſpendieux dont il avoit été contraint de faire uſage en 1721, pendant la durée de cette calamité , pour prévenir la pénurie de ſes greniers , en força les approviſionnemens. Il fit des enlévemens ſi conſidérables aux ſalins, qu'il n'y reſta plus aucun ſel.

Cette circonſtance détermina les propriétaires à faire ſauner, en 1723 & 1724,la totalité de leurs ſalins ; mais, après la ſaunaiſon de la ſeconde de ces années , ils expoſerent que l'exploitation de leurs ſalins , leur avoit occaſionné des dépenſes d'autant plus conſidérables , que la perte des hommes enlévés par la peſte , avoit rendu les ouvriers fort rares , & ils demanderent qu'il leur fût accordé une indemnité.

Les recherches qui furent faites alors , mirent à portée de juſtifier que, de 1720 à 1724, ces propriétaires avoient joui d'un bénéfice de plus de ſoixante-dix mille livres, & cette conſidération décida le conſeil à n'avoir aucun égard à leur demande.

Le peu de ſuccès de la ſaunaiſon de 1725, les engagea à renouveller leur réclamation. M. de Bernage, alors intendant en Languedoc, ſous les yeux de qui ils mirent un compte des recettes & dépenſes qu'ils avoient faites depuis 1706, penſa qu'il étoit juſte de leur accorder quelques ſecours. L'arrêt du conſeil du 4 janvier 1729, ordonna , conformément à l'avis de ce magiſtrat, qu'il leur

ſeroit payé par l'adjudicataire des fermes, en trois paiemens égaux, qui ſeroient faits d'année en année , une ſomme de trente mille livres , dont il ſeroit tenu compte audit adjudicataire ſur le prix de ſon bail, & qu'en outre ils percevroient une augmentation ſur les droits de *blanque*, de deux livres deux ſols ſix deniers, formant moitié de l'ancien de ces droits, ce qui le porteroit, avec le doublement accordé en 1717, à treize livres deux ſols ſix deniers , par gros muid. Il eſt dit que cette augmentation n'auroit lieu que pendant dix-ſept années , après leſquelles l'ancien droit de *blanque* ne ſeroit plus perçu qu'à raiſon de dix livres dix ſols par gros muid, y compris le doublement. Cet arrangement eût ſon exécution.

Les dépenſes que les propriétaires des ſalins ſe ſont trouvés forcés de faire , pour réparer les dégradations cauſées aux chauſſées du Rhône , & à celles de leur enclos, par l'inondation de 1755, ont depuis déterminé le conſeil à les autoriſer , par un arrêt du 24 mars 1768, à percevoir, à compter du premier octobre ſuivant, un doublement de tous les droits de *blanque* dont ils jouiſſoient alors. Ils ont en conſéquence reçu , à partir de cette époque, par chaque gros muid :

1°. Pour l'ancien droit de *blanque*,	5 liv.	5 ſ.
2°. Pour ſon doublement . . .	5	5
3°. Pour le nouveau droit de *blanque* 2		5
Ce qui revenoit à	12	15
4°. Pour doublement de tous ces droits	12	15
Au total	25	10

Ce dernier doublement, qui n'avoit été accordé que pour quatorze années , auroit naturellement dû ceſſer d'être perçu le 30 ſeptembre 1782. Les propriétaires ſollicitent encore , dans ce moment, (en 1783) un arrêt qui le proroge.

Les propriétaires des ſalins renfermés dans l'enclos de Peccais, ſont au reſte les ſeuls qui ſoient autoriſés à percevoir les droits de *blanque*, tels qu'ils viennent d'être détaillés. L'ordre de Malthe , à qui appartient le ſalin de Saint-Jean, ſitué hors de cet enclos, ne jouit que de l'ancien droit de *blanque*, fixé , en 1563, à cinq livres cinq ſols par gros muid , & du nouveau droit réglé en 1641 à deux livres cinq ſols.

L'arrêt du conſeil du 24 mai 1768, a formellement expliqué qu'il n'étoit autoriſé à percevoir ni le doublement général qu'il accordoit, ni même celui de l'ancien droit que les autres propriétaires avoient obtenu en 1717. Le cas d'exception dans lequel l'ordre de Malthe ſe trouve , eſt une ſuite de ce que le roi ne perçoit aucun droit de ſeptain ſur les ſels qu'il récolte, ainſi qu'on l'expliquera à l'article de ce droit ; mais ſa condition eſt beaucoup plus favorable que celles des propriétaires dont les salins sont situés dans l'enclos de Peccais. *Voyez* SEPTAIN.

BLAYE , ville de la Guyenne , située sur la Gironde , qui est formée des deux rivieres de Garonne & de Dordogne. *Blaye* est à sept lieues de Bordeaux. On ne fait mention ici de cette ville, que parce que le bureau qui y est établi sert de contrôle au bureau de Bordeaux , pour tout ce qui en vient, comme pour tout ce qui y va. Les navires & barques sont obligés, en montant, d'y faire une déclaration provisoire, & d'y prendre une expédition appelée *billette de montée.*

Les barques chargées de sel pour Bordeaux ou Libourne , doivent également s'arrêter à *Blaye* , pour y être déclarées , visitées & mesurées , & prendre un acquit à caution qui assure le transport du sel à sa destination.

De même , tous les patrons des bâtimens qui ont pris leur cargaison soit à Bordeaux, soit à Libourne , sont tenus de raisonner au bureau de *Blaye* , & d'y représenter les expéditions dont ils sont porteurs. Lorsque ce sont des acquits à caution , ils sont visés par les commis, & sans frais. Au lieu des autres expéditions , qui sont retenues, on délivre des brevets de contrôle.

En 1770 & 1772 , la ferme-générale avoit pensé que ces différentes formalités pouvoient être remplies avec plus de facilité pour le public , & plus d'avantage pour elle-même , à Pauliac , gros bourg situé presque vis-à-vis de *Blaye*. Mais , sur les représentations réitérées de cette ville , contre le préjudice qu'elle éprouveroit de cet arrangement, il fut décidé en 1780, par le conseil, que , sans obliger les gens de mer à aller raisonner au bureau de Pauliac, exclusivement à celui de *Blaye* , ils auroient la liberté d'aborder à celui des deux qui leur présenteroit le plus de facilité.

Les habitans de *Blaye* jouissent, en vertu d'une ancienne convention passée entre-eux & le fermier des droits de convoi & comptablie, du privilège de faire entrer , chaque année, dans leur ville , quatre-vingt-six pipes de sel , pour leur provision, en payant seulement le droit de neuf livres sept sols pour ces deux droits, y compris celui de contrôle. Mais il ne leur est pas permis de faire le commerce de sel.

BLEDS. Nous ne considérons ici les *bleds*, que comme objet d'économie politique, soumis à l'administrateur des finances.

L'agriculteur ne voit, dans les *bleds* , qu'un fruit de ses soins , & un produit de la terre qu'il cultive ; il veut en disposer comme de ses autres revenus.

Le négociant n'apperçoit, dans cette denrée , qu'une marchandise qui se vend & s'achette ; il veut pouvoir l'acquérir & la revendre au gré de son intérêt ; il demande que cette circulation soit soumise aux loix générales du commerce.

Le peuple, sans réfléchir , mais éclairé par son instinct, commandé par ses besoins, envisage le *bled* comme un élément nécessaire à sa conservation. Il veut vivre par son travail ; il réclame les loix de police qui lui répondent de sa subsistance.

Ces trois classes d'hommes font retentir les noms les plus imposans pour la défense de leurs prétentions.

Le seigneur de terre invoque les droits de la propriété ; le marchand , ceux de la liberté ; le peuple, ceux de l'humanité.

C'est au milieu de ce choc d'intérêts & d'opinions , que le législateur doit chercher la vérité, pour procurer le repos & le bonheur à toute la société. Nous remettons au mot *grains* , à traiter plus au long des précautions & des moyens qui paroissent le plus sûrement tendre à ce but intéressant. *Voyez* GRAINS.

BOETE, droit de *boëte* aux Lombards , ancien droit dont l'origine est perdue dans la nuit des tems , & qui n'est plus connu que de nom. On voit, par un passage des lettres-patentes datées de Londres , du 16 septembre 1358 , portant réglement sur la jurisdiction du maître visiteur général des ports & passages du royaume, en fixant les droits sur les marchandises qui en sortent, que les toiles devoient sept deniers pour livre de leur valeur, outre les quatre deniers de la rêve, & les autres quatre deniers de la *boëte* aux lombards.

Des lettres de naturalité accordées en mars 1358, à un Florentin, parlent encore de la *boëte* aux Lombards pour l'en affranchir : *Nihilo minus à malatotâ veteri quatuor denariorum pro libra vocata buta Lombardorum & à duobus denariis qui solvuntur pro clavaria portus regis aquarum mortuarum pro introitu & exitu regni liberatus.* Recueil des ordonnances , tom. 3 , pag. 54.

BOHÊME (finances de la). Les finances de la *Bohême*, c'est-à-dire les revenus qu'en tire l'empereur, qui en est souverain, consistent principalement dans une contribution ordinaire & extraordinaire.

La contribution ordinaire est fixée à onze millions huit cent cinquante huit mille cinq cent quatre-vingtdix-huit livres.

La contribution extraordinaire n'est point fixe. Elle dépend de la volonté du souverain, qui la règle , chaque année, par un rescript adressé aux états, qui déliberent ensuite sur les moyens de la percevoir.

Ces moyens sont de deux especes, ordinaires ou extraordinaires.

Les

Les moyens ordinaires confiftent dans les taxes qui fe lèvent fur les terres & les maifons , fur l'induftrie & fur la viande.

Les moyens extraordinaires ne font pas conftans, & portent tantôt fur le commerce, tantôt fur les moulins & brafferies , tantôt fur les bois. On ne fuit, à cet égard , d'autre principe, que de varier les impofitions, pour qu'elles foient fucceffivement fupportées, par toutes les perfonnes, & par toutes les poffeffions. L'impofition extraordinaire a pour objet principal, de remplir le vuide que le produit des impofitions ordinaires laiffe dans la fomme demandée par le fouverain.

L'affiette générale fe fait fur les états que la régiftrature du confeil fuprême des impôts établi à Prague, préfente chaque année des produits de l'année précédente, des non-valeurs, & généralement de tous les détails qui peuvent faciliter cette opération.

Ce confeil, fixe la portion pour laquelle chaque cercle du royaume , chaque feigneurie, chaque ville ou village doivent contribuer , & fait, en conféquence, paffer des mandemens au capitaine du cercle , qui, de fon côté, les tranfmet aux officiers municipaux & feigneuriaux, chargés de la répartition & du recouvrement de l'impôt.

Cet impôt fe lève : 1°. Sur les terres & autres fonds , & fur les maifons.

2°. Sur l'induftrie des artifans.

3°. Sur la tête de tous les habitans.

Contribution fur les fonds.

On a travaillé un fiecle à former le cadaftre de la *Bohême*. Ce n'eft point l'étendue des terres, ni leur qualité, qui détermine le montant de la fomme qu'elles doivent fupporter. C'eft le produit qu'elles donnent , fuivant la nature des fonds, qu'on a évalué par des méthodes différentes.

Les terres labourables font divifées par jettées, étendue du terrain qui peut être enfemencée avec une mefure qui contient huit mille grains d'orge.

La différence du fol en occafionne une très-grande dans l'étendue du terrain qui peut recevoir cette quantité de femence , parce qu'une terre forte, porte beaucoup plus de femence qu'une terre fablonneufe.

Les terres labourables , ainfi que celles qui y font affimilées, forment deux claffes, les terres de plaine & celles de montagne. Chaque claffe eft fubdivifée en trois efpeces, les bonnes, les médiocres & les mauvaifes.

Le produit des bonnes terres eft évalué, à cinq grains & demi pour un.

Le produit des mauvaifes, à quatre grains.

Le produit des bonnes terres eft eftimé, en argent, à cinq florins trente kreutzers , ou douze livres douze fols fix deniers argent de France. Les autres claffes font évaluées à raifon d'un florin par grain , ou quarante-cinq fols.

Cette contribution revient à quarante pour cent du produit.

Les prairies, les bois, les étangs, font eftimés à part, fur le produit réel, & paient vingt pour cent de ce produit.

Le produit des terres & autres fonds ainfi déterminé ; on évalue les différens avantages dont jouit chaque particulier, tels que la culture du chanvre, du lin, du houblon, le bas prix du bois, la proximité d'un grand ou petit marché , la facilité du débit des denrées , & les paturages, &c. Chacun de ces objets eft évalué de cinq à dix florins. Ces dernieres fommes, appellées additionnelles, font réunies au produit des gros fruits, & forment la maffe totale des objets fujets à contribution.

Cette maffe totale établie , il fe fait d'abord une répartition générale fur chaque cercle, feigneurie, ville ou village, d'après l'examen & le calcul du produit des terres & autres fonds, déduction faite des dépenfes & des frais de culture.

On procede enfuite, dans chaque diftrict, à la contribution particuliere des habitans, à proportion des avantages dont ils jouiffent. Comme cette opération exige des combinaifons extrêmement multipliées , les affeurs & collecteurs font aidés par des *tabelles* ou livres de comptes, dans lefquels on a pofé & calculé tous les cas & toutes les poffibilités.

Impôt fur les maifons.

Les maifons, dans la ville de Prague, font divifées en fept claffes. Celles de la premiere, font évaluées à douze mille florins, ou vingt-fept mille livres de revenu ; & celles de la derniere, à deux cent cinquante florins, ou cinq cents foixante-deux livres dix fols.

Cette évaluation n'eft pas fictive, mais elle fert de bafe à l'impofition qui, en dernier réfultat, eft très-médiocre, puifque cette maifon , fuppofée rapporter annuellement vingt-fept mille livres, ne paie que foixante-quinze florins , ou cent foixante-huit livres quinze fols monnoie de France, ce qui revient à cinq huitiemes pour cent.

Les maifons des autres villes font pareillement divifées en plufieurs claffes, fuivant leur fituation & l'aifance des propriétaires ; mais elles ne paient qu'environ deux huitiemes & demi de leur rapport.

Contribution de l'induftrie.

Tous les artifans & négocians , indiftinctement, contribuent pour raifon de leur induftrie, indépendamment des impofitions qu'ils paient pour leurs biens fonds.

L'induftrie eft divifée en quatre claffes, felon la nature & le produit des profeffions.

La premiere paie cent florins, ou deux cents vingt-huit livres.

Q

La feconde, foixante-dix florins, ou cent cinquante-fept livres dix fols.

La troifieme, cinquante florins, cent douze liv. dix fols.

La quatrieme, qui eft compofée des artifans de village, & de la derniere claffe de ceux des villes, paie vingt-cinq florins, cinquante-fix livres cinq fols.

Il fe lève encore, en *Bohême*, plufieurs autres impofitions, à chacune defquelles on applique le nom des objets qu'elle frappe, ou de ceux auxquels fon produit eft affecté.

On diftingue ainfi l'impôt d'amortiffement, l'impôt de famille, l'impôt pour les invalides, l'impôt fur la viande, & l'impôt fur les capitaux.

L'impôt d'amortiffement n'eft établi que depuis 1763. C'eft une efpece de capitation, qui fe paie d'après une claffification qui contient 24 degrés.

La premiere claffe paie quinze kreutzers par tête, treize fols neuf deniers.

Les claffes qui fuivent, jufques & compris la quatorzieme, font déterminées par la qualité des perfonnes.

Les religieux & religieufes, compris dans la fixieme, paient deux florins par tête, quatre liv. dix fols. Cette impofition leur eft commune avec les eccléfiaftiques non pourvus de bénéfice.

Les neuf dernieres claffes font relatives aux facultés, depuis vingt-deux mille cinq cents livres, jufqu'à cent quatre-vingt mille livres de revenu, & paient un peu plus que le dixieme.

L'impôt de famille remonte à 1762, & fe payoit par tête; mais, pour faciliter le recouvrement, & faire contribuer les célibataires, on fuppofe que chaque famille eft compofée de cinq perfonnes, & le chef paie en conféquence.

Lorfque la famille excede ce nombre, l'impofition augmente proportionnellement. On ne paie rien pour les enfans au-deffous de douze ans.

L'impofition pour les invalides, confifte dans un droit additionnel d'un pour cent, qui fe perçoit avec la contribution deftinée à l'entretien & à la folde des troupes.

Elle forme annuellement un objet d'un million cent quatre-vingt-cinq mille livres cinq fols.

L'impôt fur la viande eft d'un kreutzer par chaque livre, & perfonne n'en eft exempt. Il eft payé entre les mains des collecteurs chargés du recouvrement des contributions.

L'impôt fur les capitaux confifte, dans l'excédent des intérêts que produifoient les capitaux, avant que l'intérêt de l'argent eût été fixé à quatre pour cent. Cet excédent fe lève au profit du fouverain, d'après les actes dans lefquels l'intérêt a été ftipulé au-deffus de quatre pour cent. On croit que cette impofition d'un genre particulier, ne fubfifte plus depuis 1780.

Le recouvrement des impofitions fe fait de la maniere fuivante:

Au commencement de l'année, le collecteur remet, à chaque contribuable, une feuille qui contient le montant de la fomme pour laquelle il eft impofé, & il infcrit, fur cette feuille, les paiemens qui lui font faits.

Quoique l'on verfe chaque mois dans la caiffe du fouverain, le montant du recouvrement fait pendant ce même tems, le payfan & l'artifan ne paient cependant pas réguliérement tous les mois. C'eft aux officiers municipaux à régler les facilités qu'ils font dans le cas d'accorder, fur la poffibilité qu'ils ont pour remplir les déficit du mois. Les payfans paient après les récoltes, & les artifans après les foires.

Les feigneurs paient plus dans les mois où les payfans paient moins.

Les revenus communaux font affectés, par préférence, à l'acquittement de la contribution, à la décharge des habitans

Le produit de toutes les impofitions comprifes fous le nom de contribution, eft à la libre difpofition du confeil de guerre, parce qu'il appartient à la caiffe militaire.

Tous les fonds fitués dans la *Bohême*, fe divifent en feigneuriaux ou rufticaux.

On entend par fonds feigneuriaux, ceux qui, en 1658, étoient poffédés par des feigneurs. La qualité qu'ils avoient alors, leur eft devenue tellement inhérente, qu'elle ne peut plus changer. Ainfi, les terres rufticales acquifes depuis cette époque, par des feigneurs, ont confervé leur nature, de même que les fonds feigneuriaux, acquis par des payfans, n'ont rien perdu de cette qualité.

Le privilège des fonds feigneuriaux, eft de ne payer que vingt pour cent du produit, tandis que les fonds rufticaux paient fur le pied de quarante pour cent.

Aucune charge, ni réelle, ni perfonnelle, ne procure, en *Bohême*, d'exemption, pour quelque nature de fond que ce foit.

Le fouverain n'eft réputé, relativement aux domaines qu'il poffede, que feigneur particulier. Le clergé ne jouit d'aucune exemption, même pour les impôts perfonnels.

Le clergé, indépendament des impofitions générales, paie, en conféquence d'une bulle du pape, une décime, dont le montant eft réglé à l'amiable. L'origine de cette bulle, qui fe renouvelle tous les quinze ans, remonte aux guerres contre les Sarrafins.

Dans les cas extraordinaires, on demande en outre au clergé un don gratuit, qu'il ne refufe jamais.

Le clergé eft, dans chaque province, un ordre à part; mais il ne forme point corps dans l'enfemble de la monarchie, & il n'a point le droit de s'affembler.

La bafe de toutes les répartitions porte fur des cadaftres, auxquels on a travaillé pendant cent ans.

Ces cadaftres contiennent:

1°. Le nombre des jettées de terrain poffédées par chaque particulier.

2°. La claffe du grain ou du produit de chaque jettée.

3°. Les adminicules, ou jouiffances additionnelles.

4°. L'indication des réfultats tirés des différentes tabelles dont on a parlé ci-devant.

Les cadaftres fubfiftent jufqu'à ce que les parties demandent une rectification. Les capitaines des cercles font chargés de vérifier ce qui eft expofé.

Les fonds feigneuriaux font compris dans un cadaftre particulier. Les rufticaux en forment un féparé.

La maniere de les former confifte, à demander à chaque propriétaire la nature de fes poffeffions. La déclaration eft difcutée en préfence des principaux habitans de la communauté, & des officiers municipaux & feigneuriaux, qui procedent, fur le champ, à la vérification des conteftations.

Ceux qui font une déclaration fauffe, ou qui demandent, fans fondement, que le cadaftre foit rectifié, font condamnés en des amendes, & quelquefois même les fonds font confifqués, fuivant les circonftances. Ce n'eft qu'en tenant la main à l'exécution de ces difpofitions, qu'on eft parvenu à finir le cadaftre général.

L'ordre établi dans les finances paroît très-régulier.

Chaque collecteur envoie, tous les mois, un bordereau de fa recette, aux commiffaires du tribunal fupreme, & leur rend fon compte à la fin de l'année. Ces commiffaires, ou la députation, en forment un bordereau, qui eft adreffé à la chambre des comptes, à Vienne, où l'on fait le relevé général de tous les bordereaux du revenu du fouverain, pour chaque mois.

La régiftrature de la chambre des finances de Prague, tient de grands journaux, où l'on infcrit tout ce qui concerne les finances; enforte qu'on en peut avoir l'état au vrai quand on veut, & divifé en recette, dépenfe, charges, dettes & comptant.

Les officiers municipaux, & ceux des feigneurs, qui, comme on l'a dit, font chargés de la répartition & du recouvrement de l'impôt, jouiffent d'une très-grande autorité. Ils fixent les époques des paiemens, felon les facilités que les contribuables peuvent avoir à s'acquiter. Ils doivent vérifier les fonds ou les recettes que les feigneurs affignent, pour avancer la portion de l'impôt que leurs vaffaux ne peuvent pas payer au terme fixé, afin de leur épargner les frais d'exécution.

Comme les impofitions fe paient par mois, &

toujours d'avance, le montant de chaque mois doit être remis, le 21, dans la caiffe du cercle, & le 25, dans la caiffe générale de Prague; le 30, au plus tard, tous les fonds font verfés dans les caiffes militaires.

Auffi, le 21 de chaque mois, on envoie une exécution militaire chez les particuliers qui font en retard. On établit un commiffaire chez les feigneurs, & leurs revenus font faifis au profit de l'état. On prélève enfuite l'intérêt de la fomme qui eft dûe, fur le pied de dix pour cent, jufqu'au moment du paiement.

Il exifte encore d'autres impôts & revenus indépendans de la contribution.

1°. Le fouverain poffede un nombre confidérable de terres, qui ont été confifquées pendant les troubles des quatorzieme & dix-feptieme fiecles.

2°. Il fe perçoit fur le fel un droit qui monte depuis quatorze à feize livres par quintal. Les feigneurs ont droit de le débiter en détail, à raifon de deux livres neuf fols fix deniers de bénéfice par quintal: la livre coûte 4 f. 7 d.

3°. Les boiffons font fujettes à des droits de confommation.

Le tonneau de biere paie deux florins, ou quatre livres dix fols argent de France.

La mefure de vin, compofant quarante bouteilles, paie trente kreutzers, ou vingt-cinq à vingt-fix fols, argent de France.

La pinte d'eau-de-vie, deux kreutzers & demi, ou deux fols neuf deniers de France.

On a établi, en 1768, une mefure uniforme dans toute l'étendue des états héréditaires.

4°. Les droits de douane & entrées font très-confidérables fur plufieurs objets.

Les vins de France paient cinquante pour cent, ou moitié de leur valeur.

5°. Les mines forment encore un revenu affez important.

Celles dont les particuliers ont obtenu la conceffion, rendent le cinquieme net au fouverain; les quatres autres cinquiemes font portés dans fes magafins, & le montant en eft payé à un taux modique.

6°. Les droits fur le tabac font affermés fept cents mille florins, ou un million cinq cents mille livres de France.

7°. Les fucceffions en ligne collatérale, paient dix pour cent; les legs font taxés fur le même pied; les biens s'eftiment au vrai.

8°. Le papier marqué eft auffi un objet de revenu, qu'on évalue à deux millions de florins, ou quatre millions deux cents cinquante mille livres de France.

9°. Les taxes fur toutes les expéditions judiciaires, & autres quelconques, le droit d'infinuation, dont les règles ne font pas abfolument fixes, varient fuivant la valeur de l'objet. Lorfqu'il monte à cinquante mille florins, ou cent douze mille cinq cents livres, le droit d'infinuation eft fixé au centieme denier.

Enfin, il fe lève des droits de péage très-multipliés, & dont le produit étoit anciennement deftiné à l'entretien des chemins publics.

Tous ces objets font fous l'adminiftration de la chambre des finances ; les parties qui font affermées dépendent entiérement des fermiers ; mais le tiers des bénéfices qu'ils font, eft réfervé au fouverain. Les fermiers font toutes les avances, & dépofent en outre une fomme confidérable, dont les intérêts leur font payés à raifon de cinq pour cent.

BOIS, f. m. Les *bois*, foit à bâtir, foit à brûler, foit de fciage & de charonage, font une des quatre efpeces réfervées, fujettes à l'ancien fol pour livre établi en 1356, fur toutes les marchandifes & denrées vendues, revendues, ou échangées.

Voyez SOL POUR LIVRE. On fait connoître, à cet article, les lieux où il fe lève fur les *bois*.

Au droit de fol pour livre fur les *bois* de toute efpece, non-feulement à l'entrée de la ville & des fauxbourgs de Paris, mais encore à l'entrée de la banlieue, il s'en joint un autre de trois fols pour livre, qui fait le fujet d'un titre exprès dans l'ordonnance de 1680.

Ce titre eft divifé en neuf articles.

Le premier porte, que les droits de trois fols pour livre fur le *bois* ouvré & à bâtir, de fciage & charonage, fixé fuivant le tarif attaché à la préfente ordonnance, feront payés par toute forte de perfonnes, fans exemption ni privilège.

Le fecond fait défenfe de percevoir aucun autre droit fur le *bois*, non compris en ce tarif.

Le troifieme affujettit à ces droits, tant les *bois* deftinés à être employés dans la ville, fauxbourgs & banlieue de Paris, que ceux qui pafferont de bout.

Le quatrieme & le cinquieme enjoignent aux marchands, propriétaires ou voituriers, de faire leur déclaration des *bois* qu'ils font venir, ou qu'ils amenent, avant de les décharger, de repréfenter leurs lettres de voiture en bonne forme, & d'indiquer le chantier où ils entendent les conduire.

Le fixieme défend aux marchands & voituriers d'enlever le *bois*, qu'il n'ait été vifité & contrôlé par les commis, & que les droits n'aient été payés, à peine de confifcation, & de cent livres d'amende.

Par le feptieme, les marchands font tenus de mettre leurs *bois* en état de pouvoir être comptés ; finon, il eft permis au fermier de le faire aux frais des marchands ; frais auxquels les marchands & voituriers feront contraints folidairement, ainfi que pour les droits, par faifie & arrêt de bateaux, voitures & chevaux.

Le huitieme veut que l'excédent des quantités portées dans les lettres de voiture & déclarations, foit confifqué, avec amende de cent livres.

Le neuvieme règle enfin, que les marchands ne pourront enlever le *bois* du port, du 1er avril au premier octobre, que depuis cinq heures du matin jufqu'à fept heures du foir, & le refte de l'année, depuis fept heures du matin jufqu'à cinq, à peine de confifcation & de cent livres d'amende.

Les arrêts du confeil des 7 novembre, 1747, & 27 août 1748, ont jugé que les *bois* crûs dans la banlieue de Paris, & que les propriétaires font tranfporter chez eux, ni même les *bois* coupés de même étendue, & achetés par des particuliers, pour leur confommation, n'étoient point fujets à ces droits, pourvu, dans l'un & l'autre cas, qu'ils n'entrent point dans la ville ou les fauxbourgs de Paris.

Les bois provenans des forêts du roi, ne font point exempts des droits dont il s'agit, depuis l'arrêt du confeil du 7 juin 1722.

BOIS POUR LES SALINES. L'adjudicataire des fermes a le droit de prendre les *bois* néceffaires à la cuite des fels, aux falines de Franche-Comté & de Lorraine, tant dans les forêts du roi, que dans celles des particuliers qui font affectées à cet ufage.

Suivant les anciennes ordonnances, tous les *bois* fitués dans les fix lieues de l'arrondiffement des falines de Salins, font en général deftinés à la cuite des fels, & il n'y avoit que les forêts à la proximité des trois lieues, qui fuffent particuliérement affectées à ce fervice ; mais un arrêt du confeil, du 4 août 1750, a mis dans cette derniere claffe, toutes les forêts fituées dans la quatrieme lieue.

L'article 77 du bail de Forceville, porte, que l'adjudicataire paiera le *bois* qu'il fait enlever dans les forêts des particuliers, cinquante fols la corde, pour tronc & façon ; mais ceux de la ville de Salins, font fixés à cinquante-cinq fols par corde.

L'article 78 du même bail porte, que les habitans des paroiffes voifines de la ville de Salins, à quatre lieues à la ronde, ayant chariots ou charettes attelés de chevaux ou bœufs, feront tenus de faire, par femaine, chacun trois voitures de *bois* aux fauneries, que tout charretier allant y charger du fel, même ceux qui ameneront des grains ou des menues denrées, pour cette ville, feront obligés d'aller prendre, dans les plus prochaines coupes, & voiturer à la faline, au moins un tiers de corde par chaque voiture de fel qu'ils voudront enlever, faute de quoi il ne leur en fera fait aucune délivrance, le tout ainfi qu'il eft prefcrit par les anciens réglemens concernant les falines & faunieres.

Depuis 1724, tous les *bois* fitués dans l'arrondiffement des falines, ont été mis fous l'adminiftration d'un commiffaire du confeil, qui préfide un tribunal où l'on connoît de tout ce qui a rapport aux *bois*, & aux délits qui s'y commettent. Ce tribunal eft compofé de plufieurs officiers, & porte le nom de *Cour de la réformation.*

Voyez ce dernier mot. *V. auffi* FORÊTS DU ROI.

BON DE MASSE. En matiere de gabelle, on entend par *bon de maffe*, la quantité de fel que chaque *maffe* rapporte. au-delà de celle qu'elle auroit pu donner, fans tomber en déchet extraordinaire.

L'article 11 du titre 4 de l'ordonnance des gabelles du mois de mai 1680, en ordonnant que les fels emplacés dans les greniers y feroient renfermés fous trois clefs, qui refteroient entre les mains des officiers & des receveurs, les a rendu les uns & les autres garans de ces fels; mais cette garantie n'a lieu que fauf la déduction du déchet du grenier, fixé à deux minots par muid, par l'article 3 du titre 11 de ladite ordonnance, dont les difpofitions à cet égard fe trouvent conformes à celles des réglemens antérieurs.

La fixation de ce déchet eft en général fupérieure à l'objet de celui que les fels éprouvent naturellement pendant leur féjour dans les greniers, puifqu'il y a des exemples de *maffes* qui rendent fel pour fel; d'autres qui n'éprouvent qu'un déchet de deux quarts de minot par muid. Il eft même affez ordinaire qu'elles rapportent audelà du fel net dont les *maffes* étoient compofées, & c'eft ce qui opere le *bon de maffe.*

Ce *bon*, lors même qu'il éleve le produit d'une *maffe* à l'objet du fel effectivement emplacé, peut s'être opéré fans qu'il fe foit introduit ni matieres étrangeres dans le fel, ni inexactitude dans le mefurage qui en eft fait. Il provient alors de la différence qui fe trouve entre les mefures qui fervent à l'emplacement, & celles dont on fait le plus ordinairement ufage pour les diftributions.

En effet, on ne fe fert, pour les emplacemens, que du minot. Au contraire, dans quelques greniers, la plus forte partie des diftributions fe fait par demi-quarts, ou huitiemes de minots. Les différentes mefures devant être établies à une égale diftance au-deffous de l'ouverture de la foupape de la trémie, l'on eft obligé de mettre fur une efpece de pié-deftal les petites mefures, & comme elles ont moins de profondeur & de hauteur que les grandes, le fel qui, dans ces petites mefures, tombe au fond de plus près que dans les grandes, y eft conféquemment moins affaiffé & moins comprimé. La preuve de cet effet, c'eft que huit demi-quarts, par exemple, ne donnent, ni pour le poids, ni pour le volume, une quantité de fel égale à celle qui fe trouve dans un minot mefuré de la même maniere.

Les officiers porte clefs des greniers étant affujettis à payer, au prix du fel vendu dans leurs jurifdictions, la valeur des déchets extraordinaires que les *maffes* éprouvent, ont plufieurs fois prétendu,que lorfque ces *maffes* rendoient des bons, le produit devoit leur en appartenir. Mais cette prétention à été jugée fans fondement, tant par l'arrêt du confeil du 3 décembre 1697, que par celui du 5 août 1766.

L'ordonnance des gabelles, qui a foigneufement pourvu à ce que la valeur de tout le fel dont chaque *maffe* eft compofée fût payée à l'adjudicataire, ne contient aucune difpofition qui tende à empêcher les officiers & receveurs d'abufer des *bons de maffe*, en vendant en tout ou en partie, fans en charger leurs regiftres, le fel qui n'auroit pas été abforbé par le déchet effectif.

Pour prévenir cet abus, la régie s'eft déterminée à accorder des gratifications de *bons de maffes*, aux receveurs des greniers, autres que ceux qui font approvifionnés directement par la mer; ces derniers n'étant point affujettis à la police des déchets.

Ces gratifications font de deux efpeces; les unes en fel, les autres en argent.

Suivant la délibération prife le 9 mai 1781, pour le bail de Salzard, les premieres confiftent en un minot de fel, que le receveur de chaque grenier eft autorifé à fe faire livrer, lorfque toutes les *maffes* qui ont fini dans le cours d'une année, ont rapporté le minot au muid.

Les gratifications en argent font fixées, par la même délibération, favoir, à trois livres par minot, fur ce qui remplit la proportion du minot au muid, & fur l'excédent à ladite proportion, lorfque le *bon de maffe* n'atteint pas le minot & demi-quart.

Si le *bon de maffe* remplit la proportion du minot & demi-quart, la gratification eft de fix livres par minot, tant fur ce qui remplit la proportion du minot au muid, que fur le dernier quart excédent le minot au muid, & fur ce qui eft rapporté au-delà, fans atteindre la proportion du minot & quart.

Lorfque le *bon de maffe* remplit la proportion du minot & quart par muid, la gratification eft liquidée à raifon de fix livres fur le minot au muid, & de quinze livres fur le quart excédent, que fur ce qui eft rapporté au-delà, fans atteindre la proportion du minot & demi.

Enfin, quand le *bon de maffe* remplit la proportion du minot & demi par muid, la gratification fe paie à raifon de fix livres fur le minot au muid, de quinze livres fur le quart excédent le minot au muid, & de vingt-cinq livres par minot, tant fur l'excédent au minot & quart, que fur l'excédent au minot & demi.

Les receveurs ne jouiffent d'aucunes de ces gratifications, lorfque le produit des *maffes* n'a pas atteint la proportion du minot au muid,

quelque foible que foit le déficit à cette proportion, & l'on apperçoit que ces arrangemens, qui
tendent à récompenfer les receveurs qui fe font
donné des foins pour affurer la confervation des
fels, ont en même-tems pour objet, d'oppofer aux
impulfions de l'infidélité, l'expectative d'un bénéfice légitime & intéreffant.

Les officiers porte clefs ne jouiffent, relativement aux *bons de maffes*, d'aucune gratification
en argent, qui les expoferoient au foupçon de fe
prêter à des abus préjudiciables aux intérêts du
public. Mais lorfque toutes les *maffes* finies dans
le cours d'une année, ont rapporté le minot au
muid, la régie fait délivrer à chacun d'eux, par
gratification, deux quarts de minots de fel, &
un quart feulement au greffier qui affifte avec eux
aux diftributions.

Ces officiers s'étoient auffi perfuadés que cette
gratification ne pouvoit, en aucun cas, leur être
refufée. Leur prétention à cet égard a été rejettée
par l'arrêt du confeil du 6 décembre 1717, qui
a condamné les officiers du grenier de Provins
à payer, au prix du grenier, les fels qu'ils s'étoient
fait délivrer pour prétendus *bons de maffes*; ce
réglement leur fait défenfes, ainfi qu'à tous autres,
de fe faire délivrer aucuns fels par gratification,
fous prétexte de *bons de maffes*, ou autrement, à
peine de reftitution, de trois cents livres d'a-
mende, & de tous dépens, dommages & intérêts.

Pour affurer encore plus la confervation des
maffes, la ferme-générale a foumis la jouiffance
des gratifications qu'elle accorde chaque année fur
les excédens de vente, tant aux receveurs qu'aux
officiers des greniers, à la condition que toutes
les *maffes* finies, dans le cours de l'année, auroient
rapporté au moins, le minot au muid. Cette difpofition remplit le double objet, d'exciter les officiers à veiller à ce qu'il ne fe pratique aucune
manœuvre préjudiciable au produit naturel des
maffes, & de les engager à concourir, en tout ce
qui dépend d'eux, à l'amélioration des ventes,
& à la réforme des abus qui peuvent en contrarier les progrès.

Voyez EXCÉDENS DE VENTE.

Au furplus, lorfque, malgré ces précautions,
la régie fe trouve dans le cas de craindre quelques
abus fur les *bons de maffes*, elle eft autorifée à
établir, pour veiller à leur confervation, des employés, connus fous le titre de *Contrôleurs aux
maffes*. *Voyez* CONTRÔLEURS AUX MASSES.

Les explications dans lefquelles on vient d'entrer, ne font applicables qu'aux grandes gabelles.

Dans les petites gabelles, les receveurs des
greniers, dont la manutention n'eft furveillée par
aucuns officiers, contractent, au commencement
de chaque bail, par le traité qui fe paffe entre-eux
& l'adjudicataire, l'engagement de compter de la
totalité des fels qu'ils recevront de l'entrepreneur
des voitures, fuivant les procès-verbaux d'empla-

cement, à la déduction des déchets que la ferme
confent de leur accorder.

Ces déchets font fixés, pour le bail de Salzard,
à deux minots pour cent. Mais ils font évidemment
fupérieurs à ceux que les fels provenans des falins du Languedoc & de la Provence peuvent
éprouver pendant leur féjour dans les greniers;
&, pour ne laiffer aux receveurs aucun intérêt à
déguifer, par des fuppreffions d'enrégiftrement,
le véritable produit de leurs *maffes*, il a été arrêté
qu'ils pourroient faire dépenfe, à leur profit, dans
leurs comptes, de la valeur, aux prix de leurs greniers, tant en principal qu'en acceffoires, de tous
les *bons* qu'elles rendroient fur les deux pour cent
qu'elles auroient pu perdre, fans tomber en déchet
extraordinaire.

Ainfi, un receveur à qui l'entrepreneur des voitures a livré, par exemple, une *maffe* de deux
mille minots, n'eft rigoureufement tenu de compter
que de la valeur de mille neuf cents foixante minots; mais fi cette *maffe* rapporte mille neuf cents
quatre-vingt minots, elle donne fur les quarante
minots qu'elle auroit pu perdre, fans tomber en
déchet extraordinaire, un *bon* de vingt minots,
& le receveur eft autorifé de faire dépenfe, à fon
profit, de la valeur de ces vingt minots, au prix
de fon grenier, tant en principal qu'en fols pour
livres & autres acceffoires.

Voyez PETITES GABELLES.

BORD-A-BORD. Décharger une marchan-
dife de *bord-à-bord*, c'eft la porter d'un bâtiment
en un autre, fans qu'elle touche à terre. Cette
fimple action rend les marchandifes qui en font
l'objet, fujettes aux droits d'entrée & de fortie,
fi elles font deftinées pour l'étranger, comme fi
elles étoient débarquées à terre, & rechargées
fur un navire.

L'article 7 du titre premier de l'ordonnance de
1687, ordonne expreffément cette perception; &
elle eft fondée fur ce qu'un vaiffeau une fois entré
librement dans un port, eft obligé d'y faire la déclaration de fon chargement dans les vingt-quatre
heures de fon arrivée, & que dès-lors les droits
d'entrée y font dûs. *Voyez* DÉCLARATION.

Cette perception a d'ailleurs été confirmée
nombre de fois en pareille circonftance, & notamment par la décifion du confeil du 25 octobre
1772.

Mais fi les navires ou bâtimens ont été obligés
de relâcher dans les ports, par la tempête, pourfuite d'ennemis, ou par d'autres accidens, ils
peuvent, après leur déclaration, décharger à terre
leurs marchandifes, & les recharger, dans trois
jours, fans être fujettes à aucun droit. Paffé ce
délai, qui ne peut être prolongé qu'à quinzaine
feulement, ces marchandifes font fujettes aux droits
d'entrée. Article 8 du titre premier de la même
ordonnance. *Voyez* DÉCLARATION.

BORDEREAU , f. m. c'eſt le nom d'un état ou d'un mémoire qui comprend pluſieurs ſommes portées ſur une même colonne , pour en additionner le montant.

On diſtingue le *bordereau* d'eſpeces, du *bordereau* de compte.

Le *bordereau* d'eſpeces eſt celui dans lequel ſont déſignées les différentes eſpeces dans leſquelles une ſomme quelconque a été verſée dans une caiſſe, ou s'y trouve dépoſée. Ainſi un receveur exact fait tous les ſoirs ſon *bordereau*, pour établir ce qu'il a reçu ou dépenſé, & en quelle monnoie.

Le fameux réglement de 1716, ſur l'ordre qui doit être obſervé dans la comptabilité, porte, article 6, que les receveurs-généraux & particuliers des tailles, les tréſoriers & receveurs des provinces d'états, généralement tous autres, chargés du recouvrement des impoſitions de toute nature, leurs caiſſiers & commis ayant maniement, comme auſſi les caiſſiers, commis, comptables des fermiers-généraux, & ſous-fermiers des droits, de quelque eſpece que ce ſoit, auront ſoin de diſtinguer les différentes ſommes qu'ils recevront ſur chaque nature d'impoſition ou de droit, & d'ajouter à la fin de chaque article, un *bordereau* des différentes eſpeces, ſoit d'or ou d'argent, réformées ou non réformées, qu'ils auront reçues ou payées. Cette diſtinction étoit très-néceſſaire dans un tems où il arrivoit des variations continuelles ſur la valeur des monnoies, dont il ſe faiſoit des refontes fréquentes.

D'ailleurs, comme ſuivant l'article 592 du bail des fermes, le roi s'oblige à tenir compte à l'adjudicataire, de la perte qu'il pourroit ſouffrir par la diminution de la valeur des monnoies, il eſt indiſpenſable qu'elle ſoit conſtatée par un *bordereau* de caiſſe ou d'eſpèces, viſés par les intendans ou ſubdélégués, qui en dreſſeront procès-verbal ; de même s'il arrivoit de l'augmentation, le fermier doit en tenir compte au roi, en rempliſſant les mêmes formalités.

Toutes les fois qu'on veut connoître l'état d'un comptable, la première opération eſt de lui demander le *bordereau* de ſa caiſſe, & de ſe faire repréſenter tout ce qu'elle contient, ſoit en effets, ſoit en eſpeces ; enſuite le dépouillement de ſes regiſtres de recette & de ſon journal, étant rapprochés de ce *bordereau*, donne de réſultat ; s'il eſt en avance ou en débet.

Le *bordereau* de compte eſt l'extrait d'un compte dans lequel on comprend toutes les ſommes tirées hors ligne, ſoit de la recette, ſoit de la dépenſe, afin de connoître le total de l'une & de l'autre, & ſavoir ſi on doit, ou s'il eſt dû.

Suivant l'ordonnance de 1598, article 5, tous les comptables qui ſe préſentent à la chambre des comptes, pour y rendre leurs comptes, ſont obligés d'y joindre un *bordereau* ſigné d'eux, ou de leur procureur.

Ce *bordereau* doit être un abrégé ſommaire du compte, & contenir en détail, & en chiffre, toutes les parties de la recette & de la dépenſe du compte même, & ſuivant l'ordre des chapitres.

Voyez COMPTABLE, COMPTABILITÉ.

BOUCHON , f. m. C'eſt un tronc de guy de chêne , ou pluſieurs rameaux de verdure liés enſemble, qu'on attache à l'entrée d'une maiſon, pour indiquer que l'on y vend du vin, ou d'autres boiſſons.

En Bretagne, on donne le nom de *brandon* ou *fouillet*, à ce qu'on appelle ailleurs *bouchon*.

L'ordonnance des aides de 1680, article 2 du titre 2 ; l'arrêt du 30 juillet 1689, ordonnent à ceux qui voudront vendre du vin, à peine de conſiſcation, & de cent livres d'amende, de mettre *bouchons* ou enſeignes à la porte des lieux où ils entendent faire leur débit. Cette obligation de mettre *bouchons* ou enſeigne, a été jugée néceſſaire pour rendre les commis certains des lieux indiqués par les déclarations.

BOUES ET LANTERNES. On donne ce nom à une contribution qui ſe paie par les habitans de Paris, pour ſubvenir aux frais du nettoiement des rues, & de l'entretien des *lanternes* qui ſervent à éclairer la ville, & que chacun d'eux étoit autrefois chargé, à ſon tour, d'allumer, ou de faire allumer.

Cet impôt, qui ne doit être regardé, ni comme un malheureux enfant de la néceſſité, ni comme une invention de la cupidité fiſcale, eſt peut-être le ſeul dont l'objet déterminé, tend véritablement & immédiatement à l'utilité, ainſi qu'à l'agrément de la ſociété.

La contribution pour les *boues* & *lanternes*, eſt une des taxes qui s'impoſoient anciennement, chaque année, ſur les particuliers, & qui étoient verſées dans une caiſſe particuliere. Mais en 1704, on jugea qu'il convenoit que le gouvernement fût chargé de cette dépenſe, en faiſant racheter, par une ſomme une fois payée, les taxes annuelles qui étoient impoſées : ce qui fut ordonné par un édit du mois de janvier.

Il portoit, que chaque propriétaire paieroit le rachât de ſa contribution perſonnelle, relative aux *boues* & *lanternes*, à raiſon du denier dix-huit, & qu'il ſeroit à l'avenir déchargé de toute taxe, pour cet objet de dépenſe.

Le produit de cette contribution montoit alors à trois cents mille livres par année ; mais comme Paris recevoit des aggrandiſſemens, les frais des *boues* & *lanternes* augmentoient en proportion. En 1730, ils montoient à quatre cents cinquante mille livres. Treize années après, une déclaration du trois décembre ordonna qu'à commencer du premier janvier, 1744, la ſomme de quatre cents cinquante mille livres ſeroit impoſée ſur chaque propriétaire de maisons, boutiques, échoppes, jardins & autres lieux de la ville & des fauxbourg, & qu'à cet effet il seroit arrêté des rôles ; que sur les sommes pour lesquelles chaque particulier seroit imposé, il lui seroit tenu compte de l'intérêt de celles qu'il justifieroit avoir été payées en déduction du rachat ordonné par l'édit de 1704.

Un nouvel édit de décembre 1757, ordonna que les propriétaires des maisons seroient déchargés de payer à l'avenir aucune taxe. au sujet des *boues & lanternes*, ainsi que des pompes publiques, en payant, au trésor-royal, le rachat, à raison du denier vingt, des sommes comprises aux rôles arrêtés en exécution de la déclaration du 3 décembre 1743, sans que, sous prétexte de nouvelle dépense, il pût être à l'avenir exigé aucune contribution.

L'année suivante, deux arrêts du conseil des 9 juillet & 21 décembre 1758, ordonnerent que les fonds destinés au nettoiement & à l'illumination des rues, seroient augmentés de cent mille livres.

Mais comme les propriétaires des nouveaux édifices construits depuis 1757, n'avoient pas été compris dans les rôles arrêtés précédemment, un arrêt du conseil du 30 avril 1760, ordonna qu'on suivroit à leur égard la même règle qui avoit été observée envers les autres propriétaires. Le 21 mai suivant, il fut ordonné, par arrêt, que les receveurs commis pour le recouvrement de l'imposition des *boues & lanternes*, rendroient leurs comptes pardevant le lieutenant-général de police.

Des lettres-patentes du 15 novembre 1770, renouvellerent les dispositions du 30 avril 1760, en ordonnant le même rachat des *boues & lanternes*, arrêté pour les maisons construites postérieurement à ce dernier arrêt, & que le receveur des deniers de police fut commis pour faire le recouvrement des taxes comprises dans les rôles. L'arrêt du conseil du 19 août 1771, régla que toute la procédure qui pourroit avoir lieu en exécution de ces lettres-patentes, se feroit sur papier ordinaire, non timbré, & que les significations qui s'ensuivroient seroient exemptes du contrôle des exploits, excepté celles qui pourroient avoir trait à une demande en garantie de particulier à particulier ; que les difficultés qui naîtroient au sujet de la taxation du rachat, circonstances & dépendances, seroient portées devant le lieutenant-général de police, pour être jugées sommairement, sauf l'appel au conseil ; ce magistrat est autorisé à accorder les décharges & les remises qu'il croiroit justes & raisonnables, sur les sommes imposées.

En 1777, un arrêt du 24 octobre a prescrit la forme des poursuites nécessaires pour faire acquitter le rachat des *boues & lanternes*, & définitivement celui du 25 mars 1781, revêtu de lettres-patentes enregistrées le premier septembre suivant, en réunissant ce rachat au recouvrement des impositions de la ville de Paris, a fixé la législation de cette partie,

statué sur la comptabilité des receveurs, & sur les remises qui leur seront passées : c'est une raison pour rapporter ce réglement.

LE ROI s'étant fait représenter, en son conseil, l'arrêt rendu en icelui le 19 août 1771, par lequel le sieur Rouillé de l'Étang auroit été commis pour faire, en vertu des rôles arrêtés au conseil, le recouvrement des sommes que les propriétaires des maisons, édifices, boutiques, échoppes, places & jardins situés sur les nouveaux emplacemens & nouvelles rues de la ville & fauxbourgs de Paris, seroient tenus d'acquiter pour le rachat des *boues & lanternes*, en conséquence desdits rôles, & en exécution des lettres-patentes du 15 novembre 1770 ; & l'arrêt du 24 octobre 1777, par lequel sa majesté auroit commis le sieur Tremery, à l'effet de faire les poursuites nécessaires pour ledit recouvrement ; sa majesté à reconnu que ce seroit donner aux redevables plus de facilités pour le paiement de leur contribution, que de réunir ce recouvrement à celui dont sont déja chargés les receveurs des impositions de la ville de Paris, créés par l'édit de janvier 1775, avec d'autant plus de raison que le revenu des maisons & autres propriétés devant, aux termes des réglemens, servir de base pour le rachat des *boues & lanternes*, comme pour l'imposition des vingtiemes, le rapprochement de ces deux perceptions, éclairées l'une par l'autre, ne pourra tendre qu'au bien du service & à la plus grande tranquillité des propriétaires. A quoi voulant pourvoir : Ouï le rapport du sieur Moreau de Beaumont, conseiller d'état ordinaire, & au conseil royal des finances ; le Roi étant en son conseil, a ordonné & ordonne ce qui suit :

ARTICLE PREMIER.

Les sommes qui devront être acquittées, en vertu des rôles arrêtés au conseil pour le rachat des *boues & lanternes*, en exécution des lettres-patentes du 15 novembre 1770, seront à l'avenir payées entre les mains & à la diligence des receveurs des impositions de la ville & fauxbourgs de Paris, dans les mêmes bureaux où s'acquite l'imposition des vingtiemes.

ART. II.

Tous les rôles précédemment arrêtés, papiers & renseignemens concernant le rachat des *boues & lanternes*, seront remis dans le délai d'un mois, par le sieur Rouillé de l'Étang au sieur lieutenant-général de police, avec un état de lui certifié, contenant, sous quatre divisions distinctes & séparées, les noms, indications & taxes des propriétaires qui auront totalement acquitté leur cotisation dans les rôles dudit rachat ; de ceux qui auront obtenu des décharges ou modérations ; de

ceux

ceux qui n'auront fait que des paiemens à compte ; de ceux enfin qui n'auront encore rien acquité sur ledit rachat , de maniere que ledit état préfente dans la réunion des totaux des quatre divisions ci-deſſus indiquées , le total général des rôles arrêtés juſqu'à ce jour au conſeil, depuis le dernier rachat ordonné en 1757.

ART. III.

Ordonne , ſa majeſté , que ſur ledit état , certifié par ledit ſieur Rouillé de l'Étang , il ſera formé & arrêté un état particulier par le ſieur lieutenant-général de police , lequel comprendra les noms & les taxes des propriétaires qui auront acquité la totalité du rachat ; de ceux qui auront obtenu des décharges & modérations ; de ceux enfin qui auront ſeulement fait des paiemens à compte , ſur lequel état particulier ledit-ſieur Rouillé de l'Étang ſera tenu de compter par-devant le ſieur lieutenant-général de police , dans le délai de trois mois , tant en recette que dépenſe.

ART. IV.

Sur le ſuſdit état mentionné en l'article II , il ſera pareillement formé par le ſieur lieutenant-général de police , un état particulier , lequel ne comprendra que les noms & taxes des propriétaires qui auront acquité la totalité du rachat ; pour , ſur ledit état particulier , être remis par le tréſor-royal aux receveurs des impoſitions de la ville de Paris , autant de quittances de finance qui leur feront néceſſaires , pour retirer & convertir entre les mains des propriétaires , toutes les reconnoiſſances délivrées par le ſieur Rouillé de l'Étang , portant promeſſe de fournir quittance de finance ; & à cet effet feront tenus les receveurs de faire prévenir tous leſdits propriétaires , de la remiſe qu'ils leur feront deſdites quittances de finance ; à la charge par eux de ſe préſenter & de rapporter , ſous trois mois , les reconnoiſſances dudit ſieur Rouillé de l'Étang : & feront pareillement tenus leſdits receveurs , de juſtifier au ſieur lieutenant-général de police , de leurs diligences à cet égard ; voulant & entendant ſa majeſté , que faute par leſdits propriétaires de préſenter avant l'expiration dudit délai de trois mois , leſdites reconnoiſſances dudit ſieur Rouillé de l'Étang , portant promeſſe de fournir quittances de finance , elles ſoient regardées comme nulles & de nul effet.

ART. V.

Sur le même état mentionné en l'article II , il ſera également formé par le ſieur lieutenant-général de police , un état particulier , contenant les noms , indications & taxes des propriétaires qui n'auront rien acquité de leur cottiſation aux rôles dudit rachat , précédemment arrêtés au conſeil , & de ceux qui n'ayant fait que des paiemens à

compte ſur les ſommes pour leſquelles ils étoient compris dans leſdits rôles , ſeront encore redevables d'une partie deſdites ſommes ; pour , ſur ledit état particulier , être formé & arrêté au conſeil , de nouveaux rôles de tous ces articles à recouvrer , leſquels ſeront remis aux receveurs des impoſitions de la ville de Paris , pour en faire le recouvrement , chacun dans leur département ; autoriſant , ſa majeſté , leſdits receveurs , à faire pour ce recouvrement , toutes les pourſuites & diligences néceſſaires , comme pour les impoſitions & deniers de ſa majeſté.

ART. VI.

Leſdits receveurs délivreront aux propriétaires compris aux rôles dudit rachat , lorſqu'ils ſatisferont au paiement de leur taxe , des reconnoiſ-ſances des ſommes qu'ils leur auront payées , portant promeſſe de leur fournir , dans le délai de trois mois , à compter de la date deſdites reconnoiſſances , les quittances de finance du tréſor-royal , contrôlées , & pour leſquelles il ſera payé auſdits receveurs trois livres , ainſi qu'il a été précédemment ordonné : voulant , ſa majeſté , que faute par les propriétaires de repréſenter auſdits receveurs , avant l'expiration dudit délai de trois mois , les reconnoiſſances qui leur auront été délivrées , elles ſoient regardées comme nulles & de nul effet.

ART. VII.

Veut , ſa majeſté , que par les gardes de ſon tréſor-royal , il ſoit délivré auſdits receveurs , pour les fonds qu'ils y remettront , les quittances de finance néceſſaires , au nom des différens propriétaires qui auront acquité dans leurs mains la totalité du rachat ; & pour mettre leſdits receveurs en état de compter de leur recouvrement par état au vrai au conſeil , avant l'expiration de la troiſieme année qui ſuivra la date de l'arrêté des rôles , & enſuite à la chambre des comptes , ſuivant l'ordre généralement établi par ſa majeſté pour tous les objets de perception , & particuliérement pour les différens recouvremens deſdits receveurs des impoſitions de la ville de Paris , il ſera fourni à chacun d'eux , par le tréſor-royal , des quittances comptables du montant des quittances de finance qui leur auront été délivrées : Et à l'égard des propriétaires qui ayant fait des paiemens à compte entre les mains du ſieur Rouillé de l'Étang , ſolderont entre les mains des receveurs des impoſitions , leſdits receveurs leur remettront pareillement une reconnoiſſance de la totalité de la ſomme pour laquelle ils avoient été impoſés ; à la charge toutefois par leſdits propriétaires , de remettre aux receveurs les reconnoiſ-ſances partielles à eux données par le ſieur Rouillé de l'Étang , pour , ſur la repréſentation que feront leſdits receveurs au tréſor-royal deſdites quittances partielles , & la remiſe par eux faite en même tems des fonds qu'ils auront reçus pour folde, leur être délivré, fous les noms defdits propriétaires qu'ils indiqueront, les quittances de finance néceffaires, de manière cependant qu'il ne foit jamais & en aucun cas, délivré au tréfor-royal de quittances comptables fur le rachat auxdits receveurs des impofitions, que pour le montant des fonds qu'ils y auront verfés réellement.

ART. VIII.

Et pour deftiner toujours à la dépenfe du nettoyement, de l'illumination & de l'entretien des pompes de la ville & fauxbourgs de Paris, des fonds fuffifans & proportionnés, permet & veut fa majefté, qu'à compter de la préfente année, il foit annuellement ajouté à la fomme déterminée & affectée fur fon tréfor royal pour cet objet de fervice, un fupplément égal au montant de l'intérêt au denier vingt, de toutes les fommes qui auront été payées auxdits receveurs, en vertu des rôles dudit rachat des *boues* & *lanternes*, à la déduction feulement des quatre deniers pour livre compris auxdits rôles, en fus de chaque taxe, pour frais de recouvrement, appartenans auxdits receveurs; moyennant lefquels dits quatre deniers, ils feront chargés des frais de compte & autres généralement quelconques : Et à l'effet de déterminer le montant dudit intérêt, feront lefdits receveurs tenus de fournir & remettre à la fin de chaque année, à l'adminiftration générale des finances, & au lieutenant-général de police, des états, par eux certifiés, des fommes qu'ils auront verfées au tréfor-royal, avec l'indication des époques des paiemens.

ART. IX.

Ordonne, fa majefté, que toutes les oppofitions qui pourroient être formées aux rôles arrêtés au confeil pour ledit rachat des *boues* & *lanternes*, & toutes demandes & conteftations & relatives, feront portées par-devant ledit fieur lieutenant général de police, pour être par lui jugées fommairement & fans frais, fauf l'appel au confeil ; lui attribuant à cet effet toute jurisdiction & connoiffance, & icelle interdifant à toutes fes cours & autres juges. Autorife, fa majefté, ledit fieur lieutenant-général de police, à prononcer en faveur des propriétaires compris auxdits rôles, les ordonnances de décharges & modérations qui lui auront paru juftes & convenables, d'après le compte qu'il fe fera fait rendre, dans la forme ordinaire & ufitée pour les autres impofitions, des repréfentations defdits propriétaires, & du règlement de leur impofition aux vingtiemes. Enjoint, fa majefté, &c, &c.

BOUILLE (droit de). Il fe levoit anciennement à l'entrée & à la fortie du Rouffillon, fur toutes fortes d'étoffes tiffues ou mêlées de foie, filofelle, laine, coton, fil de chanvre, & enrichies d'or & d'argent. Il confiftoit en trois fols pour livre de leur évaluation.

Mais ce pays étant paffé fous la domination de la France, par le traité des Pyrénées, il fut fait bail de ce droit, ainfi que de ceux compris dans le tarif catalan, qui avoient lieu lorfque le Rouffillon appartenoit à l'Efpagne, le 24 octobre 1660.

L'année fuivante, ce bail fut réfilié, & Jérémie Coffit en obtint un nouveau pour neuf années, fous la condition que le droit de *bouille*, appelé dès-lors *droit de roi*, feroit réduit aux deux tiers, & perçu tant fur les marchandifes entrantes en Rouffillon, que fur celles qui s'y trouveroient en magafin, ou qui y feroient fabriquées, en recevant une marque indicative du paiement de ce droit.

Sa perception a donc été réduite de trois fols, à deux fols pour livre de la valeur des marchandifes importées, fuivant l'eftimation du tarif catalan faite en 1654.

À l'exportation, les étoffes ne font point fujettes à ce droit, & participent à l'exemption générale qui a lieu à toutes les forties du royaume.

Le droit de *bouille*, ou *de roi*, fe levoit également fur ce qui alloit en Languedoc ou en venoit. L'arrêt du 18 mai 1688 le fupprima, à l'égard de cette province, pour y fubftituer un tarif annexé à ce règlement, & plus foible que le droit de *bouille*.

Ce tarif n'eût lieu que trente ans. L'arrêt du 25 juillet 1718 l'abolit abfolument, au moyen de l'augmentation de quarante fols par minot de fel confommé en Rouffillon.

BOUILLON. Sel de *Bouillon*. *Voyez* QUART-BOUILLON.

BOULOGNE, CALAIS ET ÉTAPLES, font trois villes du pays que l'on appelle reconquis, à l'entrée & à la fortie defquelles il eft dû des droits particuliers fur le fel & fur le vin.

Suivant l'article 236 du bail de Forceville, tout le fel apporté de Poitou & autres provinces de l'étendue des cinq groffes fermes, dans les ports de *Boulogne*, *Calais* & *Etaples*, doit payer le droit de vingt-cinq fols par rafiere du poids de marc de deux cents cinquante livres, ou demi rafiere de cent vingt-cinq livres, conformément à l'article 2 de l'arrêt du 16 juin 1722. Ce même arrêt règle toutes les formalités qui doivent être obfervées dans le tranfport de ces fels en Artois, pour y être rafinés.

Ce droit de vingt-cinq fols, eft le refte d'un droit plus confidérable qui avoit été établi pour empêcher le verfement du fel dans le pays de gabelle, par les pays rédimés. L'arrêt du 28 juin 1719, avoit fixé ce droit à dix livres par rafiere, & les quatre fols pour livre.

Sa réduction à vingt-cinq fols, fut accordée aux inftances & aux follicitations des habitans de l'Artois, du Haynault & du Cambrefis. En effet, la quotité de ce droit attaquoit la contrebande en fel dans fon principe. Pour s'affranchir de cette impofition, ces provinces offrirent de ne plus confommer que du fel blanchi dans les rafineries qu'ils établirent, & d'interdire tout ufage de fel gris, ce qui fut agréé & confirmé par cet arrêt de 1722.

Le plat-pays du Boulonnois, & le plat pays du Calaifis, font également affranchis de la gabelle, ainfi que le gouvernement de Montreuil, mais on n'y peut confommer que du fel blanc, tout ufage, commerce & tranfport du fel gris y étant défendu. Comme le fel blanc y vaut environ trois fols la livre, & que dans les paroiffes de la Picardie qui avoifinent celles du Boulonnois il fe vend treize fols, les verfemens du Boulonnois fur la Picardie font très-fréquens, malgré toutes les précautions qui ont été prifes pour les empêcher. Ces précautions étant communes aux paroiffes de l'Artois & du Cambrefis, *voyez* ces mots.

Le droit d'entrée fur les vins importés par mer dans ces trois villes, eft de dix-neuf livres quinze fols fix deniers par tonneau pour tous droits, & il appartient aux cinq groffes fermes. Dans tout autre cas, les droits d'entrée de la ville font partie de ceux des aides, & font de neuf livres dix-huit fols par tonneau, fuivant les arrêts du confeil des 8 novembre 1723, 25 avril 1724, & 6 mars 1725, & l'article 235 du bail de Forceville.

La ville de *Boulogne* & le Boulonnois s'étoient prétendus exempts des droits d'anciens & nouveaux cinq fols, & de ceux de neuf liv. dix-huit fols, mais l'arrêt de la cour des aides du 29 janvier 1706, les a affujettis à ces droits, ainfi qu'à celui d'un fol par pot, comme faifant partie de la généralité d'Amiens.

Les vins de Bordeaux, & autres venans par mer, dans les villes de *Boulogne*, *Calais* & *Etaples*, & qui ont acquité le droit de dix-neuf livres quinze fols par tonneau, font exempts, lors de leur fortie aufli par mer, pour le pays étranger, ou pour les provinces réputées étrangeres, du droit de treize livres dix fols fix deniers, établi fur tous les vins exportés des généralités d'Amiens, Soiffons & Châlons; mais les vins mufcats & de liqueurs ne participent point à cette exemption, d'après l'article 238 du bail de Forceville, parce qu'ils ne font point fujets aux droits impofés fur les vins apportés par mer, & dont il vient d'être fait mention.

Les villes de *Boulogne* & de *Calais*, quoique faifant partie de la généralité d'Amiens, font affranchies des droits de quatrieme & de huitieme au détail des boiffons. On n'y perçoit qu'un fol par pot, quel que foit le prix du vin qui eft vendu.

Les droits de courtiers-jaugeurs & d'infpecteurs aux boiffons, ne fe lèvent point à *Boulogne*, mais on y perçoit les droits réfervés.

A l'égard des eaux-de-vie, l'article 420 du bail de Forceville porte : que la ville de *Boulogne* & le *Boulonnois* feront déchargés des droits de quatrieme & de fubvention auxquels ils avoient été affujettis par l'édit du mois de décembre 1686 : privilège auquel participeront les habitans du fauxbourg de Neuville, fitué près de Montreuil, comme dépendant du *Boulonnois*, mais feulement pour dix bariques d'eau-de-vie, de vingt-fept veltes chacune, deftinée à leur provifion & confommation, conformément aux arrêts du confeil des 25 juillet 1724, & 30 janvier 1725, & aux exceptions portées par l'arrêt du confeil du 22 novembre 1719, concernant l'eau de la reine de Hongrie & l'eau de thin, tranfportées en bouteilles de verre.

Boulogne & le pays *Boulonnois* paient une fomme de quarante-trois mille neuf cents cinquante liv. à titre de fubvention. *Voyez* les *Mémoires fur les impofitions en France*, & SUBVENTION.

Il ne faut pas oublier de dire que la ville de *Boulogne* jouit du privilège particulier, & longtems unique, de faire le commerce d'eaux-de-vie de genièvre; efpece d'eau-de-vie faite avec la farine de feigle & d'orge, & aromatifée par des bayes de genièvre qu'on y met infufer. Dunkerque eft le feul endroit du royaume où il s'en fabrique : on en fait beaucoup en Hollande, & fur-tout à Fleffingue.

Cette liqueur étant d'une grande confommation parmi le peuple anglais, elle eft devenue une branche de commerce interlope pour différens particuliers de cette nation, qui, en venant charger ces eaux-de-vie, avec des thés & des eaux-de-vie de vin, importent en France des laines brutes & quelques laines filées. On leur donne le nom de *fmogleurs*.

Jufqu'en 1778, la ville de *Boulogne* avoit adreffé au gouvernement des repréfentations très-multipliées fur les avantages particuliers qu'elle retireroit de l'entrepôt des eaux-de-vie de genièvre, s'il lui étoit permis, & fur le bien général qui en réfulteroit pour l'état, puifque les *fmogleurs*, en enlevant nos thés & nos eaux-de-vie, apportoient des matieres très-intéreffantes pour nos fabriques. Mais ces repréfentations, toujours communiquées à la ferme-générale, étoient reftées fans fuccès, d'après fes obfervations.

Elle avoit alors à défendre les intérêts de deux parties; des aides, & des droits de traites. Elle argumentoit, avec fondement, de la déclaration du 24 janvier 1713, qui défend l'entrée & le commerce de toute autre eau-de-vie que celle de vin; mais elle y ajoutoit d'autres raifonnemens bien moins concluans. C'étoit la crainte des verfemens; la difficulté de les empêcher; le danger de favorifer le goût des eaux-de-vie de genièvre, au préjudice des eaux-de-vie de vin , qui font la richeſſe de pluſieurs de nos provinces , & qui y ſoutiennent la culture des vignes.

Le miniſtre des finances, après avoir lui-même examiné l'affaire ſous tous ſes rapports, & avec les vues d'un homme d'état , exempt de tout eſprit fiſcal , rendit , le 5 juin 1778 , la déciſion ſuivante : Permettre , à *Boulogne* , l'entrepôt réel de l'eau-de-vie de grains , dite de genièvre, à la charge, 1°. de la réexportation à l'étranger.

2°. Qu'il ſera payé à l'arrivée , indépendamment des droits d'aides, ſur leſquels il ne ſera fait aucune réduction , un droit d'entrée, & lors de la réexportation , un droit de ſortie, leſquels ſeront la moitié de ceux qui ſont actuellement perçus ſur l'eau-de-vie de vin ſimple.

3°. Qu'il n'y aura pour tout ce commerce, que quatre ou cinq magaſins d'entrepôt, leſquels ſeront aux frais des négocians, & fermés à trois clefs, dont l'une demeurera dépoſée entre les mains des commis de l'adjudicataire des fermes ; une autre dans celles des commis de la régie-générale , & la troiſieme ſera remiſe aux officiers municipaux.

4°. Qu'il ſera tenu exactement, par leſdits prépoſés, un regiſtre de compte , ouvert pour chacun des négocians , dans lequel ſera énoncé combien chacun d'eux aura exporté de thé, d'eau-de-vie de vin, & d'eau-de-vie de grains.

La préſente permiſſion n'aura lieu que pendant deux ans , & la réexportation des eaux-de-vie de genièvre pourra ſe faire par la voie des demi ancres ; mais le tranſvaſement ne pourra jamais avoir lieu qu'en préſence des employés de la ferme, & de la régie-générale.

A l'expiration des deux premieres années , la même faveur fut prorogée pour un terme ſemblable , & l'a été de nouveau le 7 août 1782 , pour deux autres années , d'après l'aveu de la ferme-générale , qu'elle n'avoit reconnu aucun abus.

Si , comme on doit le préſumer , cet aveu n'a été fait qu'après un examen profond des détails de ce commerce, & une ſuite exacte de ſes effets, il faut en conclure , qu'il eſt ſouvent très-important de s'élever au-deſſus des petites objections & des vues étroites des fermiers du fiſc, puiſqu'en 1778 ils avoient témoigné , ſur ce commerce, de grandes craintes, qu'ils avoient cherché à inſpirer à l'adminiſtration.

Le fait eſt que la ville de *Boulogne* s'eſt fort enrichie pendant la guerre ; qu'elle a exporté beaucoup d'eau-de-vie de vin de la Guyenne & du pays d'Aunis, & qu'elle a fourni aux manufactures de Flandre & de Picardie, des laines angloiſes qu'il n'eût été impoſſible de ſe procurer ſans les *ſmogleurs*. *Voyez* CALAIS.

BOURBONNOIS, province de France, qui fait partie des cinq groſſes fermes. Elle eſt ſujette aux aides , aux gabelles & aux impoſitions ordinaires qui ont lieu dans tout le royaume. *Voyez* FERME, GABELLE, TABAC, TAILLE.

BOURGOGNE , province de France, qui fait partie des cinq groſſes fermes , à l'exception du petit pays de Gex.

Cette province n'eſt cependant point ſujette aux aides, comme toutes celles de même qualité. La gabelle, le tabac & les droits domaniaux y ont lieu.

A l'égard des autres impoſitions , elles s'y lèvent conformément aux privilèges accordés à cette province, lors de ſa réunion à la couronne. Mais il faut diſtinguer la *Bourgogne*, proprement dite, qui compoſoit l'ancien duché, de la province de *Bourgogne*, telle qu'elle eſt aujourd'hui, en donnant ce nom à tout ce que comprend la généralité de Dijon, dans laquelle ſont la Breſſe, le Bugey, le pays de Gex.

Le duché de *Bourgogne* paſſa ſous la domination des rois de France en 1477 , par la mort de Charles, ſurnommé le téméraire, dernier duc, tué devant Nancy. Louis XI, en ſa qualité de ſuzérain, envoya des commiſſaires , pour mettre cette province ſous ſa main, & la réunir à ſa couronne.

Les états, alors aſſemblés, *promirent obéiſſance & fidélité au roi , & demanderent que tous les particuliers & ſujets des duchés , comtés & pays en dépendans , fuſſent maintenus , à toujours , en toutes leurs droitures, franchiſes, libertés, prérogatives & privilèges , ſans qu'aucune nouvelleté leur fût faite , & que le roi en fît paſſer & expédier des lettres-patentes en forme dûe à leur profit ; ce que les commiſſaires accorderent , conſentirent & promirent , en vertu de la puiſſance à eux donnée , & de le faire ratifier & approuver par le roi.*

Il en fut dreſſé un acte ſigné & ſcellé du ſceau des commiſſaires , le 29 de janvier 1477.

Au mois de mars ſuivant, Louis XI expédier des lettres-patentes, ſur les ſupplications & requête des gens des trois états, contenues dans l'acte ſigné des commiſſaires.

Ces lettres-patentes contiennent vingt-deux articles. Le ſeizieme porte ; que les trois états ne s'aſſembleront qu'en vertu de lettres-patentes ; & le dix-ſeptieme ; que *l'on ne pourra lever & cueillir ſur iceux pays & duché, aides ni ſubſides , ſoit au profit du roi ou d'autres , ſinon que leſdites aides n'aient été octroyées & conſenties par les gens deſdits trois états.*

Ces diſpoſitions ont été confirmées par de nouvelles lettres-patentes , ſucceſſivement accordées ſous les règnes ſuivans.

Les états ne s'aſſemblant que tous les trois ans, dans l'intervalle d'une aſſemblée à l'autre, ce ſont les élus généraux qui ſont chargés de toutes les fonctions de l'adminiſtration. Ils ſont au nombre de trois ; celui du clergé, celui de la noblesse & celui du tiers état. Ce dernier est le maire d'une des villes de *Bourgogne* qui a le droit de députer aux états.

Ces élus font la distribution & la répartition de toutes les impositions. Les mandemens sont envoyés par le secrétaire général des états, aux communautés, qui sont tenues de s'assembler, trois jours au plus tard après la réception du mandement, pour nommer des asséeurs à l'effet de procéder au rôle de répartition, & des collecteurs pour en faire le recouvrement.

La taille est mixte ; c'est-à-dire, partie personnelle & partie réelle. Chaque contribuable doit être imposé suivant ses diverses possessions, ferme, culture, faculté, commerce & industrie. On voit par les instructions envoyées & publiées dans les communautés de l'ordre des élus généraux, que les mêmes principes & les mêmes règlemens qui déterminent dans les pays où la taille est personnelle, ce qui concerne la nomination des asséeurs & collecteurs, la confection des rôles, ceux qui doivent y être compris ou taxés d'office, sont suivis dans le duché de *Bourgogne*.

Il subsiste néanmoins des règles fixes dans la répartition générale, & les élus ne s'en écartent jamais. Ainsi le Mâconnois, qui a des états séparés, & une administration particuliere, doit supporter la onzieme partie des impositions de la province ; le Charollois la vingt-quatrieme, & le comté de Bar-sur-Seine, la soixantieme.

Les élus généraux s'assemblent tous les ans dans la ville de Dijon, pour le département des impositions de toute la province, qui est divisée en quinze bailliages ou recettes, & composée de plus de deux mille paroisses ou communautés. Suivant le tableau général de la *Bourgogne*, imprimé à Dijon en 1760, le bureau des élus assiste en entier au département. Il est composé des élus des trois ordres ; de deux députés de la chambre des comptes, de l'élu du roi, du maire de la ville de Dijon, de deux secrétaires en chef, & du trésorier général des états.

Il n'existe point de siège d'élection en *Bourgogne*. Les actions en sur-taux par opposition aux rôles des tailles, se portent, en première instance, par devant les juges ordinaires, & ensuite, par appel, aux bailliages. Sur l'appel du bailliage, l'affaire passe au parlement, auquel la cour des aides a été unie par l'édit du mois d'août 1630 ; ce qui met dans le cas d'essuyer trois degrés de jurisdiction.

La répartition des impôts entre toutes les villes, paroisses & communautés de la province, se fait par feux, & non par sommes, ensorte que la valeur de chaque feu ne peut être connue que lorsque le nombre en est arrêté par l'imposition de toutes les communautés.

Il ne faut point entendre par ce mot feu, une maison, un ménage, une famille, quoique ce soit de là, vraisemblablement, qu'il tire son origine. C'est un mot numérique, qui indique une certaine quotité de livres tournois.

Par exemple, en supposant que le nombre de feux soit, en *Bourgogne*, de vingt-cinq mille, & que chaque feu soit évalué à soixante-douze livres, les vingt-cinq mille feux donneront un million huit cents mille livres. Une communauté de cent habitans, imposée à trente feux, paiera deux mille cent soixante livres. Les asséeurs auront donc cette somme à répartir sur cent taillables.

On varie le nombre des feux, ainsi que leur valeur. Cependant ce nombre a été originairement fixé, sur des connoissances prises par des procès-verbaux de visite, dressés par des commissaires députés à cet effet par le bureau des élus, & qui se renouvellent suivant le besoin. Ces connoissances ont porté sur la nature du territoire de chaque paroisse ou communauté, sur sa situation, sur le plus ou le moins de facilité qu'elle a pour le débit de ses denrées, pour l'emploi de ses productions : enfin, sur le nombre, les qualités, les facultés, le commerce & l'industrie des habitans, quoique la plupart de ces circonstances soient sujettes à variations ; mais au moins il en résulte une base qui sert toujours de guide dans la répartition.

Quand il survient des accidens, de grêle, d'inondations, de mortalité de bestiaux, & d'autres fléaux de ce genre destructeur, les communautés qui les éprouvent obtiennent des soulagemens & des diminutions. C'est un nouveau motif pour que le nombre de feux à imposer sur chaque paroisse soit proportionné à sa situation annuelle.

La valeur des feux augmente également en raison de la quotité annuelle des impôts qui doivent être répartis sur la province.

Le taillon, les garnisons, la subsistance, l'exemption, l'octroi ordinaire & le don gratuit extraordinaire, s'imposent en vertu de commissions du roi. Une déclaration du 30 juillet 1752, a fixé les droits respectifs du receveur-général des finances, & du trésorier des états.

Le receveur-général prétendoit faire, à l'exclusion du trésorier des états, le recouvrement des deniers extraordinaires imposés pour le roi, en vertu de commission de sa majesté, notamment des trois cents mille livres qu'elle paie annuellement pour la subsistance des troupes, des deux cents mille livres pour l'exemption des logemens de gens de guerre, indépendamment de quatre-vingt-six mille livres, pour le fonds des garnisons, & dix-sept mille soixante-six livres pour l'octroi ordinaire, que jusqu'alors le trésorier des états avoit reçu des receveurs particuliers, & reversé ensuite entre les mains du receveur-général, sans taxations.

Les élus généraux soutenoient, au contraire,

que ces recouvremens devoient être faits & continués en la même forme & manière qui avoient été prescrites par un arrêt du conseil du 2 octobre 1691.

La déclaration de 1752 ordonne, que le receveur-général des finances continuera de recevoir la somme de quatre-vingt-six mille livres, chaque année, pour le fonds des garnisons, & celle de dix-sept mille six cents soixante-six livres treize sols quatre deniers, aussi annuellement, faisant le tiers de cinquante-trois mille livres, pour l'octroi ordinaire que la province paie au roi à chaque triennée.

Qu'il fera à l'avenir, & à commencer en 1753, ce recouvrement sur les receveurs particuliers de la province, en vertu de l'imposition qui sera faite, & des états de département qui seront arrêtés par les élus généraux, & qu'il jouira de quatre deniers pour livre de taxation, qui seront imposés avec les sommes principales.

Le roi confirme au surplus, en tant que de besoin, l'arrêt du 2 octobre 1691 ; maintient, en conséquence, le trésorier des états dans le recouvrement de toutes les impositions extraordinaires de la province, notamment de la subsistance & de l'exemption.

Ainsi, aux termes de cette déclaration, le receveur-général des finances du duché de *Bourgogne* n'a, dans ce duché, que le recouvrement des fonds des garnisons & de l'octroi ; elle le maintient, en même tems, dans la recette générale de toutes les impositions quelconques, qui sont établies de l'autorité de l'intendant, dans les pays de Bresse, Bugey, Valromey & Gex : pays qui furent cédés à la France en échange du marquisat de Saluces, par le traité passé à Lyon le 17 janvier 1601, entre Henri IV & le duc de Savoie.

Ces pays ne peuvent pas, à parler exactement, être regardés comme des pays d'états. Ils sont simplement syndiqués.

Ce n'est point, dans ces pays, la qualité des biens qui décide de l'assujettissement ou de la franchise quant aux tailles ; c'est la qualité des personnes qui les possèdent.

Les nobles ont le privilège d'affranchir de la taille les fonds même roturiers dont ils font l'acquisition, & les sommes auxquelles ces fonds se trouvoient imposés, font rejettés sur les fonds contribuables. La seule formalité à observer pour y parvenir, c'est de présenter aux officiers de l'élection une requête, à laquelle on joint le contrat d'acquisition.

Lorsque ces mêmes fonds sortent des mains d'un noble, pour rentrer dans celles d'un roturier, ils reprennent leur ancienne qualité de fonds taillable, & sont de nouveau imposés comme tels. Les biens de fiefs sont également assujettis à l'imposition, lorsqu'ils sont possédés par des roturiers. Ainsi les biens roturiers deviennent francs &

exempts entre les mains des nobles, & les biens nobles deviennent taillables entre les mains d'un roturier. On sent aisément que cette réciprocité ne dédommage pas les taillables, & que l'on voit beaucoup plus de nobles acquérir des biens roturiers, que des taillables acquérir des fonds nobles.

C'est toujours dans le lieu où les fonds sont situés, qu'ils sont imposés ; & c'est sur le propriétaire, relativement à leur valeur, que se fait l'imposition ; la cotte du fermier ne peut, pour cet objet, recevoir aucune augmentation.

Tout particulier de condition taillable est, à la vérité, imposé au lieu de son domicile, à raison de son commerce, de son industrie & de ses facultés mobiliaires ; mais on prétend que cette taille personnelle est si modique, qu'elle ne monte pas à la centieme partie de celle que supportent les fonds ; ensorte que, sous ce point de vue, les tailles peuvent être considérées comme réelles dans les pays dont il s'agit.

Elles sont fixées & abonnées dans la Bresse & le Bugey.

La portion de la Bresse est de cent un mille deux cent quarante livres. Elle a été augmentée d'un sixième depuis que la principauté de Dombes a été incorporée à la Bresse, par édit du mois de septembre 1781. *Voyez* DOMBES.

La portion du Bugey est des trois cinquiemes, de la quote part de la Bresse.

L'assiette & la répartition sont faites par l'intendant de la province, assisté de deux trésoriers de France & & des officiers de l'élection. La répartition particuliere est ensuite faite sur les contribuables, par des asséeurs, qu'on appelle, dans le pays, *Péréquateurs* ; mais il n'y a point de cadastre qui dirige & règle leurs opérations. Ces *Péréquateurs* sont en même tems collecteurs.

Il y a deux sièges d'élections, l'un à Bourg, pour la Bresse ; l'autre à Belley, pour le Bugey & le pays de Gex. Le Valromey est un canton & une dépendance du Bugey.

Les plaintes en surtaux sont portées devant les officiers de l'élection, & par appel, au parlement, cour des aides de Dijon.

On ne doit pas ometttre ici de rappeller qu'en 1770 un édit du mois d'août avoit permis, pendant six années, à tous les habitans de la province de *Bourgogne*, pays & comtés adjacens, de clorre leurs héritages, & de faire, à cet effet, tous actes d'échanges de parties de terrein au-dessus de dix arpens, avec l'exemption des droits de centième denier, & autres droits royaux & seigneuriaux, & en payant seulement dix sols pour droit de contrôle, de quelque valeur que fussent les héritages échangés.

La même année, deux autres édits rendirent ces dispositions communes aux comtés de Mâconnois, Auxerrois, Bar-sur-Seine, ainsi qu'aux pays de Bresse, de Bugey & de Gex, & l'année suivante, une déclaration du 3 février régla qu'il seroit payé, chaque année, par forme d'indemnité, à l'adjudicataire des fermes, une somme de dix mille neuf cent cinquante-six livres, pour tenir lieu des droits, y compris les dix sols pour livre, qu'il pourroit prétendre pour raison de ces échanges.

Cette même déclaration autorisa les gens de main-morte à profiter de la même permission pendant le même terme, sans être tenus de payer aucun droit d'amortissement, ni d'obtenir des lettres-patentes.

A l'expiration des six années, la déclaration du 2 décembre 1776 prorogea cette faveur jusqu'au 31 décembre 1780. Le 12 décembre 1779, un nouveau règlement l'a encore prorogée jusqu'au 31 décembre 1784, dans ces termes :

ARTICLE PREMIER.

Les actes d'échanges de terreins au-dessous de dix arpens, qui seront faits, tant en Bourgogne, comtés & pays en dépendans, que dans les pays de Bresse, Bugey & Gex, continueront d'être exempts, jusqu'au 31 décembre 1784, des droits de centième denier, & autres droits royaux & seigneuriaux, à l'exception du droit de contrôle, lequel demeurera fixé, jusqu'audit terme, à cinq sols pour les terreins échangés dont la valeur ne montera pas à cinquante livres, & ne pourra excéder la somme de dix sols pour les terreins dont le prix montera au-dessus de cinquante liv. de quelque valeur que soient lesdits terreins échangés ; à la charge, par les états de Bourgogne & pays de Bresse, Bugey & Gex, de continuer de payer, d'année en année, à l'Adjudicataire de nos fermes, l'indemnité ordonnée par la déclaration du 3 février 1771.

ARTICLE II.

Pourront les gens de main-morte, jusqu'audit jour 31 décembre 1784, continuer de faire lesdits échanges, soit entr'eux, soit avec des particuliers, avec les exemptions & modérations ci-dessus énoncées, sans que, pour raison de ce, ils soient tenus de payer aucun droit d'amortissement, ni d'obtenir autres nos lettres-patentes, desquelles nous les avons dispensés & dispensons par ces présentes ; dérogeant à cet égard à l'article XVI de l'édit du mois d'août 1749, & à tous autres édits arrêts & déclarations contraires.

ART. III.

Les gens de main-morte qui, en vertu des présentes, & pendant le terme prescrit par icelles, prendront dans les pays de Bresse, Bugey & Gex, en échange de fonds d'ancienne dotation, d'autres fonds de même valeur, n'excédant pas la contenue fixée par les édits & déclarations des mois d'août

1770, & 3 février 1771, continueront de jouir, dans lesdits trois pays, de l'exemption de taille pour lesdits fonds par eux reçus en échange, ainsi qu'ils en jouissoient pour les fonds d'ancienne dotation qu'ils auront échangés, sous la condition toutefois que les fonds d'ancienne dotation qui auront été remis par lesdits gens de main-morte en échange d'autres fonds de même valeur, seront assujettis à la taille. Si donnons en mandement, &c, &c.

Le pays de Gex, qui s'étend jusqu'à une lieue de Genève, a été distrait des cinq grosses fermes, dont il faisoit partie, ainsi que la généralité de Dijon, pour être réputé pays absolument étranger, quant aux droits des fermes.

Les lettres-patentes du 22 décembre 1775, qui ont donné cette nouvelle constitution à ce pays, l'ont déchargé en même tems des gabelles & du tabac, moyennant une somme annuelle de trente mille livres. *Voyez* GEX.

M. l'Abbé Expilly dit, dans son *Dictionnaire des Gaules*, que les charges de toute espece de la *Bourgogne*, font un objet de neuf millions de livres.

BRANCHE DE CYPRÈS (droit de). Ce droit, qui est de quatre sols six deniers par chaque bâtiment venant de Bordeaux, Libourne & Bourg, à Blaye, ne se perçoit que dans cette dernière ville. Il n'en appartient que le tiers au roi ; les deux autres tiers sont perçus au profit de M. le maréchal de Duras, aux ancêtres de qui ils ont été concédés.

On prétend que ce droit tire son origine de ce qu'anciennement les pilotes des navires, pour faire parade de la gloire qu'ils avoient acquise en montant à Bordeaux, prenoient, en revenant à Blaye, chargés de vins & d'autres marchandises, une *branche de cyprès* dans un bois appelé le *Cypressac*, situé sur le bord de la mer. Il est probable que cet usage dégradant le bois dont il s'agit, à mesure qu'il s'observoit, on imagina d'imposer un droit sur ces bâtimens & leurs conducteurs, à titre de dédommagement. Quoi qu'il en soit, le droit s'est perpétué, & cependant l'usage de prendre la *branche de cyprès* est aboli depuis très-long-tems.

La perception de ce droit est confirmée par l'article 325 du bail de Forceville.

Le privilège d'exemption, accordé par Charles IX, aux foires de Bordeaux, comprend le droit de *branche de cyprès* ; néanmoins l'usage de le percevoir, même en-tems de foire, sur les bâtimens qui descendent de Bordeaux, est resté établi.

BRESSE, petit pays qui fait partie des cinq grosses fermes, & de la généralité de Dijon. Il comprend actuellement la principauté de Dombes, qui a été unie & incorporée à la Bresse, par édit du mois de septembre 1781, & lettres-patentes du 22 février 1782.

Voyez BOURGOGNE.

BRETAGNE, province qui, relativement aux impositions & aux finances, jouit de privilèges particuliers. On peut voir dans les articles convenus entre Louis XII & la duchesse de *Bretagne*, au mois de janvier 1699, lors de leur mariage, ce qui fut arrêté pour le maintien des libertés & franchises des Bretons.

La *Bretagne*, considérée dans sa condition actuelle, est un pays d'état ; elle est réputée étrangere aux cinq grosses fermes, sujette au privilège exclusif de la vente du tabac ; mais exempte de gabelles, & d'aides proprement dites ; car les grands & petits devoirs qui appartiennent à la province, sont une sorte de droits d'aides. Les autres droits, tant ceux de domaine que de la régie générale sur les cuirs & les peaux, y ont lieu comme dans le reste du royaume.

Les états, qui se tenoient autrefois tous les ans, ne s'assemblent plus, depuis 1630, que tous les deux ans. Ces assemblées se tiennent & sont composées d'après le règlement fait par les états réunis à Saint-Brieux en 1768. Ils procedent à l'imposition de la taille, appelée *fouage*, qui se leve au nom du roi, sur des mandemens envoyés chaque année dans les diocèses dont la province est composée.

Ces *fouages* ne varient point. Leur produit est de deux cent soixante-dix-huit mille six cent soixante-sept livres dix-sept sols onze deniers. C'est ce qu'on appelle les *fouages* ordinaires.

Voyez FOUAGE.

Il y a aussi des *fouages* extraordinaires, qui sont levés au nom des états, sur les mandemens envoyés, par le trésorier général, aux receveurs particuliers de chaque diocèse.

Ces *fouages* extraordinaires varient à proportion des secours que le roi demande à la province.

Cette imposition est toujours qualifiée d'emprunt dans les délibérations des états. Elle a pour objet, de faire face aux dons gratuits, aux rentes dûes par la province, & aux dépenses dont elle est chargée.

Les états sollicitent depuis long-tems, à raison de ces emprunts prétendus, une diminution sur l'impôt, ou du moins que quand la recette des fonds excédera la dépense, cet excédent tourne au soulagement des contribuables.

Les *fouages* extraordinaires ne furent d'abord que de deux cent quatorze mille livres. Ils ont reçu ensuite différentes augmentations, qui consistent en doublement, demi doublement, quart de doublement de cette première somme. Depuis 1707 jusqu'en 1720, les *fouages* extraordinaires ont monté à six cent quarante-deux mille livres. On

appelloit cette fixation un doublement & demi doublement, quoique ce fût un triplement entier des premieres deux cent quatorze mille livres. Depuis 1721, la levée annuelle a été de quatre cent vingt-huit mille livres, ce qui forme un doublement.

On lève encore annuellement avec les *fouages*, & sur les mêmes contribuables, sous le nom de *droits sur les fouages*, le montant des émolumens attachés à divers offices créés en 1693, dont les titulaires ont été remboursés par les états, en conséquence d'un édit du mois de novembre 1711. Depuis ce remboursement, la levée des droits attachés aux offices a été continuée au profit des états.

Les *fouages* ne se lèvent que sur les terres roturieres, & l'imposition en paroît être règlée à raison d'une somme fixe & déterminée, par chaque feu, ainsi qu'on l'a vu à l'article de la *Bourgogne*.

Mais dans cette derniere province, chaque feu reçoit tous les ans une évaluation différente, qui est fixée lorsque la somme totale de l'imposition est connue. En *Bretagne*, la délibération des états donnant consentiment à la levée des *fouages* ordinaires, porte, que ce sera à raison de *sept livres sept sols monnoie*, faisant huit livres quinze sols cinq deniers tournois par chaque feu. Mais cette énonciation n'a d'autre objet que de se conformer aux anciens usages ; & cette fixation n'a aucune réalité dans l'exécution. Comme le montant des *fouages* ordinaires est toujours le même, ceux qui sont chargés de la répartition suivent l'usage où l'on est dans chaque paroisse de répartir annuellement la même somme sur les contribuables. Ils sont à la vérité forcés d'avoir égard aux divisions des biens dans une même famille, aux ventes & aux acquisitions que font les particuliers, à l'augmentation & à la diminution des terres exemptes, quoique roturieres, selon qu'elles sont cultivées par des propriétaires nobles, ou par leurs fermiers. Les changemens que les circonstances doivent nécessairement produire dans la répartition, seroient opérés sans rien donner à l'arbitraire, si la division par feux n'étoit point une dénomination vaine, & si elle étoit appliquée à une portion de terre d'une valeur & d'une étendue déterminées. Mais on prétend qu'il n'a jamais existé de notion bien précise sur ce qui constitue un feu.

On cite pour le prouver, l'expression des titres d'octroi d'un fouage général au duc, sur les vassaux des seigneurs. Ces titres portent *un écu d'or par feu, le riche aidant au pauvre, le fort aidant le foible*.

Si chaque feu eût été composé d'une portion de terre déterminée, il n'y auroit pas eu des feux forts & des feux foibles. Et si l'impôt eût toujours été réel, & jamais personnel ou mixte, il eût été illusoire d'imposer la condition que le feu d'un vassal riche aideroit au feu du vassal pauvre.

On

On obferve qu'il n'eft pas poffible de trouver un monument, ni même un renfeignement, qui conduife à penfer qu'il ait jamais exifté, en Bretagne, de cadaftre général, ou des cadaftres particuliers qui ferviffent à la répartition des fouages. L'indépendance abfolue des feigneurs, ne permettoit pas au duc d'ordonner la confection d'un cadaftre général de toutes les terres roturieres du duché. D'un autre côté, chaque feigneur eût agi dans l'étendue de fa terre, d'après fon opinion & fes principes ; enforte qu'une opération exécutée avec auffi peu d'uniformité, n'eût été d'aucune utilité.

On ne croit pas devoir regarder comme une preuve de l'exiftence d'un ancien cadaftre, les rôles qui ont été faits fous les ducs, du nombre de feux contribuables. Ces rôles étoient une fimple énumération d'après les déclarations des feigneurs, qui confentoient que le duc levât tant par feu fur leurs vaffaux.

Lors du fouage accordé au duc de Bretagne en 1392, pour le rembourfement d'Olivier de Cliffon, des commiffaires de la chambre des comptes furent chargés d'examiner en détail le nombre des feux contribuables. Ils les trouverent monter à foixante-dix-neuf mille fept cent quarante-huit, fans compter ceux des fiefs & arriere-fiefs d'Olivier de Cliffon, & des feigneurs de fon parti.

Les feux exceptés montoient, fuivant l'acte du 6 février 1392, à dix-huit mille fix cent quatre-vingt-dix-neuf ; d'où l'on peut conclure qu'il y avoit alors en Bretagne quatre-vingt-dix-huit mille quatre cent quarante-fept feux affujettis aux fouages.

Le nombre des biens exempts de cette impofition s'étant fucceffivement augmenté, on en avoit dreffé un rôle par paroiffe, qui étoit dépofé à la chambre des comptes. Ce rôle n'étant pas public, des gens d'églife, nobles, gens de juftice, marchands & autres qui avoient fait bâtir de nouvelles métairies, & en grand nombre, dans plufieurs & diverfes paroiffes, prétendoient qu'ils étoient exempts de fouages. Les états demanderent que la chambre des comptes fournît des extraits du rôle général dont on vient de parler. François premier l'ordonna par un édit en forme de règlement, du 29 mars 1529.

Remarquons que fi cette opération fut fuivie avec exactitude, elle dût augmenter le nombre des contribuables ; mais qu'il fût d'un autre côté confidérablement diminué par des arrangemens fubféquens.

En 1562, Charles IX ordonna la vente des fouages, jufqu'à concurrence de trois cent foixante mille livres de fort principal.

Sous le même règne, en 1573, le parlement de Bretagne enrégiftra une commiffion pour douze mille livres de rentes fur les fouages, impôts & billots.

Par édit de Henri III, du mois de mai 1577, il fût ordonné que de trente-fix mille deux cent cinquante-quatre feux de fouages qui avoient accoutumé d'être levés chaque année en Bretagne, il feroit vendu & aliéné fur le pied du denier vingt-quatre, au plus offrant, le nombre de deux feux en chaque paroiffe, pour jouir de l'exemption & affranchiffement du fouage, taillon, uftenciles, &c.

En conféquence, onze cents quatre-vingt-treize feux furent affranchis.

Louis XIII, par édit du mois de mai 1638, ordonna que les quatorze cent cinquante feux reftans à affranchir en exécution de l'édit de 1577, feroient aliénés & affranchis, de maniere qu'il y eût en tout deux mille fix cent quarante-trois feux exempts, en y comprenant ceux qui l'avoient été précédemment. Et par le même édit, il déclara anoblir ces deux mille fix cent quarante-trois feux, pour jouir des mêmes privilèges & immunités que les autres terres nobles de la province, fans aucune différence ni diftinction, à la charge de payer une finance de deux cents livres par chaque feu précédemment affranchi, & de trois cent vingt livres par chacun des quatorze cent cinquante feux qui l'étoient par le premier édit.

Le même prince ordonna encore, par édit du mois de janvier 1640, qu'il feroit fait une nouvelle aliénation de feize cents quarante feux, pour être poffédés pareillement à titre noble, & affranchi.

Ces aliénations, affranchiffemens & annobliffemens furent confirmés fous le règne fuivant, par édit du mois de janvier 1659, & par un arrêt du confeil du 7 août de la même année, qui fixoit un fupplément de finance proportionné aux privilèges, & à raifon du denier quarante de l'impofition du fouage.

Enfin, par deux autres édits des mois de janvier 1693, & juillet 1710, les poffeffeurs de ces terres ont été confirmés dans le droit d'en jouir noblement, & dans l'exemption des fouages, taillon & autres impofitions, moyennant un fupplément de finance relatif à l'augmentation des contributions par les feux non affranchis, ni annoblis.

En confidérant d'un côté ces aliénations, & d'un autre les nouvelles métairies conftruites jufqu'au règne de François premier, par les perfonnes de tout état, & celles qui ont été élevées poftérieurement, on apperçoit aifément que le produit uniforme que donne les fouages ordinaires, ne peut avoir de relation avec un nombre déterminé de feux contribuables.

On croit affez communément que la Bretagne renferme trente-deux mille quatre cent quarante-fix feux contribuables ; mais il n'eft pas poffible d'en fixer au jufte le nombre, lorfque la confiftance d'un feu n'eft pas déterminée ; lorfque d'ailleurs la quantité de ceux qui font affujettis aux

S

fouages eſt dans le cas d'éprouver des variations continuelles.

On conçoit que la fixation des fouages ordinaires à deux cent ſoixante-dix-huit mille ſix cent ſoixante-ſept livres, n'a point été faite d'après une proportion arithmétique & additionelle de la ſomme fixe que chaque feu doit ſupporter, ſuivant la délibération des états dont on a parlé. Cette fixation doit être conſidérée comme un abonnement dans lequel il n'a pas été poſſible de ſuivre la rigueur du calcul, faute d'une baſe aſſurée ; c'eſt-à-dire, faute de connoître le nombre précis de feux qui exiſtent dans la province.

Quoique toutes les terres roturieres ſoient, par leur nature, aſſujetties aux fouages, il y a des cas où elles ſont exemptes.

1°. Les terres roturieres qui ſont de tout tems annexées à des bénéfices.

2°. Les terres ſur leſquelles eſt aſſigné le titre clérical des eccléſiaſtiques.

3°. Les terres qui appartiennent à des eccléſiaſtiques de condition noble, ou à des gentils-hommes. Elles ne ſont point ſujettes aux fouages lorſqu'elles ſont tenues par main ; c'eſt-à-dire, lorſqu'elles ne ſont pas en ferme, ou en main de métayer. Dès qu'elles ſont affermées, elles paient les fouages.

Les terres roturieres des eccléſiaſtiques de condition commune, celles qui ſont tenues à ferme par des gentils-hommes, celles des gentils-hommes faiſant le trafic & uſage de bourſe commune, quand même ils les tiendroient par main, ſont ſujettes aux fouages.

Il ſuit de ces détails, que le nombre des terres contribuables doit varier chaque année, ſuivant les changemens qui arrivent dans le fermage des terres, & dans la qualité de ceux qui les affument.

Il exiſte dans les évêchés de la baſſe-Bretagne, des biens qu'on nomme convenans & domaines congéables. Ces biens ſont nobles ; mais comme la propriété en eſt partagée entre le ſeigneur à qui le fonds du ſol appartient, & le colon à qui appartiennent en propre les bâtimens, & tout ce qui eſt ſur la ſuperficie de ce ſol, on a regardé ce qui tombe dans la propriété du colon, comme roturier, &, en conſéquence, on l'a ſoumis aux fouages. Si les propriétaires du fonds prenoient jamais le parti de les convertir en ſimples fermes ou métairies, comme il en eſt des exemples, la moitié des terres qui paient aujourdhui le fouage en ſeroit déchargée.

C'eſt une maxime inviolable que qui que ce ſoit ne peut être impoſé aux fouages, qu'à raiſon des terres roturieres dont il jouit, ou comme propriétaire, ou comme fermier ; & non par rapport à ſa perſonne ou à ſon commerce ; d'où l'on doit inférer que cet impôt eſt purement territorial.

On doit obſerver que de tout tems un aſſez grand nombre de villes a joui de l'exemption du fouage ; leurs habitans payoient, comme une eſpece d'équivalent, un droit qui portoit le nom d'aide de ville, & qui exiſte encore ſous le même nom.

La répartition des fouages entre tous les dioceſes, & enſuite entre les différentes communautés de chacun de ces divers dioceſes, ſe faiſoit autrefois par le bureau des finances, & par l'intendant. Ils adreſſoient les commiſſions qui contenoient le montant de ce que chaque communauté devoit ſupporter aux receveurs du fouage qui ſont en titre dans chaque évêché ; ceux-ci envoyoient à toutes les communautés de leur diſtrict, les mandemens particuliers contenant la ſomme à impoſer ſur chacune.

Aujourd'hui ces répartitions ſe font par la commiſſion intermédiaire. On donne ce nom à un comité ou bureau compoſé de quatre-vingt-dix commiſſaires ; ſavoir, de dix-huit, ſix de chaque ordre, pour le dioceſe de Rennes, & neuf, trois de chaque ordre, pour chacun des huit autres dioceſes.

Ce bureau, dont l'activité n'a point d'interruption, fût établi pour deux ans, par arrêt du conſeil du 30 janvier 1733. Il a été continué enſuite du conſentement que les commiſſaires du roi ont été ſucceſſivement autoriſés à y donner par différens articles de leurs inſtructions.

Le premier établiſſement de ce bureau eût pour objet de veiller à la dépenſe & aux fournitures dont la province eſt chargée ; de ſuivre les frais de fourage, d'uſtenciles & caſernemens pour les troupes que le roi voudroit y envoyer en quartier pendant les années 1733 & 1734. Mais ce bureau s'eſt trouvé depuis autoriſé par la province, de la répartition des autres impoſitions qui s'y lèvent, telles que la capitation, les vingtiemes, les deux ſols pour livre, & les fouages.

Suivant un règlement fait par les états, dans la tenue de 1758, les commiſſaires de Rennes doivent s'aſſembler quinze jours après la ſéparation des états, dans les années où ils ſe tiennent, & dans le courant de janvier, les autres années ; c'eſt alors qu'ils travaillent à la répartition générale des impoſitions. Dans la quinzaine ſuivante, ils doivent envoyer les tableaux dans chaque évêché ; & ils ſont accompagnés du mandement rempli des ſommes à lever.

Cet envoi fait, les commiſſaires font remettre au bureau des receveurs des fouages, un état au vrai de toutes les impoſitions, pour être procédé, dans les délais preſcrits par les mandemens, au recouvrement des ſommes qui y ſont portées.

Les fouages ſe lèvent ſur les mandemens adreſſés aux receveurs particuliers de chaque dioceſe.

Alors la communauté aſſemblée nomme des égaleurs & des collecteurs.

Les premiers n'ont d'autres fonctions que de faire les rôles, & de répartir les fouages ſur chacun des contribuables, en raiſon de ce qu'il poſſede de biens roturiers. Ils partagent ce ſoin avec les marguillers ou tréſoriers des paroiſſes.

Les rôles ainſi faits, & rapportés par un notaire, ſont enſuite délivrés aux collecteurs, pour en faire le recouvrement. Ils en remettent le produit, dans certains termes, aux receveurs des fouages, qui font paſſer celui des fouages ordinaires au receveur-général des finances, ou tréſorier de la province. Ce dernier, après avoir acquité les charges aſſignées ſur ſa recette, remet le ſurplus au tréſor-royal.

Indépendamment de ces contributions ordinaires & extraordinaires, les états de *Bretagne* paient encore, ſous le nom de don gratuit, une ſomme de trois ou quatre millions, ſuivant les beſoins qui le font fixer, & pour les deux années qui s'écoulent d'une aſſemblée des états à l'autre. Cette ſomme eſt priſe ſur le produit des grands & petits devoirs établis ſur la vente en détail des boiſſons. Ce produit fournit également à la dépenſe des grands chemins, des étapes & autres dépenſes militaires. (*Mémoires ſur les impoſitions*).

Comme province réputée étrangere, la *Bretagne*, dit M. de Forbonnais, (*Recherches & conſidérations ſur les finances, in-12, tom. 2, pag. 310*) « gagne conſidérablement à reſter dans cet état, à cauſe de ſes vins & eaux-de-vie. Plus on a chargé les vins & eaux-de-vie de l'Anjou, plus les péages avec les droits infinis perçus ſur la Loire, ont renchéri les denrées des cinq groſſes fermes deſcendant la Loire, & plus celles de *Bretagne* ont eu d'avantages. Si, au contraire, on eût, ou réduit ou ſupprimé ces droits, tandis que les droits d'entrée ſur les denrées du crû de la *Bretagne*, & même les péages euſſent été perçus à l'ordinaire, il y a long-tems qu'elle eût demandé l'établiſſement des droits de traites à ſes extrémités. Alors on eût facilement rétabli ſur les vins & eaux-de-vie de l'Anjou, une proportion de droits convenable, pour conſerver l'égalité à ceux de la *Bretagne*. Si cette province étoit un pays ennemi qui nous eût donné la loi, je ne penſe pas que le commerce avec elle eût été réglé plus à ſon avantage ».

Il eſt vrai que la *Bretagne* jouit en effet de quelques avantages dans ſon commerce extérieur, ſurtout dans celui de réexportation des denrées coloniales ; mais n'éprouve-t-elle pas auſſi de grands déſavantages dans ſes relations avec le reſte du royaume ? c'eſt ce qu'il ſera aiſé de juger, après que nous aurons établi la condition de cette province, relativement aux droits des fermes.

Au premier aſpect, il ſembleroit d'abord que la *Bretagne* eſt de toutes les provinces réputées étrangeres, celle que l'on pourroit le plus aiſément amener à recevoir le tarif de 1664.

Du côté de la mer, elle communique à l'étranger, & aux autres provinces maritimes du royaume.

Par terre, elle tient au Poitou, à l'Anjou, au Maine & à la Normandie, qui ſont autant de provinces des cinq groſſes fermes, & elle n'avoiſine aucune des provinces réputées étrangeres.

Une autre circonſtance qui ſembleroit encore favoriſer l'incorporation de la *Bretagne* aux cinq groſſes fermes, c'eſt que les tarifs qui s'obſervent dans cette province ſont ſi obſcurs, ils ont ſi peu de rapport enſemble, & par la forme & par le fond, qu'il eſt auſſi difficile de les concilier que de les entendre. Cependant on a vu dans le diſcours préliminaire, que lorſqu'il fut queſtion d'établir par-tout un tarif général & uniforme, les contradictions les plus hardies & les moins fondées, les clameurs les plus violentes s'éleverent au ſein de la *Bretagne*.

On y connoît deux ſortes de tarifs, auxquels on donne le nom de *pancartes* ; celle des droits & devoirs dûs aux ports & havres de *Bretagne* ; celle des droits & devoirs de la prévôté de Nantes. *Voyez* DEVOIRS.

La perception de ces droits locaux, n'a lieu en général que ſur les marchandiſes deſtinées pour la *Bretagne*, ou qui en empruntent le paſſage. L'intérêt du commerce national a fait établir d'autres droits qui ſe levent en *Bretagne* comme par-tout ailleurs.

Les droits de la déclaration du 18 août 1667, ſont dans ce cas. Les marchandiſes qui viennent par mer de l'étranger, y ſont ſujettes ſuivant leur nature, ou aux nouveaux droits, impoſés poſtérieurement dans les mêmes vues, ſoit à l'entrée, ſoit à la ſortie. *Voyez* DROITS UNIFORMES.

Au moyen du paiement des droits de ce genre, les marchandiſes ſont exemptes de ceux du tarif de 1664, lorſqu'elles ſont deſtinées pour l'étendue des cinq groſſes fermes, ou lorſqu'elles paſſent dans les trois mois qui ſuivent le paiement des droits uniformes, ſans avoir changé de main ; car ſi elles ont été déballées & commercées, & qu'elles ne ſoient plus accompagnées de l'acquit de ces nouveaux droits, elles ſont alors cenſées patrimoniales, ou originaires de la *Bretagne*, & elles acquitent les droits dûs à l'entrée des cinq groſſes fermes.

Les marchandiſes qui viennent par mer, des provinces maritimes du royaume, paient à leur arrivée dans la *Bretagne*, ſelon le côté par où elles entrent, ou les droits des ports & havres, ou ceux de la prévôté de Nantes.

Soit que ces marchandiſes arrivant par mer viennent d'une province réputée étrangere, ou d'une province des cinq groſſes fermes, il faut juſtifier, à leur entrée en *Bretagne*, qu'elles ont payé, au lieu de leur enlévement, les droits dont elles ſont ſuſceptibles à la ſortie ; c'eſt-à-dire, ceux du tarif de 1664, ſi elles proviennent des cinq groſſes fermes ; & ſi elles ont été priſes dans une province réputée étrangere, le droit local qui s'y lève.

A l'égard des marchandises importées en *Bretagne*, par terre, elles acquitent les droits de sortie du tarif de 1664, attendu qu'elle est environnée de provinces où il a cours. A leur arrivée, elles ne doivent rien en *Bretagne*. On doit cependant excepter de cette règle, quelques marchandises destinées pour l'étendue de la prévôté de Nantes, & arrivant par la Loire, ou par quelqu'un des bureaux établis le long de cette riviere, dans lequel on exige le paiement du droit de prévôté, en même tems que celui de sortie du tarif de 1664. Ajoutons encore que les marchandises du genre des drogueries & épiceries, que toutes celles qui proviennent de nos colonies ne peuvent entrer en *Bretagne* qu'en acquitant les droits de prévôté de Nantes, sans distinction du port où elles sont déchargées.

On voit donc par cet état des choses, que la condition de la *Bretagne* n'est pas aussi heureuse qu'elle le seroit, si elle faisoit partie des cinq grosses fermes, puisqu'à l'exception de ce qu'elle consomme de son crû, tout ce qu'elle tire du royaume paie les droits de sortie des cinq grosses fermes, avec plusieurs autres droits locaux, & encore ceux de la prévôté, en arrivant par l'Anjou.

Ce que cette province envoie dans le royaume, acquite de même les droits d'entrée des cinq grosses fermes, ou des provinces par lesquelles les marchandises font destinées, quoiqu'elles aient déja acquité ceux de la prévôté, ou les droits uniformes, à leur arrivée en *Bretagne*, si elles font étrangeres, & si elles y font restées plus de trois mois.

A l'égard du commerce de la *Bretagne* avec les Colonies, il ne lui est avantageux que pour sa propre consommation; car tout ce qui en est importé dans les ports de cette province doit, outre les droits locaux qui s'y lèvent, ceux de la prévôté de Nantes, indépendamment des droits du domaine d'occident. Lorsque ces denrées coloniales passent en pays étranger, elles doivent être renchéries du montant de ces droits locaux, qui sont inconnus dans les autres ports du royaume où se fait le même commerce.

D'un autre côté, si ces denrées passent dans les cinq grosses fermes ou autres, elles y paient tous les droits qui sont dûs dans les autres ports du royaume, suivant l'article 19 des lettres-patentes de 1717. Ainsi ceux de la prévôté de Nantes sont toujours de surérogation, & doivent naturellement faire donner la préférence aux ports situés hors de la *Bretagne*, pour s'approvisionner de denrées coloniales; à moins que des convenances particulieres de proximité & de transport ne rachetent ce surhaussement de prix.

Il est vrai que la portion de ces denrées coloniales, qui est consommée dans la *Bretagne*, n'a

payé que de modiques droits; mais on ne pense pas que ce petit avantage puisse la dédommager du poids que supporte sa communication avec toutes les provinces qui l'avoisinent, & dont elle tire en grande partie les objets de premiere nécessité & d'agrément pour les habillemens, & ceux de luxe en tout genre.

Loin donc que cette province gagne, comme le suppose très-gratuitement l'auteur des *Recherches sur les finances*, par son état de province réputée étrangere, il est démontré qu'elle perd beaucoup à n'être pas dans le cercle des grosses fermes. La preuve s'en trouve dans le relevé des importations & des exportations entre cette province & les autres du royaume. Il en résulte qu'elle reçoit beaucoup de marchandises grévées de droits considérables, & qu'elle n'y envoie que celles que l'on ne peut absolument tirer d'ailleurs.

Les vins & les eaux de vie de la *Bretagne* ne font pas d'un objet assez important, & d'une qualité assez distinguée, pour qu'elle puisse en faire un commerce bien étendu, ou préjudiciable aux vins des autres provinces maritimes; vins dont la supériorité ne craint ni comparaison, ni concurrence avec ceux de la *Bretagne*.

D'après cet exposé qu'on soumet à l'examen de tous les esprits judicieux & sans partialité, on est persuadé qu'il n'en est pas un seul qui ne conclue à ce que la *Bretagne* ne pourroit rien faire de mieux pour elle-même, que de demander son incorporation aux cinq grosses fermes, en attendant la confection du tarif uniforme qui doit circonscrire tout le royaume.

Cette conclusion est si naturelle, que le négociant Nantois, le plus animé contre l'établissement du tarif uniforme, dont on s'occupoit en 1761, ne put alors s'empêcher de convenir dans ses observations, de l'utilité de ce tarif même en *Bretagne*, s'il y étoit fait, comme il le disoit, des changemens analogues aux intérêts de la province, & principalement, comme il ne le disoit pas, favorables aux spéculations personnelles de l'écrivain.

La régie du tabac est établie en *Bretagne*, comme dans tout le royaume; ainsi il ne reste à parler des privilèges de cette province, que relativement aux gabelles & aux aides.

Les articles 23 & 24 du tit. 16 de l'ordonnance du mois de mai 1680, sur les gabelles, reglent ainsi tout ce qui concerne la *Bretagne*.

« Maintenons nos sujets de notre province de » *Bretagne* dans l'exemption de nos droits de ga- » belle, leur défendons de faire aucun amas de » sel dans les paroisses voisines de deux lieues » des derniers villages ou hameaux de nos pro- » vinces de Normandie, Maine & Anjou, & » au-delà de ce qui est nécessaire aux habitans » pour leur usage, & consommation de leur mai- » son pour dix mois, à raison d'un minot du

» poids de cent livres de marc, pour fept perfon-
» nes par chacun an, excepté les villes de Dol,
» Fougeres, Vitré, la Guerche, Châteaubriant,
» Ancenis, Cliffon, dans lefquelles néanmoins le
» fel ne pourra être vendu que fous la halle,
» aux jours & aux heures de marché, aux do-
» miciliés de la province, & pour provifion feu-
» lement. Défendons à tous marchands & autres
» d'en vendre & débiter autrement, à peine de
» confifcation du fel & de cinq cents livres d'a-
» mende pour la premiere fois, de cinq ans de
» galeres pour la feconde, à l'égard des hommes,
» & pour les femmes, du fouet & du banniffe-
» ment à perpétuité de la province.

» Défendons auffi à tous hôtelliers, cabaretiers
» & autres perfonnes, de donner retraite aux faux-
» fauniers & gens attroupés venans de nos pro-
» vinces de Normandie, Maine & Anjou, pour
» prendre du fel dans celle de *Bretagne*, fous pa-
» reilles peines, & de demeurer refponfables en
» leurs noms, des condamnations pécuniaires
» qui feront rendues contre les faux-fauniers ; &
» en cas qu'ils veuillent entrer & loger par force
» dans leurs maifons, leur enjoignons fous les
» mêmes peines, de rendre leurs plaintes parde-
» vant les juges des lieux, dans les vingt-quatre
» heures & d'en faire informer.

» Enjoignons auffi à tous officiers & habitans
» de courir fur les faux-fauniers & gens attroupés
» comme deffus, les arrêter avec leur fel & équi-
» pages, & de les repréfenter en juftice, pour
» être le tiers des confifcations qui feront ordon-
» nées, adjugées à ceux qui les auront repré-
» fentés ».

Malgré ces difpofitions, le faux-faunage qui fe
fait dans la Normandie, le Maine & l'Anjou,
par la Bretagne, eft très-confidérable. On l'évalue à quatre cents muids de fel par an, lefquels,
à trente livres, font une fomme de douze mille
livres.

Ces douze mille livres entrent à la vérité dans
le commerce de la province ; mais il en coûte
cinq cents mille à l'état, par le préjudice que
reçoit fa ferme des gabelles, qui d'ailleurs acheteroit elle-même en *Bretagne* une grande partie de
ce fel, pour fournir aux pays voifins, s'ils ne
confommoient pas du fel de contrebande.

La ferme générale a vainement tenté plufieurs
fois d'obtenir des adminiftrateurs de la province
leur confentement à l'établiffement de la police,
qui s'obferve fur les frontieres des autres provinces exemptes de gabelles, pour prévenir le faux-
faunage ; ils s'y font toujours refufés.

Il s'agit de former fur les confins de la *Bretag e*,
du côté de la Normandie, du Maine & de l'Anjou,
des dépôts dans lefquels le fel feroit livré aux habitans au prix qu'ils le paient & en quantité fuffifante pour leur confommation, d'après un dénombrement de leurs familles & de leurs bef-

tiaux. Les Bretons penfent que cet arrangement
compromettroit l'intérêt des propriétaires des marais falans, qui eft de vendre beaucoup de fel
fans égard pour fa deftination. Mais il femble qu'on
pourroit leur objecter, avec autant de raifon que
de juftice, que l'intérêt général de la nation eft
bien fupérieur à leur intérêt particulier ; que
puifque l'état fupporte dans fes revenus une perte
de quatre cents mille livres, par l'abus du privilège dont jouit leur province, il eft de l'équité
qu'elle foit chargée feule de l'indemnité de cette
fomme, plutôt que de la laiffer prendre fur les
autres provinces.

Si d'ailleurs la *Bretagne* vouloit confidérer les
effets de la contrebande qui fe pratique fur fes limites, & confulter férieufement fes avantages perfonnels, elle trouveroit que ceux de fes habitans qui s'adonnent à ce commerce illicite, font
en général de mauvais citoyens, de mauvais peres
de famille & de mauvais cultivateurs ; que chaque
année quatre à cinq cents font punis du fouet, des
galeres, ou forcés de s'expatrier, enforte qu'il en
réfulte une dépopulation réelle & une perte pour
l'agriculture ; elle penferoit fans doute, qu'en com-
penfant les gênes d'une nouvelle police propre à
contenir l'exercice du privilège dont elle jouit, dans
fes juftes bornes, par des facilités pour le commerce
extérieur de fes fels qui font de bonne qualité, ce nouvel ordre de chofes, contribueroit à l'enrichir, à faire profpérer fa population tout en accroiffant la force publique.

A l'égard des aides, la *Bretagne* ne jouit d'autre privilège que de s'appliquer le produit de ces
droits, fous le nom de grands & petits devoirs,
dont la ferme eft adjugée tous les deux ans ; pendant l'affemblée des états. La différence qui fe
trouve à la vérité entre les aides de *Bretagne*, &
celles qui ont cours en d'autres provinces, confifte en ce que les premieres ne font fupportées
abfolument que par les perfonnes vendant ou faifant
vendre, foit en gros, foit en détail, des vins,
cidres, bieres, hydromel, eaux-de-vie, &c. de
leur cru ou d'achat ; au lieu que les aides en Champagne, Picardie, Normandie, &c. font une charge
pour les habitans, puifqu'ils font fujets à des inventaires, recenfemens, vifites & contre-vifites des
commis, plufieurs fois dans l'année.

Au furplus, on peut confulter les mots devoirs,
impôts & billots. On y trouvera des explications
fuffifantes pour mettre en état de juger combien le
régime en eft plus doux & moins gênant que celui
des aides.

BREVET DE CONTROLE, f. m. C'eft une
expédition de bureau, qui fe délivre à la place
d'un acquit de paiement, foit fur une route, foit
au dernier bureau de fortie du royaume.

Cette copie exacte de l'acquit de paiement auquel elle eft fubftituée, a deux objets.

Le premier, propre à la confervation des droits, eft de prévenir les abus des acquits de paiement, en empêchant de pouvoir en faire ufage plufieurs fois, pour tranfporter à la même deftination, les quantités de marchandifes défignées, lorfqu'ils ne doivent fervir que pour un feul chargement.

Le fecond objet uniquement relatif à la perfection, & à la fûreté de l'adminiftration des droits, confifte à raffembler les acquits de paiement délivrés en tel ou tel bureau, pour les comparer au regiftre de recette, & vérifier fi les fommes dont ils font la quittance, y font exactement portées. C'eft de-là vraifemblablement qu'eft venu le nom de *brevet de contrôle* donné à cette expédition, qui fert ainfi à contrôler le bureau où l'acquit relevé a été délivré.

Mais dans tous les cas il n'eft dû aucun frais pour les *brevets de contrôle*, pas même pour le papier timbré, fuivant les articles 17 & 18 du titre 2 de l'ordonnance de 1687, & encore l'article 225 du bail de Forceville.

Ces expéditions peuvent non-feulement fe délivrer dans les bureaux, mais encore fur la route même, par les gardes qui rencontrent une voiture, & qui font autorifés à retenir l'acquit de paiement, dont elle eft accompagnée, pourvu qu'ils délivrent à la place un *brevet de contrôle*, conformément à l'article 18 du même titre.

BREVET DE PENSION: expédition en parchemin, fignée d'un fecrétaire d'état, par laquelle il eft dit: que le roi voulant donner au fieur... une marque particuliere de la fatisfaction que S. M. reffent de fes fervices; elle lui accorde & fait don de telle fomme de penfion annuelle fur fon tréfor-royal, pour par lui en jouir à commencer à telle époque; & pour affurance de ce que deffus, S. M. m'a commandé d'expédier le préfent *brevet* qu'elle a figné de fa main, & fait contrefigner par moi fon confeiller fecrétaire d'état & de fes commandemens & finances...

On appelle *brevet* d'affurance de penfion, lorfque l'époque à laquelle doit commencer à courir la penfion, au lieu d'être fixée, eft fubordonnée à quelque condition ou quelque événement; ainfi le *brevet* porte: Laquelle penfion n'aura lieu qu'après le décès de telle perfonne; que dans le cas où le fieur tel quitteroit la place dont il jouit, & du jour où cefferont les appointemens qui y font attachés.

BREVET DE RETENUE, eft un acte en parchemin, figné d'un fecrétaire d'état, par lequel le roi permet de prendre ou retenir fur la charge défignée, une certaine fomme pour appartenir en propriété au titulaire, foit en cas de mort, foit en cas de démiffion,

BREVET DES TAILLES; c'eft un état que l'on arrête tous les ans au confeil, vers le mois de février, & qui comprend les fommes qui doivent être impofées l'année fuivante par forme de taille.

Ce *brevet*, qui eft expédié en extrait par le fecrétaire d'état, porte que le roi traitant de la conduite & adminiftration de fes finances pour l'année fuivante, & s'étant fait repréfenter les projets des dépenfes à faire pendant ladite année pour l'entretenement des maifons royales, des gens de guerre, tant par mer que par terre, les charges des recettes générales & particulieres & autres, & les états des recettes générales & particulieres des finances des généralités, des pays d'élection du royaume; enfemble ceux du taillon, ponts, chauffées, turcies & levées: & S. M. voulant pourvoir aux chofes néceffaires pour fatisfaire aux dépenfes & charges, elle a réfolu & ordonné qu'il foit impofé fur les fujets contribuables des généralités de fon royaume, pendant l'année 1784, la fomme de cent & tant de millions: à l'effet de quoi veut S. M. qu'il foit envoyé aux préfidens, tréforiers de France, des vingt généralités des pays d'élection, des extraits fignés, datés & contrefignés par l'un de fes fecrétaires d'état, contenant les fommes que chaque généralité en doit porter, pour donner leur avis de ce qui doit être impofé fur chaque élection en dépendante, à quoi ils vaqueront toutes affaires ceffantes, & ils enverront leurs avis au confeil, pour fur iceux, être les commiffions de fa majefté expédiées, pour l'impofition des fommes, ainfi qu'elle jugera à propos.

Le *brevet* contient, par généralité, le détail des fommes que chacune doit fupporter.

Il reprend enfuite, article par article, le total des fommes dont l'impofition eft ordonnée.

Outre lefquelles fommes, eft-il dit, celles qui auront été ordonnées par arrêt du confeil, feront impofées, ainfi que le tout fera réglé par les commiffions de fa majefté.

Le même *brevet* ordonnoit auffi l'impofition de plufieurs fommes à titre de fubvention, pour quelques villes & pays; *voyez* fubvention: mais depuis 1768, il ne comprend plus que la taille & les crues qui y ont été jointes de toute ancienneté, le taillon, le fonds des maréchauffées, le fonds des étapes, & les fols pour livre de ces différentes contributions.

La fixation de la taille pour les généralités, a été arrêtée au confeil pour toujours depuis cette époque, & il n'étoit plus expédié, chaque année, qu'un fecond *brevet* pour les impofitions particulieres, qui font acceffoires de la taille, ou qui en deviennent additionnelles.

Cet arrangement a fubfifté jufqu'en 1780, qu'une déclaration du roi, du 13 février, adreffée à la cour des aides de Paris, où elle a été enregiftrée le 18 du même mois, a établi une nouvelle légiflation fur cette matiere. Il faut voir avec quelle noble franchise le souverain déclare dans le préambule, reconnoître les vices & les abus de l'imposition de la taille, & de son accroissement, sans mesure ; avec quelle touchante sensibilité il annonce des vues d'amour & de bienfaisance pour la classe de ses sujets, sur laquelle pese principalement cet impôt.

Ce réglement porte en substance qu'à commencer en 1781, il ne sera plus arrêté au conseil pour les généralités des pays d'élection & pays conquis, qu'un seul *brevet* général, qui comprendra avec la taille, imposition ordinaire, ou subvention suivant les différentes dénominations usitées dans les provinces, les différentes impositions qui se repartissent chaque année ; que le montant de ce *brevet* général demeurera invariablement fixé à la somme imposée pour cette année, & que s'il étoit jugé nécessaire de l'augmenter, le roi fera connoître ses intentions aux cours dans les formes ordinaires.

Afin, est-il dit dans l'article VI, que rien ne puisse déranger à l'avenir un ordre aussi essentiel pour le bonheur & la tranquillité de nos peuples, nous voulons & ordonnons que le double du *brevet* général divisé par généralités, & qui ne pourra excéder les sommes imposées en 1780, soit désormais adressé chaque année à nos chambres des comptes & cours des aides ; & l'extrait dudit *brevet* relatif à chaque généralité, sera envoyé aux bureaux des finances.

BRIEUX (droit de) ; les articles 353 & 354 du bail de Forcéville, portent que l'adjudicataire des fermes jouira des différens droits de *Brieux* & congés sur les navires, barques & autres bâtimens de mer.

Les droits de *Brieux* sont particuliers à la province de Bretagne ; ils se levent sur tous les bâtimens de mer entrans dans ses ports, suivant leur capacité ou leur port ; mais non pas à morte charge : car le poids de cette charge détermine quelquefois ce droit ; on distingue ces droits, en *Brieu* d'année, *Brieu* de victuaille, *Brieu* de conduite & victuaille, & *Brieu* de sauveté, conduite & victuaille.

Tout ce que l'on sait de l'origine de ce droit, c'est qu'il a été substitué à un ancien usage pratiqué sous les ducs souverains de Bretagne, & qui consistoit à confisquer, au profit du prince, toutes les marchandises recueillies des naufrages.

Le nom de *Brieu* que porte ce droit, & qui paroît venir de Bris, confirme cette origine ; le droit de *Brieux* étant la même chose que le droit de Bris.

On prétend que c'est à la sollicitation de S. Louis, que les ducs de Bretagne abolirent un usage si contraire à l'humanité & à la propriété, quoiqu'il ait subsisté généralement sur toutes les côtes de l'Europe, où l'on croit qu'il fut anciennement établi, parce que les Gaulois traitoient d'ennemis tous les étrangers.

Pour compenser la perte occasionnée par la suppression de leur droit aux marchandises naufragées, les ducs de Bretagne ordonnerent que chaque propriétaire ou patron de navire ou bâtiment, ne pourroit se mettre en mer, qu'en prenant un congé ou une permission, pour laquelle il seroit payé une somme modique, proportionnée au bénéfice qu'il pourroit retirer de son bâtiment & de sa cargaison.

Ainsi ce droit de *Brieux* n'a été primitivement qu'une sorte de taxe payée pour conserver sa propriété, sur les côtes de Bretagne, & pour se racheter, après avoir eu le malheur de voir son bâtiment englouti dans les flots, ou brisé sur les écueils, du malheur plus grand encore, de perdre les marchandises échapées au naufrage.

Le titre de la perception de ce droit, est une pancarte délivrée au greffe de la chambre des comptes, le 25 juin 1565, & il se perçoit encore sur le même pied & avec la même distinction qu'il se percevoit alors. Mais ce droit pour lequel il étoit délivré des quittances ou acquits sans frais, est sujet aux droits de deux sols six deniers & cinq sols appelés droits d'acquits, dans les mêmes circonstances que pour les autres droits des fermes. Il est également susceptible des dix sols pour livre, depuis les édits de 1771 & 1781.

La quotité du droit de *Brieux* varie, comme on l'a dit, suivant la grandeur d'un bâtiment. Celui de six tonneaux & au-dessous, doit le *Brieu* d'année, à raison de sept sols six deniers chaque fois qu'il va à la mer.

Un bâtiment du port au-dessus de six tonneaux jusqu'à dix, doit de même le *Brieu* de victuaille, à raison de dix-sept sols six deniers à chaque voyage.

Celui qui porte dix tonneaux jusqu'à dix-neuf, doit le *Brieu* de conduite & de victuaille, qui est de cinquante-cinq sols.

Enfin toute barque, tout bâtiment ou navire de dix-neuf tonneaux & au-dessus, doit pour *Brieu* de sauveté, de conduite & de victuaille cent dix sols. Envain a-t-on recherché les motifs de ces noms distincts de *Brieu* d'année, *Brieu* de victuaille, de sauveté, &c. les titres de leur établissement n'existant que dans la pancarte dont il a été fait mention, on y trouve simplement leur quotité ; mais nulle raison de leur différence & de leur dénomination.

On voit par ces détails que la qualification du *Brieu*, & son prix changent suivant le port de la barque ou du bâtiment qui l'acquitte ; que ceux de la derniere sorte doivent de plus que les autres le *Brieu* de sauveté, dont la quotité seule égale celle des *Brieux* de conduite & de victuaille.

Les cas où ces droits se perçoivent, font suivant les termes de la pancarte, toutes les fois que les barques ou bâtimens mettent à la mer, ou relâchent dans un port chargés de marchandises, quand même ils n'en débarqueroient aucune partie.

Ce même droit se trouve établi dans le royaume de Naples, sous le nom de droit d'ancrage ; ainsi qu'on peut le voir à ce mot.

En 1655, les habitans de St. Malo prétendirent que le Brieu d'année ne devoit se prendre qu'une seule fois dans l'année, & les états de Bretagne intervinrent dans cette contestation. Le Parlement rendit, le 2 Décembre, un arrêt qui défendit en effet au fermier, de prendre des petits bateaux aucune chose que ce qui est porté par la pancarte & une fois par an.

Mais cet arrêt ne reçut pas sans doute une pleine exécution, puisque la même difficulté se renouvella en 1714, de la part des mêmes habitans.

M. Desmarets, alors ministre des finances, fit savoir, le 6 Octobre, que le roi avoit trouvé bon de permettre à chaque maître de barques & gabarres qui transportoient de l'isle de Chosé à St Malo, dont elle n'est éloignée que d'une lieue, des pierres & autres matériaux destinés à l'agrandissement de la ville, de ne prendre qu'un seul Brieu chaque année ; S. M. les en ayant déchargés, sans tirer à conséquence & sans rien changer à l'usage.

Les habitans de St. Malo éleverent encore, en 1734, cette prétention déja proscrite, en exposant que le droit de Brieu d'année ne devoit se percevoir qu'une seule fois dans l'année, & demandant qu'il fût fixé par un réglement exprès.

La représentation de la pancarte, la décision de 1714, & les preuves de l'usage immémorial & constant dans la perception de ce droit, déterminerent le conseil, avec l'avis des députés du commerce, à rendre, le 19 juillet 1735, un arrêt qui ordonna que l'usage seroit continué.

Il consiste aujourd'hui à percevoir ce droit sur tout bâtiment national ou étranger, entrant & sortant des ports & havres de Bretagne. Mais par tolérance on en a dispensé les bâtimens qui sortent des ports pour piloter, pour porter des vivres, cables, ancres & avituaillemens de toute espece aux vaisseaux qui sont en rade ; même au cap Fréhel, que l'on veut bien regarder comme une prolongation de la rade, pour la facilité du commerce.

L'exemption du droit de Brieu, de toute espece, est accordée par le titre de leur perception à toutes les barques qui chargent des marchandises, pour les mener hors du comté de Nantes ; & même les bâtimens qui arrivent dans le port de cette ville, avec un chargement de bleds, vins & autres marchandises prises dans un havre de Bretagne, accompagnées d'un Brieu selon le port du navire, paient de moins sur le droit de prévôté, le montant de celui de Brieu qu'ils ont acquitté ;

ils font de plus dispensés de prendre un autre Brieu pour s'en retourner ou achever leur voyage.

Le bâtimens venant à vuide au port de Nantes, pour y charger des marchandises avec un seul Brieu de victuaille, font tenus de prendre un autre Brieu, selon la charge des marchandises qu'ils embarquent ; mais s'ils s'en retournent à vuide, ils n'ont besoin d'autre Brieu que celui qu'ils ont apporté.

Il résulte donc de ces dispositions, que le droit de Brieu de victuaille est dû même par les bâtimens sortant à vuide, & que dans cet état ils n'en doivent pas d'autre, quelle que soit leur contenance & leur destination. Il semble même qu'en embarquant des marchandises, le droit n'est dû que relativement à leur quantité ; ensorte qu'un bâtiment du port de dix tonneaux, qui ne prend qu'une cargaison de six tonneaux, ne doit que le Brieu d'année.

Les bâtimens chargés de bled, de sel, & de toute espece de marchandises, qui dans un cas de naufrage ne peut être sauvée, quel que soit l'objet de leur cargaison, font dispensés de prendre un Brieu de sauveté.

Les contestations qui s'élevent pour raison de la perception des droits de Bricux, font portées en premiere instance, pardevant les juges des traites, & par appel au parlement de Bretagne.

BRIGADIER, nom que l'on donne aux employés des fermes, qui commandent un nombre plus ou moins grand d'autres employés, qu'on suppose former une brigade. Cette division est ordinairement composée de cinq ou sept hommes, quelquefois même de dix.

Le brigadier a sous lui un sous-brigadier, qui commande & conduit la brigade en son absence, ou une partie avec laquelle il agit séparément.

BRIS (droit de bris). Voyez BRIEUX.

BRISÉE s. f. terme de salines, qui désigne l'opération par laquelle on détache la sangle qui soutient la chare ; c'est ôter les rouleaux, faire sauter le pivot d'un coup de massue, & donner du mouvement à la chare, afin qu'elle coule par son propre poids & se renverse sur le seuil du banc.

La brisée se fait par un ouvrier, en présence du contrôleur des cuites, de celui qui est de semaine pour ouvrir les bancs, & d'autres employés. Cette opération se fait des deux côtés en même tems, attendu que la poële est chargée de deux chares égales.

BROCHER, v. a. en terme de bureau il signifie écrire une chose à la hâte, faire une expédition d'une écriture courue.

BROUAGE (droit de.) il n'a lieu que sur le sel, & sa perception est réglée par un article
exprès

près de l'ordonnance des gabelles de 1680, & par les articles 15, 16 & 17 du bail de Forceville: il y a grande apparence que ce droit, qui a reçu son nom de la ville de *Brouage* en Saintonge, n'a été, ainsi que celui de convoi, établi sur les sels que par des vues de bursalité, & pour dédommager le souverain de ce que les provinces, pour lesquelles ce sel est destiné, ne sont point soumises au privilège exclusif dont il jouit dans le reste du royaume.

Le droit de *Brouage* est de deux sortes; le premier est fixé à quarante-deux sols neuf deniers par muid de sel mesure rase de *Brouage*, qui est enlevé dans l'étendue du gouvernement de *Brouage*, compris l'isle d'Oleron, & dans la Saintonge, isles adjacentes, Poitou, pays d'Aunis, la Rochelle, ports, rivieres & havres en dépendans, nonobstant l'article premier du titre dernier de l'ordonnance de 1680, auquel il a été dérogé par la déclaration du 24 juillet 1691, par l'arrêt du 5 Septembre 1721, & enfin par l'article premier de la déclaration du 3 Septembre 1726.

Ce même droit n'est que de quarante-un sols trois deniers par muid, sur le sel chargé dans l'isle de Rhé; mais il reprend sa premiere quotité de quarante-deux sols neuf deniers en entrant dans les lieux mentionnés ci-dessus, & généralement dans l'étendue de la ferme & coutumeaux de *Brouage*, riviere de Seudre, Charente & Marans.

Quant aux sels enlevés dans le gouvernement de *Brouage*, pour le fournissement des greniers à sel, ils ne sont sujets qu'au droit de trente-neuf sols neuf deniers.

Le second droit de *Brouage* est fixé à quatre liv. cinq sols par muid mesure rase, sur le sel qui passe de la Bretagne, du Poitou & autres pays, dans les rivieres de Ladour, Gironde & autres y affluentes, à l'exception, 1°. de celui qui aura payé ailleurs les droits de trente-cinq sols, & dont les voituriers représenteront l'acquit; 2°. des sels provenans des marais de l'élection des sables d'Olonne, transportés par mer, sur lesquels ce droit n'est que de dix sols par muid, d'après l'arrêt du conseil du 30 août 1729.

Mais les sels enlevés par terre des marais salans de la province du Poitou, ceux qui en sortent par mer, & qui sont destinés pour la pêche de la morue ou de la sardine & autres poissons, sont déchargés du paiement de tous droits de *Brouage*, en remplissant les formalités prescrites.

A ces droits de *brouage* on peut en ajouter encore deux autres de même nature, & percevables sur les sels à leur enlevement des marais de *Brouage*. Celui de dix sols quatre deniers par muid, revenu au roi suivant la clause de la donation de 1667, dans les quinze sols six deniers appartenans à la duchesse de Guise, dont la réunion a été ordonnée par arrêt du conseil, du 23 Avril 1697: droit qui se leve dans les bureaux de Marennes, Ars-en-

Rhé, la Rochelle, Marans, Rochefort, Saint-Laurent-de-la-Prée, Angoulin & autres.

Le droit de treize deniers par muid, faisant partie du droit de huit sols qui se leve dans l'étendue de la ferme de *Brouage*; droit jadis attribué à l'un des offices de mesureur de sel, dont a joui le prince de Carpègne, après le décès duquel il a été réuni aux droits du roi, par arrêt du conseil, du 9 juin 1733.

Voyez DROIT DE CONVOI, DON GRATUIT RÉSERVÉ, SEL.

BROUILLON, s. m. par lequel on entend une ou plusieurs feuilles, sur lesquelles on a jetté les premieres idées qui se sont présentées en traitant une affaire.

Le mot de *brouillon* vient de ce que communément une premiere minute ainsi brochée, présente plusieurs ratures qui la rendent embrouillée, jusqu'à ce qu'elle ait été retouchée pour être transcrite au net.

BRUT, poids *brut* ou ort, signifie, en termes de douane, le poids d'une marchandise toute emballée. Suivant l'article 2 du titre premier de l'ordonnance de 1687, il ne doit être fait aucune déduction des caisses, tonneaux, serpilieres, & de tout ce qui sert à l'emballage des marchandises, dont les droits se paient au poids, si ce n'est sur les marchandises d'or, d'argent de soie, & sur les drogueries & épiceries.

Ainsi toutes les marchandises, à l'exception de ces cinq especes, doivent acquitter les droits au *brut*, c'est-à-dire même sur le poids de leur emballage, & de ce qui les enveloppe.

BUCHE (droit de). Ce droit, qui est de douze sols par gros muid de sel, composé dans l'ancienne forme de mesurer, de 72 quintaux ou 144 minots, & de 171 minots, mesurés à la trémie, dont l'établissement a été ordonné par la déclaration du 9 juin 1711, est payé, suivant l'article 124 du bail de Forceville, par le fermier des gabelles, au receveur de la ville d'Aigues-mortes, pour tous les sels qu'il fait charger sur les salins de Peccais, quelle qu'en soit la destination.

Il paroît être aussi ancien que l'établissement des gabelles, & il n'a pas été possible de découvrir d'où procédoit la qualification de droit de *buche*. Il a, au surplus, été accordé à la ville d'Aigues-mortes, pour lui assurer les moyens de subvenir à l'entretien de ses murs, & à celui des lits de sa garnison: elle compte annuellement à la chambre des comptes de Montpellier de l'emploi de son produit.

BUDGET, mot anglois qui veut dire proprement un sac. Vers la fin de la session du parlement, lorsque le subside est arrêté à la chambre

T

des communes, le chancelier de l'échiquier préfente à la chambre un projet de moyens pour lever les fommes octroyées par le fubfide ; on appelle cette opération l'ouverture du *budget*.

On donne auffi par analogie le titre de *budget* à un traité de finances, qui fait fouvent la critique des projets propofés par les miniftres.

Ainfi en 1764 parut un écrit fatyrique contre M. de Greenville, intitule le *budget*, & dont voici l'origine:

Comme chargé du département des finances, M. Greenville avoit fait inférer dans les papiers publics un état des finances de l'Angleterre, en infiftant fans doute avec trop d'affectation, fur les rembourfemens qu'il fe flattoit d'avoir effectués d'une affez forte partie de la dette contractée pendant la guerre, & fur le mérite de quelques autres opérations qu'il prétendoit être mieux combinées & plus avantageufes que celles de fes prédéceffeurs.

Ceux-ci y répondirent par des écrits remplis de fiel mêlé de perfonalités choquantes, & le *budget* eft un de ces écrits. Parmi beaucoup de détails & de calculs propres à former le tableau des finances de l'Angleterre à cette époque, on voit que l'objet principal du *budget*, eft de démontrer que M. Greenville s'étoit vanté mal-à-propos ; qu'il n'avoit, dans toutes fes opérations, fait que fuivre une routine de bureau, & qu'enfin tout l'étalage de fes fuccès prétendus, n'étoit qu'un charlatanifme adroit, étayé par des calculs combinés avec réflexion, puifque dans le fait, pendant fon miniftere, l'intérêt de l'argent étoit hauffé, & que le revenu du fond d'amortiffement avoit fouffert de la diminution.

BUGEY, petit pays qui dépend de la généralité de Dijon, & fait partie des cinq groffes fermes. *Voyez* BOURGOGNE.

BULLETIN, f. m. c'eft le nom d'un billet délivré en plufieurs circonftances, qui en matiere de droit de traites fignifie la même chofe & produit le même effet que la billette, le paffavant. Il fe dit communément des petits billets que l'on délivre pour acquitter des droits très-modiques, foit à l'entrée, foit à la fortie d'une ville.

En matiere de gabelle, les *bulletins* font des notes délivrées par le receveur, aux reffortiffans d'un grenier à fel, lorfqu'ils viennent y lever le fel qui leur eft néceffaire, foit pour leur confommation, foit pour les falaifons. Ces notes contiennent, fuivant l'article 6 du titre 6 de l'ordonnance, la quantité de fel levé, le jour qu'il l'a été, & fa deftination.

On diftingue en conféquence le *bulletin* de pot & faliere, du *bulletin* de falaifon ; attendu que l'article 29 du titre 15 de la même ordonnance, défend expreffément à tous les habitans des pays de gabelles, de prendre du fel chez les regratiers ou revendeurs, pour faler des chairs & des beurres.

BURALISTE, terme employé à la fois comme adjectif & comme fubftantif.

C'eft le titre que l'on donne à un particulier chargé de tenir un bureau des aides dans les campagnes, pour délivrer les congés.

Il fe donne également à un commis de la partie des domaines, qui perçoit les droits de contrôle, & autres dépendans de cette régie ; & à une perfonne qui tient un bureau de loterie.

Dans les aides, on diftingue un receveur d'un *buralifte*, en ce que le premier eft établi dans un lieu confidérable, pour percevoir les droits d'entrée, de gros, augmentation & autres y joints, & il remet le montant de fa recette au receveurgénéral qui fe trouve en chaque élection. Un *buralifte*, quoique fes fonctions foient les mêmes, n'eft établi que dans les lieux d'un produit modique. Il n'a point d'appointemens fixes comme le receveur ; mais une remife fur le montant de fa recette, & cette remife ne peut jamais excéder une certaine fomme réglée à proportion de fon travail & du nombre d'expéditions qu'il délivre.

Comme il pourroit arriver que les habitans d'une paroiffe s'entendiffent pour ne pas fe charger des fonctions de *buralifte*, malgré les immunités de collecte, tutelle, curatelle & logement de gens de guerre qui y font attachées, & que les droits dûs lors de la vente en gros des vins & autres boiffons ne fuffent pas perçus, s'il n'exiftoit pas de bureau pour en recevoir la déclaration, l'article 471 du bail de Forceville, à prévenu cette connivence.

Il porte : « Enjoignons aux habitans des bourgs » & villages, de nommer un des plus folvables » d'entre-eux, pour recevoir les déclarations & » les droits des vins vendus en gros, auquel le » fermier paiera, pour fes falaires, fix deniers » pour livre de fa recette actuelle, à peine de » demeurer refponfables defdits droits, fuivant les » inventaires, s'il s'en fait, de tout le vin qui » fe trouvera fous leur nom, conformément aux » arrêts du confeil des 13 août 1709, & 3 mai » 1723 ».

Dans la partie des domaines, on appelle également *buralifte*, ceux qui font chargés d'un bureau d'un produit peu confidérable. Il s'en trouve beaucoup, puifque, d'après la déclaration du 21 mars 1671, il eft ordonné qu'il fera établi des bureaux pour le contrôle des exploits, en chacune des villes & bourgs où il y a juftice, foire ou marché ordinaire, & dans les autres lieux, de diftance en diftance convenable, ainfi qu'il fera réglé par les intendans.

BUREAU, f. m. Ce nom s'applique en général à tous les lieux où réfident des perfonnes qui écrivent ; &, d'après cette acception, il ne fe donne vraifemblablement à tous les lieux où l'on perçoit des droits, que parce qu'il eft fuppofé qu'on en tient regiftre.

On appelle auffi *bureau*, l'affemblée même de différentes perfonnes réunies, pour traiter d'affaires. Dans ce fens on dit, tenir *bureau*; jour de *bureau*.

Les *bureaux* de la ferme & des régies, c'eft-à-dire, les maifons qu'habitent les commis chargés de faire la perception de leurs droits, font diftingués par la dénomination de la partie à laquelle ils appartiennent. Ainfi on dit les *bureaux* de la gabelle, ou les greniers à fel ; les *bureaux* du tabac, les *bureaux* des aides; ceux des domaines, les *bureaux* des traites. Ces derniers font fubdivifés en *bureaux* de recette & *bureaux* de conferve. Ils peuvent être diftingués des *bureaux* confacrés à d'autres parties, par le nom de douanes, parce qu'en effet ce font autant de petites douanes pour les marchandifes qui y font préfentées.

Les *bureaux* des traites, pour la recette, font communément placés fur la frontiere du royaume, ou fur la limite des provinces entre lefquelles la communication n'eft pas libre, pour percevoir les droits dûs par les marchandifes qui y paffent, foit à l'entrée, foit à la fortie ; où bien, ils font fixés dans des villes de l'intérieur des provinces, & pour lors les marchandifes qui en font enlevées peuvent y payer tous les droits auxquels leur deftination les affujettit. Telle eft la douane de Paris, unique à cet égard, & que la feule facilité du commerce a fait établir. Toutes les marchandifes amenées dans cette ville, doivent y être conduites pour être vifitées, fuivant le titre 10 de l'ordonnance de 1687 ; on doit y repréfenter les acquits dont elles font accompagnées, & payer le fupplément des droits, s'il eft reconnu qu'il en eft dû.

Il exifte, pour l'ordinaire, du côté des frontieres du pays étranger, deux lignes de *bureaux*, à trois à quatre lieues de diftance l'une de l'autre, afin que la perception en foit plus affurée, & que ces *bureaux* fe fervent alternativement de contrôle.

Par cet arrangement, les marchandifes entrées & acquitées aux *bureaux* de premiere ligne, font vérifiées, ainfi que les expéditions qui les accompagnent dans les *bureaux* de la feconde ligne ; & les marchandifes fortant du royaume, après avoir acquité les droits aux *bureaux* d'entrée de la feconde ligne, qui, pour la fortie, forment la premiere, font contrôlées aux *bureaux* de premiere ligne, qui, dans ce cas, ne font plus que de la feconde.

Ce contrôle s'effectue par la contre-vifite des marchandifes ; par la vérification du montant des droits, & de leur rapport avec la quantité & la qualité des marchandifes.

Mais lorfqu'il paffe des marchandifes revêtues du plomb de la ferme, & qui jouiffent du bénéfice du tranfit, la vifite ne s'en fait qu'au dernier *bureau* où l'on coupe les plombs, & où l'on donne un certificat de leur fortie effective. Cette vifite même ne fe fait qu'en gros, afin de diminuer la gêne de cette formalité, qui eft indifpenfable, quoique incommode pour le commerce. Ce détail d'opérations a été mis fous les yeux du confeil, qui l'a approuvé par fa décifion du 31 janvier 1753.

Les *bureaux* de conferve ne font établis que vers les quatre lieues limitrophes du pays étranger, ou dans des lieux éloignés des grandes routes.

Les marchandifes qui y paffent, foit pour les lieux même où les *bureaux* font établis, foit pour les environs, doivent y acquiter les droits. Mais fi ces marchandifes ont, en entrant, une deftination ultérieure, alors les conducteurs font tenus de prendre un acquit à caution, portant foumiffion d'aller payer les droits au premier *bureau* de recette fur la route, conformément à l'article 22 du titre 2 de l'ordonnance de 1687.

Si c'eft à la fortie qu'il paffe des marchandifes par ces *bureaux* de conferve, les voituriers font tenus, fous peine d'amende & de confifcation, d'y repréfenter leurs expéditions, pour y être vifées & retenues, ou d'acquiter les droits, s'il s'agit de marchandifes du lieu même, ou des environs.

Il n'eft pas inutile de remarquer ici, qu'il ne peut jamais fe faire ni enlévement, ni importation confidérable de marchandifes étrangeres dans ces quatre lieues frontieres, puifque tout entrepôt & magafin font défendus dans cet efpace, par l'article 7 du titre 9 de l'ordonnance de 1687.

Les *bureaux* fitués fur la route que tient une marchandife pour aller à fa deftination, doivent être nommément & non pas vaguement indiqués dans les acquits à caution ou de paiement : alors les voituriers ne peuvent paffer par d'autres, fans s'expofer à l'amende de cent livres, & à la confifcation de leurs marchandifes, fuivant l'article 16 du titre 2 de la même ordonnance. L'article 23 du même titre, défend encore, fous les mêmes peines, à tous voituriers qui conduiront des marchandifes dans l'étendue de la ferme, à quatre lieues aux environs des *bureaux*, de paffer par des chemins détournés & obliques, encore qu'ils foient porteurs d'acquits, de congés, ou paffavans. *Voyez* ACQUIT DE PAIEMENT, ET A CAUTION.

Il eft des *bureaux* fixés pour l'entrée ou la fortie de certaines marchandifes, telles que les étoffes de foie, celles de laine, &c ; tous autres alors demeurent interdits. Article 395 du bail des fermes fait à Forceville.

Dans les grandes villes où les marchandifes doivent des droits à leur arrivée ; au lieu de placer des *bureaux* à toutes les portes d'entrée, il en doit être fixé un certain nombre, par les juges, pour l'entrée des marchandifes, & ce n'eft qu'à celles-là qu'il est établi des *bureaux* de recette ; toute autre entrée est réputée fausse & oblique ; les voituriers qui introduisent des voitures chargées de marchandises par ces portes proscrites, seroient sujets à l'amende, s'ils n'étoient ordinairement avertis par les employés qui y sont postés, d'entrer par une autre porte.

Voyez le mot PROHIBITION.

L'article premier du titre 14 de l'ordonnance de 1687, & l'article 379 du bail des fermes, autorisent l'adjudicataire à augmenter, diminuer ou changer ses *bureaux*, après en avoir obtenu la permission du juge dans le ressort duquel le changement ou le nouvel établissement sera fait, en le faisant publier dans les paroisses frontieres qui sont sur la route, tant du *bureau* supprimé, que de celui qui aura nouvellement été établi, & encore en mettant des affiches à l'entrée du lieu où le *bureau* est érigé ou réformé ; &, suivant l'article 2 de la même ordonnance, les marchandises ne sont sujettes à confiscation, pour n'avoir pas été déclarées dans un nouveau *bureau*, que trois mois après la publication de son établissement, à moins toutefois qu'il n'y ait fraude, c'est-à-dire, que la déclaration qui aura été faite, ne soit fausse dans la quantité ou dans la qualité des marchandises.

En conséquence de ces dispositions, lorsqu'il s'agit d'établir un nouveau *bureau*, le directeur des fermes présente, au nom de l'adjudicataire, une requête au juge des droits, dans laquelle il expose les motifs de cette création.

Le juge ordonne la communication de cette requête au procureur du roi de la jurisdiction, &, sur ses conclusions, rend une ordonnance, qui permet l'établissement proposé, sous la condition d'observer les dispositions de l'ordonnance de 1687, & qui interdit en même tems aux voituriers toute autre route que celle qui passe à ce nouveau *bureau*, à peine d'amende & de confiscation.

Cette ordonnance est ensuite publiée & affichée, non-seulement dans la paroisse même où doit être placé le *bureau*, mais encore dans toutes celles des environs, & à trois mois de sa date, ce nouveau *bureau* a la même existence que les plus anciens.

Le fermier, ni ses commis, ne sont responsables des marchandises qui s'égarent dans les *bureaux* ; c'est ce qui a été jugé par arrêt contradictoire de la cour des aides du 27 mars 1748, & par arrêt du conseil du premier juillet 1749.

Il ne reste plus maintenant qu'à considérer l'espece d'hiérarchie établie parmi tous ces *bureaux*, en faisant connoître leur nombre, leur composition, leurs obligations & leurs privilèges.

On compte dans tout le royaume quatorze cents *bureaux* consacrés à la levée des seuls droits de traites ; mais il s'en faut bien qu'ils soient du même produit & de la même dépense.

Les frais de régie attachés à chacun, sont toujours mesurés sur le montant de la recette qui s'y fait, ou sur l'utilité de sa destination, qui peut être de veiller à la conservation des droits, lorsqu'elle n'est pas, de faire une grande perception.

Ces *bureaux*, en général, forment deux ordres. On appelle *bureaux* principaux, ceux du premier ; ceux du second sont désignés par le nom de *bureaux* subordonnés.

Chaque *bureau* principal a un certain arrondissement qui comprend plusieurs *bureaux* du second ordre, desquels il reçoit chaque mois les deniers, & à la fin de l'année, les comptes & les registres, pour rendre le compte général de ces *bureaux*.

De leur côté, les receveurs des *bureaux* principaux font passer, tous les dix jours, leurs fonds au receveur-général établi presque en chaque généralité, pour recevoir les fonds de toutes les parties des fermes, & enfin ce dernier verse, tous les mois, sa caisse dans celle du receveur-général de Paris, à l'hôtel des fermes, où est le point de réunion de toutes les recettes du royaume, dépendantes de la ferme-générale.

Les *bureaux* principaux, sur-tout lorsqu'ils sont sur la ligne limitrophe du pays étranger, ou des provinces réputées étrangeres, au passage desquels il est dû des droits, sont communément composés d'un receveur, d'un contrôleur, d'un visiteur, & de quelques gardes emballeurs, suivant l'importance du passage ; & la quantité de voitures qu'il faut vérifier.

Les *bureaux* subordonnés, à moins qu'ils ne se trouvent aussi sur la ligne de l'extrême frontiere, ne sont en général composés que d'un receveur, qui ne fait qu'une perception modique, & sûrement inférieure à celle du *bureau* principal dont il est dépendant.

Il est de règle que toutes les fois qu'il se fait dans un *bureau* une recette de cinq à six mille livres, on y place un contrôleur.

Les fonctions de ce dernier sont, conformément aux dispositions de l'article 4 du titre quatorze de l'ordonnance de 1687, de tenir un registre de contrôle, séparé de celui de la recette.

Voyez les mots CONTRÔLEUR, RECEVEUR.

Sans parler de la situation des *bureaux*, qui sont autant de barrieres intérieures, destinées à séparer différentes provinces, on voit par l'arrangement de ceux des ports & des frontieres, qu'ils forment un cercle exact qui renferme tout le royaume. Aussi, dès qu'il s'agit de défendre l'entrée ou la sortie d'une marchandise nuisible ou utile, le ministre donne ses ordres aux fermiers-généraux, pour les transmettre à leurs directeurs en province. Ceux-ci en donnent connoissance aux receveurs principaux des traites, & leur en prescrivent l'exécution. Ces derniers envoient copie de la lettre du directeur, dans tous les *bureaux* qui leur sont subordonnés. Ainsi, en peu de tems, toutes les portes du royaume font fermées aux marchandises qui ont été frappées de la proscription.

Afin que le public fût instruit du tems où il pouvoit se présenter dans les *bureaux*, différens réglemens ont fixé les heures où ils doivent s'ouvrir & se fermer.

L'arrêt du conseil du 21 mai 1697, ordonne que les *bureaux* des cinq grosses fermes seront ouverts tous les jours ouvrables, depuis huit heures du matin jusqu'à midi, & depuis trois heures après midi, jusqu'à sept heures du soir, à peine, par les receveurs, d'être tenus des dommages-intérêts causés par le retard des voituriers, en justifiant leur absence par procès-verbal du juge, ou des notaires des lieux.

Ces dispositions sont confirmées par un second arrêt du conseil du 22 octobre de la même année, qui enjoint aux receveurs, ou leurs commis, de résider dans les lieux où les *bureaux* sont établis.

En 1698, le 16 septembre, M. de Pontchartrain donna ordre aux fermiers-généraux de faire résider les commis dans les *bureaux*, ainsi qu'il est porté par cet arrêt.

Les *bureaux* de Provence, aux environs de Marseille, s'étant écartés de ces règlemens par un excès d'assiduité & de complaisance qui alloit jusqu'à rester ouverts la nuit, & à délivrer des expéditions le soir pour servir le lendemain, l'adjudicataire des fermes se pourvut à la chambre des comptes & cour des aides de Provence. Il demanda que, pour parer aux abus qui résultoient de la facilité des commis, & néanmoins favoriser les opérations du commerce, les *bureaux* fussent ouverts plus long-tems que ne le portoient les arrêts qu'on vient de citer, & qu'il y eût une peine contre les contrevenans à la règle établie.

En conséquence, le premier décembre 1738, intervint un arrêt de cette cour, qui ordonne qu'à commencer du premier octobre jusqu'au premier avril, les *bureaux* seront ouverts depuis six heures du matin jusqu'à midi, & depuis deux heures jusqu'à six du soir ; que du premier avril au premier octobre, ils seront ouverts depuis quatre heures du matin jusqu'à midi, & depuis deux heures jusqu'à huit du soir, passé lequel tems les voituriers, ou autres, ne pourront s'y présenter pour être expédiés ; & en cas de contravention, autorise les commis à saisir les voitures & les marchandises.

Les articles 39 du titre commun de l'ordonnance de 1681, & 6 du titre 14 de celle de 1687, confirmés par l'arrêt du 2 août 1718, imposent encore au fermier, sous peine d'amende arbitraire, deux obligations relatives à ses *bureaux*.

La première, est de mettre au dehors une inscription, ou un tableau, qui indique en général pour quels droits chaque *bureau* est établi.

La seconde, de tenir dans un lieu apparent de l'intérieur du *bureau*, un tarif exact de tous les droits, afin que les marchands puissent en prendre communication.

Les privilèges attachés aux *bureaux* des fermes, & de tous les droits du roi, sont également réglés par grand nombre d'autorités.

L'article 584 du bail des fermes porte, que les marchandises & denrées conduites & déposées dans les *bureaux*, n'y pourront être saisies, sous aucun prétexte, que par l'adjudicataire, qui les pourra délivrer aux conducteurs, après l'acquitement des droits, nonobstant les saisies, qui demeureront nulles.

L'adjudicataire des fermes, qui est en possession d'une maison, ne peut en être évincé que dans le cas où le propriétaire voudroit l'occuper lui-même ; & encore, si cette maison est la seule de l'endroit qui convienne, par son emplacement, pour servir de *bureau* de perception, le fermier ne peut être dépossédé, suivant l'arrêt du conseil du 12 septembre 1741.

Afin d'empêcher que la recette des droits ne fût compromise ou contrariée par la mauvaise humeur d'un propriétaire, qui, après avoir loué sa maison pour un *bureau*, voudroit l'en exclure, par le renchérissement du loyer, ou par d'autres moyens ; ou qu'un *bureau* nécessaire dans un village, ou autre lieu, ne pût y être établi, par un refus concerté entre tous les habitans, de louer une maison pour cette destination, le roi, par ses arrêts des 15 septembre 1720, & 15 septembre & 17 novembre 1722, & 28 mai 1776, évoque à son conseil toutes contestations mues & à mouvoir, en quelques juridictions qu'elles soient portées pour cet objet : ce qui rend les intendans juges dans tous ces cas. Ainsi, c'est à ces magistrats que l'on doit présenter requête pour obtenir une maison, lorsque la communauté s'est liguée pour empêcher le fermier d'en trouver une propre à placer le *bureau* qu'il juge nécessaire.

Depuis cette époque, tous les différens qui se sont élevés, ont été jugés à l'avantage de l'adjudicataire des fermes, & conformément à l'article 557 de son bail.

Il lui est permis, par cet article, de prendre, pour bâtir les *bureaux*, dans les fauxbourgs de Paris, la terre qui lui est nécessaire, & en payant, de gré à gré, la valeur au propriétaire, sinon, suivant l'estimation qui en sera faite par experts, dont les parties conviendront.

« Permettons audit adjudicataire, *porte encore*
» *cet article*, de prendre, tant en notre bonne
» ville & fauxbourgs de Paris, que dans les autres
» villes, bourgs & lieux de notre royaume, telles
» maisons qu'il jugera nécessaires pour faire des
» *bureaux* de recette : à l'exception néanmoins des
» maisons occupées par les propriétaires, en
» payant le loyer d'icelles, sur le pied des
» baux, aux mêmes clauses & conditions qui y
» sont stipulées ; & s'il n'y a point de bail, à dire

» d'experts, fans que pour ce, le fermier ni les
» propriétaires foient tenus d'aucun dédommage-
» ment envers les locataires ».

Les arrêts du conseil du 16 janvier 1731, 5
feptembre 1741, 2 feptembre 1745, 21 mai 1746,
10 décembre 1748, & 20 février 1753, ont confirmé ce privilège, & prononcé que l'adjudicataire
des fermes doit avoir toute préférence fur les baux
des maifons néceffaires pour l'établiffement des
bureaux, à l'exception feulement de celles qui font
occupées par les propriétaires.

Ces règlemens caffent auffi différentes fentences
de plufieurs jurifdictions, qui avoient autorifé
l'expulfion du fermier, & font défenfes à tous
juges de connoître de ces conteftations, à peine
de nullité, caffation de procédure & de tous
dépens, dommages & intérêts.

Le confeil a même jugé, par décifion du 12
février 1747, qu'un propriétaire devoit attendre
l'expiration du bail de fa maifon, louée à l'adjudicataire, pour demander une augmentation de
loyer.

Ces différens privilèges, font communs à tous
les *bureaux* chargés de quelque partie de perception des droits du roi.

D'après ce qui a été dit au mot *buralifte*, on peut
juger que le nombre des *bureaux* pour les droits
de contrôle & domaniaux, eft très-confidérable
dans le royaume, puifqu'il s'en trouve dans tous
les bourgs où il y a foire & marché.

Les *bureaux* des aides font auffi très-nombreux
dans les provinces fujettes à ces droits.

Quant à ceux des gabelles & du tabac, *voyez*
ENTREPOTS DE TABAC, GRENIERS A SEL.

BUREAU DES FINANCES, c'eft le nom
d'une jurifdiction compofée d'officiers défignés par
le nom de tréforiers de France.

Elle connoît de toutes les affaires qui concernent le domaine du roi & les droits en dépendans
fauf l'appel au parlement.

Il faut obferver que par ce mot de domaine
on n'entendoit jadis que le revenu ordinaire, ce qui
étoit le produit du domaine. C'étoit le véritable
patrimoine de la couronne. Les aides, les tailles
& autres fubfides, n'étoient confidérés que comme
des revenus extraordinaires. Le domaine étoit adminiftré par des tréforiers, dont le nombre avoit
été porté jufqu'à fix, mais qui le plus fouvent,
& fous Louis XII, fe trouva fixé à quatre.

Les aides & les autres fubfides étoient alors gouvernés par quatre généraux des finances.

François premier changea cet ordre, il créa en
1543, au lieu du changeur du tréfor, & du receveur général des aides, feize recettes générales
pour recevoir indiftinctement les deniers provenans du domaine, des tailles, aides & autres fubfides.

En 1551 Henri II établit dix-fept recettes géné-

rales, & plaça dans chacune un tréforier & un général des finances. Du nom de ce dernier, on appella
généralité le diftrict dans lequel le tréforier & le
général des finances devoient exercer leurs fonctions.

Enfin par édit du mois de juillet 1577, Henri III
unit les charges de tréforier & de généraux des finances fous le titre de tréforiers généraux de France,
& forma les *bureaux des finances*.

C'eft cette réunion de fonctions qui eft le principe & l'origine de celles qui ont été confiées poftérieurement aux tréforiers de France, dans le
département des impofitions.

C'eft le *bureau des finances* auquel eft adreffé le brevet des tailles, conformément à l'édit de janvier
1634, & il doit procéder au département de cette
impofition, auffi-tôt qu'il a reçu la commiffion.
Voyez TAILLE.

En Bourgogne, le *bureau des finances* nomme
deux de fes membres pour affifter à l'ouverture
des états. On prétend que cette prérogative eft un
refte de l'honneur qu'ont eu anciennement les tréforiers de France, d'être chargés dans cette province de l'adminiftration de la police, juftice &
finance, avant l'établiffement des intendans.

Il paroît par différens réglemens, & notamment
par l'édit du mois de mars 1693, que les *bureaux
des finances* font compofés de deux chambres, pour
connoître, l'une des affaires de voyerie, & l'autre
des affaires du domaine.

Tout brevet de don des droits feigneuriaux,
féodaux & cafuels, les lettres de naturalité & de
légitimation, doivent être enrégiftrés au *bureau
des finances* de la généralité où les biens font fitués,
& dans celle où réfide celui qui eft naturalifé ou légitimé.

Ce font les *bureaux des finances* qui reçoivent la
foi, hommage, aveux & dénombremens des terres
non titrées qui relevent du roi, & ils en envoient
chaque année les actes à la chambre des comptes.
Ils doivent enfin veiller à la confervation du domaine du roi & de fes revenus, en faire payer les
charges locales, & donner à cet effet aux receveurs, qui comptent à la chambre des comptes un
état par eftimation, des recette & dépenfe qu'ils
ont à faire. Jufqu'à ce que les comptes de ces receveurs foient rendus à la chambre des comptes, les
bureaux des finances ont toute jurifdiction fur
ceux & fur ceux qui ont des affignations fur ces recettes: mais dès l'inftant que les comptes font rendus, c'eft à la chambre des comptes qu'il faut fe
pourvoir.

Un édit du mois de mai 1633, avoit établi au
bureau des finances de Paris, un officier tréforier
de France, garde-fcel, auquel il étoit attribué des
droits & des émolumens; il a été fupprimé en juin
1771, & il avoit été accordé une commiffion du
grand-fceau, pour en remplir les fonctions: mais
une déclaration du 8 Décembre 1781, a fait ceffer

l'effet de cette commiffion, en ordonnant que les droits attribués à l'office dont il s'agit, feroient réunis au domaine de la couronne, & perçus au profit du roi, par Jean Vincent René, chargé de la régie & adminiftration des domaines, pour en compter comme des autres deniers de fa recette.

Dans la même année 1771, le *bureau des finances* de Paris avoit fouffert une réduction confidérable. Les offices fupprimés alors, ont été rétablis par l'édit du mois de juin 1782.

Cette loi ordonne que le *bureau des finances* de Paris, & de la chambre du domaine, feront à l'avenir compofés d'un préfident premier, d'un préfident, d'un chevalier d'honneur, de trente-fix tréforiers de France, d'un avocat & d'un procureur du roi, & permet auxdeux plus anciens defdits tréforiers de France, de prendre la qualité de préfidens-tréforiers de France.

Les greffiers, huiffiers & autres officiers de fervice à ce tribunal, font remis dans le même état où ils étoient avant le mois de juin 1771, & tous ces officiers font affujettis aux droits cafuels fixés par les lettres-patentes du 27 février 1780.

BUTLERAGE (droit de); il fe trouve compris parmi les droits qui fe paient dans les douanes d'Angleterre. On rapporte que le droit de *butlerage* a porté originairement le nom de *prifage*, & qu'il étoit de deux tonnes fur chaque vingtaine de tonnes de vin importées en Angleterre. Edouard premier convertit ce droit en un autre de deux fols par tonne de vin importée par des étrangers, & lui donna le nom de *butlerage*, parce qu'il fe payoit entre les mains de fon bouteiller appellé *Butler*.

CAB

CABOTAGE, terme qui défigne une navigation, le long des côtes, de port en port.

L'ordonnance de la marine, du 18 octobre 1740, diftingue le grand & le petit *cabotage*; & fixe en conféquence les droits dus aux officiers des amirautés, tant pour les congés qui doivent être expédiés dans ces circonftances, que pour la réception des gens de mer ; mais pour fe renfermer dans les rapports que le *cabotage* a avec les droits des fermes, il fuffit d'obferver qu'à l'exception des Efpagnols, & des fujets du roi de Naples, toutes les nations qui jouiffent en France de l'exemption du droit de fret, lorfqu'elles abordent dans nos ports, y deviennent fujettes, lorfqu'elles font le commerce de *cabotage*, c'eft-à-dire en prenant des marchandifes dans un lieu du royaume, pour les porter dans un autre. Dans ce cas les Efpagnols, les Napolitains & Siciliens font les feuls qui en foient affranchis depuis le pacte de famille paffé en 1768. *Voyez* FRET.

CADASTRE, on donne ce nom à un regiftre public, qui contient le dénombrement des habitans d'un pays, l'état des biens-fonds que chacun d'eux poffede avec leur étendue, & leur eftimation fuivant leurs qualités & leur produit ordinaire.

Il feroit à defirer qu'il exiftât un *cadaftre* général du royaume, la répartition de la taille & de toutes les autres impofitions, deviendroit auffi fimple que facile, & préviendroit toute fixation arbitraire.

On a vu dans le difcours préliminaire que Servius Tullius, un des premiers rois de Rome, fit former le *cadaftre* général de l'empire romain, & qu'il devoit être renouvellé tous les cinq ans. Dans la fuite Céfar & fes fucceffeurs firent recommencer cette defcription.

On prétend que cet ufage fut adopté dans les Gaules par les rois Mérovingiens. Childebert follicité par l'évêque de Poitiers, donna, l'an 590, commiffion à Florentius, maire du palais, & à Romulfus, l'un des Comtes, de reformer le *cadaftre* fait fous le regne de Sigebert fon pere, & qui étoit devenu caduc & défectueux.

Les mêmes commiffaires eurent ordre de paffer de Poitou en Touraine, pour y faire la même opération. Mais on rapporte que Grégoire, évêque de Tours, s'oppofa à ce qu'elle eût lieu dans cette ville ; prétendant que d'après le ferment des prédéceffeurs de Childebert, la cité dont Saint Martin avoit été évêque devoit être exempte de tout tribut public ; & cette prétention fi contraire à la faine politique eut fon effet.

CAD

Ce même évêque loue cependant la réforme du *cadaftre* ordonnée par Childebert ; tant il eft vrai que les hommes les plus inftruits réglent plus fouvent leur conduite fur leur intérêt, ou celui de leur gloire, que fur l'amour de l'ordre & de la juftice.

Voici fes termes, liv. 10, chap. 7. Le ciel porta encore Childebert à faire une bonne œuvre ; plufieurs de ceux qui s'étoient trouvés chargés de la recette du tribut public, avoient été ruinés à caufe de la difficulté du recouvrement. Elle provenoit principalement de ce que par fucceffion de tems, par des divifions & fubdivifions qui s'étoient faites entre les cohéritiers d'un contribuable, les poffeffions fur lefquelles chaque cottepart avoit été affife lors de la confection du dernier *cadaftre*, fe trouvoient partagées en de fi petites portions, que pour en toucher une feule, il falloit actionner un grand nombre de perfonnes, qui fouvent encore renvoyoient de l'une à l'autre. Childebert remédia à ce défordre par la réformation du *cadaftre*; perfonne n'eut plus de prétextes pour différer le paiement de fa taxe, & ceux qui étoient chargés du recouvrement connurent les véritables débiteurs.

L'ufage des *cadaftres* s'eft étendu par la fuite en différentes provinces, où ils fubfiftent encore ; on rapporte qu'en 1471 l'inégalité des impofitions étoit parvenue à un tel point en Provence, que la ruine entiere de cette province étoit inévitable, fi on ne l'eût prévenue par l'établiffement du *cadaftre*. L'événement fit reconnoître que la moitié des habitans étoit opprimée par l'autre. Mais il ne paroit pas qu'il y ait eu un général pour tout le royaume. On n'a jamais fu avec quelque certitude combien il renferme de fujets & de terres labourables, quoique les états voifins nous aient donné l'exemple du *cadaftre* ; l'Angleterre, l'Allemagne, la Hollande, la Hongrie, l'Italie ont adopté cette méthode depuis long-tems, & fe font toujours occupés de la perfectionner.

Nous avons vu en 1763 une déclaration, du 21 Novembre, inviter les parlemens, les chambres des comptes & les cours des aides, à envoyer des mémoires fur les moyens de perfectionner & fimplifier tout ce qui tient aux finances : & ordonner que pour préparer un moyen général d'exclure tout arbitraire & toute inégalité dans la répartition des impofitions, il feroit procédé après la vérification des réglemens rélatifs à cet objet, dans les cours, à la confection d'un *cadaftre* général de tous les biens-fonds, même de ceux dépendans du domaine de la couronne, de ceux appartenans aux prinčes du fang, eccléfiaftiques, nobles & privilégiés, de quelque

quelque nature & quelque qualité que foient lefdits biens ; & dans la forme la plus utile au foulagement du peuple.

Mais ces belles difpofitions font reftées fans effet ; cependant le mal que produit la taille arbitraire, feroit guéri ou du moins fort diminué par un *cadaftre*. Il ne peut être mis en comparaifon avec quelques erreurs, quelques injuftices même qui peuvent fe mêler à l'arpentage des terres & à leur eftimation.

On objecte qu'un *cadaftre* eft l'ouvrage de vingt années, qu'il coûteroit vingt millions, & qu'il faudroit le renouveller tous les vingt ans. Quand cette objection feroit fondée, il ne s'agit que de retrancher un million tous les ans de quelque dépenfe fufceptible de cette réduction, pour l'appliquer à celle du *cadaftre*.

Son utilité eft fi bien démontrée qu'il en réfulteroit après les avantages d'une répartition plus égale, la fuppreffion des frais de contrainte des huiffiers, des garnifons que l'on porte à douze cents mille liv. par an.

Chaque contribuable n'ayant à payer qu'une taxe modique, y fatisferoit facilement, & l'on ne verroit plus de ces faifies faites par les collecteurs, qui, accompagnés d'huiffiers & de recors, enlevent les meubles & effets, les grains & tous les fruits de la récolte, pour les faire vendre au marché le plus prochain. Ces exécutions ne font pas rares, & ruinent abfolument le malheureux qui les fupporte.

Quant au renouvellement du *cadaftre*, au bout de vingt années qu'on fuppofe néceffaires ; l'expérience inftruit mieux à cet égard que le raifonnement. Dans les provinces *cadaftrées*, s'il arrive des fubmergemens, des deftructions de terrains en totalité ou en partie, on remédie à ces accidens par une procédure établie à cet effet & par des moyens conféquens. Ce ne peut donc être qu'après un laps de tems confidérable que la rénovation entiere du *cadaftre* peut devenir indifpenfable. Mais alors l'ancien ouvrage fubfiftant toujours, épargneroit la moitié du travail & l'opération en feroit plus prompte, plus fûre & moins coûteufe.

Le *cadaftre* eft déja établi en Languedoc, en Provence, en Dauphiné, en Guyenne, en Bourgogne, en Alface, en Flandres, en Quercy, en Artois & en Bretagne. Ces provinces compofent au moins la moitié du royaume, & la taille y eft réelle ; pourquoi l'autre moitié ne feroit-elle pas foumife à la même forme de répartition des impôts ?

Au refte, il femble que s'il exifte un moyen fûr de parvenir à un *cadaftre* général, & d'en rendre la dépenfe la moins onéreufe à l'état, c'eft d'en charger les adminiftrations provinciales. Elles pourroient y faire procéder, chacune dans leur étendue refpective, fans rien diminuer de leur contribution actuelle aux revenus publics ; peut-

être conviendroit-il feulement de donner des bafes fixes, afin d'établir l'uniformité autant qu'il feroit poffible, & de pouvoir rapporter la mefure de chaque canton à une échelle commune, par exemple, d'un huitieme de ligne par toife, ainfi qu'il a été ordonné pour le *cadaftre* de la Corfe.

Voyez les mots TAILLE, & le nom de chaque province où le *cadaftre* a lieu.

CAISSE, f. f. Ce mot a une double acception ; il fignifie une armoire, un coffre, dans lequel on renferme de l'argent, & un lieu, un bureau où l'on en paie. On conçoit que dans l'un & l'autre fens il peut s'employer par le commerce & par la finance. Mais pour fe borner aux *caiffes* publiques, c'eft-à-dire, à celles où l'on reçoit les revenus de l'état où l'on acquite fes dettes, ou qui font une partie de produit, il convient de réduire cet article à l'ancienne *caiffe* des emprunts, à la *caiffe* des amortiffemens & des arrérages, à celle d'efcompte, à la *caiffe* du tréfor-royal, & enfin, à la *caiffe* de Poiffi.

CAISSE DES EMPRUNTS, nom qui fût donné à une *caiffe* établie en 1673, par M. Colbert, à l'hôtel des fermes, pour recevoir l'argent de toutes perfonnes qui en apportoient. On leur délivroit une promeffe de rembourfement à un an, fignée de quatre fermiers-généraux prépofés à cet effet, & dans laquelle étoient compris les intérêts de l'année à raifon de cinq pour cent à fon expiration. Ils fe payoient avec le capital, ou feuls, fi la promeffe étoit renouvellée.

Cette *caiffe* fut très-utile au gouvernement dans les befoins extraordinaires qu'exigeoit la guerre qui s'étoit allumée l'année d'auparavant. Elle fût enfuite fupprimée en 1698, lorfque la paix de Rifwick eût rendu le repos à l'Europe. On rembourfa tous les fonds avec les intérêts.

La *caiffe* des emprunts, dont M. de Colbert avoit tiré un fi bon parti, fut renouvellée en 1702, pour fubvenir aux dépenfes qu'exigeoit l'acceptation du teftament du roi d'Efpagne en faveur du duc d'Anjou. La déclaration du 11 mars, qui ordonne cet établiffement, régla les intérêts à huit pour cent par an. Sans doute que fes fuccès étoient incertains, puifqu'en 1705 ces intérêts furent portés à dix pour cent jufqu'en 1710, qu'ils furent remis à fix pour cent.

Les promeffes de cette *caiffe* s'étoient multipliées au point de former une fomme immenfe. En 1713 on penfa à les acquiter, tant en principal qu'intérêts ; car depuis trois années ces intérêts étoient arriérés, & la liberté de retirer les capitaux avoit de même été interdite.

Une déclaration du roi du 3 octobre, ordonna donc le rembourfement de ces promeffes, à raifon de fix millions par an, & par voie de loterie.

V

mais le 15 décembre de l'année suivante, cette forme fut changée. On y substitua celle d'un remboursement par vingtieme, de façon que dans le terme de vingt années tous les capitaux & les intérêts devoient être remboursés.

Ces arrangemens ne subsisterent que six mois; une déclaration du 7 mai 1715, commença par réduire les intérêts à quatre pour cent, & régla que les promesses seroient tirées au sort, de quartier en quartier, pour être remboursées en leur entier, intérêts & principaux, sur les fonds destinés à cette opération.

Cette disposition avoit à peine eu le tems de commencer d'être exécutée pour le quartier de juillet, lorsqu'un édit du mois d'août ordonna la suppression totale de la *caisse des emprunts* & des promesses qu'elle avoit délivrées, & la création de cinq millions de rentes perpétuelles sur l'hôtel-de-ville de Paris, au denier vingt-cinq, pour servir à rembourser les promesses dont il s'agit, les unes en leur entier, les autres seulement à moitié, suivant qu'elles auroient été négociées ou non, & ainsi qu'il seroit jugé par les commissaires du conseil.

La mort de Louis XIV, arrivée dans le mois suivant, mit fin à cette mobilité d'arrangemens, puisque le 7 décembre suivant, tous les billets & effets royaux furent convertis en billets de l'état, dont on promit de payer réguliérement les intérêts à quatre pour cent. *Voyez* ci-devant BILLETS DE L'ÉTAT.

La *caisse des emprunts*, est-il dit, dans les *Recherches sur les finances*, in-12, tom. 4, pag. 304, « fut l'origine de nos désastres. On en peut apporter deux raisons; la premiere est l'intérêt exhorbitant qui fut d'abord accordé, & qui monta toutes les affaires sur le pied d'un profit ruineux pour l'état. Comme on ne prenoit point d'arrangemens sûrs pour les liquidations, & qu'au contraire les engagemens se multiplioient à l'infini, tandis que la recette diminuoit, il fût impossible de faire face à tout.

Plus on haussoit l'intérêt, plus l'argent se resserroit, parce que la confiance diminuoit, & qu'en pareil cas chacun retrouvant le même revenu sur un moindre capital, en cache une partie. Enfin, les autres papiers baissoient en proportion, & partageoient la concurrence des spéculateurs.

La seconde raison du peu de succès de la *caisse des emprunts*, doit être prise dans le plan même de l'administration, où *il ne régnoit plus d'ordre ni de principes*. Tout y étoit embarrassé, confus. Les projets de dépense n'étoient pas combinés avec les projets de recette. Nulle discussion. Nulle assignation pour les premiers. Les autres n'avoient rien d'assuré ni de fixe. Nulle connoissance certaine de la situation des recouvremens ».

Voyez COMPTABILITÉ.

La *caisse* des amortissemens fut créée par l'édit de mai 1749, qui substituoit le vingtieme au dixieme, en ordonnant que les deux sols pour livre du dixieme, dont la perception avoit été ordonnée pour dix ans, par édit. du mois de décembre 1746, continueroient d'avoir lieu, & que leur montant, avec les fonds du vingtieme, seroient versés dans la *caisse* d'amortissement, pour opérer successivement la libération des dettes de l'état.

Si les fonds destinés à cette *caisse* n'eussent jamais été détournés, il est certain qu'en dix ans elle eût éteint une dette de deux cent millions; mais la guerre, survenue en 1755, exigea des dépenses extraordinaires, & on y subvint, en partie, par la suspension de la *caisse* des amortissemens, ou du moins, en ralentissant ses paiemens.

Les préliminaires de la paix ayant été signés au mois de novembre 1762, la déclaration du 21 novembre 1763 redonna de l'activité à la *caisse* dont il s'agit.

Le préambule & les dispositions de cette loi, annonçoient des projets d'ordre & d'économie bien propres à assurer le bonheur des peuples, & la splendeur de l'état.

On ne peut mieux faire connoître la constitution de cette *caisse*, qu'en analysant la déclaration de 1763.

L'article 3 porte : « La libération de l'état » commencée dès 1749, faisant une partie principale de l'ordre que nous entendons établir, de plus en plus dans l'administration des finances, voulons qu'afin que cette libération demeure invariablement assurée & devienne plus prompte, il soit fait dans la *caisse* des amortissemens un fonds annuel de vingt millions affecté à perpétuité à la libération, pour être employés, inviolablement & exclusivement, à rembourser & éteindre les capitaux des dettes de l'état, tant anciennes que nouvelles, contractées antérieurement à ces présentes; sans qu'il en puisse être distrait aucune partie pour quelque destination que ce soit, même pour payer aucuns arrérages, pour quelques raisons & sous quelque prétexte que ce puisse être; & sera tenu le trésorier de notredite *caisse* des amortissemens, d'en répondre en son propre & privé nom ».

Les articles 4 & 5, règlent, d'une maniere expresse, qu'aucun nouvel emprunt ne pourra être mis à la charge de la *caisse* des amortissemens, s'il n'est fait en vertu d'édit ou lettres-patentes dûment vérifiés au parlement; que les receveurs-généraux des finances, les trésoriers des pays d'états feront porter à la *caisse*, les sommes provenant du vingtieme, sans que lesdites sommes puissent être allouées en dépenfe par les chambres des comptes aux receveurs & tréforiers, qu'en rapportant par eux les quittances comptables du tréforier de ladite *caiffe* des amortiffemens.

L'article 6 veut que les arrérages des rentes qui s'acquitoient précédemment à la *caiffe* des amortiffemens, en concurrence avec les rembourfemens des capitaux fur le premier vingtieme, continuent d'être acquités à cette *caiffe*, fans pouvoir à l'avenir être payés fur le fonds annuel de vingt millions, deftiné aux amortiffemens, mais fur le produit du fecond vingtieme prorogé à cet effet jufqu'en 1770.

Enfin, les articles 9, 10, 11, 12, & 13, déterminent l'emploi des fonds, & toutes les opérations de la *caiffe* des amortiffemens & du tréforier.

Le fonds annuel & perpétuel de vingt millions, fera employé à acquiter d'abord, & par préférence, les capitaux de toutes les dettes dont il a été parlé à l'article 3; ce remboursement se fera fur le pied du denier vingt; il fera dreffé chaque année par un préfident & deux confeillers-maîtres de la chambre des comptes, un procès-verbal du brûlement des effets remboursés. Tous remboursemens des capitaux d'emprunts, demeureront fufpendus en cas de guerre, mais les intérêts en feront payés exactement.

Le tréforier de la *caiffe* des amortiffemens eft autorifé à reconftituer les dettes de l'état, antérieures à 1763, de quelque nature qu'elles foient, au profit de ceux qui voudront prêter leurs deniers pour le remboursement de ces dettes.

L'année fuivante, un édit du mois de décembre donna une nouvelle conftitution à la *caiffe* des amortiffemens, en ordonnant qu'il feroit paffé des titres nouvels pour toutes les rentes conftituées, dont les propriétaires feroient tenus de repréfenter les contrats, pour être liquidés & numérotés. Il fut en même-tems établi deux *caiffes* féparées; l'une deftinée à l'amortiffement & remboursement des titres nouvels & nouveaux contrats; l'autre au paiement des arrérages & intérêts de ces effets.

Une chambre compofée de deux préfidens & dix confeillers du parlement, fut érigée pour juger fommairement toutes les demandes & conteftations relatives aux opérations de la *caiffe* d'amortiffement, & pour en furveiller journellement les détails.

Afin d'augmenter & de confolider les fonds de la *caiffe* des amortiffemens, on régla que le produit des deux vingtiemes, tant qu'ils auroient cours, celui des deux fols pour livre du dixieme, feroient verfés dans la *caiffe* des arrérages, avec les fupplémens néceffaires pour l'acquit des intérêts des titres nouvels.

Que cette même *caiffe* verferoit, en quatre termes égaux, dans celle des amortiffemens, dix millions, pendant chacune des années 1766 & 1767; fept millions pendant chacune des années 1768 & 1769, cinq millions en 1770 & 1771, & trois millions pendant chacune des années 1772 & fuivantes, jufques & compris 1787.

Que le tiers des arrérages de toutes les rentes viageres & continues, qui s'éteindroient, & les deux tiers des arrérages des rentes perpétuelles, dont le remboursement auroit été effectué, feroient également remis à la *caiffe* des amortiffemens.

Qu'il feroit établi un droit de mutation, lors de chaque changement de propriété defdites rentes, contrats par fucceffion collatérale, donation, legs, autres que ceux arrivans en ligne directe, par ventes, tranfports, échanges, reconftitution, fixé à une année du revenu, au quinzieme du montant des arrérages, payable annuellement, comme droit de propriété actuelle, par ceux auxquels la facilité de vendre & d'aliéner lefdits contrats & rentes, eft interdite par les ordonnances; quinzieme repréfentant le droit de mutation dû pour l'homme vivant, mourant & contractant, fans préjudice du droit de mutation pour les acquifitions faites dans la fuite par les mêmes perfonnes, ou pour les rentes qui leur échoiroient éventuellement; mais avec la condition que ce droit de mutation cefferoit d'être perçu, lorfque le montant des fommes verfées dans la *caiffe* des amortiffemens, feroit de vingt millions.

Toutes les rentes perpétuelles ou viageres, portant accroiffement; toutes les fommes employées annuellement dans les états du roi, pour gages, augmentations de gages, droit d'exercice, les intérêts payés aux fermiers-généraux, tréforiers, receveurs-généraux des finances, adminiftrateurs des poftes, régiffeurs & autres, furent en mêmetems affujettis à un dixieme, pour être verfé dans la *caiffe* des amortiffemens.

Les autres articles de l'édit de 1764, règlerent la forme & les époques des tirages, des contrats numérotés, jufqu'à concurrence de la fomme fixée, les formalités à remplir pour obtenir le remboursement de ces effets. Mais il convient de s'arrêter à l'article 47.

« Toutes les difpofitions contenues au préfent, » feront exécutées irrévocablement & à perpé- » tuité, fans qu'elles puiffent être, fous aucun » prétexte, changées, fufpendues ou détruites, » en quelque forme ou maniere que ce puiffe être, » & nonobftant toutes ordonnances, déclarations, » arrêts & règlemens contraires, auxquels nous » avons dérogé & dérogeons; voulons en confé- » quence que s'il y étoit contrevenu, le droit de » mutation, établi par le préfent édit, ne puiffe » être perçu, ni lefdites retenues des quinzieme » & dixieme continuées, à peine de concuffion ».

Malheureufement des engagemens auffi formels n'ont point eu leur exécution.

V ij

Le texte de cet enrégistrement ne sera pas ici superflu, puisqu'il fait connoître, mieux que tout ce qu'on pourroit dire, l'état des finances à l'époque de 1764. Après plusieurs restrictions apportées à l'exécution de quelques articles de l'édit; arrêté en outre, « qu'il sera fait au roi une dépu-
» tation, à l'effet de le supplier de considérer de
» quelle importance il est d'apporter les remedes
» les plus efficaces à l'épuisement des finances,
» qui obligent ledit seigneur roi de recourir,
» après deux années de paix, à des moyens ex-
» traordinaires, pour assurer la libération de
» l'état; que son parlement manqueroit à son
» devoir, si, dans une pareille circonstance,
» il ne représentoit pas qu'envain les peuples
» s'épuiseroient, si l'économie la plus rigoureuse
» dans les dépenses indispensables, les mesures
» les plus promptes pour l'amélioration des reve-
» nus de l'état, pour le retranchement absolu &
» effectif de toutes les dépenses qui n'ont point
» un objet direct & essentiel à la conservation &
» à l'éclat du trône, ne concourent avec celles
» que ledit seigneur roi veut bien prendre pour
» l'amortissement des dettes; que c'est avec les
» plus vives instances que son parlement supplie
» ledit seigneur roi de se faire remettre les états
» de dépenses des différens départemens antérieurs
» à 1740, & de les comparer avec les états actuels;
» de ne permettre aucun acquit de comptant, que
» pour les objets pour lesquels ils sont destinés
» par leur nature; de mettre des bornes à la géné-
» rosité de son cœur, en n'accordant que des
» grâces bien méritées.... Sera représenté audit
» seigneur roi, qu'une administration sage & éco-
» nomique dans toutes les parties de la recette
» & de la dépense, est le seul moyen de le mettre
» à portée de suivre les mouvemens de son cœur
» pour des sujets fideles, & de remplir les enga-
» gemens solemnels qu'il veut bien prendre pour
» leur soulagement ».

Les délais accordés pour la représentation de tous les contrats & effets portans arrérages ou intérêts, avoyent été fixés à un an; ils furent successivement prorogés jusqu'en 1771. Alors un arrêt du 11 août ordonna que les parties de rente dont il n'avoit été représenté aucuns titres avant le premier juillet, demeureroient nulles; que les propriétaires des titres présentés dans les bureaux de liquidation, auxquels il n'avoit point été donné de numéros, seroient tenus de rapporter les titres avant le premier janvier 1772, passé lequel tems ils n'y seroient plus admis.

Cinq ans étoient à peine expirés depuis l'édit de 1764, lorsque la déclaration du 7 janvier 1770 abrogea toutes les promesses portées dans l'article 47. Elle ordonna que les remboursemens seroient suspendus pendant huit années, & que les fonds qui devoient y être employés seroient portés au trésor-royal, à commencer du premier avril

suivant, pour y servir successivement, au remplacement des sommes qui se trouvoient consommées par anticipation sur les revenus, lors à échoir.

Cependant l'arr. t du conseil du premier avril 1774, ordonna que les rentes & intérêts sur les tailles, gages & augmentations de gages employés dans les charges des recettes générales des finances & autres seroient à l'avenir, & à compter du premier janvier 1773, payés par la caisse des arrérages à Paris; par la raison que ces charges gênoient le service des recettes générales, & embarrassoient leur comptabilité.

Enfin, la déclaration du 30 juillet 1775, établit un nouvel ordre de choses, en supprimant la caisse des amortissemens, & ne laissant plus subsister que celle des arrérages, à compter du premier janvier 1776; mais les articles 5 & 6 accorderent jusqu'au dernier décembre, pour représenter les titres de propriété des rentes liquidées ou non liquidées, avec la condition que les arrérages n'en seroient payés qu'à commencer du premier jour du semestre dans lequel les propriétaires se seroient mis en règle.

La forme des titres nouvels fut abrogée comme inutile, dispendieuse aux sujets du roi, & sans avantage pour ses finances : ce sont les termes de l'enrégistrement de la déclaration.

La perception du dixieme d'amortissement reçut une nouvelle confirmation, ainsi que le versement de son produit au trésor-royal, jusqu'en 1778; mais comme le remboursement de toute partie de rente & intérêts au-dessous de douze livres étoit ordonné sur le pied du denier vingt en principal, ce remboursement fut assigné sur la caisse des arrérages, pour être fait du produit du dixieme d'amortissement.

L'année 1776 vit confirmer & autoriser, par la déclaration du 11 mai, toutes les opérations de la caisse des arrérages, depuis sa création; l'enrégistrement de cette déclaration à la chambre des comptes, du 25 juin, mérite d'être rapporté ici.

« Sera le roi très-humblement supplié, (est-il
» dit) de considérer, qu'envain les édits de créa-
» tion de rentes sont adressés & régistrés, si, au
» préjudice d'iceux, & en vertu d'ordres secrets
» & particuliers, la destination des fonds qui
» étoient affectés à l'acquitement des arrérages &
» au remboursement des dettes de l'état est changée,
» & oblige à avoir recours à des lettres de vali-
» dation, pour couvrir des opérations illégales,
» dans des époques éloignées de celles où ces
» changemens ont été faits, & que sa chambre
» des comptes ne peut trop réclamer contre les
» actes d'autorité, qui, en la privant de l'avantage
» de connoître dans le tems, & de lui représenter
» les inconvéniens qui peuvent résulter, pour ses
» finances, de ces opérations secretes, ne lui
» laissent que le parti de l'obéissance aux volontés
» dudit seigneur roi ».

Comme la *caiſſe* des arrérages avoit été chargée, par arrêt du conſeil du 9 juin 1771, d'acquitter à raiſon de quatre pour cent des capitaux, les arrérages des rentes conſtituées par les états de Bretagne, pour le paiement des quarante millions convenus, lors de la ceſſion & aliénation qui leur avoit été faite en 1759 des droits domaniaux; des lettres-patentes du 9 mars 1778, validerent la dépenſe du montant de ces rentes, dans le compte du tréſorier de la *caiſſe* des arrérages.

L'arrêt du 25 juillet, & la déclaration du 10 août 1780, celle du 5 décembre 1781, ont réglé définitivement les parties de la comptabilité qui reſtoient indéterminées entre les deux *caiſſes* des amortiſſemens & des arrérages, & autoriſé le tréſorier de la derniere à faire les recouvremens des droits de mutation, dixieme & quinzieme d'amortiſſement qui peuvent être à faire ſur les anciens exercices de la *caiſſe* des amortiſſemens. Ces réglemens ont validé & confirmé tous les rembourſemens, recettes & paiemens faits pendant les derniers exercices depuis 1766 juſques & compris 1778.

La *caiſſe* des arrérages continue de payer toutes les rentes aſſignées ſur les tailles gabelles, &c. Et il paroît par l'article de ſa dépenſe inſéré dans le compte rendu en 1781, que c'eſt un objet de vingt millions huit cents mille livres.

CAISSE D'ESCOMPTE. On diſtingue deux *caiſſes d'eſcompte*; l'une établie par arrêt du premier janvier 1767, & ſuprimée par celui du 21 mars 1769; l'autre qui ſubſiſte encore, doit ſon origine à l'arrêt du 24 mars 1776.

La premiere étoit compoſée de ſoixante mille actions de mille livres chacune, à quatre pour cent, dont quarante mille deſtinées pour le public, & vingt mille réſervées au roi. Cette *caiſſe* devoit exiſter dix années, & faire le ſervice du banquier de la cour. Elle étoit adminiſtrée par quinze financiers, pris dans toutes les compagnies, auxquels on paſſoit vingt mille livres d'honoraires par année: elle étoit chargée de faire l'avance de toutes les ſommes aſſignées ſur les revenus du roi, avec la clauſe que ces aſſignations n'excéderoient jamais un an. On lui accordoit quatre pour cent par an, en tems de paix, & cinq en tems de guere, à compter du jour de ſes avances, juſqu'à l'échéance des valeurs qui lui étoient fournies, & deux pour cent, tenant lieu de toute indemnité, fonds morts, remiſe & bénéfice, indépendamment des frais de voiture ſur les reſcriptions, tels qu'ils ſe payoient au banquier de la cour. On lui attribuoit encore le privilège excluſif de faire fabriquer les matieres d'or & d'argent étrangeres, pour être verſées dans les hôtels des monnoies; & quinze cent mille livres par année, à répartir, en forme de loterie, entre les ſoixante mille actions, à l'expiration des dix années, c'eſt-à-dire, à partir du premier juillet 1777.

Le capital des ſoixante mille actions devoit être rembourſé en commençant par les quarante mille apartenant au public, & chaque année la *caiſſe a'eſcompte* devoit donner aux enfans trouvés, une ſomme de cent cinquante mille livres, priſe ſur ſes bénéfices.

Cet établiſſement n'ayant pas acquis toute la confiance dont il étoit ſuſceptible, 1°. parce qu'il étoit l'ouvrage du gouvernement; 2°. parce que les adminiſtrateurs étoient déchargés de toute garantie envers le roi & les actionnaires dans leurs opérations; ſon exiſtence, après avoir langui deux années, fût, comme on l'a dit, anéantie.

La ſeconde *caiſſe d'eſcompte* eſt une affaire purement de commerce. Cependant, comme les billets de cette *caiſſe* ſont offerts & preſque toujours reçus dans la plupart des *caiſſes* royales, que par conſéquent le crédit qu'elle a obtenu peut être de quelque utilité à l'état, il eſt naturel d'en parler dans un ouvrage entierement conſacré à la ſcience des finances. On ne peut mieux faire connoître la *caiſſe d'eſcompte*, que par le tableau qui en a été mis ſous les yeux du roi en 1781.

« Tantôt on l'a regardée comme une des princi-
» pales reſſources de l'adminiſtration des finances;
» tantôt on a cherché à inſpirer des craintes
» ſur ſes opérations; mais la plus légere notion
» de cet établiſſement eût ſuffi pour faire ſentir
» à quel point on ſe méprenoit dans ces diverſes
» conjectures.
» *La caiſſe d'eſcompte* eſt formée d'un fonds effec-
» tif de douze millions, fournis par les actionnaires,
» & ce fonds eſt employé, par leurs repréſentans, à
» eſcompter ſur le pied de quatre pour cent par an,
» des lettres-de-change à deux ou trois mois de terme.
» Un pareil intérêt, dont il faut déduire
» beaucoup de frais, & quelquefois des pertes,
» n'auroit pu ſuffire à des capitaliſtes; mais ils
» ont eſpéré, d'après l'exemple d'une ancienne
» *caiſſe d'eſcompte* établie à la compagnie des
» indes, que, par ſimple commodité, l'on
» prendroit ſouvent des billets de leur *caiſſe*
» au lieu d'argent, pourvu qu'on fût certain
» d'en recevoir le paiement au moment ou
» on l'exigeroit. Et comme les principaux
» banquiers de Paris, & quelques financiers
» ſont à la tête de cet établiſſement, ils ont pu
» donner à ces mêmes billets un peu plus
» d'étendue, en convenant entre eux de les
» admettre ſans difficulté dans les paiemens reſ-
» pectifs qu'ils auroient à ſe faire. A leur imita-
» tion, il s'eſt introduit volontairement dans
» la circulation, juſqu'à la concurrence à-peu-
» près de douze millions de billets de *caiſſe*. Cette
» ſomme, jointe aux douze millions de fonds
» eſſentiel fait par les actionnaires, a doublé
» le capital applicable à des *eſcomptes*, & les pro-
» duits répartis entre ſes actionnaires, leur ont

» procuré un intérêt d'environ fix pour cent par
» an, fur le premier capital qu'ils ont fourni.

» Ce bénéfice doit varier felon que les *efcomptes*
» fe fuivent rapidement, qu'on évite des pertes,
» ou qu'il y a plus ou moins de billets de *caiffe*
» en circulation.

» Quant au gouvernement, il doit voir, avec
» plaifir, que l'intérêt des lettres-de-change ait
» pu fe maintenir à quatre pour cent en pleine
» guerre, puifque c'eft un avantage pour le
» commerce & une facilité de plus, pour contenir
» l'intérêt des papiers de finance fur un pied
» modéré.

» Enfin, fi l'on ne peut difconvenir que l'ar-
» gent que l'on promene tous les jours dans les
» rues de Paris, de *caiffe* en *caiffe*, ne foit un
» fonds abfolument mort & ftérile, c'eft le tirer
» d'inaction, que de fuppléer en partie à ces vire-
» mens journaliers, par des billets de *caiffe*; &
» fous ce point de vue, c'eft encore un fervice
» rendu à la circulation.

» Cependant, perfonne n'a lieu de fe plaindre,
» puifque ces billets *ne font donnés qu'à ceux*
» *qui les préfèrent*, & qu'à chaque inftant on
» peut en recevoir la valeur en argent; car le
» capital qu'ils repréfentent, eft toujours en
» *caiffe*, en efpeces, ou en lettres-de-change
» à court terme, qu'on peut réalifer facilement;
» & il y a toujours au-delà de ce capital,
» celui de douze millions fournis par les action-
» naires & la partie des bénéfices qu'ils laiffent en
» maffe.

» La *caiffe d'efcompte* n'a jamais fait d'avances
» au gouvernement; au contraire, comme le
» tréfor-royal a conftamment un fonds de *caiffe*,
» votre majefté a permis fouvent qu'on employât
» quelques millions en billets, ou reconnoiffances de
» la *caiffe d'efcompte* payables à volonté, afin
» de mettre en circulation une partie des fonds
» morts du tréfor-royal. On voit ainfi que
» cette *caiffe* n'a été d'aucun fecours direct au
» tréfor-royal, & que l'intérêt du gouverne-
» ment, au fuccès de cet établiffement, n'a
» d'autre motif que le bien du commerce, la
» modération de l'intérêt de l'argent, & la plus
» grande activité de la circulation.

» Mais, fi c'eft une exagération que de voir
» dans la *caiffe d'efcompte* d'autres avantages, on
» fe trompe plus fortement encore dans les
» craintes qu'on voudroit répandre, fous pré-
» texte qu'on pourroit abufer des billets de cette
» *caiffe*, & contraindre un jour à les recevoir
» en paiement.

» Il eft aifé de voir, que fi votre majefté
» adoptoit jamais un fyfteme auffi dangereux,
» & auffi funefte pour la France, & pour fon
» crédit, que celui d'une création de papier
» monnoie, ce n'eft pas l'exiftence actuelle

» des billets de la *caiffe d'efcompte* qui favorife-
» roit une pareille idée; au contraire, l'utilité
» qu'on peut tirer de cette *caiffe*, contenue dans
» de juftes bornes, ne feroit qu'un avantage de
» plus à facrifier, entre tant d'autres, à la fauffe
» conception des billets monnoie; & ce n'eft
» pas certainement la fimple reffemblance de
» deux morceaux de papier qui peut faire dif-
» paroître aux yeux des hommes fenfés, la dif-
» férence énorme qui exifte entre un papier de
» *caiffe* qu'on reçoit librement, & qui repré-
» fente un dépôt réel & un billet purement
» fictif, que l'on eft forcé de recevoir en
» place d'argent ».

On peut juger de la confiance qu'on accorde
à la *caiffe d'efcompte*, par l'empreffement général
à fe procurer fes billets, dont la garde & le
tranfport deviennent beaucoup plus faciles que
des efpeces.

En confidération de l'utilité de cet établiffement, l'arrêt du confeil du 28 novembre 1781,
accorde aux adminiftrateurs, des armoiries pour
fervir de fceau à la *caiffe d'efcompte*, & de
timbre aux actions fournies aux intéreffés.

La *caiffe d'efcompte* fert de dépôt à plufieurs
capitaliftes, pour lefquels elle fait les paiemens
& les recouvremens à leur échéance, & dont
elle acquite les mandats qu'ils tirent, à l'inftant
de leur préfentation.

Les négocians les plus-éclairés conviennent
que fans la *caiffe d'efcompte*, & le mouvement
qu'elle a procuré à la circulation intérieure
pendant la guerre qui a été terminée en 1783,
le commerce, n'auroit certainement jamais pu
fe procurer de l'argent au taux de fix pour cent,
tel qu'il a été conftament.

Au refte, on peut appliquer à cette *caiffe*,
ce que nous avons dit des banques publiques,
dont l'effet, d'abord avantageux, dans un moment de crife, devient, à la longue, défavora-
ble à un état induftrieux & fabricant, en ame-
nant un renchériffement général. *Voyez* BANQUE.

CAISSE DE POISSY; établiffement fait dans
la vue de faciliter l'approvifionnement de Paris en
beftiaux, & d'affurer le prompt paiement de ceux
qui en font commerce; mais qui doit renchérir la
viande, par les intérêts que les bouchers paient à
cette *caiffe*.

Le commerce des beftiaux fe faifoit avant 1690,
avec la plus grande liberté; les marchands & les
bouchers fe concilioient pour le prix & les termes
des paiemens, comme ils jugeoient à propos.

L'exemple des offices de vendeurs de marée
& de volaille, créés précédemment avec attribution de droits fur le prix de la vente, à la
charge d'avancer aux forains le prix de leurs mar-

chandifes, fit adopter ce plan pour les beftiaux. On fe perfuada que cet établiffement affuroit aux forains leur paiement immédiat après la vente, qu'il leur facilitoit le moyen de retourner fur le champ, faire de nouveaux achats en province, pour reparoître bientôt enfuite.

Dans cette opinion, l'édit du mois de janvier 1690, érigea foixante offices de jurés vendeurs de beftiaux, à l'inftar des charges fur la volaille & fur la marée. Mais ces offices furent fupprimés par une déclaration du 11 mars fuivant, fur les repréfentations faites au roi par les bouchers & les marchands forains, que la perception du fol pour livre, ordonnée par cet édit, étoit préjudiciable au commerce, & avoit caufé une augmentation fur le prix de la viande; le droit du fol pour livre fût converti en un droit perceptible aux entrées de Paris.

Plufieurs particuliers envifageant du bénéfice à faire aux marchands forains, les avances auxquelles les foixante officiers fupprimés avoient été affujettis par l'édit de leur établiffement, fe préfentoient dans les marchés avec des fonds qu'ils prêtoient aux bouchers à des intérêts exhorbitans; quelquefois ils s'abfentoient des marchés, lorfqu'ils favoient que les bouchers comptoient fur leur fecours, afin de fe rendre plus néceffaires; des abus, le renchériffement de la viande, furent la fuite de ces monopoles.

Pour y remédier, on créa, par édit de 1707, cent offices de tréforiers de la bourfe, dans les marchés de Sceaux & de Poiffy.

Cet édit de création contient trois difpofitions principales. La premiere affujettit les officiers à faire aux marchands forains, dans l'inftant de la vente, l'avance du prix des beftiaux qu'ils vendront aux bouchers & autres marchands folvables.

Par la feconde, le droit de fol pour livre du prix de la vente, leur eft accordé, encore bien qu'ils n'en euffent pas fait l'avance.

La troifieme concerne la durée du crédit aux bouchers & autres marchands folvables, & le fixe à huit jours, pendant lefquels ils étoient tenus de rembourfer les fommes payées pour eux par les officiers.

Cet établiffement ne fubfifta que pendant trois ans. Sa fuppreffion eût lieu, parce que les tréforiers de la bourfe ne purent, par leur mauvaife régie, faire face à leurs engagemens.

Les abus qui avoient fait créer ces charges en 1707, fe renouvellerent. La cherté des beftiaux ayant depuis augmenté fucceffivement, ainfi que la difette dans les marchés, le roi fe détermina, en 1743, à établir une caiffe pour faire l'avance aux marchands forains qui fréquenteroient les marchés de Sceaux & de Poiffy, du prix des marchandifes qu'ils y vendoient, aux bouchers & autres marchands folvables. Cet édit ordonne la perception

pendant quinze ans d'un fol pour livre du prix des bœufs, vaches, veaux, porcs, moutons, brebis, chevres & autres beftiaux qui feroient vendus dans lefdits marchés, quoique la caiffe ne l'eût pas avancé, & il accorde un délai de quinzaine aux bouchers, pour rendre les fommes qui leur auront été avancées, au lieu des huit jours fixés par l'édit de 1707.

Le délai de quinzaine fut enfuite porté à trois femaines, par une déclaration du 21 décembre 1743, qui réduifit en même tems à douze années la durée de la caiffe. Une nouvelle guerre exigeoit de nouvelles reffources. On impofa le droit d'un fol pour livre fur le paiement des beftiaux, parce qu'on fuppofa qu'il feroit fait comptant; & ce droit fut en même tems donné à bail pour les douze années fixées par cet édit, à raifon de quatre cents mille livres pour chacune.

Trois années après, un arrêt du confeil du 29 mars, renouvella les défenfes précédentes faites aux feigneurs à vingt lieues aux environs de Paris, de faire tenir des marchés de beftiaux à pied fourché, & ordonna à tous laboureurs habitans dans ces vingt lieues, de mener les beftiaux qu'ils auroient à vendre, aux marchés de Poiffy & de Sceaux. Depuis cette époque, ce droit a toujours continué de faire partie des revenus de l'état.

Cet établiffement fut continué pour douze autres années, par une déclaration du 16 mars 1755, & le bail en fut paffé moyennant fix cents mille liv. par an. Le parlement, en enregiftrant cette déclaration, s'eft réfervé, par fon arrêt du 18 août 1755, la connoiffance des affaires de la caiffe de Poiffy, en ce qui concerne la police de l'approvifionnement de Paris.

Le 3 mai 1767, il fut rendu une nouvelle déclaration qui, conformément à celle du 16 mai 1755, prorogea pour douze années cette caiffe, & il en fût paffé bail, par réfultat du confeil, pour ce tems, à commencer du premier mars 1768, & finir au carême de 1780. Le prix de ce bail fut fixé à fix cents mille livres par année, indépendamment de cent cinquante mille livres pour les quatre fols pour livre des droits de la caiffe, payables à la ferme générale.

On convient que le fol pour livre du prix de la vente des beftiaux, eft un droit onéreux, puifqu'avec les quatre fols pour livre, il fait un objet de fix pour cent de la valeur. Mais on juftifie cet établiffement, en difant que l'utilité de cette caiffe a été reconnue par les magiftrats chargés de veiller à ce que Paris foit abondamment fourni des denrées & marchandifes néceffaires à la fubfiftance de fes habitans.

Qu'avant cet établiffement, les marchands de beftiaux étoient expofés ou à des pertes de la part des bouchers, ou au moins à des féjours très-difpendieux pour le recouvrement des fommes qui leur étoient dûes, ou enfin à payer des remifes aux perfonnes qui fuivoient la rentrée de leurs fonds.

Que ces marchands, au contraire, affurés par cette *caiffe* de recevoir comptant, & fans aucun retardement, le prix de leurs marchandifes, ne font plus expofés à aucun de ces inconvéniens.

Que les bouchers étant fouvent forcés d'emprunter à de gros intérêts, pour faire honneur à leurs engagemens, il en réfultoit des banqueroutes fréquentes, & plufieurs autres inconvéniens, au lieu que d'après l'établiffement de la *caiffe*, des bouchers intelligens & rangés font fans aucune inquiétude, & qu'enfin le public fe trouve toujours convenablement approvifionné, & qu'il n'eft fujet ni au caprice, ni à l'avidité du boucher pour le prix de la viande.

C'eft le magiftrat qui veille à la police de Paris, qui règle le tems des crédits, & défigne ceux des bouchers auxquels ils doivent être faits; car quoique le délai foit fixé, par la déclaration, à trois femaines, il eft fouvent prorogé jufqu'à cinq, fept, huit femaines, & même au-delà, fuivant que les circonftances & la fûreté de l'approvifionnement exigent cette prolongation.

En 1776, *la caiffe de Poiffy* fut confidérée fous une face nouvelle, par M. Turgot, alors miniftre des finances. Son zèle pour la liberté ne lui permit pas de voir, avec indifférence, les gênes & les entraves que cette *caiffe* mettoit au commerce des beftiaux, & à l'approvifionnement des bouchers.

En conféquence, un édit du mois de février de la même année, ordonna, qu'à compter du premier jour de carême, la *caiffe* ou bourfe des marchés de Sceaux & de Poiffy, demeureroit fupprimée, fauf l'indemnité de l'adjudicataire des fermes-générales, relativement aux fols pour livre compris dans fon bail.

Le préambule de cet édit porte, que le roi a reconnu que cet établiffement étoit contradictoire avec les effets qu'on avoit paru s'en promettre; que le droit de fix pour cent, qui augmentoit d'environ quinze livres le prix de chaque bœuf, ne pouvoit que renchérir la viande, au lieu d'en modérer le prix, & diminuer en partie le profit des cultivateurs qui élevent & engraiffent des beftiaux; que d'ailleurs il étoit contre les principes de toute juftice, que les bouchers riches, qui pouvoient payer comptant, fuffent néanmoins forcés de payer l'intérêt d'une avance dont ils n'avoient pas befoin, & que les bouchers moins aifés, auxquels on refufoit ce crédit, lorfqu'on ne les croyoit pas affez folvables, fuffent également forcés de payer l'intérêt d'une avance qui ne leur étoit pas faite; que l'édit de création de la *caiffe* fixant à quinze jours l'époque où les bouchers devoient s'acquiter envers la *caiffe*, les fermiers de cette *caiffe* pouvoient les y contraindre par

corps, faute de paiement dans la troifieme femaine; de forte qu'il en réfultoit que l'avance effective des fommes prêtées ne pouvoit jamais égaler le douzieme du prix total des ventes annuelles, & que cependant l'intérêt en étoit payé comme fi cette avance étoit faite dès le premier jour de l'année, & pour l'année complette.

Mais, pour fuppléer, en partie, à la diminution des finances du roi, dans la perte du fol pour livre de la valeur des beftiaux vendus tant à Poiffy qu'à Sceaux, pour l'approvifionnement de Paris, il fût impofé aux entrées de cette ville, cent fols par chaque bœuf, trois livres dix fols par chaque vache, & ainfi à proportion fur les veaux, les moutons, & fur la viande crue introduite dans la ville.

Il fût en même tems permis aux bouchers & aux marchands forains qui amenent des beftiaux, de faire entre-eux telles conventions qu'ils jugeroient à propos, en ftipulant tel crédit que bon leur fembleroit; & à tous particuliers, de prêter leur argent aux conditions qui feroient volontairement acceptées par les bouchers qui jugeroient en avoir befoin pour leur commerce.

Cette fuppreffion trouva en général plus de partifans que de contradicteurs. Un écrivain trèsconnu, fe livrant aux mouvemens d'un zèle ardent pour le bien public, donna dans, le tome 2 des *Éphémérides*, un mémoire dans lequel il établit que la *caiffe de Poiffy* tiroit un intérêt de quatre-vingt-douze pour cent, par an, de l'argent qu'elle prêtoit aux bouchers. C'étoit démontrer victorieufement que la fuppreffion de cette *caiffe*, qui venoit d'être ordonnée, étoit un bienfait du gouvernement.

Parmi les autres imputations dont ce mémoire chargeoit les fermiers de la *caiffe de Poiffy*, la principale étoit qu'ils renchériffoient le prix de la viande par une double manœuvre.

« 1°. Comme ils ne devoient jamais trouver le » prix du bétail affez cher, ils faifoient refus de » crédit au plus grand nombre de bouchers qu'il » étoit poffible. Les marchands de bétail, effrayés » fur la folvabilité des bouchers difcrédités, leur » vendoient plus cher, à caufe de la notoriété » de leur décadence. Quand il y avoit un grand » nombre de forts bouchers, dans ce cas, il en » réfultoit néceffairement un furhauffement géné-» ral dans le prix du bétail. Les fermiers trou-» voient ainfi deux profits dans cette opération. » Ils recevoient un plus fort droit, & ils avan-» çoient moins de fonds.

» 2°. Si quelques bouchers étoient affez heureux » pour échapper au rembourfement du prix des » beftiaux; s'ils parvenoient, par leur induftrie, » à découvrir des bœufs & des moutons à meilleur » marché qu'à Poiffy & à Sceaux, ils ne profi-» toient pas de ce bénéfice, ni le public confom-

mateur.

» mateur. Sous prétexte d'éviter la fraude, les
» fermiers s'étoient attribués le droit de taxer ces
» bestiaux, & même de les prendre pour leur
» compte, s'ils le jugeoient à propos, en rem-
» boursant les bouchers.

» 3°. Depuis une sentence de police du 14 avril
» 1769, les marchands de bestiaux & los bouchers
» trouvés en fraude, étoient poursuivis à la re-
» quête du procureur du roi, au lieu de l'être
» par les fermiers, ensorte qu'on ne pouvoit plus
» obtenir contre-eux de dommages-intérêts, ni
» de dépens, & qu'il valoit mieux céder à leurs
» demandes, que de se défendre en justice ré-
» glée ».

A ce mémoire succéda une réplique, qui fut
appuyée des titres les plus précis, par lesquels
la conduite des fermiers étoit justifiée. Il resta démontré que le détracteur, plus zélé qu'instruit,
n'avoit pas recherché tous les renseignemens propres à éclairer son amour du bien public.

On avoit conclu de ses assertions, que l'intérêt
de quatre-vingt-douze pour cent, tournoit tout
entier au profit des fermiers, & on avoit crié à
l'usure.

Ceux-ci exposerent que les avances qu'ils
faisoient, devenoient un prêt établi pour compenser
le malheur de l'impôt de six pour cent, levé au
profit de l'état; que par sa *gratuité* ce prêt étoit
un bienfait du gouvernement; que loin d'être lucratif pour eux, c'étoit, au contraire, une charge
très-pesante, qui, en les privant chaque jour de
leurs fonds, sans qu'ils en retirassent le plus foible
intérêt, les exposoit à en perdre une partie, ou
par des insolvabilités, ou par des faillites.

Ils ajouterent que dans le moment où la *caisse
de Poissy* avoit été détruite, ils étoient à découvert de trois millions deux cents soixante-un mille
quatre cents quatre-vingt-deux livres, dûes par
les bouchers, & dont le recouvrement étoit aussi
difficile qu'incertain.

Ils rapporterent un extrait de la délibération de
leur compagnie, du 23 février, par laquelle il
étoit constaté que non-seulement les bouchers n'a-
voient jamais payé d'intérêts pour les sommes qui
leur avoient été avancées, mais même pour les
retards considérables dans lesquels ils s'étoient trouvés; que plusieurs d'entre-eux n'avoient acquité
leurs débets envers la *caisse*, qu'au bout d'une,
deux, trois & quatre années, & que quelques-uns y
devoient encore depuis plus de vingt ans, sans
que les fermiers eussent jamais exigé aucun intérêt.

Ils observoient ensuite, que le prix de leur bail
étant de sept cents cinquante mille livres, le droit
du sol pour livre, & les quatre sols pour livre,
ne s'étoient élevés, pendant vingt années, qu'à
vingt-deux millions six cent vingt-six mille liv.:
ce qui donnoit une année commune de onze cents
trente-un mille livres; qu'en déduisant outre le prix
du bail de sept cents cinquante mille livres, 1°. les

frais de régie de cent dix mille livres; 2°. les
intérêts des sommes employées au service de la
caisse, sommes qui avoient monté annuellement
depuis deux millions cent cinquante mille livres,
jusqu'à trois millions six cents mille livres; 3°. les
pertes de quarante à cinquante mille livres chaque
année, il se trouvoit peu d'affaires de finance qui
fussent aussi peu avantageuses.

Sur l'article des trois manœuvres, les fermiers
répondoient: 1°. Qu'il leur étoit impossible d'augmenter le prix des bestiaux; que les vendeurs &
les acheteurs jouissoient, à cet égard, de toute
liberté, & qu'elle n'auroit pu être gênée sans
exciter les plaintes de concussion les plus vives
& les mieux fondées: ce qui n'étoit jamais arrivé;
qu'ils n'étoient point les maîtres de se refuser à
faire des avances pour les bouchers, puisque ce
n'étoit pas eux qui jugeoient de l'insolvabilité de
ceux qui pouvoient être exceptés; que le lieutenant-général de police, seul, prononçoit sur ce
point avec connoissance de cause, & que d'après
son jugement, les noms des bouchers auxquels il
pouvoit être fait refus d'avances, étoient inscrits
dans un tableau déposé à chacun des bureaux de
Poissy & de Sceaux.

2°. Que jamais ils n'avoient usurpé le droit de
taxer les bestiaux, ni de les prendre pour leur
compte; qu'à la vérité ils avoient quelquefois, mais
très-rarement, usé de la facilité de retenir pour
le prix déclaré, ceux dont la véritable valeur
étoit visiblement déguisée; facilité qui leur étoit
accordée par arrêt du conseil du 21 janvier 1749.

3°. Qu'enfin les faits constatoient qu'ils étoient
obligés de soutenir toutes les contestations en leur
nom & à leurs périls; car l'ordonnance de police
de 1769 n'avoit transporté dans la main du procureur du roi aucune des actions relatives à la
manutention de la *caisse*; mais seulement réglé les
formalités qui devoient être observées pour la
conduite des bestiaux & l'approvisionnement des
marchés.

On s'apperçut après la suppression de la *caisse
de Poissy*, que la viande ne s'en vendoit pas à
meilleur marché; que si en effet les bouchers riches
y trouvoient quelque avantage, les bouchers peu
aisés tomboient dans la dépendance des premiers;
ensorte que ceux-ci pouvoient se livrer au monopole, ou que les autres n'avoient plus de ressources
que dans des prêts usuraires qui finissoient par
opérer leur ruine.

Il restoit encore un parti; c'étoit d'abolir toute
maîtrise de boucher, & d'exciter la plus grande
concurrence par la plus grande liberté, en favo-
risant l'établissement d'un grand nombre de boucheries aux environs de Paris, & en appellant dans
cette ville des bouchers forains, pour les opposer
à ceux de la capitale, de la même maniere que les
boulangers de Gonesse, & autres lieux, viennent,
deux fois par semaine, concourir avec les boulangers de Paris.

X

Les circonstances de la guerre qui venoient de s'allumer, multiplioient les besoins. A la considération que le commerce des bestiaux & des bouchers n'en fleurissoit pas davantage depuis la suppression de la *caisse de Poissi*, se joignit la nécessité de trouver des ressources pour remonter la marine. Tels furent en 1779 les motifs du rétablissement de cette *caisse*, avec des modifications très-avantageuses pour le public.

Laissons parler ici la loi ; elle exprime si bien les vues qui l'ont dictée, que cet article ne peut mieux être terminé, que par les détails qui forment la constitution actuelle de la *caisse* dont il s'agit.

« LOUIS, par la grace de Dieu, Roi de
» France & de Navarre : A tous ceux qui ces
» présentes lettres verront ; salut. Par notre édit
» du mois de février 1776, nous avons supprimé
» la caisse & bourse des marchés de Sceaux &
» Poissy, & nous avons converti le droit qui s'y
» percevoit, dans un autre exigible aux barrieres ;
» en même tems nous crumes devoir autoriser les
» marchands forains, ainsi que tous nos autres
» sujets, à faire, avec les bouchers, telles con-
» ventions qu'ils jugeroient à propos, soit pour
» les achats & ventes des bestiaux, soit pour le
» prix des avances qui en font la suite. Nous
» espérions qu'il n'en résulteroit que des avantages
» pour le public de ces dispositions ; mais on nous
» a représenté que la suppression de cette caisse
» avoit obligé nombre de bouchers à recourir à
» des emprunts extrêmement usuraires ; que les
» marchands forains avoient été privés de l'avan-
» tage de vendre leurs bestiaux argent comptant ;
» & que plusieurs d'entr'eux, découragés par les
» crédits auxquels ils étoient obligés de sous-
» crire, ainsi que par les frais de poursuites & par
» les pertes fréquentes auxquelles ils étoient ex-
» posés, avoient diminué leur commerce avec la
» capitale ; ce qui, joint à la derniere sécheresse,
» avoit contribué à y élever le prix des viandes.

» Enfin, nous avons trouvé qu'un impôt, réglé
» sur la valeur des bestiaux, seroit plus équitable
» que celui qui existe actuellement, puisque ce
» dernier étant uniforme par tête d'animal de
» même espece, sans distinction de prix & de
» qualité, cette forme de répartition étoit oné-
» reuse à la classe des citoyens, pour la consom-
» mation desquels les achats d'animaux d'une va-
» leur inférieure sont principalement destinés.

» Nous avons cependant hésité & différé long-
» tems de changer une loi qui nous avoit été
» présentée dans des vues de bienfaisance ; mais
» sur les sollicitations pressantes & réitérées qui
» nous ont été faites, de la part des personnes
» qui méritent le plus de confiance dans cette
» matiere, nous nous sommes déterminés à réta-
» blir une caisse pour la facilité du commerce des

» bestiaux ; mais nous avons eu soin d'apporter
» dans les anciennes conditions des changemens
» importans & favorables au public.

» Premiérement, ne voulant pas en faire un
» objet d'accroissement de revenu, nous nous
» sommes bornés à demander aux nouveaux fer-
» miers la même somme que nous tirons mainte-
» nant de ce droit aux barrieres ; au moyen de
» quoi, & en n'admettant aucun des intérêts en
» croupe, qui existoient précédemment dans cette
» affaire, nous avons pu diminuer d'un tiers le
» droit principal, perçu ci-devant aux marchés
» de Sceaux & de Poissy, & supprimer en entier
» les quatre sols pour livre additionnels.

» Ensuite, au lieu que les anciens fermiers ne
» s'étoient engagés qu'à des avances de quinze
» jours, nous leur imposons l'obligation de se
» prêter constamment à un crédit de quatre se-
» maines ; enfin, étant instruits qu'ils avoient la
» liberté de refuser ce crédit, selon leur conve-
» nance, nous avons voulu qu'ils fussent tenus de
» l'accorder à tous les bouchers dont les noms
» leur seront désignés par le lieutenant-général
» de police ; & cependant aucuns de ces mêmes
» acheteurs ne sera obligé de recourir à la nou-
» velle caisse ; mais comme elle sera un bénéfice
» sur le prix de bail, elle n'exigera l'intérêt que
» sur le pied de six pour cent par an, sans toute-
» fois que les intéressés puissent jamais requérir
» aucune indemnité, ni pour les frais de pour-
» suites ou de contestation, s'il en survient, ni
» pour les pertes effectives auxquelles ils seront
» exposés, ni pour les fonds oisifs qu'ils seront
» obligés d'entretenir, afin d'être en état de rem-
» plir à chaque instant le service auquel ils s'en-
» gagent ; de maniere enfin que, moyennant l'a-
» vantage modéré qu'ils doivent trouver dans
» leur ferme, nous en recevions exactement le
» même revenu, & que tous les marchands fo-
» rains soient toujours sûrs de remporter de l'ar-
» gent pour le prix de leurs bestiaux, ce qui, en
» les garantissant de pertes fréquentes, encoura-
» gera leur commerce, & rendra l'approvision-
» nement de Paris plus assuré.

» Tels sont les divers motifs qui nous ont été
» présentés ; & nous verrons avec satisfaction que
» le succès réponde à nos soins & aux vues de
» bienfaisance qui nous animent.

» Et voulant faire connoître nos intentions à
» cet égard, nous avons déclaré & ordonné ; &
» par ces présentes signées de notre main, nous
» déclarons & ordonnons ce qui suit :

ARTICLE PREMIER.

» Nous avons supprimé & supprimons, à
» compter du premier juillet prochain, les droits
» établis aux barrieres & entrées de Paris, par
» notre édit du mois de février 1776, sur les
» bœufs, vaches, veaux & moutons, à l'exception

» de ceux établis, par ledit édit, fur la chair morte,
» que nous laissons subsister.

ART. II.

» Au lieu & place des droits supprimés par
» l'article premier ci-dessus, nous avons créé &
» rétabli, pour douze années entieres & confé-
» cutives, à compter du même jour premier juillet
» prochain, un droit feulement de huit deniers
» pour livre, fans aucuns fols pour livre addi-
» tionnel, du prix de tous les bœufs, vaches,
» veaux, porcs, moutons, brebis, chèvres, che-
» vreaux & autres beftiaux, fans exception, qui
» feront vendus dans les marchés de Sceaux & de
» Poiffy; lefquels huit deniers pour livre feront
» payés comptant à celui que nous chargerons de
» l'exécution des préfentes, moitié par le ven-
» deur & moitié par l'acheteur.

ART. III.

» Permettons à celui qui fera chargé de l'exé-
» cution des préfentes, d'établir aux entrées, &
» fur la place de la ville de Poiffy & du marché
» de Sceaux, & autres endroits qu'il jugera con-
» venables, les commis néceffaires, tant pour
» recevoir les déclarations de la quantité & qua-
» lité des beftiaux qui feront amenés dans lefdits
» marchés; lefquels commis exerceront fur fa
» fimple procuration; & leurs procès-verbaux
» auront foi en juftice comme ceux des commis
» de nos fermes, après toutefois qu'ils auront
» prêté ferment devant le lieutenant-général de
» Police de notre bonne ville de Paris.

ART. IV.

» Défendons à tous marchands, leurs facteurs,
» commiffionnaires ou autres, de faire entrer au-
» cuns beftiaux en fraude dans lefdits marchés,
» & d'en expofer en vente une plus grande quan-
» tité que celle contenue dans leur déclaration,
» à peine de confifcation defdits beftiaux, & de
» cinq livres d'amende; & nous enjoignons
» à tous marchands forains, herbagers, labou-
» reurs, leurs facteurs & commiffionnaires ou
» autres, de mener directement aux marchés de
» Sceaux & de Poiffy, tous les bœufs, vaches &
» moutons à eux appartenans; ou dont ils auront
» la conduite; leur défendons expreffément de les
» entrepofer, vendre ou diftraire en route, en
» tout ou en partie, & aux marchands bouchers
» & autres, d'aller au-devant defdits marchands
» forains, herbagers, laboureurs & autres, pour
» acheter leurs beftiaux. Défendons pareillement
» auxdits bouchers d'acheter les beftiaux, dont
» ils auront befoin pour leur commerce, autre-
» ment que les jours de marchés ordinaires, &
» dans les places & lieux deftinés pour la vente;
» le tout à peine de faifie & confifcation, & de

» cinq cents livres d'amende, au paiement de
» laquelle chacun des contrevenans fera contraint
» comme pour nos propres deniers & affaires.

ART. V.

» Celui que nous chargerons de l'exécution des
» préfentes, fera tenu d'établir dans les marchés
» de Sceaux & de Poiffy, à compter dudit jour
» premier juillet prochain, une caiffe de crédit,
» à laquelle il fera libre aux bouchers qui y au-
» ront droit, fuivant l'article ci-après, d'avoir
» recours, & d'y faire payer en leur acquit aux
» marchands forains, le prix des beftiaux qu'ils
» auront achetés, & dont il aura été fait décla-
» ration.

ART. VI.

» Il fera arrêté par le lieutenant-général de
» police de notre bonne ville de Paris, aux
» termes & en la forme prefcrite par l'arrêt de
» notre parlement de Paris, du 6 février 1756,
» un état qui indiquera les bouchers de la ville,
» faubourgs & banlieue de Paris, qui auront
» crédit à ladite caiffe, & le montant de la
» fomme qu'elle fera tenue de leur avancer chaque
» femaine. Les bouchers compris audit état, fe-
» ront les maîtres d'exiger de ladite caiffe le prêt
» des fommes pour lefquelles ils y feront em-
» ployés, fans que ladite caiffe puiffe s'y refufer;
» mais le crédit ne pourra être exigé par lefdits
» bouchers, que pour quatre femaines, enforte
» que ceux qui n'auroient pas rendu à la caiffe
» la fomme qui leur auroit été par elle prêtée
» pour la première des quatre femaines, ne pour-
» ront plus exiger de crédit de ladite caiffe,
» jufqu'à ce qu'ils aient rendu la fomme qui leur
» aura été prêtée pour la première femaine;
» notre intention étant que chacun defdits bou-
» chers, ne puiffe être débiteur envers ladite caiffe,
» de plus que de la fomme fixée par le lieutenant-
» général de police pour lefdites quatre femaines.

ART. VII.

» Attribuons à ladite caiffe fix pour cent par
» an d'intérêt des avances qu'elle aura faites,
» lequel intérêt courra à compter du jour de
» l'emprunt, & fera payé en même tems que le
» principal, fans aucune déduction ni retenue
» quelconque, par les bouchers qui auront em-
» prunté.

ART. VIII.

» Les bouchers qui auront emprunté à ladite
» caiffe, feront tenus de rendre en deniers comp-
» tans les fommes par eux empruntées dans le délai
» de quatre femaines, à compter du jour du prêt
» qui leur aura été fait, fans qu'ils puiffent

» refuser tout ou partie dudit rembourfement,
» fous prétexte que les beftiaux par eux achetés
» feroient morts de mort naturelle ; & , faute par
» eux de rendre & payer dans ledit délai lefdites
» fommes, avec les intérêts tels qu'ils font fixés
» par l'article ci-deffus, ils y feront contraints
» par toutes voies dûes & raifonnables, même
» par corps, comme pour nos propres deniers &
» affaires, conformément à ce qui eft preferit par
» l'édit du mois de janvier 1707.

ART. IX.

- » Pour donner aux bouchers plus de facilité
» pour le paiement en principal & intérêts des
» fommes qu'ils auront empruntées, nous vou-
» lons que celui qui fera prépofé à l'exécution
» des préfentes, établie en notre bonne ville
» de Paris, un bureau où ledit paiement puiffe fe
» faire par lefdits bouchers, qui feront tenus d'y
» porter les fommes qu'ils auront à rembourfer.

ART. X.

» Le prépofé à l'exécution des préfentes,
» pourra, pour le paiement de ce qui lui fera dû
» par les bouchers, exercer, par privilège &
» préférence auxdits bouchers, comme pour nos
» propres deniers & affaires, les mêmes actions
» & droits des bouchers, contre ceux à qui ils
» auront fait des fournitures de viande à crédit ;
» & feront lefdits débiteurs tenus de vider leurs
» mains en celles dudit prépofé, de ce qu'ils de-
» vront auxdits bouchers , jufqu'à concurrence
» de ce que ceux - ci pourroient devoir à la
» caiffe, nonobftant toutes faifies & empêchemens ;
» & nous accordons audit prépofé, pour le re-
» couvrement de fes avances, les mêmes privi-
» lèges qu'aux autres fermiers de nos droits, fur
» les meubles & effets mobiliers de leurs débiteurs.

ART. XI.

» Défendons à toutes perfonnes de troubler les
» commis de celui qui fera chargé de l'exécution
» des préfentes ; & à tous Huiffiers & fergens
» d'exercer aucune contrainte contre les bou-
» chers, & fur les beftiaux, en allant & reve-
» nant des marchés de Sceaux & de Poiffy, ou
» y étant, & fur la place aux veaux à Paris,
» les jours de marché, fi ce n'eft en cas de con-
» travention aux préfentes.

ART. XII.

» Les conteftations relatives à l'exécution des
» préfentes, feront jugées par le lieutenant-
» général de police de notre bonne ville de Paris,
» fur une fimple fommation de jour à autre, fauf
» l'appel en notre cour de parlement ; & feront
» toutefois fes ordonnances exécutées nonobftant

» oppofitions ou appellations quelconques, & fans
» y préjudicier.

ART. XIII.

» Ordonnons au furplus que l'édit du mois de
» janvier 1707, regiftré en notre cour de parle-
» ment le 10 mars fuivant, & les autres édits,
» déclarations & règlemens concernant les mar-
» chés de Sceaux & de Poiffy, auxquels nous
» avons dérogé par notre édit du mois de fé-
» vrier 1776, foient exécutés felon leur forme
» & teneur en ce qui n'y eft point dérogé par
» ces préfentes. Si donnons en mandement, &c ».

La dette des bouchers à la caiffe de Poiffy a été
regardée comme fi facrée, qu'un arret du confeil
du 27 janvier 1781, a ordonné que les fommes
par eux dûes pour achats de beftiaux aux marchés
de Sceaux & de Poiffy, ne feroient pas comprifes
dans les arrêts de furféance, dans les fauf-conduits,
dans les lettres de répi, contrats d'attermoiement,
d'abandon de biens, dans les fentences, jugemens
qui admettroient au bénéfice de ceffion.

CAISSE DU TRÉSOR-ROYAL. Cette caiffe
eft, à proprement parler, la feule caiffe de l'état,
divifée en deux parties, qui ont des fonctions
diftinctes. Les autres caiffes femblent n'être que
fubfidiaires, fur-tout depuis l'arrêt du confeil du
18 octobre 1778, dont l'objet à été de réduire
les caiffes trop multipliées, afin de mettre plus
d'ordre, d'économie & de fimplicité dans les
finances.

Les motifs de cet arrêt font exprimés avec tant
de nobleffe & de fimplicité, qu'on ne peut fe
difpenfer d'en rapporter le préambule.

Le roi defirant d'entretenir le plus grand ordre
dans fes finances au milieu de la guerre ; fa majefté
a fait une férieufe attention aux repréfentations
qui lui ont été faites fur l'utilité dont il feroit
pour fon fervice de diminuer le nombre & les
frais des caiffes de dépenfe, & fur la néceffité
abfolue d'établir des rapports efficaces entre-elles
& l'adminiftration des finances. Sa majefté eft informée que ces diverfes caiffes inftituées pour
rendre la comptabilité plus diftincte, & qu'on ne
peut confidérer que comme des émanations du
tréfor-royal, ne fe trouvoient plus foumifes à
l'infpection de l'adminiftration des finances ; il en
réfulte que l'intérêt particulier que cette adminiftration doit prendre à l'économie, devient inutile au fervice du roi dans une manutention de la
plus grande importance. Il en réfulte encore que
le département des finances ignorant ainfi la fomme
des débets & des fonds libres qui exiftent dans ces
diverfes caiffes, ne peut pas les faire concourir à
la facilité du fervice général ; enforte qu'on n'eft
pas moins obligé de garder dans le tréfor-royal
le capital oifif qu'une fage précaution engage à

conferver. Il arrive enfin que par l'effet de cette féparation établie entre les opérations des tréforiers & la furveillance de l'adminiftration des finances, ce département ne peut pas appliquer conftament les revenus perçus dans les provinces, à l'acquitement de dépenfes néceffaires dans ces mêmes lieux , & à faire cadrer ainfi les paiemens & les recettes dans toutes les parties du royaume, ce qui doit fouvent occafionner & des doubles frais de tranfport à la charge du roi, & un défaut d'harmonie dans la circulation.

Voyez TRÉSOR-ROYAL.

CAISSIER, eft celui qui tient une caiffe, qui en fuit les opérations. Tous les tréforiers des différens départemens de la guerre, de la marine, de la maifon du roi, tous les tréforiers des pays d'états, les receveurs-généraux des finances, les receveurs-généraux des fermes, même les receveurs particuliers des tailles, ont des *caiffiers* ; il réfulte donc de cette dénomination, qu'elle ne peut s'appliquer qu'à un homme chargé de tenir une caiffe fous un receveur quelconque, auquel il eft obligé de rendre un compte par recette & dépenfe.

CALAIS, port de mer, en Picardie, & qui fe trouve dans les mêmes circonftances que Boulogne ; c'eft-à-dire, que les droits établis à l'entrée de cette derniere ville, fur les fels & les vins, ont également lieu à *Calais*.

Quant aux droits d'aides, cette ville eft fujette à ceux d'infpecteurs aux boiffons, & de courtiers-jaugeurs, dont la quotité eft de trente deniers par velte à l'entrée, & dix à la fortie, & qui ne fe lèvent point à Boulogne, ainfi qu'on l'a dit à l'article de cette ville.

Depuis peu de tems *Calais* partage avec Boulogne le privilège d'avoir un entrepôt d'eau-de-vie de genièvre. Cette faveur, qui lui a été nombre de fois refufée, n'a été accordée qu'après une difcuffion très-approfondie des motifs que l'adjudicataire des fermes faifoit valoir, non-feulement pour rejetter ces follicitations, mais même pour fupprimer l'entrepôt de Boulogne, quoiqu'il convînt néanmoins qu'il n'y avoit reconnu aucun abus.

Les officiers municipaux de *Calais* s'appuyoient de cet aveu ; ils rappelloient ce que cet adjudicataire avoit avancé en 1777, à l'occafion de la demande de Boulogne, qu'il vouloit faire rejetter comme inadmiffible, en difant qu'il ne feroit pas jufte de refufer à l'une ce qui feroit accordé à l'autre. Enfin, ils répondirent aux objections du fermier fur les verfemens, fur la difficulté de les empêcher, fur le danger de favorifer le goût des eaux-de-vie de grains, par les raifonnemens fuivans.

En prohibant l'entrepôt & le commerce de l'eau-de-vie de genièvre à Boulogne & à *Calais*, eft-ce favorifer le débit des nôtres ; eft-ce éteindre le goût des confommateurs anglais pour cette premiere liqueur ?

La préférence qu'elle obtient en Angleterre, eft dûe à la médiocrité de fon prix, & cette eau-de-vie n'eft recherchée que par le peuple ; qui y eft accoutumé. Depuis quelques années la cherté des grains en a fait défendre la diftillation. On a fuppléé les eaux-de-vie nationales, par des eaux-de-vie de grains étrangeres. Celles-ci étant fujettes à des droits prohibitifs, cet approvifionnement a formé une branche de commerce clandeftin pour les nations voifines. Eft-il indifférent à la France de s'en faifir ou de l'abandonner ? Voilà toute la queftion.

Indépendamment de ce que la vente des eaux-de-vie de genièvre, fournit un débouché à des thés & à plufieurs marchandifes de nos manufactures, elle en procure auffi aux eaux-de-vie de vin, qui font affortiment en ce genre, & qui, fans cette occafion, refteroient dans le royaume ; elle facilite en même tems l'importation de quantité de laines anglaifes, qui font très-précieufes pour nos fabriques. Ainfi ce commerce, tout à notre avantage, appauvrit le fifc de l'Angleterre, dérobe des matieres premieres à l'induftrie de fes fujets, & accroît notre numéraire.

Si la prohibition des eaux-de-vie de genièvre, en France, mettoit le confommateur anglais dans l'obligation d'y prendre des eaux-de-vie de vin, la bonne politique confeilleroit, fans doute, cette prohibition. Mais en la fuppofant ordonnée, le goût britannique ne fera pas réformé ; nos eaux-de-vie de vin s'exporteront moins ; & nous aurons perdu tous les fruits d'un commerce interlope, dont les fuccès font autant de pertes pour nos ennemis.

Puifque la ferme-générale eft convenue, le 16 juillet 1782, qu'il ne réfultoit, à Boulogne, aucun abus de l'entrepôt des eaux-de-vie de genièvre, les mêmes précautions & la même furveillance peuvent auffi les prévenir à *Calais*. Cette faveur particuliere femble véritablement un moyen fûr de revivifier cette ville languiffante, & de produire un bien général. C'eft le cas où les repréfentations d'un fermier, toujours alarmé des fuites d'une innovation pour fa jouiffance momentanée, doivent céder à l'intérêt de l'état, qui eft éternel, & dont la profpérité, préparée par des facrifices préfens, ne peut s'opérer que lentement, & par le concours d'un grand nombre de fuccès particuliers.

Le miniftre, frappé de ces confidérations, n'héfita pas à rendre, le 9 octobre 1782, la décifion fuivante : Permettre à *Calais* l'entrepôt réel de l'eau-de-vie de grains, dite de genièvre, pendant deux années, &c. &c.

Voyez les détails rapportés à l'article BOU-LOGNE.

CAMBRESIS, petit pays fitué dans la généralité de Lille, dont Cambray eft la capitale.

C'eft un pays d'état, qui participe à tous les privilèges de la Flandre & de l'Artois; c'eft-à-dire, qu'il n'eft point fujet aux aides, ni aux droits de contrôle des actes, ni à la gabelle.

Mais il a un abonnement annuel pour les droits de contrôle & autres domaniaux, qui eft compris dans l'abonnement de la généralité de Lille.

Pour les droits dépendans de la régie générale, comme droits réfervés des dons gratuits, droits de courtiers-jaugeurs, d'infpecteurs aux boiffons & aux boucheries, les états du Cambrefis ont trois abonnemens féparés, qui font fixés par l'arrêt du confeil du 14 mars 1782.

Le premier, pour les dix fols pour livre des octrois dont jouiffent ces états & les villes qui les compofent, eft de cinquante-huit mille deux cent vingt-cinq livres.

Le fecond, pour les droits réfervés des dons gratuits, eft de dix-huit mille quatre cents foixante livres, compris les dix fols pour livre.

Le troifieme, pour les droits de courtiers-jaugeurs, infpecteurs aux boiffons & aux boucheries, eft fixé à dix mille quatre-vingt quinze livres en principal, & dix fols pour livre; le tout à commencer au premier janvier 1782, & jufqu'à ce qu'il en ait été autrement ordonné.

Comme le Cambrefis touche à la Picardie, où le fel vaut treize fols la livre, tandis qu'elle n'eft que de cinq à fix fols dans le Cambrefis, il a fallu prendre des précautions pour préferver cette province des verfemens de fel qui pourroient fe faire du Cambrefis.

On a vu à l'article de l'Artois, quelle eft la police établie fur fes limites, du côté de la Picardie, pour arrêter cette contrebande. Sans être abfolument la même dans le Cambrefis, elle a néanmoins le même objet.

L'article 6 de l'arrêt du confeil du 23 mars 1720, rappellé dans le bail de Forceville, confirme les défenfes faites aux habitans du Cambrefis, par une ordonnance des états de Cambray, du 10 mai 1685, & leur interdit tout commerce, tranfport & ufage de fel gris, à peine de confifcation & de trois cents livres d'amende.

L'article 2 de l'arrêt qu'on vient de citer, en permettant aux négocians de la ville de Cambray de tirer des ports de Dunkerque, Calais, Boulogne & Etaples, tout le fel gris dont ils auront befoin pour l'aliment de leurs rafineries, prefcrit, avec l'arrêt du 16 juin 1722, toutes les formalités qui doivent être obfervées pour empêcher les abus.

Il leur eft défendu, à l'exception des habitans de Cambray, de faire aucun amas de fel blanc, au-delà de ce qui eft néceffaire pour leur confommation pendant fix mois, à raifon de cent livres péfant pour fept perfonnes par année, à peine auffi de confifcation & d'amende.

La déclaration du 9 avril 1743, dont il a été parlé à l'article de l'Artois, avoit auffi pour objet l'exercice des employés des fermes, dans les trois lieues du Cambrefis limitrophes du pays de gabelles, & de la vente exclufive du tabac; mais les états de Cambrefis repréfenterent que ce règlement & la déclaration du 13 mai 1746, rendue en interprétation, ne pouvoient, en aucune façon, être communs à leur province, qui, depuis fa réunion à la couronne, avoit toujours eu fes règlemens particuliers, notamment l'arrêt du 23 feptembre 1684, au fujet du fel, & celui du 10 feptembre 1686, au fujet du tabac, qui différoient entiérement de ceux qui avoient été précédemment rendus pour l'Artois, foit parce que les habitans des trois lieues limitrophes de cette derniere province, n'avoient pu, attendu fon étendue, être affujettis à ne s'approvifionner que dans une feule ville, comme l'étoient les habitans du Cambrefis, qui eft renfermé dans des bornes plus étroites, foit parce que le défaut de bureaux & de brigades des fermes, dans l'intérieur de l'Artois, n'eût pas permis d'y employer les mêmes moyens que dans le Cambrefis. D'après ces repréfentations, dont les fermiers-généraux reçurent communication, les états & eux fe concerterent pour l'établiffement d'une police propre à concilier les privilèges du Cambrefis, avec la néceffité de prévenir les abus, & il fut rendu, le 8 feptembre 1746, une déclaration divifée en 29 articles, dont voici le précis.

Les rôles des habitans de chacune des paroiffes du Cambrefis, fituées dans les trois lieues limitrophes à la Picardie, contenant le nombre de perfonnes dont chacune d'elles eft compofée au jour de la formation de ces rôles, non compris les enfans au-deffous de fix ans, doivent être dreffés & certifiés, chaque année, par les baillis, mayeurs, fyndics & autres gens de loi, & chefs des communautés. Ils font tenus de remettre ces dénombremens, dans le courant du mois d'octobre au plus tard, fur le bureau des états, & de fuite au prépofé du fermier, à Cambray, à peine d'amende.

Ce prépofé doit fournir fa reconnoiffance de ces rôles, & ne peut en faire faire la vérification par les commis du fermier, qu'une feule fois feulement par année, en préfence des gens de loi, ou du chef de la communauté, ou eux, dûement appellés.

Il ne peut y avoir qu'un feul débitant de fel & de tabac dans chacune des paroiffes dont il s'agit. La commiffion doit en être accordée par les états, & à un fujet qui juftifie poffeder en fonds, dans le Cambrefis, au moins quinze livres de revenu annuel, & dont la probité foit connue.

Cette commiffion ne peut durer qu'un an, à moins d'être continuée & confirmée par les états, s'il ne s'élève aucune plainte contre le titulaire.

Les débitans ne peuvent tirer le fel & le tabac néceffaires pour la confommation de leur paroiffe, que de la feule ville de Cambray, avec des acquits à caution qui font délivrés gratis, & doivent être rapportés revêtus du certificat du déchargement du curé de la paroiffe, ou de deux gens de loi.

Il eft enjoint aux commis du fermier, de ne délivrer des acquits à caution que pour des quantités jugées néceffaires à la confommation de chaque paroiffe pendant deux mois, à peine d'être perfonnellement garans du faux-faunage auquel donneroit lieu un approvifionnement plus confidérable.

Ces acquits à caution font réputés nuls, fi les conducteurs n'y font pas dénommés, s'ils n'en font pas porteurs, & s'ils n'ont pas été vifés à la porte de Cambray par les employés de la ferme.

Si les porteurs de ces acquits font trouvés avec des quantités de fel & de tabac excédentes de plus de quatre pour cent celles que portent les acquits, ils font fujets à une amende de cent livres, outre la confifcation du fel & du tabac.

Tous les habitans des trois lieues frontieres, de quelque état, qualité & condition qu'ils puiffent être, ne peuvent fe pourvoir de fel & de tabac, que chez le vendeur établi dans leur paroiffe, & toute partie de ces denrées qui eft tranfportée dans cet efpace, eft fufceptible de faifie.

Mais dans le cas où des chefs de famille, des cabaretiers-aubergiftes veulent faire des falaifons extraordinaires de beurres, de fromages & autres de toute efpece, il leur eft permis de s'approvifioner directement à Cambray, en préfentant au bureau de la ferme une, atteftation des curé, baillis, ou gens de loi.

Nul débitant ne doit délivrer à la fois à aucun chef de famille, du fel & du tabac au-delà de la quantité néceffaire pour la provifion d'un mois, ni dans le cours d'une année, une plus grande quantité que celle qui eft fixée pour la confommation des habitans des trois lieues fatales, à raifon d'un minot de fel pour fept perfonnes par an.

Défendu à ces habitans de vendre du fel & du tabac à tout autre qu'aux habitans de la paroiffe dans laquelle ils font établis, & il leur eft, à cet effet délivré une copie du dénombrement remis au prépofé de la ferme.

Chacun d'eux ne peut avoir qu'un feul magafin, & une plus grande quantité de fel & de tabac à la fois, que celle qui eft néceffaire pour la provifion de fa paroiffe pendant trois mois.

La geftion de ces débitans doit être examinée tous les trois mois, par les prépofés des états, qui doivent fe faire rendre compte, par les curés & gens de loi, s'il ne s'eft rien paffé, depuis la derniere vifite, de contraire aux règlemens.

Les employés des fermes peuvent, à leur gré, faire des vifites chez ces débitans, pourvu qu'ils foient accompagnés d'un officier de juftice, ou d'un capitaine général, ou du commis réfident à Cambray.

Ils peuvent encore faire toutes vifites domiciliaires dans l'étendue des trois lieues, pour la recherche des marchandifes prohibées & de contrebande, ainfi que du fel & du tabac que les habitans pourroient avoir au-delà de leur provifion, en fe faifant accompagner comme ci-deffus.

Mais l'habitant chez lequel on ne trouveroit du fel que pour fa provifion de deux mois inclufivement, n'eft pas dans le cas d'être inquiété.

Il eft défendu aux employés d'abufer de la faculté qui leur eft accordée, de vifiter les porte à cols, gens à cheval, bêtes de charge & voitures roulantes dans les trois lieues limitrophes; de les arrêter & décharger dans la campagne, d'y ouvrir aucune caiffe, ballot ou futaille, ou autre volume de marchandife. Ils font feulement autorifés à les palper, à fonder les voitures chargées de paille, de foin, de bois, de grains, légumes, &c, qui peuvent être fondées fans dommages, & fans interrompre la marche des conducteurs; mais les employés ont la faculté d'accompagner les voitures jufqu'au lieu de leur deftination, fi elle eft dans les trois lieues, pour procéder à leur déchargement & à leur vifite.

Si ces voitures font deftinées pour l'étendue des cinq groffes fermes, les employés peuvent les conduire au premier bureau, & les y vifiter.

Ce n'eft que dans le cas où il feroit reconnu, foit par la fonde, foit par toute autre moyen, qu'il fe trouve du faux fel, ou du faux tabac, ou de la contrebande, fur les voitures, que les employés peuvent arrêter les voitures, bêtes de charge, & leurs conducteurs.

Défenfes font faites à tous hôteliers, cabaretiers, aubergiftes, fermiers, cenfiers & autres, de donner retraite, afyle, fecours ou affiftance, de fournir des vivres, des boiffons ou des fourages à ceux qui porteront, conduiront, voitureront ou efcorteront du fel & du tabac en contravention aux règlemens, fous peine de complicité.

Injonction aux mayeurs & gens de loi, d'informer le fecrétaire des états, du paffage ou du féjour des contrebandiers dans leur territoire, de rendre compte de ce qu'ils auront fait pour s'y oppofer, à peine d'interdiction.

Le receveur & contrôleur des fermes, à Cambray, les employés des fermes, ne doivent rien exiger, foit des débitans, foit de toutes autres perfonnes, pour les acquits à caution & aucune autre expédition, à peine d'être traités comme concuffionnaires.

Il doit être procédé à l'extraordinaire contre les contrevenans, dans tous les cas d'attroupement, rebellion envers les employés, ou crime de faux.

Les contraventions pour raifon defquelles il n'eft prononcé que l'interdiction, la révocation ou l'amende non convertible, font portées par devant les députés commiffaires en la chambre des états, pour y être jugées fommairement, fans frais

& en dernier reſſort, ſur les procè-verbaux des employés, dûement affirmés pardevant l'un des commiſſaires députés aux états, ou l'un des échevins de Cambray.

Les contraventions emportant des péines afflictives, ou des amendes converſibles, ſont portées pardevant les échevins de Cambray, pour les juger ſans appel, pourvu qu'ils ſoient au nombre de quatre gradués lors des jugemens définitifs.

Les amendes ne peuvent être modérées, ſous quelque prétexte que ce ſoit, à peine de nullité des jugemens; mais il en appartient un tiers aux pauvres de la paroiſſe où la contravention a été commiſe, & les deux autres tiers au fermier.

On doit obſerver que d'après une lettre du miniſtre des finances, du 15 janvier 1748, il a été permis aux habitans des villages limitrophes de la Picardie, de prendre les ſels néceſſaires pour les ſalaiſons extraordinaires, chez les revendeurs de leurs paroiſſes, au lieu de les lever à Cambray.

Mais, afin de prévenir les abus, les états du pays ont fait un règlement le 25 ſeptembre 1749, qui contient dix articles.

La quantité de ſel deſtiné aux ſalaiſons extraordinaires, doit être réglée dans le mois de décembre chaque année, par les députés ordinaires des états.

Les débitans ſont tenus de donner un cautionnement réel ou perſonel, juſqu'à concurrence de trois cents livres, outre celui qu'ils fourniſſent pour vendre du tabac & le ſel deſtiné à la conſommation ordinaire.

Ils ne doivent lever ce ſel qu'à Cambray, & ſeulement ce qui eſt néceſſaire pour leur débit de deux mois, en prenant un acquit à caution; ce ſel ne doit pas être confondu avec celui qui eſt deſtiné aux ſalaiſons ordinaires, & ne peut être délivré qu'aux habitans de la paroiſſe, ſur un certificat des mayeurs, gens de loi, ou curé.

Tous les habitans des paroiſſes limitrophes, ſont tenus de ne prendre le ſel de leurs ſalaiſons extraordinaires, que chez le revendeur de leur paroiſſe, à l'exception des ſeigneurs.

Les revendeurs ſont ſujets aux viſites des employés, à toutes les vérifications qu'ils voudront faire, ainſi qu'à celles des mayeurs & échevins des paroiſſes, qui ſont autoriſés à ſe faire repréſenter les regiſtres des debitans, & les certificats ſur leſquels ils ont délivré du ſel, pour juger s'il n'y a pas d'abus.

Au reſte, le Cambreſis participant à toutes les immunités dont jouit la Flandre, voyez cet article.

On ajoutera ſeulement ici, par rapport aux droits de formule, ou papier timbré, que l'arrêt du conſeil du 7 juin 1763, caſſe celui de la cour des aides de Paris du 21 mai 1762, & décide que les privilèges du Cambreſis ne s'étendent point au-delà des villes & lieux cédés à la France par le traité de Nimégue, en conſéquence ordonne à tous huiſſiers de ſe ſervir de papier timbré, lorſqu'ils ſortiront du territoire ci-deſſus déſigné, pour faire des ſignifications & autres actes judiciaires.

CANADA, ancienne colonie françoiſe, qui a été cédée à l'Angleterre par le traité de paix conclu en 1763. On ne parlera de ce pays, que par rapport aux moyens dont on ſe ſervoit pour ſuppléer à la diſette d'eſpeces; les conſéquences qui en réſulterent, feront juger combien il eſt dangereux de laiſſer à des adminiſtrateurs éloignés de quinze cents lieues de la métropole, le pouvoir illimité de multiplier les dépenſes, avec la facilité de les acquiter, principalement lorſque leur adminiſtration ne peut pas être ſurveillée. Les fautes paſſées ſont toujours des leçons pour les générations futures.

En 1670, lorſque toutes les colonies françoiſes de l'Amérique étoient au berceau, on avoit fait fabriquer une monnoie à laquelle on avoit donné une empreinte particuliere, & une valeur idéale d'un quart plus forte que celle des eſpeces circulant en France. Cet expédient n'avoit pas réuſſi dans le Canada. Vers l'année 1698, on crut devoir ſubſtituer le papier aux métaux, pour le paiement des troupes, & pour les autres dépenſes du gouvernement.

Juſqu'en 1713 cette invention ſervit; mais alors on ceſſa d'être fidèle aux engagemens contractés par les adminiſtrateurs de la colonie. Les lettres-de-change qu'ils tiroient ſur la métropole, ne furent pas acquitées; elles tomberent dans l'aviliſſement, & finirent par perdre, en 1720, cinq huitiemes.

Cet événement fit reprendre au Canada l'uſage de l'argent, qui ne dura qu'environ deux ans. Les négocians, tous ceux des colons qui avoient des remiſes à faire en France, trouvoient embarraſſant, coûteux & dangereux d'y envoyer des eſpeces. Ils furent les premiers à ſolliciter le rétabliſſement du papier monnoie.

On fabriqua des cartes qui portoient l'empreinte des armes de France & de Navarre, & qui étoient ſignées par le gouverneur, l'intendant & le contrôleur. Il y en avoit de vingt-quatre, de douze, de ſix, de trois livres, de trente, de quinze & de ſept ſols ſix deniers. Leurs valeurs réunies ne s'élevoient pas au-deſſus d'un million.

Lorſque cette ſomme ne ſuffiſoit pas pour les beſoins publics, on y ſuppléoit par des ordonnances ſignées du ſeul intendant, première faute; ces ordonnances étoient illimitées pour leur nombre, abus encore plus criant. Les moindres étoient de vingt ſols, & les plus conſidérables de cent livres. Ces différens papiers circuloient dans la colonie. Ils y rempliſſoient les fonctions de l'argent juſqu'au mois d'octobre. C'étoit la ſaiſon la plus reculée où les vaiſſeaux duſſent partir du Canada.

Alors

Alors on convertissoit tous ces papiers en lettres-de-change, pour être acquitées en France par le gouvernement, qui étoit censé en avoir employé la valeur.

La quantité de ces billets s'étoit tellement accrue en 1754, que le trésor du prince ne pouvant suffire à leur paiement, il fallut le reculer. Une guerre malheureuse qui survint deux ans après, grossit le nombre de ces papiers au point qu'ils tombèrent dans le décri. Les marchandises éprouvoient un renchérissement proportionné; & comme, à raison des dépenses énormes de la guerre, le grand consommateur étoit le roi, ce fut lui seul qui supporta le discrédit du papier, & le préjudice de la cherté.

En 1759, le ministère fut forcé de suspendre le paiement des papiers du *Canada*, jusqu'à ce qu'on en eût démêlé la source & la valeur réelle. La masse en étoit effrayante.

Les dépenses annuelles du gouvernement pour le *Canada*, n'avoient pas passé quatre cents mille livres en 1729; mais elles s'étoient élevées depuis, jusqu'en 1750, à dix-sept cents mille livres.

A cette époque, ces dépenses n'eurent plus de bornes, & dans cette année elles furent de deux millions cent mille livres. L'année 1751 coûta deux millions sept cents mille livres; l'an 1752, quatre millions quatre-vingt-dix mille livres; l'an 1753, cinq millions trois cents mille livres; l'an 1754, quatre millions quatre cents cinquante mille livres; l'an 1755, six millions cent mille livres; l'an 1756, onze millions trois cents mille livres; l'an 1757, dix-neuf millions deux cents cinquante mille livres; l'an 1758, vingt-sept millions neuf cents mille livres; l'an 1759, vingt-six millions; les huit premiers mois de l'an 1760, treize millions cinq cents mille livres. De ces sommes prodigieuses, il étoit dû à la paix de 1763, quatre-vingt millions.

On remonta à l'origine de cette dette immense. On reconnut des malversations effrayantes, & des coupables en très-grand nombre. L'intendant, qui étoit M. Bigot, MM. Varin, commissaire ordonnateur de la marine, à Montréal, Bréard, contrôleur de la marine, à Québec; Cadet, Permisseaulx, munitionnaires, furent condamnés au bannissement, & dépouillés d'une partie de leurs brigandages. M. Péan, major des troupes, restitua six cents mille livres; enfin, le jugement de la commission choisie pour connoître de ces prévarications, fit rendre au roi douze millions. Il n'est pas inutile de rapporter ici l'extrait du jugement rendu dans cette affaire le 10 décembre 1763.

La punition des brigandages dans l'administration publique, est malheureusement si rare, qu'on ne peut trop citer les grands exemples de ce genre. En même-tems qu'ils sont une leçon propre à contenir les malversations du tems

présent, ils servent à dénoncer aux générations futures, les noms des coupables du tems passé, en les couvrant du mépris & de l'infamie qu'ils ont mérité.

Ce jugement bannit à perpétuité les nommés Bigot & Varin; les condamne en mille livres d'amende envers le roi; Bigot en quinze cents mille livres, & Varin en huit cents mille livres de restitution au profit de sa majesté: bannit pareillement les nommés Bréard, Cadet, Permisseault & Maurin, pour neuf ans, de la ville, prévôté & vicomté de Paris; les condamne en cinq cents livres d'amende envers le roi, & à restituer, au profit de sa majesté, Bréard, trois cents mille livres, Cadet, six millions, Permisseault & Maurin, six cents mille livres chacun; les nommés Corpron, Estibe, Martel de Saint-Antoine, & Payen de Noyan, à être admonestés en présence des juges, en six livres d'amende chacun, à restituer, Corpron, six cents mille livres, Estibe, trente mille livres, Marcel de Saint-Antoine, cent mille livres, & à garder prison jusqu'au paiement desd. sommes; fait défense aux nommés Jean-François Vassan, Daniel-Joncaire, Chabert, & François Duvergé de Saint-Blin, de récidiver; met le nommé Jean-Pierre la Barthe hors de cour; condamne en outre, par contumace, le nommé Landriéve, au bannissement pour neuf ans; les nommés Deschenaux, Dumoulin, Villefranche & Hautraye, pour cinq ans; & les nommés Bouville & Sacquespée, pour trois ans; lesdits Landrieve & Deschenaux, en cinq cents livres; Dumoulin, Villefranche & Hautraye, en cent cinquante livres; Bouville & Sacquespée, en vingt livres d'amende envers le roi; Landriéve, en cent mille livres de restitution, & Deschenaux, en trois cents mille livres. Ordonne encore qu'avant d'adjuger le profit de la contumace contre les nommés Saint-Sauveur, Lemoine, Despins, Sermet, Martel, Commissaire, Papin, Deferrieres, Billeau, Heguy, Gamelin, Curot l'aîné, Curot le jeune, Garreau, Martel troisieme, le Gras, Ferrand, Poiret, la Place, Roustau ou Roustan, Saint-Germain, Salvat de Lespervanche, de la Chauvignerie, Dartigny, Lorimier, Douville, Villebon & Dauterive, il sera plus amplement informé des faits mentionnés au procès; le tout pour avoir, par les dénommés au présent jugement, commis les abus, malversations, infidélités & prévarications qui ont causé un préjudice considérable aux intérêts de sa majesté.

Les lettres-de-change furent réduites à la moitié, & les ordonnances au quart de leur valeur. Les unes & les autres furent payées en contrats, à quatre pour cent, qui tombèrent dans le plus grand avilissement.

Dans la dette de quatre-vingt millions, les habitans du *Canada* étoient porteurs de trente-quatre millions d'ordonnances, & de sept millions de lettres-de-change. Ces effets subirent la loi commune ; maìs l'Angleterre , dont ils étoient devenus les fujets, obtint pour eux , en 1766 , un dédommagement de trois millions en contrats , & de fix cent mille livres en argent; de forte que les lettres-de-change de propriété Britannique , furent payées fur le pied de cinquante-cinq pour cent ; & les ordonnances à raifon de trentre-quatre pour cent.

Il paroît par les lettres-patentes du 12 mars 1769 , qu'il avoit été retiré des mains des créanciers du *Canada* , des effets pour foixante-douze millions deux cents trente-deux mille quatre cent quatorze livres neuf fols , & qu'il en reftoit encore qui n'avoient pas été repréfentés au bureau de la liquidation, & dont la converfion en contrats n'avoit pas lieu. L'arrêt du 6 mai 1769 , prit des arrangemens pour que les arrérages en fuffent payés , & le 20 janvier de l'année fuivante , un nouvel arrêt ordonna que les arrérages des reconnoiffances délivrées pour dettes du *Canada* , ne feroient plus payées que fur le pied de deux & demi pour cent des capitaux , qui ne pourroient plus être réduits , fous quelque prétexte que ce fût.

En 1772 , les dettes du *Canada* étoient entiérement payées.

CANAL DE NAVIGATION.

Il n'entre pas dans le plan de cet ouvrage , de donner l'Hiftoire de tous les canaux navigables qui exiftent dans l'univers , ou feulement en France. Il fuffit de les confidérer dans leurs rapports avec les finances de l'état , & de rappeler à quelles impofitions ils ont donné naiffance.

Les avantages que devoient produire un *canal* en Picardie , pour la jonction de l'Efcaut à la Somme & à l'Oife , & un autre en Bourgogne , pour faire communiquer Marfeille avec Rouen , ont été fi bien fentis à la fin du dernier regne , qu'ils devinrent les motifs de l'arrêt du confeil , du 7 feptembre 1773. Ce réglement ordonna que pour fubvenir aux dépenfes de ces deux canaux , il feroit impofé , en 1774 , dans la généralité des pays d'élections & pays conquis , une fomme de quatre cents dix-neuf mille huit cents foixante-treize livres , au marc la livre de la capitation , & l'arrêt du 9 août 1774 , prorogea cette impofition pour l'année 1775.

Maìs , cette même année , il parut plus conforme aux principes d'une fage adminiftration , de réunir toutes les contributions relatives aux travaux de la navigation en une feule impofition accefsoire de la taille , dans l'univerfalité du royaume.

Le préambule de l'arrêt du premier août , va faire connoître à la fois , les motifs de ce nouvel arrangement , & la fomme particuliere pour laquelle chaque province eft taxée.

« Le Roi s'étant fait repréfenter , en fon confeil , les arrêts rendus en icelui , les 7 feptembre 1773 , & 9 août 1774 , par lefquels le feu roi a ordonné qu'il feroit réparti , pendant les années 1774 & 1775 , au marc la livre de la capitation , une fomme de quatre cents dix-neuf mille huit cents foixante-treize livres huit fols cinq deniers , y compris les taxations, fur toutes les généralités des pays d'élection, & pays conquis , laquelle feroit employée aux ouvrages à faire au *canal* de Picardie , qui doit former la jonction de l'Efcaut à la Somme & à l'Oife, & à celui de Bourgogne , qui réunira l'Yonne à la Saône. Sa majefté s'eft pareillement fait repréfenter l'état des différentes autres fommes , impofées dans quelques-unes des généralités des pays d'élection, pour travaux relatifs à la navigation ; elle a jugé qu'il étoit conforme aux principes d'une fage adminiftration , de réunir ces impofitions en une feule contribution générale , afin de ne point furcharger les généralités qui fupportoient ces impofitions particulieres , & faire contribuer toutes les provinces dans une jufte proportion , à des dépenfes qui intéreffent également les différentes provinces. A quoi voulant pourvoir : Ouï le rapport du fieur Turgot , confeiller ordinaire au confeil royal , contrôleur-général des finances ; le roi en fon confeil , a ordonné & ordonne que la répartition des quatre cents dix-neuf mille huit cents foixante-treize livres huit fols cinq deniers , faite en vertu des arrêts des 7 feptembre 1773 , & 9 août 1774 , pour le paiement des travaux du canal de Picardie & de celui de Bourgogne , ainfi que les impofitions particulieres ordonnées dans les généralités d'Auch , Lyon , Montauban & Bordeaux , pour différens travaux , concernant la navigation , cefferont d'avoir lieu à l'avenir ; & qu'au lieu d'icelles , il fera impofé dans le fecond brevet que fa majefté fera arrêter inceffamment en fon confeil , pour les impofitions accefsoires de la taille à lever en l'année prochaine 1776 , fur les pays d'élection , une fomme de fept cents vingt-un mille neuf cents cinq livres , & celle de foixante-dix-huit mille quatre-vingt-quinze livres fur les pays conquis ; revenant lefdites deux fommes , qui feront reparties de la maniere fuivante , à celle de huit cents mille livres , non compris les taxations ordinaires & accoutumées ;

SAVOIR:

» Sur la généralité de Paris , la fomme de 71454 l.
» Sur celle de Soiffons. . . . . . . 18466.
» Sur celle d'Amiens. . . . . . 19186.
» Sur celle de Châlons. . . . . . 32236.
» Sur celle d'Orléans. . . . . . 42293.
» Sur celle de Tours. . . . . . 63882.
» Sur celle de Bourges. . . . . . 14791.

» Sur celle de Moulins. .   . . . 28628 l.
» Sur celle de Lyon. . . . . . . 26502.
» Sur celle de Riom. . . . . . 54030.
» Sur celle de Poitiers. . . . . 41891.
» Sur celle de Limoges. . . . . 31198.
» Sur celle de Bordeaux. . . . . 53825.
» Sur celle de la Rochelle. . . . 21552.
» Sur celle de Montauban. . . . 38621.
» Sur celle d'Auch. . . . . . . 26890.
» Sur celle de Rouen. . . . . . 48705.
» Sur celle de Caen. . . . . . 35202.
» Sur delle d'Alençon. . . . . . 31410.
» Sur celle de Grenoble. . . . . 21143.
» Sur le département de la Flandre Wa-
» lonne. . . . . 5823.
» Sur celui de la Flandre maritime. . 4610.
» Sur la province du Haynault. . . 3937.
» Sur le département de Metz. . . 3821.
» Sur la province d'Alface. . . . 6946.
» Sur le département du comté de Bour-
» gogne. . . . . 18848.
» Sur les duchés de Lorraine & de Bar. 32715.
» Et sur la province de Roussillon. . 1395.

» Lesquelles sommes ci-dessus fixées pour cha-
» cune desdites généralités & pays conquis, se-
» ront levées par les collecteurs & autres pré-
» posés au recouvrement des impositions, & par
» eux remises ès mains des receveurs des imposi-
» tions, qui en remettront le montant aux re-
» ceveurs généraux des finances, & ceux-ci le
» verseront, à la déduction néanmoins des taxa-
» tions ordinaires, dans la caisse des trésoriers
» des ponts & chaussées, pour lesdites sommes
» être employées sans divertissement aux travaux
» du canal de Picardie, de celui de Bourgogne,
» de la navigation de la Charente, & autres ou-
» vrages de cette nature, destinés aux progrès de
» la navigation dans les différentes provinces du
» royaume ».

CANCELLATION, s. f. terme usité dans les douanes des provinces méridionales, pour signifier la décharge d'un acquit; la radiation de la soumission faite de le rapporter dans un terme prescrit, à peine de payer le quadruple droit des marchandises qui en sont l'objet. La cancellation d'un acquit est l'action par laquelle il est annulé.

CANCELLER, est le verbe actif d'où vient cancellation; il se dit pour biffer, barrer de deux lignes transversales, une expédition de bureaux, pour l'annuler; un acquit cancellé est un acquit nul.

CAPITAINE - GÉNÉRAL, nom que l'on donne, dans le régime des fermes, à un employé qui commande plusieurs brigades, quelquefois composant quatre-vingts, cent & cent-cinquante hommes. Ses fonctions sont de prescrire aux briga-

diers, les mouvemens qu'il juge propres à empêcher de pénétrer la contrebande, ou la fraude, ou à saisir celle qui peut avoir été introduite; il est obligé de donner l'exemple du zele & de l'exactitude dans la recherche de tout ce qui peut préjudicier aux droits de la ferme-générale.

Suivant l'article 3 de l'ordonnance des gabelles de 1680, les Capitaines, archers & gardes de la ferme ne pouvoient faire aucune visite dans les maisons des ecclésiastiques, des nobles, & bourgeois notables, qu'en vertu de la permission par écrit, de l'un des officiers des greniers, excepté dans la poursuite des faux-sauniers, surpris en flagrant délit, ou après un avis reçu dans l'exercice de leurs fonctions.

Mais, d'après l'expérience, qu'avant que cette permission fût sollicitée & accordée, les personnes chez lesquelles devoit se faire la visite, recevoient des avertissemens secrets, qui les mettoient en état de n'avoir rien à craindre, l'adjudicataire des fermes adressa ses représentations à ce sujet.

En conséquence, un arrêt du conseil, du 13 octobre & 10 novembre 1722, permit aux Capitaines-généraux des fermes, de se transporter, quand ils le trouveroient bon, dans les maisons des ecclésiastiques, des nobles, des bourgeois, & autres de leur département, pour y faire les recherches & visites, accompagnés d'un garde, ou de deux témoins, qui seroient tenus de signer avec eux leurs procès-verbaux, les dispensant d'en obtenir préalablement la permission des juges. Ces dispositions ont ensuite été confirmées par des lettres-patentes du 24 mars 1727, les arrêts des 19 octobre 1734, & 9 octobre 1742.

Un arrêt de la cour-des-aides de Provence, du 14 mars 1738, a ordonné l'exécution de ces dispositions, & enjoint aux propriétaires & locataires, de faire l'ouverture des portes de leurs maisons, chambres, garderobes, & tous autres endroits indiqués, aux Capitaines-généraux des fermes, qui sont, en cas de refus, autorisés à les faire ouvrir par le premier serrurier requis, à peine d'y être contraint par corps. Des lettres-patentes du 9 octobre 1742, duement enregistrées au parlement d'Aix, confirment encore la prérogative des Capitaines-généraux.

Elle l'avoit été précédemment, à l'occasion d'une visite faite par le Capitaine-général, à la tête de la brigade des employés de Bayeux, dans le couvent des Augustins de cette ville. Ces religieux s'étant pourvus à l'élection, avoient obtenu une sentence, qui condamnoit les employés à dix livres d'amende, & aux dépens. Un arrêt du conseil, du 29 octobre 1726, cassa cette sentence, déchargea les employés des condamnations prononcées contre eux, & fit défense aux officiers de l'élection, de rendre de semblables jugemens en pareil cas.

Y ij

CAPITATION, f. f. qui fignifie un impôt fixé par tête, une taille perfonnelle ; cette efpece de tribut eft très-ancienne, & fe levoit dans les Gaules, dès le tems des Romains. Salvien dit, en parlant de la malheureufe condition des Gaulois, vers le milieu du cinquieme fiecle, *quand un pauvre citoyen a perdu tous fes biens fonds, il n'eft pas pour cela difpenfé de payer la capitation, il eft encore obligé d'acquitter cette taxe, quoiqu'il ne poffede pas un arpent de terre en propriété.*

On fait que quand Julien vint commander dans les Gaules, les collecteurs du tribut public y levoient vingt-cinq fols d'or par chaque tête, ou chaque cote-part de *capitation*, & qu'il la réduifit à dix-fept fols d'or ; ainfi, en évaluant la population de la Gaule à cinq cents mille chefs de famille, comme on la fuppofe en ce tems-là, les empereurs retiroient de la capitation, d'après l'évaluation du fol d'or, *par Leblanc, Traité hiftorique des monnoies*, à quinze livres tournois, cent quatre-vingt-fept millions & demi de notre monnoie, ou cent vingt-fept, après la diminution de l'empereur Julien.

Cette fomme paroîtra exceffive, fi l'on remarque qu'actuellement la *capitation* ne produit qu'environ trente-cinq millions.

Sous le regne de Conftantin le Grand, (*dit le Rhéteur Eumenius*,) auteur contemporain, la cité d'Autun renfermoit, fuivant le dernier recenfement, vingt-cinq mille chefs de familles, qui devoient chacun une cote-part de *capitation*; étant hors d'état d'acquitter cette charge, elle adreffa fes repréfentations à l'empereur, elle en obtint l'exemption de fept mille cote-parts, en forte qu'elle n'en devoit plus que dix-huit mille. Ce bienfait, dont Eumenius témoigne fa reconnoiffance, lui donne lieu de dire à ce prince : la remife de fept mille cote-parts, a rendu les forces à vingt-cinq mille perfonnes, qui étoient aux abois : en perdant fept mille têtes, vous en avez fauvé vingt-cinq mille, qui vous ont obligation de leur confervation.

Trente années après, on voit une loi des empereurs Valens & Valentinien, qui porte : « Jufqu'ici, chaque homme a payé lui feul, une » cote-part entiere de la *capitation*, & deux » femmes ont payé à elles deux, une de ces » cote-parts : nous voulons bien que déformais, » on affocie deux hommes, & même trois, pour » fatisfaire à une feule de ces cotes-parts, & que » de même, quatre femmes foient réunies, pour » en payer une ».

C'eft à cette taxe par tête, ainfi divifée, qu'on a donné le nom de *bina* & *terna*, qu'on trouve employés dans Caffiodore, pour défigner la *capitation*, par moitié & par tiers. On en trouve la preuve dans un ordre que Théodoric, roi des Oftrogots, & maître de l'Italie, envoyoit aux officiers chargés du recouvrement des impôts.

« Vous contraindrez, eft-il dit, par le miniftere » de vos fubalternes, les habitans de votre dif » trict, au paiement de ce qui fera dû des *tiers* » & moitié ; impofition à laquelle ils font fujets, » dès les tems des empereurs ».

Au refte, fi l'on affocioit plufieurs perfonnes, pour payer une feule cote-part de *capitation*, l'injuftice & l'avidité ofoient quelquefois en impofer plufieurs fur une feule perfonne.

Il exifte une requête en vers, que Sidonius Apollinaris préfenta l'année 458, à Majorien, pour fupplier cet empereur de le décharger de trois cote-parts de la *capitation* qui lui avoient été impofées en France, en haîne de ce qu'il avoit été du parti oppofé à cet empereur.

Comme chaque cote-part s'appelloit auffi une tête, Sidonius fupplie Majorien, de lui couper deux de ces têtes, qui lui font fort à charge.

Le fameux édit donné à Pifte, par Charles-le-Chauve, parle de la *capitation*, article 28; il porte « que les Francs, non exempts, & qui font tenus » de payer un écu au roi, tant pour leur *capita- » tion*, que pour leurs poffeffions, ne pourront » donner corps & biens aux églifes, ni fe rendre » ferfs ».

Il eft à préfumer que cette forme d'impofition fut enfuite abolie en France, puifqu'on trouve dans l'hiftoire, que le roi Jean propofa aux états qu'il avoit affemblé en 1356, à Ruel, d'impofer une *capitation* ou taille perfonnelle; mais ils s'y refuferent.

Cependant, après avoir reconnu dans une feconde affemblée, que le produit de l'aide qu'ils avoient accordée, étoit infuffifant pour fubvenir aux frais de la guerre contre les Anglois, parce qu'un grand nombre de villes n'avoit pas voulu s'y foumettre, ils fe déterminerent à établir la *capitation* générale, fuivant la demande que le roi en avoit faite.

Cette *capitation* fut fixée à quatre livres, à raifon de cent livres de revenu ; à quarante fols au-deffous de cent livres, & à vingt fols au-deffous de quarante livres; toutes perfonnes, foit de lignage royal, foit eccléfiaftiques, nobles, barons, chevaliers, populaires, fans exception, y furent fujettes.

Les laboureurs, manouvriers, ferviteurs & domeftiques y furent de même affujettis, à raifon de fix fols par cinq livres de revenu, ou de gages.

On eftima auffi la valeur des meubles, pour en former un revenu, de forte que celui qui en avoit pour cent livres, étoit taxé comme celui qui poffédoit un revenu de cent livres, & ainfi à proportion.

L'article 3 de l'édit qui établit cette *capitation*, ordonne aux receveurs de contraindre toutes fortes de perfonnes exemptes ou non exemptes, par toutes voies que bon leur femblera, & en cas de défobéiffance, de les faire affigner par-devant les fuper-intendans des états, dont les jugemens étoient déclarés fouverains.

Ces fuper-intendans ou commiffaires avoient été établis pour connoître des difcuffions qui pourroient naître à l'occafion des aides & nouveaux impôts, créés depuis plufieurs années ; ils reçurent enfuite le nom de généraux, des aides qui ont donné naif-fance à la cour-des-aides.

Cette *capitation* impofée fous le roi Jean, rappelle la taxe qui l'avoit été par Philippe-le-Bel, en 1302, fous le nom de fubvention, & qui étoit réglée fur le revenu & l'eftimation du mobilier. Elle fut fupprimée en 1314, peu de temps avant la mort de ce monarque.

Les communautés de la fénéchauffée de Beaucaire accorderent, le 18 février 1357, au comte de Poitiers, troifieme fils du roi Jean, & lieutenant pour fon pere, dans le Languedoc, au-delà de la Dordogne, un fubfide nommé *capage*, *capitation*, ou taille perfonnelle, qui avoit apparemment lieu dans les cas extraordinaires, puifqu'on rappelle dans cette délibération, que le préfent capage fera levé de la même maniere qu'il l'a été précédemment *juxta formam olim factam*. Le taux de cette impofition étoit le centieme des immeubles & le cinquantieme des meubles.

C'eft ici le lieu de remarquer que la *capitation* coûta à l'Angleterre plufieurs belles provinces qu'elle poffédoit dans le royaume, & fut la premiere caufe de leur réunion à la couronne.

En 1368, le prince de Galles ayant épuifé fes fonds & fes richeffes à remettre Dom Pedre fur le trône de Caftille, il revint en Guyenne couvert de gloire, & réfolu de la foutenir. A cet effet, il prit le parti de mettre pendant cinq ans, fur tous fes fujets de Guyenne, Poitou & Saintonge, une *capitation* d'un florin par feu, ce qui auroit produit douze cents mille livres par an.

Mais cette impofition fit élever de toutes parts, de grandes plaintes, & elles furent fomentées par plufieurs feigneurs mécontens. Charles V, qui régnoit alors, ayant écouté ces plaintes, & les remontrances qu'on lui adreffa, comme feigneur fuzerain, fit citer le prince de Galles à comparoître en perfonne, à courts jours, à la chambre des Pairs ; fur fon refus, il lui déclara la guerre, & tout ce qu'il poffédoit en France fut confifqué & réuni à la couronne.

La *capitation* n'a pris une dénomination conftante, & une forme bien réglée, que fous Louis XIV, qui l'établit par déclaration du 18 janvier 1695.

Les puiffances avec lefquelles la France étoit en guerre, paroiffant infenfibles à leurs pertes, & même tirer avantage de l'inclination que le roi témoignoit pour la paix, on chercha des fecours dans une *capitation* générale, par feux ou familles, payables d'année en année, pendant la durée de la guerre feulement, & fans qu'elle pût être continuée, ni exigée, fous quelque prétexte que ce fût, trois mois après la conclufion de la paix.

Le préambule de cette déclaration porte, que l'établiffement de cette impofition, pouvoit être regardé comme un moyen d'autant plus fûr & d'autant plus efficace pour fournir aux dépenfes de la guerre, que les plus zélés & les plus éclairés des fujets des trois ordres de l'état fembloient avoir prévenu la réfolution qui avoit été prife à ce fujet, & que même les états de Languedoc, après avoir accordé, par une délibération du mois de décembre 1694, le don gratuit de trois millions qui leur avoit été demandé, & avoir pourvu aux autres charges ordinaires, que la guerre avoit confidérablement augmentées, avoient eu pourtant leur prévoyance & les témoignages de leur zele & de leur affection, au-delà de ce qu'on pouvoit en attendre, propofé le fecours de la *capitation*, & expofé les motifs qui devoient le faire préférer à tous les autres moyens extraordinaires que l'on pourroit pratiquer dans la fuite.

Qu'en effet, cette *capitation* portant généralement fur tous, feroit peu onéreufe à chaque particulier ; qu'étant réunie aux revenus ordinaires, elle produiroit des fonds fuffifans, & que le recouvrement s'en faifant fans frais & fans remife, ce fecours feroit beaucoup plus prompt, plus facile & plus effectif, & mettroit à portée de fe paffer, dans la fuite, des affaires extraordinaires, auxquelles la néceffité des tems avoit obligé d'avoir recours. Le roi promet enfuite en foi & parole de roi, de faire ceffer cette *capitation* trois mois après la publication de la paix.

Il fut écrit aux intendans des différentes provinces du royaume, pour leur demander le nombre des paroiffes de chaque généralité, & l'évaluation de ce que pourroit produire la *capitation*, annoncée comme une impofition paffagere & momentanée.

Les intendans, de leur côté, confulterent les officiers municipaux des villes, pour avoir des dénombremens & des eftimations. On voit, par les lettres qui furent écrites alors, que chaque taxe devoit être très-modique, les plus foibles étoient fixées à dix fols ; les autres devoient être réglées par les facultés des contribuables.

L'article premier de la déclaration de 1695, après avoir ordonné la levée d'une *capitation* générale, même dans les villes conquifes depuis la guerre, porte qu'à cet effet, il feroit arrêté par les intendans des différentes provinces, par les fyndics des diocefes & états, par les gentils-hommes, qui, fuivant la déclaration, devoient agir conjointement avec les intendans, des rôles de répartition, conformément au tarif, arrêté dans le confeil, contenant la diftribution des fujets, en vingt-deux claffes, & annexé à la déclaration.

L'objet de cette claffification étoit, que le poids de cette impofition fût porté par chaque individu, dans la proportion affignée à la claffe dans laquelle il fe trouvoit placé. Mais l'identité des mêmes états, qualités & fonctions, n'entraîne point l'égalité des fortunes & des facultés ; ainfi, une opération appuyée fur une pareille bafe, s'écarte néceffairement des vues de juftice & d'égalité que l'on doit fe propofer, & va directement contre fon objet.

Tous les fujets, de quelque qualité & condition qu'ils puffent être, les eccléfiaftiques féculiers & réguliers, les nobles, les militaires, &c., devoient être affujettis à la *capitation*, à l'exception de ceux des taillables dont les cotes étoient au-deffous de quarante fols ; des religieux mendians, & des pauvres, dont les curés des paroiffes donneroient des rôles qu'ils certifieroient.

La même déclaration porte que le roi étoit perfuadé que les eccléfiaftiques, que leur état empêchoit de le fervir dans fes armées, & qui ne pouvoient contribuer dans cette occafion, à la défenfe de l'état, que par la voie des fubfides, fe foumettroient volontiers à cette contribution ; mais l'affemblée générale du clergé devant fe tenir dans la même année, & les témoignages que fa majefté avoit toujours reçu du zele de ce corps, lui faifant préfumer qu'il continueroit à en donner des marques, en accordant un don gratuit, proportionné aux befoins de l'état, il ne feroit pas jufte qu'il fe trouvât en même-tems chargé de contribuer à la *capitation* ; il fut ordonné que, quant à préfent, le clergé, & les membres qui en dépendoient, ne feroient compris, ni dans le tarif qui feroit arrêté au confeil, ni dans les rôles formés par les intendans, pour le recouvrement des taxes de l'année 1695.

Le produit de la *capitation* étant deftiné à foutenir les dépenfes de la guerre ; & ce fecours devenant néceffaire pour la campagne fuivante, il fut ordonné que les redevables acquitteroient leurs taxes en deux termes, & paiemens égaux, l'un dans les premiers jours de mars, & l'autre dans ceux du mois de juin fuivant, entre les mains des receveurs des tailles de chaque élection, ou des commis par eux prépofés, & qui remettroient enfuite le montant de leur recette refpective, au receveur-général des finances de la généralité.

Que les bourgeois & habitans des villes franches & non-taillables, paieroient entre les mains des receveurs des deniers communs de ces villes, lefquels verferoient également leurs fonds dans la caiffe du receveur-général de la généralité, & celui-ci au tréfor-royal.

Dans les pays d'états, les rôles d'impofition de la *capitation* devoient être arrêtés par les intendans, de concert avec les députés ordinaires, ou fyndics des états, & les taxes devoient être acquittées entre les mains des collecteurs & receveurs ordinaires des dons gratuits, & autres impofitions, qui devoient en remettre le montant aux tréforiers de la province, pour être enfuite porté au tréfor-royal.

Le rôle d'impofition de la ville de Paris, devoit être arrêté par le prévôt-des-marchands & les échevins, & le montant de la recette dont le receveur-général de la ville étoit chargé, devoit être verfé au tréfor-royal.

Les rôles des gentils-hommes & des nobles, devoient être formés par les intendans, de concert avec un gentil-homme nommé par le roi dans chaque bailliage, où il y auroit eu un receveur pour cette recette particuliere.

Les intendans des provinces, ceux de la marine & des galeres, étoient chargés de faire travailler à la confection des rôles des officiers & foldats, tant de terre que de mer.

Les officiers des parlemens & des autres compagnies, qui recevoient leurs gages par la voie d'un payeur, devoient acquitter leurs taxes entre fes mains.

Il étoit dit : que les princes, ducs, maréchaux de France, les grands officiers de la couronne, & les autres officiers compris dans les deux premieres claffes du tarif, acquitteroient leurs taxes directement entre les mains du garde du tréfor-royal.

Quant aux autres officiers de la maifon du roi & des maifons royales, leur *capitation* devoit être payée fur un rôle arrêté par le roi, & entre les mains d'un receveur établi *ad hoc*.

Un réglement exprès devoit pourvoir, tant aux taxations des différens receveurs, qu'à la maniere de rendre leurs comptes. Mais il leur étoit fait défenfes d'exiger des redevables aucuns droits de quittance, ou autres, à peine de concuffion.

Les receveurs étoient autorifés à contraindre ceux qui feroient en retard de payer, par les mêmes voies, que pour les autres deniers du roi, à l'exception feulement des eccléfiaftiques, à l'égard defquels il ne pourroit être procédé que par faifie de leur temporel.

Les rôles, extraits des rôles, quittances, affignations, & généralement tous les actes, concernant la *capitation*, pouvoient être faits fur papier non timbré.

Les perfonnes qui poffédoient plufieurs charges ou offices, & qui par cette circonftance, pouvoient fe trouver compris dans plufieurs claffes, ne devoient acquitter qu'une taxe, à raifon de la plus forte, fuivant leur qualité.

Les fils de famille mariés, ou pourvus de charges, devoient être taxés en particulier, quoiqu'ils demeuraffent chez leurs pere & mere.

Les enfans majeurs ou mineurs, qui jouiffoient

des biens de leurs pere ou mere décédés, devoient être taxés au quart de ce que leur pere auroit supporté.

Les veuves & les femmes séparées n'étoient affujetties qu'à la moitié de la taxe de leurs maris.

Tous ceux qui ne se trouvoient pas précisément compris sous l'une des classes du tarif, devoient être taxés par les intendans seuls, ou par les magistrats, conjointement avec les syndics & députés des états, les syndics des diocèses, & les gentils-hommes nommés par le roi, sur le pied de celle des classes à laquelle ils avoient le plus de rapport, ou par leur état, ou par leur qualité.

D'après les changemens qui pouvoient survenir dans les états & les fortunes des personnes sujettes à la capitation, les intendans étoient autorisés à procéder dans la forme ci-dessus, à la correction des rôles, en augmentant ou diminuant les taxes, & ils devoient envoyer chaque année, au contrôleur-général des finances, le tableau de ces augmentations ou diminutions.

La connoissance des contestations qui pouvoient s'élever sur le fait de l'imposition, & du recouvrement de la capitation, étoit attribuée dans ces provinces, aux intendans, & à Paris, aux prévôts-des-marchands & échevins, sauf l'appel au Conseil.

Cette déclaration, fut enrégistrée au parlement, le 21 janvier 1695 & en la chambre-des-comptes, le 22 du même mois.

Le tarif mis sous le contre-scel de ce réglement, étoit distribué en vingt-deux classes comme on l'a dit.

La premiere qui commençoit par M. le Dauphin, étoit taxée à deux mille livres.

La seconde à quinze cents livres.

La troisieme à mille livres, & ainsi des autres en dégradation jusqu'à la derniere qui étoit fixée à vingt sols.

Un grand nombre de chefs de famille des pays d'état, qui, quoique aisés, ne supportoient cependant pas quarante sols de taille, cherchèrent à se prévaloir des dispositions de la déclaration qui exemptoient de la capitation tous ceux qui payoient une taille au-dessous de quarante sols; mais le 22 février, un arrêt du conseil ordonna que cette exemption ne devoit avoir lieu, que dans les pays d'élection.

Un autre arrêt rendu postérieurement, a restreint cette exemption aux particuliers, dont la cote n'est que de vingt sols & au-dessous.

Le clergé, qui, par la déclaration, avoit été assujetti à la capitation, mais qu'on avoit supposé devoir l'acquitter, par la voie d'un don gratuit, accorda en effet, quatre millions par an, pendant tout le tems que dureroit la guerre & à commencer pour l'année 1695. Ce corps fit l'imposi-

tion de cette somme sur lui-même, après y avoir été autorisé par lettres-patentes.

Le clergé des trois évêchés qui ne faisoit pas partie du clergé de France, paya aussi un don gratuit, par forme d'abonnement.

On a vu que la capitation avoit été réglée, non sur les facultés, mais d'après l'état & les qualités des contribuables; cette imposition sur deux personnes d'une même profession, dont l'une étoit riche & l'autre peu aisée, devenoit très-onéreuse pour celle-ci, & légere pour la premiere. Cette circonstance en rendant le recouvrement plus ou moins difficile, occasionnoit des poursuites, dont les frais aggravoient encore la condition du contribuable le moins aisé.

Afin de prévenir cet inconvénient, un arrêt du 26 mars, ordonna d'abord que les droits de contrôle des exploits & significations qui étoient faits pour parvenir au recouvrement de la capitation seroient réduits au quart des droits ordinaires; ce quart fut ensuite supprimé, le 31 mai suivant.

Comme la capitation n'avoit pu être acquittée dans les termes réglés, on en fixa deux nouveaux, qui furent les mois de juin & de juillet. On ordonna le 11 juin, que ceux des redevables qui n'auroient point acquitté la premiere moitié de leur taxe, dans le mois de juin, & la seconde, dans le mois de juillet, paieroient une moitié en sus, ou de leur taxe entiere; ou de la somme dont ils seroient en retard.

Un édit du 4 juin, de la même année 1695, avoit déjà réglé que les sommes pour lesquelles les valets, servantes, & autres domestiques, seroient employés dans les rôles, devoient être payées par les maîtres & maîtresses, sauf leur recours.

Le 15 février 1697, un arrêt ordonna aux payeurs des compagnies de retenir la capitation sur les gages qui ne pourroient jamais être saisis, que jusqu'à la concurrence de la capitation, & le mois suivant, un autre arrêt porte que les gentils-hommes exempts & privilégiés, les habitans des villes franches ne pourront jouir de leurs privilèges, qu'ils n'aient acquitté leur capitation.

Cette même année, la paix fut conclue à Riswick, à la fin de septembre. Dès le 17 de septembre suivant, le roi, fidele à sa promesse, ordonna que la capitation ne seroit plus imposée & levée, que pour les trois premiers mois de 1698.

Cette suppression ne fut pas de longue durée; la guerre élevée à l'occasion de la succession d'Espagne, fit renaître les besoins qui avoient donné naissance à la capitation en 1695.

Cet impôt fut rétabli, & même sur un pied plus fort que précédemment, par la déclaration du 12 mars 1701, enregistrée au parlement, le 17 du même mois.

Quoique cette nouvelle déclaration fût calquée sur celle de 1695 , & qu'elle en rappellât les dispositions , on changea celles qui regardoient plusieurs corps ; ils furent autorisés à faire eux-mêmes la répartition de la *capitation* sur leurs membres.

De ce nombre furent 1°. , le parlement de Paris , & les autres cours supérieures du royaume, le premier préfident, deux députés & le procureur-général de chaque compagnie, formerent les rôles , & on y comprit les greffiers , les avocats & les procureurs.

2°. Le châtelet, & les jurifdictions fubalternes ou inférieures de Paris ; les chefs arrêterent également les rôles , de concert avec deux députés & le procureur du roi.

Dans les provinces, les intendans eurent ce foin , conjointement avec les officiers de chaque jurifdiction.

Enfin , tous les corps & métiers foumis à la jurifdiction du lieutenant-général de police de Paris, furent taxés par ce magiftrat, & le procureur du roi.

Le paiement de la *capitation* fut diftribué en deux termes ; le premier , à la fin de mars, le fecond à la fin de feptembre, à peine , pour ceux qui n'auroient pas acquitté dans ces délais , de payer moitié en fus , de la fomme dont ils feroient reliquataires.

La comptabilité fut réglée comme en 1695 ; c'eft-à-dire qu'on attribua la connoiffance des conteftations relatives à la matiere, aux intendans , à l'exception néanmoins de tout ce qui pourroit concerner les officiers des cours fouveraines, dont le jugement en premiere & derniere inftance fut attribué à ces compagnies.

Les états de répartition devoient être envoyés au confeil , par ceux qui avoient été chargés de leur confection, & il devoit, en conféquence de ces états , être arrêté des rôles qui devoient être rendus exécutoires ; mais comme la formation de ces états exigea des délais plus confidérables qu'on ne l'avoit penfé ; le 19 avril 1701, un arrêt du confeil déclara ces états même exécutoires par provifion.

Comme le produit de la *capitation* ne fuffifoit pas encore aux dépenfes de la guerre, un arrêt du confeil du 3 mars 1705, revêtu de lettres-patentes dûment enregiftrées le 4 feptembre, y joignit, par addition , la levée de deux fols pour livre du dixieme du montant de cette impofition. Ces deux fols pour livre ont engendré les quatre fols pour livre qui fe lèvent encore actuellement. Il fut ordonné la même année, qu'à l'avenir les gens de campagne feroient impofés au marc la livre, de la taille qu'ils paieroient.

Quoique la déclaration de 1701 eut affuré que la *capitation* cefferoit fix mois après la paix, fans que le quartier qui feroit commencé pût être com-

pris dans ces fix mois , cependant cette impofition fut prorogée indéfiniment par déclaration du 19 juillet 1715. On révoqua même les exemptions qui avoient été promifes en 1708 & 1709, à ceux qui acquerroient des rentes de la création des années précédentes.

Trois années après , un arrêt du 24 décembre 1718, dans la vue de faciliter la reddition & l'apurement des receveurs de la *capitation* , ordonna que les redevables qui auroient obtenu l'année précédente des modérations ou décharges de leurs taxes , feroient obligés de les remettre aux prépofés à la recette de la *capitation* avant le premier mars prochain, finon, qu'elles feroient nulles & de nul effet ; que les particuliers qui fe prétendroient impofés ailleurs , & ne juftifieroient pas de leur quittance dans le mois de la demande, feroient contraints au paiement des fommes portées par les rôles, fans efpérance d'aucune réduction , ni compenfation.

S'il eft de l'intérêt du fouverain qu'une impofition paffe directement de la main de fes peuples dans fon tréfor, il l'eft auffi qu'elle foit répartie avec la plus grande égalité ; mais une diftribution par vingt claffes n'étoit pas propre à remplir ce dernier objet.

La contribution du pauvre eft forcée , & celle du riche eft modique ; car la même qualité, le même état, la même profeffion, ne donnent pas cette égalité de moyens & de fortune, qui eft fi gratuitement fuppofée. D'ailleurs , en admettant cette égalité dans la recette , peut-elle exifter dans la dépenfe. N'eft-il pas plufieurs circonftances, comme celle d'une famille nombreufe, de parens à foutenir , qui aggravent la dépenfe & rompent cet équilibre d'aifance fur lequel repofe l'uniformité de la *capitation* par claffes.

Un pareil impôt, dit un écrivain qui mérite d'être cité avec éloge, (l'auteur des *Confidérations fur les finances*, tom. 4, pag. 110) , eft très-propre à fuppléer à une néceffité extraordinaire, « parce » qu'il fe perçoit fans beaucoup de frais, & qu'il » rentre promptement , s'il eft principalement » réparti fur les riches. Pendant la paix, il eft » moins avantageux au public , qu'un impôt réel » fur les biens, parce qu'il tient trop de l'arbi- » traire, & qu'à la longue le riche eft déchargé, » & le pauvre furchargé.

» Les détreffes fréquentes de l'état, depuis l'é- » tabliffement de cet impôt, ont encore contribué » à le répartir plus inégalement. Prefque toutes » les charges ont été taxées à une *capitation*, » &, par une maxime qu'on appelleroit plus » juftement un fophifme, on ne peut être foumis » à deux *capitations* ; de façon que plus un homme » eft riche , plus il eft affuré de payer peu de » *capitation* en achetant une charge.

» Il paroît cependant que l'efprit primitif de » la loi étoit d'affeoir l'impôt en raifon des facultés.

» facultés. En général, toutes chofes dégénerent
» facilement en ufage parmi nous, & elles fub-
» fiftent enfuite long-tems, parce que c'eft
» l'ufage.

» La même inégalité s'eft introduite parmi les
» compagnies qui paient la *capitation* en corps ;
» c'eft-à-dire, que le plus riche paie autant que
» le moins riche. S'il eft une de ces compagnies
» où cet abus foit remarquable, c'eft parmi les
» financiers. Quelle que foit leur fortune ou leur
» portion d'intérêt, la *capitation* de chacun eft
» égale.

» La France feroit trop puiffante, fi la répar-
» tition des impôts étoit faite également. Que
» l'on compare la maniere de vivre des riches
» de la capitale, & des principales villes du
» royaume, au plus fort de la guerre, avec
» les changemens qui arrivent alors dans les
» campagnes, on fera furpris, d'un côté, que
» l'état foit fi peu fecouru, & que de l'autre il le
» foit autant.

» Tel impôt qui ne retrancheroit pas dix pif-
» toles fur le jeu, ou fur les dépenfes les plus
» frivoles, dans chaque famille aifée, eût fuffi
» quelquefois, avec les revenus courans, pour
» faire la guerre, fans que le laboureur en en-
» tendît parler ailleurs, que dans les prieres pour
» demander la paix. . .

» Autant notre nation eft eftimable à beaucoup
» d'égards, autant elle mérite de reproches fur
» l'intérêt que l'on doit prendre à la gloire &
» au maintien de la fociété ».

Un autre écrivain plus récent, & dont nous
avons emprunté le dialogue fur les *aides*,
(*voyez* cet article), ne s'exprime pas avec moins
de force au fujet de la *capitation*. C'eft s'embellir que de citer fes expreffions.

« Eft-il rien de plus arbitraire qu'un pareil
» impôt ? L'affeoira-t-on fur des déclarations ?
» Mais il faudroit entre le monarque & les
» fujets, une confcience morale qui les liât l'un
» à l'autre par un mutuel amour du bien gé-
» néral, ou du moins une confcience publique
» qui les raffurât l'un envers l'autre, par une
» communication fincere & réciproque de leurs
» lumieres & de leurs fentimens. Or comment
» établir cette confcience publique qui ferviroit
» de flambeau, de guide & de frein dans la marche
» des gouvernemens ?

» Percera-t-on dans le fanctuaire des familles,
» dans le cabinet du citoyen, pour furprendre
» & mettre au jour ce qu'il ne veut pas révéler,
» ce qu'il lui importe même fouvent de tenir
» caché ? Quelle inquifition ; quand même on par-
» viendroit à connoître les reffources de chaque
» particulier, ne varient-elles pas d'une année à
» l'autre, avec les produits incertains & pré-
» caires de l'induftrie ? Ne diminuent-elles pas

» avec la multiplication des enfans, avec le dépé-
» riffement des forces par les maladies, par l'âge,
» & par le travail.

» Les facultés de l'humanité, utiles & labo-
» rieufes, ne changent-elles pas avec les viciffi-
» tudes que le tems apporte dans tout ce qui
» dépend du tems & de la fortune. La taxe per-
» fonnelle eft donc une vexation individuelle fans
» utilité commune, & fans profit pour l'état».
Hiftoire Ph. D. D. I. édition de 1780 *, tom.* 4,
in-4°. pag. 638.

Quels que foient les effets de la *capitation*, on
ne peut pas accorder à l'écrivain que nous venons
de citer, qu'elle foit fans profit pour l'état, quand
il en retire près de trente millions, & qu'elle devient
d'ailleurs impofition réelle & territoriale dans les
campagnes, puifqu'elle y eft impofée au marc la
livre de la taille. C'eft, fans doute, faute d'avoir
bien connu cette diftinction dans ce genre d'impôt,
que l'on a tiré la conclufion, qu'elle étoit fans
profit pour l'état.

Au furplus, c'eft la déclaration de 1701 qui
fert de règle à la levée de la *capitation* perfonnelle.

Le miniftre des finances prend chaque année les
ordres du roi à ce fujet. Il en fait part tant aux
chefs des compagnies fupérieures de Paris & des
provinces, qu'aux intendans, aux chefs des jurifdictions inférieures de Paris ; à M. le prévôt
des marchands, pour l'impofition des habitans, &
à M. le lieutenant-général de police, pour celles
des communautés d'arts & métiers.

La lettre qui eft écrite par le miniftre aux chefs
des compagnies, pour leur faire connoître les
intentions du roi, ne contient point la fixation de
l'impofition. Cette fixation eft toute faite par le
tarif de 1701, avec l'augmentation d'un tiers en
fus de chaque taxe.

Pour les provinces, il eft arrêté au confeil un
état de ce que chacune doit fupporter, & le miniftre annonce aux intendans la fomme fixée pour
la capitation de leurs départemens refpectifs.

On doit obferver que dans la maffe totale de
cette impofition, la *capitation* que paient la nobleffe & les privilégiés, forment dans les provinces l'objet le moins confidérable. La portion
la plus forte eft celle qui eft répartie entre les
taillables & les non privilégiés, au marc la livre
de la taille.

Comme la *capitation* eft fujette à des diminutions,
foit par les décharges ou modérations que l'on eft
obligé d'accorder à ceux qui font impofés au-delà
de leurs facultés, foit à caufe des non-valeurs qui
furviennent, par le décès de ceux qui meurent avant
l'échéance des termes de paiement, on eft toujours
obligé de demander une fomme plus forte que
celle qui eft fixée pour le tréfor-royal.

Les intendans étant plus à portée que le confeil
d'évaluer la fomme qui pouvoit être néceffaire

pour remplacer dans leur département l'objet des non-valeurs, on leur a laissé, jusqu'en 1765, la faculté de faire ces évaluations, sauf à comprendre dans les comptes, le montant entier du recouvrement. Mais pour ne rien donner à l'arbitraire, le conseil a pris le parti, à cette époque, de fixer & déterminer le montant de la somme qui doit être imposée, tant pour le contingent du trésor-royal, que pour fournir aux modérations & non-valeurs. Au moyen de cette fixation, il ne peut rien être imposé au-delà.

Jusqu'en 1747, la levée de la capitation subsista sans aucun changement; mais, à cette époque, un arrêt du conseil, du 18 décembre, ordonna, relativement à la capitation, l'exécution de la déclaration, du 7 mai 1715, qui avoit prescrit la perception des quatre sols pour livre, en sus des droits des fermes, avec la restriction que ce cinquieme n'auroit lieu, que pendant dix années. En 1757, un nouvel arrêt du conseil a prorogé cette perception encore pour dix années, qui devoient finir le premier décembre 1767; mais elle a été continuée, par arrêt du conseil, du 10 septembre, pour dix autres années, & ensuite, par arrêt du 23 février 1773.

Cette imposition a reçu d'autres accroissemens en différens tems de besoin. En 1760, l'édit du mois de février ordonna que tous les sujets, autres néanmoins que les taillables, dont la capitation s'imposoit au marc la livre de la taille, seroient tenus de payer pendant les années 1760 & 1761, le double de leur capitation, & les quatre sols pour livre; que tous les officiers des grandes & petites chancelleries, les banquiers, & tous particuliers, fermiers, régisseurs des droits de la majesté, pourvus de charges, emplois & commissions de finance, ou autres places, emportant recette & maniement des deniers publics, même ceux, qui, après avoir exercé pendant dix ans de semblables charges, places, emplois, ou commerce, se seroient retirés, seroient tenus de payer, outre ce premier doublement, un second doublement de la premiere cote, avec les quatre sols pour livre.

Les doublement & triplement ci-dessus ordonnés pour deux années seulement, furent ensuite prorogés pour les années 1762 & 1763, par déclaration du 16 juin 1761, enregistrée en lit de justice.

En 1773 & 1774, deux arrêts du 7 septembre & 9 août, ordonnerent l'imposition au marc la livre de la capitation sur les généralités des pays d'élection, & sur les pays conquis; le premier, d'une somme de quatre cent dix-neuf mille huit cent soixante-treize livres huit sols cinq deniers, pour les années 1774 & 1775; somme destinée à être employée aux dépenses de la construction des canaux de Bourgogne & de Picardie; mais cette contribution, réglée sur la capitation, a été

changée en une imposition particuliere, accessoire de la taille, par arrêt du conseil du premier août 1775. Voyez CANAL.

Pour ne rien omettre de ce qui concerne la capitation personnelle, il convient de faire mention ici de l'arrêt du conseil du 14 novembre 1767, relativement aux négocians en gros ennoblis. Ce réglement rappelle que ceux de ces négocians auxquels il auroit été accordé des lettres, en conformité des arrêts & lettres-patentes du 23 juin précédent, ne pourront être augmentés à la capitation, pour raison, & sous prétexte desdites lettres.

Quant à la maniere dont se leve la capitation, & aux formalités auxquelles elle a été assujettie, on peut diviser ces détails en huit articles sommaires, qui comprendront :

1°. Ce qui concerne la capitation de la cour.
2°. La capitation des troupes.
3°. Celle du clergé.
4°. La capitation des pays d'états.
5°. Celle de la ville de Paris.
6°. Celle des financiers.
7°. Celle des arts & métiers.
8°. Tout ce qui a rapport au recouvrement & à la comptabilité de cette imposition.

On terminera par rappeller ce qui est relatif à l'état actuel de la capitation des taillables, & par faire mention de différens projets, dont l'exécution a été proposée pour remplacer cette imposition.

On doit se souvenir que d'après les dispositions de la déclaration du 18 janvier 1695, les princes du sang, les ministres & les autres personnes de distinction, comprises dans la premiere & la seconde classe du tarif, devoient payer leur capitation directement entre les mains du garde du trésor-royal, & que ceux compris dans la troisieme classe, devoient la payer à un receveur particulier.

On jugea d'abord que la comptabilité seroit plus facile, en chargeant une seule & même personne, de recevoir la capitation de ces trois classes; elle fut commise par arrêt du conseil du 18 février 1696, avec la condition qu'elle ne compteroit qu'au conseil.

Sans doute que le paiement de cette imposition éprouva des difficultés & des retardemens, puisqu'un arrêt du 28 juillet de la même année, ordonna que tous les officiers qui servoient dans la maison du roi, seroient contraints au paiement de leur capitation, par saisie de leurs gages & apointemens. On alla même ensuite jusqu'à prononcer la déchéance de tous privileges, contre ceux qui n'auroient pas satisfait à cette obligation dans les termes prescrits.

L'arrêt du conseil du 9 décembre 1698, ordonna que les gardes du trésor-royal, paieroient sans autre formalité que celle de la saisie-arrêt, les fommes dues pour la *capitation* , de ceux qui recevoient du roi , des penfions , ou des apointe-mens , & que les quittances du prépofé au recou-vrement de cette impofition , feroient prifes pour argent-comptant.

Ce même arrêt portoit, à l'égard des perfonnes à qui il n'étoit rien dû par le tréfor-royal, qu'elles feroient contraintes au paiement de leur *capitation* par faifie de leurs revenus , & par l'exécution de leurs meubles.

Cette rigueur , qui avoit accompagné la levée de la *capitation* dès fon origine , la fuivit encore lors de fon rétabliffement en 1702 ; les tréforiers & payeurs pour le roi, furent autorifés à retenir fur les gages , penfions & apointemens , le mon-tant de la *capitation* des perfonnes qu'ils payoient , à moins qu'il ne fût juftifié, qu'ils y avoient fatis-fait par la repréfentation de la quittance du rece-veur de cette impofition.

Cet arrangement qui a long-tems fubfifté , a été fucceffivement confirmé par plufieurs arrêts du confeil, & notamment par celui du 25 mars 1738.

Le tarif de la *capitation* de la cour eft tout dreffé ; le rôle qui eft arrêté chaque année au confeil, eft à-peu-près toujours le même. Le principal chan-gement confifte à fubftituer fur ce rôle , aux noms des perfonnes décédées , les noms de celles qui les ont remplacées.

Ce rôle, figné du miniftre des finances , eft remis aux tréforiers de la maifon du roi & de celle des princes. Depuis la fuppreffion de la place de receveur-particulier de la *capitation* de la cour , ils en retiennent le montant fur les ap-pointemens qu'ils paient. Cette fuppreffion a été l'objet de l'arrêt du confeil du 30 décembre 1775. Depuis cette époque, on a même ceffé de faire les fonds entre les mains de ces tréforiers, du montant de cette impofition , enforte qu'il n'y a plus de non-valeurs à craindre fur cette partie, & que la taxation ou remife accordée au receveur de la *capitation*, eft paffée en économie. Ces tréforiers délivrent des certificats qui juftifient que la *capi-tation* a été retenue fur les appointemens, afin de fervir de décharge aux perfonnes qui pourroient être impofées à leur domicile. Quant aux per-fonnes de la cour , qui ne font pas employées dans les maifons du roi , de la reine, ou des Princes , & qui ont leur domicile à Paris, il fut ordonné qu'elles paieroient leur *capitation*, à compter du premier janvier 1776, entre les mains de celui des receveurs des impofitions de la ville de Paris , dans le département duquel elles feroient domi-ciliées, & il lui fut accordé deux deniers de taxa-tions fur cet objet.

Le recouvrement de la capitation des troupes , n'exige aucuns frais, & n'entraîne aucune dépenfe.

Le tarif qui en fut arrêté au confeil royal des finances, le 21 octobre 1702 , eft d'un tiers plus fort que celui qu'on avoit formé en 1695 ; mais il a peu varié depuis , fi ce n'eft que les quatre fols pour livre additionnels fe paient par les troupes comme par tous les autres fujets.

Le tarif en a été renouvellé & rectifié en 1764 , par une ordonnance du 24 février , qui a eu pour objet de rendre la fixation plus exacte , & propor-tionnée à toutes les claffes militaires.

Cette ordonnance porte , que la retenue de la *capitation* de tous les officiers des troupes de fa majefté, enfemble les quatre fols pour livre en fus , fera faite fur les appointemens qui feront payés par les tréforiers-généraux de l'extraordi-naire des guerres , & par leurs commis, dans les provinces , camps & armées.

Que cette retenue fe fera en deux portions égales , favoir , la premiere moitié en mars, & la feconde en feptembre.

Enfin qu'elle aura lieu fur les régimens , efca-drons, bataillons & compagnies, tant d'infanterie que de cavalerie & dragons, fur le pied complet , fans avoir égard aux emplois vacans , fauf aux ma-jor & officiers chargés du détail, à le faire fup-porter par ceux qui rempliffent les emplois vacans.

Voici le tarif qui fe trouve joint à cette ordon-nance de 1764, & qui comprend les quatre fols pour livre du montant de chaque impofition.

Officiers généraux.

	livres.
Lieutenans - généraux des armées du roi, à celle de	540
Les maréchaux-de-camp . . .	360
Les brigadiers des armées du roi .	240
Les maréchaux-des-logis des camps & armées	360
Les aides - maréchaux - des - logis des camps & armées	180
Les maréchaux-généraux des logis de la cavalerie	240

Officiers de l'état-major de la cavalerie.

Le colonel-général de la cavalerie	720
Le meftre-de-camp-général de la cavalerie	540
Le commiffaire-général de la ca-valerie	360
Le cornette blanc de France . .	360
Le maréchal - général - des - logis des camps & armées , aux ap-pointemens de 8400 liv . .	180
Le maréchal-général-des-logis de la cavalerie	240
Le maréchal-des-logis de la ca-valerie	120
Le fecrétaire-général de la ca-valerie	120

Prévôté.

Le Prévôt	24

Le lieutenant de prévôt	12 liv.	f.
Les fouriers	7	4
Le greffier, l'exempt, les archers & l'exécuteur, chacun . . .	3	12
Le médecin	12	
Les chirurgiens	3	12
Les trompettes	2	8

Officiers de l'état-major des dragons.

Le colonel-général des dragons .	720
Le mestre-de-camp-général . . .	540
Le maréchal-des-logis	240
Le secrétaire-général	120

Prévôté.

Le prévôt	24	
Le lieutenant de prévôt	12	
Le greffier, l'exempt, les archers & l'exécuteur, chacun . . .	3	12
Le médecin	12	
Le chirurgien	3	12
L'apothicaire	3	12
Le trompette	2	8

Officiers-majors des places frontieres.

Les gouverneurs aux appointemens au-dessus de 6000 liv. . . .	720
Les lieutenans de roi	216
Les majors à 1000 liv. d'appointemens & au-dessus	120
Ceux aux appointemens au-dessous de 1090 liv.	90
Les aides-majors	60
Les capitaines des portes . . .	36
Les gouverneurs ou commandans des places, aux appointemens de 6000 liv.	600
Ceux aux appointemens de 3000 l. jusqu'à 6000 liv.	480
Ceux aux appointemens au-dessous de 3000 liv.	360
Les gouverneurs ou commandans des citadelles, aux appointemens de 6000 liv.	600
Ceux aux appointemens de 3000 l. jusqu'à 6000 liv.	480
Ceux aux appointemens de 2000 l. jusqu'à 3000 liv.	360
Les gouverneurs ou commmandans, aux appointemens de 1500 liv. jusqu'à 2000 liv.	240
Ceux aux appointemens de 1200 l. jusqu'à 1500 liv. . . . . , .	180
Ceux aux appointemens de 1000 l. jusqu'à 1200 liv.	120
Ceux aux appointemens de 900 liv. jusqu'à 1000 liv.	96

	livres.
Ceux aux appointemens de 800 liv. jusqu'à 900 liv.	90
Ceux aux appointemens de 600 liv. jusqu'à 800 liv.	60
Ceux aux appointemens au-dessous de 600 liv.	48
Les lieutenans de roi des citadelles	216
Les Majors des citadelles . . .	84
Les aides-majors des citadelles .	36
Les commandans des forts & châteaux	108
Les lieutenans de roi des forts & châteaux	96
Les majors des forts & châteaux .	54
Les aides-majors, *idem* . . .	24
Les capitaines des portes, *id.* . .	24

Officiers-majors des places évacuées.

Ces officiers paieront moitié de l'imposition des officiers-majors des places frontieres.

Officiers-majors des garnisons ordinaires.

Les gouverneurs aux appointemens de 2000 liv. & au-dessus . .	360
Ceux aux appointemens de 1500 l. jusqu'à 2000	240
Ceux aux appointemens de 1200 l. jusqu'à 1500 liv.	180
Ceux depuis 1000 livres jusqu'à 1200 liv.	120
Ceux depuis 900 l. jusqu'à 1000 l.	108
Ceux depuis 800 l. jusqu'à 900 liv.	90
Ceux depuis 600 l. jusqu'à 800 liv.	72
Ceux depuis 500 l. jusqu'à 600 liv.	54
Ceux au-dessous de 500 liv. . .	48
Les commandans aux appointemens au-dessus de 900 liv.	108
Ceux aux appointemens de 900 liv.	90
Ceux de 800 liv. jusqu'à 900 liv. .	84
Ceux de 600 liv. jusqu'à 800 liv. .	60
Ceux de 400 liv. & au-dessous .	42
Les lieutenans de roi au-dessus de 900 liv.	108
Ceux aux appointemens de 900 liv.	90
Ceux de 800 liv. jusqu'à 900 liv.	84
Ceux de 700 liv. jusqu'à 800 liv.	60
Ceux de 500 liv. jusqu'à 700 liv.	54
Ceux de 400 liv. jusqu'à 500 liv.	42
Ceux au-dessous de 400 liv. . .	36
Les majors aux appointemens au-dessus de 900 liv.	84
Ceux aux appointemens de 900 liv.	81
Ceux de 800 liv. jusqu'à 900 liv.	72
Ceux de 600 liv. jusqu'à 800 liv.	54
Ceux de 500 liv. jusqu'à 600 liv.	48
Ceux de 400 liv. . . . . . s	36

Ceux au-deffous de 400 liv. . . 24 liv. f.
Les aides-majors 24
Les capitaines des portes . . . 24
Les capitaines des villes & châ-
  teaux, aux appointemens au-def-
  fus de 900 liv. 108
Ceux aux appointemens de 900 l. 90
Ceux de 800 liv. jufqu'à 900 liv. 84
Ceux de 600 liv. jufqu'à 800 liv. 60
Ceux de 400 liv. jufqu'à 600 liv. 48
Ceux au-deffous de 400 liv. . . 24
Les enfeignes des villes & châteaux 54
Les fergens de batailles 24
Les auditeurs des bandes . . . 12
Les prévôts des bandes . . . 3   12
Les auditeurs du camp 12
Les fecrétaires des provinces . . 36
Les colonels ou meftres-de-camp,
  entretenus à la fuite des garni-
  fons, aux appointemens de 800 l.
  & au-deffus 108
Les mêmes, aux appointemens de
  600 liv. jufqu'à 800 liv. . . 54
Les maréchaux des logis . . . 4   16
Les médecins 12
Les aides-majors de la bourgeoifie
  des villes 3   12
Les tréforiers des mortes paies
  des provinces 7   4
Les gardes-magafins des places &
  châteaux 3   12
Le capitaine-lieutenant de la com-
  pagnie ci-devant entretenue à
  Mâcon 10   16
L'enfeigne de ladite compagnie . 4   16
Le fergent de ladite compagnie . 2   3
Le clerc du guet de Mâcon . . 3   12
L'intendant des fortifications de la
  province de Bourgogne . . . 36
Le lieutenant-provincial d'artille-
  rie de ladite province. . . . 18
L'enfeigne de la garnifon de Breft
  & ifle d'Oueffant 4   16
Les employés pour l'entreténement
  du magafin du Havre, chacun . 7   4
Le commandant des compagnies
  bourgeoifes de la généralité de
  Caen 10   16
Le commiffaire d'artillerie en Lan-
  guedoc 36
L'intendant de la province du Lan-
  guedoc 240
Les chirurgiens 3   12
Les interpretes 3   12
Les portiers 3   12
Les patrons de barques . . . 3   12
Les fontainiers 3   12
Les vifiteurs de navires . . . 7   4
Les armuriers 7   4
Les pilotes 2   8

Les mariniers . . . . . 2 liv. 8 f.
Les fentinelles 2   8
Les porte-clefs 2   8
Les horlogers 2   8
Les gardes des éclufes . . . 2   8
Les concierges des prifons . . 2   8
Les matelots 1   4
Les Maçons 1   4
Les nétoyeurs des guérites des
  places & forts 1   4

Infanterie françaife.

Les colonels 180
Les lieutenans-colonels . . . 36
Les commandans de bataillon . . 10   16
Les majors 10   16
Les capitaines 10   16
Les lieutenans 4   16
Les fous-lieutenans 2   8
Les aides-majors avec rang de ca-
  pitaine 10   6
Les aides-majors fans commiffion
  de capitaine 4   16
Les fous-aides-majors . . . 4   16
Les porte-drapeaux 2   8
Les quartiers-maîtres 2   8
Les tréforiers des régimens . . 7   4
Les chirurgiens 3   12
Les colonels fervans au corps des
  grenadiers de France . . . 90
Les lieutenans-colonels fervans id. 36
Les commandans des bataillons de
  milice 10   16
Les capitaines de milice . . . 10   16

Bataillons de recrue.

Les officiers des bataillons de
recrue, paieront la *capitation* fur le
même pied que ceux d'infanterie.
  Les officiers réformés à la fuite
des régimens & des places, paieront moitié des officiers en pied.

Troupes légeres.

Les colonels ou commandans en
  chef un corps de volontaires . 180
Les lieutenans-colonels ou commandans particuliers 36
  Les officiers d'infanterie defdits
corps, fur le pied des officiers d'infanterie.
  Les officiers à cheval, fur le pied
des officiers de cavalerie.

Infanterie étrangere.

Les colonels 180
Les colonels commandans . . . 180
Les lieutenans-colonels 36

Les majors	18 liv.	f.
Les capitaines	10	16
Les lieutenans	4	16
Les fous-lieutenans	2	8
Les aides-majors avec rang de capitaine	10	16
Les aides-majors fans commiffion de capitaine	4	16
Les fous-aides-majors	4	16
Les porte-drapeaux	2	8
Les quartiers-maîtres	2	8
Les tréforiers des régimens . .	7	4
Les fouriers & chirurgiens, chacun	3	12

Les capitaines-lieutenans & fous-lieutenants recruteurs, comme les officiers en pied.

Cavalerie, Carabiniers, Huffards & Dragons.

Les meftres-de-camp de cavalerie & de dragons, & autres officiers ayant fang de meftres-de-camp	180	
Les lieutenans-colonels	36	
Les majors	18	
Les capitaines	18	
Les lieutenans	10	16
Les cornettes	5	8
Les cornettes des compagnies colonelle & meftre-de-camp des cinq régimens de l'état-major de la cavalerie & des dragons . .	10	16
Les aides-majors avec commiffion de capitaine	18	
Les aides-majors fans commiffion de capitaine	10	16
Les fous-aides majors	10	16
Les fous-lieutenans	5	8
Les porte-étendards	5	8
Les quartiers-maîtres	5	8
Les tréforiers des régimens . .	7	4
Les chirurgiens	3	12

Officiers réformés & retirés.

Infanterie.

Les colonels aux appointemens de 900 liv.	90	
Les colonels aux appointemens au-deffous de 900 liv.	45	
Les lieutenans-colonels aux appointemens de 900 liv. . . .	18	
Les lieutenans-colonels aux appointemens au-deffous de 900 liv. .	9	
Les capitaines aux appointemens de 450 liv.	5	8
Les capitaines aux appointemens au-deffous de 450 liv. . . .	2	14

Les lieutenans aux appointemens de 240 liv.	liv. 2	8
Les lieutenans aux appointemens au-deffous de 240 liv. . . .	1	4

Cavalerie.

Les meftres-de-camp aux appointemens de 1800 liv.	90	
Les meftres-de-camp aux appointemens au-deffous de 1800 liv. .	45	
Les lieutenans-colonels aux appointemens de 1800 liv. . .	18	
Les lieutenans-colonels aux appointemens au-deffous de 1800 l.	9	
Les capitaines aux appointemens de 1080 liv.	9	
Les capitaines aux appointemens au-deffous de 1080	4	10
Les lieutenans	2	14

Dragons.

Les meftres-de-camp aux appointemens de 1080 liv.	90	
Ceux aux appointemens au-deffous de 1080 liv.	45	
Les lieutenans-colonels aux appointemens de 1080 liv. . .	18	
Ceux aux appointemens au-deffous de 1080 liv.	9	
Les capitaines aux appointemens de 540 liv.	9	
Les capitaines aux appointemens au-deffous de 540 liv. . . .	4	10
Les lieutenans aux appointemens de 360 liv.	5	8
Ceux au-deffous de 360 liv. . .	2	14

Commiffaires des guerres.

Les commiffaires des guerres en charge	180	
Les commiffaires des guerres par commiffion, & ceux exerçant pour les titulaires	36	

Employés aux hôpitaux, & autres.

Les médecins	12	
Les chirurgiens	3	12
Les apothicaires	3	12
Les contrôleurs	3	12
Les gardes-magafins	3	12
Les fourriers	3	12
Les confignes	3	12
Les portiers	3	12
Les mariniers	3	12
Les concierges des prifons . . .	3	12

Les fuiffes & les genevois, qui font au fervice

font les feuls qui foient exempts de la *capitation*. Un arrêt du 24 juillet 1767, a confirmé ce privilège, en ordonnant que tous officiers, foldats fuiffes & genevois originaires, étant actuellement au fervice & à la folde de fa majefté, continueroient de jouir de l'exemption du paiement de la *capitation*. La même faveur a lieu pour ceux qui, après avoir fervi pendant trois années confécutives, fe font retirés de l'agrément de leurs fupérieurs, & par un congé en bonne forme, enfemble pour leurs veuves reftées en viduité, & pour leurs enfans non établis. Mais ce même arrêt affujettit au paiement de cette impofition, conformément à leur état & facultés, tous autres fuiffes & genevois, leurs veuves & enfans établis demeurant à Paris & dans tous les autres lieux du royaume, même ceux qui auroient fervi, s'ils /exerçoient quelque profeffion, ou faifoient quelque commerce. Ces dernieres difpofitions ont fait la matiere d'un autre arrêt de la même année, du 5 octobre.

La *capitation* du clergé eft nulle actuellement. Aucun de fes membres n'eft compris dans les rôles de cette impofition. On a vu qu'en 1695 ce corps, pour fe rédîmer, paya, à titre de fecours extraordinaire, quatre millions, pour chacune des années pendant lefquelles dura la guerre.

Le même arrangement eut lieu en 1701. Le clergé s'obligea, par contrat paffé le 11 juillet, avec les commiffaires du roi, à payer quinze cents mille livres, pour le reftant de cette année, & quatre millions pour les années fuivantes, jufqu'à la fin de la guerre.

Cette contribution fe répartit encore par impofition fur tous les bénéficiers, & il fut réglé, tant par le contrat que par l'arrêt & les lettres-patentes du 6 feptembre 1701, qui en ordonnerent l'exécution, que les eccléfiaftiques qui avoient des penfions fur les bénéfices, feroient tenus de contribuer, pour un fixieme de leur penfion, au paiement des taxes impofées pour parfaire les quatre millions.

Cet abonnement procuroit annuellement, & fans aucun frais, un fecours de quatre millions; mais les circonftances difficiles dans lefquelles on fe trouva en 1709, engagerent à propofer au clergé, de racheter la contribution particuliere qui tenoit lieu de *capitation*, & ce rachât fut exécuté moyennant une fomme de vingt-quatre millions, d'après la délibération du clergé du 11 avril 1710.

Depuis cette époque, & quoique la *capitation* n'ait pas ceffé d'être levée, il n'a été fixé aucune contribution annuelle, pour en tenir lieu, de la part du clergé de France. Le montant eft cenfé en être compris dans les dons gratuits qu'il accorde tous les cinq ans, & qui reviennent, comme on le verra au mot *clergé*, a plus de trois millions par année.

Mais comme ces dons gratuits ne comprennent pas la *capitation* du clergé des frontieres, qui ne fait point partie du clergé de France, chacun de ces diocèfes a un abonnement particulier pour cette impofition. Celui de Perpignan eft de cinq mille fept cent livres par année. Celui de Strafbourg, de quinze mille livres. Celui de Metz, de vingt-trois mille livres.

Le clergé de la haute Alface a auffi un abonnement particulier.

L'ordre de Malthe a un abonnement de quarante mille livres par année, pour la *capitation* de toutes les perfonnes qui y font attachées.

Dans les pays d'états, la *capitation* fe paie par abonnement; c'eft-à-dire, que l'objet particulier de cette impofition entre dans la fomme générale qui eft convenue pour le fubfide annuel.

Les années qui fuivirent le rétabliffement de la *capitation*, ayant exigé des fecours auffi prompts que multipliés, plufieurs des pays d'états furent admis au rachat de la *capitation*, & autorifés à faire des emprunts pour en former le prix.

Les conjonctures dans lefquelles ces opérations avoient été faites, ainfi que les affranchiffemens de taille & de *capitation* qui avoient été accordés dans le cours de la guerre de la fucceffion d'Efpagne, prouvoient affez que l'on ne confultoit alors que la néceffité de pourvoir à des dépenfes urgentes; auffi ces rachats ne fubfifterent, de même que tous les affranchiffemens à prix d'argent, que jufqu'en 1715, qu'ils furent révoqués.

La forme que reçoit la répartition de la *capitation* dans les pays d'états, varie fuivant les provinces. Mais en général l'impofition en eft faite par l'affemblée, qui règle les fommes qui doivent être fupportées par les différentes claffes de la nobleffe, des cours de juftice, des jurifdictions inférieures, des marchands & négocians des villes, & des habitans des campagnes.

La *capitation* de la ville de Paris, s'impofe par le prévôt des marchands & par les échevins. La répartition & le recouvrement fe font de la maniere fuivante.

Un arrêt du confeil du 22 février 1695, avoit ordonné que les propriétaires qui habitent leurs maifons dans Paris, ou les principaux locataires, donneroient aux quartiniers, lors de leurs vifites, des déclarations exactes de toutes les perfonnes domiciliées dans leurs maifons, avec leurs noms & qualités, le nombre de leurs enfans & de leurs domeftiques, apprentifs, compagnons & autres. Les maîtres & maîtreffes furent obligés, par l'arrêt du 4 juin de la même année, de payer la *capitation* de toute leur maifon.

Les premiers rôles furent formés fur ces déclarations, & les quartiniers avoient d'abord été chargés du recouvrement, par déclaration du 19 avril 1695. Il étoit en même-tems enjoint à ceux qui changeoient de demeure, d'en faire leur déclaration au quartinier du quartier qu'ils quittoient, en lui donnant par écrit leur nouveau domicile.

Chaque quartinier tenoit pendant deux ou trois jours de la femaine, fon bureau à l'hôtel-de-ville, & ces jours étoient indiqués par les avertiffemens qu'il donnoit dans le même-tems. Il étoit ordonné à tous propriétaires & principaux locataires, d'envoyer leurs déclarations à ce bureau.

On reconnut bientôt que les premieres déclarations n'avoient point été faites exactement. Plufieurs perfonnes ne payoient aucune *capitation*; d'autres n'étoient point impofées convenablement, parce que leurs qualités avoient été déguifées. Ces motifs engagerent à ôter aux quartiniers le recouvrement de la *capitation*, & d'ordonner, par arrêt du 7 février 1696, que le prévôt des marchands & les échevins nommeroient pour le faire, un ou deux bourgeois choifis dans chaque dixaine ou cinquantaine ; & on leur donna le nom de dixainiers & cinquanteniers ; on leur accorda quatre deniers pour livre de taxation, & on leur permit de tenir leur bureau dans leurs maifons ; mais ils continuerent de verfer leurs fonds dans la caiffe générale.

Après le rétabliffement de la *capitation*, en 1701, on reprit la même forme d'adminiftration. L'arrêt du 21 juin enjoignit à tous les particuliers qui changeroient de domicile, de repréfenter aux propriétaires ou principaux locataires des maifons qu'ils quitteroient, les quittances du paiement de leur *capitation*, ainfi qu'un certificat du propriétaire ou principal locataire de la maifon dans laquelle ils auroient loué.

En cas de refus, les propriétaires & principaux locataires furent autorifés à faire faifir leurs meubles. On donna à la *capitation* le même privilège qu'aux loyers. On rendit refponfable de cette *capitation*, quiconque laifferoit fortir fon locataire fans s'affurer qu'elle avoit été payée. Les maîtres furent chargés du paiement de la *capitation* de leurs domeftiques ; &, pour s'affurer du recouvrement de celle des femmes féparées de leurs maris, un arrêt du confeil du 15 janvier 1704, obligea les greffiers du châtelet & des autres jurifdictions de Paris, d'envoyer au greffe de l'hôtel-de-ville, des extraits de toutes les fentences de féparation.

Afin de rendre moins onéreufe aux propriétaires & aux principaux locataires la charge qui leur étoit impofée de répondre de la *capitation* des fous-locataires, on leur permit, en 1711, de donner avis aux receveurs des déménagemens de ces fous-locataires, un mois avant qu'ils le fiffent, & de s'en faire donner une reconnoiffance par écrit. A ce moyen, les receveurs furent chargés de faire les diligences néceffaires pour le recouvrement, fous peine de payer eux-mêmes.

On fixa, par une ordonnance du 22 décembre de la même année 1711, au 10 janvier, le terme avant lequel toutes les déclarations devoient être faites, & on autorifa les receveurs à faire toutes les vifites néceffaires pour rendre les rôles plus exacts.

On réunit dans un règlement du 23 décembre 1718, qui contient vingt articles, toutes les formalités qui devoient être obfervées pour le recouvrement de la *capitation*, & dont on vient de voir le détail. On porta les taxations des receveurs à un fol pour livre, fous la condition qu'ils s'obligeroient de remettre le montant des rôles en entier, tant en deniers qu'en décharges valables. On accorda même à ceux qui dans l'année fourniroient le montant des deux tiers de leur recouvrement, fix deniers pour livre en fus du fol fur le fecond tiers, & fur ce qu'ils recouvreroient au-delà dans l'année.

Un règlement du 15 décembre 1722, donna à ces receveurs, d'abord au nombre de huit, des commis, qui furent obligés, comme eux, de prêter ferment devant le prévôt des marchands, & autorifés à faire dans les maifons toutes les vifites néceffaires pour s'affurer du nombre des contribuables. La forme des regiftres qui devoient être tenus par les prépofés à la recette, fut en mêmetems déterminée.

Dans cette même année 1722, on établit un bureau général de régie, pour faire le recouvrement des fommes qui étoient dûes depuis 1719, avec une place de directeur-général de la *capitation*. Elle fut enfuite érigée en office en 1772, avec le titre de receveur-général de la *capitation* & des vingtiemes de la ville de Paris. On l'a vue fupprimée en 1775, & rétablie en 1782, fous le nom de directeur-général des vingtiemes & de la *capitation*.

Les receveurs diftribués dans les différens quartiers de Paris, font leurs vifites dans les mois de janvier & de février, & c'eft fur des notes qu'ils prennent, qu'ils formoient les rôles de chaque quartier. Ils verfoient enfuite leurs fonds dans les mains d'un receveur-général de la *capitation* & des vingtiemes de Paris.

Cet arrangement fubfifta jufqu'en 1775, qu'un édit du mois de janvier, & un arrêt du confeil du 19 mars fuivant, donnerent une nouvelle forme au recouvrement & à la comptabilité de la *capitation* de la ville de Paris.

La place de receveur-général étoit une charge de fix cents mille livres. Ce comptable n'étoit tenu de commencer les paiemens de l'année précédente, qu'au bout de fix mois, & ne les finiffoit qu'en trente ; il ne rendoit & ne foldoit fon compte qu'à la fin de la troifieme année.

Cette charge fut fupprimée & rembourfée par la finance de fix receveurs des impofitions de Paris, créés en titre d'offices, que l'on fixa à fix cents mille livres ; mais cette fomme ne fe partagea pas par portions égales. On la divifa en raifon de l'importance du département & de la recette confiée à chacun de ces receveurs. Ils furent difpenfés de donner un autre cautionnement que cette finance, qui, par l'ordre qu'on

mit

mit dans leurs paiemens, & par la forme qu'on établit pour être toujours instruit de l'état de leurs caisses, se trouvoit propre à garantir le trésor-royal de toute perte.

On ne leur attribua aucuns gages. Leurs taxations furent réglées à quatre deniers pour livre, sur les impositions dont ils faisoient eux-mêmes le recouvrement, & ils s'en contenterent. Quoiqu'elles fussent plus foibles que celles qui avoient précédemment été accordées, elles suffirent pour leur procurer l'intérêt de leurs fonds, & la rétribution honnête de leur travail. Ils donnerent leur soumission de commencer leurs paiemens dans le troisieme mois, de compter & solder à la fin de la seconde année. (Mémoires sur l'administration de M. Turgot, in-8°. 1782).

Quant aux regles qui devoient être suivies par ces receveurs, pour parvenir au recouvrement de la capitation, elles étoient consignées dans l'arrêt du conseil du 24 février 1773. Toutes les loix antérieures, dont on a donné le précis, y sont rappellées & amplifiées, de maniere à prévenir les non-valeurs, & à mettre les receveurs en état de faire leur recouvrement avec exactitude.

En 1776, la capitation reçut un accroissement dans le ressort du parlement de Paris, par l'arrêt du 26 juillet. Il fut ordonné, qu'à compter de 1777, il seroit imposé pendant l'espace de cinq années seulement, & conjointement avec la capitation, les six deniers pour livre du principal de cette imposition sur tous les justiciables du ressort du parlement de Paris, sujets à la capitation, pour subvenir à la reconstruction & réparation des bâtimens du palais, incendié au mois de janvier 1776, & dont la dépense étoit évaluée à un million cinq cents mille livres.

La déclaration du roi, du 30 novembre 1778, enrégistrée à la chambre-des-comptes, le 19 janvier suivant, est la derniere loi qui regle la comptabilité de ces six receveurs; ceux des premier & second départemens, sont seuls chargés, par l'article 6, de compter des deniers de la capitation des officiers & employés de la maison du roi, civile & militaire, des maisons de la reine, mesdames, & des princes; & tous versent directement leurs fonds au trésor-royal.

Comme on jugea, quelques années après cet arrangement, que la finance de ces offices ne se trouvoit plus proportionnée au maniement, l'édit du mois de septembre 1782, ordonna qu'elle seroit fixée à douze cents mille livres.

En conséquence, il fut réglé, que la finance du receveur du premier département, seroit de deux cents soixante-dix mille livres.

Celle du receveur du second département, de deux cents soixante mille livres.

Celle du troisieme département, de cent quatre-vingt mille livres.

Celle du quatrieme département, de cent quarante mille.

Celle du cinquieme département, de cent vingt mille livres.

Et celle du sixieme, de deux cents trente mille.

Ce réglement leur attribue, à titre de gages, l'intérêt à cinq pour cent, de cette finance, à compter du premier janvier 1783, sauf la retenue du dixieme, & de la capitation, avec exemption à l'avenir du centieme denier, & du dixieme d'amortissement, ainsi que de toutes autres impositions représentatives & équivalentes.

Les taxations qui leur avoient été précédemment accordées, furent réduites à trois deniers pour livre, sur le montant net des fonds remis au trésor-royal.

La capitation des financiers est fixée, par des rôles particuliers, arrêtés au conseil, suivant les différentes compagnies, & l'importance des affaires dont elles sont respectivement chargées. Ainsi, les membres de la ferme-générale, paient deux mille quatre cents livres chacun de capitation; quelle que soit d'ailleurs leur fortune particuliere; & ces cent louis sont passés en frais de régie; ensorte que chacun des intéressés ne paie réellement aucune taxe personnelle pour la capitation.

Les régisseurs-généraux, quatre cents cinquante livres.

Les administrateurs des domaines, la même somme.

Il en est de même, pour toutes les compagnies de finance. On ne s'arrête à cette forme d'imposition, que pour répéter, ainsi qu'on l'a déja observé précédemment, qu'elle paroît très-irréguliere; en ce qu'il suffit qu'un particulier, quelqu'opulent qu'il puisse être, soit membre d'une compagnie de finance, pour ne payer que la même capitation, que celui de ses confreres, qui est dix fois moins riche que lui.

A l'égard des employés, dans les différentes parties de la finance, ceux qui tiennent aux bureaux de l'administration, paient la capitation à leur domicile, suivant leur loyer & leur dépense.

Les préposés de la ferme-générale, & des autres parties des droits du roi à Paris, sont imposés en proportion de leurs appointemens, & la retenue en est faite, à mesure qu'ils les reçoivent, à raison de six deniers par livre, du montant de ces appointemens.

Quant aux employés des fermes en province, leur capitation fut d'abord réglée en 1722, par un ordre du ministre des finances, adressé à tous les intendans.

Il porte que cette imposition seroit, 1°. à l'égard de tous les employés, dont les appointemens excéderoient quatre cents livres, fixée à six deniers, par livre de ces appointemens, & à l'égard des autres, trois deniers seulement; 2°. qu'avant de déterminer la capitation des employés tenus de l'entretien d'un cheval, il seroit fait, sur le total de leurs appointemens, une déduction de trois cents livres, & qu'ils ne feroient imposés que sur le restant ; 3°. qu'enfin, les taxes des employés, seroient retenues sur leurs appointemens, dont il seroit fourni des états aux intendans.

L'arrêt du conseil, du 18 décembre 1747, qui a assujéti la *capitation*, aux quatre sols pour livre, l'édit du mois de février 1760, qui a ordonné le doublement & le triplement de *capitation*, n'ont rien changé aux fixations adoptées en 1722.

Cependant, comme on s'en écartoit souvent, & que les employés étoient dans le cas de se plaindre fréquemment des sur-taxes qu'on leur imposoit, la ferme-générale adressa ses représentations au conseil, en 1772 : elle exposa que les employés, dans la supposition même où leur *capitation* seroit exactement réglée, d'après les fixations établies en 1722, supporteroient une imposition, d'autant plus forte, que malgré l'augmentation de valeur, que les fonds & les denrées avoient acquises depuis cette époque, leurs appointemens étoient resté les mêmes ; elle demanda que le conseil voulût bien, ou ordonner une réduction, en faveur des employés inférieurs, ou au moins, pourvoir à ce que les fixations adoptées en 1722, ne fussent plus excédées.

Le ministre des finances ayant jugé ces représentations fondées, écrivit, à ce sujet, aux intendans des pays d'élection, la lettre suivante :

« Les fermiers-généraux ont représenté que la » décision donnée par le conseil royal des finan- » ces, le 16 janvier 1722, pour la fixation de la » *capitation* de leurs employés, n'étoit plus suivie » dans la plupart des généralités ; qu'il n'y avoit » aucune uniformité dans les déductions à faire » sur les appointemens de plusieurs de ces em- » ployés, soit pour l'entretien d'un cheval, soit » pour frais des bureaux, que les impositions » qu'on leur faisoit supporter au marc la livre de » la *capitation*, étoient excessives, qu'enfin, les » usages sur la forme des rôles, & le tems de » leur confection, n'étoient plus les mêmes ; ils » désireroient qu'il y eût plus d'uniformité, & » ils ont demandé au conseil, de prescrire des » regles générales, qui fissent cesser l'arbitraire, » dans cette partie d'administration.

» Rien n'est plus conforme aux vues du conseil, » que cette demande ; l'uniformité simplifie & » éclaire les opérations, & je vais vous faire » connoître les intentions du roi sur cet objet.

» En 1722, la *capitation* des employés des » fermes, a été fixée, à raison de trois deniers par » livre, des emplois, de quatre cents livres, & » au-dessous ; & à raison de six deniers, pour ceux » dont les appointemens excedent quatre cents » livres. On ne doit faire aucune déduction aux » employés supérieurs, pour frais de commis & » de bureaux. La seule qui soit ordonnée par la

» décision de 1722, est celle de trois cents livres, » pour l'entretien d'un cheval, lorsque les em- » ployés, par la nature de leurs fonctions, sont » dans le cas d'en avoir un : il ne doit en être » admis aucune autre, de quelque espece qu'elle » soit.

» Les employés doivent contribuer avec tous » les autres privilégiés, aux impositions, dont le » roi ordonne la répartition au marc la livre de » la *capitation*, mais comme ces sortes d'imposi- » tions se sont multipliées depuis quelque tems, » & que les employés inférieurs ne peuvent que » difficilement supporter cette augmentation de » charges, le conseil a décidé, qu'à compter de » l'année 1773, la *capitation* des employés de » quatre cents livres, & au-dessous, seroit fixée » à deux deniers pour livre seulement, de ces ap- » pointemens ; celle des employés au-dessus de » quatre cents livres, jusques & compris mille » livres, à raison de quatre deniers ; & celle » des employés au-dessus de mille livres, à raison » de six deniers.

» Telle est la regle qui sera, à l'avenir, suivie » dans toutes les généralités, à laquelle vous » devez vous conformer.

» Quant à la forme des rôles & au tems de leur » confection, le conseil veut également de l'uni- » formité. Vous devez vous faire remettre, dans » le cours du mois de décembre de chaque année, » un état général, certifié par le directeur des » fermes de votre département, de tous les em- » ployés de la ferme-générale. Cet état doit con- » tenir les appointemens accordés à chaque em- » ployé ; vous ferez former un rôle général de la » *capitation* que ces employés devront supporter, » à raison de 2, 4 & 6 deniers, suivant la pro- » portion prescrite ci-dessus, & vous en adres- » serez deux expéditions à M. d'Ormesson, avant » la fin de janvier, & plutôt, s'il est possible, » afin que ces rôles soient arrêtés au conseil, dans » la forme ordinaire, & mis en recouvrement, » ainsi que tous les rôles de *capitation* de votre » généralité pour le mois de mars, & il est à » propos, que ces projets de rôles contiennent » l'énonciation des emplois, les appointemens qui » y sont attachés, & la mention de la déduction » des trois cents livres, pour l'entretien d'un » cheval, sur ceux des employés, qui, par la » nature de leurs fonctions, sont dans le cas » d'en avoir.

» Si, pendant le cours de l'année, la ferme- » générale se trouve dans la nécessité de faire des » changemens, dans la distribution des brigades, » d'en supprimer quelques-unes, ou d'autres em- » ployés, vous devrez vous faire rendre compte » de ces changemens ; s'ils n'ont lieu qu'après » le mois de mars, le premier terme de la *capi- » tation* est échu, & vous ne devez accorder de » décharge, que pour les six derniers mois, S'ils

» font faits après le premier novembre, il n'y a
» aucune décharge à procurer. Je vous prie de
» m'accufer la réception de cette lettre , & de
» vous conformer exactement à fes difpofitions ».

M. Turgot, en informant l'intendant de Tours,
par une lettre du 12 août 1775 , que d'après celle
ci-deffus, les employés de la direction d'Angers ,
fe trouvoient dans le cas de contribuer à l'impofition perçue dans l'élection d'Angers , en exécution des lettres-patentes du 29 décembre 1756 ,
au marc la livre, de la *capitation*, pour l'entretien & la nourriture des enfans expofés en ladite
ville, lui a rappellé que c'étoit principalement
en raifon, de ce que les employés des fermes,
devoient fupporter tous les acceffoires de la
capitation, que le confeil avoit adopté en leur faveur, des fixations différentes de celles établies
en 1722.

Quelques-uns des intendans s'étoient perfuadé
que les employés des fermes, à qui il eft accordé
annuellement des gratifications, en fus de leurs
appointemens, devoient être impofés, en raifon de
ces gratifications ; mais, fur les repréfentations
faites au nom de ces employés , il fut réglé par une
lettre écrite de l'ordre de l'adminiftrateur des finances , le 13 novembre 1780, au premier commis
du département des fermes générales, que les
employés ne feroient impofés à la *capitation* ,
qu'en raifon de leurs appointemens, fans y comprendre les gratifications, ou remifes cafuelles ,
conformément à la lettre de 1772.

Voyez APPOINTEMENS.

Les feuls habitans du royaume qui foient
exempts de la *capitation*, font, après les Suiffes
& les Genevois, à la folde du roi, ou retirés du
fervice, les étrangers qui ne poffedent aucun
bien - fonds en France, & qui n'y exercent
ou n'y ont exercé aucun commerce, profeffion ,
métier , ou induftrie ; mais leurs domeftiques ,
foit étrangers, foit nationnaux, ne participent
point à ce privilège, fuivant l'arrêt du 2 août
1767.

La répartition, & le recouvrement de la *capitation* des communautés d'arts & métiers font affujettis à des regles particulieres, dont l'objet a
été, en rendant cette charge égale & proportionnée aux facultés de chaque perfonne fé aré-
ment, d'éviter les non-valeurs que l'on éprouvoit
fur cette partie. Ce font les motifs rap lés dans
un arrêt de confeil du 13 mai 1721 , qui a fait loi
à cet égard , jufqu'en 1779.

Le premier article de ce règle ent porte, que
les rôles feroient faits par les gardes , prévôts,
fyndics & députés de chaque ommunauté, & que
le montant en feroit payé ans non-valeurs, au
receveur de la *capitation*.

On y trouve réglé, la forme dans laquelle doivent être faites, devant notaires, les renon-
ciations, que chaque membre d'une communauté
doit faire, fignifier à fes fyndics lorfqu'il entend

s'en féparer & quitter le commerce, ou la profeffion qu'il exerce.

Mais comme les jurandes & communautés d'arts
& métiers furent fupprimées par un édit du mois
de février 1776, qui accordoit une liberté générale à l'induftrie , & rétablies au mois d'août fuivant, avec des changemens confidérables dans
leur conftitution primitive, un arrêt du confeil
du 24 mars 1779, établit une nouvelle légiflation
à cet égard.

Suivant l'article premier, la *capitation* des marchands & artifans, faifant commerce, ou exerçant
profeffion dans la ville & les fauxbourgs de Paris,
fera dorénavant divifée en vingt-quatre claffes,
lefquelles font fixées ; depuis trois cents livres
pour la premiere, toujours en dégradant jufqu'à
trente fols, pour la vingt-quatrieme.

Chaque claffe eft enfuite fubdivifée en plufieurs
autres fections, ou claffes, dont la cote de *capitation* va toujours diminuant, depuis la premiere
fomme, jufqu'à neuf livres, cinq livres, quatre
livres, & trente fols.

Les contribuables, porte encore l'article premier, feront répartis dans celles defdites claffes,
qui feront déterminées pour chaque corps ou communauté, par un état de diftribution, à la fuite
dudit tarif, au nombre qui fera fixé annuellement
pour chacune defdites claffes, par le fieur lieutenant-général de police, à l'exception néanmoins
de la derniere, qui comprendra tous ceux qui
n'auront pas été diftribués dans les claffes fupérieures, & dont le nombre, ainfi que le produit,
refteront indéterminés ; faifant défenfes, fa majefté,
de fuivre, pour la répartition de la *capitation* dans
les corps & communautés, d'autre divifion que
celle formée par ledit tarif.

II. Conformément à l'article 19 de l'édit du
mois d'août 1776, les membres des corps & communautés, qui procéderont annuellement à la nomination des députés, & les députés qui feront
par eux élus, ne pourront être pris, que dans les
premieres defdites claffes, lefquelles feront déterminées pour chaque corps & communauté, par le
lieutenant-général de police.

III. Les deux vingtiemes d'induftrie, auxquels
font affujetis tous les marchands & artifans, feront
fixés, tant qu'ils auront lieu, aux trois quarts du
principal de la *capitation*, le tout, non compris
les fols pour livre, qui continueront d'être perçus
au-delà des impofitions principales, conformément
aux réglemens.

IV. Les gardes, prévôts, fyndics-généraux ,
fyndics & adjoints, & à leur refus, des prépofés
à la nomination du fieur lieutenant - général de
police, diftribueront les membres des corps &
communautés, des privilégiés de l'hôtel ; & des
profeffions libres, dans les claffes indiquées par
l'état de diftribution à la fuite du tarif, de la
maniere portée en l'article premier, & fuivant

Aa ij

les regles qui feront établies par les ordonnances particulieres du sieur lieutenant - général de police.

V. Il sera remis au sieur lieutenant-général de police, au plus tard, le 15 du mois de janvier de chaque année, par lesdits gardes, prévôts, syndics-généraux, syndics & adjoints, ou autres préposés, lesquels y seront contraints ainsi, & de la même maniere, que pour les propres deniers & affaires de sa majesté, un double signé d'eux, des états qu'ils auront dressé en conséquence des ordonnances du sieur lieutenant-général de police, & sur ces états, il sera formé pour chaque corps & communauté, un rôle pour chaque nature d'imposition, lequel sera par lui arrêté & rendu exécutoire, en vertu des rôles généraux, qui en auroient préalablement été arrêtés au conseil, au plus tard, dans le courant de février.

VI. Les rôles seront exécutés, nonobstant oppositions quelconques, & pour que ces contribuables puissent connoître la maniere dont ils auront été classés, & les motifs de leurs impositions, veut sa majesté, que les rôles particuliers de chaque corps & communauté, ainsi que les états sur lesquels lesdits rôles auront été dressés, soient communiqués, sans déplacer, à ceux qui le requerront, chaque jour de bureau dudit corps, ou de la communauté, & en cas de réclamation de leur part, pourront lesdits contribuables, se pourvoir devant le sieur lieutenant - général de police, qui, suivant la justice de leurs représentations, déterminera les classes, dans lesquelles ils devront être compris l'année suivante.

VII. Le recouvrement des impositions sera fait chaque année, à commencer du premier mars, par les gardes, prévôts, syndics-généraux, syndics & adjoints en exercice, lesquels seront solidairement responsables, chacun dans leur corps & communauté, du montant de la totalité des rôles : pourront néanmoins, lesdits gardes, prévôts, syndics &c, choisir l'un d'entre eux pour faire la recette en leur nom. Tous ceux qui seront chargés dudit recouvrement, seront tenus de rendre compte de leur recette, chaque jour de bureau, & de justifier par quittance, du paiement qu'ils auront fait desdites recettes, entre les mains des receveurs des impositions de la ville de Paris. Ordonne sa majesté, que la totalité du recouvrement sera faite & acquittée, à la fin de chaque année, entre les mains desdits receveurs des impositions ; qui à cette époque, faute de paiement, pourront contraindre les gardes, prévôts, syndics-généraux, syndics & adjoints en retard, ainsi, & de la même maniere, que pour les propres deniers & affaires de sa majesté.

VIII. Les gardes, prévôts, syndics-généraux, syndics & adjoints, ou autres préposés, ne pourront, sous peine d'en répondre personnellement, comprendre, par la suite, & à commencer de la

présente année 1779, dans leurs états, que les membres de leurs corps & communautés, qui seront alors le commerce, ou exerceront des professions, & qui, en conséquence, seront dans le cas de payer les vingtiemes de leur industrie : entend sa majesté, que dorénavant, tous ceux qui voudront suspendre, pour un tems, leur commerce ou profession, ou renoncer entiérement à leur corps & communauté, seront tenus d'en faire & signer leur déclaration, dans le courant d'octobre & novembre de chaque année, & non en d'autre tems, devant le sieur lieutenant-général de police, sur un registre à ce destiné, de laquelle déclaration il leur sera délivré un certificat sans frais, qu'ils seront tenus de faire enregistrer dans huitaine, au plus tard, au bureau de leurs corps & communautés.

IX. Les marchands & artisans qui auront déclaré dans le tems, & de la maniere portée par l'article précédent, qu'ils entendent suspendre, ou quitter entiérement l'exercice de leur commerce ou profession, cesseront, en conséquence, dès l'année suivante, d'être compris sur les états des corps & communautés ; mais ils ne pourront, sous quelque prétexte que ce soit, s'immiscer dans le commerce ou la profession qu'ils auront suspendu ou quitté, sous peine de saisie, ou de confiscation des marchandises & outils, trouvés en contravention, & de tels dommages-intérêts & amende qu'il appartiendra.

X. Il sera néanmoins permis à ceux qui auront déclaré vouloir suspendre leur commerce ou profession, d'en reprendre l'exercice après en avoir fait & signé aussi dans le tems ci-dessus marqué, leur déclaration, devant le sieur lieutenant-général de police, dont il leur sera délivré certificat, qu'ils seront pareillement tenus de faire enregistrer dans huitaine, au plus tard, au bureau de leur corps ou communauté ; veut, sa majesté, que nonobstant ladite suspension, ils soient tenus, pour conserver la faculté de continuer, à payer pendant tout le tems de leur suspension, les charges communes à tous les membres de leur corps ou communauté, autres que les impositions qui se lèvent au profit de sa majesté.

XI. Il sera adressé chaque année, dans la premiere quinzaine de janvier, par le sieur lieutenant-général de police, au sieur prévôt-des-marchands, un état des différentes déclarations, qu'il aura reçues dans le courant du mois d'octobre & novembre de l'année précédente ; lequel état sera par lui certifié, & contiendra les noms, demeures & profession des déclarans, avec la somme de capitation en principal, à laquelle chacun d'eux étoit taxé au tems de leur déclaration, avec la date desdites déclarations.

XII. Ne pourront les gardes, prévôts, syndics-généraux, syndics & adjoints, & autres, comprendre sur ces états, qu'ils sont chargés de former annuellement, aucun des contribuables, dans des claffes inférieures à celles où ils étoient précédemment, fans une autorifation expreffe du fieur lieutenant-général de police, & fous peine de trois cents livres d'amende, à la décharge des impofitions des plus pauvres membres de la communauté, lefquelles autorifations feront communiquées, fans déplacer, chaque jour de bureau, à tous ceux des contribuables, qui l'exigeront, pour être par eux fait audit fieur lieutenant-général de police, telles obfervations qu'ils croiront convenables.

Enjoint, fa majefté, au fieur lieutenant-général de police, de tenir particuliérement la main à l'exécution du préfent arrêt, qui fera imprimé, publié ; &c. Fait au confeil d'état, le 14 mars 1779.

Les arrêts du confeil des 4 février & 27 octobre 1781, ont enfuite apporté quelques changemens à ces difpofitions.

Le premier concerne celles de l'article IV.; il porte que, comme les feuls gardes, fyndics & adjoints, étoient chargés d'indiquer les proportions dans lefquelles chaque membre contribueroit aux charges publiques, il en réfultoit des réclamations de la part de plufieurs contribuables, qui prétendoient que les gardes, fyndics, & adjoints étoient en trop petit nombre, pour qu'ils puffent affeoir un jugement également certain fur les facultés de tous leurs confreres ; en conféquence, il eft dit : 1°. qu'il fera ajouté à ces gardes, fyndics & adjoints, un nombre de députés en exercice, qui fera de cinq, dans les corps où les gardes & adjoints font au nombre de fix, & de trois dans les communautés, où les fyndics & adjoints font au nombre de quatre.

2°. Que ces députés feront nommés dans une affemblée de tous les députés en exercice, convoqués à cet effet.

3°. Qu'il fera permis aux gardes, fyndics & adjoints, d'appeller à la confection des états de répartition ; tels maîtres que bon leur femblera, pour leur demander des renfeignemens fur les facultés des contribuables fans toutefois, que les maîtres, ainfi appellés, puiffent avoir voix délibérative, pour la formation de ces états.

Le fecond arrêt, du 27 octobre, décharge les gardes, prévôts, fyndics & adjoints, des obligations qui leur font impofées par l'article 7, relativement au recouvrement de la *capitation* ; il ordonne qu'il fera fait, par les receveurs des impofitions de la ville de Paris, de la même maniere que le faifoient précédemment, les gardes, fyndics & adjoints, & en payant néanmoins aux gardes, fyndics & adjoints, les quatre deniers de taxation, qui leur avoient été accordés pour frais de répartition & de perception.

L'année fuivante fut marquée par une faveur particuliere, dont l'arrêt du 21 janvier 1782 va expliquer les motifs.

« Le roi voulant confacrer, par de nouveaux » bienfaits, l'heureufe époque où dieu répand fur » lui fes graces, par la naiffance d'un dauphin, » & donner en même-tems aux habitans de la » bonne ville de Paris, des marques particulieres » de fa bienveillance, fa majefté a ordonné & » ordonne, que les bourgeois, marchands & ar- » tifans, qui n'ont été impofés qu'à neuf livres » de *capitation*, & au-deffous, en l'année 1781, » feront exempts de toute *capitation* pour la pré- » fente année ». Cette grace fut un objet de trois cents mille livres.

L'arrêt du 3 février a ordonné « que les pro- » priétaires & locataires des maifons, & autres » biens dépendans des paroiffes de la ville de » Paris, continueront d'être impofés dans les » rôles de la *capitation*, & des vingtiemes de la » ville, foit que lefdites maifons ou terres, » foient fituées dans l'étendue des lieux fujets aux » droits d'entrée de ladite ville, ou au-delà, & » que les propriétaires & locataires des maifons » & autres biens fitués dans l'étendue des lieux » fujets aux droits d'entrée de ladite ville, quoi- » que dépendans des paroiffes taillables, conti- » nueront pareillement d'être impofés à la *capi- » tation* & aux vingtièmes, dans les rôles de » ladite ville, fans préjudice des impofitions qu'ils » pourront devoir dans lefdites paroiffes tailla- » bles, pour la propriété ou exploitation des » autres biens qu'ils pofféderont, ou feront valoir » au-delà des limites fixées pour la perception » des droits d'entrée ; voulant que tous les habi- » tans des paroiffes taillables, dont les maifons » & terres feront fituées au-delà des lieux déter- » minés pour les entrées de la ville, rentrent dès » la préfente année 1782, dans les rôles defdites » paroiffes taillables, & ne contribuent plus » aux impofitions & charges de ladite ville de » Paris ».

Dans la vue d'affurer le recouvrement de la *capitation*, on y a attaché des privilèges particuliers. Ainfi, la *capitation* d'un propriétaire, dont les biens font en faifie réelle, doit être payée par le fermier judiciaire, ou par le commiffaire aux faifies réelles, de préférence à toute autre dette, conformément aux arrêts du confeil, des 5 mars 1695, & 4 octobre 1701.

La même préférence a lieu fur les deniers qui font entre les mains des payeurs des gages, & qui font faifis fur le titulaire. Telle eft la difpofition précife de deux arrêts du confeil, des 16 février, & 11 juillet 1702.

Le privilège de la *capitation* paffe même avant celui de la taille ; elle doit être payée fur le revenu des terres, nonobftant toutes délégations acceptées, & par préférence ; à tous créanciers faififfans, en conformité de la déclaration du roi, du 7 feptembre 1706.

Les expédiens qui font fournis aux receveurs, pour faciliter le recouvrement de la *capitation*, confistent dans les compensations & les retenues qui font ordonnées par plusieurs arrêts du conseil.

Ainsi, la retenue de la *capitation* a été formellement prescrite à tous payeurs de gages, à tous tréforiers, qui paient des appointemens & des pensions.

On pouffa même, en 1729, la précaution, jufqu'à faire défenfes aux fermiers, économes & régiffeurs des biens des gentils-hommes, de rien payer du prix de leurs fermes, ou du montant de leurs recettes, qu'il ne leur fût juftifié du paiement de la *capitation*, mais cette loi étoit trop rigoureufe, & ne put recevoir d'exécution.

Quant à la comptabilité des receveurs, leurs comptes font tous portés en dernier reffort dans les chambres des comptes.

Suivant les déclarations du roi, de 1695, 1696 & 1697, les receveurs particuliers des provinces, rendent premièrement leurs comptes aux intendans, qui font autorifés par ces réglemens, à leur allouer les reprifes qu'ils jugent convenables, & ees reprifes doivent être paffées par les chambres des comptes.

Les receveurs-généraux des finances, dans la caiffe defquels verfent les receveurs particuliers, les payeurs des gages des cours fouveraines, les tréforiers, avant de rendre leurs comptes à la chambre-des-comptes, comptent par états au vrai au confeil, & joignent à ces états, les pieces juftificatives de la recette & de la dépenfe. Les états apoftillés avec les pieces vifées au confeil, fixent le réfultat des comptes, à la chambre, les comptables n'étant obligés d'y raporter que les feules pieces vifées au confeil, & la chambre-des-comptes, devant allouer toutes les reprifes qu'il a paffées.

Le principe général dans cette matiere, & configné dans l'arrêt du confeil, du 5 feptembre 1702, eft que que toute perfonne établie pour le recouvrement de la *capitation*, doit compter devant ceux de qui elle tient fa commiffion, fans être, pour cela, difpenfée de rendre à la chambre, le compte qui doit opérer fa décharge.

Ce dernier compte doit être préfenté, deux ans après l'année d'exercice, dont il s'agit de compter.

On a vu ci-devant, que la *capitation*, dans les campagnes, a été fixée depuis 1705, au marc la livre de la taille. Pour empêcher que ces deux impofitions ne recuffent des accroiffemens arbitraires & fans motifs connus, la déclaration du 13 février 1780, porte qu'elles ne pourront être augmentées, qu'en vertu de lettres-patentes, adreffées aux cours fouveraines, dans les formes ordinaires.

« Nous voulons, » eft-il dit dans l'article 3 de cette déclaration, « que la *capitation* de la nobleffe, des privilégiés, des officiers de juftice,

» des employés, des habitans des villes franches » & abonnées, continue de tourner à la décharge » des taillables, & qu'il en foit arrêté en con» féquence, comme par le paffé, des rôles en » notre confeil : voulons même, que dans le cas » de réduction, dans le nombre des privilégiés » officiers de juftice, & employés, foit de révo» cation des exemptions perfonnelles, ou d'abon» nemens de quelques-unes des villes franches, ou » abonnées, les taillables recueillent le fruit de » ces réformes, qui augmenteront le nombre des » contribuables, à la portion que fupportent lef» dits taillables ».

L'art. 8 de la déclaration du 27 décembre 1782, regiftré à la chambre-des-comptes, le 22 février 1783, concernant la formation des états des finances, pour l'exercice de 1781, porte que les états de répartition de la partie de la *capitation* fupportée par les taillables, continueront d'être arrêtés par les intendans; & que les rôles de la portion de cette impofition qui eft répartie fur les nobles, officiers de juftice, police & finances, & autres non-taillables, continueront pareillement, d'être arrêtés au confeil.

On trouve dans le compte rendu au roi, en 1781, des obfervations fur la *capitation*; elles doivent naturellement trouver ici leur place.

» La *capitation* taillable qui forme les trois » quarts de la *capitation*, eft impofée au marc la » livre, de la taille, & ne fait qu'une feule & » même chofe avec la taille.

» Mais dans les provinces, où la taille réelle » eft établie, la *capitation* eft réglée d'après les » facultés; il eft d'ailleurs, dans tout le royaume, » une *capitation* payée par les privilégiés; c'eft» à-dire, par les perfonnes qui font affranchies » de la taille, foit par leur nobleffe, foit par des » prérogatives attachées aux charges qu'elles pof» fedent, foit par leur habitation, dans des villes » franches. Cette efpece de *capitation* dépend » encore, en grande partie, d'une répartition » arbitraire; car on ne peut y procéder que d'a» près la connoiffance qu'on acquiert, ou par le » préjugé qu'on fe forme de la fortune des par» ticuliers.

» L'on a cherché cependant à fixer quelques » principes à cet égard, fur-tout à Paris, & l'on » a pris pour mefure le nombre de domeftiques, » les équipages, le loyer des maifons, &c. On a » tâché auffi de mettre de la règle dans les répar» titions faites par les corps & communautés; » mais il refte toujours une claffe nombreufe de » contribuables, dont la *capitation*, foumife à des » principes incertains, excite fréquemment des » difficultés & des plaintes.

» Je crois qu'avec un facrifice modique de la » part du tréfor-royal, on pourroit convertir » la *capitation* de Paris, dans quelque autre impôt » à l'abri de tout arbitraire, tel, par exemple,

» qu'une légère augmentation fur les vingtiemes
» des maifons ; ou quelques taxes fur des objets
» de luxe. Mais il faut attendre un tems plus
» oportun, parce que tant que la guerre dure,
» on n'eft jamais fûr que les nouveaux droits
» propres à fervir de remplacement, ne deviennent
» néceffaires aux befoins urgens de l'état ».

En différens tems, plufieurs citoyens zélés ont
propofé divers moyens pour fupprimer la *capitation* & la taille.

D'autres ont voulu étendre la fuppreffion à toute
efpece d'impôts, & ont imaginé en trouver le
remplacement dans une efpece de *capitation*.

Au nombre des premiers, on doit mettre M. de
Vauban, maréchal de France, dont le projet de
dîme royale n'eft pas moins connu que le génie
militaire dans l'art de fortifier les places. Mais
l'exécution de ce plan, après avoir été tentée
fous la régence, a été jugée impraticable.

M. Guérin de Rademont a publié un fyftême
de finance femblable au fond, à celui de M. de
Vauban, & fondé fur le même principe. Mais en
voulant rectifier les erreurs prétendues de M. de
Vauban, il tombe dans un autre défaut. Il exagere
tellement le produit des biens fonds, & réduit fi
fort celui de l'induftrie, qu'il n'exifte plus nulle
proportion, entre la taxe des propriétaires fonciers
& celle des négocians, dont la richeffe eft mobiliaire.

M. de la Jonchere enfuite, s'étaya fur la même
bafe que M. de Vauban. Mais pour en critiquer
plus à fon aife les eftimations, il prétend que ce
maréchal de France n'eft point l'auteur du projet
qui a été publié fous fon nom. Mais il lui a été
répondu que M. le marquis de Puifieux confervoit,
à Sillery, un exemplaire de l'ouvrage de M. de
Vauban, fur lequel M. le marquis de Puifieux
fon pere, ami de M. le maréchal de Vauban, a
écrit : *Ex dono autoris amiciffimi d. d. Vauban.*

Au refte, M. de la Jonchere tire des conféquences fi extravagantes de fon projet, qu'il mérite peu d'attention.

Il propofoit de réduire tous les impôts à une
feule contribution ; de charger une compagnie de
toutes les dépenfes de l'état, & de tout ce qui
regarde la finance & le commerce ; d'entretenir
trois cents cinquante mille hommes en tems de
paix, & cinq cents mille en tems de guerre ; avec
une marine & une artillerie proportionnées ; d'acquiter toutes les dettes de l'état, de rembourfer
toutes les charges, de fupprimer tous péages &
droits particuliers, de rendre toutes les rivieres
navigables, de réparer tous les ponts, chemins
& chauffées, de remplir Paris d'édifices magni-
fiques, & particuliérement d'achever le château
du Louvre, avec une place garnie de maifons
fuperbes, en tirant une rue en alignement jufqu'à
l'hôtel-de-ville. Il créoit des actions dont le produit devoit être pris fur l'impôt unique qu'il établiffoit, & qui n'étoit autre chofe qu'une dîme.

Les dépenfes néceffaires pour fon établiffement,
n'étoient que de quatre milliards neuf cents millions,
& c'étoit une bagatelle, eu égard aux produits
qu'il trouvoit dans fon imagination.

Parmi les écrivains patriotes que le zèle de la
réformation des impôts a infpirés, M. de Boulainvilliers tient le premier rang. En opinant pour
la fuppreffion des gabelles & des aides, il y fupplée
par une *capitation* générale, dont il fait monter le
produit à cent vingt millions.

Il donne à cette *capitation* le nom de *droit d'a-
mortiffement*, & il expofe qu'il ne feroit que de
cent dix à cent vingt livres pour le plus opulent
habitant du royaume, & de vingt fols pour le
plus pauvre.

Un écrivain plus récent, & célebre par l'ouvrage qu'il a publié fous le titre de l'*Ami des
hommes*, a auffi donné carriere à fon zèle en 1762,
par un projet de *capitation* qu'il appelle *impôt
unique*, & dont il fuppofe le produit de près de
fept cents millions.

Ce projet, fous le titre impofant de *Richeffe de
l'état*, fit une fi grande fenfation au moment où il
vit le jour, qu'on a cru devoir le configner dans
un ouvrage entiérement confacré à la finance.

Au milieu des plans les plus fufceptibles de
difficultés, il arrive quelquefois que l'on rencontre
des idées qui, de nouveau méditées, approfondies &
combinées, peuvent devenir utiles, & entrer dans
la compofition d'un fyftême auffi raifonnable dans
la pratique que dans la théorie.

« Chacun doit au bien public le tribut de fes
» réflexions. D'autres ont fait des volumes fur
» l'économie des finances, fur la population, fur
» le commerce. On y trouve des obfervations
» judicieufes, des critiques juftes, des principes
» excellens, une théorie admirable. Mais veut-on
» réduire en pratique ces différens fyftêmes ? les
» opérations du détail qu'ils indiquent font im-
» menfes ; elles exigeroient un travail long, un
» concours de volontés, une conftance parfaite,
» une uniformité invariable dans les vues de ceux
» qui font chargés de l'adminiftration, une fidé-
» lité inviolable dans l'exécution ; en un mot, une
» réforme préalable de l'humanité, & un remede
» aux viciffitudes. Lorfqu'on a pefé & combiné
» tous ces fyftêmes, & que l'on a reconnu qu'un
» fiecle fuffiroit à peine pour les exécuter dans
» toute leur étendue, on s'apperçoit qu'ils ne
» peuvent remédier à un mal preffant ; & l'on eft
» tenté de regarder le mal comme défefpéré &
» fans remede. C'eft aller trop loin : mais au
» moins faut-il chercher le remede ailleurs que
» dans des économies de détail.

» C'eft ce qu'on va effayer de faire. On entre-
» prend de prouver qu'il eft un remede prompt
» & efficace ; qu'il eft poffible de fubvenir aux
» befoins de l'état, de fatisfaire à fes engagemens,
» de pourvoir au préfent, au paffé, à l'avenir,

» par une opération fimple, dont l'effet feroit en même-tems & d'enrichir le roi, & de foulager les peuples. Cette annonce a-t-elle quelque réalité ? C'eft ce que chacun pourra connoître par l'expofé que l'on va faire du plan, & des moyens de l'exécuter.

» On fuppofe deux millions de perfonnes dans le royaume, taillables, ou non taillables, qu'il eft queftion d'impofer à proportion de leur aifance. On les diftribue en vingt claffes, de cent mille chacune, que l'on taxe par progreffion, en augmentant depuis un écu, qui feroit l'impofition de la claffe la plus indigente, jufqu'à fept cents trente livres pour la claffe la plus forte, compofée des plus opulens. Le total de cette impofition produiroit au roi fix cents quatre-vingt dix-huit millions trois cents foixante-fix mille fix cents foixante-fix livres, fomme immenfe, qui feroit fubftituée à tous autres impôts & droits dont les peuples font chargés. Le roi néanmoins conferveroit encore par-delà un droit à la frontiere du royaume, fur toute efpece de marchandifes qui paffent à l'étranger, ou qui en viennent. Il auroit encore les fermes des poftes, des domaines réels, droits de francs-fiefs & amortiffemens, la ferme du tabac & du domaine d'occident, les revenus cafuels, la monnoie, les décimes & abonnemens du clergé; & tous ces objets qui produifent au roi quarante-deux millions, ajoutés au montant de l'unique impôt dont il vient d'être parlé, lui compoferoient un revenu total de plus de fept cents quarante millions. On en voit la preuve numérique dans le tableau ci-joint.

TABLEAU DE RÉPARTITION
D E
DEUX MILLIONS DE PERSONNES.

CLASSES. Iere taxée pour chaque perfonne à	PAR JOUR. liv. fols. den.	PAR AN. liv. fols. den.	NOMBRE de perfonnes.	TOTAL de chaque Claffe par an.
	2	3 , 0 , 10	cent mil.	304 , 166
2e	0 , 0 , 3	4 , 11 , 3	Idem.	456 , 250
3e	0 , 0 , 6	9 , 2 , 6	Idem.	912 , 500
4e	0 , 0 , 9	13 , 13 , 9	Idem.	1 , 368 , 750
5e	0 , 1 , 0	18 , 5 , 0	Idem.	1 , 825 , 000
6e	0 , 2 , 0	36 , 10 , 0	Idem.	3 , 650 , 000
7e	0 , 3 , 0	54 , 15 , 0	Idem.	5 , 475 , 000
8e	0 , 4 , 0	73 , 0 , 0	Idem.	7 , 300 , 000
9e	0 , 8 , 0	146 , 0 , 0	Idem.	14 , 600 , 000
10e	0 , 14 , 0	255 , 10 , 0	Idem.	25 , 550 , 000
11e	1 , 5 , 0	456 , 5 , 0	Idem.	45 , 625 , 000
12e	1 , 12 , 0	584 , 0 , 0	Idem.	58 , 400 , 000
13e	1 , 13 , 0	602 , 5 , 0	Idem.	60 , 225 , 000
14e	1 , 14 , 0	620 , 10 , 0	Idem.	62 , 500 , 000
15e	1 , 15 , 0	638 , 15 , 0	Idem.	63 , 875 , 000
16e	1 , 16 , 0	667 , 0 , 9	Idem.	65 , 709 , 000
17e	1 , 17 , 0	675 , 5 , 0	Idem.	67 , 525 , 000
18e	1 , 18 , 0	693 , 10 , 0	Idem.	69 , 350 , 000
19e	1 , 19 , 0	711 , 15 , 0	Idem.	71 , 175 , 000
20e	2 , 0 , 0	730 , 0 , 0	Idem.	73 , 000 , 000

millions
Deux millions de perfonnes par an , 698 , 366 , 666
Fermes & droits confervés . . . . 42 , 000 , 000
TOTAL . . . . 740 , 000 , 000

S'ils

» S'il n'eſt point d'obſtacles inſurmontables qui
» s'oppoſent à une ſemblable opération, quelle
» reſſource immenſe l'état ne trouveroit-il pas
» dans une augmentation de revenu qui ſe renou-
» velle ſans ceſſe, & qui ſurpaſſe les tréſors réu-
» nis de tous les potentats de l'Europe ? Quelle
» facilité pour acquiter, même pour amortir les
» dettes de l'état, ſans rien retrancher de la
» magnificence royale ! Quelle ſatisfaction de
» penſer que la guerre même la plus opiniâtre,
» ne peut tout au plus que prolonger de quelques
» années l'ouvrage de l'extinction totale de ces
» dettes! D'un autre côté, quel ſoulagement pour
» les peuples de n'avoir plus qu'un ſeul tribut à
» payer, d'être délivré de cette multitude d'impôts
» ſur les perſonnes, ſur les fonds, ſur les conſom-
» mations, taille, taillon, uſtenſile, capitation,
» dixieme, vingtieme, deux ſols pour livre,
» quatre ſols pour livre, gabelles, droits d'aides,
» droits de gros, trop bu, congés, entrées,
» péages, ponts & chauſſées, droits répu-
» tés domaniaux, contrôle, inſinuations, cen-
» tieme denier, octrois même patrimoniaux des
» villes, qui pourroient être également ſuppri-
» més, ſauf à les remplacer aux villes par délé-
» gation ſur le nouvel impôt! Mais inutilement
» s'arrêteroit-on à déduire tous les avantages
» d'une ſemblable opération, ſi elle étoit par
» elle-même impoſſible. Il faut donc, avant toutes
» choſes, examiner :

» 1°. Si l'opération en général eſt poſſible.
» 2°. Si l'inégalité apparente de ce genre d'im-
» pôt doit le faire rejetter.
» 3°. Si l'intérêt de quelques perſonnes y met
» un obſtacle inſurmontable.
» 4°. En quelle forme & de quelle maniere
» cette opération peut être exécutée.

» En premier lieu, l'opération ſeroit-elle im-
» poſſible, ſoit à raiſon du nombre des perſonnes,
» ſoit à raiſon des ſommes auxquelles il eſt queſ-
» tion de les impoſer ?

» Quant au nombre des perſonnes, on en ſup-
» poſe deux millions. Sur la fin du dernier ſiecle,
» le dénombrement fait de l'ordre du roi par tous
» les intendans de province, montoit, pour la
» totalité du royaume, à vingt millions de per-
» ſonnes. Quelque grande qu'ait été depuis la
» dépopulation, & quand on la ſuppoſeroit de
» quatre millions, il reſteroit encore ſeize mil-
» lions d'habitans. Sur ſeize millions, court-on
» riſque d'en ſuppoſer deux millions de contri-
» buables ? Cette ſuppoſition peut d'autant moins
» être critiquée, que l'on ſait que les ſeuls rôles
» des taillables contiennent plus de ſix millions
» de perſonnes.

» Il ne ſeroit pas plus raiſonnable de criti-
» quer, comme exceſſive, la proportion que l'on
» met à chaque cote d'impoſition. Lorſqu'après
» avoir retranché quatorze millions de perſonnes,

» les premiers que l'on impoſe enſuite ſont taxés
» à un écu par an, quelle comparaiſon de cette
» ſeule & unique charge, avec celles que ſup-
» portent dans l'état préſent les plus indigens ?
» Les rôles des villages d'autour de Paris, font
» foi qu'un ſimple journalier, qui n'a ni feu ni
» lieu, ni terre, ni vigne, en un mot, qui n'a que
» ſes bras, paie douze livres par an, indépen-
» damment de ce qu'il lui en coûte d'ailleurs en
» droits ſur le peu qu'il conſomme. Ce ſeroit
» donc une diminution de trois quarts en faveur
» des indigens. La derniere & la plus forte des
» vingt claſſes n'eſt que de ſept cents trente livres,
» & cette proportion eſt certainement beaucoup
» au-deſſous des facultés des plus opulens. Mais
» eſt-il cent mille perſonnes dans le royaume à
» pouvoir déſigner pour payer chacune ſept cents
» trente livres ? Si l'on entend les déſigner par
» un état ou dignité éminente, on auroit peine
» en effet à trouver dans le royaume cent mille
» perſonnes que l'éminence de leur dignité deſtine
» à l'honneur de payer la plus forte ſomme, parce
» que les premieres dignités ne ſont pas multi-
» pliées à tel excès. Mais, ſi l'on cherche dans
» le royaume cent mille perſonnes, abſtraction
» faite de toute qualité, dont l'aiſance puiſſe ſuf-
» fire à ſept cents trente livres par an, il ne ſera
» certainement pas difficile d'en trouver beaucoup
» au-delà de ce nombre. La ville de Paris,
» que l'on répute ordinairement contenir en
» nombre & en richeſſes le vingtieme du royaume,
» devroit donc, dans les cent mille perſonnes,
» en fournir par ſon vingtieme cinq mille ſeu-
» lement. Le ſeul quartier de ſaint Roch y ſuffi-
» roit, & au-delà.

» Il n'eſt gueres de marchand de la rue ſaint
» Honoré qui, dans l'état préſent, ne paie tous
» les ans plus de ſept cents trente livres pour les
» entrées & droits de leurs marchandiſes, indé-
» pendamment des autres impoſitions de capita-
» tion, induſtrie, dixieme, vingtieme, &c. Le
» moindre marchand de vin eſt obligé, tous les
» ans, d'avancer en droits vingt mille livres pour
» ſon approviſionnement. Croit-on qu'il ne s'eſti-
» meroit pas heureux de payer ſeulement, chaque
» année, ſept cents trente livres, pour obtenir
» la liberté entiere de ſon commerce ? Combien
» en trouveroit-on encore dans tous les autres
» quartiers de la capitale, & dans la bourgeoiſie,
» ſans parler de plus de douze mille perſonnes
» qui roulent équipage ? Dès-lors que l'impoſi-
» tion ſe réglera, non à raiſon des dignités ou
» charges ſeulement, mais à raiſon de l'aiſance
» & de l'avantage que chacun peut trouver à être
» affranchi de tous les autres impôts, eſt-il poſſible
» que l'on doute de trouver dans toutes les capi-
» tales, dans toutes les villes de commerce du
» royaume, de quoi compléter les cent mille
» perſonnes deſtinées à compoſer la claſſe de ſept
» cents trente livres ? Mais quand, par impoſſible,

Bb

» il y auroit quelque chose à diminuer sur le
» nombre des dernieres classes, n'y auroit-il point,
» dans les étages inférieurs, à augmenter le nom-
» bre suffisamment pour faire la compensation ?
» N'y a-t-il point à reprendre sur ces quatorze
» millions de personnes que l'on a laissé à l'écart,
» & qui, dans notre supposition, ne sont point
» taxés ? Enfin, que l'on dise combien il s'en
» manquera en somme, il y a certainement de quoi
» réduire sur un revenu total de sept cents qua-
» rante millions : cette réduction ne pourroit
» jamais être considérable; & quelle qu'on la sup-
» pose, elle ne seroit jamais telle que le roi ne
» trouvât encore une augmentation immense de
» revenu.

» II. On objecte que ce nouvel impôt partici-
» peroit au vice de la *capitation*, que quelques-
» uns regardent comme la plus injuste de toutes
» les impositions, par son inégalité. Mais est-il
» bien vrai que cette inégalité soit particuliere à
» la *capitation* ? & ne se trouve-t-elle pas de même
» dans les autres impositions ? Celles qui se règlent
» par la considération des fonds que l'on possede,
» ne laissent-elles pas une inégalité encore plus
» révoltante entre l'indigent, qui paie à raison
» d'un modique héritage qu'il possede, & le riche,
» qui ne paie rien sur les biens immenses que
» renferme son porte-feuille ? N'en est-il pas de
» même des droits qui se paient sur les consom-
» mations ? Ce que le riche prend sur son superflu
» pour acquitter les droits d'une piece de vin, le
» pauvre le prend sur son nécessaire ; &, peut-on
» dire qu'il y ait entr'eux une véritable égalité
» de proportion ?

» La *capitation*, telle qu'elle se perçoit aujour-
» d'hui, est un impôt essentiellement inégal, parce
» qu'il se règle sur les états & dignités qui n'in-
» diquent pas nécessairement l'égalité de fortune.
» On remédie à cette inégalité dans le plan du
» nouvel impôt, puisque la cotisation doit s'en
» faire, non à raison de la dignité, mais à raison
» de l'aisance du contribuable.

» La *capitation* est essentiellement arbitraire,
» parce que les rôles en sont faits d'office par un
» intendant, qui ne peut jamais connoître les fa-
» cultés de ceux qu'il impose. Au contraire, ainsi
» qu'on le verra ci-après, les rôles du nouvel
» impôt seroient taxés par les contribuables eux-
» mêmes, suivant la connoissance qu'ils auroient
» de leur faculté. Voilà donc l'inégalité & l'arbi-
» traire sauvés autant qu'ils peuvent l'être ; & ce
» qui resteroit encore d'inégalité inévitable, ne
» peut plus être un sujet de se plaindre ou de
» résister à l'opération.

» Un journalier qui paie aujourd'hui par an
» douze livres de taille, & qui seroit modéré à
» un écu, indépendamment de ce qu'il paieroit
» de moins sur le prix des denrées & ustensiles
» à son usage, content dans ce premier moment

» du soulagement qu'il éprouveroit, n'imagineroit
» certainement pas de refuser cet avantage,
» sous prétexte qu'un autre, un peu plus aisé que
» lui, ne paieroit aussi qu'un écu. Celui qui paie
» aujourd'hui trois vingtiemes, une double ou
» triple *capitation*, & des droits sur toutes les
» consommations, indépendamment de plusieurs
» mille livres de taille de son fermier, qui dimi-
» nuent d'autant le revenu de son fonds, seroit-il
» tenté de critiquer une opération qui lui impose
» pour toute chose sept cents trente livres, & à
» son fermier une somme modique, par la seule
» raison qu'un autre, qui est trois fois plus riche
» que lui, ne paieroit de même que sept cents
» trente livres ; enfin, le remede le plus certain
» à une inégalité qui se trouve par-tout, est de
» rendre l'impôt si léger, qu'il ne soit pas au-
» dessus des facultés du plus indigent ; & il est
» évident qu'ici ce remede, joint aux autres dont
» on vient de parler, rendra toute inégalité in-
» sensible.

» III. On objecte encore l'inconvénient de
» supprimer tout-à-coup une multitude de gens
» de finances, que la suppression des impôts ren-
» droit inutiles. Il s'agit d'apprécier le plus ou
» le moins de cette objection.

» Il faut observer d'abord, que cet arrangement
» ne touche à aucune des charges de finance.
» Les trésoriers, les receveurs généraux, les re-
» ceveurs des tailles, loin d'y perdre, y gagne-
» roient considérablement, puisque leur manie-
» ment augmenteroit à proportion de l'augmen-
» tation des revenus du roi, qui passeroient tous
» par leurs mains.

» A l'égard des fermes-générales, une grande
» partie des droits qu'elles régissent étant sup-
» primés, beaucoup d'employés deviendroient
» inutiles. Cet arrangement ne devant avoir lieu
» que dans un terme, il conviendroit de l'annon-
» cer d'avance, pour donner le tems à tous ces
» inutiles de se pourvoir d'autres occupations.
» Il en est qu'il pourroit être nécessaire d'aider,
» en leur continuant partie de leurs appointemens
» pendant quelque tems ; & ce secours, que l'hu-
» manité accorderoit à un nombre de bas employés,
» qui ne vivent que de maltôte, même l'indem-
» nité, s'il y avoit lieu en général de l'accorder
» aux fermes, ne seroit pas à charge au roi, vu
» l'augmentation immense de revenu annuel qu'il
» acquerroit.

» Au surplus, on a l'exemple de la suppression
» que l'Impératrice a faite dans ses états ; après
» sa guerre de Bohême, de trente mille employés ;
» & de ce qui s'est fait en France, il n'y a pas
» long-tems.

» M. de Sechelles ne s'est point fait un em-
» barras de supprimer deux cent cinquante sous-
» fermiers, & les suppôts des sous-fermes, pour
» procurer au roi une centaine de millions, une

» fois payés. Y auroit-il plus de difficulté à ré-
» former en partie les fermes-générales, lorfqu'il
» s'agit de procurer à l'état une augmentation de
» revenu annuel de plufieurs centaines de millions?

» Les fermiers-généraux n'auroient plus les
» aides, les gabelles, les droits d'entrées des
» villes dans l'intérieur du royaume, les droits
» de contrôle, ni aucuns des droits réputés doma-
» niaux; il leur refteroit feulement la ferme du
» tabac, les domaines réels, les francs-fiefs &
» amortiffemens, les entrées & forties de la fron-
» tiere. L'objet de leurs gains exceffifs diminue-
» roit pour l'avenir, fans aucune perte réelle
» pour le préfent; mais leurs immenfes fortunes
» deviendroient plus affurées par la même opéra-
» tion qui affureroit la fortune de l'état.

» Mais c'eft trop s'arrêter fur une pareille
» objection, comme fi l'intérêt de quelques parti-
» culiers devoit, dans des circonftances auffi pref-
» fantes, balancer l'intérêt de l'état, la néceffité
» reconnue de remédier à fon épuifement, & de
» pourvoir à fa libération. Le parlement a déja
» dit au roi plus d'une fois, & tous les autres
» parlemens avec lui, qu'il n'eft plus poffible d'a-
» jouter impôts fur impôts, parce que la mefure
» en eft parvenue à fon comble.

» Il a dit, avec vérité, que les vingtiemes fur-
» paffent les facultés des peuples; qu'ils font la
» ruine des campagnes, de la nobleffe & des cul-
» tivateurs. Enfin, il a dit que la voie des em-
» prunts n'eft plus praticable, foit parce qu'ils
» font le germe de nouveaux impôts démontrés
» impoffibles, foit parce que la bonne-foi même
» ne permet pas de faire des emprunts, lorfqu'il
» n'eft plus de fonds libres, & d'hypotheques à
» pouvoir leur affigner.

» Dans cette extrémité, il ne refteroit plus
» que l'attente d'une banqueroute de l'état, qui
» entraîneroit néceffairement celle d'une multi-
» tude de particuliers, la défolation univerfelle,
» un tiffu de calamités & de défaftres, un avenir
» affreux, mais très-prochain, dont on n'oferoit
» envifager le tableau. C'eft à ces excès de maux
» qu'il s'agit de trouver le remede. Il n'en eft
» qu'un, le parlement l'a indiqué & a frappé au
» but, lorfqu'il a dit qu'*il confiftoit à fimplifier*
» *les impôts autant qu'il eft poffible, à diminuer les*
» *frais de régie & de perception, à retrancher toutes*
» *les dépenfes qui ne tournent pas à la fplendeur &*
» *au profit de l'état.* Quel meilleur moyen de
» fimplifier les impôts, que de les réduire à un
» feul? Quelle autre façon de diminuer les frais
» de régie & de perception, fi ce n'eft de fup-
» primer les droits des fermes? Quelles dépenfes
» tournent moins à la fplendeur & au profit de
» l'état, & méritent mieux d'être retranchées, que
» celles qui s'appliquent à entretenir une armée
» entiere de baffe maltôte? Ce que l'on propofe
» n'eft donc qu'une idée plus détaillée de ce que

» le parlement a lui-même propofé; c'eft l'appli-
» cation de fes principes, & c'eft d'après lui que
» l'on dit: *Que ces moyens font les feuls par lefquels*
» *il foit poffible de faciliter la libération des dettes*
» *de l'état, & de fuffire à fes befoins.*

» Combien d'avantages multipliés dans une opé-
» ration qui détruiroit l'ufure, l'agio, la con-
» cuffion, le péculat, les rapines qu'occafionnent
» les vifites des commis des aides, les crimes
» politiques du faux-faunage & de la contre-
» bande, qui coûtent la vie à tant de malheureux!
» Quelle confolation pour les peuples, de n'être
» plus expofés à racheter leurs propres denrées
» par le paiement des droits à l'entrée des villes,
» à racheter les fonds du patrimoine de leurs fa-
» milles, par le paiement des droits de centieme
» denier, à perdre en droits de contrôle, de
» papier timbré, &c. ce qui leur reviendroit de
» la pourfuite de leurs droits légitimes; enfin,
» à voir paffer entre les mains des fangfues pu-
» bliques le fruit des fueurs & des travaux du
» laboureur & du vigneron! Mais quel avantage
» pour l'état, de porter à fept cents quarante
» millions, des revenus, qui, en 1749, ne mon-
» toient pas à deux cents cinquante millions!

» Que l'on s'efforce de contredire la poffibilité
» de cette augmentation de près de cinq cents
» millions de revenu annuel; combien retran-
» chera-t-on fur le nombre de deux millions feu-
» lement de contribuables que l'on fuppofe dans
» ce grand royaume, dont la feule capitale con-
» tient plus d'un million d'ames? Combien re-
» tranchera-t-on fur la portion de fept cents
» trente livres, qui eft celle de la plus forte im-
» pofition? Il eft évident que jamais on ne par-
» viendra à réduire ces cinq cents millions d'aug-
» mentation, à tel point qu'il n'en refte de quoi
» fatisfaire à tous les befoins de l'état. Il y aura
» toujours une augmentation quelconque & un
» foulagement certain, & il eft un moyen bien
» fimple d'accroître en peu de tems cette aug-
» mentation jufqu'au point auquel on l'a fixée.

» Que le gouvernement, fur les premiers pro-
» duits de l'augmentation, répande dans le
» royaume pour huit ou dix millions de bef-
» tiaux, jumens, vaches, chevres & brebis, foit
» qu'on les faffe parquer dans les friches, foit
» qu'on les vende à bas prix & à crédit aux par-
» ticuliers ou communautés, fallût-il même les
» donner en pur don, c'eft de l'argent placé
» avec ufure au profit de l'état. On ne tardera
» pas à voir l'effet de cet expédient, plus efficace
» que les fyftêmes & académies d'agriculture.
» Bientôt l'amélioration des terres, jointe à l'a-
» vantage excluffif que le françois auroit de n'être
» fujet qu'à un feul impôt, multiplieroit tellement
» la population, qu'on ne feroit plus embarraffé
» de compléter, même d'excéder de beaucoup le
» nombre de deux millions de contribuables.

» IV. Quant à la façon d'opérer & d'asseoir
» ce nouvel impôt, il faut d'abord observer
» qu'une opération qui s'étend sur des millions
» d'hommes, si elle est violente, est une secousse
» & un ébranlement général qui ne peut réussir.
» Il faut par conséquent la rendre facile & vo-
» lontaire, en faisant agir tous les ressorts de la
» confiance. Lorsqu'on ne veut que le bien com-
» mun, on ne court point risque d'offrir à chacun
» les moyens de le reconnoître, de s'en persuader,
» & dans l'espece présente, de combiner & cal-
» culer à part soi, combien il profite & profitera
» d'année en année par l'exemption de droits sur
» les denrées qu'il consomme ou qu'il emploie,
» sur ses vêtemens, ameublemens, approvision-
» nemens, sur les reconstructions & réparations
» de ses maisons, & améliorations de ses héri-
» tages; enfin, d'apprécier la liberté inestimable
» de ses fonds, de ses actions & de son commerce.
» Le plan est flatteur & avantageux à tout le
» monde, sauf l'exécution. Il est donc de la sa-
» gesse de présenter le plan sans contrainte, &
» d'admettre tous les intéressés à concourir par
» leur propre fait à son exécution. On n'aura à
» s'en prendre qu'à soi-même, & l'on se pardon-
» nera facilement les vices de l'exécution, sur-tout
» si l'on conserve encore par-delà la faculté de
» les rectifier.

» Il s'agit donc d'annoncer le plan & ses mo-
» tifs, de donner un point d'appui pour entamer
» l'opération; laisser aux contribuables la faculté,
» dans un terme prescrit, de s'arranger entr'eux
» pour la répartition; & lorsqu'ils ne pourroient
» s'accorder, renvoyer à leurs juges naturels la
» décision de leurs différends.

» Le tableau de vingt classes de cent mille
» personnes, peut servir de proportion pour de
» nouveaux rôles; c'est-à-dire, qu'il faut y ra-
» mener la cotisation de ceux qui sont inscrits
» sur les anciens. Si l'on vouloit se régler sui-
» vant les rôles des impositions réelles par forme
» de cadastres, beaucoup de contribuables échap-
» peroient, parce qu'il en est beaucoup qui ne
» possedent point de biens fonds; & à l'égard de
» ceux qui en ont, comme souvent ils les pos-
» sedent en différens endroits, ou il faudroit pour
» un même homme autant d'impositions particu-
» lieres, que de lieux dans lesquels il possede
» des biens, ou il faudroit le suivre dans tous
» les endroits, pour apprécier la totalité de sa
» fortune, & l'imposer à proportion.

» Il est une façon plus simple & plus facile,
» sauf les correctifs à y mettre ensuite. Chacun
» paie la *capitation*, & ne la paie qu'en un en-
» droit, & est inscrit sur un rôle. Il faut que
» sur ce rôle, chacun, au prorata de ce qu'il
» paie annuellement, soit mis dans une des classes
» du tableau; c'est-à-dire, sur le rôle de *capi-*
» *tation* ; à la somme qu'il paie actuellement,

» substituer celle de la classe du tableau dans la-
» quelle il doit être placé; de sorte que si, sur le
» rôle de *capitation*, il est taxé à la plus basse
» proportion, comme les plus indigens, il sera
» au même titre, taxé à un écu par an, prix de
» la classe des plus indigens, suivant le tableau.

» Cette nouvelle taxe ne servira pourtant,
» comme il a été dit, que d'un point d'appui.
» La somme totale du rôle ainsi ébauché, sera
» comparée, par les contribuables, avec la somme
» totale de chacun des rôles voisins, pour parve-
» nir à s'égaler de ville à ville, de paroisse à
» paroisse, de concert entre leurs députés; sinon,
» sur leurs mémoires respectifs, la contestation
» sera sommairement & contradictoirement jugée
» dans un terme prescrit.

» Toutes les villes d'une province ainsi réglées
» entr'elles pour le total de leur imposition, ce
» total demeurera fixé pour chacune d'elles, & la
» répartition s'en fera en la même forme entre
» les communautés d'une même ville, & entre les
» contribuables d'une même communauté, ou d'une
» même paroisse de campagne, qui s'imposeront
» eux-mêmes chaque année, suivant la connois-
» sance qu'ils ont de leurs facultés respectives,
» ainsi qu'il se pratique pour la taille dans les
» villages des environs de Paris, en se distri-
» buant entr'eux la totalité de la somme à la-
» quelle le rôle aura été fixé de concert, ou par
» jugement. Alors les nouveaux rôles auront leurs
» perfections, & seront rendus exécutoires; &
» dès ce moment toutes autres impositions cesse-
» ront.

» Peut-être y auroit-il moyen de simplifier en-
» core cette opération, ou de l'arranger dans une
» meilleure forme. Quoi qu'il en soit, on la croit
» possible, & l'on ne connoît nulle autre ressource
» équivalente ».

On doit ajouter ici, que ce projet n'a rien de
nouveau que la forme. On trouve dans l'histoire
des finances, qu'en 1649, un particulier proposa
de même, de supprimer les tailles, les aides & les
gabelles, en conservant seulement les droits de
domaines & de traites. Son plan consistoit à imposer un sol par jour sur les gens aisés. Il prétendoit en trouver six millions dans le royaume,
en état de payer cet impôt, qui eût produit cent
neuf millions cinq cents mille livres, l'argent
alors à vingt-neuf livres six sols onze deniers le
marc.

Par cet arrangement, disoit-il, le roi sera au-
dessous de ses dépenses, pourra rembourser, petit
à petit, ses créanciers, & le peuple soulagé se
livrera de bon cœur au travail.

Si une pareille répartition, observe l'*auteur des
Recherches sur les finances, tom. 2, pag. 102, édition
in-12*, n'est ni juste, ni praticable à certains
égards, il n'en est pas moins vrai que c'est à ce
but que doivent tendre tous les tableaux & les

projets de finances, par des voies plus parfaites.

Si tous les hommes d'un état sont occupés, s'ils sont rendus assez riches pour payer, non pas un sol par jour, mais au besoin quatre sols par jour l'un dans l'autre, plus il y aura d'hommes dans l'état, plus les ressources publiques seront grandes, plus l'aisance sera commune, plus la perception sera facile.

CAPTURE, s. f., qui s'applique également à l'action d'arrêter un contrebandier, & à celle de saisir des marchandises prohibées, ou du faux sel, du faux tabac; ainsi, on dit dans cette double acception, les gardes des fermes ont fait *capture* de plusieurs hommes chargés de faux sel; & la *capture* de deux ballots de tabac a eu lieu sur le territoire de Champagne.

L'article 8 de l'édit de 1664, permet à toutes personnes de faire *capture* des faux-sauniers, lors de leur passage par les bourgs & villages. Il fait inhibition aux gens d'église, nobles, seigneurs, & tous autres, de les laisser passer, & de les loger, ni de leur administrer, pain, vin, avoine, foin, & autres vivres; il ordonne aux habitans de les arrêter avec leur sel, leurs bêtes de charge, ou voiture, leur en donne plein pouvoir, & les dispense, à cet effet, de s'y faire autoriser par aucun juge.

En 1723, lorsque les fermes générales étoient en régie, l'arrêt du conseil du 16 février de cette même année, confirmant les dispositions qui viennent d'être rappellées, accordoit vingt livres de gratification, pour chaque faux-saunier à porte-col, dont il étoit fait *capture*, quarante livres, pour ceux qui avoient des chevaux, outre le sixieme du prix du sel. Comme ces gratifications étoient payées par le roi; lorsque les gabelles eurent été mises en ferme, adjugée à Carlier, un arrêt du 27 août 1726, supprima ces gratifications, en laissant à cet adjudicataire, la liberté d'y pourvoir, ainsi qu'il le jugeroit à propos.

Suivant les dispositions de l'arrêt du 4 juin 1738, les cavaliers de la maréchaussée sont tenus d'arrêter & capturer les faux-sauniers, & tous les autres contrebandiers; ils peuvent en dresser des procès-verbaux, sans néanmoins donner aucune assignation, ni faire aucune signification. Les motifs de cette restriction, ont pour objet, d'empêcher qu'après la *capture* de la personne des contrebandiers, les officiers des maréchaussées ne puissent s'attribuer aucune jurisdiction. La récompense que ces cavaliers ont droit d'attendre, est réglée par une délibération de la ferme-générale. *Voyez* DÉLIBÉRATION.

CAPTURER, v. a. qui veut dire faire capture.

CAROSSE, voiture très-connue, dont on ne fait mention que pour distinguer les *carosses* de remise, & les *carosses* de place appellés fiacres,

roulans à Paris, parce qu'ils ont été, pendant la derniere guerre, l'objet d'une affaire de finance.

Il est bon d'observer que le privilège exclusif de louer à Paris, de grandes & de petites carioles, fut d'abord accordé au sieur Vilerme, en 1650; tems où les carosses étoient encore un signe de distinction, ou d'une haute opulence.

Quelques années après, des lettres-patentes du mois de mai 1657, concéderent à M. de Givry, un autre privilège exclusif, pour mettre sur les places, sur les carrefours, & autres lieux publics, des carosses, qui marcheroient à l'heure, à la demi-heure, & meneroient aux environs de Paris, jusqu'à quatre & cinq lieues.

L'exemple de M. de Givry eut des imitateurs; les privilèges se multiplierent, & le nombre des carosses de place s'accrut en proportion.

Dans la suite, ces concessions passerent aux héritiers des premiers privilégiés; mais le roi ayant retiré ces privilèges, moyennant les indemnités fixées par l'arrêt du conseil, du 19 septembre 1777, on jugea plus convenable d'en former une régie.

En conséquence, des lettres-patentes du 17 février 1779, céderent au nommé Perreau, le privilège exclusif des *carosses* de place, & le chargerent de la perception du droit dû par les *carosses* de remise. Une compagnie de financiers connus, étoit caution de cet adjudicataire, & la guerre venoit de s'allumer depuis peu de tems; les besoins étoient grands; cette compagnie offrit cinq millions cinq cents mille livres, qui furent acceptés, & sa jouissance fut étendue à trente années, le tout à commencer du premier avril 1779.

Le préambule & le dispositif des lettres-patentes dont il s'agit, expliquent trop clairement les motifs & les effets de ce nouvel arrangement, pour ne pas rapporter ce réglement...

» LOUIS, par la grace de Dieu, &c. Les » plaintes portées journellement, sur le mauvais » état des *carosses* de place de notre bonne ville de » Paris, & les accidens fréquens que ce désordre » occasionne, avoient fixé depuis long-tems notre » attention, & nous désirions d'y porter remède, » lorsqu'on nous a présenté les moyens de remplir » ces vues d'une maniere avantageuse à nos finan- » ces: Nous avons accepté en conséquence, l'offre » qui nous a été faite d'un secours extraordinaire » & sans aucun intérêt, au moyen d'une légere » augmentation dans le loyer desdits *carosses*: » loyer qui est demeuré le même depuis plus d'un » siecle; & cependant nous avons voulu que cette » augmentation ne pût être exigée, qu'à raison » de l'amélioration réelle du service. Nous nous » sommes donc déterminés à retirer le privilège » exclusif dont jouissoient différentes personnes; » nous avons pourvu à leur remboursement, & » quoique nous ayons bien voulu les traiter très-

» favorablement , en confidération de leur an-
» cienne poffeffion., nous faifons cependant un
» arrangement utile à nos finances , & qui ne
» peut que devenir agréable au public : & voulant
» faire connoître nos intentions, nous avons
» déclaré & ordonné ; & par ces préfentes fignées
» de notre main, déclarons & ordonnons ce qui
» fuit :

ARTICLE PREMIER.

» Nous avons vendu, cédé & tranfporté au
» fieur Pierre Perreau, pour trente années en-
» tieres & confécutives, à compter du premier
» avril prochain, le privilège excluſif des *caroffes*
» de place de la ville & fauxbourgs de Paris ; le
» privilège excluſif des voitures actuellement éta-
» blies pour le fervice des environs de Paris ; &
» les meffageries de Pontoife , Creil, Chantilly,
» Dammartin , Nanteuil-haudoin, Senlis & Brie-
» comte-Robert, fans être tenu par ledit Perreau,
» de payer aucun prix de bail, ni être par lui
» fujet à aucune charge, ni dépendance quelcon-
» ques, envers les adminiftrateurs, régiffeurs ou
» fermiers des meffageries, fauf à nous à accorder
» telle indemnité que de raifon, au fermier des
» meffageries, qui avoit fous-fermé lefdites voi-
» tures des environs de Paris, & des meffageries
» ci-deffus défignées. Faifons très-expreffes inhi-
» bitions & défenfes à toutes perfonnes, de quel-
» qu'état, qualité & condition qu'elles foient,
» de faire aucun établiffement de voitures pour
» le même fervice, fans la permiffion dudit Per-
» reau, ou de fes ceffionnaires, à peine, contre
» les contrevenans, de trois mille livres d'amen-
» de, & de confifcation de chevaux & voitures.

ART. II.

» Nous avons autorifé & autorifons ledit Per-
» reau, de percevoir pendant lefdites trente
» années, à compter dudit jour, 1er. avril 1779,
» pour chaque *caroffe* appellé de *remife*, fix fols,
» par jour, dans la même forme & maniere que
» fe perçoivent les deux fols fix deniers, aux-
» quels ont été réduits trois fols établis par la
» déclaration du 30 décembre 1702 ; à la charge
» par lui de payer fans aucun retranchement ni
» déduction quelconque, pour quelque caufe que
» ce puiffe être, pendant les mêmes trente années,
» à l'hôpital-général de notre bonne ville de
» Paris, annuellement & par quartier, entre les
» mains, & fur la quittance du receveur dudit
» hôpital, quinze mille livres, au lieu de dix
» mille livres accordées audit hôpital, par la dé-
» claration du 30 décembre 1702.

ART. III.

» Les ventes & ceffions que nous faifons audit
» Perreau, ne pourront nuire ni préjudicier aux

» droits des loueurs de *caroffes* appellés de *remife*,
» à ceux des entrepreneurs des voitures de la
» cour, ni à ceux des fermiers ou entrepreneurs
» de toutes les meffageries & voitures, autres
» que celles vendues audit Perreau, par l'article
» premier ci-deffus, lefquels chacun à leur
» égard, demeureront confervés dans l'exécution
» des différens réglemens qui les concernent.

ART. IV.

» Ledit Perreau pourra céder, vendre & tranf-
» porter ledit privilège, en tout ou partie, à
» qui bon lui femblera, & aux claufes & condi-
» tions qu'il avifera bon être, & faire tels marchés
» ou baux qu'il voudra avec les particuliers
» auxquels il permettra de mettre des *caroffes* fur
» les places ; & lefdits baux ou marchés, ainfi
» paffés de gré à gré en bonne forme & de-
» vant notaires, feront exécutoires dans tous
» les cas.

ART. V.

» Ledit Perreau & fes ceffionnaires, ou leurs
» repréfentans, feront obligés d'entretenir tou-
» jours le nombre des voitures fuffifant pour le
» fervice du public, dont nous le chargeons par
» ces préfentes, & de remplacer celles que le
» lieutenant-général de police auroit jugé à-propos
» de réformer, pour caufe de vétufté, ou défaut
» de fûreté.

ART. VI.

» A compter du premier avril 1779, il fera
» payé pour les voitures de place, dans toutes
» les faifons de l'année, depuis onze heures du
» foir, jufqu'à fix heures du matin, trente fols
» par courfe, & quarante fols par heure, foit
» pour les voitures actuellement exiftantes, foit
» pour les voitures neuves, qui feront mifes fuc-
» ceffivement fur place : Il fera payé dans toutes
» les faifons de l'année, depuis fix heures du
» matin, jufqu'à onze heures du foir, mais feu-
» lement pour les voitures nouvelles, qui, à cet
» effet, porteront des marques diftinctives &
» apparentes, approuvées par notre lieutenant-
» général de Police, trente fols pour la premiere
» heure, vingt-cinq fols pour les autres, &
» vingt-quatre fols par courfe ; mais depuis fix
» heures du matin jufqu'à onze heures du foir,
» il ne pourra être exigé pour les voitures, telles
» qu'elles font tout à préfent, que le même prix qui
» fe paie actuellement, foit pour l'heure, foit
» pour la courfe. A l'égard du prix des places
» dans les voitures des environs de Paris, &
» dans celles qui defferviront les meffageries énon-
» cées en l'article premier ci-deffus, il conti-
» nuera d'être payé fur le pied qu'il a été fixé
» précédemment.

ART. VII.

» Ledit Perreau & fes ceffionnaires ne pourront
» fous aucun prétexte, dans aucun cas, & pour
» quelque caufe que ce foit, être dépoffédés avant
» lefdites trente années, d'aucun des objets que
» nous lui avons cédés par ces préfentes, & il ne
» pourra pareillement être accordé pendant ledit
» tems, à qui que ce foit, aucune conceffion,
» privilège ni permiffion qui puiffe nuire ni pré-
» judicier au privilège que nous avons ci-deffus
» vendu audit Perreau, attendu les dépenfes con-
» fidérables, que ledit Perreau ou fes ceffionnaires
» auront à faire pendant plufieurs années, pour
» la conftruction des voitures, & l'achat de che-
» vaux, en nombre fuffifant, pour que le public
» trouve un avantage réel dans ce nouveau
» fervice.

ART. VIII.

» Nous reprendrons, à l'expiration defdites
» trente années, pour notre compte, les terreins,
» maifons, bâtimens, chevaux, voitures, four-
» rages, & généralement tous les effets mobiliers
» & immobiliers, de quelque nature qu'il foient
» fervant à l'exploitation dudit privilège, qui
» fe trouveront alors appartenir audit Perreau,
» ou à fes ceffionnaires, & nous leur en ferons
» payer le prix à dire d'experts, en deniers
» comptans, à l'expiration defdites trente années.

ART. IX.

» Ledit Perreau ou fes ceffionnaires, feront
» rembourfés en deniers comptans, à l'expiration
» defdites trente années, fans aucuns intérêts
» pendant ledit tems, de la fomme qu'il aura
» verfée en notre tréfor royal, en exécution de
» l'arrêt de notre confeil, qui fixera le prix de
» la préfente vente, & qui fera portée dans la
» quittance comptable qui lui en aura été déli-
» vrée par le garde de notre tréfor royal; vou-
» lons que jufqu'auxdits rembourfement & paie-
» ment defdits effets, ledit Perreau, fes ceffion-
» naires, succeffeurs & ayant caufe, continuent
» de jouir dudit privilège, fans être tenus de
» nous en rendre aucun compte.

ART. X.

» Les paiement & rembourfement promis par
» les articles VIII & IX, ci-deffus, ne pourront
» être faits qu'en argent comptant, fans aucuns
» billets, papiers, effets, ni contrats de quelque
» nature que ce foit.

ART. XI.

» Ledit Perreau & fes ceffionnaires, ou leurs
» repréfentans, ne pourront être affujettis à aucuns
» droits de marc d'or, confirmations, taxes, ni
» à aucune augmentation de vingtiemes, capi-
» tation' & autres impofitions quelconques, à
» raifon de la poffeffion de portions dudit privi-
» lège; voulant que ledit Perreau, fes ceffion-
» naires, ou leurs repréfentans, ne foient tenus
» que des mêmes impofitions & droits qu'ils au-
» roient à payer, s'ils n'étoient pas propriétaires
» de portions dudit privilège.

ART. XII.

» Ledit Perreau ne s'étant porté à nous faire
» faire les offres que nous avons acceptées, que
» fur l'affurance que nous lui avons donnée de
» la pleine & entiere exécution de toutes les
» conditions contenues en ces préfentes, voulons
» qu'elles foient entiérement & pleinement exé-
» cutées dans tous les cas.

ART. XIII.

» Les conteftations, concernant l'exploitation
» dudit privilège pour les voitures de place de
» la ville de Paris, continueront d'être portées
» devant le lieutenant-général de police de ladite
» ville, & feront par lui jugées, conformément
» aux réglemens ci-devant rendus, fauf l'appel
» en notre cour de parlement; & à l'égard des
» conteftations, concernant les voitures des envi-
» rons de Paris, & les meffageries dénommées en
» l'article premier de ces préfentes, elles conti-
» nueront à être portées par-devant les juges qui
» en doivent connoître comme par le paffé. Si
» donnons mandement à nos amés & féaux
» confeillers, les gens tenant notre cour de
» parlement de Paris, que ces préfentes ils aient
» à faire lire, publier & enrégiftrer, &c. &c.

» *Regiftrées, ouï ce requérant le procureur-gé-*
» *néral du roi, pour être exécutées felon leur forme*
» *& teneur; à la charge que ledit Perreau, & fes*
» *ceffionnaires, ou leurs repréfentans, entrant en jouif-*
» *fance du privilège mentionné efdites lettres, demeu-*
» *reront garans & refponfables, tant de l'exécution*
» *des baux paffés en conféquence des lettres-patentes*
» *précédemment enregiftrées en la cour, concernant*
» *les caroffes de place, & des fommes qui peuvent*
» *être dûes du prix defdits baux, par les fermiers*
» *defdits caroffes de place, que des fommes dûes par*
» *les loueurs de caroffes de remifes pour raifon du*
» *droit établi en faveur de l'hôpital-général, par les*
» *précédentes déclarations du roi, auffi enregiftrées en*
» *la cour; le tout, fuivant l'état qui en fera arrêté*
» *par Me. Léonard de Sahuguet d'Efpagnac, Con-*
» *feiller, que la cour a commis à cet effet; fi mieux*
» *n'aiment lefdits Perreau, fes ceffionnaires, ou leurs*
» *repréfentans, traiter defdits debets, de gré à gré,*
» *dont l'aîte en bonne & due forme fera & demeurera*
» *dépofé au greffe de la cour; comme auffi à la charge*

» *que tous réglemens nouveaux , qui pourroient être*
» *faits par le lieutenant - général de police , feront*
» *préfentés à la cour , pour y être homologués , fi*
» *faire fe doit , en la maniere accoutumée ; le tout*
» *à la requête defdits Perreau , fes ceffionnaires , ou*
» *leurs repréfentaps , fuivant l'arrêt de ce jour. A*
» *Paris , en parlement , les grand'chambre & tournelle*
» *affemblées , le vingt-fix février mil fept cent foixante-*
» *dix-neuf. Signé* YSABEAU ».

Cet enregiftrement contrariant les vues du gouvernement , en ce qu'il rendoit Perreau garant de l'exécution des baux antérieurs à fa jouiffance , fut caffé par l'arrêt du confeil du 4 mars fuivant.

Le droit à payer par chaque *caroffe* de remife , fut , comme on vient de le voir , fixé à fix fols par jour.

A l'égard des *caroffes* de place , ou fiacres , la faculté d'en mettre fur la place étant une participation au privilège exclufif de l'adjudicataire , il ne l'accorde que par un bail à terme limité , pour un prix réglé fuivant les circonftances. Dans les tems où la cherté des fourages , les dépenfes & les rifques de ceux qui établiffent de ces voitures paroiffent mériter des confidérations ; le prix des baux eft à raifon de quarante fols par jour pour chaque fiacre , fans faire payer ce droit au treizieme.

Il en eft de même pour les *caroffes* de remife ; celui qui en a treize ne paie que trois livres douze fols par jour , comme s'il n'en avoit que douze.

La perception de ce droit tient lieu d'intérêt des cinq millions cinquante mille livres prêtés au gouvernement , qui les doit rendre à l'expiration du privilège , avec la valeur exiftante des inftrumens & immeubles employés à l'exploitation de cette ferme ; mais l'adjudicataire eft obligé de donner chaque année à l'hôpital général , une fomme de quinze mille livres.

Comme perfonne ne peut s'établir loueur de *caroffes* de remife , ou entrepreneur de fiacres , qu'après en avoir fait fa déclaration au bureau de la régie , & requis d'appofer fur fes *caroffes* une marque dont l'empreinte eft dépofée au greffe de la chambre de police , la régie fait tenir , pour chaque loueur , des comptes ouverts , dans lefquels font exactement portés les numéros de fes voitures. A la fin de chaque mois , l'état de ce qu'il doit eft arrêté , & il doit payer , à peine d'y être contraint par faifie , vente des chevaux & des voitures.

Pour prévenir toute contravention à cet égard , des infpecteurs , ayant ferment en juftice , font autorifés à vifiter les voitures , & chez les loueurs , & fur les places , pour verbalifer s'il s'en trouve de revêtues de fauffes marques , ou qui roulent fans avoir préalablement été marquées.

On compte fix cents trente à fix cents foixante

voitures de remife , qui rendent environ foixante-fix à foixante-quinze mille livres par année.

Les *caroffes* de place , au nombre de fix cents vingt à fix cents quarante , donnent encore , par les fous-baux , un produit d'environ fix cents foixante-dix à fix cents quatre-vingt mille livres.

La compagnie a de plus , le bénéfice qu'elle fait , l'été , fur les voitures qui conduifent aux environs de Paris , & pour lefquelles elle entretient à-peu-près cinq cents vingt chevaux , avec cent cinquante ou deux cents *caroffes* , cabriolets , & l'hiver , fur les *caroffes* qu'elle met elle-même fur la place pour occuper fes chevaux.

Ses dépenfes confiftent en frais d'établiffement , qui ont exigé des acquifitions de terrain , des conftructions de bâtimens , achats de chevaux , voitures , &c , & ces différens objets ont occafionné une mife dehors de deux millions cinq cents mille livres.

La dépenfe journaliere de manutention , régie & entretien , eft d'environ foixante à quatre-vingt mille livres.

On voit par un article du chapitre de la recette inféré dans le compte de 1781 , que les fiacres établis à Lion donnent un produit de quarante mille livres , avec l'affinage de Trévoux. Ce dernier objet eft eftimé de vingt-quatre à vingt-fix mille livres ; en forte que les *caroffes* de place , de Lyon , peuvent être comptés , dans les finances , pour quatorze ou feize mille livres.

CARTES , f. f. La forme & l'ufage des *cartes* font trop connus , pour qu'il foit befoin d'en donner une defcription. Notre plan ne nous conduit à en parler , que par rapport aux droits qu'elles païent , & qui forment une des branches des revenus du roi. Il s'agit de remonter à l'époque de l'établiffement des droits: Voici ce que nous en apprend un mémoire hiftorique imprimé à l'imprimerie royale en 1771 , *parmi plufieurs règlemens concernant la régie du droit fur les cartes*.

Quoique l'invention des *cartes* à jouer ait plus de quatre fiècles d'ancienneté , l'ufage n'en a été que fort peu étendu jufqu'au dix-feptieme. L'on n'en fabriquoit encore en 1631 , que dans Paris & dans fix autres villes du royaume. Il y a même apparence qu'en 1577 , époque de l'établiffement de la traite domaniale , le peu d'importance du commerce des *cartes* , fit difpenfer cette marchandife de l'affujettiffement à ce droit , qui portoit fur les toiles , le paftel , le vin , & plufieurs autres denrées & marchandifes.

Mais en 1581 , les lettres-patentes de Henri III, du 21 février , les impoferent à un fol par chaque caiffe du poids de deux cents livres , qui feroit portée hors du royaume , tant de *cartes* que de tarots.

Deux années après , la déclaration du 22 mai 1583,

1583, impofa un fol parifis fur chaque jeu de cartes, & deux fols par jeu de tarots fabriqués dans le royaume, & le droit de fortie de 1581 fut fupprimé.

Cette déclaration, après avoir été adreffée tant au parlement qu'à la cour des aides, & plufieurs fois retirée, fut enfin enregiftrée le 9 janvier 1584. Mais on ignore quel fuccès eut alors la perception de ce droit.

Les troubles de la ligue, le peu d'autorité dont jouiffoit Henri III, empêcherent vraifemblablement la levée réguliere de cette impofition, & fon produit fe reffentit du défordre général qui régna dans les finances tant que durerent les guerres inteftines.

Après la réduction de Paris, le calme s'y étant rétabli, les cartiers de cette ville, au nombre de huit feulement, rédigerent des ftatuts, qui furent confirmés par les lettres-patentes de Henri IV, du mois d'octobre 1594.

En 1605, un nouveau droit fut impofé par déclaration du 14 janvier, & fixé à raifon de quinze deniers fur chaque paire ou jeu de cartes, & de deux fols fix deniers par jeu de tarots. Non-feulement la fuppreffion du droit de fortie fut confirmée, mais encore les cartes deftinées pour l'étranger furent affranchies du droit à la fabrication.

Cette déclaration, ainfi que les règlemens antérieurs, furent adreffés aux cours des aides du royaume, & celle de Paris, par fon enregiftrement, borna la levée de l'impofition à fix années.

Elle fut encore augmentée en 1607. Un arrêt de règlement la porta à deux fols par jeu de cartes fines, au lieu de quinze deniers; la réduifit à un fol fur les triailles, & à fix deniers fur les petites. Un arrêt du confeil du 30 juin, ordonna que l'édit de 1583, & la déclaration du 14 janvier 1605, feroient enregiftrés par-tout, de même que le règlement porté par cet arrêt, & que toutes lettres de juffion feroient expédiées.

Au mois d'août de la même année 1607, il fut paffé bail de ce droit à André Brigault pour fept années, à commencer du premier janvier 1608, à raifon de trente mille livres pour chacune des trois premieres, & de quarante mille livres pour chacune des quatre dernieres. L'argent étoit alors à vingt livres cinq fols quatre deniers le marc.

Sur ce bail intervinrent des lettres de juffion, dans lefquelles le roi rend compte de tous les obftacles qu'il avoit rencontrés à l'établiffement de ce droit depuis fon origine.

On voit qu'en 1605 il avoit été paffé bail à Pierre Charais, qui n'avoit pas pu en jouir pleinement, à caufe des difficultés faites par les cours des aides, & des oppofitions de la part des cartiers. On avoit été forcé de réfilier ce bail, de même que celui qui avoit été paffé à Pierre Fournot, fucceffeur de Cevrais, le 22 février 1607, par les mêmes

Finances. Tome I.

motifs, & la régie du droit avoit été faite pour le compte du roi, jufqu'à ce qu'il eût trouvé un fermier. Enfin, la cour des aides n'avoit encore voulu enregiftrer le bail de Brigault, que pour ce qui reftoit du terme de fix années, auxquelles elle avoit fixé la perception, par fon arrêt d'enregiftrement de la déclaration du 14 janvier 1605.

Ce fut pour faire ceffer ces difficultés, qu'on expédia des lettres de juffion le 19 feptembre 1607. Elles furent enregiftrées le 23 octobre fuivant; *mais aux charges*, dit l'enregiftrement, *portées par l'arrêt de la cour du même jour*. Ni ces charges, ni cet arrêt ne font parvenus jufqu'à nous.

Il eft probable que le bail de Brigault ne fouffrit pas moins de difficultés qu'en avoient éprouvé ceux qui l'avoient précédé, puifque l'arrêt du confeil du 9 mai 1609 en fufpendit l'exécution, *à caufe des empêchemens & des difficultés qui s'étoient rencontrées à l'établiffement*.

Cette furféance ne fut levée qu'en 1622, par arrêt du 22 mars, & Jacques le Duchat obtint le bail du droit pour fix années; mais fa jouiffance ne fut ni complette, ni fans trouble.

Dès 1623, les cartiers de Lion avoient obtenu, fur leur requête, un arrêt du 21 octobre, qui ordonnoit qu'il feroit furfis à la perception du droit au bureau de Lion. Il en exiftoit alors fix autres, qui étoient Paris, Rouen, Touloufe, Thiers, Limoges & Troyes, & on ne pouvoit fabriquer des cartes que dans ces fept villes.

La déclaration du 31 mai 1631, y en ajouta quatre autres, favoir, Orléans, Angers, Romans & Marfeille.

Plufieurs fermiers fuccéderent à le Duchat, & ne furent pas plus heureux dans leur jouiffance. Les cours des aides y mettoient des modifications qui nuifoient à la levée du droit, & dégoûtoient les adjudicataires.

Depuis 1635, époque du bail fait à Villome, jufqu'en 1654, on ne trouve point de monumens de la perception du droit fur les cartes; mais il y a apparence qu'il fut engagé en 1643, moyennant une fomme d'argent une fois payée, & que les engagiftes n'eurent pas plus d'égards pour les cartes deftinées à l'exportation, que pour celles qui devoient fervir à la confommation du royaume.

On voit par les remontrances des fix corps des marchands de Paris, au roi, fur quelques impofitions ordonnées en 1654, qu'ils rappellent les funeftes effets des droits mis fur les cartes.

« Sept ou huit mille perfonnes, eft-il dit, » *Recherches fur les finances de M. de Forbonnais,* » *tom. 1, pag. 137, édition in-12,* vivoient dans » Rouen de la manufacture des cartes; toute l'Angleterre, l'Ecoffe & l'Irlande s'y fourniffoient. » Les droits impofés fur cette marchandife ayant » contraint quelques ouvriers de Rouen à paffer » en Angleterre, ils y ont porté cette manufac-» ture. En même-tems les anglois ont défendu

C c

» fon apport ; & fur les vives inftances que fit
» alors M. de Chateauneuf, ambaffadeur de votre
» majefté en Angleterre, les défenfes ayant été
» levées, auffi-tôt après fon départ elles furent
» renouvellées plus vigoureufes qu'auparavant ».

On a vu ci-devant que les *cartes* avoient été
divifées en trois claffes, fur chacune defquelles
les droits étoient différens & proportionnés ; des
lettres-patentes, en forme d'édit, donné au mois
de feptembre 1661, réunirent les divers droits en
un feul, qui fut porté à deux fols fix deniers par
jeu, dont dix-huit deniers furent attribués à l'hôpital-général de Paris ; & les quinze deniers de
ce droit, qui avoient été aliénés à René Roudier,
furent réduits à douze ; en forte que le roi ne
retiroit plus rien de cette impofition.

Ce parti fut dicté, vraifemblablement, par le
defir de faire ceffer tous les inconvéniens qui
avoient accompagné jufqu'alors la perception du
droit dont il s'agit. On penfa qu'en intéreffant en
quelque forte tous les pouvoirs, en faveur de ce
droit, & en affectant la plus grande partie de fon
produit, au foulagement des pauvres, tous les ordres
de citoyens fe feroient un fcrupule de favorifer les
abus, & tous les tribunaux feroient plus févères
fur ceux qu'on leur déféreroit.

Rien ne fut omis dans le préambule de l'édit,
pour affurer l'exécution du nouvel arrangement,
& redoubler les précautions contre les fraudes,
en les préfentant comme un larcin fait à la fubfiftance des pauvres. Cependant ce règlement ne
fut enregiftré au parlement que le 5 feptembre
1662, & deux jours après, cette cour rendit un
arrêt qui nomma un confeiller pour connoître des
contraventions, avec pouvoir de fubdéléguer,
enjoignant d'exécuter ce qui feroit ordonné par
lui ou fes fubdélégués, nonobftant oppofitions ou
appellations quelconques, & fans préjudice d'i-
celles.

Ce fut, en quelque forte, une jurifdiction en
première inftance, dont l'établiffement paroiffoit
d'autant plus néceffaire, que les procédures en
pareille matière étoient incompatibles avec les
formes, les longueurs & les frais qu'entraînent
les conteftations que l'on porte devant les tribunaux fupérieurs.

Malgré ces nouvelles mefures, les inconvéniens
ne ceffèrent pas encore. On trouva dans les maîtres
cartiers des adverfaires opiniâtres. Ils préfentèrent requête au confeil, & demandèrent que le
droit fût réduit en tout, à trois livres par groffe
ou vingt-quatre fixains ; ce qui ne faifoit que cinq
deniers par jeu, au lieu de trente ; mais l'arrêt
du confeil du 23 août 1663, mit leur demande
au néant, & leur défendit de fe pourvoir contre
les règlemens & arrêts rendus, fous peine de trois
mille livres d'amende, & de tous dépens.

Il y a lieu de croire que les cartiers ne fe rendirent pas à ces difpofitions, puifque l'hôpital

paffa avec eux, le 12 avril 1664, une tranfaction
par laquelle il confentoit qu'ils ne payaffent que
douze livres par groffe de *cartes* ; c'eft-à-dire,
vingt deniers par jeu ; avec la claufe que cette
réduction n'auroit lieu que jufqu'à ce que l'édit
eut été enregiftré au Parlement de Rouen, dans le
reffort duquel le droit n'étoit pas perçu.

Le parlement de Paris homologua cette tranfaction ; mais fans doute que les cartiers en exé-
cutoient feuls les conditions ; car le parlement leur
enjoignit, par arrêt du 20 août 1664, de fe rendre
dans le jour au bureau commun, pour y travailler,
& non ailleurs.

A-peu-près dans le même-tems, il fut adreffé
des lettres de juffion au parlement de Rouen, pour
enregiftrer l'édit de 1661, & la connoiffance de
tous procès & différens mûs à ce fujet, fut attribuée au parlement de Paris, qui, le 19 décembre
1664, renouvella les difpofitions des précédens
règlemens, & permit d'informer des abus par la
voie des monitoires.

L'hôpital-général, après avoir régi par lui-
même la perception du droit qui lui appartenoit
jufqu'en 1665, l'afferma pour une fomme modique,
mais les fermiers ne purent foutenir leurs baux.
Il en abandonna la moitié aux grandes villes où
il y avoit parlement & hôpitaux, afin d'engager
les cours fouveraines à protéger la perception.

Tandis que l'hôpital-général travailloit ainfi à
étayer fa propriété chancelante & peu fructueufe,
la cour des aides réclama fon ancienne jurifdiction. Le 3 mars 1665, elle défendit, par arrêt,
aux directeurs de l'hôpital, de fe pourvoir dans
les conteftations relatives au droit fur les *cartes*,
ailleurs que pardevant les officiers de l'élection,
en première inftance, & pardevant la cour, en
caufe d'appel.

Elle porta la prétention plus loin encore en
1669 ; elle défendit, par fon arrêt du 16 février,
de percevoir le droit établi par l'édit de 1661,
finon en vertu de lettres-patentes à elle adreffées
& enregiftrées.

Le parlement voulut alors foutenir fa compétence. Il s'éleva un conflit entre cette cour &
celle des aides. Les conteftations reftoient indécifes, les fraudes fe multiplioient. L'hôpital-général, dégoûté vraifemblablement par tous ces
inconvéniens, & fatigué des efforts inutiles qu'il
avoit faits pour foutenir un droit auffi difficile à
percevoir, prit le parti d'abandonner la dotation
ftérile qui lui en avoit été faite. En conféquence,
un arrêt du premier avril 1671, ordonna qu'il
feroit furfis à la levée du droit, & procédé à la
liquidation de ce qui pouvoit être dû aux anciens
engagiftes.

Tel fut le fruit que l'hôpital-général recueillit
d'une impofition qui, par fa nature & fon efpèce,
eft la plus légère que les fujets du roi puiffent
fupporter ; qui n'eft prife fur aucun befoin de la

vie, que le pauvre ne paie jamais, & que le riche ne paie que pour son plaisir ; dont le produit enfin étoit destiné au soutien d'une maison intéressante pour l'humanité en général, & pleine d'avantages pour la société en particulier.

Les choses subsisterent en cet état jusqu'en 1701, que les besoins de l'état, épuisé par de longues guerres, déterminerent le roi à rétablir le droit sur les cartes, par son édit du mois d'octobre, en le fixant à dix-huit deniers par jeu, & en attribuant, pour deux ans seulement, la connoissance des contestations relatives, à Paris, au lieutenant-général de police, & dans les provinces, aux intendans. Cette attribution fut ensuite prorogée jusqu'en 1719, qu'elle cessa avec le droit.

On ne voit point que les parlemens & les cours des aides aient, pendant cet intervalle, réclamé contre cette attribution. La perception se fit alors tranquillement, par des fermiers, jusqu'en 1703, qu'elle éprouva une modification.

La déclaration du 17 mars, réduisit le droit à douze deniers par jeu, & son préambule annonce les motifs de cette diminution. Il y est dit : « Que » le droit se trouvant excessif, par rapport à la » valeur des cartes, dont il égale presque le prix, » les cartiers ont fait leurs efforts pour frauder » les droits, & quelques soins qu'ait donné celui » qui s'est chargé de la ferme, qui a été faite » desdits droits, il n'a pu remédier à ces fraudes, » attendu le profit considérable que les cartiers » ont trouvé à les continuer ; & d'ailleurs le prix » des jeux de cartes étant beaucoup augmenté, la » consommation en est diminuée, ce qui a fait » souffrir ce commerce, & mis les fabricans dans » le cas de s'indemniser par les abus ».

Après la publication de ce règlement, il fut fait un nouveau bail du droit pour six années, à raison de cent cinquante mille livres pour les deux premieres, & de deux cents mille livres pour les quatre dernieres.

L'année précédente, les cartes & les cartons avoient été affranchis de tous droits de sortie à leur exportation pour le pays étranger, par les arrêts des 2 avril & 3 octobre 1702. Cette faveur fut confirmée par l'arrêt du 23 octobre 1703, & étendue par celui du 23 décembre 1704, aux cartes & cartons destinés pour Mets, Toul & Verdun. Cet encouragement ranima ce commerce, & c'est de cette époque que l'on peut dater les progrès qu'il a faits.

Mais il est bon d'observer à l'egard des motifs de la réduction du droit, énoncés dans la déclaration de 1703, que l'expérience a prouvé, que c'est moins la quotité du droit qui excite & fomente la fraude, que l'incertitude des moyens propres à la contenir.

Que dans le tems que le droit appartenoit à l'hôpital-général, & aux anciens aliénataires ; il n'étoit que de trente deniers par jeu, & rendoit très-peu de chose. Aujourd'hui qu'il

appartient à une regie active & éclairée, & qu'il est de quarante deniers aussi par jeu, il donne un produit de treize à quatorze cents mille livres, & cependant le commerce des cartes ne paroît jamais avoir été aussi étendu qu'il l'est aujourd'hui.

On a dit que le droit dont il s'agit fut supprimé en 1719. Il paroît que cette suppression fut dûe à la compagnie des Indes, qui, le 17 septembre, proposa au roi de lui prêter cent millions, à trois pour cent, pour rembourser les cent millions des premieres actions d'occident, dont l'intérêt, à quatre pour cent, étoit assigné sur le tabac. Cette compagnie supplia en même-tems sa majesté, d'accorder le million qu'elle gâgnoit, en soulagement au public, par la suppression des droits sur les suifs, sur les huiles & sur les cartes, & toutes ces demandes furent accordées.

Le droit sur les cartes fut de nouveau rétabli en 1745, par la déclaration du 16 février ; & celle du 21 octobre 1746, prescrivit les règles pour la perception & la fabrication. Les cartes exportées hors du royaume, furent expressément assujetties aux droits.

La régie du droit avoit été mise dans les mains d'un fermier particulier. Les obstacles qu'il éprouva, le porterent à demander la résiliation de son bail. Elle lui fut accordée par l'arrêt du 30 juin 1748, & le droit fut réuni à la régie de plusieurs autres, dont Bocquillon étoit chargé, jusqu'en 1757, qu'il reçut une nouvelle constitution.

L'école militaire venoit d'être établie par l'édit du mois de janvier, le roi, pour première dotation, lui accorda le droit sur les cartes, & la déclaration du 13 du même mois le porta à un denier par carte, dont les jeux seroient composés. Ensuite intervint, le 23 janvier, un arrêt qui attribua la connoissance des contraventions au lieutenant-général de police à Paris, & aux intendans dans les provinces, sauf l'appel au conseil.

Deux autres arrêts du 23 janvier, & du 30 avril, ordonnerent, l'un, que les inventaires chez les fabriquans & débitans, pour l'établissement du nouveau droit, seroient faits à la diligence du régisseur ; l'autre, que ce régisseur nommé par l'école militaire, seroit mis en possession, à compter du premier avril de l'année suivante, pour administrer sous les ordres du ministre de la guerre.

L'insuffisance des mesures précédemment prises pour obvier aux fraudes, fit imaginer un moyen nouveau qui changea tout le système de la régie & de la perception du droit ; ce fut d'assujettir les cartiers, à ne fabriquer les cartes, qu'avec le papier qui leur seroit fourni par le régisseur du droit.

Ce changement donna lieu de rassembler dans un seul & même règlement, tout ce que les dispositions des loix antérieures pouvoient avoir de relatif au nouveau plan de régie, & l'on y ajouta les autres formes que les circonstances actuelles exigeoient. C'eſt ce qui fit la matière de l'arrêt du conſeil du 9 novembre 1751. Avant d'en faire connoître les principales diſpoſitions qui ſervent encore à l'exploitation de cette ferme, il eſt bon de remarquer, que pour en favoriſer les produits, & ménager les frais de régie, l'arrêt du 30 avril précédent avoit diſpenſé le régiſſeur de ſe ſervir de papier timbré, & fixé à trois ſols, le droit de contrôle de chaque exploit, donné pour raiſon du droit ſur les *cartes*. -

L'article premier de l'arrêt de règlement, du 9 novembre 1751, enjoint aux cartiers, de n'employer d'autre papier que celui qui leur ſera fourni par le régiſſeur, tant pour les figures que pour les *cartes* à points, à peine de trois mille livres d'amende, dont un tiers applicable au dénonciateur.

Défenſe par l'article II, de contrefaire la marque & le papier du régiſſeur, à peine de punition, comme pour crime de faux.

Art. III. « Le droit d'un denier par chaque *carte* » ſera levé & perçu par le régiſſeur ſur ledit pa- » pier, à proportion de ce que chaque feuille » contiendra de *cartes*, & ce, indépendamment » du prix marchand dudit papier, leſquels droits » & prix marchands feront payés comptant par » les cartiers, lors des livraiſons qui leur en » feront faites, à la déduction du droit de dix » feuilles au-deſſus de chaque cent, dont il leur » ſera fait remiſe, pour leur tenir lieu de tous » déchets; & dans le cas où le régiſſeur leur » auroit fait des crédits, il pourra procéder » contre eux, par voie de contrainte, confor- » mement aux réglemens rendus ſur le fait des » aides ».

Art. IV. Diſpenſe aux cartiers de faire timbrer au bureau de la régie, le papier cartier, ſervant au deſſus de la *carte*.

Art. V. Obligation de faire les moulages des figures aux bureaux de la régie, ſoit pour les figures ordinaires, ſoit pour les moules à portraits étrangers.

Art. VI. Défenſes à tous particuliers, de recouper les *cartes*, à peine de trois mille livres d'amende & du carcan.

Art. VII. Défenſes aux cartiers, & à tous autres, de vendre des *cartes* réaſſorties ou recoupées; permiſſion aux commis de la régie, d'arrêter & d'empriſonner ceux ou celles qu'ils ſurprendront colportant leſdites *cartes*.

Art. VIII. Défenſes à toutes perſonnes de prêter leurs maiſons, pour la fabrication des *cartes*, & de recéler les moules & outils ſervant à cette fabrication.

Art. IX. Défenſe de fabriquer des *cartes* ailleurs que dans les villes déſignées par l'état joint au préſent arrêt, & que l'on trouve ci-après.

Art. X. Injonction aux cartiers de ſe faire inſcrire au bureau de la régie, ainſi que leurs compagnons & apprentifs travaillans chez eux, & de déclarer chaque fois qu'ils en prendront de nouveaux.

Art. XI. Défenſes aux cartiers de fabriquer des *cartes*, ailleurs qu'en leurs maiſons & domiciles déclarés.

Art. XII. Défenſes à toutes perſonnes, autres que les maîtres cartiers, de vendre des *cartes*, ſans une permiſſion par écrit, du régiſſeur, lequel pourra la refuſer, ou la révoquer, lorſqu'il le jugera à propos.

Art. XIII. Ordre aux cartiers de mettre dans des enveloppes, les jeux & ſixains, à meſure qu'ils les aſſortiront, & aux commis du régiſſeur, de coller & les enveloppes de chaque jeu, & les enveloppes des ſixains, en y ajoutant la bande du contrôle, portant la marque de la régie.

Art. XIV. Injonction aux cartiers, tant de Paris que des provinces, de ſe conformer aux ſtatuts de leur communauté, & de mettre leurs adreſſes ſur les enveloppes.

Art. XV. Ordre à ceux qui ont des *cartes*, de les envoyer dans trois mois, aux bureaux de la régie, pour y recevoir gratis, la bande de contrôle.

Art. XVI. Aſſujettiſſement des perſonnes tenant académie, cafés, cabarets, jeux de paulme, de billard ou de boule, aux épiciers, chandeliers, grennetiers, merciers, regratiers, & de tous ceux qui font uſage de vielles *cartes*, de ſouffrir les viſites & exercices des commis de la régie.

Art. XVII. Prohibition de l'entrée & du commerce des *cartes* étrangeres, à peine, contre toutes perſonnes qui en introduiront, d'empriſonnement, & de mille livres d'amende.

Art. XVIII. Défenſes de tranſporter des *cartes* en caiſſe ou balots, ſans un congé du régiſſeur, au bureau duquel il en ſera fait déclaration.

Art. XIX. Permiſſion aux prépoſés à la régie de ce droit, de faire pour ſa conſervation, toutes viſites & recherches néceſſaires, dans les châteaux, hôtels, couvens, communautés, & tous lieux privilégiés, avec injonction aux juges requis, d'autoriſer leſdites viſites, & même d'y aſſiſter.

Art. XX. Défenſes aux cartiers de confondre dans leurs boutiques, les différentes natures de papier & de jeux de *cartes*.

Art. XXI. Défenſes à tous graveurs, de graver aucun moule ni marques du régiſſeur, ſans une permiſſion par écrit.

Les villes où la fabrication des *cartes* eſt permiſe, ſont celles que comprend l'état ſuivant.

Généralités & provinces.	Villes de fabriques.
Paris	Paris.
	Versailles.
Artois. . .	Arras.
	S. Omer.
Amiens . .	Amiens.
	Abbeville.
Alençon . .	Alençon.
	Lisieux.
Alsace . .	Strasbourg.
	Colmar.
	Bedfort.
Auch . . .	Auch.
	Pau.
	Bayonne.
	Dax.
	Tarbes.
Berry . . .	Bourges.
Bordéaux. .	Bordeaux.
	Agen.
	Périgueux.
Bretagne . .	Rennes.
	Nantes.
	Brest.
	Lorient.
	Morlaix.
Caen . . .	Caen.
Châlons . .	Reims.
	Troyes.
Bourgogne .	Dijon.
Flandre . .	Lille.
	Dunkerque.
	Cambray.
Lorraine . .	Nancy.
	Epinal.
Franche-Comté .	Besançon.
	Salins.
Dauphiné . .	Grenoble.
	Romans.
Haynault .	Valenciennes.
Pays d'Aunis & Saintonge .	La Rochelle.
	Saintes.
Limoges . .	Limoges.
	Angoulême.
Lyon . . .	Lyon.
	Montbrison.
Metz . . .	Metz.

Généralités & provinces.	Villes de fabriques.
Languedoc .	Montpellier.
	Toulouse.
	Nîmes.
	Béfiers.
	Le Puy.
Montauban .	Montauban.
Orléans . .	Orléans.
	Blois.
Poitiers . .	Poitiers.
Provence . .	Aix.
	Marseille.
	Toulon.
Rouen . . .	Rouen.
	Le Havre.
Riom . . .	Clermont.
	Thiers.
Dombes . .	Trévoux.
Tours . . .	Tours.
	Angers.
	Le Mans.

Il ne pourra s'établir de cartiers dans les généralités de Soissons & de Moulins, ni dans la province du Roussillon.

Le règlement qu'on vient d'analyser, occasionna une réclamation de la part du parlement de Paris, qui revendiqua la connoissance des contestations relatives à la matiere ; le 20 janvier 1756, il lui fut adressé une déclaration conforme à ses représentations. Mais tandis qu'on procédoit à son examen, la cour-des-aides réclama aussi de son côté, cette attribution, & le 3 août, rendit même un arrêt qui ordonnoit que les contestations concernant le droit sur les *cartes*, seroient portées par-devant les officiers des élections, en première instance, & par appel en la cour ; elle arrêta en même-tems des remontrances au roi, pour établir les titres de sa réclamation, & fit signifier son arrêt au régisseur du droit.

Ainsi, l'on vit se renouveller le conflit qui s'étoit déja élevé en 1665 & 1669, entre les parlemens & les cours-des-aides. Pour le terminer, le roi, par son arrêt du 15 octobre 1757, renvoya par-devant les commissaires du conseil du bureau des oblats, l'attribution que se disputoient ces cours, pour juger souverainement, & en dernier ressort ; il fut statué que les affaires dans les villes & autres lieux du royaume, seroient instruites & jugées par les intendans, sauf l'appel à cette commission.

D'après cet arrangement, la régie du droit sur les *cartes*, n'éprouva plus de difficultés & d'obstacles, que dans la perfection de son plan, & des moyens d'exécution.

C'eſt pour remplir ces vues, que l'arrêt du conſeil du 28 juillet 1769, ordonna une augmentation ſur le prix marchand du papier fourni par le régiſſeur du droit ſur les *cartes*; mais nous allons laiſſer parler la loi, dont les motifs & les diſpoſitions ſont clairement expliqués.

» Sur ce qui a été repréſenté au roi, que par » ſon édit du mois de janvier 1751, ſa majeſté, » en créant ſon école militaire, avoit fait don à » cet établiſſement, tant du droit alors impoſé » ſur les *cartes* à jouer, que de l'augmentation » ſur ce même droit ordonnée par la déclaration » du 13 du même mois, que pour donner à cette » impoſition, dont la deſtination devenoit ſi pré- » cieuſe & ſi noble, toute la faveur dont elle » pouvoit être ſuſceptible; ſa majeſté avoit jugé » à propos d'y établir une nouvelle forme de per- » ception, & de preſcrire des précautions capa- » bles de gêner davantage les fraudes multipliées » qui ſe ſont oppoſées dans tous les tems, à » l'amélioration de ce droit.

» Que la plus utile de ces précautions ayant » paru celle d'un papier particulier, empreint » d'autant de marques diſtinctes, que la feuille » contient de *cartes*, papier que le régiſſeur dé- » livreroit aux fabricans, & qui aſſureroit un » moyen de connoître même, entre les mains » des particuliers, ſi les *cartes* dont ils font » uſage, ont payé le droit à la fabrication, ſa » majeſté avoit ordonné par l'arrêt de ſon conſeil » du 9 novembre 1751, portant réglement pour » la perception dudit droit, que le régiſſeur pré- » poſé à cette perception fourniroit aux cartiers » du papier propre à l'impreſſion des *cartes* à figu- » res & à points, ſans qu'ils puſſent en employer » d'autres à cet uſage, dans lequel papier le régiſ- » ſeur feroit entrer telles marques ou tels ſili- » granes qu'il jugeroit à propos, & que les » cartiers payeroient comptant le droit & le prix » marchand dudit papier.

» Que pour régler ce prix marchand, & ſa » majeſté deſirant qu'il fût à peu-près tel que » celui du papier au même uſage qu'employoient » les fabricans de *cartes*, il avoit été demandé » alors des renſeignemens aux ſieurs intendans & » commiſſaires départis; d'après leſquels, il fut » arrêté une fixation préliminaire, qui a été ſuivie » juſqu'à préſent; que cependant, cette fixation » pouvoit être regardée comme défectueuſe, en » ce que dans des villes d'une même province » voiſine l'une de l'autre, il y avoit des différences » aſſez grandes, ce qui ne pouvoit provenir que » de ce que les informations ayant été priſes des » fabricans mêmes, ils avoient donné de fauſſes » lumieres à cet égard.

» Qu'indépendamment de ce défaut reconnu » dans l'ancienne fixation, & qui obligeroit ſeul » d'en faire une nouvelle; il eſt ſurvenu depuis » 1751, dans les matieres premieres, & dans la » main-d'œuvre, des augmentations qui ont obligé » ſucceſſivement le régiſſeur, à augmenter le prix » qu'il paye de ce papier dans les manufactures; » que ce prix, déja plus haut que celui qu'il reçoit » des cartiers, devient encore plus onéreux par les » frais de magaſins, d'emballage & de tranſport; » ce qui cauſe à la régie du droit ſur les *cartes*, une » perte aſſez conſidérable.

» Que l'objet de cette perte eſt ſur le point de » s'accroître encore par la néceſſité, où le régiſ- » ſeur eſt dans ce moment, d'accorder une nouvelle » augmentation aux manufactures de papier, qui » refuſent de renouveller leurs marchés ſur le » même pied, à cauſe du ſurhauſſement des prix » de toute eſpece de papier.

» Que dans ces circonſtances, il paroîtroit juſte » d'établir une nouvelle fixation proportionnée à » la valeur actuelle de cette marchandiſe, & qui » n'influeroit que très-inſenſiblement ſur le prix » des *cartes* fabriquées, puiſqu'une rame ſuffiſant » à la compoſition de deux cents quarante jeux de » *cartes*, une ſomme de vingt ſols ſur chaque rame » de papier ne produit qu'un denier d'augmenta- » tion ſur chaque jeu, qu'en même-tems, cette » fixation portée à l'équivalent de la valeur actuelle » des papiers, mettroit du moins l'école-royale- » militaire à l'abri d'une partie de la perte » qu'elle éprouve, laquelle ſe trouveroit réduite » à des frais d'emballage & de tranſport occa- » ſionnés par la forme de ſon adminiſtration, & » qu'il ne ſeroit pas juſte de faire ſupporter aux » cartiers, parce qu'ils tireroient leurs matieres » des manufactures les plus voiſines, s'ils n'étoient » pas obligés de ſe ſervir du papier que le régiſ- » ſeur fait fabriquer dans des manufactures plus » éloignées. A quoi deſirant pourvoir, ſa majeſté » étant en ſon conſeil, a ordonné, qu'à compter » du premier octobre prochain, le prix marchand » du papier pot filigrané, fourni par le régiſſeur » du droit ſur les *cartes*, ſera & demeurera fixé » dans les différentes villes du royaume où ladite » fabrication eſt autoriſée, conformément au tarif » arrêté au conſeil de ſa majeſté, & annexé au » préſent arrêt ».

Suivant ce tarif, le prix du papier propre à fabriquer les *cartes*, & dont chaque feuille ſervira à faire vingt *cartes*, eſt à Paris de cinq livres la rame, & de quatre livres dix ſols à Verſailles, Beauvais, ainſi que dans les provinces & généra- lités d'Artois, d'Amiens, d'Alençon, d'Auch, de Caen, de Bourges & Bordeaux, dans la Bre- tagne, la Champagne, la Flandre, la Franche- Comté, le Hainault, les généralités de la Ro- chelle, de Limoges, de Lyon, d'Orléans, de Poitiers, de Rouen, & dans les villes de Cler- mont & de Toulon.

En Alſace, en Lorraine & à Metz, la rame de papier à vingt *cartes* par feuille, fut fixée à quatre livres; à Dijon, à cinq livres la rame, à vingt-quatre *cartes* par feuille, de même qu'à Grenoble, à Romans dans le Languedoc, & la Provence, excepté Toulon, où le prix fut réglé à quatre livres dix fols.

L'arrêt du conseil du 21 avril 1776, ajouta de nouvelles villes à celles où la fabrication des *cartes* étoit permise, & elles sont distinguées dans l'état qu'on a vu ci-devant par des caracteres italiques.

La constitution de l'école-royale-militaire avoit éprouvé de grands changemens dans la même année, d'après la déclaration du premier février : deux années après, on prit le parti de joindre la régie du droit domanial sur les cartes qui lui avoit été accordé, par forme de dotation, à celle des droits sur les cuirs, & autres qui composoient alors la régie générale. Cette réunion fut ordonnée par l'arrêt du 26 novembre 1778. Depuis cette époque, ce droit continue d'en faire partie, & il a été nommément compris dans la division que renferme l'arrêt de réglement, du 9 janvier 1780, concernant les fermes & les régies du roi, pour être uni à la perception des droits de fabrication.

En conséquence de cette réunion, l'arrêt du conseil du 10 novembre 1780 a supprimé la connoissance des contestations élevées, pour raison de ce droit qui avoir été attribuée aux commissaires députés du conseil, pour juger en premiere & derniere instance, des procès & différends, concernant les pensions d'oblats affectés à l'hôtel royal des invalides; il a ordonné que les causes mues pour raison de cette perception dans la ville & les fauxbourgs de Paris seroient instruites & jugées sommairement par le lieutenant-général de police, sauf l'appel au conseil, & que celles de même espece dans les provinces, continueroient d'être instruites & jugées comme par le passé, par les intendans & commissaires départis, sauf l'appel au conseil.

Ce droit a été compté pour treize cents mille livres, dans les produits de la régie générale, & le roi s'est chargé de tenir compte à l'école-royale-militaire, de celle de sept cents mille livres; il est sujet aux dix sols pour livre, comme tous les autres droits, & les frais de régie qu'il exige, sont confondus avec ceux des aides.

CASUEL, adj. Ce qui arrive fortuitement, sans règle. Ainsi un revenu *casuel*, est celui qui dépend d'événemens incertains, qui peuvent arriver ou ne pas arriver, ou qui arrivent tantôt plus souvent, tantôt plus rarement.

On appelle revenus *casuels* du roi, les droits seigneuriaux dûs aux mutations des biens situés dans la mouvance du domaine royal. Tels sont les lods & ventes, les quints & requints, treiziemes, reliefs, rachats, les biens échus par confiscation, bâtardise, déshérence & aubaine.

L'édit du mois de janvier 1561, avoit ordonné que les deniers provenans des *casuels*, seroient employés aux réparations & entretiens des châteaux, maisons, auditoires, géoles, prisons & autres bâtimens appartenans au roi, & non ailleurs. Toutefois si par importunité, ou autrement, (y eût-il dit), étoit obtenu don sur lesdits deniers, & que la chambre des comptes fût pressée par lettres du roi de vérifier ce don, elle le doit faire pour la moitié seulement, suivant les ordonnances de 1447, 1498 & 1542, & cette moitié ne sera payée qu'à la fin de l'année, & seulement après que les charges ordinaires auront été acquittées; & même le paiement de cette moitié ne doit être alloué dans les comptes du receveur du domaine, qu'il ne soit justifié par le certificat des tréforiers de France, ou baillifs, que toutes les réparations requises & nécessaires aux châteaux & édifices royaux ont été faites.

On a jugé postérieurement que ces gênes mises aux dons du souverain, étoient déplacées, & les anciennes ordonnances sont tombées en désuétude.

On a pris le parti, comme plus avantageux aux intérêts du roi, de comprendre ces droits *casuels*, dans la ferme des domaines, en 1669, avec la réserve, pour la majesté, de disposer de quelques portions de ces droits, ainsi qu'il lui plairoit.

En conséquence, l'édit du mois d'août 1669 porte, que dans les adjudications des baux des domaines, les *casuels* des biens nobles, & les aubaines, déshérence, bâtardises & confiscations, ne seront compris que jusqu'à concurrence de deux mille livres, & que pour ceux au-dessus, les fermiers auront seulement le tiers, les deux autres tiers étant réservés au roi, pour en disposer à sa volonté, & que les *casuels* des héritages roturiers appartiendront en entier aux fermiers.

L'arrêt du conseil du 10 février 1674, explique positivement que le fermier doit être payé de deux mille livres sur les premiers deniers, qu'il doit avoir, en outre, le tiers de l'excédent, & que la réserve n'a pour objet que les deux tiers de cet excédent.

Le bail de Fauconnet, du 26 juillet 1681, confirma cet adjudicataire dans la jouissance des droits de lods & ventes, des biens en roture, à quelque somme qu'ils pussent monter, & de tous les droits seigneuriaux & *casuels*, en cas qu'ils ne montassent qu'à deux mille livres, & depuis deux mille livres jusqu'à six; il fut ajouté que si ces droits excédoient six mille livres, le tiers seulement en appartiendroit au fermier, & le surplus au roi.

L'édit du mois d'avril 1685, ayant créé des offices de receveurs-généraux des domaines & bois, on leur attribua la recette des deniers provenans des droits de quint, requint, relief, rachats, aubaine, déshérence, confiscation, bâtardise, & de tous les autres droits féodaux & *casuels* appartenans au roi, & réservés par les baux des fermes, soit que ces droits fussent remis ou concédés.

Ces difpofitions éprouverent des changemens par la fuite , & notamment en 1719 , qu'un édit du mois d'avril accorda à l'ordre royal & militaire de faint Louis , tous les *cafuels* & droits feigneuriaux, autres néanmoins que les parties comprifes dans les baux des fermes , fans que les receveurs-généraux des domaines , & autres officiers, puffent prétendre aucun droit ni remife fur cette attribution ; avec la claufe que les droits de rachat & fous-rachat ne pourroient appartenir à l'ordre, que jufqu'à concurrence de dix mille livres feulement, & qu'il en feroit ufé de même à l'égard des droits de confifcation. La jouiffance de la premiere année du revenu des domaines & droits aliénés à vie, à compter du jour du décès des engagiftes, fut encore attribuée à l'ordre de faint Louis.

Le bail de Carlier , fait en 1726 , accorda trois mille livres à cet adjudicataire , fur le montant des droits *cafuels*, s'ils ne montoient qu'à cette fomme jufqu'à fix mille livres , & la moitié de tout ce qui excéderoit cette fixation.

L'article premier de l'édit du mois de mai 1730 , révoque tous édits , déclarations & arrêts portant don à perpétuité, ou autrement, en faveur de quelques perfonnes ou ordres que ce puiffe être, tant des portions comprifes dans les baux des *cafuels* des domaines confiftant en droits de lods & ventes , treiziemes , quint , requint , rachats , fous-rachats, aubaines, bâtardifes, déshérences, confifcations, dépens & autres droits feigneuriaux & *cafuels* de pareille nature, que des jouiffances des différens domaines & droits aliénés à vie, dans lefquels le roi doit rentrer après le décès des engagiftes, & lefdits droits font réunis au domaine.

L'article 2 commet les receveurs-généraux des domaines, pour faire la recette des portions réunies en même-tems qu'ils recevront celles qui font comprifes dans les baux, fans pouvoir prétendre aucunes remifes fur les portions réunies.

Le bail de Forceville & celui de Girardin, de 1749, furent conformes aux précédens ; mais il y fut ftipulé que tous les droits *cafuels* feroient reçus par les receveurs-généraux des domaines, qui retiendroient tant fur la premiere portion, qui a toujours fait partie des baux précédens, que fur la partie de ces droits réunie par l'édit de 1730 , les fix fols pour livre attribués tant aux procureurs du roi des bureaux des finances, qu'auxdits receveurs & à leurs contrôleurs, par les édits & règlemens de 1685 , 1694, 1727 & 1743.

Les chofes ont fubfifté fur ce pied jufqu'en 1780, que le règlement du 9 janvier a réuni à l'adminiftration des domaines , qu'il a établie, toutes les fonctions dont étoient ci-devant chargés les receveurs-généraux des domaines & bois, qui ont été fupprimés.

On a vu que ces offices avoient été créés en 1685, & il leur avoit été attribué un fol pour livre de tous les droits *cafuels*, affermés, donnés, remis ou réfervés.

En 1689 , l'édit du mois de décembre ayant érigé des offices de contrôleurs-généraux des domaines & bois en même nombre que celui des receveurs, il leur attribua un fol.

L'article 8 de l'édit du mois d'avril 1694 , accorde auffi un fol pour livre aux procureurs du roi des bureaux des finances, de tous les droits *cafuels*, afin de les engager à en faire la recherche & les pourfuites , chacun dans fa généralité.

Enfin, en 1701 , afin d'exciter les receveurs & contrôleurs-généraux des domaines à veiller à la confervation des mouvances & directes du roi, l'édit du mois de décembre leur accorda cinq fols pour livre du produit de tous les droits *cafuels*, y compris les deux fols pour livre dont ils avoient joui jufqu'alors ; dans ces cinq fols, deux appartenoient au receveur-général en exercice, un fol au receveur-général hors d'exercice, & deux fols au contrôleur.

Ces différentes attributions, confirmées par l'édit du mois de décembre 1743, furent réduites à un fol, par arrêt du 26 mai 1771 , & enfuite réglées, par un autre arrêt du 9 feptembre de la même année, à des remifes graduées fuivant le montant de la recette, pour être partagées entre les receveurs, les contrôleurs-généraux, & autres officiers du domaine, dans la même proportion établie pour la divifion fix fols, & avec la condition que ces officiers demeureroient chargés, comme par le paffé, de tous les frais, tant de perception que de pourfuites & procédures néceffaires pour le recouvrement defdits droits feigneuriaux *cafuels*.

Ces remifes fe perçoivent actuellement par l'adminiftration des domaines, qui eft chargée de payer, à compter du premier janvier 1778 , aux chambres des comptes, aux procureurs-généraux de ces cours, aux procureurs du roi des bureaux des finances, & autres officiers du domaine, une attribution de fix deniers pour livre du produit des droits *cafuels*, dûs aux mutations des biens affis dans les mouvances & directes du roi, déduction faite, feulement, des remifes accordées aux redevables, & fixées par le règlement du 16 juin 1771. C'eft ce qui a été ordonné par l'arrêt du confeil du 14 feptembre 1782. Il faut encore ajouter ici, que l'arrêt du confeil du 31 octobre 1781, a ordonné que les donataires ou conceffionaires des domaines de fa majefté, à titre gratuit, à tems, à vie ou autrement, pour quelque caufe que ce foit, continueront d'être affujettis aux difpofitions des arrêts du confeil des 26 mai & 16 juin 1771 ; en conféquence, ils ne pourront s'immifcer à la perception des droits feigneuriaux, aux mutations des biens relevans des domaines concédés.

Le

Le produit des droits feigneuriaux *cafuels*, dont on a ci-devant fait l'énumération, eft un objet de deux millions quatre cents mille livres par chaque année, y compris les droits de déshérence, aubaine & bâtardife.

CASUELLES. (parties) On appelle de ce nom, les finances qui font payées au roi, pour obtenir un office refté ou dévolu au fifc, par quelque caufe que ce foit, pour acquérir une maîtrife, ou le droit d'exercer une profeffion quelconque. Le lieu où ces finances font reçues, eft le bureau des *parties cafuelles*.

Ce que l'on entend par office refté au fifc, eft celui qui, après avoir été érigé, n'a point trouvé d'acquéreur. Ainfi, on a vu fouvent des charges créées dans des tems de néceffité, n'être jamais exercées, & n'exifter que dans le bureau des *parties cafuelles*, où l'on a la liberté d'aller les lever.

Les titulaires des offices de judicature & de finance, qui ne font pas héréditaires, font tenus de payer annuellement au tréforier des *parties cafuelles*, le centième denier du prix de l'évaluation qu'ils ont faite de leurs offices, en conformité de l'édit de 1771, afin de les conferver à leurs héritiers, ou pour pouvoir en difpofer de leur vivant. Dans ce dernier cas, la difpofition d'un office ne pouvoit anciennement être confommée, qu'autant que le titulaire furvivoit quarante jours à fon arrangement; le paiement du centième denier le difpenfe de cette furvivance. Ainfi, en effectuant chaque année ce paiement, un office ne peut tomber aux *parties cafuelles*, c'eft-à-dire, devenir vacant au profit du roi, ainfi que l'avoit ordonné l'édit du mois d'octobre 1641, cité au mot *annuel. Voyez* ce mot.

Lorfque les arts & métiers furent érigés en communautés & charges, il fut réglé que, pour obtenir la permiffion d'en faire partie, & d'exercer une profeffion, on paieroit une fomme déterminée, fuivant les bénéfices qu'elle étoit fuppofée procurer, & le nombre des membres compofant chaque corps, fut fixé, fans qu'ils puffent tranfmettre leur maîtrife à d'autres; dans la fuite, ces communautés obtinrent, moyennant une finance, la faculté d'admettre dans leur fein, les particuliers qui fe préfenteroient, en payant à elles-mêmes, le droit de maîtrife, & dès-lors la maîtrife de ces profeffions ne tomboit plus aux *parties cafuelles*, & fe vendoit au profit de chaque communauté.

Un édit du mois de février 1776, avoit fupprimé tous les corps & communautés de marchands & artifans avec les maîtrifes & jurandes; il avoit abrogé tous les ftatuts, réglemens & privilèges donnés à ces corps, & permis à toute forte de perfonnes, d'exercer tel commerce ou métier qu'elles jugeroient à propos, à l'exception, néan-

moins, des arts de pharmacie, orfévrerie, imprimerie & librairie.

Un édit du mois d'août, de la même année, rétablit à Paris les fix corps de marchands, & feulement quarante-quatre communautés d'arts & métiers, au moyen de la réunion qui fut faite de plufieurs; & il ordonna qu'il feroit fait de nouveaux ftatuts & réglemens, pour chacune de ces communautés. Dans les années fuivantes, on créa fucceffivement des communautés d'arts & métiers, dans les villes principales du royaume, en fixant par un tarif, la quotité des droits que ceux qui voudroient y être admis, auroient à payer; droits dont les trois quarts ont été attribués au roi, & qui devoient être payés au receveur des *parties cafuelles*.

En 1780, un édit du mois de janvier réunit au domaine de la couronne, & aux *parties cafuelles*, toutes les charges & les offices de la maifon doméftique du roi & de la reine; charges qui précédemment appartenoient aux grands officiers, tels que le grand-maître de la maifon du roi, le grand-écuyer, le grand-veneur, &c. &c.

La recette des *parties cafuelles* fut améliorée par toutes ces difpofitions; fon produit, au mois de janvier 1781, avant que le rachat des huit années du droit annuel eût été autorifé, étoit évalué à quatre millions-deux cents quatre-vingt-cinq mille livres.

Les droits perçus fur les communautés, montoient à un million cent quatre-vingt-cinq mille livres; avec l'obfervation que ce dernier article augmenteroit, lorfque la loi, concernant les communautés, feroit enregiftrée dans tous les parlemens.

CATHOLIQUE, adjectif pris fubftantivement, pour défigner celui qui profeffe la religion catholique ou univerfelle. Les *catholiques* peuvent feuls être admis dans les fermes & les fous-fermes du roi, foit comme intéreffés, foit en qualité de commis.

L'article 10 du titre des publications, enchères & adjudications des fermes, dans l'ordonnance du 21 août 1681 porte : « Voulons que les feuls » *catholiques*, apoftoliques & romains, foient » admis dans les fermes & les fous-fermes de nos » droits, foit comme adjudicataires, foit comme » participes ou intéreffés.

» Défendons à tous autres d'y prendre part, à » peine de confifcation à notre profit, du fonds » qu'ils y auront mis, des intérêts & des » profits qu'ils en auront reçus, dont le tiers » fera par nous donné au dénonciateur, de cin-» quante mille livres d'amende contre nos fer-» miers-généraux, & de dix mille livres, contre » les fous-fermiers qui les auront admis ».

Dans l'article 18 du même titre, on trouve : « Défendons aux fermiers de nos droits, de

Dd

» donner leurs procurations & commissions pour
» les directions, recettes, contrôles, exercices,
» emplois de capitaines, brigadiers, archers &
» gardes, & généralement toutes autres places,
» concernant l'administration, la conservation
» & l'économie de nos fermes & droits, à autres
» qu'à nos sujets, faisant profession de la religion
» catholique, apostolique & romaine. Faisons
» très-expresses défenses à tous nos juges, à peine
» d'interdiction, de les recevoir au serment,
» qu'en rapportant par eux le certificat du curé
» de la paroisse, dans l'étendue de laquelle ils
» font leur résidence, souscrit du commis ou
» autre, qui fera le serment, lequel certificat sera
» paraphé sans frais, d'un de nos officiers, &
» demeurera au greffe du siège où le serment
» aura été prêté; faisons pareille défense à tous
» autres, de s'immiscer dans la régie de nos
» droits, à peine de faux & de punition corpo-
» relle ».

Le tems & la raison ont apporté des modifications sur la formalité du certificat du curé, qui
n'est plus exigée de la part des juges. Comme il
leur est présenté requête par l'adjudicataire, pour
les requérir, de recevoir le serment du commis
qui vient le prêter, & qu'il y est dit qu'il pro-
fesse la religion catholique-romaine, cette assertion suffit pour qu'il soit admis.

CAUTION, s. f. qui se donne à la personne
qui garantit la gestion, la conduite, ou la solva-
bilité d'une autre.

CAUTIONNEMENT, est l'acte par lequel
cette personne s'oblige à remplir l'engagement de
celui qu'elle cautionne, ou de répondre de sa
gestion, jusqu'à la concurrence d'une somme
fixée.

La personne ainsi obligée porte le nom de caution, & l'acte obligatoire, de même que la somme
qui en est l'objet, s'appelle cautionnement.

Jusqu'en 1758, les préposés des fermes n'a-
voient fourni entre les mains de l'adjudicataire,
pour le tranquilliser sur leur exercice, & sur
leur maniement, que des cautionnemens immobiliaires, c'est-à-dire, de biens-fonds d'une valeur
proportionnée, à l'objet de la recette qu'ils pouvoient faire.

Les circonstances d'une guerre allumée en 1756,
avoient produit des besoins pressans. On avoit
l'exemple, que lorsque la compagnie des indes
avoit régi toutes les fermes, elle avoit ordonné
par une délibération du 13 novembre 1720, que
tous les directeurs, receveurs, & autres commis
comptables des fermes-unies déposeroient, par forme
de cautionnement, entre les mains du receveur-général des fermes à Paris, une somme proportionnée
à leur maniement, dont l'intérêt leur seroit payé
à quatre pour cent; il est vrai que ce projet avoit

rencontré tant de difficultés dans son exécution,
qu'il avoit été abandonné; mais il falloit des secours à l'état.

L'arrêt du conseil, du 30 avril 1758 en trouva
un de dix huit millions cinq cens mille livres, en
imposant la nécessité d'un cautionnement en espèces
aux commis & employés chargés de quelque direction, administration & recette des droits, revenus
& deniers appartenans aux fermes, & en assuje-
tissant à cette formalité, même les préposés aux
entrepôts du tabac, dont les simples fonctions de
marchands qui achètent en gros & revendent en
détail, les avoit jusqu'alors dispensés.

Le rôle de ces cautionnemens fut ensuite déterminé & arrêté au conseil, le 4 septembre 1759,
& tous les préposés de la ferme qui y furent compris, furent déchargés de tous les cautionnemens
qu'ils avoient précédemment donnés; & les hypothèques fournies pour raison de ces cautionnemens,
furent annullées.

Mais, afin d'empêcher que ces préposés ne
fissent servir à la consignation de leur cautionnement, les fonds de leur recette, il leur fut défendu
de les appliquer à cet usage, à peine de privation de leurs emplois, & d'être poursuivis comme
retentionnaires des deniers royaux; en même-
tems, cet article enjoignit à l'adjudicataire & à ses
cautions, de faire constater l'état des caisses de
tous les commis comptables, pour s'assurer qu'il
ne seroit fait aucune distraction des deniers qui
y auroient été versés.

L'article 8 portoit que les intérêts des sommes consignées à titre de cautionnemens, seroient
payés au denier vingt, sans aucune retenue de
vingtième, dixième, & qu'il seroit permis à ceux
qui auroient emprunté partie, ou totalité de leurs
cautionnemens, d'en faire déclaration à l'effet d'être
insérée dans la quittance délivrée au commis
cautionné, & de conserver le privilège des prêteurs sur les finances consignées, après le privilège du roi & celui de l'adjudicataire général
des fermes.

Afin de donner le tems aux représentans d'un
commis décédé, de rendre ses comptes à son successeur, de fournir les fonds de son cautionnement,
& en même-tems prévenir un double paiement des
intérêts des sommes consignées pour un même
emploi, l'arrêt du 16 septembre 1760 a ordonné
que les titulaires des emplois, en cas de retraite,
ou leurs ayant-cause après leur décès, jouiroient de
l'intérêt des consignations servant de cautionnement, un mois après cette retraite ou ce décès,
pendant lequel tems, ils seroient tenus de rendre
leurs comptes, & d'en rapporter les pièces justificatives; faute de quoi ils ne pourroient prétendre
aucun intérêt des sommes consignées; & que
ceux qui succéderoient aux commis retirés destitués
ou décédés, ne jouiroient de l'intérêt de leurs cautionnemens, qu'à compter d'un mois après la date

de leur inftallation, de laquelle il feroit duement juftifié.

La façon de juftifier de cette prife de poffeffion, eft de produire un certificat du directeur du département qui attefte, qu'à telle époque, tel commis a été inftallé dans fon emploi.

L'adjudicataire s'étant apperçu que les *cautionnemens* en argent prefcrits par l'arrêt du 30 août 1758, qui avoient annullé toute autre efpèce de *cautionnement*, étoient infuffifans, pour répondre de la recette & maniement de quelques commis comptables; un arrêt du confeil, du 3 mars 1761, l'autorifa à fe faire fournir des fupplémens de *cautionnement*, pourvu qu'ils n'excédaffent pas le quart du produit de la recette, année commune, prife fur les trois dernieres, lorfque ces *cautionnemens* feroient fournis en la manière ufitée, avant 1758, & le huitième, lorfqu'ils feroient fournis en argent.

Ce même arrêt porte en outre, que fur le montant de ces *cautionnemens* ainfi fixés, il fera tenu compté des fommes payées en exécution du rôle arrêté par le confeil, le 4 feptembre 1759; en telle proportion, que les fommes fournies payées ou à payer en deniers pour ces *cautionnemens*, tiendront lieu du double d'un *cautionnement* en immeubles, fixé au quart du maniement, fans néanmoins qu'aucun de ces *cautionnemens*, puiffe excéder cent cinquante mille livres, & que l'hypothèque des biens-fonds puiffe être également d'une valeur plus confidérable, à quelque fomme que le maniement puiffe monter; de forte que le plus fort *cautionnement* ne pouvoit être alors que de cent cinquante mille livres en argent, & de pareille fomme en immeubles.

Mais il n'en réfulte pas moins de ces principes, qu'à mefure que le maniement d'un comptable augmente, foit par de nouveaux droits, foit par l'accroiffement des anciens, le fermier ou régiffeur eft fondé à demander un fupplément de *cautionnement*, en raifon de l'état actuel du fond de la recette, & de manière que ce *cautionnement*, s'il eft en immeuble, en foit le quart, & s'il eft en argent, le huitième.

Pour éviter toute difficulté fur l'exécution de ces divers réglemens, le roi, par fes arrêts du 26 décembre 1762, & 8 mars 1771, ordonna l'évocation à fon confeil, de toutes les conteftations nées & à naître, fur le fait des *cautionnemens*, tant entre l'adjudicataire & les particuliers préteurs des deniers confignés, qu'entre les commis & ces mêmes préteurs, & relativement aux difpofitions de l'arrêt de 1758.

Lorfqu'on a une créance à répéter contre un commis qui a un *cautionnement* en efpèces, on peut, à fa retraite, ou à fon décès, mettre oppofition au rembourfement de cette confignation, & elle doit être faite à l'hôtel des fermes à Paris, entre les mains du receveur-général qui y réfide,

conformément à l'arrêt du confeil, du 9 janvier 1717.

De même, un particulier fervant de caution à un commis ou employé dans les fermes ou les régies, & qui a hypothéqué fes biens, en conféquence; s'il veut ceffer de le cautionner & affranchir fes fonds, doit faire fignifier fon défiftement à l'adjudicataire-général des fermes, en la perfonne du receveur-général à Paris; mais ce défiftement n'a fon effet que trois mois après la date de la fignification, conformément au même arrêt de 1717, & à celui du 10 juillet 1744, qui ordonne que l'original de cette fignification fera vifé & figné par ce receveur-général, à peine de nullité.

Jufqu'en 1779, les feuls receveurs d'un bureau où il fe fait une recette de quelque objet, avoient été compris dans le rôle des *cautionnemens* en efpèces; les autres commis fans maniement ne fourniffoient point de *cautionnement*, & les receveurs pourvus d'une recette médiocre étoient feulement tenus de donner un *cautionnement* en biensfonds, d'une valeur déterminée, pour l'ordinaire fur le quart de leur recette, ou au moins de cinq cents livres, quand la totalité de la recette annuelle, étoit au-deffous de cette fomme.

Les employés des aides & des domaines n'avoient pas été affujettis à des *cautionnemens* en efpèces, & n'en fourniffoient qu'en immeubles.

Mais, à cette époque, la néceffité de pourvoir aux dépenfes d'une guerre naiffante fit recourir aux mêmes moyens qui avoient procuré des reffources en 1758, dans les mêmes conjonctures.

Voici comment s'explique le préambule de l'arrêt du 17 février 1779.

Le roi s'étant fait repréfenter les arrêts du confeil des 30 avril 1758, 16 feptembre 1760, 3 mars 1761, 26 décembre 1762 & 8 mars 1771, concernant les *cautionnemens* par configuration auxquels les principaux employés de fes fermesgénérales ont été affujettis, fa majefté a reconnu que ces *cautionnemens*, en portant tout à-la-fois fur des commis comptables, & fur ceux qui n'ont aucun maniement, avoient réuni l'avantage d'offrir une garantie, foit contre des divertiffemens de deniers, foit contre des abus de fonctions qui pouvoient compromettre l'intérêt des fermiers; & exciter de juftes réclamations. Mais fa majefté a confidéré que plufieurs claffes d'emplois avoient été affranchies de cette configuration, quoiqu'elles en euffent été pareillement fufceptibles; elle a auffi remarqué, que l'accroiffement des produits avoit altéré les proportions qu'on avoit adoptées dans la fixation de chacun de ces *cautionnemens*; enfin, elle a jugé qu'il feroit convenable d'étendre les mêmes précautions aux adminiftrations & régies générales des autres parties de fes finances. Sa majefté, d'ailleurs, a penfé que ce feroit un moyen de fe procurer un fecours, à un intérêt modéré, & qui étant en même-tems extrêmement

divifé, ne prendroit rien fur les fonds de la circulation ordinaire. En conféquence, fa majefté
a ordonné qu'il feroit fourni des *cautionnemens*,
ou fupplément de *cautionnement* par les commis
& prépofés, tant de fes fermes-générales, que
des adminiftrations & régies; elle a pris toute
les mefures néceffaires pour affurer le paiement
des intérêts, & les mêmes difpofitions feront
exactement maintenues dans le prochain bail, &
les fuivans.

Les douze articles que comprend cet arrêt,
règlent tout ce qui a rapport à ces *cautionnemens*,
dont le rôle a été fixé, fuivant le revenu des emplois, ainfi que le paiement des intérêts au denier
vingt, fans aucune retenue, & rappellent tout
ce qui a précédemment été ordonné, à l'égard
des premiers *cautionnemens* en efpèces.

En conféquence de cet arrêt, tous les employés
des domaines & des aides, pourvus d'une recette
rapportant fix cents livres, & au-deffus, d'émo-
lument, ont été affujettis à des *cautionnemens* en
efpèces.

Les autres non chargés de maniement, font
reftés fujets feulement à des *cautionnemens* en immeubles, dont l'acte fe fait d'une maniere uniforme
dans tout le royaume; comme les occafions de procéder à ces *cautionnemens* font fréquentes, on croit
devoir joindre ici un modèle de la forme qu'ils
exigent. Il fera facile d'y faire les changemens
analogues à la partie dans laquelle fera employé le
fujet que l'on voudra cautionner.

CAUTIONNEMENT , BAIL OU RÉGIE DE

N^a. *La minute du cautionnement reftera chez le notaire, & il en fera remis une expédition au bureau
de la ferme.*

*Si les biens affectés font fitués en pays de nantiffe-
ment, la fentence d'hypotheque accompagnera l'expédition du cautionnement.*

PARDEVANT . . . .
. . . .
fouffigné, fut préfent. . . . .
. . . .

Lequel s'eft volontairement rendu & conftitué par
ces préfentes, caution & répondant folidaire,
tant envers M^e. Nicolas Salzard, bourgeois de
Paris, y demeurant à l'hôtel des fermes du roi,
rue de Grenelle, paroiffe Saint-Euftache, où il
fait élection de domicile, adjudicataire-général
des fermes-unies pour fix années, à commencer
au premier octobre mil fept cent quatre-vingt,
pour le privilège de la vente du tabac, les grandes
& petites gabelles, domaines & gabelles des trois-
évêchés, cinq groffes fermes, entrées de Paris,

droits fur les huiles & favons, dans les provinces
abonnées & autres droits y joints, conformément
aux lettres-patentes du 27 de la même année; &
envers les fubrogés ou fucceffeurs dudit Salzard,
nonobftant tous changemens de baux ou de régies,
de toutes les recettes, comme auffi du maniement,
de l'adminiftration de la régie, & de l'exercice
qu'a fait jufqu'à préfent, & que fera ci-après le
fieur. . . . .
dans l'emploi de. . . . .
direction d. . . . généralité d. . . . .
& dans tous les emplois qu'il a exercés jufqu'à
ce jour, qu'il exercera dans la fuite, ou qu'il
fera exercer pour lui, en cas d'abfence, maladie
ou autrement, dans toute l'étendue defdites fermes & pendant leur durée, foit qu'elles fufbftent
fous le nom de Salzard, ou qu'elles foient continuées fous un autre, même de la régie, de l'adminiftration, de l'exercice & de la recette que
fera le fieur Cautionné concernant d'autres droits,
dont ledit Salzard, fes fubrogés & cautions pourroient être chargés, ou fe chargeroient, à titre
de ferme ou de régie; enfemble, de la recette
qu'il pourra faire fur les reftes du bail du prédéceffeur dudit Salzard, comme auffi des dommages, intérêts, dépens, amendes & peines pécuniaires que ledit Salzard, fes fubrogés & cautions feroient en droit de prétendre, & qu'ils
feroient prononcer contre ledit fieur Cautionné, &
de ceux auxquels ledit Salzard, fes fubrogés &
cautions pourroient être condamnés, & qu'ils
feroient tenus de payer pour raifon de la geftion
& exercice dudit fieur Cautionné, promettant ledit . . . . . comparant d'agréer tous comptes
& comptereaux qui auront été rendus par ledit
fieur Cautionné, même de compter pour lui, en
cas de refus, quinzaine après la fommation qui
en aura été faite audit fieur Cautionné, à fa perfonne ou à fon dernier domicile, fans qu'il foit
befoin d'autres procédures ni difcuffions, & de
payer les reliquats defdits comptes, quand même
il y auroit débats, conteftations & proteftations
de la part dudit fieur Cautionné, & fans en
attendre la décifion; & faute par ledit
. . . . . comparant, de rendre lefdits
comptes fur la première fommation qui . . .
en fera faite au domicile ci-devant élu, ils feront
dreffés, clos & arrêtés par ledit Salzard, fes
fubrogés, cautions & procureurs, fur les regiftres,
états, pièces ou mémoires qui fe trouveront devers
eux, & les débets ou reliquats en feront payés &
acquittés par ledit . . . . . . comparant,
ainfi qu'il eft dit ci-deffus, à peine d'y être contraint comme pour les propres deniers & affaires
de fa majefté; à l'effet de quoi ledit . . . .
comparant fe foumet dès-à-préfent aux contraintes
qui feront décernées par ledit Salzard, fes fubrogés, cautions, procureurs & prépofés, lefquelles
il confent être exécutées contre . . . . . .
comme elles le pourroient être contre ledit fieur

Cautionné, fans quoi, le préfent *cautionnement*
n'auroit point été reçu par ledit Salzard, faifant
du tout ledit. . . . . comparant. . . . .
propre fait & dette, jufqu'à concurrence néanmoins de la fomme de. . . . .

Outre, & par-deffus la fomme payée, foit des
deniers dudit fieur Cautionné, ou de deniers d'emprunt, pour le montant du *cautionnement* en argent, ou à compte dudit *cautionnement*, en
exécution des arrêts du confeil, des trente avril
mil fept cent cinquante huit, trois mars mil fept
cent foixante-un, & dix-fept février mil fept
cent quatre-vingt.

Au paiement de laquelle fomme de . . . . .
ledit comparant s'oblige folidairement avec ledit
fieur Cautionné, fans divifion, difcuffion ni fidé-
juffion, à quoi ils renoncent; comme auffi ledit. .
. . . comparant renonce également dans le
cas où il feroit fourni d'autres cautions pour ledit
fieur Cautionné, à prétendre que les débets foient
divifés par rapport au paiement entre les différentes cautions, ledit. . . . . comparant renonce également, dans le cas où il feroit fourni
d'autres cautions pour ledit fieur Cautionné, à
prétendre que les débets foient divifés par rapport
au paiement entre les différentes cautions, ledit
. . . . comparant faifant propre fait &
dette de la totalité des débets, jufqu'à concurrence
cependant de la fomme de . . . .
ci-deffus mentionnée.

Confent ledit. . . . comparant, que le
préfent *cautionnement* ait fon effet dans le cas où
ledit fieur Cautionné, après avoir été fufpendu
de fes fonctions, ou deftitué de fon emploi, y feroit rétabli ou remplacé dans un autre, foit dans
la même province ou ailleurs, le tout, fans qu'il
foit befoin de faire de nouvelles foumiffions & renouvellement d'acte de *cautionnement*; a été expreffément convenu que tout acte de défiftement du
préfent *cautionnement* ne vaudra qu'autant qu'il
fera fignifié au domicile dudit Salzard, audit hôtel
des fermes à Paris, en parlant au receveur-général
defdites fermes à Paris, qui vifera & fignera l'original de ladite fignification, à peine de nullité
d'icelle, conformément à l'arrêt du 10 juillet 1744;
lequel défiftement n'aura d'effet, que trois mois
après qu'il aura été fait audit domicile, feulement
pour les recettes de deniers & recouvrements qui
pourroient être faits après l'expiration defdits
trois mois, confentant ledit. . . . . comparant qu'il n'ait aucune force ni vertu pour les
débets qui fe trouveroient antérieurs, pour lefquels ledit préfent *cautionnement* fortira fon plein
& entier effet, nonobftant tout défiftement; fe
foumettant de plus ledit. . . . . comparant
d'être tenu & contraint à toutes les claufes & fti-
pulations ci-deffus, comme pour les propres deniers
& affaires du roi, en vertu des écrous & contraintes dudit Salzard, de fes fucceffeurs, comme
dit eft, ou defdits fieurs cautions defdits baux,

ou autre ayant droit ou pouvoir d'eux. Et pour
l'exécution du préfent, circonftances & dépendances, ledit. . . . . . comparant oblige,
affecte & hypotheque généralement tous . . .
biens meubles & immeubles, préfens & à venir,
& fpécialement, fans qu'une obligation déroge à
l'autre, les biens ci-après;

S A V O I R :

. . . .

*Défigner la nature des biens, leur fituation, leur
revenu ou valeur au jufte, & fommairement les
titres de propriété.*

que ledit. . . . . comparant eftime . . .
en principal être de la valeur de . . . . .
& déclare . l . appartenir, & être francs &
quittes de toutes dettes & hypotheques, fous les
peines de droit; fans laquelle claufe & celles ci-
deffus énoncées, le préfent *cautionnement* n'auroit
point été reçu, & ledit fieur Cautionné n'auroit
point été pourvu dudit emploi. Et pour l'entière
exécution des préfentes, circonftances & dépendances, ledit fieur . . . . comparant a élu
. . domicile . . . . auquel lieu
il confent que tous exploits foient faits comme
à . . perfonne; car ainfi promettant, &c.
obligeant, &c. fous ladite folidité, renonçant, &c.
FAIT & paffé à . . . . de l'an mil
fept cent foixante- . . . . a . . midi, &
o . figné,

En 1776, un arrêt du confeil, du 29 juin, a
également affujetti à un *cautionnement* en argent,
les comptables de la régie des poudres & falpêtres,
à commencer au premier octobre fuivant, en payant
l'intérêt au denier vingt, des fommes qu'ils auront
dépofées à la caiffe-générale de la régie à Paris,
fauf la déduction des deux vingtièmes, & des
quatre fols pour livre du premier vingtième.

Le rembourfement des fommes fervant de *cautionnement*, ne peut s'effectuer aux comptables
retirés, ou aux repréfentans de ceux qui font
décédés, qu'après que les comptes ont été arrêtés & foldés.

Un autre arrêt du 26 novembre 1781, en fixant
le nombre des agents de change de Paris, à quarante, règle, que dorénavant, on ne pourra être
nommé à ces places, qu'en fourniffant préalablement un *cautionnement* en immeubles de foixante
mille livres, ou en dépofant au tréfor-royal, une
fomme de quarante mille livres, de laquelle il
fera payé intérêt au denier vingt, fans retenue
par le garde du tréfor-royal, à compter du premier jour du mois qui fuivra le verfement.

On a vu, au mot acquit à caution, en quoi confifte le *cautionnement* de celui qui s'oblige pour

cette forte d'expédition, & qu'on appelle caution : on peut y avoir recours.

Le prix d'une charge comptable, doit être regardé comme un *cautionnement* qui répond de la manutention du titulaire.

Il ne reste plus qu'une troisieme forte de *cautionnement* relatif à des marchandifes faifies, & fous lequel les commis des fermes & régies font autorifés, par l'article 10 du tit. 11 de l'ordonnance de 1687, à en accorder la main-levée, lorfque par leur nature, elles ne peuvent être gardées, fans en craindre le dépériffement.

CAYER, ou CAHIER, f. m. On donne ce nom à fix feuilles de papier réunies enfemble, qu'on emploie dans les bureaux de finance, pour mettre au net les comptes, les états, & plufieurs autres expéditions. Dans ce fens, on dit, ce compte eft confidérable, il contient foixante, quatre-vingt *cayers* de groffe.

CAYER de frais, eft un mémoire, ou état qui contient dans le plus grand détail, toutes les dépenfes qu'un comptable fait pendant l'année de fon exercice.

Le *cayer* de frais doit être figné & certifié du comptable qui le préfente avec fon compte, pour le faire arrêter.

CAYER fe dit encore d'une forte de regiftre où font infcrites les délibérations, les réfolutions & arrêtés de quelques corps ou compagnies, tels que les états des provinces, les affemblées du clergé, & les cours fouveraines qui ont des remontrances ou des propofitions à faire au roi.

Après la tenue des états en chaque province, qui en ont le privilège, les députés des trois ordres viennent à la cour préfenter leurs *cayers* à fa majefté.

Ils contiennent différentes demandes relatives au bien & à la profpérité de la province; mais que l'intérêt général de l'état ne permet pas toujours d'accorder.

CÉDULES DÉTACHÉES. On nomme ainfi en Hollande, fuivant Savary, les expéditions qui font délivrées dans les bureaux des convoi & licente, aux marchands pour juftifier du contenu des déclarations qu'ils ont faites de leurs marchandifes, & du montant des droits qu'ils ont payé.

C'eft fur ces *cédules*, que les commis à la perception doivent faire leurs vifites & leurs vérifications.

CEINTURE, droit de *ceinture* de la reine; ce droit, qui eft de dix deniers par muid de vin, entrant dans Paris, eft confondu dans les droits d'entrée, qui fe perçoivent aux barrières de cette ville. On trouve un arrêt de la cour-des-aides de Paris, du 22 novembre 1625, qui parle de

ces dix deniers, comme d'un droit établi depuis long-tems. Les baux de Huet, Cordier, Rouvelin & le Gendre en font auffi mention; mais on ignore fon origine: on croit que dans fa création, le produit en étoit deftiné à la dépenfe de la maifon de la reine.

Il n'eft plus queftion de ce droit de *ceinture* de la reine, depuis l'ordonnance des aides, du mois de juin 1680, qui a réuni dans le feul droit de dix-huit livres, & de quinze livres, plufieurs autres perceptions.

CELLERAGE; (droit de) il fait partie avec le droit de rivage, de ceux qu'on défigne par le nom de devoirs des ports & havres de Bretagne. *Voyez* DEVOIRS.

CENDRES. CENDRES GRAVELÉES & SOUDES. Les *cendres* font en général, les débris d'un corps confumé par le feu.

Les *cendres gravelées*, qu'on pourroit plus proprement appeler de la *cendre* de lie de vin, font compofées de lie de vin calcinée au fourneau, & s'emploient dans la teinture.

La *foude* eft le produit d'une plante nommée *Salicor*, que l'on cultive dans plufieurs pays maritimes pour la faire cuire & en former dans un fourneau, une efpèce de pierre fort dure, & remplie d'un fel alkali, d'une grande utilité dans les manufactures & dans les verreries.

On ne réunit ces trois fortes de marchandifes, que parce qu'elles font fujettes aux mêmes droits, à leur arrivée à Paris. Voici l'origine de ces droits.

Le fol pour livre, établi en 1360, fur toutes les marchandifes & denrées vendues, revendues & échangées, fut fupprimé à Paris, par les lettres-patentes du 3 août 1465; mais les boiffons & les bois furent du nombre des marchandifes réfervées, c'eft-à-dire qu'elles continuèrent de payer le fol pour livre, chaque fois qu'elles changeoient de main.

Les *cendres* & les *gravelées*, comme provenant des bois & du vin, furent affujetties à ce même droit; mais la perception en ayant été difcontinuée en 1602, parce que ces marchandifes avoient été omifes dans les nouveaux tarifs qui furent faits à cette époque, elle ne fut rétablie, qu'en 1627, par arrêt du confeil, du 20 janvier, & confirmée par déclaration du 31 mars 1628, & par les lettres-patentes du 14 octobre 1629, regiftrées en la cour-des-aides, le 31 décembre fuivant; ces droits furent, en conféquence, compris dans le bail des aides de Guillaume Menant.

Ils furent enfuite aliénés par édit de novembre 1644, à huit officiers contrôleurs-prifeurs de *cendres*, de *gravelées* & de *foudes*, érigés par le même édit. C'eft le premier règlement dans lequel les *foudés* fe trouvent jointes aux *cendres*.

Le même édit créoit encore deux offices de jurés jaugeurs, auxquels il étoit attribué cinq fols par tonne de ces marchandises.

Trois années après, un édit du mois de mars érigea huit nouveaux offices de contrôleurs-priseurs, pour faire avec les anciens, le nombre de seize, & jouir ensemble de l'attribution pour tous droits anciens & nouveaux, de trois livres cinq fols par tonne de *cendres*, six livres par muid de *gravelée*, du poids de trois cents cinquante livres, & cinquante fols par balle de *soude*. Il établit aussi deux autres offices de jurés jaugeurs, avec attribution de cinq fols par tonne, muid ou balle, outre les cinq fols accordés aux jurés jaugeurs de la première création.

Le tiers de ces droits, comme de tous les autres droits d'aides qui avoient été aliénés ou attribués à divers officiers, leur fut retranché par arrêt du 8 octobre 1660, pour être perçu au profit de fa majesté.

Ce tiers joint au parifis, fol & six deniers pour livre des droits entiers, se trouva donc être de cinquante fols dix deniers par tonne de *cendres*, de quatre livres huit fols deux deniers par muid de *cendres gravelées*, & de quarante fols huit deniers par balle de *soude*, du poids de deux cents cinquante livres.

L'imposition de ces droits avec le retranchement des deniers, a fait la matiere d'un chapitre de l'ordonnance du 22 juillet 1681, portant pour titre, *du tiers retranché fur les cendres, soudes & gravelées.*

L'article premier « fixe la quotité de ces droits » sur le pied qu'on vient de l'exposer.

» L'article II déclare sujettes aux droits, les » *cendres* de bois, blanches, grises & noires, les » *foudes* de quelque qualité qu'elles soient, noires » blanches, & les *gravelées* amenées à Paris dans » ses fauxbourgs & banlieue, tant par eau que » par terre, pour y être consommées, ou pour » passer debout, même celles qui sont façonnées » dans la banlieue, dans les endroits marqués par » la police ».

Art. III. Enjoignons à ceux qui les feront entrer, d'en faire à l'arrivée, déclaration au bureau, d'y représenter les lettres de voiture en bonne forme, contenant la qualité & quantité, & de payer nos droits, avant l'enlèvement, le tout à peine de confiscation, & de cent livres d'amende.

Art. IV. Défendons à toutes personnes, de tenir des magasins & entrepôts de *cendres, soudes* & *gravelées*, plus près que de trois lieues de notre bonne ville, fauxbourgs & banlieue de Paris, à compter des extrémités de ses fauxbourgs, à peine de confiscation, & de cent livres d'amende.

Art. V. Les contestations seront jugées en première instance, en l'hôtel de notre bonne ville de Paris, & par appel en notre cour-des-aides.

Art. VI. Voulons, au surplus, que nos réglemens, pour nos autres droits d'entrée, soient exécutés pour les *cendres*, *foudes* & *gravelées*.

La perception des deux autres tiers du droit, sur ces matieres, ne tarda pas à être réunie à la ferme-générale des aides ; elle eut lieu, d'après les arrêts du conseil des 9 juin 1682, & 8 janvier 1683. La totalité de ces droits a continué de faire partie des entrées de Paris, & se trouve rappellée dans l'article 432 du bail de Forceville.

Elle est de cinq livres dix deniers par tonne de *cendre*, pesant cinq cents livres, & contenant vingt-cinq boisseaux.

De quatre livres huit fols par balle de *foude* de deux cents cinquante livres, & de huit livres quatorze fols par muid de *cendres gravelées*, qu'on a dit peser trois cents cinquante livres.

Indépendamment de ces droits particuliers, les *cendres*, *foudes* & *gravelées* sont sujettes à leur entrée à Paris, aux droits généraux qui s'y lèvent, tels que ceux de domaine, barrage & poids-le-roi, des officiers de police appellés gardes-nuit & plancheyeurs, & de vingtième, qui appartient à l'hôpital-général.

Le tartre de vin, ou la lie qui n'a point été brûlée, & convertie en *gravelées*, par le fourneau, n'est point sujette aux anciens droits de huit livres quatorze fols par muid.

La potasse, le sel de verre & de terre, la *cendre* de varec, acquittent aux entrées de Paris, les mêmes droits que les *cendres gravelées*, à l'exception des droits de domaine & barrage, qui se perçoivent comme fur la *foude*.

Dans ces derniers tems, l'utilité des *cendres* pour en tirer du salpêtre, pour les verreries, faïenceries, & autres fabriques qui les emploient, ont porté le gouvernement à en défendre d'abord la sortie dans les provinces où les bois étant communs, il s'y trouvoit plus de facilités pour en faire des *cendres* qui devenoient une matiere de commerce avec l'étranger.

C'est dans cette vue qu'a été rendu l'arrêt du conseil, du 10 février 1780, dont le préambule va expliquer les motifs : » Le roi étant informé » qu'il sort des provinces de Lorraine, Trois » Évêchés, Franche-Comté & Alsace, des *cendres*, » salins, & des potasses ; que cette exportation » porte un grand préjudice, non-seulement aux » verreries & faïenceries, mais encore à la régie » des poudres qui se trouve privée des quantités » suffisantes de ces matieres, pour la fabrication » des salpêtres ; sa majesté a reconnu que, pour » obvier à ces inconvéniens, il convenoit de » prohiber la sortie des matieres dont il s'agit, » à quoi portant pouvoir, &c. » ; il défend de tenir amas ou magasins de *cendres*, salins & potasses dans les quatre lieues, frontières du côté du pays étranger de la Lorraine, des Trois Évêchés, de l'Alsace & de la Franche-Comté, & de transfporter ces matieres dans cette étendue , fans être accompagnées d'un acquit à caution , dans lequel feront énoncés le lieu de leur deftination , & les noms de ceux à qui elles feront adreffées.

Le même arrêt prohibe expreffément la fortie de ces matieres & leur envoi en pays étranger , en quelque quantité , & fous quelque dénomination que ce foit, à peine de confifcation des matieres , chevaux & voitures , fervant à leur tranfport, & de trois mille livres d'amende.

Les mêmes confidérations de l'utilité des *cendres* ont enfuite fait rendre générale, la défenfe de leur fortie , par arrêt du confeil, du 26 avril 1781, conçu dans les termes fuivans :

« Le roi s'étant fait rendre compte de l'arrêt
» de fon confeil , du 10 février 1780, par lequel
» fa majefté a défendu l'amas ou magafin des
» *cendres*, falins & potaffes, dans les quatre lieues
» frontières de la Lorraine, des Trois Évêchés,
» de l'Alface & de la Franche-Comté, a auffi
» ordonné que la circulation defdites matieres ne
» pourroit avoir lieu dans l'étendue defdites qua-
» tre lieues , qu'autant qu'elles feroient accom-
» pagnées d'acquits à caution , & enfin , a pro-
» hibé la fortie à l'étranger, de ces mêmes ma-
» tieres par lefdites provinces. Mais fa majefté
» confidérant que les motifs qui ont dicté ces dif-
» pofitions exige qu'on en étende l'effet indiftinc-
» tement à toutes les provinces du royaume , &
» voulant y pourvoir, ouï le rapport, le roi
» étant en fon confeil, a déclaré & déclare com-
» mun à toutes les frontières du royaume, l'arrêt
» du confeil , du 10 février 1780 ; en confé-
» quence, a défendu & défend à tous particuliers,
» marchands & autres , de tenir amas ou magafins
» de *cendres*, falines & potaffes dans les quatre
» lieues defdites provinces du côté de l'étranger ,
» à peine de confifcation des marchandifes, &
» trois mille livres d'amende.

CENS , f. m. C'eft une redevance annuelle & feigneuriale, foncière & perpétuelle, dont un héritage eft chargé envers le fief dont il eft mouvant. C'eft le premier devoir impofé & retenu par le feigneur, lors de la conceffion qu'il a faite de cet héritage, avec rétention de foi. On n'en parle que parce que les *cens* dûs au domaine du roi , entrent dans fes revenus.

L'origine des *cens* & rentes , remonte , fuivant plufieurs auteurs qui ont écrit fur les matieres domaniales , au tems de la fondation de la monarchie

Après que les premiers rois eurent purgé la France des nations barbares qui la ravageoient , ils donnerent aux officiers qui les avoient accompagnés dans leurs expéditions , des portions de terres , des territoires, à condition qu'ils leur en rendroient foi & hommage, qu'ils leur paieroient une redevance annuelle , & qu'ils les fer-

viroient à leurs propres frais, dans les guerres qu'ils auroient à foutenir.

Lorfque ces guerres arrivèrent , les officiers ou feigneurs redonnèrent partie de ces mêmes terres à d'autres , pour une autre redevance , comme d'une modique fomme de vingt fols, d'une certaine quantité de grains ou de volaille, felon la valeur & l'étendue de la conceffion ; cette redevance fut apelée *cens*, du mot *cenfus*, qui fignifie revenu.

Quoi qu'il en foit de cette origine, tout acquéreur d'héritage cenfier, eft fuppofé acquérir , à la charge de l'acquittement du *cens*, à moins qu'il n'y ait ftipulation contraire, attendu que le *cens* eft de plein droit , à la charge du poffeffeur.

Le *cens* eft feigneurial, & emporte lods & ventes à chaque mutation. Il eft imprefcriptible ; mais fa quotité & le paiement des arrérages peuvent fe prefcrire.

Le *cens* propre & véritable, eft le feul qu'on appelle *chef cens*. On ne doit pas donner ce nom aux autres redevances , dues à un feigneur , telles que font le fur-cens , le champart , terrage , avenage, agrier, & autre devoir en fruits, & généralement toutes autres rentes, quoiqué feigneuriales.

Le fur-cens eft le fecond devoir réfervé par le feigneur dans la conceffion du fonds, mais pour que cette redevance foit fur-cens, il faut qu'elle appartienne au feigneur auquel eft dû le *cens*, & qu'elle ait été réfervée, lors de la conceffion. Si elle avoit été créée enfuite , ce ne feroit qu'une rente purement foncière. Le fur-cens véritable, fortant, de la main du feigneur , n'eft plus également qu'une rente foncière.

Le *cens* eft la véritable marque de la directe feigneurie, fur les biens roturiers, comme la foi & hommage caractérifent la directe fur les fiefs. C'eft une maxime de droit commun.

Loyfeau, dans fon *Traité de Déguerpiffement*, *liv.* 1, *chap.* 4, prétend que l'on a fort abufé , en France, du mot cens , qui, chez les Romains, n'a jamais été employé que pour exprimer une redevance due au fifc feul : redevance perfonnelle dans les premiers tems de la république , & proportionnée à la fortune de chaque citoyen, d'après l'eftimation faite par les cenfeurs , & enfuite impofée fur les héritages, pour être la marque de la feigneurie univerfelle du fifc fur les terres des particuliers. *Voyez* DENIER-CÉSAR.

L'ordonnance de 1629 , porte , article 373, que tous héritages relevant du roi en pays coutumier, ou de droit écrit, font fujets aux lods & ventes, & autres droits feigneuriaux, & que tous héritages ne relevant d'autres feigneurs, font cenfés relever du roi, fi les poffeffeurs ne font apparoir de bons titres qui les en déchargent.

Lorfqu'un propriétaire ne juftifie pas du francaleu par bons titres, on doit impofer le *cens* fur
fon

son héritage, pour les terres du domaine du roi, sur le pied de celui des terres voisines, qui paient censive.

L'arrêt du conseil du 12 septembre 1746, a confirmé ce principe, en ordonnant l'imposition d'un *cens*, dans l'étendue des territoires d'Agen, de Condom, & Marmande.

Suivant l'arrêt du conseil, du 8 mai 1696, la déclaration du 13 août 1697, l'édit du mois d'août 1708, & la déclaration du 22 décembre de la même année, toutes les fois que le roi permet l'affranchissement des *cens* & rentes dues à son domaine, il est ordonné qu'à l'égard des *cens* & rentes, emportant lods & ventes, il seroit réservé six deniers de redevance pour la conservation de ces lods & ventes.

Les engagistes des *cens* & rentes dûs au domaine du roi ne sont pas fondés à percevoir les lods & ventes aux mutations des biens chargés de ces redevances, à moins que la perception des lods & ventes ne soit expressément comprise dans l'aliénation qui leur a été faite. C'est ce qui a été jugé par l'arrêt du conseil du 8 juin 1756, qui porte que les sieurs Bonniot, auxquels les *cens* & rentes dûs au domaine de Cognac ont été engagés en 1710, ne sont pas fondés à prétendre les droits seigneuriaux dûs aux mutations des fonds pour lesquels ces redevances sont dues ; en conséquence les condamne à restituer au fermier du domaine, tous les droits seigneuriaux par eux reçus dans les trente années antérieures, à la demande qui en a été formée.

La perception des *cens* & rentes est une des branches du produit de l'administration des domaines. Quoique en général ces *cens* & rentes dus par les fonds, soient peu considérables, on peut juger que ceux qui dépendent du domaine du roi, sont en très-grand nombre, puisqu'ils forment annuellement une somme d'environ six cents mille livres.

CENTIEME DENIER. C'est un droit qui se paie au roi à toutes mutations de propriété ou de jouissance de biens immeubles, à l'exception de celles qui sont opérées en ligne directe, par succession & par contrat de mariage.

L'établissement de ce droit est dû à l'édit du mois de décembre 1703 ; le paiement qui en est fait semble être le prix d'une formalité de police, qui consiste dans l'enregistrement, où l'insinuation donnée aux actes translatifs de propriété ou d'usufruit des biens, à l'effet de leur procurer une publicité très-nécessaire ; 1°. à l'égard des seigneurs auxquels il est dû des droits de mutation ; 2°. pour les parens des vendeurs qui ont la faculté de rentrer dans les biens de famille, par le retrait lignager. Ce n'est même que de la date de l'insinuation que court le délai de l'an & jour fixé par les coutumes, pour l'exercice de ce retrait.

Les commis des domaines & contrôleurs des actes, chargés de la perception du *centieme denier*, remplacent en cette partie, les greffiers des insinuations créés en titre d'office, par l'édit de décembre 1703, & que celui du mois d'octobre 1704 a supprimé, en réservant les droits & attributions, pour demeurer réunis au domaine.

Sous ce point de vue, l'insinuation des actes tient à la législation & à l'ordre public. La quotité de la perception du droit de *centieme denier* est indiquée par son nom ; c'est le centieme de la valeur de l'objet ; en même-tems que ce droit est un secours pour l'état, il est d'autant moins onéreux, qu'il n'a lieu que lorsqu'on achete ou qu'on hérite, & qu'il paroît ainsi se confondre avec la chose même, qui se trouve diminuée du montant du droit payé.

Le produit du *centieme denier* monte dans le royaume, année commune, à environ huit millions cinq cents mille livres, compris les dix sols pour livre qui se perçoivent en sus.

Les droits payés dans l'étendue de l'apanage de monseigneur le duc d'Orléans, & qui lui sont aliénés, ne font point partie de cette appréciation, non plus que les droits de sceau qui tiennent lieu du *centieme denier* en Lorraine.

Il n'est point non plus perçu en Alsace, ni dans les provinces de Flandres, Hainault, Artois, & Cambresis, qui sont abonnées.

Le droit de *centieme denier* ne se paye que sur la valeur des seuls immeubles réels, tels que les seigneuries, les justices, les droits seigneuriaux & honorifiques, les bois, les terres, les vignes, les prés, les étangs, les rivieres, les ruisseaux, les fossés, les marais, les isles & islots, les moulins à vent & à eau, les fours, les pressoirs, les halles, les marchés, les places vagues, les landes, les bruyeres ; les droits de bac, de péage, passage, mesurage, de vue, d'appui, & autres droits réels ; les cens & rentes foncieres ; enfin, les offices domaniaux, greffes & autres, démembrés du domaine à faculté de rachat perpétuel. La perception qui avoit aussi été établie sur les rentes constituées, sur les offices casuels & autres immeubles fictifs, par les déclarations du roi, des 20 mars 1748, & 24 avril 1763, a été successivement supprimée par celles du 26 décembre 1750, & du 21 novembre 1763.

Les actes qui ne transmettent point une propriété incommutable, tels que les ventes à faculté de rachat, les contrats d'antichrese & engagement, sont assujettis au *centieme denier*, par les ordonnances. Il en est ainsi des baux à rentes & autres actes qui ne transferent qu'une jouissance illimitée, ou même de trente années & au-dessus.

A l'égard des jouissances à vie ou fixées pour une durée au-dessus de neuf ans jusqu'à vingt-neuf, il n'est dû que le demi-droit de *centieme denier* sur la valeur des biens ; les jouissances de neuf ans & au-dessous, sont affranchies de tout droit. L'exemption s'étend même, pour les terres &

autres biens de campagne, aux baux qui en font passés, & n'excedent pas vingt-neuf années, conformément à l'arrêt du conseil du 2 janvier 1775, qui accorde la même exemption aux baux à nourriture des mineurs.

Un autre arrêt du 9 septembre de la même année a ordonné que les actes portant extinction des rentes foncières non rachetables, ensemble ceux par lesquels la faculté d'en faire le rachat, seroit accordée aux débiteurs, demeureroient exempts à l'avenir, du droit de *centieme denier*.

Suivant un règlement du 18 juillet 1713, lorsqu'il est vendu, par le même acte, des immeubles & des objets mobiliers, tels que des bestiaux, des instrumens d'agriculture, meubles meublans, &c. le droit de *centieme denier* est exigible sur le prix entier, à moins qu'il n'en ait été stipulé un particulier pour les effets mobiliers, & que la description de ces effets ne soit portée par l'acte, ou par un état annexé. Si cette double condition est remplie, le *centieme denier* n'est perçu que sur le prix convenu pour les seuls immeubles.

La liquidation se fait pour les ventes & cessions, sur le pied du prix qui y est porté, en joignant les cens, rentes & autres charges imposées à l'acquéreur; & pour les échanges, les donations, & successions, soit par testament, ou *ab intestat*, d'après la déclaration estimative des nouveaux possesseurs, affirmée véritable, sous peine de restitution du droit, du double en sus, & de l'amende de trois cents livres portée par les règlemens.

Les commis préposés ne peuvent donner la formalité de l'insinuation aux actes & contrats qui y sont sujets, qu'après qu'ils ont été revêtus de celle du contrôle, dans les pays où il est établi.

Lorsque l'acte translatif de propriété ou jouissance est passé devant notaire, si les biens sont situés dans l'étendue de l'arrondissement du bureau, où l'acte est contrôlé, il est insinué en même-tems, c'est-à-dire, dans la quinzaine de la date, à la diligence du notaire rédacteur; & la relation ou certificat de l'une & l'autre formalité s'appose sur la minute même du contrat.

Si au contraire l'immeuble ne se trouve pas assis dans l'arrondissement du bureau de la résidence du notaire, le commis, en contrôlant l'acte, renvoie l'insinuation à faire au bureau, dont le district comprend les biens, dans les trois mois de la date de l'acte, pour les acquisitions à titre onéreux; dans les quatre mois pour les donations entre-vifs, en observant que c'est au bureau même du bailliage royal, que l'insinuation de ces donations doit être faite, à peine de nullité; & enfin dans les six mois, du jour du décès des disposans, lorsque le droit est dû pour legs & ouverture de succession.

Dans tous ces cas, la formalité est donnée à la réquisition & diligence des parties, & la relation

est apposée sur l'expédition de l'acte, qu'elles représentent signée du notaire, & en parchemin timbré. A défaut de requérir l'insinuation, & d'acquitter le droit dans ces délais, il est perçu un droit en sus du simple, que les percepteurs ni leurs commettans ne peuvent remettre ni modérer, d'après la disposition d'un arrêt du conseil, du 9 juin 1782.

Il est également payé un droit, en sus du *centieme denier*, pour les actes translatifs d'immeubles, passés sous signatures privées, lorsque les acquéreurs ne les présentent à l'insinuation qu'après les trois mois de leur date. Il y a encore une amende de trois cents livres, prononcée contre ceux qui agissent en justice, ou pardevant notaire, en vertu d'actes sujets à l'insinuation, avant que cette formalité ait été donnée.

Pour les ventes & adjudications de biens immeubles faites en justice, il faut distinguer si elles sont volontaires dans leur principe, & de nature à être passées valablement devant notaires; alors les greffiers sont censés les recevoir au même titre que les notaires, & ils sont tenus des mêmes règles pour le contrôle & l'insinuation. Si, au contraire, la vente est forcée, & de nature judiciaire, il n'y a lieu qu'à la formalité de l'insinuation dans les trois mois de l'acte, & cette formalité est à la diligence des parties.

Les registres d'insinuation & *centieme denier*, sont publics de leur nature, & toutes personnes peuvent en requérir la communication, en payant au commis le droit de recherche, réglé à dix sols par article, & pour chaque année.

On observera, en terminant cet article, que le montant des droits de *centieme denier*, qui sont payés chaque année, peut servir à apprécier, par apperçu, la valeur de tous les biens fonds du royaume.

Le principal de ces droits étant d'environ six millions, compris ceux qui sont abonnés ou aliénés, il en résulte que les biens qui changent de main, chaque année, à titre d'acquisition ou de succession collatérale, sont un objet de six cents millions.

En supposant, ce qui ne s'éloigne guères de la vérité, qu'un centieme des biens éprouve annuellement ces mutations, on pourra juger que la valeur totale des fonds du royaume, non compris ceux des gens de main morte, est de soixante milliards de livres; en la répartissant sur vingt-quatre millions d'individus qu'on compte en France, on aura pour chacun, deux mille cinq cents livres de propriété.

Par M. L.... directeur des domaines.

CENTIEME DENIER des offices, c'est, à proprement parler, le droit d'annuel, dont il a été question à son rang alphabétique, & qu'on a

CER

CER 219

dit avoir été fixé au *centieme denier* de l'évaluation des offices, ordonnée par un édit de février 1771. *Voyez* ANNUEL.

On ajoutera ici que les présidens-tréforiers de France, avocats, procureurs du roi, & autres officiers des bureaux des finances, ayant prétendu être exempts du paiement du *centieme denier*, ainsi que le font les présidens & conseillers des cours fupérieures, l'arrêt du conseil, du 26 août 1776 a formellement prononcé qu'ils y étoient affujettis comme aux autres droits cafuels, & néanmoins, les a difpenfés de payer ce *centieme denier*, pour les années 1773, 1774 & 1775; il leur a enfuite été accordé, par arrêt du 2 janvier 1777, jufqu'au premier avril fuivant, pour acquitter ce qu'ils devoient de ce droit; dans la même année, les arrêts du conseil, du 4 janvier, ont ordonné que les provinces de Flandres, Hainault & Artois, demeurcroient exceptées de l'exécution de l'édit du mois de février 1771, & des arrêts du conseil qui l'ont fuivi, rendus, pour ordonner l'évaluation des offices, & le paiement des droits de *centieme denier*, & de mutation.

Le même jour, 4 janvier 1777, un autre arrêt du conseil accorde la même faveur à la province d'Alface.

Les motifs de ces exceptions portent fur ce que dans ces provinces, les offices n'y ont jamais été fujets au droit de prêt & annuel, & qu'ils ont été créés héréditaires, en payant feulement à chaque mutation de titulaire, une année de gages de l'office, en forme de reconnoiffance de l'hérédité.

L'arrêt du 19 décembre 1780, confirmatif des lettres-patentes du 27 février précédent, a modifié leurs difpofitions, à l'égard des officiers rendant la juftice au nom de fa majefté, en ordonnant que ceux qui n'auroient pas fait le rachat, conformément à ces lettres-patentes, feroient admis comme par le paffé, à payer le *centieme denier* de leurs offices, pendant les mois de novembre & décembre de chaque année, en acquittant auffi le montant de toutes les années précédentes, dont ils feroient omiffionnaires, & en accordant jufqu'au prémier février pour payer le *centieme denier* de l'année 1781.

Enfin, l'arrêt du 30 juillet de l'année 1781, a rétabli les chófes dans l'ancien état; il porte, que tous les officiers de judicature, police, finance & autres, fujets aux revenus cafuels qui n'ont pas fait le rachat, feront admis, comme par le paffé, & ainfi qu'ils ont été autorifés à le faire par l'arrêt du 19 décembre 1780, à payer annuellement le *centieme denier* de leur offices, & que ce paiement fera fait, fuivant l'ufage, par avance pour l'année 1782, dans le courant des mois de novembre & décembre prochains, de même que pour les années fubféquentes.

CERTIFICAT, f. m. qui fignifie, en général, un témoignage donné par écrit, pour affurer la vérité d'un fait : le mot & la chofe font fort en ufage dans la partie des traites, où l'on eft obligé de produire des *certificats* de l'arrivée, du déchargement, ou de la fortie des marchandifes; de rapporter, en certains cas, des *certificats* de leur origine, des *certificats* du paiement des droits.

On a vu que l'acquit à caution doit toujours être fuivi d'un *certificat*, puifqu'il eft toujours accompagné d'une foumiffion de rapporter cette piece, dans de certains délais fixés & réglés, fuivant la diftance des lieux.

Ces *certificats*, foit de déchargement d'une marchandife au lieu de fa deftination, foit de fa fortie du royaume, doivent être mis par les commis, au dos des acquits à caution, encore que le papier ait été marqué pour une autre généralité, & fignés par eux, dans les lieux où il y a des bureaux établis; il ne s'enfuit pas néanmoins de cette difpofition, que les commis ne puiffent délivrer leur *certificat* fur du papier timbré, & féparément de l'acquit à caution.

Dans les lieux où il n'y a point de bureau de la ferme, c'eft aux juges, échevins & fyndics, à délivrer ces *certificats*, fur les acquits à caution. En Provence, les curés font également autorifés à les donner, par arrêt de la chambre-des-comptes & cour-des-aides d'Aix, du 7 juin 1752.

Mais dans tous les cas, ces *certificats* ne doivent point être délivrés, fi la defcente des marchandifes a été faite après le tems porté par l'acquit, à peine de nullité & de faifie des marchandifes. Telles font les difpofitions des articles 7 & 8 du tit. 6 de l'ordonnance de 1687.

Lorfque ces *certificats* font rapportés après les délais fixés dans la foumiffion & dans l'acquit, ils ne peuvent être admis, fuivant l'art. 12, qu'autant qu'ils font accompagnés de procès-verbaux en bonne forme, ainfi qu'il a été dit pour les acquits à caution; & dans le cas où il y auroit une inftance commencée au moment du rapport du *certificat*; l'article 13 veut que les particuliers & leurs cautions foient déchargés de la peine du quadruple droit applicable à ce cas, pourvu qu'il paroiffe que les marchandifes ont été déchargées à leur deftination, dans le tems porté par la foumiffion; mais en payant les frais faits dans l'inftance, jufqu'au jour de la repréfentation du *certificat*.

On a dit de quelles formalités devoit être précédée l'expédition du *certificat* d'arrivée ou de fortie, & comment les commis doivent s'affurer, par une vérification, de l'identité des marchandifes portées dans l'acquit, avec celles qui leur font préfentées, pour en certifier le déchargement ou la fortie du royaume. Il ne refte plus qu'à ajouter ici que des marchands ou voituriers qui ne rapportoient point fur leurs acquits à caution, les *certificats* néceffaires pour conftater que les

E e ij

marchandifes avoient rempli leur deftination, ayant été autorifés par des fentences & arrêts, à prouver par témoins, qu'ils avoient repréfenté ces acquits aux commis, fans que ceux-ci euffent voulu les recevoir & délivrer leur certificat; le confeil ordonna, par arrêt du 10 feptembre 1689, que dans le cas où des commis refuferoient de donner des certificats d'arrivée ou de defcente des marchandifes, les marchands ou voituriers feroient tenus d'en rapporter des actes juftificatifs faits par les juges des lieux, & en leur abfence, par le premier praticien ou notaire, dans le tems limité par les acquits à caution. Le même arrêt fait, comme il a été dit, défenfe aux juges d'admettre la preuve teftimoniale du retardement de l'arrivée des marchandifes, du refus des commis, de la perte des acquits à caution, & de toute expédition des fermes.

Tout ce qui a rapport à la certification des fignatures des commis, à laquelle font tenus ceux qui rapportent des acquits à caution, revêtus du certificat des commis, foit pour le déchargement, foit pour la fortie des marchandifes, a été dit à l'article acquit à caution : on peut y avoir recours.

Dans la partie des aides, il doit être rapporté des certificats du déchargement des eaux-de-vie, à la deftination qui leur a été donnée.

CERTIFICAT D'ORIGINE. C'eft une pièce qui accompagne une marchandife, pour juftifier qu'elle provient, ou du crû, ou des fabriques de tel endroit, & au moyen de laquelle elle eft fujette à de moindres droits que fi ce certificat n'étoit pas repréfenté.

Il ne s'applique conféquemment qu'à des marchandifes tirées de la claffe générale, par quelques privilèges particuliers, ou traitées plus favorablement que d'autres, par des raifons politiques.

Ainfi, certaines efpèces de marchandifes de Suiffe pour être affranchies des droits d'entrée, ou fujettes à des droits modérés, lorfqu'elles font apportées dans le royaume, doivent être accompagnées du certificat des magiftrats ou bourgemeftres des lieux qui atteftent qu'elles font originaires de Suiffe.

De même, tout étaim apporté de Hollande en France, doit être accompagné du certificat des directeurs de la compagnie-des-indes hollandoife, & marqué d'une marque particulière, fans laquelle il feroit réputé venir d'Angleterre, & comme tel affujetti à des droits beaucoup plus forts que ceux qui font dûs fur les étaims originaires de Hollande. Ces difpofitions font l'objet de la décifion du confeil du 4 feptembre 1741, qui en cela rappelle l'exécution des arrêts des 6 feptembre 1701, & 12 avril 1723.

On met au rang des étaims de Hollande, ceux qui proviennent de Siam & de Malaca, deux villes des Indes orientales, & de leurs autres poffeffions

en Afie, puifqu'on fait qu'il ne fe trouve point de mines d'étaim dans les états de Hollande en Europe.

Toute marchandife de même efpèce que celles du levant, étant introduites dans le royaume, le propriétaire ou conducteur doit juftifier qu'elle ne vient pas du levant, par certificat des magiftrats des lieux d'où elle a été enlevée; ou fi elle en vient, elle doit être accompagnée du certificat de la chambre du commerce de Marfeille, pour conftater qu'elle a été chargée en ce port, qui a le privilège exclufif du commerce du levant; à défaut de l'un ou l'autre de ces certificats, la marchandife devient fujette au droit de vingt pour cent, conformément aux arrêts du confeil des 11 janvier 1746, & 22 décembre 1750.

Tous les matériaux, outils & uftenfiles deftinés pour le fervice des ponts & chauffées, jouiffent de l'exemption de tous droits, fous la condition d'être accompagnés d'un certificat des ingénieurs, vifés des intendans; & il faut que ces certificats foient préfentés dans les bureaux, en même-tems que les marchandifes auxquelles ils font applicables, fuivant l'arrêt du 7 feptembre 1755.

Sans cette précaution, les commis des fermes font fondés à affujettir aux droits, ou au moins, lorfqu'il s'agit de chofes deftinées pour le fervice du roi, ou pour la chofe publique, à exiger du conducteur, la foumiffion de payer ces droits, fi dans un terme prefcrit, le certificat oublié & néceffaire n'eft pas rapporté. Cette facilité ne doit jamais s'accorder aux marchandifes ordinaires qui font l'objet du commerce entre particuliers.

Des plombs apportés de tout pays doivent encore être accompagnés de certificats pour affurer qu'ils ne viennent pas d'Angleterre; parce que ceux de ce royaume, étant ouvrés, font prohibés, & en maffe ou lingots, doivent trois livres par quintal, tandis que venant des autres pays, ils ne font fujets qu'à quarante fols du quintal; cette formalité eft prefcrite par l'arrêt du 3 mars 1722.

Il feroit prefque impoffible de donner le détail de tous les cas où les certificats d'origine font néceffaires pour procurer aux marchandifes auxquelles ils s'appliquent, un traitement avantageux. On fe contentera de dire en général que les marchandifes fabriquées à Marfeille, les denrées des colonies qui y viennent, certaines efpèces originaires de Dunkerque, les poiffons de pêche françoife, les huiles qui en proviennent également, & qui font portées dans ces villes, & delà, dans le royaume, doivent auffi être accompagnées du certificat des maire & échevins ou de la chambre du commerce, & vifés, foit du directeur des fermes, foit des commis des bureaux pour jouir, en vertu de leur origine, de la modération des droits qui feroient plus confidérables fur les mêmes efpèces apportées des pays étrangers, & dont elles ne peuvent être diſtinguées, qu'autant qu'elles ſont préſentées avec des *certificats* dans la forme qu'on a expoſée.

CERTIFICAT DE PAIEMEMT; eſt une expédition particuliere à la régie des huiles & ſavons, qui conſtate que les droits de la déclaration de 1716, qu'on appelle nouveaux, & qui ne ſont dûs qu'une ſeule fois ſur les mêmes huiles & ſavons, ont été acquittés ſur une marchandiſe de cette eſpèce, au lieu de ſon enlèvement, ou à ſon arrivée en France. Ces *certificats* ſe délivrent à la place des acquits de paiement, qui ſont retenus & ſervent à accompagner les huiles ou ſavons, lorſqu'ils paſſent d'une province en une autre. Sous cet aſpect, le *certificat* de paiement fait l'office d'un brevet de contrôle; & il a le même avantage comme la même fin.

Des ordres de régie défendent à tous les commis & employés des fermes de délivrer, ſans une autoriſation expreſſe de leur directeur, aucun *certificat* aux marchands, voituriers & autres ſur quelque fait & quelque circonſtance que ce ſoit. Ce n'eſt pas que la régie veuille les priver du droit de rendre témoignage à la vérité; mais dans le cas où leur rapport peut lui être néceſſaire, ſur les allégations des particuliers, elle ſe réſerve de le leur demander elle-même; & c'eſt à elle à juger des égards que méritent les témoignages qu'elle a recueillis. Ce parti eſt dicté par le deſir de parer aux inconvéniens qu'entraîneroit la production de ces *certificats* par les particuliers, ſi les commis, au nombre deſquels il peut s'en trouver de peu éclairés, de crédules ou de complaiſans, avoient la liberté d'en délivrer à toute réquiſition.

CESSION, ſ. f. que l'on donne à un acte judiciaire, par lequel un débiteur devenu inſolvable, abandonne tous ſes biens à ſes créanciers pour éviter les pourſuites qu'ils pourroient diriger contre lui, & ſe libérer de la contrainte par corps.

Dans ce ſens, le mot *ceſſion* eſt ſynonyme d'abandonnement. La *ceſſion* de biens eſt un avantage originairement établi parmi les Romains, pour prévenir la ſervitude à laquelle étoit impitoyablement réduit un débiteur qui ne ſatisfaiſoit pas ſon créancier au jour nommé; dans ce cas, le débiteur étoit livré à ſon créancier. Celui-ci devenoit maître de ſa perſonne, & pouvoit le retenir dans les fers, juſqu'à l'extinction de ſa créance. Mais lorſque le débiteur avoit fait *ceſſion* de tous ſes biens, il ne pouvoit plus être privé de ſa liberté.

Tous les comptables des deniers royaux ne peuvent être admis au bénéfice de *ceſſion*, non plus que les employés des fermes & des régies, & les redevables des droits dont le défaut de paiement entraîne la contrainte par corps. C'eſt ce qui réſulte des articles ſuivans du titre commun pour toutes les fermes de l'ordonnance de juillet 1681.

Art. XII. Pourra, le fermier de nos droits, décerner ſes contraintes contre les procureurs & commis qui ſeront en retard de compter ou de payer, en vertu deſquelles ils pourront être conſtitués priſonniers, & ne ſeront reçus au bénéfice de *ceſſion*.

Art. XIII. Ne ſeront auſſi reçus au bénéfice de *ceſſion*, ceux de nos ſujets qui ſont contraignables par corps au paiement de nos droits. L'art. 23 de l'ordonnance des aides, du mois de juin 1680, au titre des contraintes pour le gros, avoit précédemment réglé que les contraintes par corps, pour les droits de gros, pourroient, après quatre mois, être ordonnées pour les dépens & les confiſcations, ſi la condamnation montoit à deux cents livres, & au-deſſus, ſans que les condamnés puſſent être reçus au bénéfice de *ceſſion*.

Il ſuit de la diſpoſition générale de l'article 13, que toutes les fois que le paiement d'un droit eſt exigible par corps, le débiteur ne peut être reçu au bénéfice de *ceſſion*.

Dans les pays où le ſel ſe diſtribue par impôt, & où les collecteurs reçoivent les deniers de cette marchandiſe, ils y ſont contraignables par emprisonnement de leurs perſonnes, ſuivant l'art. 16 du titre VIII de l'ordonnance des gabelles; dès-lors, ils ne peuvent arrêter ces pourſuites, par la *ceſſion* de leurs biens.

Les hôteliers, taverniers, aubergiſtes & cabaretiers, contre leſquels on a décerné des contraintes par corps, pour le paiement des droits de détail des vins qu'ils ont vendus, ſont de même inadmiſſibles à l'abandonnement de leurs biens.

Il en eſt de même des maîtres de forges, ou propriétaires de fourneaux qui doivent les droits de la marque des fers, & ſont ſujets à la contrainte par corps pour le paiement.

Cette rigueur, à l'égard des droits d'aides, paroît fondée, 1°. ſur ce que les droits de détail ne paroiſſent être entre les mains des hôteliers & cabaretiers, qu'un dépôt fait par les conſommateurs; 2°. ſur ce que la perception ne pouvant s'en faire ſur-le-champ, ni d'avance, comme des autres droits, le paiement ne pouvoit en être aſſuré que par un moyen impoſant.

CHAMBRE A SEL. On donnoit autrefois ce nom aux greniers à ſel, dans les chefs-lieux deſquels il n'exiſtoit pas de juriſdictions de gabelles, & qui par cette raiſon, n'étoient conſidérés que comme des ſimples dépendances des greniers proprement dits.

Cette diſtinction ſubſiſtoit encore à l'époque de la publication de l'ordonnance des gabelles du mois de mai 1680; & elle avoit été maintenue par l'édit du mois de janvier 1685, qui, dans tous les lieux où il exiſtoit des élections, avoit réuni à ces jurifdictions celles qui étoient particuliérement attachées aux greniers. Mais l'édit du mois d'octobre 1694, a depuis créé des jurifdictions de gabelles, tant dans les greniers où elles avoient été unies aux élections, que dans ceux qui n'avoient été connus jufqu'à cette époque, que fous la dénomination de *chambre à fel*.

D'après les établiffemens ordonnés par cet édit, il n'exifte plus dans les grandes gabelles, d'autres *chambres à fel*, que celles qui fe font maintenues à Montcenis, à Perrecy, & à Marcigny en Bourgogne. Ces *chambres*, dont les arrondiffemens font trop peu étendus pour qu'il foit néceffaire d'y établir des jurifdictions particulières, dépendent la première, du grenier d'Autun, la feconde, de celui de Charolles, & la troifième de celui de Semur en Brionois.

On peut confidérer encore comme une *chambre à fel*, le grenier qui a été établi par l'édit du mois d'octobre 1780, au bourg de Grandpré en Champagne. Il n'a, en effet, été attaché à ce nouveau grenier, d'autre officier qu'un contrôleur qui eft membre de la jurifdiction de celui de fainte-Menehoult, & il a été ordonné que cette jurifdiction connoîtroit de toutes les affaires relatives aux gabelles, qui s'élèveroient dans l'étendue de fon reffort.

On défigne également par la dénomination de *chambre à fel*, tous les greniers dans lefquels il n'exifte pas de jurifdictions de gabelles; & comme le nombre de ces jurifdictions eft très-peu confidérable, on compte beaucoup plus de *chambres à fel*, que de greniers.

Voyez GRENIER A SEL.

CHAMBRE DES COMPTES. Le mot de *chambre* paroît avoir été commun à plufieurs jurifdictions, en y ajoutant l'objet particulier qui eft foumis à chacune. Ainfi, on diftingue la *chambre des comptes*, parce que tout ce qui a rapport à la comptabilité des finances du roi, y doit fubir une vérification.

Nous ne nous arrêterons qu'aux *chambres* qui ont quelque relation avec les revenus publics.

Lorfque nos rois ne jouiffoient que de leur domaine, leurs finances n'avoient pas befoin d'un grand nombre d'officiers, pour en régler la recette & la dépenfe. Auffi, trouve-t-on peu de traces certaines de l'exiftence d'une jurifdiction chargée de ce foin, avant l'établiffement des impofitions, c'eft-à-dire, antérieurement au treizieme fiecle.

Sous la première, la feconde race, & même encore fous la troifieme, le confeil de nos rois, fous le nom de *parlement*, jugeoit les différends des parties, & connoiffoit des revenus du roi. Quelques écrivains prétendent que, lorfque le parlement fut rendu fédentaire, il fut divifé en deux portions; que celle qui demeura chargée

de l'exercice de la juftice conferva le nom de *parlement*, & que l'autre qui eut la fuite des recettes & comptabilité des revenus, prit le nom de *chambre des comptes*; ils placent, avec *Pafquier*, cet événement vers l'an 1300.

Mais il paroît, d'après l'abrégé chronologique du préfident *Hénault*, qu'il eft fait mention des gens des comptes, dans une ordonnance de S. Louis de l'an 1262. Il y eft dit que » ceux » qui auront reçu les biens des villes pendant cette » année, viendront à Paris aux gens du roi, » qui font les gens des comptes, aux octaves de » la S. Martin enfuivant, pour rendre compte » de la recette & de la dépenfe ».

On voit auffi par une lettre de M. de Saint Juft, maître des comptes, à M. le Chancelier, du 27 feptembre 1339, que la *chambre des comptes* exiftoit, même avant S. Louis.

Elle porte, » que les gens qui tiennent & cor- » rigent les écrits de la chambre des comptes de » notre fire le roi n'étoient pas réfidens à Paris, » fi, comme l'ont été depuis M. S. Louis, en fois » tous les maîtres & clercs, grands & petits fui- » voient la cour du roi, & recevoient, oyoient à lad. » cour, & corrigeoient tous comptes, tant ordinaires » qu'extraordinaires; & quand métier étoit, lefdits » clercs faifoient & fignoient, comme notaires, lettres » que métier avoient à être fcellées du grand fceau du » roi, & partageoient la groffe de menue chancelle- » rie, jufqu'à tant que M. Guillaume de Crefpy fut » chancelier, (il l'étoit en 1300, & le fut jufqu'en » 1301,) qui fufpendit auxdits clercs leur préfence à la » chancellerie, pour qu'ils ne fuivent plus la cour. « Voyez la Differtation hiftorique & critique fur la chambre des comptes, imprimée à Paris en 1767, page 201.

Dans la même année 1339, la *chambre des comptes* étoit déja en fi grande recommandation, que Philippe de Valois la chargea, pendant le voyage qu'il alloit faire en Flandre, de l'exercice d'une partie des droits de la royauté. Ses lettres-patentes du 14 mars portent, que ce tribunal pourra accorder des graces & privilèges perpétuels, & à tems, des lettres de rappel, de banniffement, des lettres de nobleffe, de légitimation, & renouveller les privilèges furannés.

En d'autres tems, la *chambre des comptes* a été chargée de l'exécution des teftamens de Charles V & de Charles VI.

Indépendamment de ces marques d'honneur & de confiance, que la *chambre des comptes* a reçues de fes fouverains, ils lui ont accordé des prérogatives & des privilèges confidérables; «Comme étant cour » fouveraine, principale, première, feule & fin- » guliere du dernier reffort, en tout le fait des » comptes, & des finances, l'arche & le repofitoire » des titres & enfeignemens de la couronne & du » fecret de l'état, gardienne de la régale & con- » fervatrice des droits & domaines du roi.

D'après cette définition, il ne nous reste plus qu'à entrer dans quelques détails relatifs à l'exercice des fonctions de cette cour sur les finances, seul objet qui entre dans notre plan.

Sous ce point de vue, il seroit superflu de dire que cette compagnie enregistre les contrats de mariage de nos rois, les traités de paix, les provisions des chanceliers, gardes des sceaux, secrétaires d'état, maréchaux de France, & de tous les grands officiers de la couronne, & de la maison du roi ; que son enregistrement est également nécessaire sur les édits de création, & suppression d'offices, de concession de privilèges, union & désunion des bénéfices, lettres de noblesse, de légitimation, & de naturalité.

Mais on ne peut se dispenser d'observer que, par rapport à la manutention des finances, la *chambre des comptes* reçoit & enregistre tous les édits, déclarations, & réglemens qui concernent la forme des comptes, les délais dans lesquels ils doivent être présentés, & les condamnations d'amendes, de dommages, intérêts, à prononcer contre les comptables en retard, ou en débet, &c.

Cette cour reçoit le serment des ordonnateurs, tels que le contrôleur général des finances, le surintendant des bâtimens, &c.

Les grands maîtres des eaux & forêts, les trésoriers de France, tous les titulaires d'offices à maniement de deniers, même les contrôleurs de ces receveurs sont tenus de faire enregistrer leurs provisions, & de prêter serment à la *chambre des comptes*.

Lorsqu'anciennement, les baillifs & les sénéchaux étoient en même-tems chargés du recouvrement des contributions publiques ; ils rendoient leurs comptes à la *chambre*, & même elle nommoit à leurs offices : mais depuis qu'il a été érigé des charges en titre pour recevoir les deniers royaux, les titulaires lui présentent leurs comptes. Ainsi, elle vérifie ceux du trésor royal, & de tous les trésoriers généraux de la guerre, de la marine & des colonies, & de la maison du roi.

Elle reçoit aussi les comptes des recettes générales des finances, & des recettes particulières des tailles, les comptes de la ferme générale, du moins de la somme de cent dix-sept millions deux cent soixante mille livres par année, jusqu'à la fin du bail courant ; devant être compté du surplus, qui fait le complément du prix du bail, qui est de cent vingt-deux millions neuf cent mille livres, aux *chambres des comptes* de Grenoble, d'Aix, & de Montpellier.

La *chambre des comptes* a tout droit d'inspection sur les comptables. Elle peut leur fermer la main, & commettre à leurs exercices ; les obliger, sous différentes peines, à ne pas retarder la présentation de leurs comptes. Elle fait apposer les scellés chez ceux qui décèdent ; elle en accorde la main-levée aux héritiers, lorsqu'elle juge que les intérêts du roi sont en sûreté. Dans le cas contraire, elle fait procéder à la vente des meubles, & juge de toutes les contestations qui naissent incidemment de cette opération.

Les poursuites qui se font conséquemment aux charges subsistantes sur les comptes, sont à la requête du procureur-général, par le ministere du contrôleur des restes, & sous les ordres des commissaires de la *chambre*, jusques & compris la saisie réelle.

La *chambre des comptes* vérifie encore toutes les ordonnances concernant la conservation & l'administration des domaines du roi, les édits qui en permettent l'aliénation, ou qui en ordonnent la réunion. C'est dans ses archives que doivent être déposés les titres de propriété, & que sont conservés les actes de foi, hommages, aveux & dénombremens, &c.

L'ordonnance de Moulins du mois de février 1566, avoit supprimé toutes les *chambres des comptes* qui subsistoient alors dans les provinces, & qui, pour la plupart, y avoient été érigées par leurs souverains, avant leur réunion à la couronne. Il en fut rétabli huit par les édits du mois d'août 1568, & mars 1583, qui existent encore en partie. Ce sont celles de Dijon, Nantes, Montpellier, Grenoble, Aix, Blois, Rouen & Pau. Celle de Dôle a été réunie au parlement de Besançon en 1771. Celles de Bar & de Lorraine ont été conservées depuis leur réunion à la France.

La *chambre des comptes* de Blois a été supprimée par édit de juillet 1775, interprété par la déclaration du 9 septembre 1781, & son ressort a été joint à celui de la *chambre des comptes* de Paris.

On distingue les officiers des *chambres des comptes*, en conseillers maîtres, conseillers correcteurs, & en conseillers auditeurs.

Les premiers sont rapporteurs des ordonnances, édits, déclarations, & lettres-patentes qui sont présentées, soit par le ministere public, soit par les particuliers qui les ont obtenus. Ils jugent les comptes & les instances élevées pour leur apurement.

Les conseillers correcteurs sont chargés de l'examen des comptes, pour réformer les omissions de recette & les erreurs de quelque espece que ce soit ; ils donnent par écrit leurs observations, qui sont ensuite signifiées aux comptables, pour fournir leurs défenses.

Les conseillers auditeurs sont, à proprement parler, les véritables vérificateurs des comptes ; ils examinent & visent toutes les pieces justificatives de recette & dépense, & établissent le résultat final.

CHAMBRE DE LA MARÉE ; c'est une jurisdiction souveraine, composée d'un président & de deux conseillers du parlement, pour juger tout ce qui concerne la police & le commerce de poisson de mer, frais, fec, & falé, & d'eau douce, tant dans la ville & banlieue de Paris, que dans toute l'étendue du royaume.

On trouve dans les regiftres du parlement, que, dès l'année 1314 cette cour avoit pris connoiffance des différends élevés dans le commerce de poiffon.

En 1351 & en 1352, des lettres-patentes, des 26 février & 20 mars, nomment quatre confeillers du parlement, pour faire publier des nouvelles ordonnances concernant le commerce de poiffon, & pour en maintenir l'exécution. Ils prennent le titre de commiffaires généraux.

Le nombre des commiffaires varia dans la fuite; mais depuis 1678, il a toujours été de trois & un procureur général. Toutes les inftances civiles & criminelles font portées en cette *chambre* en premiere inftance, ainfi que les conteftations au fujet de la perception des droits dont l'adjudicataire des fermes eft chargé, depuis l'édit du mois de février 1776; il a, en conféquence, fes caufes commifes à cette *chambre*, pour tout ce qui intéreffe fes droits.

Afin de donner une jufte idée des fonctions de la *chambre de la marée*, des objets de fon reffort, & des principes qui conftituent la légiflation du commerce dont il s'agit, on croit devoir rapporter ici l'arrêt de réglement, rendu le 18 février 1773.

Vu par les commiffaires généraux de la cour, fur le fait & police de la marchandife de poiffon de mer, frais, falé, & d'eau douce, la requête préfentée par M. Malherbe, procureur-général fur le fait & police de ladite marchandife de poiffon, contenant, que les chaffe-marées, fréquentant les halles de cette ville, ont fait affigner les officiers vendeurs de marée, pour être déchargés du paiement des droits manuels qu'ils exigent d'eux, &c. &c. &c.

La cour ordonne par provifion & par voie de police, 1°. qu'à compter du jour de la publication du préfent arrêt, les employés des portes & barrieres de cette ville, conformément à l'arrêt du confeil du 9 novembre 1759, qui fera exécuté felon fa forme & teneur, feront tenus de faire conduire les charrettes, fourgons, & chevaux chargés de poiffon de mer frais, avec toute la diligence poffible, fans pouvoir leur occafionner aucun retard, fous quelque prétexte que ce foit, au parquet de la marée, à peine d'être garans & refponfables des droits, fans que pour raifon de ladite conduite, il puiffe être rien exigé des chaffe-marées : 2°. fait défenfes à toutes perfonnes quelconques, d'exiger des chaffe-marées aucune récompenfe, fous quelque dénomination que ce puiffe être, même panier de pillage, ou tout autre, en faveur de qui que ce foit, ni aucun argent, comme repréfentatif dudit panier; permet feulement auxdits chaffe-marées, ou à leurs con-

» ducteurs, de prendre de la marée la plus » commune & la plus inférieure pour leur dé- » jeûné, dont ils paieront les droits fur le » même pied que le poiffon de même grandeur » & qualité aura été vendu; fait défenfes, con- » formément à l'article XIX de l'arrêt de régle- » ment du 8 juin 1734, à toutes perfonnes, » de quelque qualité & condition qu'elles foient, » d'exiger du poiffon defdits chaffe-marées, » ni de prendre aucun panier de poiffon en » tout ou en partie, à moins que lefdits paniers » n'aient été préalablement vendus, & les droits » payés, le tout fous telles peines qu'il appar- » tiendra : 3°. Ordonne qu'auffi-tôt la publication » du préfent arrêt, conformément au tarif étant » en fin de l'édit du mois de décembre 1706, » les chaffe-marées feront tenus de payer aux » déchargeurs qui feront nommés d'office par le » procureur général, fur le fait & police de la- » dite marchandife de poiffon, une livre fix fols » fix deniers pour la décharge de chaque char- » rette ou chariot, quatre fols pour la décharge » de chaque fomme de cheval, & deux fols pour » la décharge de chaque clayere, & outre ce, » dix fols par chaque charrette ou chariot, » pour les gagne-deniers ou femmes qui aideront » à garder lefdits paniers; feront tenus lefdits » déchargeurs d'aider auffi aux commis faifant » fonctions de compteurs, & nommés par les ven- » deurs de marée, à diftribuer les paniers aux » femmes qui les auront achetés, & auxquels com- » mis-compteurs fera payé par les chaffe-marées » une livre treize fols fix deniers par chaque » charette ou chariot, & quatre fols pour » chaque fomme de cheval pour leurs droits de » comptage, & dix fols pour fourniture de manne » & verfement en icelle, foit que lefdits pa- » niers foient verfans ou non verfans, ou » à la levée; défend très-expreffément à tous » commiffionnaires, facteurs, gagne-deniers & » autres, d'entreprendre fur les fonctions defdits » déchargeurs & compteurs; leur fait défen- » fes, ainfi qu'à toutes perfonnes quelconques, » de prendre ou recevoir, fous quelque prétexte » que ce foit, aucun poiffon defdits chaffe-ma- » rées, fous peine du fouet & du banniffement, » conformément à l'article 3 du réglement du 21 » février 1610 : Enjoint auxdits déchargeurs » & compteurs de fe trouver en perfonne, » aux jour & heure que ladite marchandife de » poiffon de mer frais arrive aux halles de cette » ville, pour en faire la décharge, le compte, » & fournir les mannes néceffaires; défend expref- » fément auxdits déchargeurs & compteurs de » faire le commerce de la marée fraîche pour leur » compte, directement ou indirectement fous des » noms empruntés, à peine de trois mille livres » d'amende, & de pareille amende contre ceux » qui prêteront leurs noms : 4°. Ordonne que » l'article XVI de la déclaration du roi, du 6
août

» août 1715 , regiftrée le dix-neuf du même
» mois , fera exécutée felon fa forme & teneur ;
» en conféquence, que lefdits officiers-vendeurs
» de marée feront tenus d'avoir des regiftres
» en bonne & due forme , cotés & paraphés du
» procureur général fur le fait & police de la-
» dite marchandife de poiffon , tant pour ce qui
» concerne la marée fraîche , que la faline
» & le poiffon d'eau douce , fur lefquels ils
» porteront en recette , jour par jour & de
» fuite, tous les droits qu'ils recevront, diftinc-
» tement & fans confufion , les noms , furnoms ,
» qualités & demeures des marchands , voituriers
» & conducteurs , & y inféreront les efpèces ,
» qualités & quantités defdites marchandifes, &
» fur les regiftres fervans pour la marée fraîche ,
» les cédules des païemens qu'ils feront auxdits
» chaffe-marées, pour être lefdits regiftres exibés
» & communiqués, tant au procureur général ,
» fur le fait & police de ladite marchandife de
» poiffon , qu'à tous autres qu'il appartiendra ,
» toutes fois & quantes lefdits officiers en feront
» requis, à peine de trois mille livres d'amende
» folidaire, interdiction de leurs fonctions , &
» d'être commis à leurfdites fonctions & à la
» perception de leurs droits ; tous. lefquels re-
» giftres lefdits vendeurs de marée feront tenus
» de communiquer au procureur général , fur
» le fait & police de ladite marchandife de
» poiffon , dans les premiers de chaque mois,
» pour par lui les examiner , clorre & arrêter
» & en dreffer procès-verbal pour être remis
» à la cour : Ordonne que, conformément à tous
» les arrêts de règlement de la cour, & notamment
» à ceux des vingt janvier 1696, & dix-fept août
» 1711, lefdits vendeurs de marée rendront leurs
» comptes fur leurfdits regiftres, pardevant le pro-
» cureur général , fur le fait & police de ladite mar-
» chandife de poiffon, de trois mois en trois mois,
» du produit de leurs droits concernant la vente
» de ladite marchandife de poiffon de mer , frais ,
» fec, falé, & d'eau douce , à peine de cinq cents
» livres d'amende. 5°. Ordonne que, dans quinzaine
» pour tout délai , les femmes nommées donneufes
» par acquêt , (lefquelles ne pourront prendre
» pour leur compte particulier , aucun panier
» de marée, ni faire commerce de ladite marchan-
» dife, directement ni indirectement, non plus
» que les fervantes ou écrivines dont elles fe
» fervent, & dont elles feront civilement ref-
» ponfables, & en répondront en leurs propres
» & privés noms ,) feront tenus de fe fervir
» de regiftres paraphés du procureur général ,
» fur le fait & police de ladite marchandife
» de poiffon, pour y infcrire jour par jour, de fuite
» & fans aucun blanc, les noms de toutes les femmes
» auxquelles elles ont prêté leurs noms , la quantité
» de paniers qui leur a été adjugée, & le prix
» d'iceux ; enfemble l'argent que lefdites femmes
» leur payeront , pour être leurfdits regiftres

» communiqués au procureur général , fur le fait
» & police de ladite marchandife , toutes les fois
» qu'il le fouhaitera ; feront tenues lefdites donneufes par
» acquêt, de donner audit procureur général ,
» les noms & furnoms des fervantes ou écri-
» vines dont elles veulent fe fervir, ce qu'elles
» feront tenues de faire toutes les fois qu'elles
» en changeront, le tout à peine d'être deftituées
» de leurs emplois de donneufes par acquêt.
» 6°. Que , conformément à l'édit du roi Jean,
» du trente janvier mil trois cents cinquante,
» article XVIII , aux arrêts de règlemens de
» la cour des quatre octobre mil trois cents
» foixante-dix , 6 feptembre 1414 , celui du 20
» janvier 1696, article IX, & enfin celui du 8
» juin 1734, les vendeurs de la marchandife de
» poiffon de mer-frais, fe trouveront en per-
» fonne à l'arrivée du poiffon de mer frais ,
» au parquet de la marée, pour faire la vifite
» & vente dudit poiffon en préfence des mar-
» chands ; leur fait défenfes de mettre en leur
» place , pour faire lefdites vifite & vente,
» d'autres perfonnes que leurs confreres ; en cas
» d'abfence & de maladie, à peine de cinq cents
» livres d'amende , dont moitié fera pour l'hôtel-
» dieu de Paris. 7°. Permet aux chaffe-marées
» & leurs facteurs , d'être préfens aux vente
» & adjudication du poiffon frais , même tenir
» les regiftres paraphés du procureur général ,
» fur le fait & police de ladite marchandife de
» poiffon, s'ils le defirent, pour y avoir recours
» en cas de befoin. 8°. Ordonne que dorénavant
» les cédules , que lefdits officiers vendeurs de
» marée remettront à chaque marchand ou fon
» facteur, contiendront la date du jour, du mois,
» de l'année , de la vente, le nom du marchand
» à qui eft la marchandife , la fomme totale
» que la vente aura produit, le montant des
» droits, & pourquoi on les a retenus, & ce,
» par article féparé, enfemble le montant net de
» l'argent que l'on a payé, le tout en écriture
» lifible , & non en chiffre, laquelle cédule
» fera certifiée véritable & conforme au re-
» giftre, & fignée de l'officier qui aura été pré-
» fent à la vente. 9°. Ordonne que nul ne
» pourra être commis-compteur ou prépofé des
» officiers vendeurs de marée pour quelque partie que ce
» foit, & en même-tems facteur des marchands
» chaffe-marées ; enjoint à ceux defdits com-
» mis-déchargeurs-compteurs defdits officiers
» vendeurs de marée qui font préfentement les
» fonctions de facteurs, d'opter quinze jours après
» la publication, & affiche qui fera faite du pré-
» fent arrêt, à peine d'y être contraints. 10°. En-
» joint aux vendeurs de marée d'expofer au lieu
» où fe fait la vente de la marée fraîche , ainfi
» qu'aux portes de la halle à la faline dans un
» lieu apparent , & en leur bureau du poiffon
» d'eau douce, un tableau dans lequel feront

» détaillés les droits qu'ils font autorifés à per-
» cevoir par tous les différens édits qui en ont
» impofé fur ces trois commeftibles , lefquels
» trois tableaux feront auffi expofés dans leur
» bureau , rue de la chanverrerie. 11°. Fait dé-
» fenfes aux vendeurs de marée de faire mettre
» à exécution aucune de leurs délibérations , où
» des tiers peuvent avoir intérêt, qu'elle n'ait
» été préalablement homologuée en la cour fur
» les conclufions du procureur général , fur le
» fait & police de ladite marchandife de poiffon.
» 12°. Enjoint, conformément à l'article premier
» de l'arrêt de la cour du 8 juin 1734 , à tous
» chaffe-marées munis d'acquits à caution , d'a-
» mener leurs fourgons , charrettes & chevaux
» chargés de marée en droiture aux halles, au
» lieu appellé *le parquet à la marée*, pour y être
» vendue; leur fait très-expreffes défenfes de la
» vendre ailleurs , à peine, conformément audit
» article, de confifcation de leurs marchandifes,
» chevaux, harnois, équipages , & cent livres
» d'amende , le tout conformément à l'article
» XXVIII de l'ordonnance de 1680. 13°. Or-
» donne que lorfque fur les voitures defdits
» chaffe-marées munis d'acquits à caution , il
» ne fe trouvera pas le nombre de paniers porté
» par ledit acquit , il en fera dreffé procès-
» verbal par lefdits vendeurs de marée tenans
» comptoirs de la marée fraîche, pour ledit procès-
» verbal remis au procureur général fur le fait
» & police de ladite marchandife de poiffon, en
» être référé à la cour, & par icelle ordonné
» ce que de droit. 14°. Fait défenfes à tous mar-
» chands chaffe-marées, munis de quittances d'ac-
» quit des droits, de vendre ou expofer en vente
» de ladite marchandife ailleurs que dans les
» marchés des villes diftantes de Paris de huit
» lieues, & de n'y en vendre que les jours &
» heures d'icelui marché; leur fait très-expreffes
» défenfes & inhibitions d'en vendre dans aucune
» hôtellerie defdites villes , ni fur aucun grand
» chemin , ni places autres que les marchés, à
» peine de confifcation de ladite marchandife ,
» chevaux, charrettes , fourgons, harnois, &
» de cent livres d'amende; &, à l'égard des dé-
» tailleurs & détailleffes qui en acheteront , à
» peine, conformément à l'article IV de l'arrêt
» de règlement du 5 feptembre 1747, de confif-
» cation de ladite marchandife, cinq cents livres
» d'amende & de punition corporelle, fuivant
» la nature de la contravention au préfent article.
» 15°. Fait défenfes , conformément à toutes les
» ordonances de nos rois concernant la police
» de ladite marchandife & aux arrêts de règle-
» ment de la cour , & notamment à ceux des
» 24 février 1617 , 24 mai 1636, 7 décembre
» 1651, 5 mai 1665 & 20 janvier 1696, de faire
» faifir & arrêter prifonniers les chaffe-marées
» pour dettes purement civiles, fauf les droits
» locaux, royaux, de faire faifir & arrêter leurs

» marchandifes, leurs chevaux, charrettes, & autres
» harnois , fervant feulement pour le commerce
» de ladite marchandife , fous prétexte de gar-
» nifon , corvées , privilèges , forfait & autres
» occafions que ce foit , ni les deniers prove-
» nans de ladite marchandife ; au furplus , or-
» donne que tous les édits, déclarations & arrêts
» de la cour concernant ladite marchandife de
» poiffon , feront exécutés ; comme auffi ordonne
» que le préfent arrêt fera imprimé, lu , publié
» & affiché à la requête , pourfuite & diligence
» du procureur général fur le fait & police de
» ladite marchandife de poiffon , par-tout où be-
» foin fera, notamment aux halles de cette ville.
» Fait en parlement , le dix-huit février mil
» fept cent foixante-treize.

CHAMBRE DE JUSTICE. Quoique cette dénomination, dans fon acception naturelle, puiffe
être donnée à toute forte de tribunal, ou de lieu
où l'on rend la juftice ; elle a été appliquée
particulièrement à une commiffion extraordinaire
du confeil, établie en différens tems, pour faire
la recherche des malverfations commifes dans
les finances, & de ceux qui s'en étoient rendus
coupables

On peut regarder comme la première *chambre
de juftice* qui ait été établie, la commiffion qui
condamna Enguerrand de Marigny , miniftre des
finances, fous Philippe-le-Bel, à être pendu en
1315 à Mont-Faucon. Mais ce jugement devroit plutôt lui faire donner le nom de *chambre
d'injuftice* , puifque ce miniftre fut exécuté fans
avoir été entendu, & feulement pour fatisfaire
au reffentiment de Charles de Valois, qui s'étoit
emparé de toute l'autorité fous le règne de Louis
Hutin fon neveu, & qui avoit nommé des commiffaires devoués à fa vengeance.

Au refte, ce miniftre infortuné fut juftifié par
les remords que ce prince témoigna en mourant
en 1324 fur fon exécution, par la réhabilitation
de fa mémoire, & par la rentrée de fa maifon
dans tous les biens qu'on avoit confifqués fur
lui, quand il avoit été condamné.

Le fecond tribunal qu'on peut qualifier *chambre
de juftice*, & dont l'hiftoire faffe mention, eft celui qui, en 1322, fit mettre Gérard de la Guette
à la queftion, pour le preffer d'avouer où il
avoit caché fon argent, qui montoit à des fommes confidérables acquifes dans l'adminiftration
des finances, fous le règne de Philippe-le-Long.

Il femble que dans ces tems, où les défordres
étoient auffi extrêmes que les befoins, nos rois fe
faifoient une reffource de la confifcation des biens
de ceux qui avoient eu part au maniement de leurs
revenus : reffource honteufe, qui prouve combien l'état étoit mal gouverné!

On voit en 1328 un nouveau tribunal érigé
par Philippe de Valois, pour examiner l'admi-

niſtration de Pierre Remy, général des finances, celle de Macé de Maches, tréſorier-changeur du roi, & celle de René de Siran, auſſi chargé du maniement des deniers royaux. Ces trois financiers furent condamnés à être pendus, & leurs biens confiſqués. On rapporte que ceux de Pierre Remy montoient à douze cents mille francs ; le marc d'argent étoit alors à quatre liv. douze ſols onze deniers le marc. Ces douze cents mille livres feroient aujourd'hui plus de vingt-un millions.

Les premieres *chambres de juſtice* établies véritablement ſous ce nom, & dont il ſoit fait mention dans les ordonnances, ſont celles qui furent érigées en Guyenne, par déclaration du 26 novembre 1581 ; à Paris, par édit du mois de mars 1584, & compoſées de membres du parlement & de la chambre des comptes.

A cette derniere qui avoit été révoquée par édit de mai 1597, en ſuccéda une autre du 8 mai 1597, ſupprimée le mois ſuivant.

M. de Sully étoit alors à la tête des finances. » Quoiqu'on ne puiſſe pas l'accuſer d'avoir favoriſé les financiers, (*dit M. de Forbonnais, tome I. page 105*) il ne ſe prêta que malgré lui (en 1601) à l'établiſſement d'une *chambre de juſtice*, pour rechercher tous ceux qui avoient malverſé dans leurs emplois. Son avis étoit » bien de diminuer leurs profits exceſſifs, parce » qu'il étoit perſuadé qu'ils ſont la ſource d'un » exemple ruineux pour la nobleſſe & pour » toutes les autres conditions ; que tout luxe » provenant de cette cauſe, loin d'exciter l'é- » mulation & l'induſtrie entre les hommes, ne » fait que les arracher aux autres profeſſions, » & les corrompre en leur inſpirant une avi- » dité d'autant plus funeſte à la république qu'en » devenant plus générale, elle ſe dérobe pour » ainſi dire à la honte. . . .

» Il vouloit que, ſans rechercher les petits » employés, on ſe contentât de s'arranger de gré- » à-gré avec les chefs, ou que ſi l'on entrepre- » noit un examen en regle, on fermât les oreilles » à toute eſpece de ſollicitation. Les moins cou- » pables furent les plus punis, & les courtiſans » s'enrichirent ſans que le roi en profitât beau- » coup.

» Cependant, l'argent qui revint des taxes » payées par les financiers, ſervit en partie à » une opération vraiment propre à diminuer le » fardeau des peuples, puiſqu'on ſupprima une » très-grande quantité d'offices de toute eſpece » dans le barreau & dans les finances, dont les » titulaires dévoroient la ſubſtance des peuples, » ſans contribuer à l'ordre.

Sous la même adminiſtration, il y eut encore deux *chambres de juſtice* ; l'une en 1604, l'autre en 1607. Cette derniere fut établie contre l'avis de Sully.

» Il avoit reconnu par l'expérience des deux » premieres, remarque ſon panégyriſte, que les » principaux coupables échappent toujours.

» On retira cependant, ajoute cet écrivain, » (*notes ſur l'éloge de Sully, couronné à l'académie » françoiſe en 1763,*) quelqu'avantage de ces » pourſuites ; c'eſt que les loix commencerent » enfin à paroître quelque choſe ; l'idée des » mœurs fut réveillée ; le peuple s'apperçut que » le gouvernement s'occupoit de lui ; la nobleſſe » apprit à ne pas confondre l'or avec l'honneur ; » la nation commença à ſoupçonner que la pau- » vreté honnête pouvoit avoir un prix.

» Au reſte, Sully dans ſes mémoires eſt d'avis » de ſupprimer les *chambres de juſtice*, comme » des moyens inutiles. Ce n'eſt, preſque toujours, » que l'occaſion d'un trafic honteux, entre ceux » qui ont beſoin de protection, & ceux qui en » ont à vendre.

En 1624, s'éleverent de grands cris contre les financiers. La ſurintendance des finances étoit entre les mains de MM. de Marillac & Champigny, créatures du Cardinal de Richelieu. Le premier, homme impétueux, répandoit dans l'eſprit du roi & de la nation tout le poiſon de la haine qu'il portoit aux financiers. Les états généraux, l'aſſemblée des notables avoient demandé l'année précédente la recherche des gens employés dans le maniement des revenus publics. Le peuple ſe plaignoit hautement de ce qu'on lui refuſoit ce ſoulagement, qui pourtant n'a jamais été qu'une ſatisfaction pour ſa vengeance.

Une *chambre de juſtice* fut donc établie pour connoître des malverſations commiſes par les gens de finance, depuis le dernier ſeptembre 1607 ; ſa majeſté déclarant toutefois, que la recherche ne pourroit avoir lieu à l'égard des remiſes des traités & intérêts des avances faites ſans fraude, ſur les moyens extraordinaires auxquels la néceſſité des affaires l'avoit obligé de recourir. (*Recherches ſur les finances, tome premier page 336.*)

» Il ſe trouvoit une grande différence entre » cette *chambre de juſtice*, & celle qui avoit été » érigée ſous l'adminiſtration de M. le duc de » Sully.

» Celle-ci avoit eu lieu dans un tems d'ordre » & d'économie, à la ſuite d'une confuſion & » d'un renverſement déplorables.

» La ſeconde n'eut de commun dans ſes cir- » conſtances que les déſordres qui l'avoient pré- » cédée. On prévoyoit de nouveaux beſoins ; & » par conſéquent, la matiere de nouveaux abus : » effrayer les financiers, c'étoit les avertir de » mettre leur argent à plus haut prix.

» Ceux qui ſe ſentirent les plus coupables, » prirent la fuite ; ils furent condamnés par con- » tumace, & pendus en effigie ; un ſeul perdit » la vie ; pluſieurs ſubirent d'autres peines.

» Les familles, foit des condamnés foit des
» accufés, fe réunirent pour adreffer des fuppli-
» cations au roi ; quoiqu'appuyés de l'alliance de
» tout ce qu'il y avoit de plus diftingué à la cour,
» elles eurent peine à les faire agréer.

» Les parens de ces financiers repréfentèrent
» que la peine devoit être perfonnelle, que ce-
» pendant la honte attachée aux formes de pro-
» céder par emprifonnemens & par punitions
» corporelles, s'étendoit fur des perfonnes uti-
» lement employées dans des charges civiles &
» militaires, & qui n'avoient d'autre crime que
» d'avoir cherché à agrandir leur fortune par
» des alliances avec des gens d'un état que le
» roi avoit comblé de diftinctions.

» Les financiers de leur côté remontrerent qu'on
» s'étoit contenté jufqu'alors de les taxer, hors les
» cas où il y avoit quelque crime de fauffeté com-
» mife ; comme fi de grands biens acquis par des
» vexations, par l'extenfion d'une loi fifcale, par
» des réticences combinées, & enfin par toute
» forte de voies également oppofées à la raifon
» & à l'humanité, ne rendoient pas leur poffef-
» feur criminel envers la fociété ; &, comme fi
» dès-lors l'intérêt public n'exigeoit pas que
» des gens, coupables de ces abus, fuffent fu-
» jets aux peines les plus graves, en même-
» tems les plus propres à faire un exemple im-
» pofant.

Le roi, touché de la défolation de tant de familles, révoqua la *chambre de juftice*, & accorda
aux financiers une abolition très-détaillée, à la
charge que, dans les comptes qui feroient rendus
pour l'année 1624, il ne leur feroit alloué aucune fomme qui ne fe trouvât fur l'état figné de
la main de fa majefté, de façon qu'il ne pût
être leur redevable, & à condition en outre qu'ils
payeroient les taxes qui feroient reparties fur
eux par le confeil.

Sa majefté déclaroit en même-tems que de dix en
dix ans il feroit créé une pareille *chambre de juftice*. Cette déclaration fut vérifiée à la cour des
aides, fans approbation cependant de la dernière
claufe.

» Le produit des taxes fut de dix millions huit
» cents mille livres. Le confeil les avoit fixées ;
» au lieu que fous M. de Sully on avoit laiffé les
» plus gros financiers en faire la répartition ;
» moyennant quoi, les plus foibles & les moins
» coupables avoient payé pour les riches. Cette
» répartition ne paffa point pour être propor-
» tionnelle, & les gens de la cour s'y enrichi-
» rent plus que le roi.

On ne voit plus de *chambre de juftice* que fous
le miniftere de M. Colbert ; mais on trouve
néanmoins que le miniftre des finances en exerçoit de tems en tems la jurifdiction, en taxant
les financiers de fon autorité, & d'après les connoiffances qu'il avoit de leur fortune, ainfi que
des moyens dont ils l'avoient acquife.

M. Emery, furintendant des finances, en retira plufieurs contributions en 1645, fous la
minorité de Louis XIV, & M. le maréchal
de la Meilleraye fuivit cet exemple en 1648.
Le cardinal Mazarin qui tenoit alors les rênes du
gouvernement, alla même plus loin, en exécutant
les confeils qui lui furent donnés, de révoquer
les affignations données aux financiers qui avoient
avancé de l'argent au roi, *attendu*, difoit-on,
*que c'étoit prefque tous des gens de rien, ou trop
riches*. Comme fi jamais ces deux circonftances
avoient pu être des titres pour libérer un débiteur envers un créancier légitime : les befoins
preffoient ; on ne prenoit pas le tems de rai-
fonner, & on ne gagnoit rien à être jufte.

La plupart des financiers firent banqueroute,
en conféquence de celle qu'ils éprouvoient de
la part du roi, & les riches particuliers dont
ils avoient emprunté les fonds payerent ainfi,
fans profit pour l'état, la plus forte taxe qui
eut encore été impofée fur eux.

La mort du cardinal Mazarin ayant placé Colbert à la tête de l'adminiftration des finances,
fon avénement au miniftere fut fignalé par une
chambre de juftice. L'eftimable écrivain à qui nous
devons un des meilleurs ouvrages qui ait été fait
fur les finances, nous explique ainfi les raifons
de cet établiffement, *tome* 2, *page* 152, *édit. in-12*,
& y joint fes obfervations.

» Après avoir procuré un grand foulagement
» aux peuples, par une diminution fur les tailles,
» le grand ouvrage étoit de liquider les dettes
» dont l'état étoit obéré. La plus grande partie
» étoit contractée frauduleufement, & les gens
» d'affaires enrichis extraordinairement par les
» gains ufuraires que l'état leur avoit accordés
» fur les divers traités, ne laiffoient pas de ré-
» péter des fommes immenfes à la faveur des
» doubles emplois, & de la confufion des comp-
» tes, des intérêts de l'intérêt, des rembour-
» femens fuppofés, enfin des avances faites au
» roi de fes propres fonds.

» Il y avoit deux opérations à faire ; l'une
» d'apurer les comptes, de retrancher les de-
» mandes fuperflues, & de faire rentrer même
» ce qui avoit été payé abufivement ; l'autre de
» punir les malverfations & les concuffions aux-
» quelles la confufion des affaires avoit donné
» naiffance.

» Soit qu'il parût plus jufte d'y procéder avec
» des formalités, foit que l'on voulût confoler
» le peuple dans fa mifere, en féviffant contre
» ceux qui l'y avoient réduit ; il fut réfolu de
» remettre ce double travail à une *chambre de
» juftice*, en 1661.

» On conviendra fans peine que toute recher-
» che eft odieufe, que les moyens violens font tou-
» jours fâcheux à employer ; mais enfin il faut
» voir s'en difpenfer. Lorfque les dettes d'un état,
» comme celles des particuliers, font montées

» à leur dernier période , c'est une loi forcée
» que de compoſer avec les créanciers ; un état
» n'arrive jamais à ce comble de déſaſtre que
» par les uſures des traitans. Ce ſont eux ordi-
» nairement qui ſe trouvent chargés des créan-
» ces les plus fortes comme les plus preſſées.
» Dans ces circonſtances malheureuſes, ſeroit-il
» juſte de les traiter comme le peuple innocent ,
» & le prince a-t-il moins de privilèges que
» les ſimples citoyens , auxquels il eſt permis
» de ſe pourvoir contre la dureté des conditions
» qui leur ont été impoſées dans leurs néceſſités
» preſſantes ? Beaucoup diront que l'état, pour
» ſoutenir ſon crédit, ne doit donner aucune
» atteinte à ſes conventions.
» La maxime eſt vraie en ſoi & à l'égard
» d'un traité particulier ; mais ici l'application
» eſt fauſſe. Il s'agit d'un crédit perdu par la
» multiplicité des engagemens ruineux, ou par
» les gains exceſſifs d'un petit nombre de parti-
» culiers dans le maniement des revenus publics.
» Si ceux qui gouvernent fermoient l'oreille
» aux importunités & à la faveur , la queſtion
» ſeroit bientôt terminée. En effet, ce n'a ja-
» mais été que d'après cette réſolution qu'on eut
» recours aux chambres de juſtice, & l'expérience
» eſt bien plus contre elles que la raiſon.
» Pendant que cette chambre , occupée de la
» double opération qui a été expoſée, travail-
» loit à faire rentrer dans les coffres du roi ce
» qui en étoit ſorti mal-à-propos ; M. Col-
» bert préparoit les moyens d'y faire entrer ſû-
» rement les revenus.
» En 1663 , la chambre de juſtice avoit com-
» mencé à liquider pluſieurs parties des engage-
» mens de l'état & de ſes aliénations. En con-
» ſéquence de ſes arrêts, toutes les rentes créées
» depuis 1656 furent ſupprimées, ſauf à pourvoir
» au rembourſement de ceux qui les avoient ache-
» tées de bonne foi , en argent, ſur le pied de
» l'acquiſition portée par le contrat «. Ces rentes
montoient à huit millions deux cents quarante
mille livres ; preſque toutes étoient entre les
mains des gens d'affaire , & le rembourſement
de ce qui avoit été négocié n'étoit pas onéreux,
puiſque le cours de ces années étoit le denier
deux & trois pour les financiers.
A meſure que la chambre de juſtice avançoit
dans la vérification des malverſations commiſes
au ſujet des traités faits avec le roi ; on prenoit
de nouvelles précautions, ſoit pour éteindre les
fauſſes dettes, ſoit pour faire rentrer les ſommes
détournées.
Il avoit été ordonné, en 1652 , à tous les particuliers qui , depuis 1630 juſqu'alors , avoient
reçu quelque rembourſement de rentes d'offices
& d'aliénations, autre que ſur les onze millions
de rentes créées en 1634, de rapporter leurs
titres, & de payer un ſupplément d'un ſeptieme
avec les deux ſols pour livre, pour les rembourſe-

mens & rachats faits au denier quatorze, & le tiers
avec les deux ſols pour livre, ſur tous les rembourſemens faits au denier dix-huit.
Les rentes ſurpriſes créées, ſans enregiſtrement,
furent auſſi annullées en 1664 , les porteurs condamnés à payer deux mille livres par chaque
mille livres de capital. La même peine étoit ordonnée contre les traitans, qui s'étoient obligés
d'amortir des rentes ou aliénations au profit du
roi, & qui s'en étoient fait décharger pour des
ſommes modiques, ou dédommager par des ordonnances de comptant. Cette chambre de juſtice
n'eut que trois années d'exiſtence, & coûta près
de quinze millions.
Il n'eſt plus queſtion de chambre de juſtice, depuis 1665 juſqu'en 1716. Mais le conſeil en exerça
la juriſdiction en 1701 , en taxant les gens d'affaires & financiers qui avoient fait des traites
extraordinaires, depuis 1689 , à vingt-quatre
millions.
» Les traitans, (dit le fameux Law,) dans
» le mémoire qu'il préſenta, en 1717, à M. le
» régent ſur l'état des finances, furent taxés , en
» 1701 , environ à la moitié de ce qu'ils avoient
» gagné ; pour fixer cette moitié, on ſuivit les
» réſultats qu'ils avoient ſignés au conſeil.
» On trouva que tous les traités faits pendant
» la précédente guerre avoient rapporté trois
» cents cinquante millions ſix cents vingt-ſept
» mille neuf cents quatre-vingt-onze livres, dont
» deux cents quatre-vingt-ſeize millions pour le
» roi, & le ſixieme en dedans, qui faiſoit la
» partie des traitans, avoit conſumé l'excédent,
» le ſurplus en dehors ne leur ayant point été
» imputé.
» Les vingt-quatre millions, auxquels ils fu-
» rent taxés, faiſoient à-peu-près la moitié de
» ce qui leur avoit été accordé , & il ne
» leur devoit par conſéquent reſter à tous en-
» ſemble qu'une pareille ſomme de vingt-quatre
» millions , en ſuppoſant même qu'ils n'euſſent
» rien donné , dépenſé , ni diſſipé.
» Il parut évidemment aux yeux du public
» qu'il leur reſtoit à tous enſemble, après leur
» taxe payée , des richeſſes infiniment plus con-
» ſidérables.
» On eſtime en effet que leurs bénéfices furent
» de cent ſept millions cinq cents treize mille
» huit cents ſoixante-une livres. Voyez le tome
» IV des Recherches ſur les finances, page 183.
Voici comment M. de Forbonnais rapporte l'origine de la chambre de juſtice, en 1716, Recherches &
Conſidérations ſur les finances, t. 5, p. 285, éd. in-12.
» Les gens d'affaires comprirent , à l'indiffé-
» rence dont on uſoit envers eux, qu'en ſuivant
» l'origine des divers effets préſentés au viſa,
» on vouloit diſcuter les titres des propriétés,
» & peut-être partager ſur les effets négociés le
» bénéfice de l'agiotage.
» L'argent du royaume étoit en grande partie

CHA

» dans leurs mains. Ils s'imaginerent qu'ils pour-
» roient forcer le gouvernement à les ménager,
» soit en jetant de la défiance & des soupçons
» dans les esprits, soit en resserrant encore la
» circulation.

» Une infinité de bruits défavantageux furent
» semés, en annonçant des desseins & des évé-
» nemens qui n'eurent jamais lieu. On inspiroit des
» défiances aux citoyens les mieux intentionnés.
» Il n'en falloit pas tant pour aigrir, contre les
» auteurs de ces bruits, le conseil déja indigné
» de l'abandon total, où ces hommes, si ra-
» pidement enrichis par l'état, l'avoient laissé
» dans un moment essentiel; tandis que le reste
» des citoyens, malgré son épuisement, sembloit
» concourir avec zèle à l'utilité publique.

» En effet, on remarqua que, parmi ce
» grand nombre de gens d'affaires, au milieu des
» détresses & des calamités où l'état étoit plongé,
» il ne fut offert de secours au régent, que par
» deux particuliers.

» Ils prêterent, d'eux mêmes, deux millions
» cinq cents mille livres; service considérable
» pour deux personnes, & dans un moment où
» le trésor royal n'avoit pas huit cents mille
» livres, pour répondre au paiement de qua-
» rante mille écus par jour, pour les rentes seu-
» lement.

Quel dommage que les noms de ces généreux
citoyens soient restés inconnus! l'honneur qu'ils
se sont acquis rejailliroit sur leur postérité, &
deviendroit un motif d'émulation pour ces tems
d'égoïsme, dans lesquels le sacrifice de la plus
petite jouissance devient si pénible, quand même
il seroit utile à la prospérité publique.

» Une connoissance détaillée du produit des
» traités, des diverses affaires de finance, même des
» manœuvres de place sur les effets royaux, avoit
» appris que sans entrer dans une discussion rigou-
» reuse & sans appauvrir personne, le roi pouvoit ac-
» quitter en papiers publics, en rentes, ou en char-
» ges, un capital de trois cents millions. Le pro-
» duit ne s'en fût pas éloigné, si la politique
» & le bien du service n'eussent engagé le ré-
» gent à accorder des graces à l'importunité,
» quoique son intention réelle eût d'abord été de
» demeurer inébranlable. Un édit du mois de
» mars établit la nouvelle chambre de justice.

Nous allons rapporter le préambule de cet édit,
& nous terminerons par celui qui la supprima l'année
suivante. Ces deux pieces sont intéressantes; la premiere, parce qu'elle rappelle les anciennes loix contre
les malversations & les usures; la seconde, en ce
qu'elle fait connoître avec exactitude, quelles furent
les opérations de cette chambre de justice, qui a
été la derniere qu'on ait vue.

» Les rois nos prédécesseurs ont établi en dif-
» férens tems des chambres de justice, pour répri-
» mer les abus & réparer les désordres com-
» mis dans leurs finances; & cet usage a paru

» si utile & si nécessaire que, par l'édit du mois
» de juin 1625, il a été expressément ordonné
» qu'il en seroit établi de dix en dix ans, afin
» que les malversations des officiers comptables
» & des gens d'affaires dans la perception, le
» maniement & la distribution des deniers publics,
» ne demeurassent jamais impunies. Le feu roi,
» de glorieuse mémoire, notre très-honoré sei-
» gneur & bisaïeul, eut recours au même re-
» mède, dans les commencemens de son règne.
» Il érigea, par son édit du mois de novembre
» 1661, une chambre de justice pour la recherche
» & punition de ceux qui avoient été les auteurs
» & les complices des abus & des délits com-
» mis dans les finances de l'état, & pour or-
» donner la restitution des deniers qu'ils avoient
» indûment perçus, exigés, ou détournés.

» L'épuisement où nous avons trouvé notre
» royaume, & la déprédation qui a été faite des
» deniers publics pendant les deux dernieres guer-
» res, nous obligent de nous servir des mêmes
» moyens, & d'accorder à nos peuples la justice
» qu'ils nous demandent contre les traitans,
» gens d'affaires, leurs commis & préposés, qui,
» par leurs exactions, les ont forcés de payer
» beaucoup au-delà des sommes que la nécessité
» des tems avoit contraint de leur demander;
» contre les officiers comptables, les munition-
» naires, & autres qui, par le crime de pé-
» culat, ont détourné la plus grande partie des
» deniers qui devoient être portés au trésor-
» royal, ou qui avoient été tirés pour être em-
» ployés suivant leur destination; & contre une
» autre espece de gens auparavant inconnus,
» qui ont exercé des usures énormes, en faisant
» un commerce continuel des assignations, billets
» & rescriptions des trésoriers, receveurs & fer-
» miers-généraux.

» Les fortunes immenses & précipitées de
» ceux qui se sont enrichis par ces voies cri-
» minelles, l'excès de leur luxe & de leur faste
» qui semble insulter à la misere de la plupart
» de nos autres sujets, sont déjà par avance
» une preuve manifeste de leurs malversations, &
» il n'est pas étonnant qu'ils dissipent avec pro-
» fusion ce qu'ils ont acquis avec injustice.

» Bien-loin qu'ils en soient devenus légitimes
» propriétaires, ces manieres de s'enrichir sont
» autant de crimes publics que les loix & les
» ordonnances ont tâché de réprimer dans tous
» les tems. La peine de confiscation de corps
» & de biens a été prononcée contre les usuriers,
» par les ordonnances de 1311, de 1349, de
» 1545 & de 1579.

» Sous les règnes de Philippe-le-Bel, de
» Louis X & de Charles VII, la concussion &
» le péculat ont été punis du dernier supplice;
» ces mêmes crimes emportent la confiscation
» de corps & de biens, par la disposition de
» l'ordonnance de François premier, de 1545,

» & la déclaration du 3 juin 1601, ordonne
» que les tréforiers, receveurs & autres prépo-
» fés, pour le maniement de nos deniers, qu'ils
» auront employé à leur ufage particulier, ou dé-
» tourné les deniers de leurs caiffes, feront pu-
» nis de mort, fans que la peine puiffe être
» modérée par les juges qui en doivent con-
» noître.

» L'exécution de ces loix & de ces ordonnances
» n'a jamais été plus néceffaire que, dans un
» tems où les crimes qu'elles condamnent, ont
» été portés au dernier excès, & ont caufé la
» ruine prefque entiere de tous les ordres de
» notre royaume.

» C'eft ce qui nous détermine à ordonner
» l'établiffement d'une nouvelle *chambre de juftice*,
» compofée des officiers de plufieurs de nos
» cours, avec pouvoir de connoître des crimes,
» délits & abus qui ont été commis dans les
» finances de l'état, & à l'occafion des deniers
» publics, par quelques perfonnes, & de quel-
» que qualité & condition qu'elles foient, & de
» prononcer à cet égard les peines capitales,
» afflictives & pécuniaires qu'il appartiendra.

» Les reftitutions qui feront ordonnées à notre

» profit, ferviront uniquement à acquitter les
» dettes légitimes de notre royaume, & nous
» mettront en état de fupprimer bientôt les nou-
» velles impofitions, de rouvrir à nos peuples
» les plus riches fources de l'abondance, par le
» rétabliffement du commerce & de l'agriculture.

» Les opérations de cette commiffion commen-
» cerent avec beaucoup d'appareil, & l'on
» vouloit les terminer le plus promptement qu'il
» feroit poffible. Les déclarations de biens, faites
» par les jufticiables mêmes, furent fuivies dans
» les taxes au confeil, parce qu'on efperoit que,
» moins les peines feroient févères, plus l'exé-
» cution en feroit affurée.

» Il avoit même été agité, s'il ne convenoit
» pas plutôt d'éviter l'éclat, & de taxer par rôle
» au confeil, d'après le travail & les recherches
» qu'on avoit entreprifes avec tant de foin;
» mais il fut repréfenté que, pendant une ré-
» gence, il étoit plus fûr d'obferver les forma-
» lités confacrées par les loix du royaume.

Voici le tableau de chacun des rôles arrêtés
d'après ces déclarations, avec leur date & le
nombre des perfonnes qui y furent comprifes.

Nombre des rôles arrêtés au Confeil de régence.	Dates.	Biens déclarés par les gens d'affaires.	Nets des biens déclarés, toutes charges déduites.	Taxes.	Nombre des perfonnes ta- xées en chaque rôle.
		liv.	liv.	liv.	
1	7 Nov.	37000611	21594342	15825209	50
2	14 dudit	29824033	22699491	14411158	60
3	21 dudit	50918099	38742515	25770875	76
4	28 dudit	57812730	41521152	27399925	74
5	5 Déc.	31546394	20309867	10667559	103
6	12 dudit	44260347	23369275	12893332	78
7	19 dudit	59831414	20385903	18114896	96
8	2 Janv.	127456595	57323144	31760356	203
9	9 dudit	34438454	18907387	7261595	565
10	16 dudit	35739117	19621476	6653107	500
11	23 dudit	28412003	15599532	4530171	343
12	30 dudit	30550092	16772600	6299260	304
13	17 Fév.	27313271	14995522	6161686	257
14	20 dudit	15091916	8285739	2514424	347
15	27 dudit	13457420	7388391	2774421	468
16	6 Mars	20949477	11501674	5187942	316
17	13 dudit	41566330	22820731	12040730	480
18	17 dudit	7050549	3870890	1614245	76
19	Idem.	7867860	4915241	1587000	13
	Articles particuliers.	701086712	399624872	213478391	4409
		11835976	9375128	6000000	1
	Totaux.	712922688	409000000	219478391	4410

(Dates 3 à 7 : 1716 ; dates 13 à 19 : 1717)

On voit donc que les biens déclarés par les justiciables de la *chambre de justice*, qui étoient au nombre de quatre mille quatre cents dix, non compris les parties, déchargées ou déclarées non susceptibles de taxes, montèrent à sept cents douze millions neuf cents vingt-deux mille six cents quatre-vingt-huit livres.

Sur quoi il fut fait déduction de leur patrimoine, des dots, successions, non sujettes à la taxe, dettes & parties de leurs gains, montans à quatre cents quatre-vingt-treize millions quatre cents quarante-quatre mille deux cents quatre-vingt-dix-sept livres.

Et qu'enfin le total des taxes montoit à deux cents dix - neuf millions quatre cents soixante-dix-huit mille trois cents quatre-vingt-onze livres, ce qui formoit environ deux septiemes qui se prenoient sur la masse de ces biens.

Il fut encore arrêté un rôle des taxes arbitraires, pour ceux qui n'avoient pas fourni la déclaration de leurs biens, au 22 mars 1717.

Au mois de juin suivant, il avoit déja été payé soixante-dix millions, & à la fin de 1717, il restoit cent millions à recevoir.

Les frais de cette *chambre* pendant un an ne monterent qu'à douze cents mille livres, tandis que celle de 1661 avoit coûté près de quinze millions ; un de ses effets fut de rendre l'argent extrêmement rare à Paris, & c'est celui que produit naturellement l'incertitude que les citoyens apperçoivent dans leurs propriétés. La circulation se resserre ; cet inconvénient eût alors passé promptement, si la réforme des monnoies, qui se fit dans le même-tems ; ne fut venue l'augmenter : quoi qu'il en soit, un édit du mois de mars 1717 mit fin à l'existence de la *chambre de justice*, en exposant quels pouvoient être ses effets, si elle pouvoit durer plus long-tems, & quelles avoient été ses principales opérations.

» Le nombre presque infini d'abus & de mal-» versations, qui ont été commises pendant vingt-» cinq années de guerre, dans la perception & » le maniement de nos deniers, & la licence » sans borne, avec laquelle les usuriers publics » avoient abusé des besoins de l'état, & de la » misere nos peuples, nous ont obligé à éta-» blir une *chambre de justice*, dont la sévérité » pût arrêter la déprédation, & obliger tous » ceux qui avoient fait des fortunes aussi im-» menses que précipitées, à déclarer des gains » la plupart illicites, qu'il étoit de leur intérêt » de cacher.

» Les recherches qu'elle a faites, & les états, » qu'une grande partie de ceux qui en étoient » l'objet, ont donné de leurs biens, nous ont » fait connoître également la grandeur du mal, » & la difficulté du remède. Plus nous avons » voulu en approfondir la cause & les progrès, » plus nous avons reconnu que la corruption s'étoit

» tellement répandue, que presque toutes les condi-» tions en avoient été infectées ; ensorte qu'on » ne pouvoit employer la plus juste sévérité pour » punir un si grand nombre de coupables, sans » causer une interruption dangereuse dans le com-» merce, & une espece d'ébranlement général de » tout le corps de l'état ; & comme son intérêt est » une loi suprême, à laquelle nous devons faire » céder toutes les autres, nous avons estimé » qu'il étoit à propos de modérer la rigueur » de notre justice, pour ne pas tenir plus long-» tems un grand nombre de familles dans une » incertitude, capable d'arrêter le cours des » affaires, & de suspendre la circulation de » l'argent qui fait que toutes les parties de » l'état se prêtent un secours mutuel, pour le bien » général & particulier.

» C'est dans cette vue que, par notre décla-» ration du 18 septembre dernier ; nous avons » bien voulu nous relâcher de la sévérité de » notre premier édit, & convertissant en peines » pécuniaires celles qui sont portées par nos » ordonnances ; nous avons cru devoir nous » contenter de retirer des financiers, par des » taxes proportionnées à leurs facultés, au moins » une partie de ce qu'ils ont exigé de nos peu-» ples, qui profiteront tous de cette restitution » par l'usage que nous en faisons pour la libé-» ration de l'état.

» Les taxes ordonnées par cette déclaration, » ayant été faites suivant les règles que nous » avons prescrites en notre conseil, & à la faveur » desquelles, près de trois mille personnes qui avoient » fourni des états de leurs biens, ont été jugées » ne devoir pas être taxées ; il ne nous reste-» roit plus, pour suivre entierement le plan que » nous nous étions proposé, par notre décla-» ration du 17 mars 1716, & par celle du 18 » septembre dernier, que de poursuivre à la rigueur » ceux qui, au lieu de profiter de tous les délais que » nous avons eu l'indulgence d'accorder aux gens » d'affaires & autres justiciables de la *chambre de* » *justice*, n'ont pas encore donné l'état de leurs » biens, & de les faire condamner aux peines » rigoureuses établies par notre déclaration du » 17 mars.

» Mais voulant user de clémence à l'égard de » ceux-mêmes qui le méritent le moins, pour ne rien » laisser subsister, après la *chambre de justice*, » qui puisse troubler la tranquillité des familles, » la liberté, & la facilité du commerce, nous » avons jugé à propos de faire dresser un état exact » de ceux qui étoient dans ce cas, sur les décla-» rations qui ont été fournies par les autres, » & sur les résultats de notre conseil, & autres » actes qui nous en ont donné la connoissance, » & de les comprendre dans les rôles arrêtés » en exécution de notre déclaration du 18 sep-» tembre, afin que, pour le bien général du
royaume,

» royaume, ils puissent participer à une amnis-
» tie dont ils devroient être exclus par leur dé-
» sobéissance ; ainsi l'exécution de notre décla-
» ration du 18 septembre étant entierement consom-
» mée, nous croyons qu'il est tems de faire usage
» d'un remède extraordinaire, que les vœux
» de toute la France avoient demandé, & dont il
» semble qu'elle desire également la fin.

» Nous nous portons d'autant plus volontiers
» à prendre cette résolution, que nous pouvons
» désormais recueillir le fruit de cet établisse-
» ment passager, non-seulement par l'extinction
» d'une partie considérable des dettes de l'état,
» mais encore par l'ordre & l'arrangement, que
» les recherches, qui ont été faites, nous mettront
» en état d'apporter à l'administration de nos
» finances, pour l'avantage de nos sujets, dont
» le notre est inséparable.

» C'est dans cet esprit que nous avons toujours tra-
» vaillé depuis le commencement de notre règne,
» & nos peuples en ont déja senti les effets, par
» la suppression des quatre sols par livre, que
» le malheur des tems avoit obligé d'ajouter à
» tous les droits qui se levent à notre profit ;
» & quoique le commerce de toutes les denrées
» & marchandises se trouve par-là considérable-
» ment déchargé, nous espérons que les mesures
» que nous prenons de jour en jour pour pro-
» portionner la dépense à la recette, nous met-
» tront en état de parvenir à procurer encore
» de plus grands soulagemens à nos peuples, dont
» la félicité sera toujours le premier & le prin-
» cipal objet de notre gouvernement «.

Comme plusieurs d'entre les fermiers-généraux
avoient eu part à des fournitures, à des entreprises, ou traités extraordinaires, & se trouvoient
sujets aux poursuites de la *chambre de justice*,
ils déclarèrent leurs biens d'eux-mêmes, & offrirent à l'état telle somme qu'il jugeroit à propos pour la libération de ses dettes.

Elle fut acceptée comme un secours, & non
comme une taxe. Les rôles en furent arrêtés au
conseil, & l'argent porté au trésor-royal en
droiture, afin qu'il ne restât à leur égard aucune
trace de la *chambre de justice*. Sa majesté donna
une déclaration par laquelle il fut ordonné qu'à
l'avenir, pour éviter tout prétexte de comprendre
les fermiers-généraux dans de semblables recherches, ceux qui entreroient dans quelques fournitures, traités extraordinaires, ou charges comptables, seroient exclus de la compagnie. Il leur
fut aussi enjoint d'obliger leurs commis & les receveurs, de tenir des livres-journaux dans la nouvelle forme qui avoit été prescrite par l'édit du
mois de juin 1716. *Voyez* COMPTABLES.

On exempta également les trésoriers & les receveurs-généraux des finances de toutes recherches
en faveur des secours que plusieurs d'entr'eux

avoient fournis à l'état, à condition qu'ils n'entreroient dans aucune affaire extraordinaire,
marché, ni fourniture, & qu'ils s'astreindroient
aux règles de comptabilité imposée par l'édit de
juin.

Le peuple avoit vu avec des transports de
joie & d'ivresse la *création* de la *chambre de justice*, comme si son objet eût été de le dédommager de toutes les pertes qu'il avoit essuyées.
Tous les gens sensés applaudirent à sa suppression.

La multitude, toujours incapable d'examen &
de réflexion, prétendoit que le royaume payoit
alors sept cents cinquante millions, & qu'il
n'en entroit dans les coffres que deux cents cinquante. Elle avoit d'abord imaginé qu'en punissant les concussionnaires & les malversateurs,
il n'y auroit plus ni concussions ni malversations.
Mais, quel aveuglement ! c'étoit au contraire
instruire les gens d'affaires par l'exemple de leurs
prédécesseurs, à mettre plus d'art, de précaution & d'adresse à couvrir leurs opérations, &
les inciter à vendre plus cher les secours qui
leur seroient demandés en tems de besoin. C'étoit
en même-tems les engager à diminuer leurs dépenses & leur luxe, & mettre par-là, dans la
circulation, une gêne & des entraves qui devenoient un mal, & ralentissoient tout le mouvement du commerce.

» Cette inquisition, (dit un écrivain philosophe,
» dans un ouvrage très-philosophique) ne fit que
» mettre au grand jour l'incapacité des ministres
» qui avoient conduit les finances, les ruses des
» traitans qui les avoient dévorées, & la bas-
» sesse des courtisans qui vendoient leur crédit
» à qui vouloit l'acheter.

» Les bons esprits furent affermis, par cette
» nouvelle expérience, dans l'horreur qu'ils avoient
» toujours eue pour un pareil tribunal. Il avilit
» la dignité du prince qui manque à ses enga-
» gemens, & met sous les yeux des peuples
» les vices d'une administration ignorante &
» corrompue. Il anéantit les droits du citoyen,
» qui ne doit compte de ses actions qu'à la loi ;
» il fait pâlir tous les hommes riches que leur
» fortune bien ou mal acquise désigne à la pros-
» cription ; il encourage les délateurs, qui mar-
» quent du doigt à la tyrannie ceux qu'il est
» avantageux de ruiner ; il est composé de sang-
» sues impitoyables, qui voient des criminels
» par-tout où ils soupçonnent de l'opulence ;
» il épargne des brigands qui savent se muti-
» ler à propos, pour dépouiller les ames hon-
» nêtes, défendues seulement par leur innocence.
» Il sacrifie les intérêts du fisc aux fantaisies de
» quelques favoris avides, débauchés & dissipa-
» teurs. »

Lorsque M. d'Aguesseau, alors nouvellement revêtu de la dignité de chancelier, porta

à la *chambre de justice* même l'édit de sa révoca-tion ; il s'expliqua de maniere à faire enten-dre que cet établissement ne lui paroissoit pas exempt d'inconvéniens.

Les remedes, (tel que celui de cette *chambre*) dit cet illustre magistrat, *peuvent quelquefois devenir des maux, quand ils durent trop long-tems.*

Les lumieres que l'on a acquises, & dans l'ad-ministration générale, & dans la manutention particuliere des affaires de finance, font espérer qu'on ne reverra jamais de *chambres de justice.* Elles seroient absolument inutiles, & feroient fans doute un plus grand mal qu'elles n'en n'ont fait anciennement.

Aussi, l'exemption de toute taxe *& chambre de justice* est-elle formellement prononcée en faveur des fermiers-généraux, par l'article 600 du bail de Forceville, dans les termes suivans. » L'ad-» judicataire, ses cautions, fous-fermiers, com-» mis & procureurs ne pourront être compris » en aucun rôle de taxe, soit de *chambre de jus-» tice* ou autre, à quelque titre & fous quelque » dénomination que ce puisse être, pour raison » du bail des fermes, circonstances & dépendan-» ces. Et fi aucunes étoient faites, nous les avons » dès-à-présent déchargés ; & en cas qu'au pré-» judice du présent article, ils soient contraints » de payer aucune chose ; nous voulons que les » deniers qu'ils auront payés leur soient rendus, » & ceux qui les auront reçus contraints à la » restitution par les mêmes voies, fans que cette » clause puisse être réputée comminatoire, parce » que fans icelle, ledit Forceville & ses cautions » n'auroient pris lesdites fermes.

CHAMBRE AUX DENIERS. Jusqu'en 1780, c'étoit un bureau où se régloient & se payoient toutes les dépenses de bouche de la maison du roi.

Il y a lieu de présumer que cette dénomina-tion de *chambre aux deniers* vient de ce que très-anciennement, *cette chambre*, par la nature des dépenses qui font de son ressort, étoit obligée à des paiemens de petites sommes, dans lesquels il entroit des *deniers* & la plus petite monnoie.

Quoi qu'il en foit de cette étymologie, qui peut n'être pas plus destituée de fondement qu'une autre, la *chambre aux deniers* avoit, avant 1780, trois tréforiers qui chacun, dans leur année d'exer-cice, reçevoient du trésor-royal des fonds pour la dépense dont il s'agit, & pour payer les gages des officiers chargés de ce service. Chaque tré-forier avoit un contrôleur pour vifer les ordon-nances de paiement, & tous les officiers étoient fubordonnés au grand-maître de la maison du roi.

Mais en 1780, les différents contrôleurs-gé-néraux, intendans & tréforiers de la maison du

roi, ayant été supprimés par l'édit du mois de janvier, il fut érigé un bureau, fous le nom de *bureau-général des dépenses de la maison du roi.* On le composa de sept personnes, dont deux choi-fies dans la chambre des comptes, & cinq commis-faires-généraux, pris dans les officiers pourvus des charges supprimées. Ce bureau s'assemble deux fois par mois, & le ministre ayant ce département, ainfi que le ministre des finances, préfident à ces assemblées.

Dans la vue de faire connoître les détails dont la *chambre aux deniers* étoit chargée, on va rap-porter le réglement, fait le 17 août 1780 par le roi, pour *l'administration intérieure de fa maison,* dite *chambre aux deniers.*

» Sa majesté, pour exécuter les plans d'ordre » & d'économie qu'elle a annoncés, & que les » circonstances rendent si essentiels, s'eft dé-» terminée à supprimer un grand nombre de ta-» bles, dont la dépense n'avoit aucune propor-» tion avec l'utilité ou la convenance des per-» fonnes qui avoient le droit d'y être admises; » & fa majesté leur accorde un dédommagement » en argent.

» En même-tems le roi voulant faire concou-» rir à toutes les parties de son service, tant » les nouveaux officiers de la bouche, que ceux » connus jusqu'à présent fous le nom de *petits-» appartemens* ; fa majesté a jugé à propos de » supprimer ce dernier titre ; & elle prescrit la » maniere dont ces deux corps d'offices devront » se réunir & s'entre-aider. Enfin, mesdames, » tantes du roi, empressées à seconder les vues » de fa majesté, ayant bien voulu fe charger » de la partie qui les concerne, moyennant une » fomme déterminée, il eft résulté de toutes ces » difpofitions & de plusieurs autres, des moyens » efficaces pour simplifier le service & en dimi-» nuer confidérablement la dépense. En consé-» quence, le roi, par son édit de ce jour, a suppri-» mé un grand nombre d'offices, & en a ordonné » le remboursement.

» Sa majesté voulant d'ailleurs fixer exacte-» ment les règles de la nouvelle constitution, a » ordonné & ordonne ce qui suit :

ARTICLE PREMIER.

» Sa majesté maintient le grand-maître de fa » maison, le premier pannetier, le premier » échanson, le premier tranchant, le premier » maître-d'hôtel, les maîtres-d'hôtel ordinaires » & de quartier, & les gentilshommes fervans, » dans toutes leurs fonctions honorifiques feu-» lement.

CHA

CHA

235

ARTICLE II.

» Le service honorifique de mesdames, tantes
» du roi, continuera d'être fait par les officiers
» principaux de sa majesté, mais elles pourvoiront
» à la dépense de leurs tables, & à celle du bois &
» de la lumière de leurs cuisines & de leurs appar-
» temens, tant à Versailles que dans leurs voyages,
» au moyen d'une somme fixe & annuelle que sa
» majesté a réglée, & dont le paiement sera
» effectué entre les mains de la personne chargée
» de leurs ordres.

ART. III.

» Sa majesté supprime le titre de *petits-appar-*
» *temens* ; &, d'après l'état de distribution qui
» a été mis sous ses yeux, elle a vu que la
» totalité de son service, tant intérieur que pu-
» blic, seroit parfaitement remplie par quarante
» officiers que sa majesté a choisis parmi ceux ac-
» tuellement employés.

ART. IV.

» Ces quarante officiers serviront toute l'année,
» & seront partagés en deux offices-bouche ; l'une
» sous le titre de *panneterie & échansonnerie*
» *réunies*, & l'autre sous le titre de *cuisine-*
» *bouche*, & ils ne pourront jamais être fournis-
» seurs.

ART. V.

» L'intention de sa majesté est que chacune des
» offices soit divisée en deux parties, avec un
» contrôleur particulier.

ART. VI.

» L'une de ces offices sera chargée du service
» journalier & intérieur de sa majesté, ainsi que
» des petits voyages de Saint-Hubert & Fon-
» tainebleau, sous les ordres du sieur Thierry,
» qui, conformément à ce qui s'est pratiqué jus-
» qu'à présent, en rendra directement compte à
» sa majesté.

ART. VII.

» L'autre division sera chargée du service des
» grands-couverts de sa majesté, de celui de Ma-
» dame, fille du roi, & de madame Elisabeth ;
» du déjeûner qui sera servi dans la salle de
» monf. le grand-maître, les jours que le roi ira
» à la chasse, & de tous les services extraor-
» dinaires. Les dépenses de ces différens services
» seront faites sous les ordres du commissaire-
» général, qui en rendra compte au bureau des
» dépenses de la maison, où elles seront ar-
» rêtées.

ART. VIII.

» Le service des voyages de Marli, Choisi &
» la Muette, sera fait par tous les officiers réunis,
» sous l'inspection du commissaire-général de la
» maison, qui fera également le rapport des
» comptes au bureau général des dépenses, où
» où ils seront examinés & arrêtés définitive-
» ment.

ART. IX.

» Les deux divisions établies ci-dessus, se réu-
» niront & s'entre-aideront pareillement, dans
» tous les autres cas où cela sera nécessaire ; à
» quel effet le commissaire-général & le sieur
» Thierry s'avertiront réciproquement, suivant
» les circonstances.

ART. X.

» Les nouveaux officiers, dont le roi se ré-
» serve en tout tems la nomination, seront
» pourvus de commissions de sa majesté, & prê-
» teront serment entre les mains du premier
» maître-d'hôtel, qui sera tenu de le recevoir
» sur la représentation de leurs commissions.

ART. XI.

» Le commissaire-général recevra directement
» les ordres du roi & de la famille royale, dans
» tous les cas où le contrôleur-général avoit
» coutume de les recevoir.

ART. XII.

» Le contrôleur qui aura reçu des ordres ex-
» traordinaires, ou de sa majesté, ou de madame
» Elisabeth, les fera passer au commissaire,
» pour qu'il pourvoie à leur exécution ; si ces
» ordres ne peuvent souffrir aucun retard, il
» les fera exécuter sur le champ, & en rendra
» compte au commissaire dans les vingt-quatre
» heures.

ART. XIII.

» La première table de monf. le grand-
» maître, ne sera servie que lorsqu'il sera à la
» cour, & qu'il voudra la tenir dans son appar-
» tement.

ART. XIV.

» En conséquence du traitement dont jouit le
» premier maître-d'hôtel, il tiendra une table à
» la cour, conformément aux ordres qui lui se-
» ront donnés par sa majesté.

Gg ij

ART. XV.

» A compter du premier octobre 1780, sa
» majesté supprime :
» La seconde table de monsf. le grand-maître,
» La table du chambellan,
». Celle des maîtres,
» Celle des aumôniers,
» Celle des gentilshommes-servans,
» Celle des valets-de-chambre,
» Et celle du serdeau de mesdames.
» Sa majesté supprime aussi toutes les nourri-
» tures & autres attributions qui étoient ci-de-
» vant fournies en nature.

ART. XVI.

» Les officiers qui mangeoient aux tables sup-
» primées, & qui sont conservées au service de
» sa majesté, recevront dorénavant leur nourri-
» ture, à raison de cinq livres par jour ; & il
» sera payé à toutes les personnes qui avoient
» des nourritures à prendre chez les fournisseurs,
» des sommes en argent, proportionnées à ce
» qui leur étoit accordé en nature.

ART. XVII.

» Les attributions qu'on est dans l'usage de
» payer aux officiers, sur les fonds de la *chambre*
» *aux deniers*, ayant subsisté jusqu'à présent sous
» les diverses dénominations de gages, augmen-
» tations de gages, appointemens, livrées en na-
» ture & en argent, billets causés, récompenses,
» logement, nourritures, colation, déjeûner, bois,
» bougie, &c. sa majesté veut que désormais on
» les réunisse tous dans un état séparé, où il ne
» sera porté qu'un seul article pour chaque per-
» sonne, tel qu'il aura été réglé par les décisions
» de sa majesté, & le paiement en sera fait en
» argent.

ART. XVIII.

» Toutes les dessertes serviront à la nourri-
» ture des officiers-bouche, sans que, dans aucun
» cas, il leur soit accordé de supplément aux
» frais de sa majesté; & lorsqu'il y aura quelque
» service en gras les jours maigres, l'intention
» de sa majesté est que cette desserte soit portée
» à la charité.

ART. XIX.

» Il sera dressé au premier octobre prochain,
» un état général de toute la vaisselle, batterie
» & ustensiles qui servoient aux offices suppri-
» mées, ainsi que des porcelaines, cristaux &
» autres effets semblables qui existent dans les
» châteaux de Marli, Choisi & la Muette ; &
» cet état sera rapporté par le commissaire au
» bureau général des dépenses.

ART. XX.

» Le commissaire fera distribuer aux nouvelles
» offices-bouche, les effets nécessaires, & ce
» prélèvement une fois fait, l'excédant sera porté
» dans le garde-meuble de sa majesté.

ART. XXI.

» Les gentilshommes servans, réduits au nombre
» de dix-huit, & les huissiers de salle au nombre
» de six, feront, à l'avenir, leur service par
» semestre.

ART. XXII.

» La fourniture de la bougie & de la chan-
» delle, qui étoit faite ci-devant par les officiers
» de fruiterie, & celle du bois que faisoient les
» officiers de Fourriere, autres que pour les
» offices-bouche, feront faites, à commencer au
» premier octobre prochain, par le domaine de
» Versailles, qui est déja chargé de la même es-
» pèce de dépense pour tous les appartemens
» extérieurs.

ART. XXIII.

» On fera un état des quantités de bougie &
» de bois qui seront nécessaires pour la consom-
» mation des appartemens de sa majesté, de
» madame, fille du roi, & de madame Elisabeth ;
» & cet état sera arrêté par sa majesté.

ART. XXIV.

» Tous les marchés seront & demeureront ré-
» siliés à compter du premier octobre 1780 ; & si
» on le juge convenable, il en sera passé de nou-
» veaux, au rabais, dans le bureau général de
» la maison du roi.

ART XXV.

» Il sera fourni par les officiers des capitai-
» neries, & par les jardiniers des différentes
» maisons royales, les quantités de gibier, de
» fruits & de légumes qui seront nécessaires.

ART. XXVI.

» Sa majesté confirme tous les règlemens, dé-
» cisions & ordonnances précédemment rendus
» pour le gouvernement & police de sa maison,
» & notamment celui de 1726, en ce qui ne sera
» pas contraire aux dispositions du présent rè-
» glement.

» Fait à Versailles le 17 Août 1780 ».

Voyez le *Dictionnaire de Jurisprudence*, pour

connoître les différentes jurifdictions auxquelles on a donné, & on donne encore le nom de *chambre*, en y joignant celui de l'objet particulier foumis à leur compétence.

Voyez auffi COMMISSION.

CHAMBRE DE COMMERCE, f. f. On donne ce nom à une affemblée compofée de plufieurs négocians & marchands choifis, pour avifer aux moyens de faire profpérer le commerce d'une ville.

Quoique les *chambres de commerce* femblent, au premier coup-d'œil, n'avoir aucun rapport avec les finances, il eft cependant d'ufage de les confulter chaque fois qu'il s'agit d'impofer des droits nouveaux, ou d'augmenter les anciens, par la raifon que ces droits portent fur des marchandifes quelconques, qui font la matière du commerce.

Sous ce point de vue, l'hiftorique de l'établiffement des *chambres de commerce* ne fe trouvera point déplacé dans un dictionnaire des finances, dont la fource exifte dans le commerce & l'agriculture.

On avoit établi dès 1607, un confeil de commerce, compofé de différens officiers du parlement & de la cour des aides, & naturellement il en devoit naître des *chambres de commerce*, puifque ce confeil, étranger aux affaires du négoce, ne pouvoit rien faire de bien utile, fans prendre l'avis des principaux commerçans des provinces. Mais cet établiffement fut bientôt abandonné.

Ce ne fut qu'en 1664, fous le miniftere du grand Colbert, qu'on le vit confulter les négocians, avant de publier le tarif des droits d'entrée & de fortie. Il n'eut même pas honte de réclamer leurs confeils, par un édit public. Ainfi c'eft, à proprement parler, à cette époque qu'on peut placer l'origine des *chambres de commerce*; car celles qui ont eu lieu poftérieurement, ne font que l'imitation de ce qui fut fait par ce miniftre.

Cet édit ordonnoit que dans tous les ports, dans toutes les villes commerçantes du royaume, les négocians s'affembleroient, & choifiroient les deux plus expérimentés d'entre-eux, pour en envoyer les noms à M. Colbert, afin qu'il en fût choifi trois fur le nombre; favoir, un pour les provinces de Picardie, Normandie, Bretagne & Touraine; un pour les provinces de Languedoc & Lyonnois; un pour le Poitou, la Saintonge & la Guyenne, auxquels il feroit donné ordre de fe rendre à la fuite de la cour, pendant un an, pour informer le roi de ce qu'il conviendroit de faire en faveur du commerce.

A l'égard des autres élus, il leur étoit enjoint de s'affembler tous les ans, au 20 de juin, dans une des villes de chacun des trois départemens, pour examiner l'état du commerce & des manufactures.

On vit encore, en 1681, ce miniftre bienfaifant, former un comité de trois négocians connus, & de trois fermiers-généraux, qui s'affembloient pour examiner, de bonne-foi, toutes les difcuffions qui s'élevoient entre les négocians & les commis des fermiers, en faveur defquels les juges des traites faifoient trop fouvent pencher la balance.

Les négocians envoyoient leurs mémoires avec les pièces juftificatives, pour les remettre à l'un des trois commiffaires; les commis, de leurs côtés, envoyoient leurs réponfes, & les affaires étoient ainfi décidées fans frais, & à l'amiable.

Cet établiffement ne dura qu'autant que vécut le miniftre qui l'avoit créé, & toutes les idées relatives au commerce fe diffiperent. Il ne fut régénéré qu'en 1700, par M. de Chamillart, fous le nom de *confeil du commerce*; & c'eft l'année fuivante qu'il donna l'exiftence aux *chambres de commerce* qui fubfiftent aujourd'hui.

L'édit qui crée ce confeil, va nous apprendre ce qui avoit fait négliger, depuis M. Colbert, les fecours qu'on pouvoit tirer des négocians.

« Le roi ayant connu dans tous les tems, de » quelle importance il étoit au bien de l'état de » favorifer & de protéger le commerce de fes » fujets, tant au-dedans qu'au-dehors du royaume, » fa majefté auroit, à diverfes fois, donné plu- » fieurs édits, ordonnances, déclarations & arrêts, » & fait plufieurs règlemens utiles fur cette ma- » tiere; mais les guerres qui font furvenues, & » la multitude de foins indifpenfables dont fa » majefté a été occupée jufqu'à la conclufion de » la derniere paix, ne lui ayant pas permis de » continuer cette même application, & fa majefté » voulant, plus que jamais, accorder une pro- » tection particuliere au commerce, marquer l'ef- » time qu'elle fait des négocians & marchands » de fon royaume, leur faciliter les moyens de » faire fleurir & d'étendre le commerce, fa ma- » jefté a cru que rien ne feroit plus capable de » produire cet effet, que de former un confeil » de commerce, uniquement attentif à connoître » & à procurer tout ce qui pourroit être de » plus avantageux au commerce & aux manu- » factures: à quoi fa majefté defirant pourvoir, » ouï le rapport du fieur Chamillart, &c. Le roi » étant en fon confeil, a ordonné & ordonne qu'il » fera tenu à l'avenir un confeil de commerce, » une fois au moins dans chaque femaine, lequel » fera compofé du fieur, &c. &c. & de douze » principaux marchands négocians du royaume, » ou qui auront fait long-tems le commerce; que » dans ce nombre de douze marchands négocians, » il y en aura toujours deux de la ville de Paris, » & que chacun des dix autres fera pris des villes

» de Rouen, Bordeaux, Lyon, Marseille, la
» Rochelle, Nantes, Saint-Malo, Lille, Bayonne
» & Dunkerque; que dans ledit conseil de com-
» merce, seront discutées & examinées toutes les
» propositions & mémoires qui y seront envoyés,
» ensemble les affaires & difficultés qui survien-
» dront, concernant le commerce, tant de terre
» que de mer, au-dedans & au-dehors du royaume,
» & concernant les fabriques & manufactures,
» pour, sur le rapport qui sera fait à sa majesté,
» des délibérations qui auront été prises dans ledit
» conseil de commerce, y être pourvu par elle,
» ainsi qu'il appartiendra.

» Veut & entend, sa majesté, que le choix &
» nomination desdits marchands & négocians qui
» devront entrer dans ledit conseil de commerce,
» se fasse librement & sans brigue, par le corps-
» de-ville & par les marchands négocians, en
» chacune desdites villes; que ceux qui seront
» choisis pour être dudit conseil de commerce,
» soient gens d'une probité reconnue, & de ca-
» pacité & expérience au fait du commerce;
» qu'à cet effet le corps-de-ville & les marchands
» négocians des villes ci-dessus marquées, s'as-
» sembleront, dans le mois de juillet prochain,
» dans les hôtels de chacune desdites villes,
» pour procéder à ladite élection; en sorte que
» les marchands négocians, ainsi élus & nommés,
» se puissent mettre en état d'arriver à Paris,
» ou à la suite de la cour, à la fin du mois de
» septembre suivant, pour commencer leurs fonc-
» tions au premier jour d'octobre; que lesdites
» élections seront faites pour une année seule-
» ment, & seront renouvellées d'année en année
» dans la forme ci-dessus marquée, sauf à pro-
» longer le tems du service dans ledit conseil,
» s'il est ainsi jugé à propos.

» Ordonne sa majesté, qu'il sera nommé, par
» le sieur contrôleur-général des finances, deux
» intéressés aux fermes de sa majesté, pour être
» appellés au conseil lorsque la nature des affaires
» le demandera; & pour secrétaire dudit conseil
» de commerce, sa majesté a nommé le sieur
» Truau de la Boullaye, conseiller du roi, cor-
» recteur ordinaire en la chambre des comptes,
» lequel aura soin de tenir un registre exact de
» toutes les propositions, mémoires & affaires,
» ensemble des délibérations qui seront prises audit
» conseil, desquelles il délivrera des expéditions,
» suivant qu'il sera ordonné par ledit conseil».

L'année suivante, on jugea que pour que les
négocians fussent mieux informés de tout ce qui
concerneroit le commerce des provinces dont ils
étoient les députés, il convenoit d'y établir des
assemblées ou comités, avec lesquels ils fussent en
relation, & qui leur feroient passer des mémoires
& des observations propres à éclairer le conseil.
Ces vues furent remplies par l'arrêt du conseil
du 30 août 1701, qui ordonna, par préliminaire,

que les négocians & marchands des villes de Lyon,
Lille, Rouen, Bordeaux, la Rochelle, Nantes,
Saint-Malo & Bayonne, ainsi que la province
de Languedoc, enverroient leurs avis sur la maniere la plus avantageuse d'établir des chambres
de commerce dans leurs villes, sur le modele de
celles qui existoient déja à Marseille & à Dunkerque.

C'est sur les mémoires des négocians ainsi assemblés, que furent successivement établies, par
arrêts exprès, les chambres de commerce de Lyon,
en 1701, de Rouen, en 1703, de Montpellier,
en 1704, de Bordeaux, en 1705, de la Rochelle,
en 1710, de Lille, en 1714, à Bayonne, en 1726,
à Amiens, en 1761. Nantes & Saint-Malo n'ont
point de chambre de commerce, & leurs fonctions
sont remplies par les juge-consuls, qui corres-
pondent avec les députés de ces villes.

L'objet de ces chambres est d'entretenir une
correspondance suivie avec les députés, pour tout
ce qui intéresse le commerce de la province;
mais c'est une maxime établie que ces députés
ne sont ni les agens, ni les représentans des
chambres de commerce, ou des villes d'où ils ont
été tirés; ils sont censés appartenir au conseil,
& dépendre des ministres du roi, qui les consultent quand ils le jugent à propos. C'est ce qui
est consigné dans deux lettres du ministre des
finances, des 28 février & 21 mars 1781.
Voyez DÉPUTÉS.

Ces chambres peuvent envoyer des mémoires
instructifs sur l'état du commerce, sur les moyens
les plus propres à le faire fleurir, & sur les effets
qu'il peut ressentir de l'augmentation ou de la
création d'un droit, & de toute nouvelle loi
bursale.

Toutes les fois qu'il s'agit de prononcer sur
une contestation qui intéresse une branche de commerce, soit pour la resserrer, soit pour l'étendre,
ou sur l'exécution d'un règlement qui peut la
gêner & l'empêcher de fructifier, le conseil communique les pièces aux députés des chambres du
commerce, qui s'assemblent deux fois par semaine.
Ceux-ci prennent des renseignemens, & remettent
leurs observations; le ministre des finances décide
ensuite.

De toutes les chambres du commerce, celle de
Marseille peut être regardée comme la plus considérable, à cause du commerce du levant, dont
elle est chargée de payer toutes les dépenses,
depuis 1777. La composition de cette chambre a
été réglée par lettres-patentes du 27 novembre
1772.

C'est également à raison du commerce du levant,
que cette chambre se trouve dans le département
du ministre de la marine, quoique toutes les
autres soient dans celui du ministre des finances.
Voyez LEVANT. (Commerce du).

La constitution des *chambres de commerce* les rendant, ainsi que nous l'avons dit, les interprètes des négocians de leur province, & les avocats du commerce général ; c'est par une suite de cette manière de voir, que la *chambre du commerce* d'Amiens a été autorisée par lettres-patentes du 28 novembre 1782, à faire un emprunt de neuf cents trente-quatre mille livres, & à lever pendant vingt ans un octroi destiné à assurer le paiement des intérêts, & le remboursement de ce capital.

Le préambule & le dispositif de cette loi va nous instruire de ses motifs, de l'application des fonds de cet emprunt, & de la quotité des droits qui doivent être perçus dans les ports de Picardie.

« Louis, par la grace de dieu, roi de France » & de Navarre : A nos amés & féaux conseillers » les gens tenant notre cour de parlement à » Paris : Salut. Instruit du mauvais état du port » de Saint-Valery, nous nous occupons depuis » plusieurs années, des moyens de le rétablir, & » même d'en augmenter l'utilité, en y faisant » arriver, & y réunissant dans un seul canal, » les eaux de la rivière de Somme. La *chambre* » *de commerce* d'Amiens reconnoissant les avan- » tages particuliers qui résulteront pour notre » province de Picardie du succès de cette entre- » prise, a consenti à en payer la dépense. En » nous demandant de l'autoriser à faire l'emprunt » nécessaire pour y pourvoir, elle nous a supplié » d'assigner pour un certain nombre d'années, » des fonds suffisans, pour assurer aux prêteurs, » le paiement des arrérages, & le remboursement » des capitaux. Persuadé que la circonstance de » la guerre ne doit pas suspendre les effets de » notre protection pour le commerce, nous avons » favorablement écouté les propositions de ladite » *chambre du commerce.* A ces causes, & autres » à ce nous mouvant, de l'avis de notre conseil » & de notre certaine science, pleine puissance » & autorité royale, nous avons ordonné ; & » par ces présentes signées de notre main, ordon- » nons ce qui suit.

ARTICLE PREMIER.

» Nous avons autorisé & autorisons la *cham-* » *bre du commerce* de Picardie à emprunter, par » le ministère des syndics qui la présidént, ou » de telle autre personne que lesdits syndics » délégueront, la somme de neuf cents trente- » quatre mille livres ; savoir, dans le cours de » l'année 1783, quatre cents cinquante mille » livres ; en 1784, trois cents mille livres ; & » en 1785, cent quatre-vingt-quatre mille livres ; » pour être lesdites sommes versées entre les » mains de la personne choisie par ladite *chambre* » *de commerce*, & uniquement employée au paie-

» ment des ouvrages par nous ordonnés, pour le » rétablissement du port de Saint-Valery.

ART. II.

» Lesdites constitutions de rentes pourront être » faites, même en faveur des étrangers non natu- » ralisés, demeurans en notre royaume, même » de ceux demeurans hors de notre royaume, » pays, terres & seigneuries de notre obéissance ; » encore qu'ils fussent sujets de princes & états » avec lesquels nous pourrions être en guerre. » Voulons, en conséquence, que leurs capitaux » & arrérages soient exempts de toutes lettres de » marque & de représailles, & de droits d'au- » baine qui pourroient nous appartenir.

ART. III.

» Pour assurer le paiement des intérêts dudit » emprunt, & les remboursemens qui devront » être successivement faits des capitaux, nous » ordonnons que, pendant l'espace de douze ans, » à compter de la présente année, il sera assigné » sur les fonds destinés à nos ports maritimes, » une somme de trente mille livres, & une autre » somme de dix mille livres sur ceux réservés aux » canaux de navigation.

ART. IV.

» Notre intention étant, que les travaux à faire » pour le rétablissement du port de Saint-Va- » lery, soient achevés au 1er. octobre 1786, nous » avons autorisé & autorisons la *chambre du com-* » *merce* de Picardie à faire percevoir, depuis » cette époque, jusqu'à celle du 1er. janvier 1803, » sur toutes les marchandises entrant dans les ports » de Saint-Valery, de Crotoy & d'Abbeville, » ou en sortant, les droits énoncés au tarif atta- » ché sous le contre-scel des présentes, à l'excep- » tion néanmoins des effets destinés pour le service » de notre personne, de nos troupes & de notre » marine, qui demeureront exempts de tous » droits.

ART. V.

» Le produit dudit droit établi par l'article » précédent, sera particulièrement affecté au » paiement des intérêts des capitaux qui seront » encore à rembourser, & aux remboursemens » successifs desdits capitaux, de manière qu'ils » soient tous effectués au 1er. janvier 1803, » époque à laquelle nous ordonnons que ledit » droit cessera d'avoir lieu, sauf alors à pourvoir » par nous aux frais d'entretien, suivant que nous » le jugerons convenable. Si vous mandons que » ces présentes vous ayez à faire régistrer, & le » contenu en icelles, garder & exécuter selon

» leur forme & teneur : Car tel eft notre plaifir.
» Donné à Verfailles, le vingt - huitième jour
» de novembre, l'an de grâce mil fept cent
» quatre-vingt-deux, & de notre règne le neu-
» vième. *Signé* Louis. *Et plus bas*, par le roi.
» *Signé* Amelot. Vu au confeil, Joly de Fleury.
» Et fcellées du grand fceau de cire jaune.

» *Regiftrées, ce confentant le procureur-général du*
» *roi, pour jouir par les impétrans de leur effet &*
» *contenu, & être exécutées felon leur forme &*
» *teneur ; à la charge qu'il fera juftifié au procureur-*
» *général du roi, chaque année, tant de l'emploi des*
» *fommes qui auront été empruntées, que du produit*
» *des droits énoncés au tarif, & de l'emploi defdits*
» *droits pour le remboursement des fommes qui auront*
» *été empruntées, fuivant l'arrêt de ce jour. A Paris,*
» *en parlement, le quatorze janvier mil fept cent*
» *quatre-vingt-trois. Signé Dufranc* ».

Tarif de ce que devront payer par quintal, à compter
du premier octobre 1786, jufqu'au premier jan-
vier 1803, les marchandifes ci-après dénommées,
entrant dans les ports de Saint-Valery, de Crotoy
& d'Abbeville, ou en fortant.

A

Acier & fer.	4 f.	d.
Alun.	5	
Amandes.	7	6
Azur.	15	

B

Beurre.	5	
Bois de teinture.	4	
Bois moulu.	15	
Bois de chauffage & fcié un pour cent de la valeur.		
Brai & Goudron.	1	6

C

Cables.	3	
Café.	10	
Cendre, caffaux & potaffe.	5	
Céruse & rouge brun.	7	6
Charbon & meubles.	1	6
Cochenille.	20	
Colle.	7	6
Coton filé & en laine.	15	
Couperofe.	5	

D

Draperies étrangères.	20	
Draperies de France.	15	
Drogues.	20	

E

Eau-de-vie.	5 f.	d.
ou 10 den. la velte.		
Eponges.	15	
Etain & Curcuma.	15	
Etoffes en laines étrangères.	20	
Idem, fabrique de France.	15	

F

Farine allant à l'étranger, 2 fols le baril de 200 liv.		
Fer-blanc.	7	6
Figues & raifins.	5	
Fil de caret, de lin, de chanvre.	5	
Fromage.	5	

G

Garance.	15	
Gomme.	15	
Graine de lin & de colfat.	3	
Graine potagère.	7	6
Graine de luzerne.	7	6

H

Harengs.	4	
ou 12 fols le baril.		
Huile d'olive.	7	6
Huile de poiffon & à brûler.	5	
Huile de vitriol.	15	

I

Indigo.	20	

L

Laines.	15	
Liqueurs.	20	
Litharge.	3	

M.

Morues.	5	
Mine de plomb.	4	

N

Noix de galle.	15	

P

Papier.	10	
Peaux de bœuf, & autres non travail-lées & sèches.	5	
Idem, tannées & mégiffées.	10	
Piment.	10	

Plomb.

Plomb. . . . . 3 f. d.
Poivre. 15
Prune. 4

Q

Quincaillerie. 15

R

Régliffe. 7 6
Riz. 7 6

S

Saumon. 7 6
ou 30 fols la tonne.
Savon. 5
Sel. 3
Sel de Saturne. 15
Sirops. 15
Soude. 7 6
Soufre. 3
Soieries. 20
Sucre raffiné. 10
Sucre brut & mélaffe. 5
Sumac. 5

T

Tartre. 7 6
Toile commune & à voile. 5
Toiles blanchies. 15

V

Verdet. 15
Verres blancs. 5
Verres en bouteilles, 2 fols le cent.
Verres à vitre, 2 fols le pannier de
vingt-quatre plats.
Vin du crû du royaume. 5
Vin de liqueur & vin étranger.. . . 15
Vinaigre. 4

« Toutes les marchandifes non portées au pré-
» fent tarif, paieront cinq fols du quintal, fi
» leur valeur s'élève à quarante livres; au-deffous
» à proportion, jufqu'à un fol fix deniers, & au-
» deffus de quarante livres à proportion, jufqu'à
» vingt fols, fauf les blés à l'importation & expor-
» tation. Fait & arrêté au confeil d'état du roi,
» tenu à Verfailles le vingt-huitième jour de
» novembre mil fept cent quatre-vingt-deux.
» Signé Amelot.

» Regiftré, ce confentant le procureur-général du
» roi, pour jouir par les impétrans de l'effet & contenu
» en icelui, & être exécuté felon fa forme & teneur;
» à la charge qu'il fera juftifié au procureur-général
Finances. Tome I.

» du roi, chaque année, tant de l'emploi des fommes
» qui auront été empruntées, que du produit des droits
» énoncés au tarif, & de l'emploi defdits droits pour
» le remboursement des fommes qui auront été em-
» pruntées, fuivant l'arrêt de ce jour. A Paris, en
» parlement, le quatorze janvier mil fept cent quatre-
» vingt-trois.

CHAMPAGNE, province de France, qui
fait partie des cinq groffes fermes. Elle eft fujette
aux aides, aux gabelles, & à toutes les impofitions que paye le refte du royaume.

On a dit au mot aides, que les droits de ce
genre qui ont lieu dans la généralité de Châlons,
confiftent dans les anciens & nouveaux cinq fols,
dans le fol pour livre aux entrées, dans le gros
à la vente & revente, & enfin dans le huitième
& la fubvention au détail.

Mais comme la perception de ces différens
droits, n'eft pas uniforme dans toute la province,
il eft bon d'indiquer quelles peuvent être les
exceptions.

A Châlons, ainfi qu'à Vertus, le droit des
anciens cinq fols qui s'y perçoit à l'entrée, appartient à l'évêque de Châlons. Le roi n'y jouit
que des nouveaux cinq fols.

Le fol pour livre, dont il fera queftion à fon
rang alphabétique, ne fe perçoit point à Reims
pendant les quatre foires franches qui s'y tiennent;
le feul droit d'augmentation y eft perceptible.
Mais il ne s'y lève point au moyen d'un ancien
abonnement fait avec les habitans, & confirmé par
divers réglemens; notamment par arrêt de la
cour des aides, des 8 juillet & 28 feptembre 1620,
24 janvier 1682, & 8 avril 1628, & l'arrêt du
confeil du 15 mars 1669. Voyez GROS.

Quant aux droits de détail, on verra au mot
huitieme, toutes les différences qu'il comporte
dans fa fixation. Voyez auffi fubvention, qui eft
à-la-fois droit d'entrée du royaume, droit d'entrée
des villes, & droit perceptible fur les vins &
boiffons vendues en détail.

On ne doit pas oublier de faire ici mention des
droits particuliers qui font dûs fur les vins tranfportés hors du royaume par la province de Champagne, & par celle de Picardie, & dans lefquels
font compris les droits du tarif de 1664, ainfi
qu'il eft dit au deux cent trente-huitième article
du bail de Forceville.

Ces droits font la matiere d'un chapitre de
l'ordonnance du 22 juillet 1681, compofé des
quatre articles fuivans.

« I. Nos droits de fortie, compris les trois
» livres pour muid de vin, & cent fols pour
» poinçon, jauge de Champagne, fubvention par
» doublement, & l'augmentation que nous avons
» modérée à treize livres dix fols pour muid,
» mefure de Paris, & fur les autres vaiffeaux à
» proportion, feront levés fur le vin qui fortira

Hh

» de nos généralités d'Amiens, Soiffons & Châ-
» lons, pour entrer dans le pays étranger, ou
» dans nos provinces où les aides n'ont point
·» cours.

» II. Déclarons toutefois le vin qui fortira
» de la généralité d'Amiens, pour Calais &
» Ardres, n'être fujet à notre droit de treize
» livres dix fols,

(On verra au mot *Boulogne*, que le motif de
cette exemption porte fur ce qu'il eft dû un droit
particulier fur les vins à l'entrée de ces villes).

» III. Défendons à tous nos fujets, de quelque
» qualité qu'ils foient, de faire paffer leurs vins,
» pour entrer dans les pays étrangers, ou dans
» nos provinces dans lefquelles nos aides n'ont
» point cours, ailleurs que par les bureaux de
» Torcy, Sedan, Donchery, Mézières & autres
» endroits, le long de la Meufe, jufqu'à Verdun,
» ou par ceux établis dans les généralités de
» Soiffons & Amiens, dans lefquels bureaux nos
» droits feront payés avant l'enlèvement, à peine
» de confifcation & de cinq cents livres d'amende.

» IV. Enjoignons à ceux qui déclareront le
» vin pour les villages de la frontière, de fouf-
» frir la marque des commis fur les futailles,
» lefquelles ils fe foumettront & bailleront cau-
» tion de repréfenter au lieu de la deftination
» par eux déclarée, pendant trois mois, à
» compter du jour de leur arrivée, toutes les
» fois que les gardes & commis du fermier de
» nos droits y feront leurs vifites; & en cas de
» refus de fouffrir les vifites, ou à faute de
» repréfenter les futailles marquées, le vin fera
» réputé forti hors du royaume, & feront con-
» traints, tant les principaux obligés, que les
» cautions folidairement, de payer le double de
» nos droits ».

CHANVRE. f. m. Ce n'eft point de la plante
dont il s'agit, mais de la fubftance filandreufe
que donne fon écorce, & qui s'emploie à faire
des toiles & des cordages.

L'utilité de cette matière première, a engagé
le gouvernement à prendre les précautions qu'il
a jugées propres à en procurer l'abondance dans
le royaume, & à la conferver, afin de fervir d'a-
liment à l'induftrie nationale. Mais on laiffe à
juger fi ces précautions font les plus fûres pour
remplir ces vues.

L'arrêt du 9 décembre 1749, exempte de tous
droits d'entrée les *chanvres* & les lins en maffe;
c'eft-à-dire, non apprêtés, ni filés, qui font importés dans le royaume, fuffent-ils même d'origine angloife, fuivant la décifion du confeil du 7
avril 1753. Mais fi des *chanvres* anglois étoient
apportés fur des bâtimens de la même nation,

alors ils font prohibés, conformément à l'ordre
du confeil du 26 août 1714.

Sous quelque afpeQ que l'on confidère cette
prohibition, on ne peut s'empêcher de voir qu'elle
a échappé à la réflexion. Pourquoi priver l'é-
tat d'une chofe néceffaire, par la crainte d'enrichir fes rivaux! Qu'importe à l'induftrie françoife, que les *chanvres* propres à l'exercer, foient
apportés par des vaiffeaux anglois, ou par d'autres?
Le véritable avantage eft que cette matière foit
abondante; & il fembleroit très-fage d'en attirer
des cargaifons confidérables fur des bâtimens anglois, qui, à coup fûr, ne s'en retourneroient
pas à vuide. La quantité de *chanvre* qui entreroit
en France, feroit un bien pour fes fabriques
de toiles & de cordages. Cette exportation deviendroit, pour l'Angleterre, un mal, puifque
ce feroit autant de perdu pour la main-d'œuvre
de fes fujets.

On a imaginé, en France, d'oppofer au fameux
acte de navigation de l'Angleterre, tout ce qu'on
a cru propre à fe venger de fes effets. Mais la
pofition de ce royaume, fes productions, le génie
& l'induftrie de fes habitans, ne font-elles pas
autant de circonftances différentes, qui lui rendent
nuifible ce qui peut être utile à la Grande-Bretagne? On a cru lui porter grand préjudice, en
multipliant, contre elle, les prohibitions. Elle
les a rendues; &, de part & d'autre, on a excité
la contrebande & le commerce interloppe. Au
refte, il femble que la plus fage des deux nations
devoit du moins examiner la nature & l'ufage
des chofes qu'elle repouffoit.

La prohibition à laquelle font fujets les *chanvres*
apportés fur des bâtimens anglois, eft d'autant
plus furprenante, qu'il n'en fubfifte aucune,
dans ce cas, pour les laines, qui devroient; ce
femble, éprouver le même traitement, & qui
ne font d'un emploi ni plus utile, ni plus général.

» En 1700, dit l'auteur des *Recherches fur les*
» *finances*, un édit, d'une conféquence bien fu-
» nefte, défendit de porter aux étrangers aucuns
» fils écrus ou blanchis, lins, filaffes, *chanvres*,
» de la province de Bretagne.

» Pareille prohibition avoit été faite en 1687;
» mais elle n'eut point alors d'exécution; celle-
» ci fut mieux exécutée, parce que l'on prit de
» plus grandes précautions.

» Nous vendions alors à ces étrangers, beau-
» coup de *chanvres* furabondans, & nos manu-
» factures, même de toiles à voiles, étoient en
» bon état.

» Depuis la défenfe de fortir des *chanvres*, la
» culture diminua d'année en année. Nous avons
» été obligés d'acheter, de la feconde main, des
» *chanvres* du nord, de ces mêmes étrangers qui
» achetoient les nôtres par préférence.

» Ils ont augmenté leurs manufactures ; ils nous
» vendent aujourd'hui des cables & des toiles
» à voiles. Cela devoit arriver ; puisque le re-
» tranchement de la concurrence diminuoit le
» profit de la culture du *chanvre*, il falloit qu'elle
» tombât dans la même proportion.

» Le seul remede, peut-être, seroit d'annoncer
» un ou deux ans à l'avance, la permission de les
» sortir, lorsqu'ils seroient dans le commerce à un
» certain prix, & la prohibition d'en apporter
» d'autres que des colonies ».

Pourquoi cette prohibition ? Il semble qu'il seroit plus simple de faire, pour les *chanvres* & les
lins, ce qui est établi pour les laines ; c'est-à-dire,
de laisser la sortie libre de tous les *chanvres* & lins
apportés de l'étranger. Ce commerce de réexportation produit l'abondance, & de plus a l'avantage de devenir un objet de spéculation très-pré-
cieux pour les négocians, & très-utile pour
occuper & former des matelots.

Les *chanvres* peignés & apprêtés, mais non-
filés, doivent, à l'entrée du royaume, dix-huit
sols par quintal, en conformité de l'arrêt du 17
mars 1773. Ce droit est fondé sur ce que cette
matière a reçu une main-d'œuvre étrangere qui
auroit pu occuper la nation.

Lorsque les *chanvres* sont filés, ils entrent dans
la classe des fils, & sont sujets aux droits imposés
sur cette marchandise.

Les *chanvres* peignés, apprêtés ou filés, tant
blancs que teints, sont exempts de toute espece
de droits à leur circulation ; c'est-à-dire, au
passage d'une province dans une autre, même des
cinq grosses fermes, dans les provinces réputées
étrangeres, & réciproquement de ces dernieres
dans les cinq grosses fermes. Mais l'arrêt du 17
mars 1773, qu'on vient de citer, n'est point une
dérogation à celui de 1764, comme le donne à
entendre l'auteur du *Répertoire universel & raisonné
de jurisprudence*, à l'article *chanvre*. Les dispositions du dernier n'ont rien de commun avec celles
du premier. Cette erreur est venue de ce que
l'on a confondu les provinces réputées étrangeres,
avec celles qui sont traitées comme pays étranger,
& qui véritablement ne jouissent pas d'une communication libre avec le reste du royaume. Le
conseil l'a expressément décidé, par rapport aux
chanvres, le 28 septembre 1764 ; & même, d'après
l'arrêt du 23 juin 1722, les *chanvres*, lins, les
fils non teints, ni blanchis, ne peuvent sortir du
royaume, même avec la destination de Dunkerque.
C'est ce qui a été décidé le 17 mars 1749.

Il ne reste plus qu'à observer encore, que les
chanvres, comme les laines, doivent être accompagnés, à leur importation dans le royaume,
d'un certificat qui justifie qu'ils sont originaires
d'un lieu non situé en Asie. Faute de cette piece,
ces *chanvres* seroient réputés venir du levant,
&, comme tels, assujettis à un droit de vingt

pour cent, établi dans tous les ports du royaume,
pour concentrer exclusivement le commerce du
levant à Marseille ; droit confirmé par les arrêts du
conseil des 11 janvier 1746, & 22 décembre
1750.

CHAPITRE DE COMPTE ; c'est la portion d'un compte, qui contient ordinairement
plusieurs sections, divisées par recette, dépense
& reprise. Chacune de ces sections peut être
composée de différens *chapitres*, afin de répandre
plus d'ordre & de clarté sur l'ensemble.
Voyez COMPTE.

CHARBON. Substance inflammable, dont on
distingue deux espèces ; le *charbon* de bois, & le
charbon de terre. Cette derniere reçoit le nom
de *charbon* de pierre, lorsqu'elle est moins bitu-
mineuse, & qu'elle se trouve à la surface de la
terre, plutôt qu'à une grande profondeur.

On ne fait mention des *charbons*, que parce
que le premier est prohibé à la sortie du royaume,
& que le commerce qui s'en fait à Paris, est
sujet à une police particuliere.

A l'égard des *charbons* de terre & de pierre,
il vient de leur être accordé une réduction de
droits que la prudence & la bonne politique sollicitoient depuis long-tems.

Ce sont les arrêts du conseil des 31 octobre
1722, & 8 mars 1723, qui ont défendu de vendre
des *charbons* de bois aux étrangers, à peine de
confiscation, & de trois mille livres d'amende.
Voyez PROHIBITIONS.

Un arrêt du parlement, du 16 juillet 1776, a
ordonné l'exécution d'un règlement fait en 1755,
par le prévôt des marchands & échevins de la
ville de Paris, pour le commerce du *charbon* de
bois.

Il en résulte, que tous marchands qui font
venir des *charbons* en charrettes, sont tenus de
les faire voiturer en bannes seulement, & non
en sacs, & de les faire conduire par le chemin le
plus court, soit sur le carreau, dans l'isle
Louvier, soit sur la garre établie dans la
demi-lune de la porte saint Antoine, qu'il leur
est défendu d'en vendre & distribuer en route,
& de faire séjourner lesdites voitures & *charbons*,
dans aucun lieu de cette ville & de ses fauxbougs,
sous quelque prétexte que ce soit.

Qu'ils doivent représenter au bureau des communautés des officiers-mesureurs & porteurs de
ladite marchandise, les laissés-passer qui leur
auront été délivrés aux barrieres de cette ville,
le tout à peine, même pour la premiere fois, de
cinq cents livres d'amende, de confiscation desdits
charbons, charrettes, chevaux & harnois, qui
seront à l'instant vendus devant l'hôtel-de-ville.

Que lesdits marchands ne peuvent faire entrer
les charrettes chargées de charbons, que par les

H h ij

barrieres du Trône, de Rambouillet, de la Croix-Faubin, de faint-Denis, de faint-Martin, de la Conférence, de Séve, des Carmes, de faint-Michel, de faint-Jacques, des Gobelins, & de faint-Victor.

Qu'il eft expreffément défendu à tous hôteliers, cabaretiers & aubergiftes, de recevoir chez eux les voitures chargées de *charbon*, à peine de cinq cents livres d'amende.

Que les propriétaires qui ont fait façonner des *charbons* pour leur confommation, font feuls admis de les amener en facs, en fatisfaifant aux formalités preferites pour les provifions du crû ; & dans le cas où ces formalités n'auroient pas été remplies, lefdits *charbons* doivent être conduits fur le carreau de l'ifle Louvier, & vendus au public, fauf à être, les deniers provenans de ladite vente, remis auxdits propriétaires, s'il y a lieu, après la déduction des frais de vente & autres.

Que les marchands qui amenent des *charbons* fur des chevaux, par fommes, peuvent les vendre aux bourgeois & artifans non-regratiers, par les rues & dans le jour de leur arrivée feulement, à peine de cent livres d'amende.

Qu'enfin, les regratiers ou revendeurs dans les rues, ne peuvent acheter des *charbons* de ceux qui en conduifent en facs fur des chevaux, à peine de cent livres d'amende, & d'interdiction de regrat.

Pour inviter à la recherche, ainfi qu'à l'exploitation des mines de *charbon* de terre & de pierre, & favorifer leur confommation, l'arrêt du 5 février 1761, exempte cette matière de tous droits à la circulation ; ceft-à-dire, au paffage d'une province dans une autre.

Le *charbon* de terre, aux entrées de Paris, étoit fujet à un droit de vingt-un à vingt-deux livres par voie, pefant deux mille trois cents à deux mille quatre cents livres, fuivant l'arrêt du 30 mai 1741, ce qui nuifoit à fa confommation. En la favorifant, c'étoit encourager la recherche des mines dans le royaume, & ménager la confommation du bois & du *charbon* de bóis, dont on peut appréhender la difette. Ces vues ont été remplies par l'arrêt du confeil du 16 mars 1683, qui a réduit ces droits à huit livres, pour ceux deftinés à la confommation de Paris, & à quatre livres, pour ceux qui feront amenés dans la banlieue de Paris, compris les dix fols pour livre. Les motifs de cette réduction portent, fur ce que les droits qui fe perçoivent fur les *charbons* de terre entrans dans la ville de Paris & la banlieue, font trop confidérables, à proportion de la valeur de cette matière, dont l'ufage n'eft pas moins utile aux habitans, qu'il eft néceffaire aux différentes manufactures & fabriques.

En même tems, l'arrêt du confeil du 19 du même mois, preferit les formalités qui doivent être remplies pour l'exploitation des mines de *charbon* de terre, dans tout le royaume, & donne une inftruction fur les précautions à prendre dans les travaux de cette exploitation.

CHARGE, f. f. qui a plufieurs acceptions : l'une fimple, qui fignifie un poids, un fardeau ; l'autre figurée, par laquelle on défigne une place, un office, une redevance, une dette, qui, dans le fait, entraînent des devoirs, des obligations, & donnent aux facultés de l'ame un exercice femblable à celui que reçoivent les forces du corps, d'une maffe qui pèfe fur lui.

Dans le nombre des fignifications du mot *charge*, nous diftinguerons, 1°. les *charges-offices*, qu'on peut regarder comme une portion de la puiffance publique, aliénée moyennant une finance.

2°. Les *charges* publiques, qui font les impofitions que paient les fujets de l'état.

Parmi les *charges*-offices, il ne faut pas confondre les *charges* de judicature, qui font une portion de l'autorité fouveraine, avec celles qui ont été des malheureux enfans de la néceffité, dont les titulaires avoient des fonctions relatives à la police de certains arts & métiers, ou de quelque branche de commerce : tels font les *charges* d'écrivains à la peau, de barbiers-perruquiers-étuviftes & contrôleurs des perruques, de contrôleurs-courtiers & commiffionnaires de vin, contrôleurs-courtiers de volaille, contrôleurs-marqueurs de papier, de commiffaires-planchéyeurs-débacleurs pour le nettoiement des quais & ports de Paris, contrôleurs-effayeurs des ouvrages d'étain, contrôleurs-effayeurs-vifiteurs des huiles, infpecteurs-mefureurs de pierres de taille, de moëllons & chaux, vifiteurs-contrôleurs de toute forte d'eaux fpiritueufes, vérificateurs des lettres-de-voitures, d'infpecteurs à l'emplacement & au déchirement des bateaux, d'auneurs-vifiteurs de draps, de toiles, de vendeurs-vifiteurs de foin apporté à Paris, de pourvoyeurs-vendeurs d'huitres à l'écaille dans la ville de Paris, à la fuite de la cour, & en Normandie, &c. &c. &c.

Voyez OFFICES.

Quant aux charges qui compofent la première divifion, il convient d'analyfer ce qui a été dit fur leur vénalité, d'examiner quels en font les effets.

Cette vénalité, dit l'illuftre auteur de l'*Efprit des-loix* ; (*édition in-*12, *tome* 1, *pag.* 142), ne doit pas fe trouver dans les états defpotiques, où il faut que les fujets foient placés & déplacés dans un inftant par le prince.

« La vénalité eft bonne dans les états monar-
» chiques, parce qu'elle fait faire comme un mé-
» tier de famille, ce qu'on ne voudroit pas en-
» treprendre pour la vertu ; qu'elle deftine chacun
» à fon devoir, & rend les ordres de l'état plus
» permanens.

» Platon ne peut fouffrir cette vénalité ; c'eft,

» dit-il, comme fi, dans un navire, on faifoit
» quelqu'un pilote, ou matelot, pour fon argent.
» Seroit-il poffible que la règle fût mauvaife
» dans quelqu'autre emploi que ce fût de la vie,
» & bonne feulement pour conduire une répu-
» blique? Mais Platon parle d'une république
» fondée fur la vertu, & nous parlons d'une
» monarchie.

» Or, dans une monarchie, ou quand les
» charges ne fe vendroient pas par un règlement
» public, l'indigence & l'avidité des courtifans
» les vendroient tout de même; le hafard donnera
» de meilleurs fujets que le choix du prince ».
Les Recherches fur les finances offrent des réflexions qui entrent dans l'efprit de Montefquieu,
& nous apprennent tout ce qui fe paffa relativement aux charges, dans l'affemblée des états-généraux, tenue en 1714.

» Quoique, à Athènes, les riches feuls puffent
» occuper certaines places; quoique à Rome il
» fallût l'être, pour arriver aux grands honneurs,
» on fe contentera de remarquer que, dans les
» monarchies où le prince eft la fource de tout
» pouvoir, la vénalité & l'hérédité des charges
» n'eft point dangereufe pour la tranquillité pu-
» blique.

» Suivant quelques hiftoriens, elle a eu lieu
» affez publiquement, fans néanmoins être auto-
» rifée, fous la première race de nos rois, fous
» la feconde, & bien avant fous la troifième,
» entr'autres fous le règne de faint Louis.

» Le haut prix des charges eft, entre les mains
» du prince, un gage de la fidélité des titulaires.
» Comme ils font intéreffés au maintien du repos
» public, on doit compter fur leur vigilance à
» exercer la portion d'autorité qui leur eft con-
» fiée. On doit convenir qu'en général les riches
» reçoivent une meilleure éducation, qu'ils ont
» plus de dignité & de défintéreffement, parce
» qu'ils font à portée de prendre des principes
» de conduite, des exemples de probité & des
» leçons d'honneur, dans les livres qui leur
» paffent entre les mains dès l'âge le plus tendre.
» Mais fi ces riches manquent à leurs devoirs,
» ils peuvent être auffi facilement punis que s'ils
» ne l'étoient pas.

» D'ailleurs, cette vénalité des charges eft la
» fource d'un impôt utile à l'état, fans être
» onéreux au peuple.

» Il eft vrai que les parties cafuelles ne rendent
» pas tout ce qu'elles devroient produire; mais
» c'eft une réforme toujours facile à faire. La loi
» faifit, au profit du prince, l'office dont le titu-
» laire meurt fans avoir payé l'annuel, fixé au
» centième denier. Cette rigueur extrême eft pré-
» cifément ce qui fauve les coupables.

» Une veuve, des mineurs, font des objets
» touchans; il eft toujours honnête d'employer
» pour eux, la faveur & les follicitations. La

» charge eft taxée fi modérément, qu'avec les di-
» minutions d'ufage, le roi retire rarement, des
» contraventions, le montant des arrérages dûs
» fur le centième denier.

» Cette facilité, que la compaffion juftifie en
» quelque forte, mais abufive dans le fond, en-
» gage beaucoup de pourvus de charges à ne pas
» payer ce droit régulièrement. Qu'on établiffe
» une proportion entre la peine & la faute, il
» fera moins facile d'éviter l'une, & l'autre fera
» moins commune.

» Si le roi ordonnoit qu'à la mort d'un titu-
» laire, dont la charge lui eft dévolue, on feroit
» obligé de préfenter les quittances du centième
» denier, depuis la poffeffion; & que ce qui fe
» trouveroit dû feroit payé au double, fans qu'il
» fût permis d'accorder de modération fous au-
» cun prétexte, il eft conftant que les coupables
» feroient moins plaints, & que le miniftère, à
» l'abri des importunités, pourroit augmenter
» d'un tiers le revenu de cette partie ».

On peut voir au mot annuel, que ce parti a été
adopté par les lettres-patentes du 27 février 1780,
enrégiftrées au parlement le 29 du même mois,
qui accorde le rachat du centième denier des
charges, pendant huit ans, à ceux qui paieront
ce droit pour fix années, avant le premier octobre
1780; & leur fait remife, tant du paiement du
centième denier qui a été omis dans les années
précédentes, que de la peine qu'ils avoient encourue par cette omiffion.

Au furplus, ces réflexions fur la vénalité des
charges, peuvent fe terminer par une obfervation
importante: « c'eft que fi elle n'avoit pas lieu,
» le nombre des perfonnes qui s'y deftineroient
» feroit beaucoup plus grand. On fait cependant
» combien il importe à la chofe publique, que
» les claffes d'hommes qui vivent aux dépens des
» autres, fans apporter de nouvelles valeurs dans
» l'état, foient reftreintes à la proportion qu'exige
» la néceffité.

» En regardant néanmoins la vénalité & l'hé-
» rédité des charges néceffaires comme utiles, on
» doit convenir qu'il le feroit encore davantage
» d'en reftreindre le nombre exceffif.

» Ce fut l'objet des demandes formées par les
» états affemblés en 1614. Toutes les charges
» portoient alors de gros gages & des attributions
» de droits confidérables, en raifon de leur pre-
» mière finance, parce qu'étant créées, pour la
» plupart, dans des tems de befoin, on avoit peu
» difputé fur le prix de l'argent, pourvu qu'il en
» vînt, & parce que l'intérêt légal avoit diminué
» depuis.

» Il étoit donc affez facile de fupprimer celles
» qu'on pouvoit regarder comme inutiles. Toute
» charge eft cenfée une aliénation du domaine,
» puifqu'elle eft un exercice de la puiffance qui
» réfide toute entière dans le fouverain. En partant

» de ce principe, rien de plus juſte que de rem-
» bourſer les titulaires ſur le pied de la premiere
» finance ; c'eſt ce que l'on propoſa ; mais deux
» projets différents furent préſentés pour faire
» ce rembourſement.

» Une compagnie de traitans s'offrit de rem-
» bourſer d'année en année, la première finance
» des offices, à condition qu'ils pourroient les
» faire exercer pendant douze ans, par un nombre
» ſuffiſant de perſonnes, & qu'ils jouiroient pen-
» dant ce tems, de tous les gages, de toutes les
» attributions de droits & taxations appartenans
» aux *charges* ſupprimées, & en outre, qu'on
» rétabliroit, en leur faveur, les cinquante ſols
» diminués par chaque minot de ſel, pour en
» jouir pendant douze ans.

» Ces propoſitions furent diſcutées aux états,
» & rejetées par le tiers-ordre, comme ſuſpectes,
» & pouvant ouvrir la porte à une infinité de
» vexations de la part des traitans. Il repréſenta
» qu'il convenoit mieux que le roi eût ſeul le
» profit de ce remboursement, que les ſommes
» étoient trop fortes pour les particuliers, puiſ-
» que la valeur des *charges* étoit de deux cents
» millions.

» On ne s'accorda guere mieux ſur le ſecond
» projet, qui étoit de faire rembourſer la moitié
» des *charges*, par les titulaires anciens, ſur le
» pied de la finance, ſans néanmoins aucune
» augmentation de gages.

» Le tiers-ordre trouvoit injuſte, qu'un homme
» dont preſque tout le bien étoit entré dans l'ac-
» quiſition d'une *charge*, au prix courant, en
» fût dépoſſédé au moyen d'un léger rembour-
» ſement.

» C'eſt ainſi que chacun parle du bien, ſans
» le vouloir véritablement ; on trouve des ſacri-
» ficateurs, mais point de victimes qui ſe dévouent
» à la patrie. C'eût pourtant été un grand bon-
» heur, que le prince eût pris ſur lui, de com-
» mettre cette prétendue injuſtice, ne fût-ce que
» pour dégoûter la nation de cette manie des
» *charges*, vrai tombeau de la population, de
» l'induſtrie & des finances.

» Lorſqu'on voudra introduire cette réforme ſi
» néceſſaire, il eſt un moyen toujours aſſuré d'y
» arriver ſans le tems, en n'admettant point au
» paiement du centième denier annuel des *charges*
» qu'on voudroit ſupprimer, & dans un certain
» nombre d'années, elles ſeront, la plupart, ren-
» trées aux parties caſuelles ».

En 1617, une aſſemblée des notables fut con-
voquée à Rouen, pour délibérer ſur les moyens
de redonner de la vie & du mouvement au commerce. « Il y fut queſtion encore de l'hérédité
» & de la vénalité des *charges*. La propoſition du
» roi à ce ſujet eſt remarquable. Elle porte que
» la plus utile réformation qui ſe puiſſe apporter
» à l'état, eſt la réduction & la ſuppreſſion des

» charges, d'en ôter la vénalité, par la multitude
» deſquels officiers, les peuples ſont divertis de
» la marchandiſe, du labourage & autres actions
» utiles à l'état, pour s'affainéantir en des *charges*
» la plupart inutiles, ou y rechercher de l'exer-
» cice, en mangeant & dévorant le peuple.

» Le roi remarquoit que cet abus ne pouvoit
» être réformé ſans un grand fond, pour ſuppléer
» aux parties caſuelles. Mais l'aſſemblée ne trouva
» point d'expédiens propres à ſeconder l'exécu-
» tion de ces vues ».

Il réſulte de ce qui vient d'être dit, que la
multiplicité des *charges* inutiles, eſt vraiment un
malheur pour l'état, parce qu'il n'en eſt aucune
à laquelle il ne ſoit attaché des attributions, des
droits qui ſe lèvent ſur le peuple ; mais que la
vénalité & l'hérédité des *charges* néceſſaires pour
rendre la juſtice & maintenir l'ordre public, ſi
elles ont des inconvéniens, ont auſſi des avantages qui, tout conſidéré, emportent la balance.

CHARGES PUBLIQUES. On doit prévenir
ici, que tout cet article eſt tiré de l'édition in-4°.
de l'encyclopédie de 1778, dans laquelle il eſt
donné ſous le nom de M. Boullanger, ingénieur
des ponts & chauſſées, auteur de pluſieurs ouvrages
eſtimés, mort des ſuites de ſon amour exceſſif
pour les lettres, & de ſon acharnement à l'étude.

Nous parlerons aux articles reſpectifs, des
charges publiques & impoſitions Nous nous contenterons, dans celui-ci, de faire connoître celle
qu'on appelle *vingtieme*.

Dans cette acception particuliere, ce mot exprime une portion de revenu que tous les citoyens
donnent à l'état, pour ces beſoins publics, & dont
la quotité eſt déterminée par ſa propre dénomination.

Cette maniere de contribuer aux *charges* de la
ſociété eſt fort ancienne ; elle a plus de rapport
qu'aucune autre à la nature des obligations contractées envers elle par les citoyens : elle eſt auſſi
la plus juſte, la moins ſuſceptible d'arbitraire &
d'abus.

Il paroît, au rapport de Plutarque, que c'eſt
ainſi que les Perſes aſſeyoient les impôts. Darius,
père de Xercès, dit-il, ayant fixé les ſommes que
les peuples devoient payer ſur leurs revenus, fit
aſſembler les principaux habitans de chaque province, & leur demanda ſi ces ſommes n'étoient
point trop fortes ; moyennement, répondirent-ils.
Auſſi-tôt le prince en retrancha la moitié. Les
peuples ſeroient heureux ſi le prince règloit ainſi
ſes beſoins ſur les leurs.

Les tributs ſe levoient, à Athenes, dans la
proportion du produit des terres ; le peuple étoit
diviſé en quatre claſſes. La première, compoſée
des *pentacoſiomédiſmnes*, qui jouiſſoient d'un revenu
de cinq cents meſures de fruits liquides ou ſecs,
& payoient un talent.

Ceux de la feconde claffe, nommés *chevaliers*, qui n'avoient que trois cents mefures de revenu, payoient un demi-talent.

Les *ʒeugites*, qui formoient la troifieme claffe, & qui ne poffédoient que deux cents mefures de revenu, donnoient dix mines, où la fixieme partie d'un talent.

Enfin les *thetes*, qui avoient moins que deux cents mefures de revenu, & qui compofoient la quatrieme claffe, ne payoient rien.

La proportion de ces taxes entre elles n'étoit pas, comme on le voit, dans le rapport des revenus entre eux, mais dans celui de ce qui doit refter de franc au contribuable pour fa fubfiftance; & cette portion exempte étoit eftimée la même pour tous. On ne penfoit pas alors que pour être plus riche on eût plus de befoins; il n'y avoit que le fuperflu qui fût taxé.

A Sparte, où tout étoit commun, où tous les biens appartenoient à tous, où le peuple, & non pas fes officiers, étoit l'état, & ne payoit perfonne pour le gouverner ni pour le défendre, il ne falloit point d'impôts; ils auroient été fuperflus & impoffibles à lever: les métaux précieux en étoient profcrits, & avec eux l'avarice qu'ils produifent, & les diffenfions qu'elle entraîne. Tant que la pauvreté gouverna Sparte, Sparte gouverna les nations: les plus opulentes y venoient chercher des légiflateurs.

Jufqu'à Conftantin, qu'on appelle *le grand*, les tributs, dans l'empire romain, confifterent principalement dans des taxes fur les fonds: elles étoient fixées au dixieme & au huitieme du produit des terres labourables, & au cinquieme de celui des arbres fruitiers, des beftiaux, &c. On levoit encore d'autres contributions en nature, en grains, & en toutes fortes de denrées que les peuples étoient obligés de fournir, indépendamment des taxes en argent qui fe nommoient *daces*.

Dans prefque tous les gouvernemens actuels de l'Europe, & principalement dans ceux qui font agricoles, la plus grande partie des impôts eft également affectée fur les terres. L'ufage de les lever par vingtieme du produit, fubfifte encore en Artois, en Flandre, dans le Brabant, & il paroît qu'il a lieu de même dans la plupart des provinces qui compofoient autrefois l'ancien duché de Bourgogne. On y paie un, deux, trois, quatre, & jufqu'à cinq vingtiemes, fuivant que les befoins & la volonté du fouverain l'exigent.

En France, il y a des impôts de toutes les efpeces: fur les terres, fur les perfonnes, fur les denrées & les marchandifes de confommation, fur l'induftrie, fur les rivieres, fur les chemins, & fur la liberté de les pratiquer. On y perçoit auffi le vingtieme, ou les vingtiemes des revenus des citoyens; ces impofitions n'y font établies que par extraordinaire; elles étoient inconnues avant 1710. Louis XIV ordonna le premier la levée

du dixieme, avec celle de la capitation, qui n'a point été fupprimée depuis. Le dixieme l'a été après la derniere guerre que ce prince eut à foutenir. Sous la régence du duc d'Orléans, on voulut le remplacer par le cinquantieme, qui n'a point duré. En 1733, & à toutes les guerres fuivantes, le dixieme a toujours été rétabli & fupprimé. Enfin, en 1750, le vingtieme y fut fubftitué pour l'acquittement des dettes de l'état, & il en a été levé jufqu'à trois pendant la guerre commencée en 1756, entre cette couronne & l'Angleterre.

En traitant de cet impôt, je me fuis propofé d'entrer dans quelques détails fur la nature & l'obligation des *charges publiques*. Il eft peu de matiere plus importante que cette partie de l'adminiftration politique. Ce n'eft pas pour la multitude. Le peuple n'y voit que la néceffité de payer; l'homme d'état, que le produit; le financier, que le bénéfice. Le philofophe y voit la caufe de la profpérité ou de la ruine des empires, celle de la liberté ou de l'efclavage des citoyens, de leur bonheur ou de leur mifere. Il n'eft point d'objet plus intéreffant pour lui, parce qu'il n'en eft point de fi prochain de l'humanité, & qu'il ne peut être indifférent fur tout ce qui le touche de fi près.

Avant que d'examiner ces diverfes fortes de tributs ou de droits qui font en ufage, & de développer les inconvéniens ou les avantages qui réfultent de leurs différentes natures, & des diverfes manieres de les lever, je montrerai,

1°. Que les *charges publiques* font d'autant plus juftes & d'autant plus légitimes, qu'elles font fondées fur les conventions fociales, & que l'exiftence & la confervation des fociétés en dépendent.

2°. Qu'elles font un tribut que lui doivent tous les citoyens, des avantages dont ils jouiffent fous fa protection.

3°. Qu'elles ont pour objet le bien général de la république, & le bien individuel de chacun de ceux qui la compofent.

4°. Que ne pouvant fe gouverner par elle-même, la fociété a befoin d'une puiffance toujours active, qui la repréfente, qui réuniffe toutes fes forces & la mette en mouvement pour fon utilité; que cette puiffance eft le gouvernement, & que chaque citoyen, en lui fourniffant la contribution particuliere des forces qu'il doit à la fociété, ne fait que s'acquitter de fes obligations envers elle & envers lui-même.

5°. Enfin, que la fociété ou le gouvernement qui la repréfente, a droit d'exiger en fon nom cette contribution; mais que fa mefure doit être l'utilité publique & le plus grand bien des particuliers, fans qu'elle puiffe être excédée, fous aucun prétexte légitime.

I. Il en eft du paffage des hommes de l'état de nature à l'état civil, comme de leur extraction du néant à l'exiftence; c'eft la chofe du monde dont on parle le plus & qu'on entend le moins. Ce paſſage s'eſt-il fait par une tranſition ſubite & remarquable, ou bien s'eſt-il opéré par des changemens graduels & inſenſibles, à meſure que les hommes ont ſenti une meilleure maniere d'être & l'ont adoptée, qu'ils ont apperçu les inconvéniens de leurs uſages, & les ont rectifiés ?

A en croire l'exemple de tous les peuples, & même ce qu'on voit de nos jours, c'eſt ainſi que les ſociétés ſe ſont inſtituées & perfectionnées. Les Ruſſes étoient un peuple avant le règne du czar Pierre : les changemens prodigieux que le génie de ce grand homme produiſit dans ſa nation, en ont fait un peuple plus policé, mais non pas nouveau.

Les Goths, avant leurs conquêtes, vivoient en communauté, & pratiquoient les grands principes d'humanité, qui ſemblent ſe détruire à meſure que les hommes ſe civiliſent ; la bienfaiſance & l'affection qu'ils avoient pour les étrangers, leur fit donner, par les Allemands, le nom de Goths, qui ſignifie bons. Ils l'étoient en effet, tandis que le reſte de l'Europe gémiſſoit dans la déſolation & la barbarie, où la violence & l'oppreſſion des gouvernemens les plus policés l'avoient plongée. On voit Théodoric, l'un de leurs premiers rois, faire règner, en Italie, les loix & la juſtice, & donner le modèle d'un gouvernement équitable & modéré. C'eſt dommage qu'on ait à lui reprocher la mort de Symmaque & de Boëce, qu'il fit périr injuſtement ſur de faux rapports ; ils étoient philoſophes, il falloit bien qu'ils fuſſent calomniés auprès du prince.

Ces peuples, & tant d'autres, ne reſſemblent plus à ce qu'ils ont été ; mais ils n'ont fait que ſe civiliſer davantage. Chez les nations ſauvages les plus voiſines de l'état de nature qu'on ait découvertes, on trouve une ſorte d'union qui eſt certainement le germe d'un état de ſociété plus parfait que le tems & l'habitude pourroient développer ſans le ſecours de l'exemple. L'hoſpitalité que ces nations exercent avec tant de piété, prouve qu'elles ſentent le beſoin qu'ont les hommes les uns des autres. Ce beſoin eſt la ſource du droit naturel, & l'état de nature eſt lui-même un état de ſociété régie par ce droit. Enfin, le penchant d'un ſexe vers l'autre, qui n'eſt continu que dans l'eſpèce humaine ſeulement ; & la longue imbécillité de l'enfance, réclament évidemment contre cette opinion d'un état originaire abſolument iſolé & ſolitaire, que la forme actuelle des ſociétés ne prouve pas plus que la coordination de l'univers ne ſuppoſe le néant.

Quoi qu'il en ſoit, & de quelle maniere qu'elles ſoient parvenues à l'état où nous les voyons, les ſociétés civiles ont un principe fondamental, d'autant plus inconteſtable, qu'il eſt & ſera toujours celui des ſociétés ſubſiſtantes, ſous quelque forme qu'elles exiſtent.

Ce principe eſt la défenſe & la conſervation commune pour laquelle chacun s'eſt aſſocié, & d'où émanent les obligations des citoyens entre eux, de tous envers la ſociété, & de la ſociété envers tous.

Ces obligations conſiſtent, de la part des citoyens, à unir toutes leurs forces pour en conſtituer la puiſſance générale, qui doit à ſon tour être employée à les protéger & à les conſerver. Tel eſt le but des ſociétés ; chacun mettant ſa force en commun, l'augmente de celle des autres, & aſſure ſa propre exiſtence de l'exiſtence entiere du corps politique dont il ſe rend partie.

Il ſuit que la ſociété n'étant formée que de l'union des forces de tous, chacun lui doit ſa part de la ſienne. Par force, je n'entends pas ſeulement la qualité phyſique que l'on déſigne ordinairement ſous ce nom, mais toute la puiſſance, tant phyſique que morale, dont jouiſſent les hommes, comme êtres & comme citoyens. Sous cette union totale des membres qui le compoſent, & de toute leur puiſſance, le corps politique ne peut pas plus exiſter qu'un tout ſans partie : ainſi, dans cette aſſociation, chacun appartient à tous, & tous appartiennent à chacun.

Par cet engagement, je ne veux pas dire que chaque citoyen ait renoncé à ſa propriété perſonnelle, ni à celle de ſes poſſeſſions, & qu'elles ſoient devenues les propriétés du public. Je ſuis bien éloigné d'inſinuer de pareilles maximes. Cette renonciation ſeroit contraire à l'eſprit du pacte ſocial, dont la fin eſt de les conſerver ; elle ſeroit même préjudiciable, & non avantageuſe à la ſociété.

Les Romains, qui formerent la république la plus puiſſante du monde connu, ne permirent jamais que le gouvernement, en ce qui n'intéreſſoit pas l'ordre & la ſûreté publique, eût aucun droit ſur leurs perſonnes ni ſur leurs biens. Ils en jouirent avec la plus grande franchiſe, & dans toute l'étendue des droits qui donnent le titre de propriété ; c'eſt ce qu'ils appelloient, poſſéder, OPTIMO JURE, ou jus quiritium, qui ne fut aboli que ſous Juſtinien, & que Cicéron recommande d'obſerver à ceux qui gouvernent. « La princi- » pale choſe (dit-il, de off.) à quoi ils doivent » prendre garde, c'eſt que le bien de chaque » particulier lui ſoit conſervé, & que jamais » l'autorité publique ne l'entame ».

Mais ſes biens, & leurs perſonnes, n'en étoient que plus dévoués à la république : lorſqu'il s'agiſſoit de ſa défenſe, de ſa gloire ou de ſon utilité, chacun voyoit alors ſon intérêt particulier dans l'intérêt général. La liberté eſt un bien ineſtimable ; & plus on peut perdre, plus on a de zèle pour ſe défendre. Auſſi, pendant longtems, les armées romaines, compoſées de citoyens ſans ſolde, n'étoient, s'il eſt permis de s'énoncer de la ſorte, que des armées de confédérés ; dont chacun, ſans dépendre des autres, ſupportoit à

ſes

fes frais toutes les dépenfes & les fatigues de la guerre.

Cela prouve qu'en confervant dans toute fon intégrité ce droit inviolable & primitif qu'ont les citoyens fur eux-mêmes, & fur tout ce qui leur appartient, ils ne s'impofent que plus fortement l'obligation d'en fournir à l'état tout ce qui eft néceffaire pour fon maintien & fa confervation ; enforte que, quand cette obligation ne feroit pas déja contractée par les conventions du contrat focial, elle réfulteroit de l'intérêt individuel des membres qui l'ont foufcrit, qui fe trouve, en ce point, dans une dépendance réciproque, & dans un rapport mutuel avec l'intérêt commun.

Mais j'ai montré que l'union civile n'a, pour objet que l'inftitution de la puiffance générale. Les *charges publiques* d'où elle tire fon exiftence font donc légitimes, puifqu'elles conftituent cette puiffance qui fait la confervation de la fociété, & par conféquent celle des individus qui la compofent ; juftes, puifqu'elles font communes à tous, & que chacun s'eft néceffairement foumis aux conditions qu'il a impofées aux autres.

II. A la juftice & à la légitimité des *charges publiques*, il faut ajouter qu'elles font encore un tribut que tous les citoyens doivent à la fociété, des avantages qu'elle leur procure. N'eft-ce pas fous la fauve-garde de la puiffance commune, ou du corps politique, qu'ils jouiffent de la liberté civile, tant pour leurs perfonnes que pour leurs biens ?

Dans l'origine, ce tribut étoit de tout ce que poffédoient les citoyens, & encore de leur fervice perfonnel. Alors les forces générales, trop bornées, exigeoient la réunion de toutes les forces particulieres. A mefure que les fociétés fe font étendues, leur puiffance s'eft accrue de toute celle des individus qui s'y font joints, & leurs richeffes des plus grands efpaces de terrein qu'elles ont occupé. La totalité des forces individuelles n'a plus été néceffaire pour la défenfe & la fûreté commune ; il a fuffi d'en fournir une partie pour former la puiffance générale & fuprême : c'eft à quoi fe font réduites les obligations de tous envers tous.

Ce tribut fe leve fous différentes formes & différens noms ; mais ce changement n'en a pas produit dans fa nature. C'eft toujours la même contribution de forces que tous les citoyens fe font engagés de fournir pour le maintien du corps politique, dont ils font les parties : d'où l'on voit que perfonne n'en peut être affranchi, & que toutes immunités, toutes exemptions qui en difpenfent, font nulles par le droit primordial & inaltérable de chaque citoyen contre tous, & de tous contre chacun ; qu'elles font autant d'attentats à la fûreté publique & l'union fociale,

dont la deftruction réfulteroit du progrès de ces exemptions.

Ce feroit bien pis, fi ceux qui en jouiffent poffédoient la plus grande partie des biens de l'état ; fi, ne contribuant en rien au maintien de la fociété, ils profitoient feuls de tous fes avantages, & n'en fupportoient pas les charges. De tels citoyens n'en pourroient être regardés que comme les ennemis, dont l'état ne pourroit trop hâter la ruine, s'il vouloit éviter la fienne.

Mais nous aurons occafion de parler ailleurs des dangers de cet abus. Après avoir établi la légitimité, l'obligation & la juftice des *charges publiques*, montrons qu'elles n'ont pour objet que le bien général de la communauté, & l'avantage particulier de ceux qui la compofent.

III. Les fociétés font entr'elles, ce qu'on fuppofe qu'étoient les hommes avant qu'elles fuffent formées, c'eft-à-dire, en état de guerre ; mais cet état eft bien plus réel & plus général depuis que le droit de quelques-uns à tout a été fubftitué à celui de tous, & que l'ambition, les paffions d'un feul ou de plufieurs, & non pas le befoin ou l'appétit phyfique individuel peut déterminer l'attaque & forcer à la défenfe.

Cet état de guerre univerfel & continuel, oblige chaque gouvernement civil, dont la principale fonction eft d'affurer le repos public, à être perpétuellement en garde contre fes voifins. Il faut entretenir, fur les frontieres, des troupes toujours prêtes à s'oppofer aux invafions qu'ils pourroient tenter fur fon territoire. Souvent même la défenfe oblige de faire la guerre, foit pour repouffer l'attaque, foit pour la prévenir.

La conftitution des états anciens, leur étendue bornée, n'exigeoient pas les immenfes & ruineufes précautions que l'on prend, à cet égard, dans le fyftême actuel de d'Europe, & qui n'y laiffent pas même jouir des apparences de la paix. Le gouvernement pouvoit veiller fur toutes les dépendances de la république, en raffembler les forces avec facilité, & les porter avec promptitude partout où la défenfe étoit néceffaire. On n'y employoit point de troupes mercenaires, on n'y tenoit point des armées innombrables toujours fur pié ; l'état n'auroit pu fuffire à leur dépenfe, & elles auroient mis la liberté publique en danger ; les citoyens défendoient la patrie & leurs poffeffions.

Rome ne fut plus libre dès que Marius y eut introduit des troupes foudoyées. Il fut poffible de les acheter, & la république eut bientôt un maître.

Le gouvernement féodal fut détruit quand l'ufage des mêmes troupes s'établit parmi les nations qui fe fonderent fur les ruines de l'empire Romain. La puiffance ne peut être long-tems partagée, lorfque le falaire & les récompenfes d'une multitude dépendent d'un feul.

Ces nouveaux ufages difpenférent les citoyens du fervice militaire ; mais ils les affujettirent aux contributions néceffaires pour l'entretien de ceux qui le font pour eux. Leur tranquillité, celle de l'état, & la confervation de leurs biens en dépendent. Les charges qu'ils fupportent pour cet objet, procurent donc le bien général & leur avantage particulier.

Mais les ennemis du dehors ne font pas les feuls que la fociété ait à craindre ; il faut encore qu'une police exacte affure fon repos intérieur & celui de fes membres, enforte qu'elle ne foit point troublée par des factions, & qu'ils foient en fûreté, eux & leurs poffeffions, fous la puiffance des loix.

L'égalité des conditions & des fortunes, qui prévient les effets également funeftes de l'ambition des riches & du défefpoir des pauvres, étoit très-favorable à cette tranquillité. Par-tout où les hommes font heureux & libres, ils font nombreux & tranquilles. Pourquoi ne le feroient-ils pas ? On ne veut changer fa condition que quand elle ne peut devenir plus pénible. C'eft donc moins par des règlemens & des punitions, que par l'équité & la douceur du gouvernement, que l'on maintiendra la paix dans l'état, & la concorde parmi les citoyens ; c'eft en faifant règner la juftice, la vertu & les mœurs, qu'on en fera la profpérité.

La multiplicité des loix produit la multiplicité des infractions & des coupables. Lycurgue fit peu de loix, mais il donna des mœurs à fa patrie, qui la conferverent & la rendirent long-tems puiffante. *Et in republica corruptiffima plurimæ leges*, dit Tacite.

Il eft dangereux fur-tout qu'il en exifte que les citoyens croient devoir préférer, qui contrarient les loix civiles, & qui aient fur eux une plus grande autorité. Les chrétiens d'Irlande, ceux de la ligue, & tant d'autres les méconnurent & perdirent tous fentimens naturels & toute affection fociale, dès que la fuperftition leur en ordonna le mépris, & que le fanatifme leur commanda de s'égorger.

Quand Montefquieu avance, contre Baile, que » de véritables chrétiens feroient des citoyens » éclairés fur leurs devoirs, & qui auroient un » très-grand zèle pour les remplir ; qu'ils fen- » tiroient très-bien les droits de la défenfe natu- » relle ; que plus ils croiroient devoir à la reli- » gion, plus ils penferoient devoir à la pa- » trie, &c. » Montefquieu dit des chofes vraies, quoiqu'elles paroiffent difficiles à concilier avec les idées de quelques peres de l'églife. Tertulien voulant juftifier les chrétiens des vues ambitieufes qu'on leur imputoit, & dont il eût été plus rai- fonnable de les foupçonner fous Conftantin, s'ex- prime ainfi : « Nous ne pouvons pas combattre » pour défendre nos biens, parce qu'en recevant » le baptême nous avons renoncé au monde & à » tout ce qui eft du monde ; ni pour acquérir » les honneurs, croyant qu'il n'y a rien qui nous » convienne moins que les emplois publics ; ni » pour fauver nos vies, car nous en regardons la » perte comme un bonheur. » *Nobis omnis gloria, & dignitatis ardore frigentibus*, &c. (Tert. ap.).

Cette doctrine n'eft certainement pas propre à faire des défenfeurs de la patrie ; mais c'eft celle de Tertulien, qu'il fera toujours poffible de ramener à un fentiment plus conforme à l'intérêt public, par la diftinction qu'on a faite tant de fois, des préceptes & des confeils, des ordres pour l'établiffement du chriftianifme, d'avec le chriftianifme même.

Or, par ces diftinctions, tout fe réduit à la morale de l'évangile : & qu'eft-elle autre chofe que la morale univerfelle gravée dans tous les cœurs par la nature, & reconnue dans tous les hommes par la raifon ?

Celui qui aura les vertus fociales, fans être d'aucune fecte, fera un homme jufte & raifonnable, pénétré des devoirs que la nature & fon état de citoyen lui impofent, fidèle à les remplir, & à rendre tout ce qu'il doit à l'humanité & à la fociété dont il fait partie.

Mais ne faites aucune diftinction des tems, & confondez les confeils avec les préceptes, & le même homme ne fera plus qu'un étranger exilé fur la terre, où rien ne peut l'attacher. Enivré des félicités éternelles, il n'a garde de s'occuper de ce qui les lui feroit perdre. Le meilleur citoyen fera partagé entre cet intérêt qui le dominera, & celui de fa patrie. C'eft beaucoup encore s'il les balance ; lequel préférera-t-il ? Pour contribuer au maintien & au repos de la fociété civile, dont il eft le membre, pour remplir fes engagemens envers elle & fes femblables, facrifiera-t-il le bonheur infini qui l'attend dans la patrie célefte, & rifquera-t-il en le perdant, de s'expofer à des malheurs auffi longs ? Pour obtenir l'un & éviter l'autre, il abjurera, dans fon enthoufiafme, toutes vertus humaines & fociales.

« Cette attente des biens ineffables d'une autre » vie, dit un philofophe, doit déprimer la va- » leur & ralentir la pourfuite des chofes paffa- » geres de celle-ci. Une créature poffédée d'un » intérêt fi particulier & fi grand, pourroit » compter le refte pour rien, & toute occupée » de fon falut éternel, traiter, quelquefois, » comme des diftractions méprifables & des af- » fections viles, terreftres & momentanées, les » douceurs de l'amitié, les loix du fang & les » devoirs de l'humanité. Une imagination frap- » pée de la forte, décriera peut-être les avan- » tages temporels de la bonté, & les récompenfes » naturelles de la vertu ; élevera jufqu'aux nues » la félicité des méchans, & déclarera, dans les

» accès d'un zèle inconfidéré, que *fans l'attente* » *des biens futurs, & fans la crainte des peines* » *éternelles, elle renonceroit à la probité, pour fe* » *livrer entiérement à la débauche, au crime & à* » *la dépravation ; ce qui montre que rien ne fe-* » *roit plus fatal à la vertu qu'une croyance in-* » *certaine & vague des récompenfes & des châ-* » *timens à venir.* » (*Effai fur le mérite & la vertu*) : on peut ajouter qu'elle ne l'eft pas moins à la tranquillité & à la confervation des empires. Elle doit réduire les plus gens de bien à la cruelle alternative d'être irreligieux ou dénaturés, & mauvais citoyens.

Mais qu'on ne dife pas que la religion exige cet abandon total & funefte des devoirs humains. Si on lit : *Et omnis qui reliquerit dominum, vel fratres, aut patrem, aut matrem, aut filios, aut agros, propter nomen meum, centuplum accipiet & vitam æternam poffidebit.* (*Matth.* ch. *xix*, *v. 29*, & *Luc, ch. xiv*). *Si quis venit ad me & non odit patrem fuum, & matrem, & uxorem, & filios, & fratres, & forores, adhuc autem & animam fuam, & venit poft me, non poteft meus effe difcipulus.* Il eft conftant que ces paroles s'adreffent princi-palement à ceux que J. C. appelloit à l'apoftolat, qui exige en effet tous les facrifices.

Prétendre y affujettir indiftinctement tout le monde, c'eft transformer la fociété en un mo-naftère ; & l'on eft alors en droit de demander qui eft-ce qui retiendra les hommes, quelle auto-rité les empêchera d'être dénaturés & indifférens à toute liaifon fociale, & que deviendra la ré-publique, fi, pour fe rendre plus digne encore des récompenfes qui font promifes, on vit éloigné du commerce légitime des femmes, & fi, pour accélérer fa ruine par une plus prompte deftruc-tion de l'efpèce, les jeûnes & les macérations fe joignent aux infractions de toutes les loix naturelles & civiles ?

La fociété ne peut fubfifter fans l'union des forces de tous ceux qui la compofent ; que de-viendra-t-elle fi, comme il feroit prefcrit, & comme l'exigeroit l'importance de la chofe, ils étoient uniquement occupés du foin de leur falut ; s'ils vivoient ainfi qu'ils le devroient, felon Tertulien, dans l'abnégation de tout in-térêt public, dans la contemplation & l'oifiveté, & refufant tout travail qui feul produit les ri-cheffes & la puiffance du corps-politique ?

Les anciens ne déifioient que les hommes qui avoient rendu des fervices fignalés à la patrie ; par-là ils invitoient les autres à lui être utiles. Quand donc pour foumettre les peuples à des opinions deftructives, le magiftrat emploie la force, dont il n'eft dépofitaire que pour en faire ufage à leur profit, c'eft un homme qui prête fon épée à un autre pour le tuer, ou qui s'en fert pour s'affaffiner lui-même.

Salus populi fuprema lex efto. Les gouvernemens

les plus ftables & les plus heureux ont été ceux où rien n'a prévalu fur cette maxime, où la loi civile a été la feule règle des actions des hommes, où tous y ont été foumis, & n'ont été foumis qu'à cela. Le véritable intérêt du gouvernement & de la cité, eft que tout citoyen faffe le bien, & qu'il foit jufte envers les autres & lui-même ? Les citoyens fe font garantis réciproquement leur confervation temporelle & civile ; voilà ce qu'il importe à tous que chacun rempliffe.

Denis, le fléau de la Sicile, fait mourir un Marcias qui avoit rêvé qu'il l'affaffineroit. Je le conçois, Denis étoit un tyran ; mais qu'a-voient rêvé ces Vaudois, de qui le feigneur de Langey marquoit à François Ier : « Ce font » des gens qui depuis trois cents ans ont défriché » des terres, & en jouiffent au moyen d'une rente » qu'ils font aux propriétaires, & qui, par un » travail affidu, les ont rendues fertiles ; qui font » laborieux & fobres ; qui, au lieu d'employer » leur argent à plaider, l'emploient au foulage-» ment des pauvres ; qui paient réguliérement » la taille au roi, & les droits à leurs feigneurs ; » dont les fréquentes prieres & les mœurs inno-» centes témoignent qu'ils craignent Dieu ? »

Qu'avoient fait, dis-je, ces citoyens vertueux, fidèles & laborieux, pour être maffacrés avec des cruautés qu'on ne peut lire, dans le P. de Thou, fans être faifi d'horreur & de compaffion ? Et le fouverain qui eut le malheur d'y foufcrire, qu'étoit-il ? Hélas ! un homme rempli, d'ailleurs, des qualités les plus eftimables, mais indignement trompé par la fuperftition, & aveuglé par le fa-natifme.

Une chofe qui mérite d'être remarquée, & que je ne crois pas l'avoir encore été, c'eft que, dans l'impoffibilité de nier enfuite l'atrocité de ces crimes, ceux qui en font les auteurs, ofent y ajouter celui d'en accufer la politique des princes. C'eft par elle, difent-ils, que des mil-lions d'hommes ont été exterminés ; c'eft à tort qu'on l'impute à l'abus qu'ont fait de la religion, ceux qui ont commis tous ces excès. Un de ces apologiftes du crime, qui, pour applaudir aux dé-teftables fureurs de leurs femblables, tremperoient, fans remords, leur plume dans le fang humain qu'ils ont fait couler, n'a pas craint d'outrager en même tems la nature & les fouverains, en foutenant cette coupable affertion dans un ouvrage qui excite l'indignation, & qui auroit certainement attiré fur l'auteur la vengeance publique, fi cet auteur n'avoit prudemment quitté un pays dont il n'au-roit pas dépendu de lui que le fol ne fût encore jonché des cadavres de fes habitans. *Voyez l'apol-logie de la S. Barthelemi, par l'abbé de Caveyrac.*

Sans doute la vraie religion condamne ces meurtres abominables ; mais comme ce n'eft pas de celle-là dont il s'agit, c'eft une fourberie d'au-tant plus criminelle de vouloir en difculper ceux

qui en ont abufé aux dépens de la puiffance civile, que c'eft rendre les fouverains odieux, en
rejetant fur eux des horreurs dont ils ne font
pas coupables.

L'intérêt a dit que les préjugés religieux
étoient utiles, même néceffaires aux peuples ; la
ftupidité l'a répété, & on l'a cru. Si le vol n'é-
toit point puni par la loi civile, ils ne le répri-
meroient pas plus qu'ils répriment l'adultère,
qu'ils condamnent auffi fortement, & qu'ils menacent des mêmes peines. Il faut donc d'autres
opinions pour que les républiques foient heureufes
& tranquilles ; car, fans doute, elles ne fauroient
l'être avec des citoyens injuftes & méchans.

On lit dans l'*Efprit des loix :* « Il ne faut pas
» beaucoup de probité pour qu'un gouvernement
» monarchique, ou un gouvernement defpotique,
» fe maintienne & fe foutienne. La force des
» loix dans l'un, le bras du prince toujours
» levé dans l'autre, règlent ou contiennent tout ;
» mais dans un état populaire, il faut un reffort
» de plus, qui eft la vertu. »

Cette propofition, prife dans un fens ftrict &
étroit, ne paroîtroit ni jufte, ni favorable au
gouvernement monarchique ; & c'eft avec raifon
que M. de Voltaire a remarqué que la vertu eft
d'autant plus néceffaire dans ce gouvernement,
qu'il y a plus de féduction que dans tout autre.

Mais celui qui a dit ailleurs, « les mœurs
» du prince contribuent autant à la liberté que
» les loix ; il peut, comme elles, faire des
» hommes, des bêtes, & des bêtes, des hommes ;
» s'il aime les ames libres, il aura des fujets ;
» s'il aime les ames baffes, il aura des efclaves :
» veut-il favoir le grand art de règner ? qu'il
» approche de lui l'honneur & la vertu ; qu'il
» appelle le mérite perfonnel ; qu'il gagne les
» cœurs ; mais qu'il ne captive point l'efprit. »
Celui, dis-je, qui a fi bien fenti le pouvoir &
l'utilité de la vertu, n'a pas pu penfer qu'elle
fût moins néceffaire dans un endroit que dans un
autre : quelle différence y a-t-il entre le glaive
de la loi, & celui dont le prince eft armé ? L'un
& l'autre menacent, & l'obéiffance qui en réfulte
eft également l'effet de la crainte. Si elle produit
la tranquillité dans les états defpotiques, c'eft
que les hommes abrutis y ont perdu le fentiment
de leur dignité, & jufqu'à celui de leur exiftence ;
ce font, pour me fervir d'une expreffion dont on
ne peut augmenter l'énergie, des corps morts
enfevelis les uns auprès des autres ; mais par-tout
ailleurs, la crainte ne produira jamais qu'une
tranquillité incertaine & inquiete ; elle eft à l'ame
ce que les chaînes font au corps ; l'un & l'autre
tendent fans ceffe à s'en délivrer.

La loi menaçoit-elle moins après Céfar,
Tibere, Caïus, Néron, Domitien ? *Si pourtant
les Romains devinrent plus efclaves, c'eft que tous
les coups portèrent fur les tyrans, & aucun fur la*

tyrannie. L'empire en fut-il plus affermi ? Les
progrès de fon affoibliffement fuivirent ceux de
la perte de la vertu. Ce qui rendit Rome incapable de recevoir la liberté, lorfque Silla la lui
offrit, rendit les Romains incapables de fentir
leur efclavage, & les empêcha de défendre &
de foutenir l'empire ; toute l'autorité de la loi
n'en put empêcher la perte, comme elle n'avoit
pu empêcher celle de la vertu & des mœurs.

La politique des Grecs ne connoiffoit rien de
fi puiffant que la vertu pour foutenir les républiques. En vain commandera la loi, & la force
avec elle ; elle n'affurera point le repos ni la
durée de l'état, fi c'eft la crainte & non l'amour
de la juftice qui fait obferver fes ordonnances.
Lorfque les Athéniens fouffrirent que Démétrius
de Phalere les fît dénombrer dans un marché
comme des efclaves ; lorfqu'ils combattirent avec
tant de peines & fi peu de courage contre Philippe, ils étoient auffi nombreux que lorfqu'ils
défendoient feuls la Grece contre le grand monarque de l'Afie, & qu'ils firent tant d'autres actions héroïques ; mais ils étoient moins vertueux
& moins touchés des chofes honnêtes. Une nation
qui fait des loix pour condamner à mort quiconque propofera d'employer à un autre ufage
l'argent deftiné pour les fpectacles, prépare fes
mains aux fers, & n'attend que l'inftant de les
recevoir pour les porter.

Dans tous les tems, & dans tous les gouvernemens, on a dit, *point de monarque fans nobleffe,
point de nobleffe fans monarchie.* J'aimerois mieux
dire, *point de monarchie fans mœurs, point de
mœurs fans un gouvernement vertueux.*

Tout eft perdu quand l'or eft le prix de tout ;
quand le crédit, la confidération, les dignités &
l'eftime de fes femblables font devenus le lot des
richeffes. Qui eft-ce qui préférera la vertu, le
jufte, l'honnête, aux defirs d'en acquérir, puifque
fans elles on n'eft rien, & qu'avec elles on eft
tout ? *Quis enim virtutem amplectitur ipfam, præmia fi tollas ?* Alors ce n'eft plus le mérite des
actions qui détermine à les faire ; c'eft le prix
qu'elles vaudront. A Rome, les couronnes triomphales & civiques, c'eft-à-dire, les plus illuftres,
étoient des feuilles de laurier & de chêne ; les
autres étoient d'or. Quoi donc ! ceux qui obtenoient les premieres n'étoient-ils pas affez récompenfés d'avoir augmenté la gloire de leur patrie,
ou d'en avoir fauvé un citoyen ? Mais ce n'eft plus
ce qui touche, & ce ne font plus des couronnes
qu'il faudroit ; ce font des monceaux d'or. Il eft
fi vrai que quand il refte des mœurs à un peuple,
c'eft l'honneur feul qui le touche, que les couronnes de lierre que Caton fit diftribuer, furent
préférées aux couronnes d'or de fon collegue ;
c'eft que fi la couronne eft d'or, elle a perdu fa
valeur.

Le luxe exceffif, en dépravant les mœurs &

multipliant les befoins à l'excès, a produit cette avidité fi funefte à la vertu & à la profpérité des empires. Comment fatisfaire à des fuperfluités fi vaftes, avec une récompenfe honorable ? Les marques de diftinction, l'eftime de fes concitoyens font déprifées ; on veut étonner par fa magnificence, & non pas faire admirer fa vertu : on veut dépouiller la confidération avec fes habits, comme Hérodote difoit que les femmes dépouilloient la honte avec la chemife.

Ce n'eft ni la raifon, ni l'expérience, mais le dérèglement du luxe même, qui a énoncé cette maxime répétée avec tant de complaifance, qu'un grand luxe eft néceffaire dans un grand état. Caton l'ancien foutenoit qu'une cité, où un poiffon fe vendoit plus cher qu'un bœuf, ne peut fubfifter ; & Caton avoit raifon : tous les défordres naiffent de celui-là, & il n'en eft point qui, pris à part, ne doive caufer la perte des états.

Pour ne point parler ici que de celui de ces défordres, qui eft le plus analogue au fujet que je traite, que de maux ne réfulte-t-il pas de l'excès des impôts dont on eft obligé d'écrafer les peuples pour fuffire à l'avidité de ceux qui ne connoiffent de grandeur & de bien que leurs énormes fuperfluités !

Ces gens faftueux ne favent pas ce que coûte de gémiffemens la dorure qui les couvre : allez donc, hommes fomptueufement pervers, orgueilleux inhumains, allez dans cette chaumiere, voyez-y votre femblable exténué par la faim, n'ayant plus la force de défendre la fubfiftance qu'on lui arrache pour en galonner l'habit de vos valets : femblable à Saturne, ou plutôt à des bêtes féroces encore, vous dévorez les enfans de l'état. Si toute affection naturelle eft éteinte en vous, fi vous l'ofez, fans mourir de douleur, regardez ces victimes innocentes de vos débordemens, pendues à un fein que vous avez flétri par la mifere ; vous les nourriffez de fang, & vous en faites verfer des larmes à leurs meres : vous répondrez à la nature de la deftruction de tant d'êtres qui ne voient le jour que pour être immolés à votre meurtriere opulence ; vous lui répondrez de tous ceux qui n'auront pas été produits, & des poftérités dont vous aurez caufé la perte, en deffechant, par le befoin, les fources de la génération dans ceux par qui elles doivent être engendrées.

Mon deffein n'eft pas de porter plus loin, pour le préfent, ces réflexions fur les effets du luxe. Je n'examinerai pas non plus jufqu'à quel point il peut être néceffaire ; mais je croirai toujours que dans tout état bien adminiftré, qui par l'étendue, la pofition & la fertilité de fon fol, produit abondamment au-delà de tous les befoins, fa mefure doit être la confommation du fuperflu ; s'il l'excede, c'eft alors un torrent que rien ne peut arrêter. Je développerai plus loin ces idées.

Les loix ne réprimeront pas plus le luxe que les mœurs ; la cenfure put bien les maintenir à Rome tant qu'il y en eut, mais elle ne les y auroit pas rétablies, quand la dépravation les eût détruites. La vertu ne s'ordonne point ; c'eft l'exemple & l'eftime qu'on lui accorde qui la font aimer, & qui invitent à la pratiquer. Si le prince ne diftingue que le mérite perfonnel, s'il n'accueille que ceux qui font honnêtes & modeftes, les hommes le deviendront. Sous les Antonins, il eût été difficile d'être pervers & faftueux ; il le feroit encore fous un prince de nos jours, qui a fait fi jufte titre, & par tant de qualités réunies, l'admiration de l'Europe, après l'avoir étonnée.

Avec de quoi fuffire feulement au néceffaire, il eft rare de fonger au fuperflu ; le goût de la dépenfe & des voluptés ne vient qu'avec les moyens d'y fatisfaire : ces moyens ont deux fources originaires & principales ; les richeffes qui s'acquièrent aux dépens des revenus publics, & celles que procurent les bénéfices du commerce.

Mais le commerce des fuperfluités, qui feul produit des gains affez confidérables pour exciter le luxe, fuppofe un luxe préexiftant, qui lui a donné l'être. Ainfi les gains du commerce qui l'entretiennent & l'accroiffent, ne font que des moyens fecondaires & acceffoires ; la mauvaife économie des revenus publics en eft la première caufe, comme elle eft auffi celle qui fournit à fa fubfiftance.

Une adminiftration fage & bien réglée, qui ne permettroit aucunes déprédations dans la recette & dans la dépenfe de fes revenus, qui ne laifferoit aucune poffibilité à ces fortunes immenfes, illégitimes & fcandaleufes, qui fe font par leur maniement, tariroit, fans autre règlement, la fource & les canaux du luxe ; comme il s'augmente toujours en raifon double, triple, quadruple & davantage de fes moyens, les profits du commerce lui deviendroient bientôt infuffifans ; les richeffes du fifc ne fervant plus à renouveller celles qu'il diffipe, il fe confumeroit lui-même, & finiroit par fe détruire, ou du moins fe modérer : les grands feuls fe foutiendroient par oftentation ; mais ce feroit, au plus, l'affaire d'une génération ; celle qui la fuivroit ne feroit point en état d'en avoir ; ils ne laifferoient que des defcendans ruinés, & peut-être n'y auroit-il pas grand mal : plus rapprochés des autres citoyens, ils en fentiroient mieux la reffemblance qu'ils ont avec eux, & que les richeffes font méconnoître à leurs poffeffeurs. Solon difoit : *Que celui qui a diffipé fon bien, foit roturier.*

Il n'y auroit pas à douter de l'efficacité de ces moyens, fur-tout fi on y joignoit l'exemple, & que tout ce qui eft augufte fût fimple. Dans les gouvernemens fages, on n'a pas été moins attentif à réprimer le luxe de la fuperftition, que celui de la vanité : les loix de Licurgue & de Platon font admirables à cet égard.

L'excès de la magnificence du culte public, excite celle des particuliers. On veut toujours imiter ce qu'on admire le plus. Quand on dit que cette magnificence est néceffaire pour infpirer au peuple la vénération qu'il doit avoir pour l'objet de fa croyance, on en donne une idée bien mefquine. Il me femble que les premiers chrétiens en avoient une plus grande. Origène dit qu'ils faifoient peu de cas des temples, des autels ; c'est en effet au milieu de l'univers qu'il faut adorer celui qu'on croit l'auteur de tous les efpaces, de tous les corps & de tous les êtres ? un autel de pierre, élevé fur la hauteur d'une colline, d'où la vue fe perdroit au loin dans l'étendue d'un vafte horizon, ne feroit-il pas plus augufte & plus digne de fa majefté, que ces édifices humains où fa puiffance & fa grandeur paroiffent refferrées entre quatre colonnes ?

Le peuple fe familiarife avec la pompe & les cérémonies, d'autant plus aifément, qu'étant pratiquées par fes femblables, elles font plus proches de lui, & moins propres à lui en impofer ; bientôt elles deviennent un fimple objet de curiofité, & l'habitude finit par les lui rendre indifférentes. Si la finaxe ne fe célébroit qu'une fois l'année, & qu'on fe raffemblât de divers endroits pour y affifter, comme on faifoit aux jeux olympiques, elle feroit bien d'une autre importance parmi ceux qui pratiquent ce rite. C'est le fort de toutes chofes, de devenir moins vénérables en devenant plus communes, moins merveilleufes en vieilliffant.

D'ailleurs, les richeffes enfouies dans les tréforeries font entièrement perdues pour la fociété, &, pour les peuples qui les fourniffent, une furcharge de plus, dont ils ne tirent aucune utilité : on pouvoit ôter du moins l'habillement d'or que Périclès fit faire pour la Pallas d'Athènes, afin, difoit-il, de s'en fervir dans les befoins publics.

Ainfi le luxe, quel que foit fon objet, eft fatal à la profpérité publique & à la fûreté des fociétés. La pureté des mœurs eft fans doute leur plus ferme appui ; mais quand il feroit poffible d'en prévenir la dégradation générale, il eft des créatures malheureufement nées, pour qui il faut un frein plus fort ; & l'honnêteté publique ne fuffiroit pas, fans la crainte des loix & des peines qu'elles prononcent, pour contenir les malfaiteurs.

La fûreté commune & particuliere exige des magiftrats qui veillent fans ceffe à l'exécution des loix : pour que la vie ne foit point à la merci d'un affaffin, pour que les biens ne foient point la proie d'un raviffeur, il faut qu'une police exacte & continuelle écarte les brigands des cités & des campagnes : pour vaquer à fes affaires & communiquer dans tous les endroits où elles obligent de fe tranfporter, les routes doivent être commodes, fûres : on a pratiqué de grands chemins & bâti des ponts à grands frais ; ce n'eft point affez : fi on ne les entretient, & avec eux des troupes pour les garder, on ne pourra les fréquenter fans rifquer la perte de fa vie, ou celle de fa fortune. Il faut enfin, dans chaque lieu ou chaque canton, des juges civils qui vous protégent contre la mauvaife foi d'un débiteur, ou celle d'un plaideur injufte, & qui vous garantiffent des entreprifes du méchant.

Pour empêcher la corruption de l'air & les maladies qui en réfulteroient, il faut maintenir la propreté dans les villes, & pratiquer en un mot une infinité de chofes également utiles & commodes pour le public ; comme il eft l'unique objet de ces précautions, il eft jufte qu'il en fupporte la dépenfe. La contribution que chacun y fournit, a donc encore pour principe & pour effet l'avantage général & l'utilité particuliere des citoyens.

IV. Nous avons dit que toute fociété avoit pour caufe fondamentale de fon inftitution, la défenfe & la confervation commune de tous, & celle de fes membres en particulier ; nous venons de voir par combien de refforts toujours agiffans, les forces de l'état font dirigées vers cette fin : mais l'état n'eft qu'un être abftrait qui ne peut faire ufage lui-même de fes forces, & qui a befoin d'un agent pour les mettre en action au profit de la communauté. La fociété ne peut veiller elle-même fur fa confervation & fur celle de fes membres. Il faudroit qu'elle fût inceffamment affemblée ; ce qui feroit non-feulement impraticable, mais même contraire à fon but. Les hommes ne fe font réunis & n'ont affocié leur puiffance, que pour jouir individuellement d'une plus grande liberté morale & civile ; & puis une fociété qui veilleroit fans ceffe fur tous fes membres, ne feroit plus une fociété ; ce feroit un état fans peuple, un fouverain fans fujets, une cité fans citoyens. Le furveillant & le furveillé ne peuvent être le même : fi tous les citoyens veilloient, fur qui veilleroient-ils ? Voilà pourquoi tous ceux qui ont écrit, avec quelques principes, fur la politique, ont établi que le peuple avoit feul la puiffance légiflative, mais qu'il ne pouvoit avoir en même tems la puiffance exécutrice. Le pouvoir de faire exécuter par chacun les conventions de l'affociation civile, & de maintenir le corps politique dans fes rapports avec fes voifins, doit être dans un continuel exercice. Il faut donc introduire une puiffance correfpondante où toutes les forces de l'état fe réuniffent, qui foit un point central où elles fe raffemblent, & qui les faffe agir felon le bien commun ; qui foit enfin le gardien de la liberté civile & politique du corps entier, & de chacun de fes membres.

Le pouvoir intermédiaire eft ce qu'on appelle

gouvernement, de quelque espèce ou forme qu'il puisse être ; d'où l'on peut conclure évidemment que le gouvernement n'est point l'état ; mais un corps particulier constitué pour le régir suivant ses loix.

Ainsi l'administration suprême, sans être l'état, le représente, exerce ses droits, & l'acquitte envers les citoyens de ses obligations ; sans puissance par elle-même, mais dépositaire de la puissance générale, elle a droit d'exiger de tous la contribution qui doit la former ; & chacun, en satisfaisant aux charges que le gouvernement impose à cet égard, ne fait que s'acquitter envers lui-même & envers la société, du tribut de ses forces, qu'il s'est engagé de lui fournir, soit en s'unissant pour la former, soit en restant uni, pour la perpétuer & vivre en sûreté sous la protection des armes & des loix.

V. Mais la somme des besoins publics ne peut jamais excéder la somme de toutes les forces ; elle ne peut même pas être égale ; il n'en resteroit plus pour la conservation particuliere des individus : ils périroient, & l'état avec eux.

Une conservation générale qui réduiroit les particuliers à une existence misérable, ressembleroit à celle d'un être dont on décharneroit les membres pour le faire vivre : ce seroit une chimere. Si elle exige au-delà du superflu de leur nécessaire, quel intérêt auroient les peuples à cette conservation, qui les anéantiroit ? Celle de soi-même est le premier devoir que la nature impose aux hommes, & même l'intérêt de la société. Le gouvernement qui n'est établi que pour la garantir & rendre la condition de chacun la meilleure qu'il est possible, condition pourtant qui doit varier sans cesse, suivant les circonstances, ne peut rien exiger de préjudiciable à cette conservation individuelle, qui lui est antérieure, mais seulement ce qui est indispensable pour l'assurer en tout ce qui doit y contribuer, autrement il agiroit contradictoirement à la nature & à la fin de son institution.

Ces idées du pouvoir exercé sur les citoyens, au nom de la société, ne sont point arbitraires ; il est impossible de s'en former aucune des sociétés, sans avoir celles-ci en même tems. Plus la liberté va se dégradant, plus elles s'obscurcissent ; où l'autorité est absolue, & par conséquent illégitime, elles sont entiérement perdues ; c'est-là qu'on voit la querelle absurde de l'estomac avec les membres, & la ligue ridicule des membres contre l'estomac ; là les chefs commandent & ne gouvernent point. De-là vient que, dans les états despotiques, tout le monde se croit capable de gouverner, & qu'on immole jusqu'à l'honnêteté, à l'ambition d'y parvenir. Avec le pouvoir de la faire exécuter, il ne faut avoir qu'une volonté ; & qui est-ce qui en manque, quand il s'agit de prédominer les autres ?

Si on ne voyoit dans les dignités du ministere, que les sollicitudes continuelles qui en sont inséparables ; que l'étendue & la multiplicité des pénibles devoirs qu'elles imposent ; que la supériorité des talens & l'universalité de connoissances qu'il faut pour les remplir ; si ce n'étoit enfin l'envie de dominer & d'acquérir des richesses qui le fît desirer ; loin de les rechercher avec tant d'avidité, il n'y a personne qui ne tremblât de succomber sous un fardeau si pesant. Il n'y a pas un visir qui voulût l'être.

C'est une terrible charge que d'avoir à répondre à tout un peuple de son bonheur & de sa tranquillité. Séleucus en sentoit le poids, lorsqu'il affirmoit que si l'on savoit combien les soins de gouverner sont laborieux, on ne daigneroit pas ramasser un diadême, quand on le trouveroit en chemin ; & Roquelaure disoit une chose de grand sens à Henri IV, lorsqu'il lui répondoit que pour tous ses trésors, il ne voudroit pas faire le métier que faisoit Sully.

Ce n'est point en effet, comme quelques-uns l'ont pensé, parce qu'il y a des êtres qui sont particuliérement destinés par la nature à marcher sur la tête des autres, qu'il y a des sociétés civiles & des gouvernemens. Grotius & ceux qui ont osé avancer avec lui cette proposition aussi absurde qu'injurieuse à l'espèce humaine, ont abusé de ce qu'Aristote avoit dit avant eux. Nul n'a reçu de la nature le droit de commander à son semblable ; aucun n'a celui de l'acheter, & l'esclave qui s'est vendu hier en a si peu le pouvoir, que, dans le droit naturel, s'il avoit la force de le soutenir, il pourroit dire aujourd'hui à celui qui l'a acheté, qu'il est son maître.

On déplore le joug que la raison & la vérité ont porté dans tous les tems, quand on lit, dans Grotius : « Si un particulier peut aliéner sa li- » berté & se rendre esclave d'un maître, pour- » quoi tout un peuple ne le pourroit-il pas ? » On s'afflige d'entendre cet homme de bien & de génie affirmer, « que tout pouvoir humain n'est » point établi pour le bonheur de ceux qui sont » gouvernés. » Non sans doute si c'est par le fait qu'il en juge ; mais dans le droit, quel seroit donc le motif qui auroit déterminé les hommes à se soumettre à une autorité, si le bonheur commun n'en avoit été l'objet ?

Aristote a dit qu'ils ne sont point naturellement égaux, que les uns naissent pour l'esclavage, les autres pour dominer ; mais il n'en falloit pas conclure que l'esclavage fût de droit naturel ; il falloit expliquer la pensée d'Aristote par la diversité des facultés que la nature accorde aux hommes : les uns naissent avec plus d'élévation dans le génie, & des qualités plus propres à gouverner ; les autres avec le besoin de l'être, & des dispositions à se laisser conduire. C'est ainsi que, suivant l'illustre auteur de l'*Essai sur l'histoire générale*, la maréchale d'Ancre répondit à ses juges, qu'elle avoit gouverné Catherine de Médicis, par le pouvoir que les ames fortes doivent avoir sur les foibles ; & que ce beau génie dans tous les genres, fait encore dire à Mahomet, dans la tragédie de ce nom, qu'il veut dominer par *le droit qu'un esprit vaste & ferme en ses desseins, a sur l'esprit grossier des vulgaires humains*.

Tels sont les uniques droits naturels d'autorité sur ses semblables ; les autres dépendent des conventions civiles , & on ne sauroit soupçonner qu'elles aient eu pour objet l'esclavage de la société.

Ce gouvernement étrange, où le prince est un pâtre & le peuple un troupeau, où l'on outrage la nature continuellement & de sang-froid, le despotisme, enfin, ne fut jamais inspiré par elle ; les hommes en ont eu l'exemple & non pas l'idée.

Après que les hommes eurent imaginé des êtres d'une espèce au-dessus de la leur, à qui ils attribuerent des effets dont ils ignoroient les causes, ils en firent leurs souverains, & il dut leur paroître plus naturel de s'y soumettre qu'à leurs semblables, de qui ils n'avoient ni les mêmes maux à craindre, ni les mêmes biens à espérer.

Les tems de l'enfance de l'espèce humaine, c'est-à-dire, ceux où elle a été reproduite dans la nature, ou bien toutes les fois que les sociétés se sont renouvellées, après avoir été détruites par l'antiquité ; ces tems, dis-je, ont été ceux de la parfaite égalité parmi les hommes : la force y dominoit, mais on pouvoit la fuir, si on ne pouvoit y résister. Ainsi la premiere sujettion générale dut être à l'autorité des dieux. Ce n'est que le tems & l'habitude de voir exercer en leurs noms cette autorité par un homme, qui ont pu vaincre la répugnance naturelle du pouvoir de quelques-uns sur tous.

La preuve que les premiers qui tenterent de s'arroger ce pouvoir, ne s'y croyoient pas autorisés par eux-mêmes, ni que les autres fussent disposés à leur obéir, c'est que tous les législateurs primitifs, ont eu recours à quelque divinité pour faire recevoir, sous ses auspices, les loix qu'ils donnerent aux peuples qu'ils instituerent. On trouve dans les traditions des plus anciennes nations du monde, le règne des dieux & des demi-dieux ; &, comme dit Montaigne, toute police à un dieu à sa tête.

Le chef n'en étoit que le ministre ; il annonçoit ses volontés, transmettoit ses ordres, & n'en donnoit jamais de lui-même. Souvent ces ordres étoient cruels, & un savant antiquaire a judicieusement remarqué que la théocratie a poussé la tyrannie au plus horrible excès où la démence humaine puisse parvenir.

Insensiblement les représentans du monarque

divin se mirent à sa place ; ils n'eurent qu'un pas à faire, on s'accoutuma à les confondre ; ils resterent en possession du pouvoir absolu qu'ils n'avoient fait jusqu'alors qu'exercer, comme fondés de procuration.

Mais cette erreur des peuples sur leurs despotes, qui, pour l'être davantage, laissoient subsister les apparences de la théocratie, pouvoit cesser, & les hommes s'appercevoir qu'ils n'obéissoient plus qu'à leurs semblables : il valut mieux se réduire à une opinion moins fastueuse & plus solide.

On se contenta d'avoir reçu de la divinité un pouvoir absolu sur la vie & sur les biens de ses semblables : ce partage fut encore assez beau. Samuel en fit celui de Saül, en le donnant aux Hébreux pour Roi ; & il s'est trouvé des hommes assez vils & assez bas pour faire entendre au maître que cette peinture de Saül contenoit le tableau des droits du souverain. « L'illustre » Bossuet, dit le comte de Boulainvilliers, a » abusé des textes de l'écriture, pour former de » nouvelles chaînes à la liberté des hommes, & » pour augmenter le faste & la dureté des rois.

Je ne dis pas que le comte de Boulainvilliers ait raison dans cette imputation, & que les vues de l'évêque de Meaux aient été celles qu'il lui reproche : mais il faudroit ignorer les principaux faits de l'histoire, pour ne pas convenir que dès qu'ils le purent, les fauteurs des superstitions, également avides de richesses & d'autorité, cherchant à acquérir l'une & l'autre par la ruine & l'esclavage de tous, s'efforcerent de persuader le pouvoir sans borne des souverains qu'ils tenterent eux-mêmes de subjuguer, après s'en être servis pour élever leur puissance ; mais qu'ils exalterent tant qu'ils en eurent besoin, prêchant à tous l'obéissance absolue à un seul, pourvu que celui-là leur fût soumis ; faisant tout dépendre de lui, pourvu qu'il dépendît d'eux.

On peut voir dans *Suidas*, dans *Mézeray* & dans beaucoup d'autres historiens, combien ils abuserent, à la ruine de la société, de cette maxime, *toute puissance vient d'en haut* : maxime qui semble dispenser ceux qui voudroient s'en prévaloir, des apparences même de la justice.

On auroit pensé plus juste & parlé plus sensément ; l'autorité des souverains en eût été plus affermie, si l'on eût dit : *Toute puissance vient de la nature & de la raison, par qui tout homme doit régler ses actions* ; car toute puissance n'est établie & ne doit s'exercer que par elles. C'est la raison qui a voulu que les hommes réunis en société, ne pouvant être gouvernés par la multitude, remissent à un seul ou à plusieurs, suivant leur nombre & l'étendue des possessions qu'ils avoient à conserver, le pouvoir de les gouverner, suivant les conventions & les loix de la société qu'ils avoient formée,

C'est

C'eſt encore la raiſon qui veut que ceux à qui cette autorité eſt confiée en uſent, non ſelon la force dont ils ſont dépoſitaires, mais conformément à ces mêmes loix, qui, dans le fait, bornent toute leur puiſſance au pouvoir de les faire exécuter. On demandoit à Archidamus qui eſt-ce qui gouvernoit à Sparte : *ce ſont les loix*, dit-il, *& puis le magiſtrat, ſuivant les loix.* Il faudroit pouvoir faire cette réponſe de tous les gouvernemens du monde.

Je ſais bien que Grotius n'a pas été le ſeul qui ait penſé d'une façon contraire à ces principes. Hobbes ne leur paroît pas plus favorable ; mais il ne faut attribuer ce qu'il ſemble dire d'analogue aux maximes du premier, qu'à ſes malheurs perſonnels, & à la néceſſité des circonſtances dans leſquelles il s'eſt trouvé. Ce philoſophe s'eſt enveloppé ; il en eſt de ſes ouvrages politiques, comme du prince de *Machiavel ;* ceux qui n'ont vu que le ſens apparent qu'ils préſentent, n'ont point compris le véritable.

Hobbes avoit un autre but : en y regardant de près, on voit qu'il n'a fait l'apologie du ſouverain, que pour avoir un prétexte de faire la ſatyre de la divinité, à laquelle il le compare, & à qui il n'y a pas un honnête homme qui voulût reſſembler.

Cette idée lumineuſe & juſte ne ſe trouveroit pas ici, ſi elle ſe fût préſentée plutôt à l'un des plus beaux génies de ce ſiècle, qui eſt l'auteur de l'article HOBBES de ce dictionnaire. Elle explique toutes les contradictions apparentes de l'un des plus forts logiciens, & des plus hommes de bien de ſon tems.

Comment en effet préſumer qu'un raiſonneur ſi profond ait penſé qu'un être quelconque pût donner ſur lui, à un autre être de la même eſpèce, un pouvoir indéfini, & qu'en conſéquence de cette conceſſion, celui-là pût, à la vérité, être malfaiſant, mais jamais injuſte ? Comment imaginer qu'il ait cru que celui que le droit de la guerre permettroit de tuer dans l'état de nature, ſe ſoumet à toutes ſortes de ſervices & d'obéiſſances envers celui qui veut bien lui conſerver la vie à cette condition, & que cette obligation eſt, ſans reſtriction, à tout ce qu'il voudra ?

Cette propoſition annonce très-diſtinctement pluſieurs contradictions. 1°. Le vainqueur, d'après cet affreux ſyſtème, pourroit exiger du vaincu qu'il s'ôtât la vie, qu'il l'ôtât à ſon père, à ſa femme, à ſes enfans, enfin, qu'il ſacrifiât ce qu'il a de plus cher, & il ne s'eſt ſoumis à cet eſclavage infâme, que pour le conſerver.

2°. S'il eſt vrai qu'il ſoit dans la nature que le plus fort tue le plus foible qui lui réſiſte, il n'eſt pas vrai qu'il y ſoit qu'il le faſſe eſclave. On n'en verroit point dans l'état de nature ; qu'en feroit-on ? Elle permet de tuer, parce qu'il lui eſt fort indifférent ſous quelle forme un être

exiſte ; il ne s'agit pour elle que d'une modification de plus ou de moins, & elle ſe fait toujours ſans aucune peine & ſans aucuns frais de ſa part ; mais elle ne peut ſouffrir aucun eſclavage, parce qu'il ne lui eſt utile à rien, & qu'elle n'a donné ce droit à aucun être ſur un autre.

Où les obligations ne ſont pas réciproques, les conventions ſont nulles ; pour avoir été dite, cette vérité n'en eſt pas moins une. N'eſt-ce pas abuſer des mots & de la faculté de raiſonner, que de dire, *Le magiſtrat qui tient ſon pouvoir de la loi, n'eſt pas ſoumis à la loi ?* Malgré tous les ſophiſmes qu'on peut faire pour ſoutenir cette aſſertion inhumaine, il eſt clair qu'en tranſgreſſant la loi qui lui donne l'autorité, le magiſtrat renverſe les fondemens de ſon pouvoir ; qu'en y ſubſtituant ſa volonté, il ſe remet dans l'état de nature par rapport aux autres, & les y reſtitue par rapport à lui ; que chacun reprend alors contre lui, comme il reprend contre tous, le droit de n'avoir pour règle que ſa volonté ; droit auquel on n'avoit renoncé, que parce qu'il y avoit renoncé lui-même ; & qu'enfin, en violant le pacte ſocial, il diſpenſe envers lui de ſon exécution, force tous ceux qui s'y ſont ſoumis à rentrer dans le droit naturel de pourvoir à leur défenſe, qu'ils n'avoient aliéné que pour y ſubroger la loi qui punit les infractions faites à la ſociété, comme un moyen moins violent & plus certain d'aſſurer leur conſervation générale & individuelle.

Si Hobbes eût réellement prétendu, comme il le dit, & comme le penſe ſérieuſement Grotius, *qu'un peuple qui a remis ſon droit à un tyran, ne ſubſiſte plus ;* ne pourroit-on pas lui répondre qu'en ce cas le tyran ne ſubſiſte plus lui-même ? Sur quoi ſubſiſteroit-il ? La multitude, (comme l'appelle Hobbes, après le droit remis), diroit au tyran : « Je ne ſuis plus le peuple de qui » vous tenez le droit que vous voulez exercer, » puiſque votre élection m'anéantit : n'étant plus » ce que j'étois lorſque j'ai contracté avec vous, » étant une autre perſonne, je ne ſuis plus tenu » d'aucune des conditions ; » & ce raiſonnement ſeroit juſte.

Les puiſſances avec leſquelles des ſouverains détrônés ont contracté des obligations d'état, étant ſur le trône, peuvent-elles, lorſqu'ils ne ſont plus que des perſonnes privées, exiger d'eux l'exécution de ces conventions ? Si pendant que le roi Jacques régnoit en Angleterre, la France eût fait avec lui un traité par lequel il ſe fût engagé à lui céder quelque port de ce royaume, n'eût-elle pas été ridicule de vouloir forcer le même roi Jacques, n'étant plus que ſimple particulier, & ſon penſionnaire à ſaint-Germain, à remplir les conditions du traité, & à remettre le port promis ? Il en eſt de même de la multitude, ſi elle ceſſe d'être peuple auſſi-tôt qu'elle a conféré à un autre le droit de la gouverner.

Mais nous allons voir Hobbes lui-même se déceler & convenir de ce principe. « Le premier des moyens (dit-il dans un autre chapitre) par lesquels on peut acquérir domination sur une personne, est lorsque quelqu'un, pour le bien de la paix, & pour l'intérêt de la défense commune, s'est mis de bon gré sous la puissance d'un certain homme ou d'une certaine assemblée, *après avoir convenu de quelques articles qui doivent être observés réciproquement.* » Il ajoute, & il faut le remarquer : « *C'est par ce moyen que les sociétés civiles se sont établies.* »

Voilà donc les droits des peuples reconnus, ainsi que les obligations des souverains envers eux, par celui même qui les leur refusoit, & qui nioit ces obligations. Les hommes, en mettant tout ce qu'ils avoient en commun, se sont mis sous la puissance de la société, pour la maintenir & en être protégés. La société, en confiant son droit à un ou à plusieurs, ne l'a fait qu'à la condition de remplir à sa décharge les obligations auxquelles elle est tenue envers les citoyens. Il n'est donc pas vrai que le souverain à qui le peuple a confié le pouvoir de le gouverner, ne soit plus tenu à rien envers ce même peuple; car il lui doit tout ce que la société lui devroit elle-même ; & ce qu'elle lui devroit, seroit de le gouverner selon les conditions énoncées ou tacites auxquelles chacun a souscrit en la formant; mais c'est trop discuter une vérité trop évidente, pour avoir besoin d'être démontrée.

Il en résulte que, si d'un côté, comme nous l'avons déja fait voir, les citoyens doivent à l'état tout ce qui est nécessaire pour sa défense & sa conservation ; de l'autre, la société ou le gouvernement qui le représente, ne peut rien exiger au-delà, ni faire aucun autre usage de ce qu'ils fournissent.

On observoit à l'un des plus grands rois que la France ait jamais eus, que son pouvoir étoit borné. « Je peux tout ce que je veux, répondit le monarque équitable & bienfaisant, *parce que je ne veux que ce qui est juste, & pour le bien de mes sujets* ». Cette réponse est belle, c'est dommage qu'elle soit remarquable ; ce devroit être celle de tout souverain.

Dans tout état gouverné par ces principes, les tributs seront modérés, parce que l'utilité publique en sera la mesure. Dans les autres, ils seront excessifs, parce que les besoins imaginaires que produisent les passions & l'illusion d'une fausse gloire, dans ceux qui gouvernent, sont insatiables & qu'ils en seront la règle.

On trouve dans des loix bursales, que les revenus publics sont ceux du prince, & que ses dettes sont celles de l'état. On ne sauroit renverser les principes plus à l'avantage du gouvernement, & plus à la ruine de l'état. Aussi dans ceux où on se permet de publier ces maximes,

diroit-on que ce sont deux ennemis, & que l'intérêt du premier est d'anéantir l'autre, comme si, en le détruisant, il ne devoit pas être lui-même enseveli sous ses ruines?

Quand on est parvenu à cet étonnant oubli de tout ordre & de tout bien public, ce n'est plus l'état que l'on sert, c'est le gouvernement pour son argent, & la rapacité met un prix énorme à tous les services ; l'épuisement des peuples, l'aliénation entiere de l'état même ne suffit pas. Comme il faut acheter, & ce n'est pas le moins cher, jusqu'à la bassesse des courtisans, qui croyent effacer la honte de leur avilissement par celle de leur opulence, il faut aussi vendre, avec une partie de l'autorité, jusqu'au droit d'en trafiquer, & de négocier de la justice; droit monstrueux qui soumet la vérité, la raison & le savoir, à l'erreur, à l'ignorance & à la sottise; qui livre la vie, la liberté, l'honneur & la fortune des citoyens, au fanatisme, à la cruauté, à l'orgueil & à toutes les passions de quiconque a le moyen de payer ce droit effrayant, qui fait à-la-fois l'opprobre & la terreur de l'humanité.

Le gouvernement ne consulte que ses besoins, toujours avides & jamais prévoyans, quand il a recours à des expédiens si pernicieux. Le sort des hommes est-il de si peu d'importance, que l'on puisse donner ainsi au hasard le pouvoir d'en disposer ? Les princes qui ont le mieux mérité du genre humain ne le pensoient pas.

Alexandre Severe n'éleva personne à la magistrature & aux emplois publics, qu'il ne le fît publier auparavant, afin que chacun pût s'y opposer, si on avoit quelques reproches à faire à ceux qu'il y destinoit. Il disoit que celui qui achete, doit vendre, & ne souffrit jamais que les dignités fussent le prix de l'argent.

A Rome, dans les beaux jours de la république, les usages étoient encore plus favorables à la liberté & à la sûreté des citoyens. On nommoit des juges pour chaque affaire, du consentement des parties. Denis d'Halicarnasse écrit que quand les tribuns jugerent seuls, ils se rendirent odieux. Il falloit, dit Tite-Live, l'assemblée du peuple pour infliger une peine capitale à un citoyen. On ne pouvoit décider de sa vie que dans les grands états.

On ne voyoit point là de meurtre commis avec le glaive de la justice. L'héritage de l'orphelin n'étoit point la récompense du déshonneur, obtenue par la séduction du juge; & la justice n'étoit point vendue à l'iniquité. L'hypocrisie & le faux zèle n'insultoient point au mérite, & n'outrageoient point la vertu. Enfin, rien ne ressembloit à tout ce qui s'est pratiqué, dans la vénalité, contre les citoyens & contre l'état même : car si elle est funeste aux individus, elle ne l'est pas moins au bon ordre & à la tranquillité des républiques.

C'eſt une vérité démontrée par l'expérience de tous les tems, que plus l'adminiſtration générale ſe diviſe, plus elle s'affoiblit, & moins l'état eſt bien gouverné. Les intérêts particls, toujours oppoſés à l'intérêt total, ſe multiplient en raiſon du nombre des adminiſtrations ſubalternes. Plus le nombre en eſt conſidérable, moins il y a de cohérence dans l'adminiſtration générale, & plus elle eſt pénible. Indépendamment des volontés individuelles, chaque corps a la ſienne, ſuivant laquelle il veut gouverner, que ſouvent il s'oppoſe à celle des autres, & preſque toujours à l'autorité ſuprême ; tous tentent d'envahir & de prévaloir ſur elle. On en a acheté une portion, on en diſpute les reſtes. Alors la puiſſance générale, trop partagée, s'épuiſe. L'état eſt mal défendu au dehors, & mal conduit dans l'intérieur : le déſordre s'introduit, les intérêts ſe croiſent, les paſſions, les préjugés, l'ambition, le caprice d'une foule d'adminiſtrateurs prennent la place des principes, les règles deviennent arbitraires, locales & journalieres ; ce qui étoit preſcrit hier, eſt proſcrit aujourd'hui. Sous cette multitude d'autorités qui ſe choquent, les peuples ne ſont plus gouvernés, mais opprimés ; ils ne ſavent plus ce qu'ils ont à faire, ni l'obéiſſance qu'ils doivent ; les loix tombent dans le mépris, & la liberté civile eſt accablée de chaînes.

Ajoutons que plus le magiſtrat eſt nombreux, plus il y a de beſoins particuliers à ſatisfaire, & par conſéquent plus de vexations à ſupporter par les peuples.

A Thebes, on repréſentoit les juges avec un bandeau ſur les yeux, & n'ayant point de mains. Ils n'ont conſervé que le bandeau ; ce n'eſt pas pour être ce que ſignifie le ſurplus de cet emblème, que l'on acquiert la poſſibilité de vendre ce qui n'eſt déja plus la juſtice dès qu'elle eſt à prix. Malheur à qui eſt obligé d'y avoir recours. Il valoit mieux ſouffrir la léſion de l'injuſte. Ce n'eſt pas aſſez de payer ſes juges, il faut les corrompre, ſans quoi l'innocent eſt livré au crime du coupable, & le foible à l'oppreſſion du puiſſant. « Il eſt impoſſible, écrit le célebre chancelier de l'Hôpital, à Olivier, d'aſſouvir cette ardeur d'amaſſer qui dévore les tribunaux, & que nul reſpect humain, nulle crainte des loix ne peut réfréner. On vous accuſe, dit-il encore dans une autre occaſion, en parlant à des juges en préſence du ſouverain, de beaucoup de violence ; vous menacez les gens de vos jugemens, & pluſieurs ſont ſcandaliſés de la maniere dont vous faites vos affaires. Il y en a entre vous qui ſe ſont faits commiſſaires des vivres pendant les derniers troubles, & d'autres qui prennent de l'argent pour faire bailler des audiences. » Les mémoires & les lettres de ce grand homme, ſont pleins de ſemblables reproches qu'il faiſoit aux tribunaux.

Quiconque ſert l'état, doit en être payé, ſans doute ; il faut pourvoir à ſon entretien & à ſa ſubſiſtance ; c'eſt le prix de ſon travail. Avec des mœurs, celui du mérite & de la vertu n'eſt que l'eſtime & la conſidération publique. Après la bataille de Salamine, Thémiſtocle diſoit qu'il étoit payé de ſes travaux & des peines qu'il avoit endurées pour le ſalut de la Grèce, par l'admiration que lui témoignoient les peuples aux jeux olympiques.

De pareilles récompenſes n'oberent point l'état ; elles élevent les hommes, l'argent les avilit. Ce ſont les actions honteuſes qu'il faudroit payer, pour les rendre plus viles encore, s'il étoit permis de les ſouffrir pour quelque cauſe que ce fût.

Mais pour ce qui doit l'être à ceux que l'état emploie, les citoyens l'ont déja fourni par les tributs dont ces dépenſes ſont l'objet en partie. Pourquoi faut-il qu'ils ſoient encore obligés d'acheter particuliérement leur travail & leur faveur ? C'eſt ſurvendre pluſieurs fois une même choſe, & toujours plus cher l'une que l'autre. L'auteur même du *Teſtament politique* attribué au cardinal de Richelieu, n'a pu s'empêcher d'en avouer l'injuſtice, tout partiſan qu'il eſt de la vénalité.

Le bien public n'eſt pas ce qui occaſionne ces ſurcharges. L'utilité de la ſociété ne ſauroit être le déſaſtre de ceux qui la compoſent : c'eſt preſque toujours ce qui ne produit rien que la miſere des peuples, qui coûte le plus. Entre toutes les cauſes qui ont cet effet, la ſuperſtition eſt la principale.

Les prêtres de Plutarque ne rendent pas les dieux bons ni donneurs de bien ; ils le ſont d'eux-mêmes. Tout le monde penſe comme Plutarque, & agit au contraire. Ces amas d'idées incohérentes que donne & reçoit l'eſprit humain, eſt une de ſes plus étranges contradictions ; rien ne prouve mieux qu'il n'en connoît aucune, & qu'il n'aura jamais la moindre notion de la choſe dont il croit être le plus ſûr.

Sans parler de toutes celles qui s'excluent, il faut convenir que nos paſſions nous rendent de terribles magiciens ; dès qu'une fois elles nous ont fait franchir les bornes de la raiſon, rien ne nous coûte, ne nous étonne & ne nous arrête plus. L'imagination enflammée par l'intérêt ou la ſéduction, voit & fait voir aux autres des vérités dans les abſurdités les plus monſtrueuſes ; &, comme le remarque Tacite, les hommes ajoutent plus de foi à ce qu'ils n'entendent point ; & l'eſprit humain ſe porte naturellement à croire plus volontiers les choſes incompréhenſibles. *Majorem fidem homines adhibent iis quæ non intelligunt : cupi͞dine obſcura creduntur.* Hiſt. l. I.

C'eſt une impiété envers les dieux, dit Platon, que de croire qu'on peut les appaiſer par des ſacrifices. C'en eſt une encore plus grande, que de ravir, fous ce prétexte, à la fociété, la plus grande partie de fes biens : c'eft un ftellionat fpirituel, plus condamnable & plus pernicieux que le ftellionat civile, que les loix puniffent avec tant de rigueur.

Severe condamna Vétronius, celui de fes favoris qu'il aimoit le plus, à être étouffé dans la fumée, pour avoir, difoit-il, vendu de la fumée, c'eft-à-dire, les graces & les faveurs qu'il pouvoit obtenir de lui. A force d'être jufte, Severe fut cruel : mais quand, au rapport du P. Duhalde, Tchuen-Hio déclara qu'il avoit feul, dans tout l'empire, le droit d'offrir des facrifices au fouverain feigneur du ciel, il affranchit fes fujets de la plus pefante des vexations.

On dit que le prince à qui les Chinois doivent ce bien dont ils jouiffent encore aujourd'hui, fe fit rendre compte du nombre de ceux qui vivoient de cet emploi, aux dépens de la république, fans en fupporter les charges, & fans lui rendre aucun équivalent de celles qu'ils lui occafionnoient. Il trouva qu'ils montoient à trois cents mille, qui coûtoient aux citoyens chacun quarante fols par jour, au moins, de notre monnoie ; ce qui formoit deux cents dix-neuf millions que ces gens inutiles levoient par année fur ceux qui foutenoient l'état par leurs travaux & leurs contributions. L'empereur n'en faifoit pas percevoir autant pour les befoins de l'empire, & jugea qu'il fe rendroit complice de ces vexations en les tolérant. Il femble que les fouverains de ce vafte pays n'aient jamais craint que de ne pas faire affez le bien de leurs fujets.

Dans les principales contrées de l'Europe, il s'eft formé, fous le même prétexte, des corps puiffans & nombreux qui fe font engraiffés, à l'excès, de la fubftance du corps politique qui les renferme.

Dès leur origine il a fallu fe défendre de leur cupidité. Valentinien le vieux, en 370, cinquante ans après Conftantin, fut obligé de publier une loi pour leur défendre de profiter de la fimplicité des peuples, & fur-tout de celle des femmes, de recevoir, foit par teftament, foit par donation entre-vifs, aucun héritage ou meubles, des vierges ou de quelques autres femmes que ce fût, & leur interdit, par cette loi, toute converfation avec le fexe, dont ils n'avoient que trop abufé.

Vingt ans après, Théodofe fut contraint de renouveller ces défenfes.

En France, Charlemagne, S. Louis, Philippe-le-Bel, Charles-le-Bel, Charles V, François I, Henri II, Charles IX, Henri III, Louis XIV & Louis XV. En Angleterre, Edouard I, Edouard III & Henri V en ont fait de femblables contre les acquifitions de gens de mainmorte.

Narbona & Molina citent celles qui ont été faites en Efpagne, en Caftille, en Portugal, & dans le royaume d'Aragon.

Guilo, Chopin & Chriftin rapportent des loix femblables qui ont eu lieu en Allemagne.

Il y en a de Guillaume III, comte de Hollande, pour les pays-bas ; de l'empereur Frédéric II, pour le royaume de Naples ; & Giannone fait mention de celles qui ont été faites à Venife, à Milan, & dans l'Italie.

Enfin, par-tout & dans tous les tems, l'efprit dominant de ces corps a toujours été de tout envahir. Où les précautions ont été moins févères & moins multipliées, ils y font parvenus : où l'on a le plus oppofé d'obftacles à leur avidité, ils poffedent encore une grande partie des biens de l'état.

On croiroit du moins que pour tant de richeffes, les corps qui en jouiffent, rendent *gratis* des fervices très-importans à la fociété, mais on fe tromperoit.

Un mémoire publié en 1764, nous apprend qu'une feule de leurs maifons leve fur les habitans les plus mal-aifés, douze mille livres de pain par femaine ; quantité dont l'évaluation commune fuppofe cent quatorze confommateurs, à raifon d'une livre & demie par jour chacun.

Mais ces hommes ne fe nourriffent pas feulement de pain, ne fe défaltèrent point avec de l'eau. Quand on ne porteroit leur nourriture qu'à trente fols par jour, y compris leur habillement, on trouvera que cette maifon feule leve par année, fur le public, foixante-deux mille quatre cents douze livres, fans compter la valeur du terrein qu'elle occupe, la conftruction & l'entretien du bâtiment.

En ne fuppofant donc dans une ville que trente maifons tant d'hommes que de filles, qui, comme celle-ci, doivent, par une condition expreffe de leurs inftituts, ne fubfifter que de contributions publiques ; la capitale fupportera, pour cet unique objet, un million huit cents foixante-douze mille quatre cents cinquante livres d'impôt par année. On peut juger, par proportion, de l'énormité de ces levées pour le refte du royaume entier, & de ce que ces gens laiffent aux citoyens utiles pour fupporter les charges de l'état.

Je fais bien que je dis des chofes monftrueufes, & qu'on pourroit me foupçonner de les fuppofer, fi elles étoient moins connues ; mais je dis vrai, & comme dit Montagne, *par tout mon fagul.* Quiconque prendra la peine de lire le mémoire d'où ces faits font tirés, ne m'accufera ni de paffion, ni de partialité.

On y verra même que, pour en écarter toute idée de partialité, je n'ai fait entrer dans les évaluations que les dépenfes néceffaires.

C'eft ainfi que, par la violation d'une part, & l'ignorance de l'autre, des droits naturels & pofitifs, les plus facrés & les plus inviolables, tout devient, dans la fociété civile, des fujets de charges accablantes ; que fon fervice & fon utilité ne font que des prétextes à la vexation ; que loin d'être un état de fûreté pour les individus qui la compofent, c'eft un état de deftruction plus malheureux que ne feroit celui de nature, où du moins ils auroient le droit de pourvoir à leur propre confervation ; droit que, par l'abus qu'on en fait, ils ne femblent avoir conféré que pour en armer contre eux-mêmes ceux qui l'exercent.

J'entends de loin ces gens d'un efprit docile, improuver la févérité de ces réflexions, leur oppofer l'ufage, & prétendre qu'un abus qui a prévalu eft confacré, qu'il étoit inévitable dès qu'il fubfifte. Je répondrai qu'avec ces maximes la coutume tient lieu d'équité. Je n'ai pas tant d'apathie pour les malheurs dont l'humanité gémit. *Populari filentio rempublicam prodere.*

Je n'ignore pas que je ne réformerai rien. L'erreur a tant d'attraits pour les hommes, que la vérité même ne les empêcheroit pas d'en être les victimes ; mais l'autorité des abus ne peut rien contre le droit naturel, univerfel, inaliénable, que tous reconnoiffent, & qu'il ne dépend de perfonne d'annuller.

C'eft une vérité qu'on ne peut trop répéter, & jamais ma bouche ou ma plume, en contradiction avec mon cœur, ne la trahira. La nature n'a point fait les hommes pour d'autres hommes, comme ils croient qu'elle a fait les animaux pour eux. Les fociétés ne font point inftituées pour la félicité de quelques-uns, & la défolation de tous. Toute charge publique, dont l'unique & direct objet n'eft pas l'utilité générale & particuliere des citoyens, ou qui excede ce qu'exige cette utilité, eft injufte & oppreffive ; c'eft une infraction aux loix fondamentales de la fociété, & à la liberté inviolable dont fes membres doivent jouir.

Ce feroit beaucoup qu'elles fuffent réduites à cette légitime proportion, de ce qui eft vraiment néceffaire pour le bien de tous ; mais ce ne feroit point affez ; il faudroit encore,

1°. Qu'elles ne fuffent point arbitraires ; cette condition eft la plus importante de toutes.

2°. Qu'elles fuffent réparties avec égalité, & fupportées par tous les citoyens, fans exception ni différence que celle réfultante de l'inégalité de leur force, ou faculté particuliere, & encore en raifon de la portion plus ou moins confidérable, pour laquelle ils participent aux avantages de la fociété.

3°. Que par la maniere d'y contribuer, elles ne fuffent point contraires à la liberté naturelle & civile dont ils doivent jouir pour leurs perfonnes & pour leurs biens.

4°. Il faudroit que la levée en fût fimple & facile, que le produit en parvînt aifément au tré-

for public, & en paffant par le moins de canaux poffibles.

5°. Que le retour au peuple en fût prompt, afin qu'il n'en foit pas trop appauvri, & qu'il puiffe continuer de les fupporter.

6°. Que les règlemens de la contribution de chacun ne dépendît de la volonté de perfonne ; mais d'une loi fixe & fupérieure à toute autorité, en forte que ce fût plutôt un tribut volontaire qu'une exaction.

7°. Et enfin, qu'il n'en réfultât ni interception, ni gêne dans le commerce des productions de la terre, du travail & de l'induftrie des habitans, dont la circulation fait les richeffes, & les produits toujours en raifon de la liberté dont elle jouit.

Voilà les conditions d'un problême que depuis long-tems le bien public offre à réfoudre ; il femble qu'on peut le réduire à cet énoncé.

Trouver une forme d'impofition qui, fans altérer la liberté des citoyens & celle du commerce, fans vexations & fans troubles, affure à l'état des fonds fuffifans pour tous les tems & tous les befoins, dans laquelle chacun contribue dans la jufte proportion de fes facultés particulieres, & des avantages dont il bénéficie dans la fociété.

Jufqu'à préfent, ce problême eft refté infoluble. De toutes les parties de l'adminiftration publique, celle de la levée des fubfides, devenue la plus importante, a été la plus négligée : je crois en favoir la raifon.

Chez les anciens, il étoit indifférent de quelle maniere ils fuffent fupportés. Dans les républiques de la Grece, ils n'étoient ni au choix, ni à la difpofition de ceux qui gouvernoient ; on en connoiffoit l'ufage & la néceffité. On favoit que le bien de l'état en étoit toujours l'unique objet. Il n'y avoit rien à prefcrire à ceux que l'amour de la patrie rendoit toujours prêts à facrifier jufqu'à leur vie. Etoit-elle en danger ? s'agiffoit-il de fa gloire ou de fon intérêt ? Perfonne ne comptoit, les femmes mêmes fe dépouilloient ; il fuffifoit de montrer le befoin ; le fecours étoit auffi prompt & plus abondant. Tout ce qu'auroit pu faire le légiflateur, n'auroit jamais produit l'effet de cet enthoufiafme de vertu patriotique. Auffi trouve-t-on fort peu de règlemens fur cette matiere, dans les inftitutions politiques de ces peuples.

Ceci ne contredit point ce qui a été dit au commencement de cet article. Là il s'agiffoit des tributs ordinaires ; ici on entend bien que je parle des circonftances où il en faut de plus confidérables.

Nous avons remarqué plus haut que les Romains, dans la fplendeur de la république, maîtres abfolus de leurs perfonnes & de leurs biens, les affocioient, fans réferves, pour la défenfe & les intérêts communs. Il ne falloit point encore de règlement pour la répartition des *charges publiques.*

Mais lorsque les richesses & le luxe eurent tout corrompu, le desir de dominer, qui naît toujours de l'extrême opulence, enfanta des citoyens cruels, qui déchirerent leur patrie pour l'asservir. Rome eut des maîtres, &, comme nous l'avons dit, d'autres besoins que ceux de la république; l'autorité établit les tributs & les multiplia.

Alors il arriva ce qu'on a vu depuis. On ne songea qu'à recouvrer, & point du tout à régler la perception. Chaque nouvel impôt étoit une usurpation; des précautions pour que la recette s'en fît avec égalité sur tous les citoyens, pouvoient en annoncer la durée, & les avertir de l'oppression. On n'en fit point. Quand la tyrannie les eût portés à l'excès, c'étoit encore moins le tems de la justice distributive; ils se sont accumulés avec le même desordre. On ne fait jamais autrement ce qu'on ne doit pas faire.

Une preuve de cela, c'est que ce droit des Romains, *optimo jure*, subsistoit encore sous Justinien, qui déclara, en le supprimant tout-à-fait, que ce n'étoit plus qu'un vain nom, sans aucun avantage. En le détruisant par le fait, on avoit donc craint d'en abolir l'expression? On laissoit le fantôme de la liberté, en accablant les peuples de vexations.

Les nations qui fonderent en Europe, sur les ruines de cet empire immense, les états qui existent aujourd'hui, apporterent, des pays qu'elles quittoient, les principes & la forme du gouvernement féodal qu'elles y établirent; tant que dura cette constitution, les impôts furent inutiles. Tous les frais de l'administration publique, l'ordre & la police dans l'intérieur étoient à la charge des possesseurs de fiefs; chacun, dans l'étendue de son ressort, étoit obligé de les y maintenir.

Tous réunissoient leurs forces pour la défense générale à l'extérieur. Les rois n'étoient que chefs: *primus inter pares*, celui qui avoit le plus de capacité pour le commandement. Un gouvernement féodal, dit très-bien l'excellent auteur d'une nouvelle histoire d'Écosse, M. Robertson, étoit proprement le camp d'une grande armée. Le génie & la subordination militaire y régnoient. La possession du sol étoit la paie de chaque soldat, & le service personnel étoit la rétribution qu'il en rendoit. Les barons possédoient une quantité de terrein quelconque, à condition de mener & d'entretenir une certaine quantité d'hommes à la guerre. Ils s'y obligeoient par serment entre les mains du roi général. Ils sous-engageoient aux mêmes conditions, à des vassaux moins puissans qu'eux, une partie de ces possessions; & voilà l'origine du service des fiefs.

La généralité devoit ce service aux fiefs royaux, qui eux-mêmes le rendoient à l'état. Ceux-ci étoient considérables; les chefs avoient toujours la plus grande part dans le partage des terres conquises. Leur produit suffisoit à leur entretien; ils n'avoient rien au-delà. On voit encore Charlemagne faire vendre le produit de ses basses-cours, pour sa dépense personnel, & mettre l'excédant de ses revenus dans le trésor public. En ce tems-là, la voracité des flatteurs n'avoit point encore confondu les droits. On distinguoit très-bien les besoins & les revenus du prince, composés de ses domaines, des besoins & des revenus de l'état, composés de l'assemblage du service de tous les fiefs, dont les siens faisoient partie.

On lit dans l'histoire que je viens de citer, qu'en Ecosse, la premiere taxe sur les terres ne fut établie qu'en 1555: en France, pendant long-tems, outre le service des fiefs, on ne connut que trois sortes de droits: le premier étoit dû lorsque le fils aîné du vassal étoit fait chevalier; le second, au mariage de sa fille aînée; & le troisieme, lorsque le roi, ou le seigneur suzerain, étoit fait prisonnier à la guerre. On étoit obligé de contribuer pour payer sa rançon.

Mais ces droits, ainsi que quelques autres de vasselage, qui étoient dûs aux rois, étoient plutôt des marques de dépendance que des impôts. Dans des cas très-urgens, les peuples faisoient des dons extraordinaires, mais instantanés, aussi rares que médiocres, & toujours de pure volonté; ce qui les faisoit appeler *des dons de bénévolence.* Chilperic, pere de Clovis, fut chassé pour avoir voulu lever des taxes sur ses sujets. Childeric, tué par Badille, gentilhomme, qu'il avoit fait fouetter, pour lui avoir représenté qu'il n'en avoit pas le droit; Badille ne put jamais pardonner cette injure au prince qu'il osa assassiner. Tant il est vrai que les hommes savent supporter la mort, & non pas l'ignominie!

Philippe Auguste manqua de soulever les peuples, pour avoir tenté d'établir une imposition; & sous Philippe-le-Bel, les principales villes du royaume se révolterent pour la même cause. Il est dit que Louis IX recommanda à son fils de ne jamais rien exiger de ses sujets sans leur consentement; & l'assemblée des notables, sous Louis Hutin, arrêta que les souverains ne pourroient lever aucuns deniers extraordinaires sans l'aveu des trois états, & qu'ils en feroient serment à leur sacre.

Ce ne fut que sous Charles VI, dans le désordre & les calamités d'une invasion étrangere, que la taille par tête s'introduisit. Les guerres que Charles VII eut à soutenir pour reconquérir le royaume, lui donnerent le moyen de perpétuer cet impôt, plus funeste encore par ses longs effets, que l'invasion même qui l'avoit occasionné. Les mémoires de Sully nous montrent la progression successive de ce tribut. Ce qu'il y a de pire, c'est qu'il existe encore avec tout l'arbitraire qui le rend destructeur, avec la même diversité de principes pour la répartition, & tous les vices qui étoient inséparables d'un établissement fait à la hâte, dans un tems de trouble, au milieu des désastres qui affligeoient la France, & pour un secours urgent & momentané.

Il n'en est pas des édits qui se publient en Europe, comme de ceux que rendent les souverains de l'Asie. Ceux-ci n'ont pour objet que de remettre des tributs; les autres que d'en ordonner. Ils n'ont rien laissé d'affranchi sur la terre pour les hommes : on diroit qu'ils n'ont aucuns droits à son habitation & à ce qu'elle produit. On leur vend les dons que la nature leur fait *gratis*; même ce qu'ils en obtiennent à force de travaux: c'est la sueur qu'on impose. Tout est taxé, jusqu'à leurs actions, jusqu'à l'espace qu'ils occupent, jusqu'à leur existence; il faut qu'ils paient le droit d'en jouir.

Ceux qui en sont le plus instruits, ne pourroient pas se flatter de connoître & de faire une énumération exacte de cette foule étonnante de droits ajoutés à la taille, & multipliés sur toutes choses en général, & sur chacune en particulier; d'abord dans son état originaire, ensuite dans toutes ses modifications possibles, & toujours par la même cause, avec aussi peu de mesures, pour qu'ils fussent supportés à la proportion des facultés individuelles, ne cherchant que le produit, & croyant avoir tout prévu & tout fait, pourvu que les peuples fussent forcés de payer.

Il résulte plus de préjudice de cette innombrable quantité d'impôts, & du désordre dans lequel s'en fait la levée, que de leur charge même, quelque énorme qu'elle soit. Une forme de les percevoir qui anéantiroit cette diversité funeste, seroit donc par-cela seul un grand bien, dût-elle n'en pas procurer d'autre; mais elle auroit encore cet avantage, qu'elle affranchiroit les peuples des vexations dont elle est la source, garantiroit leur liberté, & celle du commerce, des infractions continuelles qui s'y font, & les soulageroit, au moins, de tout ce qu'ils sont obligés de supporter au-delà de ce que le gouvernement exige pour les frais d'une multitude de régies & de recouvremens, pour le bénéfice des traitans, sur ceux de ces droits qui sont affermés, & enfin des persécutions auxquelles ils sont exposés sans cesse pour empêcher la fraude.

Il en faut convenir, la science de lever les impôts, qui n'en devoit jamais faire une, est devenue plus vaste & plus compliquée qu'on ne croit. On peut aisément donner sur cette matiere des rêveries pour des systêmes solides, & c'est ce qu'on a vu dans une infinité d'écrits publiés depuis quelque tems à ce sujet.

Si je n'avois à proposer que de ces spéculations vagues, formées d'idées incertaines, prises sur des notions communes & superficielles, je me tairois. Je n'ignore pas tous les maux qui peuvent être la suite d'un plan faux qui seroit adopté; l'humanité n'aura jamais à me reprocher l'intention de les lui causer. Mais j'ai opéré, j'ai amassé des faits, je les ai médités, & je ne dirai rien qui ne soit le résultat d'une combinaison approfondie. Je crois être en état de répondre à toutes les observations raisonnables qu'on pourroit me faire, & de les résoudre; c'est aux plus habiles que moi à juger si je me trompe.

Tous les tributs, de quelque nature qu'ils soient, & sous quelque point de vue qu'on les considere, se divisent en trois classes; en taxes sur les terres, sur les personnes, & sur les marchandises ou denrées de consommation.

J'appelle *impôt*, les taxes sur les terres, parce que fournir à l'état une portion de leur produit pour la conservation commune, est une condition imposée à leur possession.

Je nomme *contributions*, les taxes personnelles, parce qu'elles sont sans échanges, c'est-à-dire, que le citoyen ne reçoit rien en retour de ce qu'il paie pour ces taxes; & encore, parce que n'ayant pour principe que la volonté de ceux qui les ordonnent, elles ont de l'analogie avec ce qu'exige un général, des habitans d'un pays où il a pénétré, & qu'il fait contribuer.

Enfin, j'appelle *droits*, les taxes sur les marchandises & denrées de consommation, parce qu'en effet il semble que ce soit le droit de les vendre & d'en faire usage, que l'on fait payer au public.

Voici ce qu'ont pensé les plus éclairés de ceux qui ont écrit sur cette matiere.

Platon, dans sa république, veut, quand il sera nécessaire d'en établir, que les impôts soient levés sur les consommations. Grotius, Hobbes, Puffendorf croient que l'on peut faire usage des trois espèces. Montesquieu n'en rejette point; mais il observe que le tribut naturel aux gouvernemens modérés, est l'impôt sur les marchandises. « Cet impôt, dit-il, étant payé réellement » par l'acheteur, quoique le marchand l'avance, » est un prêt que le marchand a déja fait à » l'acheteur; ainsi il faut regarder le négociant, » & comme le débiteur de l'état, & comme » créancier de tous les particuliers, &c. » Je reprendrai ailleurs les propositions contenues dans ce raisonnement.

L'auteur de l'*article* ÉCONOMIE POLITIQUE de ce dictionnaire, est de même sentiment, quant à la nature de l'impôt; mais il ne veut pas qu'il soit payé par le marchand, & prétend qu'il doit l'être par l'acheteur. J'avoue que je ne vois dans cette différence, que des chaînes ajoutées à la liberté des citoyens, & une contradiction de plus dans celui qui s'en dit le plus grand défenseur. Néron ne fit qu'ordonner l'inverse de ce que propose M. Rousseau, & parut, dit Tacite, avoir

fupprimé l'impôt. C'étoit celui de quatre pour
cent, qu'on levoit fur le prix de la vente des
efclaves. Tant il eft vrai que la forme y fait
quelque chofe, & que celle du citoyen de Geneve
n'eft pas la meilleure!

Je ne fais ce que je dois aux lumieres des
hommes célebres dont je viens de rapporter le
fentiment; fi le mien differe, je n'en fens que
mieux la difficulté de mon fujet; mais je n'en
fuis point découragé.

Les impôts, quels qu'ils foient, à quelque endroit, & fous quelque qualification qu'on les
perçoive, ne peuvent porter que fur les richeffes,
& les richeffes n'ont qu'une fource. Dans les états
dont le fol eft fertile, c'eft la terre; dans ceux
où il ne produit rien, c'eft le commerce.

L'impôt fur les marchandifes eft donc celui qui
convient dans les derniers; car il n'y a rien
autre chofe fur quoi l'affeoir.

L'impôt fur la terre eft le plus naturel & le
feul qui convienne aux autres; car pour ceux-ci,
c'eft-elle qui produit toutes les richeffes.

Me voilà déja en contradiction avec Montefquieu, pas tant qu'on le croit. On établira des
droits tant qu'on voudra, & fur tout ce qu'on
voudra; ce fera toujours à ces deux principes
originaires de tous les produits qu'ils fe rappor-
teront; on n'aura fait que multiplier les recettes,
les frais & les difficultés.

Je ne parle pas des états defpotiques; les taxes
par tête conviennent à la tyrannie & à des efclaves. Puifqu'on les vend, on peut bien les
taxer; c'eft auffi ce qu'on fait en Turquie. Ainfi
celui qui a cru trouver les richeffes de l'état
dans un feul impôt capital, propofoit pour fa
nation les taxes de la fervitude.

C'eft donc un impôt unique & territorial, que
je propofe pour les états agricoles, & un feul
fur les marchandifes à l'entrée & à la fortie,
pour ceux qui ne font que commerçans. Je ne
parlerai que des premiers, parce que tout ce que
j'en dirai pourra s'appliquer aux autres, en fubftituant un droit unique fur les marchandifes à
la place du fol.

Ces idées font fi loin des idées communes, que
ceux qui jugent des chofes fans les approfondir,
ne manqueront pas de les regarder comme des
paradoxes. Faire fupporter toutes les *charges publiques* par les terres! On ne parle que de la
néceffité d'en foulager les propriétaires & les
cultivateurs. Perfonne n'eft plus convaincu que
moi de cette néceffité; mais une chimere, c'eft
de croire les foulager par des taxes & des augmentations fur d'autres objets.

Tout fe tient dans la fociété civile comme
dans la nature, & mes idées fe tiennent, mais
il faut me donner le tems de les développer.

Parce qu'une des parties qui conftituent le
corps politique eft extrêmement éloignée d'une

autre, on croit qu'il n'exifte entr'elles aucun
rapport; j'aimerois autant dire qu'une ligne, en
géométrie, peut exifter fans les points intermédiaires, qui correfpondent à ceux qui la terminent.

On n'imagine pas charger les terres en impofant les rentiers de l'état. Cependant je fuppofe
qu'il n'y eût que deux fortes de citoyens: les uns
poffédant & cultivant les terres; les autres n'ayant
d'autres biens que des rentes fur l'état. Je fuppofe
encore que toutes *charges publiques* fuffent affectées
fur les derniers. Je dis qu'alors ce feroient les
propriétaires des terres qui les fupporteroient,
quoiqu'ils paruffent en être exempts, & il ne
faut pas un grand effort de logique pour le concevoir.

Les terres n'ont de valeur que par la confommation de leur produit. La fubfiftance des cultivateurs prélevée, la valeur du furplus feroit
nulle, fi les rentiers ne la confommoient. Or,
plus l'état prendra fur les revenus de ceux-ci,
moins ils confommeront; moins ils confommeront, moins les terres produiront. Ce fera donc
ceux qui les poffedent, qui fupporteront l'impôt
en entier; car leur revenu fera moindre de tout
ce qu'il aura retranché de ceux des confommateurs.

Dans la fituation actuelle des chofes qu'on
impofe fur les rentiers publics, ce ne fera pas
fur leur économie qu'on prendra. Il y a long-
tems que l'excès du luxe l'a bannie de tous les
états de la fociété. On eft bien fage quand on
ne fait qu'égaler fa dépenfe à fa recette; ainfi
ce fera fur leur confommation; & c'eft mal rai-
fonner que de dire qu'ils n'en feront pas moins.
On ne fauroit diminuer la caufe, fans que l'effet
foit moindre; ou ils la diminueront pour fatif-
faire à l'impôt, & cette diminution produira
celle du revenu des terres; ou ils la continueront, mais à crédit; & alors ce fera une confommation négative, plus préjudiciable encore
que la diminution réelle. Celui à qui il ne reftoit
rien de fon revenu, ne continuera la même dépenfe, qu'en ne payant point le débitant qui lui
fournit; celui-ci ne paiera point le marchand qui
lui vend, & ainfi de fuite jufqu'au premier acheteur des denrées, qui, n'étant point payé, ne
paiera point le cultivateur de qui il les achete,
& pour qui cette portion des fruits de la terre
eft perdue, quoique confommée.

Les taxes par tête ne font pas plus diftantes,
ni plus étrangeres que celles-ci à cette fource
commune, où il faut que toutes fe rapportent.
Elles ont la même réaction & les mêmes effets;
ce qui fuffiroit pour conclure que, de quelque
maniere que le retour s'en faffe, c'eft toujours
fur la terre que portent les impôts; mais comme
cette vérité eft fondamentale, je m'attacherai à
la prouver encore d'une maniere plus forte. Auparavant, il ne fera pas inutile de réfuter ici
un

un fophifme, par lequel on a coutume de vouloir réduire le mal qui réfulte de l'excès des tributs ; c'eft le lieu de le faire, parce qu'on pourroit s'en prévaloir contre moi, en abufant de mes principes.

« Le gouvernement, diroit-on, ne théfaurife » point. Tout ce qu'il leve fur les peuples, il » le dépenfe, & cette dépenfe produit ou fa » confommation, ou celle des gens qui en pro- » fitent. Les impôts ne diminuent donc point la » confommation générale ; elle ne fait que changer » de place en partie, ainfi que les richeffes nu- » méraires, ou fignes des valeurs, qui ne font » que changer de mains. Il fuit, que la confom- » mation générale reftant la même, le produit » des terres, qui, en eft l'objet, ne diminue point. » Donc les impôts n'y préjudicient point : donc » les terres ne fupportent pas les impôts. »

Voilà, je crois, cet argument dans toute fa force. Voici ce qui doit en réfulter, s'il eft jufte.

Quelque exceffifs que foient les tributs qu'exige le gouvernement, n'en réfervant rien, la fociété en général n'en peut être moins riche, les terres moins cultivées, le commerce moins floriffant. Ils ne produiront qu'un mal local en particulier ; mais ce qu'ils ôteront à ceux qui les fupporte- ront au-delà de leurs forces, paffera à d'autres ; l'état n'y perdra rien, & la fomme de toutes les fortunes n'en fera pas moins la même.

Ce raifonnement eft infidieux ; on n'en a peut- être que trop abufé pour féduire ceux qui n'é- toient pas fâchés de l'être ; mais outre que c'eft déja un très-grand mal que ces variations de fortunes dans les particuliers, qui caufent toujours une plus grande dépravation de mœurs, & dans chaque famille une révolution, dont l'état entier ne manque jamais de fe reffentir ; ce n'eft point du tout ainfi qu'il aura le refte, les faits le prouvent, & leur témoignage eft plus fort que tous les raifonnemens du monde.

Jamais on n'a levé de fommes fi exorbitantes fur les peuples ; une induftrie meurtriere a épuifé tous les moyens de les dépouiller. Jamais, par conféquent, les gouvernemens n'ont dû faire, & n'ont fait effectivement tant de dépenfes & de confommation. Cependant les campagnes font fté- riles & défertes, le commerce languiffant, les fujets & les états ruinés.

Que ceux qui, trahiffant la vérité, la juftice & l'humanité, ont infinué & prétendu que les charges immodérées devoient avoir des effets contraires, nous difent donc la caufe de ceux-ci ; leur intérêt, qui n'eft pas celui des autres, leur indifférence fur les calamités publiques, dans lefquelles ils trouvent leur bien, ne les a point inftruits, je la dirai pour eux.

1°. Il n'eft pas vrai que la confommation du gouvernement, ou de ceux qui profitent des dé- prédations qui fe commettent dans fa recette &

dans fa dépenfe, fupplée à celle que les impôts infupportables forcent les particuliers de retran- cher fur la leur. Une grande confommation gé- nérale, ne réfulte que de la multiplicité des pe- tites ; le fuperflu de plufieurs, quelque faftueux qu'on les fuppofe, ne remplace jamais ce qu'il abforbe du néceffaire de tous, dont il eft la ruine.

Deux cents particuliers, avec mille livres de rentes chacun, & cent domeftiques qu'ils n'ont pas, ne confomment pas autant que quatre- vingt mille perfonnes, entre lefquelles leurs re- venus feroient divifés à raifon de mille livres chacun ; en un mot, donnez à un feul le revenu de cent citoyens, il ne peut confommer que pour lui, & pour quelqu'un qu'il emploie à fon fervice. Le nombre des confommateurs, ou la quantité de confommation, fera toujours moindre de quatre cinquiemes au moins ; d'où l'on voit, pour le dire en paffant, que tout étant égal d'ailleurs, & la fomme des richeffes étant la même, le pays où elles feront le plus divifées, fera le plus riche & le plus peuplé ; ce qui montre les avantages que donnoit l'égalité des fortunes aux gouver- nemens anciens fur les modernes.

Il ne faut pas m'objecter la diffipation des riches qui abforbent non-feulement leurs revenus & leurs capitaux, mais même le falaire des pauvres, dont la vanité exige encore le travail, lorfqu'elle n'eft plus en état de le payer.

Le luxe, qui produit cette diffipation, qui éleve les fortunes, les renverfe, & finit par les engloutir, ne favorife point la confommation dont je parle, & qui eft celle des chofes de néceffité, & que l'état produit ; au contraire, il la reftreint à proportion de la profufion qu'il fait des autres.

Il faut bien qu'il en foit ainfi ; car en aucun tems les hommes n'ont ufé avec tant d'abon- dance de tout ce qui leur eft utile ou agréable, & jamais les productions nationales n'ont été moins cultivées ; d'où l'on peut inférer que plus on dépenfe dans un état, moins on y fait ufage des denrées de fon crû.

Et il en réfulte deux grands inconvéniens : le premier, que les *charges publiques* étant les mêmes, fouvent plus fortes, font réparties fur moins de produits ; le fecond, que ceux qui y contribuent le plus ont moins de facultés pour les fupporter ; d'où il fuit qu'ils en font accablés.

2°. Plus le gouvernement dépenfe, moins il reftitue au peuple ; cette propofition eft, en partie, une fuite de la précédente : quelques fuppofitions que faffent les gens intéreffés à perfuader le con- traire, on calculera toujours jufte, quand on prendra pour la valeur d'un de ces termes, la raifon inverfe de l'autre.

La diffipation des revenus publics provient des guerres que l'on fait au-dehors, des alliances qu'on y achete, des récompenfes démefurées qui s'accordent, & qui font toujours plus exceffives à proportion qn'elles font moins méritées; enfin, du défordre & des prévarications de toutes natures, qui fe pratiquent dans l'adminiftration de ces revenus.

De tout cela, il ne réfulte aucune confommation des denrées du pays; par conféquent, aucun retour dans l'état, des fommes qui y ont été levées.

Celles que la guerre & les traités en font fortir ne rentrent point. Le luxe eft la caufe ou l'effet de la déperdition des autres, qui n'y rentrent pas davantage.

Il en eft la caufe pour toutes les dépenfes qui font perfonnelles ou relatives au fouverain, & à l'éclat qui l'environne; l'effet, parce que la prodigalité de fes dons & le pillage des finances le font naître ou l'accroiffent avec énormité dans ceux qui en profitent.

Or, le luxe, pour tous les pays du monde, n'eft que l'ufage des matieres étrangeres; il ne confomme donc point au profit de l'état, mais à fa ruine; il caufe, fans remplacement, l'extraction continuelle de fes richeffes numéraires; ce qui fait voir que, loin d'avoir l'avantage qu'on lui prête, par la circulation, les inconvéniens de l'extrême difproportion des fortunes inévitables, dit-on, dans les gouvernemens modernes, principalement dans les monarchies, il appauvrit réellement la république, & diminue les moyens de fubfiftance pour les indigens, en même raifon que les richeffes des opulens.

Je fais bien que fi ceux qui poffédant tout, ne dépenfent que le néceffaire, ceux qui ne poffedent rien, ne l'auront point; mais ce que je fais encore mieux, c'eft qu'il leur manque en effet.

Ce n'eft pas, encore une fois, que les riches ne dépenfent, & même, comme je l'ai dit, beaucoup au-delà de leurs moyens, quoiqu'ils foient immenfes; mais les pauvres n'y gagnent rien; c'eft l'étranger qui bénéficie de toute cette dépenfe. Chacun, en calculant la fienne, peut aifément reconnoître que la confommation des matieres nationales en fait la plus petite partie. Le goût des autres eft tellement extravagant, que, pour les befoins réels, & les chofes même de l'ufage le plus ordinaire, on les emploie à l'exclufion de celles du pays, dont on fe fert le plus, quoique peut-être elles fuffent plus utiles & plus commodes; tant les hommes fe font plu à accroître leur mifere, par ces befoins imaginaires de tout ce qu'ils n'ont pas!

Je ne dis rien de vague; tout ce qui nous environne l'attefte. Qui eft-ce qui n'eft pas habillé & meublé de foie, où la foie ne croît point? Il n'y a que celui qui l'eft autrement, que l'on trouve extraordinaire; c'eft-à-dire, que la perverfion eft fi générale, qu'il n'y a plus que celui qui eft honnête, modefte & utile à la fociété,

qui foit remarqué, comme autrefois le fut, à Rome, l'intégrité de Caton.

Combien de gens, dont la feule parure de chacun fuffiroit pour affurer la fubfiftance de toute une famille, & fur qui on auroit peine à trouver une feule chofe que le fol ait produite! On n'en trouveroit peut-être pas la moitié fur les moins faftueux.

En confidérant la nature & le prix de tout ce qui compofe ces parures, je me fuis fouvent étonné de ce qu'il en coûte à l'état pour décorer un fat qui le furcharge encore de fon inutilité. Il y a de quoi l'être en effet; mais on ne s'avife guere de l'obferver. Eft-ce qu'on a des yeux pour voir, & des têtes pour penfer? d'ailleurs, l'univerfalité du mal empêche qu'il ne foit apperçu.

Encore fi ce goût effréné du fafte exiftoit auffi fortement dans toutes les nations, celui des chofes étrangeres, fe ruinant également pour fe les procurer, leurs richeffes relatives refteroient les mêmes, & leur puiffance politique ne changeroit point de rapport: mais la folie des uns eft un moyen de plus pour les autres d'augmenter leur fortune & leur force, enforte que la perte des premiers eft du double. La profpérité des Anglois en eft une preuve; éclairés fur leurs véritables intérêts, par la liberté de penfer & d'écrire, ils n'ont point coupé les ailes du génie qui les inftruifoit; au lieu de menacer ceux qui pouvoient leur donner des leçons utiles, ils les ont invités à s'occuper de la chofe publique: celui qui fait le bien ne craint ni l'examen, ni le blâme de ceux qui font faits pour le juger. Des ouvriers offroient à Drufus d'empêcher que fes voifins ne puffent voir ce qui fe paffoit chez lui, s'il vouloit leur donner trois mille écus: je vous en donnerai fix, répondit-il, fi vous pouvez faire enforte qu'on y voie de tous côtés.

C'eft au bon efprit que les Anglois doivent la fupériorité qu'ils ont acquife dans tous les genres; mais fur-tout à la fageffe qu'ils ont de ne faire le commerce de luxe que pour leurs voifins, dont ils cherchent fans ceffe à augmenter les befoins, tandis qu'ils s'efforcent de diminuer les leurs; ils font économes des matieres, & prodigues de l'argent qu'elles procurent. Leur luxe eft de répandre fur l'indigence les gains immenfes qu'ils font. Plus utile à l'humanité, & moins dangereux pour l'état, il ne les appauvrira jamais, ne confommant point, ou que fort peu, & feulement pour leur plus grande commodité, les marchandifes dont le trafic fait leurs richeffes; ils en confervent la fource, & n'ufent que du produit; les autres, au contraire, les épuifent, & s'interdifent les moyens de les renouveller: tout notre commerce confifte à faciliter l'entrée des marchandifes étrangeres, & la fortie de notre argent.

Mais, dira-t-on, la fabrication de ces matieres dans le pays, occupe un grand nombre d'ouvriers à qui elle donne les moyens d'en confommer les denrées : c'eſt encore là une objection frivole.

1°. La plupart y parviennent toutes fabriquées ; indépendamment des étoffes & des choſes comeſtibles, eſt-ce que les colifichets, qui ſont les plus précieux & les plus chers, ne viennent point tout ouvrés de la Chine, du Japon, des Indes, &c ?

Le luxe, qui corrompt tout ce qui le touche, confume lui-même les bénéfices qu'il procure. L'ouvrier qui met en œuvre les matieres qui y ſervent, en fait bientôt uſage pour lui-même ; ſa dépenſe excede la proportion du gain : ainſi, ſans rendre ſa condition meilleure, il empire celle de l'état, en augmentant la confommation des marchandiſes étrangeres, & l'extraction des valeurs numéraires.

2°. Mais quand il ſeroit vrai que ce travail ſeroit profitable à quelques individus, ce profit des citoyens ſur des citoyens mêmes, loin d'enrichir l'état, ſeroit à ſon préjudice, puiſque, ſans y faire aucun bénéfice, il y perdroit toujours la valeur des matieres, ſans compter celle des denrées nationales qui auroient été employées à la place, & de plus le profit de la circulation de ces valeurs, qui en auroient réſulté. C'eſt à une pareille erreur ſur ce prétendu bénéfice, que le préſident de Monteſquieu attribue, en partie, les premieres augmentations qui ſe firent à Rome ſur les monnoies.

Tels ſont les véritables effets du luxe, quant à la confommation, à l'induſtrie & au travail intérieur qu'il produit. Arrêtons-nous encore un moment à conſidérer ceux de ſon commerce extérieur ; nous verrons qu'il n'eſt pas plus avantageux. L'importance de cet objet m'entraîne, & je ne puis le quitter.

Dans ce commerce, j'entends la réexportation des matieres étrangeres, après qu'elles ont été fabriquées ; on ne fournit de ſon crû que la main-d'œuvre ; quelque chere qu'on la ſuppoſe, il eſt difficile de croire qu'elle le ſoit aſſez pour reſtituer ce que coûte la profuſion que l'on fait ſoi-même de ces matieres ; il faudroit dire que le prix des façons ſeroit ſi diſproportionné à la valeur principale, que la vente d'une très-petite quantité ſuffiroit pour rembourſer celle du tout ; ce qui ne peut pas être.

C'eſt d'ailleurs un principe fondé ſur l'expérience, qu'aucun commerce n'eſt avantageux s'il n'eſt d'échange ; les républiques ne ſont celui d'économie, que parce qu'elles occupent des terreins ſtériles qui les y contraignent ; & c'eſt bien plus par cette raiſon qu'il leur eſt naturel, que par la conſtitution de leur gouvernement, qui ſemble le favoriſer.

La liberté n'eſt jamais où ſe trouve l'abondance ; elles ſont incompatibles. Tyr, Sidon, Rhodes, Carthage, Marſeille, Florence, Veniſe, la Hollande, étoient & ſont des ſols ingrats qui ne produiſent rien. Il faut bien trafiquer des denrées d'autrui, quand on ne poſſede point ſoi-même, ne fût-ce que pour ſe procurer celles de néceſſité que le terrein refuſe ; mais cette poſition eſt périlleuſe, elle tient les nations qui s'y trouvent, dans un continuel équilibre, & les incline perpétuellement vers la deſtruction.

En effet, un état dont la ſubſiſtance dépend entiérement de la volonté des autres, ne peut avoir qu'une ſubſiſtance incertaine & précaire : on refuſera de lui vendre ſes denrées ; on ne voudra point les lui racheter ; les richeſſes de conventions s'épuiſeront. Il ſera la proie de l'ambition ou des beſoins : ſans qu'on ſe donne la peine de le ſubjuguer, une pauvreté extrême forcera les peuples à recevoir ou à ſe donner un maître pour avoir du pain. En s'abſtenant un jour de manger, les Lacédémoniens ſoumettoient les habitans de Smyrne, s'ils n'euſſent préféré la gloire de les ſecourir dans l'extrême beſoin où ils étoient, à celle d'en profiter pour devenir leur ſouverain.

La Hollande a vû de près cette extrémité : ſans l'interdiction des ports de l'Eſpagne & du Portugal, qui réduiſit ſes habitans au déſeſpoir, & les força d'aller aux Indes acquérir des établiſſemens dont la poſſeſſion leur a procuré la vente excluſive des épiceries, qui leur tient lieu des autres productions de la terre, dont ils manquent, peut-être ne ſeroit-elle déja plus une république indépendante.

Mais un danger plus imminent encore de ce commerce d'économie, menace les républiques qui ſont obligées de le faire ; c'eſt le luxe qu'il introduit. Lycurgue ne trouva d'autres moyens d'en garantir la ſienne, qu'en inſtituant une monnoie qui ne pouvoit avoir cours chez les autres peuples. Un philoſophe Anglois, M. Hume, regrette qu'il n'ait pas connu l'uſage du papier : il n'a pas penſé que le papier repréſente une dette, & n'eſt que l'obligation de l'acquitter. Il pouvoit, par cette raiſon, devenir un effet de commerce recevable par les étrangers, à qui il auroit donné des droits ſur le territoire même de la république ; au lieu que les morceaux de fer, inventés par ce légiſlateur, une fois reçus, il n'y avoit rien à répéter contre Lacédémone. Le luxe en étoit bien plus ſûrement proſcrit ; le défaut abſolu d'échange en rendoit le commerce impraticable.

C'eſt peut-être à la même impoſſibilité, dont la cauſe eſt différente, que la Suiſſe, dont le gouvernement ſemble devoir être le plus durable, devra ſa conſervation. Sa ſituation la rend inacceſſible au commerce des marchandiſes des autres : ſes productions naturelles ſont les hommes ; elle en trafique avec toutes les puiſſances de l'Europe, & n'en eſt jamais épuiſée ; la nature les accorde abondamment à la liberté & à l'égalité qui les cultivent.

Enfin, c'eſt une vérité répétée par Monteſquieu, d'après Florus qu'il cite : les républiques finiſſent par le luxe, les monarchies par la pauvreté.

C'eſt donc accélérer ces effets, & ſe mettre volontairement dans la ſituation forcée où la néceſſité réduit les autres, que d'abandonner le trafic de ſes productions naturelles, pour ſe livrer au commerce dont ces dangers ſont inſéparables. Les nations où ce commerce a prévalu, reſſemblent à des négocians qui, ayant des magaſins inépuiſables de marchandiſes de toute eſpèce, & d'un débit aſſuré, les auroient abandonnées pour aller vendre celles de leurs voiſins, & devenir leurs commiſſionnaires & leurs journaliers : ce qui eſt bien mal raiſonner, même en politique, ſurtout dans les gouvernemens où l'on veut être abſolu ; car ôtez la propriété, & rien n'arrête plus les hommes dont on attaque la liberté.

Il ſe peut cependant qu'avec ces principes, on ait tout ce que les arts de vanité peuvent produire de plus perfectionné, de plus rare & de plus agréable ; mais on n'a plus de provinces, on n'a que des déſerts, on ſacrifie le réel à l'illuſion, on attire ſur un état tous les maux qu'il puiſſe éprouver.

Les campagnes reſtent incultes, parce que la valeur de ce qu'on en obtiendroit au-delà de ce qui eſt néceſſaire pour la conſommation intérieure, déja fort réduite par celle du luxe, ſeroit nulle.

Elles ſont abandonnées, parce qu'on ne peut plus s'y procurer la ſubſiſtance par le travail, & que d'ailleurs les riches manufactures invitent à les quitter, en offrant des travaux moins pénibles & plus lucratifs.

Les beſoins de l'état augmentent, ſes richeſſes diminuent ; un peuple de propriétaires eſt réduit à la condition de mercenaire, la miſère le diſperſe & le détruit ; une dépopulation affreuſe & la ruine du corps politique en ſont les ſuites.

On vantera tant que l'on voudra le miniſtère de Colbert, voilà ce qu'il a produit & ce qu'il devoit produire. Il fut brillant ſans doute, & digne des plus grands éloges ; mais il faut en être bien ébloui, pour ne pas voir que ſes règlemens ſur le commerce, dont l'agriculture ne fût point la baſe, ſont des règlemens de deſtruction. Dans la vue peut-être de flatter une nation faſtueuſe, ou ſéduite par un faux éclat, il préféra la gloire d'être, pour tous les peuples, un modele de futilité, & de les ſurpaſſer dans tous les arts d'oſtentation, à l'avantage plus ſolide & toujours ſûr de pourvoir à leurs beſoins naturels, qui ne dépendent ni des caprices de la mode, ni des fantaiſies du goût, mais qui ſont les mêmes dans tous les tems & pour tous les hommes.

La France poſſede les denrées de néceſſité, & avec la plus heureuſe ſituation pour les diſtribuer.

Toutes les nations pouvoient être dans ſa dépendance ; il la mit dans celle de toutes. Il prodigua les richeſſes & les récompenſes, pour élever & maintenir des fabriques & des manufactures faſtueuſes. Il n'avoit pas les matieres premieres ; il en provoqua l'importation de toutes ſes forces, & prohiba l'exportation de celles du pays. C'étoit faire un traité tout à l'avantage des étrangers ; c'étoit leur dire, je m'impoſe l'obligation de conſommer vos denrées, & de ne pouvoir jamais vous faire conſommer les miennes. C'étoit anéantir ſes richeſſes naturelles, la culture & la population de ſes provinces, pour multiplier en même proportion toutes ces choſes à leur profit.

On conviendra que quand des vainqueurs auroient dicté ces conditions, elles n'auroient pas été plus dures à celui qui les auroit reçues.

On voit quelles peuvent être les ſuites d'un pareil ſyſtême, par l'exemple de la Sardaigne, ſi riche & ſi floriſſante, lorſque Ariſthée lui donna des loix. Les Carthaginois défendirent, ſous peine de mort, aux habitans de cette iſle de cultiver leurs terres. Jamais elle ne s'eſt repeuplée depuis ; & l'on ſait que c'eſt par une vue d'adminiſtration ſemblable, que les Anglois dominent en Portugal, & que ce royaume ſemble ne poſſéder que pour eux les tréſors du nouveau monde.

Les fruits de cette police en France, ne montrent pas moins combien elle peut être funeſte. Pendant tout le miniſtere de Colbert, le prix des grains ne ceſſa de diminuer, juſqu'à ce que, ne ſuffiſant plus pour rembourſer les frais de leur culture, on finit par en éprouver la diſette.

Il fit tout ce qu'il put pour réparer ce mal ; mais il ne fit pas ce qu'il devoit ; il perſiſta dans ſes principes ; des diminutions ſur les tailles, des encouragemens accordés à la population & à l'agriculture ne réparerent rien. Qu'auroient fait les propriétaires des denrées qu'ils auroient recueillies ? Elles étoient ſans débouchés, conſéquemment ſans valeur. Les engager à les cultiver, c'étoit les engager à devenir plus pauvres de toute la dépenſe de la culture.

Une faute de cette eſpèce ne reſte point iſolée ; il faut que toutes les branches de l'adminiſtration s'en reſſentent. Je m'abſtiendrois de retracer l'enchaînement de malheurs qui ſuivirent celle-ci, ſi je ne croyois pas qu'il eſt utile de le connoître pour les éviter, & ſi d'ailleurs ils avoient moins de rapport avec le ſujet que je traite.

Les richeſſes naturelles anéanties, les ſujets ſe trouverent hors d'état de ſupporter les impôts néceſſaires ; le gouvernement fut obligé de recourir aux créations de rentes & d'offices, à la multiplicité des droits ſur les conſommations, qui les diminuent d'autant, aux emprunts, aux traitans, & à tous ces expédiens deſtructeurs qui déſolent le peuple & ruinent les empires.

Colbert lui-même confomma les revenus par anticipation ; & les progrès du mal qu'il vit commencer, s'accélérerent dans un tel degré de vîteffe, qu'en 1715, trente-deux ans feulement après fa mort, les principaux revenus de l'état fe trouverent engagés à perpétuité, l'excédant dépenfé par avance fur plufieurs années, toute circulation détruite, les maifons de la campagne en mafures, les beftiaux morts, les terres en friche, & le royaume inondé de toutes fortes d'exacteurs qui avoient acquis, fous les titres les plus bizarres, le droit d'opprimer les peuples fous tous les prétextes poffibles.

Je l'ai déja dit, c'eft à regret que je retrace ce tableau. Je ne refufe point à ce miniftre le tribut de reconnoiffance que lui doivent les arts & les lettres ; mais je puis refufer encore moins celui que l'on doit à la vérité, quand de fon témoignage dépend le bien public.

Sans le trafic de fes vins, & quelques manufactures groffieres que Colbert méprifoit, qui fait dans quelle fituation, plus déplorable encore, la France eût été réduite ?

Ce qui prouve que fes établiffemens de commerce étoient ruineux, c'eft qu'après fa mort, dès qu'on ceffa de dépenfer pour les foutenir, la plupart s'écroulerent & ne purent fubfifter.

Sully, qui ne voyoit la gloire de fon maître que dans le bonheur des peuples, & qui favoit qu'il ne la trouvoit que là, connoiffoit bien mieux la fource de ce bonheur & des richeffes de la France, quand il croyoit qu'elle étoit dans l'étendue & dans la fertilité de fon fol. La terre, difoit-il, produit tous les tréfors, le néceffaire & le fuperflu ; il ne s'agit que d'en multiplier les productions, & pour cela il ne faut qu'en rendre le commerce fûr & libre. « Votre peuple feroit » bientôt fans argent, & par conféquent votre » majefté, fi chaque officier en faifoit autant, » écrivoit-il à Henri IV, en parlant d'un magiftrat ftupide qui avoit défendu le tranfport des bleds.

On fait qu'avec ces maximes, fon économie, & fur-tout la modération des impôts, il tira le royaume de l'état de défolation où l'avoient réduit des guerres cruelles & fanglantes. Il eft curieux de lire, dans Bolingbrocke, les prodiges de bien public qu'opéra ce miniftre, plus grand encore par fon intégrité que par fes lumieres, dans le court efpace de quinze années que dura fon adminiftration. Il femble que depuis on ait craint de partager fa gloire en l'imitant.

C'eft une prodigieufe avance pour bien gouverner, qu'un grand amour du bien public. Ce fentiment dominoit Sully. Il n'apperçut peut-être pas toute l'étendue de fes vues ; mais il en eut de juftes fur le commerce : il comprit qu'il ne produit véritablement les richeffes, qu'autant qu'on en poffede les matieres. Il pouvoit, en allant plus loin, reconnoître que plus elles font de néceffité, plus il eft fûr & profitable.

J'en trouve encore un exemple chez les Anglois ; tandis que l'Efpagne, le Portugal & la Hollande envahiffoient toutes les mines des Indes & de l'Amérique, par la feule manufacture de leurs laines, ils devinrent plus puiffans que tous ; & ce commerce éleva leur marine à une telle fupériorité, qu'elle fit échouer toutes les forces de l'Efpagne, & les rendit les arbitres de l'Europe.

Tout autre trafic eft défavantageux, même avec fes colonies. Quelques richeffes que l'on en tire, elles appauvriront la métropole, fi elle n'eft en état de leur envoyer en échange des denrées de fon crû. C'eft bien pis fi elle manque pour elle-même de celles de néceffité. Alors ce ne fera que pour les nations qui les poffedent, qu'elle aura fait venir ces tréfors. Voyez ce qu'elle ont produit en Efpagne. Aucune puiffance ne poffede des colonies fi riches ; aucune n'eft fi pauvre.

Tout ceci conduit à une réflexion ; c'eft que toute nation qui peut avoir un abondant fuperflu des matieres de premiere néceffité, ne doit faire le commerce, & fe procurer les marchandifes étrangeres qui lui manquent, que par l'échange de celles qui excedent fes befoins. Il ne faut permettre l'entrée de ces marchandifes dans le pays, qu'à condition d'en exporter pour une valeur femblable de celles qu'il produit.

Voilà, peut-être, la vraie mefure du luxe, & les feules loix qu'il y ait à faire contre fes excès. Cette idée vaudroit la peine d'être développée avec plus d'étendue que je ne le puis ici. Je dirai feulement, qu'alors la confommation du fuperflu devenant la mefure des progrès du luxe, fon plus grand degré poffible feroit la plus grande quantité poffible de ce fuperflu, & la culture univerfelle de toute la furface de l'état : d'où il arriveroit qu'au lieu de les détruire, il contribueroit à multiplier les richeffes naturelles, qui font les feules réelles.

Je dis les richeffes naturelles ; car, pour celles de convention, ce commerce, borné à des retours en nature, n'en ajouteroit aucune à celles qu'on auroit : vous n'auriez échangé que des denrées contre des denrées ; il n'en réfulteroit pas un écu de plus dans l'état, mais auffi il n'y en auroit pas un de moins. Ce qu'on auroit acquis eft bien d'un autre prix ; la terre multiplieroit par-tout fes tréfors & les hommes ; l'agriculture & le commerce, dans un jufte rapport, leur offrant de tous côtés les moyens de fubfiftance & de fe reproduire ; croiffant toujours enfemble en même raifon ; ne laiffant rien d'inculte, rien d'inhabité ; faifant enfin la grandeur & la profpérité de l'état par la multitude & l'aifance des citoyens, fur-tout par la pureté des mœurs qui réfulteroit de l'habitation des campagnes ; car c'eft-là feulement qu'elles font innocentes & qu'elles fe maintiennent.

Il s'enfuivroit encore, que l'argent ne feroit

plus la puissance des empires, mais le nombre des hommes, & celui-là en auroit le plus, qui auroit un plus grand espace à cultiver. S'il arrivoit en outre qu'après les avoir fabriquées, il réexportât une partie des matieres étrangeres qu'il auroit reçues, ou qu'il envoyât une plus grande quantité des siennes, il se trouveroit encore plus riche de tout le profit de cette réexportation, ou de toute la valeur de ce qu'il auroit transporté de ses denrées, au-delà de ce qui lui auroit été apporté de celles des autres.

Si, méconnoissant ces avantages, dont j'abrege la plus grande partie, on prétendoit qu'en prescrivant la nature des échanges, j'impose au commerce une gêne contraire à ses progrès, & qui même en pourroit causer l'interruption; je réponds d'avance deux choses :

La premiere, que je ne propose ces échanges que pour les marchandises de superfluité, qui ne sont d'aucune utilité réelle, que ne consomment point les besoins naturels, mais que prodiguent la vanité & les fantaisies; pour celles enfin dont l'état pourroit se passer sans éprouver aucun préjudice, quand on cesseroit de lui en apporter, & qui n'ont de valeur, malgré leurs prix énormes, que le caprice de ceux qui en font usage.

Secondement, l'intérêt de ceux qui possedent ces marchandises, n'est pas de les garder. Il y auroit toujours beaucoup d'avantage pour eux à les troquer contre des denrées de nécessité, dont la vente est bien plus assurée : ainsi, loin de craindre d'en manquer, l'importation en pourroit être si abondante, que le superflu n'y suffiroit pas, & qu'il y auroit, au contraire, des précautions à prendre pour que les échanges ne fussent jamais assez considérables pour l'excéder.

On sent bien que ces dispositions ne conviendroient pas en entier à toutes les nations; pour plusieurs, elles ne sont praticables qu'en partie, suivant ce qu'elles ont & ce qui leur manque : pour d'autres, elles ne le sont point du tout. Celles-ci ont des loix très-severes contre l'usage des marchandises de luxe; il vaudroit mieux prévenir le mal, que d'avoir à le punir. Les loix vieillissent & deviennent caduques. Le commerce produit l'opulence qui introduit le luxe, & les matieres sont employées malgré les défenses.

Je croirois plus sûr pour ces nations, de prescrire une proportion rigoureuse entre l'importation & l'exportation de ces matieres, de n'en souffrir l'entrée que pour des quantités égales à celles qui en sortent; de maniere qu'il fût certain qu'il n'en seroit point resté dans le pays. Le corps politique doit se considérer, à cet égard, comme un négociant particulier qui n'achete qu'autant qu'il vend. S'il consomme lui-même, il est perdu; & tout ce qui est reçu & non réexporté, est consommé, ou le sera.

Je n'empêche pas qu'on ne regarde ce que je

vais dire comme une rêverie. Il n'y aura que l'humanité qui y perdra. Si la justice, la bienfaisance & la concorde subsistoient parmi les hommes, ce seroit à ces peuples, que la force & l'amour de la liberté ont relégués dans ces contrées arides, dont le sol ne produit rien, qu'il faudroit laisser l'emploi de distribuer entre les nations le superflu réciproque de celles qui en ont. Elles se borneroient à l'enlever & à le vendre aux autres qui viendroient le chercher, & la fin des échanges seroit de procurer à toutes le nécessaire dont elles sont dépourvues.

Mais un traité en faveur du genre humain, n'est pas le premier qui se fera. Les opinions qui divisent la terre, en ont chassé l'équité générale, pour y substituer l'intérêt particulier. Les hommes sont bien plus près de s'entr'égorger pour des chimeres, que de s'entendre pour en partager les richesses; aussi ai-je bien compté proposer une chose ridicule pour le plus grand nombre.

Il est tems de retourner à mon sujet. Je ne m'en suis peut-être que trop écarté : mais si ces réflexions sur une matiere aussi importante que le luxe, & tout ce qu'il produit, sont utiles; si elles peuvent enfin déterminer une bonne fois ses effets, elles ne seront ni déplacées, ni trop étendues.

J'ai promis de démontrer d'une maniere plus générale & plus positive que je ne l'ai fait encore, que tout impôt retourne sur la terre, quelque part où il soit mis; ceux même auxquels on assujettiroit les marchandises de luxe, quoiqu'elles soient étrangeres, auroient cet effet; & on se tromperoit si de ce que je viens de dire on en concluoit le contraire.

L'étranger qui apportera ces marchandises, en augmentera le prix à proportion de l'impôt; ce ne sera donc point lui qui le supportera, mais le citoyen qui les consomme, & qui les paiera plus cher de toute la quotité du droit.

Or, si j'ai prouvé que la dépense du luxe préjudicioit à la consommation du nécessaire que le sol produit, il est évident que plus cette dépense sera considérable, moins on consommera de ces productions; il s'ensuivra une diminution proportionnée dans la culture des terres, conséquemment dans leur revenu; ce sera donc sur elle que ces impôts retourneront : il en sera ainsi de tous les autres. Donnons-en quelques exemples encore.

Le cuir & toutes les marchandises de peausserie, de mégisserie, de pelleterie & de ganterie, qui proviennent de la dépouille des animaux, lorsqu'elles sont dans leur denier état de consommation, paroissent les moins relatives au sol. Personne ne pense qu'il puisse exister aucune relation entre lui & une paire de gants. Cependant, que comprend le prix que la paie le consommateur ? Celui de toutes les productions de la terre, employées pour la nourriture & l'entretien de tous les ouvriers qui les ont travaillées dans toutes les formes où elles ont paffé ; toutes les taxes que ces ouvriers ont fupportées perfonnellement, & encore celles qui ont été levées fur leurs fubfiftances ; de plus, les droits perçus fur les peaux à chacune des modifications qu'elles ont reçues.

En mettant un nouvel impôt fur la derniere, ce ne fera, dit-on, que la confommation qui le fupportera. Point du tout ; il retourne fur le produit de la terre directement ou indirectement.

Directement en affectant les pâturages où font élevés les beftiaux qui fourniffent ces marchandifes, & qui deviendront d'un moindre produit, fi l'impôt, en diminuant la confommation des peaux dans leur dernier apprêt, diminue le nombre des nourritures qui fait la valeur de ces fonds.

Indirectement, en affectant la main-d'œuvre, qui n'eft autre chofe que le prix des denrées employées par les fabricans ; & ces denrées, d'où viennent-elles ?

On en peut dire autant des dentelles, & de toutes les marchandifes qui exigent le plus de préparation, en qui la multiplicité des façons a fait, pour ainfi dire, difparoître les matieres dont elles font compofées, & ne rappellent rien de leur origine.

Il eft donc vrai, & ces exemples le prouvent invinciblement, que quelque détournée qu'en paroiffe la perception, les droits remontent toujours à la fource de toutes les matieres de confommation, qui eft la terre. Il l'eft auffi, que ceux fur la terre font à la charge de tous les citoyens ; mais la répartition & la perception s'en forment d'une maniere fimple & naturelle, au lieu que celles des autres fe font avec des incommodités, des dépenfes, des embarras, & une foule de répétitions étonnantes.

Par exemple, quelle immenfe diverfité d'impôts pour les marchandifes dont je viens de parler ?

1°. Ceux que paie le propriétaire du fonds qui fert à la nourriture des beftiaux, tant pour lui perfonnellement, que pour ces fonds.

2°. Ceux qui fe levent fur les beftiaux menés en divers endroits & en divers tems.

3°. Les droits fur les peaux, dans les différentes formes qu'elles ont prifés.

4°. Les taxes perfonnelles de tous les ouvriers qui les ont travaillées.

5°. Celles des différens fabricans qui les ont vendues, à mefure qu'elles ont été manufacturées.

6°. Celles que fupportent les derniers artifans qui les mettent en œuvre.

7°. Le droit du privilège exclufif de les fabriquer.

8°. Tous les droits qui fe font perçus fur les denrées dont toutes ces perfonnes ont fait ufage

pour leur fubfiftance & leur entretien, & qui font infinis.

9°. Et enfin, une portion de ceux qu'ont fupportés les gens qui ont fourni des denrées, & qui ne le font pas moins.

Cette férie eft effrayante : on ne conçoit pas comment une machine fi compliquée, & dont les refforts font multipliés à ce point, peut exifter.

Que de chaînes pour le commerce, dans cette quantité de perceptions ! Combien une denrée a-t-elle été arrêtée, vifitée, contrôlée, évaluée, taxée, avant que d'être confommée !

Que de faux calculs, de doubles emplois, de mécomptes, d'erreurs & d'abus de toute efpèce, l'avarice du traitant, & l'infidélité ou l'ineptie de fes fubalternes, ne font-elles point fupporter aux citoyens !

Il faut que tous contribuent aux *charges publiques*, cela eft vrai ; mais ce qui ne l'eft pas, c'eft que tous doivent les payer : celui qui ne poffede rien, ne peut rien payer ; c'eft toujours un autre qui paie pour lui.

Les taxes fur les pauvres font les doubles emplois de celles fur les riches. Pour bien entendre ceci, il faut définir plus correctement qu'on ne l'a fait jufqu'à préfent, ce que c'eft que les *charges publiques* ; elles font de deux efpèces : le travail, & les richeffes qu'il produit.

Cette définition eft complette ; fans travail, point de richeffes ; fans richeffes, point de tributs.

Il fuit, que la contribution du manouvrier aux charges de la fociété, c'eft le travail ; celle des richeffes, c'eft une portion des richeffes qui en réfultent, & qu'elles donnent à l'état, pour jouir paifiblement du tout, moins cette portion.

On voit par-là, que les taxes fur le manouvrier, dans la fuppofition qu'il dût les acquitter, feroient d'une injuftice énorme ; car ce feroit un double emploi de tout leur travail, qu'ils ont déja fourni à l'état.

Mais la capitation de mon domeftique eft levée fur moi ; il faut que je l'acquitte pour lui, ou que j'augmente fes gages.

L'artifan, l'ouvrier ou le journalier que j'emploie, ajoute, au prix de fa peine ou de fon induftrie, tout ce qu'on exige de lui, & même au-delà ; l'une & l'autre fera plus chere, fi fa fubfiftance & fon entretien le deviennent par les droits qui auront été mis fur les chofes qui y fervent.

C'eft que dans le fait, il ne peut y avoir que trois fortes de perfonnes qui fupportent les impôts ; les propriétaires, les confommateurs oififs, & les étrangers qui, par le commerce, acquittent, avec la valeur principale de vos denrées, les droits dont elles font chargées ; encore vous vendra-t-il les fiennes dans le rapport de ce qu'il aura acheté les vôtres ; ce qui remet à votre charge, les droits qu'il aura acquittés : ainfi, à parler exactement, il n'y a que les propriétaires & les consommateurs inoccupés, qui supportent réellement les tributs.

Tout le monde travaille pour les derniers, & ils ne travaillent pour personne. Ils paient donc la consommation de tout le monde, & personne ne paie la leur : ils n'ont aucun moyen de recouvrer ce qu'ils ont payé pour eux & pour les autres ; car ils ne leur fournissent rien au prix duquel ils puissent l'ajouter. C'est à eux que se termine la succession des remboursemens de tous les droits imposés sur les marchandises, & sur les ouvriers qui les ont façonnées depuis leur origine jusqu'à leur derniere consommation.

Un propriétaire est imposé pour sa personne & pour ses fonds ; son fermier est imposé de même, les denrées qu'ils consomment le sont aussi.

Les valets du fermier sont taxés pour eux, & pour tout tout ce qui sert à les nourrir & à les habiller.

Les bestiaux, les matieres & les instrumens du labourage sont imposés.

Tout cela est à la charge du propriétaire ; le fermier n'afferme son bien, que déduction faite de tous ces différens droits qu'il aura à supporter directement, pour ceux qui lui sont personnels ; indirectement, par l'augmentation qu'il sera obligé de payer pour le prix des journées, des bestiaux, des matieres & des instrumens qui lui sont nécessaires. Le propriétaire ne reçoit du produit de sa terre, ou de son bien quelconque, que l'excédant des dépenses & du bénéfice du fermier, dans lesquels tous ces droits sont, avec raison, calculés. C'est donc le propriétaire qui les supporte, & non pas ceux sur qui ils sont levés ; car sans cela, il affermeroit son bien davantage.

Ainsi, en multipliant à l'infini les taxes sur toutes les personnes & sur toutes les choses, on n'a fait que multiplier, sans aucune utilité, les régies, les perceptions, & tous les instrumens de la ruine, de la désolation, & de l'esclavage des peuples.

Qu'est-ce donc qui a fait penser aux meilleurs esprits, que les droits sur les consommations, d'où résulte infailliblement cette diversité funeste, étoient les moins onéreux aux sujets, & les plus convenables aux gouvernemens doux & modérés ?

Là où sont ces droits, la guerre civile est perpétuellement avec eux : des milliers de citoyens armés pour leur conservation & pour empêcher la fraude, menacent sans cesse la liberté, la sûreté, l'honneur & la fortune des autres.

Je voudrois dissimuler des maux plus grands encore, dont ces impôts sont la source. L'énorme disproportion entre le prix de la chose & le droit, en rend la fraude très-lucrative, & invite à la pratiquer. Des gens qu'on poursuit

comme des criminels, perdent la vie pour avoir tenté de la conserver ; & l'on exerce toute la rigueur des peines infligées par la loi, contre ceux que souvent la nécessité a réduits à s'y exposer. Je n'aime point, disoit Cicéron, qu'un peuple qui est le dominateur de l'univers, en soit en même tems le facteur. Il y a quelque chose de plus affligeant que ce qui déplaisoit à Cicéron.

Tous les droits sur les consommations n'exposent pas, je le sais, les citoyens à des dangers si terribles ; mais tous sont également contraires à leur liberté, à leur sûreté, & à tous les droits naturels & civils, par les surveillances, les inquisitions & les recherches aussi oppressives que ridicules qu'ils occasionnent.

Ce n'est pas la meilleure administration, que celle où la bienfaisance est réprimée comme le crime, où l'on force la nature à s'opposer à la nature, & l'humanité à l'humanité.

Ce ne sera pas non plus où cette foule de droits subsistera, que le commerce sera florissant : on ne considere pas assez le préjudice qu'il en éprouve, & celui qui en résulte pour l'état, quand, pour l'intérêt du fisc, on l'accable de toutes les entraves que lui cause cette diversité de perceptions.

Il seroit tems néanmoins d'y songer. Le commerce est devenu la mesure de la puissance des empires : l'avidité du gain, produite par l'excès des dépenses du luxe, a substitué l'esprit du trafic, qui énerve l'ame & amollit le courage, à l'esprit militaire, qui s'est perdu avec la frugalité des mœurs.

Des gens, pour qui raisonner est toujours un tort, en ont accusé la philosophie, & ont voulu lui attribuer les désastres qui s'en sont suivis ; cela prouve qu'ils n'ont point le bonheur de la connoître, ni de sentir avec quelle énergie elle inspire le goût du bien, l'amour de ses devoirs, & l'enthousiasme des choses grandes, justes, honnêtes & vertueuses, sur-tout l'horreur de l'injustice & de la calomnie.

Quoi qu'il en soit des fausses imputations que la sottise & la méchanceté prodiguent en tous genres contre la vertu & les gens de bien ; il est certain que la ruine du commerce est le produit nécessaire des impôts sur les marchandises, 1°. par des causes qui leur sont inhérentes ; 2°. par les moyens qu'ils fournissent à la rapacité d'exercer toutes les vexations qu'elle peut imaginer ; & quand on sait de quoi elle est capable, on frémit de cette liberté qui fait l'esclavage du commerce, le tourment & la perplexité continuels de ceux qui le pratiquent.

Tous ses mouvemens sont épiés & contraints ; des formalités sans nombre sont autant de dangers à travers lesquels il marche, si je puis m'exprimer ainsi, sur des pièges tendus, sans cesse & de tous côtés, à la bonne foi ; soit qu'on les ignore, soit foit par inadvertance, fi on en néglige aucune, c'en eft affez, on eft perdu.

Depuis l'entrée d'une marchandife étrangere, depuis la fortie de la terre, & même avant, pour celles que le fol produit, jufqu'à leur entiere confommation, elles font entourées de gardes & d'exacteurs qui ne les quittent plus. A chaque pas, ce font des douanes, des barrieres, des péages, des bureaux, des déclarations à faire, des vifites à fouffrir, des mefures, des pefées, des tarifs inintelligibles, des appréciations arbitraires, des difcuffions à avoir, des droits à fupporter, & des vexations à éprouver.

Quiconque a vu les quittances de tout ce qu'une denrée a payé dans toutes les formes & dans tous les lieux où elle a paffé, fait bien que je ne dis rien d'outré, & que n'attefte l'énoncé de ces écrits.

Avec la multitude de ces droits, on en voit l'embarras; l'intention la plus pure, dans ceux qui font la perception, ne les garantit point de l'incertitude & de l'injuftice. Que de fauffes applications & d'erreurs, qu'on ne peut exiger qu'ils mettent à la charge de leurs commettans, & qui tombent toujours à celle du public! D'ailleurs, le moyen de régler tant de droits qui, la plupart, font par eux-mêmes indéterminables?

Si c'eft fur le pié de la valeur de la chofe, le principe eft impraticable. Comment fixer le prix d'une marchandife? Il varie fans ceffe; elle n'a pas aujourd'hui celui qu'elle avoit hier; il dépend de fon abondance, ou de fa rareté, qui ne dépendent de perfonne; de la volonté de ceux qui en font ufage, & de toutes les révolutions de la nature & du commerce, qui font que les denrées font plus ou moins communes, les débouchés plus ou moins favorables.

L'impôt ne fe prête à aucune de ces circonftances; il varieroit continuellement, & ne feroit qu'une nouvelle fource de difficulté.

Si c'eft fur la quantité, fans égard à la qualité qu'il eft réglé, il n'a plus de proportion avec la valeur réelle des denrées, toutes celles d'une même efpèce font également taxées. Il en arrive que le pauvre, qui ne confomme que le plus mauvais, paie autant de droits pour ce qu'il y a de pis, que le riche pour ce qu'il y a de plus excellent; ce qui rend la condition du premier doublement malheureufe: exclu, par fa mifere, de l'ufage des meilleurs alimens, il fupporte encore, en partie, les impôts de ceux que prodiguent l'orgueil & la fenfualité des autres. Les quantités égales, l'opulent oifif ne fournit pas plus à l'état, en flattant fon goût d'un vin exquis, que le manouvrier indigent, en confommant le plus commun, pour réparer fes forces épuifées par le travail.

Il n'y a pas là feulement de l'injuftice, il y a de la cruauté; c'eft trop accabler la portion la

plus précieufe des citoyens; c'eft lui faire fentir, avec trop d'inhumanité, l'excès de fa dépreffion, & l'horreur de fa deftinée, qui pourroit être celle de tous les autres.

Il feroit trop long de parcourir tous les vices qui tiennent effentiellement à la nature de ces impôts; en voilà plus qu'il n'en faut pour prouver que leurs effets ne font pas ceux qu'on leur a attribués. Paffons aux préjudices les plus graves qui réfultent de la néceffité de les affermer.

L'intérêt du fermier étant de groffir le droit, au lieu de l'affimiler à toutes les viciffitudes du commerce, qui pourroient en caufer la diminution, il ne cherche fouvent qu'à l'étendre en tordant le fens de la loi; il tâche, par des interprétations captieufes, d'affujettir ce qui ne l'étoit pas: il trouve prefque toujours, dans quelques expreffions équivoques, de quoi favorifer une exaction plus forte.

N'oublions pas les évaluations outrées, lorfqu'il s'agit de fixer le droit, & delà vient cette foule de difficultés, de conteftations & de procès qui caufent, dans le tranfport & la vente des marchandifes, des obftacles & des délais qui en occafionnent le dépériffement, fouvent la perte entiere, la ruine de ceux à qui elles appartiennent.

On peut à la vérité laiffer fa denrée au traitant pour le prix qu'il y a mis; mais ce moyen qu'on a cru propre à contenir fon avidité, n'eft que celui de réunir entre fes mains les finances & le commerce: il s'emparera, s'il le veut, de toutes les marchandifes, deviendra, par conféquent, le maître des prix, & le feul négociant de l'état; & cela avec d'autant plus d'avantages & de facilités, que n'ayant à fupporter des droits auxquels ces marchandifes font fujettes, que la portion qui en revient au fouverain, il pourra toujours les donner à meilleur compte que les autres négocians qui ne pourront foutenir cette concurrence; témoin la vente des eaux-de-vie à Rouen, dont les fermiers font devenus, de cette maniere, les débitans exclufifs. *Cet exclufif ne fubfifte plus depuis 15 ans.*

On ne peut nier aucun de ces préjudices des impôts fur les confommations, fans méconnoître des vérités malheureufement trop fenties. Dire, avec l'auteur de l'*Efprit des loix*, qu'ils font les moins onéreux pour les peuples, & ceux qu'ils fupportent avec le plus de douceur & d'égalité, c'eft dire que plus ils font accablés, moins ils fouffrent. Les bénéfices démefurés des traitans, les frais immenfes de tant de régies & de recouvremens, font autant de furcharges fur les peuples, qui ajoutent, fans aucun profit pour le prince, plus d'un quart en fus à ce qu'ils auroient à payer, fi leurs contributions paffoient directement de leurs mains dans les fiennes.

Quant à la douceur & à l'égalité de ces impôts, Hérodien écrit qu'ils font tyranniques, &

que Pertinax les fupprima par cette raifon. On vient de voir qu'on effet, il feroit difficile d'en imaginer qui euffent moins ces propriétés. On obferve en vain qu'ayant la liberté de ne point confommer, on a celle de ne point payer : ce n'eft là qu'un fophifme. Eft-ce qu'il dépend de foi de s'abftenir de ce qu'exigent les befoins phyfiques & réels ? Puifque les chofes les plus néceffaires à la fubfiftance font taxées, la néceffité de vivre impofe la néceffité de payer : il n'y en a point de plus preffante.

C'eft encore une illufion bien étrange, que d'imaginer que ces tributs font les plus avantageux au fouverain : quel avantage peut-il recueillir de l'oppreffion de fes fujets, & de celle du commerce ?

Plufieurs villes de l'Afie éleverent à Sabinus, pere de Vefpafien, des ftatues avec cette infcription en grec : *Au bien exigeant le tribut ;* il faudroit élever des temples avec celle-ci : *Au libérateur de la patrie*, à celui qui réuniroit en un feul impôt territorial, tous ceux dont la multitude & la diverfité font gémir les peuples fous une fi cruelle oppreffion.

Infifter préfentement fur les avantages de cet impôt, ce feroit vouloir démontrer une vérité fi fenfible, qu'on ne peut ni la méconnoître, ni la contefter.

Tous retournent fur la terre, n'importe par quelle quantité de circuits ; je l'ai prouvé par une analyfe exacte de ceux qui en paroiffent les plus éloignés, même les taxes perfonnelles.

On ne fera donc qu'abréger la perception, la rendre plus fimple, plus facile & moins meurtriere, en les établiffant tout-à-coup à la fource où il faut qu'ils remontent de quelque maniere que ce foit, parce qu'elle feule produit toutes les chofes fur lefquelles ils font levés.

Il en réfulteroit des biens auffi nombreux qu'ineftimables.

1°. Une feule perception, qui pafferoit directement des mains des citoyens, dans celles du fouverain.

2°. La fuppreffion, au profit du peuple, de tout ce qui en refte aujourd'hui dans celles des intermédiaires, pour les armées de prépofés qu'ils entretiennent, pour la dépenfe des régies, qui n'eft pas médiocre, pour les frais de recouvremens, qui font confidérables, &, ce qui l'eft bien davantage, pour les enrichir.

3°. Les monumens, l'appareil & tous les inftrumens de la fervitude anéantis ; les règlemens, qui ne font que des déclarations de guerre contre les peuples, abolis, les douanes abattues, les bureaux démolis, les péages fermés, les barrieres renverfées, une multitude de citoyens rendus à la culture des terres qu'ils ont abandonnée, à l'art militaire & aux arts méchaniques qu'ils auroient dû fuivre ; enfin, en devenant utiles à la fociété.

4°. Plus de moyens de s'enrichir qui ne foient honnêtes, & non pas par la ruine & la défolation de fes femblables.

5°. La liberté perfonnelle rétablie, celle du commerce & de l'induftrie reftituée, chacun difpofant à fon gré, & non à celui d'un autre, de ce qui lui appartient des fruits de fa fueur & de fes travaux, pouvant les tranfporter fans obftacles, fans trouble & fans crainte, par-tout où fon intérêt ou fa volonté le détermineroit à les conduire.

6°. Une jufte proportion entre le droit & la valeur réelle des chofes, réfultantes, d'une part, de leur quantité ; de l'autre, de leur qualité : je me fers, pour le prouver, d'un exemple commun, parce qu'il eft plus familier & d'une application facile.

J'ai dit que dans l'ufage actuel, les vins du prix le plus vil étoient taxés à l'égal des vins les plus chers : fi tous les impôts que fupporte cette denrée étoient réunis en un feul fur les vignes, d'abord il feroit plus fort fur celles qui produifent le meilleur.

Enfuite il le feroit généralement plus ou moins fur chaque piece de vin, felon que la production en auroit été plus ou moins abondante : fi dans une année commune, qui auroit fait le principe de la taxe, l'impôt fe trouvoit revenir à un écu par piece ; dans une année fertile où la quantité feroit double, l'impôt feroit moindre de moitié pour chacune ; le prix de la denrée le feroit en même proportion ; le contraire feroit produit par le contraire ; la quantité étant moindre, l'impôt par mefure feroit plus fort, le prix le feroit auffi.

En généralifant cet exemple, on voit que la même proportion s'établiroit, & cela naturellement, fans appréciateurs & fans contrôleurs, par rapport à toutes les autres efpeces d'impôts, qui ne fupporteroient plus les impôts qu'en raifon de leur valeur réelle, déterminée par leur qualité & par leur quantité.

7°. Il en réfulteroit une autre proportion non moins importante ; ne fupportant les *charges publiques* que par fa confommation, chacun n'y contribueroit que dans le jufte rapport de fes forces particulieres. Le pauvre ne paieroit plus autant pour les denrées de qualité inférieure, que le riche pour les meilleures. Les droits qu'il fupporteroit feroient exactement relatifs à la qualité & à la quantité de ce qu'il pourroit confommer.

Je montrerai que cette maniere de lever les *charges publiques*, affureroit les fonds néceffaires dans tous les tems pour les befoins de l'état, & que le retour aux peuples en feroit facile & plus prompt. Or, ces conditions & les précédentes font celles du problème que j'ai propofé. L'impôt territorial en eft donc la folution. Venons aux objections qu'on y peut oppofer.

CHA

1°. Il faudroit que le propriétaire en fît l'avance.

C'est ce que fait le négociant, & cette avance qui le rend, ainsi que l'observe le président de Montesquieu, le débiteur de l'état & le créancier des particuliers, est, comme on l'a vu, une des choses qui l'ont séduit en faveur des impôts sur les consommations.

Je ne nie pas cet avantage ; mais c'est dans l'impôt territorial qu'il est réellement, & sans aucun des inconvéniens dont il est inséparable dans les autres.

Le propriétaire, à la place du négociant, deviendra le débiteur de l'état & le créancier des particuliers. L'impôt qu'il aura déboursé, il l'ajoutera au prix de sa denrée ; & il le fera en une seule fois, au lieu de l'être en diverses reprises, avec tous les embarras qui en résultent. Le premier acheteur en fera le remboursement ; le second à ce premier, & ainsi de suite jusqu'au consommateur, où ces restitutions seront définitivement terminées, sans que dans cet intervalle il y ait eu aucune nouvelle perception à éprouver : ce qui laisse à la denrée la liberté de suivre toutes les destinations que le commerce peut lui donner. Son prix au dernier terme, & à tous les intermédiaires, sera le même qu'au premier, plus seulement la main-d'œuvre, le bénéfice de ceux qui l'auroient trafiquée, & les frais de transport pour celles qui se consomment éloignées du lieu de leur production.

2°. Cette avance seroit pénible aux cultivateurs.

Oui, la première année ; mais bientôt accoutumés à en prendre promptement remboursés, elle ne leur paroîtroit pas plus à charge qu'elle ne l'est au négociant ; il sauroit que ce n'est qu'un prêt qu'ils font pour peu de tems à l'acheteur.

D'ailleurs, n'ayant plus à supporter que cet impôt, l'affranchissement des autres en rendroit l'avance moins sensible : peut-être même n'excéderoit-elle pas beaucoup ce qu'ils paient aujourd'hui sans retour, pour tous ceux qui restent à leur charge.

Encore ne fais-je point pourquoi on exigeroit cette avance, & ce qui empêcheroit d'attendre, pour le recouvrement, les tems de la vente des denrées, qui procureroit, avec le prix, le montant de l'impôt aux propriétaires. Cela se pratique en différens endroits, pour la perception de ceux actuels, & il n'en résulte aucun préjudice ; il ne s'agit, pour le gouvernement, que de combiner l'époque des paiemens avec celle des recettes, ce qui n'entraîne ni embarras, ni difficultés : alors la nécessité des avances par les propriétaires devient nulle, & l'objection tombe.

Ainsi il n'y a point d'objection raisonnable à faire contre l'impôt territorial, quant à la perception ; au contraire, il faudroit être étrange-

ment prévenu, pour ne pas convenir qu'étant plus simple, elle en seroit plus aisée & moins à charge aux peuples.

Elle pourroit leur être plus utile encore, en leur procurant plus promptement le retour des sommes qu'ils auroient payées, & cet avantage ne seroit pas le seul que produiroit le moyen dont je vais parler.

Dans les tributs que le gouvernement exige, se trouvent compris, excepté la solde des troupes, tout ce qui est nécessaire pour la dépense de l'habillement, de la nourriture, & de tout ce qui sert à l'entretien des armées, & avec la valeur de ces choses, les fortunes immenses que font les entrepreneurs qui les fournissent.

Ces tributs comprennent encore le prix de toutes celles des productions du sol, qui se consomment pour le service personnel du souverain, & pour celui des établissemens à la charge de l'état.

Au lieu d'employer les gens qui s'enrichissent à les payer fort bon marché aux citoyens, & à les vendre fort cher au gouvernement, ne pourroit-on pas, après avoir réglé les sommes que chaque province devroit supporter, dans la totalité de l'impôt, fixer la quantité des denrées de son crû, qu'elle fourniroit en diminution, pour les différens usages dont je viens de parler ?

Toutes les productions nationales que le gouvernement consomme, seroient levées en nature, & d'autant moins en argent sur les peuples, sans que néanmoins la contribution entière fût établie sur un autre pié qu'en argent ; mais seulement par l'échange qui s'en feroit d'une portion contre des denrées d'une égale valeur, déterminée sur leurs prix courans. Il faudroit encore observer de régler ces échanges en raison inverse des débouchés de chaque canton ; c'est-à-dire, qu'elles fussent plus considérables où ils sont moins faciles : avec une moindre consommation de l'espèce, il s'ensuivroit une plus grande des denrées qui restent souvent invendues, & ce seroit un double avantage.

Non-seulement ce moyen n'est point impraticable, mais les combinaisons qu'il exige sont aisées. Je suppose que la somme des impôts prise ensemble, fût de deux cents millions, que dans cette somme la dépense des denrées du sol fût de soixante millions ; il est clair qu'en levant ce dernier article en nature, il ne sortiroit plus des provinces que cent quarante millions en valeur numéraire ; ce qui seroit un très-grand bien.

Moins les peuples auront à débourser, moins ils seront exposés aux poursuites rigoureuses des receveurs, dont les frais doublent souvent leur contribution principale, & qu'ils n'éprouvent, que parce que l'impossibilité de vendre leurs denrées les met dans l'impossibilité de payer. Il est tel pays où l'on ne compte pas en richesses numéraires, l'équivalent de quelques années des impôts dont ils font chargés ; & pour qui l'éloignement de la capitale rend tout retour impraticable. Il est donc bien important de conformer dans ces cantons, le produit des impôts, fans quoi ils feroient bientôt épuifés, & hors d'état de continuer à les fupporter.

Chaque province devant fournir fon contingent des denrées, toutes participeroient aux avantages de cette maniere de contribuer, en raifon de leur étendue, de leurs productions & de leur fituation plus ou moins favorable pour les débouchés ; tandis que dans le fyftême actuel il n'y a que les provinces les plus à la proximité des lieux où les entrepreneurs doivent livrer ces denrées, qui en profitent. Leur intérêt s'oppofe à des achats éloignés, les tranfports abforberoient une partie de leurs bénéfices.

Les entrepreneurs deviendroient inutiles, & les gains immenfes qu'ils font, retourneroient à la décharge des peuples, qui fourniffant à leur place, les auroient de moins à fupporter.

De plus, par cet arrangement, la dépenfe publique fe fimplifieroit autant que la recette par l'impôt territorial. Ces mains intermédiaires par lefquelles l'une & l'autre paffent, & qui en retiennent des portions fi confidérables, qui ne rentrent plus dans la circulation, ne feroient plus ouvertes que pour des gains légitimes, produits par des travaux utiles. Les fommes levées fur les peuples iroient directement au tréfor public ; & en fortiroient de même pour retourner aux peuples : les facultés fe renouvellant fans ceffe, les contribuables feroient toujours en état de fupporter l'impôt, parce qu'ils n'en feroient point épuifés.

Je fais bien qu'il faudroit des régiffeurs & des prépofés à la confervation des marchandifes & des denrées que les provinces fourniroient en nature. Je fais auffi que la perte de ce qui leur eft confié, eft ordinairement le réfultat de leur maniement ; mais fi celui qui prévariqueroit le premier, étoit puni avec toute la févérité due à un facrilège public, pour m'exprimer comme Plutarque, les autres n'auroient point envie d'imiter fon exemple.

Au refte, ce n'eft point une chimere que je propofe. Cette maniere de lever les tributs en deniers & en nature fut long-tems celle des Romains, qui en favoient bien autant que nous. Toutes les provinces de ce vafte empire fourniffoient l'habillement aux troupes, les grains & toutes les denrées néceffaires pour leur nourriture, le fourrage pour les chevaux, &c. Tite-Live & Polibe nous apprennent que les tributs de Naples, de Tarente, de Locres & de Reggio, étoient des navires armés qu'on leur demandoit en tems de guerre. Capoue donnoit des foldats & les entretenoit. Ce qui s'eft pratiqué alors

avec avantage, ne peut être impraticable, ni nuifible aujourd'hui.

Mais les difficultés fur la perception, dans le rapport où je viens de l'examiner, ne font point les feules objections qu'il y ait à faire contre un unique impôt territorial : il en eft d'une autre efpèce & d'une plus grande importance, que je dois réfoudre.

1°. Tous les impôts étant réunis en un feul, & portés fur la terre, il ne fubfifte plus de différences dans le prix des denrées ; il fera le même univerfellement, d'où il réfultera que les fubfiftances, & toutes les chofes de confommation feront également cheres par-tout, quoique le prix du travail ne le foit pas. L'artifan, l'ouvrier, le journalier des villes, gagnent moins que ceux de la campagne ; ceux des villes de provinces, moins que ceux de la capitale ; cependant ils feront tous obligés de dépenfer autant pour vivre. Cette difproportion entre le gain & la dépenfe, feroit injufte & trop préjudiciable pour être foufferte.

Je conviens de la force & de l'intérêt de cette objection ; mais elle n'eft rien moins qu'infurmontable.

La différence du prix des denrées d'un endroit à l'autre, abftraction faite de celle qui réfulte de leur qualité, de leur rareté ou de leur abondance, provient de quatre caufes.

Des frais de leur tranfport ;

De la dépenfe de la main-d'œuvre, pour celles apprêtées ou converties en d'autres formes ;

Des bénéfices que font les fabricans & les négocians qui les manufacturent, les achetent & les vendent ;

Enfin, des droits fucceffifs qui font levés deffus, & qui augmentent plus ou moins le prix principal, à proportion de leur quantité & des différens endroits où les denrées ont paffé : qu'on y réfléchiffe bien, on ne trouvera point d'autres caufes.

L'impôt territorial ne change rien aux trois premieres ; elles fubfiftent dans leur entier. Le prix des denrées fera toujours plus cher de la dépenfe de leur tranfport, de celle de leur fabrication & de leur apprêt, ainfi que du profit des fabricans & de ceux qui en font le commerce.

Il ne s'agit donc que de rétablir la différence détruite par l'unité & l'égalité de l'impôt territorial, & pour cela il ne faut que le rendre plus fort pour les maifons des villes qui doivent y être affujetties, que pour les terres. Par exemple, fi les maifons des villes, en raifon de la maffe de l'impôt & de leur produit, devoient être taxées au quart de leur revenu, on porteroit cette taxe au tiers, à la moitié ou plus, fuivant ce qu'exigeroit la proportion du gain & de la dépenfe, entre leurs habitans & ceux de la campagne. Ce que les premiers supporteroient de plus pour leur logement, compenseroit ce qu'ils paieroient de moins pour leur consommation. Cette augmentation de taxe sur les maisons, qui seroit à la décharge des terres, restitueroit la condition des uns & des autres dans le rapport où elle doit être. Ainsi cette objection, l'une des plus spécieuses, & la plus propre à séduire au premier aspect, n'est point un obstacle à l'établissement de cet impôt.

Celle qui dérive des privilèges de certains corps & de certaines provinces, qui prétendent avoir le droit, ou de ne point contribuer aux *charges publiques*, ou de le faire d'une autre maniere que leurs concitoyens, n'est pas mieux fondée.

En parlant de l'obligation de les supporter, j'ai fait voir que toutes exemptions de ces charges étoient des infractions aux loix fondamentales de la société; qu'elles tendent à en produire la ruine; qu'elles sont nulles & abusives par le droit inaliénable & indestructible qu'ont tous les membres du corps politique, d'exiger de chacun, & chacun de tous, la contribution réciproque des forces, qu'ils se sont engagés de fournir pour la dépense & la sûreté commune.

Aucune puissance dans la république ne sauroit dispenser personne de cette obligation; aucune ne peut accorder de privilèges, ni faire de concessions au préjudice de ce droit: la société elle-même n'en a pas le pouvoir, parce qu'elle n'a pas celui de faire ce qui seroit contraire à sa conservation; à plus forte raison le gouvernement qui la représente, & qui n'est établi que pour y veiller.

Ce n'est point pour qu'il y ait une partie qui jouisse, & l'autre qui souffre, que l'état est institué. Par-tout où les charges & les avantages ne sont pas communs, il n'y a plus de société: ainsi le corps ou l'individu qui refuse de participer aux charges, renonce aux avantages de la société, déclare qu'il n'en fait plus partie, & doit être traité comme un étranger à qui l'on ne doit rien, puisqu'il croit ne rien devoir à personne.

Quiconque ne veut les supporter que dans une moindre proportion, & dans une forme différente des autres citoyens, rompt également l'association civile en ce qui le concerne. Il témoigne qu'il s'en sépare, & qu'il ne lui convient pas d'être mis avec ceux qui la composent; il se met dans le cas d'être considéré comme n'en faisant plus partie. Chacun peut lui refuser ce qu'il refuse à tous, & ne pas se croire plus obligé envers lui, qu'il ne veut l'être envers les autres.

Ce sont là les inconvéniens du défaut d'uniformité dans l'administration d'un même état. Les corps ou les provinces qui se régissent par des principes & des intérêts différens de ceux du corps entier, ne peuvent être assujettis aux mêmes

obligations: ce sont autant de sociétés particulieres au milieu de la société générale; ce n'est plus une même société, mais plusieurs, liées seulement par une confédération, dans laquelle chacun trouve son intérêt à rester, mais qu'elle préfere & qu'elle fait toujours valoir au préjudice de celui de tous. Aussi voit-on ces corps & ces provinces chercher sans cesse à s'affranchir des *charges publiques* aux dépens des autres, & rejeter sur eux, sans scrupule, ce qu'ils supportent de moins, en ne contribuant pas dans la même proportion que tous les citoyens.

L'impôt territorial exclut toutes ces distinctions & tous ces privilèges, aussi injustes que décourageans pour ceux qui n'en jouissent point. Loin que ce soit là un obstacle pour son établissement, c'est un avantage de plus, qui en fait que mieux sentir la nécessité. La chose publique la meilleure, dit Anacharsis, est celle où tout étant égal d'ailleurs entre les habitans, la prééminence se mesure à la vertu, & le rebut au vice.

Cette prééminence est la seule dont il convienne à la noblesse d'être jalouse: c'est en faisant le bien, & par son utilité, qu'elle se distingue des autres, & non pas en les surchargeant des besoins qu'elle-même occasionne sans vouloir y contribuer. Il faut, suivant le comte de Boulainvilliers, qu'on ne soupçonnera pas d'avoir voulu affoiblir ces droits, qu'elle les fonde sur d'autres principes que la violence, la fierté, & l'exemption des tailles.

A Sparte, les rois & les magistrats supportoient les *charges publiques* en communauté avec tous les citoyens, & n'en étoient que plus respectés. Il en est de même à Venise, où les nobles & le doge même y sont sujets. Amelot de la Houssaye, qui a écrit l'histoire du gouvernement de cette ville, observe que les peuples en sont plus affectionnés à l'administration & à la noblesse; ils ne refusent point de se soumettre à ce qu'ordonnent les chefs, parce que ce qu'ils ordonnent est pour eux-mêmes comme pour les autres. Ils ne voient point, ajoute cet historien, leurs tyrans dans ceux qui gouvernent.

Quoique la liberté & l'austérité des mœurs fussent perdues à Rome sous les empereurs, personne n'étoit dispensé des tributs, les terres même du prince y contribuoient, & Dioclétien se moqua d'un favori qui lui en demandoit l'exemption.

Du tems de la république, la répartition en étoit encore plus sévere. La part des *charges publiques* étoit fixée à proportion de celle qu'on avoit dans le gouvernement; il arrivoit de-là, dit Montesquieu, qu'on souffroit la grandeur du tribut à cause de la grandeur du crédit, & qu'on se consoloit de la petitesse du tribut. Les pauvres ne payoient rien, selon Tite-Live; on croyoit qu'ils fournissoient assez à l'état en élevant leurs familles. Si l'on calcule en effet ce qui doit leur en coûter de peines & de travaux pour amener leurs enfans jufqu'à l'âge où ils peuvent pourvoir eux-mêmes à leur fubfiftance, on trouvera qu'ils ont fupporté une terrible contribution, lorfqu'ils font parvenus au point de donner à la fociété des citoyens utiles, qui la peuplent & qui l'enrichiffent par leurs travaux. Dans le rapport de leurs fituations, les plus riches ont bien moins fourni à l'état, quelque fortes qu'aient été les charges qu'ils ont acquittées.

L'équité étoit dans la république Romaine; le contraire eft dans les gouvernemens modernes, où les charges font fupportées en raifon inverfe de la part qu'on y a, du crédit & des richeffes qu'on y poffede.

Mais le privilège d'exemption des tributs qu'avoit autrefois la nobleffe dans ces gouvernemens, ne fubfifte plus, parce que la caufe en eft détruite, & qu'il n'y refte aucun prétexte.

Cette exemption, qui même n'en étoit pas une, n'avoit lieu que parce que les nobles étoient chargés de tout le fervice de l'état; ils le défendoient, le gouvernoient, & adminiftroient la juftice à leurs frais. Il étoit jufte alors qu'ils fuffent difpenfés des tributs que fupportoient en échange ceux qui l'étoient de toutes ces charges.

Il ne le feroit plus aujourd'hui, que la nobleffe n'eft tenue à aucune de ces obligations; qu'au lieu de mener des troupes à la guerre, de les nourrir, de les entretenir à fes dépens, elle eft payée fort chérement pour y aller feule; que même les récompenfes exceffives qu'elle exige du gouvernement pour les chofes fouvent les moins utiles, caufent la furcharge des peuples. Ce feroit non-feulement vouloir jouir de tous les avantages d'un traité, fans en remplir les conditions, mais encore faire tourner à fon profit toutes les charges qu'il nous impofoit.

On voit par-là que, dans le droit, la néceffité de contribuer aux *charges publiques*, comme les autres citoyens, qui réfulteroit de l'établiffement de l'impôt territorial, ne bleffe en rien les privilèges de la nobleffe.

Elle les bleffe encore moins dans le fait. Eft-ce qu'elle ne fupporte pas tous les impôts & tous les droits actuels? L'exemption des tailles pour quelques-unes des biens qu'elle poffede, n'eft qu'une fiction. Si elle n'eft pas impofée nommément pour raifon de ces biens, les fermiers le font pour elle, & les afferment d'autant moins. La feule différence qu'il y ait entr'elle & les autres contribuables, c'eft qu'au lieu de payer aux receveurs, elle paie à fes fermiers; fi elle oppofoit fes prérogatives à l'impôt territorial qui n'affecte que les fonds & affranchit les perfonnes, en fupprimant les taxes capitales auxquelles elle s'eft foumife fans difficulté, n'en pourroit-on pas conclure qu'elle fait plus de cas de fes biens que

d'elle-même, & qu'elle craint moins les marques de fervitude pour fa perfonne que pour eux?

Mais cette oppofition feroit auffi contraire à fes véritables intérêts qu'à fa dignité. Si tous les impôts étoient réunis en un feul fur la terre, elle auroit, comme les autres, de moins à fupporter tout ce qui fe leve au-delà pour les frais de leur perception, & pour enrichir ceux qui la font. Ses fermiers étant moins chargés, affermeroient fes biens davantage; fes revenus feroient plus confidérables, fes dépenfes moins fortes; & ce qui doit la toucher infiniment plus que perfonne encore, elle feroit affranchie du joug de la cupidité, & de toutes les infractions qui fe commettent à la liberté civile, dans la levée des droits actuels, dont elle n'eft pas plus exempte que la multitude des citoyens.

Si les privilèges de la nobleffe ne font point un obftacle à cet établiffement, certainement ceux des gens de main-morte le feront beaucoup moins encore. « C'eft en vain, dit un des premiers » d'entre eux (S. Cyprien), que ceux dont la » raifon & la juftice profcrivent également les » privilèges, répondent à l'une & à l'autre par » la poffeffion, comme fi la coutume & l'ufage » pouvoient jamais avoir plus de force que la » vérité, & devoit prévaloir fur elle. »

Les prétentions de ce corps n'ont pas même les avantages de l'ancienne poffeffion. Elles étoient méconnues avant 1711; en aucuns tems antérieurs ils n'ont été difpenfés des *charges publiques*; ils fupportoient même, autrefois, celles de donner des citoyens à l'état.

Si les miniftres de l'ancien facerdoce, dont ils réclament la parité, ne contribuoient point à fes charges, c'eft qu'ils ne poffédoient aucun bien dans la fociété, & qu'ils ne vivoient que des aumônes qu'ils en recevoient fous le nom de *dîmes*. Ceux du facerdoce moderne voudroient-ils être réduits à la même condition?

Ils fupportoient les impôts dans l'empire Romain, & Conftantin même, qui leur avoit tant d'obligations, & qui les combloit, en reconnoiffance, de tant de faveurs, ne les en difpenfa pas. En vain S. Grégoire de Naziance dit à Julien, prépofé pour régler les tributs de cette ville, » que le clergé & les moines n'avoient rien pour » Céfar, & que tout étoit pour Dieu. » Julien ne les impofa pas moins.

Autant en fit Clotaire premier, malgré l'audace d'Injurius, évêque de Tours, qui ofa lui dire: « Si vous penfez, fire, ôter à Dieu ce qui » eft à lui, Dieu vous ôtera votre couronne. » Clotaire les oblige de payer à l'état, chaque année, le tiers des revenus des biens eccléfiaftiques; & Pierre de Blois, quoiqu'il foutînt avec la plus grande violence « que les princes » ne doivent exiger des évêques & du clergé,

» que des prieres continuelles pour eux ; & que
» s'ils veulent rendre l'églife tributaire , qui-
» conque eft fils de l'églife doit s'y oppofer , &
» mourir plutôt que de le fouffrir , » ne put
empêcher que fes confreres & lui ne fuffent foumis
à la dîme faladine.

Je n'entrerai pas dans un plus grand détail
des faits qui prouvent que , dans tous les tems ,
les mains-morrables ont fupporté les charges de
l'état fans diftinction, que même ils y contribuoient, & avec juftice, dans une proportion
plus forte que les autres. Ceux qui ont quelque
connoiffance de l'hiftoire n'en doutent pas , &
quiconque voudra des autorités, en trouvera fans
nombre dans l'*Hiftoire eccléfiaftique* de l'abbé de
Fleury.

Je remarquerai feulement, qu'il étoit bien
étrange que des privilèges que l'on favoit fi
bien apprécier dans des fiecles de ténèbres &
d'ignorance , lorfque les évêques affemblés à
Reims écrivoient à Louis le Germanique , « que
» faint Eucher, dans une vifion qui le ravit au
» ciel, avoit vu Charles Martel tourmenté dans
» l'enfer inférieur, par l'ordre des faints qui
» doivent affifter, avec le Chrift, au jugement
» dernier , pour avoir dépouillé les églifes ,
» & s'être ainfi rendu coupable des péchés de
» tous ceux qui les avoient dotées ; » il feroit
bien étrange , dis-je , que dans un tems plus
éclairé, où les évêques eux-mêmes le font trop
pour ne pas fentir toute l'illufion de ces prétentions , elles paruffent d'une importance plus
grande qu'on ne les trouvoit alors.

Je ne m'arrêterai pas à les réfuter. Eft-il
néceffaire de démontrer que celui à qui un autre
auroit confié fon bien, n'auroit pas le droit de
le lui refufer, ou de ne vouloir lui en remettre
que ce qu'il jugeroit à propos, & de la maniere
qu'il lui conviendroit ? Les biens de main-morte
font une portion confidérable des forces de la
fociété ; il ne dépend pas des poffeffeurs de les y
fouftraire ; en paffant dans leurs mains, ils n'ont
point changé de nature, ils ne font point à eux ,
ils ne les ont ni acquis ni gagnés ; ils appartiennent aux pauvres , conféquemment à la république. Si ce corps trouve qu'il n'eft pas de fa
dignité d'en faire partie , de contribuer à fes
charges dans la proportion des biens qu'il y
poffede , & dans la même forme que les autres;
qu'il s'acquitte du vœu de ceux qui l'ont fait
dépofitaire de fes biens ; qu'il n'en réferve que
ce qu'il faut pour vivre dans la modeftie &
dans la frugalité ; qu'il reftitue tout le refte aux
pauvres , & qu'il leur foit diftribué, non pas
pour fubfifter dans la pareffe & dans les vices
qu'elle engendre toujours, mais pour en obtenir
leur fubfiftance par le travail : que de familles
à charge à l'état lui deviendroient utiles , & lui
rendroient le tribut que les autres lui refufent !

Que d'hommes produiroient ces terres ainfi cultivées par un plus grand nombre de mains!

Mais, dit-on , ces corps fourniffent des contributions ; oui ! mais il y a une double injuftice
dans la maniere.

1°. En contribuant beaucoup moins que les
autres , & qu'ils ne le devroient.

2°. En le faifant par des emprunts, en forte
que ce font toujours les autres citoyens qui contribuent réellement pour eux.

Il n'eft pas moins intéreffant pour tous, & pour
l'état, qui eft garant de ces emprunts, de réformer cette adminiftration vicieufe ; les biens du
clergé deviendront infuffifans, même pour l'intérêt de fes dettes ; il fe plaint , depuis long-tems,
d'être obéré ; elles retombent à la charge de
la fociété ; ce qu'on appelle *les rentes fur l'ancien
clergé*, réduites à moitié, en font un exemple ;
rien ne prouve mieux que cet exemple, combien
il feroit avantageux pour ce corps lui-même ,
d'être affujetti à des contributions annuelles &
proportionnelles ; conféquemment qu'il y auroit
encore plus d'utilité pour lui , que pour les
autres, dans l'impôt territorial ; indépendamment
de ce que, comme je l'ai fait voir, il n'auroit
aucun droit de s'y oppofer.

Enfin, pour derniere difficulté particuliere, fi
on m'objectoit que les provinces dont j'ai parlé,
ont un droit inconteftable de s'adminiftrer elles-
mêmes de la maniere qu'elles le jugent à propos,
& que c'eft la condition à laquelle elles fe font
foumifes au gouvernement ; je réponds que leur
adminiftration, fût-elle la meilleure , ce que je
montrerai tout-à-l'heure ne pas être , il faut
qu'elles fe conforment à celle des autres , parce
qu'il ne doit y avoir aucune différence dans les
obligations & dans le fort des fujets d'un même
état. Ces provinces font partie de la fociété, ou
ne le font pas.

Si elles en font partie , rien n'a pu altérer le
droit que la fociété a fur elles, comme fur tout
ce qui la compofe. Le gouvernement , qui n'eft
inftitué que pour la confervation de ce droit,
n'a pu faire aucun traité qui y foit contraire ;
en tout cas, il ne fauroit le détruire.

Si elles n'en font point partie, la fociété générale peut leur refufer fes avantages , & les
traiter comme des fociétés étrangeres , dont le
maintien ne l'intéreffe point, & qui doivent y
pourvoir elles-mêmes fans fon fecours.

Après avoir reconnu l'infuffifance de ces objections, dira-t-on , comme quelques-uns, qu'à la
vérité elles ne formeroient point d'obftacles à cet
établiffement , mais qu'il feroit à craindre que
tous les impôts qu'il réuniroit , ne fuffent rétablis
fucceffivement par la fuite , tandis qu'ils fubfif-
teroient dans celui-là. Si cette réflexion n'eft
pas folide, elle eft affligeante, elle prouve que
les peuples font malheureufement accoutumés à

C H A

redouter jufqu'au bien qu'on voudroit leur faire. Je ne fais répondre à une pareille difficulté, qu'en regrettant qu'on ait pu penfer à la faire ; mais le tribut territorial comprenant toutes les charges qu'il foit poffible d'impofer fur les peuples, l'impoffibilité d'y rien ajouter eft affurée par celle de le fupporter.

C'eft peu d'avoir réfolu toutes les objections particulieres, & de n'en avoir laiffé aucune que l'on puiffe raifonnablement former contre l'impôt territorial : il refte une tâche plus difficile à remplir ; c'eft de montrer que l'affiette de cet impôt n'eft pas impraticable, comme on l'a penfé jufqu'à préfent, & de donner les moyens d'y parvenir.

Je n'ignore ni l'étendue ni les difficultés des opérations qu'exige un pareil établiffement ; il faut connoître tous les biens de l'état, leur quantité exacte, & leur valeur réelle. Comment acquérir ces connoiffances ?

On a entrepris des cadaftres ; le peu qu'on en a fait a coûté des fommes immenfes, & ils font défectueux. On demande le dénombrement des biens ; on croit que les officiers municipaux font en état de le donner pour chacune de leurs communautés, ils en font incapables. Fera-t-on arpenter un royaume entier ; le tems & la dépenfe feront infinis, encore n'aura-t-on que les quantités, &, quand on les fuppoferoit certaines, on n'auroit rien : la mefure ne donne pas la valeur; & cette valeur, comment la déterminer ?

J'ai vu des gens trancher ces difficultés, dont ils ne trouvoient aucun moyen de fe tirer, & propofer, fans entrer dans tous ces détails, de répartir la fomme de tous les impôts fur toutes les provinces, fuivant leur nombre, fans égard à leur étendue, ni à la valeur des fonds qui les compofent. Ils prétendoient que la proportion fe rétabliroit dans une fucceffion de tems, par les augmentations & les diminutions qui en réfulteroient dans le prix des biens. Ceux d'une province qui feroient furchargés, devant fe vendre beaucoup moins, & réciproquement ; enforte, qu'après une révolution entiere dans toutes les propriétés, le niveau fe trouveroit reftitué. Perfonne ne feroit plus ni trop, ni trop peu négligé, chacun ayant acquis en raifon de l'impôt.

Il y a là une foule d'injuftices cruelles, qui, quoiqu'elles duffent être inftantanées, fuffiroient pour rejeter ce moyen, quelque bien qu'il en dût réfulter d'ailleurs. En attendant cette révolution, les familles, & des générations entieres d'une infinité de provinces feroient ruinées fans reffources, la furcharge devant tomber principalement fur celles qui poffedent les biens d'une moindre valeur. Je ne faurois fupporter l'idée de tant de victimes immolées à un avantage fort éloigné, & plus qu'incertain ; car qui eft-ce qui acheteroit de mauvais fonds accablés d'impôts,

& qui en vendroit beaucoup de bons qui en fupporteroient peu ?

D'ailleurs, on n'a pas tout fait quand on a fixé les fommes à fupporter refpectivement par toutes les provinces ; il faut encore fixer celle de chaque paroiffe, ville ou communauté, & puis celle de chaque qualité de fonds. Qui eft-ce qui fera ces fubdivifions, & qui réglera ces taxes particulieres, dans lefquelles il eft fi facile & fi dangereux d'être injufte ? Sera-ce les magiftrats publics & les officiers municipaux ? On fait d'avance ce qui en réfultera.

J'entends exalter l'adminiftration municipale & fes effets ; c'eft qu'ils ne font pas connus. Je la crois excellente dans les républiques ; c'eft celle de l'état même. Mais dans les autres efpèces de gouvernemens, les magiftrats populaires, même ceux que propofe d'établir le marquis d'Argenfon, ne feront jamais que des gens de peu d'intelligence, qui domineront par leurs petits talens, & qui n'en feront d'autre ufage que de fe procurer, à eux & à tous ceux qu'ils affectionnent, des foulagemens aux dépens des autres. On connoîtra toujours ceux qui devront fe fuccéder ; l'autorité reftera dans un petit cercle de familles ; le pauvre, fans appui & fans protection, n'y aura jamais de part ; il fera écrafé, & fur-tout avec la liberté de varier & de changer la forme des perceptions laiffées aux magiftrats populaires. Je n'ai jamais vu dans cette adminiftration, même dans celle des pays d'états, fi eftimée, que le foible livré au pouvoir du puiffant qui l'opprime.

Il s'enfuit une infinité de maux, des femences de trouble & de divifion qui entretiennent perpétuellement, entre les habitans, les haines, les animofités, les vengeances particulieres, l'habitude de l'injuftice, & du reffentiment ; enfin, la corruption générale & la ruine des villages, par ceux mêmes qui font établis pour y maintenir l'ordre & y faire régner l'équité.

Un autre inconvénient de ce fyftême économique, c'eft la folidité : on ne connoiffoit point cette cruauté dans les gouvernemens anciens ; heureufement il en eft peu dans les modernes où elle foit pratiquée. C'eft choquer la loi civile, l'équité naturelle, difoit l'empereur Zénon, que de pourfuivre un homme pour les crimes des autres.

Cette adminiftration n'eft donc pas la meilleure; & ce n'eft pas elle non plus, ni aucun de ces moyens, que je me fuis propofé. Je voudrois fouftraire, en tout, les hommes à l'autorité des autres hommes, & qu'ils ne fuffent jamais foumis qu'à celle de la loi.

Les hommes ont des paffions, des intérêts ; la loi n'en a point ; ils font partiaux, fujets à l'erreur ; elle ne l'eft jamais ; elle méconnoît les parens, les amis, les protecteurs, les protégés, les confidérations, les motifs ; ce qu'elle ordonne,

elle

elle l'ordonne pour tous, & pour toutes les circonſtances.

Je ne ſais ſi les opérations néceſſaires pour
établir une ſemblable adminiſtration, ſont impoſ-
ſibles ; mais voici ce qui a été fait, & ce que je
propoſe : ce n'eſt point une ſpéculation de cabinet
que je donne ici ; c'eſt un travail exécuté ſous
mes yeux, tandis que j'étois occupé aux grandes
routes de la Champagne & du Soiſſonnois, dont
le réſultat eſt ſuivi dans un grand nombre de
paroiſſes & de villes de différentes provinces,
non-ſeulement ſans réclamation de la part des habitans, mais ſouſcrit par eux, & demandé par
pluſieurs, dès qu'ils en ont connu l'utilité. Il ne
faut pas croire que ce travail exige un tems conſidérable ; je l'ai vu faire, en moins de deux
mois, par une perſonne ſeule, dans une paroiſſe
compoſée de plus de trois cents articles.

S'il a pu ſe pratiquer dans pluſieurs, on ne
ſauroit dire qu'il ne peut pas l'être dans toutes.

Année 1758.

*Province de
Recette de
Subdélégation de
Paroiſſe de*

*Opérations primitives concernant la vérification de
la paroiſſe de*

Première opération, concernant le tarif des grains.
Le vérificateur étant inſtruit que la plus grande
partie des grains provenans des fonds de cette
paroiſſe, ſe vendoient le plus ordinairement ſur
les marchés des villes de . . . & de . . ., éloignées
de 3 & de 5 lieues, il s'eſt aligné ſur le prix
des hallages de ces deux villes, depuis 1731 juſqu'en 1750 incluſivement, dont il a fait le relevé
ſur les regiſtres des hôtels-de-ville, pendant vingt
années, en faiſant déduction, pour les frais de
tranſport, de ſix ſols par lieue ſur chaque paire
des deux eſpèces de grains en bled & avoine, tel
qu'il a été réglé par M. l'intendant : ainſi ſuit ;
ſavoir :

	Bled.	Avoine.	La paire.
	liv. ſ.	liv. ſ.	liv. ſ.
Le rézal * de . . . . eſt fixé à	13 10.	4 5.	17 15.
Celui de . . . . . à	12	4 15.	16 15.
Total des deux prix	25 10.	9.	34 10.
Dont moitié pour le prix commun eſt de	12 15.	4 10.	17 5.
Dont moitié eſt de . . . . 1 4.	12.	12.	1 4.
Reſte net ſur le prix deſdits grains	12 3.	3 18.	16 1.

Sur quoi déduiſant, pour frais de tranſport, 6 ſols ſur chaque
paire par lieue de diſtance ; ſavoir,

                            liv. ſ.

Pour la ville de . . . à 5 lieues . . . . 1 10.
Pour celle de . . . à 3 lieues . . . . 18.

               Total . . . 2 8.

* Le rézal eſt la meſure de cette province, comme le ſetier eſt meſure de Paris. La paire eſt compoſée d'un rézal de
bled & d'un rézal d'avoine.

C'eſt donc ſur le pié de ſeize livres un ſol,
que la paire de grains des deux eſpèces doit être
fixée à . . ., pour le propriétaire réſidant ſur les
lieux, ou pour le cultivateur qui fait valoir par
ſes mains ; & c'eſt ſur ce prix que l'évaluation
des terres doit être fixée ; mais elle ne peut avoir
lieu pour les propriétaires des fermes ou gagnages
qui réſident dans les villes où ſe tiennent les
marchés, & où ils débitent leurs grains, n'étant
point chargés des voitures, parce que les fermiers
ſont obligés de les conduire ſur leurs greniers
gratis ; ainſi on ſuivra ſur chaque gagnage le prix
fixé pour les villes où il doit être porté, ſans
déduction de frais de tranſport.

Finances. Tome I.

Lorſque le vérificateur s'eſt rendu dans la paroiſſe de . . ., il ſortoit de . . ., où il avoit
fait, dans le bureau du contrôle des actes, le
relevé des titres de propriété des biens de cette
paroiſſe, & des baux pour ceux qui ont été & qui
ſont affermés : enſuite il avoit fait avertir, quelques jours auparavant, les ſyndic, maire & principaux habitans, pour prévenir tous les propriétaires de fonds, de ſe diſpoſer à faire de nouvelles déclarations dans la forme preſcrite, & à
produire tous les titres néceſſaires pour les juſtifier. Ledit vérificateur étoit inſtruit que le finage
de . . . étoit fort étendu, & qu'il pouvoit contenir près de 4000 mille arpens de toute eſpèce ;

que la mesure ordinaire du lieu se nommoit l'*arpent* ou *jour*, & contenoit 250 verges, la verge 10 piés de . . ., que le terrein en général y étoit passablement bon, mais qu'il y avoit beaucoup de terres blanches & de chalin de fort mauvaise qualité ; que le nombre de laboureurs, depuis quelques années, étoit considérablement diminué ; que la culture étoit négligée, & que les fermiers faisoient la loi à leurs maîtres, & ne reprenoient les fermes qu'à des conditions onéreuses pour les propriétaires, par les diminutions qu'ils étoient forcés de leur accorder, pour ne pas laisser leurs biens totalement incultes. Cette loi est presque générale aujourd'hui dans toute la province de. . .

Le vérificateur, à son arrivée dans ladite paroisse, a fait assembler les habitans, &, après leur avoir fait connoître une seconde fois l'objet de sa mission, & leur avoir fait lecture des ordres dont il étoit porteur, il a fait nommer cinq des principaux habitans & des plus anciens, pour l'accompagner dans la visite qu'il comptoit faire de leurs maisons & de leurs fonds en général, saison par saison, & contrée par contrée, afin d'en constater les différentes qualités & quantités, & donner à chacune le prix résultant de son produit réel & effectif, pour diviser le tout en trois classes, de bonne, médiocre & mauvaise qualité.

Seconde opération, concernant la visite générale des maisons, au nombre de 49. Le vérificateur, accompagné du syndic, du maire, du greffier & du sergent, s'est transporté dans toutes les maisons de ladite paroisse, pour en faire la visite, & en a formé un état ou rôle séparé, contenant sur chacune le détail des appartemens qu'elles composent, le vu des contrats & baux, les noms des notaires qui les ont passés, le prix & les dates, &c. Ces maisons ont ensuite été réunies aux articles des propriétaires, avec les autres biens.

Troisieme opération, qui contient la visite générale du ban, saison par saison, & contrée par contrée. Après la visite des maisons, le vérificateur s'est transporté sur le finage dudit lieu, avec les officiers munipaux & cinq des principaux habitans, pour reconnoître les différentes contrées par leur qualité, en bonne, médiocre ou mauvaise, en commençant par les terres de la premiere saison, nommées *derriere l'église*, ensuite par la seconde, *du Xorbier*, la troisieme, de la *Rondesin*, & de suite ; ensuite par les prés, les vignes, les jardins, les chenevieres, les pâquis & les bois, tous lesquels héritages sont exactement rapportés dans l'état ci-après, par quantité & qualité, le jour ou arpent à 250 verges, 10 omées pour le jour, & 25 verges pour l'omée.

Dénombrement général des fonds composant le finage de la paroisse de . . . par nature, qualité, & suivant leur situation locale.

Premiere saison des terres dites *derriere l'Eglise.*

	Noms des contrées.	Consistance des contrées.	Leurs qualités.	Division des contrées par qualité.		
				Bon.	Médiocre.	Mauvais.
		J. o. v.		J. o. v.	J. o. v.	J. o. v.
1	Sur secours,	34 0 12.	Bon.	34 0 12.	0 0 0.	0 0 0.
2	Ez Auges,	4 2 12.	Médiocre.	0 0 0.	4 2 12.	0 0 0.
3	Au haut de la ruelle.	7 0 20.	Bon.	7 0 20.	0 0 0.	0 0 0.
		&c.		&c.	&c.	&c.
	Total des terres de la premiere saison,	775. 4. 23.		203. 7. 23.	371. 7. 20.	199. 9. 5.

Seconde saison des terres dites *au Xorbier.*

	Noms des contrées.	Consistance des contrées.	Leurs qualités.	Division des contrées par qualités.		
				Bon.	Médiocre.	Mauvais.
		J. o. v.		J. o. v.	J. o. v.	J. o. v.
1	Au rupt de Blanchard,	8 6 6.	Bon.	8 6 6.	0 0 0.	0 0 0.
2	Derriere les grands jardins,	8 9 5.	Bon.	8 9 5.	0 0 0.	0 0 0.
3	A la corvée de dessus les vignes,	17 7 21.	Bon.	17 7 21.	0 0 0.	0 0 0.
		&c.		&c.	&c.	&c.
	Total des terres de la seconde saison,	871. 8. 12.		174. 6. 8.	392. 4. 7.	304. 7. 21.

Troifieme faifon des terres dites *la Rondefin.*

Noms des contrées.	Confiftance des contrées.	Leurs qualités.	Division des contrées par qualité.		
			Bon.	Médiocre.	Mauvais.
	J. o. v.		J. o. v.	J. o. v.	J. o. v.
1 Clofpré,	19 9 4.	Médiocre.	0 0 0.	19 9 4.	0 0 0.
2 A la côte du moulin ,	13 5 4.	Médiocre.	0 0 0.	13 5 4.	0 0 0.
3 Au pâquis ,	1 3 11.	Médiocre.	0 0 0.	1 3 11.	0 0 0.
	&c.		&c.	&c.	&c.
Total des terres de la troifieme faifon ,	764. 5. 3.		94. 4. 5.	365. 1. 5.	304. 9. 18.

Les prés.

Noms des contrées,	Confiftance des contrées.	Leurs qualités.	Division des contrées par qualité.		
			Bon.	Médiocre.	Mauvais.
	J. o. v.		J. o. v.	J. o. v.	J. o. v.
1 A Secours ,	30 3 10.	Bon.	10 3 10.	0 0 0.	0 0 0.
2 A Beaupré de-là les ponts ,	16 4 2.	Bon.	16 4 2.	0 0 0.	0 0 0.
3 A la groffe faule ,	9 3 18.	Bon.	9 3 18.	0 0 0.	0 0 0.
	&c.		&c.	&c.	&c.
Total des prés ,	1521. 8. 7.		237. 5. 15.	142. 7. 7.	141. 5. 10.

Les vignes.

Noms des contrées.	Confiftance des contrées.	Leurs qualités.	Division des contrées par qualité.		
			Bon.	Médiocre.	Mauvais.
	J. o. v.		J. o. v.	J. o. v.	J. o. v.
1 A la côte du bas de Vaux ,	11 1 16.	Bon.	11 1 16.	0 0 0.	0 0 0.
2 Au poirier Chauvin ,	8 8 3.	Bon.	8 8 3.	0 0 0.	0 0 0.
3 Ez plantes & au-deffus ,	8 2 9.	Bon.	8 2 9.	0 0 0.	0 0 0.
	&c.		&c.	&c.	&c.
Total des vignes ,	92. 6. 21.	—	51. 1. 1.	23. 8. 7.	17. 7. 13.

Récapitulation des terres , prés & vignes rapportés dans l'état ci-deffus.

		Bons.	Médiocres.	Mauvais.	Total entier.
		J. o. v.	J. o. v.	J. o. v.	J. o. v.
Terres labourables. {	Premiere faifon ,	203 7 23.	371 7 20.	199 9 5.	775 4 23.
	Seconde faifon ,	174 6 8.	392 4 7.	304 7 22.	871 8 12.
	Troifieme faifon ,	94 4 5.	365 1 5.	304 9 18.	764 5 3.
	Total ,	472. 8. 11.	1129. 3. 7.	809. 6. 20.	2411. 8. 13.
Prés ,		237. 5. 15.	142. 7. 7.	141. 5. 10.	521. 8. 7.
Vignes ,		51. 1. 1.	23. 8. 8.	17. 7. 13.	92. 6. 21.
Total des trois efpèces					3026. 3. 16.

Les chenevieres contiennent ensemble,   25. 3. 19.
Les jardins potagers & fruitiers, tant en campagne que derriere les maisons,   31. 6. 7.
Les pâquis de la communauté, formant la lisiere des bois,   10. 7. 0.

Les bois, { Les bois de Filliere & du Fey, communs entre les seigneurs,   446 arp.
          { Le bois de la Naguée, seul à M. de Raigecourt,   125   } 795. 0. 0.
          { Le bois de la communauté, en nature de broussailles & vieux chênes, 224

        Total général de fonds de toute espèce, dont le finage de cette paroisse est composé,   3889. 0. 17.

Quatrieme opération. Evaluation générale des différentes espèces & qualités de fonds qui composent le finage de la paroisse de . . . résultante de la quantité des denrées qu'ils produisent, & du prix desdites denrées, suivant le tarif formé sur ceux auxquels ils ont été vendus pendant vingt années, & déduction faite de tous frais.

Terres labourables, premiere classe. Un jour ou arpent de terre labourable, de bonne qualité, s'ensemence en froment la premiere année ; la seconde, en avoine ; & la troisieme il reste en verfaine, & ne produit rien.

La premiere année, il produit trois rézeaux un quart de bled, mesure de . . . qui se trouve fixé par le tarif à 12 liv. 3 s. 9 d. 39 l. 9 s. 9 d.

La seconde année, il produit deux rézeaux & demi d'avoine, même mesure, fixé par le tarif à 3 liv. 18 s.   9   15   0

La troisieme année, il ne produit rien, ci   0   0   0

Ainsi le produit entier d'un jour de terre de la premiere classe, pendant les deux ans qu'il est en valeur, est de   49 l. 4 s. 9 d.

Frais & charges à déduire.

Culture, { du jour en bled,   6   0   0 }
         { du jour en avoine,   3   0   0 } 9   0   0

Semence, { trois imaux de bled,   4 11   1 }
         { trois imaux d'avoine,   1   9   3 } 6   0   4

Sillage, { pour le bled,   3   0   0 }
         { pour l'avoine,   2   0   0 } 5   0   0   } 29   7   4

Cerclage,   0 15   0   15
Pour le liage des gerbes des deux jours,   0 15   0
Pour la voiture du champ à la grange,   1 10   0
Pour battage & vannage,   2   0   0
Pour le charroi des fumiers,   2   0   0
Pour la dîme à la douzieme,   3 17   0

Reste en produit net,   20   7   5

Ce qui revient, par chacune des trois années, à   6   15   9

Seconde classe. Un jour de terre labourable de médiocre qualité, est aussi ensemencé en froment la premiere année ; la seconde, en avoine ; & la troisieme, il se repose, & ne produit rien.

La premiere année, il produit deux rézeaux cinq imaux de bled, mesure de . . ., fixé à 12 liv. 3 s. ci,   31   17   6

La seconde année, il produit deux rézeaux d'avoine, même mesure, fixé à 3 liv. 18 s. ci,   7   16   0

La troisieme année qu'il se repose, ne produit rien, ci,   0   0   0

Ainsi le produit entier d'un jour de terre de médiocre qualité, pendant les deux ans qu'il est en valeur, est de   39   13   6

Frais & charges à déduire.

Culture ,	{ du jour en bled ,	6	0	0	}							
	{ du jour en avoine ,	3	0	0	}	9	0	0				
Semence ,	{ trois imaux de bled ,	4	11	1	}							
	{ trois imaux d'avoine ,	1	9	3	}	6	0	4				
Sillage ,	{ pour le bled ,	2	10	0	}							
	{ pour l'avoine ,	1	10	0	}	4	0	0	}	26	14	3
Pour le cerclage ,						0	10	0				
Pour le liage des gerbes des deux jours ,						0	10	0				
Voiture du champ à la grange ,						1	5	0				
Vannage & battage ,						0	15	0				
Pour la conduite des fumiers ,						0	15	0				
La dîme à la douzieme ,						3	3	8	}			

Refte en produit net,   12   19   6
Ce qui revient , par chaque année , à   4   6   6

Troifieme claſſe. Un jour de terre labourable , de mauvaife qualité, fe feme également en bled la premiere année ; la feconde, en avoine ; & la troifieme , il fe repofe, & ne produit rien.

La premiere année , il rapporte un rézal fept imaux de bled, mefure de . . . , fixé à 12 l. 3 f. ci,   22   16   3

La feconde année , il produit un rézal & demi d'avoine, fixé , comme ci-devant, à 3 l. 18 f. ci,   5   17   0

La troifieme année , il fe repofe, & ne produit rien , ci ,   0   0   0

Ainfi le produit entier d'un jour de mauvaife terre , pendant les deux ans qu'il eft en valeur, eft de   28   13   3

Frais & charges à déduire.

Culture ,	{ du jour en bled ,	6	0	0	}							
	{ du jour en avoine ,	3	0	0	}	9	0	0				
Semence ,	{ trois imaux de bled ,	4	11	0	}							
	{ trois imaux d'avoine ,	1	9	3	}	6	0	4				
Sillage ,	{ pour le bled ,	1	10	0	}							
	{ pour l'avoine ,	0	15	0	}	2	5	0	}	23	0	3
Pour le cerclage ,						0	10	0				
Pour lier les gerbes des deux jours ,						0	5	0				
Pour la voiture du champ à la grange ,						1	0	0				
Pour battre & vanner ,						1	10	0				
Pour la conduite des fumiers ,						0	10	0				
Pour la dîme à la douzieme ,						2	7	8	}			

Refte en produit net,   5   5   3
Ce qui revient, par chacune des trois années , à   1   15   1

Les Prés. Premiere claſſe. Une fauchée de pré de la meilleure qualité produit, année commune , un millier & demi de foin à 10 liv. ci,   15   0   0

Sur quoi il vient à déduire pour les frais :

Le fauchage ,	1	5	0	}			
Le fanage ,	0	15	0	}	3	10	0
La voiture du pré au grenier ,	1	0	0	}			
Le chargeage & déchargeage ,	0	10	0	}			

Refte net,   11   10   0

Seconde claſſe. Une fauchée de pré médiocre produit, année commune, un millier de foin, ci,   10   0   0

Frais à déduire. Le fauchage,   1   0   0

Le fanage,   0   10   0

La voiture,   0   15   0   } 2   15   0

Le chargeage & déchargeage,   0   10   0

Reſte net,   7   5   0

Troiſieme claſſe. Une fauchée de mauvais pré produit, année commune, 600 de foin, évalué ci-devant,   6   0   0

Frais à déduire. Le fauchage,   0   15   0

Le fanage,   0   5   0

Voiture du pré au grenier,   0   10   0   } 1   15   0

Chargeage & déchargeage,   0   5   0

Reſte net,   4   5   0

Les vignes. Premiere claſſe. Un jour de vigne de la meilleure qualité produit, année commune, vingt-deux meſures de vin, dont le prix commun eſt de 4 liv. 10 ſ. ci,   99   0   0

Frais & charges à déduire.

Au vigneron, pour la culture,   33   0   0

Le provignage, année commune,   15   0   0

Echalas,   6   0   0

La dîme à la douzieme,   8   5   0

Pour le preſſurage,   7   15   0   } 77   0   0

Pour renouvellement de tonneaux,   6   0   0

Quatre bottes de liure,   1   0   0

Frais de vendangeurs, coupeurs, porteurs, nourriture, façon de vin & portage à la cave, ſe paient par les marcs, ci,   *mém.* 0   0   0

Reſte net,   22   0   0

Seconde claſſe. Un jour de vigne de médiocre qualité produit, année commune, dix-huit meſures de vin, dont le prix commun eſt évalué à 4 l. 10 ſ. ci,   81   0   0

Frais & charges à déduire.

Au vigneron,   33   0   0

Provins, année commune,   12   0   0

Echalas,   5   0   0

Dîme à la douzieme,   6   15   0

Preſſurage,   4   5   0   } 66 l.

Pour renouvellement de tonneaux,   4   0   0

Quatre bottes de liure,   1   0   0

Frais de vendange, &c. pour les marcs,   0   0   0

Reſte net,   15   0   0

Troiſieme claſſe. Un jour de vigne de mauvaiſe qualité produit, année commune, quatorze meſures de vin, dont le prix eſt fixé, comme ci-deſſus, à 4 l. 10 ſ. ci,   63   0   0

Frais & charges à déduire.

Au vigneron, pour la culture,	30	0	0	
Provins, année commune,	8	0	0	
Echalas,	4	0	0	
Dîme à la douzième,	4	5	0	
Preſſurage,	2	15	0	53 0 0
Renouvellement de tonneaux,	3	0	0	
Liure, quatre bottes,	1	0	0	
Frais de vendange, &c. ſe paient par les marcs,	0	0	0	

Reſte net,   10 0 0

Les jardins vergers. Cette eſpèce de fonds eſt généralement fort médiocre à . . ., à cauſe de la ſituation : ces jardins forment une chaîne à mi-côte d'un bout à l'autre du village., & ſont tous ſur une pente très-roide : ils ſont peuplés, pour la plus grande partie, de noyers, pruniers & ceriſiers, & fort peu de fruits de conſerve. Les arbres y ſont preſque tous rabougris, & ne paſſent pas douze à quinze ans, à cauſe du peu de terre qui ſe trouve au pié, le roc & le tuf étant preſque à fleur de terre. Il n'eſt guere poſſible d'entrer dans le détail des productions de ces fonds, ni d'en former une évaluation certaine : les propriétaires prétendent n'en tirer aucun autre profit qu'une aiſance pour leur maiſon, & qu'une douceur du peu de fruits qu'ils recueillent, & de l'herbe qui y croît pour les vaches. Ainſi, ſans entrer dans un plus long détail ſur cette partie, qui fait un petit objet, les contribuables eſtiment que le jour du jardin peut être évalué à dix livres de revenu, ſans qu'il ſoit queſtion d'en former trois claſſes, étant tous de même valeur, ci,   10 liv.

Les chenevieres. Il ne ſe ſeme de la graine de cette eſpèce, que pour l'uſage des habitans, le terrein n'étant point propre à cette culture, pour en faire aucun commerce au dehors ; tout ſe conſomme ſur les lieux. Suivant le rapport des anciens, & les connoiſſances particulieres, un jour de cheneviere rapporte, année commune,

35 liv. de chanvre, évaluées à 10 ſols, ci,	17 l. 10 ſ.	
un rézal de chenevis,	8	
Total,	25	10

Sur quoi il en coûte au propriétaire,		
trois cultures, à 2 liv. ci,	6	
un demi-rézal de ſemence,	4	15 l. 10ſ.
une bonne voiture de fumier,	2 10 ſ.	
façon, cueillette, &c. du chanvre,	3	
Reſte net,	10 liv.	

Les bois. Les bois, en général, y ſont fort mauvais ; ceux des ſeigneurs ſont cependant moins dégradés que ceux de la communauté. Les premiers ne ſont mis en ordre de gruerie, que depuis un an, après l'arpentage qui en a été

fait par M. . . . ., arpenteur à . , . . ., au mois de mars dernier, leſquels contiennent 571 arpens, à .62 verges ½, meſure ordinaire de maîtriſe, & la coupe réglée à 25 ans de recrue, donne, par année, environ 23 arpens.

Le bois de la Nagué, contenant 125 arpens, donne une coupe annuelle de 5 arpens, & eſt de meilleure qualité que les autres, ſuivant les différentes ventes qui en ont été faites au profit de M. de Raigecourt, depuis 10 ans, prix commun relevé ſur les actes de ventes, il revient à 20 liv. l'an, ci,   20 liv.

Les bois de Filliere & du Fey, qui contiennent 446 arpens, ſont indivis entre les deux ſeigneurs, & donnent une coupe annuelle de 18 arpens, à raiſon de 25 ans de recrue, ſont d'une qualité inférieure à ceux ci-deſſus, & ne produiſent, ſuivant les procès-verbaux de vente faits depuis 10 ans, que 15 liv. l'arpent, ci,   15 liv.

Bois communaux. Les bois de la communauté contiennent 224 arpens, & ne peuvent être mis en coupe réglée, à cauſe de leur mauvaiſe qualité, n'y ayant point de taillis, mais ſeulement de vieux chênes, la plupart rabougris & couronnés ; quelques-uns cependant ſont propres à bâtir ; ils ont au moins 150 à 200 ans de recrue. Il ne s'en coupe que pour les beſoins preſſans de la communauté, & ſont réſervés pour le rétabliſſement des édifices publics, comme l'égliſe, les ponts, ou en cas d'incendie : c'eſt tout haute futaie & clairs chênes, ſans aucuns taillis. Il ſe trouve des places vuides de plus de 2 & 3 arpens, dans certains endroits où il n'y. croît que de la mouſſe & du genêt, & quelques buiſſons d'épines ; les beſtiaux mêmes ne trouvent pas à y pâturer, tant le terrein eſt ingrat ; de ſorte que les habitans ne tirent aucun profit réel de ce fonds. Ainſi, attendu que les bois de haute futaie ne ſont point ſujets au vingtieme, lorſqu'il ne ſe fait point de vente annuelle, il n'eſt pas poſſible de fixer aucune eſtimation pour ceux ci-deſſus, & ils ne ſeront tirés que pour mémoire, en l'article de la communauté, ci,   *mém.*

Les pâquis. Ces fonds appartiennent à la communauté ; ils font fitués à la lifiere des bois ci-deffus , & contiennent 10 arpens 7 omées. Ce font des efpèces de mauvais prés, qui ne fe fauchent jamais , & qui ne fervent qu'à la pâture du troupeau communal, & pour fe repofer dans les grandes chaleurs ; il ne s'en loue point féparément, & l'on penfe qu'ils peuvent fe porter fur le même pié d'une mauvaife fauchée de prés , à raifon de 4 liv. l'une, ci,   4 liv.

Récapitulation de la quantité des biens affermés.

Nature des biens affermés.	Leurs qualités.	Leurs quantités.		
		Jours ,	omées ,	verg.
Terres labourables,	premiere ,	290	4	1
	feconde ,	614	4	11
	troifieme ,	351	4	3
Prés,	premiere ,	97	1	20
	feconde ,	59	3	23
	troifieme ,	66	0	18
Vignes,	premiere ,	4	9	14
	feconde ,	2	1	24
	troifieme ,	2	7	4
Jardins ,		12	2	18
Cheneviere ,		10	8	6

Récapitulation du produit de ces biens affermés, tant en grains qu'en argent, fuivant les baux.

366 rézeaux un bichet de bled, à 12 livies 3 fols ,	4450 l.	o f.
366 rézeaux un bichet d'avoine, à 3 liv. 18 f.	1428	10
En argent ,	354	0
	6232	10

Produit des mêmes biens , évalués fur le pié du tarif réfultant de la quantité & de la valeur des denrées qu'ils produifent.

200 jours 4 omées une verge de terre labourable de la premiere qualité, à raifon de 6 liv. 15 fols 9 deniers le jour. *Voyez* la quatrieme opération, ci,   1310

614 jours 4 omées 11 verges de terre labourable, feconde qualité, à raifon de 4 l. 6 f. 6 d. le jour, *voyez id.* ci,   2697 12

351 jours 4 omées 3 verges de terre labourable, troifieme qualité, à raifon de 1 l. 15 f. 1 d. le jour, *voyez id.* ci,   615 10

97 jours 1 omée 20 verges de pré de la premiere qualité, à 11 l. 10 f. le jour, *voyez id.* ci ;   1118 0

59 jours 3 omées 23 verges de pré de la feconde qualité, à 7 liv. 5 f. le jour, *voyez id.* ci   430 l. 10 f.

66 jours 18 verges de pré de la troifieme qualité, à 4 l. 5 f. le jour, *voyez id.* ci ,   280 10

4 jours 9 omées 14 verges de vigne de la premiere qualité, à 22 l. le jour, *voyez id.* ci ,   110 0

2 jours 1 omée 24 verges de vigne de la feconde qualité, à 15 l. le jour , ci ,   33 5

2 jours 7 omées 10 verges de vigne de la troifieme qualité, à 10 l. le jour , ci ,   27 15

12 jours 2 omées 18 verges de jardins , à 10 l. le jour , *voyez id.* ci ,   122 15

10 jours 8 omées 6 verges de cheneviere , à 10 liv. le jour , *voyez id.* ci ,   108 5

Valeur des maifons dépendantes defdites fermes ,   132 0

     6986 2

Sixieme opération. Comparaifon des deux différens produits. Les biens affermés produifent , fuivant la quantité & la valeur des denrées qu'on en recueille ,   6986 l. 2 f.

Les mêmes biens , fuivant les redevances en grains & en argent auxquels ils font affermés, ne produifent que   6232 10

Différence ,   753 12

Cette différence provient du bénéfice que les fermiers doivent faire fur leur ferme. Elle forme à-peu-près le huitieme du produit réel des biens, & prouve l'exactitude des évaluations qu'il eft impoffible de rendre plus juftes.

Les fermiers ne doivent point être impofés pour ce bénéfice ; il eft le fruit de leurs travaux , & la quotité particuliere en feroit indéterminable , car elle dépend du plus ou du moins d'intelligence & d'activité de chacun.

Il eft jufte que les propriétaires cultivateurs jouiffent, avec la même franchife , de ce bénéfice. D'ailleurs , on ne peut trop les inviter, par des ménagemens , à faire valoir leurs biens par eux-mêmes ; la dépopulation & l'épuifement, des provinces, exige qu'on ne néglige aucun moyen d'y attirer des habitans.

En conféquence, & afin que tous les biens en général ne foient impofés que fur le pié de ce qu'ils produiroient s'ils étoient affermés, quoique ce foient les propriétaires qui les faffent valoir ; le tarif qui doit fervir à en eftimer généralement le revenu, a été réglé, déduction faite du huitieme de leur produit, réfultant de la quantité & de la valeur des denrées qu'ils rendent,

conformément

conformément à la différence qui fe trouve entre ce produit & celui des baux ; ce qui réduit ce tarif comme ci-après.

Terres labourables. Premiere claffe portée dans la quatrieme opération

à 6 l. 15 f. 9 d.   5   18   9
Seconde claffe de 4 l. 6 f. 6 d. à   3   9   8
Troifieme claffe de 1 l. 15 f.
1 d. à   1   11   0

Prés. Premiere claffe de 11 l.
10 f. à   10   1   3
Seconde claffe de 7 l. 5 f. à   6   7   0
Troifieme claffe de 4 l. 5 f. à   3   14   6

Vignes. Premiere claffe de 22 l.
à   19   5   0
Seconde claffe de   13   2   6
Troifieme claffe de 10 à   8   15   0

Les jardins de 10 à   8   15   0

Les chenevieres de 10 à   8   15   0

Bois. Premiere claffe de 20 l. à   17   10   0
Seconde claffe de 15 l. à   13   2   6

Les pâquis de 4 l. à   3   10   0

C'eft fur ce pié que les biens, en général, ont été évalués pour en fixer l'impofition ; on fupprime une troifieme évaluation établie fur le pié de l'intérêt des prix d'acquifition de ces biens. Cette évaluation produit un état qui contient des détails très-confidérables, qui n'ajoute rien à la folidité de l'eftimation réfultante des deux opérations ci-deffus , & qu'il feroit trop long de rapporter. D'ailleurs , tant de motifs & de circonftances font acheter les biens au-deffus ou au-deffous de leur valeur , qu'il eft impoffible de n'en pas fixer arbitrairement le produit fur cette proportion. Il n'en eft pas de même des deux manieres de l'évaluer, qu'on vient de voir. En fe vérifiant l'une par l'autre, elles ne laiffent aucune incertitude fur la juftefle de l'eftimation qui en réfulte, & elle prouve qu'il eft impoffible d'approcher davantage de leurs véritables produits. Elle eft même confirmée dans le cas préfent, par celle qui provient des prix d'acquifitions portés dans les titres de propriétés. Il paroît qu'en général les fonds de ce territoire fe vendent fur le pié de trois quarts pour cent ; le produit qui réfulte de la totalité, fur ce pié , quadre affez exactement avec les deux autres.

Septieme opération. Comparaifon de la quantité des fonds compris dans le dénombrement général , qui fait l'objet de la quatrieme opération , avec celles déclarées par les propriétaires , pour fervir à conftater l'exiftence réelle de ces quantités.

Après avoir déterminé la valeur & la quantité générale des fonds , le vérificateur reçoit de chaque propriétaire ou leur repréfentant , la déclaration de ce qu'ils en poffedent en particulier ; ces déclarations font juftifiées par la repréfentation des titres de propriété. Il forme de ces déclarations des articles féparés, fous le nom de chaque poffeffeur, à la fin defquels ces titres font cités. Enfuite il fait le relevé de toutes les quantités particulieres comprifes dans ces articles, pour parvenir à la comparaifon fuivante.

	Terres.			Prés.			Vignes.			Jardins.			Chenevieres.			Pâquis.			Bois.
	J.	o.	v.	J.	o.	v.	J.	o.	v.	J.	o.	v.	J.	o.	v.	J.	o.	v.	Jours.
Suivant le dénombrement de la quatrieme opérati.	2411	8	13.	521	8	7.	92	6	21.	31	6	7.	25	3	19.	10	7	0.	795.
Suivant les déclarations,	2409	6	9.	513	7	6.	91	2	14.	31	5	0.	24	6	17.	10	7	0.	797.
Différence ,	2.	2.	4.	8.	1.	2.	1.	4.	7.		1.	7.		7.	2.				

Les différences qui fe trouvent être dans le dénombrement général & les déclarations, ne font pas affez confidérables pour s'y arrêter, & peuvent bien provenir des fractions négligées : celle fur les prés eft la plus fenfible ; mais ces prés fe trouvent reportés fur le ban de Froville, au nom du feigneur.

Résumé général. Il résulte de cette opération, que les fonds en général du finage de la paroisse de ***, font composés suivant le tableau ci-après.

Nature des biens.	Qualités.	Quantités qui se désignent par jours ou arpens, omées, verges.	Produit par jour ou arpent.			Total du produit.		
Terres labourables.	bonnes.	471 j. 8 om. 11 verg.	5 liv. 18 fols 9 den.			2809 liv. 5 fols deniers.		
Idem.	médiocres.	1119 3 7	3 9 8			3933 10		
Idem.	mauvaifes.	809 6 20	1 11			1254 19		
Prés.	bons.	237 5 15	10 1 3			2391 10		
Idem.	médiocres.	142 7 7	6 7			906		
Idem.	mauvais.	141 5 10	3 14			527 16 9		
Vignes.	bonnes.	51 1 1	19 5 6			983 15		
Idem.	médiocres.	23 8 7	13 2 6			314 17 6		
Idem.	mauvaifes.	17 7 13	8 15			155 6		
Chenevieres.		25 3 19	8 15			222 1		
Jardins.		31 6 7	8 15			269 18		
Pâquis.		10 7	3 10			32 9		
Bois.	bons.	125	17 10			2187 10		
Idem.	médiocres.	446	13 2 6			5833 15		
Idem.	mauvais.	226	fans valeur.					
TOTAUX.		3892 j. 8 om. 17 verg.				21842 liv. 12 fols 3 den.		

Ainsi la totalité des fonds de cette paroisse, est de 3892 jours ou arpens, 8 omées, 17 verges, qui produisent 21842 liv. 12 f. 3 d. de revenu, toutes déductions faites des frais de culture, de femences, de récoltes & de ventes.

On ne difconviendra pas qu'avec de femblables opérations pour toutes les paroisses, villes ou communautés, j'aurai bientôt le cadaftre, & par réduction, le tableau général de tous les fonds de chaque province, de leur nature, de leur qualité, & de leur valeur; conféquemment le denombrement entier, & par réduction, encore le tableau de tous ceux du royaume univerfellement, & de leur produit.

Alors je demande ce qui peut empêcher de conftater le montant de toutes les charges de l'état, & de toutes les dépenses du gouvernement.

1°. Pour une année ordinaire prife fur une année commune de plufieurs.

2°. Pour une année des cinq premieres de guerre.

3°. Pour une des cinq fuivantes.

4°. Et dernierement pour une des cinq autres après les précédentes.

Cette gradation eft néceffaire; les dépenses de la guerre augmentent en raifon de fa durée, & à-peu-près dans la progreffion de ces trois périodes. Il y a fi long-tems que cette calamité afflige

le genre humain, qu'on doit être à portée de former aifément une année commune des frais qu'elle occafionne dans chacun de ces périodes; mais elle ne peut les excéder. Après quinze années de guerre, il faut faire la paix, ou par fa propre impoffibilité de la continuer, ou par celle des autres.

En ajoutant à ces différentes fixations un excédent raifonnable & proportionnel pour les chofes imprévues, & pour que le tréfor public ne foit jamais fans quelques avances, on aura la fomme de toutes les dépenfes de l'état & du gouvernement, dans toutes les circonftances poffibles; & cette fomme fera celle de l'impôt pour chacune de ces circonftances.

Où eft la difficulté préfentement de la répartir & de régler ce que chaque arpent ou chaque efpèce de biens en devra fupporter?

Avec des calculs de proportion, on le répartira autant de fois qu'il peut changer, c'eft-à-dire, quatre fois d'abord fur toutes les provinces, en raifon de fa maffe & de leurs forces particulieres; le produit fera la portion de chacune.

On répartira ce produit en même raifon fur toutes les villes, paroiffes ou communautés de la province, & en aura la fomme de la contribution de chacune.

Cette fomme fera répartie en définitif fur tous les fonds qui compofent le territoire des villes, paroiffes ou communautés, en raifon compofée de leur quantité, de leur produit, & de la somme à supporter. Il en résultera la quotité que chaque quantité de ces fonds aura à supporter.

Voilà donc la taxe de chaque arpent, ou de quelque espèce de bien que ce soit, déterminée pour tous les tems possibles, dans la juste proportion de leur valeur, & de la somme totale des *charges publiques* que peuvent exiger tous les besoins de l'état & du gouvernement.

Dans ce que j'ai proposé d'ajouter pour les cas imprévus, je n'ai point compris ceux qui peuvent causer des non-valeurs dans la recette, telles que les accidens qui privent les propriétaires de leurs récoltes & de leurs revenus. Ainsi il seroit nécessaire de fixer un excédent séparé, qui n'auroit rien de commun avec le premier? de le répartir de même sur les provinces, les communautés & les biens, mais distinctement de l'impôt principal; en sorte que chacun sût ce qu'il supporte pour l'un & pour l'autre. La raison de cette destination est que cet excédent ne doit jamais être porté au trésor du prince, ni ailleurs; Il resteroit en dépôt dans la communauté qui en répondroit, & à la garde du curé & de douze des principaux habitans.

S'il arrivoit que cet excédent devînt assez considérable pour former le montant total de l'imposition d'une année, il seroit employé à l'acquitter, & les fonds ne seroient point imposés cette année, afin qu'il tournât toujours au profit des contribuables; & il n'en pourroit être fait aucun autre usage, si ce n'est lorsqu'il seroit nécessaire de payer pour ceux que des accidens auroient mis dans l'impossibilité de le faire.

J'aurois bien proposé, au lieu de cet excédent, de régler les taxes sur le pié d'une année commune du produit, dans laquelle les pertes se seroient trouvées appréciées & déduites; il auroit toujours fallu les acquitter lorsque ces pertes seroient arrivées. Mais les hommes ne sont pas assez raisonnables pour régler leurs dépenses sur une année commune de leurs revenus; & quoiqu'ils eussent bénéficié sur les années pendant lesquelles ils n'auroient point éprouvé de perte, ils n'en auroient pas moins été hors d'état de payer pour celles où elles auroient eu lieu.

Enfin, les terres incultes qui seroient défrichées, seroient taxées selon leurs classes; mais elles jouiroient pendant les dix premières années de l'exemption de l'impôt. Leurs taxes, pendant les dix suivantes, seroient moitié au profit de la communauté, & à la décharge de tous les autres fonds, qui paieroient d'autant moins pendant un espace de tems. Par-là, tous les habitans auroient intérêt de veiller à ce que les terreins défrichés fussent connus & imposés quand ils devroient l'être.

Que reste-t-il à faire? Une loi solemnelle qui fixe invariablement toutes ces taxes, & qui pres-

crive de même toutes ces dispositions. Je suis convaincu que la prospérité d'un empire, & sa durée, dépendroient de la stabilité de cette loi; il faudroit, pour le bonheur des peuples & la tranquillité du gouvernement, qu'on pût lui donner une caution sacrée. Il faudroit au moins, pour qu'elle eût toute celle qu'un établissement humain puisse recevoir, que les souverains & la nation jurassent de l'observer, & d'empêcher qu'il y fût jamais rien innové.

Cette loi seroit déposée dans chaque communauté, comme l'expression de la volonté générale des peuples, comme leur sauve-garde, & comme le titre de la liberté & de la tranquillité publique. Tous les ans l'extrait de cette loi, contenant le tarif des taxes de tous les fonds dépendans de la paroisse, y seroit publié & affiché, suivant les tems de paix ou de guerre, & sans qu'il fût nécessaire de l'ordonner par aucune loi nouvelle. Chacun y liroit tous les jours ce qu'il auroit à payer, & ne l'apprendroit de personne.

Il n'y a pas là d'arbitraire, ni d'acception, ni d'autorité subalterne; il n'y a ni privilège, ni privilégiés, ni protecteur, ni protégés. Le contribuable ne dépend que de la loi & de lui-même; il n'a point à espérer la faveur, ni à craindre l'animosité de personne; il ne répond point pour les autres; il peut disposer de son bien comme bon lui semble; le cultiver à sa guise; consommer ou vendre ses denrées, selon sa volonté, & sans que qui que ce soit ait le droit de l'en punir. S'il est aisé, il osera le paroître; il n'aura jamais à payer que ce que la loi ordonne: il en fait l'avance; le consommateur le rembourse sans embarras & sans oppression pour l'un & pour l'autre; tous les fonds nécessaires pour les dépenses publiques, sont assurés pour tous les tems & tous les besoins. Le syndic de chaque paroisse en fait la collecte, & la remet à un receveur public, qui la fait tenir directement au trésor de l'état. Ils passent aisément & sans frais, ils en ressortent de même pour retourner à leur source.

Et voilà toute l'affaire des finances, sans vexations, sans publicains, sans intrigues, & sans tous ces expédiens, qui choquent autant la dignité du gouvernement, que la foi & l'honnêteté publique. *Frustrà fit per plura quod æque commode fieri potest per pauciora.*

Il est aisé de sentir que ce cadastre pourroit être aussi celui de la dette nationale, mais pour une fois seulement dans toute la durée d'un état; une seconde la termineroit.

La connexité des opérations dont M. Boullanger étoit chargé, avec celles qu'on vient de voir, l'avoit mis à portée d'en être instruit. Pour un esprit comme le sien, ces connoissances ne pouvoient pas être inutiles; il s'étoit proposé d'en faire le sujet d'un ouvrage

*important fur l'adminiftration des finances. On a trouvé
les matériaux de cet ouvrage épars, on les a raffemblés
avec le plus d'ordre & de liaifon qu'il a été poffible.
Si l'on y trouve des chofes qui paroîffent s'écarter du
fujet, & former des digreffions étendues, c'eft qu'on
n'a voulu rien perdre, & que peut-être on n'a pas
eu l'art de les employer comme l'auteur fe l'étoit
propofé; mais, on a cru fe rendre utile à la fociété,
en les publiant dans ce dictionnaire, deftiné particuliérement à être le dépôt des connoiffances humaines.*

CHARTE-PARTIE, f. f. par lequel on défigne un acte d'affrétement fur l'Océan, & de
noliffement fur la Méditerranée. C'eft, à proprement parler, un contrat, une convention, pour
l'ufage d'un navire. Cet acte fe paffe ordinairement fous feing privé, entre les propriétaires ou
le maître du navire, & un marchand qui veut
charger des marchandifes fur ce bâtiment.

La *charte-partie* n'eft guere d'ufage que dans
le cas d'un affrétement entier, ou au moins affez
confidérable pour occafionner l'armement d'un
vaiffeau. Les propriétaires s'engagent, d'un côté,
à le fournir de la grandeur fpécifiée, à le mettre
en état de naviguer au tems fixé, avec le nombre
de matelots, la qualité des agrêts, & la quantité
de munitions néceffaires pour le conduire fûrement
au lieu défigné.

On y fpécifie auffi toutes les conditions de
convenance réciproque, pour les frais & les fecours, tant au chargement qu'au déchargement
des marchandifes, l'efpace de tems dans lequel
l'un & l'autre doivent être faits, & ce terme
limité eft appellé *jours de planche*; fi le terme eft
d'un mois, on dit qu'il eft accordé trente jours
de planche.

La *charte-partie* explique fi l'affrétement du
vaiffeau fe fait en partie ou en entier; pour la
moitié du voyage, c'eft-à-dire, pour aller ou
pour revenir feulement; fi c'eft au mois, fi le
voyage doit être fait à droiture au lieu défigné,
ou s'il doit paffer en plufieurs endroits; ce qui
s'appelle faire efcale.

On voit par les détails de la forme d'une *charte-
partie*, qu'elle n'eft point un connoiffement, une
police de chargement, mais une convention qui
prépare l'un & l'autre.

Comme l'article premier du titre premier du
livre trois de l'ordonnance de la marine, veut
que les *chartes-parties* foient rédigées par écrit;
l'article 9 du titre premier de l'ordonnance des
fermes, du mois de février 1687, enjoint aux
capitaines de navires, de remettre, dans les vingt-
quatre heures de leur arrivée au port, ou à la
côte, leurs livres de bord, *chartes-parties*, &
connoiffemens pour faire la déclaration du chargement de leur vaiffeau.

L'article 22 du titre commun pour toutes les
fermes, dans l'ordonnance du mois de juillet 1681,

porte, que ceux qui auront falfifié les *chartes-
parties* & connoiffemens, feront fujets à des peines
afflictives.

CHASNADAR AGASI, f. m. Dans les finances de Turquie, c'eft le nom par lequel on
défigne l'eunuque chargé de la garde du tréfor
de la fultane validé, ou mère du grand-feigneur.
Comme les tréfors ne font pas moins recherchés,
dit Ricaut, à la Porte que dans les autres cours,
celui qui en eft le dépofitaire eft en grande faveur
auprès de la fultane mère, & peut obtenir beaucoup de graces par fa protection.

CHASNADAR BACHI, ou, comme d'autres
l'écrivent, HASNADAR BACHI; c'eft, en Turquie, le grand tréforier du ferrail, qui commande aux pages du tréfor; Azéna ou Hafna,
fignifie tréfor, & Bafchi, chef.

Le *Chafnadar* eft différent du Tefterdar, ou
grand tréforier, qui a le maniement des deniers
publics, & l'adminiftration des finances de l'état.
Le premier n'eft chargé que du tréfor particulier
du grand-feigneur, que l'on garde dans divers
appartemens du ferrail; fur la porte de chacun
eft écrit le nom du fultan qui l'a amaffé par fon
économie. Ce font des fonds particuliers dont le
grand-feigneur difpofe, comme le roi de France
difpofe de fa caffette.

La chambre du tréfor, à la tête de laquelle eft
le *Chafnadar Bachi*, eft compofée de deux cents
foixante officiers, qui font commandés par un
eunuque blanc, qui eft nommé *Oda-Bachi*, chef
ou lieutenant de la chambre. Ils font formés dans
tous les exercices d'ufage à la Porte, & peuvent
monter à la grand'chambre, c'eft-à-dire à la
premiere chambre du ferrail, où ne font admis
que les favoris de fa hauteffe.

CHAUSSÉAGE, droit de chauffée; il fe
leve fur certaines chauffées, dont le produit
eft affecté à leurs réparations. Les chevaux, les
voitures, & même les perfonnes, font fujettes à
cette perception.

Ce droit doit être mis dans la claffe des droits
de péages, dont les uns font domaniaux, & appartiennent au roi, & les autres feigneuriaux. Comme
dans tous les cas fa deftination a été de fervir
à la réparation des chauffées, c'eft delà qu'il a
vraifemblablement reçu le nom de *chaufféage*.

Avant le règlement rendu en 1640, pour le
droit de barrage de Paris, la ville jouiffoit d'un
droit de chauffée aux portes de cette capitale, fur
les chemins de la chapelle faint-Denis & du
Bourget, & elle étoit chargée d'en entretenir le
pavé; mais à cette époque ce droit fut fupprimé
& réuni au droit de barrage, qui fe perçoit avec
celui de domaine.

En 1705, une déclaration du 7 juillet, renouvellée en 1708, 1721 & 1723, ont ordonné que tous les droits de péages, pontonnages, *chaufféages*, appartenans au roi, feroient levés par doublement. (*Dictionnaire du commerce de Savary*.) *Voyez* DOMAINE & BARRAGE.

CHEMINS OBLIQUES. En matiere de perception, on appelle *chemins obliques* ou détournés, tous ceux qui ne conduifent pas aux bureaux établis pour la levée des droits.

On a vu au mot *bureau*, qu'il s'en trouve un grand nombre placé circulairement, autour du royaume & fur fes frontieres. Tous font fitués fur les grandes routes, & fur les chemins ordinaires, par où doivent paffer naturellement les voitures chargées de marchandifes.

D'après cet arrangement, l'article 23 du titre 2 de l'ordonnance du mois de février 1687, « défend, fous peine de trois cents livres d'amende, à tous voituriers qui conduiront des marchandifes à quatre lieues aux environs des bureaux, de paffer par des *chemins détournés & obliques*, encore qu'ils foient porteurs d'acquits, congés ou paffavants. »

Cette difpofition rigoureufe, qui applique la peine prononcée contre la fraude, aux fimples foupçons qu'une route détournée fait naître, ne fe juftifie que par la néceffité de prévenir des abus d'une extrême facilité.

La défenfe des *chemins obliques*, pour tranfporter les vins & autres boiffons, & pour les faire entrer dans les villes & lieux fujets aux entrées, a été renouvellée par les articles 2 & 6 de la déclaration du 30 janvier 1714.

Les précautions ont même été portées plus loin encore, par l'ordonnance relative aux droits d'aides, puifqu'elle fixe les heures dans lefquelles les boiffons doivent être conduites.

Il eft défendu de les faire arriver avant cinq heures du matin, & après huit heures du foir, depuis le premier avril jufqu'au premier octobre, & dans les autres mois, avant fept heures du matin, & après cinq heures du foir, le tout à peine de confifcation & de cent livres d'amende. Les marchands tonneliers & autres qui ont des vins à conduire dans une ville, d'une cave en une autre, font tenus de ne les rouler que dans les heures fixées fuivant l'*article 3 du titre 7 des déclarations* de la même ordonnance.

CHEVAL, CHEVAUX; la fortie en eft prohibée par l'article 3 du titre 3 de l'ordonnance de 1687, dans tout le royaume, excepté en Dauphiné, province qui eft autorifée à faire ce commerce avec la Savoie, par arrêt du 3 juin 1749. *Voyez* PROHIBITIONS A LA SORTIE.

CHEVAUCHÉE, f. f. qui veut dire en général, tournée, vifite, parce qu'elle fe faifoit anciennement à cheval.

Les officiers des élections font tenus de faire, tous les ans, après la récolte, dans le reffort de leur jurifdiction, des *chevauchées*, pour y vérifier l'état de chaque nature de récolte en chaque paroiffe, pour connoître les accidens qui peuvent y être arrivés, les mortalités des hommes & des beftiaux, les changemens des fermiers, les cottes rentrées, les cottes perdues, les taillables furchargés, enfin, toutes les commodités ou incommodités qui peuvent rendre les habitans aifés ou malaifés.

Il en eft parlé dans l'article 4 de l'ordonnance de François Ier, du 31 juillet 1517; dans l'édit de Henri II, du mois de février 1552; dans celui de Henri IV, du mois de mars 1600, & enfin dans le règlement du 8 août 1624, art. 43.

Ces officiers doivent auffi s'informer, dans leurs *chevauchées*, des exemptions dont jouiffent quelques habitans, & voir fi elles font fondées; examiner fi l'égalité eft obfervée autant qu'il eft poffible, dans la répartition de l'impôt fur les contribuables.

S'ils y trouvent de l'excès ou de la modicité, ils doivent prendre l'avis de trois ou quatre des principaux habitans de la paroiffe, ou des paroiffes voifines, qui font les mieux inftruits, & dreffer du tout un procès-verbal, qui eft rapporté avant de faire le département des impofitions; taxer ceux qui feroient exempts indûment; modérer ou augmenter les cottes, ainfi qu'ils jugeront en leurs confciences.

Le reffort de l'élection doit être partagé, chaque année, entre tous les officiers, en forte que les mêmes ne puiffent pas faire deux années de fuite la même *chevauchée*, & que ceux qui ont des biens-fonds dans les paroiffes de ce reffort, ne foient pas chargés d'en faire la vifite.

Les officiers du bureau de finances, qu'on appelle tréforiers de France, font auffi leur *chevauchée*, mais c'eft avant la récolte. Ils tirent entre eux les différentes élections de la généralité, & ils y vont vifiter les récoltes, pour eftimer ce qu'on peut en attendre, c'eft-à-dire, pleine année, deux tiers d'année, demi-année, quart d'année.

Ils conftatent auffi tous les accidens qui ont pu arriver en chaque élection, par procès-verbaux, qu'ils rapportent au bureau des finances; lorfque tous ces procès-verbaux de *chevauchée* font réunis, on les adreffe à M. le contrôleur-général. *Voyez* TAILLE.

CHEVAUCHÉE; (droit de) c'etoit une contribution qui fe payoit pour tenir lieu des chevaux & des charrois qui étoient dûs pour le paffage du roi. L'ordonnance de S. Louis, du mois de décembre 1254, porte, article 37, « que nul en fa terre ne prenne cheval contre la volonté du maître, fi ce n'eft pour le fervice du roi;

» & en ce cas il veut que les baillifs , prévôts
» ou maires , où ceux qui feront en leurs lieux,
» prennent des chevaux à loyer ; que fi ces che-
» vaux ne fuffifent pas pour faire le fervice , les
» baillifs , prévôts & autres deffus nommés , ne
» prennent pas les chevaux des marchands , ni
» des pauvres gens , mais feulement les chevaux
» des riches, s'ils peuvent fuffire.

ʃɔ L'article 38 défend que, pour le fervice du
» roi, ni pour autre, nul prenne chevaux de
» fainte églife , fi ce n'eft de l'efpécial mande-
» ment du roi ; que les baillifs, ni autres., ne
» prennent des chevaux forts tant comme métier
» fera , & que ceux qui feront pris ne foient
» point relâchés par argent ; ce qui fera gardé ,
» eft-il dit , fauf nos fervices, nos devoirs & nos
» droits , & auffi les autrui. »

CHIARVATAR , f. m. par lequel on défigne
en quelques lieux de Perfe, fuivant Savary , &
particuliérement à Bender , à Congo, ports de
la mer Perfique , ce qu'on nomme en France un
douannier , un barrager, qui veut dire commis de
barriere.

Le chiarvatar, eft chargé de la levée des droits
fur les marchandifes qui arrivent , & ce droit
eft proportionné au poids.

CHIFFRES , f. m. figure dont on fe fert pour
défigner les nombres. Chaque peuple à eu fa maniere particuliere de calculer , & s'eft fervi de
caracteres différens.

Aujourd'hui les feuls chiffres qui foient d'un
ufage commun, du moins en Europe , fe réduifent
à ceux qu'on appelle arabes , au nombre de neuf,
non compris le zéro. Ce dernier s'eft appellé,
pendant quelque tems cyphra , chiffre ; en forte que
ce nom lui étoit particulier. On donne actuellement le nom de chiffre , à tous les caracteres fervant à exprimer les nombres , & même quelques
écrivains refufent le nom de chiffre au zéro, parce.
qu'il n'exprime point de nombre, mais fert feulement à en changer la valeur.

On doit regarder l'invention des chiffres ,
comme une des plus utiles, & qui fait le plus
d'honneur à l'efprit humain ; elle eft digne d'être
mife à côté de l'invention des lettres de l'alphabet. N'eft-ce pas une chofe admirable que de
pouvoir , avec un petit nombre de caracteres ,
exprimer toutes fortes de nombres & toutes fortes

de mots ? Au refte, on auroit pu prendre plus ou
moins de dix chiffres , & ce n'eft pas précifément
dans cette idée que confifte le mérite de l'invention, quoique le nombre de dix chiffres foit affez
commode ; ce mérite eft d'avoir fu varier la valeur d'un chiffre , par la place qu'on lui donne ,
& d'avoir trouvé le zéro pour augmenter la valeur d'un chiffre, d'une centaine, d'un mille, &c. &c.

On diftingue trois fortes de chiffres ; le chiffre
arabe , dont il vient d'être queftion.

Le chiffre romain , parce qu'il eft compofé de
quelques lettres majufcules de l'alphabet romain.

Enfin, le chiffre françois , ainfi nommé , parce
qu'il a été inventé en France, & qu'il n'y a
guere que dans ce royaume où l'on s'en fert.

On l'appelle communément chiffre de finance,
parce qu'on l'emploie dans tous les comptes qui
doivent paffer à la chambre des comptes, où l'on
n'emploie jamais de chiffres arabes.

Les chiffres de finance font compofés de fix
figures empruntées en partie de l'écriture courante , & des caracteres romains , & en partie
imaginées par l'inventeur.

Ces fix caracteres font : j, b, x, l, c, m.

L'j confonne fignifie un ; le b, cinq ; l'x , dix ;
l'l , cinquante ; le c, cent ; la derniere figure m,
mille.

Ce chiffre de compte n'eft proprement qu'une
imitation du chiffre romain , & par la figure , &
par la combinaifon & l'arrangement des caracteres ; les uns mis devant ou derriere , augmentent
ou diminuent leur valeur, d'une centaine , d'une
dixaine, ou d'une unité.

On doit ajouter ici trois remarques fur le
chiffre françois. 1°. Que lorfqu'il y a plufieurs
unités de fuite , la derniere feule eft exprimée
par l'j confonne , & que les autres unités font
rendues par des i voyelles, comme on peut le
remarquer dans la table ci-jointe. On l'a crue
néceffaire pour faciliter l'intelligence de ce qu'on
vient de dire fur une matiere auffi abftraite, dans
laquelle les yeux faififfent mieux que la penfée &
la réflexion ne peuvent comprendre.

2°. Que quatre-vingt , & les deux dixaines
fuivantes , jufqu'à cent, fe marquent par les caracteres fuivans, iiijxx , iiijxxj, iiijxxij, iiijxxiij.

3°. Qu'à l'égard du c, qui exprime le cent ,
il fe place un peu au-deffus des autres caracteres
qui marquent le nombre ; de cette façon, ij^c,
iij^c, b^c, bij^c, &c.

TABLE DES DIFFÉRENS CHIFFRES.

Explication de la valeur.	Des chiffres communs , ou arabes.	Des chiffres romains.	Des chiffres françois, ou de finances.
un.	1.	I.	j.
deux.	2.	II.	ij.
trois.	3.	III.	iij.

Explication de la valeur.	Des chiffres communs, ou arabes.	Des chiffres romains.	Des chiffres françois, ou de finance.
quatre.	4.	IV.	iiij.
cinq.	5.	V.	b ou v.
six.	6.	VI.	bj ou vj.
sept.	7.	VII.	bij ou vij.
huit.	8.	VIII.	biij ou viij.
neuf.	9.	IX.	ix ou viiij.
dix.	10.	X.	x.
onze.	11.	XI.	xj.
douze.	12.	XII.	xij
treize.	13.	XIII.	xiij.
quatorze.	14.	XIV.	xiiij.
quinze.	15.	XV.	xb.
seize.	16.	XVI.	xbj.
dix-sept.	17.	XVII.	xbij.
dix-huit.	18.	XVIII.	xbiij.
dix-neuf.	19.	XIX.	xbiiij ou xix.
vingt.	20.	XX.	xx.
trente.	30.	XXX.	xxx.
quarante.	40.	XL.	xxxx ou xl.
cinquante.	50.	L.	l.
cinquante-un.	51.	LI.	lj.
cinquante-deux.	52.	LII.	lij.
cinquante-trois.	53.	LIII.	liij.
cinquante-quatre.	54.	LIV.	liiij.
cinquante-cinq.	55.	LV.	lb.
cinquante-six.	56.	LVI.	lbj.
cinquante-sept.	57.	LVII.	lbij.
cinquante-huit.	58.	LVIII.	lbiij.
cinquante-neuf.	59.	LIX.	lix.
soixante.	60.	LX.	lx.
soixante-cinq.	65.	LXV.	lxb.
soixante-dix.	70.	LXX.	lxx.
quatre-vingt.	80.	LXXX.	lxxx ou iiijxx.
quatre-vingt-deux.	82.	LXXXII.	lxxxij ou iiijxxij.
quatre-vingt-trois.	83.	LXXXIII.	lxxxiij ou iiijxxiij.
quatre-vingt-quatre.	84.	LXXXIV.	lxxxiiij ou iiijxxiiij.
quatre-vingt-cinq.	85.	LXXXV.	lxxxb ou iiijxxb.
quatre-vingt-six.	86.	LXXXVI.	lxxxbj ou iiijxxbj.
quatre-vingt-sept.	87.	LXXXVII.	lxxxbij ou iiijxxbij.
quatre-vingt-dix.	90.	LXXXX ou XC.	lxxxx ou iiijxxx.
quatre-vingt-onze.	91.	LXXXXI ou XCI.	lxxxxj ou iiijxxxj.
quatre-vingt-douze.	92.	LXXXXII ou XCII.	lxxxxij ou iiijxxxij.
quatre-vingt-treize.	93.	LXXXXIII ou XCIII.	lxxxxiij ou iiijxxxiij.
quatre-vingt-quatorze.	94.	LXXXXIV ou XCIV.	lxxxxiiij ou iiijxxxiiij.
quatre-vingt-quinze.	95.	LXXXXV ou XCV.	lxxxxb ou iiijxxxb.
quatre-vingt-seize.	96.	LXXXXVI ou XCVI.	lxxxxbj ou iiijxxxbj.
quatre-vingt-dix-sept.	97.	LXXXXVII ou XCVII.	lxxxxbij ou iiijxxxbij.
quatre-vingt-dix-huit.	98.	LXXXXVIII ou XCVIII.	lxxxxbiij ou iiijxxxbiij.
quatre-vingt-dix-neuf.	99.	LXXXXIX ou XCIX.	lxxxxbiiij ou iiijxxxbx.
cent.	100.	C.	c.
deux cents.	200.	CC.	ijc.
trois cents.	300.	CCC.	iijc.
quatre cents.	400.	CCCC ou CD.	iiijc.
cinq cents.	500.	D ou IƆ.	bc.
six cents.	600.	DC ou IƆC.	bjc.
sept cents.	700.	DCC ou IƆCC.	bijc.

Explication de la valeur.	des chiffres communs, ou arabes.	Des chiffres romains.	Des chiffres françois, ou de finance.
huit cents.	800.	DCCC ou IƆCCC.	biij^c.
neuf cents.	900.	DCCCC ou IƆCCCC ou CM.	ix^o.
mille.	1000.	M ou CIƆ.	m.
quinze cents.	1500.	MD.	xb^c.
deux mille.	2000.	MM.	ij m.
cent mille.	100000.	CM.	c. m.
deux cents mille.	200000.	CCM.	ij^c. m.
trois cents mille.	300000.	CCCM.	iij^c. m.
quatre cents mille.	400000.	CDM.	iiij^c. m.
cinq cents mille.	500000.	DM.	b ou v^c. m.
six cents mille.	600000.	DIM.	bj ou vj^c. m.
sept cents mille.	700000.	DIIM.	bij ou vij^c. m.
huit cents mille.	800000.	DIIIM.	viij^c. m.
neuf cents mille.	900000.	IXCM.	viiij ou ix^c. m.
un million.	1000000.	XCM.	j million.
dix millions.	10000000.	XXCM.	x millions.

CIDRE, liqueur faite du jus de différentes espèces de pommes, appellées *pommes à cidre*; on joindra ici le *poiré*, qui est tiré de même, de l'expression de certaines poires fur un pressoir.

Ces deux boiffons font sujettes aux droits d'aides comme le vin; mais leur quotité est différente. En général, le *cidre* ne paie que la moitié des droits qui font imposés fur le vin, & le *poiré*, la moitié de ceux que doit le *cidre*.

C'est sur ce pied que font fixés les droits de la subvention simple, de la subvention par doublement, des inspecteurs aux boiffons, d'augmentation, & quelques autres droits d'entrée, tant à Rouen, que dans plusieurs autres villes de Normandie & de Picardie; & où il se fabrique le plus de *cidre*. On ne parle pas de la Bretagne, parce que les aides, proprement dites, n'y font pas établies. *Voyez* DEVOIRS.

Suivant l'article 2 du titre des droits fur le *cidre* & le *poiré*, de l'ordonnance de 1680, les fruits fervans à faire ces boiffons étoient sujets, à leur entrée à Paris, aux mêmes droits que le *cidre* & le *poiré* même, dans la proportion de trois muids de fruits pour un muid de boiffon; & ces fruits n'arrivoient que depuis le premier septembre jufqu'au premier de mars.

Mais comme il s'élevoit de fréquentes contestations entre les redevables & les commis du fermier, foit fur l'évaluation des fruits, foit fur leur nature, lorfquils étoient déclarés fruits à couteau, ou bons à manger, qualité qui les affranchit de droits; l'arrêt du confeil du 17 décembre 1726, revêtu de lettres-patentes, enregistrées le 31 janvier 1727, ordonna que les fruits n'acquitteroient plus de droits aux entrées de Paris & des fauxbourgs, qu'ils feroient payés au braffage, fur le gros & le petit *cidre*

fans distinction, & fur le *poiré*, à mefure de l'entonnement, fuivant la contenance effective des vaiffeaux qui le renfermeroient.

Ce règlement ordonne en même tems, que ceux qui ont des pressoirs à faire *cidre* ou *poiré*, & qui en ont fait braffer dans la ville & les fauxbourgs, feront tenus de faire, avant le braffage, au bureau général des aides, une déclaration, & de fouffrir la visite & la marque des commis. Il défend auffi d'enlever les *cidres* & *poirés* fabriqués, ou d'en difpofer, avant que les futailles aient été démarquées; ainfi que d'en vendre en barils, contenant moins qu'un quart de muid, à peine de confifcation des boiffons, & des pressoirs & uftenfiles fervans à leur fabrication, & en outre, de cent livres d'amende; qui ne peut être modérée par les juges. Et comme la perception des droits d'entrée n'avoit lieu que pendant les fix mois de l'année, qui commencent avec le mois de septembre, pour finir avec celui de février; la perception au braffage, les déclarations & les exercices ne fe font non plus que pendant les mêmes fix mois. Tous les fruits, qui font amenés après ce tems dans le refte de l'année, font cenfés fruits comeftibles; parce que ceux qui font deftinés à faire des boiffons, ne peuvent fe garder auffi long-tems.

Le titre 3 des droits de gros, de l'ordonnance des aides, du mois de juin 1680, les déclarations du mois de septembre 1684, & 4 mai 1688, qui fervent de loi pour la perception du gros manquant, ou du trop bu fur le vin, ne font aucune mention du *cidre* & du *poiré*. La raifon de ce filence eft, qu'à cette époque, on n'avoit point encore pris le parti de faire des plantations de pommiers & de poiriers, dans les généralités de Paris, Amiens, Soiffons, & Châlons, où

elles

elles n'ont eu lieu, que vers le commencement de ce siècle.

Lorsque le fermier voulut, pour réprimer la fraude, qui se faisoit sur le *cidre* & le *poiré*, les faire comprendre dans les inventaires, & faire payer le gros manquant, en vertu de l'article 7 du titre des droits sur le *cidre* & le *poiré*, de l'ordonnance de 1680, dans lequel il est dit que les règlemens pour les droits de gros, de détail & de subvention, seront exécutés pour le *cidre* & le *poiré*, les propriétaires s'y opposèrent; mais plusieurs sentences des élections autorisèrent la perception. Il fut fait appel de ces deux jugemens à la cour des aides, mais l'affaire fut évoquée au conseil en 1745, & jugée définitivement par arrêt du 23 mars, revêtu de lettres-patentes enregistrées le 6 juillet suivant.

Ces règlemens ordonnèrent que, conformément à l'article 7, qu'on vient de rappeler, les droits de gros & augmentation seroient perçus sur les *cidres* & *poirés* compris aux inventaires, & trouvés manquant au tems du récollement.

Ils fixent les déductions à faire sur ces boissons, au double des quantités accordées sur le vin, pour la consommation des vignerons & laboureurs, c'est-à-dire, à six muids de préciput pour les uns & les autres, & en outre six autres muids aux laboureurs, pour chaque charrue qu'ils exploitent.

Il ordonne d'ailleurs que les autres déductions pour les coulages & remplages sur le *cidre* & le *poiré*, resteront les mêmes que pour le vin.

Ces déductions pour la boisson, sont fondées sur ce que, dans l'usage ordinaire, deux muids de *cidre* ou de *poiré* se consomment dans le même tems qu'un muid de vin.

Un arrêt contradictoire de la cour des aides de Paris, du 3 mars 1760, s'est conformé à ces dispositions, dont il a ordonné l'exécution. Mais l'arrêt du conseil du 10 février de l'année suivante, faisant droit sur la requête des habitans de l'élection de Montfort-Lamaury, qui représentoient que le préciput qu'on accordoit sur le *cidre* & le *poiré*, dans cette élection, ne suffisoit pas pour leur boisson, a déclaré, du consentement de l'adjudicataire des fermes, qu'à l'avenir, & dans le cas où les règlemens accordent trois muids de vin aux vignerons & aux laboureurs pour leur préciput, & en outre aux laboureurs trois muids de vin pour chaque charrue, il seroit accordé aux uns & aux autres, dans l'étendue de l'élection de Montfort, douze muids de *cidre* ou *poiré*, au lieu de six, qui leur étoient ci-devant passés en exemption des droits de gros & augmentation.

Le *cidre* & le *poiré* sont également sujets aux droits de détail, suivant qu'ils ont lieu, c'est-à-dire, au huitieme ou au quatrieme; mais la circonstance de la vente à pot ou à assiette, augmente le premier de ces droits.

L'autre est, comme sur le vin, réduit au cinquieme du prix que sont vendus le *cidre* & le *poiré* dans la généralité de Paris.

Voyez QUATRIEME.

Dans le ressort de la cour des aides de Rouen, la perception du droit de quatrieme, sur le *cidre* & le *poiré*, est au fond la même; on a seulement cherché à rendre l'opération plus facile, en fixant les droits à un taux proportionnel au prix que chaque pinte est vendue. Ainsi le quatrieme réduit au cinquieme, en y joignant l'augmentation du parisis sol & six deniers pour livre, sur le *cidre* & le *poiré* vendus, par exemple, six deniers la pinte, est de trente-huit sols par muid réglé à deux cents quatre-vingt pintes, au lieu de deux cents quatre-vingt-huit qu'il est censé contenir; ce droit augmente ensuite suivant le prix de ces boissons, de six sols par muid pour chaque denier que reçoit la valeur de la pinte; de sorte que si elle se vend neuf deniers, c'est deux livres dix-sept sols par muid.

Il n'est accordé aucune déduction pour les coulages & les lies, ni pour la boisson, attendu la réduction du quatrieme au cinquieme.

Quant aux marchands de *cidre* & de *poiré*, ils sont sujets à la même police, aux mêmes visites & exercices que les cabaretiers & hôteliers vendans du vin.

Un arrêt du conseil du 21 juillet 1761, a condamné un particulier vendant du *cidre* chez lui, sans déclaration, à cent livres d'amende, solidairement avec les buveurs.

Ce même arrêt a déclaré bonne & valable la contrainte décernée contre un marchand de vin, pour les droits de détail des *cidres* consommés chez lui, dans les trois mois qui avoient suivi sa déclaration qu'il vouloit cesser de vendre du *cidre* en détail.

Il défend encore aux marchands de *cidre* en gros de la ville de Rouen, d'enlever aucune boisson de sa place, sinon vingt-quatre heures après la déclaration qui aura été faite de la vente & de l'enlevement, afin que les commis aux aides aient le tems d'aller vérifier & démarquer les futailles.

Dans la généralité d'Amiens, on recueilloit autrefois si peu de *cidres* & de *poirés*, que le fermier des aides avoit négligé, jusqu'en 1770, de faire les inventaires & les récollemens qui sont autorisés dans les pays sujets au droit de gros. Lorsqu'il voulut procéder à cette opération, il éprouva des difficultés qui donnèrent lieu à un procès porté au conseil.

L'affaire examinée, il fut rendu, le 14 juillet 1772, des lettres-patentes qui déclarerent que les habitans des paroisses de la généralité d'Amiens, & autres provinces assujetties au droit de gros, seroient tenus de souffrir les inventaires & récollemens de leurs vins, *cidres* & *poirés*, & de payer les droits & autres y joints, dans tous les cas où les règlemens l'ordonneroient,

CINQ GROSSES FERMES. (Provinces des)
La France, dans le fyftême des droits de traites, reçoit trois divifions.

La premiere eft compofée des *provinces des cinq groffes fermes.*

La feconde, des *provinces réputées étrangeres.*

La troifieme, des *pays & provinces traités comme pays étrangers.*

Les provinces des *cinq groffes fermes*, c'eft-à-dire celles qui, fuivant l'article 3 du titre premier de l'ordonnance de 1787, font comprifes dans l'étendue du tarif de 1664, à l'entrée & à la fortie defquelles fe perçoivent les droits qu'il impofe, font la Normandie, la Picardie, la Champagne, la Bourgogne, dont il faut aujourd'hui diftraire le petit pays de Gex, le Bourbonnois, le Berry, le Poitou, l'Aunis, l'Anjou, le Maine, & toutes celles qui font renfermées dans le cercle intérieur que forment ces provinces, comme l'Orléanois, le Nivernois, la Tourraine, l'ifle de France & autres.

Le Beaujolois a été ajouté aux provinces des *cinq groffes fermes*, par arrêt du confeil du 10 avril 1717.

Le même article 3, qu'on vient de citer, porte que les autres provinces du royaume feront réputées étrangeres, en ce qui concerne les droits d'entrée & de fortie, jufqu'à ce qu'il en foit autrement ordonné.

C'eft ici le lieu d'obferver que cette ordonnance de 1687, préparée par M. de Colbert, pour les provinces des *cinq groffes fermes*, ne fut publiée que quatre ans après fa mort. Ce grand miniftre, à qui la France devoit des finances mieux ordonnées; qui avoit créé fes manufactures & fon commerce, n'étoit plus dès 1683, & cependant fon génie préfidoit encore à l'adminiftration des finances. Ainfi l'influence d'un grand homme fur fon fiecle eft telle, que fes vues, fes idées deviennent celles de fes contemporains. Tous les efprits mis en mouvement par l'impulfion de fon génie, fe tournent vers le but qu'il a indiqué, & dirigent leur marche fur les principes qu'ils puifent dans fes opérations.

Cette dénomination de provinces des *cinq groffes fermes*, étoit adoptée dès 1598, parce que les droits qui s'y levoient, compofoient alors cinq fermes particulieres.

La premiere comprenoit les droits de haut paffage, domaine forain, impofition foraine, d'abord affermée par bailliage, enfuite par diocèfe & par province, & en dernier lieu à un feul adjudicataire.

Les anciens droits d'entrée fur les drogueries & épiceries, faifoient une ferme féparée.

La traite domaniale, après fon établiffement en 1577, fut donnée à ferme par un bail particulier.

Les droits d'entrée créés en 1581, fur toutes les marchandifes, formoient la quatrieme ferme.

La cinquieme étoit compofée de tous ces droits dans la ville de Calais, parce qu'après fa réunion à la France, la perception en avoit été affermée à un adjudicataire particulier.

En 1598, ces cinq fermes ayant été adjugées à Brunet, on donna le nom de droits des *cinq groffes fermes* à ceux qui entroient dans fon bail, & probablement la qualification de *provinces des cinq groffes fermes*, à celles où fe percevoient les droits de ces cinq fermes.

Un règlement du 31 mai 1607, en donnant à la perception des droits de traites une forme ftable, qui devint la bafe de l'ordonnance de 1687, confirma cette divifion de provinces des *cinq groffes fermes*, & provinces réputées étrangeres.

L'article 13 porte: « Voulons que, comme de » tout tems, la Bretagne, la Guyenne, le Lan- » guedoc, la Provence, le Dauphiné, les Trois- » Evêchés, le Limofin, l'Auvergne, la Marche, » l'Angoumois, le Périgord, le Quercy, le Forez, » le Beaujolois, & autres où ne fe levent les droits » des fermes, foient & demeurent cenfés comme » étrangers, ou que les bureaux y foient établis » dans fix mois, paffé lequel tems, tout ce » qui fera tranfporté des provinces qui ont reçu » les bureaux, ou qui en viendra en icelles, » paiera les fufdits droits d'entrée & ceux de » fortie, comme fi les marchandifes & denrées » alloient en pays étranger ou en venoient. »

On reconnut, en 1620, que les difpofitions de cet édit n'avoient pas eu leur entiere exécution, & qu'il n'exiftoit aucun bureau dans quelques provinces frontieres, ni du côté du pays étranger, ni du côté de l'intérieur du royaume; il fut ordonné, en 1621, qu'il en feroit établi de l'un des deux côtés, au choix de la province.

La Bourgogne préféra la liberté de commerce avec fes concitoyens. On établit des bureaux fur les frontieres de la Franche-Comté, qui appartenoit alors à l'Efpagne.

Le Dauphiné, au contraire, la Saintonge, l'Angoumois, la Guyenne & la Bretagne préférerent une barriere fur leurs limites vers le Languedoc, le Poitou & la Normandie.

La Provence en laiffa établir de tous côtés; le Languedoc, dont le gouvernement comprenoit le Quercy, le Rouergue & le Vivarais, fut également féparé des provinces voifines par des bureaux; mais le Lyonnois conferva des communications privilégiées avec les *cinq groffes fermes*, & avec le Languedoc & la Provence.

Au moyen de cet arrangement, les bureaux exiftans dans la Normandie, la Picardie, la Champagne, la Bourgogne, le Bourbonnois, le Berry, le Poitou, le pays d'Aunis, l'Anjou & le Maine formerent une chaîne continue & circulaire; l'enceinte qu'elle renfermoit compofa l'étendue des *cinq groffes fermes*.

La déclaration du 20 février 1622, s'explique positivement sur la condition des autres provinces. « Nos sujets, y est-il dit, de nos pays de Bretagne, Saintonge, Guyenne, Languedoc, Dauphiné, Metz, Toul, Verdun & Limoges, ont refusé l'établissement des bureaux, à quoi nos prédécesseurs & nous n'ayant voulu les contraindre, espérant que le tems les ameneroit d'eux-mêmes à desirer ces bureaux, ainsi qu'ont fait les habitans de notre province de Bourgogne, qui, après avoir refusé ledit établissement, l'ont eux-mêmes demandé, nous nous sommes contentés d'ordonner que nos droits d'entrée & de sortie seront payés & levés sur les denrées & marchandises qui entreront & sortiront desdites provinces, villes & lieux, de même que si c'étoit pays étranger. »

Les provinces des cinq grosses fermes étoient alors accablées d'une multitude de droits particuliers, indépendamment des droits généraux, tels que ceux de rêve, de haut passage, de domaine forain, tous percevables à la sortie, sans parler de ceux d'entrée qui avoient été imposés en 1581, & successivement augmentés en 1621, 1629 & 1632, au moyen d'une nouvelle évaluation des marchandises.

La plus grande partie de ces droits a été supprimée par l'édit du mois de septembre 1664, qui a établi le tarif de cette même année. C'est ici le lieu de les faire connoître; on en sera plus à portée d'apprécier tout ce que M. de Colbert fit alors pour la prospérité de l'état, en déchargeant le commerce des entraves qu'il recevoit de cette multiplicité de droits, & de reconnoître dans les faveurs qu'il lui accorda, qu'il le regardoit comme la véritable source des finances.

En Normandie, les droits particuliers qui s'y levoient, consistoient en cinq sols par muid de vin, créé, en 1633, à titre d'octroi, au profit de la ville de Rouen, & ces cinq sols étoient entrés dans le bail des fermes en 1660.

En un écu par tonneau de mer, établi le 23 janvier 1598, à la requisition des négocians, & dont le produit étoit destiné à équiper des vaisseaux qui devoient protéger le commerce.

En Anjou, les droits qui s'y levoient étoient de vingt sols par pipe de vin sortant de cette province pour la Bretagne; celui-ci portoit le nom d'imposition foraine d'Anjou. Au bureau d'Ingrande, il s'en levoit un autre qui avoit été créé en 1581, pour être levé, sous le nom de traite domaniale d'Anjou, sur les vieux drapeaux, les papiers, les cartes, & sur les pruneaux qui étoient exportés de cette province.

Le trépas de Loire & la nouvelle imposition, étoient encore des droits locaux dûs dans l'Anjou.

Comme le premier subsiste encore, il en sera question à son rang alphabétique.

Quant au second, il avoit été créé par Henri IV, en 1593, pour subvenir aux dépenses du siège de Rochefort & de celui de Craon. Il ne portoit que sur les vins qui descendoient la Loire, & ne devoit durer que pendant la guerre; mais loin d'être supprimé à la paix, il fut, au contraire, étendu à beaucoup d'autres marchandises, par la déclaration du 20 décembre 1599, qui le rendit perpétuel, sous la dénomination de nouvelle imposition d'Anjou.

Ce droit fut modéré dans la premiere année du règne de Louis XIII, par arrêt du conseil du 16 septembre 1610, & définitivement éteint par le tarif de 1664, ainsi qu'un autre droit de quinze sols par pipe de vin entrant dans la sénéchaussée de Saumur, ou en sortant, & dont on ne connoît l'origine que par le bail qui en fut passé le 27 novembre 1627, à Simon Prévost.

La Bourgogne, la Champagne, la Picardie, la Normandie & les autres provinces étoient également assujetties à des droits locaux, les uns aliénés, les autres réunis à ceux de la ferme.

Tels étoient le droit de massicault, créé dans le mois de juin 1638, pour avoir lieu en Normandie, Poitou, pays d'Aunis & Anjou; le sol pour livre imposé sur la draperie en 1466, & renouvellé en 1582; le droit de cinq pour cent sur les étoffes, sur les dentelles de fil & pelleteries étrangeres, créé en 1658; le droit de deux sols par livre de tabac, de six deniers par livre de cire, accordé à la ville de Rouen en 1637, & rentré sous la main du roi en 1656; le parisis, douze & six deniers pour livre, établis en différens tems; enfin, le droit de cinq pour cent de la valeur des cires, étain, cuivre, savon, fil de laiton, fil d'archal & de fer, du sucre raffiné, en pain & en poudre, du charbon de terre, du blanc de plomb, de la céruse, & la toile de coton; droits compris dans le bail des fermes fait en 1662 à Jean Bourgoing, & qui devoient avoir lieu dans toute l'étendue des cinq grosses fermes, mais qu'on ne perçut jamais, parce qu'ils furent compris dans le tarif de 1664.

Comme tous les anciens droits se levoient en raison de la valeur des marchandises, on en avoit fait une évaluation nouvelle en 1542, 1581 & 1582. L'accroissement annuel du numéraire en Europe, depuis qu'elle recevoit les trésors de l'Amérique, faisoit naturellement hausser le prix des denrées & des marchandises; on en fit en 1632 une quatrieme estimation, & ce fut la derniere.

L'année suivante amena la création des offices de contrôleurs-conservateurs des droits des fermes, avec attribution d'un sol pour livre sur ces droits. Cette heureuse invention fit, depuis cette époque, oublier l'ancienne méthode de renouveller l'appréciation des marchandises, & on en fit l'essai en 1643, en ajoutant un nouveau sol pour livre à celui qui avoit été accordé dix ans auparavant.

par forme d'attribution. Cette opération parut fi fimple, foit pour proportionner la quotité des droits. à la valeur des marchandifes, foit plutôt pour fe procurer, dans le befoin, une reffource dont le produit du principal indiquoit d'abord l'étendue, qu'on l'adopta en 1645, 1654, 1657, & poftérieurement. *Voyez* SOLS POUR LIVRE.

Le tarif nouveau qui fut publié en 1664, ne laiffa plus fubfifter que les droits qu'il impofoit dans la plus grande partie des provinces qui le reçurent, & malheureufement plufieurs s'obftinerent à vouloir conferver celui qu'elles avoient. Les droits locaux, dont la perception ne fut pas fupprimée, étoient alors aliénés, tels que ceux qui refterent en Anjou ; quelques autres, & dans la même province, furent confervés pour charger la communication de la Bretagne avec cette derniere province & les *cinq groffes fermes*, parce qu'elle avoit montré le plus de réfiftance au tarif de 1664.

M. de Colbert, qui n'avoit en vue que le plus grand avantage des provinces, ne crut pas devoir ufer d'autorité pour vaincre leur oppofition à ce tarif. Bien éloigné du caractere de ces novateurs inflexibles, qui prétendent tout immoler à leur opinion, tout faire plier fous leur fyftême, ce grand miniftre ne s'écarta jamais de cet efprit de modération qui eft la vertu des ames véritablement fenfibles & bienfaifantes. Des intentions pures, mais réfléchies, le portent à agir par la voie de la perfuafion, plutôt que par celle de la contrainte. Pourquoi tourmenter & rendre malheureux ceux à qui on veut procurer le bonheur?

Perfonne ne connut jamais mieux que ce miniftre, cet art fi difficile dans le gouvernement des peuples, qui confifte à faire defirer aux hommes le bien qu'on projette, & à leur faire aimer celui qu'on leur fait... « *Obfervez*, écrivoit-» il à l'intendant de Flandre, en 1670, *aux* » *négocians de votre département, que fa majefté,* » *par les établiffemens qu'elle a faits, pour favorifer* » *leur commerce, veut les convier à s'en fervir, &* » *non les y forcer.* »

Pour revenir aux provinces des *cinq groffes fermes*, les marchandifes qui circulent dans leur étendue n'ont aucun droit à payer. Ce ne font que celles qui y viennent, foit de l'étranger, foit des provinces réputées étrangeres, ou qui fortent des *cinq groffes fermes* pour paffer dans ces pays, qui font fujettes, dans le premier cas, aux droits d'entrée, & dans le fecond, aux droits de fortie du tarif de 1664.

Cette loi générale ne foufre que quelques exceptions qui font produites par des immunités particulieres, ou par le privilège des foires de Rouen, de Dieppe, de Troyes, de Tours & de Lyon. *Voyez* FOIRES.

Les provinces des *cinq groffes fermes* où il fubfifte des droits locaux, indépendamment de ceux du tarif de 1664, font en petit nombre ; on ne

compte que la Picardie, l'Anjou, le pays d'Aunis & la Normandie.

Dans la premiere, exifte le droit de péage de Péronne, rappellé dans l'article 237 du bail de Forceville, & qui confifte en fix deniers pour livre du droit d'entrée & de fortie ordinaire. *Voyez* PÉRONNE. Les droits dûs à Calais, Boulogne, fur les vins & le fel. *Voyez* BOULOGNE & CALAIS.

Dans la province d'Anjou, on perçoit des droits anciennement attribués aux officiers des traites, & réunis aux droits des *cinq groffes fermes*, par les arrêts du confeil des 26 juillet 1681, & 17 août 1683 ; des droits de parifis, qui font un cinquieme d'augmentation mis fur d'anciens droits aliénés, pour être perçus au profit du roi, tandis que le droit primitif fe levoit pour le compte de l'aliénataire. *Voyez* PARISIS. Les droits de fimple, double & triple cloifon, ont auffi lieu à Angers & aux environs, ainfi que les droits de trépas de Loire & de traite par terre. *Voyez* CLOISON, TRAITE PAR TERRE, TRÉPAS DE LOIRE. Ces deux derniers appartiennent à Monfieur, à qui ils ont été aliénés.

Tous ces droits font cités fous la dénomination de droits attribués aux officiers des traites d'Anjou, dans le 241e article du bail des fermes, paffé à Forceville.

A la Rochelle feulement, on perçoit des droits de tablier & prévôté ; un autre droit de courtiers & de premier tonneau de fret, conformément aux articles 242 & 243 du même bail ; mais il paroît que ces deux derniers font tombés en défuétude, & qu'ils ne fe perçoivent plus.

Le droit local de Rouen eft plutôt impofé fur la confommation particuliere de cette ville, que fur le paffage des marchandifes qui en font l'objet. Il confifte en cinquante fols par quintal de fucre & de cire entrant dans la ville & la banlieue de Rouen. Ce droit a été modéré à vingt-cinq fols fur les fucres de nos colonies, par arrêt du 24 avril 1736.

Les droits d'abord & confommation, de fubvention, par doublement, font encore des droits particuliers aux provinces des *cinq groffes fermes*, & percevables dans prefque toute leur étendue. *Voyez* ABORD, SUBVENTION.

Le droit de contrôle fur les toiles, futaines, bafins, canevas, coutils & treillis entrant dans Paris & fes fauxbourgs, doivent encore être comptés parmi les droits locaux des *cinq groffes fermes*, puifque cette capitale occupe le centre de ces provinces. *Voyez* DROIT DE CONTRÔLE.

Il convient, au furplus, de terminer cet article, par obferver que les provinces des *cinq groffes fermes* fe défignent fouvent par les lettres initiales C. G. F. comme les provinces réputées étrangeres, par celles-ci : P. R. É.

CINQUANTE SOLS. (Droit de) Ce droit, qui eſt particulier à la ville de Rouen, n'eſt dû que ſur les ſucres & ſur les cires entrant dans la ville & ſa banlieue, à raiſon de chaque cent peſant, ſoit que ces ſucres viennent des îles & des colonies françoiſes de l'Amérique, ſoit qu'ils viennent de l'étranger.

Ce droit avoit été créé, en 1637, au profit de la ville de Rouen, pour en employer le produit au paiement des rentes créées ſur elle la même année. Il lui fut retiré en 1665, par arrêt du 12 février; & donné à la compagnie des Indes occidentales.

Cet arrêt porte que cette compagnie ſera tenue de rembourſer les propriétaires de ces rentes, des deux tiers de leurs finances portées par leurs contrats, & de payer par chacun an à ſa majeſté, de quartier en quartier, pendant le tems de la jouiſſance dudit droit, la ſomme de vingt mille livres, que payoit la ville de Rouen, pour la décharge de l'uſtenſile des gens de guerre.

Comme cette compagnie fut chargée, dans le même tems, de la perception du droit de cinq pour cent, en nature, ſur toutes les marchandiſes ſortant des colonies, droit qui étoit appellé, du domaine d'occident, le droit de *cinquante ſols*, dû à Rouen ſur les ſucres & les cires, a de même été regardé comme dépendant du domaine d'occident, & il eſt toujours entré dans la ferme ſéparée de ce droit depuis 1732, qu'elle a été jointe à la ferme générale.

Il fait la matiere de l'article 548 du bail de Forceville, conçu dans ces termes:

« L'adjudicataire jouira du droit de *cinquante*
» *ſols* par cent peſant de cire & ſucre entrant
» dans la ville & banlieue de Rouen, ſuivant les
» arrêts du conſeil des 12 février 1665, & 7
» avril 1685, à l'exception du ſucre provenant
» des îles & colonies françoiſes, dont le droit
» ne ſera perçu qu'à raiſon de vingt-cinq ſols,
» conformément à l'arrêt du 4 août 1736; &
» ſera ledit droit de *cinquante ſols*, ou de vingt-
» cinq ſols, perçu par ledit adjudicataire, ſans
» diminution des quarante ſols & des trente-trois
» ſols quatre deniers portés par les articles 542,
» 543, 544 & 545. »

Voyez DOMAINE D'OCCIDENT.

CIRCULATION, ſ. f. Ce mot, dans la langue conſacrée à la régie des droits de traite, ſignifie le paſſage d'une province dans une autre.

Ainſi on dit des grains, des laines & des cotons, des lins, des toiles nationales, des cuirs, & de toute eſpèce de marchandiſes exemptes de droits dans l'intérieur du royaume, qu'elles jouiſſent de la liberté de la *circulation*, ou qu'elles circulent en franchiſe dans le royaume.

Mais alors on n'entend que le royaume fermé par des bureaux ſur les frontieres; car les provinces

qui conſervent un commerce libre avec le pays étranger, telles que les Trois-Evêchés, la Lorraine, l'Alſace, le pays de Gex & les villes de Bayonne, Dunkerque & Marſeille, ne participent point à cette franchiſe de *circulation*.

On apperçoit clairement que ſi elles en jouiſſoient, cette franchiſe n'auroit plus de bornes, parce qu'en communiquant librement avec le pays étranger, c'eſt-à-dire, ſans payer aucuns droits, elles pourroient y envoyer tous les objets ſuſceptibles de cette franchiſe intérieure, & qui, par leur nature, méritent d'être conſervés dans le royaume, pour en entretenir l'abondance & faciliter leur conſommation.

CIRCULATION; ce terme s'applique auſſi aux eſpèces d'or & d'argent; dans ce ſens, on dit qu'un grand commerce, un grand luxe, une maſſe conſidérable de dettes publiques dans l'état, les papiers repréſentatifs de l'or & de l'argent, donnent beaucoup de mouvement à la *circulation*.

C'eſt ici le lieu d'obſerver qu'une grande maſſe de métaux eſt en elle-même indifférente dans un état conſidéré ſéparément des autres états; que c'eſt la *circulation*, ſoit intérieure, ſoit extérieure, des denrées, qui fait le bonheur du peuple; & que *circulation* a beſoin, pour la facilité de ſon mouvement, d'une répartition proportionnelle de la maſſe générale de l'argent, dans toutes les provinces qui fourniſſent des denrées.

Si les papiers circulans, regardés comme monnoie, ſont répandus dans un état, ou ſi quelque vice intérieur y répartit les richeſſes dans une grande inégalité, le peuple n'en ſera pas plus à ſon aiſe, malgré cette grande multiplicité des ſignes de valeur; au contraire, les denrées ſeront plus cheres, & le travail, pour les étrangers, moins commun.

Si l'on continue d'ajouter à cette maſſe des ſignes, on aura, par intervalle, une *circulation* forcée, qui empêchera les intérêts d'augmenter; car il eſt probable que ſi les métaux même, ou les repréſentations des métaux, n'augmentoïent point dans un état où leur répartition eſt inégale, les intérêts de l'argent remonteroïent dans les endroits où la *circulation* ſeroit plus rare.

Voyez BANQUE, INTÉRÊT.

CIRCULER, v. n. qui s'emploie dans les mêmes acceptions que ſon ſubſtantif *circulation*.

CLERC. Le mot de *clerc* ſignifioit, originairement, un homme conſacré au ſervice des autels. Et comme dans les ſiecles d'ignorance il n'y avoit que les eccléſiaſtiques qui euſſent quelques connoiſſances dans les lettres, on étoit obligé d'avoir recours à eux pour remplir toutes les fonctions dans leſquelles il falloit ſavoir lire & écrire, ou être inſtruit des loix; de ſorte que *clerc* ou homme favant, étoient des termes fynonymes. On fait combien Charles V portoit d'honneur aux *clercs* ou gens de lettres.

Dans la fuite, on appliqua la qualification de *clerc* à tout laïque qui étoit lettré, ou qui rempliffoit quelque fonction précédemment remplie par un *clerc* ou eccléfiaftique, & en général à quiconque étoit fuppofé faire des écritures & des expéditions.

Nous ne parlerons que des *clercs* qui ont eu dans leurs fonctions des rapports avec les finances. Tels font les *clercs* des aides, les *clercs* des élus, & les *clercs* des greniers à fel.

On a donné le nom de *clerc* des aides, tantôt au receveur des deniers provenans des différentes aides, & tantôt au greffier de ceux qui rendoient la juftice fur le fait des aides. Il en eft parlé dans les lettres de Charles VI, du 26 janvier 1382, & dans celles du dernier février 1388. *Recueil des ordonnances de la troifieme race*, tome 7, page 228.

Les *clercs* des élus étoient les greffiers de ceux qui étoient anciennement chargés de régler tout ce qui avoit rapport à la perception des aides, impôt qui comprenoit alors prefque tous les revenus de l'état. La jurifdiction de ces élus étoit très-étendue, & leur jugement étoit porté, par appel, devant les généraux des finances, qui alors tenoient la place des cours des aides.

Les *clercs* des greniers à fel étoient, fuivant les ordonnances de Charles V & de fon fucceffeur, des 7 décembre 1366, 20 novembre 1377, 21 janvier 1382, & 1er décembre 1383, des contrôleurs qui devoient tenir un regiftre des fels qui fe dépofoient dans les greniers, avec le nom du marchand auquel ils appartenoient, & de celui qui fe diftribuoit enfuite au public, fuivant la date de fon dépôt.

CLERC A MAITRE; (de) expreffion ufitée en finance, & qui fe joint au mot compter, pour fignifier un compte d'inférieur à fupérieur. Tel eft celui de la manutention d'une affaire, duquel il réfulte que, loin d'avoir produit du bénéfice, elle a donné de la perte.

Tous les fermiers du roi font reçus à compter de *clerc à maitre* du produit de leurs baux, & ne font point tenus d'en payer un prix au-delà de ce qu'ils juftifient en avoir retiré réellement, déduction faite des frais d'exploitation.

Voyez COMPTER.

CLERGÉ, f. m. On entend par ce mot, le corps des eccléfiaftiques, c'eft-à-dire, de toutes les perfonnes confacrées au fervice de la religion & des autels.

En France, le *clergé* eft reconnu pour le premier des ordres de l'état, par l'édit du mois d'avril 1695, qui le maintient dans tous les droits, honneurs, rangs, préféances & avantages dont il a joui jufques à cette époque. Auffi, dans toutes les affemblées publiques, dans les cérémonies religieufes, le corps du *clergé* a le premier rang. Mais il faut diftinguer le *clergé* de France, proprement dit, du *clergé* des frontieres, qui, lors du contrat paffé avec le roi, n'étoit point fujet de l'état.

Le *clergé* des frontieres eft le corps des eccléfiaftiques des diocèfes de Cambray, Saint-Omer, Arras, Metz, Toul, Verdun, Strafbourg, dans lequel on comprend les bénéfices dépendans de Spire & de Bâle.

Le *clergé* des frontieres n'envoie point de députés aux affemblées générales. Chaque diocèfe en tient de particulieres, pour l'adminiftration de fes affaires temporelles & fpirituelles.

Le *clergé* jouit de diverfes immunités, qui peuvent fe divifer en deux fortes; les unes perfonnelles, & les autres réelles. Comme elles s'étendent à plufieurs droits, & que d'ailleurs le *clergé*, par fes contributions & fes dons gratuits, conftitue une branche des revenus publics, auquel il a, dans tous les tems, offert des fecours pour fes befoins; ce font autant de motifs pour confidérer ce corps & du côté de fes privileges, & du côté des reffources qu'il a fournies & qu'il fournit aux finances de l'état.

Les immunités perfonnelles font, premiérement, l'exemption de la jurifdiction civile; en fecond lieu, celle des charges municipales, de tutele, de curatele, de la contrainte par corps pour dettes civiles, de guet de garde, de logemens de gens de guerre & de toute impofition, octrois ou emprunts de communautés.

En pays de taille perfonnelle, les eccléfiaftiques en font également exempts, foit pour leur patrimoine, foit pour les dîmes attachées à leurs bénéfices.

Où la taille eft réelle, les biens appartenans à l'églife font francs, comme les biens nobles.

Ils jouiffent encore de l'affranchiffement d'une partie de droits d'aides, pour les vins de leur crû. Cette faveur remonte à Charles VI. Les lettres-patentes du 31 feptembre 1406, portent, que les eccléfiaftiques, ainfi que les nobles, feront déchargés de l'aide impofée pour la conquête de la Guyenne. Ils le furent également de celle qu'établit l'édit du mois de mars 1597.

Lorfque l'édit du mois de feptembre 1641 fupprima tous les privileges relatifs aux aides, les eccléfiaftiques furent exceptés de cette fuppreffion, & confervés dans la jouiffance de l'exemption du droit de gros à la vente des vins du crû de leurs bénéfices: l'ordonnance du mois de juin 1680 l'a confirmée, & fixée par différens articles du titre 9, conçus dans les termes fuivans.

« Art. I. Maintenons les eccléfiaftiques dans » le privilege de vendre en gros le vin du crû

» de leurs bénéfices & de leur titre facerdotal
» feulement, fans payer aucun droit de gros &
» d'augmentation.

» II. Jouiront du même privilège, les éco-
» nomes établis durant la régale.

» III. Ne fera fujet à aucun droit de gros &
» d'augmentation, le vin baillé en paiement par
» les curés primitifs, aux vicaires perpétuels,
» pour leur portion congrue, pourvu, & non
» autrement, que le vin foit du crû du bénéfice
» qui donne le titre de curé primitif.

» IV. Enjoignons aux eccléfiaftiques, lorfqu'il
» fera procédé à l'inventaire de leurs vins, après
» les vendanges, de déclarer féparément la quan-
» tité qu'ils ont recueillie du crû de leur béné-
» fice, & celle qui provient de leur patrimoine,
» à peine de décheance de leur privilège pour
» l'année en laquelle ils n'auroient point fait
» leur déclaration.

» VI. Seront tenus de bailler, avant la vente,
» au fermier auquel les droits en feront dûs,
» ceffant le privilège, une déclaration fignée
» d'eux, par tenans & aboutiffans, contenant la
» quantité des vignes qui font du temporel de
» leurs bénéfices, & celle du vin qu'ils ont re-
» cueillis par chaque année ; le tout à peine de
» décheance de leur privilège pour le tems qu'ils
» n'y auroient pas fatisfait ; laquelle décheance
» aura lieu pareillement en cas qu'ils faffent fa-
» çonner leurs vignes par leurs fermiers, ou les
» domeftiques de leurs fermiers.

» VII. Permettons aux eccléfiaftiques de vendre
» leur vin en gros, en telle faifon & en tel lieu
» que bon leur femblera, même hors le lieu du
» crû, excepté toutefois la ville, fauxbourgs &
» banlieue de Paris, où le vin ne pourra être,
» par eux, vendu en gros, même dans leur mai-
» fon d'habitation, qu'en payant les droits de
» gros & d'augmentation.

» VIII. Déclarons le vin provenant des dîmes
» & des preffoirs bannaux, appartenans aux ecclé-
» fiaftiques, à caufe de leurs benéfices, être vin
» du crû, pourvu, & non autrement, que la
» bannalité foit établie avant l'année 1560.

» IX. N'entendons que les fermiers des ecclé-
» fiaftiques jouiffent d'aucun privilège. »

L'article 16 du titre des anciens & nouveaux
cinq fols, qui font dûs, dans quelques généralités, à l'entrée des villes, bourgs & certains lieux
défignés, porte : « Maintenons les eccléfiaftiques,
» pour les vendanges & le vin du crû de leurs
» bénéfices, dans l'exemption des nouveaux cinq
» fols feulement. » Voyez ANCIENS CINQ SOLS.

Ils font encore exempts des droits de fubvention & de jauge-courtage, pour les vins du crû
de leurs bénéfices feulement ; mais non des biens
qui forment leur titre facerdotal, fuivant l'ordonnance des aides, l'arrêt du confeil du 7 avril
1693, & celui du 9 février 1715.

Pour jouir des privilèges que l'on vient de
rappeller, les eccléfiaftiques doivent juftifier du
paiement des droits d'amortiffement & d'indemnité, parce que leurs immunités ne s'étendent pas
à des vins provenans de biens non amortis. C'eft
ce qui a été jugé par arrêt de la cour des aides
de Paris, du 27 janvier 1663 ; par arrêt du confeil, revêtu de lettres-patentes, des 17 octobre
& 25 novembre 1724.

Deux autres arrêts du confeil, des 18 octobre
1729, & 30 janvier 1748, ont auffi jugé que
des vins donnés en nature aux eccléfiaftiques, par
leurs fermiers, & en déduction du prix de leurs
baux, étoient fujets à tous les droits.

Les privilèges des eccléfiaftiques, relativement
aux droits de domaines, ne font pas moins étendus
que ceux qui concernent la partie des aides.

Ceux qui font conftitués dans les ordres facrés,
jouiffent de l'exemption du droit de franc-fief,
pour les biens nobles qu'ils poffedent, à quelque
titre que ce foit. Cette faveur, qui ne s'appliquoit autrefois qu'aux biens de leur bénéfice & à
ceux de patrimoine, a été étendue aux biens d'acquifition, par arrêt du confeil du 7 janvier 1777.

Les curés & gros décimateurs jouiffent auffi
de l'exemption des droits d'amortiffement & nouvel acquêt, pour les ceffions & abandons de dîmes
faites à leur profit, ainfi qu'il a été réglé par deux
arrêts du confeil des 13 avril 1751, & 29 janvier 1776.

Un autre arrêt, fous cette derniere date,
exempte pareillement de ces droits les baux des
menfes abbatiales ou prieurales, qui feront paffés
pour vingt-neuf années & au-deffous, par les
abbés & prieurs du clergé de France, à leurs
religieux.

Ces privilèges ont été confirmés par les réponfes
du roi, aux différens articles du mémoire préfenté
au mois d'août 1775, par l'affemblée générale du
clergé.

La réponfe du roi fur les exemptions concernant les droits d'aides, porte : « Les eccléfiaf-
» tiques ont le privilège de vendre, en gros,
» le vin du crû de leurs bénéfices & de leur
» titre facerdotal feulement, fans payer aucun
» droit de gros & d'augmentation, fuivant l'or-
» donnance de 1680.

» Sa majefté ne permettra aucune infraction à
» cet égard, aux privilèges du clergé. Mais les
» exemptions accordées par cette ordonnance, ne
» doivent s'appliquer, & ne fe font jamais appli-
» quées qu'aux vins du crû des bénéfices fitués
» dans les lieux fujets aux droits de gros à la

» vente, ne pouvant y avoir d'exemption où il
» n'y a pas de droits.

» Quant aux vins du crû des bénéficiers des
» pays non sujets aux droits de gros, vendus
» sur les lieux, & conduits en pays sujets auxdits
» droits de gros, l'acquéreur n'en peut prétendre,
» en vertu des immunités du *clergé*, l'exemption
» du gros d'arrivée, qui est entièrement à sa
» charge, & auquel le bénéficier ne peut pas
» plus communiquer son privilège, qu'il ne le
» communique à son fermier en pays sujet au
» gros. »

L'exemption de toute contribution au don gratuit
des villes, octrois & ouvrages publics, porte le mé-
moire du clergé, est de toutes les clauses des contrats
la plus énergiquement prononcée; c'est cependant celle
qui éprouve, depuis quelques années, le plus d'oppo-
sitions & d'infractions, &c. &c.

La réponse du roi est conçue dans ces termes:
« Le feu roi ayant assuré, par ses lettres-patentes
» du 3 décembre 1758, l'exemption que le *clergé*
» réclame, des dons gratuits des villes, établis
» par l'édit du mois d'août 1758, & ayant en
» conséquence affranchi les denrées provenant
» du crû de leurs bénéfices, destinées à leur
» consommation, sa majesté les maintiendra dans
» la jouissance de ces privilèges.

» Elle ordonnera, conformément à la demande
» faite par les agens généraux, en 1772, que la
» somme demandée, pour cet objet, aux ecclé-
» siastiques du Dauphiné, ne soit pas plus forte
» que celle pour les droits d'inspecteurs aux bois-
» sons & aux boucheries, à laquelle elle devoit
» être égale, suivant les lettres-patentes du 27
» août 1760.

Sur le droit de franc-fief, la réponse du roi
annonçoit les dispositions consignées depuis dans
l'arrêt de 1777, qui a ci-devant été rappelé.

Sur la demande du *clergé*, que les ecclésiastiques ne
puissent être recherchés dans leurs maisons, sous prétexte
de faux sel, ni appellés pour représenter leurs billets de
fourniffement, ni forcés de prendre plus grande quan-
tité de sel aux greniers, que celle qu'ils voudront;
le roi répond, « qu'il maintiendra les ecclésias-
» tiques dans les privilèges dont ils sont en pos-
» session, relativement à l'imposition du sel. Ces
» privilèges sont les mêmes dont jouit la no-
» blesse, & ne pourroient être plus étendus, sans
» porter un préjudice notable à une des branches
» les plus considérables des revenus de sa ma-
» jesté. »

Nous supplions votre majesté, d'interpréter l'arrêt
de son conseil du 27 novembre 1774, concernant les
maisons données à loyer par les bénéficiers, que les
traitans prétendent impofer au droit de nouvel acquêt;
de vouloir bien révoquer la réponse faite au cahier
de 1760, article 9, relative aux arrangemens entre

les abbés & les religieux, & aux transactions sur
novales; comme aussi d'étendre à tous les décimateurs;
l'article 14 de l'arrêt du conseil du 13 avril 1751,
qui dispense les curés d'amortissement, en cas de
réunion de dîmes à leurs cures.

Réponse du roi. « Sa majesté s'étant fait re-
» présenter les déclarations de 1641 & 1689, &
» les lettres-patentes de 1746, portant amortis-
» fement pour les biens possédés par le *clergé*;
» elle a reconnu que les maisons abbatiales,
» prieurales, canoniales, & autres de même na-
» ture, possédées par le *clergé*, avant 1641, &
» celles acquises par le *clergé* depuis cette époque,
» & qui ont été données à loyer avant 1700,
» sont affranchies & doivent être exemptes de
» tout droit d'amortissement & nouvel acquêt.

» Sera, au surplus, l'arrêt du conseil du 27
» novembre 1774, exécuté en ce qui concerne
» les maisons abbatiales, prieurales, & autres
» de même nature, qui ayant été acquises par le
» *clergé* depuis 1641, n'auroient été données à
» loyer que depuis 1700, & qui depuis cette
» époque n'auroient point été amorties, ou ne
» seroient point réputées l'être, comme faisant
» partie de dotations ou fondations faites par les
» rois prédécesseurs de sa majesté, sans néan-
» moins que les bénéficiers & autres gens de
» main-morte, puissent répéter les droits de
» cette espèce, qui auroient pu avoir été payés
» jusqu'ici.

» Sa majesté, dans la vue de faciliter les ar-
» rangemens relatifs à la régie & administration
» intérieure & économique des biens dépendans
» des abbayes, veut bien affranchir du droit de
» nouvel acquêt, les baux des menfes abbatiales
» & prieurales, qui feront faits par les abbés
» ou prieurs, en faveur de leurs religieux, foit
» que ces baux soient passés pour un terme au-
» dessus de neuf années, jusqu'à vingt-neuf, soit
» même qu'ils soient faits pour avoir lieu pen-
» dant la vie des abbés ou prieurs.

» L'objet de l'exemption accordée par l'ar-
» ticle 14 du règlement du 13 avril 1751, avoit
» été de faciliter le retour & l'entrée des dîmes
» dans les mains des curés des paroisses; & ce
» motif ne pouvant pas s'appliquer aux arran-
» gemens par lesquels les dîmes font abandonnées
» aux gros décimateurs ou curés primitifs, le
» feu roi répondit à l'assemblée du *clergé*, en 1760,
» qu'il ne pouvoit étendre cette faveur aux aban-
» dons à perpétuité, que feroient les curés ou
» vicaires perpétuels, soit de leurs dîmes, soit
» des fonds & domaines de leurs cures, aux gros
» décimateurs. Mais l'édit donné en 1768, con-
» cernant les portions congrues, ayant donné
» ouverture à des transactions qui devinrent in-
» dispensables entre les décimateurs & les curés;
» sa majesté a cru devoir, par son arrêt du 24
» novembre 1774, affranchir, par grace, les
transactions

» tranfactions de tout droit d'amortiffement,
» pendant l'efpace de deux années ; & fa majefté
» ayant confidéré que les tranfactions du même
» genre peuvent être utiles au bien des paroiffes,
» en tariffant la fource des procès, elle eft dif-
» pofée à étendre aux ceffions faites par les curés
» ou vicaires perpétuels, aux gros décimateurs,
» la même faveur accordée par l'article 14 de
» l'arrêt de 1751, aux ceffions faites ou à faire
» par les gros décimateurs, aux curés ou vicaires
» perpétuels. »

Mézeray a avancé qu'avant le feptieme fiecle, il ne fe prenoit aucun tribut fur les biens & les perfonnes qui appartenoient à l'églife ; mais que les évêques & les abbés qui vouloient s'acquérir la protection & les bonnes grâces du roi & des grands, ayant commencé à leur faire des euloges & préfens, cette coutume fe tourna en un droit néceffaire qu'on exigeoit d'eux quand ils man-quoient à le payer.

Cet hiftorien s'eft trompé, puifqu'on trouve que fous la premiere race de nos rois, les eccléfiaftiques étoient fujets à deux fortes de contri-butions envers le roi : l'une, qui étoit ordinaire & réglée, confiftoit en un cens qui fe levoit également fur les biens des réguliers & des laïques, & fe payoit chaque année au tréfor-royal : l'autre, qui étoit extraordinaire, étoit demandée par le roi, lorfqu'il le jugeoit néceffaire.

Grégoire de Tours loue la juftice & la piété de Théodoret, premier roi d'Auftrafie, qui ré-gnoit en 535, d'avoir remis librement aux églifes d'Auvergne le tribut qu'elles avoient accoutumé de porter dans fon tréfor ; premiere preuve que les églifes devoient un tribut annuel.

On voit par les fragmens d'un concile tenu à Tours en 549, que Clotaire ordonna, par un édit, que les églifes paieroient le tiers des fruits de leurs héritages. Le fieur Longueval prétend, dans fon Hiftoire de l'Eglife Gallicane, que le roi, pour exiger ce tribut, demanda le confentement des évêques ; d'où il conclut, que ce n'étoit pas un impôt, mais un don gratuit, que plufieurs faifoient malgré eux. Cependant on doit remarquer que dès ce tems-là le roi étoit, fuivant le préfident Hénault, en poffeffion de conférer les évêchés, à l'exclufion du peuple & du clergé.

Le deuxieme canon d'un concile tenu fous Childeric III, porte, que le roi retiendra durant quelque tems une partie du revenu des églifes, qui lui avoit été accordé par forme de cens, & que fi les befoins continuoient, ou que le roi le commandât, il feroit fourni une feconde contri-bution gratuite, à condition toutefois que les églifes n'en feroient point réduites à une trop grande pauvreté, & que celles qui tomberoient dans ce malheur, rentreroient dans la jouiffance de leurs biens.

En 738, Charles-Martel leva des décimes fur

les biens des églifes, pour faire la guerre aux Lombards en faveur du pape, & pour s'oppofer à l'invafion des Sarrafins. Ces impofitions étoient réfolues ordinairement dans les affemblées géné-rales qui fe tenoient au premier de mai, fous Pépin, & qui furent confirmées par Charlemagne. Ce fut ce prince qui ordonna, par l'un de fes capitulaires, que les biens qui étoient chargés d'un cens royal n'en pourroient être exemptés, quand bien même ils feroient donnés aux églifes.

Outre le cens royal & réel, les eccléfiaftiques payoient encore d'autres contributions qui fe le-voient quelquefois de la feule autorité du fou-verain, mais le plus fouvent par l'avis du clergé.

Les eccléfiaftiques fupplierent le roi, dans le concile tenu à Thionville en 844, de délivrer l'églife de l'oppreffion qu'elle fouffroit par le paiement des impofitions, offrant de contribuer, felon le pouvoir de chacun, de tout ce qui paroî-troit jufte.

Il eft fait mention, dans une lettre d'Hincmar, archevêque de Reims, à fes fuffragans, des tributs que les rois, par un ufage obfervé de toute an-cienneté, avoient coutume de prendre fur les églifes, à proportion des biens qu'elles poffédoient.

Charles-le-Chauve continua ces mêmes levées, malgré les remontrances & les prieres qui lui furent faites par les fynodes tenus à Beauvais & à Meaux.

Jufqu'à la fin du règne de ce prince, les levées fur les eccléfiaftiques furent faites fans le concours des papes ; mais depuis ce tems, jufqu'à la troi-fieme race, l'hiftoire n'apprend rien de certain ni d'intéreffant fur cette matiere ; cet intervalle ayant été rempli de ténebres & d'ignorance.

Les papes profiterent de ces tems de trouble & de confufion qui régnerent en Europe vers la fin du dixieme fiecle, pour manifefter leurs préten-tions fur le temporel, & même fur la couronne des rois, comme on le voit par le dictatus attribué à Grégoire VII, qui établit que le pape a le droit de dépofer l'empereur, & de délier fes fujets du ferment de fidélité ; prétention d'autant plus étrange, qu'on avoit vu le pape Adrien recon-noître, en 774, Charlemagne pour roi d'Italie & fouverain pontife de Rome, où cet empereur avoit en effet exercé tous les droits de la fouve-raineté, & convenir, l'année fuivante, que cet empereur avoit le droit d'ordonner de l'élection des papes, & de la confirmer.

C'eft dans ces tems malheureux que commen-cerent les croifades. Sous prétexte que la religion étoit l'objet de ces guerres faintes, le pape Urbain II prétendit que les levées & les contri-butions auxquelles ces pieufes entreprifes don-noient lieu, ne pouvoient être ordonnées fans fon confentement.

Il eft vrai que Louis-le-Gros s'en mit peu en peine ; mais cette prétention de la cour de Rome devint un titre pour elle dans la fuite, puifqu'on vit Louis VIII obligé d'avoir recours à Honoré III, pour obtenir du *clergé* de France une impofition extraordinaire, deftinée aux dépenfes de la guerre contre les Albigeois, qu'il avoit entreprife à la follicitation du pape. *Voyez* DÉCIME.

Mais les guerres de Philippe de Valois, avec le roi d'Angleterre, l'ayant obligé à demander des contributions au *clergé*, il ne paroît pas avoir eu befoin de confulter le pape.

Sous Charles VI, dans des tems d'infortune où les peuples étoient épuifés par les impôts, on vit le *clergé*, bien-loin de fe prévaloir des immunités que la cour de Rome tentoit d'étendre de tout fon pouvoir, offrir le tiers de fes revenus au roi, en gardant une part pour fa fubfiftance, & l'autre pour l'entretien des églifes & des maifons.

Lorfque Louis XI voulut rembourfer au duc de Bourgogne la fomme pour laquelle plufieurs villes de Picardie lui avoient été remifes, il en fit la demande au *clergé*, qui la lui accorda fous le nom d'emprunt.

Les parlemens de Paris, de Touloufe, de Bordeaux, de Rouen, de Dijon, de Grenoble & d'Aix ayant arrêté, fur l'exécution du traité de Madrid, conclu en 1526, que le roi pouvoit juftement & faintement lever fur les eccléfiaftiques & fes autres fujets, deux millions d'or, pour la délivrance de fes enfans, le cardinal de Bourbon offrit, pour le *clergé*, treize cents mille livres.

Ce même cardinal propofa à Henri II, de la part du *clergé*, de contribuer de tous les biens de l'églife, en telle forte que fa majefté fût fatisfaite.

La forme d'emprunt s'établit fi bien entre le roi & le *clergé*, que le nom de prêt ou d'emprunt fut ufité pour fignifier toutes les impofitions mifes fur ce corps. François II envoya des lettres-patentes en 1560, pour contraindre le chapitre de Paris, par faifie, à lui faire un prêt.

Mais l'année fuivante fut l'époque du contrat de Poiffy, par lequel le *clergé* fit l'offre de payer annuellement une fomme de treize cents mille livres, à titre de fubvention ordinaire, & elle fut acceptée. Six années après, cette fomme fut deftinée au rembourfement, dans l'efpace de dix ans, des aliénations faites à la ville de Paris fur les domaines du roi, & qui montoient à fix cents trente mille livres de rente, au principal de fept millions cinq cents foixante mille cinquante-fix livres treize fols huit deniers.

Dans l'intervalle, le roi, du confentement des députés & des fyndics généraux du *clergé*, affecta de nouvelles rentes fur ces treize cents mille livres, de façon qu'en 1577, le *clergé* n'avoit point rembourfé de capitaux.

En 1579, ce corps affemblé protefta contre la démarche de fes députés & fyndics généraux, & foutint n'être point débiteur envers la ville de Paris, des rentes affectées fur lui; mais il continua de payer au roi, par forme de fubvention ordinaire, la fomme de treize cents mille livres. Tous les dix ans, la même proteftation fe renouvelle contre l'obligation de payer ces rentes, dans le contrat qui eft paffé entre le roi & le *clergé*: elle fe retrouve dans celui du 10 décembre 1775.

Au refte, comme ces rentes ont été réduites, par déclaration du 31 mai 1723, fur le pied du denier quarante, ainfi que les finances des offices de payeurs & contrôleurs triennaux & quatriennaux, elles ne forment plus qu'un objet de quatre cents feize mille neuf cents vingt livres, fuivant le procès-verbal de l'affemblée du *clergé*, tenue en 1775.

« Ce fut un malheur véritable pour le *clergé* » & pour l'état, dit l'auteur des *Recherches fur* » *les finances*, que les fonds deftinés au rembour- » fement déterminé par le contrat de Poiffy, en » euffent été détournés à des ufages différens; car » depuis ce tems, jufqu'en 1710, le *clergé* ne » fecourut plus l'état que par des emprunts per- » pétuels, qu'il ne fongea point à rembourfer: » il s'eft vu fucceffivement chargé d'impofitions, » fans pouvoir fournir au prince les reffources » que fa richeffe fembloit lui promettre, & que » de meilleurs principes dans l'adminiftration » euffent multipliés, fans que le corps en eût » fouffert davantage. »

Le contrat de fubvention annuelle du *clergé*, fut renouvellé en 1606, pour finir au dernier décembre 1615: en même tems, ce corps obtint la permiffion de rembourfer les offices de receveurs des décimes, qui avoient été vendus en 1596, au profit du roi, comme domaniaux, & dont les gages étoient néanmoins reftés à la charge du *clergé*.

Mais en 1608, le roi ayant demandé trois cents mille livres à ce corps, pour établir des galères à Marfeille, les fonds en furent faits en rétabliffant les offices de receveurs des décimes.

Sous la minorité de Louis XIII, en 1621, ce corps offrit un fecours de trois millions fix cents trente-fix mille livres, à condition qu'il ne pourroit être employé qu'au fiège de la Rochelle: les remontrances de l'évêque de Rennes au roi, à ce fujet, contiennent des maximes auffi faines en politique qu'en religion; il feroit à defirer qu'on n'en eût jamais mis d'autres en pratique.

« La fupplication qui nous refte à vous faire, » dit ce prélat, c'eft qu'il vous plaife de ne pas » calmer cet orage par les moyens employés au » paffé.... Cette paix n'en eft point une; elle » n'en retient que le nom; c'eft un mal fardé » fous l'apparence du bien. Non, fire, que nous » voulions détourner les effets de votre clémence » envers les particuliers qui, touchés d'un vrai » repentir de s'être armés contre votre majefté,

» auront recours à sa bonté. Nous savons qu'un
» grand monarque, comme vous, se plaît plus à
» sauver ses sujets, à leur pardonner, qu'à les
» détruire & à les perdre ; mais tous ces avantages
» qui leur ont été donnés au passé, par ces édits
» généraux de pacification, n'ont servi qu'à les
» rendre plus opiniâtres, à guider leur erreur
» contre Dieu, & leur rébellion contre vous. Tant
» de fois s'accorder, tant de fois se mutiner, tantôt
» se mettre au joug, tantôt le secouer ; ce sont
» toutes marques de leur infidélité & de notre
» foiblesse tout ensemble.

» Moins encore prétendons-nous déraciner
» leurs erreurs par la force & la violence. Re-
» connoissant la liberté gravée naturellement dans
» l'esprit de l'homme, nous pensons que celui qui s'y
» introduit par force n'est guere de durée ; moins
» encore de mérite pour sa foi, qui doit être libre,
» & s'insinuer doucement, par inspiration divine,
» par patience, par remontrances, par toute
» sorte de bons exemples. Aussi est-ce par cette
» douce contrainte que nous espérons voir fuir
» l'hérésie des bords de votre royaume, & dis-
» siper le venin qui a corrompu tant de bonnes
» parties de l'état. Ce sont là, sire, les armes
» dont nous prétendons nous servir, pour les
» ramener à la vraie religion, dont ils sont sé-
» parés. »

Le roi, obligé de mettre sur pied cinq armées,
en 1636, demanda des secours à l'assemblée du
clergé qui se tenoit : elle éluda la proposition, &
fit des remontrances très-touchantes & très-vives
sur sa pauvreté.

« Le roi répondit aux députés, que les néces-
» sités de son état étoient réelles & effectives ;
» mais que celles qui lui étoient présentées de
» l'église, étoient telles qu'on vouloit, & chi-
» mériques ; qu'il avoit arrêté les armées enne-
» mies sur la frontiere ; que s'il ne l'eût fait,
» elles eussent porté la guerre au cœur du
» royaume, & que lors les églises & les ecclé-
» siastiques en étant ruinés, eussent voulu avoir
» donné trois fois plus qu'il ne leur demandoit,
» & que le mal eût été empêché comme il l'a
» été ; qu'il avoit défendu la religion, l'avoit
» rétablie en plusieurs endroits, & fait augmenter
» les biens ecclésiastiques, & qu'il se promettoit
» que l'assemblée le contenteroit. »

Elle accorda en effet un subside de trois millions
six cents mille livres, en un contrat de trois
cents mille livres, remboursable au roi au denier
douze ; & la subvention annuelle de trois cents
mille livres, fut aussi renouvellée pour dix ans.

En 1641 & 1642, on trouva un nouveau moyen
de tirer des secours du clergé, en lui faisant payer
un droit d'amortissement pour tous les biens qu'il
possédoit alors. Les commissaires du roi représenterent à l'assemblée qui se tenoit à Mantes,
« qu'il n'étoit pas permis aux gens de main-morte,

» d'acquérir ni de posséder aucuns héritages &
» droits immobiliaires, sans en obtenir des
» lettres d'amortissement, & en acquitter les
» droits ; que faute d'y satisfaire dans l'an & jour,
» ces acquisitions étoient réunies de droit au do-
» maine ; que les ecclésiastiques, qui possédoient une
» grande partie des biens du royaume, n'avoient
» ni obtenu ces permissions, ni payé les droits
» dûs au roi, & qui montoient à des sommes
» immenses ; que sa majesté entendoit faire re-
» chercher tous ces amortissemens qu'elle avoit
» taxés au tiers du revenu de tous les bénéfices ;
» que de plus, le clergé devoit les contribu-
» tions du ban & de l'arriere-ban, & qu'enfin
» sa majesté pouvoit le taxer à de grandes sommes,
» pour la conservation de ses privilèges ; que
» cependant voulant bien, à la recommandation
» de M. le cardinal de Richelieu, le traiter favo-
» rablement, elle se contenteroit de six millions,
» payables en trois années. »

Une grande faute, comme on l'a déja dit, &
qui se renouvelloit à chaque contribution qu'on
exigeoit du clergé, c'est qu'en consentant à ce
qu'il fît des emprunts, on ne l'obligeoit pas alors
à en rembourser le montant dans un espace de
tems limité & suffisant, comme dix années. Cette
précaution a été prise depuis ; mais il n'en est
pas moins vrai que s'il vouloit se libérer, il seroit
forcé peut-être à faire lui-même la vente d'une
partie de ses domaines, pour parvenir à l'entiere
libération de l'autre.

Au renouvellement de la subvention ordinaire,
en 1645, elle fut réduite à douze cents quatre-
vingt-douze mille neuf cents six livres treize sols
neuf deniers, au lieu de la somme ordinaire de
treize cents mille livres, parce que les diocèses
de Reims, Bourges & Limoges, avoient racheté
leur cotte-part, moyennant sept mille quatre-
vingt-treize livres dix sols trois deniers. L'année
suivante, l'assemblée fit un don gratuit de quatre
millions, payables en deux ans & demi. Trois
furent répartis sur les bénéficiers, & le quatrieme,
sur les officiers des décimes, par forme de supplément de finance de leurs charges.

Le clergé usa souvent dans la suite des mêmes
expédiens, chaque fois que l'état eut des besoins, & lui demanda des secours. Il seroit inutile de répéter tous ceux qu'il a fournis en différens tems ; il suffit seulement d'indiquer les
époques, où les charges annuelles augmenterent
avec celles des autres sujets de l'état.

L'établissement de la capitation, en 1695,
fut un motif pour le clergé de proposer un
abonnement qui le dispensât de cette nouvelle
imposition, & il fut accepté. En 1701, lorsque cet impôt, après avoir cessé quelque tems,
eut été rétabli ; le clergé s'engagea à payer
quatre millions, pendant chacune des huit années suivantes ; & en 1710, il offrit vingt-quatre
millions pour en être affranchi à perpétuité.

A la fin de cette année , qui venoit à la fuite d'une autre , où la mifère des campagnes avoit été extrême , ainfi que l'épuifement de l'état , on ne trouva point d'expédient plus convenable , que d'établir le dixieme du revenu de tous les biens ; & l'impofition en fut ordonnée par la déclaration du 7 octobre. Le *clergé* alarmé reclama fes privileges. On lui objecta la néceffité ; & l'année fuivante il offrit , pour en être déchargé , une fomme de huit millions qui fut acceptée.

L'ordre de Malte , les évêchés de Toul , Mets , Verdun & Perpignan donnerent auffi cent quarante mille livres pour le même objet ; & ces fommes furent réparties fur les eccléfiaftiques , à titre de fubvention royale , dont la dénomination fubfifte encore ; mais fon produit varie fuivant le montant des dons gratuits & extraordinaires qui font demandés.

L'hiftoire apprend qu'en différens tems le *clergé* a tenté de s'affranchir de cette fubvention , mais fans fuccès.

En 1716 , l'archevêque de Reims remit à l'abbé Dubois, favori de M. le Régent, un mémoire pour demander la fuppreffion de cette taxe; mais il lui répondit : « Par ma foi, je n'en parlerai point au Régent ; il trouveroit mauvais » qu'une Églife, auffi riche que celle de France, » veuille, dans un tems comme celui-ci, deman- » der la fuppreffion d'une fi petite taxe : Il » faut, je crois au contraire, qu'elle s'attende à » donner l'année prochaine un don gratuit ex- » traordinaire. Tous les prélats favent que » le feu roi , en mourant , a laiffé le royaume » dans le plus grand embarras , où monarchie » fe foit jamais trouvée. Il n'y a point d'argent

» dans les caiffes royales ; nos troupes font nues » & meurent de faim, faute de folde , & le Ré- » gent eft très-embarraffé. Ainfi , meffieurs , ne » penfez plus à la fuppreffion que vous demandez » pour le *clergé* ; gardez votre mémoire pour » un tems plus favorable ; nous fommes obfédés » de tous côtés , & dans une crife de diable. »

En 1731, lorfque les archevêques de Paris , de Sens , & l'évêque de Chartres adreffèrent les repréfentations du *clergé* , fur cette fuppreffion , à M. le cardinal de Fleury ; il leur répondit adroitement : . . . . « C'eft peu de chofe que cette » taxe. Je penfe à foulager le *clergé* & le peu- » ple. Il faut prendre patience. Je ne le puis » encore.

La condition du *clergé* refta la même jufqu'en 1737. Le corps étoit fujet, comme on la vu, aux décimes , alors portées à près de dix millions de livres , à un million pour la fubvention , & aux intérêts des vingt-quatre millions de capitation ; ces deux premieres impofitions fe renouvelloient tous les dix ans avec des augmentations. A cette époque , il fut pris des arrangemens entre le cardinal de Fleury & M. Orry, contrôleur-général , d'après lefquels toutes les impofitions ordinaires du *clergé* furent fixées à quinze millions huit cents quarante mille livres. Il fut en même tems réglé qu'il percevroit de plus , deux fols pour livre , pour les dépenfes de recouvrement , pour les frais de bureaux ; pour les remifes accordées tant au receveur-général , qu'aux receveurs diocéfains.

On joint ici un tableau de toutes ces impofitions , réparties par archevêché, avant que le département de 1641 , rectifié en 1646 , eût été réformé en 1755.

ARCHEVÊCHÉS.	DÉCIMES.	CAPITATION.	SUBVENTION.	TOTAL.
Aix,	364, 000	72, 000	43, 920	480 , 720.
Alby ,	460, 000	92, 000	53, 940	605 , 940.
Arles ,	324, 000	64, 800	38, 480	427 , 280.
Auch ,	294, 000	58, 800	35, 280	388 , 080.
Befançon ,	458, 000	91, 600	54, 960	604 , 560.
Bordeaux ,	598, 000	119, 240	72, 120	789 , 360.
Bourges ,	510, 000	102, 000	61, 200	673 , 200.
Embrun,	138, 000	26, 800	16, 560	181 , 360.
Lyon ,	934, 000	186, 800	111, 840	1 , 232, 640.
Narbonne ,	314, 000	62, 800	37, 680	414 , 480.
Paris ,	1, 605, 000	321, 060	214, 780	2 , 141, 040.
Reims ,	1, 138, 000	227, 600	136, 560	1 , 512, 160.
Rouen ,	1, 202, 000	240, 400	126, 440	1 , 568, 840.
Sens ,	770, 000	154, 000	92, 400	1 , 016, 400.
Touloufe ,	385, 000	76, 800	45, 080	505 , 880.
Tours ,	1, 264, 000	252, 800	150, 260	1 , 667, 060.
Vienne ,	301, 000	61, 000	36, 400	399 , 200.
TOTAL ,	11,059, 000.	2, 210, 500	1 , 328, 000.	14, 598, 200.

CLERGÉ DES FRONTIERES.

ARCHEVÊCHÉS.	DÉCIMES.	CAPITATION.	SUBVENTION.	TOTAL.
Cambray.	380 , 000	76 , 000	45 , 600	501 , 600.
Trois-Evêchés.	248 , 000	49 , 500	29 , 750	327 , 250.
Straſbourg.	290 , 000	58 , 000	34 , 800	382 , 800.
Perpignan.	22 , 000	4 , 400	1 , 950	28 , 350.
TOTAL.	940 , 000	187 , 900	112 , 100	1 , 240 , 000.

On doit encore ajouter ici les contributions de l'ordre de Malte, qui eſt abonné pour ſes décimes; celles des évêchés de Corſe, qui eſt, depuis douze ans, ſous la domination du roi; celle de S. Claude, érigé en 1741., & celle des évêchés de S. Diés & Nancy, érigés depuis peu d'années.

RÉCAPITULATION GÉNÉRALE.

				TOTAL.
Décimes	{ du clergé de France . . .	11 , 059 , 000 }	11 , 999 , 000.	14 , 598 , 200.
	{ du clergé des frontieres . .	940 , 000 }		
Capitation	{ du clergé de France . . .	2 , 210 , 500 }	2 , 388 , 000.	1 , 240 , 000.
	{ du clergé des frontieres . .	187 , 900 }		
Subvention	{ du clergé de France . . .	1 , 328 , 000 }	1 , 440 , 000.	15 , 838 , 200.
	{ du clergé des frontieres . .	112 , 000 }		

Abonnement de l'ordre de Malte . . . . . . 36 , 000.

Total général, 15 , 874 , 200.

Indépendamment de ces impoſitions ordinaires, il en eſt deux autres qui portent le nom d'*extraordinaires*, & qui ſont les dons gratuits & le dixieme denier.

Le don gratuit eſt fixé depuis quatre-vingt-dix ans par le roi, & ſe demande à l'aſſemblée générale du *clergé*, qui ſe tient tous les cinq ans. La ſomme eſt plus ou moins forte, ſuivant les beſoins de l'état; mais depuis environ vingt ans, elle eſt eſtimée de ſeize à dix-huit millions tous les cinq ans; ce qui revient à trois millions deux ou quatre cents mille livres par année, & c'eſt ce qu'on appelle le *don gratuit ordinaire*, au paiement duquel ſervent les impoſitions dont on a donné le détail; car il en eſt un autre extraordinaire, qui ſe paie par le moyen des emprunts que le *clergé* fait dans le public, & en raiſon deſquels il impoſe des taxes extraordinaires, non-ſeulement pour le paiement des rentes qui en ſont la ſuite, mais encore pour celui des capitaux. On verra ci-après le détail de toutes les impoſitions extraordinaires, auxquelles contribuent tous les dioceſes.

La ſomme du don gratuit ordinaire, qui ſe leve tous les cinq ans, ſe répartit ſur tous les bénéfices du *clergé* de France, avec un ſol pour livre, deſtiné aux frais de recouvrement, & à ceux qu'exigent, tant les aſſemblées générales, que celles qui ont lieu particuliérement en chaque dioceſe, pour régler les impoſitions locales, d'après les délibérations priſes dans l'aſſemblée générale.

A l'égard des dons gratuits extraordinaires, ils ſont demandés au *clergé*, par le roi, en tems de guerre, & dans toutes les circonſtances où les beſoins ſont preſſans. Ainſi, en 1742, 1748, 1755, 1758, 1760, 1762, 1770, 1772, 1775, 1780 & 1782, les dons gratuits ont été de douze, de dix, de ſeize, de trente & de ſeize millions de livres.

Depuis 1741, il a été réglé qu'à chaque emprunt qui ſeroit fait par le *clergé*, il y ſeroit impoſé une ſomme additionnelle, à celle qu'exigeroit le paiement des intérêts & des frais de recouvrement, pour opérer, dans un nombre déterminé d'années, le rembourſement des ſommes empruntées. Par l'édit du mois de juillet 1748, le roi, voulant bien concourir à accélérer ce rembourſement, accorda une ſomme annuelle de cinq cents mille livres, à prendre ſur le produit des fermes générales. C'eſt dans ce tems, ſous le miniſtere de M. de Machault, que fut publiée cette fameuſe déclaration du mois d'août 1751, qui ordonnoit que tous les bénéficiers ſeroient tenus de donner, dans fix mois, une déclaration des biens & revenus de leurs bénéfices ; mais qui n'eut malheureufement point d'effet, quoique cette difpofition fût le feul moyen de connoître fi ce corps partage, dans une proportion mefurée fur fes facultés, la charge des impofitions que fupportent tous les fujets de l'état, auxquels il femble qu'il doive l'exemple. Ce fecours a enfuite été continué jufqu'au premier juillet 1796, par édit de juillet 1772.

La méthode de joindre à la fomme néceffaire pour les intérêts de celle qui eft deftinée à un don gratuit extraordinaire, la fomme qui doit fervir au rembourfement des capitaux, a dans la fuite été adoptée, chaque fois que le clergé a été autorifé à faire des emprunts. Les lettres-patentes du 30 juillet 1780, qui acceptent l'offre de trente millions, ordonnent le rembourfement, par l'adjudicataire des fermes, de quatorze millions dans l'efpace de quinze années, par paiement de fix en fix mois, à commencer du 15 juillet 1781, & fans préjudicier aux cinq cents mille livres qui devoient être payées jufqu'en 1796 ; enforte que ce don gratuit de trente millions n'étoit réellement que de feize, & devenoit un prêt de quatorze autres millions, fans intérêt pendant quatorze années.

En 1782, lorfque le clergé eut offert un don gratuit de quinze millions, pour fubvenir aux befoins de l'état, & d'un million pour être employé au foulagement des matelots bleffés, des veuves, & des orphelins de ceux qui ont péri pour la patrie pendant la guerre ; des lettres-patentes du 7 novembre l'autoriferent à emprunter ces feize millions, & changerent en même tems les difpofitions qui avoient été faites pour faciliter le rembourfement des capitaux empruntés.

Aux cinq cents mille livres que le clergé avoit à recevoir de l'adjudicataire des fermes jufqu'en 1796, les lettres-patentes ajouterent fept cents mille livres, à commencer en 1783, & trois cents mille livres de plus, pour avoir lieu dès l'année qui fuivroit immédiatement la fignature de la paix, jufqu'en 1802. Ainfi, en 1784, le clergé aura quinze cents mille livres à prendre fur le produit des fermes générales. Il réfulte de cet arrangement, que ce don gratuit de feize millions n'eft réellement qu'une avance, fans intérêts pendant vingt ans.

La contribution générale, pour payer les arrérages de ces emprunts, s'établit par une levée de trois dixiemes, fur les penfions fupportées par les bénéfices ; à l'exception de celles dont jouiffent les curés retirés après quinze années de fonctions paftorales, & par une taxe impofée par les archevêques, évêques, ou leurs vicaires-généraux, fyndics & députés de chaque diocèfe, felon la connoiffance qu'ils ont en leur confcience de la qualité & des revenus des biens eccléfiaftiques.

Toutes les formes relatives aux impofitions fur le clergé font également prefcrites par les règlemens qui autorifent les emprunts.

« Voulons & entendons que les départemens, » qui feront faits fur les contribuables, y eft-il » dit, foient exécutés, nonobftant toutes oppo- » fitions ou appellations quelconques, ou règle- » mens de juges ; attendu la conféquence & le » retardement du paiement qui pourroit en arri- » ver ; & s'il fe forme quelques conteftations au » fujet des départemens, & des taxes portées » par iceux, ordonnons que les contribuables » fe pourvoiront en première inftance aux bu- » reaux particuliers des diocèfes, qui jugeront » en dernier reffort des taxes qui n'excéderont » pas la fomme de trente livres, & pour plus » grande fomme, aux bureaux généraux des dé- » cimes, auxquels nous attribuons toute jurif- » diction & connoiffance ; & l'interdifons à tous » autres juges, même aux intendans de juftice, » police & finances dans les provinces, & com- » miffaires départis en icelles, fans qu'aucun des » contribuables puiffe fe fouftraire à la jurifdic- » tion, tant des bureaux particuliers des dio- » cèfes, que des bureaux généraux, fous pré- » texte d'exemption, & autres privilèges quel- » conques, ni qu'ils puiffent être tenus à fe pour- » voir contre leurs taxes, qu'ils n'aient préa- » lablement payé les termes échus, & qu'ils » n'aient rapporté les quittances des receveurs » diocéfains. Voulons & entendons, que ceux » qui feront impofés ne puiffent fe pourvoir contre » les taxes portées dans les rôles, ni en de- » mander la décharge ou modération aux bu- » reaux diocéfains, qu'ils n'aient préalablement » payé la moitié de leurs impofitions, & donné » un état de la valeur du revenu & des charges » de leurs bénéfices, communautés, ou menfes » conventuelles, ou capitulaires, qui fera certi- » fié véritable par celui qui fe plaindra de fa » taxe, enfemble les pieces juftificatives dudit » état, à peine du double de fon impofition, » laquelle peine ne pourra être réputée com- » minatoire ; lequel état ils feront tenus de join- » dre à leur requête, finon, & à faute de » donner ledit état, par eux certifié véritable, » & d'y joindre les pieces juftificatives, la taxe » demeurera telle qu'elle aura été impofée par » le bureau diocéfain, & les termes échus fe- » ront par eux payés fans aucune répétition, » jufqu'à ce qu'ils aient fourni ledit état & les » pieces juftificatives ; fans quoi la requête ne » pourra être répondue, ni par les bureaux dio- » céfains, ni par les chambres fupérieures. »

Les frais de recouvrement font également réglés à trois deniers pour livre, accordés aux receveurs diocéfains, qui peuvent les retenir par leurs mains ; le clergé eft chargé de ces frais, au moyen de la remife de deux deniers pour livre, qui eft ordinairement faite par le roi , fur les derniers paiemens des dons gratuits.

Tous les contrats & actes , paffés pour raifon de ces emprunts , font exempts des droits de contrôle , infinuation , &c. Et tous les avertiffemens , commandemens , faifies & exécutions , quittances , regiftres , procurations , délibérations & expéditions , toutes les pourfuites & diligences à faire , pour raifon du recouvrement des impofitions faites fur le *clergé* , font faites en papier ou parchemin non timbré.

En général , les dons gratuits extraordinaires font évalués au double ou au triple des impofitions ordinaires.

Nous ne pouvons mieux faire connoître la condition du *clergé* , relativement aux impofitions & aux reffources qu'il peut fournir aux finances de l'état , qu'en analyfant les repréfentations que ce corps adreffa au roi , le 20 juillet 1775 , & qu'on trouve dans le procès-verbal de fon affemblée.

« On ne fauroit douter que fes dettes , (du *clergé*) » ne foient immenfes , que parce qu'il a donné , » en dix ans de paix , cinquante-quatre millions , » & par conféquent treize millions cinq cents mille » livres de plus que , dans la derniere guerre , » pour laquelle il avoit cependant donné qua-» rante millions cinq cents mille livres.

» On ne fauroit douter de l'excès de ces im-» pofitions , porte ce mémoire du 20 juillet , » puifque , d'une part , les bénéfices fimples font » impofés entre le tiers & le quart de leurs » revenus , fans avoir égard aux réparations , » & autres charges non foncieres ; & que , de » l'autre , malgré le droit & la réclamation conf-» tante du *clergé* , les fermes des bénéficiers an-» ciennement exempts de la taille , y font pré-» fentement affujetties , ainfi qu'à différens droits , » comme abonnemens & autres charges publiques ; » enforte que le *clergé* , bien loin de trouver un » avantage dans fes immunités , feroit obligé » de repréfenter à votre majefté , que ceux qui » le compofent fupportent de plus fortes impo-» fitions , que les fujets des différens états du » royaume.

» Enfin l'impoffibilité d'augmenter les impo-» fitions eft évidente ; l'affemblée de 1762 ne » put dès-lors fe la diffimuler , & néanmoins » le don gratuit qu'elle avoit énoncé , n'étoit » que de huit millions cinq cents mille livres. » Celle de 1765 en étoit fi convaincue , qu'elle » prit la liberté de le repréfenter au feu roi , » d'heureufe mémoire , qui , quoique le don gra-» tuit ne fût alors que de douze millions , re-» connut lui-même que les engagemens du » *clergé* étoient bien au-deffus de fes forces ; » puifque , pour accélérer la libération des dettes » immenfes , déja contractées par les affemblées pré-» cédentes , fa majefté voulut bien lui accorder la » continuation des cinq cents mille livres , qu'il » a obtenues en 1748.

» Par la même raifon d'impoffibilité , l'affem-» blée de 1770 jugea ne devoir pas augmenter » ces impofitions , quoiqu'elle eût accordé un » don gratuit de feize millions , comme dans la » préfente affemblée.

» Celle de 1772 , pour obvier fans doute aux » grands inconvéniens qui réfultent de la réu-» nion des dons gratuits , & des dons fi multi-» pliés des rembourfemens , crut devoir faire un » dernier effort en impofant cinq cents mille li-» vres , pour le paiement des arrérages des dix » millions qu'elle venoit d'accorder par antici-» pation. »

Il ne nous refte plus qu'à parler du dixieme denier. Lorfque le roi a befoin de cet impôt , il eft général & porte fur les biens effectifs , comme maifons , terres labourables , vignes , prés & bois ; mais les dîmes , les rentes affectées aux revenus de cette nature en font exempts , ainfi que les biens qui appartiennent en propre aux églifes & aux hôpitaux.

Il a été arrêté que quand cette impofition au-roit lieu , ce qui arrive très-rarement actuelle-ment , depuis l'expédient des dons gratuits , elle feroit rachetée par le *clergé* , à raifon de neuf millions par an , tant que le fouverain feroit dans le cas de la lever.

Cet accord a été fait entre le miniftre d'état , ayant le département de la cour d'une part , & de l'autre , les archevêques de Paris , de Sens & de Befançon ; les évêques de Meaux , de Châ-lons , de Rennes , & les agens généraux du *clergé*.

On y a ftipulé que , pour éviter les grands frais qui font inféparables d'une régie particu-liere , on règleroit cette impofition aux trois quarts du produit des décimes , capitation , & fubvention royale. Et comme ces taxes ordinaires montent , ainfi qu'on l'a vu , à quatorze millions fix cents mille livres , le dixieme denier eft de fix millions neuf cents cinquante mille livres , qui s'empruntent.

Sur cette fomme , le receveur du *clergé* re-tient par fes mains neuf millions , qui font payés pour la premiere année en avance ; ce qui fe continue chaque année , mais fous la condition de les rembourfer , en cas de fuppreffion de l'impôt.

Cet arrangement eft également avantageux au roi , & aux chefs du *clergé* qui dirigent fes af-faires au roi , parce que cette fomme lui eft payée comptant & par avance ; aux prélats , parce que le montant de cette impofition étant de près de onze millions , il refte , tous frais de recouvrement & d'emprunt déduits , une fomme de douze cents mille livres , qui eft à la difpo-fition de ces prélats.

L'ufage eft d'en affecter une portion au foulagement de quelques pauvres eccléfiaftiques ; & le furplus eft diftribué en aumônes , au choix des chefs de l'églife gallicane.

Dans les diocèfes frontieres, le dixieme denier eft impofé fur les biens réels & effectifs des bénéfices , qui ont plus de trois cents livres de revenu. Son produit donne ordinairement au roi , d'après les rôles arrêtés en chaque diocèfe, une fomme d'onze cents mille cinq cent trentequatre mille livres, non compris vingt-huit mille cent trente-huit livres de frais de régie, à raifon de dix deniers pour livre.

Suivant ces calculs, qui font tirés du *Dictionnaire univerfel des fciences de M. Robinet* , le dixieme denier coûte au *clergé*, tant de l'intérieur que des frontieres , douze millions cent trois mille fix cents foixante douze mille livres.

Il faut obferver que tout bénéfice, dont le revenu annuel n'excède pas trois cents livres , ne paie aucune taxe. Ceux qui ne portent pas plus de trois cents cinquante livres , font fujets à toutes les impofitions , tant ordinaires qu'extraordinaires ; mais on modere le poids de ces dernieres. Il n'y a point de diminution pour les bénéfices de cinq cents livres.

Voici des exemples de la règle qui eft fuivie pour la taxe de deux bénéfices , de quatre & cinq cents livres de revenu , dans les diocèfes frontieres.

Taxe d'un bénéfice qui rapporte 400 livres.

	l.	f.	d.
Décimes.	20		
Capitation.	4		
Subvention.	2	8	
	26	8	
Deux fols pour livre.	2	12	9
	29		9
Dixieme denier , évalué aux trois quarts des taxes ordinaires.	10		
Six deniers pour livre fur le dixieme denier.		7	6

En fuppofant le don gratuit de douze millions pour fix ans, auquel ce bénéfice contribue de dix-huit livres , par modération , c'eft , pour chaque année. 3

Un bénéfice de 400 livres paie donc , à-peu-près , un huitieme de fon produit. 47   8   3

Taxe d'un bénéfice de 500 livres.

	l.	f.	d.
Décimes.	24		
Capitation.	4	16	8
Subvention.	2	17	
	31	13	8

			l.	f.	d.
De l'autre part.			31	13	8
Deux fols pour livre de cette fomme.			3	3	4
			34	17	
Dix deniers aux trois quarts des taxes ordinaires.			23	15	3
Don gratuit, au doublement des mêmes taxes, 31 liv. 13 f. 8 d. qui, payées en fix années, font par an.			5	5	9
Ce que paie un bénéfice de 500 livres, eft donc de			63	18	

A la fuite du procès-verbal de l'affemblée du *clergé*, tenue en 1775, on trouve l'état des impofitions extraordinaires arrêtées à cette époque, indépendamment des décimes & de la capitation, qui font les impofitions accoutumées. Ce font ces taxes extraordinaires qui fe levent fous le nom de fubvention, dont la quotité , par diocèfe, varie en proportion de la quotité générale.

1°. Cent trente-deux mille livres deftinées au paiement des appointemens du receveur-général du *clergé*, pour lui tenir lieu de tous honoraires , taxations , remifes , gratifications & frais de bureau généralement quelconques.

2°. Cent mille livres , deftinées au paiement de la rente dûe par le *clergé* général , à l'ordre de faint-Lazare.

3°. Deux millions neuf-cents quatre-vingt-huit mille deux cents foixante-fix livres dix-huit fols fix deniers ; affectés au paiement des arrérages & au rembourfement des capitaux de rentes au denier vingt, tant de celles qui reftoient à rembourfer au premier avril 1770 , que de celles qui ont été conftituées poftérieurement pour les dons gratuits de feize millions , arrivés l'un en 1770 , & l'autre en 1772.

4°. Trois millions fept cents foixante - trois mille deux cents huit livres un fol deux deniers , pour payer les arrérages & rembourfer les capitaux au denier vingt-cinq ; tant des rentes conftituées pour les dons gratuits de 1755 & de 1765, que de celles conftituées pour l'emprunt fait au denier vingt-cinq , pour le rembourfement des rentes au denier vingt ; dans cette fomme , font compris les trois deniers pour livre accordés à titre de taxations, aux receveurs diocéfains.

5°. Quatre cents feize mille neuf cents vingt livres, pour les rentes de la ville , prétendues affignées fur le *clergé*.

6°. Soixante-dix mille livres, deftinées au paiement des penfions des miniftres & autres convertis.

7°. Quarante mille fix cents quatre-vingt-dix livres , deftinées au paiement des appointemens de MM. les agens généraux du bureau d'agence, & autres officiers du *clergé*.

8°. Cent trente-cinq mille fept cents foixante livres, affectées au paiement des arrérages , au denier

denier cinquante, des anciennes rentes, depuis &
compris 1686, jusques & compris 1705, & au
fol pour livre de cette somme, pour frais de
recouvrement ; au moyen de laquelle imposition
le département de deux cents trente mille quatre-
vingt-treize livres dix-sept sols trois deniers, &
celui de cent deux mille cinq cents livres, qui
étoient destinées pour le remboursement des offices, ont été supprimés.

9°. Trois mille sept cents soixante-cinq livres,
pour servir au paiement des rentes créées en 1636.

10°. Deux cents mille livres, destinées aux
frais des assemblées.

11°. Même somme, destinée au paiement des
taxes des députés aux grandes assemblées générales du *clergé*.

12°. Soixante mille livres, destinées au paiement des taxes des petites assemblées générales.

Toutes ces sommes forment une masse de huit
millions cent vingt mille six cents dix livres,
compris soixante-dix mille livres de pensions affectées aux nouveaux convertis.

Il paroît, par la délibération prise dans l'af-
semblée générale tenue en 1782, que, sans parler
des dettes que le *clergé* a contractées avant 1755,
il redoit sur les emprunts faits en 1755, 1765,
1766 & 1775, quatre-vingt-douze millions six
cents cinquante mille huit cents quatre livres ;
pour l'emprunt de 1780, vingt-sept millions sept
cents quarante-neuf mille neuf cents livres, lesquelles sommes jointes aux seize millions dont
l'emprunt a eu lieu en 1782, forment une masse
de dettes contractées en vingt-huit ans, de cent
trente-six millions quatre cents quatre mille sept
cents quatre livres.

Le *clergé* des frontières, que nous avons distingué, au commencement de cet article, du *clergé*
de France proprement dit, n'étant point admis
aux assemblées, paie ces impositions séparément,
par des taxes réglées en chaque diocèse.

Mais les ecclésiastiques de la Flandre, du Haynault & de l'Artois, contribuant aux charges de
ces provinces, de même que les autres habitans,
ils n'en supportent point de particulieres.

Les ecclésiastiques des autres diocèses frontières,
dont a fait ci-devant l'énumération, payoient en
1774, cinq cents vingt-neuf mille cent vingt-
cinq livres, pour abonnement des vingtiemes, &
cent soixante-dix mille six cents vingt-deux livres
dix-neuf sols, pour abonnement de la capitation.
Voyez MAIN-MORTE, MAIN-MORTABLES.

CLOISON D'ANGERS. (Droit de) cette
imposition annonce, par sa dénomination,
qu'elle est purement locale ; elle fait partie du
bail des aides, parce qu'elle a été réunie à la
ferme des octrois perçus pour le compte du roi.

L'origine du droit de *cloison* remonte au milieu
du quatorzieme siecle, & voici ce qu'apprend
l'histoire.

Lorsque Jean Sans-terre, roi de la grande
Bretagne, possédoit l'Anjou, il avoit eu le projet d'y bâtir une place forte du côté de l'occident,
pour fermer le passage de la Loire ; mais cette
province ayant été confisquée par Philippe Auguste, pour crime de félonie, elle fut réunie à la
couronne, & passa dans la suite au second fils du
roi Jean, qui prit le nom de duc d'Anjou.

Ce prince ayant adopté le plan de Jean Sans-
terre, établit, pour en suivre l'exécution, un
impôt qui, en raison de ce que son produit étoit
destiné à mettre une barriere sur la Loire, fut
appelé droit de *cloison*.

Sous Louis XI, les lettres-patentes de 1474
& 1477, font voir que ce droit avoit été concédé à la ville d'Angers, à titre d'octroi, avec la
condition que sa quotité seroit doublée, & qu'il
en appartiendroit la moitié au roi.

Les échevins & notables de cette ville arrê-
tèrent, en effet, le 5 décembre 1700, un nouveau tarif de la simple & double *cloison* ; mais la
perception du doublement fut ensuite interrompue
pendant quelques années, puisqu'elle paroit avoir
été rétablie en 1596, par lettres-patentes de
Henri IV, & seulement pour cinq années ; mais
on la prorogea par deux règlemens, & notamment par la déclaration du 24 Juillet 1638, qui
ordonna en même tems la levée d'un troisieme
droit de *cloison* ; ensorte que la perception fut le
triple de ce qu'elle avoit été originairement.

Le 2 Janvier 1657, il avoit été arrêté un
nouveau tarif des droits de simple, double &
triple *cloison* ; il servit à faire la séparation de
la simple qui fut abandonnée à la ville d'Angers,
tandis que la double & la triple continuèrent à
être perçues pour le compte du roi, en conformité de l'arrêt du conseil du 14 Juillet 1663, qui
déchargea le droit de *cloison* du parisis sol & six
deniers pour livre.

La perception des droits de *cloison*, ne comporte aucune exception. Elle a lieu sur les denrées & marchandises sortant & passant par la ville
& banlieue d'Angers, & dans l'espace qui se trouve entre le port d'Ingrande, le pont de Cé &
le port de la ville Lévêque, soit par eau, soit par
terre, ainsi que sur celles montant, descendant
ou traversant par l'une des rivieres de Loire,
Mayenne & du Loir.

Ces droits sont dûs de même sur les denrées &
marchandises déchargées dans les fauxbourgs &
dans les maisons situées hors la ville d'Angers,
dans l'étendue de sa banlieue ; pourquoi il est défendu aux voituriers & conducteurs de bateaux,
de n'en décharger qu'après avoir été conduites au
plus prochain bureau du lieu de leur destination,
pour y être déclarées & acquittées, à peine
d'amende & de confiscation.

Il est quelques espèces de marchandises qui sont
sujettes à ces droits en sortant d'Angers, quoiqu'elles les aient déja acquittés à l'entrée. Les

aloſes, les anguilles, les ſaumons, les porcs gras & maigres, ſont dans ce cas.

C'eſt le tarif de 1657, confirmé par déclaration du 8 Mars 1705, qui ſert toujours à percevoir les droits de *cloiſon*, & leur quotité eſt très-modique. Il paroît, par celle qu'on exige ſur les marchandiſes omiſes dans ce tarif, que la baſe eſt de ſix deniers & demi pour livre de la valeur des marchandiſes; mais les mêmes denrées portées à bras, & toute marchandiſe dont la valeur ne va pas à quarante ſols, ſont déchargées de ces droits.

Au reſte, comme ils ſont cenſés faire partie des octrois, ils ne ſont pas perceptibles d'après l'article 6 du titre de l'ordonnance de 1681, concernant les droits de ce genre ſur les biſcuits, vins, bieres, de toutes ſortes de denrées deſtinées à l'avitaillement des vaiſſeaux de guerre, & même de ceux qui ſont deſtinés au commerce. *Voyez* OCTROIS.

CLORRE UN COMPTE, c'eſt le terminer & l'arrêter.

CODE, ſ. m. ſignifie, en général, un recueil, une collection de loix & de règlemens. Ainſi il peut y avoir autant de *codes* que de matieres différentes ſur leſquelles la légiſlation a été réglée.

On diſtingue le *code* des aides, le *code* criminel, le *code* civil, le *code* des chaſſes, le *code* des eaux & forêts, le *code* des curés, le *code* des gabelles, le *code* des procureurs, le *code* des tailles, &c. Nous ne parlerons ici que des *codes* qui intéreſſent la finance.

Le *code* des aides eſt un titre ou ſurnom que l'on donne quelquefois à l'ordonnance de Louis XIV, du mois de Juin 1680, ſur le fait des aides; mais ce nom ſe donne moins à l'ordonnance même, qu'au volume qui la renferme & qui contient pluſieurs autres règlemens ſur la même matiere. En parlant de cette ordonnance, & ſurtout en la liſant ou la citant à l'audience, on ne dit point le *code* des aides, mais l'ordonnance des aides.

Cette obſervation s'applique également à l'ordonnance des gabelles, du mois de Mai 1780, que l'on qualifie de *code*, quand il s'y trouve jointe collection de règlemens concernant cette partie.

On donne le nom de *code* des tailles, à un recueil d'ordonnances, d'édits & d'arrêts de la cour des aides ſur cette impoſition. Il comprend ſix volumes in-12, dans leſquels ſe trouve auſſi la collection des règlemens relatifs au privilège excluſif de la vente du tabac, à laquelle on applique la dénomination de *code* du tabac.

COLLATIONNER, v. a. qui ſignifie faire la vérification d'une piece, ou d'une expédition quelconque, en la comparant à l'original ſur lequel elle a été copiée. Ce terme eſt ſur-tout fort uſité en comptabilité, pour indiquer que toutes les pieces qui ont rapport à un compte, y ſont exactement jointes.

Lorſqu'on veut produire un arrêt ou un règlement authentique, & qu'il n'en exiſte qu'un exemplaire, on le fait tranſcrire & *collationner* par un ſecrétaire du roi; alors cette copie eſt de même valeur que l'original.

COLLECTE, ſ. f. qui veut dire recette, recouvrement, faire la *collecte* d'un impôt, remettre les deniers de ſa *collecte*.

Les commis des fermes, des régies, & de toutes les parties de l'adminiſtration des finances, ſont exempts de *collecte*, ſuivant l'article XI du titre commun pour toutes les fermes; c'eſt-à-dire, qu'ils ne peuvent pas être contraints à s'en charger, ainſi que le ſont les autres habitans d'une paroiſſe; tous devant, chacun à leur tour, être chargés de cette fonction; qui eſt onéreuſe & gênante.

COLLECTEUR, ſ. m. eſt le nom que l'on donne à celui qui eſt chargé d'une collecte. On diſtingue ainſi le *collecteur* de la taille, le *collecteur* de l'impôt du ſel.

Nous avons dit au mot *aſſéeur*, que les fonctions de ceux-ci ſont aujourd'hui réunies à celles de *collecteurs*.

Les *collecteurs* de la taille doivent être élus par les habitans d'une paroiſſe aſſemblés, & ſont en nombre relatif, ou à l'étendue du territoire qu'ils ont à parcourir pour leur collecte, ou au montant de la ſomme qu'ils ont à recouvrer.

Le mot *collecteur* eſt très-ancien, & ſe donnoit autrefois aux prépoſés à la recette de divers droits, que l'on nomme aujourd'hui *receveurs*.

On trouve dans l'hiſtoire, les *collecteurs* de l'aſſiſe ou aide, ſur les marchandiſes & denrées qui ſe vendoient à Paris. Il en eſt parlé dans les lettres de Philippe VI, du 17 février 1346, portant qu'il ſera levé pendant un an une impoſition, qualifiée aide ou aſſiſe, ſur toutes les marchandiſes & denrées qui ſeront vendues dans la ville & fauxbourgs de Paris; *que s'il avenoit aucuns débats ou diſſenſions*, eſt-il dit, *entre les collecteurs, députés à la levée de ladite impoſition, & les bonnes gens de ladite ville de Paris, les prevôt & échevins en pourront ordonner.* **

Les *collecteurs* du droit d'aubaine; ils exiſtoient du tems du roi Jean, comme il paroît par les lettres de Charles VI, alors régent du royaume, ſous la date du 26 février 1362. Il eſt défendu à tous officiers, commiſſaires-*collecteurs*, & autres, d'inquiéter les aubains, qui étoient membres du chapitre de Reims. **

Les *collecteurs* des décimes; il en eſt parlé dans les lettres du roi Jean, du 12 janvier 1551,

portant commiffion au prieur de Saint-Martin-des-champs de Paris, envoyé par le roi dans le Languedoc, pour y régler toutes les affaires qui regarderoient la finance : le roi lui donne pouvoir de pourfuivre tous receveurs, *collecteurs &* *fous-collecteurs* des décimes, pour les obliger de rendre compte. * *

Les *collecteurs*, députés fur les finances des nouveaux acquêts, étoient ceux qui étoient chargés de recevoir les droits dus par les gens de main-morte, pour les nouvelles acquifitions par eux faites. Il en eft parlé dans les lettres de Philippe VI, du 29 janvier 1329, qui font adreffées au bailli : *Collectoribus deputatis fuper financiis acquefluum in baillivia antedicta.*

Les *collecteurs* des fouages étoient ceux qui faifoient la levée de l'impofition ou aide, appellée *fouage* ; parce qu'elle fe levoit par feu.

Charles V ordonna, le 21 novembre 1379, que ces *collecteurs* ne feroient plus nommés par les élus, ni par les autres officiers ; mais qu'ils feroient choifis par les habitans des lieux, fujets à cette impofition ; que les habitans feroient garants de leur geftion & recette ; que les affeurs & *collecteurs* prêteroient ferment ; que les affeurs feroient l'affiette, & donneroient aux *collecteurs* le rôle d'impofition, un mois avant le commencement de l'année ; que les *collecteurs* pourroient recevoir un mois avant le terme du paiement, & quinze jours après, contraindre ceux qui n'auroient pas payé ; qu'un des *collecteurs* apporteroit au receveur les deniers de l'impofition, quatre jours au plus tard après l'échéance du terme : il eft dit, par cette même ordonnance, que les affeurs & *collecteurs* feront réputés officiers royaux, & qu'on leur obéira comme à des fergens royaux ; qu'ils pourront prendre des commiffions des élus du diocèfe ; que fi les contribuables ne paient pas, les *collecteurs* en feront refponfables, en cas qu'ils n'aient pas fait les pourfuites néceffaires pour les faire payer ; enfin, que les *collecteurs* qui iront porter au receveur l'argent de l'impofition, auront, par jour, s'ils font à cheval, & deux fols par jour, s'ils font à pié ; que, pour récompenfe de la peine qu'ils auront de lever l'impofition, ils en feront exempts, à moins que les habitans ne conviennent, avec eux, d'un autre falaire.

On voit par ce détail, que l'on obfervoit alors, pour les *collecteurs* des fouages, à-peu-près le même ordre que l'on obferve aujourd'hui pour ceux des tailles, qui ont pris la place du droit de fouage, fi ce n'eft que les *collecteurs* des tailles ne font pas nommés de l'impofition, comme l'étoient les *collecteurs* des fouages.

Cette ordonnance contient auffi un règlement pour la gabelle, à la fuite de laquelle il eft dit, que les élus & les greneliers feront jurer tous les ans aux *collecteurs* des fouages, qu'ils leur dénon-

ceront ceux qui contreviendront à cette ordonnance dans leurs paroiffes, & que, lorfqu'ils le feront, ils auront la récompenfe affignée aux dénonciateurs, qui eft la moitié des confifcations & amendes. *Voyez le Recueil des ordonnances de la troifieme race,* & *fouage.* * *

Les *collecteurs* du fel, ou de l'impôt du fel, font ceux qui reçoivent le montant de la cotte, à laquelle chaque habitant eft taxé pour le fel qu'il doit confommer, dans les pays où le fel fe diftribue par impôt.

L'ordonnance des gabelles diftingue les greniers à fel d'impôt, de ceux de vente volontaire.

Suivant l'article 3 du titre 8, les affeurs & *collecteurs* feront nommés par les habitans affemblés en la maniere accoutumée, au fon de la cloche, à l'iffue de la meffe paroiffiale ou des vêpres, dans le mois d'octobre de chaque année ; favoir, deux dans les paroiffes où le principal de l'impôt eft au-deffous d'un muid de fel ; quatre dans celles qui font impofées à un muid de fel & au-deffus, & fix dans celles qui portent deux muids & au-deffus.

Les autres articles du même titre, ont tous rapport à la nomination & aux fonctions des *collecteurs* ; en voici l'analyfe.

Les habitans les plus riches, ceux qui le font médiocrement, feront nommés *collecteurs* à leur tour, à nombre égal.

Les habitans doivent mettre au greffe du grenier à fel de leur reffort, une expédition en bonne forme, de la nomination des *collecteurs*, avant le premier novembre de chaque année ; finon, après ce tems paffé, fans autre fommation ni diligence, les *collecteurs* doivent être nommés d'office, par les officiers des greniers à fel, felon l'ordre qui a été expliqué.

On ne doit point nommer pour affeurs & *collecteurs* de l'impôt, ceux qui exercent des offices de judicature dans les juftices royales, les mineurs, les feptuagénaires, ceux qui font la collecte des tailles, ceux qui l'ont faite, ou celle du fel, dans les trois années précédentes ; les maires, échevins & fyndics des paroiffes, dans le tems de leur exercice ; les regratiers, ceux qui font dans la premiere année de leur mariage, & généralement ceux qui font exempts en vertu d'édits régiftrés à la cour des aides.

Il eft défendu aux cours des aides, de recevoir l'appel des nominations de *collecteurs*, fauf l'oppofition devant les premiers juges, & enfuite l'appel à la cour des aides, & le tout doit être jugé fommairement, de maniere qu'il y ait des *collecteurs* nommés avant le premier décembre.

Perfonne ne peut affifter à la nomination des *collecteurs*, que les habitans, ni à l'affiette de l'impôt avec les *collecteurs*, excepté le notaire ou fergent qu'ils voudront choifir, pour rédiger, par écrit, l'acte de nomination ou le rôle, fans que

le greffier du grenier à fel, fes clercs ou commis puiffent y vaquer directement ou indirectement.

Il eft enjoint aux *collecteurs*, d'inférer aux
rôles qu'ils feront de l'impôt du fel, le nombre,
qualité & condition des perfonnes de chaque maifon qui y eft fujette ; de marquer à la fin les
noms, furnoms & nombre des eccléfiaftiques,
des nobles & autres exempts, & de mettre deux
copies fignées de ces rôles, l'une au greffe du
grenier à fel, l'autre entre les mains du fermier
des gabelles, ou de fes commis.

Les *collecteurs* ne doivent faire qu'un feul rôle
pour chaque année, lequel eft vérifié par les
officiers du grenier à fel, qui ne peuvent augmenter ni diminuer les cottes, ni ordonner que
le rôle fera refait.

Après la vérification du rôle, les *collecteurs*
doivent lever le fel de l'impôt, dans les huit premiers jours de chaque quartier, & le diftribuer
aux contribuables dans la huitaine fuivante.

Ils font obligés de porter entièrement ce fel
dans leur paroiffe, le même jour qu'ils le prennent
au grenier, & de remettre au commis des gabelles
les deniers provenans de l'impôt ; favoir, moitié
dans les fix premieres femaines, & l'autre moitié
à la fin de chaque quartier, finon ils y feront
contraints folidairement & par emprifonnement.

Ils font autorifés à retenir fur le dernier paiement de l'impôt du fel, la remife de deux deniers
pour livre du prix de chaque minot, pour leur
droit de collecte, deux fols pour chaque lieue de
diftance des paroiffes au grenier, & cinq fols par
minot, pour le port & la diftribution du fel,
en fourniffant leurs quittances du tout au commis
des gabelles, qui les joindra à fes comptes.

Le fel d'impôt que les *collecteurs* ont négligé
de lever, ne leur eft point délivré fix femaines
après l'année expirée ; on leur diminue feulement
le prix du marchand.

Les principaux habitans des paroiffes peuvent
être contraints folidairement, par emprifonnement, lorfque tous les *collecteurs* ont été difcutés
en leurs perfonnes & biens.

La difcuffion des *collecteurs* en leur perfonne,
eft déclarée fuffifante quand ils ont gardé prifon
pendant un mois, ou lorfqu'il y a eu perquifition
de leur perfonne. Celle des biens eft valable &
fuffifante, lorfqu'en vertu du commandement fait
à perfonne ou domicile, ou fur le refus de payer,
leurs biens-meubles étant dans leur maifon d'habitation, ont été faifis & exécutés, & dans la
huitaine fuivante, vendus en la maniere accoutumée, fans qu'il foit befoin de faire aucune fommation aux habitans d'indiquer les autres biens
& les perfonnes des *collecteurs*.

Les *collecteurs* emprifonnés pour le paiement de
l'impôt, ne peuvent être élargis, même fous
prétexte de la révérence des quatre grandes

fêtes de l'année, ou autres réjouiffances publiques, qu'en payant au moins la moitié des fommes
pour lefquelles ils font détenus.

Voyez l'ordonnance des gabelles, la déclaration du 22 mai 1708, portant règlement pour la
punition des *collecteurs* de l'impôt du fel, qui
divertiffent les deniers de leur collecte, & la
déclaration du 15 janvier, qui règle la nomination des *collecteurs* de l'impôt du fel. **
Voyez auffi GABELLES, SEL.

Les *collecteurs* des tailles font ceux qui reçoivent des taillables le montant de cette impofition. Les *collecteurs* des tailles doivent être
fort anciens, puifque, dès avant faint Louis,
on payoit la taille pour les befoins de l'état,
& que faint Louis ne fit que régler la maniere
de l'impofer.

Le mot de collecte & celui de taille étoient
fynonymes au commencement, lorfque, par le
terme de collecte, on entendit la taille qui fe
levoit fur le peuple ; foit que le recouvrement
de l'impôt fe prît quelquefois pour l'impôt même.
C'eft ce que l'on voit dans *Matthieu Paris*.

Il eft parlé des *collecteurs* des paroiffes ; dans un règlement fait par la chambre des comptes, en 1304 ;
mais ces *collecteurs* étoient prépofés pour la perception des fouages. On en a parlé ci-devant.

Des lettres du roi Jean, du mois d'octobre
1362, permettent aux habitans de Soiffons d'élire
leurs gouverneurs, tréforiers & *collecteurs* ; ces
derniers font nommés, *collectores ; feu taillatores* ;
ce qui donne à croire que les *collecteurs* faifoient
dès-lors l'affiette de la taille.

On doit obferver que les déclarations du 2
août 1716, & 9 août 1723 ont ordonné de faire,
dans chaque paroiffe, un tableau des habitans,
fuivant lequel ils feront nommés *collecteurs*, chacun à fon tour ; & ces difpofitions ont été confirmées par la déclaration du roi du 11 août 1776.

Ce tableau doit être divifé en plufieurs colonnes ; l'une defquelles contiendra tous les habitans exempts de la collecte, & ceux qui en
doivent être exclus par leur âge, leur pauvreté,
ou toute autre caufe légitime.

Les habitans, capables d'être *collecteurs*, feront rangés en autant de colonnes, qu'il y aura
de *collecteurs* à nommer chaque année, dans les
paroiffes où il eft d'ufage de n'en nommer qu'un,
deux ou trois.

Il fera fait feulement deux colonnes, dans les
paroiffes où le nombre eft de quatre *collecteurs*,
& trois, dans celle où il eft de fix. Ils feront
pris en nombre égal dans chaque colonne.

Il ne pourra jamais y avoir plus de fix collecteurs dans une paroiffe ; les habitans feront
placés fur le tableau, dans l'ordre du tems qu'ils
auront été mis pour la premiere fois à la taille,
en quelque lieu que ce foit. Ceux qui fupporteront les taux les plus forts, feront dans la pre-

miere colonne ; ceux au-deſſous, dans la ſeconde ; & ceux dont les taux ſont les plus foibles, dans la troiſième.

Dès qu'un habitant, qui a changé de demeure, ſera taillable dans la paroiſſe où il a transféré ſon domicile, il ſera ajouté au tableau pour être *collecteur*, la même année qu'il auroit été chargé de la collecte dans la paroiſſe qu'il a quittée.

Les tableaux ſeront faits dans chaque paroiſſe, à la diligence du ſyndic & des *collecteurs* en charge, dans l'aſſemblée des habitans, ſur le double du tableau qui demeurera dans la paroiſſe, entre les mains du ſyndic. Il ſera fait tous les ans un récollement, pour ôter du tableau ceux qui ſeront décédés, ou qui ſeront hors d'état d'être *collecteurs* ; & pour y ajouter les habitans qui ſeront devenus ſuſceptibles de cette fonction. Les officiers des élections feront tous les ans entre eux une diſtribution des paroiſſes de leur élection, à l'effet de travailler ſans frais, conjointement avec les ſyndics & *collecteurs* en charge, à ces récollemens.

Les tableaux & les récollemens ſeront remis, dans le 15 juillet de chaque année, aux greffes des élections, à peine de cinquante livres d'amende, ſolidairement contre les ſyndics & les *collecteurs* ; laquelle ne pourra être remiſe ni modérée, & dont le paiement ſera pourſuivi à la requête du procureur du roi en l'élection.

Parmi les perſonnes qui ſont exemptes de la collecte des tailles, les unes doivent ce privilège à leurs dignités, à leurs charges, à leur profeſſion, à leurs emplois ; les autres à des circonſtances particulieres, qui ne leur permettent pas d'en remplir les fonctions, ou les en rendent incapables.

Les ſeptuagénaires ſont dans la derniere claſſe, par la raiſon qu'ils ne peuvent plus être contraints par corps.

L'indigence diſpenſe auſſi d'être *collecteur*. Il en eſt de même de certaines maladies & infirmités, qui ne permettroient pas de ſe livrer aux ſoins que demande la collecte. Ainſi les épileptiques, les impotens, les imbécilles & les inſenſés, tous ceux qui n'ont l'uſage ni de leurs facultés corporelles, ni de celles de l'eſprit, ne peuvent être nommés *collecteurs* ; mais il faut qu'il y ait preuve des indiſpoſitions ou infirmités qui les affectent.

Les autres exempts ſont les avocats, les médecins, les chirurgiens, les commis des fermes & des régies ; les marguilliers des paroiſſes, pendant qu'ils ſont en charge. Les officiers privilégiés, tels que les commenſaux, officiers & domeſtiques de la maiſon du roi, & dans les maiſons royales, jouiſſent de la même exemption.

Les habitans qui ont huit enfans mariés, doi-

vent être auſſi privilégiés à cet égard, ſuivant la déclaration du 30 novembre 1715.

Il en eſt beaucoup d'autres encore, comme les gardes-étalons dans les paroiſſes, les gardes des haras, les maîtres des poſtes, les officiers & cavaliers des maréchauſſées, les chefs des juriſdictions conſulaires, les officiers des maîtriſes, des eaux & forêts, même les greffiers, les arpenteurs ; & en général, tous ceux qui ont des fonctions publiques à remplir, & dont l'exercice ne pourroit être compatible avec les fonctions des *collecteurs*.

COLLUSION, ſ. f. intelligence entre deux perſonnes pour tromper un tiers. La *colluſion* entre les commis des fermes & les marchands ou particuliers, eſt ſévérement punie par les loix.

L'ordonnance de 1687, titre 14, article 18, avoit ordonné que l'on procédât extraordinairement contre les commis qui ſeroient convaincus de fraude & prévarication. Elle portoit qu'ils ſeroient condamnés en une amende qui ne pourroit être moindre que du quadruple des droits fraudés, ſans préjudice des peines afflictives qui pourroient être prononcées ſelon la qualité du délit.

Mais ces peines n'ayant point été expliquées, & l'amende du quadruple n'étant pas ſuffiſante pour réprimer la *colluſion* des commis avec les marchands, le 20 ſeptembre 1701, il intervint une déclaration du roi dont on doit rapporter les diſpoſitions.

Elle ordonne, 1°. qu'il ſera procédé extraordinairement contre les négocians & autres qui, d'intelligence avec les commis & employés, auront fait entrer ou ſortir des marchandiſes de quelque qualité qu'elles ſoient, en fraude des droits ou par contravention aux défenſes, enſemble contre les receveurs, contrôleurs & autres employés des fermes.

2°. Que pour réparation, les négocians & marchands ſoient déclarés incapables de faire aucun commerce à l'avenir ; que leurs boutiques ſoient murées, leurs enſeignes ôtées, & leur nom mis dans un tableau affiché dans l'auditoire de la juriſdiction conſulaire la plus prochaine.

3°. Qu'à l'égard des factors, voituriers & autres, s'ils ont eu part à la ſubornation ou ſéduction des commis, ils ſoient appliqués au carcan pendant trois jours de marché.

4°. Enfin, que les receveurs, contrôleurs, voituriers & autres employés, ſoient condamnés aux galeres pour neuf années.

Le tout ſans préjudice des amendes, confiſcations & autres peines pécuniaires portées par les ordonnances.

Une autre déclaration du 12 octobre 1715, a rendu ces diſpoſitions communes à toutes les parties des fermes & des régies des droits du roi.

La collusion, pour fait d'étoffes prohibées & de marchandises de contrebande, a été plus sévérement punie par des loix postérieures.

L'article X de l'édit du mois d'Octobre 1726, & la déclaration du 2 Août 1729, article 2, prononcent la peine de mort contre les commis & employés qui font d'intelligence avec les contrebandiers, favorisent leur passage, ou font eux-mêmes la contrebande.

L'article 9 de cette derniere déclaration porte que ceux qui auront été ci-devant employés dans les fermes, en qualité de commis & de gardes, & qui seront arrêtés avec du tabac ou des marchandises de contrebande, devront être condamnés aux galères pour cinq ans, & en cinq cents livres d'amende. *Voyez* COMMIS.

COLONIES. s. f. On donne ce nom à un établissement formé par les émigrations d'un peuple qui, le plus souvent, se propose d'accroître par là sa richesse & sa force, & qui conserve des relations exclusives avec lui. C'est du moins sous cet aspect que se présentent les *colonies* modernes.

Comme elles n'ont été établies que pour l'utilité de la mere-patrie, à ses dépens & par ses soins, que leur situation à de grandes distances du corps de l'état, les rend plus difficiles à défendre & à conserver, il est de maxime reçue parmi les nations européennes, que les *colonies* doivent être dans une dépendance immédiate de cette patrie fondatrice; cependant il y a lieu de croire qu'elles prospéreroient davantage sous le régime de la liberté. *Voyez* la fin de cet article.

Que la mere-patrie doit les protéger, veiller à leurs besoins, & faire leur bonheur & leur prospérité.

Enfin, qu'elle a seule le droit exclusif de commercer & d'avoir des relations avec elles.

De ce système, qui paroît fondé sur les mêmes conventions qui établissent entre une nation & un prince, l'obéissance d'un côté, & le droit de commander de l'autre, résultent les conséquences suivantes.

1°. Que les *colonies* cesseroient d'être utiles, si elles pouvoient se passer de la métropole; que la culture & les arts doivent y être restreints dns des bornes convenables aux intérêts de la culture & des arts du pays dominant.

2°. Que si les *colonies* entretiennent un commerce avec des étrangers & consomment leurs manufactures, elles deviennent coupables envers la métropole dont elles diminuent la force réelle & relative, en procurant à des étrangers un bénéfice qui doit être réservé uniquement pour elles; que dès-lors ce n'est point attenter à la liberté de ce commerce, que de le régler de façon à empêcher toute infraction au premier principe de l'institution de ces *colonies*: leur utilité.

3°. Qu'enfin les *colonies* rempliront d'autant plus sûrement ce dernier point, qu'elles seront plus peuplées & mieux cultivées,

Pour remplir ces différentes vues, le gouvernement a soumis en France les relations réciproques de la métropole avec les *colonies*, & des *colonies* avec la métropole, à une police dont l'objet est de favoriser leur communication, comme entre les parties d'un même état; d'écarter tout ce qui pourroit nuire à chacune d'elles dans ce commerce, afin que leur prospérité mutuelle opérât la prospérité générale.

Cette police n'est autre chose qu'un régime fiscal qui affranchit de tous droits d'entrée & de sortie, certaines denrées nécessaires à l'approvisionnement des *colonies*, soit qu'elles proviennent du royaume, soit qu'elles y aient été amenées pour en être réexportées, parce que le royaume ne pourroit pas les fournir; ce même régime impose des droits plus ou moins considérables sur les marchandises étrangeres qui ont la même destination, suivant qu'elles sont plus abondantes ou plus rares sur notre sol, & plus ou moins utiles à la consommation des *colonies*; mais en général, les matieres de subsistance & même de commodité, tout ce qui est d'origine nationale, jouit d'une exemption absolue pour arriver au port où l'embarquement doit s'en faire avec la destination des *colonies*.

De même la métropole repousse par des taxes prohibitives, les denrées étrangeres de même espèce que celles que fournissent les *colonies*. Mais à cet égard, ce régime n'est pas encore aussi perfectionné qu'il pourroit l'être. Dans plusieurs provinces, les indigos & quelques autres marchandises de la classe des drogueries, paient moins de droits en venant de la Hollande & de tout autre pays étranger, que s'ils sont importés des colonies. Ce vice est facile à réformer, en assujettissant à un droit général & uniforme les indigos & toutes les marchandises étrangeres de la même espèce & de la même nature que celles que produisent les *colonies*.

Il est vrai que leurs principales productions, comme les sucres & les cafés, n'ont point à craindre la concurrence étrangere à leur importation dans le royaume, car les sucres étrangers doivent soixante livres par quintal, & l'entrée des cafés étrangers est absolument interdite.

Cette police peut aussi facilement être étendue à toute autre espèce de denrée, si l'on veut en encourager la culture dans les *colonies*. Au cas que le besoin réel des fabriques nationales exige que quelques espèces propres aux teintures, soient attirées pour en procurer l'abondance, il convient alors, qu'au moins celles que peuvent envoyer les *colonies*, ne soient pas plus chargées que les espèces étrangeres; si toutefois on ne juge pas plus raisonnable de leur assurer une préférence sur ces dernieres, par une modération.

En même tems qu'il est sage de gouverner les

colonies avec beaucoup de douceur , dit un homme d'état que nous ne pouvons trop citer , il faut entretenir un attrait continuel vers la métropole, afin que cette derniere foit toujours le dépôt des richeffes mobiliaires amaffées par les colons. Il faut defirer que ces colons, par les établiffemens qu'on offre à leurs enfans dans la métropole, ou par d'autres liens agréables & volontaires, fe regardent toujours comme membres du même état ; enforte qu'avec deux terres différentes, il y ait, s'il fe peut, un même efprit.

(*Notes fur l'éloge de Colbert*).

Au refte, on diftingue dans le régime fifcal, deux fortes de *colonies*, par rapport aux privilèges dont elles jouiffent ; celles des îles françoifes de l'Amérique.

Et celles de l'Afrique, parmi lefquelles il faut placer les îles de France & de Bourbon.

Nous parlerons des premieres à leur rang alphabétique. Tout ce qui a rapport au commerce des *colonies* d'Afrique, fe trouvera au mot Guinée.

On traitera de ce qui concerne les îles de France & de Bourbon à l'article de l'Inde, parce qu'elles font, dans leurs relations avec la métropole, affimilées au commerce de l'Inde.

Nous ne croyons pouvoir mieux terminer ce qui a été dit fur les *colonies*, que par l'analyfe de deux morceaux auffi intéreffans que curieux, tirés du dictionnaire univerfel des fciences.

Le premier confifte dans des confidérations politiques, publiées par un Anglois, vers 1751, fur les *colonies* de fa nation, defquelles il fembloit dès-lors prévoir la fciffion. L'efprit de ces confidérations mettra en état d'apprécier la perte qu'a faite l'Angleterre.

Le fecond eft un tableau des richeffes que les *colonies* de l'Amérique fourniffent à l'Europe, & d'après lequel on pourra eftimer les reffources dont elles font pour les finances de chaque état.

« En établiffant des *colonies*, la nation doit fe » propofer de former un peuple d'alliés & de » concitoyens. Pour parvenir à ce but, il faut » que leurs intérêts fe confondent, qu'il y ait » fans ceffe une harmonie bien cimentée entre » les colons & les habitans de la métropole.

» Nous ne pourrions retirer de nos *colonies* » de l'Amérique feptentrionale, tout le bois de » charpente, le chanvre, le fer & autres métaux » dont nous avons befoin, fans avoir recours à » nos voifins, & en les forçant même de venir » fe fournir chez nous. Par conféquent l'Angle- » terre acquerroit, fur la mer, une puiffance » folide, au lieu d'un pouvoir précaire & fujet » aux caprices des puiffances voifines. Ce projet, » concerté & mis à exécution, avec la prudence » & la fermeté requifes, nous rendroit, en peu » de tems, maîtres de la mer & du commerce » du monde entier.

» A dieu ne plaife que je veuille donner à

» entendre que lorfqu'une de nos *colonies* fera » devenue plus forte, elle cherchera à fecouer » le joug de la métropole. Je crois cependant » qu'on ne fauroit trop prendre de précautions » pour prévenir ce malheur, & conferver toutes » les *colonies* dans la dépendance de la mère- » patrie.

» Si pourtant l'on confidere la corruption de » la nature humaine, on ne doit pas fe flatter » qu'une nation reftera toujours foumife à une » autre, plus long-tems que ne l'exige fon propre » intérêt ; & elle ne s'embarraffe guere de juftifier » ce penchant naturel, dès qu'elle trouve le moyen » de le fatisfaire. »

Il eft fingulier que l'auteur Anglois regarde à-la-fois l'amour de la liberté & de l'indépendance, comme une corruption de la nature humaine, & comme un penchant naturel. Certainement on ne s'attend pas que l'inftinct inné dans toutes les créatures, pour fuir la fervitude, & pour fe fuffire librement à elles-mêmes, doive paffer pour une corruption, & que foit un Anglois qui calomnie ainfi la mère commune de tous les êtres auxquels généralement elle donne cet inftinct.

« Je conçois qu'il ne peut y avoir que deux » moyens d'empêcher les *colonies* de fe fouftraire » à la dépendance de la métropole ; l'un, en les » dépouillant de leur pouvoir, & l'autre, de leur » volonté.

» Le premier ne peut s'exécuter que par la » force, & le fecond, en leur faifant un bon trai- » tement ; c'eft-à-dire, en tenant les colons fans » ceffe occupés aux productions du climat ; en » établiffant chez eux des manufactures, en leur » procurant à eux & à leur famille, une honnête » fubfiftance ; en un mot, en les mettant dans » un état tel que la métropole ne puiffe en rece- » voir aucun préjudice.

» La force ne peut guere être mife en ufage, » fans détruire les *colonies*. La liberté & les en- » couragemens font néceffaires pour y attirer » des habitans, & les y maintenir quand une fois » ils font établis. La violence produiroit un » effet contraire. Il n'y auroit pas de troupes » affez nombreufes pour les intimider, & les fou- » mettre à l'autorité d'un gouverneur qui ne fe » charge fouvent de cette commiffion que pour » faire fa fortune. C'eft pour cette raifon que » les pays arbitraires n'ont pas eu autant de bonheur » dans la formation de leurs *colonies*, que les » pays libres. Ils ne font venus à bout d'en for- » mer quelques-unes que par la violence ou par » des dépenfes exceffives, ou en accordant aux » colons des privilèges que ne partagent pas les » autres fujets.

» Si l'on n'ufe pas de violence, ni de moyens » qui y reffemblent, envers nos *colonies* de l'Amé- » rique feptentrionale, il eft certain qu'elles ne » peuvent manquer d'augmenter d'habitans, de

» puiffance & de richeffes.... Je ne défefpere pas
» que d'ici à cent ans, elles ne deviennent autant
» d'états puiffans, capables de faire trembler la
» métropole. Or, plus nos *colonies* deviendront
» puiffantes, & plus les peuples s'y refugieront en
» foule. Nous ne faurions donc prendre trop de
» précautions pour qu'il ne foit jamais au pou-
» voir, ni de l'intérêt de nos *colonies*, d'agir
» contre la mère-patrie. Ce malheur ne peut être
» évité, qu'en les occupant continuellement à
» un commerce qui, en augmentant leurs ri-
» cheffes, augmente auffi les nôtres.

» L'union & la parfaite amitié des deux na-
» tions, ne peut être cimentée que par quelque
» lien qui les entretienne fans ceffe ; le plus fûr
» eft l'intérêt ; mais fi ces intérêts font féparés,
» chacun doit commencer par s'occuper du fien,
» & l'affurer.

» L'intérêt des *colonies* eft de fe rendre indé-
» pendantes. Elles tâcheront de le devenir toutes
» les fois qu'elles n'auront plus befoin de pro-
» tection, & qu'elles pourront occuper leur tems
» plus avantageufement qu'à fournir aux autres
» des matieres de commerce. L'intérêt de la mé-
» tropole eft, au contraire, de les tenir dans la
» dépendance : mais, pour y parvenir, le feul
» moyen eft d'ufer des voies de douceur, fans
» avoir jamais recours à la force.

» Dans quelque état qu'on fuppofe les hommes,
» ils fe croiront en droit de jouir de l'air, de
» la terre & de l'eau, de s'occuper pour fournir
» à leur fubfiftance, de vivre de leurs travaux,
» & profiter des bienfaits de la providence ; par
» conféquent d'améliorer leurs biens, & de tra-
» vailler fur le produit de leurs terres. Quand
» ils ne peuvent s'appliquer à toutes ces cho-
» fes, fans porter préjudice à la mere-patrie ;
» alors il n'eft qu'un moyen honnête & efficace
» de parer à cet inconvénient ; celui des dé-
» tourner de leurs occupations, pour leur en
» donner d'autres auffi profitables pour eux, & plus
» avantageufes pour la métropole ; c'eft-à-dire, qu'il
» faut les engager à former de nouvelles planta-
» tions, & d'établir chez eux des manufactures
» qui leur foient utiles, & qui ne puiffent pré-
» judicier à celles du pays natal.

» Quand une fois ces établiffemens feront faits,
» la métropole doit s'empreffer de tirer d'eux ces
» objets de commerce, fans les obliger d'avoir
» recours à d'autres marchés, & à fe faire par-là
» de nouveaux protecteurs. Tant que le peuple
» fera occupé de cette maniere, il fe comportera
» à l'égard de la métropole, comme il avoit accou-
» tumé de faire jufqu'à ce moment. Il ne cher-
» chera point d'autre moyen de fubfifter, fur-
» tout, s'il trouve de quoi gagner honnêtement
» fa vie dans fes occupations.

» Sans cette conduite, les *colonies* occafionne-
» ront toujours des malheurs à la métropole,

» par les raifons que je viens de dire ; au lieu
» qu'en fuivant la méthode que j'ai indiquée,
» elle viendra à bout d'attirer à elle tout ce que
» les *colonies* ont de richeffe : car toutes leurs
» productions feront autant de degrés d'accroiffe-
» ment de fon pouvoir & de fes richeffes ; parce
» qu'elles deviendront le fruit du travail du peu-
» ple, la récompenfe du marchand, & l'encoura-
» gement de la navigation.

» Il paroît que les nations européennes n'ont
» pas eu jufqu'ici des idées bien précifes de la
» nature & des droits de leurs *colonies*. Elles
» n'ont regardé leurs colons, que comme des
» enfans perdus, peu dignes de leurs foins &
» de leurs fecours ; mais dès qu'elles fe font ap-
» perçues qu'ils profpéroient par leur induftrie,
» les métropoles ont prétendu les foumettre à
» des vexations fans nombre, à des gênes capables
» de les révolter, ou du moins d'anéantir leur
» activité.

» Les nations les plus libres, qui devroient le
» mieux connoître, & les droits de la liberté,
» & leur propre intérêt, ne font pas à l'abri
» de ce reproche ; elles ont crû que la ma-
» ternité donnoit le droit d'opprimer une *co-*
» *lonie*, qui, comme il a été dit, demeure faci-
» lement dans la dépendance de fa métropole,
» tant qu'elle eft foible & peu nombreufe ; mais
» dès qu'elle s'augmente, & commence à fentir
» fes forces, elle connoît le prix de la liberté
» néceffaire à fon bonheur. Cette féparation eft
» encore plus prompte, lorfque la métro-
» pole veut tyrannifer le commerce & l'induftrie
» de la *colonie* ; l'on ne doit pas s'étonner alors
» que la métropole, fe conduifant en marâtre,
» trouve, dans les colons, des enfans rebelles. »
Il ne refte plus qu'à donner ici le tableau du produit des *colonies*, que nous avons annoncé.

On évalue à dix millions de livres tournois,
les denrées que l'Efpagne tire des îles efpagnoles, dont les richeffes territoriales font fans ceffe
accrues par les marchandifes qui y font annuellement apportées du Pérou, & des autres
poffeffions efpagnoles, dans le continent de l'Amérique.

Les productions des îles danoifes ne s'élèvent
pas au-deffus de fept millions. Soixante-dix navires & quinze cents matelots font employés à
cette extraction, dont les frais peuvent aller à
un million. Les marchandifes & les efclaves qu'on
y porte, font un objet de deux millions ; les
droits & les affurances font de dix pour cent.
Ainfi ces îles doivent jouir d'un produit net de
trois millions & demi.

La Hollande peut recevoir, de fes établiffemens en Amérique, pour vingt-quatre millions
de denrées ; elles y font portées par cent cinquante bâtimens & quatre mille matelots, qui
coûtent quatre millions & demi, non compris
les

les droits, l'affurance & la commiffion, qui paffent deux millions cinq cents mille livres; les marchandifes & les efclaves vont à fix millions: il refte net, pour les propriétaires, environ douze à treize millions.

Le produit des colonies angloifes, avant la révolution qui vient d'être confommée, occupoit fix cents navires & douze mille matelots. On l'eftimoit foixante-fix millions, dont moitié reftoit aux poffeffeurs des plantations.

On ne craindra pas d'être accufé d'exagération, en portant la valeur des denrées des îles françoifes à cent millions. Six cents bâtimens & dixhuit mille matelots font occupés de leur extraction. La France vend à ces grands établiffemens, pour foixante millions, tant en efclaves, en productions de fon fol, ou de fon induftrie, qu'en or du Portugal. Le profit de fes négocians, à dix pour cent feulement, doit être de fix millions; les frais de navigation montent au moins à quinze, & fept font abforbés par les droits, par l'affurance & par la commiffion; enforte qu'il ne refte net, qu'environ douze millions aux propriétaires.

Il réfulte de cette énumération, que les productions du grand Archipel de l'Amérique valent annuellement deux cents fept millions à l'Europe. Il faut y cultiver une province, pour nourrir une colonie en Amérique: le furcroît de culture augmente donc la force intérieure d'un état, & accroît fa richeffe réelle.

Les travaux des colons, établis dans les îles de l'Amérique, font la bafe du commerce d'Afrique. Ils procurent des débouchés avantageux aux manufactures de l'Afie, & triplent l'activité de l'Europe. Ils peuvent être regardés comme la caufe principale du mouvement rapide qui agite notre globe. Cette fermentation doit augmenter à mefure que la culture des îles, qui n'a pas encore atteint la moitié de fon terme, approchera de fa perfection.

Rien ne feroit plus propre à avancer cet heureux tems, que le facrifice du commerce excluffif, que chaque nation s'eft réfervée dans fes colonies. La liberté illimitée de commercer dans toutes les îles foumifes à l'Europe, celle de trafiquer entre elles, fans diftinction de peuple, ameneroit une concurrence générale, & porteroit les efprits au plus haut point d'induftrie. Ce nouveau refort accroîtroit l'activité dans l'Europe, & la population dans l'Amérique; les productions des deux hémifpheres en deviendroient plus abondantes partout. C'eft alors que tous les états, éclairés par la raifon, fur les effets de cette bienveillance univerfelle, fi defirable pour l'humanité, laifferoient leurs fujets vivre en freres, & penfer en hommes. Comme il n'y a pas une feule nation qui ne foit obligée de tirer de l'étranger, de quoi compléter les cargaifons qu'elle deftine pour les colonies d'Amérique; ne feroit-il pas raifonnable d'éviter

la route tortueufe & lente des échanges en Europe, & de faire arriver les chofes, par la ligne la plus droite en Amérique? Les frais feroient moindres, les confommations plus confidérables, la culture plus animée & plus étendue; le fifc même y trouveroit une augmentation de revenu: tous ces avantages femblent bien propres à dédommager les métropoles de leurs droits excluffifs; puifqu'elles en reçoivent véritablement un préjudice qui ceffereit.

Malgré la folidité de ces maximes, elles ne feront pas adoptées; par la raifon que chaque gouvernement cherche à fe paffer de l'induftrie étrangere: ceux qui ont des colonies, y trouvent un débouché affuré de leurs fabriques; & avec les productions de l'Amérique, fe confervent de grands avantages dans les marchés de l'Europe.

COMITÉ, f. m. qui, en matiere de finance, a la même fignification qu'affemblée. Dans cette acception, on dit le comité d'adminiftration, le comité des caiffes. Quelquefois même on appelle, par excellence, le comité, celui où l'on traite des affairs générales, & relatives à l'enfemble d'une fociété de finance; au lieu qu'on donne le nom d'affemblée, à celles où fe rapportent feulement les affaires particulieres, qui ne concernent qu'une portion de la chofe générale.

COMMENSAL, COMMENSAUX, adj. qui fe prend quelquefois fubftantivement, pour défigner un homme qui a la table chez un autre. On appelle par cette raifon officiers commenfaux de la maifon du roi, de la reine & des princes, toutes les perfonnes attachées à leur fervice, & qui font fuppofées y avoir une table, ou y être nourries. Comme les commenfaux jouiffent de différens privilèges relatifs aux finances, il s'agit de faire connoître en quoi ils confiftent.

Il faut d'abord diftinguer deux ordres de commenfaux; les nobles & les roturiers.

Les nobles, par leur naiffance, font en poffeffion de l'affranchiffement de la taille, & de toutes les charges publiques, de l'exemption du droit de gros, fur les vins de leur crû, & de celle du droit de franc-fief; puifque ce droit n'eft dû que par les roturiers qui poffedent des terres nobles.

Les immunités des commenfaux tendent à leur procurer une forte de nobleffe perfonnelle, en les admettant à tous les avantages dont les nobles jouiffent dans l'état. Mais on ne répute véritablement commenfal, que celui qui eft compris dans l'état de la maifon du roi, qui a gages, bouche & livrée à la cour, & qui fert près la perfonne du prince.

Les officiers, fimplement domeftiques, qui n'ont point bouche à la cour, ou qui ne fervent point près la perfonne du prince, tels que les officiers de la venerie, de la louveterie & de la fauconnerie, jouiſſent, à la vérité, de l'exemption de la taille, mais non de celle des droits de gros, ainſi qu'il a été jugé par les arrêts de la cour des aides de Paris, des 15 mars 1673, 3 ſeptembre 1678, & 19 juillet 1683. Ces arrêts paroiſſent fondés ſur le principe que l'affranchiſſement du droit de gros n'ayant été accordé aux *commenſaux* qu'à l'inſtar des nobles, les officiers domeſtiques du roi & des princes, qui, par leur état & leurs fonctions, ne peuvent être mis dans la claſſe des perſonnes nobles, ou vivant noblement, ne doivent pas participer à cette immunité.

Il ſe trouve néanmoins quelque incertitude dans l'application de ce principe, à l'égard des gardes à pied & à cheval des capitaineries des chaſſes dans les plaiſirs du roi. A la fin du ſiecle dernier, les gardes des capitaineries de Livry, Bondy & Fontainebleau, ont été aſſujettis au paiement du droit de gros, par des arrêts de la cour des aides, qui, en 1741 & 1748, a jugé d'une maniere tout-à-fait oppoſée, en faveur des gardes de la capitainerie de Saint-Germain-en-Laye.

Au reſte, tous les *commenſaux* ont des conditions & des formalités à remplir pour jouir de leurs privilèges, ſoit relativement aux droits, ſoit en ce qui concerne les tailles. Ces formalités ſont conſignées dans l'édit du mois d'août 1705, enrégiſtré à la cour des aides de Paris le 3 ſeptembre ſuivant, & dans l'arrêt & lettres-patentes du 30 juillet 1726, rappellés dans l'article 410 du bail de Forceville.

Les principales ſont, 1°. de ne faire aucun acte dérogeant à leurs privilèges.

2°. De juſtifier de leur ſervice actuel, tant par un extrait de l'état du roi, ſur lequel ſe trouvent portés tous les officiers de ſa maiſon, & de celles des princes qui ont droit de commenſalité ; état qui s'envoie chaque année à la cour des aides, avant le premier avril: que par une déclaration authentique, un jour de dimanche ou de fête, au corps des habitans de leur paroiſſe, avant que de ſe rendre à leurs fonctions, & encore par un certificat du tréſorier, qui conſtate qu'en effet ils les ont exercées pendant tel tems, & qu'ils en ont reçu leurs gages, qui doivent être au moins de ſoixante livres par année.

Mais tout officier *commenſal*, revêtu en même tems d'un office de judicature, ou d'un autre genre, ne peut jouir des privilèges de la commenſalité tant qu'il poſſede les deux offices, quand même il auroit obtenu des lettres de compatibilité. L'article 8 de l'édit du mois d'août 1705, & l'article 25 de l'édit de ſeptembre 1706, ont formellement décidé cette queſtion qui d'ailleurs avoit été jugée par la déclaration du 23 octobre 1680.

Comme le nombre des *commenſaux* eſt très-conſidérable, & que leurs privilèges, relativement à la taille, étoient très-onéreux aux habitans des lieux qu'ils habitent, toutes les précautions que l'on vient de détailler ont été preſcrites dans la vue de circonſcrire ces immunités, & d'en prévenir les abus.

La déclaration du 19 janvier 1712, a même ajouté, par les mêmes motifs, que le nombre des *commenſaux* privilégiés ne pourroit pas excéder celui de huit, dans les villes, bourgs & paroiſſes taillables, taxées à neuf cents livres de principal de la taille, & au-deſſus, & le nombre de quatre, dans les paroiſſes dont ce principal ſeroit au-deſſous de neuf cents livres.

Dans les villes où ſont établies des cours ſouveraines, des juriſdictions ſupérieures, des bureaux des finances, des élections & des greniers à ſel, le nombre des privilégiés n'eſt point limité. Ils doivent, au reſte, ſuivre leur rang d'ancienneté de domicile, ſans que les nouveaux venus puiſſent jouir d'aucune exemption, juſqu'à ce qu'ils ſoient réduits au nombre déterminé. Mais les veuves ne ſont point ſujettes à cette reſtriction, & jouiſſent de leurs privilèges, indépendamment du nombre des privilégiés.

Les vétérans doivent également avoir la préférence ſur ceux qui ſont pourvus plus récemment ; & il ne peut y avoir plus de deux titulaires d'offices, de la même qualité, en jouiſſance, à-la-fois, des privilèges de la commenſalité.

Mais comme ces diſpoſitions ne ſembloient applicables qu'à la taille, ou que du moins pluſieurs *commenſaux* en conteſtoient la validité, relativement aux droits d'aides, en prétendant qu'il leur ſuffiſoit de rapporter un ſimple certificat de leur ſervice actuel, pour opérer leur affranchiſſement, les arrêt & lettres-patentes de 1726 ont ordonné que les formalités preſcrites par les règlement rendus pour l'exemption de la taille, ſeroient obſervées de même pour le droit de gros, à peine de déchéance du privilège ; déchéance qui auroit lieu pareillement, ſi le fermier juſtifioit que les *commenſaux* fiſſent acte dérogeant à leurs privilèges, ou qu'ils fuſſent impoſés, ou cottés d'office aux rôles des tailles. (*Traité général des aides, de la Bellande.*) *Voyez* GROS. (droit de)

Quant au droit de franc-fief, comme la plupart des *commenſaux* de la maiſon du roi & des princes prend le titre d'écuyer, il ſembleroit que cette qualification leur confère le privilège des nobles ; mais ce titre eſt purement honorifique. Afin même d'éviter qu'il ne ſervît de moyen pour uſurper inſenſiblement la nobleſſe, l'article 33 du règlement du 15 mai 1703, concernant la recherche des uſurpations en ce genre, ordonne que les officiers qui ont le droit de prendre la qualité d'écuyer, par les proviſions de leurs charges, pourroient continuer de l'exercer, ſans être réputés uſurpateurs, à condition d'y ajouter la qualité deſdites charges & offices, pourvu néanmoins, à l'égard des officiers des maiſons royales, qu'ils fuſſent employés dans les états envoyés à la cour des aides, ou que leurs brevets & provifions y fuffent enrégiftrées.

Les titres de la création des charges de *com-menfaux*, n'accordant point nommément l'exemption du droit de franc-fief, les privilégiés ne peuvent s'en prétendre affranchis, attendu que ce droit n'eft point de la nature des fubfides ou impofitions, & que l'exemption ne peut en être cenfée comprife dans une difpofition générale ; il faut une claufe expreffe, & une dénomination particuliere du droit de franc-fief, pour en affranchir.

On voit par le détail de plufieurs arrêts & décifions du confeil, rapportés dans le *Diftionnaire des domaines*, qu'il a été jugé, en différens tems, que le droit de franc-fief devoit être payé par les écuyers, tant à la grande qu'à la petite écurie du roi ; par les écuyers de main, les écuyers cavalcadours, les contrôleurs ordinaires de la bouche, les officiers de la fauconnerie & de la vénerie, les garçons de la chambre du roi, les gardes-du-corps, les gendarmes de la garde, les gouverneurs des pages, & plufieurs autres *com-menfaux*. Cependant on trouve auffi dans le même ouvrage, quelques exemples d'affranchiffement accordé, par faveur particuliere, à des officiers qui n'avoient, pour y prétendre, que la feule qualité d'écuyer attachée à leur office.

Les huiffiers de la chambre du roi, les maîtres-d'hôtel, les gentilshommes fervans près du roi, ont été déchargés du paiement de ce droit. *Voyez* FRANC-FIEF.

Les officiers *commenfaux* n'ont aucune immunité qui ait rapport aux gabelles, ni aux droits de traite.

COMMERCE, f. m. par lequel on défigne toute efpèce d'échange, de trafic, de vente, d'achat qui fe fait entre les nations & les particuliers.

Le plan de cet ouvrage ne permet pas de confidérer le commerce autrement que dans fes rapports avec les finances, dont il eft, avec l'agriculture, la véritable & l'unique fource. Mais le commerce eft-il auffi ménagé, auffi favorifé qu'il peut l'être d'après les impofitions auxquelles font fujettes toutes les matieres fur lefquelles il s'exerce, & ne fe préfente-t-il pas des moyens d'arriver à ce but ? C'eft ce qu'on s'eft propofé d'examiner, en s'attachant aux quatre propofitions fuivantes.

1°. Quelle eft l'influence du *commerce* fur la force, fur la gloire & fur la profpérité d'une nation ?

2°. Quelle eft l'influence que les droits établis fur les marchandifes ont néceffairement fur le commerce en général, quelle que foit la nation chez laquelle fubfifte cette impofition ?

3°. Quelle fenfation la perception des droits actuels fait fur le *commerce* en particulier ; s'il eft à propos de la réformer en tout ou en partie, & de faire une nouvelle impofition ?

4°. Dans le cas où l'on fe détermineroit à faire un changement, quelle feroit la maniere la plus fûre & la plus convenable de travailler à cette opération ?

Ces queftions font en ce moment plus intéreffantes que jamais. Nous fortons (en 1783) d'une guerre très-difpendieufe pour toutes les nations qui y ont pris part. Chacune d'elle eft obligée de recourir à des arrangemens utiles à fon crédit, & propres à réparer le délabrement de fes finances. Mais ce crédit dont l'Europe a tant fait d'ufage, eft ébranlé. Il ne peut être foutenu que par une contribution plus confidérable des fujets, qui mette le gouvernement en état de faire face à tout, & cette contribution ne peut fubfifter que par l'augmentation générale des richeffes de l'état.

On dit une augmentation générale, & l'on parle des richeffes de l'état, parce qu'il ne doit pas être ici queftion des richeffes des particuliers.

Il eft très-poffible, en effet, qu'une perfonne, & même plufieurs, deviennent extrêmement riches fans que l'état en profite. Il feroit même aifé de démontrer que telle ou telle nature de bien, telle efpèce de denrée, telle qualité de marchandife pourroit prendre faveur & profpérer, tandis que l'état s'appauvriroit, d'autant plus que ces chofes s'accréditeroient davantage.

Ce n'eft donc qu'en enrichiffant tout l'état & les particuliers qui le compofent, chacun dans leur jufte proportion, que l'on mettra le gouvernement à portée de fatisfaire à tout, parce que la richeffe générale, en même tems qu'elle procure aux peuples les moyens de contribuer davantage, rend pour eux les contributions plus douces & plus faciles à fupporter.

Quelle eft donc la voie la plus fûre pour enrichir un état ?

Cet objet important eft fait pour exciter l'attention des gens raifonnables & des bons citoyens. On pourroit donc, dans la vue de le développer, differter fort au long fur l'origine du mot richeffe, & fur fa véritable définition ; expliquer comment, dans les premiers âges, les feules productions de la terre s'échangeoient avec elles-mêmes ; comment la multiplication des échanges & la difficulté de trouver entre deux chofes une jufte proportion, une mefure qui pût également les repréfenter toutes les deux, a forcé de recourir à la matiere que l'on a rendue le figne général de tradition, & la mefure univerfelle de toutes chofes.

On diroit comment, au moyen des métaux que l'on a rendus la pièce générale de comparaifon, & fi l'on ofe le dire, l'inftrument de l'équation de tout ce qui exifte, tout eft devenu richeffe, & tout, jufqu'à l'efprit, aux talens, à la confidération, fe vend, s'achete, fe négocie, & circule dans la fociété.

Ces vérités ont été si souvent & si éloquemment démontrées, qu'elles sont parfaitement connues de tout le monde. Il ne faut donc les considérer que dans le rapport qu'elles ont avec la matiere que l'on traite, & sur-tout avec la premiere question.

Quelle est l'influence du *commerce* sur la force, sur la gloire & sur la prospérité d'une nation?

L'état le plus puissant, le plus riche & le plus florissant, est celui qui, pendant la paix, dépend le moins des productions du sol & de l'industrie de ses voisins, & qui les rend tributaires de son *commerce* ; c'est celui qui, dans les cas de guerre, peut rendre ses forces redoutables, & ne pas craindre celles de l'étranger.

Quoique tous ceux qui ont écrit de l'administration civile & politique, donnent pour premier principe de la force & de la gloire d'un état, le plus grand nombre d'hommes, il est certain néanmoins que ce principe même dérive de l'agriculture & du *commerce* ; c'est ce que l'on n'aura pas de peine à démontrer.

Les hommes sont attirés dans un état par l'espoir d'y vivre plus sûrement, plus abondamment & plus agréablement.

Ils sont donc engagés naturellement à s'établir dans les lieux où se réunissent tous ces avantages.

Ces avantages ne peuvent leur être procurés que par la plus grande quantité d'argent.

Il n'est que deux moyens d'avoir beaucoup de cette marchandise, qui représente & paie toutes les autres.

L'exploitation des mines pour les peuples qui les possèdent, & pour les peuples qui n'en possèdent pas, une agriculture animée, un *commerce* actif, éclairé, & bien établi.

Le *commerce* est donc évidemment le produit de l'agriculture, & la source de tous les avantages dont un état puisse s'applaudir & se glorifier ; l'appui le plus constant de son crédit, la base de sa grandeur, le fondement de sa puissance, le soutien de ses forces, la seule chose, en un mot, qui rende les nations florissantes, d'une maniere également glorieuse & durable.

Il n'est pas surprenant, après cela, que le *commerce* soit l'objet principal de l'attention de tous les peuples. Est-il, en effet, de contrées reculées où l'on ne pénètre, de climats intempérés que l'on n'affronte, pour y porter ce qu'il lui faut, & pour y prendre ce dont on a besoin ? n'y va-t-on pas même pour y chercher ce qui manque à d'autres peuples qui n'ont ni le courage, ni la force, ni l'industrie d'aller s'en pourvoir dans les lieux mêmes qui les produisent ?

Quand on dit que le commerce est la gloire & le soutien d'une nation, c'est autant qu'il l'enrichit & qu'il lui procure le plus d'argent qu'il est possible. Mais pour que cet argent enrichisse un royaume, un état, une nation, il faut que cet état soit réellement propriétaire de cet argent, & qu'il lui appartienne pour toujours.

Or cet argent ne lui appartient pas, s'il le

doit à ses voisins, ou s'il est obligé de le faire ressortir pour satisfaire à des besoins indispensables. Il est donc évident que fournir plus & tirer moins, est le seul moyen qui, toute compensation faite, puisse rendre un état propriétaire de la solde ou du résultat du compte qui s'opère naturellement entre deux nations commerçantes ; & c'est ce que l'on entend, lorsque l'on dit que la balance du *commerce* penche en faveur de l'une des deux.

Mais autant qu'on remarque de toutes parts ce ce désir extrême de fournir à ses voisins le plus de choses qu'il est possible, autant aussi voit-on de tous côtés une attention bien juste & bien naturelle à tout ce qui peut mettre une nation en état de se passer des autres.

C'est dans cette vue que l'on cherche par toutes voies à se procurer chez soi, non-seulement les choses de premiere nécessité, mais encore celles de luxe que l'on s'efforce au moins d'imiter d'après les autres. Tous les peuples, en un mot, ont sur cet article les mêmes principes & la même émulation ; & quoiqu'ils ne parviennent pas tous au même but, ce n'est pas qu'ils ne soient tous pénétrés des mêmes vérités ; mais c'est qu'il est un nombre infini de circonstances qui retardent ou dérangent l'effet que devroient produire les vérités les mieux établies, & souvent le fond de la chose même contrarie ce que l'on voudroit faire de plus avantageux.

Une force supérieure fera, par exemple, que les besoins de tel peuple, excéderont son superflu. Le climat rendra l'industrie de tel autre moins grande par le peu de force ou de génie des habitans. Chez un autre, les moyens de faire mieux ne sont point assez connus, assez développés : tel autre aura mal concerté ses mesures : tel autre, enfin, a, dans la nature & dans la forme de son gouvernement, quelques vices qu'il n'a point encore réformés, faute de les avoir apperçus.

Toutes ces choses peuvent sans doute éloigner de ce que l'on pourroit faire de plus avantageux à la nation ; mais parmi ces obstacles, il en est auxquels on peut remédier par des opérations plus justes & mieux combinées.

En vain une nation auroit-elle en sa faveur la nature la mieux disposée, & l'art le plus intelligent, si le *commerce* qui se fait des productions de l'un & de l'autre, n'étoit pas secondé par tout ce que le gouvernement peut faire en sa faveur pour en éloigner les obstacles, & pour en accélérer les progrès.

La manutention des droits, est un des points de l'administration qui influe le plus sur cet objet intéressant, & c'est ce que l'on va tâcher de faire voir en développant la seconde question.

» Quelle est l'influence que les droits établis
» sur les marchandises, ont nécessairement sur le
» *commerce* en général, quelle que soit la nation
» chez laquelle cette imposition est établie ? »

Ces impofitions paroiffent d'abord les plus juftes & les plus douces à fupporter.

Elles font les plus juftes, puifque, du confentement de toutes les nations, il n'eft point de fouverain qui n'ait le droit inconteftable de ne rien laiffer entrer dans fes états, & de n'en rien laiffer fortir fans fa permiffion.

Elles font les plus faciles à fupporter, en ce qu'elles ne portent que fur le confommateur, & que le confommateur les paie fans s'en appercevoir, & feulement en proportion de ce qu'il achete.

Ces droits font d'ailleurs néceffaires au *commerce*, même en ce qu'ils peuvent feuls mettre les adminiftrateurs en état d'en prendre connoiffance, de le guider & de le protéger.

Mais ces droits enfin chargent la marchandife, & par conféquent ils en augmentent le prix en proportion.

S'ils portent fur des marchandifes étrangeres dont nous ayions befoin, ils chargent notre confommation.

S'ils font établis fur des chofes que nous fourniffons à l'étranger, ils les enchériffent, & rendent, par conféquent, plus dangereufe la concurrence de celles qu'on peut leur oppofer. L'augmentation du prix diminue le débit de la chofe enchérie, puifque, toutes qualités égales, le confommateur fe déclare pour le bon marché, & que fouvent même le moindre prix, le fait pencher vers la moindre qualité.

Il n'eft donc pas indifférent pour le bien du *commerce* d'un état quelconque, que les marchandifes foient chargées de droits plus ou moins confidérables.

Quel eft en effet l'objet du commerce? De fe procurer ce dont on a befoin, au moindre prix que l'on peut, & de fe débarraffer de ce que l'on a de trop, le plus avantageufement qu'il eft poffible.

Pour y parvenir, il faut que l'on puiffe donner à bas prix les chofes dont on veut fe débarraffer, & fe procurer à bon marché ce dont on a befoin; ce qui ne peut fe faire qu'en diminuant le prix des unes & des autres.

Mais le gouvernement n'eft pas, à tous égards, le maître d'opérer cette diminution. La rareté, par exemple, ou l'abondance d'une marchandife, en augmente ou en diminue le prix, fans que ceux qui gouvernent puiffent l'empêcher. Il en eft de même des frais de commiffion, qu'il n'eft pas en leur pouvoir de changer. Ceux de tranfport ne font pas non plus entiérement de leur reffort, quoiqu'ils puiffent contribuer à les diminuer, par la multiplication des canaux, & la perfection des grands chemins.

Les impofitions fur les marchandifes & les denrées, font les feuls moyens d'en hauffer ou diminuer le prix, qui foient véritablement au pouvoir du gouvernement, puifqu'elles émanent de fes lumieres & de fon autorité.

Soulager notre *commerce*, & charger celui de l'étranger, voilà les deux principes fondamentaux de cette partie de l'adminiftration; mais ces principes mêmes font interprétés fuivant les différens cas, les différentes circonftances, & les différens intérêts.

Quand on dit qu'il faut foulager le *commerce* de la nation, & charger celui de l'étranger, c'eft qu'on les envifage l'un & l'autre dans leur univerfalité, & non relativement à telle ou telle marchandife; car il eft certain que dans des cas particuliers, ce font quelquefois celles de la nation qui, proportion gardée, doivent être plus chargées que celles de l'étranger.

Celles des nôtres, par exemple, que nous avons intérêt de retenir chez nous, doivent fupporter des droits plus confidérables que celles de l'étranger dont nous avons befoin pour notre ufage & notre confommation. Les marchandifes, au contraire, de l'étranger, que nous fommes intéreffés à ne point laiffer entrer en concurrence avec les nôtres, doivent être chargées de droits qui les excluent, ou qui du moins rendent leur concours moins dangereux; & tous ces principes s'interprétent, varient & fe fubdivifent à l'infini, dans l'application que l'on en fait aux différens cas, fuivant la néceffité, l'importance & l'utilité des marchandifes que l'on veut éloigner ou attirer.

S'agit-il de chofes dont une nation a le befoin ou le goût, fans pouvoir fe les procurer par elle-même, & qu'il faut par conféquent tirer de l'étranger; le gouvernement ne manquera pas de mettre une diftinction convenable entre les chofes vraiment néceffaires, & celles qui ne font que de luxe ou d'opinion: & dans ces chofes mêmes néceffaires, il aura foin encore de diftinguer celles que l'on ne peut imiter ni remplacer, telles que les chofes du crû, & voilà ce dont il favorifera l'introduction.

Mais loin de faciliter celles des chofes de luxe & de fantaifie, il les enchérira par des droits, non-feulement pour empêcher l'argent du royaume d'aller par cette voie à l'étranger, mais encore pour forcer l'induftrie du régnicole à produire ces mêmes chofes, & quelquefois à les furpaffer, de maniere à rendre notre propre concurrence redoutable, en ce genre, à ceux mêmes dont nous étions auparavant tributaires.

Tout ce que l'on fait, tout ce que l'on ordonne fur cette matiere tire à conféquence, & ne fauroit obtenir trop d'attention. Les droits augmentent ou diminuent, accélèrent ou retardent, arrêtent ou facilitent les opérations du *commerce*, fuivant qu'ils font établis, avec plus ou moins de connoiffance & de réflexion. D'un autre côté, le *commerce* ne fauroit en fouffrir, ou profiter, fans que le refte en reffente & partage l'effet favorable ou défavantageux.

Il est certain aussi, que le bon ou mauvais effet que produisent certains droits, ne se borne pas à la marchandise sur laquelle ils portent directement : il se communique à tout, parce que tout se tient, & qu'une branche de *commerce* ne sauroit être affectée, sans que toutes les autres s'en ressentent ; il faut donc, pour juger de l'importance de cette portion du gouvernement, avoir devant les yeux cette liaison intime qui se trouve entre toutes les différentes parties qui composent la société.

Ces réflexions amenent naturellement l'examen de la troisieme question.

« Quelle sensation, la perception actuelle des » droits du roi, fait-elle sur notre *commerce* » en particulier ? Est-il à propos de la réformer » en tout ou en partie, & de faire un nouvel » établissement, quel qu'il puisse être ? »

Si la balance du *commerce* est en notre faveur (autant qu'elle le peut être), on ne sauroit dire que les droits actuels nous soient préjudiciables.

Si notre *commerce* n'est pas encore porté au point où il pourroit aller, il faut en rechercher les raisons, & voir si c'est à la perception des droits qu'on doit s'en prendre.

Quant à la position actuelle de notre *commerce*, il n'est pas douteux qu'elle est à notre avantage ; le témoignage entier de l'Europe nous l'assure ; & quand nous n'aurions pas pour nous cette voix unanime, nous pourrions en juger par ce qui résulte de ce *commerce* même.

L'immense quantité d'argent monnoyé que nous voyons en France, celle que l'on emploie à d'autres usages, qu'à servir de signe commun de tradition, prouve les profits considérables que nous faisons dans le *commerce* ; & comme nous n'avons aucunes mines d'or ni d'argent, ce que nous avons de ces métaux ne peut nous être procuré que par le *commerce* ; & c'est une démonstration sans réplique, de l'avantage réel & solide que nous en retirons.

Le particulier, négociant, ne jugeant du *commerce*, que par celui qui lui est propre & personnel, se loue ou se plaint de sa condition, suivant la circonstance plus ou moins favorable à ses intérêts ; & dès-lors exagère les pertes ou les avantages, selon qu'il est affecté des uns ou des autres.

Mais celui qui saisit l'ensemble d'un coup d'œil, celui même qui, sans porter ses vues sur des objets aussi vastes, voudra seulement réfléchir un instant sur ce qui se passe, saisira bientôt le vrai, & se convaincra sans peine que nous avons dans le *commerce* un avantage considérable sur les autres nations : en deux mots, la balance du *commerce* est la seule voie, par laquelle ait pu nous venir tout l'argent que nous possédons. Nous avons de l'argent ; la balance a donc été en notre

faveur. Nous avons beaucoup d'argent ; elle nous a donc été très-favorable. On ne peut assurément rien opposer de solide à cet argument.

Mais cette même balance a-t-elle été autant en notre faveur qu'elle pouvoit l'être ? c'est une question plus difficile à résoudre, & qui est également susceptible de l'affirmative ou de la négative, suivant la maniere de l'examiner, & selon l'étendue des vues de celui qui entreprendra de la discuter.

Qui peut nier, par exemple, que chacun de ceux qui prennent la profession du *commerce*, n'ait tendu avec la plus grande ardeur à son plus grand avantage ; que dans le genre du *commerce* qu'il a entrepris, il n'ait fondé toutes les voies, & qu'il ne se soit servi de tous les moyens, pour y trouver son utilité ?

Personne n'ignore que depuis ce ministre, dont le génie a éclairé la nation sur un point si intéressant pour elle, chacun n'ait cherché, comme à l'envi, à soutenir, à favoriser, à protéger cette profession, & que le conseil n'y ait donné tous ses soins, avec une constance qui ne s'est jamais démentie.

Faveurs particulieres faites à l'industrie ; récompenses accordées aux découvertes ; fonds employés à faire naître des branches de *commerce*, ou bien à les augmenter ; règlemens les plus sages, établis dans les fabriques & manufactures, pour assurer la fidélité des fabricans, & procurer à la marchandise cette qualité supérieure, qui lui fait avoir la préférence sur celle des autres nations ; exemptions de tous droits accordés à plusieurs de ces fabriques ; diminution considérable ordonnée en faveur des autres : tels sont les moyens mis en œuvre par le gouvernement, pour favoriser le *commerce*, & pour l'améliorer ; graces connues de tout le monde, & qui ne peuvent être contredites.

S'il nous reste encore quelque chose à desirer dans notre *commerce*, malgré toutes ces attentions & ces arrangemens, il seroit difficile d'en chercher la cause ailleurs, que dans les droits imposés sur les marchandises. Leur multiplicité, leur diversité, les différences qui se trouvent dans les titres de perception, sont autant de circonstances qui peuvent rendre ces droits onéreux au *commerce* ; parce qu'elles occasionnent sans cesse des frais, des contestations, des retardemens qui retombent inévitablement sur la marchandise : car tout est calculé, les dépenses du transport, les frais & les embarras des visites, les retardemens & les dangers, les discussions mêmes, & les contestations que l'on peut essuyer.

A ces inconvéniens, il faut ajouter que la perception, variant presqu'autant qu'il y a de bureaux, rien n'est plus capable d'induire les négocians en erreur, de les exciter à la fraude, & de la leur faciliter. Que d'un autre côté, la

plupart des titres n'étant point en règle, les fermiers font exposés à percevoir trop ou trop peu,
à forcer les droits ou à les perdre ; ce qui s'éloigne
également des vrais principes de l'administration.

Si quelques-uns de ces droits font bien conftans & bien conftatés par des titres originaux,
les autres n'ont pas pour fondement qu'un ufage arbitraire, & par conféquent fufceptible de toutes
fortes d'abus.

La majeure partie du royaume paroît (à la
premiere infpection) environnée de bureaux,
affez exactement, pour répondre de tout ce que
peut exiger le bien du *commerce*, fi les droits
par eux-mêmes étoient propres à produire l'effet
que l'on croyoit pouvoir en attendre ; mais cette
ceinture eft formée par des droits fi différens
entre eux, & dont le plus grand nombre eft fi
peu relatif au bien de l'état, qu'il paroît difficile, pour ne pas dire impoffible, d'affurer par
cette voie tous nos avantages.

Ces droits avoient été établis en différens
tems, & relativement à des circonftances qui ne
fubfiftent plus aujourd'hui : cependant ils font
encore la règle & la loi.

L'Alface, qui fert actuellement de frontiere à
la France, ne dépendoit pas de ce royaume,
lorfqu'on y établit les péages qui s'y perçoivent :
les intérêts étoient différens, parce que les principes n'étoient pas les mêmes.

La Lorraine & la Franche-Comté font dans
le même cas. Il n'eft pas douteux que la fituation
politique de ces provinces a changé confidérablement, depuis leur réunion à la France. Les
mêmes droits ne leur conviennent donc plus ;
ils font cependant reftés tels qu'ils étoient, &
l'on fent tous les inconvéniens qui doivent en réfulter : peut-être ne feroit-il pas difficile de
faire voir, qu'aujourd'hui ces droits font auffi
préjudiciables au *commerce* du royaume en général, qu'ils pouvoient, dans leur origine, être
utiles aux fouverains qui en ont établi la perception.

C'eft donc une chofe affez bizarre que de continuer à fe fervir de cette mefure, quand les
circonftances ont changé. C'eft parce que, malgré le changement des circonftances, on a
perçu les mêmes droits, que la même marchandife, qui n'en paie que de très-modiques, en
entrant par l'Alface, ou par la Lorraine, en
paie de confidérables, fi elle eft introduite dans
le royaume, par les provinces méridionales, où
les droits font beaucoup plus forts. Cette marchandife, qui, dans tous les cas, eft deftinée pour
notre confommation, mérite-t-elle une faveur plus
grande dans un cas que dans un autre ?

Si de l'enceinte du royaume, on pénetre jufques dans l'intérieur, on eft encore plus étonné
de voir que la plupart de nos provinces font étrangeres les unes à l'égard des autres ; & on ne

fauroit envifager fans peine, des pays foumis à
la même domination, divifés par les bureaux qui
les féparent, & affujettis à des loix fi différentes par rapport au *commerce*, c'eft-à-dire, dans la
chofe qui naturellement doit le plus les rapprocher.

Il femble même, en plufieurs endroits, que
l'on ait voulu donner des entraves à cette communication fi jufte & fi naturelle, qui doit être
entre les fujets du même fouverain : les droits
locaux en font la preuve ; & ce qu'il y a de
plus fâcheux pour le *commerce*, & pour la circulation, c'eft que la plupart de ces droits ont
été établis fur des rivieres ; comme fi l'on eût
affecté de placer la contrainte, dans les endroits
où la nature a donné les moyens de commercer
avec le plus d'aifance & de liberté.

Tous ces inconvéniens étant une fois bien conftatés, ce n'eft plus la matiere d'une queftion &
d'un doute, de favoir fi la perception actuelle
doit être changée.

Les raifons générales qui follicitent ce changement pour tout le royaume, font, d'un côté,
l'efpérance, & même la certitude de mieux concilier les droits avec les véritables intérêts du
commerce, par une règle uniforme & bien conftatée. D'autre part, la crainte d'occafionner une
commotion générale, fi l'on touche à toutes les
provinces étrangeres & réputées étrangeres.
L'inutilité de l'arrangement, fi l'on ne les y
comprend pas toutes à-la-fois, peuvent détourner
de tout changement.

Le réfultat de l'opération n'eft pas moins embarraffant.

Une augmentation de droits reffembleroit plutôt à une loi de rigueur, qu'à un motif de bonté
qui détermine à ce que l'on croit avantageux au
commerce.

Une diminution exigeroit des facrifices.

Impoffibilité de faire l'une, difficulté de fe réfoudre à l'autre : l'un & l'autre parti demande les
plus mûres réflexions, parce que tous les deux
entraînent des conféquences très-importantes.

Se refufer à ce changement, c'eft laiffer fubfifter tout ce dont on croit avoir à fe plaindre ;
l'admettre, n'eft pas une chofe fans embarras &
fans danger.

Il ne faut pas exagérer les difficultés ; mais
on ne doit pas non plus fe les diffimuler : c'eft
au vrai qu'il faut tendre, & ce vrai n'eft pas facile à faifir. Des vues générales ne fuffifent pas
pour y conduire ; elles font fouvent contredites
par des confidérations particulieres, & par les
détails que l'on avoit cru pouvoir écarter.

C'eft en développant, en rapprochant, en
comparant toutes les parties, celles mêmes qui
paroiffent les moins relatives les unes aux autres,
que l'on découvre des raifons, finon d'applaudir
à certains établiffemens, du moins de les tolérer
par certaines confidérations.

Il ne faut pas cependant que le defir de tout ménager, & la crainte de bleffer certaines opinions, d'attaquer certains préjugés, & de réformer d'anciens ufages, retiennent dans les liens d'une habitude défavantageufe pour le *commerce*, & préviennent en faveur des objections que l'on peut entendre, ou fe faire à foi-même ; mais il faut les pefer avec autant d'attention que d'impartialité. Rien n'eft plus aifé que de fe faire illufion fur une matiere auffi délicate.

On objectera peut-être, par exemple, au changement dont il s'agit, qu'il n'eft pas à propos de mettre les étrangers en état de prendre une connoiffance fi claire & fi pofitive de tous nos droits, & qu'il eft d'une faine politique de laiffer à cette matiere des embarras & des obfcurités, qui, dans certaines occafions, nous rendent les maîtres des interprétations de la loi, & d'en faire même de nouvelles, fans que l'étranger puiffe appercevoir nos vues, ou du moins s'en plaindre raifonnablement.

Une pareille objection femble d'autant plus forte, qu'elle offre en apparence quelque chofe de fenfé & d'impofant ; mais au fond, elle n'eft que fpécieufe, & fe réfute fans peine. La confervation de nos intérêts pourroit-elle dépendre de ces vaines fubtilités dont les particuliers peuvent faire ufage entr'eux ? Les états fe gouvernent par de plus grands principes : la rufe ne s'emploie qu'au défaut de l'autorité, mais le gouvernement étant le maître de faire ouvertement ce qu'il juge convenable à fes intérêts, a-t-il befoin de recourir à de petites rufes imaginées par les foibles contre les forts ?

Il n'eft pas queftion, en un mot, de tromper l'étranger, ni même de lui faire illufion. Il s'agit de faire profpérer notre commerce, & de former à cet effet, un plan d'impofition auffi jufte que raifonnable, de l'établir en connoiffance de caufe, de le rendre clair pour tout le monde, & de le fuivre avec fermeté. Le refte fuivra comme de foi-même, fans équivoque & fans fubtilité.

Quelles que puiffent être les objections que l'on pourroit faire, elles auront toujours un avantage fort confidérable, ce fera d'éclaircir l'une des matieres qui nous intéreffent le plus ; & fi ces difficultés ne font pas capables d'empêcher que l'on ne faffe un nouvel établiffement, plutôt que de fe contenter de mettre en règle les titres actuels, & de conftater les ufages que l'on fuit aujourd'hui, il fera queftion de voir quel plan l'on voudra choifir pour confommer l'opération. C'eft le fujet de la quatrieme queftion.

» Quelle feroit, dans le cas où l'on fe déter-
» mineroit à faire un changement, la maniere
» la plus fûre & la plus convenable de travailler
» à cette opération ?

On a jufqu'à préfent expofé, comparé & pefé fcrupuleufement toutes les raifons qui peuvent décider à faire un changement dans la perception, & celles qui en peuvent détourner.

Mais comme ces dernieres n'ont été expofées qu'en réponfe aux motifs qui peuvent engager à réformer les inconvéniens, l'injuftice & les contrariétés qui réfultent de notre pofition ; on ne fauroit fe diffimuler qu'il s'en faut bien que les confidérations qui militent contre un changement, foient auffi fortes, auffi folides, auffi convaincantes, fur-tout vis-à-vis du gouvernement, que celles qui demandent un nouvel ordre dans cette partie.

On fuppofera donc un moment, pour répondre à la quatrieme queftion que l'on vient de rappeller, que le défordre & l'obfcurité, le peu de fûreté & d'égalité qui réfultent des droits actuels, préjudicient affez au commerce, pour que l'on fe détermine à reprendre toute la grande machine des droits dans fon entier, & à la décompofer pour en former une autre dans laquelle on puiffe trouver, finon une perfection totale, au moins la fuppreffion de beaucoup d'abus.

Il faut, avant de fe décider, tant de préalables & de préliminaires indifpenfables, qu'il ne feroit pas étonnant qu'en indiquant le moyen que l'on croira le meilleur, on parût plutôt s'effayer, interroger, confidérer, confulter fur ce que l'on propofera, que déterminé fur la propofition. L'objet eft d'une fi grande confidération, & l'exécution d'un projet dans lequel le général peut être intéreffé, tient à tant de chofes, qu'il mérite bien qu'on l'envifage fous toutes les faces, & que l'on cherche à prévoir tous les effets qui peuvent en réfulter.

Il eft d'abord à propos de convenir d'une premiere propofition générale & inconteftable, c'eft qu'il faut des droits à l'entrée & à la fortie de toute nation, de tout royaume, & de tout état quelle que foit la nature de fon gouvernement. Si ce principe avoit befoin de preuve, il fuffiroit, pour l'établir, de préfenter l'exemple du monde entier. Ce que l'univers pratique, ne fauroit être regardé comme nuifible ou comme abufif ; ces droits ont d'ailleurs pour fondement, de puiffans motifs qui s'accordent également avec la faine politique & l'intérêt public.

Ils font un hommage envers le fouverain, une précaution contre la furprife, & la feule façon d'opérer, de conferver & d'augmenter le bien de toute la famille, car c'eft ainfi qu'il faut envifager les fujets d'une même domination.

En admettant une fois cette premiere vérité, il s'enfuivra naturellement que les droits doivent être perçus fur l'extrême frontiere.

Comment imaginer en effet que les fujets d'une province limitrophe, foient plus étrangers que ceux de l'intérieur ; & que ceux qui habitent les pays fitués au nord d'un état, foient plus ou moins favorifés que ceux dont la pofition eft au fud ?

Doit-on,

Doit-on, d'ailleurs, envisager comme une faveur bien réelle pour certaines provinces, de jouir à quelques égards d'exemptions ou de modérations apparentes, tandis que ces prétendus avantages les privent essentiellement de beaucoup d'autres qui résulteroient de plus d'uniformité dans la perception ?

De ces observations naissent trois propositions. Il faut des droits.

Il est à propos qu'ils soient perçus sur l'extrême frontiere.

Ils devroient être par-tout uniformes.

On croit les deux premieres propositions absolument vraies ; mais la troisieme est susceptible d'objections, & c'est peut-être ce qui rend si difficile la maniere de former un ensemble dont toutes les parties s'accordent, se lient & se répondent sans qu'il y ait entr'elles aucune sorte de contrariété & de disproportion.

On fait d'autant plus volontiers cette observation, qu'en parcourant les différens tarifs actuellement en usage, on apperçoit que dans la rédaction de chacun, il semble que l'on n'ait pas eu le moindre égard aux autres tarifs, & que l'on ait considéré chaque province en particulier, comme séparée de toutes les autres, & sans relations avec elles.

Il s'agissoit de rédiger un tarif ; l'usage avoit la plus grande part à l'ouvrage ; quelques circonstances momentanées & particulieres à la province dont étoit question, déterminoient sur d'autres articles. On choisissoit enfin un taux général, pour ce qui n'étoit point tarifé ; & c'est ce qui fait que par une erreur assez naturelle, on a présumé depuis, que ce taux général avoit été la mesure de la quotité du droit imposé sur chaque marchandise ; mais cette prétendue découverte échappe lorsque l'on envisage les choses de plus près : un mûr examen désabuse sur le principe ; on ne le trouve pas même applicable à la vingtieme partie des droits ; & l'on s'apperçoit au contraire, (en le comparant à tous les autres articles,) qu'il s'en éloigne si prodigieusement, que l'application la plus grande, ne conduit pas même à conjecturer quelles sont les maximes que l'on a suivies.

Ceux qui, par une vénération pour l'antiquité, qu'elle ne mérite pas en tout, ou par respect pour les auteurs de ces ouvrages, peut-être aussi par paresse, pour éviter un travail aussi considérable qu'ennuyeux, se contentent d'imputer aux changemens survenus dans le prix des marchandises & denrées, les énormes différences qui se trouvent entre le taux du tarif & la taxe indiquée pour la chose qui en est chargée, comptent sans doute se tirer d'embarras, en donnant une solution qu'ils sont bien sûrs qu'on leur passera plus facilement, que l'on ne se résoudra à l'examiner.

C'est pour éviter de pareils inconvéniens, que

Finances. Tome I.

l'on ne sauroit trop appuyer sur la nécessité des plus mûres réflexions dans le choix des moyens.

Il en est un que l'on doit à une personne dont les lumieres & les intentions sont également respectables. Il convient de le confronter avec toutes les positions, tous les rapports & toutes les suppositions possibles, en approfondissant des idées qui ne peuvent que gagner à être développées.

Cet examen servira à perfectionner le projet même, à l'étendre, à le défendre des abus qui pourroient s'y glisser, à le présenter, en un mot, comme un tarif toujours vivant, dont la réforme, en cas de besoin, dépendroit de ceux mêmes qui y seroient assujettis, & sans qu'ils pussent jamais opposer aucune difficulté raisonnable.

Ce plan consiste à former un tarif de droits qui seroient isolés de toute application particuliere aux lieux, aux tems, aux circonstances ; tarif dont la base, le principe & la regle seroient aussi utiles en Espagne, en Angleterre & en Hollande, qu'en France ; & qui conviendroit à la Bretagne, à la Flandre, à l'Alsace, autant qu'aux provinces de Normandie & de Picardie ; tarif qui étant au fond essentiellement le même, pourroit cependant être différent, suivant les provinces où il seroit admis, ensorte qu'il n'y auroit véritablement d'uniforme que l'esprit de ce tarif. Nous remettons au mot *tarif*, à indiquer les moyens de parvenir à former celui dont il s'agit.

Nous terminerons cet article, en empruntant ici du *Dictionnaire universel des sciences*, au mot *commerce*, un parallele entre les commerçans & les fermiers dans un gouvernement.

« Si une balle de laine, valant deux écus, en
» produit huit lorsqu'elle est manufacturée, le
» revenu du pays est donc augmenté du double ;
» & comme naturellement l'ouvrier doit faire une
» plus grande consommation, que dans le tems
» où il étoit sans travail, il est clair que la na-
» tion gagne la valeur du double de la laine.
» Donc augmenter le nombre des especes, que
» l'entrepreneur gagne ou non, c'est considéra-
» blement enrichir le pays ; c'est le décharger
» d'un nombre onéreux de pauvres & de fainéans,
» qu'on en état de vivre plus commodément,
» & de supporter plus facilement avec leurs con-
» citoyens les frais de l'état.

» Le laboureur & le paysan tirent du *commerce*
» tous leurs moyens de payer ; on ne peut dimi-
» nuer le *commerce*, sans diminuer en même tems
» & dans le même rapport les moyens qui leur
» sont nécessaires pour payer. Il faut donc que
» le recouvrement des impositions en souffre con-
» sidérablement.

» En Angleterre, la premiere raison de l'état
» est le *commerce* ; en France, il n'en est pas de

T t

» même. C'eft cependant le *commerce* qui apporte
» l'abondance , qui décharge l'état du fuperflu
» de fes denrées , arts & fabriques , qui nous pro-
» cure ce qui nous manque , qui enrichit l'état
» & le particulier en même tems. Dès-là, le com-
» merçant eft un homme cher à l'état ; il mérite
» l'eftime & la protection du légiflateur , puif-
» qu'il travaille fans ceffe à rendre l'état puif-
» fant & riche. Le fermier , au contraire , par une
» route oppofée , ne met fes foins qu'à affoiblir
» cet état.

» Plus le *commerce* fleurit , plus un état eft opu-
» lent , puiffant, invincible ; au contraire , plus
» la finance y prend d'empire , plus l'ufure s'y
» introduit , & plus un empire eft près de fa dé-
» cadence. La richeffe des marchands eft l'ame de
» la monarchie , & celle des financiers en eft la
» ruine. Le fuccès du négoce produit par-tout
» l'abondance & la joie ; le fuccès de la finance
» fait naître la pauvreté, le chagrin, le défefpoir.

» Le vieux cardinal de Fleury , homme plein
» de vertus, étoit de bonne foi , grand zélateur
» des financiers.

» Comme ils lui trouvoient fans peine tout l'ar-
» gent dont il avoit befoin , pour les opérations
» du cabinet ou de l'armée ; il avoit coutume d'ap-
» peller les quarante fermiers-généraux , *les qua-*
» *rante colonnes de l'état.* Ils le foutenoient en effet,
» mais ce n'étoit que pour le moment.

» Les financiers peuvent être à-peu-près auffi
» néceffaires à un état bien adminiftré que les
» moines ; mais les royaumes qui fe paffent des
» uns & des autres, font ceux qui font les plus
» riches , & fleuriffent davantage : témoins l'An-
» gleterre & la Hollande.

» Les fortunes fubites que font les financiers,
» engagent trop fortement les marchands à quitter
» le *commerce*, d'autres à borner leur travail au
» *commerce* ufuraire de l'argent , & une infinité
» à négliger l'agriculture, pour poffeder des em-
» plois , ou pour fe faire pourvoir de charges
» onéreufes à l'état. Qu'en eft-il arrivé ? Ces
» gens ayant abandonné la culture des terres , les
» fabriques, le *commerce* des denrées & des mar-
» chandifes ; ceux qui ont voulu exploiter des
» branches, ont été obligés de paffer par les mains
» des ufuriers quand ils ont eu befoin d'argent,
» & ils en ont été rançonnés ; ce qui a été caufe
» que tant de marchands , fabricans, laboureurs
» & fermiers ont été ruinés. De-là des terres in-
» cultes ou mal façonnées ; de-là enfin les banque-
» routes fréquentes.

» Un état , pour les néceffités ou les commo-
» dités de la vie, fe pafferoit plutôt de nobles ,
» de prêtres , d'officiers de guerre , de juftice
» ou de finance , que de marchands , artifans ;

» pafteurs ou laboureurs. Une grande partie de
» la Penfilvanie eft habitée par les Quakers , qui
» font fimplement marchands & cultivateurs ; ce-
» pendant ils font très-riches , & toujours en
» paix. Ils ont fondé Philadelphie, qui eft la plus
» belle & la plus riche ville de l'Amérique.

» L'état fera toujours mal fes affaires, tant que
» les ufuriers, les financiers & les gens de pra-
» tique feront bien leurs. Il doit donc pro-
» téger, par préférence, le laboureur, le com-
» merçant, & l'homme induftrieux , parce que
» ce font ces gens-là qui, en faifant la richeffe
» de l'état, le mettent dans le cas de fleurir. »

COMMIS & employés des fermes , régies &
adminiftration des revenus du roi. Différens articles du titre commun de l'ordonnance du mois
juillet 1681 , font la bafe de tous les privilèges
dont jouiffent ceux qui font chargés de la régie
des droits, ou employés dans quelque partie de
leur manutention. C'eft un motif pour les rappeller ici.

« Article IX. Permettons aux fermiers & fous-
» fermiers de nos droits , aux *commis* ayant la
» direction générale de leurs fermes ou dépar-
» temens , *commis* à la recette & au contrôle ,
» capitaines & lieutenant de brigade à pied &
» à cheval, capitaines & lieutenans des patâches,
» enfemble aux *commis* aux exercices & autres
» ayant ferment en juftice, de porter épée &
» autres armes. Les déclarons exempts de taille
» & curatelle, de collecte, de logement de gens
» de guerre , de guet & de garde. Défendons à
» nos officiers des élections & greniers à fel,
» habitans des villes & paroiffes, affeurs &
» collecteurs, de les comprendre dans les rôles ,
» en cas qu'ils n'aient point été impofés avant
» leurs fermes & commiffions , ni d'augmenter
» l'impofition qui a été faite de leurs perfonnes
» auparavant ; le tout , finon à proportion des
» immeubles qu'ils auront acquis depuis, ou en
» cas de trafic. »

Plufieurs arrêts ont maintenu & confirmé ces
privilèges.

Celui du 22 mars 1763 , a caffé une ordonnance de l'intendant de Tours, & déchargé le
directeur des aides de Saumur, les receveurs du
grenier à fel & des traites de la même ville,
d'une impofition faite fur eux, pour reconftruction
du prefbytère de Saumur.

Cet arrêt a été fondé fur ce que les *commis* des
fermes n'acquièrent jamais un domicile de droit,
dans les lieux où les fonctions de leurs emplois
les obligent à réfider, & qu'en conféquence ils
ne doivent pas participer aux charges des villes
& communautés dont ils ne font pas partie. Cette

queftion de domicile a de même été décidée par arrêt du parlement de Paris, du 5 avril 1713.

Ces privilèges doivent être confidérés comme une partie du falaire des *commis*, & leur exécution intéreffe le gouvernement, parce qu'il eft important que la manutention de fes revenus foit affurée, & qu'elle fe faffe avec la plus grande économie.

« Défendons à tous juges, autres que les
» nôtres, porte l'article 35 du même titre, de
» décréter contre les *commis*, gardes & autres
» ayant ferment en juftice, employés dans l'ad-
» miniftration de nos fermes & fous-fermes, pour
» délits ou crimes de quelque nature qu'ils puiffent
» être, commis dans le département où ils font
» employés, à peine de nullité, caffation de
» procédures, dépens, dommages & intérêts,
» mille livres d'amende contre les parties, &
» d'interdiction contre les juges. »

Quoique affurément la juftice fe rende aujourd'hui dans tout le royaume au nom du roi, puifque c'eft le premier attribut de la fouveraineté, cependant on diftingue les officiers des jurifdictions feigneuriales, de ceux des jurifdictions royales, & c'eft ce que l'on doit entendre par les termes de juges, autres que les nôtres.

La qualité d'employé fuffit pour rendre ces juges incompétens, quel que foit le délit dont il s'agiffe, pourvu toutefois que les employés foient dans le diftrict où ils doivent exercer leurs fonctions, en conféquence de leurs commiffions. Une difpofition auffi favorable, eft fondée fur ce que les perfonnes prépofées au recouvrement des droits du roi, étant fous fa fauve-garde, ainfi qu'on l'a vu par le titre rapporté précédemment, ils ne doivent répondre qu'aux officiers royaux, chargés par fes ordres & par fon choix, de rendre la juftice en matiere criminelle.

Mais comme ce privilège eft limité aux délits commis dans l'étendue des départemens où les employés font en fonction, ils ne feroient pas admis à fe prévaloir de leur qualité, s'ils fe trouvoient dans un tel éloignement de leur réfidence, qu'il ne fût plus poffible de les fuppofer dans leurs fonctions.

La difpofition de cet article 35, paroît avoir pris fon origine dans les loix qui fubfiftoient avant que l'adminiftration de la juftice eût reçu la forme qu'elle a actuellement. Les feigneurs des grands fiefs fe regardoient comme fouverains, & confidéroient l'adminiftration de la juftice comme un de leurs principaux droits, au moyen de quoi ils fouffroient rarement que l'appel de leurs jugemens, ou de ceux que rendoient leurs officiers, fût porté devant les officiers du roi. Le droit du fouverain fe bornoit alors à excepter de la jurifdiction feigneuriale certaines perfonnes, &

on fent combien il étoit jufte de mettre à ce rang celles qui étoient chargées du recouvrement des droits, fur-tout pour le criminel. Depuis que l'autorité royale a repris toute fa force, & qu'en matiere criminelle aucun juge feigneurial ne peut prononcer en dernier reffort; l'exemption de la jurifdiction feigneuriale a moins d'avantages, ou du moins elle n'a que celui d'empêcher ceux qui l'exercent, de fe livrer à la prévention & aux petites paffions particulieres qui pourroient les porter contre les employés, à des actes de févérité dont l'effet feroit de troubler l'exercice de leurs fonctions.

« Article 36. Défendons auffi, fur pareilles
» peines, à tous nos juges des jurifdictions or-
» dinaires, de décréter contre eux, (les *commis*
» & employés) pour le fait de leurs commiffions
» & emplois, & pour les cas arrivés dans le
» cours & à l'occafion de leurs exercices. Décla-
» rons les officiers de nos élections, des greniers
» à fel, juges des traites, & autres de pareille
» qualité, feuls compétens d'en connoître en
» premiere inftance, refpectivement pour ce qui
» les concernent, à la charge de l'appel en la
» cour des aides. »

Après avoir déclaré les juges feigneuriaux incompétens, pour procéder extraordinairement contre les employés, en matiere de délits, & les avoir mis fous la jurifdiction des juges royaux, l'ordonnance excepte les faits relatifs à leurs emplois, dont elle attribue la connoiffance aux feuls juges des fermes, chacun relativement à la matiere qui forme fa jurifdiction. Ainfi, il peut arriver qu'un employé, traduit, pour un délit, devant le juge feigneurial, récufe fa jurifdiction, par fa qualité d'employé, & demande fon renvoi devant le juge royal ordinaire, dont il évitera encore la jurifdiction par l'efpèce du délit, puifque, s'il eft relatif à fon emploi, il fera fondé à demander un nouveau renvoi devant le juge des fermes qui connoît de la matiere.

Ces diftinctions peuvent donner lieu, fans doute, à beaucoup de conflits; mais elles étoient néceffaires. Il paroiffoit naturel que les jurifdictions fpécialement établies pour la police des fermes, connuffent, par préférence, des délits imputés aux employés, pour le fait & dans l'exercice de leurs fonctions; non-feulement parce que ces officiers font cenfés avoir des connoiffances particulieres fur tout ce qui concerne les droits, mais auffi parce qu'ils font préfumés moins fufceptibles de prévention que les juges ordinaires, auprès de qui les employés pourroient être reçus défavorablement, par la feule raifon qu'ils ne connoiffent point des matieres des fermes.

« Article 37. Seront les informations faites,
» tant par les officiers de nos jurifdictions ordi-

T t ij

» naires, que par ceux des élections, greniers
» à fel, traites & autres, en cas de conflit pour
» la compétence, envoyées inceffamment au greffe
» de notre confeil, pour y être, les parties,
» réglées de juges; cependant fera l'inftruction
» du procès, continuée jufqu'au jugement défi-
» nitif, par nos juges des élections, greniers à
» fel, traites, & autres juges de nos droits, &
» fera furfis à l'exécution du jugement, jufqu'à
» ce que la compétence ait été réglée; & feront
» les juges qui auront entrepris fur les autres,
» outre l'interdiction, condamnés en mille livres
» d'amende. »

La févérité de ces difpofitions eft frappante;
elle a en vue de prévenir, plutôt que de punir,
les conflits qui pourroient s'élever entre les juges
ordinaires & ceux des fermes. En matière criminelle, les conflits de jurifdiction font d'autant plus
dangereux, qu'ils arrêtent le cours de la juftice,
dont l'effet eft d'autant plus fûr, qu'il eft plus
prompt; qu'ils occafionnent le dépériffement des
preuves, & caufent aux parties civiles des frais
inutiles: circonftances abfolument contraires aux
principes établis par l'ordonnance criminelle de
1670, qui tendent à la plus grande célérité poffible dans l'inftruction des procès criminels.

Au refte, la préférence que cet article accorde
aux juges des fermes, pour l'inftruction, fur les
juges ordinaires, en cas de conflit, eft fondée fur
la maxime que le juge qui fait exception doit
toujours avoir la préférence, non-feulement parce
que fa compétence exige une faveur particuliere,
mais auffi parce qu'il a la prévention pour lui;
étant d'expérience que les conflits naiffent toujours
de la part des juges qui font dépouillés.

« Article 38. Pour l'exécution des trois ar-
» ticles précédens, & la validité des exercices
» & procès-verbaux, fera mis à la diligence &
» aux frais des fermiers & fous-fermiers de nos
» droits, un tableau, dans un lieu éminent de
» chaque greffe des élections, greniers à fel,
» traites & autres, dans lefquels feront infcrits,
» en gros caractères, les noms & furnoms des
» commis, gardes, & autres ayant ferment en
» juftice, employés dans l'étendue de chaque
» jurifdiction. »

L'objet de ces difpofitions avoit été que les
employés attachés à chaque partie des fermes,
puffent être connus du public & des juges; mais
il réfultoit de cette police, que les employés
d'une ferme, devenoient inutiles pour les autres,
& que leurs fonctions étoient reftreintes à l'étendue du territoire de la jurifdiction dont ils dépendoient. D'ailleurs cette police ne pouvoit
s'obferver facilement d'après les changemens continuels que le bon ordre exigeoit parmi les employés;
auffi elle fut réformée par l'arrêt du confeil du
17 août 1683, qui ordonna que les employés tra-
vailleroient pour toutes les parties des fermes. La

déclaration du premier août 1721, concernant la
ferme du tabac, contient de même une difpofition
précife fur cet objet.

Art. 39. » Enjoignons aux commis de mettre
» au dehors fur la porte du bureau ou autre lieu
» apparent, les tableaux ou infcriptions conte-
» nant en général les droits de la ferme pour la
» recette ou contrôle defquels le bureau eft établi;
» leur enjoignons pareillement de mettre dans le
» bureau en un lieu apparent, un autre tableau
» contenant un tarif exact de tous les droits, à
» peine d'amende arbitraire, dépens, dommages
» & intérêts des parties.

On voit par ces difpofitions, que, fi d'un côté
les commis des fermes ont été favorifés, par des
privilèges & des exemptions des jurifdictions ordinaires, de l'autre, on leur a impofé des obligations propres à inftruire le public, & des lieux
où il a des droits à acquitter & de leur quotité, afin de prévenir l'ignorance & la furprife
dont les commis auroient pu abufer.

L'affiche du tarif des droits dans le bureau, a
été ordonnée de nouveau par l'article 6 du titre 14
de l'ordonnance de 1687; mais c'eft le fermier
qui en eft chargé, & non pas fes commis. On doit
remarquer ici qu'en 1687, lors de la publication
de l'ordonnance, fur le fait des cinq groffes fermes, M. de Colbert, dont elle porte le nom,
parce qu'il en avoit fans doute fait rédiger les
articles principaux, & dans un efprit femblable
à celui qui avoit dicté l'ordonnance de 1681, étoit
mort depuis quatre ans; que cette nouvelle injonction d'avoir en chaque bureau, pour le public,
un tarif des droits, femble moins une précaution
qu'une inattention échappée au rédacteur de cette
ordonnance, en ce qu'elle fuppofe un tarif imprimé en placard ou pancarte; opération ou impraticable à l'égard du tarif de 1664, trop étendu
pour recevoir une pareille forme, & déja changé
par plufieurs règlemens intervenus depuis fa publication; ou inutile fi cette forme lui étoit donnée, puifqu'il falloit alors employer des caractères
fi petits, que ce tarif devenoit confus & illifible.
L'impoffibilité d'afficher aujourd'hui le tarif des
droits eft bien plus grande encore, car le plus
grand emplacement ne fuffiroit pas pour recevoir
les titres de tous les règlemens qui ont modifié, augmenté & réformé la perception, & dont
le nombre eft très-confidérable.

Il fe préfente un moyen fort fimple de fuppléer
à l'affiche du tarif dans les bureaux, & dont l'effet
feroit également d'inftruire les redevables de la légitimité de la perception; c'eft d'ordonner par un
règlement exprès, que chaque receveur fera tenu
de rappeller dans l'acquit ou quittance qu'il délivrera, le titre fur lequel la perception qui s'y
trouvera comprife, fera fondée.

L'ordonnance de 1687, au titre 14, contient
encore plufieurs chapitres qui traitent du choix

des *commis* & gardes , de leur âge qui doit être de 20 ans , de leur preftation de ferment , de la faculté qui leur eft accordée de faire des vifites , de fuivre , vérifier & faifir les marchandifes paffant en fraude des cinq groffes fermes , dans les provinces réputées étrangeres , du pouvoir de verbalifer & donner affignation dans leurs procès-verbaux ; & enfin , des charges du fermier envers fes commis dont il eft civilement refponfable dans l'exercice de leurs commiffions , fauf fon recours contre eux & leurs cautions. Il fuffit d'avoir indiqué ces différens objets qui font , pour la plûpart , confirmés par les articles 560 , 561 , 562 , & fuivans , du bail des fermes fait à Forceville , qui eft d'une exécution générale ; & par l'arrêt du confeil du 12 mars 1783. Nous devons feulement ajouter ici que de même qu'on peut être intéreffé dans les fermes & fous-fermes des droits du roi , fans déroger à la nobleffe , on ne déroge point non plus par l'exercice d'une commiffion dans les fermes & fous-fermes , quelle qu'elle foit. Cette queftion a été jugée par un arrêt de la cour des aides du 22 décembre 1676 , en faveur des *commis* de la partie des gabelles.

Quoique le nom de *commis* convienne généralement à quiconque a une commiffion pour agir en faveur des intérêts d'un autre , cependant il s'applique plus particulierement aux employés des bureaux , à ceux qui le font dans les aides

Les employés des brigades font diftingués par le nom de gardes , parce qu'en effet ils font chargés de la garde de certains poftes , d'une frontiere , d'un lieu fous le commandement d'un capitaine général ; d'ailleurs ces fonctions exigent moins de talens & de qualités.

Voyez CAPITAINE GÉNÉRAL, GARDES.

Dans toutes les parties des fermes , il exifte un ordre graduel de *commis* qui a pour objet d'exciter parmi eux le zèle & l'émulation , en préfentant à tous une perfpective d'avancement & de fortune ; ainfi , dans les aides , les premieres fonctions font celles des *commis* aux exercices dans une ville ; ils deviennent enfuite *commis* à cheval dans un département de campagne , puis receveurs d'un femblable département ; contrôleurs des *commis* aux exercices dans une ville , contrôleurs ambulans dont les opérations s'étendent fur plufieurs élections , pour y furveiller tout ce qui concerne les aides ; enfin , directeur ou receveur général dans le lieu qui eft le fiège de l'élection.

Voyez AIDES.

Dans les domaines , il fe trouve moins de gradations. Un *commis* furnuméraire , paffe contrôleur des actes dans un bureau , & devient enfuite infpecteur , vérificateur , contrôleur ambulant & directeur. Mais comme il exifte une grande différence de traitemens & d'émolumens entre la recette d'un bureau , & d'un autre , on fait paffer les fujets fucceffivement d'un bureau valant trois ou quatre cents livres à celui qui en vaut le double , le triple ,

& enfuite aux fonctions d'infpecteur ou de vérificateur , &c.

Les fermes générales , dénomination par laquelle on entend la partie des gabelles , des traites & du tabac , ne préfentent que deux claffes de *commis* fupérieurs pour ces différentes fermes. Ce font les contrôleurs généraux des fermes , les receveurs généraux & les directeurs.

Chacune de ces fermes a des employés qui lui font particuliers , & qui concourent à fon exploitation. Ainfi les gabelles ont les *commis* à la defcente des fels , les receveurs & contrôleurs des greniers à fel , les radeurs ou minotiers , les regratiers.

La partie des douanes a des receveurs , des contrôleurs , des vifiteurs , des emballeurs.

Celle du tabac à fes manufactures , qui ont des infpecteurs , des contrôleurs & des ouvriers , ou hommes de peines , qui participent aux privilèges des *commis* ; enfuite des receveurs ou entrepofeurs-généraux , qui fourniffent du tabac aux entrepofeurs-particuliers , & ceux-ci , aux débitans.

Les capitaines-généraux , les brigadiers & fous-brigadiers qui commandent les divifions de cinq , fept ou neuf hommes , qui font les gardes des fermes , ou archers des gabelles , travaillent à la confervation de toutes les parties , fous les ordres des contrôleurs & directeurs-généraux des fermes. *Voyez* ces différens mots.

Suivant l'article 11 de la déclaration du 25 août 1729 , & l'arrêt de la cour des aides de Paris , du 8 août 1740 , les *commis* ou employés actuels , & ceux qui l'ont été , font fujets à la peine des galères , & à cinq cents livres d'amende , s'ils font pris faifant le commerce de faux fel ou de faux tabac , ou convaincus d'y avoir participé. L'article 10 du titre 17 , avoit prononcé la peine de mort ; mais cette difpofition a été mitigée par la déclaration qu'on vient de citer.

Voyez COLLUSION.

Tout divertiffement de deniers au-deffous de trois mille livres , eft fujet à la peine de mort , d'après les arrêts des cinq mai 1690 , 3 février , & 4 mars 1720.

Ceux qui ont fabriqué ou fait fabriquer de faux regiftres , qui auront délivré de faux extraits , ou contrefait les fignatures des juges , font dans le cas de la même peine.

Le décret d'ajournement perfonnel ne fufpend pas les *commis* de leurs fonctions. L'article 11 du titre 5 de l'ordonnance du 21 juin 1680 , porte , qu'après avoir prêté interrogatoire en la manière accoutumée , les *commis* aux aides continueront leurs fonctions , fans qu'il foit befoin d'aucun jugement ; & l'article 18 du titre commun porte , que ce qui a été ordonné pour les droits d'aides , fera exécuté pour les autres droits.

Tout *commis* chargé de recette , qui a négligé d'enregiftrer les droits qu'il a reçus , eft , par ce feul fait, déclaré prévaricateur, fuivant l'arrêt du 14 juillet 1722.

L'article 579 du bail de Forceville, défend à tous juges de recevoir & d'arrêter les comptes des *commis* de l'adjudicataire des fermes, fur les affignations qu'ils pourroient en faire donner aux fermiers ou fous-fermiers, defquelles ils font déchargés. « Voulons, eſt-il dit, que les comptes » foient préfentés à nofdits fermiers ou fous- » fermiers, & arrêtés par eux ou leurs procu- » cureurs, fauf aux *commis* à fe pourvoir par- » devant les juges qui en doivent connoître, » pour raifon des griefs qu'ils articuleront, & » qu'ils ne pourront propofer qu'après avoir » payé, par provifion, entre les mains de nos » fermiers ou fous-fermiers, à leur caution, les » débets clairs, portés par les arrêtés de leurs » comptes. »

L'article 580 veut que la difcuffion des biens des *commis*, lorfque l'adjudicataire fera faififfant ou oppofant, foit portée, en première inftance, pardevant les élus officiers des greniers, ou des traites, & autres juges des fermes, & par appel, en la cour des aides.

Les privilèges des *commis* des fermes ont été rendus communs, par plufieurs arrêts, aux *commis* des poftes, des poudres & falpêtres, de la loterie royale de France; l'arrêt du 12 mars 1783 l'a ordonné expreſſément pour les directeurs, receveurs & autres employés de l'adminiftration de cette loterie, comme étant en régie pour le compte de fa majefté.

Nous allons faire connoître les *commis* dont ce nom défigne plus particuliérement les fonctions ou le titre de leur emploi. Tels font les *commis* à la defcente des fels.

Les *commis* à la defcente des fels, font ceux qui font prépofés pour affifter au mefurage des fels, lorfqu'ils arrivent dans les greniers, par les voitures des entrepreneurs chargés de les conduire.

L'article 4 du titre 4 de l'ordonnance du 11 mai 1680, porte: « Le fel arrivé au lieu de fa » deftination, fera incontinent délivré aux offi- » ciers & *commis* du grenier, par les *commis* aux » defcentes, mefuré & emplacé dans le grenier; » feront tenus, les officiers, d'en délivrer leurs » procès-verbaux & certificats, tant aux *commis* » aux defcentes qu'aux voituriers; le tout fans » pouvoir rien exiger ni recevoir que les droits » & gages qui leur font attribués, fous prétexte » de gratification, dépenfe ou autrement, à peine » de concuſſion. »

Les emplois de *commis* à la defcente des fels, n'exigeant qu'un exercice de trois ou quatre mois, d'une facilité qui les rend propres à toute perfonne qui a des yeux & fait écrire, ils font prefque toujours donnés à la faveur & à la protection; le plus communément, ce font des gens attachés aux princes, à des grands feigneurs, qui les obtiennent.

Dans les bureaux des miniftres, on appelle premiers *commis*, des chefs qui font chargés de traiter toutes le affaires d'une portion du département du miniftre, & de lui en rendre compte, en lui propofant un avis qui la décide. Chaque premier *commis* a fous lui des chefs de bureau, qui ont des fous-chefs & des *commis* de différens grades, fuivant la nature de leur travail.

On appelle premier *commis* des finances, celui qui, fous le miniftre, a le département du tréfor-royal; l'entrée, la fortie & la diftribution des fonds qui y font portés, & généralement toutes les opérations de recette & de dépenfe qui s'y font.

COMMISSAIRE, f. m. C'eſt le nom que l'on donne à un officier commis par le roi, pour faire certaines fonctions de juftice ou de police.

COMMISSION, f. f. qui défigne le titre par lequel une perfonne eſt chargée de telle ou telle fonction.

Dans ce qui concerne les finances, la *commif-fion* d'un employé eſt une forte de mandement, adreſſé par les fermiers ou régiſſeurs à leur directeur, ou fondé de procuration, pour lui marquer d'admettre le porteur à la place défignée.

Mais en prenant le mot de *commiſſion* dans une acception plus générale, il fignifie une jurifdiction extraordinaire, attribuée à des commiffaires nommés par le confeil, pour juger une affaire énoncée dans l'arrêt qui l'établit.

En matiere de finance, on entend par le mot de *commiſſion*, une chambre de juftice, établie pour connoître des faits de contrebande & de prévarication des commis & employés des fermes, dans un certain nombre de provinces qui compofent l'étendue de fon reſſort.

On compte cinq de ces chambres dans le royaume, qui ont le titre de *commiſſions* du confeil; favoir: à Valence, à Saumur, à Reims, à Caen & à Paris. L'objet de leur création a été d'accélérer le jugement des affaires qui font de leur compétence. On ne peut mieux en faire connoître les motifs, qu'en tranfcrivant ici le préambule de l'arrêt du confeil, rendu le 31 mars 1733, portant établiſſement de la *commiſſion* de Valence, qui eſt la plus ancienne.

Mais quoiqu'il n'y eût point eu jufqu'à cette époque de commiffion perpétuelle, pour juger des cas portés aujourd'hui à ces tribunaux; cependant il y en avoit toujours de momentanées, dont chaque intendant étoit préfident dans fa généralité. C'eſt ce qu'établiſſent les arrêts des 19 novembre, 17 feptembre 1709, 21 janvier, 8 février & 8 juillet 1710, 12 décembre 1711, & plufieurs autres.

Quelquefois même on déléguoit des juges particuliers , pour connoître des délits de contrebande , des rebellions & des prévarications. Le lieutenant-général de police de Paris étoit souvent choisi pour juger les affaires de cette nature. En 1723 , le lieutenant criminel du baillage de Melun fut nommé par arrêt du conseil du 30 novembre , pour faire le procès , à l'extraordinaire , à deux archers de la connétablie , arrêtés pour contrebande. Ce même juge fut ensuite fréquemment commis pour de semblables affaires , jusqu'à l'établissement de la *commission* de Valence , dont il eut la présidence.

Le roi étant informé, » Que, nonobstant les » exemples de sévérité , qui ont été faits dans » plusieurs provinces du royaume , pour réprimer » la licence de la contrebande de toute espèce , » pour détruire les attroupemens à port d'armes , » & pour faire cesser les violences & les meur- » tres commis par les contrebandiers ; ces mêmes » désordres continuent néanmoins avec tant d'au- » dace , qu'il paroît souvent des bandes très-nom- » breuses , qui sont toutes liées d'intérêt , dont les » chefs sont associés , & souvent complices des mê- » mes crimes ; ensorte que si les procès des coupables » étoient instruits dans différentes jurisdictions , il » arriveroit souvent que ceux qui se trouvent cou- » pables des plus grands crimes éviteroient , dans » la province où ils auroient été arrêtés , la pu- » nition qui leur seroit due , soit parce qu'ils n'y » seroient point connus , ou parce que l'on n'au- » roit pu y acquérir les preuves qui ne résultent » le plus souvent , que de la déposition des té- » moins qui se trouvent dans une province très- » éloignée : à quoi sa majesté voulant pourvoir , » elle a commis , & commet le sieur Colleau , » pour instruire & juger , définitivement & en » dernier ressort , toutes les affaires criminelles » qui surviendront dans l'étendue des provinces » ci-dessus dénommées pour raison de l'introduc- » tion à port d'armes , & débit des marchandises » prohibées & du tabac ; ensemble , les procès » qui doivent être faits , tant aux auteurs & com- » plices des violences commises contre les em- » ployés des fermes , qu'aux fauteurs des contre- » bandes, circonstances & dépendances ; évoquant » sa majesté , &c. »

L'arrêt du conseil du 22 janvier 1737, en interprétant celui qu'on vient de rapporter, a attribué à la *commission* de Valence la connoissance des affaires criminelles pour fait de contrebande, dans l'étendue des provinces de Rouergue & du Quercy ; & par autre arrêt du 19 avril 1740, les provinces de Picardie, Soissonnois, Champagne, & des Trois-Evêchés, furent ajoutées au ressort de cette *commission* ; sa compétence, alors bornée aux faits de contrebande, fut étendue, par arrêt du 2 octobre 1742, à connoître des prévarications commises par les employés des fermes, dans les provinces de son ressort.

Un nouvel arrêt du 6 mai 1755, en expliquant ce dernier, la chargea de faire le procès aux regratiers & vendeurs de sel à petites mesures, & aux débitans de tabac qui prévariqueroient, en abusant de la *commission* du fermier, pour vendre du faux sel ou du faux tabac.

La province du Roussillon, & la généralité de Limoges furent mises encore dans le ressort de la *commission* de Valence ; la première, par arrêt du 20 janvier 1756 ; & la seconde, par celui du 16 juillet 1762.

Déterminé par les avantages de la *commission* de Valence, le conseil en établit une seconde à Saumur, par arrêt du 3 juillet 1742 ; & son ressort fut composé des généralités de Tours, Poitiers, Bourges & Moulins , & de l'étendue des dépôts de sel de la province de Bretagne.

Cette *commission*, comme celle de Valence, se réduisoit à un commissaire qui jugeoit souverainement, en appellant avec lui le nombre des gradués requis par l'ordonnance, & en commettant un d'eux pour faire les fonctions de procureur du roi ; cet arrangement subsista jusqu'en 1764.

A cette époque, sa majesté, voulant donner à ces tribunaux une consistance qu'ils n'avoient point eue jusqu'alors, jugea à propos d'en augmenter le nombre des officiers. En conséquence, il ordonna, par lettres-patentes du 23 août de la même année, que la *commission* de Saumur seroit composée de trois officiers de la cour des aides de Paris, nommés, ainsi qu'un substitut du procureur-général, pour exercer le ministère du procureur du roi, chacun en particulier, par des lettres de chancellerie.

L'enregistrement de ces lettres-patentes à la cour des aides de Paris, du 3 septembre 1764, porte : qu'en cas de légitime empêchement, ou de mort de ce substitut, jusqu'à ce qu'il lui ait été nommé un successeur par le roi, le procureur-général commettra tel gradué qu'il jugera à propos, pour remplir les fonctions de substitut.

Que ce substitut entretiendra une correspondance exacte, sur les opérations de la *commission*, avec le procureur-général, qui en rendra compte à la cour quand elle jugera à propos.

Que le greffier de la *commission* enverra, tous les six mois au procureur-général, un extrait de son registre ; y insérera la copie, en bonne forme, des jugemens rendus en exécution de l'article 13 des lettres-patentes, & de la prononciation des jugemens.

Que dans tous les cas, où le substitut aura rendu plainte en conséquence d'un procès-verbal déposé au greffe, le fermier-général sera civilement responsable des faits de ses commis, encore qu'il ne soit pas partie civile.

Que les commissaires de la cour ne pourront accepter aucune *commission*, concernant la jurisdiction de la cour ou des tribunaux, y ressortistiffans, que par lettres-patentes enregiftrées à la cour ; qu'ils feront tenus de veiller dans leur reffort, à tout ce qui concerne l'adminiftration de la juftice, par les officiers reffortiffans en la cour, à l'exactitude avec laquelle ils rempliffent leurs fonctions, circonftances & dépendances ; & de prendre connoiffance des abus qui peuvent fe commettre dans la perception des impôts, pour en rendre compte à la cour.

Les officiers de ces *commiffions*, fuivant l'article 3 des lettres-patentes, connoiffent de tous les faits d'introduction de marchandifes de contrebande, ou dont l'entrée eft défendue dans le royaume, du commerce de faux fel, faux tabac, & de tous les attroupemens, violences, rebellions, féditions, & émeutes formées en conféquence.

Ils jugent également & en dernier reffort les accufations de contrebande, intentées contre des vagabonds, gens fans aveu, ou précédemment condamnés à des peines corporelles, au banniffement, ou à l'amende ; ils jugent encore les manœuvres de contrebande, exécutées avec attroupement & violence publique, ou accompagnées de meurtres, excès, féditions, ou émotion populaire, contre toute efpèce de perfonnes, excepté celles qui font défignées dans l'article 10.

Les contrebandiers font dans le cas de l'attroupement, s'ils ont fait la contrebande au nombre de trois, ou au-deffus, avec des armes, ou au nombre de cinq & au-deffus, fans armes. Ils font coupables de violence publique, s'ils attaquent les employés & gardes des fermes ; s'ils ont forcé leurs poftes ; s'ils ont repris fur eux des prifonniers qu'ils avoient faits ; s'ils leur enlevent des marchandifes, du faux fel ou du faux tabac par eux faifis.

Les fauteurs, receleurs & complices des contrebandiers font également jufticiables des *commiffions*, & leur jurifdiction s'étend à faire exécuter tel jugement qu'elles rendent en dernier reffort.

Les articles 7 & 8 leur attribuent encore le jugement définitif des employés, commis & gardes des fermes, lorfqu'ils font accufés dans les cas fuivans.

1°. D'avoir diftrait à leur profit, ou volé des marchandifes de contrebande, faifies par eux ou par d'autres.

D'avoir entretenu des intelligences avec les fraudeurs ; d'avoir favorifé leur paffage ou leur commerce, ou d'avoir eux-mêmes fait la contrebande.

D'avoir fait ou foufcrit des procès-verbaux faux & calomnieux, ou rendu de faux témoignages, lors des informations, inftructions & confrontations, faites relativement aux affaires portées en la *commiffion*.

Mais fuivant l'article 10, les eccléfiaftiques, les gentilshommes, les officiers fervans dans les troupes, & qui font dans le cas de l'édit de la no-

bleffe militaire, du mois de novembre 1750, les officiers royaux de judicature, & les autres perfonnes qui jouiffent du privilège de la nobleffe, ne peuvent être jugés par la *commiffion* en dernier reffort ; quand même ils feroient dans les circonftances énoncées par les articles 5, 6, 7, 8 & 9.

Lorfque leur procès eft inftruit, les *commiffions* font tenues de les renvoyer à la cour des aides, dans le reffort de laquelle elles font fituées, pour y être jugés en définitif avec tous les accufés.

Si le délit des gens dénommés dans l'article 4, n'eft pas accompagné de circonftances qui le rendent fufceptible d'un jugement fans appel, l'article 2 permet aux commiffaires de continuer la procédure, jufqu'au jugement définitif inclufivement, fauf l'appel à la cour des aides ; ou de la renvoyer en tout état de caufe pardevant les officiers des élections, greniers à fel, & juges des aides, pour y être jugées définitivement, fauf l'appel à la cour des aides.

Si au contraire le délit eft de nature à être jugé en dernier reffort par la *commiffion*, les officiers, dans l'interrogatoire qu'ils font prêter à l'accufé, doivent lui déclarer qu'ils vont le juger fans appel.

Ces *commiffions*, fuivant l'article 12, ne peuvent rendre un jugement en dernier reffort, qu'en appellant des gradués au nombre fixé par les ordonnances.

Les articles 14 & 16 donnent pouvoir aux commiffaires & aux fubftituts de fubdéléguer, tels gradués qu'ils jugent à propos, pour faire l'inftruction d'un procès, dont la connoiffance eft attribuée aux *commiffions*, & rendre les jugemens néceffaires pour cette inftruction ; excepté le règlement à l'extraordinaire, & cela jufqu'au jugement définitif exclufivement.

L'inftruction faite, elle doit être renvoyée à la *commiffion*, pour que l'accufation y foit jugée définitivement.

Lorfqu'il y a lieu de régler la procédure à l'extraordinaire, on doit envoyer copie des informations aux commiffaires, qui peuvent en conféquence prononcer ce règlement fans interroger eux-mêmes les accufés.

L'article 18 veut que la *commiffion* foit régie pour la difcipline intérieure, par les règlemens & ufages de la cour des aides de Paris, & qu'elle fe conforme au furplus aux loix enregiftrées dans les cours des aides, & aux arrêts de règlement rendus par elle.

Ce même article ajoute que les commiffaires réputeront & jugeront, comme coupables de récidive, ceux qui ont déja été condamnés à des peines afflictives, infamantes ou pécuniaires, pour des faits de même nature, dans les cas portés par les ordonnances.

Enfin, il eft dit par l'article 19, que lors de la

la ceſſation de la *commiſſion*, les minutes des jugemens & de toutes les procédures ſeront portées au greffe de la cour des aides de Paris.

Peu de tems après ce règlement général, c'eſt-à-dire, le 21 novembre 1765, des lettres-patentes établirent une *commiſſion* à Rheims, ſur le modèle de celle de Saumur ; & compoſée de deux conſeillers de la cour des aides de Paris, & d'un conſeiller du parlement de Mets. Son inſtitution eut pour objet de connoître des délits de contrebande dans l'étendue des généralités de Soiſſons, d'Amiens, de Châlons ſur Marne, & de Mets ; & par arrêt du 11 ſeptembre 1766, les généralités de Rouen, Caen & Alençon furent ajoutées à celles qui formoient déja le reſſort de la *commiſſion* de Reims, mais pour deux années ſeulement.

L'arrêt d'enrégiſtrement fait par la cour des aides de Paris, le 8 janvier 1766, contient à-peu-près les mêmes modifications qu'on a rapportées au ſujet de la *commiſſion* de Saumur.

Mais il y eſt ajouté, « qu'il ſera repréſenté à
» ſa majeſté, que les moyens extraordinaires aux-
» quels elle eſt obligée de recourir, ne ſont de-
» venus néceſſaires que par la multiplicité des
» fraudes, qui ont leur cauſe immédiate dans
» l'excès des droits ſur le ſel & le tabac.

» Que l'attrait de la contrebande eſt tel, que
» les loix les plus terribles, & l'adminiſtration
» là plus rigoureuſe n'y ont point apporté, &
» n'y apporteront jamais d'obſtacle ſuffiſant tant
» que cette cauſe ſubſiſtera.

» Que l'impôt connu ſous le nom de grande
» gabelle, réunit aux inconvéniens de tous les
» droits exceſſifs ſur les conſommations, celui
» d'être accompagné de contrainte, & de porter
» ſur une denrée de première néceſſité.

» Que la cour ne regarde l'effet des lettres-
» patentes que comme momentané, & attend des
» bontés du roi, des moyens plus efficaces pour
» arrêter la fraude, & rétablir dans ſon intégrité
» la juriſdiction de la cour & des tribunaux y
» reſſortiſſans. »

Par de nouvelles lettres-patentes des 8 janvier 1767, & 9 octobre 1768, la Normandie fut diſtraite de cette *commiſſion*, & il en fut établi une exprès à Caen, pour connoître des mêmes faits que les autres tribunaux de ce genre, dans toute la province.

La ſuppreſſion de la cour des aides de Rouen, arrivée en 1771, fit donner une nouvelle forme à la *commiſſion* de Caen & à celle de Reims.

L'arrêt du conſeil du 22 décembre 1771, nomma, dans la première de ces villes, un commiſſaire pour inſtruire & juger définitivement, en ſe conformant aux ordonnances.

L'arrêt du conſeil du 7 mars, revêtu de lettres-patentes des 29 & 30 mai 1771, ordonnerent que le commiſſaire du roi, membre du parlement

de Mets, jugeant à Reims, continueroit d'inſtruire & de juger définitivement & en dernier reſſort, toutes les affaires dévolues à la *commiſſion*, ſoit qu'elles fuſſent ou ne fuſſent pas entamées, à la charge d'appeller le nombre de gradués néceſſaire dans les cas requis.

Ces diſpoſitions furent confirmées par les arrêts & lettres-patentes du 14 août 1771, portant que dans le cas où le commiſſaire du roi ceſſeroit d'être conſeiller au parlement de Mets, par vente ou démiſſion de ſon office, il continueroit ſes fonctions comme auparavant. L'arrêt du conſeil du 24 juillet 1774, & les lettres-patentes du 29 mai 1775, lui donnerent la même attribution dans la Lorraine & le Barrois, qui avoient déja été mis dans le reſſort de la *commiſſion* de Reims, par arrêt du 7 mars 1773.

Les détails qu'on vient de lire ſont puiſés dans les arrêts & règlemens qui ont établi ces *commiſſions*. Les termes même qu'on rapporte de ces loix, ne peuvent laiſſer aucun doute ſur les motifs de l'érection de ces tribunaux, ſur leur conſtitution, & ſur les formes qu'ils obſervent dans leurs procédures.

Cependant ce tableau eſt bien différent de celui qui a été préſenté dans un ouvrage publié en 1775, *in-8°.* & portant pour titre : *Sur les finances ; ouvrage poſthume de Pierre André.*

Tout ce qu'un fiel échauffé peut produire de plus âcre & de plus amer, tout ce que la calomnie la plus atroce peut trouver de plus venimeux & de plus inſultant, eſt verſé par flots ſur les membres des *commiſſions*, & ſur les fermiers-généraux, dont on aſſure qu'ils ſont à-la-fois les ſubordonnés & les ſtipendiaires. On y peint ces juriſdictions comme autant de tribunaux d'inquiſition, dont les officiers ne ſont que des bourreaux toujours empreſſés d'immoler des victimes, parce que leur fortune s'accroît par le ſang & les rapines.

A entendre l'auteur de cet ouvrage, le nom ſeul des *commiſſions* imprime une terreur qui ferme toutes les bouches ; » les jugemens qu'elles rendent
» ſont toujours irréfragables, en tout oppoſés à
» la raiſon, aux loix des nations civiliſées, &
» à l'humanité ; mais éternellement enveloppés
» des plus épaiſſes ténebres.

» La procédure n'eſt jamais revue par aucun
» tribunal. Jamais les procès ne ſont inſtruits ſur
» les lieux, & cela contre la loi générale, qui
» ordonne que toute cauſe criminelle ſera inſ-
» truite, en première inſtance, par la juſtice des
» lieux où le délit s'eſt commis.

Enfin, on y trouve débitées, avec le ſtyle d'un déclamateur forcené, les exagérations les plus puériles, les fauſſetés les plus avérées, les abſurdités les plus inſidieuſement combinées, pour rendre abominables les *commiſſions*, & pour dé-

V v

vouer à l'anathême & à l'exécration les magistrats qui les composent, & les fermiers-généraux, pour l'intérêt desquels on les dit uniquement établis : comme si la fraude & la contrebande, indépendamment de ce qu'elles attaquent les droits du prince, & bleffent les loix de l'état, ne portoient pas encore atteinte aux propriétés particulieres des négocians honnêtes & de bonne-foi, & n'étoient pas un fléau destructeur de l'agriculture & des fabriques nationales.

Cet écrivain, voulant toujours paroître emporté par la passion du bien public, mais, dans le fait, intéressé à persuader que toutes les impositions actuelles sont vicieuses & produisent de grands maux, afin d'accréditer le plan d'une imposition unique qu'il propose, se déborde par-tout en injures grossieres. Il en adresse aux receveurs-généraux des finances, aux receveurs des tailles ; à ceux du dixieme & de la capitation, & aux régisseurs de différens droits particuliers.

Mais à quelle confiance a pu prétendre un homme qui parle un pareil langage ? En offrant un projet de finance, a-t-il dû raisonnablement espérer de captiver la foi publique, lorsqu'il se montre si mal instruit du véritable état des revenus royaux & de leur perception ; lorsqu'on le voit répéter, avec une simplicité qui ne peut venir que de la plus profonde ignorance en matiere de finance, « que le recouvrement des revenus du roi, qu'il fait monter à quatre cents » millions, coûte à la nation cinq cents millions, » sans compter les pertes dans le commerce, » dans les manufactures & dans les fabriques, » & sans compter les confiscations, les amendes, » frais de justice, &c ? »

Il seroit ridicule de réfuter des extravagances par des raisonnemens. Un écrivain qui a pris plaisir à se tourmenter l'esprit & l'imagination, pour déraisonner & altérer tous les faits, ne devient excusable que par le délire d'une fievre ardente, ou par l'accès d'une mélancolie que cause une bile enflammée. Mais l'esprit d'impartialité, qui nous guidera toujours, ne nous permet pas de céler que le président de la commission de Valence, personnellement calomnié dans ce libelle, en porta de douloureuses plaintes aux pieds du trône. Ce commissaire répondit à tout ce qui concerne les commissions, avec toute la sensibilité d'une ame pure, & avec toute l'éloquence de la vérité ; le calomniateur resta confondu, & ses impostures furent dévoilées de la maniere la plus énergique.

La commission établie à Paris, differe des quatre autres, en ce qu'elle ne connoît que de l'introduction & de la vente du tabac dans les villes de Paris & de Versailles. Sa création est du 29 août 1775. Antérieurement il étoit d'usage que le conseil attribuât, par des arrêts particuliers, au lieutenant-général de police, la connoissance, par voie d'administration & de police, & le jugement en dernier ressort, de tous les délits relatifs à l'introduction, au débit & au colportage des tabacs & des marchandises prohibées, comme les mousselines & les étoffes angloises.

Mais après la réintégration de la cour des aides dans ses fonctions, la sagesse des représentations qu'elle adressa au roi, déterminerent sa majesté à substituer à l'usage suivi jusqu'alors, une commission permanente, composée de magistrats tirés de la cour des aides même.

En conséquence, les lettres-patentes de 1775 désignent le lieutenant-général de police, & cinq conseillers de la cour des aides, dont le choix est confirmé par un brevet de nomination.

Ces lettres n'ont été enrégistrées qu'à la charge, 1°. que les commissaires ne pourront prononcer aucune peine afflictive ou infamante, en conformité de l'article 3.

2°. Que les commissaires ne pourront, sous prétexte de la commission, manquer au service ordinaire qu'ils doivent en la cour.

3°. Que les brevets de leur nomination seront enrégistrés à la cour.

Ces commissaires connoissent par voie de police & d'administration, & jugent, en dernier ressort, de l'introduction & du débit des tabacs de toute espece.

Les prévarications commises par les employés de la ferme générale dans leurs emplois, des débitans de tabac dans l'exercice de leurs commissions, sont aussi du ressort de ces commissaires.

Suivant l'article 2, tous les particuliers qui seront arrêtés, doivent être interrogés dans les vingt-quatre heures, afin que sur le vu de l'interrogatoire, qui doit être rapporté à la premiere assemblée, il puisse être statué sur leur sort, ou qu'il leur soit adjugé des dommages-intérêts, s'il y a lieu.

Conformément à l'article 3 de ces mêmes lettres-patentes, lorsque les accusés sont prévenus de crimes assez graves pour être susceptibles de peines infamantes ou afflictives, leur procès doit être renvoyé pour être instruit & jugé en dernier ressort à la cour des aides, dans la forme ordinaire ; à cet effet, cette cour demeure autorisée à juger en premiere & derniere instance.

Les commissaires peuvent d'ailleurs y renvoyer les autres affaires qu'ils veulent.

Quant à l'introduction des marchandises prohibées, le lieutenant-général de police est commissaire perpétuel du conseil, pour connoître de tout ce qui a rapport à cette contrebande, & de toutes les infractions dont la compétence appartient aux intendans des provinces.

COMPAGNIE, f. f. par lequel on défigne tout le corps des intéreſſés dans une affaire. Dans ce ſens on dit la compagnie des fermiers-généraux, celle des adminiſtrateurs des poſtes, celle des régiſſeurs-généraux, des adminiſtrateurs-généraux des domaines, &c. &c.

Quelquefois le mot de compagnie a un ſens plus reſſerré ; il ne s'étend qu'à un nombre de perſonnes compoſant un comité pour traiter de certaines affaires déterminées. On entend alors par compagnie, celle qui affiſte à ces comités ou aſſemblées, & dans leſquelles celui qui préſide, recueille les voix pour décider du parti que l'on doit prendre ſur une queſtion.

Les compagnies de commerce étant plus particulierement du reſſort du dictionnaire du commerce, nous nous abſtiendrons d'en parler. Mais comme elles ont toutes obtenu des privilèges relatifs aux droits des fermes, afin de les favoriſer dans le commerce qui étoit l'objet particulier de leur aſſociation, nous n'ometterons pas de faire connoître en quoi conſiſtent ces privilèges, aux différens articles alphabétiques des contrées dont ces compagnies ont porté le nom.

Voyez INDE, ISLES FRANÇOISES DE L'A-MÉRIQUE, LEVANT & MARSEILLE.

COMPATIBILITÉ, f. f. qui s'emploie pour déſigner que deux places peuvent s'exercer enſemble, ſans bleſſer les loix & les convenances ; ſans lettres de compatibilité qui ſont une faveur du prince. On ne conſidere ce mot & ſa ſignification que relativement aux emplois de finances.

Il en eſt quelques-uns d'incompatibles avec des offices de judicature, par là ſeule raiſon que leur exercice exigeant un travail & un tems conſidérable, il n'eſt pas naturel que ces emplois ſoient confiés à un homme déja pourvu d'une charge qui l'occupe. Ici l'intérêt de l'adminiſtration des droits du roi, & l'intérêt du fermier ou régiſſeur, s'oppoſent à cette compatibilité. Mais un bureau d'aides, un bureau des droits de traites, un bureau des droits de domaines peuvent être régis ſans lettres de compatibilité avec un office de procureur ou de notaire.

On s'eſt ſouvent élevé contre la réunion de l'emploi de contrôleur des actes avec des charges de notaire. On a même réuſſi quelquefois à obliger des titulaires à ſe demettre, ainſi qu'il eſt arrivé en Normandie au contrôleur des actes de Beaumont-le-Roger, en vertu d'un arrêt du parlement de Rouen, du 22 août 1730.

Cependant les édits d'octobre 1694, & de mars 1696, permettent formellement aux contrôleurs des actes, de poſſéder des charges. Cette diſpoſition paroît fondée ſur la difficulté qu'on auroit à trouver des ſujets capables de remplir les emplois de contrôleurs dans la plûpart des villes & bourgs du royaume. L'exécution de ces édits a été ordonnée toutes les fois que des contrôleurs des actes ont éprouvé des difficultés dans les corps où ils poſſedoient des charges.

Il ſuffit de rapporter ſur ce point, l'arrêt du 9 juillet 1776. Il a jugé que, conformément à l'édit du mois d'octobre 1694, un contrôleur des actes pouvoit en même tems exercer un office de procureur ou de notaire, & que ces doubles fonctions n'étoient point incompatibles. En conſéquence, ce règlement caſſe une ſentence du baillage de Cany, du trois juin 1776, qui enjoignoit au contrôleur des actes & droits y joints au bureau de Cany, d'opter dans un mois entre ſon emploi de contrôleur & ſon office de procureur.

COMPOIX, f. m. qui eſt ſynonyme à cadaſtre. Ce terme, ou celui de terrier, eſt uſité en Languedoc & en Provence, pour déſigner une ſorte de tarif qui ſe fait de l'autorité de la cour-des-aides en chaque communauté. Il contient l'eſtimation de chaque héritage particulier, ſur laquelle la taille ſe diſtribue au marc la livre.

COMPOSER, v. a. qui, en matiere de droits, ſignifie modérer ; mais on dit compoſer des droits. C'eſt en reduire la quotité fixée par la loi, afin de favoriſer l'introduction d'une marchandiſe ſujette à des droits conſidérables, & d'attirer les marchands dans un bureau, au préjudice des autres bureaux.

Cette action tendant à détruire l'égalité de traitement que doivent éprouver tous les négocians qui font le même commerce, elle a été ſévèrement défendue par les fermiers à leurs commis, & aux fermiers par le roi.

Tel eſt l'objet d'un grand nombre de règlemens faits dans un tems où l'intérêt perſonnel & la cupidité tourmentant ſans ceſſe les particuliers intéreſſés dans les finances, tout étoit ſacrifié aux défirs de les ſatisfaire. Les principaux de ces règlemens, ſont les arrêts du conſeil des 30 avril 1686, 23 décembre 1687, 16 mars & 23 novembre 1688, 1er mars 1689, 3 janvier 1690, 4 octobre 1691, & 3 juillet 1692.

Chaque fois qu'un droit étoit établi uniformément, c'eſt-à-dire, à toutes les entrées ou à toutes les ſorties du royaume, on inféroit dans l'arrêt une défenſe d'en compoſer : preuve qu'antérieurement à cette date, les fermiers avoient introduit l'uſage abuſif d'en accorder des réductions ou compoſitions.

COMPOSITION, f. f. Dans le même ſens, c'eſt l'action de compoſer des droits. Il exiſte encore de ces *compofitions* qui ont été refpectées par rapport à leur ancienneté, ou autorifées par des confidérations prifes dans des circonftances locales qui ont exigé leur continuation.

Voyez COUTUME DE BAYONNE, COMPTABLIE, DOUANE DE LYON.

COMPTABILITÉ, f. f. qui fignifie la forme de compter, l'état d'un comptable, la fituation de fa caiffe. On trouvera fous le mot fuivant tout ce qui concerne la *comptabilité* des receveurs des deniers royaux.

COMPTABLE, f. m. par lequel on entend tout homme qui manie les deniers d'un autre à qui il doit en rendre compte. Ce mot devient adjectif, quand il fe joint au nom d'un office ou d'une charge ; alors il indique que celui qui en eft pourvu eft fujet à rendre compte. Pour fe renfermer dans le fens de cette expreffion concernant les finances, il fuffit de dire qu'elle défigne toute perfonne chargée du maniement des deniers du roi ; & qui, par cette raifon, en doit rendre compte à la chambre des comptes. Tels font les tréforiers-généraux, les receveurs-généraux, les fermiers & régiffeurs, ou adminiftrateurs-généraux ; les payeurs des rentes & autres chargés de la recette, & de la diftribution de quelques fonds pour le roi.

Avant de parler des différentes formalités auxquelles font affujettis les *comptables*, il n'eft pas inutile de parler de leur origine, & des difficultés qui fe font fréquemment rencontrées à les foumettre à des règles propres à éclairer leur geftion. On verra que les trois plus habiles miniftres des finances, que la France ait jamais eus, ont fignalé leur avènement, par une vigilance particuliere fur les deniers du roi ; l'on pourra mieux enfuite apprécier l'effet des foins qu'ils fe font donnés, pour porter l'ordre & la clarté dans toutes les opérations des caiffes royales & des *comptables.*

Jufqu'au règne de François premier, les baillifs, les fénéchaux, prévôts & vicomtes étoient chargés de la recette des droits du domaine, & ils en comptoient à la chambre des comptes. Chaque partie des revenus avoit fes receveurs-généraux, qui avoient fuccédé aux généraux des finances, établis en 1388, pour être ordonnateurs de tous les deniers royaux ; mais tous les *comptables* n'avoient que des commiffions.

C'eft fous le règne de ce prince que les places de receveurs & de *comptables* furent érigées en offices, moyennant une finance proportionnée au maniement qui y étoit attaché.

On vit enfuite, en 1554, doubler les comptabilités par des offices alternatifs, par des offices triennaux, & même quatriennaux, tous créés dans des tems de befoin, & fucceffivement, à mefure que les circonftances le demandoient.

Il paroît que ces différens *comptables* avoient profité des tems de trouble & de défordre, fous les règnes de Charles IX, d'Henri III & d'Henri IV, pour embrouiller leur comptabilité, & répandre l'obfcurité fur leur fituation. M. de Sully, parvenu à la furintendance des finances, fut le premier qui fentit tous les avantages d'éclaircir la comptabilité de tous les receveurs royaux.

Il envoya aux receveurs-généraux des modeles de comptes, où rien n'étoit oublié pour le détail, ni pour la clarté ; les obligeant de les accompagner de pièces juftificatives.

Ainfi, dit l'auteur des *Recherches fur les finances*, « fe trouverent comblées les mines, où les » commis avoient coutume de puifer leur opulence, comme mauvais deniers, frais de domaines, dons, droits, taxations, attributions » d'offices, paiemens de rentes, frais de voiture, » épices, émolumens, frais de reddition de » comptes, qui abforboient de grandes fommes, » parce qu'on ne s'étoit jamais donné la peine » de les arguer. »

Il prefcrivit, en 1606, des formules de comptes, pour les parties fufceptibles de difcuffion ; & il fut défendu très-févèrement aux chambres des comptes de paffer aux comptables, en acquit, d'autres fommes que celles qui étoient portées bien diftinctement fur l'état des dépenfes de l'année.

Sa majefté voulut auffi connoître & régler ce qui appartenoit aux officiers, élus, receveurs, pour leurs gages, droits, taxations, frais de comptes, de recouvrement d'états, d'épices, de la chambre des comptes, afin de bannir l'arbitraire qui y étoit introduit. L'épargne, fur ce qui regardoit les chambres feules, montoit à deux cents mille écus par an, au profit du roi.

Dans l'examen que M. le duc de Sully avoit fait des comptes des receveurs-généraux, & des tréforiers de France, il avoit découvert évidemment que de grandes fommes avoient été diverties. Les receveurs-généraux tranfigerent de bonne grace, & obtinrent une entiere décharge, moyennant fix cents mille livres.

Les tréforiers de France prétendirent fe juftifier, en rejettant le défordre fur les chambres des comptes. Sans entrer dans la difcuffion de l'origine & de la caufe du mal paffé & préfent, le furintendant des finances fe contenta, en 1608, de faire pour l'avenir des règlemens, dont l'exécution fut expreffément ordonnée : voici un des plus remarquables, que nous empruntons des *Recherches & confidérations fur les finances, tome premier page* 148, *in-12.*

« M. le tréforier de l'épargne fe fouviendra
» de n'affigner aucune partie des dettes, ordon-
» nées à plufieurs feigneurs, gentilshommes & par-
» ticuliers de ce royaume, fuivant l'état des de-
» niers en acquit, ou autre que ce foit, fans or-
» donnance de monfeigneur le duc de Sully, fur
» les acquits patents qui lui feront rapportés ;
» ni auffi affignera aucuns dons ni penfions, laif-
» fés fous fon nom dans les états de quelque
» généralité que ce foit ; ni des gabelles de Lan-
» guedoc, pour certains officiers de cour fouve-
» raine, fans avoir ordonnance de mondit fei-
» gneur.

» Se fouviendra auffi de n'expédier aucun
» mandement au tréforier des menus ni autres
» comptables, pour le paiement des poftes ; mais
» les laiffera payables fur les lieux, fuivant les
» états du roi, envoyés aux généralités de ce
» royaume.

» N'affignera pareillement le tréforier des li-
» gues Suiffes aucune partie, tant ordinaire qu'ex-
» traordinaire, outre le fonds laiffé dans l'état
» général des finances, fans ordonnance de
» mondit feigneur.

» Et obfervera encore pour le femblable, tant
» pour les tréforiers de l'artillerie, que pour
» ceux de l'extraordinaire de la guerre, & tous
» autres comptables que ce foit, pour le fonds
» tant ordinaire qu'extraordinaire, pour excéder
» celui qui leur eft laiffé dans ledit état des
» finances de fa majefté.

» Le tréforier des ligues Suiffes, en charge
» durant la préfente année 1608, fe fouviendra,
» pendant fon exercice, de retenir, avant toutes
» chofes, la fomme de cent mille livres, fur
» les douze cents mille livres ordonnées aux Suif-
» fés pour leurs fonds ordinaires ; laquelle fomme
» de cent mille livres fera feulement employée
» au paiement des dettes que s'acquitteront par
» compofition, à raifon de fix pour un.

» Et quant au furplus dudit fonds ordinaire,
» le pourra délivrer fur les lieux, par les or-
» donnances des ambaffadeurs ; mais pour celui
» qui fera acquitté en France, foit ordinaire ou
» extraordinaire, fe fouviendra de n'en vuider
» fes mains, que fuivant les ordonnances du
» confeil, ou de mondit feigneur duc de Sully.

» M. le tréforier de l'artillerie, en charge
» durant l'année 1606, fe fouviendra de rap-
» porter un état au vrai de la recette & dépenfe
» actuelle qu'il a faite durant ladite année, afin
» que les reprifes, s'il y en a, foient examinées,
» & que l'on reconnoiffe quels paiemens lui reftent
» à faire pour la dépenfe de ladite année.

» M. le tréforier de l'extraordinaire de deçà
» les Monts, en exercice durant l'année 1608,
» fe fouviendra de n'acquitter aucune partie non
» comprife en fes états d'affignation du confeil,

» fur fon fonds ordinaire, ou fur celui qui lui
» fera extraordinairement fourni par le tréforier
» de l'épargne, ou autre que ce foit, fans or-
» donnance du confeil, ou de mondit feigneur
» duc de Sully ; lefquelles ordonnances il fera
» tenu de rapporter en l'examen de fon état au
» vrai ; autrement feront les parties rayées,
» fur lefquelles lefdites ordonnances ne fe rap-
» porteront.

» M. le fecrétaire du confeil fe fouviendra de
» faire mettre à part tous les arrêts concernant
» les octrois des villes, continués par le confeil
» depuis l'année 1600.

» Fera le femblable, pour tous arrêts, arti-
» cles ou partis, concernant la réunion & le
» rachat du domaine, foit à la requête de cer-
» tains particuliers, ou bien fur les offres des
» partifans ; ce qu'il prendra la peine de faire
» chercher dans fes minutes, depuis l'année 1602.

» Et dorénavant tout ce qui s'expédiera,
» tant pour lefdits octrois que pour ledit do-
» maine ; comme auffi tout autre règlement qui
» fera en forme d'arrêt, ou autrement, con-
» cernant le fait des finances ; ledit fieur pren-
» dra la peine de les faire mettre à part, & d'en
» envoyer une copie à M. le duc de Sully, tou-
» tes les fois que les réfultats du confeil fe
» figneront.

» N'omettra de faire auffi le femblable pour
» les baux à ferme, lorfqu'ils feront renouvellés.

» Meffieurs les tréforiers de l'épargne fe fou-
» viendront encore de dreffer un état bien exact
» de toutes les dettes payées aux années de leur
» exercice, depuis 1598, tant aux princes étran-
» gers, fur quelque fonds que ce foit, qu'à tou-
» tes autres perfonnes, fur leurs dettes ancien-
» nes du fel & des groffes fermes, dans lequel
» état lefdites natures de dettes, & les paiemens
» faits defdites années, feront bien particulié-
» rement diftingués & fpécifiés.

» M. le fergent fe fouviendra d'achever, le
» plutôt qu'il fe pourra, les apoftilles qui lui
» ont été ordonnées par monfeigneur le duc de
» Sully, de faire, fur le regiftre des dettes de
» Suiffe, & outre cela, dreffer un état bien
» exact, & par années féparées, de toutes les
» dettes qui leur ont été payées, tant fur
» leurs fonds ordinaires, que fur les deniers
» extraordinaires, depuis l'année 1598.

» M. le fecrétaire du confeil fe fouviendra,
» durant qu'il fera en exercice à l'avenir, de
» n'expédier aucune continuation d'octroi par
» arrêt du confeil, fans y mettre ces claufes :
» que dorénavant on fera tenu d'en compter de
» fix en fix ans, & d'en rapporter état vérifié
» par les tréforiers de France, fur les lieux, à
» monfeigneur le duc de Sully, grand-voyer de
» France.

M. de Ligny fe fouviendra de dreffer un état
» général, mais diftingué néanmoins par année
» s'il eft poffible, de toutes les rentes rachetées
» par le roi, tant fur les domaines, recettes
» générales & particulieres, que fur le parifis
» de fes greffes; & effaiera de rendre ledit état
» fi exact, qu'il n'y foit omis aucune des rentes
» rachetées.

» Le fieur Lichany fe fouviendra, tous les
» mercredis & famedis à midi, de venir rendre
» compte à monfeigneur le duc de Sully, pour
» les pavés de Paris; & à mefure que les ate-
» liers changeront, il dreffera un autre état pour
» la diftribution defdits ateliers, lequel il pré-
» fentera à monfeigneur le grand-voyer, pour
» être figné, portant contrainte, & le fera exé-
» cuter avec toute rigueur & févérité.

» Et au cas que l'entrepreneur faffe travailler
» trop négligemment aux endroits ordonnés par
» ledit état, à l'inftant il fera employé des pa-
» veurs de Paris, autres que fes affociés; lef-
» quels feront rembourfés du fonds dudit entre-
» preneur, fans aucun retardement. »

L'exécution d'un règlement auffi fage ne fut fans
doute guere maintenu après la retraite de Sully,
& le défordre recommença parmi les *comptables*.
Des écrits publics, autorifés par l'indication d'une
affemblée des notables, au 2 septembre 1626, re-
prochoient l'excès des taxations & des droits accordés aux *comptables*. Des partifans fe faifoient adjuger pour un léger fecours d'argent, obferve-t-on,
le revenu des recettes & le prix des fermes, avant
l'échéance des termes; que prefque toujours ces
marchés fe faifoient avec l'argent même du roi,
par la connivence des tréforiers, qui, non contens
de leurs gains extraordinaires, favent encore préfenter de faux états, fur lefquels le crédit des
protecteurs leur fait adjuger des dédommagemens.

Le tableau de la fituation des finances, fait à
l'affemblée par le marquis d'Effiat, nouvellement
furintendant des finances, peint tout le défordre
qui régnoit dans les caiffes. « Il s'eft auffi ren-
» contré, *dit ce miniftre*, que tous les tréforiers
» de l'épargne, qui ont levé fur les receveurs-
» généraux des fommes d'argent avant le terme
» échu, n'étoient point ceux auxquels ils de-
» voient répondre en l'année de leur exercice.
» L'épargne, formant ainfi fes recettes confufé-
» ment, s'eft trouvée tellement embarraffée, qu'il
» n'y a plus eu lieu de voir clair dans fes
» comptes.

» Les naturaliftes difent que la feiche a cette
» induftrie de troubler l'eau, pour tromper les
» yeux des pêcheurs qui l'épient; de même les
» tréforiers ont perverti tout l'ordre, & obfcurci
» leur maniement, afin qu'on ne pût apprendre,
» par l'épargne, les recettes qui s'étoient faites
» dans les généralités, ni pareillement juger des

» dépenfes; quoique l'épargne foit la fource d'où
» doivent fortir les moyens de les faire.

» De-là vient que quand ce compte de l'épargne
» eft demeuré, ceux des généralités reftent auffi
» accrochés; femblables à un peloton de fil mêlé,
» dont vous ne pouvez tirer un bout que vous
» ne ferriez davantage les autres; & ce, d'au-
» tant plus, que les tréforiers de l'épargne ont
» pouvoir de faire recette & dépenfe de leur
» autorité, jufqu'à la clôture de leur compte,
» qui ne peut être fini que quand il leur plaît.

» Le moyen d'éviter ce défordre, eft que le
» furintendant compte avec eux de jour à autre,
» du moins toutes les femaines, & pourtant fe
» trouvera bien empêché, avec cette vigilance,
» de pénétrer dans le fond de leur maniement.

» Je n'aurai pas peu d'affaires, étant à préfent
» en charge, de voir les comptes de dix tré-
» foriers de l'épargne, ayant tous la même auto-
» rité que celui qui eft en exercice, & en même
» tems compter avec cent & tant de receveurs-
» généraux, plus de cent vingt fermiers & au-
» tant de traitans, qui ont dû porter leur recette
» à l'épargne pendant les cinq années dont ils
» n'ont encore entiérement compté.

» Combien de comptes de diverfes natures de
» deniers, doivent rendre les tréforiers des par-
» ties cafuelles! Tous ceux qui ont agi par com-
» miffion aux reventes du domaine, qui en ont
» reçu les deniers par les quittances de l'épargne,
» defquelles ils n'ont point encore rapporté des
» ampliations; ce qui empêche l'épargne d'en
» faire fa recette affurée.

» Or, s'il y a tant de difficulté à reconnoître
» la vérité en la plus facile fonction des finances,
» qui eft la recette; comment pourra-t-on en-
» trer jufqu'au fond de la recette, pour voir fi
» elle eft vraie ou fauffe, après qu'elle a paffé
» par tant de mains différentes, tant de divers
» fujets, & fous l'autorité de plufieurs ordonna-
» teurs, defquels aucuns ne font actuellement en
» charge, & les autres difent qu'ils ne font
» obligés de rendre compte de leur geftion qu'au
» roi.

» Le fur-intendant des finances, eft feul contre
» tous venans qui s'accordent pour l'attaquer.
» En vain il fait ce qu'il peut pour les conten-
» ter: ne pouvant donner fatisfaction qu'à quel-
» ques-uns, il ne peut que plaindre les autres;
» ainfi, n'y ayant point de règle dans l'épargne,
» toutes chofes qui en dépendent tombent en
» confufion.

» J'appelle à témoin de mon dire, la chambre
» des comptes, s'il n'eft pas véritable qu'elle
» s'eft trouvée en ce point de ne pouvoir exa-
» miner & clorre les comptes, faute que ceux
» de l'épargne n'avoient point été arrêtés.

» M. le procureur-général en ladite chambre,

» ci préfent, vous affurera qu'il n'eft venu dire
» de leur part, qu'ils ne pouvoient faire leurs
» fonctions, que les comptes de l'épargne ne
» fuffent rendus entiérement, & que les *comp-*
» *tables* qui y portent les deniers de leurs charges,
» ou y prennent les affignations, n'euffent fait
» de même ; d'autant que les recettes de tant
» d'années accumulées formoient de fi grandes
» confufions, & favorifoient fi fort les diver-
» tiffemens, qu'il n'étoit pas poffible de difcerner
» les vraies recettes & dépenfes, d'avec les vrai-
» femblables. »

Il eft à préfumer que les règles prefcrites aux
comptables, par M. de Sully, ne furent jamais
remifes en vigueur, puifque M. de Colbert, à
fon avénement au miniftere, trouva les caiffes
dans cet état de défordre & de déprédation dont
le fur-intendant d'Effiat fe plaint fi vivement.
En 1662, les pertes de l'état étoient énormes.
Toutes venoient principalement de la confufion
des recettes. Chaque receveur déguifoit à fon
gré l'état de fa caiffe. Le miniftre preffé avoit
recours aux emprunts, aux traités ruineux, &
ces mêmes receveurs prêtoient au roi fes propres
deniers, à un quart & un tiers de profit.
Souvent c'étoit fur les porteurs d'affignations que
tomboient leurs ufures ; ils les faifoient languir
jufqu'à ce que le befoin en arrachât un efcompte.
La licence des tems avoit reproduit tous les abus
qu'on a vus en 1608.

M. de Colbert rappella les anciennes ordonnances par lefquelles tout *comptable* étoit aftreint
à fournir au confeil, des états au vrai de la recette
& de la dépenfe, trois mois après fon exercice,
& à faire recevoir fon compte à la chambre du
reffort, dans l'année d'après fon exercice ; méthode excellente, qui faifoit jouir l'état des fonds
confidérables qui reftent entre les mains des receveurs-généraux, jufqu'à la reddition de leurs
comptes, & dont le roi payoit cependant l'intérêt, puifqu'ils fervoient aux avances dont il
avoit befoin.

En réformant cet abus, qui fera toujours plus
grand, à mefure que les comptes feront plus re-
tardés, il obligea les receveurs à figner des
réfultats, pour fixer le paiement des tailles dans
dix-huit mois, & depuis, dans quinze, lorfque
les campagnes furent un peu rétablies. En 1669,
M. de Colbert ajouta à ces précautions, celle de
prefcrire aux *comptables* de tenir un journal très-
détaillé de leur recette & dépenfe.

Mais la pente, qui dans cette condition conduit à
la négligence de toute règle, eft fi douce ; l'intérêt
des *comptables* fe trouve fi bien de l'obfcurité &
de la confufion, que les foins de M. Colbert furent bientôt anéantis. En 1691, tous les abus
s'étoient renouvellés. Parmi les défordres qui
s'étoient gliffés dans les finances, celui de la te-

nue des livres des *comptables* devint un des plus
ruineux pour le prince & pour l'état. La forme
des journaux, fi foigneufement établie par M. Colbert, fut négligée ; l'obfcurité s'y mit. Les receveurs firent valoir à gros intérêt l'argent de
leur caiffe, & ce fut le prince même qui les paya,
parce que la rentrée des parties du tréfor royal
ne fe faifoit plus avec exactitude. La circonftance
de la guerre aida le miniftre à croire ce que les
receveurs avoient intérêt qu'il crût, c'eft-à-dire,
que les recouvremens languiffoient à caufe de la
mifere.

La même inatttention accumula les débets à
un point exceffif. On parvint à les regarder indé-
cemment dans le commerce, comme un droit attaché
à la charge. Les fuites de cette faute effentielle,
obferve l'eftimable auteur des *Recherches fur les
finances*, dont nous empruntons ces réflexions, ont
peut-être coûté trois cents millions à l'état, pendant le refte du régne de Louis XIV.

Ce ne fut qu'après la mort de ce monarque,
en 1716, que l'on s'avifa de faire une loi folemnelle, pour établir l'ordre & la clarté dans
la comptabilité de toutes les caiffes.

On prit d'abord le parti d'adminiftrer les recettes générales ; pour y parvenir, il falloit commencer par établir un ordre très-exact dans les
journaux, foit des receveurs particuliers, foit des
receveurs-généraux, afin que les uns fuffent le
contrôle des autres. Un fecret profond & une
précifion finguliere, foit dans les ordres, foit
dans les mefures prifes pour l'exécution, pouvoient feuls en affurer le fruit qu'on fe promettoit ; tout fut combiné de maniere, que dans
le même jour les procès-verbaux de la fituation
des caiffes, le paraphe des regiftres, & l'inventaire
de toutes les pieces furent faits chez tous les receveurs-généraux & particuliers des impofitions.

Ce fut dès le 4 juin que M. le duc de Noailles,
préfident du confeil royal des finances, écrivit
aux intendans de faire parapher & vifer, par
leurs fubdélégués, tous les regiftres des receveurs
des tailles, & des commis à la recette générale,
dans l'état où ils fe trouveroient ; tant regiftres-
journaux, que livres de dépouillement, pour
toute efpece d'impofition, foit de l'année courante, foit des années antérieures.

Les quittances *comptables* ou finales, les récépiffés à compte, les refcriptions ou traites qui
fe trouverent, furent vifés, & il en fut dreffé
des états certifiés année par année.

On en ufa de même pour les quittances, ou
récépiffés à compte des parties prenantes.

Par ce moyen, le confeil fut en état de faire
compter tous les receveurs de ce qui avoit précédé, fans qu'il fût poffible, foit de déguifer les
faits, foit de détourner les fonds.

En même tems parut l'édit du mois de juin

1716, qui, en prescrivant la tenue & la forme des registres - journaux, posa les fondemens de la nouvelle administration des recettes générales.

On ne peut se refuser à rapporter les principaux articles d'une loi aussi intéressante pour les finances.

« L'inexécution des anciennes ordonnances, & » des règlemens faits par les rois nos prédéces- » seurs, touchant l'ordre qui doit être gardé » dans la perception, le maniement, & la dis- » tribution des finances de l'état, ayant été la » source d'une infinité de fraudes & d'abus ; nous » ne devons pas différer de faire revivre ces loix, » dont l'observation n'a rien de gênant pour » ceux qui aiment à exercer leurs emplois avec » honneur, & ne contraindra que les dépositaires » infideles, qui croient avoir intérêt de vivre » dans la confusion.

» Quelque desir que nous ayions de faire re- » naître la confiance publique, & de soulager nos » peuples, nous aurions peine à y parvenir, si » nous ne prenions pas les précautions convena- » bles, pour empêcher à l'avenir la dissipation, » le divertissement & la rétention des deniers » qui doivent être apportés dans nos coffres, » ou distribués suivant leur destination ; & ce » n'est qu'en rétablissant le bon ordre dans les » recettes, & en assurant le produit des recou- » vremens, que nous pouvons fixer le montant » des impositions, pour les proportionner aux » dépenses de l'état, & au paiement des dettes » légitimes.

» Depuis que les officiers *comptables* ont discon- » tinué de tenir les registres - journaux, suivant » l'imposition qui en avoit été faite à la plupart » d'entre eux, par les édits des mois de mars 1600, » article 36, avril 1634, article 54, juillet 1643, » article 16 ; par les articles 13 & 14 de l'édit » donné en forme de règlement, pour nos cham- » bres des comptes, au mois d'août 1669, & par » plusieurs arrêts de notre conseil & de nos cours » des aides, il n'a pas été possible de démêler, » sur le champ, l'état & la nature de leurs re- » cettes, & il leur a été facile de persuader qu'ils » étoient dans de grandes avances, pendant qu'ils » étoient débiteurs de sommes considérables ; d'où » quelques - uns ont pris occasion de payer en » papier ce qu'ils avoient touché en argent ; de » décréditer leurs propres billets, pour les ra- » cheter à vil prix ; de faire languir un grand » nombre d'officiers employés dans les états, & » d'exercer des usures énormes, en exigeant l'in- » térêt des sommes mêmes dont ils devoient le » capital.

» Pour faire cesser toutes ces espèces de mal- » versations qui ont été si onéreuses à l'état & » aux particuliers, nous estimons que rien n'est » plus utile que de commencer par rétablir l'usage » des registres-journaux, & en y ajoutant les » nouvelles précautions que nous inspire la con-

» noissance des désordres passés, d'en faire une » loi générale pour tous les comptables, tréso- » riers, receveurs, caissiers, commis comptables » de nos finances & de nos fermes, & déposi- » taires des deniers publics, en sorte que nous » soyions toujours à portée de connoître l'état » de leurs caisses ; d'en suivre l'emploi confor- » mément à sa destination, & de faire punir sur » le champ, & suivant la rigueur des ordon- » nances, les prévaricateurs, dont l'exemple con- » tiendra dans le devoir ceux qui auroient de » la disposition à s'écarter des règles qui leur » seront prescrites ; au moyen de quoi nous ne » serons plus dans la triste nécessité d'avoir re- » cours à des recherches générales, & nous remet- » terons en honneur la profession de ceux qui » sont chargés de la recette de nos droits & » du maniement de nos deniers, parce que leur » conduite pourra toujours être approfondie dans » le moment même qu'ils seront soupçonnés, & » qu'ils ne seront plus sujets au reproche d'avoir » fait des gains illégitimes dans leurs emplois. » A ces causes, &c.

ARTICLE PREMIER.

» Qu'à l'avenir, & à commencer trois jours » après la publication du présent édit, tous nos » officiers comptables, de quelque qualité qu'ils » puissent être, les gardes de notre trésor royal, » le trésorier général de nos parties casuelles, » les receveurs généraux de nos finances, do- » maines & bois, les trésoriers des pays d'état, » les receveurs des octrois & deniers publics, » les trésoriers de l'extraordinaire des guerres, » & tous les autres trésoriers, même ceux qui » ont le maniement des deniers destinés pour » toutes les différentes dépenses de notre maison, » ensemble tous leurs caissiers & commis comp- » tables, comme aussi tous caissiers & commis » comptables de nos fermiers & sous-fermiers, » soit en titre ou par commission. Les entrepre- » neurs des vivres de terre & de mer, fourrages, » étapes, hôpitaux & fortifications, leurs caissiers » & commis comptables en deniers ou effets, & » tous ceux, sans aucune exception, qui sont » chargés de la recette, recouvrement & manie- » ment de nos deniers de toute espèce, soient » tenus d'avoir un registre journal dans lequel » ils inscriront jour par jour, de suite, & sans » aucun blanc ni transposition, toutes les parties » tant de recette que de dépense qu'ils feront » dans l'exercice de leurs charges, emplois & » commissions.

ART. II.

» Les registres journaux seront reliés, cottés » & ensuite signés sur le premier & dernier » feuillet, & tous les feuillets cottés par premier » & dernier, paraphés.

ART. V.

ART. V.

» Chacun des comptables, caiffiers, commis ou
» receveur des fermiers, fous-fermiers ou comp-
» tables, fera tenu d'énoncer dans chaque article
» qu'il écrira dans ledit regiftre journal, le jour
» du mois & l'année, le nom du particulier de
» qui il recevra, ou à qui il paiera le montant
» de la fomme, en toutes lettres & fans chiffres
» dans le texte, & la caufe du paiement qu'il
» fera ou qui lui fera fait; fi le paiement fait
» ou reçu, eft en argent comptant, lettres,
» billets ou autres effets.

ART. VI.

» Et à l'égard des receveurs généraux & par-
» ticuliers des tailles, tréforiers & receveurs des
» provinces & pays d'états, & généralement
» tous autres chargés du recouvrement des im-
» pofitions de toute nature, leurs caiffiers &
» commis ayant maniement; comme auffi les caif-
» fiers & commis comptables des fermiers, fous-
» fermiers de nos droits, de quelque efpèce que
» ce foit, & autres receveurs en titre ou par
» commiffion, nous avons ordonné & ordonnons
» qu'ils foient de plus tenus de diftinguer les
» différentes fommes qu'ils reçoivent fur chacune
» nature d'impofitions ou de droits, tant de l'an-
» née courante, que des années précédentes, &
» d'ajouter à la fin defdits articles, un bordereau
» des différentes efpèces, foit d'or ou d'argent;
» & en cas que le tout ou partie de cette valeur
» ait été fournie en effets, la qualité defdits
» effets, & le terme auquel ils feront payables,
» feront auffi expliqués. »

Jufqu'à préfent, ce règlement eft refté en
vigueur, &, de tems à autre, il a été rendu
quelque arrêt particulier, pour régler le tems &
la forme des comptes des tréforiers, receveurs-
généraux, & receveurs-particuliers. En 1766, a
été promulguée une déclaration du roi du 4 mai,
enregiftrée à la chambre des comptes le 4 août
de la même année. Cette déclaration, compofée
de trente-fix articles, ftatue fur tout ce qui concerne les comptables & leur comptabilité, depuis
l'année 1665, jufques & compris 1760. Elle autorife les comptables à garder fix années les fonds
des parties non réclamées, fous la condition de
les remettre dans la feptieme au tréfor-royal.
Elle décharge les héritiers des amendes, indé-
cifions, fouffrances & autres charges pour formalités, même des débets d'intérêts fubfiftans fur
les comptes, en payant dans un an feulement,
la moitié du montant de ces débets clairs, fouffrances ou parties rayées, faute de quittances,
ès mains du garde du tréfor-royal, & les deux
tiers dans l'année fuivante, pour ceux qui ne
fe feront pas acquittés dans la première année.

Finances. Tome I.

Toutes les amendes font réduites au dixieme.
Le contrôleur des reftes eft confirmé dans le
droit de fol pour livre des fommes qu'il fera
porter au tréfor-royal. La taxe des épices, de
correction des comptes, eft fixée dans toutes les
chambres, fuivant l'ufage de celle de Paris. Le
trente-cinquième article déclare les biens des
comptables affectés & grevés de privilèges envers
fa majefté, jufqu'après la correction de leurs
comptes, pour ceux des années poftérieures à
1750. Enfin, le trente-fixieme article déroge à
tous édits, ordonnances & déclarations contraires.

L'année fuivante, la chambre des comptes
rendit, le 2 juin, un arrêt en forme de règlement, pour prefcrire au contrôleur des reftes les
pourfuites qu'il avoit à faire contre les comptables,
leurs héritiers, biens-tenans & ayans caufe, pour
les obliger à vuider leurs mains en celles du garde
du tréfor-royal, des fonds des parties non réclamées, des années antérieures à la fixieme année de
leurs exercices; & pour raifon des charges fubfiftantes fur les comptes des années 1720 & fuivantes,
& encore pour la confervation des intérêts du roi,
dans le cas d'abfence, faillite, ou divertiffemens
de deniers.

Ayant été reconnu, en 1770, que le délai de
fix années accordé aux comptables, pour garder
entre leurs mains les parties non réclamées, ap-
portoit dans leur comptabilité & dans leurs fucceffions des retards & des embarras, la déclaration du 4 novembre ordonna que tous les comptables énoncés dans l'article 5 de la déclaration
du 4 mai 1765, enfemble les payeurs des rentes
affignées fur les aides & gabelles, ne demeureroient plus dépofitaires, à compter du premier
janvier dernier, des parties non réclamées, que
pendant trois années après leur exercice expiré.

Une autre déclaration du 12 décembre 1771,
dérogea encore à celle de 1766, en faveur des
gardes du tréfor-royal, qui furent difpenfés,
pour le paffé & pour l'avenir, de la correction
de tous comptes, tant ordinaires qu'extraordinaires.

Comme la fubverfion arrivée dans les cours
de juftice avoit occafionné beaucoup de retard
dans la formation des états qui s'arrêtent au
confeil pour l'acquittement des charges affignées
fur les fermes générales, & qu'il s'en étoit fuivi
un retard femblable dans la préfentation des
comptes de l'adjudicataire des fermes à la chambre,
ce qui l'avoit mis dans le cas d'être condamné à
une amende, pour raifon de cette préfentation
tardive, ainfi que plufieurs autres comptables,
la déclaration du 22 janvier 1775 les déchargea
de ces amendes; elle fixa en même tems des délais
à chaque comptable, pour fe mettre en règle.

On a vu au mot caiffe, que l'habile homme
d'état qui adminiftroit les finances en 1778, avoit
publié un règlement pour établir un nouvel ordre

X x

dans toutes les caiſſes de dépenſe , & nous en avons rapporté le préambule en partie ; c'eſt ici le lieu de placer le reſte , avec le diſpoſitif de cet arrêt , afin de faire juger de l'étendue des ſoins que ſe donnoit cet adminiſtrateur , pour aſſurer l'ordre & la règle dans la manutention des finances.

« Sa majeſté a ſur-tout reconnu de quelle im-
» portance il étoit pour le maintien du crédit ,
» qu'aucun tréſorier ne pût faire des avances ,
» & négocier des billets à l'inſu de l'adminiſtra-
» tion des finances , & ſans ſa participation.
» Enfin , ſa majeſté a penſé que c'étoit ſeule-
» ment d'après la connoiſſance exacte que cette
» adminiſtration pourroit prendre des bénéfices
» des divers tréſoriers , des détails de leurs
» fonctions , & du rapport qu'elles ont enſemble ,
» qu'on feroit en état de propoſer à ſa majeſté ,
» avec certitude , les moyens de parvenir à
» l'ordre le plus ſimple & le plus économe.
» A quoi voulant-pourvoir : ouï le rapport ; le
» roi étant en ſon conſeil , a ordonné & or-
» donne ce qui ſuit.

ARTICLE PREMIER.

» Tous les tréſoriers , payeurs , caiſſiers &
» argentiers , chargés de payer aucune eſpèce
» de dépenſe pour le compte de ſa majeſté , ſeront
» tenus de faire connoître à l'adminiſtration des
» finances , toutes les fois qu'elle le requerra ,
» l'état de leur caiſſe , ainſi que de lui fournir
» tous les renſeignemens qu'elle pourroit deman-
» der , & de tenir tels regiſtres & livres de
» compte qu'elle croira néceſſaires pour le plus
» grand ordre & la plus parfaite clarté.

ARTICLE II.

» Sa majeſté , par les diſpoſitions de l'article
» précédent , n'entend pas diſpenſer les divers
» tréſoriers , de ſe conformer , pour la diſtribu-
» tion des fonds , aux ordres qui leur ſeront
» donnés par les divers ordonnateurs au dépar-
» tement deſquels ils ſeront attachés ; & ces fonds
» leur ſeront verſés du tréſor-royal , d'après le
» règlement qui en ſera fixé au commencement
» de chaque année , ou d'après de nouveaux
» ordres particuliers de ſa majeſté , en cas de
» beſoins extraordinaires dans le cours de ladite
» année.

ART. III.

» Sa majeſté enjoint particuliérement à tous
» leſdits payeurs & tréſoriers , de tenir , jour
» par jour , le compte exact de leurs recettes
» & de leurs dépenſes ; lequel compte , ſigné
» d'eux & affirmé véritable , ſera remis au greffe

de la chambre des comptes à la fin de chaque
» année , pour ſervir , en tant que de beſoin ,
» de contrôle & de compte au vrai de leur
» maniement.

ART. IV.

» Le même compte certifié véritable , ſera
» remis tous les mois , & par cahier , à l'admi-
» niſtrateur général des finances. Veut également
» ſa majeſté , que tous les tréſoriers de province ,
» ou autres perſonnes qui font des paiemens ſur
» les ordres des tréſoriers-généraux de Paris ,
» ſoient tenus de faire paſſer chaque mois au
» département des finances , le compte de leurs
» recettes & de leurs dépenſes pendant ledit mois ,
» au bas duquel ils certifieront l'argent qu'ils
» ont en caiſſe.

ART. V.

» Sa majeſté défend à tous les tréſoriers des
» divers départemens , ainſi qu'à chacun d'eux
» en particulier , de faire , pour le ſervice de ces
» départemens , ni avance ni billets à terme ,
» qu'autant qu'ils y ſeroient autoriſés par l'ad-
» miniſtration des finances , d'après les ordres
» de ſa majeſté.

ART. VI.

» Toutes les taxations , tous les droits d'exer-
» cice fixes , & tous les autres émolumens de
» toute nature , dont jouiſſent leſdits tréſoriers-
» généraux & payeurs , ne pourront , à compter
» de l'exercice de l'année 1779 , être payés
» auxdits tréſoriers , que par une ordonnance
» ſur le tréſor-royal , expédiée en finance , &
» d'après le nouveau règlement qui ſera déter-
» miné par ſa majeſté , ſur le rapport qui lui en
» ſera fait par l'adminiſtrateur général de ſes
» finances.

ART. VII.

» Si quelque tréſorier ne ſe trouvoit pas ſa-
» tisfait de ce nouveau règlement , il ſera auto-
» riſé à demander le rembourſement de ſa charge ,
» lequel lui ſera fait en argent comptant , auſſitôt
» la reddition & apurement de ſon compte ; &
» en attendant , l'intérêt de la finance lui en ſera
» payé ſur le pied de cinq pour cent par an.

ART. VIII.

» Sa majeſté néanmoins excepte des diſpoſi-
» tions de l'article VI , le paiement des gages de
» l'office , leſquels gages pourront être retenus
» comme ci-devant , par les tréſoriers , ſur les
» deniers de leur caiſſe.

ART. IX.

» Sa majesté considérant toutes les caisses » comme une émanation du trésor-royal, veut » que la nomination aux charges de tréforiers, » vacantes, ainsi que les réunions ou suppres- » sions qui pourroient être jugées convenables » au service du roi, soient proposées à sa » majesté par le département des finances; & » seront sur le présent arrêt toutes lettres né- » cessaires expédiées. Fait au conseil d'état du » roi, sa majesté y étant, tenu à Marli le dix- » huit octobre mil sept cent soixante-dix-huit.

L'année suivante, une déclaration du 17 octo- bre, confirmant la maxime, que toutes les caif- fes font une émanation du trésor royal, établit un ordre de comptabilité, d'après lequel toutes les recettes & tous les paiemens devoient passer au trésor royal, soit en espèces, soit en quittan- ces ou affignations. *Voyez* TRÉSOR ROYAL.

Enfin, la déclaration du premier mars 1781, qui assujettit généralement tous les tréforiers & officiers *comptables* des deniers royaux indistinc- tement, à compter à l'avenir au conseil des finances, par états au vrai, fut la derniere loi proposée par cet administrateur, dont nous avons eu si souvent occasion de vanter les opérations & les grandes vues.

Il ne nous reste plus qu'à rappeller quelques règles générales, auxquelles tous les *comptables* doivent se conformer, pour rendre leurs comptes aux chambres des comptes.

Tout officier *comptable* doit prêter serment à la chambre des comptes, & donner bonne & suf- fisante caution, suivant la nature de son office, avant de pouvoir l'exercer.

La déclaration du 3 juin 1701 prononce la peine de mort contre les officiers, convaincus d'avoir diverti les deniers publics. La séparation de biens d'un *comptable* avec sa femme, ne peut être opposée au roi, si elle n'a été faite du con- sentement du procureur-général de la chambre des comptes. Et même, suivant l'édit du mois d'août 1669, le roi a privilège sur le prix des immeubles, acquis par les femmes des *comptables*, quoiqu'elles soient séparées de biens; à moins qu'il ne soit justifié que les deniers, employés aux acquisitions, appartenoient légitimement à ces femmes.

L'arrêt du conseil, du 15 mai 1664, juge que les fonds, remis par les *comptables* à leurs pro- cureurs des comptes, pour acquitter leurs débets, ne font qu'un dépôt de confiance, pour raison duquel ces *comptables* ne peuvent acquérir, ni leur libération, ni aucun privilège, pour la res- titution; dans le cas où les procureurs n'auroient

pas porté ces débets au trésor royal, & seroient devenus insolvables.

L'édit du mois d'août 1669 prescrit les délais, dans lesquels tout *comptable* doit présenter ses comptes, à peine de cinquante livres d'amende, pour chaque mois dont il sera en retard; mais comme l'article 15 y met la condition que ces comptes ne peuvent être présentés, qu'après que leurs états au vrai des dépenses ont été arrêtés au conseil des finances, cette présentation dépend de ces états; & il est accordé des décharges d'amende aux *comptables*, en retard de compter pour raison de ces états. La déclaration du 27 décembre 1701 porte, que les *comptables* seront condamnés au paiement des intérêts des sommes, qu'ils seront en retard d'avoir versées au tré- for royal. Les amendes appartiennent au fermier des domaines.

La forme, dans laquelle les comptes des de- niers royaux doivent être rédigés par les pro- cureurs des *comptables*, a été réglée par diffé- rentes loix, & notamment, par la déclaration du 4 mai 1766, par les lettres-patentes du 4 octobre 1772. Elles fixent les dimensions du pa- pier qui doit être employé, l'étendue des marges, le nombre des lignes que doit contenir chaque page, & le nombre des syllabes dont chaque ligne doit être composée. Elles abrogent en même tems l'usage des chiffres romains, pour prescrire celui des chiffres arabes, & règlent le prix des rôles de chaque compte.

S'il se trouve des parties rayées, faute de titres ou de quittances, elles doivent être payées après la clôture du compte, de même que la somme à laquelle le débet.

Mais si le *comptable* se trouve en avance, la somme qui en est l'objet est rayée; & c'est au *comptable* à se pourvoir au remboursement, par voie de requête.

Lorsqu'un *comptable* a fait apurer ses comptes, il doit en faire signifier le résultat au contrôleur- général des restes, avec la mention des déchar- ges opérées par l'apurement; alors cet officier est obligé de lui donner son certificat, qu'il ne subsiste plus de charges ni de débets sur ses comp- tes. *Voyez* CONTROLEUR - GÉNÉRAL DES RESTES.

COMPTABLIE. (Droit de) C'est un droit local & particulier à Bordeaux & à sa sénéchauf- fée; ainsi il convient d'abord de faire connoître l'étendue du pays où il a lieu.

La sénéchaussée de Bordeaux comprend les en- virons de cette ville, le pays appellé d'entre deux mers, parce qu'il est renfermé entre les rivieres de Garonne & Dordogne, pays qui s'étend depuis Langon jusqu'à Libourne, y com- pris sa jurisdiction, le Fronsadois, le Cubzagués,

X x ij

le Bourgez, le Blayois, le Vitrezay, le Médoc, le pays de Born, celui de la tête de Buch & des Landes.

Il faut y joindre en même tems le district appellé pays de nouvelle conquête, lequel, quoique hors de la sénéchauffée de Bordeaux, participe cependant, comme ceux de son reffort, à recevoir toutes les denrées & marchandifes expédiées de Bordeaux, fans payer aucun droit.

Le pays de nouvelle conquête eft auffi, fitué entre la Garonne & la Dordogne, & confine au Périgord & au Bazadois; il comprend les jurifdictions de fainte-Foy, de Caftillon, Genfac, Duras, Pujols, Rauzan, &c. Ce nom de nouvelle conquête, vient de ce qu'au tems des guerres civiles, les habitans de la sénéchauffée prenoient les armes, & faifoient des incurfions fur les terres de ceux de leurs voifins qui n'étoient pas de leur parti. Les habitans du petit pays appellé depuis de *nouvelle conquête*, fe trouvant expofés, par leur proximité, aux irruptions des Bordelois, avec lefquels l'intérêt du commerce exigeoit cependant qu'ils vécuffent en paix, fe déterminerent à s'unir à eux. Ceux-ci, par reconnoiffance, leur accorderent différentes exemptions dont on aura foin de parler.

La réunion des deux droits anciennement connus, fous les noms de grande & petite coutume, a donné naiffance au droit de *comptablie* à Bordeaux; ainfi raffembler quelques notions fur ces premiers droits, c'eft préfenter l'origine de celui qui fait la matiere de cet article; on n'aura plus enfuite qu'à parler de fon état actuel, & de tout ce qui a rapport à fa perception.

Les droits de grande & petite coutume, paroiffent avoir été perçus à l'entrée & à la fortie de Bordeaux, dans les tems les plus reculés; c'eft ce qu'on apprend dans la chronique Bordeloife; mais on n'y trouve aucune lumiere fur l'époque de leur établiffement.

On voit feulement qu'en 1041, Guillaume VIII, dit Geoffroy, pour dédommager l'abbaye de fainte-Croix du pillage qu'elle avoit fouffert de la part des Sarrafins, lui concéda le droit de petite coutume pour en jouir à perpétuité. Dans la fuite, les religieux qui habitoient ce monaftere, expofés aux infultes des ennemis, pendant les guerres des ducs de Guyenne, céderent, par contrat du 6 janvier 1303, le droit de petite coutume aux maire & jurats de Bordeaux; pour le terme de cent dix années, fous la condition que leur abbaye feroit renfermée dans l'enceinte des murs de la ville.

On ignore s'il y eut enfuite quelque autre convention poftérieure, par laquelle les religieux de fainte-Croix céderent à perpétuité au conful at de Bordeaux, le droit de petite coutume; mais il eft conftant qu'il fut toujours perçu depuis 1303, conjointement avec celui de grande cou-

tume, au profit de la ville de Bordeaux, qui avoit long-tems auparavant obtenu ce dernier, de la libéralité de fes fouverains.

Les troubles élevés dans la province de Guyenne, en 1548, s'étant étendus jufqu'à la capitale, où la révolte fe manifefta avec éclat, Henri II, pour punir Bordeaux, s'empara des droits de grande & de petite coutume, & les réunit à fon domaine par déclaration du 23 novembre 1552.

Le droit de grande coutume étoit alors de deux & demi pour cent de la valeur des marchandifes entrant dans la sénéchauffée de Bordeaux, ou en fortant; & celui de petite coutume, d'un pour cent à l'entrée feulement.

Les Anglois jouiffoient de différens privilèges, à l'égard de ces droits, fur les vins, les paftels, & toute efpèce de marchandifes, qu'ils tiroient de Bordeaux, ou de fa sénéchauffée.

Les droits de grande & petite coutume, ainfi réunis au domaine du roi, furent perçus en fon nom, par fon receveur ou comptable, fuivant d'anciens tarifs, dont on n'a nulle connoiffance, jufqu'en 1565. Alors, en conféquence de la déclaration du roi Charles IX, du 20 juillet, il fut dreffé une nouvelle pancarte, qui fe voit encore au bureau de Bordeaux; mais tellement effacée, qu'elle ne peut fe lire & s'entendre, qu'avec le règlement qui l'a autorifée.

Le prépofé à la recette des droits de coutume étoit celui qui avoit perçu, pour le roi, le droit de traite foraine, de douze deniers pour livre de la valeur des marchandifes, & qui avoit été fupprimé en 1553 à Bordeaux, moyennant une fomme de deux mille écus, donnée par les habitans.

Ce receveur étoit alors un perfonnage d'importance dans la province, & la maifon qu'il habitoit portoit le nom d'*Hôtel de comptablerie*; parce que c'étoit une forte de dépôt, qui contenoit les titres relatifs à la perception des droits, aux fonctions du comptable, & le greffe de fa jurifdiction.

Il y a lieu de croire que le comptable établit, dans fon hôtel, les bureaux néceffaires pour la levée des droits de grande & petite coutume, & que c'eft de-là qu'ils reçurent le nom de droits de *comptablerie*, dont on a fait enfuite *comptablie*.

Quoi qu'il en foit, les droits de grande coutume, qui n'avoient été que de deux & demi pour cent, fur les marchandifes apportées à Bordeaux, ou exportées, furent augmentés de moitié par la pancarte de 1565, tant à l'entrée qu'à la fortie de cette ville, fur tout ce qui étoit pour le compte des étrangers, autres que les Anglois. Le même droit de grande coutume, fur le pied de cinq pour cent, fut également établi à l'entrée & à la fortie de Libourne, Bourg & Blaye, qu'on appelle *les filleules de Bordeaux* ; mais fans diftinction des étrangers & des nationaux ; de façon que ces derniers avoient plus d'avantage à ne faire commerce qu'à Bordeaux, puifque les marchandifes y payoient moitié moins de droits.

La petite coutume refta fur le pied d'un pour cent de la valeur ; mais fa perception, qui ne portoit d'abord que fur l'entrée, fut étendue à la fortie à Bordeaux, fur toutes les marchandifes ; & dans les villes des filleules, fur les vins, feulement fortant de leurs ports.

Tous les vins, apportés dans la fénéchauffée, acquittoient les droits de grande & petite coutume fur leur valeur, à l'exception de ceux du pays de nouvelle conquête, qui ne payoient par-tout que la petite coutume.

Mais les vins de la fénéchauffée étant expor-tés ne payoient, pour le premier de ces droits, que vingt fols par tonneau.

Les Anglois qui en exportoient pour leur compte, ne payoient que treize fols.

C'eft ainfi que ces droits furent levés, depuis 1565 jufqu'en 1688. Alors, pour réprimer les abus qui s'étoient introduits dans l'eftimation des mar-chandifes, non comprifes dans les pancartes de 1565, le confeil chargea M. de Bezons, inten-dant de Bordeaux, de régler un nouveau tarif, pour être exécuté proviloirement jufqu'à nouvel ordre, & ce tarif fut arrêté le 2 feptembre 1688.

Il reçut quelques augmentations le 23 mai 1702; on y comprit quelques articles omis, en pré-fence de M. de la Bourdonnaye, fucceffeur de M. de Bezons, de M. de Blair, fermier-gé-néral, & des juge-confuls de la ville ; & c'eft fous ce titre que les droits de *comptablie* ont été perçus enfuite dans tous les bureaux de la géné-ralité.

Suivant ce tarif, toutes les marchandifes qui viennent à Bordeaux, par mer ou par terre, font fujettes aux droits de *comptablie*, à raifon de trois & demi pour cent, de l'eftimation fixée dans ce tarif, lorfqu'elles font pour le compte d'un François, ou d'un étranger naturalifé ou privilégié, qui jouit des mêmes avantages que le François ; favoir, deux & demi pour cent, pour le droit de grande coutume, & un pour cent, pour celui de la petite.

A l'égard des étrangers fans privilège, ils payent le droit de *comptablie*, à raifon de fix pour cent ; favoir, cinq pour la grande coutume, & un pour la petite. Les étrangers, mis au même rang que les nationaux, relativement à ce droit, font les Efpagnols, depuis le traité des Pyré-nées, confirmé par le pacte de famille, figné en 1768.

Les habitans des villes Anféatiques, en vertu du traité de 1616, & ceux de la ville de Dantzick, d'après l'arrêt du 4 décembre 1725.

Les Suédois & les Danois, d'après le traité de commerce & de navigation, arrêté le 22 mai 1741, & 23 août 1742 ; & enfin les fujets du roi de Pruffe, fuivant la convention de com-merce arrêtée le 14 février 1753, & la décifion du confeil de la même année.

Ainfi ces étrangers privilégiés ne payent, à Bordeaux, que trois & demi pour cent à l'en-trée, & deux & demi pour cent à la fortie.

Il eft bon d'obferver que les vins, les fels & les prunes, n'étant pas compris dans le tarif de 1688, acquittent les droits fuivant l'ufage établi dans ce tems-là, & confirmé par l'ordonnance de M. de Bezons, du 26 feptembre de la même année ; c'eft-à-dire, que ces droits fe levent en-core fous la dénomination de grande & petite coutume, tant à Bordeaux, que dans les villes fes filleules, fur les vins qui y font chargés. Les eaux-de-vie ne paient aucun droit de *comp-tablie*, à l'entrée, de quelques pays qu'elles vien-nent ; il en eft de même du vinaigre, qui jouit de la franchife, tant à l'entrée qu'à la fortie, fans autre autorité qu'un ufage très-ancien.

La convention de 1702 avoit admis, à l'affran-chiffement des droits d'entrée, tous les arbres fruitiers, excepté pourtant les orangers, citro-niers & jafmins.

Le filence du tarif, à l'égard des vins, laiffoit auffi fubfifter la perception des grande & petite coutume, fur ceux qui entroient dans la féné-chauffée ; mais la difficulté de l'établir fur le prix courant, donnoit lieu à de fréquentes contef-tations.

Le fermier croyoit devoir faire entrer, dans le prix courant, un droit de fix fols par ton-neau, dont les commis étoient gratifiés par les négocians, en reconnoiffance du crédit qu'ils en obtenoient. Les négocians prétendoient que ces fix fols, accordés volontairement, ne devoient pas appartenir au fermier. Enfin, M. de Bezons ftatua, de concert avec les parties, que ces fix fols feroient payés par forme de confignation, jufqu'à la décifion du confeil, & fixa en même tems, par ordonnance du 27 novembre 1680, les droits d'entrée fur les vins de Gaillac, Lifle & Ra-bafteins, à trois livres fix fols par tonneau, & à deux livres feize fols fur les autres vins du haut pays, y compris les fix fols conteftés fur cette qualité de vins ; outre les deux fols pour livre des contrôleurs & confervateurs defdites trois livres fix fols & deux livres feize fols.

Cette ordonnance ne concerne que les vins qui y font défignés, & ceux qui viennent du haut pays ; ce qu'on entend par les vins des con-trées qu'arrofent la Garonne & la Dordogne, hors de la fénéchauffée de Bordeaux ; mais comme les vins qui venoient du Languedoc & des bords du Rhône, ne pouvoient être compris parmi ceux du haut pays, il fut convenu, conformément aux dispositions du tarif, qui dit que toutes les marchandises omises seront appréciées de gré à gré, d'en établir les droits sur un prix alors fixé, & trop modique, relativement à la valeur naturelle de ces vins, pour craindre des réclamations contre l'ancien usage qui fait le titre de cette perception.

Les droits de *comptablie* étant dûs en nature, suivant la pancarte de 1565, sur les sels, les oranges, citrons, sardines fraîches, huitres, moules & poteries; il paroît plus simple à la ferme générale de sous-fermer ce droit, que de le faire percevoir pour son compte, à cause de l'embarras, de la garde, de la conservation & du débit des denrées qui lui resteroient.

Le prix de cette sous-ferme est de deux mille cinq cents à trois mille livres, indépendamment de différentes livraisons gratuites que l'adjudicataire est obligé de faire, d'oranges, à l'hôtel des fermes, & de poteries, aux magistrats du parlement, de la cour des aides, aux jurats, aux officiers de la jurisdiction des traites, aux fermiers-généraux, & aux directeur, contrôleur-général & receveur. Chaque portion de poterie est évaluée six livres.

A l'égard des sels, le sac qui est dû par chaque barque ou vaisseau, est évalué à une mine, & cette perception est également sous-fermée à un particulier, à la charge de délivrer environ cent quarante mines à l'intendant, aux magistrats de la cour des aides, aux jurats, aux officiers de la jurisdiction des traites, & autres.

Le sous-fermier de ce droit sur les sels, après sa distribution, rend compte des mines qui lui restent: elles sont réduites en pipes, qu'il paie seulement à raison de seize livres chacune, afin qu'il soit récompensé des frais de perception & de la distribution qu'il a faite.

Ce seroit ici le lieu de faire mention des fruits de carême distribués à ces mêmes magistrats, & dont les principaux reçoivent deux & trois portions, évaluées chacune à trente-six livres: elles consistent en vingt-quatre livres de sucre, quatre livres de riz, de raisin, de prunes, d'amandes, de noisettes, & six livres de figues.

On ne doit pas oublier de parler, à l'occasion du droit de *comptablie*, d'un établissement singulier qui est au profit des pauvres, & qui, par cette raison, porte le nom de *boëte d'aumônes*.

Il doit son origine aux contestations qui s'élevoient fréquemment entre les négocians qui acquittoient les droits de sortie des vins, eaux-de-vie, vinaigres qu'ils avoient déclaré charger, & les commis du fermier, qui refusoient de rendre les droits des parties qui n'avoient pu être embarquées.

Pour lever toute difficulté sur ce point, il fut convenu, en 1638, à ce qu'on prétend, que les droits ne seroient payés qu'après le chargement complet d'un navire, & que les négocians auroient la faculté de rapporter au bureau les billettes, pour les quantités de vins, eaux-de-vie & vinaigres qui n'auroient point été embarquées dans le bâtiment pour lequel la billette auroit été délivrée, sous la condition de payer au profit des pauvres de la ville, quarante sols par tonneau de vin & barrique d'eau-de-vie, & trente sols par tonneau de vinaigre.

En 1737, quelques difficultés de la part des négocians, avoient donné lieu de supprimer cette faveur, qui dépendoit du fermier; mais la chambre du commerce ayant adressé des représentations à la ferme générale, par sa lettre du 19 avril 1738, l'ancien usage fut rétabli, & le paiement à faire à la boëte d'aumônes, pour les quantités non-embarquées, quoique déclarées, fut réduit à vingt sols par tonneau de vin & de vinaigre, & par chaque barrique d'eau-de-vie, avec la clause que les droits de sortie ne seroient acquittés que sur ce qui seroit réellement chargé.

Cette boëte, en forme de tronc, est placée dans le bureau de sortie, & fermée à deux clefs, dont l'une est entre les mains du directeur, & l'autre dans celles du receveur.

L'ouverture s'en fait chaque année, pendant la semaine sainte, & communément on y trouve cinq à six cents livres, qui sont distribuées, partie aux hôpitaux & aux ordres mendians, partie à des pauvres qui, dès long-tems accoutumés à cette charité, viennent chaque année se présenter pour y participer.

Le droit de *comptablie* a lieu, comme on l'a dit, dans toute la Guyenne, & les bureaux principaux sont, après Bordeaux, Libourne, Blaye, la tête du Buch & Langon.

Il est nécessaire de s'arrêter à chacun de ces bureaux, pour y observer les différences qu'y éprouve la perception du droit de *comptablie*, d'après les exemptions générales & particulieres qu'elle comporte. On entend par exemption générale, celle qui est commune à un grand nombre de personnes, & par exemption particuliere, celle qui n'appartient qu'à une seule, à un corps, ou à une communauté.

Parmi les premieres, il faut placer la faculté dont ont joui les habitans de Bordeaux, de faire venir en franchise, pour leur usage & consommation, soit du royaume, soit de l'étranger, toute sorte de denrées & marchandises, & de faire sortir de même celles qu'ils envoyoient partout: mais les lettres-patentes du 15 novembre 1675, ayant restreint ce privilège, il est demeuré réduit, pour tous les habitans, à l'affranchissement des droits d'entrée sur les vins appellés vins de ville, & sur les différentes denrées &

marchandifes du crû ou de la fabrique de la fénéchauffée, & à l'exemption des droits de fortie fur celles qu'ils envoient dans le reffort de la fénéchauffée.

On appelle vins de ville, ceux du crû de la fénéchauffée, & qui feuls pouvoient être confommés à Bordeaux. Tous autres vins, excepté les vins de liqueurs, ne pouvoient être admis qu'au fauxbourg des Chartrons, après la faint-Martin, ou après la fête de Noël : ils ne devoient refter entrepofés que jufqu'au 8 feptembre fuivant, époque fatale après laquelle ceux qui s'y trouvoient étoient confifqués au profit des hôpitaux, s'ils ne fortoient de l'étendue de la fénéchauffée, ou n'étoient convertis en eaux-de-vie.

L'édit du mois d'avril 1776, avoit fait ceffer cette profcription des vins étrangers à Bordeaux, & dans l'étendue de fa fénéchauffée ; ils pouvoient y être amenés en tout tems, mis en magafins en tout lieu, au choix du propriétaire, jufqu'à ce qu'ils fuffent vendus ; mais cette liberté n'a duré que quelques mois, & les chofes ont été remifes dans leur premier état.

Ces habitans ont encore le privilège appellé de la fortie au nom. Il confifte, depuis l'arrêt du confeil du 4 juillet 1682, dans la faculté d'envoyer, en exemption du droit de comptablie, les marchandifes arrivées pour leur compte, des pays étrangers, dans l'efpace de trois mois, & dans le royaume, dans l'efpace de deux. Au refte, ce privilège de la fortie au nom, eft commun à tous les François & étrangers qui font venir des marchandifes pour leur compte à Bordeaux, & qui les expédient de même dans le terme prefcrit.

Les foires de Bordeaux procurent auffi l'exemption des droits de comptablie à l'entrée & à la fortie, fur toutes les marchandifes qui y font amenées ou qui en font enlevées, pendant les quinze jours qu'elles durent.

Le fel fortant de Bordeaux par demi-ceuillerée, eft encore exempt de tous droits, tant de comptablie que de convoi, & voici quelle eft l'origine de ce privilège.

Les habitans de Bordeaux, Libourne, Blaye, & pays Bordelois, avoient foutenu, en 1684, qu'ils pouvoient faire fortir de la ville de Bordeaux une ceuillerée de fel, forte de mefure qui pefe feize à dix-huit livres, & fait la moitié du boiffeau, fans en payer aucuns droits. Ils furent déboutés, par arrêt du 17 mars 1685, de cette prétention, qui fe renouvella en 1736, & fut de nouveau condamnée par arrêt du 16 avril 1737.

Cependant, en 1764, fur une nouvelle conteftation élevée à ce fujet, le confeil ordonna, par arrêt du 24 février, que les jurats de Bordeaux remettroient, dans le terme de trois mois, les titres de leur privilège, & néanmoins il fut enjoint à la ferme générale de furfeoir, jufqu'à

nouvel ordre, la perception des droits de fortie fur les demi-ceuillerées de fel.

Depuis ce tems, il n'a rien été ftatué fur cet objet, & il n'eft fait aucune perception, qui eft d'ailleurs très-modique, n'étant que de trois fols pour une demi-ceuillerée de fel portée de Bordeaux hors de la fénéchauffée, & de trois fols neuf deniers, lorfque ce fel eft deftiné pour un lieu fitué dans fon reffort.

Il eft conftant que cette exemption de droits fur un quart de boiffeau de fel a exifté anciennement, & qu'il en eft fait mention dans le règlement concernant le droit de convoi, fait en 1611 ; mais les privilèges de Bordeaux, relatifs aux droits du roi, ayant été fupprimés par la déclaration du 15 novembre 1675, ces habitans ont dès-lors ceffé d'en jouir, & il paroît que les jurats en font convenus eux-mêmes, dans la conteftation terminée par l'arrêt de 1685.

Les étudians en l'univerfité de Bordeaux jouiffent auffi de l'exemption de tous droits de comptablie, convoi & autres d'entrée, fur les quinze pots de vin qu'ils peuvent faire venir chaque mois pour leur confommation.

Cette exemption, qui en différens tems avoit donné lieu à des abus, dont l'abolition ne pouvoit s'opérer que par la caufe qui les produifoit, a néanmoins été confirmée en 1751, par le roi, après une émeute affez confidérable, fur les prieres des officiers municipaux & de l'univerfité.

Mais il a été convenu en même tems entre ces corps & la ferme générale, que ces barils de vin, envoyés aux écoliers par leurs parens, feroient accompagnés de certificats des curés ou confuls des lieux.

Que la déclaration en feroit faite aux bureaux du Languedoc, & les certificats y feroient vifés.

Qu'à l'arrivée, la vifite des barils feroit faite par les employés, & que ces vins ne pourroient entrer en ville, qu'au moyen d'un billet des jurats, dans lequel feroient dénommés les écoliers pour qui ils feroient deftinés.

Que l'entrée en feroit fixée par les feules portes des falinieres, du caillou & du port faint-Jean, où il en feroit tenu regiftre, & où les certificats feroient enliaffés.

Enfin que la contenance des barils feroit fixée à trente pots pour deux mois, ou quinze pots pour un feul.

Les privilèges, qui exemptent de la comptablie, appartiennent aux Chartreux pour l'entrée, & à M. le duc d'Aiguillon pour la fortie.

Le privilège des Chartreux, accordé par lettres-patentes du 27 février 1640, confirmé en 1716, & par d'autres lettres-patentes du mois de novembre, & par arrêt du 28 décembre 1742, avec quelques reftrictions, leur donne le droit de faire venir, de leurs métairies du haut pays en leur maison de Bordeaux , trente muids de vin & quatre muids de sel , mesure de Brouage , pour leur consommation , en exemption de tous droits quelconques , pourvu que ces vins soient consommés dans leur communauté.

La tradition fait remonter le privilège de M. le duc d'Aiguillon à l'année 1548 , époque de la réunion du droit de *comptablie* au domaine du roi. Henri II , voulant récompenser la fidélité du pays d'Agenois , leur accorda la permission de faire venir de Bordeaux , pour leur consommation , treize salins , c'est-à-dire , treize bateaux chargés de sel , en exemption du droit de *comptablie* , seul qui existoit alors.

En 1642 , Louis XIII engagea les comtés d'Agenois & de Condomois à la duchesse d'Aiguillon , nièce du cardinal de Richelieu ; & il fut stipulé dans le contrat , qu'elle jouiroit des treize salins appartenans au roi , exempts de tous droits de *péages* , de *comptablie* & de *convoi* , & *autres impositions* ; mais cet affranchissement absolu a toujours été regardé comme une extension donnée au privilège primitif. Il semble même que cette immunité générale est invalidée par la non jouissance ; puisque , pendant quatre-vingt-dix ans , les treize salins n'ont été exemptés que des droits de *comptablie* , & ont payé ceux de convoi.

En 1732 , M. le duc d'Aiguillon , qui soutenoit ses fermiers , présenta au conseil une requête , tendante à obtenir nommément l'exemption du droit de convoi. Les fermiers-généraux , auxquels cette requête fut communiquée , y répondirent. Il en est résulté une instance sur laquelle le conseil n'a pas encore prononcé.

M. le contrôleur-général prescrivit seulement , par un ordre particulier , adressé aux fermiers-généraux le 20 avril 1732 , de n'exiger sur les treize salins royaux , appartenans à M. le duc d'Aiguillon ; aucuns droits de convoi , ni autres , jusqu'au jugement définitif du procès.

Dès-lors ces treize salins ont joui de l'exemption des droits de *comptablie* & de convoi à la sortie de Bordeaux. Chaque salin contient soixante-dix pipes de sel ; ce qui revient à neuf cents dix pipes. Le transport de ces sels doit être fait directement dans l'Agenois & non ailleurs ; attendu qu'aux termes du privilège , ce sel est destiné pour la consommation des habitans du pays , auxquels cette quantité n'est pas même suffisante actuellement.

Une autre exemption des droits de *comptablie* & de convoi porte sur les eaux-de-vie de Saintonge , descendant par la Gironde à Bordeaux , pour y être renversées , des barques qui les apportent , sur les navires étrangers qui les attendent.

Ce renversement de bord à bord rend les eaux-de-vie sujettes aux droits d'entrée & de sortie à

Bordeaux , quoiqu'elles aient payé ceux de la traite de Charente à Mortagne ; mais pour favoriser le commerce de ces eaux-de-vie , qui se trouvoient par-là chargées presque du double des droits que paient les eaux-de-vie de la Guyenne , la ferme générale consentit , en 1719 , à ce que les eaux-de-vie de Saintonge qui seroient renversées de bord à bord à Bordeaux , ne payassent que les seuls droits de courtage , & fussent exemptes de ceux de *comptablie* , convoi & contrôle.

Au moyen de ces dispositions , les eaux-de-vie de Saintonge qui ne paient que le droit de courtage à Bordeaux , après avoir acquitté celui de la traite de Charente à Mortagne , ne sont sujettes qu'aux mêmes droits que celles de la Guyenne qui sont embarquées à Bordeaux ; & ce sont ceux de *comptablie* , convoi , contrôle & courtage à la sortie , qui reviennent à-peu-près à dix-huit livres par barique de vingt-sept veltes ou deux cents seize pintes.

Cette exemption du droit de *comptablie* à l'entrée , s'est étendue à toutes les eaux-de-vie importées à Bordeaux , de quelque lieu qu'elles viennent.

Le vinaigre de toute sorte jouit du même affranchissement , comme on l'a dit , sans autre titre que l'usage.

Il est encore plusieurs autres marchandises ou denrées qui , lorsqu'elles viennent du royaume , participent à cette immunité , d'après un état joint au tarif de la *comptablie* , arrêté en 1688 , & convenu le 23 mai 1702 , entre M. de Blair , fermier-général , & les juge-consuls de la bourse de Bordeaux , en présence de M. de la Bourdonnaye , intendant de Guyenne.

Ce sont les arbres fruitiers , excepté toutefois les orangers , les citroniers & les jasmins.

Les bois propres à la construction des navires.

Les bleds & grains de toute espèce , même les graines comme celles de lin & autres ; les feves & tous les légumes non compris au tarif.

Les bois à brûler , le charbon de bois , la chaux , les tuiles , les briques & carreaux de brique.

Les échalats ouvrés , les eaux minérales , les fruits verds de toute espèce , à la réserve des citrons & des oranges.

Les noix , les châtaignes , les osiers , les œufs , les herbes , les plantes potagères & les fleurs vertes.

Le poisson frais , les pierres de taille , de roque de tan , rauzan , ribot & autres pierres de la sénéchaufsée.

Le salicot , les sabots , les truffes , les champignons frais & verds.

Les vieux meubles , les vieilles hardes , excepté les tapisseries étrangères.

Les volailles & le gibier de toute espèce.

Les verres à boire & les ouvrages de verre
non

non éliffés ; excepté les verres à vitre , qui paient les droits.

En 1742 , plufieurs négocians de Bordeaux ayant prétendu que cet affranchiffement devoit s'appliquer indifféremment à toutes les marchandifes & denrées de l'efpèce de celles qui viennent d'être dénommées , quand même elles viendroient des pays étrangers , il fut décidé par le confeil , le 27 juillet , qu'elles paieroient les droits de comptablie , venant de l'étranger.

Les marchandifes & denrées de la fabrique ou du crû de la ville de Caftillon , ou de fon terfitoire, apportées à Bordeaux , avec un certificat de leur origine , n'y paient que le droit de petite coutume , à raifon d'un pour cent de la valeur.

Les vins du même pays , n'acquittent non plus que ce droit, qui eft de feize fols par tonneau , & celui de contrôle.

Pour ne rien omettre de ce qui concerne les droits de comptablie, convoi , & autres qui fe levent à Bordeaux , il eft à propos d'obferver qu'il s'y perçoit des droits d'acquits de paiement & à caution , certificat de defcente , très-différens de ceux qui ont lieu dans les différentes provinces.

Ces droits , qui fe diftinguent par droits de grand & de petit acquit , varient fuivant la nature des marchandifes , & la quotité du droit principal: ils ont été attribués aux receveur & contrôleur des bureaux de la comptablie & du convoi , jufqu'à l'ordonnance & l'arrêt du 2 feptembre 1687 , en vertu defquels l'adjudicataire des fermes les perçoit à fon profit.

L'année fuivante , les négocians de Bordeaux , qui n'avoient jamais contefté le païement de ces droits, quoiqu'il s'en trouve de très-confidérables, adrefferent des représentations aux commiffaires du confeil, affemblés à Saintes en 1688, & prétendirent que les commis ne s'étoient attribués ces droits que par ufurpation. L'adjudicataire , de fon côté , préfenta un état général de ces droits d'acquits , & prétendit être autorifé par les titres qu'on vient de citer , à fuivre l'ufage établi, en les percevant à fon profit ; dès-lors il n'y eut plus de conteftation.

Les baux fubféquens ont confirmé la perception de ces droits compris dans l'article 325 du bail de Forceville, & qui font devenus fujets aux dix fols pour livre, depuis les édits de novembre 1771 , & août 1781.

A l'égard des marchandifes fujettes à des droits uniformes à l'entrée du royaume, il n'eft exigé aucun droit d'acquit ; mais celles qui acquittent les droits de fortie auffi uniformes, paient un droit de trente-trois fols, lorfque leur eftimation eft portée à quarante-cinq livres & au-deffus ; mais au-deffous de ce taux , il n'eft perçu aucun droit d'acquit.

Ces droits font , pour un navire chargé à la defti-

nation des îles , de treize livres huit fols , lefquels paroiffent , fuivant d'anciens états , avoir été répartis dans la forme fuivante.

S A V O I R :

Aux receveur & contrôleur de la *comptablie*, 4 l. f.	
Aux commis fcribes 2	13 l. 8 f.
Aux recev. & contrôl. du droit de convoi, 4 16	
Aux commis fcribes. 2 16	

Les exceptions qui ont lieu au bureau de Libourne , concernent principalement les habitans de cette ville, qui , par arrêt & lettres-patentes du 27 mai 1746 , ont été confirmés dans les privilèges qu'ils prétendent avoir obtenus d'Edouard III , duc de Guyenne , leur fondateur, en 1341.

Il réfulte de ces lettres-patentes , que les habitans de Libourne font exempts de tous droits d'entrée , de comptablie & courtage fur les marchandifes qu'ils font venir , foit du royaume , foit de l'étranger , pour leur confommation: mais que celles de ces marchandifes qui font fujettes à des droits uniformes portés par le tarif de 1667, ou d'autres règlemens poftérieurs, doivent les acquitter.

Que dans le cas où ces marchandifes reçues en exemption , pafferoient à l'étranger au lieu d'être confommées à Libourne , elles acquitteroient les droits de fortie auxquels leur efpèce les affujettit.

Et, qu'enfin , les habitans continueroient de jouir de l'exemption de tous droits, fur les trois cents pipes de fel qu'il eft d'ufage de leur accorder pour leur provifion.

Les marchandifes & denrées du crû ou de la fabrique de Caftillon & de fa jurifdiction , étant apportées à Libourne avec des certificats des commis qui juftifient leur origine , n'y paient aucun droit.

Les fels ne paient à Libourne aucun droit de comptablie , ni à l'entrée ni à la fortie , & l'on prétend que cet affranchiffement eft la fuite d'une convention paffée en 1688 , entre les habitans & les fermiers généraux , en préfence de Meffieurs de Pommereu & de Bezons, commiffaires du confeil.

Mais auffi le fel y paie un autre droit de fix fols par pipe, appellé *droit d'ancien grenier*, qui n'exifte que dans cette ville.

Ce droit, dont l'origine n'eft connue que par tradition orale , vient de celui de neuf fols , que payoient les marchands de fel , dans les quatre greniers établis à Libourne , Bergerac, Lalinde & Souillac, où ils étoient obligés de dépofer les fels dont ils faifoient commerce, pour être enfuite diftribués aux habitans qui les confommoient.

Des officiers créés en titre , levoient ce droit de neuf fols au profit du roi ; mais en 1480 , Louis XI en accorda le tiers à la ville de Libourne , pour être employé aux réparations dont elle avoit befoin , & il ne fut plus levé pour le roi que les fix fols qui fe perçoivent encore.

Dans la fuite, les trois autres greniers à fel ayant été fupprimés, ainfi que les officiers qui en avoient l'adminiftration, le droit de fix fols a été réuni à ceux des fermes, & fait partie des droits fpécifiés dans l'article 315 du bail des fermes, fait à Forceville.

Les droits d'acquit font encore différens, à Libourne, de ceux qui fe perçoivent à Bordeaux: ils n'ont, de même, que l'ufage pour titre, & font plus confidérables à l'entrée qu'à la fortie, pour ce qu'on appelle petit acquit; celui de grand acquit, pour une cargaifon de vins ou d'eaux-de-vie, à la deftination du royaume, eft de huit livres quatorze fols; pour une cargaifon expédiée à l'étranger, de onze livres dix-neuf fols.

Les habitans de la ville de Caftillon, où il fe trouve un bureau fubordonné à celui de Libourne, jouiffent de l'exemption du droit d'entrée de comptablie, fur toutes les marchandifes qu'ils tirent du pays haut, pour leur ufage & confommation; mais fi les marchandifes viennent à en fortir, pour aller, foit à Bordeaux, ou dans quelque lieu de la fénéchauffée, elles paient les droits d'entrée.

Les marchandifes & denrées du crû du pays de nouvelle conquête, dans lequel la ville de Caftillon eft fituée, y étant apportées, n'y paient aucun droit de comptablie à l'entrée ni à la fortie, pourvu qu'elles foient accompagnées de certificats juftificatifs de leur origine.

Les vins de ce crû étant deftinés pour tout autre endroit que Bordeaux, paient au bureau de Caftillon le droit de feize fols par tonneau, & celui de contrôle, conformément aux arrêts du confeil du 30 décembre 1732, 4 novembre 1738, & 4 décembre 1742; mais fi ces vins font expédiés pour Bordeaux, ils ne paient rien, & on délivre un acquit à caution pour en affurer la deftination; à leur arrivée en cette ville, ils acquittent les mêmes droits.

Le droit d'acquit fe perçoit à raifon d'un fol pour livre du droit principal, jufqu'à douze livres; mais il n'excede jamais douze fols, à quelque fomme qu'il monte.

Au bureau de Bourg, où fe perçoivent les mêmes droits qu'à Bordeaux, les habitans ne paient aucun droit de comptablie, à l'entrée, pour toutes les marchandifes & denrées qu'ils font venir, foit par terre, foit par mer, en affirmant par ferment, qu'elles font pour leur compte.

Quant aux vins de leur crû, qu'ils expédient dans leur port, foit pour le royaume, foit pour le pays étranger, ils ne paient qu'un fol pour droit de petite coutume. Les vins du Bourgès, qu'ils achetent & chargent enfuite pour quelque deftination que ce foit, n'acquittent qu'onze fols à la fortie, favoir, dix fols pour la moitié du droit de grande coutume, & un fol pour le droit de petite coutume.

Mais dans tous ces cas, le droit de convoi eft acquitté avec les deux fols pour livre, & le contrôle.

Les titres du privilège des habitans du Bourg, font dans une poffeffion conftante de trois cents ans, & dans les difpofitions des lettres-patentes du mois d'août 1654, qui rappellent grand nombre de règlemens antérieurs.

Toutes ces autorités concourent encore à confirmer l'établiffement de la foire franche qui fe tient à Bourg depuis le premier feptembre, jufqu'au huit inclufivement, & pendant laquelle les marchandifes qui y font portées ne paient aucuns droits.

Les droits de grand acquit, pour des bâtimens chargés en groffes cargaifons, font de cinq livres.

Pour le droit d'acquit d'un bâtiment chargé en menue cargaifon, on perçoit deux fols par quatre livres de droit principal, jufqu'à la concurrence de vingt-quatre livres, fomme à laquelle ce droit demeure fixé à douze fols, fans jamais excéder ce prix. Le droit d'acquit à caution & de certificat de defcente, n'eft que de cinq fols.

La perception de la comptablie ne fouffre qu'une feule exception au bureau de Blaye; à l'égard du fel: les habitans de cette ville pouvant en faire entrer quatre-vingt-fix pipes pour leur provifion, en payant feulement les droits d'entrée, de convoi & de comptablie, avec ceux de contrôle. On prétend que cette faveur eft l'effet d'une convention paffée entre eux & d'anciens adjudicataires des fermes, au moyen de laquelle ils ont renoncé au commerce de fel.

Sans cette convention, ils feroient affujettis à payer en même tems les droits d'entrée & de fortie, comme ils font perçus fur les fels qui peuvent fe trouver dans les barques qui l'apportent, au-delà des quatre-vingt-fix pipes qui forment cet approvifionnement annuel. Il eft d'ufage d'accorder l'exemption entiere des droits, depuis l'année 1689, fur neuf pipes, faifant partie des quatre-vingt-fix dont il s'agit, pour la confommation de l'état-major de la garnifon du château de Blaye; de forte que la ville livre le fel, & le fermier fait grace des droits.

Le gouverneur de Blaye jouit auffi, en vertu d'un ordre donné, en 1705, par le miniftre des finances, du privilège de faire venir dans le château, pour fa provifion, cinq pipes de fel, franches & quittes de tous droits de comptablie & convoi.

Le bureau de Blaye comprend dans fon diftrict tout le pays appelé Médoc, dans lequel fe trouvent fitués cinquante-deux marais falans appartenans à divers particuliers, & qui peuvent produire environ mille à douze cents muids de fel, mefure du pays; c'eft-à-dire, que chaque muid, compofé de vingt-quatre boiffeaux, mefure de l'Efparre, équivaut à deux muids de brouage, ou trois pipes & une mine, mefure de Bordeaux.

A la feigneurie de l'Efparre, eft attaché le droit de percevoir fept cents boiffeaux, mefure du pays, fur les marais, fans rien payer au fermier du roi, & de les faire diftribuer aux tenanciers de cette terre pour leur confommation, en prenant feulement, chaque fois, une permiffion du bureau du conyoi & de la *comptablie*.

Les droits d'acquits, qui fe perçoivent à Blaye, font différens à l'entrée de ceux qui fe levent à la fortie ; & on y joint encore, dans ce dernier cas, le droit de vifite & un droit d'expédition de patache, qui eft de moifié plus fort fur les bâtimens étrangers, que fur ceux qui font nationaux.

Les deux autres bureaux principaux de la fénéchauffée de Bordeaux, où fe perçoivent les droits de *comptablie* & de convoi, font la tête de Buch & Langon. Il ne s'y trouve rien de particulier, finon que le fel qui y eft apporté ne paie aucun droit de *comptablie* ; mais acquitte celui de convoi, à raifon de vingt-huit livres, fuivant l'article 315 du bail de Forceville.

Le droit de convoi, quoique fixé à cinq fols du quintal fur la réfine, par l'article 318, ne fe perçoit néanmoins qu'à deux fols fix deniers, ou vingt-cinq fols du millier pefant ; & cette perception qu'on prétend, fans en produire de preuve, avoir été convenue en 1646, s'eft perpétuée jufqu'à préfent ; par la raifon que les droits qui entrent dans le bail des fermes, étant toujours affermés fur le pied où la perception en eft établie, il ne peut rien y être changé que de l'autorité du confeil ; & qu'en pareil cas, il vaut mieux priver le fermier d'une augmentation inufitée, fur laquelle il n'a pas pu compter, que d'en grever le commerce, accoutumé à la perception établie.

Le bureau principal de Langon ne mérite de nous arrêter, que pour prévenir que depuis 1612 il fait partie de la fénéchauffée de Bordeaux, quoique fitué dans celle de Bazas, que le droit de *comptablie* s'y perçoit comme à Bordeaux ; c'eft-à-dire, à trois & demi pour cent à l'entrée, & deux & demi à la fortie ; au lieu que, fuivant les difpofitions du tarif de 1688, cette perception devroit y avoir lieu, à raifon de cinq pour cent à l'entrée, de même qu'à la fortie, ainfi que dans les bureaux de la fénéchauffée de Bordeaux.

On n'a pas une connoiffance bien fûre des motifs de cette exception. Mais on préfume, que comme l'établiffement du bureau de Langon éprouva de grandes difficultés en 1597 de la part des habitans, fuivant ce qui en eft rapporté dans le procès-verbal de la tournée faite en 1688, par M. Grandval, fermier-général ; il fut vraifemblablement convenu que le droit de *comptablie* ne s'y percevroit que fur le même pied qu'à Bordeaux. Cet ufage eft commun aux neuf petits bureaux qui font fubordonnés à celui de Langon ;

le droit de convoi ne s'y perçoit que fur de petites parties de prunes, apportées du pays haut pour quelques endroits de la fénéchauffée, fituées entre Langon & Bordeaux.

Tout ce qui eft déclaré pour cette ville, doit être expédié par acquit à caution.

COMPTE, f. m. La fignification de ce mot eft trop connue, pour qu'il foit befoin d'en donner une définition. Tout *compte* eft compofé de deux chapitres ; celui de la recette, & celui de la dépenfe.

Quand le premier préfente des parties portées en recette, fans avoir été entièrement reçues, mais qui le feront fûrement ; on ajoute un troifieme chapitre au *compte*, celui des reprifes.

COMPTER, fe dit de tout comptable qui met fa geftion en évidence. On diftingue trois manieres de *compter* :

Compter en forme ;
Compter par bref état ;
Compter de clerc à maître.

Compter en forme ; c'eft préfenter à la chambre des comptes un compte dreffé & libellé dans les régles prefcrites.

Compter par bref-état ; c'eft préfenter au confeil un mémoire fommaire, conforme aux états du roi, arrêtés en finances, avec un bordereau, & les quittances juftificatives de la dépenfe.

Compter de clerc à maître ; c'eft renoncer à tout bénéfice d'une affaire, en ne comptant que de ce qu'on a reçu. *Voyez* CLERC A MAÎTRE.

CONCUSSION, f. f. qui fignifie volerie, extorfion, exaction. Elle a lieu en finance lorfqu'un commis fait payer plus qu'il n'eft dû. Pour prévenir cet abus, tout commis eft obligé de délivrer une quittance de la fomme qu'il reçoit. Sur ce titre, on peut fe pourvoir en juftice pour obtenir le rembourfement de ce qui a été exigé au-delà de ce qui eft réglé par la loi.

Il y a cette différence entre la *concuffion* & le péculat, que la premiere fe commet contre le public, & le fecond contre le roi.

CONCUSSIONAIRE, eft celui qui fe rend coupable de concuffion. Les *concuffionaires* font dans le cas d'être punis de mort ou de peines infamantes, fuivant l'objet & les circonftances de leur crime.

CONFIRMATION. (Droit de) Ce droit eft dû à l'avénement de chacun de nos rois à la couronne, & compofe un de ceux qu'on appelle de joyeux avénement ; ainfi c'eft un droit domanial attaché à la fouveraineté. Il s'exerce fur tous les fujets du roi, tant dans les domaines aliénés ou engagés, que dans ceux donnés en apanage ou à titre de douaire, ou pour quelqu'autre cause que ce soit, d'après l'arrêt du 29 septembre 1723. La substitution perpétuelle du trône de mâle en mâle, étant une loi fondamentale de la monarchie, il s'ensuit que les possesseurs de ce trône, ne sont qu'usufruitiers, que dès-lors ils ne peuvent concéder, créer & confirmer que pour le tems de leur règne. Cet ordre de choses rend nécessaire la *confirmation* du roi successeur, sur une concession de privilèges, sur une création d'office & de toute charge quelconque.

De-là est venu l'usage d'accorder cette *confirmation* par chaque nouveau roi. Elle fut d'abord gratuite jusqu'au règne de François premier ; mais à cette époque, on l'assujettit à un droit.

L'ordonnance du mois de décembre 1560, porte que tous les officiers royaux, de quelque état, qualité & condition qu'ils soient, sont tenus au nouvel avénement des rois, de prendre des lettres de *confirmation*, tant de leurs états & offices, que de leurs privilèges & franchises, de même que tous sujets privilégiés.

Cette disposition fut renouvellée sous Louis XV, par déclaration du 27 septembre 1723, & on y ajouta que toutes les communautés des villes, fauxbourgs, bourgades, les communautés & les particuliers qui jouissent des droits de commune, de chauffage, de pacage, de foires & marchés, & autres droits & privilèges, les communautés de marchands, les hôteliers & cabaretiers, demeureroient confirmés dans leurs fonctions & immunités à eux accordées depuis le commencement du règne de Louis XIV, en 1643, à la charge d'une finance.

Les officiers des parlemens, grand-conseil, chambre des comptes, cours des aides & cours des monnoies, en furent exceptés.

En 1725, parut un arrêt du premier juillet, avec une instruction sur la quotité du droit de *confirmation*, & sur la manière de le percevoir. Les offices de finances & ceux que donnent la noblesse, étoient taxés sur le pied du denier trente du montant des finances payées au roi, avec les deux sols pour livre & les frais de quittances.

Les offices de justice & de police, sur le pié du denier soixante, pour le droit principal de *confirmation*.

Les vétérans des offices qui donnent la noblesse, moitié des titulaires des moindres offices de même qualité, & procurant les mêmes privilèges ; les veuves, le quart, &c.

Les vétérans des autres offices, le quart ; les veuves, le huitieme.

La noblesse acquise par lettres de concession ou de réhabilitation depuis 1643, par prévôtés de marchands, maire, échevinage, jurats, consulats, capitoulats & autres offices que ceux de secrétaires du roi, de la grande chancellerie,

étoit taxée à raison de deux mille livres par tête des jouissances, tant par eux que par leurs ancêtres.

Pour les octrois & deniers patrimoniaux ou subvention des villes, on devoit payer un quart du revenu.

Pour les foires & marchés, une demi-année du revenu.

Pour les usages & communes, une année entière du revenu.

Pour les privilèges, statuts, jurandes des différentes communautés & corporations de marchands, artisans, cabaretiers, hôteliers, en raison de leurs facultés.

Pour le privilège de franc salé par toutes personnes, y compris les communautés ecclésiastiques, à l'exception des hôpitaux seulement, une année de l'estimation de ce franc salé.

Pour chaque lettre de légitimation & de naturalité, mille livres.

Pour les domaines engagés ou aliénés avant 1643, le quart du revenu ; ceux qui avoient été engagés postérieurement, devoient moitié du revenu.

Pour les dons, concessions, privilèges, aubaines & confiscations, une année de leur produit.

Pour les droits de moulins, forges, verreries, péages, bois, passages, pêche & d'écluses, une demi-année de leur produit, le tout avec les deux sols pour livre, & trois livres pour frais de la quittance de finance.

En 1730, un arrêt du conseil du 2 mai, ordonna que tous ceux qui jouissoient de la noblesse en conséquence de lettres obtenues ou par mairie, échevinage & capitoulat, depuis 1643 jusqu'au premier septembre 1715, seroient tenus de payer, dans trois mois de la date de cet arrêt, la somme de deux mille livres, & les deux sols pour livre pour le droit de *confirmation* dû à Sa Majesté, à cause de son avénement à la couronne, faute duquel paiement, ils seroient déchus de la noblesse & des privilèges y attachés, compris dans les rôles des impositions, comme roturiers, & assujettis au paiement des droits de franc-fief, de ceux des aides, &c.

Un autre arrêt du conseil du 29 juillet 1732, ordonna que dans la généralité de Poitiers, ceux qui avoient obtenu la noblesse par lettres ou échevinage, &c. ne pourroient être admis aux privilèges qu'elle donne, que sur la représentation de la quittance du droit de *confirmation*.

Si ces dispositions n'ont pas été abrogées par une loi expresse, comme il y a lieu de le croire, il reste au fisc une belle occasion d'exercer sa bienfaisance, en annullant ces deux arrêts ; ou un grand moyen de trouver des ressources, en les faisant mettre à exécution.

A l'avénement du roi regnant à la couronne, la premiere loi qui fut rendue, annonça la remife du droit de *confirmation*, & de tous ceux qui font dûs fous le nom de joyeux avénement, tout en réfervant le fond du droit jugé domanial & inceffible. Cet édit qui eft un monument de bonté & de bienfaifance, mérite d'autant mieux d'être configné dans un ouvrage confacré à la finance, qu'il forme un grand contrafte avec le parti qui fut pris au commencement du règne précédent.

« Louis, par la grace de Dieu, roi de France » & de Navarre ; à tous préfens & à venir, fa- » lut. Affis fur le trône où il a plu à Dieu de nous » élever, nous efpérons que fa bonté foutiendra » notre jeuneffe, & nous guidera dans les moyens » qui pourront rendre nos peuples heureux ; c'eft » notre premier defir : & connoiffant que cette » félicité dépend principalement d'une fage ad- » miniftration des finances, parce que c'eft elle » qui détermine un des rapports les plus effen- » tiels entre le fouverain & fes fujets ; c'eft vers » cette adminiftration que fe tourneront nos pre- » miers foins & notre premiere étude. Nous » étant fait rendre compte de l'état actuel des » recettes & des dépenfes, nous avons vu avec » plaifir qu'il y avoit des fonds certains pour le » paiement exact des arrérages & intérêts pro- » mis ; & confidérant les engagemens comme » une dette de l'état, & les créances qui les re- » préfentent, comme une propriété au rang de » toutes celles qui font confiées à notre protec- » tion, nous croyons de notre premier devoir » d'en affurer le paiement exact. Après avoir » ainfi pourvu à la fûreté des créanciers de l'état, » & confacré les principes de juftice qui feront » la bafe de notre règne, nous devons nous » occuper de foulager nos peuples du poids des » impofitions ; mais nous ne pouvons y parve- » nir que par l'ordre & l'économie : les fruits » qui doivent en réfulter ne font pas l'ouvrage » d'un moment, & nous aimons mieux jouir » plus tard de la fatisfaction de nos fujets, que » de les éblouir par des foulagemens dont nous » n'aurions pas affuré la ftabilité. Il eft des dé- » penfes néceffaires qu'il faut concilier avec l'or- » dre & la fûreté de nos états. Il en eft qui » dérivent des libéralités, fufceptibles peut-être » de modération ; mais qui ont acquis des droits » dans l'ordre de la juftice par une longue pof- » feffion, & qui dès-lors ne préfentent que des » économies graduelles : il eft enfin des dépenfes » qui tiennent à notre perfonne & au fafte de » notre cour ; fur celles-là nous pourrons fui- » vre plus promptement les mouvemens de notre » cœur, & nous nous occupons déja des moyens » de les réduire à des bornes convenables. De » tels facrifices ne nous coûteront rien, dès qu'ils » pourront tourner au foulagement de nos fujets ; » leur bonheur fera notre gloire, & le bien » que nous pourrons leur faire fera la plus douce

» récompenfe de nos foins & de nos travaux. » Voulant que cet édit, le premier émané de » notre autorité, porte l'empreinte de ces dif- » pofitions, & foit comme le gage de nos in- » tentions, nous nous propofons de difpenfer » nos fujets du droit qui nous eft dû à caufe » de notre avénement à la couronne ; c'eft affez » pour eux d'avoir à regretter un roi plein de » bonté, éclairé par l'expérience d'un long règne, » refpecté dans l'Europe par fa modération, fon » amour pour la paix, & fa fidélité dans les trai- » tés. A ces caufes & autres à ce nous mouvant, » de l'avis de notre confeil, & de notre cer- » taine fcience, pleine puiffance & autorité » royale, nous avons, par le préfent édit per- » pétuel & irrévocable, dit, ftatué & ordonné, » difons, ftatuons & ordonnons, voulons & » nous plaît ce qui fuit.

ARTICLE PREMIER.

» Voulons que les arrérages de rentes per- » pétuelles & viageres, charges & intérêts, & » autres dettes de notre état, continuent d'être » payés, & que les rembourfemens, indiqués par » loterie ou autrement, foient faits fans inter- » ruption ; en conféquence ordonnons à tous tré- » foriers & payeurs de faire tous lefdits paie- » mens avec exactitude. Voulons pareillement » que les rembourfemens des emprunts, faits par » les pays d'états pour le compte de nos finan- » ces, continuent d'avoir lieu jufqu'à la parfaite » extinction defdits emprunts.

ART. II.

» Faifons remife à nos fujets du produit du » droit qui nous appartient, à caufe de notre » avénement à la couronne, le fonds du droit » réfervé comme domanial & inceffible, pour en » être ufé par nos fucceffeurs rois, ainfi qu'ils » le jugeront convenable. Si donnons en mande- » ment à nos amés & féaux confeillers, les gens » tenant notre cour de parlement à Paris, que » notre préfent édit ils aient à faire lire, pu- » blier & regiftrer, & le contenu en icelui » garder, obferver & exécuter felon fa forme & » teneur. Voulons qu'aux copies du préfent édit, » collationnées par l'un de nos amés & féaux » confeillers-fecrétaires, foi foit ajoutée comme » à l'original : car tel eft notre plaifir ; & afin » que ce foit chofe ferme & ftable à toujours, » nous y avons fait mettre notre fcel. Donné à » la Meute, au mois, de mai l'an de grace mil » fept cent foixante-quatorze, & de notre règne » le premier. »

CONFISCATION, f. f. En finance, il figni- fie l'adjudication prononcée en faveur du fifc par la loi, des biens d'un homme condamné ou

à mort civile , ou à mort naturelle , ou des marchandifes introduites dans le royaume, ou qui en
font exportées au préjudice des ordonnances, ou
enfin de celles que l'on tranfporte en fraude des
droits.

Dans ces différens cas , ce font les fermiers
du fifc à qui appartiennent ces *confifcations*, comme
un cafuel compris dans leurs baux. La *confifcation*
des biens des perfonnes condamnées à mort, aux
galeres ou à un banniffement perpétuel, appartient
au fermier des domaines. Ce font les tréforiers
de France ou les autres juges compétens pour
les matieres domaniales, qui connoiffent des difcuffions & du recouvrement de ces fortes de *confifcations*.

Quant à la *confifcation* des marchandifes &
denrées qui font défendues , foit à l'entrée , foit à
la fortie , ou qui font dans le cas de la faifie
pour fraude des droits, pour paffage par un lieu
différent de celui qui eft indiqué par l'acquit dont
elles font accompagnées ; c'eft par-devant les juges
de chacune des matieres dont il s'agit, fuivant leur
nature , qu'il faut la pourfuivre. On diftingue
les juges des traites pour les marchandifes &
denrées, les élections pour les boiffons & le tabac,
les juges des gabelles pour le fel & le tabac dans
les provinces où les aides n'ont pas cours.
Voyez les mots CONTREBANDE, PROHIBI-
BITIONS.

CONGÉ , f. m. qui a un grand nombre d'acceptions en finances.

Il fignifie d'abord une permiffion de s'abfenter,
fans laquelle tout commis ou employé, qui quitteroit fes fonctions , feroit dans le cas d'être
deftitué.

Dans la manutention des droits d'aides, de gabelles & de traites, un *congé* eft une expédition
qui fe prend dans un bureau , pour accompagner
des boiffons, du fel ou des marchandifes, que
l'on veut tranfporter d'un lieu en un autre.

Dans tous les pays fujets aux aides , il eft
défendu à toutes perfonnes , même à celles qui
jouiffent de quelques privilèges, d'enlever aucuns vins ni boiffons de leurs caves ou celliers,
même des preffoirs, pour les tranfporter en d'autres endroits , & le lieu où elles font conduites. Ces
congés font délivrés fans frais, fans même ceux
du timbre. A défaut de cette formalité, la déclaration du 17 février 1688, confirmant les difpofitions du titre 7 de l'ordonnance des aides , prononce la confifcation des boiffons & équipages
fervans à les conduire, avec cent livres d'amende,
qui ne peut pas être modérée, par les juges, au-
deffous du quart ; mais il faut diftinguer le *congé*
de remuage, du *congé* proprement dit, qui fe dé-

livre lorfque les vins & autres boiffons changent
de main par vente , ceffion , échange , &c. Dans
ce dernier cas , le *congé* porte quittance des
droits de courtiers - jaugeurs ; & les frais de
timbre & de papier font dus.

Ce n'eft que dans les pays de gros , quand
un propriétaire change fes vins de caves ou de
lieux, que le *congé* de remuage devient néceffaire,
pour affurer qu'il n'y a qu'un fimple déplacement.
Lorfqu'il y a vente , foit volontaire , foit par
autorité de juftice, le *congé* qui fe délivre alors,
porte le nom fimple de *congé*, & doit contenir
les noms, furnoms, & la demeure, tant du vendeur, que de l'acheteur, avec le prix du vin. *Voyez*
COURTIERS-JAUGEURS, GROS, PASSAVANT
& PERMIS.

CONNOISSEMENT , f. m. C'eft un acte
fait triple entre un maître ou capitaine de bâtiment & un marchand, pour recevoir & tranfporter des marchandifes à une deftination donnée. Cet acte doit contenir le nom des particuliers à qui les marchandifes font envoyées , &
la triple copie doit les accompagner, pour qu'il
rende compte de leur valeur au propriétaire.

Les *connoiffemens* font dans le même cas que
les chartes-parties, c'eft-à-dire , qu'ils doivent
être repréfentés aux bureaux des fermes, dans
les 24 heures de l'arrivée des bâtimens de mer
au port. *Voyez* CHARTE-PARTIE.

CONQUIS, (pays). En matiere d'impofition,
on comprend , fous le nom de *pays conquis* , les
Trois-Evêchés, l'Alface, le Rouffillon, l'Artois,
la Flandre , le Hainault & la Franche-Comté.

CONSEIL ROYAL DES FINANCES. Sa
dénomination indique affez que c'eft une affemblée établie pour y traiter de tout ce qui a rapport à l'adminiftration des revenus de l'état.

La création du *confeil royal des finances* eft due
au grand Colbert, qui avoit remarqué combien la
forme, dans laquelle s'expédioient les affaires ,
pouvoit avoir d'influence fur le fond des décifions.

Jufqu'à ce miniftre , chaque partie de finance
étoit conduite par des titulaires qui affectoient
chacun l'indépendance ; de façon que l'adminiftration, foumife à autant de principes différens
qu'elle avoit de chefs , fembloit marcher au
hafard.

Toutes ces charges furent fupprimées en 1661 ,
& le *confeil royal* établi, afin que les décifions
importantes partiffent de cette unité de fyftême
& de vues, fans laquelle les affaires ne peuvent
profpérer.

Il ne faut cependant pas imaginer, dit M. de
Forbonnais , *Recherches fur les finances* , in-12.
tome premier page 148 ; « que l'établiffement feul
» du *confeil royal des finances* eût été capable de
» produire ce bon effet. Le génie fupérieur d'un

» miniſtre bien intentionné , qui voyoit tout
» par lui-même, qui appelloit à ſon ſecours les
» commis du premier ordre en tout genre, étoit
» un moyen encore plus ſûr d'arriver au but du
» gouvernement.

» En effet, dans un conſeil, les choſes ne peu-
» vent être vues avec extrait , & celui qui
» rapporte une affaire ſe rend aiſément le maître
» de la déciſion , par la maniere dont il expoſe
» les raiſons reſpectives. Des conſeils ou bureaux
» inférieurs, où les affaires ſeroient auparavant
» diſcutées en commun, formeroient une ſûreté
» de plus du côté de l'examen & de la ſurpriſe ;
» encore ces avis ſeroient-ils éludés ou négligés,
» ſi ceux qui ont l'autorité en main en faiſoient
» un mauvais uſage.

» La condition malheureuſe des princes eſt
» telle, que la vérité n'a qu'une ſeule voie pour
» arriver à eux, tandis que les paſſions particu-
» lieres, toujours hardies & ingénieuſes, s'ou-
» vrent inceſſamment des routes nouvelles pour les
» ſurprendre.

» Il paroît que des bureaux bien diſpoſés pour
» la diſcuſſion des affaires, & dont il ſortiroit
» des avis motivés, ſeroient une barriere de plus
» contre les paſſions particulieres, un grand ſou-
» lagement pour les perſonnes chargées des di-
» verſes parties du miniſtère, un dépôt de lu-
» mieres , propre à perpétuer les bons princi-
» pes, à former des ſujets, & que ce moyen ne
» devroit pas être négligé ; mais le choix des
» ſupérieurs peut ſeul porter l'adminiſtration à
» ſa perfection. »

Sous la régence, le conſeil des finances fut de
nouveau confirmé par la déclaration du 15 ſeptembre 1715 , dont le préambule eſt un chef-
d'œuvre de raiſon, de ſageſſe & de piété filiale.
Comme elle préſente les grands principes du
gouvernement d'un état, nous remettons à l'article gouvernement, à rapporter ce morceau intéreſſant.

Le conſeil des finances varie dans ſa compoſition , ſuivant qu'il plaît au roi d'y admettre des
magiſtrats inſtruits des matieres qui s'y traitent.
Le nombre des conſeillers qui y aſſiſtent n'eſt
point fixé. Le conſeil eſt préſidé , en l'abſence
du roi, par le miniſtre , qui eſt revêtu de la
place de chef du conſeil royal des finances.

CONSEILLER D'ÉTAT.

Ce ſont ceux que
le roi choiſit pour aſſiſter à ſon conſeil , & donner leur avis ſur les affaires qui s'y traitent.

La place de conſeiller d'état n'eſt point un office ; mais une dignité qui ſe confere par lettres-
patentes, adreſſées à celui que le roi veut en décorer, ou par un brevet, lorſque ſa majeſté veut
ſeulement en donner le titre.

Il eſt une différence eſſentielle entre les conſeillers d'état par lettres , & les conſeillers d'état

par brevet. Les premiers jouiſſent à ce ſeul titre
de la nobleſſe , quand même leur extraction ne
la leur procureroit pas, & de toutes les prérogatives, privilèges & exemptions attachées à ce
rang. Ils prennent ſéance , & ont voix délibérative au conſeil du roi, & jouiſſent d'appointemens
pour raiſon de ce ſervice.

Les conſeillers d'état par brevet n'ont aucunes
fonctions ; c'eſt pour eux un titre d'honneur qui
leur attribue des privilèges perſonnels, mais non
tranſmiſſibles.

De tout tems, nos rois ont attaché auprès de
leur perſonne des ſujets, dont les lumieres & la
prudence leur étoient connues, afin de les con-
ſulter ſur toutes les affaires du gouvernement.
L'uſage eſt de les choiſir dans les trois ordres
de l'état, c'eſt-à-dire, dans l'égliſe , l'épée & la
robe ; peut-être pour conſerver une image de
ces anciens champs de mars & de mai , où les
plus importantes affaires de l'état ſe diſcutoient
ſous les yeux du ſouverain, par les envoyés des
trois ordres de l'état.

Le règlement de 1673 fixe le nombre des conſeillers d'état à trente , dont trois d'égliſe , trois
d'épée, & vingt-quatre de robe.

Les conſeillers d'état aſſiſtent aux différens conſeils
du roi ; ſavoir, au conſeil d'état, où ſe traitent toutes les affaires qui regardent l'état ; & au
conſeil des finances, où ſe rapportent les affaires
des finances, du domaine & des droits de la
couronne , lorſque le roi les y appelle. Tous
aſſiſtent au conſeil privé ou des parties, où ſe
jugent les affaires entre les particuliers , comme
ſont les demandes en caſſation d'arrêts de cour
ſouveraine, les réglemens de juges , & généralement tout ce qui a rapport à la manutention
des loix , & aux formes de l'ordre judiciaire.
Quant au conſeil ſecret, où ſont traités les grands
intérêts de l'état , comme les affaires de paix &
de guerre , les conſeillers d'état n'y aſſiſtent que
lorſqu'ils y ſont appellés par le roi.

CONSERVATEUR

, ſ. m. Officier public
établi pour la conſervation de certains droits ou
privilèges. Il y en a de pluſieurs ſortes. Les uns
qu'on appelle greffiers conſervateurs ; dont la fonction eſt de tenir regiſtre de certains actes pour
la conſervation des droits de ceux que les actes
intéreſſent ; tels que les conſervateurs des hypothèques , les conſervateurs des rentes , les conſervateurs du domaine , les conſervateurs des privilèges des bourgeois de Paris.

D'autres qu'on appelle juges conſervateurs qui
ont une juriſdiction pour conſerver certains droits
& privilèges , tels que les conſervateurs des privilèges royaux & apoſtoliques des univerſités ,
les conſervateurs des foires.

Les fonctions attachées à ces différens offices,
n'ayant aucun rapport avec les finances ; nous
laiſſons au dictionnaire de juriſprudence qu'elles

regardent particulierement, le foin de faire connoître en quoi elles ont confifté, & à quoi elles
obligent actuellement.

CONSIGNATION. f. f. C'eft un dépôt de
deniers ordonné par la juftice entre les mains
d'un officier public, chargé de le recevoir, &
qui porte le titre de receveur des *confignations*.
On peut voir les lettres-patentes du 27 février
1777, pour connoître la forme des comptes que
doivent rendre les receveurs des *confignations*
& la déclaration du roi, du 5 feptembre 1783,
enregiftrée le 9 janvier 1784.

Nous allons donner un extrait de cette derniere loi, comme celle qui conftitue les fonctions
de ces offices.

» Louis, par la grace de Dieu, &c. L'in-
» tention du feu roi, en abrogeant l'ufage des
» décrets volontaires, & en y fubftituant les lettres
» de ratification, a été de fimplifier & d'abréger
» les procédures, & d'éviter les frais qu'occafion-
» noient ces décrets. Nous fommes informé que
» par des interprétations oppofées à l'efprit de
» la loi rendue à ce fujet, des acquéreurs, fous
» prétexte d'accélérer leur libération, & des
» créanciers, pour fe procurer plus prompte-
» ment leur paiement, provoquent journelle-
» ment l'ordre & la diftribution du prix des biens
» vendus, auffi-tôt qu'ils font inftruits que les
» lettres de ratification font fcellées, & ne laif-
» fent au vendeur aucun délai pour fe concerter
» avec eux, & difpofer par lui-même, à leur
» profit, du prix des ventes qu'il a faites pour
» fe libérer; que, d'un autre côté, plufieurs des
» receveurs des *confignations*, au lieu de fe con-
» former à ce qui s'eft conftamment obfervé par
» les receveurs des *confignations* de nos cours &
» jurifdictions de Paris, prétendent, par erreur
» ou abus, fur la fimilitude entre les oppofitions
» à la charge defquelles les lettres de ratification
» font fcellées, & celles qui fubfiftoient après le
» fceau des décrets volontaires, avoir le droit
» de décerner, & décernent en effet des con-
» traintes contre les acquéreurs, dont les lettres
» de ratification ont été fcellées à la charge d'op-
» pofitions, obligent à la confignation, & en
» exigent les droits, au préjudice commun des
» débiteurs & des créanciers; Nous avons cru
» devoir faire ceffer ces abus, en accordant aux
» vendeurs un délai fuffifant après le fceau des
» lettres de ratification, pour s'arranger avec leurs
» créanciers, fans que pendant ce délai, les ac-
» quéreurs & lefdits créanciers puiffent faire
» aucunes pourfuites ni provoquer d'ordre en
» juftice, en ce qui concerne les fonctions des
» receveurs des *confignations*, en réduifant dans
» de juftes bornes, leurs prétentions, & en dé-
» terminant les circonftances où il y aura lieu
» à la *confignation* des deniers après le fceau des

» lettres de ratification. A ces caufes & autres
» à ce Nous mouvant, de l'avis de notre confeil
» & de notre certaine fcience, pleine puiffance
» & autorité royale, Nous avons dit, déclaré
» & ordonné, difons, déclarons & ordonnons,
» voulons & Nous plaît ce qui fuit.

ARTICLE PREMIER.

» Dans quinzaine, au plus tard, du jour du
» fceau des lettres de ratification, obtenues fur
» un contrat de vente volontaire d'immeubles,
» fcellées à la charge d'oppofitions, l'acquéreur
» fera tenu de donner connoiffance à fon ven-
» deur, foit à l'amiable, foit par voie juridi-
» que, de toutes les oppofitions qui auront été
» formées au fceau defdites lettres, à peine,
» contre l'acquéreur, de toutes pertes, dépens,
» dommages & intérêts.

ART. IV.

» Les oppofitions fubfiftantes au fceau des let-
» tres de ratification, en quelque nombre qu'elles
» foient formées, ne pourront, en aucun cas,
» donner lieu à la *confignation* du prix des im-
» meubles vendus volontairement, ni à aucuns
» droits envers les receveurs des *confignations*:
» faifons expreffes inhibitions & défenfes auxdits
» receveurs, d'exiger ladite *confignation*, ni au-
» cuns droits, fi ce n'eft lorfqu'après le fceau
» defdites lettres de ratification à la charge
» d'oppofitions, le dépôt du prix de la vente
» fera ordonné en juftice, ou que l'ordre & la
» diftribution en feront faits en juftice fur les
» conteftations réglées entre les créanciers, con-
» formément à l'article XVI de l'édit du mois
» de février 1689, ou que les actes de diftri-
» bution qui pourront en être faits, feront homo-
» logués, conformément à l'article VI de la
» déclaration du 16 juillet 1769, ou leur exé-
» cution ordonnée par juftice, ou enfin que lorf-
» que fur les oppofitions formées après le fceau
» des lettres de ratification entre les mains des
» acquéreurs, il s'introduira une inftance de
» préférence, conformément à l'article XVIII
» dudit édit du mois de février 1689, dans tous
» lefquels cas le prix fera configné & les droits
» payés aux receveurs des *confignations*.

ART. V.

» Pour éteindre & affoupir toutes les contef-
» tations pendantes dans les différens tribunaux,
» à fin de confignation du prix des contrats, pour
» raifon des oppofitions fubfiftantes au fceau des
» lettres de ratification, nous déclarons nulles &
» de nul effet toutes contraintes décernées dans
» ce cas par aucuns receveurs des *confignations*,
» ainfi

» ainſi que les jugemens qui auroient fait droit
» ſur ces contraintes ; leur faiſons défenſes d'en
» décerner de pareilles à l'avenir ; ordonnons
» auxdits receveurs des *conſignations* de reſtituer,
» tant les ſommes, qui dans l'eſpèce, auroient été
» conſignées , que les droits par eux perçus ;
» enjoignons à tous acquéreurs ou dépoſitaires
» des deniers de ventes volontaires d'immeubles,
» dont le dépôt a été ordonné en juſtice , ou
» dont l'ordre & la diſtribution ſe fait en juſtice
» ſur conteſtations réglées entre les créanciers ,
» de conſigner leſdits deniers entre les mains deſ-
» dits receveurs ; quoi faiſant, ils en demeureront
» bien & valablement quittes & déchargés, &
» feront leſdits acquéreurs ou dépoſitaires mis
» hors de cauſe & de procès , en juſtifiant de la
» notification par eux faite auxdits receveurs ,
» des oppoſitions qui auront été formées au ſceau
» des lettres de ratification , pour tenir en leurs
» mains & en demeurer garans , juſqu'à décharge
» valable des deniers conſignés. »

CONSIGNATION D'AMENDE.

Ce nom ſe donne à une ſomme qu'un plaideur eſt obligé de dépoſer entre les mains du receveur des amendes , lorſqu'il ſe pourvoit contre un jugement quelconque , ſoit par appel , ſoit par tierce oppoſition , ſoit par requête civile , ou en récuſation de juges.

Ces amendes appartenant au domaine du roi, c'eſt le fermier de cette partie qui les fait recevoir par ſes commis, depuis que les offices de receveurs des amendes ont été ſupprimés ; mais le montant des amendes conſignées n'eſt acquis à ce fermier que dans le cas où l'amende eſt condamné ; s'il réuſſit , l'amende eſt reſtituée.

Comme il eſt payé , avec l'amende conſignée, deux ſols huit deniers pour livre de la totalité, & dix ſols huit deniers pour droit de quittance de la *conſignation*, le montant de ces deux droits n'eſt jamais rembourſé. *Voyez* RÉSERVÉS. (Droits)

Le produit annuel des amendes , eſt un objet de ſix à ſept cents mille livres. Il fait partie de la ſomme à laquelle ont été évalués les droits caſuels réunis. *Voyez* CASUELS.

Dans la vue d'empêcher d'éluder la *conſignation des amendes* , & de priver ainſi le roi d'une branche de revenus qui fait partie des droits caſuels , acceſſoires du droit de rendre la juſtice , il a été rendu au conſeil d'état, le 21 août 1782, un règlement qui , faiſant grace ſur le paſſé , preſcrit les formalités qui doivent être remplies , à peine de cinq cents livres d'amende.

Ce règlement eſt trop intéreſſant pour omettre de le rapporter.

« Le roi s'étant fait repréſenter en ſon conſeil , » l'édit du mois d'août 1669 , la déclaration du

» 21 mars 1671 , & les arrêts du conſeil des 28 » novembre 1723, 25 avril & 25 juin 1724 , » 29 avril 1738 , 15 mars 1740 , 15 juin 1752, » 15 février 1753, & 12 ſeptembre 1780 , par » leſquels il eſt fait très-expreſſes inhibitions & » défenſes à tous procureurs des cours & juriſ-
» dictions royales du royaume , de mettre aucunes » appellations aux rôles ordinaires & extraor-
» dinaires , tant en matiere civile que criminelle, » ſoit qu'elles ſoient verbales ou par écrit , » principales ou incidentes , ni d'en pourſuivre » l'audience ſur placets aux grandes audiences » ou à huis clos ; de conclure en aucuns procès » par écrit , & de faire aucunes procédures que » les amendes n'en aient été conſignées , & les » quittances d'icelles ſignifiées & rapportées , » dont il ſera fait mention ſur les placets, arrêts » ou jugemens de concluſions, ſous le nom & » paraphe du procureur , à peine de nullité de » procédures , arrêts & jugemens, reſtitution du » quadruple deſdites amendes , perte de leurs » frais , & de cinq cents livres d'amende pour » chacune contravention ; leſquels règlemens ſont » auſſi défenſes, ſous les mêmes peines , aux gref-
» fiers & commis des greffes deſdites cours & » juriſdictions , de délivrer aucuns arrêts , ſen-
» tences ou jugemens ſur appels qu'il ne leur » ſoit apparu des quittances des *amendes de conſi-*
» *gnation*, deſquels ils feront mention , tant ſur » leurs regiſtres, que dans le vu deſdits arrêts, » ſentences & jugemens : & ſa majeſté étant in-
» formée que nonobſtant ces règlemens, beaucoup » de procureurs, greffiers & commis des greffes, » emploient journellement toutes ſortes de moyens » pour en éluder l'exécution, ce qui donne lieu » à une infinité de conteſtations , & fait perdre » à ſa majeſté une très-grande partie deſdites » amendes, ſur-tout dans le cas où les inſtances » reſtent indécifes , dans celui où les parties » tranſigent pendant le cours des inſtances , & » dans celui où elles s'arrangent entr'elles, après » que les arrêts, jugemens & ſentences ont été » rendus, afin d'en éviter la levée & ſe diſpenſer » d'en payer le coût , ainſi que le paiement des » trois ſols pour livre des épices des juges , » contrôle des dépens & autres droits. A quoi » étant néceſſaire de pourvoir : Ouï le rapport » du ſieur Joly de Fleury , conſeiller d'état or-
» dinaire , & au conſeil royal des finances ; le » roi étant en ſon conſeil , a ordonné & ordonne » ce qui ſuit.

ARTICLE PREMIER.

» L'édit du mois de novembre 1669 , la dé-
» claration du 21 mars 1671 , & les arrêts du » conſeil des 28 novembre 1723 , 25 avril & » 25 juin 1724 , 29 avril 1738 , 15 mars 1740 , » 15 juin 1752, 15 février 1753, & 12 ſeptembre » 1780 , ſeront exécutés ſelon leur forme & teneur;

» en conféquence, fait fa majefté très-expreffes
» inhibitions & défenfes à tous procureurs des
» cours & juridictions royales du royaume, de
» mettre à l'avenir aucunes appellations aux
» rôles ordinaires & extraordinaires, tant en
» matiere civile que criminelle, foit qu'elles foient
» verbales ou par écrit, principales ou incidentes,
» ni de pourfuivre l'audience fur placets aux
» grandes audiences ou à huis clos ; de conclure
» en aucuns procès par écrit fur lefdites appel-
» lations, & de faire aucunes procédures, que
» les amendes n'aient été confignées, & les quit-
» tances d'icelles fignifiées & rapportées, dont
» mention fera faite fur les placets, arrêts &
» jugemens de conclufions, fous le nom & pa-
» raphe du procureur, à peine de nullité des
» procédures, arrêts & jugemens, reftitution du
» quadruple defdites amendes & acceffoires, &
» cinq cents livres d'amende contre chacun d'eux,
» pour chacune contravention.

ART. II.

» Fait pareillement défenfes fa majefté, fous
» les mêmes peines, aux greffiers & commis des
» greffes des cours & juridictions royales, de
» délivrer aucuns arrêts, fentences ou jugemens
» fur appels, qu'il ne leur foit apparu de la
» quittance de l'amende de confignation, dont ils
» feront mention, tant fur leurs regiftres que
» dans le vu defdits arrêts, fentences & jugemens.

ART. III.

» Décharge fa majefté, par grace fpéciale &
» fans efpérance d'aucune autre femblable, les
» procureurs, greffiers, commis des greffes des
» cours & juridictions royales, de toutes les
» peines par eux encourues jufqu'à ce jour, pour
» défaut de confignation des amendes fur appels,
» à l'exception néanmoins de celles pour raifon
» defquelles il aura été rapporté des procès-
» verbaux jufqu'à ce jour contre lefdits procu-
» reurs, greffiers & commis des greffes, à con-
» dition que lefdits procureurs, greffiers & commis
» des greffes, configneront toutes lefdites amendes
» avant le premier janvier prochain : faute de quoi,
« & ledit tems paffé, lefdits procureurs, greffiers
» & commis des greffes, feront condamnés à la
» reftitution du quadruple defdites amendes, &
» autres peines & amendes qu'ils auront en-
» courues fuivant les règlemens, fans qu'il puiffe
» en être accordé aucune remife ou modération,
» pour quelque caufe & fous quelque prétexte
» que ce foit ou puiffe être : Et fera le préfent
» arrêt exécuté fuivant fa forme & teneur, no-
» nobftant toutes oppofitions & autres empê-
» chemens quelconques, dont fi aucuns inter-
» viennent, fa majefté fe réferve & à fon con-
» feil la connoiffance, & icelle interdit à toutes

» fes cours & autres juges. Enjoint, fa majefté,
» aux fieurs intendans & commiffaires départis,
» de tenir la main à l'exécution du préfent arrêt,
» lequel fera imprimé, publié & affiché par-tout
» où befoin fera. Fait au confeil d'état du roi,
» fa majefté y étant, tenu à Verfailles le vingt-un
» août mil fept cent quatre-vingt-deux. »

CONSOMMATION. (Droit de) Il eft dû
dans les mêmes provinces & d'après les mêmes
principes que le droit d'abord avec lequel il a
une origine connue. Le tarif que nous avons rapporté à l'article du droit d'abord, comprenant
également le droit de confommation, nous ne pouvons que renvoyer à ce mot.

CONSOMMATION. (Droit de) C'eft une accife
ou impofition fur toutes les denrées qui fe confomment en Suéde. Voyez SUÉDE.

C'eft une grande queftion en finance, que de
favoir fi les impôts fur les confommations, font
préférables à ceux qui portent fur les perfonnes
ou fur les fonds & leurs productions.

Les premiers ont l'inconvénient de frapper fur
le pauvre comme fur le riche, d'exiger un grand
nombre d'agens, de furveillans & de commis
pour garder les frontieres, pour obferver les
chemins, enfin pour fuivre les denrées dans l'intérieur & percevoir les droits, à moins que
de réduire les droits de confommation à l'entrée
des villes ; mais alors les campagnes ne paieroient
rien, & ce feroit un grand mal.

Les impôts fur les perfonnes, font, par leur
nature, fi arbitraires, qu'il ne femble y avoir aucun
doute fur l'avantage de les profcrire, ou du
moins de les réferver pour des circonftances
urgentes.

Quant aux impôts fur les fonds & leurs productions ; jufqu'à ce qu'on ait trouvé une méthode,
fûre pour les affeoir fur le jufte produit de
chaque arpent de terre, ou qu'on puiffe les
prendre en nature, ainfi que la dixme eccléfiaftique, & non fur une opinion arbitraire & va-
riable de la valeur des fonds ; il paroîtra toujours
infiniment dangereux de fubftituer aux impôts
exiftans fur les confommations, & payés infenfiblement, la levée d'une impofition unique fur les
terres, parce que les effets en font incalculables.

Au refte, nous remettons au mot impôt, à
traiter cette queftion avec quelque étendue, & à
donner l'analyfe des différens écrits qui y ont
rapport.

CONTADOR, officier des finances d'Efpagne,
dont les fonctions font de veiller à la confervation des produits de chaque branche de revenu.
Ce font des efpèces de contrôleurs qui ont une
clef de la caiffe où fe renferment les produits.

Les contadors doivent tenir un compte exact
& raifonné du produit de l'impofition pour la-

quelle ils font prépofés, en énonçant en détail, les paiemens qui font faits par chaque ville, bourg ou village, les falaires ou appointemens qui ont été payés, les frais qui ont été jugés néceffaires, & enfin les fommes remifes aux tréforiers dont ils font, en quelque forte, les contrôleurs. Ils doivent affifter à l'entrée & à la fortie des fonds dans les caiffes; ils font chargés de former chaque femaine les états des recouvremens & des dépenfes; ils dreffent les comptes des adminiftrateurs, & ils affiftent aux comités qui fe tiennent chez les intendans & fubdélégués du furintendant général, afin d'y propofer ce qu'ils jugent le plus convenable pour la meilleure adminiftration des revenus royaux.

CONTINGENT, f. m. qu'on emploie pour cote-part; il fe dit également de la portion d'intérêt qu'une perfonne a dans une compagnie, de la quotité des fonds qu'elle doit faire en conféquence, & de celle du profit qui revient à chaque intéreffé. Il a fon *contingent* dans telle affaire; il a fourni fon *contingent*; il lui revient telle fomme pour fon *contingent*.

Ce mot eft très-ufité dans les recouvremens des dons gratuits du clergé. Le diocèfe de Paris a payé fon *contingent*, c'eft-à-dire, la fomme particuliere de laquelle il contribue à l'impofition générale.

CONTRAINTE, f. f.; en finance, c'eft un acte ou mandement expédié par un officier ou prépofé public, pour accélérer le recouvrement des deniers royaux. Un receveur des tailles, un directeur des aides, des domaines ou des fermes, décerne une *contrainte* contre un collecteur, contre un vendant vin, ou un redevable des droits du roi.

Le titre 8 de l'ordonnance de 1680, traite de tout ce qui a rapport aux *contraintes* pour le paiement du droit de gros.

Il y eft dit, article II, « Que les *contraintes* » pour le paiement des droits de gros & d'aug- » mentation, feront décernées par le fermier » ou fes procureurs, tant fur les inventaires » & récollemens, que fur les regiftres des dé- » clarations, congés & dépris, par articles fé- » parés, dont chacun contiendra le nom du re- » devable, & la quantité du vin; & que les » fommes de chaque article feront employées & » tirées hors ligne, fans chiffres ni ratures.

» Suivant l'article IV, ces *contraintes* doivent » être vifées dans un des officiers de l'élection, » paraphées en chaque page, & fcellées fans » frais. Sur le refus de l'élu, après une fom- » mation qui lui fera faite de les vifer, elles » feront fignifiées au greffe de l'élection, & en- » fuite exécutées.

» Art. V. Les *contraintes* vifées feront exé- » cutées par provifion, nonobftant oppofitions » quelconques, & fans y préjudicier, aux cau- » tions portées par les baux.

» Art. VI. Ne feront payés aucuns frais pour » le premier commandement fait en vertu des » *contraintes*, en cas que les redevables acquittent » les droits avant le commandement itératif; » mais feront feulement rendus les droits du » papier timbré.

» Art. XI. Pourra le fermier, en vertu des » *contraintes*, faire faifir les meubles appartenans » aux redevables des droits de gros & d'aug- » mentation, & les laiffer en leur garde & pof- » feffion, pour être repréfentés quand il fera » ordonné.

» Art. XII. Ne feront tenus, ceux qui ont une » exemption perfonnelle des droits de gros, de » prendre en leur garde les meubles fur eux faifis » en vertu de *contrainte*, pour les droits d'aug- » mentation; mais feront tenus feulement de » donner bon & folvable gardien de leurs meu- » bles, ou d'en fouffrir le déplacement pour être » vendus.

» Art. XIX. Ne pourront les immeubles être » faifis réellement en vertu des *contraintes*; mais » feulement fur un jugement de condamnation » en l'élection, ou un arrêt de la cour des aides.

» Art. XXII. Défendons au fermier d'exercer » aucune *contrainte* par corps, contre les rede- » vables de nos droits de gros & d'augmenta- » tion. » *Voyez* GROS.

Il eft permis au fermier de fe fervir de tels huiffiers qu'il lui plaît de choifir, pour faire fignifier les *contraintes* aux redevables des droits, & le commandement de payer, qu'il eft d'ufage d'y joindre.

Un arrêt de la cour des aides de Paris, du 31 mai 1783, a jugé que la *contrainte* par corps devoit avoir fon effet contre un débiteur des deniers royaux, quoique âgé de plus de quatre-vingts ans.

Pour les droits domaniaux, comme ceux d'infinuation, centieme denier, même de contrôle, le fermier ou fes procureurs peuvent décerner leurs *contraintes*, fans être obligés de les faire vifer, ni par les intendans, ni par fes fubdélégués, pour qu'elles foient exécutoires. C'eft ce que le confeil a décidé en différens tems, notamment le 19 mai 1752, & le 25 janvier 1755. Mais il en eft autrement pour les droits d'amortiffemens & de francs-fiefs, depuis les arrêts des 5 janvier 1712, & 19 août 1721.

Le confeil a auffi jugé, les 5 feptembre 1733;

21 avril 1736, & 4 août 1742, qu'une *contrainte* fignifiée pour le centieme denier d'une partie de biens d'une fucceffion collatérale, confervoit au fermier, au profit duquel cette *contrainte* avoit été fignifiée, le droit entier dû relativement à la même fucceffion dans l'étendue de fa ferme.

Quant aux droits domaniaux cafuels, on ne décerne point de *contrainte* pour leur paiement. Il faut faire affigner les redevables devant les tréforiers de France, ou autres juges compétens, pour les faire condamner au paiement des droits.

L'article 578 du bail de Forceville, autorife l'adjudicataire des fermes à décerner fes *contraintes* contre fes fous-fermiers, procureurs & commis qui feront en demeure de compter ou de payer, en vertu defquelles ils pourront être conftitués prifonniers, fans pouvoir être reçus au bénéfice de ceffion. *Voyez* ce mot, & celui de COMMIS.

Il eft défendu aux officiers des greniers à fel, de décerner aucune *contrainte* & exécutoire contre l'adjudicataire & fes commis, pour raifon de leurs épices, droits & vacations, procédures ou autrement, à peine de concuffion & de reftitution du quadruple, fauf à eux à fe pourvoir par action en la cour des aides du reffort.

CONTRATS. (Droits de) Ces droits font partie du revenu du duc de Parme. Ils fe perçoivent fur les beftiaux. Ils font payés moitié par le vendeur, & moitié par l'acheteur; en forte que fi l'un d'eux eft exempt de droits, on n'en perçoit que la moitié. *Voyez* PARME.

CONTRAVENTION, f. f: qui fignifie un défaut de formalité, une action contraire à la difpofition littérale d'un règlement.

En finance, la *contravention* fe diftingue de la fraude, & celle-ci, de la contrebande.

Si on néglige de remplir une formalité, ou d'indiquer une circonftance qui paroit peu néceffaire, comme celle de la deftination d'une marchandife, & qui néanmoins peut diminuer les droits dont fa nature la rend fufceptible, c'eft une *contravention*. Cette faute légere eft punie par une amende très-modique; quelquefois même, en matiere de droits, lorfque la perfonne tombée en *contravention* eft d'une claffe à faire croire que c'eft un oubli, une inattention, ou manque d'inftruction, on fe contente d'exiger les droits qui font dûs.

La fraude & la contrebande n'obtiennent, au contraire, jamais grace entiere. On en verra les raifons fous chacun de ces mots.

On peut encore appeler *contravention*, le fait d'un particulier qui, arrivant du pays étranger, déclare de bonne foi des marchandifes fujettes à une prohibition locale, c'eft-à-dire, qui ne peuvent être introduites que par certains lieux fixés par les règlemens.

C'eft fans fondement que le *Dictionnaire de Savary* dit que les *contraventions* font quelquefois punies de la prifon, du fouet & des galères. Ces peines, ainfi que toutes autres afflictives, ne s'appliquent même jamais aux fraudes, & font en général réfervées pour punir la contrebande.

CONTREBANDE, f. f. qui défigne un commerce contre les loix de l'état, en forte qu'elle differe dans les gouvernemens, fuivant les prohibitions qui y font établies.

Le mot de *contrebande* dérive, fuivant plufieurs auteurs, des mots latins *contra bannum*, ou *bandum*, qui fignifioit, dans le moyen âge, ban.

Le ban, comme nous l'avons dit au mot *banvin*, fignifie la publication ou proclamation d'une loi ou ordonnance du prince ou des magiftrats, à fon de trompe, par un officier public, d'où il fuit que *contrebande* eft tout ce qui fe fait contre la loi ou la défenfe du prince.

Toute loi ayant pour but l'intérêt général & la profpérité de l'état, celui qui la tranfgreffe fe rend donc coupable envers la fociété, & doit encourir des peines proportionnées au préjudice qu'elle en reçoit. Ces peines font en effet différentes, fuivant les objets de *contrebande*.

Par exemple, l'introduction, en France, de fel & de tabac, dont le roi s'eft réfervé le commerce excluvif, qui forme une branche confidérable de revenu, eft punie plus rigoureufement que l'importation d'une marchandife prohibée, quoique dans l'un & l'autre cas ce foit également faire la *contrebande*. Mais, dans le premier, c'eft dérober une partie des revenus de l'état, & mettre le fouverain dans la néceffité de la reprendre fur des fujets fideles aux loix; au lieu que dans le fecond, ce n'eft le plus fouvent que bleffer des confidérations politiques, ou l'efprit de réciprocité qui ont fait défendre telles ou telles marchandifes, dont, par conféquent, l'entrée ne doit donner aucun produit.

Il eft d'autres prohibitions qui font fondées, ou fur le defir de repouffer les marchandifes des manufactures étrangeres, dont l'importation ruineroit les fabriques nationales, ou de conferver une matiere premiere, utile pour les alimenter. Violer ces défenfes, c'eft encore faire la *contrebande*, à l'entrée ou à la fortie, & celle-ci a des effets plus réels, en ce qu'elle peut occafionner de l'inaction dans les ateliers, & priver grand nombre de bras, d'un travail qui fournit à leur fubfiftance.

Comme dans tout état d'une certaine étendue, il eft difficile, pour ne pas dire impoffible, d'extirper la *contrebande*, quand elle préfente un profit confidérable, peut-être feroit-il auffi jufte que néceffaire, de punir auffi féverement ceux qui font

CON

ufage des marchandifes prohibées, que les contrebandiers qui les introduifent, comme on en ufe pour le fel & le tabac.

En Angleterre, où cependant la liberté de l'homme eft fi refpectée, la loi de l'état eft encore plus facrée. Elle ordonne la confifcation des marchandifes de *contrebande*, par-tout où on les trouve, & on l'obferve avec une rigueur qui ne peut être juftifiée que par les vues qui ont dicté cette loi. On confifque un habit de drap de France, chez le tailleur qui le fait, fur le corps même de celui qui le porte.

» Les acheteurs font en effet auffi coupables que » les vendeurs, dit le *Dictionnaire univerfel des* » *fciences* ; & leurs motifs font encore plus » honteux,

  » Tout relâchement fur cette police eft d'une » telle conféquence, qu'il devient fouvent im- » poffible au légiflateur d'en réparer les funeftes » effets. Ce peut même être une prudence nécef- » faire que de céder à la corruption générale, » fi le profit qu'on trouve à éluder la loi, le » nombre des facilités & le caprice de la multi- » tude font plus forts que la loi même. Alors la » fimple tolérance eft d'un exemple dangereux ; » les étrangers s'enrichiffent ; l'état perd ou le » produit de fes douanes, ou l'occafion d'un » travail, qui pourroit du moins remplacer en » partie celui qui s'anéantit. »

Il eft fûr qu'il feroit plus convenable de mitiger la loi qui ordonne des prohibitions abfolues, que de montrer de l'indifférence fur les infractions publiques qu'elle éprouve. C'eft infpirer peu d'égard pour fes difpofitions, & donner atteinte à l'opinion générale, que toute loi doit être facrée, parce qu'elle fait la fûreté & la force du corps politique.

Cependant on voit tous les jours des marchands de Paris annoncer ouvertement des marchandifes angloifes, défendues par les loix, en indiquer le débit comme s'ils y étoient autorifés, & le gouvernement ne pas y donner attention.

On doit efpérer que cette *contrebande* publique fera quelque jour ouvrir les yeux fur les marchandifes qui en font l'objet. Comme il s'agit principalement de marchandifes de mercerie & de quincaillerie, qui, venant de tout autre pays que de l'Angleterre, font admiffibles en payant des droits modiques ; il femble qu'il feroit & plus raifonnable & plus avantageux de mettre à contribution l'induftrie angloife de ce genre, en foumettant l'importation de fes ouvrages, auxquels le bon marché & la fupériorité des matieres affurent une préférence par-tout, à des droits mefurés fur leur utilité ou leur ufage de luxe, que de les affujettir à une prohibition abfolue qu'il eft aifé d'éviter : car dans cet état des chofes, la mercerie & la quincaillerie angloifes n'entrent pas moins en France. Il fuffit qu'elles faffent un

détour par les Pays-Bas & l'Allemagne, & qu'elles y prennent des lettres de naturalité, qui annullent la prohibition. Ainfi la loi eft éludée fans fcrupule, & les précautions qu'elle fait prendre, ne fervent qu'à renchérir la marchandife pour la France, en alongeant fa route, en accroiffant les frais de tranfport, & en l'obligeant à un féjour chez l'étranger, qu'elle enrichit par un droit de commiffion.

Ces articles d'une *contrebande* journaliere & ainfi déguifée méritent d'autant plus d'attention, qu'ils font la matiere d'un commerce de réexportation très-confidérable avec les Indes Efpagnoles, & qu'il eft à craindre que cette branche ne nous foit enlevée par les Pays-Bas, ou par l'Angleterre elle-même, en fe procurant de l'Allemagne, les affortimens du même genre, qui complettent les approvifionnemens fournis au Pérou & aux établiffemens de l'Efpagne, dans les Indes occidentales. *Voyez* ce qui a été dit au mot *chanvre* & *prohibition*.

Dans plufieurs états, dit encore l'auteur du *Dictionnaire univerfel des fciences*, qui a copié le *Dictionnaire du commerce*, qui lui-même l'a emprunté de l'*Encyclopédie* ; « la *contrebande*, qui » fe pratique par les gens qui en font profeffion, » n'eft pas la plus dangereufe. On veille fans » ceffe fur eux ; il eft rare qu'ils ne foient fur- » pris tôt ou tard ; & la punition éclatante d'un » feul en corrige plufieurs.

  » Mais il n'en eft pas de même de la *contre-* » *bande* que font les commis des douanes, foit » à leur profit particulier, foit pour celui de » leurs fermiers, en facilitant, fous des noms » fuppofés, & fous des droits arbitraires, l'en- » trée des marchandifes prohibées.

  » Cette *contrebande*, fur laquelle perfonne ne » veille, eft un moyen fourd & très-affuré d'é- » puifer un état, d'autant plus que le remede » eft difficile ; car la régie des douanes, quoi- » que démontrée la meilleure de toutes les for- » mes qu'elles peuvent recevoir, n'a pas réuffi » dans tous les pays, comme une expérience » de phyfique bien conftatée peut manquer dans » des mains différentes. »

On ne fait en quel état peut fe faire cette *contrebande* par les employés des douanes, pour le profit des régiffeurs ; mais on peut bien affurer que ce n'eft pas en France que cette baffe collufion, entre le commis & le commettant, a lieu.

Il peut fe faire néanmoins qu'il fe trouve dans les douanes des commis infideles & féduits par des négocians, avec lefquels ils ont des traités & des intelligences ; mais c'eft fur-tout aux frontieres qu'exifte le grand mal en ce genre ; puifqu'au moyen d'une affurance de dix pour cent, un ballot de *contrebande*, du poids de quatre à cinq cents livres, eft introduit dans le royaume & conduit à fa deftination, quelle qu'elle foit.

Il eſt évident que ces manœuvres ne peuvent ſe pratiquer, ſans que le contrebandier ait ſur la frontiere une porte ouverte qui facilite ſon introduction. Cette frontiere n'étant gardée que par des brigades de ſimples employés, qui ont au plus trois cents ou trois cents cinquante livres d'appointemens ; comment eſpérer qu'ils réſiſtent à l'appât de gagner en un ſeul jour une année de leurs ſalaires ? La vigilance des ſupérieurs s'épuiſe en vain pour les contenir dans le devoir ; la conſcience eſt ſourde quand le beſoin preſſe. D'ailleurs des malheureux gardes, tirés de la derniere claſſe du peuple, peuvent-ils avoir la délicateſſe & les ſcrupules que donne une ame élevée, & les principes de conduite que l'on puiſe dans une bonne éducation ?

La contrebande qui ſe fait aux frontieres eſt donc un mal inhérent à l'état des choſes, & auquel on ne peut appliquer de remede, que par une réforme dont la dépenſe égaleroit peut-être la valeur de ce commerce illicite.

Nous ne pouvons mieux terminer cet article, que par donner l'état des marchandiſes de contrebande, en rappellant le titre qui a prononcé leur prohibition, ſoit à l'entrée, ſoit à la ſortie, & après avoir parlé de la contrebande des anciens.

Les Grecs & les Romains avoient, comme nous, des marchandiſes de contrebande, dont le commerce étoit prohibé, ſoit entre les citoyens, ſoit avec les étrangers.

A Athenes, ces marchandiſes étoient le lin, les outres, le bois, la cire, la poix & les autres matieres propres à la conſtruction des navires.

Chez les Romains, une loi des empereurs Valens & Gratien défendoit de porter, hors des limites de l'empire, du vin, de l'huile, du liquamen ; pas même pour en faire goûter aux étrangers. Ce liquamen ou garum étoit, ſelon Pline, un liquide d'un goût exquis, fait avec des entrailles de poiſſons.

Cette politique n'avoit pas pour objet, ſuivant les commentateurs, la crainte de priver l'empire de choſes néceſſaires ; mais celle d'attirer en Italie les étrangers qu'on qualifioit de barbares, en leur donnant connoiſſance des choſes délicieuſes qu'elle produiſoit ; crainte fondée ſur l'exemple des Senonois, qui, ſelon Tite-Live, n'étoient venus en Italie que pour avoir le plaiſir de boire du vin.

Il étoit également défendu à tous particuliers, ſous des peines capitales, de vendre des armes aux étrangers, de la pourpre violette ou autre, ſoit en ſoie, ſoit en laine.

De même à l'importation, il n'étoit permis qu'au ſeul ſur-intendant ou comte du commerce, de faire venir de la ſoie, dont la livre valoit alors, ſelon Vopiſcus, une livre d'or.

Etat alphabétique des marchandiſes de contrebande à l'entrée du royaume.

Bazins à fleurs, ſoit rayés, ſoit de coton teints. Déciſion du conſeil du 20 février 1739.

Boutons d'étoffes, de crin, ou faits au métier. Ordre du roi du 15 mai 1736.

Boutons de métal, ou de cuivre poli ou doré. Arrêt du 22 juillet 1749.

Café autre que celui des colonies ou du Levant. Déclaration du roi du 17 janvier 1730.

Cartes à jouer. Arrêt du 26 octobre 1747.

Draps contrefaits de la largeur d'une aune un huit. Arrêt du 8 novembre 1687.

Droguets faits de fils teints ou peints. Arrêt du 22 novembre 1689.

Etoffes de ſoie de toute eſpèce, tant des Indes que du Levant. Edit du mois d'octobre 1726.

Gaze de ſoie découpée comme étoffe de ſoie écrue. Ordre du conſeil du 5 août 1770.

Glaces de miroir. Par ſuite du privilège excluſif de la manufacture des glaces établie à Paris. Lettres-patentes des 23 octobre 1702, & 22 octobre 1755.

Habits faits de toute ſorte, à l'exception de ceux qui ſont portés par les voyageurs. Ordre du conſeil du 29 juin 1729.

Maniquette, ou cardamome en poudre. Arrêt du 22 ſeptembre 1722.

Manchettes brodées, de Saxe, & toute broderie ſur mouſſeline. Ordre du conſeil du 3 ſeptembre 1746.

Mouſſelines, excepté celles qui proviennent de la compagnie des Indes. Arrêt du 30 juillet 1748, & 7 ſeptembre 1764.

Points de Veniſe, ſorte de dentelle. Ordonnance des fermes de 1687, titre VIII, article 7.

Poivre & maniquette en poudre. Arrêt du 22 ſeptembre 1722.

Quina faux, ou quinquina femelle. Arrêt du 22 mars 1735.

Rhapontic, racine qui reſſemble à la rhubarbe, & qui s'eſt vendue pour cette plante. Arrêt du premier avril 1732.

Salicot, ou cendre de Varech. Arrêt du 30 ſeptembre 1743.

Sardines de pêche étrangere. Arrêts des 18 novembre 1720, & 24 août 1748.

Sel étranger, ou même de France qui vient du pays étranger. Ordonnance des gabelles & arrêt du 12 ſeptembre 1721.

Serges peintes en fleur, ou imprimées. Ordre du conſeil du 13 mars 1739.

Toiles de fil teint ou peint, toute étoffe de fil rayée de couleur. Arrêt des 26 mars 1742, & 24 mars 1744.

On voit par ce détail, que parmi ces marchandiſes, les unes ſont réputées de contrebande, pour conſerver dans le royaume une main-d'œuvre, propre à y exercer l'induſtrie ; les autres pour main-

CON

CON **367**

tenir un privilège excluſif ; quelques-unes dans la vue de prévenir les tromperies qu'elles pourroient favoriſer ; quelques autres comme les points de Veniſe pouvoient être dangereuſes, dans un tems où nos fabriques de dentelles étoient au berceau, & qu'il les falloit défendre de cette concurrence ; mais aujourd'hui qu'elles ſont portées à un degré de perfection qui ne leur laiſſe rien craindre à cet égard, il ſemble que l'admiſſion des points de Veniſe feroit au moins indifférente.

Il ſuit de-là auſſi, que ce qui eſt *contrebande* dans un tems, ceſſe de l'être dans un autre, ſuivant les circonſtances, à meſure qu'un gouvernement s'éclaire davantage ſur ſes propres intérêts.

C'eſt ainſi que les marchandiſes déclarées de *contrebande*, par le titre 8 de l'ordonnance de 1687, ne ſont plus les mêmes aujourd'hui.

Les marchandiſes de *contrebande* à la ſortie du royaume, ſont en bien plus petit nombre que celles dont l'entrée eſt interdite.

Ce ſont les armes, inſtrumens & outils de guerre, par la crainte ſans doute que l'on en fournit aux ennemis de l'état, & pour empêcher qu'il n'en ſorte du moins que par des ordres du gouvernement.

Sous le nom d'armes, on comprend les affûts de canons, les balles, bandoulieres, ceinturons, cuiraſſes, faſcines, grenades, hallebardes, poudre à canon, ſalpêtre, ſauciſſes, ſelles de chevaux, & généralement tout ce qui ſert dans l'artillerie, & à l'équipement des troupes à pied & à cheval.

Les autres marchandiſes de *contrebande* à la ſortie du royaume, ſont le bois de chauffage, de conſtruction & de menuiſerie ; ceux de ce dernier genre, quand ils ſont travaillés, rentrent dans la claſſe générale : le brai, le goudron & les réſines, comme matieres néceſſaires à la marine.

Le caſtor en peaux & en poil, le chanvre & le lin, le charbon de bois, les chevaux.

L'arrêt du 3 juin 1749 a fait une exception en faveur du Dauphiné, auquel il eſt permis de faire le commerce de chevaux avec la Savoie.

Les écorces d'arbre propres à faire le tan, & les feuilles de ruſque ou myrthe ſauvage, qui ſervent à la préparation des cuirs.

Les vieux fers comme éclats de bombes, vieux boulets de canon, vieux canons, &c. Tous fils gris écrus, & tous fils retors, s'ils ne ſont teints ou blanchis ; tous vieux linges & chiffons propres à faire du papier, & même les rognures de peaux, les vieux gants qui ſervent à faire de la colle ; les métiers à faire des bas, les chardons propres à peigner les étoffes de laine, & tous les inſtrumens qui ſervent aux manufactures ; les rapes, les lies & marcs de vin, comme propres aux chapeliers ; les ſoies grezes & les ſoies teintes.

Le même titre 8 de l'ordonnance des cinq groſſes fermes déclaroit, article 3, l'or & l'ar-

gent monnoyé, & non monnoyé, les pierreries, marchandiſes de *contrebande* à la ſortie du royaume. Cette interdiction a été levée lorſqu'on a eu aſſez acquis de lumiere & d'expérience, pour reconnoître, qu'en interdiſant toute ſortie d'argent, c'étoit borner le commerce & l'induſtrie d'une nation ; puiſqu'il peut ſe faire, qu'en ſoldant ſes comptes en argent avec un état, les marchandiſes qu'on en a reçues en faſſent rentrer le double, par la réexportation qui en a été faite.

On ne parle pas des grains & des farines, parce que la légiſlation à cet égard varie, ſuivant les circonſtances de la difette ou de l'abondance ; & que quelquefois, quoique la prohibition ſoit générale, l'exportation eſt néanmoins permiſe momentanément par quelques provinces.

Indépendamment des marchandiſes de *contrebande* à l'entrée, dont on a donné l'état, en expliquant les motifs de leur prohibition, il en eſt d'autres encore qui ont été miſes au même rang, par raiſon de réciprocité. Ce ſont les marchandiſes des trois royaumes d'Angleterre, d'Ecoſſe & d'Irlande, ſur leſquelles l'arrêt du 6 ſeptembre 1701 a établi une régle qui devenoit néceſſaire, pour remédier au déſavantage que le commerce françois trouvoit alors dans ſes relations avec l'Angleterre.

Les Anglois apportoient librement en France, non-ſeulement les marchandiſes du crû d'Angleterre ; mais encore celles que l'on y fabriquoit avec des matieres venues d'autres pays, & même des marchandiſes qui n'étoient, ni du crû, ni des fabriques d'Angleterre, & qu'ils tiroient d'ailleurs.

Les François au contraire ne pouvoient porter en Angleterre, que des marchandiſes du crû de France ; quelques-unes même étoient entierement prohibées, ou tellement chargées de droits à l'entrée, qu'elles ne pouvoient s'y vendre qu'à perte.

Les Anglois avoient en France la liberté de décharger leurs marchandiſes d'une même cargaiſon en différens ports, de les y vendre par eux-mêmes ; de refaire pareillement leurs cargaiſons de retour en pluſieurs ports ; & d'y faire par eux-mêmes les achats des marchandiſes dont ils avoient beſoin.

En Angleterre, le ſort des négocians François étoit bien différent. Ils n'avoient ni la liberté de négocier de port en port, ni celle de vendre par eux-mêmes les marchandiſes de leurs cargaiſons. Ils ne pouvoient pas non plus acheter celles dont ils avoient beſoin ; ils étoient obligés, pour faire ces ventes & ces achats, de ſe ſervir des courtiers des ports où ils abordoient.

Les Anglois, comme tous autres maîtres de bâtimens étrangers, lorſqu'ils déchargeoient leurs marchandiſes dans les ports du royaume, ne payoient que cinquante ſols par tonneau, pour droit de fret.

En Angleterre, les négocians François payoient, outre les droits d'entrée, trois livres dix sols par tonneau de la contenance de leurs navires.

L'arrêt de 1701 répara cette inégalité de condition. 1°. En interdisant absolument l'entrée de toutes les marchandises qui pouvoient disputer la préférence aux nôtres.

2°. En laissant entrer les marchandises que nous n'avions aucun intérêt à prohiber ; mais en les chargeant de droits, de maniere qu'elles ne pussent nuire à notre commerce, & qu'il restât toujours la faculté de tirer celles dont on auroit un besoin réel.

Les marchandises absolument prohibées, & par conséquent de *contrebande*, font les étoffes de toute espece, les ouvrages de bonneterie, de coutellerie, de draperie, horlogerie, ganterie, mercerie, quincaillerie ; les faïences & poteries ; les chapeaux, les cuirs tannés & corroyés ; les vins & liqueurs, les drogueries non propres à la teinture ; celles qui pouvoient y servir font permises depuis l'arrêt du 2 janvier 1765 ; le plomb & l'étain ouvrés & laminés.

Le même arrêt de 1701 comprend aussi l'énumération des marchandises qui font admissibles en payant les droits ; mais comme il ne dénommoit ni toutes les especes défendues, ni toutes celles qui étoient permises, il s'élevoit fréquemment des difficultés sur l'interprétation dont ce réglement étoit susceptible.

En 1713, le conseil décida que tout ce qui n'étoit pas nommément compris en l'arrêt de 1701, au nombre des marchandises prohibées ni permises, pourroit être introduit dans le royaume en payant les droits ordinaires. L'année suivante, une nouvelle explication du conseil du 26 août, confirmant les dispositions de l'arrêt de 1701, portoit, que toutes les marchandises ci-dessus spécifiées feroient prohibées à l'entrée, à peine de confiscation & de trois mille livres d'amende, lorsqu'elles feroient reconnues provenir d'Angleterre ou des pays en dépendans, sous quelque nom, & par quelque commerce qu'elles fussent apportées ; mais le chanvre, les drogueries & épiceries ne furent réputées d'Angleterre, que lorsqu'elles feroient apportées sur des vaisseaux Anglois.

Il s'ensuivoit alors que toutes les marchandises Angloises étoient divisées en trois classes.

La premiere comprenoit les marchandises expressément & nommément défendues.

La seconde, les marchandises, qui, sans être défendues, ne pouvoient être introduites qu'en payant les droits de rigueur portés par l'arrêt.

Dans la troisieme enfin, se trouvoient naturellement les marchandises qui, non comprises dans les deux premieres classes, paroissoient devoir rentrer dans l'ordre commun.

Mais en 1742 on a pensé autrement ; il a été décidé que tout ce qui n'est pas nommément & positivement permis, doit être regardé comme interdit. On ne peut s'empêcher de témoigner de la surprise d'une pareille interprétation ; car il semble y avoir plus de justesse & d'équité, à soutenir que tout ce qui n'est pas défendu est permis, qu'à prétendre que tout ce qui n'est pas permis est défendu. La loi naturelle & générale, est de pouvoir commercer librement tout ce qui peut entrer dans le commerce. Il faut donc une loi pour en exclure certaines choses, & l'exception ne doit marcher qu'après la regle.

Laisser ainsi subsister des défenses expresses, & des défenses tacites, c'est vouloir donner lieu à des interprétations arbitraires, également désavantageuses au commerce des deux nations, en maintenant l'incertitude même de la regle.

Lorsque les circonstances où le goût portent à desirer de faire venir licitement, & pour son usage, quelques marchandises regardées comme de *contrebande*, il est nécessaire de demander au ministre des finances la permission de les faire entrer dans le royaume. Cette permission n'est presque jamais refusée, à moins que la quantité ne pût faire soupçonner qu'il entre de l'abus dans cette introduction.

Toutes les fois que des marchandises de l'espece dont il s'agit obtiennent cette faveur, c'est toujours sous la condition du paiement des droits, conformément à l'article 4 du titre 8 de l'ordonnance de 1687, & à l'article 393 du bail des fermes, fait à Forceville, en 1738, qui s'exprime ainsi :

« Si nous permettons l'entrée ou la sortie des
» marchandises défendues ou de *contrebande*, les
» droits appartiendront à l'adjudicataire, & se-
» ront payés suivant les tarifs : & s'il y a des
» condamnations d'amende ou des confiscations,
» elles lui appartiendront, sans qu'il en soit
» comptable, & il ne sera tenu d'avoir égard
» aux permissions qui auront été données, si elles
» ne sont contresignées de l'un de nos secrétaires
» d'état, & visées du contrôleur-général de nos
» finances.

» L'article précédent du même bail, porte :
» En cas de confiscation de marchandises de
» *contrebande*, les frais pour parvenir à la con-
» fiscation préalablement pris sur ce qui aura
» été confisqué, l'adjudicataire sera payé des
» droits pour le total de la marchandise con-
» fisquée, & ensuite le tiers de ce qui restera
» sera donné au dénonciateur. » Les deux autres
tiers devoient être adjugés, l'un au roi, & l'autre
à l'adjudicataire des fermes, suivant l'article 2
du même titre 8 ; mais l'usage a changé ce partage.

Toutes les confiscations, en matiere de *contrebande*, appartiennent en entier à l'adjudicataire, ou plutôt à ses cautions, qui se partagent entre eux toutes les marchandises, & les font vendre ensuite à leur profit.

On

On ne peut s'empêcher d'obferver à ce fujet, que cet ufage établi depuis long-tems, eft peut-être le principe de la liberté avec laquelle on débite dans la capitale, des marchandifes de contrebande de toute efpèce ; les fermiers-généraux y vendant chaque année quarante-cinq à cinquante ballots de ces marchandifes, eftimées au moins cent cinquante mille livres. Comment reconnoître celles-ci, dont l'origine eft légitimée par la main qui les a mifes dans le commerce, des autres qui y ont été illicitement introduites ? Le mal n'eft-il pas le même des deux côtés ? celui de nuire aux fabriques nationales, & d'empêcher la confommation de leurs produits.

Au refte, comme ce ballot de marchandifes de contrebande eft évalué chaque année à trois mille livres, & qu'il eft compté parmi les émolumens de la place de fermier-général, il femble qu'il feroit de la dignité du gouvernement & de fa bienveillance, pour l'induftrie de fes fujets, de faire le facrifice annuel de foixante ou quatre-vingt mille livres, pour abolir cet ufage qui eft une infraction aux loix, & une inconféquence d'un très-mauvais exemple.

Rien n'eft plus fimple & plus facile que de parvenir à fupprimer cette diftribution des marchandifes de contrebande, fans néanmoins en perdre la valeur. Il ne s'agit que de leur appliquer la legiflation établie pour les marchandifes du même genre, lorfqu'elles proviennent de prifes. Certainement en tems de guerre, la courfe mérite bien d'être encouragée par toutes fortes de moyens. On n'emploie que ceux qui ne peuvent pas porter préjudice à l'état. Toute marchandife de contrebande eft mife en entrepôt jufqu'au moment où elle eft vendue, & elle ne peut l'être, que fous la condition de paffer en pays étranger. Il en eft de même des étoffes de foie de l'Inde & de la Chine, lorfque la vente s'en fait à l'Orient. Quelqu'intéreffant que foit ce commerce, il a été, avec raifon, foumis à des reftrictions dictées par le bien public. Pourquoi les mêmes confidérations n'auroient-elles pas le même pouvoir dans les circonftances dont il s'agit ?

On pourroit donc réunir en deux ou trois ports du royaume, toutes les marchandifes de contrebande qui ont été confifquées ; en indiquer la vente, dans certains tems de chaque année, par-devant les intendans ou leurs fubdélégués, & fous la condition de leur exportation, en franchife de tous droits. Cette vente ainfi divifée en trois ou quatre places maritimes, empêcheroit l'avilifement du prix de ces marchandifes, & mettroit les agens de la ferme, plus à portée d'en fuivre la deftination, au moyen des formalités auxquelles leur expédition, par mer feulement, feroit affujettie.

Sur le produit de cette vente, feroient rem-

bourfés les frais de confifcation, de magafinage, de tranfport, & tous ceux qui auroient été faits, fans oublier les gratifications qui feroient accordées aux employés faififfans, immédiatement après chaque faifie, & qui pourroient être fixées au quart ou au cinquieme de l'évaluation des marchandifes.

Comme l'exécution de ce nouvel arrangement intérefferoit particuliérement le gouvernement, il conviendroit d'établir un bureau exprès pour la fuivre & la maintenir. Afin qu'il eût une connoiffance exacte de toutes les confifcations de contrebande, les commis fupérieurs, feroient tenus d'y envoyer un double de tout procès-verbal relatif à une faifie de marchandife de cette claffe ; la ferme générale fourniffant auffi tous les quartiers, un état détaillé de la quantité, des qualités, de la valeur de ces marchandifes, & de leur envoi dans une des quatre places deftinées à leur vente ; il feroit aifé d'en fuivre le fort depuis l'inftant de leur confifcation, jufqu'à celui de leur vente. Voyez COMMIS, COMMISSION, CONTREBANDIER, GARDES DES FERMES.

CONTREBANDIER, f. m. celui qui fait la contrebande. Mais on diftingue un particulier qui, pour fon ufage, introduit une marchandife de contrebande, une étoffe prohibée, quelques onces de tabac, de celui qui fait la contrebande par profeffion, pour y trouver des moyens de fubfiftance & de profit. C'eft contre ces derniers que les loix déploient toute leur févérité. Il en eft de générales & de particulieres : les unes aux gabelles ; les autres au tabac ; d'autres aux marchandifes prohibées.

L'article premier de la déclaration du 2 août 1729, porte que tous particuliers convaincus d'avoir introduit du tabac ou d'autres marchandifes de contrebande au nombre de cinq, avec port d'armes, feront punis de mort, avec confifcation de biens, même dans les lieux où la confifcation ne fe prononce pas pour les autres cas.

Le même article prononce la peine des galeres contre les contrebandiers fans armes & au-deffous de cinq, avec amende de mille livres, contre chacun, payable folidairement par tous.

Suivant l'article 6, ceux qui portent ou débitent du tabac ou d'autres marchandifes de contrebande dans le royaume, doivent, ainfi que leurs complices ou fauteurs, être condamnés, pour la premiere fois, à une amende de cinq cents livres, & à trois ans de galeres ; & dans le cas de récidive, à une amende de mille livres, & aux galeres perpétuelles.

Les femmes coupables des mêmes délits, doivent fubir le fouet, la marque, un banniffement

de trois ans, & une amende de cinq cents livres pour la première fois. Dans le cas de récidive, elles doivent être condamnées au banniſſement perpétuel & à une amende de mille livres, ou à être renfermées pour toute leur vie dans la maiſon de force, ou l'hôpital le plus prochain du lieu où la condamnation aura eu lieu.

Il eſt défendu par l'article 7 aux cabaretiers, fermiers & autres habitans de la campagne, de donner retraite aux *contrebandiers*, ou de recevoir leurs marchandiſes, ſous peine d'une amende de mille livres pour la première fois, & de banniſſement en cas de récidive. Cet article veut même qu'ils ſoient pourſuivis & punis comme complices des *contrebandiers*, ſi dans les vingt-quatre heures au plus tard, ils n'ont pas requis le juge le plus prochain, ou les officiers de la maréchauſſée, de ſe tranſporter chez eux, pour y dreſſer procès-verbal de la violence que les *contrebandiers* ont pu faire, dans le deſſein de ſe procurer l'entrée de leurs maiſons. Il eſt enjoint aux juges & aux officiers des maréchauſſées, de ſatisfaire ſur le champ à cette requiſition, à peine d'interdiction.

D'ailleurs les cabaretiers doivent faire avertir ſous les peines ci-deſſus & dans le même délai de vingt-quatre heures, les brigades de la ferme les plus voiſines du lieu de leur demeure, afin qu'elles pourſuivent & arrêtent les *contrebandiers*, ainſi qu'elles y ſont autoriſées par pluſieurs règlemens.

L'article 8 ordonne aux ſyndics & habitans des bourgs & villages de ſonner le tocſin, lorſqu'il y paſſe des *contrebandiers* attroupés avec armes, & ayant des ballots ſur leurs chevaux; ſous peine d'une amende de cinq cents livres contre la communauté.

Lorſque les *contrebandiers* ne paient point l'amende à laquelle ils ſont condamnés, le fermier peut faire convertir cette peine en celle des galeres, en conformité de l'article 8 du titre 17 de l'ordonnance des gabelles, du mois de mai 1680, & de l'article 2 de la déclaration du 30 janvier 1710.

Suivant cette dernière loi, la peine de l'amende peut être convertie en cinq années de galeres, ſur la ſimple requête du fermier, par les juges qui ont rendu la ſentence, & ſans nouvelle inſtruction; il ſuffit pour cela que le *contrebandier* n'ait ni payé, ni conſigné dans le mois, l'amende prononcée contre lui: mais cette converſion ne peut être requiſe par le *contrebandier* priſonnier. La déclaration du 29 novembre 1729 porte formellement qu'elle ne peut être prononcée par les juges, que ſur la requiſition du fermier.

Ceux qui ſont condamnés aux galeres, faute du paiement de l'amende, ne doivent pas être flétris de la marque ordinaire; & ils peuvent faire annuller le jugement de converſion en tout tems, & recouvrer leur liberté en payant cette amende, quand même ils auroient commencé à ſubir la peine des galeres. Telles ſont les diſpoſitions de l'article 3 de la déclaration du 30 mars 1756.

Au reſte, la déclaration du 2 ſeptembre 1776, regiſtrée en parlement le 13 novembre, & à la cour des aides, le 28 février 1777, ayant rappellé tout ce qui avoit précédemment été preſcrit pour prévenir la contrebande, & réprimer les *contrebandiers* qui s'étoient alors très-multipliés; nous terminerons cet article, par rapporter cette loi nouvelle dont les motifs ſont clairement expliqués.

« Louis, par la grace de Dieu, roi de France » & de Navarre, à tous ceux qui ces préſentes » verront: ſalut. Depuis notre avénement au » trône, nous nous ſommes conſtamment occu- » pés du ſoin de procurer à nos peuples, les ſou- » lagemens que les circonſtances pouvoient nous » permettre, & de chercher, dans les reſſources » d'une ſage adminiſtration, les moyens de leur » en accorder de nouveaux.

» Les témoignages qu'ils ont reçus de notre » affection, ont dû, en excitant leur reconnoiſ- » ſance, leur faire chérir nos vues bienfaiſan- » tes. Nous penſons auſſi avec ſatisfaction que » le plus grand nombre de nos ſujets eſt animé » de ces ſentimens.

» Mais en même tems, nous n'avons pu voir » ſans ſurpriſe, que des gens mal intentionnés ont » cherché à troubler la perception de nos droits, » en abuſant nos peuples, de l'eſpérance de la » ſuppreſſion des gabelles, des aides & du tabac, & » ſe permettent même, contre nos fermiers, leurs » commis & prépoſés, des déclamations inju- » rieuſes.

» Cette licence a produit dans nos provinces » des effets qui méritent toute notre attention. » Des troupes nombreuſes de *contrebandiers* ar- » més, ont fait des incurſions dans pluſieurs par- » ties de notre royaume. La fraude eſt répan- » due dans les provinces ſujettes aux gabelles, » aides & tabac. Les employés & prépoſés de » nos fermes, expoſés à des rebellions, ſpolia- » tions & violences de la part des fraudeurs, » quelquefois même de la part des habitans des » villes, ont ſouvent ſuccombé aux excès com- » mis envers eux, ou ont été contraints, pour » s'y ſouſtraire, d'abandonner leur ſervice.

» Ces déſordres, ſi préjudiciables à la perception » de nos revenus, ne ſont pas moins contraires » aux ordonnances rendues par les rois nos » prédéceſſeurs, pour défendre les attroupemens, » le port d'armes & la violence publique. La » police de notre royaume pourroit même être » troublée, ſi nous ne nous empreſſions de répri- » mer ces excès.

» Dans cette vue, nous avons jugé devoir

» manifefter nos intentions, relativement à la per-
» ception de nos droits, & renouveller les dif-
» pofitions des ordonnances & règlemens defti-
» nés à prévenir ou punir les attroupemens ,
» ainfi que les rebellions faites aux employés des
» fermes dans leurs fonctions ; enfin, tout ce qui
» tend à la fraude de nos droits.

» A ces caufes, & autres à ce nous mouvant,
» de l'avis de notre confeil, & de notre cer-
» taine fcience , pleine puiffance & autorité
» royale, nous avons, par ces préfentes fignées
» de notre main, dit, déclaré & ordonné, di-
» fons, déclarons & ordonnons, voulons & nous
» plaît ce qui fuit.

ARTICLE PREMIER.

» Nos fermiers , leurs commis & employés ,
» chargés de la perception & confervation des
» droits de nos fermes, feront & continueront
» d'être fous notre protection & fauve-garde,
» & fous celle des juges , prévôts des maré-
» chauffées, maires, échevins, jurats, capitouls,
» fyndics & principaux habitans des villes &
» lieux où ils font leur réfidence, & où ils fe-
» ront leur exercice : Enjoignons à nos gouver-
» neurs , lieutenans-généraux , commandans &
» autres officiers qu'il appartiendra, d'y tenir
» la main, & aux prévôts & officiers de nos ma-
» réchauffées, de prêter main-forte & affiftance
» auxdits employés, toutes les fois qu'ils en fe-
» ront par eux duement requis.

ART. II.

» Ordonnons que les lettres-patentes du 25
» mars 1720, rendues fur l'arrêt du 15 du même
» mois, feront exécutées felon leur forme & teneur ;
» qu'en conféquence, & conformément à icelles,
» tous juges royaux, comme auffi tous officiers
» de maréchauffées, prévôts & autres, pour-
» ront , en cas d'abfence ou de refus des ju-
» ges qui connoiffent des droits de nos fermes,
» fe transporter en tous lieux & à toutes heures
» que lefdits commis les requerront, pour y fa-
» ciliter leurs exercices & fonctions , & qu'ils
» en feront même tenus dans les cas prefcrits par
» les règlemens, à peine de demeurer refponfa-
» bles des dommages & intérêts du fermier.

ART. III.

» Ordonnons pareillement que l'article XXIX
» de la déclaration du premier août 1721, por-
» tant règlement pour la ferme du tabac ; les
» lettres-patentes du 16 juillet 1722, rendues
» fur l'arrêt du 7 du même mois, & les articles
» VII & VIII de la déclaration du 2 août 1729,
» feront exécutés felon leur forme & teneur ;
» en conféquence, réitérons les expreffes inhi-

» bitions & défenfes y portées, à tous particu-
» liers , cabaretiers, fermiers & autres, de don-
» ner fciemment retraite aux contrebandiers &
» faux-fauniers, ou à leurs marchandifes : comme
» auffi à tous fermiers des ponts & paffages, &
» autres ayant bacs & bateaux fur les rivieres,
» de paffer lefdits fraudeurs, fous les peines por-
» tées auxdits règlemens.

ART. IV.

» Voulons auffi que la déclaration du 27 juin
» 1716 , foit exécutée felon fa forme & te-
» neur ; & conformément à icelle, en y ajou-
» tant même en cas de befoin, faifons très-ex-
» preffes inhibitions & défenfes à tous particu-
» liers , de quelque qualité & condition qu'ils
» foient, de troubler directement ou indirecte-
» ment les employés de nos fermes, dans leurs
» exercices & fonctions ; comme auffi de com-
» pofer, écrire, imprimer, vendre, diftribuer
» & afficher aucun placard ou libelle, contenant
» des déclamations ou injures contre lefdits em-
» ployés , ou tendant à exciter contre eux &
» contre la perception de nos droits, la pré-
» vention & l'animofité de nos peuples ; le tout
» à peine de cinq cents livres d'amende, des
» dommages & intérêts envers nos fermiers, leurs
» commis & employés , & de punition corpo-
» relle , s'il y échet : Voulons qu'il foit informé
» & procédé, fuivant l'exigence des cas, contre les
» auteurs, écrivains, imprimeurs, colporteurs,
» diftributeurs & afficheurs defdits placards &
» libelles.

ART. V.

» Confirmons les difpofitions des règlemens
» qui prononcent des peines contre les contre-
» bandiers, faux-fauniers & autres fraudeurs &
» particuliers qui forceront les poftes des em-
» ployés, & leur feront rebellion dans l'exer-
» cice de leurs fonctions.

ART. VI.

» Confirmons également les difpofitions des
» lettres-patentes du 4 mai 1723 , rendues
» fur les arrêts du 30 feptembre 1719, & 25
» mars 1720 ; voulons en conféquence, qu'en
» cas de rebellion & voie de fait contre les em-
» ployés à la perception & à la confervation de
» nos droits, lefdits employés puiffent arrêter &
» emprifonner les contrevenans dans l'inftant de
» la rebellion, fans autre permiffion particuliere,
» & que le procès foit inftruit, fait & parfait
» aux prévenus & complices, fuivant la rigueur
» des ordonnances, par les juges auxquels la
» connoiffance en eft attribuée par nos édits &
» règlemens : Faifons défenfes auxdits juges de

» mettre en liberté lefdits prévenus & com-
» plices, qu'après l'inftruction & jugement défi-
» nitif ; & en cas d'appel, qu'après le jugement
» dudit appel, à peine de répondre par lefdits
» juges, en leur propre & privé nom, des dom-
» mages & intérêts du fermier, même des amendes
» confifcations encourues par les fraudeurs.

» Si donnons en mandement à nos amés &
» féaux les gens tenans notre cour de parlement,
» &c. &c. que ces préfentes ils aient à faire
» lire, publier & regiftrer, même en tems de
» vacations, & le contenu en icelles garder,
» obferver & exécuter felon leur forme & teneur,
» nonobftant tous édits, déclarations, arrêts,
» règlemens & autres chofes à ce contraires,
» auxquels nous avons dérogé & dérogeons par
» ces préfentes : Car tel eft notre plaifir. Donné
» à Verfailles, le deuxieme jour du mois de
» feptembre, l'an de grace mil fept cent foixante-
» feize, & de notre règne le troifieme. »

CONTRE-MARQUE, f. f. qui fert à défigner l'empreinte d'un poinçon commun à tous
les ouvrages d'or & d'argent. Elle leur eft
appliquée après qu'ils ont reçu le poinçon particulier de l'orfévre qui les a fabriqués, pour
annoncer qu'ils font au titre prefcrit par les ordonnances.

Suivant le règlement général, concernant le
commerce des matieres d'or & d'argent, du 30
décembre 1679, regiftré au parlement & à la
cour des monnoies les 21 & 26 mars 1680, les
orfévres font tenus de marquer de leur poinçon,
& d'envoyer à la maifon commune, ou au bureau
de la communauté, tous les ouvrages d'or &
d'argent, tant les corps que les pieces principales
d'appliques & garnifons, pour être effayés &
contre-marqués du poinçon commun qui eft entre
les mains des gardes. A la fuite de ce règlement,
eft un état de tous les ouvrages & pieces d'orfévrerie fujets à être marqués & contre-marqués,
& qui explique en quel endroit ils doivent l'être.

Comme ce poinçon de contre-marque fe renouvelle tous les ans, il eft défendu aux maîtres,
jurés & gardes des orfévres, de ne faire faire les
matrices de ce poinçon, & de ne le faire frapper
qu'en préfence des commis du fermier de la marque
d'or & d'argent ; il leur eft ordonné de donner
à ces commis une clef du coffre où font dépofés
cette matrice & ce poinçon, & défendu de
fe fervir du dernier qu'en préfence de ces commis.

Une déclaration du roi, du 19 avril 1739,
voulant remédier aux abus qui fe faifoient de la
contre-marque, en la coupant fur des ouvrages,
& l'entant ou la foudant fur d'autres, ordonne,
article premier, que tous ceux qui feront convaincus de ce délit, feront condamnés à faire
amende honorable aux portes de la principale

églife de la juridiction du lieu où la fauffeté aura
été découverte, & à être punis de mort.

Une autre déclaration du 26 janvier 1749,
a prefcrit toutes les formalités qui devoient être
remplies lors de la fabrication, & avant la vente
des ouvrages d'or & d'argent ; d'autre part, l'arrêt
contradictoire de la cour des monnoies, du 21 juin
1760, a fait défenfe au fermier du droit de marque,
d'appliquer fon poinçon fur aucuns ouvrages d'or
& d'argent, de quelque nature qu'ils foient, qu'il
ne lui foit préalablement apparu, fur iceux, du
poinçon de contre-marque de la maifon commune
des orfévres.

D'après ces difpofitions, le poinçon du fermier
du droit de marque, qui indiquoit feulement que
fon droit de contrôle avoit été perçu, fans garantir en aucune façon le titre des ouvrages,
devient, avec l'empreinte de la contre-marque appofée au bureau des orfévres, après l'effai qui
en a été fait, un figne affuré de la valeur des
matieres d'or & d'argent.

Sous le nom d'orfévre, il faut entendre tous
ceux qui travaillent l'or & l'argent, comme horlogers, fondeurs, fourbiffeurs, bijoutiers, &c.
Si l'on trouve chez eux des ouvrages qui ne
foient point au titre, ou qui ne portent ni marque, ni contre-marque, ils font dans le cas d'être
condamnés en cinquante livres d'amende, pour
la premiere fois ; outre la confifcation des ouvrages ; en cent livres pour la feconde, & en
interdiction de la maîtrife à la troifieme fois,
fans que ces peines puiffent être remifes ni modérées, fous quelque prétexte que ce foit.

CONTRE-VISITE, f. f. qui, dans le langage
de la ferme, fignifie une feconde vifite inopinée,
faite chez des cabaretiers ou des débitans de fel
& de tabac, pour empêcher ou découvrir la fraude.

CONTRIBUABLE, f. m. par lequel on défigne toute perfonne fujette aux impofitions,
comme les tailles, la capitation, les vingtiemes, &c.

CONTRIBUTION, f. f. par lequel on entend
en général toute efpèce d'impofition, & la part
qu'une province, une ville, un particulier, paie
dans la fomme générale des impôts. Ainfi on dit
la contribution de telle province à la maffe des
tailles, eft de deux millions.

CONTROLE. (Droits de) Il exifte plufieurs
droits de ce nom ; mais on y joint ordinairement
la dénomination des objets fur lefquels ils frappent.
Ainfi on diftingue du droit de contrôle proprement dit, le droit de contrôle des greffes ; celui
qui eft dû fur les ouvrages d'or & d'argent ; le
droit de contrôle des papiers & des toiles. Il fera
queftion de ces droits de contrôle des greffes, au

mot *greffe* ; de ceux dûs sur l'or, l'argent & sur les toiles, au mot *marque*, par lequel ils sont désignés dans l'ordonnance qui les a établis.

Voyez le mot PAPIER, pour le droit de *contrôle*, auquel il est sujet, ainsi qu'à plusieurs autres.

Quant au droit de *contrôle*, proprement dit, il est mis au rang des droits de traites, & se perçoit dans la sénéchaussée de Bordeaux, à raison de deux sols pour livre de certains droits. Il doit son origine à la création de plusieurs offices de contrôleurs-conservateurs des droits des fermes, en 1631, avec attribution de deux sols pour livre, sur tous les droits des fermes. Ces offices ayant été supprimés, les deux sols pour livre restèrent. La perception en fut réunie aux autres droits, & s'est perpétuée jusqu'à présent. Elle doit être regardée comme un accessoire du principal des anciens droits dans lequel elle est toujours confondue.

Elle a lieu à Bordeaux, 1°. sur les droits de convoi.

2°. Sur ceux de comptablie.

3°. Sur les droits des drogueries, épiceries, à l'exception de celui d'un écu par quintal d'alun.

Tous les droits imposés postérieurement à 1643, n'ont point été assujettis à ce droit de *contrôle*. *Voyez* DEUX SOLS POUR LIVRE.

CONTRÔLE. (Registre de) C'est en général le double des écritures tenues par un officier public ou un comptable ; ou un registre dans lequel s'inscrivent, par extraits, certains actes judiciaires, ou des expéditions de finances, pour en assurer l'existence, & constater leurs dates & leur objet. Celui qui tient un de ces registres, est appelé contrôleur. Il devient, en quelque sorte, le surveillant & le vérificateur du premier registre, auquel le sien doit être parfaitement conforme.

On conçoit, d'après cette définition, qu'on peut créer autant de contrôleurs qu'il peut y avoir d'objets susceptibles de *contrôle* ou de surveillance ; & il est malheureusement trop vrai, que sous prétexte de l'utilité de cette surveillance pour le bien public, on a multiplié sans mesure les offices de contrôleurs, dont le plus souvent les fonctions n'avoient d'autre motif réel, que le besoin d'argent.

C'est ainsi que prirent naissance les contrôleurs des bans de mariage, les contrôleurs des poids & mesures, les contrôleurs des greffes des hôtels-de-ville, les contrôleurs-courtiers de la volaille, les contrôleurs des baptêmes, les contrôleurs des perruques, &c. &c.

Il seroit aussi ennuyeux qu'inutile de s'arrêter à chacun de ces offices, qui n'existèrent que le tems nécessaire, pour laisser appercevoir le malheur de leur création, & l'avantage de leur suppression. Nous n'avons à parler ici que des contrôleurs, dont les fonctions ont rapport aux finances, après avoir fait connoître en quoi consistent,

1°. le *contrôle* des actes des notaires.

2°. Le *contrôle* des actes sous signature privée.

3°. Le *contrôle* des exploits.

CONTROLE DES ACTES DES NOTAIRES, formalité qui consiste dans l'enregistrement qui est fait des actes & contrats, par extrait, sur un registre public, & dans la relation ou certificat qui en est apposé sur l'acte.

L'objet de cette formalité est d'assurer l'existence des actes, & sur-tout leur date positive. Comme les droits respectifs des citoyens dérivent, pour la plupart, de la priorité des obligations & hypothèques ; il est nécessaire de mettre les actes qui les établissent à l'abri des suppositions d'antidate, & autres irrégularités. C'est à quoi pourvoit le *contrôle* ; & sous cet aspect, il tient essentiellement à la législation & à l'ordre public.

L'origine de cette formalité se trouve dans l'insinuation ou enregistrement des donations entre-vifs, qui fut prescrit par l'empereur Constantin, pour remédier aux fraudes que l'on pouvoit pratiquer au préjudice des créanciers. Henri III établit, par un édit du mois de juin 1581, des officiers - contrôleurs des titres en chaque siège royal du royaume, avec attribution de droits, pour enregistrer les contrats excédans cinq écus en principal, ou trente sols en rente foncière, les testamens, les décrets & expéditions entre-vifs & de dernière volonté.

Par un autre édit du mois de juin 1627, il fut créé des offices de contrôleurs de tous les actes qui seroient reçus & expédiés par les notaires. Enfin, l'édit de Louis XIV, du mois de mars 1693, mit la formalité du *contrôle* en vigueur, & la rendit générale.

Cet édit ordonne que tous les actes qui seront reçus par les notaires & tabellions royaux, notaires apostoliques, ceux des seigneurs, & les greffiers des arbitrages, dans toute l'étendue du royaume, seront contrôlés & enregistrés au bureau le plus prochain du lieu où l'acte sera passé, à la diligence des notaires, tabellions & greffiers qui les auront reçus, *quinze jours* au plus tard après leur date ; lesquels enregistremens seront faits par extrait, contenant seulement le nom des parties contractantes, la qualité de l'acte, sa date, le nom & la demeure du notaire qui l'aura reçu, & le nombre des feuillets de l'acte ; à défaut de laquelle formalité, les actes ne pourront acquérir aucun privilège, hypothèque, propriété ou action quelconque, & il est défendu aux parties d'en faire usage, & aux cours & juges d'y avoir égard.

Les teſtamens, codiciles & autres diſpoſitions à cauſe de mort, qui n'ont aucun effet pendant la vie des diſpoſans, ont été exceptés de cette règle générale. Ils ne ſont point contrôlés dans la quinzaine de leur date, & ce n'eſt pas au notaire rédacteur à les faire revêtir de la formalité. Elle eſt à la charge des héritiers & légataires qui doivent la faire remplir, après le décès du teſtateur; à l'égard ſeulement de ceux de ces actes qui ſubſiſtent comme n'ayant pas été révoqués.

Les contrôleurs en titre d'office, qui avoient été créés par différens édits, avec attribution de droits & ſalaires ſur les actes ſoumis à la formalité, ayant été définitivement ſupprimés par un édit du mois de décembre 1713, les droits & attributions ont été réunis au domaine de la couronne; & leurs fonctions ſont confiées aux prépoſés de l'adminiſtration générale des domaines, leſquels ſont tenus de prêter ſerment pour leur exercice, & comptent, au profit du roi, des droits de contrôle ou ſalaires d'enregiſtrement, ſous la déduction de la remiſe qui leur eſt accordée.

La perception ſe fait d'après le tarif annexé à la déclaration du roi du 29 ſeptembre 1722, & les arrêts du conſeil rendus en interprétation, ſauf en Lorraine où il exiſte un tarif différent.

Le droit, pour la plupart des actes, eſt réglé à raiſon des biens & ſommes qui en font l'objet, ſur le pied de dix ſols en principal par chaque cent livres, juſqu'à dix mille livres; & de vingt ſols par mille livres au-deſſus de cette ſomme. Sur d'autres actes dont les objets ne ſont pas ſuſceptibles d'évaluation, les droits ſont fixés d'après l'état & qualité des parties.

Pluſieurs articles de ce tarif laiſſent deſirer une diſtribution plus exacte & une claſſification plus clairement établie. Cette réforme auroit l'effet d'apprendre à chacun ce qu'il doit, & de proportionner la perception, à la nature des différens actes, & aux facultés des parties contractantes, ſur-tout pour les claſſes inférieures des citoyens. Il paroît qu'on s'eſt occupé de cette réforme, puiſqu'il en eſt parlé dans le compte rendu en 1781, à l'article des droits de contrôle. On ne peut que faire des vœux pour que ce nouveau tarif, ſans doute mieux conçu que celui qui eſt en uſage, ſoit adopté, & qu'il obtienne enfin une exécution générale.

Les bureaux de contrôle établis ſont au nombre d'environ trois mille dans le royaume, & diſtribués de manière que les notaires des réſidences les plus éloignées ne ſe trouvent qu'à deux & trois lieues du bureau, dans l'arrondiſſement duquel ils doivent préſenter leurs actes à la formalité. Le produit annuel des droits de contrôle des actes eſt d'environ onze millions, tant en principal, que pour les dix ſols pour livre établis en différens tems; il faut y comprendre auſſi le produit

du contrôle des actes ſous ſignatures privées, dont il ſera parlé à l'article ſuivant, & qui eſt d'un modique objet; de même que celui du droit des actes volontaires paſſés en juſtice, & de nature à être faits également devant notaire; actes qui ſont ſoumis à la formalité & à la perception, dans le même délai de quinzaine, à la diligence des greffiers dépoſitaires des minutes.

Il y a en France des villes & provinces où la formalité du contrôle n'a pas lieu. Une déclaration du roi Louis XV, du 7 décembre 1723, commue le contrôle des actes, paſſés devant les notaires de Paris, en un droit de formule à payer, par augmentation, pour le papier timbré, ſur lequel les actes & contrats ſont rédigés. Les notaires de pays de Flandre, Hainault, Artois, Cambreſis & du pays Labour, jouiſſent auſſi de l'exemption, au moyen d'un abonnement arrêté des droits de contrôle. Par l'effet de ces diſpoſitions, les actes des notaires de Paris, & de ceux de ces différens pays, ſont cenſés contrôlés; & l'on peut en faire uſage par-tout, ſans les revêtir de la formalité.

Au contraire, dans la province d'Alſace & dans le comté de Clermont en Argonne, & dans les principautés d'Arches & Charleville, appartenans à la maiſon de Condé, où le contrôle n'eſt pas établi; les actes ne peuvent ſervir & être mis en uſage dans le reſte du royaume, ſans être préalablement contrôlés. La même règle a lieu pour les actes paſſés, hors de France, devant les notaires des dominations étrangères.

Nous ne devons point paſſer ſous ſilence ce que le grand homme d'état, qui a régi les finances depuis 1777 juſqu'en 1781, en a dit dans le compte qu'il a rendu au roi de ſes opérations paſſées, & de celles qu'il projetoit pour le bonheur de la nation. On verra que la réforme des droits de contrôle avoit attiré ſon attention.

« Les beſoins de l'état ont fait imaginer un
» tribut ſur pluſieurs ſortes d'actes & de tranſac-
» tions entre particuliers; & dans la néceſſité de
» multiplier les reſſources du fiſc, en les diver-
» ſifiant, ces droits n'étoient pas mal conçus.
» Les mariages, les teſtamens, les contrats de
» ſociété, les acquiſitions d'immeubles, & tant
» d'autres actes, ſont des opérations éparſes
» dans la vie, & qui, tenant preſque toujours
» à des événemens rares & intéreſſans, rendent
» moins ſenſible le droit qui les accompagne.
» Mais pour rendre ce tribut productif, il a
» fallu le proportionner, non-ſeulement à la na-
» ture des actes, mais encore aux conditions
» qu'ils renferment, & à l'état des perſonnes qui
» tranſigent. Alors les tarifs ſe ſont ſuccédés
» ainſi que les explications, les diſtinctions,
» les exceptions; & comme le contribuable adroit
» ne manque pas, à ſon tour, de chercher à

» efquiver les règlemens, de nouvelles interpré-
» tations devenoient néceffaires. Et c'eft ainfi que
» le code du *contrôle* & de l'infinuation des actes
» s'eft tellement accrû & multiplié, que les con-
» tribuables ne peuvent le plus fouvent juger
» avec connoiffance, de ce qu'ils doivent payer ;
» & les employés des domaines ne le favent eux-
» mêmes, qu'après de longues études.

» J'ai donc cru qu'il étoit très-effentiel de
» s'occuper d'un nouveau tarif, où l'on cher-
» cheroit à établir une proportion plus jufte,
» entre les actes qui concernent les riches &
» ceux qui intéreffent les pauvres, & où fur-
» tout toutes les diftinctions, entre les diverfes
» claffes de la fociété, & la nature des actes,
» fuffent plus fimples & plus fenfibles ; de ma-
» niere que chaque contribuable pût facilement
» être inftruit de fon obligation.

» J'ai excité en conféquence la continuation
» d'un travail, commencé depuis nombre d'années
» par un homme expérimenté ; je lui ai fait con-
» noître que ce travail, pour plaire à votre
» majefté, ne devoit point refpirer un efprit
» fifcal ; & que votre majefté feroit bien fatif-
» faite, fi on lui propofoit un projet de légif-
» lation à cet égard, qui, en lui confervant à-
» peu-près le même revenu, préviendroit les dif-
» ficultés, & établiroit une perception plus douce
» & plus équitable. Le travail extrêmement long
» & difficile eft maintenant achevé. Je l'ai confié à
» des magiftrats de votre confeil pour l'examiner ;
» & fi leur témoignage m'infpire de la confiance,
» je demanderai à votre majefté la permiffion
» de le communiquer à quelques membres éclai-
» rés de fon parlement. Je raffemblerai enfuite
» les diverfes obfervations qui feront faites ; &
» fi elles font favorables au projet, ou qu'elles
» ne tendent qu'à des modifications poffibles, je
» rendrai compte à votre majefté de cet impor-
» tant examen, & je prendrai fes ordres.

CONTRÔLE DES ACTES SOUS SIGNATURE
PRIVÉE. C'eft l'enregiftrement qui en eft fait
fur un regiftre public, par le commis prépofé à
la formalité, lequel en donne fur l'acte fon certificat.

Cette formalité a été principalement établie
pour remédier aux fraudes qu'on pratiquoit contre
la perception du droit de *contrôle* des actes des
notaires, en paffant fous feing privé la plupart
des actes, qu'il étoit ci-devant d'ufage de faire
rédiger par les notaires & tabellions. L'édit d'établiffement, donné par Louis XIV au mois d'octobre 1705, & la déclaration confirmative du 20
mars 1708, ordonnent que les *actes fous fignature privée* feront contrôlés & les droits payés,
avant qu'on puiffe former aucune demande en juftice, ni faire aucun exploit ou acte en conféquence, à peine de nullité des actes, & d'une

amende de trois cents livres, tant contre les
parties qui auroient agi, les huiffiers & fergens
qui auroient fait les exploits, les procureurs qui
auroient occupé, & les juges qui auroient ftatué fur
les demandes.

On voit que les *actes fous fignature privée*, ne
font pas fujets au *contrôle* par eux-mêmes, & dans
un délai fixe, comme les actes des notaires ; ils
ne font foumis à cette formalité, que dans le cas
où l'on veut en faire ufage, c'eft-à-dire, former une action ou demande judiciaire, ou paffer
des actes devant notaire en conféquence.

On doit cependant faire contrôler ceux de ces
actes qui contiennent tranflation de propriété, ou
de jouiffance de biens-immeubles, dans les trois
mois de leur date, parce qu'ils font fujets à
l'infinuation dans ce délai, à peine du double
droit, & que cette formalité ne peut être donnée
qu'après celle du *contrôle*.

La faveur que mérite le commerce, a fait
exempter de cette formalité les lettres-de-change
& billets à ordre ou au porteur, entre gens
d'affaires, marchands & négocians, & les billets
fimples de marchand à marchand, caufés pour
fourniture de marchandife de leur commerce réciproque. Ces fortes d'*actes fous fignature privée*,
peuvent être produits en juftice, & l'exécution
en eft fuivie fans qu'on les faffe contrôler. Il en eft
de même de tous les *actes fous fignature privée*,
qu'on ne produit que par exception ou par voie
de défenfe, fans les fignifier, & fans former
aucune demande active en conféquence.

Il eft de principe, que les *actes fous feing privé*,
n'ont point de date avant le *contrôle* ; & tant
qu'ils ne font point revêtus de cette formalité,
& reconnus, ils ne peuvent acquérir aucun privilège, action ni hypotheque.

Les droits de *contrôle* s'en perçoivent à proportion des fommes contenues dans les actes, ou
d'après leur nature, fur le même pié réglé pour
les actes des notaires, par le tarif arrêté au confeil
le 29 feptembre 1722, & fur le même regiftre.
Ces droits font dûs, & la formalité doit être
donnée au bureau établi près la jurifdiction de
l'introduction de l'inftance, ou dans celui de la
réfidence du notaire qui reçoit le dépôt de l'*acte
fous fignature privée*.

Il eft défendu, par les ordonnances, aux
avocats, notaires, greffiers, procureurs, huiffiers, & autres gens publics & de loi, d'écrire
aucun *acte fous fignature privée*, où ils ne foient
pas parties principales, & à toutes perfonnes de
les figner comme témoins. Ces actes ne peuvent
non plus être paffés par des fondés de pouvoir
ou procuration de ceux qui ne favent pas écrire.

CONTRÔLE DES EXPLOITS. Formalité
donnée aux fignifications, & autres actes faits par
les huiffiers & fergens, laquelle confifte dans l'en-

registrement qu'en rédige le commis préposé , contenant les noms, qualités & domicile des perfonnes à la requête defquelles l'exploit eft fait, & de celles à qui il eft fignifié , le nom & la réfidence de l'huiffier, la nature de l'exploit, enfin, fa date & celle du contrôle ; duquel enregiftrement le commis appofe, fur la minute ou original, fon certificat.

Cette formalité a été établie par deux édits de Louis XIV , des mois de janvier 1654, & août 1669. Le motif a été de prévenir les antidates, les fuppreffions d'exploits , & autres abus préjudiciables à l'ordre public.

D'après la difpofition de ces édits , & des déclarations explicatives des 21 mars 1671, & 23 février 1677, les huiffiers , fergens , archers & autres ayant pouvoir d'exploiter , font tenus de faire contrôler tous les exploits & actes par eux rédigés & fignifiés, dans les quatre jours de leur date, compris les fêtes & dimanches, à peine d'interdiction , de nullité des exploits & procédures , & de cent livres d'amende pour chaque contravention. Ils doivent, aux termes du règlement du confeil du 21 mars 1676 , les préfenter eux-mêmes à la formalité , & avant de les remettre aux procureurs ou aux parties ; & ils ne peuvent les faire contrôler qu'au bureau le plus proche de leur domicile , ou au plus prochain du lieu où l'exploit a été fait , ou enfin au bureau du chef-lieu de l'élection dans laquelle ils l'auront fait & fignifié.

Il n'y a d'exceptés de la formalité, que les exploits & fignifications faits à la requête des procureurs-généraux & de leurs fubftituts, des promoteurs eccléfiaftiques, & des procureurs fifcaux des feigneurs, pour la police générale & l'obfervation des ordonnances ; les fimples fignifications de procureur à procureur, ou d'avocat à avocat, pour la fuite & l'inftruction des procès ; les exploits que les chefs de garnifon font dans l'ufage de faire pour le recouvrement des impofitions royales ; enfin, les commandemens & fignifications faits par les gardes de la ferme générale, lorfqu'ils ne contiennent pas d'affignation. Tous les exploits des huiffiers des confeils du roi, font auffi exempts de contrôle.

D'autres exploits font exempts du paiement des droits feulement , mais non de la formalité qui doit leur être donnée gratis. Tels font ceux à la requifition des procureurs du roi des maîtrifes des eaux & forêts, contre les particuliers pris en délit dans les bois du roi & des communautés. Les droits de ces exploits font répétés enfuite contre les accufés , lorfqu'il eft intervenu un jugement qui les condamne.

Il y a auffi des exploits dont les droits de contrôle font dûs, mais qui ne font fujets à la formalité que dans les huit jours après celui de leur date. Ce font les commandemens faits aux redevables des droits des fermes & régies du roi.

La quotité du droit de contrôle , pour chaque exploit, eft de huit fols fix deniers, à quoi il faut ajouter les dix fols pour livre , ce qui porte la perception à douze fols neuf deniers ; fauf cependant pour les commandemens & procédures faits pour la régie des cartes, lefquels n'operent que trois fols de droit en principal. Si l'exploit eft fait à la requête de plufieurs perfonnes, ou fignifié à plufieurs perfonnes, qui ont des intérêts diftincts , c'eft-à-dire , qui ne foient ni cohéritiers , ni affociés & obligés folidairement , il eft dû autant de droits , qu'il y a de différens demandeurs ou défendeurs. Lorfque l'exploit ou procès-verbal dure plus d'un jour, il eft dû auffi un droit pour chaque journée qui y eft employée.

Les exploits de faifie de meubles ou de deniers, font affujettis en outre à un droit de trois fols en principal , ou quatre fols fix deniers , avec les dix fols pour livre, fuivant un édit du mois de mars 1704.

Les notaires & les greffiers qui paffent des actes contenant notification, fignification, protêt, vente de meubles à l'encan , ou autre difpofition du miniftere des huiffiers, font tenus de les faire contrôler aux exploits dans les quatre jours de la date de chaque vacation, indépendamment du contrôle aux actes , qui n'eft dû que dans la quinzaine de la derniere vacation employée.

De même , lorfque les huiffiers inferent dans leurs exploits des difpofitions qui font du miniftere des notaires, & qui procedent de la libre volonté des parties, comme obligation, quittances, ceffions , &c. il en eft dû le contrôle des actes, outre celui des exploits.

Le produit du contrôle des exploits, eft de trois millions deux cents mille livres, commune année, dans tout le royaume.

(Cet article & les deux précédens , font de M. L..., directeur des domaines.)

CONTROLEUR , f. m. C'eft fans doute par analogie , entre l'effet d'un regiftre de contrôle, & les opérations de quelques fupérieurs en différentes parties de finances , que le nom de contrôleurs leur a été donné ; puifque dans le fait tous les contrôleurs ne tiennent pas des regiftres, & ne rempliffent leurs fonctions , que par la furveillance qu'ils exercent fur les commis & employés qui leur font fubordonnés.

Dans les aides & les domaines , on diftingue les contrôleurs de ville ou fédentaires , & les contrôleurs ambulans.

Dans les fermes générales ; font les contrôleurs-généraux des fermes , dont on a parlé au mot commis, & les fimples contrôleurs , dont les fonctions font variées, fuivant la partie à laquelle ils font attachés.

Dans

Dans le département des impositions, on compte les *contrôleurs* du vingtieme.

Dans les postes, les *contrôleurs* des postes.

Dans les finances, le *contrôleur*-général des finances.

Les *contrôleurs* des recettes.

Le *contrôleur* des bons d'états du conseil, & le *contrôleur* des restes.

Les *contrôleurs* des aides sont des employés supérieurs qui prescrivent, aux commis aux exercices les visites & tous les mouvemens qu'ils ont à faire, pour suivre la consommation des boissons chez les cabaretiers & ceux qui en débitent. Indépendamment de ces fonctions, ils ont celles de surveiller les commis, pour s'assurer s'ils remplissent exactement la tâche qui leur a été imposée, & de rendre compte aux régisseurs, tous les quinze jours, de leur travail de celui des commis, & des effets qui en sont résultés. Il se trouve encore un *contrôleur* de ce genre, dans chaque ville où le nombre des commis est de quatre ou six & au-dessus.

Le *contrôleur* sédentaire dans les domaines est celui qui réside dans son bureau, pour inscrire dans ses registres les actes de toute sorte, qui lui sont apportés à contrôler : on l'appelle quelquefois buraliste. *Voyez* CONTROLE DES ACTES, & les deux *articles suivans*.

Les *contrôleurs* ambulans des aides sont chargés de surveiller tous les préposés des aides dans une, deux, ou même trois élections, suivant leur étendue. Ils rendent compte aux commettans de tout ce qui intéresse les produits de cette partie, & du résultat des soins qu'ils se sont donnés pour les améliorer.

Les *contrôleurs* ambulans des domaines sont en beaucoup plus petit nombre que ceux des aides, puisqu'il n'y en a que deux ou trois par chaque généralité. Ils passent à ce grade après avoir été vérificateurs ; ils sont pourvus d'une procuration de l'administration générale des domaines, qui énonce le détail de leurs fonctions.

La principale dont ils sont chargés est de faire compter les *contrôleurs* des actes, de recevoir le montant de leur recette, pour le remettre au directeur & receveur-général des domaines de la généralité.

Chaque *contrôleur* ambulant a un département composé au moins de quinze, & au plus de trente bureaux de contrôle, suivant qu'ils sont plus ou moins forts en produits.

Ils emploient le premier mois de chaque quartier, à parcourir successivement les bureaux pour en arrêter les produits, vérifier les calculs des registres de recette, examiner & rectifier les perceptions irrégulieres.

Au commencement du second mois, ils arri-

Finances. Tome I.

vent à la direction générale pour rendre leurs comptes.

Le 15, ils sont rendus en contre-tournée au bureau qui leur est désigné, & y restent jusqu'à la fin du troisieme mois, occupés à vérifier la régie des commis, les dépôts publics ; tels que, les greffes & les notariats, à relever & faire payer les droits qui sont exigibles.

Ils sont astreints à fournir un cautionnement de vingt mille livres en immeubles, & un de six mille en especes.

On compte cent vingt-cinq *contrôleurs* ambulans des domaines, dans tout le royaume. Telle généralité peu étendue, comme celle de Perpignan, n'en a qu'un. Telle autre, comme Paris, en a neuf, y compris les deux qui sont attachés à la ville même, sous le titre d'inspecteur & receveur principal.

Après un certain nombre d'années d'exercice, les *contrôleurs* ambulans sont choisis, ou pour remplir des directions des domaines, ou pour des bureaux de contrôle de chef-lieu, qu'on appelle bureaux de retraite.

Les *contrôleurs*-généraux des fermes ont l'inspection de tout ce qui appartient aux parties qui composent la ferme générale ; comme les gabelles, le tabac, les droits des huiles & savons, ceux de traites, soit à la circulation à l'entrée, soit à la sortie du royaume. Leurs fonctions sont circonscrites dans un arrondissement composé de la moitié ou du tiers d'une généralité ; puisqu'il n'y a généralement, que deux ou trois *contrôleurs*-généraux des fermes en chacune.

Ils doivent examiner & connoître à fond les talens & la capacité des capitaines-généraux, lieutenans, brigadiers & gardes qui leur sont subordonnés, & se faire rendre compte de leurs travaux journaliers ; vérifier si ces gardes sont exacts à se porter au point de jonction, où le poste voisin vient également se rendre, pour former une chaîne qui garantisse de toute invasion de contrebandiers.

Les obligations des *contrôleurs*-généraux des fermes s'étendent encore à vérifier les caisses des receveurs de la ferme ; les registres de perception de ceux qui en ont à faire, pour s'assurer si elle est conforme aux reglemens ; & à suivre strictement les ordres qui leur sont adressés pour assister aux emplacemens des sels dans les greniers à sel, aux fins de masses, pour veiller généralement à tout ce qui est utile aux intérêts de leurs commettans.

L'emploi de *contrôleur*-général est sujet à un cautionnement en argent de quinze mille livres, depuis l'arrêt du conseil du 17 février 1779, qui l'a fixé en général à cette somme ; précédemment elle n'étoit que de dix mille livres.

B bb

Les autres *contrôleurs* des finances, font les *contrôleurs* de bureau, les *contrôleurs* des gabelles, les *contrôleurs* aux maffes.

On peut voir au mot *bureau*, quels font ceux où l'on établit un *contrôleur*. Ses obligations font de tenir un regiftre de la recette qui s'y fait, & qu'il doit remplir féparément du receveur, conformément à l'article 4 du titre 14 de l'ordonnance de 1687. Ces *contrôleurs* de bureaux n'exiftent que dans la partie des traites, & dans celle du tabac. Parmi les premiers, on diftingue encore les *contrôleurs* aux entrepôts, *voyez* ENTREPÔTS; les *contrôleurs* à la taille du fel, *voyez* SEL. Dans la partie du tabac, les fonctions des *contrôleurs* font de tenir regiftre des tabacs qui arrivent dans les bureaux généraux, auxquels ils font attachés, de ceux qui font vendus aux entrepofeurs, & du montant de la recette en efpèces, qui en eft le réfultat.

Les *contrôleurs* des gabelles fe divifent en plufieurs claffes.

Dans la première, il faut placer tous les *contrôleurs* des greniers à fel dans les grandes gabelles. Ce font des officiers en titre, qui ont une clef des greniers, qui affiftent aux diftributions du fel au public, & jugent des conteftations & de tout ce qui concerne les gabelles.

Dans la feconde claffe, on doit mettre les *contrôleurs* des greniers à fel en pays de petites gabelles. Cette feconde claffe doit être fubdivifée en quatre fections, pour traiter féparément des *contrôleurs-généraux des gabelles en Dauphiné*.

Des *contrôleurs* des greniers à fel du Lyonnois.

Des *contrôleurs-généraux* des gabelles en Languedoc.

Et enfin des *contrôleurs* des greniers à fel de la même province.

CONTRÔLEURS-GÉNÉRAUX DES GABELLES EN DAUPHINÉ.

Les *contrôleurs-généraux des gabelles du Dauphiné*, font des officiers qui connoiffent, en première inftance, des affaires qui intéreffent la ferme des gabelles du Dauphiné.

Dans les premiers tems de l'établiffement de cette ferme, il n'exiftoit, pour ftatuer fur les conteftations qui pouvoient la concerner, qu'un feul vifiteur.

Henri III, par fon édit du mois de mai 1577, a établi le Dauphiné, comme dans les autres provinces du royaume, un *contrôleur-général des gabelles*, à qui il a donné une autorité égale à celle du vifiteur, précédemment créé. Un autre édit du mois de janvier 1578, a créé un fecond *contrôleur-général des gabelles*, pour exercer alternativement avec l'ancien, & concurremment avec le vifiteur, les mêmes fonctions que cet offi-

cier. Un troifième édit du mois de feptembre 1594, a créé un *contrôleur-général* triennal.

Ces officiers, comme tous ceux qui, par les édits de leur création, font qualifiés anciens, alternatifs & triennaux, n'exerçoient d'abord leurs fonctions que pendant une année fur trois; mais l'exemple de l'arrangement qui s'étoit effectué en 1599, dans l'étendue des gabelles du Languedoc, fit juger qu'il ne pourroit être que très-utile de les maintenir conftamment en activité. L'édit du mois de juillet 1626, divifa, en conféquence, le Dauphiné en quatre départemens, & ordonna que, dans le premier, le vifiteur des gabelles du Dauphiné connoîtroit, en première inftance, de toutes les affaires qui intéreffeoient cette partie; que les conteftations qui s'éleveroient dans le deuxième département, feroient foumifes au jugement du *contrôleur-général* ancien; celles qui naîtroient dans le troifième département, à celui du *contrôleur-général* alternatif; & celles du quatrième département, au jugement du *contrôleur-général* triennal.

Cet édit affura, au furplus, au vifiteur, le droit de fe rendre, lorfque bon lui fembleroit, dans chacun des deuxième, troifième & quatrième départemens, pour y procéder concurremment avec le *contrôleur-général* attaché à ce diftrict, à l'inftruction & au jugement des affaires qui y auroient pris naiffance.

On voit par un arrêt du confeil du 14 juillet 1739, que quoique l'édit du mois de juillet 1626 eût fixé les limites de chaque département, de manière qu'il ne dût refter, à cet égard, aucune incertitude, il s'étoit néanmoins élevé des difficultés entre deux des *contrôleurs-généraux*, fur l'étendue de leurs refforts.

Pour faire ceffer ces difficultés, l'arrêt dont il s'agit ordonna, conformément à l'avis de M. de Fontanieu, alors intendant en Dauphiné, que l'arrondiffement, pour l'étendue de la juridiction du vifiteur, & de chacun des *contrôleurs-généraux des gabelles en Dauphiné*, feroit & demeureroit réglé ainfi qu'il fuit; favoir:

Pour le vifiteur, le haut Dauphiné, qui comprendroit les greniers de Briançon, Villevielle, Gap & Embrun.

Pour le premier *contrôleur* établi à Grenoble, les greniers de Grenoble, Pontcharra, Bourg-d'Oyfans, Moyrans, Voiron, Pont-de-Beauvoifin, Aofte, Moreftel & la côte Saint-André.

Pour le fecond *contrôleur* réfidant à Valence, le bas Dauphiné, qui comprendroit les greniers de Valence, Saint-Vallier, Vienne, & le gabellage de Romans.

Enfin, pour le troifième *contrôleur-général* établi au Buys, dans les Baronnies, les greniers d'Avignon, Dauphiné, Pierrelatte, Grignan, Montelimart, le Buys & Orange.

Le même arrêt ajouta, au furplus, que nonobftant ce qui fe trouvoit ci-deffus réglé, le vifiteur des gabelles pourroit fiéger dans tous les greniers de la province, ainfi qu'il y avoit été autorifé par l'édit du mois de juillet 1626.

CONTRÔLEURS DES GRENIERS A SEL DU LYONNOIS. L'édit du mois de mars 1667, en fupprimant les quatre cents feize officiers qui, fuivant le préambule de cet édit, exiftoient alors dans l'étendue de la ferme des gabelles du Lyonnois, & en fubftituant à ceux de ces officiers qui avoient été établis pour connoître des conteftations qui intéreferoient cette ferme, fept juridictions, compofées chacune, d'un ou deux vifiteurs, d'un procureur du roi & d'un greffier, ordonna l'établiffement, dans chaque grenier, d'un contrôleur en titre d'office, pour affifter aux defcentes, ventes & diftributions de fel qui s'y feroient.

Le même édit ordonna que le contrôleur en titre d'office de chaque grenier, auroit une clef des chambres dans lefquelles les fels deftinés à la fourniture de ce grenier feroient emplacés ; qu'il fe trouveroit à l'ouverture de ces chambres aux jours & heures accoutumés ; qu'enfin, il tiendroit bon & fidele regiftre des emplacemens, ventes & diftributions, pour en fournir fon certificat toutes les fois que befoin feroit.

Cet édit, après avoir ajouté que chaque contrôleur prêteroit ferment de remplir exactement fes fonctions, pardevant les officiers de la vifitation, dans le reffort duquel feroit fitué le grenier auquel il feroit attaché, & avoir accordé à chacun de ces officiers des gages proportionnés à la quotité des finances qu'ils feroient tenus de payer, en exécution des rôles qui feroient arrêtés au confeil, leur a attribué le droit de percevoir à leur profit, deux fols fur chaque minot de fel qui feroit vendu & débité dans les greniers ou chambres à fel de leur établiffement, & leur a permis de recevoir ces deux fols, par leurs mains, au fur & à mefure defdites ventes.

Les befoins de l'état ayant forcé, en 1696, le gouvernement à multiplier les charges, l'édit du mois d'avril de cette année créa dans chacun des greniers du Lyonnois un fecond contrôleur, pour remplir alternativement avec l'ancien, créé par l'édit du mois de mars 1667, les fonctions affignées à ceux-ci par cet édit ; mais tout donne lieu de préfumer que les offices de cette feconde création ne furent pas levés.

Un autre édit du mois de décembre 1704, en ordonnant la fuppreffion abfolue des fept juridictions établies, par celui de 1667, dans l'étendue des gabelles du Lyonnois, pour ftatuer fur les conteftations relatives à cette ferme, avoit créé dans chaque grenier & chambre, un préfident, un grenetier, un procureur du roi & un

greffier, pour former, avec le contrôleur de la création de 1667, un corps de juridiction abfolument femblable à celui qui exiftoit dans chacun des greniers des gabelles de France ; mais l'édit du mois d'avril 1706, en fupprimant ces différens officiers, a rétabli ceux qui exiftoient antérieurement dans les gabelles du Lyonnois, d'après les édits des mois de mars 1667, août 1670, & avril 1696 ; ce qui a remis dans leur état primitif, les contrôleurs établis dans les greniers & chambres à fel, par le premier de ces édits. Il n'eft depuis furvenu fur cet objet aucun changement.

On voit par l'arrêt du confeil du 12 février 1723, que le roi étant informé que plufieurs des contrôleurs d'offices, créés & établis en exécution de l'édit du mois de mars 1667, dans chacun des greniers & chambres à fel des gabelles du Lyonnois, ne réfidoient point dans les villes & lieux de leur établiffement, & que, quoique ledit édit ne les y eût point autorifés, ils commettoient aux fonctions de leurs offices, des particuliers qui fe contentoient de percevoir les deux fols par minot, attribués auxdits offices, fans affifter aux defcentes des fels, & aux ventes & diftributions, fans tenir les regiftres, ni délivrer les certificats qu'il leur étoit prefcrit de fournir au befoin ; que ceux mêmes de ces officiers qui réfidoient dans les lieux de leur établiffement, négligeoient tellement leurs fonctions, que le fervice des fermes, & celui du public en fouffroient un préjudice confidérable, fa majefté a ordonné que l'édit du mois de mars 1667 feroit exécuté felon fa forme & teneur ; en conféquence, que les contrôleurs des greniers du Lyonnois feroient tenus de faire leurs réfidences dans les lieux où feroient fitués les greniers & chambres auxquels ils feroient attachés, & d'exercer par eux-mêmes les fonctions de leurs offices, faute de quoi ils feroient privés des deux fols par minot à eux attribués par ledit édit.

Le même arrêt a fait défenfes aux receveurs des greniers, de payer à ces officiers les deux fols dont il s'agit, s'ils n'étoient préfens, à peine de radiation dans leurs comptes, & il a en outre ordonné que, fous un mois, chaque contrôleur feroit tenu de remettre à l'intendant de Lyon, une copie collationnée de fes provifions, quittances de finances, & autres titres de propriété, pour être envoyée à M. le contrôleur-général des finances, & après l'examen au confeil, être ftatué ce qu'il appartiendroit.

Quoique l'édit du mois de mars 1667 n'eût autorifé les contrôleurs des greniers du Lyonnois à percevoir le droit de deux fols par minot, à eux attribués, que fur les fels vendus & diftribués dans les greniers auxquels ils feroient attachés, le contrôleur du grenier à fel de Seyffel prétendit, en 1736, que ce droit lui étoit dû pour tous les fels qui étoient déchargés aux ports de Regonfle & du Parc, pour la fourniture des pays étrangers; il fit, en conféquence, affigner l'adjudicataire des fermes, en la cour des aides de Paris, pour fe voir condamner à le lui payer; mais le confeil, à l'inftant même où il eut connoiffance de la conteftation engagée par cet officier, l'évoqua, & jugea, par arrêt du 21 mars 1737, que, fans s'arrêter aux demandes de ce *contrôleur*, qui en feroit débouté, les récollemens des fels deftinés pour l'étranger feroient faits, & les certificats de leur déchargement délivrés par les commis du fermier; il ordonna au furplus, quant aux fels emplacés dans les greniers, que les certificats d'arrivée & d'emplacement feroient délivrés par les officiers, conformément à l'édit de 1667, fans que, pour raifon de ces pièces & certificats, ils puffent exiger aucuns frais, falaires, ni vacations, à peine d'interdiction, & de reftitution de ce qu'ils auroient exigé; & la connoiffance des conteftations qui pourroient s'élever fur cet objet, demeura réfervée au confeil.

Le gouvernement, en établiffant dans les greniers du Lyonnois des *contrôleurs* en titre d'office, s'étoit propofé de donner aux receveurs des furveillans, pour les contenir fur les abus qui pourroient naître du defir d'accroître leurs émolumens au préjudice de la ferme & du public; ainfi ces officiers auroient ainfi dû tenir la main à ce qu'il fût procédé avec beaucoup d'exactitude au mefurage des fels diftribués aux reffortiffans; mais la cour des aides ayant, en 1765, obtenu la preuve que, loin de remplir à cet égard leurs obligations, la plupart d'entre eux ne réfidoient pas même près des greniers auxquels ils étoient attachés, voulut faire ceffer les fâcheux effets de leur négligence; en conféquence, cette cour rendit, le 4 feptembre de la même année, fur le requifitoire du procureur-général, un arrêt par lequel elle ordonna que, conformément aux édits & déclarations, & notamment aux édits des mois de mars 1667, & février 1704, les officiers *contrôleurs des greniers du Lyonnois* feroient tenus, fous peine de privation de leurs gages & de leurs attributions, même d'être pourfuivis extraordinairement, fi le cas y échéoit, de réfider dans les lieux où étoient établis les greniers ou chambres à fel auxquels ils étoient attachés; d'affifter aux defcentes des fels, & emplacement d'iceux dans les greniers ou chambres; d'avoir un regiftre en papier libre, cotté par première & derniere page, par le juge-vifiteur, ou autre officier de la juridiction du reffort; d'inferire fur ce regiftre le procès-verbal de la defcente des fels, & de l'emplacement de chaque maffe dans les greniers.

Le même arrêt leur enjoignit de faire mention, dans ce procès-verbal, de la qualité des fels & des pieces fervant à conftater & le tems où ces

fels feroient fortis des marais, & le tems pendant lequel ils feroient demeurés dans les entrepôts du fermier, lefquelles pièces leur feroient repréfentées par les voituriers; d'y ajouter, lors des emplacemens, le déchet que ces fels auroient éprouvé dans leur tranfport, depuis le lieu de leur chargement, & de dreffer deux expéditions de chaque procès-verbal ainfi rédigé, pour être envoyées, l'une, au greffe de la cour, & l'autre, à celui de la juridiction des gabelles du reffort.

Il ordonna de plus, que les mêmes officiers inferiroient, fur leur regiftre, le produit de chaque maffe, dont ils rapporteroient procès-verbal, & que les receveurs ne pourroient ni mêler les maffes, ni en entamer une, avant que celle mife en vente ne fût entièrement finie, & que fon produit n'eût été conftaté dans la forme ci-deffus déterminée.

Il ajouta, que les *contrôleurs* feroient tenus de fe charger d'une clef de chaque grenier, à l'effet de quoi il feroit appofé à chaque porte, deux ferrures différentes, dont les clefs feroient remifes, l'une au receveur, l'autre au *contrôleur*, à qui il fut enjoint d'affifter régulièrement aux ventes & diftributions, aux jours & heures accoutumées; d'infcrire fur leur regiftre, en détail, toutes les ventes qui feroient faites; de figner à chaque vifite le regiftre du receveur, & de faire figner le leur par ce prépofé du fermier; de repréfenter celui-ci aux directeurs & contrôleurs-généraux des fermes, toutes les fois qu'ils en feroient requis; de veiller à l'exécution de la déclaration de 1713, par rapport à la trémie; & de tenir la main à ce qu'aucun receveur ne contrevînt à l'injonction qui lui étoit faite par la cour, à peine de concuffion, de tenir le chapiteau toujours plein, d'ouvrir en entier la foupape pour chaque mefure, de faire placer la mefure de manière que le fel tombât toujours au milieu, & de faire rader avant que le fel ne grêlât fur tous les bords.

L'arrêt de la cour des aides de Paris, dont eft queftion, ordonna enfin aux vifiteurs & autres officiers des juridictions des gabelles du Lyonnois, chacun dans leur reffort, & aux fubftituts de M. le procureur-général, de veiller à l'exécution des difpofitions qu'il contenoit; de dreffer des procès-verbaux des contraventions, & d'en envoyer expédition au greffe de la cour, à l'effet de quoi ces officiers pourroient, quand bon leur fembleroit, affifter aux diftributions, & fe faire repréfenter le regiftre, tant du *contrôleur* en titre d'office, que du receveur.

L'intérêt du public concourt ici avec celui de la ferme, à faire defirer que les difpofitions de cet arrêt foient littéralement exécutées; mais la plupart des *contrôleurs des greniers du Lyonnois*, n'affiftent pas aux diftributions, ou n'exigent des receveurs des greniers, auxquels ils font attachés, qu'une très-grande exactitude à leur compter le montant des deux fols qui leur font attribués, pour chaque minot de fel vendu.

Il refte à obferver que les *contrôleurs* en titre d'office, dont il s'agit ici, ne doivent pas être confondus, comme la cour des aides de Paris paroît l'avoir fait, en rendant l'arrêt que l'on vient de rapporter en partie, avec les *contrôleurs* des receveurs des greniers des gabelles de France, Lyonnois, Dauphiné, Languedoc & Provence, établis en titre d'office par l'édit du mois de février 1704. Ceux de ces offices qui ne fe trouvoient point encore levés, furent fupprimés par l'édit du mois d'août 1705, & les autres, par l'édit du mois de décembre 1716.

CONTRÔLEURS-GÉNÉRAUX DES GABELLES DU LANGUEDOC.

Les *contrôleurs-généraux des gabelles du Languedoc*, qu'il ne faut pas confondre avec les *contrôleurs* des greniers à fel du Languedoc, font des officiers originairement établis, pour procéder, conjointement avec les vifiteurs-généraux, à la recherche des abus qui pouvoient porter quelque préjudice aux produits de la ferme des gabelles, & connoître des affaires concernant cette ferme; ils rempliffent encore aujourd'hui les mêmes fonctions.

Dans les premiers tems de l'établiffement de la ferme des gabelles en Languedoc, il n'exiftoit, dans l'étendue de cette ferme, qu'un feul vifiteur-général, & fa réfidence ordinaire avoit été fixée au Saint-Efprit, pour qu'il fe trouvât plus à portée d'en impofer aux conducteurs des bateaux qui, après avoir pris des chargemens de fel fur les falins du Languedoc ou de la Provence, leur faifoient remonter le Rhône. Ce vifiteur-général étoit autorifé à commettre des lieutenans, pour connoître à fa place, des affaires qui s'éleveroient dans l'intérieur de la province, & il en avoit établi plufieurs.

Par des lettres-patentes, données à Avignon, en 1575, Henri III ajouta en Languedoc, un fecond vifiteur-général, à celui qui fe trouvoit établi au Saint-Efprit, & il régla que ces officiers exerceroient alternativement les fonctions de leurs charges; mais il parut enfuite plus expédient de les maintenir tous les deux en activité, en leur affignant des départemens particuliers, & il fut arrêté que le vifiteur-général ancien exerceroit fans aucune interruption fes fonctions du côté du Saint-Efprit, & s'appelleroit vifiteur-général du Saint-Efprit, & le vifiteur-général alternatif du côté de Narbonne, fous le nom de vifiteur-général de Narbonne.

Dans le moment où cet arrangement venoit de s'effectuer, il plut au même roi, fous prétexte que les anciens officiers des gabelles ne livroient pas, avec toute l'activité néceffaire, aux fonctions

de leurs charges, d'établir, par fes édits des mois de mai 1577 & janvier 1578, dans chacune des généralités du royaume, un *contrôleur-général des gabelles* ancien, & un *contrôleur-général des gabelles* alternatif, pour y procéder conjointement ou en concurrence avec les anciens officiers, à la recherche des abus qui pouvoient porter quelque préjudice à la ferme des gabelles, & juger les affaires qui la concernoient.

Il parut convenable de donner à ces nouveaux officiers en Languedoc, des départemens femblables à ceux qui venoient d'être affignés aux vifiteurs-généraux; il fut en conféquence réglé que le *contrôleur-général* ancien, feroit attaché au département du vifiteur-général ancien, c'eft-à-dire, du Saint-Efprit, & le *contrôleur-général* alternatif à celui du vifiteur-général de Narbonne.

Ces officiers auroient fans doute pu, en fe concertant avec les vifiteurs-généraux, fur leurs opérations, en faire de très-utiles; mais ils ne s'occuperent, pour ainfi dire, d'aucun autre foin que de dépouiller ceux-ci de leur autorité; il s'éleva entr'eux, à cette occafion, de fi fréquentes conteftations, qu'il parut indifpenfable de les faire ceffer. En conféquence, Henri IV, en procédant par fon règlement général du 18 feptembre 1599, à la réformation des gabelles du Languedoc, affigna à chacun d'eux, des départemens particuliers.

L'article 48 de ce règlement ordonna que les vifiteurs & *contrôleurs-généraux des gabelles* du Languedoc ne feroient plus diftingués par les titres d'anciens & d'alternatifs, & qu'ils auroient tous une égale autorité, tant pour les recherches & vifites, que pour l'exercice de la juridiction; favoir, le vifiteur-général du Saint-Efprit, dans l'étendue de la fénéchauffée de Beaucaire, & le *contrôleur-général* du même lieu, dans l'étendue de la fénéchauffée du Rouergue; le vifiteur-général de Narbonne, dans l'étendue de la fénéchauffée de Narbonne; & le *contrôleur-général* du même lieu, dans l'étendue de la fénéchauffée de Touloufe.

Il n'a depuis été fait à cet arrangement aucun changement qui ait eu fon entière exécution. Il exifte en conféquence dans ce moment, comme à l'époque où il a été ordonné, quatre juridictions principales des gabelles dans l'étendue de la ferme de cette partie en Languedoc; les deux premieres de ces juridictions qui fiégent encore au Saint-Efprit & à Narbonne, font tenues par des vifiteurs-généraux, & les deux autres qui fiégent à Villefranche de Rouergue & à Touloufe, par des *contrôleurs-généraux*. Les befoins de l'état ont, à différentes époques, déterminé le gouvernement à augmenter dans ces juridictions, le nombre des officiers, en ajoutant fucceffivement aux anciens vifiteurs & contrôleurs généraux, d'abord par l'édit du mois de décembre 1605, des vifiteurs

& contrôleurs-généraux alternatifs, & enfuite des visiteurs & contrôleurs-généraux triennaux ; mais ces officiers ont confervé leurs qualifications primitives.

Les juges des gabelles qui fiégent au Saint-Efprit & à Narbonne, continuent à prendre le titre de visiteurs-généraux, & ceux qui fiégent à Ville-franche de Rouergue & à Toulouse, celui de contrôleurs-généraux des gabelles du Languedoc.

CONTROLEURS DES GRENIERS A SEL DU LANGUEDOC.

Les contrôleurs des greniers à fel du Languedoc, font des officiers originairement établis pour affifter aux emplacemens & diftributions des fels dans les greniers qui exiftoient alors en Languedoc, & pour délivrer aux gabellans les billettes ou bulletins de gabelles, propres à juftifier que les fels qu'ils tranfportoient d'un lieu à l'autre, avoient été levés dans l'un des greniers du roi.

Tout autorife à penfer que ces officiers ont été créés dès les premiers tems de l'établiffement des greniers dans le Languedoc, qu'il n'y en avoit primitivement qu'un feul dans chaque grenier ; mais les befoins de l'état les ont fait multiplier fucceffivement, en forte qu'on avoit établi dans chaque grenier, un contrôleur ancien, un contrôleur alternatif, & un contrôleur triennal. Il n'a pas été poffible de retrouver les édits qui ont apporté des changemens à cet état primitif des chofes.

Celui du mois de mars 1641, le feul qui foit aujourd'hui connu, relativement à ces contrôleurs, leur fuppofant l'obligation de payer un fupplé-ment de finance, leur attribue, pour leur tenir lieu d'émolumens & de taxations, le droit d'exiger des gabellans qui leveroient des fels dans les greniers auxquels ils feroient attachés, & à qui ils expédieroient des billettes de gabelles, neuf deniers, depuis un quart de minot, jufqu'à deux minots, & dix-huit deniers, pour les quantités plus confidérables.

Le même édit leur avoit enjoint d'exercer par eux-mêmes leurs fonctions, & il avoit ajouté qu'au moyen des taxations qu'il leur accordoit, ils feroient tenus de faire les frais des regiftres qu'ils devroient prendre, au commencement de chaque année, au greffe de la cour des aides de Montpellier, pour y porter les emplacemens, ventes & diftributions qui feroient faites dans les greniers de leur établiffement.

Les tréforiers de France du bureau des finances de Montpellier, réclamerent contre cette der-niere difpofition ; & en rappellant qu'un édit de 1598, avoit réuni à leur corps, les offices d'in-tendant des gabelles du Languedoc, créés par celui du mois d'octobre 1593, ils foutinrent que cette réunion leur avoit affuré le droit de veiller, privativement à la cour des aides de Montpellier,

fur la conduite des contrôleurs des greniers dans l'exercice de leurs charges, de les faire fuppléer lorfqu'ils ne pourroient exercer par eux-mêmes, & de leur fournir les regiftres dont la tenue leur étoit prefcrite ; il n'exifte aucune trace de ce qui fut ftatué dans le tems fur ces représenta-tions ; mais un arrêt du confeil du 15 feptembre 1685, a maintenu le bureau des finances de Mont-pellier dans le droit dont il juftifioit être en pof-feffion, de commettre à l'exercice des fonctions des contrôleurs des greniers du Languedoc, pri-vativement à la cour des aides, lorfqu'ils feroient empêchés de les remplir par mort, forfaiture ou autrement, & d'envoyer à ces officiers les regif-tres que l'édit de 1641 leur avoit enjoint de tenir. Les mêmes difpofitions fe retrouvent dans un autre arrêt du confeil du 21 octobre 1738.

Lors de la création des contrôleurs des greniers du Languedoc, il n'exiftoit encore de greniers à fel dans toute cette province, qu'au Saint-Efprit, à Baucaire, Nifmes, Lunel, Sommieres, Mont-pellier, Beziers, Pezenas & Narbonne ; il ne fut en conféquence établi de contrôleurs que dans ces neuf greniers ; mais à mefure qu'il a été ajouté différentes chambres à fel, à ces greniers, ces officiers ont, ainfi qu'on le voit par un arrêt du confeil du 14 février 1643, demandé à per-cevoir, dans celles de ces chambres dont l'exif-tence a paru devoir diminuer les ventes des gre-niers auxquels ils étoient attachés, les mêmes droits de billettes que dans ces greniers, & il a paru jufte de céder à leur demande fur ce point. Les contrôleurs du grenier à fel du Saint-Efprit, ont en conféquence été autorifés à percevoir les droits de billette à eux attribués par l'édit de 1641, tant fur les fels vendus dans ce grenier, que fur ceux diftribués dans les chambres de la Voulte, du Theil & de Viviers ; ceux de Beau-caire ont obtenu de leur côté, la permiffion de lever les mêmes droits fur les fels vendus dans les chambres de Bagnols & de Villeneuve d'Avi-gnon ; ceux de Montpellier, fur les fels diftri-bués dans les chambres de Lodève, Florac, Mende, Marvejols, Langogne & Saint-Chéli ; & ceux de Narbonne, tant dans la chambre de Cau-diés, que dans toutes celles qui ont été fuc-ceffivement établies dans la partie du haut Lan-guedoc, comprife dans la direction des fermes de Toulouse.

Les contrôleurs anciens des greniers à fel du Saint-Efprit, de Baucaire, Nifmes, Sommieres & Lunel, ayant réuni les offices de contrôleurs alternatifs & de contrôleurs triennaux, on ne compte plus qu'un feul contrôleur dans chacun de ces greniers. Les charges de ceux qui exiftoient autrefois à Beziers & à Pezenas, font, il y a plus d'un fiécle, tom-bées aux parties cafuelles, & leurs fonctions font remplies par des pourvus de commiffions du bu-reau des finances de Montpellier ; les trois char-

CON

ges de *contrôleurs* du grenier de Montpellier ont au contraire été jufqu'à ce jour poffédées par des titulaires différens. A celui de Narbonne, le *contrôleur* ancien n'a réuni à fon office que celui de *contrôleur* alternatif, & il s'y trouve un *contrôleur* triennal.

On doit remarquer que la cour des aides de Montpellier, en procédant à l'onregiftrement des lettres-patentes qui ont ordonné l'établiffement d'un grenier à Joyeufe, a nommé un *contrôleur* dans ce grenier, & qu'en lui faifant l'injonction de tenir regiftres des emplacemens & des ventes, elle l'a autorifé à percevoir des droits de billettes fur le pied fixé, en faveur des *contrôleurs* des anciens greniers, par l'édit de 1641.

Cette cour n'en a pas ufé de même, lorfqu'elle a regiftré les lettres-patentes qui ont ordonné l'établiffement des greniers d'Agde, de Cette & d'Uzès; en conféquence ces greniers n'ont ni *contrôleurs* en titre d'office, ni *contrôleurs* par commiffion; & par un ufage qu'il ne paroît ni jufte, ni économique, de tolérer les receveurs de ces trois greniers perçoivent à leur profit, les droits de billettes.

On voit par un arrêt du confeil du 12 novembre 1698, que les *contrôleurs* du grenier de Narbonne, qui ne pouvoient par eux-mêmes percevoir leurs droits de billettes dans toutes les chambres dépendantes de ce grenier, vouloient contraindre les receveurs de ces chambres, à faire gratuitement pour eux la perception de ces droits; mais cet arrêt, en ftatuant fur la conteftation qui s'étoit élevée à cette occafion, ordonna que les receveurs des chambres à fel, ne continueroient à lever les droits de billettes au profit des *contrôleurs*, qu'à la charge par ceux-ci de leur paffer une remife d'un fol pour livre, fauf aux *contrôleurs* à établir, s'ils l'aimoient mieux, des commis dans chaque chambre, pour y faire cette perception. Dans l'état naturel des chofes, le plus grand nombre des *contrôleurs* a un traité avec les receveurs des greniers & chambres de leurs départemens, d'après lefquels ceux-ci paient chaque année au premier, une fomme convenue, & perçoivent les droits de billette à leur profit.

Lors de la création des *contrôleurs des greniers du Languedoc*, le fel ne fe diftribuoit dans les greniers, qu'au minot, demi-minot, & quart de minot; la déclaration du 11 juin 1711, a cru devoir ajouter à ces mefures le demi-quart ou huitieme de minot, mais elle a omis de déterminer la quotité des droits que les *contrôleurs* en titre d'office pouvoient percevoir fur cette nouvelle mefure. Quelques-uns de ces officiers les ayant exigés fur le pied de neuf deniers, tandis que les autres ne fe les faifoient payer qu'à raifon de cinq deniers feulement, l'adjudicataire des fermes a cru devoir demander à la cour des aides de Montpellier,

d'établir fur ce point une règle uniforme. Cette cour, en ftatuant fur fa requête, a, par un arrêt du 7 mars 1737, fait défenfes aux *contrôleurs des greniers du Languedoc*, de percevoir aucuns droits de billette fur le huitieme de minot. Ils ont formé oppofition à l'exécution de cet arrêt; mais celui du confeil du 21 octobre 1738, en évoquant cette oppofition, a ordonné que l'arrêt de la cour des aides de Montpellier feroit, par provifion, exécuté, & que ces *contrôleurs* remettroient leurs mémoires entre les mains du contrôleur-général des finances, pour y être fait droit, ainfi qu'il appartiendroit.

Quoique depuis cette conteftation, ils n'aient été autorifés par aucune loi à percevoir fur les huitiemes de minot le même droit que fur les quarts, ce droit eft néanmoins exigé en leur nom, dans les greniers & chambres du Languedoc; & cet abus eft au nombre de ceux qui demandent à être examinés & réformés.

L'adminiftration s'étoit évidemment propofée, lorfqu'elle s'eft déterminée à établir des *contrôleurs* en titre d'offices dans les greniers du Languedoc, de donner aux receveurs de ces greniers des furveillans, par lefquels ils puffent être contenus dans les juftes bornes de leurs fonctions, & d'affurer au public, ainfi qu'au fermier, une diftribution exacte des fels; mais ces vues font bien loin d'être remplies.

Aucun *contrôleur* n'affifte en effet aujourd'hui aux emplacemens, ventes & diftributions de fel, dans les greniers de leur établiffement. Le bureau des finances de Montpellier continue à fournir chaque année à ces officiers, les regiftres dont la tenue leur eft prefcrite par l'édit de 1641. Il exige même que, pour lui fournir la preuve qu'ils ont exactement fait leur devoir, ils lui renvoient ces regiftres à la fin de l'année; mais les *contrôleurs* qui, comme on l'a obfervé ci-deffus, ont prefque tous fait, avec les receveurs des greniers, des abonnemens, au moyen defquels ces receveurs leur paient annuellement une fomme fixe, pour les droits de billette qu'ils perçoivent en leur nom, ont ftipulé, dans ces abonnemens, que les receveurs fe chargeroient de faire remplir leurs regiftres.

La ferme générale, pour mettre fin à cet abus, préfenta, en 1738, au confeil, un mémoire par lequel, après avoir rendu compte de ce qui fe paffoit, & obfervé que l'on pourroit avec d'autant moins d'inconvéniens fupprimer les *contrôleurs des greniers du Languedoc*, que ces officiers ne feroient véritablement utiles, qu'autant qu'il en exifteroit un dans chacune des chambres ajoutées aux neuf greniers primordialement établis, elle a conclu à ce que provifoirement l'arrêt du confeil du 12 février 1723, concernant les *contrôleurs des greniers du Lyonnois*, fût déclaré commun à ceux des greniers du Languedoc, & qu'en conféquence il fût enjoint à ceux-ci de faire leur réfidence dans les villes de leur établissement, & d'exercer par eux-mêmes leurs fonctions, à peine d'être privés du droit de billette qui leur est attribué par l'édit du mois de mars 1641, avec défenses au bureau des finances de Montpellier d'expédier aucunes commissions aux particuliers que ces officiers pourroient présenter pour les suppléer.

Ce mémoire a donné lieu à des discussions à la suite desquelles il est intervenu au conseil, le 21 octobre 1738, un arrêt dont il paroît nécessaire de rapporter ici le dispositif : il est conçu en ces termes :

« Le roi, en son conseil, conformément à l'avis du sieur intendant & commissaire départi en la province de Languedoc, ayant aucunement égard aux demandes de l'adjudicataire des fermes générales unies, a déclaré commun avec les *contrôleurs des greniers à sel du Languedoc*, l'arrêt du 12 février 1723 ; en conséquence, ordonne sa majesté, que les *contrôleurs des greniers & chambres à sel* dans l'étendue de la province de Languedoc, seront tenus de faire leur résidence dans les villes de leur établissement, & d'exercer par eux-mêmes les fonctions desdits offices, à peine de privation de leurs droits. Ordonne en outre sa majesté, qu'ils demeureront en possession d'une des clefs des greniers, & qu'ils seront tenus de s'y rendre aux heures accoutumées pour l'ouverture desdits greniers, & la distribution du sel, à peine de privation de leurs droits, & d'interdiction. Maintient, sa majesté, lesdits *contrôleurs* dans la jouissance du droit de billette sur le sel qui se vend dans les chambres du département des greniers où ils sont établis ; évoque à foi & à son conseil, en ce qui concerne les droits prétendus par lesdits *contrôleurs* sur les huitièmes de minot, & l'opposition formée par lesdits *contrôleurs*, à l'exécution de l'arrêt de la cour des aides de Montpellier, du 7 mars 1737 ; en conséquence, ordonne que lesdits *contrôleurs* remettront leurs mémoires & pièces justificatives entre les mains du sieur contrôleur-général des finances, pour y être fait droit, & que cependant l'arrêt de la cour des aides dudit jour 7 mars 1737, sera exécuté par provision. Ordonne en outre, sa majesté, que dans un mois, à compter du jour de la signification du présent arrêt, lesdits *contrôleurs* seront tenus de remettre entre les mains dudit sieur commissaire départi en la province de Languedoc, des copies collationnées de leurs provisions, quittances de finance & autres titres de propriété, pour être par lui envoyés au sieur contrôleur-général des finances, pour après avoir été vus & examinés, être par sa majesté ordonné ce qu'il appartiendra.

» Ordonne pareillement sa majesté, que les articles 5 & 6 des lettres-patentes du 3 décembre 1598, ensemble l'article 40 de l'arrêt de règlement du 15 septembre 1685, seront exécutés selon leur forme & teneur ; ce faisant, maintient lesdits trésoriers de France du bureau des finances de Montpellier, dans le droit de délivrer des registres aux *contrôleurs*, & de les faire déposer dans leur greffe à la fin de chaque année, comme aussi d'expédier des commissions pour l'exercice desdits offices, dans les cas de vacance, par mort, forfaiture ou autrement, & jusqu'à ce qu'il y ait été pourvu par sa majesté ; fait, sa majesté, défenses auxdits trésoriers de France, d'en expédier pour l'exercice desdits offices, lorsqu'il y aura des titulaires, sauf aux propriétaires, dans le cas où ils ne pourront exercer par eux-mêmes, à présenter à sa majesté des sujets, pour leur être expédié des provisions s'il y a lieu. »

Les *contrôleurs des greniers du Languedoc*, n'ont pas plus exactement rempli leurs fonctions depuis la publication de cet arrêt ; ainsi l'on peut considérer ces *contrôleurs* comme des officiers absolument inutiles.

Il n'y en a point, & il n'y en a jamais eu dans les greniers du Rouergue, ni dans ceux de la partie de l'Auvergne qui dépend des gabelles du Languedoc. L'édit du mois de décembre 1661, qui a établi les gabelles en Roussillon, avoit créé au grenier de Perpignan & à celui de Prades, des *contrôleurs* en titre d'office, à qui il avoit accordé une attribution d'un sol par minot ; mais ces offices n'ont jamais été levés ; leur création est, en conséquence, par le fait, restée comme non avenue.

Quant aux *contrôleurs* aux masses, ce sont des commis que le fermier des gabelles a le droit d'établir pour veiller particulièrement à la conservation des sels emplacés dans les greniers, & le service des distributions.

Lorsque l'adjudicataire soupçonne quelques abus, il est autorisé, par l'arrêt du conseil du 13 juillet 1688, à faire apposer une quatrieme serrure à la porte des greniers, & à en confier la clef à un commis. Cet arrêt ordonne que les commis préposés par le fermier au contrôle des greniers, auxquels il aura été délivré des commissions & procurations, auront la clef d'un cadenat qu'ils pourront faire apposer à la porte des greniers, & tiendront un registre des ventes, dans la même forme que les officiers & receveurs, qui seront tenus d'arrêter & parapher ce registre chaque jour de distribution. L'exécution de cet arrêt a été ordonnée, toutes les fois que les officiers des greniers ont voulu s'opposer à l'établissement des *contrôleurs* aux masses ; & il leur a été enjoint de recevoir le serment de ces commis, & de les installer dans leurs fonctions, avec défenses de s'opposer à l'apposition d'une quatrieme serrure

à

à la porte des greniers, à peine d'amende & de tous dépens, dommages & intérêts, même d'interdiction.

C'est ce qu'ont formellement jugé les arrêts du conseil des 8 octobre 1697, 20 juillet 1700, premier février 1701, 18 juillet 1702, 29 septembre 1705, 13 juillet 1706, 8 août 1719, 3 mai & 4 octobre 1768.

Il étoit d'autant plus juste d'accorder à l'adjudicataire la faculté de nommer des *contrôleurs* aux masses, lorsqu'il soupçonnoit quelques abus, qu'alors ceux qui sont chargés de la manutention des masses, sont par-là même, dans le cas de lui causer le préjudice le plus réel. C'est sous ce point de vue que le conseil a toujours improuvé les oppositions formées par les officiers des greniers, à l'installation des commis de cette classe.

La quatrieme serrure que ces commis sont autorisés à faire apposer aux chambres des masses, ne doit & ne peut dans le fait être considérée, même par les officiers dont la conscience est pure, que comme un moyen de plus pour opérer la sûreté des sels dont le dépôt leur est confié.

Les *contrôleurs* des vingtiemes ont pour objet principal, de vérifier les déclarations qui sont faites des biens sujets à cette imposition, & de veiller au-recouvrement des deniers qui en proviennent.

Dans les postes, les *contrôleurs-généraux* sont chargés d'inspecter les maîtres de postes de leur département; de voir s'ils ont le nombre de chevaux qui est nécessaire pour le service public, & de faire toutes les dispositions propres à assurer le service particulier des princes, sur les routes qu'ils tiennent.

Les *contrôleurs généraux des domaines, bois & finances*, étoient en même nombre que les receveurs-généraux des domaines & bois, établis en chaque généralité, qui ont été supprimés par édit du mois d'août 1777.

Comme il existoit aussi des *contrôleurs-généraux des finances* simplement, qui étoient anciennement chargés de surveiller la recette générale des finances, & la comptabilité des receveurs des tailles en chaque généralité, l'édit du mois de juin 1779 a supprimé ces offices, soit qu'ils fussent réunis à ceux des *contrôleurs-généraux des domaines & bois*, soit qu'ils fussent exercés séparément; en exceptant toutefois les charges de même nature, existantes dans les provinces & domaines dépendans des apanages des princes freres du roi, & de M. le duc d'Orléans.

On prétend que les fonctions des *contrôleurs des finances* ont été un démembrement d'anciens officiers, dont le devoir principal étoit de veiller à la recette des deniers royaux, & d'en tenir un registre; qu'Etienne Bacquet, valet de chambre de Charles VI, fut pourvu de l'office de *contrô-*

Finances. Tome I.

leur de la recette générale des finances de l'état, qui existoit seule alors.

Mais Henri II ayant reconnu qu'il seroit utile d'attacher des *contrôleurs* aux recettes générales, qui étoient alors au nombre de seize, l'édit du mois de février 1554, créa deux offices de ce genre en chacune, & régla leur exercice de la maniere suivante.

1°. Ils devoient résider alternativement, tenir registre du départ des clercs ou commis des receveurs-généraux, qui irojent porter les deniers à l'épargne, ou trésor-royal, & assister au compte des espèces avant qu'elles fussent mises dans les coffres, dont le receveur-général leur remettroit une clef.

2°. Lors de l'envoi à l'épargne, les *contrôleurs* devoient voir tirer du coffre, par les receveurs-généraux, la somme qui devoit être envoyée, sceller les sacs, & signer le bordereau des espèces, sans lequel il étoit défendu au trésorier de l'épargne en faire recette.

3°. Ils devoient contrôler tous les paiemens qui se faisoient sur les quittances de ce trésorier; veiller à la rentrée des deniers aux recettes générales, faire payer les receveurs particuliers, & donner avis des raisons qui pouvoient en empêcher, soit par impuissance des peuples, soit par dérangement des comptables.

4°. A la fin de chaque année, ils devoient envoyer trois états de leur contrôle; l'un, contenant la description des espèces d'or & d'argent dans lesquelles le receveur-général avoit fait sa recette; le second, la dépense; & le troisieme, les voyages, journées & frais faits pour le transport des fonds à l'épargne.

Dans la suite, les fonctions des *contrôleurs des finances* ont été bornées au contrôle des quittances comptables que les receveurs-généraux délivroient aux receveurs des tailles de leur département; ils en tenoient registre, & devoient en envoyer un double au *contrôleur-général des finances*, pour être payés de leurs gages.

Ces fonctions sont devenues sans objet, depuis que les receveurs des tailles ne rendent plus leurs comptes à la chambre, & n'ont de comptabilité qu'avec les receveurs-généraux des finances. C'est cette circonstance que l'édit du mois de juin 1779, registré à la chambre des comptes le 13 août suivant, donne pour motif à leur suppression.

CONTRÔLEUR-GÉNÉRAL DES FINANCES, est celui qui a, en France, la direction & l'administration générale de tous les revenus de l'état, & de tout ce qui concerne les finances, tant ordinaires qu'extraordinaires.

Dans tous les états, les souverains ont établi des chefs pour partager leurs fonctions & diriger les différentes parties du gouvernement. Les armes, la justice, ont eu les leurs, dont les hiftoires anciennes nous ont tranfmis les noms, fans dédaigner de nous faire paffer ceux des chefs de la finance, qui n'eft pas moins importante.

On fait ainfi qu'Azmot, fils d'Adiel, fut furintendant des finances de David, & Adoniram, fils d'Abda, furintendant des finances de Salomon.

Les Suffetes, premiers magiftrats de Carthage, après avoir exercé leurs fonctions un an, étoient nommés préteurs, dont l'emploi confiftoit principalement à connoître du recouvrement & de l'emploi des deniers publics.

A Sparte, les Ephores adminiftroient les revenus de l'état. Il en étoit de même dans toutes les républiques de la Grèce. La direction des finances étoit jointe à la puiffance légiflative. On vit, à Thebes, Epaminondas & Pélopidas, partager cette autorité.

Jufqu'à l'empire d'Augufte, l'adminiftration des finances étoit dans les mêmes mains que la recette. Ces doubles fonctions appartenoient aux quefteurs, appelés quæftores Cæfarii. Mais ils furent remplacés, fous cet empereur, par des préfets ou procureurs, qui réuniffoient l'intendance de la juftice & des finances.

Sous Conftantin & fes fucceffeurs, on vit les fonctions de ces procureurs divifées entre deux grands officiers, dont nous avons parlé dans le difcours préliminaire, fous le nom de comes facrarum largitionum, & comes rerum privatarum.

Lorfque nos fouverains jeterent les premiers fondemens de la monarchie, ils établirent, fous le nom de maire du palais, un grand officier, dont le maître du palais des empereurs, magifter palatii, avoit été le modele.

Ce maire du palais, réunit en fa perfonne la furintendance des armes, celle de la juftice & celle des finances; mais il avoit fous lui, fuivant Grégoire de Tours, un tréforier royal pour la garde du tréfor, c'eft-à-dire, des revenus du domaine.

Au commencement de la feconde race, la dignité de maire du palais fut fupprimée, & fes fonctions partagées entre quatre grands officiers.

Le connétable eut le commandement des armes, le grand-maître le gouvernement de la maifon du roi; le chancelier fut déclaré chef de la juftice, & le grand tréforier eut l'adminiftration & le maniement des finances, avec la garde du tréfor, qui étoit alors formé du produit des domaines du roi.

Ce tréforier du roi fut d'abord feul; dans la fuite il en fut établi un fecond, puis un troifieme: le premier prenoit le titre de fouverain des tréforiers, c'eft ainfi qu'il eft nommé dans une ordonnance de Philippe-le-Bel. Il eft à préfumer que le malheureux Enguerrand de Marigny étoit revêtu de ce titre, puifqu'on fait qu'il fut adminiftrateur des finances fous ce prince; & qu'en 1315, fous fon fucceffeur, Louis-Hutin, ce

miniftre fut pendu à Mont-Faucon, fous prétexte qu'il ne s'étoit point trouvé d'argent dans le tréfor, pour le facre du nouveau roi; mais par la raifon que Charles de Valois, oncle de Louis-Hutin, étoit l'ennemi d'Enguerrand de Marigny, qui avoit excité le reffentiment de fa maîtreffe.

L'hiftoire des miniftres d'état apprend que le fouverain des tréforiers, ou miniftre des finances, étoit en même tems capitaine & châtelain du Louvre, château de force, deftiné à la garde du tréfor de nos rois.

À ce tréfor, réfidoit une efpèce de contrôleur, appellé clerc du tréfor; il tenoit un regiftre, où il infcrivoit l'origine & la valeur de toutes les monnoies apportées au tréfor; & il en préfentoit chaque jour le bordereau au grand-tréforier.

Il eft probable que les fonctions du contrôleur-général des finances font dérivées de celles du contrôleur du tréfor, qui pourtant n'avoit aucune forte d'infpection fur les deniers extraordinaires, pour lefquels il y avoit un receveur & un contrôleur particulier.

Lorfque dans la fuite, la place de contrôleur-général des finances eut reçu toute l'extenfion qu'elle a aujourd'hui, le clerc du tréfor n'étoit plus qu'un fimple officier de la chambre des comptes, chargé de vérifier les débets, & de faire apurer les comptes des comptables. Ces fonctions ayant été attribuées au contrôleur-général des reftes, le contrôleur du tréfor a été fupprimé par édit du mois d'août 1669.

M. le préfident Hénault donne le titre de furintendant des finances à deux miniftres de cette partie, Jean de Montaigu & Pierre des Effarts, qui tous deux furent décapités, l'un en 1409, & l'autre en 1413. Cependant on croit que le premier étoit qualifié grand-tréforier, & qu'après fa mort on érigea la place de grand-général-gouverneur des finances, avec cette différence, que le maniement des finances n'y étoit pas attaché, comme à la charge de fouverain des tréforiers, ou grand-tréforier.

Dans l'empire Ottoman, le furintendant des finances eft encore à préfent le grand-tréforier de l'empire, où il femble que ces deux qualités font fynonymes, & ne fignifient que le premier adminiftrateur des finances. Voyez DÉFTARDAR.

Pierre des Effarts réuniffoit, fuivant le même écrivain, fix à fept charges des plus belles de l'état; celles de prévôt de Paris, de grand-maître des eaux & forêts, de grand-bouteiller, de grand-fauconnier, de grand-général-gouverneur des finances, de capitaine de Paris, de Cherbourg & de Montargis.

La commiffion de grand-général-gouverneur des finances fut remplie par différens magiftrats, fans qu'on fache bien précifément fi elle conferva toujours le même titre. On trouve fous

Charles VII, mort en 1461, qu'Etienne Chevalier fut *contrôleur des finances*, ambassadeur en Italie & en Angleterre, & l'un des exécuteurs testamentaires d'Agnès Sorel. On doit remarquer que, sous le règne de Charles V, les ministres des rois, qui depuis Philippe-le-Bel portoient le nom de *clercs du secret*, prirent alors le titre de secrétaires des finances, qu'ils changerent ensuite en 1559, au traité de Cateau-Cambresis, en celui de secrétaires d'état.

Jacques de Baune Semblançay, qui fut pendu en 1527, étoit revêtu du titre de surintendant des finances. Ses successeurs le porterent jusqu'en 1594, que Henri IV le supprima, après la mort de M. d'O, qu'il remplaça par un conseil, composé de huit conseillers des finances.

Cette forme d'administration fut de courte durée; Sully, dit son panégyriste, couronné à l'académie françoise en 1762, « ne l'approuvoit point; » parce qu'il est bien plus difficile de trouver huit » hommes vertueux, que d'en trouver un seul. » Les huit conseillers des finances ne furent que » huit concussionnaires à brevet; les dissipations » & les vols continuerent avec plus de fureur » qu'auparavant. Le roi, dans la guerre d'Es- » pagne, ayant besoin de huit cents mille écus » pour faire le siège d'Arras, les leur demanda » comme un homme qui a besoin de pain; il ne put » jamais les obtenir. Cependant ces huit con- » seillers des finances tenoient à Paris des tables » voluptueuses, & leur luxe insultoit la misere » publique. De pareils faits apprennent jusqu'où » peut aller l'audace de la déprédation, dans un » état mal gouverné depuis long-tems. »

En 1596, la charge de surintendant des finances fut rétablie en faveur de M. de Sully, qui, dès 1594, étoit entré au conseil des finances, & avoit été chargé de leur direction; on laissa subsister un *contrôleur-général* par commission, dont l'origine remontoit à Henri II.

Ce prince, voulant rétablir l'ordre dans les finances, que les guerres du roi son pere avoient infiniment dérangées, institua, par ordonnance de 1547, deux *contrôleurs-généraux des finances*, pour contrôler les quittances du trésorier de l'épargne, & de toutes les parties de la recette & de la dépense. L'un devoit suivre la cour, & l'autre résider à Paris.

Ces offices qui n'étoient que des commissions, furent révoqués par l'édit du mois d'octobre 1554, portant création d'office formé & héréditaire d'un *contrôleur-général des finances*, pour résider près la personne du roi, avec attribution de six mille livres tournois de gages fixes.

Un autre édit du mois d'octobre 1556 permit au *contrôleur-général* d'avoir, à ses périls & fortune, un commis de qualité requise, pour exercer sa charge en son nom, & contrôler les quit-

tances. C'est cette commission qui a donné naissance aux deux offices de gardes des registres du contrôle général des finances.

La disgrace de M. Fouquet, surintendant des finances, donna lieu d'anéantir pour toujours cette charge, par l'édit du 15 septembre 1661, & le roi s'en réserva, & à ses successeurs, la principale autorité; celle d'ordonner les dépenses. Dès-lors, le *contrôleur-général* devint l'unique chef des finances. Ses fonctions, qui jusque-là s'étoient bornées au contrôle des acquits de recette & dépense, à dresser l'état des sommes payées à l'épargne, & à assister au dépôt des deniers qui étoient mis dans les coffres, reçurent à cette époque la même étendue que celles qui étoient attachées à la surintendance; si ce n'est qu'elles ne donnerent pas le droit d'ordonner. Ces fonctions, sans parler des qualités de l'ame qui constituent le génie & le caractere, si nécessaires pour opérer la prospérité d'un grand état, sont principalement d'assigner la destination de tous les fonds publics, de régler la recette & la dépense, de contresigner les ordonnances & acquits de comptant, dont sa majesté s'est expressément réservé la signature, par l'édit de 1661, enfin, de conserver tous les actes qui ont rapport aux finances.

Le *contrôleur-général des finances* est, par le droit de sa place, conseiller ordinaire au conseil royal des finances: en cette qualité, il a entrée & séance dans tous les conseils du roi, excepté au conseil d'état proprement dit, auquel il n'est admis que quand il y est appelé; ce qui lui confere le titre de ministre, de même qu'à tous les autres membres du conseil, lorsqu'ils y sont entrés.

Il prête serment entre les mains de M. le chancelier, & en la chambre des comptes, où il est reçu & installé, quoiqu'il ne soit pas comptable.

C'est lui seul qui fait le rapport de toutes les affaires au conseil royal des finances; qui donne, dans cette partie, tous les ordres nécessaires aux intendans des provinces, aux trésoriers des deniers royaux, aux fermiers, régisseurs, administrateurs & receveurs de quelques parties des revenus publics; comme droits des fermes, gabelles, aides, tailles, capitation, octrois, dixieme, vingtieme, &c. &c. Tout ce qui a rapport aux finances, les hommes, les choses, est soumis à son inspection & à son autorité, qu'il n'exerce toutefois que sous celle du roi, dont il est censé prendre les ordres, & faire exécuter les intentions.

M. Colbert, qui fut le premier revêtu de l'autorité de *contrôleur-général des finances*, telle qu'elle existe encore, avoit administré cette partie en qualité de troisieme intendant, sous le ministere du cardinal Mazarin, mort en 1661; mais en

C. cc ij

1663, le roi ayant remboursé les deux charges de *controleurs-généraux* qui subsistoient alors, pour laisser M. Colbert seul & par commission, il joignit à ce titre une place de conseiller au conseil royal des finances.

Le *contrôleur-général* est, comme on voit par ces détails, ce qu'étoient, du tems de la république Romaine & sous les empereurs, les questeurs, les préfets, les comtes du trésor. Il tient aussi la place des souverains des trésoriers, des généraux & surintendans, qui ont eu autrefois en France la direction générale. Il réunit en sa personne leurs fonctions & celles de leurs *contrôleurs*.

Il seroit superflu de passer en revue tous les successeurs de M. Colbert, au titre de *contrôleur-général des finances*. C'est à l'histoire à donner cette chronologie; mais nous devons remarquer qu'en 1701, sous M. de Chamillard, il fut créé deux directeurs-généraux des finances, avec le droit d'entrer & de rapporter au conseil royal, & néanmoins subordonnés au *contrôleur-général*, auquel ils étoient obligés de rendre préalablement compte des affaires.

Un de ces directeurs généraux resta seul chargé de l'administration des finances, depuis 1715 jusqu'en 1718, que recommença la succession des *contrôleurs-généraux*. Elle ne fut plus interrompue qu'en 1777, que l'on vit rétablir la place de *directeur-général des finances*. Au mois de mai 1781, elle fut de nouveau supprimée pour y substituer le titre de ministre des finances, qui a enfin été remplacé en 1783 par celui de *contrôleur-général*; en sorte que les choses sont rentrées dans l'ancien ordre établi en 1662, un peu plus d'un siécle auparavant. Cette succession de ministres des finances n'a jamais été si rapide que depuis dix ans, puisqu'on en compte huit à commencer en 1774. M. de Calonne vient d'être nommé à cette place au mois de novembre 1783. Nous allons faire connoître le nouveau *contrôleur-général des finances*, par le discours que lui a adressé le premier président de la chambre des comptes, le jour qu'il y a pris séance, & par la réponse qu'a faite ce ministre.

» Depuis long-tems, Monsieur, l'opinion publique vous élevoit au ministere des finances; » son adoption toujours flatteuse se confirme aujourd'hui : sans doute vous chercherez à la » justifier. Vous connoissez déja l'étendue de vos » obligations; & je ne saurois vous dissimuler » ce qu'on demande au successeur d'un magistrat » vertueux & bien intentionné.

» Le *contrôleur-général* est en France la providence de l'état : il soutient la guerre; il ramène la paix; il anime le commerce, l'agriculture, & respecte les engagemens du souverain

envers ses sujets; il embrasse tous ces grands intérêts : leur stabilité repose sur lui; sa prévoyance doit être universelle; sa marche, tantôt précipitée, quelquefois lente, toujours réfléchie, est dirigée vers le bonheur commun. Il est des illusions bien douces dont il faut se défendre; il a même à se précautionner contre l'amour de la célébrité, pour n'être animé que de la seule passion du bien public. Il doit se persuader que la postérité ne consacre que le nom des ministres, qui se présentent devant elle avec le suffrage de leur siécle & les bénédictions de leurs contemporains. Enfin, Monsieur, soit qu'il calcule les charges de l'état, soit qu'il ait besoin de ressources, soit qu'il envisage l'objet de l'administration; son devoir, c'est la fidélité : il n'est pour lui de moyens permis que les moyens légitimes; le terme, la récompense de ses travaux, c'est d'avoir été utile. — Nous ne nous bornerons pas à des vœux; nous venons, Monsieur, offrir à la nation des espérances sur votre ministere. L'éloge & la censure nous sont également défendus; nous sommes les organes de la vérité, & nous parlons dans son sanctuaire. — Vous avez desiré les grandes places, mais depuis long-tems vous vous prépariez à les remplir; vous avez perfectionné, embelli les heureux dons de la nature : votre esprit, vous l'avez cultivé, étendu par l'étude & par l'observation dans les sociétés du grand monde, comme dans les provinces que vous avez administrées. On vous accordoit avec raison de penser & de peindre; on ne s'entretenoit que de votre aménité, de votre pénétration, de votre adresse à manier les esprits & les affaires; vous laissiez échapper des étincelles de génie. Vos talens deviennent donc aujourd'hui, Monsieur, les garans de votre administration; ils vous soutiendront dans la carriere, ils enflammeront votre zèle; mais ils ne feront votre bonheur & votre gloire, que lorsqu'ils auront tourné à l'avantage de vos concitoyens.

Réponse de M. de Calonne.

» Monsieur, je ne cacherai pas sous le voile d'une modestie affectée, le plaisir que me causent les témoignages de bonne opinion & d'estime dont vous venez de m'honorer, au nom de l'auguste compagnie que vous présidez si dignement; en même tems qu'ils excitent toute ma sensibilité, ils me retracent toutes mes obligations : votre éloquence a jeté des fleurs sur l'entrée de la carriere épineuse où je suis appellé, & votre sagesse m'en a découvert l'immense étendue. Si le premier de mes devoirs est de le bien connoître, le second est de n'en être pas trop effrayé. Ce n'est plus le moment de calculer mes forces, lorsque c'est celui de

» les employer toutes à l'importante fonction dont
» je fuis chargé. Je viens, Monfieur, d'en faire
» le ferment entre vos mains, & ce n'eft point
» une vaine formalité. . . . . . Je dépofe dans le
» fein d'un tribunal refpectable, affocié à mes tra-
» vaux, l'engagement folemnel de me dévouer
» tout entier à la chofe publique , de n'avoir
» qu'elle en vue , de n'épargner ni peine ni
» facrifice quelconque pour la fervir. Je pro-
» tefte aux yeux de toute la nation , qu'aucun
» genre de diftraction ne m'en détournera, qu'au-
» cune efpèce de difficulté ne me rebutera ,
» qu'aucun ménagement pufillanime ne m'arrêtera,
» qu'aucune confidération particuliere ne m'em-
» pêchera d'aller droit au bien , par les moyens
» que je croirai les plus efficaces. On a fans
» doute à defirer en moi plus de talens & de lu-
» mieres ; mais certes , on n'aura jamais à me
» reprocher de manquer de volonté, d'activité & de
» nerf : j'arrive dans un moment difficile , on ne
» peut fe le diffimuler ; mais que les reffources font
» grandes dans ce fuperbe empire ! la plus pré-
» cieufe de toutes , la plus chere à la nation ,
» & la plus capable de m'infpirer la confiance ,
» eft dans le cœur d'un monarque vertueux,
» avec qui l'on peut tout le bien que l'on
» doit vouloir , & à qui l'on eft toujours fûr
» de plaire , en lui préfentant les moyens de
» l'effectuer. Il aime là vérité , je ne la lui dé-
» guiferai jamais ; il eft effentiellement jufte :
» on ne me verra point violer la fainte obliga-
» tion que cette qualité vraiment royale prefcrit
» à tous ceux qui approchent du trône. Il veut
» l'ordre & l'économie ; la fituation des affaires
» m'en fait une loi trop impérieufe , pour qu'elle
» ne foit pas la bafe de ma conduite. Il eft
» fcrupuleufement fidele à fa parole ; j'ai déja
» eu occafion de lui dire , & je lui dirai dans
» toutes , que rien ne peut le mettre dans le cas
» d'y manquer , & qu'il n'y auroit qu'une igno-
» rance coupable qui pût en fuppofer la nécef-
» fité : il chérit tendrement fes peuples, & n'af-
» pire qu'à leur foulagement. Comment ne fe-
» rois-je pas enflammé du defir de faire tout ce
» qui fera en mon pouvoir , pour qu'enfin fes
» vues bienfaifantes foient remplies ? Il eft im-
» poffible d'avoir une autre intention dans la
» place que j'occupe ; & ce n'eft pas un mérite ,
» mais ce fera pour moi le plus parfait bonheur.
» Je le fens vivement. Auffitôt , après avoir
» franchi l'efpace laborieux qu'il faut employer
» à l'acquittement des dettes de la guerre ; fi je
» puis parvenir à l'exécution d'un plan d'amé-
» lioration générale, qui, fondée fur la confti-
» tion même de la monarchie , en embraffe toutes
» les parties , fans en ébranler aucunes, régé-
» nere les reffources plutôt que de les preffurer ,
» éloigne à jamais l'idée de ces remedes empiri-
» ques & violens , dont il ne faut pas même
» rappeller le fouvenir , & faffe trouver le vrai

» fecret d'alléger les impôts dans l'égalité pro-
» portionnelle de leurs répartitions , ainfi que
» dans la fimplification de leurs recouvremens.
» Ce font là mes efpérances , mes réfolutions ,
» mes defirs les plus ardens : ils follicitent , ils
» exigent même, j'ofe le dire , le concours una-
» nime , non-feulement de la magiftrature , dont
» la bienveillance eft acquife à quiconque tra-
» vaille à la félicité publique ; mais auffi de tout
» citoyen , fur qui le fentiment patriotique a
» quelque empire. Oui , j'ai droit de l'invoquer
» aujourd'hui pour moi-même ; ce fentiment fi
» puiffant fur les François : je demande qu'on
» ne confidere en moi qu'une perfonne liée in-
» divifiblement au bien de l'état , auffi long-
» tems que le roi daignera m'honorer de fa con-
» fiance , & qu'à ce titre je puiffe attendre de
» l'intérêt commun, qu'on favorife mes efforts ,
» qu'on encourage mon zèle , qu'on ait con-
» fiance dans mes paroles ; en un mot , que
» tout confpire au fuccès de mon travail :
» vous en donnez en ce moment, Monfieur, un
» exemple qui me flatte autant qu'il m'anime ;
» & je vois avec une fatisfaction inexprimable ,
» qu'il ne m'eft pas plus permis de douter des
» vœux de la chambre , que de négliger rien
» pour mériter fes fuffrages. »

Il eft difficile de ne pas concevoir les plus
grandes efpérances d'un homme d'état qui connoît auffi-bien fes devoirs, & qui montre tant
de zèle pour les remplir.

Parmi tous ces miniftres depuis près de deux
fiécles, dont la nomenclature chronologique ne peut
intéreffer que leur famille, il en eft quelques-uns
qui ont , par leurs opérations, mérité l'attention
& la reconnoiffance de la poftérité. Le fceau de
la gloire eft tellement imprimé à leurs noms ,
qu'on ne peut le prononcer qu'avec admiration
& les citer avec enthoufiafme à ceux de leurs
fucceffeurs qui voudront bien mériter des générations préfentes & futures.

Tels furent Sully & Colbert. Quels noms !
C'eft un fpectacle intéreffant de rapprocher ces
deux hommes célébres , qui font époque dans
notre hiftoire , & peut-être dans le gouvernement des nations. Nous empruntons ici le langage d'un écrivain très - eftimable , qui, dans
l'éloge couronné de Sully , a fu apprécier, avec
autant de fagacité que de jufteffe , les travaux &
les projets de Colbert. C'eft s'embellir , que de le
citer ; ce feroit une témérité que de toucher ou
retrancher au portrait qu'un auffi grand maître
fait de ces deux miniftres.

« Deftinés tous deux à de grandes chofes , ils
» furent élevés au miniftere à-peu-près dans les
» mêmes circonftances. Sully parut après les hor-
» ribles déprédations des favoris & les défordres

» de la ligue. Colbert eut à réparer les maux
» qu'avoient causés le règne orageux & foible de
» Louis XIII, les opérations brillantes, mais
» forcées, de Richelieu, les querelles de la
» fronde, l'anarchie des finances, sous Mazarin.

» Tous deux trouverent le peuple accablé
» d'impôts, & le roi privé de la plus grande
» partie de ses revenus. Tous deux eurent le
» bonheur de rencontrer deux princes qui avoient
» le génie du gouvernement, capables de vou-
» loir le bien, assez courageux pour l'entre-
» prendre, assez fermes pour le soutenir, desi-
» rant de faire de grandes choses, l'un pour
» la France, & l'autre pour lui-même.

» Tous deux commencerent par liquider les
» dettes de l'état, & les mêmes besoins firent
» naître les mêmes opérations. Tous deux tra-
» vaillerent ensuite à accroître la fortune publi-
» que. Ils furent également combiner la nature
» des divers impôts ; mais Sully ne sut pas en
» tirer tout le parti possible. Colbert perfec-
» tionna l'art d'établir, entre ces impôts, de justes
» proportions.

» Tous deux diminuerent les frais énormes de
» la perception, bannirent le trafic honteux des
» emplois, qui enrichissoit & avilissoit la cour ;
» ôterent aux courtisans tout intérêt dans les
» fermes.

» Tous deux firent cesser l'horrible confusion
» qui régnoit dans les recettes, & les gains im-
» menses que faisoient les receveurs. Mais dans
» toutes ces parties, Colbert n'eut que la gloire
» d'imiter Sully, & de faire revivre les an-
» ciennes ordonnances de ce grand homme.

» Le ministre de Louis XIV, à l'exemple de
» celui de Henri IV, assura des fonds pour
» chaque dépense ; à son exemple il réduisit l'in-
» térêt de l'argent. Tous deux travaillerent à
» faciliter les communications. Mais Colbert fit
» exécuter le canal de Languedoc, dont Sully
» n'avoit eu que le projet.

» Tous deux connurent également l'art de faire
» tomber sur les riches & sur les habitans des
» villes, les remises accordées aux campagnes.
» Mais on leur reproche à tous deux, d'avoir
» gêné l'industrie par des taxes.

» Le crédit, cette partie intéressante des ri-
» chesses publiques, qui fait circuler celles que
» l'on a, & supplée à celles que l'on n'a pas,
» paroît n'avoir pas été assez connu par Sully,
» & assez ménagé par Colbert.

» Les gains excessifs des traitans furent répri-
» més par tous les deux ; mais Sully connut mieux
» de quelle importance il est pour un état, de
» rapprocher les profits des finances, de ceux
» qu'on peut faire dans les entreprises de com-
» merce ou d'agriculture. Les monnoies attirerent
» leur attention ; mais Sully n'apperçut que les
» maux, ou ne trouva que des remedes dange-

» reux. Colbert porta dans cette partie, une
» supériorité de lumieres qu'il dut à son siecle
» autant qu'à lui-même.

» On leur doit à tous deux l'éloge d'avoir vu
» que la réforme du barreau pouvoit influer sur
» l'aisance nationale ; mais l'avantage des tems
» fit que Colbert exécuta ce que Sully ne put
» que desirer.

» L'un, dans un tems d'orage, & sous un roi
» soldat, annonça seulement à une nation guer-
» riere qu'elle devoit estimer les sciences ; l'autre,
» ministre d'un roi qui portoit la grandeur jusques
» dans les plaisirs de l'esprit, donna au monde
» l'exemple trop oublié, peut-être, d'honorer,
» d'enrichir & de développer tous les talens.

» Sully entrevit le premier l'utilité d'une ma-
» rine ; c'étoit beaucoup en sortant de la bar-
» barie ; nous nous souvenons que Colbert eut
» la gloire d'en créer une.

» Le commerce fut protégé par les deux mi-
» nistres ; mais l'un vouloit le tirer presque tout
» entier du produit des terres, l'autre des ma-
» nufactures.

» Sully préféroit, avec raison, le produit qui,
» étant attaché au sol, ne peut être partagé ni
» envahi, & qui met les étrangers dans une dé-
» pendance nécessaire. Colbert ne s'apperçut pas
» que l'autre n'est fondé que sur des besoins de
» caprice ou de goût, & qu'il peut passer avec
» les artistes dans tous les pays du monde.

» Sully fut donc supérieur à Colbert dans la
» connoissance des véritables sources du com-
» merce ; mais Colbert l'emporta sur lui du côté
» des soins, de l'activité & des calculs politiques
» dans cette partie. Il l'emporta par son atten-
» tion à diminuer les droits intérieurs du royaume,
» que Sully avoit augmentés quelquefois ; par son
» habileté à combiner les droits d'entrée & de
» sortie, opération qui est peut-être un des plus
» savans ouvrages du législateur, & où la plus
» petite erreur de combinaison peut coûter des
» millions à l'état.

» Il sera difficile d'égaler Colbert dans les
» détails & les grandes vues du commerce. Il
» sera difficile de surpasser Sully dans les encou-
» ragemens qu'il donna à l'agriculture. Ce n'est
» pas que Colbert ait négligé entiérement cette
» partie importante. Colbert, à l'exemple de
» Sully, voulut faire naître l'aisance dans les
» campagnes. Il diminua les tailles, il prévint,
» autant qu'il put, les maux attachés à une im-
» position arbitraire ; il protégea, par des règle-
» mens utiles, la nourriture des troupeaux ; il
» encouragea la population par des récompenses ;
» mais faute d'avoir permis le commerce des
» grains, tant d'opérations admirables furent
» presque inutiles ; il n'y avoit point de richesse
» réelle ; l'état parut brillant & le peuple fort
» malheureux ; l'or que le trafic faisoit circuler,
» ne parvenoit point jusqu'à la classe des cul-

» tivateurs ; le prix des grains baiſſa ſans ceſſe ,
» & l'on finit enfin par la diſette.

» Tels furent les principes & les ſuccès diffé-
» rens de ces deux grands hommes. Si maintenant
» nous comparons leur caractere & leur talent ,
» nous trouverons que tous deux eurent de la
» juſteſſe & de l'étendue dans l'eſprit, de la gran-
» deur dans les projets , de l'ordre & de l'ac-
» tivité dans l'exécution ; mais Sully ſaiſit mieux
» la maſſe entiere du gouvernement ; Colbert en
» developpa mieux les détails.

» L'un avoit plus de cette politique moderne
» qui calcule ; l'autre de cette politique des an-
» ciens légiſlateurs qui voyoient tout dans un
» grand principe. Le plan de Colbert étoit une
» machine vaſte & compliquée où il falloit ſans
» ceſſe remonter de nouvelles roues : le plan de
» Sully étoit ſimple & uniforme comme celui de
» la nature. Colbert attendoit plus des hommes ;
» Sully attendoit plus des choſes.

» L'un créa des reſſources inconnues à la
» France ; l'autre employa mieux les reſſour-
» ces qu'elle avoit. La réputation de Colbert
» dut avoir plus d'éclat ; celle de Sully dut ac-
» quérir plus de ſolidité.

» A l'égard du caractere , tous deux eurent
» le courage & la vigueur d'ame ſans laquelle
» on ne fit jamais , ni beaucoup de bien , ni beau-
» coup de mal , dans un état ; mais la politique
» de l'un , ſe ſentoit de l'auſtérité de ſes mœurs ;
» celle de l'autre , du luxe de ſon ſiécle.

» Ils eurent la triſte conformité d'être haïs,
» l'un des grands , l'autre du peuple. On repro-
» cha de la dureté à Colbert , de la hauteur à
» Sully ; mais ſi tous deux choquerent des par-
» ticuliers , tous deux aimerent la nation.

» Enfin, ſi on examine leurs rapports avec les
» rois qu'ils ſervirent , on trouvera que Sully
» faiſoit la loi à ſon maître , & que Colbert
» recevoit la loi du ſien ; que le premier fut plus
» miniſtre du peuple , le ſecond plus le miniſtre
» du roi. Enfin d'après les talens des deux prin-
» ces, on jugera que Sully dut quelque choſe
» de ſa gloire à Henri IV , & que Louis XIV
» dut une grande partie de la ſienne à Colbert.

S'il nous étoit permis de prévenir ici le jugement de la poſtérité , nous nommerions un troiſieme miniſtre des finances , digne d'une place
entre Sully & Colbert. Ses premieres opérations ,
comme celles de ces deux grands hommes , commencerent par jeter de l'ordre & de la clarté dans
les recettes & les dépenſes. Toutes les branches
des revenus de l'état , reçurent enſuite des améliorations , & par la réforme qu'il mit dans les
plans de leur régie , & par les retranchemens
qu'elle produiſit dans les bénéfices des régiſſeurs.
Bientôt contrarié par des circonſtances impé-

rieuſes , il ſut tirer les plus grandes reſſources
du crédit public , dont jamais perſonne ne connut mieux les effets , & ſubvenir à des dépenſes
effrayantes , ſans avoir recours à des impôts,
mais par la ſeule voie des emprunts qui obtenoient la confiance publique ; adminiſtrateur ſenſible au ſort malheureux des habitans des campagnes , & toujours occupé des moyens de l'adoucir ; parfaitement éclairé ſur les rapports de l'agriculture avec le commerce & avec la richeſſe publique , il eut le courage de mettre des bornes à
l'autorité de ſa place , & à la faculté d'augmenter
arbitrairement les contributions , en portant la
bienfaiſance du monarque à ordonner que le brevet
général de toutes les impoſitions ne pourroit jamais être augmenté au-delà de ce qu'il étoit en
1780, que par une loi enregiſtrée dans les cours.
C'eſt également ſa ſollicitude pour les infortunés
qui , ſans être coupables , perdent leur liberté ,
par les ſuites du malheur & de la miſere, pour
éprouver le malheur , peut-être plus ſenſible encore , d'être confondus avec de vils ſcélérats ;
c'eſt ſa tendre pitié pour les êtres indigens, dont
la détreſſe & les infirmités ne trouvent de refuge
que dans ces établiſſemens fondés par la charité
publique , mais dont le ſéjour dangereux , par la
multitude des malades & des mourans, confondus
dans les mêmes lits , devenoit , trop ſouvent , le
principe d'une mort prochaine , qui ont obtenu
de la bonté du monarque , deux édits qui ſeront
à jamais des monumens de la ſenſibilité du ſouvé-
rain , & de l'humanité de ſon miniſtre.
Voyez HÔPITAUX.

Cette loi , réclamée depuis ſi long-tems par la
philoſophie , en faveur de ces infortunés qu'une
ancienne barbarie féodale avoit attachés au ſol
qu'ils habitent , comme des troupeaux livrés à la
diſcrétion d'un maître abſolu , n'eſt-elle pas due
encore aux grandes vues qu'il a montrées dans
ſon adminiſtration ; & l'exemple de cette abolition
de la ſervitude dans les domaines du roi, du droit
de ſuite dans tout le royaume, n'a-t-il pas attiré
l'admiration de l'Europe, & heureuſement produit
des imitateurs ?

Enfin , cet adminiſtrateur auſſi déſintéreſſé ,
auſſi ami du peuple que Sully , auſſi actif , auſſi
infatigable que Colbert, qui a ſans ceſſe travaillé
à faire tout le bien que permettoient les circonſtances , en annonçoit un plus grand encore,
par les projets qu'il a mis ſous les yeux de ſa
majeſté , & auxquels il ne manquoit plus que le
moment favorable de la paix , pour conſommer
leur exécution. Il ne faut que lire le compte qu'il
a rendu en 1781, de ce qu'il avoit fait , de ce
qu'il vouloit faire , pour juger ſi jamais miniſtre
conçut des projets plus propres à opérer le bonheur de la nation & la proſpérité de l'état.

Voyez CONTRÔLE DES ACTES, CORVÉES,
DROITS , GABELLES, TAILLES, TRAITES.

CONTRÔLEUR DES BONS D'ÉTAT DU CONSEIL. C'est un officier préposé pour suivre au conseil le recouvrement de tous les débets de ceux qui ont été jugés reliquataires par arrêt du conseil.

Cette fonction est ordinairement jointe à celle de contrôleur-général des restes de la chambre des comptes.

CONTRÔLEUR - GÉNÉRAL DES RESTES. C'est un officier qui avoit été établi en 1556, sous le nom de solliciteur-général des restes. Il fut supprimé par édit du mois de novembre 1573, qui créa celui de contrôleur-général des restes de la chambre des comptes & bons d'états du conseil en commission; depuis il fut érigé en titre d'office, par édit de décembre 1604, & supprimé en 1684. On le rétablit de nouveau, avec les mêmes titres, par édit de mai 1690. Mais l'édit de novembre 1717, supprima cet office, & en créa deux distincts & séparés; l'un, sous le titre de contrôleur des bons d'état du conseil; l'autre, sous celui de contrôleur - général des restes de la chambre des comptes.

Ce dernier officier est chargé, dans toutes les chambres des comptes, de la poursuite des débets des comptables, & des charges prononcées contre eux au jugement de leurs comptes; mais il n'est qualifié que contrôleur des restes, sans l'épithete de général. Il exerce ses fonctions sous l'autorité de la chambre, & en conséquence des ordres des commissaires par elle établis, pour veiller aux poursuites propres à accélérer l'apurement des comptes, & les paiemens des débets dûs au roi par les comptables, de quelque nature qu'ils soient.

Pour faire les poursuites, il prend copie de tous les états finaux des comptes, sur un registre du parquet, où ils sont inscrits aussitôt qu'ils sont jugés, & d'après les résultats de ces états finaux, il dresse ses contraintes & les fait signifier aux comptables par un huissier de la chambre. Si le comptable ne se met pas en devoir d'acquitter ses débets & d'apurer ses comptes, alors le contrôleur des restes lui fait un itératif commandement, & un commandement recordé, c'est-à-dire, en présence de recors ou témoins.

Nous allons rapporter ici les articles de la déclaration du 4 mai 1766, qui sont relatifs au contrôleur-général des restes; & à la conduite qu'il doit tenir dans la poursuite des comptables qui sont en débet, à ses obligations & à ses droits.

« Article IV. Nos procureurs-généraux (des » chambres des comptes) seront tenus, dans le » mois après la remise des comptes au parquet, » de remettre au contrôleur des restes, les extraits » des états finaux des comptes.

» Art. XI. Les contrôleurs des restes seront » tenus de se conformer pour les poursuites qu'ils » auront à faire à l'avenir pour le recouvrement » des débets, aux articles 2 & 3 de notre décla- » ration du 14 août 1735. Voulons néanmoins » que pour les comptables domiciliés dans les » villes où nos chambres des comptes sont éta- » blies, & pendant leur vivant, les commande- » mens & contraintes ne soient faits qu'à leurs » personnes ou à leurs véritables domiciles, & » qu'il ne puisse en être fait aux domiciles par » eux élus, que pour les veuves & héritiers » desdits comptables, & pour ceux qui sont do- » miciliés hors des lieux où nos chambres des » comptes sont établies.

» Art. XIII. Les contrôleurs des restes ne pour- » ront être contraints de délivrer aucuns cer- » tificats d'apurement, qu'après le paiement des » frais de poursuite, & faute par lesdits contrô- » leurs des restes de se faire payer desdits frais, » avant de délivrer lesdits certificats, ils seront » déchus de toute répétition à cet égard; enten- » dons néanmoins, quant aux frais de contrainte » & de poursuites qui seront faites contre des » comptables en faillite, qu'il en soit fait taxe » par nos chambres des comptes, & qu'il en soit » délivré exécutoire sur les receveurs-généraux » des domaines, qui seront tenus de les payer.

» Art. XIV. Voulons que les contrôleurs des » restes soient tenus de poursuivre tous nos comp- » tables jusqu'à l'entier apurement de leur compte, » savoir, lesdits comptables, leurs cautions & » certificateurs, comme pour nos deniers & » affaires, & leurs veuves, biens-tenans ou ayans » cause, par saisie réelle & exécution de leurs » biens en la maniere accoutumée; & dans le cas » où les premieres poursuites n'auroient point » opéré l'apurement entier des comptes, voulons » qu'il ne soit usé d'aucun délai ni surséance » pour tous les comptes antérieurs à la dixieme » année précédent le dernier compte jugé desdits » comptables, à peine, par lesdits contrôleurs des » restes, d'être déchus des droits de rétablisse- » ment & du sol pour livre à eux attribué, » s'ils ne justifient de saisies des biens-meubles & » immeubles des comptables, ou s'il n'est accordé » des arrêts de surséance en connoissance de » cause, par nos chambres des comptes.

» Art. XV. Pour d'autant plus assurer l'exé- » cution de l'article précédent, nous voulons que, » par le contrôleur des restes, il soit remis tous » les ans à nos procureurs-généraux, un état » de tous les comptes antérieurs à la dixieme » année précédent le dernier compte jugé de » chaque comptable, qui ne seront pas apurés, » pour être, par nos chambres des comptes, » ordonné ce qu'il appartiendra, & qu'autant
dudit

» dudit état foit remis ès mains du contrôleur-
» général de nos finances, pour être par nous-
» mêmes pourvu à la deftitution ou fufpenfion
» defdits comptables, qui n'auront pas fatisfait à
» l'apurement des comptes dont ils font tenus.

» Art. XXIV. Nous confirmons les contrô-
» leurs des reftes de nos chambres des comptes,
» dans le droit de fol pour livre, des fommes qu'ils
» feront porter en notre tréfor-royal, & en tant
» que de befoin, nous accordons à ceux defdits
» contrôleurs des reftes à qui il a été accordé un
» moindre droit, ou à l'égard defquels nous ne
» nous fommes point encore expliqué, ledit droit
» d'un fol pour livre, en la même forme & ma-
» niere qu'il a été attribué au contrôleur des
» reftes de la chambre des comptes de Paris,
» par notre déclaration du 14 août 1735.

» Art. XXV. Les contrôleurs des reftes ne
» pourront prétendre aucun droit de fol pour
» livre, pour les fommes dont nous faifons ré-
» mife; & pour indemnifer le contrôleur des reftes
» de notre chambre des comptes de Paris, de la
» perte & diminution dudit droit de fol pour livre,
» & de la diminution qui doit fe trouver par la
» fuite, en exécution des préfentes, fur les droits
» de rétabliffement, nous voulons qu'il jouiffe en
» entier des droits de rétabliffement à lui accor-
» dés, & qu'il les perçoive à fon profit, à quel-
» que fomme qu'ils puiffent monter, fans être
» tenu de nous en rendre aucun compte; voulons
» feulement qu'il rende compte à notre chambre
» des comptes, des pourfuites & diligences qu'il
» eft tenu de faire.

» Art. XXVI. Ledit droit de rétabliffement
» fera perçu conformément aux lettres-patentes
» du 13 février 1596, & arrêt d'enregiftrement
» de notredite chambre des comptes de Paris,
» du 12 mars 1601, & ne pourront lefdits droits
» être perçus qu'une feule fois, à raifon du mon-
» tant total des charges contenues ès états finaux,
» fans que, fous prétexte de la fignification def-
» dits états finaux, faite à plufieurs & diverfes
» fois, lefdits contrôleurs des reftes puiffent pré-
» tendre aucuns droits, après que, par les pre-
» mieres fignifications, ils auront été remplis de
» la totalité de leurs droits.

» Art. XXVII. Il ne fera perçu aucun droit
» de rétabliffement fur les débets qui feront jugés
» devoir fe porter de compte en compte, & qui
» doivent former des recettes dans les comptes
» fuivans; & en cas de conteftation fur la quo-
» tité defdits droits, ou la maniere de les per-
» cevoir, il y fera ftatué par nos chambres des
» comptes, ainfi qu'il appartiendra. »

Finances. Tome I.

La déclaration dont on vient de donner l'extrait, ayant été enregiftrée à la chambre des comptes le 4 août de la même année, cette cour y a ajouté un règlement très-détaillé, fur la forme & le tems des pourfuites à faire par le contrôleur des reftes. Elle lui preferit de préfenter fon contrôle à la chambre, une année après fon exercice expiré, & ainfi continuer tous les ans, à commencer de 1767; de dreffer fes contrôles, par nature de comptabilité, ordre de généralités & années d'exercice, ainfi qu'il eft ordonné par le règlement de la chambre, du 19 août 1749.

« Arrivant la démiffion ou le décès du contrô-
» leur des reftes actuels, lui, ou fa veuve, ou fes
» héritiers, porte l'article 20, feront tenus de
» comprendre en fon dernier contrôle, toutes les
» parties reftantes à pourfuivre, tant des contrôles
» qu'il aura perfonnellement rendus, que de ceux
» de fes prédéceffeurs; ce qui fera de même
» obfervé à chaque mutation de titulaire. »

Dès que le contrôleur des reftes a commencé fes pourfuites contre un comptable, & que ce dernier s'eft mis en règle, il ne peut néanmoins être déchargé qu'en préfentant requête à cette fin. Elle eft communiquée au contrôleur des reftes, & n'eft répondue que fur le vu de fes obfervations.

CONTROLEUR DES RENTES DE L'HOTEL-DE-VILLE DE PARIS. C'eft un officier royal, établi pour tenir un double regiftre du paiement des rentes dues par le roi & par le clergé, qui fe fait, à bureau ouvert & à jour nommé, à l'hôtel-de-ville de Paris, pour affurer la vérité & la date des paiemens.

Le premier établiffement de ces officiers n'eft que de l'année 1576, quoique depuis 1515 ou 1522, il y eût des rentes affignées fur les aides & gabelles, & autres revenus du roi, & que depuis 1562, il y eût des rentes affignées fur les revenus temporels du clergé.

Le receveur de la ville étoit feul chargé du paiement de toutes ces rentes, qui montoient, en 1576, à environ trois millions cent quarante mille livres par année.

Suivant M. de Forbonnais, dont nous empruntons fouvent des détails intéreffans & des réflexions auffi juftes que fages, à la fin du règne de Henri III, mort en 1589, il ne reftoit de ces rentes fur l'hôtel-de-ville, que pour deux millions trente-huit mille neuf cents cinquante-cinq livres deux fols fix deniers.

Plufieurs bourgeois de Paris & autres particuliers fe plaignirent de la confufion & du retard du paiement des rentes; d'un autre côté, les premiers prélats, avec les fyndics généraux du

D d d

clergé de France, firent au roi des remontrances, tendantes à ce qu'il lui plût de retirer, des mains du receveur de la ville de Paris, le maniement des finances deftinées au paiement des rentes affignées fur le clergé, afin qu'à l'avenir ces dernieres ne fuffent plus confondues avec celles d'une autre nature. Le clergé demanda en même tems au roi qu'il lui plût, pour établir le bon ordre dans la recette & le paiement des rentes, de revêtir, de fon autorité, quelque notable perfonnage pour tenir le contrôle defdites recettes & dépenfes.

Le roi n'accepta pas, pour lors, la propofition de détacher le paiement des rentes du clergé, du maniement du receveur de la ville ; mais il établit deux *contrôleurs des rentes*, par édit du mois de décembre 1575.

Le parlement ayant ordonné que cet édit feroit communiqué au bureau de la ville ; il y eut affemblée générale, non-feulement de tous les officiers de la ville, mais des députés de tous les corps & intéreffés aux rentes. Comme on crut trouver quelques inconvéniens dans l'établiffement de ces *contrôleurs*, la ville s'y oppofa.

Le parlement fit auffi des remontrances à ce fujet, & ce premier édit fut retiré.

Au mois d'avril fuivant, le roi donna un fecond édit, portant création de deux *contrôleurs*, un pour les rentes fur les revenus du roi, un autre pour les rentes fur le clergé. La ville voulut encore s'oppofer à l'enregiftrement de cet édit ; mais fans fuccès. Il fut regiftré le 14 mai en parlement, & le 21 à la chambre des comptes.

Cet édit portoit auffi création d'un payeur des rentes fur le clergé ; mais comme, fuivant la modification, mife par les cours à l'enregiftrement, la création de cet office n'eut pas lieu, & que celui qui devoit faire le contrôle de ce payeur fe trouvoit fans fonctions ; le roi ordonna le 23 mai, que les deux *contrôleurs* généraux des rentes exerceroient alternativement & par année.

Dans la fuite, les rentes fur la ville s'étant peu-à-peu multipliées, on augmenta le nombre des *contrôleurs*. La premiere augmentation fut faite par édit de 1615, qui ne fut vérifié qu'en 1621.

Louis XIII en créa encore peu de tems après, mais qui furent particuliérement deftinés au contrôle des rentes fur le fel ; depuis cette époque, chaque partie des rentes a eu fes *contrôleurs* qui y font attachés.

Il y eut encore dix de ces *contrôleurs* créés fous le même regne, & trente fous celui de Louis XIV ; ce qui fait en tout quarante-trois offices, depuis la premiere création jufqu'à celle du mois d'octobre 1711, qui eft la derniere.

Le rembourfement qui a été fait en divers tems de quelques parties de rentes, & les nouveaux arrangemens qui ont été pris pour le paiement, ont occafionné, en différens tems, des retranchemens dans le nombre de ces *contrôleurs*. Ils font préfentement au nombre de trente comme les payeurs des rentes, depuis l'édit du mois de mai 1772.

Le contrôle des rentes de tontines, qui avoit d'abord été donné à des fyndics onéraires, fut quelques années après réuni à des *contrôleurs* créés à cet effet, qui font corps avec les autres *contrôleurs*.

Les *contrôleurs* des rentes ont le titre de confeillers du roi ; à la vérité le premier édit de création ne le leur attribuoit pas ; mais il leur fut donné dans leurs provifions, & l'édit de 1624 le leur confère formellement.

Ils font appellés *contrôleurs-généraux des rentes*, parce qu'ils contrôlent toute forte de nature de rente.

Il y en a eu de triennaux, de mi-triennaux & même de quatriennaux, fuivant le befoin qui faifoit chercher des reffources dans la création de ces offices. Ils ont été enfuite divifés en deux claffes, anciens & alternatifs, tels qu'ils fubfiftent aujourd'hui ; mais il ne fubfifte que quelques offices qui foient ainfi reftés doubles.

Suivant la déclaration de Henri III, du 28 janvier 1576, les *contrôleurs des rentes* jouiffent, & leurs veuves pendant leur viduité, des mêmes privilèges, franchifes & exemptions, dont jouiffent les tréforiers de France ; en conféquence, ils font exempts de toutes charges, tant ordinaires qu'extraordinaires.

Leurs privilèges ont été exceptés des révocations faites en 1705 & 1706. Ils ont même été étendus par des règlemens poftérieurs, qui leur donnent l'exemption de toute charge publique ; comme de collecte, tutele, curatele, guet & garde, du ban & de l'arriere-ban, de la milice, du logement des gens de guerre, uftenfiles & fubfiftances. Les règlemens leur accordent droit de committimus au grand & au petit fceau, droit de franc-falé, fixé annuellement à un minot de fel ; ils jouiffent de ces privilèges en quelques lieux qu'ils faffent leur réfidence, ou qu'ils cultivent leurs biens ; ils ont été confirmés dans cette jouiffance par l'article 9 de l'édit du mois de mai 1772.

L'article 10 a rétabli ces officiers dans le droit d'hérédité, attribué à leurs offices par les édits de janvier 1634, juin 1638, & juillet 1654. Il a en même tems été ordonné que les titulaires & leurs fucceffeurs, feroient difpenfés de payer le droit d'annuel, ceux de mutation & de centieme denier, nonobftant l'édit du mois de février 1771, auquel il a été dérogé expreffément.

CON

CON

395

L'article 2 du même édit confirme les *contrôleurs des rentes* dans l'exemption du dixieme, vingtieme & deux fols pour livre, ainfi accordée fur leurs gages, taxations & droits d'exercice.

Ces officiers font feuls en droit de délivrer des extraits certifiés des regiftres de leur contrôle.

Ils doivent être reçus à la chambre des comptes ; mais enfuite pour l'exercice de leurs fonctions, ils font fommés à la juridiction de l'hôtel-de-ville.

Leurs fonctions font d'affifter au paiement des rentes, & d'infcrire les parties de rente, dans le même ordre qu'elles font appellées.

Chaque *contrôleur* doit envoyer en la chambre des comptes fon regiftre de contrôle, trois mois après l'expiration de l'année de fon exercice.

Dès 1654, les *contrôleurs*, qui étoient alors au nombre de foixante, fe réunirent en corps, afin d'obferver entre eux la difcipline la plus convenable à leurs fonctions. Leurs affemblées furent autorifées par le confeil. En 1657, la compagnie dreffa des ftatuts qui font encore obfervés.

CONVOI. (Droit de) Il faut diftinguer, fous ce nom, deux droits d'une nature différente, quoiqu'ils paroiffent avoir eu une origine commune.

Celui qui fe défigne par le nom feul de *droit de convoi*, ne fe leve que fur le fel à Dax, où commence ce qu'on appelle, la ferme du droit de *convoi*, fuivant l'article 320 du bail de Forceville.

Celui qui a lieu à Bordeaux, fur le fel & plufieurs autres efpeces de denrées & marchandifes, auquel on applique la dénomination particuliere de droit de l'ancien & nouveau *convoi* ; la quotité & la perception de celui-ci, ont fervi de regle pour le droit de *convoi*, établi à Dax, uniquement fur le fel.

Le droit de *convoi*, fous ce dernier point de vue, peut être affimilé au droit de trente-cinq fols de brouage, qui ne porte de même que fur le fel, & qui femble être le prix de la liberté accordée en quelques pays, au commerce de cette denrée, dont le fouverain s'eft réfervé le débit exclufif, dans les autres provinces de fa domination.

Cet expofé mene naturellement à donner à chacun de ces droits de *convoi* un article féparé, en faifant remarquer quelle eft leur analogie & quelle eft leur différence.

L'origine du droit de *convoi*, pris généralement, vient, à ce que l'on préfume, de ce qu'en 1453, après la conquête de la Guyenne, par les généraux de Charles VII, cette perception fut établie pour en appliquer le produit à l'entre-

tien de différens navires, armés pour convoyer les bâtimens marchands le long des côtes, fur les rivieres de Garonne & de Dordogne, & pour les protéger contre les incurfions des Anglois, auxquels cette province venoit d'être arrachée.

Le droit de *convoi* fe trouve établi en Hollande fous le même nom. Voyez *Hollande*.

On le perçoit encore dans les pays-bas Autrichiens, & notamment dans le Brabant, fous le nom de *droit de convoi*. Il y fut jadis établi pour fournir à la dépenfe des troupes, qui, dans les tems de guerre, étoient employées à efcorter les marchandifes & denrées que l'on tranfportoit d'une province en une autre.

L'impofition du droit de *convoi*, ordonnée par ces différens états, dans les mêmes circonftances & avec les mêmes vues, fait voir qu'il eft partout plus aifé d'obtenir d'un impôt que fa fuppreffion, quand il eft une fois établi ; quoique les motifs de fon établiffement ne fubfiftent plus.

On voit dans la chronique Bordeloife, qu'en 1586, tems de troubles & de défordres, il intervint un arrêt du confeil, qui ordonna l'établiffement d'un nouveau droit de *convoi*, & que le maréchal de Matignon, alors gouverneur de la province, fe fervit des fonds de la recette de ce nouveau droit, pour fubvenir aux dépenfes de fon gouvernement.

Tout le fel qui fe conformoit dans les contrées, qui compofent la généralité d'Auch, étoit tiré de Bordeaux, & remontoit par l'Adour ; de-là fon affujettiffement au droit de *convoi*. Dans la fuite, on apporta du fel dans ces mêmes pays, de la Navarre, & directement du Poitou, de la Saintonge & de la Bretagne.

Les barques ou bâtimens chargés de fel, ne paffant plus à Bordeaux, le paiement du droit de *convoi* étoit éludé ; on penfa donc à le faire percevoir fur l'Adour même. Tels font vraifemblablement les motifs de fon établiffement fur cette riviere, & de l'extenfion qu'il reçut.

Quoi qu'il en foit, le droit de *convoi* eft à Dax de deux livres quinze fols par conque de fel, mefure qui pefe cent quatre-vingt livres en cette ville, tandis qu'à Bayonne fon poids n'eft que de cent cinquante livres.

Tout le fel apporté des provinces de Bretagne, Poitou, Saintonge & autres, eft contre-mefuré à Dax pour y acquitter ce droit, & paffe enfuite au mont de Marfan, qui eft l'entrepôt de tous les fels tranfportés par l'Adour, pour la confommation des pays de Comminges, d'Armagnac, Bigorre, Conferans & comté de Foix ; qui compofent la ferme du droit de *convoi* ; auffi, eft-ce au mont de Marfan que réfident les principaux marchands qui le font paffer dans ces provinces.

Il paroît, par les anciens baux des fermes, que la perception de ce droit, d'abord établie

D dd ij

à Nogaro, petite ville, fituée à dix - huit ou vingt lieues de Bayonne, fut enfuite defcendue au mont de Marfan, qui n'en eft qu'à huit ou neuf lieues ; on eût même bien voulu la placer à Bayonne même, parce qu'elle devenoit plus affurée & plus fructueufe, à mefure qu'elle fe rapprochoit de l'embouchure de l'Adour.

Mais les privilèges de cette ville & du Labour n'ayant pas permis cet établiffement, il fallut remonter les bureaux du droit de *convoi* à quelques lieues plus haut.

Le premier fut placé à Dax vers l'année 1666 ou 1667, tems où Martinant, adjudicataire des fermes, fut autorifé à faire exécuter l'article 103 de fon bail, par lequel il lui étoit permis d'ériger tous les bureaux néceffaires pour la levée du droit de *convoi*.

Il eft certain du moins qu'en 1664 ce droit n'avoit pas lieu à Bayonne, puifqu'il eft queftion dans ce bail des droits de *convoi* & comptablie, qui feront établis aux villes de Bayonne & vieux Boucaut, qui étoit le port de la ville, & à cinq lieues de diftance. L'article 106 parle du bureau du mont de Marfan comme feul, & défend tous entrepôts de fel, depuis les marais de Soulac jufqu'à Bayonne, & le long des rivieres de l'Adour, de Bidoux, du Gave & autres y affluentes.

On retrouve enfuite dans le bail de Fauconnet, paffé en 1681, article 178, que cet adjudicataire jouira du droit de *convoi* qui fe leve au bureau de Dax. Il eft clair, qu'il n'avoit pu être établi que dans l'intervalle de 1664 à 1681.

Il n'eft pas moins évident que pendant le même période, la ville de Bayonne refufa de recevoir les bureaux du droit de *convoi* ; car le roi promet, par l'article 177 du même bail de Fauconnet, d'en faire établir un en cette ville, ou d'en indemnifer cet adjudicataire.

Ce refus de Bayonne fut donc la caufe de l'établiffement fait à Dax, pour percevoir le droit de *convoi* ; & par cet arrangement, non-feulement la ville de Bayonne, mais tout le pays compris entre cette ville & Dax, à un quart de lieue au-deffous du pont, fe trouva affranchi de ce droit.

Cette étendue de terrain privilégié eft compofée du petit pays de Seignans, de la vicomté d'Orthès, du diftrict de Goffe & de Marenne, qui font du gouvernement de Bayonne. Les paroiffes affifes fur ce terrain portent le nom de paroiffes privilégiées, parce qu'elles ont la faculté de lever leur fel à Bayonne, fur les certificats des curés, qui atteftent que les habitans auxquels ils les délivrent, font véritablement domiciliés dans un lieu de cette étendue privilégiée, où il eft défendu de faire aucun magafin de fel.

Cette défenfe ne fubfifte plus au-deffus de Dax, attendu qu'elle a pour objet de conferver le droit de *convoi*, & que tout le fel qui a remonté l'Adour au-delà du pont de cette ville, l'a payé.

Il eft vraifemblable que les habitans de Dax, s'oppoferent, autant qu'ils purent, à la perception du droit de *convoi* dans leur ville, & qu'il n'y fut payé qu'avec beaucoup de conteftations & de difficultés, jufqu'en 1680.

Mais cette année, M. de Lagny, fermier-général en département, parvint à ménager fi bien les efprits, que la communauté convint de payer le droit de *convoi*, à raifon de vingt fols par conque, & qu'il ne fût permis aux habitans de tenir des magafins de fel, qu'à la charge d'en remettre les clefs aux prépofés du fermier, formalité confirmée par l'article 333 du bail des fermes, fait à Forceville.

Par une fuite de cette compofition, qui n'a lieu que pour la ville & la banlieue de Dax, & dont une tradition conftante avec un ufage non contefté font le titre, le fel qui arrive dans fes magafins ne paffe pas le pont, & n'eft pas taillé ou mefuré, pour acquitter le droit de *convoi*. Et comme ce fel vient de Bayonne, fur les permis du bureau de Dax, où ils doivent être rapportés, avec l'acquit du droit de coutume ; & le certificat des commis qui ont affifté au chargement, il eft mis en magafin fous la clef du fermier, au moment que le bateau a pris terre ; & fon prépofé affifte à la livraifon qui en eft faite au confommateur ; c'eft alors que le droit de *convoi* eft acquitté, à raifon de vingt fols par conque, par les privilégiés.

Il fe trouve hors de la ville d'autres magafins de fel, pour les habitans de la campagne, mais il a acquitté le droit de *convoi* à fon arrivée, à raifon de cinquante-cinq fols par conque, en exécution de l'arrêt du 31 mars 1739.

Ce règlement faifant loi pour la perception de ce droit ; il eft néceffaire d'en faire connoître les principales difpofitions.

« Il ordonne que la pipe de fel fera réglée à » huit conques, mefure rafe, fans que le fermier » foit obligé de paffer vingt-un pour vingt, » comme il avoit été d'ufage jufqu'alors.

» Que le droit qui, de même, avoit été de trois » livres par conque, y fera perçu à raifon de » cinquante-cinq fols feulement ; favoir, deux » livres dix fols pour le droit principal de vingt » livres par pipe, établi à Bordeaux, en con-» formité de la déclaration du 16 feptembre 1638, » & cinq fols pour les deux fols pour livre des » contrôleurs.

» En ce qui regarde le droit de brouage, » fur le fel entrant par la riviere de l'Adour, » outre & par-deffus le droit de *convoi*, il » fera perçu, au bureau de Dax, fur ledit fel » de Bretagne, à titre de droit de brouage, » cinquante-fix fols huit deniers par pipe, me-

» fure de Bordeaux, faifant fept fols un denier
» par conque, mefure de Dax, comme auffi les
» quatre fols pour livre defdits droits de convoi
» & de brouage ; » c'eft-à-dire, actuellement les
dix fols pour livre.

Et quant aux fels déclarés venir de Saintonge,
Poitou & autres lieux où le droit de brouage fe
paie à l'enlevement, s'ils ne font accompagnés,
à Dax, de l'acquit de ce droit, ils feront réputés
venir de Bretagne, &, comme tels, affujettis au
droit de brouage.

Le pays de Labour, la baffe Navarre, le
Béarn & le pays de Soule & Chaloffe, quoique
voifins de l'efpace compris dans la ferme du droit
de convoi, n'en font pas partie. Ces trois derniers
pays ont le privilège d'ufer d'un fel très-blanc,
qui provient de l'ébullition des eaux de la fontaine
de Saliés en Béarn, & dont l'entrée avoit été
interdite dans le pays fujet au droit de convoi,
jufqu'en 1755. Il fut alors reconnu qu'il étoit
néceffaire, pour la préparation des jambons &
des cuiffes d'oies, dont il fe fait un commerce
confidérable dans la ferme du convoi ; l'arrêt du
19 juillet en permit l'introduction, en payant
trente fols du quintal, pour droit principal, fous
la condition de paffer par certains bureaux. Un
nouvel arrêt du 2 feptembre 1760, a levé cette
condition, & autorifé l'importation de ce fel
par tous les bureaux établis fur les frontières du
Béarn.

On doit donc divifer la perception du droit
de convoi en trois claffes, diftinguées par une
quotité différente.

La premiere eft à raifon de vingt fols la conque,
pour la ville de Dax & fa banlieue.

La feconde eft celle de trente fols du quintal,
fur le fel de Béarn.

La troifieme, attachée à la nature du droit de
convoi, tant à Bordeaux qu'à Dax, eft de vingt-
deux livres par pipe, compris les deux fols pour
livre des contrôleurs ; cette quotité divifée en
huit parties, donnant cinquante-cinq fols par
conque, dont huit compofent la pipe.

A l'exception des habitans de Dax & de la
banlieue, il n'y a aucun privilégié dans l'étendue
de la ferme du droit de convoi. La forme de fa
perception exclud naturellement toute exemption,
puifque ce droit s'acquitte à Dax à l'arrivée du
fel, fans égard pour fa deftination ultérieure.

A partir de l'afpect fous lequel on a préfenté
ce droit, on juge facilement que fon origine &
fon objet font entièrement dans des vues burfales.

Les conteftations qui s'élevent pour raifon du
droit de convoi fur le fel, font portées, en premiere inftance, devant les juges des traites de
Dax, & ils ont rendu différentes fentences à ce
fujet, notamment celle du 10 janvier 1757, qui
défend tout entrepôt de fel en Béarn, dans les
quatre lieues frontieres du pays de convoi, conformément aux anciens règlemens, à la décifion

du miniftre des finances, du 2 mai 1740, & à
l'arrêt du 31 juillet 1745.

Ce règlement ordonne l'exécution de l'article
333 du bail des fermes, & caffe un arrêt de la
cour des aides de Bordeaux, du 12 avril précédent, pour avoir fait main-levée de feize minots
de fel entrepofés & faifis au domicile d'un habitant de la paroiffe de Saint-Médard en Chaloffe,
en fraude des droits de convoi.

CONVOI, (Droit de l'ancien & nouveau) à
Bordeaux.

L'origine du droit de convoi perçu à Dax
étant commune au droit de même nom perçu à
Bordeaux, & qualifié d'ancien, il ne refte plus
qu'à le fuivre jufqu'à la réunion d'un autre droit
auffi du même nom, & appellé nouveau.

Il paroît par la chronique Bordeloife, déja
citée, que les troubles qui défolerent la Guyenne,
pendant le feizieme fiecle, antérieurement au
règne de Henri IV, donnerent lieu à quantité
d'impofitions fur les rivieres qui defcendent à
Bordeaux, & que leur produit devoit être employé à l'entretien de la garnifon de cette ville,
compofée de huit cents lanfquenets.

On voit les magiftrats du corps de ville de
Bordeaux, députés inutilement, vers le comte de
Luffan, gouverneur de Blaye, pour le prier de
fupprimer un certain droit dont il avoit ordonné
la levée fur la Gironde, fous le prétexte du paiement de la garnifon qu'il commandoit.

Mais Henri IV étant heureufement refté paifible poffeffeur du trône, ordonna, en 1590, que
tous les droits perçus fur les rivieres de Garonne
& Dordogne, feroient réunis en un feul, fous
le nom de droit de l'extinction du convoi, & de
l'impofition des rivieres de Garonne & de Dordogne.

Soit que des obftacles fe fuffent alors oppofés
à l'établiffement de ce droit à Bordeaux, foit
qu'il parût plus fimple de placer le bureau de fa
perception près de la mer, il fut mis à Royan,
à l'embouchure de la Gironde, qui eft formée
de la réunion des deux rivieres. L'année fuivante,
ce bureau fut transféré à Bordeaux, fur les follicitations des maire & jurats de la ville, auprès
du roi, qui même leur accorda quelque diminution
de droits.

Il n'exifte nul veftige de ce premier règlement,
qui fixoit fans doute la quotité de cette impofition, & les objets fur lefquels il portoit. Le plus
ancien titre qu'on ait pu recouvrer à cet égard,
eft un bail fait à Mathieu Martin, le premier
mars 1603.

La ferme du droit d'extinction de convoi, &
des impofitions des rivieres de Garonne & Dordogne, lui eft adjugée, pour deux années, moyennant
trois cents foixante mille livres, & il eft dit qu'il
jouira conformément aux baux antérieurs.

Dès-lors on établit des bureaux, non feulement à Bordeaux, mais encore dans les villes de Blaye, Bourg & Libourne.

Une nouvelle modération de ce droit, accordée en 1611, peu de tems après l'avénement de Louis XIII au trône, occafionna, la même année, un nouveau bail paffé à Mathieu de Fontenay, & il en fut dreffé un tarif pour fervir à fa perception.

L'orage élevé fous la minorité de ce fouverain, étendit fes ravages dans les provinces ; la Guyenne n'en fut pas exempte. La navigation des deux rivieres n'étoit plus fûre, & le commerce maritime, toujours ennemi des armes, tomboit en langueur.

Les habitans de Bordeaux profitant, en 1615, du moment où le roi fe trouvoit dans leur ville, demanderent eux-mêmes l'établiffement d'un nouveau droit de convoi, pour protéger la fréquentation des deux rivieres. On ordonna la levée d'un écu par tonneau de vin Bordelois, & le produit en fut affecté, à l'entretien de deux bâtimens armés, pour affurer la liberté du commerce.

Ce droit, fuivant fa création, devoit être fupprimé à la fin des troubles, mais les befoins de l'état exigerent fa continuation. Il fut réuni à l'ancien droit qu'on a vu établi à Bordeaux, Blaye, Bourg & Libourne, & on les défigna l'un & l'autre par le nom collectif de *droits de l'ancien & nouveau convoi*, fous lequel ils font encore connus.

Ces droits reçurent quelque augmentation à l'égard des vins Bordelois, en 1627. Le bail fait cette année à Morin, porte une addition de vingt fols, au droit déja établi. Leur perception occafionna, en 1631, une telle émeute, que les prépofés de Lemire, alors adjudicataire, furent obligés de s'enfuir de Bordeaux, & de fe réfugier à Blaye. Le parlement fit même pendre & traîner fur la claie le capitaine de la patache deftinée à veiller à la confervation de ces droits.

Un arrêt du confeil confirma, la même année, l'établiffement du bureau général de leur perception à Blaye, & il ordonna que les commis de Lemire y feroient payer tous les droits, en général, tant de l'ancien & nouveau convoi, que de la comptablie, fans aucune exception ni privilège quelconque, foit des habitans de Bordeaux, foit des autres villes de la Guyenne, appellées fes filleules. *Voyez* COMPTABLIE.

Les jurats & habitans de Bordeaux étoient fâchés de voir, hors de leur ville, le fiège d'une perception contre laquelle ils n'avoient plus d'immunités à réclamer. Ils demanderent que le bureau du convoi y fût remis ainfi qu'à Bourg & Libourne. L'arrêt du confeil du 11 août 1632, ordonna ce rétabliffement, fous la condition que les droits y feroient perçus, avec les augmentations, & dans la forme portée par le bail de Morin.

Enfin, les déclarations des 18 feptembre 1637, 16 feptembre 1638, & 24 juin 1640, ordonnerent de nouvelles augmentations, montans à trois livres, fur les droits de *convoi*.

A l'entrée, ce droit n'a lieu que fur les vins, les prunes, le miel & le fel ; mais à la fortie ; outre ces mêmes denrées, les châtaignes, les noix, la réfine & la cire y font auffi fujettes.

Ces droits font rappellés en détail dans les articles 309 & fuivans, du bail de Forceville, jufqu'au 320e exclufivement. Il feroit fuperflu de les rapporter ici.

Il faut feulement remarquer que ces droits, qui portent fur les grains de toute efpèce, les légumes enlevés des ports de Guyenne, foit pour les provinces du royaume, foit pour le pays étranger, ont été fupprimés par l'édit du mois de juillet 1764, & qu'il en a été impofé un feul, qui eft général & uniforme fur les grains exportés à l'étranger. *Voyez* le mot GRAINS.

Ce que l'on a dit de la burfalité du premier droit de *convoi*, convient également à celui-ci, qui fe leve dans une étendue de pays plus confidérable, puifqu'il embraffe toute la fénéchauffée de Bordeaux.

Les bureaux principaux de fa perception font, après Bordeaux, Libourne, Bourg, Blaye, la tête de Buch & Langon.

Les foires de Bordeaux n'y procurent aucune immunité à l'égard du droit d'ancien & nouveau *convoi* ; mais il eft quelques privilèges particuliers, dont il convient de faire mention.

Le premier, porte fur le fel que les habitans de Bordeaux, Libourne, Bourg, Blaye & le pays Bordelois, peuvent faire fortir de cette première ville, par demi-cueillerée, fans payer aucun droit de *convoi* ni autres.

Les étudians en l'univerfité, qui font du haut pays, ont la liberté de faire venir à Bordeaux, un baril de quinze pots, chacun, par mois, en exemption de tous droits, pour leur confommation ; mais il faut qu'il foit accompagné des certificats des curés ou confuls des lieux de l'enlevement ; que ces certificats foient vifés au bureau de Langon ; qu'à l'arrivée de ces barils à Bordeaux, la vifite en foit faite par les employés, & qu'il foit pris, des jurats, un bulletin portant le nom de l'écolier pour lequel ce vin eft deftiné.

Les chartreux de Bordeaux ont auffi le privilège, confirmé par l'arrêt du 28 décembre 1742, de faire venir, en exemption du droit de *convoi*, quatre muids de fel, & trente tonneaux de vin du crû de leur métairie, fous la condition que ce vin ne pourra être confommé que dans leur maifon.

La ville de Libourne a le droit de faire venir auffi, en exemption de tous droits, trois cents pipes de fel, pour la confommation de fes habitans, en vertu des arrêts & lettres-patentes du 27 mars 1746.

Les vins du crû de Castillon & de sa juridiction, étant portés à Bordeaux, Libourne, Bourg & Blaye, accompagnés de certificats justificatifs de leur origine, n'y paient pas le droit de *convoi* à l'entrée.

Suivant l'article 309 du bail des fermes, les vins de Blaye, importés dans ces quatre villes, jouissent également de l'affranchissement des droits de trois livres par tonneau, mis par augmentation en 1638 & 1640.

Enfin, l'exemption des droits de *convoi*, dont jouit M. le duc d'Aiguillon, sur treize bateaux chargés de sel, est la plus considérable, & se trouve confirmée par l'ordre du ministre des finances du 20 avril 1732. Au surplus, la plupart des privilèges relatifs aux droits de *convoi*, l'étant à ceux de comptablie, on peut voir ce mot.

Il ne reste plus à dire, que les différends élevés pour raison du droit de *convoi*, sont portés, en première instance, pardevant le juge des traites de Bordeaux, & par appel, à la cour des aides de la même ville. Le produit des deux droits de *convoi* monte, année commune, à douze ou treize cents mille livres.

Voyez COMPTABLIE.

CONVOIS MILITAIRES. (Impositions des) On entend par ces mots, le transport de vivres, de munitions, que l'on conduit dans les places fortes & dans les camps, celui des équipages des régimens qui changent de garnison. Comme il s'exécutoit par des voitures fournies par les habitans des campagnes, sur les ordres des intendans ou de leurs subdélégués; en 1775 on prit le parti de supprimer ces corvées, & de les suppléer par une imposition particuliere, dont le produit seroit appliqué aux frais de ce service.

Le préambule de cette loi va en expliquer les motifs & les vues.

« Le roi s'étant fait rendre compte, en son » conseil, des mesures prises jusqu'à présent dans » les différentes provinces de son royaume, pour » assurer le service des *convois militaires*; sa ma- » jesté a reconnu que depuis quelques années, on » étoit parvenu à affranchir les habitans de la » campagne, dans neuf généralités, de la corvée » accablante, à l'aide de laquelle les transports » s'exécutent dans les autres généralités; ce ser- » vice onéreux est fait dans ces neuf généralités, » à prix d'argent, en conséquence des marchés » particuliers que les intendans ont été autorisés » à faire avec des entrepreneurs, & la dépense » en est acquittée au moyen d'une imposition » particuliere sur ces généralités. Les succès de » cet établissement, les avantages infinis que ses » peuples en retirent, n'ont pas permis à sa ma- » jesté de laisser les autres généralités supporter

» plus long-tems le fardeau de ces sortes de » corvées. Si jusqu'à présent les difficultés locales » ou d'autres considérations de cette espèce, ont » retardé l'effet du zèle des intendans à qui l'admi- » nistration en est confiée; sa majesté a pris de » justes mesures pour seconder leurs efforts, en réu- » nissant au service des étapes, celui des *convois* » *militaires*, dont les entrepreneurs généraux des » étapes sont déja chargés dans les neuf géné- » ralités, & en établissant une imposition géné- » rale, proportionnée à cette dépense, qui, » étant répartie sur les différentes généralités » des pays d'élection & des pays conquis, fera » disparoître les impositions locales, & mettra » une juste proportion dans la contribution des » différentes provinces : sa majesté a prévu en » même tems qu'au moyen de cette entreprise » générale, plusieurs de ces *convois*, qui étoient » obligés de suivre les routes particulieres d'é- » tapes, qui occasionnoient, à chaque lieu où les » troupes séjournoient, de nouveaux chargemens » & déchargemens; pourroient se faire directe- » ment par les grandes routes, & d'une maniere » beaucoup moins fatigante & plus économique, » du lieu du départ des troupes, à celui où elles » ont ordre de se rendre; de sorte qu'à l'expi- » ration des trois années pour lesquelles sa ma- » jesté a ordonné qu'il seroit passé un marché » général auxdits entrepreneurs des étapes, il » seroit possible d'obtenir une diminution consi- » dérable dans la dépense qu'occasionera ce » service, difficile à monter aujourd'hui, & de » réduire dans la même proportion l'imposition » destinée uniquement à cette dépense; ses peuples » reconnoîtront, dans ces dispositions, la bien- » faisance constante de sa majesté, son intention » pour tout ce qui peut intéresser les progrès de » l'agriculture, & le sort des habitans des cam- » pagnes, si dignes de son affection particuliere : » en conséquence, ouï le rapport du sieur » Turgot, conseiller ordinaire au conseil royal, » contrôleur-général des finances; le roi en son » conseil, a ordonné & ordonne qu'à compter de » l'année prochaine 1776, & jusqu'à ce qu'il » plaise à sa majesté en ordonner autrement, il » sera compris chaque année dans le second brevet » des impositions accessoires de la taille des » vingt généralités de pays d'élections, une » somme d'un million cent quatorze mille quatre » cents quatre-vingt-dix-sept livres; & qu'à » compter de la même année, il sera également » fait une imposition annuelle sur le département » de Metz, sur celui de Lorraine & de Bar, & » sur le comté de Bourgogne, d'une somme de » quatre-vingt-cinq mille cinq cents trois livres; » revenant lesdites deux sommes, à celle d'un » million deux cents mille livres; laquelle, non » compris les taxations ordinaires, qui seront » pareillement imposées, sera répartie de la » maniere suivante :

SAVOIR:

» Sur la généralité de Paris,
   la somme de . . . . 110312 l.
» Sur celle de Soissons 28508
» Sur celle d'Amiens 29621
» Sur celle de Châlons 49766
» Sur celle d'Orléans 65294
» Sur celle de Tours 98623
» Sur celle de Bourges 22835
» Sur celle de Moulins 44196
» Sur celle de Lyon 40915
» Sur celle de Riom 83413
» Sur celle de Poitiers 64672
» Sur celle de Limoges 48165
» Sur celle de Bordeaux 83097
» Sur celle de la Rochelle 33272
» Sur celle de Montauban 59624
» Sur celle d'Auch 41513
» Sur celle de Rouen 75191
» Sur celle de Caen 54346
» Sur celle d'Alençon 48492
» Sur celle de Grenoble 32642
» Sur le département de Metz . . . 5900
» Sur le département du comté de
   Bourgogne . . . . . 29097.
» Sur les duchés de Lorraine
   & de Bar 50506

» Seront lesdites sommes ci-dessus fixées pour
» chacune desdites vingt généralités de pays
» d'élections, & pour les départemens de Metz,
» Lorraine & Bar, & du comté de Bourgogne,
» levées par les collecteurs & autres préposés
» au recouvrement des impositions, & par eux
» remises ès mains des receveurs des impositions,
» qui en remettront le montant aux receveurs
» généraux des finances, & ceux-ci le verseront
» au trésor royal : seront lesdites sommes em-
» ployées sans aucun divertissement, pendant la
» durée du marché, qui sera passé incessamment
» aux entrepreneurs généraux de la fourniture
» des étapes, au paiement de la dépense qu'oc-
» casionnera le service des convois militaires &
» transports des équipages des troupes, dont ils
» seront chargés, aux charges & conditions con-
» venables ; se reservant sa majesté de conti-
» nuer à le leur confier, lors des marchés sub-
» séquens, ou d'y pourvoir de telle autre ma-
» niere la moins dispendieuse qu'il sera possible,
» & d'y proportionner en conséquence l'imposi-
» tion destinée au paiement de cette dépense :
» Et au moyen de cette imposition d'un million
» deux cents mille livres, répartie de la maniere
» prescrite ci-dessus, les impositions particu-
» lieres établies jusqu'à présent pour les convois
» militaires dans les généralités de Soissons, Châ-
» lons, Limoges, Bordeaux, Grenoble, Metz,
» comté de Bourgogne, Lorraine & Bar, mon-
» tant à la somme de six cents vingt-sept mille

» sept cents soixante-cinq livres un sol trois de-
» niers, cesseront d'avoir lieu à compter de la-
» dite année 1776, nonobstant tous arrêts qui
» auroient pu en ordonner la levée, lesquels
» seront regardés dès-à-présent comme nuls &
» non avenus. »

L'année suivante, un nouvel arrêt du 23 juillet
apporta quelque changement dans la répartition
de cette imposition, dont la masse fut augmentée,
par des raisons prises dans les principes d'une
nouvelle administration.

Il porte : « Sa majesté a considéré que, si au
» lieu d'adopter, pour la répartition de cette
» imposition, la base qui a été choisie, on la
» déterminoit d'après la consommation que les
» troupes font dans ces provinces, lors de leur
» passage, la dépense seroit en quelque sorte pro-
» portionnée avec les fonds qu'y répand la four-
» niture de l'étape payée en argent, & l'impo-
» sition pour les convois militaires seroit moins
» onéreuse aux peuples. En conséquence, sa
» majesté, sans cesse occupée de tout ce qui peut
» adoucir leur sort, a jugé nécessaire d'expliquer
» ses intentions à ce sujet ; à quoi voulant pour-
» voir, ouï le rapport du sieur Clugny, &c.
» Le roi en son conseil a ordonné & ordonne,
» qu'à compter de l'année prochaine 1777, il
» sera imposé à l'avenir, & jusqu'à ce qu'il en
» soit autrement ordonné, dans le deuxieme bre-
» vet des impositions accessoires de la taille des
» vingt généralités des pays d'élections, un mil-
» lion seize mille cent quarante-six livres, au
» lieu d'onze cents quatorze mille quatre cents
» quatre-vingt-dix-sept, imposée en la présente
» année 1776 ; & qu'il sera de même annuelle-
» ment imposé sur le département de Metz, sur
» celui de Lorraine, & sur le comté de Bour-
» gogne, une somme de cent quatre-vingt-trois
» mille huit cents cinquante-quatre livres, au
» lieu de celle de quatre-vingt-cinq mille cinq
» cents trois livres, qui avoit été pareillement
» imposée la présente année ; revenant les deux
» sommes à celle d'un million deux cents mille li-
» vres, laquelle, non compris les taxations or-
» dinaires qui seront également imposées, sera
» répartie de la maniere suivante.

SAVOIR:

» Sur la généralité de Paris . . 156886 L.
» Sur celle de Soissons 71808
» Sur celle d'Amiens 46091
» Sur celle de Châlons 193229
» Sur celle d'Orléans 78895
» Sur celle de Tours 72571
» Sur celle de Bourges 30891
» Sur celle de Moulins 15572
» Sur celle de Lyon 19539
» Sur celle de Riom 9512
» Sur celle de Poitiers 41423
   » Sur

» Sur celle de Limoges . . . . 20403 l.
» Sur celle de Bordeaux 50566
» Sur celle de la Rochelle . . . 19734
» Sur celle de Montauban . . . 24039
» Sur celle d'Auch 7859
» Sur celle de Rouen 35012
» Sur celle de Caen 12944
» Sur celle d'Alençon 36310
» Sur celle de Grenoble 72862
» Sur le département de Metz . . 67105
» Sur celui du comté de Bourgogne. 63082
» Sur les duchés de Lorraine
» & de Bar 53667

» Seront lesdites sommes employées, sans aucun divertissement, pendant la durée du marché passé aux entrepreneurs généraux des étapes, au paiement de la dépense qu'occasionnera le service des convois militaires & transport des équipages des troupes dont ils sont chargés. Se réservant au surplus sa majesté, dans le cas où des circonstances particulieres apporteroient des changemens marqués dans les mouvemens ordinaires des troupes, de faire connoître ses intentions sur les mesures qu'il pourroit être alors convenable de prendre, afin de maintenir la proportion & l'égalité dans cette répartition : Enjoint sa majesté aux sieurs intendans, &c. &c. » Voyez ETAPES.

CORDES ET PLOMBS, termes de douane, par lesquels on désigne les plombs & la corde que l'on appose aux caisses, balles & malles, qu'on veut affranchir de toute visite dans l'intérieur du royaume, jusqu'à leur sortie.

Les marchandises de transit sont sujettes à cette formalité du plomb, pour en empêcher le versement dans l'intérieur. Il s'est élevé quelquefois des difficultés sur le paiement des cordes & plombs apposés sur des marchandises, de la part des négocians; ils prétendoient que les frais devoient être à la charge de la ferme générale. Le conseil a jugé que c'étoit aux négocians à les payer, attendu que la formalité étoit une condition de la jouissance du transit, du changement d'entrepôt, &c. & qu'elle avoit pour objet la conservation des droits du roi.

Un arrêt de la cour des aides de Bordeaux, du 24 août 1758, a confirmé une sentence de la juridiction des traites, du 21 août de l'année précédente, qui avoit condamné un négociant au paiement des cordes & plombs, apposés sur des marchandises destinées pour les colonies Françoises, & par-là admises en entrepôt.

CORSE, île de la méditerranée, autrefois soumise à la république de Gênes, qui l'a cédée en 1768 à la France. Nous devons en parler comme d'un pays devenu, depuis cette époque, une province du royaume, & fournissant sa portion des revenus publics, quoique les dépenses

qu'elle exige, soient jusqu'ici bien supérieures à la recette qu'elle produit.

En 1763 l'île de Corse, qui depuis quarante ans s'étoit plusieurs fois agitée en vain, pour se débarrasser des fers des Génois, venoit d'obtenir de grands succès. Le joug étoit secoué, & Paoli, fils d'un médecin, avoit été choisi par ses compatriotes, pour les diriger dans les moyens de conserver une liberté encore chancelante.

Les Génois possédoient quelques villes dans l'île; mais désespérant de s'y maintenir, ils implorerent le secours de la France, qui les écouta favorablement. Dès 1764, ils remirent à ses troupes toutes les places qu'ils occupoient.

Les suites d'un événement dont on n'a jamais bien connu le principe, mais dont l'origine, placée en Portugal, a dans peu d'années étendu ses effets dans les deux mondes, faillirent à servir les rebelles de Corse, beaucoup mieux que leurs armes.

La république de Gênes avoit consenti à recevoir, & avoit reçu réellement trois mille huit cents Jésuites expulsés de l'Espagne. Le ministere François, n'ayant pas vu cette condescendance de bon œil, étoit déterminé à retirer ses troupes de cette île. Déja Algajola fut évacuée & occupée aussi-tôt par les rebelles. Il en eût été de même de toutes les autres villes, & la Corse étoit à jamais libre. Mais des circonstances particulieres & des considérations politiques, déterminerent le commandant à suspendre l'exécution des ordres qu'il avoit reçus, d'abandonner la Corse à sa destinée. Ce délai ajouta cette île à la domination Françoise, qui fut établie par le traité de 1768. Il est vrai que ses armes en firent la conquête entiere, & ce fut l'ouvrage d'environ dix-huit mois; car Paoli ayant quitté la Corse en juin 1769, dès la fin de cette même année, toute l'île fut soumise, & on fit les établissemens nécessaires pour régir la Corse, par une législation qui lui fut particuliere.

Parmi ces établissemens, ceux qui devoient servir à la perception des revenus du roi, comme souverain, ne furent pas oubliés. Mais avant d'en faire mention, nous avons à considérer les finances de la Corse, sous le gouvernement de Paoli, qui, sans autre titre que celui de chef, jouissoit de toute l'autorité d'un despote.

Il n'est pas moins curieux qu'intéressant de voir comment ce chef des rebelles, ou cette espèce de protecteur de la liberté de ses concitoyens, avoit su se faire des ressources, pour entretenir les troupes qu'il faisoit mouvoir, sans toutefois les conduire. Leur général étoit son frere Clemente Paoli, mort ensuite dans un couvent de Pise, où il s'étoit retiré, en même tems que son frere avoit passé en Angleterre.

Cette espèce de protecteur de la liberté, avoit établi dans chaque piéve, district qui comprend plusieurs villages, un préposé pour percevoir les

Eee

impofitions. Ces préposés tenoient chacun un regiftre paraphé du chef, fur lequel ils infcrivoient les fommes qu'ils recevoient, & le montant des revenus des biens confifqués au profit de leur chef. Ils étoient obligés de rendre compte de leur recette au grand tréforier, & d'en verfer les deniers entre fes mains, chaque fois qu'ils en étoient requis. On leur accordoit trois pour cent du montant du recouvrement des impofitions, à la charge d'en faire les deniers bons, & de répondre des non-valeurs.

Ces impofitions confiftoient : 1°. Dans une taxe annuelle de vingt fols par feu, & dix fols par demi-feu, c'eft-à-dire, par ménage de veuve ou de garçon non marié. 2°. Dans une contribution de vingt fols par chaque feu, par année, pour tenir lieu du pain & des provifions que les habitans étoient obligés de fournir aux foldats, armés pour la caufe commune.

Ces deux impôts réunis compofoient une fomme de trois livres de Gênes, revenant à quarante-huit fols, monnoie de France; la moitié fe payoit en août, & le refte en décembre.

La contribution de vingt fols, pour du pain, avoit d'abord eu lieu en nature, par femaine, pendant les hoftilités entre les Corfes & les troupes Génoifes. Elle fut enfuite réduite à vingt fols par an, lorfqu'après l'arrivée des François dans l'île, une trêve eut procuré quelques mois de tranquillité. Paoli trouva plus commode de convertir cette contribution en un tribut pécuniaire, que de s'embarraffer de provifions dont il efpéroit n'avoir plus befoin.

Dans quelques piéves, on avoit préféré de donner par femaine ou du pain, ou un zucca de vin, qui équivaut à vingt bouteilles; cette redevance étoit affermée.

Les autres revenus publics étoient compofés, 1°. de la ferme des biens confifqués, tant fur les Génois, que fur les habitans des places maritimes, qui étoient reftés attachés à la république, & fur les criminels condamnés.

2°. Des revenus des évêchés de Nebbio, Sagone & Alléria, & de tous les biens eccléfiaftiques, appartenans aux Génois, & à ceux de leur parti, ou qui s'étoient rendus fufpects à Paoli, qui s'en étoit emparé.

3°. De la ferme des étangs fitués en Corfe, réunie au domaine fouverain à titre de confifcation.

4°. De la vente du fel qui fe tiroit de Sardaigne, & fe vendoit au profit du chef.

5°. Du droit de vingt fols pour chaque ftarre de châtaigne ou de blé, exportée hors de l'île.

6°. De celui de cinq & fept pour cent, fur toutes les marchandifes importées dans l'île. Ces deux articles étoient affermés environ quarante mille livres de France.

7°. Enfin, du produit de la vente du papier timbré, qui fe vendoit deux fols de Gênes la

feuille, fans diftinction de grandeur, c'eft-à-dire, un fol fept deniers, un cinquième de notre monnoie, objet qui rendoit à peine cinq cents livres de France par année.

Indépendamment de ces revenus ordinaires, Paoli avoit fu s'en faire d'extraordinaires en plufieurs occafions.

Il avoit exigé en 1766, à titre de don gratuit, vingt fols par mille livres, de la valeur des biens-fonds, payables par les propriétaires.

En 1768, ce même don gratuit fut porté à quatre francs par mille livres, de la valeur des immeubles & des meubles, à la réferve de celle de l'habitation du propriétaire. Cette contribution avoit pour objet, de fubvenir aux dépenfes extraordinaires, qu'exigeoit la défenfe commune, contre les nouvelles troupes Françoifes, qui devoient arriver inceffamment.

Tous ces impôts étoient connus du peuple, ainfi que leur emploi; mais il y avoit quelque branche de revenus que le protecteur gardoit pour lui feul. Telle étoit la taxe de dix pour cent pour droit de pavillon, fur chaque bâtiment corfaire armé dans les ports de la Corfe.

Ce qui formoit la portion de fon revenu particulier, la plus confidérable, & en même tems la plus nette, depuis 1762, c'étoit le retrait de toute monnoie étrangere, & la fabrication de la fienne. Paoli avoit, dans tous les ports, & dans les lieux où il pouvoit fe faire quelque commerce, ainfi que dans les marchés, des préposés, qui donnoient aux marchands étrangers la valeur, en monnoie nationale, de ce qu'ils avoient acheté des Corfes. Lorfqu'ils pouvoient trouver à échanger cette monnoie contre celle dEfpagne ou de France, il donnoit jufqu'à fix livres, fix liv. dix fols d'une piaftre, & fept liv. dix fols, huit & neuf francs d'un écu de fix livres de France. Il faifoit fondre les écus avec une telle quantité de cuivre, que les piéces de vingt fols, que l'on fabriquoit de cette fufion, ne valoient intrinféquement que huit fols huit deniers de notre monnoie; enfuite elles ne valurent plus qu'environ cinq fols. On fabriquoit auffi de ces piéces, de dix fols, de quatre fols & de deux fols. Toutes portoient par empreinte d'un côté une tête de négre, qui fait les armes de la Corfe, & de l'autre la quotité de leur valeur numéraire.

A la fin de 1769, lorfque l'île eut entiérement été foumife à la domination du roi, il fe trouva pour environ neuf cents mille livres de cette monnoie de Paoli, parmi laquelle il s'en étoit gliffé pour deux cents mille livres de fauffe. On établit des bureaux de change pour la retirer fur le pied de cinq fols les piéces de vingt fols, deux fols fix deniers les piéces de dix fols, & trente-deux fols la livre, poids de marc, des piéces de quatre & deux fols. Mais ces bureaux n'en reçurent que pour cent mille livres; le refte fut porté aux juifs de Livourne, qui ouvrirent un change à un taux plus fort que celui du roi.

En raffemblant ces différentes branches de droits & d'impofitions dont on vient de parler, on eftimoit que les revenus publics & particuliers, dont Paoli difpofoit, pouvoient aller au plus à trois cents cinquante mille livres de France ; mais on peut ajouter qu'il reçut de l'Angleterre quelques fecours d'armes & d'argent, qu'on croit pourtant n'avoir jamais été bien confidérables.

Raffemblons à préfent des notions fur les revenus du fifc dans la *Corfe*, après la conquête. On verra par quels degrés la fcience de la finance parvient à extraire, des revenus particuliers, la portion qui eft jugée néceffaire pour le maintien de l'ordre public.

Dans la même année 1769, il avoit été queftion de trouver un plan pour la perception des revenus du roi, & l'adminiftration des finances de la *Corfe*. Deux fermiers-généraux furent d'abord confultés ; l'un des deux propofa de charger la ferme générale de la levée des deniers publics, dont elle rendroit compte de clerc à maître, fauf à comprendre la *Corfe* dans le premier bail, en obfervant qu'on en avoit fouvent ufé ainfi pour des pays nouvellement conquis.

Le miniftre rejeta ce plan, & répondit qu'il ne s'agiffoit pas de travailler en finance un pays que le roi ne vouloit pas traiter en pays conquis ; mais dont fa majefté vouloit gagner les habitans par des bienfaits, par la douceur & la juftice.

Ce ne fut qu'au milieu de l'année 1770, qu'on établit des receveurs dans cinq ou fix villes principales, pour faire toutes les recettes du fifc.

La ferme générale fut feulement chargée de fournir dix mille minots de fel, à cinq fols le minot, pris à Berre ou à Hyeres, & il fe revendoit cinquante fols le minot. En détail, fon prix d'abord fixé à huit deniers la livre dans les villes maritimes, il fut enfuite à quinze dans ces mêmes villes ; & de quinze deniers qu'il étoit dans l'intérieur, porté à trente, avec la liberté aux habitans, de fe pourvoir aux dépôts des villes maritimes, ou dans ceux de l'intérieur.

Le produit de la vente du fel, qui n'étoit en 1768 & 1769, que d'environ trente-cinq à quarante mille livres, monta, en 1771, à cent mille livres, dont il faut déduire moitié pour achat, tranfport & frais de régie. Cette confommation n'a pas excédé douze mille minots.

On avoit voulu établir auffi le privilège excluf du tabac dans la *Corfe* ; mais le bon marché de celui qui fe tiroit de Livourne, l'impoffibilité d'en empêcher l'introduction fans des frais immenfes, ont fait abandonner ce projet. Le commerce & la culture du tabac font libres dans la *Corfe*, en payant feulement vingt pour cent de la valeur du tabac étranger.

On avoit d'abord établi des douanes dans tous les ports. Les comeftibles de toute efpèce, les vins & toute forte de boiffons furent affranchis des droits d'entrée, par quelque nation qu'ils fuffent apportés.

Les marchandifes des manufactures de France, telles que de draperie, de foierie, de bonneterie, toile peinte & les favons, celles du même genre des fabriques de l'île, étoient exemptes des droits, tant à l'importation qu'à l'exportation, pourvu qu'elles fe fiffent fous pavillon François.

Les mêmes marchandifes des fabriques étrangeres devoient payer quinze pour cent.

Les autres, non comprifes dans cette claffe, étoient affujetties à un droit de fept & demi de leur valeur. Afin d'éviter les fauffes déclarations, les receveurs des droits étoient autorifés à prendre, au compte du roi, les marchandifes qui feroient déclarées au-deffous de leur véritable valeur, en accordant dix pour cent au-deffus de l'eftimation déclarée. Ces droits d'entrée & de fortie ont produit, année commune, depuis 1770 jufqu'en 1780, environ cent à cent vingt mille livres.

Les droits de contrôle & d'infinuation furent établis en même tems, & au papier timbré de Paoli dont on a parlé, on en fubftitua un autre aux armes de France, avec celle de la *Corfe* ; fon prix fut réglé à dix-huit deniers la feuille in-folio, & neuf deniers fa feuille in-quarto, dix-huit fols la feuille de parchemin in-folio, & neuf fols celle de l'in-quarto.

La fixation des droits de contrôle & infinuation fut d'abord réglé de neuf fols de France, pour tous les actes paffés fur papier in-folio, & de dix fols pour ceux qui étoient fur papier in-quarto ; quel que fut d'ailleurs le nombre des feuilles qu'ils contenoient ; dans la fuite ces deux droits furent féparés.

Celui de contrôle fut fixé à neuf fols par chaque acte, de quelque nature qu'il fût, & celui des exploits à quatre fols.

Le droit d'infinuation demeura fixé à douze fols & vingt-quatre fols, fuivant la nature des actes. Ces droits réunis ont à peine donné vingt-fept à trente mille livres par an, depuis dix ans.

Le domaine foncier, confiftant en terres vagues & incultes, en étangs, & dans les biens des rebelles fugitifs, fut donné à ferme par adjudication ; & on nomma, fous le titre d'infpecteur-général du domaine, un prépofé fupérieur, dont la furveillance devoit s'étendre fur tout ce qui étoit du reffort de l'adminiftration économique.

Mais la branche la plus intéreffante des revenus du roi en *Corfe*, fut un genre d'impofition, auquel on donna le nom de *fubvention*. Sa quotité fut fixée à cent vingt mille livres.

Comme cet impôt ne devoit être perçu que fur le produit net d'une propriété quelconque, à raifon de deux vingtiemes, fa perception exigeoit beaucoup d'opérations & de formalités préliminaires. Les podeftats, peres communs ou fyndics de chaque communauté, devoient recevoir les déclarations des fonds & des productions en tout genre, des beftiaux, des arbres fruitiers, &c. en tenir regiftre, pour être vérifiés enfuite par les fubdélégués ou officiers de juftice, qui, par des procès-verbaux, devoient conftater la valeur des productions. Chaque communauté demeura garante du montant de fa contribution, jufqu'à fa remife dans la caiffe du receveur de la province. Il en étoit paffé une remife de deux pour cent, dont une moitié aux podeftats, & l'autre à ce receveur, qui vuidoit fes mains dans celles du tréforier-général de l'île.

Dans la fuite, on a ajouté à cette fubvention une autre impofition pour le logement des troupes, & elle a été réglée au fol pour livre de la premiere.

Le clergé demanda que les biens eccléfiaftiques fuffent exempts de la fubvention; prétendant, par une fuite des maximes ultramontaines, que cet impôt bleffoit les droits de l'épifcopat & du facerdoce; mais cette demande fut entiérement rejetée.

Cependant, au moyen de l'affujettiffement des biens eccléfiaftiques à la fubvention, le roi fit remife au clergé du don gratuit, qu'il payoit à Paoli, comme tout propriétaire, en exceptant celui que ce corps avoit offert à ce chef, pour fournir à l'établiffement d'une univerfité à Corte, en 1765. Cette impofition particuliere, qui étoit de dix-huit livres par curé piévan, douze livres par curé particulier, & fix livres par chanoine ou chapelain, ne montoit, fuivant le relevé des regiftres, qu'à trois mille trois cents foixante-dix-neuf livres par année.

Au refte, les revenus que le roi retire de la Corfe, année commune, ne fuffifent pas aux dépenfes qu'exigent fon adminiftration, & le foin qu'on prend d'y améliorer la culture; ils montent à environ trois cents vingt ou trois cents trente mille livres, tandis que la dépenfe eft de plus de cinq cents mille livres.

La Corfe, confidérée dans fes rapports avec le royaume, eft traitée, en matiere de droits, comme pays abfolument étranger, excepté en un feul point; tout ce qui y eft envoyé, tout ce qui en vient eft cenfé aller à l'étranger ou en arriver, & acquitte les droits en conféquence. Mais la garance a été tirée de cette claffe générale, par l'arrêt du confeil du 28 avril 1775, qui accorde à cette plante une circulation franche dans tout le royaume, en affujettiffant à vingt-cinq fols du quintal celle qui feroit importée du pays étranger.

Les vues du gouvernement pour favorifer la culture en Corfe, fe font manifeftées, en ordonnant que la garance originaire de cette île, & accompagnée d'un certificat propre à en juftifier, feroit exempte de tous droits, & circuleroit librement dans le royaume, comme celle qu'il produit.

CORVÉE, f. f. par lequel on défigne un fervice quelconque, dû gratuitement à un feigneur, une obligation à remplir envers lui, pour fon utilité particuliere.

On a appliqué ce mot, aux travaux publics qui fe font par les particuliers & les communautés, foit pour réparer, foit pour conftruire des chemins, lorfqu'ils reçoivent l'ordre de fe rendre aux lieux indiqués; & on eftime en effet que les travaux faits par corvée ont une valeur de treize à quatorze millions, fans fe diffimuler pourtant que ces travaux, ainfi évalués par le tems qu'ils dérobent aux corvéables, pourroient être faits pour fix à fept millions; & feroient plus folides s'ils étoient payés. Sous ce point de vue, les corvées font des charges publiques, un véritable impôt, qui porte directement fur ceux qui ont le moindre intérêt à l'emploi qu'on fait de leurs bras; puifqu'en effet la principale utilité des chemins eft pour les propriétaires des terres.

C'eft un impôt qui, fuivant la définition qu'en donnent des écrivains, uniquement attachés à traiter des matieres économiques, ne porte que fur une partie de ceux qu'on y a cru contribuables. Les paroiffes limitrophes des chemins en fupportent feules le fardeau, qui fe trouve par-là même infiniment plus lourd pour elles.

« C'eft un impôt qui, dans les paroiffes où » il a lieu, eft néceffairement réparti avec une » inégalité invincible.

» C'eft un impôt qui coûte réellement à ceux » qui le fupportent, en fommes pécuniaires, en » journées d'hommes & d'animaux, en dépériffe- » ment de voitures, &c. au moins le double de » la valeur du travail qui en réfulte. On eft fou- » vent obligé de commander des paroiffes, dont » le clocher eft éloigné de trois lieues de l'ate- » lier, & defquelles dépendent des hameaux » qui en font à plus de quatre lieues; le tems » fe perd; les hommes & les animaux fe fati- » guent; les voitures éprouvent mille accidens » par des chemins de traverfe impraticables; » avant d'être arrivées fur le lieu du travail. » Il faut en repartir de bonne heure pour re- » tourner chez foi. Dans le court intervalle qui » refte à travailler, l'ouvrage fe fait avec la len- » teur & le découragement, inévitables chez des » hommes qui n'en attendent point de falaire. De » pareilles journées ne valent point celles d'un » homme payé, pas une demi-heure d'un foldat » bien nourri, qui travaille au milieu de fes

» camarades, fous les yeux de fon fupérieur, &
» qui eft animé par l'émulation.

» C'eft un impôt qui, détournant les culti-
» vateurs de leurs travaux productifs, anéantit,
» avant leur naiffance, les productions qui au-
» roient été les fruits de ces travaux, & qui,
» par cet anéantiffement forcé, coûte aux culti-
» vateurs, aux propriétaires & à l'état, cent fois
» peut-être la valeur du travail des corvoyeurs.
» Ce n'eft qu'au fein de la plus profonde igno-
» rance des travaux champêtres, qu'on avoit pu
» fe former l'idée de prendre d'ordonnance, les
» journées, les voitures & les animaux occupés
» à l'exploitation des terres.

» Sur vingt ateliers commandés pour la cor-
» vée, qui feront une dépenfe de dix piftoles,
» & un travail de cinquante francs ; on peut évaluer
» qu'il y en a dix qui perdent leurs journées ;
» par conféquent l'état y fait une perte évidente
» de fix mille pour cent : cette perte retombe en
» entier fur le produit net de la culture.

» Qu'on calcule combien de toifes de chemins
» on peut faire avec cent francs ; combien de
» fois il faut répéter cette dépenfe fur les grandes
» routes, & l'on fe formera une idée des pertes
» que caufe la corvée. On concevra combien il
» y auroit de profit pour la nation, pour le gou-
» vernement, pour les propriétaires, fi ces der-
» niers étoient feuls tenus de fubvenir à la dé-
» penfe des chemins, lorfque l'impôt ordinaire
» n'y peut fuffire.

» On aura peine à fe perfuader, & cependant
» il eft malheureufement trop vrai, que dans ce
» fiècle lettré, il eft encore très-peu de proprié-
» taires affez inftruits, pour ne pas fe croire
» léfés, fi, en fupprimant les corvées, on éta-
» bliffoit fur eux l'impofition néceffaire à la
» conftruction & l'entretien des chemins.

» Leurs préjugés & leurs oppofitions ceffe-
» roient, fans doute, s'ils vouloient réfléchir &
» remarquer que les charges qui portent fur leurs
» fermiers, métayers & autres employés direc-
» tement ou indirectement à la culture de leurs
» domaines, diminuent d'autant le produit,
» qu'eux, propriétaires, en retireroient fans ces
» charges, & que, par conféquent, fi elles caufent
» à ceux qui en font les avances, un préjudice
» plus grand qu'eft la valeur effective de ces
» charges ; elles font plus nuifibles aux proprié-
» taires que ne le feroit le paiement direct de
» cette valeur effective.

» A l'objection, qu'il feroit à craindre que l'im-
» pofition mife pour la dépenfe des chemins, ne
» fût détournée de fa deftination, & qu'on ne
» rétablît les corvées, on répond que l'intérêt du
» fifc eft garant de l'emploi de cette contribution ;
» attendu que pour deux millions que le roi

» pourroit y trouver, il perdroit trente millions
» de revenu annuel, & qu'on ne peut pas fup-
» pofer un homme affez infenfé, pour propofer
» une opération auffi abfurde & auffi injufte. »

Ces confidérations, dont le miniftre des finances
que Louis XVI venoit de nommer, étoit frappé
depuis long-tems, & qui l'avoient porté à fubftituer dans la généralité de Limoges, la méthode
d'une impofition pour faire faire les chemins, à la
corvée, dont il avoit reconnu les fâcheux effets,
furent préfentées au confeil avec toute la force
que donne une ame vertueufe & paffionnée pour
le bien public. Elles y furent adoptées par un
jeune monarque, non moins rempli d'amour pour
la félicité de fon peuple, & fuivies d'un édit
qui fupprimoit les corvées, en ordonnant la confection des routes à prix d'argent. Le préambule
de cette loi nouvelle, eft tout à-la-fois un monument précieux de l'amour paternel du fouverain
pour fes fujets, un tableau intéreffant des
maux inféparables des corvées, & un modele à
fuivre, lorfque viendra l'heureux tems de faire
exécuter d'auffi fages difpofitions.

« Louis, par la grace de Dieu, roi de France
» & de Navarre, à tous préfens & à venir ;
» falut. L'utilité des chemins deftinés à faciliter
» le tranfport des denrées, a été reconnue dans
» tous les tems. Nos prédéceffeurs en ont re-
» gardé la conftruction & l'entretien comme un
» des objets les plus dignes de leur vigilance.

» Jamais ces travaux importans n'ont été fuivis
» avec autant d'ardeur que fous le règne du feu
» roi, notre très-honoré feigneur & ayeul : plu-
» fieurs provinces en ont recueilli les fruits, par
» l'augmentation rapide de la valeur des terres.

» La protection que nous devons à l'agricul-
» ture, qui eft la véritable bafe de l'abondance
» & de la profpérité publique ; & la faveur que
» nous voulons accorder au commerce, comme
» au plus fûr encouragement de l'agriculture,
» nous feront chercher à lier de plus en plus,
» par des communications faciles, toutes les
» parties de notre royaume, foit entr'elles, foit
» avec les pays étrangers.

» Défirant procurer ces avantages à nos peu-
» ples, par les voies les moins onéreufes pour
» eux, nous nous fommes fait rendre compte des
» moyens qui ont été mis en ufage pour la conf-
» truction & l'entretien des chemins publics.

» Nous avons vu, avec peine, qu'à l'excep-
» tion d'un très-petit nombre de provinces, les
» ouvrages de ce genre ont été, pour la plus
» grande partie, exécutés au moyen des corvées
» exigées de nos fujets, & même de la portion
» la plus pauvre, fans qu'il leur ait été payé
» aucun falaire pour le tems qu'ils y ont em-
» ployé. Nous n'avons pu nous empêcher d'être

» frappés des inconvéniens attachés à la nature
» de cette contribution.

» Enlever forcément le cultivateur à ses tra-
» vaux, c'est toujours lui faire un tort réel,
» lors même qu'on lui paie ses journées. En vain
» l'on croiroit choisir, pour lui demander un tra-
» vail forcé, des tems où les habitans de la cam-
» pagne sont moins occupés ; les opérations de
» la culture sont si multipliées, si variées, qu'il
» n'est aucun tems entiérement sans emploi : ces
» tems, quand il en existeroit, différeroient dans
» des lieux très-voisins, & souvent dans le même
» lieu, suivant la différente nature du sol, ou les
» différens genres de culture. Les administrateurs
» les plus attentifs ne peuvent connoître ces va-
» riétés dans tout leur détail ; d'ailleurs la néces-
» sité de rassembler sur les ateliers un nombre
» suffisant de travailleurs, exige que les com-
» mandemens soient généraux dans un même
» canton. L'erreur de l'administrateur peut faire
» perdre aux cultivateurs des journées dont au-
» cun salaire ne pourroit les dédommager. Prendre
» le tems du laboureur, même en le payant, seroit
» l'équivalent d'un impôt ; prendre son tems sans
» le payer, est un double impôt ; & cet impôt
» est hors de toute proportion, lorsqu'il tombe
» sur le simple journalier qui n'a, pour subsister,
» que le travail de ses bras.

» L'homme qui travaille par force & sans ré-
» compense, travaille avec langueur & sans in-
» térêt ; il fait dans le même tems moins d'ou-
» vrage, & son ouvrage est plus mal fait. Les
» corvoyeurs, obligés de faire souvent trois
» lieues ou davantage, pour se rendre sur l'ate-
» lier, autant pour retourner chez eux, perdent,
» sans fruit pour l'ouvrage, une grande partie
» du tems exigé d'eux. Les appels multipliés,
» l'embarras de tracer l'ouvrage, de le distri-
» buer, de le faire exécuter à une multitude
» d'hommes rassemblés au hasard, la plupart sans
» intelligence, comme sans volonté, consomme
» encore une partie du tems qui reste. Ainsi l'ou-
» vrage qui se fait, coûte au peuple & à l'état,
» en journées d'hommes & de voitures, deux
» fois, & souvent trois fois plus qu'il ne coûte-
» roit, s'il s'exécutoit à prix d'argent.

» Ce peu d'ouvrage exécuté si cherement, est
» toujours mal fait. L'art de construire des chaus-
» sées d'empierrement, quoiqu'assez simple, a
» cependant des principes & des règles qui dé-
» terminent la maniere de former l'encaissement,
» de choisir & de poser les bordures, de placer
» les pierres suivant leur grosseur & leur dureté,
» suivant la nature de leur composition, qui les
» rend plus ou moins susceptibles de résister au
» poids des voitures ou aux injures de l'air.
» De l'observation attentive de ces règles, dé-
» pend la solidité des chaussées & de leur durée ;
» & cette attention ne peut être attendue, ni

» même exigée des hommes qu'on commande à
» la *corvée*, qui tous ont un métier différent,
» & qui ne travaillent aux chemins qu'un petit
» nombre de jours chaque année. Dans les tra-
» vaux payés à prix d'argent, l'on prescrit aux
» entrepreneurs tous les détails qui tendent à la
» perfection de l'ouvrage. Les ouvriers qu'ils
» choisissent, qu'ils instruisent & qu'ils surveillent,
» font, de la construction des chemins, leur mé-
» tier habituel, & le savent. L'ouvrage est bien
» fait, parce que s'il l'étoit mal, l'entrepreneur
» sait qu'on l'obligeroit à le recommencer à ses
» dépens. L'ouvrage fait par la *corvée*, reste mal
» fait, parce qu'il seroit trop dur d'exiger des
» malheureux corvoyeurs une double tâche, pour
» réparer des imperfections commises par igno-
» rance ; il en résulte que les chemins sont moins
» solides, & plus difficiles à entretenir.

» Il est encore une autre cause qui rend les
» travaux d'entretien, faits par *corvée*, beaucoup
» plus dispendieux.

» Dans les lieux où les travaux se font à prix
» d'argent, l'entrepreneur, chargé d'entretenir
» une partie de route, veille continuellement sur
» les dégradations les plus légeres ; il les répare à
» peu de frais, au moment qu'elles se forment,
» & avant qu'elles aient pu s'augmenter, en sorte
» que la route est toujours roulante, & n'exige
» jamais de réparations coûteuses.

» Les routes, au contraire, qui sont entre-
» tenues par *corvée*, ne sont réparées que lorsque
» les dégradations sont assez sensibles, pour que
» les personnes chargées de donner des ordres
» en soient averties. De-là il arrive que ces
» routes, formées communément de pierres grossié-
» rement cassées, étant d'abord très-rudes, les
» voitures y suivent toujours la même trace, &
» forment des ornieres qui coupent souvent la
» chaussée dans toute sa profondeur.

» L'impossibilité de multiplier à tous momens
» les commandemens de *corvée*, fait que, dans la
» plus grande partie des provinces, les répara-
» tions d'entretien se font deux fois l'année, avant
» & après l'hiver, & qu'aux époques de ces deux
» réparations, les routes se trouvent très-dégra-
» dées. On est obligé de les recouvrir, de nou-
» veau, de pierres dans leur totalité ; ce qui,
» outre l'inconvénient de rendre à chaque fois la
» chaussée aussi rude que dans sa nouveauté, en-
» traîne une dépense annuelle en journées d'hommes
» & de voitures, souvent très-approchante de la
» premiere construction.

» Tout ouvrage qui exige quelque instruction,
» quelque industrie particuliere, est impossible à
» exécuter par *corvée*. C'est par cette raison que,
» dans la confection des routes entreprises par
» cette méthode, l'on est obligé de se borner à
» des chaussées d'empierrement grossiérement cons-
» truites, sans pouvoir y substituer des chaussées

» de pavé, lorfque la nature des pierres l'exi-
» geroit, ou lorfque leur rareté & l'éloignement
» de la carriere rendroient la conftruction en
» pavé incomparablement moins chere que celle
» des chauffées d'empierrement, qui confomment
» une bien plus grande quantité de pierres.
» Cette différence de prix, fouvent très-grande,
» au défavantage des chauffées, d'empierrement,
» eft une augmentation de dépenfe réelle, & de
» fardeau pour le peuple, qui réfulte de l'ufage
» des corvées.

» Il faut y ajouter une foule d'accidens ; la
» perte des beftiaux qui arrivent fur les ateliers
» déja excédés par une longue route, fuccombent
» aux fatigues qu'on exige d'eux ; la perte même
» des hommes, des chefs de famille bleffés, ef-
» tropiés, emportés par des maladies qu'occa-
» fionne l'intempérie des faifons ou la feule fa-
» tigue ; perte fi douloureufe, quand celui qui
» périt fuccombe à un rifque forcé, & qui n'a
» été compenfé par aucun falaire.

» Il faut ajouter encore les frais, les con-
» traintes, les amendes, les punitions de toute
» efpèce, que néceffite la réfiftance à une loi trop
» dure, pour pouvoir être exécutée fans récla-
» mation. Peut-être auffi les vexations fecretes,
» que la plus grande vigilance des perfonnes char-
» gées de l'exécution de nos ordres, ne peut
» entiérement empêcher dans une adminiftration
» auffi étendue, auffi compliquée que celle de la
» corvée, où la juftice diftributive s'égare dans
» une multitude de détails, où l'autorité fubdi-
» vifée, pour ainfi dire à l'infini, eft répandue
» dans un fi grand nombre de mains, & confiée,
» dans les dernieres branches, à des employés
» fubalternes, qu'il eft prefqu'impoffible de choifir
» avec certitude, & très-difficile de furveiller.
» Nous croyons impoffible d'apprécier tout ce
» que la corvée coûte au peuple.

» En fubftituant à un fyftème auffi onéreux dans
» fes effets, auffi défectueux dans fes moyens,
» l'ufage de faire conftruire les routes à prix
» d'argent, nous aurons l'avantage de favoir pré-
» cifément la charge qui en réfultera pour nos
» peuples, l'avantage de tarir à la fois la fource
» des vexations & celle des défobéiffances, celui
» de n'avoir plus à punir, plus à commander
» pour cet objet, & d'économifer l'ufage d'au-
» torité qu'il eft fi fâcheux d'avoir à prodiguer.
» Ces différens motifs fuffiroient pour nous faire
» préférer, à l'ufage des corvées, le moyen plus
» doux & moins difpendieux de faire les chemins
» à prix d'argent. Mais un motif plus puiffant
» & plus décifif encore nous détermine ; c'eft
» l'injuftice inféparable de l'ufage des corvées.

» Tout le poids de cette charge retombe & ne
» peut retomber que fur la partie la plus pauvre
» de nos fujets, fur ceux qui n'ont de propriété
» que leurs bras & leur induftrie, fur les culti-

» vateurs & fur les fermiers. Les propriétaires,
» prefque tous privilégiés, en font exempts, ou
» n'y contribuent que très-peu.

» Cependant, c'eft aux propriétaires que les
» chemins publics font utiles, par la valeur que
» des communications multipliées donnent aux
» productions de leurs terres. Ce ne font ni les
» cultivateurs actuels, ni les journaliers qu'on y
» fait travailler, qui en profiteront ; les fucceffeurs
» des fermiers actuels, paieront aux propriétaires
» cette augmentation de valeur en accroiffement
» de loyers. La claffe des journaliers y gagnera
» peut-être un jour une augmentation de falaires
» proportionnée à la plus grande valeur des
» denrées ; elle y gagnera de participer à l'aug-
» mentation générale de l'aifance publique ; mais
» la feule claffe des propriétaires, recevra une
» augmentation de richeffes prompte & immédiate ;
» & cette richeffe nouvelle ne fe répandra dans
» le peuple ; qu'autant que ce peuple l'achetera
» encore par un nouveau travail.

» C'eft donc la claffe des propriétaires des
» terres qui recueille le fruit de la confection des
» chemins ; c'eft elle qui devroit feule en faire
» l'avance, puifqu'elle en retire les intérêts.
» Comment pourroit-il être jufte d'y faire
» contribuer ceux qui n'ont rien à eux ? de les
» forcer à donner leur tems & leur travail fans
» falaire, de leur enlever la feule reffource qu'ils
» aient contre la mifere & la faim, pour les faire
» travailler au profit de citoyens plus riches
» qu'eux ?

» Une erreur toute oppofée a fouvent engagé
» l'adminiftration à facrifier les droits des pro-
» priétaires au defir mal entendu de foulager la
» partie pauvre de nos fujets, en affujettiffant,
» par des loix prohibitives, les premiers à livrer
» leurs propres denrées au-deffous de leur véri-
» table valeur.

» Ainfi, d'un côté, l'on commettoit une injuf-
» tice contre les propriétaires, pour procurer
» aux fimples manouvriers du pain à bas prix ;
» & de l'autre, on enlevoit à ces malheureux, en
» faveur des propriétaires, le fruit légitime de
» leurs fueurs & de leur travail.

» On craignoit que le prix des fubfiftances ne
» montât trop haut, pour que leurs falaires puf-
» fent y atteindre ; &, en exigeant d'eux gra-
» tuitement un travail qui leur eût été payé, fi
» ceux qui en profitent en euffent fupporté la
» dépenfe, on leur ôtoit le moyen de concur-
» rence, le plus propre à faire monter ces fa-
» laires à leur véritable prix.

» C'étoit bleffer également les propriétés & la
» liberté des différentes claffes de nos fujets ;
» c'étoit les appauvrir les uns & les autres, pour
» les favorifer injuftement tour-à-tour. C'eft
» ainfi qu'on s'égare, quand on oublie que la
» juftice feule peut maintenir l'équilibre entre

» tous les droits & tous les intérêts. Elle fera
» dans tous les tems la bafe de notre adminiftra-
» tion, & c'eft pour la rendre à la partie de nos
» fujets la plus nombreufe, & fur laquelle le be-
» foin qu'elle a d'être protégée fixera toujours
» notre attention d'une maniere plus particuliere,
» que nous nous fommes hâtés de faire ceffer les *cor-*
» *vées* dans toutes les provinces de notre royaume.

» Nous n'avons cependant pas voulu nous livrer
» à ce premier mouvement de notre cœur, fans
» avoir examiné & apprécié les motifs qui ont
» pu engager nos prédéceffeurs, à introduire &
» laiffer fubfifter un ufage, dont les inconvéniens
» font fi évidens.

» On a pu penfer que la méthode des *corvées*
» permettant de travailler à la fois fur toutes les
» routes, dans toutes les parties du royaume, les
» communications feroient plutôt ouvertes, & que
» l'état jouiroit plus promptement des richeffes,
» dues à l'activité du commerce & à l'augmenta-
» tion de valeur des productions.

» L'expérience n'a pas dû tarder à diffiper cette
» illufion.

» On a bientôt vu que quelques-unes des pro-
» vinces, où la population eft la moins nom-
» breufe, font précifément celles où la confec-
» tion des chemins, par la nature du pays &
» du fol, exige des travaux immenfes, qu'on ne
» peut fe flatter d'exécuter avec un petit nom-
» bre de bras, fans y employer peut-être plus
» d'un fiecle.

» On a vu que, dans les provinces même les
» plus remplies d'habitans, il n'étoit pas poffible,
» fans accabler les peuples, & fans ruiner les
» campagnes, d'exiger des corvoyeurs un affez
» grand nombre de journées, pour pouvoir exé-
» cuter en peu de tems aucune partie confidérable
» de chemin.

» On a éprouvé que les corvoyeurs ne peu-
» voient donner utilement leur tems, fans être
» conduits par des employés intelligens qu'il fal-
» loit payer ; que les fournitures d'outils, leur
» renouvellement, les frais de magafin entraînoient
» des dépenfes confidérables, proportionnées à
» la quantité d'hommes employés annuellement.

» On a fenti que fur une longueur déterminée
» de chemin, conftruite par *corvée*, il devoit fe
» rencontrer plufieurs ouvrages indifpenfables,
» tels que des ponts, des efcarpemens de rochers,
» des murs de terraffe, qui ne pouvoient être
» conftruits que par des hommes d'art & à prix
» d'argent; que par conféquent l'on hâteroit fans
» fruit la conftruction des ouvrages de *corvée*, fi
» l'impoffibilité d'avancer en même proportion
» les ouvrages d'art, laiffoit les chemins interrom-
» pus & inutiles au public.

» On s'eft convaincu par-là que la quantité
» d'ouvrages, faits annuellement par *corvée*,
» avoit, avec la quantité d'ouvrages d'art, que

» permettoit chaque année la difpofition des fonds
» des ponts & chauffées, une proportion néceffaire, qu'il étoit ou impoffible ou inutile de
» paffer ; que dès-lors on fe flatteroit vainement
» de faire à la fois tous les chemins ; & ce pré-
» tendu avantage de la *corvée* fe réduifoit à pouvoir commencer en même tems un grand nom-
» bre de routes, fans faire réellement plus d'ou-
» vrage qu'on n'en feroit par la méthode des conf-
» tructions à prix d'argent, dans laquelle on n'en-
» treprend une partie, que lorfque l'autre eft
» achevée, & que le public peut en jouir.

» L'état où font encore les chemins dans la
» plus grande partie de nos provinces, & ce qui
» refte à faire en ce genre, après tant d'années,
» pendant lefquelles les *corvées* ont été en vi-
» gueur, prouve combien il eft faux que ce fyf-
» tême puiffe accélérer la conftruction des
» chemins.

» On s'eft auffi effrayé de la dépenfe qu'en-
» traîneroit la confection des chemins à prix
» d'argent.

» On n'a pas cru que le tréfor de l'état, épuifé
» par les guerres & les profufions de plufieurs
» regnes, & chargé d'une maffe énorme de dettes,
» pût fournir à cette dépenfe.

» On a craint de l'impofer fur les peuples,
» toujours trop chargés, & on a préféré de leur
» demander un travail gratuit, imaginant qu'il
» valoit mieux exiger des habitans de la campagne,
» pendant quelques jours, des bras qu'ils avoient,
» que de l'argent qu'ils n'avoient pas.

» Ceux qui faifoient ce raifonnement oublioient
» qu'il ne faut pas demander à ceux qui n'ont
» que des bras, ni l'argent qu'ils n'ont pas, ni
» les bras qui font leur unique moyen pour nour-
» rir eux & leur famille.

» Ils oublioient que la charge de la confection
» des chemins, doublée & triplée par la lenteur,
» la perte de tems & l'imperfection attaché au
» travail des *corvées*, eft incomparablement plus
» onéreufe pour ces malheureux, qui n'ont que
» des bras, que ne pouvoit l'être une charge in-
» comparablement moindre, impofée en argent,
» fur des propriétaires plus en état de payer; qui,
» par l'augmentation de leur revenu, auroient
» immédiatement recueilli les fruits de cette ef-
» pèce d'avance; & dont la contribution, en de-
» venant pour l'un une fource de richeffes, eût
» foulagé dans l'inftant ces mêmes hommes, qui,
» n'ayant que des bras, ne vivent qu'autant que
» ces bras font employés & payés.

» Ils oublioient que, fi une impofition em-
» ployée à des dépenfes éloignées, dont les peu-
» ples ignorent l'emploi, épuife les provinces &
» les afflige, une contribution dont le produit,
» dépenfé fur les lieux mêmes, eft employé fous
» les yeux de ceux qui la paient en travaux dont
» ils recueillent l'avantage, & foulage les habitans

» tans pauvres en leur procurant des ſalaires,
» enrichit au contraire & conſole les peuples.

» Ils oublioient que la *corvée* eſt elle-même
» une impoſition, & une impoſition bien plus
» forte, bien plus inégalement répartie & bien
» plus accablante, que celle qu'ils redoutoient
» d'établir.

» La facilité avec laquelle les chemins ont été
» faits à prix d'argent, dans quelques pays d'états,
» & le ſoulagement qu'ont éprouvé les peuples
» dans quelques-unes des généralités des pays
» d'élection, lorſque leurs adminiſtrateurs parti-
» culiers y ont ſubſtitué aux *corvées*, une con-
» tribution en argent, ont aſſez fait voir com-
» bien cette contribution étoit préférable aux
» inconvéniens qui ſuivent l'uſage des *corvées*.

» Une autre raiſon plus apparente, a ſans doute
» principalement influé ſur le parti qu'on a pris
» d'adopter, pour la confection des chemins, la
» méthode des *corvées* ; c'eſt la crainte que les
» beſoins renaiſſans du tréſor royal n'engageaſſent,
» ſur-tout dans les tems de guerre, à détourner
» de leur deſtination pour les employer à des
» dépenſes plus urgentes, les fonds impoſés pour
» la confection des chemins ; & que les peuples
» ne fuſſent un jour forcés en même tems, & de
» payer l'impôt deſtiné originairement pour
» les chemins, & de ſubvenir d'une autre ma-
» niere, & peut-être par *corvée*, à leur conſ-
» truction.

» Les adminiſtrateurs ſe ſont craints eux-mê-
» mes ; ils ont voulu ſe mettre dans l'impoſſi-
» bilité de commettre une infidélité, dont trop
» d'exemples leur faiſoient ſentir le danger.

» Nous louons le motif de leur crainte, &
» nous ſentons la force de cette conſidération ;
» mais elle ne change pas la nature des choſes ;
» elle ne fait pas qu'il ſoit juſte de demander
» un impôt aux pauvres, pour en faire profiter
» les riches, & de faire ſupporter la conſtruc-
» tion des chemins à ceux qui n'y ont point
» d'intérêt.

» Tout cede, dans les tems de guerre, au pre-
» mier de tous les beſoins, la défenſe de l'état.
» Il eſt néceſſaire alors, il eſt juſte de ſuſpendre
» toutes les dépenſes qui ne ſont pas d'une né-
» ceſſité indiſpenſable : celle des chemins doit
» être alors réduite au ſimple entretien. L'impo-
» ſition deſtinée à cette dépenſe, doit être ré-
» duite à proportion pour ſoulager les peuples,
» chargés de taxes extraordinaires miſes à l'oc-
» caſion de la guerre.

» A la paix, l'intérêt qu'a le ſouverain de faire
» fleurir le commerce & la culture, & la néceſ-
» ſité des chemins pour remplir ce but, doivent
» raſſurer ſur la crainte d'en voir abandonner les
» travaux, & de n'y pas voir deſtiner de nou-
» veau des fonds proportionnés au beſoin par le
» rétabliſſement de l'impoſition ſuſpendue à l'oc-
» caſion de la guerre. Il n'eſt point à craindre
» qu'on préfere à ce parti ſi ſimple, celui de ré-
» tablir les *corvées*, ſi l'uſage en a été abrogé,
» parce qu'elles ont été reconnues injuſtes.

» A notre égard, l'expoſition que nous avons
» faite des motifs qui nous déterminent à ſup-
» primer les *corvées*, répondent à nos ſujets qu'elles
» ne ſeront point rétablies pendant notre regne ;
» & peut-être le ſouvenir que nos peuples con-
» ſerveront de ce témoignage de notre amour
» pour eux, donnera à notre exemple, auprès de
» nos ſucceſſeurs, un poids qui les éloignera d'aſ-
» ſujettir leurs ſujets au fardeau que nous aurons
» aboli.

» Nous prendrons, au reſte, toutes les me-
» ſures qui dépendront de nous, pour que les fonds
» provenans de la contribution établie pour la
» confection des grandes routes, ne puiſſent être
» détournés à d'autres uſages.

» Dans cet eſprit, nous n'avons pas voulu
» que cette contribution pût jamais être re-
» gardée comme une impoſition ordinaire &
» fixe pour la quotité, ni qu'elle pût être ver-
» ſée en notre tréſor royal. Nous voulons
» qu'elle ſoit réglée tous les ans, en notre con-
» ſeil, pour chaque généralité ; qu'elle n'excede
» jamais la ſomme qu'il ſera néceſſaire d'em-
» ployer dans l'année, pour la conſtruction &
» entretien des chauſſées, ou autres ouvrages
» qui étoient faits ci-devant par *corvées*, nous
» réſervant de pourvoir à la conſtruction des
» ponts & autres ouvrages d'art ſur les mêmes
» fonds qui y ont été deſtinés juſqu'aujourd'hui,
» & qui ſont impoſés ſur notre royaume à cet
» effet. Notre intention eſt que la totalité des
» fonds provenans de la contribution de chaque
» généralité y ſoit employée, & qu'il ne puiſſe
» être impoſé aucune ſomme l'année ſuivante,
» qu'en conſéquence d'un nouvel état arrêté en
» notre conſeil.

» Pour que tous nos ſujets puiſſent être inſ-
» truits des objets auxquels ladite contribution
» ſera employée, nous avons jugé à propos d'or-
» donner qu'il ſera un état arrêté en
» notre conſeil, en la forme ordinaire, du mon-
» tant de toutes les adjudications des travaux
» qui devront être entrepris dans l'année ; &
» que cet état ſera dépoſé, tant au greffe de nos
» bureaux des finances qui ſont chargés de l'exé-
» cution des états du roi, qu'à celui de nos cours
» de parlement, chambres des comptes & cours
» des aides ; & que chacun de nos ſujets puiſſe
» en prendre communication.

» Nous avons auſſi voulu que, dans le cas où
» ces ſommes n'auroient pu être employées dans
» l'année, les ſommes reſtantes à employer fuſ-
» ſent diſtraites de celles à impoſer dans l'année
» ſuivante, ſans pouvoir être, ſous aucun pré-
» texte, confondues avec la maſſe de nos finances

» & versées dans notre trésor royal. Nous avons
» cru nécessaire aussi de régler, par le présent
» édit, la comptabilité des deniers provenans de
» cette contribution, tant en nos chambres des
» comptes, qu'en nos bureaux des finances, & d'in-
» téresser la fidélité que ces tribunaux nous doi-
» vent, à ne jamais passer aucun emploi de ces
» fonds, étranger à l'objet auquel nous les des-
» tinons.

- » Par le compte que nous nous sommes fait
» rendre des routes à construire & à entretenir
» dans nos différentes provinces, nous croyons
» pouvoir assurer nos sujets qu'en aucune année
» la dépense pour cet objet ne surpassera la
» somme de dix millions pour la totalité des pays
» d'élection.

» Cette contribution ayant pour objet une dé-
» pense utile à tous les propriétaires, Nous
» voulons que tous les propriétaires, privilégiés
» & non privilégiés, y concourent, ainsi qu'il
» est d'usage pour toutes les charges locales ; &,
» par cette raison, nous n'entendons pas même
» que les terres de notre domaine en soient exemp-
» tes, soit qu'elles soient en nos mains, soit
» qu'elles en soient sorties, à quelque titre que
» ce soit. Le même esprit de justice, qui nous
» engage à supprimer la corvée, & à charger de
» la construction des chemins les propriétaires
» qui y ont intérêt, nous engage à statuer sur
» l'indemnité légitimement due aux propriétaires
» d'héritages, qui sont privés d'une partie de
» leur propriété, soit par l'emplacement même
» des routes, soit par l'extraction des matériaux
» qui doivent y être employés. Si la nécessité
» du service public les oblige à céder leur pro-
» priété, il est juste qu'ils n'en souffrent aucun
» dommage, & qu'ils reçoivent le prix de la
» portion de leur propriété qu'ils sont obligés
» de céder.

» A ces causes & autres à ce nous mouvant,
» de l'avis de notre conseil, & de notre certaine
» science, pleine puissance & autorité royale,
» nous avons, par le présent édit perpétuel &
» irrévocable, dit, statué & ordonné, disons,
» statuons & ordonnons, voulons & nous plaît
» ce qui suit.

ARTICLE PREMIER.

» Il ne sera plus exigé de nos sujets, aucun
» travail gratuit ni forcé, sous le nom de cor-
» vée, ou sous quelqu'autre dénomination que ce
» puisse être, soit pour la construction des che-
» mins, soit pour tout autre ouvrage public, si
» ce n'est dans le cas où la défense du pays, en
» tems de guerre, exigeroit des travaux extraor-
» dinaires, auquel cas il y seroit pourvu en
» vertu de nos ordres adressés aux gouverneurs,
» commandans, ou autres administrateurs de nos

» provinces ; défendons, en toute autre cir-
» constance, à tous ceux qui sont chargés de
» l'exécution de nos ordres, d'en commander ou
» d'en exiger ; nous réservant de faire payer ceux
» que, dans ce cas, la nécessité des circonstances
» obligera d'enlever à leurs travaux.

ART. II.

» Les ouvrages qui étoient faits ci-devant par
» corvée, tels que les constructions & entretiens
» des routes & autres ouvrages nécessaires pour
» la communication des provinces & des villes
» entre elles, le seront à l'avenir, au moyen
» d'une contribution de tous les propriétaires de
» biens-fonds ou de droits réels, sujets aux ving-
» tiemes, sur lesquels la répartition en sera faite
» à proportion de leur cottisation au rôle de
» cette imposition ; voulons que les fonds &
» droits réels de notre domaine y contribuent
» dans la même proportion.

ART. III.

» A l'égard des constructions de ponts, &
» autres ouvrages d'art, il continuera d'y être
» pourvu sur les mêmes fonds qui y ont été des-
» tinés par le passé.

ART. IV.

» Voulons que les propriétaires des héritages
» & des bâtimens qu'il sera nécessaire de traver-
» ser ou de démolir pour la construction des che-
» mins, ainsi que de ceux qui seront dégradés
» par l'extraction des matériaux, soient dédom-
» magés de la valeur desdits héritages, bâtimens
» ou dégradations ; & sera le dédommagement
» payé sur les fonds provenans de la contribution
» ordonnée par l'article II ci-dessus.

ART. V.

» Le montant de ladite contribution, dans cha-
» que généralité, sera réglé tous les ans sur le
» prix des constructions, entretiens & dédomma-
» gemens que nous aurons ordonné dans ladite
» généralité pendant l'année ; à l'effet de quoi
» il sera arrêté tous les ans, en notre conseil, un
» état particulier pour chaque généralité, qui
» comprendra toutes lesdites dépenses.

ART. VI.

» Il sera fait des devis & détails, & passé des
» adjudications desdits ouvrages, & dès baux de
» leur entretien, dans la forme qui sera par nous
» prescrite ; & l'état arrêté par nous en notre
» conseil, mentionné en l'article précédent, sera

» composé du montant desdites adjudications &
» baux ; nous réservant, comme par le passé, &
» à notre conseil, la connoissance de la direction
» des routes, des estimations, adjudications, &
» de toutes les clauses qui pourront y être con-
» tenues, circonstances & dépendances.

ART. VII.

» Il nous sera rendu compte en notre conseil,
» chaque année, de l'emploi desdites sommes
» provenant de la contribution ordonnée ; &,
» dans le cas où elles n'auroient pas été consommées
» en entier, il en sera fait mention dans l'état
» de l'année suivante ; & la somme qui n'aura
» pas été employée sera retranchée de la con-
» tribution de ladite année suivante. Dans le cas
» au contraire, où quelque cause imprévue obli-
» geroit de faire une dépense qui n'auroit pas
» été comprise dans quelques-unes des adju-
» dications, il nous en sera rendu compte ; &
» si cette dépense est approuvée par nous, elle
» sera comprise dans l'état arrêté pour l'année
» suivante.

ART. VIII.

» Aussi-tôt que ledit état sera par nous arrêté,
» il en sera déposé une expédition pour chaque
» généralité ; l'une au greffe de notre cour de
» parlement, la seconde à celui de notre chambre
» des comptes, la troisième à celui de notre cour
» des aides, & la quatrième à celui du bureau
» des finances de ladite généralité, à l'effet, par
» toutes personnes, de quelque qualité & con-
» dition qu'elles soient, d'en pouvoir prendre
» communication sans frais ni déplacement ; &
» lesdits états serviront de base à la compta-
» bilité à rendre à la chambre des comptes par
» nos trésoriers, ainsi qu'il sera expliqué par
» les articles X & XI ci-après.

ART. IX.

» Le recouvrement des sommes provenantes de
» ladite contribution ordonnée par l'article II du
» présent édit, sera fait dans la même forme que
» celui des vingtiemes.

ART. X.

» Les deniers en provenans seront remis aux
» receveurs ordinaires des impositions, qui seront
» tenus de les verser mois par mois, à la déduc-
» tion de quatre deniers pour livre pour leurs
» taxations, entre les mains du commis que les
» trésoriers établis par nous pour les dépenses
» des ponts & chaussées, tiennent dans chaque
» généralité ; lequel délivrera lesdits fonds aux
» adjudicataires des ouvrages dans la forme

» qui sera par nous prescrite ; sans que, sous
» aucun prétexte, lesdites sommes puissent être
» détournées à d'autres emplois, ni même versées
» en notre trésor royal.

ART. XI.

» Ne pourront lesdits trésoriers être valable-
» ment déchargés desdites sommes, qu'en rap-
» portant les quittances desdits adjudicataires ;
» faisant très-expresses inhibitions & défenses aux
» commis desdits trésoriers de se dessaisir desdits
» deniers, pour toute autre destination que ce
» puisse être, à peine d'être forcés en recette de
» la totalité des sommes qu'ils auroient payées
» contre la disposition du présent article. Enjoi-
» gnons à nos chambres des comptes & à nos bureaux
» des finances, chacun en droit soi, d'y tenir
» exactement la main. Si donnons en mandement
» à nos amés & féaux conseillers, les gens tenant
» notre cour de parlement à Paris, que notre
» présent édit ils aient à faire lire, publier &
» regitrer, & le contenu en icelui garder, ob-
» server & exécuter selon sa forme & teneur,
» nonobstant toutes choses à ce contraires. Vou-
» lons qu'aux copies du présent édit, collation-
» nées par l'un de nos amés & féaux conseillers-
» secrétaires, foi soit ajoutée comme à l'origi-
» nal ; car tel est notre plaisir ; & afin que ce
» soit chose ferme & stable à toujours, nous y
» avons fait mettre notre scel. Donné à Ver-
» sailles, au mois de février, l'an de grace mil
» sept cent soixante-seize, & de notre regne
» le deuxieme. »

Cette loi trouva des partisans dans les gens
sensés & humains ; des censeurs ; & en grand
nombre, parmi les personnes intéressées à la conservation des prérogatives prétendues par la noblesse.

On représentoit qu'en substituant aux *corvées*
une imposition territoriale & universelle, tous les
ordres des citoyens étoient confondus ; le noble
n'étoit plus distingué du roturier, le seigneur, du
paysan ; comme si les cent ou mille arpens de
terre qui appartiennent au seigneur, étoient d'une
nature différente de celle d'un quartier de terre
dont un paysan est propriétaire ; & si ces mille
arpens méritoient, aux yeux de la raison, d'être
exempts d'une taxe qui nuit bien plus à la bonne
culture d'un quartier, qu'elle ne peut préjudicier
à celle d'une grande possession, qui suppose de
grands moyens. Assurément les distinctions & les
prérogatives doivent être attachées à la personne
des nobles ; mais faut-il que tout ce qui touche
un noble, que tout ce qui lui appartient, participe à ces distinctions sociales, & que la servitude
& l'oppression soient le lot de tous ceux que le
hasard a fait naître roturiers ? C'est dans des jours
de philosophie, qu'on ne craignoit pas d'opposer
les maximes affreuses du despotisme féodal, aux

notions fimples du bon fens & de l'humanité. De quel étonnement ne feront pas frappées les générations futures, en voyant, à la honte de ce fiecle raifonneur, des hommes inftruits, vouloir faire revivre les droits tyranniques de ce defpotifme, & les établir en principes? Non, jamais elles ne pourront fe perfuader qu'une pareille doctrine ait été prêchée dans un gouvernement d'ailleurs fi éclairé fur les devoirs de l'homme, & qui fait fi bien ce que chaque homme attend de la juftice & de fa protection.

Approcher la perfonne du fouverain, entrer dans fes confeils, commander fes armées, occuper des places éminentes qui font partager la puiffance légiflative, & veiller au maintien de l'ordre public, recevoir les honneurs dûs aux bienfaiteurs des nations, voilà, fans doute, les prérogatives de la nobleffe ; voilà ce qui la diftingue du peuple. Mais à qui perfuadera-t-on que le noble eft confondu avec le payfan, parce qu'ils font tous deux affujettis à une contribution qui ne profite que très-médiocrement au dernier, tandis que le premier en tire un avantage d'autant plus grand, qu'il a des poffeffions plus étendues ? Sera-ce au noble ? A moins d'être infenfé, il ne peut pas imaginer que tout ce qui l'éleve au-deffus du fimple citoyen, eft anéanti par le paiement d'une taxe, impofée même fur les terres du domaine du roi. Mais, fi ce noble étoit affez fimple pour être bleffé de cette égalité de contribution, ne lui reftera-t-il pas encore affez d'orgueil, pour qu'il fe croie fupérieur à fon fermier & à fon jardinier ?

De fon côté, le payfan ne fe targuera pas de ce qu'il contribue, comme fon feigneur, aux dépenfes des grands chemins. Hélas ! interrogez les malheureufes victimes des caprices de l'opulence, & demandez-leur, s'ils iront, fans façon, fe placer fur le banc du feigneur, lui difputer l'eau-bénite & l'encens ? Non, non ; hommes fupérieurs par la naiffance, par les dignités, ne craignez rien de cette égalité prétendue qui femble vous effrayer. Cet impôt, pour être payé par tous les fujets, ne confondra ni les ordres, ni les claffes. Ce n'eft pas en le payant, que les grands deviendront petits, & que les petits s'éleveront : autant vaudroit-il dire que vous êtes confondus avec eux, parce que, comme eux, vous n'avez que deux bras, que vous marchez fur deux pieds, que vos ames, comme vos corps, font fujettes aux mêmes paffions, aux mêmes infirmités.

Cependant ces objections contre la fuppreffion des *corvées*, ne reftent pas fans réplique. Ce qu'il y eut de fingulier, ce furent deux hommes de l'ordre de la nobleffe, qui, fe livrant à un zèle patriotique, infpiré par une raifon fupérieure, firent voir que l'abolition des *corvées* étoit un bienfait, & que l'impôt qu'on y fubftituoit,

loin d'être une nouvelle charge, étoit, au contraire, une diminution des charges exiftantes.

Le mémoire de M. le vicomte de Touftain, fut préfenté aux états de Bretagne, fous le titre de *pro aris & focis*, avec une dédicace adreffée à trois citoyens, un eccléfiaftique, un noble & un roturier, entre lefquels il veut de l'émulation, & point de rivalité.

Comme ce mémoire n'a de rapport direct qu'à la Bretagne, pour laquelle il préfente un plan analogue à fa conftitution de pays d'états, il fuffira de remarquer que cet écrivain, appréciant les prérogatives des deux premiers ordres de l'état, & l'utilité du troifieme, penfe que l'immunité facerdotale eft inhérente à la perfonne du miniftre de l'églife, mais nullement à fes poffeffions territoriales ou pécuniaires, qu'il regarde comme inftantanées & précaires ; que la nobleffe doit fe nourrir & fe contenter principalement d'objets analogues à l'éclat & à l'honneur, & que ces deux ordres doivent venir fraternellement au fecours du troifieme, qui, étant l'ordre nourricier, ne peut être ni affez ménagé, ni affez nombreux.

Le fecond défenfeur de la fuppreffion des *corvées*, fut M. le marquis de C... L'écrit qu'il publia dans cet efprit, mérite d'autant mieux d'être configné ici, qu'il réunit à la force d'un raifonnement victorieux, tous les agrémens d'un ftyle léger & rapide.

« Béniffons le miniftre bienfaifant qui nous » délivre du double fléau des *corvées*, & des » exacteurs de *corvées*. Béniffons celui dont la » main, en brifant le joug le plus odieux qui » fe foit jamais appefanti fur des hommes libres, » nous fait trouver des reffources fur ces mêmes » grands chemins fi long-tems arrofés de nos » larmes. Tel eft, d'un bout du royaume à l'autre, » le cri de ce peuple, qui ne demande au gouver- » nement que de lui permettre de travailler, & » de manger en paix le pain acheté par fes fueurs. » Mais le bienfait de la deftruction des *corvées*, » trouve des cenfeurs dans la capitale.

» Il faudra, difent-ils, payer un impôt pour » les chemins.

» N'eft-ce donc pas lever un impôt, que de » forcer ceux qui n'ont que leurs journées pour » vivre, à donner au gouvernement quinze jours » de leur tems ?

» N'eft-ce pas lever un impôt, que d'obliger un » laboureur à employer, pour le fervice public, » fes chevaux & fes voitures ?

» C'eft fi bien un impôt, que ceux qui avoient » de l'argent, étoient autorifés à racheter leurs » *corvées*, qui, fouvent alors, étoient faites par » ceux qui n'avoient pu fe racheter.

» Il y aura donc cette feule différence, entre » l'adminiftration par *corvées*, & la nouvelle ad-

» miniſtration, que l'impôt ſera payé par ceux » qui ont quelque choſe, au lieu de l'être par » ceux qui n'ont rien; qu'il ſera diminué de tout » ce qu'y ajoutoient les pilleries & les vexations » des prépoſés ; des frais qu'il en coûtoit aux » corvoyeurs, pour ſe tranſporter ſur des ateliers » éloignés, d'après cette maxime barbare, que » plus les payſans travaillent-loin de leurs chau- » mieres, plus ils ſe hâtent d'achever une _corvée_ » devenue plus fatigante. Les chemins conſtruits » par des ouvriers bien payés, coûteront moins » que lorſqu'ils l'étoient par des malheureux, » dont la miſere avoit épuiſé les forces, & qui » ne gagnant rien pendant la _corvée_, n'avoient » pas de quoi ſe nourrir, & travailloient mal.

» Concluons donc que, bien loin d'amener un » impôt nouveau, l'abolition des _corvées_ produit » une diminution d'impôt.

» Mais ajoute-t-on, dans un beſoin réel ou » imaginaire, on s'emparera de l'impôt des che- » mins ; ils ſeront abandonnés, ou les _corvées_ » rétablies.

» Il n'eſt malheureuſement que trop prouvé par » les faits, (nous ne parlons pas ici du droit) » qu'en France le gouvernement peut impoſer les » tributs qu'il veut, ſans que ces tributs aient » d'autres bornes que la juſtice de ceux qui gou- » vernent, ou les facultés du peuple ; ainſi on ne » s'emparera jamais de l'impôt des chemins, pour » rétablir les _corvées_. 1°. Parce que ce ſeroit un » mauvais calcul ; car les _corvées_ coûteroient » plus cher à l'état, qu'un nouvel impôt égal à » celui dont on ſe ſeroit emparé. 2°. Parce que » les _corvées_, une fois détruites, ne reparoîtront » plus. Il en ſera d'elles comme de tous les autres » uſages barbares, nés dans des ſiecles de féro- » cité & d'ignorance ; & nous ſerons délivrés » des _corvées_ pour jamais, auſſi ſûrement que de » l'eſclavage de la glebe & de la ſcholaſtique.

» Quant à l'abandonnement des chemins, s'il y » a des momens de ſouffrance, où la nation ne » ſoit pas en état de payer la conſtruction de » nouveaux chemins, il faudra la ſuſpendre. Mais » ſuppoſons qu'un de ces momens ſoit arrivé » dans le tems que les _corvées_ ſubſiſtoient, quel » avantage auroit-il pu réſulter pour la nation, » de ce que, outre ſes autres charges, le peuple » auroit eu de plus celle des _corvées_ ; & ſi jamais » on ſe retrouvoit dans les mêmes circonſtances, » ſe plaindroit-on d'avoir ce fardeau de moins ?

» En payant les chemins, on ſait ce qu'ils » coûtent, & l'on peut borner ſa dépenſe. En » les faiſant faire par _corvées_, on ignore ce qu'on » dépenſe. Voilà pourquoi les _corvées_ pourroient » continuer dans des tems où un impôt pour les » chemins ſeroit ſuſpendu. L'état reſſembleroit » alors à un homme dérangé, qui dépenſe d'au- » tant plus, que ne payant rien, & prenant à

» un plus haut prix, mais à crédit, il n'eſt pas » effrayé du tableau de ſes prodigalités.

» D'ailleurs il y a peu de circonſtances où les » conſtructions de chemins doivent être inter- » rompues lorſqu'elles ſont payées, parce qu'alors » elles ſont une reſſource pour le peuple, à qui » elles procurent des ſalaires.

» Enfin, les chemins ſont ſi utiles aux com- » merçans, aux grands propriétaires, aux villes » ou aux provinces qu'ils traverſent, & ſur-tout » aux voyageurs de tous les états, que, pour les » laiſſer dépérir, ou pour ne pas conſtruire ceux » dont l'utilité eſt réelle, il faudroit non-ſeule- » ment que le gouvernement ſe livrât à des vues » d'oppreſſion, d'avidité, de prodigalité, mais » encore qu'il eût perdu toute idée d'ordre ; qu'il » comptât pour rien la richeſſe de l'état, le com- » merce, les manufactures, & même la commodité » des courtiſans, des hommes riches : il faudroit » qu'il fût également corrompu & ſtupide. Or, ſi » l'état actuel des lumieres en Europe, & ſur- » tout en France, n'eſt pas une reſſource ſûre » contre la corruption des miniſtres à venir, il » y a du moins un degré de ſtupidité & d'inertie » qui ne peut-plus être à craindre.

» En un mot, pour être raſſuré ſur les incon- » véniens de l'impôt ſubſtitué aux _corvées_, il ſuffit » qu'il ne ſoit, ni plus aiſé, ni plus difficile » d'impoſer une nouvelle taxe, que de détourner » à d'autres uſages celle des chemins.

» Mais ce n'eſt là que le prétexte des cris qui » menacent de s'élever contre la deſtruction des » _corvées_ : ils ont des cauſes ſecretes qu'il eſt » bon de développer.

» 1°. Les riches habitans de Paris voient, dans » la deſtruction des _corvées_, un impôt à payer, » & le hauſſement des ſalaires pour les ouvriers » de leurs terres ; & comme ils n'ont ni le tems, » ni l'habitude de réfléchir, ils ne peuvent voir » qu'il réſultera de cette même deſtruction, une » amélioration de leurs terres, & au premier » bail, une augmentation de revenu, ſupérieure » à ce qu'ils peuvent perdre.

» 2°. Suppoſons que dans un état il y ait un » impôt qui rapporte vingt-quatre millions au » tréſor public, & qui en coûte cinquante-trois » au peuple ; que même cet impôt ne ſoit pas le » ſeul de ſon eſpece, & que le peuple paie plus » de cent millions pour des frais de régie, qu'il » ſeroit facile de ſupprimer. Suppoſons encore » que les beſoins de l'état, aient forcé d'anti- » ciper ſur les revenus publics, en ſorte que ceux » qui les reçoivent ou qui les diſtribuent, faſſent » au gouvernement de groſſes avances, à un in- » térêt onéreux, & qu'avec de l'économie & de » l'ordre, on puiſſe épargner au peuple le poids » de ces intérêts. Suppoſons enfin, que de mau- » vaiſes opérations de finances, & la chûte du

» crédit, aient introduit un immense agiotage, » qui tombera par le rétablissement du crédit.

» Il est clair qu'une bonne administration » d'impôts, l'ordre dans les finances, le retour » de la confiance publique, nuiront à l'avidité » d'une classe très-nombreuse ; que tous ceux qui » ont part à ces profits ; ceux à qui la fortune » des gens d'affaires procure des avantages ou » des plaisirs ; que les descendans des traitans » des générations passées ; que ceux qui se sont » alliés à leurs familles ; qu'enfin tous ceux à qui » les abus ont été utiles, ou le sont encore, » doivent, par intérêt ou par préjugé, s'élever » contre tout ce qui est bien. Ils voient, avec » terreur, dans le gouvernement, le desir de » soulager le peuple, parce que, pour le soulager, » il faudra réduire leurs profits, ou flétrir la » source de leurs fortunes.

» Ne soyons donc pas surpris que l'abolition » des corvées ait des adversaires. Pour lui en sus- » citer une foule, il suffisoit qu'elle fût la ré- » forme d'un abus ; qu'elle annonçât dans le gou- » vernement le projet de supprimer tout ce qui » ruine le peuple ou qui l'opprime.

» Comment voulez-vous que le fils d'un homme » qui s'est enrichi aux dépens du peuple, oublie, » en perorant, que c'est aux exactions de son » pere qu'il a dû le droit de donner son avis ?

» Comment celui, qui, en se mariant, a consenti » à partager le prix du sang du peuple, auroit- » il l'ingratitude de ne pas défendre les abus, » sources de son opulence ? Comment n'y seroit- » il pas même involontairement porté ? Comment » ne se souleveroit-il pas contre tout ce qui pa- » roît tendre à exposer, au grand jour, la tur- » pitude de ces abus ou à les détruire ?

» 3°. Dans un bon gouvernement, il n'y a » point de fortune à espérer.

» Les gens de mérite peuvent obtenir des en- » couragemens, des récompenses, des places, » qu'ils ne peuvent regarder que comme le droit » de se dévouer au service de la patrie : de for- » tune à faire, il n'y en a pour personne. Il doit » donc arriver que dans la capitale d'un grand » empire, où l'envie de s'enrichir a entassé les » habitans de toutes les provinces, un bon gou- » vernement soit une espèce de calamité publique, » où chacun voit la ruine de ses espérances. Ce » sentiment, qu'à peine quelques scélérats osent » s'avouer, agit en secret sur l'ame des hommes, à » qui le spectacle du bonheur public ne cause pas un » plaisir plus doux que tous ceux qu'on peut acheter : » & voilà ce qui les dispose, même à leur insu, » à regarder comme dangereux ou comme injuste, » tout ce qui, en faisant le bien du peuple, sem- » ble les avertir qu'il n'y a plus moyen de s'en- » richir à ses dépens.

» 4°, Pourquoi la suppression des corvées ne souf- » friroit-elle pas les mêmes obstacles que l'éméti-

» que & le pain mollet ? pourquoi ne défendroit- » on pas cet usage de nos peres, avec autant » de zèle que la philosophie d'Aristote, & les idées » innées ?

» Nous mangeons du pain mollet ; nous prenons » de l'émétique, & nous ne savons même plus » ce qu'étoit la philosophie d'Aristote.

» Il en sera de même des corvées ; elles seront » détruites, & il ne restera plus d'elles que leur » nom, dévoué à l'éternelle horreur des amis de » l'humanité.

» Il y a des classes d'hommes, condamnés à » avoir toujours les idées d'un autre siécle ; quand » ils ne sont qu'absurdes, plaignons-les, & ne » nous permettons d'en rire qu'autant qu'il le faut » pour les corriger. Mais si, par des vues d'ava- » rice & d'ambition, ils osent s'opposer au bien » du peuple ; si, non contens d'être les admira- » teurs des sottises antiques, ils veulent employer, » pour les défendre, l'intrigue ou les bourreaux... » puisse la main du génie leur imprimer une flé- » trissure éternelle, & les dévouer au mépris & » à la haine de tous les siécles !

» Les corvées ont deux grands protecteurs ; » l'avarice & la sottise.

» François, réjouissez-vous de vivre sous un » régne où ces protecteurs ont perdu leur cré- » dit. Hélas ! ils exercent un empire absolu sur- » les neuf dixiemes de ce triste globe, & ils sont » bien puissans sur le reste.

» Mais aussi n'oubliez pas que, dans la ville » des frivolités, il s'est trouvé des hommes très- » graves, qui ont osé desirer que vous restassiez » condamnés à travailler quinze jours sans sa- » laires, lorsque vous n'avez que vos salaires pour » vivre ; de peur que, pour vous délivrer de ce » fardeau, il ne leur en coûtât une imposition » sur leur superflu, ou qu'ils ne fussent obligés » de convenir que le génie & la vertu, réunis » dans un seul homme, pourront faire le bonheur » de la France : &, lorsque ces gens graves vou- » dront faire du bruit, souvenez-vous qu'ils ne » crient que pour leurs intérêts, & n'ayez plus » la sottise de croire que ce soit jamais pour les » vôtres. »

Soit que la suppression des corvées n'eût pas été bien combinée, ou qu'elle eût été proposée dans des circonstances, où l'état des routes ne permettoit pas d'attendre la répartition & le recouvrement de l'imposition, dont le produit de- voit servir aux frais de leur réparation ; la même année, elles furent rétablies. On trouva plus simple de recourir à l'ancien usage, que d'exami- ner par quels moyens on pouvoit maintenir & faire exécuter la nouvelle législation.

Voici le règlement qui remit provisoirement les choses dans leur premier état ; & il subsiste encore.

» Louis, par la grace de Dieu, roi de France
» & de Navarre : à tous ceux qui ces préfentes
» lettres verront ; falut. La néceffité de réparer,
» avant l'hiver, les grandes routes de notre royau-
» me, nous a engagé à examiner les moyens d'y
» pourvoir, & nous avons reconnu qu'il étoit
» impoffible de mettre en ufage ceux qui font or-
» donnés par notre édit du mois de février der-
» nier : nous avons cru d'ailleurs devoir donner
» une attention particuliere aux repréfentations
» de nos cours, fur les inconvéniens qui pour-
» roient réfulter des difpofitions de notredit édit,
» fuivant la réferve que nous en avons faite.

» La réfolution que nous avons prife de faire
» examiner le tout en notre confeil, ne nous
» permettant pas avant le tems deftiné aux tra-
» vaux néceffaires pour les réparations & l'en-
» tretien des chemins, de pouvoir prendre un
» parti définitif fur un objet auffi effentiel au bien
» général de nos fujets ; & confidérant, d'un autre
» côté, combien il importe que ces réparations
» & entretiens négligés, & prefque entierement
» fufpendus depuis près de deux ans, ne fouf-
» frent pas un plus long retardement ; nous avons
» jugé plus convenable de rétablir, par provifion,
» l'ancien ufage obfervé pour les réparations des
» grands chemins.

» Nous nous y fommes déterminés d'autant plus
» volontiers, qu'occupés du bonheur de nos peu-
» ples, nous nous propofons de porter une atten-
» tion particuliere à leur procurer des foulage-
» mens réels fur cette partie effentielle du fer-
» vice public. A ces caufes & autres à ce nous
» mouvant, de l'avis de notre confeil, & de notre
» certaine fcience, pleine puiffance & autorité
» royale, nous avons dit, déclaré & ordonné ; &
» par ces préfentes fignées de notre main, difons
» déclarons & ordonnons, voulons & nous plaît,
» qu'immédiatement après les récoltes, tous tra-
» vaux & ouvrages néceffaires pour les réparations
» & entretiens des grandes routes, continuent
» d'être faits dans les diverfes provinces de notre
» royaume, comme avant notre édit du mois de
» février dernier.

» Si donnons en mandement à nos amés & féaux
» confeillers, les gens tenant notre cour de parle-
» ment à Paris, que ces préfentes ils aient à faire
» lire, publier & regiftrer, & le contenu en
» icelles, garder, obferver & exécuter felon
» fa forme & teneur, nonobftant nos édits,
» déclarations, arrêts, règlemens & autres chofes
» à ce contraires, auxquels nous avons dérogé
» & dérogeons par ces préfentes ; car tel eft notre
» plaifir : en témoin de quoi nous avons fait mettre
» notre fcel à cefdites préfentes. Donné à Ver-
» failles le onzieme jour du mois d'août, l'an
» de grace mil fept cent foixante-feize, & de
» notre règne le troifieme. Signé Louis. Vu au
» confeil, de Clugny. »

Puifque nous avons été forcés de parler du
malheureux rétabliffement des corvées, nous ne
devons pas omettre de rapporter ici le mémoire
de M. Boulanger, fous-ingénieur des ponts &
chauffées, fur la meilleure maniere d'ordonner les
corvées, & de conduire les corvéables ; il eft de 1753.

La perfection de la conduite des corvées confiftant à faire la plus d'ouvrage poffible, dans le
moins de tems poffible, il faut donc choifir la
voie la plus prompte & la plus expéditive, comme
celle qui doit être la meilleure.

On n'a déja que trop éprouvé en plufieurs provinces, qu'une corvée languiffante étoit un fardeau immenfe fur les particuliers, & une fervitude dans l'état, qui, fans produire le fruit que
l'on avoit en vue, fatiguoit fans ceffe les peuples, & gênoit, pendant un grand nombre d'années, la liberté civile des citoyens. Il fuffit, pour
en être plus convaincu, de joindre à un peu d'expérience, quelques fentimens de commifération
pour les peuples. Il ne s'agit donc que de chercher quelle eft la méthode qui répond le mieux
à ces principes, premierement pour la diftribution & la conduite des travaux, & enfuite pour
la police avec laquelle on doit régir les travailleurs.

De la conduite & diftribution des travaux. Toutes les actions des hommes ont un mobile ; l'argent & l'intérêt font ceux qui les conduifent
aux travaux, mais ce font des mobiles dont les
corvées font privées ; il a fallu y en fubftituer d'autres pour tenir lieu de ceux-là. Ceux qui ont
été reconnus devoir être employés, font les
tâches que l'on donne & qu'il faut indifpenfablement donner aux corvoyeurs ; on a vu que
c'étoit l'unique moyen de les intéreffer au progrès de l'ouvrage, & de les engager à travailler d'eux-mêmes avec diligence, pour fe décharger promptement du fardeau qui leur étoit
impofé. Ces tâches font ordinairement naître une
telle émulation au milieu d'un atelier fi ingrat
pour celui qui y travaille, qu'il y a eu des corvées fi bien conduites, que leur progrès l'emportoit même fur celui des travaux à prix d'argent.

On peut diftribuer ces tâches de différentes
manieres, & c'eft le choix que l'on en doit faire
qu'on aura ici particulierement en vue ; parce
que l'on doit encore fe fervir de ce moyen avec
quelques réferves, la diftribution de tout un ouvrage public en plufieurs ouvrages particuliers
pouvant quelquefois fe faire de telle forte, qu'au
lieu d'y trouver l'avantage qu'on y cherche,
l'ouvrage public languit & dégénere, parce qu'il
change trop de nature.

Un efprit d'équité qu'on ne fauroit trop louer,
joint à l'habitude que l'on a de voir les tailles
& les impofitions annuelles réparties fur les communautés & réglées pour chaque particulier, eft
ce qui a fait fans doute regarder les travaux

publics comme une autre forte de taille que l'on pouvoit divifer de même, en autant de portions qu'il y avoit d'hommes dans les communautés, fur lefquelles le tout étoit impofé. Rien ne paroit en effet plus naturel, plus fimple, & en même tems plus jufte que cette idée; cependant elle ne répond point du tout dans l'exécution, au principe de *faire le plus d'ouvrage poffible dans le moins de tems poffible*, & de plus elle entraîne des inconvéniens de toute efpèce.

Il fuffiroit, pour s'en convaincre, de confidérer l'état de la route de Tours, au Château-du-Loir; cette route a été commencée il y a quinze à dixhuit ans, par conféquent long-tems avant l'arrivée de M. l'intendant & de M. Bayeux dans cette généralité; elle a été divifée en plufieurs milliers de tâches, qui ont été reparties fur tous les particuliers: néanmoins ce n'eft encore aujourd'hui qu'avec mille peines qu'on en peut atteindre la fin. On a dû penfer vraifemblablement dans le commencement de cette route, que par une voie fi fimple & fi équitable en apparence, chaque particulier pouvant aifément remplir en trois ou quatre ans au plus, la tâche qui lui étoit donnée, la communication de ces deux villes, devoit être libre & ouverte dans ce même terme; puis donc que l'exécution a fi peu répondu au projet, il eft bon d'examiner de près ce genre de travail, pour voir s'il n'y a point quelque vice caché dans la méthode qui le conduit.

Il femble au premier coup d'œil que le défaut le plus confidérable, & celui duquel tous les autres font dérivés, eft d'avoir totalement fait changer de nature à un ouvrage public, en le décompofant à l'infini, pour n'en faire qu'une multitude fans nombre d'ouvrages particuliers; d'avoir par-là trop divifé l'intérêt commun, & rendu la conduite de ces travaux d'une difficulté étonnante & même infurmontable.

Un feul ouvrage, quoique confidérable par le nombre des travailleurs, comme font ordinairement tous les travaux publics, ne demande pas beaucoup de perfonnes pour être bien conduit; un feul ouvrage, une feule tête, le nombre des bras n'y fait rien; mais il faut qu'avec l'unité d'efprit, il y ait auffi unité d'action: ce qui ne fe rencontre point dans tout ouvrage public que l'on a déchiré en mille parties différentes, où l'intérêt particulier ne tient plus à l'intérêt général, & où il faut par conféquent un bien plus grand nombre de têtes pour pouvoir les conduire tous enfemble avec quelque fuccès, & pour les réunir malgré le vice de la méthode qui les défunit.

Puifque la diftribution de la taille avoit conduit à la diftribution de toute une route en tâches particulieres, on auroit dû fentir que, comme il falloit plufieurs collecteurs par communauté pour lever une impofition d'argent, il auroit fallu au

moins un conducteur fur chacune pour tenir les rôles & les états de cette *corvée tarifée*, & pour tracer & conduire toutes les portions d'ouvrage affignées à chaque particulier. On aura pu faire fans doute cette réflexion fimple; mais l'économie fur le nombre des employés, ne permettant pas, dans un état où il fe fait une grande quantité de ces fortes d'ouvrages, de multiplier autant qu'il feroit néceffaire, fur-tout dans cette méthode, les ingénieurs, les infpecteurs, les conducteurs, &c. il eft arrivé que l'on n'a jamais pu embraffer & fuivre tous ces ouvrages particuliers, pour les conduire chacun à leur perfection.

Quand on fuppoferoit que tous les particuliers ont été de concert, dès le commencement, pour fe rendre fur toute l'étendue de la route, chacun fur fa partie, un infpecteur & quelques conducteurs ont-ils fuffi le premier lundi, pour marquer à un chacun fon lieu, pour lui tracer fa portion, pour veiller pendant la femaine à ce qu'elle fût bien faite, & enfin pour recevoir toutes ces portions les unes après les autres le famedi, & en donner à chacun le reçu & la décharge? Qui ne voit qu'il y a de l'impoffibilité à conduire ainfi chaque particulier, lorfque l'on a entrepris de la forte une route divifée dans toute fon étendue? Ces inconvéniens inévitables dès la premiere femaine du travail, ont dû néceffairement entraîner le défordre de la feconde; de faifons en faifons & d'années en années, il n'a plus fait que croître & augmenter jufqu'au point où il eft aujourd'hui. De l'impoffibilité de les conduire, on eft tombé enfuite dans l'impoffibilité de les contraindre; le nombre des réfractaires ayant bientôt excédé tout moyen de les punir.

J'ai tous les jours, *dit l'auteur de cet article*, des preuves de cette fituation étrange pour un ouvrage public, où depuis environ deux mois de travail, je n'ai jamais trouvé plus de trois corvoyeurs enfemble, plus de dix ou douze fur toute l'étendue de la route, & où le plus fouvent je n'ai trouvé perfonne. Je n'ai pas été long-tems fans m'appercevoir que le principe d'une telle défertion ne pouvoit être que dans la divifion contre nature d'une action publique en une infinité d'actions particulieres, qui n'étoient unies ni par le lieu, ni par le tems, ni par l'intérêt commun: chaque particulier fur cette route ne penfe qu'à lui; il choifit à fa volonté le jour de fon travail; il croit qu'il en eft comme de la taille que chacun paie féparément & le plus tard qu'il peut, il ne s'embarraffe de celle des autres que pour ne pas commencer le premier; & comme chacun fait le même raifonnement, perfonne ne commence.

Je peux dire que je n'ai point encore été fur cette route avec un but ou un objet déterminé, foit d'y trouver telles ou telles communautés, foit de me rendre fur tel ou tel atelier pour y

tracer

tracer l'ouvrage. Dans le printems dernier, par exemple, où je n'ai point laissé passer de semaine sans y aller, je ne me suis toujours mis en marche qu'à l'aventure, & parce qu'il étoit du devoir de mon état d'y aller ; situation où je ne me suis jamais trouvé dans mes autres travaux, pour lesquels je ne montois jamais à cheval sans en avoir auparavant un sujet médité, & sans avoir un objet fixe & un but réfléchi qui m'y appelloit.

Ce n'est point faute d'ordonnances néanmoins, & faute de règlemens de la part de l'autorité publique, si ces travaux se trouvent dans une telle situation ; ils n'ont même été peut-être que trop multipliés ; les bureaux qui en sont occupés & qui entrent dans les plus petits détails de cette partie, en sont surchargés & même rebutés depuis long-tems : mais, malgré la sagesse de ces réglemens, & quel que soit leur nombre, ce n'est pas la quantité des loix & les écritures qui conviennent pour le progrès des travaux, mais plutôt des loix vivantes à la tête des travailleurs ; & pour cela il me paroît qu'il faut donc les réunir, afin qu'ils soient tous à portée de voir la main qui les conduit, & afin qu'ils sentent plus vivement l'impression de l'ame qui les fait mouvoir.

L'intention des ordonnances est, dans le fond, que tous les particuliers ayent à se rendre, au reçu desdits ordres, ou au jour indiqué, sur les ateliers, pour y remplir chacun leur objet ; mais c'est en cela même que consiste ce vice qui corrompt toute l'harmonie des travaux, puisque s'ils y vont tous, on ne pourra les conduire, & que s'ils n'y vont pas, on ne pourra les punir d'une façon convenable.

La voie de la prison, qui seroit la meilleure, ne peut être admise, parce qu'il y a trop de réfractaires, & que chaque particulier ne répondant que pour sa tâche, il faudroit autant de cavaliers de maréchaussée qu'il y a de réfractaires. La voie des garnisons est toujours insuffisante, quoiqu'elle ait été employée une infinité de fois ; elle se termine par douze ou quinze francs de frais, que l'on répartit avec la plus grande précision sur toute la communauté rebelle, en sorte que chaque particulier en est ordinairement quitte pour trois, six, neuf, douze ou quinze sous ; or quel est celui qui n'aime mieux payer une amende si modique pour six semaines ou deux mois de désobéissance, que de donner cinq à six jours de son tems pour finir entiérement sa tâche ? aussi sont-ils devenus généralement insensibles à cette punition, si c'en est une, & aux ordonnances réglées des saisons. On n'a jamais vu plus d'ouvriers sur les travaux après les garnisons, jamais plus de monde sur les routes dans la huitaine ou quinzaine après l'indication du jour de la corvée qu'auparavant ; on ne reconnoît la saison du travail que par deux ou trois corvoyeurs que l'on rencontre parfois, &

par les plaintes qui se renouvellent dans les campagnes sur les embarras qu'entraînent les corvées & les chemins.

Il n'est pas même jusqu'à la façon dont travaillent le peu de corvoyeurs qui se rendent chacun sur leur partie, qui ne découvre les défauts de cette méthode ; l'un fait son trou d'un côté, un autre va faire sa petite butte ailleurs, ce qui rend tout le corps de l'ouvrage d'une difformité monstrueuse : c'est sur-tout un coup d'œil des plus singuliers, de voir au long de la route auprès de tous les ponceaux & aqueducs qui ont demandé des remblais, cette multitude de petites cafés séparées ou isolées les unes des autres, que chaque corvoyeur a été faire depuis le tems qu'on travaille sur cette route, dans les champs & dans les prairies, pour en tirer la toise ou la demi-toise de remblai dont il étoit tenu par le rôle général. Une méthode aussi singuliere de travailler, ne frappe-t-elle pas tout inspecteur un peu versé dans la connoissance des travaux publics, pour lesquels on doit réunir tous les bras, & non les diviser ? On ne désunit point de même les moyens de la défense d'un état ; on n'assigne point à chaque particulier un coin de la frontiere à garder, ou un ennemi à terrasser : mais on assemble en un corps ceux qui sont destinés à ce service, leur union les rend plus forts ; on exerce sur un grand corps une discipline que l'on ne peut exercer sur des particuliers dispersés, une seule ame fait remuer cent mille bras. Il en doit être ainsi des ouvrages publics qui intéressent tout l'état, ou au moins toute une province. Un seul homme peut présider sur un seul ouvrage où il aura cinq cents ouvriers réunis, mais il ne pourra suffire pour cinq cents ouvrages épars, où sur chacun il n'y aura néanmoins qu'un seul homme. Il ne convient donc point de diviser cet ouvrage ; & la méthode de partager une route entiere entre des particuliers, comme une taille, ne peut convenir tout au plus qu'à l'entretien des routes quand elles sont faites, mais jamais quand on les construit.

Enfin pour juger de toutes les longueurs qu'entraînent les corvées tarifées, il n'y a qu'à regarder la plupart des ponceaux de cette route : ils ont été construits, à ce qu'on dit, il y a de douze ou treize ans ; néanmoins, malgré toutes les ordonnances données en chaque saison, malgré les allées, les venues des ingénieurs-inspecteurs, des garnisons, les remblais qui ont été répartis toise à toise, ne sont point encore faits sur plusieurs, les culées en sont isolées presque en entier, le public n'a pu jusqu'à présent passer dessus d'une façon commode ; & il pourra arriver, si cette route est encore quelques saisons à se finir, qu'il y aura plusieurs de ces ouvrages auxquels il faudra des réparations sur des parties qui n'auront cependant jamais servi ; chose d'autant plus surprenante, que ces remblais, l'un portant l'autre, ne demandoient pas chacun plus de dix à douze jours de *corvée*, avec une trentaine de voitures au plus, & un nombre proportionné de pionniers.

Peut-on s'empêcher de représenter ici en passant l'embarrassante situation d'un inspecteur, que l'on croit vulgairement être l'agent & le mobile de semblables ouvrages ? n'est-ce point un poste dangereux pour lui, qu'une besogne dont la conduite ne peut que le deshonorer aux yeux de ses supérieurs & du public, qui, prévenus en faveur d'une méthode qu'ils croyent la meilleure & la plus juste, n'en doivent rejeter le mauvais succès que sur la négligence ou l'incapacité de ceux à qui l'inspection en est confiée ?

Non-seulement les *corvées tarifées* sont d'une difficulté insurmontable dans l'exécution, elles sont encore injustes dans le fond. 1°. Soient supposés dix particuliers ayant égalité de biens, & par conséquent égalité de taille, & conséquemment égalité de tâches ; ont-ils aussi tous les dix égalité de force dans les bras ? C'est sans doute ce qui ne se rencontre guere ; ainsi, quoique sur les travaux publics ces dix manouvriers ne puissent être tenus de travailler suivant leur taille, mais suivant leur force, il doit arriver & il arrive tous les jours qu'en réglant les tâches suivant l'esprit de la taille, on commet une injustice, qui fait faire à l'un plus du double ou du triple, au moins plus de la moitié ou du tiers qu'à un autre. 2°. Si l'on admet pour un moment que les forces de tous ces particuliers soient au même degré, où que la différence en soit légere, le terrein qui leur est distribué par égale portion, est-il lui-même d'une nature assez uniforme pour ne présenter sous volume égal qu'une égale résistance à tous ? Cette homogénéité de la terre ne se rencontrant nulle part, il naît donc de-là encore cette injustice dans les répartitions que l'on vouloit éviter avec tant de soin. Il est à présumer qu'on a bien pu, dans les commencemens de cette route, avoir quelques égards à la différente nature des contrées ; mais ce qu'il y a de certain, c'est qu'il ne reste plus nul vestige qu'on ait eu primitivement cette attention : bien plus, quand on l'auroit eue, comme c'est une chose que l'on ne peut estimer toise à toise, mais par grandes parties, il ne doit toujours s'ensuivre que la disproportion entre toutes les tâches ; injustice où l'on ne tombe encore que parce que l'on a choisi une méthode qui paroissoit être juste.

Enfin, si l'on joint à tant de défauts essentiels, l'impossibilité qu'on y a encore d'employer une telle méthode dans des pays montueux & hors des plaines „ c'est un autre sujet de la désapprouver & d'en prendre une autre dont l'application puisse être générale par sa simplicité. Il est facile de comprendre que les tâches d'hommes à hommes ne peuvent être appliquées aux descentes & aux rampes des grandes vallées, où il y a en même tems des remblais considérables à élever & des déblais profonds à faire dans des terreins inconnus, & au travers de bancs de toute nature qui se découvrent à mesure que l'on approfondit. Ce sont-là des travaux qui, encore moins que tous les autres, ne doivent jamais être divisés en une multitude d'ouvrages particuliers. On présentera pour exemple la route de Vendôme, qu'il est question d'entreprendre dans quelque tems. Il y a, sur cette route, deux parties beaucoup plus difficiles que les autres à traiter, par la quantité de déblais, de remblais, de roches & de bancs de pierres qu'il faudra démolir suivant des pentes réglées, & nécessairement avec les forces réunies de plusieurs communautés ; l'un de ces endroits est cette grande vallée auprès de Villedômé, qu'il faut descendre & remonter ; l'autre est la montagne de Château-Renault. Ces deux parties, par où il conviendra de commencer parce qu'elles seront les plus difficiles, demanderont la plus grande assiduité de la part des inspecteurs, & le concours d'un grand nombre de travailleurs & de voitures, afin que ces grands morceaux d'ouvrage puissent être terminés dans deux ou trois saisons au plus, sans quoi il est presque évident qu'ils ne seront point faits en trente années, si on divise la masse des déblais & des remblais en autant de portions qu'il y aura de particuliers : puis donc que la *corvée*, sur le ton de la taille, est défectueuse en elle-même par-tout, & ne convient point particulierement aux endroits les plus difficiles & plus considérables des ouvrages publics, il convient présentement de chercher une règle générale qui soit constante & uniforme pour tous les lieux & pour toutes les natures d'ouvrage.

On ne proposera ici que ce qui a paru, répondre au principe de *faire le plus d'ouvrage possible dans le moins de tems possible*, & l'on n'avancera rien qui n'ait été exécuté sur de très-grands travaux avec le plus grand succès & à la satisfaction des supérieurs ; cependant comme il peut arriver que la situation & l'économie des provinces soient différentes, & que le génie & le caractere des unes ne réponde pas toujours au génie & au caractere des autres, l'on soumet d'avance tout ce que l'on exposera aux lumieres & aux connoissances des supérieurs.

L'acte de la *corvée* n'étant pas un acte libre, c'est dans notre gouvernement une des choses dont il paroît par conséquent que la conduite & les règlemens doivent être simples & la police breve & militaire. Un acte de cette nature ne supporte point non plus une justice minutieuse, comme tous les autres actes qui ont directement pour objet la liberté civile & la sûreté des citoyens. La conduite en doit être d'autant plus simple, que l'on ne peut préposer pour y veiller qu'un très-petit nombre de personnes, & la police en doit être d'autant plus concise, qu'il faut que ces ouvrages soient exécutés dans le moins de tems possible, pour n'en point tenir le fardeau sur les peuples pendant un grand nombre d'années.

La véritable occupation d'un inspecteur chargé d'un travail public, est de résider sur son ouvrage, d'y être plus souvent le piquet d'une main pour tracer, & l'autre main libre pour poster les travailleurs & les conduire sans qu'ils se nuisent les uns aux autres, que d'avoir une plume entre les doigts pour tenir bureau au milieu d'un ouvrage qui ne demande que des yeux & de l'action.

Suivant ces principes, il ne me paroît pas convenable d'entreprendre en entier & à la fois la construction de toute une route; les travailleurs y seroient trop dispersés, chaque partie ne pourroit être qu'imparfaitement faite: l'inspecteur, obligé de les aller chercher les uns après les autres, passeroit tout son tems en transport de sa personne & en courses, ce qui multiplieroit extrêmement les instans perdus pour lui & pour les travailleurs qui ne font rien en son absence, ou qui ne font rien de bien. Il devient donc indispensable de n'entreprendre toute une route que parties à parties, en commençant toujours par celles qui sont les plus difficiles & les plus urgentes, & en réunissant à cette fin les forces de toutes les communautés chargées de la construction. On ne doit former qu'un ou deux ateliers au plus, sur chacun desquels un inspecteur doit faire sa résidence. Les communautés y seront appellées par détachement de chacune d'elles, qui se releveront toutes de semaines en semaines; ces détachemens travailleront en corps, mais à chacun d'eux il sera assigné une tâche particuliere, qui sera déterminée suivant la quantité des jours qu'on leur demandera, sur la force du détachement, dont les hommes robustes compenseront les foibles, & enfin sur la nature du terrein.

On évitera avec grand soin tout ce qui peut multiplier les détails & attirer les longueurs; les ordonnances adressées aux communautés, une seule fois chaque saison, indiqueront tout simplement le jour, le lieu, la force du détachement, & la nature des outils & des voitures.

Sur ces ordres, les détachemens s'étant rendus au commencement d'une semaine sur l'atelier indiqué, on distribuera d'abord à chaque détachement une longueur de fossés proportionnée à ses forces, & on les postera de suite les uns au bout des autres. On suivra cette manœuvre jusqu'à ce que les fossés soient faits sur toute la partie que l'on aura cru pouvoir entreprendre dans une saison ou dans une campagne. On fouillera ensuite l'encaissement de même, & lorsqu'il sera ouvert & dressé sur ladite longueur, on en usera aussi de la même sorte pour l'empierrement, en donnant chaque

semaine pour tâche à chaque détachement une longueur suffisante d'encaissement à remplir, qui sera proportionnée à la facilité ou à la difficulté du tirage & de la voiture de la pierre. Cet empierrement se fera à l'ordinaire, couche par couche. Les tâches hebdomadaires seront marquées les unes au bout des autres. Le cailloutis ou jard sera amené & répandu ensuite, & les bermes seront ajustées & réglées aussi suivant la même méthode.

Si l'ouvrage public consiste en déblais & en remblais dans une grande & profonde vallée, on place les détachemens sur les côtes qu'il faut trancher; on les dispose sur une ou plusieurs lignes; on fait marcher les tomberaux par colonnes, ou de telle autre façon que la disposition du lieu le permet; & comme dans ce genre de travail il ne se voiture de terre qu'autant que l'on en fouille par jour, & qu'il seroit difficile d'apprécier ce que les pionniers peuvent fouiller pour une quantité quelconque de voitures, eu égard à la distance du transport; c'est par la quantité de voyages que chaque voiturier peut faire chaque jour, que l'on règle le travail du journalier. Un piqueur placé sur le lieu de la décharge, donne à cette fin une contre-marque à chaque voiturier pour chaque voyage; & comme chacun d'eux cherche à finir promptement la quantité qui lui est prescrite pour le jour & pour la semaine, chaque voiturier devient un piqueur qui presse le manouvrier, & chaque manouvrier en est un aussi vis-à-vis de tous les voituriers.

C'est à l'intelligence de l'inspecteur à proportionner au juste, chaque jour (parce que l'emplacement varie chaque jour, ou au moins chaque semaine), la quantité de pionniers au nombre des voitures, & le nombre des voitures à la quantité de pionniers, de façon qu'il n'y ait point trop de voitures pour les uns, & trop peu de manouvriers pour les autres, sans quoi il arriveroit qu'il y auroit ou une certaine quantité de voitures, ou une certaine quantité de manouvriers qui perdroient leur tems, ce qu'il est de conséquence de prévoir & d'éviter dans les *corvées*. C'est dans de tels ouvrages que les talens d'un inspecteur se font connoître s'il en a, ou qu'il est à portée d'en acquérir & de se perfectionner dans l'art de conduire de grands ateliers. Enfin de semblables travaux, par le nombre des travailleurs, par la belle discipline que l'on y peut mettre, par le progrès surprenant qu'ils font chaque semaine & chaque saison, méritent le nom d'ouvrages publics.

J'ai toujours évité, *continue l'auteur de cet article*, dans les travaux où je me suis trouvé, composés de quatre & cinq cents travailleurs, & d'un nombre proportionné de voitures, de faire mention dans les ordonnances dont la dispensation m'étoit confiée, de toutes les différentes partics dont l'ouvrage d'une grande route est composé, ainsi qu'on le pratique depuis long-tems sur la route de Tours au Château-du-Loir : on y donne successivement des ordonnances pour les fossés, pour les déblais, pour les remblais, pour le tirage de la pierre, pour sa voiture, & enfin pour le tirage & l'emploi du jard. Ou je me trompe, ou quand on multiplie ainsi aux yeux des peuples que l'on fait travailler, sans salaire, tous les différens objets de la corvée, on doit encore par-là la leur rendre plus à charge & plus insupportable. Et comment ne leur seroit-elle pas à charge, puisque pour ceux mêmes qui les conduisent, ces détails ne peuvent être que pénibles & laborieux ? ces ordonnances mènent nécessairement à un détail infini ; elles deviennent une pépiniere immense d'états, de rôles, & de bien d'autres ordonnances qui en résultent. Autant d'ordonnances, autant ensuite de diverses branches de réfractaires qui pullulent de jour en jour. Une ordonnance pour cent toises de pierre, n'en produit que quatre-vingt ; une ordonnance pour deux cents toises de fossés, n'en produit que cent soixante ; autant il en arrive pour les déblais & pour les remblais : on est ensuite obligé de recourir à des supplémens & à de nouvelles impositions qu'il faut encore faire & répartir sur le général : & tout ceci est inévitable, non-seulement parce qu'il y a autant de petites fraudes qu'il y a de particuliers & de différens objets dans leurs tâches, mais encore parce que cette méthode ne pouvant manquer d'entraîner des longueurs, & demandant un nombre d'années considérable pour une entiere exécution, il y a sans cesse des absens dans les communautés ; il y arrive un grand nombre de morts, & il se fait de nouveaux privilégiés & des insolvables.

De l'expérience de tant d'inconvéniens, il en résulte, ce me semble, que les ordonnances pour les corvées doivent se borner à demander des jours, & que l'emploi de ces jours doit être laissé à la direction des inspecteurs qui conduisent les ouvrages, pour qu'ils les appliquent suivant le tems & le lieu qui varient suivant le progrès des travaux. Si les détachemens sont au nombre de cinquante, il ne faut le premier jour de la semaine, qu'une demi-matinée au plus, pour leur donner à chacun une tâche convenable. Les appels se font par brigade le soir & le matin ; on commence à cinq heures le matin, on finit à sept le soir ; l'heure des repas & du repos est réglée comme sur les ouvrages à prix d'argent. Dans tout ce qui peut intervenir chaque jour & à chaque instant, l'inspecteur ne doit viser qu'au grand dans le détail, & éviter toutes les languissantes minuties. Sa principale attention est, comme j'ai dit, de mettre & de maintenir l'harmonie dans tous les mouvemens de ces bras réunis.

Les différens conducteurs dont il se sert, peuvent eux-mêmes y devenir très-intelligens ; ces ouvrages seuls sont capables d'en former d'excellens pour la conduite de travaux de moindre importance. Il n'en est pas de même des corvées tarifées ; les conducteurs qu'on y trouve, n'ont pas même l'idée d'un ouvrage public ; ils ne font que marcher du matin au soir ; ils courent quatre lieues pour enregistrer une demi-toise de pierre, qui sera peut-être volée le lendemain comme il arrive souvent, & ils font ensuite deux ou trois autres lieues pour trois ou quatre toises de fossés ou quelques quarts de remblais ; ils sont devenus excellens piétons & grands marcheurs, mais ils seroient incapables, quoiqu'ils soient employés depuis bien du tems, de conduire un atelier de vingt hommes réunis, & de leur tracer de l'ouvrage.

La simplicité de l'autre méthode n'a pas besoin d'être plus développée, quant à présent, pour être conçue ; passons à la maniere d'administrer la police sur les corvoyeurs de ces grands ateliers, pour les contraindre quand ils refusent de venir sur les travaux, pour les maintenir dans le bon ordre quand ils y sont, & pour punir les querelleurs, les déserteurs, &c.

C'est une question qui a souvent été discutée, si cette police devoit être exercée par les inspecteurs, ou si l'autorité publique devoit toujours s'en réserver le soin. Pour définir & limiter l'étendue de leur ressort, il paroît que c'est à la nature même de la chose sur laquelle réside la portion d'autorité qui leur est confiée, qui en doit déterminer & régler l'étendue ; ainsi on n'a qu'à appliquer ce principe à la police particuliere que les corvées demandent, pour savoir jusqu'à quel point l'autorité publique doit en prendre elle-même le détail, & où elle peut ensuite s'en rapporter aux inspecteurs qu'elle a cru capables de les conduire, & qu'elle n'a choisi qu'à cette fin.

Les travailleurs dont on se sert dans les travaux publics, sont ou volontaires ou forcés ; s'ils sont volontaires, comme dans les travaux à prix d'argent, le soin de leur conduite semble devoir appartenir à ceux qui président directement sur l'ouvrage ; ces travailleurs sont venus, de gré, se ranger sous leur police & sous leurs ordres, & ceux qui les commandent connoissent seuls parfaitement la nature & la conséquence des désordres qui peuvent y arriver.

S'ils sont forcés, comme dans les corvées, alors il est très-sensible que l'autorité publique, qui veille sur les peuples où les travailleurs forcés sont pris, doit entrer nécessairement pour cette partie qui intéresse tout l'état, dans le détail du service des corvées. C'est parce que ces travailleurs sont peuples, qu'il ne doit y avoir que les intendances & les subdélégations qui puissent décider du choix des paroisses, en régler la quantité, étendre ou modérer la durée de l'ouvrage, & en donner le premier fignal ; il n'y a que dans ces bureaux où l'on foit parfaitement inftruit de la bonté ou de là mifere du tems , des facultés des communautés , & des vues générales de l'état. Mais lorfque ces peuples font enfuite devenus travailleurs , par le choix de la puiffance publique, ils deviennent en même tems , & par cette même raifon, foumis à l'autorité particuliere qui préfide fur le travail ; il conviendra donc que pendant tout le tems qui aura été défigné , ils foient directement alors fous la police des ingénieurs & des infpecteurs , fur qui roule particulierement le détail de l'ouvrage , qui doivent faire l'emploi convenable , fuivant le tems & fuivant le lieu , de tous les bras qu'on ne leur donne que parce que leur talent & leur état eft d'en régler l'ufage & tous les mouvemens.

Par la nature de la chofe même, il paroîtroit ainfi décidé que les corvoyeurs , comme peuples , feroient appellés & rappellés des travaux , par le canal direct de l'autorité fupérieure , & qu'en qualité de travailleurs, ils feront enfuite fous la police des ingénieurs & infpecteurs ; que ce doivent être ces derniers qui donneront à chacun fa part , fa tâche & fa portion, de la façon que la difpofition & la nature de l'ouvrage indiqueront être néceffaires pour le bien commun de l'ouvrage & de l'ouvrier ; que ce feront eux qui feront venir les abfens , qui puniront les réfractaires , les pareffeux , les querelleurs, &c. & qui exerceront une police réglée & journaliere , fur tous ceux qui leur auront été confiés comme travailleurs. Eux feuls , en effet, peuvent connoître la nature & la conféquence des délits, eux feuls peuvent donc rendre , à tous , la juftice convénable & néceffaire. Bien entendu néanmoins , que ces infpecteurs feront indifpenfablement tenus, vis-à-vis de l'autorité publique , (qui ne peut perdre de vue les travailleurs, parce qu'ils font peuples ,) à lui rendre un compte fidele & fréquent de tout ce qui fe paffe parmi les travailleurs, ainfi que du progrès de l'ouvrage.

Ce qui m'a prefque toujours porté , *dit l'auteur* , à regarder ces maximes comme les meilleures , ce n'eft pas uniquement parce qu'elles font tirées de la nature des chofes , c'eft auffi parce que j'en ai toujours vu l'application heureufe , & que je n'ai reconnu ces inconvéniens fort à charge aux peuples , & très-contraires aux ouvrages, quand on s'eft écarté de ce genre de police.

Comment, en effet , les bureaux d'une intendance , ou un fubdélégué dans fon cabinet, peuvent-ils pourvoir au bon ordre des travaux dont ils font toujours éloignés ? Les délits qui s'y commettent font des délits de chaque jour , qu'il faut punir chaque jour ; ce font des délits de chaque inftant, qu'il faut réprimer à chaque inftant ; l'impunité d'une feule journée fait en peu de tems , d'un ouvrage public, une folitude, ainfi qu'il eft arrivé , fur la route de Tours, au Château-du-.

Loir, à caufe de la police compofée & néceffairement languiffante , qui y a toujours été exercée : on y punit à la vérité , mais c'eft par crife & par accès ; il n'y a point une police journaliere ; & elle ne peut y être , parce qu'il faut recourir , fuivant la pofition des élections, à des autorités difperfées. Les fubdélégués , ou autres perfonnes fur qui l'autorité fupérieure fe décharge de ce foin, trouvent fouvent , dans la bonté de leur cœur , des raifons & des moyens d'éluder ou de fufpendre les actes d'une police qui ne doit jamais être interrompue. On penfe même qu'une police eft rigoureufe , lorfqu'elle n'eft cependant qu'exacte ; elle ne devient véritablement rigoureufe , que par faute d'exactitude dans fon exercice journalier. Quand on a une fois imprimé l'efprit de fubordination & de difcipline, lorfqu'on a réglé , dès le commencement, la régie des travaux publics, comme le font les convois militaires & les pionniers dans les armées , les grands exemples de févérité n'ont prefque plus lieu , parce qu'il ne fe trouve que point ou peu de réfractaires. J'ai bien plus fouvent fait mettre, fur mes travaux, des corvoyeurs en prifon, parce qu'ils étoient venus tard, ou qu'ils s'étoient retirés le foir avant l'heure, que parce qu'ils n'étoient point venus du tout. C'eft un des plus grands avantages de la méthode que je propofe , & qui lui eft unique, d'être ainfi peu fujette aux réfractaires, parce que le brigadier de chaque détachement apportant au commencement de la femaine le rôle de fa brigade arrêté par le fyndic, il ne peut s'abfenter un feul homme , qui ne foit , en arrivant, dénoncé par tous les autres ; ce qui ne peut jamais arriver dans la *corvée* divifée , parce que chacun travaillant féparément l'un de l'autre , & ayant des tâches diftinctes, l'intérêt commun en eft ôté, & qu'il importe peu à chaque corvoyeur en particulier , que les autres travaillent ou ne travaillent pas : on peut juger par cela feul , combien il eft effentiel de ne jamais déchirer les travaux publics.

Il n'eft pas étonnant, au refte, que des bureaux aient rarement réuffi , quand ils ont été chargés du détail de cette police ; le fervice des travaux publics demande une expérience particuliere , que les perfonnes qui compofent ces bureaux n'ont point été à portée d'acquérir , parce qu'elles n'ont jamais vu de près le détail & la nature des ouvrages. Il faut, pour les conduire, un art qui leur eft propre, auquel il eft difficile que l'efprit & le génie même puiffe fuppléer, puifqu'il ne s'acquiert que fur le lieu, par la pratique & par l'expérience.

J'ai eu pardevers moi plufieurs exemples des finguliers écarts où l'on a donné dans ces bureaux, quand on y a voulu, la plume à la main, & le cœur plein de fentimens équitables, régler les punitions & les frais de garnifon que l'on avoit envoyée dans les paroiffes. On y demande, par exemple, qu'en répartiffant fur tous les réfractaires ces frais ; qui montent ordinairement à douze, quinze, ou dix-huit francs, on ait égard aux divers efpaces de tems que les particuliers auront été fans travailler, au plus ou au moins d'exactitude avec laquelle ils y feront revenus, en conféquence des ordres dont le cavalier aura été le porteur ; enfin, fur la quantité de la tâche qu'ils redoivent chacun, & fur la nature qui confifte ou en déblais, ou en remblais, ou en foffé, ou en tirage, ou en voiture des pierres, & qui, quelquefois, eft compofée de plufieurs de ces objets enfémble. Ces calculs fe font avec la plus grande précifion, & l'on m'a même renvoyé un jour une de ces répartitions à calculer de nouveau, parce qu'il y avoit erreur de quelques fols fur un ou deux particuliers. Une telle précifion eft fans doute fort belle : mais qui ne peut juger cependant que de tels problèmes font beaucoup plus compofés qu'ils ne font importans ; & que, quoiqu'ils foient propofés par efprit de détail & d'équité, on s'attache trop néanmoins à cette juftice minutieufe dont j'ai parlé, que ne fupportent point les grands travaux, à des fcrupules qui choquent la nature même de la corvée, & à des objets fi multipliés, qu'ils font perdre de vue le grand & véritable objet de la police générale, qui eft l'accélération des travaux dont la décharge du peuple dépend ? Leur bien, en ce qui regarde les corvées qu'on leur fait faire, confifte, autant que mes lumieres peuvent s'étendre, à faire en forte que le nom du roi foit toujours refpecté, que l'autorité publique, repréfentée par l'intendant & dans fes ordres, ne foit jamais compromife, que fes plus petites ordonnances aient toujours une exécution ponctuelle, & que le corvoyeur obéiffe enfin fans délai, & fe rende fur l'atelier à l'heure & au jour indiqué. De telles attentions dans des bureaux, font les feuls foins & les feules vues que l'on doit y avoir, parce qu'ils vifent directement à la décharge des peuples, par la prompte exécution des travaux qu'on leur impofe.

Comme on n'a point encore vu en cette généralité une telle police en vigueur, on pourra peut-être penfer d'avance qu'un fervice auffi exact & auffi militaire, doit extrêmement troubler la tranquillité des paroiffes & la liberté des particuliers, & qu'il eft indifpenfable, dans la conduite des corvées, de n'ufer, au contraire, que d'une police qui puiffe fe prêter au tems, en fermant plus ou moins les yeux fur les abus qui s'y paffent. Le peuple eft fi miférable, dit-on : je conviens à la vérité de fa mifere ; mais je ne conviens point que, pour cette raifon, la police puiffe jamais fléchir, & qu'elle doive être dans des tems plus ou moins exacte que dans d'autres ; elle ne peut être fujette à aucune foupleffe, fans fe détruire pour jamais. Ainfi ce ne doit point être quant à l'exactitude & à la précifion du fer-

vice, qu'il faut modérer la corvée ; c'eft feulement quant à fa durée. Dans les tems ordinaires, le travail peut durer deux mois, dans le printems, & autant dans l'automne : fi le tems eft devenu plus dur, on peut alors ne faire que fix femaines ou qu'un mois de corvée en chaque faifon, & ne travailler même que quinze jours s'il le faut ; mais pour la difcipline, elle doit être la même, auffi fuivie pour quinze jours, que pour quatre mois de travail, parce que l'on doit tirer proportionnellement autant de fruit de la corvée la plus courte, que de la corvée là plus longue. Enfin, il vaut mieux paffer une campagne ou deux fans travailler, fi les calamités le demandent, que de faire dégénérer le fervice.

Il ne faut pas quitter l'article des corvées, fans y placer ce qui en eft dit dans le compte rendu en 1781. L'opinion de l'homme d'état, qui adminiftroit alors les finances, eft d'un grand poids dans les affaires publiques.

« On a trop fouvent développé à votre majefté » les principes fur cette matiere, pour je je » doive m'étendre à cet égard. Je dirai feulement » que plus j'ai examiné cette importante difcuf-» fion, & plus je me fuis convaincu qu'il eft à » defirer que les moyens de fupprimer la corvée » foient favorifés.

» Cette queftion, en derniere analyfe, n'eft » qu'un débat entre les pauvres & les riches ; car » il eft aifé d'appercevoir, d'un coup d'œil, » l'avantage du pauvre à la fuppreffion de la cor-» vée. Un homme fans facultés, un journalier dont » on exige, par an, fept ou huit jours de cor-» vée, n'auroit à payer que douze ou quinze fols » pour fa part, à l'impofition des chemins, fi elle » étoit établie au marc la livre de la taille, & » il retrouveroit encore bien amplement le dé-» dommagement de cette petite contribution, par » l'introduction de nouveaux ouvrages à prix d'ar-» gent, au bénéfice defquels il participeroit par » fon travail. Nul doute donc que la corvée ne » foit évidemment contraire aux intérêts de » cette claffe de vos fujets, vers lefquels la main » bienfaifante de votre majefté doit fans ceffe » s'étendre, afin de tempérer, autant qu'il eft » poffible, le joug impérieux de la propriété & » de la richeffe.

» D'ailleurs, la répartition & la perception » d'un impôt en argent font foumifes à des règles » certaines ; au lieu que la diftribution de la cor-» vée & la furveillance fur fon exécution multi-» plient les décifions & les punitions arbitraires, » & obligent à remettre un grand pouvoir entre » des mains fubalternes.

» Cependant, car il faut toujours confidérer » les objets d'adminiftration fous leurs différens » rapports, la diverfité des droits & des impo-» fitions facilitent leur étendue. Un impôt en tra-

» vail, ou autremement dit, la *corvée*, eſt peut-
» être une heureuſe idée fiſcale, c'eſt-à-dire un
» moyen nouveau de multiplier, entre les mains
» du ſouverain, les efforts & les ſacrifices de ſes
» peuples. Mais de pareilles combinaiſons ne pou-
» vant plaire à votre majeſté, qui eſt ſur - tout
» jalouſe de faire-ſervir ſon autorité au bonheur
» de ſes ſujets ; j'ai cru ſeconder ſes intentions,
» en favoriſant avec ménagement la ſuppreſſion des
» *corvées* ; &, par - tout où elles ſubſiſtent, j'ai
» excité MM. les intendans à veiller ſur leur
» juſte répartition, & à ne rien négliger
» pour ſoumettre ces travaux à des règles
» fixes.

» Enfin, dans pluſieurs généralités, on laiſſe
» aux paroiſſes la liberté d'opter entre les deux
» manieres de pourvoir à la confection des rou-
» tes ; mais cette liberté, cette option, qui ſemble
» au premier coup d'œil ſi raiſonnable, n'eſt pas
» à l'abri d'inconvéniens, lorſque ceux qui doivent
» délibérer ont un intérêt ſi diſtinct. Cependant
» dès que ces loix générales, ſur cette matiere,
» ont rencontré ſi ſouvent des obſtacles qu'on n'a
» pu vaincre, les modifications lentes & douces,
» tout imparfaites qu'elles ſont, deviennent pré-
» férables. »

Un homme très-verſé dans les matieres de finance,
& depuis long-tems occupé de projets relatifs
à la ſimplification de la levée des droits des fermes, a conçu un moyen de pourvoir aux réparations & à l'entretien des chemins, non-ſeulement ſans *corvées* ; mais d'une maniere avantageuſe pour toutes les claſſes de citoyens.

Voici quel eſt ſon plan.

1°. De ſupprimer tous les droits de traites intérieures, qui ſe perçoivent ſur les objets tranſ-
portés d'une province en une autre ; comme de
l'Anjou dans la Bretagne, de la Picardie dans
la Flandre, &c. &c. *Voyez* CINQ GROSSES-
FERMES.

2°. D'établir un tarif unique, & uniforme à
toutes les entrées & ſorties du royaume, ſoit par
mer, ſoit par terre.

3°. D'abolir toute eſpèce de droit de péage,
tant par terre, que ſur les rivieres, où ils ſont
très-multipliés.

Comme ce nouveau tarif ſera rédigé dans des
principes très-favorables à l'agriculture, au commerce & à l'induſtrie ; que ſes produits ſeront
conſéquemment inſuffiſans pour remplacer les revenus, que donne la ferme de tous les droits
de traite ; il a penſé qu'un modique droit, perçu
ſur le commerce intérieur, ne pourroit y porter
aucun préjudice, puiſque la quotité de ce droit
ſeroit très-inférieure à celle des droits cumulés,
qui ſe paient dans l'état actuel des choſes, &
dont la perception, diviſée en différens lieux,
cauſe des retards, & une perte de tems infiniment
précieux pour le commerce.

Dans cette vue, il propoſe l'établiſſement du
droit-de cabotage, ſur les relations par mer,
entre les différentes provinces du royaume ; droit
fixé à raiſon d'un pour cent de la valeur, lorſqu'il ſera queſtion de changer de province, & de
demi pour cent, ſur le paſſage d'un port en un
autre de la même province.

En même tems, on établiroit, ſous le nom de
péage-général, un droit léger, ſur toutes eſpèces
de voitures, qui tiendroient les diverſes routes
dont le royaume eſt traverſé ; & un droit de navigation ſur tous bateaux, ſervant au tranſport
des marchandiſes ainſi que des voyageurs, ſur les
rivieres ou canaux navigables.

Ces droits ſont tellement combinés, que leur
perception ne fait qu'un objet de douze à quinze
ſols par quintal, ſur une route de cent lieues
communes. Cette modique augmentation du prix
des tranſports des marchandiſes, qui ne ſera que
momentanée, puiſqu'elle diſparoîtra néceſſairement, lorſque le bon entretien des routes aura fait
baiſſer le prix même, ne ſera-t-elle pas bien avan-
tageuſement compenſée par l'économie du tems,
par la ſuppreſſion de tous autres droits de péages &
de circulation, enfin par l'abolition des *corvées* ?

Pour répandre plus de jour ſur ce plan, &
ſur les moyens d'exécution dont il eſt ſuſceptible,
il convient de faire connoître la nature & la quotité des droits de péage général, ſoit ſur terre,
ſoit ſur l'eau ; d'indiquer les formes de ſa perception ; d'en montrer les produits, & d'en ſuivre
la deſtination.

Les routes ſont fréquentées par quatre claſſes
de citoyens : par des particuliers qui voyagent
à cheval ; par ceux qui ſe ſervent de chevaux de
poſte ; par ceux qui ont leurs chevaux ou des
chevaux à loyer ; enfin par les meſſageries royales,
ou par les voituriers ou rouliers de profeſſion.

Tous ceux qui paſſeront dans les routes, excepté les voyageurs à cheval ou à pied, les beſtiaux & les bêtes non atelées à une voiture, acquitteront le droit, à raiſon d'un ſol par cheval,
par chaque lieue, ou deux ſols par poſte, par
chaque cheval, pour ceux qui ſeront en poſte.
Le droit ſera payé au lieu du départ, pour
tout le voyage ; les maîtres de poſte ne pourront
donner des chevaux, qu'après qu'il leur aura été
juſtifié de l'acquit de ce droit, à raiſon du nombre de chevaux qui leur ſeront demandés, à peine
d'en répondre en leur propre & privé nom.

Mais les fourgons, les groſſes voitures de meſſageries, celles des rouliers paieront un ſol ſix deniers par lieue, par chaque cheval ou bête de
trait, lorſque ces voitures ſeront chargées, &
de ſix deniers ſeulement quand elles ſeront à vuide;
à la charge, dans ce dernier cas, par les conducteurs des voitures, de ſe charger gratuitement,
des pavés, pierres & autres matériaux, néceſſaires
ou à l'entretien des routes, ou à la confection de
nouveaux chemins. Dans les cas de contravention

de la part des voituriers, l'amende fera de fix livres par cheval, fans préjudice du paiement du droit, dont on aura voulu éluder le paiement.

Sur les rivieres ou canaux navigables, le droit de péage général ou de navigation fera perçu à raifon de la contenance des bateaux, & réglé dans la proportion de deux fols par tonneau, du poids de deux milliers, par lieue.

Cette double taxe fur les voies de communication, tant par terre que par eau, fera généralement très-inférieure à celle qui fe leve fur les routes, dans les pays-bas Autrichiens, dans l'Allemagne & dans l'Angleterre. En fuppofant qu'actuellement la charge d'un cheval, atelé à une voiture, foit d'un millier ou de douze cents; l'impofition fera de fept livres dix fols pour cent lieues.

Cet accroiffement du prix direct des tranfports ne fera cependant pas un furhauffement réel; puifque, fi l'on réunit en maffe les droits de péage & de circulation, droits d'une fixation fouvent incertaine & arbitraire, payés dans la route que tient une marchandife portée d'une partie du royaume à l'autre; fi l'on y ajoute les retards, les pertes de tems par les vifites & les déballemens, on trouvera que la taxe propofée eft d'un avantage fenfible pour le commerce, & pour tous les ordres de l'état. Les propriétaires obtiendront un meilleur prix de ferme de leurs poffeffions; le cultivateur, exempt de *corvée*, & trouvant des chemins faciles pour voiturer fes denrées, fera amplement dédommagé du droit modique qu'il aura à payer pour l'entretien des routes, & pour s'affranchir de déclarations & de vifites.

L'auteur de ce projet, fuppofant mille quatre cents poftes dans le royaume, avec feize chevaux chacune l'une dans l'autre, en compte deux mille quatre cents; en faifant une pofte & demie par jour, ils donneront un produit de trois mille trois cents foixante-quatre livres, ou douze cents mille livres par année.

Il évalue à huit mille, le nombre des chevaux, employés journellement fur les grandes routes, par les particuliers voyageant à petites journées, & faifant huit lieues par jour; il en réfulte une fomme de onze cents cinquante mille livres par année.

Les meffageries royales, calcul fait de leurs chevaux & de leurs tranfports, donneroient au moins fix cents cinquante mille livres par an, & on pourroit leur accorder un abonnement ainfi qu'aux maîtres de pofte.

Le roulage & les voituriers ordinaires tranfportent environ huit milliards pefant de marchandifes, à raifon de fept lieues par jour, & dans un efpace de vingt-huit lieues, tout balancé; fi chaque partie du poids de douze cents livres occupe un cheval, il s'enfuit qu'il faut cent douze mille chevaux pour voiturer huit milliards pefant à

une diftance de vingt-huit lieues, & ils paieront à-peu-près dix-neuf millions.

Le droit fur les rivieres & les canaux navigables ne fera pas perçu fur les bateaux à vuide; d'ailleurs les tranfports qui s'exécutent par cette voie, quoique beaucoup plus confidérables que ceux qui empruntent la voie de la terre, rentrent dans le fervice des meffageries; ainfi, on ne l'évalue qu'à fept millions par an.

Toutes ces fommes forment un total de vingt-neuf millions, dont il s'agit de fuivre l'emploi, après avoir obfervé que fix adminiftrateurs généraux fuffiront pour gérer cette partie.

1°. On eftime les frais de régie, à raifon d'un fol pour livre du produit brut, c'eft-à-dire, à quatorze cents mille livres, diftribués entre douze cents receveurs, depuis deux cents livres jufqu'à douze cents livres d'appointemens, vingt contrôleurs ambulans, quatre infpecteurs généraux & fix adminiftrateurs.

Chaque année, on préleveroit quatre millions, pour le paiement des capitaux, & le rembourfement d'une partie de ces mêmes capitaux aux propriétaires des droits de péage; & vingt-neuf années fuffiront pour cette opération, dont l'objet eft évalué à foixante millions.

Il refteroit vingt-trois millions, dont on verferoit, dans la caiffe des ponts & chauffées, cinq millions cinq cents mille livres, que coûtent annuellement au tréfor royal les dépenfes de cette partie.

Enfin, les dix-huit millions cent mille livres feroient payés aux receveurs-généraux des finances, aux tréforiers des pays d'états, à la décharge de la taille & des impofitions des paroiffes de campagne, & des communautés qui feroient jugées avoir befoin de foulagement.

Pour fuppléer aux *corvées*, chaque paroiffe demeureroit chargée de l'entretien d'une portion de route; mais cet entretien, & les réparations qui fe donneroient tous les ans, par adjudication au rabais, à un entrepreneur, feroient eftimées dans un devis, dreffé par les ingénieurs des ponts & chauffées; & le montant de ce devis feroit payé par la paroiffe ou communauté, & il lui en feroit tenu compte fur fes impofitions, en remettant au receveur des tailles le devis & l'état de réception des ouvrages, & la quittance de l'entrepreneur qui auroit eu l'adjudication.

CORVÉES POUR LE TRANSPORT DES ÉQUIPAGES DES TROUPES. *Voyez* CONVOIS MILITAIRES.

CORVÉES. (Droit de) Plufieurs feigneurs particuliers jouiffent de ce droit dans leurs terres, comme ayant anciennement concédé des héritages avec la redevance, d'une ou de plufieurs journées de travail, par femaine, par mois, par année;

C'eft

C'eſt ſur-tout en Alſace que le droit de *corvée* eſt très-commun , & que par cette raiſon il a attiré l'attention du légiſlateur.

Avant que cette province fût ſoumiſe à la couronne de France , le droit de *corvées* y étoit illimité. Les ſeigneurs obligeoient leurs ſujets d'en faire autant qu'il leur plaiſoit ; ou ils en exigeoient des ſommes conſidérables pour les exempter de ces ſervitudes.

Pour faire ceſſer toute vexation à cet égard , le droit dont il s'agit a été fixé à un nombre certain & déterminé de *corvées* , de la maniere ſuivante.

Pour les ſeigneurs de la haute Alſace, à cinq *corvées* par année , avec faculté de les faire en nature , ou d'obliger les habitans de les payer en argent.

S A V O I R :

Pour chaque *corvée* de charrue, trente ſols.
Pour chaque *corvée* de cheval , quinze ſols.
Pour chaque *corvée* perſonnelle, dix ſols.

Dans les terres dépendantes du corps de la nobleſſe, nommée immédiate , c'eſt-à-dire , celle qui releve immédiatement de l'empire, les *corvées* ont été réglées , par arrêt du conſeil d'état du 24 décembre 1683, à douze par an ; laiſſant le choix de les exiger en nature ou en argent, ſur le pied rapporté ci-deſſus.

L'article XIV des lettres-patentes , accordées à la maiſon de Hannaw , fixe le nombre des *corvées* des terres & ſeigneuries qui en dépendent, de la même façon & ſur le même taux que l'arrêt du 24 décembre 1683.

Dans les terres des ſeigneurs particuliers, qui ne font point corps avec la nobleſſe immédiate , elles ont été fixées , par arrêt du conſeil du 4 avril 1683, à dix par an , avec la différence des *corvées* précédentes, qu'il eſt au choix des habitans de les faire en nature , ou de les payer en argent , ſur le même pied que celles de la nobleſſe immédiate ; il eſt réglé que dans tous les cas, les laboureurs, qui paient pour leurs charrues, & les habitans, qui paient pour leurs chevaux, ne paient rien pour leur perſonne.

Enfin, les lettres-patentes du mois de ſeptembre 1682 accordent, à l'évêque de Strasbourg, la faculté de jouir de douze *corvées* perſonnelles par an , ſur tous habitans des terres de l'évêché, de ſept *corvées* de chariots , ſur ceux qui en ont, & de ſept *corvées* de cheval de ſomme, ſur ceux qui en nourriſſent.

Chaque *corvée* eſt rachetable ; ſavoir , celle des chariots attelés de quatre chevaux, à trois livres.
Celle de cheval de ſomme, à quinze ſols.
Et les *corvées* d'hommes, à dix ſols.

Mais dans cette circonſtance, il eſt à remarquer, que le paiement de la *corvée* de chevaux & de chariots, n'exempte point le propriétaire de ce

qu'il doit pour la *corvée* de ſa perſonne, comme dans les cas précédens ; en ſorte que , s'il paie vingt-une livres, pour le rachat de ſept *corvées* de chariot, il doit en outre ſix livres pour les douze *corvées* perſonnelles ; par conſéquent il eſt chargé d'une ſomme de vingt-ſept livres.

Il en eſt de même du propriétaire du cheval de ſomme ; les ſept *corvées* de ſon cheval ne peuvent être rachetées que par cinq livres cinq ſols , & ſix livres pour les *corvées* de ſa perſonne.

COTE. ſ. f. Ce mot, dans l'uſage des bureaux de finance, déſigne une lettre, un chiffre, un paraphe que l'on met au dos d'une piece néceſſaire pour la reddition d'un compte.

COTE , ſignifie encore la part que chacun doit payer d'une dépenſe , d'une dette ou d'une contribution commune à pluſieurs perſonnes. On dit dans ce ſens cote-part. Il a payé ſa cote-part. Ce ſont les collecteurs qui règlent la cote-part des taillables de leur communauté.

COTE D'OFFICE, eſt celle qui eſt fixée dans le rôle des tailles par l'intendant ou par la cour des aides, en raiſon d'un office privilégié.

COTE MAL TAILLÉE , ſe dit d'un compte qu'on a arrêté ſans exiger tout ce qui pouvoit être dû, & en diminuant quelque choſe de part & d'autre.

Ce terme, mal taillée, vient de ce qu'anciennement , lorſque l'uſage de l'écriture étoit peu connu en France, ceux qui avoient des comptes à faire enſemble, marquoient le nombre des fournitures ou paiemens ſe taille de bois faites d'un léger morceau refendu en deux, dont chacun gardoit un côté. Lorſqu'il étoit queſtion de marquer quelque choſe, on rapprochoit les deux parties qui devoient ſe rapporter l'une à l'autre, & l'on faiſoit en travers de ces deux une taille entaille avec un couteau, pour marquer un nombre, en ſorte que les deux pieces devoient porter la même marque. Si elles ne ſe rapportoient pas pour la forme ou la forme des tailles, cela s'appelloit une cote mal taillée ; c'eſt-à-dire , que la quantité dont il s'agiſſoit, étoit mal marquée ſur la taille.

De même auſſi ceux qui trouvent de la difficulté ſur quelques articles d'un compte, lorſqu'ils veulent ſe concilier & terminer entr'eux, en uſent comme on faiſoit des cotes mal taillées , c'eſt-à-dire , que chacun relâchant quelque choſe de ſes prétentions, le compte ſe finit à la ſatisfaction des parties.

COTER, v. a. C'eſt mettre une cote ſur différentes pieces de compte, pour fixer l'ordre dans lequel elles doivent être placées.

Hhh

COTISATION, f. f. eft l'impofition qui eft faite fur quelqu'un de la cote-part qu'il doit fupporter d'une charge, d'une dette ou impofition commune à plufieurs.

La taille, le fel dans les pays d'impôt, & toute efpèce de contribution doivent être fupportées par chaque habitant, fuivant fa *cotifation*, telle qu'elle eft faite fur le rôle qui contient la répartition affignée à chaque contribuable.

COTISER, v. a. fignifie *comprendre quelqu'un dans un rôle*, & lui impofer fa part des charges auxquelles il doit contribuer. Ce terme eft furtout ufité en matiere de tailles. Il eft ordonné ou défendu aux affééurs ou collecteurs de comprendre ou cotifer telles perfonnes dans le rôle des tailles.

COUPON, f. m. C'eft en général la portion d'un tout.

Ainfi un *coupon* d'action, un *coupon* de billet de loterie, eft une divifion d'action ou de billet.

Le terme de *coupon*, inconnu en France dans cette acception jufqu'au commencement du règne de Louis XV, commença à s'introduire dans les finances, lorfqu'en 1718, pour ranimer le crédit public & foutenir celui des fermes générales, on créa pour cent millions d'actions des fermes.

Les actions de la compagnie des Indes ayant fuccédé à ces dernieres, l'ufage des coupons fut dès-lors établi dans le commerce des actions.

Chaque dividende ou répartition d'action, eft divifée en deux *coupons* payables par femeftre, & chaque billet & police d'action, contient fix *coupons*, ou des dividendes pour trois années.

Ces *coupons* ont été inventés pour faciliter le paiement des dividendes, & épargner à l'actionnaire le foin de faire dreffer des quittances tous les fix mois. Ils font payables au porteur, fans avoir befoin d'acquit, ni d'aucune fignature. On les appelle *coupons*, parce qu'ils font une dépendance du billet d'action, & qu'on les coupe tous les fix mois pour toucher le dividende ou l'intérêt du billet; en forte qu'ils deviennent des quittances en forme, qui fuffifent au caiffier de la compagnie des Indes pour fa décharge, & à l'actionnaire pour recevoir fa répartition de fix mois, fans avoir befoin de figner.

Chaque *coupon* d'action a une empreinte du fceau de la compagnie, de façon qu'une police d'action pour trois années, a fept fceaux; la derniere divifion qui eft proprement l'action, ayant auffi le fien. Tous les trois ans les billets d'action fe renouvellent. Voici un modèle de ceux qui fe délivrent à la compagnie des Indes.

Les croix qu'on a mifes dans chaque divifion, tiennent lieu du fceau de la compagnie.

Modèle d'une police d'action de la compagnie des Indes, avec fix coupons.

Nº 514933

     Six premiers mois de 1750.

Répartition d'une action de la compagnie des Indes.   +

___

Nº 514933

     Six derniers mois de 1750.

Répartition d'une action de la compagnie des Indes.   +

___

Nº 514933

     Six premiers mois 1751.

Répartition d'une action de la compagnie des Indes.   −   +

___

Nº 514933

     Six derniers mois de 1751.

Répartition d'une action de la compagnie des Indes.   +

___

Nº 514933

     Six premiers mois de 1752.

Répartition d'une action de la compagnie des Indes.   +

___

Nº 514933

     Six derniers mois de 1752.

Répartition d'une action de la compagnie des Indes.   +

___

Nº 514933

Le porteur du préfent billet eft propriétaire d'une action de la compagnie des Indes. A Paris le dix Janvier 1750.

           Signé, &c.

Vu par Meffieurs les directeurs de la compagnie des Indes. *Signé*

Les billets de différentes loteries, ont auffi leurs *coupons* fur lefquels on paie la rente du capital du billet. On y joint des *coupons* pour les années qui forment le terme dans lequel ces loteries doivent être tirées, jufqu'à leur rembourfement entier. * *

COUR DES AIDES. Le roi Jean ayant choifi quelques officiers pour connoître privativement, de l'impofition ou aide générale de huit deniers pour livre établis fur le fel,& fur toutes les marchandifes qui feroient vendues, par fon ordonnance de 1360, donna ainfi lieu à la naiffance de la *cour des aides*.

On pourroit même faire remonter plus haut fon origine, en remarquant qu'il étoit d'ufage, chaque fois qu'on établiffoit une aide, même particuliere, de nommer des commiffaires, tant pour en faire l'impofition, que pour juger des conteftations que la levée de ce fubfide occafionnoit. Ainfi on voit Philippe de Valois nommer en 1331, des commiffaires, pour départir une fomme de cent cinquante mille livres dans la fénéchauffée de Carcaffonne, avec pouvoir de *contraindre les rebelles & contredifans*, & commandement à tous jufticiers de leur obéir.

Quoi qu'il en foit à cet égard, c'eft à Charles V qu'on peut, avec plus de fondement, attribuer l'établiffement de la *cour des aides*. Son ordonnance de 1364, compofa un tribunal de fix commiffaires généraux, confeillers députés qu'il choifit parmi les perfonnages les plus qualifiés, puifque le comte de Champagne fut de ce nombre. C'étoit, fi l'on veut, des généraux des aides, des fuperintendans & gouverneurs des finances.

Elle leur attribue toute juridiction civile & criminelle fur le fait des aides & tailles, avec pouvoir de mettre & établir des élus, receveurs, grenetiers, contrôleurs, & autres officiers néceffaires au maniement & recouvrement des aides & tailles.

Le fucceffeur de Charles V qui venoit de mourir au mois de feptembre 1380, ne parvint à appaifer la révolte des peuples contre les impôts, qu'en les aboliffant. En conféquence, une ordonnance du 16 novembre 1380, » quitta, remit, » annulla & mit au néant toutes aides & fubfides » quelconques qui pour le fait des guerres avoient » été impofés depuis le roi Philipe le bel, » jufqu'au jour de cette ordonnance, fouages, » impofitions, gabelles, treizieme, quatrieme & » autres de quelque genre qu'ils fuffent, voulant » que fes fujets en demeuraffent francs & quittes » comme ils l'étoient avant Philippe le Bel, & » que ce qu'ils en avoient payé ne tournât point » à leur préjudice ni à celui de leurs fucceffeurs, » & ne pût être tiré à conféquence pour l'avenir.

Dès-lors les généraux des aides, les furintendans des finances, étoient fupprimés & reftoient fans fonctions.

Cette belle aurore d'un nouveau règne, ne fut fuivie que par des jours affreux. Les rênes du gouvernement étoient entre les mains des quatre oncles du roi, qui n'étoit âgé que de douze ans. Peu de tems après cette ordonnance, on tenta de rétablir tout ce qui avoit été aboli.

Le duc d'Anjou, alors régent du royaume, avoit arrêté un nouveau tarif des droits impofés fur les comeftibles. Leur perception devint le fignal d'une fédition générale, dans les principales villes du royaume, comme Paris, Rouen, Troyes, Orléans & plufieurs autres. Ce ne fut qu'en 1383, que ces mouvemens féditieux furent entièrement calmés par le roi en perfonne, qui revenoit de Flandre, avec une armée victorieufe à Rofebeque. Les chefs des révoltés à Paris, furent arrêtés & punis. On ordonna de nouveau la levée des impôts, qui fubfifterent toujours depuis cette époque, &, dans ce premier moment, ils furent exigés avec des violences indicibles.

Des lettres du 26 janvier 1383, réglèrent, dans la plus grande étendue, le pouvoir, l'autorité & la juridiction des généraux confeillers fur le fait des aides, & c'eft ici que fe reconnoît vifiblement l'origine du pouvoir des furintendans-contrôleurs-généraux & miniftres des finances & de la compétence de la *cour des aides*.

Le roi commet, ordonne & établit fes généraux confeillers, pour lefdits aides gouverner & maintenir, leur donne plein pouvoir, autorité & mandement fpécial, d'établir & deftituer, toutes les fois que le cas le requerra, les élus, receveurs, grenetiers, contrôleurs, commiffaires, fergens & autres officiers, dans toutes les cités, villes, diocèfes, & pays du royaume *où les aides ont & auront cours*.

De commettre vifiteurs-généraux ou particuliers.

De faire faire la levée & recette des deniers qui en proviendront.

De les faire apporter au receveur-général, à Paris, pour être employés au fait de ladite recette, ou autrement, du commandement & ordonnance du roi.

De taxer gages raifonnables & fuffifans auxdits officiers.

De donner à ferme ou à régie lefdits aides.

D'accorder répit & délai aux fermiers.

De taxer les gages, falaires, & frais de ceux qui apporteront ou conduiront les deniers à la recette.

De faire payer, par le receveur-général, ou par les receveurs particuliers, tous les frais, dépenfes & autres chofes néceffaires ou profitables, qui feront par eux ordonnées, ou par quatre, ou trois d'entre eux.

D'avoir entièrement l'ordonnance & connoiffance du fait des aides, circonftances & dépendances.

De commander, faire figner & paffer les lettres néceffaires par les notaires du roi, & fous le grand fceau.

Aucune lettre touchant le fait des aides, n'aura d'exécution, fi elle n'eft fignée de quatre ou trois d'entre eux.

Nulles ordonnances, mandemens, quittances, ou décharges de deniers, ne feront pareillement

H h h ij

allouées dans les comptes des receveurs ou commis, sans une pareille signature.

A eux seuls appartient la correction, punition des élus, receveurs, grenetiers, contrôleurs & officiers, & aucun autre juge ne doit s'en entremettre.

Tous gages & salaires des élus, receveurs, notaires, clercs, visiteurs & commissaires quelconques, sur ledit fait, taxés ou à taxer, tous répits & délais, ou compositions ordonnés par trois, au moins, d'entre eux, toutes mises & dépenses qui seront payées de leur commandement, & tout ce qui sera fait par eux, tiendra, vaudra & aura son plein effet, & sera passé en la chambre des comptes, comme si le roi en personne l'eût fait & ordonné.

Tout ce qui sera fait par deux, au moins, d'entre lesdits conseillers, quant au fait de justice, sentencié ou jugé, tiendra & vaudra entiérement, ainsi & de même que ce qui est fait ou jugé par arrêt du parlement.

Ce qui aura été mal fait, par inadvertence, erreur ou autrement, sera par eux, & non par autres, réparé comme bon leur semblera à faire, selon raison, appellés avec eux plusieurs du conseil, au nombre de six, ou quatre au moins.

Toutes les lettres-patentes ou commissions postérieures, renferment à-peu-près les mêmes dispositions, en distinguant néanmoins le fait de justice, de celui de l'administration & distribution des finances, & nommant ceux d'entre les généraux conseillers qui devoient, à l'exclusion des autres, avoir la direction de ces derniers objets.

C'est ce qui se reconnoît dans les lettres du dernier février 1388, où il est dit que l'intention du roi n'est pas que trois d'entre eux s'entremissent aucunement de la distribution des finances desdits aides, si ce n'étoit dans le cas touchant le fait de la justice, ni qu'ils pussent donner aucun délai ou répit pour les finances, trois autres conseillers étant chargés de ce fait, seuls & pour le tout.

Les successeurs de Charles VI, & particuliérement Louis XI, régla le nombre des officiers de la cour des aides de Paris, déja augmenté sous son prédécesseur. Enfin, Louis XIII, en 1635, & Louis XVI, en 1774, ont donné à cette cour la constitution qu'elle conserve aujourd'hui, & dont on peut voir le détail dans le Dictionnaire de jurisprudence. Nous allons nous borner à parler de son ressort, & à faire connoître quels sont les objets de sa compétence.

Cette cour, dans son origine, étoit unique, & son ressort comprenoit tout le royaume. Comme il étoit trop étendu, on en établit quatre autres, à Montpellier, à Bordeaux, à Clermont, & à Montauban.

Outre ces cinq cours des aides, il y en a plusieurs autres qui sont unies à des parlemens ou chambres des comptes. Telles sont celles de Gre-

noble, de Dijon, de Rennes, de Pau, de Rouen, d'Aix, de Nancy, &c.

Aujourd'hui le ressort de la cour des aides de Paris, est le même que celui du parlement; sa compétence est de connoître & décider, en dernier ressort, tout procès, tant civil que criminel, entre toutes personnes de quelque état, rang & qualité qu'elles soient, & de quelques privilèges qu'elles jouissent, au sujet des aides, gabelles, octrois, tailles, droits de traites, droit de marque des fers, & autres subsides ou impositions.

Cette cour reçoit les appels interjetés des sentences des élections, greniers à sel, juges des traites, maîtres des ports, juges de la marque des fers, & autres sièges de son ressort; même les appels des sentences rendues sur le fait des droits d'octroi ou autres, dont la connoissance est attribuée, en première instance, au bureau de la ville, ou autres juges, par les édits & déclarations, sauf l'appel en la cour des aides.

Elle connoît aussi des appels, des ordonnances & jugemens des intendans & commissaires départis dans les provinces & généralités, au sujet des cotes d'office par eux faites, & des autres matieres qui sont de la compétence de cette cour.

C'est elle seule qui juge des titres de noblesse: non-seulement elle en juge sur les contestations des parties, mais son procureur-général est en droit d'obliger tous ceux qui se disent nobles, à produire les pieces sur lesquelles ils fondent cette qualité.

Elle vérifie aussi les lettres d'anoblissement & de réhabilitation de noblesse; elle connoît des exemptions & privilèges dont les nobles & les ecclésiastiques doivent jouir, par rapport aux aides, aux tailles, aux gabelles, & autres impositions. Les nobles qui sont troublés dans leur noblesse, par l'imposition à la taille, doivent se pourvoir, en premiere instance, à la cour des aides.

Les états de la maison du roi, ceux de la maison de la reine, des enfans de France, & du premier prince du sang, sont vérifiés à la cour des aides de Paris, & déposés dans son greffe. Tous les officiers compris dans ces états, sont jugés en dernier ressort, relativement à leurs privilèges & exemptions, que la cour des aides de Paris, quoiqu'ils soient domiciliés dans l'étendue du ressort d'une autre cour des aides, où l'on n'envoie que des copies de ces états.

Elle connoît pareillement & privativement aux autres cours, en premier & dernier ressort, tant au civil qu'au criminel, de tous les différends, pour raison des finances & maniement de deniers dont les comptes doivent être présentés à la chambre des comptes, du paiement des débets de ces comptes, & des exécuteurs de cette chambre; en conséquence, c'est la cour des aides qui connoît de tous débets, discussions, ventes d'immeubles, privilèges & hypothéques concernant les comptables, le maniement & administration des deniers royaux, entre les tréforiers, receveurs-généraux & particuliers, leurs commis & leurs cautions ; de toutes contestations concernant les baux, fous-baux ; traités, affociations dans les affaires de finance, entre les fermiers, fous-fermiers, munitionnaires, entrepreneurs des vivres & étapes, traitans, leurs affociés, croupiers, cautions, participes, commis & autres intéreffés, fous quelque fcel, privilégié ou non, que les actes aient été paffés à Paris ou ailleurs, ce qui eft fondé fur l'édit du mois de mars 1551.

Elle connoît encore, en premiere inftance & dernier reffort, exclufivement à tous autres cours & juges, de la difcuffion des biens de tous les comptables & gens d'affaires du royaume, & de leurs defcendans & héritiers à perpétuité, en quelque lieu de l'obéiffance du roi que leurs biens foient fitués, lefquels ne peuvent être purgés de l'hypothéque du roi, que par des décrets faits en la *cour des aides* de Paris.

La faifie réelle, foit des offices, foit des immeubles des comptables, ne fe peut faire ailleurs qu'en la *cour des aides*. Cette faifie fe fait à la requête du procureur-général de la *cour des aides*, pourfuite & diligence du contrôleur-général des reftes : *voyez les fonctions de cet officier, au rang alphabétique de ce mot.*

C'eft à la *cour des aides* que cette faifie eft enregistrée, & que le décret s'en pourfuit. Sa compétence s'étend tellement fur toutes les affaires & les perfonnes dont on vient de parler, qu'elle a le droit de les évoquer des requêtes du palais, du châtelet, & de tous les autres tribunaux, quand même les parties y auroient des attributions particulieres, ainfi que toutes les affaires dans lefquelles les fermiers-généraux, ou le contrôleur-général des reftes font parties ; &, en conféquence de l'évocation, de juger les appels, s'il y a eu des fentences rendues.

COURTAGE. (Droit de) Il s'agit ici d'un droit local, à Bordeaux, qui fait partie des droits de traites, & fe leve fur toutes les marchandifes qui entrent & fortent par mer, & font fujettes aux droits de convoi, de comptablie, & de quatre pour cent.

Ce droit doit être diftingué de celui de jauge-courtage, qui dépend, en partie, de la ferme des aides.

Le droit de *courtage* tire fon nom des courtiers-royaux, au profit defquels il avoit été établi lors de leur création, qu'on attribue aux circonftances fuivantes.

Après la conquête de la Guyenne fur les Anglois, ils continuerent de fréquenter le port de Bordeaux. On peut voir au mot *comptablie*, qu'ils y étoient même traités avec quelque préférence. Les habitans ayant conçu quelque défiance du

retour fréquent des marchands de cette nation, qui avoit toujours pour motif d'acheter des vins, commirent un certain nombre d'entre eux, pour veiller fur les démarches de ces étrangers, & pour les accompagner dans leurs achats.

Ceux qui furent chargés de ce foin, reçurent le nom de courtiers. On les rendit refponfables des achats auxquels ils prêtoient leur entremife, & on la récompenfa en leur attribuant quelques droits, qui étoient payés moitié par le vendeur, & moitié par l'acheteur.

On établit, par la fuite, des emplois de courtiers en différentes villes du royaume. Mais le peu de choix qu'on mit dans les gens deftinés à les exercer, donna lieu à beaucoup d'abus. On crut les prévenir en érigeant ces emplois en offices. Ce fut l'objet de l'édit de Charles IX, du mois de juin 1572, qui ordonna que les courtiers prêteroient ferment entre les mains des magiftrats, & feroient pourvus de commiffion du roi, ou des communautés.

Un autre édit du mois de février 1610, déclara les offices de courtiers héréditaires. Leur nombre varia, dans chaque ville, fuivant que le gouvernement appercevoit, dans cette création, des reffources pour les befoins du moment.

Les courtiers de Bordeaux avoient prêté à la ville une fomme de deux mille cinq cents écus, fur laquelle il leur en étoit dû dix-fept cents, y compris les intérêts. Un procès élevé entre eux & les jurats, ou officiers municipaux, qui demanderent que les droits des courtiers fuffent modérés, tandis que ceux-ci réclamoient leur paiement, fut terminé par une tranfaction paffée le 17 feptembre 1603. On convint, par divers articles, que les courtiers pourroient prendre trente fols, par tonneau de vin & de miel, au lieu des douze fols qui leur avoient été payés jufques-là, & que pour toute autre marchandife, ils percevroient un pour cent, qui feroit payé par les vendeurs.

Les courtiers, de leur côté, confentirent à tenir la ville de Bordeaux quitte des dix-fept cents écus qu'elle leur devoit, ainfi que des intérêts.

Un édit du mois de février 1635, en avoit fixé le nombre à foixante, pour Bordeaux, Libourne & le pays Bordelois. Un autre édit de novembre 1642, le réduifit à cinquante-trois, & une déclaration du mois de mars 1644, enregiftrée le 28 février 1650, le reporta à foixante. Elle confirma en même tems l'attribution des droits dont jouiffoient ces courtiers, fuivant leurs ftatuts homologués au parlement, & accordés par les jurats & habitans, en 1631.

Voici ce que portent ces ftatuts, qui forment le tarif des droits des courtiers.

Pour chaque tonneau de vin chargé par les marchands étrangers, forains ou autres, par commiffion, excepté le vrai bourgeois, pour fon

compte & rifque , fans fraude ni déguifement ,
eft dû trente fols , ci . . . . . 30 f. d.

Pour chaque tonneau de miel , de
vinaigre , de térébenthine , & chaque
piece d'eau-de-vie chargés comme
deffus 30
Pour chaque barrique de prunes . 15
Pour chaque quintal de prunes . 2 6
Pour chaque balle de paftel . . 10
Et pour chaque tonneau de vin
acheté par les Bretons , en haut pays 16
Pour chaque millier de réfine . . 6

Et pour toutes autres marchandifes , foit à l'entrée , foit à la fortie , un pour cent.

Comme auffi fera payé , par les maîtres de vaiffeaux , le fret du premier tonneau des navires &
barques qui chargeront efdits ports de Bordeaux ,
Libourne & Bourg , fauf , comme dit eft , s'ils font
fretés & chargés pour le compte de vrais bourgeois de Bordeaux , fuivant la déclaration du mois
de mars 1644.

Ne pourront , lefdits navires & barques , être
fretés ni mis en coutume d'entrée ou d'iffue ,
c'eft-à-dire , déclarés à la douane , que par le
miniftere des courtiers.

La mobilité des principes fur lefquels les offices
de courtiers avoient été établis , fe montre par
les viciffitudes auxquelles ils furent fujets.

L'arrêt du 14 avril 1663 , avoit ordonné que
la levée de leurs droits feroit faite au profit du
roi , & que leur qualité d'officiers royaux demeureroit révoquée. Un autre arrêt du 16 octobre de
la même année , leur rendit la jouiffance de leurs
droits & de leurs qualités , à la charge de payer
une fomme de quatre-vingt mille livres par chaque
année , en quatre paiemens égaux , en forte qu'ils
fembloient n'être plus que les fermiers du droit
qu'ils percevoient.

Cet arrangement ne fubfifta qu'environ dix-fept
ans. Le 11 juillet 1679 , un arrêt prefcrivit à
ces agens publics , de remettre leurs titres à l'intendant de la Guyenne , & l'année fuivante , un
autre arrêt , du 27 avril , ordonna que les droits
attribués aux offices de courtiers royaux des villes
de Bordeaux, Bourg, Libourne & pays Bordelois,
feroient & demeureroient pour toujours réunis à
la ferme du convoi & comptablie , pour être perçus
au profit de fa majefté ; & ces droits retinrent la
dénomination de droit de courtage.

Ce droit , comme on l'a dit , fe perçoit fur les
marchandifes qui entrent par mer , & paient les
droits de comptablie , de convoi , & de quatre
pour cent , dû fur les drogueries épiceries. Néanmoins , il ne fe leve pas fur le fel , ni fur les
marchandifes affujetties à des droits uniformes par
de nouveaux arrêts , ni fur celles qui entrent ou
fortent par terre.

Lorfque ce droit fe perçoit fur les marchandifes qui ne font pas dénommées dans les articles
rapportés , à raifon d'un pour cent de la valeur ,

c'eft d'après l'eftimation portée dans le tarif du
droit de comptablie , arrêté en 1688.

Le droit de courtage fe leve dans les mêmes
circonftances & en même quotité , dans les ports
de Blaye , Bourg & Libourne ; mais dans cette
derniere ville , les fels du Médoc feuls en font
exempts. Ceux qui y viennent de Brouage , de
Poitou & de Bretagne , paient un fol par pipe
du poids de quinze à feize cents livres.

Les marchandifes deftinées pour les habitans de
ces villes , ne paient point le droit de courtage ,
attendu l'exemption générale dont ils jouiffent ,
ainfi qu'elle a été rapportée à l'article comptablit.
Voyez ce mot.

La perception du droit de courtage fouffre , au
bureau de Blaye , des exceptions qui méritent
d'être remarquées.

D'abord , il ne fe perçoit point , à l'entrée ,
fur tout ce qui y vient par mer. Le titre de cette
immunité eft un ufage immémorial. Il n'a pas
lieu non plus fur ce qui fort par mer.

Le produit de ce droit n'appartient qu'en partie
au roi ; l'autre eft à la maifon de Saint-Simon ,
à laquelle les maire & jurats de Blaye céderent ,
le 27 août 1650 , la propriété de ce droit , à
la charge de payer les fommes que la ville avoit
empruntées pour le rembourfement des offices des
courtiers royaux , créés pour la ville & banlieue
de Blaye , avec attribution d'un droit de vingt
fols par tonneau de vin.

Depuis cette époque , la maifon de Saint-Simon
a toujours joui d'un droit de vingt fols par tonneau , fur les vins & eaux-de-vie du crû de Blaye ,
& , par un ufage qui ne peut être regardé que
comme abufif , fur les châtaignes & graines de lin.

Ce droit n'eft perçu , pour le compte du roi ,
que fur les vins & eaux-de-vie qui viennent de
Bourg , Libourne , Médoc & pays haut. Il eft de
trente fols par piece d'eau-de-vie & par tonneau
de vin , de quinze fols par demi-barrique de prunes ,
de dix fols par tonneau de miel & de légumes ,
& d'un pour cent de l'eftimation de toutes les
autres marchandifes qui fortent par mer , à l'exception de celles qui font pour le compte des habitans , ou affujetties à des droits uniformes.

Il n'eft pas inutile de remarquer que , quoique
le droit de courtage , à Bordeaux , jadis perçu par
les courtiers , ait été converti en une impofition
royale réunie aux fermes ; les courtiers n'en fubfiftent pas moins , & perçoivent encore des droits ,
qui font une augmentation de charges pour le
commerce. Ce droit de courtage forme , tant à Bordeaux que dans le Bordelois , une recette d'environ
cent cinquante mille livres en principal.

Ces courtiers font encore au nombre de quarante à Bordeaux , & jouiffent du privilège exclufif d'affreter les barques & les navires.

Les étrangers & les bourgeois même , qui ne
chargent pas pour leur propre compte , font tenus
de fe fervir de leur miniftere.

Depuis que les courtiers ont été privés de leurs anciens droits, les négocians ont coutume de leur abandonner, pour falaires, le bénéfice de vingt-un pour vingt, fur les vins; & de leur donner cinq fols par barrique d'eau-de-vie, par tonneau de miel, barrique de prunes, & pour les autres marchandifes, à proportion.

COURTAGE. (Droit de) A la Rochelle & à Marans, ce droit eft de même nature que celui de Bordeaux, & doit également fon origine à des offices de courtiers, d'abord créés avec des attributions, & enfuite fupprimés, en laiffant fubfifter leurs droits.

Voici ce qu'on trouve fur le droit de *courtage* de la Rochelle, auquel étoit uni, comme à Bordeaux, un autre droit, appellé droit du premier tonneau de fret.

Dans le bail des fermes, fait à Forceville en 1738.

« Jouira l'adjudicataire des droits attribués aux » offices de courtiers à la Rochelle, & de celui, » appellé le premier tonneau de fret, de tous les » bâtimens de mer, fretés aux ports & rades de » la ville, fuivant l'arrêt du confeil du 14 août » 1663, & les tarifs arrêtés ès années 1669 & » 1672. »

On préfume, d'après le filence des regiftres du bureau de la Rochelle, que ces droits font, comme on l'a déja obfervé à l'article CINQ GROSSES FERMES, tombés en défuétude, & qu'ils ne fe perçoivent plus. *Voyez* FRET.

Le même bail s'explique ainfi fur le droit de *courtage*, mefurage dû à Marans.

« Jouira l'adjudicataire des droits attribués aux » offices de courtiers, mefureurs & contrôleurs, » parifis, douze & fix deniers fur les grains, lé- » gumes, noix, marrons & châtaignes, fortant par » la riviere de Marans, & fur le fel, entrant » par la même riviere. »

Ces droits ont été réunis à ceux des fermes, par arrêt du 14 avril 1663, par édit du mois de mai de la même année, fuivant l'article 207 du bail de Fauconnet; & leur perception fur les fels a été confirmée par déclaration du 3 feptembre 1726.

Ces droits fe perçoivent avec le parifis, douze & fix deniers qui en font un acceffoire, ainfi que de plufieurs autres droits, fur des tarifs d'ufage & manufcrits, & fur les baux fucceffifs, qui ont confirmé cette perception depuis plus d'un fiécle. *Voyez* JAUGE-COURTAGE, DROIT D'AIDE.

COURTIERS - JAUGEURS. (Droit des) Cette dénomination annonce qu'il s'agit ici d'offices de *jaugeurs* de futailles, dont les fonctions s'exerçoient fur les vaiffeaux contenant les vins & autres boiffons.

En effet, on fait qu'avant 1550 il exiftoit des

offices de *jaugeurs*, dans les villes fituées fur les rivieres de Seine, d'Yonne, de Marne & d'Oife, créés à l'imitation de ceux de Paris, & qu'ils étoient chargés de la vifite & la vente des boiffons.

La fuppreffion de ces offices donna d'abord naiffance aux droits de jauge-courtage, tels qu'ils fubfiftent encore à préfent.

Dans la fuite, les circonftances de la guerre, qui avoient fait établir ces droits, firent penfer à créer de nouveaux offices de *courtiers* & de *jaugeurs*. Ceux de *courtiers* furent établis dans un grand nombre de villes & bourgs, par édit de juin 1691, avec attribution de droits, femblables à ceux qui étoient payés aux *courtiers*, commiffaires gourmets, qui fe mêloient, avant cet édit, de la vente des boiffons.

Les offices de *jaugeurs* ne furent créés que par l'édit d'avril 1696, & établis par - tout comme ceux de *courtiers*; à l'exception de la ville de Paris, où il y en avoit, & de la province d'Alface, qui obtint un abonnement annuel, pour tenir lieu du rachat de ces offices.

Ce même édit de 1696 accorde aux *jaugeurs*, pour leurs droits, quatorze fols par muid & demi-queue de vin, deux fols par demi-muid, quarteau ou tierceau, & pour les autres vaiffeaux à proportion; pour l'eau-de-vie & les liqueurs, le double des droits établis fur le vin, & moitié pour les bieres, cidres & poirés; lefdits droits, payables par toute forte de perfonnes, fans exception même pour les eccléfiaftiques, pour le vin du crû de leur bénéfice, ainfi que fur les vins deftinés pour Paris.

La déclaration du 4 feptembre de la même année réunit les offices de *courtiers* à ceux de *jaugeurs*, pour être poffédés par les mêmes titulaires, & perçus en même tems; favoir: ceux des *courtiers*, qui furent réduits à moitié par cette déclaration, pour être perçus fur les boiffons & liqueurs, au premier enlevement, & à chaque vente & revente, & ceux de *jaugeurs*, feulement au premier enlevement, à peine, en cas de fraude, de confifcation, avec cinq cents livres d'amende.

Cette même déclaration ordonna que, dans les pays d'états, & dans les provinces & lieux où les aides n'ont pas cours, les droits de *courtiers-jaugeurs* feroient réunis & incorporés auxdits états, provinces & lieux; en payant, par les acquéreurs, les fommes auxquelles la finance des offices feroit taxée, fuivant les rôles qui en feroient arrêtés au confeil.

Ces droits, après avoir été fupprimés en 1616 & 1720, furent rétablis en 1722 avec ceux des infpecteurs aux boiffons, par arrêt des 22 & 24 mars, & pour avoir lieu dans tout le royaume, fans diftinction de pays, fujet ou non fujet aux aides.

Les droits de *courtiers-jaugeurs*, avec ceux d'infpecteurs aux boissons & aux boucheries, forment ce qu'on comprend aujourd'hui sous le nom de *droits rétablis*, & dépendent de la ferme des aides, depuis qu'ils y ont été compris en 1726.

Comme les droits de *courtiers* devoient être perçus suivant l'usage des lieux où il se trouvoit des *courtiers*, commissionnaires en titre, & que leur quotité varioit, non-seulement dans les différentes généralités, mais encore dans chaque élection ; la déclaration du 4 septembre l'avoit fixée par un tarif, pour plusieurs généralités & élections du royaume, sur le pied à-peu-près qu'elle avoit eu lieu jusqu'alors. Cette fixation fut adoptée en 1722, & l'arrêt du 8 mai de la même année y ajouta un nouveau tarif pour le Poitou & le pays d'Aunis.

L'arrêt du 14 août de la même année a réuni les droits de *courtiers-jaugeurs* à ceux d'inspecteurs aux boissons, dans la ville de la Rochelle, pour être perçus conjointement à l'entrée ; & dans les élections de Coignac, Saintes & Saint-Jean-d'Angeli, les arrêts du conseil des 12 janvier 1740, & 17 novembre 1744, ont aussi ordonné cette réunion sur les eaux-de-vie seulement.

La perception des droits de *courtiers-jaugeurs*, ne pouvant être faite que dans les pays sujets aux aides, les provinces, où cette imposition n'a pas lieu, ont des abonnemens annuels qui la remplacent, & qui comprennent en même tems les droits des inspecteurs aux boissons & aux boucheries.

Jusqu'en 1771, les droits de *courtiers-jaugeurs* avoient été exempts des quatre sols pour livre, & autres sols additionnels, mis en 1760 & en 1763 ; mais à cette époque, l'édit de novembre les assujettit aux huit sols pour livre, ainsi que ceux qui jusque-là n'avoient pas supporté ces accessoires. Depuis l'édit du mois d'août 1781, qui a ajouté deux sols pour livre aux huit sols existans, les droits de *courtiers-jaugeurs* sont sujets aux dix sols pour livre.

Ces droits sont dus sur toutes espèces de boissons, même sur les demi-vins & piquettes, lorsqu'elles sont enlevées du lieu du crû, c'est-à-dire, de celui où elles ont été façonnées & entonnées, pour être transportées dans la maison d'habitation du propriétaire ; si elle est hors de l'enceinte du lieu du crû, quand même elle seroit dans la même paroisse. Cependant l'usage s'est introduit de ne point percevoir ces droits, lorsque le transport s'exécute pendant les vendanges, & jusqu'au tems des inventaires ; mais les propriétaires n'en sont pas moins assujettis à faire la déclaration au bureau, de leurs boissons, & d'y prendre un congé pour ce transport.

Au reste, lorsque les droits de *courtiers-jaugeurs* ont été acquittés une fois par un propriétaire, dans le cas de changement de paroisse, ils ne sont plus exigibles que quand il arrive mutation de propriété.

Ils le seroient conséquemment toutes les fois qu'il y auroit vente sans déplacement, c'est-à-dire, qu'une maison, renfermant des vins & autres boissons, seroit vendue. Cette question a été jugée par arrêt du conseil du 17 mai 1740.

Les mêmes droits de *courtiers-jaugeurs* sont dus sur les boissons, venant des pays exempts de ces droits, ou abonnés dans ceux qui y sont sujets, suivant la déclaration du 23 octobre 1708, qui ordonne expressément que personne n'en sera exempt.

Les négocians du Havre, ayant prétendu que des vins, venus de Bordeaux dans leur ville, avec la destination des îles Françoises de l'Amérique, devoient être exempts des droits de *courtiers-jaugeurs*, en vertu de l'exemption générale prononcée par les lettres-patentes de 1717 ; cette prétention fut condamnée par arrêt du conseil du premier octobre 1743.

Ces droits sont dus encore sur les boissons qui ont séjourné plus de huit jours dans un lieu de passage, si elles y sont arrivées par eau, & plus de trois jours, si elles sont venues par terre ; ce lieu étant alors réputé celui de leur destination.

Cette règle générale souffre une exception à Calais. Les négocians de Lille, qui font venir pour leur résidence des eaux-de-vie dans le port, jouissent d'un délai de six semaines, à la charge de remplir différentes formalités, tendantes à constater la destination de ces eaux-de-vie, & leur déchargement dans des délais fixés.

Il est défendu à tous conducteurs de voitures de transporter des boissons, sans avoir en main l'acquit des droits de *courtiers-jaugeurs*, à peine de confiscation & de deux cents livres d'amende.

La connoissance des contestations, pour raison de ces droits, comme de ceux des inspecteurs aux boissons, est réservée aux intendans, sauf l'appel au conseil ; elle a été confirmée par deux arrêts des 29 août 1775, & 9 juillet 1776.

COUTUME. (Droit de) Il peut être considéré comme une sorte de droit de péage, qui n'est dû que dans le pays de Labour, sur tout ce qui y entre, qui en sort, ou le traverse.

Ce droit de *coutume* prend son origine dans celui de quatre deniers, que la ville de Bayonne étoit autorisée à faire percevoir à son profit, sur toutes les marchandises que les marchands forains y apportoient, ou qu'ils en faisoient sortir.

Tout ce que l'on sait de sa création, c'est qu'il existoit déjà dans le douzieme siécle, lorsque Bayonne passa avec la Guyenne sous la domination de l'Angleterre, & que cette ville fut confirmée dans la jouissance de ce droit, par tous les rois de cet état, depuis Henri II en 1154, jusqu'à Henri VI en 1451.

Dire que son nom vient de ce qu'il est passé

en *coutume* de le payer, feroit un paralogifme d'autant plus vicieux, que ce droit n'a pu mériter ce nom de *coutume* à l'inftant de fon établiffement; il eft plus probable qu'il vient, non pas du mot latin *confuetudo*, comme l'a dit le docteur Blackf-tonne; mais plutôt, ainfi que le penfe Samüel Baldwin, dans fon code des douanes de l'Angle-terre, du vieux mot françois *couftume*, qui a fignifié une *taxe de toute efpèce*, un *droit*, ou de-*voir*, ou une *charge*, terme dérivé du mot *couft*, exprimant ce qui *coûte*, ce qui eft *obligatoire*, un *coûtage*, une *coûtance*, ou dépenfe quelconque; la preuve de cette acception eft confignée dans toutes les anciennes ordonnances, où le mot *cou-tume* fe trouve employé pour celui de prix ou de dépenfe, & celui de coutumé, pour acquitté. On en voit un exemple dans la pancarte ou tarif des droits & devoirs, dus aux ports & havres de Bretagne, extrait des regiftres de la chambre des comptes, le 25 juin 1565, page 23 & 25.

Des marchandifes *coutumées*, ou qui ont cou-tumé, font celles qui ont acquitté & payé les droits.

Charles VII, après la conquête de Bayonne, fupprima, par lettres-patentes du 22 feptembre 1452, l'impofition de quatre deniers, qui appar-tenoit à la ville, & l'établit à fon profit; mais par d'autres lettres du 26 feptembre 1455, ce roi rendit à la ville la jouiffance de fes quatre deniers, qui furent en augmentation des quatre autres, qui fe levoient pour le compte de ce prince.

Louis XI, fucceffeur de Charles VII, ayant augmenté le droit de *coutume* de quatre deniers, en accorda fix à la ville de Bayonne, par lettres-patentes des 19 mai & 18 octobre 1462; & fe réferva l'autre moitié, avec la claufe que les habitans, bourgeois de la ville, feroient francs & quittes de la *coutume* de douze deniers pour livre, de toutes les denrées & marchandifes à eux appartenantes, & qu'ils feroient entrer en leur nom, tant dans la ville de Bayonne, que dans les ports de Saint-Jean-de-Luz & Cap-Breton, ou qu'ils en feroient fortir.

François Ier. Charles VIII & Louis XII ratifièrent cette conceffion par lettres-patentes de 1498, 1511 & 1532; les chofes fubfiftèrent en cet état jufqu'en 1597, que Henri IV céda, par lettres du 31 janvier, la moitié du droit de *coutume* qui lui appartenoit, au Comté de Gram-mont, qui donna en échange, le Comté de Blaye & fes dépendances.

La ville de Bayonne continua de jouir de l'autre moitié jufqu'en 1664, que Louis XIV, par arrêt du 24 mai, la réunit à fes fermes.

Ce droit, qui, fuivant fon inftitution, devoit être de douze deniers pour livre, de la valeur des marchandifes, tant à l'entrée qu'à la fortie, fe perçoit fuivant un tarif qui a lieu dans tout

le pays de Labour, & qui préfente différentes modifications.

L'époque, où ce tarif a été formé & établi, eft abfolument inconnue; lorfqu'il fut queftion de faire la perception du droit de *coutume* pour le compte du roi, la ville ne voulut communiquer aucun titre; les commis du fermier fuivirent l'ufage qu'ils trouvèrent obfervé avant eux, & par les prépofés de la maifon de Grammont.

Les feules autorités qui confirment ce tarif font l'arrêt du 12 février 1671, qui maintient les habitans de Bayonne dans leur exemption, & celui du 31 août 1728, cité à l'article de Bayonne, qui ordonne le ferment folemnel, outre le fer-ment ordinaire, pour affurer la vérité de leurs déclarations, toutes les fois qu'il fera queftion de marchandifes de la valeur de deux mille livres. Il ordonne encore, qu'il fera fourni, au fermier, un rôle des vrais bourgeois, & qu'en cas de con-teftation, les droits feront payés par provifion.

Quoi qu'il en foit, toute marchandife, arrivant en cette ville pour un habitant, non bourgeois, & fortant de fuite pour fon compte, ne doit que cinq pour cent de fa valeur; favoir, trois & demi à l'entrée, & un & demi à la fortie.

Si cette marchandife eft entrée pour le compte d'un privilégié, & fort, pour celui d'un non pri-vilégié, elle doit trois & demi pour cent à la fortie; & fi elle n'eft pas dénommée au tarif, l'eftimation s'en fait amiablement, entre les per-cepteurs & les redevables.

Ce tarif a deux claffes, l'une d'un droit fixe fur les marchandifes qu'il dénomme, & qui s'ac-quitte au poids brut; l'autre du droit dû fur l'éva-luation donnée des marchandifes qui y font énoncées, & qui eft perceptible au net; mais comme il fe trouve quelques efpèces, qui font comprifes par double emploi dans ces deux claffes, le confeil a décidé, le 18 feptembre 1761, que les droits en feroient toujours perçus fur le pied de la claffe la plus favorable au commerce.

Si la marchandife, arrivée à un particulier fans privilège, paffe dans les mains d'un autre de même qualité, qui l'envoie à l'étranger, elle acquitte le droit de trois & demi à la fortie, quoiqu'elle ait acquitté ce droit à l'entrée; de forte que dans ce cas elle paie fept pour cent.

Il n'eft aucun droit des fermes, fur lequel il y ait eu de auffi grand que fur le droit de *coutume*.

Conformément à l'arrêt du 3 juin 1669, ce droit n'eft pas dû par les marchandifes, expé-diées de Paris ou des cinq groffes fermes, à la deftination de l'Efpagne, en paffant par Bayonne; elles acquittent feulement les droits de fortie, du tarif de 1664, & font exemptes de ceux qui fe-roient dus fur la route, tels que ceux de comp-tablie, de convoi & traite d'Arzac.

Cependant les négocians de Bayonne, ayant

préféré, pour la facilité de leur commerce, qui exige des affortimens convenables au goût de l'Efpagne, d'acquitter les droits de *coutume*, pour avoir la facilité de déballer des marchandifes qu'ils reçoivent de l'intérieur des C. G. F. il leur a été accordé une compofition, qui confifte à payer, par tous les habitans, bourgeois, ou non, quatre pour cent de la valeur des marchandifes, pour tout droit d'entrée & de fortie. Au moyen de cet arrangement, ils déballent ces marchandifes, & en recompofent de nouveaux ballots.

Mais depuis que les arrêts de 1743 ont accordé un affranchiffement général à toutes les manufactures de laines & de foie, exportées à l'étranger, cette compofition eft d'un très-foible produit.

On a vu, à l'article de Bayonne, en quoi confiftent les privilèges des bourgeois de cette ville, à qui ils appartiennent de droit, & comment on peut les obtenir.

Il ne refte plus qu'à rappeller ici les circonftances particulieres, qui procurent des immunités, relatives au droit de *coutume*.

Telles font les foires de Bayonne. Il s'en tient deux par année dans cette ville; elles durent chacune quinze jours inclufivement; l'une commence le premier dimanche de carême, & l'autre le premier août.

Toutes les marchandifes, qui entrent dans la ville pendant la durée de ces foires, font exemptes de tous droits, quelle que foit leur deftination, pour des bourgeois ou non bourgeois; à la réferve des morues, fromages, jambons, beurres falés, fardines, cuirs, & plumes à faire des lits.

Mais les fujets d'une domination étrangere ne profitent point du bénéfice de ces foires, & paient les droits à l'ordinaire.

Il en eft de même des marchandifes, entrant à Bayonne, ou en fortant par terre & par mer, à la deftination de l'Efpagne, par commiffion; elles doivent les droits comme en d'autres tems.

Les marchands, qui jouiffent de la compofition de quatre pour cent, fur les marchandifes venant de Paris & des cinq groffes fermes, paient ce droit même pendant les foires; mais fi par leur nature elles font exemptes de tous droits, à la fortie du royaume, elles n'acquittent pas le droit de compofition. D'ailleurs les privilèges de ces foires n'ont aucun effet, par rapport aux marchandifes fujettes, foit à la fortie, foit à l'entrée, à des droits uniformes, & ne font applicables qu'aux habitans non bourgeois, & aux marchands forains du royaume. Ces marchands forains ont la liberté de refter dans la ville, trois jours après l'expiration de la foire, pour y vendre les reftes de leurs marchandifes, en payant trois livres par balle de mercerie, trente fols par balle de quincaillerie, quarante-cinq fols par balle de mercerie & quincaillerie mêlée, quinze fols par petite balle de même marchandife, portée à dos,

dix fols par balle de toile & dentelle, fix livres par balle de foierie & rubanerie.

De même les marchandifes, paffant de Bayonne au fauxbourg du Saint-Efprit, quoique déclarées pour le compte d'un privilégié, paient les droits de *coutume* à leur fortie, afin d'éviter les abus.

Un bourgeois perd encore fes immunités, s'il déclare des marchandifes en commiffion, même en tems de foire, & rentre dans la claffe des habitans non privilégiés. Il faut, comme on l'a dit, que les marchandifes, qui entrent & fortent, par terre, pendant la foire, foient déclarées au bureau, par les propres forains & nationaux.

Il exifte encore deux compofitions avec les marchands juifs, réfidans aux fauxbourgs du Saint-Efprit, Bidache, Baftide, de Clarence & Peyrehorade. L'une, qui remonte à l'an 1669, confifte à ne payer que trois pour cent à l'entrée, & un & demi pour cent à la fortie, fur les marchandifes qu'ils font venir pour leur compte; mais s'ils font fortir des marchandifes, venues fous un autre nom que le leur, ils ne jouiffent pas de cette compofition, & paient le droit de *coutume*, à raifon de trois & demi pour cent.

La feconde compofition n'a lieu que pendant la durée des foires, & l'on ne connoît pas l'époque de fon établiffement. Suivant cette compofition, ces négocians Juifs ne paient, à la fortie de Bayonne, que fix fols par pièce d'étoffe ou de toile, au lieu de dix fols qu'ils paieroient hors le tems de foire; ils ne paient que dix fols, pour celles dont le droit eft de quinze fols, & feize fols par pièce de drap de Carcaffonne, dont le droit eft de vingt fols.

Ces deux fortes d'abonnemens femblent avoir eu pour but d'empêcher ces négocians Ifraélites de fe fervir du nom des bourgeois de Bayonne, & de les engager à faire des déclarations exactes.

Il feroit fuperflu de redire ici que les habitans, en général, du pays de Labour, font affranchis du droit de *coutume*, fur les comeftibles & les marchandifes qu'ils y font venir pour leur confommation particuliere; on s'eft affez étendu fur cet article en parlant de Bayonne; ainfi tout ce qui fort de cette ville, à la deftination en lieu du coutumat, c'eft-à-dire, compris dans l'étendue du pays où fe leve le droit de *coutume*, ne doit que ce droit, privilège qui met ces habitans au même rang que les bourgeois.

Il ne refte plus qu'à faire connoître les exemptions de ce droit, accordées fpécialement à quelques marchandifes.

Telle eft celle dont jouiffent, depuis le 6 octobre 1757, les navires, bâtimens & barques, de quelque efpèce que ce foit, qui, jufques-là, avoient acquitté le droit de *coutume*, à raifon de trois & demi de leur eftimation, au moment où ils étoient mis à la mer.

Les efforts du gouvernement, pour encourager la marine au moment d'une guerre naiffante, inf-

pirerent l'idée de cette faveur à la ferme générale, qui, de fon propre mouvement, fe porta
volontiers à l'accorder.

Les cuirs verds étrangers, deftinés pour la tannerie royale de Dax, & paffant par Bayonne &
le pays de Labour, font exempts des droits de
coutume & de tous autres; les cuirs, tannés &
préparés dans cette même fabrique, paffant à
l'étranger, par l'étendue du droit de *coutume*,
font exempts de ce droit, par arrêt du confeil
du 18 feptembre 1753.

Celui du 16 avril 1754 accorde les mêmes
exemptions, & dans les mêmes cas d'entrée &
de fortie, aux cuirs deftinés pour la tannerie de
MM. Camfrant, Saphire & Forcade, établie à
Bayonne, ou en fortant pour aller en pays
étranger.

La perception du droit de *coutume* n'a lieu,
comme on l'a dit, qu'à Bayonne, à l'entrée &
à la fortie du pays de Labour. On y compte
vingt bureaux, parmi lefquels les principaux
font ceux de Bayonne & de Saint-Jean-de-Luz.
Ce droit eft fufceptible des dix fols pour livre,
comme tous ceux des fermes.

On ne croit pas que le droit de *coutume* ait
eu jamais d'autre objet, que celui de faire une
reffource pour les finances du fouverain, & elle
eft peu confidérable, par rapport aux privilèges
des bourgeois: prefque tout le commerce fe faifant en leur nom. Son produit eft d'environ foixante-
deux ou trois mille livres, y compris les dix fols
pour livre fur la portion appartenante à M. le duc
de Grammont, laquelle eft de treize mille livres.

Les conteftations, qui s'élèvent pour raifon de
ce droit, & de tous ceux qui fe perçoivent dans
le pays de Labour, & qui font, en ce cas,
repréfentatifs du droit de *coutume*, font portées,
en première inftance, pardevant le maître des
ports à Bayonne, &, par appel, à la cour des
aides de Bordeaux.

Indépendamment de ce droit de *coutume*, que
l'on croit avoir fuffifamment fait connoître, il fe
perçoit encore à Bayonne un droit d'acquit, qui
en eft une dépendance, & qui eft réglé fur un
ufage, dont l'origine n'eft pas bien connue; mais
dont l'établiffement eft conftant.

Ce droit eft pour chaque vaiffeau ou barque
Françoife, chargée dans le coutumat de feize fols.

Pour droit de vifite de ces bâtimens & barques
nationales, trente fols.

Pour chaque navire ou barque étrangère,
trente fols.

Pour le droit de vifite de ces bâtimens étrangers, trois livres.

Pour des chaloupes, pinaffes & bâtimens non
pontés, huit fols. Ces droits d'acquits fe partagent entre l'adjudicataire des fermes & M. le duc
de Grammont.

Il en eft d'autres qui appartiennent en entier
à l'adjudicataire; tels que le droit de jauge des

bâtimens étrangers, qui eft de trois livres dix fols;
le droit de décharge des acquits à caution, pour
des marchandifes de Paris, & autres paffant en
Efpagne, qui eft de trente fols. *Voyez les mots*
COMPTABLIE, ACQUITS.

COUTUME, droit, fous la dénomination duquel font compris les droits de douane en Angleterre. On dit payer la *coutume*, pour acquitter
les droits à la douane. *Voyez* ANGLETERRE,
page 40.

COUTUME, f. f. Ce nom s'applique à Bordeaux, à une expédition qui ne concerne que les
fels, après la déclaration que les patrons ou maîtres de barque ont faite de la cargaifon qu'ils
apportent. Cette *coutume* ou expédition eft adreffée
aux contrôleurs à la taille du fel, pour qu'ils pro-
cédent au mefurage de ce fel arrivant, & qu'ils
conftatent le réfultat de leur opération, au dos
même de la *coutume*.

CRÉDIT. f. m. En général ce qu'on nomme
crédit, n'eft qu'un délai donné pour payer. Mais
on applique également ce terme à *la faculté d'emprunter, fur l'opinion d'une folvabilité certaine*. Cette
définition convient au *crédit* public, le feul dont
il doive être ici queftion. Voici ce qu'en dit
un écrivain philofophe qui confidère le *crédit*
public dans fa nature & dans fes effets.

Le *crédit* public eft celui d'une nation confidérée comme ne formant qu'un feul corps; il y
a cette différence entre le *crédit* particulier & le
crédit public, que l'un a le gain pour but, &
l'autre la dépenfe.

Le *crédit* eft une richeffe pour les négocians,
puifqu'il devient pour eux un moyen de s'enrichir; pour les gouvernemens, c'eft une caufe
d'appauvriffement, puifqu'il ne leur procure que
la faculté de fe ruiner. Un état qui emprunte,
aliène une portion de fon revenu pour un capital
qu'il dépenfe. Il eft donc plus pauvre après ces
emprunts, qu'il ne l'étoit avant cette opération
funefte.

Malgré la rareté de l'or & de l'argent, les
anciens gouvernemens ne connurent pas l'ufage
du *crédit* public, même dans les crifes les plus
fâcheufes. On formoit, durant la paix, un tréfor
qui s'ouvroit dans les tems de troubles. Alors les
métaux rentrés dans la circulation, excitoient
l'induftrie & rendoient, en quelque manière, légères
les calamités inévitables de la guerre.

Depuis que la découverte du nouveau monde
a rendu les métaux plus communs, les adminiftrateurs des empires fe font généralement livrés
à des entreprifes fupérieures aux facultés des
nations qu'ils gouvernoient, & ils n'ont pas craint
de charger les générations futures des dettes qu'ils

s'étoient permis de contracter. Cette chaîne d'oppreſſion s'eſt prolongée. Elle doit lier nos derniers neveux & s'appeſantir ſur tous les peuples & ſur tous les ſiécles.

Ce ſont l'Angleterre, la Hollande & la France, c'eſt-à-dire, les plus opulentes nations de l'Europe, qui ont donné un ſi mauvais exemple. Ces puiſſances ont trouvé du *crédit* par la même raiſon que vous ne prêtez pas à l'homme qui vous demande l'aumône, mais à celui dont le brillant équipage vous éblouit.

La confiance eſt la mere du prêt, & la confiance naît d'elle-même à l'aſpect d'un pays où la richeſſe du ſol ſe multiplie par l'activité d'un peuple induſtrieux, à la vue de ces ports renommés où ſe réuniſſent toutes les productions de l'univers.

Le ſite de ces trois états a auſſi encouragé le prêteur; ſon gage, ce ne ſont pas ſeulement les revenus publics, mais encore les revenus particuliers dans leſquels le fiſc trouve au beſoin ſon aliment & ſes reſſources.

Dans les contrées qui, comme l'Allemagne, ſont ouvertes de tous côtés, & n'ont ni barrieres ni défenſes naturelles, ſi l'ennemi qui peut y entrer librement, vient à s'y établir, ou ſeulement à y ſéjourner, auſſi-tôt il leve à ſon profit les revenus publics, & s'applique même, par des contributions, une partie des revenus particuliers. Qu'arrive-t-il alors aux créanciers du gouvernement? ce qui eſt arrivé à ceux qui ont des rentes dans les pays-bas Autrichiens, & auxquels il eſt dû plus de trente années d'arrérages.

Avec l'Angleterre, avec la France & la Hollande, toutes trois un peu plus ou un peu moins à l'abri de l'invaſion, il n'y a à redouter que les cauſes d'épuiſement dont l'effet eſt plus lent, & par conſéquent plus éloigné.

L'uſage du *crédit* public, quoique ruineux pour tous les états, ne l'eſt pas pour tous au même point. Une nation qui a beaucoup de riches productions, dont le revenu entier eſt libre, qui a toujours reſpecté ſes engagements, qui n'a pas l'ambition des conquêtes, qui ſe gouverne elle-même; une telle nation trouvera de l'argent à meilleur marché qu'un empire dont le ſol n'eſt pas abondant, qui eſt ſurchargé de dettes, qui entreprend au-delà de ſes forces, qui a trompé ſes créanciers, qui gémit ſous un gouvernement arbitraire. Le prêteur qui dictera néceſſairement la loi, en proportionnera toujours la rigueur aux riſques qu'il lui faudra courir. Ainſi un peuple dont les finances ſont en déſordre, tombera rapidement dans les derniers malheurs, par le *crédit* public; mais le gouvernement le mieux ordonné, y trouvera auſſi le terme de ſa proſpérité.

N'eſt-il pas utile aux états, diſent quelques arithméticiens politiques, d'appeller dans leur ſein l'argent des autres nations, & les emprunts

publics ne produiſent-ils pas cet effet important? Oui ſans doute, on attire les métaux des étrangers par cette voie, comme on l'attireroit en leur vendant une ou pluſieurs provinces de l'empire. Peut-être même ſeroit-il moins déraiſonnable de leur livrer le ſol, que de cultiver uniquement pour eux.

Si l'état n'empruntoit que de ſes ſujets, on ne livreroit pas le revenu national à des étrangers? non, mais la république énerveroit pluſieurs de ſes membres, pour en engraiſſer un ſeul. Ne faut-il pas augmenter les impoſitions en raiſon des intérêts qu'il faut payer, des capitaux qu'il faut rembourſer? Les propriétaires des terres, les cultivateurs, tous les citoyens ne ſe trouveront-ils pas plus chargés que ſi on leur eût demandé directement & tout d'un coup les ſommes empruntées par le gouvernement? Leur poſition eſt la même que s'ils euſſent emprunté eux-mêmes, au lieu de faire des économies ſur leurs dépenſes ordinaires, pour ſubvenir à une dépenſe accidentelle.

Mais les papiers publics qui réſultent des emprunts faits par le gouvernement, augmentent la maſſe des richeſſes circulantes, donnent une grande extenſion aux affaires, facilitent toutes les opérations. Hommes aveugles! voulez-vous voir tout le vice de votre politique? pouſſez-la auſſi loin qu'elle peut aller: faites emprunter par l'état tout ce qu'il peut emprunter; accablez-le d'intérêts à payer; mettez-le ainſi dans la néceſſité de forcer tous les impôts: vous verrez qu'avec vos richeſſes circulantes, bientôt vous n'aurez plus de richeſſes renaiſſantes, pour vos conſommations & pour le commerce.

L'argent & les papiers qui le repréſentent, ne circulent pas d'eux-mêmes, & ſans les mobiles qui les mettent en mouvement. Tous ces différens ſignes ne figurent qu'à raiſon des ventes & des achats qui ſe font. Couvrez d'or ſi vous voulez l'Europe entiere; ſi elle n'a point de marchandiſes dans le commerce, cet or ſera ſans activité. Multipliez ſeulement les effets commerçables, & ne vous embarraſſez pas des ſignes, la confiance & la néceſſité ſauront bien les établir ſans vous. Gardez-vous, ſur-tout, de vouloir les multiplier par des moyens qui diminueroient néceſſairement la maſſe de vos productions renaiſſantes.

L'uſage du *crédit* public, dit-on, met une puiſſance en état de faire la loi aux autres puiſſances. Ne verra-t-on jamais que cette reſſource eſt commune à toutes les nations? Si c'eſt une eſpèce de grand chemin que vous puiſſiez ſuivre pour aller à votre ennemi, ne pourra-t-il pas auſſi s'en ſervir pour venir à vous? Le *crédit* de deux peuples ne ſera-t-il pas proportionné à leurs richeſſes reſpectives; & ne ſe trouveront-ils pas ruinés, ſans avoir eu l'un ſur l'autre d'autres avantages que ceux dont ils jouiffoient indépendamment de tout emprunt ?

Quand je vois des Monarques & des Empires fe battre & s'acharner les uns fur les autres, au milieu de leurs dettes, de leurs fonds publics & de leurs revenus engagés, il me femble, dit M. Hume, voir des gens qui fe battent au bâton, dans la boutique d'un marchand de porcelaines.

Tout état qui ne fera pas détourné de la voie ruineufe des emprunts par les confidérations qui viennent d'être expofées, creufera lui-même fa tombe. La facilité d'avoir beaucoup d'argent à la fois, jettera un gouvernement dans toutes fortes d'entreprifes injuftes, téméraires, difpendieufes, lui fera hypothéquer l'avenir pour le préfent, & jouer le préfent contre l'avenir. Un emprunt en attirera un autre ; & pour accélérer le dernier, on groffira de plus en plus l'intérêt.

Ce défordre fera paffer le fruit du travail dans quelques mains oifives. La facilité de jouir fans rien faire, attirera tous les gens riches, tous les hommes vicieux, tous les intrigans dans une capitale, avec un cortège de valets dérobés à la charrue, des fujets de tout fexe voués au luxe ; inftrumens, victimes & jouets de la molleffe & des voluptés.

La féduction des dettes publiques fe communiquera de plus en plus. Dès qu'on peut moiffonner fans labourer, tout le monde fe jette dans cette efpèce de négoce qui eft tout à-la-fois lucratif & facile. Les propriétaires & les négocians veulent devenir rentiers. On change fon argent en papiers d'états, parce que c'eft le figne le plus portatif, le moins fujet à l'altération du tems, à l'injure des faifons, & à l'avidité des traitans. L'agriculture, le commerce & l'induftrie, fouffrent de la préférence qu'on donne au figne fur les chofes. Comme l'état dépenfe toujours mal ce qu'il a mal acquis, à mefure que fes dettes s'accumulent, il augmente les impôts pour payer les intérêts.

Ainfi toutes les claffes actives & fécondes de la fociété, font dépouillées, épuifées par la claffe pareffeufe & ftérile des rentiers. L'augmentation des impôts fait hauffer le prix des denrées, & par-là celui de l'induftrie. Dès-lors la confommation diminue, parce que l'exportation ceffe auffitôt que la marchandife eft trop chere pour foutenir la concurrence. Les terres & les manufactures languiffent également.

L'impuiffance où fe trouve l'empire de faire face à fes engagemens, le réduit à s'en libérer par la voie la plus deftructive de la liberté des citoyens & de la puiffance du fouverain ; par la banqueroute. Alors les édits d'emprunts font payés en édits de réduction ; alors font trahis les fermens du monarque & les droits des peuples ; alors eft perdue fans retour la bafe de tous les gouvernemens, la confiance publique ; alors eft ren-

verfée la fortune de l'homme riche, font fufpendus les travaux, &. une multitude de bras laborieux tombent en paralyfie. H. P. des D. I.

Un écrivain Anglois très-verfé dans la fcience des affaires d'état, M. David Hume, parmi plufieurs difcours politiques publiés en 1754, 2 v. in-12, en a donné un fur le *crédit* public, dans lequel il combat victorieufement M. Melon qui a beaucoup vanté les avantages des banques & des papiers de *crédit*.

Si les abus des tréfors ramaffés par les fouverains, font dangereux, foit en les engageant dans des entreprifes téméraires, ou en faifant négliger la difcipline militaire par la confiance qu'on a dans les richeffes ; les abus qui réfultent des revenus publics engagés, font bien plus certains, ou plutôt font inévitables ; & ce font la pauvreté, l'impuiffance & l'affujettiffement à des puiffances étrangeres.

Dans la politique moderne, la guerre eft accompagnée de tous les genres de deftruction, qui font la perte des hommes, l'augmentation des impôts, la ruine du commerce, la diffipation de l'argent, le pillage par terre & par mer. Suivant la pratique des anciens, l'ouverture du tréfor public, en produifant une abondance extraordinaire d'argent, fervoit pour un tems d'encouragement à l'induftrie, & dédommageoit, en quelque forte, des calamités de la guerre.

On ne craint pas d'avancer aujourd'hui, que les charges publiques font par elles-mêmes avantageufes, indépendamment de la néceffité de les contracter, & que tout état même, fans être preffé par l'ennemi, ne peut choifir un expédient plus fage, pour augmenter le commerce & multiplier fes richeffes, que de créer des fonds, des dettes & des taxes fans bornes.

De femblables difcours pourroient paffer pour des épreuves d'efprit, parmi des rhétoriciens, comme les panégyriques de la folie & de la fiévre, ou ceux de Néron & de Bufiris, fi on n'avoit pas vu ces abfurdes maximes préconifées, en Angleterre, par de grands miniftres, & adoptées par un parti tout entier. Quoique ces argumens frivoles n'aient pu être le fondement de la conduite du lord Orford, qui avoit trop de fens pour en choifir un pareil, fes partifans, du moins, y ont eu recours, pour fe défendre & éblouir la nation.

Examinons la conféquence des dettes publiques, foit dans nos arrangemens domeftiques, par leur influence fur le commerce & fur l'induftrie, foit dans nos affaires avec les étrangers, par leurs effets fur les guerres & fur les négociations.

M. Hume, après avoir établi qu'en effet les dettes publiques peuvent contribuer à animer la circulation & le commerce, en accroiffant la claffe des marchands, en les mettant à portée d'entreprendre davantage, de multiplier leurs profits, en subftituant des papiers portant intérêts à des fonds morts, & de favorifer une plus grande confommation, pourfuit ainfi : Si l'on oppofe à ces circonftances favorables, qui ne font pas, peut-être, de grande importance, les défavantages fans nombre qui accompagnent nos dettes publiques, dans toute l'économie intérieure de l'état, on ne trouvera aucune comparaifon entre le bien & le mal qui en réfultent.

Premièrement, il eft certain que les dettes nationales attirent une prodigieufe affluence de peuple & de richeffes dans la capitale, par les grandes fommes que l'on leve dans les provinces, pour payer l'intérêt de ces dettes, & peut-être auffi par les avantages du commerce, pour ceux qui habitent la capitale, fur le refte du royaume.

La queftion fe réduit à favoir fi, dans notre pofition, il eft de l'intérêt public que l'on accorde, à Londres, tant de privilèges, que l'on a déja portés à un point fi énorme, & qui paroiffent encore augmenter tous les jours. Beaucoup de gens en craignent les conféquences. Pour moi, je ne puis m'empêcher de penfer que, quoique la tête foit, fans contredit, trop groffe pour le corps, cependant cette grande ville eft fi heureufement fituée, que l'énorme quantité de fes habitans, eft un moindre inconvénient, que ne feroit même une plus petite capitale, pour un plus grand royaume.

Secondement, les fonds publics étant une forte de papier de *crédit*, ont tous les défavantages attachés à cette efpece de monnoie. Ils banniffent l'or & l'argent du commerce le plus confidérable de l'état ; ils réduifent à la circulation commune, &, par ce moyen, rendent les provifions & le travail plus chers qu'ils ne le feroient autrement.

Troifiémement, les taxes qui font levées, pour payer l'intérêt de ces dettes, embarraffent l'induftrie, hauffent le prix du travail, & font une oppreffion fur le petit peuple.

Quatriémement, comme les étrangers poffedent une partie de nos fonds nationaux, ces dettes rendent, en quelque maniere, le public leur tributaire, & peuvent, avec le tems, occafionner le tranfport de notre peuple & de notre induftrie.

Cinquiémement, la plus grande partie du fonds public étant toujours dans les mains de gens pareffeux, qui vivent fur leurs revenus, nos effets, de cette efpece, donnent un grand encouragement à la vie oifive & inutile.

Mais, quoiqu'en balançant le tout, le tort que nos fonds publics font au commerce & à l'induftrie foit très-confidérable ; il n'eft rien en comparaifon du dommage qui en réfulte pour l'état, confidéré comme corps politique, qui doit fe foutenir lui-même dans la fociété des nations, & avoir affaire aux autres états, dans les guerres & dans les négociations. Ici le mal eft pur & fans mélange, fans aucune circonftance favorable

qui puiffe entrer en compenfation, & ce mal eft de la nature la plus grave & la plus importante ; auffi un écrivain très-éclairé a très-bien dit, que les dettes publiques font femblables à ces vers rongeurs, dont les ravages fecrets dans un corps, abforbent enfin fa fubfiftance.

On nous dit, à la vérité, que le public n'eft pas plus foible à raifon de fes dettes, puifqu'elles font, la plupart, dues aux habitans du pays, & qu'elles apportent autant à l'un qu'elles tirent de l'autre ; que c'eft comme fi l'on tranfportoit de l'argent, de la main droite à la main gauche, ce qui fait que la perfonne de l'état n'eft ni plus riche, ni plus pauvre qu'auparavant. Ces comparaifons fpécieufes, & ces raifonnemens, quoique foibles, pourroient paffer, fi nous n'avions pas à juger fur des principes. Je demande s'il eft poffible, dans la nature des chofes, de furcharger les peuples de taxes, même lorfque le fouverain réfide parmi eux ? Le feul doute paroît extravagant, puifqu'il eft néceffaire que dans chaque république il y ait une certaine proportion obfervée entre la partie laborieufe & la partie oifive ; mais fi le produit annuel de nos taxes préfentes eft engagé, ne faut-il pas en inventer de nouvelles, & ne peut-on pas abufer de cette reffource, au point qu'elle devienne ruineufe & deftructive ? Sans doute qu'il n'importe pas à l'état, comme dit Locke, que l'argent foit dans la caiffe de Jean ou dans celle de Pierre ; mais il importe à l'état que tout foit ordonné de façon que celui qui a de l'argent, foit encouragé à le faire circuler pour le bien public.

Dans toute nation, il y a toujours quelque méthode de lever de l'argent, plus facile que les autres, parce qu'elle eft plus analogue à la maniere de vivre du peuple, & aux commodités qui font fon ufage.

En Angleterre, les droits fur la dreche & fur la biere rapportent un très-grand revenu, parce que les opérations de moudre demandent un tel appareil, qu'il n'eft guere poffible de les céler ; en même tems ces denrées ne font pas fi abfolument néceffaires à la vie, que leur augmentation de prix affectât beaucoup le petit peuple. Ces taxes étant toutes engagées, quelle difficulté pour en trouver de nouvelles ?

Les droits fur les confommations font plus égaux, & moins à charge que ceux fur les poffeffions. Quel malheur, pour le public, que les premiers foient épuifés, & que l'on foit obligé d'avoir recours aux taxes les plus onéreufes.

Si tous les propriétaires des terres n'étoient que les intendans du public, la néceffité ne les obligeroit-elle pas à mettre en œuvre tous les artifices que pratiquent les intendans, pour exercer l'oppreffion, lorfque l'abfence & la négligence du propriétaire les mettent à l'abri de toutes recherches ?

Quelqu'un osera-t-il assurer qu'on ne doit mettre aucunes bornes aux dettes nationales, & que le public ne seroit pas plus foible, quand il y auroit douze ou quinze schellings par livre sterling sur les terres, engagés avec tous les droits & les impôts d'aujourd'hui? Cette opération a donc quelque autre effet que la simple translation de propriété d'une main à l'autre. Dans cinq cents ans, la postérité de ceux qui sont en carrosse, & de ceux qui sont derriere, aura probablement changé de place, sans que le public ait été affecté de ces révolutions.

Il faut avouer que parmi les hommes de tout rang, une longue habitude a introduit, à l'égard des dettes publiques, une étrange nonchalance, qui ressemble assez à celle dont nos théologiens se plaignent avec tant de véhémence, à l'égard de leurs dogmes religieux.

L'imagination la plus propre à se flatter, ne sauroit espérer que le ministere, ni aucun autre à l'avenir, ait une sobriété assez rigide & assez constante pour faire quelque progrès considérable dans l'acquittement de nos dettes, ou que la situation des affaires politiques, leur laisse assez de loisir & de tranquillité pour exécuter une pareille entreprise.

Comme il n'eût fallu qu'un peu de prudence, lorsque, pour la premiere fois, nous avons commencé cette pratique d'engager les fonds publics, pour inférer de la nature des hommes en général, & des ministres en particulier, que les choses parviendroient au point où nous les voyons; de même, à présent qu'elles sont arrivées, il n'est pas difficile d'en prévoir la conséquence, & certainement ce ne peut être que l'un de ces deux événemens; il faut que la nation détruise le crédit public, ou que le crédit public détruise la nation. En Angleterre, comme dans quelques autres pays, il est impossible que tous les deux subsistent, de la maniere dont on les a gouvernés jusqu'ici.

Il peut venir un tems, où l'argent de la nation soit épuisé, où la confiance commence à manquer. Supposons que, dans cette détresse, la nation soit menacée d'une invasion, ou qu'on craigne une rébellion, dont l'étendard est déja déployé; que peuvent faire alors un prince & son ministre? Il y auroit de la folie, si ayant dans leurs mains des moyens de se tirer d'une telle extrémité, ils négligeoient de s'en servir. Les fonds créés & hypothéqués en ce tems, produiront un revenu annuel considérable, suffisant pour la sûreté & la défense de la nation. L'argent est peut-être prêt à être délivré à la trésorerie, pour acquitter un quartier d'intérêt; la nécessité parle, la crainte presse, la raison exhorte, la compassion seule s'oppose, & c'est en vain. On se servira de l'argent destiné au service courant, sous les protestations les plus solemnelles de le remplacer immédiatement. Il n'en faut pas davantage pour opérer la mort naturelle du crédit public. C'est une révolution, à laquelle il tend aussi naturellement, que le corps animal tend à sa destruction.

Il faut pourtant convenir que les hommes en général sont de si grandes dupes, que quelque violent que fût le choc que causeroit au crédit public, une banqueroute volontaire en Angleterre, ce crédit ne seroit peut-être pas long-tems sans se relever, & sans devenir aussi florissant qu'auparavant. Le roi de France, pendant la derniere guerre, (terminée en 1748) a emprunté de l'argent à un intérêt plus bas qu'il n'étoit sous son prédécesseur, & aussi bas que le parlement d'Angleterre en trouve, en considérant le taux commun de l'intérêt dans les deux royaumes; & quoique les hommes soient plus gouvernés par ce qu'ils ont vu, que par ce qu'ils prévoient; cependant les promesses, les protestations, de belles apparences, & les appâts de l'intérêt présent, ont sur eux une si puissante influence, que peu sont en état d'y résister.

Dans tous les siecles, les hommes sont pris aux mêmes pieges, parce qu'ils y sont poussés par l'intérêt personnel. Les mêmes manœuvres cent fois répétées, les abusent encore. Les excès de l'esprit populaire & du patriotisme, font encore le grand chemin du pouvoir & de la tyrannie. La crainte de détruire pour jamais le crédit, en supposant que c'est un mal, est un épouvantail inutile. Un homme prudent prêteroit réellement plutôt au public, après qu'on viendroit de passer l'éponge sur ses dettes, qu'il ne lui prêteroit à présent, où elles sont si énormes. C'est ainsi qu'un fripon opulent, quand même on ne pourroit pas le forcer à payer, est un débiteur préférable à un honnête banqueroutier; car le premier, pour conduire ses affaires, peut trouver qu'il est de son intérêt de payer ses dettes, si elles ne sont pas exorbitantes, & le dernier n'est pas en état de le faire.

Le public est un débiteur que personne ne peut obliger à payer: la seule caution que ses créanciers aient avec lui, c'est l'intérêt de conserver son crédit; mais cet intérêt peut aisément être balancé par une dette immense, par des conjonctures difficiles & extraordinaires. De plus, la nécessité, le besoin du moment souvent forcent les états à prendre des mesures qui sont contre leurs intérêts.

La balance du pouvoir, en Europe, a paru à nos aïeux, ainsi qu'à nous, trop inégale, pour qu'elle s'y maintienne encore long-tems sans notre assistance, & beaucoup de vigilance de notre part. Mais nos enfans, lassés de ces efforts continuels, & accablés sous le poids des charges publiques, peuvent demeurer oisifs, & voir tranquillement leurs voisins opprimés & conquis, jusqu'à ce qu'à la fin eux-mêmes & leurs créanciers soient à la merci du conquérant; &, à proprement parler, on peut appeller cet événement la *mort violente du crédit public.*

Ce sont-là des événemens qui ne sont pas fort éloignés, & que la raison prévoit aussi clairement, qu'aucune des choses qui sont encore enveloppées dans l'avenir.

Mylord Bolingbrocke, dans ses *réflexions politiques sur l'Angleterre,* s'éleve également contre l'abus du *crédit* public. Il cite l'exemple de Sully, comme d'un grand ministre qui releva la France sur le penchant de sa ruine, & prépara sa prospérité par l'ordre & l'économie qu'il mit dans les finances. Il ajoute : Ceux qui se tireront les premiers d'une misere commune à nous & à nos voisins, donneront la loi aux autres, ou seront, du moins, en état de ne la recevoir de personne. La prospérité & la sûreté futures de notre pays, dépendent de la prompte diminution de nos dettes nationales.

Cet homme d'état, qui écrivoit en 1749, disoit alors : Nous ne pouvons augmenter nos dépenses à présent, & nous ne serons pas en état de le faire, tant que nous n'aurons pas acquitté quelque partie de nos dettes nationales, sans engager le reste du fonds d'amortissement, ce qui ôteroit bientôt toute espérance de payer jamais aucune partie de ces dettes, & ne nous laisseroit plus à engager que notre propre terre & notre dreche ; au lieu que si une partie considérable de ces dettes étoit acquittée avant qu'il arrivât une nouvelle guerre, ou que nous fussions réduits à augmenter notre dépense annuelle, ou à tout sacrifier pour rester dans une lâche inaction, notre condition deviendroit beaucoup meilleure, soit pour nous défendre, soit pour attaquer ; & aussi-tôt que cette guerre seroit finie, nous pourrions reprendre le soin d'amortir nos dettes, & continuer de nous occuper des grands objets de notre intérêt intérieur.

John Nickolls, écrivain Anglois très-estimé, & qui a publié des *remarques sur les avantages & les désavantages de la France & de la Grande-Bretagne, par rapport au commerce & aux autres sources de la puissance des états,* (*in*-12, 1754) tient le même langage que Hume & Bolingbrocke.

Après avoir exposé quels sont les effets de l'abus du *crédit* national, il termine ce chapitre par cette réflexion : « Qu'on juge maintenant du » bon sens ou de la bonne foi de ceux qui envient » ou qui nous vantent nos richesses artificielles, » qui prétendent que la dette nationale n'est rien, » que c'est la main droite qui doit à la main » gauche. Mais quand ce seroit-là le seul effet » de la dette, n'est-ce pas même un très-grand » mal, que la main droite doive toujours plus, & » plus à la main gauche ? Un membre qui s'ac- » croît monstrueusement aux dépens de la sub- » stance des autres, qui deviennent secs & para-

» lytiques, ne menace-t-il pas le corps d'une » destruction totale ? »

Dans le tems où ces écrivains invitoient si fortement leur patrie à diminuer ses dettes, elles montoient à environ soixante-douze millions sterlings, ou un milliard six cents cinquante-six millions, ainsi qu'on l'a dit à l'article *Angleterre,* où nous avons exposé l'accroissement successif de cette dette ; que diroient-ils donc aujourd'hui, qu'elle monte à deux cents trente-deux millions trois cents cinquante-quatre mille cent vingt-sept livres, qui font plus de cinq milliards de notre monnoie ?

Voyez ANGLETERRE, où il s'est glissé une erreur de cent millions ; l'article portant cent trente-deux, au lieu de deux cents trente-deux millions, page 44, première colonne, ligne 21.

La conséquence funeste de l'usage du *crédit* national, est qu'à chaque nouvel emprunt il faut un impôt pour servir d'hypothéque au paiement des intérêts de la somme empruntée, & que successivement les propriétés & les consommations se trouvent tellement surchargées, que la population diminue d'abord, & ensuite la reproduction, qui est la source de tous les impôts.

On n'a pas fait en France un usage moins abusif du *crédit public.* On prétend qu'en 1763 la dette nationale étoit de près de trois milliards, & qu'en vingt années elle est augmentée de plus d'un tiers. Il est vrai que les dépenses extraordinaires de la guerre, qui vient d'être terminée cette année 1783, ont occasionné cet accroissement énorme, qui pourtant est moindre encore que celui qui est arrivé chez les Anglois.

C'est à François Ier. que remonte le premier usage du *crédit,* en empruntant, en différentes fois, sept cents vingt-cinq mille livres au denier douze, pour lesquelles il créa des rentes, montant à soixante mille quatre cents & quelques livres, le marc d'argent étant entre douze & quinze livres.

Il paroît que, dès le tems de la régence, on commençoit à reconnoître que le *crédit public,* ou celui d'un état, doit reposer sur la confiance, & ne dépendre nullement du *crédit* des financiers. Voici ce qu'on trouve à ce sujet, dans le rapport fait au conseil de l'état des finances, le 17 juin 1717, conservé dans les *Considérations sur les finances,* tome 6, *in*-12, page 127.

« Ceux qui supposent qu'on a quelquefois be- » soin du *crédit* & des avances des traitans, sont » dans l'illusion ; ils n'ont aucun *crédit* par eux- » mêmes, & celui dont ils jouissent n'est jamais » fondé que sur les affaires qu'ils exploitent. » On les a vus plus d'une fois, quoique riches, » absolument décrédités, aussi-tôt qu'on a sup- » primé les traités dont ils étoient chargés. » Lorsqu'un état passe pour riche, que les su- » jets & les voisins ont confiance dans la bonne » foi de ceux qui gouvernent, & qu'on a vu,

» pendant

» pendant long-tems , les dettes publiques régu-
» liérement acquittées ; cet état a du crédit. S'il
» se trouve obligé d'emprunter , c'est à un léger
» intérêt. Il fait agir , avec un peu d'habileté ,
» ses sujets & les étrangers , suivant ses vues ; de
» même que s'il les payoit actuellement. La France
» a eu autrefois ce crédit ; elle ne l'a plus aujour-
» d'hui. (en 1717)

» Mais qu'un état trouve à emprunter à un
» intérêt excessif, ce n'est pas avoir du crédit, c'est
» en manquer ; c'est achever de se ruiner entiére-
» ment. Combien de tems encore auroit-on pu
» soutenir des emprunts, à raison de vingt, trente,
» quarante, & même quatre-vingt pour cent, de
» perte ; tels qu'ils se faisoient quelques jours
» avant la mort du feu roi ?

» Les quatre sources principales du crédit sont
» en général :
» 1°. La richesse réelle ou présumée.
» 2°. La bonne conduite.
» 3°. La bonne foi.
» 4°. L'exactitude dans les paiemens.
» Cette derniere suffit presque seule ; le pu-
» blic examine peu les trois autres.

» Il est difficile de ne pas convenir qu'on ait
» ci-devant manqué dans tous les chefs. Cepen-
» dant si la confiance étoit rétablie, & si , avec
» la confiance, on pouvoit voir renaître la cir-
» culation & le commerce ; peut-être trouveroit-
» on qu'il y a suffisamment de richesses dans le
» royaume, & l'augmentation qu'on feroit dans
» les revenus, produiroit insensiblement de quoi
» acquitter l'excédent des dettes.

» La confiance est donc la base & le fonde-
» ment du crédit d'un état ; mais comment peut-
» on la rétablir lorsqu'elle est perdue ? Le moyen
» unique , c'est d'avoir de la bonne foi & de
» l'exactitude dans les paiemens.

» Cela seroit aisé si la recette excédoit la dé-
» pense ; mais , lorsqu'après avoir satisfait au
» paiement qu'exige le gouvernement civil & mi-
» litaire, il ne reste pas de fonds suffisans pour
» acquitter les charges & les dettes ; il s'ensuit
» qu'il est impossible d'avoir de l'exactitude
» dans les paiemens, &, par conséquent , d'ac-
» quérir la confiance, qui est la source de tout
» bien.

» Je ne crois pas avoir besoin de faire sur cela
» des réflexions. Le conseil les prévient, & il
» juge dès à présent que , tant que la dépense
» excédera la recette, tant que les charges &
» les dettes subsisteront, sur le pied où elles sont
» aujourd'hui, tant que l'on ne prendra point des
» mesures, pour éteindre les capitaux immenses
» qui portent sur l'état, on ne peut espérer ni
» confiance, ni crédit ; au lieu que , si les choses
» étoient au niveau, sans que le peuple fût surchar-
» gé, tout deviendroit facile. On verroit bientôt les
» revenus augmenter par le moyen de la cir-

» culation & du commerce, & l'augmentation des
» revenus procureroit non-seulement l'acquitte-
» ment des dettes ; mais elle rendroit de plus, la
» tranquillité au public, sur celles qui resteroient
» à acquitter, & tous les fonds , qu'ils auroient
» sur l'état, seroient estimés & vendus leur juste
» prix. »

L'estimable écrivain, à qui l'on doit les Recherches & considérations sur les finances , dit lui-
même, tome 2, in-12 , page 84 :

« Le crédit, que l'état trouve par le moyen
» des receveurs-généraux des finances, lui ap-
» partient, & non point à ces financiers. Chaque
» particulier, en prêtant son argent à un rece-
» veur-général, quelque riche qu'il soit, connoît
» très-bien la nature de cet engagement ; s'il
» n'avoit point de confiance dans l'état, il ne
» prêteroit pas, ou se prévaudroit sur les condi-
» tions du risque qu'il imagineroit courir. Une
» preuve sans réplique de tout ce qu'on avance,
» c'est que l'intérêt a haussé, dans tous les tems
» critiques , vis-à-vis des financiers , & eux-
» mêmes sont intéressés à ce qu'il soit toujours
» cher. . . .

» Toute constitution d'état, qui a de la stabi-
» lité, aura un crédit national, proportionnel à
» l'exactitude & à l'économie du gouvernement,
» & à l'étendue des ressources publiques ; mais
» tout crédit médiat est précaire, borné & coû-
» teux par sa nature. Le vain étalage de crédit des
» compagnies de finances ressemble exactement à
» l'étalage, que feroit un grand seigneur, d'une
» multitude de domestiques, qui s'enrichissent des
» débris de sa fortune. »

M. Dutot, qui a publié des réflexions politiques sur les finances , après avoir été le témoin
de leur bouleversement, du tems de la régence,
parle du crédit public de la manière suivante.

« Il demande une très-grande liberté & beau-
» coup de prudence ; il est ennemi de toute con-
» trainte ; il ne veut être ni effarouché, ni pro-
» digué. Il disparoît à la première atteinte qu'on
» lui donne, & il ne manque jamais d'ensevelir
» l'espèce sous ses ruines. Alors l'usure reprend
» la place du crédit, & arrache aux fonds, à la
» culture, au commerce, à l'industrie, toute la
» valeur que le crédit leur avoit donné. Un crédit
» fondé sur l'espérance d'un gain éloigné, devient
» imaginaire ; s'il excède les fonds réels qui y
» répondent, il perd de sa valeur, & si on le
» force, il perd sa nature de crédit. »

Plusieurs écrivains divisent le crédit public en
deux branches.

La première est le crédit des compagnies exclusives, qui sont chargées d'un certain commerce,
dont l'exercice tient au système politique, &
qui, par conséquent, est lié aux opérations du
gouvernement.

La seconde branche du crédit public est celui de

l'état, qui repofe fur la fûreté du paiement, & fur les fûretés perfonnelles, de la part des adminiftrateurs des finances, c'eft - à - dire, la confiance dans leurs opérations.

Le capital des compagnies exclufives, dont il s'agit, fe forme par petites portions, afin que tous les membres de l'état y puiffent prendre commodément intérêt. La compagnie eft repréfentée par ceux qui en dirigent les opérations, & les portions d'intérêt font affurées par une reconnoiffance, que le porteur céde & tranfporte à fon gré.

Comme cette efpèce de commerce emporte de grands rifques & de grandes dépenfes, les compagnies, quelque confidérables que foient leurs capitaux, ont encore befoin d'emprunter. Il en réfulte une forte d'engagement avec le public, formé par les reconnoiffances des fommes qu'il a prêtées ; en forte que ces doubles effets, l'un en actions d'intérêt, qui font permanentes, l'autre en billets d'emprunt, qui font momentanés, ont cours comme fignes de l'argent.

Si la fomme des dettes s'accroît à un point, & avec des circonftances qui puiffent donner quelque atteinte à la confiance, la valeur réelle de l'un & l'autre effet diminue ; il ne leur refte qu'une valeur arbitraire, mefurée fur l'opinion qu'on a des pertes de ces compagnies, ou des vices de leur adminiftration.

Deux inconvéniens naiffent de cet état des chofes ; l'un intérieur, l'autre extérieur.

Les propriétaires des reconnoiffances, ou effets de ces compagnies, ne feront plus alors auffi riches qu'ils l'étoient auparavant ; puifqu'ils ne retrouveroient plus la même fomme d'argent qu'ils ont donnée. D'un autre côté, le nombre de ces effets ayant été fort multiplié, celui des porteurs le fera de même. Il fe trouvera plus de gens preffés de vendre ; de-là, le difcrédit des compagnies, & défiance générale.

Dans une pareille crife, il eft important qu'un gouvernement fage fe donne des foins pour rétablir la confiance, & foutenir le crédit des compagnies, s'il ne veut pas perdre lui-même une grande fomme de crédit & de force. Car les étrangers, qui calculeront de fang froid fur ces fortes d'événemens, acheteront à bas prix les effets décriés, pour les revendre, lorfque la confiance publique les aura rapprochés de leur valeur réelle. Si, chez ces étrangers, l'intérêt de l'argent eft plus bas de moitié que dans l'état fuppofé, ils pourront profiter de la moindre élévation de ces effets; lors même qu'elle fera vue avec indifférence par les nationaux.

Le profit de cet agiotage étranger, fera une diminution évidente du bénéfice de la balance du commerce, ou une augmentation fur fa perte. Ces deux inconvéniens fourniffent trois obfervations.

1°. Tout ce qui tend à diminuer quelque efpèce de fûreté dans un corps politique, détruit, au moins pour un tems affez long, le crédit général, & dès-lors la circulation des denrées, ou en d'autres termes, la fubfiftance du peuple, les revenus publics & particuliers.

2°. Si une nation avoit la fageffe d'envifager de fang froid le déclin d'un grand crédit, & de fe prêter aux expédiens qui peuvent en arrêter la ruine totale; elle rendroit fon malheur prefque infenfible. Alors, fi les opérations font bonnes, ou fi l'excès des chofes n'interdit pas toute bonne opération, le premier pas conduira par degrés au rétabliffement de la portion de crédit, qu'il fera poffible de conferver.

3°. Le gouvernement, qui veille aux fûretés intérieures & extérieures de la fociété, a un double motif de foutenir, foit par les loix, foit par des fecours prompts & efficaces, les grands dépôts de la confiance publique. Plus l'intérêt de l'argent fera haut, plus il eft important de prévenir les inégalités dans la marche du crédit.

Quant à la feconde branche du crédit public, qui eft dans l'état lui-même, & dans ceux qui gouvernent ; ce feroit fe tromper groffiérement, que d'évaluer les fûretés réelles ; fur le pied du capital général d'une nation, comme on le fait à l'égard des particuliers. Ces calculs, pouffés jufqu'à l'excès par quelques écrivains Anglois, ne font propres qu'à repaître des imaginations oifives, & peuvent introduire des principes vicieux.

Les fûretés réelles d'une nation font la fomme des tributs qu'elle peut fournir, fans nuire à l'agriculture ni au commerce; car autrement, l'abus de l'impôt détruiroit l'impôt, &, comme on l'a dit ci-devant, la reproduction, qui eft la fource de tous les impôts.

Si le produit des impôts fuffit pour payer les intérêts des obligations, pour fatisfaire aux dépenfes courantes, foit intérieures, foit extérieures ; pour amortir, chaque année, une partie confidérable des dettes : enfin, fi la grandeur des tributs laiffe encore entrevoir des reffources, en cas qu'un nouveau befoin prévienne la libération totale ; on peut dire que la fûreté réelle exifte.

Pour en déterminer le degré précis, il faudroit connoître la nature des befoins qui peuvent furvenir, leur éloignement ou leur proximité, leur durée probable ; enfuite, les comparer dans toutes leurs circonftances, avec les reffources probables que promettroient la liquidation commencée, le crédit général, & l'aifance de la nation.

Si la fûreté n'eft pas claire aux yeux de tous, le crédit de l'état pourra fe foutenir par habileté, jufqu'au moment d'un grand befoin ; mais alors, ce befoin ne fera point fatisfait, ou ne le fera que par des reffources très-ruineufes. La confiance ceffera à l'égard des anciens engagemens ; elle ceffera entre les particuliers, d'après les princi-

... ~~établie ci-deſſus~~. Le fruit de ce déſordre ſera ~~rées~~ ; développons-en les effets.

Le capital en terres diminuera avec leur produit ; les malheurs communs ne réuniſſent que ceux dont les eſpérances ſont communes. Ainſi, il eſt à préſumer que les capitaux, en argent & meubles précieux, ſeront mis en dépôt dans d'autres pays, ou cachés ſoigneuſement ; l'induſtrie, effrayée & ſans emploi, ira porter ſon capital dans d'autres aſyles. Que deviendront alors tous les ſyſtêmes fondés ſur l'immenſité d'un capital national?

Les ſûretés perſonnelles, ou la confiance dans ceux qui gouvernent, peuvent ſe réduire à l'exactitude ; car le degré d'utilité que l'état retire de ſon crédit ; l'habileté, la prudence des miniſtres conduiſent toutes à l'exactitude, dans les petits objets comme dans les grands. Ce dernier point agit ſi puiſſamment ſur l'opinion des hommes, qu'il peut, dans de grandes occaſions, ſuppléer aux ſûretés réelles, & que celles-ci, ſans les premieres, ne font pas leur effet. Telle eſt l'importance de ce point, que l'on a vu des opérations, contraires en elles-mêmes aux principes du crédit, ſuſpendre ſa chute totale, lorſqu'elles étoient entrepriſes dans des vues d'exactitude. On n'entend point cependant faire l'éloge de ces ſortes d'opérations, toujours dangereuſes, ſi elles ne ſont déciſives ; & qui, réſervées à des tems de calamités, ne ceſſent d'être des fautes, que dans le cas d'une impoſſibilité abſolue de les épargner. C'eſt proprement abattre une partie d'un grand édifice, pour ſouſtraire l'autre aux ravages des flammes ; mais il faut une grande ſupériorité de vues, pour ſe déterminer à de pareils ſacrifices, & ſavoir maîtriſer l'opinion des hommes. Ces circonſtances forcées ſont une ſuite néceſſaire de l'abus du crédit public.

Après avoir expliqué les motifs de la confiance publique envers l'état, il eſt eſſentiel de connoître l'effet des emprunts publics en eux-mêmes.

Indépendamment de la différence, que l'on a remarquée dans la maniere d'évaluer les ſûretés réelles d'un état & des particuliers, il eſt encore, entre ces crédits, d'autres grandes différences.

Lorſque les particuliers contractent une dette, ils ont deux avantages ; l'un, de pouvoir borner leur dépenſe perſonnelle, juſqu'à ce qu'ils ſe ſoient acquittés ; le ſecond, de pouvoir tirer de l'emprunt un avantage, ſupérieur à l'intérêt qu'ils ſont obligés de payer.

Un état au contraire augmente ſa dépenſe annuelle en empruntant, ſans être le maître de diminuer les dépenſes, néceſſaires à ſon ſoutien ; parce qu'il eſt toujours dans une poſition forcée, relativement à ſa ſûreté extérieure. Il n'emprunte que pour dépenſer ; ainſi, l'utilité, qu'il retire de ſes engagemens, ne peut accroître les ſûretés qu'il offre à ſes créanciers ; au moins ces occa-

ſions ſont très-rares, & ne peuvent être compriſes ~~dans ce qu'on appelle~~ dettes publiques. On ne doit ~~point confondre non plus~~, ces emprunts momentanés, qui ſont faits dans le deſſein de prolonger le terme des recouvremens, & de les faciliter. Ces ſortes d'économies rentrent dans la claſſe des ſûretés perſonnelles, en augmentant les motifs de la confiance publique.

Obſervons, en paſſant, que jamais ces opérations ne ſont ſi promptes, ſi peu coûteuſes, & n'ont moins beſoin de crédits intermédiaires, que lorſqu'on voit les revenus ſe libérer.

C'eſt donc uniquement des aliénations dont il s'agit ici.

Dans ce cas, un corps politique, ne pouvant faire qu'un uſage onéreux de ſon crédit, tandis que celui des particuliers leur eſt utile en général ; il eſt facile d'établir entre eux une nouvelle différence. Elle conſiſte en ce que l'uſage, que l'état fait de ſon crédit, peut nuire à celui de ſes ſujets, au lieu que dans tous les cas le crédit multiplié des ſujets, ne peut qu'être utile au crédit de l'état.

L'uſage que l'état fait de ſon crédit peut porter préjudice aux ſujets, de pluſieurs manieres.

1°. Par la peſanteur des charges qu'il accumule ou qu'il perpétue ; d'où il eſt évident de conclure, que toute aliénation des revenus publics eſt plus onéreuſe au peuple, qu'une augmentation d'impôt qui ſeroit paſſagere.

2°. Il s'établit, à la faveur des emprunts publics, des moyens de ſubſiſter, ſans travail, & réellement aux dépens des autres citoyens. Dès-lors la culture des terres eſt négligée ; les fonds ſortent du commerce, il tombe à la fin ; &, avec le commerce, s'évanouiſſent les manufactures, la navigation, l'agriculture, la facilité du recouvrement des revenus publics, & enfin imperceptiblement, les revenus publics même ; ſi cependant, par des circonſtances locales, ou par un certain nombre de facilités ſingulieres, on ſuſpend le déclin du commerce, le déſordre ſera lent ; mais il ſe fera ſentir par degrés.

3°. De ce qu'il y a moins de commerce & de plus grands beſoins dans l'état, il s'enſuit que le nombre des emprunteurs eſt plus grand que celui des prêteurs ; dès-lors, l'intérêt de l'argent ſe ſoutient plus haut que ſon abondance ne le comporte, & cet inconvénient devient un nouvel obſtacle à l'accroiſſement du commerce, & à la proſpérité de l'agriculture.

4°. Le gros intérêt de l'argent invite les étrangers à faire paſſer leurs fonds, pour devenir créanciers de l'état ; les rivaux d'un peuple n'ont pas de moyen plus certain de ruiner ſon commerce, que de prendre intérêt dans ſes dettes publiques.

5°. Les dettes publiques emportent avec elles des moyens ou impôts extraordinaires, qui procurent des fortunes immenſes, rapides, & à l'abri de tout riſque. Les autres manieres de gagner ſont lentes, au contraire, & incertaines ; ainſi l'argent

& les hommes abandonneront les autres proteſſions. La circulation des denrées ~~à l'interrompue~~ ~~nombre~~, eſt interrompue par cette diſproportion, & n'eſt point remplacée par l'accroiſſement du luxe de quelques citoyens.

6º. Si ces dettes publiques deviennent monnoie, c'eſt un abus volontaire ajouté à un abus de néceſſité. L'effet de ces repréſentations multipliées de l'eſpece, ſera le même que celui d'un accroiſſement dans ſa maſſe; les denrées ſeront repréſentées par une plus grande quantité de métaux, ce qui en diminuera la vente au dehors. Dans des accès de confiance, & avant que le ſecret de ces repréſentations fût connu, on en a vu l'uſage aſſurer tellement le crédit général, que les réductions d'intérêts s'opéroient naturellement: ces réductions réparoient en partie l'inconvénient du ſurhauſſement des prix, relativement aux autres peuples, qui payoient les intérêts plus cher. Il ſeroit peu ſage de l'eſpérer aujourd'hui, & toute réduction forcée eſt contraire aux principes du crédit public.

On a vu un exemple frappant de cette vérité, en 1770 & 1771, ſous le miniſtere de l'abbé Terray. Jamais le crédit national ne reçut une ſi forte atteinte, que par la réduction à moitié des capitaux d'une grande partie des effets publics, & par la ſuſpenſion du rembourſement des billets des fermes & des reſcriptions. Auſſi, lorſque peu de tems après ces opérations violentes on ouvrit un emprunt tant en Hollande qu'en France, pluſieurs parties coûterent juſqu'à quinze pour cent d'intérêt ſur une tête.

Le crédit fut relevé par le nouvel ordre de choſes qui ſuivit la mort de Louis XV. Le miniſtre des finances que nomma Louis XVI, homme vertueux & paſſionné pour le bien public, donna une face avantageuſe aux affaires, & fit remonter le crédit, au point que l'intérêt de l'argent tomba à quatre pour cent. Le clergé & les pays d'états emprunterent à taux, pour rembourſer des capitaux dont ils payoient cinq pour cent; & furent autoriſés par les lettres-patentes des 21 octobre & 16 décembre 1775, les arrêts des 19 février & 10 mars 1776.

Nous allons terminer cet article, par rapporter tout ce qu'on trouve de relatif au crédit public, dans le compte des finances mis ſous les yeux du roi en 1781. Perſonne ne pouvoit en parler avec plus de connoiſſance, que l'homme d'état qui avoit ſu lui donner une telle étendue, qu'au milieu de la guerre la plus coûteuſe, il étoit parvenu à pourvoir à des beſoins immenſes, par l'effet de la confiance qu'il avoit inſpirée dans ſes opérations préſentes & projetées. On ne pouvoit aſſurément préſenter de meilleurs préceptes, qu'en les donnant à la ſuite de l'exemple.

Après avoir expoſé que les revenus ordinaires ſurpaſſent les dépenſes ordinaires de vingt-ſept millions cinq cent ~~& il~~, eſt-il dit, page 14, « que ce tableau conſolant ſuffiroit pour écarter toute idée d'embarras, & pour ſe livrer à la plus parfaite tranquillité. Mais telle eſt l'importance & la néceſſité du crédit, dans les tems extraordinaires, que ſi ce crédit n'exiſtoit pas, que s'il étoit circonſcrit dans de trop juſtes bornes, les difficultés s'éleveroient de toutes parts, & la confuſion pourroit naître à côté du meilleur état des finances.

» Une cauſe du grand crédit de l'Angleterre, c'eſt, n'en doutons point, la notoriété publique à laquelle eſt ſoumis l'état de ſes finances. Chaque année cet état eſt préſenté au parlement; on l'imprime enſuite, & tous les prêteurs connoiſſant ainſi régulierement la proportion qu'on maintient entre les revenus & les dépenſes, ils ne ſont point troublés par les ſoupçons & les craintes chimériques, compagnes inſéparables de l'obſcurité.

» En France on a fait conſtamment un myſtère de l'état des finances, ou ſi quelquefois on en a parlé, c'eſt dans des préambules d'édits, & toujours au moment où l'on vouloit emprunter; mais ces paroles trop ſouvent les mêmes pour être toujours vraies, ont dû néceſſairement perdre de leur autorité, & les hommes d'expérience n'y croyent plus, que ſous la caution, pour ainſi dire, du caractère moral du miniſtre des finances. Il eſt important de fonder la confiance ſur des baſes plus ſolides: je conviens que dans quelques circonſtances on a pu profiter du voile répandu ſur la ſituation des finances, pour obtenir au milieu du déſordre, un crédit médiocre qui n'étoit pas mérité; mais cet avantage paſſager, en entraînant une illuſion trompeuſe, & en favoriſant l'indifférence de l'adminiſtration, n'a pas tardé d'être ſuivi par des opérations malheureuſes dont l'impreſſion dure encore, & ſera longue à guérir. Ce n'eſt donc qu'au premier moment où un grand état ſe dérange, que la lumiere répandue ſur la ſituation des finances, devient embarraſſante; mais ſi cette publicité même eut prévenu ce déſordre, quelle ſervice n'eût-elle pas rendu ?

» La plus dangereuſe, comme la plus injuſte des reſſources, c'eſt de chercher dans une confiance aveugle quelques ſecours paſſagers, & de faire des emprunts ſans en avoir aſſuré l'intérêt, ou par des augmentations de revenus, ou par des économies.

» Une telle adminiſtration qui ſéduit, parce qu'elle éloigne le moment des embarras, ne fait qu'accroître le mal & creuſer plus avant le précipice, tandis qu'une autre conduite & plus ſimple & plus franche, multiplieroit les moyens du ſouverain, & le défendroit à jamais de toute eſpèce d'injuſtice.

» de la part de votre majesté, que d'avoir per-
» mis qu'on rendît un compte public de l'état de
» ses finances, & je desire, pour le bonheur du
» royaume & pour sa puissance, que cette heu-
» reuse institution ne soit point passagere. Eh !
» que craindre en effet d'un pareil compte, si,
» pour qu'il soit le fondement & l'appui du *crédit*,
» il ne faut autre chose que ce qu'exigeroient
» d'un souverain les règles les plus simples de
» la morale, c'est-à-dire, *proportionner les dé-*
» *penses aux revenus, & assurer un gage aux prê-*
» *teurs, toutes les fois que dans les besoins de l'état*
» *on a recours à leur confiance ?*

» Une exacte balance entre les revenus & les
» dépenses, est tout ce qu'il faut à un royaume
» qui jouit du bonheur de la paix. Il n'est point
» obligé de recourir à des emprunts, puisque ses
» revenus suffisent à ses besoins, & la confiance
» publique pourroit en quelque maniere lui être
» indifférente. Mais la guerre contraignant à
» chercher des secours extraordinaires, il faut
» trouver des capitaux pour y suffire ; & comme
» les circonstances sont impérieuses, si le *crédit*
» manque, les embarras naissent ; une premiere
» opération forcée en entraîne d'autres, les be-
» soins du moment, luttent contre la justice du
» souverain, l'administration se trouble, & les
» effets du discrédit, peuvent quelquefois ressembler
» momentanément au désordre & à la subversion
» entiere des finances.

» Mais si le maintien du *crédit* est intéressant
» pour les créanciers de l'état, s'il importe à la
» puissance du souverain, il est également pré-
» cieux aux contribuables, puisque c'est par le
» *crédit* qu'ils sont préservés de ces tributs au-
» dessus de leurs forces, que la nécessité com-
» manderoit peut-être, & malheureusement au
» milieu des circonstances où les peuples ont le
» plus besoin de ménagement, puisque déja la
» guerre elle-même est une sorte d'impôt par
» la stagnation du commerce, & par le ralen-
» tissement du débit des productions nationales.

» Sans doute le royaume de votre majesté,
» est de tous ceux de l'Europe, celui qui réunit
» le plus de facultés pour subvenir à ces impôts
» extraordinaires & passagers. Mais, malgré cette
» supériorité, ce n'est-là qu'une foible ressource
» à côté de celles que peuvent présenter le *crédit*
» & la confiance, quand ces moyens subsistent
» dans leur vigueur.

» J'observerai même que lorsque l'état des
» finances est un objet d'obscurité profonde, &
» qu'il faut pourvoir à cent cinquante millions
» de dépenses extraordinaires, ce n'est pas, je
» crois, une chose bien vue, que d'établir vingt
» ou trente millions d'impôts de la nature de
» ceux qui, finissant avec la guerre, ne sont
» pas applicables aux gages des emprunts, car
» ces levées passageres ne balancent pas le tort

» connoissance sur la situation des affaires, en-
» visage alors ces impôts comme un signal de
» détresse ; & au contraire, tant qu'on n'a pas
» recours à cette ressource, & qu'elle fait, pour
» ainsi dire, un corps de réserve, la mesure en
» est inconnue ; on l'exagere en idée, & les
» esprits sont moins agités. Et c'est ainsi que
» le mystère & l'obscurité sur l'état des finances,
» obligent le gouvernement à ménager sans cesse
» l'imagination, & à mettre une partie de sa
» force dans les apparences ; au lieu que la clarté
» & la franchise n'ont besoin que de parler à
» la raison, & donnent à la confiance un sou-
» tien plus fidèle & plus assuré.

» C'est pour avoir suivi constamment de pa-
» reilles maximes, que l'Angleterre trouve en-
» core à présent jusqu'à trois cents millions dans
» une année, & qu'elle déploie une somme d'ef-
» forts & de puissance qui n'est dans aucune pro-
» portion avec ses richesses numéraires & sa
» population.

» Jamais donc on n'a pu connoître d'une ma-
» niere plus frappante qu'aujourd'hui, de quelle
» importance est le *crédit public*. L'introduction
» de ce moyen de force, n'est pas très-ancienne,
» & il eût été à désirer, peut-être pour le bien
» de l'humanité, qu'on ne l'eût jamais connu.
» C'est ainsi qu'on a pu rassembler dans un ins-
» tant les efforts de plusieurs générations ; & c'est
» ainsi qu'en accumulant les dépenses, on a porté
» les armées aux extrémités du monde, & qu'on
» a su joindre la dévastation rapide des climats
» brûlans, à tous les maux anciens & multipliés
» de la guerre.

» Quoi qu'il en soit, ce nouveau genre de riva-
» lité, ce nouveau moyen de domination une fois
» introduits, il importe à la puissance d'un sou-
» verain de l'obtenir & de le ménager, ainsi
» qu'il est obligé d'entretenir de grandes armées
» disciplinées, quand les voisins qui l'entourent
» déploient pareillement leurs forces militaires.

» Ayant donc senti toute l'importance du *crédit*
» en France, il étoit du devoir de ma place d'y
» donner la plus grande attention. Je n'ai pu mé-
» connoître qu'on avoit fait depuis la derniere
» paix, (1763) tout ce qu'il falloit pour détruire
» la confiance ; tandis que dans ce long espace
» de tranquillité, il eût été si facile de faire oublier
» les opérations fâcheuses de la derniere guerre,
» & d'établir un ordre & une régularité dans les
» finances, qui eussent ménagé à votre majesté
» des moyens de puissance extraordinaires. Mais
» ce tems favorable a été perdu, & les dépenses
» ayant constamment excédé le montant des re-
» venus, il a fallu y suppléer par des emprunts
» & des circulations immodérées, dont le poids
» a fini par entraîner toutes les suspensions de
» paiemens, & toutes les réductions d'intérêts
» arrivées en 1771 ; aussi le *crédit* s'en étoit tel-

» lement ressenti, que lorsque je suis entré en
» place, les capitaux pouvoient placer leur ar-
» gent à un intérêt de six & deux tiers pour cent,
» en rentes perpétuelles, vu que les contrats sur
» l'hôtel-de-ville, portant quatre pour cent d'in-
» térêt, ne valoient que soixante, & c'est à cette
» même époque que la guerre ou ses préparatifs
» ont commencé.

» Quelle différence entre cet état du *crédit*,
» & le prix des fonds publics, au commencement
» de la précédente guerre! L'on avoit peine alors
» à trouver des placemens à quatre & demi pour
» cent ; & les contrats sur les postes, qui ne
» portoient que trois pour cent d'intérêt, étoient
» montés jusqu'à quatre-vingt. Cependant en
» 1759, trois ans seulement après la guerre, le
» paiement des rescriptions fut suspendu, celui
» des gages fut arrêté, & l'on excita les parti-
» culiers à porter leur vaisselle à la monnoie,
» pour la convertir en especes.

» Je crois donc pouvoir présenter à votre ma-
» jesté, comme un mérite ou comme un bonheur,
» qu'après être parti d'une position bien diffé-
» rente de celle de 1756, & après quatre ans
» de guerre ou de préparatifs, le *crédit* n'ait
» souffert aucune atteinte, quoiqu'il en ait été
» fait un usage très-étendu : on pourroit même
» dire, avec vérité, qu'au contraire ce *crédit* a
» pris des forces, & l'on en peut juger d'une
» maniere sensible, par le prix des fonds publics.
» L'on voit qu'au mois de septembre 1776, &
» sur de simples bruits politiques, les anciennes
» rescriptions baisserent momentanément jusqu'à
» vingt-trois pour cent de perte, & les actions
» des Indes jusqu'à seize cents ; & dans ce mo-
» ment-ci, les unes ne perdent que sept & demi
» pour cent, & les autres de deux mille cinq
» cents, sont à dix-neuf cents quarante.

» On peut encore observer que tous les em-
» prunts faits au milieu de cette guerre, l'ont
» été à un prix beaucoup plus favorable qu'on
» ne l'avoit jamais entrepris pendant la paix.
» La loterie ouverte il y a deux ans, étoit
» calculée sur le pied de cinq pour cent d'intérêt,
» & tandis qu'en 1771, au sein de la paix, on
» a négocié des rentes viageres qui ont coûté
» onze, douze, & jusqu'à treize pour cent d'in-
» térêt sur une tête ; votre majesté n'a encore
» emprunté qu'à neuf, & à un intérêt propor-
» tionné sur plusieurs têtes. Mais je crois, sire,
» que les circonstances exigent de votre sagesse,
» que les conditions du prochain emprunt soient
» plus favorables aux prêteurs.
» D'un autre côté, j'ai réduit beaucoup le prix
» des anticipations. Enfin, votre majesté vient
» de faire un emprunt remboursable en neuf an-
» nées, qui revient à six pour cent, & qui a été
» rempli facilement, tandis qu'en 1757, un an
» après la guerre, on en fit un du même genre,

» beaucoup plus avantageux aux capitalistes, &
» qui ne fut jamais compté.
» Ce tableau satisfaisant n'est dû qu'à l'ordre
» que votre majesté a mis dans ses affaires ; car
» si le choix heureux des momens, la mesure des
» emprunts, leur forme plus ou moins piquante,
» sont des circonstances essentielles au succès qu'on
» se propose, on ne peut cependant se dissimuler
» que dans tout ce qui tient au *crédit* & à la con-
» fiance, le génie de l'administration ne consiste
» principalement dans la sagesse, l'ordre & la
» bonne foi.
» Mais peut-être est-ce encore un mérite que
» de sentir fortement l'effet des vérités simples,
» & de ne jamais les sacrifier à l'attrait des idées
» ingénieuses, & à la vanité des nouveaux sys-
» têmes. Ainsi donc, économiser, réformer les
» abus, perfectionner les revenus, & assurer de
» cette maniere le gage des emprunts, sans vio-
» lence & sans nouvelles charges pour les peu-
» ples, voilà ce qui fait à-la-fois la sûreté des
» prêteurs & leur confiance ; & votre majesté
» ayant adopté ce plan d'administration au milieu
» de la guerre, tandis qu'on avoit fait tout le
» contraire pendant la paix, elle a dû jouir,
» dans les circonstances les plus difficiles, des avan-
» tages d'opinion dûs à cette même conduite.

On retrouve encore sur le *crédit*, d'excellentes
vues developpées à la page 30, en parlant de
la réduction des profits de la finance.

» Depuis long-tems on n'avoit cessé de dire que
» les financiers étoient trop multipliés, que leurs
» bénéfices étoient trop grands. Je ne sais com-
» ment ils avoient toujours triomphé de ces cri-
» tiques. Tantôt on avoit détourné son attention
» de cette vérité; tantôt on avoit respecté l'abus
» par des considérations particulieres, & quel-
» quefois aussi des ministres, après s'être occu-
» pés sérieusement de cet important objet, avoient
» été rebutés par les difficultés. Quoi qu'il en
» soit, ce plan est infiniment intéressant ; je l'ai
» connu, j'en ai suivi l'exécution sans relâche,
» & je crois l'avoir porté à sa perfection.
» En même tems cela s'est fait au milieu de la
» guerre, tems fortuné jusqu'à présent pour les
» gens de finance. On avoit toujours dit que
» c'étoit un intervalle qu'il falloit franchir sans
» aucun mouvement; & comme au tems de paix
» on disoit aussi qu'il falloit ménager les finan-
» ciers, pour retrouver leur *crédit* pendant la
» guerre, les réformes ne s'étoient jamais faites,
» & ces idées n'avoient guere servi qu'à exercer
» l'éloquence des auteurs & des écrivains.
» J'ai envisagé cette affaire sous un point de
» vue différent; j'ai senti que le *crédit* ne tenoit
» point aux financiers, mais à la nécessité où
» sont les prêteurs de placer leur argent d'une
» certaine maniere, & qu'à l'égard des fonds ap-
» partenans à ces financiers eux-mêmes, c'étoit
» une crainte chimérique que de croire à leur

» découragement & même à leur humeur, parce
» que, dans la difposition de leur argent, ils font
» femblables à tous les hommes, qui ne prêtent
» ni par affection, ni par reconnoiffance, mais
» feulement d'après leur fûreté & leur connoif-
» fance. J'ai donc penfé que l'effentiel étoit d'ap-
» pliquer tous fes foins à fortifier la confiance
» due à l'état, & qu'en corroborant ainfi le tronc
» de l'arbre, dont toutes les branches tirent leur
» fubftance, on pouvoit, fans aucun inconvé-
» nient, s'occuper de toutes les réformes & de
» toutes les fuppreffions dont l'avantage feroit
» évident, parce que cet avantage étant rendu
» fenfible, l'empreffement des prêteurs ne pouvoit
» qu'augmenter, & l'événement a prouvé que
» cette maniere de voir étoit raifonnable.....

» La réunion de tous les receveurs-généraux
» à une feule compagnie, la divifion de toutes
» les perceptions de droits en trois compagnies,
» opération fi importante, & qu'on croyoit hé-
» riffée de difficultés, à caufe du renouvellement
» des fonds; toutes les difpofitions enfin, & plu-
» fieurs autres, fe font exécutées ponctuellement
» & tranquillement. Cependant, d'après de vieilles
» maximes, remuer la ferme générale, changer feu-
» lement la forme des billets & des refcriptions,
» c'étoit toucher à l'arche, & ébranler la con-
» fiance; affertions & prophéties que l'expérience
» a bien démenties. Mais, comme il n'eft point
» de prévention, lorfqu'elle eft ancienne, qui ne
» tienne à quelques motifs plus ou moins fondés,
» j'ai cherché à m'en rendre raifon, & voici ce
» que j'ai cru voir.

» Quand la confiance ne peut être étayée par
» le raifonnement; quand, par le mauvais état des
» affaires, on ne peut la devoir qu'à des illufions,
» & qu'elle eft ainfi l'effet d'une fimple habitude,
» le moindre changement dans les formes eft dan-
» gereux, parce qu'il ramene à la réflexion, &
» que cette réflexion conduit alors à la défiance.
» Mais lorfque les affaires font en bon ordre,
» lorfqu'une adminiftration fe conduit fagement,
» lorfqu'elle croit gagner à ce qu'on la fuive,
» & qu'on étudie fes opérations, alors elle ne
» craint aucun mauvais effet de tout ce qui peut
» réveiller l'attention & porter à des examens.
» Auffi, tandis qu'une forte de refpect & une
» vaine frayeur ont maintenu tant d'abus dans
» le fein de la paix, c'eft au milieu de la guerre,
» & en animant le crédit, que votre majefté a
» exécuté les plus grands changemens dans toutes
» les parties de fes finances. »

Voyez DÉPENSE, DETTE PUBLIQUE, EMPRUNT, INTÉRÊT, TRÉSORIERS.

CRÉDIT DE DROIT. L'adjudicataire de la ferme générale, ceux des régies, ne font tenus à faire aucun *crédit*.

Toutes les fois que différentes villes de commerce ont prétendu jouir d'un *crédit* de plufieurs mois, que quelques receveurs ont pu laiffer éta-
blir abufivement, & pour leur intérêt particulier, elles ont été déboutées de leur demande. C'eft ce qui a été jugé, en différens tems, par le confeil, notamment, le 19 janvier 1759, contre les né-gocians de la Rochelle, le 12 janvier 1765, contre ceux de Saint-Malo, le 30 juin 1769, contre ceux de Grandville, & enfin, le 20 avril 1774, contre ceux de Marfeille. Mais lorfque ces receveurs ont donné quelques facilités à cet égard, plufieurs articles du titre commun pour toutes les fermes, dans l'ordonnance du 22 juillet 1681, leur affurent la facilité de fe faire payer dans les termes fuivans.

Article VI. « Voulons que les fermiers & fous-
» fermiers, qui feront *crédit* de nos droits, &
» qui viendront par action, oppofition, interven-
» tion, plainte, ou autrement, même dans les
» cas auxquels ils pourroient fe faire payer fur le
» champ, foient préférés, fur les meubles, à
» tous autres créanciers, même à ceux qui ont
» prêté leurs deniers pour les acheter.

» Article VII. N'entendons la préférence,
» portée par l'article précédent, avoir lieu,
» finon, lorfque les foumiffions & promeffes, que
» nos fermiers & fous-fermiers auront prifes des
» redevables, feront libellées pour nos droits,
» conformément aux regiftres & déclarations qui
» en auront été faites. »

Ces difpofitions reçurent en 1719 une excep-tion, qui concernoit les droits d'entrée de Paris, & qui fut de courte durée. En voici l'origine.

Des lettres-patentes du mois de mai 1656, avoient établi une halle aux vins, pour les marchands forains qui en amenoient dans cette ville. L'obligation de payer comptant les droits d'en-trée mettoit plufieurs d'entr'eux dans le cas d'em-prunter, à de gros intérêts, les fommes dont ils avoient befoin, ou de vendre leurs vins à vil prix, à l'inftant de leur arrivée. Ces circonftances donnerent lieu fans doute à quelque traitant, d'imaginer une caiffe de *crédit*, à l'inftar de celle qui avoit été créée en 1707, pour les marchés de Sceaux & de Poiffy, & dans laquelle les marchands forains pourroient emprunter le prix de leurs vins, au moyen d'une remife de fix deniers pour livre. Cet établiffement fut confirmé par lettres-patentes du 28 juin 1722; & l'année fuivante, l'arrêt du confeil, du 27 feptembre, reftreignit les avances de la caiffe à la moitié du prix des vins.

Dans la vue de favorifer les opérations de cette caiffe, un autre arrêt du 29 mars 1723, défendit à toute perfonne, de prêter leurs deniers aux marchands forains, à peine de trois mille liv. d'amende.

Cependant, comme cette caiffe ne profpéroit pas, & que fa régie coûtoit beaucoup, les arrêts

& lettres - patentes, du 16 feptembre 1727, enregiftrées au parlement le 5 décembre fuivant, la fupprimerent, & le *crédit* qu'elle faifoit fut réduit aux feuls droits d'entrée.

En conféquence, les marchands forains, qui amenent par eau des vins & autres boiffons, à la halle au vin, ont la faculté de prendre *crédit* des droits, tant de ceux dépendans de la ferme générale, que des hôpitaux & de la ville, en payant fix deniers pour livre, à l'adjudicataire des fermes, pour le montant du *crédit*. Ceux qui ne veulent point ufer de cette faculté, ne paient point ces fix deniers.

Suivant les mêmes lettres-patentes de 1727, l'adjudicataire eft tenu de payer fur le champ, à l'acquit des marchands forains, entre les mains du receveur des hôpitaux & de celui de la ville, les droits d'entrée qui leur appartiennent, & dont il aura été fait *crédit*; & c'eft fon affaire que de pourfuivre, à fes rifques & périls, le recouvrement des droits fur les marchands forains. Mais comme les prépofés de l'adjudicataire des fermes font en même tems chargés de la recette, pour la ville & les hôpitaux; on fent que l'avance, qu'ils font obligés de faire des droits de ces parties, eft abfolument nulle.

Ces lettres-patentes confirment les difpofitions du titre commun, qui a été rappellé, en ordonnant que l'adjudicataire fera payé du montant des droits, dont il a fait *crédit*, par préférence à tous créanciers, même aux vendeurs & aux voituriers, fur les deniers provenans de la vente des boiffons.

Au moyen de ce *crédit*, les marchands forains, qui ne font point en état de faire l'avance des droits, ne les paient qu'après avoir vendu leurs vins, & ne craignent pas d'en amener des quantités très-confidérables; ainfi, cette facilité contribue à l'activité du commerce, & à l'abondance des approvifionnemens.

CROUPE. f. f. par lequel on défigne une portion fecrete d'intérêt, dans une affaire de finance, fous le nom d'un autre. Jamais les *croupes* n'avoient été fi multipliées, que dans le-bail des fermes, paffé, au mois de janvier 1774, malgré l'exemple des efforts que Sully & Colbert avoient faits dans leurs tems, pour fupprimer des abus auffi nuifibles aux intérêts du roi. Mais à cette époque, les gens en faveur jouiffoient d'un tel crédit, l'intrigue avoit tant de fuccès, que le miniftre des finances n'avoit d'autre parti, pour fe maintenir en place, que de céder aux follicitations qui lui étoient faites, & qui avoient pour objet une *croupe*, ou un intérêt dans les affaires de finance.

L'arrêt du 9 janvier 1780 ne diffimule pas l'excès de ce défordre, & il en développe toutes les conféquences funeftes dans le paffage fuivant.

« C'eft pour remplir les vues utiles dont fa » majefté eft pénétrée, qu'elle s'eft propofé de ré-» former un abus, trop long-tems confacré dans » la ferme générale, & dont le bail actuel four-» nit des exemples frappans. *Cet abus eft celui des* » *croupes*, des penfions, & des intérêts, dans les » places des fermiers - généraux, à des perfonnes » abfolument étrangeres à cette manutention; » abus, qui, en admettant diverfes claffes de » la fociété au partage des bénéfices, des finan-» ciers, a dû prêter de la force à leurs préten-» tions, & accroître les obftacles qui fe préfen-» tent toujours aux projets de réforme & d'amé-» lioration; abus encore, qui donne des armes » à l'intrigue contre le talent, en favorifant, » contre les prétendans aux places de finance, les » hommes les plus difpofés à faire des facrifices, » au préjudice de ceux qui croient pouvoir fe » repofer fur leur capacité & fur leurs fervices; » abus enfin, qui cache aux yeux du fouverain » l'étendue des graces qu'il accorde, en même » tems qu'on eft fouvent parvenu à faire envi-» fager cette efpèce de dons, comme une fimple » diftribution d'intérêt, indifférente aux finances » de fa majefté; quoiqu'il fût aifé d'appercevoir » que tous ces partages, dans les bénéfices des » fermiers, retomboient tacitement fur le prix du » bail, & diminuoient les revenus du roi. »

Le bail des fermes, fait en 1780, à Nicolas Salzard, a été exempt de *croupes*; & il y a lieu de defirer qu'il ferve de modele à tous les baux qui fuccéderont.

Il n'y a plus que quelques petites affaires particulieres, qui ne concernent pas les intérêts du roi, où il fe trouve encore des *croupes*. Tels font le bail de la ferme des devoirs de Bretagne, le bail des octrois de différentes villes.

Voyez DEVOIRS, OCTROIS.

CROUPIER, f. m. eft celui qui jouit d'une croupe, fous le nom d'une perfonne, intéreffée dans une affaire. Dans ce fens, on dit que cet intéreffé a un ou plufieurs *croupiers*, pour faire entendre qu'il partage l'intérêt qu'il paroît avoir, avec d'autres perfonnes qui ne font connues que de lui. Il eft des *croupiers* volontaires, & des *croupiers* obligés.

Les premiers font ceux qui font admis à une portion d'intérêt, au moyen des fonds qu'ils prêtent à l'intéreffé en nom.

Les autres *croupiers*, font ceux qui font défignés pour jouir d'une portion d'intérêt, accordé fous la condition de ce partage; en forte que c'eft une charge pour l'intéreffé principal, qui ne peut s'en libérer, que par un arrangement particulier, & avantageux au *croupier*.

CRU. f. m. On appelle du vin, du blé du *crû*, celui que l'on recueille fur les fonds dont

on

on eſt propriétaire. En matiere de droit d'aides, on met une diſtinction entre le vin du *crû* & le vin d'achat.

Le vin du *crû* eſt exempt de pluſieurs droits que paie le vin acheté. L'endroit, réputé lieu du *crû*, eſt celui où le vin a été cuvé, preſſé & entonné ; c'eſt là qu'eſt dû le droit de gros à la vente, aux aides de la province, dont ce lieu fait partie. Par exemple, ſi un particulier, réſidant en Picardie, y fait venir des vins qu'il a recueillis en Champagne ; lorſqu'il les vend, le droit de gros eſt dû au ſous-fermier des aides de cette derniere province.

Dans tous les cas, où des vins d'achat ſe trouvent avec des vins du *crû*, les premiers ſont toujours réputés vendus avant les autres, & ne jouiſſent d'aucune exemption. Par vins d'achat, on entend vins pris en paiement, provenant de vignes affermées, ou de preſſoirs bannaux, dont la bannalité n'eſt pas établie avant 1560.

Afin d'arrêter les abus ſur ce point, les arrêts & lettres-patentes des 19 août & 26 novembre 1719, des 30 août & 10 ſeptembre 1723, ont accordé au fermier la faculté de connoître avec préciſion, lorſqu'il le jugeroit à propos, l'objet véritable des récoltes de toute une paroiſſe, & de diſtinguer ainſi les vins du *crû*, des propriétaires privilégiés.

ARTICLE PRÉMIER.

« Dans les paroiſſes où le fermier des aides voudra avoir connoiſſance du produit des vignes de chaque année, il fera ſommer, dans le tems de l'ouverture des vendanges, les maires & échevins des villes, & le ſyndic ou les marguilliers des bourgs ou villages, de lui en fournir le rapport. »

ART. II.

» Quinze jours après les vendanges finies, les » maire, échevins, ſyndics, ou marguilliers, » qui auront été ſommés par le fermier, feront » tenus d'aſſembler les habitans ; & feront tenus » d'aſſiſter à cette aſſemblée, au moins douze des » vignerons de chaque ville ou paroiſſe, qui ont » la plus forte cote de taille, pour atteſter, con-» jointement avec leſdits maire, échevins, ſyndics » ou marguilliers, ce que l'arpent de vigne aura » rapporté de vin, le plus communément. »

Les articles III, IV & V réglent la forme des actes à rédiger par ces aſſemblées, preſcrivent les délais, dans leſquels la copie en ſera remiſe au prépoſé du fermier des aides, & en fixent le prix à trois livres pour tous frais.

ART. VI.

« Ne jouiront les privilégiés, en chaque an-» née, de leurs exemptions, de quelque na-» ture qu'elles ſoient, que juſqu'à concurrence » de la quantité de vins qu'ils auront pu recueillir, » ſur le pied du rapport qui ſera fait par les ac-» tes d'aſſemblée, & eû égard à la quantité de » vignes par eux poſſédées, dont ils auront juſti-» fié la propriété. Permet au fermier, ſa majeſté, » de décerner contre eux ſes contraintes, & de » leur refuſer des congés pour le ſurplus, ſi ce » n'eſt en payant les droits. »

L'article VII & dernier prononce contre ceux qui auront déclaré de leur *crû*, des vins provenans des vignes qui ne leur appartiendront pas, la déchéance de leur privilége, la condamnation au quadruple des droits, pour autant d'années qu'ils les auront fraudés, avec amende de trois cents livres, applicables aux dénonciateurs.

Il eſt de principe conſtant, que les eaux-de-vie ne participent jamais aux faveurs accordées aux boiſſons du *crû*, parce qu'elles ont reçu une main-d'œuvre qui les a dénaturées.

Voyez GROS. (Droit de)

CRUE, ſ. f. qui ſignifie une augmentation. Ce terme déſigne une impoſition additionnelle, à une autre déja ſubſiſtante, telle que celle qui fut ajoutée à la taille en 1484, ſous Charles VIII.

On a appellé *grande crue*, une impoſition de trois cents mille livres, établie ſous François Ier, par ſupplément à la taille, pour la ſolde de cinquante mille hommes, qui furent levés en certaines provinces déſignées, & auxquels on donna le nom de légionnaires, parce que leur inſtitution le rapprochoit de celle des légions Romaines.

Ce mot de *crue*, revient à celui de *ſuper indictum*, par lequel on déſignoit, dans le bas Empire, une augmentation de tribut ; tandis que le tribut ordinaire ſe nommoit *indictum*.

Lorſque le pariſis, ou quart de livre, fut ajouté aux droits, on appella cet impôt la *crue du pariſis*.

La crue du ſel eſt, en Bourgogne, une addition au prix de cette denrée, qui ſe leve au profit de la province, & dont les états ont l'adminiſtration. Le produit de cette *crue* eſt affectée aux réparations des routes.

CUIRS. (Droits ſur les) Ces droits avoient été originairement créés, pour ſervir d'attributions & de gages à des offices de jurés-vendeurs, prud'hommes, contrôleurs, marqueurs, lotiſſeurs & déchargeurs de *cuirs*, établis en différentes provinces. Comme ces offices avoient été rachetés dans quelques-unes, & négligés dans d'autres, il en réſultoit de l'inégalité dans la perception de ces droits, & dans le traitement qu'éprouvoit le commerce des *cuirs*. Pour la faire cesser, on prit en 1759 le parti de supprimer tous ces offices, & d'en remplacer les attributions par un droit unique & général.

Le préambule de l'édit du mois d'août de cette année, va expliquer les motifs de cette opération.

« Louis, &c. Dès les tems les plus reculés de » la monarchie, les rois nos prédécesseurs ont » veillé, par des réglemens, à ce qui concernoit » la consommation des *cuirs*, & particulierement » à la perfection de leur apprêt, & les droits sur » cette marchandise ont la même ancienneté ; » mais ces droits, originairement établis pour » être levés dans tout le royaume, ont été né- » gligés dans quelques provinces, & dans les » autres, ils ont été perçus d'une maniere iné- » gale, qui a considérablement altéré le cours du » commerce : quoique dans plusieurs endroits les » droits sur les *cuirs* soient excessifs, ces marchan- » dises n'en sont pas moins sujettes à les payer à » chaque vente & revente, ce qui a occasionné la » chûte d'un grand nombre de tanneries & mégisse- » ries. En effet, nous avons remarqué que, malgré » le droit de vingt pour cent, établi sur les *cuirs* » tannés ou corroyés, venant de l'étranger, il ne » laisse pas d'en être apporté pour des sommes » considérables dans notre royaume, d'où ces » mêmes *cuirs* sont, pour la plupart, sortis en » verd. L'aliénation faite par les rois nos pré- » décesseurs, des droits sur les *cuirs*, à divers » officiers, nous a empêché de connoître, pen- » dant long-tems, la cause de la perte d'une » manufacture si nécessaire, & d'une main- » d'œuvre qui fleurissoit autrefois en France. » Nous avons reconnu qu'elle ne pouvoit être » attribuée qu'aux gênes imposées sur le com- » merce des *cuirs*, par ces divers officiers, chacun » dans leur district, & à la rigueur & à l'iné- » galité des droits. Ce motif seul suffisoit pour » nous engager à y porter un prompt remede ; » mais par les représentations qui nous ont été » faites à ce sujet, nous avons eu occasion de » reconnoître que la perception du droit n'a au- » cune proportion avec la médiocrité des finances » qui ont été payées par les engagistes. C'est dans » ces différentes vues que nous nous sommes dé- » terminés à supprimer tous les offices établis » pour la marque & la police du commerce des » *cuirs*, ainsi que tous les droits attribués à ces » divers offices, & à y substituer un droit mo- » déré, qui ne sera perçu qu'une seule fois sur » les *cuirs* tannés & apprêtés dans toute l'étendue » du royaume. Pour qu'il soit encore moins oné- » reux à nos peuples, nous avons jugé conve- » nable de supprimer les droits imposés sur les » *cuirs*, au passage réciproque d'une province de » l'intérieur, dans une province réputée étran- » gere ; enfin, nous avons cru devoir établir sur » la sortie des *cuirs* verds, un droit qui en con-

» serve la main-d'œuvre à nos sujets. Nous es- » pérons, par ces diverses mesures, parvenir » tout à-la-fois à rétablir le commerce des *cuirs*, » & à nous procurer sur cet objet de consom- » mation, un secours dont nous avons besoin. »

Le dispositif de cette loi est conforme à ce qu'an- nonce son préambule. Il en résulte, 1°. que les droits des officiers & leurs offices sont supprimés.

2°. Qu'il leur est substitué un autre droit com- pris dans le tarif joint à cet édit, dont la quo- tité est proportionnée à la valeur du *cuir* ou peau passé & apprêté, & imposé par livre pesant.

3°. Que, pour assurer le paiement de ce droit, les *cuirs* & peaux doivent, après leur premier apprêt, être marqués d'un marteau dont l'em- preinte est déposée au greffe de la juridiction la plus voisine.

4°. Que les droits doivent être payés, par les tanneurs, dans les trois mois du jour où les *cuirs* ou peaux ont été marqués.

5°. Que le montant de ces droits devoit être restitué en entier, à la sortie du royaume, de ces *cuirs* & peaux tannés & apprêtés, en les faisant contre-marquer.

6°. Que les *cuirs* de bœuf & de vache, en verd, sont sujets, à la sortie du royaume, à un droit de six livres la piece ; les peaux de veau en verd, à vingt sols, & celles de mouton, agneau, chevre ou chevreau, à dix sols chacune, indépendam- ment des droits de douane ou de traites déja subsistans à la sortie du royaume.

7°. Que les *cuirs* verds, tannés & apprêtés, sont affranchis de tous droits à la circulation.

8°. Que dans la ville de Paris seulement, il doit être établi, à la halle aux *cuirs*, une caisse à la- quelle les divers ouvriers qui employent les *cuirs*, pourront, s'ils le jugent à propos, se faire avan- cer le montant de leurs achats pendant deux mois, en payant trois deniers pour livre, sans néan- moins qu'ils puissent être forcés d'emprunter à cette caisse.

Des lettres-patentes du 24 septembre de la même année, commirent Etienne Somsoye pour faire la régie, recette & exploitation des droits établis sur les *cuirs*, & réglerent tout ce qui avoit rapport à la sûreté de leur perception, en attribuant la connoissance des contestations qui s'éleveroient, aux officiers des élections ou des juridictions des traites, en premiere instance, & par appel, aux cours des aides.

L'expérience seule pouvant mettre à portée de connoître les inconvéniens qui pourroient résulter de l'exécution d'un systême aussi simple de percep- tion & de régie, on s'apperçut que, par les termes généraux insérés dans l'édit, *tous ceux qui employent les cuirs & les peaux*, on avoit soumis à la visite, les pelletiers & les pelleteries, qui jusques-là n'y avoient pas été sujets, non plus qu'aux droits sur les peaux qui font la matiere de leur commerce. Sur les repréſentations que ces marchands adreſſerent, intervint l'arrêt du conſeil du 19 juillet 1760, qui, par grace, décharge des droits portés au tarif joint à l'édit de 1759, *les peaux d'agneaux & de chevreaux apprêtées en pelleterie & fourrure, par les marchands pelletiers-fourreurs, qui ne feront point d'autre commerce de cuirs & peaux, que celui de pelleterie & fourrure.*

Cette diſpoſition fut confirmée par arrêt du 26 juillet 1761, contre la prétention des pelletiers de Metz, qui prétendoient faire participer à l'exemption accordée aux peaux d'agneaux & de chevreaux, celles de moutons, de veaux & de chevres, auſſi préparées en pelleterie; & les premieres furent ſeules affranchies.

Dans la même année, l'arrêt du 13 novembre réduiſit à moitié, le droit de huit ſols par livre, impoſé par le tarif de 1759, ſur les peaux de boucs & de chevres, apprêtées à la façon de Maroc.

Les lettres-patentes du 29 mai 1766, mitigerent la rigueur des formalités ci-devant preſcrites aux tanneurs, mégiſſiers, hongroyeurs, chamoiſeurs, bourreliers & autres, ſur leſquelles il s'élevoit de grandes conteſtations, en prononçant en même tems des peines pécuniaires contre ceux qui abuſeroient des facilités qui étoient accordées. Ce même règlement établit auſſi une police pour le tranſport des *cuirs* & des peaux dans l'étendue des quatre lieues frontieres du pays étranger, & y défend tous magaſins ou entrepôts de *cuirs* verds ou de peaux, ſoit en poil, ſoit en laine, à peine de confiſcation & de cinq cents livres d'amende.

L'article 28 de ces lettres-patentes, porte que les diſpoſitions de l'ordonnance des fermes du mois juillet 1687, concernant l'entrée & la ſortie des marchandiſes, les déclarations, les acquits à caution, les ſaiſies, la juridiction des juges des traites, les amendes & confiſcations, & la police générale des droits de traites, ſeront obſervées tant pour les *cuirs* & peaux apprêtés & ouvragés, que pour ceux en verd, déclarant ces diſpoſitions communes à la régie des droits établis ſur leſdits *cuirs* & peaux.

Au reſte, le préambule des nouvelles lettres-patentes du 2 avril 1772, rappelle ce qui avoit été ordonné par celles de 1766, les abus qui en étoient réſultés, & preſcrit de nouvelles précautions jugées néceſſaires pour les faire ceſſer.

« Louis, par la grace de Dieu, &c. La fabrication des *cuirs* & peaux formant une des branches intéreſſantes du commerce de notre état, nous avons toujours cherché à lui procurer les accroiſſemens dont elle pouvoit être ſuſceptible, & à concilier avec la régie & le recouvrement du droit impoſé par notre édit du mois d'août 1759, les facilités qu'elle peut exiger: c'eſt par une ſuite de ces vues, que par nos lettres-patentes du 29 mai 1766, en même tems que nous avons ſupprimé, comme étant entiérement deſtructives de la concurrence & de l'égalité, qu'il eſt de la plus grande importance de maintenir entre les fabricans des différentes provinces de notre royaume, les évaluations d'après leſquelles le poids des *cuirs* & peaux tannés à œuvre, & deſtinés à paſſer par les apprêts de la corroyerie; étoit réglé & déterminé, nous nous étions portés à laiſſer la faculté de faire peſer & marquer de perception à la ſortie des foſſes, les *cuirs* & peaux à œuvre, deſtinés à être vendus en humide; nous avions en conſéquence arrêté un tarif de réduction, d'après lequel les droits ſur ces *cuirs* & peaux devoient être acquittés, & nous avions accordé, à compter de l'époque à laquelle la marque de perception ſeroit appoſée, un délai de ſix mois, pour l'acquittement des droits.

» Nous avions lieu de croire qu'une faculté dont l'objet étoit de procurer à la fabrication toute ſa perfection, & aux fabricans toutes les facilités qui pouvoient y concourir, rempliroit parfaitement les vues que nous nous étions propoſées; mais elle eſt devenue, au contraire, la ſource & le principe d'une multitude d'abus, de fraudes & d'inconvéniens qui ne ſont pas moins préjudiciables à la fabrication & au commerce, qu'à la perception & au recouvrement de cette partie de nos revenus.

» Nous ſommes en effet informés que les changemens qui s'operent néceſſairement dans les marques appoſées ſur des *cuirs* & peaux humides, ont fait éclorre les faux marteaux, dont l'uſage s'eſt introduit preſque généralement dans les différentes provinces du royaume; qu'un grand nombre de fabricans, dans la vue de rendre encore plus difficile, la vérification des marques appoſées avec ces faux marteaux, ne donnent pas à leurs *cuirs* & peaux les apprêts ſuffiſans pour les conduire au degré de perfection qu'ils exigent; que les prépoſés à la régie & perception du droit, ſe trouvent preſque toujours dans l'impoſſibilité de conſtater les délits & contraventions; que les experts qui ſont nommés pour la vérification des marques, éprouvent ſouvent eux-mêmes des incertitudes qui ne leur permettent pas de porter un jugement certain, & que les juges auxquels appartient la connoiſſance des conteſtations relatives à cette partie de nos droits, ne peuvent, par une ſuite de ces incertitudes, ſe procurer les connoiſſances néceſſaires pour prononcer les peines preſcrites par les règlemens; de maniere qu'en même tems que les fauſſes marques, ſi deſtructives du produit que nous devions attendre de cette partie de nos droits, ſe perpétuent & ſe multiplient, le public eſt expoſé à ſe ſervir

L ll ij

» de *cuirs* & de peaux qui n'ont pas reçu leur
» entiere perfection, & qu'il n'existe plus aucune
» sorte de balance, ni d'égalité, entre les fabri-
» cans qui remplissent fidélement leurs obliga-
» tions, & ceux qui se livrent à la fraude.

» Nous sommes pareillement informés, que la
» restitution des droits que nous avons par l'ar-
» ticle IX de notre édit du mois d'août 1759,
» ordonné être faite à la sortie pour l'étranger,
» des *cuirs* & peaux tannés & apprêtés dans l'in-
» térieur du royaume, non-seulement nous est
» très-préjudiciable, en ce que nous nous trouvons
» souvent dans le cas de restituer des droits qui
» n'ont point été acquittés, mais qu'elle tourne
» entièrement au profit des marchands & com-
» missionnaires, de maniere qu'elle ne procure
» point aux fabricans, les avantages dont nous
» avions principalement pour objet de les faire
» jouir.

» C'est pour réprimer les abus & les incon-
» véniens que nous venons de rappeler, & pour
» rétablir le bon ordre & la concurrence dans la
» fabrication & le commerce, que nous avons
» jugé devoir abroger la faculté que nous avions
» accordée de faire peser & marquer de percep-
» tion en humide, les *cuirs* & peaux à œuvre,
» destinés à passer par les apprêts de la corroye-
» rie, en laissant néanmoins aux tanneurs qui
» n'ont pas droit de corroyer, la facilité de
» vendre en humide, & sous les conditions que
» nous y avons imposées, les *cuirs* & peaux qui,
» par la nature de leur apprêt, peuvent être
» vendus dans cet état d'humidité.

» Nous avons prescrit en même tems, les nou-
» velles précautions & les nouveaux tempéramens
» qui, sans apporter aucune gêne ni entrave à
» la fabrication & au commerce, ont été jugés
» & reconnus nécessaires pour maintenir la per-
» fection dans les apprêts, assurer à ceux qui
» auront acheté des *cuirs* & peaux revêtus de
» fausses marques, le recours qu'ils doivent natu-
» rellement avoir contre les vendeurs, prévenir
» les versemens qui se font en fraude des droits,
» & au préjudice de la main-d'œuvre & des fabri-
» ques nationales, faisant des *cuirs* & peaux en verd à
» l'étranger, & en conservant à la fabrication
» & au commerce les avantages & les encoura-
» gemens que nous nous étions proposés de leur
» procurer, par la restitution que nous avons
» ordonnée du montant des droits sur les *cuirs*
» & peaux tannés & apprêtés, qui sont exportés
» à l'étranger, restreindre cette restitution dans
» les justes bornes qu'elle doit avoir, & faire
» cesser les abus & les inconvéniens dont elle a
» été jusqu'ici susceptible. »

Les dispositions de ce règlement sont conséquentes à ce préambule, & la restitution des droits
entiers, est réduite à celle des deux tiers, &

fixée aux lieux de l'enlevement, & pour les seuls
cuirs & peaux qui seront entiers, en justifiant
de la sortie desdits *cuirs* & peaux, par le certificat des commis du bureau de sortie, & par la
quittance des droits de la ferme générale.

L'année suivante, des lettres-patentes du 16
mai suivant, statuant sur ce qui concerne la vérification & la reconnoissance des fausses marques,
ordonnerent que les juges ne pourroient nommer
pour experts, à l'effet de procéder à ces vérifications, que *des graveurs établis dans les villes où
il existe des hôtels ou juridictions des monnoies, &
exerçant principalement & habituellement la profession
de la gravure sur métaux.*

Il étoit résulté quelques embarras de l'exécution
de la défense portée dans les lettres-patentes de
1772, de peser & marquer de perception, aucuns
cuirs & peaux, qu'ils ne fussent entièrement secs.
La déclaration du premier novembre vint y remédier, en ordonnant que les tanneurs, tant de Paris
que des autres villes & bourgs du royaume, qui
n'ont pas droit de corroyer les *cuirs* & peaux de
leur fabrication, pourroient mettre eux-mêmes en
huile, les peaux de veau & autres menues peaux en
tout genre qu'ils auroient fabriquées, & les vendre
seches d'huile, soit aux corroyeurs & à tous autres,
sans que pour raison de ce, ils pussent être troublés, ni inquiétés par qui que ce soit; leur faisant
défenses (est-il dit) de donner auxdites peaux
aucun autre apprêt de corroyerie, à peine de
confiscation & de trois cents livre d'amende;
comme aussi de continuer de vendre lesdites peaux
sur le bord des fosses, même à des corroyeurs ou
tanneurs, faisant la corroyerie; dérogeant, quant
à ce, aux dispositions des articles 2 & 3, des
lettres-patentes du 2 avril 1772; voulons qu'à
l'avenir, elles ne puissent être vendues que seches
d'huile, en croûte ou corroyées, & après qu'elles
auront été passées & marquées de perception, sous
les peines portées par lesdites lettres-patentes.

Celles du 10 janvier 1777, ont réglé que le
dépôt des marques & acquits de faux, enlevés des
cuirs saisis, seroit fait sur le champ, & par
provision, au greffe de toute justice royale ou seigneuriale, lorsqu'il n'y aura dans ledit lieu, ni
élection, ni juridiction des traites, ni autres juges
des droits du roi.

Depuis cette époque, il n'est intervenu que des
arrêts de confirmation des dispositions ci-dessus
rapportées, lorsque les tribunaux s'en sont écartés.

Tels sont les arrêts du conseil des 10 février
1778, & 22 juin 1779, qui ont cassé un arrêt
du parlement de Dijon, pour avoir annullé la
saisie de trois morceaux de *cuir* de vache lissé,
qui ne portoient aucune marque, sous prétexte
que le prévenu alléguoit avoir employé la partie
où étoit cette marque.

Un autre arrêt de la cour des aides de Paris,
du 9 février 1779, a infirmé une sentence de

l'élection d'Amboife, du 27 feptembre 1774, en ce que les officiers s'étoient contentés d'ordonner la confifcation d'un faux poids faifi chez un marchand tanneur, fans prononcer, ni amende, ni dommages-intérêts envers le régiffeur des droits fur les *cuirs*, & cette amende eft fixée à douze livres.

La même cour a jugé, par arrêt du 18 janvier 1780, que toute perfonne qui apprêtoit & travailloit des *cuirs* & des peaux, devoit fe conformer aux règlemens rendus fur cette matiere, quelle que fût d'ailleurs fa qualité & fa profeffion.

Pour ne rien omettre de ce qui concerne les *cuirs*, on doit dire ici, que l'arrêt du 28 mai 1768, impofe à toutes les entrées du royaume, le droit de vingt pour cent de la valeur, & les dix fols pour livre, fur les *cuirs* tannés & corroyés, vaches de Rouffi, peaux de veaux & autres paffées en couleur, foit en pieces entieres, foit en bandes ou autrement, ainfi que fur tous les ouvrages de *cuir* ou de peaux, tels que bottes, bottines, fouliers, bas, culottes, gants, harnois, brides, felles, ceinturons & autres femblables.

Mais parmi ces ouvrages, on ne doit point comprendre ceux qui viennent d'Angleterre. On peut voir au mot *contrebande*, qu'ils font réputés en faire partie, & que dès-lors ils ne peuvent être introduits dans le royaume, que par une permiffion expreffe du miniftre des finances.

Quant aux droits de fortie, l'intérêt des fabriques nationales étant de conferver les *cuirs* en poil ou en verd, & de favorifer l'exportation de ceux qui font tannés, apprêtés ou mis en œuvre, les règlemens ont fixé les droits de fortie dans ces vues. Comme le tarif de 1664, n'avoit porté ce droit qu'à trois livres dans les provinces des cinq groffes fermes feulement, il fut doublé & rendu général par la déclaration du 18 avril 1667. Une douzaine de *cuirs* en verd & en poil, valant cinquante-cinq à foixante livres, payoit alors le dixieme de fa valeur, qui faifoit le cinquieme du marc d'argent à trente livres, & cette impofition fuffifoit pour gêner l'exportation de cette matiere premiere.

En 1759, on reconnut que cet objet n'étoit plus rempli, parce qu'il n'exiftoit plus de proportion entre la quotité du droit & la valeur des *cuirs*, qui étoit prefque quintuplée. On fupprima tous les droits dûs à la circulation fur les *cuirs* verds & tannés; & celui de fix livres par *cuir* de bœuf ou de vache en verd, au profit de la régie des *cuirs*, fut ajouté à celui qui étoit déja perçu à la fortie du royaume par la ferme générale. Cette augmentation, avec les dix fols pour livre, a ramené cette impofition à un taux égal à ce qu'elle étoit en 1667, par rapport à la valeur actuelle de la marchandife, dont elle eft le dixieme, & fuffit pour en empêcher la fortie.

A l'égard des *cuirs* tannés & apprêtés, on a

dit qu'ils font, à l'exportation, fufceptibles de la reftitution des deux tiers du droit de marque appartenant à la régie générale, mais ils font reftés foumis aux droits de traites, fuivant les tarifs des provinces par lefquelles s'effectue cette exportation. Il refulte de-là une inégalité de traitement à laquelle on s'étonne qu'il n'ait pas encore été pourvu par un droit uniforme & modique; car les *cuirs* fortent de la Bretagne en ne payant qu'un très-foible droit. Ils n'en paient aucuns à la fortie de la Flandre, du Haynaut & de la Franche-Comté, tandis qu'ils acquittent dans cette circonftance, quinze fols par piece, à la fortie des cinq groffes fermes, & bien davantage en plufieurs autres provinces.

Mais parmi les *cuirs* en verd ou en poil, on ne doit pas confondre les *cuirs* en poil, venus de l'étranger, & principalement de l'Afrique & des indes Efpagnoles. Comme ils font nommément impofés dans le tarif de 1664, à l'entrée, à cinq fols & à dix fols, & à la fortie, à douze fols & à dix fols la piece, fous le nom de *cuirs* fecs à poil, des Indes, du Pérou, de Barbarie, du Cap-Vert, Sénégal & Mofcovie, & que ce traitement a été confirmé en 1720, il eft évident que le gouvernement a eu deffein d'attirer cette efpece de *cuir*, & d'en favorifer le commerce de réexportation. C'eft donc aller directement contre ce but, que de prétendre, comme on l'a fait à Bordeaux en 1780, affujettir ces *cuirs* fecs à poil, au droit de fortie fixé par l'article 13 de l'édit de 1759, qui ne peut regarder que les *cuirs* du pays. Le préambule de cet édit l'annonce clairement, en faifant fentir que ce droit additionnel à la fortie, n'a en vue que de conferver les *cuirs* François, comme une matiere précieufe à la main-d'œuvre nationale. Toute autre interprétation feroit abfurde, & en contradiction avec les faits. Il eft de principe, que quand on veut avoir l'abondance d'une matiere quelconque, par l'importation étrangere, il faut également en favorifer l'entrée & la fortie. Si l'introduction eft franche, & l'exportation grevée de droits; ou la marchandife ne vient pas, ou elle eft avilie par la néceffité de la vendre au prix offert, puifqu'on ne peut pas la remporter.

On a prévenu cet inconvénient à l'égard des laines, qui forment une matiere premiere auffi intéreffante à conferver que les *cuirs* en verd. Quoique les laines du royaume doivent vingt-cinq livres par quintal à la fortie, celles qui font venues des pays étrangers & qui y font renvoyées, ne font fujettes à aucun droit, ni à l'arrivée, ni au départ, pourvu qu'elles fortent par certains lieux défignés. Rien n'eft plus aifé que d'appliquer cette règle aux *cuirs*, & avec d'autant plus de confiance contre les abus, que les *cuirs* fecs dont il s'agit, font très-aifés à diftinguer des *cuirs* du pays. Cette règle concilieroit l'intérêt de nos tanneries avec l'intérêt du commerce maritime, auquel elle ajouteroit cette nouvelle branche de réexportation. Il ne s'agiroit que de fixer les ports dans lesquels ces *cuirs* seroient reçus exclusivement, en payant le droit modique qu'on imposeroit à l'importation, pour conserver le moyen de connoître, avec exactitude, les avantages qui en résulteroient.

Le produit net du droit de fabrication sur les *cuirs*, peut aller à sept millions. Il semble que s'il étoit possible de supprimer cette imposition, & conséquemment les gênes, les entraves qui en font la suite, en la remplaçant par une contribution au marc la livre de la taille & de la capitation des tanneurs & autres ouvriers qui travaillent les *cuirs*, la fabrication & le commerce ne pourroient que gagner par une entière liberté. On ne peut s'empêcher de remarquer que depuis quinze années, il s'élève des plaintes générales sur la diminution du nombre des tanneries, sur la mauvaise qualité des *cuirs* fabriqués en France, & sur la décadence du commerce extérieur des *cuirs* François.

Les mémoires sur la vie & les ouvrages de M. Turgot, nous apprennent que ce ministre, dont le zèle infatigable ne cessoit de s'occuper de tout ce qui pouvoit tendre à la prospérité de l'état, & dont malheureusement le public n'a pas eu le tems de recueillir les fruits, avoit fort avancé le plan d'une réforme dans l'assiette & la régie de l'imposition qui se leve sur les *cuirs*, lors de leur fabrication.

« Dans l'état actuel, la perception de cet impôt est attachée à une marque que l'on imprime » sur les *cuirs*. Mais la nature des peaux, susceptible d'expansibilité par l'humidité, & de » restriction par la sécheresse, laisse toujours » soupçonner la fraude, & met des difficultés à » reconnoître la fidélité des marques apposées par » les employés du fisc. Il en résulte une infinité » de procès plus à charge à la nation que l'impôt même, & qui causent & ont causé le plus » grand préjudice aux tanneries.

» M. Turgot avoit fait constater l'état de cette » fabrique importante; &, touché de cette décadence, il avoit préparé les moyens de substituer au droit établi, une imposition qui n'auroit » jamais pu devenir vexatoire; qui auroit épargné aux fabricans le trouble des visites, & » les frais litigieux par lesquels on peut les ruiner » arbitrairement, & qui leur sont plus onéreux » que la taxe qui en est l'objet.

» Dans ce soulagement universel du peuple, » l'état auroit profité d'un million de revenu, » qui se consume annuellement en frais de régie.

» Cet arrangement eût été d'un avantage inestimable pour la fabrication des *cuirs*, pour le » nourrissage & la multiplication des bestiaux, » pour l'agriculture, dont la fécondité & la richesse dépendent du nombre des animaux qui » lui fournissent des engrais. »

DAN

DAN

DANNEMARCK ET NORWEGE. On n'a d'autres reſſources, pour connoître les finances de ce royaume, que les mémoires imprimés au Louvre, ſur les impoſitions de différens états de l'Europe.

En *Dannemarck*, les impoſitions ſe diviſent en deux claſſes; ſavoir, les impoſitions territoriales & perſonnelles, & les impoſitions ſur les conſommations.

L'impôt territorial a pour baſe un cadaſtre, réformé en 1681 & 1682, qui contient l'énumération des biens des royaumes de *Dannemarck & Norwege*; mais ſans eſtimation, autre que celle de la qualité plus ou moins bonne des terres.

Cette énumération eſt faite ſous le nom de *tonneau de Hartkorn*, dont la meſure n'eſt pas la même par-tout.

En général, on eſtime dans la plus grande partie du *Dannemarck*, & ſinguliérement en Jutland, que la quantité de terrain, néceſſaire pour ſemer un tonneau de blé-froment, ſeigle ou d'orge, du poids de huit cents vingt-quatre livres; ce qui revient à trois ſeptiers cinq douzièmes, meſure de France, à deux cents quarante livres le ſeptier, conſiſte dans quatorze mille aunes carrées, de deux pieds de long chacune, meſure du Rhin; c'eſt-à-dire, ſur le pied plus court que celui de France, de quatre lignes & demie.

En partant de cette fixation, on ſuppoſe que vingt-huit mille aunes carrées de bonne terre, capables de recevoir deux tonneaux de ſemence, ſont priſes pour un tonneau de Hartkorn.

En Jutland, on diviſe les terres en ſix qualités.

Le tonneau de Hartkorn de la première qualité, qui eſt de vingt-huit mille aunes carrées, revient à trois arpens quatre cents onze toiſes carrées, meſure de France.

Celui de la ſeconde, qui eſt de cinquante-ſix mille aunes, revient à ſix arpens huit cents vingt-deux toiſes.

Celui de la troiſieme, qui eſt de quatre-vingt-quatre mille aunes, revient à dix arpens trois cents trente toiſes.

Celui de la quatrieme eſt de cent vingt-ſix mille aunes, & revient à quinze arpens cinq cents toiſes.

Celui de la cinquieme eſt de cent ſoixante-huit mille aunes, revenant à vingt arpens ſix cents ſoixante-ſix toiſes.

Enfin le tonneau de Hartkorn, de la ſixieme qualité, eſt de deux cents vingt-quatre mille aunes, revenant à vingt-ſept arpens quatre cents quatre-vingt-huit toiſes.

Dans les îles de Zélande, Fionie & Lalande, on diviſe les terres en quatre eſpèces principales, ſubdiviſées chacune en quatre autres; en ſorte qu'un tonneau de Hartkorn eſt de vingt-huit mille aunes carrées, compoſant trois arpens quatre cents onze toiſes carrées, de trente-quatre mille aunes, compoſant quatre arpens cent ſoixante-dix-ſept toiſes. Ce tonneau augmente ainſi d'aunes carrées, à meſure que les terres diminuent de valeur.

Il ſe forme ainſi de trente-ſept mille, de quarante-deux mille, quarante-ſix mille, cinquante-ſix mille, ſoixante-trois mille, ſoixante-dix mille, quatre-vingt-quatre mille, quatre-vingt-treize mille, cent douze mille, cent vingt-ſix mille, & deux cents quarante mille & cent ſoixante-huit mille aunes carrées.

Le tonneau de Hartkorn, comprenant ſeulement des terres labourables & des prés, paie depuis long-tems deux rixdales quatre marcks par tonneau, qui, à quatre livres dix ſols la rixdale & quinze ſols le marck, font environ douze livres de notre monnoie.

Le tonneau, compoſé de bois, moulin & droit de pêche, ne paie qu'une rixdale quatre marcks & dix ſols danois, ou à peu près huit livres argent de France.

Les comtés, qui ſont compoſés de deux mille cinq cents tonneaux, ſont exempts de toute impoſition ſur trois cents tonneaux, excepté celle qui a lieu pour la dot des princeſſes, c'eſt-à-dire, qu'ils perçoivent, ſur leurs payſans, la taxe annuelle des contributions ſur trois cents tonneaux. On eſtime l'impoſition à trois rixdales par tonneau; ainſi, l'exemption des comtés eſt de neuf cents rixdales par an, ou quatre mille cinquante livres.

La baronnie eſt compoſée de mille tonneaux, & jouit de l'exemption ſur cent.

Les nobles & propriétaires de fonds, jouiſſant des privilèges de la nobleſſe, doivent avoir une maiſon ſeigneuriale & deux cents tonneaux de Hartkorn en payſans. Alors, leurs fonds de trente, quarante & même cinquante tonneaux ſont exempts des contributions ordinaires, & de la dîme due au roi, à l'égliſe, & aux curés.

Les payſans, qui tiennent du ſeigneur, les deux cents tonneaux & plus, doivent payer l'impôt, & s'ils deviennent inſolvables, le ſeigneur eſt tenu de payer pour eux; ce qui l'oblige de veiller à la conduite de ces payſans, & même de les aider dans leurs beſoins.

Il n'y avoit que les nobles autrefois, qui puſſent poſſéder les maiſons & terres ſeigneuriales ;
mais aujourd'hui, elles peuvent être poſſédées par
des roturiers, pourvu qu'ils ſoient anoblis, ou
qu'ils aient un brevet de conſeiller de juſtice, de
chancellerie, de commerce, ou de ſecrétaire
de l'une de ces claſſes, pour jouir des droits de
chaſſe & de patronage aux cures ; mais ces brevets ſont faciles à obtenir, & très-communs.

Les payſans ſont diviſés en cinq claſſes.

La première renferme ceux qui ſont francs ou
libres, qui poſſedent leurs biens en propre, &
en paiet les contributions au roi, immédiatement, ſans la dépendance d'autres ſeigneurs.

Dans la ſeconde, ſont les payſans, propriétaires de leurs maiſons ; mais dont les terres dépendent du ſeigneur auquel ils paient leur redevance : leurs maiſons paſſent toujours à un ſeul
de leurs enfans qu'ils choiſiſſent. Ils peuvent ſe
ſervir des bois qui ſont dans leur fonds, & pêcher avec modération dans leurs lacs ; ils ſont
exempts des ſervitudes & des corvées : la pauvreté & le défaut d'économie les ſont ſouvent retomber dans les claſſes inférieures.

Dans la troiſieme, ſont les payſans ordinaires,
dont les maiſons & terres appartiennent au ſeigneur, & qui en rendent une preſtation annuelle.
Leurs héritiers ne leur ſuccédent pas, ſi ce n'eſt
que la veuve en jouit ſa vie durant ; après ſa
mort, le ſeigneur en diſpoſe. Outre l'impoſition
au profit du roi, que paient les payſans de cette
claſſe, ils ſe rachetent des corvées qu'ils doivent
à leur ſeigneur, par une ſomme annuelle. Tant
qu'ils paient leurs impoſitions & leurs redevances, qu'ils entretiennent leurs bâtimens, le ſeigneur ne peut les dépoſſéder pendant leur vie.

Dans la quatrieme claſſe, ſont les payſans à
corvée, qui, ſemblables en tout aux précédens,
ſont, en outre, tenus de travailler une journée par
ſemaine, pour leurs ſeigneurs, qui en exigent ſouvent deux ou trois au lieu d'une.

La cinquieme claſſe, eſt celle des payſans qui
ne poſſedent rien, louent une petite maiſon avec
un jardin ou une portion de terre ; mais ſans grange
ni écurie. Ils rendent un prix de loyer, & ils
doivent un jour de corvée par ſemaine ; ils ſont
ſouvent plus à leur aiſe que ceux de la claſſe précédente, par leur travail & leur induſtrie.

Les biens appartenans aux villes ne paient que
les dîmes.

Les terres, aſſignées aux miniſtres pour leur
ſubſiſtance, depuis cinq juſqu'à douze tonneaux,
ſont exemptes des contributions ordinaires, &
ſupportent les contributions extraordinaires, ainſi
que celles qui ſont aſſignées aux chantres des
égliſes, qu'on appelle diacres.

Les terres, poſſédées par les officiers de juſtice dans les provinces, qui exercent leurs fonc-

tions ſans appointemens, & enfin les bois & les
moulins ne ſont impoſés qu'aux deux tiers.

La dîme ſe leve ſur tous les grains, & ſur toute
eſpèce de bêtes & de beſtiaux.

Elle eſt diviſée en trois parts ; un tiers à l'égliſe,
un tiers au roi, & un tiers au curé ou miniſtre.

Telles ſont les notions préliminaires, qui étoient
indiſpenſables pour ſaiſir la forme de l'impoſition
territoriale, dans le Dannemarck & la Norwege.

Les anciennes impoſitions ſont :

1°. Le kornskat, qui ſe paie entièrement en
argent depuis 1764, & revient à trois livres douze
ſols de France par tonneau de Hartkorn.

2°. La taxe du cadaſtre, nommée le matikul-
skat, qui eſt de ſix livres quinze ſols par tonneau,
& doit être payée par quartier.

3°. Le ritterskat, qui eſt deſtiné à l'entretien de
la cavalerie, comme l'indique ſon nom, & monte
à vingt-trois ſols de France par tonneau.

4°. L'oxeoyflerkeskat, qui eſt de douze ſols
par tonneau ; elle ſert à la fourniture du bœuf
& du lard de la marine.

Ces quatre impoſitions reviennent à douze livres
deux ſols de notre monnoie, & ſe levent ſur
chaque tonneau de Hartkorn, compoſé de terres
labourables & de prés.

Il y avoit en outre l'impôt ſur les familles, ou
capitation, conſiſtant en une ſomme par tête
d'homme, de femme, d'enfant au-deſſus de douze
ans, & de chevaux ; la répartition ſe faiſoit par
les officiers du roi ſur certaines perſonnes, & par les
curés ſur d'autres ; mais le roi l'a abonné par une ordonnance de 1760, qui en a ſupprimé la ferme,
& a mis l'impôt en régie. Il a en même tems abandonné ſes droits aux propriétaires & autres ayant
des poſſeſſions ; & augmenté l'impoſition ſur le
tonneau de Hartkorn, dans une proportion qu'on
ne peut faire ſentir que par un exemple. Il faut
ſuppoſer un propriétaire de cent tonneaux, qui
paie, pour les quatorze premiers, une rixdale
deux marcks, ou ſix livres ; de quinze à vingt,
en outre une rixdale, ou dix livres ſix ſols ; de
vingt-un à trente, cinq marcks, ou quatorze livres
cinq ſols ; de trente-un à quarante, quatre marcks,
ou dix-ſept livres cinq ſols ; de quarante-un à
cinquante, trois marcks, ou dix-neuf livres dix
ſols ; de cinquante-un à ſoixante, deux marcks,
ou vingt-une livres ; de ſoixante-un & au deſſus,
un marck, ou vingt-une livres cinq ſols ; plus une
rixdale par écurie.

En conſéquence de ce paiement, les ſeigneurs
& propriétaires ſont exempts de capitation, &
en outre autoriſés à en lever l'impoſition à leur
profit, ſur leurs domeſtiques, ſur les gens de leurs
maiſons, & ſur tous ceux qui ſont dans leur dépendance, au nombre des contribuables pour leſquels ils paient le nouvel impôt, dans la proportion qu'on vient d'établir.

Les

Les payfans propriétaires paient auffi une impofition par tonneau de Hartkorn, au lieu de la capitation.

Les artifans continuent de la payer, ainfi que les payfans du roi, dont on a parlé, en obfervant qu'il eft fenfible que, par ce moyen, l'impofition de la capitation eft devenue réelle depuis 1760.

Les payfans du roi font ceux qui tiennent les levées du roi, & qui paient à fes receveurs; ils font rangés dans les différentes claffes dont on a parlé ci-devant.

Les baillifs, qui ont à-peu-près la même autorité que les intendans en France, font choifis dans la nobleffe, & pris dans l'état civil. Ils doivent protéger les payfans, & tenir la balance entre le cultivateur & le receveur. Celui-ci ne peut procéder à l'exécution des débiteurs, fans le confentement du baillif; & il ne doit y confentir, que quand le payfan, par mauvaife volonté, ou par fa mauvaife adminiftration, mérite cette rigueur. On fent bien que ceci ne regarde que les payfans du roi, & ceux qui font de la premiere & de la feconde claffe; car, à l'égard des autres, les feigneurs font obligés de payer pour eux, ce qui les engage à une adminiftration prudente, & met les payfans à l'abri des violences des receveurs.

Il y a auffi un impôt établi anciennement fur les mariages. Il eft plus ou moins fort, fuivant l'état des contractans, & le miniftre ne peut pas, fous peine d'une amende confidérable, bénir un mariage, qu'en lui juftifiant de la quittance du droit.

La douane ou accife, qui eft un impôt fur les confommations, fera traitée ci-après. On dira feulement ici en paffant, qu'outre cet impôt, on en prenoit un fur les cartes à jouer, au profit de l'hôpital, établi à Copenhague, pour trois cents malades, & que les actes notariés doivent être écrits fur du papier timbré, fur lequel on paie un impôt plus ou moins fort, fuivant la valeur de l'objet pour lequel on contracte; ce qui comprend en même tems nos droits de contrôle, ceux d'infinuation, centieme denier, & celui du papier & parchemin timbrés, nommé formule.

Il y a eu un nouvel impôt, établi en 1762, pour payer les arrérages & les capitaux de l'état. C'eft une forte de capitation; le produit fe verfe dans une caiffe particuliere, établie pour cet objet: il eft confidérable.

La maniere de lever l'impofition territoriale, dans le Dannemarck & la Norwege, eft bien fimple.

Le régiffeur des fonds d'une terre du roi, appellé lamph-forvalter, eft en même tems receveur des impôts réels fur toutes les terres d'un bailliage, & de toutes les autres impofitions qui peuvent furvenir.

Le forvalter eft le receveur d'un diftrict feulement, faifant partie d'un bailliage.

Le regiments-skriver eft le receveur d'un diftrict, dont le produit étoit originairement deftiné à l'entretien de la cavalerie.

Le tout compofe quarante-huit receveurs-généraux de bailliages, & dix-fept receveurs de diftricts; ils ont trois, quatre, ou cinq cents rixdales d'appointemens, c'eft-à-dire, treize cents cinquante livres, dix-huit cents, ou deux mille deux cents cinquante livres de France, fuivant que leur adminiftration eft plus ou moins étendue. La totalité de ces appointemens n'excéde pas vingt mille rixdales, qui, à quatre livres dix fols, forment une fomme de quatre-vingt-dix mille livres de notre monnoie.

Ces receveurs avoient doublé leurs appointemens, au moyen de deux abus; le premier, en ce qu'étant chargés de marquer, dans les bois du roi & dans ceux des feigneurs, les bois qu'on peut accorder aux payfans, pour leur chauffage, conftruction & réparations de leurs maifons, fabrication & entretien de leurs voitures, inftrumens & outils; ils fe font payer les facilités qu'ils peuvent avoir pour eux; abus qui n'eft pas encore déraciné.

Le fecond confiftoit en ce que la taxe, qui fe paie, partie en argent & partie en grains, leur donnoit lieu de faire payer comble par le peuple, de ne vendre que raz au profit du roi, & de fe faire paffer un déchet dans les greniers, d'un feizieme fur le blé, & d'un trente-deuxieme fur l'avoine; à quoi fa majefté Danoife a remédié en 1763, à la grande fatisfaction de fes peuples, en faifant payer, en argent, la totalité de l'impofition.

Dès que les receveurs ont fait leur levée d'impôt, dont ils donnent quittance à chaque contribuable, ils dreffent leur compte, qui eft juftifié par leurs regiftres pour la recette, & par les ordonnances de la chambre pour la dépenfe. Les baillifs examinent ce compte; il eft enfuite préfenté à la chambre des finances, à la tête de laquelle eft le miniftre des finances, & qui eft compofée de deux principaux députés, & des affeffeurs d'un ordre inférieur.

La chambre nomme des affeffeurs pour examiner le compte, ils dreffent leurs obfervations; on les communique au receveur, qui y répond; on prend enfuite l'avis du baillif fur le tout, & enfin on juge le compte fur le rapport d'un des membres de la chambre, à moins qu'il ne s'y trouve quelque difficulté à devoir être décidée par le roi, au rapport du premier député, qui eft le miniftre des finances. Le comptable n'eft déchargé, que fur une quittance fignée du roi, d'après le rapport du premier député.

Impofitions fur les confommations.

Il eft néceffaire de diftinguer entre le Dannemarck & la Norwege.

La douane & les droits de confomption & d'accife font encore en régie dans le Dannemarck, & probablement au détriment des finances de fa

M m m

majesté Danoise ; puisque les premiers baux qu'on a faits en, *Norwege* ont augmenté d'un tiers.

En *Norwege*, la fraude, la contrebande, l'infidélité des commerçans, celle des préposés, le mauvais choix des employés, fait souvent par brigue & par sollicitations, réduisoit fort au-dessous de leur véritable valeur.les impôts, mis sur l'entrée & sortie des marchandises & denrées, sur la consomption & sur l'accise.

On s'est déterminé, en 1748, à donner ces droits à ferme pour dix ans ; en 1758, on l'a renouvellée pour six ans, & en 1764, on l'a pareillement renouvellée pour six autres années.

Chaque province ou grand bailliage a ses fermes & ses compagnies particulieres, pour les différens districts. Les négocians de chaque ville principale se réunissent pour former une compagnie ; ils se font, sans y être assujettis par aucune loi, un devoir d'admettre dans leur compagnie, & à proportion de leurs facultés, tous les commerçans, capables de fournir, sur leurs propres biens, une caution de cinq cents rixdales, ou deux mille deux cents cinquante livres argent de France ; en sorte que, si ces fermes sont avantageuses aux fermiers, chaque commerçant est admis, pour ainsi dire, à en partager l'avantage & le profit, tandis que les frais de régie, étant à la charge des fermiers, ils n'y emploient que le nombre de commis nécessaire ; aucun n'y est employé par faveur ou par autorité, & le bénéfice reste dans la province.

Lorsque ces baux sont près d'expirer, la chambre des finances fait annoncer l'adjudication, quelques mois d'avance, par des placards envoyés aux grands-baillifs, qui sont à-peu-près comme nos intendans de province. Ceux-ci les font afficher ; les habitans des principales villes de commerce forment ces compagnies.

Chacune doit se présenter au grand-baillif, & sans dire le prix auquel elle veut porter la ferme ; elle doit fournir une caution plus que suffisante, qu'il accepte ou refuse. La compagnie a même la faculté d'en faire recevoir une par intérim à Copenhague, par la chambre des finances. Les fermes s'adjugent au plus offrant & dernier enchérisseur ; l'adjudicataire doit présenter sa caution reçue, sans quoi, dans la même séance, il seroit procédé à une nouvelle adjudication, à la folle enchere, & il seroit tenu du déficit, entre son adjudication & la nouvelle.

Les conditions de ces fermes consistent :

1°. Dans le droit de lever les impôts, avec le même pouvoir que le roi y emploieroit, à la charge de se conformer aux tarifs, & de compter à la chambre des finances.

2°. De ne faire aucun changement aux droits établis, de n'accorder aucune modération, & de ne point favoriser l'entrée des marchandises prohibées, à peine d'amende considérable, ou d'autres peines, suivant l'exigence des cas.

3°. De porter toutes les causes, concernant les douanes & l'exécution des baux, dans les tribunaux ordinaires, à la charge de l'appel au tribunal du conseil des finances.

4°. Dans la faculté qu'ont les fermiers, de nommer les directeurs & autres préposés, qui sont à leurs appointemens ; sauf que le roi se réserve le choix & la nomination, dans chaque ferme, d'un jaugeur de vaisseaux, d'un peseur, d'un mesureur, & sur-tout d'un contrôleur, qui est indépendant des fermiers, & dont le devoir consiste à tenir un contrôle exact de leur recette, & d'envoyer son registre de contrôle chaque année à la chambre des finances, comme les fermiers y doivent aussi envoyer leurs registres de recette.

5°. Enfin, dans l'obligation, de la part des fermiers, de payer tous les trois mois ; sinon ils y sont contraints par voie d'exécution militaire.

DATE, s. f. par lequel on entend l'indication du lieu, du jour, du mois & de l'année où un compte a été rédigé, un acte souscrit.

C'est par les *dates* que les financiers règlent leurs paiemens, leurs remboursemens, que les porteurs de leurs effets savent le tems où ils seront acquittés.

C'est par les *dates*, qu'on juge de la validité d'un titre quelconque d'exemption de droits, qu'on regle l'ordre des créances, & le droit des créanciers.

DATER, v. a. qui veut dire indiquer le lieu, le jour & l'année d'un acte, d'une lettre, d'un billet.

DÉBATS DE COMPTE, s. m. qui revient au même que discussion. Ce sont les observations qu'un oyant compte donne sur les articles de recette, dépense ou reprise qu'il veut faire rayer ou réformer.

On entend aussi par le terme de *débats de compte*, des écritures intitulées *débats*, qui contiennent les moyens tendans à discuter le compte. Ces sortes d'écritures peuvent être faites par les avocats ou les procureurs concurremment, suivant le règlement du 17 juillet 1693.

Les réponses aux *débats de comptes*, sont appellées *soutenemens*. Voyez SOUTENEMENS. * *

DEBENTUR, s. m. Terme latin qui étoit autrefois usité à la chambre des comptes, pour exprimer le certificat que chaque officier des Cours souveraines donnoit au payeur des gages de la compagnie, pour toucher les gages qui lui étoient dûs. On l'appelle ainsi, parce que dans le tems qu'on rédigeoit les actes en latin, ce certificat commençoit par ces mots, *debentur mihi*, &c. le contrôleur du trésor, vérifioit les *debentur*. Ils n'ont plus lieu depuis que l'on a fait des états des gages des officiers. * *

DEBET, f. m. tiré du latin *debere*, qui fignifie *devoir*; ainfi *debet* veut dire *il doit*. On l'a admis dans la finance pour indiquer la fomme dont un comptable fe trouve débiteur par l'arrêté de fon compte.

Il eft en *debet* de cent mille livres. Son *debet* eft de peu de chofe.

On dit de quelqu'un, *qu'il a payé fa charge en debets*, pour annoncer qu'il la paie en fe chargeant d'acquitter les dettes de celui qui l'a venduë.

Dans le ftyle de la chambre des comptes, on diftingue le *debet* de clair, du *debet* de quittances.

Le *debet* de clair eft un *debet* en efpèces, celui d'une fomme liquide.

Le *debet* de quittance eft l'obligation dans laquelle fe trouve un comptable, de rapporter une ou plufieurs quittances néceffaires à l'apurement de fon compte.

DÉBIT, f. m. qui s'applique au commerce de fel & de tabac, que l'adjudicataire des fermes permet à quelques particuliers de faire. Ainfi l'on dit, il a obtenu un *débit* de fel & de tabac à tel endroit.

Il eft cependant plus ordinaire de dire un *débit* de tabac & un regrat de fel.

Voyez REGRAT & REGRATIER.

DÉBITANT, f. & adj. Ce terme eft fort en ufage dans l'exploitation de la ferme du tabac, pour défigner ceux qui ont une commiffion de l'adjudicataire des fermes, pour vendre en détail le tabac qu'ils achetent dans les bureaux généraux du tabac, ou des entrepofeurs communément établis dans toutes les villes un peu confidérables. On dit auffi un *débitant* de fel; mais plus communément on fe fert du mot regratier.

Afin de mettre les *débitans* de tabac en état de faire quelques bénéfices dans cette profeffion, il eft d'ufage de leur faire remife de quelques fols fur chaque livre qu'ils prennent dans les entrepôts, depuis qu'on a introduit l'ufage du tabac rapé.

Le nombre des *débitans* de tabac eft fixé dans toutes les villes & lieux fermés du royaume, par une délibération des fermiers-généraux, & il faut des confidérations bien puiffantes pour qu'ils s'en écartent.

DÉCHARGE, f. f. qui en matiere de droits, a plufieurs fignifications. Il s'applique, comme on l'a dit au mot *acquit à caution*, à la radiation de la foumiffion foufcrite pour le rapport d'un acquit de ce genre. Ce n'eft qu'après que cette foumiffion eft annullée, qu'un acquit à caution eft valablement déchargé. On peut voir au mot

acquit à caution, quelles formalités doivent précéder la *décharge* qui en eft effectuée.

Voyez auffi CANCELLATION.

DÉCHARGE de papiers ou d'effets remis à des avocats, procureurs & notaires, eft dans quelques circonftances fujette aux droits de contrôle. L'article 47 du tarif du 29 feptembre 1722, les fixe à dix fols. Ces fortes d'actes font toujours confidérés comme actes fimples, quelque foit le montant des contrats & effets dépofés entre les mains de celui à qui on donne la décharge, ainfi qu'il a été décidé les 1er & 13 juin 1723.

Voyez le Dictionnaire des domaines de Bofquet.

DÉCHARGE. (Poinçon de) C'eft dans la régie de la marque d'or & d'argent, un poinçon qui annulle l'effet du poinçon de charge. Ce dernier s'applique fur tous les ouvrages d'or & d'argent, même fur les plus délicats, dont les orfevres, & autres travaillans ces métaux, font obligés de faire déclaration au bureau du fermier, dès qu'ils font commencés, & avant qu'ils foient finis. On tient regiftre de cette déclaration, & dès-lors les ouvrages qui en font l'objet, doivent être repréfentés après leur perfection, pour acquitter les droits. C'eft alors qu'au poinçon de charge on fubftitue celui de *décharge*, pour indiquer que les droits font payés. Ce poinçon de *décharge* en devient en quelque forte la quittance.

L'arrêt du confeil du 20 juin 1769, rappellant les difpofitions de l'ordonnance de 1681, & de la déclaration du 26 janvier 1749 fur cette matiere, ordonne aux orfevres de Noyon, & de Blois, de remplir ces formalités, à peine d'amende, & caffe une fentence de l'élection de Noyon qui avoit admis les prétentions des orfevres de cette ville, à l'affranchiffement du droit de marque fur des menus ouvrages d'or & d'argent.

DÉCHET, f. m. qui fignifie perte, diminution. En matiere de gabelles, ce mot eft l'objet du titre 11 de l'ordonnance de cette partie, du mois de mai 1680.

L'article 1er porte : » Le *déchet* ordinaire fera
» réglé entre l'adjudicataire & les voituriers,
» tant par eau que par terre, felon la diftance
» des greniers où le fel eft conduit, & feront
» tenus les voituriers de payer, même par em-
» prifonnement de leur perfonne, le *déchet* ex-
» traordinaire en argent, fur le pied que le fel
» fe vend au grenier de fa deftination.

ART. II.

» Les navires, bateaux, chevaux, charettes, de-
» meureront affectés par préférence au paiement des

» déchets extraordinaires, encore que les voitu-
» riers n'en soient point propriétaires, ou qu'ils
» soient réclamés par ceux qui les ont vendus.

ART. III.

» Nous avons reglé les déchets ordinaires pour
» nos greniers & contrôleurs, & les commis
» de l'adjudicataire, à deux minots par muid :
» voulons qu'ils soient solidairement contraints
» au paiement du déchet extraordinaire, en argent,
» sur le pied que le sel se vend au grenier de
» leur exercice, & que les offices de greniers
» & contrôleurs y soient affectés par préférence.

ART. IV.

» Ne seront reçus les faits de cas fortuits,
» que les officiers, commis ou voituriers vou-
» droient proposer pour leur décharge, s'ils ne
» sont justifiés par les procès-verbaux, & infor-
» mations faites par nos juges des lieux, dans
» le tems que les accidens sont survenus, le
» commis de l'adjudicataire présent ou duement
» appellé.

ART. V.

» Voulons que les demandes en déchets extraor-
» dinaires contre les voituriers, soient jugées par
» les officiers de nos greniers à sel, sur le champ
» à l'audience, ou sur un vu de pieces sans épi-
» ces, & feront les sentences de condamnation,
» exécutées, nonobstant l'appel & arrêt de dé-
» fenses & surséances que nous avons levés en
» vertu des présentes.

ART. VI.

» Nos cours des aides connoîtront en premiere
» instance des déchets extraordinaires prétendus
» contre les officiers & commis que nous voulons
» être jugés sommairement à l'audience. Et si la
» cause ne peut être jugée sur le champ, les pieces
» seront laissées sur le bureau, sans inventaire de
» production, d'écritures ni mémoires, pour y être
» délibéré, & le jugement prononcé au premier
» jour à l'audience, sans épices ni vacations.

ART. VII.

» Seront les deux articles précédens, exécutés
» quand les poursuites seront faites à fins civiles ;
» & en cas de malversation, sera procédé extraor-
» dinairement contre les officiers, commis &
» voituriers, & leur procès fait & parfait comme
» à des faux-sauniers.

Ces dispositions ont été confirmées par la déclaration du 12 octobre 1715, & par un arrêt du
22 mars 1723, qui casse l'arrêt de la cour des
aides de Rouen, par lequel un receveur étoit
déchargé des déchets extraordinaires, trouvés dans
son grenier, sans que la cause en fût justifiée.

La fixation des déchets dont on vient de parler,
n'a de rapport qu'aux sels voiturés & emplacés
dans les greniers, afin d'en empêcher le vol &
le divertissement. Comme cette denrée est sujette
à des droits considérables à son enlevement dans
les marais salans, pour les pays exempts de gabelles ; il a paru également convenable de fixer
les déchets qu'elle pouvoit naturellement éprouver
dans son transport, afin d'empêcher les versemens
en route, & la fraude des droits. C'est ce que
les lettres-patentes du 10 novembre 1723, ont
en vue.

Elles accordent aux marchands de sel, maîtres
de barques & bâtimens, les déchets suivans dans
l'étendue du gouvernement de Brouage, de l'île
de Rhé & d'Oléron, dans les bureaux de Riberon, Charente, Marans, Mortagne-sur-Gironde,
Blaye, Libourne & Bordeaux, savoir :

Au bureau de Riberon, un demi-boisseau par
muid, mesure de Brouage, faisant la quarante-
huitieme partie du chargement.

Aux bureaux de Charente & Marans, un boisseau par muid, faisant la vingt-quatrieme partie,
ainsi qu'aux barques qui enlevent des sels aux
sables d'Olonne, à Talmont & autres lieux de
la côte du bas Poitou pour Marans.

Aux bureaux de Mortagne-sur-Gironde, Blaye,
Libourne & Bordeaux, un boisseau & demi,
même mesure, faisant la seizieme partie.

En cas d'autre déchet, il est ordonné que les
droits de la traite de Charente, ceux de convoi
& comptablie, seront acquittés, savoir, pour les
barques en déchets extraordinaires, & plus forts
que ceux reglés sur le pied de la quantité portée
par les acquits du droit de Brouage, déduction
faite du montant du déchet ordinaire dont il ne
sera payé aucun droit.

DÉCIMATEUR, s. m. est celui qui a le droit
de percevoir une dîme.

DÉCIME, s. f. c'est la dixieme partie des
biens.

Les anciens Romains, persuadés qu'ils tenoient
tout de la libéralité des dieux, leur offroient une
partie de leurs moissons, de leurs champs & de
tout ce qu'ils possédoient. Ils faisoient sur-tout
ce vœu dans la guerre, & par rapport aux dépouilles des ennemis dont ils vouoient la dixieme
partie. Camille déclara après une victoire, qu'il
avoit promis à Apollon, la dixieme partie du
butin. Apolloni se decimam vovisse partem cùm di-
ceret Camillus, pontifices solvendum religione popu-
lum censerunt.

Les Grecs n'étoient pas moins religieux que les
Romains, à consacrer la dixieme partie du butin

fait fur les ennemis, & même de leur revenu.

Selon Hérodote, Cyrus, après avoir pris la capitale des états de Créfus, mit des gardes aux portes, pour empêcher qu'on n'emportât rien du butin, avant que la dîme en eût été donnée à Jupiter.

Diogene Laerce rapporte, dans la vie de Solon, une lettre de Pififtrate, où il eft dit que les Athéniens mettoient à part la dîme de leurs revenus, pour les facrifices, pour les befoins publics, & pour les frais de la guerre.

La *décime* étoit auffi, chez les Romains, un impôt qui confiftoit dans la dixieme partie des fruits de la terre, qu'on tenoit en nature dans certaines provinces; ce qui fit appeller ces terres, *decumates agros*.

L'origine de cet impôt venoit de ce que Rome, dans fes commencemens, avoit pour maxime, de réunir à fon domaine, une partie des terres des peuples qu'elle fubjuguoit, & d'y envoyer une colonie compofée de fes plus pauvres citoyens; ce qu'elle faifoit par un efprit de politique, pour en décharger l'état, pour enrichir la république & fes citoyens, pour diminuer la puiffance de ces peuples nouvellement foumis à fa domination, & leur ôter ainfi tout moyen de fe révolter.

Nous empruntons ici un mémoire contenu dans le premier volume des *Economiques*, ouvrage attribué à M. Dupin, fermier-général, & dans lequel font traitées différentes matieres de finances & d'adminiftration. *Voyez* le difcours préliminaire.

« Il ne faut pas confondre les *décimes* avec les » dîmes. Les dîmes font la dixieme partie des » fruits, due aux eccléfiaftiques; & les *décimes*, » un droit que le fouverain leve, *jure regni*, fur » le clergé de fon état; d'où l'on peut conclure, » que ce droit doit être mis au rang des droits » royaux.

» Avant que d'entrer dans l'examen des *décimes*, » il convient de connoître l'origine des dîmes, » comme étant la matiere premiere des *décimes*. » On voit dans le Lévitique, que toutes les » dîmes de la terre, foit de grains, foit de fruits, » appartenoient au feigneur, & lui étoient con- » facrées, de même que le dixieme des bœufs, des » brebis & chevres, & de tout ce qui paffe fous » la verge du pafteur.

» Comme les lévites de l'ancienne loi ne poffé- » doient aucune forte de biens, le feigneur avoit » féparé ces dixiemes pour leur ufage, & pour » tout ce qui leur étoit néceffaire, à la charge » de lui offrir le dixieme de ce dixieme, qu'il » donna aux prêtres, comme le prix du fervice » qu'ils rendoient au tabernacle. *Levita de deci- » mis fibi a populo oblatis Aaron fummo facer- » doti tradebant decimam decimarum.*

» Les feptieme & huitieme traités du premier » ordre de la Mifnah ou Talmud de Babylone,

» contiennent une jurifprudence fort détaillée fur » les premieres & fecondes *décimes*, & c'eft en » outre une maxime des talmudiftes, qu'on ne » doit jamais renvoyer le pauvre à vuide, pour- » quoi ils obligeoient les propriétaires à payer » la dixieme partie de leurs biens.

» Saint Auguftin, fe fondant fur ce que les » chrétiens doivent tendre à une plus grande per- » fection que les juifs, avoit commencé à porter » les fideles à donner pareillement la dixieme » partie de leurs biens pour la nourriture des » pauvres.

Les prélats du fecond concile de Tours exhortoient le peuple à la payer à Dieu, fuivant l'exemple du patriarche Abraham.

Le fecond concile de Mâcon l'ordonna comme un droit, établi dans l'ancien teftament, & qu'il affuroit avoir été long-tems obfervé par les chrétiens. Ainfi, les feigneurs temporels, à qui elle appartenoit primitivement, touchés par les exhortations, & intimidés par la menace des cenfures, en donnerent beaucoup aux monafteres.

C'eft principalement, dans le feptieme fiecle, qu'ont été faits les plus grands dons à l'églife. Après la mort de Brunehaut, le génie des François, déja fort religieux, fe tourna entiérement à la dévotion; ils révérerent les chofes faintes, & ceux qu'ils croyoient avoir le plus de commerce avec le ciel. Les rois & les plus grands feigneurs s'efforçoient à l'envi, de faire des donations & des préfens aux églifes; c'étoit à qui bâtiroit le plus d'églifes & d'hôpitaux; à qui affembleroit le plus de moines; à qui fonderoit le plus de monafteres.

Les rois fe piquoient d'exempter ceux qu'ils fondoient, de toutes charges temporelles; ils leur affuroient une libre, pleine & entiere poffeffion de tout ce qu'on leur donnoit; ils les affranchiffoient de toutes contributions pour leurs terres, & de tous les impôts pour leurs denrées, étrennes, logemens, défrai de juges royaux, &c. auxquels ce droit étoit dû, par-tout où ils alloient tenir leurs féances.

Dans les onzieme & douzieme fiecles, les feigneurs changerent de goût, fans changer d'objet; ils bâtirent des chapelles dans la campagne, s'en approprierent les oblations, les prémices & les collectes; car originairement elles n'avoient point les dîmes des fruits de la terre, elles faifoient partie du domaine des feigneurs; mais ayant été perfuadés dans la fuite que ces dîmes appartenoient de droit divin aux églifes, ils en donnerent la plus grande partie aux moines bénédictins, & quelque peu aux chanoines réguliers, à la charge de defervir les chapelles. Comme les moines fe corrompoient hors de leurs monafteres, les conciles de Clermont, de Poitiers & de Latran, des années 1095, 1109 & 1115, leur ôterent toutes ces cures, par une conftitution générale, en leur laissant cependant le droit d'y présenter, & la plus grande partie des dîmes ; le reste fut réservé pour la subsistance des curés qui leur furent substitués.

Les chanoines réguliers conserverent cependant la liberté de desservir ces cures, à condition qu'ils auroient un compagnon, & comme le desservant étoit le premier à son égard, on le nomma prieur ; c'est pourquoi ces bénéfices ont été appelés prieurés-cures, quoiqu'en effet ce ne soit que de simples cures, semblables aux autres.

La plupart des auteurs prétendent que les dîmes sont de droit positif, & non de droit divin : si les dîmes étoient de droit divin, disent-ils, elles seroient dues aux curés, jusqu'à concurrence d'une subsistance & d'un entretien commode & honnête, parce que ce sont les vrais & immédiats pasteurs du peuple. D'ailleurs, les papes n'auroient pas dispensé, comme ils l'ont fait, des ordres entiers, tels que sont ceux de Malte, de Cluny & Cîteaux, de payer la dîme des fruits de leurs héritages : car si la prestation des dîmes est de droit divin, le pape n'en peut dispenser, ni donner dès privilèges contraires à la loi de Dieu ; ainsi, le paiement & la quotité de la dîme sont absolument de droit positif, sujets aux loix ordinaires des autres biens de l'église, & susceptibles de changemens & d'altération ; aussi en est-il arrivé plusieurs ; sans quoi, l'église, qui ne meurt point, qui n'aliéne point, & peut recevoir sans cesse, possédéroit maintenant tous les biens de l'état ; les dîmes & les terres, dont la dévotion l'avoit enrichie, sont quelquefois repassées dans les mains des laïques.

L'an 733, Charles Martel, après sa victoire sur Abderame, général des Sarrasins, qu'il défit, près de Tours, ne pouvant faire subsister ses troupes, parce que l'église possédoit une grande partie des biens de la couronne, & voulant, pour ainsi dire, indemniser l'état de ses dons excessifs, prit les trésors & les revenus des églises, & donna, pour récompense à ses capitaines, des abbayes & des évêchés.

Carloman, trouvant la même disette, fit ordonner, du consentement des ecclésiastiques, volontaire ou forcé, qu'il pourroit prendre une partie des terres de l'église, pour les donner, à titre d'usufruit, aux officiers de ses troupes, & les rois Carliens n'investirent pas seulement les laïques des terres de l'église ; mais aussi des dîmes, & de tous les droits & des revenus de l'autel, des distributions, des messes, &c.

C'est l'origine du droit de présentation & de patronage des seigneurs laïques, & des dîmes inféodées, qui furent aussi autorisées par le concile de Latran, tenu sous Alexandre III.

Les capitaines, usufruitiers de ces biens, les transmirent à leurs héritiers ; ceux-ci commencerent à les regarder comme leur patrimoine, &

leurs descendans, qui n'en firent aucun doute, en disposerent, comme d'un propre, par vente, donation, &c. ce qui subsistoit encore en 1579 : puisque le clergé, assemblé à Melun cette même année, fit des remontrances au roi, par lesquelles il exposa que les évêchés, les abbayes, les collégiales étoient possédés par les capitaines, & qu'une abbaye avoit été adjugée, par le conseil du roi, à une dame, comme lui ayant été constituée en dot par son contrat de mariage, pour être propre à elle & aux siens ; nous voyons encore qu'en 1613, sous la régence de Marie de Médicis, la princesse de Conty obtint la réserve de l'abbaye de Saint-Germain-des-Prés, c'est-à-dire, la jouissance viagere des revenus de ce riche bénéfice, au cas que le prince son époux, qui en étoit pourvu, vînt à mourir avant elle.

Autrefois, la dîme étoit levée sur toutes sortes de fruits, tant industriels que naturels, même sur le fruit des arbres, pâcages, moulins, trafic des marchandises, pêches de rivieres & étangs, mouches à miel, vignes, veaux, agneaux, & autres animaux domestiques, & les ecclésiastiques poursuivoient avec rigueur les particuliers pour les y contraindre ; mais le gouvernement ayant considéré que l'église possédoit des biensfonds, & qu'il s'en falloit bien qu'elle s'en fût tenue à sa premiere simplicité, il crut pouvoir retrancher une partie de leurs prétentions. Philippe-le-Bel, entre autres, ordonna par sa constitution de l'an 1294, que ces décimes seroient payées suivant la coutume de chaque lieu, afin de faire jouir de la faveur de la perception, ceux qui seroient assez heureux pour se trouver dans le cas, n'osant en entreprendre davantage.

Tant que l'église n'a possédé que les dîmes & les anciennes dotations, elle a été exempte de toutes charges ; nos rois n'ayant pas voulu paroître moins religieux que le furent autrefois les Égyptiens, les Juifs, & presque toutes les autres nations, qui exceptoient leurs prêtres de toutes sortes de subsides, si ce n'est dans le cas d'urgente nécessité, qui alors n'admet ni règle, ni loi.

Mais comme l'église possede maintenant de grandes richesses, ces mêmes rois ont estimé que, sans blesser leur conscience, ils pouvoient en tirer des secours pour la défense de l'état, dont l'église fait partie. « Pourquoi notre trésor est-il épuisé ? » Pourquoi nos richesses ont-elles été transportées à l'église ? Les évêques règnent, la majesté » de l'état est avilie, & sa splendeur a passé à » leurs personnes. Ce sont les plaintes d'un de » nos rois, rapportées par Grégoire de Tours, » liv. 4, chap. 46. »

De quelque nature que soient les biens de l'église, ceux qui les ont donnés ou vendus, n'ont pu les affranchir de la contribution, & des charges réelles & foncieres, à laquelle la loi naturelle & l'établissement des empires les a originairement aſſujettis. Les oblations & les dîmes regardées, par pluſieurs, comme biens ſpirituels, ne ſont pas plus exemptes de cette contribution que les autres biens, lorſque les autres ordres de l'état ſe trouvent ſurchargés, parce que l'égliſe, qui eſt la première partie du corps politique, doit contribuer à ſa conſervation, & c'eſt ce qui a été ordonné par les décrétales des papes, par les empereurs chrétiens, Conſtantin, Valentinien, Théodoſe, Juſtinien, & par les capitulaires de Charlemagne, de Louis le Débonnaire, &c.

La patrie tient le premier rang après la divinité, & il y a une ſi grande liaiſon entre l'égliſe & l'état, que nous ne ſaurions manquer à l'un, ſans être coupables envers tous les deux.

Quoique pour l'honneur des eccléſiaſtiques, la loi les ait affranchis de tributs & autres chargés publiques, on ne peut pas préſumer que l'état ait voulu tourner ſes loix contre lui-même, & les interpréter au préjudice du ſalut public.

Rome ſe voyant affligée par les armes de Sylla, & ſans reſſources d'ailleurs, le ſénat permit de prendre juſqu'aux reliques, & aux dépouilles des temples, & d'en faire de la monnoie, pour ſubvenir aux frais de la guerre.

Auſſi nos rois ont eu, de tous les tems, le pouvoir & l'autorité de contraindre le clergé à les ſecourir pour la défenſe de leur état, ſans attendre leur conſentement ni leur permiſſion. L'hiſtorien Aimoin, liv. 5, chap. 34, nous aſſure qu'anciennement le tiers des revenus des abbayes de France, étoit réſervé pour l'entretien des armées royales, en cas de néceſſité.

Conſtantin le grand & ſes ſucceſſeurs, permirent à l'égliſe de poſſéder des immeubles & d'immenſes richeſſes; mais ils la firent contribuer aux charges ordinaires de la république; même en tems de paix, aucuns biens n'en étoient exempts.

Les rois ſucceſſeurs de Charlemagne & de Louis le Débonnaire, n'ont jamais reſtreint la dévotion envers les égliſes; ils n'ont point fait renoncer les prêtres à leur patrimoine; ils ne les ont point déclarés incapables des faveurs teſtamentaires; ils n'ont point aſſujetti leurs perſonnes & leurs biens aux tailles & aux charges ordinaires de l'état; ils ſe ſont contentés du droit de *décime*, qui eſt fort peu de choſe, eu égard aux poſſeſſions du clergé.

Mézeray prétend qu'avant le ſeptieme ſiecle, il ne ſe prenoit aucuns tributs ſur les biens & les perſonnes appartenans à l'égliſe, mais que les évêques & les abbés qui vouloient s'acquérir la protection & les bonnes graces du roi & des grands, ayant commencé à leur donner des euloges ou préſens, cette coutume ſe tourna en un droit néceſſaire, qu'on exigeoit d'eux, quand ils manquoient à le payer.

Mézeray eſt aſſurément dans l'erreur; je trouve, au contraire, que ſous la première race de nos rois, les eccléſiaſtiques étoient ſujets à deux ſortes de contributions envers le roi: l'une étoit ordinaire & réglée; les fonds des biens de l'égliſe, comme ceux des particuliers, étoient aſſujettis à un certain cens qui ſe payoit annuellement au tréſor royal; l'autre étoit extraordinaire & s'impoſoit lorſque les rois la jugeoient néceſſaire pour le bien de l'état.

Grégoire de Tours loue la juſtice & la piété de Theodeber Ier, roi d'Auſtraſie, qui régnoit en 535, d'avoir remis librement aux égliſes d'Auvergne, le tribut qu'elles avoient accoutumé d'apporter dans ſon tréſor; elles le payoient donc.

C'eſt un ſubſide que les rois ſont de tems immémorial, en droit & en poſſeſſion de lever ſur le clergé, non-ſeulement par cette puiſſance qui permet aux ſouverains de faire contribuer tous les ordres à la défenſe commune; mais encore parce que poſſédant une grande quantité de fiefs, celui-ci doit le ſervice comme les autres feudataires: *Si eccleſia accipit feudum, tenetur ſervare quod ſervant alii feudatorii*. Bald. leg. ult. cod. ſine cenſ. &c.

On ne parle point des décrets des papes, qui, quoique jaloux de l'indépendance du clergé, n'ont pu réſiſter à la juſtice des motifs de cette impoſition; le roi n'a pas beſoin de cette autorité.

On voit par les fragmens des actes d'un concile tenu à Tours, l'an 549, que Clotaire II demanda aux évêques la troiſieme partie des revenus de l'égliſe; ce qui prouve, dit le pere Longueval, dans ſon hiſtoire de l'égliſe gallicane, que ce n'étoit point un impôt, puiſqu'on vouloit le conſentement des évêques, mais un don gratuit que pluſieurs cependant faiſoient malgré eux.

Par le deuxieme canon d'un concile tenu ſous Childeric III, dernier roi Mérovingien, il eſt dit que le roi retiendra durant quelque tems, une partie du revenu des égliſes, qui lui avoit été accordée par forme de cens; & que, ſi les beſoins continuoient, ou que le roi le commandât, il ſeroit fourni une ſeconde contribution gratuite, à condition toutefois que les égliſes n'en ſeroient point réduites à une trop grande pauvreté, & que celles qui tomberoient dans ce malheur, rentreroient dans la jouiſſance de leurs biens.

Charles Martel, maire du palais, leva les *décimes* en 738, au ſentiment de Loyſeau, pour faire la guerre aux Lombards, en faveur du pape, ſelon d'autres, pour s'oppoſer à l'invaſion des Sarraſins: *Bellorum mole preſſus eccleſiis Galliæ, decimas imperavit & indixit*.

Ces impoſitions étoient ordinairement réſolues dans les aſſemblées générales, que Pepin avoit ordonnées tous les ans au premier de mai. Charlemagne confirma ces aſſemblées, & ordonna, par un de ſes capitulaires, que les biens, qui avoient coutume d'être chargés de cens royal, n'en pourroient être exemptés, quand bien même ils ſeroient donnés aux égliſes.

Ce même règlement fut confirmé par Louis-le-Débonnaire, & par Charles-le-Chauve, dans le synode de Poissy.

Outre le cens royal & réel, les ecclésiastiques étoient encore assujettis à d'autres contributions, qui se levoient quelquefois de la seule autorité du souverain ; mais le plus souvent, par l'avis & les résolutions du clergé.

Les ecclésiastiques supplierent le roi, dans le concile, tenu à Thionville en 844, de délivrer l'église de l'oppression qu'elle souffroit, pour le paiement des impositions, offrant de contribuer de tout ce qui paroîtroit juste, selon le pouvoir d'un chacun.

Il est fait mention, dans une lettre d'Hincmar, archevêque de Reims, à ses suffragans, des tributs que les rois, par un usage observé de toute ancienneté, avoient coutume de prendre sur les églises, à proportion des biens qu'elles possédoient, & eu égard à la quotité des bénéfices.

Charles-le-Chauve continua ces mêmes levées, nonobstant les remontrances & les prieres qui lui furent faites par les synodes, ou assemblées, tenues à Beauvais & à Meaux.

A la fin de ces assemblées, synodes ou parlemens, nos rois recevoient de leurs sujets, tant ecclésiastiques que séculiers, des dons, qu'ils appelloient *annua dona* ; c'est sans doute ce que Mézerai appelle *Euloges* : mais ils n'empêchoient point les impositions extraordinaires, que les besoins requéroient. Nous pouvons cependant regarder cet usage, comme l'origine du don gratuit des pays d'états, & de celui du clergé à ses assemblées quinquennales.

Il paroît que, jusqu'à la fin du règne de Charles-le-Chauve, les levées sur les ecclésiastiques ont toujours été faites sans le concours des papes ; mais depuis ce tems jusqu'à la troisieme race, l'histoire ne nous apprend rien de certain ni d'intéressant sur cette matiere, non plus que sur les autres, parce que ç'a été un siecle d'ignorance & de ténebres.

Les papes, ayant profité du trouble & de la confusion, que le passage de la seconde à la troisieme race introduisit en France, en Allemagne & en Italie, commencerent à manifester leurs prétentions sur le temporel, & même sur la couronne des rois, comme on le voit par le *dictatus*, attribué à Grégoire VII, qui établit que le pape a droit de déposer l'empereur : prétention ridicule & chimérique ; mais dont l'empereur Henri IV fut cependant la victime peu de tems après, de même que les Frédéric Ier. & II, & quelques-uns de ses successeurs.

C'est dans ces tems malheureux que commencerent les croisades. La foiblesse des rois ne leur permit pas de s'y opposer, & ils s'en servirent à occuper au loin l'inquiétude & le courage de leurs vassaux.

La premiere fut décidée l'an 1095, au concile de Clermont, & la seconde, en 1144, par Louis VII, dit le Jeune ; la troisieme en 1188, par Philippe-Auguste, & Henri II, roi d'Angleterre ; la quatrieme, en 1195, par le pape Célestin III, & l'empereur Henri VI ; la cinquieme fut publiée en 1198, par ordre d'Innocent III ; la sixieme, sous le même pape, en 1213 ; la septieme fut résolue au concile de Lyon, en 1245 ; c'est la premiere de Saint-Louis, & la huitieme qui est la seconde de ce prince ; & la derniere de toutes, fut entreprise en 1268.

Sous prétexte que la religion étoit l'objet de ces guerres saintes, le pape Urbain II prétendit que les levées, contributions & quêtes, qui se faisoient à cette occasion, ne pouvoient être ordonnées sans son consentement. Louis-le-Gros s'en mit peu en peine ; mais si on n'est en garde contre la cour de Rome, les plus légeres prétentions deviennent des titres incontestables : c'est ce que nous verrons bientôt.

Louis-le-Jeune leva un vingtieme des revenus de l'église, pour subvenir aux frais de la croisade, qu'il entreprit en 1144. C'est sous le régne de ce prince, que le concile de Latran, tenu en 1180, fit un règlement sur les dîmes inféodées.

Philippe-Auguste ayant demandé des subsides aux églises du diocèse de Reims, elles s'en excuserent sur leurs libertés, & ne lui offrirent que des vœux & des prieres. Comme les seigneurs de Rhétel & de Coucy pillerent leurs terres, ils eurent recours à l'autorité & à la protection du roi, qui leur dit qu'il les assisteroit de ses prieres envers ces seigneurs. Le clergé fit de nouvelles instances, auxquelles le roi fit la même réponse. Il entendit enfin ce langage ; & comme le mal pressoit, il contribua, & le pillage cessa, ce qui justifie la nécessité à laquelle tous les ordres sont assujettis, de contribuer aux charges publiques, pour subvenir à leur propre défense & à celle de l'état. Ce prince leva sur le clergé, & sans son consentement, plusieurs subsides, tant pour satisfaire ses besoins, que pour se venger de ce que les prélats, assemblés à Dijon, avoient mis le royaume en interdit, à la requisition du pape Innocent III, & sur les plaintes d'Ingerburge, sa femme, qu'il avoit répudiée, & qu'il fut forcé de reprendre en 1236.

Quoique ce fût à la sollicitation d'Honoré III, que Louis VIII avoit entrepris la guerre contre les Albigeois ; cependant il fut obligé d'avoir recours à ce pontife, pour obtenir du clergé l'imposition d'une taxe extraordinaire : preuve de ce que nous avons dit ci-dessus, que la cour de Rome se fait des titres de ses prétentions les moins fondées.

Saint-Louis fit aussi la guerre aux Albigeois, en 1229 ; il se croisa, & passa la mer pour la premiere fois, en 1245, & pour la seconde, en

1268. Il leva des *décimes* pour ces différentes expéditions ; mais sans requérir l'autorité des papes, aux entreprises desquels sa piété ne l'empêcha pas de résister.

Philippe le Hardi leva pareillement des *décimes*, tant pour ses projets de la guerre sainte, que pour la conquête du royaume d'Aragon.

Philippe le Bel imposa, l'an 1292, une demi-dîme, sur le peuple & sur le clergé, & plusieurs autres à la suite, tant simples que doubles ; il y a peu de regnes où il s'en soit tant levé que sous le sien, à cause de ses guerres continuelles contre l'Anglois.

Le Pape Boniface, dont les différends avec ce Prince, sont connus, toujours prêt à traverser ses entreprises, fit défenses aux ecclésiastiques de payer aucunes *décimes* ni contributions ; mais voyant la fermeté de Philippe, la disposition de ses sujets, & craignant quelque révolution peu avantageuse à l'église, le même Boniface déclara par la suite qu'il n'empêchoit pas les contributions volontaires, & même que dans les besoins de l'état, le clergé pouvoit y être contraint spirituellement & temporellement : *Ne videlicet levitiæ immunitatis obductò velo sacerdotes, etiam ipsi, una cum communi periclitantis, patriâ navi immergerentur.* Mais nos rois n'ont pas besoin d'une autorité étrangere ; aussi cet acte doit-il être plutôt regardé comme une reconnoissance de la part de Boniface, & un désaveu de sa bulle de défense, que comme un titre qui ait pu donner quelque force à la souveraineté de Philippe, qui le sachant bien, lui fit tenir ce langage par Nogaret, en plein consistoire : *Rex ab ecclesiis & earum prælatis etiam invitis eisdem, de bonis eorum potest, prout sibi videtur, pro necessitate guerrarum suarum, & regni exigere suo jure, & se juvare de bonis eorumdem, quamvis hoc idem dominus rex non fuerit voluntate spontanea prælatorum.* Ce prince exempta l'abbaye de S. Denis d'un droit ancien dû à sa couronne par les ecclésiastiques, lors du mariage des filles de France.

Louis X, dit le Hutin, exigea une *décime*, l'an 1315, pour soutenir la guerre malheureuse qu'il eut contre les Flamands.

Philippe le Long, ayant résolu de déclarer la guerre aux Sarrasins, demanda au Pape Jean XXII, la permission de lever une *décime*, le pape lui accorda ; mais ni la guerre ni l'imposition n'eut lieu.

Charles le Bel est le premier qui ait accordé des *décimes* aux papes, après leur avoir long-tems résisté ; il y consentit, à condition de les partager.

Les guerres de Philippe de Valois avec le roi d'Angleterre, obligerent ce prince à lever des *décimes* & plusieurs impositions sur le clergé ; mais il ne paroît pas qu'il ait eu recours à l'autorité des papes.

On voit par des lettres-patentes du roi Jean, que les ecclésiastiques & les autres peuples de l'Anjou & du Maine, payoient *deux sols six deniers par feu*, & que les évêques d'Angers & du Mans, furent commis pour faire porter ces deniers aux coffres du roi. Lorsque les états assemblés accorderent au roi la continuation de la gabelle sur le sel, des droits d'aides sur le vin & les marchandises vendues, avec une levée de trente mille hommes soudoyés à leurs dépens ; les ecclésiastiques y furent soumis comme les autres sujets, & les prélats, abbés, prieurs, chanoines, curés qui possédoient un revenu au-dessus de *cent livres* jusqu'à *cinq mille livres*, contribuoient de *quatre livres*, pour les premieres *cent livres*, & pour les autres *cent livres* jusqu'à *cinq mille livres*, seulement *deux livres*, & rien au-delà du revenu excédant *cinq mille livres*.

Après la fatale journée de Poitiers, le Dauphin, comme lieutenant du royaume, ordonna la levée d'une décime & demie.

Le clergé voyant Charles VI épuiser ses peuples par des impôts immenses, pour être en état, disoit-il, de porter la guerre aux portes de Londres, fournit volontairement à une contribution considérable. Afin d'assurer sa subsistance, il divisa ses revenus en trois parts ; une pour l'entretien des églises & maisons ; l'autre pour les ecclésiastiques, & il abandonna la troisieme au roi.

Le même roi ordonna à la cour des aides, établie en 1335, par Charles Dauphin, pendant la prison du roi son pere, de faire punir les prélats, abbés, prieurs, religieux mendians, clercs, mariés ou non mariés, qui se trouveroient avoir commis aux droits d'aides sur le vin ; & sur ce qu'il eut avis que le pape avoit dessein d'envoyer une bulle, pour exempter de ces droits quelques particuliers, corps & communautés, il ordonna à cette compagnie de s'y opposer, & le clergé n'obtint que sous Louis XII l'exemption de ces droits.

Louis XI fit de son autorité, & sans y apporter aucune formalité, plusieurs levées sur le clergé, lesquelles étoient alors qualifiées du nom d'emprunt, & entr'autres pour rembourser au duc de Bourgogne, les sommes pour lesquelles les villes de la Picardie lui avoient été engagées, & pour s'opposer aux entreprises du duc de Bretagne.

Charles VIII tira aussi des secours considérables du clergé pour soutenir ses guerres d'Italie ; les lettres qu'il écrivit à ce sujet à l'évêque de Troyes, sont dans le trésor des Chartres.

Les parlemens de Paris, Toulouse, Bordeaux, Rouen, Dijon, Grenoble & Aix, déterminerent, sur l'exécution du traité de Madrid, conclu le 14 janvier 1526, que le roi pouvoit justement & saintement lever sur les ecclésiastiques & ses autres fujets, deux millions d'or pour la délivrance du dauphin & du duc d'Orléans fes enfans, & pour faire la guerre à l'Empereur Charles-Quint; en conféquence le cardinal de Bourbon offrit pour le clergé treize cents mille livres.

Le même roi ordonna par fes lettres-patentes, aux baillifs & autres juges des lieux, de fe faifir du temporel des églifes, dont le tiers feroit laiffé aux chapitres, colléges & communautés, la moitié aux archevêques, évêques, abbés & prieurs, & le furplus porté aux coffres du roi.

Le même cardinal de Bourbon offrit, de la part du clergé de France, à Henri II, tenant fon lit de juftice au fujet des guerres que Charles-Quint méditoit contre la France, de contribuer de leurs biens, en telle forte que fa majefté auroit lieu d'être fatisfaite.

Nous avons vu que Charles le Bel avoit permis (1324) aux papes, d'impofer des décimes. D'autres fouverains avoient eu la foibleffe de leur accorder la même faveur; mais comme celles-ci étoient devenues fort à charge aux états de la chrétienté, par l'enlevement des efpèces, & parce que ces états n'avoient ordinairement aucun intérêt dans les motifs de l'impofition, & dans l'emploi des deniers, les princes engagerent les peres du concile de Conftance, affemblés en 1414, à ftatuer qu'il ne feroit plus levé à l'avenir de décimes pour le pape, que du confentement général de tous les prélats : cette claufe leur parut un moyen fûr & honnête d'éconduire les papes; ils n'ignoroient pas les difficultés de former ces affemblées générales de l'églife, & ils favoient auffi combien la cour de Rome les aime peu.

Le clergé fut peu chargé de décimes pendant quelque tems, parce que les chofes étoient tellement balancées par les difpofitions de cette nouvelle loi, que les papes, qui en avoient ci-devant levé à leur difcrétion, ne le pouvoient plus fans le confentement du roi, ni le roi fans la permiffion du pape, ce qu'ils ne s'accordoient pas volontiers l'un à l'autre.

La derniere décime qui eut lieu en France, en faveur du pape, fut celle que Louis XI accorda en 1469, à la recommandation du cardinal Ballue, & elle ne monta qu'à cent vingt-fept mille livres; l'argent à neuf livres cinq fols le marc.

J'ai lu dans le manufcrit d'un célebre magiftrat, » que Charles VIII, tenant fon lit de juftice, » avoit fait enregiftrer une déclaration pour l'a-» liénation du domaine de l'églife, jufqu'à une » certaine fomme, qui fut réduite à cent cin-» quante mille livres; & que l'an 1562, 63, » 68 & autres années fuivantes, les meubles & » immeubles des églifes avoient été vendus par » édits de nos rois, pour les urgentes affaires du » royaume; réfervé aux eccléfiaftiques le pouvoir » de retirer leurs immeubles, & que cependant » rentes leurs furent affignées fur les recettes » générales & le domaine. »

Enfin, la néceffité des affaires de l'état, ayant rendu les befoins fréquens, les décimes des papes cefferent totalement d'avoir lieu, & celles du roi devinrent annuelles & perpétuelles, étant plus cu moins fortes, fuivant que l'état des affaires le requéroit. Le clergé, plus inquiet de l'avenir que de la contribution actuelle, crut qu'il lui feroit plus avantageux d'en fixer la quotité, que d'être perpétuellement expofé à des demandes arbitraires; c'eft pourquoi il fe foumit, l'an 1516, à payer par chacun an au roi François Ier, alors régnant, & à fes fucceffeurs, une fomme fixe, fuivant la taxe qui en fut faite par le préfident Pafchal, d'où cette taxe fut depuis appellée Pafchaline.

Mais les peuples épuifés, ne pouvant fournir les fecours dont les rois François Ier & Henri II, avoient befoin pour réfifter aux armes de Charles-Quint; & cette taxe pafchaline étant d'ailleurs trop modique, eu égard à la néceffité des tems, & à la proportion des charges que fupportoient les autres ordres de l'état, elle fut fouvent doublée, & quelquefois quadruplée; ce qui détermina enfin le clergé à faire un nouvel arrangement, pour fe fouftraire à l'impofition arbitraire, qu'il avoit cherché à éviter, & à laquelle il fe trouvoit encore expofé malgré fes précautions.

Cette propofition confiftoit aux offres de payer annuellement une redevance de treize cents mille livres pendant fix années, & de racheter dans dix ans, fix cents trente mille livres de rente, au principal de fept millions cinq cent foixante mille livres, dont l'hôtel-de-ville de Paris étoit chargé envers différens particuliers qui avoient prêté de l'argent au roi. Telle eft l'origine des rentes fur le clergé. Cette convention fut confignée dans un acte qui reçut le nom de contrat de Poiffy, paffé en 1561.

Sous la minorité de Charles IX, en 1580, il fut renouvellé avec la claufe de payer, pendant fix ans, treize cents mille livres, pour fatisfaire au paiement de douze cents fix mille trois cents vingt-deux mille livres de rentes dues fur les hôtels-de-ville de Paris & de Touloufe, & le furplus être employé au rachat de partie de ces rentes.

A l'expiration de ce fecond contrat, il fut renouvellé le 3 juin 1586, pour dix années, & l'a été tous les dix ans depuis cette époque, fans autre changement que celui des fommes qui ont été demandées au clergé.

Ce que l'on peut reprendre & blâmer à jufte titre, dans la levée des décimes, comme dans celles des tailles, c'eft l'inégalité de la répartition, qui devroit être proportionnée au revenu du bénéfice; mais les plus puiffans ont jeté le fardeau fur les plus foibles; ce qui vient en partie de ce que l'on a négligé l'exécution de l'édit donné à Villers-Cotterets par François Ier, qui, cherchant à remédier à cet abus, ordonna qu'on renouvelleroit de tems en tems le pouillé des bénéfices, parce que les revenus ne font pas toujours les mêmes, & qu'il arrive, à la longue, des accidens qui changent & dénaturent la furface de la terre.

M. l'abbé de Saint-Pierre, toujours occupé du bien de fa patrie, avoit propofé quelques moyens pour rétablir l'ordre & la juftice dans cette partie : en voici le précis.

Il fait une divifion & arrondiffement dans les évêchés, de vingt & vingt-cinq paroiffes, les plus à portée de fe communiquer, dont les curés s'affembleront à l'ordinaire, fous la préfidence du doyen rural.

Tout bénéficier, dont le bénéfice fe trouvera fitué dans cet arrondiffement, fournira, entre les mains du doyen, la déclaration, affirmée véritable, du revenu de fon bénéfice ; & faute d'y fatisfaire dans le tems & dans la forme prefcrite, il fera impofé arbitrairement.

Pendant l'intervalle d'une affemblée fynodale à l'autre, c'eft-à-dire pendant fix mois, ces déclarations feront communiquées, par le doyen, à tous les bénéficiers du royaume qui voudront les voir; il recevra leurs obfervations & contredits, qui feront rapportés publiquement à l'affemblée prochaine, en préfence des poffeffeurs des bénéfices, ou de leurs procureurs ; le revenu fera conftaté à la pluralité des voix, & cette eftimation fubfiftera cinq ans, qui eft le tems des affemblées générales du clergé.

Le doyen & les titulaires des quatre plus confidérables bénéfices du royaume, arrêteront la répartition de la totalité de la taxe impofée fur le doyenné, & cette répartition fe fera exactement au marc la livre du revenu de chaque bénéfice.

La même opération étant faite dans les autres doyennés, la chambre eccléfiaftique connoîtra fans peine les doyennés furchargés : l'affemblée générale verra du premier coup-d'œil, avec la même facilité, les diocèses vexés, & il fera facile à l'un & à l'autre tribunal d'y remédier avec efficacité & fans frais, à la prochaine répartition.

Cette méthode fimple, douce, pacifique, établiroit l'ordre & l'union, feroit ceffer les jaloufies, les plaintes & les injuftices innombrables qui fe font introduites dans ce fubfide, quoique le caractère de ceux à qui la diftribution en eft confiée eût dû l'en préferver & la maintenir dans fa pureté; mais Dieu a permis que l'intérêt, la faveur & la vengeance pénétraffent jufques dans les fanctuaires, comme dans les chaumières des collecteurs.

Maximes générales fur la levée des décimes.

Elles doivent être payées en deniers, & non en fruits, par toutes fortes de perfonnes, eccléfiaftiques, bénéficiers, & communautés érigées en titre de bénéfice, pourvu qu'elles aient un revenu ordinaire & perpétuel, & les penfionnaires defdits bénéfices y contribuent à proportion de leurs penfions.

Les poffeffeurs des bénéfices font obligés de payer leurs *décimes*, fauf leurs recours contre leurs prédéceffeurs, ce qui s'étend à deux ans, quand le bénéfice vaque par mort, & à trois ans, quand c'eft par réfignation.

Les bénéfices compofés de biens roturiers affujettis à la taille, font exempts de *décimes* dans les pays de taille réelle.

Ceux qui portent peu de revenu, & font poffédés par des eccléfiaftiques pauvres, les hôpitaux, maladreries & autres maifons pieufes, de même que l'ordre de Saint-Jean de Jérufalem, & les freres prêcheurs, font exempts de *décimes*.

Les bénéficiers ne peuvent être contraints en leurs perfonnes, faute de paiement de *décimes*, ni fur le corps des terres qui compofent le bénéfice, mais feulement fur les fruits & revenus.

Les évêques ne fauroient être pris à partie.

Les fermiers des terres & revenus eccléfiaftiques peuvent être contraints au paiement des *décimes*, comme pour deniers royaux.

Les receveurs des *décimes* peuvent, faute de paiement par les fermiers, faire procéder, à nouveau bail, au plus offrant, & défenfes d'empêcher les fermiers judiciaires.

Les économes peuvent être contraints par emprifonnement, nonobftant leurs prétendus frais.

Faute par les curés de payer les *décimes*, feront établis des commiffaires, qui jouiront jufqu'à ce qu'il y ait droit.

Le gros des bénéfices fera arrêté pour les *décimes*, & n'en fera donné main-levée qu'en payant.

Saifies & exécutions, faites pour les *décimes*, font privilégiées à toutes dettes.

Défenfes de faire aucune levée fur les eccléfiaftiques, fans la permiffion du roi.

Il ne fera donné main-levée de la faifie des revenus des eccléfiaftiques, qu'en confignant ou donnant caution.

Défenfes à la cour des aides & élus, de connoître des *décimes*.

« Il a été trouvé étrange par plufieurs grands » perfonnages, dit M. Le Bret, que les rois » aient abandonné la juridiction, même en dernier » reffort, de tous les procès & différends qui » arrivent entre les bénéficiers, receveurs & com- » mis, tant pour raifon de l'impofition, que de la » perception & difpenfation des deniers, d'autant » que la connoiffance de tous ces droits, & des » comptes qui s'en rendent, devroient appartenir » aux officiers du roi, par le grand intérêt qu'il » a de favoir combien & quelle forte de deniers » fe levent dans fon royaume, ce qu'ils devien- » nent, & comment ils font ménagés. Il y auroit » donc deux chofes à rectifier dans cette partie, » pour le bien & l'avantage des redevables, &

» pour l'utilité, toujours inféparable de celui des
» particuliers ; favoir, de rétablir l'égalité dans
» l'impôt, de la maniere propofée par M. l'abbé
» de Saint-Pierre , ou telle autre plus avanta-
» geufe que l'on pourroit trouver , & mettre ,
» dans la main du roi , la connoiffance de tous
» les procès & différends qui peuvent furvenir ,
» à l'occafion de la perception & difpenfation des
» deniers qui s'impofent fur le clergé. »

Nous ajouterons ici , pour bien établir l'état
actuel des *décimes*, qu'il faut diftinguer les anciennes , les *décimes* ordinaires , ou *décimes du
contrat*, c'eft-à-dire, qui dérivent du contrat de
Poiffy, des *décimes* extraordinaires.

Les anciennes *décimes* font levées annuellement
fur tous les membres du clergé , tant du premier
que du fecond ordre , chacun felon le revenu de
leurs bénéfices ; on peut en voir le tableau par-
diocèfe , au mot CLERGÉ.

Les *décimes* extraordinaires, felon l'ufage préfent , font de deux fortes. Les unes font des impofitions annuelles, comme les *décimes* ordinaires,
quoiqu'elles aient une origine différente ; les autres font les dons gratuits, que le clergé paie au
roi tous les cinq ans , & de tems en tems , felon
les befoins de l'état.

Le contrat , que le clergé paffe avec le roi,
pour les anciennes *décimes* ou rentes qu'il eft obligé
de payer, fe renouvelle, comme on l'a obfervé,
tous les dix ans ; & les autres fubventions , ou
décimes extraordinaires, font accordées & réglées
par un contrat féparé, qui fe paffe tous les cinq
ans , ou plus fouvent. *Voyez* CLERGÉ.

L'impofition des *décimes* & autres fubventions,
tant ordinaires qu'extraordinaires, ne peut être
faite fur les membres du clergé, qu'en vertu de
lettres - patentes dûment enregistrées.

La répartition générale fe fait fur chaque diocèfe , dans l'affemblée générale du clergé , & le
bureau diocéfain , ou la chambre des *décimes*,
fait la répartition particuliere. Ces bureaux diocéfains ont été établis par lettres-patentes, fuivant les conventions du contrat de 1615.

Chaque diocèfe en général , & chaque bénéficier en particulier, eft impofé fuivant la proportion du département fait en 1516. Les bénéfices
qui avoient été omis dans ce département, ou
qui ont été établis poftérieurement , font taxés
en vertu d'un édit de 1606 , & les nouveaux
couvens ou monafteres , d'après l'édit de 1635.
Ce qui eft impofé en conformité de ces règlemens, doit être à la décharge des curés les plus
chargés. A l'égard des bénéfices qui fe trouvent
annexés à d'autres, ou à des communautés, ils
font taxés au chef-lieu, même pour ceux qui font
fituéf dans des provinces qui ne font pas partie
du clergé de France, & ne paient pas de *décimes*;
à moins que ces bénéfices ne foient employés &

taxés féparément au rôle des *décimes* ordinaires,
fuivant le département de 1641 , rectifié en 1646.

Les hôpitaux , les maladreries, les fabriques des
églifes , les communautés de mendians, & quelques
autres communautés de nouvelle fondation, ne font
point compris dans les rôles des *décimes* ordinaires ; mais ils le font quelquefois dans ceux
de la fubvention extraordinaire , fuivant ce qui
eft porté dans les contrats paffés avec le roi.

Le corps du clergé exempte quelquefois des
décimes, les eccléfiaftiques, qui font fils des chanceliers de France ou de miniftres d'état ; mais c'eft
toujours avec la claufe : fans tirer à conféquence.

Les *décimes* ont lieu dans tout le royaume ,
excepté dans les évêchés de Metz, Toul, Verdun & leurs dépendances , l'Artois, la Flandre,
la Franche-Comté, l'Alface & le Rouffillon.
Entre les pays qui ne font pas fujets aux *décimes*, il y en a quelques-uns, où les eccléfiaftiques
fe prétendent exempts de toutes impofitions ; d'autres où ils paient quelques droits. En Artois, par
exemple , l'impofition fur les fonds eft du centieme
qui fut établi par les Efpagnols , en 1569. Dans
les befoins extraordinaires de l'état , on double
& on triple ce droit. Les eccléfiaftiques féculiers
& réguliers le paient comme les laïques ; mais
ils ne le paient jamais que fimple.

Dans le Hainault , les eccléfiaftiques font fujets à tous les droits qu'on leve fur les fonds ,
fur les beftiaux & fur les denrées.

A Lille , le clergé & la nobleffe accordent ordinairement au roi le vingtieme & demi des biens
qu'ils font valoir par leurs mains.

Il y a quelques provinces du nombre de celles
où les *décimes* ont lieu, qui font abonnées avec
le clergé à une certaine fomme, tant pour les *décimes* ordinaires, que pour les fubventions extraordinaires.

Les curés à portion congrue ne pouvoient, fuivant la déclaration de 1690 , être taxés qu'à cinquante livres de *décimes*, & pour les autres fubventions , ils en étoient fufceptibles dans la proportion ; mais , fuivant le contrat paffé le 27 mai
1742 , ils ne peuvent être taxés que jufqu'à
foixante livres par an , pour toutes impofitions
généralement quelconques , faites en vertu des
précédentes délibérations ; à moins que les curés
ou vicaires perpétuels n'aient des novales ou vertes dîmes, auquel cas ils peuvent être augmentés,
felon la prudence & confcience des archevêques,
évêques & députés des bureaux diocéfains , fans
aucun recours contre les gros décimateurs.

On peut demander à un bénéficier trente années de *décimes* ordinaires & extraordinaires, lorfqu'elles font échues de fon tems. Ses héritiers en
font pareillement tenus ; mais s'il y a trois années confécutives, les années antérieures font cen-
fées payées , à moins qu'il n'y ait des pourfuites
commencées à ce fujet.

Les succeſſeurs à un bénéfice peuvent être contraints de payer trois années de *décimes*, tant ordinaires qu'extraordinaires, échues avant leur priſe de poſſeſſion, ſauf leur recours contre l'ancien titulaire ou ſes héritiers ; mais on n'en peut demander que deux au pourvu d'après le décès.

Les *décimes* ſe paient en deux termes, février & octobre ; & faute de payer à l'échéance, l'intérêt des ſommes eſt dû par le contribuable au denier ſeize, à compter du jour du terme ; d'autant que le receveur particulier eſt lui-même obligé, en cas de délai, de payer de ſon côté les intérêts au receveur-général du clergé.

La répartition des *décimes* extrordinaires ſe fait ſur les diocèſes & bénéficiers, ſelon le département de 1641. Ceux qui ont des penſions ſur des bénéfices, ſont tenus de contribuer aux ſubventions extraordinaires, ſur le pied qui eſt réglé par l'aſſemblée générale, & ce taux change quelquefois. Aucun concordat ne peut diſpenſer de cette contribution, excepté pour les curés qui ont réſigné au bout de quinze années, ou à cauſe de quelque notable infirmité.

Les ſaiſies pour *décimes* ſont privilégiées, & dans la diſtribution des deniers, le receveur des *décimes* eſt préféré à tous oppoſans & ſaiſiſſans, excepté pour ce qui concerne le ſervice divin.

Pour ce qui eſt des perſonnes prépoſées à la levée des *décimes* ordinaires & extraordinaires, la recette des *décimes* papales, dans le tems que nos rois les permettoient, ſe faiſoit par des perſonnes commiſes par le pape.

A l'égard des *décimes*, aides, ſubventions ou ſubſides que nos rois ont, en divers tems, levés ſur le clergé, la recette s'en faiſoit anciennement par des collecteurs & ſous-collecteurs qui n'étoient pas des officiers en titre, mais des prépoſés à cet effet par le roi ; ils avoient le pouvoir d'établir des ſergens pour contraindre les redevables, & les receveurs actuels des *décimes*, jouiſſent encore de cette faculté.

Il étoit quelquefois permis aux évêques de faire eux-mêmes la répartition & la levée des *décimes*, aides & autres ſubventions dans leur diocèſe. On a vu que les évêques d'Angers & du Mans furent chargés de ce ſoin par le roi Jean. Le même ſouverain autoriſa les ordinaires à faire lever par leurs mains, un ſubſide convenable, ſur les bénéfices non-taxés, & il accorda aux eccléſiaſtiques, le privilège de ne pouvoir être contraints au paiement de leur contingent, que par les bras de l'égliſe, mais avec réſerve d'y pourvoir, s'il y avoit négligence de la part de l'égliſe.

Les receveurs des *décimes* & autres ſubventions, n'ont été que par commiſſion, juſqu'au tems de Henri II ; mais ce Prince, par édit du mois de juin 1557, créa dans chaque ville principale des archevêchés & évêchés du royaume, un receveur en titre d'office des deniers extraordinaires & caſuels, & notamment, des dons gratuits & charitatifs, équipolens à *décimes*, & par les lettres de juſſion, donnée pour l'enregiſtrement, & les qualifia de receveurs des *décimes*.

Il leur attribua, pour tous gages & droits, un ſol pour livre, qui ſeroit levé ſur les eccléſiaſtiques, outre le principal des *décimes*. Préſentement, les receveurs diocéſains n'ont que trois deniers pour livre de leur recette, quand l'impoſition des *décimes* extraordinaires eſt à long terme, & ſix deniers pour livre, quand l'impoſition ſe paie en deux ou trois ans.

Ces offices furent ſupprimés au mois de mars 1559, enſuite rétablis par édit de janvier 1572, puis de nouveau ſupprimés ſur les inſtances du clergé, qui les rembourſa ſuivant la permiſſion que le roi lui en avoit donnée, ainſi qu'il eſt énoncé dans l'édit du 14 juin 1573. Par ce dernier, Charles IX crée de nouveau, dans chaque diocèſe, des receveurs des *décimes*, dont il laiſſe la nomination aux évêques ; en même tems, il permet au clergé de chaque diocèſe d'acquérir ces charges, pour les faire exercer par perſonnes à ſon choix, & de rembourſer ceux qui en auront été pourvus.

Un édit du mois de février 1588 établit un receveur particulier des *décimes*, alternatif ; & en 1628, un autre édit du mois de juin en créa un triennal.

Tous les receveurs des *décimes* furent ſupprimés par arrêt du 28 octobre 1719, & mis en commiſſion juſqu'en 1723 qu'on rétablit un receveur diocéſain, en titre d'office.

Ces receveurs ont des proviſions ; ils donnent caution devant les tréſoriers de France ; ils ſont exempts du marc d'or, du quart denier, de la confirmation d'hérédité, des recherches des chambres de juſtice, de toute taxe ſur les gens de finance, de taille & de logement de gens de guerre. Quoiqu'ils ſoient vraiment officiers royaux, on les regarde cependant comme des officiers du clergé ; parce qu'en créant ces charges, on a donné au clergé la faculté de les rembourſer, auquel cas le clergé peut en commettre d'autres en titre, ou par commiſſion.

Il y a eu auſſi des contrôleurs anciens, alternatifs, triennaux des *décimes* dans chaque diocèſe, qui ont été créés & ſupprimés en même tems que les receveurs particuliers.

L'édit de juillet 1581 avoit créé des receveurs provinciaux dans les dix-ſept anciennes généralités ; mais ils furent ſupprimés au mois de mars de l'année ſuivante, puis rétablis & rendus héréditaires, par édit du mois de ſeptembre 1594. En 1621, on en créa d'alternatifs, & en 1625, de triennaux, auxquels on donna des contrôleurs.

Les receveurs diocéſains des *décimes* étoient obligés de remettre les deniers de leur recette entre les mains de ces receveurs provinciaux, qui de leur côté verſoient leur caiſſe dans celle du receveur-général du clergé.

Depuis la ſuppreſſion des receveurs provinciaux & de leurs contrôleurs, les receveurs diocéſains remettent directement leurs fonds au receveur-général du clergé.

On avoit vu en 1703, dans un moment de beſoin, créer des offices de commiſſaires, pour le recouvrement des *décimes*, dans tous les diocéſes du royaume : mais ces officiers furent unis à ceux de receveurs & contrôleurs-généraux & particuliers des *décimes*, par une déclaration du 4 mars 1704.

Autrefois, les receveurs des *décimes* comptoient de leur recette à la chambre des comptes ; préſentement, ils donnent tous les ſix mois, à l'évêque & aux députés du diocéſe, un état de leur recette & des parties qui ſont en ſouffrance : ſix mois après l'expiration de chaque année, ils doivent rendre compte au bureau diocéſain.

Ces bureaux diocéſains, ou chambres diocéſaines des *décimes*, furent établies dans chaque diocéſe, par des lettres-patentes de 1716, conformément au contrat, paſſé le 8 juillet de l'année précédente entre le roi & le clergé ; elles ne ſont compoſées que d'eccléſiaſtiques uniquement ; on y juge toutes les conteſtations qui s'élèvent au ſujet des *décimes* ordinaires & extraordinaires.

Ces conteſtations avoient d'abord été portées au conſeil d'état du roi, enſuite à la cour des aides de Paris, par édit du mois de mars 1551, puis à celle de Montpellier, par l'édit du mois de février 1553, & quelques années après, aux ſyndics généraux du clergé.

Mais l'aſſemblée générale de ce corps, tenue à Melun en 1579, ſupprima ces ſyndics, & demanda au roi l'établiſſement des bureaux généraux ou chambres ſouveraines ; en conſéquence, il en fut créé huit en 1580 : ſavoir, à Paris, à Lyon, à Rouen, Tours, Bourges, Touloufe, Bordeaux & Aix. En 1633, il en avoit été établi une ancienne à Pau, par Louis XIII ; elle s'eſt éteinte faute de députés, & les lettres-patentes du mois de juin 1743 l'ont ſupprimée légalement, en renvoyant, aux bureaux diocéſains de l'Eſcar & d'Oleron, tous les eccléſiaſtiques du diocéſe de Pau, pour la premiere inſtance, & par appel à la chambre ſouveraine de Bordeaux.

Ces huit chambres ſouveraines ſont compoſées d'eccléſiaſtiques, choiſis par les diocéſes du reſſort, & des membres du parlement, ou des préſidiaux de la ville, où chacune eſt établie.

Ceux qui prétendent être trop impoſés & faire oppoſition à leur taxe, doivent ſe pourvoir aux chambres ſouveraines des *décimes*, par voie de requête ; mais pour qu'elle ſoit admiſe, il faut qu'ils aient payé les termes échus & la moitié des taxes de l'année courante, & qu'ils joignent à leur

ſupplique un état certifié des revenus de leur bénéfice, ou de ceux de la communauté qui réclame.

Ces bureaux diocéſains jugent en dernier reſſort, tous les différends ſur les *décimes* ordinaires, pourvu qu'elles n'excèdent pas la ſomme de vingt livres en principal, & ceux qui regardent les ſubventions ou *décimes* extraordinaires, ſi elles ne montent pas au-deſſus de trente livres.

L'appel de ces bureaux diocéſains, pour les affaires non jugées en dernier reſſort, ſe porte au bureau général, ou à la chambre ſouveraine des *décimes*, dans le département de laquelle eſt le bureau diocéſain. *Voyez* CLERGÉ.

DÉCISION, ſ. f. En finance, on appelle *déciſion* du conſeil, une réſolution priſe au conſeil des finances, ſur les requêtes, mémoires & placets, qui ſont préſentés au miniſtre de cette partie, & dont il eſt cenſé faire le rapport. Le plus ſouvent, c'eſt un arrêté ſommaire qui ſe met au bas ou à la marge du mémoire, ſans rendre de jugement en forme, & il eſt ſigné & paraphé du miniſtre ; c'eſt un moyen prompt de terminer les affaires, par voie d'adminiſtration.

La multiplicité des affaires portées au conſeil des finances, ou des demandes faites au miniſtre, détermine à terminer les unes, & à répondre aux autres, par une ſimple *déciſion*. Cette méthode évite, dans le premier cas, les frais du coût & de l'expédition d'un arrêt, & dans le ſecond, accélère beaucoup les affaires.

Ces *déciſions* ne ſont pas exécutoires comme les arrêts, & ne peuvent autoriſer des pourſuites, telles que des ſaiſies de meubles ou de fruits ; mais lorſqu'une partie s'eſt adreſſée au conſeil, ſoit ſur la demande qui lui a été faite d'un droit, ſoit pour ſe plaindre d'une perception, une *déciſion* eſt un préjugé pour le fermier, & le met en état de continuer ou d'arrêter ſes pourſuites ; parce qu'il eſt ſûr que le conſeil, dans un arrêt, ne prononcera pas autrement que dans ſa *déciſion*.

Pour l'ordinaire, une *déciſion* ne ſert qu'à confirmer les principes établis par les règlemens, ou à interpréter leurs diſpoſitions ; ſon autorité pour les fermiers du roi eſt la même que celle d'un arrêt du conſeil en forme.

On forme des recueils de ces *déciſions*, qui compoſent une ſorte de code, propre à chaque partie des revenus de l'état.

Il eſt peu de matieres, ſur leſquelles il y ait un auſſi grand nombre de *déciſions*, que celle des droits de traites. La raiſon en eſt ſimple : ces droits portent ſur des objets de commerce ; le commerce exige des reſtrictions, des faveurs & des encouragemens, ſuivant les circonſtances de la guerre, de la paix, de la ſituation politique d'un état, de ſes beſoins, ou de l'abondance qu'il a de certaines denrées ; ce ſont autant de motifs pour mitiger, modifier ou aggraver la perception de ces droits, par des *décisions*, dont alors il eſt donné connoiſſance aux intendans & aux chambres de commerce, pour en inſtruire les négocians.

DÉCLARATION, ſ. f. La ſignification de ce mot eſt trop claire pour avoir beſoin d'être définie. Il ne s'agit que de raſſembler ici tout ce qui a rapport aux *déclarations* qu'on eſt obligé de faire dans les bureaux des fermes pour y acquitter les droits.

Ces *déclarations* ſont en uſage dans la partie des droits domaniáux, dans celle des droits de traites, & dans celle des droits d'aides.

L'arrêt de règlement du 15 ſeptembre 1722, ordonne que les héritiers en ligne collatérale, donataires, légataires inſtitués ou ſubſtitués & tous nouveaux poſſeſſeurs de biens-immeubles ſujets au centieme denier, ſeront tenus d'en faire *déclaration* au bureau où il ſe perçoit.

De même l'arrêt du conſeil du 13 avril 1751, ordonne, art. 21, que conformément aux articles 5 & 13 de la déclaration du 9 mars 1700, & à l'article 5 de l'édit de mai 1708, tous roturiers propriétaires ou poſſeſſeurs de fiefs, ſeront tenus de faire des *déclarations exactes* de ces fiefs, même de remettre au fermier du droit de franc-fief, des extraits des actes de leur entrée en poſſeſſion. *Voyez* FRANC-FIEF.

Comme la forme des *déclarations*, ſoit à l'entrée du royaume, ſoit à celle de Paris, eſt preſcrite, & qu'il eſt très-intéreſſant pour le public de la connoître, afin d'éviter de tomber en contravention; nous allons d'abord raſſembler ici ce qui regarde les *déclarations* relatives aux droits de traites.

Nous parlerons enſuite des *déclarations* concernant les droits d'aides, & qui ne peuvent s'appliquer qu'aux boiſſons, ſoit à leur arrivée dans un lieu ſujet, ſoit à leur enlevement.

Toute marchandiſe allant à l'étranger & en venant, enlevée d'un lieu où il y a bureau, pour être conduite ailleurs, doit être préſentée au bureau des droits de traites, s'il y en a un, ſinon au plus prochain du lieu du chargement, ou au premier ſur la route qu'elle tient, ſi elle arrive du pays étranger, conformément à l'article premier du titre 2 de l'ordonnance de 1687, à peine de confiſcation des marchandiſes, des voitures ſervant à leur tranſport, & de 300 liv. d'amende.

Le conducteur eſt tenu ſur les mêmes peines d'en faire la *déclaration* lui-même, ou d'en apporter une ſignée du propriétaire ou de ſon facteur; & cette *déclaration* tranſcrite ſur un regiſtre exprès, doit être ſignée par ce conducteur, ſinon il ſera fait mention de ſon refus. C'eſt ce que preſcrit l'article 3 du même titre.

Conformément à l'article 4, cette *déclaration*

doit contenir la qualité, le poids, le nombre & la meſure des marchandiſes ſuivant leur eſpece: elle doit énoncer auſſi le nom du marchand ou facteur qui les envoie, & de celui à qui elles ſont adreſſées; elle doit encore indiquer le lieu où elles ont été chargées, celui de la deſtination, & les marques & numéros des balles & ballots doivent être mis en marge de ces *déclarations*.

Les négocians de Rouen & de Nantes avoient élevé, en 1688 & 1703, des difficultés ſur l'exécution de ces diſpoſitions, en alléguant que l'uſage étoit d'admettre les mots d'à-peu-près ou environ, ſans ſpécifier préciſément le poids & la meſure des marchandiſes dans les *déclarations*. Deux arrêts du conſeil du 23 novembre 1688, & du 7 août 1703, caſſerent l'arrêt de la cour des aides de Rouen, & le jugement du préſidial de Nantes, qui avoient prononcé en faveur des négocians, & ordonnérent que cet article 4 ſeroit exécuté.

Dans la ſuite, l'arrêt & les lettres-patentes des 9 août & 30 ſeptembre 1723, interpréterent ce même article, & développerent, avec plus d'étendue, toutes les diſpoſitions qui y ſont implicitement compriſes.

Il réſulte de ce règlement, dont l'article premier eſt une répétition de l'article 4 de l'ordonnance, que les *déclarations* doivent être faites relativement au tarif des droits auxquels les marchandiſes ſont ſujettes; c'eſt-à-dire, que le capitaine ou patron de navire, le marchand ou voiturier qui préſente des marchandiſes, eſt tenu de déclarer au poids, celles dont les droits doivent être payés au poids; à la meſure, celles qui doivent payer à la meſure; & au nombre, celles qui ſont impoſées au nombre.

Que les *déclarations* ſont réputées entieres par rapport aux marchandiſes dont les droits ſe paient au poids, lorſque ce poids n'excede que du dixieme celui qui a été déclaré, en payant les droits de cet excédent qui ne peut être ſujet à ſaiſie; mais lorſque l'excédent eſt au-deſſus du dixieme, tout ce qui ſurpaſſe le poids déclaré, eſt acquis & confiſqué au profit du fermier, avec amende de trois cents livres pour chaque contravention.

Les fers, les cuivres, les plombs, les étains, ne ſont point compris dans cet article, & l'excédent ſur la *déclaration* ne peut aller qu'au vingtieme qui, dans ce cas, eſt ſujet aux droits. S'il s'étend au-delà du vingtieme, tout ce qui excede le poids déclaré, eſt ſujet à ſaiſie & à la même peine qui eſt prononcée par l'article précédent.

Les *déclarations* de toutes les marchandiſes dont les droits ſe paient au nombre, ſont également réputées entieres, lorſque le nombre déclaré ne préſente qu'un dixieme d'excédent; mais s'il eſt plus conſidérable, il eſt ſujet à ſaiſie & à confiſcation.

A l'égard des fucres bruts, firops, huiles, beurres, qui font marchandifes fujettes à déchet & coulage, les droits n'en font payés que fur le poids effectif, fans que les marchands foient fujets à en déclarer le poids, mais feulement à rapporter les *déclarations* de celui qui exiftoit au lieu du chargement, & de repréfenter les mêmes quantités de pipes, barriques, frequins, tonneaux & autres futailles en bon état.

Ces difpofitions font conféquentes à l'article 29 des lettres-patentes du mois d'avril 1717, faifant règlement pour le commerce des ifles & colonies françoifes, qui difpenfe les négocians capitaines & maîtres de navires de déclarer par poids, mais leur permet de déclarer feulement la quantité de futailles, contenant les fucres & firops des colonies françoifes, & ordonne que la *déclaration* des autres marchandifes foit faite fuivant l'ufage ordinaire par quantité, qualité & poids.

Lorfque les marchandifes auront été mouillées dans leur route, & que le poids en fera augmenté au-delà de cinq pour cent, il fera fait réfaction ou déduction du poids dont elles auront augmenté au-delà de celui qu'elles auroient dû naturellement pefer, fi elles n'avoient pas été mouillées. Pour vérifier le poids jufte, & faire cette réfaction, le marchand fera tenu de repréfenter fa facture; & fi l'augmentation du poids fe trouve feulement de cinq pour cent & au-deffous, le fermier ne fera point tenu d'en faire réfaction.

Les marchandifes, dans ce cas, font les chanvres, les laines, les cotons, les lins & autres d'une nature fpongieufe.

Ces *déclarations*, dans la forme qui vient d'être rappellée, doivent être faites fuivant l'article 3 du même titre 2 de l'ordonnance de 1687, par les voituriers & conducteurs des marchandifes, au moment où ils paffent devant les bureaux, à peine de confifcation. L'article 23 du titre commun de l'ordonnance de 1681, porte auffi que tout ce qui fera trouvé fans déclaration au-delà du bureau où elle a dû être faite, fera confifqué.

On voit par un fragment des loix Cenforiennes, citées dans Quintilien, que chez les Romains, tout ce qui n'étoit pas déclaré, devenoit également fujet à confifcation.

Quod quis improfeffum tranftulerit per publicanos, commiffum fit.

Quod quis profeffus non eft, perdat.

Mais l'article 3 du titre 2 de l'ordonnance de 1687, accorde 24 heures aux capitaines de vaiffeaux, patrons de barques ou de bateaux, à compter de l'inftant où ils abordent dans les ports & dans les autres lieux où il y a bureau, pour y faire leur *déclaration*, & repréfenter leurs connoiffemens.

Cet efpace de 24 heures, a paru fuffifant pour laiffer à ces capitaines ou patrons, le tems d'arranger leurs papiers, & pour prévenir que, dans un plus long délai, fans déclarer ce qui compofe leur cargaifon, ils ne trouvaffent le moyen d'en introduire quelques parties en fraude des droits.

Il eft même d'ufage, pour obvier plus fûrement à toute manœuvre fur ce point, de faire obferver un navire dès l'inftant qu'il eft entré dans le port, jufqu'à ce qu'il ait donné fa *déclaration* au bureau.

Dans le cas où les voituriers ou conducteurs de marchandifes, foit par eau, foit par terre, n'auroient pas en main les factures, connoiffemens ou lettres de voiture propres à faire les *déclarations* détaillées, prefcrites par l'article 4; ils font néanmoins obligés, par l'article 6, à faire, fur le regiftre, leur *déclaration* du nombre de leurs caiffes ou ballots, des marques & numéros qu'ils portent à la charge de rapporter dans quinzaine, fi c'eft par terre, & dans fix femaines fi c'eft par mer, une *déclaration* en détail des marchandifes, &c. Cependant ils doivent laiffer leurs caiffes ou ballots dans le bureau. Ce tems, une fois expiré, fans que cette *déclaration* en détail ait été rapportée ou faite, les marchandifes font dans le cas de la confifcation, & les voituriers ou conducteurs condamnés à trois cents livres d'amende.

Conformément à ces différens articles de l'ordonnance, l'arrêt du 12 avril 1692 fait très-expreffes défenfes à tous voituriers, tant par eau que par terre, de cacher & recéler aucune marchandife fujette aux droits, de les faire paffer devant les bureaux, fans en avoir préalablement fait *déclaration*, à peine de cent livres d'amende, de confifcation tant des marchandifes que des bateaux, voitures, chevaux & équipages fervant à leur tranfport.

Le règlement de 1723, dont on a rapporté une partie, a été maintenu par d'autres autorités qui en ont confirmé les difpofitions. Tels font & lettres-patentes du 4 avril 1724, & 7 feptembre 1775, particuliers au port de Marfeille; les arrêts généraux des 4 octobre 1732, 31 octobre 1741, & 2 feptembre 1742.

Quoiqu'une marchandife ne foit pas fujette aux droits, elle n'en eft pas moins dans le cas de la *déclaration* & de la vifite. La raifon de cet affujettiffement eft que fi elle n'étoit pas déclarée & vifitée, elle pourroit fervir à mafquer des marchandifes véritablement fufceptibles de droits, dont le paiement feroit par-là éludé. Auffi, pour réprimer ces fraudes, il a été ordonné, par arrêt du confeil du 20 mars 1717, par l'article 385 du bail des fermes, & par l'arrêt du 25 feptembre 1763, que toutes efpèces de marchandifes fujettes aux droits, ou qui en font exemptes, feroient déclarées dans les bureaux des fermes.

Toute *déclaration* une fois faite, & portée fur le regiftre, ne peut être changée ni diminuée, *fous*

fous prétexte d'omiffion ou d'erreur, & la vérité ou la fauffeté en doit être jugée fur ce qui a été premiérement déclaré, conformément à l'article 7 du titre 2 de l'ordonnance ; & s'il s'y trouve de la fauffeté, foit en qualité, en quantité ou en poids, fauf le dixieme ou le vingtieme de la totalité déclarée, fuivant les efpeces, c'eft le cas de la confifcation, d'après l'article 24 du titre commun de l'ordonnance de 1681.

La *déclaration* ainfi libellée dans la forme qui vient d'être expofée, fait la fûreté du marchand & celle du commis, en ce qu'elle les contient l'un & l'autre.

Le premier a intérêt de déclarer jufte, pour éviter les rifques de la confifcation & de l'amende qui fuit la fauffeté en ce point.

Le fecond ne pouvant rien changer aux *déclarations*, lorfqu'elles font faites, n'a nul moyen de favorifer le marchand. D'ailleurs, fi le commis fe trompe dans l'acquit des droits, & fi le marchand réclame contre cette erreur, la *déclaration* à laquelle on a recours, indique fi la réclamation doit être accueillie favorablement, ou rejetée.

Le congé ou permis de débarquer, doit fuivre immédiatement la *déclaration*. Sous le mot de *congé*, on trouvera tout ce qui conftitue cette expédition. Il faut terminer cet article, par rappeller les moyens que la loi a donnés au fermier, pour obliger les marchands à déclarer au jufte la valeur de leurs marchandifes.

Si les commis reconnoiffent que leur prix eft vifiblement au-deffous de celui qui eft déclaré, ils peuvent les retenir dans tous les bureaux, en payant le montant de la valeur déclarée, avec le fixieme en fus ; mais dans le cas où ils ne croient pas devoir ufer de cette faculté, ils doivent percevoir les droits fur la *déclaration* faite, & ne différer, fous aucun prétexte, l'expédition des marchandifes. C'eft ce qui a été réglé par les arrêts & lettres-patentes des 2 août 1740, & 27 feptembre 1747.

En 1776, des négocians de Rouen avoient prétendu que lorfque des marchandifes n'avoient pas été pefées au lieu de leur chargement, les fermiers dévoient fe contenter de la fimple *déclaration* du nombre des ballots, avec celle de leurs marques, de leurs numéros, & de la qualité des marchandifes, délivrer un permis de décharger, & faire la pefée des marchandifes avant que la *déclaration* en fût fournie : un arrêt de la cour des aides de cette ville, avoit admis cette prétention le 24 mai 1776.

Mais l'adjudicataire des fermes s'étant pourvu au confeil, il y eft intervenu, le 24 juin 1777, un arrêt qui a caffé celui de la cour des aides.

Comme cet arrêt du confeil rappelle tous les principes qui doivent être fuivis à l'égard des *déclarations*, & qu'il en ordonne de nouveau l'exé-

Finances, Tome I.

cution, il ne peut pas être indifférent de connoître fes difpofitions.

« Sur la requête préfentée au roi, en fon confeil, par Julien Alaterre, ci-devant adjudicataire général des fermes, contenant : Qu'au mois de juillet 1773, il eft arrivé à Rouen, pour le compte des fieurs Payenneville & Taillet, négocians en la même ville, de la garence & du borax rafiné, marchandifes qui doivent acquitter au poids, fuivant le tarif de 1664, que la garence a été déclarée pour cinq mille livres, & le borax pour cent livres ; que l'un n'a donné à la pefée que quatre mille fix cents cinquante, & l'autre foixante-quinze ; que les droits ont été demandés fur le poids déclaré, mais que ces négocians ont prétendu que la perception ne devoit s'exercer qu'à raifon du poids effectif ; qu'ils ont fait au receveur, le 30 juillet 1773, des offres, en conféquence, qui ont été rejetées : Que fur l'affignation donnée au fuppliant, à la requête des fieurs Payenneville & Taillet, en l'élection, en validité de leurs offres, les fieurs Ifambert, Laloyer, & autres négocians de Rouen, au nombre de cinquante-fept, font intervenus dans la conteftation le 12 août de la même année, & ont conclu à ce qu'il fût fait défenfes, tant au fuppliant qu'à fes prépofés, de percevoir les droits, fuivant le poids déclaré, lorfque le poids réel des marchandifes feroit inférieur à celui porté par la *déclaration* : Qu'une fentence de l'élection du 13 du même mois, fur l'action principale, a renvoyé toutes les parties à fe pourvoir, ainfi qu'elles aviferoient, &, par provifion, a ordonné qu'il en feroit ufé comme par le paffé, dépens compenfés : Que les fieurs Payenneville & Taillet ont interjeté appel de ce jugement : Que le fyndic de la chambre du commerce de Rouen eft intervenu dans cette conteftation, le 3 février 1774 : Que fur l'appel & par les plaidoiries, on a propofé l'alternative, ou de n'acquitter les droits que fur le poids effectif, ou d'admettre les négocians à faire le déchargement de leurs marchandifes, & la pefée avant la *déclaration* : Que ce fyftême a été adopté par un arrêt de la cour des aides de Rouen, du 24 mai dernier, qui, en recevant l'intervention du procureur-fyndic des marchands de Rouen, a infirmé la fentence de l'élection, déclaré fuffifantes les offres des fieurs Taillet & Payenneville, a ordonné qu'ils ne paieroient les droits, que fur le poids effectif des marchandifes, & condamné le fuppliant à reftituer le furplus de ce qui avoit été perçu : Que le même arrêt faifant règlement, a ordonné que les articles 7 & 8 du titre II de l'ordonnance de 1687, feront exécutés felon leur forme & teneur ; & que, dans le cas où il n'auroit pas été fait de pefée

Q q q

» au lieu de l'embarquement, le suppliant seroit
» tenu, sur la simple *déclaration*, du nombre
» des ballots marqués, de la qualité des marchan-
» dises, de donner un permis de décharger, &
» de souffrir que la pesée des marchandises soit
» faite avant de fournir la *déclaration* quant au
» poids ; le suppliant condamné aux dépens : Que
» cet arrêt, en ordonnant en apparence l'exécu-
» tion des articles 7 & 8 du titre II de l'or-
» donnance de 1687, en contrarie ouvertement
» les dispositions, renverse tous les principes de
» la matiere, d'après lesquels tous les négo-
» cians doivent fournir, avant le débarquement,
» la *déclaration* qui assure irrévocablement la per-
» ception : Que cette formalité, principale base
» de la régie des traites, qui a toujours été main-
» tenue avec la plus scrupuleuse attention, est
» prescrite très-impérieusement par les articles 2,
» 4, 5 & 6 de l'ordonnance de 1687, qui en-
» joignent aux voituriers-conducteurs, maîtres de
» bateau & autres, de faire leurs *déclarations*,
» contenant la qualité, le poids, le nombre, la
» mesure des marchandises, le nom du marchand
» ou du facteur qui les envoie, de celui à qui
» elles ont été adressées, le lieu du dechargement
» & de la destination : Que l'article 7 du même
» titre veut même qu'on ne puisse plus augmen-
» ter ni diminuer aux *déclarations*, sous prétexte
» d'omission ou autrement ; enfin, que suivant
» l'article 8, c'est après les *déclarations* faites,
» & les connoissemens représentés, que les mar-
» chandises doivent être visitées, pesées, mesu-
» rées, nombrées, & ensuite les droits acquittés :
» Que de l'ensemble de ces dispositions, il ré-
» sultoit qu'en général la *déclaration* des marchan-
» dises, de telle espèce qu'elles fussent, devoit
» énoncer au juste la qualité, le poids, le nom-
» bre, la mesure, & que les droits étoient per-
» ceptibles sur le pied de cette *déclaration* : mais
» qu'en 1723 le syndic de la chambre du com-
» merce de Rouen, réuni aux députés d'autres
» villes du royaume, firent leurs représentations
» au conseil, sur le plan de régie tracé par l'or-
» donnance, & qu'il y fut apporté quelques mo-
» difications, par l'arrêt du conseil du 9 août
» de la même année, revêtu de lettres-patentes
» enregistrées : Que ce règlement confirme la
» nécessité des *déclarations* précises & détaillées,
» avec cette seule différence interprétative, qu'au
» lieu d'exprimer dans tous les cas, le poids,
» le nombre & la mesure ; les *déclarations* ne
» doivent être faites que relativement au tarif,
» c'est-à-dire, au poids pour les marhandises qui
» acquittent au poids, au nombre pour celles qui
» paient au nombre, & à la mesure pour celles qui
» acquittent à la mesure : Qu'il ordonne qu'à
» l'égard des marchandises, qui acquittent au
» poids ou au nombre, les *déclarations* seront
» réputées entieres, si le poids ou le nombre de
» ces marchandises n'excède que du dixieme celui

» qui aura été déclaré, & pour les métaux, si
» ce poids n'est pas au-dessus du vingtieme : Qu'à
» l'égard des sucres bruts, sirops, huiles & beurres,
» qui, en tant que sujets à déchets ou coulage,
» ne doivent les droits que sur le pied du poids
» effectif, le marchand sera tenu de rapporter
» les *déclarations* du poids ; faites au lieu du char-
» gement, & de représenter les mêmes quantités
» de pipes, barriques, &c. Enfin, que si les
» marchandises ont été mouillées pendant le
» voyage, & si les poids en augmentent au-delà
» de cinq pour cent, il ne sera fait réfraction
» que de ce que les marchandises sujettes au cou-
» lage ont été les seules admises à acquitter au
» poids effectif. Il est d'une conséquence néces-
» saire, que les autres ne peuvent pas jouir du
» même bénéfice, qu'à leur égard les choses restent
» dans leur ancien état, qu'il faut une *déclaration*
» de poids, que la perception qui a lieu sur le
» pied de cette *déclaration*, n'est qu'une précau-
» tion qui peut seule garantir la régie, des infi-
» délités, des prévarications de ses commis, &
» de la connivence des marchands avec ces em-
» ployés : Que le marchand qui doit craindre le
» résultat d'une vérification, sur une *déclaration*
» peu exacte, déclareroit tout son chargement :
» Que d'un autre côté l'employé qui ne peut pas
» profiter de l'inexactitude de la vérification,
» parce que c'est toujours la *déclaration* qui règle
» la quotité du droit, sera porté à la faire sin-
» cere ; & sous ce point de vue la *déclaration* de-
» vient le contrôle de la visite, & la visite le
» contrôle de la *déclaration*, ce qui fait pour la
» régie des traites une double sûreté que le con-
» seil a toujours eu l'attention de conserver :
» Qu'on voit qu'en 1746, le sieur Adrien, négo-
» ciant à Rouen, ayant déclaré au bureau de la
» Romaine, des fromages de Hollande, avec énon-
» ciation d'un poids arbitraire, & qui fut supé-
» rieur de soixante-sept livres au poids effectif,
» on perçut les droits sur le poids déclaré : Que
» ce négociant s'étant pourvu au conseil en resti-
» tution, une décision du 4 novembre 1746, mit
» néant sur son mémoire : Qu'il en existe encore
» une autre du 17 octobre 1750, dans une espèce
» semblable : Qu'en vain accuseroit-on d'injustice
» cet ordre de procéder, puisque la *déclaration* est
» le propre fait du marchand qui est le maître de
» son sort ; les excédans de dixieme & de ving-
» tieme, qui sont tolérés suivant la nature des
» marchandises, le mettent dans le cas de n'être
» jamais pesé : Qu'en vain aussi objecteroit-on
» que la facilité que ces négocians ont demandé,
» a pour objet d'assurer la sincérité des *déclarations*
» qui suivroient cette pesée : Que c'est au con-
» traire l'atteinte la plus dangereuse qui peut être
» portée à la perception, l'expédient le plus favo-
» rable à la fraude des droits ; & que s'il étoit
» permis de diviser les *déclarations*, c'est-à-dire,
» comme l'ordonne l'arrêt de la cour des aides

» de Rouen, de déclarer d'abord le nombre des
» caisses & ballots, & leurs numéros & marques,
» sauf à énoncer le poids après la pesée, de pro-
» céder dans cet état au débarquement, non-
» seulement il seroit facile, dans les ports de mer,
» de soustraire, pendant le cours de ce débar-
» quement, une partie des marchandises & d'en
» frauder les droits, mais qu'il en résulteroit en-
» core la possibilité de conserver à bord du na-
» vire, une portion du chargement, & de le verser
» ensuite : Que tous ces inconvéniens sont indé-
» pendans des infidélités qui pourroient se pra-
» tiquer par suite d'une intelligence entre les
» négocians & les commis : Qu'il est une derniere
» observation, & qui sans doute est péremptoire,
» c'est que l'arrêt contrevient formellement à
» l'ordonnance, en permettant de diviser la *décla-*
» *ration*, tandis que les articles 4 & 5 du titre 2,
» prescrivent une *déclaration* contenant tout à-la-
» fois la quotité, le poids des marchandises, le
» nom des marchands, de celui à qui elles sont
» adressées : Qu'il contrevient encore à l'ordon-
» nance, en enjoignant au suppliant de délivrer
» le permis de débarquer avant la *déclaration*,
» qui, suivant l'esprit de la même ordonnance,
» doit être fournie avant le débarquement : Qu'en-
» fin, suivant l'arrêt de la cour des aides, la
» régie seroit assujettie à faire peser toutes les
» marchandises qui débarquent dans les ports :
» Que sous ce point de vue, l'exécution de l'arrêt
» deviendroit très-difficile, peut-être imprati-
» cable, parce que les débarquemens étant très-
» considérables, il n'est pas possible de faire la
» pesée du tout, ou les opérations seroient très-
» lentes, & apporteroient journellement des en-
» traves à la régie : Qu'il est par conséquent sen-
» sible que l'ancienne manutention, en même tems
» qu'elle est la sûreté de la perception, présente
» des facilités pour le commerce. Les négocians
» y trouvent des facilités, en ce que, comme on
» ne pèse qu'une partie des marchandises, l'expé-
» dition s'opère très-promptement. La perception
» trouve des sûretés dans les *déclarations* préa-
» lables à la pesée, & qui devant être exactes,
» à peine de confiscation & d'amende, contiennent
» les négocians. A ces causes, requéroit le sup-
» pliant qu'il plût à sa majesté casser & annuller
» l'arrêt de la cour des aides de Rouen du 24
» mai 1776, déclarer nulles & insuffisantes les
» offres des sieurs Taillet & Payenneville, du
» 30 juillet 1773, les débouter de leurs de-
» mandes, ainsi que les sieurs Isambert, Laloyer,
» & autres négocians de Rouen, & le procureur-
» syndic de la chambre du commerce de Rouen ;
» les condamner, chacun à leur égard, aux dé-
» pens faits, tant en l'élection de Rouen, qu'en
» la cour des aides de la même ville ; ordonner au
» surplus l'exécution des articles 4 & 5 du titre 2
» de l'ordonnance de 1687, & des arrêts & lettres-
» patentes des 9 août & 30 septembre 1723.

» En conséquence, que les maîtres des bâtimens
» marchands, ou propriétaires des marchandises,
» seront tenus de fournir, dans les vingt-quatre
» heures de leur arrivée, au bureau des fermes,
» leur *déclaration* contenant la quantité, le poids,
» le nombre, la mesure des marchandises, le nom
» des marchands ou facteur qui les envoie, de
» celui à qui elles sont adressées ; le tout à peine
» de confiscation, & de trois cents livres d'a-
» mende. Vu ladite requête ; l'exploit d'offres
» réelles faites au suppliant, à la requête desdits
» sieurs Taillet & Payenneville, le 30 juillet
» 1773 ; l'intervention des sieurs Isambert, La-
» loyer, & autres négocians de Rouen, du 12
» août de la même année ; la sentence de l'élec-
» tion de la même ville, du 13 dudit mois d'août ;
» l'intervention du syndic de la chambre du com-
» merce de Rouen, du 3 février 1774 ; l'arrêt de
» la cour des aides de la même ville, du 24 mai
» 1776. Vu aussi les articles 2, 4, 5, 6, 7 & 8
» du titre 2 de l'ordonnance de 1723 ; les arrêts
» du conseil & lettres-patentes des 9 août & 30
» septembre 1723 ; les décisions du conseil, des
» 4 novembre 1746, & 17 octobre 1750 : ouï le
» rapport du sieur Taboureau, conseiller d'état,
» & ordinaire au conseil royal, contrôleur-gé-
» néral des finances : Le roi en son conseil, ayant
» aucunement égard à la requête du suppliant, a
» cassé & annullé l'arrêt de la cour des comptes,
» aides & finances de Rouen, du 24 mai 1776,
» en ce que par icelui ladite cour a ordonné que,
» dans le cas où il n'auroit pas été fait de pesée
» des marchandises au lieu du chargement, le
» fermier seroit tenu, sur la simple *déclaration*
» du nombre des ballots, des marques & numéros
» qui y seront, & de la qualité des marchandises,
» de donner un permis de décharger, & de souf-
» frir que la pesée des marchandises soit faite
» avant d'en faire la *déclaration*, quant au poids ;
» ordonne en conséquence, sa majesté, que les
» articles 4 & 5 du titre 2 de l'ordonnance de
» 1687, & les arrêts & lettres-patentes des 9
» août & 30 septembre 1723, seront exécutés
» selon leur forme & teneur, ensemble les autres
» dispositions dudit arrêt de la cour des comptes,
» aides & finances de Rouen, du 24 mai 1776.
» Fait au conseil d'état du roi, tenu à Versailles
» le vingt-quatre juin mil sept cent soixante-
» dix-sept. »

Il résulte de ce dispositif, que dans tous les
cas où il est dû une *déclaration*, elle doit être
faite avant la visite, en termes positifs, qui ex-
priment la qualité & le poids des objets que
l'on transporte.

Une autre difficulté s'étant élevée à Rouen en
1778, sur la question de savoir si le paiement des
droits devoit se faire sur le pied déclaré, ou seulement sur le poids effectif, lorsqu'il se trouvoit
inférieur à celui de la *déclaration*, la cour des

aides de Rouen a prononcé, le 28 juillet 1779, que c'étoit fur le poids effectif que les droits devoient être payés, par la raison qu'il n'en étoit point dû fur un objet qui n'exiftoit pas, & que d'ailleurs il n'exiftoit aucune loi qui eût établi la peine du paiement des droits dans cette circonftance.

L'adjudicataire des fermes s'étant pourvu au conseil, a été débouté de fa demande, par arrêt du mois de septembre 1781.

Pour les droits d'aides, les *déclarations* ne font pas preferites avec moins de précifion & de rigueur.

Le titre 7 de l'ordonnance du mois de juin 1680, ordonne quand & comment ces formalités doivent être remplies.

L'arrêt du conseil du vingt-cinq feptembre 1688; celui du vingt-trois novembre fuivant; celui du 12 mars 1709; la *déclaration* du 22 juillet 1716; & l'arrêt de la cour des aides du 22 juillet & du 3 mai 1763, ont confirmé la néceffité & la forme de la *déclaration* du vin & de toutes efpeces de boiffons, tant à leur enlevement & à leur arrivée dans les villes & lieux fujets aux entrées, que lors de la confection des inventaires, ou quand on veut les vendre en gros ou en détail. *Voyez* DÉTAIL, INVENTAIRE, &c.

Dans les pays ou le quatrieme à cours, les particuliers qui vendent des boiffons en détail, font tenus de déclarer aux commis du fermier des aides, toutes les fois qu'ils en font requis, le prix de leurs boiffons, tant de celles qui font vendues, que de celles qui font en vente, & de figner leur *déclaration* fur le regiftre portatif des commis, s'ils favent figner; les derniers doivent faire mention de leur refus & de l'interpellation qu'ils ont faite fur ce point. Les droits font perçus à raifon du prix écrit fur ce portatif. Quand les vendans vin n'ont pas figné leur *déclaration* fur le regiftre des commis, il leur eft permis de faire preuve, par témoins, qu'ils l'ont vendu à un prix au-deffous de celui qui eft enregiftré, mais ils font tenus de payer par provifion.

Le fermier eft autorifé, de fon côté, à prouver par témoins, la fauffeté de la *déclaration* du prix faite & fignée par les débitans, & lorfque cette preuve eft acquife, le vin dont le prix a été fauffement déclaré, doit être confifqué en fa jufte valeur, le contrevenant condamné à dix livres d'amende.

Le fermier a la liberté de prendre à fon profit, les boiffons pour le prix auquel les débiteurs les ont déclarées, déduction faite des droits de détail; fans préjudice de la preuve de la fauffe *déclaration* par laquelle il peut pourfuivre la condamnation du débitant à dix livres d'amende.

Les bouchers, marchands forains & autres qui conduifent des beftiaux vivans, ou qui tranfpor-

tent de la viande pour être confommée dans des lieux fujets aux infpecteurs, aux boucheries, doivent déclarer à l'entrée ou dans les bureaux des aides, la qualité & l'âge des beftiaux ou le poids de la viande dont ils font chargés, pour en acquitter les droits, à peine de confifcation & de trois cents livres d'amende. *Voyez* encore DÉFRICHEMENT, pour les *déclarations* auxquelles ils obligent.

DÉCOMPTE, f. m. Par lequel on entend ce qu'un comptable a droit de déclarer & de retenir par fes mains fur ce qu'il doit.

Le *décompte* fe prend auffi pour le bordereau des fommes qui ont été dépenfées par le comptable pour l'oyant compte.

Voyez COMPTE.

DÉCRET contre les commis & employés des fermes. *Voyez* COMMIS; on y trouve le détail des privilèges dont ils jouiffent.

DÉFRICHEMENT, f. m. Qui fignifie l'action de défricher des terres incultes. On ne fait mention ici des *défrichemens*, que pour rappeler *les exemptions d'impôts*, de droits d'aubaines, droits domaniaux, que le gouvernement a bien voulu accorder, en différens tems, pour les encourager.

Telles ont été les vues de l'édit du mois de janvier 1607, de deux déclarations des 4 mai 1641, & 20 juillet 1643, celles de la déclaration du 14 juin 1764, concernant les deffèchemens des marais & palus, pour lequel il eft accordé vingt années d'exemption de toutes tailles, dîmes, impofitions; & celles de la déclaration du 13 août 1766.

Cette derniere loi ordonne que toutes terres, de quelque qualité & efpece qu'elles foient, qui depuis quarante ans, fuivant la notoriété publique des lieux, n'auront donné aucune récolte, feront réputées terres incultes.

Avant de mettre les terres en valeur, & pour jouir des privilèges ci-après fpécifiés, les particuliers qui entreprendront des *défrichemens*, & ceux qui en ont entrepris depuis le premier janvier 1762, font obligés de déclarer au greffe de la juftice royale des lieux, & à celui de l'élection, la quantité des terres en friche avec leurs tenans & aboutiffans, & de payer à chacun des greffiers, dix fols pour l'enregiftrement de leurs déclarations, defquelles ils font tenus de faire afficher une copie à la principale porte de l'églife paroiffiale, à l'iffue de la meffe de paroiffe, un jour de dimanche ou de fête, par un huiffier ou fergent, ou autre officier public, dont il fera dreffé procès-verbal, afin de mettre les décimateurs, curés & habitans, à portée de vérifier la déclaration, & de fe pourvoir, s'il y a lieu; favoir, les décimateurs & curés, pour raifon de la dîme, devant les juges ordinaires & les habitans, pour raison de la taille en l'élection.

Chaque fois que les entrepreneurs, les décimateurs, curés & habitans, voudront avoir des copies de ces déclarations, ils payeront aux greffiers deux fols fix deniers par rôle ordinaire, fans que ces derniers puiffent rien exiger au-delà, à peine de concuffion.

Ces formalités remplies, les entrepreneurs jouiront, pour raifon de ces terres, de l'exemption de dîmes, de tailles & autres impofitions généralement quelconques, même des vingtiemes tant qu'ils auront cours, pendant l'efpace de quinze années, à compter du mois d'octobre, qui fuivra la déclaration ordonnée ci-deffus, à la charge, par eux, de ne point abandonner la culture des terres actuellement en valeur, & dont ils feroient propriétaires, fermiers ou ufufruitiers, à peine d'être privés defdites exemptions; fa majefté fe réfervant de proroger lefdites exemptions, fi après avoir entendu les décimateurs, curés & habitans, la nature & l'importance des défrichemens paroiffent l'exiger.

Toutes ces exemptions auront lieu & cefferont en même tems, & après lefdites quinze années, ou la prolongation qui fera accordée, lefdites terres feront affujetties au payement des dîmes, de la taille & des autres impofitions, fuivant le taux & la maniere qui feront ordonnés par fa majefté.

Les baux qui feront faits pour l'exploitation defdits terreins, même de ceux à deffécher, à quelque terme qu'ils puiffent être, neuf, vingt-fept & même vingt-neuf années, ne payeront aucuns droits d'infinuation, centieme, ni demi-centieme denier; cependant, l'ordonnance du mois d'août 1699, concernant les eaux & forêts, ainfi que les arrêts & règlemens précédemment rendus fur les défrichemens des montagnes, landes & bruyeres, places vaines & vagues aux rives des bois & forêts, feront exécutés fuivant leur forme & teneur.

Les étrangers, en quelque qualité qu'ils foient employés auxdits défrichemens, feront réputés regnicoles, & pourront, en conféquence, acquérir & difpofer de leurs biens, tant par donation entre-vifs, que par teftament, codiciles & tous actes de derniere volonté en faveur de leurs parens, même à l'égard du mobilier feulement, en faveur de leurs enfans, parens & autres domiciliés en pays étranger, en fe conformant aux loix & coutumes des lieux de leur domicile, ou à celles qui régiront les lieux où les biens immeubles feront fitués; fa majefté renonçant à tous droits d'aubaine, deshérence & tous autres à elle appartenans fur la fucceffion de l'étranger, à la charge par lefdits étrangers, de faire élection de domicile fur les lieux où il fera fait des défrichemens ou des defféchemens, de déclarer

pardevant les juges des lieux, qu'ils entendent y fixer leur domicile au moins pendant fix ans, & de juftifier après ce temps, auxdits juges, par un certificat en bonne forme, dépofé au greffe, figné du curé & de deux des fyndics ou collecteurs, qu'ils y ont été, fans difcontinuation, employés auxdits travaux dont il leur fera donné acte, en payant pour tous droits, trois livres au greffier.

Dans le cas où lefdits étrangers ayant fait, comme deffus, leur déclaration, viendroient à décéder pendant le cours defdites fix années, les enfans, parens & autres domiciliés en France, appellés à recueillir leur fucceffion, même à l'égard du mobilier feulement, ceux domiciliés en pays étranger, en auront délivrance, en juftifiant par un certificat, en la forme ci-deffus prefcrite, que lefdits étrangers étoient employés auxdits défrichemens ou defféchemens.

Cette déclaration fut enregiftrée au Parlement de Paris le 22 août de la même année, avec les modifications fuivantes:

Qu'il ne pourroit être entrepris aucun défrichement que du gré, confentement où conceffion des propriétaires des terrains incultes, ou des feigneurs, à l'égard des terres abandonnées, fans que de la qualification de terres incultes, donnée à celles qui, depuis quarante ans, n'auroient produit aucune récolte, il pût être tiré aucune conféquence relativement aux conteftations fur la nature & la qualité des dîmes qui pourroient fe lever après l'expiration de l'exemption de dîmes, ordonnée par ladite déclaration.

Un arrêt du confeil du 2 octobre 1766, vint encore amplifier les privilèges accordés pour les défrichemens, en interprétant la déclaration qu'on vient de rapporter.

Sur ce qu'il a été repréfenté au roi, étant en fon confeil, que les baux de neuf, vingt-fept & même vingt-neuf années, ne font pas les feuls actes que les défrichemens donneront lieu de paffer.

Qu'un particulier qui aura entrepris de mettre en valeur une certaine quantité de terre, ne pourra le plus fouvent y parvenir, qu'en concédant une partie de ces terres à d'autres, ou en les affociant à fon exploitation; que les traités qui feront faits en conféquence, les ventes, ceffions, tranfports, fubrogations & autres actes femblables, paroiffent mériter autant de faveur que les baux de vingt-fept années & au-deffus; qu'ainfi ces différens actes devroient jouir de la même exemption.

Que cependant cette exemption eft bornée aux baux uniquement, & qu'elle n'a même, pour objet, que les droits de centieme & demi-centieme denier, en forte que ceux de contrôle des baux & autres continueront à être perçus, fi fa majefté ne fe portoit pas à les affranchir.

Qu'indépendamment du contrôle & du centieme

denier, il se présentera quelquefois des cas où les actes relatifs aux *défrichemens* donneront ouverture aux droits de franc-fief & amortissement, ce qui pourroit arrêter les entrepreneurs dans leurs opérations, & les rendre plus difficiles.

Qu'enfin, les colons & autres particuliers employés aux *défrichemens*, seront tenus de payer la capitation, parce que cette imposition est personnelle ; mais qu'il paroîtroit à propos de la fixer modérément, afin d'encourager de plus en plus les exploitations.

Sur quoi sa majesté voulant faire connoître ses intentions, & donner de nouvelles marques de sa protection à ceux qui entreprendront le *défrichement* des terres incultes ; vu la déclaration du 13 août 1766 ; ouï le rapport, &c. Le roi étant en son conseil, a ordonné & ordonne ce qui suit.

« Article Ier. Les propriétaires des terres incultes, qui entreprendront de les mettre en valeur, leurs cessionnaires, successeurs ou ayans cause, jouiront pendant le tems porté par la déclaration du 13 août 1766, de tous les priviléges qui leur ont été accordés.

» Art. II. Jouiront aussi les étrangers employés aux *défrichemens*, des priviléges particuliers qui leur ont été concédés.

» Art. III. Les cessionnaires ou ayans cause des entrepreneurs des *défrichemens*, qui ne feront pas nobles, jouiront en outre, pendant quarante années, d'exemption des droits de franc-fief, pour tous les terrains défrichés ; & s'il est établi dans l'étendue desdits *défrichemens*, des églises paroissiales, ou des chapelles succursales, il ne sera payé aucun droit d'amortissement pour raison de ces établissemens.

» Art. IV. Tous actes qui seront passés pendant ces quarante années, par les propriétaires des terres incultes, leurs successeurs, cessionnaires ou ayans cause, soit entre eux ou avec d'autres particuliers, pour raison des *défrichemens*, seront contrôlés, sans qu'il puisse être exigé autre ni plus grand droit de contrôle, que dix sols pour chacun acte, de quelque nature ou espèce qu'il soit.

» Art. V. Et dans le cas où quelques-uns des actes mentionnés en l'article précédent, donneront ouverture aux droits d'insinuation, centieme, demi-centieme denier, ces droits ne seront payés que sur le pied seulement d'un denier par arpent, sans néanmoins qu'ils puissent être perçus pour les baux de 29 ans & au-dessous, conformément aux dispositions de la déclaration du 13 août dernier.

» Art. VI. Les colons & autres personnes

» employées aux *défrichemens*, seront taxés à la capitation par les sieurs intendans & commissaires départis dans les provinces & généralités du royaume, à raison de vingt sols seulement pour chacune. Fait au conseil d'état du roi, sa majesté y étant, tenu à Versailles le 2 octobre 1766. »

Comme les décimateurs, ou les habitans contestoient aux terres nouvellement défrichées, la qualité de terres incultes, sous prétexte qu'anciennement elles avoient été mises en valeur, qu'elles avoient porté des récoltes, ou servi de pâcage, un arrêt du conseil, revêtu de lettres-patentes du 7 novembre 1775, réglèrent que ceux qui voudroient élever de semblables procès, seroit restreinte à six mois ; que les déclarations des entrepreneurs, cultivateurs ou propriétaires des terres incultes, ayant été faites avec les formalités prescrites par la déclaration de 1766, lorsqu'il se seroit passé six mois sans qu'elles eussent été contredites, seroient suffisantes pour procurer les exemptions de dîmes, de tailles, & autres impositions.

Un autre arrêt du 27 octobre 1776, confirma ces dispositions, en ordonnant toutefois que ceux qui n'auroient pas rempli la formalité de la déclaration préalable aux *défrichemens*, seroient tenus de payer provisoirement les droits de contrôle & de centieme denier, des actes passés en leur faveur, à raison des sommes qui en formeroient le prix, sauf à eux à rapporter, dans la premiere année de leur possession, les déclarations & publications ordonnées pour jouir de la réduction des droits de contrôle & de centieme denier.

DEFTARDAR ou **DEFTEDAR**, s. m. c'est le nom du surintendant des finances, ou grand trésorier de l'empire Ottoman.

Ce nom est composé du mot *defter*, qui signifie dans la langue turque, cahier, mémoire, & qui, selon la conjecture très-vraisemblable du très-savant *Megnien Meninsky*, est originairement un nom grec, que les Turcs ont pris des peuples qu'ils ont conquis, & qui signifie une peau ou parchemin, sur lequel on écrivoit anciennement.

Le second mot dont *Defterdar* est composé, *dar* signifie, en turc & en persan, *qui prend*, *qui tient* ; de sorte que *Defterdar* veut dire celui qui tient le livre de la recette & de la dépense du grand-seigneur.

Meninsky l'appelle *supremus thesaurarius*, grand trésorier ; *præses cameræ*, président de la chambre du trésor, comme qui diroit président de l'échiquier ou surintendant des finances. Castel le fait gardien & contrôleur des finances de l'empire.

Le *Defterdar*, ou comme Vigenere l'appelle *Dephterderi*, est celui qui tient les rôles & les états de la milice & des finances, qui reçoit tous les revenus du grand-seigneur, qui paie les troupes & qui fournit toute la dépense nécessaire pour les affaires publiques. Par-là, cette charge est différente de celle de Chasnadar, qui est seulement trésorier du sérail, au lieu que le *Defterdar* l'est de l'état. *Voyez* CHASNADAR.

Il y a, suivant Ricaut, un *Defterdar* dans chaque begler-beglio, ou gouvernement. Vigenere assure qu'il n'y en a que deux ; l'un pour l'Europe, & l'autre pour l'Asie.

Le premier réside à Constantinople, & a sous lui deux commis généraux ou intendans pour la Valachie, la Transylvanie, la Bulgarie, Croatie, Servie, Bosnie, & autres états de l'Europe.

Le second a dans son département la Grece, la Morée, & toutes les îles de la Méditerannée & de la mer Noire.

Chacun d'eux a autant d'agens qu'il y a de sangiackats dans sa province, & chacun de ceux-ci autant de commis subalternes, que leur sangiackat renferme de sabassis ; & les commis tiennent un registre de simariots dans leur district.

Le *Defterdar* d'Asie a sous lui deux députés ou intendans généraux ; l'un pour la Natolie, & l'autre pour la Syrie, l'Arabie & l'Égypte, qui ont pareillement plusieurs commis ou clercs, comme ceux de l'Europe.

Autrefois, le *Defterdar* n'étoit point du nombre des grands officiers de la Porte, & ne prenoit que le titre d'*effendi*, c'est-à-dire, révérend ; mais depuis que quelques *Defterdars* se sont distingués par leur habileté dans le maniement des finances, & se sont rendus nécessaires à l'état & au grand-seigneur, on a illustré cet officier de la qualité de pacha.

Le *Defterdar* a séance au divan, ou conseil de l'empire, & il en tient un particulier dans son sérail, pour ce qui concerne les finances ; sa charge est des plus considérables de l'état. Outre le détail de toutes les finances, il a encore soin des armées, des siéges & des travaux.

Ses ordres sont par-tout exécutés comme ceux du sultan même, & il est ordinairement en bonne intelligence avec le grand-visir, qui procure souvent cette place à un de ses amis. La suite des officiers & domestiques qui composent sa maison, n'est guere moins grande que celle du grand-visir. **

DÉGUSTATION, s. f. C'est l'action de goûter les liqueurs & toutes les boissons. Ce terme est très-usité en matiere d'aides. Comme on est obligé de déclarer la nature & la qualité des boissons sujettes aux droits, les commis chargés de leur perception, sont autorisés à faire la *dégustation* de ces boissons, pour s'assurer de la vérité de la déclaration ; & leur rapport en ce point, lorsqu'il est constaté par procès-verbal, fait foi en

justice, jusqu'à l'inscription de faux ; les arrêts du conseil du 31 mai 1695, 21 mai & 3 août 1746, déclarant les commis aux aides experts dégustateurs, sans être tenus d'appeller ni experts, ni gourmets, ni de déposer au greffe des échantillons des boissons qu'ils ont goûtées. Mais ils doivent faire leurs *dégustations* en présence des parties intéressées, ou dûment appellées & interpellées d'assister à cette opération, & même de la faire de concert avec les commis.

DÉLAI, accordé pour le recouvrement des droits.

L'article 14 du titre commun pour toutes les finances porte : que les fermiers & sous-fermiers ne pourront faire aucune demande des droits contre les redevables, six mois après l'expiration de la ferme ou sous-ferme ; à moins qu'il n'y ait exploit contrôlé auparavant, condamnation, cédule, promesse, convention, ou obligation passée à leur profit.

De même, les particuliers, qui ont des demandes à former contre l'adjudicataire des fermes, ne peuvent être recevables deux ans après l'expiration du bail, quel que soit l'objet de ces demandes ; comme restitution de droits, loyers de bureaux & greniers, appointemens, vacations d'officiers ; & les instances intentées contre l'adjudicataire, pendant le cours de son bail, sont sujettes à péremption, comme à l'ordinaire, s'il n'y a interruption. Ces principes sont consignés dans l'article 555 du bail de Forceville.

DÉLÉGATION, s. f. qui signifie en général substitution. Il y en a de deux sortes ; celle qui est faite par un magistrat ou un officier public, & celle que fait un débiteur.

Dans ce dernier cas, c'est une espece de cession ou transport, qui est fait au profit d'une personne à qui l'on doit, en lui abandonnant ce qui est dû par une autre. Ainsi, pour qu'une *délégation* soit valable, il faut le consentement de trois personnes ; savoir, du débiteur qui délègue, de celui sur lequel on délègue, & du créancier pour accepter la *délégation*.

Lorsqu'une *délégation* est acceptée, il est dû deux droits de contrôle, par la raison que cet acte libere deux personnes, & présente deux dispositions ; l'une de substitution de débiteur, & l'autre d'acceptation. C'est ce qui a été jugé par différentes décisions du conseil, rapportées dans le *Dictionnaire des domaines*, notamment par celles des 20 mars 1745, & 25 novembre 1747.

La *délégation* de jouissance de biens-immeubles, de rentes, pour un tems indéfini, étant une aliénation, le droit de centieme denier en est dû. Ce principe a été confirmé par décision du conseil du 14 septembre 1752. Mais lorsque la jouissance est limitée à un certain nombre d'années, pour acquitter une dette qui s'abforbe annuellement, jufqu'à fon entiere éxtinction, en douze ou vingt ans, il n'eft dû qu'un demi-centieme denier, fuivant la décifion du confeil du 20 octobre 1757. *Voyez* le *Dictionnaire des domaines de Bofquet.*

DÉLESTAGE, f. m. C'eft l'action de décharger un vaiffeau de fon left. Comme il eft défendu à tous capitaines, patrons & maîtres de bâtimens, de décharger fon left dans les ports, canaux, baffins & rades, à peine de cinq cents livres d'amende, & qu'il eft des lieux marqués où ils peuvent le jeter, après en avoir déclaré la quantité à leur arrivée, il eft probable que le droit de *délestage* tire fon origine du foin qui a été pris pour procurer la facilité de décharger ce left.

Ce droit n'eft pas établi généralement dans tous les ports du royaume ; mais dans ceux où il l'eft, il fe perçoit par les officiers de l'amirauté, & pour le compte du grand amiral, en raifon du port de chaque bâtiment, ou de la quantité du left.

DÉLIBÉRATION, f. f. Ce mot fignifie à-la-fois le confeil que l'on tient fur une affaire, l'action de la difcuter & de l'examiner, & le réfultat de cette opération, c'eft-à-dire, la réfolution qui a été prife.

Toutes les compagnies de finance entrent en *délibération* fur les objets d'intérêt, de forme & de régie relatifs à l'adminiftration dont elles font chargées. Elles déliberent également fur la nomination des places qui font dans leur dépendance. Lorfque les membres qui ont délibéré font convenus d'une réfolution, elle eft mife par écrit, & fignée de chacun d'eux ; alors elle prend le nom de *délibération*.

On donnera ici pour exemple, la *délibération* des fermiers-généraux, du 7 octobre 1752, qui eft une forte de code réglant le partage des captures, confifcations & amendes pour toutes les parties des fermes, & dont les difpofitions ont encore leur entiere exécution.

» La compagnie s'étant fait repréfenter les délibérations des 11 mars 1719 & 27 juin 1740, » concernant les cinq groffes fermes, celle du 28 » février 1726, concernant les gratifications d'au- » nage pour les marchandifes prohibées, celle du » 31 octobre 1726, concernant les gabelles, celle » du 16 octobre 1744, concernant le tabac, celle » du 18 mars 1735, concernant, en général, les » faifies faites par les employés, d'une direction » dans l'étendue d'une autre, & celle du 22 oc- » tobre 1745, concernant les prifonniers évadés » ou arrêtés par décret, ou en vertu de condam- » nations, elle a remarqué que chaque partie » des fermes avoit fes règles particulieres, rela- » tivement aux parts accordées aux employés fai- » fiffans ; & comme le bien de la régie exige

» qu'ils aient les mêmes motifs pour travailler » également fur toutes les parties, elle a jugé à » propos de former, à cet égard, un arrange- » ment uniforme, en réglant, en même tems, tout » ce qui peut regarder le bénéfice des employés » à titre d'emplacement, d'écrou, de gratification » & de parts revenantes dans les amendes & » confifcations ; le tout proportionnément au mé- » rite de leur travail. A l'effet de quoi elle a » délibéré ce qui fuit :

» Art. I. Les effets faifis dans les cas de frau- » de, contrebande ou contravention, feront à » l'inftant de la faifie, tranfportés au bureau du » receveur ou entrepofeur, à la ftipulation duquel » le procès-verbal fera dreffé, pour en être le » dépôt fait comme ci-après.

» Art. II. Il eft défendu aux employés de s'ap- » proprier ou divertir la moindre portion defdits » effets, fous quelque prétexte que ce puiffe être, » à peine de révocation, & d'être pourfuivis » extraordinairement.

» Art. III. Les tabacs faifis feront dépofés dans » les entrepôts, pour être enfuite envoyés dans les » bureaux généraux, auffitôt que la confifcation » en aura été prononcée, & les entrepofeurs s'en » chargeront, foit par le procès-verbal, foit par » un acte féparé.

» Art. IV. Le faux fel fera emplacé dans les » greniers ou dépôts, ainfi qu'il eft prefcrit par » l'article 2 du titre 20 de l'ordonnance des » gabelles.

» Art. V. Les marchandifes permifes feront dé- » pofées au bureau, pour être vendues, s'il y a » lieu, & feulement après que la compagnie en aura » donné l'ordre, & le receveur s'en chargera, » foit par le procès-verbal, foit par acte fé- » paré.

» Art. VI. Les marchandifes prohibées, telles » que les toiles de coton blanches ou peintes, les » mouffelines, écorces d'arbres, furies, fatins, » gazes & taffetas, pièces de damas & étoffes d'or » & d'argent, feront dépofées au bureau du fti- » pulant, pour être envoyées au magafin général » de Paris, fur les ordres de la compagnie.

» Art. VII. Si le procès-verbal ne contient qu'une » defcription en gros defdits effets, il en fera fait » une defcription en détail dans l'acte de dépôt » qui fera dreffé au bureau, & figné tant par les » faififfans que par le ftipulant.

» Art. VIII. Dans la defcription des toiles pein- » tes & étoffes prohibées, les couleurs & l'aunage » de chaque pièce feront défignés ; elles feront cachetées

» cachetées aux deux extrêmités par les commis » saisissans, & il en sera envoyé à la compagnie » dès échantillons également cachetés.

» Art. IX. Les armes saisies sur les fraudeurs & » contrebandiers, seront déposées au greffe, pour » la conviction des coupables, & elles seront » abandonnées aux employés saisissans, après que » la confiscation en aura été ordonnée, & que » les délais de la réclamation seront expirés.

» Art. X. Les chevaux & équipages servant au » transport de la fraude & contrebande, seront » conduits au bureau où les effets saisis seront dé- » posés; il en sera fait une description exacte » dans le procès-verbal, ou par acte séparé, & » ensuite ils seront mis en fourriere, dont il sera » fait mention dans le procès-verbal ou dans ledit » acte.

» Art. XI. Le droit d'emplacement pour le » faux sel, sera réglé à raison de quarante sols » par minot, y compris les frais de transport » depuis le lieu de la saisie jusqu'au lieu du dé- » pôt, à l'exception du sel blanc saisi dans l'é- » tendue du pays de Quartbouillon, & du sel » gris saisi dans l'étendue des dépôts où ce droit » ne sera que de vingt sols.

» Art. XII. Le droit d'emplacement des tabacs » saisis, demeurera fixé aux prix ci-après, & » sera payé aux poids qui sont en usage dans » les provinces où les saisies seront faites, dé- » duction faite de la tarre des tonneaux, caisses, » serpillieres & autres emballages.

Savoir:

» Pour chaque livre de tabac en » feuilles ou fabriqué en rolles ou » carottes, ou en poudre, rapé, » pilé ou grené, de quelque qua- » lité ou espèce qu'il puisse être, » autres que celles ci-après, qua- » tre sols, ci . . . . » 4 f. d.

» Pour chaque livre de tabac du » Brésil & matine de Hollande, » six sols, ci . . . . » 6 »

» Pour chaque livre de tabac d'Es- » pagne inférieur, dix sols, ci . » 10 »

» Et pour chaque livre de tabac d'Es- » pagne supérieur, vingt sols, ci. 1 l. » »

» Art. XIII. Comme dans l'étendue de la direc- » tion de Bayonne, il arrive souvent qu'on saisit » des parties considérables de faux tabac d'Espa- » gne, dont l'emplacement ne doit être payé que » relativement à leur qualité effective, l'inten- » tion de la compagnie est que les entreposeurs » de ce département, aux bureaux desquels il sera

» déposé des tabacs d'Espagne provenant des sai- » sies, n'en paient l'emplacement dans l'instant du » dépôt, que sur le pied d'Espagne inférieur, sauf » à le payer comme supérieur, immédiatement » après qu'il aura été reconnu & déclaré tel, par » les certificats des employés principaux de la ma- » nufacture de Tonneins, où lesdits tabacs seront » envoyés, aussitôt qu'ils auront été acquis au » fermier par des jugemens définitifs de confisca- » tion, ou par l'abandon des fraudeurs.

» Art. XIV. Les droits d'emplacement ne se- » ront payés en entier, qu'autant que les saisies » auront été faites en campagne, & qu'il aura » été arrêté avec le corps de délit, quelques- » uns des auteurs ou complices de la fraude; mais » lesdits droits seront réduits à moitié, s'il n'a » été arrêté aucun fraudeur, ou que les saisies » soient domiciliaires.

» Art. XV. Les frais de transport depuis le » lieu de la capture jusqu'à celui du dépôt, ceux » de papier & contrôle du procès-verbal, ceux » de conduite & nourriture des fraudeurs & con- » trebandiers, depuis l'instant de la capture, » jusqu'à celui de l'emprisonnement, & tous » autres faux frais faits, en ville & à la campagne, » pour parvenir à la saisie, seront prélevés sur » le produit de l'emplacement.

» Art. XVI. Dans le cas où ces frais excéde- » roient le produit de l'emplacement, les mémoires » de dépenses seront envoyés à la direction, pour » y être examinés, & en être ensuite le montant » prélevé sur le produit des amendes & confisca- » tions, sinon, porté en dépense à la charge de » la ferme, sur le compte qui en sera rendu à la » compagnie, & en vertu de ses ordres.

» Art. XVII. Les droits d'emplacement seront » payés sur le champ aux employés saisissans, à » l'exception de ce qui concerne le tabac d'Es- » pagne, saisi dans l'étendue de la direction de » Bayonne, comme il est porté à l'article XIII.

» Art. XVIII. Le produit net des emplacemens » sera partagé comme ci-après.

Savoir:

» Au capitaine-général présent, deux parts, & » absent, une part.

» A l'officier de brigade ou de patache qui com- » mandera lors de la saisie, deux parts.

» Aux officiers subalternes présens, part & » demie.

» Et à chaque employé, une part.

» Art. XIX. Les pilotes qui auront serment en » justice, auront part & demie comme les officiers

» fubalternes, & les matelots dans le même cas,
» feront traités comme les employés ; mais dans le
» cas où lefdits pilotes & matelots n'auront pas
» prêté ferment, ils n'auront que moitié.

» Art. XX. Les employés, pilotes & matelots
» qui n'auront point été préfens à la faifie, mais
» qui auront été poftés pour y contribuer, parta-
» geront comme les faififfans, ainfi que ceux qui
» ayant été préfens n'auront pas figné le procès-
» verbal.

» Art. XXI. Si les employés fupérieurs fe
» trouvent préfens aux captures, ils partageront
» dans les emplacemens, à raifon de quatre parts
» pour les directeurs, trois parts pour les contrô-
» leurs généraux, & deux parts pour les autres.

» Art. XXII. Il eft défendu aux capitaines gé-
» néraux & commandans de brigades, de fe faire
» comprendre comme préfens dans les procès-ver-
» baux, lorfqu'ils feront abfens, à peine de révo-
» cation, tant contre eux que contre les employés
» qui auront eu la complaifance de les y com-
» prendre, fauf, s'ils ont contribué par leurs ordres
» aux faifies, à en faire mention dans le procès-
» verbal.

» Art. XXIII. Les droits d'emplacement n'ayant
» lieu que pour les faifies de faux fel & de faux
» tabac, les frais faits par les employés dans les
» autres faifies, feront prélevés fur le produit des
» amendes & confifcations, finon portés à la charge
» de la ferme, en obfervant ce qui eft prefcrit par
» l'article XVI.

» Art. XXIV. Le montant des ordres de gra-
» tification d'aunage, qui feront expédiés pour les
» marchandifes dénommées dans l'article VI, fera
» réparti comme les droits d'emplacement, après
» qu'il aura été prélevé un fixieme, dont les deux
» tiers appartiendront au directeur, & un tiers au
» contrôleur général, & en outre un dixieme pour
» le receveur gardien.

» Art. XXV. Les droits d'écrou feront réglés
» comme ci-après.

Savoir :

» Pour chaque fraudeur ou contrebandier
» conduifant à port d'armes, du faux
» fel, du faux tabac ou des marchan-
» difes prohibées, vingt-cinq livres,
» ci . . . . 25 liv.
» Pour chaque fraudeur arrêté avec che-
» vaux ou autres voitures, quinze
» livres, ci 15
» Pour chaque colporteur, homme ou
» femme, dix livres, ci 10

» Pour chaque enfant au-deffous de qua-
» torze ans, s'ils font partie des con-
» trebandiers ou fraudeurs armés,
» trois livres, ci . . . . 3 liv.
» Et arrêté feul . . . . *Néant.*

» Art. XXVI. Les droits d'écrou apparten-
» dront aux feuls employés faififfans, & feront
» partagés entre eux, fuivant ce qui a été réglé
» pour les emplacemens.

» Art. XXVII. La moitié de ces droits fera
» payée comptant par le ftipulant, à l'inftant de
» l'emprifonnement, en rapportant par les em-
» ployés faififfans, les originaux de leurs procès-
» verbaux rédigés en bonne forme, avec les ex-
» traits d'écrou délivrés par les geoliers des pri-
» fons.

» Art. XXVIII. La feconde moitié ne fera
» payée qu'après que la condamnation aura été
» prononcée ; & s'il arrivoit que le fermier fuc-
» combât, par quelque défaut de formalité dans les
» procès-verbaux ou autre du fait des employés,
» la première moitié qui aura été payée, fera re-
» tenue fur les premiers appointemens que lefdits
» employés auront à toucher.

» Art. XXIX. Les employés qui arrêteront
» des fraudeurs ou contrebandiers décrétés ou
» jugés par contumace, ou évadés des prifons,
» jouiront d'une gratification, pour leur tenir
» lieu de droit d'écrou ; laquelle gratification fera
» du double dudit droit d'écrou fixé par l'article
» XXV.

» Art. XXX. Les employés faififfans jouiront
» feuls d'une gratification de cinquante livres pour
» chacun des fraudeurs ou contrebandiers, qui, en
» vertu de leurs procès-verbaux, feront condam-
» nés à la peine des galeres, foit par converfion
» ou autrement, ou autre plus grande peine, ou
» enfin qui feront envoyés aux colonies par ordres
» du roi.

» Art. XXXI. Si les fraudeurs obtiennent des
» lettres de rappel ou autres, en payant le tout
» où partie des amendes, la gratification men-
» tionnée en l'article ci-deffus, entrera dans les
» frais à déduire fur les fommes payées avant d'en
» faire aucune répartition.

» Art. XXXII. Lorfqu'il aura été faifi des
» barques ou bateaux, foit dans les ports ou ri-
» vieres, foit en mer à deux lieues au large des
» côtes du royaume ou ifles adjacentes, avec un
» chargement de faux fel, de faux tabac ou de
» marchandifes prohibées, le produit de la vente
» en fera abandonné aux feuls employés faififfans,
» s'il n'excede pas la fomme de deux cents livres.

» Art. XXXIII. Dans le cas où le produit
» de la vente excéderoit ladite somme de deux
» cents livres, elle sera prélevée au profit desdits
» employés saisissans, & le surplus remis à la
» masse qui doit être répartie.

» Art. XXXIV. Les gratifications mention-
» nées aux articles ci - dessus, seront partagées
» entre les employés saisissans, suivant les regles
» établies pour les droits d'emplacement ; mais le
» paiement ne pourra être fait que sur des ordres
» particuliers de la compagnie.

» Art. XXXV. Sur le produit de la vente des
» chevaux, chariots, barques ou bateaux, &
» autres équipages ou effets servans à transporter
» la fraude ou à la couvrir, qui auront été ven-
» dus par autorité de justice, & dont la confis-
» cation aura été adjugée définitivement au profit
» du fermier, les frais de fourriere, garde,
» vente & autres, seront déduits & prélevés,
» pour être le surplus joint à la masse du pro-
» duit net des amendes & accommodemens.

» Art. XXXVI. Dans le pays de Quart-
» bouillon, & dans le ressort des dépôts, la va-
» leur du sel vendu aux reventes & dans les dé-
» pôts, après que la confiscation en aura été
» prononcée, sera aussi jointe à ladite masse, dé-
» duction faite pareillement des droits d'empla-
» cement & de transport.

» Art. XXXVII. Dans l'étendue des greniers
» voisins des dépôts, les sels de capture seront
» transportés au dépôt le plus prochain pour
» y être vendus, & le produit de la vente,
» déduction faite de l'emplacement & du trans-
» port, sera aussi joint à ladite masse en entier,
» seulement dans le cas où il aura été arrêté
» quelques faux-sauniers avec lesdits sels ; mais
» s'ils ont été saisis sans partie, comme aban-
» donnés ou comme terrés ou autrement, la moi-
» tié du produit entrera seulement dans la ré-
» partition, le surplus réservé à la compagnie.

» Art. XXXVIII. Le produit des amendes
» ou accommodemens sera également ajouté à
» cette masse, après le payement de tous les
» frais de procédure, & après que le dénon-
» ciateur aura été satisfait, s'il y en a.

» Art. XXXIX. La répartition du restant net
» sera faite en vingt-quatre parts, qui seront dis-
» tribuées comme ci-après.

» Art. XL. Le directeur aura trois parts, le
» contrôleur-général deux, & le commis à la
» stipulation duquel le procès-verbal aura été
» rendu, trois.

» Art. XLI. Dans les seize parts restantes,
» la compagnie en abandonne huit seulement aux
» employés, si la saisie est domiciliaire, & douze,
» si elle est faite en campagne.

» Art. XLII. Les saisies dans l'intérieur des
» bureaux, & celles faites à bord des navires,
» seront réparties comme faites en campagne.

» Art. XLIII. Les employés supérieurs, tels
» que les directeurs, les contrôleurs-généraux
» & les commis stipulans, auront les mêmes parts,
» lorsqu'ils seront présens aux saisies, que celles
» qui leur sont accordées pour les emplace-
» mens.

» Art. XLIV. Les commis des bureaux, tels
» que les contrôleurs, visiteurs & autres, par-
» tageront également entr'eux, & lorsqu'ils au-
» ront saisi conjointement avec lesdits employés des
» brigades, leurs parts seront doubles de celles
» des employés.

» Art. XLV. Les capitaines généraux pré-
» sens, auront deux parts, & absens, une part
» seulement.

» Art. XLVI. Parmi les officiers des briga-
» des, celui qui aura commandé lors de la sai-
» sie, aura deux parts, & les autres, part &
» demie.

» Art. XLVII. Les employés auront chacun
» une part.

» Art. XLVIII. Les pilotes & matelots se-
» ront traités comme dans les emplacemens, sui-
» vant qu'ils auront, ou non, serment en jus-
» tice.

» Art. XLIX. Dans le cas où les commis sti-
» pulans ne résideront pas dans les lieux où les
» juridictions sont établies, les receveurs ou en-
» treposeurs résidans dans lesdits lieux, seront
» chargés de la suite des instances, & parta-
» geront par moitié dans ce qui est accordé au
» stipulant.

» Art. L. Les entreposeurs établis dans les
» lieux où sont les bureaux généraux, & qui,
» par cette raison, ne sont point chargés de la
» stipulation, auront une part dans celles réser-
» vées à la compagnie.

» Art. LI. Dans les bureaux généraux du ta-
» bac, la part revenante au stipulant, sera par-
» tagée à raison de deux tiers pour le receveur,
» & d'un tiers pour le contrôleur.

» Art. LII. Dans le cas où les procès-ver-

» baux feront rendus à la requête de meffieurs
» les procureurs du roi dans les commiffions
» établies par le confeil, les commis ftipulans
» dans le diftrict defquels les procès-verbaux au-
» ront été rendus, & qui auroient été chargés
» de la fuite des inftances, fi elles avoient été
» portées devant les juges ordinaires, jouiront
» de la part de ftipulant dans le produit des
» amendes & confifcations prononcées par la
» commiffion où l'affaire aura été portée, & le
» commis chargé de la pourfuite, près la commif-
» fion, aura les parts revenantes à la compa-
» gnie.

» Art. LIII. Lorfque les brigades de maré-
» chauffées ou autres particuliers en droit de
» faifir, auront fait feuls des captures, ils joui-
» ront feuls du produit net de l'emplacement &
» des gratifications accordées ci-deffus.

» Art. LIV. Ils jouiront feuls auffi du produit
» net des amendes, confifcations & accommode-
» mens, à la réferve des parts accordées aux
» directeurs, contrôleurs-généraux & commis
» ftipulans.

» Art. LV. Si les maréchauffées ont feule-
» ment contribué aux faifies, en donnant main-
» forte aux employés, ou en travaillant de con-
» cert avec eux, alors le bénéfice des captures
» fera partagé entre lefdites maréchauffées & les
» employés faififfans, & les parts feront réglées
» proportionnément au degré de l'emploi; en
» forte que le commandant de la maréchauffée
» & le commandant des employés, auront cha-
» cun deux parts, les officiers fubalternes, part
» & demie, & les cavaliers & employés, cha-
» cun une part, & les maréchauffées auront,
» en outre, les parts réfervées à la compagnie.

» Art. LVI. Les troupes qui feront des faifies,
» feront traitées comme les maréchauffées; mais
» dans le cas où elles auroient travaillé avec
» les employés, l'officier commandant les troupes
» aura un tiers de plus que celui qui commandera
» les employés, conformément à l'article XVII
» de l'ordonnance du roi, du premier octobre
» 1743.

» Art. LVII. Lorfque les employés d'une di-
» rection, feront quelques faifies dans une di-
» rection voifine, les parts revenantes au direc-
» teur, feront partagées également entre les deux
» directeurs; mais les parts revenantes aux con-
» trôleurs & capitaines généraux appartiendront
» en entier à ceux fous l'infpection defquels fe-
» ront les employés faififfans.

» Art. LVIII. Dans le cas où les détache-
» mens feront compofés d'employés dépendans

» de différentes capitaineries générales d'une
» même direction, la part revenante au capi-
» taine général fe partagera également entre les
» différens capitaines généraux de qui dépendront
» les employés; & fi parmi ces capitaines gé-
» néraux, quelques-uns affiftent à la faifie, leurs
» parts feront doubles de celles des abfens.

» Art. LIX. Dans les affaires civiles ou cri-
» minelles, il ne pourra être fait aucun accom-
» dement avec les parties, foit avant ou après
» le jugement, fans un ordre exprès de la com-
» pagnie, à peine par les employés fupérieurs
» ou fubalternes qui les auront faits, d'en ré-
» pondre en leur propre & privé nom.

» Art. LX. Lorfque la compagnie confentira
» à accepter des accommodemens où le payement
» des frais fera ftipulé, les commis qui tranfi-
» geront, feront tenus de faire rembourfer par
» les parties, les frais de procédures, ceux de
» gîte & géolage, même ceux occafionnés par les
» emplacemens, les écrous & autres fommes ac-
» cordées aux employés, par la préfente délibé-
» ration, faute de quoi ils en demeureront ref-
» ponfables.

» Art. LXI. Les receveurs qui compteront
» du produit des faifies, en feront recette en
» entier dans leurs comptes, fauf à porter en
» dépenfe les frais & les répartitions.

» Art. LXII. Les répartitions ne feront ad-
» mifes en dépenfes, qu'autant qu'elles auront été
» ordonnées par les directeurs, & que pour les
» parts émargées par les parties prenantes.

» Art. LXIII. Chaque directeur fe fera re-
» mettre des copies de tous les procès-verbaux
» qui feront rendus dans fon département, &
» tiendra un regiftre diftribué bureau par bureau,
» pour porter à l'article de chaque bureau, les
» faifies qui fe feront dans fon reffort, fe faire
» informer de la fuite des procédures, & en ren-
» dre compte à la compagnie tous les mois, fauf
» à demander des décifions par les lettres, dans
» tous les cas de quelque importance, ou qui re-
» querront célérité.

» Art. LXIV. Indépendamment de ce regiftre,
» ils en tiendront un autre diftribué par lettres
» alphabétiques, pour y porter les noms des
» fraudeurs & contrebandiers, & pouvoir s'affu-
» rer s'ils font dans le cas de la récidive.

» Art. LXV. Dans la préfente délibération ne
» font point comprifes les amendes & confifcations
» qui pourroient être ordonnées fans qu'il ait
» été fait de faifies, ni rendu le procès-verbal,
» mais en vertu de quelqu'action intentée par

» le fermier, par plainte ou autrement, non plus
» que les fommes payées pour doublement ou
» triplement de droits, ou à titre de dommages-
» intérêts, pour quelque caufe que ce puiffe être.

» Art. LXVI. La préfente *délibération* fera
» exécutée pour toutes les parties des fermes, à
» compter de la troifieme année du bail actuel,
» & pour cet effet, il en fera envoyé des exem-
» plaires aux directeurs des différens départe-
» temens, qui fourniront leurs foumiffions de s'y
» conformer, & de retirer les différens commis
» de leurs départemens, leurs foumiffions parti-
» culieres de l'exécuter, & d'en donner connoif-
» fance à tous les officiers de maréchauffées,
» commandans des brigades, capitaines de pata-
» ches, employés & matelots, afin qu'ils foient
» tous inftruits des récompenfes que la compa-
» gnie leur propofe, s'ils travaillent avec foin à
» la deftruction de la fraude & de la contre-
» bande.
» Fait & délibéré à l'hôtel des fermes du roi, à
» Paris, le fept octobre mil fept cent cinquante-
» deux. *Signé*, de Nantouillet, de la Reyniere,
» le Riche, de Neuville, le Monnier, Borda,
» Desfourniels, Rolland, Ferrand, de la Motte,
» Dangé, Caze & d'Augny.

DÉMARQUE, f. f. terme ufité dans la partie
des aides, qui eft l'oppofé de marque, & qui fignifie
l'action d'effacer la marque appofée fur les futailles, par les commis de cette partie.

Suivant l'article 8 du titre 2 de l'ordonnance
des aides, du mois de juin 1680, il eft défendu
aux vendans vin en détail, d'en faire enlever aucune piece de leurs caves, fous prétexte de l'avoir
vendu en gros; finon, après qu'il aura été dé-
marqué par les commis aux exercices, à peine
d'être condamnés au paiement du double droit de
détail, nonobftant le dépri & la quittance des
droits de gros, dont ils ne pourront demander
la reftitution.

Le même article porte que les commis feront
tenus de venir démarquer les vins, dans les vingt-
quatre heures de la fommation qui leur fera faite;
finon la fommation par écrit vaudra congé.

DÉMISSION, f. f. C'eft l'acte par lequel un
commis ou employé renonce à fa place, & en
remet la difpofition à la volonté de ceux de qui
il l'a tenue.

DENIER, f. m. nom d'une ancienne monnoie,
qui, felon les tems, étoit fabriquée d'or, d'argent
eu de cuivre, & dont la valeur a auffi varié. Du tems de Charlemagne, & encore pendant deux fiecles après, le *denier* étoit la cent
vingt-quatrieme partie d'une livre pondérale d'ar-

gent, compofée de douze onces; mais cette fixation a été réduite en différens tems.

Vers la fin du regne de Philippe Ier. on commença à y mêler du cuivre. Sous Saint Louis,
le *denier* étoit de billon, & ne contenoit prefque
plus que fix grains & demi d'argent.

Depuis ce regne, le degré de valeur & de
bonté des *deniers* a toujours diminué; en forte
que fous Henri III, ils ont été fabriqués de cuivre pur.

Un *denier* n'eft plus aujourd'hui que la moitié
d'un double, & la douzieme partie d'un fol.

En 1350, fuivant l'ordonnance du roi Jean,
du 13 février, les batteurs en grange ne pouvoient prendre, depuis la Saint-Remi jufqu'à
Pâques, que dix-huit *deniers* par jour, fans dépens. M. Dupré de Saint-Maur, qui a publié
des *Recherches intéreffantes fur la valeur des monnoies*, évalue chaque *denier* tournois à une livre
pefant de blé; mais cette évaluation a fouvent
changé, fuivant la valeur intrinfeque de cette
piece.

Lorfque le *denier* fignifie une valeur numéraire,
ou la douzieme partie d'un fol, il a lui-même fes
parties. Il fe divife en deux oboles, l'obole en
deux pites, & la pite en deux femi-pites; de
forte qu'un *denier* vaut deux oboles, ou quatre
pites, ou huit femi-pites.

On ne diftingue plus guere ces portions du
denier, que par rapport aux cenfives. Il y a des
terres qui font chargées, envers certains feigneurs,
d'un *denier*, obole, pite & demie de cens, par
arpent. Dans ce cas, on additionne ces *deniers*,
oboles & pites, pour en former des fols.

Denier fe prend auffi pour argent en général,
en quelque efpece ou monnoie que ce foit; comme
quand on dit qu'une fomme eft payable en *deniers*, & non en billets, ni en grains ou autres
denrées.

Par *denier*, on entend auffi le taux de l'intérêt
permis pour les rentes viageres ou perpétuelles,
& pour les intérêts d'argent prêté. Ainfi, on
dit le *denier*, huit, dix, douze, vingt, trente,
quarante, cinquante, cent, pour indiquer une
rente formée du dixieme, du douzieme, du vingtieme de l'argent prêté.

Au *denier* huit, cent francs donnent douze livres dix fols par an.

Au *denier* dix, cette même fomme donne dix
livres.

Au *denier* douze, les cents livres ne rapportent plus que huit livres fix fols huit *deniers* par
année.

Et au *denier* vingt, elles ne donnent que cinq
livres; & ainfi toujours en diminuant.

Au *denier* trente, les cent livres ne produiroient
que trois livres fix fols huit *deniers*.

Autrefois, une rente de trois livres s'acqué-
roit pour trente livres, c'étoit le *denier* dix;
elle ne peut être aujourd'hui de trois livres que

pour foixante livres ; c'eft le *denier* vingt permis par la loi. *Voyez* RENTE.

DENIER-CÉSAR. C'eft un droit qui fe prenoit dans la châtellenie de Lille, fur chaque chef de famille, à raifon de trois *deniers* par année. Sa dénomination prouve affez qu'il eft purement royal ; mais il n'eft pas facile d'en fixer l'origine. Tout ce que l'on peut conjecturer de plus vraifemblable, eft que ce droit repréfente le cens perfonnel, qui, fuivant l'auteur de l'*Efprit des loix*, *livre XXX, chapitre 15*, étoit anciennement une efpèce de capitation, à laquelle les ferfs feuls étoient affujettis. En effet, le *denier-céfar* ne fe paie que par les habitans de la campagne, qui ont fuccédé aux colons, dont les noms étoient infcrits dans le regiftre du cens.

On dira peut-être que, fous ce point de vue, le *denier-céfar* pourroit être feigneurial ; puifque les feigneurs avoient droit de lever le cens fur leurs ferfs. Mais dans le fait, le droit dont il s'agit appartient au fouverain feul. C'eft une redevance purement perfonnelle, qui ne doit pas être confondue avec l'efpier, qui eft un autre droit royal, affigné fpécialement fur les terres de la Flandre. *Voyez* ESPIER.

On trouve quelquefois le terme de *denier de céfar* employé pour défigner le tonlieu, qui eft bien différent du droit qui fait l'objet de cet article. *Voyez* TONLIEU. * *

DENIERS CLAIRS ou CLAIRS DENIERS, façon de parler, qui veut dire un paiement à faire en efpèces, une fomme à prendre fur une recette d'argent monnoyé.

DENIER (fort). On appelle de ce nom des petites fractions qui excèdent une fomme ; par exemple, il eft dû vingt livres dix fols deux *deniers*; les deux *deniers*, qui ne peuvent fe payer que par un liard, valant trois *deniers*, operent ce qu'on appelle un *fort denier*, parce que le receveur en reçoit trois, & ne compte que de deux. De même, il en perçoit fix pour quatre, neuf pour fept, douze pour dix, &c. Le fort *denier* eft toujours pour celui qui reçoit, parce qu'il eft de maxime conftante que c'eft au débiteur à s'acquitter exactement, & que, toutes les fois qu'il ne peut le faire qu'en payant un excédent, qui ne peut lui être rendu, cet excédent eft pour le créancier.

DENIERS fe prennent quelquefois dans la même acception que fonds. Dans ce fens, on dit des *deniers* oififs, au lieu de fonds morts ; ce font ceux dont on ne fait aucun emploi, qui, reftant en caiffe, ne produifent aucuns intérêts.

DENIER-PARISIS étoit un *denier* qui avoit été fabriqué à Paris, & valoit un quart de plus que le *denier* tournois, fabriqué à Tours, au coin de l'archevêque. *Voyez* TOURNOIS.

DENIERS PATRIMONIAUX & DENIERS D'OCTROI, font ceux qui compofent le revenu des villes.

Les premiers font ceux qui proviennent des fonds, appartenans aux villes en toute propriété, ou qui réfultent de droits feigneuriaux, comme font les cens, lods & ventes.

Les *deniers d'octroi* font ceux que le roi permet aux villes de lever, pour fubvenir à des dépenfes d'édifices publics, de réparations de murs, de pavés, de fontaines, &c. Ils fe levent fur certaines denrées ou marchandifes qui entrent dans ces villes. *Voyez* OCTROI.

DENIERS ROYAUX. On donne ce nom au produit de toutes les impofitions qui fe levent au nom & au profit du roi. Tels font les vingtiemes, la taille, la capitation, &c. Ces *deniers* font regardés comme facrés. Il n'eft pas permis à ceux qui en font le recouvrement, de les divertir, ni de les faire valoir à leur profit, fans fe mettre dans le cas d'être punis extraordinairement. Les déclarations du mois de décembre 1663, du 5 mai 1690, du 7 février 1708, prononcent des peines capitales contre ce délit des receveurs des *deniers royaux*. *Voyez* COMPTABLES.

DENIER DE SAINT-PIERRE, ou TAXE DU DENIER DE SAINT-PIERRE, étoit une redevance confiftant en un *denier* fur chaque maifon, qui fe payoit annuellement au pape, par forme d'offrande ou d'aumône.

Ce droit fut établi en Angleterre en 740, par Offa, roi de Mercie, & par Ina, roi de Weftfex. Une partie de cette taxe étoit employée à l'entretien d'une églife de Rome, nommée *l'école des écoles*.

Un roi Danois, d'Angleterre, nommé Edelvof ou Etheluffe, s'y foumit en 832, & augmenta cette taxe. Grégoire VII prit de-là occafion de demander à Guillaume le conquérant, qu'il lui fît hommage de l'Angleterre. Cette preftation, qui fe payoit par chaque maifon, revenoit à environ trois livres de notre monnoie. Elle ceffa d'être payée lorfque Henri VIII fe déclara chef de l'églife Anglicane.

Le *denier Saint-Pierre* fe payoit auffi dans plufieurs autres royaumes, comme en Pologne & en Bohême. * *

DENIER-SAINT-ANDRÉ. Droit qui fait partie de la ferme des traites. Ce qu'on va en dire eft tiré du procès-verbal de M. d'Agueffeau, nommé en 1688, commiffaire du confeil dans le Lyonnois & la Provence, pour examiner la régie & la perception des droits, & entendre les représentations du commerce.

Cet ouvrage, qui n'a jamais été imprimé dans les œuvres de ce célèbre magistrat, forme un gros volume in-folio, & traite dans le plus grand détail de tous les droits qui se levent dans le Lyonnois, le Dauphiné, la Provence & le Languedoc. Comme les usages alors existans dans la perception de ces différens droits, ont, en quelque façon, été fixés & consacrés par le témoignage de ce célèbre magistrat, il n'y a rien été changé, & ils font encore loi actuellement.

Le denier-Saint-André se leve sur toutes sortes de denrées & marchandises qui montent, descendent & traversent le Rhône depuis le lieu de Roquemaurette en Vivarais, inclus jusqu'à celui de Cassaude aussi inclusivement, situé sur le bras du Rhône, appellé la Brassiere de Fourques, à raison d'un denier pour livre de la valeur des marchandises, ou d'un sol pour livre de l'ancien droit de foraine & de la réappréciation portés par le tarif de la même foraine.

Ce droit est si ancien, que l'on ne connoît ni son origine ni la cause de son établissement. Les uns disent qu'il a été appellé denier-Saint-André, parce que les deniers qui en provenoient, étoient destinés à l'entretien de la garnison du fort-Saint-André, qui est sur le Rhône, vis-à-vis d'Avignon, & les autres, parce qu'il avoit été imposé pour la construction de ce fort.

Il dépendoit anciennement du domaine, & étoit régi séparément; mais en l'année 1632, il fut uni à la foraine, dont il fut quelque tems après séparé, & ensuite réuni pendant le bail de Martinaut, par arrêt du conseil du 10 juin 1666. Depuis ce tems, il a toujours été perçu conjointement avec les autres droits de la foraine & sur le même tarif.

Mais comme les différens cas dans lesquels le denier-Saint-André se leve ou ne se leve pas, donnent souvent lieu à des difficultés, & n'ont pas des principes réglés, on a jugé qu'il ne seroit pas inutile de rapporter, en cet endroit, les espèces de règles où aphorismes, que l'on en a dressées sur les lieux avec les employés, lesquelles font clairement connoître l'usage qui s'observe, à cet égard, dans les bureaux: les voici.

Le denier-Saint-André est dû, comme on vient de le dire, sur toute cette partie du Rhône, depuis Roquemaurette jusqu'à Cassaude ou Cassade inclusivement; ce dernier endroit porte aujourd'hui le nom de Silveréal.

Il se leve tout autant de fois que l'on monte, descend où traverse le Rhône dans cette étendue, une seule fois pour chaque voyage; néanmoins les bestiaux que l'on mene paître d'une province à l'autre pendant un certain tems en traversant le Rhône, ne paient le droit qu'en allant, & ne le paient point au retour, à l'exception du bu-

reau de Cassade où ils paient en passant & repassant. Ce droit n'a plus lieu sur les bestiaux depuis l'arrêt du 17 avril 1763, qui les affranchit à leur circulation dans le royaume de toute espece de droit.

Le denier-Saint-André se leve sur ce qui descend du Dauphiné par le Rhône, dans l'étendue susdite, pour être déchargé en Provence, Comtat & Dauphiné. Il se leve sur ce qui sort de Provence & du Comtat par le Rhône, pour être déchargé en Dauphiné.

Enfin, il se leve sur ce qui descend de Lyon à Marseille, Provence, Avignon, Comtat, Orange & Dauphiné, & pour l'étranger, même pendant les foires de Lyon.

Le denier-Saint-André n'est pas dû sur les marchandises chargées du côté & au-dessus du bourg de Roquemaurette, & qui sont déchargées en Languedoc; la raison est, que le Rhône étant réputé du Languedoc, ainsi qu'il est dit au mot foraine, les marchandises n'en sortent pas, & par conséquent, ne font pas sujettes à ce droit, par une exception qui a toujours été reçue & pratiquée, de la règle générale établie ci-dessus.

Il n'est pas dû sur ce qui sort du Vivarais par le Rhône, pour être déchargé en Languedoc, quoique dans l'étendue du droit par la même raison.

Il n'est pas dû sur ce qui est chargé à Lyon pour le Languedoc; ni sur ce qui remonte du Languedoc à Lyon.

Il ne se leve pas sur ce qui vient de Marseille, de l'étranger, de Provence, Avignon, Comtat, Orange & Dauphiné pour Lyon.

Il n'est pas dû sur le canal du Rhône qui passe à Arles, parce qu'à cet endroit, le Rhône est de Provence, & doit être distingué de la Brassiere qui passe à Fourques, laquelle est censée du Languedoc, ou le droit se paie, ensorte qu'une marchandise, allant de la Brassiere à Arles, ou autre lieu de Provence, ou de Provence à ladite Brassiere, doit le droit.

Il ne se paie pas sur ce qui va d'Arles à Tarascon.

Il ne se paie pas sur les marchandises expédiées en franchise à la foire de Beaucaire. Cet article a été le sujet d'une contestation entre le fermier & les consuls de Beaucaire, sur ce que les fermiers prétendoient que ces marchandises étoient sujettes au denier-Saint-André; les autres soutenant, au contraire, qu'elles ne l'avoient jamais payé.

La question fut d'abord portée à la cour des aides de Montpellier, qui prononça en faveur des fermiers, par arrêt du 23 février 1686; mais les consuls de Beaucaire & le syndic de Languedoc s'étant pourvus au conseil, il est intervenu arrêt, portant que les fermiers justifieront que le denier-Saint-André avoit été perçu dans la foire de Beaucaire avant l'année 1632 ; en forte que pendant cette contestation qui est encore indécise, le droit ne se leve point ; en effet, il passe pour constant sur les lieux, qu'il n'a jamais été perçu à la foire de Beaucaire.

Ce qui va de Tarascon à la foire de Beaucaire, pendant le tems de la foire, ne paie pas le *denier-Saint-André*, mais il le paie hors de la foire.

Il est probable que cette contestation a été jugée en faveur du fermier, ou, du moins, qu'une partie de ses conclusions lui a été adjugée puisqu'actuellement les marchandises qui descendent le Rhône & la Durance pour la foire de Beaucaire, acquittent le *denier-Saint-André* ; mais il n'est point perçu sur celles qui remontent le Rhône, & viennent d'Arles à cette foire, non plus que sur celles qui traversent ce fleuve pour passer de Tarascon à Beaucaire.

Il ne se paie point sur les marchandises qui montent le Rhône en venant de Marseille, de l'étranger & de Provence, pour être déchargées à la foire de Beaucaire.

Mais il se paie sur tout ce qui descend par le Rhône de Dauphiné, Comtat, Orange & Provence, à la foire de Beaucaire.

Le tarif qui sert à la levée du *denier-Saint-André*, est le même qui a été imprimé pour la perception de la foraine dans les bureaux qui dépendent de la maîtrise de Villeneuve, en marge duquel on a marqué les sommes que les marchandises doivent pour le *denier-Saint-André*, au lieu que les taxes pour la foraine y sont tirées hors ligne ; & comme l'on a rapporté, & suffisamment expliqué dans le mémoire concernant le droit de foraine, toutes les observations que l'on a faites dans l'examen de ce tarif, l'on n'en dira rien davantage en cet endroit. *Voyez* FORAINE.

Outre les taxes portées par le tarif pour le *denier-Saint-André*, on leve encore trois sols pour livre du montant de cette imposition pour les augmentations de droits, qui ont pareillement été traitées fort au long dans le même mémoire de la foraine.

Quant à ce qui regarde la régie du *denier-Saint-André*, comme elle est la même, & qu'elle se fait en même tems, & par les mêmes commis qui sont employés à la perception de la foraine, il n'en sera rien dit dans ce mémoire, non plus que des juges qui connoissent des différends qui se présentent, ces matières ayant été suffisamment traitées en parlant de la foraine.

Il ne reste donc plus qu'à faire observer en cet endroit, que le *denier-Saint-André*, quoique modique en soi, ne laisse pas d'être à charge au commerce, dans les cas où on est obligé de le payer, & dans lesquels il n'est dû ni foraine, ni douane de Lyon, ni aucun autre droit, ainsi qu'il résulte des règles qui ont été insérées ci-

dessus ; par exemple, les denrées & marchandises qui passent de Provence en Languedoc, ne doivent point de droit de foraine, ni de douane de Lyon ; mais elles paient seulement le *denier-Saint-André*, lorsqu'on les conduit dans l'étendue où il se perçoit ; or il est fâcheux que les voituriers & les particuliers soient obligés de s'arrêter, de raisonner & de prendre acquit dans les bureaux, pour un droit qui ne monte souvent qu'à un ou deux sols, & même à quelques deniers ; c'est pourquoi l'on peut dire que ce seroit un avantage pour le commerce de le supprimer, ou au moins lorsqu'on l'exige seul, c'est-à-dire, dans le cas où il n'est dû ni foraine, ni douane de Lyon, d'autant plus que le produit de ce droit, dans ces occasions, ne peut aller qu'à fort peu de chose pour les fermiers, quoiqu'il engage les particuliers à beaucoup de sujettions.

A l'égard des autres cas, ils ne causent pas les mêmes embarras ; car, quant aux marchandises de sortie, il n'y a qu'à laisser les choses en l'état qu'elles sont, & faire lever le *denier-Saint-André* conjointement avec la foraine, comme on le fait actuellement. Pour les marchandises & denrées qui arrivent ; on peut le faire lever avec les droits de la douane de Lyon : ce qui s'exécutera aisément, sans exposer le commerce à des doubles assujettissemens qui lui sont fort onéreux.

On ajoutera ici, que parmi les bureaux où le *denier-Saint-André* est dû ; celui du Saint-Esprit offre des exceptions qui dérivent d'anciens accommodemens faits entre le receveur & les voituriers, pour favoriser la fréquentation de la route qui passe en cette ville.

Par une suite de ces compositions ; toutes marchandises autres que celles de soie & de dorure, & les vins, au lieu d'acquitter le *denier-Saint-André* sur le pied d'un denier pour livre de leur valeur, ne paient que dix sols par charge du poids de trois quintaux, sans distinction d'espèces ni de qualités.

Les marchandises de soie & de dorure, paient trois livres également, pour chaque charge, tandis que par-tout ailleurs elles doivent vingt-quatre livres dix sols, à raison du vingtieme du montant du droit de foraine.

Les vins allant à Lyon, ou en venant, sont exempts du droit dont il s'agit.

Les trois sols pour livre anciennement perçus avec le droit du *denier-Saint-André*, dont ils étoient un accessoire, sont devenus partie intégrante du principal. Ces deux sommes sont réunies ensemble, & assujetties aux dix sols pour livre, comme tous les autres droits des fermes.

Le produit du droit de *denier-Saint-André* est peu considérable ; il s'élève à peine à neuf mille livres, tant en principal que sols pour livre. *Voyez* FORAINE.

DÉNONCIATION,

DÉNONCIATION, f. f. c'eſt l'acte par lequel on donne connoiſſance d'un fait à un tiers intéreſſé à le ſavoir.

DÉNONCIATEUR, eſt celui qui fait la dénonciation. En matiere de droits & de privilège excluſif, on qualifie *dénonciateur* celui qui donne connoiſſance des fraudes, contraventions, ou infractions qui ſe pratiquent.

Deux articles de l'ordonnance du mois de février 1687, ſur le fait des cinq groſſes fermes, autoriſent l'adjudicataire à donner le tiers des confiſcations aux *dénonciateurs*.

L'article 2 du titre 8, relatif aux marchandiſes de contrebande, porte, qu'après les frais faits pour parvenir à la confiſcation & le paiement des droits, le tiers de ce qui reſtera, ſera donné aux *dénonciateurs*.

L'article 4 du titre 13, concernant les amendes & confiſcations, eſt remarquable : « Défen-» dons au fermier de nos droits d'abandonner à » ſes commis les amendes & confiſcations qui » pourront être jugées à ſon profit, pendant le » cours de ſon bail, ſoit en tout, ou partie. » Déclarons tous traités faits, pour raiſon de » ce, nuls, même les procès-verbaux, faits par » les commis, auxquels le fermier aura donné » part dans les amendes & confiſcations ; & néan-» moins, le tiers des confiſcations ſera donné » aux *dénonciateurs*. »

Cette derniere diſpoſition eſt la baſe de l'uſage établi dans toutes les parties des fermes, & d'après lequel, un tiers des amendes & confiſcations, eſt abandonné aux commis ſaiſiſſans. Il étoit difficile, en effet, qu'ils puſſent être excités à remplir leurs fonctions avec tout le zele & la vigilance que demandent la conſervation des droits du roi, & la découverte des contraventions, ſans avoir à eſpérer une récompenſe ſur le produit des ſaiſies dues à leurs ſoins. Ce ſont ces vues qui ont déterminé le Conſeil à approuver, dès 1719, par un arrêt du 27 Septembre, que les *dénonciateurs* ſaiſiſſans fuſſent récompenſés des ſaiſies & confiſcations des étoffes de contrebande.

Quatre années après ce premier règlement, les commis & gardes du fermier ayant fait des repréſentations ſur la cherté des ſubſiſtances, il fut arrêté par délibérations des fermiers-généraux, des 3 août & 13 décembre 1723, que tant que cette cherté duroit, il ne ſeroit réſervé qu'un huitième ſeulement, ſur le produit des ſaiſies pour la compagnie, & que le ſurplus ſeroit réparti aux commis ſaiſiſſans ; & ces diſpoſitions furent autoriſées par le miniſtre des finances, les 9 août & 20 décembre de la même année.

L'arrêt du conſeil, du premier février 1724, portant nouveau règlement, pour empêcher l'entrée, l'uſage & le port des étoffes des Indes, de la Chine & du Levant, fixe expreſſément les ré-

compenſes qui doivent être accordées aux employés des fermes, ſur les ſaiſies de ces étoffes. Il y eſt dit, article 5 : lorſque les ſaiſies auront été faites par les commis de la compagnie des Indes ſeuls, ou concurremment avec les employés des fermes générales, ils jouiront auſſi ſeuls ou concurremment des récompenſes accordées aux *dénonciateurs* & ſaiſiſſans, par l'arrêt du 27 ſeptembre 1719, outre les deux tiers des amendes, dont le recouvrement aura été fait par les fermiers-généraux.

Les directeurs & contrôleurs-généraux des fermes, ne participoient point alors au produit de ces ſaiſies. En 1726, on remarqua que ces employés ſupérieurs étant cenſés faire mouvoir tous ceux qui leur étoient ſubordonnés ; il fut pris, le 28 février, une délibération, qui, de l'agrément du miniſtre des finances, arrêta que les directeurs & contrôleurs-généraux auroient un ſixieme dans ce produit, ſans rien retrancher du tiers accordé aux *dénonciateurs* & commis ſaiſiſſans.

DÉPARTEMENT, f. m. Ce mot ſignifie diviſion, partage, diſtribution de travail, d'objets entre pluſieurs perſonnes, dont les fonctions ſont les mêmes.

On diſtingue le *département* des ſecrétaires d'état, qui comprend les affaires étrangeres, la guerre, la marine, la maiſon du roi, de celui des finances, qui embraſſe l'univerſalité des revenus du roi, & de tout ce qui s'y rapporte.

Dans les fermes générales, on appelle *département*, la diſtribution du travail, dont chaque fermier-général eſt chargé, pour concourir au ſervice des fermes.

Ce *département* eſt arrêté au commencement de chaque bail, & quelquefois tous les deux ans, par le miniſtre des finances.

Son objet eſt de régler le nombre des comités ou aſſemblées, de fixer les matieres qui doivent s'y traiter, & de nommer les membres dont chaque comité ſera compoſé.

Au reſte, on ne peut mieux faire connoître les motifs du *département* des fermes générales, & les vues qui ſemblent devoir préſider à ſa confection, qu'en rapportant ici la lettre de l'adminiſtrateur des finances, du 28 ſeptembre 1780, qui accompagnoit le nouveau *département* adreſſé aux fermiers-généraux.

« Je joins ici, MM., le *département* que j'ai » arrêté pour la premiere année du bail de Sal-» zard. Le nouvel ordre de choſes qu'il préſente, » exige quelques développemens.

» Vous remarquerez d'abord que je ſoumets à » l'examen, & à l'inſpection du comité d'admi-» niſtration, les grands objets de votre régie. » Les correſpondans dans le *département* deſquels

» naîtront des affaires de ce genre, devront lui
» en faire le rapport, & ils ne pourront agir
» que conformément à la délibération qui sera
» prise.

» Parmi ces objets, celui qui m'a paru devoir
» tenir ici le premier rang, parce qu'il intéresse
» l'humanité, ce sont les emprisonnemens des pré-
» venus, & la suite de ces emprisonnemens. Un
» régime de cette nature, devroit sans doute
» être constamment appuyé sur des principes uni-
» formes & invariables ; cependant, j'ai vu avec
» peine, que dans quelques correspondances on
» usoit à cet égard d'une trop grande rigueur.
» Que lorsqu'il n'étoit question que de modiques
» quantités de fraude, les détentions étoient sou-
» vent perpétuées, ou bien qu'à défaut de paie-
» ment de l'amende, on requéroit la conversion
» en la peine des galères, tandis que dans l'es-
» prit de la loi, ce moyen si rigoureux, ne doit
» être employé que rarement, & dans des cir-
» constances graves. Cette police devra encore
» fixer l'attention du comité d'administration. Il
» se fera fournir tous les trois mois, par les di-
» vers bureaux, un état des fraudeurs qui au-
» ront été arrêtés pendant cet intervalle de tems,
» ou qui se trouveroient déja détenus. Cet état,
» dont on me fera passer un double, énoncera la
» date & l'objet de la fraude saisie, les poursuites
» qu'on aura dirigées, les condamnations qui se-
» ront intervenues, & les accommodemens qu'on
» aura consentis. Je suis persuadé que ceux de
» vous, MM., qui forment ce comité, sauront
» concilier ce qui est dû à la nécessité des exem-
» ples, avec la commisération que réclame l'in-
» digence, & que les règles qui seront adoptées
» pour les cas où l'on peut se prévaloir de la
» sévérité des règlemens, seront fondées sur l'hu-
» manité.

» En portant mes vues sur les achats de tabacs,
» il m'a paru que les changemens que les circons-
» tances ont déja apportés, & doivent apporter
» encore à cette opération, exigeoient le con-
» cours habituel de l'attention & des soins de
» plusieurs personnes. J'ai pensé d'après cela,
» qu'au lieu de charger l'un de vous de cette cor-
» respondance, comme par le passé, il convenoit
» plutôt de la confier collectivement aux membres
» d'un comité, afin que chacun d'eux étant appellé
» à en suivre continuellement les détails, ils fus-
» sent tous à portée de s'éclairer réciproquement ;
» & comme les spéculations, pour augmenter ou
» pour restreindre les approvisionnemens, doi-
» vent nécessairement se mesurer sur la situation
» de la caisse ; je me suis déterminé, par cette
» considération, à réunir les achats de tabacs au
» comité des caisses. Au reste, l'activité de cette
» correspondance ; étant incompatible avec des
» assemblées qui n'auroient lieu qu'à des jours
» fixes, les membres du comité seront convoqués
» à la réception des lettres concernant ces achats.

» La disposition des emplois demande la plus
» grande attention, soit qu'il s'agisse de directions
» & de contrôles-généraux, où il faut des con-
» noissances & du zèle, soit qu'on s'arrête à ceux
» qui forment les retraites. Du choix des pre-
» miers, dépend le succès des produits ; quant
» aux autres, dont le travail est moins pénible,
» je dois vous rappeller que le roi, par son arrêt
» du mois de janvier 1779, les a réservés aux
» commis réformés par l'effet des changemens
» que sa majesté a adoptés dans ses finances; mais
» les commis qui vous sont attachés, devront à
» égalité d'ancienneté, obtenir la préférence. Le
» soin que j'ai pris d'écarter de mes choix, toute
» affection & toute partialité, doit vous répondre
» de mes principes à cet égard, & je ne saurois
» trop vous recommander, de vous déterminer
» uniquement de votre côté, par des motifs puisés
» dans la justice, & dans le bien du service.

» J'ai pensé comme vous, MM., qu'il étoit
» essentiel de lier la correspondance des aides du
» plat-pays à celle des entrées de Paris ; ainsi,
» une même assemblée connoîtra de l'une & de
» l'autre. J'ai d'ailleurs adjoint M. L........
» tant à M. de M...... qu'à M. D...... ce qui
» devra mettre d'autant plus d'ensemble dans les
» opérations de ces deux correspondances.

» On avoit autrefois établi l'usage de l'assis-
» tance de deux fermiers-généraux tous les matins,
» l'un à l'hôtel des fermes, l'autre à l'hôtel de
» Bretonvilliers ; leur mission consistoit à entendre
» les demandes ou les plaintes des redevables, &
» à donner des ordres pour faire cesser les diffi-
» cultés. Un arrangement aussi sage, & qui inté-
» resse tout à-la-fois le public & la ferme géné-
» rale, auroit dû se maintenir toujours, & j'ai
» cru devoir le faire revivre.

» J'ai nommé des adjoints aux fermiers-géné-
» raux qui présideront les bureaux de régie, &
» aux correspondans.

» Les adjoints à ceux qui présideront les bu-
» reaux, tiendront les assemblées en cas d'absence
» ou de maladie de ces chefs, & ils les supplée-
» ront pour tous les autres objets de leur travail.

» Les adjoints aux correspondans suivront,
» sous la direction de ces correspondans, les opé-
» rations dont ils les chargeront, & ils les rem-
» placeront aussi en cas d'absence ou de maladie.

» Je choisirai parmi ces adjoints, les députés
» pour aller en tournée dans les provinces. Les
» connoissances qu'ils se seront procurées, sur les
» droits perceptibles dans ces provinces, sur les
» affaires indécises, & sur les employés, de-
» vront rendre ces tournées fructueuses.

» Les adjoints aux correspondans, ne reste-
» ront attachés qu'un an à une même correspon-
» dance, & mon intention est, d'un autre côté,
» de les appliquer successivement à celle des
» traites, gabelles & tabacs, afin qu'ils puissent

» acquérir des lumieres fur le tout, & en faifir
» l'enfemble.

» Il réfultera de ce plan, pour le moment
» actuel, des. tournées plus utiles, & nulle
» interruption dans l'ordre & la fuite du tra-
» vail des correfpondans. Il en réfultera encore,
» pour l'avenir, l'avantage d'avoir des fujets
» abfolument formés, & propres à chacune des
» parties. C'eft alors qu'on pourra exécuter le
» plan qui m'a été propofé, de comprendre
» toutes ces parties dans chacune de ces corref-
» pondances, & dont il eft certain qu'on retire-
» roit beaucoup d'avantages.

» Je dois maintenant m'expliquer fur les fur-
» numéraires que vous avez admis pour les places
» de contrôleurs-généraux, & dans vos bureaux
» de l'hôtel des fermes. Leur nombre, qui eft
» exceffif, eft un abus dans votre manutention.
» Il a d'ailleurs l'inconvénient de ralentir leur
» zèle, ou de les tenir dans une fituation pénible,
» en leur faifant attendre trop long-tems l'avan-
» cement auquel ils afpirent. Vous voudrez bien,
» en conféquence, n'en plus recevoir aucun à
» l'avenir, jufqu'à ce qu'ils foient réduits au
» nombre que je jugerai convenable de fixer,
» d'après les obfervations que vous remettrez à
» ce fujet. Vous y joindrez un état de tous ceux
» qui exiftent, avec des notes fur chacun d'eux,
» contenant la date de l'inftallation, l'âge de ces
» furnuméraires, ce qu'ils ont fait avant leur ad-
» miffion, & le degré de zèle & d'intelligence
» qu'ils ont marqué dans leur fervice.

» Au furplus, comme je defire d'avoir toujours
» fous les yeux la fituation de vos produits,
» vous remettrez au bureau du *département*;

S a v o i r :

» Tous les mois, pour les grandes & petites
» gabelles & pour le tabac.
» 1º. Des états des ventes en nature par les
» receveurs & entrepofeurs, & de leur produit
» en argent.
» 2º. A la fin de chaque année, des états gé-
» néraux pour le tabac, des ventes en nature, &
» de leur produit en argent, dreffés fur les in-
» ventaires.
» A la révolution des tierces pour les entrées
» de Paris, & pour les aides du plat pays, des
» états de toutes les efpèces de produits.
» A la fin de chaque quartier pour les traites
» de femblables états de produits.
» Voulant en même tems être informé de vos
» dépenfes principales, vous ferez remettre au
» même bureau, chaque année, & dès que vous
» aurez confommé la totalité des achats de vos fels
» pour les grandes gabelles, un état de ces achats;
» & tous les trois mois, 1º. un état des achats de
» tabac; 2º. un état de l'envoi de ces tabacs
» dans les manufactures, de leur fabrication,

» & de la fortie des tabacs fabriqués pour les
» bureaux généraux.
» Je ne doute pas, MM., que dans la fuite
» des objets importans qui vous font confiés,
» vous ne cherchiez à faire régner l'efprit d'or-
» dre, de modération & d'économie, qui font
» les bafes de toute bonne adminiftration, & je
» vous prie d'être perfuadés que je me ferai un
» plaifir de rendre compte au roi du zele que
» vous ferez paroître pour le bien de fon fervice.

» Je fuis, MM., &c. »

P. S. Au furplus, il me paroît néceffaire de
maintenir l'ancien ufage, fuivant lequel aucun
fermier-général ne doit s'abfenter au - delà de
quinze jours, fans avoir prévenu l'adminiftration des motifs de fon abfence.

DÉPARTEMENT DES DÉCIMES, eft la répartition qui fe fait fur les bénéficiers, des fommes annuelles que le clergé leve fur les membres
qui compofent ce corps.

Lorfque le *département* général eft arrêté, il
s'en fait un particulier en chaque diocèfe, par
une affemblée compofée de l'évêque, du fyndic,
& des députés des chapitres, des curés & des
monafteres. C'eft cette affemblée qu'on appelle
bureau diocéfain, ou *chambre des décimes*.

DÉPARTEMENT DES TAILLES, eft la répartition annuelle, qui fe fait en chaque généralité
du royaume, de la fomme pour laquelle l'état
arrêté au confeil l'a comprife.

Ce premier *département* fe fait par élection;
il eft fuivi d'un fecond par chaque paroiffe. Tous
les ans au mois d'août, les officiers de chaque
élection fe diftribuent entre eux la totalité des
paroiffes de leur reffort; ils doivent fe tranfporter en chacune, pour y vérifier l'état de chaque
nature de récolte, les mortalités, les maladies,
les incendies, les inondations, les mortalités de
beftiaux qui ont pu y arriver; ils dreffent du
tout des procès-verbaux, & ils y font mention
auffi des cotes perdues, des taillables furchargés,
de ceux qui ne font pas impofés à leur taux, de
ceux qui jouiffent de l'exemption de la taille abufivement; ils font leur rapport de ces faits lors du
département.

L'intendant de la province, le receveur des
tailles, préparent auffi le travail de ce *département*,
en raffemblant des informations & des renfeignemens, fur tout ce qui peut conduire à rendre
la répartition auffi égale & auffi jufte qu'elle peut
l'être.

Enfuite, lorfque l'intendant, les tréforiers de
France, les officiers de l'élection, les fubdélégués
& receveurs des tailles font affemblés pour procéder au *département*; on lit le réfumé des renfeignemens pris fur chaque paroiffe d'une élec-

tion, [& qui forment le tableau de sa situation ; & on arrête le *département* de la taille pour chaque paroisse.

L'arrêté du *département* porte que la somme totale sera imposée sur les paroisses y dénommées, avec les six deniers pour livre de taxation des collecteurs, & payée par ces paroisses, chacune pour ce qui la concerne.

DÉPENSE, f. f. qui veut dire la même chose que consommation ; il signifie aussi emploi d'argent. Dans toutes les sociétés, c'est la *dépense* qui produit la recette, & qui l'augmente encore. Il est sûr que les hommes ont consommé les productions spontanées de la nature, avant de lui en demander pour la culture ; qu'à mesure qu'ils ont recueilli, leur *dépense*, & pour eux-mêmes & pour la culture, a été plus grande, afin de recueillir encore davantage ; que le premier effet d'une récolte plus abondante a été d'augmenter la population, qui, par sa *dépense* & son travail, a successivement accrû les forces & la richesse du corps politique.

Ce seroit s'écarter du plan que prescrit le titre de cet ouvrage, que de s'arrêter à développer cet axiome de la science économique, *que la source des dépenses est la dépense elle-même.* Nous devons nous borner à considérer ce mot dans ses rapports avec les finances.

Sous ce point de vue, la *dépense* est la disposition des revenus de l'état ; & la question qui se présente naturellement est de savoir, si elle est égale ou excédente à la recette.

Pour y répondre, nous n'avons qu'à emprunter ici le langage de l'administrateur des finances, qui en a mis le tableau sous les yeux du roi en 1781.

« Le souverain d'un royaume tel que la France, » peut toujours, quand il le veut, maintenir la » balance entre ses *dépenses* & ses revenus ordinaires ; » la diminution des unes, toujours fécondées par » le vœu public, est entre ses mains ; & lors- » que les circonstances l'exigent, l'augmentation » des impôts est soumise à sa puissance.

» Le dernier état, mis sous les yeux de votre » majesté, annonçoit un déficit de vingt-quatre » millions de la recette à la *dépense* ordinaire. » Je vis au premier coup d'œil qu'il ne seroit » pas difficile de le balancer ; déja même je dé- » couvrois avec satisfaction des moyens successifs » pour assurer un superflu, source de tous les » biens que votre majesté desiroit de répandre sur » ses peuples.

» Mais je ne pus me livrer long-tems à ces » heureuses espérances, puisque j'appris bientôt » que la situation politique obligeoit votre majesté » de faire les plus grands efforts, pour se former » une marine respectable ; en sorte que, dès le

» commencement de 1777 & la fin de 1776, il » fallut s'appliquer à chercher des ressources ex- » traordinaires, tant pour remplir ce grand des- » sein, que pour préparer des armemens consi- » dérables dans nos ports. Aussi l'année 1777 » fut-elle déja pour le trésor royal une année de » guerre.

» Je vis aussi se développer successivement la » nécessité urgente, non-seulement de mettre parfai- » tement au niveau vos revenus & vos *dépenses* ordi- » naires ; mais encore de procurer à votre majesté » un excédent de revenu, afin d'asseoir ainsi, sur » un fonds libre, l'intérêt des emprunts, que le » besoin de la guerre rendoit indispensables.

» Indépendamment de cette tâche pénible à » remplir, il falloit encore trouver des capitaux » par la confiance des prêteurs, & y réussir mal- » gré le délabrement du crédit, attaqué & presque » détruit par tous les retranchemens de capitaux » & d'intérêts, & par tous les retards de paie- » mens qu'on avoit éprouvés pendant la paix.

» Après avoir apperçu le double but que je de- » vois me proposer, je vis bientôt que la même » marche & les mêmes principes m'aideroient à » l'atteindre ; en conséquence, je me suis mis, » pour ainsi dire, à la poursuite de tous les » abus & de tous les gains inutiles. J'ai porté l'éco- » nomie sur les grandes affaires & sur tous les dé- » tails ; j'ai secondé les heureuses dispositions de » votre majesté, à apporter de la modération dans » la dispensation des graces, & enfin, je me suis » attaché à fonder cet ordre exact & positif, qui, en » répandant la lumiere, découvre à chaque instant » la situation des affaires & ce qu'elles exigent.

» Il n'est personne qui puisse mettre en doute » que ces réformes & ces améliorations ne fussent » les premieres ressources qu'il falloit chercher ; » & je crois fermement, que ce n'est qu'après » les avoir épuisées, qu'il peut être permis à un » serviteur fidele de proposer à votre majesté de » recourir à de nouvelles impositions. Quoi qu'il » en soit, cette marche, que je viens de tracer, » présentoit différens obstacles ; la conception en » étoit simple, mais l'exécution difficile, car il » falloit procéder à de grands changemens, sans » affecter l'opinion, & n'être point effrayé par » cette multitude de réclamations, dictées tantôt » par l'intérêt personnel, & tantôt de meilleure » foi, par l'attachement à de vieux usages.

» Je vis d'abord que l'ancien état ordinaire des » finances étoit composé d'une très-grande somme » de *dépenses*, qui n'étoient point fixes ; mais » qu'une facilité journalière, des faveurs & des » largesses, ou des fêtes dispendieuses répétoient » annuellement.

» L'ordre mis à cet égard est en grande partie » l'ouvrage de votre majesté ; ses goûts & sa » raison solide ont extrêmement limité ce genre » de *dépenses*, & plusieurs sont entiérement re- » tranchées. Elle m'a pareillement soutenu dans

» la réſiſtance que j'ai apportée à toutes ces de-
» mandes multipliées de gratifications , d'indem-
» nités , d'échanges, de conceſſions , & tant d'au-
» tres manieres d'être à charge au tréſor royal ,
» qu'une longue facilité avoit introduites , &
» qui , dans l'eſpace de trois cents ſoixante-cinq
» jours, dont l'année eſt compoſée , forment , par
» leur renouvellement habituel , une charge an-
» nuelle ſubſiſtante , qu'on mettoit avec raiſon
» dans la claſſe des *dépenſes* ordinaires.

» J'ai enſuite examiné toutes les parties de
» perceptions, diviſées entre un grand nombre
» de receveurs ou de compagnies, & que le beſoin
» de fonds d'avance avoit ſucceſſivement intro-
» duits, non-ſeulement au détriment des revenus
» du roi ; mais encore au ſacrifice des meilleures
» règles d'adminiſtration.

» De cet examen & de ce plan de conduite ,
» ſont nées toutes les réformes ſucceſſives , &
» toutes les réductions que j'ai propoſées à votre
» majeſté , & dans le nombre des agens , & dans
» la diminution des bénéfices.

» Ces opérations diverſes & multipliées ont
» été ordonnées, les unes par des déclarations
» ou par des arrêts du conſeil de votre majeſté,
» les autres par de ſimples déciſions.

» Je me hâte , dans ce moment, d'annoncer
» à votre majeſté que, par l'effet de mes ſoins,
» & des diverſes réformes qu'elle a permiſes ,
» que par l'amélioration de ſes revenus , ou par
» leur augmentation naturelle , & enfin , par l'ex-
» tinction de quelques rentes & de quelques rem-
» bourſemens , l'état actuel des finances eſt tel,
» que, malgré le déficit en 1776, malgré les *dé-*
» *penſes* immenſes de la guerre , & malgré les in-
» térêts des emprunts faits pour y ſubvenir , les
» revenus ordinaires de votre majeſté excédent
» dans ce moment ſes *dépenſes* ordinaires, de dix
» millions deux cents livres.

» J'ai penſé qu'en adoptant une forme ſimple
» & évidente, il falloit ne compoſer le chapitre
» des revenus, que des verſemens qui ſont faits
» au tréſor royal par les différentes caiſſes , dé-
» duction faite des charges qu'elles ſont tenues
» d'acquitter , & en ne portant pareillement ,
» dans la colonne des *dépenſes* , que les parties
» qui ſont payées par ce même tréſor royal.

» Par exemple, les vingtiemes , la taille & la
» capitation , impoſition que les receveurs géné-
» raux perçoivent, ſe montent à environ cent
» quarante-neuf millions ; mais par des états,
» approuvés annuel'ement au conſeil de votre ma-
» jeſté , les charges aſſignées ſur cette recette
» s'élevent à environ vingt-neuf millions ; il eſt
» donc ſimple de ne porter en revenu net diſpo-
» nible, que l'excedent à verſer au tréſor royal
» par les receveurs-généraux.

» Le compte de vos finances, ſire , rendu dans
» cette forme , ne préſente qu'une recette de deux

» cents ſoixante-quatre millions , & vos revenus
» paſſent quatre cents trente millions ; c'eſt une
» *dépenſe* de cent ſoixante-ſix millions, qui s'o-
» pere par des rentes aſſignées ſur les recettes
» générales, ſoit par les rentes ſur l'hôtel-de-
» ville, & les autres objets hypothéqués ſur les
» fermes, ſoit par des *dépenſes* dont le paiement
» eſt indiqué ſur le domaine, ſur le produit des
» régies, ſur les impoſitions des pays d'états.

» Il eſt une remarque eſſentielle à préſenter
» à votre majeſté , c'eſt qu'on a compris , dans
» les *dépenſes* ordinaires, dix-ſept millions trois
» cents mille livres de rembourſemens ; cepen-
» dant , ce qu'on applique à des rembourſemens,
» doit avec raiſon être enviſagé comme un ſu-
» perflu, puiſque c'eſt un excédent du revenu or-
» dinaire ſur la *dépenſe* ordinaire , lequel eſt em-
» ployé au profit du ſouverain , pour éteindre
» des capitaux à ſa charge. Ainſi , en joignant
» ces dix-ſept millions trois cents mille livres de
» rembourſemens aux dix millions deux cents
» mille livres d'excédent , qui réſultent du compte
» des finances de votre majeſté, on peut avancer
» avec fondement que ſes revenus ordinaires ſur-
» paſſent dans ce moment-ci l'état de ſes *dépenſes*
» ordinaires, de vingt-ſept millions cinq cents
» mille livres ; quoiqu'on ait paſſé, parmi les
» *dépenſes* perpétuelles, vingt-huit millions de
» penſions, dont l'extinction , jointe à celle des
» rentes viageres , opere une décharge annuelle
» de plus d'un million. »

L'hiſtoire des finances n'offre en aucun tems
un tableau auſſi avantageux , & cette ſituation
fut le fruit des travaux de quatre années ; il eſt
vrai que ces travaux furent ceux d'un homme
d'état, paſſionné pour la véritable gloire des ames
fortes ; celle de faire le bien public , d'un adminiſtrateur auſſi infatigable qu'éclairé, & l'un des
plus integres qui ſoit jamais entré dans le miniſtere.

DÉPOTS DES SELS , (grandes gabelles.)
Il exiſte dans les grandes gabelles, des dépôts de
pluſieurs eſpèces. Les uns ſont établis à l'embouchure des principales rivieres, & ce ſont des
magaſins dans leſquels les ſels achetés ſur les
marais ſalans par l'adjudicataire, ſont emplacés,
& où ils ſéjournent juſqu'au moment où ils ſont
livrés aux entrepreneurs des voitures, pour être
conduits dans les greniers.

Les autres ſont établis dans les lieux où les
mêmes rivieres ceſſent d'être navigables , & ce
ſont des magaſins dans leſquels les ſels, voiturés
par eau , ſont, à leur ſortie des bateaux, entre-
poſés juſqu'à ce qu'il ſoit poſſible de les faire
voiturer par terre , à leurs différentes deſtina-
tions. On traitera à l'article *fourniſſement*, tout
ce qui concerne cette ſorte de dépôts.

Quant à ceux qui ſont établis en Bretagne ſur

la limite des provinces du Maine, de l'Anjou & de la Normandie, & dans l'Auvergne, la Marche & le Poitou, limitrophes du pays de grandes gabelles; ce sont des magasins dans lesquels les marchands de sel sont tenus de renfermer cette denrée pour y rester déposée sous la clef du commis du fermier; mais comme il se trouve une grande différence pour la situation & la régie de ces dépôts, nous diviserons en deux sections tout ce qui peut y avoir rapport.

La première aura, pour objet, les dépôts des provinces rédimées.

La seconde, les dépôts de la province de Bretagne.

DÉPOTS DES PROVINCES RÉDIMÉES. Ces dépôts ou magasins sont établis dans les cinq lieues des provinces situées au sud du pays de grandes gabelles, & qui sont appellées *rédimées*, parce qu'elles ont eu la permission de se racheter anciennement des gabelles.

Ce sont le Poitou, la Marche, la Combraille & l'Auvergne. Il eût été, sans doute, à desirer que dans toutes les provinces exemptes de gabelles ou privilégiées, on eût pu établir sur leurs limites, du côté des pays où cette imposition a lieu, une police uniforme, puisque sa fin est par-tout d'empêcher le faux-saunage, & de conserver les produits de cette ferme, qui est d'une grande considération dans les revenus du roi.

Mais la différence qui existe dans les privilèges de ces provinces, a forcé de varier cette police, & tous les moyens conservatoires, que l'on a jugés propres à concourir au but proposé. Ainsi dans l'Artois, le Haynaut, le Cambresis & le Boulonnois qui avoisinent le pays de gabelles au nord, la police n'est pas la même que dans la Bretagne, qui confine le même pays à l'ouest; ce qui se pratique dans cette dernière province, est étranger aux provinces du sud, dont il s'agit dans cet article; tandis qu'en Franche-Comté & dans les trois évêchés qui sont à l'est, on pratique des moyens particuliers que l'on fera connoître à l'article *salines*.

Nous devons indiquer ici la marche que nous allons suivre, pour donner des notions aussi exactes que précises, des dépôts des provinces rédimées, afin d'en former un traité complet.

Nous commencerons par des détails historiques sur la condition de ces provinces, relativement aux gabelles.

Nous parlerons ensuite de l'établissement des dépôts, de leur approvisionnement, de la distribution de sel qui s'y fait, des formalités auxquelles cette distribution est soumise, & enfin, des précautions établies contre les abus, avec l'indication des moyens judiciaires pour réprimer ceux qui ont lieu.

À l'époque où les rois de France imposèrent des droits sur le sel, non-seulement le royaume n'étoit pas aussi étendu qu'il l'est aujourd'hui; mais il ne comprenoit pas, en entier, les provinces qui forment ce qu'on appelle *le pays de grandes gabelles*.

Les rois d'Angleterre, avec le titre de duc d'Aquitaine, possédoient la Guyenne, le Poitou, l'Angoumois, la Saintonge, le Périgord, le Limosin, la Marche & la majeure partie des autres provinces qui forment le pays rédimé.

Ces souverains, à l'exemple des rois de France, avoient également cherché dans un impôt sur le sel, des ressources pour subvenir aux frais de la guerre, qui malheureusement sembloit alors être un élément nécessaire à tous les princes. Ainsi, lorsque toute cette portion du royaume rentra sous la domination de ses anciens maîtres, elle étoit déja soumise à des droits de gabelles; mais ces droits, qui avoient été uniformément fixés en France au quart du prix du sel acheté sur les marais, n'étoient pas les mêmes dans les états du duc d'Aquitaine. Une partie payoit le cinquieme, une autre payoit le quart.

Cet état des choses subsista quelque tems, & l'on en trouve la preuve dans l'édit de 1537. Il ordonne que le droit de quart, déja fixé dans les provinces de l'ancienne France, à trente livres tournois par muid, sera porté à quarante-cinq livres, afin de pourvoir à l'acquittement des gages des cours souveraines & des présidiaux; & que dans les provinces où ce droit continuoit d'être levé sur le pied du quart ou du quint, il y seroit ajouté un demi-quart ou un demi-quint.

L'article 16 de l'édit du mois de juin 1541, apporta du changement à ces dispositions, & donna une premiere atteinte au privilège des provinces réunies à la couronne. Il ordonna que tout le sel vendu à la destination du pays de Poitou, Saintonge & Aunis, paieroit comptant sur le marais, le quart de son prix pour droit de gabelle, & qu'ensuite il seroit encore perçu sur les lieux où le sel seroit vendu, le quart du prix de sa revente, avec le demi-quart de crue établi en 1537, pour le paiement des gages des cours souveraines & présidiaux.

L'article 27, ajoute que ces droits continueroient à être perçus à raison de quarante-cinq livres tournois par muid dans les lieux où ils avoient été fixés sur ce pied en 1537; ce qui laissa subsister une différence entre la quotité des droits levés dans l'ancienne France, & celle des droits perçus dans les provinces dont les rois d'Angleterre avoient été dépouillés.

Cette diversité d'imposition engendroit la fraude; on crut y remédier en substituant, en 1542, aux perceptions ordonnées en 1541, un droit uniforme de vingt-quatre livres tournois par muid de sel, payable à l'instant de la vente sur les salines & marais de Bretagne, Poitou, Saintonge, pays & gouvernement d'Aunis, de la Guyenne, de la Picardie, Normandie, du Languedoc & Dauphiné, de la Provence & autres provinces & endroits du royaume. Mais on reconnut que le paiement de ce droit, cauſant un renchériſſement ſur la valeur naturelle du ſel, empêchoit les étrangers d'en acheter. En conſéquence, l'édit du mois de mai 1543, réduiſit à vingt ſols, le droit de vingt-quatre livres par muid de ſel enlevé ſur les marais ſalans, & rétablit celui de quarante-cinq livres tournois, par muid, ſur tout le ſel qui ſeroit porté dans l'intérieur du royaume, l'argent à treize livres un ſol trois deniers le marc. Mais ce règlement exempta formellement de ce dernier droit, tout le ſel enlevé par les étrangers, ainſi que par les pêcheurs de Bretagne, Poitou, Saintonge, pays d'Aunis, Guyenne, Picardie & Normandie, pour la ſalaiſon des poiſſons de leur pêche, & encore le ſel que les habitans de la province de Bretagne conſommeroient pour leur uſage.

D'après cet édit, il exiſtoit donc deux droits de gabelles; l'un de vingt ſols par muid dû par le propriétaire du marais qui vendoit le ſel, quelle qu'en fût la deſtination; l'autre de quarante-cinq livres auſſi par muid, payable par l'acheteur au moment de l'enlèvement. Les marchands ayant repréſenté qu'ils ne pouvoient ſatisfaire à cette obligation, ſans ſe jeter dans des avances très-conſidérables; l'édit de juillet 1544, leur permit de ne payer que le droit qui excitoit leurs réclamations, qu'à meſure qu'ils auroient vendu dans le royaume, les ſels enlevés des marais.

Mais pour aſſurer, en même tems, ce paiement, il fut enjoint aux officiers des juridictions établies pour les marais ſalans, d'adreſſer chaque année aux généraux des gabelles, des états de toutes les quantités de ſels envoyés dans leur département reſpectif; & aux propriétaires des marais, de tenir des regiſtres exacts des ſels qu'ils vendoient, & d'envoyer auſſi chaque année, ces regiſtres aux chambres des comptes. En conſidération de ce travail, ils furent diſpenſés du paiement du droit de vingt ſols par muid, impoſé par l'édit de 1543.

Ce même édit de 1544, preſcrit encore l'établiſſement de magaſins, tant dans les lieux où il étoit d'uſage d'avoir des greniers, que dans le pays de Poitou, d'Anjou & Saintonge, lieux où il n'en avoit pas encore été établis; & dans le Limoſin, l'Angoumois, le Périgord, l'Auvergne, la Champagne, la Bourgogne, & dans tous les endroits que les commiſſaires, à ce prépoſés, jugeroient convenables.

Il maintient auſſi, par l'article 33, l'établiſſement des magaſins où le ſel ſe délivroit, par impôt, ſur les limites de la Bretagne, de l'Anjou, du Maine, Poitou, de la Saintonge & de la Guyenne, & preſcrit d'établir en Picardie &

Normandie, de ſemblables magaſins, où les habitans des paroiſſes ſituées dans les ſix lieues voiſines de la mer & de l'embouchure des rivieres, ſeroient également tenus de prendre du ſel par impôt.

Les diſpoſitions de cet édit n'eurent qu'une lente exécution, & rencontrerent les plus vives oppoſitions dans la Guyenne & dans les provinces voiſines. En 1548, les peuples ſe ſoulevèrent à la vue des officiers envoyés par le roi, pour veiller à la perception de l'impôt des gabelles; & pluſieurs de ces officiers payerent de leur vie, le zèle de leur miſſion. Le Poitou, la Saintonge, l'Angoumois, le Limoſin & la Guyenne, ſur-tout Bordeaux, furent le théâtre des plus affreux déſordres.

On peut voir à l'article comptable, que, ſuivant la tradition, il a exiſté des dépôts à ſel ou greniers, en pluſieurs villes de la Guyenne, plus d'un ſiecle avant l'époque dont il s'agit ici.

Le lieutenant général qui commandoit en Guyenne, en l'abſence du roi de Navarre, alors gouverneur de ces provinces, fut aſſaſſiné à Bordeaux, le 21 août, par la populace qu'il cherchoit à calmer. Henri II, qui regnoit alors, fut obligé d'y envoyer une armée ſous le commandement du connétable de Montmorenci.

Les provinces révoltées, & la ville de Bordeaux particuliérement, furent traitées avec ſévérité par le Général; mais l'épuiſement des finances, & le penchant de Henri II, à préférer les moyens de douceur, aux moyens de violence, diſpoſerent ce prince à écouter favorablement les repréſentations que les provinces de Poitou, Saintonge, Limoſin, Angoumois, haute & baſſe Marche, lui adreſſerent, ſur le préjudice que leur cauſoit l'établiſſement des greniers à ſel & des juridictions, fait par les édits en 1543 & 1544.

Ce monarque nomma, en conſéquence, le général des finances du Languedoc, & le contrôleur-général des gabelles, pour recevoir les offres que faiſoient ces provinces, & lui en rendre compte. Ces offres conſiſtoient à payer deux cents mille écus d'or au ſoleil, valant quatre cents & cinquante mille livres tournois, (l'argent alors à quatorze livres onze ſols huit deniers le marc) & à donner annuellement une ſomme de quatre-vingt mille livres tournois, pour tenir lieu du droit de quart & demi-quart de la valeur du ſel, impoſé anciennement, & enfin, à rembourſer aux officiers des gabelles, ce qu'ils avoient payé pour leurs offices, ſuivant leurs quittances.

L'édit du mois de ſeptembre 1549, par lequel ces offres furent acceptées, ordonna que les gens du tiers-état payeroient les deux tiers de la ſomme propoſée, & que l'autre tiers ſeroit fourni par le clergé & la nobleſſe réunis enſemble. Les états de ces provinces furent autoriſés ou à donner à ferme le droit de quart & demi-quart, à compter du premier janvier 1550, époque jufqu'où feroient confervés les greniers, ou à le faire lever par des contrôleurs & officiers qu'ils choifiroient ; mais dont le roi fe réfervoit de faire vérifier les opérations &*les dépenfes ; & enfin, à établir des fièges & juridictions fur les rivieres de Gironde, Garonne & Dordogne, dans les lieux indiqués par les anciennes ordonnances, & dans tous autres endroits qu'ils aviferoient.

En conformité de cet édit, le droit de quart & demi-quart fut affermé pour trois ans, & à l'expiration de ce bail, il en fut paffé un fecond au prix de cent trente-trois mille cinq cents livres, compris les neuf mille fix cents livres, à quoi les états particuliers d'Auvergne avoient été admis à compofer, pour les droits de quart & demi-quart de quatre cents muids de fel qu'il leur avoit été permis de tirer des marais du Poitou, pour leur confommation, par lettres-patentes de 1552.

Le roi s'étoit réfervé la nomination & la finance des offices jugés néceffaires au maintien de la perception du droit de gabelles, & dont l'état avoit été arrêté au confeil le 14 octobre 1552.

Le fecond bail de ce droit n'étoit pas encore commencé, que le Périgord, le Limofin, la Guyenne & l'Angoumois, fe plaignirent des abus qui fe commettoient dans la levée de ce droit, en offrant de payer un équivalent. Henri II nomma des commiffaires, & ils confirmerent le fondement des plaintes des provinces, en rapportant que l'entretien & les frais de perception d'officiers & receveurs, excédoient le produit de la ferme, qui étoit de quatre-vingt-dix-neuf mille cinq cents livres, déduction faite des neuf mille fix cents livres, de la compofition de l'Auvergne.

Cette confidération, jointe à l'avantage de laiffer rétablir en plus grand nombre les marais falans, pour faire baiffer le prix du fel, & en favorifer l'exportation à l'étranger, & fur-tout à la néceffité des circonftances qui exigeoient des reffources pour pouvoir s'oppofer aux entreprifes de l'empereur, engagea le gouvernement à propofer aux états des provinces, fujettes au droit de quart & demi-quart, d'acheter cette impofition au denier douze du montant de la ferme, & ils accéderent au marché.

Cependant les états de la Guyenne & des pays voifins objecterent que, fuivant leurs anciens privilèges, ils n'étoient pas dans le cas de contribuer, qu'ils devoient même être déchargés de ce qu'ils fupportoient, foit médiatement, foit immédiatement, des droits de quart & demi-quart ; mais le confeil jugea, par fon arrêt du 4 novembre 1552, qu'ils devoient être foumis à la contribution, attendu l'avantage qu'ils retireroient de l'acquifition du droit.

Les conditions de ce marché ayant été définitivement réglées, l'édit du mois de décembre 1553, les ratifia pleinement. Il en réfulta que le roi avoit *vendu pour toujours & fans réferve, les droits de quart & demi-quart ; aux habitans du Poitou & anciens refforts d'jcelui ; Saintonge, ville & gouvernement de la Rochelle, ifles de Marennes, Oleron, Alverts, Ré & autres adjacentes ; aux habitans de l'Angoumois, haut & bas Limofin, haute & baffe Marche, Combraille, Franc-aleu, Périgord, fénéchauffée de Guyenne, Bordelois, y compris Soulac, Agenois, Bazadois, Condomois, Quercy, les Lannes, Armagnac, Comminges, St. Girons, des Vigueries, Rivieres & Verdun, & autres pays & lieux qui fe fourniffoient ou devoient fe fournir de fel des marais de Poitou, Saintonge & ifles adjacentes, lefquels étoient fujets aux droits de quart & demiquart, ou devoient retirer avantage de leur extinction, fans qu'il pût être mis, à l'avenir dans ces pays, aucune impofition fur le fel, lequel pourroit être librement vendu, échangé, débité, diftribué & tranfporté, tant par terre que par mer.*

Le prix de ce rachat fut d'un million cent quatrevingt-quatorze mille livres tournois, valant environ cinq millions de notre monnoie actuelle. Il fut ordonné, comme ci-devant, que le tiersétat fupporteroit le paiement des deux tiers de cette fomme, & que l'autre feroit acquitté par la nobleffe & le clergé.

Tous les officiers établis, pour raifon de ces droits de quart & demi-quart, furent fupprimés, & les états des provinces difpenfés de les rembourfer. Mais le roi fe réferva la perception des droits de domaine & autres qui fe levoient ordinairement fur les fels dans ces provinces ; & c'eft d'après cette derniere claufe, qu'ils font encore affujettis aux droits de la traite de Charente, à ceux de comptablie, de convoi, &c. &c.

D'après cet arrangement, les provinces & pays qu'on a dénommés, font conftamment reftés exempts de tous droits de gabelles, & ils ont confervé la dénomination de *provinces rédimées.*

L'édit de 1553 ne faifoit pas mention de l'Auvergne, parce, que comme on l'a dit, fa condition fe trouvoit réglée par les lettres-patentes de 1552, qui avoient autorifé fon abennement annuel de neuf mille fix cents livres, pour raifon de quatre cents muids de fel, ce qui fixoit le droit fur le pied de vingt-quatre livres par muid. Cependant on trouve un édit du mois d'octobre 1557, qui fupprime les greniers à fel établis dans cette province depuis 1552 ; ce qui fait préfumer qu'à l'époque où les pays voifins fe rédimoient du droit de gabelles, fa perception avoit été remife en vigueur dans l'Auvergne ; & qui l'admet à payer, pour équivalent, une fomme de quatorze mille quatre cents livres par chaque année. Cet abonnement fut confirmé par la déclaration du 13 octobre 1578, fous la condition, que les habitans ne pourroient faire venir que fix cents muids de fel par an, à peine de déchéance de cette faveur, & d'être, les maires, échevins & confuls

fuls des principales villes, responsables, en leur propre & privé nom, des abus qui se commettroient.

Il paroît que cet équivalent, de quatorze mille quatre cents livres, se trouve aujourd'hui confondu dans la masse des impositions que paie l'Auvergne, puisqu'il n'en est fait aucun article séparé de recette.

Au surplus, le privilège de toutes les *provinces rédimées*, se trouve rappellé & maintenu par l'article premier du titre 16 de l'ordonnance du mois de mai 1680.

A l'instant où ces différens pays eurent obtenu la liberté de faire commerce de sel, on sentit la nécessité d'empêcher les habitans d'introduire cette denrée dans les provinces où les greniers à sel subsistoient. Dans cette vue, l'édit de décembre 1553, leur fit défenses de porter aucun sel dans les pays de gabelles, & d'y tenir magasin dans l'étendue d'une lieue près des limites des greniers, à peine de confiscation de corps & de biens. Ces peines furent converties par la déclaration du 13 août 1579, en une amende de cent écus par contravention, non-seulement contre les habitans des *provinces rédimées*, qui porteroient du sel dans les pays sujets à la gabelle, mais encore contre les habitans de ces derniers pays, qui iroient en acheter dans les lieux exempts.

Malgré ces défenses renouvellées à chaque bail de la ferme des gabelles, les ventes des greniers du Bourbonnois éprouvoient un tel préjudice du faux-saunage attribué aux habitans de Cuffet & de Saint-Pourçain, qu'ils furent assujettis, par la déclaration du 5 août 1600, à prendre leur sel au prix de douze livres, les premiers à la chambre à sel de Vichi, & les autres au grenier de Moulins.

L'ordonnance du mois de janvier 1639, renouvella & amplifia les peines portées contre le faux-saunage des *provinces rédimées*.

L'article 3 défendit aux ressortissans des greniers, d'aller acheter du sel dans les pays exempts, à peine de confiscation du sel, ainsi que des chevaux & voitures qui auroient servi à le transporter, & en outre de trois cents livres d'amende pour la première fois, mille livres pour la seconde, & trois mille livres pour la troisieme; amendes qui seroient converties, à l'égard de ceux qui n'auroient pas le moyen de les payer; savoir, celle de trois cents livres, en un bannissement à tems; celle de mille livres, en la peine du fouet; & celle de trois mille livres, en la peine du fouet, de la flétrissure & du bannissement à perpétuité.

L'article 4 fit défenses aux habitans des provinces exemptes, de porter aucun sel sur les ressorts des greniers, d'en vendre aux habitans des pays de gabelles, & d'en livrer aux faux-sauniers qui en iroient acheter pour le porter sur les greniers.

L'article 5 défendit à toutes personnes demeurant dans les cinq lieues proche les limites des

dernieres paroisses & hameaux dépendans de la ferme des gabelles, d'acheter de plus grandes quantités de sel, que celles qui leur seroient nécessaires pour la provision de leurs familles pendant six mois, ni d'avoir ou faire tenir aucun amas de sel, dans les villes, bourgs, hameaux, châteaux & autres lieux situés à cinq lieues près des dernieres paroisses sujettes aux droits de gabelles, même de vendre du sel aux ressortissans des greniers, à peine de confiscation de sel & autres choses à eux appartenantes, & de trois mille livres d'amende, d'être déclarés déchus, pour toujours, de leurs privilèges, & d'être compris dans les rôles de l'impôt des greniers les plus prochains.

L'article 6 permit aux officiers des greniers les plus voisins, prévôts des maréchaux, vice-baillifs, ainsi qu'à l'adjudicataire de la ferme des gabelles, ses gardes, commis & préposés, de faire toute recherche & visite, quand ils le jugeroient nécessaire, dans les villes, bourgs & paroisses situées dans les cinq lieues près de celles qui dépendroient des greniers, avec injonction, dans le cas où ils trouveroient chez des particuliers, une quantité de sel excédente à celle qui est nécessaire à la provision de six mois, de saisir ce sel, avec tous les autres objets appartenans aux délinquants, & de faire procéder contre eux, par les officiers du grenier le plus voisin, pour les condamner aux peines portées par l'article précédent.

Tous ces réglemens étoient impuissans contre la cupidité. La facilité d'un gain sûr, quoiqu'illicite, faisoit braver tous les dangers du faux-saunage. Ses effets devinrent si sensibles, qu'en 1641 un conseiller de la cour des aides fut envoyé par le conseil, dans ces provinces, comme commissaire, pour la réformation des abus dans la gabelle.

Les habitans de Saint-Pourçain, convaincus d'avoir livré du sel aux ressortissans des greniers du Bourbonnois & de la Bourgogne, furent assujettis, par ordonnance de ce commissaire, du 16 mai 1641, à l'obligation qui leur avoit été imposée en 1600, de prendre le sel de leur consommation à Moulins, & dont ils avoient obtenu l'affranchissement. D'autres habitans furent déclarés déchus pour toujours, de l'exemption des droits de gabelles, & compris dans les rôles de l'impôt, par les officiers du grenier de Moulins.

La cour des aides de Clermont-Ferrand ayant pensé que les ordonnances du commissaire du conseil portoient une double atteinte à son autorité & aux privilèges de l'Auvergne, rendit plusieurs arrêts pour en défendre l'exécution; mais l'arrêt du conseil du 11 janvier 1642 les cassa, & ordonna que l'on ne pourroit se pourvoir contre les ordonnances de ce commissaire; qu'à la cour des aides de Paris.

Pour concilier en même tems le maintien des concordats & traités qui assuroient à l'Auvergne son exemption des gabelles, avec la nécessité d'en prévenir les abus, il fut ordonné que l'adjudicataire de la ferme des gabelles, feroit conduire dans les villes de Maringues, Aigue-Perfe, Cuffet & Saint-Pourçain, tout le fel que pourroit exiger l'ufage des habitans de ces villes, villages & paroiffes en dépendans, & de toutes les autres villes & paroiffes exemptes de gabelles, fituées dans les cinq lieues au-delà des limites des greniers du Bourbonnois; que ce fel feroit mis dans un magafin fermant à deux clefs, dont l'une feroit gardée par l'un des confuls de chacune defdites villes, & l'autre par le commis de l'adjudicataire; qu'à ce magafin, qui feroit ouvert deux fois la femaine, les habitans, de quelque qualité & condition qu'ils fuffent, eccléfiaftiques, nobles & autres, fans aucune exception ni diftinction, feroient tenus de prendre le fel néceffaire pour leur provifion, & de le payer douze livres par minot; prix qui ne pourroit être augmenté, fous quelque prétexte que ce fût.

Ce même arrêt renouvella auffi les défenfes de vendre, échanger ni prêter du fel; d'en prendre une plus grande quantité que celle que chacun pourroit confommer, fuivant qu'elle feroit fixée, d'après le dénombrement de chaque endroit, qui feroit fourni par les confuls ou fyndics, aux commis de l'adjudicataire.

Il paroît que cet adjudicataire ne ceffa d'approvifionner les magafins établis, ainfi qu'on vient de le voir, qu'en 1660, après le règlement général qui fut publié au mois de juin, pour établir dans tous les pays exempts de gabelles, les dépôts qui fubfiftent aujourd'hui.

Il ordonna qu'il ne pourroit être tenu aucune falorge, ni fait amas de fel, ailleurs que dans les villes diftantes de cinq lieues des limites des greniers, & que les fels qui feroient portés dans ces villes, foit par les habitans, foit par des forains, feroient déchargés, à leur arrivée, dans un dépôt commun, le plus commode que faire fe pourroit, & choifi par les maire & échevins des lieux, avec le commis du fermier, finon donné par le commiffaire départi.

Que ce dépôt feroit fermé à deux clefs différentes, dont l'une feroit mife entre les mains des maire & échevins, & l'autre en celles du commis que le fermier pourroit y établir; qu'il ne feroit ouvert qu'aux jours de marché; favoir, du premier mars au premier octobre, depuis fix heures jufqu'à midi, & depuis deux heures jufqu'à fept, & le refte de l'année, depuis huit heures jufqu'à midi, & depuis deux heures jufqu'à quatre.

Qu'enfin, il feroit fait dans chaque dépôt, différentes loges, pour la commodité des marchands, dans lefquelles le fel feroit mis & vendu en la maniere accoutumée.

Le même article fit défenfes à tous marchands faifant commerce de fel, d'en décharger ni tenir ailleurs qu'au dépôt, & fous quelque prétexte que

ce fût, & aux particuliers qui y prendroient leurs provifions, d'en tranfporter, qu'ils n'euffent un billet du commis de l'adjudicataire, contenant la quantité qu'ils auroient, le lieu de leur demeure, & le nombre des perfonnes dont leurs familles feroient compofées; il ordonna qu'en cas de contravention, il feroit procédé contre les coupables, par les mêmes voies d'amende que contre les faux-fauniers.

Comme cet édit n'avoit déterminé, ni les villes dans lefquelles il feroit établi des dépôts, ni les paroiffes, qui, en raifon de leur pofition dans les cinq lieues limitrophes du pays de gabelles, feroient tenues de s'y approvifionner, les cours des aides de Paris & de Clermont furent autorifées à nommer des commiffaires, pour aller fur les lieux régler tout ce qui concernoit ces objets.

En conféquence, la cour des aides de Paris nomma, par arrêt du 18 juillet 1664, M. le Camus, un de fes membres, pour remplir cette miffion. Ce magiftrat s'étant rendu fucceffivement à Châtellerault & à Thouars, il entendit les habitans des villes & paroiffes, qui furent défignées par l'adjudicataire être fituées dans les cinq lieues limitrophes du pays de gabelles. Sur les conteftations de quelques-unes de ces paroiffes, il fit procéder au mefurage de la diftance qui exiftoit; par fes ordonnances des 8 novembre 1664, & 27 janvier 1665, il défigna toutes les villes, bourgs & hameaux, qui fe trouvoient dans l'efpace des cinq lieues, & fixa le nombre & les lieux des dépôts qui feroient établis, & indiqua celui où chacune des paroiffes dénommées feroit obligée de s'approvifionner, & renouvella en même tems les défenfes portées par l'édit de 1660, & toutes les précautions propres à prévenir les abus.

Ce commiffaire prefcrivit en même tems aux commis, chargés du contrôle de chaque dépôt, de faire fa réfidence habituelle dans le chef-lieu, & de déclarer, fans retardement & fans frais, les billets & paffeports qui leur feroient demandés; avec défenfe de rien exiger, ni même recevoir, foit directement, foit indirectement, à peine de concuffion.

Il enjoignit aux collecteurs des tailles, de remettre à ces commis, des copies exactes de leurs rôles, pour qu'ils puffent connoître tous les habitans des paroiffes fituées dans l'étendue de ces dépôts.

Enfin, il établit des juges dans les villes du Blanc, de Châtellerault, de Thouars & de Mauléon, pour connoître, en premiere inftance, & fauf l'appel en la cour des aides de Paris, des contraventions aux règlemens. La juridiction du Blanc eut dans fon reffort les dépôts de Saint-Benoît-du-Sault, de Bellabre, Angles & Blanc; celle de Châtellerault, les dépôts de la Puy, Châtellerault, Jaunais & Latillé; celle de Thouars, les dépôts de cette ville, d'Airvault & Argenton-le-château; celle de Mauléon, aujourd'hui transférée à Châtillon sur Sevre, les *dépôts* de Mauléon, Mortagne & Tiffauge.

La cour des aides de Montauban nomma aussi en 1667 un de ses membres, pour faire la même opération dans la Marche, l'Auvergne & Combrailles. Ce député, après avoir entendu les habitans des cinq lieues frontieres du Bourbonnois & du Berri, & fait procéder au mesurage de la distance de plusieurs paroisses, qui contredisoient l'exposé de l'adjudicataire sur leur position, détermina les villes & lieux compris dans ces cinq lieues. Il ordonna l'établissement de 23 dépôts à Fresselines, depuis transféré à Dun-le-Palteau; à la Celle Dunoise, Gleny, Sarnage, Moutiers, d'Ahun, Chencrailles, Mainsal, Chambon, Eveaux, Montaigu, Pionsat, Saint-Gervais, Ménat, Combronde, Ebreuilles, Aigue-Perse, Marsat, Maringue, Thiers, Riss, Cusset & Saint-Pourçain; & fixa le nombre des lieux & paroisses, qui composeroit l'arrondissement respectif de chacun de ces magasins, en prescrivant l'exécution des formalités, à-peu-près les mêmes que celles qu'on a ci-devant détaillées.

Le titre 16 de l'ordonnance des gabelles de 1680 confirma l'établissement de tous ces dépôts, & l'arrondissement des paroisses mises dans le ressort de chacun. On peut le consulter, pour connoître en détail ces paroisses qui sont dénommées.

Les changemens arrivés postérieurement consistent dans la translation d'un *dépôt*, en une autre ville que celle où il avoit été primitivement placé, dans la distraction de quelques paroisses d'un *dépôt*, pour être attachées à un autre, & dans la nouvelle création de deux de ces magasins.

Au reste, dans l'état actuel des choses, il existe quinze *dépôts* en Poitou, & vingt-cinq dans la Marche, la Combraille & l'Auvergne.

Parmi tous ces *dépôts*, celui de Thiers forme une classe particuliere, en ce que, dès 1668, il fut passé, entre les habitans de cette ville & le fermier des gabelles du Lyonnois, une transaction, par laquelle il fut stipulé que ce dernier auroit à ses frais, soit dans la ville, soit dans les fauxbourgs, un magasin, pour y déposer les sels nécessaires à la consommation des habitans, qui ne pourroient se fournir que dans ce magasin, à peine de faux-saunage, & seulement pour quinze jours, excepté dans le tems des salaisons; que ce sel seroit payé trois livres deux sols la quarte, ou quinze sols six deniers la coupe, quitte de tous droits; il fut stipulé aussi, que ce magasin seroit fermé à deux clefs, dont l'une pour le contrôleur des billettes, & l'autre pour le receveur du fermier, sauf à l'adjudicataire des gabelles de France, à y établir, s'il le jugeoit à propos, un contrôleur, auquel il seroit remis une troisieme clef, & qu'il ne seroit ouvert que deux fois la semaine, avec la liberté à un des consuls de la ville, d'assister à la distribution du sel.

Cette convention ayant été homologuée à la cour des aides de Clermont, en conséquence de l'arrêt du conseil du 15 mars 1669, ses conditions ont été constamment observées depuis; & le *dépôt* de Thiers a toujours été approvisionné de sels provenans des salines d'Hyeres.

L'établissement de tous ces *dépôts* ayant été insuffisant, pour préserver le pays de gabelles des versemens faits par les habitans des *provinces rédimées*; la cour des aides de Clermont fit, en 1692 & 1695, deux réglemens pour y pourvoir. Le premier défend à tous marchands de sel, tant en gros qu'en détail, dans l'étendue du pays rédimé, d'en vendre pendant la nuit & à d'autres heures que celles qui sont indiquées pour la vente dans les *dépôts*, & d'en livrer à d'autres personnes, que gens domiciliés & connus, à peine de faux-saunage.

Le second porte les précautions plus loin encore; il fait défense à tous marchands, regratiers & revendeurs de sel, d'en vendre, soit pendant le jour, soit pendant la nuit, qu'à gens connus pour domiciliés dans le pays rédimé, & aux inconnus, sans des certificats des curés des lieux, consuls, & autres personnes publiques, attestant que ces inconnus sont habitans du pays exempt; & de délivrer, sur ces certificats, de plus grandes quantités que celles nécessaires pour leurs provisions, à moins qu'ils ne fissent commerce. Il ordonne en même tems, que tous marchands & tous vendans sel tiendront registre de leurs ventes excédentes une coupe, comme aussi des certificats sur lesquels ils en délivreront des inconnus, ensemble de leur déclaration, si c'est pour le commerce ou pour leur provision; que ces registres seront signés & paraphés par les juges des gabelles, ou par les élus & curés des lieux, au choix des marchands, & qu'en cas de contravention de la part de ces marchands, ils seront condamnés en trois cents livres d'amende, & demeureront responsables des fausses distributions, ainsi que du faux-saunage qui pourra s'ensuivre.

La publication de cet arrêt ayant causé une forte d'émeute dans la ville de Clermont, la cour des aides, pour l'appaiser, remit les choses dans leur premier état, par son arrêt du 28 mai 1696; mais sur les représentations du fermier des gabelles, le conseil cassa le dernier arrêt, & ordonna que ceux des 2 avril 1692 & 17 novembre 1695 auroient leur entiere exécution.

Dans la suite, les précautions prescrites par ces arrêts parurent au fermier des gabelles, propres à produire par-tout des effets avantageux à sa ferme. Elles devinrent la matiere de la déclaration du 21 avril 1705, qui les rendit communes à l'universalité des *provinces rédimées*.

Dans l'origine de l'établissement de ces *dépôts*, tous particuliers, résidans en pays rédimé, pouvoient faire commerce de sel, dans les cinq lieues du pays sujet, à la charge de faire inscrire leurs noms au greffe des juridictions des *dépôts*, de prendre des passeports du commis du fermier, pour la conduite de leurs sels, & de les faire voiturer de jour, & par les grands chemins, & enfin, de les emplacer, aussi-tôt leur arrivée, dans le *dépôt* commun, pour y rester jusqu'à l'instant où ils pourroient être vendus.

Cette liberté, en remplissant ces différentes formalités, avoit été confirmée par l'article 7 du titre 18 de l'ordonnance des gabelles de 1680. Son existence fut de courte durée; & voici comment le fermier des gabelles parvint à l'attaquer & à la détruire. Il représenta d'abord que, dans le *dépôt* de Thouars en Poitou, le nombre des marchands de sel étoit si grand, qu'il en résultoit beaucoup d'abus, auxquels il ne lui étoit pas possible de s'opposer, & que les droits du roi en souffroient un préjudice considérable. Un arrêt du 12 janvier 1712, faisant droit sur ces représentations, ordonna que le nombre des marchands demeureroit fixé à sept, dans l'étendue du *dépôt* de Thouars; ensuite, l'arrêt du 7 juillet 1722 porta ce nombre à vingt, avec défenses à toutes personnes, de s'immiscer au fournissement de ce *dépôt*, à peine de faux-saunage.

La même année, une déclaration du 22 novembre étendit ces dispositions à tous les pays de *dépôt*, & forma une sorte de code de police, qu'il est intéressant de faire connoître.

L'article premier annulle d'abord toutes les permissions, données aux habitans des pays rédimés, d'amener du sel dans les *dépôts*.

L'article deux défend aux juges d'en accorder aucune à l'avenir, à d'autres qu'à des personnes solvables, connues pour telles, & du consentement du fermier ou de ses préposés, à peine d'interdiction.

Le troisieme fixe le nombre des fournisseurs de chaque *dépôt*, dans une proportion relative à la consommation, à raison de cinq cents boisseaux, ou cent soixante-quinze minots pour chacun d'eux.

Le quatrieme ordonne que les nouvelles permissions seront accordées aux anciens fournisseurs, eu égard à leur conduite & à leurs facultés.

Le cinquieme fait défense à tous les anciens fournisseurs, dont les permissions n'auront pas été renouvellées, d'amener du sel dans les *dépôts*, à peine de deux cents livres d'amende pour la premiere fois, & d'être punis comme faux-sauniers, en cas de récidive.

Les sixieme & septieme rendent communes aux particuliers, qui, sous le nom de *minotiers*, faisoient alors la distribution du sel amené dans les *dépôts* par les fournisseurs, les dispositions des articles 4 & 5.

Enfin, l'article 10 révoque la permission accor-

dée généralement, par l'article 18 du titre 16 de l'ordonnance, aux habitans des pays de *dépôt*, d'aller s'approvisionner, soit aux salorges ou magasins de sel, soit dans d'autres *dépôts*, que ceux sur le ressort duquel ils résideront; leur défendant, sous quelque prétexte que ce soit, d'aller aux salorges, ni même dans des *dépôts* plus voisins de leur domicile, à peine de cent cinquante livres d'amende pour la premiere fois, & d'être punis comme faux-sauniers, en cas de récidive.

Au moyen des dispositions de l'article 2, le fermier est en quelque sorte le maître du choix des fournisseurs; & il a été confirmé dans cette possession, par l'arrêt du conseil du 8 novembre 1723, qui a prononcé la cassation de deux sentences du *dépôt* de Chenerailles, autorisant deux fournisseurs supprimés par le fermier, à continuer leurs fonctions.

Dans la suite, d'autres arrêts du conseil, rendus en 1723 & en 1730, & enfin, les lettres-patentes du 10 juin 1749, ont nommément attribué à l'adjudicataire des fermes, le droit de nommer aux places de fournisseurs; en conséquence, ce dernier règlement a ordonné,

1°. Que toute survivance ou expectative, accordée pour des places de fournisseurs ou minotiers dans les *dépôts*, demeureroit annullée, encore que ceux qui les auroient obtenües, eussent été reçus dans les cours des aides, ou dans les juridictions des *dépôts*.

2°. Que ceux alors en fonctions seroient tenus, à peine de destitution, de prendre du fermier, des commissions, qui seroient enregistrées sans frais.

3°. Que tous fournisseurs, reçus aux cours des aides & aux juridictions des *dépôts*, sans commission du fermier, seroient privés de leurs fonctions.

4°. Enfin, que ces commissions ne pourroient être accordées qu'à des personnes sachant lire & écrire, solvables & domiciliées dans le lieu.

Les arrêts du conseil du 11 février 1755, & les lettres-patentes du 9 juin 1761, enregistrées dans les cours des aides, ont donné à cette législation toute la sanction nécessaire pour la mettre en vigueur, & elle y est encore.

La ferme générale, remarquant qu'une fréquente circulation de sel, pour l'approvisionnement des *dépôts*, ne pouvoit manquer de donner lieu à des versemens, s'occupa des moyens de faire elle-même cet approvisionnement. Les fournisseurs avoient seuls un intérêt direct à s'opposer à ses vues. Elle gagna ceux des *dépôts* de Tiffauge, Mortagne, Châtillon, Argenton-le-château, Thouars, Airvault & Saint-Pourçain, en leur assurant, par une gratification annuelle, un traitement à-peu-près égal à celui qu'ils retiroient de leurs places.

Le succès de ces premieres tentatives faisoit espérer de réussir également, dans l'approvisionnement universel & exclusif de tous les *dépôts*;

mais la cupidité de quelques particuliers, éveillée par cette spéculation, & soutenue par des protecteurs puissans, sollicita cet approvisionnement général.

L'adjudicataire des fermes reçut communication de cette demande ; il y répondit, en exposant que l'approvisionnement des *dépôts*, entre les mains d'une compagnie qui chercheroit à obtenir des bénéfices, occasionneroit des abus plus multipliés, & plus préjudiciables aux produits de la ferme des gabelles, que s'il restoit aux fournisseurs ou minotiers ; qu'il seroit très-utile de faire cesser les transports continuels de sels, dont il filtroit toujours des portions dans le pays de gabelle : l'adjudicataire concluoit de cet exposé, que lui seul pouvoit être chargé de cet approvisionnement, sans inconvéniens. Il cita en cette occasion les *dépôts* qu'il fournissoit déja, & présenta non-seulement le tableau des augmentations de produit, qu'avoient donné les ventes des greniers voisins de ces *dépôts* ; mais encore l'apperçu de celles que tout autorisoit à espérer, lorsqu'il approvisionneroit exclusivement tous les *dépôts*.

Ces observations étoient terminées par rappeller que, dès 1642, Hamel, alors adjudicataire, avoit été chargé de fournir à plusieurs villes, le sel de leur consommation ; elles furent accueillies favorablement.

Le 3 octobre 1773, intervint un arrêt qui ordonna que les *dépôts*, établis dans les cinq lieues des *provinces rédimées*, limitrophes du pays de gabelles, seroient à l'avenir approvisionnés, à la diligence & aux frais de l'adjudicataire des fermes, de sels dont il feroit l'achat, sur tels marais salans du royaume qu'il jugeroit à-propos, & fit défenses aux marchands de sel, fournisseurs & minotiers de ces *dépôts*, de continuer d'y faire voiturer aucun sel, à compter du jour que la révocation des commissions du fermier leur auroit été signifiée, à peine de faux-saunage.

Le même arrêt, qui contient vingt-cinq articles qu'il seroit superflu de rapporter, statua sur tout ce qui concernoit la voiture, l'emplacement & la vente des sels, prescrivit l'exécution des anciens règlemens, relatifs à cette police, & étendit leurs dispositions, dans ce qu'elles laissoient à desirer.

La publication de cet arrêt, qui portoit le système du fermier au dernier degré de perfection, excita les plus vives réclamations, tant des habitans du pays de *dépôt*, que de ceux de l'intérieur des *provinces rédimées* ; mais l'intérêt du fisc, sous une administration toute fiscale, dicta le 18 avril 1774 un second arrêt, qui ordonna l'exécution du premier.

En conséquence, l'adjudicataire se pourvut des magasins dont il avoit besoin, pour emplacer les sels d'approvisionnement, & prit toutes les précautions qu'exigeoit leur transport à leur destination. Le conseil supérieur, qui, depuis la subver-

sion des parlemens, existoit à Clermont, tenta tout ce qu'il pouvoit pour rappeller la liberté, anéantie par les nouveaux arrangemens, en défendant à l'adjudicataire, par arrêt du 28 avril 1774, d'approvisionner les *dépôts* de son ressort, & d'y faire, par lui ou ses préposés, aucun débit de sel. Mais cet arrêt, qui étoit un monument du zele du tribunal, pour les anciens privilèges de la province, fut cassé par un troisieme arrêt du conseil, du 19 juillet, qui confirma l'exécution des deux premiers, & fit défense au conseil supérieur de troubler l'adjudicataire, ni directement, ni indirectement.

Celui-ci, se confiant dans toutes ces autorités, avoit déja approvisionné plusieurs *dépôts*, & prenoit des mesures pour donner à sa jouissance, toute l'étendue dont elle étoit susceptible. Mais le changement, arrivé dans le ministere des finances, en apporta également dans tout ce qui avoit été fait touchant les *dépôts*. Les *provinces rédimées* adresserent de vives réclamations au nouveau ministre, dont les principes favorables à la liberté étoient connus. Elles se plaignoient d'avoir été dépouillées des anciens privilèges, qu'elles avoient achetés par des sacrifices considérables ; & elles insistoient principalement sur la crainte que le prix des sels, fournis par l'adjudicataire des fermes, d'abord à un taux raisonnable, ne reçut dans la suite des accroissemens sous différens prétextes, & par l'addition de quelques sols pour livre. Le ministre fut touché de ces considérations, & fit rendre, le 14 octobre 1774, un quatrieme arrêt, qui révoquoit les trois arrêts précédens, & tout ce qui s'en étoit suivi.

Il ordonna que les fournisseurs & minotiers des *dépôts*, établis dans les *provinces rédimées* des droits de gabelles, continueroient de fournir ces *dépôts* ; à l'effet de quoi ils se chargeroient des approvisionnemens en sels, faits par l'adjudicataire des fermes à la destination des *dépôts*, & lui en rembourseroient le prix, relativement à celui que le sel auroit dans les salorges les plus voisines, en y ajoutant le prix du transport, de ces salorges dans les *dépôts*, & déduisant les vingt sols par minot, accordés aux minotiers pour leur bénéfice.

Depuis cet arrêt, les choses resterent dans l'état où elles étoient avant 1773, & l'adjudicataire des fermes fut privé de l'approvisionnement des sept *dépôts*, qu'il avoit fournis de sels, en vertu des conventions particulieres dont il a été parlé. Il ne lui resta que le droit d'y faire conduire & vendre les sels, saisis sur le ressort des greniers voisins, conformément aux arrêts des 19 mars 1767, & 26 mai 1772 ; & celui de délivrer des commissions aux fournisseurs & minotiers, sans lesquelles ils ne pourroient pas être admis à en faire les fonctions, & à prêter le serment qu'elles exigent.

Il convient d'ajouter ici que ces fourniffeurs & minotiers, quoique nommés par l'adjudicataire des fermes, ne jouiffent pas des privilèges accordés aux employés & commis; fans doute parce que leur exercice n'a lieu que les jours de l'ouverture des *dépôts*; & fe rapporte plus à l'utilité de-leurs concitoyens, qu'à la confervation des produits de la ferme du roi.

On a vu ci-devant, comment il avoit été réglé que fe feroit la vente du fel dans les *dépôts*, & à quelles heures elle auroit lieu. L'ordonnance des gabelles, article 10 du titre 16, a ordonné que ces *dépôts* feroient ouverts tous les jours de marché, à commencer du premier mars jufqu'au premier octobre, depuis fix heures du matin jufqu'à midi, & depuis deux heures de relevée jufqu'à fept, & le refte de l'année, depuis huit heures du matin jufqu'à midi, & depuis deux heures jufqu'à quatre; elle a ajouté que le fel feroit, chacun de ces jours, tiré du *dépôt* par les marchands, pour être par eux expofé en vente fur la place du marché, en la maniere accoutumée.

L'article 2 du même titre porte d'ailleurs que, dans les lieux où il n'y auroit pas de marché, les jours, heures & places feroient réglés, avec les habitans & le commis du fermier, par le juge du *dépôt*.

L'article 13 a ajouté que, pour la commodité des artifans & du menu peuple, les *dépôts* feroient encore ouverts les dimanches & fêtes, autres que les fêtes folemnelles & de celles du patron, depuis fept heures du matin jufqu'à neuf, & depuis midi jufqu'à deux; mais que, dans ces jours, le fel ne feroit expofé en vente qu'à la porte du *dépôt* feulement.

Enfin, l'article 12, enjoint aux marchands, de rapporter à la fin de chaque jour dans le *dépôt*, les fels non-vendus, pour y être renfermés fous la clef; & dont il fera fait mention fur le regiftre du commis du fermier.

Depuis que la déclaration du 22 novembre 1722, a réglé le nombre des minotiers, marchands de fel en chaque *dépôt*, fuivant l'objet de la confommation de fon reffort; c'eft dans l'intérieur même du *dépôt* que la vente fe fait. Cet arrangement évite aux marchands, les embarras & les déchets auxquels ils étoient expofés lorfqu'ils tranfportoient chaque jour de vente leurs fels fur le marché où ils reftoient à l'air pendant tout le jour, & qu'ils le rapportoient le foir au *dépôt*, & en même tems, donne moins de facilités pour les abus.

Dans quelques *dépôts*, les minotiers ou marchands, forment enfemble une même maffe qu'ils renouvellent auffi fouvent que l'exige leur débit, & tout eft alors commun entre eux.

Dans d'autres *dépôts*, chaque minotier fait fes approvifionnemens particuliers, & vend concurremment avec fes confreres; mais le dépôt eft toujours commun à tous ceux du même lieu. Il eft

divifé en autant de cafes qu'il fe trouve de minotiers; en forte que chacun vend féparément dans fon magafin particulier.

L'ufage de plufieurs autres *dépôts* où les minotiers font en grand nombre, eft que chacun vend alternativement jufqu'à la concurrence de cent foixante-quinze minots. Lorfque cette quantité eft débitée, un autre minotier ouvre fon magafin, & ainfi de fuite, jufqu'à ce qu'ils aient vendu l'un après l'autre la même quantité.

L'ordonnance des gabelles n'ayant pas préfcrit la forme des mefures dont les minotiers dévoient fe fervir pour le débit de leurs fels, chacun d'eux avoit adopté celles qui lui avoient paru les plus commodes. Afin d'établir l'uniformité, l'article 14 de la déclaration de 1722, a ordonné, qu'à compter du premier janvier fuivant, le boiffeau des *dépôts* feroit fixé au quart du minot, mefure de Paris, avec défenfe de fe fervir d'une autre mefure, à peine de deux cents livres d'amende. La cour des aides de Clermont a préfcrit l'exécution de cette obligation dans fon reffort, par arrêt du 11 mai 1762, & a fait procéder à la confection des matrices néceffaires pour étalonner les mefures ordonnées.

Conformément à l'article 15 de la déclaration de 1722, les minotiers ne doivent mefurer leur fel qu'à pelle renverfée, c'eft-à-dire, en rempliffant le boiffeau avec la pelle, & non à pelle forcée, à peine de deux cents livres d'amende: mefurer à pelle forcée, c'eft jeter dans le boiffeau le fel pour qu'il s'y entaffe, ou l'entaffer en le frappant de la pelle. Cette maniere de mefurer étant convenue entre le minotier & l'acheteur, fourniroit à celui-ci un excédent de confommation dont il lui feroit facile enfuite d'abufer, en le vendant en pays de gabelles. C'eft par ces motifs que la loi s'eft occupée des moyens de prévenir cette connivence.

Le prix du fel, dans les *dépôts*, n'avoit pas été fixé en 1680 par l'ordonnance, parce qu'à cette époque, il exiftoit un trop grand nombre de marchands, pour craindre qu'ils ne concertaffent le monopole. Mais lorfque le nombre des minotiers eût été réglé & réduit à ce qu'exigeoit l'arrondiffement de chaque *dépôt*, il leur étoit facile de s'entendre pour hauffer arbitrairement le prix de leurs fels. Les officiers de la juridiction du *dépôt* de Châtellerault, s'apperçurent les premiers du projet des minotiers. Ils le déconcerterent par une ordonnance qui fixoit ce prix, en fe réfervant de le changer ultérieurement fuivant les circonftances, & elle fut approuvée par la cour des aides de Paris.

Cet exemple ne tarda pas à être fuivi par toutes les juridictions des autres *dépôts*, & elles font actuellement toutes dans l'ufage d'arrêter chaque année, le prix que les reffortiffans doivent payer le fel. Pour le faire en connoiffance de caufe, ils prennent des informations exactes fur les variations qu'éprouve la valeur du sel dans les falorges où les minotiers font leurs achats, en ajoutant, à cette valeur, les frais de voiture, le montant des droits payés dans ce transport, & enfin le bénéfice honnête qu'il est juste de leur accorder.

Si cette police met les intérêts du public en sûreté, les lettres-patentes du 10 avril 1749, ont aussi pourvu aux moyens de préserver la ferme des gabelles de tout abus dans la consommation des ressortissans aux dépôts : chacun d'eux étant obligé de prendre un permis ou bulletin du contrôleur du dépôt, préposé par le fermier, dans lequel est énoncée la quantité du sel qui doit lui être délivrée. Il est défendu aux minotiers d'en livrer davantage, à peine de cent livres d'amende, pour la première fois, par chaque contravention ; & en cas de récidive, d'être poursuivis comme faux-sauniers. Les mêmes lettres-patentes, article 4, portent que les contraventions de cette espèce seront constatées par des procès-verbaux signés de deux commis de l'adjudicataire, lesquels feront foi jusqu'à inscription de faux ; & font défense aux juges de modérer les amendes dans les cas de cette espèce, à peine d'en répondre en leur propre & privé nom.

Au surplus, l'ordre qui s'observe aujourd'hui dans les dépôts, pendant la vente, ne permet guère aux minotiers de délivrer aux ressortissans des quantités supérieures à celles qu'il leur a été permis de lever, & à ceux-ci, de se faire faire deux livraisons sur un seul bulletin.

Lorsqu'un particulier, domicilié en pays de dépôt, veut faire sa provision de sel, il se rend au bureau du contrôleur ; il lui présente sa feuille de gabelles, qui contient l'indication du nombre des personnes dont sa famille est composée, & lui déclare en même tems ce qu'il désire de sel. Le contrôleur, après avoir vérifié l'exposé de la feuille, calcule si la quantité de sel demandée n'excede pas la proportion d'un minot par an pour sept personnes, & la provision de six mois, auxquels doit être restreinte celle de tout habitant du pays de dépôt. Après cette opération, il inscrit au dos de la feuille de gabelle, que la livraison de tant de sel peut être faite.

Le contrôleur remet ensuite ce bulletin à un employé chargé de la garde du dépôt ; lorsque celui-ci reconnoît l'instant où le ressortissant peut se présenter pour recevoir sa livraison, sans apporter aucun trouble dans le service du mesurage, il l'appelle & le fait entrer dans le dépôt, en lui remettant son permis, pour qu'il le présente au minotier. Ce dernier, après avoir vu la quantité du sel accordée, la livre, & rend l'expédition.

A la porte du dépôt, se trouve encore un vérificateur, qui juge de l'œil si la livraison est exacte. En cas de soupçon, il constate la quantité par un contre-mesurage, & verbalise, s'il y a lieu, sinon

il signe le vu sortir du dépôt, & remet le permis au particulier.

Parmi les formalités auxquelles sont sujettes les ventes de sel, dans les dépôts, il faut d'abord placer l'obligation des collecteurs de la taille, de délivrer au contrôleur du fermier, au plus tard dans le mois de février, une copie de leurs rôles, à peine de quarante livres d'amende : l'article 17 du titre 16 de l'ordonnance des gabelles y est formel. L'expérience ayant appris que ces dispositions étoient insuffisantes, parce qu'elles ne fixoient pas la forme de ces rôles, l'arrêt de la cour des aides de Clermont y pourvut, dans son ressort, le 2 août 1692 ; un arrêt enjoignit aux collecteurs d'inférer le nombre & la qualité des personnes dont chaque famille seroit composée, sans y comprendre les enfans au-dessous de deux ans, ni les mendians & vagabonds qui n'auroient pas de domicile fixe, à peine d'être responsables en leur propre & privé nom, des fausses livraisons qui pourroient être faites ; il fut défendu en même tems aux contrôleurs des dépôts, de donner pour l'usage de chaque enfant au-dessus de deux ans jusqu'à sept, plus que la quantité de trois livres de sel pour l'année.

La déclaration du 22 novembre 1722, est venue ensuite rendre ces obligations générales pour tous les pays de dépôts, & même les étendre, en ordonnant de comprendre dans un chapitre séparé, les chapitres ecclésiastiques, les communautés régulieres, les nobles & officiers d'épée & de justice, avec leurs domestiques, avec défense d'exagérer le nombre de personnes dont chaque famille ou communauté seroit composée, à peine de dix livres d'amende pour chaque personne.

La cour des aides de Paris s'est conformée à cette jurisprudence en différentes occasions, notamment par son arrêt du 16 mars 1764. Mais elle n'admet les enfans dans les rôles qu'au-dessus de huit ans ; d'ailleurs, comme aucun des règlemens qu'on a cités n'obligent les collecteurs à signer les copies des rôles qu'ils remettent aux contrôleurs des dépôts, c'est à ceux-ci à se donner des soins pour les avoir exacts, en les comparant aux rôles des années antérieures.

On a vu que tous les habitans domiciliés dans l'arrondissement d'un dépôt, ne peuvent aller lever leur sel dans un autre. L'article 10 de la déclaration du 22 novembre 1722, a renouvelé cette défense, à peine de cent cinquante livres d'amende, & l'article 12 défend aux commis des dépôts de leur délivrer, sous quelque prétexte que ce soit, aucuns passavans, soit pour aller aux salorges, soit pour aller en d'autres dépôts ; nonobstant ce qui est porté par l'article 18 du titre 16 de l'ordonnance de 1680, auquel il a été expressément dérogé.

La même ordonnance, article 5 du même titre, défend également à ces ressortissans d'avoir chez eux plus de fel que ce qui eft néceffaire à la provifion de leur famille pendant fix mois, à raifon d'un minot par an, pour fept perfonnes, tant pour le pot & faliere, que pour les groffes falaifons, à peine de confifcation de l'excédent, & de deux cents livres d'amende ; mais par une contradiction qui ne peut s'expliquer que par une inattention, l'article 6, ne prononce que cent cinquante livres d'amende avec la confifcation des amas de fel qui peuvent être faits dans les paroiffes des pays de *dépôt* ; en forte qu'il femble que cette loi ait jugé un excédent de fel à la provifion de fix mois, plus dangereux & plus puniffable qu'un amas de fel.

On a rapporté comment fe délivrent les permis de lever du fel aux reffortiffans, comment la livraifon leur en eft faite, & comment les bulletins qui leur font expédiés gratis, fervent à faciliter l'enlèvement de cette denrée. Ils doivent auffi l'accompagner à leur domicile ; & elle doit être conduite directement, à peine de confifcation & d'amende arbitraire, fi un reffortiffant des *dépôts* étoit rencontré tranfportant du fel, ou la nuit, ou par une route oblique, ou au-delà de fon domicile.

Dans le cas où un habitant du pays de gabelles, vient habiter dans l'arrondiffement d'un *dépôt*, il ne peut, fuivant l'article 16 du titre 16 de l'ordonnance, être admis à s'y approvifionner de fel qu'après un an & jour, à compter de l'inftant où il a fait, au greffe du *dépôt*, la déclaration de fon changement de domicile, & il eft tenu de continuer de prendre le fel de fa confommation dans le grenier dont il étoit reffortiffant.

Les contrôleurs des *dépôts* font des prépofés de l'adjudicataire des fermes, auxquels ces places fervent de retraite. Elles furent érigées en titre d'office, par l'édit du mois de juillet 1705, dans des circonftances malheureufes, où un befoin preffant ne laiffoit pas le choix des reffources pour y fubvenir ; mais ces offices furent fupprimés en 1716, & dès-lors, elles font reftées à la nomination du fermier des gabelles.

Les fonctions de ces contrôleurs font de tenir un compte ouvert à chaque minotier, pour avoir la balance de fes achats & de fes ventes, & d'enregiftrer les permis qu'il délivre aux reffortiffans, dont il a le dénombrement infcrit fur un autre regiftre, appellé *Sexté*, & qui eft la copie du rôle des tailles de chaque paroiffe, avec les quantités de fel qui font l'objet de ces permis. Cette double opération met ces contrôleurs à portée de reconnoître, d'un côté, fi le minotier ne fe procure pas quelques bénéfices illicites au préjudice des reffortiffans, & de l'autre, fi ceux-ci ne reçoivent que la portion qui leur eft affignée.

A ces contrôleurs, la ferme générale a joint depuis 1776, d'autres employés, fous le titre de vérificateurs des *dépôts*. Ils doivent partager tout le travail avec les premiers, & fur-tout procéder de tems à autre, à un contre mefurage des livraifons faites par les minotiers, & toutes les fois qu'à l'infpection ils peuvent foupçonner de l'infidélité.

Chaque jurisdiction des dépôts, eft compofée d'un préfident, d'un lieutenant, d'un procureur du roi & d'un greffier en titre d'office. Elles ont été érigées par l'édit du mois de mai 1691, & affez multipliées, pour que leur reffort refpectif ne fût pas d'une étendue trop confidérable.

L'édit du mois de novembre 1709, avoit créé dans ces jurisdictions des officiers alternatifs ; les anciens furent enfuite autorifés, par la déclaration du 12 août 1710, à faire la réunion des nouveaux offices ; en forte que depuis cette époque, ces jurisdictions font reftées compofées, comme on l'a dit, de quatre officiers.

Il fubfifte dix-neuf jurisdictions de cette efpece.

La premiere, qui comprend les *dépôts* de Mortagne & de Tiffauges, devroit être fixée dans cette premiere ville ; mais l'arrêt du confeil du 23 juillet 1697, a permis aux officiers de fiéger à Châtillon-fur-Sèvre.

La feconde eft établie auffi à Châtillon-fur-Sèvre, & n'a dans fon reffort, que le *dépôt* de Mauleon.

La troifieme, qui eft à Thouars, s'étend fur les *dépôts* d'Airvaut, Argenton-le-château & Thouars.

La quatrieme, à Châtellerault, comprend ceux de cette ville, des Ormes, de Jaunais, de Latillé & de Plumartin.

La cinquieme, au Blanc, & s'étend fur les *dépôts* d'Angles, de Bellabre, le Blanc & Saint-Benoît-du-Sault.

Ces cinq jurisdictions reffortiffent à la cour des aides de Paris, & les quatorze fuivantes, à la cour des aides de Clermont-Ferrand.

6e. Celle de Dun-le-Palteau, qui comprend les *dépôts* de ce lieu, & celui de Saint-Vaulry.

7e. Celle de Gueret, embraffant ceux de cette ville & de Gernage.

8e. Celle d'Aubuffon, pour les *dépôts* d'Ahun, de Cheherailles & Aubuffon.

9e. Celle d'Evaux, pour ceux de ce lieu & de Chambon.

10e. Celle d'Auzence, pour les *dépôts* de Mainfat & d'Auzence.

11e. Celle de Montaigu, pour ceux de Pionfat & de Montaigu.

12e. Celle de Saint-Gervais, pour les *dépôts* de ce lieu & de Ménat.

13e. Celle d'Ebreuille, pour le *dépôt* du lieu, & celui de Combronde.

14e. Celle de Saint-Pourçain, qui n'a que le *dépôt* de cette ville.

15e. Celle d'Aigue-Perfe, qui eft dans le même cas,

16e.

16e. Celle de Riom, encore semblable aux deux précédentes.

17e. Celle de Cuffet, dont le reffort comprend Ris & Cuffet.

18e. Celle de Maringues, dont le reffort s'étend fur le *dépôt* de ce lieu, & fur celui de Lézoux.

19e. Celle de Thiers, pour le feul *dépôt* de ce lieu.

Les officiers de ces juridictions, jouiffent des mêmes privilèges que les officiers des greniers à fel, conformément à l'édit de leur création, à la déclaration du 12 août 1710, & aux arrêts du confeil des 3 mai 1712 & 4 octobre 1723. Ils font tenus, comme ces derniers, de fe faire recevoir, de prêter ferment, tant aux cours des aides, que dans les bureaux des finances ; cette obligation leur ayant été expreffément impofée par l'arrêt du confeil du 22 feptembre 1723.

Les règlemens qui ont fixé la difcipline que l'on doit obferver dans les juridictions des greniers, la maniere dont les affaires doivent y être inftruites & jugées, les épices & vacations que les officiers font fondés à prétendre, font les mêmes pour ceux des *dépôts*.

Lorfque les juges font récufés, abfens ou malades, les procureurs du roi font autorifés à les fuppléer, en fe faifant remplacer par le plus ancien avocat ou praticien. Telles font les difpofitions des lettres-patentes du 21 février 1721, dont l'exécution a été formellement ordonnée par l'arrêt de la cour des aides de Clermont-Ferrand du 29 mars fuivant.

Les *dépôts* de fel établis en Bretagne, ont la même fin que dans les autres provinces, dont il vient d'être queftion ; mais il s'agit de faire connoître leur origine, & la différence qui diftingue ces *dépôts* des autres.

Avant l'union de la Bretagne à la France, cette province étoit poffédée en toute fouveraineté par des Ducs. Dans les guerres que ces princes avoient eu à foutenir, ils avoient ordonné la levée de différens impôts du confentement des Etats, mais jamais ils n'en avoient mis fur le fel ; la claufe de l'exemption de cette denrée, fut expreffément ftipulée dans le contrat paffé entre Charles VIII, & Anne, ducheffe de Bretagne, qui, en 1491, devint reine de France par ce mariage, & époufa enfuite Louis XII, fucceffeur de Charles.

Ce contrat portoit que la province de Bretagne, en confervant les divers privilèges dont elle jouiffoit, n'acquitteroit aucun des droits qui fe percevoient alors, ou qui pourroient être ultérieurement perçus, fur le fel, dans les autres provinces du royaume. C'eft fur cette claufe, conftamment rappellée dans les contrats qui fe paffent tous les deux ans entre les Etats de la province & les commiffaires du roi, que repofe l'affranchiffement abfolu des droits de gabelles, que la Bretagne a confervé jufqu'à préfent.

Finances. Tome I.

Lorfque François Ier., par fon édit du mois d'avril 1542, fubftitua aux droits de gabelles, alors perçus dans les provinces qui compofoient le royaume, un droit uniforme de vingt-quatre livres par muid, exigible à l'enlèvement des marais, il ordonna qu'il feroit perçu, en Bretagne, de la même maniere que dans les autres provinces où il exiftoit des marais falans. Mais tout autorife à croire que les repréfentations des Etats de cette province contre cet édit, ne déterminerent pas moins que les réclamations de tous les propriétaires des marais falans, à en abandonner l'exécution ; car l'année fuivante, l'édit du mois de mai abrogea celui d'avril 1542, & rétablit l'ancien droit de gabelle de quarante-cinq livres tournois, perceptible feulement à l'inftant de la vente du fel. Ce même édit déclara formellement exempts de ce droit, les habitans de la province de Bretagne, tant pour le fel néceffaire à la falaifon des poiffons de leur pêche, que pour celui de leur confommation.

Depuis cette époque, la Bretagne a joui fans trouble de ce privilège. Il a même été confirmé par différens règlemens généraux, & notamment par l'ordonnance des gabelles du mois de mai 1680, article 23 du titre 16, dont il a été fait mention à l'article *Bretagne*.

Dès le tems voifin de la réunion de la Bretagne à la couronne, il fut pris des précautions pour empêcher que les habitans limitrophes des provinces foumifes aux gabelles, ne nuififfent aux produits de cette ferme.

L'article 9 de l'ordonnance du 25 août 1535, ordonna dans cette vue, que les falorges fituées fur les frontieres de l'Anjou & du Maine, feroient ôtées, & qu'il ne pourroit y en être établi, à peine de confifcation du fel.

L'édit du 25 août 1579, dont les difpofitions étoient communes à toutes les provinces où le commerce du fel étoit libre, fit défenfe d'en vendre aux habitans des pays de gabelles, & à ceux-ci d'en acheter, à peine d'amende de trois cents livres, folidaire entre les vendeurs & les acheteurs.

Le bail de la ferme des gabelles, paffé le 3 décembre 1598, autorifa l'adjudicataire à placer des commis au bureau de la prévôté de Nantes, pour figner les acquits délivrés à ceux qui venoient y acheter du fel deftiné à la confommation des paroiffes frontieres de l'Anjou ; & empêcher qu'ils n'en priffent des quantités excédentes à leurs befoins, pour le revendre enfuite fur les pays de greniers. Il lui fut permis en même tems de placer des archers ou gardes le long de la Loire, pour veiller fur les conducteurs des bateaux chargés de fel qui remontoient cette riviere, & empêcher les verfemens de cette denrée fur les pays de gabelles.

Toutes ces mefures n'ayant pas eu le fuccès qu'on en attendoit, l'édit du 28 août 1599 établit une nouvelle police relative au transport des sels pris à Nantes, pour l'approvisionnement de l'intérieur de la Bretagne.

Il ordonna qu'il ne pourroit être tenu sel en salorges, qu'au-delà de cinq lieues du pays de gabelles, à peine de trois cents livres d'amende & de confiscation, & qu'il n'en pourroit être voituré sur la Loire, que par brevets & congés des officiers du mesurage à Nantes, à peine de confiscation, quand même la saisie seroit faite en Bretagne.

Cet édit ordonna aussi que, par le général des finances en Bretagne, il seroit fait vérification du nombre des personnes existantes dans les villes, bourgs & paroisses voisines de la Loire, & quatre lieues de distance, pour évaluer en conséquence la quantité de sel qui pourroit s'y consommer, & envoyer l'état aux officiers du mesurage à Nantes, qui seroient tenus de s'y conformer.

Il ajouta que les habitans de ces districts nommeroient de leur côté, pour chaque paroisse, un fondé de procuration, pour aller acheter à Nantes la quantité de sel fixée, à la charge, par lui, de donner caution en cette ville, de justifier, dans trois mois, de l'arrivée du sel à sa destination.

Il fut enjoint aux officiers du mesurage de Nantes, de tenir registre des enlevemens de sel, tant pour suivre l'exécution des soumissions, que pour justifier que le rôle, arrêté par le général des finances, n'auroit pas été excédé. Dans le cas du non-rapport des certificats de décharge de sel, il fut prononcé trois cents livres d'amende par chaque muid mesuré.

Cet édit enfin permit, tant aux commis de l'adjudicataire, qu'aux officiers des greniers d'Ingrande & de Saint-Florent, de faire des visites dans les paroisses soumises à cette police, afin d'y découvrir les contraventions qui se commettroient; & ces officiers furent autorisés à en connoître.

Le Parlement & les Etats de Bretagne, persuadés que ce règlement portoit atteinte aux privilèges de la province, s'opposèrent à son exécution. Les désordres qu'il tendoit à réprimer, ayant continué, une ordonnance, du mois de janvier 1639, renouvella aux ecclésiastiques nobles, & autres habitans des paroisses de Bretagne, situées dans les cinq lieues des limites du pays de gabelles, la défense d'avoir chez eux du sel, au-delà de leur provision pour six mois, d'en faire amas ou d'en vendre, à peine de confiscation, de trois mille livres d'amende, & d'être déchus de tous privilèges, & compris dans les rôles de l'impôt des greniers voisins, de même que les autres contribuables.

Comme l'article 7 de la même ordonnance portoit, que les officiers des greniers pourroient faire toutes visites, dans les cinq lieues limitrophes de leur ressort, & leur attribuoit, privativement à tous autres juges, la connoissance des contraventions qu'ils constateroient; cette disposition, qui dépouilloit le parlement de Bretagne, & les juridictions de la province, fut considérée par les Etats, comme une infraction au contrat d'union. En conséquence, réclamation très-vive de leur part; & toute cette ordonnance resta sans exécution.

Peu de tems même après sa publication, une troupe de faux-sauniers, sous le nom de cadets de Bretagne, forcèrent à main armée les prisons de Pouancé, dans lesquelles plusieurs de leurs associés étoient détenus, tentèrent de piller la recette des gabelles de ce lieu, & commirent plusieurs excès de ce genre.

Le parlement de Bretagne se hâta de réprimer ces désordres, par un arrêt du 29 avril 1669; afin d'en écarter les occasions, il fit défense à toutes personnes, de faire des amas de sels dans les paroisses, frontières des provinces de Normandie, Maine & Anjou, au-delà de ce qui seroit nécessaire pour la consommation de leurs maisons, & à tous marchands, d'en vendre qu'aux habitans & domiciliés de la province, à peine de cinq cents livres d'amende; à tous cabaretiers & autres, de loger des faux-sauniers, vagabonds & gens attroupés, sous pareille peine. Il enjoignit aussi à tous officiers & habitans, d'arrêter & courir sus aux faux-sauniers & gens attroupés, pour les représenter en justice, vifs ou morts, avec leurs chevaux, armes & sels, & fit publier cet arrêt aux audiences des juridictions, & aux prônes des messes paroissiales.

Un autre arrêt du 28 septembre 1671, confirma ces mêmes dispositions, commit un des membres du parlement pour informer des contraventions, & renouvella la défense de faire des amas de sel, dans les paroisses voisines des deux lieues des provinces de Normandie, du Maine & de l'Anjou, au-delà de la provision nécessaire, à l'exception toutefois des villes de Dol, Fougeres, Vitré, Laguerche, Châteaubriand, Ancenis & Clisson, dans lesquelles l'on pourroit vendre les jours de marché seulement, & pendant qu'il se tiendroit.

Cette exception devint l'origine des dépôts qui subsistent à présent dans ces six villes; celui qui devoit avoir lieu à Dol ayant été abandonné. L'article 23 de l'ordonnance du mois de mai 1680, confirma toutes ces dispositions, en ajoutant aux défenses, de faire aucun amas de sel dans les paroisses, voisines de deux lieues des derniers villages ou hameaux de la Normandie, du Maine & de l'Anjou, au-delà de ce qui seroit nécessaire pour leur usage & consommation pendant six mois, la clause que cette consommation seroit fixée, à raison d'un minot du poids de cent livres, poids de marc, pour sept personnes par chaque année, excepté dans les villes de Dol, Fougeres, Vitré, Laguerche, Château-brian, Ancenis & Cliffon, où même le fel ne pourroit être vendu que fous la halle, aux jours & heures du marché, aux domiciliés de la province, & pour leur provifion feulement.

Ce même article défendit auffi à tous marchands, de vendre & débiter du fel autrement, à peine de confifcation & de cinq cents livres d'amende pour la premiere fois, de cinq ans de galeres pour la feconde fois, à l'égard des hommes, & à l'égard des femmes, du fouet & du banniffement à perpétuité de la province. Comme l'ordonnance des gabelles ne fut point enregiftrée au parlement de Bretagne; ce qu'elle prefcrivoit relativement à cette province fit la matiere d'un édit, qui fut adreffé, au mois de février 1681, au parlement: l'enregiftrement en fut pur & fimple. En 1684, cette cour renouvella toutes ces défenfes, par fon arrêt du 16 feptembre, & les maintint en différentes occafions, notamment par les arrêts du 29 décembre 1685, & du 3 décembre 1687, qui interdifent la vente du fel dans les rues, & règlent même que les halles, où elle doit fe faire exclufivement, ne feront ouvertes, que depuis fept heures du matin jufqu'à quatre heures après midi.

Un autre arrêt du parlement, du 10 décembre 1689, a ordonné que les fels, non vendus pendant le marché, feroient dépofés, jufqu'au marché fuivant, dans un magafin fermant à deux clefs, dont l'une refteroit entre les mains du commis de l'adjudicataire, & l'autre dans celles du fyndic de la ville & de celui des marchands, qui feroit choifi à cet effet. Ces formalités furent encore ordonnées de nouveau, par les arrêts du 19 janvier 1691, & 24 novembre 1693. Ce dernier enjoignit aux habitans de Vitré, de tranfporter les fels qu'ils avoient dans leurs maifons au dépôt ou magafin commun, pour les y vendre & débiter; il permit aux commis du fermier de faire chez eux, en préfence du juge des lieux, toutes recherches & perquifitions.

Pour furcroît de précautions, il eft également défendu à tous marchands & voituriers, qui meneront des fels aux marchés des villes de Dol, Fougeres, & autres où font établis des dépôts, de prendre des routes obliques ou des chemins écartés, ni d'entrer dans les deux lieues limitrophes, pour y vendre du fel dans la campagne, fous aucun prétexte, à peine de confifcation du fel, & de cinq cents livres d'amende. Ces difpofitions ont été confirmées par l'arrêt du confeil, du 21 décembre 1734.

Il eft encore défendu, par arrêt du parlement de Bretagne, du 19 février 1693, à tous marchands de fel, d'en vendre aux dragons & gens de guerre, & à ceux-ci, d'en acheter, foit dans les marchés, foit fur les chemins, ou dans les maifons particulieres; & à toutes perfonnes, de favorifer ces ventes clandeftines, à peine de galeres, contre les dragons & gens de guerre, & contre les particuliers; d'être pourfuivis & punis comme faux-fauniers.

Mais, quoique le commerce de fel foit ainfi reftreint & foumis à tant de gênes, dans les deux lieues de la Bretagne, qui confinent à la Normandie, au Maine & à l'Anjou, il eft néanmoins permis à toute perfonne domiciliée en Bretagne, de le faire même dans les villes de dépôt. Le fermier des gabelles a reconnu ce droit par une tranfaction, paffée le 14 décembre 1757; & l'arrêt du parlement a défendu à tous juges, par arrêt du 23 août 1768, d'exiger d'aucuns marchands de fel qu'ils prêtaffent ferment.

On a vu à quelles obligations font affujettis les habitans des paroiffes de Bretagne, fituées dans les deux lieues frontieres du pays de gabelles; elles ne font pas telles encore, que dans beaucoup d'autres provinces, voifines du pays étranger ou privilégié, puifque chaque particulier peut, à fon gré, faire l'approvifionnement qu'il juge propre à fes vues.

L'article 21 du titre 16 de l'ordonnance des gabelles de 1680 avoit bien réglé, comme on l'a rapporté; que la confommation des habitans feroit fixée, à raifon de cent livres pour fept perfonnes pendant chaque année; mais cette ordonnance n'ayant pas été enregiftrée, elle fut remplacée par un règlement particulier à la Bretagne, dans lequel la fixation d'un minot pour fept perfonnes ne fut pas inférée, & il fut enregiftré en 1681.

C'eft une opinion établie en Bretagne, que fes privilèges feroient bleffés, fi l'objet de la confommation des habitans étoit fixé; ainfi, chacun ayant la liberté d'en acheter au marché les quantités qu'il veut, il en réfulte une grande facilité pour en livrer une grande partie au faux-faunage.

Le Parlement & les Etats étoient encore perfuadés que les habitans des deux lieues, limitrophes des provinces fujettes à la gabelle, pouvoient s'approvifionner de fel où bon leur fembloit, fans être contraints à n'en prendre, que dans les villes où les dépôts font établis; mais les arrêts du confeil, des 20 janvier & 10 août 1728, ont prononcé le contraire.

Néanmoins l'arrêt du parlement, du 28 juillet 1775, a fait défenfes aux employés des fermes, de troubler les domiciliés de la province, dans le droit & la liberté d'aller chercher du fel dans l'intérieur, à peine de mille livres d'amende.

Dans les autres dépôts de fel, il eft d'ufage que le prépofé du fermier délivre des bulletins ou permis à ceux qui viennent acheter du fel, & il fert à l'accompagner à fa deftination. En Bretagne, il en eft tout autrement. L'arrêt du parlement, du premier juillet 1684, renouvellé par celui du 28 juillet 1775, défend formellement aux employés des fermes, de délivrer aucun bulletin, & de tenir registre, soit du débit des marchands qui vendront ces sels, soit du nom de ceux qui les acheteront.

Quant aux particuliers étrangers à la Bretagne, & qui voudroient établir leur domicile dans les trois lieues de cette province, frontiere de la Normandie, de l'Anjou & du Maine, le parlement leur défend d'y séjourner plus de trois jours, sans présenter aux recteurs ou curés, des certificats contenant leurs noms, surnoms, profession & demeure antérieure, souscrits par les curés des paroisses qu'ils habitoient, pour être insérés dans un registre en papier timbré, tenu par les recteurs, qui en délivreront des extraits à ceux qui voudroient acheter des sels ; & dans ce cas, ces nouveaux habitans sont tenus de présenter ces extraits aux commis du fermier, pour y inscrire la quantité des sels fournis aux porteurs, à qui ils doivent être rendus, pour leur servir jusqu'à ce qu'ils aient acquis un an de domicile : passé ce tems, il en est usé à leur égard comme envers les autres Bretons.

Quoique les employés du fermier n'aient pas la permission de faire des visites domiciliaires en Bretagne, le parlement leur a cependant permis, par ses arrêts des 22 septembre 1693 & 5 octobre 1697, d'y suivre les faux-sauniers, & d'y rechercher le faux sel ; cette cour a défendu en même tems à toutes personnes de les troubler dans l'exercice de leurs fonctions, de leur médire ou méfaire, à peine d'être poursuivis extraordinairement.

On a déjà parlé de quelques-unes des peines prononcées contre les Bretons qui sont trouvés en contravention aux règlemens relatifs à la conservation de la ferme des gabelles ; il doit actuellement être question ici des peines applicables à tous ceux qui sont surpris en faux-saunage dans les deux lieues de la Bretagne, limitrophes du pays de gabelles.

Le règlement du mois de décembre 1680, condamne ces contrevenans, sans distinction d'âge ni de sexe, à l'amende de cinq cents livres ; rend les pères & mères responsables de leurs enfans mineurs, coupables de faux-saunage, & prononce que lorsque l'amende n'aura pas été payée dans les deux mois de sa prononciation, elle seroit convertie en la peine du fouet, de la flétrissure, ou du bannissement.

L'arrêt du parlement de Bretagne du 6 mai 1681, a, conformément à cet article, ordonné que si les prévenus de faux-saunages ne payoient l'amende dans les deux mois du jour dans lequel la sentence de condamnation leur auroit été prononcée par le greffier de la juridiction où ils auront été jugés, elle seroit convertie par les mêmes juges en la peine du fouet ou celle de la flétrissure ou du bannissement, suivant que les prévenus seroient plus ou moins coupables, & il a

ajouté que la sentence qui ordonnoit cette conversion, seroit exécutée sans appel, sans tirer à conséquence. Il a, en outre, enjoint aux juges d'énoncer dans leurs sentences de condamnation à l'amende, qu'elles seroient converties en peines afflictives, si les condamnés ne payoient dans les deux mois, & que lorsque ce délai seroit expiré, la sentence seroit exécutée sans appel ; il a enfin prescrit aux greffiers des juridictions, de prononcer la sentence aux condamnés dans les vingt-quatre heures après qu'elles auroient été rendues, à peine de tous dépens, dommages-intérêts.

Ces mêmes dispositions ont été renouvellées & confirmées par plusieurs autres arrêts du Parlement, des 14 juin 1681, 9 mai 1682, & 9 février 1692.

Il ne reste plus à parler que de la forme de procéder contre les particuliers, surpris en faux-saunage, ou accusés d'en être complices.

L'article 14 de la déclaration du mois de décembre 1680, a ordonné que les procès-verbaux que les huissiers bailliagers auroient dressés & affirmés véritables, & sur lesquels ils auroient été répétés par l'un des juges commis pour connoître des faits de faux-saunage, suffiroient avec l'interrogatoire des accusés sur le contenu auxdits procès-verbaux, pour opérer les condamnations pécuniaires, sans qu'il fût besoin de signification de faits & articles, ni d'aucune autre procédure.

Cet article a conséquemment établi en Bretagne, relativement aux faits de faux-saunage simple, une forme de procéder, absolument semblable à celle qui, d'après l'article 19 du titre 17 de l'ordonnance du mois de mai 1680, a lieu contre les prévenus des mêmes délits, arrêtés dans l'étendue des pays de grandes gabelles.

La même déclaration porte, article 11, que les juges qui feront la recherche des contraventions à ce règlement, jugeront les peines pécuniaires sur leurs procès-verbaux, sans récollement ni confrontation de témoins.

Le parlement de Bretagne s'est conformé à ces dispositions dans plusieurs arrêts.

Celui du 9 mai 1685, a défendu aux juges de décréter les faux-sauniers, arrêtés & constitués prisonniers, lorsqu'ils ne seroient coupables que d'une première contravention, mais seulement leurs complices qui n'auroient pas été pris, & qui seroient chargés par les procès-verbaux des employés ou par les informations.

Le même arrêt, en leur enjoignant de procéder à l'interrogatoire des accusés dans les vingt-quatre heures de leur emprisonnement, sur tous les faits portés dans les procès-verbaux de capture ou dans les informations, & sur tous les autres faits résultans de l'accusation, leur a défendu de leur faire subir un second interrogatoire, s'il n'y avoit de nouveaux faits, ni de récoller les accusés sur leur interrogatoire, ou de les confronter les uns aux autres, à moins qu'ils n'en fussent requis par l'adjudicataire.

Enfin, cet arrêt fait aux juges, injonction de juger les prisonniers accusés de faux-faunage fur le vu des procès-verbaux des employés, & fur les interrogatoires des accusés. Il leur prescrit aussi de juger les procès-verbaux de premiere contravention, dans la huitaine contre les accusés prisonniers, & de comprendre, dans un feul & même jugement les faux-fauniers complices des mêmes faits, quoique susceptibles de peines différentes.

Suivant l'article 11 de la déclaration du mois de décembre 1680, le procès des faux-fauniers en récidive doit être instruit comme celui des coupables de tout autre crime pour lequel il y a lieu de prononcer des peines afflictives *de plano* ; & les dispositions de cet article font entiérement conformes à celles de l'article 21 du titre 17 de l'ordonnance des gabelles.

Il en résulte, que les juges doivent, fur le vu du procès-verbal des employés par lesquels les prévenus ont été arrêtés, & après la répétition de ces employés fur les faits contenus en cet acte, décerner des décrets contre les accusés ; procéder ensuite à leur interrogatoire ; rendre une sentence de règlement à l'extraordinaire ; en venir enfin au récollement des employés fur leur répétition & à leur confrontation aux accusés, & ne procéder en jugement définitif, que lorsque les formes établies par l'ordonnance criminelle de 1670, ont été exactement remplies.

Les faux-fauniers armés & coupables d'excès & de rébellion envers les employés, doivent être jugés comme ceux qui font en récidive. La même forme de procédure, devroit également être observée à l'égard des faux-fauniers infracteurs de leur ban ; mais l'arrêt du Parlement du 9 mai 1685, a défendu aux juges de régler, à l'extraordinaire, les procès de ces derniers, lorsque, par leurs interrogatoires, ils demeureroient d'accord d'avoir été pris & arrêtés, par les préposés de la ferme, dans les lieux d'où ils auroient été bannis, ou lorsqu'il y en auroit preuve par trois témoins, outre les employés.

Le même arrêt leur a enjoint de juger les procès relatifs aux infractions de ban dans la huitaine, ce qui a été renouvellé par celui du 30 juin de la même année.

On procède contre les particuliers au domicile desquels il a été fait des saisies de fel dans une forme semblable à celle qui est suivie contre les prévenus de simple faux-faunage. Il en est de même à l'égard de ceux qui font accusés d'avoir élevé des chiens, pour s'en fervir à introduire du fel dans le pays de gabelles, des personnes convaincues d'avoir favorisé le passage des faux-fauniers, de leur avoir donné retraite, ou de leur avoir fourni des vivres, parce que

les uns & les autres font considérés comme de véritables faux-fauniers.

Suivant l'article 15 du règlement du mois de décembre 1680, déja si souvent cité, les sentences rendues par les premiers juges, devoient passer en force de chose jugée, si les particuliers contre lesquels elles étoient intervenues, n'avoient consigné dans les trois mois, les amendes auxquelles ils avoient été condamnés ; cette disposition étoit d'autant plus extraordinaire, que l'article 12 ordonnoit que si les condamnés ne payoient leurs amendes dans les deux mois de la prononciation des sentences rendues contre eux par les premiers juges, les amendes feroient converties en peines afflictives, fuivant l'exigence des cas.

La déclaration du 20 janvier 1705, a rectifié ce que cet article 15 avoit de vicieux, en ordonnant que les condamnés qui devroient interjeter appel des sentences rendues contre eux par les premiers juges, feroient tenus de consigner un à-compte de trois cents livres fur les amendes auxquelles ces sentences les auroient condamnés, dans les deux mois du jour où elles leur auroient été été prononcées, faute de quoi ces sentences passeroient en force de chose jugée.

L'exécution de ce dernier règlement a été ordonnée par l'arrêt du parlement, du 19 août 1740, & il porte que cet à-compte de trois cents livres fera consigné entre les mains des procureurs ou préposés de l'adjudicataire des fermes.

Une autre déclaration du 30 mars 1756, porte, article 2, que les sentences qui condamnent *de plano* en la peine des galeres ou autre peine afflictive, les prévenus de faux-faunages, devront passer en force de chose jugée, & être exécutée lorsque les particuliers contre lesquels elles ont été rendues, n'auront pas, dans les deux mois de la prononciation de ces sentences, consigné un à-compte de trois cents livres fur les amendes, & déclaré qu'ils en interjettent appel ; mais le parlement de Bretagne, en procédant à l'enregistrement de cette déclaration, ordonna qu'il continueroit d'en être usé dans fon ressort comme par le passé ; en forte que les sentences des premiers juges qui prononcent *de plano* des peines afflictives contre les prévenus de faux-faunage, ne font exécutées qu'après qu'elles ont été confirmées par le parlement.

Les juges royaux, ou des juges seigneuriaux délégués à cet effet, devoient feuls connoître en premiere inflance, des délits de faux-faunage, fuivant l'article 5 du règlement du mois de décembre 1680. Ils devoient instruire la procédure contre les coupables jufqu'à jugement définitif inclusivement, fauf l'appel, & nonobstant récufation, opposition, prife à partie, & sans préjudice d'icelle.

Le parlement de Bretagne avoit, en conformité, défendu par son arrêt du 16 septembre 1684, aux juges subalternes non délégués, de connoître des affaires des gabelles ; & par celui du 29 novembre 1685, de recevoir les plaintes des faux-fauniers, ou faire quelques pourfuites pour raifon du faux-faunage, s'ils n'en étoient requis par l'adjudicataire ou fes prépofés.

L'arrêt du confeil du 12 février 1692, a ordonné auffi que tous les faux-fauniers de la province de Bretagne, pourfuivis & arrêtés dans les provinces de Normandie, du Maine & de l'Anjou, feroient conduits dans les prifons de Bretagne pour leur procès leur être fait par les premiers juges, fauf l'appel au Parlement : cet arrêt fait défenfe aux officiers des greniers à fel, de troubler les employés dans l'exécution de ce qu'il prefcrit, à peine d'interdiction & de quinze cents livres d'amende.

Pour éviter toute difficulté de compétence à cet égard, il a été poftérieurement établi dans les villes de Fougeres, la Guerche, Vitré, Chateaubriand, Ancenis & Cliffon, des juridictions, des dépôts qui connoiffent des matieres de faux-faunage privativement à tous autres juges.

DÉPOUILLEMENT, f. m. C'eft le relevé, l'extrait de quelques parties, de quelques fommes que l'on tire d'un compte ou d'un regiftre, pour en former une forte d'état ou de bordereau. Ainfi, on dit faire le *dépouillement* d'un regiftre, d'un livre de caiffe.

Pour vérifier la fituation d'un comptable, il faut faire le *dépouillement* du regiftre de fa recette, & de celui de fa dépenfe, article par article, rapprocher ces deux réfultats, & compter enfuite les efpèces qui fe trouvent en caiffe. Lorfqu'on a même quelque foupçon de déficit, il convient de fe faire d'abord repréfenter tout ce qui eft en caiffe, & de procéder enfuite à la vérification des regiftres de recette, de ceux de dépenfe & du regiftre journal.

DÉPOUILLER UN COMPTE DES REGISTRES, c'eft en faire le *dépouillement*.

DÉPRÉDATION, f. f. qui fignifie pillage, vol, dégât.

Ce mot s'applique particulierement aux malverfations commifes dans l'adminiftration des finances.

On peut voir au mot *chambre de juftice*, que fon inftitution eut pour objet principal, de punir les *déprédations* des finances, & comment il fut rempli.

Nous ajouterons ici que jamais les *déprédations*

ne furent fi confidérables dans les finances, que lorfque Catherine de Médicis eut appellé les Italiens en France. On peut juger de l'étendue des *déprédations* de ces étrangers, par ce que rapporte Fromenteau dans l'ouvrage intitulé le *Secret des finances* ; il affure que depuis l'avénement de Henri II, à la couronne, jufqu'au dernier décembre 1580, ce qui fait trente ans, il a été levé, en France, quatre milliards fept cents cinquante millions tournois, le marc d'argent à vingt livres cinq fols. Cependant l'état étoit chargé de dettes, lorfque M. le duc de Sully fut nommé furintendant des finances. *Voyez* CONTROLEUR-GÉNÉRAL.

DÉPRI, f. m. qui eft d'ufage dans la ferme des domaines, dans les matieres féodales & dans la régie des aides.

Le *dépri*, en matiere féodale, eft la déclaration que l'on fait à un feigneur de fief, que l'on eft fur le point d'acquérir un héritage dans fa mouvance, pour en obtenir la modération des droits de lods & ventes.

Quand on acquiert volontairement, & qu'on eft convenu de fes faits, avant de paffer le contrat, on va déprier, c'eft-à-dire, folliciter une compofition des droits de lods & ventes auprès du feigneur ou de fon fermier, ou de celui qui jouit de l'ufufruit de la feigneurie.

Dans l'adminiftration des domaines, l'ufage du *dépri* a lieu pour obtenir des remifes fur les droits domaniaux cafuels, fur ceux d'amortiffement & de franc-fief feulement ; il a été autorifé par le confeil.

Mais pour que la remife ait lieu, il faut que toutes les conditions, fous lefquelles elle a été promife, foient effectuées, que la propofition foit en tout véritable, & que le paiement foit fait dans le terme fixé.

En Bretagne, il n'eft pas néceffaire de déprier, pour jouir de la remife du quart, fur les droits feigneuriaux dus au roi, à caufe des acquifitions faites par contrats volontaires, pourvu que l'on paie dans les trois mois.

Les *dépris*, pour le droit d'amortiffement des conftructions & reconftructions de bâtimens, doivent être paffés par-devant notaires, pour affurer le droit au fermier, pendant le bail duquel les bâtimens auront été commencés.

L'arrêt du confeil du 24 novembre 1739, a jugé que lorfqu'un droit de franc-fief avoit été modéré fur un *dépri*, & payé en conféquence par l'acquéreur, le retrait féodal exercé par le feigneur, n'obligeoit pas le fermier des domaines à reftituer le droit qu'il avoit perçu.

En matiere d'aides, le mot *dépri* fignifie la déclaration que fait au bureau de cette partie, celui qui vend du vin en gros, ou qui le fait tranfporter hors de sa résidence, pour le vendre en gros. Dans ce cas, il fait sa soumission d'en venir payer le droit de gros en raison du prix qu'il l'aura vendu.

· Le titre 7 de l'ordonnance du mois de juin 1680, sur le fait des aides, fait mention des déclarations, *dépris* & congés. Mais le terme de *dépri* est tombé en désuétude, & on ne se sert plus guere que de celui de déclaration.

DÉPRIER, v. a. qui veut dire faire le dépri, ou la déclaration.

DÉPUTÉS DU COMMERCE. Nous ne nous arrêterons qu'à ces *députés*, & par les mêmes motifs qui nous ont fait rassembler des notions sur les chambres de commerce.

L'avis de ces *députés* influant beaucoup sur les décisions du conseil, qui concernent l'augmentation ou la modification d'un droit quelconque, il convient d'ajouter ici tout ce qui peut faire connoître la nature des places de *députés du commerce*, & à compléter ainsi ce qui a été dit sur les *chambres de commerce*, dont ils ne sont, à proprement parler, ni les représentans, ni les agens particuliers.

L'arrêt du conseil du 12 septembre 1779, règle d'une maniere invariable la forme des élections des *députés du commerce*. Voici comment il s'exprime.

« Le roi, persuadé que le bon choix des *députés du commerce*, importoit infiniment à l'objet de leur institution; & s'étant fait rendre compte des divers usages observés pour leur élection, sa majesté a voulu qu'en adoptant à cet égard le parti qui seroit jugé le plus convenable, il fût en même tems rendu général; & comme la permission accordée aux chambres de commerce, d'avoir des *députés* à la suite du conseil, n'avoit pas eu pour but seulement de procurer aux principales villes commerçantes du royaume, un appui de leurs droits & de leurs intérêts, mais qu'on avoit desiré de trouver dans une réunion de négocians distingués, des lumieres & des avis utiles sur toutes les questions générales du commerce: sa majesté a cru qu'en conservant aux chambres de commerce, la principale influence dans l'élection de leurs *députés*, il convenoit cependant d'y faire concourir les commissaires & *députés du commerce*, afin que de cette maniere les personnes propres à ces places, fussent examinées sous différens rapports; & qu'en rendant les moyens de faveur encore plus difficiles, le mérite & la bonne renommée devinssent la principale recommandation. A quoi voulant pourvoir: ouï le rapport; le roi étant en son conseil, a ordonné & ordonne ce qui suit. »

ARTICLE PREMIER.

» Lors de la vacance de la place de *député* d'une des chambres de commerce, les membres qui composent ladite chambre, seront tenus de s'assembler au nombre & dans la forme prescrite par l'arrêt d'établissement d'icelle, pour procéder au choix & élection de trois sujets.

ART. II.

» L'élection sera faite par la voie du scrutin: le secrétaire de la chambre dressera procès-verbal du nombre des délibérans, ainsi que de la quantité des voix données à chacun des trois sujets élus.

ART. III.

» L'expédition du procès-verbal du scrutin prescrit par l'article ci-dessus, sera remise au sieur intendant & commissaire départi, pour, ladite expédition par lui envoyée à l'administration générale des finances, & communiquée aux commissaires établis pour les affaires du commerce, être par lesdits commissaires, sur l'avis des *députés du commerce*, proposé celui des trois sujets qu'ils croiront le plus capable de remplir ladite place. »

Quelques chambres de commerce ayant prétendu regarder les *députés du commerce* de leur province comme leurs représentans, qui devoient être dirigés par leur impulsion & par leurs ordres, le ministre des finances leur écrivit, le 28 février 1781, de maniere à leur persuader que ces prétentions n'étoient pas fondées.

« Les *députés du commerce*, porte cette lettre, ne sont pas les représentans des places. Ils n'appartiennent qu'au conseil, & ne dépendent que des ministres du roi, qui les consultent quand ils le jugent à propos. Ils sont chargés, par état, de proposer ce qui est de l'avantage du commerce, & de balancer les intérêts de ces différentes chambres; mais ils ne sont jamais agens particuliers des corps, des villes & des provinces. »

A de nouvelles représentations à cet égard, le ministre répondit, le 21 mars suivant:

« Les *députés du commerce* sont moins les agens des villes dont ils ont été tirés, qu'appellés par le roi à la suite du conseil, pour lui fournir, & à ses ministres, dans les affaires du commerce, les éclaircissemens & les secours dont ils ont besoin: tels sont les principes constans sur cette matiere. »

Nous avons dit au mot *chambre de commerce*, que celle d'Amiens n'avoit plus de *député* depuis le sept mai 1782, que le sien étoit mort. Peu dé tems après cet événement, elle demanda au ministre des finances la permission de nommer un nouveau *député* : il lui fut répondu, le 23 juillet, « que l'on pouvoit faire un meilleur emploi des » fonds destinés aux appointemens de ce *député*, » vu que ces fonds étoient prélevés sur un impôt » destiné originairement à un autre usage, sauf » à permettre à la chambre des députations par- » ticulieres, lorsque des occasions importantes le » requerroient. »

Les *députés du commerce* sont au nombre de quinze, y compris ceux de Saint-Domingue & de la Martinique.

S A V O I R :

Un pour Bayonne.
Un pour Bordeaux.
Trois pour le Languedoc.
Un pour Lille & toute la Flandre, en y com- prenant le Cambresis & le Haynault.
Un pour Lyon.
Un pour Marseille.
Un pour Nantes.
Un pour Paris.
Un pour la Rochelle.
Un pour Saint-Malo.

Ils forment un comité qui s'assemble deux fois par semaine chez le secrétaire du bureau du com- merce, & sont appellés au bureau du commerce, qui se tient chez le président de ce bureau.

Les appointemens de ces *députés* ne sont pas les mêmes. Celui de Lyon, par exemple, a huit mille livres, de même que celui de Rouen ; mais celui de la Rochelle n'en a que six ; celui de Bayonne en a autant. Ces appointemens sont fixés par le ministre des finances, qui assigne en même tems la partie du revenu de la ville sur laquelle ils sont payés.

DESCENTE, s. f, qui signifie tantôt transf- port, tantôt arrivée.

La *descente* d'un juge sur les lieux, est le trans- port de ce juge.

Un certificat de *descente* est celui qui est délivré par les commis des douanes ou autres, pour jus- tifier que des marchandises ont été déchargées à la destination portée par un acquit à caution, qui, dans ce cas, doit être présenté avec les marchan- dises à ces commis.

En matiere de gabelles, la *descente* des sels est leur transport ; parce que, le plus souvent, elle se fait en suivant le cours des rivieres.

Les officiers des greniers à sel doivent faire des procès-verbaux de *descente*, de mesurage & em- placemens des sels, dans le grenier de leur juri- diction.

L'entreprise de la *descente* des sels est un marché, passé entre l'adjudicataire des fermes & ses cau- tions, qui sont les fermiers-généraux & plusieurs

particuliers, chargés de voiturer les sels, depuis les dépôts situés à l'embouchure des rivieres jus- qu'aux greniers. *Voyez* FOURNISSEMENS.

DÉSHÉRENCE, s. f. qui vient du latin *de- serere*, abandonner, laisser à l'abandon. Le droit de *déshérence*, qui devroit s'écrire, pour conserver son étymologie, *déférence*, consiste dans la faculté, dont jouissent le roi & les seigneurs haut-justiciers, de prendre chacun, dans l'étendue de leur haute- justice, les biens délaissés par un regnicole Fran- çois, né en légitime mariage, & décédé sans au- cuns héritiers connus pour lui succéder.

On dit un regnicole François, né en légitime mariage, parce que, si le défunt étoit étranger, sa succession appartiendroit au roi seul, à titre d'au- baine ; & s'il étoit bâtard, ses biens seroient dé- volus au roi ou au seigneur, par droit de bâtar- dise.

Le droit de *déshérence* paroît avoir été intro- duit dans les Gaules, d'après ce qu'on prati- quoit à Rome, où l'on vendoit à l'encan les suc- cessions vacantes, pour en déposer le prix dans le trésor public ; on appelloit ces biens *caduca*, ou *bona vacantia*. Suivant la loi des douze ta- bles, ces biens n'étoient dévolus au fisc, que dans le cas où il ne se présentoit personne du même nom que le défunt, pour les recueillir. On donnoit à ces héritiers le nom de *gentiles*, & ils étoient préférés au fisc, quoiqu'ils ne pussent prouver leur parenté.

Dans la suite, les empereurs appliquerent à leur profit toutes les successions vacantes, à titre de *déshérence*, dès que les héritiers n'étoient pas en état de justifier de leurs droits.

Les rois d'Espagne, de Portugal, de Pologne, d'Angleterre & de Hongrie jouissent du droit de *déshérence*, dans leurs états. Il a eu lieu en France dès le commencement de la monarchie, & il paroît que, sous les premieres races de nos rois, il n'appar- tenoit qu'au souverain ; ce qui n'est pas étonnant, vu qu'il n'y avoit que le roi qui eût droit de jus- tice & de fisc. Mais depuis que nos rois ont bien voulu communiquer, à certains seigneurs de fiefs, le droit de haute, moyenne & basse justice, & en même tems le droit de fisc, qui en est une suite ; ce qui n'est arrivé que vers le commence- ment de la troisieme race ; les seigneurs haut-jus- ticiers se sont aussi attribué le droit de *déshé- rence*, chacun dans leur territoire.

Les seigneurs des fiefs ont long-tems prétendu avoir les *déshérences*, comme biens vacans, au préjudice des seigneurs, simplement haut-justi- ciers ; ils alléguoient, pour appuyer leurs pré- tentions, qu'il étoit plus naturel de réunir la seigneurie utile vacante, à la seigneurie directe, comme l'usufruit à la propriété, que non pas de réunir la seigneurie privée à la seigneurie publi- que.

Quelques

Quelques auteurs penfent que c'eft moins au droit romain qu'à l'ufage des fiefs & des mainmortes, que l'on doit rapporter l'ordre des fucceffions, établi par la plupart de nos coutumes, & finguliérement dans le cas de *déshérence.*

Ce droit de *déshérence*, attribué au feigneur haut-jufticier, ne préjudicie pas au feigneur féodal, dans la directe duquel fe trouvent les biens; car le feigneur haut-jufticier eft tenu de le reconnoître, & de lui payer un droit de relief pour les fiefs, comme feroit un autre détenteur.

Mais fi le feigneur haut-jufticier eft en même tems le feigneur direct des héritages, qui lui échoient par *déshérence*, il ne doit pour cela aucun relief au feigneur fupérieur; parce que la réunion de la feigneurie utile à la feigneurie directe, ne produit point de droits.

Si les biens, échus au roi, par *déshérence*, étoient dans la directe d'un autre feigneur, il faudroit, ou que le roi vuidât fes mains de ces biens, ou qu'il indemnifât le feigneur de la directe, n'étant pas féant que le roi releve d'un de fes fujets, conformément à l'ordonnance de Philippe-le-Bel.

Un arrêt du confeil du 3 août 1779 a ordonné que, dans les directes & feigneuries appartenantes à fa majefté, dans la province de Normandie, qui font engagées, & dont les contrats ne contiendront point la ceffion expreffe des droits de *déshérence*, *bâtardife* & *confifcation*, la jouiffance des droits appartiendra à fa majefté, & que le recouvrement en fera fait à fon profit, par Jean-Vincent-René, chargé de la régie & adminiftration de fes domaines, pour lui compter du mobilier & du revenu des immeubles, qui fe trouveront dépendre des échoites, de même que des autres deniers de fa recette; lefquels immeubles demeureront réunis à la glebe de la feigneurie dont ils releveront. En conféquence, fait fa majefté très-expreffes inhibitions & défenfes auxdits engagiftes, de s'immifcer à l'avenir dans le recouvrement dudit droit, à peine de reftitution du quadruple & de toutes pertes, dépens, dommages & intérêts. Veut fa majefté que ceux des engagiftes defdites directes & feigneuries, dont les contrats d'engagement porteront ceffion expreffe defdits droits, ne puiffent prétendre, en vertu d'icelles, que la propriété du mobilier & la feule jouiffance du revenu des immeubles; lefquels immeubles demeureront également réunis à la glebe du domaine engagé.

Lorfque la fucceffion d'un étranger, mort fans avoir fait de teftament & fans laiffer d'héritier, peut être dévolue au fifc à titre d'aubaine, le feigneur haut-jufticier ne peut y prétendre à titre de *déshérence*. C'eft ce qui a été formellement décidé par l'arrêt du confeil du 3 novembre 1779. Comme il établit les principes relatifs à la matiere, & qu'il donne d'ailleurs à connoître que le

fifc fait quelquefois facrifier fes droits à des actes de bienfaifance, on rapporte ici ce règlement.

» Sur ce qui a été repréfenté au roi, étant » en fon confeil, que le fieur Delané, Irlandois, » étant décédé au commencement de l'année, au » château d'Ardricourt, fans laiffer d'héritiers, » ni avoir fait de teftament, les fcellés auroient » été appofés fur fes meubles & effets, à la re-» quête des officiers du domaine: Qu'il s'étoit » alors élevé la queftion de favoir fi fa fucceffion » devoit appartenir à fa majefté, à titre d'aubaine, » ou au feigneur haut-jufticier, à titre de *déshé-* » *rence*: Qu'il auroit été reconnu, d'après les » principes de la matiere, que lorfque le droit » de *déshérence* concouroit avec le droit d'au-» baine, le droit d'aubaine reprenoit toute fa » force & fon effet, par la raifon que la renon-» ciation de fa majefté à l'exercice de ce dernier » droit en faveur des étrangers, étoit perfonnel » à l'étranger fixé en France, & ne devoit ja-» mais profiter à des feigneurs particuliers, au » préjudice de fa majefté: Qu'ainfi, quoique par » la déclaration du roi, du 19 juillet 1739, fa » majefté ait accordé aux fujets de la Grande-» Bretagne l'exemption du droit d'aubaine, à » raifon feulement de leur mobilier, comme le » fieur Delané n'a laiffé ni héritiers pour re-» cueillir fa fucceffion mobiliaire, ni fait de tef-» tament, il en réfultoit, d'après le principe qui » vient d'être établi, que la fucceffion devoit ap-» partenir à fa majefté, à titre d'aubaine, par pré-» férence & à l'exclufion du feigneur haut-jufti-» cier. Et fa majefté s'étant fait rendre compte » de l'état actif de cette fucceffion mobiliaire, elle » auroit reconnu qu'elle ne confiftoit qu'en objets » de très-peu de valeur, & dont l'abandon total » au profit des deux domeftiques dudit feu fieur » Delané, ne pouvoit être encore qu'une foible » récompenfe de leurs fervices; pour quoi fa ma-» jefté auroit réfolu de leur en faire dès à préfent » don & conceffion. A quoi voulant pourvoir, » ouï le rapport du fieur Moreau de Beaumont, » confeiller d'état ordinaire & au confeil royal » des finances; le roi étant en fon confeil, a fait » & fait don & remife au profit de Jean-François » Duval & de Marie Coq, domeftiques du feu » fieur Delané, de fa fucceffion échue & dévolue » à fa majefté, à titre d'aubaine: veut, fa majefté, » que ladite fucceffion mobiliaire foit partagée » entre ledit Duval & ladite Marie Coq; favoir, » pour deux tiers au profit dudit Duval, & l'autre » tiers à ladite Coq; ordonne en conféquence » qu'il leur en fera fait abandon & délaiffement, » & donné toute main-levée par qui il appar-» tiendra, à quoi faire tous officiers, féqueftres » & dépofitaires contraints. Enjoint, fa majefté, » aux officiers du bureau de fes finances & cham-» bre de fon domaine, de concourir en ce qui » les concerne, & de tenir la main à l'exécution

» du préfent arrêt. Fait au confeil d'état du roi,
» fa majefté y étant, tenu à Verfailles le 3 no-
» vembre 1779. Regiftré au bureau des finances
» & chambre du domaine de Paris, le 26 no-
» vembre de la même année. »

Le droit de *déshérence* eft un droit cafuel qui
eft compris dans les baux de la ferme des domaines, & fait actuellement partie de l'adminiftration générale des droits domaniaux. Son produit eft peu confidérable, puifqu'en y joignant
celui des droits d'aubaine & bâtardife, il s'eft à
peine élevé en 1782, à cinquante mille livres.

Nous terminerons cet article, par l'analyfe d'un
autre arrêt du 18 feptembre 1782, qui a fupprimé
l'ufage abufif de vendre au profit du domaine du
roi, les rentes qui étoient dévolues au fifc à titre
de *déshérence*, d'aubaine & de confifcation, quoique, de droit, ces rentes duffent fe trouver éteintes
par confufion, à l'inftant que le roi en devenoit
propriétaire. Il a été défendu aux officiers des
bureaux des finances, d'en ordonner la vente &
d'en faire l'adjudication ; voulant, fa majefté, que
lefdites rentes foient à l'avenir rejetées de fes
états, & néanmoins qu'à l'égard de celles dont il
a pu avoir été difpofé jufqu'à ce jour, elles continuent d'y être employées, & que ceux qui en
font propriétaires en jouiffent & difpofent incom-
mutablement.

DESSÉCHEMENT DE MARAIS. *Voyez* DÉFRICHEMENT.

DÉTAIL (droits de). On appelle de ce nom,
dans la partie des aides, les droits qui fe perçoivent fur les boiffons vendues en *détail*.

Ces droits, font le huitieme réglé, le quatrieme,
la fubvention, le fol pour pot, la jauge & courtage, l'annuel, les devoirs, &c. On parle de
chacun de ces droits dans leur ordre alphabétique.

Tous ceux qui débitent des boiffons en *détail*,
forment deux claffes, les vendans à pot & les
vendans à affiette. Comme le droit de quatrieme
eft le même dans les deux cas, cette diftinction
devient nulle dans tous les pays où ce droit à cours.
Dans la premiere claffe, font ceux qui vendent
des vins de leur crû, c'eft-à-dire, provenans de
vignes qui leur appartiennent ou qu'ils tiennent
à ferme; comme vignerons ou propriétaires.

Dans la feconde, entrent les cabaretiers, aubergiftes, taverniers, hôteliers, loueurs de chambres garnies, maîtres de penfions & tous autres
qui, par leur état, font cenfés fournir des boiffons en *détail* à ceux qui logent chez eux.

On a vu au mot déclaration, que tous ceux
qui veulent vendre du vin, tant en *détail* qu'en
gros, font tenus de déclarer toutes les boiffons
qu'ils ont en leurs poffeffions, d'expliquer en pays

de huitieme, fi c'eft à pot ou à affiette, parce
que le droit eft plus confidérable dans cette derniere circonftance.

La fuite & la perception des droits de *détail*,
exigent que les commis aux aides, vifitent fouvent les caves des débitans pour exercer les
tonneaux, c'eft-à-dire, examiner la diminution
qui eft arrivée depuis leur derniere vifite, &
conftater, par un acte fur le regiftre portatif, que
dans cet intervalle, une telle quantité a été vendue; en forte que s'ils ont laiffé le tonneau vuide
d'un quart, & qu'ils le trouvent à moitié, ils
établiffent qu'il a été vendu un quart.

Tous les vendans en *détail* font fujets à ces
vifites qu'on appelle *exercices*, même les jours de
dimanches & de fêtes ; s'ils refufoient de faire
l'ouverture de leurs caves, ils encourroient une
amende, & ceux qui vendent à pot feulement,
feroient réputés vendre à affiette.

Il fe trouve cependant cette différence, entre
les vendans des boiffons de leur crû, & ceux qui
en vendent d'achat, que les commis aux aides ne
peuvent entrer dans les chambres des premiers,
fans une permiffion du juge, fi ce n'eft lorfqu'ils
ont découvert la fraude, & pour la fuivre ; au lieu
que chez les cabaretiers aubergiftes, ils peuvent
vifiter toute la maifon du haut en bas, au premier
foupçon.

Tous vendans en *détail* font tenus, à peine de
confifcation & de cent livres d'amende, de mettre
à leurs portes, après leur déclaration, un bouchon
ou une enfeigne qui indique qu'ils débitent des
boiffons, & il leur eft défendu de les détailler, fi
elles ne font en muid ou demi-muid. Tant qu'ils
ont bouchon, ils ne peuvent avoir chez eux des
boiffons en bouteilles, ni en envoyer chercher
ailleurs par pintes, cruches ou barils, à peine
de confifcation & d'amende.

Il eft permis aux vendans vins en *détail*, de les
débiter à toutes les heures du jour jufqu'à huit
heures du foir en hiver, & jufqu'à dix en été,
même pendant les fêtes & dimanches, hors le tems
du fervice divin, & cela nonobftant toutes les
ordonnances de police qui pourroient y être contraires. Différens arrêts du confeil ont jugé cette
queftion, entr'autres ceux du 12 janvier 1723,
du 25 février 1727, & du 25 novembre 1777.

Ce dernier rappellant tous les principes relatifs
à la matiere, & conftatant la jurifprudence du
confeil, à cet égard, on ne peut fe difpenfer de
le rapporter.

« Sur la requête préfentée au roi, en fon con-
» feil, par Laurent David, adjudicataire des
» fermes générales, contenant qu'il eft obligé de
» fe pourvoir contre une ordonnance de police
» du juge de Saint-Sauveur-le-Vicomte, en Nor-
» mandie, qui ne porte pas moins atteinte aux
» réglemens qu'au produit de la ferme des aides.

» D'après l'ordonnance de 1680, tout particulier
» peut vendre des boiſſons quand il lui plaît, &
» où il lui plaît ; il n'eſt tenu à d'autres forma-
» lités qu'à déclarer ſa vente, pour mettre les
» commis en état de l'exercer, & à payer les
» droits à meſure qu'elle s'effectue ; il n'y a d'ex-
» ception que pour les fêtes & dimanches, pen-
» dant le ſervice divin. Cette faculté a été main-
» tenue par pluſieurs règlemens, notamment par
» les arrêts du conſeil des 10 mars 1679, avril
» 1695, 20 janvier 1714, 26 ſeptembre 1721,
» 12 janvier 1723, 4 janvier 1724, & 25 février
» 1727 ; cependant le juge de Saint-Sauveur-le-
» Vicomte, en même tems qu'il a interdit toutes
» aſſemblées dans la paroiſſe du Vaſt, a fait dé-
» fenſes d'établir ou expoſer publiquement en
» vente aucunes boiſſons ou autres marchandiſes ;
» de prêter, louer ou fournir à cet effet aucune
» pièce ou jardin, à peine d'amende, ſaiſie ou
» confiſcation. Le ſuppliant réclame contre cette
» ordonnance qui, en interdiſant l'expoſition &
» la vente de toutes boiſſons, pendant le jour
» de l'Aſſomption, contraſte ſi fort avec les règle-
» mens qu'il vient de citer. Il n'a pas beſoin de
» juſtifier l'intérêt de ſa réclamation ; ces ſortes
» d'ordonnances ne tendent qu'à affoiblir le com-
» merce des boiſſons, & à opérer une diminution
» précipitée dans le produit des droits de détail ;
» ce qui s'eſt paſſé d'ailleurs dans la paroiſſe du
» Vaſt, ne prouve que trop le préjudice qu'il
» en reçoit. L'ordonnance ayant été publiée au
» prône de la meſſe, & enſuite affichée lors des
» fêtes de l'Aſſomption des années 1775 & 1776,
» perſonne n'a oſé expoſer en vente, ni vendre
» des boiſſons ; & ſi la fête dernière Louis Martin,
» plus confiant dans ſon droit, a expoſé un ton-
» neau de cidre, un huiſſier a arrêté la vente,
» en rédigeant contre lui un procès-verbal, ſur
» lequel ce particulier & d'autres qui vendoient
» du pain ou des denrées, ont été aſſignés devant
» le juge, pour être condamnés en l'amende ; en
» ſorte que pendant trois années, le ſuppliant a
» été privé, à peu de choſe près, de la totalité
» d'un produit ſur lequel il avoit d'autant plus
» de raiſon de compter, qu'il fait partie des droits
» qui lui ſont affermés. A ces cauſes, requéroit
» le ſuppliant qu'il plût à ſa majeſté que ce lui
» pourvoir. Vu ladite requête, l'ordonnance, le
» procès-verbal & les arrêts y énoncés & joints :
» ouï le rapport du ſieur Moreau de Béaumont,
» conſeiller d'état ordinaire, & au conſeil royal
» des finances ; le roi en ſon conſeil, ſans s'arrêter
» à l'ordonnance rendue le 15 mars 1775, par le
» lieutenant - général de police du bailliage de
» Saint-Sauveur-le-Vicomte, que ſa majeſté a
» caſſée & annullée, en ce qu'elle défend à toutes
» perſonnes d'expoſer publiquement en vente au-
» cunes boiſſons ou autres marchandiſes, pendant
» tout le jour de l'Aſſomption de chaque année,
» a ordonné & ordonne que les arrêts du conſeil

» des 10 mars 1670, 19 avril 1695, 20 janvier
» 1714, 26 ſeptembre 1721, 12 janvier 1723,
» 4 janvier 1724, & 25 février 1727, ſeront exé-
» cutés ſelon leur forme & teneur. Veut en con-
» ſéquence, ſa majeſté, qu'il ſoit libre à toutes
» perſonnes de tenir hôtellerie ou cabaret, & de
» vendre vin ou autres boiſſons dans la paroiſſe
» du Vaſt & autres lieux, tous les jours indiſ-
» tinctement, même les fêtes & dimanches, ex-
» cepté pendant les heures du ſervice divin,
» ſans être aſſujettis à d'autres formalités que d'en
» faire déclaration au bureau des aides en la forme
» ordinaire, & conformément à l'ordonnance de
» 1680 : Fait défenſes au lieutenant de police de
» Saint-Sauveur-le-Vicomte, & à tous autres
» juges, d'inſérer à l'avenir dans leurs jugemens,
» ſentences ou ordonnances, aucunes défenſes
» contraires : & néanmoins ordonne, ſa majeſté,
» que les ordonnances concernant la police géné-
» rale du royaume, ſeront exécutées ſelon leur
» forme & teneur. Et ſera le préſent arrêt exé-
» cuté nonobſtant toutes oppoſitions ou autres
» empêchemens généralement quelconques, dont,
» ſi aucun interviennent, ſa majeſté ſe réſerve, &
» à ſon conſeil, la connoiſſance, & icelle interdit
» à toutes ſes cours & autres juges. Fait au con-
» ſeil d'état du roi, tenu à Verſailles le vingt-
» cinq novembre mil ſept cent ſoixante-dix-ſept. »

Il eſt défendu aux ſuiſſes, aux portiers & autres
domeſtiques des hôtels ou maiſons, de débiter
aucune boiſſon en *détail*, à peine de confiſcation &
de cinq cents livres d'amende, qui ne peut être
modérée, & au paiement de laquelle ils ſont contraignables par corps.

La condamnation de ces peines peut être prononcée ; ſoit ſur les procès-verbaux des commis
qui ſe ſont transportés dans les hôtels ou maiſons,
aſſiſtés d'un officier de l'élection, ſoit ſur la preuve
qu'il eſt permis au fermier de faire de la fraude,
par deux témoins d'un même fait, ou par quatre
témoins de faits différens.

Il eſt enjoint aux maîtres de ces hôtels & de
ces maiſons, de ſouffrir la viſite des commis, &
de tenir la main à ce qu'il ne ſe commette chez
eux aucune contravention ; car pour la récidive,
ils ſont reſponſables du fait de leurs domeſtiques,
ſans que les uns ni les autres puiſſent être reçus
à interjeter appel des condamnations prononcées,
que le montant n'en ait été préalablement conſigné. Cette juriſprudence eſt établie par pluſieurs
arrêts du conſeil, & notamment par celui du 17
décembre 1718, revêtu de lettres-patentes, du
24 janvier 1719, enregiſtrées à la cour des aides, le 7 juillet ſuivant.

Les artiſans & gens du commun, qui font venir chez eux des boiſſons, en quantités excédentes à la conſommation qu'ils peuvent faire,
eu égard à leurs facultés, à leur état, au nom-

bre de perſonnes dont leur famille eſt compoſée, ainſi qu'aux impoſitions qu'ils paient en taille ou en capitation , ſont tenus de déclarer aux commis, à leur premiere requiſition, s'ils entendent vendre ces boiſſons en gros ou en *détail*, ou les conſommer chez eux pour leur proviſion. Faute , par eux , de faire cette déclaration, ils deviennent ſujets au paiement des droits de *détail*, ſur la totalité de ces boiſſons.

D'ailleurs , quelle que ſoit leur déclaration, pour vendre en gros ou en *détail* les boiſſons dont il s'agit , ou pour les conſommer chez eux , ils ſont aſſujettis aux viſites des commis , & leur conſommation perſonnelle eſt ſuivie chez eux comme chez les cabaretiers. Ces particuliers reçoivent alors le nom de *proviſionnaires* , & leurs noms ſont couchés ſur un regiſtre particulier , qui ſert à conſtater les dates des exercices des commis , & l'état dans lequel leurs boiſſons ont été trouvées.

Si leur conſommation excéde celle qu'ils doivent naturellement faire, on leur fait payer les droits de *détail* ſur cet excédent, de la même maniere qu'aux cabaretiers. C'eſt cet excédent qu'on appelle , parmi le peuple , *le trop bû*.

Les motifs de cette rigueur , ont eu en vue de prévenir les abus d'une conſommation ſans meſure , qui pouvoit couvrir des manœuvres frauduleuſes ; ſoit en favoriſant des cabaretiers voiſins , ſoit en vendant en cachette, qu'on appelle *muchepot*. Il faut en effet que l'abus ſoit frappant , pour faire payer les droits de *détail* à un particulier , qui ne vend ni en gros ni en *détail;* car s'il eſt en état de juſtifier raiſonnablement une conſommation exceſſive, par des circonſtances extraordinaires , il obtient facilement grace ſur l'exécution de la loi , qui le plus ſouvent n'eſt que comminatoire.

En 1762, il s'étoit élevé des cris ſi forts & ſi multipliés contre le droit du trop bû, contre la dureté & l'injuſtice qui ſe trouvoient à exiger ce droit , que le miniſtre des finances conçut le deſſein de le ſupprimer , dans le bail qu'il alloit renouveller , ou au moins de modifier les réglemens ſur cette partie. Avant de l'exécuter, il ſe fit remettre par les fermiers - généraux , l'état général du produit des droits de *détail*, perçus ſur des particuliers exercés comme proviſionnaires, c'eſt-à-dire , du trop bû ; il vit avec étonnement que , pendant la quatrieme année du bail d'Henriet , ce droit n'avoit pas monté , dans tous les pays d'aides , à treize mille livres. D'après cette connoiſſance établie ſur des états, circonſtanciés par chaque généralité , & les repréſentations que ce foible produit ſervoit à en conſerver un de pluſieurs millions , en maintenant la règle & arrêtant l'abus, les choſes reſterent telles qu'elles étoient ; & elles ont toujours été maintenues. Afin même que les conteſtations , élevées pour raiſon de ce droit , ſoient plus promptement décidées , la connoiſ-

ſance en a été attribuée aux intendans , & leurs ordonnances ſont exécutoires par proviſion, ſauf l'appel au conſeil.

Cette règle a été confirmée par l'arrêt du conſeil , du 17 juin 1777 , qui développe clairement tous les principes ſur leſquels portent ſes diſpoſitions , en caſſant une ſentence de l'élection de Soiſſons, comme incompétemment rendue. Voici ce règlement.

» Sur la requête préſentée au roi , en ſon
» conſeil , par Laurent David , adjudicataire des
» fermes générales ; contenant , qu'il eſt obligé
» de déférer à ſa majeſté une entrepriſe des offi-
» ciers de l'élection de Soiſſons , ſur la jurdic-
» tion du ſieur intendant & commiſſaire départi
» de cette province , pour les faire rentrer dans
» les bornes qui leur ſont preſcrites. Sébaſtien
» Vervetu , tonnelier à Soiſſons , ayant depuis le
» commencement du bail du ſuppliant , fait des
» approviſionnemens de vins très-conſidérables ,
» & beaucoup au-delà de ce qu'il pouvoit raiſon-
» nablement conſommer , eu égard à ſes facultés
» & à ſon ménage compoſé de lui-ſeul , & quel-
» quefois d'un ouvrier , le ſuppliant a cru devoir
» faire veiller à l'emploi de ces vins pour prévenir
» l'abus que ce particulier pourroit en faire : Les
» commis ont , en conſéquence , exercé ce provi-
» ſionnaire & conſtaté par des actes réguliers ,
» qu'il a conſommé , pendant la premiere année ,
» neuf muids & demi , vingt-deux muids dans la
» ſeconde , & trois muids cinq vingt-quatriemes
» pendant les trois premiers mois de la troiſième ;
» enfin , les actes faits chez lui , établiſſent qu'à
» certaines époques , ſon manquant de boiſſons
» d'une viſite à l'autre , a monté juſqu'à ſoixante-
» une , cinquante-trois , vingt-ſix & vingt-quatre
» pintes par jour. Cette prodigieuſe conſomma-
» tion étoit néceſſairement abuſive ; il falloit
» non-ſeulement en arrêter le cours, mais encore
» faire prononcer , contre Vervetu , la peine por-
» tée par les arrêts du conſeil des 13 février 1731
» & 16 août 1774 : Pour y parvenir, le ſup-
» pliant a préſenté ſa requête au ſieur intendant ,
» & a traduit devant lui Vervetu , le 13 janvier
» dernier , pour ſe voir condamner à payer les
» droits de *détail* des vins par lui conſommés
» depuis le premier octobre 1774 , juſqu'au pre-
» mier dudit mois de janvier , au-delà de trois
» muids par an , à quoi ſa conſommation perſon-
» nelle demeureroit fixée. Vervetu n'a pas jugé
» à propos de ſe défendre ; le ſieur intendant a
» rendu , par défaut, le 12 mars, deux mois après
» l'aſſignation , une ordonnance qui le condamne
» à payer , au ſuppliant , une ſomme de quatre
» cents quarante-neuf livres ſix ſous neuf deniers
» pour les droits de *détail* des vins qu'il a con-
» ſommés dans ſa maiſon , au-delà de ſes facultés ,
» déduction faite de trois muids par an , à quoi
» ſa conſommation perſonnelle demeure fixée, &

» permet de faire imprimer, publier & afficher
» l'ordonnance, au nombre de cent exemplaires,
» à ses frais. Cette ordonnance a été signifiée le
» 15 mars, avec commandement d'y satisfaire.
» Le même jour, le procureur du roi de l'élec-
» tion de Soissons, a dénoncé au suppliant une
» sentence de ce siège, rendue le 8, sur son requi-
» sitoire, qui ordonne l'exécution de l'ordon-
» nance de 1680, titre des *contraintes sur le dé-*
» *tail*, ensemble de l'arrêt de la cour des aides
» du 24 avril 1765 ; en conséquence, évoque l'assi-
» gnation donnée à Vervetu devant le sieur in-
» tendant, le 13 janvier, & celle donnée au
» nommé Leblond, cribleur ; fait défenses au sup-
» pliant & à son directeur, de poursuivre l'ins-
» truction de ces affaires ailleurs qu'en l'élection,
» & de traduire à l'avenir, devant autres juges,
» les sujets du roi, pour raison des droits de *dé-*
» *tail*, à quelque titre que ce soit. Le suppliant
» demande la cassation de ce jugement, comme
» incompétemment rendu ; il ne lui sera pas diffi-
» cile d'établir que le sieur intendant a seul droit
» de connoître de la contestation dont il s'agit,
» & que la prétention de l'élection est une en-
» treprise dénuée de fondement. L'ordonnance
» de 1680, au titre des *contraintes pour les droits*
» *de détail*, ne concerne que les hôteliers, caba-
» retiers & taverniers, & autres gens qui par
» leurs professions sont assujettis aux visites &
» exercices des commis, & à payer les droits de
» *détail* des vins & autres boissons qu'ils vendent
» publiquement, & après une déclaration de mise
» de bouchon. Vervetu n'exerce aucune de ces
» professions, ce n'est donc point en vertu de l'or-
» donnance qu'il a été exercé, & que sa consom-
» mation abusive a été constatée ; conséquemment,
» c'est mal-à-propos que l'élection a pris droit de
» l'ordonnance, pour revendiquer la connoissance
» de cet abus. Le suppliant fait exercer les vins
» de Vervetu, en vertu des arrêts du conseil des
» 13 février 1731 & 16 août 1774 ; ces arrêts
» ordonnent que tous les particuliers, gens du
» commun, qui feront arriver chez eux des quan-
» tités de vins, au-delà de la consommation qu'ils
» en peuvent faire, eu égard à leurs facultés, état,
» qualité & professions, & au nombre de per-
» sonnes dont leurs familles sont composées, en-
» semble aux impositions, à la taille ou capitation,
» & qui déclareront lesdites boissons être pour
» leur provision & consommation, seront tenus
» de souffrir les visites & marques des commis,
» pour, en cas d'abus, être contraints au paiement
» des droits de *détail* de l'excédent de leur con-
» sommation raisonnable ; & pour juger les con-
» testations qui pourroient naître à l'avenir sur
» ce sujet, sa majesté commet les sieurs intendans,
» auxquels elle attribue toutes cour, juridiction
» & connoissance, icelles interdisant à toutes ses
» cours & autres juges, & veut que les ordonnan-
» ces desdits sieurs intendans soient exécutées,

» sauf l'appel au conseil. Ces titres justifient la
» demande du suppliant contre Vervetu, & prou-
» vent, à la fois, la compétence du commissaire
» départi, & l'incompétence des élus de Soissons :
» La cour des aides, par son arrêt du 24 avril
» 1765, dont l'élection se fait un titre, a voulu
» s'attribuer, & aux élections de son ressort, un
» droit de juridiction en cette matière ; mais le
» conseil a cassé cet arrêt comme incompétemment
» rendu, par son arrêt du 6 septembre 1768, &
» a renouvelé en tant que de besoin, l'attribution
» accordée aux sieurs intendans, par l'arrêt du
» 13 février 1731, moyennant quoi, l'arrêt de
» la cour des aides doit être regardé comme non
» avenu ; & loin de pouvoir servir de prétexte
» à l'entreprise de l'élection de Soissons, il doit
» être un motif de plus pour la réprimer, parce
» que les officiers de ce siège connoissent l'arrêt
» du 6 septembre 1768, & qu'en ordonnant l'exé-
» cution de celui du 24 avril 1765, ils semblent
» résister à l'autorité du conseil. Il seroit assez
» inutile de discuter ici les motifs qui ont guidé
» le procureur du roi de l'élection dans son ré-
» quisitoire ; ils sont pris du titre des *contraintes*
» *pour les droits de détail* de l'ordonnance de 1680,
» titre qui, comme on le voit, est étranger à la
» question concernant Vervetu, de l'arrêt de la
» cour des aides qui a été annullé, & de l'obli-
» gation de conserver à son siège un droit de juri-
» diction qu'il n'a jamais eu, & dont, au con-
» traire, il est formellement exclu, tant par les
» arrêts des 13 février 1731 & 16 août 1774,
» que par celui du 6 septembre 1768 : mais la
» frivolité de ces motifs est une raison de plus
» pour regarder comme répréhensible & punissa-
» ble la conduite de Vervetu qui en a provoqué
» l'emploi, ainsi que le jugement qui s'en est suivi,
» sans doute, parce qu'il s'est persuadé qu'un con-
» flit de juridiction le soustrairoit aux condamna-
» tions qu'il a encourues. Le fermier auroit pu,
» nonobstant la sentence qui lui a été signifiée le
» 15 mars, poursuivre l'exécution provisoire de
» l'ordonnance du sieur intendant, rendue le 11,
» & ce tant en vertu des arrêts de 1731 & 1774,
» que parce que le jugement d'une juridiction in-
» férieure ne peut suspendre l'exécution d'un ju-
» gement d'un autre juge également inférieur ;
» cependant il aime mieux, en recourant à l'au-
» torité du conseil pour la cassation de la sen-
» tence de l'élection, attendre qu'il statue en
» même tems sur l'ordonnance dont la sentence a
» arrêté l'exécution. Requéroit à ces causes le
» suppliant qu'il plût à sa majesté ordonner que
» les arrêts du conseil des 13 février 1731, 6
» septembre 1768 & 16 août 1774, seront exé-
» cutés selon leur forme & teneur ; en conséquence,
» casser & annuller la sentence des officiers de
» l'élection de Soissons, du 8 mars 1777, comme
» incompétemment rendue ; faire défenses auxdits
» officiers d'en rendre de semblables à l'avenir,

» sous telles peines qu'il appartiendra, ordonner
» pareillement que l'ordonnance du sieur inten-
» dant & commissaire départi en la généralité de
» Soissons, du 12 du même mois de mars, sera
» exécutée selon sa forme & teneur, sauf à Sé-
» bastien Vervetu, tonnelier à Soissons, à se
» pourvoir par la voie de l'opposition par-devant
» ledit sieur commissaire départi, ou par la voie
» de l'appel au conseil, & condamner ledit Ver-
» vetu au coût de l'arrêt qui interviendra. Vu
» ladite requête; l'extrait des registres des entrées
» de la ville de Soissons; la sentence de l'élec-
» tion, du 8 mars dernier; l'ordonnance du sieur
» intendant, du 12; les arrêts du conseil des 13
» février 1731, 6 septembre 1768 & 16 août
» 1774, ensemble les autres pièces & mémoires
» énoncés en ladite requête & y joints: Ouï le
» rapport du sieur Tabourean, conseiller d'état,
» & ordinaire au conseil royal, contrôleur-géné-
» ral des finances; le roi en son conseil, a or-
» donné & ordonne que les arrêts du conseil des
» 13 février 1731, 6 septembre 1768 & 16 août
» 1774, seront exécutés selon leur forme & teneur:
» En conséquence, a cassé & annullé la sentence
» rendue par les officiers de l'élection de Soissons,
» le 8 mars 1777, comme incompétemment ren-
» due. Fait défenses auxdits officiers d'en rendre
» de semblables à l'avenir : Ordonne en outre sa
» majesté, que l'ordonnance du sieur intendant &
» commissaire départi en la généralité de Sois-
» sons, du 12 dudit mois de mars, sera exécutée,
» sauf à Sébastien Vervetu à se pourvoir si bon
» lui semble, par opposition devant le sieur com-
» missaire départi, ou par appel au conseil. Con-
» damne ledit Vervetu au coût du présent arrêt,
» liquidé à soixante-quinze livres, lequel sera
» enregistré, sans frais, au greffe de l'élection de
» Soissons, & exécuté nonobstant oppositions ou
» autres empêchemens quelconques. Fait au con-
» seil d'état du roi, tenu à Versailles le 17 juin
» 1777. »

Outre les particuliers qui deviennent, en certains cas, sujets au paiement des droits de *détail*,
sur les boissons dont ils sont censés faire une consommation abusive, il en est d'autres qui y sont
assujettis par leur état ou leur profession. Tels
sont les loueurs en chambres garnies, les maîtres
de pension, les maîtres de jeux de paume, les
traiteurs, les concierges des prisons, les buvetiers & autres gens de cette classe.

Le titre 4 de l'ordonnance des aides, du mois
de juin 1680, porte expressément dans les différens articles qui le composent, que les gens qu'on
vient de dénommer payeront les droits comme
du vin vendu à assiette; mais quoiqu'ils soient soû-
mis aux mêmes formalités que les cabaretiers,
cependant ils sont déclarés exempts de la contrainte par corps comme ces derniers.

Le titre 9 de la même ordonnance, accorde

l'exemption des droits de *détail* à différens privilégiés, tant à Paris que dans les autres villes
où les droits d'aides ont cours; mais comme les
droits de *détail* sont réunis à ceux de gros & d'entrée dans la capitale, cette immunité ne peut y
avoir lieu.

Dans l'état actuel, les seuls privilégiés pour
les droits de *détail*, sont:

1°. Les secrétaires du roi.

2°. Les douze & vingt-cinq marchands de vin
suivant la cour.

3°. Les entrepreneurs-généraux & particuliers
des étapes, pour les boissons qu'ils fournissent
aux troupes.

4°. Les maîtres de poste, pour celles qu'ils
vendent aux couriers & postillons seulement.

Les secrétaires du roi, tant de la grande chancellerie que des chancelleries près des cours souveraines du royaume, soit revêtus actuellement
de leurs offices ou vétérans après un service de
vingt années; ainsi que leurs veuves, tant que
dure leur viduité, ne peuvent jouir de leur privilège, que sous les conditions suivantes; de ne
débiter leurs boissons que dans leur maison d'habitation; à *huis coupé* & *pot renversé*; ces vieilles
expressions viennent de ce qu'autrefois ceux qui
débitoient les vins de leur crû, le distribuoient à
la porte, dont la moitié supérieure s'ouvroit tandis que l'autre restoit fermée, en renversant le
pot dans celui de l'acheteur. Les autres conditions
auxquelles sont subordonnés les privilèges des secrétaires du roi, consistent en ce qu'ils ne peuvent
vendre que dans les quartiers de janvier & de
juillet chaque année; qu'ils doivent fournir annuellement, au bureau des aides, des déclarations
par tenans & aboutissans des vignes qu'ils font façonner & des vins qu'ils y recueillent; ils sont
tenus encore de déclarer au même bureau, le moment où ils entendent commencer leur débit, & de
souffrir tant qu'il dure, les visites & exercices des
commis; le tout à peine de déchéance de leurs
privilèges, s'ils manquent à l'une de ces conditions.

Leur maison d'habitation n'est censée existante
que dans les villes où ils exercent leurs fonctions,
& par-tout ailleurs leurs privilèges deviennent
nuls. Cette disposition a lieu, même à l'égard
des vétérans & des veuves, en cas qu'ils transferent ailleurs leur domicile.

L'origine de l'immunité des marchands de vin
suivant la cour, remonte à François Ier., qui,
par sa déclaration du 19 mars 1543, créa douze
marchands de vin, & vingt-cinq cabaretiers,
pour la provision de la suite de la cour dans les
voyages de sa majesté, avec l'exemption de tous
droits sur les vins qu'ils fourniroient. Ils pouvoient
vendre, à Paris, dix mille muids sans payer aucuns droits de *détail*; mais ce privilège a cessé
pour cette ville, par la réunion, faite en 1719,
des droits de gros & de *détail* à ceux d'entrée.

Il n'a point lieu non plus à Versailles ; mais il est indéfini dans tous les autres endroits où le roi passe ou séjourne. Le vin qu'ils débitent à la suite de la cour, est entièrement exempt des droits de gros, de *détail*, & même de l'annuel.

On doit observer que cette exemption n'a lieu que sur le vin & non sur la biere, le cidre & les autres boissons, & que le vin, arrivant pour le compte de ces marchands de vin, est sujet à tous les autres droits d'aides ; comme ceux d'entrée, d'inspecteurs aux boissons, de jauge-courtage & courtiers-jaugeurs. Cependant lorsqu'ils font sortir ces vins des lieux du séjour de sa majesté, on leur rend les droits d'entrée.

Au reste, ces marchands de vin ne font point affranchis des visites des commis ; ils doivent, pendant leur débit, souffrir les marques & inventaires, à peine de déchéance de leurs privilèges.

Les adjudicataires-généraux des étapes dans le royaume, de même que les étapiers particuliers, en chaque lieu de passage des troupes, font exempts, non-seulement de tous droits de *détail* dus à la ferme des aides, mais même des droits d'octroi, sur les boissons qu'ils fournissent à ces troupes, à la charge par eux de mettre celles qui font destinées à l'étape, dans des caves & celliers séparés de ceux où ils mettent les boissons de leur consommation, d'en faire la déclaration au bureau des aides, & de souffrir la visite des commis.

On peut mettre au nombre des étapiers, les vivandiers des régimens Suisses, qui font exempts des droits d'entrée & de ceux de *détail*, sur les boissons qu'ils fournissent aux troupes pour leur consommation. L'article 7 du traité du 9 mai 1715, est le titre de ce privilège, qui a son effet dans toutes les villes où les Suisses font en garnison. Mais pour prévenir les abus, un réglement du 4 août 1716, a fixé l'approvisionnement des viandiers, à raison d'un demi pot de biere par homme pour chaque jour, ou à une chopine de vin, mesure de Paris, & à soixante pintes d'eau-devie par compagnie, pour chaque mois.

A l'égard des officiers, leur provision est réglée à une pièce de vin, jauge de Champagne, par mois, à partager entre eux.

Quant aux maîtres de postes, suivant les arrêts du conseil des 4 août 1685, 30 mars & 11 août 1722, ils ne doivent point les droits de *détail* sur les boissons qu'ils vendent aux couriers, postillons & à tous ceux qui passent en poste ; mais il leur est défendu d'en vendre à d'autres personnes. Ce privilège cesse s'ils tiennent auberge ou cabaret.

Les droits de *détail* doivent être payés pour toutes les boissons portées en charge sur le registre des commis, & suivant la contenance qu'ils ont établie. C'est ce qui a été jugé par l'arrêt du conseil du 19 août 1766, cassant celui de la cour des aides de Paris, du 5 septembre 1765, qui

avoit condamné le fermier à la restitution des droits de *détail*, sur le motif que les futailles d'un cabaretier, qui avoit réclamé cette restitution, contenoient douze pintes au-dessous de la jauge des commis. Quand on veut en exiger le paiement, le directeur décerne sa contrainte après l'avoir fait viser par un officier de l'élection, pour le montant des droits, suivant l'extrait des registres.

Si quelque vendant en *détail* a refusé de souffrir les exercices des commis, la contrainte qui est décernée contre lui, porte les droits sur le pied du plus haut quartier qu'il ait payé l'année précédente, ou s'il n'a rien payé, d'après le relevé des registres d'entrée ; ou ceux d'inventaire, en soumettant aux droits tous les vins qui s'y trouvent sous le nom de ce débitant ; enfin, à défaut de registres d'entrée & d'inventaires, on exige le paiement des droits sur le même taux que celui qui a fait le débit le plus considérable dans la même paroisse.

Anciennement le fermier des aides n'avoit, suivant la déclaration du 4 mai 1688, que six mois pour faire le recouvrement des droits de *détail* ; mais une autre déclaration du 29 novembre 1709, ayant sursis à l'exécution de la précédente, sans qu'il ait d'ailleurs été rien décidé en définitif, le fermier s'est renfermé dans les dispositions de l'article 34 du titre commun de l'ordonnance du mois de juillet 1681. A ce moyen, on ne peut lui opposer avec succès la fin de non-recevoir, pour défaut de poursuites, que six mois après que son bail est expiré, & que dans le cas où il n'y a point d'exploit contrôlé, où il n'a été ni prononcé de condamnation, ni passé d'obligation à son profit.

DETTE PUBLIQUE ou NATIONALE.

La *dette* des états ou des nations provient de leur crédit ; c'est une ressource moderne, qui remonte au tems où l'on a commencé à faire des emprunts ; car l'on fait que les anciens gouvernemens n'en connurent pas l'usage. Cette facilité à faire des *dettes* de cette espèce est, en quelque sorte, une association des générations futures aux générations présentes, & un secours exigé de la postérité.

On a vu au mot *crédit public*, que l'homme d'état, qui a dirigé pendant quatre ans les finances du royaume, souhaitoit que jamais ce moyen de de force n'eût été découvert, parce qu'il peut conduire à l'épuisement. Nous allons rassembler ici ce qu'ont pensé les plus grands écrivains, des *dettes publiques*, & nous terminerons cet article par faire connoître la *dette nationale* du royaume, après avoir parlé de celle de l'Angleterre & de celle des États-Unis, république naissante, que neuf années de guerre, terminée par une paix glorieuse, viennent enfin de mettre au rang des puissances politiques.

« Quelques gens ont cru, dit M. de Montesquieu, (*Esprit des loix, tome 3, édition in-12,*

» *page* 45.) qu'il étoit bon qu'un état dût à lui-
» même ; ils ont penfé que cela multiplioit les
» richeſſes , en augmentant la circulation.

» Je crois qu'on a confondu un papier circu-
» lant , qui repréſente la monnoie , ou un pa-
» pier circulant , qui eſt le ſigne des profits qu'une
» compagnie a faits ou fera fur le commerce ,
» avec un papier qui repréſente une *dette*. Les
» deux premiers ſont très-avantageux à l'état ;
» le dernier ne peut l'être , & tout ce qu'on peut
» en attendre , c'eſt qu'il ſoit un bon gage pour les
» particuliers de la *dette nationale* , c'eſt-à-dire ,
» qui en procure le paiement ; mais voici les in-
» convéniens qui en réſultent.

» Si les étrangers poſſedent beaucoup de pa-
» piers qui repréſentent une *dette*, ils tirent tous
» les ans de la nation une ſomme conſidérable
» pour les intérêts.

» 2°. Dans une nation , ainſi perpétuellement
» débitrice , le change doit être très-bas.

» 3°. L'impôt, levé pour le paiement des inté-
» rêts de la *dette*, fait tort aux manufactures ,
» en rendant la main-d'œuvre plus chere.

» 4°. On ôte les revenus véritables de l'état
» à ceux qui ont de l'activité & de l'induſtrie ,
» pour les tranſporter aux gens oiſifs ; c'eſt-à-
» dire , qu'on donne des commodités pour tra-
» vailler à ceux qui ne travaillent point , & des
» difficultés pour travailler, à ceux qui travaillent.

» Voilà les inconvéniens ; je n'en connois point
» les avantages. Dix perſonnes ont chacune mille
» écus de revenu en fonds de terre, ou en in-
» duſtrie : cela fait pour la nation , à cinq pour
» cent , un capital de deux cents mille écus: ſi
» ces dix perſonnes emploient la moitié de leur
» revenu , c'eſt-à-dire , cinq mille écus pour payer
» les intérêts de cent mille écus qu'elles ont em-
» pruntés à d'autres, cela ne fait encore pour l'état
» que deux cents mille écus.

» Ce qui peut jeter dans l'erreur , c'eſt qu'un
» papier qui repréſente la *dette* d'une nation , eſt
» un ſigne de richeſſe ; car il n'y a qu'un état
» riche qui puiſſe ſoutenir un tel papier, ſans
» tomber dans la décadence ; que s'il n'y tombe
» pas , il faut que l'état ait de grandes richeſſes
» d'ailleurs. On dit qu'il n'y a point de mal , parce
» qu'il y a des reſſources contre ce mal ; & on dit
» que le mal eſt un bien , parce que les reſſources
» ſurpaſſent le mal.

» Pour acquitter les *dettes* d'un état, il faut un
» fonds d'amortiſſement ; ce fonds, une fois établi,
» rend bientôt la confiance.

» Dans une république, dont le gouvernement
» comporte, par ſa nature, que l'on y faſſe des
» projets pour long-tems, le capital du fonds
» d'amortiſſement peut être peu conſidérable ; dans
» une monarchie, il faut que ce capital ſoit plus
» grand.

» Les règlemens doivent être tels , que tous
» les citoyens de l'état portent le poids de l'éta-
» bliſſement de ce fonds , parce qu'ils ont tous le
» poids de la *dette nationale* à ſupporter ; le créan-
» cier de l'état , par les ſommes qu'il contribue,
» payant lui-même à lui-même.

» Il y a quatre claſſes de gens qui paient les
» *dettes de l'état* ; les propriétaires des fonds de
» terre , ceux qui exercent leur induſtrie par le
» négoce , les laboureurs & artiſans, enfin , les
» rentiers de l'état ou des particuliers.

» De ces quatre claſſes , la derniere, dans un
» cas de néceſſité, ſembleroit devoir être la moins
» ménagée , parce que c'eſt une claſſe entiérement
» paſſive dans l'état , tandis que ce même état eſt
» ſoutenu par la force active des trois autres.
» Mais comme on ne peut la charger plus ſans
» détruire la confiance publique, dont l'état en
» général , & les trois claſſes en particulier, ont
» un ſouverain beſoin ; comme la foi publique ne
» peut manquer à un certain nombre de citoyens,
» ſans paroître manquer à tous ; comme la claſſe
» des créanciers eſt toujours la plus expoſée aux
» projets des miniſtres, & qu'elle eſt toujours
» ſous les yeux & ſous la main, il faut que l'état
» lui accorde une ſinguliere protection, & que la
» partie débitrice n'ait jamais le moindre avan-
» tage ſur celle qui eſt créanciere. »

Ce que M. de Monteſquieu dit des rentiers,
qu'il traite de gens oiſifs, & peu ſuſceptibles de
ménagemens de la part de l'état, on l'a répété
dans tous les ouvrages ſur l'économie politique &
ſur l'adminiſtration des finances ; mais n'exagere-
t-on pas les inconvéniens de cette claſſe ?

Une rente ſur l'état, ou ſur des particuliers,
viagere ou fonciere , eſt une propriété quelconque , qui entraîne l'oiſiveté, en diſpenſant de travailler. Mais cette rente, en procurant ou augmentant l'aiſance de ſon poſſeſſeur, le met en état
de dépenſer davantage, de faire travailler, & de
fournir à la claſſe des artiſans & autres, de quoi
payer à l'état, de quoi étendre leur commerce,
leur induſtrie, de quoi accroître la ſomme des richeſſes de l'état, qui ne ſont formées que par les
richeſſes des citoyens. D'ailleurs ce rentier paie
les impôts dans la proportion de la dépenſe qu'il
fait, des jouiſſances qu'il ſe procure ; ſur-tout
lorſque ces impôts portent en très-grande partie
ſur les conſommations.

Concluons donc que les rentiers ne ſont pas,
comme on l'a dit, des gens ſi inutiles à l'état,
relativement à la *dette nationale* ; des vampires
qui ſucent avidemment la ſubſtance du corps
politique , ſans concourir à lui donner aucune
force ; & qu'enfin il y auroit de l'injuſtice à ne
voir en eux que des éponges enflées aux dépens
de l'état, & que dans des momens de beſoin on
peut preſſer ſans ſcrupule.

L'homme célebre à qui nous devons l'éloge de
Colbert, couronné par l'académie, long-tems avant
qu'il

qu'il eût mérité des applaudiffemens & de la reconnoiffance dans l'adminiftration des finances, a penfé différemment de M. de Montefquieu.

Il dit, (*Notes de l'éloge de Colbert*, page 124) qu'il n'eft point de propriété plus refpeûable que celle des fonds publics. Les créances entre particuliers, les propriétés de toute efpèce, acquifes à prix d'argent, que la loi protège avec tant de foin, n'ont pas plus de mérite aux yeux de l'équité, qu'un prêt fait à la fociété dans la perfonne du fouverain. Ainfi toute infraûion volontaire à la *dette publique*, eft un déplacement de propriétés, auffi injufte qu'inutile.

Il n'eft qu'une *dette* plus refpeûable encore, ce font les penfions accordées à ces citoyens qui ont expofé leur vie & bravé les dangers pour la défenfe de leur pays, & qui n'ont fouvent que quatre à cinq cents livres de rente, pour confolation de leurs infirmités, & pour prix de la plus noble des vertus fociales, celle du courage.

Un ouvrage qui femble diûé par l'amour de l'humanité & le zèle de fon bonheur, préfente des confidérations intéreffantes fur la *dette publique*, envifagée politiquement & dans fes rapports avec la félicité des nations. Nous cédons d'autant plus volontiers au plaifir d'en donner l'analyfe, que cet ouvrage eft attribué à M. le C. de Chat, académicien auffi verfé dans la fcience de bien écrire, qu'habile homme de guerre, élevé par fes fervices à un des premiers grades militaires.

Il y a près d'un fiecle que la France, l'Angleterre & la Hollande s'étant opiniâtrées à des guerres difpendieufes, ceux qui gouvernoient ces nations ont été obligés de recourir à des emprunts confidérables. Je dis ceux qui gouvernoient, parce que fi elles avoient difcuté elles-mêmes leurs intérêts, elles n'auroient eu aucune raifon de contraûer des *dettes*. En effet, comme elles poffédoient prefque toutes les richeffes de l'Europe, elles jouoient en même tems les rôles de prêteurs & d'emprunteurs; de forte que tout ce mouvement d'argent n'étoit qu'un mouvement inteftin. Il leur eût donc été facile de s'impofer fur elles-mêmes une contribution égale aux fommes qu'elles ne levoient que par emprunt.

Mais d'un côté, Guillaume III auroit eu trop de peine à perfuader aux Anglois, & fur-tout aux Toris, de facrifier la plus grande partie de leur fortune à l'abaiffement de Louis XIV; & de l'autre, Louis XIV, tout abfolu qu'il étoit, n'auroit jamais pu difpofer arbitrairement du bien de fes fujets, pour foutenir des guerres que fon ambition feule lui avoit attirées.

Pour les Hollandois, quoiqu'une vengeance particuliere, un intérêt plus immédiat les animât, il étoit encore difficile d'en obtenir des fubfides confidérables. Ces riches commerçans qui formoient la meilleure partie de la république,

voyoient, avec trop de regrets, les fruits d'une longue & pénible induftrie, dévorés par des Allemands & des Efpagnols.

Dans cette fituation embarraffante, & pour éviter de faire fentir aux peuples le fardeau qu'on lui impofoit, chaque nation appella, pour ainfi dire, la poftérité à fon fecours, & on la chargea de tout le poids qu'on vouloit épargner à la génération préfente.

Les dettes publiques furent donc le fruit de la foibleffe des gouvernemens, ou de leur refpeû pour les propriétaires, qui fera toujours néceffaire tant que les guerres n'auront pas pour objet, ou la défenfe des foyers, ou la vengeance de ces infultes cruelles qui, élevant un cri général, excitent en même tems un effort & un dévoüement général.

Qu'il foit ruineux de faire, avec de grands frais, des guerres inutiles, c'eft ce que perfonne ne révoquera en doute. Toute nation qui emprunte pour faire la guerre, travaille donc à fa propre ruine. Mais de quelle façon cette ruine s'opere-t-elle? les dettes font-elles onéreufes, feulement en ce qu'elles repréfentent une dépenfe exceffive, ou font-elles pernicieufes par elles-mêmes, en ce qu'elles perpétuent les charges de l'Etat? C'eft ce qu'il s'agit d'approfondir.

Il faut pofer d'abord, que toute richeffe, toute propriété, toute contribution, doivent être eftimées en travail; que chaque individu eft obligé de partager fon tems entre tous les ouvrages néceffaires à fa fubfiftance; qu'ainfi toute contribution doit être regardée, comme l'épargne que chaque individu peut faire fur fon travail, & avoir pour mefure le travail dont tout homme eft encore fufceptible, après avoir pourvu à fes befoins.

L'inégalité des fortunes ne change rien à cette théorie. Elle met tous les particuliers riches fur la même ligne que les fouverains ou l'état; c'eft à-dire, qu'elle fuppofe un certain nombre d'hommes qui ne travaillent point, & qui ont droit de faire travailler les autres. On dit le droit, parce que celui qui a la propriété des fonds ou des richeffes mobiliaires, acquiert un droit réel au travail de celui qui n'en poffede pas. Or, tout propriétaire riche ne peut prétendre qu'à l'excédent du travail dont celui qu'il emploie peut difpofer, après avoir pourvu à fa propre fubfiftance. C'eft ainfi qu'un fermier qui a foixante gerbes, n'en peut retirer dix-fept boiffeaux de bled, qu'après que le batteur en grange en a pris un pour lui.

Un homme riche, un homme magnifique, eft un homme qui a droit au travail difponible d'un grand nombre d'individus. C'eft un homme qui a employé cent cultivateurs, lefquels ayant retiré trois cents feptiers de bled pour leur fubfiftance, lui en ont fourni trois mille dont il s'eft fervi pour nourrir des brodeurs, des tailleurs, des cuifiniers, des pêcheurs, des chaffeurs, doreurs, fculpteurs, &c. &c.

La véritable inégalité de fortune exifte entre ceux qui travaillent & ceux qui font travailler; elle fe trouve encore entre ceux qui font obligés de travailler beaucoup, & ceux qui fe procurent leur fubfiftance à peu de frais; nuances qui tiennent aux circonftances locales, à l'induftrie, au talent même, & qui font difficiles à apprécier.

Quoi qu'il en foit, admettons ces principes, & que la guerre s'allume entre deux nations. Voici ce que de part & d'autre le peuple & leurs repréfentans pourroient dire.

» Les chofes font arrangées de façon qu'un
» petit nombre d'entre nous, un treizieme, à-
» peu-près, fuffit pour nourrir tout le refte. Les
» douze autres treiziemes n'ont guère de moyens
» d'obtenir leur part de ces fubfiftances, qu'en
» offrant des objets d'échange, qu'en provoquant
» les defirs du cultivateur & du propriétaire. Ce
» font donc les dépenfes de cette claffe qui nour-
» riffent l'autre, il n'importe lefquelles; ce qui
» eft très-vrai & très-important, c'eft que dans
» l'état où font les chofes, il faut pour que tout
» le monde fubfifte, qu'il y ait toujours la même
» quantité de dépenfes. Or, c'eft ce qui arri-
» vera pendant la guerre; car fi nous allons
» difpofer d'une partie des fubfiftances, c'eft auffi
» pour les répandre, & au lieu que vous aviez
» coutume de les donner à des hommes qui vous
» brodoient des habits, qui doroient, fculptoient
» vos appartemens, qui vous amufoient par leurs
» talens, nous les diftribuerons parmi des hom-
» mes qui garderont nos frontieres, qui fortifie-
» ront nos places, qui fabriqueront des armes:
» foyez donc bien tranquilles; la même quantité
» de dépenfes exiftera toujours; les mêmes four-
» ces de travail feront ouvertes: ainfi tous ceux
» qui n'auront plus d'ouvrage dans leur profef-
» fion, trouveront un nouvel emploi dans les
» différentes reffources qu'on vient d'ouvrir à la
» force & à l'induftrie. »

D'après un pareil expofé, il feroit difficile de penfer que la guerre fût ruineufe pour le peuple. Elle feroit pourtant un mal, car les habits, les meubles, les lambris dorés font plaifir à ceux qui les paient, & la guerre eft une dépenfe qui ne peut en faire qu'à peu de monde.

Dans cette hypothèfe, la guerre ne priveroit perfonne des moyens de fubfiftance; & fi elle étoit momentanée, la circulation du travail reprendroit bientôt fes premieres routes, & la nation auroit pu dépenfer fans s'obérer.

Mais il en arrive autremenr. Cette poffeffion d'un bien-fonds, cette faculté d'employer le travail de ceux qu'on fait fubfifter, indifféremment à toutes les chofes qui font agréables, a reçu depuis long-tems le nom de propriété....

Le luxe n'étant que l'ufage de cette propriété,

eft devenu propriété lui-même, ou, pour mieux dire, une forte de droit; de façon que lorfqu'il a fallu fubvenir aux befoins de la guerre, on n'a pas ofé déplacer les richeffes, en changeant les objets de travail: il eft arrivé delà, qu'en même tems qu'on étoit obligé d'employer un grand nombre d'hommes à de nouvelles profeffions, les riches ont confervé le privilège d'acheter le travail du peuple, concurremment avec l'Etat.

Le luxe, la magnificence, le plaifir, ont confervé la plus grande partie de leurs agens; & le gouvernement ayant été obligé d'acheter le travail des petits, ce travail a été reporté en furcharge fur les cultivateurs & fur tous les artifans qui concourent avec eux à la production ou à la préparation de la fubfiftance.

Ainfi, les nations ont été écrafées, parce que le poids qui devoit être partagé entre tous, n'a été fupporté que par les claffes des citoyens les plus utiles à l'Etat. Ainfi, la guerre a augmenté le travail général, ce qui eft déja un mal; elle l'a augmenté d'une maniere inégale & oppreffive, ce qui eft un plus grand mal encore.

Peut-être cet inconvénient auroit-il toujours été difficile à prévenir; car dans toutes les fociétés induftrieufes ou commerçantes, chaque homme n'a qu'une maniere de fubfifter; c'eft ce qu'on appelle fon art, fa profeffion. Or, les hommes ne peuvent pas aifément changer de profeffion. Voilà ce qui fait que dans les guerres malheureufes, on voit vingt mille manufacturiers mourir de faim, tandis que vingt mille foldats manquent au complet des armées, que les arfenaux font déferts, & que la navigation languit faute de bras. Ajoutez à cela, que le droit de propriété à l'inégalité des fortunes, ayant établi une grande concurrence entre ceux qui demandent des fubfiftances pour prix de leur induftrie; il eft certain que le travail a toujours approché de trop près le niveau des forces de l'ouvrier, de maniere que cette claffe laborieufe n'a prefque point de travail difponible, & que l'état ne peut lui en demander, fans l'écrafer.

Confidérons encore la difproportion des réfiftances, la patience du pauvre, le crédit du riche, la difpofition de tout adminiftrateur à préférer les moyens faciles aux moyens utiles, & nous expliquerons bientôt comment les guerres ruinent aifément les Etats qu'elles ne devroient feulement pas affoiblir.

Les emprunts, à la vérité, diminuent un peu ces inconvéniens; c'eft ce qu'il s'agit d'examiner. Suppofons qu'un Etat ait befoin d'une quantité de travail repréfentée par trois cents millions. Une pareille fomme ne peut pas être uniquement levée fur les gens riches, ni le travail qu'elle repréfente, exigé uniquement fur les agens du luxe, fans attaquer la propriété & fans caufer les plus grandes convulfions par des changemens fubits dans les moyens de fubfifter ; on cherche donc à adoucir toutes ces crifes , en impofant , pour le moment , un travail modique , & en propofant d'en emprunter un plus confidérable, fuivant des arrangemens pris de gré à gré , & en conféquence de quelques avantages mutuels.

Tout emprunt repréfente une dépenfe. Si l'état a emprunté trois cents millions , il a dépenfé trois cents millions en travaux ; & s'il a affez bien payé fes agens, pour que les autres claffes aient reflué fur celle-là , le défordre n'a pas été très-grand. La même quantité de travail a diftribué la même quantité de fubfiftances , & tout le monde a vécu. Le mal eft donc bien moins confidérable , que fi tout le travail néceffaire au foutien de la guerre, avoit été exigé avec rigueur, & réparti avec inégalité.

Maintenant fuppofons que la guerre s'étant prolongée, le gouvernement fe foit vu obligé de multiplier fes reffources , & qu'enfin la paix n'ait été conclue qu'après un emprunt d'un milliar. Il s'agit d'apprécier quel fera déformais l'état de la nation ; car alors elle eft chargée d'un intérêt de cinquante millions , & il faut en conféquence que la contribution annuelle foit augmentée de cinquante millions.

Mais fi toute impofition doit repréfenter un travail fourni par les particuliers à l'Etat ; on peut demander à préfent fi la quantité de ce travail eft augmentée, fi, dans le fait, cette contribution n'eft pas idéale ; & enfin, fi, lorfque le gouvernement reçoit d'une main pour rendre de l'autre, la furcharge eft plus réelle qu'elle ne l'eft à Amfterdam, lorfque la banque fait une navette perpétuelle de paiement & de recette.

Cependant , dira - t - on , fi l'Etat prend le dixieme du revenu des propriétaires , ce dixieme ne repréfente-t-il pas le travail qu'ils auroient pu payer avec une certaine quantité de fubfiftances, dont leurs mercenaires fe trouvent fruftrés à leur tour ? Dans cette hypothèfe, il n'y a point de diminution réelle ; mais feulement un déplacement de revenu net : car s'il arrive que mille propriétaires aient entre eux cent millions de revenu net , qui fe trouve réduit à quatre-vingt-dix ; mille autres propriétaires, qui poffédent auffi des contrats , auront leur revenu net également de cent millions augmenté de dix millions , & commanderont plus de travaux qu'ils n'auroient fait ; de même que les autres en commanderont moins lorfqu'ils feront obligés de payer le dixieme. Ainfi , fuivant ce calcul, la fomme de travail refte toujours la même , puifque les befoins de l'état n'en réclament pas plus que par le paffé ; & voici la raifon pour laquelle les nations bien gouvernées reftent encore dans un état floriffant, en fortant d'une guerre longue & difpendieufe. Voilà pourquoi les Anglois font encore riches & puiffans, & continuent de dépenfer ou de confommer autant qu'ayant la guerre.

Il ne faut pourtant pas fe diffimuler qu'il eft des circonftances qui rendent ces principes fufceptibles de reftriction ; c'eft lorfque l'étranger met des fommes confidérables dans les emprunts ouverts par une nation, & lorfque les Etats, qui ont coutume de recourir à l'expédient des emprunts, ne font pas tous en guerre dans le même moment ; car celui qui aura confervé la neutralité, aura certainement beaucoup de richeffes , & manquera de débouchés pour en faire ufage. Elle verfera donc de grandes fommes dans les fonds des nations belligérantes, & alors l'argent, exporté pour le paiement des arrérages, repréfentera dans l'Etat emprunteur un travail annuel, mais ftérile & onéreux.

Cette théorie s'entendra mieux par un exemple. Hambourg fait la guerre à Dantzig ; la premiere de ces villes a foixante mille habitans, dont les uns vivent dans l'aifance, & dont les autres cherchent leur fubfiftance dans le travail. Le confeil de cette république pourroit annoncer que la claffe des citoyens, qui travaille aux chofes de néceffité abfolue , feroit la feule qui continueroit les ouvrages , que tous les autres ouvriers, artifans , &c. &c. qui ne font que les agens du luxe & du plaifir, feroient employés au fervice de l'armée ; mais que pour les faire fubfifter, on s'empareroit du fuperflu des riches , c'eft-à-dire , de tout ce qu'ils dépenferoient pour fatisfaire leur goût , fervir leurs fantaifies & leurs amufemens ; ce qui feroit encore plus fimplifié, fous la dénomination d'une taxe générale fur l'aifance : mais que d'obftacles s'oppofent à une pareille réfolution ! L'union qui regne guere dans les républiques , que lorfque les périls font preffans. La forme du gouvernement, les magiftrats actuels ont toujours des ennemis. A quels dangers ne s'expofera-t-on pas , fi l'on renverfe ainfi toutes les fortunes , fi l'on attaque toutes les propriétés ! Et puis ce luxe , cette aifance encourageoient certaines claffes d'artifans, néceffaires à la profpérité de ce petit Etat.

Sufpendre tout-à-coup leurs occupations, les priver de leurs profits habituels, c'eft rompre les liens qui les attachent à la patrie. D'un autre côté, fi l'on partage le poids entre tous les fujets, une impofition générale caufera à la vérité moins de murmures, & d'ailleurs les plaintes des foibles ne feront pas inquiétantes ; mais ces dernieres claffes que vous impofez, n'ont ni travail ni fubfiftances difponibles, & lorfque vous leur demandez de l'argent, vous exigez qu'elles faffent une épargne fur leur travail ou fur leur fubfiftance. Cependant l'ennemi approche ; le moment preffe : on imagine un expédient. On s'eft convaincu qu'on ne pouvoit guere épargner qu'un fixieme fur le travail général, ce qui peut repréfenter la folde de dix mille hommes ; mais il en faut le triple au moins. Eh bien, la fomme néceffaire à l'entretien de cet excédent de troupes, on l'empruntera de la ville de Brême ; & soit qu'elle prête de l'argent qui représente des subsistances, ou des subsistances qui représentent un travail ; les subsides n'ayant pas changé de nature, les magistrats de Hambourg raisonneront ainsi : « *Si nous* » *pouvons faire la paix après la campagne, nous* » *conserverons encore trois ans l'état de gêne où nous* » *nous sommes mis cette année-ci. Nous continuerons* » *encore deux ans d'épargner le sixieme du travail* » *public, où la solde de deux mille hommes, pour* » *nous acquitter envers nos voisins ; cette charge sera* » *plus longue, mais moins pesante ; elle sera portée* » *sans murmure, nous aurons sauvé l'état, le gouver-* » *nement & nous-mêmes, ce qui est encore plus inté-* » *ressant.* »

On ne parle pas de l'avantage qu'on fait au prêteur, avantage qui augmente ou prolonge encore un peu l'embarras du débiteur, mais qui est compensé par ceux que ce dernier a été à portée d'obtenir à la guerre. Mais si les riches particuliers de Hambourg, voyant que leur fortune a été épargnée, & que l'état accorde un avantage considérable à ceux dont il emprunte le secours, se décident, par intérêt, à ce qu'ils auroient pu faire par esprit de patriotisme ; s'ils économisent sur leurs jouissances actuelles, c'est-à-dire, sur le travail qu'ils soudoient, pour prêter eux-mêmes ce travail au gouvernement ; si les sommes qui le représentent sont égales à la moitié de celles qu'on a supposé avoir été fournies par la ville de Brême, Hambourg n'est plus redevable à l'étranger que du travail de dix mille hommes. Enfin, si les citoyens de cette derniere ville ont fourni les quatre-cinquiemes de la somme empruntée, l'Etat ne reste plus débiteur que du travail de quatre mille hommes.

Quant à l'intérêt & aux remboursemens qu'il doit à ses propres sujets, on voit bien que cette charge n'est qu'idéale, car il faut bien qu'il s'en procure la valeur d'une façon ou de l'autre. Or il se trouve qu'il la reprend à-peu-près sur ceux-mêmes qui la reçoivent ; on dit-à-peu-près, parce que tous les gens aisés n'ont pas prêté des fonds ; mais cette petite inégalité est bien moins importante pour le public, que le bonheur du peuple, lequel ne perdra rien toutes les fois qu'on n'augmentera pas son travail, & qu'on ne diminuera point ses subsistances.

Que seroit-ce, si les plus riches Hambourgeois avoient dans leurs coffres une certaine quantité d'argent comptant, c'est-à-dire de créances sur le travail des étrangers ? Alors ces citoyens, en portant leur argent au gouvernement, lui donneroient les moyens de soutenir la guerre, sans rien prendre sur le travail du peuple, sans qu'on employât cette somme à louer des soldats, soit qu'on s'en servît pour acheter des armes, des subsistances, &c.

Il est vrai que l'Etat auroit toujours fait des dépenses, mais il auroit fait un bon marché ; & si toutes les fois que la république se seroit cotisée

pour payer une indemnité aux riches, c'est-à-dire, l'intérêt de leur argent, ceux-ci, en le recevant par petites sommes & successivement, devenoient plus enclins à le dépenser ; l'Etat auroit fait la guerre, sans que dans le fait il lui en eût rien coûté. Il est vrai qu'il auroit aussi une ressource de moins ; mais que ne peut pas reproduire une longue paix, un commerce florissant & une bonne administration ?

L'auteur combat ensuite l'opinion de M. Hume, qui s'est élevé avec force contre l'abus qu'entraînent nécessairement les *dettes nationales*, & qui conseille de former un trésor public, plutôt que de faire des emprunts. Il prétend, avec raison, qu'il n'est point de sommes dont un Etat puisse disposer, qui n'en augmentât les richesses & la propriété, si elles étoient dépensées utilement ; qu'un canal, un port de mer, un grand chemin, un défrichement, qui auront coûté dix millions, valent cent fois mieux que dix millions dans un coffre.

L'expérience apprend que les trésors amassés par une administration économe, sont dissipés par une administration prodigue. Charles V avoit un trésor considérable ; il devint la proie du duc d'Anjou. Le trésor de Henri IV, qui consistoit en plus de cinquante millions du tems present, devint la proie des factieux & des partisans Italiens.

Or, si les trésors ne sont pas avantageux pour les nations, il faut donc qu'il arrive de deux choses l'une, ou qu'elles fassent la guerre sur l'augmentation de leurs impositions, ou que ces impositions devenant trop onéreuses, elles soient obligées d'emprunter. Mais, dans le premier cas, la guerre n'est pas fort ruineuse ; & dans le second, ce sont les besoins réels & l'importance de la guerre elle-même, qu'il faut consulter.

Il résulte de ces réflexions, que les guerres qui se font avec des dépenses modérées, sont beaucoup moins fâcheuses pour les peuples, que celles dont les frais excédent leurs moyens ; ce qui se réduit encore à dire, que la guerre est plus ruineuse quand on est battu, ou qu'on fait une partie inégale, choses qui n'ont rien de commun avec la question de la *dette publique* & des emprunts.

Après avoir développé la nature de la *dette nationale*, & son influence sur la félicité des peuples, il est tems d'avertir que les choses ont été placées dans le jour le plus favorable. Nous croyons avoir prouvé que les inconvéniens de l'emprunt sont les mêmes que ceux de la dépense ; mais nous ne devons pas dissimuler que la nécessité de suivre la chaîne de ces idées, a fait omettre quelques particularités assez importantes.

Par exemple, nous avons supposé que le gouvernement devant rendre annuellement à quelques particuliers, ce qu'il a levé pour payer les arrérages de la *dette*, la somme des revenus n'avoit pas changé, & que par la même raison, la somme des dépenses, ainsi que celle du travail, étoient toujours restées les mêmes.

Nous devons considérer que ce déplacement de revenus & de dépenses, est sujet à plusieurs inconvéniens.

1°. Il suppose des recouvremens & des paiemens qui demandent toujours quelques frais, soit qu'il s'agisse de lever des contributions, soit qu'il faille remplir des caisses, les garder ou les ouvrir. Or tous ces frais sont une dépense qui représente un travail, & un travail stérile, puisqu'il ne produit ni subsistance, ni jouissance.

2°. En admettant même que ces dépenses, étant imposées sur un revenu territorial, & en particulier sur le revenu net des propriétaires, n'exigent que peu de frais de perception, & ne portent aucun dommage à l'agriculture & au commerce, il restera toujours un grand inconvénient; c'est la séparation du revenu & de la propriété fonciere.

Je suppose que les contrats, les fonds publics soient partagés également entre tous les propriétaires, en sorte que quiconque paieroit annuellement mille livres de plus pour l'arrérage de la dette, seroit possesseur d'un contrat portant mille livres de rente, il en résulteroit toujours un mal, parce que toute diminution sur le produit d'une propriété, tend à diminuer à son tour l'affection du propriétaire, & à éloigner les entreprises dispendieuses, mais utiles, comme les constructions, les défrichemens, &c.

D'un autre côté, il arrive qu'on s'attache naturellement à la source de ses revenus, qu'on abandonne les campagnes pour la capitale, & qu'on se livre plus volontiers à une vie oiseuse & inutile.

L'inégalité dans les effets publics redouble tous ces inconvéniens; car, tandis qu'un propriétaire de vingt mille livres de rente en fonds de terre, possede encore jusqu'à cinquante mille livres de revenus en contrats, tel qui n'a que dix mille livres de rente, également en biens-fonds, paie le cinquieme de son revenu, & ne possede point de papier.

On ne dira pas que la facilité de placer son capital dans les fonds publics, détourne l'argent du commerce, & l'éloigne de tous les emplois utiles; car ceux qui ont tant répété ce lieu commun, n'ont pas fait attention que lorsqu'un homme achete un contrat, celui qui le vend ne veut peut-être recouvrer son capital, que pour le placer en fonds, ou dans quelque entreprise avantageuse.

Si l'Etat ouvre un nouvel emprunt, le cas sera différent; mais alors cet inconvénient est une suite de la dépense actuelle du gouvernement, & non pas une conséquence de la dette anciennement contractée. Ce qu'on peut assurer, c'est que le peuple, ou plutôt les propriétaires, qui, dans les sociétés modernes, doivent seuls représenter la nation, ne peuvent manquer de s'affoiblir considérablement, toutes les fois qu'ils troqueront des propriétés foncieres contre des possessions incertaines, toujours dans la main du gouvernement: soit que ce gouvernement porte le nom de monarchie ou d'aristocratie, ils doivent tomber tôt ou tard dans la dépendance.

Ce qu'on dira encore, c'est que si malheureusement les effets publics sont tellement multipliés, que connoître leur valeur, suivre leurs changemens, gouverner soi-même ces variations, soit devenu un art obscur & difficile, il s'établira une espèce de commerce stérile, appellé agiotage, commerce qui ne réussit jamais qu'aux dépens des propriétaires, toujours dupes des gens à argent; mais on observera aussi que tous ces nouveaux inconvéniens doivent être plutôt imputés aux fautes du gouvernement, qu'à la dette en elle-même; & on répétera encore que si on veut remonter à leur source, on les attribuera moins à l'ignorance qu'à la foiblesse des ministres; de façon qu'en derniere analyse, on trouvera, au lieu des vices inhérens aux emprunts, ceux qui naissent des guerres entreprises contre le vœu des peuples, ou qui sont la suite nécessaire de toute prévarication dans l'exercice de l'autorité publique.

Si la dette est essentiellement un mal, comme dette, & non pas seulement comme représentant une dépense, le premier soin de tout gouvernement doit être de la rembourser le plus tôt qu'il pourra. Mais cette opération est-elle toujours la plus avantageuse? c'est ce dont il faut s'assurer. Pour y parvenir, imaginons un Etat qui ait emprunté précédemment une somme égale au travail de cent mille hommes, pour l'arrérage de laquelle il rend annuellement celui de cinq mille hommes. Supposons encore qu'une sage économie, soit dans l'entretien des troupes, soit dans les dépenses de la cour, lui permette d'épargner annuellement une somme représentant le travail de dix mille individus, quel usage fera-t-il de cette épargne? s'en servira-t-il pour diminuer le fardeau général du peuple, en remettant annuellement sur les impositions une somme correspondante à cette épargne; ou bien l'emploiera-t-il au remboursement progressif de la dette publique?

D'un autre côté, la dette, en diminuant peu-à-peu, finira par s'éteindre entièrement, & le peuple se trouvera à-la-fois libéré de toute la contribution qui fournissoit aux arrérages de cette dette. De l'autre, il peut se faire que les taxes étant excessives ou mal réparties, la nation ait un besoin plus pressant d'un prompt soulagement; il peut se faire encore que les frais de certaines impositions étant trop considérables, l'anéantissement de ces impositions soit l'opération la plus nécessaire. Ainsi cette question se réduit à ces deux points.

Le peuple a-t-il besoin d'un allégement immédiat?
En coûte-t-il plus au gouvernement pour recevoir que pour payer?

Sur le premier point, si l'Etat doit un capital égal à la somme qui représente le travail de cent mille hommes, & qu'il ne puisse rembourser annuellement que le dixieme de cette somme, il est clair qu'il n'allége dans la premiere année le fardeau public, que du travail de cinq cents personnes ; l'année d'après, que de celui de cinq cents vingt-cinq, & ainsi de suite.

Mais si la contribution est trop forte pour le peuple, si elle emploie plus que son tems & ses forces disponibles, si elle le détourne des travaux d'amélioration, si elle le prive du repos qui lui est nécessaire, &c. &c. ne vaut-il pas mieux remettre annuellement une somme égale au travail de dix mille hommes, que de n'en retrancher que le vingtieme, & employer le reste à rembourser les *dettes publiques* ?

On dira que les sommes remboursées cessant de représenter un travail stérile, comme celui qui sert à l'entretien des armées ou au faste des cours, elles passent bientôt des propriétaires des fonds à la classe laborieuse, qui pourra augmenter le prix de son travail, ou diminuer quelques heures de ces journées ; mais ces retours sont-ils assez rapides & assez immédiats, sur-tout lorsqu'ils doivent avoir pour véhicules l'argent monnoyé ou les papiers, qui prêtent à tant de spéculations & de manœuvres différentes ? Ne suit-il pas de ces réflexions, que si le peuple est surchargé, il vaut mieux remettre des impositions, que rembourser la *dette* ?

L'examen du second point est très-intéressant. *En coûte-t-il plus à l'Etat pour recevoir que pour payer ?*

Si pour rembourser annuellement une somme égale au travail de dix mille hommes, vous êtes obligé d'exiger du peuple une somme égale à celui de douze mille ; vous ferez un très-mauvais marché. Pour que les choses fussent égales, il faudroit que le paiement des créanciers exigeât un sur-taux pareil à-peu-près.

Quittons un moment ces formules abstraites, pour citer un exemple choisi dans notre pays. Beaucoup de gens croient que les aides coûtent plus de vingt pour cent de perception. Elles peuvent rapporter autour de quinze millions. On demande à présent, si lorsqu'en 1764 on forma un fonds d'amortissement de vingt millions, il n'eût pas mieux valu abolir les droits d'aides, ou les changer en un simple impôt territorial, qui produisant encore un certain revenu, auroit facilité la conversion de la gabelle dans une taxe répartie au marc la livre de la taille ou du vingtieme.

Ajoutons qu'en supposant même que les impositions soient réparties avec justice, & perçues avec économie, il faudroit encore, avant de songer à rembourser les *dettes*, s'informer bien exactement s'il n'existe pas d'emploi d'argent plus pressé.

Quand, en France, on auroit aboli les droits d'aides & de gabelles, je regarderois encore les canaux de communication entre la Somme & l'Escaut, entre la Moselle, la Meuse & la Marne, entre la Saone & la Seine, comme des opérations plus utiles qu'un remboursement de soixante millions.

J'en dirois autant de la perfection des grands chemins, de la construction des ponts, du desséchement des marais, du défrichement des landes, &c. &c.

Il ne faut pas oublier non plus que le remboursement des *dettes* dispose tous les gouvernemens à la guerre, tandis que les dépenses utiles rendent la paix avantageuse, sans en abréger la durée.

Convenons donc que, à quelques inconvéniens près, qui ont été énoncés, la *dette publique* n'est pas une plaie si grande qu'on se l'imagine, qu'elle n'est un mal réel qu'autant qu'elle représente des dépenses excessives ; enfin, que son remboursement n'est pas d'une nécessité absolue, ni même l'objet le plus important d'une bonne administration.

On peut raisonnablement accorder au système qui vient d'être analysé, qu'en effet une *dette publique* modérée, dont le capital a été dépensé dans l'Etat, n'est pas d'un grand danger ; quoique cependant elle exige déja une augmentation d'impôts, pour en payer les intérêts, & que cette augmentation soit un mal, dont les progrès ne peuvent être ni arrêtés ni calculés.

Mais une autre objection, c'est que les gouvernemens de l'Europe, dans la situation politique où ils sont tous, ne bornant jamais leurs dépenses d'après leurs revenus annuels, cherchent des suppléments dans les emprunts, ouverts à toutes les nations, & par-là ruineux pour celle qui emprunte ; car la facilité de trouver ainsi des ressources, produit la facilité d'en user, & nourrit les besoins. Dégénérant bientôt en habitude, elle accumule sans cesse des *dettes* nouvelles sur des *dettes* anciennes ; elle multiplie les dépenses, & détourne de l'économie, sans laisser voir de terme à ces excès. Vient la nécessité d'augmenter les dépenses, en proportion de l'accroissement des *dettes* ; & à mesure de cette augmentation, qui s'étend sur le prix des denrées & sur celui de l'industrie, l'agriculture, les manufactures & le commerce dépériroient sensiblement ; elles seroient même bientôt écrasées entierement, si la position de tous les autres Etats, aussi obérés & livrés de même à des moyens ruineux, n'étoit en quelque sorte le palliatif des maux particuliers à un seul.

S'il se trouvoit une puissance qui pût se dispenser de faire des *dettes* hors de ses limites, qui joignît à une nombreuse population un gouvernement modéré, un sol fertile à une grande sobriété, & un revenu capable d'entretenir des forces respectables, sans enlever des bras à l'industrie ; si cette puissance avoit des sujets patiens &

laborieux, dociles & attachés à la patrie ; n'en doutons pas, elle donneroit un jour des leçons à l'Europe. En vain, tous les états de cette partie ligués enfemble voudroient s'oppofer à fes progrès ; la main infenfible du tems l'ameneroit par degrés à fubir fucceffivement toutes ces fouverainetés, gémiffantes fous le poids accablant de leurs *dettes*, fans qu'elles puffent obtenir ni fecours ni efforts de fujets énervés, & au moins indifférens fur leur changement de domination ; puifqu'ils n'y verroient que l'efpérance de jouir d'une condition moins malheureufe.

Avant de donner le tableau de la *dette nationale*, de la *dette* de l'Angleterre, nous devons examiner comment le continent de l'Amérique, après avoir trouvé, dans une *dette* modérée, les moyens de brifer les liens qui l'attachoient à l'Europe, a pris de fages mefures pour éteindre cette *dette*, & écarter tout ce qui pouvoit nuire à l'accroiffement & à la profpérité de la république.

Cette *dette*, tant étrangere que domeftique, fuivant le détail qui en a été publié, confifte en quarante-deux millions trois cents foixante-quinze dollars, qui, à cinq livres huit fols tournois par dollar, font deux cents vingt-fix millions huit cents deux mille vingt-huit livres, argent de France, en 1783 ; ou dix millions quatre-vingt mille quatre-vingt-dix livres fterlings, à vingt-deux livres dix fols.

Il eft dû à la France, à la Hollande, fept millions huit cents quatre-vingt-cinq mille quatre-vingt-trois dollars, dont l'intérêt eft à quatre & cinq pour cent, & à fes propres fujets, trente-quatre millions cent quinze mille deux cents quatre-vingt-dix dollars, portant un intérêt de fix pour cent.

L'adreffe que le congrès, ou le pouvoir fouverain, a fait paffer au mois de juin 1783, à tous les Etats confédérés, fur l'objet de cette *dette publique*, va développer fes vues, & préfenter fa maniere de penfer tant fur la bafe que fur la fin du crédit public. Ce fera en même tems une leçon utile à tous les gouvernemens qui ont des *dettes*, & defirent y fatisfaire.

Le premier foin du congrès, après l'heureux événement de la paix, a été d'examiner les *dettes* que la guerre a fait contracter aux États-Unis, pour y pourvoir, & de s'occuper des moyens de prévenir tout ce qui pourroit troubler l'harmonie & la tranquillité de la confédération. On a le réfultat de fes délibérations dans les différentes recommandations jointes à la préfente.

Le premier, & le point le plus important qui frappe le congrès, c'eft de pourvoir d'une maniere efficace aux *dettes* des États-Unis, qui montent à quarante - deux millions trois cents foixante-quinze dollars. Cette fomme, effectuée en un feul paiement, ou à des termes peu éloi-

gnés, eft un effort qui excede évidemment nos reffources ; &, quand cette opération feroit praticable, le bien public demanderoit que cette *dette* fuivît le cours d'une extinction graduelle, & qu'il fût fait des fonds pour payer, en attendant, les intérêts annuels, qu'on peut évaluer à deux millions quatre cents quinze mille neuf cents cinquante-fix dollars : il faut donc trouver des fonds qui procurent au moins cette fomme par an.

Les moyens de remplir le tréfor public, tels qu'ils font réglés par les articles de la confédération, confidérés avec l'attention la plus férieufe, font infuffifans & inapplicables à la forme qu'il faut donner à la *dette publique*. Il paroît impoffible de concilier, avec la ponctualité effentielle dans le paiement des intérêts de cette *dette*, les délais & les incertitudes, auxquels eft expofé un revenu à établir & à percevoir à diverfes époques, par treize autorités indépendantes. Il étoit impoffible que le congrès, dans fes recommandations, ne s'écartât pas un peu de la conftitution fédérative ; mais un écart fi léger ne rend point l'opération incompatible avec l'objet qu'on a en vue, & il eft d'ailleurs motivé fur les confidérations folides de l'intérêt général & de la faine politique.

Le fonds auquel on a penfé d'abord, eft une taxe fur les importations. Parmi les raifons qui militent en faveur de ce parti, il fuffira de rappeller que les taxes fur les confommations font toujours les moins onéreufes, parce qu'elles font fupportées par ceux qui ont à-la-fois la volonté & la faculté de les payer ; celles qui portent fur le commerce étranger, font les plus compatibles avec le génie & la politique des Etats libres : mais, d'après les pofitions relatives de quelques-uns des Etats les plus commerçans, on ne peut faire ufage de cette reffource, fans une conformité concertée par l'entremife du congrès.

En renouvellant cette propofition, nous n'avons point oublié les oppofitions qui ont autrefois empêché de l'adopter unanimement. Nous avons limité la durée du revenu à vingt-cinq ans, & laiffé aux Etats la nomination des officiers qui doivent le percevoir. Selon les ftrictes maximes du crédit national, le revenu ne devroit pas être féparé de fon objet, & devroit refter joint à la même autorité, qui, par fa nature, difpenfe le premier, & eft refponfable du fecond. Le congrès, en fe relâchant fur cet objet, efpere qu'on verra, dans cette condefcendance, fa difpofition à fe prêter dans tous les tems aux vœux de fes conftituans, & fon vœu ardent pour l'établiffement d'un fonds, qui le mette en état de fatisfaire aux obligations que lui impofent l'honneur & la juftice.

Pour rendre ce fonds auffi productif qu'il eft poffible, & donner moins de prifes aux collufions & à la fraude, on a dû recommander une impofition affez forte fur les articles les plus fufceptibles de taxe, & dont la confommation eft plus égale & plus générale.

Le montant de ce fonds eft évalué à neuf cents quinze mille neuf cents cinquante-fix dollars. Il ne faut point s'attendre à une précifion rigoureufe, dans un premier effai fur une matiere auffi compliquée, & fujette à tant de variations ; mais on croit cette évaluation affez près de la vérité. L'intérêt eft d'un million cinq cents mille dollars ; on abandonne aux Etats le foin d'y pourvoir, par les fonds qu'ils jugeront les plus convenables.

Dans cette occafion, le congrès s'écarte encore des maximes du crédit public, pour fe conformer au vœu de fes conftituans ; néanmoins, il ne faut point déguifer que la maniere, dont cette portion des revenus doit être levée, differe fi peu de celle préfcrite par les articles de la confédération, & que les différences font fi propres à remplir le but, qu'il efpere que ce plan fera adopté, fans la moindre oppofition. En fixant les cotes-parts de cette fomme, le congrès n'a été guidé que par des apperçus très-imparfaits, & il eft poffible qu'il en foit réfulté quelques inégalités qui ne peuvent être que paffageres.

Il eft évident qu'il faut faire pour les deux fonds ci-deffus, un acte indivifible & irrévocable : fans cela, il pourroit arriver qu'on ne fît qu'un fonds partiel, & il eft effentiel de pourvoir à la totalité : les Etats d'ailleurs pourroient préférer un des fonds, & les autres le fecond, d'où il réfulteroit qu'il n'en feroit fait aucun. L'acte doit être irrévocable ; autrement un feul Etat feroit le maître, toutes les fois qu'il le jugeroit à propos, de forcer les autres à une banqueroute, dont la poffibilité feule oppoferoit un obftacle funefte à l'établiffement du crédit national.

Sans entrer dans toutes les difcuffions que préfente un pareil fujet, nous nous bornerons à foumettre les deux obfervations fuivantes, à la juftice & à la fageffe des différens corps légiflatifs.

1°. Les créanciers actuels, ou plutôt ceux d'entr'eux qui font nos compatriotes, ont prêté leur argent pour un terme qui eft expiré, ou dans le principe même, ne font devenus créanciers qu'involontairement ; ils ont donc les uns & les autres un droit égal à demander le principal de leurs créances, & à ne fe point contenter de l'intérêt annuel. Le rembourfement de ce capital étant impoffible, il faut au moins en affurer l'intérêt d'une maniere fi authentique, qu'ils puiffent, s'ils le jugent à propos, tranfporter à d'autres leurs fonds, fans rien perdre de leur valeur.

2°. Si les fonds font conftitués d'une maniere affez fûre pour infpirer une confiance entiere, il y a lieu d'efpérer que le capital de la dette domeftique, qui porte l'énorme intérêt de fix pour cent, pourra être éteint par d'autres emprunts, obtenus à un intérêt plus modéré.

Pour acquitter le principal au terme affigné,

nous comptons fur l'accroiffement naturel du revenu provenant du commerce, fur les demandes qui feront faites de tems en tems à cet effet, felon les circonftances, & fur la perfpective des territoires ; fi ces reffources fe trouvent infuffifantes, il faudra bien, à l'expiration des vingt-cinq ans, continuer les fonds actuellement recommandés, ou en établir d'autres.

Le congrès ne peut qu'infifter fur la néceffité de pourvoir dès à préfent à faire un fonds, pour fubvenir à la dette nationale. Quoiqu'elle foit forte, elle l'eft cependant moins qu'on ne devoit s'y attendre ; & lorfqu'on penfe à fa caufe, qu'on la compare aux charges, que des guerres d'ambition & de vaine gloire ont accumulées fur d'autres nations, elle doit être fupportée non - feulement avec plaifir, mais avec orgueil.

Au furplus, l'étendue de la dette eft un objet étranger à la queftion actuelle ; il fuffit qu'elle ait été légitimement contractée, que la juftice & la bonne foi demandent qu'elle foit payée. Le congrès n'a que l'option entre les différens moyens ; ce n'eft auffi que fur cette option que peuvent porter les délibérations des différens états. Celui, qu'une difcuffion auffi longue que laborieufe & réfléchie a fait adopter de préférence, eft le moins imparfait de tous ceux que l'on auroit pu imaginer. Dans cette confiance, nous fommons les différens Etats, au nom de la juftice & de la foi publique folemnellement engagée, de donner à cette mefure tout l'effet qu'elle doit avoir, de réfléchir à ce qui pourroit arriver fi elle étoit rejetée, & de fe fouvenir que le congrès ne feroit pas refponfable des conféquences.

Si, dans une occafion comme celle-ci, l'on pouvoit avoir recours à d'autres confidérations qu'à celles de la juftice, aucune nation n'en a jamais eu de plus déterminantes. En effet, quels font les créanciers que nous devons payer ? D'abord un allié qui a défendu notre caufe, non-feulement par fes armes, mais par fes tréfors, & dont l'amitié, non contente de nous prêter des fommes confidérables, a fignalé, par les dons les plus généreux, une magnificence que fon cœur magnanime a empreinte jufques dans les fecours que nous avons obtenus de lui par nos emprunts.

En fecond lieu, les particuliers dans un pays étranger, les premiers à nous donner des marques fi précieufes de la confiance que leur infpiroit notre équité, & de leur affection pour notre caufe ; les membres d'une république qui a été la feconde à reconnoître notre rang parmi les nations.

Il exifte encore une autre claffe de créanciers, c'eft ce nombre infini de nos illuftres & vrais compatriotes, dont le fang & la valeur ont défendu la liberté de ce pays, qui, au milieu de toutes les détreffes qu'ils éprouvoient, ont fouffert patiemment celle de la privation de leur folde, tant que les calamités de leur pays l'ont mis dans l'impuiffance

puiffance de reconnoître, au moins par un fi foible prix, tout ce qu'il doit à leurs fervices, & qui actuellement même, ne demandent, fur tout ce qui leur eft légitimement dû, que la portion indifpenfablement néceffaire pour fe retirer, du champ de la victoire & de la gloire, dans le fein de la tranquillité domeftique, & rentrer dans la claffe privée du citoyen, & ne follicitent, pour le refte de leurs droits, qu'une fûreté efficace, telle que leur patrie eft certainement en état de l'accorder à leurs juftes réclamations.

Le refte des créanciers eft compofé en partie de ceux de nos concitoyens qui ont dans l'origine prêté leurs fonds à la nation, ou qui depuis ont manifefté la plus grande confiance en leur pays, en recevant des tranfports des prêteurs, & en partie de ceux dont les biens ont été avancés ou pris pour le fervice public. Vouloir établir des diftinctions entre leurs droits, feroit une entreprife auffi inutile pour la nation, qu'odieufe pour les particuliers. Si la voix de l'humanité parle plus haut en faveur de certains d'entre eux, la voix de la politique, d'accord avec celle de la juftice, parle en faveur de tous. Une nation fage ne fouffrira jamais que ceux qui fecourent leur patrie dans fes befoins, ou ceux qui mettent la plus grande confiance dans fa foi, dans fa fermeté & dans fes reffources, fouffrent les uns plus que les autres des événemens qui ont pu déranger les fpéculations.

Reffouvenons-nous enfin d'une circonftance qui a toujours infpiré un noble & jufte orgueil à l'Amérique; c'eft que les droits pour la défenfe defquels elle avoit pris les armes, font les droits de l'humanité. Grace à l'efficacité que l'auteur de ces droits a daigné donner aux moyens employés pour les faire valoir, ils ont triomphé de toutes les oppofitions, & ils forment actuellement la bafe inébranlable fur laquelle repofent treize Etats indépendans.

Un gouvernement républicain n'a jamais eu & n'aura jamais une occafion fi brillante de juftifier, par les effets, les formes pures qui compofent fa conftitution. Sous ce point de vue, les citoyens des États-Unis font comptables du dépôt le plus important qui ait jamais été confié à une fociété politique. Si la juftice, la bonne foi, l'honneur, la gratitude, & toutes les autres qualités qui enobliffent le caractère d'une nation, en même tems qu'elles rempliffent l'objet du gouvernement, font les fruits de nos établiffemens, la caufe de la liberté acquerra un luftre & une dignité qu'elle n'a jamais eu, & nous aurons la gloire de donner un exemple qui ne peut qu'avoir l'influence la plus favorable fur les droits de l'humanité.

Mais fi, d'un autre côté, nos gouvernemens ont le malheur de fe déshonorer par une conduite directement oppofée aux vertus dont nous venons de parler, & qui font les plus effentielles pour

Finances. Tome I.

l'Amérique, la grande caufe que nous nous fommes chargés de venger, fera avilie & trahie; la derniere & la plus célebre des épreuves en faveur des droits des humains, tournera contre eux-mêmes, & on verra leurs protecteurs & leurs amis infultés & réduits au filence par les vils fuppôts de la tyrannie & de l'ufurpation.

A la fuite de cette pièce parut la fuivante.

Arrêté par neuf Etats, qu'il fera recommandé aux divers Etats, comme un objet d'une néceffité indifpenfable pour le rétabliffement du crédit public, & le paiement ponctuel & honorable des *dettes publiques*, d'autorifer le Congrès à lever les droits fuivans, fur les marchandifes importées dans lefdits Etats, par les bâtimens venant d'un port étranger quelconque, d'une île ou colonie.

Sur tout le rum de la Jamaïque, par gallon, quatre quatre-vingt dixiemes d'un dollar.

Sur toutes les autres liqueurs fpiritueufes, trois quatre-vingt dixiemes.

Sur le vin de Madere, douze quatre-vingt dixiemes.

Sur tous les autres vins, fix quatre-vingt dixiemes.

Sur le thé-bou commun, par livre, fix quatre-vingt dixiemes.

Sur tous les autres thés, vingt-quatre quatre-vingt dixiemes.

Sur le poivre, par livre, trois quatre-vingt dixiemes.

Sur le fucre brut, par livre, un demi quatre-vingt dixieme.

Sur le fucre en pain, deux quatre-vingt dixiemes.

Sur tous les autres fucres, un quatre-vingt dixieme.

Sur les melaffes, par gallon, un quatre-vingt dixieme.

Sur le cacao & le café, par livre, un quatre-vingt dixieme.

On doit obferver que le quatre-vingt dixieme du dollar eft de quatorze deniers, deux cinquiemes de denier.

Sur toutes les autres marchandifes, un droit de cinq pour cent, felon leur valeur, au tems & à l'endroit où elles font importées.

Le produit defdits droits ne fera appliqué qu'au paiement de l'intérêt, ou du principal des *dettes* contractées fur la foi des États-Unis, pour foutenir la guerre, conformément à l'arrêté du 16 décembre dernier, & ils ne feront perçus que pendant vingt-cinq ans; les receveurs feront nommés par les États, dans l'étendue defquels ils exerceront leurs fonctions; mais ils feront jufticiables du Congrès, qui pourra les priver de leur emploi. Dans le cas où un Etat n'aura pas fait cette nomination, un mois après qu'il aura été requis d'y procéder, elle pourra être faite par le Congrès.

Qu'il fera en outre recommandé aux divers Etats, d'établir pour un terme limité à vingt-cinq ans, & de deftiner au paiement de l'intérêt du principal des *dettes*, des revenus folides & effectifs, & de la nature qu'ils jugeront la plus convenable, pour fournir annuellement leurs contingens refpectifs de la fomme d'un million cinq cents mille dollars, exclufivement des droits fus-mentionnés, lequel contingent fera fixé & égalifé de tems à autre, conformément à la règle, qui eft ou pourra être prefcrite par les articles de confédération.

Dans le cas où les revenus, établis par un Etat quelconque, rendroient une fomme qui excede fon contingent effectif, cet excédent lui fera reftitué; & s'il fe-trouvoit un déficit dans les revenus d'un Etat quelconque, il fera tenu d'y fuppléer, & de pourvoir à ce qu'il ne s'en trouve plus à l'avenir.

En attendant la règle de confédération, les contingens, deftinés à former la fomme de quinze cents mille dollars, feront répartis ainfi:

New-Hampshire	52708.
Maffachufett	224427.
Rhodeifland	32318.
Connecticut	132091.
Newyorck	128243.
New-Jerfey	83358.
Penfilvanie	205189.
Delaware	22443.
Maryland	141517.
Virginie	156467.
Caroline feptentrionale	s 109006.
Caroline méridionale	96183.
Géorgie	16030.

Il fera dreffé tous les ans, un compte du produit & de l'emploi de ces revenus; ce compte fera tranfmis aux divers Etats; l'on y énoncera féparément le produit de chacun des articles fpécifiés, le montant de tout le revenu reçu de chaque Etat, & le falaire accordé aux officiers chargés de le lever.

Aucune des réfolutions précédentes ne fortira fon effet, qu'après qu'elles auront été toutes agréées par chaque Etat; mais dès qu'elles feront regardées comme formant un accord mutuel entre tous les Etats, elles ne pourront être révoquées par aucun & par plufieurs d'entre eux, fans le concours de tous, ou d'une majorité des Etats-Unis affemblés en Congrès.

Pour hâter l'extinction des *dettes*, & établir la bonne harmonie, les Etats-Unis, affemblés en congrès, déclarent que tous les frais de la guerre, & toutes les autres dépenfes qui ont été ou qui feront faites pour la défenfe commune, ou pour l'avantage général, & qui feront ordonnées par l'affemblée des Etats-Unis, à moins qu'il ne foit réglé autrement, feront payées des fonds d'un tréfor commun qui fera formé par les divers Etats, en proportion du nombre total de blancs & autres

citoyens libres & habitans, de tout âge, fexe ou qualité, y compris ceux qui font réduits à l'efclavage pour quelques années, & trois cinquiemes des autres individus qui n'ont pas été dénommés ci-deffus, à l'exeption des Indiens exemptés de taxe dans chaque Etat; il fera fait tous les trois ans un dénombrement dans lequel fera marqué le nombre fus-mentionné, & ce dénombrement fera envoyé au Congrès.

C'eft une chofe très-difficile, en France, que de former au jufte le tableau de la *dette nationale*. Ce n'eft même que depuis 1781, que l'on peut en avoir un apperçu, en faifant le relevé des dépenfes extraordinaires qui font énoncées dans le compte mis fous les yeux du roi & de la nation, comme applicables aux intérêts de la *dette publique*.

Ces différens articles raffemblés, forment une fomme de cent cinquante-un millions cinq cents foixante-dix mille livres, repréfentant un capital de trois milliards cent trente-un millions quatre cents mille livres, à quoi il faut ajouter encore quatre-vingt-dix millions empruntés en 1782, cent quarante-huit millions en 1783, & environ cent cinquante millions dûs par la marine, tant dans l'Inde que dans les colonies de l'Amérique.

Toutes ces fommes compofent une maffe, au premier janvier 1784, de quatre milliards de livres; fur quoi il faut obferver que plus d'un milliard ayant été emprunté en rentes viageres, une partie du capital s'éteint infenfiblement, & on évalue cet amortiffement à environ deux millions par année d'intérêt, ce qui emporte un principal de vingt millions.

On a vu à l'article *Angleterre*, que nous avons évalué la *dette* de cet Etat à deux cents trente-deux millions trois cents cinquante-quatre mille cent vingt-fept livres fterlings, ou cinq milliards deux cents vingt-fept mille-neuf cents foixante-fept mille huit cents cinquante-fept livres dix fols argent de France.

D'autres écrivains de cette nation, la portent à deux cents cinquante millions fterlings, ou cinq milliards fix cents vingt-cinq millions de notre monnoie, dont l'intérêt, fuppofé à cinq pour cent, eft de douze millions cinq cents mille livres fterlings, ou deux cents quatre-vingt-un millions deux cents cinquante mille livres argent de France.

L'état des finances de l'Angleterre préfenté au mois de juillet 1783, par le docteur Price, offroit les réfultats fuivans.

Dette fondée, deux cents trente-deux millions deux cents quatre-vingt mille trois cents quarante-neuf livres fterlings.

Dette non fondée, vingt-quatre millions huit cents foixante-fept mille deux cents foixante-dix-fept livres fterlings.

Total de la *dette nationale*, deux cents cinquante-fept millions cent quarante-fept mille fix cents vingt-fix livres fterling.

Les charges annuelles de l'Etat montent à treize millions huit cents cinquante-huit mille neuf cents trente-une livres sterlings, dont neuf cents mille livres forment le revenu de la liste civile, & trois millions neuf cents cinquante mille livres sterlings paient les dépenses du gouvernement en tems de paix. Le reste est consacré tout entier aux intérêts de la *dette publique*, & aux frais de la perception.

Le revenu annuel de l'Etat, en y joignant les nouvelles taxes, étant de douze millions trois cents quatre - vingt - dix - neuf mille cinq cents soixante-quinze livres sterlings, il s'ensuit que la nation est à découvert d'un million quatre cents cinquante - neuf mille trois cents cinquante - six livres sterlings.

Ce rapprochement de notre *dette* à celle de l'Angleterre, dont les emprunts étant en grande partie par annuités, lui procurent, comme en France, l'avantage des extinctions annuelles des capitaux d'intérêts, fait voir que notre situation est moins fâcheuse que celle de cette république, sur-tout en comparant ses revenus avec ceux de la France, & en remarquant la perte qu'elle a faite par l'indépendance du continent Américain, qu'elle approvisionnoit exclusivement, de toutes les denrées de l'Europe.

DEUX POUR CENT D'ARLES.

Droit qui fait partie de la ferme des traites, comme le denier Saint-André, & sur lequel le même magistrat qui nous a fait connoître ce dernier, va nous donner des éclaircissemens.

Les fermiers des domaines du roi, en Provence, levent un droit de *deux pour cent* du prix de toutes les marchandises qui passent au-devant de la ville d'Arles, tant par eau, en montant ou descendant le Rhône, que par terre.

Ce droit paroît avoir été établi par des lettres-patentes du roi Henri III, du 29 mars 1557. Mais quelques personnes lui donnent une origine plus ancienne, & prétendent que les comtes de Provence en permirent l'établissement au profit des habitans de la même ville d'Arles, par des lettres-patentes du 10 décembre 1385, dont elles disent que celles de Henri III ne sont qu'une confirmation.

Cependant, ces mêmes lettres de Henri III, ne rappellent, ni ne confirment aucune concession précédente ; mais elles portent seulement, que sur les remontrances des consuls & habitans de la ville, qu'ils n'avoient pas moyen de mettre sur pied, ni de payer les troupes qu'il étoit nécessaire d'entretenir, tant pour la garde de leur ville, que pour celle de l'île de Camargue & des forts qui la défendent, il leur est permis, pendant qu'il y auroit guerre dans les pays de Languedoc & de Provence, de lever, en deniers, *deux pour cent* du prix & estimation de toutes les denrées & marchandises qui passeroient tant par

eau, en montant & descendant le Rhône, que par terre, au-devant de la ville d'Arles & du fort appellé le Baron, au paiement duquel droit toutes personnes seroient contraintes, excepté pour le regard du blé seulement, & à la charge que les deniers procédant de l'imposition, seroient recueillis par le receveur du domaine du roi, à Arles, lequel les délivreroit aux troupes, sur les ordonnances du gouverneur de la province, ou des consuls de la ville d'Arles ; qu'à cet effet il seroit par le sénéchal de Provence, ou son lieutenant à Arles, dressé une déclaration contenant l'estimation des marchandises & denrées, sur le procès-verbal qui en seroit fait par gens à ce connoissant, & qu'aussi-tôt après la cessation de la guerre, la perception du droit cesseroit pareillement, sans qu'il fût besoin d'autre mandement.

L'état des affaires ne permettant pas alors que l'on apportât aucun retardement à la levée de ces *deux pour cent*, & que l'on attendît que l'appréciation des marchandises eût été faite, on trouva l'expédient de faire ordonner par le lieutenant du sénéchal à Arles, que ce droit seroit levé, par maniere de provision, sur toutes sortes de marchandises, à raison & sur le pied de la moitié des droits forains qui se levent dans la province.

Les choses demeurerent dans cet état jusqu'en l'année 1600, que le même lieutenant nomma des experts pour procéder à l'estimation des denrées & marchandises qui avoient coutume de passer au-devant de la ville, & pour fixer le droit que chacun devoit payer, à raison de *deux pour cent* ; ces experts en dresserent leur procès-verbal, qui est daté du 21 février 1600, & qui a toujours été exécuté depuis.

On prétend que dans cet intervalle il y eut diverses oppositions à la perception de ce droit, tant de la part de quelques communautés en particulier, que de la part des habitans de Provence en général, qui firent ordonner, par arrêt du conseil du 7 novembre 1581, que l'imposition ne seroit plus continuée que pour trois ans, sur toutes sortes de personnes, excepté sur les Provençaux, lesquels ne seroient sujets au paiement que pour les marchandises qu'ils feroient passer pour sortir hors du royaume.

On dit encore que la suppression de ces *deux pour cent*, fut prononcée par des lettres-patentes du 17 octobre 1596, qui n'en permirent la continuation que jusqu'à ce qu'on eût retiré une somme de douze mille écus, accordée pour les réparations des murailles de la ville d'Arles.

Quoi qu'il en soit, il est constant que la levée des *deux pour cent* ne discontinua pas pour cela, qu'au contraire elle fut prolongée par diverses lettres successivement, & qu'enfin ce droit fut uni au domaine ; il en fut fait bail le 17 novembre 1609, à Guillaume Suau, moyennant dix mille huit cents livres par an, & dans la fuite il a été affermé conjointement avec les autres droits du domaine de Provence, ainfi qu'il l'eft encore à à préfent.

Mais comme le tarif dreffé par les experts en l'année 1600, ne contenoit qu'un petit nombre de marchandifes, parce qu'apparemment il n'y avoit que celles-là dont on fît commerce pour lors, ou qui paffaffent au-devant de la ville d'Arles, les fermiers, les uns après les autres, ont cru devoir profiter d'une claufe générale mife à la fin du même tarif, qui porte que toutes les autres marchandifes omifes paieroient fuivant leur valeur, & à proportion de celles qui font taxées. Sur ce fondement, ils ont, de leur mouvement particulier, dreffé un état des marchandifes omifes, à mefure qu'elles ont paffé, & chaque fermier, ou les commis qui fe font trouvés en exercice, en ont fait la taxe comme il leur a plû, fans aucune autorité, & fans eftimation préalable. Néanmoins cet état a paffé de fermier en fermier, s'exécutant inviolablement dans le bureau, & fe groffiffant à chaque nouvelle marchandife qu'on découvre, en forte que cette addition eft préfentement trois fois plus ample que l'ancien tarif.

Les habitans de Provence, ni les marchands, ne fe plaignent point des taxes faites par cet ancien tarif; mais ils prétendent qu'il a été altéré en certains articles, & que les commis ne l'exécutent pas dans d'autres; par exemple:

Ils mettent en fait, qu'ils ont augmenté le droit fur les laines, & que bien que celles d'Efpagne ne foient taxées que fix fols, ils en exigent jufqu'à douze.

Sur celles de Provence, qui ne font tarifiées que quatre fols, ils en perçoivent huit; & de celles de Barbarie, réglées à trois fols, ils en prennent fix par quintal.

Qu'ils fe font payer un fol fix deniers pour chaque baril d'anchois, quoique le tarif ne les ait fixés qu'à neuf deniers.

Qu'ils exigent neuf deniers pour chaque petit baril de fardes (fardines), qui n'eft taxé que fix deniers dans l'original du même tarif, ce qui eft un objet confidérable, puifqu'il y en paffe plus de quatre-vingt mille barils toutes les années.

Enfin, qu'ils levent trois fols par chaque caiffe de limes qui n'en contient que cinq cents, quoique le millier en nombre ne doive que trois fols, fuivant le même tarif.

Quant à l'addition faite par les mêmes commis; outre les plaintes générales que les habitans & négocians font à ce fujet, & qui réfultent de ce qui a été dit ci-deffus; favoir, qu'ils l'ont dreffé de leur mouvement, fans autorité & fans eftimation préalable, & qu'elle eft tout-à-fait à leur avantage, il y en a de particulieres. Elles font, que l'on y a compris des marchandifes qui ne

font pas fujettes au paiement des *deux pour cent*: 1°. comme le bled, dont ils exigent trois deniers par feptier, quoiqu'il foit nommément déclaré exempt, par les lettres-patentes de création de ce droit; 2°. les beftiaux, tant gros que menus, que les habitans foutiennent n'avoir jamais rien payé, ainfi qu'ils le prouvent par les anciens comptes de cette impofition, confervés dans les archives de la ville, dans lefquels on ne trouve aucun article qui concerne les beftiaux.

Enfin, ils fe plaignent encore, comme d'une innovation, de ce que les commis font acquitter brut, & fans aucune déduction des emballages, toutes les fortes de marchandifes qui paffent, à l'exception des drogueries & épiceries, qui feules acquittent net, quoiqu'ils n'aient aucun titre pour cela, & qu'anciennement on ne perçût indiftinctement ce droit, qu'après avoir fait une taxe raifonnable pour les couvertures & emballages.

D'après ces prétentions, il paroîtroit très-utile de travailler à un nouveau tarif, qui comprenne tant les denrées & marchandifes connues dans l'ancien état, que celles qui ont été omifes, & dont les commis ont compofé leur addition, lefquelles on fera de nouveau eftimer, pour régler en connoiffance de caufe la taxe qu'elles devront porter; obfervant d'exprimer, dans ce nouveau tarif, les denrées & marchandifes qui ne font pas fujettes aux droits, & d'y faire la différence fi elles acquitteront net ou brut; avec injonction aux commis de fe fervir toujours du poids de marc, qui eft le poids fur lequel ce droit s'acquitte, & avec toutes les autres vues, précautions & formalités qui doivent être obfervées dans le renouvellement des tarifs de tous les droits.

Les fermiers des fermes-unies ayant fouffermé les domaines du roi en Provence, dont les *deux pour cent d'Arles* font partie, ce font des commis à Arles qui régiffent ce droit, fous la conduite d'un directeur qui réfide à Arles, & qui a auffi la direction des domaines.

Quant à la régie, il n'y a rien de particulier, fi ce n'eft que, comme les commis n'ont plus de droit d'acquit, ils ne veulent pas exprimer dans les reçus qu'ils donnent, la qualité & la quantité des marchandifes dont ils fe font payer les droits, & fe contentent d'écrire qu'un tel a payé les *deux pour cent*, fans rien fpécifier davantage: ce qui eft abufif, & ôte la preuve de ce qui pourroit avoir été exigé de trop.

On a vu au mot *acquit*, qu'en effet un arrêt du 2 feptembre avoit autorifé l'adjudicataire des fermes à faire percevoir à fon profit le droit d'acquit, qui jufques-là avoit été levé au profit des receveurs, & vraifemblablement ceux-ci mettoient de l'humeur & de la vengeance à refufer d'énoncer le détail des marchandifes pour lefquelles on payoit les droits.

Au reste, comme M. d'Aguesseau écrivoit en 1688, & que depuis cette époque le droit de *deux pour cent* a éprouvé des changemens, tant dans sa régie que dans sa perception, il est nécessaire d'en faire mention.

Premierement, ce droit, qui faisoit partie de la sous-ferme des domaines, est entré dans la régie des traites, avec laquelle il a beaucoup d'analogie ; & il a été compris parmi ces droits, par l'article 275 du bail fait à Forceville en 1738. Les arrêts & lettres-patentes des 20 juin & 20 juillet 1784, règlent les formalités qui doivent être observées relativement à la déclaration des marchandises sujettes à ce droit.

Ce droit ne se leve que dans les bureaux d'Arles & de Fourques, dans les cas suivans.

1°. Sur toutes sortes de marchandises & denrées traversant la ville d'Arles, pour être transportées hors de son territoire.

2°. Sur celles qui sortent de cette ville après y avoir été transportées.

3°. Sur les marchandises & denrées qui passent en montant ou en descendant, devant le fort Baron, dans le petit Rhône, c'est-à-dire, le canal de la Brassiere, qui passe à Fourques, & se jette dans la mer près de Silveréal.

Les marchandises & denrées de toute espèce, allant de Languedoc en Provence, & reversiblement de Provence en Languedoc, en traversant le Rhône sur le pont d'Arles & au bac de Fourques, paient, suivant un ancien usage, moins que les marchandises qui suivent une autre route. Mais les bleds, les laines, les bestiaux, sur lesquels on se plaignoit, du tems de M. d'Aguesseau, que la perception du droit de *deux pour cent* étoit forcée, sont aujourd'hui entiérement affranchis des droits de circulation.

Le produit de ce droit est, année commune, de vingt-quatre à vingt-cinq mille livres, dont plus des trois quarts sont perçus au bureau de Arles, & le reste dans celui de Fourques.

DEUX SOLS POUR LIVRE DES CONTROLEURS-CONSERVATEURS ;

droit qui, comme on l'a dit au mot *contrôle*, fait partie de la ferme des traites, & qui est rappellé dans les articles 308, 319 & 323 du bail de Forceville, comme devant être perçu avec les droits de convoi & de comptablie, qui ont lieu à Bordeaux & dans la Guyenne.

Les offices de *contrôleurs-conservateurs* des droits des fermes, avoient été érigés en 1631 ou 1633, avec attribution d'un sol pour livre de tous les droits. Ils furent supprimés en 1643 ; à leur premiere attribution, que le roi réunit à ses fermes, il joignit l'imposition d'un nouveau sol pour livre, par déclaration du 19 décembre. On trouve dans les *Recherches sur les finances*, qu'il fut fait un emprunt de six cents soixante-cinq mille quatre cents trente-six livres, sur toutes les fermes, pour rembourser les offices de *contrôleurs-conservateurs* des droits des fermes. Dans la suite, ce droit particulier a été confondu dans la quotité originaire des droits des fermes existans en 1643, & fait partie du principal ; en sorte que ces *deux sols pour livre* sont devenus susceptibles des dix sols pour livre qui se perçoivent aujourd'hui.

Ce n'est que dans l'étendue des droits de convoi & de comptablie, que les *deux sols pour livre des contrôleurs-conservateurs* des fermes, se perçoivent encore sous leur ancien nom, ou sous celui de *contrôle*. A Lyon, dans la Provence & le Languedoc, où ils subsistent encore, ils sont levés comme accessoire du droit de douane de Lyon, & de celui de foraine, sous le nom de *sols pour livre*, pour être joint avec le principal.

Mais dans les cinq grosses fermes, ces droits des *contrôleurs-conservateurs* furent supprimés en 1664, avec les différens droits d'entrée & de sortie qui s'y levoient. C'est ce qu'on voit par le préambule de l'édit du mois de septembre de la même année, mis à la tête du tarif d'entrée & de sortie. Il y est dit que les droits dont il s'agit ont été convertis en *deux sols pour livre* sur toutes les fermes.

Indépendamment de ces *deux sols pour livre* attribués aux *contrôleurs-conservateurs* des droits des fermes, dont on vient de parler, il fut créé, au commencement de ce siecle, *deux autres sols pour livre*, pour être ajoutés aux droits des fermes, & qui ont successivement engendré les dix sols pour livre qui subsistent aujourd'hui 1784.

Voyez DIXIEME DENIER, SOLS POUR LIVRE.

DEVOIR.

Ce mot a eu long-tems la même signification que droit, & reçoit encore cette acception en Bretagne. Les Anglois nomment aussi *devoirs*, tous droits qui se levent par autorité publique. Ainsi, on dit dans cette province les *devoirs* des ports & havres, pour les droits des ports & havres ; les *devoirs*, simplement pour désigner les droits sur les vins & autres boissons. Nous traiterons de ceux-ci, après avoir parlé des premiers.

Sous ce terme collectif de *devoirs* des ports & havres, on entend plusieurs espèces de droits qui semblent être de péage, & que l'on distingue en *devoirs* d'ancienne coutume & *devoirs* nouveaux. Les premiers sont appellés de rivage, de quillage, de célerage & de bléage. Les autres n'ont point d'autre nom que celui de *devoirs*, & l'on verra que leur origine n'est pas reconnue pour légitime. Tous ces *devoirs* se perçoivent à l'entrée & à la sortie, suivant le tarif ou la pancarte, délivrée par la chambre des comptes, le 25 juin 1565 ; mais ils varient dans les différens ports de la province. Dans le plus grand nombre, le droit eſt de trente ſols par tonneau de vin, à l'entrée, non compris le *devoir* de célerage, qui eſt de douze deniers; dans d'autres, comme à Saint-Brieux, à le-Legué, Daouet, il n'eſt que de vingt ſols.

Tout ce que l'on peut remarquer dans la pancarte, malgré ſon obſcurité, c'eſt qu'elle diſtingue les lieux où ſe perçoivent les droits, & les diviſe en vingt-deux diſtriés.

Ce ſont Vannes, Ruis, Auray, Hennebon, Redon, Muſillac, la riviere de Villaigne, Cornoailles, Quempercorentin, Pont-l'Abbé & Pennemarck, Pontecroix, Cong & Foeſnant, Quimperellé, Treguier & Morlaix, Lanion, la-Roche-de-rien, Tréu & l'Entreguier, Pontrieu, Pempoul & Benic, tout l'évêché de Léon ; ſavoir, Breſt, Landerneau, le-Fou, Doulas, Abergrach, Saint-Brieux, le-Legué & & Daouet.

On trouve dans l'article qui regarde chacun de ces diſtriés en particulier, à-peu-près les mêmes eſpèces de marchandiſes, quoique dans tous elles ne ſoient pas tariffées ſur le même pied.

Dans quelques-uns, tels que ceux de Vannes & d'Auray, les marchandiſes qui entrent ſont tariffées ſéparément de celles qui ſortent. Dans quelques autres, l'entrée & la ſortie ne ſont point du tout exprimées, ou ſont confondues de maniere qu'il eſt impoſſible que la perception ſe faſſe, conformément aux vrais principes du commerce, & relativement à ſes véritables intérêts.

Quelque ſoin que l'on apporte à l'examen de la pancarte dont il s'agit, on ne peut trouver la baſe ſur laquelle la proportion des droits a été aſſiſé.

A la fin de l'article du diſtriét, intitulé la riviere de Villaigne, on trouve : « *Et toutes autres marchandiſes conduites par eau doivent le vingtieme de ce qu'elles ſont vendues ſur le lieu, excepté les laines qui ſont franches, & ne trouve-t-on point qu'il ſoit rien levé d'eſperons ni de harnoys, & étoit accoutumé autrefois être levé la moitié deſaits devoirs à l'iſle,* »

A la fin de l'article de Treguier & Morlaix, on lit : « *Et des autres marchandiſes que l'on fait entrer & iſſir par mer de ladite recette, l'on prend le vingtieme.* »

Le chapitre de Pontrieu, Pempoul & Benic eſt terminé par ces mots : « *Pour chanvre hors tonneau ou pipe, l'on prend le vingtieme de la valeur ; s'il eſt en pipe, cinq ſols par pipe, De ſelles, paniers, forciers, & toutes autres marchandiſes & denrées qui ſe vendent hors tonneau, on prend le vingtieme de la valeur.* »

Ces divers articles ſembleroient indiquer que le taux général des *devoirs* des ports & havres eſt le vingtieme du prix des marchandiſes ; mais le plus grand nombre ne fait pas mention de ce vingtieme.

Au reſte, entreprendre de donner une idée juſte & préciſe d'une choſe auſſi confuſe, auſſi incertaine & auſſi embrouillée que l'eſt la pancarte de ces *devoirs*, ce ſeroit s'expoſer à n'être pas entendu ; mais pour faire connoître combien la forme de cette pancarte doit inévitablement occaſionner d'abus & de conteſtation, il ſuffit de donner l'analyſe de l'inſtance élevée, il y a plus de cinquante ans, entre les Etats de Bretagne & la ferme générale.

Cordier, adjudicataire des fermes, ayant reconnu, en 1725, qu'il s'étoit gliſſé du relâchement & de l'inexactitude dans la perception des *devoirs* des ports & havres, preſcrivit à ſes prépoſés de ſe conformer à la pancarte de 1565, dépoſée aux archives de la chambre des comptes de Nantes.

Mais les marchands & négocians de cette ville, étant dans l'uſage de ne payer aucun de ces droits négligés, prétendirent que cette poſſeſſion abuſive leur donnoit un titre de ne plus payer.

Le régiſſeur ſe pourvut en la juridiction des traites de Breſt ; il y fut débouté.

Il eut recours à l'autorité du Conſeil, qui, par arrêt du 6 mars 1725, ordonna que les droits, ſpécifiés dans la pancarte du 25 juin 1565, ſeroient perçus par les receveurs des fermes, ſur toutes les marchandiſes & denrées y dénommées, ſoit à l'entrée, ſoit à la ſortie.

Les négocians de pluſieurs villes de Bretagne formerent oppoſition à cet arrêt ; ce qui donna lieu à une inſtance, dans laquelle intervinrent les députés & procureur-général-ſyndic des Etats de la province.

On n'entrera point dans le détail de ces différentes requêtes, parce qu'il n'eſt pas ici queſtion de faire un récit de procédures ; mais de rappeller les raiſons pour & contre les pancartes des *devoirs* des ports & havres de la prévôté de Nantes, en expoſant ſommairement, d'un côté, les objections des Etats de Bretagne contre ces tarifs, de l'autre, les réponſes des fermiers-généraux. On verra que les Etats & les négocians n'arguent pas ſeulement le taux général de ces tarifs, & la quotité de chacun article ; mais encore qu'ils ſe plaignent hautement du peu d'authenticité de la pièce même.

Le titre, diſent-ils, que l'on qualifie de pancarte, ne mérite pas toute l'attention que l'on voudroit lui procurer.

Ce regiſtre eſt compoſé de ſix cahiers ſéparés, contenant, en parchemin, quarante-cinq feuillets, non compris celui qui ſert de couverture, ſans ſignature en aucuns des feuillets.

Ces ſix cahiers ſont reliés enſemble avec des lacs de parchemin. En tête du premier feuillet recto, on lit les mots ſuivans, qui font connoître que cette pièce, telle qu'elle exiſte, a été ſûrement écrite depuis l'union de la Bretagne à la couronne,

Cy-après est la déclaration des devoirs dus & appartenans au roi & duc de Bretagne, en chacun port & havre dudit duché, selon les tables y déclarées, & ainsi qui ensuit.

On ne trouve, ni au commencement de ce registre, ni au commencement des chapitres qu'il contient, aucun procès-verbal ni préambule pour annoncer ce qui suit, & pour faire connoître le nom du tribunal ou du commissaire qui l'a rédigé, les motifs & le droit qu'on a eu de le former.

On ne voit, ni à la fin du registre, ni à la fin d'aucun chapitre, une signature du greffier, ou autre personne quelconque, qui doit l'avoir écrit, copié, ou compulsé; aucune ordonnance pour rendre exécutoire tout ce qui précede; aucun acte de collation ou compulsoire qui indique le titre original, ou la copie sur laquelle cette pièce a été inscrite; aucune date au commencement ou à la fin, qui puisse instruire du tems auquel ce registre a été fait & dressé; aucun acte de dépôt, aucune déclaration ni observation quelconque en aucun endroit du registre, qui annonce par quel ordre, de quel droit, de quelle autorité, ni à quelle fin il a été fait; il est de trois ou quatre écritures différentes, qui paroissent aussi être de différens tems, tout rempli de blancs, de ratures, d'interlignes, d'apostilles, & de néant en marge de quelques articles; il contient même plusieurs lignes effacées & grattées qu'on ne peut lire.

Il paroît par une infinité d'articles, que les vingt-six premiers chapitres ont été originairement faits & rédigés avant la réunion de la Bretagne à la couronne, qui fut une suite du mariage d'Anne de Bretagne avec Charles VIII.

Il suffit, disent les Etats, de faire l'analyse de cette pièce informe, pour tirer de son propre fonds, la preuve de sa défectuosité, & qu'elle ne fut jamais un tarif, ni une pancarte émanée d'aucune autorité publique.

Toutes les déclarations, ordonnances, mandemens & commissions du duc François II, étoient intitulées de la maniere suivante:

François, par la grace de Dieu, duc de Bretagne, comte de Montfort & de Richemont, de Estempes & de Vertus, à tous ceux qui ces présentes lettres verront, salut, à nos amés féaux conseillers, &c.

Les motifs de ces ordonnances, commissions & mandemens, y étoient toujours rapportés.

Les lieux où le duc les avoit rendues y étoient marqués.

On y trouvoit la date du jour, du mois & de l'année; elles étoient signées du prince, scellées & contresignées par un secretaire de la chancellerie, & l'on y faisoit parler le prince, avec la dignité, la décence & les termes convenables à sa souveraineté, selon les différentes conjonctures; point d'articles où l'on observât plus de précautions & de formalités, que sur celui des impositions.

Il paroît, au contraire, par le style indécent,

familier, historique de cette pancarte, & par les transpositions qui règnent d'un bout à l'autre de cette pièce, que ce n'est autre chose, au fond, qu'une relation ou mémoire peu exact & mal digéré, de quelqu'un qui faisoit des observations & des recherches sur les droits qui se levoient alors, & s'étoient levés en différens tems, dans les ports & havres de Bretagne; & qui ne travaillant apparemment que pour sa curiosité ou son instruction particuliere, ou peut-être pour former quelque projet de nouvelles impositions, écrivoit sans aucun ordre ni arrangement, & sans chercher des expressions convenables à la dignité du prince, qu'il nommoit quelquefois le *duc-à-présent*, quelquefois *monseigneur*, & plus souvent *monsieur*, n'imaginant sans doute pas que cet ouvrage domestique dût jamais devenir public.

En un mot, disoient les Etats, les quatre derniers chapitres sont d'une écriture si différente des vingt-six premiers, qu'il y a tout lieu de croire qu'ils ont été copiés long-tems après, sur les feuillets blancs qui restoient dans le même registre, ou bien même sur des feuilles de même grandeur qu'on a pu joindre ensuite à ce registre.

A cette critique de la pancarte, les Etats ajoutoient que l'arrêt de la chambre des comptes du 25 juin 1565, a mal-à-propos été adapté à la pancarte des ports & havres; qu'il n'y a qu'à jeter les yeux sur l'original, au feuillet 34, *verso*, après le chapitre intitulé *Daouet*, que l'on n'y trouvera aucun vestige de cet arrêt, de même que dans tout le reste du registre.

Que l'on a pris cet arrêt dans un autre registre de parchemin qu'on a mis sur la couverture du premier registre, & qu'on a cousu fort adroitement à un des bouts de ce premier registre.

Qu'il n'y a qu'à lire avec attention cet arrêt, pour voir qu'il ne regarde uniquement que les droits de la prévôté de Nantes, & non les devoirs des ports & havres.

De tous ces faits, & de plusieurs autres allégués par les syndics des Etats, ils concluoient affirmativement que tout étoit supposition, imposture & fausseté dans l'exposé & dans les pièces dont s'étoit servi le fermier pour surprendre les arrêts des 6 mars 1725, & 9 novembre 1728.

Et comme les fermiers avoient cité en leur faveur des extraits des registres de plusieurs années; c'est-à-dire, qu'ils avoient prétendu prouver la justice du droit, par le paiement du droit même; les Etats répondoient qu'un abus n'est pas légitimé par son existence; qu'il est impossible de justifier que les droits sont dûs, si ce n'est, 1°. par un titre authentique portant établissement de ces mêmes droits; 2°. par une possession immémoriale non contestée, ni interrompue.

Ils ajoutoient, que lorsque le fermier prétend faire valoir un titre informe & demeuré sans exécution depuis plus de deux siecles, c'étoit une prétention auffi déraifonnable, que le feroit celle qui auroit pour objet de renouveller-tous les anciens droits portés par les pancartes qu'il pourroit raffembler , & qui primitivement ne devóient avoir d'exécution que pour un tems limité.

Cette derniere raifon eft une de celles que les Etats faifoient valoir avec le plus de confiance & de force. Ils en inféroient qu'il ne falloit reconnoître pour droit d'ancïenne coutume, que ceux dont la perception avoit été continuée paifiblement , fans interruption & fans trouble , dans chaque port & havre, depuis la réunion de la Bretagne à la couronne. Ils confidéroient tous les autres droits, comme les impofitions extraordinaires qui , de leur nature, étoient révocables, & n'avoient été introduites qu'à caufe du befoin , pour un terme fixé, & avec des claufes révolutoires.

Que fi les fermiers n'euffent pas eux-mêmes admis une très-grande diftinction entre les *devoirs* d'ancienne coutume, que l'on peut préfumer avoir été domaniaux, & les nouvelles impofitions non domaniales accordées par les Etats de la province, pour un certain tems feulement, il n'étoit pas vraifemblable qu'ils fe fuffent bornés à la perception de ces anciens *devoirs*, qui étoient très-modiques , & qu'ils euffent abandonné la perception des nouveaux droits, beaucoup plus confidérables.

Les Etats fe récrioient encore fur la différence que les fermiers vouloient introduire dans la quotité du droit, en le faifant payer en *monnoie forte*, au lieu de la *monnoie commune ;* ils foutenoient qu'il étoit prouvé par les comptes de la prévôté de Nantes, que les *devoirs* ne fe payoient par les marchands, qu'en *fimple monnoie courante*, plus foible d'un fixieme que la bonne ou forte monnoie.

Enfin, difoient encore les Etats, quand la pancarte feroit auffi authentique qu'elle eft défectueufe, on ne pourroit en autorifer l'exécution, fans bleffer les privilèges & les immunités de la province, confirmés par tous les rois fucceffivement , & en dernier lieu par fa majefté, en 1728. Cette confirmation eft prouvée par tous les contrats paffés avec les Etats de Bretagne , & qui portent que le commerce fera inviolablement entretenu, en la maniere ancïenne & accoutumée, fans aucune innovation.

Cette maniere ancïenne , eft de ne payer aucuns droits, autres que les anciennes coutumes; de n'en payer aucuns anciens, ni nouveaux, pour ce qui fe confomme dans la province même ; de ne payer enfin aucune taxe quelconque, fur les toiles , fur les grains , les farines, les légumes & les denrées.

Le mémoire des Etats étoit terminé par cette péroraifon: Les droits exigés par les fermiers, ont ... afionné dans le commerce de Bretagne une diminution confidérable ; & ils font la principale

caufe de ce que cette province, malgré les avantages de fa fituation, le nombre & la bonté de fes ports, l'habileté des gens de mer , la quantité de toiles de toutes fortes , de lins , de chanvre , de fel, d'eaux-de-vie, de miel , de cire , de papiers , de beurre, de graiffe & de grains de toute efpèce qui y abondent, fe trouve aujourd'hui entièrement privée des reffources que tous ces avantages devroient naturellement lui procurer.

Les fermiers-généraux répondirent que les premiers titres de la plupart des droits réunis au domaine de fa majefté, n'avoient pu fe conferver auffi long-tems que leur tradition ; qu'il feroit difficile de repréfenter non-feulement les titres de la création des *devoirs* des ports & havres de Bretagne, mais encore ceux de plufieurs droits domaniaux qui fe levent ailleurs, au profit du roi, & qui n'en font pas moins dûs, malgré le défaut de ces titres ; que, d'une part , la tradition conferve ces droits & les maintient ; que d'une autre, on a fuppléé au défaut de ces titres primordiaux, par des titres poftérieurs qui régénerent les droits, & dont la perception fe fait fous l'autorité des chambres des comptes , qui l'ont admife fans nulle difficulté.

Les fermiers-généraux citerent grand nombre d'anciens titres , poftérieurs aux titres conftitutifs.

Comme les Etats avoient oppofé, que fi lors de l'édit de 1579, qui fupprima de nouveaux droits, il y en avoit eu d'anciens, on n'auroit pas manqué de les réferver, les fermiers répondent que cette claufe eft toujours fous-entendue par-tout, & indifpenfablement : que fuivant les plus anciennes loix de la monarchie, les droits une fois unis & incorporés au corps du fifc, ou domaine, & attachés à la couronne, ne peuvent plus être reverfibles aux fujets, ni cenfés fupprimés ou prefcrits par quelque laps de tems que ce puiffe être.

L'infpecteur général des domaines de fa majefté, vint également à l'appui des raifons des fermiers, pour juftifier la validité du titre & l'authenticité du droit.

Il obfervoit , qu'après avoir examiné attentivement la pancarte de 1565, il penfoit que c'étoit un recueil fait par les officiers de la chambre des comptes de la ville de Nantes, des droits appartenans à fa majefté, comme duc de Bretagne, & que ce recueil avoit été fait fur les anciens comptes des différens receveurs, & fur d'autres documens d'autant moins fufpects , qu'ils exiftoient dans la chambre des comptes même.

Cet infpecteur ajoutoit que les *devoirs* ou droits, tels que ceux des ports & havres, dépendoient de la feigneurie même, & qu'ils étoient par conféquent, plus qu'aucuns autres droits, de nature à devenir domaniaux, lorfqu'ils tomboient dans la main du roi; qu'il fe trouvoit plufieurs feigneurs de Bretagne, qui jouiffoient de ces mêmes droits, comme dépendans de leur feigneurie ; qu'en cer-

tains

tains lieux, ils les partageoient avec le roi ; que par ces raisons, ils étoient inaliénables & imprescriptibles.

Qu'il n'étoit pas enfin à préfumer que cette pancarte, confervée depuis près de deux cents ans à la chambre des comptes de Nantes, pût être regardée comme une pièce fufpecte, quand même elle n'auroit point été faite avec toutes les formalités, actuellement en ufage en pareil cas ; qu'elle devoit être au contraire envifagée comme un titre authentique, d'autant plus digne de confidération, qu'il s'agiffoit d'empêcher que des droits domaniaux auffi confidérables que ceux des ports & havres, ne fuffent entiérement anéantis.

On ne peut s'empêcher de convenir que, dans la conteftation que l'on vient d'expofer, chacune des parties paroiffoit fondée dans fes prétentions ; mais comme il eft d'ufage que l'adjudicataire des droits du roi obtienne provifoirement la jouiffance ou la continuation de poffeffion, jufqu'à un jugement définitif, les chofes font reftées dans le même état, & l'arrêt de 1725 a eu fon exécution jufqu'à ce jour.

Il eft vrai que, comme on a tenté d'établir en différens tems un droit unique & uniforme, dans toute la circonférence du royaume, cette vue générale a fait négliger de rectifier les vices des tarifs particuliers qu'on fe propofoit de fupprimer.

Il femble que, dans le cas où des difficultés infurmontables pourroient empêcher d'exécuter cette entreprife, fi avantageufe au commerce national, on pourroit du moins rendre aux provinces réputées étrangeres le fervice important, de faire examiner les tarifs que l'on y fuit, d'y porter la clarté, & de les accommoder aux intérêts du commerce actuel.

Pour ce qui regarde la Bretagne, il fe préfente deux partis, propres à concilier fes avantages perfonnels, avec la néceffité de maintenir l'égalité de traitement, entre le commerce de fes ports & celui des autres ports du royaume.

Ou de renouveller la pancarte des *devoirs* des ports & havres, & de la rendre uniforme dans toute la province, en fixant le taux fur une proportion relative aux autres tarifs, & fupprimant tous les autres droits particuliers à la Bretagne.

Ou de rendre commun à toute la province, le droit de prévôté qui fe perçoit à Nantes, & dont l'authenticité n'eft pas conteftée, en aboliffant les *devoirs* des ports & havres.

On doit ajouter ici que, quelque attention que l'on donne à l'examen de ces anciens droits de rivage, quillage, &c. il eft très-difficile de démêler leur véritable nature, & de connoître les cas de leur perception.

Il femble que le *devoir* de rivage étoit dû par toute forte de bâtimens de mer fans exception, foit de la province, foit étrangers, & qu'il remplace le droit d'ancrage, attaché en quelques en-

Finances. Tome I.

droits au domaine feigneurial, ou au titre d'amiral. *Voyez* ANCRAGE.

Le *devoir* de quillage ne paroît perceptible que fur les vaiffeaux étrangers, une fois par chaque voyage.

Celui de célerage eft une taxe mife fur ceux qui louent des celliers pour tenir magafin de vin ; car, fuivant l'article de la pancarte, pages 3 & 11, il n'eft dû que par les marchands forains, & ceux qui ont des celliers en propriété ne le doivent pas.

Au refte, le produit des *devoirs* des ports & havres, en y joignant celui de Brieux, eft en principal, année commune, de quatre-vingt-trois à quatre mille livre ; avec les dix fols pour livre actuel, il peut faire un objet de cent vingt-cinq ou vingt-fix mille livres.

Les droits appellés fimplement *devoirs de Bretagne*, & qui font une ferme particuliere appartenant à la province, fe divifent en grands & petits, & comprennent encore les droits d'anciens gourmets, de courtiers, de jaugeage & courtage, d'infpecteurs & d'annuel. Ils fe perçoivent fur les boiffons vendues en détail. Leur origine eft impoffible à fixer, parce qu'on ne trouve aucun veftige de leur établiffement, ni dans les règlemens, ni dans les hiftoires particulieres de la province.

Tous les deux ans, les Etats font eux-mêmes, dans leur affemblée, l'impofition & le bail de ces *devoirs*, & les deniers qui en proviennent fervent, en partie, au paiement du don gratuit, qui eft accordé au roi fur la demande des commiffaires députés à cet effet.

C'eft ce bail qui eft le titre & fait la règle de la perception, après avoir été ratifié par les commiffaires du roi, & adjugé en préfence du commandant en chef de la province.

Les principaux articles du bail actuellement fubfiftant, vont faire connoître en quoi confifte la ferme des *devoirs* ; quelles font les formes de fa régie, & à quelles obligations font affujettis les redevables & les commis. Cet expofé mettra en même tems à portée de comparer le régime des *devoirs* de Bretagne, avec celui des aides, qu'on a dit être bien plus rigoureux.

Conditions & charges du bail du grand DEVOIR, *adjugé pour les années* 1783 & 1784, *lefquelles conditions feront publiées, affichées & dépofées au greffe defdits Etats, conformément à l'arrêt du confeil du* 18 *mars* 1684.

ARTICLE PREMIER.

Le grand *devoir* fe levera fur toutes fortes de perfonnes, quelques privilèges qu'elles puiffent avoir, prétendre ou alléguer pour raifon d'offices, tant du parlement que de la chambre des comptes, chancellerie, monnoies, maréchauffées, maifons franches, fuiffes de la garde du roi,

leurs venves & autres perfonnes, de quelque qualité & condition qu'elles foient, feigneurs, gentilshommes, commenfaux de la maifon du roi, gouverneurs de places, & généralement fur toutes fortes de perfonnes, *vendant ou faifant vendre en détail*
vins, cidres, bieres, hydromel, eaux-de-vie ou autres breuvages, quoique ladite eau-de-vie foit faite
de ramas, marc ou lie de vin, & foit que lefdits
breuvages foient de leur crû ou autrement, même
ceux qui feront profeffion de tenir penfionnaires,
domiciliés ou non, à l'exception des écoliers, féminaires, maifons de retraites & autres communautés eccléfiaftiques, approuvées par meffieurs les
évêques, pour vaquer aux exercices de piété,
nonobftant tous arrêts à ce contraires; & en cas
que quelqu'un fît quelque difficulté de payer ledit *devoir*, fous prétexte de privilège d'office ou
autrement, pourront les fermiers fe pourvoir devant les juges royaux, & par appel au parlement,
même au confeil, & en ce cas feulement, parce
que néanmoins ils ne le pourront faire, fans en
avoir préalablement donné avis au procureur-
général - fyndic; & cependant lefdits débitans
fouffriront la marque des commis, & feront contraints de payer le *devoir*, par provifion, à la
caution du bail.

ART. II.

Tous les articles du préfent bail, dans lefquels
il fera fait mention de vins, s'entendront également des cidres, poirés, bieres; eaux-de-vie,
même hydromel & autres boiffons & breuvages
fujets audit *devoir*; & ceux dans lefquels il fera
fait mention de cabaretiers, s'entendront pareillement de tous taverniers, hôteliers, aubergiftes
ou autres débitans en détail; même les cafetiers
qui débiteront les efpèces de boiffons mentionnées au préfent article. Ne fera réputée vente en
détail, celle qui fera faite publiquement par le
miniftere des greffiers ou huiffiers, à la requête
des héritiers, tuteurs, curateurs ou créanciers, de
ce qui fe trouvera de boiffons en bouteilles, &
autres petits fûts de la même nature, dans les fucceffions des décédés, ou dans les poffeffions des
débiteurs faifis, à condition que le tout fera vendu
à la fois à une feule & même perfonne, autre que
celles foupçonnées de fraude, au terme de l'art. LI
du bail, s'il y en a moins qu'un tiers de pipe; &
s'il y en a davantage, il en fera vendu la quantité
de tiers de pipe auffi à la fois, & à une feule &
même perfonne, fans que lefdites boiffons puiffent
être partagées, que par la permiffion du fermier;
les huiffiers ou greffiers qui auront fait ces ventes,
feront tenus d'en délivrer, dans vingt - quatre
heures, des extraits au bureau du fermier, fur
papier libre & fans frais, & fans préjudice de ce
qui fera réglé par les articles ci-après pour les
vins de Bourgogne, de Champagne, d'Efpagne,
& liqueurs.

ART. III.

Ceux qui font profeffion de tenir penfionnaires,
autres que ceux exceptés par l'article premier,
fouffriront la marque & paieront le *devoir* de tous
les vins logés ou confommés chez eux, fans pouvoir s'en difpenfer, fous prétexte que lefdits vins
appartiennent à leurs penfionnaires ou autres.

ART. V.

Ledit droit fe levera en toutes les villes, bourgs,
doyennés, paroiffes, maifons, châteaux, forte-
reffes, mines, forges & verreries, même aux
villages & hameaux, loges & maifons fituées aux
forêts, aux conciergeries royales & autres geoles
de la province, aux marchés, foires, affemblées,
& généralement en tous les lieux & endroits où
il fe débitera des vins & autres breuvages; à
l'effet de quoi les commis feront leurs vifites &
exercices dans tous les lieux, & chez tous les
particuliers ci-deffus dénommés, lefquels feront
tenus de les fouffrir à la premiere requifition, à
peine de cent livres d'amende; & en cas de fraude
auxdites mines, forges ou verreries, ou dans les
forêts, les directeurs des mines, les maîtres des
forges & verreries, & les entrepreneurs des coupes de bois en demeureront refponfables, & les
directeurs des mines ne pourront point avoir de
cantines.

ART. VI.

Les vins & autres breuvages qui feront confommés aux hôtelleries franches, paieront les mêmes *devoirs*, à l'exception du Port-Louis & des
fauxbourgs de Locmalo & Papegault en dépendans, dans laquelle ville & fauxbourgs le fermier
ne pourra prétendre que l'affens comme par le
paffé, fans néanmoins que lefdits vins ou autres
breuvages puiffent être tranfportés en détail hors
defdits lieux, à peine de confifcation & de cent
livres d'amende; à l'exception auffi des débitans
de Belle-Ifle en mer, auxquels le fermier ne fera
payer que dix-neuf livres quatre fols par chaque
barique de vin, pour toute efpèce de droits,
pendant les années 1783 & 1784.

A l'égard des cantines pour les troupes, les
officiers auront la liberté d'acheter leurs vins où
ils voudront, aux conditions:

1°. Que le fermier aura pour profit le droit
fixé par l'ordonnance du commiffaire départi, du
15 février 1780; c'eft-à-dire, douze livres par
barique de vin.

2°. Que, dans le cas où l'officier prendra fon
vin en bouteille, le fermier les fournira ainfi que
la cire & les bouchons; mais auffi que l'officier
paiera d'avance le prix marchand des bouteilles,
qui lui fera rembourfé à mefure qu'il les rendra
vuides & non caffées.

3°. Que les officiers ne pourront prendre du vin chez le marchand, en moindre quantité qu'un tierçon à la fois.

4°. Que lesdites bariques ou tierçons, en pièces ou en bouteilles, seront transportés & déposés à la cantine du fermier.

5°. Qu'il ne sera passé qu'un pot de vin par jour, pour la consommation de chaque officier, qui sera le maître d'appliquer son cachet sur les bouteilles ou sur la bonde de chaque barique, en déposant le cachet chez l'officier commandant.

ART. VII.

Les marchands de vin en gros, ni aucuns particuliers, n'en pourront vendre ni transporter en vaisseaux, moindres que tiers de pipe, à l'exception des vins d'Espagne ou autres vins de liqueurs, qu'ils pourront vendre en barils de six pots, & des vins du Cap-Breton ou autres, qui se mettent en quartauts dans les lieux où on les façonne; même des vins de Bourgogne & de Champagne, qui pourront être vendus en paniers de cent bouteilles, à peine de confiscation desdits moindres vaisseaux, & de l'amende ordinaire.

Il sera cependant permis aux ecclésiastiques, gentilshommes & aux notables bourgeois, de faire venir des vins de Champagne & de Bourgogne, en paniers de cinquante bouteilles ou au-dessus; pourront lesdits marchands vendre aussi en quart de pipe des vins dans le comté de Nantois, pour le commerce de la mer, hors la province seulement, sans pouvoir en vendre en quartauts dans la province; il sera cependant permis aux seuls propriétaires, qui auront un quartaut de vin excédent les bariques provenantes de leur récolte, de vendre le quartaut avec les bariques, pourvu que la vente soit faite en même tems & à la même personne.

ART. VIII.

Les commis seront tenus, lorsqu'ils en seront requis, de bailler décharge aux marchands en gros, des vins mentionnés en l'article ci-dessus, sans que les débitans en détail puissent vendre des vins d'Espagne en barils de six pots.

ART. IX.

Lesdits commis donneront pareillement aux marchands en gros décharge de leurs vins & autres breuvages, à mesure qu'ils les vendront, tant aux particuliers qu'aux débitans, & seront à cet effet tenus d'être dans les bureaux depuis huit heures du matin jusqu'à midi, & depuis deux heures jusqu'à six heures; & en cas de refus ou d'absence desdits commis, vaudront les déclarations que feront lesdits marchands devant les juges ou notaires des lieux, le tout aux frais dudit fermier,

soit que la preuve d'absence ou de refus se fasse par témoins ou autrement.

ART. X.

A l'égard des vins, cidres, bieres ou eaux-de-vie qui se trouveront dans les vaisseaux pris sur les ennemis de l'Etat, les adjudicataires desdits breuvages les pourront vendre en caisses ou boucauts, ou par centaine de bouteilles, comme ils se trouveront, à condition toutefois qu'ils seront vendus à des personnes non suspectes de fraude, telles qu'elles sont désignées par l'article LI, & que la déclaration en sera préalablement faite au bureau de la ferme.

ART. XI.

Sera l'adjudicataire tenu de laisser jouir les habitans de l'île des Saints, de trente bariques de vin & de deux pipes d'eau-de-vie, comme par le passé, & il en sera usé de même à l'égard des habitans de l'île de Molennes, pour vingt bariques de vin & deux pipes d'eau-de-vie, ainsi qu'à l'égard des habitans de l'île d'Ouessant, pour quarante bariques de vin & trois pipes d'eau-de-vie, pour chacune des années 1783 & 1784, qu'il leur sera libre d'acheter en gros, où bon leur semblera, en faisant les déclarations au bureau du fermier, & qu'on leur permet, à titre de charité, de partager, à même titre, entre eux, par pots, pintes & chopines, suivant les besoins & facultés de chacun desdits habitans, sans payer aucuns *devoirs*, & sans qu'ils puissent transporter aucune partie desdites boissons en terre ferme, ou dans aucune autre île; & ne pourra l'adjudicataire, pour raison de ladite clause & exemption, prétendre aucune diminution sur le prix de sa ferme, ni ladite clause être tirée à conséquence à l'avenir pour aucune autre personne.

ART XII.

Les gouverneurs des villes & châteaux, & ceux qui y commandent en leur absence, ne pourront, directement ni indirectement, prendre ou avoir part aux fermes des *devoirs* des Etats, vendre ou faire vendre, ni souffrir qu'il soit vendu du vin ou autres breuvages à tous autres qu'à ceux de leur garnison, mais donneront aide & faveur au fermier, lorsqu'il le requerra; & ceux qui se trouveront saisis de vin pris dans lesdits lieux, pourront être arrêtés & condamnés à l'amende.

ART. XIII.

Les juges royaux, à qui la connoissance des *devoirs* appartient, seront tenus de condamner ceux qui les frauderont, à l'amende de cent livres, laquelle ne pourra être modérée, même au parle-

ment; & en cas de récidive, feront lesdits fraudeurs condamnés à trois cents livres d'amende,
& à plus grande peine, à l'arbitrage des juges,
pour la troisieme fois, le tout au profit du fermier, sans préjudice de l'amende des impôts &
billots , qui sera pareille à celle des *devoirs*.
Lesdites amendes seront exécutées par provision
& par corps, sous la caution du bail, nonobstant
l'appel ; si en cas d'appel la moitié de l'amende
n'a été préalablement consignée aux mains du fermier, sans laquelle consignation l'appel ne pourra
être reçu ; & au cas que la moitié de l'amende
eût été consignée, la sentence ne pourra être
exécutée par provision pour l'autre moitié de l'a-
mende, que sur les biens des condamnés, & non
par corps, laquelle autre moitié de l'amende ne
sera payée qu'après le jugement définitif ; & en
cas qu'il y eût arrêt contradictoire portant sur-
féance de la provision ou modération de l'amende,
en cas que le fermier se pourvoie au conseil, il
sera tenu d'en avertir M. le procureur-général-
syndic, ce qu'il sera tenu de justifier par écrit.

ART. XIV.

Ne pourra le fermier saisir & arrêter les meubles & effets des particuliers accusés de fraude,
sans en avoir obtenu la permission du juge à qui
la connoissance des *devoirs* appartient, ou de celui
qui aura vaqué à la descente, à peine de tous
dépens, dommages & intérêts.

ART. XV.

Les juges royaux, après avoir répété les commis sur leurs procès-verbaux, parties présentes
ou dûment appellées, ou après avoir donné les
fraudes pour avérées, seront tenus, si l'instance
est en état, de donner sentence, soit sur les procès-verbaux des commis, soit sur ceux des juges,
signés des commis dans la quinzaine, à compter
du jour que le fermier ou les parties auront fait
signifier le dépôt de leurs pieces au greffe, duquel
dépôt le greffier sera tenu de donner sa reconnoissance, faute de quoi, & ledit tems passé, seront
lesdits juges sommés de faire droit aux parties, &
sur leur refus, pourront le fermier ou les parties,
se pourvoir contre eux au parlement, comme de
déni de justice.

Les sentences rendues pour ou contre l'adjudicataire, dont il n'aura pas été interjeté appel
dans les délais fixés par l'article XLVIII du présent bail, demeureront prescrites, si ledit fermier
ou les particuliers ne font signifier lesdites sentences à parties ou domicile, & ne font faire quelques saisies réelles ou mobiliaires dans l'an, à
compter du jour de la date desdites sentences ; &
fera ledit fermier élection de domicile en ses bureaux, où tous exploits concernant les fermes
seront signifiés.

DEV

ART. XVI.

Toutes les visites & procès-verbaux de fraude
ou de contravention, seront rapportés par deux
commis-jurés ; seront lesdits commis tenus de rapporter lesdits procès-verbaux de fraude ou de
contravention sur les lieux, & d'y faire mention
de la juridiction dans laquelle ils ont prêté serment, d'en laisser copies aux parties, & de les
faire contrôler dans les vingt-quatre heures de la
date, les jours de dimanches & fêtes non compris,
pour les procès-verbaux faits dans les lieux où il
y a des commis de département résidans ; & dans
les trois jours de leur date, le jour de la date
compris, pour les procès-verbaux faits dans les
lieux où il n'y a pas de bureaux de contrôle, au
bureau de contrôle le plus proche du lieu où le
procès-verbal aura été fait, sans avoir égard à
l'arrondissement desdits bureaux établis pour les
fermes du roi, non compris aussi dans ce second
cas, les jours de dimanches & de fêtes, parce que
néanmoins s'il y a plusieurs dimanches & fêtes
consécutifs, le contrôle sera fait dans le jour qui
les suivra immédiatement, le tout à peine de nullité, laquelle nullité ne pourra cependant avoir
lieu, lorsqu'il se trouvera deux ou plusieurs bureaux de contrôle à-peu-près à la même distance
de l'endroit du procès-verbal, & que la différence
n'excédera pas une demi-lieue ; au moyen de quoi
foi sera ajoutée à leurs procès-verbaux, répétés
en justice, jusqu'à l'inscription de faux, laquelle
sera reçue contre la teneur desdits procès-verbaux, pourvu que l'accusé articule des faits affir-
matifs, contraires à ceux rapportés dans les procès-verbaux ; sera l'inscription de faux reçue à
l'échéance de l'assignation donnée pour subir les
condamnations, conformément à la déclaration du
roi du 25 mars 1732, à l'arrêt d'enregistrement
d'icelle, du 19 juin suivant, à la déclaration du
8 septembre 1736, enregistrée le 10 décembre
suivant, & à l'arrêt du parlement du 30 juin 1746,
(même en tout état de cause, par preuve littérale,)
ladite assignation ne pourra être donnée qu'après
que les commis auront été répétés sur leurs procès-verbaux, & par exploits séparés de celle donnée pour assister à leur répétition.

ART. XVII.

Ne pourront les inscrivans en faux, faire entendre pour témoins les personnes condamnées
pour fraude, ni celles qui seront trouvées buvant
chez les vendans en fraude, sans brandon, lors
de la descente & du procès-verbal inscrit en faux,
ni les complices de ladite fraude ou rebellion.

Ne pourront pareillement le fermier, ni ses
commis, reprocher, comme compris dans leurs
procès-verbaux, les témoins qui n'y seront point
nommés ou désignés de façon à pouvoir être reconnus, ou qui ne seront pas prouvés d'ailleurs

avoir été participans à ladite fraude ou rebellion;
& lorfque le faux defdits procès-verbaux fera
prouvé par la feule preuve teftimoniale, les commis feront condamnés en l'amende & aux dépens
au profit de la partie, dont le fermier fera refponfable, fauf fon recours.

Les juges pourront néanmoins leur infliger plus
grande peine, fuivant la gravité des circonftances;
feront lefdits commis punis comme fauffaires, lorfqu'il y aura preuve littérale; fera dans ce cas le
fermier également, refponfable, fauf fon recours,
de l'amende & des dépens au profit de la partie,
qui feront prononcés pour lors : & dans le cas où
le procès-verbal fera infcrit de faux, & jugé tel
par preuve littérale, les commis feront rayés du
tableau des fièges royaux où ils fe trouveront infcrits, & ne pourront plus être employés dans les
fermes de la province, & tous les procès-verbaux
qu'ils s'ingéreroient de rapporter feront nuls.

A R T.   X X.

Les religieux ne pourront loger ni acheter plus
grande quantité de vins, que celle qui fera néceffaire pour la provifion de leur couvent, à
peine de payer le *devoir* de l'excédent de leur
provifion; & pour en faire confter, feront tenus
d'apporter au fermier, ou à fes commis, le procès-verbal qui aura été fait de la quantité defdits vins, lors de l'achat d'iceux, & l'état du
nombre des religieux étant dans ledit couvent,
figné des fupérieurs ou du procureur.

A R T.   X X I.

Les eccléfiaftiques, feigneurs, gentilshommes,
officiers & autres perfonnes ayant autorité, fa-
voriferont l'établiffement & perception dudit *ae-
voir*, & tiendront la main à l'exécution des conditions du préfent bail. Ceux qui empêcheront
ledit établiffement, ou troubleront le débit, demeureront refponfables des droits du fermier, &
feront condamnés en l'amende de deux cents livres. Lefdites perfonnes, puiffantes ou autres,
qui feront vendre du vin ou autres breuvages fujets au *devoir*, dans les châteaux, manoirs, couvens, bourgs, paroiffes ou ailleurs, par leurs
fermiers, domeftiques ou autres perfonnes infolvables, demeureront pareillement refponfables dudit *devoir*, même de l'amende en cas de fraude,
& des frais néceffaires pour en obtenir la condamnation; & le procureur-général-fyndic fera
obligé de fe joindre audit fermier, à fes frais,
pour l'aider à obtenir juftice, par toutes voies
dues & raifonnables, fauf à procéder extraordinairement en cas de violence.

A R T.   X X I I.

Les maîtres de navires ou bateaux chargés de
vins ou autres breuvages, avant de les mettre à
terre, feront obligés d'aller au bureau du fermier
dans les vingt - quatre heures de leur arrivée,
faire déclaration aux commis, de la quantité &
qualité des vins & autres breuvages qu'ils auront
amenés, & de leur montrer les acquits du lieu où
ils auront chargé lefdits vins, ou connoiffemens,
ou leurs chartes-parties, au dos defquels acquits,
ou chartes, ou connoiffemens, les commis mettront leur vifa gratis; & avant de donner leur
vifa, aux maîtres defdits navires, barques ou
bateaux, pourront en faire la vifite, parce qu'ils
la feront auffi-tôt qu'on leur demandera leur vifa,
fans pouvoir cependant, pour raifon de ladite
vifite, faire décharger lefdits navires, barques
& bateaux; & lorfque lefdits maîtres auront vendu
leurs vins, eux ou leurs courtiers, avant la livraifon, fourniront au bureau leur déclaration de
ceux auxquels ils les auront vendus, dont le commis recevra le droit de courtage, & celui d'infpecteur aux boiffons dans les endroits où ils font
dus, & leur donnera décharge, le tout à peine
de cinq cents livres d'amende, payable folidairement par les armateurs, maîtres, propriétaires
defdits navires, barques & bateaux, fauf le recours vers ceux qui auront fait la fraude.

A R T.   X X I I I.

Lefdits maîtres de navires, barques & bateaux,
ne pourront tranfporter les vins ou autres breuvages en moindres vaiffeaux que tiers de pipe,
fi ce n'eft les vins de liqueurs, Cap-Breton ou
autres mentionnés aux articles VII & LXXV
du préfent bail, à peine de l'amende ordinaire;
& en cas que lefdits maîtres ne vendent pas
toutes leurs charges dans le premier port, &
qu'ils tranfportent partie de leurs vins & boiffons en d'autres ports, ils feront tenus de prendre dans chaque port des déclarations de ce
qu'ils y auront vendu, afin de juftifier, dans le
dernier port, la vente entière de leur cargaifon, à peine de l'amende portée en l'article précédent; Pourront, néanmoins lefdits maîtres,
avant de décharger leur cargaifon, vendre une,
deux & trois bariques de leurs vins pour la fubfiftance d'eux & de leur équipage, en faifant
leur déclaration au bureau.

A R T.   X X I V.

Il fera loifible au fermier de faire marquer
lefdits vins & autres breuvages des marchands
groffiers, fur les quais, ports & havres de la
province, ou dans les charrettes, lors de leur
arrivée, même dans les celliers, caves ou magafins des marchands; favoir, dans l'après-midi,
pour tous les vins débarqués avant midi, & dont
la déclaration aura été faite auffi avant midi au
bureau de la direction; & dans le jour fuivant,

pour tous les vins dont la déclaration aura été faite, soit aux bureaux particuliers de la même ville, dans tout le cours du jour précédent, soit dans l'après-midi dudit jour précédent, au bureau de la direction ; à cet effet, seront tenus, les marchands, de laisser leurs vins sur les quais, ports & havres, ou dans leurs celliers & magasins, en état d'être marqués jusqu'au tems ci-dessus spécifié, après quoi leur sera libre de les arranger de la maniere qui leur sera la plus commode, sans qu'après ledit tems le fermier puisse prétendre faire marquer lesdits vins.

Pourra cependant, le marchand, vendre de ses vins, en faisant sa déclaration avant ledit tems accordé au fermier, pour apposer sa marque. Lors de ladite marque & charge que prendront les marchands, déduction leur sera faite de ce qui se trouvera effectivement consommé en ouillages, en représentant les vaisseaux vides, pour être rasés & abattus ; & seront aussi, lesdits marchands, obligés d'apposer, sur leurs vaisseaux pleins, leur marque particuliere, & d'avoir des registres ou papiers cotés & paraphés par les juges royaux des lieux, sur lesquels sera inférée la charge de leurs vins, & la décharge, à mesure qu'ils en feront la vente, sans qu'ils puissent avoir qu'un seul registre, lequel ils seront obligés de représenter aux commis de la ferme, même de leur en donner des extraits, sans frais, ni de part ni d'autre.

ART. XXV.

Lesdits marchands ne pourront livrer leurs vins ou autres breuvages, ni en faire débiter à leur profit, qu'après en avoir donné au bureau des fermes, une déclaration sous leur seing, ou sous celui des personnes autorisées à cet effet, par une déclaration portée sur le registre du fermier, dont ils seront responsables, contenant la quantité & qualité desdits vins, & les noms, qualités & demeures, tant des acheteurs, des marchands, ou des préposés par eux pour leur débit, que des charretiers ou rouliers qui les enleveront, à peine de cent livres d'amende & de demeurer responsables du devoir des vins qu'ils auront vendus, livrés, ou fait débiter, sans en avoir pris décharge des commis de la ferme. Si lesdits vendeurs ne savent ou ne veulent signer, il en sera fait mention, & foi sera ajoutée au registre; si c'est à des femmes mariées ou veuves qu'ils ont vendu, ou qu'ils les aient chargées de leur débit, ils en dénommeront les maris dans leurs déclarations, & non pas seulement le nom propre desdites femmes mariées ou veuves.

ART. XXVI.

Lesdits marchands demeureront responsables de la vérité de leurs déclarations; & en cas qu'ils ne voudroient pas en demeurer garans, en disant

que les acheteurs, charretiers ou rouliers ne leur sont pas connus, lesdits charretiers & rouliers, avant d'enlever lesdits vins, seront tenus de rapporter au bureau un certificat des acheteurs, ecclésiastiques, gentilshommes ou juges, portant que les vins ou autres breuvages sont pour leurs provisions ; & à l'égard des autres habitans, leurs noms, qualités & demeures, le nom & demeure de leurs charretiers & rouliers seront certifiés par le recteur, juge ou marguillier de leur paroisse, lesquels ne demeureront responsables d'aucune autre chose que de la vérité du contenu dans leurs certificats. Les commis seront obligés de donner aux marchands, sans délai ni retardement, la décharge des boissons déclarées, & de donner des passavans ou billets de conduite aux charretiers, lesquels seront tenus d'en prendre : & en cas de refus, demeureront, lesdits marchands, déchargés, en faisant les sommations, aux termes de l'article IX du présent bail ; & dans le cas où lesdits charretiers ou rouliers auroient perdu lesdits passavans, ils auront trois jours francs pour se retirer au bureau des déclarations, & en prendre un second extrait, sans être tenus d'aucuns frais, s'ils justifient que leur déclaration a été inférée sur le registre; & en cas de refus du buraliste, feront les sommations comme il est ci-dessus dit ; mais passé lesdits trois jours, ils seront tenus des frais auxquels ils auront donné lieu par leur négligence ; pourront aussi, les commis, aller rabattre les rases sur les vaisseaux, sinon les marchands auront la liberté de les rabattre eux-mêmes, lors de la livraison, ainsi que leur marque particuliere ; à l'effet de tout ce que dessus, les fermiers auront des bureaux & des commis sédentaires aux villes, ports & havres, pour recevoir lesdites déclarations & certificats, donner décharge auxdits marchands, prendre le compte de leurs vins & ouillages, & délivrer lesdits passavans, conformément audit article IX.

ART. XXVII.

Les marchands grossiers qui font le commerce pour leur compte ou par commission (autres néanmoins que ceux qui feront le commerce de la mer pour l'étranger seulement) seront sujets à la visite des commis dans leurs maisons, celliers, caves ou magasins, sans cependant que le fermier puisse troubler leur commerce par lesdites visites, ni que les marchands puissent s'y refuser; & en cas de trouble, les marchands pourront se pourvoir devant les juges royaux. Pourront les commis, lors de leur visite, vérifier les boissons qui pourront l'être, sans déranger les bariques; mais ils ne pourront exiger, pour ladite vérification, aucun remuage desdites boissons qu'aux frais du fermier, qui sera même sujet aux dommages & intérêts du marchand, s'il n'y a fraude.

ART. XXVIII.

Le fermier pourra établir les bureaux dont il aura besoin, même ceux des barrieres des faux-bourgs de la ville de Rennes, conformément à l'arrêt du Parlement du 27 juin 1670, auxquels bureaux les charretiers, rouliers & voituriers qui exporteront & importeront des vins & autres breuvages, seront tenus, à peine de cent livres d'amende, de faire leurs déclarations, ou de repréfenter leurs certificats, ordonnés par l'article XXVI., contenant leurs noms, qualités & domiciles, & ceux des acheteurs defdits vins, pour lefquels lefdits charretiers les conduifent, ou d'y faire vifer les billets & paffavans qui leur auront été donnés, fans retardement & fans frais.

Les receveurs des déclarations feront obligés de faire mention des droits perçus pour le timbre des quittances.

ART. XXIX.

Lefdits charretiers ou autres ne pourront charroyer des boiffons la nuit, fi ce n'eft du confentement des commis, ou après le dénoncé mentionné en l'article IX., à peine de cent livres d'amende, & même de cinq cents livres d'amende, confifcation des charrettes, bœufs & chevaux, au cas que lefdits charretiers fe foient faux-nommés, ou auroient livré lefdits vins à d'autres qu'à ceux déclarés auxdits commis; meffieurs de la noblesse & autres contribueront à donner l'éclaircissement auxdits commis, & les protégeront particuliérement dans la découverte de ce genre de fraude.

ART. XXX.

Toutes fortes de perfonnes, même les propriétaires, qui tranfporteront des vins, de leur crû, d'évêché en un autre, en feront leur déclaration avant de les déplacer, & fouffriront la marque fur le port ou dans les charrettes, lors de la décharge defdits vins, à laquelle fin ils avertiront les commis avant de les loger, excepté ce qui fera deftiné pour leur provifion, qui ne fera fujet à aucune marque, & feront déclarations de ceux à qui ils vendront les vins, excédent leurdite provifion, avant de les livrer.

ART. XXXI.

Tous les taverniers, hôteliers, aubergiftes & cabaretiers, feront obligés d'avoir des regiftres, cotés & paraphés par les juges royaux des lieux, fur lefquels les commis feront tenus d'infcrire la charge & la décharge des vins, & autres breuvages, logés & confommés chez lefdits cabaretiers, même les apuremens qui feront faits, & la déclaration de ceffation du débit, lefquels livres

ils feront obligés de repréfenter auxdits commis, lors de leurs exercices, faute de quoi, & en cas de refus, foi fera ajoutée au rapport & apurement defdits commis, après que lefdits cabaretiers les auront fignés, ou auront été dûment fommés de le faire. Et en cas de malverfation des commis dans l'exercice de leur charge, le fermier demeurera refponfable, civilement, des dommages & intérêts des parties, fauf fon recours, fans préjudice de la voie extraordinaire contre lefdits commis, s'il y échet.

ART. XXXIII.

Les concierges & buvetiers du parlement, chambre des comptes & autres juridictions, ne pourront débiter ou faire débiter, en détail, des vins ou autres breuvages, dans l'enclos du palais, chambre des comptes ni ailleurs, fous prétexte de buvette ou autrement, en quelque maniere que ce puiffe être, à moins de payer le devoir des vins & autres breuvages qu'ils auront débités. où fait débiter, même l'amende; & en cas qu'ils en veulent débiter, ils feront obligés de fouffrir la marque de tout leur vin, fur lequel fera déduit chaque année le devoir de dix-huit tonneaux, & de trois tonneaux outre, fuivant la délibération des Etats du 14 novembre 1707, & encore quatre tonneaux, fuivant la délibération des Etats du 15 juillet 1718, pour le parlement; & outre encore cinq tonneaux de vin, hors pour chacune des années 1783 & 1784, outre les vingt-cinq tonneaux ci-deffus, dont ledit buvetier jouiffoit jufqu'à-préfent; le tout aux fins de la délibération des Etats du 8 décembre 1724, par addition aux charges & conditions du préfent bail; quinze tonneaux pour la chambre des comptes; plus, fix tonneaux pour la buvette de ladite chambre des comptes, comme fubrogée aux offices du bureau des finances, établi à Vannes, qui a été fupprimé, & quatre tonneaux pour la chancellerie; pareillement, quatre tonneaux de vin hors pour chacun des quatre préfidiaux de la province, pour chacune des années 1783 & 1784; fi mieux n'aime le fermier en faire raifon en argent au buvetier defdits préfidiaux, des devoirs feulement qui feront dus pour le débit defdits vins, auquel cas les buvetiers ne pourront débiter ni tenir la buvette fans la permiffion du fermier.

ART. XXXIV.

Les commis de la ferme pourront vendre du vin ou autres breuvages, en gros ou en détail, du confentement du fermier, même les officiers ou notaires, fans fon confentement, en le déclarant, & payant le devoir, pourvu que ce foit hors du lieu où eft leur tribunal ou tablier, nonobftant tous arrêts à ce contraires.

ART. XXXVI.

Le fermier, ſes commis & receveurs feront obligés d'employer, dans leurs quittances, les ſommes qu'ils recevront deſdits. cabaretiers en paiement dudit *devoir*, & de ſpécifier dans leſdites quittances la qualité des vins & autres breuvages, la quantité des pipes & bariques, & fur quel quartier la ſomme payée doit être imputée. Lorſqu'ils auront vendu les vins, ils marqueront, par quittances ſéparées, le prix marchand & le *devoir*; en conſéquence, les cabaretiers ne pourront être pourſuivis pour les *devoirs* d'aucunes autres boiſſons (ſauf la-tierce courante) que celles portées dans les quittances d'apurement de la derniere tierce, ni pour les ſommes dues ſur les tierces antérieures, à moins que les ſommes qui pourroient reſter dues, ne ſoient expreſſément réſervées dans la quittance d'apurement de la derniere tierce. Les receveurs feront obligés de porter ſur leurs journaux, les recettes & dépenſes par eux faites, pour y avoir recours.

ART. XXXVII.

Pourront, les adjudicataires, obliger ceux qui voudront commencer à faire le débit en détail, de conſigner entre leurs mains, ou de leur donner caution de la ſomme de deux cents livres, pour les vins hors le-crû du pays, ou de cent livres pour le vin du pays ou autres breuvages; les filles ou femmes ſéparées de leurs maris, de fait ou de droit, de conſigner ou bailler caution de trois cents livres pour les vins hors, ou de cent livres pour les autres vins ou breuvages, leſquelles cautions demeureront déchargées trois mois après le débit ceſſé, s'il n'y a demande faite en juſtice; ou en défaut de fournir leſdites ſommes ou caution, par leſdits nouveaux débitans, filles ou femmes ſéparées de leurs maris; le fermier pourra les empêcher de débiter, ou s'ils ont commencé, leur faire mettre brandon bas; & à l'égard des anciens débitans, dont le fermier ſoupçonnera la ſolvabilité, il ne pourra les obliger qu'à payer le *devoir* au fur & à meſure de leur débit, ſans attendre l'échéance des quartiers, parce que néanmoins ſi les débitans, ſoit anciens, ſoit nouveaux, veulent payer, tout à la fois & d'avance, les droits de la piece entiere qui eſt en débit, le fermier ne pourra exiger qu'ils les paient par fraction, & leur donnera quittance finale.

Pourra, le fermier, décerner des contraintes contre tous les cabaretiers ſur les apuremens des commis, leſquelles contraintes feront exécutoires par proviſion & par corps, comme au paſſé, & ce quand même les débitans auroient fait faillite & dépoſé leur état.

ART. XXXVIII.

Les femmes demeureront obligées, ſolidaire-ment avec leurs maris, au paiement du *devoir* des vins qu'ils auront débités, à moins qu'elles n'aient déclaré au bureau qu'elles ne prétendent point en être reſponſables, ce qu'elles pourront faire par le miniſtere de notaires, ſergens ou autres officiers publics; auquel cas elles ne pourront être pourſuivies perſonnellement pour le paiement dudit *devoir*.

ART. XXXIX.

Les braſſeurs de biere n'en pourront vendre en détail dans leurs braſſeries, ni en gros, en vaiſſeaux moindres que tiers de pipe.

ART. XLI.

L'adjudicataire & ſes ſous-fermiers feront payés de ce qui leur ſera dû dudit *devoir*, préférablement à tous autres créanciers, pour trois mois ſeulement, ſur les meubles des cabaretiers, hôtes, aubergiſtes, & ſur le vin & autres boiſſons exiſtantes, entamées ou non, même de l'amende en cas de fraude, laquelle préférence aura lieu pareillement ſur les chaudieres & uſtenſiles des fabriques d'eau-de-vie; feront néanmoins les propriétaires des maiſons payés d'une demi-année de loyer deſdites maiſons, cours & jardins, préférablement audit *devoir*, affirmant en juſtice, que les ſommes, par eux demandées pour leurſdits loyers, leur ſeront véritablement dues; ils feront même payés par préférence d'une année entiere de leurſdits loyers, en cas que les locataires ſoient devenus débitans poſtérieurement à la date de leur bail, déduction préalable faite des frais d'exécution & de vente.

Ceux qui fourniront des meubles aux débitans à loyer, ou les laiſſeront chez eux, à quelque titre que ce ſoit, feront obligés, dans la huitaine, d'en prévenir l'adjudicataire au bureau le plus voiſin, en lui remettant un état détaillé deſdits meubles, au pied duquel l'adjudicataire ſera tenu de leur donner ſa reconnoiſſance, & en cas de refus de l'adjudicataire, le débitant ſera libre de lui en faire la notification, aux frais dudit adjudicataire, faute de quoi ils ne pourront réclamer ces meubles, lors des exécutions que l'adjudicataire fera faire chez les débitans.

ART. XLII.

Conformément à l'arrêt du parlement du 5 juin 1777, rendu ſur le conſentement des Etats, les juges jugeront ſommairement, ſans délai, & ſans qu'il ſoit beſoin de ſentence d'ordre, le privilège des propriétaires & fermiers, & ordonneront la délivrance des deniers provenans de la vente des meubles des redevables, nonobſtant même tous bénéfices d'inventaires; en conſéquence les greffiers & ſergens feront contraints, & par corps, à vuider leurs mains en celles des propriétaires & fermiers, à peine d'en demeurer responsables, & de tous dépens, dommages & intérêts, sur lesquels deniers seront néanmoins pris les frais d'exécution & vente, suivant l'article précédent, même ceux de scellé & inventaire seulement, sans que le consentement que les États donnent au présent article, puisse fonder aucuns recours, garantie, ni recherche contre eux.

ART. XLVI.

Les procès intentés pour les fraudes seront traités & jugés sommairement sur lesdits procès-verbaux, & les juges seront tenus de liquider les dépens par les sentences définitives, & les sentences exécutées par provision sous la caution du bail, en observant ce qui est dit à l'article XIII; les deniers provenans de l'exécution desdites sentences ne pourront être consignés en d'autres mains qu'en celles de l'adjudicataire, à ladite caution du bail; & en cas de contravention audit article, le procureur-général-syndic des Etats se joindra à l'adjudicataire pour en maintenir l'exécution.

ART. XLVII.

Dans les instances civiles, tant principales que récursoires & incidentes, portées devant les premiers juges, soit pour fraudes, droits, ou autres contestations quelconques, relatives à la perception des *devoirs*, le fermier & les particuliers seront obligés de fournir toutes leurs écritures & pièces, dans les trois mois après la date de la demande, passé lequel délai ils seront absolument & de plein droit forclos d'en fournir aucunes; & sera le défendeur tenu de faire signifier ses défenses & pièces dans le premier mois, le fermier de faire signifier ses réponses dans le second mois; à l'effet que le défendeur puisse y répondre de sa part, si bon lui semble dans le troisieme mois, le tout sous ladite peine de forclusion.

ART. XLVIII.

Les sentences rendues pour ou contre l'adjudicataire, soit interlocutoires ou définitives, passeront en force de chose jugée, s'il n'en a été interjeté appel avec lettres de chancellerie, signifiées dans les six mois après la signification qui aura été faite desdites sentences à personne ou domicile, & l'appel n'en sera plus recevable après lesdits six mois, soit que les parties soient majeures ou mineures, pourvues de tuteur ou curateur.

ART. XLIX.

La déclaration du roi, du mois de décembre 1777, enregistrée au parlement le 23 janvier 1778, sera exécutée selon sa forme & teneur; &, en

conséquence de l'article XVI, les juges, auxquels la connoissance des *devoirs* n'appartient point, ne pourront recevoir & expédier des plaintes de la part des accusés de fraude ou de rebellion, contre les commis, qui auront verbalisé contre eux, ni informer contre les commis, & les décréter, sauf auxdits accusés à se pourvoir devant les juges royaux, ayant connoissance des *devoirs*, à l'exception néanmoins des meurtres, crimes capitaux & blessures graves, dont tous les juges des lieux pourront informer & décréter seulement, dans les villes & endroits où il n'y a point de juge royal, ayant connoissance des *devoirs*; & si les juges qui n'ont pas connoissance des *devoirs* procédoient en autres cas contre lesdits commis, le présent article sera signifié à leur greffe, avec défenses de passer outre, & le fermier pourra, sur ladite signification, se pourvoir devant les juges royaux, ayant connoissance des *devoirs*, pour arrêter l'effet de leurs procédures.

ART. L.

En toutes assemblées, soit d'élévement de maisons, noces, baptêmes ou autres qui se feront chez les manœuvres, laboureurs, fermiers, meûniers ou autres personnes de même qualité, ou chez les notaires ou procureurs des juridictions intérieures non ressortissantes immédiatement aux justices royales, dans lesquelles assemblées on aura fait courir le plat, ceux qui occupent, comme propriétaires ou comme locataires des maisons, où lesdites assemblées se seront faites, & ceux qui y auront assisté, seront contraints solidairement & sauf le recours des uns vers les autres, au paiement du *devoir* des boissons que les commis justifieront y avoir été consommées, sans néanmoins qu'il puisse être exigé, ni par composition, ni autrement, quand on ne fait pas courir le plat. Ceux qui partageront des boissons sans permission, seront pareillement tenus d'en payer le *devoir*; mais les fermiers & leurs commis ne pourront refuser ladite permission pour les vins de liqueurs aux ecclésiastiques, gentilshommes & notables bourgeois.

ART. LI.

Ceux qui auront été une fois pris en fraude, justifiée par sentence ou par accommodement par écrit, seront tenus de souffrir la visite & contremarque des commis pendant le reste du bail où ils auront été pris en fraude, & pendant le cours du bail suivant seulement. Pourront aussi les commis faire leurs visites & contre-marques chez les personnes soupçonnées de fraude, après en avoir obtenu la permission des juges royaux, qui ne pourront l'accorder qu'avec connoissance de cause, en observant la qualité des gens, & sur requête, à laquelle seront attachés les extraits & déclarations

Zzz

des boiffons logées : feront lefdites permiffions exécutoires par provifion.

Les juges tiendront pareillement la main à faire ceffer les promptes confommations ; pourront même régler la quantité des boiffons qui feront achetées par les particuliers qui auront été condamnés pour fraude, ou pour prompte confomma-tion qui aura été jugée contradictoirement frauduleufe. Défenfes font faites aux commis de porter fur leurs regiftres, fous prétexte de contre-marque, autres perfonnes que celles affujetties par le préfent article; & pour cet effet, ils feront tenus d'infcrire à l'article de chaque particulier la date, foit de la fentence, foit de l'accommode-ment, foit de la permiffion du juge ; faute de quoi foine fera point ajoutée audit regiftre contre les particuliers aux articles defquels lefdites dates ne feront point marquées.

Art. LII.

Défenfes font faites aux commis d'enfoncer les portes, fenêtres, armoires, ou autres fermetures des maifons des particuliers, & d'y faire aucune ouverture réelle, fans être affiftés du juge des lieux.

Art. LIII.

Les cabaretiers ou autres vendans des boiffons en détail, ne demeurant pas d'accord de la rafe avec les commis, il leur fera permis de percer le vaiffeau pour voir où eft le vin, cidre ou autres boiffons ; feront lefdits vendans boiffons, tenus d'ouvrir les armoires & autres fermetures de leurs maifons à la requifition defdits commis, & permis à eux de cacheter & ficeler lefdites boiffons qui auront été mifes en débit ; & ne pourront les dé-bitans avoir leurs boiffons qu'en pipes, bariques ou tierçons, & non en moindres fûts, fans pouvoir les tranfvafer en bouteilles qu'avec la permiffion des commis, qui ne pourront la refufer, & qui la donneront gratis, à peine de cent livres d'amende, qui feront payées par le cabaretier ou par le com-mis qui contreviendra à l'exécution de cet article ; & l'amende que paiera le commis, fera au profit du cabaretier.

Art. LIV.

Le fermier ne pourra obtenir au parlement au-cun arrêt fur requête, même à fin de prifes à partie contre les juges, qu'après que ladite requête aura été communiquée à M. le procureur - général-fyndic des Etats, & de lui répondue, ainfi qu'il le jugera à propos, lequel requerra que fa ré-ponfe foit inférée tout au long dans le vu de l'arrêt. Ledit fermier fera tenu de faire enregiftrer les arrêts qu'il obtiendra, aux greffes des juri-dictions royales, & d'en délivrer expédition à mondit fieur le procureur-général-fyndic, ou fon

fubftitut, fous leur récépiffé, avant d'en pouvoir tirer exécution ; & ne pourra l'adjudicataire s'aider d'aucuns arrêts précédemment rendus, s'ils ne font exactement conformes aux conditions du préfent bail ; & en cas que ledit adjudicataire obtînt ci-après quelque arrêt fur fa requête, fans les conclufions du procureur - général - fyndic des Etats, & de celles de M. le procureur-général du roi au parlement, il n'en pourra tirer aucune exécution.

Ne pourra pareillement le fermier fe fervir, ni faire ufage de l'arrêt du 3 avril 1743, rendu au profit des adjudicataires des octrois de la ville de Vannes, en ce qu'il règle la faculté de loger des boiffons fur l'impofition à la capitation, ni de tous arrêts qui contiendront de pareilles difpofitions.

Art. LV.

L'adjudicataire fera payé du *devoir* des vins & autres breuvages, felon la grandeur des vaiffeaux, fur le pied de cent pots par barique, & de deux cents pots par pipe ; & les commis feront crus fur le contenu auxdits vaiffeaux, fi mieux n'aiment les vendans boiffons en détail les dépoter, à con-dition que le dépotement n'aura lieu que lorfque le fût fera vide, en préfence des juges des lieux, aux frais de celui qui aura contefté mal-à-propos. Il ne fera rien changé pour les années 1783 & 1784, concernant les jauges, pots & pintes.

Art. LVI.

Les hôtes des maifons franches ou autres, même privilégiés, ne pourront prétendre aucune dimi-nution de leur débit, fous prétexte de leurs boif-fons, de celles de leurs ferviteurs & domeftiques, ou autrement, attendu que la pipe n'eft évaluée qu'à deux cents pots, & la barique à cent pots, quoiqu'elles contiennent davantage, nonobftant tous arrêts & jugemens à ce contraires, notam-ment l'arrêt du parlement du 11 novembre 1764, parce qu'auffi ledit fermier ne pourra prétendre aucun rabais, en cas que ledit arrêt fubfifte.

Art. LVII.

Tous particuliers qui voudront vendre des boif-fons en gros & en détail, auront des caves & celliers féparés, fans communication intérieure, l'une pour le débit en gros, l'autre pour le débit en détail.

Art. LVIII.

Les tireurs d'eaux-de-vie, en Bretagne, pour-ront mettre leurs eaux-de-vie en bariques ou tier-çons, pour le commerce de la province, même en quartauts pour le commerce de la mer feulement, non en moindres fûts, & vendre lefdits quartauts aux marchands en gros, armateurs, courtiers &

autres, pour le commerce de la mer feulement. Pourront auffi les tireurs marchands qui achetent des vins pour les convertir en eaux-de-vie, mettre leurs eaux-de-vie en quartauts pour le commerce de la mer feulement; mais ne pourront vendre leurs eaux-de-vie pour la province aux marchands en gros, ni à toutes autres perfonnes, en moindres vaiffeaux que tiers de pipe ; tous lefquels fûts le fermier pourra faire marquer chez les tireurs marchands; & les uns & les autres feront tenus, lorfqu'ils les vendront, de faire déclaration préalable au bureau de la ferme, de la quantité defdits fûts, & de la contenance d'un chacun, & les commis feront obligés de leur en donner décharge, à mefure qu'ils les vendront, fans que les artifans, métayers, cafetiers, manœuvres, regratiers, marchands de la même efpèce, ou gens de baffe condition, ni ceux qui auront été pris en fraude, juftifiée par accommodement, par écrit ou par fentence, puiffent, malgré leur appel même, loger des eaux-de-vie en bariques ou tierçons, fans le confentement exprès & par écrit du fermier ou de fes commis, qui pourront faifir & faire confifquer lefdites eaux-de-vie, nonobftant les paffavans qui auroient été furpris fous de fauffes qualités.

Ne pourront le fermier & fes commis, fe fervir de l'arrêt du parlement du 23 août 1735, en ce qu'il ordonne que la faculté de loger de l'eau-de-vie fera réglée fur l'impofition à la capitation ; & il en fera néanmoins ufé comme au paffé, pour les négocians fur mer, officiers & mariniers, matelots & autres gens de mer.

Ne pourra l'adjudicataire, exiger que les capitaines de navires, maîtres & patrons de barques, dépofent au bureau de la ferme, lors de leur déclaration d'arrivée, les eaux-de-vie deftinées à leur provifion, ni les faire faifir, fous peine de nullité de la faifie, & de tous dépens, dommages & intérêts; parce qu'auffi lefdits capitaines, maîtres & patrons, ne pourront faire fortir de leurs bâtimens, ni verfer à terre aucune quantité defdites eaux-de-vie, fous peine de faifie, confifcation, amende & dépens.

ART. LIX.

Le fermier fera le recouvrement du *devoir* fur les eaux-de-vie, en la même maniere que fur les autres boiffons ; & fera tenu d'avoir dans l'intérieur de chaque ville un bureau de diftribution defdites eaux-de-vie, fans néanmoins qu'aucuns particuliers en puiffent vendre en détail, non plus que du rafia ou guildive, rum ou rach, ni même les cabaretiers ou les commis deftitués pendant le cours du bail, ni vendre en gros, fi ce n'eft qu'elles foient de leur crû, fans le confentement exprès du fermier, à peine de trois cents livres d'amende ; ledit fermier fera tenu de vendre ou faire vendre les eaux-de-vie faites de cidre, un fixieme moins que celles faites de vin.

ART. LX.

Pour favorifer le commerce avec les étrangers, il fera permis de tranfvafer les vins & eaux-de-vie deftinés au commerce étranger, foit dans les caves des marchands ou dans les navires ; favoir, le vin, en vaiffeaux de trente pots, & l'eau-de-vie, en vaiffeaux de dix pots, & non au-deffous, fans qu'on foit obligé de prendre un quartaut tout entier, parce que les négocians, marchands, capitaines ou maîtres de navires Français ou étrangers, faifant les voyages de long cours, fans y comprendre ceux qui feront le grand & le petit cabotage, & qui feront obligés de prendre le quartaut entier, feront préalablement leur déclaration au bureau de la ferme le plus prochain, contenant le jour auquel ils prétendent faire lefdites tranfvafions, afin que les commis puiffent y affifter, & lefdites tranfvafions ne pourront être faites hors de la préfence des commis, que vingt-quatre heures après le jour porté par ladite déclaration : après lefdites tranfvafions faites, lefdits marchands ou maîtres feront tenus, à peine de confifcation & de cent livres d'amende, de faire déclaration aufdits bureaux, de la quantité précife des vaiffeaux qui fe trouveront remplis par lefdites tranfvafions, & d'en prendre charge ; & au cas que lefdits marchands ou maîtres foient furpris à en mettre à terre, leurs boiffons feront confifquées, & ils feront en outre condamnés en cinq cents livres d'amende, pour fûreté de laquelle il fera permis au fermier d'arrêter les barques & navires, même de les faire vendre un mois après la faifie, faute de paiement de ladite amende : & feront lefdits commis tenus de donner, lors de la déclaration qui fera faite, après la tranfvafion, des paffavans aux marchands ou maîtres de navires, pour leur fervir, ou au fermier, à telle fin que de raifon ; & feront lefdits ancres ou barils de dix pots, marqués du nom du marchand ; le fermier pourra auffi y appofer la marque ; ils ne pourront être fortis de nuit des caves & magafins des marchands ; & au cas qu'ils fuffent tranfportés à bord des vaiffeaux, foit par terre, foit par eau, pendant la nuit, ceux qui feront lefdits tranfports, feront obligés d'être munis de paffavans, & de les repréfenter au fermier ou à fes commis, à la première requifition, fous les peines portées au préfent article.

Pourront auffi les marchands, tranfvafer dans leurs magafins, en barils ou ancres de cinq pots, les eaux-de-vie deftinées pour le commerce de Guinée feulement, parce qu'on ne pourra prendre moins que la quantité d'un quartaut, & ce, aux mêmes claufes & conditions portées au préfent article.

ART. LXI.

Les marchands en gros de liqueurs, qui en fabriqueront & diftilleront, feront obligés de déclarer la quantité d'eau-de-vie qu'ils entendront convertir en liqueurs , & la quantité & qualité des liqueurs qui en feront provenues, dont ils fe chargeront , & foufcriront leur charge fur les regiftres du fermier , & feront tenus de fouffrir la marque & vifite des commis, au moyen de quoi ces marchands de liqueurs pourront en faire commerce par terre & par mer, pour l'étranger , même dans l'intérieur du royaume , hors de la province , à condition que leurs envois ne pourront. être faits en moindre quantité que de paniers de vingt bouteilles, faifant dix pots, que le fermier ou fes commis pourront ficeler ou cacheter, ainfi que les bouteilles ; & à cet effet lefdits marchands feront obligés d'appeler les commis , fur chacune defquelles bouteilles , lefdits marchands feront tenus de mettre une étiquette indicative de la qualité de la liqueur qu'elles contiendront ; & en ce cas, lefdites liqueurs ne feront fujettes à aucun droit.

Seront tenus lefdits marchands , avant l'enlévement defdites liqueurs, de faire déclaration au bureau du lieu de l'enlévement , des envois qu'ils feront ; lefquelles déclarations contiendront le lieu de leur deftination, les noms & qualités des perfonnes auxquelles elles feront adreffées , & les quantités & qualités des liqueurs, dont lefdits envois feront compofés, & de prendre au bureau du fermier des paffavans, en payant le timbre feulement, pour être repréfentés aux commis par les voituriers en leur route, s'ils en font requis, & pour affurer que lefdites liqueurs, déclarées & enlevées, auront été réellement conduites à leur deftination , hors la province , lefdits marchands feront tenus de faire , avant les enlévemens, leur foumiffion de rapporter au bureau dudit lieu de l'enlévement, certificat de fortie de la province ; favoir , pour le commerce par terre , dans un mois de la date de leur foumiffion , & pour le commerce maritime dans trois mois , lequel certificat leur fera délivré fans frais , par les commis du fermier , au dernier bureau de la province.

À l'égard des liqueurs deftinées pour le commerce maritime , lefdits marchands & diftillateurs feront tenus de déclarer en quel port de la province ils entendront les faire embarquer , & ne feront les certificats de fortie valables, à moins qu'ils n'aient été pris au bureau du fermier établi dans ce même port , & non ailleurs.

Quant à celles deftinées pour le commerce par terre hors la province, lefdits marchands & diftillateurs déclareront celui des bureaux de fortie ci-après nommés, où ils entendront prendre lefdits certificats, lefquels bureaux de fortie ne pourront être que ceux d'Ingrande, Machecoul, Vitré, Dol & Fougeres ; en conféquence, tous certificats de fortie, pris & délivrés ailleurs qu'auxdits bureaux, quoique de la ferme des *devoirs* , feront nuls & de nul effet ; & toutes les parties

de liqueurs , qui feront rencontrées fans acquit ou paffavans , feront , ainfi que les chevaux , bœufs, charettes & harnois, fur lefquels elles feront chargées , faifies & confifquées au profit du fermier, & les marchands propriétaires & conducteurs condamnés folidairement en l'amende ci-après déclarée ; & en cas que lefdits marchands envoient lefdites liqueurs à leurs correfpondans , pour demeurer en refuge en attendant l'embarquement pour l'étranger , lefdits correfpondans feront tenus , lors de l'arrivée des liqueurs., d'en faire déclaration au bureau du fermier, & de repréfenter les paffavans, même de fe charger defdites liqueurs fur les regiftres du fermier, d'en foufcrire leur charge, & fouffrir les vifites des commis.

Et à l'égard des liqueurs que lefdits marchands vendront dans la province, ils ne pourront le faire que fur les billets des directeurs des lieux de la réfidence des acheteurs , & feulement aux eccléfiaftiques , gentilshommes & notables bourgeois , auxquels ils ne pourront en vendre ou en donner en moindre quantité , qu'en paniers de douze bouteilles, faifant fix pots, à la charge, par lefdits marchands , de payer vingt-cinq fols par pot de liqueurs , au profit du fermier, & le cinquieme en fus au profit de la province, & de faire déclaration au bureau du fermier, des noms, qualités & demeures de ceux à qui ils vendront ou donneront lefdites liqueurs, & de prendre des paffavans des commis ; de la vérité defquelles déclarations lefdits marchands & diftillateurs demeureront refponfables, fans que, dans aucun cas, lefdits marchands & diftillateurs, ni les cafetiers puiffent en vendre ou en donner , pour être débitées dans la province, ni en débiter eux-mêmes, le tout à peine de confifcation & de cinq cents livres d'amende contre lefdits marchands & diftillateurs , par chaque contravention aux difpofitions du préfent article.

Et dans tous ces cas , les marchands de liqueurs feront tenus de faire ufage des eaux-de-vie du crû de la province, fans pouvoir en tirer d'ailleurs, pour lefquelles ils ne feront affujettis à autres droits, qu'à ceux que les marchands en gros font obligés de payer.

Les marchands épiciers, parfumeurs, cafetiers & autres qui voudront fabriquer des eaux d'odeur, feront à l'avenir obligés de déclarer la quantité d'eau - de - vie qu'ils entendront convertir en eau d'odeur, & paieront le *devoir* vingt - cinq fols par pot d'eau-de-vie convertie, au profit du fermier, & le cinquieme en fus au profit de la province ; ils déclareront auffi les quantités des eaux d'odeur qui feront provenues defdites diftillations, dont ils fe chargeront, & foufcriront leurs charges fur les regiftres du fermier , & feront tenus de fouffrir la vifite, marque & apurement des commis ; & en cas de fraude ou de fauffe déclaration, ils feront condamnés en cinq cents livres d'amende, outre la confifcation.

ART. LXII.

Les marchands de vin en gros & autres, qui auront fourni à leurs fermiers ou locataires des vins ou autres breuvages, pour être vendus clandestinement, seront responsables du *devoir* & de l'amende, même les propriétaires, principaux locataires des maisons & sous-locataires des chambres, caves & autres lieux où se fera le débit clandestin ; s'ils ont contribué à la fraude.

ART. LXIII.

Les commis pourront, pendant le tems limité par l'article LI, faire leurs visites dans les maisons, caves & celliers de ceux qui auront été une fois pris en fraude, pour être, en cas de malversation, procédé contre eux pardevant les juges royaux ou autres par eux commis, & lesdits fraudeurs punis de l'amende & confiscation de leurs boissons, s'il y échet.

ART. LXIV.

Ne pourront ceux qui auront été condamnés pour fraude ou prompte consommation, par arrêts ou jugemens non appellés, loger aucunes boissons sans le consentement exprès du fermier ou de ses commis, jusqu'à ce qu'ils aient payé les amendes & frais auxquels ils auront été condamnés, le tout relativement à l'article LI.

Ne pourront les commis destitués, faire le commerce en gros d'eau-de-vie, liqueurs & autres boissons, pendant le cours du bail, à moins que lesdites boissons ne soient de leur crû, à peine de cinq cents livres d'amende & de confiscation.

ART. LXVI.

Toutes personnes insolvables, débitans en détail clandestinement, & ceux qui, ne payant ou n'ayant le moyen de payer le *devoir*, continueront de tenir hôtellerie ou cabaret, au préjudice des défenses du fermier, signifiées à ses frais par le premier huissier ou sergent requis, contrôlées au prochain bureau des lieux, seront mises au carcan un jour de marché ou foire de la ville voisine ; & pourra ledit fermier faire enlever & vendre leurs vins & breuvages, pipes, bariques & meubles, étant dans leurs maisons, après en avoir obtenu la permission du juge, & observant les formalités de justice, parce que sur le prix desdits meubles, les frais de l'exécution prélevés, les propriétaires seront payés de leurs loyers, suivant l'article XLI du présent bail.

ART. LXIX.

Ceux qui auront obtenu des condamnations

contre le fermier, ou ceux qui seront ses créanciers par promesse, obligations ou autrement, poursuivront leur paiement par toutes voies de droit contre les directeurs, receveurs & cautions ; mais ne pourront saisir & arrêter aux mains des débitans, le produit des droits & *devoirs*, sous peine de dommages & intérêts.

ART. LXX.

Ceux qui feront profession de tenir des hôtes ou pensionnaires, domiciliés ou non, autres que ceux privilégiés par le premier article du présent bail, paieront le *devoir* des vins ou autres boissons consommées dans leurs maisons, quoique logés sous le nom desdits pensionnaires, soit chez eux, ou chez ceux qui leur donneront à manger, lesquels pensionnaires ne pourront transporter des boissons dans les maisons où ils prendront leur pension, sans en payer le *devoir*.

ART. LXXI.

Aucunes personnes ne pourront permettre aux cabaretiers & débitans, de tirer chez eux aucuns vins ou autres breuvages par pots, buies ou bouteilles ni autrement, sans en avertir, au préalable, le fermier ou marqueurs, pour donner leur consentement, à peine de répondre du débit & de l'amende, si ce n'est pour le service de l'étape des troupes, auquel cas la déclaration des maires, syndics ou correspondans de la commission de chaque lieu de passage, suffira avec la représentation de copie de la route de la troupe, pour constater la quantité de boissons que lesdits cabaretiers & débitans auront été obligés de fournir à défaut de l'étapier ; mais dans les endroits où il y a bureau, lesdits cabaretiers & débitans seront tenus d'y faire déclaration des boissons qu'ils vont fournir aux troupes, & les commis seront tenus de la recevoir ; & dans l'un & l'autre cas, les employés aux *devoirs* donneront décharge desdites boissons auxdits cabaretiers débitans, conformément à ce qui est expliqué par l'article 2 de l'ordonnance de M. le duc de Penthievre, du 4 juillet 1747, & par l'article XV des conditions de l'adjudication des étapes.

Les boissons employées à la fourniture de l'étape, seront pareillement exemptes des droits de jaugeage, courtage & inspecteur aux boissons, lesquels, sur le vu desdites copies de routes & certificats, seront, en cas de perception, remboursés aux préposés à cette fourniture.

ART. LXXII.

Ceux qui vendront, acheteront ou feront acheter des vins ou autres breuvages en pots, buies ou bouteilles, chez d'autres que des cabaretiers ayant fouillet, brandon ou enseigne à leur porte ;

ainfi que tous les buveurs qui feront pris chez les vendans en fraude , feront condamnés à une amende perfonnelle de douze livres ; & en cas de récidive , de vingt-cinq livres chacun , feulement pour toute amende ; indépendamment de la folidarité , pour celle de cent livres , prononcée contre le vendeur.

A R T. LXXIII.

Les cabaretiers qui auront en propriété , ou qui tiendront à ferme plufieurs maifons dans le même bourg , & mettront brandon bas , feront tenus d'en céder une au fermier , fans dommages & intérêts , ledit fermier payant le loyer en leur lieu & place , pendant le refte du bail du cabaretier.

A R T. LXXIV.

Tous les juges qui feront le débit , ou le feront faire par perfonnes interpofées , ou ceux qui auront intérêt dans la ferme des *devoirs* , ne pourront être juges defdits *devoirs*.

A R T. LXXVI.

Aucunes perfonnes eccléfiaftiques , nobles , officiers de juftice , marchands de vin , ou autres habitans , ne pourront vendre leurs vins aux cabaretiers , à condition de les laiffer dans leurs celliers , pour y être vendus en détail , à peine d'en payer le *devoir* & l'amende en outre ; &. le procureur-général-fyndic eft chargé d'en pourfuivre la condamnation , & d'affifter particulierement le fermier fur ce genre de fraude.

A R T. LXXVII.

Tous particuliers , fous les noms defquels il aura été déclaré des boiffons au bureau du fermier , comme deftinées pour leur être livrées , feront tenus , à la première requifition à eux faite par les commis , de leur faire , une feule fois , ouverture de leurs caves ou celliers , & de leur repréfenter lefdites boiffons , pour en faire , par lefdits commis , le recenfement ou vérification defdites déclarations , à peine , contre les refufans , de cent livres d'amende , & d'être procédé contre eux comme fraudeurs ; laquelle amende fera prononcée fur les procès-verbaux de refus , rapportés par deux commis , ayant ferment en juftice , & dûment affirmés & répétés , parce que les commis ne pourront faire leur recenfement la nuit.

Pour faire ledit recenfement ou vérification , le fermier ou fes commis auront huit jours , à compter de celui des déclarations , pour les boiffons déclarées pour le lieu où fera établi le bureau , auquel lefdites déclarations auront été faites , & quinze jours pour les autres lieux & paroiffes de la campagne , & parce qu'il fera loifible , tant

au vendeur qu'à l'acheteur , d'exiger le recenfement dans un délai plus court ; après lefquels délais , le fermier ou fes commis ne feront plus recevables à faire lefdits recenfemens & vérifications , fans que néanmoins lefdits commis , lors de la vifite , puiffent faire autre chofe que ladite vérification , dont ils feront tenus de donner un certificat fur le champ & fans frais , réfervant néanmoins les Etats de faire à fa majefté de très-humbles repréfentations fur l'arrêt de fon confeil , du 8 feptembre 1738 , qui ordonne ledit recenfement.

A R T. LXXVIII.

Les directeurs , receveurs , fous-fermiers , arriere-fermiers & autres perfonnes agiffant pour le fermier-général , feront tenus de mettre leurs noms en toutes procédures , pourfuites & diligences , & feront perfonnellement refponfables des dommages & intérêts , & dépens adjugés aux particuliers , fauf leur recours vers ledit fermier-général , lequel & fes cautions feront pareillement refponfables defdits dépens , dommages & intérêts , fauf leur recours contre lefdits fous-fermiers , directeurs & commis.

Ne pourront néanmoins les parties qui auront obtenu des condamnations contre le fermier , en pourfuivre l'exécution que contre ceux des directeurs , receveurs ou autres , à la fuite & diligence defquels les inftances & procès auront été fuivis , fans préjudice de la garantie & action folidaire , contre les fermiers & leurs cautions.

A R T. LXXIX.

Tous les employés aux *devoirs* , en quelque grade que ce foit , en exercice actuel , feront exempts de guet & garde , fubfiftance , logemens de gens de guerre , fourrage , cafernement , & de toutes charges publiques ; ils ne pourront prendre la qualité de meffire ni d'écuyer dans les actes concernant leur commiffion ; il leur fera permis de porter , pour la fûreté de leur perfonne , des épées , même des piftolets d'arçon , allant en campagne , avec défenfe de chaffer & de mener avec eux des chiens de chaffe & lévriers , même de porter des fufils , fous les peines de l'ordonnance , & à peine de deftitution , qui fera pourfuivie à la diligence du procureur-général-fyndic.

A R T. LXXX.

Leurs gages & appointemens ne pourront être faifis par aucuns créanciers , fi ce n'eft pour penfions , alimens , loyers de maifons , & nourriture d'eux & de leurs chevaux.

A R T. LXXXI.

Il fera permis aux cabaretiers de prendre du

vin & autres boissons chez les propriétaires, les
marchands grossiers ou fermiers des *devoirs*, ainsi
que bon leur semblera, sans que le fermier puisse
faire à ce sujet, directement ni indirectement,
aucunes contraintes ou vexations; & en cas qu'il
soit prouvé que lesdits cabaretiers aient été forcés ou vexés à ce sujet, ledit fermier sera condamné à la somme de quatre cents livres, par
forme de dommages & intérêts, au profit des cabaretiers, amende qui ne pourra être modérée;
& à l'égard de tous autres que lesdits cabaretiers,
sera le fermier, en cas qu'il succombe, condamné,
outre les dépens, au profit des parties, en des
dommages & intérêts à l'arbitrage du juge, sans
que le présent article puisse préjudicier aux autres
contenus au présent bail; les commissaires diocé-
sains recevront les plaintes contre les fermiers &
leurs commis, pour faire intervenir le procureur-
général-syndic des Etats, si les plaintes se trouvent fondées.

ART. LXXXIII.

Les commis employés pour le fermier seront
jurés par-devant les seuls juges royaux, d'où relève
le chef-lieu où ils sont établis, quoique plusieurs
autres lieux de leurs départemens relèvent d'un
autre siège royal, & inscrits dans un tableau mis
dans l'auditoire, à peine de nullité des procès-
verbaux des commis, non inscrits dans ce tableau.

ART. LXXXV.

Pour la prestation de serment de chaque commis aux *devoirs*, les juges royaux ne prendront
que trois livres pour la vacation du juge; trois
livres pour les conclusions du procureur du roi,
& trois livres pour le greffier, qui sera tenu de
leur délivrer, sans autres frais que ses déboursés,
pour le papier & droits du roi, l'expédition de
la prestation de serment, & le certificat d'inscription au tableau; & pour tout droit de répétition des commis, sur leurs procès-verbaux, en
quelque nombre qu'ils soient, deux livres en matiere civile, & en matiere criminelle trois livres,
& autant pour le greffe.

ART. LXXXVI.

L'adjudicataire prendra les conditions ci-dessus
pour toute garantie, sans que les Etats soient
obligés de se joindre aux procès qu'il pourra avoir
pour la perception dudit *devoir*, ni qu'il puisse
demander aucun rabais ni diminution, faute de
paiement dudit *devoir*; mais seulement que les
Etats se joignent à lui & à ses frais, si bon leur
semble.

ART. LXXXVIII.

Ne pourront, les preneurs, prétendre aucun

rabais, surséance ni remise, sous quelque prétexte
que ce puisse être, soit de guerre, peste ou famine, stérilité de fruits, cessations ou interdiction
de tout ou partie du commerce, passage & logement de gens de guerre, même de cas fortuits &
inopinés; & pour plus grande assurance de ce,
ils en passeront acte par-devant notaires, qu'ils
fourniront au procureur-général-syndic, pour être
déposé au greffe des Etats incontinent après l'adjudication, par lequel acte ils renonceront audit
rabais, & s'obligeront, en cas de sous-ferme, de
supporter personnellement le rabais, si aucun étoit
prétendu par les sous-fermiers, sans qu'eux ni
leurs sous-fermiers en puissent prétendre aucun,
sous quelque prétexte que ce puisse être, desdits
Etats.

ART. LXXXIX.

Quinze jours après l'adjudication, l'adjudicataire mettra aux mains de M. le procureur-
général-syndic des Etats, l'état des noms & surnoms, qualités & demeures de tous ceux qui
seront intéressés, & des parts que chacun d'eux
aura dans la ferme; & en cas de sous-ferme, les
sous-fermiers donneront audit sieur procureur-
général-syndic de pareils états dans la quinzaine,
pour être déposé au greffe des Etats.

ART. XC.

Jouira l'adjudicataire du grand *devoir*, du petit
devoir & du tiers en sus, à raison de *trente-deux
livres trois sols quatre deniers par barique de vin*,
hors le crû de la province.

*Vingt livres dix sols six deniers par barique de
vin du crû d'icelle, transporté d'évêché en autre, &
y débité.*

*Onze livres douze sols neuf deniers par barique de
vin débité dans l'évêché où il croît.*

*Sept livres trois sols dix deniers par barique de
cidre, & vingt-cinq sols par pot d'eau-de-vie & liqueurs*, à moins que les vendeurs ne justifient avoir
pris au bureau l'eau-de-vie dont elles seront composées, le tout vendu & débité en détail, sans
préjudice de ce qui est dit au sujet de l'eau-de-vie,
dans l'article LIX, & des liqueurs dans l'article
LXI, pendant les années 1783 & 1784, sans
imposer aucun nouveau droit sur l'eau-de-vie au-
delà desdits vingt-cinq sols.

Percevra en outre le fermier, pour le compte
de la province, six livres huit sols neuf deniers,
pour le cinquième en sus du grand *devoir*, du
petit *devoir* & du tiers en sus par barique de vin,
hors le crû de la province, & quatre livres deux
sols un denier & demi-denier par barique de vin
du crû de la province, transporté d'évêché en
autre, & y débité; deux livres six sols neuf deniers par barique de vin débité dans l'évêché où
il croît; une livre huit sols onze deniers par

barique de cidre, & cinq fols par pot d'eau-de-vie.

Ne pourra le fermier faire diminution fur l'eau-de-vie au débitant des *devoirs* ou impofitions ordonnées par le préfent article, & il fera tenu de la vendre bonne, loyale & marchande, mefure de roi; afin qu'il ne puiffe faire ufage que d'une mefure uniforme dans toute la province, ainfi que pour l'impôt & billot, lequel il ne percevra déformais qu'à ladite mefure de roi, fur toutes les efpèces de boiffons qui feront débitées dans les lieux de la province.

ART. XCI.

Le vingtième en fus des droits des *devoirs*, ordonné par délibération des Etats, demeurera fupprimé, & l'adjudicataire jouira des droits d'impôt & billot, & quatre anciens fols pour livre, pendant les années 1783 & 1784; & en outre percevra par voie de régie, pour en compter à la province, le cinquième en fus du produit brut, tant de l'impôt & billot, que du grand & petit *devoir*, & autres droits y joints, tant affermés que régis; fera ladite régie faite au profit de la province, & l'adjudicataire en remettra le produit aux mains de fon tréforier.

L'adjudicataire régira ledit cinquième d'augmentation au profit des Etats, ainfi & de la même manière & dans le même ordre qu'il régit les droits principaux à fon profit; en conféquence, dans la quinzaine qui fuivra l'expiration de chaque tierce, il adreffera au bureau des commiffaires des Etats à Rennes, le bordereau détaillé du produit des droits, tel qu'il eft envoyé par les directeurs particuliers à la direction générale; & il fe conformera, pour l'ordre de comptabilité de ce droit additionnel, aux formes établies pour fa comptabilité particulière avec fes directeurs.

Quant à l'ordre des paiemens, l'adjudicataire paiera dans le mois de l'expiration de chaque tierce, les droits perçus fur ceux échus pendant ladite tierce; & en comptant de la tierce fuivante dans le mois qu'elle fera expirée, il comptera, outre le recouvrement fait fur ladite tierce, des reftans de la tierce précédente; & ainfi fucceffivement de tierce en tierce, jufqu'à la fin de fon bail.

Et feront tous les bordereaux du produit des droits remis dans la quinzaine après le bail expiré, fauf le recouvrement des reftans defdites tierces, & verfement des recouvremens de deux mois en deux mois après la fin du bail, de forte que le compte final des recouvremens foit parfait & achevé, & le compte foldé dans le fixième mois après le bail révolu.

Accordent les Etats à l'adjudicataire, pour frais de régie, la remife de fix deniers pour livre, parce qu'il fera les mauvais deniers bons, & qu'il ne pourra rien répéter pour frais de procès, non-

valeurs ou indemnités, fous quelque prétexte que ce foit.

Sera chargé l'adjudicataire de payer en fus de fon adjudication aux collèges de cette province, fuivant la répartition qui en fera faite par fa majefté, dans les nouvelles lettres-patentes qu'il lui plaira donner pour lefdits collèges, en conféquence de ce qui eft dit à l'article XXV des lettres-patentes données à Verfailles le 7 avril 1764, portant confirmation du collège royal de la Fleche, la fomme de dix mille livres par chacun an, laquelle fomme étoit ci-devant payée à la décharge de fa majefté aux pères jéfuites qui étoient établis ès villes de la Fleche & de Rennes, en exécution du contrat de 1759. Seront tous les regiftres & papiers néceffaires pour l'exploitation des fermes des *devoirs*, droits d'impôt & billot, & autres droits fur les boiffons, régis pour le compte des Etats, timbré *gratis*, fuivant l'ufage actuel, & fans qu'il foit rien innové à cet égard, conformément à la décifion du roi, annoncée par la déclaration de MM. fes commiffaires, du 16 novembre 1782, & enregiftrée fur la minute du procès-verbal de la tenue.

Les fermiers ne feront tenus de compter à la province, pour le terme additionnel (dans le cas où, pour l'intérêt de la ferme, ils font obligés de faire des diminutions) qu'au prorata defdites diminutions, qu'ils juftifieront par leurs regiftres.

ART. XCII.

Les hôpitaux des villes étant fubrogés par arrêt du confeil du 7 mai 1770, aux droits des abatteurs du papegault, dans toute la province, à l'exception de la ville de Saint-Malo, l'adjudicataire paiera auxdits hôpitaux, au premier juillet de chaque année, les fommes de dix livres par barique de vin étranger, & de quatre livres par barique de vin du crû de la province, fuivant les quantités accordées auxdites villes, à raifon defdites papegaults, par leurs titres primordiaux, ou par les arrêts conftatant lefdits droits.

Les communautés de la ville de Rochebernard & de l'ifle de Groix, feront comprifes dans le préfent article pour des fommes proportionnées à la valeur des privilèges dont elles ont joui à raifon du papegault, pour être employées lefdites fommes, conformément à la difpofition dudit arrêt du confeil du fept mai 1770.

Et s'il fe trouve des villes où il y ait des exemptions d'impôt & billot, accordées pour les cidres, lefdits droits demeureront évalués à quarante fols par barique; & à l'égard du papegault de la ville de Saint-Malo, feul excepté dans l'arrêt du confeil du 7 mai 1770, l'adjudicataire lui fera payer dans les mêmes termes, par fon directeur en la même ville, la fomme de dix livres par barique de vin étranger, fuivant la quantité des

bariques

bariques accordées à l'abatteur dudit papegault, par titres primordiaux, ou par arrêt conftatant lef-dits droits, à la charge à ladite communauté d'ob-tenir préalablement les lettres-patentes néceffaires pour cet objet.

ART. XCIII.

L'adjudicataire des *devoirs* fera chargé de faire la levée des droits d'infpecteur aux boiffons, ainfi que des parties de jaugeage & courtage non com-prifes dans fon adjudication, & de tous les autres droits perçus au profit de la province, à raifon de deux fols pour livre, en faifant les mauvais deniers bons, & en partageant par moitié ladite remife de deux fols pour livre fur les droits d'infpecteur aux boiffons, avec les commis prépo-fés à la recette de ces derniers droits, lefquels feront payés par l'acheteur avant l'enlévement, dans le cas & dans les lieux où ils font dus, def-quels droits il pourfuivra, en cas de contraven-tion, le recouvrement par les mêmes contraintes établies pour les *devoirs* contre les débitans, fans que dans aucun cas, le droit d'infpecteur aux boiffons puiffe être cenfé compris au bail des *devoirs* au profit du fermier, ni qu'il puiffe deman-der de diminution, au cas que ladite régie lui foit ôtée après la paffation du bail; & il fera foumis aux tribunaux de la province pour les procès qui furviendront à l'occafion de ladite régie.

ART. XCV.

Paiera ledit adjudicataire, outre le prix de fon bail, la fomme de quinze mille livres pour les au-mônes ordinaires, fuivant l'état qui en fera arrêté par monfeigneur le duc de Penthievre, dont neuf mille livres feront diftribuées par MM. les évêques, à raifon de mille livres par chaque dio-cèfe, & les fix autres mille livres reftantes à la difpofition de monfeigneur le duc de Penthievre; trente mille livres par forme de pot de vin, qui feront diftribuées aux gentilshommes en la ma-nière accoutumée; neuf mille livres à MM. les généraux des finances; favoir, trois mille livres aux anciens, trois mille livres à ceux de la créa-tion de 1704, & trois mille livres à ceux de la création de 1709; lefquelles différentes fommes réunies à celle de cinquante mille fept livres par an, employées dans le bail du petit *devoir*, pour l'augmentation des gages du parlement, de MM. les procureur-général & avocats-généraux dudit parlement, de MM. de la chambre des comptes & maître des eaux & forêts; & à la fomme de quatorze mille fix cents livres, que ledit adjudicataire comptera au tréforier des Etats, formeront une fomme totale de cent foixante-dix mille livres, à laquelle montent les frais ordi-naires, fans y comprendre les trois mille livres qu'il paiera comptant, & fans diminution du prix

Finances. Tome I.

de fon bail, à M. le greffier des Etats, à titre de gratification ordinaire, pour l'expédition dudit bail, conformément à la délibération des Etats, du 14 novembre 1754; toutes lefquelles fommes, ainfi que le prix principal de fon bail, il fera tenu de payer en efpèces d'or & d'argent, & autres au cours du jour de l'échéance des paiemens, lefquels ne pourront être faits en bil-lets, de quelque nature & fous quelque prétexte que ce foit, & fans que le fermier puiffe antici-per, ni retarder lefdits paiemens, à peine de tous dommages, intérêts & profits ceffans, laquelle claufe ne pourra être réputée comminatoire.

ART. XCVII.

Le fermier & fes commis feront tenus de déli-vrer de tierce en tierce, le plus tôt qu'il leur fera poffible, fuivant les circonftances locales, & au plus tard dans les quinze jours qui fuivront l'ex-piration de chacune, aux adjudicataires des oc-trois des villes, par préférence à tous autres, des extraits certifiés d'eux, du débit fait dans lef-dites villes & lieux où s'étendent lefdits octrois, & fera déclaré dans lefdits extraits fi les vins font hors ou du crû, payant par les adjudicataires des octrois, cinq livres par chaque extrait de cha-que département exercé par un portatif différent, le papier non compris, foit que lefdits octrois foient adjugés à un feul ou à plufieurs adjudica-taires; mais le fermier ne pourra exiger le droit de cinq livres, par extrait de tierce, que fur la quotité des départemens qui exiftoient en 1736.

Sera tenu ledit fermier d'avoir un bureau de diftribution d'eau-de-vie dans les villes, bourgs & autres lieux où fe perçoivent les droits d'oc-trois, & ne pourra en établir dans les campagnes, plus près que d'un quart de lieue defdites villes & endroits où fe perçoivent les octrois; ne pour-ront, lefdits fermier & fes commis, faire procé-der à la vente des meubles & effets des débitans, qu'après en avoir fait donner avis par écrit aux receveurs des octrois, duquel avertiffement ledit fermier ou fes commis feront tenus de prendre une reconnoiffance auffi par écrit des receveurs des octrois, lefquels feront tenus de la donner; faute de quoi ils y feront contraints à leurs frais, fans qu'aucuns huiffiers, ou fergens requis, puiffent refufer leur miniftere, à peine d'en répondre perfonnellement; & ce, fans préjudicier à la pré-férence accordée audit fermier fur les meubles & effets du débitant.

ART. XCVIII.

Seront imprimées trois mille copies du bail & tarif d'icelui, en même marge & caractere que le règlement de 1687, dans un mois, à compter du jour de la clôture des Etats, à la diligence de leur greffier, qui remettra aux Etats cinq

A aaa

cents copies des conditions pendant le cours de la préfente affemblée, auquel l'adjudicataire fera tenu de délivrer à cet effet la fomme de fix cents livres, auffi fans diminution du prix de fon bail, lefquelles trois mille copies feront remifes à la commiffion intermédiaire, conformément à la déclaration du 20 décembre 1746, pour être renvoyées avec les mandemens de la capitation, dans toutes les villes & paroiffes de la province ; favoir, dans les villes, trois exemplaires qui feront remis, l'un au greffe de la communauté, l'autre au greffe de la juridiction, & le troifieme entre les mains du juge ; & dans les paroiffes de la campagne, un exemplaire qui fera remis au fyndic ou marguilier en charge. Et les fermiers jouiront de l'impôt & billot, conjointement avec les fermes des devoirs fur le pied de leur ferme, diftraction faite de la formule, & en paieront le prix à la caiffe du tréforier des Etats, ainfi qu'ils en comptoient à celle de la ferme générale.

Fait & arrêté en l'affemblée générale des Etats de Bretagne, à Rennes, le 22 janvier 1783.

Conditions & charges du bail du petit DEVOIR, qui doit être adjugé par évêché, ou en général, en la préfente tenue des Etats, pour les années 1783 & 1784, lefquelles feront publiées, affichées & dépofées au greffe defdits Etats, conformément à l'arrêt du confeil du 28 mars 1684.

ARTICLE PREMIER.

Que les devoirs fe leveront, de même que l'ancien devoir des Etats, fur tous les débitans vins, cidres & bieres, fans que nuls en puiffent prétendre exemption, quelques privilèges qu'ils puiffent avoir, prétendre ou alléguer pour raifon d'offices, tant du parlement que de la chambre des comptes, chancellerie, monnoies, maréchauffées, maifons franches, veuves, ou autrement, de quelque qualité & condition qu'ils foient, feigneurs, gouverneurs des places de la province, & généralement fur toutes fortes de perfonnes vendant vins, cidres & bieres en détail, foit de leur crû, ou autrement, même ceux qui font profeffion de tenir des penfionnaires, domiciliés ou non, à l'exception des écoliers, féminaires, maifons de retraites, & autres communautés eccléfiaftiques approuvées par MM. les évêques.

ART. II.

Que lefdits devoirs fe leveront, fous les mêmes claufes, charges & conditions portées par le bail du grand devoir, généralement fans réfervation, & feront tous commis, marqueurs & autres, tant defdits devoirs des Etats, qu'autres devoirs, tenus de bailler, délivrer à la fin de chaque quartier, à l'adjudicataire les commis & fous-fermiers,

les extraits véritables de leur marque & rapport des vins, cidres & autres breuvages vendus en détail, même les états des fous-fermiers en détail, par maifons, pour lui fervir où être devra, payant le preneur ce qui fera vu appartenir pour lefdits extraits feulement.

ART. III.

Prendra ledit adjudicataire les conditions ci-deffus pour toute garantie, fans que lefdits Etats foient tenus de fe joindre aux procès qu'il pourroit avoir pour la perception defdits devoirs, contre ceux qui s'en voudront prétendre exempts ; lefquels il pourra évoquer au confeil, fi bon lui femble, en donnant avis au procureur-général-fyndic, fans que néanmoins ledit adjudicataire puiffe demander aucun rabais ni diminution, faute de paiement d'iceux devoirs, mais feulement l'adhéfion du procureur-général-fyndic des Etats, aux frais dudit preneur, qui délivrera copie du préfent bail, & déclaration de ladite renonciation auxdits procureur-général-fyndic & tréforiers des Etats, incontinent après l'adjudication qui lui aura été faite defdits devoirs.

ART. IV.

Fournira le preneur, bonne & fuffifante caution de l'effet & exécution de claufes, points, charges & conditions, circonftances & dépendances du préfent bail, refféante & folvable, pardevant les généraux des finances, en préfence du procureur-général-fyndic & du tréforier defdits Etats, dans les vingt-quatre heures après l'adjudication, faute de quoi faire, feront lefdits devoirs rebaillés à fes frais & déchet ; renforcera de cautions lors & quand requis fera ; élira domicile en la ville de Rennes, pour y valoir tous exploits qui feront faits en exécution du préfent bail, comme à propre perfonne ou propre domicile.

ART. V.

Ne pourra prétendre auffi ni demander aucun rabais, furféance ni remife, fous quelque prétexte que ce puiffe être, foit de guerre, pefte, famine, ftérilité de fruits, ceffation ou interdiction de tout ou partie du trafic, paffage ou logement de gens de guerre, & tous autres cas fortuits ; & pour plus grande affurance de ce, le fermier adjudicataire en paffera acte pardevant notaires, qu'il fournira audit procureur-général-fyndic, pour être dépofé au greffe des Etats, incontinent après l'adjudication qui lui aura été faite defdits devoirs, par lequel il renoncera audit rabais, & s'obligera, qu'en cas qu'il fous-afferme le tout ou partie de fon adjudication à autres ; lefquels après vouluffent prétendre ou demander quelques rabais, fans que lui & lefdits fous-fermiers puiffent rien

prétendre ou demander vers lefdits Etats ; ainfi
ledit adjudicataire les en indemnifera en principal
& tous acceffoires.

ART. VI.

Et encore à la charge de payer comptant & par
deffus le prix du bail, pour les aumônes ordinaires, la fomme de fix mille livres, qui fera
diftribuée en la maniere accoutumée.

ART. VII.

Et encore par-deffus le prix dudit bail, & par
chaque année, les fommes de quarante mille cinq
cents livres, pour l'augmentation des gages de
meffieurs du parlement ; quatre mille livres pour
meffieurs les avocats & procureurs-généraux dudit parlement ; & fept mille deux cents livres
pour meffieurs de la chambre des comptes & maître
des eaux, bois & forêts ; lefdites fommes payables entre les mains du tréforier des Etats.

Fait & arrêté en l'affemblée générale des Etats
de Bretagne, à Rennes, le 22 janvier 1783.

*Anciens droits de courtiers, gourmets, annuel &
jaugeage, pour les années 1783 & 1784.*

ARTICLE PREMIER.

L'adjudicataire jouira de l'ancien droit annuel
pendant les années 1783 & 1784, fur les marchands, hôtes & cabaretiers ; fur ceux qui logent en chambres garnies, aubergiftes, traiteurs,
maîtres de jeux de paume, billards & cafés, concierges des châteaux & prifons, & autres gens
débitant dans les foires, ou faifant trafic de
vin en gros ou en détail dans la province, à raifon de huit livres par chacun an, dans la ville
où il y a communauté députant aux Etats feulement, & de fix livres dix fols dans les autres
lieux, auxquelles fommes eft réglé le droit annuel
dans les autres provinces, fuivant la déclaration
du roi ; percevra en outre ledit adjudicataire le
cinquieme en fus, par voie de régie au profit des
Etats ; & ne pourra l'adjudicataire percevoir le
droit annuel, que fur les particuliers défignés dans
le préfent article.

ART. II.

Sera permis de vendre en gros & en détail les
vins, cidres & eaux-de-vie, provenant des héritages que les particuliers exploitent par leurs
mains, dont ils feront propriétaires, ufufruitiers
ou poffeffeurs à longues années, & des héritages
dont les fermiers, colons, laboureurs, vignerons,
poffeffeurs ou fermiers des dîmes jouiffent, fans que
les uns ni les autres foient tenus de payer le droit
annuel, ni de faire aucune déclaration, que celle

qu'ils avoient coutume de faire ci-devant, ni de
prendre aucune lettre de permiffion de débit.

ART. III.

Seront les redevables du droit annuel contraints
de l'acquitter en un feul paiement, après le 15
février de chaque année, fans répétition, encore
qu'ils quittent le commerce dans le cours de l'année ; & feront tenus, ceux qui commenceront à
vendre dans le cours de l'année, de payer ledit
droit en entier dans le commencement de leur
débit.

ART. IV.

Les marchands & autres fujets audit droit annuel, qui vendront en gros & en détail, feront
tenus de payer ledit droit, comme vendant en gros,
& pareil droit comme vendant en détail, fans que
néanmoins l'adjudicataire puiffe percevoir qu'un
feul droit fur les marchands, quoiqu'ils aient plufieurs caves ouvertes ; & à l'égard des cabaretiers qui débiteront en différens endroits & brandons, ils paieront le droit annuel pour chacun
defdits endroits & brandons, fans néanmoins que
le droit annuel puiffe être exigé defdits cabaretiers, pour le débit qu'ils feront aux foires, marchés, affemblées & pardons, hors les cabarets
ordinaires, pour les brandons paffagers qu'ils auront établis pendant le tems que dureront les foires, marchés, affemblées & pardons.

ART. V.

Le droit annuel fera payé, comme eft ci-devant dit, pour vente de cidres & poirés ; le
droit payé en entier par les braffeurs, la moitié
feulement dudit droit par les vendeurs.

ART. VI.

Les fermiers & fous-fermiers des Etats des années 1781 & 1782 feront tenus de communiquer,
fans frais, à l'adjudicataire du préfent bail ; ou
fes commis, fous le premier avril de chaque année, & pendant le cours de leur bail, les extraits
des cabaretiers & autres fujets audit droit annuel,
certifiés véritables, afin que l'adjudicataire ou fes
commis en faffent la recette.

ART. VII.

Jouira l'adjudicataire, pendant lefdites deux
années 1783 & 1784, des anciens droits attribués aux offices de jaugeurs, créés par l'édit du
mois d'avril 1696, fans qu'il puiffe l'étendre au-
delà des conditions ci-après, nonobftant les difpofitions de l'édit & tous autres règlemens à ce
fujet.

Premierement, ledit droit de jaugeage ne fera

perçu que sur les boissons exprimées & façonnées, sans que, sous quelque prétexte que ce soit, on le puisse exiger pour le transport des pommes, raisins & autres fruits même achetés, quoique destinés à être convertis en boissons.

Secondement, ledit droit ne pourra être perçu qu'une seule fois sur la même boisson ; de façon que si, soit un marchand, soit un particulier, fait transporter des boissons dont les droits auront déja été payés, il ne sera tenu qu'à une déclaration qui sera reçue gratis.

Troisiémement, tout particulier aura la liberté de faire façonner & exprimer ses pommes, raisins & autres fruits, soit à son pressoir, soit à tel autre qu'il voudra, sans être obligé, dans l'un ou dans l'autre cas, de payer ledit droit de jaugeage, pour le transport qu'il fera desdites boissons exprimées, dudit pressoir à sa demeure ; sera seulement tenu d'en faire déclaration, lors dudit transport, au bureau le plus prochain du pressoir, laquelle sera reçue gratis. Il en sera usé de même à l'égard de celui qui fera transporter son vin à une chaudière étrangere, pour le convertir en eau-de-vie.

ART. VIII.

Jouira pareillement l'adjudicataire dans toute la province (à l'exception du comté Nantois) pendant les deux années 1783 & 1784, des anciens droits attribués aux offices des courtiers & gourmets, créés par édit du mois de juin 1691 ; & du redoublement d'iceux, conformément au tarif du 13 novembre 1692, aux conditions ci-après exprimées, & non autrement, nonobstant tous édits, déclaration & arrêt.

Premierement, ne pourra exiger lesdits droits sur les raisins, pommes & autres fruits qui seront vendus, quoique destinés à être convertis en boissons.

Secondement, tout propriétaire, usufruitier ou fermier, qui vend des boissons de son crû à d'autres particuliers, qui ne sont ni cabaretiers, ni marchands en gros, sera exempt desdits droits ; mais lorsqu'il vendra ses boissons, soit auxdits marchands en gros, soit auxdits cabaretiers, il sera obligé de payer la moitié desdits droits, à l'exception néanmoins, pour les seuls marchands en gros, des boissons qu'ils achetent pour leur provision, & dont ils ne font aucun commerce.

Troisiémement, tout particulier qui aura acheté des raisins, pommes & autres fruits, sera assujetti au droit, lorsqu'il vendra les boissons qui en seront provenues. Ces boissons une fois sorties des mains des premiers propriétaires, elles seront assujetties auxdits droits en entier, toutes & quantes fois elles seront vendues & revendues, à moins qu'elles ne soient débitées dans la cave du marchand de vin grossier, ou dans les magasins de la ferme ; mais elles le seront si-tôt qu'elles sor-

tiront des mains du fermier, de celles de ses commissaires ou de celles des marchands grossiers, pour être débitées hors desdites caves ou magasins par les brandelliers, cabaretiers ou tous autres vendans en détail ; & les boissons d'achat seront toujours réputées vendues avant celles du crû, à l'égard des marchands en gros & cabaretiers seulement, & à l'exception du comté Nantois.

Dans tous les cas où ledit droit est dû, soit en entier, soit par moitié, le paiement s'en fera par les vendeurs, avant l'enlèvement desdites boissons.

Lesdits droits de courtiers & gourmets n'auront point lieu dans l'étendue du comté Nantois, & marches communes en dépendantes, & les boissons qui y croissent, ne seront assujetties aux droits de courtiers & gourmets, exprimés dans un tarif particulier, que lorsqu'elles sortiront dudit comté, soit par mer ou la riviere, soit par terre, & non pour les ventes & reventes desdites boissons dans l'étendue dudit comté, non plus que dans le cas où le propriétaire, domicilié dans un diocèse étranger, en fera venir de son crû pour sa propre consommation ; mais si après en être sorties, elles y rentrent, qu'elles soient du crû ou d'achat, elles paieront le droit.

Les charretiers, voituriers & autres, qui introduiront en Bretagne des boissons du crû desdites marches communes, déposeront, dans le premier bureau d'entrée en Bretagne, le certificat du recteur de la paroisse d'où elles seront enlevées, portant qu'elles en proviennent ; ils déclareront les noms & demeures des acheteurs & de ceux auxquels elles seront adressées, & n'y paieront le droit de courtage, que lorsque leurs boissons seront destinées pour être envoyées hors le comté Nantois, à peine de confiscation & de cent livres d'amende ; de même à l'égard des boissons étrangeres qui seront introduites dans ledit comté Nantois, les droits de courtiers & gourmets ne seront payés qu'une seule fois à leur arrivée ; le tout conformément à l'arrêt du conseil du 9 décembre 1692, & au tarif particulier de ce droit.

Le droit de courtage ne sera pas perçu sur les vins étrangers qui viendront à Nantes, en passe-debout, pour les colonies Françoises, soit qu'ils soient emmagasinés, ou qu'ils soient simplement versés de bord à bord, pourvu qu'ils n'y séjournent pas plus de six mois ; ne pourra, ledit adjudicataire, en vertu dudit édit du mois de juin 1691, & autres règlemens, prétendre aucuns droits de commissionnaires dans toute la province.

ART. IX.

Ne seront les déclarations pour lesdits droits de jaugeage & courtage, réputées insuffisantes lorsqu'il n'y aura pas un excédent de plus d'un quart, c'est-à-dire, à l'égard des vaisseaux déclarés pour pipe, lorsque la contenance desdits vaiffeaux n'excédera pas de plus de foixante pots, les deux cents quarante pots auxquels eft fixée la pipe; & à l'égard des vaiffeaux déclarés pour barique, lorfqu'ils n'excéderont pas de plus de trente pots les cent vingt auxquels la barique eft fixée; & fur les autres vaiffeaux à proportion; mais les droits feront payés fur le pied de leur contenance, fans amende.

Les boiffons déclarées comme aigres & comme deftinées à faire du vinaigre, feront exemptes de tous droits; mais il fera permis aux commis de tirer quatre pots par barique, & d'y fubftituer quatre pots de bon vinaigre.

A R T. X.

L'adjudicataire ne pourra, fous prétexte defdits droits de jaugeage, de courtiers, gourmets, & des édits ou réglemens concernant lefdits droits, fe prétendre autorifé à marquer, chez les propriétaires, les boiffons provenantes de leur crû.

A R T. X I.

Le droit de jaugeage & courtage ne pourra être perçu que dans les paroiffes où il y aura des bureaux à cet effet, qui feront tenus par des perfonnes qui fachent écrire, fans que le fermier puiffe donner la préférence aux plus riches, & qui auront des regiftres chiffrés & milléfimés par les juges, & gratis; & les adjudicataires feront obligés de faire lire, trois mois après l'adjudication, dans toutes les paroiffes, & dans les bourgs de la province, les conditions du bail defdits droits, & copies en feront laiffées entre les mains des recteurs & des juges de chaque paroiffe; de quoi ils feront tenus de retirer des certificats qui leur feront donnés fans frais.

A R T. X I I I.

Seront tenus, les commis prépofés à la perception defdits droits, d'en faire mention exacte fur leurs regiftres, à peine de reftitution du quadruple des droits qu'ils auront omis d'enregiftrer, même d'être pourfuivis extraordinairement, s'il y échet; ce qui aura également lieu en cas de perception indue & contraire au préfent bail.

A R T. X V.

Les propriétaires qui font valoir leurs terres par mains, ceux qui les donnent à ferme à moitié fruits, ceux qui ftipulent que le fermier ou colon leur fournira certaine quantité de boiffons, ou certaine quantité de fruits pour convertir en boiffons, le tout par baux paffés devant notaires, ou fous feings privés contrôlés, ne feront point affujettis au paiement du droit d'infpecteur fur les vins & autres boiffons provenues de leur crû,

ainfi qu'il eft ci-deffus expliqué, lorfqu'ils les feront entrer dans lefdites villes & bourgs, pour leur ufage & confommation.

Ceux qui après avoir tiré des boiffons de leur crû, fous prétexte de leur confommation perfonnelle, les vendront enfuite, foit à des domiciliés du même lieu, foit à des habitans de campagne, feront affujettis au droit d'infpecteurs, lorfqu'elles auront entré dans les villes ou bourgs fujets audit droit; mais lorfque les biens exploités par les fermiers, feront affermés par argent, fans réferve d'aucune quantité de boiffons ou de fruits, les propriétaires paieront ledit droit d'infpecteur aux boiffons, pour le vin & autres boiffons qu'ils fe feront fournir par leurs fermiers ou métayers.

A R T. X V I.

Il fera imprimé, à la fuite du préfent bail, un tarif defdits droits, afin que les particuliers puiffent être inftruits de ce qu'ils doivent payer, & fera, ledit tarif, affiché en forme de pancarte, dans chacun des bureaux établis pour la perception defdits droits.

A R T. X V I I.

L'adjudicataire paiera le prix de fon adjudication des droits de courtiers, gourmets, annuel & jaugeage pendant lefdites deux années 1783 & 1784, de demi-année en demi-année, fix femaines après l'échéance de chacune d'icelles, dans les termes qui feront réglés lors de l'adjudication, pour être les deniers provenans defdits droits de courtiers, gourmets, annuel & jaugeage feulement employés au paiement des arrérages des rentes conftituées fur les Etats, en vertu des procurations des 29 juin & 21 novembre 1706, conformément aux arrêts du confeil des 10 juillet & 22 décembre 1706.

Les commis jurés pour la confervation des *devoirs*, veilleront pareillement à celle des droits de jaugeage, courtage & annuel; & foi fera ajoutée à leurs procès-verbaux répétés en juftice, comme pour les *devoirs*; & en cas de fraude, les contrevenans feront condamnés en cent livres d'amende, & les boiffons confifquées.

A R T. X V I I I.

Tous les articles, tant du préfent bail, que ceux des grand & petit *devoirs*, feront exécutés & régis comme ils l'ont été par le paffé, fans que, fous aucun prétexte, *les fermiers puiffent affujettir les particuliers non fufpects de fraude, à aucune nouveauté qui gêne le public, ni que lefdits fermiers & particuliers puiffent fe fervir d'aucuns arrêts précédemment rendus, s'ils font contraires aux clauses & conditions du préfent bail*; & en cas qu'ils vouluffent établir quelques nouveaux ufages, lefdits particuliers en donneront avis au procureur-général-syndic des Etats, qui sera tenu de prendre le garant, fait & cause pour eux.

ART. XIX.

Fournira l'adjudicataire, bonne & suffisante caution de l'effet & exécution des clauses, points, charges & conditions, circonstances & dépendances du présent bail, resséante & solvable, par-devant les généraux des finances, en présence du procureur-général-syndic, & trésorier des Etats, dans les vingt-quatre heures après l'adjudication, faute de quoi seront lesdits *devoirs* rebannis & adjugés à son déchet & folle enchere, &c.

TARIF des droits sur les eaux-de-vie, vins & autres boissons qui se débitent en détail.

Eaux-de-vie.

Le *devoir* est de vingt-cinq sols par pot, même droit pour les liqueurs faites d'eau-de-vié, à moins que les vendeurs ne justifient avoir pris au bureau du fermier l'eau-de-vie dont elles sont composées, ci . . . .

	Droit principal.			Cinquieme en sus en régie pour le compte de la province.			TOTAL.		
	liv.	s.	d.	liv.	s.	d.	liv.	s.	d.
Eaux-de-vie	1	4			5		1	10	0

Vins hors du crû de la province.

Le grand *devoir* est de quatre sols par pot, ce qui fait par chaque barique évaluée à cent pots, . . 20 l. -s. d.
Le petit *devoir*, par barique. 5 10
Le tiers en sus du grand *devoir*, ... 6 13 4

Vin du crû de la province, transporté d'un évêché dans un autre, pour y être débité.

Le grand *devoir* est de deux sols huit deniers par pot & par barique de cent pots 13 6 8
Le petit *devoir*, par barique 2 15 0
Le tiers en sus du grand *devoir* 4 8 10

Vin débité dans l'évêché où il croît.

Le grand *devoir* est d'un sol quatre deniers par pot, & par barique 6 13 4
Le petit *devoir*, par barique 2 15 0
Le tiers en sus du grand *devoir* 2 4 5

Cidres, bieres, poirés & hydromels qui sont débités.

Le grand *devoir* est de huit deniers par pot, & par barique de cent pots 3 6 8
Le petit *devoir*, par barique 2 15 2
Le tiers en sus du grand *devoir* 1 2 0

Droit principal			Cinquieme en sus en régie			TOTAL		
32	3	4	6	8	8	38	12	0
20	10	6	4	2	1	24	12	7
11	12	9	2	6	7	13	19	4
7	3	10	1	8	9	8	12	7

Droit annuel.

Le droit annuel se paie par les marchands hôtes, cabaretiers, aubergistes & autres vendant en gros ou en détail, ainsi qu'il est porté par les conditions du bail, à raison de huit livres dans les villes, & de six livres dix sols par-tout ailleurs, pour tout droit.

On a dû remarquer que les débitans des boissons sont tenus d'avoir des registres cotés & paraphés par les juges royaux des lieux, pour que les commis y inscrivent tous les actes, relatifs à l'arrivée & à la consommation des boissons, lors de leurs visites. Cette méthode a l'avantage de mettre sans cesse sous les yeux du débitant son état de situation, c'est-à-dire, le tableau de ce qu'il a consommé, le compte de ce qu'il doit; & de lui donner le moyen de contredire ou éclairer, jour par jour, les opérations des commis. Il serait à souhaiter que, dans tous les pays d'aides, l'usage de ces registres fût prescrit.

Il eſt vrai que, ſuivant la déclaration du 4 mai 1688, il doit être fourni par le fermier aux vendans vin des feuilles, ſur leſquelles les commis doivent tranſcrire l'acte par lequel ils conſtatent, ſur leur portatif, la conſommation qu'ils trouvent d'une viſite à l'autre ; mais ces feuilles ne ſont point fournies. Les vendans vin ſont ſi fréquemment viſités & exercés, que le ſoin de garder & de repréſenter ces feuilles deviendroit une ſorte de ſervitude, à laquelle ils préférent de s'en rapporter aveuglément aux commis, dont même ils ne ſignent jamais les actes, quoiqu'ils ſoient cenſés être interpellés de les ſigner.

D'un autre côté, l'article 37 du bail des devoirs autoriſe l'adjudicataire à exiger des vendans vin, s'il le juge à propos, une caution de deux cents livres ou de cent livres, ce qui fait une ſûreté pour le recouvrement de ſes droits ; elle n'exiſte point dans les pays d'aides, où cependant elle pourroit être utile pour prévenir les non-valeurs.

L'article 18 du bail des anciens droits de courtiers - gourmets mérite encore d'être remarqué, par la clauſe qu'il renferme. Il eſt défendu au fermier d'aſſujettir à aucune nouveauté, qui gêne le public, ſous aucun prétexte.

Les autres formes du régime des devoirs, tant pour la ſuite des débitans, que pour procéder ſur les affaires litigieuſes, ſont à-peu-près les mêmes que dans les aides, avec la différence, à l'avantage des devoirs, que tout particulier, non vendant en détail ni en gros, n'eſt point ſujet les viſites des commis pour les inventaires après la vendange, pour les recenſemens de ces inventaires, & n'a point à craindre qu'on exige le paiement des droits, ſur ce qu'on ſuppoſera excéder ſa conſommation naturelle.

Au ſurplus, le prix du bail des devoirs, pour les années 1783 & 1784, eſt de huit millions deux cents cinquante mille livres, outre les charges énoncées dans les articles 91, 95 du bail du grand devoir, & 6 & 7 de celui du petit devoir.

Les adjudicataires ſont les mêmes qui ont joui en 1781 & 1782, & qui, ſuivant leurs dires, ont gagné au moins cent vingt pour cent ; mais comme le bail actuel a ſubi une augmentation de douze cents mille livres, & que la paix n'occaſionne pas, dans la Bretagne, le mouvement des troupes & l'affluence de matelots & d'ouvriers en tout genre, qui y étoient raſſemblés pendant la guerre, ils doivent craindre que les produits n'éprouvent une diminution, dont l'effet ſera d'abſorber une bonne partie des bénéfices donnés par le bail précédent.

DÎME, ſ. f. C'eſt une portion des fruits de la terre, qui eſt due par le propriétaire d'un fonds, à l'égliſe ou à ſes miniſtres. On peut voir au mot décime, la différence qui ſe trouve entre les dîmes & les décimes.

Les dîmes n'ayant d'autre rapport avec les finances de l'état, que par les droits auxquels elles ſont ſujettes, ſoit lorſqu'il en eſt paſſé bail, ſoit lorſqu'étant devenues féodales, après avoir été diſtraites de leur première deſtination, & ſe trouvent en d'autres mains que celles des curés qui en étoient les poſſeſſeurs originaires, elles éprouvent des mutations ; cette circonſtance les rend ſuſceptibles de droits d'amortiſſement, de centieme denier & de franc-fief : c'eſt à la partie de cet ouvrage qui traite de la jurisprudence, qu'il faut recourir, pour connoître l'origine de cette redevance, la légiſlation qui y a rapport, & les diverſes dénominations qu'elle reçoit. M. de Monteſquieu dit, dans l'Eſprit des loix, que l'établiſſement de la dîme eſt dû à Charlemagne, & que ce monarque y ſoumit ſes propres fonds.

Nous nous bornerons à parler ici de la dîme royale & de la dîme Saladine, parce que l'une & l'autre devoit être, ou a été une impoſition au profit de l'État.

LA DÎME ROYALE eſt celle dont M. le Maréchal de Vauban donna le projet, dans un petit traité publié en 1707, ſous le titre de la dîme royale. Cette dîme, ſuivant le ſyſtême de l'auteur, devoit être levée en nature de fruits, dans tout le royaume, au profit du roi, & devoit tenir lieu de toutes les autres impoſitions que paient les ſujets du roi. Ce projet, quoique fort avantageux, ne fut pas adopté, parce qu'on le jugea impraticable.

DÎME SALADINE, appellée auſſi décime Saladine, étoit une ſubvention extraordinaire que le roi Philippe-Auguſte fit lever en 1188, après en avoir obtenu la permiſſion du pape, pour faire la guerre aux infideles. Voyez DÉCIME.

DIRECTE, ſ. f. fort en uſage dans le ſtyle féodal & dans la régie des droits domaniaux. On entend par ce mot la ſeigneurie de laquelle releve immédiatement un fief, ou un héritage roturier.

Le nom de directe vient de ce que les héritages qui relevent d'une terre ſeigneuriale, en ont été démembrés autrefois, à la charge d'en relever directement, ou comme fiefs, ou comme héritages roturiers poſſédés moyennant un cens.

Dans les domaines du roi, il a été fait pluſieurs aliénations d'héritages en roture, avec faculté d'en acquérir la directe, à la charge de les tenir du roi à foi & hommage, & d'en payer les droits ſeigneuriaux aux mutations, ſuivant les coutumes des lieux.

DIRECTEUR, ſ. m. par lequel on déſigne celui qui conduit, qui dirige une adminiſtration, une affaire, qui préſide à une aſſemblée.

En finance, chaque partie a ſes *directeurs* diſ-tribués par généralité, ou par élection, comme dans les aides. Ces *directeurs* repréſentent les fermiers dont ils ſont les commis principaux, & ſupérieurs à tous les autres employés.

Dans les aides, les fonctions du *directeur* ſont de diriger & d'éclairer les opérations des em-ployés qui lui ſont ſubordonnés, de réſoudre les difficultés qui peuvent s'élever dans leurs exer-cices, de les inſtruire dans la connoiſſance des règlemens, dans la rédaction des procès-ver-baux, &. de ſe faire remettre chaque ſemaine des états de produits, avec la comparaiſon de ceux du même tems dans l'année précédente, & enfin de rendre compte à ſes commettans du réſultat de ſes ſoins ſur ces différens objets.

Le *directeur* des aides eſt encore chargé de tenir un regiſtre ſervant de contrôle ou journal de re-cette & dépenſe du receveur-général de l'élection, de viſer les bordereaux que ce dernier fait paſſer tous les quinze jours au receveur-général de la généralité ou de l'adjudicataire, de veiller à la reddition des comptes des receveurs de ſon dépar-tement, de viſer auſſi le journal que le contrôleur de ville, habitant ſa direction, fait paſſer une ou deux fois par mois aux fermiers.

Ce *directeur* eſt encore chargé de décerner les contraintes néceſſaires pour le paiement des droits, & de diriger des pourſuites contre les redevables en retard d'y ſatisfaire; enfin, de faire des tour-nées dans l'étendue de ſa direction, pour s'aſſurer que tout y eſt dans l'ordre, & que chacun de ſes agens ſubordonnés concourt, par ſon activité & ſa diligence au ſuccès & à l'amélioration des pro-duits de ſon département reſpectif.

Les *directeurs* des aides doivent fournir à cha-que tierce, qui eſt compoſée de deux mois, l'état du produit de leur direction, avec un bordereau de la récette & de la dépenſe qui y a été faite, & un état des procès-verbaux rendus dans le même eſpace de tems, accompagné d'obſervations ſur les ſuites qu'ils ont reçues; ſavoir, s'ils ont été ac-commodés, s'ils ſe pourſuivent, s'il eſt intervenu des jugemens, quel en eſt le précis.

Ils doivent encore envoyer tous les trois mois à la compagnie l'état de ſignalement, c'eſt-à-dire, le tableau des employés de leur direction; tableau qui préſente l'âge, la taille, les noms de chaque ſujet, qui indique s'ils ſont mariés ou garçons, le nombre de leurs enfans, leurs revenus perſon-nels, les émolumens de leurs emplois, leur con-duite, enfin leur aptitude & leur capacité.

Mais ſuivant la teneur des procurations déli-vrées aux directeurs des aides, ils ne peuvent faire aucun abonnement ou compoſition, ni re-miſe des droits, ni aucun acte de ſemblable na-ture, non plus qu'aucune dépenſe, accorder au-cune gratification, ſans des ordres par écrit de leurs commettans.

Dans la partie des domaines, chaque généralité a un *directeur* qui réſide dans le chef-lieu. C'eſt ce *directeur* qui donne aux commis particuliers des commiſſions pour exercer leurs emplois. Il peut, ſuivant le pouvoir qui lui eſt donné, révoquer, ſi beſoin eſt, ceux qui ſont établis, en ſubſtituer d'autres à leur place; il doit donner à tous les employés les ordres & inſtructions qu'exige l'in-térêt de la régie; veiller lui-même, & faire veiller à ce que la perception ſoit faite en conformité des édits ou déclarations, tarifs & règlemens rendus en conſéquence, à ce qu'il ne ſe commette au-cune contravention par les notaires, procureurs, greffiers, huiſſiers & autres. A cet effet, il doit faire faire par les employés des vérifications chez ces officiers, & pourſuivre ceux qui ſeront trou-vés en contravention; il doit encore faire faire par les contrôleurs ambulans, ou par les employés qui, en cas d'abſence ou maladie de ces contrô-leurs, leur ſeront ſubſtitués, les tournées de re-couvrement à l'expiration de chaque quartier; examiner & vérifier les comptes des receveurs particuliers, & les pièces qu'ils produiſent au ſou-tien de leurs comptes; arrêter ceux des contrô-leurs & receveurs ambulans: les faire ſolder ſans pouvoir leur paſſer aucunes autres dépenſes que celles qui auront été réglées par l'état des frais de régie, ou approuvé par les adminiſtrateurs; & à défaut de paiement par ces receveurs particuliers, contrôleurs ambulans & autres employés, & tous redevables d'aucuns droits; décerner & faire dé-cerner toutes contraintes, les faire exécuter par les voies accoutumées, pour les deniers & affaires de ſa majeſté; faire faire toutes ſaiſies, arrêts, empriſonnemens, ſaiſies-exécutions, ſaiſies-réelles; faire procéder à la vente, adjudication & déli-vrance des choſes ſaiſies; ce *directeur* eſt autoriſé à faire tous actes judiciaires & extraju-diciaires qui ſont néceſſaires; dans les cas d'o-miſſion d'enregiſtrement & mention de quelques oppoſitions par les prépoſés aux fonctions des offices de conſervateurs des hypothèques, & de pourſuite de la part des oppoſans contre l'admi-niſtration, ce *directeur* doit appeler les prépoſés en garantie des condamnations qui pourroient intervenir, & les pourſuivre pour le rembourſe-ment de celles qui auront été prononcées; il peut plaider, appeler, oppoſer, élire domicile, conſti-tuer procureur, les révoquer, en conſtituer d'au-tres, & généralement faire tout ce qui convien-dra pour l'intérêt, la perception & la conſerva-tion des droits des domaines; mais il ne peut tranſiger, ni faire remiſe d'aucuns de ces droits, ſoit en tout, ou en partie, pour quelque cauſe que ce puiſſe être, ni faire aucune ſous-ferme, ou abonnement, que du conſentement exprès ou ordre par écrit des adminiſtrateurs, à peine de nullité, & d'en répondre en ſon propre & privé nom.

Chaque *directeur* des domaines étant en même
tems

tems receveur-général dans sa généralité, ses fonctions s'étendent en conséquence à recevoir des receveurs particuliers, des contrôleurs ambulans & autres employés chargés de recouvrement, toutes les sommes qu'ils ont en caisse, à en donner toutes quittances & décharges valables. A cet effet, il est obligé de tenir un registre-journal par année, coté & paraphé dans la forme prescrite par l'édit du mois de juin 1716, & de rendre ses comptes toutefois & quantes il en est requis.

Pour assurer d'autant mieux l'accomplissement de toutes ces obligations, chacun des *directeurs* des domaines donne sa soumission particuliere de régler sa manutention & sa conduite en conformité du détail qu'on vient de rapporter.

Il s'oblige, 1°. à ne s'intéresser directement ni indirectement dans aucun abonnement, ferme, sous-ferme, ou traité concernant lesdits droits, ni les domaines & bois, & autres droits dépendans de l'administration des domaines.

2°. A n'introduire aucun procès ou instance, & ne défendre à aucunes demandes dans les justices ordinaires & au bureau des finances, sans un ordre exprès & par écrit de la compagnie, à peine de nullité, & de demeurer garant envers elle de toutes pertes & condamnations en principaux, dépens, dommages & intérêts, à quelque somme que le tout puisse monter.

3°. A n'établir & ne mettre en place des employés, à n'en révoquer aucun, & à ne faire faire les tournées de recouvrement par d'autres que par des ambulans, sans un ordre exprès & par écrit des administrateurs-généraux des domaines, sinon dans les cas urgens, auxquels cas il leur donnera avis sur le champ des dispositions qu'il aura faites, à peine de demeurer responsable des événemens.

4°. A envoyer à la compagnie, avant le premier mai de chaque année, un compte général des produits de l'année précédente, à peine d'y être contraint, ainsi qu'il est accoutumé, pour les deniers & affaires de sa majesté, & en outre de radiation, pour chaque mois de retard, d'un sixieme de ses remises d'excédent de fixation, renonçant expressément à prétendre ce qui aura été rayé à proportion du retardement, cette clause étant de rigueur, sans qu'en aucun cas, ou sous quelque prétexte que ce soit, elle puisse être réputée comminatoire; à ne prétendre, en quelque tems qu'il rende ses comptes, pour raison de cette reddition, aucuns frais de voyages, séjour, & autres dépenses, ni différer de payer les sommes qu'il pourra devoir, suivant les arrêtés de la compagnie, sous prétexte des contestations qui pourroient naître.

5°. A rapporter au soutien de ses comptes, ceux des commis & receveurs particuliers, & ceux des

Finances. Tome I.

contrôleurs ambulans, ensemble les états-généraux fournis par les ambulans, au soutien de leurs comptes; les procès-verbaux & bordereaux des augmentations & diminutions d'espèces si aucunes arrivent, & généralement toutes les autres pièces justificatives de la recette & de la dépense de ces comptes, dans laquelle dépense il ne peut être employé aucun article qu'en conformité de l'état des frais de régie, arrêté par la compagnie, ou d'ordres particuliers de sa part, ni aucune reprise pour quelque cause que ce soit, sans y être valablement autorisé; promettant d'être garant & responsable des sommes dont les contrôleurs des actes, receveurs particuliers, & contrôleurs ambulans, pourroient se trouver reliquataires, faute par lui de justifier de diligences & contraintes suffisantes faites contre eux, aussitôt que les débets lui auront été connus.

6°. A ne prétendre d'autres appointemens, remises ni autres attributions que ceux qui ont été ou seront réglés par l'état général des frais de régie, pour faire sa direction & recette générale, & pour tous frais & loyers de maison & de bureaux, frais de voyages & de commis, papiers, plumes, encre, feu, lumiere & autres frais généralement quelconques, exprimés ou non exprimés.

7°. A demeurer personnellement responsable des dommages & intérêts, frais & dépens, amendes & autres condamnations qui pourroient être prononcées contre les administrateurs généraux, pour raison de la gestion, régie & administration de son emploi.

8°. Enfin, à accepter la révocation de sa procuration à la volonté des administrateurs-généraux des domaines, & à se contenter des appointemens & attributions ci-devant rappellés, jusqu'au jour qu'elle lui sera notifiée.

DIRECTEUR DES FERMES. Ces employés supérieurs sont communément établis en chaque capitale de province. Quelquefois même il s'en trouve deux ou trois dans la même généralité, ainsi qu'en Bretagne, en Languedoc, en Provence, en Dauphiné, en Bourgogne, en Champagne, & en Picardie.

L'autorité de ces *directeurs* s'étend sur tout ce qui a rapport à la régie des différens revenus du roi, compris dans le bail de la ferme générale.

Comme le détail des fonctions & des obligations de ces *directeurs* est très-étendue, & qu'il fait connoître parfaitement le régime intérieur de chacune des parties soumises à la manutention de la ferme-générale, on ne croit pouvoir en donner une idée plus exacte, qu'en rapportant ici la procuration qui est délivrée à chacun de ces *directeurs*. Ce détail dispensera d'ailleurs de s'étendre sur les fonctions de chacun des employés, receveurs, entreposeurs du tabac & autres, qui sont soumis à ses vérifications.

Pardevant les conseillers du roi, notaires à Paris, soussignés, fut présent Me. Nicolas Salzard, adjudicataire-général des fermes-unies de France, pour six années & trois mois, à commencer du premier octobre 1780, pour les grandes & petites gabelles, tabacs, domaines & gabelles de Franche-Comté, & des trois évêchés, cinq grosses fermes, droits sur les huiles & savons, & autres droits y joints; domaine d'Occident en France, conformément au résultat du conseil, du 19 mars 1780, demeurant à Paris, à l'hôtel des fermes du roi, rue de Grenelle, paroisse saint Eustache: lequel a reconnu avoir fait & constitué, par ces présentes, pour son procureur général & spécial, sieur auquel il a donné & donne pouvoir de, pour lui & en son nom, (après qu'il aura, sur la présente procuration, prêté serment à la cour des aides du ressort, ou devant l'un des juges des droits desdites fermes) se transporter en la ville & département de   & là, en qualité de directeur, régir & administrer les droits desdites fermes.

Visiter, au moins une fois l'année, les bureaux, greniers, entrepôts, manufactures, contrôles, dépôts, & les brigades à pied & à cheval de son département.

Veiller à ce que les receveurs, entreposeurs, commis aux recettes, contrôleurs, visiteurs, peseurs, commis des dépôts, contrôleurs & capitaines-généraux, brigadiers & sous-brigadiers, commandans & employés des brigades, & généralement tous les commis employés de sa direction; comme aussi les regrattiers pour le sel, & les débitans de tabac, remplissent chacun, en ce qui les concerne, les fonctions de leurs places avec zèle, fidélité & exactitude, ainsi qu'ils y sont tenus par leurs commissions, que ledit sieur directeur se fera représenter, & à l'exécution du contenu desquelles il tiendra particulierement la main.

S'informer des chemins obliques & des passages suspectés de fraude, à l'effet de prévenir celles qui pourroient se faire des droits desdites fermes; enjoindre aux capitaines-généraux, commandans & employés des brigades, d'arrêter & saisir les marchandises & denrées sujettes aux droits qui seront trouvées au-delà des bureaux où elles auroient dû passer, sans être accompagnées d'acquits desdits bureaux de paiement ou à caution; comme aussi d'arrêter & constituer prisonniers les conducteurs de faux sel & de faux tabacs, après avoir saisi les sels, tabacs, chevaux, harnois, voitures, bateaux & équipages servant à les transporter, en avoir fait le dépôt au bureau du ressort, & avoir du tout rendu leur procès-verbal.

Tenir la main à ce que les commis des bureaux, greniers & entrepôts, poursuivent la condamnation aux amendes & peines portées par l'ordonnance & règlemens postérieurs des faux-sauniers,

faux-tabatiers ou contrebandiers; ainsi que la confiscation des choses saisies, pardevant les juges & officiers qui en doivent connoître, & dans le ressort desquels lesdites saisies auront été faites, jusqu'à sentences & jugemens définitifs; &, si besoin est, faire requérir l'adjonction du substitut de M. le procureur-général en la juridiction où lesdites saisies seront poursuivies, sans toutefois en pouvoir donner aucune main-levée, ou en composer, ni des confiscations & amendes, que par l'ordre exprès & par écrit des sieurs cautions dudit bail, à peine d'en répondre en son privé nom.

Faire tenir par les receveurs des bureaux des traites, huiles & savons, receveurs des greniers à sel, receveurs & entreposeurs du tabac, & généralement par tous les commis de son ressort, chargés de la poursuite des affaires, un registre à mi-marge, relié, coté & paraphé par ledit sieur directeur, pour y porter, d'un côté & en tête de chaque article, la date des saisies, ensuite les noms des commis & employés par qui elles ont été faites, la quantité & qualité des effets saisis, & les détails & circonstances insérés dans les procès-verbaux; & de l'autre côté, les ordres reçus pour la suite des affaires, les diligences faites en conséquence, les jugemens rendus, ou transactions passées sur les affaires, le produit des effets saisis, le recouvrement des amendes.

Obliger aussi les contrôleurs-généraux, capitaines généraux, capitaines, brigadiers, sous-brigadiers & commandans des brigades, à tenir, chacun en droit soi, un registre des saisies qui seront faites dans leur département, ou par les employés de leurs postes; dans lequel registre il sera fait mention de la date des procès-verbaux, du détail des effets saisis, & des circonstances référées aux procès-verbaux.

Tenir encore, par ledit sieur directeur, un registre particulier à mi-marge, pour chaque partie de régie, & divisé en autant de chapitres qu'il y aura de bureaux affectés à ladite partie de régie; dans lesquels registres il aura attention de porter, savoir, d'un côté la date des procès-verbaux de saisie en tête de chaque article, & ensuite les noms des commis ou employés qui auront fait les saisies, leur objet en détail, & les circonstances référées auxdits procès-verbaux; & de l'autre côté, les ordres reçus de la compagnie pour la suite des instances, ceux par lui adressés aux commis poursuivans, les jugemens qui interviendront, ou accommodemens qui seront faits, le prix de la vente des effets, chevaux & équipages saisis, & généralement tout ce qui a été fait sur les instances, de manière à en pouvoir rendre le compte le plus exact aux sieurs cautions du bail, & porter aussi sur ces registres toutes les instances, de quelque espèce qu'elles soient.

Arrêter les états de répartition du produit des

faifies de conformité aux délibérations des fieurs cautions ; envoyer à celui d'entr'eux qui eft chargé de la correfpondance du département , tous les dix jours ; un état des faifies & inftances de toute efpèce, furvenues dans cet intervalle , avec fes obfervations fur l'état où elles fe trouvent ; & tous les quartiers , un relevé général fur chaque partie de régie de ces faifies & inftances qui refteront indécifes au premier du mois qui fuivra chaque quartier expiré, & de celles qui auront été terminées pendant ledit quartier fur les ordres précédemment reçus.

Se faire adreffer régulièrement par tous les commis ftipulans & pourfuivans une copie des procès-verbaux de faifie , & les pièces des différentes inftances , afin d'être en état de juger plus fainement de leur mérite, & d'en rendre aux fieurs cautions un compte plus circonftancié ; à peine de demeurer perfonnellement garant & refponfable du mauvais fuccès des affaires qu'il auroit entreprifes trop légèrement, ou qui auroient été mal défendues, à défaut d'avoir pris les informations néceffaires, & d'avoir examiné les procès-verbaux & les pièces des différentes inftances.

Veiller à ce que les receveurs principaux & particuliers dès traites, huiles & favons, leurs contrôleurs, les receveurs & entrepofeurs du tabac, les receveurs des greniers, contrôleurs des dépôts, & généralement tous les autres commis, portent les droits fur leurs regiftres, & non fur des feuilles volantes, fans chiffres, ni abréviations dans le texte des articles, & fans y laiffer aucun blanc, & à ce que les regiftres foient bien & duement reliés, cotés & paraphés.

Veiller auffi à ce que tous ces receveurs & commis aux recettes tiennent, indépendamment de leurs regiftres ordinaires de recette, un regiftre-journal, dans la forme prefcrite par l'édit du mois de juin 1716, & arrêts rendus poftérieurement.

Faire tenir, par le receveur-général du département, un pareil regiftre-journal; comme auffi un regiftre de tranfport pour chaque partie de régie, dans lequel chaque receveur particulier aura un compte ouvert pour les fommes remifes par lui à la recette générale.

Vérifier fi les receveurs des traites & droits y joints perçoivent les droits fuivant les tarifs, règlemens & arrêts particuliers ; s'ils fe font fournir fur leurs regiftres par les marchands, voituriers ou conducteurs, des déclarations exactes des marchandifes & denrées qui entrent ou qui fortent, s'ils font figner ces déclarations; fi les marchandifes font enfuite vifitées, pefées, mefurées ou nombrées; fi le recouvrement des droits dûs à caufe des acquits à caution, non rapportés déchargés dans les délais, eft fait par les receveurs, par contrainte contre les cautions pour le fimple droit, & enfuite par action pour ce qui

refte à payer du quadruple ; fi les receveurs ne négligent point les pourfuites qu'ils doivent faire fur cet objet; fi leurs regiftres font bien calculés, fi l'addition en eft faite tous les mois, & fi le produit des mois eft récapitulé tous les quartiers, & celui des quartiers à la fin de l'année.

Obliger lefdits receveurs à fe charger fur leurs regiftres des droits d'acquits & autres expéditions, & examiner fi ces regiftres & acquits font bien libellés fuivant l'ordonnance & l'arrêt du confeil du 2 feptembre 1687.

Avoir foin que les bureaux & magafins deftinés à recevoir les marchandifes, foient difpofés d'une façon commode pour les voituriers, & foient fuffifamment fpacieux; que la perception des droits foit faite au poids & à la mefure de Paris, fuivant l'ordonnance de 1687; que les plombs appofés fur les caiffes, bales & ballots dans les bureaux de départ, foient examinés & vérifiés exactement dans ceux de paffage & de deftination; que les marchandifes fujettes aux plombs foient plombées avec les précautions néceffaires pour prévenir tout abus; que les coins & matrices fervant à plomber les marchandifes, foient renfermées fous les clefs du receveur & du contrôleur, à la fin des heures du bureau, tant le matin que le foir.

Vérifier, lorfqu'il fe trouvera dans les bureaux généraux du tabac, fi les voituriers font porteurs de lettres de voiture, où le prix accordé pour le port de chaque cent pefant de tabac foit ftipulé, & de factures qui faffent mention du nombre, du numéro, du poids brut, de la tare & du poids net de chaque caiffe, boucaut, balle ou rôle de tabac, & fi le tout eft parvenu bien conditionné; examiner fi auffitôt la réception d'un envoi de tabac, l'enregiftrement en eft fait régulièrement fur les regiftres de factures, de réception & autres, & avec les diftinctions requifes, tant des numéros que des poids bruts & nets d'envoi & de réception; fi enfuite de la reconnoiffance du poids, les tabacs font remis dans les magafins deftinés pour le dépôt ordinaire, & fi ces magafins font propres à la confervation des tabacs, & ne font pas, ou trop fecs, ou trop humides.

Examiner fi les mêmes magafins font fuffifans & dûment fermés à deux ferrures ou cadenats, en forte que les receveurs & leurs contrôleurs ne puiffent y entrer à l'infu les uns des autres.

Si les poids & balances dont on fe fert, tant à la réception, qu'à la vente des tabacs, ont la juftefse & l'exactitude requifes.

Si les tenailles & cachets fervant à la marque des tabacs, font enfermés hors les heures du bureau, & fi les tabacs vendus aux entrepofeurs font pefés & délivrés en préfence des receveurs & de leurs contrôleurs.

Vérifier fi les levées, faites par les entrepo-

B bbb ij

feurs du tabac, font conformes aux registres des receveurs & contrôleurs des bureaux, & à ceux desdits entreposeurs, tant pour les quantités, que pour les qualités & prix ; à laquelle vérification il donnera une attention particuliere.

Obliger les entreposeurs à porter exactement, tant fur leurs registres de vente, que fur les portatifs de leurs débitans, tous les tabacs qu'ils livrent, & à faire mention fur ces portatifs de la date de la levée, de l'espèce, de la quantité, du prix de la vente, & du montant de la valeur des tabacs ; comme aussi à tenir exactement leur registre de transport.

Observer si les entreposeurs ont soin de délivrer aux débitans, des permissions pour la revente des tabacs, dans tous les lieux où ledit sieur constituant ne s'en est point réservé la nomination, & s'ils tiennent un registre pour y recevoir les soumissions de ces débitans.

Examiner si, dans les lieux où le sieur constituant s'est réservé la nomination des débitans, ils ont tous des commissions de lui paraphées & par deux des sieurs cautions, & si les entreposeurs ne s'ingéreroient point à leur en délivrer ; ce qui leur a été défendu, fous peine de révocation.

Obliger les entreposeurs à remettre exactement au bureau d'où ils relevent, les tabacs capturés qui auront été déposés dans leurs magasins.

Examiner si les receveurs & contrôleurs font exacts à tenir leurs bureaux ouverts, pendant les heures marquées par leurs commissions ; si les registres des recettes & dépenses, en tabacs & en deniers, font tenus dans la forme prescrite par les préambules, mis en tête de chacun des registres ; si les entreposeurs ont soin de tenir leurs magasins suffisamment fournis de toutes les différentes espèces de tabacs qui sont en usage dans leurs arrondissemens ; si leurs tabacs sont déposés dans des lieux convenables, qui ne soient ni trop secs ni trop humides ; les obliger à les placer fur des planchés, à un demi-pied de distance de toute muraille, & élevés de terre d'un pied, afin que ces tabacs ne puissent contracter ni pourriture, ni mauvaise odeur, & ne recevoir aucune altération.

Se faire remettre après l'expiration de chaque mois, & dans les dix premiers jours du mois suivant, par les receveurs principaux des bureaux des traites, huiles & savons, & autres droits relatifs à cette partie, un état de leurs recettes & dépenses, & de celles des bureaux qui leur sont subordonnés ; donner la plus grande attention à ce que la solde des débets, portée par lesdits états, soit remise à la recette générale du département, avant le dix du mois qui suivra celui pour lequel les états auront été fournis ; &, dans le cas où quelque receveur principal tarderoit, soit par négligence ou par toute autre cause, à remettre ses fonds à ladite recette générale, dans le délai ci-

dessus énoncé, se transporter en son bureau, ou y envoyer un contrôleur-général, pour le faire compter depuis le commencement de l'année, & faire passer fur le champ à la recette générale & aux frais dudit receveur fon débet ; s'il se trouvoit en caisse, & s'il manquoit de fonds pour l'acquitter, commettre fur le champ par *interim* à sa place, & en rendre compte à celui des sieurs cautions, chargé de la correspondance de la direction.

En agir de même avec les receveurs des bureaux subordonnés, qui seroient en retard de remettre les deniers de leurs recettes aux receveurs des bureaux principaux, dans les premiers jours du mois qui suivra celui pour lequel leur état aura été fourni.

Se faire aussi remettre par les receveurs des greniers à sel, à l'expiration de chaque mois, & avant le dix du mois suivant, un état de leurs recettes & dépenses en sel & en deniers, & donner l'attention la plus suivie, quant à la recette en argent, à ce que les débets portés par lesdits états soient remis à la recette générale, avant le dix du mois qui suivra celui pour lequel l'état aura été formé ; &, dans le cas où ils viendroient à y manquer, se conformer fur cet objet, à ce qui vient d'être prescrit pour les receveurs principaux & subordonnés des traites.

Quant à la recette & dépense en sel, examiner la situation des ventes dans ses différentes parties ; si les recouvremens de l'impôt ne se ralentissent point ; si tous les deniers payés par les collecteurs font enregistrés ; si les suites des opérations du fexté font faites régulièrement ; si les dénombremens font exacts, & s'ils ont été vérifiés ; pour rendre compte de tous ces différens détails, dans l'état général qu'il enverra aux sieurs cautions, le seize de chaque mois, pour tout délai.

Examiner les états des recettes & dépenses en tabac & en deniers, qu'il se fera fournir par les receveurs-généraux de cette partie ; comparer les ventes par eux faites à chaque entreposeur, avec les levées énoncées dans les états particuliers ; viser les états que les receveurs-généraux envoient tous les dix jours aux sieurs cautions, de la situation de leur caisse, après en avoir fait la vérification.

Tenir un registre par compte ouvert à chaque receveur des gabelles, servant de contrôle des récépissés, qui seront délivrés par le receveur-général des fermes & gabelles à ces receveurs particuliers ; contrôler ces récépissés avant de les porter fur son registre ; vérifier si le receveur-général fait mention, dans les états de mois qu'il lui fournit, du montant de tous les récépissés par lui contrôlés, & si les receveurs des greniers à sel ne porteroient point, dans leurs états particuliers, des sommes non remises à la recette générale ;

viser les états de dixaine que les receveurs-généraux envoient de leur situation de caisse, aux sieurs cautions du bail, après que l'examen qu'il en aura fait lui aura fait connoître qu'ils sont justes; en agir de même avec ces receveurs-généraux, pour ce qui concerne la partie des traites, huiles & savons, & autres droits réunis.

Tenir la main à ce que les comptes des différens receveurs des traites, gabelles & tabac, soient envoyés dans les tems prescrits, à l'hôtel des fermes, à Paris, avec les registres & pièces au soutien, & quittes de tout débet.

Porter, par ledit sieur constitué, sur un registre particulier, tous les commis & employés de son département; y faire mention dans autant de colonnes, des lieux où ils sont établis, de la dénomination de leur emploi, de leurs noms & surnoms, des lieux de leur naissance, de leur âge, de leur état, c'est-à-dire, s'ils sont garçons ou mariés, &, dans ce dernier cas, du nombre de leurs enfans, de leur profession avant d'entrer dans l'emploi, du tems de leur service dans la ferme en général, & en particulier dans la place où dans le poste qu'ils occupent, de leurs protecteurs, de leurs appointemens, de leurs talens, & enfin de leurs bonnes ou mauvaises qualités.

Avoir soin qu'aucun commis ou employé ne soit reçu qu'il n'ait au moins vingt ans accomplis, suivant l'ordonnance; qu'ils prêtent tous serment en justice, devant les juges des droits; que tous les commis des bureaux des différentes parties de régie, contrôleurs, capitaines généraux, & regrattiers pour la distribution du sel, soient pourvus de commissions du sieur constituant, visées & paraphées au moins par sept de ses cautions, du nombre desquels sera celui chargé de la correspondance du département; qu'aucun desdits commis ou employés ne fasse aucun trafic & négoce, ne soit intéressé dans aucunes fermes ou sous-fermes, soit du roi, soit des seigneurs ou communautés; & si le cas se présentoit, ledit sieur constitué en informeroit aussi-tôt ses commettans, pour y être par eux pourvu, ainsi qu'ils le jugeront convenable.

Délivrer des commissions aux employés & officiers des brigades; nommer sans retard aux places des brigades qui se trouveront vacantes, des sujets intelligens, dont l'âge & les forces puissent assurer un bon service, & résister aux fatigues qu'il exige; rendre compte aux sieurs cautions des nouveaux sujets qu'il mettra en place, avec les détails nécessaires pour leur faire juger si le choix en a été fait avec impartialité, & dans la seule vue du bien de la régie; se faire remettre, par les différens capitaines généraux de la direction, un état des places d'officiers & employés des brigades, qui auront vaqué dans leur département, pendant chaque mois; ledit état contenant le nom des emplois vacans, celui des sujets décédés, qui

ont remercié, ou ont été révoqués, leurs appointemens, le nombre des jours que l'emploi aura été vacant, & la somme dont il doit être compté à la régie; tenir par ledit sieur *directeur* un registre pour y porter, avec les détails ci-dessus, & par chapitre particulier pour chaque capitainerie générale, toutes ces vacances; faire mention dans le même registre, des autres emplois qui auront pareillement vaqué dans la direction, & envoyer à la fin de chaque année, à celui des sieurs cautions, qui est chargé de la correspondance du département, un relevé dudit registre, distinct & séparé pour chaque partie de régie, traites, gabelles & tabac.

Ne point souffrir qu'il soit employé dans les états des brigades, aucun domestique, ni passe-volant, ni aucun sujet travaillant dans les bureaux, à peine de répétition contre lui des sommes qui auroient été indûment payées & reçues; s'opposer aussi à ce que les employés des brigades soient occupés à d'autres services que celui de la régie, en quelque manière & sous quelque prétexte que ce puisse être; donner la plus grande attention à ce que tous les receveurs, entreposeurs, & autres commis & employés des brigades soient résidans dans les lieux qui leur sont désignés par les états des frais de régie; & rendre compte aux sieurs cautions, des abus qu'il découvrira sur cet objet, à peine de demeurer personnellement responsable de tout le préjudice que la régie en pourroit souffrir.

Ne donner aucuns congés aux différens commis & employés du département, si ce n'est pour des causes intéressantes qui l'exigent, à la charge d'être privés de leurs appointemens pendant leur absence, & en pourvoyant à ce que leur service soit rempli de même que s'ils étoient présens; quant aux contrôleurs & capitaines généraux, & à tous les commis chargés de quelque recette & maniement de deniers, ledit sieur constituant se réserve expressément la faculté de leur donner lui-même, ou ses cautions, les congés dont ils auront besoin, & l'interdit au sieur constitué.

Faire tenir au bureau de la direction un registre, sur lequel il fera copier toutes les lettres qu'il écrira, tant à ses commettans qu'aux différens commis du département, afin d'y avoir recours au besoin, & d'être en état d'en délivrer des copies ou extraits, toutes les fois qu'il en sera requis. Observer de séparer dans ledit registre, par autant de chapitres particuliers, les lettres écrites aux sieurs cautions, & celles adressées aux différens commis de la direction.

Faire pareillement tenir un registre appelé, *registre d'ordre*, pour y porter par extrait les arrêts du conseil, & règlemens concernant la régie & administration des fermes générales, ainsi que les délibérations & les ordres qui lui seront adressés par les sieurs cautions. Ledit registre contiendra, en autant de colonnes, l'objet des arrêts, règlemens, délibérations & ordres, la date de leur envoi de Paris, le précis ou extrait de ces arrêts, règlemens & ordres, la date de leur réception, & celles des lettres adressées en conséquence aux commis du département; tous les articles de ce registre seront numérotés en tête, & les arrêts, règlemens, délibérations & ordres, seront timbrés du numéro porté sur le registre, enliassés & conservés dans des cartons.

Avoir soin qu'il soit aussi tenu par les contrôleurs généraux, capitaines généraux, receveurs des fermes, gabelles & tabacs, entreposeurs & autres commis en chef de chaque bureau, un registre, pour y porter par extrait les arrêts du conseil & règlemens, tout au long, les ordres qu'ils recevront concernant la régie; & pour que ces arrêts, règlemens & ordres soient conservés par liasse, dont les numéros soient relatifs à ceux de leur registre, & par eux remis avec le registre, à ceux qui leur succéderont dans l'emploi dont ils sont pourvus.

Interdire, si besoin est, les commis & employés qu'il trouvera en faute, même les révoquer & en établir d'autres à leur place, provisoirement & jusqu'à ce qu'il ait reçu les ordres des sieurs cautions, auxquels il rendra compte, sans le moindre retard, desdites interdictions & révocations, & de leurs motifs, pour y être par eux pourvu.

Décerner des contraintes contre les receveurs qui auront diverti les deniers de leur recette, ou seront en demeure d'en compter; établir à leurs places d'autres commis solvables, & de la gestion desquels il sera personnellement responsable, jusqu'à ce qu'il y ait été pourvu par les sieurs cautions, auxquels il en rendra compte aussi-tôt.

Ne passer aucuns appointemens, frais & dépenses, que relativement aux états arrêtés par les sieurs cautions, qui lui seront remis, & au contenu desquels il fournira sa soumission de se conformer; en cas de dépenses imprévues & extraordinaires, il n'en pourra ordonner le paiement, si ce n'est qu'elles se trouvent de trente livres seulement, & au-dessous; à l'égard de celles qui seront au-dessus de ladite somme de trente livres, elles ne pourront être payées que sur les ordres au moins de sept des sieurs cautions, du nombre desquels sera celui qui est chargé de la correspondance du département; le tout à peine d'en répondre en son propre & privé nom, & sauf son recours, ainsi qu'il avisera.

Coter & parapher par premier & dernier, tous les registres des receveurs & autres commis du département, à l'exception toutefois des registres-journaux, qui doivent l'être par l'un des juges du droit pour lequel ils sont donnés; avoir soin que tous ces registres soient munis de préambules, ou instructions qui donnent à connoître la manière dont ils doivent être tenus, & le nom-

bre de feuillets que contiennent lesdits registres; signer les préambules, & donner attention à ce que les registres soient bien reliés, afin qu'il ne puisse en être fait aucun abus, & s'en faire remettre des reconnoissances par chacun des employés.

Vérifier, avec la plus grande exactitude, les états de fourniture de registres & impressions; s'assurer des quantités qui y sont énoncées; que les prix qui y sont portés sont conformes à ceux des marchés arrêtés avec les imprimeurs; viser les états, & les envoyer, à la fin de chaque année, à celui des sieurs cautions qui tient la correspondance du département, par la voie des messageries, avec un modèle de chaque impression différente, pour mettre les sieurs cautions en état d'en ordonner la dépense.

Veiller à ce que tous les acquits de paiement à caution, passavans, bulletins pour les gabelles, & autres expéditions des différens bureaux, soient imprimés, bien libellés & numérotés, de manière qu'il n'en soit point abusé.

Et pour raison de ce que dessus, circonstances & dépendances, pourra ledit sieur constitué plaider, si besoin est, par-devant tous juges, tant en demandant qu'en défendant; opposer en tous cas & à toutes fins; soutenir les oppositions, ou s'en désister; appeler de tous torts, griefs & jugemens; prendre à partie ès cas qui le requerront; élire domicile, coter pour procureur celui du sieur constituant; & généralement faire pour la régie, perception & conservation des droits des fermes, comme feroit ledit sieur constituant, s'il étoit présent en personne sur les lieux, encore que le cas en requît mandement spécial.

Sera tenu ledit sieur procureur d'exécuter & faire exécuter ponctuellement, pour la régie & exploitation desdites fermes, les ordonnances du roi; savoir, sur le fait des gabelles, celles du mois de mai 1680, sur le fait des droits d'entrées & de sorties, celle du mois de février 1687, sur le fait du tabac, les déclarations du 6 décembre 1707 & du premier août 1721, & sur le fait des droits des huiles & savons, l'édit d'octobre 1710, celui d'août 1714, & la déclaration du 21 mars 1716, ensemble l'ordonnance & le titre commun pour toutes les fermes, du mois de juillet 1681, arrêts & règlemens, tant anciens que nouveaux, & tarifs arrêtés en conséquence; comme aussi tout ce qui est porté par les commissions des employés, dont il prendra à cet effet une pleine & entière connoissance, à peine de demeurer garant & responsable de l'inexécution & des défauts de formalités qui se trouveront de son fait.

Ne pourra ledit sieur constitué, se servir des capitaines, lieutenans, gardes, matelots & autres employés, sinon pour ce qui regardera le service de la ferme, auquel ils sont destinés particulièrement; recevoir aucuns présens, s'intéresser en aucuns traités, fermes ni fous-fermes du roi, des communautés, feigneurs ou particuliers; exercer aucune charge ni office; faire aucun autre emploi, trafic, commerce, ou négoce, directement ni indirectement : ne pourra non plus ledit fieur procureur, recevoir fur fes ordres particuliers aucuns deniers procédans defdites fermes, des mains des receveurs ou autres, ni même des redevables, fous prétexte d'apurement des comptes, amendes, confifcations, tranfactions, frais de juftice, & autrement en quelque maniere que ce foit; le tout à peine de révocation de la préfente, & de radiation dans les comptes des receveurs.

Et pour l'exécution de la préfente procuration, qui ne fubfiftera qu'autant qu'il plaira audit fieur conftituant & fes cautions, le fieur conftitué fera tenu de donner bonnes & fuffifantes cautions, jufqu'à concurrence de la fomme de trente mille liv. lefquels s'engageront folidairement avec lui d'être garans & refponfables de fa régie & adminiftration, & de tout ce que ledit fieur conftituant & fes cautions auroient à répéter contre lui, foit pour caufe d'inexécution d'ordres à lui donnés, foit pour n'avoir point tenu la main à ce que la régie des différens droits fût faite exactement, foit pour argent reçu des différens receveurs ou toutes autres perfonnes, contre les défenfes qui lui en font faites par la préfente procuration, foit pour affaires entreprifes ou fuivies fans l'avis des fieurs cautions, foit enfin pour toute négligence dans la manutention de la régie qui lui eft confiée, ou par ordres de paiement par lui donnés mal à propos.

Ne pourra prétendre ledit fieur conftitué d'autres ni plus grands appointemens, pour raifon de la préfente procuration, & pour les autres affaires dont il pourra être chargé, que ceux qui lui feront accordés par les états de frais de régie, arrêtés par lefdits fieurs cautions.

Sera tenu ledit fieur directeur de fournir la groffe, en bonne forme, du cautionnement qui lui eft demandé, avec fa foumiffion au bas d'une ampliation de la préfente, de fatisfaire à tout fon contenu aux peines y portées; & à défaut d'y fatisfaire dans un mois, pour tout délai, à compter du jour & date des préfentes, il demeurera privé de tous appointemens, & fera même contraint à la reftitution de ceux qu'il pourroit avoir touchés.

Et fuivant le pouvoir donné audit fieur conftituant par fa majefté, il a permis audit fieur directeur & à ceux qui l'affifteront, pour l'exécution des préfentes, de porter toutes fortes d'armes pour la défenfe & fûreté de leurs perfonnes, à condition de n'en pas abufer. Et la préfente fera enregiftrée en notre bureau, faute de quoi elle ne pourra fervir; promettant, &c. obligeant, &c. renonçant, &c. Fait & paffé à Paris.

DIRECTION, f. f. On appelle *direction*, l'étendue du département foumis à un directeur; ce mot, dans ce fens, eft fynonyme à département, & comprend un plus ou moins grand nombre de villes & de paroiffes, fuivant la partie qui compofe la *direction*. Celle des aides, n'étant formée que d'une ou de deux élections, eft la moins confidérable. La *direction* des domaines eft la plus étendue, en ce qu'elle renferme toujours une généralité entiere; au lieu qu'il s'y trouve quelquefois deux ou trois *directions* des fermes, comme en Bretagne, en Languedoc & en Provence.

DIRECTION DES FINANCES, ou fimplement **DIRECTION**, eft le nom que l'on donne à une féance du confeil, qui fe tient pour régler les affaires de finance. On diftingue la grande & la petite *direction*.

La grande *direction* eft compofée du chef du confeil des finances, du contrôleur-général ou miniftre des finances, des confeillers d'état, qui font membres ordinaires du confeil royal, & des autres confeillers d'état qui ont des bureaux & font chargés de l'examen, ainfi que du rapport des affaires de finance. Cette affemblée, qui eft préfidée par M. le chancelier, fe tient les jours qu'il indique; tous les maîtres des requêtes ont auffi le droit d'y affifter. C'eft cette affemblée que fe fait la réponfe aux cahiers des Etats des provinces.

La petite *direction* connoît des affaires que les commiffaires des bureaux jugent trop légeres, pour être portées à la grande *direction*.

Elle n'eft compofée que du chef du confeil royal des finances, du contrôleur-général, & de deux confeillers d'état ordinaires au confeil royal, & des deux confeillers d'état, qui font les fonctions d'intendant des finances.

Les maîtres des requêtes ont auffi entrée dans l'affemblée de la petite *direction*; mais le rapporteur feul a voix délibérative.

DISCRÉDIT, f. m. qu'on prétend ne s'être introduit dans la langue qu'en 1719. Ce terme fignifie perte de crédit; & comme le crédit eft une faveur, le *difcrédit* eft une difgrace. Il fe trouve confacré par plufieurs arrêts du confeil, qui effayoient en 1719 de relever la valeur des actions de la compagnie des Indes, & des billets de banque tombés en *difcrédit*.

DISPENSE. f. f. par lequel on entend un relâchement de la rigueur de la loi, une faveur qui permet de s'en écarter : ainfi lorfqu'un particulier qui veut exercer une charge, n'a pas l'âge requis, lorfqu'il poffede déja un office incompatible avec celui dont il a fait acquifition, ou qu'il a des parens dans la compagnie, dont fon nouvel office va le rendre membre, il doit obtenir du roi une *difpenfe* d'exécuter la loi fur ces différens objets.

De même le roi accorde une *dispense* de service à quelques officiers, pour qu'ils jouissent de leurs privilèges, & particuliérement de l'exemption de tailles, quoiqu'ils n'aient pas servi.

L'article 27 de l'édit du mois de juin 1615 porte, qu'il ne sera donné aucune *dispense* de service, sinon pour cause de maladie, certifiée par le juge, par la partie publique & par acte signé du greffier. Cet acte de *dispense* doit être signifié aux syndics & asséeurs de la communauté, afin qu'ils puissent le contredire en cas de fraude & de supposition.

Ces dispositions ont été confirmées par l'article 31 de l'édit de janvier 1634, qui ordonne que les mêmes formalités seront observées, à l'égard de toute espèce de *dispense* de service, pour cause de maladie; & que la signification sera faite aux habitans des paroisses, à l'issue de la grand'messe, pour qu'ils puissent discuter la validité de ce certificat, soit par écrit, soit par témoins, sans être obligés à s'inscrire en faux.

DISPOSITIF, s. m. On donne ce nom à la partie d'un arrêt qui contient le prononcé, la décision sur la question ou le fait exposé dans le préambule. Ainsi un arrêt est composé de deux parties; l'expositif qui présente le fait & sa discussion, & le *dispositif* qui juge. Le *dispositif* commence à ces mots: Le roi étant en son conseil, &c.

DIVERTISSEMENT, s. m. En finance, on appelle *divertissement* de deniers, la dissipation des fonds dont un comptable est dépositaire.

Les déclarations du 5 mai 1690, & 14 juillet 1699, veulent que les receveurs, commis aux recettes générales & particulieres, tous caissiers ayant maniement des deniers des fermes du roi, qui seront convaincus de les avoir emportés ou dissipés, soient punis de mort, lorsque le *divertissement* sera de trois mille livres & au-dessus, & de telle autre peine afflictive que les juges arbitreront, lorsqu'il sera au-dessous de trois mille livres.

La même loi fait défense à toute personne de favoriser le *divertissement* des deniers royaux, & de donner retraite aux coupables, à peine d'être responsable solidairement des deniers enlevés ou divertis, & des dommages-intérêts des fermiers du roi.

Deux autres déclarations, du 3 juin 1701 & 21 octobre 1715, ont ajouté à ces premieres dispositions, que ceux qui auroient employé à leur usage particulier, ou détourné les deniers de leur caisse, seroient punis de mort, sans que les juges puissent modérer la rigueur de la loi, à peine d'interdiction, & de demeurer responsables, en leur propre & privé nom, des dommages-intérêts des parties.

Quoique la peine de mort soit formellement prononcée par ces règlemens, on n'est cependant pas dans l'usage de l'infliger. L'amende honorable, le fouet ou les galeres, le bannissement, le pilori, & même le plus souvent de simples peines pécuniaires, sont les peines qu'on prononce contre l'infidélité, le *divertissement* de deniers, & le péculat. On a vu des exemples de cette indulgence, à l'égard de plusieurs administrateurs du Canada, d'un caissier des postes, &c. *Voyez* CANADA.

On doit observer sur la fixation de la somme, dont le *divertissement* entraîne la peine de mort, qu'à l'époque où elle a été faite, c'est-à-dire, en 1690 & 1699, le marc d'argent étoit fixé à trente-six livres; de façon que trois mille livres de ce tems-là ne peuvent être représentées, que par une somme de quatre mille trois cents trente-trois livres six sols huit deniers, l'argent à cinquante-deux livres le marc.

DIX LIVRES QUINZE SOLS (Droit de) par cent de sucre raffiné à Nantes, & de dix-huit livres aussi par sucre royal & candi, entrant dans les cinq grosses fermes, par le bureau d'Ingrande en Anjou.

Ce droit fait partie de ceux du domaine d'Occident, suivant l'article 547 du bail de Forceville; il paroît avoir eu pour objet dans son origine, de charger les sucres raffinés en Bretagne, qui avoit refusé l'établissement du tarif de 1664, d'un droit plus considérable que la même marchandise venant des autres provinces. C'est ce qui se voit par le dispositif de l'arrêt du 2 mars 1700, sur la demande des raffineurs & marchands de sucre de Nantes, qui sollicitoient un règlement d'égalité de droits, entr'eux & les autres raffineurs & marchands du royaume. Cet arrêt ordonne seulement une diminution de quarante-cinq sols, par cent pesant de sucre raffiné à Nantes; savoir, vingt sols sur les droits d'entrée des cinq grosses fermes, & vingt-cinq sols sur ceux du domaine d'Occident. *Voyez* DOMAINE D'OCCIDENT.

DIX SOLS DE LA VILLE. (Droit de) C'est un droit qui fait partie de ceux qui se paient aux entrées de Paris sur les vins. On ne sait rien de son origine & de son objet; mais il paroît qu'il étoit un des droits d'octroi, & qu'il fut réuni à la ferme des entrées, par le bail de Blondeau, passé le 31 décembre 1632.

DIX SOLS DU CANAL. (Droit de) C'est un reste de l'imposition de dix sols par muid de vin, établie en 1629, à l'entrée de toutes les villes & bourgs du royaume, & supprimée par-tout en 1732, excepté dans la ville de Paris. La perception de ces *dix sols* y fut continuée pour en appliquer le produit à la confection d'un *canal*, c'est-à-dire, des quais de la riviere.

DIXIEME

DIXIEME DENIER DES REVENUS DU ROYAUME. C'eſt une impoſition extraordinaire que les rois de France ont levée ſur leurs ſujets, dans des beſoins preſſans de l'Etat, comme pour fournir aux frais de la guerre.

Le plus ancien exemple que l'on trouve de cet impôt, eſt celui que Charles Martel établit ſur le clergé, pour la guerre qu'il préparoit contre les Lombards.

Il y en eut un autre ſemblable ſous Philippe-Auguſte, lorſque ce prince partit pour aller délivrer Jéruſalem des mains de Saladin, ſoudan d'Egypte, qui s'en étoit emparé; on leva pour cette expédition, ſur les eccléſiaſtiques, le *dixieme* de leurs revenus; & ſur les Laïcs qui ne feroient pas le voyage, le *dixieme* de leurs meubles & de leurs revenus.

Cette impoſition fut appellée la *dîme* ou *décime ſaladine*.

Pluſieurs des levées qui furent faites pour les autres croiſades, ſoit contre les infideles, ſoit contre les hérétiques & excommuniés, & pour les autres guerres de religion, retinrent auſſi le nom de *dixiemes* ou *décimes*, quoiquelles fuſſent ſouvent au-deſſous de la *dixieme* partie des revenus. C'eſt ce que l'on voit dans quelques anciennes ordonnances de 1365 & des années ſuivantes, juſqu'en 1358. *Voyez* ci-devant au mot DÉCIMES.

DIXIEME, proprement dit, c'eſt une impoſition qui fur levée ſur les nobles, en 1529, pour contribuer à la rançon des deux fils de François premier.

Depuis ce tems on ne trouve plus de trace du *dixieme*, qu'en 1710, qu'il fut impoſé par une déclaration du 14 octobre, enregiſtrée en tems de vacations. La ſituation de l'Etat ne pouvoit être plus fâcheuſe. Les conférences des plénipotentiaires, aſſemblés à Gertruy-denberg, n'avoient eues aucun ſuccès pour la paix que le roi deſiroit. La guerre avoit recommencé avec plus de fureur, & les ennemis n'étoient qu'à quarante-cinq lieues de Paris. Ils venoient de s'emparer de Douay, de Saint-Venant & de Béthune. L'épuiſement total des reſſources pratiquées dans les finances, depuis vingt-deux ans, faiſoit, plus que jamais, déſeſpérer du ſalut de l'Etat. C'eſt dans ces conjonctures malheureuſes qu'on trouva l'expédient d'établir le *dixieme* du revenu de tous les fonds, & généralement de tous les biens.

C'étoit un remede violent, & les ennemis ſe perſuadoient qu'il ſeroit ſans effet, parce qu'ils le jugeoient impraticable; mais ayant vu que tous les ſujets ſe prêtoient au beſoin, que cette levée ſe faiſoit paiſiblement & ſans réſiſtance, ils regarderent le *dixieme* comme une reſſource inépuiſable pour la guerre, & dès-lors ils prirent des diſpoſitions plus favorables aux vues de Louis XIV.

L'eſtimable auteur des *Recherches & conſidérations ſur les Finances. Tome I.*

ſur les finances, fait des réflexions très-ſenſées ſur l'établiſſement du *dixieme*, (tome IV, in-12, page 394.) « Lorſque toutes les voies, de traités & de recouvrement d'affaires extraordinaires, eurent été épuiſées, on fut forcé de recourir à l'impoſition générale; mais plus on avoit tardé à employer cette reſſource, plus la charge en fut peſante ſur les peuples, & moins l'Etat en retira d'avantages.

» Le diſcrédit des effets publics, dans la capitale, avoit intercepté les conſommations, l'unique moyen par lequel elle puiſſe répandre dans les provinces ce qu'elle en retire néceſſairement tous les ans. Les bénéfices de l'uſure avoient étouffé le germe de l'induſtrie, & engloutiſſoient le peu de capitaux que l'altération continuelle des monnoies n'empêchoit pas de circuler; l'alarme & le déſordre avoient été portés dans toutes les familles, par l'exécution d'une infinité de traités odieux; tous les revenus dans l'Etat étoient tombés; auſſi le *dixieme* ne rendit pas plus de vingt-quatre millions dans les meilleures années.

» Il eſt évident que ſi on l'eût impoſé dès le commencement de la guerre, lorſque tous les revenus étoient encore entiers, il eût produit beaucoup davantage; il eſt évident que par l'effet du diſcrédit, des changemens de monnoies, des traités, non-ſeulement chacun avoit payé annuellement l'équivalent du *dixieme*, ſans que l'Etat en eût profité, mais encore, ce qui étoit bien plus fâcheux, tous les revenus étoient diminués. L'Etat dépourvu d'argent, avoit cependant payé les fournitures, la moitié au-delà de ce quelles auroient coûté dans un tems d'ordre; la ſomme de ces dépenſes ſe trouvoit en partie convertie en rentes perpétuelles, & cette charge menaçoit la poſtérité la plus reculée de lui faire partager les malheurs préſens. Voilà les fruits cruels de ces prétendus ménagemens pour le peuple; jamais ils ne furent dictés par l'amour qu'on a pour lui.

» Mais, comme avant d'établir l'impoſition, il faut que l'adminiſtration n'ait plus rien à gagner ſur elle-même, & que rarement les ſources de guerre ſont ſuſceptibles de réforme, ou que le courage manque pour les faire, on met le crédit en jeu, & on finit par l'impoſition dont la durée n'a plus de bornes. On croit ſe juſtifier de la néceſſité; mais dans le fait on l'a produite par le mélange d'un faux reſpect humain, & d'une grande indifférence pour l'intérêt public.

» Le peuple, toujours porté au ſoupçon & au murmure dans les opérations dont on lui fait un myſtere, comme on peut aſſurer qu'il eſt toujours juſte & docile dans les choſes dont il comprend la néceſſité, ne voit que l'impoſition & une durée perpétuelle; le préjugé national

» s'accoutume à confondre ces deux idées, &
» force quelquefois l'administration la plus éclairée
» à s'écarter des bons principes, ou à opérer le
» salut public avec un air de dureté. »

On attendoit un secours si prompt de l'imposition du *dixieme*, que dès le 2 décembre 1710, une déclaration ouvrit un emprunt de trois millions, dont le remboursement fut assigné sur les deniers qui proviendroient de la levée du *dixieme*. Elle portoit que ceux qui prêteroient cent mille livres, seroient réputés nobles; qu'à cet effet il leur seroit expédié des lettres de noblesse. Mais cette noblesse acquise à prix d'argent, ne fut pas de longue durée, d'autant que les prêteurs étoient bien dédommagés des intérêts de leur argent par le denier dix qu'on leur accordoit.

Le clergé obtint, au mois d'octobre 1711, une déclaration du roi, qui exempta les biens ecclésiastiques du *dixieme* à perpétuité, au moyen d'une somme de huit millions qu'il donna pour les besoins de l'Etat.

Le *dixieme* reçut d'abord des modifications en 1716; on accorda des remises considérables sur cet impôt & sur la capitation. L'année suivante il fut entièrement supprimé. On ne peut se dispenser de rapporter un précis du préambule de l'édit qui ordonna cette suppression; c'est un monument précieux de la tendre affection du souverain pour ses peuples, & un modele pour de semblables circonstances.

« Quoique le soulagement de nos peuples épuisés par les efforts que notre royaume a été
» obligé de faire pour soutenir, presque sans in-
» terruption, deux longues & sanglantes guerres,
» ait été le premier objet de nos vœux, dès le
» commencement de notre regne, nous n'avons
» pu y parvenir aussi promptement que nous l'au-
» rions desiré, soit à cause de la multitude & de
» la diversité des engagemens que la nécessité des
» tems avoit fait contracter, soit par la difficulté
» de connoître à fond la véritable situation de
» nos revenus, & de fixer la masse des dettes de
» toute nature dont notre royaume étoit chargé,
» soit enfin par la confusion qui se trouvoit dans
» les différentes parties de nos finances & de nos
» revenus qui étoient presque tous consommés
» par des assignations anticipées, suites inévita-
» bles du malheur des tems, qui ne permettoit pas
» de penser à établir un meilleur ordre, pendant
» qu'on étoit uniquement occupé à chercher les
» moyens de soutenir la guerre, & de procurer
» à ce royaume une paix avantageuse.

» Nous n'avons pas laissé cependant de pour-
» voir aux besoins les plus pressans, d'accorder
» des remises, des diminutions ou des compen-
» sations à toutes nos provinces, de jeter les
» fondemens de la libération de l'Etat par des
» suppressions de charges onéreuses ou inutiles,
» & par des liquidations de dettes qui pouvoient

» seules nous faire connoître la grandeur du mal
» & la nature des remedes convenables.

» Le retranchement de plus de quarante mil-
» lions par an sur l'état de nos dépenses, l'aug-
» mentation de plusieurs de nos fermes particu-
» lieres, & la diminution des charges, l'ordre
» & l'arrangement que nous avons commencé d'é-
» tablir dans nos recettes & dans nos fermes;
» enfin les paiemens effectifs qui ont été faits en
» argent comptant, soit en notre trésor-royal
» ou à l'hôtel de notre bonne ville de Paris, &
» qui ont monté à plus de deux cents quarante
» millions en moins de deux années, ont été les
» premiers fruits de nos soins & de l'administra-
» tion que nous avons établie.

» Nous avons même été plus loin encore, &
» ne consultant que notre affection pour nos peu-
» ples, sans attendre l'arrangement entier de
» nos finances, nous leur avons déja accordé un
» soulagement considérable par la remise des
» quatre sols pour livre sur les droits de nos
» fermes, & par la suppression ou la réduction
» de plusieurs autres droits également onéreux;
» mais nous n'avons regardé tout ce que nous
» avons fait jusqu'à présent, à l'avantage de nos
» sujets, que comme une simple préparation pour
» nous mettre en état de leur procurer de plus
» grands biens, & de former un plan général,
» pour l'administration de nos finances, qui pût
» en assurer l'ordre, en simplifier la régie, pré-
» venir le divertissement des fonds, faire cesser
» les causes de l'obstruction du commerce; & par
» une plus grande consommation, augmenter nos
» revenus sans augmenter les impositions, & en
» soulageant même nos sujets de toutes celles qui
» ne sont pas absolument nécessaires pour ac-
» quitter les dettes de l'Etat.

» C'est dans cette vue qu'après nous être fait
» rendre un compte exact, dans notre conseil,
» de la situation où étoient nos finances au 1er.
» septembre de l'année 1715, des opérations qui
» ont été faites sur toutes les parties qui y ont
» rapport, & de tout ce qui compose les revenus,
» les charges & les dépenses de notre royaume;
» nous avons fait aussi examiner avec la même
» attention tous les moyens que l'on pouvoit
» prendre pour parvenir à la fin que nous nous
» étions proposée; & après la discussion qui en
» a été faite, nous avons cru ne devoir pas
» différer plus long-tems d'accomplir une partie
» de nos vœux, en soulageant nos sujets d'une
» des deux impositions extraordinaires, dont ils
» sont chargés, par la remise du *dixieme* du re-
» venu des fonds de terre, & des autres immeu-
» bles qui étoient sujets à cette imposition.

» Le fonds que l'Etat en a retiré depuis 1710,
» sera remplacé, pour la plus grande partie, par
» le retranchement de nos dépenses, dont il n'y
» a aucun article que nous n'ayions réduit en

» commençant, par ce qui regarde notre per-
» sonne, &c. &c. »

La guerre qui fut déclarée au mois d'octobre
1733, donna lieu au rétablissement du *dixieme*,
par la déclaration du 17 novembre suivant; &
l'arrêt d'enregistrement fixa le commencement de
cette imposition au 1ᵉʳ. janvier 1734. Elle ne
dura que jusqu'au 1ᵉʳ. janvier 1737, qu'elle fut
de nouveau supprimée.

Comme la déclaration du 17 novembre 1733
assujettissoit à la levée du *dixieme* tous les sujets
du roi, privilégiés ou non privilégiés; le clergé,
pour se rédimer de cette imposition, paya au
roi, par forme de don gratuit, une somme de
douze millions pour tenir lieu du *dixieme*, en
sorte que l'exemption qui sembloit lui avoir été
accordée à perpétuité, n'eût pas lieu.

La derniere occasion, où le *dixieme* a été rétabli, est la guerre de 1741. La levée fut ordonnée par la déclaration du 29 août de la même
année, à compter du 1ᵉʳ. octobre suivant.

Un édit du mois de décembre 1746 ordonna
la levée des deux sols pour livre du *dixieme*,
pour commencer au 1ᵉʳ. janvier 1747, & finir
au dernier décembre 1756.

Par un autre édit du mois de mai 1747, le roi
ordonna la cessation du *dixieme*, à compter du
1ᵉʳ. janvier suivant; mais le vingtieme fut substitué à cette premiere imposition, avec l'accessoire
des deux sols pour livre du *dixieme* établis par
l'édit de décembre 1746. *Voyez* VINGTIEME.

Afin d'avoir une idée de la maniere dont se
percevoit le *dixieme*, il convient de rappeler les
principales dispositions de l'édit de 1741.

Il ordonne que tous propriétaires, nobles ou
roturiers, privilégiés ou non, même les apana-
gistes ou engagistes payeront le *dixieme* du revenu
de tous les fonds, terres, prés, bois, vignes,
marais, pâcages, usages, étangs, rivieres,
moulins, forges, fourneaux & autres usines;
cens, rentes, dîmes, champarts, droits seigneuriaux, péages, passages, droits de ponts, bacs
& rivieres; droits de canaux, & généralement
pour tous autres droits & biens de quelque nature qu'ils soient, tenus à rente, affermés ou non
affermés.

On devoit aussi payer le *dixieme* du revenu des
maisons de toutes les villes & fauxbourgs du
royaume, louées ou non; & de celles de la campagne qui, étant louées, procurent un revenu au
propriétaire, & même pour les parcs & enclos
de ces maisons étant en valeur; de maniere que
le *dixieme* ne devoit être levé qu'eu égard au revenu; déduction faite des charges sur lesquelles
les propriétaires ne pouvoient pas retenir le
dixieme. A l'égard des forges, étangs & moulins, le *dixieme* ne se payoit que sur le pied des
trois quarts du revenu.

L'édit portoit aussi que le *dixieme* du revenu

de toutes les charges, emplois & commissions,
soit d'épée ou de robe, des maisons royales, des
villes, de police ou de finance, compris leurs
appointemens, gages, remises, taxations & droits
y attribués, de quelque nature qu'ils fussent, continueroit d'être perçu sur tous ceux sur qui on
le percevoit alors, & encore actuellement; qu'il
seroit pareillement levé sur ceux sur qui on auroit oublié de le percevoir, ou qui en auroient
été exempts; le roi dérogeant, pour cet effet,
à toute loi contraire.

Il ordonnoit aussi la retenue du *dixieme* de toutes
les rentes sur le clergé, sur les villes, provinces, pays d'Etats & autres, à l'exception des
rentes perpétuelles & viageres sur l'hôtel-de-ville
de Paris, & sur les tailles; des quittances de
finance portant intérêt à deux pour cent, employées dans les Etats du roi, & des gages réduits au denier cinquante.

Le *dixieme* se levoit aussi sur toutes les rentes
à constitution sur les particuliers, sur les rentes
viageres, douaires & pensions, créées & établies
par contrats, jugemens, obligations ou autres actes
portant intérêts, & aussi sur tous les droits, revenus & émolumens de quelque nature qu'ils fussent, attribués, tant aux officiers royaux qu'aux
autres particuliers, corps ou communautés, soit
qu'ils leur eussent été aliénés ou réunis. Il en
étoit de même des octrois & revenus patrimoniaux, communaux & autres biens, & héritages
des villes, bourgs, villages, hameaux & communautés; droits de messageries, carosses & coches, tant par terre que par eau; & généralement de tous les autres biens de quelque nature
qu'ils fussent, qui produisent un revenu.

Et comme les propriétaires des fonds & héritages, maisons & offices, qui devoient des rentes
à constitution, rentes viageres, douaires, pensions ou intérêts, payoient le *dixieme* de la totalité
du revenu des fonds sur lesquels les rentiers, pensionnaires & autres créanciers avoient à exercer,
ou pouvoient exercer leurs créances; le *dixieme*
dû par ces rentiers, pensionnaires ou autres
créanciers, étoit à la décharge des propriétaires
des fonds; à l'effet de quoi ils étoient autorisés,
en payant les arrérages de rentes, pensions ou
intérêts, d'en retenir le *dixieme*, en justifiant par
eux de la quittance du paiement du *dixieme* des
revenus de leurs fonds.

Il en étoit de même des particuliers, officiers,
corps & communautés qui jouissent des droits,
revenus & émolumens, octrois, revenus patrimoniaux, communaux & autres biens & héritages, & droits de messageries, carosses, coches
& autres: comme ils payoient le *dixieme* de la
totalité du revenu, il leur étoit aussi permis de
retenir le *dixieme* des charges.

Les particuliers, commerçans & autres, dont
la profession est de faire valoir leur argent, de

voient auffi payer le *dixieme* de l'induftrie, c'eft-à-dire, à proportion de leurs revenus & profits.

Les rôles du *dixieme*, lorfqu'il a lieu, font arrêtés au confeil, & le *dixieme* eft payable en quatre termes égaux, aux quatre quartiers accoutumés de l'année, par préférence à toutes autres créances, même aux autres deniers du roi.

Les fermiers, locataires, receveurs & autres, qui exploitent les biens d'autrui, ne peuvent vuider leurs mains de ce qu'ils doivent aux propriétaires, qu'en juftifiant par ceux-ci du paiement du *dixieme*, fi mieux n'aiment les propriétaires, confentir que leurs fermiers, locataires & autres débiteurs, paient le *dixieme* à leur acquit.

Pour fixer le montant du *dixieme*, on oblige chaque particulier de donner fa déclaration des biens & droits qu'il poffede, fujets au *dixieme*, à peine de payer le double, & même le quadruple en cas de fauffe déclaration.

Lors de l'affemblée du clergé en 1741, ce corps prétendit que fes biens n'étoient pas fujets au *dixieme*. Il accorda à cette occafion, au roi, un don gratuit de douze millions, au moyen de quoi les commiffaires du roi déclarerent, dans le contrat paffé pour cet objet, que tous les biens eccléfiaftiques, & des communautés féculieres & régulieres, de l'un & de l'autre fexe, fabriques, fondations, confrairies, & des hôpitaux, n'avoient été ni pu être compris dans la déclaration du *dixieme*, de forte que tous les biens qui appartenoient alors à l'églife, & tous ceux qui lui appartiendroient dans la fuite, en demeureroient exempts à perpétuité, tant pour le paffé que pour l'avenir.

C'eft à-peu-près la même chofe que ce qui étoit porté par la déclaration de 1711, laquelle n'empêcha pas néanmoins que le clergé ne payât au roi, en 1724, une fomme de douze millions pour tenir lieu du *dixieme*. *Voyez* DÉCIME, DON GRATUIT.

A l'égard des hôpitaux, il fut ordonné, par un arrêt du confeil du 2 avril 1743, que tous propriétaires d'héritages, maifons, offices, qui leur devoient des rentes, penfions & autres redevances de quelque nature qu'elles fuffent, ne pourroient leur retenir le *dixieme*; que ceux qui l'auroient retenu feroient obligés de le reftituer, & qu'en préfentant leur requête, il leur feroit tenu compte de ces *dixiemes* fur celui qu'ils payoient du revenu de leurs fonds, en juftifiant par eux de la réalité defdites rentes & penfions, & en rapportant les contrats & autres titres néceffaires.

Il eft permis, en créant une rente fonciere, de ftipuler qu'elle fera exempte de la retenue du *dixieme* de la part du débiteur, parce que cette exemption eft cenfée faire partie du prix du fonds qui eft arbitraire. Mais il n'en eft pas de même des rentes conftituées; la claufe par laquelle on

les ftipuleroit exemptes de *dixieme*, feroit ufuraire, parce que dans le tems où le *dixieme* à cours, la rente fe trouveroit payée à un denier plus fort que celui de l'ordonnance.

Plufieurs de ceux qui devoient des cens & rentes feigneuriales, prétendirent être en droit de retenir le *dixieme*; cette prétention fut même autorifée par un arrêt du parlement du 29 janvier 1749, confirmatif d'une fentence du bailliage d'Angers, du 22 avril 1748. Mais par un arrêt du confeil du 13 octobre 1750, il fut dit que, fans avoir égard à l'arrêt du parlement, les décifions du confeil, concernant le *dixieme* des cens & rentes feigneuriales, feroient exécutées; en conféquence, que tous les débiteurs de cens ou rentes feigneuriales, foit en argent, foit en nature, feront tenus de les payer, fans aucune retenue du *dixieme* ni du vingtieme, & que les feigneurs auxquels ces droits feigneuriaux font dûs, continueroient d'être impofés dans les rôles du vingtieme, pour raifon de ces droits feigneuriaux.

Ce n'eft pas feulement en France que l'impofition du *dixieme* a quelquefois lieu. On lit dans les *Etats de Ruffie*, par *Margeret*, que le Czar, en tout tems, leve le *dixieme* en nature, des chevaux qui fe vendent, & encore par chaque cheval, cinq fols par cent fols, & qu'il a auffi le *dixieme* de tout ce qui fe demande par droit de juftice. *

DIXIEME DENIER, ou *deux fols pour livre d'augmentation fur les revenus du roi*. Ce droit fut établi d'abord pour une année, à commencer du premier avril 1705, par déclaration du mois de mars de la même année, fur tous les droits des fermes, & entre autres fur les greffes appartenans au roi, & unis à la ferme de fes domaines. Par une autre déclaration donnée au mois de juillet fuivant, en interprétation de la premiere, le droit de *dixieme* ou *deux fols pour livre* fut étendu expreffément fur tous les greffes royaux, fur le contrôle des exploits, fur les infinuations laïques, petit fcel, contrôle des actes des notaires, pour une année, à commencer du premier août prochain.

Enfuite la déclaration du 26 décembre de cette même année 1705, ordonna la levée de cette impofition fur tous les droits & les revenus du roi, & fur la capitation, & la levée en fut prorogée jufqu'au dernier décembre 1706.

Le 18 feptembre de cette année, un arrêt du confeil ordonna que la perception de ces deux fols pour livre continueroit jufqu'à ce qu'il en fût autrement ordonné; & leur produit fut affigné au rembourfement des billets de monnoie, conformément à la déclaration du 11 janvier 1707.

Le 29 octobre 1709, une déclaration établit un *dixieme* d'augmentation fur tous les droits qui fe levent dans la ville de Paris, pour en employer

les deniers en achats de bleds deftinés à la fubfiftance des pauvres, jufques & compris le dernier
décembre 1710.

La déclaration du 7 mai 1715, ayant doublé les
deux fols pour livre fur tous les droits des fermes,
infenfiblement ils fe font multipliés jufqu'à dix
fols pour livre. *Voyez* SOLS POUR LIVRE. *

DIXIEME DE RETENUE, eft celui que le
roi retient fur les penfions, gages, taxations, &
que les particuliers débiteurs de rentes, penfions
& intérêts, peuvent pareillement retenir à leurs
créanciers, à la différence du *dixieme* d'impofition, que le roi perçoit fur tous fes fujets, à proportion de leurs revenus. *Voyez* DIXIEME
DENIER, VINGTIEME. * *

DIXIEME DES PRISES; droit qui appartenoit à l'amiral de France, dans toutes les *prifes*
faites fur les ennemis. Il a été fupprimé par l'édit
du mois de feptembre 1758, & remplacé par les
fix deniers pour livre du produit net des *prifes*,
au profit des invalides de la marine.

DOMAINE, f. m. Ce terme convient en
général aux poffeffions dont jouiffent toutes fortes
de perfonnes, *dominii jus acquirit, qui pro domino
poffidet*; mais par l'ufage, ce terme général eft
devenu particulier & propre au patrimoine des
rois. Les poffeffions attachées à la couronne,
s'appellent particulièrement *domaine*.

L'empire Romain avoit deux fortes de *domaine* ou patrimoine. L'un s'appelloit le *patrimoine
particulier* ou *privé*, & appartenoit à l'empereur,
à titre fucceffif & particulier; & l'autre s'appelloit *patrimoine public* ou *fifcal*.

Cette règle s'eft obfervée en France, fous les
deux premières races de nos rois. Ils avoient des
poffeffions & un tréfor qui leur appartenoient en
propre, & le *domaine* public confiftoit en terres
& feigneuries attachées à la couronne, en péages
fur les denrées & marchandifes, en amendes qui,
en ce tems-là, étoient fort groffes, & s'appelloient *bonum rigidum*, en compofitions des affaires
criminelles; car pour lors les délits fe rachetoient
à prix d'argent, dont le tiers appartenoit au fifc;
enfin en amendes dues par ceux qui n'alloient pas
à la guerre. Lorfque les deniers provenans de
ces différentes branches ne fuffifoient pas aux
befoins de l'Etat, on impofoit des tributs plus
ou moins grands, fuivant la néceffité des affaires
publiques, ou plutôt fuivant l'Etat de puiffance
ou de foibleffe de nos rois.

On ne connoît, maintenant en France, qu'une
feule efpèce de *domaine*, qui confifte dans les
fonds de terre appartenans à la couronne, & dans
les droits dont le roi jouit au titre de fa fouveraineté, ou à caufe des terres & feigneuries
du *domaine*.

Quelques auteurs comprennent, fous le nom

de *domaine*, toutes les impofitions & droits qui
fe levent fur les peuples, comme la taille, la
capitation, les aides & la gabelle; mais c'eft im-
proprement & fans raifon. Ces différentes impofitions font une claffe particulière. Ce qui conftitue proprement le *domaine* ou les droits domaniaux, ce font ceux d'aubaine, de bâtardife, de
déshérence, de confifcation, épaves; les droits de
péages, de greffes, tabellionages, francs-fiefs &
nouveaux acquêts, petits-fcels, amortiffemens,
centieme denier & infinuations laïques, contrôle
des actes, contrôle des exploits, marque des fers,
marque d'or & d'argent, papiers & parchemins
timbrés; quoique ces droits foient d'une invention bien moderne, en comparaifon de l'ancien
domaine de la couronne.

On prétend que ce *domaine* fe trouvant prefque
anéanti par les ufurpations, conceffions & aliénations, on l'a fucceffivement fortifié par ces
divers droits, que l'on a qualifiés domaniaux.
Il feroit de même poffible que par la fuite toutes
les impofitions, tous les droits fixes & permanens, fuffent auffi cenfés domaniaux, parce qu'en
effet ils font véritablement partie des revenus du
fouverain, & deviennent une portion de fon
domaine.

On a vu, en 1778, le droit fur les cartes recevoir, pour la première fois, la dénomination
de *droit domanial*; mais fans doute que la feule
idée du rédacteur d'un arrêt ne fuffit pas pour
changer la nature d'une impofition, & lui en
donner arbitrairement une nouvelle.

Nous ne parlerons point ici des diverfes ordonnances, faites pour la confervation du *domaine*.
On en compte une multitude; mais les principales
font celles de Charles V, en 1347; de Charles VI, en 1401; de François Ier., en 1539,
& de Charles IX, en 1566. Cette dernière, qui
a été publiée à Moulins, eft appellée, par cette
raifon, l'*ordonnance de Moulins pour la réunion du
domaine*, afin de la diftinguer de celle qui fut
rédigée la même année, dans la même ville,
pour le règlement de la juftice.

Quoique le *domaine* ne foit qu'un corps de
poffeffion, on peut néanmoins le divifer en grand
& petit, en *domaine* fixe, & en *domaine* cafuel.

Sous le nom de *grand domaine*, font comprifes
les feigneuries, villes, châteaux, terres, poffeffions, forêts, &c. Le petit *domaine*, fuivant plufieurs édits & déclarations, & notamment d'après
la déclaration du 8 avril 1672, & l'édit du mois
d'avril 1702, confifte dans les cens, rentes,
moulins, fours, preffoirs, terres vaines & vagues,
landes, halles, maifons, boutiques, échoppes,
bruyeres, palus ou marais, bacs, péages, paffages, chaffes, pêches & autres femblables droits.

Le *domaine* fixe eft celui qui eft expreffément
uni, confolidé & incorporé à la couronne; il
comprend les feigneuries, terres, poffeffions, avec

les droits qui en dépendent ; les droits acquis au roi, au titre de fa fouveraineté, à quoi on peut ajouter les pierreries & les meubles précieux de la couronne, parce qu'ils font réputés immeubles.

Le *domaine* cafuel comprend ce qui appartient au roi, par conquête, acquifition, donation, fucceffion ; ce qui lui eft échu par droit d'aubaine, bâtardife, déshérence, confifcation, &c. Il devient fixe quand les officiers du roi en ont paifiblement joui pendant dix ans, ou qu'ils en ont compté à la chambre pendant le même tems, ou lorfqu'il a été réuni au *domaine* fixe, par déclaration ou édit exprès.

Mais avant que ce *domaine* cafuel ait été déclaré, ou qu'il foit devenu fixe par le laps de tems prefcrit ou par les règlemens, les rois peuvent en difpofer par donation, vente ou autrement. Il eft nombre d'exemples qu'ils ont fréquemment donné ce qui leur étoit échu par donation, bâtardife, déshérence, &c.

Il en eft de même des biens que pofsède un prince, à titre particulier, lorfqu'il devient roi : car fon *domaine* n'étant point royal, il peut l'aliéner irrévocablement après fon avénement à la couronne, pourvu qu'il n'y ait point été réuni par les formalités que nous venons d'indiquer.

Henri IV rendit une déclaration au camp de Nangis, le 13 avril 1590, portant que le *domaine* qu'il poffédoit avant fon avénement à la couronne, feroit défuni & féparé du *domaine* de la couronne de France. Mais il révoqua cette déclaration, par édit devant Paris, au mois de juillet 1607. Cette derniere difpofition fut confirmée par d'autres édits de Louis XIII, l'un donné à Pau au mois d'octobre 1620, & l'autre à Compiegne au mois de juin 1624.

François Ier. publia, à Pau, une déclaration, le 30 juin 1539, portant que le *domaine* de la couronne eft inaliénable & imprefcriptible ; ce prince ordonne, en conféquence, que toutes aliénations & ufurpations faites fur ce *domaine*, pour quelque tems que ce foit, même de cent ans & plus, font fujettes à réunion, avec injonction à tous les juges, de décider tous procès mûs & à mouvoir, fuivant ces maximes ; & pour faire exécuter d'autant mieux cette déclaration, ce prince établit à Paris la chambre du *domaine*, par édit du mois de mai 1543.

Le *domaine* étant ainfi déclaré inaliénable & imprefcriptible, il doit être confidéré comme un dépôt facré que les rois fe tranfmettent fucceffivement fans pouvoir aucunement en difpofer. Cependant deux exceptions fe préfentent à cette loi.

La premiere, que le *domaine* peut être vendu & aliéné dans le cas d'une néceffité preffante, & fur-tout à caufe des guerres ; mais cette vente doit toujours être, avec faculté perpétuelle de rachat, en rembourfant aux acquéreurs le prix qu'ils ont réellement fourni ; faculté qui eft imprefcriptible à l'égard du roi, mais non à l'égard d'un particulier ; car ce dernier, qui, après avoir acquis une portion de ce *domaine*, la revendroit avec ftipulation de rachat perpétuel, n'y feroit pas reçu après trente ans.

Outre la faculté perpétuelle du rachat, on réferve encore dans les aliénations, la foi & hommage des évêques & autres prélats, comtes, vicomtes & barons, qui tiennent des fiefs du roi, la garde des églifes, les bois de haute-futaie, les gardes-nobles, les patronages & collations des bénéfices, le droit d'aubaine, légitimation, déshérence, &c.

La feconde exception eft pour les apanages qui font donnés aux enfans de France, mâles feulement ; car, aux termes des anciennes ordonnances, les filles doivent être dotées en argent.

Les terres & droits ainfi donnés, paffent aux enfans mâles des apanagiftes, & aux enfans mâles de leurs enfans mâles, graduellement en ligne directe.

Si les enfans mâles manquent, l'apanage retourne de plein droit à la couronne, fans que les parens collatéraux, même mâles, puiffent hériter ; fi ce n'eft que celui qui fe diroit habile à fuccéder, fût defcendu du plus ancien & premier apanagé ; car pour lors on fait paffer en fa perfonne, le droit du premier donataire, & non celui du dernier décédé.

Si les apanagés font des acquifitions au-dedans de leurs apanages, elles demeurent à leurs héritiers, après l'extinction de l'apanage, quoiqu'il en ait été compté à la chambre du vivant des apanagés, parce que ces comptes ne changent point la nature de la chofe.

L'ordonnance de François Ier., du 30 juin 1539, ci-devant citée, & en conféquence de laquelle le *domaine* eft cenfé inaliénable & imprefcriptible, eft le premier titre authentique de cette efpèce, qui foit émané de l'autorité fouveraine.

Quelques auteurs foutiennent cependant encore l'opinion contraire à cette difpofition, quant à la prefcriptibilité ; ils difent que l'ordonnance étant fondée fur des principes faux, les conféquences qui en réfultent ne peuvent avoir force & caractère de loi, parce qu'une loi ne peut être établie fur le faux.

Le préambule de cette ordonnance établit l'imprefcriptibilité du *domaine* fur le droit civil & canonique. Or, il eft certain, difent les auteurs, que par le droit civil, le *domaine* public fe prefcrit par 40 ans ; & que par le droit canon, la prefcription de 40 court contre les églifes particulieres, & même contre l'églife romaine, par 100 ans, fuivant le chap. 2 des prefcriptions. C'est en effet l'opinion de Chopin, liv. 3, tit. 9, dans son traité du *domaine*. Il assure que l'ordonnance de 1539 n'a jamais eu d'autorité à cet égard, ni parmi les juges, ni parmi les avocats : *neque in judicando, neque in consulendo*. Et Bacquet est du même sentiment en son traité du droit de déshérence, chap. 7.

Cependant le *domaine* fixe est reconnu pour être imprescriptible aussi bien qu'inaliénable ; mais pour le *domaine* casuel, nul doute qu'il ne soit prescriptible & aliénable. La question a été même jugée en présence de Louis XIII, au sujet de quelques terres, situées en Languedoc, provenant des conquêtes faites anciennement sur Raymond, comte de Carcassonne, dont la propriété fut déclarée prescrite contre la couronne.

Ce morceau, ainsi que le suivant, qui paroît avoir été écrit en 1746, est tiré des *Economiques* de M. Dupin, fermier-général.

On vient de voir que, suivant la maxime de notre gouvernement, le *domaine* de la couronne est inaliénable.

Cette maxime étoit très-sage ; & l'observation en étoit très-nécessaire, lorsque le *domaine* pouvoit suffire à la dépense ordinaire des souverains ; il importoit alors de ne pas s'exposer à la nécessité d'avoir recours à des moyens extraordinaires, toujours onéreux au peuple par le fardeau actuel qui lui est imposé, & plus dangereux encore par les conséquences d'une continuation au-delà du terme & des besoins : mais à présent que ce *domaine* a été presque tout, ou usurpé pendant les troubles, ou aliéné pour subvenir aux dépenses des guerres, ou donné par récompense à des sujets qui avoient utilement servi la patrie ; à présent qu'il est réduit à un objet si modique, qu'il est à peine compris au premier rang des revenus de la couronne ; enfin, à présent qu'on a été obligé de faire différentes impositions sur les peuples, pour tenir lieu de ce *domaine*, il semble que cette maxime d'inaliénabilité devroit changer, puisque le fondement sur lequel elle étoit établie n'existe plus. La prudence diversifie sa conduite suivant la diversité des circonstances ; le pilote change les voiles selon la nature des vents.

Les Athéniens avoient décerné la peine de mort contre quiconque oseroit proposer de toucher, même dans le plus pressant besoin, aux mille talens qui avoient été déposés dans le trésor public. Cependant ayant perdu deux batailles navales, & se voyant assaillis par les Lacédémoniens jusque dans le port de Pyrée, tous d'un consentement unanime, furent d'avis d'abolir cette loi. Les Romains changeoient les leurs, suivant les tems & les circonstances. Philippe V, dit le Long, par son ordonnance du 23 janvier 1318, détruisit la servitude aussi ancienne que la monarchie.

Il ne faut, dit-on, rien changer aux loix & aux usages. Ce principe est excellent, hors les cas où l'utilité, & encore plus la nécessité, demandent que l'on y déroge ; c'est une réflexion de M. de Sully, tome 3, in-12, page 102.

En partageant les terres du *domaine* en plusieurs parties, & transportant à prix d'argent la propriété de ces terres, à plusieurs chefs de famille, à la charge de certaines redevances annuelles & des droits de relief, suivant les coutumes, le roi conserveroit une partie du revenu actuel, recevroit une finance considérable, & augmenteroit la richesse des particuliers ; & par conséquent la sienne, puisqu'il n'est & ne peut être riche qu'autant que ses sujets sont opulens.

Un héritage divisé & donné à plusieurs en propriété, est bien mieux cultivé, & rapporte plus que quand il est dans une masse, & qu'il appartient à un seul propriétaire, sur-tout si ce propriétaire est le souverain ; & plus ce souverain est grand & puissant, moins il tire d'utilité de cet héritage, parce que n'étant pas possible qu'il régisse par lui-même, il est obligé d'en charger des personnes constituées dans les dignités, dont l'élévation est proportionnée à la puissance & à l'étendue de la monarchie, lesquels de leur part en emploient d'autres qui leur sont subordonnées, & ainsi par grade d'infériorité : d'où en supposant dans ces différens agens, la plus scrupuleuse fidélité & la plus subtile intelligence, il en résultera toujours des lenteurs, des frais, & des inattentions très-dommageables à cette espèce d'administration.

Dans le cas opposé, les nouveaux acquéreurs, certains d'une jouissance perpétuelle, tireroient de ces héritages tout ce qu'ils seroient capables de produire ; une multitude de familles s'appliqueroit à cette exploitation, & le prix provenant des aliénations libéreroit l'État de plusieurs charges onéreuses.

Ceux qui possèdent le *domaine* aliéné n'en recueillent pas à beaucoup près tout le fruit qu'ils feroient dans le cas de lui faire produire, sans cette tache de rachat & de réversibilité éternelle ; loin de lui donner les soins & les mouvemens que l'on remarque dans les détenteurs ordinaires, ils sont toujours en garde contre eux-mêmes ; ils craignent que les améliorations qu'ils pourroient faire, n'inspirent l'envie de les dépouiller par des enchères ; ils négligent les cultures, & ils étouffent pour ainsi dire les germes de la terre, afin d'empêcher que le revenu n'excède trop sensiblement le prix principal de l'aliénation.

En vertu du rachat perpétuel que le roi s'est réservé, lors des aliénations, il est en droit de retirer tous les *domaines* & de les revendre ; les acquéreurs ont traité sur ce pied : nulle difficulté, nulle injustice à cet égard. Mais pour remplir notre objet, ces ventes devroient être faites avec renonciation solemnelle à tous droits de réversion.

La certitude d'une propriété incommutable, imprimeroit à ces héritages une valeur qui excéderoit de beaucoup le prix pour lequel ils ont été originairement vendus ; le produit de cette finance feroit employé jufqu'à due concurrence à rembourfer les engagiftes , & l'excédent feroit porté au tréfor-royal , pour fervir aux befoins qui auroient été l'occafion de cette nouvelle aliénation.

A l'égard de ceux qui poffedent à titre de récompenfe, il a été fait dans le tems des évaluations des *domaines* qui leur ont été abandonnés, ou il n'en a point été fait ; s'il en a été fait, il feroit jufte de leur payer en argent le prix de cette évaluation ; s'il n'en a point été fait, on pourroit autorifer également leur jouiffance, la rendre incommutable & fans retour, ou fixer un capital qui en feroit l'échange. Si les convenances exigeoient que ces héritages paffaffent en d'autres mains ; par ce moyen l'équité feroit religieufement obfervée à l'égard des premiers, & les feconds auroient de nouvelles graces à rendre.

Cette propofition paroîtra fans doute très-extraordinaire à beaucoup de perfonnes : Comment, dira-t-on , aliéner irrévocablement une poffeffion facrée ; le *domaine* de la couronne déclaré inaliénable par tant d'ordonnances, aller contre une loi fondamentale de l'Etat ? Loin, que qui que ce foit ait jamais eu une pareille idée , loin que l'on ait jamais penfé à donner atteinte à une maxime auffi refpectable, l'on s'eft efforcé de dégager ce même *domaine*, & de le ramener à fa fource. Cette libération a paru fi importante, fi intéreffante, que le tréfor-royal n'étant pas en état de faire une pareille acquifition , on a été à la veille d'y fuppléer par une impofition générale fur les peuples, ou par un rembourfement en contrats de rentes perpétuelles fur la ville.

On fait que le préjugé d'inaliénabilité eft fort invétéré, que, faute de fonds dans le tréfor royal, on a propofé de retirer les engagemens par impofition ou par conftitution ; mais on doit remarquer en même tems que cette loi , qui interdit les aliénations, eft fort éloignée des avantages que l'on lui attribue ; que le rembourfement par impôt feroit une injuftice criante à l'égard des peuples , & que celui par conftitution feroit ruineux pour l'état , & même diamétralement oppofé au fyftême de l'aliénabilité : c'eft ce que l'on va tâcher de prouver.

Si on impofe en une feule fois la fomme totale du rembourfement, elle formera un objet fi confidérable, qu'il fera au-deffus des forces du peuple , déja extrêmement chargé ; fi c'eft dans des termes proportionnés à la poffibilité des moyens du peuple , ce fera faire languir les acquéreurs, & les priver d'un argent qu'eux ou leurs auteurs ont payé comptant ; ce fera les mettre dans l'impoffibilité de foutenir leur état , d'entretenir &

élever leurs familles ; ce fera les forcer à demeurer oififs & inutiles à la république, faute de moyens pour employer leurs talens & leur induftrie ; ce fera les priver de la reffource des remplacemens, parce que des fonds , fur lefquels la confiance aura peine à s'établir , & qui rentreront lentement , ne pourront jamais être employés avec avantage ; l'acquéreur ne voudra pas être garant des faits du prince ; le vendeur ne voudra pas en courir les rifques ; tout demeurera dans une inaction ruineufe : & dans l'autre cas d'impofition totale , ou partielle , il fera extrêmement injufte d'obliger des gens à payer ce qu'ils ne doivent pas, pendant qu'ils peuvent à peine fuffire à payer ce qu'ils doivent.

Si pour rembourfement on conftitue des rentes fur la ville, le roi eft trop jufte pour les mettre à un denier plus bas que cinq pour cent. Or il eft très-certain que le *domaine* que fa majefté retireroit, ne lui procureroit pas de quoi l'indemnifer de cette charge , parce que les réparations, les autres frais , & les vices de la régie, qui ne peut jamais atteindre à la précifion de celle des particuliers, abforberoient une grande partie des produits ; en forte que la dépenfe annuelle excéderoit de beaucoup la recette.

Et quand la balance feroit en équilibre, ce qu'il n'eft pas permis d'efpérer, quel avantage en réfulteroit-il ? aucun du côté du revenu, puifqu'il feroit égal ; au lieu qu'il y auroit du côté des fujets une perte véritable & intéreffante : un grand nombre d'entr'eux, paffant de l'état de cultivateur à celui de rentier , cefferoient de travailler pour l'utilité commune, étant reconnu que le rentier n'eft dans la fociété qu'un membre oifif, qui mange le pain qu'il ne gagne pas.

Mais, dira-t-on, il importe à l'Etat de retirer le *domaine*, & de faire ceffer les aliénations : à la bonne heure, fi vous pouvez trouver des moyens équitables & faciles ; mais celui que vous propofez n'a pas ce mérite, & de plus il eft inconféquent.

En effet , vous voulez racheter une aliénation par une autre aliénation ; car des rentes conftituées fur les tailles, fur les aides & gabelles, fur les poftes, font une aliénation auffi véritable & auffi réelle que celle du *domaine*, puifque toutes ces parties font actuellement le vrai *domaine* du roi ; & aliénation pour aliénation , ne vaut-il pas mieux laiffer fubfifter les anciennes, que d'y en fubftituer d'autres plus onéreufes au prince & à fes fujets?

Les règles qui s'obfervoient dans l'empire Romain , dont le riche & vafte *domaine* méritoit toute la confidération du gouvernement, étoient bien différentes des nôtres ; les voici , avec les motifs qui les avoient déterminées, telles qu'on les lit, avec le parallèle des maximes Françoifes fur cette matiere, dans un livre intitulé „ *Traité des finances des Romains*, imprimé en 1740 , chez Briaffon,

Briaffon, à Paris, fans nom d'auteur , & compofé par ordre de feu M. de Colbert , à ce que l'ano-nyme dit dans fa préface.

« Les Romains croyoient qu'ils pourroient y » avoir un commerce effectif entre la république » & les citoyens, entre le public & le particulier, » auffi-bien pour les fonds que pour les fruits , » pour les immeubles que pour le mobilier.

» Ils avoient éprouvé que, dans certaines con-» jonctures , l'Etat n'avoit pas moins befoin de » vendre , que d'intérêt d'acheter.

» Dans les acquifitions de particulier à par-» ticulier ; le retrait perpétuel étoit quelque-» fois ftipulé ; mais jamais dans celles entre le » fifc & les particuliers.

RAISONS DES FRANÇOIS CONTRE L'ALIÉNATION.

Il faut toujours avoir un fonds fixe & affuré dans un Etat ; c'eft de-là que dépend fa fûreté & fon repos.

Le retrait ne fait aucun tort aux particuliers ; cette loi eft publique : on achete à cette condi-tion.

Le retrait eft fort avantageux au roi, étant une reffource affurée contre la néceffité de l'alié-nation.

Les particuliers inferent fouvent cette condi-tion du retrait dans leurs contrats de vente , & au Parlement de Touloufe , on juge qu'elle eft imprefcriptible ; quoiqu'en pays coutumier elle fe prefcrive par trente années.

Les terres du *domaine* confiftent ordinairement en duchés & autres apanages , diftingués par des titres éclatans , inconnus à l'empire Romain.

» Ils penfoient que c'étoit aller contre la na-» ture des chofes, que de vouloir perpétuer la » propriété de certains fonds à un même maître.

» Ils tenoient que l'on pouvoit vendre les cho-» fes confacrées aux dieux , à plus forte raifon, » celles qui appartenoient au public.

» Enfin, ils étoient convaincus que la faculté » ou retrait diminueroit le prix des acquifitions. »

Telles étoient les raifons des Romains, que l'auteur appuie de l'autorité des écrivains qui en ont parlé, & particuliérement de Tite-Live, Ta-cite, Horace ,Virgile, Appien, & des loix Ro-maines. Voici, fuivant ce même écrivain , les maximes des François contre l'aliénation , en marge defquelles nous mettrons nos réflexions.

RÉFLEXIONS SUR CES RAISONS, PAR M. DUPIN.

Je ne dis pas le contraire ; mais celui dont il s'agit eft-il de cette efpèce ? n'eft-il pas pref-que anéanti par les aliénations ? Dans l'état où nous nous trouvons à préfent, ce fonds certain eft-il ailleurs que dans la bourfe des fujets , & dans la confiance que le gouvernement leur inf-pirera ? Or, plus ils auront d'aifance , & plus ce fonds aura d'étendue & de fûreté.

Sans doute , le retrait éventuel ne fait aucun tort aux particuliers qui achetent ; mais il en fait un confidérable à ceux qui vendent , & à l'Etat. Il avilit l'héritage ; il empêche le com-merce , les améliorations , les embelliffemens, & par conféquent la circulation des efpèces , le tra-vail des ouvriers , & les bénéfices de l'induftrie.

Le retrait n'eft point avantageux au roi ; avec de l'argent , il peut acheter des terres, fans qu'il foit néceffaire de retirer celles qu'il aura vendues ; ce parti même eft préférable à l'autre, en ce que ce commerce de vente & d'achat , avec cer-titude de propriété incommutable , maintient les héritages dans leur jufte valeur.

Les contrats où cette condition eft ftipulée, font rares , & il eft notoire que les héritages qui en font chargés, perdent infiniment de leur valeur, par les raifons ci-deffus alléguées ; ainfi cette ob-jection eft plutôt favorable que contraire au projet d'aliénation.

Le roi pourroit réferver celles qu'il jugeroit à propos pour des apanages , ou autres emplois. Au furplus, nul inconvénient que des particuliers poffedent des terres qui ont eu titre de duché : Rofny, Saint-Fargeau, & tant d'autres en font la preuve : & quand les Romains auroient connu ces titres , il eft certain que ces vains noms n'au-roient pas été capables d'en impofer à leur fage politique.

RAISONS.

Si, en France, on a reçu ou introduit le droit d'aînesse, le retrait féodal & lignager, pour la conservation des familles ; pourquoi ne garderoit-on pas le retrait perpétuel pour la conservation de la couronne, sous la grandeur de laquelle les familles se reposent & sont à couvert ?

—

Les empereurs défendoient expressément la vente de leurs palais, en quelques lieux & en quelques provinces qu'ils fussent situés ; les nôtres ont souvent tiré des leurs des secours considérables, dans la nécessité de leurs affaires.

RÉFLEXIONS.

La condition des particuliers qui meurent & se succèdent, ne peut être comparée à un Etat qu'on doit supposer éternel ; le retrait perpétuel n'ajoute assurément rien à la majesté de la couronne, & sans le retrait, elle ne seroit pas moins l'appui & la protection des familles. D'ailleurs, la faculté du retrait féodal & lignager n'est que passagere & momentanée, & l'autre est constante, perpétuelle & imprescriptible.

Les empereurs, ayant vendu les terres de la couronne, pouvoient en trouver d'autres pour leur argent ; mais ils n'auroient pas trouvé de palais, capables de les loger avec leur suite : c'est sans doute par cette raison qu'ils en avoient défendu la vente. Au reste, on n'a jamais ouï dire que nos rois eussent vendu les leurs, & qu'ils en eussent tiré des secours considérables dans la nécessité de leurs affaires. Ils peuvent avoir vendu quelques anciens palais ruinés, de même que d'autres portions de leur *domaine* ; mais plutôt pour se débarrasser d'un entretien onéreux, que dans la vue d'une ressource pour le rétablissement de leurs affaires.

Pour appuyer les raisons que l'auteur rapporte contre l'aliénation, il cite Suétone, Tacite, Dion, le Bret, Olive, Chopin, Dumoulin, Grimaudet, Sleidan, & le Lévitique ; mais ni le mérite des raisons, ni l'autorité des citations ne paroissent capables de détruire la proposition de l'aliénation, & les motifs sur lesquels elle est fondée.

Mais à quoi bon tant d'efforts, pour démontrer l'avantage & la possibilité de l'aliénation du *domaine*, à titre de propriété incommutable ? Malgré les sermens que les rois font à leur sacre, malgré la loi promulguée en 1539 par François Ier, le roi Louis XIV n'a-t-il pas exécuté en partie ce que nous proposons aujourd'hui ?

Ce prince, par édit de 1695, avoit assuré cette propriété incommutable, à l'égard de tous les *domaines* aliénés depuis l'ordonnance de 1566. La paix conclue, par le traité de Riswick, l'ayant mis en état de se passer de ces secours extraordinaires, il fit surseoir à cet édit ; mais les dépenses dans lesquelles il se trouva engagé, pour soutenir le droit de son petit-fils à la couronne d'Espagne, l'obligerent de nouveau à recourir à ce même expédient ; & par édit du mois d'avril 1702, il déclara aliénable, à titre d'inféodation & de propriété incommutable, non-seulement les hautes justices, par démembremens des justices royales ; mais encore toutes les parties du *domaine*,

connues sous le nom de *petit domaine*, qui consistent en cens, rentes, moulins, fours, pressoirs, halles, maisons, boutiques, échopes, terres vaines & vagues, landes, bruyeres, palus, marais, bacs, péages, chasses, pêches, banvin ; lesquels biens & droits, ou du moins la plus grande partie d'iceux, avoit déja été reconnue aliénable à perpétuité & sans faculté de rachat, par déclaration du 8 avril 1672 ; & en outre, ce même édit de 1702 confirma les possesseurs des *domaines* & droits aliénés, depuis l'année 1566, dans la jouissance perpétuelle, & propriété incommutable desdits *domaines* & droits.

On dira sans doute que la raison, qui a déterminé le ministere à consentir à l'aliénation perpétuelle & irrévocable de ces différentes parties, est la modicité de chacune prise en particulier, & la dépense qu'elles exigeoient pour leur entretien ; mais qu'il n'en est pas de même pour les corps de terres & seigneuries : ce sont en effet les motifs qui furent allégués dans le tems.

Mais, qu'est-ce que c'est que toutes les terres & seigneuries du royaume, tant du roi que des particuliers ? en quoi consistent-elles ? En justice, châteaux, maisons, cens, rentes, moulins, fours, pressoirs, terres, prés, vignes, landes, bruyeres, marais, étangs, bois, péages, chasses, pêches, &c, c'est-à-dire, dans un assemblage plus ou moins confidérable des parties, qui forment ce qu'on appelle le *petit domaine*.

Or, fi l'on prétend que l'entretien & la régie des parties détachées de ce petit *domaine* font onéreux ou peu utiles ; comment pourra-t-on dire que ces mêmes parties, réunies & accumulées pour former un corps de terre, ne foient pas fujettes aux mêmes inconvéniens ? Et pourquoi les motifs, qui ont déterminé à l'aliénation irrévocable de l'un, n'auroient-ils pas la même influence fur l'autre, puifque le tout eft conftamment & néceffairement affujetti au fort de fes parties intégrantes ?

Cette comparaifon ne feroit peut-être pas jufte, s'il s'agiffoit d'un particulier. Quand fes biens font réunis en un corps, il voit tout d'un coup-d'œil, par lui ou par fes gens d'affaires ; fi au contraire ils font divifés & éloignés, il lui en coûte beaucoup de peines & de frais, pour fe porter par-tout où les befoins exigent fa préfence ; & s'il veut fe difpenfer d'agir par lui-même, il eft obligé de multiplier fes agens, dont les appointemens confomment une partie du produit de fes héritages ; mais il n'en eft pas de même du roi ; il a par-tout des officiers payés pour veiller à fes intérêts. Ses fermiers le font de tout le *domaine* du royaume ; leurs prépofés font répandus dans toutes les provinces, & les biens de cette efpèce dans les mains du fouverain, fufceptibles d'ailleurs de plufieurs inconvéniens, ne font pas de celui-ci.

La loi fondamentale de l'Etat, ne permet pas, ajoutera-t-on, d'aliéner le *domaine* ; mais les parties, dont la déclaration de 1671, & les édits de 1695 & 1702 ont ordonné l'aliénation à titre de propriété incommutable, n'appartenoient-elles pas auffi-bien au *domaine* de la couronne, que celles qui n'y font pas comprifes?

Et l'édit de François Ier, de 1539, a-t-il fait des exceptions, qui aient autorifé la perpétuité des aliénations qui ont été faites ?

Ainfi, quant à la tranfgreffion de la loi, il ne doit pas plus fubfifter de difficultés pour l'un, que l'on en a trouvé pour l'autre ; & à l'égard des motifs qui ont déterminé l'aliénation, ils n'ont pas plus de force pour le petit que pour le grand *domaine*.

Quand un préjugé a été adopté par une nation entière, on ne doit point le heurter de front ; la prudence exige que l'on paffe infenfiblement d'un terme à l'autre, & que l'on ménage jufqu'aux erreurs de la multitude ; mais ceux qui tiennent les rênes du gouvernement n'ont jamais cru, fur-tout en matière de finance, que ces confidérations fuffent affez puiffantes, pour leur faire rejeter les avantages qu'une nouvelle route pouvoit leur offrir.

Les premiers pas ont déja été faits vers l'aliénation perpétuelle du *domaine*, par les règlemens que nous venons de citer. Pour aller plus loin, il ne s'agit plus que d'un prétexte raifonnable ; tels que peuvent être les befoins de l'Etat, pour une guerre auffi intéreffante que celle d'aujourd'hui, où nos ennemis, après avoir rejeté des propofitions, que notre amour pour la paix avoit dictées à leur avantage, ont eu affez bonne opinion de leur fupériorité, pour demander & efpérer la ceffion de cinq ou fix de nos provinces frontieres, les plus riches & les plus importantes à notre fûreté.

Par toutes ces raifons, je perfifte à dire que, dans l'état où fe trouve actuellement le *domaine* de la couronne, & en fuppofant un befoin de finance, il feroit plus avantageux, à l'égard de celui non encore aliéné, 1º. de le vendre que de le garder ; 2º. de ftipuler vente perpétuelle plutôt que réverfible, en réfervant tel nombre de forêts, châteaux & feigneuries, que le confeil du roi aviferoit bon d'être ; & à l'égard du *domaine* déja aliéné, fauf celui qui eft entre les mains des princes & princeffes du fang, que j'exclus de cette propofition, d'en faire un rachat général, & enfuite une vente perpétuelle & irrévocable aux plus offrans, fans préférence pour les poffeffeurs actuels, à la charge, par les nouveaux acquéreurs, de rembourfer les anciens, & de porter le furplus au tréfor royal.

M. de Forbonnais, que nous avons toujours cité avec éloge, effleure la queftion de l'inaliénabilité, dans fes *Recherches & confidérations fur les finances*, édition in-12, *tome premier*, page 156. Son fyftême, quoique différent de celui que nous venons d'expofer, a néanmoins le même but. Voici comment il s'exprime.

« On a long-tems regardé le *domaine* de la couronne, comme le véritable patrimoine de nos rois, & cette maxime fe répète encore quelquefois. Mais a-t-on diftingué bien nettement les principes dont elle dérive ? Il eft clair que les circonftances politiques, au commencement de la troifieme race, forcerent les princes à mettre tout en ufage pour conferver leur *domaine*, devenu prefque l'unique branche de finance, fur laquelle ils puffent compter folidement, dans un tems qu'on peut appeler *d'anarchie*.

» Par les mêmes motifs, il fut utile que les rois acquiffent la plus grande quantité de *domaines* qu'il leur feroit poffible, foit afin d'augmenter les forces réelles de la couronne, foit afin de multiplier les vaffaux immédiats, & de miner fourdement la puiffance de cette foule de petits tyrans qui s'étoient établis dans toutes les provinces.

» Ce double avantage frappa vivement les ef-

D ddd ij

   » prits ; les intérêts particuliers s'y joignîrent
» même, car on s'imagina que l'on payeroit moins
» à mesure que le monarque posséderoit davan-
» tage de son chef ; enfin les légistes seconderent
» les vues du gouvernement & de la loi salique,
» de laquelle on fit dériver l'inaliénabilité du
» *domaine* de la couronne.

   » Cette opinion servit, tout-à-la-fois, à em-
» pêcher le démembrement de la monarchie, &
» à lui faire restituer depuis, ce que la nécessité
» avoit pu lui arracher. Avec le tems, l'idée du
» *domaine* s'étendit, c'est-à-dire, qu'il y eut des
» droits reconnus domaniaux par leur essence ;
» ainsi le *domaine* consiste aujourd'hui en fonds
» de terre & en droits.

   » Il est constant que les droits doivent être
» dans la main du roi ; qu'il est dangereux & in-
» décent qu'il en soit levé sur les peuples, dont
» il ne soit pas le propriétaire & l'économe ;
» mais en examinant la partie des *domaines* en
» fonds, peut-être ne paroîtra-t-il pas égale-
» ment avantageux à l'État que le roi les pos-
» sède.

   » On sait que les fermiers, dont l'usufruit est
» limité, ne se portent point à améliorer les
» terres domaniales dans la même proportion que
» sont améliorées les terres des particuliers ; des
» formes nécessaires en général, ou réputées
» telles, s'y opposent même le plus souvent.

   » Dans chaque province le roi possede une
» quantité considérable de terres vagues, dont
» les fermiers ne tirent & ne peuvent tirer par
» eux-mêmes aucun avantage ; l'abandon de ces
» terres aux particuliers coûte des frais immen-
» ses d'arpentage, de juges divers qui absor-
» bent la valeur du fonds, & les conditions ne
» paroissent point sûres ; enfin il est notoire que
» le revenu réel des terres du *domaine* reçoit
» une forte diminution avant d'entrer dans les
» coffres du prince, par la grande quantité de
» profits intermédiaires qui s'y font.

   » Il semble qu'une police fort simple pourroit,
» sans nuire aux principes établis, réformer les
» abus. Avant de la proposer, cependant on
» distingue les bois des autres espèces de biens-
» fonds, & l'on croit qu'en apportant dans cette
» partie la réforme nécessaire, les bois sont mieux
» dans la main du roi que dans celles des par-
» ticuliers, toujours plus pressés de faire des
» coupes prématurées ; mais à l'égard des autres
» fonds, il paroîtroit avantageux de les inféoder
» par petites portions de huit à neuf cents livres
» pour cent ans, à des familles qui les culti-
» veroient & amélioreroient comme leur propre
» bien.

   » Au bout de cent ans le prince en feroit de
» nouvelles adjudications à l'enchère, sur les-
» quelles il jouiroit des améliorations faites &
» du surhaussement des baux, tel que la sura-
» bondance de l'argent l'auroit procuré.

   » On pourroit même astreindre les preneurs
» à représenter sur le fonds, à l'expiration des
» cent années, un nombre fixe de pieds d'arbres
» par arpent, lesquels ne fussent ni trop jeunes
» ni trop vieux, suivant les espèces & les lieux.
» La recette seroit simple & fixe, les réparations
» épargnées, & tous les petits détails économi-
» ques sont toujours onéreux au prince.

   » On propose d'inféoder par portions mé-
» diocres, parce que l'intérêt de l'État est de
» multiplier le nombre des propriétaires des
» terres, & sur-tout de ceux qui cultivent par
» eux-mêmes avec aisance. C'est un moyen sûr
» d'augmenter le nombre des familles qui font le
» fonds de la population. Mais il seroit indis-
» pensable que ces afféagemens & ces partages
» de terres, se fissent sous des formes très-
» simples, sans frais pour les particuliers, &
» par des personnes revêtues de simples com-
» missions ; car les officiers titulaires ont rare-
» ment la même vigilance, la même exactitude,
» & sont trop soutenus, parce qu'on appelle le
» corps, dans les abus qu'ils commettent.

   » Le roi se réserveroit les fiefs & les droits
» honorifiques, & l'on pourroit introduire pour
» maxime, que ni les fiefs ni ces inféodations ne
» pourroient être aliénés sous aucun prétexte,
» même d'échange, afin d'éviter la confusion.
» Comme le *domaine* originaire est immense, &
» qu'une bonne partie des aliénations a été aban-
» donnée sans titre ou à vil prix, il n'en seroit
» pas moins essentiel d'en procurer la rentrée
» pour le régir sous cette forme.

   On remarquera dans la suite de cet article,
que ces idées avoient été goûtées par le ministère, en 1781, puisqu'elles furent proposées
au roi ; preuve qu'on ne peut trop encourager
les hommes instruits à publier les vues & les
projets qu'ils conçoivent dans l'étude des matieres
d'administration.

   Un autre écrivain plus récent que ceux dont il
vient d'être question, a publié des *Considérations
sur l'inaliénabilité du domaine de la couronne*, vol.
in-12, 1775. C'est ici le lieu d'en donner l'analyse.

   Voici comment il énonce la proposition qu'il
combat contre du Moulin, Mézeray, le président
Hénault & plusieurs autres écrivains ; ils ont
avancé « que le *domaine* de la couronne est ina-
» liénable, parce que nos rois n'en sont que les
» administrateurs, & qu'ils n'ont pas un pouvoir
» plus ample sur la terre de leur *domaine*, que
» les maris sur les biens de leurs femmes ; que
» l'inaliénabilité du *domaine* est comme du droit
» des gens ; qu'à la vérité, la prohibition d'a-
» liéner n'a été établie par aucune loi spéciale ;
» mais qu'elle est née, pour ainsi dire, avec la
» monarchie, & que chaque roi a coutume, à
» son avénement, de faire serment de l'observer.

» Que les biens patrimoniaux que le prince pof-
» fède en montant fur le trône, ou qui lui ad-
» viennent à titre fucceffif depuis qu'il eft roi,
» s'uniffent au *domaine*, non en vertu de fa vo-
» lonté, mais par l'effet de l'union qu'il con-
» tracte lui-même avec l'Etat; *union qui lui ac-*
» *quérant tout ce qui appartient à l'Etat, acquiert*
» *réciproquement à l'Etat tout ce qui appartient au*
» *roi.* »

Ce mélange de propofitions, dont les unes font
vraies & les autres deftituées de tout fondement,
dit l'auteur des *Confidérations fur l'inaliénabilité du*
domaine, ne pourroit que nuire à la vérité, fi
la vérité pouvoit s'écrouler avec les faux appuis
qu'on lui prête; la maxime de l'inaliénabilité
fera-t-elle moins certaine & moins refpectée quand
on aura fixé la véritable caufe & la véritable
époque de fon établiffement? N'eft-ce pas s'é-
garer à plaifir dans le pays des conjectures, que
de chercher dans les premiers fiècles de la monarchie, la fource des loix & des ufages qui font
maintenant en vigueur, tandis que le droit public
& le droit particulier font fi différens, & fouvent
fi oppofés fous la troifieme race, à ce qu'ils
étoient fous les deux premières? Ce n'eft pas
feulement à l'occafion des loix domaniales qu'on
a prétendu trouver dans le gouvernement des
trois races, une conformité de principes & d'u-
fages qui n'exifta jamais. L'erreur s'eft étendue
à bien d'autres objets; on a refufé de voir qu'un
ordre de chofes tout nouveau étoit né avec la
troifieme dynaftie, & s'étoit affermi avec elle.

C'eft à défaut de preuves & de faits, ou plutôt
c'eft pour éluder la force des preuves qui réfultent des faits, qu'on s'eft jeté dans des raifonnemens généraux, plus propres à éblouir qu'à perfuader. Il ne falloit pas du moins dénaturer la loi
de l'inaliénabilité du *domaine*, jufqu'à la donner
pour une émanation du droit des gens. L'opinion que l'on combat auroit véritablement grand
befoin que le droit des gens vînt à fon fecours.
Mais qu'eft-ce que le droit des gens? C'eft celui
de tous les peuples de la terre; ce font les conventions expreffes ou tacites, établies par un
confentement général, pour la fûreté du commerce entre toutes les nations. Eh! qu'importe
à leur fûreté que le *domaine* de la couronne de
France foit inaliénable ou qu'il ne le foit pas?
Chaque Etat, foit monarchique ou républicain,
a des conftitutions qui lui font propres: le droit
des gens veut qu'il ne foit porté aucune atteinte
à ces diverfes conftitutions; mais on ne peut
pas dire de chacune de ces conftitutions en particulier, qu'elle forme le droit des gens, ou
qu'elle en dérive.

Soutenir que le *domaine* eft inaliénable, parce
que nos rois n'en font que les fimples adminiftrateurs, comme les maris le font des biens de leurs
femmes, c'eft une pure pétition de principe, &
donner une comparaifon pour une preuve.

Prétendre que *l'union du roi avec l'Etat, acqué-*
rant au roi tout ce qui appartient à l'Etat, acquiert
réciproquement à l'Etat tout ce qui appartient au roi,
& en inférer que le *domaine* eft inaliénable, c'eft
donner l'effet pour la caufe.

Il eft bien vrai que nos rois ne font que les
adminiftrateurs de leur *domaine*; il eft vrai auffi
que l'Etat acquiert les biens patrimoniaux qui
appartiennent à nos rois, lorfqu'ils montent fur
le trône, & ceux qui leur adviennent dans la
fuite, fauf néanmoins les reftrictions que les ordonnances y ont apportées. Ces maximes font
aujourd'hui tenues pour certaines; mais s'enfuit-
il delà qu'elles aient été également connues fous
les deux premières races? Non, fans doute,
puifque tous les faits y répugnent & prouvent
le contraire.

Vers la fin de la feconde race, toutes chofes
tombèrent dans un défordre & dans une confufion extrêmes. Les rois fe trouvèrent fans *do-*
maine, fans autorité, fans pouvoir. Un nouveau genre de poffeffion s'étoit établi fous le
nom de fief: les ducs ou gouverneurs des provinces, les comtes ou gouverneurs des villes, les
officiers d'un ordre inférieur, profitant de la foibleffe des rois, rendirent héréditaires dans leurs
maifons, des titres que, jufques-là, ils n'avoient
poffédés qu'à vie; & ayant ufurpé également &
la terre & la juftice, s'érigèrent eux-mêmes en
feigneurs propriétaires des lieux, dont ils n'é-
toient que les magiftrats, foit militaires, foit
civils, foit tous les deux enfemble.

Ils n'ufurpèrent pas feulement les terres & la
juftice dont ils n'avoient que l'adminiftration,
comme le remarque M. le préfident Hénault;
les ducs & les comtes s'emparèrent de la fouveraineté même & des droits régaliens. Le royaume
fut divifé entre plufieurs fouverains, & leur chef
fe trouva enfin le moins puiffant de tous.

Lothaire, pere de Louis V, dernier roi Car-
lovingien, étoit réduit prefque à la ville de Laon,
ne prenant point de part aux guerres que fes
vaffaux fe faifoient entre eux. Louis V ne regna
qu'un an, & ne put agrandir fes poffeffions pendant un regne fi court. Après fa mort, Hugues
Capet, fils de Hugues le Grand, qui avoit regné
vingt ans fans être roi, & qui n'avoit pas voulu
l'être, fut élevé fur le trône, par l'heureux concours de la force & de la prudence.

La France étoit toujours un grand royaume
qui s'étendoit des environs de l'Efcaut & de la
Meufe jufqu'à la mer Britannique, & des bords
de l'Ebre jufqu'au Rhône; mais, dit Mézeray,
fe gouvernant comme un grand fief, plutôt que
comme une monarchie.

Il s'en falloit beaucoup que le pouvoir du roi
répondît à l'étendue de fa domination. Chaque
province avoit fes comtes ou fes ducs héréditaires, vaffaux dont la puiffance devint prefque

auffi redoutable au fouverain, que celle des rois voifins de fes frontieres. Ils introduifirent les inféodations, & fe donnerent, à leur tour, des vaffaux qui ne relevoient que de leurs perfonnes, comme eux-mêmes ne relevoient que du roi.

Hugues Capet, lui-même, étoit de ce nombre, en qualité de duc de France. Ce duché comprenoit, outre de vaftes *domaines* en Picardie & en Champagne, les ville & comté de Paris, l'Orléanois, le pays Chartrain, le Perche, le comté de Blois, la Touraine, l'Anjou & le Maine. Les comtes d'Anjou, de Blois, de Chartres & de Tours, étoient fes fous-vaffaux.

Ce Prince étoit donc le plus puiffant, ou du moins l'un des plus puiffans de tous les grands vaffaux, par l'étendue de fon fief & par fa fituation. Le duché de France & le comté de Paris lui fervirent de degrés pour arriver au trône : mais il eft aifé de concevoir que, devenu le fuzerain, plutôt que le fouverain de fes pairs, ceux-ci fe maintinrent fans peine dans leurs ufurpations ; & que, s'il avoit attaqué l'un d'entre eux, il les auroit eu tous pour ennemis.

Quelques auteurs ont avancé que Hugues Capet avoit réuni & incorporé au *domaine* royal, le duché de France & le comté de Paris, pour n'en être jamais féparés. Mais il n'y a point de charttre de cette réunion, qui s'eft confommée par le fait, & non par une loi fpéciale.

On trouve même dans l'hiftoire de ces tems-là, des preuves bien claires que nos rois ne s'occupoient pas encore du foin de rendre leur *domaine* inaliénable, ni d'y réunir les parties qui en avoient été diftraites.

Henri, frere de Hugues Capet, & duc de Bourgogne, étant mort fans enfans, avoit difpofé par teftament, de fon duché, en faveur du roi Robert fon neveu. Si les loix domaniales avoient alors exifté, Robert n'eût pas été le maître de ne pas réunir le duché de Bourgogne à fa couronne. Il n'eft pas douteux du moins qu'il ne le pût, puifqu'il tenoit ce duché à titre de fucceffion. Cependant il en inveftit Henri, fon fecond fils ; & Henri, devenu roi de France, céda ce même duché, en pleine propriété, à Robert, fon frere cadet. Il eft probable que les rois Robert & Henri I craignirent d'ébranler leur trône, encore mal affermi, & de réveiller la jaloufie des grands vaffaux, qui n'auroient pas vu d'un œil tranquille l'accroiffement de puiffance, que la poffeffion du duché de Bourgogne auroit apportée à leur fuzerain.

Quoi qu'il en foit, long-tems encore après cette époque, nos rois ne doutoient pas qu'ils ne puffent librement & valablement difpofer de la propriété de partie de leurs *domaines*, en faveur de leurs fils cadets. Louis VIII, par fon teftament, déclara Louis, fon fils aîné, roi de France, & donna l'Artois à fon fecond fils, le

Poitou au troifieme, l'Anjou & le Maine au quatrieme, & ce teftament fut exécuté fans aucune contradiction.

L'inaliénabilité du *domaine* n'étoit donc pas encore loi de l'Etat, ni reconnue comme telle par la nation. M. le préfident Hénault, tout favorable qu'il eft à la caufe du *domaine*, dont il fait remonter l'inaliénabilité jufqu'à la fondation de la monarchie, demeure pourtant d'accord que Louis VIII, par fon teftament, fit des démembremens des portions du *domaine*, & que les puînés en avoient alors la propriété, les apanages n'étant pas encore trop connus.

Philippe-le-Bel eft le premier qui ait mis dans l'apanage du comté de Poitou & autres terres qu'il donna à fon fils puîné, Philippe de France, depuis roi, furnommé le Long, la condition de retour à défaut d'hoirs mâles, & que depuis elle a toujours été obfervée. Ce qui étoit donné fans cette condition de retour à défaut d'hoirs, paffoit donc certainement en pleine propriété au donataire, avec faculté d'en difpofer par toutes les voies que le droit & la coutume autorifent. Les raifonnemens les plus fubtils & les plus fpécieux font fans force, contre ces faits qui les démentent.

Si l'on pouvoit s'en rapporter au témoignage d'un jurifconfulte Anglois, qui, fous le regne d'Edouard I, compofa une pratique du droit de fon pays, fous le titre de *Fleta*, nous aurions une époque certaine de la premiere loi domaniale, non-feulement pour la France, mais encore pour tous les fouverains de l'Europe.

Cet auteur raconte qu'en 1279, il fe tint, à Montpellier, une affemblée folemnelle de tous les rois chrétiens : *Omnium regum chriftianorum apud Montem-peffoloniam*, dans laquelle ils convinrent que le *domaine* de leur couronne feroit inaliénable, & que les chofes qui en auroient été démembrées, y feroient réunies.

M. le préfident Hénault qui cite ce trait fingulier, & qui a bien fenti qu'une pareille affemblée de tous les rois chrétiens, péchoit contre toute vraifemblance, dit qu'ils convinrent par eux ou par leurs ambaffadeurs. Mais le jurifconfulte Anglois ne parle point d'ambaffadeurs ; il affure que tous les rois chrétiens fe réunirent en perfonnes.

Cet écrivain a été contredit par Selden dans une favante differtation, & Selden a été fuivi, tant par Lauriere dans le recueil des ordonnances, que par dom Vaiffette dans fon hiftoire du Languedoc. Mais, dit M. le préfident Hénault, tout cela ne fait qu'une autorité, & qui fait fi Selden n'avoit pas des raifons politiques pour nier le fait, fans s'autorifer d'aucune preuve?

Cette réflexion femble annoncer dans le célebre écrivain qui la propofe, du penchant à admettre pour vraie l'anecdote du *Fleta* : il eft pourtant pas facile de pénétrer le motif qui la lui feroit adopter ; car, si l'on accorde la réalité de l'assemblée de Montpellier, il s'ensuivra de-là manifestement, qu'ayant la prétendue résolution qui y fut prise, l'inaliénabilité du *domaine* des couronnes étoit tout au moins très-problématique ; conséquence destructive du système de M. le président Hénault, qui tient que le *domaine* royal étoit inaliénable, même sous les rois des deux premieres races, & que c'est une erreur de croire que ce n'a été que depuis Philippe le Hardi, que nos rois ont cessé de pouvoir aliéner leur *domaine*.

Mais on ne trouve dans l'histoire aucune trace, aucuns vestiges de l'assemblée de Montpellier. Le silence général des annales de toutes les nations ne suffit-il pas pour anéantir la déposition solitaire du jurisconsulte Anglois ? Quelles raisons auroient pu déterminer tous les rois chrétiens à se réunir, afin de porter ensemble une commune pour l'inaliénabilité de leurs *domaines* ? Quel intérêt avoit chacun de ces princes en particulier, à ce que le *domaine* de tous les autres fût inaliénable ?

Un événement aussi extraordinaire que celui-là, qui suppose nécessairement de longs préliminaires, beaucoup de difficultés vaincues, beaucoup d'obstacles applanis, le concours & le déplacement de plusieurs souverains pour une opération qu'ils pouvoient faire avec la même solidité sans sortir de leurs États, est évidemment fabuleux & chimérique.

C'est ainsi que pensent l'abbé Velly, & M. David Houard, avocat au Parlement de Rouen, qui a donné, en 1766, une collection des anciennes loix des François, conservées dans les coutumes angloises, recueillies par Littleton. On y trouve une notice très-ample & très-curieuse du *Fleta* ; compilation ainsi appellée, parce quelle avoit été faite par un Anglois, dans la prison nommée *The Fleet*, c'est-à-dire, la flotte.

L'abbé Velly, après avoir appuyé son avis sur les raisons les plus fortes & les plus conformes à la saine critique, les termine par ces expressions remarquables. Ce n'est qu'insensiblement & après de longues réflexions, que nos monarques ont enfin reconnu la vérité du grand principe, qui les met dans une heureuse impuissance d'aliéner leur *domaine*.

Bien loin que cet historien reçoive le système de l'inaliénabilité sous les deux premieres races, il ne le regarde pas même comme établi du tems de Philippe-le-Bel. C'est encore le sentiment de l'illustre magistrat qui a immortalisé son nom par une profonde connoissance des loix & de l'esprit dans lequel elles ont été données à tous les peuples policés. Il s'en falloit bien, dit-il, que l'on eût dans ce tems-là, (du tems des maires du palais) l'idée d'un *domaine* inaliénable ; c'est une

chose très-moderne, & qu'on ne connoissoit ni dans la théorie, ni dans la pratique.

Essayons donc, s'il est possible, d'en assigner la véritable époque, & de faire connoître comment les loix domaniales se font introduites, & par quels progrès elles ont acquis de la force, de l'étendue & de la stabilité.

Pour remplir cet objet, il faut d'abord considérer ce qu'étoit la France sous la premiere & au commencement de la seconde race de nos rois, & l'état où se trouva le royaume, non-seulement lorsque Hugues Capet parvint à la couronne, mais encore sous ses successeurs, pendant plus de deux siècles. La comparaison de ces deux États si différens l'un de l'autre, nous conduira naturellement au but qu'il s'agit d'atteindre.

Les Gaules divisées en dix-sept grandes provinces, étoient riches, peuplées & florissantes, lorsque les Francs & d'autres peuples sortis de la Germanie les enleverent à l'empire Romain. Les conquérans se distribuerent entre eux le tiers des terres, & laisserent les deux autres tiers aux peuples conquis, c'est-à-dire, aux naturels Gaulois, & aux Romains qui s'étoient établis en grand nombre dans les Gaules. On les confondoit presque tous sous le nom de Romains, parce que ceux-ci qui avoient subjugué les autres, formoient la nation dominante.

Clovis, ses premiers descendans, Pepin-le-Bref, Charlemagne, n'étoient certainement pas dans le cas de regarder les revenus de leurs *domaines*, comme une ressource nécessaire pour soutenir la splendeur de leur couronne. Au contraire, suivant la remarque de Mézeray, *ils étoient obligés d'en donner à plusieurs, ou pour récompenser ceux qui les servoient, ou pour retenir ceux qui pouvoient faire du mal*. Cet historien ajoute, il est vrai, que ces donations n'étoient *qu'à vie seulement*, & que c'est pourquoi il les nommoit des *bénéfices*, nom qui n'est demeuré que dans l'église. Ils accorderent sans doute de simples jouissances viageres, sous le titre de bénéfices ; mais ils détacherent aussi de leurs *domaines*, des terres, des héritages, *prædia*, pour être possédés propriétairement par les donataires. Les dons immenses, à tant d'églises & de monasteres, étoient-ils faits sous la condition de rentrer dans le *domaine* royal ?

L'ordre de la nature fut la règle unique de nos premiers rois, dans un point de bien plus haute importance ; ils partagerent leurs Etats entre leurs enfans, de même que si c'eût été une succession ordinaire, sans songer que ces partages affoiblissoient la monarchie, en divisant ses forces, & l'exposoient aux suites funestes qu'ils entraînerent en effet. Comment voudroit-on que, sur un objet de bien moindre conséquence, ils se fussent écartés de la loi naturelle, selon laquelle tout homme peut disposer librement de ce qui lui appartient ? Leur politique ne s'étendit pas jusques-là ; il n'y avoit que l'exemple ou la nécessité qui pût leur en faire naître l'idée. Or, l'exemple étoit contraire, puisque les empereurs Romains, à la puissance desquels ils succédoient, n'étoient point gênés par des loix domaniales. Nulle nécessité d'ailleurs ne les obligeoit, comme on l'a déja dit, à s'imposer cette contrainte ; & tous les faits prouvent qu'ils ne se l'impoferent pas.

C'est une observation également judicieuse & évidente de l'auteur de l'*Esprit des loix*, que *l'hérédité des fiefs & l'établissement général des arriere-fiefs, éteignirent le gouvernement politique, & formerent le gouvernement féodal.* D'où il s'ensuit que le gouvernement, changeant de nature, changea aussi de principes ; & par conséquent, qu'on ne doit pas chercher, & qu'on ne peut pas trouver l'origine des maximes & des usages du gouvernement féodal de la troisieme race, dans les usages & dans les maximes du gouvernement politique des deux précédentes.

On ne sauroit considérer trop attentivement que quand Pepin-le-Bref fut couronné roi, il n'acquit que les ornemens royaux, & qu'il n'y eut rien de changé dans la nation ; mais que, sous les descendans de Pepin, le royaume tomba dans l'anarchie ; de sorte que quand Hugues Capet fut couronné roi, il y eut un grand changement, parce que l'Etat passa de l'anarchie à un gouvernement quelconque ; en un mot, que la chose changea, parce qu'un grand fief, uni à la couronne, fit cesser l'anarchie, & que le titre de roi fut uni au plus grand fief. Observons encore, avec le même auteur, que quand la couronne de France sortit de la maison de Charlemagne, l'hérédité des fiefs étant établie dans le royaume, la couronne, comme un grand fief, fut aussi héréditaire, & qu'il suivit de la perpétuité des fiefs, que le droit de primogéniture s'établit parmi les François, droit inconnu dans la premiere race. La couronne se partageoit entre les freres ; les aïeux se divisoient de même, & les fiefs ou bénéfices à vie, n'étant pas un objet de succession, ne pouvoient être un objet de partage.

Ces vérités ont été apperçues par Mézeray ; M. le président de Montesquieu les a développées ; mais s'il est permis d'ajouter de nouvelles réflexions à l'appui des siennes, il ne paroîtra pas douteux, ce me semble, que les plus grands changemens n'aient été causés par la nécessité physique des circonstances, loi impérieuse, à laquelle toutes les autres cédent, strictement observée tant que la cause subsiste, & qui n'est plus qu'un vieux préjugé quand la cause a cessé.

Le pouvoir irrésistible des circonstances sur la constitution de l'Etat, est bien démontré dès la premiere race ; car, bien que ce fût une maxime du gouvernement des François, que tous les fils des rois fussent également admis au partage du royaume de leur pere, sans que l'aîné eût aucun

avantage sur les cadets, sans que la nation eût plus d'influence dans le partage que dans la succession même ; cependant le duc Pepin ayant usurpé l'Austrasie, où il commanda en maître, la France, depuis ce démembrement, & tant qu'il subsista, ne parut plus susceptible d'aucune division. Alors on cessa de voir le frere partager avec le frere. Clovis III succéda seul à son frere Thierri, au préjudice de Childebert, qui ne regna qu'après la mort de Clovis. On ne trouve plus qu'un souverain en France, dans toute la suite de la premiere race. C'est que, dans le vrai & par le fait, la France n'étoit plus susceptible de division, & que l'autorité des rois, ou plutôt des maires du palais, auroit été resserrée dans des bornes trop étroites.

Tout partage eût été bien plus impraticable encore à la mort de Hugues Capet, puisque ce prince n'avoit certainement pas la douzieme partie de ce qui compose aujourd'hui le royaume de France. La même impossibilité subsista encore long-tems. Le droit de primogéniture s'établit insensiblement, par la sage précaution que prirent nos rois d'associer leurs fils aînés à leur couronne. Louis VIII, sacré à Reims, le 6 août 1223, fut le premier que son pere ne fit pas couronner de son vivant ; l'ordre de la succession étoit assuré par une possession de deux siecles.

Le *domaine* royal n'étoit pas assez considérable pour que nos rois pussent en faire de grandes largesses, quand ils l'auroient voulu. Leurs revenus étoient plus qu'absorbés par leurs besoins personnels. Ils n'avoient, pour établir le fonds de leurs dépenses, que le *domaine* de la couronne, qu'anciennement on appelloit *trésor*.

Hugues Capet, couronné roi, ne fut ni plus riche, ni plus puissant, comme roi, qu'il l'étoit comme duc de France & comte de Paris ; il n'acquit que la suzeraineté, titre qui devint formidable entre les mains de ses descendans, & qui, on l'avoue, leur servit à rétablir le gouvernement politique sur les ruines de l'anarchie féodale ; mais après la révolution de plusieurs siecles, & après des événemens, qui plus d'une fois conduisirent la France bien près de sa perte.

Il est vrai que sous Philippe Ier, arriere-petit fils de Hugues Capet, le *domaine* royal fut augmenté en 1079, du Gâtinois, par une donation de Foulques, comte d'Anjou, & en 1106, de la vicomté & de la ville de Bourges, par voie d'acquisition. Il est encore vrai que Louis-le-Gros, fils & successeur de Philippe Ier, commença à se ressaisir de l'autorité que les grands vassaux avoient usurpée, en établissant les communes, en affranchissant les serfs dont le nombre étoit encore très-grand, en affoiblissant le pouvoir excessif des justices seigneuriales.

Mais les plus grands coups furent frappés par Philippe-

Philippe-Auguſte, mort en 1223, qui réunit à la couronne la Normandie, l'Anjou, le Maine, la Touraine, le Poitou, l'Auvergne, le Vermandois, l'Artois, Montargis, Gien, &c. &c. Par la ſoumiſſion immédiate de toutes ces provinces au trône, le roi ſe trouva beaucoup plus puiſſant qu'aucun de ſes grands vaſſaux en particulier, & en état de maintenir la balance contre eux tous, quand tous euſſent été ligués contre lui.

Il étoit alors ſi peu queſtion de l'inaliénabilité du domaine, qu'en 1218 ce monarque donna à l'un de ſes chambellans le palais des Thermes, dont on attribuoit la conſtruction à quelqu'un des empereurs Romains, qui avoient fixé leur demeure dans les Gaules.

Louis VIII alla bien plus loin encore, car il donna à trois de ſes fils des provinces entieres en pleine propriété. On objecte inutilement que ces dons ne tirent point à conſéquence contre l'inaliénabilité, parce qu'ils furent faits à des fils de France; car la pleine propriété, transférant aux donataires la liberté de diſpoſer de ces grands fiefs, ils auroient pu les démembrer, les aliéner, les faire paſſer par des mariages dans une famille étrangere à la famille royale, & peut-être ſon ennemie. Si l'on eût tenu le domaine pour inaliénable par une loi de l'Etat, le teſtament de Louis VIII n'eût pas été exécuté ſans aucune difficulté; mais on ne dut pas tarder à s'appercevoir que ſi l'exemple de ce prince étoit imité par ſes deſcendans, les avantages, que le regne glorieux de Philippe-Auguſte avoit procuré à la France, s'évanouiroient bientôt. Auſſi ne paroît-il pas que Saint Louis ni Philippe-le-Hardi aient exercé des libéralités indiſcretes envers leurs fils cadets.

Saint Louis en eut deux qui lui ſurvécurent, Pierre, comte d'Alençon, & Robert, comte de Clermont en Beauvoiſis. Philippe-le-Hardi eut pareillement deux fils cadets qui lui ſurvécurent, Charles, comte de Valois, & Louis, comte d'Evreux. Ces quatre comtés n'étoient-ils que de ſimples titres; ou furent-ils donnés en propriété aux quatre princes qu'on vient de nommer? c'eſt ſur quoi l'hiſtoire garde le ſilence. Quoi qu'il en ſoit, ce n'étoit du moins que de grandes terres, & non de grandes provinces, comme l'Auvergne, l'Anjou, & le Poitou. Mais le vrai remede ne fut trouvé & employé que ſous Philippe-le-Bel, par l'inſtitution des apanages, à charge de retour.

Voilà quel fut le premier pas vers l'inaliénabilité du domaine de la couronne: ſatisfait apparemment d'avoir pourvu à l'objet qui étoit le plus eſſentiel, par la tranquillité du royaume, Philippe-le-Bel lui-même fit de ſi grandes largeſſes de ces biens du domaine qu'on ſuppoſe inaliénable, que ſes ſucceſſeurs furent obligés de les révoquer. (L'abbé Velly, tome 6, page 431.)

La conſommation de l'œuvre étoit réſervée au roi Charles-le-Sage. Mais cet hiſtorien n'a pas dû dire que les dons faits par Philippe-le-Bel aux dépens de ſon domaine, furent révoqués par ſes ſucceſſeurs; s'il eſt vrai, comme l'atteſte le Préf. Hénault, que par ſon ordonnance de 1364, Charles V n'ait révoqué que les domaines aliénés depuis la mort de Philippe-le-Bel. Selon la règle des incluſions, les aliénations antérieures à cette époque auroient été confirmées pour avoir tout leur effet.

Charles VI eſt le premier de nos rois, qui, lors de ſon ſacre, ait fait ſerment de ne point aliéner ſon domaine. Sous ſon regne, il ſe fit une ordonnance ſolemnelle, en forme de pragmatique, en aſſemblée & par délibération des princes du ſang, des grands officiers de la couronne, des gens de ſon grand conſeil, des gens de ſa cour de parlement, de ſa chambre des comptes & tréſoriers de France; par laquelle ordonnance, dont l'exécution fut jurée & promiſe ſur les ſaints évangiles, tous dons & aliénations du domaine furent prohibés, caſſés & annullés, tant pour ce qui concernoit le domaine ancien, que pour ce qui pouvoit écheoir au roi, par dons, achats, ſucceſſions, forfaitures & confiſcations. Brillon, qui date cette loi du 14 février 1401, (1402 nouveau ſtyle) dit qu'elle fut faite ſur les remontrances des Etats généraux aſſemblés à Paris, qu'elle fut enregiſtrée en la cour de Parlement, le 17 avril de la même année, & qu'il fut ordonné qu'elle ſeroit publiée à ſon de trompe par tout le royaume, afin que perſonne ne s'en pût dire ignorant.

Tant de précautions, tant de ſolemnités auroient-elles été néceſſaires, ſi la maxime de l'inaliénabilité du domaine eût été auſſi ancienne que la monarchie? Brillon prétend que la coutume de vendre & donner les terres du domaine à perpétuité, & ſans faculté de réméré, a duré juſqu'à cette même année 1401. En cela il s'eſt trompé, puiſque Philippe-le-Bel, environ quatre-vingts ans auparavant, avoit donné à Philippe de France, ſon ſecond fils, le comté de Poitou, ſous condition de retour à la couronne, à défaut d'hoirs mâles. Mais il paroît certain que l'ordonnance du 14 février 1402, eſt la premiere loi ſolemnelle qui ait déclaré le domaine royal inaliénable.

On peut juger par les circonſtances qui l'accompagnerent, de l'ardeur avec laquelle toute la nation l'avoit deſirée. Les remontrances des Etats généraux, la délibération des princes du ſang, le concours des grands officiers de la couronne, celui des cours ſupérieures de juſtice, l'obſervation jurée ſur les évangiles, tout cet appareil prouve la néceſſité de cette loi, ſon importance, & combien on craignoit qu'elle ne fût pas ponctuellement exécutée. C'eſt que les peuples y avoient le plus grand intérêt, & qu'il n'y avoit pas d'autre moyen de prévenir les charges extraordinaires, qui leur avoient été imposées sous les regnes précédens.

Pour s'en convaincre, il faut se rappeller que la différence, entre le gouvernement politique des deux premieres races, & le gouvernement féodal de la troisieme, consista en deux points capitaux.

D'un côté, nos rois des deux premieres races, outre les impôts que payoient leurs sujets, avoient assujetti diverses nations à des tributs envers la France ; & d'autre côté, ils avoient des milices toujours subsistantes dans les provinces ; les possesseurs des terres saliques, & les tenanciers des terres données en bénéfices, étoient obligés au service personnel ; il n'y avoit point de tems limité pour la durée de ce service, qui ne cessoit qu'avec la guerre que le monarque avoit trouvé à propos d'entreprendre.

Dans la troisieme race, nos rois furent privés de l'un & de l'autre de ces deux grands avantages. Le service militaire féodal étoit borné à quarante jours ; les grands vassaux immédiats ne s'y croyoient tenus, que pour les guerres qui intéressoient la nation en général ; & sur ce principe, prétendoient être en droit d'examiner & de décider si la guerre étoit bien ou mal entreprise. Souvent ils abandonnoient le monarque au milieu d'une campagne, parce que le tems du service étoit fini. Souvent eux-mêmes faisoient la guerre au roi ; &, dans ces guerres, se faisoient suivre par leurs propres vassaux ; abus étrange d'un pouvoir usurpé, & qui néanmoins étoit en certain cas autorisé par les loix féodales.

Il en coûta trois années de guerre au roi Louis-le-Gros, pour réduire le seul seigneur du château du Puiset, qui interrompoit la communication de Paris avec Orléans. Doit-on être surpris, après cela, que l'anarchie féodale se soit maintenue si long-tems, qu'il ait fallu une révolution de plusieurs siecles, pour parvenir au rétablissement du gouvernement politique, pour rendre à la couronne les droits & la splendeur dont elle jouissoit sous le regne de Charlemagne, & même dès celui de Clovis ?

A la difficulté d'assembler des armées, au défaut de subordination & d'obéissance dans les troupes, se joignoit encore la modicité des finances royales ; double obstacle qui ne pouvoit être surmonté que par une politique adroite, prudente, & constamment dirigée vers le même but, malgré la contrariété des événemens.

Les revenus de nos rois ne consistoient que dans leurs domaines, que l'on peut diviser sous neuf especes. 1°. Les produits de justice, des baillages & prévôtés royales, qu'ils donnoient quelquefois à ferme aux baillis & prévôts. 2°. Les produits des terres domaniales, reçus aussi par les baillis & prévôts. 3°. La gruerie, le cens & autres droits seigneuriaux. 4°. La régale. 5°. Les droits d'entrée

& de sortie. 6°. La monnoie. 7°. Les droits de procuration ou de gîte. 8°. Les Juifs. 9°. Les redevances dues par les vassaux dans quatre cas extraordinaires ; savoir, quand le roi faisoit son fils aîné chevalier ; lorsqu'il marioit sa fille aînée, lorsqu'il survenoit une guerre ; lorsqu'il étoit fait prisonnier. . . . . . Ceux qui étoient chargés de recevoir ces revenus des rois, les apportoient à Paris, dans les trois termes de la Saint-Remi, de la Chandeleur, de l'Ascension, & il y a eu un tems où ils étoient remis au temple, entre les mains du chevalier du temple, qui étoit le gardien particulier du trésor du roi.

Il ne faut pas croire que ces neuf articles produisissent des sommes fort considérables, car nos rois ne les percevoient que dans leur propre domaine, qui n'étoit pas d'une grande étendue, si on le compare avec le reste de la France. Les seigneurs des grands fiefs jouissoient chez eux des mêmes droits, sans en excepter celui de faire battre monnoie. D'ailleurs, que pouvoient, par exemple, rendre les douanes, dans un tems où les François ne faisoient presque aucun commerce ? Quel pouvoit être le produit de la monnoie légitimement administrée, dans un tems où l'or & l'argent étoit d'une rareté extrême ? Les droits de gîte méritent à peine d'être mis en ligne de compte. Il y avoit plus d'utilité dans les taxes sur les Juifs ; mais ce n'étoit pas un revenu annuel, c'étoit une ressource dans des besoins extraordinaires, tantôt on les chassoit du royaume, tantôt on les y rappelloit pour un certain nombre d'années ; permission qu'ils payoient chérement au roi, & dont ils ne savoient que trop se dédommager sur les sujets.

Il n'étoit pas possible de faire de grandes choses avec de si foibles moyens. Aussi ne s'apperçut-on d'aucun changement notable en France, pendant six regnes consécutifs, qui remplirent le cours de deux siecles.

Ce fut par des progrès lents & presque insensibles, mais sûrs & solides, que les prédécesseurs de Philippe-Auguste lui ouvrirent le chemin aux victoires qu'il remporta, & aux conquêtes qui en furent le fruit.

En agrandissant leur domaine, nos rois augmenterent sans doute en revenus & en pouvoir ; mais cet accroissement même donna lieu à de plus fortes dépenses. Les guerres avec des puissances voisines, & particuliérement avec l'Angleterre, qui n'étoient interrompues que par des guerres encore plus ruineuses, portées dans l'Asie & dans l'Afrique contre les ennemis de la foi chrétienne, produisirent les plus grands changemens dans l'Europe. Il étoit impossible de subvenir à tant de frais, sans autre secours que celui du service militaire féodal, & des revenus du domaine de la couronne. Des besoins plus étendus & plus souvent renouvellés, obligerent nos rois de demander des aides & des subsides à leurs sujets. L'établissement des communes en autorifoit la demande, & en facilitoit la perception; mais ces aides & fubfides n'étoient que pour un tems limité & affez court; ils ceffoient avec les caufes qui en avoient occafionné la levée.

Charles VI régnoit depuis vingt ans; il y en avoit neuf qu'il ne jouiffoit de fa raifon que par intervalles, dans le tems que fut faite l'ordonnance folemnelle du 14 février 1402, concernant l'inaliénabilité du *domaine*. Elle ne pouvoit être placée dans des circonftances où elle fût plus néceffaire. Plus les objets de dépenfe fe multiplioient, plus il étoit important de conferver fans atteinte, les fonds deftinés à leur acquittement. Les dons & les aliénations du *domaine* appauvriffoient l'Etat, pour enrichir des favoris, des hommes puiffans qui fe faifoient redouter, & des courtifans qui ne contribuoient point aux charges publiques. Le poids en devenoit plus accablant pour les peuples, & les demandes du roi plus fréquentes & plus confidérables. En un mot, il n'étoit pas poffible que le tréfor-royal fe diffipât, & que le vuide n'en fût pas rempli aux dépens du peuple.

C'eft ce qu'a très-bien vu le profond écrivain, à qui eft dû l'efprit des loix. Le *domaine* d'un Etat, eft-il aliénable, ou ne l'eft-il pas, dit Montefquieu? Cette queftion doit être décidée par la loi politique . . . ., parce qu'il eft néceffaire qu'il y ait un *domaine* pour faire fubfifter l'Etat . . . . Si donc on aliene le *domaine*, l'Etat fera forcé de faire un nouveau fonds pour un autre *domaine*. Mais cet expédient renverfe le gouvernement politique, parce que, par la nature de la chofe, à chaque *domaine* qu'on établira, le fujet paiera toujours plus, & le fouverain retirera toujours moins.

Tels furent évidemment les motifs qui porterent les Etats généraux de 1402, à demander la promulgation de la loi, qui déclara fi folemnellement le *domaine* de la couronne inaliénable. Mais ce remede, quoique le feul qui pût être efficace, en y joignant le retranchement des dépenfes fuperflues, fe trouva impuiffant, à caufe des troubles qui agiterent cruellement la France, pendant le refte du regne de Charles VI, (dont la durée fut encore de vingt ans,) & qui auroient fait paffer la premiere couronne de l'Europe fur la tête d'un ufurpateur, fi la valeur de l'héritier légitime n'avoit pas été fecondée par des événemens extraordinaires & qui tiennent du prodige.

Il eft dit dans l'ordonnance du *domaine*, donnée à Moulins en 1566, que les règles & maximes anciennes de l'union & confervation du *domaine*, étant à aucuns affez mal, & aux autres peu connues, il a été eftimé très-néceffaire de les faire recueillir & réduire par articles, & iceux confirmer par édit général & irrévocable.

L'article Ier porte, que « le *domaine* de la couronne ne peut être aliéné qu'en deux cas feulement; l'un, pour apanage des puînés de la » maifon de France, auquel cas y a recours à la » couronne, par leurs décès fans mâles, en pareil état & difpofitions qu'étoit ledit *domaine*, » lors de la conceffion de l'apanage, nonobftant » toute difpofition, poffeffion, acte exprès ou » taifible, fait ou intervenu pendant l'apanage; » l'autre, pour l'aliénation à deniers comptans, » pour la néceffité de la guerre, après lettres-» patentes pour ce décernées en Parlement, au-» quel cas y a faculté de rachat perpétuel. »

Par l'article V, défenfes font faites aux cours de Parlement & chambres des comptes, d'avoir aucun égard aux lettres-patentes, contenant aliénations du *domaine* & fruits d'icelui, hors les cas fufdits, pour quelque caufe & tems que ce foit, ne fût-ce que pour un an.

Au même mois de février 1566, il y eut un autre édit donné pareillement donné à Moulins, par lequel, attendu l'utilité & la néceffité de mettre en culture & labeur, les terres vaines & vagues, prés, palus & marais vacans, appartenans au roi, il fut ordonné qu'il en feroit fait aliénations à perpétuité, à cens, rentes & deniers modérés, fans que ces aliénations puffent être dans la fuite révoquées, pour quelque caufe & occafion que ce fût.

Cet édit fut enregiftré au Parlement de Paris le 27 mai fuivant, à la charge que lefdites terres ne pourroient être baillées qu'à cens portant lods, ventes, défauts & amendes, quand le cas y échoiroit, felon les coutumes des lieux, & à rentes perpétuelles & non rachetables, fans que les preneurs puffent donner aucuns deniers d'entrée, pour quelque raifon ou caufe que ce fût, fur peine de payer le quadruple, & de perdition de la chofe, laquelle, en ce cas, la cour déclara dès-lors réunie à la couronne.

Tous les auteurs qui ont traité du *domaine*, hiftoriens & jurifconfultes, reconnoiffent unanimement que, depuis l'établiffement des fiefs jufqu'à Charles IX, nos rois uferent fans obftacle du droit d'inféoder des terres dépendantes de leur *domaine*, foit pour récompenfe de fervices rendus à l'Etat, ou par pure libéralité; que ces inféodations ont eu tout leur effet, qu'elles n'ont jamais été conteftées, & que les poffeffeurs actuels de ces fiefs ne peuvent être légitimement inquiétés.

Ainfi, l'année 1566 eft une époque doublement remarquable, par rapport au *domaine* de la couronne: premierement, en ce que nos rois fe font alors ôté le pouvoir de faire les inféodations dont il s'agit; fecondement, en ce que dans le même tems a été fixée la confiftance du *domaine*, qui étoit encore fort incertaine.

L'incertitude n'avoit pour objet ni les droits régaliens, ni les anciennes terres & poffeffions du *domaine*; mais il n'y avoit point de principe conftant fur les réunions à la couronne, de biens patrimoniaux que le prince possédoit avant son avénement au trône ; de ceux qui provenoient de conquêtes suivies de traités ; de ceux que les rois pouvoient acquérir ; de ceux, enfin, qui pouvoient leur advenir à titre de succession, ou par échoites, c'est-à-dire, par forfaitures, confiscation, aubaine, bâtardise, &c. C'étoit d'ailleurs une question de savoir, s'il falloit une réunion expresse par des lettres-patentes dûment enregistrées, ou si la réunion s'opéroit tacitement & de plein droit.

Charles IX, en définissant le *domaine*, par l'article 2 de son premier édit de 1566, déclara que le *domaine* de la couronne étoit entendu celui qui étoit expressément consacré, uni & incorporé à la couronne, ou qui avoit été tenu & administré par les receveurs & officiers royaux, par l'espace de dix ans, & étoit entré en ligne de compte.

Quelque formelle que soit cette loi, sur la nécessité d'une réunion expresse, ou du moins d'une réunion, opérée tacitement par une possession confuse de dix années ; plusieurs écrivains n'ont pas laissé de soutenir, comme on l'a déja dit, qu'elle se faisoit, non en vertu de la volonté du roi ; mais par l'effet de l'union qu'il contractoit lui-même avec l'Etat, comme l'a dit M. Gibert, inspecteur du *domaine*. Cependant, gênés par une loi trop précise, pour ne lui laisser aucune application, ils ont pris le parti d'en restreindre l'effet aux seuls biens qui proviennent d'échoites. La possession de dix années, ce sont les termes de Denisart, ne s'entend que des biens, qui appartiennent au roi à titre d'échoite ; parce qu'on regarde ces biens comme des fruits du *domaine*, dont sa majesté a la libre disposition. Il avance ailleurs, que les biens qui écheoient au roi par droit de déshérence, aubaine & confiscation, ne font point partie du *domaine* royal.

Mais cette distinction purement arbitraire, est-elle conciliable avec une loi qui n'y donne aucune ouverture, & qui renferme, généralement & sans exception, toutes les espèces de biens domaniaux ? *Ubi lex non distinguit, nec nos distinguere debemus*. C'est un axiome reçu dans tous les tribunaux du monde, & auquel la faveur du *domaine*, quelque grande qu'elle soit, ne sauroit donner atteinte.

Sur quoi peut être fondée la restriction aux seuls biens d'échoite ? ce ne sont, dit-on, que des fruits du *domaine*. Cela est vrai, quant aux meubles & effets mobiliers ; mais cela ne l'est pas à l'égard des fonds & immeubles, suivant la règle, que ce qui produit des fruits ne peut pas être réputé fruits. Denisart a cru trancher la question, en alléguant que les biens d'échoite ne font point partie du *domaine* royal ; c'est une erreur évidente. Les biens d'échoite, de même que tous autres biens qui appartiennent au roi, se réunissent au *domaine*, par la possession de dix années, telle que l'édit de 1566 l'exige. Et s'il y avoit

des biens, dont la réunion dût se faire de plein droit, sans le concours de la volonté du monarque, ce seroient les biens échus par droits d'aubaine, de confiscation, &c. puisque ces droits eux-mêmes font une partie précieuse du *domaine* de la couronne ; au lieu qu'une terre acquise par le roi, pourroit l'être également par un de ses sujets, & n'a point de rapport nécessaire au *domaine*.

Quand la loi s'énonce avec précision & clarté, elle ne laisse aucun prétexte aux interprétations, aux distinctions, aux exceptions. Si la puissance législatrice avoit jugé que l'édit de 1566 ne se fût pas expliqué assez nettement, n'y auroit-elle pas pourvu par le seul moyen qui pût y suppléer ? c'est-à-dire, par une loi interprétative, plus étendue & plus formelle.

M. Colbert, en entrant dans le ministere, trouva les *domaines* dispersés, à cause des différentes aliénations qui en avoient été faites ; même depuis le commencement du regne de Louis XIV, il s'occupa essentiellement du soin de les réunir. L'édit des réunions est du mois d'avril 1667. On lit dans le préambule, que l'intention du roi, en entrant dans le patrimoine sacré de sa couronne, étoit de trouver, par ce moyen, de quoi soulager considérablement ses peuples. Il y est ajouté que, pour prévenir & résoudre toutes difficultés, il étoit nécessaire d'établir les différentes qualités du *domaine*, de régler les conditions de remboursement & la forme de la réunion, suivant les maximes prescrites par les ordonnances.

S'il eût été nécessaire d'éclaircir les anciennes ordonnances, par de nouvelles dispositions sur les différentes qualités du *domaine*, peut-on douter qu'elles n'eussent été placées dans un règlement général, où le roi se proposoit pour but, de prévenir & résoudre toutes difficultés ? Cependant l'édit d'avril 1667, contient précisément & littéralement en l'article II, les mêmes choses que celui de février 1566, en l'article premier. Il n'y a de plus, que l'énumération des actes par lesquels la preuve de la qualité des *domaines* peut être faite.

En toute autre matière que celle-ci, aucun historien ni jurisconsulte ne se permettroit de méconnoître des limites tracées de la main même du souverain, ni d'excepter de la loi ce qui s'y trouve compris, par les expressions les plus générales & les moins susceptibles de restriction ; mais dans le préjugé où font ceux qui tiennent pour principe, que l'inaliénabilité du *domaine* de la couronne est aussi ancienne que la monarchie même, & que les réunions au *domaine* ont lieu de plein droit, & sans la volonté du monarque, ils ont envisagé les plus anciennes ordonnances de nos rois de la troisieme race, non comme confirmatives d'un établissement politique tout nouveau, insensiblement amené par la nécessité des circonstances ; mais

vomme de fimples règlemens, donnés fur l'exécution d'une loi fondamentale de l'Etat, & née avec
l'Etat, par une fuite naturelle du droit des gens.
C'eft en partant de cette erreur de fait & de droit,
que, ramenant tout à cette prétendue loi fondamentale, facrée & inviolable, ils ont cru pouvoir
apporter des exceptions & des reftrictions aux ordonnances du royaume. C'eft ainfi qu'au lieu de
fe fonder fur le texte des ordonnances, ils en ont
expliqué le fens & les difpofitions, d'après des
maximes qui n'ont pour bafe, qu'une opinion enfantée par un zèle mal entendu & trop légèrement adopté.

Les fauffes conféquences que le préjugé a entraînées, doivent tomber avec le préjugé même;
dès qu'il eft prouvé que fous la troifieme race, de
même que fous les deux premieres, le *domaine*
a été aliénable à perpétuité, & librement aliéné
par nos rois, jufqu'au regne de Philippe-le-Bel;
dès qu'il eft prouvé que la premiere loi folemnelle, qui ait déclaré le *domaine* de la couronne
inaliénable, a été accordée aux inftances des
Etats généraux, affemblés en 1402, fous le regne
de Charles VI; dès qu'il eft prouvé, de l'aveu
des auteurs mêmes les plus rigides, qui ont écrit
fur les droits domaniaux, que les aliénations par
inféodations ont été autorifées par le droit commun de la France, jufqu'à l'édit de février 1566.

Enfin, dès qu'il eft prouvé que c'eft par raifon d'Etat, par juftice pour les peuples, pour
leur foulagement, pour diminuer la charge des
impôts fur leurs remontrances, que nos rois fe
font mis dans l'heureufe impuiffance d'aliéner leur
domaine, il eft inévitable d'avouer que les loix
domaniales, depuis leur introduction, ont eu plus
ou moins d'étendue, qu'elles ont été plus ou moins
féveres, fuivant que la légiflation y a été déterminée par les circonftances, & conféquemment,
que l'inaliénabilité du *domaine* n'eft rien moins
qu'une loi fondamentale de la monarchie, née
avec la monarchie même.

Il n'eft pas poffible que les partifans de ce fyftême fe foient diffimulé combien il étoit incompatible avec les inféodations des terres dépendantes du *domaine*: auffi, n'ont-ils rien oublié
pour affoiblir les conféquences qui en réfultent
contre eux; mais ils renverfent d'une main ce
qu'ils édifient de l'autre, & leurs efforts ne fervent qu'à déceler leur embarras.

En effet, ils prétendent que les inféodations
n'étoient pas une diftraction réelle du patrimoine
de la couronne, & en même tems, ils reconnoiffent qu'il a fallu les interdire pour l'avenir. Sur
quoi on eft d'abord en droit de leur objecter que
la prohibition des inféodations n'eft donc pas une
fuite de la prétendue loi fondamentale & abfolue
de l'inaliénabilité du *domaine*, & que cette prohibition a été fondée fur d'autres motifs.

Pour prouver que les inféodations n'étoient pas

une diftraction réelle d'un patrimoine facré &
effentiellement inaliénable, ils difent que le *domaine* direct demeuroit dans la main du roi, &
que les droits dus aux mutations, tenoient lieu de
la faculté de rachat perpétuel; mais c'eft brouiller
toutes les idées, & confondre la directe avec la
mouvance; c'eft transformer en *domaine* direct la
fouveraineté & la fuzeraineté.

En ce fens, le roi a inconteftablement le *domaine*
direct de tous les fiefs de fon royaume. En quoi
les terres nouvellement inféodées différoient-elles
des fiefs plus anciennement érigés, de ces fiefs qui
s'étoient formés, & qui étoient devenus héréditaires fur la fin de la feconde race? Les poffeffeurs des uns & des autres n'en étoient-ils pas
également propriétaires incommutables? Comment
la faculté de rachat perpétuel feroit-elle remplacée par les droits dus aux mutations? Des profits de fiefs, dus feulement en certains cas qui arrivent rarement, peuvent-ils équivaloir à des revenus annuels, & au droit imprefcriptible de rentrer à volonté dans la poffeffion du fief même, en
rembourfant le prix de l'engagement? N'eft-ce
pas en confidération du *domaine* utile, de la jouiffance actuelle, de la perception effective des revenus du *domaine* de la couronne, qu'il a été déclaré inaliénable? Abandonner le *domaine* utile,
c'eft rendre la loi illufoire; c'eft en perdre tout
le fruit.

Les inféodations des terres dépendantes du *domaine* étoient de véritables aliénations, & l'on ne
peut, fans fermer volontairement les yeux à l'évidence, foutenir qu'elles n'étoient pas réputées une
diftraction réelle du patrimoine royal? Il eft clair,
au contraire, que c'eft parce qu'elles formoient
une diftraction très-réelle de ce patrimoine, qu'elles
ont été interdites pour l'avenir, par l'ordonnance
de 1566, qui établit la confiftance du *domaine*,
& qui en défend l'aliénation à titre perpétuel.

En ce tems, difent les auteurs domaniaux, l'objet principal des inféodations fe trouvoit détruit
par la fuppreffion ou diminution des fervices de
fiefs, devenus inutiles par les changemens arrivés
dans l'adminiftration des armes & de la juftice.
Rien de plus vrai que ce motif, & rien de plus
jufte; on n'a garde de le contredire.

Lorfque le gouvernement, de féodal qu'il étoit,
s'eft trouvé infenfiblement converti en gouvernement politique, lorfque les armées de nos rois
ont été compofées de troupes nationales & étrangeres, foudoyées au moyen de tributs perpétuels
impofés fur les peuples; ces changemens dans l'adminiftration de la juftice & des armes, ont dû
néceffairement en produire d'auffi grands dans les
principes du gouvernement.

Les inféodations qui, pendant le cours de plufieurs fiecles, avoient eu un objet d'utilité, étant
devenues inutiles & même nuifibles, il falloit en
régler l'ufage & le reftreindre; car les inféoda-

tions n'ont été que reftreintes, & non entiérement abolies, comme le démontre le fecond édit de février 1566.

Mais ce n'eft point en vertu d'une loi fondamentale, abfolue & immuable, que s'eft faite une opération fi fage, fous Charles IX, & qu'elle a été confirmée & renouvellée par Louis XIV. Elle s'eft faite, parce que la raifon & les circonftances vouloient qu'elle fe fît. Quand une loi politique, établie dans l'état, devient, dit M. de Montefquieu, tome 3, page 236, deftructrice du corps politique pour lequel elle a été faite, il ne faut pas douter qu'elle ne puiffe être changée par une autre loi politique; & bien loin que cette feconde loi foit oppofée à la premiere, elle y fera dans le fond entiérement conforme, puifqu'elles dépendront toutes deux de ce principe : le falut du peuple eft la fuprême loi.

En fuivant un pareil guide, on ne peut jamais s'égarer; mais fouvent on le perd de vue; fouvent on s'attache moins à le confulter, qu'à défendre par des fubtilités, une opinion qu'on a une fois embraffée; par où l'on s'expofe au dangereux inconvénient de s'éloigner de plus en plus de la vérité & de la juftice.

Voici un exemple frappant d'un écart de ce genre, toujours relatif aux inféodations. On a vu que, par le fecond édit de février 1566, Charles IX ordonna, attendu l'utilité & néceffité de mettre en culture & labeur, les terres vaines & vagues, prés, palus & marais vacans, appartenans au roi, il en feroit fait aliénation à perpétuité, à cens, rentes & deniers d'entrée modérés, fans que ces aliénations puffent être dans la fuite révoquées, pour quelque caufe & occafion que ce fût.

C'eft de cet édit que fortit la diftinction des grands & des petits domaines du roi, qu'on a ci-devant expofée.

Les inféodations avant 1566, étant autorifées dans le royaume, pour tous les grands & petits domaines indiftinctement, en ordonnant qu'à l'avenir le domaine de la couronne ne pourroit être aliéné qu'en deux cas feulement; l'un, pour apanage, l'autre, pour la néceffité de la guerre, avec faculté de rachat perpétuel; les petits domaines fe feroient trouvé compris dans la difpofition de l'ordonnance, auffi-bien que les grands, fi Charles IX n'eût pas expliqué fes intentions, par fon fecond édit de février 1566.

Cet édit, en ce qui concerne les petits domaines, n'ayant fait que laiffer les chofes telles qu'elles étoient auparavant, & qu'elles avoient toujours été depuis l'origine des fiefs; on n'a pas befoin de faire fentir combien cela differe d'une exception du droit commun. C'eft fur les grands domaines que tombe l'exception. Ils étoient & avoient toujours été inaliénables : l'ordonnance défend pour l'avenir de les inféoder à perpétuité; mais elle ne déclare & n'introduit rien de nouveau par rapport aux petits domaines.

Louis XIV n'a point apporté de changement à ce qui avoit été réglé par Charles IX. Bien loin d'étendre aux petits domaines les défenfes d'inféoder à perpétuité, ce monarque a au contraire ordonné par divers édits, notamment par déclaration du 18 avril 1672, édit de mars 1695, avril 1702, août 1708, &c. que les petits domaines, reftans ès mains du roi, feroient vendus & aliénés à titre de propriété incommutable.

Cependant, fi l'on en veut croire un infpecteur du domaine, perfonne n'ignore aujourd'hui que ces difpofitions, que les malheurs publics avoient produites, n'ont pu imprimer un feul inftant aux petits domaines, le caractere d'une parfaite expropriation, que le roi peut toujours y rentrer avec juftice, & que ces prétendues aliénations à perpétuité, ne font regardées que comme de fimples engagemens.

La prévention pour un fyftème, démenti par tous les monumens de l'hiftoire & de la jurifprudence, ne pouvoit enfanter un plus étrange raifonnement. Si l'écrivain s'étoit contenté de donner, comme une opinion particuliere, ce qu'il avance comme une thèfe indubitable & univerfellement reçue, on n'auroit autre chofe à dire, finon qu'il s'eft trompé; mais quand on affirme que perfonne n'ignore, &c. on mérite de juftes reproches, fi l'on n'a pas d'autres garans que fa propre affirmation, ou s'il n'eft pas queftion de quelqu'une de fes maximes, que perfonne en effet ne révoque en doute.

Pourquoi, felon cet infpecteur, les loix concernant les petits domaines, n'ont-elles pu leur imprimer un feul inftant le caractere d'une parfaite expropriation? C'eft, dit-il, que les difpofitions de ces loix ont été produites par les malheurs publics. Mais de quels malheurs la France étoit-elle affligée en 1672 & 1695? La gloire & la profpérité de la monarchie ne furent jamais portées à un plus haut point. D'ailleurs, & c'eft en ceci que confifte principalement le fophifme, l'auteur fuppofe que les loix, qui ordonnent les aliénations à perpétuité des petits domaines, font introductives d'une nouveauté, contraire à la loi fondamentale du royaume; fuppofition, dont on fe flatte que la fauffeté eft pleinement démontrée.

Si malheureufement il étoit vrai que le roi pût toujours rentrer avec juftice dans les petits domaines aliénés, & que ces aliénations à perpétuité ne duffent être regardées que comme de fimples engagemens, les ordonnances les plus folemnelles ne feroient que des pieges tendus à la crédulité publique, & n'auroient été tant de fois renouvellées, que pour la furprendre plus facilement.

Le zèle peut-il fe permettre une femblable penfée? Elle eft néanmoins une fuite naturelle & même néceffaire de l'opinion, qui fait, de l'inaliénabilité du domaine, une loi fondamentale

& inviolable de la monarchie ; car , en partant de ce point , que le *domaine* eſt inaliénable de ſa nature , & non en vertu d'une loi politique, établie pour l'intérêt commun du prince & du peuple , les édits qui ont autoriſé l'inféodation des petits *domaines* , ne doivent avoir aucune exécution , parce qu'il n'eſt certainement pas au pouvoir des rois de changer la nature des choſes. Que voudroit-on de plus , pour réprouver un ſyſtème qui jette ſes proſélytes dans de tels égaremens ? ils ſont d'autant moins excuſables , qu'ils bleſſent tout à la fois l'équité & l'autorité la plus reſpeclable.

Ils bleſſent l'équité , en ce que des familles qui , ſur la foi de nombreux édits dûment enregiſtrés, ont acquis des biens domaniaux , & qui , fondés à s'en croire propriétaires incommutables , les ont améliorés à grands frais , & les ont confondus avec leurs biens patrimoniaux , ſeroient expoſées aux plus fâcheuſes recherches , & pourroient être dépouillées en un inſtant du fruit de pluſieurs années de ſoins & de travaux.

Ils bleſſent l'autorité , en ce qu'ils s'élèvent contre ce qu'elle a preſcrit de la manière la plus formelle. Charles IX , & tous les rois ſes ſucceſſeurs , ont voulu que les petits *domaines* fuſſent aliénés à perpétuité. Le parlement de Paris enregiſtrant le ſecond édit de février 1566 , y apporta une modification pleine de ſageſſe , & inſpirée par l'amour du bien de l'Etat. Cet enregiſtrement fut fait à la charge que les petits *domaines* ne pourroient être baillés qu'à cens portant lods, ventes, défauts & amendes , ſelon les coutumes des lieux , & à rentes perpétuelles , & non rachetables.

Si le *domaine* royal eût été regardé comme eſſentiellement inaliénable , cet auguſte tribunal , parfaitement inſtruit des droits de la couronne, & infiniment attentif à les conſerver , n'auroit-il pas tout au moins fait des remontrances au roi Charles IX , & repréſenté à ce prince que les petits *domaines* & les grands , devant être adminiſtrés par le même principe , il ne pouvoit pas être permis d'inféoder à perpétuité les uns plus que les autres ? Mais les deux édits donnés à Moulins au mois de février 1566 , ayant l'un & l'autre pour objet le plus grand avantage de l'Etat , le ſalut du peuple ; le parlement de Paris fut animé des mêmes vues.

S'il étoit de la plus grande importance que les grands *domaines* ne puſſent , comme auparavant , ſortir des mains du roi par des inféodations perpétuelles, il n'étoit pas moins intéreſſant de faire ſubſiſter la faculté d'aliéner les petits *domaines*, non en deniers comptans , mais à rentes perpétuelles , & non rachetables. C'étoit pourvoir en même tems à l'intérêt du roi , à celui de ſes ſujets en général , à la ſûreté particulière des acquéreurs des petits *Domaines* , & encore procurer l'avantage d'un meilleur prix à l'Etat.

Les deniers d'entrée n'auroient pu fournir qu'un ſecours foible & momentané. En les proſcrivant, les rentes qui devenoient l'unique prix des inféodations du petit *domaine* , en devoient néceſſairement être portées d'autant plus haut. L'augmentation des revenus du roi , tournoit au ſoulagement de ſes ſujets , & embraſſoit l'avenir comme le préſent , par la précaution de déclarer ces rentes non-rachetables. Leur perpétuité fixoit à jamais le ſort des acquéreurs, & de leurs repréſentans, dont la propriété étoit aſſurée & incommutable , en ſatisfaiſant régulièrement aux charges qui leur ſeroient impoſées par les contrats d'inféodation.

Les choſes ſpécifiées par l'édit de Charles IX , ne ſont même abſolument d'aucun rapport. De quelle utilité ne ſeroit-il pas de les mettre en valeur ? Mais qui voudroit s'en charger à titre de ſimple engagement, ou ſi les aliénations qualifiées perpétuelles n'étoient qu'une vaine dénomination, & ne mettoient aucune différence réelle entre les aliénataires & les engagiſtes ? Qui ne ſait que dans les petits *domaines* , ceux mêmes qui ſont en rapport , ne produiſent preſque rien entre les mains du roi ? Peut-on ne pas voir qu'ils conviennent infiniment mieux à des colons en état de les exploiter par eux-mêmes, qu'à des fermiers du *domaine* qui les négligent par rapport au peu de durée de leurs baux , qui ne leur donnent pas le loiſir de jouir du bénéfice des travaux & améliorations qu'il ſeroit néceſſaire d'y faire pour les mettre dans leur véritable valeur.

Les défenſeurs du *domaine* ne doivent pas ſe croire plus ſages que la Loi même , plus éclairés que le parlement de Paris & toutes les cours ſupérieures du royaume. Ils ne peuvent pas ſe perſuader que les intérêts réciproques & inſéparables du prince & du peuple , & le plus grand bien de l'Etat, leur ſoient mieux connus qu'à la nation entière ?

Mais il eſt évident que nulle conſidération n'a pu balancer dans leur eſprit , leur attachement au fantôme dont ils ſont les créateurs : il eſt évident qu'ils ont tout ſacrifié au deſir de faire enviſager l'inaliénabilité du *domaine* , comme un établiſſement qui , étant auſſi ancien que celui de la monarchie , fait tellement partie de ſon eſſence ; que nulle puiſſance ſur la terre ne peut l'altérer , ni même le régler & le modifier , malgré les beſoins de l'Etat , & pour ſon plus grand avantage.

Delà , tant de propoſitions haſardées , tant de maximes d'une ſévérité outrée , tant d'inconſéquences & de contradictions répandues dans leurs écrits. Ils ont néanmoins été reçus , ces écrits, avec une ſorte de reſpect religieux, parce qu'ils étoient faits pour la défenſe d'une cauſe ſacrée. On s'eſt interdit les approches du ſanctuaire ; & la liberté de voir de ſes propres yeux. Il eſt vrai que quelques auteurs s'élevant au-deſſus du préjugé , ont reconnu que l'idée d'un *domaine* inaliénable étoit une choſe très-moderne, & qu'ils n'ont pas craint de le dire ; mais c'eft un trait de lumière dont l'importance échappe à ceux de qui la curiofité ne va pas au-delà du point hiftorique. Pour en fentir toute l'utilité, il faut defcendre dans des détails , & faire des applications; alors , on s'apperçoit aifément que les écrivains fifcaux font bien loin d'avoir travaillé pour l'avantage du *domaine* de la couronne, & qu'il faudroit renoncer à tous les fecours qu'on en peut retirer pour l'augmentation des revenus du roi, & pour le foulagement de fes fujets, fi leurs principes étoient adoptés.

Toutes les révolutions que le *domaine* a éprouvées, les aliénations qui en ont été faites , les révocations de ces aliénations , ont eu fucceffivement le même but , c'eft-à-dire , un fecours actuel pour un befoin preffant, & le defir de foulager les peuples ; defir que Louis XIV a formellement exprimé dans le préambule de fon édit du mois d'avril 1667 , & qui certainement n'eft pas moins vif dans le cœur paternel de fes fucceffeurs, mais qui ne feroit jamais pleinement effectué, fi l'inaliénabilité abfolue des grands & des petits *domaines* pouvoit être regardée comme une loi immuable de l'Etat.

Les auteurs qui la foutiennent , font réduits à la néceffité de fuppofer contre l'évidence des faits , que cette loi née avec la monarchie eft indépendante de la volonté de nos rois, & par une conféquence inévitable , de rejeter la difpofition textuelle de leurs ordonnances par-tout où elles contrarient leur fauffe idée. Au lieu de reconnoître de bonne foi, que le projet de conferver le *domaine* de la couronne n'a été conçu que fous Philippele-Bel, & exécuté que fous les règnes fuivans, par une politique également prudente & néceffaire, tout devient facile à expliquer & à entendre dans les loix domaniales, & qu'on garde pour elles le refpect qui leur eft dû.

Mais de ce que nos rois ne font plus, comme autrefois, bornés à n'avoir d'autres fonds, d'autre tréfor que leurs *domaines* , pour fubvenir à leurs dépenfes ; de ce qu'aujourd'hui , & par fucceffion de tems, les aides , fubfides & impôts fe trouvent perpétuels, & portés plus haut qu'ils ne le furent jamais; de ce qu'au lieu du fervice militaire féodal, unique & foible reffource de nos rois dans les guerres qu'ils étoient obligés de foutenir ou d'entreprendre , ils font fervis par des troupes payées du produit des impôts, en tems de paix comme en tems de guerre; de ce qu'enfin , les revenus du *domaine* ne font plus qu'une très-foible portion des deniers ordinaires & extraordinaires qui entrent dans le tréfor royal; conclura-t-on que les loix qui rendent inaliénable le *domaine* de la couronne, doivent être révoquées ? Non fans doute. Il n'y auroit pas moins de danger à pouffer trop loin les conféquences d'une vérité reconnue, qu'à s'obftiner à la méconnoître; mais n'a-t-on pas à confulter la fuprême loi du falut du peuple ? Elle ne fauroit laiffer d'incertitude fur la route qu'il faut fuivre.

Ainfi , ce qu'on doit légitimement conclure des grands changemens arrivés dans l'adminiftration de la juftice , des armes & des finances ; c'eft qu'il convient d'apporter auffi aux loix domaniales, tous les changemens dont elles font fufceptibles pour le plus grand bien de l'Etat. En un mot, le roi eft l'adminiftrateur fouverain du patrimoine de fa couronne. Or, la règle & le but de toute adminiftration, eft de la rendre la meilleure poffible, & d'en tirer le parti le plus utile.

Il ne s'agiroit donc plus maintenant que d'examiner par quels moyens il feroit poffible d'y parvenir. Tout projet pour lequel on fent l'infuffifance de fes forces, eft fans doute un projet téméraire; mais on peut, ce me femble , fans témérité, *expofer quelques idées générales* , qu'on croit n'être pas totalement inutiles, *en les foumettant avec refpect , & fans réferve, aux puiffances établies pour décider de leur valeur.* Telles font les bornes qu'on doit fe prefcrire , & dans lefquelles on va fe renfermer.

Dans l'état préfent, fi l'on s'en tient aux ordonnances intervenues depuis la fin du XIVe fiècle , jufqu'à nos jours , fans aller plus loin qu'elles n'ont été, & fans y fuppléer ce qu'elles n'ont pas dit ni voulu dire , les règles concernant l'adminiftration des *domaines* , autres que les bois , peuvent être réduites à trois feulement.

Première règle. Les *domaines* peuvent être aliénés pour apanages des puînés de la maifon de France, fous la condition de retour à défaut d'hoirs mâles , & de ne pouvoir difpofer par aucun titre des chofes concédées , ni en changer l'état directement ni indirectement.

Seconde règle. Les grands *domaines* peuvent être aliénés à deniers comptans pour la néceffité de la guerre , mais l'aliénation ne peut être faite que par lettres-patentes enregiftrées au parlement, & avec faculté de rachat perpétuel.

Troifieme règle. Non-feulement les petits *domaines* peuvent , mais même doivent être aliénés à perpétuité, à cens, rentes & redevances foncières & non-rachetables.

Tout eft prévu par rapport aux apanages , & cet article ne demande aucune obfervation.

Quant aux grands & aux petits *domaines*, quoique les règles par lefquelles ils doivent être régis, foient l'oppofé l'une de l'autre, on a vu que les infpecteurs du *domaine* n'en faifoient qu'une feule. Ils veulent que les inféodations perpétuelles des petits *domaines* ne foient que de fimples engagemens femblables à ceux des grands *domaines*. Quelque parti que l'on puiffe prendre , quelques moyens qu'on puiffe employer pour augmenter le produit des *domaines*, on ofe dire qu'il n'y auroit aucun fuccès à s'en promettre , fi l'on ne commençoit pas par détruire une erreur qui détruit ellemême l'entière confiance que doit avoir la nation, dans des lois revêtues de toutes les folemnités,

ufitées

ufitées pour affurer leur exécution & leur perma-
nence.

Cette erreur eft d'autant plus dangereufe, qu'elle
eft avancée du ton le plus affirmatif par des écrivains d'ailleurs habiles, éclairés, chargés par le
gouvernement de la défenfe des droits facrés du
patrimoine royal, & de veiller à fa confervation.

Dans les engagemens des grands *domaines*,
dont les conditions font manifeftement connues,
les engagiftes du moins ne font déçus ni par de
vaines promeffes, ni par de vaines efpérances;
leur titre n'eft pas équivoque. Ils ne peuvent, fans
illufion, fe croire propriétaires incommutables;
ils favent qu'on peut à chaque inftant les dépofféder
en leur rendant le prix de leur acquifition : mais
cette reftitution de prix, les formes dont elle doit
être accompagnées, la reffource d'être admis à de
nouvelles offres ou à de nouvelles enchères, font
pour les engagiftes des moyens de difputer le terrain, & de fe maintenir dans leur poffeffion.

La différence eft extrême à l'égard des petits
domaines qui, par eux-mêmes, font fans valeur,
ou qui n'en ont qu'une très-foible. Si le roi peut
voit y rentrer à volonté, comme dans un *domaine*
fimplement engagé, il n'y auroit point de prix à
rendre, puifqu'il n'y auroit point eu de prix reçu.
De forte que des fonds dont toute la valeur ne feroit due qu'aux foins du poffeffeur, à fon induftrie,
aux dépenfes qu'il y auroit faites, pourroient lui
être ravis, fans qu'il eût le moindre dédommagement à efpérer, puifqu'il n'auroit point de titre
pour en former la demande.

Voilà pourtant, felon quelques perfonnes, ce que
le roi peut toujours faire avec juftice. Mais quelle
inconféquence dans leur raifonnement ! C'étoit précifément parce que les ordonnances n'avoient pas
imprimé aux inféodations des petits *domaines*, le
caractère d'une parfaite expropriation, qu'il falloit
conclure pour leur validité ; car, fuivant les principes des domaniftes, les loix domaniales ne défendent que la diftraction réelle du patrimoine de
la couronne.

On ne doit ni confondre les titres de poffeffion
qui different par leur nature & par leurs effets, ni
penfer qu'il n'y en ait qu'une feule efpèce légale,
en ce qui concerne les *domaines*.

Pour opérer la vraie & pleine propriété, il faut
la réunion du *domaine* direct avec le *domaine* utile,
ou tenir fon héritage en franc-aleu, foit noble
ou roturier.

L'emphytéofe eft un genre de poffeffion où le
domaine utile eft tenu féparément du *domaine* direct :
l'emphytéote n'eft pas propriétaire incommutable
dans l'étroite fignification de ce terme ; il n'eft que
poffeffeur à titre perpétuel.

Le fimple engagement ne transfere qu'une jouiffance précaire qui peut ceffer d'un inftant à l'autre.

Les inféodations des petits *domaines* aux condi-
Finances. Tome I.

tions prefcrites par les ordonnances, font d'une
efpèce fingulière ; elles n'ont de commun avec l'emphytéofe ordinaire que la perpétuité du titre, &
dans la réalité, ce font moins des emphytéofes
que des baux à ferme perpétuels. La rente annuelle
& non-rachetable qui les caractérife effentiellement, remplace, & beaucoup au-delà, les revenus
que produiroit la chofe dans les fermes du roi.
Traiter ces fortes d'inféodations de fimples engagemens, & ne leur accorder que le même effet,
c'eft renverfer toutes celles qui font faites, & rendre impraticables toutes celles qui font à faire,
quoique reconnues néceffaires pour le bien de l'Etat.
C'eft éteindre l'émulation & le zèle qu'il importe
fi fort de ranimer, pour favorifer la population
& l'agriculture.

Le *domaine* de la couronne a, fans doute, des
droits & des privilèges qui le diftinguent éminem-
ment de tous les autres. Quel François n'eft pas
prêt à défendre de toutes fes forces cette vérité
qu'il regarde comme facrée ? Mais s'enfuit-il delà
qu'il n'y ait qu'une feule façon de difpofer du *domaine* royal ? S'enfuit-il delà qu'on ne puiffe l'aliéner
que par engagement, de telle forte que toute autre
aliénation, quelque qualification qu'on lui donne,
quelques claufes qu'on y ftipule, foit toujours ré-
ductible à l'engagement fimple, fans qu'il foit poffible de lui communiquer plus de force ni plus
d'effet ?

Encore une fois, fi c'eft-là un principe indef-
tructible dans l'adminiftration domaniale, on perdroit fon tems & fa peine à chercher des moyens
de la perfectionner, & d'en augmenter les produits.

Mais fi l'on doit avouer que l'idée feule de
mettre de pareilles entraves à la bonté du roi, &
d'oppofer de pareils obftacles au foulagement de
fes fujets, feroit auffi odieufe qu'injufte, elle ne
fauroit être ni trop promptement, ni trop folemnellement condamnée par l'autorité royale, afin
de diffiper jufqu'à la plus légère inquiétude fur la
folidité des opérations qui pourroient être ordonnées.

Or, rien n'eft plus capable d'infpirer de la confiance pour l'avenir, que la confirmation pure &
fimple des chofes de la même nature, qui ont été
ci-devant faites dans les mêmes vues, & par les
mêmes motifs.

Il paroît donc que toutes les aliénations ou inféodations des petits *domaines*, qui ont été confommées depuis 1566 jufqu'à préfent, fans deniers
d'entrée, à rentes perpétuelles & non-rachetables,
en conféquence des édits de Charles IX & de
Louis XIV, doivent non-feulement fubfifter fans
atteinte, mais encore qu'il fera fort utile de les
confirmer expreffément, en déclarant que ces inféodations ne pourront à l'avenir, pour quelque
prétexte que ce foit, être affujetties à des droits,
preftations ou taxes, autres que celles qui ont été
établies par les actes conftitutifs.

F fff

Il semble convenable d'en user de même par rapport aux petits *domaines* qui sont restés au roi, & qui ne peuvent manifestement que dépérir entre les mains de ses fermiers ; mais comme cette qualification de petits *domaines*, malgré l'énumération que contient l'édit du mois d'août 1708, pourroit être jugée trop vague, & trop indéterminée, ne seroit-il pas à propos d'en fixer irrévocablement le sens, par le montant de la rente annuelle ; c'est-à-dire, en ordonnant que, ne seront réputés petits *domaines* que ceux qui ne rendront qu'une certaine somme, & au-dessous, & que tous *domaines*, quoique sans fiefs & sans justice, qui rendront par an plus que cette somme, seront réputés grands *domaines* ?

Cette fixation des limites qui sépareront les petits *domaines* des grands, annonce qu'on ne croit pas devoir proposer des inféodations perpétuelles pour les grands *domaines*, de même que pour les petits. Ce n'est pas qu'elles fussent moins conformes, pour les uns que pour les autres, aux vrais principes de l'inaliénabilité du patrimoine de la couronne. S'il falloit absolument opter entre les inféodations perpétuelles des grands *domaines*, & les engagemens, tels qu'ils ont eu lieu jusques ici, on ne pense pas qu'il y eût à balancer sur la préférence. Des rentes perpétuelles & non-rachetables, proportionnées aux produits effectifs dont la jouissance seroit abandonnée aux aliénataires, apporteroient dans les revenus du roi une augmentation considérable, exempte de toute diminution pour l'avenir, & par conséquent, seroient beaucoup plus avantageuses à l'Etat que les simples engagemens.

Mais la différence établie par les loix entre les grands & les petits *domaines*, conduit, ce semble, naturellement à mettre aussi de la différence dans la manière de les régir.

Parmi les petits *domaines*, il y a des articles de si mince valeur, qu'il ne sauroit jamais devenir intéressant de les faire rentrer dans les mains du roi, lorsqu'ils en seront une fois sortis. D'autres articles, tels que les terres vaines & vagues, communes, landes, bruyères, pâtis, marais, &c. ne sont absolument d'aucun rapport. Ils ne peuvent être mis en culture qu'à force de tems, de travaux, de constructions & de dépenses. Qui se livreroit à de telles entreprises, dont la réussite n'est pas toujours certaine, s'il n'y étoit engagé par le double appas d'une rente très-modique, & d'une possession à titre perpétuel ? Mais n'y a-t-il pas aussi compensation pour l'Etat, par le double avantage d'y créer de nouvelles richesses, & de faire agir utilement une infinité de bras qui, peut-être, demeureroient sans emploi ? Le bien que feront les inféodations des petits *domaines*, se répandra sur toutes les classes du peuple, & devient par-là incomparablement plus désirable & plus précieux.

Les grands *domaines*, dont la possession ne peut toucher que la noblesse & les citoyens riches, sont composés de corps, tous plus ou moins considérables, tous en valeur, mais tous susceptibles de grandes améliorations, par conséquent de fortes augmentations dans les produits ; & c'est ce qu'on ne peut attendre de simples engagistes : le passé est un sûr garant de l'avenir.

De toutes les manières de régir les grands *domaines*, & de les faire servir aux besoins de l'Etat, la plus désavantageuse est le simple engagement. Il ne faut, pour s'en convaincre, qu'un coup d'œil sur cette alternative continuelle d'aliénations & de réunions, dont les dates sont rapportées au dictionnaire des *domaines*.

Une administration sujette à de si fréquentes variations, pèche nécessairement dans le principe, & ne doit point subsister sous un gouvernement éclairé.

La faculté de rachat perpétuel est la condition essentielle de l'engagement ; l'incertitude de sa durée est son plus fâcheux inconvénient. Si le seigneur d'une terre la proposoit en ferme pour un tems illimité, avec réserve de la faculté de rompre le bail à volonté, il est clair, ou qu'il ne se présenteroit point de fermier, ou que s'il s'en présentoit un, ce seroit aux conditions les plus défavorables pour le propriétaire.

Il n'est pas moins évident que ce fermier ne songeroit qu'à précipiter ses jouissances, & qu'à retirer de la terre tous les fruits qu'il pourroit lui faire promptement produire, mais qu'il se garderoit bien de la ménager, & de préparer de loin des moyens pour un accroissement de productions qu'il n'espéreroit pas de recueillir.

N'est-ce pas la même chose lorsqu'on prend un *domaine* du roi par engagement ? L'engagiste calcule le bénéfice qu'il pourra faire sur l'intérêt de la finance qu'il paie, ou sur la rente annuelle à laquelle il le soumet. Ses vues ne s'étendent pas plus loin ; il jouit des revenus de la terre engagée, tels qu'ils se trouvent au moment de l'engagement ; mais s'il y a des frais à faire pour les augmenter, il ne risquera pas de les avancer à pure perte, ou pour irriter la jalousie de quelque voisin ambitieux, qui le dépossédera par de nouvelles enchères, ou du moins le forcera à des supplémens, par cette voie qui est toujours ouverte. Ce sera beaucoup s'il fait la dépense des réparations les plus urgentes & les plus indispensables que les bâtimens demanderont. Le fait est prouvé par une multitude d'exemples.

Un père de famille n'épuisera pas sa bourse pour des améliorations, s'il n'est pas sûr de travailler pour lui-même & pour ses héritiers : ce sentiment est dans la nature.

Il faut donc, si l'on veut faire entrer la régie des grands *domaines* dans le projet d'augmenter les revenus de la couronne, & de soulager les peuples, ou renoncer à la pratique des engagemens, ou du moins y apporter de très-grands changemens.

Deux auteurs qu'on a déja cités, se font proposés la question, & en ont donné deux solutions
fort différentes.

L'un de ces écrivains (*Traité de la souveraineté
du roi* , pag. 433 , & suiv.) observe d'abord qu'en
1666, les *domaines* n'étoient employés dans le bail
général des fermes que pour onze cents soixante-
mille livres ; qu'en 1669 , ils le furent pour quatre
millions , à cause des réunions faites par M. Colbert;
en 1675 , pour quatre millions cent dix mille livres ;
en 1681 , pour cinq millions ; en 1687 , pour six
millions , & que le bail du 16 septembre 1738 fut
porté à quatorze millions cinq cents quatre-vingt-
trois mille livres ; mais que l'augmentation réelle
sur celui de 1687, ne fut que de quatre-vingt-trois
mille livres , en faisant déduction de huit millions
& demi au moins , pour plusieurs articles très-
considérables, (étrangers au *domaine*) qui furent
compris dans le bail de 1738 , & qui n'avoient point
fait partie du bail de 1687.

L'auteur fait ensuite mention de l'arrêt du conseil
du 13 mai 1724 , qui ordonne que les offres , enchères & sur-enchères, qui seront faites à l'avenir
pour la revente des *domaines* engagés , ne seront
reçues qu'en rentes payables au *domaine* par les
nouveaux engagistes , & à la charge par eux de
rembourser en argent comptant les finances dès
anciens engagistes.

Il est, dit-il , plus avantageux au roi, de faire
les reventes en rentes , qu'en deniers comptans,
qui se consomment à mesure de la recette......
Cependant , il n'y a point de comparaison de cet
avantage, à celui que procureroit une réunion
effective des parties distraites au tout. Si l'on veut,
par considération pour les personnes de crédit, ne
pas réunir leurs possessions domaniales, il paroît
juste de leur faire payer un supplément de finance....
il est même de leur intérêt d'y souscrire, afin que
leurs successeurs ne soient pas recherchés par la
suite pour les réunions.

Enfin , en ce qui concerne les petites portions
de *domaines* délaissées, à titre de propriété ou
d'inféodation, moyennant des redevances annuelles,
il pense non-seulement qu'il ne doit pas être question de les réunir, soit que les possesseurs aient
payé , ou non , des deniers d'entrée, mais qu'au
contraire il est à propos de faire des baux à
cens & rentes de tous les autres biens de cette
nature, qui restent entre les mains du roi, par
la raison qu'ils ne peuvent être mis dans leur véritable valeur , que par des colons qui soient en
état de les exploiter par eux-mêmes.

On a ci-devant rapporté l'opinion de l'autre
auteur sur les *domaines* en fonds ; elle est tirée des
*Recherches & considérations sur les finances. Voyez
page 579 de ce volume.*

Le premier de ces écrivains ne développe pas
sa pensée, sur ce qui touche les grands *domaines*.
Il croit qu'on ne doit pas réunir ceux mêmes

des petits *domaines* , dont les possesseurs ont payé
des deniers d'entrée ; mais il n'explique pas les
motifs qui le déterminent. Peut-être n'en a-t-il
point eu d'autre que la modicité de l'objet ; il
faut avouer cependant que l'indulgence qu'il témoigne à cet égard , ne se concilie pas avec l'arrêt
du parlement de Paris , du 27 mai 1566 , portant
enregistrement du second édit du mois de février
précédent.

Quand on envisageroit comme purement comminatoire, la peine que prononce cet arrêt , de
payer le quadruple des deniers d'entrée qui auroient été délivrés par les aliénataires , avec réunion de plein droit à la couronne de la chose aliénée , ne resteroit-il pas encore à examiner si
l'aliénation se trouvant irréguliere , elle devroit
néanmoins avoir son effet à perpétuité ? Il sembleroit juste de ne pas accorder aux inféodations de
petits *domaines* , faites avec deniers d'entrée , la
même faveur qu'à celles qui n'ont point eu d'autre
prix, qu'une redevance fonciere , perpétuelle &
non rachetable.

Quoi qu'il en soit, l'auteur n'ouvre aucune voie
nouvelle pour rendre plus utile la régie des grands
domaines. Il est certain , comme il le remarque ;
qu'il est plus avantageux au roi de faire les reventes en rentes, qu'en deniers comptans , qui se
consomment à mesure de la recette. Mais a-t-il
raison d'ajouter qu'il n'y a point de comparaison
de cet avantage, à celui que procureroit une
réunion effective des parties distraites au tout ?

S'il entend par ces termes, que la maniere la
plus avantageuse d'administrer les grands *domaines*,
est de les faire tous rentrer dans les mains du
roi, pour les comprendre dans le bail général des
fermes de sa majesté , on ne sauroit croire qu'il
trouve beaucoup de sectateurs. Laissant à part la difficulté de faire des fonds , pour le remboursement
des finances payées par les engagistes, sans quoi,
néanmoins , la réunion des parties distraites au
tout, ne peut être exécutée , l'avantage que l'auteur vante comme incomparable , seroit nul, ou
se borneroit à bien peu de chose.

Les mêmes considérations, par lesquelles on est
généralement d'accord sur l'unique moyen de mettre les petits *domaines* en valeur, sont applicables aux grands *domaines*. Le produit des terres
domaniales sera toujours fort au-dessous de ce qu'il
pourroit être, lorsqu'elles seront gouvernées par
des fermiers, dont les baux n'excéderont pas le
terme de six années.

Si l'on s'en rapporte à la plupart des écrivains
qui, dans ces derniers tems, ont traité de l'agriculture , la durée des baux de neuf ans n'est pas
même assez longue, pour qu'un fermier entre-
prenne diverses améliorations, dont l'effet ne commenceroit à se faire sentir qu'à l'expiration de sa
jouissance. De plus, ne sait-on pas que la meilleure exploitation a besoin d'être surveillée par

les propriétaires, & qu'il y a des ouvrages très-utiles ; mais de telle nature qu'eux seuls sont en état de s'en charger ?

Si l'on ne voit aucun engagiste se porter à de pareilles entreprises, si tous sont retenus par la qualité de leur possession précaire, (quoiqu'illimitée, & que souvent elle se proroge à un grand nombre d'années, qu'espérera-t-on du fermier qui n'a que six récoltes à faire ? Sur ce foible produit des terres domaniales, que l'on déduise d'une part les intérêts des capitaux, qu'il faudroit employer au remboursement des engagistes, & de l'autre, les rentes qui seroient éteintes par la réunion des *domaines* engagés, quel sera le bénéfice de cette réunion ?

Enfin, les grosses réparations des châteaux & des fermes ne pourront, ni être prévenues par l'œil vigilant du maître, ni être faites par économie, & leur prix doublera par des formalités inévitables & ruineuses, par les frais des procès-verbaux de visites, d'adjudication, de réception ; ainsi, il doit demeurer pour constant, que les terres domaniales rentrées dans les mains du roi, & comprises dans le bail de ses fermes, ne pourroient que dépérir, & que le dépérissement seroit également prompt & sensible.

Au reste, l'écrivain qu'on réfute a bien compris lui-même que sa spéculation étoit imparfaite, qu'elle n'embrassoit pas complettement son objet, & qu'en un mot, il y avoit des obstacles presque invincibles à l'entiere réunion des parties distraites au tout. Si l'on veut, dit-il, par considération pour les personnes de crédit, ne pas réunir leurs possessions domaniales, il paroît juste de leur faire payer un supplément de finance ; mais outre que des exceptions, fondées sur des égards arbitraires, annoncent toujours un systême défectueux, c'est se contredire en un point essentiel.

Il avoue que les reventes en rentes sont plus avantageuses au roi, que les reventes en deniers comptans ; & cependant, au préjudice de l'arrêt du 13 mai 1724, qui réprouve celles de la derniere espèce, il veut qu'on se contente de faire payer un supplément de finance aux personnes de crédit. C'est une inconséquence manifeste, à laquelle il ajoute une erreur qui ne l'est pas moins. Le remede qu'il propose ne va point à la source du mal.

Quelle sûreté les possesseurs des terres domaniales trouveroient-ils dans le paiement d'un supplément de finance ? Comment seroit-il de leur intérêt d'y souscrire ? Comment leurs successeurs seroient-ils par-là exempts d'être recherchés par la suite pour les réunions ? Le titre de leur possession cesseroit-il d'être un simple engagement révocable à perpétuité par son essence ?

Une personne de crédit pourroit en tout tems

être dépossédée par une autre personne plus riche, & d'un crédit encore plus puissant, qui rembourseroit les anciennes finances, & qui se soumettroit à payer une rente plus considérable au domaine.

Les recherches sur les finances présentent des vues plus intéressantes & plus approfondies. On y remarque que l'auteur, craignant de heurter de front le préjugé regnant, se contente de mettre en question, s'il est avantageux à l'Etat que le roi possede les *domaines* en fonds ; mais on voit assez qu'il tient pour la négative, s'appuyant sur les mêmes motifs qu'on a ci-dessus exposés, & dont la solidité doit frapper en effet tous les esprits qui auront la force de secouer le joug de la prévention.

Il propose des inféodations pour cent ans, par portions de huit ou neuf cents livres, & il en exclut les bois, qu'il croit mieux dans la main du roi que dans celle des particuliers.

Les inféodations pour cent ans se concilient pleinement avec le principe de l'inaliénabilité, à quelque époque qu'on veuille le faire remonter ; & cependant, elles transmettent un usufruit d'assez longue durée, pour engager les possesseurs à faire toutes les améliorations qu'on est en droit d'attendre d'un bon pere de famille. Ce double avantage est précieux & digne de la plus grande attention.

On ne prétend pas disconvenir que l'intérêt de l'Etat ne soit de multiplier le nombre des propriétaires des terres, sur-tout de ceux qui cultivent par eux-mêmes avec aisance ; & par conséquent, que les inféodations par portions médiocres, n'aient un véritable objet d'utilité. Mais, pourquoi s'en faire une loi de nécessité ? De semblables divisions sont-elles praticables sans inconvénient dans tous les *domaines* ?

Parmi les citoyens qui sont en état d'en acquérir, ou de conserver ceux qu'ils tiennent déja à titre d'engagement, combien y en a-t-il qui seroient attirés par la grandeur des possessions, & qui seroient rebutés par leur médiocrité ? Y auroit-il de la prudence à les exclure ? Ce qu'il y a d'important pour le roi & pour l'Etat, c'est que les redevances soient proportionnées à la valeur réelle & actuelle des *domaines*.

Par ces mots, on n'entend pas des rentes équivalentes aux revenus effectifs des *domaines*. Ce ne seroient plus des inféodations, ce seroit des baux à ferme. On entend des rentes qui approchent du produit réel des grands *domaines*, fixé, non sur ce que le roi en retire actuellement ; mais sur des états exacts & circonstanciés des fonds & héritages de toute espèce dont ils sont composés, & relativement à leur valeur, suivant les différens pays où ils sont situés.

. La division par portions médiocres doit être une ressource pour faciliter les inféodations , & non pas une règle pour y procéder.

Il seroit à desirer , pour l'uniformité de l'opération , & afin de pouvoir établir sur tous les *domaines* inféodés , une rente ou redevance fixée proportionnément à leurs produits respectifs , que les finances payées par les engagistes fussent éteintes & remboursées ; mais s'il paroît plus convenable de remettre ces remboursemens à un autre tems , l'exécution du projet des inféodations pour cent ans , n'en seroit pas moins avantageuse dès aujourd'hui , même par rapport aux *domaines* qui font tenus par engagement. Il n'en est aucun qui ne puisse supporter une rente plus ou moins forte , foit pour tenir lieu de supplément aux finances qui ont été payées en deniers comptans , fans affujettissement à aucune redevance annuelle , soit par augmentation de celles qui ont déja été établies lors des reventes. Les engagistes s'y prêteront , non-seulement parce qu'on doit préfumer que de fideles sujets & de bons patriotes font taire l'intérêt personnel , par zèle & par amour pour le bien public ; mais encore , parce que ce zèle recevra une prompte récompense , qui formera bientôt un accroissement de richesses pour le royaume.

On ne sauroit douter que tous les *domaines* ne foient susceptibles d'améliorations , & conséquemment , d'augmentation dans les produits. Qu'on fasse cesser la crainte trop bien fondée qui lie les mains aux engagistes , tous se porteront avec ardeur à des travaux & à des dépenses , dont ils feront affurés de recueillir les fruits pendant un siecle. N'y trouveront-ils pas un ample dédommagement de la redevance à laquelle ils se feront obligés pour le même espace de tems ? Quel plus puissant moyen d'ailleurs , pour faire fleurir l'agriculture , pour ranimer le goût du travail par la certitude du salaire , pour occuper tant de bras qui n'attendent que de l'emploi , pour faire naître l'abondance des denrées & de première nécessité , pour fournir aux arts & au commerce , tant intérieur qu'extérieur , les matieres que l'industrie perfectionne , de même que celles dont le débit est appellé par des besoins fans cesse renaissans ; enfin , pour favoriser les mariages & la population par l'aisance , fuite naturelle & infaillible de ces diverses causes réunies !

L'auteur des recherches sur les finances , observe d'autres points d'utilité évidente , dans la régie des *domaines* par inféodations pour cent ans ; simplicité & invariabilité de la recette ; épargne de toutes réparations , suppression de tous petits détails économiques , toujours onéreux au prince ; profit certain pour l'Etat dans les nouvelles adjudications , qui se feroient aux encheres après la révolution de cent années ; & dans lesquelles le roi jouiroit des améliorations qui auroient été

faites , & du surhaussement des baux , tel que l'abondance de l'argent , & le plus haut prix des denrées l'auroit procuré.

Mais ne feroit-il pas possible de trouver encore un autre avantage bien plus grand , dans les inféodations dont il s'agit ?

Il y a long-tems que la nécessité d'un terrier-général du *domaine* dans tout le royaume a été reconnue. Louis XIV ordonna en 1655 , 1656 , 1657 & 1658 , qu'il y seroit incessamment procédé. Par une déclaration du 26 mars 1659 , ce prince régla les formes qui devoient être gardées pour y parvenir , & suspendit l'exécution des terriers de tous les seigneurs particuliers , jusqu'au parfait accomplissement du terrier universel. Il avoit même établi une chambre souveraine au bailliage du palais à Paris , pour juger les contestations que la confection de ce même terrier pourroit occasionner.

L'entreprise peut-être trop vaste , de trop longue haleine , & trop dispendieuse , n'ayant pas été suivie avec les soins & l'activité qu'elle auroit exigés , le terrier universel est encore à faire. Il y a été en quelque façon suppléé par des états qui , dès 1669 , furent demandés au fermier des *domaines* , qui furent ensuite dressés , & dont les doubles furent déposés dans les bureaux des finances , en conséquence des ordres très-précis que M. le Pelletier , alors contrôleur-général des finances , avoit donnés à ce sujet en 1684 & 1686.

Les receveurs-généraux des *domaines* , ayant été créés en titre d'office , par édit du mois d'avril 1685 , il leur fut enjoint de faire mention de dix ans en dix ans , dans les états au vrai des comptes qu'ils rendroient , de la consistance en détail de tous les biens & droits dépendans des *domaines* , dans leurs généralités & départemens.

Par autre édit du mois de décembre 1701 , ils furent déchargés de cette obligation ; mais on leur imposa celle de remettre , aussi de dix ans en dix ans , aux chambres des comptes , un état en détail par eux signé , de la consistance de tous les *domaines* du roi , tant en cens , rentes , mouvances , qu'autres droits & revenus en dépendans , lequel état seroit donné en papier non timbré , fur ceux qui leur seroient fournis , tant par les fous-fermiers , que par les engagistes des *domaines*.

Un troisieme édit du mois de juin 1725 , ordonna que les états en détail des *domaines* , feroient à l'avenir rapportés sur les comptes des receveurs-généraux tous les cinq ans , à commencer en 1726 ; & pour les exciter à plus d'exactitude , il leur fut attribué mille livres tous les cinq ans pour lesdits états.

L'auteur qui rapporte les dispositions de ces loix , attesse qu'elles n'ont pas été ponctuellement

DOM

remplies, que ces états ont été peu exactement fournis, qu'ils ne l'ont même été que très-imparfaitement, faute par les engagistes, d'avoir remis aux receveurs-généraux, ceux que l'édit de 1725 leur enjoignoit de fournir, à peine d'amende arbitraire.

Les motifs de la répugnance des engagistes, ne sont pas fort difficiles à pénétrer. Plusieurs d'entre eux pouvoient avoir grand intérêt à ne pas donner une connoissance trop circonstanciée de leurs possessions domaniales ; mais cet intérêt disparoît, si les engagemens sont convertis en inféodations pour cent années. En ce cas, seroit-ce assez d'exiger d'eux de simples états ? Quel inconvénient y auroit-il à les obliger, par condition expresse de l'inféodation, de faire procéder à leurs frais, dans les dix premières années de leur jouissance, à la rénovation du papier terrier des choses & droits à eux inféodés ? Ne profiteroient-ils pas eux-mêmes de leur ouvrage ? Ce seroit ne leur demander que ce qu'un bon père de famille feroit par raison, & de son propre mouvement ; car une possession assurée pour cent ans est presque équivalente à une pleine propriété. Cependant le terrier universel du domaine se trouveroit insensiblement, par la réunion de tous les terriers particuliers, & par leur dépôt dans les archives destinées à les recevoir, sans qu'il en eût rien coûté au roi.

Il résulteroit donc de l'inféodation des grands domaines pour cent ans, une multitude d'avantages palpables, qui ne paroissent balancés par la crainte d'aucun dommage. Il en résulteroit une augmentation dans les revenus de sa majesté, une diminution dans ses dépenses, & par conséquent un soulagement nécessaire pour ses peuples. Mais combien l'utilité de cette forme de régie ne seroit-elle pas plus grande & plus sensible, si les bois qui appartiennent au roi y étoient compris avec tous les autres domaines de la couronne ?

Il est vrai que, selon l'auteur des recherches sur les finances, les bois sont mieux dans la main du roi, que dans celles des particuliers, toujours plus pressés de faire des coupes prématurées. C'est la seule raison qu'il apporte pour étayer son sentiment ; mais elle est trop foible pour faire impression, & rien ne seroit plus aisé que d'empêcher les coupes anticipées, par la loi même de l'inféodation.

Les bois ne prospèrent pas également dans tous les terrains. Leur croissance est plus prompte dans les uns, elle est beaucoup plus lente dans d'autres. On peut bien déterminer un âge au-dessous duquel il ne sera pas permis de faire couper des bois taillis, comme, par exemple, au-dessous de neuf ou de dix ans, parce qu'il n'y a point de pays où de plus fréquentes coupes ne fussent préjudiciables à la pousse ou rejet du jeune bois. Mais comment établir une règle générale & uniforme pour un âge fixe au-dessus de dix ans ? Trop d'obstacles

s'y opposent. Il y a des contrées où le taillis à quinze ans est assez gros pour le chauffage. Il en est d'autres où il faut l'attendre à dix-huit, à vingt, à vingt-cinq, & même jusqu'à trente ans.

On ne remarque pas moins de variétés dans l'essence & la qualité des bois ; ici le chêne domine ; là, c'est le châtaigner, l'orme ou le hêtre. Ailleurs, il ne croît que des peupliers, des trembles, des bouleaux & d'autres arbres d'espèces inférieures. Le taillis n'est pas seulement propre au chauffage ; on l'emploie avec profit à divers ouvrages, dont les uns veulent de plus jeunes plants, & d'autres veulent des arbres parvenus à une certaine grosseur. La différence des situations, la nature des demandes, le débit, la consommation, la proximité ou l'éloignement des rivières, des villes, des forges & fourneaux, la facilité ou la difficulté de la traite & du transport, autant d'objets de spéculation, sur lesquels le particulier éclairé par ses intérêts, peut établir l'aménagement de ses bois, mais qui ne sauroient entrer dans le plan d'une administration générale, où les petits détails économiques sont impraticables.

Il est constant néanmoins que le produit des bois augmente ou diminue en raison de ces combinaisons économiques, bien ou mal faites, & bien ou mal observées. D'autres soins contribuent encore puissamment à leur plus grande valeur.

On sait qu'il est essentiel de les garantir de la dent du bétail, avant qu'ils aient atteint l'âge de s'en défendre ; on y réussit moins par la vigilance des gardes, que par des fossés de clôture suffisamment profonds, & exactement entretenus. Il est aussi très-important de repeupler les clairières, & de mettre en culture les places vaines & vagues qui se trouvent dans tous les bois un peu spacieux, même dans ceux dont le sol est le plus fertile. Tout cela, dira-t-on, est prescrit par les ordonnances. Mais tout cela est-il diligemment exécuté ? Les officiers établis pour y veiller, fussent-ils tous animés du même zèle, & doués des mêmes talens, il seroit impossible que rien n'échappât à leur attention.

Si l'on vouloit s'en convaincre, il ne faudroit qu'examiner des bois appartenans au roi & des bois appartenans à un seigneur particulier dans un même territoire, & comparer l'état des uns avec l'état des autres, tous les doutes seroient bientôt levés par cette comparaison. Parmi plusieurs causes qu'on en pourroit facilement alléguer, il en est une dont l'effet ne peut cesser qu'avec cette cause même. C'est que la nécessité des formes retarde considérablement les opérations, & en double le prix pour les bois du domaine, tandis que le seigneur particulier n'a besoin, pour agir, que de sa propre délibération, & que, dans l'exécution, il emploie toujours les moyens les plus économiques.

Il paroît donc démontré qu'il n'est pas avantageux à l'État que le roi possède ses bois, & qu'au contraire, l'inféodation des bois domaniaux pour cent ans, seroit encore plus utile à l'Etat & à sa majesté elle-même, que celle des *domaines* d'autre nature.

La vérification de ce dernier point dépend d'un calcul bien simple. Que l'on choisisse tel canton de bois que l'on voudra, dans telle province que l'on jugera à propos : qu'on examine ce que les trois dernières coupes ont produit net, & déduction faite de tous les frais ; qu'on en compose ensuite une année commune, relativement au nombre de celles qui se sont écoulées d'une coupe à l'autre ; on reconnoîtra sans peine, par le foible montant de cette année commune, qu'il seroit porté bien au-delà du double, si ce même canton de bois étoit inféodé pour cent ans.

Le projet d'aliéner les bois du *domaine* n'est pas d'invention nouvelle. Il y a plus d'un siècle que le gouvernement s'en occupa si sérieusement, que, par édit du mois de novembre 1658, tous les officiers des eaux & forêts furent supprimés en Bourgogne, & qu'il fut ordonné que tous les bois du roi dans cette province, seroient donnés à titre d'engagement.

L'ordonnance du mois d'août 1669, apporta un changement total dans les résolutions du gouvernement à cet égard. La table de marbre du palais à Dijon, & les autres juridictions des eaux & forêts du duché de Bourgogne furent rétablies par édits des mois de janvier & de décembre 1672, sur le pied réglé par cette même ordonnance de 1669.

Il s'en falloit beaucoup qu'on eût fait alors dans la physique en général, les progrès qui depuis ont été illustré cette science, & qu'on eût acquis sur les bois en particulier, les connoissances dont d'habiles observateurs ont enrichi l'agriculture. La vieille routine à laquelle on étoit encore réduit en 1669, étoit fort imparfaite & même fautive à plusieurs égards.

L'ordonnance des eaux & forêts s'en ressentit, & cela ne se pouvoit autrement. L'expérience a prouvé qu'elle renferme des dispositions qu'il importe de changer pour une meilleure administration des bois, qui ne peut se relever qu'en apportant dans cette partie la réforme nécessaire, comme l'auteur des recherches sur les finances n'a pas hésité de le dire.

Dans le vrai, la nécessité de cette réforme est si universellement reconnue & si vivement sentie, qu'elle fait le vœu commun de la France, & peut-être n'y a-t-il aucune voie qui puisse y conduire d'une manière plus courte & plus sûre, que l'inféodation des bois du *domaine*. Si les espérances que le gouvernement conçut du nouvel ordre prescrit par l'ordonnance des eaux & forêts, le décidèrent à révoquer un édit qui avoit ordonné l'aliénation d'une partie des bois du roi, le peu de succès dont ces espérances ont été suivies, semble

devoir naturellement le porter à rentrer dans la route qu'elles lui avoient fait abandonner, & cela non pour une seule province, & par de simples engagemens, mais par des inféodations pour cent années, & pour tout le royaume.

Il seroit superflu d'observer que les forêts réservées pour les plaisirs du roi, forment une classe à part, dont il ne peut pas être question dans ce projet, non plus que dans tout autre qui pourroit être imaginé. On s'est même restreint à ne parler que des bois taillis, sans faire mention des baliveaux anciens & modernes qui se trouvent dans toutes les coupes. Si les bois du roi étoient inféodés pour cent ans à des particuliers, il y a sujet de se persuader que la concession des baliveaux anciens & modernes seroient partie des clauses de l'inféodation. On peut penser aussi que les concessionnaires seroient assujettis à laisser sur pied, à l'expiration du bail, une certaine quantité de futaies, soit en lisières, soit par cantons marqués à cet effet, soit même par la réserve ordinaire de seize baliveaux par arpent, supposé que cette disposition ne fût pas réformée. Mais c'est assez aujourd'hui de prévoir en gros ces conditions particulières des inféodations, puisqu'elles ne peuvent avoir lieu, que dans le cas où les inféodations mêmes seroient ordonnées.

Ce n'est pas qu'il ne soit de la plus grande importance dans la police de l'Etat, d'élever de nouvelles futaies, pour remplacer celles qui dépérissent & qui se consomment journellement. Mais atteindra-t-on ce but avec des baliveaux foibles, isolés, tourmentés par les vents, & dont il périt plus de moitié dès la première ou la seconde année, après la vente du taillis ? En parcourant des bois, l'œil le moins exercé verra qu'il n'existe de belle & haute futaie que dans les lieux où elle croît ensemble, & où le sol est d'ailleurs favorable. Le mélange de la futaie & du taillis ne peut être que préjudiciable à tous deux. Aussi les propriétaires prévoyans comptent-ils sur la ressource des baliveaux, pour se procurer des arbres de service.

Il y auroit sans doute matière à bien d'autres remarques du même genre & de la même utilité ; mais l'objet qu'on s'est proposé, n'est point de rassembler tout ce qu'il seroit bon de dire sur l'aménagement des bois, & sur l'amélioration des biens d'autre nature. *Voyez* EAUX ET FORÊTS.

Présenter quelques idées générales sur les moyens de rendre le *domaine* de la couronne plus avantageux au roi & à l'Etat, c'est, comme on l'a dit, tout ce qu'on a cru devoir se permettre.

Lorsqu'il s'agit du bien public, si tous les essais ne sont pas également heureux, ceux qui ont pour principe un zèle pur & désintéressé, ne sauroient du moins être condamnés, & il leur reste le mérite d'avoir préparé les voies à des hommes plus habiles & plus instruits : les fautes qu'on peut commettre en les devançant dans la carrière, deviennent pour eux un préservatif contre les mêmes erreurs.

Pour ne rien laisser à desirer sur la question de l'inaliénabilité du *domaine*, nous ajouterons ici ce qu'en dit un écrivain très-versé dans les matières domaniales, qui a écrit en 1776.

Quelque suffisans que soient les faits & les raisonnemens de l'auteur des considérations sur l'inaliénabilité du *domaine*, pour établir que le roi a le droit d'en user, on peut encore y joindre les réflexions suivantes.

Aujourd'hui que le *domaine* est d'un revenu si disproportionné avec les charges de l'Etat, il a perdu la faveur religieuse qu'il méritoit, & sa dénomination de sacrée. Il l'étoit sans doute lorsqu'il écartoit du peuple tous les impôts, les aides, les tailles, les gabelles.

Mais comment le *domaine* est-il ainsi tombé dans l'épuisement & l'inutilité ? Cette question n'est pas de pure curiosité, parce que la réponse convaincra de l'impossibilité de le rétablir.

1°. Le *domaine* a été exposé aux dissipations, aux usurpations, aux inféodations devenues héréditaires. Les fondations, dotations, & les affranchissemens, l'ont aussi diminué considérablement.

2°. Les dépenses de l'Etat ont beaucoup augmenté le changement de l'administration. Par exemple, la dispense du service militaire accordée aux possesseurs des fiefs devenus héréditaires, a mis la guerre au compte du roi. Il a payé les vassaux pour faire un service qu'ils devoient à raison des fiefs qu'ils possédoient, de sorte qu'ils tiennent le fief sans devoir, & sont payés pour faire le devoir du fief.

Voilà certainement la plus forte aliénation des droits du *domaine*, depuis l'hérédité des fiefs contre laquelle personne n'a réclamé.

3°. Les rois ayant recouvré toute leur autorité, ont été chargés d'une police vaste, tant en administration qu'en juridiction ; nouvelle dépense précédemment inconnue. La dépense de l'administration de la justice s'est augmentée, comme les difficultés résultantes du nouveau genre de propriétés introduites par le droit féodal. Il suffit d'ouvrir les coutumes & les jurisconsultes, pour voir que les contestations & les discussions sur cette matière ont fait plus de moitié des embarras de la société, des occupations métaphysiques du barreau, des méditations & jugemens des tribunaux, & par conséquent des frais d'administration.

4°. D'autres genres nouveaux de dépense ont été les armées perpétuelles, les ambassades permanentes, les guerres fréquentes & malheureuses, &c. &c.

5°. Les circonstances critiques des guerres ont occasionné beaucoup d'aliénations.

Tant d'augmentations de dépenses, tant de diminutions du fonds & de la recette devoient laisser, comme elles l'ont laissé en effet, le *domaine* infiniment au-dessous de son objet, qui étoit de suffire aux charges de l'Etat.

Dans l'état actuel des choses, le *domaine* ne forme plus la centième partie des besoins & des revenus du gouvernement. Le *domaine* est donc devenu un nom sans réalité, puisqu'il est également épuisé & insuffisant ; il ne doit donc tenir dans l'ordre législatif & politique qu'une place égale à son utilité, qui est la mesure, la seule exacte des choses.

Les loix ne sont pas plus immuables que leur objet ; le *domaine* est entièrement changé, il a perdu son utilité, il n'est donc plus inaliénable ; il étoit la sauve-garde des peuples, en les garantissant des impôts dont il ne peut plus les défendre.

La convention sociale qui avoit uni une dot en fonds à la couronne, tombe d'elle-même à cet égard, parce qu'elle n'est plus soutenue par le suffrage & par les vœux des peuples. Le roi est l'organe & la voix de la société ; il peut déclarer le changement du vœu de la société qui tirera un plus grand parti de la dot de la couronne, en en faisant une nouvelle disposition.

La nature seule fait des loix que la puissance humaine doit respecter, parce qu'elle se brisera contre les loix plutôt que de les briser. Les hommes cherchent ce qui n'est pas, s'ils cherchent à donner à leurs ouvrages la stabilité & l'immutabilité. Ainsi il est bien aisé de dire, suivant les loix du royaume, le prince ne peut pas aliéner le *domaine* de la couronne.

Mais ces loix du royaume même ont été faites par la société qui le compose ; cette société peut les changer. Le prince est l'organe de la société, ce qu'il dit avec l'appareil & la solemnité de la législation, est la parole de la société. Donc ce qu'il lui enlève sous un point de vue, retourne à lui sous un autre, & toute la force de cette loi fondamentale se réduit à prescrire, comme essentielle, une forme qui doit caractériser l'opération d'une puissance plus pleine & plus étendue.... Qui doute que *la nation assemblée, avec son prince à la tête*, ne pût, assignant d'ailleurs des fonds pour les dépenses publiques, ordonner la vente irrévocable de tous les *domaines* unis à la couronne ?

Ce qu'on peut retrancher de cet appareil, sans changer la question, pourroit être la matiere d'une autre discussion qui seroit ici superflue, d'autant plus qu'elle comprendroit le droit public de la France tout entier. Il suffit d'une hypothèse, pour donner un exemple & mesurer la possibilité.

Non que nous ne donnions pas à la nature son suffrage dans cette matiere. C'est la nature, par exemple, qui attache à la puissance publique les droits qui forment son essence. Ainsi il est de
l'essence

l'effence de la puiffance publique, de ne reconnoître dans l'étendue du royaume aucun miniftère qui ne lui foit fubordonné. Voilà l'un des fleurons qui forment la couronne. Voilà le cas où la nation affemblée avec fon prince décideroit inutilement le contraire. Il n'en réfulteroit que l'illufion d'un moment, auquel le moment fuivant ôteroit déja quelque chofe, & que le tems feul altéreroit de degré en degré, & détruiroit enfin.

On pourroit même en trouver la preuve par l'expérience, dans l'hiftoire des dominations, foit corporelles, foit eccléfiaftiques, qui jadis défiguroient la face de ce royaume. Voilà donc un *domaine* véritablement inaliénable, &, qui en effet ne fera jamais aliéné d'une maniere efficace.

Mais des terres attachées à la couronne n'y font attachées que par une diftribution faite entre le prince & fes fujets, diftribution peut-être originairement mal faite, peut être bien faite dans fon tems; mais qui, n'ayant point été changée fuivant les différentes révolutions des mœurs, n'a plus aucune efpèce d'analogie avec les mœurs actuelles. Cela pofé, l'intérêt de l'Etat eft qu'elle foit changée.

Tous les obftacles qu'on élevera pour rendre ce changement impoffible, feront donc des machines dreffées contre l'Etat lui-même, dont l'effet eft de l'empêcher de parvenir à une utile réformation qui puiffe lui procurer une vigueur & une fanté parfaites.

Mais, dira-t-on, il vaut mieux encore fuivre les erreurs dans lefquelles nos ancêtres nous ont placés; que de donner ouverture à la puiffance arbitraire, & livrer toute chofe au hafard. 1°. Cet argument n'a point lieu, fi des raifons de néceffité exigent l'aliénation des *domaines*; on y répondroit que l'une & l'autre branche de cette alternative conduiroit au même terme, & que par conféquent la balance feroit affez égale, & ce feroit offrir à l'Etat condamné à périr, le choix de fon fupplice.

2°. La puiffance arbitraire & le hafard ne font point de l'effence d'un projet de réformation, par lequel on feroit dans le cas de corriger les erreurs d'une ancienne conftitution; il n'eft point vrai que la deftruction des loix anciennes, pour en fubftituer de nouvelles, foit une ouverture donnée à la puiffance arbitraire. Au contraire, l'obfcurité des loix anciennes, la néceffité des circonftances nouvelles, qui tous les jours nous contraignent d'admettre des limitations, des exceptions, des dérogations à ces loix anciennes, ou, ce qui eft encore pis, d'intervertir la difpofition de la loi, en en renverfant les termes, donnent beaucoup plus d'ouverture à la puiffance arbitraire, que de nouvelles conventions fcellées authentiquement.

Il ne s'agit pas de détruire fans réédifier: au contraire, il ne faut pas ôter une pierre de l'ancien édifice, fans avoir derriere un nouvel édi-

fice tout élevé & éprouvé, autant que la foibleffe humaine peut éprouver, & fous la réferve des nouvelles lumieres que l'expérience feule peut donner, dont on fe mettra à portée de profiter, en donnant à la machine un certain efpace pour le jeu des différens refforts.

Le réfultat de ceci eft qu'il y a certainement un *domaine* facré, inaliénable, imprefcriptible, & que nulle force humaine ne peut féparer de la couronne; c'eft tout ce qui eft compris dans l'idée de cette couronne, comme étant attaché à cette idée par la raifon même.

Enfuite, il y a un *domaine* qu'une convention folemnelle, écrite dans les loix du royaume, a uni & incorporé à la couronne par une fiction, qui, en imitant la nature, renferme encore ce *domaine* fous l'idée de la couronne. Mais une convention forme ce lien, & une convention peut être rétractée par une autre convention contraire, fi de nouvelles circonftances font naître un intérêt contraire.

Mais tant que la convention fubfifte, elle eft digne de refpect; delà l'explication des différens monumens de notre jurifprudence dans cette matiere, qui d'un côté rapproche tous les jours, & fait rentrer dans les mains du prince, des droits régaliens, qui n'en devoient jamais fortir, & qui ne peuvent être entre les mains des feigneurs, ou temporels ou eccléfiaftiques. . . . .

Les opérations qui mettoient entre les mains du prince une repréfentation de l'objet aliéné, ont trouvé une réfiftance d'autant moindre, que la repréfentation étoit plus parfaite. Ainfi l'échange n'a jamais été contredit en lui-même; il a été feulement foumis à toutes les épreuves qui pouvoient affurer que le titre d'échange étoit fidele, & ne diminuoit point la confiftance du *domaine*.

Après l'échange, les acenfemens, en mettant le moindre taux poffible aux deniers d'entrée, ont paru une maniere de procurer au prince l'utilité de la terre, en le chargeant des foins & des dépenfes de l'exploitation.

Les inféodations jadis mettoient entre les mains du feigneur, par le fervice du vaffal, une repréfentation de l'héritage; actuellement ce fervice n'eft nullement intéreffant, & n'offre au prince que ce qu'il a d'ailleurs droit d'exiger en vertu d'un titre fupérieur; auffi font-elles à-peu-près tombées en défuétude. Les ventes enfin font regardées comme impoffibles, & de plein droit converties en engagemens. Tel eft l'état actuel.

Mais l'état poffible a une autre étendue. Si on étoit dans le cas de croire que cette convention, par laquelle on met au nombre des droits effentiels de la couronne, des objets auxquels la nature n'attachoit pas cette qualité, contient au fond plus d'inconvéniens que d'utilité; alors non-feulement on pourroit, mais il faudroit s'empreffer de la réfilier. Heureufement cette convention eft entre une autre partie & elle-même. Il n'y a point deux parties différentes ; car la différence des parties confifte dans celle des droits & des intérêts, & il n'y a certainement ici qu'un intérêt commun & au prince & au peuple.

La queftion de fait de favoir s'il n'y a pas plus d'inconvéniens dans la féqueftration des fonds unis au *domaine* de la couronne , que d'utilité , nous ne la traiterons pas. Bien des gens croient qu'elle fe réfout par un calcul affez fimple. Il eft bien certain que les fonds ne produifent pas ce qu'ils produiroient à un citoyen, qui ne feroit pas obligé de mettre autant de degrés intermédiaires entre le propriétaire & le cultivateur : or, le profit de de ces degrés intermédiaires ne devroit-il pas être la matiere d'un commerce libre , plutôt que la matiere des gratifications du prince ?

Après avoir analyfé tout ce qui a été écrit fur l'inaliénabilité du *domaine*, fur les avantages que l'Etat trouveroit à fe départir de ce principe, qui ne préfente rien de folide aux efprits fenfés; il ne nous refte plus qu'à parler des fubdivifions du *domaine*, de fes privilèges, & des moyens qui ont été pris pour en affurer la confervation. Ces différens objets nous meneront naturellement à faire connoître la derniere loi, publiée en 1781 fur cette propriété de la couronne.

On a vu ci-devant en quoi confiftent le grand & le petit *domaine*, que plufieurs portions du dernier ont été aliénées à perpétuité , en tranfmettant aux aliénataires une propriété incommutable ; mais qu'il eft reçu dans le droit public de France, que le grand *domaine* n'eft pas fufceptible d'une pareille aliénation.

Plufieurs écrivains fubdivifent le *domaine* en général ; en *domaine* muable , *domaine* immuable , *domaine* fixe , *domaine* cafuel , *domaine* forain & *domaine* en partage.

Le *domaine* muable eft celui dont le produit peut augmenter fuivant les circonftances ; celui qui s'afferme comme greffes , fceaux , tabellionage , &c.

Le *domaine* immuable donne un produit toujours égal , jamais il n'augmente ni ne diminue : tels font les cens , rentes & redevances.

Le *domaine* fixe a une exiftence certaine & connue ; il ne dépend d'aùcun événement.

Le *domaine* cafuel dépend d'événemens incertains , comme les droits de lods & ventes , de quint & de requint , de relief , de rachats , &c. &c. *Voyez* CASUELS DROITS.

Le *domaine* forain comprend les droits de foraine , traite domaniale , qui fe levent fur certaines marchandifes à leur entrée dans le royaume, ou quand elles en fortent.

Enfin, le nom de *domaine* en partage fe donne à des feigneuries , des terres & autres biens que le roi poffede en commun avec des feigneurs particuliers.

Quant au privilège du *domaine* , il eft établi fur les difpofitions des ordonnances depuis 1566.

Les privilèges du fifc chez les Romains font peu connus. Le titre du code *de privilegio fifci* n'a rapport qu'à un feul privilège, qui eft celui de la préférence qu'il peut avoir fur les biens d'un débiteur qui lui eft commun avec d'autres créanciers, & on n'y explique même pas dans toute fon étendue en quoi confifte cette préférence.

Chopin, *dans le titre 29 du troifieme livre du domaine*, pour fuppléer au filence que le titre du code romain garde fur les autres privilèges du fifc, a raffemblé ce qui fe trouve fur ce fujet difperfé dans les autres titres du droit civil, & en a fait une longue énumération ; mais la plupart des privilèges dont il fait mention, fondés fur les difpofitions des loix Romaines, font inconnus parmi nous.

Dans le droit françois, les privilèges du *domaine* n'ont rapport qu'à fa confervation, ou aux tribunaux qui doivent connoître, exclufivement à tous autres juges, des caufes qui le concernent, des actions qu'il peut intenter, ou dont il eft exempt.

Relativement à fa confervation, les privilèges du *domaine* confiftent à être affranchis de la condition commune des autres héritages, fuivant laquelle ils font fufceptibles de toutes fortes de convention, donation , vente, échange & autres difpofitions, & fujets aux droits rigoureux de la prefcription ; au lieu que le *domaine*, étant hors du commerce des hommes, ne peut être aliéné ni prefcrit.

Les privilèges du *domaine*, qui ont rapport aux tribunaux où les caufes de cette partie doivent être agitées, confiftent en ce que la connoiffance n'en peut appartenir aux juges des feigneurs, ni même à tous officiers royaux ; mais feulement à ceux à qui cette attribution a été fpécialement donnée, foit en premiere inftance, foit par appel : delà la maxime atteftée par tous les auteurs, que , quoique le *domaine* foit enclavé dans la juftice d'un feigneur, il ne peut être foumis à fa juftice, & qu'une terre qui en dépendoit auparavant, ceffe d'en dépendre , lorfqu'elle eft acquife par le roi.

Les privilèges du *domaine*, en ce qui concerne la nature des actions que le roi peut intenter, font la préférence fur les biens des fermiers de fes *domaines*, fixée par un édit du mois d'août 1669, à trois différens objets ; fur les meubles & deniers comptans, fur les immeubles & les offices; la contrainte par corps, qui peut être exercée pour le paiement des revenus du *domaine*, aux termes de l'article 5 du titre 34 de l'ordonnance de 1667.

Le droit de fe pourvoir même contre des arrêts contradictoires, ou par la voie des lettres de refcifion, contre des actes paffés, foit au nom du roi, foit au nom de celui qui l'a précédé à quelque titre que ce puiffe être.

L'affranchiffement de toutes difpofitions des coutumes, ou fa condition fixée par des loix générales & par les ordonnances du royaume.

Enfin, les privilèges du *domaine* qui ont rapport à la nature des actions dont il eft exempt, font : 1° de ne pouvoir être fujet à aucune action de complainte ; car, comme elle fuppofe une voie de fait, une violence, & par conféquent une injuftice, elle ne peut être intentée contre le roi, qui eft la fource & le diftributeur de toute juftice, fans bleffer la révérence due à fa majefté.

2°. De ne pouvoir être fujet à l'action du retrait lignager ; la raifon en eft que, lorfque le roi acquiert un héritage, on doit préfumer qu'il a en vue le bien & l'utilité de l'Etat, qui doit l'emporter fur l'objet qu'ont eu les coutumes de conferver les héritages dans les familles.

Aux exemples des actions qui ne peuvent être intentées contre le *domaine*, il faut ajouter ceux des exceptions qui ne peuvent lui être oppofées ; telles que la perception d'inftance, la compenfation, la ceffion de biens, les lettres de répit, les lettres d'état, les lettres de bénéfice d'inventaire.

On terminera ce détail des privilèges du *domaine*, en ajoutant que les caufes qui le concernent ne peuvent être évoquées, même dans les cas où le procureur du roi n'eft pas feule partie ; mais feulement intervenant dans une inftance qu'un autre auroit commencée, fuivant l'opinion de Chopin, liv. 2 du *domaine*, tit. 25.

On doit obferver auffi que plufieurs de ces privilèges, tels que l'inaliénabilité & l'imprefcriptibilité, n'ont lieu que pour le *domaine* ancien ou fixe, & ne s'appliquent point au *domaine* cafuel; les biens & droits qui compofent ce dernier, pouvant être donnés & aliénés, tant qu'ils n'ont pas acquis la qualité de *domaine* fixe.

Outre les privilèges ci-deffus, & qui ont la confervation du *domaine* pour objet, on doit compter, parmi les premiers moyens, la maxime de l'inaliénabilité. Viennent enfuite nombre de précautions qui en ont été la fuite.

L'ordonnance de Charles VI, du dernier février 1401, établit à-peu-près toute la législation qui a été fuivie poftérieurement.

Il expofe dans le préambule, » que le principal regard & confidération de fa penfée, après » celle d'acquérir l'amour de Dieu, doit être de » vaquer & entendre au bon gouvernement du » royaume, & de garder & conferver en bon » état les droits de la couronne & du *domaine*, » fans les diminuer, ni fouffrir qu'ils le foient » en aucune manière ; que lorfque les droits & » *domaine* demeureront entiers, & feront bien » gardés & foutenus, il pourra d'autant mieux » fupporter les grandes charges qui lui furviennent chaque jour pour foutenir les grands frais » du royaume, préferver fes fujets des exactions, les gouverner & garder en bonne juftice

» & tranquillité paifible, fe recordant les glo- » rieux & notables faits de plufieurs de fes pré- » déceffeurs qui ont tenu & gardé enfemble, & » accru les droits de la couronne & le *domaine* du » royaume, fans les diminuer, ni fouffrir qu'ils » le fuffent, excepté lorfqu'ils en ont donné » pour apanage à quelques-uns de leurs hoirs » mâles ; que fon aïeul & fon père ayant trouvé » qu'avant eux le *domaine* avoit été aliéné & » grandement diminué par leurs prédéceffeurs, » ils révoquerent & annullerent tous dons & » aliénations faits jufqu'alors, des terres, rentes » & revenus, juftices & feigneuries, & autres » chofes appartenant audit *domaine*, lefquelles » révocations ils firent mettre à exécution ; con- » fidérant auffi que quand fes prédéceffeurs ont » été facrés, & que quand il le fut, ils jurerent, » & il jura folemnellement, les pairs, plufieurs » prélats & autres princes du royaume préfens, » de garder les droits de la couronne, & le » *domaine* entier, de ne l'aliéner en aucune ma- » niere ; de redemander, rejoindre & réunir ce » qui en feroit aliéné ; que depuis fon facre, » & dans un âge peu avancé, il a donné par » inadvertance & par importunité des requérans, » plufieurs feigneuries, terres, poffeffions & juf- » tices, rentes, revenus & autres chofes étant » du *domaine* à différentes perfonnes, les unes » à héritage à perpétuité, & les autres à vie ou » à volonté ; donc les droits de la couronne & » du *domaine* ont été grandement diminués, & » le pourroient être encore plus à l'avenir.

» Voulant fuivre les bonnes ordonnances de » fes prédéceffeurs, & fpécialement de fon aïeul » & de fon père, & garder le ferment qu'il a » fait à fon facre, après avoir eu fur ce, grande » & mûre délibération avec fes oncles & frère » les ducs de Berry, de Bourgogne, d'Orléans » & de Bourbon, & autres de fon fang, comme » avec plufieurs autres notables perfonnes de » fon confeil, par l'avis & détermination def- » quelles il a fu que, confidéré fon ferment, tels » dons & aliénations ne peuvent & ne doivent » fortir aucun effet ; il ordonna que dorénavant, » pour quelque caufe que ce foit, ni à aucune » perfonne de quelque autorité & prééminence » qu'elle ufe, il ne fera aucun don à vie, ni à » héritage, ni à volonté, des terres, feigneuries, » poffeffions, rentes, revenus, juftices, ni d'au- » tres chofes étant du *domaine*, tant du royaume » que du Dauphiné, ni de ce qui pourra lui » échoir par dons, achat, fucceffion, forfaiture » ou confication ; & fi par inadvertance ou im- » portunité des requérans il en faifoit quelque » aliénation, il veut qu'elle n'ait aucun effet, » & la déclare de nulle valeur.

» Il révoque tous dons par lui faits à vie, à » héritage ou à volonté ; il veut que tout ce qui » a été donné & aliéné, demeure réuni au *do-* » *maine* ; il en excepte ce qu'il a donné & affigné

» à la reine fa femme , à fes enfans, à fes oncles
» & frères , & à leurs enfans ; comme auffi le
» don fait à fon coufin Pierre de Navarre , du
» comité , ville & châtellenie de Mortain , avec
» les terres qui en dépendent, jufqu'à concur-
» rence de trois mille livres tournois de revenu.

» Il excepte pareillement les gages ou rentes
» à vie ou à volonté que prennent par fon octroi
» plufieurs de fes officiers par les mains du chan-
» geur du tréfor, ou des vicomtes & receveurs.

» Et comme le duc d'Orléans fon frère lui a
» expofé qu'il avoit eu trop petite partie de terres
» pour fon apanage , eu égard aux apanages qui
» avoient été conftitués au duc d'Orléans, frère
» unique du roi Jean, & à fes oncles les duc
» d'Anjou, de Berry & de Bourgogne, il or-
» donne que par fon confeil feront vues & exa-
» minées les terres & feigneuries données au duc
» d'Orléans fon frère, pour fon apanage & les
» apanages de fes oncles ; & qu'au cas que le duc
» d'Orléans n'ait pas eu un fi grand apanage, il
» lui affignera & parfaira ce qui s'en défaudra,
» tellement qu'il doive en être content.

» Pour que cette ordonnance qu'il veut avoir
» force & vigueur de loi perpétuelle, foit plus fer-
» mement gardée, il en jure l'exécution fur les
» faints évangiles , & fait faire le même ferment
» en fa préfence à fes oncles & frère, aux autres
» princes de fon fang, au connétable, au chancelier,
» aux gens de fon grand confeil du parlement
» & de la chambre des comptes, & aux tréfo-
» riers de France. » *Mémoires fur les impofitions*,
in-4°. tom. 4 , pag. 32.

Mais c'eft fur-tout fous le regne de François
premier , que la régie & l'adminiftration des *domaines* prirent une forme analogue à celle qui
fubfifte encore aujourd'hui , & cependant il y eut
des aliénations nombreufes dans prefque toutes
les provinces du royaume ; ces aliénations s'éten-
doient jufqu'aux droits de péages, d'aides & de
gabelles.

Henri II , François II , Charles IX , firent
auffi quelques loix fur l'adminiftration des *domaines*,
fur la deftination de leurs produits ; & elles furent
toutes fondues dans la célèbre ordonnance du mois
de février 1566, dont il a tant été parlé précédemment.

Sous Henri IV , enfuite , le célèbre Sully fit
un grand travail qui avoit pour objet de rentrer
dans les *domaines* ufurpés ou engagés à vil prix,
mais qui n'eut pas un effet général.

Un édit de Louis XIII ; du mois de mars
1619, renouvella cette opération ; & en 1635,
1637, 1638 & 1639 on procéda à la vente des
domaines réunis par rachat, & on en aliéna plufieurs autres.

Mais c'eft à M. Colbert qu'il faut fixer l'époque
d'une adminiftration ftable & reguliere dans cette
partie ; ce miniftre l'ayant trouvée dans le

plus grand défordre , mit toute fon application
à faire rentrer le roi dans fes *domaines*.

Il fut d'abord ordonné que les poffeffeurs & engagiftes des droits domaniaux mentionnés dans les
arrêts , feroient tenus de repréfenter pardevant
les commiffaires établis à cet effet , leurs titres ,
contrats , quittances de finance & autres pièces
en vertu defquelles ils jouiffoient & poffédoient
lefdits *domaines* & droits domaniaux, avec les
états véritables, & duement certifiés de la finance
qu'ils avoient réellement payée , & des jouiffances
qu'ils avoient perçues depuis leurs engagemens,
pour être procédé à la liquidation defdites finances
& revenus , & pourvu enfuite à leur rembourfement.

Ce miniftre penfa qu'il feroit du bien du fervice d'affermer & de comprendre dans un feul &
même bail tous les *domaines* , tant ceux qui étoient
dans les mains du roi , que ceux dont la réunion
avoit été ordonnée. Ce bail fut paffé le 10 juin
1666, pour fix années, moyennant le prix annuel
d'un million cent foixante mille livres.

Ces premieres opérations n'étoient encore que
des effais d'un plan plus étendu ; & comme fon
exécution exigeoit une bafe affurée, & des principes conftans , ce double objet fut rempli par
l'édit du mois d'avril 1667.

Le préambule expofe, que quoique le roi eût
déja pourvu au foulagement de fes peuples par
des décharges notables, dans un tems ou les diffi-
pations antérieures , les remburfemens confidérables qu'il avoit faits des deniers les plus clairs
du tréfor royal , & les autres charges de l'Etat,
fembloient ne lui pas permettre ; fon amour paternel pour eux le follicitoit néanmoins fans ceffe
de leur accorder de nouvelles graces ; mais que
l'aliénation des revenus ordinaires de l'Etat,
ayant néceffité les rois fes prédéceffeurs de recourir à des impofitions extraordinaires dont fes
fujets avoient été furchargés , il ne pourroit leur
faire reffentir l'effet de fes bonnes intentions,
fans la jouiffance de fes revenus , & le dégage-
ment du patrimoine de la couronne. Il répète que
pour y parvenir, il a fupprimé un grand nombre
de conftitutions de nouvelles rentes , eft rentré
dans les aliénations qui avoient été faites de
droits de toute efpèce , & a remburfé le tout
des fonds du tréfor royal , quoique la diffipation
en fût notoire , & que l'Etat n'en eût pas été
fecouru ; mais que cet ouvrage demeureroit imparfait, s'il n'entreprenoit pas de l'achever en
rentrant dans le patrimoine facré de la couronne,
pour en jouir, & trouver par ce moyen de quoi
foulager confidérablement fes peuples.

Il annonce que d'après ces confidérations il a
pris la réfolution de faire le rachat de tous fes
domaines, à mefure que l'état de fes affaires &
celui de fes finances le pourront permettre.

Que quoique attendu l'abus vifible & notoire

qui avoit été fait depuis trente ou quarante années des reventes ou augmentations de finances, dont il n'étoit entré aucun denier dans ses coffres, il pût se remettre en possession de plein droit desdits *domaines*, sauf à faire le remboursement desdites finances, avec les intérêts du jour de la dépossession, à mesure que les engagistes rapporteroient les titres de leur engagement; son intention étant néanmoins de garder toutes les formes & solemnités, & de rembourser aux engagistes & détenteurs la finance qu'eux ou leurs auteurs auroient valablement & réellement payée, il avoit jugé nécessaire, pour prévenir toutes les difficultés, d'établir par une loi précise les différentes qualités du *domaine*, de régler les conditions du remboursement & la forme de réunion, suivant les maximes prescrites par les ordonnances, réglemens, coutumes & usages du royaume.

Après ce préambule, le dispositif porte que tous les *domaines* aliénés à quelques personnes, pour quelque cause, & depuis quelque tems que ce soit, à l'exception des dons faits aux églises, douaires, apanages & échanges faits sans fraude ni fiction, seront & demeureront pour toujours réunis à la couronne, nonobstant tout laps de tems & toute prescription, sans qu'ils en puissent être distraits ni aliénés en tout ou partie, pour quelque cause que ce soit, si ce n'est pour apanage des fils de France, & à la charge de reversion, le cas échéant.

L'édit entre ensuite dans tous les détails de la définition du *domaine*; c'est celui qui est uni & incorporé à la couronne, ou qui a été tenu & administré par les receveurs & officiers du roi, pendant dix ans, & qui est entré en ligne de compte parmi les revenus royaux.

Il est enjoint aux commissaires de se faire représenter les quittances de finance, & de n'avoir aucun égard aux dons & à toute autre concession gratuite quels qu'en aient été la cause & le principe; ces dons & concessions sont cassés & révoqués.

La loi de 1667 fut encore renouvellée en 1719, mais elle n'eut pas une exécution plus étendue: c'est ce qu'on verra dans la suite.

Un arrêt du conseil du 19 septembre 1684, ordonna que les fermiers, sous-fermiers, engagistes, ou autres possesseurs du *domaine*, remettroient leurs baux & sous-baux, avec les registres, & des états en détail des *domaines*, au greffe du bureau des finances de chaque généralité où les biens sont situés.

L'article 6 de l'édit du mois d'avril 1685 porte, que les receveurs généraux du *domaine* feront mention dans les états au vrai & comptes qu'ils rendront, de la consistance en détail; & par le menu, de tous les droits dépendans des *domaines* dans leurs généralités & départemens, tant

de ceux qui sont entre les mains du roi, que de ceux qui sont aliénés; & par l'art. 7, il est dit que les fermiers & engagistes des *domaines* seront tenus, à la première sommation, de fournir aux receveurs généraux, des états en détail par eux duement signés & certifiés, des *domaines* & droits domaniaux dont ils jouissent, même les engagistes & détenteurs des *domaines*, de donner une fois seulement à chaque mutation, des copies en bonne forme de leurs titres & contrats, & des édits & déclarations en vertu desquels les aliénations leur auront été faites; & de dix en dix ans de pareils états, à cause des mutations qui surviennent de tems en tems, signés & certifiés par eux; lesquels états les receveurs généraux vérifieront sur les papiers-terriers qui auront été faits dans l'étendue de leurs généralités, & desquels ils prendront communication aux chambres des comptes, & aux bureaux des finances, pour sur iceux & sur lesdits états dresser leurs comptes.

Deux édits postérieurs du mois de décembre 1701, art. 16, & de celui de décembre 1727, art. 8, renouvellent la même remise en détail des *domaines*, que le dernier prescrit de rapporter tous les cinq ans.

Dans cette même vue de la conservation du *domaine*, on a prescrit, par rapport aux fiefs, que les actes de foi & hommage, & les aveux & dénombremens seroient renouvellés non-seulement à chaque mutation de vassal, mais encore à l'avénement de chaque roi à la couronne, suivant l'arrêt du conseil du 20 février 1722, & que tous les actes seroient déposés à la chambre des comptes de Paris.

Mais on a vu l'arrêt du conseil du 7 août 1775, revêtu de lettres-patentes, accorder aux vassaux du roi monté sur le trône le 10 mai 1774, jusqu'au premier janvier 1777, pour rendre les foi & hommage qui étoient dûs à sa majesté à cause de son heureux avénement à la couronne. C'est même une occasion où elle déploie ce caractere de bienfaisance qui a signalé son regne en supprimant les droits & les frais dûs pour raison de ce devoir, & en accordant des facilités pour le remplir: laissons parler ici cette loi de bonté.

» Louis, par la grace de Dieu, roi de France, » &c. A nos amés & féaux conseillers les gens » tenant nos chambres des comptes, présidens, » trésoriers de France & généraux de nos finan- » ces: salut. Etant informés que la plupart des » propriétaires des fiefs, terres & seigneuries, » situés dans notre mouvance, ne différent de » rendre les foi & hommage qu'ils nous doivent, » à cause de notre heureux avénement à la cou- » ronne, que par la considération des frais aux- » quels cette prestation les exposeroit, soit rela- » tivement aux droits qui sont perçus par les » officiers des chambres des comptes & des bu-

» raux des finances, foit par rapport aux voyages
» auxquels plufieurs d'entr'eux feroient obligés
» pour faire ces foi & hommage en perfonne,
» conformément aux difpofitions des coutumes :
» nous aurions jugé que s'il eft indifpenfable que
» ces devoirs foient remplis avec toute l'exacti-
» tude qu'ils exigent, il eft en même tems de
» notre bonté & de notre juftice, d'accorder un
» délai convenable, & d'autorifer ceux qui ont
» déja fait la foi & hommage pour mutations
» arrivées de leur chef, à les renouveler par
» des fondés de procuration, & de les difpenfer
» de tous frais, autres que ceux de papier &
» parchemin timbrés ; ce que nous aurions or-
» donné par arrêt rendu en notre confeil, le 7
» août dernier, pour l'exécution duquel il eft
» ordonné que toutes lettres-patentes feront ex-
» pédiées. A ces caufes, &c. Nous avons or-
» donné, & par ces préfentes fignées de notre
» main, ordonnons que tous les feigneurs & vaf-
» faux, poffédant fiefs & feigneuries dans notre
» mouvance, qui n'ont point encore fatisfait
» au renouvellement d'hommage qu'ils nous doi-
» vent, à caufe de notre heureux avénement à
» la couronne, feront tenus de s'acquitter de ce
» devoir avant le premier janvier 1777, fans
» qu'ils puiffent efpérer aucun autre délai : vou-
» lons que faute par eux d'y fatisfaire dans ledit
» délai, il foit procédé contre eux à la requête
» de nos procureurs en nos chambres des comptes
» & bureaux des finances, en la maniere accou-
» tumée. Faifons main-levée auxdits vaffaux,
» des faifies féodales qui pourroient avoir été,
» ou qui pourroient être faites jufqu'au jour de
» la publication des préfentes, faute du renou-
» vellement d'hommage, en payant par eux les
» frais defdites faifies : & pour foulager lefdits
» vaffaux dans le renouvellement de leurs hom-
» mages, nous permettons à ceux qui ont fait
» les foi & hommage dont ils étoient tenus pour
» la mutation arrivée en leur perfonne, & qui
» ne les doivent que pour raifon de notre heu-
» reux avénement à la couronne, de les faire par
» procureurs fondés de procuration fpéciale à cet
» effet, paffée par devant notaires. Ordonnons en
» outre que les renouvellemens defdits foi & hom-
» mage, dûs à caufe de notre heureux avénement
» à la couronne, feront reçus fans aucuns frais,
» fi ce n'eft du papier & parchemin timbrés qui
» feront employés pour lefdits actes de renou-
» vellement de foi & hommage. Faifons défenfes
» à tous officiers de nos chambres des comptes,
» bureaux des finances & autres, de prendre,
» pour raifon defdits renouvellemens d'hommage,
» aucuns droits de quelque nature qu'ils puiffent
» être ; le tout à l'égard feulement de ceux qui
» fatisferont audit devoir dans le délai accordé
» par ces préfentes, & fans tirer à conféquence
» pour ceux defdits vaffaux qui doivent la foi &
» hommage de leur chef, & indépendamment

» de notre heureux avénement à la couronne,
» laquelle ils feront tenus de rendre en la ma-
» niere ordinaire, & dans les délais portés par
» les coutumes. Si vous mandons, &c. Car tel
» eft notre plaifir. Donné à Verfailles le feizieme
» jour du mois de feptembre, l'an de grace mil
» fept cent foixante-quinze, & de notre règne
» le deuxieme.

» *Regiftrées en la chambre des comptes, ouï &*
» *ce requérant le procureur-général du roi, les bu-*
» *reaux affemblés, le vingt-huit mars mil fept cent*
» *foixante-feize.* »

A ces précautions prifes pour la confervation du *domaine*, il faut ajouter celle de la création de plufieurs officiers fpécialement chargés d'y veiller, tels que les receveurs & les contrôleurs généraux des *domaines* & bois, faite en 1685 & 1689.

Il y avoit eu fous Henri III des offices de re-ceveurs généraux, & même de receveurs parti-culiers créés pour la partie des bois ; ces offices avoient été depuis fupprimés, & cette recette avoit été confiée aux receveurs généraux des finances ; cet arrangement fut continué par une déclaration du 31 décembre 1678, & il fut changé, ainfi qu'on vient de le voir, par l'édit du mois d'avril 1685.

Il fupprime les offices de tréforiers généraux & receveurs provinciaux des *domaines*, créés par les édits des mois d'août 1669, & mars 1673, & de receveurs généraux particuliers des bois établis en quelques généralités, de quelque création qu'ils puiffent être ; il fupprime auffi les offices de con-trôleurs généraux des *domaines*, à l'exception de deux, l'un ancien, l'autre alternatif de la cham-bre des comptes de Paris. Mais cette derniere fuppreffion ne fubfifta pas long-tems ; & par édit du mois de décembre 1689, fur le motif que les fonctions des contrôleurs n'étoient pas moins utiles à la bonne adminiftration des *domaines* que celles des receveurs ; & attendu la néceffité dans laquelle on s'étoit trouvé depuis cette fuppreffion, de commettre pour contrôler les quittances comp-tables des receveurs du *domaine*, les contrôleurs généraux des finances de chaque province & gé-néralité ; le roi créa en chacune un contrôleur général des *domaines* & bois.

Les édits de février 1691, de décembre 1701, de février 1704, mars & octobre 1706, appor-terent des changemens dans ces différens offices, ou en augmenterent le nombre. Le dernier, prin-cipalement, établit des confervateurs des *domaines* aliénés, pour tenir regiftre de tous les *domaines* aliénés, autres que ceux concédés à fimple cens emportant lods & ventes, des mutations qui fur-viendroient, à la réferve de ceux poffédés à titre d'échange, & il leur fut attribué des droits pour les enregiftremens.

Ces offices n'eurent qu'une courte exiftence ;

ils furent fupprimés par l'édit du mois de juillet 1708, & remplacés par des infpecteurs-confervateurs, fous le titre d'ancien alternatif & triennal, pour dreffer annuellement des états en détail de la confiftance des *domaines* aliénés ou non aliénés, & de tous les fiefs & *domaines* mouvans du roi.

Mais pour remplir l'objet le plus intéreffant, celui de la défenfe & de la confervation des droits du *domaine*, les arrêts du confeil des premier & 8 mai 1717 commirent deux avocats du parlement de Paris, pour défendre & pourfuivre toutes les affaires concernant les *domaines* de la couronne, fous le titre d'infpecteurs généraux du *domaine*, avec le droit d'entrer & prendre féance au bureau des commiffaires du confeil pour les affaires du *domaine*. Il fut réglé qu'ils y feroient entendus lorfqu'ils le requerroient, & qu'ils auroient l'entrée libre du dépôt des archives de la couronne, pour y prendre communication des titres, & même en lever des extraits qui leur feroient délivrés fans frais.

Au mois de décembre 1727, un nouvel édit vint fixer l'état, régler les fonctions & la comptabilité des receveurs & contrôleurs généraux des *domaines* & bois, en leur accordant de nouvelles attributions, au moyen d'une augmentation de finance. Il faut voir dans les difpofitions de ce réglement tout le détail des obligations & des formalités que ces officiers ont à remplir. *Voyez* ENSAISINEMENT.

Trois années auparavant, les arrêts du confeil des 13 mai & 20 juin 1724, avoient également réglé la forme & les conditions fous lefquelles fe feroient déformais les ventes & reventes des *domaines*; leurs difpofitions ne reçurent de changemens effentiels qu'en 1773. Par les lettres-patentes & réfultats du confeil, des 30 octobre & 27 juillet 1773, 12 juin & 24 juillet 1774, qui accordoient une ferme générale pour trente années de tous les *domaines* réels, moyennant quinze cents foixante-quatre mille fix cents livres par année, en payant une année d'avance.... A cette condition, dit l'écrivain eftimable à qui on doit les *Mémoires fur la vie & les travaux de M. Turgot*, *page* 17, on avoit donné aux fermiers la jouiffance des terres précédemment louées onze cents feize mille cent foixante-quatre livres, par baux particuliers finiffant au mois de décembre 1774; les profits à faire fur le renouvellement préfent & les renouvellemens fucceffifs de ces baux pendant trente ans, & de plus la jouiffance pour le même tems, de toutes les terres vaines & vagues, a défricher ou à deffécher, dont le roi pourroit avoir le droit de jouir, & la faculté illimitée de rentrer dans tous les *domaines* dans lefquels le roi auroit pu rentrer lui-même.

Par cette derniere claufe, très-mal entendue, ou plutôt très-bien combinée de la part des fermiers,

ils affermoient ce dont on ne pouvoit connoître l'étendue, ou, pour mieux dire, ils avoient gratuitement ce droit, ainfi que les augmentations fucceffives de quatre baux; car dès le premier renouvellement on trouva, en 1775, à porter les fous-baux de fix & de neuf ans au-delà même du produit pour lequel le bail général de trente ans avoit été paffé.

Les baux de trente ans, ajoute avec raifon le même écrivain, conviennent quelquefois à des particuliers qui peuvent calculer la valeur de ce qu'ils engagent, & procurer des améliorations au patrimoine de leurs enfans. Mais lorfqu'il s'agit de l'Etat, c'eft toute autre chofe. Les adminiftrateurs les plus intégres, en y apportant les foins les plus vigilans, font prefque toujours de mauvais marchés pour le public. Il leur eft impoffible de n'être pas aifément trompés dans une multitude immenfe d'affaires & de détails qu'ils n'ont jamais eu le tems ni le moyen d'étudier fuffifamment. Ils ont à lutter, dans l'obfcurité, contre des intérêts très-éclairés, très-adroits, & contre cette avidité générale qui cherche à s'excufer elle-même lorfqu'elle ne s'exerce qu'aux dépens du roi ou de la fociété entiere; comme fi dans les principes de la faine morale on devoit ne fe faire fcrupule que d'abufer de la bonne foi d'un particulier, & s'il étoit jufte de fe permettre des gains exceffifs, de faire des marchés illufoires & des profits ufuraires en traitant avec le gouvernement.

Ces réflexions doivent faire trembler tout adminiftrateur vertueux fur chaque décifion qu'il rend; il doit defirer de revenir à l'examen d'une affaire, jufqu'à ce que fon jugement foit parfaitement éclairé, & fentir auffi combien un engagement de trente ans, en matiere inconnue, eft imprudent & préjudiciable.

Pour revenir à l'affaire des domaines, il en fut fait une régie par arrêt du confeil du 25 feptembre 1774, pour neuf années, en y joignant la perception des droits féodaux & feigneuriaux cafuels, & quelques domaines réunis par le décès des engagiftes.

Douze régiffeurs furent chargés de cette partie, & firent un fonds d'avance de fix millions.

Cet arrangement ne fubfifta que trois années. Le règlement du 7 mars 1777 annonce que l'on étoit férieufement occupé de cette partie: comme il établit le dernier état de la légiflation qui la concerne, on va en rapporter les articles principaux.

» Le roi s'étant fait repréfenter en fon confeil,
» fa majefté y étant, les édits des mois de mars
» 1695, avril 1702, mai 1708, & août 1717; en-
» femble les arrêts de fon confeil des 14 juillet
» 1722, 13 mai & 20 juin 1724, 26 février, 12 juin
» & 20 novembre 1725, & 24 mars 1739, concer-
» nant les reventes des domaines; & fa majefté étant

DOM

608

» informée qu'il s'est introduit dans les reventes &
» adjudications qui sont faites de ces domaines, des
» abus auxquels il n'a pas été suffisamment pourvu
» par les dispositions de ces édits & arrêts, & qui
» consistent principalement en ce que les engagistes,
» pour se maintenir dans la jouissance de ceux qui
» sont mis en revente, les font enchérir sous des
» noms inconnus, ou composent avec ceux qui les
» ont enchéris, & font ensuite passer des déclara-
» tions au profit de personnes notoirement insol-
» vables ou inconnues, de manière que la plupart
» des contrats de revente ne sont point levés, &
» que sa majesté se trouve privée du montant des
» rentes, moyennant lesquelles les adjudications
» ont été faites ; elle se seroit fait rendre compte
» des moyens les plus convenables, pour préve-
» nir dans la suite des manœuvres aussi préjudi-
» ciables au produit de cette branche de ses re-
» venus, en écartant en même tems des reventes
» toute voie arbitraire, & en mettant par des
» délais convenables & suffisans, les enchérisseurs
» de bonne foi, à portée d'avoir connoissance des
» enchères qui auront été faites, & de former le
» tiercement ou doublement qu'ils jugeront à pro-
» pos. Sa majesté auroit reconnu que les délais
» fixés par les précédens règlemens, à vingt-qua-
» tre heures pour le tiercement, & à huitaine
» pour le doublement simple, ne sont pas suffi-
» sans, & que celui réglé à six mois pour le dou-
» blement au total, en éloignant jusqu'à ce terme
» les déclarations, procure à ceux qui se rendent
» adjudicataires, les plus grandes facilités, pour
» former avec les engagistes des traités & compo-
» sitions secrettes, au moyen desquelles il n'est fait
» aucune déclaration, ou elles se font sous des
» noms inconnus, & qu'il est indispensable de
» restreindre ce délai ; que les mêmes motifs exi-
» gent qu'il soit prescrit les précautions néces-
» saires pour qu'il ne soit fait aucune enchere
» sur des pouvoirs illimités, & pour d'autres
» que pour des personnes connues & domici-
» liées, & d'astreindre les avocats aux conseils
» à faire, dans les vingt-quatre heures de l'adju-
» dication, leur déclaration des noms, qualités &
» demeures de ceux pour lesquels ils se feront ren-
» dus adjudicataires : Sa majesté auroit pareille-
» ment jugé nécessaire de régler les délais dans
» lesquel les adjudicataires seront tenus de lever &
» faire signifier aux engagistes les contrats de re-
» vente, ceux auxquels ces derniers seront
» astreints à représenter leurs quittances de finan-
» ce & autres titres, pour être procédé à la liqui-
» dation, & pourvu au remboursement desdites
» finances ; & en dérogeant à cet égard à l'arrêt
» du conseil du 20 juin 1724, qui a fixé sur le
» pied du denier trente, les intérêts du montant
» de ces finances, d'en ordonner à l'avenir le
» paiement, à raison de l'intérêt auquel l'argent
» a ou aura cours, à la seule déduction des im-
» positions; enfin, de rappeller aux engagistes

» leurs obligations, relativement aux réparations
» des bâtimens dépendans des domaines qui leur
» seront adjugés, & de prescrire les formalités
» auxquelles les habitans des communautés qui
» se proposeront d'enchérir, seront tenus de se
» conformer pour être admis aux encheres. A quoi
» voulant pourvoir : ouï le rapport du sieur Ta-
» boureau, conseiller d'état, & ordinaire au con-
» seil royal, contrôleur général des finances ; le
» roi étant en son conseil, a ordonné & ordonne
» ce qui suit.

ARTICLE PREMIER.

» Les engagistes actuels des domaines & droits
» domaniaux appartenans à sa majesté, ne pour-
» ront à l'avenir en être dépossédés que par des
» adjudications qui seront faites au plus offrant &
» dernier enchérisseur, dans la forme prescrite
» par le présent arrêt, à peine de nullité des
» reventes ; sauf néanmoins le cas de réunion
» desdits domaines & droits domaniaux engagés,
» à l'égard desquelles réunions, & lorsqu'elle de-
» vront avoir lieu, les précédens règlemens se-
» ront exécutés selon leur forme & teneur.

ART. II.

» Les offres & soumissions de ceux qui desire-
» ront provoquer la revente des domaines &
» droits domaniaux, continueront d'être faites
» dans la forme prescrite par l'article II de l'ar-
» rêt du conseil, du 13 mai 1724; elles contien-
» dront l'obligation de rembourser comptant &
» en un seul paiement, les finances dues aux an-
» ciens engagistes, & de payer en outre annuel-
» lement une rente ou redevance au domaine de
» sa majesté.

ART. III.

» Lorsque ces offres & soumissions auront été
» admises par un arrêt du conseil, il sera, après
» trois publications de huitaine en huitaine, tant
» dans les villes où résident les sieurs intendans &
» commissaires départis, que dans les lieux les
» plus prochains de la situation desdits domaines,
» procédé pardevant lesdits sieurs intendans &
» commissaires départis, à l'adjudication d'iceux,
» au plus offrant & dernier enchérisseur, sauf une
» quatrième & dernière publication, & l'adjudi-
» cation définitive qui sera faite au château des
» Tuileries, pardevant les sieurs commissaires
» généraux, nommés par sa majesté, pour la
» vente & revente des domaines & droits doma-
» niaux.

ART. IV.

» Les arrêts du conseil qui auront admis les
» offres & soumissions qui seront faites pour la
revente

» revente des domaines & droits domaniaux en-
» gagés, & qui, en conséquence, auront ordonné
» ces reventes, seront signifiés aux engagistes ac-
» tuels desdits domaines & droits domaniaux, soit
» à leur domicile, soit en la personne de leurs
» fermiers ou receveurs, qui seront chargés de
» le leur faire savoir ; ceux qui se prétendroient
» fondés à s'opposer à ces reventes, seront te-
» nus de former leurs oppositions devant les sieurs
» intendans & commissaires départis, avant ou
» lors des publications qui se feront devant eux,
» desquelles oppositions il leur sera donné acte
» par lesdits sieurs intendans & commissaires dé-
» partis. Il sera néanmoins passé outre aux adju-
» dications, à la charge desdites oppositions ;
» ceux qui n'auront point formé leurs opposi-
» tions pardevant les sieurs intendans & commis-
» saires départis, avant les adjudications, pour-
» ront les former aux greffes de la commission éta-
» blie pour la vente & revente des domaines,
» dans les trois jours au plus tard avant celui
» qui sera indiqué pour l'adjudication définitive.

ART. VI.

» Les encheres & sur-encheres aux adjudica-
» tions qui se feront au château des Tuileries,
» pardevant les sieurs commissaires-généraux
» nommés par sa majesté pour la vente & revente
» de ses domaines & droits domaniaux, ne pour-
» ront être faites que par le ministere des avocats
» aux conseils, lesquels seront tenus de signer sur
» le champ au pied du procès-verbal de l'adjudi-
» cation ; leur fait sa majesté très-expresses inhi-
» bitions & défenses d'enchérir sur des pouvoirs
» illimités, ni pour d'autres personnes que pour
» des gens connus & domiciliés.

ART. VII.

» Il ne pourra, après l'adjudication faite en pré-
» sence desdits sieurs commissaires-généraux, être
» reçu de tiercement, s'il n'est fait dans le
» mois de l'adjudication, & s'il n'est au moins
» du tiers en sus de la rente, moyennant laquelle
» ladite adjudication aura été faite.

ART. VIII.

» Les avocats aux conseils, qui demeureront ad-
» judicataires, seront tenus de faire, dans les vingt-
» quatre heures de l'adjudication, sur le registre
» tenu à cet effet par le greffier de la commission,
» leur déclaration des noms, qualités & demeures
» de ceux au profit desquels ils se seront rendus ad-
» judicataires : & faute par eux d'y satisfaire dans
» ledit délai, il sera procédé à une nouvelle adju-
» dication, & ils seront contraints, en leur propre
» & privé nom, au paiement de la folle enchere.

ART. XVII.

» Ordonne sa majesté que l'arrêt du conseil du
» 6 juin 1722, sera exécuté selon sa forme & te-
» neur ; en conséquence, que les engagistes de ses
» domaines, même ceux à vie, continueront d'être
» tenus d'entretenir les bâtimens dépendans des-
» dits domaines, de toutes réparations nécessaires
» auxdits bâtimens, de quelque nature qu'elles
» soient ; à quoi faire ils seront contraints par
» saisie des revenus desdits domaines, en vertu
» des ordonnances qui seront rendues par les
» bureaux des finances, à la requête des procu-
» reurs de sa majesté auxdits bureaux : faute
» par lesdits engagistes de faire faire lesdites ré-
» parations dans le délai de six mois, du jour de
» la saisie de leurs revenus, l'adjudication desdites
» réparations sera faite au rabais par les officiers
» des bureaux des finances, ou par ceux des cours
» & juridictions qui ont connoissance des matieres
» du domaine, dans les généralités où il n'y a
» point de bureau des finances, à la requête des
» procureurs de sa majesté ; & le montant de l'ad-
» judication, ainsi que celui de l'exécutoire qui
» sera décerné des frais qui auront été faits, se-
» ront payés sur le produit desdits *domaines* par
» préférence à toutes autres charges & dettes.

ART. XVIII.

» Faute de paiement des *domaines*, moyennant
» lesquelles les *domaines*, ou droits domaniaux,
» auront été vendus ou revendus, il sera, après
» une sommation faite à l'adjudicataire, procédé
» à la diligence du régisseur des *domaines*, à la
» revente & adjudication desdits *domaines* & droits
» domaniaux.

ART. XIX.

» Les communautés qui voudront enchérir les
» *domaines* & droits domaniaux qui seront mis en
» revente, ne pourront y être admises, qu'au
» préalable elles n'aient représenté aux sieurs in-
» tendans & commissaires départis, les délibéra-
» tions qu'elles seront tenues de prendre à cet
» effet, & qui contiendront les motifs qui les
» engagent à acquérir ces *domaines*, l'utilité
» qu'elles peuvent en retirer, & les fonds avec
» lesquels elles se proposent de rembourser les
» anciens engagistes, & payer les rentes dont
» elles se trouveront chargées.

ART. XX.

» Ceux qui, par le passé, se sont rendus défi-
» nitivement adjudicataires d'aucuns *domaines* &
» droits domaniaux, & qui n'ont pas fait expé-
» dier leurs contrats, seront tenus d'y satisfaire
» dans le délai de trois mois, à compter du jour

Hhhh

» de la publication du préfent arrêt ; finon & faute
» de ce faire dans ledit tems , & icelui paffé,
» veut fa majefté que fur le certificat qui fera donné
» par le greffier de la commiffion , pour la vente &
» revente des *domaines*, portant que lefdits ad-
» judicataires n'ont point fait expédier les con-
» trats , il foit procédé à la revente & adjudica-
» tion à leur folle enchere, conformément à ce
» qui eft prefcrit par l'article VII du préfent
» arrêt.

ART. XXI.

» Ordonne fa majefté, que les nouveaux enga-
» giftes , leurs veuves & héritiers , ou autres qui
» fuccéderont à leurs engagemens , continueront
» de jouir de l'exemption du droit de franc-fief
» pour les domaines & droits domaniaux tenus à
» titre d'engagement, ainfi & de la même maniere
» qu'en ont joui ou dû jouir les précédens enga-
» giftes. Fait au confeil d'état du roi, fa majefté y
» étant, tenu à Verfailles le fept mars mil fept
» cent foixante-dix-fept. »

Ces nouvelles difpofitions furent fuivies de
grands changemens dans toute l'adminiftration des
domaines. Un édit du mois d'août de la même année fupprima les offices de receveurs & contrôleurs-généraux des *domaines* & bois, de receveurs
particuliers des bois, de receveurs, gardes-géné-
raux & collecteurs des amendes , reftitutions &
confifcations dans les maîtrifes des eaux & forêts ,
pour ceffer leurs fonctions au premier janvier fuivant.

La régie particuliere établie pour neuf années
en 1774 , fut fupprimée. Il en fut formé une nouvelle fous le nom de Jean-Vincent René. Plufieurs
adminiftrateurs des *domaines* & bois, choifis parmi
les receveurs - généraux fupprimés , furent joints
aux anciens régiffeurs, pour fuivre cette nouvelle adminiftration.

Voici le détail des objets qui la compofoient :
1°. Les châteaux , maifons , fermes , granges ,
forges, moulins , fours , preffoirs & autres fonds
& héritages, cens & rentes ; rentes d'indemnité ,
dues par les gens de main-morte ; rentes ou redevances dues par les conceffionnaires & engagiftes ;
dîmes, terrages, champarts, droits de halle, de
coutume, de foires & de marchés, paffage, péage ,
pontonnage , leyde , afforage & autres de cette nature , & généralement tous les fonds , revenus & droits
domaniaux appartenans à fa majefté , y compris
ceux fitués dans les duchés de Lorraine & de Bar,
actuellement affermés à François Marlin , pour
neuf années, qui ont commencé le premier janvier
1775. 2°. Les droits de quint, requint, reliefs ,
rachats , fous-rachats , treizième , lods & ventes,
& autres droits feigneuriaux cafuels dus à fa majefté dans fes mouvances & directes, foit à caufe
des domaines étant actuellement dans fa main ; foit

à caufe de ceux aliénés. 3°. Les droits d'enfaifi-
nement & contrôle d'iceux, dus par tous nouveaux poffeffeurs de biens ou droits réels, fitués dans
les mouvances & directes de fa majefté; 4°. les droits
de quittance , d'immatricule & autres , qui étoient
attribués auxdits officiers fupprimés ; 5°. les droits
d'aubaine , déshérence , bâtardife, confifcation
& épaves ; les frais des faifies féodales, adjugés
en pure perte à fa majefté, & généralement tous
les droits dont le recouvrement étoit confié aux
receveurs - généraux des *domaines* & bois ; 6°. la
recette du prix des ventes ordinaires ou extraordinaires des bois de fa majefté & de ceux des eccléfiaftiques ou communautés régulieres, féculieres,
ou laïques , à compter de celles qui ont été ou
feront faites pour l'ordinaire de l'année prochaine
1778 ; 7°. les amendes, reftitutions & confifcations prononcées par les officiers des eaux & forêts ; 8°. les huit fols pour livre tant que la perception devra en être faite , en conformité des
édits, déclarations & règlemens donnés par fa
majefté, des droits de péage, hallage, paffage ,
pontonnage , travers , barrage, coutume , étalage , leyde , afforage, de poids, aunage , mar-
quage , chablage , gourmetage , des droits de
bacs, de maîtres & aides des ponts , chaînes ,
courbes , courbage , buiffonnage , contrôles ,
clercs - d'eau , & tous autres droits de pareille
nature , fous quelque dénomination qu'ils foient
perçus , qui font ou dans la main de fa majefté ,
& affermés , ou régis pour fon compte, ou aliénés
& attribués à des offices ou commiffions , ou à des
compagnies d'officiers ; 9°. enfin , tous les *domaines*
ou droits domaniaux , dans la poffeffion defquels
fa majefté jugera à propos de rentrer , ou qu'elle
pourra acquérir par la fuite , à quelque titre que
ce foit.

Cette régie fut jointe , peu d'années après, à celle
des droits de contrôle des actes, franc-fiefs, amortiffement , &c. qui jufqu'alors avoit été comprife
dans le bail des fermes générales. Ces deux régies
réunies avec une augmentation de fept adminiftrateurs pris dans les fermiers-généraux attachés à la
partie des *domaines*, reçut le nom d'adminiftration générale des domaines , ainfi que nous l'avons
dit au mot BAIL. Nous en ferons bientôt connoître la confiftance.

Il s'agit maintenant de fuivre les opérations
du gouvernement fur les *domaines* proprement
dits.

Tout ce qui avoit été fait depuis trois ans ,
annonçoit que l'on s'occupoit férieufement d'a-
méliorer cette branche des revenus du roi. Peut-
être même que fans l'ancien préjugé de l'inaliénabilité, confacrée par tant de règlemens , ainfi
qu'on l'a vu & prôné comme une loi fondamentale , par tant de gens qui n'ont jamais approfondi
cette matiere , l'homme d'état qui dirigeoit alors
les finances , auroit pu trouver des reffources précieufes pour les circonftances preffantes , qui

étoient la fuite d'une guerre difpendieufe, dont le terme ne paroiffoit pas prochain. C'étoit le moment de tirer parti de quantité de terres vagues, incultes, ou fubmergées par des eaux ftagnantes, des forêts abandonnées, négligées ou pillées par des communautés voifines, en accordant une propriété incommutable, ou du moins de cent ans, à des acquéreurs dans les mains defquelles les unes feroient devenues des champs féconds, couverts d'abondantes moiffons ; & les autres, des bois propres à conferver & multiplier l'efpèce dont la rareté fait depuis long-tems craindre la difette jufques dans la capitale. Mais le tems n'étoit pas encore venu de fecouer l'antique prévention de l'inaliénabilité. On fe contenta de rendre une loi pour augmenter les rentes & finances des anciens domaines engagés, & pour permettre à tout particulier de diriger fes fpéculations fur ceux qui pouvoient être à fa convenance, en enchériffant fur le prix d'engagement du poffeffeur actuel.

Rapportons ici l'arrêt du confeil du 14 janvier 1781 ; fon préambule va expliquer la fageffe des vues qui a dicté fes difpofitions.

» Le roi examinant avec attention toutes les » reffources de fes finances, afin de préferver fon » peuple de nouveaux impôts permanens, ou pour » en adoucir le poids par tous les moyens que la » juftice & la fageffe lui préfentent, fa majefté a » dû arrêter fes regards fur l'aliénation de fes » domaines ; & elle n'a pu voir fans peine que » cet ancien patrimoine de la couronne étoit tel » lement diminué par là libéralité des rois fes » prédéceffeurs, par des conceffions à vil prix, » par des échanges défavantageux & par des ufur » pations, qu'il ne reftoit maintenant entre fes » mains que le plus modique revenu dans cette na » ture de biens.

» Cependant les annales de la monarchie font » remplies, & des réclamations des Etats-géné » raux, & des remontrances des parlemens, fur » l'abus de l'aliénation des domaines, & fur la né » ceffité d'y rentrer pour augmenter les reffources » de l'Etat. Les auguftes prédéceffeurs de fa ma » jefté, touchés de ces vérités, ont donné dans » différens tems les loix les plus pofitives à ce fu » jet ; & en 1667, époque où les aliénations des » domaines n'avoient pas encore été portées au » point exceffif où elles le font aujourd'hui ; le » roi Louis XIV, de glorieufe mémoire, avoit » jugé à propos d'ordonner, par un édit folem » nel, la réunion à la couronne de tous les do » maines aliénés, tant de ceux qui l'avoient été » moyennant une finance reçue, ou par l'effet » d'une conceffion gratuite, que de ceux encore » mis hors de fes mains par des échanges trop » abufifs ; & les mêmes difpofitions avoient été re » nouvellées fous le feu roi, par un arrêt de fon » confeil, rendu en 1719.

» Mais foit que cette réunion à la couronne, » de tous les domaines engagés, exigeât des fonds » trop confidérables, foit que cette loi, jufte en » elle-même, effuyât dans fon exécution les obf » tacles communs aux grandes entreprifes, il n'y » eut que très-peu de domaines réunis ; & depuis » cette époque, des aliénations continuelles ont » diminué chaque jour un fonds d'autant plus pré » cieux, qu'il s'accroît avec l'augmentation du » numéraire, & par les mêmes caufes qui élevent » le prix des denrées & la fomme des dépenfes » publiques.

» On n'a pas obtenu plus de fuccès par les per » miffions accordées aux particuliers, de provo » quer au gré de leur convenance la revente & » l'adjudication des domaines entre les mains des » engagiftes. Les mêmes opérations qui font juftes » & honorables au nom du bien public, prenant » dans l'opinion un afpect différent, quand elles » ne font excitées que par l'intérêt particu » lier ; il eft arrivé que ces opérations n'ont été » fuivies que par un petit nombre de fpéculateurs » qui, craintifs dans leurs démarches, & agif » fant le plus fouvent dans l'obfcurité, n'ont » guere follicité que la revente des domaines de » peu de valeur, & poffédés, pour la plupart, par » des perfonnes vivant au fond des provinces, » fans relation & fans appui.

» Plus fréquemment encore on a vu ces fpé » culateurs renoncer, après leurs premières en » chères, à leurs pourfuites, ou abandonner leur » adjudication, en fe bornant à recevoir, par un » traité particulier, le prix de cette condefcen » dance ; d'autres fois enfin, des engagiftes, fai » fant couvrir fans mefure les enchères, & deve » nant adjudicataires fous des noms interpofés, » ne réalifoient jamais leur adjudication, & la » rendoient abfolument illufoire.

» Il n'eft donc réfulté de l'enfemble de ces difpo » tions, que des opérations éparfes & de foibles » reventes, dont l'avantage ne pouvoit avoir » aucune proportion avec les inconvéniens d'un » fyftème qui favorife des recherches toujours » odieufes, & met, pour ainfi dire, les fujets du » roi, à la pourfuite les uns des autres.

» Sa majefté a donc juftement penfé que fi l'a » liénation de fes domaines exigeoit des réunions, » ou de nouveaux traités avec les engagiftes ; » c'étoit dans fes mains feules que l'exécution d'un » plan avoué par fa juftice, devoit être remife.

» Mais en approfondiffant cette importante » matiere, fa majefté s'eft perfuadée qu'en même » tems qu'elle devoit s'occuper férieufement de » l'état du domaine de fa couronne, il étoit con » forme à fa fageffe d'adopter par préférence un » plan modéré, & qui, s'il préfentoit moins d'avan » tages en fpéculation que la loi de 1667 & celle » de 1719, feroit auffi d'une exécution plus cer » taine, & rempliroit mieux les vues d'équité

» que fa majefté fe propofe dans toutes fes dif-
» pofitions d'adminiftration.

» En conféquence, fa majefté renonçant à pri-
» ver aucun de fes fujets, des *domaines* dont ils
» font en poffeffion ; elle a cru devoir fe borner
» à exiger d'eux une redevance annuelle qui, en
» affurant leur jouiffance, établiffe une propor-
» tion plus égale entre les finances & les pro-
» duits des engagemens. Les adminiftrateurs gé-
» néraux des *domaines* feront chargés d'en traiter
» avec les engagiftes, & lorfqu'ils ne pourront
» pas y parvenir à l'amiable, la queftion fera ré-
» férée à un comité de magiftrats de fon confeil,
» qui d'après des principes fixés par fa majefté,
» déterminera la rente annuelle que les engagiftes
» auront à payer, pour être maintenus dans leur
» poffeffion, & préfervés de toute autre recher-
» che, pendant la durée de fon regne. Sa majefté
» bornant elle-même à ce terme, les confirmations
» qu'elle fera dans le cas d'accorder, afin de ne
» promettre que ce qu'elle peut maintenir, & afin
» que les principes d'équité qu'elle adopte, ne
» portent aucune atteinte aux droits du *domaine* de
» la couronne, dans quelque acception & dans
» quelque rigueur qu'on les envifage ; le roi
» ayant à cœur que ce dépôt précieux, remis entre
» fes mains, foit tranfmis à fes fucceffeurs dans
» toute fon intégrité.

» Cependant, pour mettre la commiffion à por-
» tée de donner des décifions avec une pleine con-
» noiffance de caufe, fa majefté entend que dans
» le cours de la préfente année, tous les engagiftes
» & détenteurs des *domaines* du roi, foient obligés
» de remettre une expéditon du titre en vertu
» duquel ils en jouiffent, une déclaration cir-
» conftanciée de la nature de ces mêmes *domaines*,
» & un état du revenu qu'ils en tirent. Mais fa
» majefté veut bien, pendant fon règne, difpen-
» fer les engagiftes de fournir, tous les cinq ans,
» l'état en détail de la confiftance de leurs *domai-*
» *nes* ; obligation trop fouvent négligée, mais
» néanmoins formellement prefcrite par les loix
» du royaume. Enfin, quelles que foient les déci-
» fions rendues en conféquence des déclara-
» tions & de l'examen attentif qui en fera fait par
» les adminiftrateurs de fes *domaines* ; fa majefté
» réferve à tous les engagiftes la liberté expreffe
» ou d'acquiefcer à ces décifions, ou de récla-
» mer purement & fimplement la finance d'en-
» gagement.

» Le roi excepte cependant de ces diverfes dif-
» pofitions les péages aliénés, fa majefté ayant
» manifefté l'intention où elle étoit d'en rembour-
» fer les finances auffitôt que les circonftances le
» permettroient, afin d'en ordonner enfuite la
» fuppreffion pour l'avantage du commerce.

» Sa majefté fe réferve encore la faculté de
» rentrer effectivement dans la totalité des droits
» qu'elle ne pofféderoit actuellement que par in-

» divis avec des engagiftes, ainfi que dans quel-
» ques portions de revenus fonciers, qui, enclavés
» dans fes forêts ou démembrés de fes *domaines*,
» en gênent la manutention, & dont l'aliénation
» nuit effentiellement aux intérêts du roi.

» Sa majefté, par toutes ces difpofitions, rem-
» plit différentes vues intéreffantes : elle affure à
» fes finances une augmentation de revenu que
» les circonftances rendent encore plus précieufe;
» elle procure au *domaine* de la couronne un avan-
» tage d'une grande importance, en raffemblant
» des connoiffances certaines fur les terres & les
» feigneuries qui le compofent; enfin, elle donne
» à l'agriculture un nouvel encouragement, en
» mettant les engagiftes à portée d'acquérir, par
» une redevance jufte & modérée, la tranquillité
» la plus parfaite pendant fon règne ; & fi les
» principes de fa majefté font adoptés par fes fuc-
» ceffeurs, ces mêmes engagiftes pourront, à
» chaque renouvellement de règne, être confir-
» més dans leur poffeffion, ou par la continua-
» tion de la même redevance, ou par la fixation
» d'une nouvelle ; mais ils ne fauroient perdre de
» vue que le roi ne pourroit renoncer entiére-
» ment au revenu de fes *domaines* aliénés, fans
» préjudicier aux intérêts de fes peuples, qui
» auroient en effet à fe plaindre de l'étendue des
» charges qu'ils fupportent, ou des nouveaux
» impôts que les befoins de l'Etat rendroient né-
» ceffaire, fi fa majefté abandonnoit les ref-
» fources que lui préfente le libre exercice de fes
» droits. Elle a d'ailleurs remarqué avec fatif-
» faction, qu'en adoptant à cet égard des prin-
» cipes de modération & d'équité, elle étoit
» d'autant plus affurée que fes intentions feroient
» remplies d'une maniere uniforme & générale ;
» car elle ne pourroit fupporter qu'une opération
» d'ordre public qu'elle auroit jugée néceffaire,
» devînt dans fon exécution purement arbitraire ;
» & que tandis qu'une claffe de fes fujets feroit
» ménagée, on ne pourfuivît en fon nom que
» des engagiftes obfcurs & fans crédit, ce qui
» convertiroit ainfi fes loix dans un fyftême de
» partialité & d'exception, indigne également,
» & de fa grandeur & de la pureté de fa juftice.
» A quoi fa majefté voulant pourvoir : ouï le rap-
» port, le roi étant en fon confeil, a ordonné &
» ordonne ce qui fuit :

ARTICLE PREMIER.

» Tous poffeffeurs & détenteurs de biens & droits
» quelconques, faifant partie du *domaine* de la
» couronne, engagés, aliénés ou concédés à tems,
» à vie ou autrement, à quelque titre que ce
» foit ; à l'exception des dons faits aux Eglifes,
» des apanages & des échanges faits dans la
» forme prefcrite par les règlemens, en vertu de
» lettres-patentes duement vérifiées, feront tenus
» de rapporter, avant le premier janvier de l'an-

» née prochaine 1782, à l'administrateur général
» de ses finances, les contrats, arrêts, lettres-
» patentes ou autres titres, en vertu desquels ils
» jouissent desdits *domaines* & droits, les quit-
» tances des finances qui auront été par eux
» payées, avec une déclaration signée d'eux, ou
» passée pardevant notaires, contenant en détail
» les objets par eux possédés, les revenus & pro-
» duits de chacun desdits objets, ensemble les
» charges réelles, foncieres & autres, de quelque
» nature que ce soit, dont lesdits biens & droits
» peuvent être grévés ; comme aussi de remettre
» au soutien de leur déclaration les originaux,
» expéditions ou copies collationnées des baux,
» lièves, cueilloirs & autres titres justificatifs
» desdits revenus & charges.

ART. II.

» En cas d'aucun recélement des objets desdits
» *domaines* & droits, dans les déclarations qui
» seront fournies, veut sa majesté que lesdits ob-
» jets recélés, soient & demeurent réunis au
» *domaine* de la couronne ; en vertu du présent
» arrêt, sans que, pour raison desdits objets, les
» engagistes ou possesseurs puissent prétendre au-
» cun remboursement ni indemnité.

ART. III.

» Ceux qui, dans le délai prescrit par l'article
» premier ci-dessus, n'auront pas fourni leur dé-
» claration des *domianes* & droits par eux possé-
» dés, & rapporté les titres au soutien, seront &
» demeureront privés de la jouissance des objets
» par eux possédés, jusqu'à ce qu'ils y aient sa-
» tisfait : veut sa majesté que dans ce cas il soit
» procédé à la saisie des revenus desdits objets,
» sommation préalablement faite à ceux qui se-
» ront en retard.

ART. IV.

» Pourront lesdits détenteurs, pour être con-
» firmés dans leur possession & jouissance desdits
» domaines & droits, offrir telle rente ou supplé-
» ment de rente d'engagement qu'ils jugeront con-
» venable ; & joindre lesdites offres à la déclara-
» tion ordonnée par l'article premier ci-dessus.

ART. V.

» Lesdites déclarations, offres & soumissions qui
» seront données, ensemble les titres, pièces &
» mémoires qui seront rapportés en exécution des
» articles Ier. & IV ci dessus, seront communi-
» qués aux administrateurs des domaines de sa
» majesté, pour être par eux vérifiés, discutés,
» acceptés ou refusés ; & en cas d'acceptation des-

dites offres & d'accord sur la fixation des finances,
» il sera rendu arrêt du conseil en conformité.

ART. VI.

» Dans le cas où les offres des engagistes ne
» seront pas acceptées, les administrateurs remet-
» tront les déclarations, offres & soumissions des
» engagistes, avec leurs observations, aux sieurs...
» commissaires, pour être statué sur leur avis,
» soit sur l'admission des offres faites par les enga-
» gistes ou possesseurs, soit sur la fixation de telle
» rente ou supplément de rente d'engagement,
» d'après les principes qui auront été établis par
» le roi.

ART. VII.

» Seront tenus les possesseurs & détenteurs des-
» dits *domaines* & droits, dans les trois mois du
» jour de la signification qui leur sera faite de
» l'arrêt rendu sur l'avis desdits sieurs commis-
» saires, à la requête, poursuite & diligence des
» administrateurs généraux des *domaines*, d'opter
» ou de conserver lesdits *domaines* & droits à eux
» engagés, en payant, à compter du 1er janvier
» 1782, la rente qui aura été fixée par lesdits
» arrêts, ou de les remettre moyennant le rem-
» boursement réel & effectif de leurs finances,
» lequel en ce cas leur sera fait des deniers à ce
» destinés, suivant la liquidation qui en aura été
» faite par lesdits arrêts.

ART. VIII.

» Ceux qui auront opté de conserver la jouis-
» sance desdits *domaines* & droits à eux engagés
» ou par eux possédés, seront tenus de faire dans
» ledit délai de trois mois, au greffe des commis-
» sions extraordinaires du conseil, leur soumis-
» sion, contenant leur acquiescement auxdits ar-
» rêts, & leur consentement d'acquitter à l'ave-
» nir, à compter dudit jour 1er janvier 1782,
» la rente qui aura été fixée par lesdits arrêts ;
» & d'exécuter toutes les clauses, charges & con-
» ditions y contenues, à peine de réunion desdits
» *domaines* & droits.

ART. IX.

» Veut & entend sa majesté, que pendant la
» durée de son règne, ceux qui auront obtenu
» arrêt sur leurs offres, ou qui auront acquiescé
» auxdits arrêts, ne puissent être, ni eux, ni
» leurs successeurs, pour raison desdits *domaines*
» & droits, assujettis à aucun autre supplément
» de rente, taxe ou droit de confirmation, &
» qu'ils n'en puissent être dépossédés sous quelque
» prétexte que ce soit ; à l'effet de quoi sa ma-
» jesté interdit toute provocation de revente.

ART. X.

» N'entend néanmoins fa majesté fe priver de
» la faculté de réunir à fon *domaine*, en rem-
» bourfant préalablement les finances d'engage-
» ment, les portions de terrains enclavées dans
» fes forêts, ou qui y font contiguës, & à la
» proximité des maifons royales, même les pe-
» tites portions démembrées du corps du *domaine*,
» qui y font tellement enclavées, qu'elles nuifent
» à fon exploitation.

ART. XI.

» Difpenfe fa majefté lefdits engagiftes, poffef-
» feurs & détenteurs qui auront repréfenté leurs
» titres & fourni leurs déclarations, & qui feront
» maintenus dans leurs poffeffions & jouiffance,
» de l'obligation à eux impofée, notamment par
» l'arrêt du confeil du 19 feptembre 1684, &
» par les édits d'avril 1685, décembre 1701, &
» autres règlemens intervenus depuis, de fournir
» de cinq ans en cinq ans, des états en détail de
» la confiftance des *domaines* & droits dont ils
» continueront de jouir : veut feulement fa ma-
» jefté, qu'à chaque mutation, le nouveau poffef-
» feur, à tel titre que ce foit, juftifie de fon
» droit, & fourniffe au bureau des finances, ou
» autres juridictions domaniales, de la fituation
» defdits *domaines* & droits, une nouvelle décla-
» ration des objets par lui poffédés, par détail
» & avec les confrontations & autres changemens
» furvenus depuis celle fournie par fon prédé-
» ceffeur.

ART. XII.

» Les détenteurs fans titre, de *domaines* ou
» droits domaniaux, ou d'aucune portion d'iceux,
» qui feront leur déclaration conformément & ainfi
» qu'il eft porté par l'article Ier du préfent arrêt,
» feront confirmés dans la poffeffion & jouiffance
» defdits *domaines* & droits, ou portions d'iceux,
» en payant à l'avenir & à compter du 1er jan-
» vier 1782, les rentes & redevances qui leur
» feront impofées par l'arrêt rendu fur l'avis
» defdits fieurs commiffaires. Leur fait fa majefté
» don & remife, dans ce cas, des fruits du paffé
» jufqu'audit jour 1er janvier ; & faute par eux
» de fatisfaire à ce qui eft prefcrit ci-deffus, veut
» fa majefté qu'ils foient contraints, tant au dé-
» laiffement des objets dont ils jouiroient fans
» titre valable, qu'à la reftitution des fruits par
» eux indûment perçus.

ART. XIII.

» Excepte fa majefté de l'exécution du préfent
» arrêt, les engagiftes des droits de péages feu-
» lement, fur lefquels elle a annoncé fes inten-
» par l'arrêt de fon confeil du 15 août 1779.

ART. XIV.

» N'entend fa majefté comprendre dans les dif-
» pofitions ci-deffus, les *domaines* fitués dans fes
» duchés de Lorraine & de Bar, fe réfervant
» de faire connoître à cet égard fes intentions.

ART. XV.

» En cas de conteftation fur l'exécution du
» préfent arrêt, fa majefté s'en réferve la con-
» noiffance & à fon confeil, & icelle interdit à
» toutes fes cours & autres juges. Fait au confeil
» d'état du roi, fa majefté y étant, tenu à Ver-
» failles le 14 janvier 1781. »

Rien de plus naturel que de faire fuivre ce règlement, de ce qui eft dit en général des *domaines*
royaux, dans le compte rendu au roi en 1781,
& fert de commentaire à cet arrêt.

« Les feigneuries & les divers *domaines* fon-
» ciers, qui compofoient autrefois le principal
» revenu de la couronne, fe font fucceffivement
» diffipés, ou du moins ont été mis hors des mains
» du roi, & par des libéralités ou des conceffions
» à vil prix, & par la formation des apanages,
» & par des échanges ruineux, & par des ufur-
» pations ; en forte qu'il ne refte maintenant à
» votre majefté, que, *quinze cents mille livres* de
» rente dans cette nature de biens, indépendam-
» ment du produit de fes forêts.

» On a fouvent indiqué comme une grande
» reffource, la rentrée dans la partie de ces
» *domaines* qui a été aliénée à prix d'argent, ou
» concédée par faveur. Louis XIV rendit une loi
» à ce fujet en 1667, & l'augufte aïeul de votre
» majefté adopta les mêmes vues en 1719 ; mais
» ces difpofitions qui forçoient à dépoffédér des
» gens puiffans par leur naiffance ou par leur cré-
» dit, effuyerent des contrariétés qui en fufpen-
» dirent l'exécution.

» On a depuis effayé d'aller au même but par
» une autre voie ; mais il eft réfulté des abus ab-
» folument contraires aux principes d'une fage
» adminiftration.

» On avoit autorifé tous les particuliers, de
» quelque état qu'ils fuffent, à demander que tel ou
» tel *domaine*, poffédé par un engagifte, fût re-
» mis en revente publique, pourvu qu'ils propo-
» faffent du premier abord une augmentation de
» finance ; mais de pareilles opérations, où le
» particulier attaque le particulier & fe met à la
» recherche des conditions de fon engagement &
» du revenu de fes terres, ne pouvoient être fui-
» vies que par des hommes indifférens à l'opi-
» nion publique ; auffi offroient-ils fous main aux
» engagiftes de fe défifter de leurs demandes,
» moyennant un facrifice.

» Les adjudications nouvelles devenoient alors

» abſolument illuſoires, & l'expérience a fait voir
» qu'il réſultoit d'une ſemblable inſtitution, bien
» plus de déſordre que de bénéfice pour le tréſor
» public. Une pareille marche, où le gouverne-
» ment ſemble héſiter ou craindre de ſe montrer,
» m'a paru indigne de la grandeur royale. Il ſied
» mieux au ſouverain d'examiner dans ſa ſageſſe
» ce qu'il peut & ce qu'il doit faire, & de re-
» tenir dans ſes mains des plans avoués par ſa
» juſtice.

» Je n'ai pas cru non plus devoir propoſer à
» votre majeſté le renouvellement des loix de
» 1667 & de 1719, au haſard d'échouer encore
» par les mêmes obſtacles. D'ailleurs, pour être
» juſte, il faudroit rembourſer comptant toutes
» les finances fournies par les engagiſtes, & quand
» on feroit en état de le faire, la dépoſſeſſion pure
» & ſimple des engagiſtes, rigoureuſe pour eux,
» ne pourroit encore s'effectuer qu'en confiant aux
» agens de l'adminiſtration une exploitation, &
» dans les mains des particuliers, animés de l'eſprit
» de propriété, ſera toujours plus favorable à la
» richeſſe de l'Etat.

» J'ai donc penſé que votre majeſté devoit pré-
» férer un plan moins avantageux en ſpécula-
» tion, mais dont l'exécution ſeroit plus facile &
» plus certaine ; c'eſt le parti qui vient d'être
» adopté par l'arrêt du conſeil que votre majeſté
» a rendu tout récemment ſur cette matiere. (On
» l'a rapporté ci-devant.) Elle s'eſt bornée à exiger
» des engagiſtes qu'ils euſſent à fournir l'état exact
» des domaines dont ils jouiſſent, & du revenu
» qu'ils en tirent. D'après cette connoiſſance, les
» adminiſtrateurs-généraux des domaines exa-
» mineront avec attention quelle eſt la redevance
» annuelle qu'on peut exiger, pour établir une
» plus juſte proportion entre les finances & le
» produit des domaines engagés.

» Ces adminiſtrateurs devront en traiter à l'a-
» miable avec les engagiſtes, afin que l'équité
» bien plus que la rigueur du droit préſide à
» ces arrangemens ; & en cas de difficulté, votre
» majeſté a nommé une commiſſion pour en dé-
» cider. Cependant votre majeſté n'oblige aucun
» des engagiſtes à ſe ſoumettre à cette déciſion,
» s'ils préférent d'exiger le rembourſement de la
» finance qu'ils ont fournie, en rétrocédant les
» domaines qui leur ont été aliénés.

» Ceux des engagiſtes au contraire qui acquieſ-
» ceront à la redevance déterminée, ſeront main-
» tenus dans la jouiſſance de leur engagement
» pendant la durée du règne de votre majeſté,
» ſans que, ſous aucun prétexte, on puiſſe rien
» exiger d'eux, ou les inquiéter d'aucune ma-
» niere dans leur jouiſſance ; & cette poſſeſſion
» tranquille qui leur eſt aſſurée, & qu'ils pour-
» ront faire confirmer à chaque renouvellement
» de règne, deviendra un nouvel encouragement
» à l'agriculture, en permettant aux engagiſtes

» de ſe livrer avec plus de confiance à l'amélio-
» ration de leurs domaines.

» Les perſonnes les plus inſtruites ſur cette ma-
» tiere ont penſé qu'indépendamment de l'augmen-
» tation du revenu, que le dernier arrêt de votre
» conſeil procurera ſucceſſivement à vos finances,
» les diſpoſitions qu'il contient ſeroient encore
» infiniment utiles, ne fût-ce que pour faire con-
» noître les uſurpations, & pour en prévenir les
» progrès.

» Votre majeſté en effet a ordonné que les
» engagiſtes euſſent à déclarer, au moins une fois
» pendant ſon règne, la conſiſtance de leurs do-
» maines. Toutes les anciennes loix avoient exigé
» que cette déclaration ſe fît tous les cinq ans ;
» mais on s'y eſt trop fréquemment ſouſtrait, &
» l'indolence de l'adminiſtration à cet égard, eſt
» une des principales cauſes de l'extrême confu-
» ſion qui règne aujourd'hui dans cette partie im-
» portante des intérêts de votre majeſté & des
» droits de votre couronne.

» Il reſte une opération très-utile à faire ſur
» les domaines qui ſont encore dans les mains de
» votre majeſté. Un grand nombre eſt aſſujetti à
» des réparations conſidérables, d'autres ſont né-
» gligés, & cela doit être ; car quelque zèle qu'on
» puiſſe attendre de la part des perſonnes qui
» veillent pour votre majeſté ſur cette adminiſ-
» tration, il eſt impoſſible qu'elles égalent en ac-
» tivité, l'œil pénétrant de l'intérêt perſonnel.

» Ainſi, à l'exception du très-petit nombre de
» grandes terres qui reſtent encore à votre majeſté,
» & de tous les droits ſeigneuriaux, il ſeroit, je
» crois, très-utile à ſes intérêts & conforme au
» bien de l'Etat, que votre majeſté voulût céder
» les autres domaines à bail emphytéotique, ou,
» pendant la durée de ſon règne, à la charge
» d'une redevance en grains. C'eſt un objet qui
» ſera pris particuliérement en conſidération, à
» meſure que les baux à tems paſſés pour ces do-
» maines expireront.

» Ce dont je ne ſaurois trop détourner votre
» majeſté, ſoit pour ſes domaines, ſoit pour ſes
» forêts, c'eſt de conſentir à des échanges. Le
» ſouverain y a conſtamment perdu, & il y per-
» dra toujours, parce que les agens d'une admi-
» niſtration publique, qui fourniſſent aux cham-
» bres des comptes les renſeignemens néceſſaires
» pour les évaluations dont elles ſont chargées,
» ne peuvent jamais y mettre le même ſoin ni la
» même diſcuſſion que les particuliers qui trai-
» tent avec le domaine.

» D'ailleurs, on propoſe communément au roi
» une terre dans toute ſa valeur, pour en obte-
» nir une négligée depuis long-tems ; & comme
» les évaluations s'établiſſent ſur les produits, tels
» qu'ils ont été depuis dix ans, & non tels quils
» pourroient être ; c'eſt une nouvelle ſource de
» déſavantage, indépendamment de tant d'autres
» qu'il eſt aiſé d'appercevoir. »

Après avoir traité du *domaine* de la couronne, & l'avoir confidéré dans tous fes rapports avec les finances de l'Etat, il s'agit maintenant de parler des *domaines* & droits domaniaux, qui ont, depuis Colbert, compofé une ferme particuliere, convertie, il y a peu d'années, en une régie, fous le nom d'*adminiftration générale des domaines*. Nous allons d'abord remonter à fon origine ; la fuivre dans les révolutions qu'elle a éprouvées, & finir par faire connoître fa confiftance actuelle, ainfi que le montant du produit qu'elle donne.

On a vu qu'en 1666 il fut fait un bail des *domaines* du roi, moyennant un million cent foixante mille livres. Le droit de contrôle des exploits, établi par édit du mois d'août 1669, y fut joint ; & en 1714, on y réunit encore les droits de contrôle des actes, d'infinuations laïques, centieme denier, petit fcel ; en 1720, ceux de franc-fiefs, amortiffemens & nouvel acquêt ; & enfin en 1727, les droits réfervés par l'édit d'août 1716, & la diftribution de la formule dans les pays où les aides n'ont pas cours.

Depuis l'époque de ce bail, qui fut celui de Pierre Carlier, Desboves, Forceville, & les autres adjudicataires des fermes, leurs fucceffeurs obtinrent dans leurs baux, la partie des *domaines*, qui enfuite étoit fous-fermée dans tout le royaume.

En 1756, toutes les fous-fermes ayant été fupprimées, la compagnie des fermiers-généraux fut augmentée de vingt membres, pour régir ellemême tout ce qui avoit jufqu'alors été fous-fermé, & qui comprenoit les aides & les *domaines*. Cette forme de perception des revenus de l'Etat a duré vingt-quatre années, c'eft-à-dire, jufqu'en 1780, qu'elle a été partagée entre trois compagnies de financiers, ainfi qu'on l'a dit aux mots ADJUDICATAIRE & BAIL.

Nous avons cru être fondés à obferver que la défunion des *domaines* du bail de la ferme générale avoit trouvé peu de contradicteurs, parce qu'il n'y a aucune connexion entre les parties que régit maintenant la ferme générale, & la manutention des *domaines*. Ainfi, c'eft avec réflexion qu'il en a été formé une adminiftration particuliere, pour embraffer par fa vigilance, non-feulement le *domaine* proprement dit ; mais tous les droits qui en dépendent : ceux qui ont toujours été confidérés comme domaniaux, & compris dans les baux de la ferme générale.

Les motifs qui déciderent à cette opération font clairement expliqués dans l'arrêt de règlement, du 9 janvier 1780, qui ordonne la réunion de la régie des *domaines* à la perception des droits domaniaux : « Ce n'eft pas, y eft-il dit, » que plufieurs parties des droits domaniaux, gé- » rés par ces deux compagnies, ne foient d'un » genre différent ; les unes dérivant d'un titre » feigneurial, & les autres d'une impofition ; mais » en même tems il en eft qui fe rapprochent, telles

» que les lods & ventes perçus par les adminif- » trateurs des *domaines*, & le centieme denier, » exigé par la ferme générale à la vente des im- » meubles ; les droits d'échange, d'amortiffement » de nouvel acquêt, de franc-fief, & quelques au- » tres encore : d'ailleurs, la différence des prin- » cipes, & la variété des connoiffances qu'exi- » gent les deux efpèces de perceptions, connues » fous le nom de *domaines*, n'empêchent pas qu'il » n'y ait de l'avantage à réunir, par un inté- » rêt commun, les perfonnes chargées à cet égard » de la confiance de fa majefté. Un motif déter- » minant, c'eft que les adminiftrateurs-généraux » des *domaines* fe fervent, principalement pour » leurs recouvremens, des commis employés par » les fermiers des droits domaniaux. Ainfi, l'union » de ces deux compagnies eft au moins bien plus » naturelle & plus économe que l'affociation ac- » tuelle des fermiers du *domaine*, à ceux des ai- » des du tabac & des gabelles.

» D'ailleurs, c'eft dans les regiftres des con- » trôleurs des actes, qui font fubordonnés aux » fermiers des droits domaniaux, que les admi- » niftrateurs des *domaines* font obligés de cher- » cher une partie des renfeignemens qui leur font » néceffaires, pour veiller fur la perception des » droits cafuels, & fur tous les effets des chan- » gemens de propriété.

» Sa majefté attribuera de plus à cette nou- » velle compagnie le recouvrement des droits » de greffe & d'hypotheques, confiés actuellement » à la régie générale, & réunis ainfi par un mé- » lange bizarre aux perceptions des droits d'ai- » des & des droits de fabrications, qui fe conf- » tatent par l'exercice. »

Voici le détail des différens objets foumis à l'adminiftration générale des *domaines* & droits y joints, tel qu'il eft préfenté dans l'arrêt de règlement que nous avons cité précédemment. Ainfi, on verra en même tems à quelle régie ces perceptions & droits appartenoient, jufqu'au moment de leur diftraction.

PREMIERE DIVISION.

Recette des bois.

La recette pourfuite & recouvrement du prix des adjudications des bois du roi, & des communautés féculieres & régulieres, enfemble des attributions & autres produits en dépendans.

DEUXIEME DIVISION.

Domaine proprement dit.

La régie, fuite & recouvrement des *domaines*, droits domaniaux, feigneuriaux & féodaux, tant fixes que cafuels, étant actuellement dans les mains de fa majefté, y compris ceux qui ont lieu en Alface,

Alface, les droits d'enfaisinement & autres attributions.

L'exercice du rachat, recouvrement & rentrée en possession des *domaines* & droits domaniaux engagés, aliénés, usurpés, recélés , ou négligés.

On doit remarquer que ce sont ces différens articles qui formoient la consistance de l'administration des *domaines*, établie en 1777, & dont il a été fait ci-devant mention à la page 610.

TROISIEME DIVISION.

Droits sur les immeubles & les actes , ou qui y sont relatifs.

La régie & perception des droits ci-après, faisant actuellement partie du bail de Laurent David.

SAVOIR :

I. Les droits de contrôle des actes, insinuation & centieme denier , par-tout où la perception effective a lieu, y compris les droits de sceau dans la Lorraine & le Barrois.

La perception des premiers quatre sols pour livre, sur le principal de ceux desdits droits dont jouit M. le duc d'Orléans.

II. Les droits d'amortissement, franc-fiefs, usages & nouveaux acquêts, y compris ceux de Lorraine, & les droits d'usage dans le Hainaut.

Les droits d'échange & contre-échange, dus au roi dans l'étendue des seigneuries particulieres.

III. Les droits appellés *vingtiemes , feux & cheminées* dans le Hainaut. Toutes ces perceptions retirées du bail de la ferme générale.

IV. Les droits pour la conservation des hypotheques , par-tout où la perception effective a lieu. Ils appartiennent à la régie générale.

QUATRIEME DIVISION.

Formule & exploits.

I. Les droits & la fourniture de la formule de toute espèce, à Paris & dans toutes les provinces où elle a lieu, la Lorraine y comprise.

II. Les droits de contrôle des exploits & de saisies mobiliaires, y compris pareillement ceux de la Lorraine & de la Dombes, & les huit sols pour livre des portions engagées desdits droits; perceptions retirées de la ferme générale.

III. Ceux de quatre deniers pour livre, des prisées & ventes de meubles ; ensemble les droits de bourse commune des huissiers de Bretagne , droits retirés de la régie générale.

CINQUIEME DIVISION.

Perceptions & droits opérés par les jugemens & actes judiciaires, &c.

I. Les droits de petit sceau, tant sur les sentences des juridictions royales, que sur les expéditions

des anciens actes des notaires , qui y demeurent sujets, ceux de la Dombes y compris.

Les huit sols pour livre sur les portions desdits droits aliénés ou engagés ; perceptions retirées de la ferme générale.

II. Les amendes prononcées dans les conseils, cours & juridictions royales.

Les droits de greffe, appartenans au roi, tant en principaux que sols pour livre, y compris les sols pour livre sur les droits de greffe des amirautés.

Les droits réservés dans les cours des juridictions royales.

III. Les gages intermédiaires des offices vacans.

Les émolumens des chancelleries non aliénées , perceptions retirées de la régie générale.

SIXIEME DIVISION.

Abonnemens.

Les abonnemens dus , tant par M. le duc d'Orléans , pour les seconds quatre sols pour livre , que par les Etats, villes & communautés de l'Artois , du Cambresis, de la Flandre , du Hainaut, & du pays de Labour , pour le principal & les huit sols pour livre des droits de contrôle des actes, insinuations & petit scel, retirés de la ferme générale.

Ceux de la province d'Alsace, tenant lieu des droits pour la conservation des hypotheques , & des quatre deniers pour livre du montant des prisées & ventes des meubles , retirés de la régie générale.

C'est ici le lieu d'observer qu'en général les droits de *domaine* ne comportent aucune exemption. Les lettres-patentes de 1717, qui accordent des privilèges très-étendus au commerce des îles , réservent la perception des droits domaniaux.

L'arrêt du conseil du 11 janvier 1719 confirme encore cette disposition ; celui du 30 juin 1733 s'explique avec précision à cet égard. Il porte , que l'intention du roi n'a jamais été de décharger les grains & les bestiaux des droits de *domaine*, qui , par leur nature, leur destination & leur modicité, doivent être perpétuellement perçus.

Les produits de régie générale des *domaines* ont été évalués à quarante-deux millions, parce qu'en effet ce n'est qu'au-delà de cette somme que les remises des administrateurs commencent. L'événement a justifié que cette évaluation à quarante-deux millions , qui a si vivement & si indiscretement été critiquée par des gens , plus jaloux de faire du bruit, que de réfléchir & de raisonner, n'a rien de forcé comme ils ont tenté de le persuader ; puisqu'elle n'a pas empêché les administrateurs de jouir d'un bénéfice très-honnête.

La société de cette administration est divisée

en trente fols, avec onze cents mille livres de fonds ; & une attribution fixe de vingt-huit mille livres par fol, outre cinq pour cent d'intérêt, & une répartition annuelle de quatre mille livres à imputer sur les bénéfices.

En 1781, ces bénéfices ont été d'environ dix-huit mille livres par fol ; en 1782, de près de vingt-huit mille livres ; & en 1783, il y a lieu de compter qu'ils iront à quarante mille livres.

Nous terminerons cet article par une observation peut-être digne de l'attention du gouvernement. C'est que les droits qui composent la ferme des domaines, font, de tous les droits du roi ; les moins sujets à l'influence des faisons, des circonstances & des événemens politiques. Comme ils portent sur les dispositions de fonds & d'héritages, sur des arrangemens de propriétés, l'augmentation graduelle du numéraire, accroissant la valeur de ces fonds, rend aussi les mutations plus fréquentes, & multiplie par conséquent les perceptions. Aussi on a vu chaque année, depuis le commencement de ce siècle, les produits de cette partie s'améliorer, & soutenir par des bénéfices considérables la masse des produits de la ferme générale, après sa réunion, principalement pendant les baux de Prevot & d'Alaterre.

Ce fait pourroit devenir un motif, malgré le peu d'analogie entre les droits domaniaux & ceux de la gabelle, du tabac & des aides, pour réunir le tout en un corps de ferme générale; en forte que les diminutions, les pertes & les écarts, arrivans dans quelques-unes de ces parties, fussent couverts, ou au moins compensés par les augmentations & les bénéfices constans des droits de domaine, desquels l'expérience & la nature des choses garantissent la progression. On ne joint pas à cette ferme générale les droits de traite, parce que, d'après ce que l'on en dit au mot DROITS, ils semblent devoir rester en régie, & plutôt devenir un moyen de faire prospérer le commerce & les fabriques du royaume, que former une branche essentielle de revenu. Voyez BAIL, DROITS, RÉGIE GÉNÉRALE.

DOMAINE ET BARRAGE. (Droits de) On donne ce nom à plusieurs droits qui font réunis & perçus à l'entrée de Paris, sur certaines espèces de marchandises ; droits si anciens, que les titres de leur origine font absolument perdus. Ces droits comprennent, avec ceux de domaine, celui de barrage, qui, vraisemblablement, s'est long-tems perçu séparément pour en appliquer le produit à l'entretien du pavé de la ville & banlieue de Paris. Il y avoit des barres ou barrieres aux passages, & elles ne se levoient qu'après que le droit étoit acquitté. C'est de-là qu'il avoit reçu le nom de barrage. Il étoit divisé en ancien & en nouveau ; mais il paroît qu'il fut fixé en un seul, par le tarif arrêté le premier février 1640.

Mais comme ce tarif, ainsi que celui du droit de domaine étoit imparfait, la déclaration du roi du 17 septembre 1692, régla un nouveau tarif, dans lequel les droits de domaine furent fixés & réunis confusément avec ceux de barrage, & c'est ce tarif que l'on suit encore aujourd'hui.

Le préambule de cette même loi, va nous apprendre de quels droits étoient composés ceux de domaine, & les motifs de leur union aux droits de barrage.

» Louis, par la grace de Dieu, &c. A tous
» ceux qui ces présentes lettres verront : Salut.
» Nous étant fait représenter en notre conseil le
» tarif arrêté en icelui, le 1er. février 1640,
» pour la levée & perception des droits de barrage
» à nous appartenans en notre bonne ville &
» fauxbourgs de Paris ; & notre déclaration du
» 8 février 1651, par laquelle nous avons uni les
» droits de haut ban, de la gruerie au charbon,
» du portage, du hallage & tonlieu des laines,
» des coutumes du poisson d'eau douce, & du
» comptage des œufs, beurres, fromages, du
» hallage & tonlieu de poteries, coutumes du-
» rant les foires de faint-Germain & faint-La-
» zare ; de la journée aux tonneliers & tonlieux
» des cerceaux des coutumes du treillis, des
» bleds & avoines, du pied-fourché & du pied
» rond ; du hallage & tonlieu du fruit, & du
» laigrun ; de la coutume de la clincaillerie, du
» hallage & tonlieu de pelleterie, friperie, lin-
» gerie & autres droits, en un seul droit royal
» & domanial, pour être à l'avenir levés sous
» le titre de droits domaniaux, unis aux en-
» trées de notredite ville & fauxbourgs de Paris,
» tant par eau que par terre, suivant qu'ils font
» énoncés au tarif exprimé en ladite déclara-
» tion : & étant informés que depuis que lesdits
» tarifs font arrêtés, les fermiers des domaines
» & barrages ont par des accommodemens & faci-
» lités qu'ils ont eu pour le commerce, perçu
» plusieurs desdits droits au-dessous de ce qu'ils
» font portés par lesdits tarifs, & en ont aug-
» menté quelques autres : que d'ailleurs il y a
» plusieurs marchandises non-exprimées auxdits
» tarifs, pour les droits desquelles il arrive con-
» tinuellement des contestations entr'eux & les
» redevables desdits droits ; à quoi nous avons
» jugé nécessaire de pourvoir par un nouveau
» tarif, même pour faciliter le paiement desdits
» droits de domaine & barrage, les unir en un
» seul & même droit. A ces causes, & autres à
» ce nous mouvant, de notre certaine science,
» pleine puissance & autorité royale ; nous avons
» par ces présentes fignées de notre main, dit
» & ordonné, disons & ordonnons, voulons &
» nous plaît, sans avoir égard auxdits tarifs des-
» dits droits de domaine & barrage des 1er. février
» 1640, & 8 février 1651, que lesdits droits
» soient & demeurent unis en un seul & même

» droit , & perçus aux entrées de notredite ville
» & fauxbourgs de Paris , tant par eau que par
» terre, ainsi qu'il ensuit.

» *Ce tarif étant très-commun , on n'a pas cru*
» *devoir le donner ici ; il suffit d'observer que tou-*
» *tes les marchandises sont assujetties aux droits,*
» *par charge de cheval ou d'âne , par chariot ,*
» *charrette , ou par millier.*

» Et lorsque la voie de marchandises, non-
» sujettes au poids , ne sera pas complette, &
» que les marchandises sujettes au poids, conte-
» nues en une même charrette ou chariot , pese-
» ront plus ou moins de deux mille livres, sera
» payé à proportion. Seront les bleds, farines ,
» pains , fruits crus & autres que ceux dénommés
» ci-dessus , herbages , sablons , pierres , chaux ,
» & pavés exempts desdits droits , ensemble
» toutes les marchandises ci-dessus , lesquelles
» passeront debout par notredite ville , tant par
» eau que par terre. Voulons en outre pour la
» facilité du recouvrement desdits droits , que les
» voituriers tant par eau que par terre fassent en
» arrivant leur déclaration au vrai de ce qui
» sera dans leurs charrettes & bateaux , & re-
» présentent à cette fin aux commis du fermier
» leurs lettres de voiture, contenant la qualité
» & quantité des marchandises , le poids de
» celles sujettes audit poids.

» Savoir , pour ce qui entrera par terre ,
» aux bureaux particuliers établis aux portes &
» barrieres de ladite ville & fauxbourgs , où ils
» seront tenus de payer lesdits droits : & à l'é-
» gard de ce qui arrivera par eau , au bureau
» de la ferme générale desdits droits , & ce ,
» avant que lesdits voituriers puissent décharger
» aucune desdites marchandises , le tout à peine
» de confiscation d'icelles , ensemble des char-
» rettes & bateaux , & trois cents livres d'a-
» mende, sans que pour l'emballage , tonneaux ,
» & autres vaisseaux contenant lesdites marchan-
» dises , les redevables puissent prétendre aucune
» réduction desdits droits au paiement desquels
» les voituriers feront contraints , & lesquels
» droits ne pourront être perçus pour lesdites
» marchandises lorsqu'elles sortiront de notredite
» ville & fauxbourgs, mais seulement à l'entrée.
» Faisons en outre défenses au fermier de notre
» *domaine & barrage* , à peine de concussion ,
» d'exiger autres & plus grands droits que ceux
» ci-dessus , sous quelque prétexte que ce puisse
» être , même pour le parisis sol six deniers des-
» dits droits, attendu qu'ils sont compris dans
» ceux portés par ces présentes. Si donnons en
» mandement , à nos amés & féaux conseillers
» les gens tenant notre cour de parlement , même
» en vacations , que ces présentes, &c. »

Les droits de *domaine & barrage* ont supporté
depuis leur réunion plusieurs augmentations dont
il est à propos de rendre compte.

La quotité de chaque article de perception a
été doublée par déclaration du 7 Juillet 1705 ,
& successivement prorogée jusqu'au mois de novembre 1771 , que l'édit qui impose deux nouveaux sols pour livre , proscrivit de continuer
la levée de ce doublement, jusqu'à ce qu'il en fût
autrement ordonné. Actuellement ces droits sont
sujets aux dix sols pour livre.

Les boissons & les bestiaux ne sont pas compris dans le tarif des droits de *domaine & barrage*,
parce que les droits d'entrée sur les boissons,
fixés par l'ordonnance de 1680 , rassemblent tous
ceux qui se percevoient.

A l'égard des bestiaux , les droits de *domaine*
& barrage auxquels ils sont sujets sous le nom de
droit du pied-fourché , se levent en conformité
de la déclaration du 3 mars 1693 , rendue pour
cet objet. *Voyez* PIED-FOURCHÉ. (droit de)

Suivant les arrêts du conseil, & lettres-patentes des 12 & 28 janvier 1723 , duement enregistrées, les voituriers & autres qui font arriver
par terre & par eau des marchandises sujettes
aux droits de *domaine & barrage* , ne peuvent les
faire entrer que par les barrieres de saint-Victor,
de saint-Marcel, de saint-Jacques , de saint-Michel , des Carmes , de saint-Germain , de la Conférence , de la barriere de Chaillot , du Roule,
de la Ville-l'Evêque , de Montmartre , de sainte-
Anne , de saint-Denis , de saint-Martin , du
Temple , de la Croix-Faubin , de Rambouillet
& Picpus ; & par eau , par les bureaux de la Ra-
pée , du port saint-Paul , & du port saint-Nicolas,
à peine de confiscation , & de cent livres d'a-
mende.

Toutes les autres entrées & barrieres de renvoi sont déclarées faux passages , à l'exception
de la barriere des Chantiers , pour les mêmes
denrées qui sont apportées par les coches d'eau
de Corbeil & de Villeneuve-saint-Georges seulement.

Les mêmes voituriers sont tenus à leur arrivée
de faire leur déclaration dans ces bureaux , en y
représentant leurs lettres de voitures, dans lesquelles la qualité , la quantité des marchandises
doivent être énoncées.

Il en est de même des conducteurs de bateaux
arrivant de Rouen ; ils doivent remettre au bureau du port saint-Nicolas des déclarations détaillées de leur chargement, à peine de confiscation , & de trois cents livres d'amende.

Les droits de *domaine & barrage* ne se levent
point sur les marchandises qui ne font que passer
debout, sous condition par les marchands, facteurs , commissionnaires ou voituriers de faire
leurs déclarations aux premiers bureaux de la
recette des droits , & d'y représenter leurs lettres
de voitures qui doivent être passées pardevant
notaires au lieu du chargement, & contenir les
détails prescrits généralement dans les déclarations. *Voyez* le mot DÉCLARATION.

Liii ij

Ils font auffi tenus de configner les droits aux bureaux d'entrée, fauf à en recevoir le rembourfement, en juftifiant par un certificat des commis du bureau de fortie, que les marchandifes font effectivement fortiæs de la ville dans les trois jours francs, non compris celui de l'arrivée ni celui du départ; ce certificat doit être remis dans la huitaine au plus tard de l'arrivée des marchandifes, à peine de perte des droits configrés qui appartiennent au fermier, fans qu'il foit befoin d'une fentence pour les lui faire adjuger.

Dans le cas où après l'entrée des marchandifes déclaréés paffer debout, les marchands veulent en changer la deftination, & les laiffer pour la confommation de Paris, ils font tenus d'en faire leur déclaration dans la huitaine, à peine de l'amende du triple droit.

Lorfqu'enfin le délai de huitaine eft expiré, tous les certificats de fortie, toutes les déclarations qu'ils pourroient rapporter font de nulle valeur. C'eft ce qui réfulte de la déclaration de 1692 qu'on a rapportée, & des arrêts du confeil, & lettres-patentes des 4 mai & 22 juin 1701, 18 mars & 18 avril 1713, & 12 mars 1726.

Les droits de domaine & barrage ne comportent ni privilége, ni diftinction. Les paffeports du roi n'en procurent l'exécution qu'autant qu'elle y eft formellement exprimée; ils fe paient auffi fans aucune déduction de poids pour l'emballage, ou les vaiffeaux qui contiennent les marchandifes.

Les habitans des maifons détachées, c'eft-à-dire, ceux qui demeurent hors des portes & des barrieres de Paris, fur le territoire fujet aux entrées, font affujettis aux droits de domaine & barrage fur les foins, fainfoins, luzerne & regains provenant des terres qui leur appartiennent en propriété ou qu'ils ont à ferme, & par conféquent à en faire déclaration avant que de les introduire dans leurs maifons. C'eft ce qui a été jugé par différens arrêts du confeil, notamment par ceux des 10 juin & 8 juillet 1727, 13 juillet 1728, 29 mai 1731, & par arrêt du parlement du 16 mai 1778.

Il s'étoit élevé en 1776 une queftion dont l'objet étoit de favoir fi différentes marchandifes exemptes de tous droits à leur importation dans le royaume, & à la circulation dans l'intérieur, devoient jouir de cet affranchiffement général à l'entrée de Paris; plufieurs négocians de cette ville prétendoient que les laines non-filées, les cotons en laine, les chanvres & lins en maffe & non-apprêtés, les poils de chameaux & chevreaux, les poils de chevres filés & non-filés, dont l'importation & la circulation doivent être favorifées comme matieres premieres très-utiles aux fabriques, ne devoient pas payer les droits de domaine, barrage & poids-le-roi; un arrêt du confeil du 20 novembre 1777 a prononcé leur affujettiffement à ces droits.

C'eft à la chambre du domaine en premiere inftance, & par appel au parlement, que doivent fe porter toutes les conteftations qui concernent la perception des droits dont il s'agit, comme anciennement dépendans du domaine proprement dit. Ils n'en ont été détachés & joints aux droits d'aides dûs aux entrées de Paris, que pour en faciliter la perception, & leur nature refte toujours domaniale.

DOMAINE DE FLANDRE, ARTOIS ET HAINAUT. Sous cette dénomination particuliere du domaine de Flandre, le bail de Forceville comprend plufieurs droits qui font en général d'anciens octrois accordés, pendant la domination Efpagnole, aux Etats du pays, & dans lefquels ils trouvoient le moyen de fournir les fubfides qu'on leur demandoit. Après la conquête de ces pays, tous ces droits ont été réunis au domaine.

Ils fe levent, 1°. fur le vin, à l'arrivée de celui qui eft deftiné pour les bourgeois, & fur celui que font venir les cabaretiers ou débitans, à mefure qu'ils le confomment.

2°. Sur l'eau-de-vie que le fermier a le privilége exclufif de vendre, & qui, dans quelques villes, eft partagé avec l'adminiftration municipale. Le prix de cette liqueur eft réglé de tems en tems par l'intendant de la province.

3°. A l'entrée de la biere qui vient du dehors, & fur celle qui fe fabrique chez les braffeurs, que l'on fuit par exercice, comme en pays d'aides.

4°. Sur les cidres, foit qu'on les importe, ou qu'on les fabrique.

5°. Sur le fel blanc, qui eft le feul dont la confommation foit permife en Hainaut. Ce droit eft perçu à l'entrée, dans le cas même où ce fel eft deftiné à fortir de la province pour paffer à l'étranger.

6°. Sur le bétail: ce droit fe fubdivife en trois branches.

La premiere, appellée tuage, fe perçoit à la boucherie & fur la viande qui arrive du dehors.

La feconde, qu'on nomme taille des bêtes vives, fe leve fur les chevaux, vaches & bœufs vivans, d'après des inventaires ou retrouves qui fe font en avril & en feptembre, fuivant leur nombre & leur efpece.

La troifieme, connue fous la dénomination de Pas de pénas, eft perceptible fur les beftiaux qui fortent du Hainaut, parmi lefquels ne font pas compris les chevaux. Ce même droit fe perçoit auffi dans la Flandre maritime, fous le nom de droit de vidangle, fur les beftiaux qui en fortent pour le pays étranger.

7°. Sur les charbons de terre entrant du Hainaut autrichien dans le Hainaut françois: ceux qui font extraits des mines de ce dernier, paient auffi un modique droit.

On entend encore, fous le nom de domaine du

Hainaut, plusieurs droits locaux perceptibles à l'entrée de quelques villes, sur certaines denrées & marchandises, & une imposition appellée *vingtième, feux & cheminées*, qui est d'un médiocre produit.

Les droits de vingtième, feux & cheminées, forment un objet de soixante-sept mille trois cents trente livres en principal.

Le *vingtième* représente dans la proportion annoncée par son nom, une partie du revenu annuel des terres. Son établissement remonte à l'année 1587; mais ce n'étoit alors qu'une imposition momentanée: elle n'est devenue fixe & permanente qu'en 1604, sous le gouvernement de l'archiduc Albert.

On dressa dans toutes les villes, paroisses & communautés du Hainaut, des cahiers ou cadastres qui contenoient l'énumération de tous les biens-fonds, sur lesquels on imposa le vingtième relativement à leur produit. Ce vingtième n'a jamais augmenté, quoique la valeur des fonds se soit considérablement accrue; on s'est seulement contenté, à mesure que les besoins se multiplioient, de le doubler, tripler & même quadrupler.

Quant à l'impôt des *feux & cheminées*, c'est une sorte de capitation mise sur chaque chef de famille, par les Etats du pays, pour fournir des subsides au souverain. Elle se perçoit encore sur le même pied qu'elle avoit lieu lors de sa conquête; elle est fixe & permanente sur chaque paroisse, sans que le nombre des cheminées, qui varie incontestablement, soit pris en considération.

Il n'y a que le gouvernement de Condé qui s'est conservé l'usage de ne payer ce droit qu'à proportion du nombre des feux & cheminées que l'on vérifie chaque année.

Ce sont les mayeurs & gens de loi qui procèdent à la répartition des sommes imposées sur chaque paroisse. Ils dressent un rôle chaque année des contribuables, & il est rendu exécutoire par l'intendant. Dans tous les cas, si quelqu'un d'eux se plaint d'être trop taxé, c'est le magistrat qui en connoît, & fait droit aux parties.

Tous ces droits sont sujets aux dix sols pour livre, & sont perçus, les uns, par la ferme générale, comme les droits sur les sels, sur les charbons de terre; le droit appellé pas de pénas, & le droit appellé de vidangle. Les autres, par la régie générale, comme droits appellés des quatre membres dans la Flandre maritime; ceux qui sont perceptibles sur les boissons. Le privilège du commerce des eaux-de-vie est aussi exercé par la régie générale.

L'administration des *domaines* n'est chargée, dans le Hainaut, que de la perception des droits de vingtième, feux & cheminées.

Les titres législatifs de ces droits consistent principalement dans les anciennes criées de Mons, c'est-à-dire, dans le recueil de quelques conditions sous lesquelles les Etats du pays affermoient leurs droits avant la conquête. *Voyez* l'article 495 du bail de Forceville, & les lettres-patentes rapportées ci-devant au mot BAIL, art. V; les *Mémoires* sur les impositions en France, par M. de Beaumont, tom. 2, pag. 330.

DOMAINE D'OCCIDENT. (Droits du.) Ceux qui sont connus sous cette dénomination, se percevoient originairement à la sortie des isles de l'Amérique, à titre de droits seigneuriaux. Ils appartenoient alors à la compagnie d'Occident, à laquelle avoient été concédées les isles de l'Amérique, avec le privilège exclusif d'en faire le commerce. Lorsque cette compagnie eut fait la rétrocession de ces isles au roi, il fut réglé que les droits du *domaine* d'Occident se percevroient en France, pour la facilité du commerce, à raison de trois pour cent, en nature, ou en valeur. Ces droits formèrent une ferme particulière jusqu'en 1732, qu'ils furent réunis au bail de la ferme générale.

On distingue plusieurs droits dans la ferme du *domaine* d'Occident proprement dit, consignés dans le bail de Forceville, aux articles 541, jusques & compris l'art. 550.

1°. Le droit de trois pour cent, dont nous venons de parler, droit seigneurial fixé à cinq pour cent avant 1671, & réduit à trois, par arrêt du conseil du 4 juin de la même année.

Suivant l'article 25 des lettres-patentes du mois d'avril 1717, concernant le commerce des isles, & l'arrêt du conseil du 26 mars 1722, le fermier a la faculté de percevoir ce droit en nature de marchandises, ou suivant leur valeur; mais pour éviter l'arbitraire sur cette valeur, elle est constatée par un état arrêté tous les six mois entre les députés du commerce & les fermiers-généraux, d'après le prix commun des denrées dans les principaux ports du royaume, & approuvé par le ministre des finances.

2°. Le droit de trente-trois sols quatre deniers, & quarante sols par quintal, sur les sucres bruts, terrés & raffinés, venans des isles, & compris dans les droits de consommation, fixés par l'art. 19 des lettres-patentes de 1717.

3°. Le droit de quatre livres sur les sucres raffinés à Marseille.

4°. Le droit de dix livres quinze sols sur les sucres raffinés en Bretagne, qui ne peuvent entrer dans le royaume que par Ingrande.

5°. Le droit de cinq sols par quintal dû à Rouen, sur les sucres & les cires. On a dit au mot *cinquante sols*, (droit de) les raisons qui l'ont fait comprendre dans la ferme du *domaine* d'Occident.

Au droit du *domaine* d'Occident de trois pour cent, a été ajouté celui de demi pour cent, dont le produit est affecté aux dépenses générales du commerce, & c'est le ministre des finances qui en dispose.

Le produit annuel du droit du *domaine* d'Occident, tant dans les isles qu'en France, a été, pendant les années 1778, 1779 & 1780, compris les huit fols pour livre, de quatre millions trois cents & quelques mille livres.

Quelques négocians ayant prétendu, en différens tems, que le droit de trois & demi pour cent, n'étoit dû que fur les marchandifes véritablement originaires des colonies Françoifes de l'Amérique, & non fur les denrées étrangères, qui ne faifoient qu'y emprunter le paffage ou l'entrepôt; le confeil décida, le 27 décembre 1751, que ce droit étoit dû fur des bois de campêche, & le 15 avril 1776, qu'il devoit également fe percevoir fur des peaux de caftor.

Ce droit eft fujet aux dix fols pour livre, comme tous les droits des fermes, depuis l'édit du mois d'août 1781.

La loi générale qui affujettit au droit du *domaine* d'Occident toutes les marchandifes & denrées qui font importées en France, ne comporte qu'une feule exception en faveur de cotons en laine deftinés pour la confommation du royaume. Dans ce cas, ils n'acquittent que le foible droit de demi pour cent de leur valeur. Mais fi au lieu de refter dans le royaume, ils font exportés à l'étranger, ils doivent, outre les droits de fortie ordinaires, celui du *domaine* d'Occident, de trois pour cent, conformément à l'article 4 de l'arrêt du confeil du 22 décembre 1750.

Voyez ISLES FRANÇOISES DE L'AMÉRIQUE.

DOMANIALE. C'eft le nom d'un droit créé par ordonnance de François Ier, du 20 décembre 1559, qui permettoit la traite des bleds & des vins hors du royaume, félon l'abondance qui s'en trouveroit dans les provinces, & fans incommoder le peuple; auffi on y joint le mot de *traite*, & on l'appelle *traite. domaniale.*

En conféquence, il fut établi à Paris un bureau compofé de huit commiffaires, pour délivrer les permiffions de faire cette traite, & d'un tréforier, pour recevoir les droits fous lefquels on l'accordoit, & qui étoient fixés en raifon des quantités qui en étoient l'objet.

On faifoit alors un état de la récolte dans tout le royaume, & on régloit enfuite ce qui pouvoit être exporté de cette province. L'état qui étoit dreffé de cette furabondance préfumée, fervoit de règle aux commiffaires pour délivrer des permiffions.

Charles IX fit au mois de juin 1571, un nouveau règlement fur le tranfport des grains & des vins, & déclara que la faculté de permettre ce tranfport étoit un droit royal & domanial.

Henri III, en 1577, adopta cette maxime, & étendit le droit de *domaniale*, ou *traite domaniale*, aux toiles, aux paftels, aux légumes, aux laines brutes & manufacturées, portées des provinces du royaume dans le pays étranger & dans les provinces où les aides n'avoient pas cours.

Cette prérogative royale, dit l'auteur des *Recherches & confidérations fur les finances*, fut le prétexte continuel des impofitions établies fous ce règne. Chaque befoin faifoit découvrir une nouvelle branche du domaine, & l'on parvint à perdre le véritable, c'eft-à-dire, l'induftrie, l'aifance & l'amour des fujets.

On voit dans le préambule du tarif de 1664, que les droits de *domaniale* avoient lieu dans toutes les provinces du royaume, & qu'une déclaration du roi donnée en 1582, les avoient modérés à moitié, en faveur des provinces non fujettes aux aides.

Dans la même année, des lettres-patentes du mois d'octobre fupprimèrent ce droit dans la généralité de Bordeaux, au moyen d'une fomme de vingt mille écus, que les habitans payèrent pour s'en racheter.

Les droits de *traite domaniale*, de même que tous ceux qui exiftoient en 1657, furent affujettis au parifis ou quart de leur quotité, formé de deux fols pour livre créés en 1643, & de 3 autres fols pour livre établis par l'édit du mois de mars 1654.

Tous ces droits ont été réunis au tarif de 1664, pour compofer les droits de fortie des cinq groffes fermes; mais ils font diftincts de ces droits, ainfi qu'on le voit au tarif de fortie, articles: grains, légumes, paftel, toiles, vins & voide, ou guelde, qui eft une efpèce de paftel. Mais comme plufieurs de ces denrées ont été affujetties poftérieurement à des droits uniformes, ils n'en acquittent aucun autre actuellement.

Les droits de *domaniale* fe perçoivent dans les provinces méridionales, conjointement avec la foraine, où elle a lieu, c'eft-à-dire, en Languedoc & en Provence. Mais, fuivant l'article 12 de l'arrêt du 3 octobre 1702, les marchandifes énoncées dans l'arrêt du 2 avril précédent, fortant des foires de Lyon & de Baucaire, pour paffer hors du royaume, font exemptes de la moitié de ces droits. Dans les autres pays frontières de l'étranger, comme le Béarn, la Chaloffe, le pays de Labour, ils doivent s'y percevoir auffi, mais les objets qui en font fufceptibles s'exportent peu par ces provinces. On a vu que la Guyenne en étoit exempte. En Bretagne, où elle a été aliénée, elle formoit une ferme particulière dépendante des domaines, mais depuis 1779 elle a été diftraite de cette partie, pour entrer dans le bail de la ferme générale. *Voyez* l'article 5 des lettres-patentes rapportées fous le mot BAIL.

A l'égard des cinq groffes fermes, le préambule du tarif de fortie, après avoir dénommé toutes les provinces où ce tarif doit avoir fon exécution, & parlé du privilège alors accordé aux Ecoffois, dit qu'il fera fans effet à l'égard des droits de la *domaniale*, lefquels feront levés en entier fur toutes les denrées & marchandifes qui feront tranfportées hors lefdites provinces, en quelque tems que ce foit, même pendant le tems des deux foires de la Chandeleur & de la Pentecôte, qui se tiennent à Rouen, nonobstant tous privilèges & exemptions.

Le produit de la *domaniale*, dans tout le royaume, monte au plus à trente-cinq ou quarante mille livres.

DOMBES; petit pays situé entre le Lyonnois, le Mâconnois, la Bresse & le Beaujolois, dont il est séparé par la Saône, & dont on évalue l'étendue à vingt-deux ou vingt-trois lieues quarrées. On croit que ce pays a fait autrefois partie du royaume de Bourgogne, & qu'il en fut démembré sur la fin du dixième siècle, ou dans le commencement du onzième. Depuis cette époque, la *Dombes* a été possédée à titre de souveraineté, jusqu'en 1762, que le Comte d'Eu, qui en avoit hérité de son frere en 1755, l'échangea le 28 mars, contre le duché de Gisors, avec le roi, qui l'a réunie à la couronne.

La condition de ce pays, malgré sa réunion, continua d'être étrangere au reste du royaume. La justice y étoit administrée par un parlement établi à Trévoux, qui est la capitale de la *Dombes*, & cette ville étoit également la résidence d'un intendant chargé de la répartition des impositions & de l'administration supérieure de tout ce qui avoit rapport aux finances de cette principauté. Mais l'édit du mois d'octobre 1771 ayant supprimé le parlement de *Dombes*, la connoissance des matieres de comptabilité, revenus & impositions, fut attribuée à la chambre des comptes de Paris, & il paroît par les lettres-patentes du mois de mars 1779, que le produit de la ferme générale des droits, impositions & revenus de la *Dombes*, avoient monté, pour chaque année antérieure, à environ deux cents cinquante ou soixante mille livres, qui étoient versées dans la caisse d'un receveur-général uniquement attaché à cette principauté.

Par une suite des vues d'ordre & d'arrangement que le ministre des finances fit adopter au roi cette même année, l'arrêt du conseil du 19 septembre supprima le receveur-général, & ordonna que les receveurs particuliers verseroient entre les mains du receveur-général de la généralité de Lyon, le montant des impositions de cette principauté.

L'article 3 du même arrêt, annonçoit aussi que les droits établis ou à établir dans ce pays, pour le compte de sa majesté, & qui étoient semblables ou analogues à ceux dont la perception est confiée aux régies générales, seroient, à compter du 1er janvier suivant, perçus par ces mêmes régies.

Ces dispositions eurent leur effet peu de tems après. La principauté de *Dombes* fut réunie à la généralité de Lyon, pour être assujettie aux aides & à toutes les impositions qui ont lieu dans le Lyonnois.

Cette condition fut d'une courte durée ; car, comme nous l'avons dit au mot AIDES & à l'article BOURGOGNE, un édit du mois de septembre 1781 ordonna la réunion de la principauté de *Dombes* au pays de Bresse, & un arrêt du conseil du premier de ce même mois, régla les impositions qui devoient avoir lieu dans cette principauté, en conséquence de cette réunion.

Cet arrêt constituant l'état actuel de la *Dombes*, ainsi que les impositions & les droits de toute espèce qui s'y lèvent, il est intéressant de le rapporter en entier ; mais il convient de le faire précéder d'une observation.

Cet arrêt du conseil, sous la date du premier septembre 1781, rappelle comme une chose passée, l'édit du même mois, qui a ordonné l'incorporation de la *Dombes* au pays de Bresse ; & en effet cet édit est daté du mois de septembre. Mais il est difficile de concevoir qu'une loi du premier de septembre, en rappelle une autre du même mois, à moins de supposer que les deux ont été promulguées le même jour ; alors il sembleroit plus naturel de dire, par son édit de ce jour.

Quoi qu'il en soit, voici cet arrêt.

« Le roi ayant, par son édit de ce mois, or-
» donné qu'à commencer du premier de janvier
» prochain, la principauté de *Dombes* sera &
» demeurera unie & incorporée au pays de Bresse,
» pour être régie & administrée ainsi & de la
» même maniere que les villes, mandemens &
» communautés d'habitans dudit pays de Bresse,
» & faire partie du gouvernement & de la gé-
» néralité de Bourgogne. Et sa majesté voulant
» fixer plus particuliérement les perceptions qui
» vont remplacer les impositions supprimées en
» *Dombes* : ouï le rapport du sieur Joly de
» Fleury, conseiller d'Etat ordinaire, & au con-
» seil royal des finances ; le roi étant en son
» conseil, a ordonné & ordonne ce qui suit.

ARTICLE PREMIER.

» Le roi confirme en tant que besoin, les villes
» de *Dombes* & leurs officiers municipaux, dans
» tous les droits & privilèges dont ils ont joui
» jusqu'à présent, se réservant de rétablir des
» officiers municipaux en *Dombes* comme en Bresse,
» & d'accorder à ses villes de *Dombes*, lors-
» qu'elles le demanderont, les mêmes droits &
» octrois dont jouissent ses villes de Bresse, &
» sous les mêmes conditions, pour être, le cas
» arrivant, lesdits octrois perçus ou régis, &
» les deniers en provenant employés en la même
» forme & maniere, & sous la même compta-
» bilité qu'ils le font en Bresse.

ART. II.

» L'exercice & la perception des droits d'ai-
» des cesseront d'avoir lieu, & lesdits droits de-

» meureront éteints & fupprimés dans toute l'é-
» tendue de la principauté de *Dombes*, & ce à
» compter du premier janvier prochain.

ART. III.

» Déclare fa majefté commune avec ladite prin-
» cipauté de *Dombes*, fa réponfe du 13 octobre
» 1779, au cahier des Etats de Breffe, portant
» prorogation jufqu'au 31 décembre 1784, de
» la permiffion des échanges de dix arpens & au-
» deffous, conformément à fa déclaration du 2
» décembre 1776, & aux charges & conditions y
» exprimées. *Voyez* BOURGOGNE, page 135.

ART. IV.

» Les actes paffés pardevant notaires dans la
» principauté de *Dombes*, par des habitans ou
» domiciliés dudit pays, jufqu'au premier janvier
» prochain, que les parties contractantes ou leurs
» ayant caufe defireront de rendre hypothécaires
» dans l'étendue du royaume, feront préfentés à
» cet effet aux bureaux de contrôle avant ledit
» jour, & contrôlés moyennant dix fols par acte,
» fans être affujettis à autre droit; & paffé ledit
» délai, les actes antérieurs au premier janvier
» qui feront préfentés, demeureront fujets, comme
» ceux qui auront été paffés depuis ladite épo-
» que, aux droits de contrôle ordinaires, tels
» qu'ils font établis & perçus dans ledit pays de
» Breffe.

ART. V.

» La vaiffelle, les bijoux & les effets d'or &
» d'argent, qui ont été ci-devant ou auront été
» fabriqués par des orfévres, ayant ferment en
» *Dombes*, & marqués de leur poinçon particulier
» ou du poinçon commun, & qui appartiennent
» ou appartiendront à des particuliers, habitans
» de ladite principauté, jufqu'à l'époque du pre-
» mier janvier prochain, pourront jufqu'audit
» jour être préfentés par lefdits particuliers, aux
» prépofés & commis à la marque & contrôle def-
» dits vaiffelles, bijoux & effets, pour être mar-
» qués & contrôlés moyennant deux fols par
» pièce, quelqu'en foit le poids, & en exemp-
» tion du furplus des droits ayant lieu dans la
» Breffe & dans le refte du royaume; paffé ledit
» délai, ils ne feront plus contrôlés & marqués
» qu'en payant les droits ordinaires, tels qu'ils
» font établis en Breffe.

ART. VI.

» A commencer audit jour premier janvier 1782,
» le fel fera vendu & débité dans les greniers de
» la principauté de *Dombes*, aux mêmes prix,
» tant en principal qu'additionnel, que dans les
» greniers dudit pays de Breffe. Veut fa majefté

» que les crues fur le prix du fel de Breffe, ac-
» cordées aux Etats dudit pays, aient également
» lieu fur le prix du fel de *Dombes*, pour en
» être le produit verfé dans les mêmes caiffes,
» aux mêmes termes, fuivant la même forme, &
» être employé avec celui des crues du fel de
» Breffe, de la même maniere & aux mêmes ufa-
» ges, concernant la Breffe & la *Dombes* réu-
» nies; le roi ordonnant que les fols pour li-
» vre, qui fe perçoivent à fon profit en Breffe,
» fur lefdites crues, demeurent pareillement ré-
» fervés à fa majefté fur celles qui fe percevront
» en *Dombes*.

ART. VII.

» La taille & les acceffoires, les vingtiemes
» & la capitation, feront répartis & levés en
» *Dombes* comme en Breffe; & dans les deux
» provinces réunies, les fermiers des nobles comme
» des roturiers feront taxés à la taille, dans la
» même proportion avec le prix de leurs baux,
» qu'ils le font aujourd'hui.

ART. VIII.

» Le produit des droits maintenus ou établis
» par l'édit de ce mois fur la principauté de
» *Dombes*, fera partie des différentes régies &
» adminiftration, au profit defquelles fe levent
» pareils droits en Breffe; le fixieme en fus des
» impofitions qui ont lieu au profit du roi, fera
» porté avec lefdites impofitions au tréfor royal,
» en la maniere accoutumée; le fixieme des im-
» pofitions levées pour dépenfes locales & char-
» ges négociales, fera verfé dans les caiffes def-
» dites impofitions, pour fervir à payer les dé-
» penfes communes & d'utilité publique, qui au-
» ront été délibérées pour l'un ou l'autre pays.

ART. IX.

» Le clergé, la nobleffe & le tiers-état de la-
» dite principauté de *Dombes*, feront inceffam-
» ment affemblés par le fieur de Garnerans, in-
» tendant & commiffaire départi pour l'exécu-
» tion des ordres de fa majefté en ladite prin-
» cipauté, aux jours & lieux qui feront par lui
» indiqués, à l'effet de nommer en fa préfence,
» par chacun defdits ordres, un fyndic, pour,
» avec les fyndics des trois ordres de Breffe, va-
» quer en la maniere accoutumée en la ville de
» Bourg, aux répartitions & affaires communes
» defdits pays. Veut de plus fa majefté que lors
» de la premiere triennalité il foit nommé trois
» fyndics de *Dombes*, ainfi qu'il eft porté par
» l'article III de fon édit de ce mois. Fait au
» confeil d'Etat du roi, fa majefté y étant, tenu
» à Verfailles, le premier feptembre mil fept
» cent quatre-vingt-un. »

Un

Un autre arrêt du 15 décembre de la même année, apporta des modifications à l'article 2 de celui du premier septembre, en ordonnant qu'elle feroit suspendue jusqu'au premier avril 1782, & qu'en conféquence, les commis & prépofés des droits continueroient d'y faire leurs vifites, & exercer leurs fonctions, jufqu'à cette date.

Dès-lors, la principauté de *Dombes* a commencé à faire corps avec les Etats du pays de Breffe, & à participer aux avantages qui peuvent fe trouver à l'adminiftration des pays d'Etats.

Voyez ce qui en a été dit aux mots BRESSE & BOURGOGNE, dont la *Dombes* eft actuellement cenfée faire partie.

DON DU ROI. C'eft une libéralité, une conceffion faite par un brevet ou par lettres-patentes, foit d'une terre dépendante du domaine, foit de quelques droits cafuels, tels que ceux d'aubaine, de bâtardife, de déshérence, de confifcation, &c.

L'édit du mois de février 1704, & la déclaration du 6 mars 1716, ordonnent que tous brevets ou lettres de *don du roi* feront enregiftrées, non-feulement aux bureaux des finances; mais encore à la chambre des comptes à peine de nullité, & de reftitution des fommes perçues en conféquence. Les lettres ou brevets concernant des portions de domaine, doivent être auffi enregiftrées au contrôle général des finances, fous la même peine de nullité.

Les *dons* ou conceffions de terres, feigneuries, & droits dépendans du domaine, pour en jouir fans finance par les donataires, & fans claufe de retour à la couronne, font nuls, quand même les lettres porteroient que le *don* ou la conceffion ont eu lieu, pour récompenfe de fervices rendus à l'Etat; mais les *dons* de cette nature peuvent avoir leur effet pendant la vie du roi donateur; fans qu'après fa mort le donataire ou fes héritiers foient tenus à la reftitution des fruits perçus avant la demande en réunion au domaine, parce qu'ils ont joui de bonne foi en vertu d'un titre.

Les *dons* du domaine, quelque anciens qu'ils foient, ont toujours befoin de confirmation de règne en règne, d'après les maximes de l'inaliénabilité; & ces confirmations ne font pas des actes qui rendent le *don* perpétuel, & qui privent le roi ou fes fucceffeurs de rentrer dans la chofe aliénée; ce font feulement des marques de la bonté & de la munificence du fouverain, qui veut bien fufpendre & éloigner l'exercice d'un droit qui ne peut jamais fe perdre.

Le domaine de la couronne eft inaliénable, dit M. Freteau, infpecteur du domaine, dont nous empruntons ici les raifonnemens, même à titre de *don* rémunératoire; parce que les finances de l'Etat fourniffent au roi de quoi fatisfaire aux

libéralités qu'il juge à propos d'exercer envers ceux qui ont bien mérité de lui ou de l'Etat. Il ne doit point employer à cet ufage des fonds du domaine, deftinés pour toujours au foutien de la nation & de la puiffance fouveraine.

Cependant, comme l'intérêt de l'Etat, qui eft la caufe de l'inaliénabilité du domaine, peut exiger dans certaines occafions, que pour animer d'autant plus les fujets à le bien fervir, on leur accorde la jouiffance de quelque portion du domaine public, on laiffe fubfifter ces *dons* par le motif qui les à fait accorder.

Lorfque les héritiers de celui qui a mérité le bienfait font encore en poffeffion de la chofe donnée, le nom qu'ils portent, le fang qu'ils ont reçu, font revivre en leur perfonne, & retracent dans les efprits la mémoire des fervices récompenfés: toutes ces circonftances font juger que l'intention du fouverain eft de perpétuer en eux la grace accordée à leur auteur: on les laiffe jouir paifiblement. Mais quand une longue révolution d'années a fait paffer dans des mains étrangères ou obfcures ces portions précieufes du domaine, après l'extinction de la famille du donataire; alors le motif de la grace primitive eft anéanti; l'effet ne peut plus fe foutenir, & la portion du domaine aliéné à titre de *don*, doit être réunie à la maffe dont elle avoit été détachée.

Ce principe eft confacré par l'arrêt du confeil, du 14 février 1682, qui a déclaré la terre de Montbar domaniale, & l'a réunie au domaine, avec reftitution de fruits, depuis le 6 octobre 1673, jour de la faifie faite à la requête du fermier général, quoique cette terre eût été originairement donnée, en 1478, à Philippe de Hohsberg, marquis de Rothelin, pour récompenfe de fervices; mais dont la famille étoit éteinte.

La déclaration de François Ier., du 30 mai 1539, veut qu'après le décès de ceux qui poffèdent des terres du domaine de la couronne, en vertu de *dons* qui leur en ont été faits, elles foient réunies au domaine, fans que les enfans des donataires puiffent y fuccéder.

Par l'édit du mois d'avril 1645, Louis XIV a révoqué tous les *dons*, ceffions & tranfports qui n'avoient pas été vérifiés au parlement de Paris, quand même ils n'auroient eu pour objet que des places ou des lieux inutiles, & qu'on y auroit bâti des maifons, des boutiques, ou d'autres édifices, en rembourfant néanmoins les frais & les améliorations. *Voyez* au furplus le mot DOMAINE.

DON GRATUIT. Ces mots, fuivant leur acception ordinaire, ne devroient fignifier que ce qui eft donné volontairement, fans contrainte, par pure libéralité, & fans aucune vue d'intérêt ni de profit. Mais on s'en eft fervi pour exprimer des fubventions ou aides, qui font payées au roi par quelques pays d'Etats, par le clergé, & pour défigner particuliérement une impofition momen-

K kkk

ranée, qui devoit durer fix années, & qui fub-fifte encore fous le nom de *droits réfervés*.

Les *dons gratuits* accordés au roi par les pays d'Etats, paroiffent venir, à ce que prétendent plu-fieurs hiftoriens, des *dons* & euloges, que la no-bleffe & le peuple faifoient tous les ans au roi, fous les deux premieres races. On les divife en *dons gratuits* ordinaires, qui confiftent en une fomme fixe par an, & en *dons extraordinaires*, dont l'intendant fait la demande aux Etats, & qui font réglés à une certaine fomme pour trois an-nées, fans préjudice des fubfides que la Province paie en tems de guerre, & dans les autres befoins preffans de l'Etat. C'eft ainfi qu'il en eft ufé dans la Bourgogne.

On a vu au mot *clergé*, en quel tems & dans quelle forme ce corps eft dans l'ufage d'offrir des *dons gratuits*, & qu'ils ont pour objet le rachat de différentes impofitions; telles que la capita-tion, le vingtieme, &c. Ainfi, en 1756, il paya une fomme de quinze millions, pour le rachat du vingtieme de cinq années, qui devoient finir en 1760; en 1759, une autre fomme de feize mil-lions, pour le vingtieme des cinq années fubfé-quentes, à commencer en 1761, & qui s'eft re-nouvellée ainfi tous les cinq ans.

Voyez CLERGÉ.

Il ne s'agit plus que de faire connoître ce que c'eft que le *don gratuit*, dégénéré en droits ré-fervés & perpétuels.

Son origine remonte à 1758; & l'édit du mois d'août en préfente ainfi les motifs.

« Louis, par la grace de Dieu, roi de France, » &c. falut. Pendant les guerres que le feu roi, » notre très-honoré feigneur & bifaïeul a eu à » foutenir, il a trouvé des reffources affurées » pour fubvenir aux dépenfes qu'elles occafion-» noient, dans les *dons gratuits* qui lui ont été » accordés par les villes & bourgs de notre » royaume. Nous ne pouvons douter que le zèle » & l'amour de nos fujets ne les portent à nous » donner un égal fecours, pour remplacer pen-» dant quelques années, une partie des aliéna-» tions que nous avons été obligés de faire de nos » revenus ordinaires, dans les circonftances pré-» fentes. Nous avons lieu d'attendre des habitans » des villes & bourgs de notre royaume le même » témoignage de fidélité & d'affection; & nous » pouvons y compter avec d'autant plus de con-» fiance, qu'en prenant les armes, nous avons eu » uniquement en vue le maintien des traités, la » fûreté du commerce, la confervation de nos pof-» feffions, & le bonheur de nos peuples. A ces » caufes, &c. nous avons ftatué & ordonné, di-» fons, ftatuons & ordonnons, voulons & nous » plaît ce qui fuit.

ARTICLE PREMIER.

« Que pendant le tems de fix années confécu-

» tives, à compter du premier janvier prochain, » il nous foit annuellement payé, à titre de *don* » *gratuit* extraordinaire, par les villes, faux-» bourgs & feigneuries de notre royaume, pays, » terres & feigneuries de notre obéiffance, les » fommes pour lefquelles lefdites villes & bourgs » font employés dans l'état arrêté en notre con-» feil, demeuré joint & annexé à notre préfent » édit.

Le fecond article enjoint aux maires, éche-vins, jurats, capitouls, confuls, fyndics & an-ciens habitans, de s'affembler pour délibérer en corps, fur quelles denrées & marchandifes de leur confommation, ils auront à propofer d'é-tablir les droits néceffaires pour fournir au *don gratuit*.

Le troifieme porte, que ces droits feront payés par toute forte de perfonnes, de quelque état, qualité & condition qu'elles foient, exemptes & non exemptes, privilégiées & non privilégiées, même par les eccléfiaftiques, les nobles & les communautés religieufes, féculieres & régulieres, à l'exception feulement des hôpitaux & hôtels-dieu, pour leur confommation particuliere. Cet article eft terminé par la claufe, qu'à l'expira-tion de fix années, cet octroi ceffera d'être levé & perçu, pour ne pouvoir à l'avenir être conti-nué après ledit tems, pour quelque caufe & fous quelque prétexte que ce puiffe être.

Des lettres-patentes du 3 décembre fuivant déchargerent le clergé de France, de l'affuje-tiffement qui lui avoit été impofé à l'égard du *don gratuit*, ou des droits qui devoient y fatif-faire; mais feulement pour les denrées du crû des bénéfices, & pour la confommation des eccléfiaf-tiques ou des communautés.

Une déclaration du roi, du 3 janvier 1759, régla d'une maniere définitive la quotité des droits, & détermina les lieux où elle feroit payée, par un tarif joint à cette loi; ces droits furent im-pofés fur les boiffons à leur arrivée, fur le foin, le bois, tant à bâtir qu'à brûler, & fur le bé-tail. L'article V ordonna que leur perception fe-roit faite en la même forme & maniere que celle des infpecteurs aux boucheries & aux boiffons, & qu'elle cefferoit après fix années, à compter du premier février, fans pouvoir être continuée, pour quelque caufe & prétexte que ce pût être.

Comme dans plufieurs villes & bourgs on per-cevoit les droits du *don gratuit*, fur toutes les boiffons qui y entroient, fans égard pour une deftination ul-térieure; l'arrêt du confeil, du 16 feptembre 1759, vint ramener cette perception à fon prin-cipe originaire. Il fut ordonné, 1°. que ces droits feroient feulement perçus fur les boiffons, entran-tes ou façonnées dans les villes & bourgs, pour être confommées dans le lieu même, fans que la perception en pût être étendue à ce qui en for-tiroit & feroit vendu pour le dehors, & fans qu'elle pût avoir lieu fur les boiffons deftinées au commerce des marchands, dont ils tiennent magafins, fi ce n'eft cependant fur les parties defdites boiffons qui feroient par eux vendues, pour être confommées dans les villes & bourgs, lefquelles ventes feroient conftatées comme elles l'avoient été jufques-là, par les regiftres d'exercices faits dans lefdits magafins par les commis des aides.

2°. Que lefdits droits feroient rendus aux marchands par les officiers municipaux, fur ce qui feroit juftifié par lefdits regiftres d'exercice, avoir été vendu par les marchands au-dehors des villes & bourgs.

Cette impofition devoit ceffer au premier février 1764, l'édit du mois d'avril 1763 en ordonna la continuation jufqu'au premier janvier 1770 ; & elle fut confirmée par le feptieme article de la déclaration du 21 novembre de la même année, portant que les droits établis pour le paiement des *dons gratuits*, feroient levés pendant cinq années confécutives, au-delà de l'époque où ils avoient dû finir dans chaque ville.

Les officiers municipaux & fyndics de plufieurs villes & bourgs, qui avoient acquitté les fix premieres années du *don gratuit*, conformément à l'édit du mois d'août 1758, & à la déclaration du 3 janvier 1759, s'imaginerent qu'ils pouvoient ceffer la perception des droits deftinés à l'acquittement de cette impofition, & qu'elle ne devoit recommencer qu'au tems où le premier *don gratuit* avoit dû finir.

Cette interprétation affez naturelle donna lieu à l'arrêt du confeil du 24 février 1764.

Il ordonne que dans les villes & bourgs, dont l'impofition des fix années du premier *don gratuit* fe trouve acquittée, & dans lefquels la perception des droits qui y ont été établis eft ceffée, cette perception fera continuée fans interruption, pendant les cinq années portées par la déclaration du 21 novembre précédent, quoique les fix années du premier *don gratuit* ne foient pas expirées ; & il eft enjoint aux officiers municipaux & fyndics des villes & bourgs, de pourvoir dans huitaine à la perception defdits droits, & aux directeurs des aides & entrées, d'en faire le recouvrement chacun dans leur département.

Des lettres-patentes, du 22 juin de la même année 1764, rappellerent les difpofitions de l'article 8 de la déclaration du 21 novembre précédent pour les confirmer, & pour ordonner que les droits dont il s'agit, feroient modérés pour la troifieme année du nouveau *don gratuit* d'un fixieme, pour la quatrieme année d'un tiers, & pour la cinquieme de la moitié ; avec la claufe que cette impofition cefferoit, auffi-tôt que fa perception auroit produit fuffifamment pour acquitter le total de la contribution.

Dans le même tems, le prévôt des marchands & les échevins de la ville de Paris furent chargés, par arrêt du 31 décembre, de faire pour

& au nom de la ville, le recouvrement du nouveau *don gratuit*, fixé à un million pour chacune des deux premieres années, à quatre cents feize mille fix cents foixante-fix livres treize fols fix deniers pour la troifieme, trois cents trente-trois mille trois cents trente-trois livres huit fols fix deniers pour la quatrieme, & deux cents cinquante mille pour la cinquieme & derniere. Mais il fut ordonné que les droits établis pour raifon du premier *don gratuit*, par la déclaration du 10 décembre 1758, continueroient d'être perçus en entier pendant les cinq années, pour être le furplus du produit employé, fans aucune diftraction, aux dépenfes de la bâtiffe & conftruction de la nouvelle falle de l'opéra.

L'année fuivante, les arrêts & lettres-patentes du 26 mars ordonnèrent que, dans un mois après leur publication pour tout délai, les officiers municipaux & fyndics dont les communautés fe trouvoient en retard, feroient tenus de payer les fommes portées par l'état de fixation annexé à la déclaration du 3 janvier 1759, à peine d'être déchus de la facilité qui leur avoit été accordée de faire faire la perception des droits ; qu'en conféquence, il feroit dreffé par les directeurs des aides & entrées, chacun dans leur département, des états des boiffons & beftiaux entrés dans lefdites villes & bourgs, pour leur confommation, depuis le premier octobre 1763, ainfi que du montant des droits établis fur les boiffons & beftiaux, par le tarif du 3 janvier 1759, à fin de décerner des contraintes contre ceux des habitans qui n'auroient pas acquitté ces droits.

La chambre des comptes rendit la même année, le 20 août, un arrêt, pour ordonner que les receveurs des octrois feroient tenus de juftifier dans leurs comptes non préfentés, des fix années échues depuis 1757, jufques & compris 1764, par chapitres diftincts & féparés, tant en recette que dépenfe du produit des nouveaux octrois fervans à acquitter le *don gratuit*.

Les chofes fubfiftèrent fur ce pied pendant quatre années. Mais en 1768, l'édit du mois d'avril prorogea la perception des droits dont il s'agit, jufqu'au 31 décembre 1774 ; & en même tems des lettres-patentes du 15 mai, commirent un régiffeur pour la faire au profit du roi, fous le nom de droits réfervés, dans toutes les provinces où les aides furent abonnées. Les aides furent abonnées. La Bretagne & la Lorraine furent rachetées de ces droits par une augmentation fur d'autres impofitions. Dans la ville de Paris, les droits furent ajoutés à ceux d'entrée fur les boiffons, fur le bois à brûler, & plufieurs efpèces de marchandifes. Le 19 mars 1770, un arrêt du confeil, revêtu de lettres-patentes, déchargea du paiement de ces droits plufieurs lieux qui y avoient été affujettis dans les généralités de Paris, d'Amiens, d'Orléans, de Bourges, de Moulins, de Lyon, de la Rochelle, de Poitiers, de

Châlons, &c. L'édit du mois de novembre 1771, proroge leur perception jufqu'au 31 décembre 1780. Un arrêt du confeil, du 20 janvier 1774, portant règlement à cet égard, ordonna que tous particuliers domiciliés dans les lieux fujets aux droits réfervés, de quelque état, qualité & condition qu'ils fuffent, qui feroient arriver des denrées fujettes, feroient tenus d'en faire déclaration à l'arrivée, & d'en payer les droits au bureau principal, lorfqu'il n'y auroit pas de bureaux établis aux portes, ainfi qu'il en eft ufé à l'égard des droits d'infpecteurs aux boucheries & aux boiffons.

Comme la connoiffance des conteftations relatives à ces droits d'infpecteurs, appartenoit aux intendans, il s'agiffoit de régler fi ces magiftrats connoîtroient auffi des difficultés élevées pour raifon des droits réfervés. C'eft ce qui fut décidé par les lettres-patentes du 9 mars 1777; elles accordent cette connoiffance en première inftance aux élections, & par appel, à la cour des aides. Ces lettres-patentes furent fuivies d'une nouvelle déclaration du 22 août, réglant dans le plus grand détail, non-feulement la quotité & les formes de la perception des droits réfervés dont il s'agit, mais auffi les obligations des redevables. On a vu que ces droits avoient été prorogés en 1768, jufqu'au 31 décembre 1774; & en 1771, jufqu'au même jour de l'année 1780. L'édit de février 1780 en a de nouveau ordonné la continuation jufqu'au 31 décembre 1790.

Ils avoient été également affujettis aux huit fols pour livre, par l'édit de novembre 1771, modérés enfuite à deux fols pour livre feulement, par l'arrêt du confeil du 15 décembre de fa même année. L'édit d'août 1781, les avoit auffi grévés de dix fols pour livre, comme tous les autres droits, en ajoutant de nouvelles exceptions à celles qui avoient été faites en 1770 dans plufieurs généralités. Mais les motifs de l'arrêt de modération rendu en 1771, ayant été pris en confidération; ces dix fols pour livre ont été réduits à fix fols par une décifion miniftérielle, dans toutes les généralités où les aides ont cours. Cette réduction a même été étendue à quelques provinces abonnées.

Il réfulte des détails dans lefquels on eft entré, que les droits du *don gratuit* actuellement défignés fous le nom de droits réfervés, font perçus conformément aux tarifs annexés à la déclaration & aux lettres-patentes des 2 janvier & 22 avril 1759; tarifs qui indiquent les lieux fujets, fauf les exceptions portées par les lettres-patentes de 1770, & l'édit du mois d'août 1781; la quotité de ces droits varie en raifon de l'étendue & de la population de ces lieux fujets, de façon qu'elle comporte trois taux, & que ces droits fe divifent en trois claffes.

TABLEAU de la quotité des droits réfervés, perceptibles fuivant ces trois claffes.

	Ire. claffe.			IIe. claffe.			IIIe. claffe.		
	liv.	f.	d.	liv.	f.	d.	liv.	f.	d.
Sur l'eau-de-vie, par muid, mefure de Paris	14	8		14	8		14	8	
Sur le vin de liqueur, *idem*	6			6			6		
Sur le vin ordinaire, *idem*	1	10		1	10		1	5	
Sur la biere & le cidre, *idem*, moitié du vin		15			15			12	6
Sur le poiré, *idem*, moitié du cidre		7	6		7	6		6	3
Par bœuf ou vache	2			1	10		1		
Par chaque geniffe, veau ou porc		13	4		10			6	8
Par chaque mouton, brebis ou chèvre		5			3	6		3	
Par chaque voiture de bois & de foin, atelée de trois chevaux .		10		N'y font			Comme		
Idem, atelée de deux chevaux		7	6	pas			à la 2e.		
Idem, atelée d'un cheval		5		fujets.			Claffe.		

Suivant l'arrêt du confeil du 13 feptembre 1776, la fomme de bois ou de foin portée par un cheval, doit payer le cinquième de ce qui eft dû par une voiture atelée d'un cheval; & la fomme d'un âne, la moitié de la fomme d'un cheval.

Ces droits font différens aux entrées de Paris, portant, comme on l'a dit, non-feulement fur les boiffons & les bois, mais encore fur plufieurs fortes de marchandifes déja affujetties au droit de domaine & barrage. Les dix fols pour livre fe prenoient à Paris dans toutes les circonftances où font dûs les droits réfervés, excepté fur le bois à brûler, dont le droit n'eft fufceptible que de quatre fols pour livre. Les bourgeois qui jouiffent de l'exemption des droits d'entrée fur les denrées de leur crû, deftinées à leur confommation, font de même privilégiés à l'égard des droits réfervés, en vertu de la déclaration du 24 août 1758.

Quoique ces droits doivent en général être reftitués fur les boiffons & les beftiaux non confommés dans les lieux à l'entrée defquels ils ont été payés, il eſt de principe que toute quantité d'eau-de-vie, au deſſous de ſoixante pintes, & toute partie de vin au deſſous d'un quart de muid, n'obtiennent point cette reſtitution, parce qu'elles ſont cenſées vendûes en détail.

A l'égard des beſtiaux, la reſtitution n'a lieu qu'autant qu'ils ſortent vivans du lieu ſujet.

Les droits payés ſur le bois & le foin, ne ſont jamais reſtituables; mais en rempliſſant par les propriétaires ou marchands les formalités preſcrites par la déclaration du 22 août 1777, les bois peuvent reſter dépoſés dans tels ports, pendant une année, & les foins pendant ſix mois, ſans acquitter les droits.

Les ſeuls privilégiés à l'égard des droits réſervés, après les eccléſiaſtiques & les bourgeois de Paris, dont on a parlé, ſont les étapiers pour les boiſſons, la viande & le foin qu'ils fourniſſent aux troupes; les troupes même & les maréchauſſées pour les fourrages deſtinés à la nourriture de leurs chevaux; & les premières encore pour le bois conſommé à cuire le pain de munition.

Les droits réſervés, à l'exception de ceux qui ſe levent ſur le ſel, de même que dans la ville & l'élection de Paris, que comprend le bail de la ferme générale, ſont partie des droits qui compoſent la régie générale, & ſont un objet de produit avec les ſols pour livre, d'environ neuf millions, ſans y comprendre la recette d'autres droits réſervés, conſiſtans dans ceux ci-devant attribués à différens officiers ſupprimés par l'édit du mois d'avril 1768, & la déclaration du 15 décembre 1770. Voyez RÉSERVÉS. (DROITS)

DOUANE, ſ. m. par lequel on peut déſigner tous les bureaux dans leſquels ſe perçoivent les droits de traites. On a déja fait cette obſervation au mot bureau. On ajoutera ici que les douanes ſont établies non-ſeulement ſur les frontières du royaume, mais encore ſur les limites des cinq groſſes fermes, & ſur celles des provinces réputées étrangeres, parce que ces dernieres ne peuvent communiquer, ni entre elles, ni avec les cinq groſſes fermes, qu'en payant des droits de traites.

On prétend que le mot de douane vient de l'italien doguna, qui a la même ſignification.

Quoique la ville de Paris ſoit au centre des cinq groſſes fermes, & qu'il ne ſoit dû aucun droit de traites ſur tout ce que cette capitale envoie dans l'étendue de ces provinces, & ſur ce qu'elle en reçoit; cependant il s'y trouve une douane établie ſous le regne de Henri II: cet établiſſement fut ordonné par l'édit du mois de ſeptembre 1548.

Son objet a été de procurer aux négocians de cette ville, la facilité de faire leurs expéditions directement, pour les lieux de la deſtination des marchandiſes, en acquittant tous les droits dûs ſur la route, & faiſant plomber les caiſſes ou ballots où elles ſont contenues; opération qui prévient les inconvéniens des viſites & des déballemens à la ſortie des cinq groſſes fermes, & à l'entrée des provinces réputées étrangeres où il ſeroit dû des droits.

Le titre X de l'ordonnance du mois de février 1687, explique à cet égard tout ce qui concerne cette douane.

A R T. I.

» Les marchands ou voituriers qui ameneront » des marchandiſes dans notre bonne ville de » Paris, ſeront tenus de les conduire directement » au bureau de la douane pour y être viſitées, » & d'y repréſenter leurs acquits, congés & » paſſavants, à peine de confiſcation des mar- » chandiſes & de l'équipage qui aura ſervi à les » conduire. »

Si par la vérification il ſe trouve que des droits ont été mal perçus au premier bureau d'entrée ſur des marchandiſes venues de l'étranger ou des provinces réputées étrangeres, on en fait payer le ſupplément. On y reçoit auſſi les droits ſur les marchandiſes prohibées ou autres, qui en conſéquence d'ordres particuliers ont été importées dans le royaume, & expédiées par acquit à caution au premier bureau d'entrée.

On y perçoit auſſi les droits de ſortie ſur les marchandiſes déclarées pour le pays étranger, & pour quelque deſtination que ce ſoit.

A R T. I I.

» Les ballots ou caiſſes qui auront été plom- » bés, ne pourront être viſités qu'au dernier bu- » reau de la route, ſi ce n'eſt en cas de fraude, » & aux termes de l'article 21, du titre 2, qui » porte: qu'en cas qu'il n'y ait point de fraude, » le fermier ſera tenu des frais de la décharge & » recharge des marchandiſes, & même de dom- » mages & intérêts envers les marchands, pour » leur retardement. »

Il exiſte des douanes dans tous les Etats policés, & c'eſt là que les négocians ſont obligés de dépoſer les marchandiſes qu'ils importent ou qu'ils exportent, pour être viſitées, & payer les droits ſuivant les tarifs fixés par les ſouverains.

Les Grecs & les Romains avoient leurs douanes. Ces derniers appelloient les douaniers, portitores. Il paroît que la formalité des viſites étoit rigoureuſement obſervée dans les douanes romaines, puiſque Ciceron s'écrie dans ſa ſeconde oraiſon, de Lege Agraria contra Rullum, que s'il n'eſt pas injuſte, il eſt du moins honteux & intolérable que les douaniers fouillent non-ſeulement les étrangers, mais encore les empereurs romains:

Sin eſt iniquum , ſi turpe , ſi intolerandum hos De-
cemviros portitores omnium pecuniis conſ-
zitui , qui non modo reges atque exterarum natio-
num homines , ſed etiam imperatores noſtros excu-
tiant.

Le même orateur dans ſon oraiſon contre Verrès , fait un crime à ce préteur en Sicile , d'avoir fraudé en quelques mois pour quinze mille livres de droits , en faiſant exporter de Syracuſe grand nombre d'effets précieux , ſans payer ce qui étoit dû aux fermiers de la république.

Pluſieurs hiſtoriens du Bas-Empire rapportent que ſous Théodoſe , la *douane* de Conſtantinople produiſoit tous les jours cinquante mille livres de notre monnoie ; ce qui ſuppoſe un commerce très-étendu. Mais on peut ſans doute les accuſer d'exagération ou d'erreur.

On trouve des *douanes* en France dès les premiers tems de la monarchie. Notre hiſtoire apprend que Dagobert , ſucceſſeur de Clotaire , ayant donné à l'égliſe de Saint-Denis une rente de cent ſols d'or , pour l'entretien du luminaire de cette égliſe , il en aſſigna le paiement ſur le produit de la *douane* de Marſeille. Ce monarque chargea même les douaniers de cette ville d'employer ces cent ſols à l'achat des meilleures huiles , & voulut que ces huiles chargées ſur ſix chariots fuſſent conduites à leur deſtination , ſans payer aucuns droits , ni en ſortant de Marſeille , ni dans les autres villes de la route , comme Valence , Lyon , &c. *Præceptum que taliter ut tam ipſa Maſſilia , quàm Valentia , Lugdunum , vel quocumque per reliqua loca-tranſitus erat omne telo-neum de ſex plauſtris quibus hæc videbatur deferri , uſquequo ad hanc baſilicam peraccederent omni-modis eſſet indulium.*

Les droits qui ſe perçoivent dans les *douanes* , & qui portent ſur les marchandiſes & denrées ayant reçu le nom de *traites. Voyez* ce que nous en avons dit dans le diſcours préliminaire de ce volume , & au mot DROIT.

Nous obſerverons que le célebre Monteſquieu a penſé que le tribut naturel au gouvernement modéré , étoient les droits de *douane* , ou l'impôt ſur les marchandiſes qu'il regarde comme plus propre à la liberté , parce qu'il ſe rapporte d'une maniere moins directe à la perſonne.

Cet impôt étant réellement payé par l'acheteur , dit ce grand homme , (*tom.* 2 , *pag.* 19 , *in-*12,) quoique le marchand l'avance , c'eſt un prêt que le marchand a déja fait à l'acheteur. Ainſi il faut regarder le négociant , & comme le débiteur général de l'Etat , & comme le créancier de tous les particuliers. Il avance à l'Etat le droit que l'acheteur lui paiera quelque jour , & il a payé pour l'acheteur le droit qu'il a payé pour la marchandiſe.

L'article 404 du bail des fermes , fait à For-

ceville en 1738 , s'explique ainſi ſur les effets qui reſtent dans les *douanes* , & développe les diſpoſitions des arrêts & lettres-patentes du 13 août 1726 concernant la même matiere.

» Les propriétaires des balles , ballots , caiſſes ,
» malles , valiſes , ſacs , boëtes , & de toutes eſ-
» peces de paquets portés dans les *douanes* par
» les rouliers , voituriers , &c. ſeront tenus de
» les retirer au plus tard dans deux ans après
» qu'ils y auront été remis , après lequel tems
» nous autoriſons l'adjudicataire à préſenter re-
» quête aux juges des fermes , pour faire or-
» donner que l'état qui aura été dreſſé par ſes
» commis deſdites balles , ballots , caiſſes , boëtes ,
» &c. ſera affiché ſur les lieux dans les endroits
» accoutumés , pour que les propriétaires aient
» à les retirer dans un mois , ſinon , & à faute
» de ce , il en ſera fait ouverture en préſence de
» notre procureur deſdites juridictions , de celui
» du fermier , des commis & voituriers qui ſe-
» ront appelés à cet effet pour reconnoître les
» balles , caiſſes & autres paquets qu'ils auront
» apportés ; que s'il ſe trouve des papiers dans
» les caiſſes , malles & autres paquets , il en ſera
» fait inventaire ſommaire par leſdits juges qui
» en dreſſeront leur procès-verbal , après les avoir
» paraphés , & ſeront leſdits papiers dépoſés à
» leur greffe , pour être rendus à ceux qui juſti-
» fieront qu'ils leur appartiennent.

» A l'égard des marchandiſes & de tous les
» autres effets , ils ſeront vendus au plus offrant
» & dernier enchériſſeur , après trois proclama-
» tions par trois jours différens , tant à la porte
» de l'auditoire du juge qu'à celle du bureau de
» la *douane* , conformément à l'article 17 du titre
» 2 de l'ordonnance des fermes de 1687...

» Ordonnons que ſur les deniers provenans
» deſdites ventes , l'adjudicataire ſera payé par
» préférence de tous les frais & des droits des
» fermes , après quoi les meſſagers , rouliers &
» voituriers ſeront payés du port ; & ſur le ſur-
» plus des deniers il ſera prélevé un ſol pour
» livre pour frais de juſtice , ſans que les juges
» & officiers puiſſent prétendre de plus grandes
» ſommes , & le reſtant deſdits deniers ſera dé-
» livré à l'adjudicataire pour nous en compter
» outre & par-deſſus le prix de ſon bail , ainſi
» qu'il eſt preſcrit par l'arrêt de 1726. »

Le produit des effets reſtés dans les *douanes* , qui eſt une ſorte d'épave pour le roi , ne fait pas un objet de douze mille livres par an dans tout le royaume.

Il eſt deux droits de traites qui portent particulièrement le nom , de droits de *douane* de Lyon , & droits de *douane* de Valence : nous allons faire connoître les premiers , & nous renvoyons au mot *Valence* à parler de ceux qui portent le nom de cette ville.

DOUANE DE LYON. Tous les détails que nous allons donner fur ce droit, font tirés des mémoires manufcrits rédigés par M. Dagueſſeau, conſeiller d'Etat, qui avoit été envoyé en 1688, par le conſeil, dans les provinces de Lyonnois, Dauphiné & Provence, pour prendre des connoiſſances exactes de la perception des droits du roi, & entendre les plaintes du commerce, contradictoirement avec les commis du fermier, fur les abus qui avoient pu s'introduire dans la perception.

Les mémoires ou procès-verbaux de ce magiſtrat fur la *douane* de Lyon, fur la *douane* de Valence, & fur pluſieurs autres droits qui ont lieu foit en Dauphiné, foit en Provence, foit dans le Lyonnois, n'ont jamais été imprimés, & font peu connus hors du cercle des gens attachés à la perception; ils deviennent d'autant plus précieux, qu'ils fervent de baſe & de règle à leur levée actuelle, fauf quelques changemens ordonnés par des arrêts poſtérieurs dont on aura foin de faire mention; ils ont d'ailleurs l'avantage de conſacrer, pour ainſi dire, les uſages établis dès ce tems-là, & qui fe font perpétués à l'abri de cette autorité; de fixer les cas particuliers dans leſquels l'exemption de ces droits, foit totale, foit partielle, étoit accordée, tant à des lieux, ou à des choſes, qu'à des perſonnes.

» La définition qu'on peut donner de la *douane* de Lyon, fuivant fon état préſent, eſt de dire que c'eſt un droit d'entrée qui fe leve fur toutes les marchandiſes qui entrent dans fon étendue, & fur les marchandiſes originaires des provinces de Languedoc, Provence & Dauphiné, qui font conduites tant dans la ville de Lyon, que dans le pays de Piémont, Savoie, Genève, Suiſſe, Franche-Comté & Allemagne, comme auſſi fur les marchandiſes originaires des autres provinces du royaume, qui font conduites à Lyon, foit pour y être conſommées, foit pour être portées ailleurs.

Cette définition ne fauroit donner qu'une idée générale de la *douane* de Lyon; mais pour en faire connoître plus particulièrement la nature, & expliquer avec quelque ordre tout ce qui fe pratique dans la levée de ce droit, on a cru devoir réduire à certains chefs, toutes les obſervations qui fe peuvent faire fur cette matiere, & qui feront le plan & la diviſion de ce mémoire.

On commencera donc par une déduction de l'origine & du progrès de la *douane* de Lyon, & l'on fera connoître en même tems quelle eſt fon étendue, quels en font les droits, & quelles font les marchandiſes qui y font fujettes; tant par elles-mêmes que par rapport aux pays & provinces d'où elles viennent, & où elles vont.

On ne fait point quelle eſt l'origine & le tems du premier établiſſement de la *douane* de Lyon. Le plus ancien édit qui fe trouve dans le recueil des ordonnances faites fur cette matiere, eſt celui de François Ier, de l'année 1540, dans lequel il fait mention d'autres ordonnances rendues par fes prédéceſſeurs & par lui, fans les dater, ni en exprimer la teneur; mais ce qui paroît par cet édit, eſt que ce droit n'a été établi originairement que fur le drap d'or, d'argent & de foie, & qu'on y a ajouté, par ce même édit, toutes autres eſpèces de tiſſures, & ouvrages de fil d'or, d'argent & de foie, même les foies cuites & teintes, venant d'Italie, d'Avignon, & Comté de Veniſſe, (c'eſt-à-dire, du Comtat Venaiſſin) & d'Eſpagne.

Le roi, par cet édit de 1540, ordonna que toutes ces marchandiſes venant d'Italie, pour entrer dans le royaume, paſſeroient par la ville de Suze, & feroient portées à Lyon; comme auſſi, que les mêmes marchandiſes venant d'Avignon & du Comtat, paſſeroient par la ville de Montelimart en Dauphiné, & feroient pareillement portées à Lyon; & enfin que celles qui viendroient d'Eſpagne, paſſeroient par les villes de Narbonne & Bayonne, & feroient conduites à Lyon, foit que toutes ces foies fuſſent deſtinées pour être vendues & débitées dans le royaume, ou pour y paſſer debout feulement.

Le droit qui devoit être payé à Lyon fur ces fortes de marchandiſes, n'eſt point exprimé dans cet édit; mais l'art. 9 renvoie à un tarif ou tableau qui eſt inſéré enſuite de l'édit dans lequel les droits qui fe payoient pour ce qui devoit être vendu dans le royaume, étoient plus forts que ceux qui fe prenoient fur ce qui ne faifoit que paſſer; & il paroît que les droits des marchandiſes venant des pays étrangers, qui fe vendoient dans le royaume, avoient été évalués, par ce tarif, à raiſon de cinq pour cent, outre lequel droit il eſt encore porté par le même édit que les velours de Gènes paieroient deux écus par pièce, & les autres foies à l'équipolent, c'eſt-à-dire, les fatins de Gènes trois livres, & les taffetas de Gènes trente fols, ainſi qu'il eſt porté par le tarif de 1632, dans lequel ce droit eſt qualifié du nom de mandement, qui vient apparemment de ce que ces fortes d'étoffes ne paſſoient alors qu'en vertu d'un fauf-conduit, ou mandement pour lequel on faifoit payer ce droit.

A l'égard des mêmes manufactures qui fe faifoient dans le royaume, le même édit porte qu'elles feroient feulement plombées & accompagnées d'une certification des officiers de la ville, où elles auroient été fabriquées, pour empêcher que fous ce prétexte, on n'en fît paſſer d'étrangères, fans que ces manufactures originaires fuſſent aſſujetties à être portées à Lyon, ni à payer aucuns droits.

Il a été depuis fait une augmentation de deux & demi pour cent, fur les draps, fils & ouvrages d'or, d'argent & de foie, & fur les foies teintes, ainſi qu'il paroît, par un petit tarif fans date,

qui eſt dans le recueil des ordonnances de la *douane*
de Lyon, enſuite du tarif de 1540, dans lequel
on a auſſi taxé les ſoies crues & les étoffes de ſoie
fabriquées à Tours, qui n'avoient point encore
été aſſujetties à aucuns droits ; mais comme on ne
trouve point la déclaration en vertu de laquelle ce
petit tarif a été fait, il reſte ſur la quotité des
droits anciens, une obſcurité qu'on ne ſauroit bien
démêler, mais qui ſe développera néanmoins dans
la ſuite, par ce qui a été fait depuis.

Juſques-là il paroît qu'il n'y avoit que les ſoies
& étoffes d'or, d'argent & de ſoie qui fuſſent ſujettes à la *douane* de Lyon. On prétend qu'en
1544, le droit de deux & demi pour cent fut
établi à Lyon ſur toutes les autres marchandiſes,
tant originaires qu'étrangères, paſſant dans la
même ville, pour quelques années ſeulement, par
forme d'octroi, & à la requiſition de la ville de
Lyon ; qu'il fut même paſſé, après l'expiration
des premières lettres, un contrat entre les commiſſaires du roi & les prévôt des marchands &
échevins de Lyon, pour la continuation de cette
levée, pendant huit années, moyennant une certaine ſomme, & qu'enſuite ce droit n'a pas laiſſé
d'être perpétué & uni à l'ancien droit de la
douane : mais ces faits n'ont pu être juſtifiés par
aucun édit, ni par aucun autre titre.

Quoi qu'il en ſoit, on voit par une déclaration
de Charles IX, de l'année 1564, que ce roi ſub-
ſtitua le pont de Beauvoiſin à la ville de Suze, qui
avoit été rendue au duc de Savoie, pour y faire
paſſer les draps & autres marchandiſes venant
d'Italie ; ainſi il faut qu'entre 1540 & 1564, il y
ait eu une ordonnance pour aſſujettir ces marchandiſes venant d'Italie à la *douane* de Lyon ;
mais on ne voit pas ſi c'eſt au droit de cinq pour
cent, ou de deux & demi pour cent.

Cette même déclaration de 1564, parle des
draps & étoffes de ſoie fabriqués dans le royaume
hors de Lyon, comme étant dès-lors ſujets à la
douane de Lyon ; ce qui confirme la même conſéquence qu'on a tirée ci-deſſus, du petit tarif qui
eſt à la fin de celui de 1540.

En 1566, une nouvelle ordonnance répete les
mêmes diſpoſitions que les précédentes ; ce qu'elle
y ajoute de plus conſidérable, c'eſt qu'elle défend
l'entrée des étoffes d'or, d'argent & de ſoie de la
manufacture de Gênes, dans le royaume, par
d'autres lieux que par la ville de Lyon, où elles
paieront les mêmes droits que celles d'Italie ; &
de porter aucunes marchandiſes d'or, d'argent &
de ſoie, ni autres, venant d'Italie & du Levant,
dans le royaume, pour les faire paſſer à Genève
ou aux environs, qu'après qu'elles auront été
conduites à Lyon.

Il paroît encore par une déclaration de Henri III,
de 1585, qu'outre les diſpoſitions ſemblables à
celles des ordonnances précédentes qui ſont confirmées, les balles de ſoie, camelots & autres mar-

chandiſes venant du Levant ; comme auſſi toutes les
épiceries & drogueries entrant par Marſeille, ſoit
pour être conſommées dans le royaume, ſoit pour
être portées en Savoie, Piémont, même à Avignon, devoient être portées à Lyon, & y payer
les droits de *douane*.

Il ſemble que par la même déclaration, le paſſage des ſoies d'Eſpagne, qui étoit permis par
l'ordonnance de 1540, & par celle de 1566, par
les villes de Bayonne & de Narbonne, ait été
reſtreint à celui de Narbonne ; mais ce que celle-
ci dit de plus que les précédentes, c'eſt que toutes
les autres marchandiſes venant d'Eſpagne, paſſeront
auſſi à Narbonne, & ſeront portées à Lyon, pour y
payer les droits de *douane* ; & encore que toutes
les marchandiſes deſcendant par le Rhône ou par
la Saône pour la ville de Lyon & au-deſſous,
enſemble toutes celles de Flandre, Allemagne &
Angleterre, deſtinées tant pour l'Italie que pour
Marſeille, ſeront tenues d'aborder à la ville de
Lyon, & d'y payer les droits de *douane*.

Ces diſpoſitions, qui aſſujettiſſoient les marchandiſes originaires de Languedoc, Provence &
Dauphiné, aux droits de la *douane*, ayant donné
lieu à un procès entre les marchands de Valence
& le ſyndic du Dauphiné, d'une part, & le fermier de la *douane* de Lyon, de l'autre, il fut ordonné, par un arrêt contradictoire du 24 mars
1603, 1°. que les marchandiſes originaires de ces
provinces pourroient être vendues, voiturées &
portées de l'une à l'autre, ſans qu'on fût obligé de
les faire paſſer en la ville de Lyon, ni payer les
droits de *douane* ; 2°. que lorſqu'elles ſeroient portées en Savoie, Dombes, Franche-Comté, Genève,
Suiſſe & Allemagne, on ſeroit tenu de les faire
paſſer en la ville de Lyon, & d'y payer les droits :
3°. qu'au ſurplus, les anciennes ordonnances ſeroient
exécutées concernant les marchandiſes du Levant,
d'Italie & d'Eſpagne, qui ne pourroient être expoſées en vente, ni débitées, ſans avoir été
portées à Lyon, & acquitté les droits de *douane*.

Voilà ce qui réſulte des anciens règlemens qui
nous reſtent, concernant l'établiſſement & les progrès de la *douane* de Lyon. Mais, pour entendre quels ſont les droits de *douane* de Lyon,
quelles ſont les marchandiſes qui y ſont ſujettes,
& la route qu'elles doivent prendre, il faut diſtinguer trois ſortes de marchandiſes ; ſavoir :

Les ſoies crues & teintes ; les étoffes d'or,
d'argent & de ſoie.

Les drogueries & épiceries.

Toutes les autres eſpèces de marchandiſes.

Les ſoies crues & teintes, les étoffes d'or,
d'argent & de ſoie doivent être portées à Lyon,
mais par différentes routes ; ſavoir :

Celles d'Eſpagne, par Narbonne.

Celles d'Italie, par le pont de Beauvoiſin.

Celles du Levant, par Marſeille.

Celles d'Avignon & Comtat, par Montelimart
en Dauphiné.

Depuis

Depuis qu'il y a un bureau établi à Avignon, on se contente d'obliger les marchands & voituriers d'en faire une déclaration ou consigne au même bureau, avec obligation d'en rapporter un certificat de déchargement & de paiement des droits à Lyon, moyennant quoi on leur laisse la liberté de les y porter par eau & par terre.

Les marchandises de Languedoc, Dauphiné & Provence, qui sont destinées pour la Savoie, Dombes, Franche-Comté, Genève, Suisse & Allemagne, n'ont point d'autre passage affecté que celui de Lyon, où elles doivent payer les droits.

Les droits de la *douane* de Lyon sur toutes les soies & étoffes d'or, d'argent & de soie, sont originairement de cinq pour cent; car, quoiqu'il y ait eu une augmentation de deux & demi pour cent, outre les anciens cinq pour cent sur les soies teintes, & sur les étoffes d'or, d'argent & de soie, ainsi qu'il paroît par le petit tarif sans date dont il a été parlé ci-dessus, on peut néanmoins conclure, tant du préambule du tarif de 1578, que du tarif de 1632, que cette augmentation a été révoquée. Il est vrai que les droits de cinq pour cent & de deux & demi pour cent joints ensemble sur les soies teintes, & sur les étoffes d'or, d'argent & de soie, ne sont pas si forts que l'ancien droit sur les mêmes marchandises, porté par les tarifs de 1578, & de 1632; d'où l'on pourroit inférer que ces deux droits subsistent même avec une nouvelle augmentation. Mais il se peut faire, & il est très-vraisemblable qu'avant le tarif de 1578, il y en a eu quelque autre qui aura augmenté l'ancienne évaluation de ces marchandises, par la raison que le prix en étoit augmenté, & qui en aura porté les droits à la somme pour laquelle elles sont employées dans les tarifs de 1578 & de 1632, pour l'ancien droit, & ce seulement à raison de cinq pour cent.

Les drogueries & épiceries doivent être portées à Lyon, & passer par Marseille, lorsqu'elles viennent par mer. Les droits qu'elles paient à Lyon pour la *douane*, sont de deux & demi pour cent, ainsi qu'il paroît par les préambules des tarifs de 1578 & de 1632, outre l'ancien droit de quatre pour cent, payable à l'entrée du royaume. *Voyez* le mot DROGUERIE.

Toutes les autres marchandises doivent être distinguées en marchandises originaires du royaume & en étrangères.

Les étrangères venant d'Italie, Espagne & Levant, doivent être portées à Lyon; savoir: celles d'Italie, par le pont de Beauvoisin; celles d'Espagne, par Narbonne; & celles du Levant, par Marseille; le tout, ainsi que les soies & étoffes de soie.

Celles de Savoie descendant par le Rhône, & celles de Flandre, Allemagne & Angleterre, destinées pour l'Italie & Marseille, doivent être conduites à Lyon, & y payer les droits suivant les anciens règlemens.

Finances. Tome I.

Ces droits ne sont point expliqués par les anciens règlemens; mais il paroît, par les préambules des tarifs de 1578 & 1632, qu'ils sont de cinq pour cent.

Les marchandises originaires des provinces de Languedoc, Provence & Dauphiné, destinées pour la Savoie, Dombes, Franche-Comté, Genève, Suisse & Allemagne, doivent être conduites à Lyon, & y payer les droits de *douane*, à raison de deux & demi pour cent, suivant les mêmes tarifs.

Mais comme ces règles générales, tirées des anciens règlemens, ne suffisent pas pour faire connoître clairement tous les cas dans lesquels les droits de *douane* peuvent être dûs, ou ne l'être pas sur les marchandises, soit étrangères ou originaires du royaume, par rapport aux pays & provinces d'où elles viennent, & à cause des différentes espèces qui n'avoient pas été prévues, & que l'expérience a fait naître, on a cru qu'il étoit nécessaire de consulter l'usage présent; &, pour cet effet, après avoir parcouru avec les directeurs & les commis les plus intelligens, les pays & provinces tant du dehors que du dedans du royaume, qui peuvent avoir quelque relation avec la ville de Lyon, on a dressé des espèces de règles ou d'aphorismes qui contiennent tous les cas dans lesquels les marchandises qui passent d'un pays ou d'une province à l'autre, sont sujettes à la *douane* de Lyon, ou en sont exempts.

La *douane* de Lyon se leve à raison de cinq pour cent sur toutes les soies & étoffes d'or, d'argent & de soie venant d'Italie, Savoie, Piémont, Espagne & Levant, qui, suivant les anciens règlemens, doivent être portées à Lyon.

Elle se leve sur les mêmes soies & étoffes d'Avignon, Comtat & Principauté d'Orange, transportées en Languedoc, Provence & Dauphiné, qui paient par modération, suivant un tarif d'usage du bureau d'Avignon, fondé sur un concordat fait entre le fermier & les consuls d'Avignon, par ordre du conseil, le 28 février 1612.

Elle se leve sur les mêmes soies & étoffes d'Avignon, Comtat & Principauté d'Orange, transportées en Savoie, Piémont & Marseille, suivant le même tarif d'usage.

Celles qui sortent d'Avignon pour aller dans les provinces des cinq grosses fermes, en passant par le Languedoc, paient à Avignon les droits du tarif de 1632, & on en tient compte au premier bureau des cinq grosses fermes, sur les droits d'entrée, qui sont plus forts que ceux de la *douane* de Lyon.

Celles qui sortent d'Avignon pour le Roussillon, l'Espagne, Bayonne & Bordeaux, paient au bureau d'Avignon la *douane* de Lyon, suivant le susdit tarif d'usage, comme si elles étoient destinées pour le Languedoc.

L iij

Elle fe leve fur les foies & étoffes de foie originaires ou fabriquées dans les provinces de Languedoc, Provence & Dauphiné, qui font portées
à Lyon ; favoir, les foies, fuivant l'arrêt du
confeil du 26 juillet 1687 ; & les étoffes, fuivant
le tarif de la douane de Lyon.

Elle fe leve fur les foies & étoffes de foie du
crû & manufacture des mêmes provinces de Languedoc, Provence & Dauphiné, qui font portées
à Avignon, Comtat & Principauté d'Orange, fuivant le tarif d'ufage d'Avignon, dont il a été parlé
ci-deffus.

Elle fe leve fur les mêmes foies & étoffes deftinées pour Savoie, Piémont, Italie, Genève,
Suiffe, Allemagne, & autres pays étrangers ;
favoir, fur les foies, fuivant l'arrêt du confeil du
26 juillet 1687 ; & fur les étoffes de foie, fuivant
le tarif de 1632.

Elle n'eft point levée fur les foies & étoffes de
foie, du crû ou manufactures de Languedoc, Provence & Dauphiné, qui font portées de l'une en
l'autre de ces provinces, pour leur confommation,
fuivant l'arrêt du confeil de 1603.

Celles qui vont de ces provinces à Marfeille,
& même de là en Italie, font déchargées provi-
fionnellement des droits de douane, par arrêt du
confeil du 4 juillet 1684.

Celles qui vont des mêmes provinces en Rouffillon & en Efpagne, ne paient que la moitié du
droit de douane, fuivant le même arrêt.

Et quant à celles qui vont à Bordeaux & à
Bayonne, elles ne paient aucuns droits de douane.

Les étoffes & ouvrages d'or, d'argent & de foie
des manufactures de Paris, Tours, & autres endroits du royaume, qui viennent à Lyon, y paient
les droits de douane, mais elles font beaucoup
moins taxées que les autres, parce qu'on préfume
que les foies dont elles font fabriquées, ont paffé
par Lyon, & y ont déja acquitté les droits.

Toutes les étoffes & ouvrages d'or, d'argent &
de foie, qui fortent de Lyon, ne paient aucuns
droits de douane ; elles doivent feulement être
plombées, fuivant les ordonnances.

La douane de Lyon fe leve fur toutes fortes de
drogueries & épiceries, entrant par le port de
Marfeille, pour celles qui viennent par mer ; &
par la ville de Lyon, pour celles qui viennent par
terre, qui font les deux feuls endroits par où l'entrée en eft permife de ce côté-là, & ce à raifon
de deux & demi pour cent, outre les quatre pour
cent, qui font les anciens droits d'entrée des drogueries & épiceries. Voyez le mot DROGUE-
RIES.

Et à l'égard de celles qui entrent par les ports
de Rouen, la Rochelle & Bordeaux, par où l'introduction en eft permife du côté de l'océan, elles
paient les droits de la douane de Lyon, lorfqu'elles paffent par les bureaux de fon étendue.

La douane de Lyon fe leve fur toutes fortes de

marchandifes étrangeres qui entrent dans la ville
de Lyon, à raifon de cinq pour cent.

Elle fe leve fur toutes fortes de marchandifes
étrangères qui entrent dans les provinces de Languedoc & Provence, par les bureaux de la ferme,
à la même raifon.

Elle fe leve fur les marchandifes originaires de
ces deux provinces, qui font portées à Lyon, ou
en Suiffe, Genève, Allemagne, & autres pays,
au deffous de Lyon, à raifon de deux & demi
pour cent.

Elle ne fe leve pas fur les marchandifes originaires des provinces de Languedoc, Provence &
Dauphiné, qui paffent de l'une de ces provinces
en l'autre, pour leur confommation.

Elle ne fe leve pas fur les marchandifes qui vont
ou qui viennent de Guyenne, ou d'Auvergne en
Languedoc.

La douane de Lyon fe leve fur les marchandifes
étrangeres qui entrent en Dauphiné, à l'exception
de celles qui y entrent immédiatement de Savoie &
Piémont, pour y être confommées.

Elle fe leve fur toutes les marchandifes venant
de Genève, Suiffe & Allemagne, dans le Dauphiné, foit qu'elles y foient confommées ou non,
quand même elles entreroient par la Savoie &
le Piémont.

Elle fe leve fur les marchandifes originaires du
Dauphiné, qui entrent à Lyon, & fur celles qui
font portées aux provinces de Lyonnois, Forez
& Auvergne.

Elle ne fe leve pas fur les marchandifes originaires du Dauphiné, ou qui y font fabriquées,
lorfqu'elles font portées à l'étranger immédiatement.

La douane de Lyon fe leve fur les marchandifes
étrangeres qui entrent dans le Comtat, à la fuf-
dite raifon de cinq pour cent.

Elle fe leve fur les marchandifes qui fortent du
Comtat & de la Principauté d'Orange ; favoir, fur
celles qui font portées à Lyon & dans les pays
étrangers, à raifon de cinq pour cent.

Et fur celles qui font conduites en Languedoc,
Provence & Dauphiné, par modération, fuivant
le tarif d'ufage du bureau d'Avignon.

Elle ne fe leve pas fur les marchandifes originaires de Languedoc, Provence & Dauphiné, qui
font portées dans le Comtat.

Il ne devoit y avoir, fuivant les anciens règlemens, qu'un feul bureau de recette, pour le paiement des droits de la douane, dans la ville de Lyon,
où toutes les marchandifes devoient être portées,
& cela fubfiftoit encore en 1603, ainfi qu'il paroît
par l'arrêt de la même année, dont il a été parlé
ci-deffus : mais par le cinquième article du bail
de la douane de Lyon, paffé à Charles Duhan, le 23
feptembre 1604, énoncé dans les lettres-patentes de
1605, rapportées dans le recueil des ordonnances,
concernant la douane de Lyon, il lui fut permis, tant
pour la confervation des droits de la ferme, que

pour la commodité des marchands, d'établir partout où il jugeroit à propos, des bureaux auxquels les droits feroient payés, & en conféquence de cette claufe, qui aura été apparemment répétée dans les baux confécutifs, il a été établi par les fermiers, de tems en tems, divers bureaux qui fe font tellement multipliés dans les provinces circonvoifines, qu'il y en a jufqu'au nombre de cent foixante-fept;

SAVOIR:

Dans la direction de Lyon, cinquante-fix.

Dans celle du Dauphiné, cinquante-trois.

Et dans celles de Provence & du bas Languedoc, cinquante-huit.

Et comme l'établiffement de ces bureaux a été permis par le bail de 1604, il a auffi été confirmé en termes généraux par l'article 3 du bail de la douane de Lyon, fait à Jean de la Grange en 1626, & cette confirmation qui a été, felon les apparences, réitérée dans les baux fuivans, eft encore renouvellée dans le 127e article du bail de Fauconnet.

Cette facilité, permife par le roi, & pratiquée par les fermiers, de recevoir les droits de la douane de Lyon dans les autres bureaux que celui de la ville de Lyon, a donné lieu à une difficulté très-confidérable, qui a été agitée depuis long-tems, & fur laquelle il a été rendu divers arrêts différens les uns des autres, entre la ville de Lyon, les fermiers du roi & les fyndics des provinces de Languedoc, Provence & Dauphiné. La queftion eft de favoir fi les marchandifes fujettes à la douane de Lyon, doivent être portées dans la ville de Lyon, pour y acquitter les droits, en forte que tous ces bureaux établis ailleurs, ne foient que de conferve; ou fi après avoir payé les droits dans l'un des bureaux de la douane de Lyon, elles peuvent être portées aux lieux de leur deftination, fans paffer par la ville de Lyon.

Les prévôt des marchands & échevins de la ville de Lyon, ont intérêt d'y faire porter toutes les marchandifes fujettes à la douane, tant pour l'augmentation du commerce & de la confommation, que pour le paiement des droits de tiers, fur-taux & fubvention, dont ils ont toujours tenu la ferme du roi.

Les fermiers de la douane de Lyon, qui n'ont pas un fi grand intérêt à cette queftion, parce qu'il leur eft indifférent où les droits en foient acquittés, n'ont guere tenu de rigueur fur cela aux marchands & voituriers, & ne les ont obligés de paffer par Lyon, que pour les foies & étoffes d'or, d'argent & de foie; mais à l'égard des autres marchandifes, ils fe font relâchés depuis très-long-tems à en recevoir les droits dans les bureaux où l'on a voulu les acquitter. Ils l'ont même fait quelquefois, pour les foies & étoffes d'or, d'argent & de foie; ce qui eft néanmoins plutôt arrivé par l'ignorance ou connivence des commis particuliers des bureaux; que par des arrêts ou règlemens.

Les fyndics, marchands & négocians de Languedoc, Provence & Dauphiné, qui ont intérêt d'éviter autant qu'ils peuvent le paffage de Lyon, pour épargner tant le circuit & les frais du détour auquel il les engageroit, que les droits de tiers, fur-taux & de la fubvention, ont des prétentions oppofées à celle de la ville de Lyon.

J'ai cru, fur ces différens intérêts, devoir entendre les prévôt des marchands & échevins de la ville de Lyon, le fyndic de la province du Languedoc, & les directeurs des fermes, en préfence les uns des autres; & j'ai tâché en plufieurs conférences d'éclaircir, article par article, les chofes dans lefquelles ils convenoient, & celles dans lefquelles ils ne convenoient pas, avec les raifons de part & d'autre; & pour en faire entendre le réfultat, il eft néceffaire de diftinguer les marchandifes originaires des mêmes provinces, d'avec les étrangeres.

On eft convenu que les marchandifes originaires defdites provinces de Languedoc, Provence & Dauphiné, pouvoient être commercées de l'une de ces provinces en l'autre, fans être obligé de les faire porter à Lyon, fuivant l'arrêt de 1603.

On eft convenu de plus que lefdites marchandifes originaires pouvoient être portées à Marfeille, & delà à l'étranger, fans paffer par Lyon.

On eft convenu enfin, qu'elles pouvoient paffer d'Efpagne par Narbonne, & être tranfportées en Limofin, Guyenne, Bordeaux, ou ailleurs de ces côtés-là, fans qu'on foit tenu de les faire conduire à Lyon.

Mais on n'eft pas convenu fi ces mêmes marchandifes originaires doivent paffer à Lyon, ou non, lorfqu'elles font tranfportées en Savoie, Dombes, Franche-Comté, Genève, Suiffe & Allemagne; car les prévôt des marchands & échevins de Lyon foutiennent qu'elles doivent paffer par leur ville, & fe fondent fur l'arrêt de 1603, qui l'ordonne expreffément. Le fyndic de Languedoc foutient au contraire, que ces marchandifes originaires peuvent être tranfportées auxdits pays de Savoie & autres, fans paffer par Lyon, en payant la douane aux bureaux établis fur les paffages, & répond à l'arrêt de 1603, qu'il ne lui peut nuire, parce qu'il n'eft pas rendu avec lui.

Il ajoute pour les foies originaires de Languedoc, qu'il eft permis, par l'arrêt du confeil du 26 juillet 1685, de les faire paffer dans les pays étrangers, par les bureaux de Gannat, Vichy, & autres lieux, en payant les droits portés par le même arrêt; mais les prévôt des marchands & échevins de Lyon répliquent que le fyndic de Languedoc donne une mauvaife interprétation à l'arrêt de 1685, dont ils difent que le véritable efprit n'eft autre, finon que les foies qui font portées dans l'étendue des cinq groffes fermes, puiffent paffer par les bureaux de Gannat & Vichy; & que celles qui font portées en Efpagne, ou en Angleterre, puiffent paffer, ou par les bureaux

L l l ij

de Gannat & Vichy , & de-là par les autres bureaux des cinq grosses fermes, ou par Narbonne
& par Bordeaux , en payant les droits portés par
le même arrêt , sans être obligés en ce cas de passer à Lyon.

A l'égard des marchandises étrangeres, on est
convenu que celles d'Italie, Levant & Espagne,
qui entrent par l'une des trois provinces, pour
être transportées en Suisse , Savoie , Genève ,
Franche - Comté & Allemagne , doivent être portées à Lyon.

Nous ne suivrons pas M. d'Aguesseau jusqu'à la
fin de cette discussion, fort intéressante pour le
tems où il en parloit, mais qui est actuellement
très-indifférente ; les cas dans lesquels le passage
par Lyon est indispensable, ayant été fixés postérieurement, & se réduisant aux seules soies &
marchandises de soie, apportées d'Italie & des
pays étrangers. Passons aux tarifs, d'après lesquels
la perception des droits de douane de Lyon s'est
faite & s'est perpétuée. Nous continuons de laisser parler ce magistrat.

Il a déja été remarqué qu'il fut fait un tarif en
1540, pour les soies teintes, & pour les draps &
étoffes d'or, d'argent & de soie étrangeres, sur
lesquelles la douane étoit alors établie, à raison
de cinq pour cent, & un autre de deux & demi
pour cent, dans lesquelles les soies crues, &
les étoffes de soie fabriquées dans le royaume
furent comprises , lequel apparemment a été révoqué , ainsi qu'il a été dit ci-dessus.

J'ai recouvré un autre tarif de la douane de
Lyon, du 26 février 1578, fait par les juges de
la même douane, ou plutôt extrait par eux d'un
précédent tarif de l'année 1571, en exécution des
lettres-patentes du roi, du mois d'août 1570, avec
la réduction des écus en livres.

Mais le roi ayant ordonné, en 1632, une réappréciation des droits de ladite douane, sur toutes
les marchandises, drogueries & épiceries, il fut
fait un nouveau tarif en la même année, confirmé par lettres-patentes, qui est celui sur lequel les droits se levent présentement.

Il n'y a presque point d'articles dans le tarif de
la douane de Lyon, qui aient été changés par des
arrêts postérieurs. Il est seulement à remarquer
que les marchandises contenues au tarif de 1667,
qui entrent dans le royaume par le Languedoc,
la Provence & le Dauphiné, paient les droits
portés par le même tarif, au lieu de ceux portés
par le tarif de la douane de Lyon, à la réserve
de celles qui se consomment en Provence, lesquelles ont été déchargées des droits du tarif de
1667, par arrêt du conseil du 6 février 1669.

(Le tarif de 1667 n'a eu en effet son exécution en
Provence qu'au commencement de 1700, ainsi que
le rapporte le préambule de l'arrêt du 6 septembre 1701, quoique son exécution eût été ordonnée généralement par l'arrêt du 3 juillet 1692.)

A l'égard des marchandises comprises au tarif de
1667, qui ont payé les droits d'entrée du royaume,
& qui sont portées à Lyon par les provinces des
cinq grosses fermes, il en sera parlé ci-après.

Les marchandises contenues dans le tarif de
la douane de Lyon en acquittent les droits, les
unes à la pièce, les autres à la balle & à la caisse,
& les autres au poids, selon qu'il est porté par
chacun article.

Il y a deux sortes de poids pour les marchandises qui acquittent au poids : savoir, le poids
de marc pour les marchandises étrangeres, & le
poids de Lyon pour les marchandises originaires. Ce poids de Lyon est moindre de seize pour
cent de celui de marc. On ne sait point la raison de cette différence, qui a été néanmoins autorisée par un arrêt du conseil, du 18 juillet 1642.
(On verra ci-après que le poids de marc est actuellement le seul qui soit d'usage pour la perception
des droits.)

Quant à la maniere d'acquitter par rapport aux
emballages, il sera observé que par le tarif il y a
des marchandises qui sont taxées à caisse, à balle,
à charge, & d'autres qui sont taxées au poids.

Celles qui sont taxées à caisses, balles & charges, s'acquittent brut, c'est-à-dire, y compris
l'emballage.

Et celles qui sont taxées au poids, comme au
quintal, à la livre, s'acquittent net, c'est-à-dire,
déduction faite des emballages, ce qui se fait en
deux manieres ; savoir, pour celles qui se peuvent
déballer, en les déballant, & pour les autres,
en estimant de gré à gré la tare, avec les marchands, les visiteurs & les commis, & la diminuant sur le poids. (Actuellement, les marchandises de soie, d'or & d'argent, les drogueries &
épiceries, sont les seules qui acquittent les droits
au poids net, c'est-à-dire, déduction faite du poids
des caisses & emballages.)

Il a été réglé pour certaines marchandises qui
viennent du Languedoc, Provence & Dauphiné,
en remontant le Rhône, que les déductions des ta-
res seroient fixées à trois cents livres pesant,
pour chaque grand tonneau d'huile, du poids depuis douze jusqu'à quinze quintaux ; à quarante livres pour chaque grande caisse de savon, & quinze
livres pour balle de drap ; à six livres pour chaque baril d'olive ; à vingt-cinq livres pour chaque
caisse de raisin du poids de deux cents livres ,
& à cinquante livres pour chaque baril de câ-
pres ; lesquelles déductions reviennent environ à
un cinquieme pour cent du poids, outre autres
cinq pour cent, que l'on accorde aux marchands
sur les huiles, savons, jus de limon ; & autres
marchandises sujettes à déchet, par sécheresse ou
autrement.

Il y a eu aussi quelques articles du tarif qui n'ont
pas été exécutés ci-devant à la rigueur, au moyen
des compositions que les fermiers faisoient sur plu-

fleurs fortes de marchandifes, foit pour en attirer le commerce , foit pour empêcher les fraudes qui fe pouvoient faire , compofitions qui ne fub-fistent plus. Ces marchandifes étoient les foies grè-zes , les foies d'Opy , l'argent en barre & lingots , les crêpes de Bologne , les voiles d'Allemagne, l'or & l'argent faux trait venant d'Allemagne, & quelques marchandifes originaires du même pays.

Il subsiste encore à préfent d'autres compofi-tions entre les fermiers & les marchands de Lyon , qu'on doit plutôt regarder comme des abonnemens pour des marchandifes du royaume.

S A V O I R :

Avec les marchands drapiers de la ville de Lyon , pour les draps , cordillats , revêches , fer-ges , ratines , & autres étoffes de laine , de Dau-phiné, Provence & Languedoc , dont les droits, prix & qualités , qui étoient fort différens , don-nant lieu à beaucoup d'embarras pour en faire la distinction , il fut réglé par un tarif fait en 1653 , qui a toujours été exécuté jufqu'à préfent, qu'elles feroient toutes acquittées indistinctement , fous le nom de draps d'Abas , à raifon de trente fols par quintal , à l'exception des draps teints en écar-late , des burats d'Arles , & des crêpons de Castres , qui paient fuivant le tarif ; ce qui est également avantageux aux fermiers & aux mar-chands, empêche les fraudes & les incidens , & facilite les expéditions.

Cet abonnement ne s'exécute que dans le bu-reau de Lyon ; car , dans ceux de Villeneuve, Saint-Efprit, Tarafcon , & autres le long du Rhône , les draps , cadis , cordillats , paient les droits portés par le tarif , à la réferve des draps du Comtat, qui paient , par une efpèce de compofition , depuis 1633 , vingt-cinq fols par quintal , ce qui est moindre que la fomme portée par ledit tarif.

Il subsiste encore des abonnemens ou compo-fitions , avec les mêmes marchands drapiers, pour les baracans, fil & laine de Rouen , & les bara-cans d'Abbeville , les camelots d'Amiens , appellés fept huit fil retors & gros grains, les camelots de cinq quarts , baracans façon de Hollande , les étamines , royales dauphines du Mans, les ferges de Châlons, les ferges dites de Rome, & celles d'Amiens. Toutes ces marchandifes payoient à la pièce , chacune dif-féremment, fuivant le taux du tarif, ce qui caufoit une infinité de conteftations entre les marchands & les commis , tant par cette diverfité de taxe , que par les changemens qui arrivent fouvent aux noms , qualités & mefures de ces fortes d'étoffes , & pour y remédier, ils convinrent, par un traité fait le 27 octo-bre 1684 , que toutes ces marchandifes paieroient à l'avenir, à raifon de cinq livres dix fols par quintal.

Avec les marchands pelletiers de la ville de Lyon , fur diverfes marchandifes de leur négoce, ainfi qu'il est expliqué plus particuliérement dans le traité fait au mois d'avril 1669.

Avec les marchands chapeliers de Lyon , au fujet des chapeaux de la nouvelle fabrique de Marfeille , pour raifon defquels y ayant procès entre eux & le fermier , il fut convenu par un traité du 7 janvier 1684 , que les droits de la douane de Lyon des chapeaux de ladite nouvelle fabrique, & autres de pareille qualité , qui pour-roient être fabriqués ci-après en Provence , fe-roient acquittés à raifon de fept livres dix fols par balle de deux cents livres , poids de marc brut.

Il femble qu'il est encore à propos de parler , en cet endroit , d'un règlement , qui a été fait en in-terprétation du tarif de la douane de Lyon , pour l'acquittement des foies crues , dont le droit , porté par le même tarif, est à raifon de certaines fommes , pour balles du poids de cent foixante livres net ; mais pour éviter les inconvéniens du déballage , qui caufe même quelque dommage à cette forte de marchandife , il a été ordonné , par un arrêt du confeil du 26 mars 1642 , que cha-que balle de foie crue , portée à dos de mulet , feroit acquittée à raifon de cent foixante livres ; & depuis , les marchands tirant avantage de cet arrêt , & faifant leurs balles plus fortes , on a fixé, par ufage , le poids de la balle à deux cents livres jufqu'à deux cents dix brut ; en forte que tant qu'elle n'excéde point ce poids, elle ne paie qu'à raifon de cent foixante livres net , en quoi les marchands trouvent quelque bénéfice , parce que la différence du net au brut ne va pas aux cinquante ou foixante livres qu'on accorde de plus fur chaque balle de foie ; mais fi la balle pefe plus que les deux cents dix livres, on fait payer le furplus à proportion.

Les foies crues , ayant acquitté les droits de la douane de Lyon , les marchands de cette ville qui les envoient à Saint-Chamond , Saint-Etienne , & autres lieux de Forez , fous les cer-tificats des commis , pour y être filées & mouli-nées , ou converties en paffemens & rubans, peu-vent , à l'égard des foies filées , les faire revenir à Lyon , fans payer aucuns droits, fuivant l'énon-ciation faite dans l'édit de 1583 ; & , à l'égard des paffemens & rubans , en payant trois fols pour livre , pefant poids de marc ; & s'ils veulent faire porter à droiture , & fans paffer par Lyon , à Paris , & dans les provinces des cinq groffes fer-mes , ils ne paient aucuns droits, en repréfentant les certificats des commis de Lyon , endoffés par les officiers des lieux defdites manufactures ; mais aussi ils ont cet avantage que les rubans & paffe-mens , étant entrés à Lyon de cette manière , peuvent en fortir pendant la franchife des foires , & ne payer aucuns droits de fortie , en fortant du royaume.

Enfin , on peut mettre au nombre des compo-fitions , les droits que les fermiers prennent, tant fur les foies qui font portées à Avignon & dans le Comtat, pour être manufacturées , que fur les étoffes de soie qui en fortent, pour l'Allemagne, ou pour Bayonne & Bordeaux, & autres endroits, parce que ces droits font moindres que ceux dudit tarif de la *douane* de Lyon ; mais cela a befoin d'être expliqué plus particuliérement, & pour cet effet il eft néceffaire de donner en cet endroit une connoiffance générale des droits de la *douane* de Lyon, qui fe paient par rapport à la ville d'Avignon, & au Comtat Venaiffin.

Les habitans de ce pays ont obtenu des lettres-patentes de nos rois, pour être réputés regnicoles, & en cette qualité, exempts de toutes fortes de droits & impofitions. Ils ont prétendu, en vertu de ces lettres-patentes, n'être point fujets aux droits de la *douane* de Lyon, & à jouir des mêmes avantages qui ont été accordés aux trois provinces de Languedoc, Provence & Dauphiné, pour la communication de leurs denrées & marchandifes entre elles. Les fermiers, au contraire, ont foutenu que la décharge portée par ces lettres ne devoit avoir lieu, que pour les droits de la foraine, pour le regard defquels ils étoient réputés regnicoles, & non pour les droits de la *douane* de Lyon, à l'égard defquels ils étoient regardés comme étrangers.

Les habitans d'Avignon tranfigerent avec le fermier, aux conditions qui feront ci-après expliquées ; mais auparavant, il faut diftinguer les marchandifes qui entrent dans Avignon, d'avec celles qui en fortent, & dans les unes & les autres, les foies & étoffes de foie d'avec les autres marchandifes.

Celles qui y entrent font originaires des provinces circonvoifines ou étrangeres.

Les étrangeres, autres que les foies, ont payé la *douane* de Lyon dans les premiers bureaux où elles ont paffé, & ne paient point de nouveau les droits de ladite *douane*, pour entrer dans le Comtat.

Et à l'égard des foies étrangeres, elles ont acquitté dans les premiers bureaux, où on y a fait les foumiffions d'en payer les droits au bureau d'Avignon. Ces droits réglés par ladite tranfaction de 1612, par laquelle il a été convenu que les marchands d'Avignon feroient difpenfés d'aller acheter à Lyon les foies étrangeres, & qu'ils les pourroient tirer à droiture de Marfeille, en payant vingt-fept livres pour chaque balle de cent foixante livres, poids de marc ; favoir, treize livres dix fols pour les droits de la *douane* portés par le tarif, & autres treize livres dix fols pour les frais des bureaux & commis, laquelle fomme de treize livres dix fols, pour lefdits frais, ne devoit être payée que pendant le bail lors courant ; mais les premiers treize livres dix fols, pour les droits qui ne revenoient qu'à un fol & quelques deniers pour livre, ont été depuis augmentés jufqu'à quatre fols par livre, pour les foies crues en flotte, qui font trente-deux livres par balle de cent

foixante-deux livres net, & à fix fols par livre, pour les foies crues ouvrées, ce qui revient à quarante-huit livres, par chaque balle de même poids. On ne fait ni le tems, ni le motif, ni le titre de cette augmentation, & tout ce qu'on en peut juger, eft que la réappréciation de 1632 y a peut-être donné lieu ; la levée s'en fait fur un tarif d'ufage. Quoi qu'il en foit, ces droits, qui fe levent à Avignon fur les foies étrangeres, peuvent être regardés comme une compofition, parce qu'ils font encore moindres que le droit porté par le tarif de la *douane* de Lyon. La raifon qui a pu porter le fermier à faire cette compofition, outre les prétentions que les habitans pouvoient avoir à caufe de leurs privilèges, eft apparemment que ces foies font converties à Avignon en étoffes, fur lefquelles il tire de nouveaux droits de *douane*, à la fortie du Comtat.

Il n'eft point parlé dans ladite tranfaction, des foies originaires des provinces de Languedoc, Provence & Dauphiné, foit par omiffion, foit qu'alors il y eût peu de foies dans ces provinces, & qu'elles n'euffent pas accoutumé d'être portées à Avignon ; mais depuis on y a établi des droits dont on ne connoit point non plus l'origine & l'établiffement, autre que le tarif d'ufage ; mais ils font moindres que ceux du tarif de la *douane* de Lyon, & qui peuvent encore, par cette raifon, paffer pour une compofition.

Les autres marchandifes originaires des trois provinces de Languedoc, Provence & Dauphiné, tranfportées dans le Comtat, n'ont point encore été affujetties à la *douane* de Lyon.

A l'égard des étoffes de foie qui ont été fabriquées à Avignon & dans le Comtat, & qui en fortent, elles font tranfportées ou à Lyon, ou en Allemagne, par le Dauphiné, ou dans les provinces circonvoifines du royaume.

Celles qui font portées à Lyon, y acquittent les droits en entier, fuivant le tarif de 1632.

Le tranfport des étoffes de foie du Comtat en Allemagne, par le Dauphiné, fans paffer par Lyon, ne devroit pas réguliérement être permis ; il eft contraire aux anciennes ordonnances rendues fur le fait de la *douane* de Lyon ; néanmoins les fermiers l'ont toléré, & ont même fait une compofition de près de moitié, en confidération de ce que les mêmes étoffes paient les droits de foraine, qui les dédommagent, & au-delà, de ce qu'ils perdent fur la *douane* de Lyon, qu'ils pourroient faire payer en entier, en les faifant paffer par Lyon, en quoi l'on voit que les uns & les autres trouvent leur avantage.

Les étoffes de foie d'Avignon, qui font portées dans les provinces circonvoifines, ont été affujetties, par la tranfaction de 1612, aux mêmes droits qui fe paient pour les étoffes de Tours ; mais ces droits ont été depuis augmentés, & montent à préfent environ à la moitié des droits du tarif de la *douane* de Lyon : ainsi, c'est encore une composition que le fermier fait, dont on ne sait point non plus le titre, mais qui est fondée apparemment sur ce que la plus grande partie des soies dont ces étoffes ont été composées, a payé les droits de *douane* en entrant à Avignon.

Les autres marchandises du Comtat d'Avignon, qui en sortent pour être transportées dans les provinces circonvoisines, ont été assujetties, depuis l'année 1643, au paiement de la *douane* de Lyon, en vertu d'un arrêt du 16 septembre de la même année, qu'on n'a pu recouvrer sur les lieux.

La condition du Comtat d'Avignon, présentée par M. d'Aguesseau, a éprouvé plusieurs changemens. *Voyez* ce qui en a été dit au mot AVIGNON.

Après avoir parlé des tarifs de la *douane* de Lyon, & des compositions qui se font sur quelques-uns des articles qui y sont contenus, il est nécessaire d'observer que, quoique le tarif de la *douane* de Lyon, fait en 1632, doive servir de règle pour la levée qui se fait de la *douane* de Lyon, dans les provinces de Languedoc, Provence & Dauphiné, ainsi que pour celle qui se fait dans la ville de Lyon même, suivant une clause expresse du préambule du même tarif, néanmoins il s'est glissé en Languedoc, Provence & Dauphiné, des exemptions & usages particuliers qui ont établi des différences entre ces provinces & la ville de Lyon, dans la perception de la *douane*.

Ces différences sont, 1°, en ce que dans la ville de Lyon & dans le Lyonnois, on ne se sert, pour la levée des droits de la *douane* de Lyon, que du tarif imprimé de 1632; avec les additions qui y ont été faites ensuite dans les différentes éditions; mais dans les autres provinces, les commis ont des tarifs d'usage manuscrits, qui ont changé en diverses choses le tarif de 1632 & les additions.

2°. Il y a une différence particuliere qui regarde le Dauphiné. Le roi ayant ordonné par une déclaration du 17 juin 1662, le rétablissement des bureaux de la *douane* de Lyon en Dauphiné, le parlement de Grenoble, par l'arrêt d'enregistrement de cette déclaration, y apporta deux modifications; l'une pour les denrées & marchandises étrangeres qui entreroient dans le Dauphiné, pour y être consommées; l'autre, pour les marchandises & denrées originaires sortant de la province; il ordonna que les unes & les autres seroient exemptes du paiement de la *douane* de Lyon; ce qui a été, en quelque sorte, confirmé par un arrêt contradictoire du conseil du 8 avril 1673.

Ainsi, suivant cet arrêt du parlement de Grenoble, il n'y a que les marchandises étrangeres, passant par le Dauphiné, pour être transportées ailleurs, qui soient sujettes à la *douane* de Lyon dans les bureaux du Dauphiné; mais ces modifications ne s'exécutent que pour les marchandises originaires de Dauphiné, qui vont en Piémont &

Savoie; & pour celles qui viennent de Piémont & de Savoie en Dauphiné, pour y être consommées; car les soies du Dauphiné, qui sont portées à Lyon ou Avignon, paient la *douane* de Lyon, suivant les anciennes ordonnances, & depuis l'arrêt du mois de juillet 1687, sur le pied réglé par le même arrêt.

Les autres marchandises originaires du Dauphiné, qui traversent le Rhône pour être portées à Lyon, Lyonnois, Forez, Beaujolois & Auvergne, paient aussi la *douane* de Lyon, suivant l'arrêt du 2 juin 1674.

Enfin, les marchandises étrangeres, qui, après être entrées dans le royaume par Marseille, & autres ports de Provence & Languedoc, sont portées dans le Dauphiné, ou qui y viennent du Comtat, paient la *douane* à Lyon.

Outre les droits portés par le tarif de la *douane*, ou tels qu'ils se levent, soit à Lyon, en Lyonnois & Forez, soit en Languedoc, Dauphiné & Provence, il se leve encore cinq autres droits d'entrée, dont les trois premiers sont unis à la ferme de la *douane* de Lyon, & les deux derniers composent une ferme particuliere, que les prévôt des marchands & échevins de Lyon tiennent du roi.

Le premier est un sol pour livre dans la ville de Lyon, & deux sols pour livre dans les autres bureaux, des sommes auxquelles montent les droits qui s'y paient.

On sait que par les édits des mois de novembre 1633 & 1639, il fut créé des offices de contrôleurs-conservateurs des fermes & leurs lieutenans, avec attribution de douze deniers pour livre de tous les droits des fermes, & que depuis, par déclaration du mois de décembre 1643, le roi ordonna la levée d'un second sol pour livre des droits des fermes. Le premier de ces deux sols est celui qui se leve dans le bureau de Lyon, & le second n'y a pas été établi, à cause des oppositions qui y furent faites, à ce qu'on prétend, par les prévôt des marchands & échevins; mais les deux sols pour livre se levent dans tous les autres bureaux de la *douane* de Lyon. Les autres trois sols depuis créés, pour, avec les deux premiers sols, faire le parisis des droits des fermes créés par les édits & déclarations des mois de septembre 1645, & mars 1654, ne se levent point dans les bureaux de la *douane* de Lyon, non plus que le sol pour livre créé par augmentation sur tous les droits de la ferme, par l'édit du rétablissement des contrôleurs-conservateurs, du mois de février 1657, ni les six deniers pour livre des droits des fermes, créés par l'édit de rétablissement des trésoriers des fermes, du mois d'avril 1658.

Ce sol pour livre ne se prend que sur les droits de la *douane* de Lyon, & on ne le leve point sur les droits du tarif de 1667, pour les marchandises qui y sont sujettes.

Le deuxieme eſt un droit d'acquit, créé par des édits des mois de novembre 1633 & 1639. Ce droit, qui eſt de ſix ſols pour chacune expédition, depuis quatre livres dix ſols juſques à vingt ſols, ne ſe leve que dans la ville de Lyon, ſur les droits de la *douane*. La raiſon eſt que ce droit d'acquit étoit attribué aux contrôleurs-conſervateurs, & qu'on créa enſuite un ſecond ſol par le ſuſdit édit du mois de décembre 1643, pour tenir lieu des droits d'acquit & autres menus droits dont jouiſſoient ces contrôleurs. Or, comme cet édit de ſuppreſſion ne fut pas exécuté dans Lyon, & que la levée du ſecond ſol n'y fut pas établie, les droits d'acquit ont ſubſiſté dans le bureau de Lyon, & non dans les autres bureaux où le ſecond ſol a été établi.

Le troiſieme eſt un droit de paſſage extraordinaire ſur les balles & étoffes de ſoie. Pour entendre en quoi il conſiſte, il faut ſe ſouvenir de tout ce qui a été dit ci-deſſus, que, par les anciennes ordonnances, toutes les ſoies & étoffes de ſoie, ſur-tout celles venant d'Italie & Piémont, doivent paſſer par le pont de Beauvoiſin pour être portées à Lyon. Il paroît par un arrêt du 17 juin 1647, que les marchands ayant pris une autre route que celle du pont de Beauvoiſin, pour porter des balles de ſoie d'Italie à Lyon, le fermier ſe fit payer quatre livres dix ſols par balle pour cette tolérance, & que le prévôt des marchands & échevins s'en étant plaints, & le fermier ayant été ouï, il fut ordonné, par le même arrêt, que les marchandiſes venant d'Italie, Piémont & Savoie, conſigneroient au pont de Beauvoiſin, conformément aux ordonnances; permis néanmoins au fermier, pendant le tems de la guerre, pour la commodité des marchands & facilité du commerce, de ſouffrir le paſſage de Collonges, ou tel autre qui ſeroit aviſé de gré à gré entre le fermier & les marchands, qui lui paieroient par balle la ſomme à laquelle ils étoient convenus. Cette ſomme n'étoit que de quatre livres dix ſols par balle de ſoie; cependant, outre cette ſomme qu'on prend par chaque balle de ſoie d'Italie ou Piémont, venant par les bureaux de Dauphiné, on fait payer neuf livres par caiſſe d'étoffes de ſoie, venant par les bureaux de Provence. Ainſi on peut dire à l'égard des quatre livres dix ſols, que le titre qui en a permis la levée ne ſubſiſte plus, puiſque cette permiſſion n'avoit été accordée que pendant la guerre; & à l'égard des neuf livres, qu'il n'y a point de titres.

La levée n'en peut être fondée que ſur un uſage. On ne ſait point la raiſon de cette différence qu'on a faite, entre ce qui vient par les bureaux du Dauphiné, & ce qui vient par ceux de Provence; ſi ce n'eſt, peut-être, de ce que les frais des voitures par mer, pour paſſer d'Italie en Provence, étant bien moins grands que ceux des voitures par terre, pour aller d'Italie en Dauphiné, les fermiers ont cru pouvoir faire acheter aux marchands cette commodité, & les marchands de leur côté, qui y trouvent quelque profit par l'épargne des frais de voiture, y ont donné les mains.

Le quatrieme eſt le tiers ſur-taux, qui conſiſte originairement au tiers des anciens droits de la *douane* de Lyon. On n'a pu trouver l'édit d'établiſſement de ce tiers; on dit ſeulement qu'il eſt de l'année 1595, & qu'en même tems il fut accordé à la ville de Lyon un octroi de ſoixante mille livres par an, à prendre ſur ce tiers ſur-taux, au lieu d'un droit de quarante-cinq mille livres qu'elle avoit ſur la *douane*. Dans ces premiers tems, le tiers ſur-taux rendoit à peine les ſoixante mille livres d'octroi; mais depuis le produit en ayant augmenté, le roi en a fait bail à la ville, ſous le nom de *perſonnes propoſées à ſa majeſté*, par les prévôt & échevins, à la charge de payer ſoixante mille livres, à la recette des deniers communs de la ville, & le ſurplus au tréſor royal.

Réguliérement il ne devroit être levé pour le droit dudit tiers ſur-taux, que le tiers des anciens droits de la *douane*, ſuivant une des clauſes du préambule du tarif de la *douane* de Lyon de 1632. On ne laiſſe pas néanmoins de lever le tiers, tant des anciens droits que de la réappréciation, en vertu de la permiſſion expreſſe qui en a été donnée par les baux.

Il eſt permis au fermier par les mêmes baux, d'avoir des commis dans tous les lieux qu'il jugera néceſſaire, pour la perception & conſervation des droits de la ferme; & en conſéquence de cette clauſe, la ville de Lyon pouvoit étendre la levée du tiers ſur-taux, dans toutes les provinces où il y a des bureaux établis pour la *douane* de Lyon; néanmoins, il n'y a de bureaux de recette pour ce droit, que dans la ville de Lyon, & dans quelques bureaux de conſigne en d'autres endroits, la prétention & l'intérêt de la ville de Lyon étant que toutes ſortes de marchandiſes étrangeres doivent être portées à Lyon.

Outre le tiers, tant des anciens droits que de la réappréciation, on leve encore ſix deniers pour livre, de la ſomme à laquelle monte ce tiers, dont on ne fait point le titre; mais il y a apparence que ce droit n'a été établi qu'à l'inſtar, & à proportion du ſol & droit d'acquit des deux ſols qui ſe levent outre les droits de la *douane*.

Le cinquieme eſt le droit de ſubvention ou quatrieme, qui ſe leve ſur les marchandiſes ſujettes au paiement de la *douane* de Lyon, & qui entrent dans la même ville de Lyon.

Ce droit fut établi en conſéquence d'un arrêt du conſeil, du 21 août 1641, par lequel le vingtieme ou ſol pour livre, autrement, la ſubvention générale établie ſur toutes les marchandiſes vendues, revendues ou échangées, & baillées en paiement dans l'étendue du royaume, par

édit

édit du 6 novembre 1640 , & depuis ordonnée par un autre édit du 8 janvier 1641 , étoit levée à l'entrée de toutes les villes , bourgs & bourgades , fut réduit au quarantième pour la ville de Lyon, moyennant la somme y contenue , & ordonné que le bail en seroit passé à celui qui seroit nommé par les prévôt des marchands & échevins de ladite ville ; & depuis ce tems, les baux en ont toujours été passés à la ville de Lyon, séparément du droit de tiers sur-taux , jusqu'en l'année 1665 , que ces deux fermes furent unies & adjugées à la même ville , pour la somme de trois cents cinquante mille livres , payables , savoir, deux cents quatre-vingt-dix mille livres au trésor royal , & les soixante mille livres restantes à la recette générale des deniers communs de la ville , pour l'octroi accordé sur le tiers sur-taux.

Le dernier bail qui a été fait de ces deux droits aux prévôt des marchands & échevins , le 13 janvier 1683 , est pour la somme de quatre cents mille livres par chacun an , dont il doit être payé trois cents quarante mille livres au trésor royal , & les soixante mille livres à la recette des deniers communs de la ville , pour le même octroi.

On se sert , pour la perception de ce droit de quarantième , du tarif qui fut arrêté au conseil le 8 janvier 1641 , pour la levée de la subvention générale , ou vingtième de toutes les marchandises dans l'étendue du royaume, dont on a réduit les sommes à moitié , pour faire le quarantième.

Il ne se leve point de sol pour livre sur la subvention , ni aucun droit d'acquit pour la subvention & tiers sur-taux.

(Le droit de tiers sur-taux , & celui de quarantième , ont été supprimés par arrêts du conseil des 18 mai & 18 juin 1720 , après avoir été aliénés en 1713 , à la ville de Lyon, moyennant deux millions soixante mille livres. Cette ville jouit au surplus d'un octroi considérable dans lequel se trouve compris le droit de quatorze sols par livre pesant de toutes les soies étrangères qui entrent dans le royaume, & sont obligées de passer par Lyon, à quelque exception près, qui seront expliquées au mot *soie*.)

Après avoir parlé des droits de la *douane* de Lyon, & des autres droits qui s'y levent, c'est une suite naturelle de marquer l'effet que le paiement de ces droits, ou même la simple soumission de les payer pour les marchandises qu'on doit porter à Lyon, produit à l'égard des droits d'entrée & de sortie du royaume.

Il y a pour cela quatre cas à distinguer.

Le premier , des marchandises qui entrant dans le royaume par les bureaux des cinq grosses fermes, sont déclarées pour Lyon.

Le deuxième , des marchandises qui sortent de l'étendue des cinq grosses fermes, pour être portées à Lyon,

Le troisième , des marchandises qui sortant de Lyon, sont portées dans les provinces des cinq grosses fermes.

Le quatrième enfin , des marchandises qui, après être sorties de Lyon, & être entrées dans les provinces des cinq grosses fermes, en sortent pour être portées hors du royaume.

Les marchandises étrangères qui entrent dans le royaume par les bureaux des cinq grosses fermes, par exemple, Rouen , la Rochelle , &c. & qui sont déclarées pour Lyon, ont été déchargées des droits d'entrée du royaume, en faisant une soumission de rapporter certificat de la décharge desdites marchandises, & du paiement des droits au bureau de la *douane* de Lyon, par lettres-patentes du 16 mars & 11 septembre 1582 , par les arrêts du conseil des 26 mars 1624 , 9 juin 1627 , 18 juin 1642 , 19 août 1643 , & 10 mars 1644.

Ce dernier fait une exception pour les drogueries & épiceries. Au mois de juin 1644 , le roi ayant révoqué l'ancien sol pour livre imposé sur les draperies & sur toutes les marchandises de laine entrant dans la ville de Paris , & établi, en cette considération, une augmentation sur le droit d'entrée du royaume, il fut ordonné par arrêt contradictoire du conseil, du 17 juin 1647 , que les marchandises mentionnées en ladite déclaration, paieroient à l'entrée du royaume cette augmentation, encore qu'elles fussent destinées pour la ville de Lyon. Depuis , le tarif de l'année 1664 a ordonné que les marchandises qui entreroient dans le royaume par les bureaux des cinq grosses fermes pour les habitans de Lyon, & qui y seroient conduites directement , ne paieroient que le quart des droits d'entrée , en prenant des acquits à caution, avec soumissions de payer le droit de la douane à Lyon. Les drogueries & épiceries ont été exceptées de cette classe générale , par un arrêt particulier. Si les marchandises avoient payé volontairement les droits d'entrée aux bureaux des cinq grosses fermes, & qu'elles fussent ensuite conduites à Lyon, elles ne laisseroient pas d'y payer le droit de *douane* en entier , conformément à l'arrêt du conseil du 8 juin 1642.

Les choses ont été réglées autrement pour les droits portés par le tarif de 1667 ; car , par un arrêt du conseil du 27 octobre 1667 , les marchandises étrangeres entrant par les bureaux des cinq grosses fermes, pour être conduites à Lyon, n'ont été déchargées que de la moitié des droits du tarif de 1667 ; & encore cette remise n'a été accordée qu'à condition que ces marchandises seroient consommées dans Lyon & dans les provinces de Dauphiné , Languedoc & Provence , ou qu'elles seroient envoyées dans les pays étrangers , de manière que si , après les avoir fait entrer à Lyon, on vouloit les faire repasser dans les provinces des cinq grosses fermes, il faudroit qu'elles payassent la seconde moitié des droits du tarif de 1667.

Mmmm

Il eſt néanmoins permis aux marchands de Lyon de s'exempter des droits de la douane pour les marchandiſes contenues au tarif de 1667, qui viennent du Levant, d'Italie & d'Allemagne, en déclarant qu'ils les veulent faire paſſer debout pour quelques provinces du royaume, au moyen de quoi, & en payant les droits entiers du tarif de 1667, ils ſont exempts de ceux de la *douane* de Lyon ; ce qui arrive quelquefois pour des tapis de Turquie, camelots du Levant, crêpes de Bologne, & peaux habillées en jaune, qui viennent de Guyenne & Allemagne pour les marchands de Paris.

Au ſurplus, quand on a dit que les marchandiſes contenues au tarif de 1667, ſont exemptes de la moitié des droits d'entrée, étant déclarées pour Lyon, il faut en excepter quelques-unes qui ont été aſſujetties par des arrêts poſtérieurs ou ordres du conſeil, au paiement des droits entiers, nonobſtant tous privilèges, comme les fers blancs, burats & ſerges de Zurich, draps & étoffes de laine d'Angleterre, & autres.

A l'égard du ſecond cas concernant les marchandiſes ſortant des bureaux des cinq groſſes fermes pour aller à Lyon, elles ne doivent point les droits de ſortie, & elles en ont été déchargées par arrêt du 17 juin 1647.

Les marchandiſes ſortant de Lyon pour être portées dans les provinces des cinq groſſes fermes qui ſont dans le troiſieme cas, ne ſont point pareillement ſujettes aux droits d'entrée, ſuivant le même arrêt du 17 juin 1647 ; ſur quoi il eſt à obſerver que les marchandiſes qui ſortent de Lyon, ſont réputées avoir acquitté les droits de *douane* ; &, pour cet effet, les commis de la *douane* donnent aux marchands, ſur leurs déclarations, des certificats de la ſortie de leurs marchandiſes ſeulement, leſquels doivent être atteſtés par les commis aux portes ; ſinon & à faute de rapporter ces certificats, les marchandiſes pourroient être arrêtées aux bureaux des cinq groſſes fermes. Mais les étoffes d'or, d'argent & de ſoie, ſont ſujettes à une autre précaution, qui eſt qu'elles doivent être plombées de la marque de la *douane*, ſans quoi les certificats de la ſortie ſeroient inutiles, & ces étoffes non plombées, ſujettes à ſaiſie & à confiſcation.

Et enfin quant au dernier cas des marchandiſes qui, après être ſorties de Lyon & être entrées dans les provinces des cinq groſſes fermes, en ſortent pour être portées hors du royaume, elles ont été déchargées des droits de ſortie par les arrêts du conſeil des 26 mars 1624 & 19 juin 1627, en conſéquence des droits de *douane* qu'elles ont payés en entrant à Lyon. On ne ſait pas ſi depuis ces arrêts-là il y en a eu quelque autre qui les ait aſſujetties au paiement des droits ; mais par le tarif de 1664, il eſt dit qu'elles ne paieront que la moitié des droits de ſortie, lorſqu'elles ſorti-

ront de la ville de Lyon, hors le tems des foires, en repréſentant l'acquit des anciens droits engagés à la même ville. A l'égard de celles qui ſortent pendant le tems des foires, elles ne ſont point ſujettes aux droits de ſortie du royaume, à cauſe des privilèges des foires franches de Lyon.

Il n'y a, dans la ville de Lyon, qu'un ſeul privilège qui eſt celui accordé aux marchands Suiſſes ; Griſons, leurs alliés & confédérés, & marchands Allemands des villes impériales.

Le plus ancien titre de ce privilège à l'égard des Suiſſes & Griſons, qui ſe trouve dans un cahier imprimé, des traités paſſés avec les Suiſſes, eſt un traité de paix & d'alliance fait entre le roi François Ier & les cantons Suiſſes, en l'an 1516 ; mais il eſt relatif à d'autres plus anciens que je n'ai pu recouvrer.

Par ce traité de 1516, outre la confirmation générale des privilèges accordés aux marchands deſdits pays, des ligues Suiſſes, il eſt porté expreſſément, au neuvième article, que les marchands pourront franchement & quittement, avec leurs corps, biens & marchandiſes, ſûrement fabriquer & négocier dans le royaume, ſans aucune moleſtation, ni nouvelle impoſition de péage ou d'autres choſes, ſinon comme du paſſé il a été accoutumé ; ce qui leur a été confirmé par des lettres-patentes de règne en règne, & même par ſa majeſté, en 1658 & en 1663, toujours par rapport au traité de 1516, qui eſt antérieur à l'établiſſement de la *douane* de Lyon ; & c'eſt par cette raiſon qu'ils en ſont exempts, ainſi que de tous les autres droits établis depuis 1516.

A l'égard des Allemands, je n'ai pu trouver de titre formel qui les décharge des droits de la *douane* de Lyon. On peut ſeulement conclure indirectement des lettres-patentes du roi Henri II, de 1551, dont il ſera parlé ci-après, qu'ils jouiſſoient du même privilège.

Quoi qu'il en ſoit, ils en ſont en poſſeſſion, ainſi que les Suiſſes, avec une ſeule différence qui ſera expliquée dans la ſuite.

L'exemption accordée aux Suiſſes par ce traité de 1516, & lettres confirmatives, eſt pour toutes ſortes de marchandiſes ; même le traité de renouvellement d'alliance de 1658 exempte expreſſément toutes leurs marchandiſes, tant fabriquées & apprêtées en Suiſſe, que autres. Néanmoins par le dernier traité d'alliance fait en 1668, cette exemption a été reſtreinte aux marchandiſes originaires de leur pays.

Ce terme de marchandiſes originaires a reçu encore, dans l'exécution, de nouvelles reſtrictions ; car on leur fait payer les droits de la *douane* de Lyon pour les marchandiſes manufacturées dans leur pays, lorſque les matières ne ſont pas de leur crû ; par exemple, pour les voiles faits de coton, à l'uſage des femmes Eſpagnoles ; & ſur les foies & fleurets venant d'Italie, qu'ils font ouvrer dans le canton de Zurich.

On leur fait auffi payer les droits fur toutes fortes de peaux, cuirs, chevaux, beftiaux, & autres chofes de cette qualité, réputées n'avoir aucune origine certaine, & qui pourroient être d'un autre pays.

On leur fait encore payer les droits des toiles figurées & façonnées, dont ils ont entrepris depuis peu la fabrique, parce que fi on les faifoit jouir de l'exemption des droits des manufactures qu'ils pourroient établir chez eux, ils y attireroient une partie de celles de France.

Et enfin, depuis la déclaration de 1667, qui double les droits des fers blancs, ils n'ont plus la liberté d'en faire entrer en franchife; & on leur en fait payer le droit en entier, ce qui a été fait en faveur de la fabrique établie à Nevers.

Ainfi les privilèges des Suiffes n'ont lieu préfentement que pour fept natures de marchandifes;

SAVOIR:

Le cuivre.
L'étain.
Le fil de fer.
Le fil de laiton.
La mercerie.
Les fromages.
Les toiles blanches, treillis & boucaffins.

Les mêmes reftrictions & réductions fe pratiquent pour les marchands Allemands & pour les marchandifes qu'ils font entrer dans l'étendue de la douane de Lyon.

La feule différence entre les Suiffes & les Allemands, eft que les premiers font exempts tant des anciens droits de la douane de Lyon, que de la réappréciation faite en 1632; mais les Allemands ne jouiffent que de l'exemption des anciens droits, & paient la réappréciation. La raifon de cette différence eft que la déclaration de 1632, qui autorife la réappréciation, ayant révoqué toutes fortes de privilèges, & les fermiers de ce tems-là ayant voulu en conféquence obliger les Suiffes & les Allemands indifféremment à en payer les droits, les Suiffes fe pourvurent, & en obtinrent la décharge.

Les Allemands, qui étoient alors en petit nombre à Lyon, & faifoient peu de commerce, ne voulurent pas fe joindre aux Suiffes, ni contribuer avec eux aux frais de la pourfuite, en forte qu'ils font demeurés fujets à la réappréciation.

Je n'ai pas néanmoins vu l'arrêt de décharge obtenu par les Suiffes, mais cela m'a été affuré comme un fait conftant par la tradition, & l'ufage y eft conforme.

Pour empêcher l'abus que l'on pourroit faire de ces privilèges, en fe fervant de noms empruntés, on a établi quelques formalités, qui font, que les Suiffes & les Allemands qui veulent en jouir, font obligés d'en rapporter des certificats en bonne

forme, des magiftrats des cantons ou villes dont ils fe difent originaires, & de préfenter requête aux juges de la douane, qui en ordonnent la communication aux gens du roi & au procureur du fermier, fur les conclufions defquels, au cas que le certificat foit bon, les juges ordonnent que le fuppliant, après qu'il aura été certifié par deux perfonnes de la même nation, réfidantes à Lyon, jouira des privilèges, & que fon nom & fa marque feront infcrits au tableau de la douane, & à l'hôtel-de-ville, avec défenfes de les prêter, à peine de déchéance; & au bas de l'expédition qui eft délivrée par le greffier, le directeur de la douane met fon certificat portant que le nom & la marque de l'impétrant ont été infcrits au tableau de la douane. Il n'y a que ceux qui font infcrits de cette maniere, qui jouiffent des privilèges, étant au furplus fujets aux mêmes déclarations, configues & vifites que les autres marchands, & fur les mêmes peines.

Outre l'exemption des droits de la douane de Lyon pour les marchandifes & avec les formalités ci-deffus fpécifiées, le roi a encore accordé aux Suiffes, par le traité de 1658, la permiffion de tranfporter l'or & l'argent monnoyé qu'ils auront reçu pour le prix de leurs marchandifes, en faifant leurs déclarations, & prenant les paffeports néceffaires.

Ce privilège n'a plus d'objet, depuis que les lumières qu'on a acquifes fur la nature du commerce, ont dicté au confeil l'arrêt du 10 juin 1755, & la décifion du 13 juillet 1756, qui permettent la libre fortie des efpèces d'or & d'argent.

L'édit du mois de décembre 1781, a auffi apporté des modifications aux privilèges des Suiffes, relativement aux droits de la douane de Lyon, leurs fromages font exempts de tous droits d'entrée, à la charge de n'être importés que par les bureaux de Longeray & de Pontarlier, & de-là expédiés pour Lyon, fous acquit à caution.

Les toiles & les fils de fer font foumis à la moitié feulement des droits établis fur les mêmes marchandifes étrangères, fous la même condition d'être expédiés au bureau de Longeray, uniquement pour la douane de Lyon, par acquit à caution.

Depuis le commencement de ce fiècle, il s'eft introduit deux nouvelles compofitions ou modérations dans les droits de la douane de Lyon.

La première regarde les cuivres vieux qui peuvent être envoyés à Vienne, pour être fondus & rapportés à Lyon, en ne payant que trois fols par quintal.

La feconde regardoit les montres de Genève, qui, d'après un ordre de M. Defmaret, contrôleur-général, du 16 mai 1711, étoient admifes au paiement du droit modique de trois livres, deux livres ou une livre, au lieu des droits du tarif de

M m m m ij

la *douane* de Lyon; mais ces montres font rentrées dans la claffe générale, qui eft affujettie au
droit uniforme de fix livres la pièce, par l'arrêt
du 15 mai 1760.

Il y a dans la ville de Lyon une chambre établie par édit du roi Charles IX, du mois de
mars 1653, pour connoître des droits de la *douane*
de Lyon. Elle étoit compofée originairement d'un
tréforier de France, du fénéchal ou de fon lieutenant, & des avocats & procureur du roi au
préfidial, à condition d'affifter au nombre de quatre
aux jugemens définitifs; & que pour parfaire ce
nombre, en l'abfence d'aucun d'eux, il feroit pris
des confeillers du préfidial.

Cette juridiction, qui porte le nom de *douane*
de Lyon, n'eft plus aujourd'hui compofée que de
cinq membres, dont la plupart ne recherche ces
offices de juges que par rapport à quelques privilèges qu'ils procurent.

Nous devons remarquer que le tarif de la *douane*
de Lyon, auquel il n'a pas été touché depuis
cent cinquante-deux ans, eft un des plus défectueux qui exifte. Il a été originairement fi mal
rédigé, qu'il eft impoffible d'en examiner le détail fans convenir que la perception d'une grande
partie des droits eft, finon totalement arbitraire,
du moins très-obfcure & très-incertaine.

Quelques-uns des vices de ce tarif font auffi
anciens que fa formation; les autres ont été produits par le perfectionnement du langage, par les
progrès des arts & de l'induftrie.

Il fe trouve un grand nombre de marchandifes
dans le commerce, qui ne font comprifes ni dans
le tarif, ni dans fes additions.

Parmi celles qui font tariffées, une infinité ne
font plus en ufage, ou font préfentées fous des
dénominations abfolument inintelligibles.

Plufieurs marchandifes font impofées à la balle,
au ballon, à la charge, au fond, au fardeau ou
autres mefures, dont ni le poids, ni la continence
ne font défignés.

Il arrive auffi qu'une marchandife ainfi tariffée
pour l'ancien droit de la *douane* de Lyon, l'eft au
quintal pour la réappréciation.

Il eft des marchandifes nationales qui font confondues avec les marchandifes étrangeres. Les
unes & les autres font tariffées à un taux différent
fous des termes fynonymes.

L'ordre alphabétique eft fi mal obfervé dans
ce tarif, que les martres zébelines n'y font impofées que fous la lettre T, au mot timbre, qui eft
une mefure à laquelle fe vendoient alors ces pelleteries, quoique les autres martres foient dénommées à leur rang fous la lettre M.

Il en eft de même de plufieurs autres marchandifes qu'il eft prefque impoffible de découvrir dans
ce tarif, fans le lire en entier toutes les fois qu'on
veut s'en fervir.

D'ailleurs, la diftinction qu'on a faite en dif-

férens droits de l'ancien tarif, de la réappréciation, du fupplément, des droits de mandement
& de droguerie, jette une grande confufion.

Quelques articles font tariffés, non à une fomme
fixe, mais à l'équipolent du droit impofé fur d'autres; en forte que cette perception eft reftée à
l'arbitrage des commis, qui ont pris l'habitude de
leur donner une valeur qui a été regardée comme
conftante.

De-là font venus & fe font perpétués les tarifs
d'ufage & manufcrits, en forte que la même marchandife eft fujette à des droits très-inégaux dans
leur quotité, quoiqu'elle dût être générale;
& qu'il fe trouve entre la perception faite à Cette
ou à Toulon, deux ports fur la Méditerranée, où
fe leve la *douane* de Lyon, quelquefois moitié ou
un quart de différence dans cette quotité.

Jufqu'en 1724, la difpofition de l'art. 2 du
tit. 1 de l'ordonnance des fermes de 1687, ne
s'étoit pas étendue aux droits de *douane* de Lyon.
Ils fe percevoient fur le poids du pays, tant à Lyon
que dans la Provence, le Languedoc & le Dauphiné. Mais un arrêt du 19 feptembre ordonna
que ledit art. 2 du tit. 1 feroit exécuté felon fa
forme & teneur, dans tous les bureaux de ces
quatre provinces, non-feulement pour les droits
de *douane* de Lyon, mais encore pour ceux de la
douane de Valence, de la foraine, & pour tous
ceux qui fe levoient dans ces provinces.

L'année fuivante 1725, des arrêts & lettres-
patentes du 15 mai ordonnerent en conféquence
que les marchandifes originaires qui, par le tarif
des droits, avoient été impofées fur le pied du
poids de Lyon, qui eft de cent feize livres pour
cent livres poids de marc, fubiroient une augmentation de huit un tiers pour cent, dans la quotité
de la perception qu'elles fupporteroient, & que
les marchandifes étrangeres, telles que les étoffes
de foie, or & argent, les drogueries & épiceries,
fubiroient une augmentation de feize pour cent.

Les droits de la *douane* de Lyon qui fe percevoient fur les foies, furent convertis en 1711 &
1722, en un droit unique qui fut à cette derniere
époque accordé à la ville de Lyon, pour payer fes
dettes. *Voyez* SOIES. D'un autre côté, l'arrêt du
25 mars 1722, a ordonné que les étoffes étrangeres de foie pure, ou mêlées d'or, d'or & d'argent, à l'exception des velours à ramage, paieroient les deux tiers en fus du montant des droits;
mais celui du 16 mars 1734 a réduit ces deux
tiers à la moitié fur les étoffes de foie d'Avignon
& du Comtat.

Les arrêts des 2 octobre 1736 & 6 mars 1737,
revêtus de lettres-patentes duement enregiftrées,
ont apporté quelques changemens dans la perception des droits de la *douane* de Lyon, en confirmant diverfes exemptions établies par l'ufage, à
l'égard des bleds, des vins, charbons, des bois,
pierres à bâtir, & quelques autres efpèces de

denrées & de marchandifes, ces changemens font les feuls qui aient été ordonnés par une loi, depuis le tems où parle M. d'Aguefleau.

Au furplus, ils font rappellés dans le chapitre du bail des fermes fait à Forceville, en 1738 : comme il conftitue la perception actuelle, c'eft une raifon pour donner l'extrait de ce chapitre.

Article 260.

» Jouira ledit adjudicataire des droits de *douane*
» de Lyon, & autres y joints, des réapprécia-
» tions & augmentations d'iceux, ainfi qu'il
» fuit :
» 1°. Du droit de cinq pour cent & réappré-
» ciation de 1632, fur toutes les marchandifes &
» denrées étrangeres.
» 2°. Du droit de quatre pour cent & réappré-
» ciation de 1632, compris audit tarif, fur
» toutes les drogueries & épiceries étrangeres.
» 3°. Du droit de deux & demi pour cent tant
» fur les drogueries & épiceries étrangeres ou
» originaires, que fur les marchandifes & denrées
» originaires.
» 4°. Du droit de fauf conduit ou de mande-
» ment compris audit tarif, fur les étoffes de foie
» des manufactures de Gênes; lefquels droits fe-
» ront levés, tant dans la ville de Lyon, fur
» toutes les marchandifes deftinées pour ladite
» ville, & fur celles qui, en exécution des règle-
» mens, doivent y être conduites avant d'être
» déchargées dans les lieux de leur deftination,
» que dans les bureaux établis dans les provinces
» du Lyonnois, Forez, Dauphiné, Provence &
» Languedoc; même dans le Comtat d'Avignon,
» fur toutes les marchandifes qui ont été difpen-
» fées de paffer par ladite ville de Lyon, pour
» la facilité du commerce, le tout conformément
» aux ordonnances rendues fur le fait defdits
» droits; au tarif arrêté en notre confeil le 27
» octobre 1632, arrêts & règlemens depuis inter-
» venus, notamment aux arrêts de règlemens des
» 5 juillet 1729, 2 octobre 1736, & 6 août 1737,
» & lettres-patentes fur iceux, pour ce qui re-
» garde les vins & autres marchandifes.

Art. 241 & 242.

» Jouira pareillement des deux fols pour livre
» des droits ci-deffus attribués aux contrôleurs-
» confervateurs des fermes; favoir, du premier
» fol feulement dans le bureau de la ville de Lyon,
» & des deux fols dans les autres bureaux de la-
» dite *douane*; des droits d'acquit de paiement,
» ainfi que les précédens fermiers en ont bien &
» dûment joui ou dû jouir.

Art. 243.

» Et du droit de garde, à raifon de quatre

» deniers tournois par quintal, pour chacun jour
» que la marchandife féjournera dans la *douane*,
» par le défaut des marchands, après les trois
» jours de l'arrivée des marchandifes. »

Ce droit eft le prix des foins que le fermier de la *douane* de Lyon doit donner à la confervation des marchandifes dépofées dans fes mains, jufqu'à ce qu'elles foient retirées, à commencer du qua-trieme jour de leur déchargement. Au moyen de ce droit de garde, le fermier répond de la valeur des marchandifes, & de l'altération qu'elles peu-vent éprouver. C'eft ce qui a été jugé par arrêt du confeil du 18 novembre 1710, en ordonnant le rembourfement de la valeur d'effets & mar-chandifes incendiées dans la *douane* de Lyon, favoir, trois quarts par l'adjudicataire des fermes, & un quart par le prévôt des marchands & échevins de la ville, au profit de laquelle fe percevoit alors une grande partie des droits de tiers, fur-taux, quarantieme, & de ceux de mandement ou fauf-conduit. On a dit ci-devant que les deux premiers avoient été fupprimés en 1720. Il fera queftion du troifieme à la fin de cet article.

Le droit de garde donne un produit annuel d'en-viron feize à dix-huit cents livres, compris les dix fols pour livre.

Art. 264.

» Les marchandifes étrangeres & originaires,
» feront pefées au poids de marc, &c. &c. le
» tout conformément aux arrêts de notre confeil
» des 19 feptembre 1724, 15 mai & 6 novembre
» 1725, avec l'augmentation portée par ledit arrêt
» du 15 mai.

Art. 265.

» Jouira ledit adjudicataire, de l'augmentation
» portée par les arrêts de notre confeil des premier
» août 1716, & 26 mars 1722, des deux tiers des
» anciens droits de la *douane* de Lyon & *douane*
» de Valence, qui fe levent au par-deffus defdits
» anciens droits fur les étoffes de foie & dorures
» étrangeres, même fur celles d'Avignon & du
» Comtat.
» Voulons néanmoins que la portion accordée
» à la ville de Lyon, fur lefdits droits, tant
» anciens que nouveaux, par l'arrêt du 18 mai
» 1720, continue d'être remife de fix en fix mois
» à ladite ville, par l'adjudicataire, auquel il en
» fera tenu compte fur la quittance du receveur. »

On voit par les termes de cette derniere difpo-fition, que cette portion de droits dont jouiffoit la ville de Lyon, étoit un don du roi, dont fon fermier faifoit l'avance, & qui en étoit rembourfé fur le prix de fon bail, en vertu d'arrêts du con-feil, rendus chaque année. Il paroît par ceux du 31 décembre 1754, & 16 août 1757, qu'en 1753 cette indemnité a été de cinquante mille cent vingt une livres, & en 1754, de foixante-un mille huit cents livres, fommes qui faifoient la moitié du produit ; tant de l'augmentation des anciens droits, que de celui de mandement. Au refte, on doit ajouter ici, que depuis plufieurs années ce n'eft plus le receveur de la ville qui reçoit le produit de cette ancienne conceffion, ni le prévôt des marchands qui en difpofe. Sur les fonds qui en proviennent, on gratifie les négocians qui fe rendent utiles par de nouvelles découvertes, ou fe diftinguent par quelque perfection dans leurs fabriques. C'eft le miniftre des finances qui accorde ces gratifications, fur la demande de l'intendant de Lyon ; & comme elles font payées par l'adjudicataire des fermes, le montant lui en eft remboursé. Il fuit de ce nouvel arrangement, que le roi ne tient compte à l'adjudicataire, que de ce qu'il a réellement payé, & que ce dernier perçoit fuivant fon bail & pour fon compte cette augmentation des droits, & ceux de mandement ou fauf-conduit, fur les étoffes des fabriques de Gènes.

Il réfulte des détails que l'on a donnés, 1º. que la douane de Lyon eft un droit d'entrée fur toutes les marchandifes étrangeres qui font apportées en Languedoc, en Provence, en Dauphiné, & dans le gouvernement de Lyon.

2º. Qu'elle eft un droit local pour les marchandifes étrangeres qui paffent au travers de ces provinces pour aller en Italie & à Marfeille.

3º. Encore un droit local pour les marchandifes originaires qui empruntent leur paffage par l'étendue du gouvernement de Lyon, pour aller dans le refte du royaume, ou qui font exportées à Genève, en Suiffe & en Allemagne.

Dans cet état des chofes, le produit des droits de douane de Lyon, tant dans cette ville que dans les bureaux où elle fe leve, peut s'évaluer à onze ou douze cents mille livres. Voyez MANDEMENT.

DOUANIER, f. m. commis, ou employé, attaché à la douane. Quoique ce terme foit peu ufité en France, il femble qu'il indique fi exactement les fonctions de cette forte de prépofé, qu'il mériteroit d'être adopté. Dans le langage admis par le régime des traites, c'eft-à-dire, par l'adminiftration des douanes, on appelle, depuis une vingtaine d'années, officiers de bureau, tous les employés dans les douanes ; tels que les contrôleurs-vifiteurs, appréciateurs, aide-vifiteurs. Cette dénomination paroît être auffi d'ufage en Angleterre, où les douanes font en régie, quoique dans cet Etat, comme en France, il n'y ait pas une feule place des commis employés à la douane, qui foit érigée en office.

DOUBLE EMPLOI. C'eft une partie qui a été portée deux fois en recette ou en dépenfe, dans un compte ou dans un regiftre. L'ordonnance de 1667, titre 29 de la reddition des comptes, article 21, porte qu'il ne fera procédé à la révifion d'aucun compte ; mais que s'il y a des erreurs, omiffions de recette, ou faux emplois, les parties pourront en former leur demande, ou interjeter appel de la clôture du compte, & plaider leurs prétendus griefs à l'audience.

Sous ce terme de faux emploi, on entend tout emploi double ou étranger au comptable. Si le double emploi en recette eft une perte pour le comptable, le double emploi en dépenfe eft un bénéfice fi certain, que les ordonnances le réputent crime de faux, & condamnent ceux qui le commettent au paiement du quadruple de l'article doublement employé ; telles font les difpofitions de l'édit du mois de juin 1716.

DOUZE LIVRES. (Droit de) Ce droit qui eft impofé fur l'eau-de-vie, à raifon d'un muid de Paris, eft local au Havre, & fe perçoit à l'entrée, tant fur l'eau-de-vie entrant par terre, que fur celle qui vient par eau.

Ce droit tire fon origine d'une charte, accordée aux habitans du Havre par François II, au mois de novembre 1559, & d'un arrêt du confeil du 30 janvier 1564, qui leur permettent de lever au profit de cette ville plufieurs octrois, & entre autres un fol pour pot, fur l'eau-de-vie qui y feroit débarquée.

En 1663, le roi ayant joint à fa ferme des aides la moitié des octrois appartenans aux villes, ordonna par arrêt du 29 feptembre de la même année, qu'il feroit procédé au partage de ceux de la ville du Havre, & que le fol pour pot feroit perçu à l'avenir au profit de fa majefté, & augmenté d'un demi doublement, ce qui fit dix-huit deniers par pot. Dans la fuite, ce droit fut fixé par l'ordonnance des aides à douze livres par muid.

En confidération du paiement de ce droit, les habitans du Havre font exempts de celui de la fubvention, à l'entrée fur l'eau-de-vie.

DRAWBACK, f. m. fort ufité dans les douanes de l'Angleterre, & qui revient à celui de reftituer. Ce mot eft compofé de draw, qui fignifie tirer, & back, qui veut dire en arriere.

Le drawback eft établi en Angleterre par différens actes du parlement, & s'étend à plufieurs efpèces de marchandifes, exportées après avoir payé des droits d'entrée, qui font reftitués ou en totalité, ou en partie. Il porte auffi fur certaines marchandifes nationales fabriquées dans le pays ; mais qui, pour être commercées, font foumifes à des taxes particulieres.

Par exemple, les dés à jouer paient douze à quinze fols par paire ; cette impofition eft rendue quand on les exporte. Ainfi, les dés font fufceptibles du drawback ; il en eft ainfi de beaucoup d'autres objets.

A l'égard des marchandises étrangeres ; dans le *drawback*, on tient compte du déchet qu'elles ont pu éprouver par la main-d'œuvre nationale.

Le sucre raffiné, par exemple, obtient à l'exportation, un *drawback*, équivalent à ce qui a été payé à l'entrée, pour un quintal & demi ou à-peu-près de sucre brut; pour des camelots, ou autres étoffes fabriquées avec du poil de chevre, ou des soies qui ont acquitté des droits d'entrée ; on reçoit un *drawback*, qui représente à-peu-près le montant de ces droits d'entrée. Cette restitution est d'autant plus aisée à fixer, que la pesée des étoffes met à portée d'évaluer au juste la quantité de matiere premiere qui est entrée dans leur fabrication, & par conséquent le montant des droits acquittés à son importation.

On compte que si les douanes d'Angleterre reçoivent annuellement cent mille livres sterling, elles en rendent environ soixante mille.

DROGUERIES-ÉPICERIES. (Droits des) Les règlemens relatifs à la perception des droits ont toujours distingué les marchandises de la nature des *épiceries* & *drogueries*, des autres marchandises féches ou liquides, & les ont assujetties à des droits considérables, qui leur sont particuliers, & qui sont dus outre & par-dessus les autres droits d'entrée, imposés sur toute espèce de denrées & marchandises. Sous le nom de *drogueries*, ils ont compris les fruits, les écorces, les racines, les plantes, les bois, les minéraux, & toutes sortes de préparations, dont ces productions étoient la base, dont l'usage principal est pour la médecine, pour la peinture ou la teinture.

Sous le nom d'*épiceries*, on entend la canelle, le poivre, le gérofle, le gingembre, la muscade, dont on se sert sur-tout pour l'assaisonnement des viandes, quoique ces denrées soient aussi de quelque utilité en médecine.

Le plus ancien règlement que l'on trouve sur le droit des *drogueries-épiceries*, est un édit de François Ier, du 22 octobre 1539 ; mais il paroît n'avoir été rendu qu'en conséquence d'édits antérieurs de Charles VIII & de Louis XII.

Tous les princes avoient pour objet, d'engager leurs sujets & les étrangers à aller chercher les *épiceries* & les *drogueries* dans les lieux où elles croissent, & à les apporter directement en France.

En 1542, lorsque François Ier. fit faire une appréciation, ou évaluation générale des marchandises, on forma un chapitre particulier pour les *épiceries* & les *drogueries*.

Ce fut alors que l'entrée de ces espèces, jusques-là permise par tous les ports & havres de royaume, fut restreinte à quelques-uns qu'on désigna, & que les droits furent fixés, quoiqu'ils ne l'eussent pas été par les règlemens antérieurs.

L'établissement de ces droits eut pour prétexte l'utilité publique : on prétendoit que les étrangers altéroient les *drogueries* & *épiceries* ; ce fut une raison pour ordonner qu'elles n'entreroient que par un petit nombre de ports, sous la condition de payer les droits. C'est ainsi que dans tous les tems, l'avidité ou le besoin ont toujours emprunté le masque du bien public, pour se satisfaire ou remplir leurs vues.

Postérieurement à 1542, on fit différentes réappréciations & fixations de ce droit ; elles sont connues sous les trois dénominations suivantes.

Ancienne appréciation ; c'est celle de 1542.

Entrée de France ; c'est la réappréciation de 1581.

Nouvelle réappréciation ; c'est l'augmentation de 1632.

Ce dernier règlement eut son exécution jusqu'à la réunion du droit des *drogueries* & *épiceries* au tarif de 1664, pour les cinq grosses fermes que ce tarif environne ; mais par rapport à la Provence & au Languedoc, ce droit s'y perçoit encore, en vertu d'un tarif imprimé plusieurs fois, portant pour titre : « *Tarif des droits de douane des épiceries & drogueries, venant, tant des parties de Levant, Italie, que d'ailleurs, entrant en ce royaume par le port & havre de Marseille, & autres ports & havres de la Méditerranée, sujettes à payer l'entrée de deux écus par quintal, & de quatre pour cent contenues en l'imposition foraine, & ce, suivant l'édit & ordonnance du roi, donné à Amiens le dixieme de septembre 1549. A Montpellier, chez François Rochard, 1736.* »

Les citadins de Marseille sont exempts de ce droit, ainsi que de celui de table de mer, sur toutes les *drogueries* & *épiceries* qu'ils font venir pour leur compte. *Voyez* la fin de cet article.

Un autre tarif du droit de quatre pour cent, arrêté en 1582, avec la réappréciation de 1632, est également établi à Bordeaux, & confirmé par l'article 321 du bail des fermes fait à Forceville ; les *drogueries* & *épiceries* qui ne s'y trouvent pas comprises, paient les droits à raison de quatre pour cent de l'estimation, portée par le tarif de la comptablie. *Voyez* ce mot.

En Dauphiné, on se sert du tarif du même droit, qui est joint à celui de la douane de Lyon.

Le produit du droit de *droguerie*, ou de quatre pour cent, s'élève au plus à soixante mille livres par année, compris les dix sols pour livre.

Par-tout, ce droit s'acquitte au poids de marc net. Les *drogueries* & *épiceries*, non dénommées au tarif de la douane de Lyon, & entrant par son étendue, ne doivent que cinq livres deux sols six deniers par quintal, pour tous droits d'entrée, depuis l'arrêt du conseil du 13 mars 1759 ; mais comme ce droit n'est pas uniforme, il n'exclut pas le paiement des droits locaux.

L'article premier du titre 3 de l'ordonnance des fermes de 1687, avoit fixé l'entrée des *drogueries & épiceries* dans les cinq grosses fermes, aux seuls bureaux de la Rochelle, de Rouen & Calais, avec défense de les faire entrer par d'autres ports, à peine de confiscation & de trois cents livres d'amende. Il confirme l'entrée de ces mêmes denrées dans les provinces réputées étrangeres, par Bordeaux, Lyon & Marseille, avec la clause qu'elles pourront passer dans l'étendue des cinq grosses fermes par tous les bureaux, en justifiant que les droits ont été payés, & en payant le supplément, s'il en est dû.

Dans la suite, un arrêt du conseil, du 25 novembre 1698, permit l'entrée des *drogueries* par Saint-Vallery; un autre arrêt, du 16 décembre 1721, accorda la même faveur à tous les ports de la Bretagne, en acquittant les mêmes droits que dans celui de Nantes.

Le 28 juin 1723, un nouvel arrêt du conseil permit encore l'introduction des *drogueries-épiceries* par le port de Dunkerque, à la charge qu'elles seroient mises en entrepôt dans la basse ville, d'où elles ne pourroient sortir qu'en payant les droits du tarif de 1664, si elles étoient destinées pour les cinq grosses fermes, ou être expédiées sous un acquit à caution, pour assurer le paiement de ces droits.

Enfin, en 1756, l'arrêt du conseil du 6 janvier a ajouté aux bureaux déja ouverts, ceux de Boulogne, de Caen, de Dieppe, de Honfleur & de Toulon. Une décision du conseil, du 8 janvier 1762, a ouvert le bureau de Grandville pour le tems de guerre seulement; en sorte que tous les ports qui font le commerce de l'Amérique, semblent pouvoir recevoir les *drogueries-épiceries*.

Par terre, les bureaux de Saint-Dizier & de Lyon sont les seuls désignés; mais comme cette dernière ville n'est pas sur l'extrême frontiere, les bureaux de Seissel, & Collonges, qui a été remplacé par Longeray, ont été autorisés, par décisions du conseil des 11 mai & 3 juillet 1748, à expédier par acquit à caution pour Lyon, les *drogueries* de la Suisse & des pays voisins.

On doit remarquer que les marchandises de la classe des *drogueries & épiceries*, qui entrent dans les cinq grosses fermes pour passer à Lyon, doivent les droits entiers du tarif de 1664, suivant l'arrêt du conseil du 9 juillet 1698, à la différence des autres marchandises qui ne doivent que le quart de ces mêmes droits.

Celles qui proviennent du cru des îles Françoises, & qui sont conduites directement des ports même de Marseille & de Dunkerque à Lyon, sont exemptes du paiement des droits de la douane à leur arrivée, en justifiant que ceux qu'imposent les lettres-patentes de 1717 ont été payés à leur déchargement dans le port; mais si elles avoient été commercées après leur entrée en France, &

qu'elles n'arrivassent à Lyon que de la seconde main, elles seroient soumises, en cette ville, aux droits de la douane, quand même, porte l'arrêt du conseil du 2 septembre 1726, on justifieroit du paiement des droits d'entrée dans le royaume, ordonné par les lettres-patentes de 1717.

En général, toutes les *drogueries & épiceries* exportées du royaume, ne doivent aucuns droits de sortie, en justifiant que ceux d'entrée ont été acquittés.

Il est plusieurs espèces de *drogueries* & bois propres aux teintures, qui ne doivent, en vertu de l'article 6 de l'arrêt du 15 mai 1760, que la moitié des droits ordinaires auxquels elles sont imposées, soit à l'entrée du royaume, soit à la circulation. Ce sont la cochenille, l'indigo, la garance, la noix de galle, le sumac, l'alun, la potasse, le sel ammoniac, les bois de brésil, brésillet, campêche, d'inde, fernambouc, & autres bois servant à la teinture, venant soit de l'étranger, soit des îles & des colonies Françoises.

L'entrée des *drogueries* venant d'Angleterre, étoit défendue, en conséquence de l'arrêt du 6 septembre 1701; mais l'utilité de ces matieres a fait lever cette prohibition, par l'arrêt du 2 janvier 1765, en faveur seulement de celles qui servent aux teintures.

Les *drogueries* de l'espèce de celles qui viennent du Levant, doivent, outre les droits ordinaires, celui de vingt pour cent de leur estimation, compris dans l'arrêt du 22 septembre 1750, lorsqu'elles entrent en France par tout autre port que celui de Marseille, sans justifier qu'elles ne sont pas originaires des Etats du Grand-Seigneur. *Voyez* LEVANT.

On a dit ci-devant, que les citadins de Marseille sont exempts des droits de *drogueries & épiceries* sur toutes les denrées de ce genre qui arrivent en leur nom, ou de leur envoi, dans les ports de la Méditerranée. A cet effet, la liste de tous les citadins qui font ce commerce, est non-seulement déposée dans ces ports, mais aussi dans tous les bureaux de perception qui environnent le territoire de Marseille. L'origine de cette exemption remonte aux lettres-patentes du mois de février 1577, qui accorderent cette faveur pour tenir lieu d'une somme de quarante mille livres à la ville de Marseille. Elle fut ensuite confirmée dans cette jouissance, par lettres-patentes du mois de mars 1584, par un arrêt de règlement de la chambre des comptes & cour des aides de Provence, du 13 décembre de la même année, & enfin par l'édit de 1669, concernant la ville de Marseille. Les lettres-patentes portent, que cette franchise n'aura lieu qu'en faveur des habitans de Marseille, sans abus, *sous peine, où il se trouveroit chose faite au préjudice de sa majesté, d'être déchus dudit affranchissement, sans espérance d'en plus jouir.*

On doit observer que le privilège dont il s'agit,

&

& qui s'étend auffi au droit de table de mer, a plufieurs inconvéniens qu'il feroit avantageux de faire ceffer.

1°. C'en eft un, en ce que cette immunité n'eft pas bornée au port de Marfeille, & à la fortie de cette ville, pour paffer par terre dans le royaume; il paroît très-abufif que ces citadins l'aient tranfportée à Toulon, à Cette, Agde, & dans tous les ports de la Méditerranée, où peuvent être importées des *drogueries* ou *épiceries*, & où elles n'acquittent pas ce droit, étant accompagnées d'un certificat de citadinage, pour juftifier qu'elles proviennent de Marfeille & d'un de fes habitans.

2°. Il n'y a plus de proportion entre la fomme de quarante mille livres, payée il y a plus de deux fiècles, & peut-être bonne alors pour repréfenter les droits qui étoient exigibles, & celle que l'Etat percevroit actuellement fans cette exemption.

3°. En fuppofant que l'affranchiffement du droit de quatre pour cent ait été légitimement acquis par une finance de quarante mille livres, il n'a jamais pu ni dû s'appliquer qu'au principal de ce droit, feul exiftant au tems de la conceffion. Lorfque poftérieurement il a été ajouté à ce principal un acceffoire de deux, de quatre, & de dix fols pour livre, ce droit additionnel auroit dû être perçu avec autant de raifon de juftice; & il eft difficile de concevoir pourquoi l'Etat a été privé de cette portion de revenu.

Voyez l'arrêt du confeil du 24 juillet 1773, qui infirme l'axiome que, où il n'y a pas de principal, il ne peut y avoir d'acceffoire.

4°. On a dit ci-devant que le droit de quatre pour cent rapportoit à peine foixante mille livres; les relevés qu'on s'eft procurés des *drogueries-épiceries*, expédiées dans le royaume avec des certificats de citadinage, pendant les années 1775, 1776 & 1777, trois premières années du bail de Laurent David, établiffent que les droits auroient monté à quatre cents cinquante-quatre mille quatre-vingt-quatre livres, huit fols pour livre compris; ce qui revient, par chacune des trois années, à cent cinquante-un mille trois cents foixante-un livres. Si l'on y ajoute deux fols pour livre, mis en 1781, on jugera que c'eft une perte annuelle de plus de cent foixante mille livres.

Indépendamment de cette perte, il en réfulte encore un très-grand mal pour le commerce en général. Celui des *drogueries* & *épiceries* fe trouve concentré dans la ville de Marfeille, fur-tout pour les provinces méridionales; toute concurrence des autres ports eft détruite: car, comment la foutenir avec un défavantage de fix à fept pour cent? Cette inégalité de traitement eft un fléau pour le commerce; il eft donc néceffaire d'y pourvoir.

Le moyen le plus fimple paroît être de fupprimer cet ancien droit de quatre pour cent, dont les évaluations n'ont plus aucun rapport avec le prix des denrées, & d'y fubftituer par-tout où il fe leve, le tarif de 1664, pour ce genre de denrées, de façon qu'il fût général & uniforme.

Dans le cas cependant où l'habitude & la routine, qui permettent rarement de fortir de la voie commune, parce qu'il eft plus aifé de la fuivre que d'en tracer une nouvelle, feroient croire qu'on ne doit pas établir au midi une perception déja ufitée au nord; il feroit facile d'y fuppléer par le doublement des droits de douane de Lyon, & de comptablie, fur cette efpèce de marchandifes, tant à l'entrée dans le royaume par la Méditerranée, que par la Guyenne, fans néanmoins toucher à la franchife de Marfeille, qui conferveroit toujours l'avantage de faire le commerce de réexportation des *drogueries* & *épiceries*, avec la même liberté dont elle jouit aujourd'hui.

DROIT, f. m. Ce mot a un grand nombre d'acceptions reçues dans toutes les fciences, depuis la géométrie jufqu'à la théologie. Mais nous ne le confidérons que dans fa fignification en finance. On peut en conféquence le définir un impôt quelconque. Mais il y a cette différence entre les droits proprement dits & les impofitions; que les premiers font fixés dans leur quotité, mais non dans leurs produits; qu'ils fe levent fur des chofes mobiliaires, fur des actes & des difpofitions, au lieu que les impofitions font certaines & déterminées, & qu'elles portent fur les fonds ou les perfonnes; que la maffe en eft connue, fans que la portion de chaque contribuable le foit.

Les *droits* font en général les malheureux enfans de la néceffité, & leur établiffement a toujours eu en apparence un motif d'utilité. Les uns furent créés dans des circonftances de befoin; d'autres, dans des vues de protection, de confervation ou de bienveillance pour des provinces, pour des villes qui en demandoient l'établiffement. Mais le plus grand nombre ne devoit avoir qu'une exiftence paffagere & limitée à quelques années, pour en appliquer le produit aux dépenfes auxquelles il étoit affecté. Infenfiblement l'habitude de payer ces *droits*, d'un côté, la facilité de les percevoir, de l'autre, engagerent le fifc à proroger leur perception, ou à s'approprier ceux qu'il avoit accordé à des villes, à des provinces. Dès-lors leur durée devint éternelle; ils reçurent de plus, tous les accroiffemens que des circonftances preffantes ou les malheurs des tems firent ajouter à leur quotité primitive. D'abord foibles & en petit nombre, ils ont acquis avec le tems un tel degré de force; ils fe font multipliés à tel point, qu'aujourd'hui la feule énumé-

N nnn

ration qu'on voudroit en faire, occuperoit un volume confidérable. Car indépendamment des *droits* qui appartiennent au roi, il en eft une infinité d'autres que perçoivent de grandes charges, comme celle d'amiral, fous une multitude de noms différens; des communautés, des particuliers à titre de feigneurs, foit dans les halles, foit dans les marchés, fur la terre, fur les eaux. Ce font autant d'impofitions locales qui frappent fur la confommation, mais qui, par leur modicité originelle, auroient à peine été fenties, fi, d'après des principes nouveaux inventés en 1771, le fifc ne fût venu agraver leur poids, en y ajoutant dix huit, enfuite dix fols pour livre à fon profit. *Voyez* SOLS POUR LIVRE.

Il n'eft pas entré dans le plan de cet ouvrage de faire connoître tous ces *droits*, & on s'en eft expliqué dans *l'avertiffement*. Ceux qui font une portion des revenus du roi, & qui font affermés ou régis pour fon compte, ont attiré notre unique attention. Nous nous fommes attachés à n'en oublier aucun, & dans la nomenclature que nous en avons donnée, & dans les notions qu'on en trouve à la place alphabétique qui eft affignée à chaque *droit* par fon nom.

C'eft dans cette vue qu'au mot BAIL, on trouve dénommés dans le plus grand détail tous les *droits* qui compofent la ferme générale.

Au mot DOMAINE, on a détaillé également tous ceux qui font régis par l'adminiftration générale de ce nom.

On en ufera de même pour les *droits* qui forment la conftitution de la régie générale, fous le mot RÉGIE.

L'article DROIT fera terminé par l'extrait du règlement qui a compofé trois régies de tous les *droits* du roi.

On a pu remarquer que tous les *droits* de la ferme générale font divifés en trois claffes.

La première renferme le *droit* exclufif de vendre du fel dans le royaume; & les *droits* particuliers qui fe levent fur cette denrée.

Parmi ces derniers, font principalement les *droits* manuels qui ont fucceffivement formé une augmentation de trois livres, & de près de quatre livres par minot de fel confommé en pays de grandes gabelles.

Il eft curieux de voir quelles viciffitudes ils ont éprouvées, & comment le befoin, toujours renaiffant, fait profiter des exemples paffés, pour fatisfaire au moment préfent, qui dès-lors n'a plus de fin.

On traitera des *droits* manuels, après avoir parlé des *droits* de traites.

La feconde comprend le *droit* exclufif de la vente du tabac.

Dans la troifieme, font placés les *droits* fur les

denrées & marchandifes, qui fe perçoivent tant à l'entrée & à la fortie du royaume, qu'au paffage d'une province en une autre.

Tous les *droits* de cette derniere claffe, à l'exception de ceux qui fe perçoivent aux entrées & dans l'élection de Paris, font diftingués par le nom de *droits* de traites, qu'on peut appeler auffi *droits* de douanes.

La multiplicité de ces deniers, le nombre immenfe des loix qui les concernent, & la confufion qui règne dans les tarifs qui fervent à leur perception, a fait dire, que dans les difcuffions qui s'élèvent entre les redevables & les percepteurs, les premiers reffemblent à des aveugles qui prennent querelle avec des fourds.

Tous les *droits* de douane peuvent être conçus fous les trois dénominations fuivantes.

Les *droits* des cinq groffes fermes.
Les *droits* locaux.
Les *droits* uniformes.

Comme leur perception porte fur toutes les productions de la nature & de l'art, & qu'elle influe fur le commerce univerfel, d'où naît la profpérité de l'état; elle eft d'un intérêt plus général que celle des autres *droits* qui n'affectent que certains objets. Cette obfervation nous conduit donc à confidérer les *droits* de traites fous tous les rapports qu'ils ont, foit avec le gouvernement politique, foit avec la fociété, & à propofer quelques vues qui ont été infpirées par l'amour du bien public, en 1780; dans un tems où le miniftre des finances, occupé de grands projets pour la félicité publique, invitoit tous les bons citoyens à concourir à leur exécution. *Voyez* l'avertiffement.

On a vu à l'article CINQ GROSSES FERMES, comment & pourquoi tout le royaume reçoit dans le fyftême des *droits* de traites, trois divifions formées:

1º. Par les cinq groffes fermes.
2º. Par les provinces réputées étrangeres.
3º Par les pays & provinces traitées comme pays étrangers.

C'eft ici le lieu d'ajouter que cette divifion s'eft opérée en France comme dans tous les Etats d'une grande étendue. Ce royaume n'eft parvenu que fucceffivement à acquérir celle qu'on lui voit aujourd'hui. La Bretagne, la Guyenne, la Franche-Comté, les provinces méridionales, & plufieurs autres qui en font partie, appartenoient à d'autres fouverains. Elles avoient chacune des droits qui leur étoient particuliers, & une forme propre à leur perception.

Parmi ces provinces, les unes ont été réunies à la couronne par droit de conquête; les autres par des alliances ou par des traités. Toutes ont confervé quelques portions de leurs privilèges, & la nature de leurs impofitions.

C'est à ces caufes qu'on doit attribuer en partie la diverfité des *droits* établis dans ces différentes provinces. Malgré la variété & les difficultés qu'elle produit dans la perception, on les a laiffé fubfifter jufqu'à préfent, par rapport à l'inconvénient de porter atteinte à des ufages que les tems ont confacrés, & que les peuples confondent le plus fouvent avec leurs privilèges.

D'après ces faits confignés dans l'hiftoire, on doit confidérer la France comme compofée de provinces qui ont toujours fait le patrimoine de nos rois depuis l'établiffement de la monarchie; & de provinces qui n'y ont été fucceffivement réunies que par des événemens politiques, fruits des armes ou des négociations.

Sans doute que dans les premiers tems, pour accoutumer des fujets nouveaux à une nouvelle domination, il convenoit de les laiffer fous les formes de l'adminiftration à laquelle ils étoient habitués. Mais l'intérêt général de l'Etat, dont ils étoient devenus les membres, ne devoit-il pas exiger auffi que lentement, on fît à ces formes, des changemens propres à les concilier avec celles qui étoient le plus univerfellement établies, afin d'éviter les contrariétés qui en réfultoient pour la profpérité publique? Ces changemens pouvoient même s'opérer, non par des moyens de fifcalité, mais par la perfuafion; de façon à amener les provinces réputées étrangeres, à folliciter elles-mêmes leur incorporation aux cinq groffes fermes; & les *droits* de traites pouvoient fervir à cette opération.

Ces *droits*, pour revenir à l'examen que nous avons promis d'en faire, ont d'abord fait partie du domaine fouverain, comme étant le prix de la protection accordée au commerce, ou une forte d'indemnité des dépenfes faites pour favorifer fes opérations.

Sous ce point de vue, les *droits* de traites n'ont rien que de jufte & de raifonnable. Mais qu'on fouffre qu'ils mettent des bornes au commerce intérieur d'un Etat, en gênant la communication de toutes fes parties; qu'ils arrêtent l'accroiffement des richeffes territoriales, qui feules peuvent produire la félicité, c'eft un malheureux refte de l'anarchie féodale, fous laquelle chaque feigneurie ne connoiffant que fes vaffaux, voyoit dans fes voifins des ennemis qu'il falloit dépouiller par les armes, ou tyrannifer par des tributs.

Dans la fuite, les *droits* de traites devinrent des inftrumens mis en œuvre par la cupidité, pour vexer les citoyens, & facrifier leur aifance à l'avarice ou à l'ambition des princes. La burfalité de ces *droits*, l'utilité des prohibitions aux fouverains qui vendoient la faculté de les enfreindre, furent les fruits de l'ignorance univerfelle fur les avantages de la liberté appliquée au commerce.

Ce fyftême vicieux fut heureufement adopté par toutes les nations de l'Europe, & elles n'acquirent les unes fur les autres, que la fupériorité naturellement attachée aux différens degrés de leur induftrie & de leur activité. Parce qu'un peuple faifoit un commerce plus confidérable que celui de fes voifins, il n'imaginoit pas qu'il exiftât des moyens de l'agrandir encore. De-là vinrent l'habitude de confidérer les *droits* de traites comme une reffource, & la facilité d'en aggraver le fardeau, fans voir que l'impôt même détruifoit la fource de l'impôt.

Colbert fut le premier qui, s'emparant de ces *droits*, s'en fervit à former une forte de balance politique, pour pefer les effets du commerce national, & en enlever les fruits aux étrangers, qui jufqu'alors les avoient recueillis.

Ce fut un rayon de lumiere pour le tems; mais ce miniftre, docile encore aux principes adoptés par-tout, & qui fembloient ceux d'une conjuration contre la liberté, s'appliqua feulement à empêcher que le commerce extérieur ne reçût des entraves dans une partie du royaume par la multitude des *droits*.

Peut-être auffi que ce grand homme manqua de tems pour reconnoître que les effets de fon opération en faveur du commerce étranger, étoient contrariés par les *droits* intérieurs, & que l'occafion de détruire les obftacles qu'ils faifoient à fes vues bienfaifantes, fut toujours éloignée par les guerres fucceffives de 1666 & 1672. Ce qui eft certain, c'eft que ce miniftre parvint à débrouiller le chaos d'une multitude de *droits*, & à les réduire en un feul, dont la quotité une fois déterminée, ne laiffoit plus de reffources à l'arbitraire : fuite alors néceffaire de la variété des *droits* & de la confufion des loix fur leur perception.

Telle eft l'origine des *droits* du tarif de 1664, qui pouvoit avoir fon exécution par tout le royaume. Mais plufieurs provinces qui avoient leurs droits particuliers, aimerent mieux fe conferver que de fe foumettre aux nouveaux. Par ce choix, elles continuerent d'être étrangeres entre elles, & aux provinces des cinq groffes fermes, qui avoient reçu le tarif de 1664; dès-lors il fallut les féparer par des barrieres.

Ainfi l'ignorance ou l'obftination de ces provinces diffidentes, cauferent une obftruction générale au commerce intérieur, & devinrent le fléau de tout le royaume; car, quel autre nom donner à cette néceffité de diftinguer en plufieurs claffes les provinces d'un même Etat, & de vendre à des concitoyens la liberté de fe traiter en freres, quand ils doivent naturellement ne former qu'une feule famille unie par les befoins & par l'inclination?

C'eft fous cet afpect défaftreux que fe préfentent

les *droits* ou les douanes de l'intérieur du royaume. Leurs effets pernicieux sont si frappans, que tous les ministres zélés pour le bonheur de la nation, ont cherché les moyens de les faire cesser.

En 1688, M. le Pelletier, contrôleur-général, sentant combien il importoit au commerce de mettre de l'ordre & de la régularité dans la perception des *droits* des provinces réputées étrangeres, y fit envoyer des membres du conseil pour entendre les plaintes des négocians & des préposés des fermes, sur les abus & sur les moyens de les réformer.

C'est à cette commission qu'est dû l'excellent procès-verbal de M. d'Aguesseau, pere du célebre chancelier de ce nom, sur tous les *droits* qui se perçoivent en Dauphiné, Languedoc, Provence, Lyonnois & Bugey, & dont on a donné un extrait aux mots DOUANE DE LYON, FORAINE, DOUANE DE VALENCE. *Voyez* ces articles.

Au commencement de ce siecle, il fut encore question de rectifier les tarifs. Le préambule de l'arrêt du conseil du 2 avril 1702, annonce que le roi faisoit travailler depuis quelques années à leur révision, pour faire un règlement général sur les *droits* d'entrée & de sortie.

Le gouvernement manifesta les mêmes vues dans les articles 18 & 19 de l'édit du mois d'août 1717, qui révoque ou suspend tous les privileges, *afin*, y est-il dit, *de simplifier les droits des fermes, d'en diminuer les frais de régie, & de rendre la vie & le mouvement au commerce.*

En 1731, on reprit l'affaire d'un tarif général, portant un *droit* unique, jugé nécessaire pour remédier aux vices des tarifs locaux. Depuis 1733 jusqu'en 1740, il se tint chez M. Fagon, intendant des finances, des assemblées qui avoient pour objet l'imposition d'un *droit* unique, tant à l'entrée qu'à la sortie du royaume, & la suppression des *droits* intérieurs.

Ces bonnes intentions resterent sans effet, par rapport à la guerre de 1740; elles se ranimerent plus utilement en 1758; elles donnerent naissance à un tarif uniforme, qu'on dit avoir été achevé en huit ans, & qui compose deux gros volumes *in-fol.* Mais les oppositions de quelques provinces, peut-être même les craintes du gouvernement, effrayé par les clameurs des partisans de la perception établie, lesquels publioient malignement que l'Etat perdroit au moins quatre millions de revenus, firent séquestrer ce tarif, qui n'a pas vu le jour depuis cette époque.

En est-il une plus favorable à l'espérance de voir établir ce *droit* unique & ce tarif bienfaisant, qui doit renverser ces funestes barrieres placées entre nos provinces, qu'un règne où l'on voit la félicité du peuple être l'unique passion du souverain.

Afin de juger avec une précision rigoureuse de l'effet qu'une réforme peut produire sur les *droits* du roi, & d'apprécier, autant qu'il est possible, la diminution qu'ils éprouveront; n'est-il pas nécessaire d'avoir une connoissance exacte du montant de la recette de tous les bureaux actuels, principalement de ceux qui sont intérieurs, & des frais de la manutention de ces deniers?

Pour acquérir cette connoissance qui doit décider de cet établissement, il est essentiel de choisir une voie sûre. Il s'en présente trois.

La premiere seroit de créer deux inspecteurs-généraux des douanes, qui auroient chacun un département composé de dix-huit directions des fermes dans lesquelles se levent les *droits* de traites.

La premiere opération de Sully, après son avénement à la surintendance des finances, fut de se procurer une connoissance sûre des revenus & des dettes de l'Etat, par le moyen des commissaires qu'il fit voyager dans les provinces. *Recherches & considérations sur les finances,* tome Ier. *in-12.* page 40.

Leurs fonctions consisteroient à parcourir ces directions, pour y recueillir des renseignemens sur les *droits*, & s'assurer du nombre des bureaux qui les perçoivent, en distinguant ceux de la frontiere du pays étranger, des bureaux placés sur les limites de deux provinces.

L'uniformité & la précision étant à desirer dans leur travail, on pourroit les assujettir à un plan commun, dont le résultat présenteroit le tableau des douanes à supprimer, avec la totalité de leur recette, rapprochée de la totalité de leur dépense.

Ce tableau embrasseroit tout le royaume considéré par directions des fermes, & seroit divisé en trente sections sous les titres renfermés dans l'état qu'on trouvera ci-après. Ces articles étant remplis par le dépouillement des registres, donneroient non-seulement la somme des *droits* des fermes, levés sur le commerce intérieur, mais encore celle des *droits* de péages, qui sont, quoique minutieux, un objet très-considérable par leur multitude, & par leur répétition à chaque ville ou chaque seigneurie.

Tout bon patriote est affligé de voir que la Saône & le Rhône, ces deux voies naturelles de communication entre dix grandes provinces, ne soient pas aussi fréquentées qu'elles pourroient l'être, à cause des droits excessifs dont leur navigation est chargée. Une foule de bureaux hérisse leurs bords & défend leurs eaux. De Gray, en Franche-Comté, où la Saône commence à porter bateau, jusqu'à Arles en Provence, il faut s'arrêter trente fois pour payer trente *droits* différens, qui montent en général à vingt-cinq ou trente pour cent.

Voici l'énumération des lieux où ils se perçoivent, & la quotité du *droit* par quintal. A Gray, cinq sols ; Pontarlier, dix sols ; Auxonne, vingt-cinq sols ; Saint-Jean-de-Laune, dix sols ; Seurre, cinq sols ; Verdun, trois livres ; Châlons, une livre un sol trois deniers ; Tournus, sept sols six deniers ; Mâcon, onze sols trois deniers ; Trévoux, onze sols ; Lyon, quinze sols ; Vienne, trois livres neuf sols ; Auberive, six sols ; Saint-Rambert, cinq sols ; Serrieres, douze sols ; Saint-Vallier, six sols ; Tournon, dix-huit sols ; Valence, une livre six sols ; La Voulte, une livre six sols ; Buix, neuf sols ; Viviers, quinze sols ; Saint-Esprit, dix sols ; Montelimart, une livre deux sols ; Roquemaure, une livre dix sols ; le Paty, une livre dix sols ; Beaucaire, douze sols ; Tarascon, neuf sols ; Arles, une livre cinq sols. Ces péages sont ceux qui se levent sur les fers, indépendamment des *droits* des fermes, qui sont au nombre de six ; en sorte que trois pouds de fer de Russie, apportés à Marseille, ne paient que dix-huit ou vingt pour cent, tandis que ceux de Franche-Comté acquittent près de trente-cinq pour cent, en y comprenant les *droits* des fermes.

Le poud est un poids de quarante livres, poids d'Archangel, qui est le même que celui de table en usage à Marseille. Trois pouds font cent quatre livres poids de marc, & ne coûtent, en Sibérie, que onze livres neuf sols, y compris les *droits* de douane, d'un sol trois deniers par poud.

Si les fermiers de ces péages n'en faisoient pas composition sur les bois, ces droits en excéderoient la valeur.

Le roi a acquis de M. feu le prince de Conty, & de M. le prince de Soubise, la propriété de différens *droits* de péage sur le Rhône, qui font un objet de cent cinquante à cent soixante mille livres par an ; ils n'ont pas été supprimés, & sont compris dans le bail des fermes.

Si les bords de ces fleuves exigent un entretien nécessaire à la navigation, c'est à l'Etat à en faire la dépense, sauf à convertir ces trente *droits* de péage en trois, dont le paiement économiseroit au moins dix-huit heures, épargneroit beaucoup de peine aux navigateurs, & serviroit au remboursement des propriétaires de ces *droits*. Au reste, *voyez* ce qui a été dit de leur suppression & de leur remplacement, au mot CORVÉE.

Il y a lieu de croire que la communication par terre & par eau, une fois dégagée de toutes les entraves qui l'embarrassent, l'activité du commerce s'accroîtroit avec sa liberté.

Cependant s'il n'est pas possible de donner à cette liberté toute l'extension qu'elle recevroit de la double suppression des péages & des *droits* de l'intérieur, le tableau exact de leur produit n'en seroit pas moins utile. Il mettroit le gouvernement en état de procurer au commerce, suivant les circonstances, le soulagement & la faveur qui peuvent servir à ses progrès, sur-tout en prenant le parti de mettre les *droits* de traites en régie, & il feroit voir sur lesquels de ces *droits*, ou de ceux de péage, doit tomber la premiere réformation.

Si c'est sur les péages, on ne pourroit, ce semble, mieux faire que d'adopter le plan dont il a été parlé au mot CORVÉE, qui a pour objet d'abolir ce reste de servitude, ainsi que tous les péages, & de les remplacer par un *droit* général, perceptible sur toutes les routes, ainsi qu'il en est perçu dans les Pays-Bas, en Allemagne & en Angleterre.

Si c'est sur les *droits* intérieurs, le tarif uniforme pourvoira vraisemblablement à tout. Du moins il est à desirer que sa derniere classe ne soit que d'un demi pour cent ; elle fera connoître bien plus sûrement que le systême actuel, la balance du commerce d'importations & d'exportations : objet intéressant qui sembleroit devoir être, comme en Angleterre, mis chaque année sous les yeux de la nation, afin que les gens éclairés fussent à portée de donner leur avis sur les moyens de la faire pencher en sa faveur. *Voyez* BALANCE DU COMMERCE.

Dans ce nouvel état des choses, le commerce de tout le royaume se présente sous le même point de vue que celui de la ville de Paris, où toutes les marchandises n'obtiennent la liberté de circuler, qu'après avoir acquitté à la barriere d'entrée, le *droit* auquel elles sont sujettes.

Et, comme parmi ces barrieres, il en est plusieurs qui sont fermées à certaines marchandises, aux vins, par exemple, lesquels ne peuvent entrer que par des passages indiqués ; de même aussi, quelques especes de marchandises apportées du pays étranger, ne pourroient être admises dans le royaume que par des bureaux désignés.

Cette restriction est nécessaire pour réprimer la facilité des abus ; car dans la chaîne des bureaux qui investiront tout le royaume, il s'en trouvera nombre de peu importans, soit par la difficulté de leur accès, soit par leur position isolée, ou loin de toute voie de communication. Il ne seroit pas raisonnable de composer ceux-ci, malgré leurs désavantages naturels, de la même maniere que des bureaux situés dans des ports commerçans, ou placés sur des routes très-fréquentées.

Conséquemment ces petits bureaux, qui ne sont que de conserve, & destinés seulement à percevoir des *droits* sur les objets d'un commerce local, doivent être fermés à l'importation étrangere. La préférence qui leur seroit accordée, ne pourroit être fondée que sur la facilité d'éluder le paiement des *droits*, ou sur la certitude d'en obtenir une bonne composition, auprès d'un commis qui, peu inſtruit, ou médiocrement payé, eſt moins en garde contre les ſurpriſes, ou plus ſuſceptible de ſéduction.

Ainſi Calais, Saint-Vallery, & quelques autres ports, pourroient être ouverts à l'introduction des draperies, bonneteries, & autres étoffes de laine étrangeres, ſauf les prohibitions portées par l'arrêt du 6 ſeptembre 1701, contre l'Angleterre. *Voyez* le mot CONTREBANDE, & l'avertiſſement qui eſt à la tête de ce volume : on y répond au projet de ſuppreſſion de toutes les douanes, & à l'établiſſement d'une liberté illimitée.

De même Marſeille, le pont de Beauvoiſin, Lyon & Paris, quelques villes du côté de l'Eſpagne, d'où viennent de belles ſoieries, pourroient être des bureaux permis pour l'entrée de cette eſpèce de marchandiſes ; elles y acquitteroient les *droits*, & recevroient un plomb qui, en les naturaliſant, leur procureroit dès ce moment une libre concurrence avec les étoffes nationales.

Le commerce des Colonies, celui du Levant & de l'Inde, n'éprouveroient aucune innovation par l'anéantiſſement des *droits* intérieurs, ſi ce n'eſt qu'un nouveau *droit* de conſommation ſur les denrées du commerce de l'Amérique, auroit lieu dans les ports de la Bretagne comme dans tout le royaume. *Voyez* ISLES FRANÇOISES DE L'AMÉRIQUE.

Il ne reſte plus qu'à préſenter les deux autres moyens de ſe procurer les éclairciſſemens deſirables pour la réforme propoſée.

Ce ſeroit, ou d'adreſſer, tout ſimplement, les queſtions ci-jointes aux directeurs des fermes, en les chargeant de les faire repaſſer avec une réponſe claire & préciſe, ou de les faire remplir au bureau des comptes des *droits* de traites, par un relevé des regiſtres fait avec autant d'intelligence que d'exactitude, ſauf à prendre, ſur les lieux, des renſeignemens particuliers concernant les droits de péages. On ne peut ſe diſſimuler que ce parti, moins diſpendieux à la vérité que celui des inſpecteurs délégués dans les provinces, ne ſoit ſujet à tous les inconvéniens qui réſultent de l'intérêt perſonnel & du plus ou moins d'intelligence du répondant. Auſſi cette réflexion fera peut-être penſer que lorſqu'il s'agit d'une opération qui doit ſervir de baſe au bonheur du commerce & à la proſpérité de l'Etat, la dépenſe de ſoixante ou quatre-vingt mille livres, pour acquérir les détails les plus lumineux & les plus exacts, n'eſt pas d'une grande conſidération.

Il ſeroit d'ailleurs à propos de demander en même tems, à la ferme générale, un relevé du produit brut des *droits* de traites, par bureau & par direction, avec l'état de la dépenſe totale imputée ſur cette ſeule partie. Ces deux ouvrages ſéparés ſe ſerviroient mutuellement de contrôle, & la ſimilitude de leur réſultat en garantiroit la vérité.

ETAT des différens articles à remplir pour établir le ſyſtême actuel de la perception des droits de traites, & mettre le gouvernement en état d'y faire des changemens utiles.

ARTICLE PREMIER.

Généralité de

Direction de

ART. II.

Etendue & bornes de cette direction.

ART. III.

Détail des droits qui s'y perçoivent à l'entrée.

ART. IV.

Idem, à la ſortie.

Art. V.

Précis fervant , 1°. à définir hiſtoriquement chacun de ces *droits*.

2°. A faire connoître leur variation, leur quotité actuelle, & les titres de leur perception.

Art. VI.

Enumération des bureaux compris dans cette direction pour la perception de ces *droits*.

Art. VII.

Diſtinction de ces bureaux en trois claſſes.

La premiere comprendra ceux qui ſont ports de mer où ſe perçoivent des *droits*, tant ſur les objets venans des pays étrangers , que ſur ceux qui ſont apportés des provinces du royaume , ou qui y ſont expédiés.

Dans la ſeconde, ſeront renfermés les bureaux par terre d'entrée & de ſortie du royaume.

Enfin , ceux qui ſont uniquement deſtinés à ſéparer une province d'une autre , compoſeront la troiſieme.

Art. VIII.

Etat des produits des bureaux de la premiere claſſe , pendant les quatre années du bail actuel, diviſés en principal & ſols pour livre , avec une colonne pour l'évaluation & la diſtraction des ſommes perçues ſur les marchandiſes d'un commerce intérieur.

Art. IX.

Montant des produits de chacun des bureaux de la ſeconde claſſe , pendant le même tems , & dans la même forme.
Le relevé du produit des articles de perception , faite ſur les objets du commerce intérieur, pendant les quatre mois de l'année où il donne davantage , ſerviront à établir le produit de l'année entiere , pour en diſtraire la ſomme , ſur la maſſe totale de la recette de chaque bureau de ces deux claſſes.

ART. X.

Produit des bureaux de la troisieme claſſe en principal & ſols pour livre.

ART. XI.

Indication des marchandiſes & denrées principales , ſur leſquelles portent les perceptions de ces derniers bureaux , & qui donnent lieu à un commerce particulier entre les provinces contiguës.

ART XII.

Y a-t-il quelques brigades dont le ſervice particulier eſt de veiller à la conſervation des *droits* perçus en ces bureaux de la troiſieme claſſe ? Quelle eſt leur compoſition , leur dépenſe générale , & la portion imputée ſur la régie des traites?

ART. XIII.

Noms des manufactures ou des fabriques qui jouiſſent dans l'arrondiſſement de chacun de ces bureaux , de l'immunité abſolue ou partielle des *droits* qui s'y levent , ſoit par le privilège de leur établiſſement , ſoit par une conceſſion particuliere. Le titre de cette exemption, quel en eſt l'objet?

ART. XIV.

N'y a - t - il pas d'autres privilèges accordés dans ce même arrondiſſement , ſoit à des choſes ou des lieux , ſoit à des perſonnes , ſoit en des circonſtances particulieres? Leur origine. En quoi ils conſiſtent?

ART. XV.

En cas de conteſtation pour la perception des *droits* dans ces bureaux de la troiſieme claſſe , à quelle juridiction eſt-elle portée?

ART. XVI.

Cette juridiction n'a-t-elle d'autre attribution que la connoiſſance des difficultés élevées ſur les

droits de traites perçus intérieurement , de façon
qu'en les fupprimant , elle refteroit abfolument
fans fonctions ; ou fon reffort s'étend-il à d'autres
bureaux qui font ou frontieres , ou lieux d'embarquement & de débarquement ?

ART. XVII.

De combien d'officiers cette juridiction , fuppofée inutile , eft-elle compofée ? A quelle cour fouveraine reffortit-elle ?

ART. XVIII.

Tous ces officiers font-ils titulaires d'offices ,
ou fimplement pourvus de commiffions ?

ART. XIX.

Emolumens annuels de ces officiers, outre leurs
gages. D'où ils proviennent ?

ART. XX.

Indépendamment de ces bénéfices , ces officiers
ne reçoivent-ils pas chaque année des honoraires
de la ferme générale , pour tenir lieu d'épices ,
vacations , & autres *droits* ? Quel en eft l'objet
pour chacun d'eux , & celui de la dépenfe générale ?

ART. XXI.

Dépenfe de chacun des bureaux de la troifieme
claffe , tant en appointemens que remife , loyer de
maifon , & autres frais de toute nature , payés annuellement par la ferme générale.

ART. XXII.

Bénéfices cafuels , que les commis de ces bureaux trouvent dans les gratifications des négocians ou voituriers , foit pour les plombs , foit
pour les certificats de defcente, ou des vifa d'expédition ; évaluation par année en chaque bureau.

ART. XXIII.

Rapport de la recette totale de chaque bureau
de la troifieme claffe , auprès de la dépenfe entiere de la ferme générale , & réfultat.

ART. XXIV.

Addition de la dépenſe en émolumens caſuels, pris ſur le commerce & ſur le public.

ART. XXV.

Ne ſe leve-t-il pas, dans l'arrondiſſement des bureaux des trois claſſes, quelque *droit* de péage, ſoit par eau, ſoit par terre? Nom de ce péage & du propriétaire; quel en eſt le titre? quelle étendue de terrain embraſſe-t-il?

Cette queſtion & les ſuivantes peuvent être ſupprimées, au moyen de l'arrêt du 15 août 1779, concernant les péages; à moins qu'il ne ſoit pas jugé inutile de prendre, par la voie des directeurs des fermes, des connoiſſances ſur ces *droits* dans leur département reſpectif.

ART. XXVI.

En quoi conſiſte ce *droit*? ſur quel taux eſt-il établi?

ART. XXVII.

Quelles marchandiſes y ſont ſujettes? quelles ſont exemptes? En quel cas? par quel titre?

ART. XXVIII.

Combien y a-t-il de bureaux pour la perception de ce *droit* de péage? Frais de leur manutention; leur recette.

ART. XXIX.

Combien ce *droit* eſt affermé? Combien il rend au propriétaire? S'il le régit lui-même?

ART. XXX.

Devant quels juges ſont portées les conteſtations, mues pour raiſon de ce péage, en premier & dernier reſſort?

En supposant toutefois que l'état des finances ne permette pas d'abattre du même coup, tous les bureaux de perception, situés dans l'intérieur du royaume, tant pour les *droits* des fermes, que pour ceux de péages ; ou que l'incertitude de trouver, dans les produits d'un *droit* nouveau, l'égalité des produits anciens, combatte l'établissement d'un *droit* général & uniforme : on pourroit s'en tenir à faire l'essai de ce projet, dans les provinces qui avoisinent la Méditerranée, & sans priver l'État d'un sol de revenu.

Cet essai présente d'autant moins de difficultés dans son exécution, que les quatre provinces du Lyonnois, Dauphiné, Provence & Languedoc, qui forment cette partie méridionale & orientale, sont contiguës, & ne peuvent commercer ensemble, sans payer des *droits*, quoiqu'elles se communiquent par le Rhône. D'ailleurs, point de bureaux nouveaux à établir dans ces provinces ; elles sont séparées des autres par des bureaux, & il s'en trouve également sur leurs frontieres, du côté du pays étranger. On remarquera seulement que le Languedoc, en matiere de *droits* de traites, comprend le Vivarais, le Vélay, le Rouergue, le Limosin & l'Auvergne ; de sorte que toutes ces provinces, dans lesquelles il ne se leve aucun *droit*, commercent librement avec le Languedoc, & n'en paient que dans leur communication ; d'un côté, avec la Saintonge & la Guyenne ; & de l'autre, avec les cinq grosses fermes.

On y leveroit donc les mêmes *droits* qu'à présent, à l'entrée & à la sortie. On supprimeroit tous les *droits* intérieurs ; comme la foraine ; le *droit* de deux pour cent d'Arles, & le *droit* de la douane de Valence, qui est particulier au Dauphiné, & très-onéreux. A ces *droits* supprimés dans l'intérieur du royaume, on substitueroit ceux qui sont établis sur les frontieres & dans les ports de la Provence & du Languedoc, & on laisseroit à ces provinces la faculté de remplir, au moyen d'une contribution répartie sur les biens-fonds, le vuide que le nouvel arrangement pourroit d'abord faire dans les revenus du roi.

L'objet de ce vuide se connoîtroit facilement, par le tableau du produit net des bureaux actuels, rapproché de celui du produit des seuls bureaux limitrophes de l'étranger, après la suppression des bureaux de l'intérieur.

On présume qu'il n'iroit pas à trois cents mille livres ; mais ces provinces, en adoptant une pareille imposition, dont la quotité momentanée iroit toujours diminuant, en raison de l'accroissement de leur commerce extérieur, en seroient dédommagées par les richesses d'une culture plus animée, par les avantages d'un commerce plus actif, & enfin, par les augmentations de leur population, qui en seroient une suite nécessaire.

Au reste, la réforme proposée ne pourroit avoir lieu, qu'autant que les *droits* de douanes seroient en

régie ; car, outre qu'ils sont à la fois un objet de revenus, puisqu'ils produisent dix-neuf millions ; un moyen de police, en ce qu'ils servent à maintenir, l'égalité de traitement entre tous les négocians du royaume, & un instrument, que la politique emploie pour favoriser ou repousser les choses utiles ou nuisibles à l'industrie nationale ; leur influence est si puissante sur le commerce, que, de leur perception, dépend ou sa prospérité, ou sa langueur. On sent dès-lors combien il est essentiel d'en étudier les effets, & de veiller continuellement à ce que la plus grande régularité ne regne pas moins dans le fond, que dans la forme de cette perception.

Que pour parvenir à ce but, il faille des règlemens précis & généraux, des principes fixes & uniformes, c'est une vérité qui ne trouvera pas de contradicteurs ; mais la mobilité des spéculations, qui est l'ame du commerce, & qui tient à la variété des occasions, au hasard des événemens, aux progrès de l'industrie, à l'accroissement du numéraire, demande aussi à être méditée, afin d'y appercevoir des raisons de déroger aux loix anciennes, & des motifs pour en créer de nouvelles, suivant les circonstances.

Cependant, si le produit de ces *droits* est mis en ferme, leur levée ne peut être ni modifiée, ni réduite qu'à la charge d'une indemnité. Cette considération fait attendre l'expiration du bail ; ce délai est un tems perdu, pendant lequel, souvent de nouvelles conjonctures amenent de nouveaux besoins ; & le gouvernement ne peut plus réaliser les vues bienfaisantes auxquelles il se seroit d'abord livré, en faveur du commerce, s'il n'eût été retenu par les dédommagemens que le fermier de ses revenus attendoit de sa justice. *Voyez* la page *liij* du *discours préliminaire*.

D'ailleurs, du moment qu'un bail lie l'intérêt du fermier à la rigueur de la perception, elle sera toujours, en général, un écueil pour son indulgence & pour son zèle patriotique, si ces vertus pouvoient exister avec l'amour des profits ; car, quoiqu'un fermier éclairé puisse découvrir que quelquefois la douceur & la facilité favorisent sa recette, néanmoins la certitude d'un produit présent, avec de la sévérité, ne lui conseille guere le parti contraire ; parce que les résultats en sont ou trop peu sûrs, ou trop éloignés, & qu'il est incessamment pressé entre le desir de jouir & les bornes de sa jouissance.

En ne voyant jamais que l'amélioration de ses produits, ce fermier peut encore se relâcher de la rigidité des règlemens politiques, rendus contre l'industrie étrangere ; de sorte que sa sévérité & sa modération, placées à contre-tems, deviennent, par une conséquence nécessaire de l'état des choses, le fléau du commerce, & desséchent de tems à autre quelqu'une de ses branches.

Il suit de ces réflexions, que le premier & le plus grand bien que l'État puisse faire au commerce, qui, dans la conftitution actuelle des corps politiques, fait toute leur force, c'eft de prendre la régie de fes douanes.

Auffi des écrivains, non moins célebres par de grands talens, que par le zèle de la patrie, ont déja formé les mêmes vœux pour cette heureufe innovation.

« La régie, dit M. de Montefquieu, eft l'ad- » miniftration d'un bon pere de famille, qui leve » lui-même avec économie & avec ordre fes reve- » nus. Par la régie, le prince eft le maître de » preffer, adoucir, & retarder la levée des tri- » buts.... Par la régie, le prince épargne aux » peuples une infinité de mauvaifes loix, qu'exige » toujours de lui l'avarice importune des fermiers, » qui montrent un avantage préfent dans des règle- » mens funeftes pour l'avenir.... Les Etats les plus » malheureux font ceux où le prince donne à » ferme fes ports de mer, & fes villes de com- » merce....

» Il eft quelquefois utile de commencer par don- » ner à ferme un droit nouvellement impofé ; mais » le fyftème de la levée étant une fois établi par » un fermier, on peut avec fuccès le mettre en » régie. »

Tout le dix-neuvieme chapitre tend à prouver que le commerce eft détruit par les douanes, quand elles font affermées ; qu'au contraire il eft flo- riffant, fi elles font en régie. Tome 2, page 27 & 28, édition in-12.

Le baron de Biefeld montre la même opinion dans fes inftitutions politiques. « La régie des » douanes, dit cet honnête écrivain, eft bien » plus avantageufe que leur ferme ; parce que, » dans ce dernier cas, on met entre les mains » du fermier une trop grande portion du pouvoir » fouverain. Par la ferme, les peuples font aban- » donnés à la dureté affez naturelle des fermiers; » au lieu que par la régie, le prince conferve la » faculté d'exercer fa clémence dans l'occafion, » en pardonnant à l'ignorance ou à l'oubli des » formes. (Tome 2. paragraphe 28. in-12. »)

L'auteur des Recherches & confidérations fur les finances dit auffi, en parlant du grand Colbert : « Il eft furprenant qu'un miniftre auffi clairvoyant, » & auffi bien intentionné pour le commerce, » n'ait pas mis en régie, non pas les fermes, mais » les droits de traites ; car, fans cela, jamais le » légiflateur n'eft le maître de la fortune du com- » merce de fon Etat. »

Il faut en effet que la régie des douanes pré- fente en elle-même de grands avantages, puifque la plus grande partie des Etats de l'Europe, dans ceux où les intérêts du commerce font le mieux fentis, cette régie fe fait par la puiffance publique.

Tel eft le fyftème de l'Angleterre, de la Hol- lande, de l'Efpagne, de Venife, des royaumes de Naples, de Pruffe & de Sardaigne, de l'Etat eccléfiaftique, &c. Voyez la collection imprimée au Louvre des mémoires fur les droits & les im- pofitions établis en différens Etats de l'Europe.

Cet exemple eft d'autant plus facile à fuivre en France, que tous les établiffemens propres à affurer la perception des droits de ce genre, à écarter les abus, à les diriger vers leur but, ont été faits, examinés & perfectionnés, fur-tout depuis trente ans, que le gouvernement s'eft fans ceffe occupé de la profpérité du commerce & des progrès de l'induftrie.

Loin d'être arrêté par la crainte de voir di- minuer les revenus du roi, on doit au contraire être excité par la réflexion, que le commerce ga- gnera fûrement à une régie ; ne fût-ce qu'en ob- tenant des faveurs, au moment même où les cir- conftances en offriront l'occafion.

On a l'expérience que la réduction des droits fur une branche importante de commerce, ne caufe pas toujours de la diminution fur la maffe des produits. Une déclaration du 13 février 1717, ayant fupprimé les quatre fols pour livre, établis en 1704 & 1705, dont le produit étoit eftimé fept à huit millions ; ceux de la ferme générale ne diminuerent cependant que de quinze cents mille la premiere année ; il n'y eut plus de différence la feconde. Recherches fur les finances, tom. 6, p. 14.

En 1775, les droits d'entrée de Paris fur la morue fraîche ont été réduits à moitié ; la ré- pétition de ces droits modérés a compenfé fi avan- tageufement la diminution de leur quotité, après quelques années, qu'il en eft réfulté une augmen- tation fur la fomme annuelle de leur produit.

Toutes les fois que l'Etat pourra faire quelques facrifices, ils tourneront immédiatement au profit de l'Etat, parce que fa force & fa puiffance s'ope- rent naturellement par l'activité & l'étendue du commerce.

Si pourtant on pouvoit craindre que, dans l'arrangement actuel des fermes, où les employés des parties des gabelles & du tabac font en même tems le fervice néceffaire pour la confervation des droits des traites ; leur concours à cet égard ne devînt pas plus lent, ou moins attentif, parce qu'ils accorderoient la préférence au travail qui inté- refferoit plus particuliérement leurs commettans, on pourroit aiguillonner leur vigilance, en dou- blant la portion dont ils ont joui, dans les faifies en matiere de droits de douane.

Mais auffi, pour tempérer les excès auxquels l'avidité pourroit porter, les commiffaires ou inf- pecteurs généraux des douanes, nommés par le gouvernement, veilleroient à l'exécution des rè- glemens, & à réprimer les abus de toute efpèce.

Uniquement dépendans du miniftre des finances, ils s'occuperoient fous fes ordres, de tout ce qui intéreffe les différentes branches d'induftrie & de commerce, établies dans leur département refpectif du nord & du midi, en recherchant fans ceffe s'il n'en eft aucune qui souffre par la forme ou par le fond de la perception ; ils conféreroient à cet effet avec les chambres de commerce, & concerteroient les moyens de redonner de la vigueur aux parties languiffantes.

Le traducteur François de Josias Child paroît souhaiter en France, avec raifon, dit M. de Forbonnais, l'établiffement qui a lieu en Angleterre, & dans tous les Etats où les douanes font en régie ; mais il faudroit, obferve ce dernier, que ce fût un pofte entre le douanier & le négociant. Combien n'eût-il pas épargné au commerce de troubles & d'obftacles, dont la connoiffance a été dérobée au miniftre, & dont les détails longs & pénibles ne lui permettent pas même toujours de fe former une idée exacte ! *Recherches & confidérations fur les finances*, *tome 3, page 294.*

Les tarifs des *droits* de traites devroient furtout attirer l'attention de ces infpecteurs ; il n'en eft pas un feul dans l'exécution duquel il ne fe foit introduit des défordres & des vices. Cette obfervation a fi fouvent frappé le gouvernement, qu'on l'a vu cinq fois, en moins d'un fiècle, annoncer, comme on l'a dit ci-devant, le projet de les réformer.

Soit que cette attention bienfaifante ait été détournée par des circonftances particulieres, foit que l'occafion de réalifer un projet auffi utile ait toujours manqué, il eft certain qu'aux anciens vices des tarifs, il s'en eft joint de nouveaux, nés de l'ignorance ou de l'avidité des commis, ou encore de leur inattention à fuivre littéralement les termes des tarifs, & de leur complaifance à admettre des diftinctions de qualités & de prix, lorfqu'une feule efpèce, un feul genre, font dénommés, fans acception des variétés que cette efpèce ou ce genre comportent.

Des méthodes auffi arbitraires ont fait difparoître l'unité & l'uniformité de perception, inhérentes au même *droit*, & fi néceffaires pour maintenir l'égalité de traitement, due à tous les commerçans dans l'efpace embraffé par le même *droit*.

Cette altération dans la forme & dans le fond des tarifs eft portée à un tel point, fur-tout dans celui de la douane de Lyon, auquel il n'a pas été touché depuis 146 ans, qu'il n'y a peut-être pas deux bureaux où la perception foit la même. *Voyez* DOUANE DE LYON.

Une refonte générale des *droits* a donc paru néceffaire depuis long-tems, pour corriger toutes les difformités des tarifs qui exiftent ; mais on a voulu donner à cette opération, très-fimple en elle-même, des effets plus compliqués, en tentant de les étendre fur le royaume entier, & remplaçant tous les *droits* particuliers par un *droit* général & unique.

A juger de ce plan, par ce qui en a été pu-

blié, fon exécution feroit très-utile ; & il n'eft point d'ami du commerce & du bien public, qui ne la defire avec ardeur. Cependant, s'il eft permis de mêler de petites réflexions aux grandes vues qui ont dirigé ce travail ; on ofera dire que ces vues paroiffent trop généralifées, que cette unité de perception établie au nord & au midi fur les mêmes objets, eft au moins hafardée, fi elle n'eft pas funefte à quelques branches d'un trafic local, & d'un commerce de feconde main, ou de réexportation.

Eft-il bien jufte, par exemple, que des drogueries ou épiceries, qui viennent de l'Italie ou du Levant par la Méditerranée, acquittent en Picardie les mêmes *droits* qu'en Provence, ou que des fers, des huiles de poiffon, fi néceffaires à la préparation des cuirs, & venues du Nord, ne paient pas plus en Normandie qu'en Languedoc ? Les bons vins de Languedoc & de Guyenne ne doivent-ils payer à leur exportation, que les mêmes *droits* que les vins médiocres de FrancheComté enlevés par les Suiffes ?

Le tarif de 1664, quoique reftreint à la moitié ou à peu près du royaume, eft établi fur des combinaifons différentes & plus détaillées. Il défend une province de ce qui peut lui être plus particuliérement nuifible qu'aux autres, & de même favorife fes exportations locales. Ainfi, des morues, foit vertes, foit féches, font impofées à l'entrée de la Normandie, à un *droit* deux fois plus fort qu'à l'entrée des autres provinces des cinq groffes fermes ; parce que la Normandie, la feule où il y eût alors des pêcheries, auroit reçu plus de préjudice de cette importation, que les autres provinces, dans lefquelles néanmoins l'abondance de cette denrée étoit à defirer.

Pour faciliter la fortie par terre des vins de toute efpèce, en Champagne & en Bourgogne, dont ils font la richeffe principale, ils y font moins impofés qu'à la fortie des autres provinces.

Les olives, les fruits fecs d'Efpagne, de Gènes, fortant du royaume par les cinq groffes fermes, ne paient que douze fols du quintal, afin d'en faciliter la réexportation.

Un *droit* général, mais non pas uniforme, feroit, on le répéte, très-utile ? Mais n'eft-ce pas donner beaucoup au hafard, que de prétendre l'établir tout d'un coup ? L'Etat ne fera-t-il pas expofé à une crife violente, qui peut anéantir une portion de fes revenus ? Ne rifque-t-on pas enfin de ruiner plufieurs provinces, fans être fûr de la profpérité du commerce général ? Il faudroit avoir examiné le nouveau tarif, & fes rapports avec toutes les perceptions établies, pour répondre fur ces trois propofitions.

On conçoit que l'exécution d'un projet auffi vafte & auffi étendu dans fes conféquences, que le tarif unique, femble devoir être amené infenfiblement, fans fecouffe, avec la connoiffance intime du mal particulier que l'on fait, & du bien général qui en réfulte.

Cet ouvrage doit être celui du tems, & non pas d'un moment. Il s'exécutera naturellement, en s'attachant à connoître en détail tous les *droits* actuels, à pefer leurs effets, à calculer leurs produits, & à rapprocher par degré leur perception d'un point, d'où le paffage à l'uniformité générale, autant qu'elle eft praticable, foit court & facile.

Le plus grand mal qu'ait caufé ce projet, peut-être plus facilement adopté que profondément examiné ; projet d'un fuccès très-incertain & très-incomplet, tant que fubfiftera cette multitude de privilèges locaux, relatifs aux gabelles, dont les abus font faciles, & defquels on ne peut fe garantir, que par des légions de gardes, répandus entre les pays privilégiés & ceux qui ne le font pas ; c'eft qu'en offrant à des ames paffionnées pour le bien public, le bonheur d'une exécution à venir, il leur a caché les maux préfens, & a empêché, depuis 76 ans, de réformer les *droits*, & de rectifier les tarifs particuliers dont on a expofé les vices & les inconféquences. Cependant, il femble qu'en réformant les anciens *droits*, on auroit pu, & l'on pourroit encore préparer l'établiffement d'un *droit* général, fimple & conçu d'après des vues uniformes.

Il ne s'agit à cet effet que de diminuer le nombre des *droits* particuliers, & de remplacer ceux qu'on fupprime dans une province, par les *droits* de la province contiguë. Ainfi, de proche en proche, on pourroit difpofer les chofes de manière qu'il n'y eût dans le royaume que deux ou trois tarifs ; tels que celui de 1664, celui de la douane de Lyon, & le tarif de 1671.

Pour procéder à cette opération, les deux commiffaires ou infpecteurs généraux des douanes, feroient chargés d'examiner les tarifs locaux, de raffembler ceux qui font d'ufage dans les principaux bureaux d'un même *droit*, afin de les comparer enfemble, & de ramener par-tout la quotité du *droit* au taux primitif du tarif. Ils donneroient leurs obfervations fur les changemens qui y ont été faits, fur ceux qu'on peut y faire encore, enfin fur tout ce qui feroit néceffaire pour y établir la clarté, l'unité & l'invariabilité.

Ces trois objets paroiffent devoir être remplis par une dénomination auffi étendue qu'il eft poffible, des productions naturelles & artificielles, qui font la matière d'un commerce habituel dans l'arrondiffement d'un tarif, & par l'application du moyen que le confeil a prefcrit à l'égard du tarif de la douane de Valence, par fon arrêt du 26 août 1760. C'eft d'ordonner que toute denrée ou marchandife omife dans le tarif, en acquittera les *droits* par affimilation à celles qui y font comprifes, fuivant leur nature, leur analogie, & la parité

de l'emploi auquel elles font deftinées ; avec la claufe que dans le cas où l'affimilation feroit également jufte à plufieurs objets, celle qui opéreroit la moindre perception feroit préférée, ainfi qu'il a été décidé par le confeil le 18 feptembre 1761, fur le tarif de la coutume de Bayonne, qui eft divifé en deux claffes d'un taux différent : cette décifion porte que toutes les fois qu'une même marchandife feroit comprife dans les deux claffes, on s'arrêteroit à celle qui eft la plus favorable au commerce.

Ainfi une denrée comeftible ne pourroit être affimilée qu'à un autre comeftible ; un bois de marqueterie inconnu, à un bois de marqueterie connu, de même des bois de teinture & des drogueries ; à moins que, pour favorifer l'importation de ces derniers articles, on ne trouvât plus avantageux d'adopter les difpofitions de l'arrêt du 13 mars 1759. Ce réglement faifant abftraction des valeurs & des propriétés des drogueries, a ordonné que toutes celles qui ne font pas comprifes au tarif de la douane de Lyon, l'acquitteroient à raifon de cinq livres douze fols fix deniers du quintal.

Les objets de luxe, de curiofité, de parure, les habillemens d'étoffe de pelleterie, les ouvrages de bijouterie, orfévrerie, &c. dont le travail fait tout le prix, payeroient, ainfi qu'à préfent, fuivant leur eftimation, un *droit* d'entrée confidérable & uniforme. A la fortie, celui d'un pour cent impofé par l'arrêt du 15 mai 1760, fur plufieurs de ces articles, pourroit être confervé ou augmenté, & étendu à tous.

Les occafions d'affimiler n'étant pas très-fréquentes, les commis à qui elles fe préfenteroient, auroient ordre d'en rendre compte aux régiffeurs : ceux-ci décideroient provifoirement fur la juftefse de l'affimilation, mais ils feroient tenir un regiftre alphabétique de tous les objets affimilés, afin qu'ils fuffent toujours confidérés fous le même point de vue, dans tous les tarifs où ils ne fe trouveroient pas dénommés.

Tous les trois ans, ou au renouvellement de chaque régie, le tableau général de ces affimilations feroit mis fous les yeux du miniftre des finances, & communiqué aux chambres de commerce qui propoferoient leurs avis fur la confirmation ou la correction de ce tableau.

On apperçoit, fans doute, combien les commiffaires-infpecteurs des douanes feroient utiles, pour fuivre l'exécution de ce plan, & difpofer les négocians à cette innovation, en préparant les efprits à l'idée, que c'eft la profpérité du commerce uniquement que l'on recherche, & non l'augmentation des revenus de l'Etat.

En fuppofant même les *droits* de traites en ferme, la création de ces deux infpecteurs provinciaux, indépendans de la ferme générale & des chambres du commerce, ne pourroit être que très-avantageux, en les envifageant fous tous les rapports que leur donneroient leurs fonctions. Elles pourroient même être amplifiées, reftreintes & appliquées à tous les objets particuliers qui intéreffent l'adminiftration, fuivant les defirs du miniftre & le befoin du moment.

Ces hommes étant à-la-fois les prépofés de l'Etat, pour veiller à fes droits & à fes intérêts, & les agens du commerce, pour le débarraffer de tout ce qui nuit à fes progrès, ne manqueroient pas en cette double qualité, de fe livrer hardiment au zèle de leurs devoirs, & d'éclairer avec une égale impartialité, les petites extenfions des percepteurs, & les manœuvres fourdes des redevables.

Nous ne devons pas omettre d'ajouter ici qu'une partie de nos vœux vient d'être exaucée par l'arrêt du confeil d'état du roi, du 9 novembre 1783, qui ordonne qu'à commencer du premier janvier prochain, les droits de traites feront perçus au profit de fa majefté, & régis pour fon compte, en faifant fur le prix du bail une diminution équivalente. Voyez FERME GÉNÉRALE.

Ce nouvel état des chofes offre une belle carriere au miniftre des finances, & va lui laiffer la faculté de déployer les grandes & bienfaifantes vues dont la profpérité du commerce follicite depuis long-tems l'exécution.

Après avoir traité des droits de douanes en général, nous ayons à parler, d'après leur fubdivifion, de ceux qu'on appelle locaux, & des droits qualifiés uniformes.

Les premiers, c'eft-à-dire, les droits locaux, font ceux qui font particuliers à un lieu, à une province. Ils font dus chaque fois qu'une denrée ou marchandife paffe dans l'étendue du pays où ils ont lieu, fans égard pour les autres droits qui ont pu être acquittés à l'entrée du royaume, à moins que les droits d'entrée ne fuffent uniformes. On peut mettre au rang des droits locaux, tous ceux qui font impofés fur les fels, à l'entrée des provinces exemptes de gabelles.

Les droits uniformes qu'on nomme auffi droits des nouveaux arrêts, font ceux qui ont été établis dans tout le royaume, foit à l'entrée, foit à la fortie, par des arrêts & des règlemens poftérieurs au tarif du 18 feptembre 1664.

Trois années après fa publication, on s'apperçut que les droits impofés, à l'entrée, fur certaines marchandifes de fabrique étrangere; & à la fortie, fur quelques matieres premieres, étoient trop foibles. Il parut intéreffant d'écarter les unes, & de conferver les autres, non-feulement dans l'étendue des cinq groffes fermes, mais même dans les provinces réputées étrangeres.

En conféquence, une déclaration du 11 avril 1667, impofa un droit confidérable & uniforme, tant à l'entrée qu'à la fortie, fur les efpeces de marchandifes qui y font défignées. C'eft ce qu'on appelle le tarif de 1667. En l'examinant, on voit

que fon objet fut de protéger l'accroiffement de nos manufactures, d'étendre nos pêches & la culture de nos colonies.

Ces droits, conçus dans une fi grande vue, & combinés par la politique la plus clairvoyante, paroiffent d'une fi grande fimplicité, qu'il faut participer aux lumieres de celui qui les établit, pour faifir l'efprit qui l'avoit infpiré. C'eft une chofe digne d'admiration, que l'habileté avec laquelle le grand Colbert prit le prétexte de certaines vues de peu d'importance, & qu'il pouvoit manifefter, pour cacher les grands deffeins qu'il avoit intérêt de ne pas laiffer pénétrer.

Il femble en effet, par le préambule de cette déclaration, qu'il ne s'agiffe que de faciliter à certaines provinces du royaume, le débouché de quelques denrées & marchandifes qui leur font particulieres. Mais lorfque l'on approfondit l'enfemble de l'ouvrage, on y découvre le projet de gêner le commerce des étrangers, autant que celui de favorifer les fujets du roi. On voit fur-tout combien Colbert défiroit de procurer aux fabriques & manufactures du royaume, les matieres premieres dont elles avoient befoin, & la confommation des ouvrages qu'elles fournifoient.

Cet objet principal étoit fi bien déguifé fous d'autres prétextes, que les étrangers n'en fentirent pas d'abord toutes les conféquences.

Les Hollandois furent les feuls qui ne s'y laifferent pas tromper. Une nation fi commerçante & fi voifine de la France, devoit naturellement pénétrer, plutôt qu'aucune autre, des vues fi intéreffantes pour le commerce de cet Etat, & fi préjudiciables au fien en particulier: auffi s'oppoferent-ils, autant qu'ils purent, à l'établiffement de ces nouveaux droits, par la triple alliance qu'ils contracterent en 1668 avec l'Angleterre & la Suede, & ne ménagerent-ils aucuns moyens à la paix de 1678, pour obtenir la révocation de ces droits. C'eft au mot TARIF de 1667, que nous nous réfervons de faire connoître tous les événemens dont il fut la fource.

Il doit être queftion ici des droits uniformes. L'importance des droits de 1667, & la fageffe des vues qui les avoient fait impofer, furent fi bien fenties par les fucceffeurs de Colbert, que ces droits devinrent un modele qu'ils n'ont pas ceffé de fuivre, dans tous les cas où il a fallu attirer, conferver, favorifer ou repouffer les matieres ou marchandifes étrangeres & nationales.

Comme ces cas fe font préfentés fouvent, il a été rendu, autant d'arrêts du confeil, pour remplir ce but, & ils font en très-grand nombre. Par exemple, toutes les marchandifes comprifes dans la claffe de la mercerie & de la quincaillerie, font fujettes à un droit uniforme, modéré à l'entrée, & très-foible à la fortie.

Il eft de principe configné dans l'arrêt du confeil du 25 mai 1734, que les marchandifes arrivées du pays étranger, qui ont acquitté les droits uniformes, ne jouissent de l'exemption des *droits* du tarif de 1664, si elles passent dans les cinq grosses fermes, qu'autant qu'elles y sont portées dans l'espace de trois mois.

Mais si des marchandises étrangeres acquittent des *droits* uniformes à leur importation, elles peuvent suivre leur premiere destination jusqu'à l'autre extrémité du royaume, sans avoir aucuns des *droits* locaux à payer. Si elles sont commercées à leur premiere destination, elles rentrent dans la classe générale des marchandises originaires du royaume.

On ne peut s'empêcher de remarquer qu'il s'est mal à propos introduit, par un motif de faveur pour le commerce, un usage qui contrarie l'uniformité que le Conseil prend à tâche de vouloir établir. C'est que toutes les fois qu'une marchandise est sujette à un *droit* uniforme, à son exportation, & que ce droit tend à la favoriser, on ne le fait payer qu'autant qu'il se trouve plus foible que le *droit* de sortie ordinaire auquel il est substitué ; en sorte que si une partie de mercerie valant mille livres, & pesant cent livres, est présentée à un bureau de Languedoc où il n'est dû que quarante sols par quintal pour droit de foraine sur cette même marchandise, on ne perçoit que quarante sols de *droit* principal, au lieu de dix livres qui devroient être exigées en se conformant à l'arrêt du 15 mai 1760, qui l'impose à un pour cent de sa valeur. Il en résulte que la sortie de la mercerie est plus favorisée dans les bureaux où la foraine se leve, que dans le reste du royaume ; c'est ainsi que la diversité, la bizarrerie, & la dissemblance se font insensiblement introduites dans la perception des *droits*, sous des prétextes avantageux en apparence au commerce, mais souvent par des motifs de commodité pour les percepteurs accoutumés à leur routine.

Cette dérogation à une loi générale, détruit la parité, & rompt l'équilibre de la balance du commerce ; c'est une raison essentielle pour soumettre passivement les percepteurs à l'exécution littérale des loix concernant la levée des *droits*, en leur défendant expressément de s'en permettre aucune interprétation.

Au surplus, on pourroit, en adoptant l'esprit de la déclaration de 1667, rassembler dans un règlement semblable, toutes les espèces de marchandises qui, dans le tems présent, méritent plus particulierement d'être attirées ou repoussées, & les assujettir à un *droit* uniforme d'entrée, combiné sur l'un de ces motifs.

A la sortie, le même droit seroit proportionné au desir de conserver ou d'exporter.

En recommençant cette opération de tems en tems sur d'autres espèces, on formeroit insensiblement un tarif général qui comprendroit une grande partie des objets de commerce ; mais il seroit indispensable d'y insérer la clause que toute marchandise, ainsi sujette à un *droit* général & uniforme, seroit exempte de tous droits particuliers & locaux, quelle que fût son origine. Le seul inconvénient qui en résulteroit, seroit de faire participer à cette faveur les marchandises de même espèce qui proviendroient du royaume.

Ce très-petit désavantage pour le fisc pourroit encore se compenser par la quotité du *droit* uniforme & par le bien inestimable de voir le tarif général n'éprouver dans son exécution, ni obstacle, ni résistance des provinces attachées à leurs tarifs particuliers, parce qu'elles ne joindroient pas à la crainte de leur suppression, l'idée d'un tarif nouveau rédigé dans des vues de fiscalité & de bénéfice.

Nous ne pouvons mieux terminer cet article qu'en rapportant ce qui est dit dans le compte rendu en 1781, des *droits* de traites & de péages.

» Tant que les gabelles resteront dans leur état
» actuel, c'est-à-dire, tant que de province à
» province & dans une multitude de lieux de pas-
» sage, l'on sera forcé de veiller sur la contre-
» bande du sel, le vœu si souvent formé pour
» porter tous les bureaux de visite aux frontieres,
» ne pourroit jamais être rempli qu'imparfaite-
» ment. Ainsi la législation sur les gabelles est
» intimement liée à celle des droits de traites.
» Votre majesté a déja fait connoître, par son
» arrêt sur les péages, le desir qu'elle auroit
» de faciliter le commerce intérieur ; en consé-
» quence on recueille les renseignemens néces-
» saires, afin de mettre votre majesté en état de
» remplir ses vues, aussitôt que la situation des
» finances le permettra, & je vois d'avance qu'il
» ne faudra pas un grand sacrifice pour y par-
» venir.

» Il est un grand nombre de *droits* de péages
» qui assujettissent à des frais presque équivalens
» au revenu, & soit par ce motif, soit par amour
» du bien public, plusieurs propriétaires ont offert
» à votre majesté l'abandon gratuit de leurs *droits*.

» Mais la suppression entiere de tous ces péages
» ne sera non plus qu'un bien imparfait, tant que
» le royaume, indépendamment de ses divi-
» sions en différens pays de gabelles, en con-
» tiendra d'autres absolument distinctes &
» connues sous le nom de provinces des cinq
» grosses fermes, de provinces réputées étran-
» geres, & provinces étrangeres ; divisions
» qui entraînent des bureaux de visite, afin
» d'exiger les *droits* établis sur toutes les mar-
» chandises qui sortent de quelques-unes de
» ces provinces pour entrer dans d'autres. Il faut
» convenir que toute cette constitution est bar-
» bare. Mais c'est encore l'effet de la formation
» graduelle du royaume, ainsi que des projets
» généraux entrepris, mais restés imparfaits, soit
» par des difficultés qu'on n'a pas su vaincre,
» soit

» foit par des obftacles qu'on n'a pas voulu com-
» battre.

» Un plan auffi fimple que grand feroit de ren-
» dre la circulation incertaine abfolument libre.
» Mais comme les droits qui fe paient de pro-
» vince à province , ou dans d'autres lieux de
» paffage , doivent être confidérés comme de
» fimples *droits* de confommation, il faudra bien
» fe garder, en les fupprimant , de vouloir en
» retrouver l'exact équivalent par une augmen-
» tation de *droits* à l'entrée ou à la fortie du
» royaume. Ce feroit rifquer de nuire effentiel-
» lement au commerce avec l'étranger. Auffi , en
» m'occupant de cet important objet, j'ai cru
» qu'il falloit commencer par examiner quel feroit
» le tarif le plus convenable à l'importation &
» à l'exportation , en liant les idées politiques
» aux convenances fifcales. Ce tarif une fois per-
» fectionné, fi fon produit ne balance pas la
» perte des *droits* intérieurs, comme on doit s'y
» attendre , il faudra y fuppléer de quelque au-
» tre maniere. Je prépare différens travaux à cet
» égard , afin qu'on puiffe être prêt à l'époque
» de la paix. Mais au milieu de la guerre, tems
» où les *droits* établis aux frontieres rendent in-
» finiment moins que pendant la paix, il feroit
» infenfé d'exécuter une pareille opération.

» Quand le moment d'y penfer fera venu, l'on
» aura peut-être à combattre les réclamations
» de plufieurs provinces ; mais les lumieres
» étant beaucoup répandues, & la confiance
» dans l'efprit de juftice & dans les vues du bien
» public qui animent votre majefté, étant au plus
» haut degré, il ne fera queftion, fire, que de
» développer vos motifs de bienfaifance avec
» clarté, & de concilier , par quelques dédom-
» magemens, les convenances de chaque pro-
» vince , avec les arrangemens généraux que
» votre majefté jugeroit à propos d'opter. Quel
» bien, fi jamais elle fait ceffer ces difparités,
» pour ainfi dire hoftiles, qui divifent le royaume
» le plus uni par fon attachement à fon maître ! »

Le produit des *droits* de douane eft un objet
de vingt millions, compris les dix fols pour livre, diftraction faite de la recette des droits du domaine d'Occident. Si l'on fépare auffi de ces vingt
millions le montant des *droits* dus fur les fels à
l'entrée de quelques provinces privilégiées , &
qui font une fuite du privilège exclufif de la
vente de cette denrée, celui de plufieurs *droits*
d'aides, comme la fubvention par doublement, la
jauge & courtage, le produit des *droits* de confommation fur les denrées & marchandifes de l'A-
mérique , fur ceux du commerce de l'Inde ; les
droits de douane ou de traites fe trouveront à
peine donner onze ou douze millions. Et en
ajoutant que leur régie coûte trois millions ;
que celle des bureaux de l'intérieur entre dans
cette dépenfe pour plus d'un tiers, on fera en

état de juger combien étoient exagérées &
infidieufes les clameurs de ceux qui ont publié
en différens tems que la fuppreffion des *droits*
intérieurs priveroit le gouvernement d'un revenu
de plus de cinq millions.

C'eft ici le lieu de rappeler la divifion qui a
été faite de tous les *droits* du roi, pour les faire
régir par trois compagnies de finances, formées
fur les motifs expliqués dans l'arrêt de règlement
du 9 janvier 1780.

Comme nous en avons déja rapporté une partie
au mot BAIL , page 73 , nous devons donner ici
tout ce qui concerne cette nouvelle divifion des
droits, & les arrangemens généraux qui en ont
été la fuite.

« Depuis vingt ans on a inftitué diverfes régies
particulieres ; mais ces nouveaux établiffemens,
fruits de l'occafion & des befoins d'argent, plutôt
que d'un plan général & réfléchi, bien loin d'apporter un remede aux inconvéniens, en ont au
contraire introduit d'autres.

En effet, les *droits* confiés à ces compagnies
nouvelles, étant de même nature que ceux déja
conduits par les fermiers-généraux, il falloit, ou
que les régies fe ferviffent, dans les provinces,
des mêmes employés que la ferme ; & alors n'ayant
pas fur eux une autorité fuffifante , les intérêts
du roi devoient en fouffrir ; ou bien, ces régies
étoient forcées de s'attacher des commis particuliers, & alors les frais généraux de perception
s'accroiffoient ; les occupations ftériles de la fociété fe multiplioient, & les redevables étoient
encore inquiétés inutilement, par la diverfité
d'agens avec lefquels ils étoient obligés de traiter
pour des objets femblables.

Sa majefté a de plus remarqué que les aides,
cette partie effentielle de fes revenus, ne pouvoient être données à bail qu'avec défavantage
pour fes finances, parce que leur produit étant
fufceptible de variations importantes, en raifon
de l'intempérie des faifons, des fermiers ne pouvoient garantir ces événemens, qu'à l'aide d'une
latitude , dans le prix du bail, proportionnée à
leurs rifques ; en forte que le roi payoit inutilement une prime d'affurance confidérable ; comme
fi, dans une grande adminiftration, quelques variétés paffageres dans les produits, qui reviennent
toujours à un taux commun dans un petit nombre
d'années , étoient un accident affez effentiel pour
s'en racheter à trop haut prix ; cependant c'eft
à cette garantie , ainfi qu'à la certitude d'avoir,
mois par mois, une fomme fixe & déterminée,
qu'on a fait , depuis fi long-tems, de grands
facrifices. Mais fa majefté ayant fenti l'importance de s'affranchir de cette ancienne dépendance des fecours de la finance, non-feulement
dans cette partie, mais encore dans plufieurs
autres, elle a tâché, malgré les circonftances, de

Pppp

monter fon adminiftration générale, d'une maniere
conforme au but auquel elle vouloit parvenir; &
en ménageant conftamment dans fon tréfor, une
réferve en argent, ainfi qu'une fomme d'effets
négociables à chaque inftant, elle a trouvé dans
fes propres précautions des reffources fuffifantes
contre les non-valeurs accidentelles. Dès-lors,
cependant, toute l'attention de fa majefté peut
fe borner, en renouvellant fes fermes, à établir
des conditions proportionnées à la mefure du travail & des foins; dépenfe dont il eft aifé de fe
faire une idée jufte; au lieu qu'une garantie trop
vafte & trop étendue, ne peut jamais être exactement évaluée; & c'eft-là, fans doute, ce qui a
donné lieu fouvent à des bénéfices trop confidérables, quoique dans le tems où l'on a mis au
plus haut prix cette garantie, elle n'exiftoit que
par l'effet d'une convention qui, s'il étoit furvenu
des revers extraordinaires, eût trouvé des tempéramens dans la douce équité d'un grand monarque.

Sa majefté, déterminée par ces diverfes réflexions, a donc juftement penfé qu'en n'expofant
perfonne à perdre avec elle, en diftrayant de
fes fermes les objets foumis à des révolutions
dans leurs produits, en féparant les adminiftrations qui n'ont enfemble aucune connexion, en
réuniffant celles d'un genre analogue, & en remédiant ainfi à la confufion qui règne aujour-
d'hui dans ces diftributions, elle rempliroit efficacement les vues utiles dont elle eft animée.

Enfin, fa majefté, excitée par un grand motif
d'intérêt public, & par fon amour pour fes peuples, a fenti qu'en réuniffant la perception de
tous les droits, à une feule compagnie, elle prépareroit elle-même des obftacles au deffein où
elle eft d'ordonner, dans plufieurs parties, des
changemens effentiels au repos des contribuables;
ainfi c'eft par ces confidérations importantes pour
le bien de l'Etat, pour l'avantage de fes finances,
& pour les mœurs publiques, que fa majefté a
cru devoir profiter de cette époque, pour modifier
utilement fes fermes & fes régies; mais fans occafionner aucune commotion, & en obfervant les
règles de la plus exacte juftice.

En conféquence, fa majefté s'eft d'abord déterminée à divifer la perception de fes droits
entre trois compagnies, dont les recouvremens
s'éléveront à environ deux cents cinquante millions; fomme fuffifante fans doute, pour donner
à chacune de ces trois compagnies une grande
confiftance, & pour les mettre à portée de feconder, fous divers rapports, les vues générales du
gouvernement; & néanmoins par l'effet de cette
même difpofition, fa majefté prévient à l'avance
les inconvéniens qui pourroient réfulter, felon
les tems & les circonftances, d'un corps de finance
trop puiffant, & fur lequel une circulation fi confidérable repoferoit uniquement.

La premiere compagnie, fous le nom de *ferme-
générale*, fera chargée des recouvremens qui tiennent à l'importation ou à l'exportation des marchandifes étrangeres & nationales, & aux privilèges excluffifs qu'il faut defendre, tant aux frontieres du royaume, qu'aux barrieres de la capitale, & fur les limites des provinces qui font
encore étrangeres, ou réputées étrangeres.
Voyez BAIL.

La feconde compagnie, fous le nom de *régie
générale*, fera chargée de tous les droits appellés
d'*exercice*, & qui font exigés principalement à la
préparation, la vente, & la confommation des
boiffons, ainfi qu'à la fabrication de plufieurs
autres objets de commerce. Une portion de ces
droits, fous le nom d'*aides*, fait partie du bail
actuel de la ferme générale; & une autre, fous
le nom de *droits réfervés*, ou *droits réunis*, eft
actuellement adminiftrée par la régie générale.

La troifieme compagnie, fous le nom d'*adminiftration générale des domaines & droits domaniaux*,
fera compofée non-feulement des parties de recouvrement actuellement confiées aux adminiftrateurs des domaines, mais encore de la perception
de tous les droits domaniaux, compris dans le
bail de la ferme générale; ce n'eft pas que plufieurs parties des droits domaniaux, gérés par ces
deux compagnies, ne foient d'un genre différent,
les unes dérivant d'un titre feigneurial, & les
autres d'une impofition; mais en même tems il
en eft qui fe rapprochent, telles que les lods &
ventes perçus par les adminiftrateurs des domaines,
& le centieme denier exigé par la ferme générale,
à la vente des immeubles; les droits d'échange,
d'amortiffement, de nouvel acquêt, de franc-
fief, & quelques autres encore: d'ailleurs la différence de principes & la variété de connoiffances
qu'exigent les deux efpèces de perceptions, connues fous le nom de *domaines*, n'empêchent pas
qu'il n'y ait de l'avantage à réunir par un intérêt
commun, les perfonnes chargées à cet égard de
la confiance de fa majefté; un motif décifif, c'eft
que les adminiftrateurs généraux des domaines,
fe fervent principalement pour leurs recouvremens, des commis employés par les fermiers
des droits domaniaux; ainfi l'union de ces deux
compagnies, eft au moins bien naturelle, &
plus économe, que l'affociation actuelle des fermiers
du domaine, à ceux des aides, du tabac & des
gabelles; d'ailleurs c'eft dans les regiftres des
contrôleurs des actes, qui font fubordonnés aux
fermiers des droits domaniaux, que les adminiftrateurs des domaines font obligés de chercher
une partie des renfeignemens qui leur font néceffaires pour veiller fur la perception des droits
cafuels, & fur tous les effets des changemens de
propriété. Sa majefté attribuera de plus, à cette
nouvelle compagnie, le recouvrement des droits
de greffe & d'hypotheques, confiés actuellement

à la régie générale, & réunis ainsi, par un mélange bizarre, aux perceptions d'aides & d'exercice. *Voyez* le mot DOMAINE.

Mais, comme indépendamment des grandes parties dont on vient de désigner la division, il en est beaucoup d'autres qu'il faut séparer & distribuer plus à propos qu'elles ne le sont aujourd'hui, sa majesté a jugé convenable de faire annexer à la suite du présent règlement, une table contenant l'énumération des objets, dont le recouvrement sera attribué aux trois compagnies nouvelles; cette table devenant utile, tant pour leur instruction, que pour celle des contribuables.

On l'a donnée en trois parties.

La premiere, au mot BAIL.

La seconde, à l'article DOMAINE.

La troisieme trouvera naturellement sa place au mot RÉGIE GÉNÉRALE.

Sa majesté fixant ensuite son attention sur le nombre de personnes, & la somme des fonds d'avance nécessaires de la part de ces compagnies, tant pour diminuer les agens inutiles, que pour rembourser exactement les fonds des places supprimées, sans mettre le trésor royal dans la nécessité de faire aucune avance importante; sa majesté a vu qu'il y avoit actuellement,

Soixante places de fermiers-généraux, & vingt-sept places adjoints.

Vingt-cinq places de régisseurs généraux, résultat de diverses régies supprimées & réunies en une seule en 1777.

Dix-neuf places d'administrateurs des domaines, provenans de la suppression de tous les régisseurs & receveurs généraux des domaines, faite en 1778.

Et sa majesté a reconnu que le service seroit parfaitement bien fait avec

Quarante intéressés pour la premiere compagnie.

Vingt-cinq pour la seconde, malgré la réunion des aides.

Vingt-cinq pour la troisieme, malgré la réunion des droits domaniaux.

Peut-être même que sa majesté eût pu réduire ces divers intéressés à un plus petit nombre, si les droits d'une ancienne possession, & sur-tout la nécessité de conserver encore de gros fonds d'avance, avoit laissé le choix toute la liberté que sa majesté pourra se procurer à la premiere révolution de ses fermes & de ses régies.

Sa majesté a vu avec peine, que pour réduire à quarante les fermiers généraux, dont le nombre est de quatre-vingt-sept, compris les adjoints, presque tous intéressés, elle étoit dans la nécessité d'imposer plusieurs privations; c'est pour en diminuer l'effet, que par un sentiment d'équité, ainsi que pour le bien de son service, sa majesté a voulu qu'une même personne ne pût être dans deux de ces compagnies, ou à la fois dans l'une,

& dans quelqu'autre place importante de finance; & c'est un règlement sage que le roi se propose de maintenir constamment à l'avenir.

Sa majesté, d'ailleurs, est disposée à accorder les places qui viendront à vaquer, aux personnes comprises dans ces réformes, autant cependant que cette préférence pourra se concilier avec le bien de son service; car en même tems que le roi a jugé à propos de diminuer successivement les bénéfices de finance, devenus depuis long-tems un objet de critique & d'envie; sa majesté ne perd pas de vue combien est digne de son attention, le choix des personnes qui doivent, en soignant le maintien de ses revenus, ne percevoir ses droits qu'avec cette justice & cette prudence, qui concourent à la tranquillité & à la confiance de ses peuples. Sa majesté ne doute point que les hommes distingués dans cet état, & capables de sentir les principes généraux d'administration & d'ordre public qui dirigent sa majesté, n'envisagent comme raisonnables, les conditions dont les bases sont exposées dans ce règlement, & qu'oubliant leurs anciens bénéfices, ils ne joignent un esprit de sagesse dans leurs prétentions, aux autres qualités qui détermineront la préférence de sa majesté.

Enfin, le roi a vu avec la plus grande satisfaction, que tant par l'effet de ces divers arrangemens, que par les augmentations survenues dans le produit des *droits*, depuis l'époque du bail actuel, les revenus de sa majesté seroient vraisemblablement augmentés de près de quatorze millions, indépendamment de la part importante que sa majesté se réservera dans les accroissemens annuels, & indépendamment encore du bénéfice que fera sa majesté, lorsqu'elle pourra rembourser la partie des fonds d'avance dont elle consent à payer sept pour cent d'intérêt & dividende; c'est sans doute, un résultat infiniment favorable, & cet accroissement de richesse, qui n'est point l'effet de nouveaux impôts, devient d'autant plus précieux à sa majesté; & en jetant ses regards sur toutes les améliorations progressives, faites depuis quelque tems dans ses finances, sa majesté n'a d'autre regret que de n'avoir pu les appliquer au soulagement de ses peuples; mais elles ont servi, du moins, à les préserver des contributions que la guerre eût entraînées depuis long-tems, & à assurer de plus en plus la tranquillité de cette classe nombreuse des sujets du roi, liés par leur fortune à la dette publique; & sa majesté vit dans l'heureuse espérance qu'à la paix, d'autres moyens de bienfaisance lui seront encore ouverts, & c'est l'objet le plus cher à ses vœux.

A quoi voulant pourvoir: oui le rapport; le roi étant en son conseil, a ordonné & ordonne: Qu'il sera incessamment procédé à la formation de trois compagnies, sous le nom de *ferme générale* de *régie générale*, & d'*administration générale*

P ppp ij

des domaines & droits domaniaux, lesquelles seront chargées des recouvremens détaillés dans la table ci annexée, d'après les principes établis dans le présent règlement.

Fait au conseil d'Etat du roi, sa majesté y étant, tenu à Versailles le neuf janvier mil sept cent quatre-vingt. »

DROITS MANUELS, droits dépendans de la ferme des gabelles, ci-devant perçus par les officiers du grenier à sel, & actuellement appartenans au roi. Il faut distinguer les droits manuels en pays de grandes gabelles, & ces droits en pays de petites gabelles.

Dans les premiers tems de l'établissement des gabelles, les droits imposés sur le sel étoient perçus par des greneriers qui comptoient de leurs recettes à la chambre des comptes, & dont les opérations étoient surveillées par des officiers qui, en raison de la nature de leurs fonctions, étoient appelés contrôleurs.

Ces différens officiers, à qui l'on avoit d'abord accordé des gages proportionnés à l'étendue de leur travail, furent postérieurement autorisés à lever, sur tout le sel qui seroit vendu dans les greniers, des droits qui, en raison de ce qu'ils les percevoient par leurs mains, furent appelés droits manuels.

Ils conserverent la jouissance de c droits jusqu'à l'époque où les droits de gabelles furent affermés; mais les besoins du gouvernement ayant ensuite fait augmenter le nombre des officiers dans chaque grenier, on trouva plus expédient d'autoriser ceux de nouvelle création à percevoir, comme les anciens, quelques droits sur le sel, que de leur accorder des gages. Ces droits se multiplierent si considérablement, que pour faire cesser les discussions qui s'élevoient journellement, à leur occasion, entre les redevables & les officiers autorisés à les percevoir, l'arrêt du 21 mars 1664 ordonna qu'à l'avenir ils seroient levés avec ceux imposés au profit du roi, par les receveurs des greniers, lesquels compteroient ensuite à chaque officier, de la portion qui lui appartiendroit.

Les différens droits manuels que les officiers des greniers percevoient en 1668, furent entièrement supprimés par l'édit du mois de septembre de cette année, qui substitua un prix fixe à tous ceux qui étoient précédemment imposés sur le sel; pour indemniser les officiers des greniers, des attributions dont il les privoit, cet édit leur accorda des gages qu'il régla aux deux quarts, moins un dixieme, du produit des droits qu'ils avoient manuellement perçus pendant l'année 1664.

Les titres 5 & 6 de l'ordonnance du mois de mai 1680, adopterent les dispositions de cet édit

sur la fixation du prix du sel en chaque grenier, & à l'époque de la publication de cette ordonnance, il n'étoit perçu sur le sel, aucuns droits en faveur des officiers des greniers.

Les choses se maintinrent dans le même état pendant plusieurs années; mais la guerre dans laquelle Louis XIV se trouvoit engagé en 1691, l'ayant contraint de recourir à des opérations extraordinaires, pour se procurer les moyens de la soutenir, l'édit du mois de mai de cette année créa de nouveaux droits manuels réglés à treize sols six deniers par minot.

Suivant le préambule de cet édit, le roi se décida d'autant plus facilement à l'établissement qu'il ordonnoit, qu'il fut représenté à sa majesté que le produit de la ferme des gabelles qui formoit l'une des branches les plus importantes de ses revenus, dépendoit essentiellement des soins des officiers des greniers, & que ces officiers rempliroient avec plus d'exactitude les devoirs de leurs charges, lorsque leur intérêt personnel les exciteroit à s'occuper essentiellement des moyens d'améliorer les ventes.

Il ordonna au surplus, que des treize sols six deniers dont le prix de chaque minot de sel étoit augmenté, neuf sols six deniers seroient aliénés aux juridictions des greniers qui étoient alors, dans tous les lieux où la réunion avoit pu s'effectuer, unies aux élections, & que les quatre sols restans seroient aliénés aux mesureurs. Il ajouta que dans le cas où les officiers & les mesureurs n'auroient pas acquis dans un délai déterminé, la portion réservée à chacun d'eux, toutes personnes seroient admises à en faire l'achat; enfin, il fut dit que ces droits seroient manuellement perçus par ceux qui les auroient acquis, à moins qu'ils ne préférassent d'en faire faire la levée par les receveurs des greniers, qui leur compteroient ensuite de leur produit.

L'édit dont il est question fut suivi d'un grand nombre d'arrêts du conseil dont il ne sera pas inutile de rappeler ici les dispositions.

Celui du 12 juin 1691, ordonna que dans les greniers d'impôt, les nouveaux droits manuels seroient perçus par les collecteurs sur les redevables, soit que le sel d'impôt eût été levé, soit qu'il n'eût pas été levé en totalité pour l'année courante; & afin qu'il ne pût s'élever à cet égard des discussions, le même arrêt régla que sur le total de l'impôt de l'année, il seroit payé par les redevables aux collecteurs, sept sols quatre deniers par minot, pour tenir lieu des treize sols six deniers exigibles, à compter du 15 juin.

Un second arrêt du même jour ordonna que les receveurs des greniers qui feroient la levée des nouveaux droits manuels, & les officiers qui, après les avoir acquis, les percevroient par eux-mêmes, jouiroient du fort denier où il se rencontreroit.

Un troifieme arrêt du même jour commit Imbert Mazel pour faire la vente des treize fols fix deniers aliénés aux officiers des greniers & aux mefureurs, avec la claufe qu'il jouiroit de ces *droits* jufqu'à ce qu'il les eût vendus.

Celui du 22 feptembre 1691, confirmant la délibération que les officiers du grenier de Paris avoient prife, pour s'affurer la facilité d'acquérir les neuf fols fix deniers à eux deftinés par l'édit du mois de mai 1691, & par laquelle ils avoient affecté leurs offices, gages & attributions au paiement des fommes qu'ils emprunteroient, en prefcrivit l'exécution.

L'arrêt du 22 mars 1692 régla que les nouveaux *droits manuels* ne feroient pas payés par les habitans des villes de franchife qui ne levoient pas au grenier du fermier, le fel néceffaire à leur confommation, en ajoutant qu'ils feroient acquittés par ceux de toutes les autres villes de franchife.

Un autre arrêt du premier avril fuivant, ordonna que ceux des officiers des greniers qui feroient perfonnellement l'acquifition des neuf fols fix deniers deftinés à la juridiction dont ils feroient membres, feroient déchargés de toute folidité pour l'achat en corps du furplus.

Celui du 2 feptembre de la même année, déclara commun aux officiers du grenier d'Autun, & de la chambre de Montcenis, l'arrêt du 22 feptembre 1691, confirmatif de la délibération prife par les officiers du grenier de Paris; & le 9 juin 1698, on autorifa généralement les délibérations prifes par les officiers des juridictions des greniers & des élections, à l'effet d'emprunter les fommes dont ils auroient befoin pour faire l'achat des neuf fols fix deniers de *droits manuels*, à eux aliénés par l'édit du mois de mai 1691; on en ordonna l'exécution, pourvu qu'elles euffent été paffées à la pluralité des voix, & qu'en conféquence les offices, gages & *droits* defdits officiers, ainfi que leurs autres biens, refteroient affectés au paiement des fommes par eux empruntées.

Le 7 avril 1693, un autre arrêt ordonna que dans un mois, à compter du jour de la fignification qui leur en feroit faite, les officiers des greniers qui n'avoient pas encore acquis les treize fols fix deniers à eux attribués par l'édit du mois de mai 1691, feroient tenus de payer, pour en jouir, les fommes pour lefquelles ils avoient été compris dans les rôles arrêtés au confeil, finon qu'ils y feroient contraints; & l'année fuivante, le 26 janvier, il fut enjoint aux receveurs des greniers entre les mains defquelles, Mazel, chargé du recouvrement de la finance des *droits manuels*, faifiroit les gages ou rétributions appartenant aux officiers qui n'auroient pas payé les fommes pour lefquelles ils auroient été portés dans les rôles arrêtés au confeil, de lui remettre le montant defdits gages & rétributions.

Pour ne rien omettre de ce qui concerne les *droits manuels* de 1691, on ajoutera que l'arrêt du 13 juillet 1694, fit défenfes aux officiers des greniers de les exiger fur les fels de franc-falé pour lefquels ils expédieroient des certificats de non-livraifon, à peine de concuffion.

Les circonftances du befoin où l'on s'étoit trouvé en 1691, s'étant renouvellées en 1694, on ufa des mêmes reffources; création d'offices de l'efpèce la plus bizarre, avec des attributions, emprunts, &c. L'édit du mois d'octobre ordonna que les juridictions des greniers feroient défunies des élections; il établit des juridictions particulieres, tant dans les lieux où l'union s'étoit effectuée, que dans les chambres à fel qui fubfiftoient alors; en même tems, pour affurer le paiement des gages des officiers, il fut mis une augmentation de vingt fols par minot de fel, en fus du prix réglé par les ordonnances, pour que la moitié en fût aliénée aux officiers chargés de la percevoir manuellement.

Nicolas Michault fut commis pour faire la vente de ces dix fols de nouveaux *droits* manuels, & il lui fut permis d'en faire provifoirement la perception à fon profit.

Comme l'enregiftrement de l'édit fouffroit des difficultés, il fut ordonné, par arrêt du 23 du même mois d'octobre, que la perception des vingt fols d'augmentation par minot, feroit faite tant fur le fel d'impôt & de vente volontaire, que fur celui de privilège ou gratification, par les commis de Pointeau, adjudicataire des gabelles, à compter du premier novembre fuivant; & la déclaration du 14 décembre fuivant, régla que ceux qui leveroient aux parties cafuelles, les offices créés dans les greniers, par celui du mois d'octobre précédent, feroient libres de prendre, foit dans les gages, foit dans les dix fols des *droits* manuels, telle portion que bon leur fembleroit; cette même déclaration attribua le titre de confeiller du roi aux procureurs du roi des juridictions des greniers.

Comme Michault avoit traité de toutes les charges créées par l'édit d'octobre, il fut autorifé, par arrêt du même jour 14 décembre, à jouir en entier des vingt fols par minot, dont le même édit avoit ordonné la levée par augmentation, pour tenir lieu des gages attribués aux officiers, & des *droits manuels* qu'il leur avoit aliénés.

Le 18 janvier 1695, il fut dit que ceux qui, lors de la vente faite à l'enchere, des charges dont il s'agit, les avoient achetées à un prix fupérieur à celui qui étoit compris dans les rôles arrêtés au confeil, tant pour la valeur des gages, que pour la portion des *droits manuels* aliénée, feroient payés de gages relatifs à l'excédent; & il fut enjoint aux receveurs des greniers, chargés de percevoir l'augmentation de vingt fols par minot, de payer aux acquéreurs des *droits* manuels, le produit defdits *droits* à proportion de la finance qu'ils auroient payée à Michault, de femaine en femaine, de mois en mois, ou de quartier en quartier, à leur choix.

Enfin la déclaration du 6 février 1697, permit tant aux Etats de Bourgogne, qu'à tous particuliers, d'acquérir, foit en corps, foit en particulier, la propriété de ces vingt fols par minot.

Suivant l'édit d'octobre 1694, ils devoient être perçus en totalité au profit des officiers des greniers, & leur être répartis, tant à titre de *droits manuels*, qu'à titre de gages, mais fur les motifs que la plupart d'entr'eux n'avoient payé que des finances très-inférieures à l'objet des gages, ou des *droits manuels* dont ils jouiffoient, la déclaration du 12 décembre 1699, en réduifant à moitié les gages & *droits manuels*, ordonna qu'à l'avenir, la moitié des vingt fols dont la levée par augmentation, avoit été autorifée par l'édit du mois d'octobre 1694, feroit perçue au profit du roi; & par le réfultat du confeil du 19 janvier 1700, la jouiffance de cette moitié fut adjugée à Templier, moyennant deux cents mille livres par an.

En 1701, on reconnut que les propriétaires des treize fols fix deniers établis en 1691, les avoient acquis à un prix trop favorable : un édit du mois d'octobre ordonna en conféquence qu'ils paieroient un fupplément de finance qui feroit réglé à la moitié des fommes qu'ils avoient originairement payées, & on leur accorda en cette confidération l'aliénation d'un nouveau *droit* de dix-huit deniers par minot. La levée en fut ordonnée par augmentation, tant fur le fel d'impôt & de vente volontaire, que fur le fel délivré par privilège, gratification ou aumône.

Une compagnie, fous le nom de Louis Simmoneaux, fut chargée du recouvrement, tant des nouveaux *droits* impofés par cet édit, que des fommes qui, d'après fes difpofitions, devoient être payées par les propriétaires des treize fols fix deniers de la création de 1691.

Dans la vue d'accélérer le recouvrement des fommes à payer par ces propriétaires, il fut ordonné, par arrêt du 21 février 1702, que ceux d'entre eux qui paieroient celles pour lefquelles ils avoient été compris dans les rôles arrêtés au confeil, moitié comptant, & le furplus dans le délai fixé par ces rôles, jouiroient d'une remife qui feroit de deux fols fix deniers par livre pour les propriétaires de neuf fols fix deniers; & d'un fol fix deniers par livre pour les propriétaires des quatre fols, finon qu'ils feroient déchus de ladite diminution, & contraints pour le tout.

Ces difpofitions furent confirmées par un autre arrêt du 9 mai fuivant, portant que ceux des propriétaires qui n'avoient pas encore payé les fommes pour lefquelles ils avoient été compris

dans les rôles arrêtés en exécution de l'édit du mois d'octobre 1701, feroient tenus de les payer dans quinzaine, à compter du jour de la fignification dudit arrêt, faute de quoi ils feroient déchus de la remife accordée par l'arrêt du 21 février 1702, & contraints pour le tout.

Le même arrêt, en permettant à Simmoneaux de faire faifir réellement les neuf fols fix deniers, & les quatre fols appartenans aux *retardataires*, & d'en faire pourfuivre la vente, enjoignit aux receveurs des greniers, de recevoir les *droits* & gages faifis, & d'en vider leurs mains en celles de Simmoneaux, & la même injonction leur fut renouvellée par un autre arrêt du 2 juillet fuivant.

On a vu ci-deffus, qu'un arrêt du confeil du 12 juin 1691, avoit ordonné que les receveurs des greniers, qui feroient la perception des *droits manuels*, jouiroient du fort denier, où il fe rencontreroit. Les difpofitions de cet arrêt furent confirmées par celui du 16 février 1704, qui difpenfa le receveur du grenier d'Alençon, de compter aux officiers de l'élection de ladite ville, propriétaires d'une portion des 13 fols fix deniers de *droits manuels*, de la création de 1691, du fort denier qu'il pouvoit avoir touché dans la perception qu'il avoit faite de ces *droits*.

L'édit du mois de février 1704, qui avoit créé dans chaque grenier des lieutenans criminels, leur avoit attribué des *droits manuels* de quinze deniers à prendre fur les dix fols de la création de 1694, dont la perception étoit faite au profit du roi, en exécution de la déclaration du 12 feptembre 1699. La déclaration du 11 novembre 1704, fupprima poftérieurement ces officiers, ordonna que les fonctions qui leur avoient été réfervées, feroient remplies par les anciens officiers des greniers, en leur accordant, par ce motif, les quinze deniers dont les autres avoient joui.

Un autre édit du mois de février 1704, qui avoit créé, à titre d'offices, des contrôleurs, des receveurs dans les greniers des grandes gabelles, avoit accordé à ces officiers quatre fols de *droits manuels* à lever par chacun d'eux, fur chaque minot de fel délivré dans le grenier auquel il feroit attaché; & l'arrêt du confeil du 8 mars fuivant, avoit enjoint aux intendans de faire l'affiette de ces nouveaux *droits manuels* fur le fel d'impôt, pour que la levée en fût faite, par les collecteurs, fur les contribuables. L'édit du mois d'août 1705, qui prononça la fuppreffion des contrôleurs des receveurs des greniers, ordonna que les quatre fols de *droits manuels*, qui leur avoient été attribués, feroient, à l'avenir, perçus au profit du roi, par les receveurs des greniers.

Il exiftoit en chaque grenier, depuis l'édit de novembre 1707, des officiers triennaux, avec attribution de huit fols neuf deniers de *droits manuels*, à prendre dans les dix sols dont la déclaration du 12 décembre 1699 avoit ordonné que la perception feroit faite au profit du roi, fur les vingt fols créés par l'édit du mois d'octobre 1694, & un autre édit du mois de mai 1708 avoit confirmé cette attribution ; mais ces officiers ayant été fupprimés en 1710, la déclaration du 5 avril de la même année, ordonna que les anciens officiers jouiroient de ces huit fols neuf deniers de *droits manuels*.

Dans l'année précédente, l'édit du mois de mai avoit érigé en titre d'office, des receveurs des *droits manuels*, avec la remife d'un fol de leur produit. Au mois de janvier fuivant, cette attribution fut convertie, au grenier de Paris, en une perception de deux fols fix deniers fur chaque minot de fel qui feroit délivré ; & le 6 mai, une déclaration étendit cette converfion à tous les greniers, en ordonnant qu'au lieu du fol pour livre attribué aux receveurs des *droits* manuels, par l'édit de leur création, il feroit perçu à leur profit, deux fols fix deniers par minot de fel délivré, foit en vente volontaire, foit en vente d'impôt, fuivant l'arrêt du conſeil du 23 feptembre fuivant, qui enjoignit aux collecteurs de l'impôt, de faire le recouvrement de ces deux fols fix deniers fur les contribuables.

L'édit du mois de décembre 1704, en établiffant dans chaque grenier un contrôleur en titre d'office, pour veiller à ce que les reffortiffans qui fe feroient affociés, à l'effet de lever une mefure de fel au grenier, en fiffent entre eux un partage égal, avoit attribué à ces officiers un *droit* de cinq fols par minot ; & celui du mois de mai 1709, qui avoit poftérieurement ordonné que dans les greniers pour lefquels les offices de contrôleurs aux partages n'avoient pas été levés, leurs fonctions feroient remplies par les receveurs des *droits manuels*, avoit accordé à ceux-ci la même rétribution. La déclaration du 28 décembre 1709, qui fupprima la ferme particuliere des regrats, & permit au grenier de Paris l'ufage du quart, & dans les autres greniers celui du demi quart de minot, ajouta que les reffortiffans qui s'affocieroient pour faire la levée d'une mefure quelconque de fel, ne feroient plus tenus d'en faire le partage à la porte du grenier, ni de payer aucuns *droits* aux contrôleurs aux partages, & aux receveurs des *droits manuels* qui rempliffoient les fonctions de contrôleurs ; mais d'après les repréfentations que firent ces officiers à ce fujet, la déclaration du 25 février 1710 rétablit les *droits* qui leur avoient été attribués par les édits des mois de décembre 1701, & mai 1709, & fixés à cinq fols par minot, pour être perçus, en fus du prix du fel, fur tout celui qui feroit livré pour la vente par partage.

Les contrôleurs aux partages expoferent que cette déclaration ne leur affuroit pas un traite-ment femblable à celui dont ils jouiffoient, avant que l'ufage du demi quart eût été introduit dans les greniers, & ils demanderent qu'il fût pourvu à leur rembourfement, ou qu'il leur fût accordé une indemnité. Il fut d'ailleurs reconnu que, pour éviter de payer les droits attribués à ces officiers, les reffortiffans qui avoient formé des affociations, fe difpenfoient fouvent de déclarer qu'ils fe propofoient de partager le fel par eux levé ; & pour faire ceffer cet inconvénient, la déclaration du 15 décembre 1711 ordonna qu'au lieu de cinq fols, attribués originairement aux contrôleurs aux partages, fur chaque minot de fel partagé, il feroit à l'avenir levé au profit de ces officiers, un fol fur chaque minot de fel vendu en vente volontaire.

L'édit du mois de novembre 1704, avoit créé un fyndic perpétuel dans la communauté des officiers brifeurs, mefureurs & porteurs de fel du grenier de Paris, avec une attribution du vingtieme des droits perçus par ces officiers. Celui du mois d'octobre 1705, en établiffant dans le même grenier de nouveaux mefureurs en titre d'office, ordonna qu'il feroit perçu à leur profit, un quart en fus des *droits* attribués aux anciens, d'où eft réfulté une augmentation de neuf fols trois deniers par minot, fur l'objet des *droits* manuels perçus au grenier de Paris.

L'on a vu ci-deffus, que fur le motif que les propriétaires des treize fols fix deniers de la création du mois de mai 1691, n'avoient pas payé des finances proportionnées à la valeur de ces droits, l'édit du mois d'octobre 1701, en leur accordant une nouvelle aliénation d'un fol fix deniers par minot, avoit ordonné qu'ils paieroient des fupplémens de finances, fixés à la moitié des fommes qu'ils avoient originairement payées. Ces mêmes motifs ferviront de bafe à l'édit du mois de février 1713. Il impofa l'obligation aux propriétaires de tous les *droits manuels* alors perçus, de payer un fupplément de finances du quart des fommes qu'ils avoient originairement payées, mais fans leur accorder aucune aliénation.

Pierre Regnard fut commis, par arrêt du 14 du même mois, pour faire le recouvrement de ce fupplément, avec la faculté, dans le cas où quelques officiers fe refuferoient à le payer, de faire faire, par fes prépofés, le recouvrement des *droits manuels* attribués auxdits officiers, jufqu'au parfait paiement des fommes pour lefquelles ils auroient été compris dans le rôle arrêté au confeil.

Mais, pour diminuer les frais de pourfuites que cet adjudicataire pourroit fe trouver obligé de faire, le droit de contrôle de chaque exploit fut fixé à cinq fols, par arrêt du 2 mai 1713.

Celui du premier août fuivant, accorda aux propriétaires des quinze fols créés par les édits de 1691 & de 1701, une modération de trois cinquiemes fur les fupplémens de finance qu'ils devoient payer, en exécution de l'édit du mois de février précédent, à la charge par eux de fatisfaire au furplus dans le tems prefcrit par le même arrêt.

Les financiers qui avoient traité de ces fupplémens de finance, fous le nom de Regnard, toujours preffés de voir rentrer leurs fonds avec les profits énormes qu'ils attendoient de ces fortes d'affaires, ne négligeoient aucunes follicitations pour obtenir les moyens d'arriver à leurs fins. Ils obtinrent, 1°. l'arrêt du 19 décembre, qui ordonna que les propriétaires qui n'auroient pas payé, dans le délai fixé par l'arrêt du premier août, les fommes auxquelles avoient été réduits leurs fupplémens de finances, feroient contraints à les payer en entier. 2°. Celui du 24 juillet 1714, qui portoit que la propriété des *droits manuels* appartenans à ceux qui n'avoient pas encore payé les fupplémens de finance, ordonnés par l'édit du mois de février 1713, feroit réellement faifie fur eux, & adjugée enfuite au plus offrant, après trois publications faites de quinzaine en quinzaine.

Les chofes changerent de face deux années après ce dernier arrêt; toutes les aliénations de *droits manuels*, faites depuis l'ordonnance du mois de mai 1680, furent révoquées par l'édit du mois de décembre 1716, & la perception en fut ordonnée au profit du roi, dans les greniers des grandes gabelles.

Ces *droits* manuels étoient compofés, 1°. des treize fols fix deniers, créés par l'édit du mois de mai 1691; & aliénés par cet édit aux officiers & mefureurs des greniers, & à leur refus, à toutes perfonnes.

2°. Du fol fix deniers créés par l'édit du mois d'octobre 1701, & aliénés par cet édit aux propriétaires des treize fols fix deniers de la création de 1691.

3°. Des vingt fols créés par l'édit du mois d'octobre 1694, dont dix fols aliénés aux officiers des greniers, quinze deniers aux lieutenans criminels, créés par l'édit de février 1704, & lors de la fuppreffion de ces officiers, au corps de la jurisdiction de chaque grenier; enfin, huit fols neuf deniers aux officiers triennaux, créés par l'édit du mois de novembre 1707, & depuis la fuppreffion de ces officiers, au corps de la juridiction de chaque grenier.

4°. Des quatre fols dont la perception avoit été ordonnée en faveur des contrôleurs, des receveurs des greniers, par l'édit du mois de février 1704, qui avoit créé ces officiers, & dont la perception étoit faite au profit du roi, depuis leur fuppreffion.

5°. Des deux fols fix deniers dont la levée avoit été ordonnée, par la déclaration du 6 mai 1710, en faveur des receveurs des *droits manuels*,

créés par l'édit du mois de mai 1709, pour leur tenir lieu de l'attribution qui leur avoit été accordée par cet édit.

6°. Du fol dont la levée avoit été ordonnée, par la déclaration du 15 décembre 1711, en faveur des contrôleurs aux partages, créés par l'édit du mois de décembre 1704, fur tout le fel vendu en vente volontaire, pour leur tenir lieu des *droits* qui leur avoient été originairement attribués.

7°. Enfin, des neuf fols trois deniers qui formoient les attributions accordées, tant au fyndic perpétuel de la communauté des mefureurs, brifeurs & porteurs de fel du grenier de Paris, créés par l'édit du mois de novembre 1704, & depuis fa fuppreffion à cette communauté, qu'aux nouveaux mefureurs en titre, créés dans le même grenier, par l'édit du mois d'octobre 1705.

L'article 5 de l'édit du mois de décembre 1716, avoit ordonné que le produit de ces différens *droits* feroit verfé à la fin de chaque quartier au tréfor royal, pour fervir au rembourfement des fommes payées par les particuliers qui les avoient acquifes. L'arrêt du 17 janvier 1717 commit enfuite Jean de Lurel, pour faire la recette de ces *droits*, & il fut chargé de payer les intérêts dus aux propriétaires de ces *droits*.

L'ivreffe avec laquelle la nation reçut d'abord les billets de banque, ayant mis la compagnie des Indes en état de prêter au roi quinze cents millions, qui furent acceptés par arrêt du 12 octobre 1719, le miniftere penfa devoir fupprimer la perception d'un grand nombre de *droits* onéreux, qui avoient été établis dans les dernieres années du règne de Louis XIV. Dans ce nombre furent compris les *droits manuels* fur le fel.

L'arrêt du 25 janvier de l'année fuivante ordonna en conféquence, qu'à compter du jour de fa publication, tous les *droits manuels* qui étoient perçus fur le fel demeureroient fupprimés, en ajoutant que les particuliers qui les avoient acquis, & qui ne fe trouvoient pas encore rembourfés de leurs finances, en feroient payés en récépiffés fur le caiffier de la compagnie des Indes, par à-compte fur les quinze cents millions, que cette compagnie s'étoit engagée de prêter au roi, au lieu des douze cents millions qu'elle avoit offerts à trois pour cent, lorfque le bail des fermes générales lui avoit été adjugé, à commencer au premier octobre 1718. Un autre du 26 mars de la même année, fupprima ces *droits* manuels fur le fel d'impôt, à compter du premier janvier 1720.

Malheureufement cette fuppreffion ne dura que peu de tems. Le 20 mars 1722, un arrêt ordonna le rétabliffement des *droits manuels*, tels qu'ils étoient perçus avant celui du 25 janvier 1720. Pour faire ceffer les difficultés qui s'étoient élevées dans quelques greniers fur leur quotité, il fut réglé le 25 avril, qu'au grenier de Paris,

ii

ils seroient de cinquante-un fols neuf deniers par minot, fur le fel délivré en bonnes ventes ; de cinquante fols neuf deniers fur celui de privilège, gratification, ou aumône ; & dans tous les autres greniers, de quarante-deux fols fix deniers, fur le fel vendu en vente volontaire, & de quarante-un fols fix deniers, fur le fel diftribué par impôt, ou délivré par privilège, gratification & aumône.

Les adjudicataires des fermes générales furent enfuite autorifés à les percevoir fur ce pied ; favoir, Carlier, par l'article 9 du bail paffé en 1726, & Forceville, par l'article 8 de celui qu'il obtint en 1738.

Si l'on fe rappelle au furplus les détails dans lefquels on eft entré ci-deffus, on reconnoîtra qu'à l'époque où l'édit du mois de décembre 1716 ordonna que les *droits manuels* précédemment aliénés, feroient à l'avenir perçus au profit du roi ; ces *droits* étoient au grenier de Paris de cinquante-un fols neuf deniers, fur le fel délivré en bonnes ventes, & de cinquante fols neuf deniers, fur celui diftribué par privilège, gratifications ou aumônes ; & dans les autres greniers, de quarante-deux fols fix deniers, fur le fel de vente volontaire, & de quarante-un fols fix deniers fur celui d'impôt & de franc-falé. Ainfi, ces *droits* furent en conféquence remis dans l'état où ils étoient, à l'époque de l'arrêt du 25 janvier 1720.

La différence d'un fol par minot, qui fubfifte entre les *droits manuels* perçus au grenier de Paris, fur le fel délivré en bonnes ventes, & ces *droits* fur les fels diftribués en franc-falé, procède de ce que la déclaration du 15 décembre 1711, à l'attribution originairement accordée aux contrôleurs aux partages, créés par l'édit du mois de décembre 1704, fubftitua celle d'un fol par minot, avec l'injonction de ne percevoir ce dernier *droit*, que dans le feul cas de vente volontaire du fel. C'eft de cette même caufe que dérive la différence d'un fol par minot, qui fubfifte auffi dans tous les autres greniers, entre la quotité des *droits manuels* dus fur le fel de vente volontaire, & le montant des *droits* manuels perçus fur le fel d'impôt, & fur celui de privilège, gratification ou aumône.

Quant à la différence des neuf fols trois deniers par minot, qui exifte entre ces *droits manuels* perçus au grenier de Paris, & ceux qui fe levent en tout autre grenier, elle eft une fuite de l'attribution de neuf fols trois deniers par minot, accordée, tant par l'édit du mois de novembre 1704, au fyndic perpétuel de la communauté des brifeurs, mefureurs, & porteurs de fel, que par l'édit du mois d'octobre 1705, aux nouveaux mefureurs qu'il érigeoit ; attribution, dont l'édit de décembre 1716 avoit enfuite ordonné la perception au profit du roi.

La déclaration du 15 mai 1722 avoit ordonné que les *droits manuels*, rétablis par l'arrêt du 20

Finances. Tome I.

mars précédent, ne feroient perçus que pendant fix années, après lefquelles ils refteroient entiérement-fupprimés ; mais les arrêts & lettres-patentes, du 12 juillet 1726, en ont enfuite prorogé la perception jufqu'au 30 feptembre 1732. La déclaration du 3 août 1732, jufqu'au 30 feptembre 1738 ; celle du 7 janvier 1738, jufqu'au 30 feptembre 1744 ; celle du 13 octobre 1743, jufqu'au 30 feptembre 1750 ; celle du 21 octobre 1749, jufqu'au 30 feptembre 1756 ; celle du 8 feptembre 1755, jufqu'au 30 feptembre 1762 ; celle du 28 octobre 1761, jufqu'au 30 feptembre 1768 ; celle du 8 janvier 1767, jufqu'au 30 feptembre 1774 ; enfin, l'article 5 de l'édit du mois de novembre 1771, jufqu'à ce qu'il en ait été autrement ordonné.

Les circonftances ayant exigé, en 1745, que le gouvernement fît ufage de quelques moyens extraordinaires, pour fe procurer des fonds, l'article 5 de l'édit du mois de février de cette année, fit une nouvelle aliénation aux officiers de chaque grenier, de cinq fols par chaque minot de fel qui y feroit diftribué, foit en vente volontaire & par impôt, foit par privilège, gratification, ou aumône ; mais il fut dit, qu'en raifon de cette aliénation, la quotité des *droits manuels*, dont la perception étoit faite au profit du roi, en exécution de l'édit de 1716, ne feroit pas augmentée ; en forte qu'il n'en réfulta aucun changement dans le prix du fel.

Le fieur Chavre fut commis pour faire le recouvrement des fommes que les officiers des greniers auroient à payer, pour l'acquifition de ces cinq fols ; & celui du 15 du même mois, en fixant les époques auxquelles ces fommes devroient être payées, ordonna que ceux qui feroient en retard à l'expiration de ces époques, feroient contraints de les payer à la requête du fieur Chavre.

Pour accélérer le recouvrement des finances dues par les officiers de chaque grenier, d'après les rôles arrêtés au confeil, en exécution de l'édit du mois de février 1745, l'arrêt du confeil du 19 octobre fuivant, ordonna que ceux qui n'auroient pas payé, avant la fin du mois, la moitié de ces finances, feroient déchus de tous les honneurs, *droits*, émolumens & prérogatives attachés à leurs offices.

La déclaration du 7 avril 1747 apporta quelques modifications à ces arrangemens. L'article 9 ordonna, qu'au lieu des cinq fols aliénés aux officiers des greniers, par l'édit de 1745, fur chaque minot de fel diftribué par impôt, vente volontaire, privilège, ou. franc-falé, il leur feroit accordé des taxations qui demeureroient réglées pour chaque officier, dans la proportion du denier dix-huit de la finance qu'il auroit payée ; mais l'arrêt du confeil du 19 août de la même année, difpenfa enfuite les officiers des greniers, de faire l'acquifition de ces taxations, & ordonna qu'il leur feroit feulement attribué dans les cinq fols des *droits manuels* à eux deftinés, par l'article 5 de l'édit du mois de février 1745, une portion rélative à la finance qu'ils paieroient, d'après les nouveaux rôles qui feroient arrêtés au confeil.

Les officiers de chaque grenier avoient, en exécution de cet arrêt, acquis une portion plus ou moins forte des cinq fols à eux deftinés, par l'édit de 1745, & ils avoient enfemble payé, pour ces acquifitions, une fomme d'un million deux cents foixante-douze mille fix cents foixante-douze livres quatre fols quatre deniers; mais le confeil ayant remarqué, en 1771, que le produit de la portion des *droits manuels* qui avoit formé le prix de cette finance, s'élevoit, année commune, à quatre-vingt-douze mille livres, & qu'ainfi l'aliénation qui en avoit été faite étoit onéreufe au gouvernement; l'article 8 de la déclaration du premier juin de cette année ordonna, qu'à compter du jour de fon enregiftrement, les *droits* dont il s'agit feroient perçus au profit du roi, & que les propriétaires remettroient au contrôleur-général des finances, les quittances des fommes qu'ils avoient payées, pour être procédé à la liquidation de leur rembourfement.

L'arrêt du confeil, du 10 novembre 1771, a depuis ordonné que les propriétaires des *droits manuels*, dont l'aliénation avoit été révoquée par la déclaration du premier juin, feroient rembourfés des finances par eux payées; favoir, pour celles au-deffous de cinq cents livres de principal, en deniers comptans, & pour celles d'un prix fupérieur, en quittances de finances, portant l'intérêt à cinq pour cent fur la recette générale des finances de la généralité de Paris.

Les *droits manuels* qui n'avoient été foumis, ni aux deux fols pour livre impofés fur tous les *droits* des fermes, par la déclaration du 3 mars 1705, ni au doublement de ces deux premiers fols, ordonné par celle du 7 mai 1715, ont été affujettis par l'édit du mois de novembre 1771, à tous les fols pour livre exiftans à cette époque, & enfuite aux deux nouveaux fols pour livre, établis par l'édit du mois d'août 1781; en forte qu'ils font, comme le prix principal du fel, foumis aux dix fols pour livre.

Les *droits manuels* qui fe perçoivent en pays de petites gabelles, c'eft-à-dire, dans le Lyonnois, le Dauphiné, le Languedoc & la Provence, ont une origine abfolument femblable à celle des *droits* du même nom, qui fe levent en pays de grandes gabelles. Ils font de même, joints au prix des fels délivrés, foit en bonne vente, foit en franc-falé, ou par gratification.

Ces *droits* ont une quotité différente en chaque province, mais par-tout bien moindre que dans les greniers des grandes gabelles.

Dans les gabelles du Lyonnois, ils font de trente-cinq fols fix deniers par minot.

Dans celles du Languedoc, de vingt-cinq fols fix deniers; & dans celles du Dauphiné & de la Provence, de quinze fols fix deniers feulement.

Les trente-cinq fols fix deniers perçus fur le fel délivré dans le Lyonnois, font compofés des vingt fols dont l'édit du mois d'avril 1696 ordonna la perception, pour en employer le produit au paiement des gages & attributions accordés aux différens officiers créés par cet édit.

2°. Des dix fols que l'édit du mois de décembre 1704 avoit attribués aux officiers qu'il avoit fubftitués à ceux qui étoient précédemment établis dans les gabelles du Lyonnois, & dont l'édit du mois d'avril 1706 avoit enfuite ordonné la fuppreffion & le rembourfement, avec le montant de ces dix fols.

3°. Des deux fols fix deniers par minot, que la déclaration du 6 mai 1710 accordés aux receveurs des *droits manuels*, au lieu du fol pour livre du produit de ces *droits*, qui leur avoit été attribué par l'édit du mois de mai 1709.

4°. Enfin, des trois fols par minot dont l'édit de février 1704 avoit ordonné la perception, pour en appliquer le produit au paiement des gages des contrôleurs des receveurs, érigés en titre d'office, & qui avoient été fupprimés par édit d'août 1705, en maintenant la perception, pour être deftinée au rembourfement de leurs finances.

La différence qui fubfifte entre les *droits manuels* perçus dans les gabelles du Lyonnois, & ceux qui le font dans les greniers du Dauphiné, du Languedoc & de la Provence, vient de ce que l'édit d'avril 1696, qui a, comme on l'a vu ci-deffus, ordonné une perception de vingt fols par minot dans les gabelles du Lyonnois, n'a établi que dix fols dans celles du Dauphiné & des autres provinces, & auffi de ce que l'édit du mois de décembre 1704, qui a fait une addition de dix fols, aux vingt fols perçus dans le Lyonnois, & aux dix fols établis par le même édit, dans les greniers du Languedoc, n'a rien ajouté aux dix fols par minot, qui étoient alors perçus en exécution du même édit de 1696, dans les gabelles du Dauphiné & de la Provence.

Les arrêts des 16 janvier 1712, & 15 mai 1722, qui ont fixé à vingt livres le minot, le prix principal du fel dans les greniers & chambres du Rouergue & de l'Auvergne, ordonnerent que les *droits manuels* refteroient confondus dans ce prix. Ces *droits* ne font en conféquence perçus particuliérement dans ces deux cantons des gabelles du Languedoc, que fur les fels délivrés en franc-falé, ou par gratification.

Les *droits manuels* qui fubfiftent dans les petites gabelles, avoient été, comme ceux qui fe levent dans les grandes, fupprimés par l'arrêt du confeil du 25 janvier 1720. Ils furent de même rétablis par celui du 10 mars 1722. Afin de lever toute incertitude fur leur quotité, celui du 25 avril fuivant, ordonna qu'ils demeureroient fixés au taux qui a été rapporté ci-devant dans les quatre provinces du Lyonnois, du Languedoc, du Dauphiné & de la Provence. Le 15 mai de la même année, une déclaration du roi, enregiftrée dans toutes les cours de juftice, confirma cette perception, en limitant fa durée à fix années; mais plufieurs autres déclarations l'ont enfuite prorogée. L'article 4 de l'édit du mois de novembre 1771, a définitivement réglé qu'elle auroit lieu jufqu'à ce qu'il en foit autrement ordonné.

Les *droits munuels* font, dans les pays de petites gabelles, fujets aux dix fols pour livre, comme dans les pays de grandes gabelles, depuis l'édit du mois d'août 1781.

DROIT DE SUITE; terme qui eft d'un ufage plus commun dans la jurifprudence, que dans les finances. Il fignifie la faculté de fuivre dans le reffort d'un parlement, d'une juridiction, d'une coutume, une procédure, un acte commencé dans un autre reffort.

En matiere d'aides, on appelle *droit de fuite*, le droit de fuivre une boiffon depuis le moment où elle eft faite, jufqu'à celui de fa confommation. Ce droit eft d'autant plus aifé à exercer, que tout enlèvement de vin, de bicre, cidre ou eau-de-vie, devant, en pays d'aides, être précédé d'une déclaration, l'extrait de cette déclaration eft envoyé au lieu de la deftination, fi c'eft en pays d'aides, & fert aux commis à leur indiquer la demeure de l'acheteur, pour aller vérifier fi la boiffon qui en eft l'objet, lui eft réellement parvenue, & ce qu'elle a pu devenir.

Dans le régime des droits de traites, on ne connoît point le *droit de fuite*. Dès qu'une marchandife a franchi la frontière du pays étranger, ou la barriere de l'intérieur où elle eft affujettie à des droits, elle eft cenfée les avoir acquittés; & ces droits ne font plus exigibles.

Les principes font bien différens pour les tailles. Un particulier qui transfère fon domicile du pays taillable dans une ville franche, y eft fujet au *droit de fuite* pendant dix ans, quoiqu'il y paie la capitation, les octrois, les entrées & autres impofitions équivalentes. *Voyez* AIDES, TAILLES.

DROITS RÉSERVÉS; droits dépendans de la partie des domaines. On comprend fous cette dénomination, différens droits qui avoient été attribués à des offices créés dans les cours & juridictions royales, & qui ont été *réfervés* & réduits par l'édit de fuppreffion de ces offices, du mois d'août 1716, pour être perçus au profit du roi. Ces *droits*, qui font compris dans l'adminiftration des domaines, avec les huit fols pour livre auxquels ils font affujettis, n'ont eu d'autre origine que le befoin, & des vues purement burfales. Ils fe diftinguent en fix efpèces différentes.

Tiers référendaires, taxateurs des dépens.

Les fonctions des officiers établis fous ce titre en 1635, étoient de faire le calcul & la taxe de tous les dépens adjugés dans les cours de parlement, cours des aides, préfidiaux, bailliages, fénéchauffées, &c. Le droit qui leur étoit attribué fe perçoit préfentement au profit du domaine, fur le pied de la fixation faite, par la déclaration du 3 août 1732, *à neuf deniers* fur chaque article des déclarations ou mémoires des frais & dépens. Il doit être payé avant que les procureurs puiffent faire fignifier ou arrêter ces déclarations, à peine contre eux de reftitution du quadruple, perte de leurs frais, & de cinq cents livres d'amende.

Les juges des juridictions fubalternes, telles que les prévôtés, châtellenies, maîtrifes des eaux & forêts, amirautés & juftices confulaires, étant tenus, fuivant l'article 33 du titre 31 de l'ordonnance de 1667, de liquider les frais par leurs jugemens, tant à l'audience que par écrit, les déclarations de dépens n'ont pas lieu dans ces juridictions, & en conféquence on n'y perçoit point le droit de *tiers référendaire*.

Contrôleurs des dépens.

Les offices de *contrôleurs des dépens* avoient été créés fucceffivement en 1635, 1639 & 1694. Leurs fonctions étoient d'affifter au calcul des taxes des frais & dépens, dans les différentes cours & juridictions royales. Depuis l'édit de fuppreffion de 1716, les droits font réunis au domaine, & ils ont été fixés par la déclaration du 3 août 1732, *à un fol trois deniers* pour livre du montant des frais & dépens, dommages & intérêts, dans les confeils & commiffions extraordinaires, & *à un fol pour livre* dans les cours fouveraines, les préfidiaux, bailliages, & autres juftices royales.

Le droit eft dû fur tous les dépens & falaires taxés par les déclarations; & fur les dépens, falaires, frais & mifes, réparations, dommages & intérêts, liquidés par arrêts, fentences & jugemens, fur les exécutoires décernés, taxes de témoins, les épices & vacations, le coût, expédition & fceau du jugement, tant en matiere civile que criminelle , foit que les exécutoires des frais foient levés ou non, que la taxe en foit faite à l'amiable ou autrement, ou qu'elle foit empêchée par des offres ; & foit auffi que les dommages & intérêts aient été réglés & liquidés par les jugemens, ou qu'ils le foient amiablement entre les parties.

Dans les cours, les préfidiaux, bailliages , & les autres fièges où les déclarations des dépens ont lieu, on doit, avant de les faire fignifier, acquitter le droit de contrôle fur le pied des trois quarts des frais qui y font portés, en même tems qu'on acquitte le tiers référendaire. A l'égard du quart reftant, il doit être payé lorfque la taxe eft faite, fauf cependant par le receveur, fi les trois quarts perçus fur la déclaration fe trouvoient excéder la taxe , à faire la reftitution de l'excédent.

Les droits font dûs, & doivent être quittancés fur les minutes, avant que les procureurs puiffent faire fignifier, ni communiquer les déclarations des dépens, que les greffiers puiffent délivrer les arrêts & jugemens, & qu'on les mette à exécution, à peine de reftitution du quadruple, & de mille livres d'amende pour chaque contravention.

Commiffaires confervateurs des décrets volontaires.

Les commiffaires confervateurs des décrets volontaires, & leurs controleurs, furent établis par un édit de Louis XIV, du mois de janvier 1708, à l'effet d'enregiftrer & contrôler, tant les titres des acquéreurs qui pourfuivroient des décrets volontaires, pour purger les hypotheques fur les biens de leurs vendeurs, que les faifies réelles auxquelles ils feroient procéder. D'après la fuppreffion de ces offices, faite par l'édit de 1716, & la fixation portée en la déclaration du 3 août 1732, les droits, réunis au domaine, fe perçoivent fur le pied de deux livres cinq fols pour l'enregiftrement de chaque faifie réelle & de chaque contrat d'acquifition, & de deux deniers pour livre du prix porté au contrat, en comprenant les charges ; & ils font dûs dans toutes cours & juridictions, même dans les juftices feigneuriales. Au furplus, cette perception n'a, aujourd'hui, lieu que dans quelques généralités où la nouvelle légiflation des hypotheques, établie par l'édit de juin 1761, n'eft pas fuivie. Dans les autres, l'ufage des lettres de ratification a été fubftitué à celui des décrets volontaires, & le droit de deux deniers pour livre fait partie de ceux payés pour les lettres de ratification.

Receveurs des épices.

Les offices de *receveurs des épices & vacations*, créés en 1581 & 1586, ayant été fupprimés par un édit du mois de juillet 1626, il en fut établi de nouveaux en 1677, 1690 & 1691. On établit auffi des *contrôleurs des épices*, par édits de 1703 & 1708. Tous ces offices furent fupprimés en 1716, & les droits qui leur étoient attribués fe perçoivent, au profit du roi, fur le pied de la réduction qui en fut faite, par la déclaration de 1732, à *trois fols pour livre* du montant des épices & vacations.

Ce droit a de même lieu fur toutes les épices, vacations, fabatines, droits & falaires généralement dus aux juges, avocats & procureurs du roi, & leurs fubftituts, dans toutes les cours & juridictions royales, pour les actes & jugemens de quelque nature qu'ils foient, tant en matiere civile que criminelle. La recette de ces épices doit être faite par les greffiers, buvetiers ou autres qui en font chargés par les cours & officiers des fièges. Ils font tenus de faire payer, en même tems, les *trois fols pour livre*, & d'en compter à la fin de chaque mois, à vue de regiftre, au prépofé de l'adminiftration des domaines.

D'autre part, les greffiers ne peuvent délivrer d'expéditions des actes & jugemens, avant que les *trois fols pour livre* n'aient été perçus & quittancés fur les minutes, à peine contre eux de reftitution du quadruple, & de l'amende de cinq cents livres.

Rapporteurs & vérificateurs des défauts.

Un édit du mois de mars 1691, avoit établi des offices de *vérificateurs & rapporteurs des défauts*, faute de comparoir ou de défendre, dans tous les préfidiaux, bailliages & fénéchauffées, en la chambre du tréfor à Paris, au fiège de la connétablie, dans les chancelleries reffortiffantes au parlement de Bourgogne, les fièges royaux confervateurs des privilèges des univerfités, les prévôtés, vicomtés, vigueries, châtellenies, les tables de marbre, maîtrifes des eaux & forêts, celleries & mairies. L'établiffement fut fait auffi, en 1710, dans les amirautés particulieres, fous le titre de *vérificateurs des défauts*, faute de comparoir. Ces officiers étoient prépofés pour vérifier, à la vue des titres & pieces des procédures, fi les délais avoient été obfervés, & fi les demandes étoient fuffifamment juftifiées.

D'après la fuppreffion opérée en 1716, les droits attachés à ces offices fe perçoivent pour le roi ; & ils ont été fixés, par la déclaration de 1732 ; dans les affaires excédant vingt livres, à *quinze fols* en principal, & pour les autres, à *fix deniers pour livre* du montant de la fomme portée en la demande. Les procureurs ne peuvent pourfuivre le jugement portant profit fur le défaut, ni les greffiers en délivrer expédition, avant que le droit de vérificateur ne foit acquitté, à peine du paiement du quadruple, & de cinq cents livres d'amende.

Receveurs & contrôleurs des amendes.

Par édit de février 1691, & autres rendus postérieurement, il fut créé des offices de *receveurs & contrôleurs des amendes*, dans les cours souveraines, les préſidiaux, bailliages, ſénéchauſſées & autres ſièges royaux, avec attribution de différens droits. Ces offices ayant été ſupprimés par l'édit de 1716, les droits furent réſervés & réduits à *deux ſols huit deniers pour livre* du principal des amendes, & à *ſix ſols huit deniers* pour le droit de quittance des amendes & aumônes conſignées, & *treize ſols quatre deniers* pour les quittances de celles reſtituées. Il n'y a que cette derniere attribution qui ſoit proprement *droit réſervé*, les deux ſols huit deniers pour livre ſe trouvant, aujourd'hui, confondus dans les huit ſols pour livre auxquels les amendes ont été aſſujetties, & étant reſtituables, comme le ſurplus de ces acceſſoires, lorſqu'il y a lieu à la reſtitution de l'amende.

Quant à la recette des amendes, elle doit être faite, dans toutes les juſtices royales, par le prépoſé de l'adminiſtration des domaines, qui compte du principal des amendes, ſoit au roi, ſoit aux engagiſtes fondés en titres, & à ſa majeſté, dans tous les cas, des huit ſols pour livre deſdites amendes, enſemble du droit de quittance, tant en principal que ſols pour livre.

Par M. L. . . . . directeur des domaines.

DUNKERQUE, ville de la Flandre maritime, que ſes privilèges, par rapport aux droits, mettent an même rang que le pays étranger. Mais différente, par ſa conſtitution, & de la ville de Bayonne, & de celle de Marſeille, qui ſont de même conſidérées comme villes étrangeres, ſans jouir d'une liberté abſolue de commerce, celle-ci mérite véritablement le nom de port franc & entiérement libre, puiſqu'il ne s'y trouve ni bureaux, ni employés des fermes.

La déclaration du mois de novembre 1662, va faire connoître la conſtitution de *Dunkerque*, & les vues qui l'ont déterminée. On ne peut pas s'empêcher de croire que les maximes conſignées ſi pompeuſement dans le préambule de cette déclaration, ſur les raiſons de continuer la guerre, ſur la gloire que ſes ſuccès procurent, & ſur la ſublimité du titre de conquérant, paroîtront au moins ſingulieres dans ce tems, ſi on ne les juge pas abſolument fauſſes & trompeuſes.

On remarquera ſans doute auſſi, que l'heureuſe révolution qui s'eſt faite dans les eſprits, depuis l'époque de cette déclaration, c'eſt-à-dire depuis plus d'un ſiecle, a produit des maximes bien contraires à celles qui y ſont développées, mais en cela conformes à la ſaine raiſon, & toutes à l'avantage de l'humanité. Que cette révolution ſoit l'ouvrage de la philoſophie, c'eſt ce dont perſonne ne diſconviendra, quoi qu'en puiſſent dire ſes détracteurs & les prôneurs du tems paſſé. Avec quels ſentimens de plaiſir & d'admiration n'a-t-on pas vu notre jeune monarque, dans des circonſtances ſemblables à celles où ſe trouvoit Louis XIV, tenir un langage tout oppoſé, parce qu'on eſt bien loin de penſer aujourd'hui, que le titre de conquérant, puiſſe l'emporter ſur celui de pacificateur ou de pere du peuple ; & parce que tous les gens qui réfléchiſſent, ſentent unanimement qu'il y a bien moins de véritable gloire à obtenir par les armes, des lauriers achetés au prix du malheur & du ſang des peuples, qu'à mériter leurs bénédictions & leur amour, en maintenant entre eux la paix, qui produit leur bonheur & leur accroiſſement.

« Louis, par la grace de Dieu, roi de France
» & de Navarre, à tous préſens & à venir, ſalut.
» Nous pouvons dire, avec beaucoup de ſatiſ-
» faction, que depuis notre avénement à la cou-
» ronne, nous n'avons rien deſiré ſi ardemment
» que de donner la paix à nos peuples : auſſi,
» combien que nous ayons pris naiſſance au mi-
» lieu de la guerre ; que les diſpoſitions de notre
» perſonne & de notre âge, & les heureux ſuccès
» qui ont accompagné la juſtice de nos armes,
» *fuſſent des preſſans motifs pour nous porter à*
» *la continuer ; que les mouvemens d'ambition*
» *& de gloire ſoient ordinairement ceux qui*
» *touchent le plus les monarques ; & qu'enfin*
» *la qualité de conquérant ait toujours été priſe*
» *pour le plus noble & le plus élevé de leurs*
» *titres ;* néanmoins l'amour paternel que nous
» avons toujours eu pour nos ſujets, a prévalu
» *ſur notre propre gloire ;* nous lui avons donné
» les bornes qu'elle ne pouvoit recevoir que de
» nous-même, & au milieu de nos proſpérités,
» nous avons bien voulu renoncer à tant & de
» ſi conſidérables avantages, pour donner la paix
» à nos peuples. Ce ſont ces mêmes mouvemens
» qui nous ont depuis obligé de convertir nos
» ſoins à purger nos Etats de la confuſion & des
» déſordres que la licence de la guerre y avoit
» fait naître, & comme par des conſidérations
» d'Etat, & dont le ſuccès a produit la paix gé-
» nérale, nous avons été obligé de joindre nos
» armes à celles d'Angleterre, & en conſéquence
» de laiſſer en leurs mains la ville de *Dunkerque*,
» conquiſe par nos communes forces ; nous avons
» depuis eſtimé que nous ne pouvions rien faire
» de plus glorieux pour nous, de plus conſidé-
» rable pour le bien de la chrétienté, l'affer-
» miſſement de la paix entre les couronnes, le
» repos & la tranquillité de nos ſujets, la ſûreté
» & le rétabliſſement du commerce, que de retirer
» cette importante place des mains de l'étranger,
» & en même tems y établir le ſeul exercice de
» la religion catholique, apoſtolique & romaine,

» & y rendre le commerce plus floriffant & plus
» abondant qu'il n'a jamais été : en forte que
» dans l'exécution de ce deffein, les avantages
» s'étant rencontrés réciproques, & le traité en
» ayant été réfolu, à condition de payer à notre
» très-cher & très-aimé frere le roi d'Angle-
» terre, la fomme de cinq millions de livres ;
» nous avons en cela principalement reffenti les
» grands & utiles effets du bon ordre, & de la
» fage économie que nous avons apportée dans
» l'adminiftration de nos finances, depuis que
» nous en avons pris la principale direction,
» ayant par ce moyen trouvé dans notre épargne
» un fonds fuffifant pour fournir à cette dépenfe,
» non-feulement fans aucune furcharge de nos
» fujets, mais au contraire, lors même que nous
» continuons de leur accorder des notables fou-
» lagemens d'impofitions de toute nature : en forte
» que par cette difpenfation de nos finances,
» nous nous trouvons avoir, en pleine paix,
» fait des conquêtes qui auroient pu, au milieu
» de la guerre, épuifer les forces d'un puiffant
» Etat : & même comme un des plus grands fruits
» que nous nous fommes promis de cette acqui-
» fition, confifte au rétabliffement du commerce,
» & qu'il importe à cet effet de rendre à cette
» place (autrefois fi fameufe parmi les négocians)
» fon ancienne réputation à convier toutes na-
» tions d'y venir trafiquer, nous avions réfolu
» de la remettre non-feulement dans tous les
» privilèges dont elle a ci-devant joui ; mais
» encore de lui accorder toutes les autres fran-
» chifes, exemptions & immunités dont jouiffent
» les villes les plus floriffantes : A ces caufes, &
» voulant d'ailleurs faire fentir à nos fujets de
» ladite ville, la faveur de notre protection, &
» la douceur de notre règne ; de l'avis de notre
» confeil, où étoient la reine, notre très-ho-
» norée dame & mere, notre très-cher & très-
» aimé frere, le duc d'Orléans, & autres princes
» & notables perfonnages ; & de notre grace
» fpéciale, pleine puiffance & autorité royale,
» *nous avons maintenu & gardé, & par ces pré-*
» *fentes fignées de notre main, maintenons & gar-*
» *dons ladite ville de Dunkerque, port, havre &*
» *habitans d'icelle, en tous les droits, privilèges,*
» *franchifes, exemptions & libertés dont ils jouif-*
» *foient auparavant & depuis la déclaration de la*
» *guerre ; voulons & nous plaît, que tous marchands,*
» *négocians & trafiquans, de quelque nation qu'ils*
» *foient, y puiffent aborder en toute fûreté, & dé-*
» *charger, vendre & débiter leurs marchandifes fran-*
» *chement & quittement généralement de tous droits*
» *d'entrée, foraine, domaniale, & de tous autres,*
» *de quelque nature & qualité qu'ils foient, fans*
» *aucuns excepter ni réferver, comme auffi que lef-*
» *dits marchands & négocians puiffent acheter &*
» *tirer de la ville toutes les marchandifes que bon*
» *leur femblera, les charger & tranfporter fur*
» *vaiffeaux ; pareillement franchement & quittement*

» *de tous droits de fortie, & autres quelconques.*
» *Et pour traiter d'autant plus favorablement lef-*
» *dits marchands & négocians étrangers, & les*
» *convier à apporter leur négoce, même à s'établir*
» *& habiter en ladite ville de Dunkerque, nous*
» *avons à tous lefdits marchands & négocians*
» *étrangers qui viendront trafiquer, s'établir & ha-*
» *biter dans ladite ville, accordé, & par ces mêmes*
» *préfentes, accordons le droit de naturalité, pour*
» *jouir par eux des mêmes privilèges, prérogatives,*
» *exemptions & avantages dont jouiffent nos natu-*
» *rels fujets, fans que pour ce ils foient tenus d'ob-*
» *tenir aucunes lettres de nous, ni nous payer aucune*
» *finance, dont nous les avons difpenfés & déchar-*
» *gés, difpenfons & déchargeons, foit qu'ils veuillent*
» *y habiter pour toujours, foit qu'ils s'y établiffent*
» *pour leur trafic ou négoce : le tout à condition de*
» *garder par lefdits marchands & négocians, nos*
» *ordonnances pour le fait de mer, & les ftatuts &*
» *règlemens qui font ou feront faits pour le fait*
» *dudit trafic & négoce, à peine contre les contre-*
» *vénans, de demeurer déchus des privilèges portés*
» *par lefdites préfentes. »*

Dans la fuite, le tarif de 1667, & plufieurs
autres règlemens, ayant impofé, dans des vues
d'une utilité générale, des droits uniformes, pour
avoir lieu à toutes les entrées & forties du
royaume, l'adjudicataire des fermes établit des
bureaux à *Dunkerque* pour les percevoir. Les habitans fe plaignirent, & réclamerent l'exécution
entiere de la déclaration de 1662 ; elle fut ordonnée par arrêt du confeil du 30 janvier 1700.
Il fut enjoint à Templier, d'ôter fes bureaux du
port & de la ville, & de les placer aux portes
du côté de terre, pour lever les droits d'entrée
fur les marchandifes fortant de *Dunkerque* pour
la Flandre, ou ceux de fortie fur celles qui pafferoient de cette province dans la ville.

Une déclaration du 16 février de la même
année, enregiftrée à la cour des aides de Paris,
confirma ces difpofitions, & dans le même mois
on établit dans cette ville, par un édit, une juridiction confulaire, & une chambre de commerce,
à l'inftar de celle de Marfeille. L'objet de cette
chambre, compofée d'un préfident & de quatre
confeillers, fut de délivrer des certificats propres
à juftifier que telles ou telles denrées & marchandifes provenoient du crû, de la pêche, ou des
fabriques de la ville même de *Dunkerque*, afin de
leur procurer l'exemption des droits d'entrée,
ou une modération, lorfqu'elles entreroient en
Flandre ou dans le royaume.

La franchife abfolue de *Dunkerque*, a de nouveau été confirmée par l'arrêt du confeil du 14
mai 1784, qui établit francs, à l'inftar de cette
ville, le port de l'Orient, à commencer du premier juillet prochain, & ceux de Bayonne,
Saint-Jean-de-Luz & leur territoire, à commencer du premier feptembre.

La démolition du port de *Dunkerque* ayant eu lieu en conséquence du traité d'Utrecht, les habitans représenterent que leur ville seroit bientôt déserte, si on ne leur rendoit la permission de faire le commerce des îles françoises de l'Amérique, dont ils étoient privés depuis le nouveau règlement de 1717 ; cette permission leur fut accordée par lettres-patentes du mois d'octobre 1721.

Mais comme il falloit concilier la franchise de cette ville avec les formalités prescrites dans les autres ports, pour assurer, par préférence, le transport aux îles des marchandises nationales, les lettres - patentes dont il s'agit, imposerent les conditions propres à remplir ces vues.

On en va juger par leur teneur.

» Louis, par la grace de Dieu, roi de France » & de Navarre : A tous présens & à venir, » salut. Les magistrats de *Dunkerque*, & les offi- » ciers de la chambre de commerce de la même » ville, nous ont représenté que la triste & fâ- » cheuse situation où leur ville est réduite depuis » la démolition de son port, & la cessation du » commerce qu'elle faisoit aux îles Françoises de » l'Amérique, les oblige d'avoir recours à nous, » pour prévenir la désertion entiere de ses habi- » tans, détourner le peu qui y reste d'en sortir, » rappeller, s'il est possible, ceux qui se sont » retirés ailleurs, & y rétablir la navigation ; » ils demandent, à cet effet, d'être rétablis dans » la liberté qu'ils ont eue ci-devant de faire le » commerce des îles Françoises de l'Amérique ; » ils exposent que cette permission leur fut ac- » cordée en l'année 1704, par un règlement » provisionnel qui fut dressé sous le bon plaisir » du feu roi notre très-honoré seigneur & bi- » saïeul, par le sieur Chamillart, alors contrô- » leur-général des finances, à des conditions qui » les maintenoient dans la franchise de leur port ; » mais que nos lettres-patentes du mois d'avril » 1717, portant règlement pour le commerce des » colonies Françoises, les en ont exclus, ayant » mieux aimé renoncer à ce commerce, que de » donner aucune atteinte à leur franchise ; que » pour être rétablis aujourd'hui dans la liberté » de faire le commerce aux îles Françoises de » l'Amérique, ils proposent des conditions, les- » quelles, sans blesser la franchise de leur ville, » port & havre, ils prétendent être équivalentes » à celles imposées à la ville de Marseille, à » laquelle il a été permis, par nos lettres-pa- » tentes du mois de février 1719, de faire ce » même commerce, Nous avons fait examiner » dans notre conseil, ces conditions proposées » par les magistrats & par la chambre de com- » merce de *Dunkerque*, lesquelles concernent prin- » cipalement l'entrepôt des marchandises qui se- » ront destinées pour les îles & colonies Fran- » çoises de l'Amérique, à établir dans la basse » ville, & la sûreté des droits de nos fermes : &

» après avoir entendu, sur la demande des négo- » cians de *Dunkerque*, & les conditions qu'ils » proposent, les fermiers-généraux de nos fermes » unies, & les députés des principales villes de » notre royaume, au conseil de commerce, nous » avons pensé qu'il étoit de notre justice de faire » attention aux représentations qui nous font » faites de la part de la ville de *Dunkerque*, aux » besoins de laquelle nous desirons pourvoir, » ainsi qu'à ceux de nos autres sujets, en réglant » néanmoins les choses de maniere que les né- » gocians de cette ville ne puissent employer au » commerce des îles Françoises de l'Amérique, » toutes sortes de marchandises étrangeres, qui, » suivant les privilèges de *Dunkerque*, pouvant y » être apportées en franchise, donneroient l'ex- » clusion dans ce commerce à celles du crû & » fabrique de notre royaume, s'il n'y étoit pour- » vu ; ce qui seroit directement contraire à l'un » des principaux objets de notre règlement du » mois d'avril 1717 ; & enfin en établissant par » les dispositions d'un nouveau règlement, que » nous voulons bien accorder en faveur de la » ville de *Dunkerque*, la concurrence & l'égalité » pour le commerce dont est question, entre cette » ville & les autres ports du royaume qui ont la » faculté de le faire, &c. Nous avons, par ces » ces présentes, signées de notre main, dit, » statué & ordonné, disons, statuons & ordon- » nons, voulons & nous plaît ce qui en suit.

ARTICLE PREMIER.

» Les armemens des vaisseaux destinés pour » les îles & colonies Françoises de l'Amérique, » pourront être faits à *Dunkerque* dans le canal » de Mardick, ainsi que dans les ports désignés » par nos lettres-patentes du mois d'avril 1717.

ART. II.

» Les négocians qui feront lesdits armemens, » feront tenus de faire au greffe de l'amirauté » de *Dunkerque*, leur soumission, par laquelle ils » s'obligeront, sous peine de dix mille livres » d'amende, de faire revenir leurs vaisseaux di- » rectement dans le canal de Mardick, hors en » cas de relâche forcé, de naufrage ou autre » accident imprévu, qui sera justifié par des » procès-verbaux.

ART. III.

» Les négocians fourniront au bureau des » fermes, établi en la basse ville de *Dunkerque*, » une expédition de leurs soumissions, & ne pour- » ront embarquer sur lesdits vaisseaux aucunes » denrées & marchandises, soit qu'elles sortent » de *Dunkerque*, ou qu'elles viennent du dedans » du royaume, *que par les dehors de la fran-*

» chife, afin qu'elles puiffent être vifitées, comp-
» tées ou pefées audit bureau de la baffe ville,
» avant d'être embarquées ; & qu'il n'en foit em-
» barqué aucune, dont l'entrée & la confomma-
» tion font défendues dans le royaume, à peine
» de confifcation, de dix mille livres d'amende,
» & de privation du commerce defdites îles ;
» lefquelles peines, en cas de contravention,
» feront prononcées par le fieur intendant &
» commiffaire départi pour l'exécution de nos
» ordres en Flandre, auquel nous en attribuons
» toute juridiction & connoiffance : & feront
» lefdits négocians tenus d'envoyer en notre con-
» feil de commerce, un état, d'eux certifié véri-
» table, de chaque chargement, lequel fera vifé
» par les officiers de la chambre de commerce
» de Dunkerque.

ART. IV.

» Il fera établi dans la baffe ville de Dun-
» kerque, un magafin d'entrepôt, pour renfermer
» toutes les denrées & marchandifes qui vien-
» dront au dedans du royaume, deftinées pour
» les îles, dans lequel magafin elles feront entre-
» pofées jufqu'à leur embarquement ; & il fera
» fait deux clefs dudit magafin d'entrepôt, dont
» l'une fera remife à la chambre de commerce,
» & l'autre demeurera entre les mains des com-
» mis des fermes.

ART. V.

» Au moyen de ce, toutes les denrées & mar-
» chandifes deftinées pour être embarquées,
» comme deffus, pour les îles & colonies Fran-
» çoifes de l'Amérique, feront exemptes de tous
» droits de fortie & d'entrée, de même que les
» munitions de guerre, vivres & autres chofes
» néceffaires pour l'avituaillement & l'armement
» des vaiffeaux ; à la charge toutefois, que les
» négocians de Dunkerque ne pourront embarquer
» aucunes marchandifes étrangeres fur les navires
» qu'ils expédieront pour les îles & colonies Fran-
» çoifes de l'Amérique, à la réferve du bœuf
» falé venant d'Irlande, & des marchandifes qui
» fe tirent ordinairement du Nord pour ce com-
» merce ; favoir, quatre à cinq mâts, la quantité
» de deux mille planches, un left de goudron
» contenant douze tonnes, & autant de brai que
» nous leur permettons de faire charger, & non
» plus, fur chacun defdits navires.

ART. VI.

» Faifons très-expreffes inhibitions & défenfes
» à tous négocians, capitaines ou maîtres de bâ-
» timens, gens d'équipages & autres, de charger
» ou faire charger furtivement aucunes autres
» marchandifes étrangeres, à peine de confifca-
» tion, de dix mille livres d'amende, & de pri-
» vation du commerce defdites îles, contre les

» contrevenans, lefquelles peines feront auffi
» prononcées comme deffus, par ledit fieur inten-
» dant de Flandre, dans lefdits cas de contra-
» vention.

ART. VII.

» Les marchands qui voudront envoyer de
» Dunkerque leurs navires auxdites îles, feront
» tenus, avant d'y pouvoir charger aucunes mar-
» chandifes, de faire leur déclaration audit bureau
» de la baffe ville, & de faire arranger leurs
» bâtimens, bellandres ou alléges au Pont-rouge,
» à l'oueft dudit canal, où les commis des fermes
» font établis, afin qu'ils puiffent empêcher qu'on
» n'y reçoive aucunes denrées ni marchandifes
» qui ne foient accompagnées d'un permis ou
» paffavant dudit bureau, & que les caiffes,
» barils, boucaults & ballots ne foient plombés
» ou marqués de la marque du fermier. Permet-
» tons auxdits commis de nos fermes, d'accom-
» pagner de vue, du bord dudit canal, par le de-
» hors de la franchife, lefdites bellandres ou
» alléges qui devront tranfporter les marchandifes
» jufqu'à l'éclufe de Mardick, au-deffous de la-
» quelle & à l'oueft d'icelle, lefdits négocians
» feront arranger leurs bâtimens, afin que les
» commis puiffent voir de leurs poftes ou bara-
» ques, fi l'on n'y embarque pas d'autres mar-
» chandifes que celles venues fur lefdites bel-
» landres ou alléges.

ART. VIII.

» Les négocians feront auffi, au bureau de la
» baffe ville de Dunkerque, leurs foumiffions d'y
» rapporter, dans un an, au plus tard, un certi-
» ficat du déchargement dans les îles & colonies
» Françoifes de l'Amérique, des denrées & mar-
» chandifes qu'ils auront déclarées & embarquées
» pour lefdites îles ; & fera ledit certificat écrit
» au dos de l'acquit à caution, & figné par les
» gouverneurs & intendans, ou par les comman-
» dans & commiffaires fubdélégués dans les quar-
» tiers, & par les commis du domaine d'Occi-
» dent, auxdites îles, à peine de payer le qua-
» druple des droits.

ART. IX.

» Il fera pareillement établi dans la baffe ville
» de Dunkerque, un magafin pour y entrepofer
» les marchandifes de retour defdites îles, afin
» qu'elles y foient déchargées en dehors de la
» franchife, à la vue du bureau de nos fermes,
» où elles acquitteront les droits, ainfi que dans
» les autres ports de notre royaume, conformé-
» ment à nos lettres-patentes du mois d'avril 1717.

ART. X.

» Lorfque les navires feront de retour des
» îles

◆ îles, les maîtres ou capitaines feront pareil-
» lement tenus de les arranger aussi à l'ouest du
» canal de Mardick, au-dessous des éclufes, où
» est la baraque des commis du bureau de la
» basse ville, & d'aller faire, dans les vingt-
» quatre heures de leur arrivée, leurs déclara-
» tions, tant audit bureau qu'à la chambre de
» commerce, de toutes les denrées & marchan-
» difes qu'ils auront apportées desdites îles &
» colonies Françoises, fans en pouvoir rien dé-
» charger avant lesdites déclarations faites, &
» qu'en préfence de deux confeillers de ladite
» chambre, qui en feront les vérifications fur
» lesdites déclarations, & en dresseront des pro-
» cès-verbaux, d'eux certifiés véritables, ainsi
» que du tranfport des marchandifes & denrées
» déchargées par les dehors de la franchife, dans
» les bellandres ou alléges, pour être tranf-
» portées dans les magafins d'entrepôt de la
» basse ville, en préfence des commis des fermes,
» qui feront tenus de figner lesdits procès-ver-
» baux avec les deux confeillers de ladite cham-
» bre, pour, fur le pied desdits procès-verbaux
» & déclarations, en être payé les droits, con-
» formément au règlement porté par nosdites
» lettres-patentes du mois d'avril 1717.

ART. XI.

» Lorfque les propriétaires des denrées &
» marchandifes provenant des retours desdites
» îles, voudront les tirer en tout ou en partie
» desdits magafins d'entrepôt, pour les faire passer
» ailleurs, ils feront tenus d'en avertir lesdits
» confeillers de la chambre du commerce, pour
» fe tranfporter dans les magafins, & y recon-
» noître en préfence des commis, fi les denrées
» & marchandifes, que les négocians voudront
» en faire fortir, proviennent effectivement des
» retours des îles, & font contenues dans leurs
» procès-verbaux des vérifications & décharge-
» mens, après quoi il leur fera donné un certi-
» ficat, de ladite chambre de commerce, pour
» fur iclui leur être délivré par les commis des
» fermes du bureau de la basse ville, les expé-
» ditions & acquits qu'il conviendra pour leur
» tranfport, fuivant leur destination.

ART. XII.

» Lorfqu'aucunes desdites denrées & marchan-
» difes venues des îles, passeront des magafins
» d'entrepôt de la basse ville, dans la ville de
» Dunkerque, elles feront réputées être passées
» à l'étranger, & comme telles, exemptes de
» tous droits, à la réferve de celui de trois pour
» cent de la valeur, dû au domaine d'Occident,

ART. XIII.

» Les magafins fervant à l'entrepôt ci-dessus
» ordonné pour les marchandifes de retour des

Finances. Tome I.

» îles, feront choifis par les négocians, à leurs
» frais, & fermés à trois clefs différentes, dont
» l'une fera remife aux commis des fermes du
» bureau de la basse ville de Dunkerque, l'autre
» au commis du fermier du domaine d'Occident,
» & la troifieme entre les mains de celui qui fera
» prépofé par la chambre de commerce de Dun-
» kerque.

ART. XIV.

» Voulons au furplus que notre règlement gé-
» néral pour le commerce des colonies Fran-
» çoifes, du mois d'avril 1717, foit exécuté
» felon fa forme & teneur, en ce qui n'est point
» contraire aux difpofitions ci-dessus, le tout
» fans préjudice à la franchife de la ville de
» Dunkerque, que nous avons maintenue & gardée
» en entier, fuivant & conformément aux décla-
» rations des mois de novembre 1662, février
» 1700, aux arrêts des 30 janvier de la même
» année, 10 octobre 1716, & 22 janvier 1718.
» Si donnons en mandement, &c. &c.

L'année fuivante, un arrêt du confeil du 13
octobre 1722, régla les formalités qui devoient
être obfervées à l'égard des marchandifes du crû
& des fabriques de France, qui passeroient de
Dunkerque dans la Flandre françoife, en ordonnant qu'elles ne paieroient au bureau de la basse
ville, que les droits impofés fur les marchandifes
nationales, pourvu qu'elles fussent accompagnées
du certificat de la chambre du commerce de cette
ville.

Le même certificat doit accompagner les marchandifes qui font tranfportées par mer dans les
autres provinces du royaume.

D'après cet état des chofes, le confeil a ordonné, par fes décifions des 16 mai & 23 juillet
1756, que les bouteilles de la basse ville de
» Dunkerque, ne feroient traitées comme marchandifes originaires dans les ports du royaume,
que lorfqu'elles auroient été expédiées par acquit
à caution du bureau de la basse ville, dans lequel
une demi-douzaine de ces mêmes bouteilles feroient mifes dans une caisse dûment plombée, afin
de fervir de pièce de comparaifon.

Une conteftation s'étant élevée en 1765, au
fujet de plufieurs parties de morue portées à
Bordeaux avec le certificat de la chambre du
commerce de Dunkerque, qui n'avoit pas été vifé
par les commis du bureau de la basse ville, cette
chambre prétendit que la formalité de ce *vifa*
n'étoit pas néceffaire pour la validité de fon certificat.

Les députés du commerce furent confultés; ils
donnerent l'avis fuivant.

» Il convient d'assujettir les armateurs Dun-
» kerquois à dépofer au bureau de la basse ville

» les certificats de la chambre du commerce, du
» net provenu de chaque navire ou bateau de
» retour de la pêche, pour qu'au fur & à mesure
» qu'ils voudront en faire entrer des parties dans
» le royaume, soit par mer, soit par terre, les
» commis dudit bureau soient en état de pouvoir
» leur fournir les passeports nécessaires en exemp-
» tion de droits, jusqu'au complément desdits
» certificats de chaque bateau. »

Cet avis fut adopté par le conseil, & l'exécution en fut ordonnée par ses décisions des 7
février 1766, & 15 février 1771.

Il résulte de ces détails, que Dunkerque, dans
son commerce avec les pays étrangers, est absolument libre & affranchi de toutes formalités
inhérentes à la régie des fermes ; mais que cette
ville devient sujette aux déclarations des marchandises, à prendre des certificats pour les accompagner & justifier de leur origine, lorsqu'elle
commerce avec le royaume & avec les colonies,
lesquelles sont en général considérées comme des
provinces qui en font partie.

D'après cette constitution, la partie de Dunkerque, dans laquelle se trouve le port, n'a ni
bureaux, ni commis de la ferme & des régies.
La fabrique & le commerce du tabac y sont
libres, de même que l'usage & le commerce de
sel.

Mais dans la partie de Dunkerque appellée la
basse ville, il existe un bureau où tous les capitaines, maîtres ou patrons de bâtimens, tant françois qu'étrangers, sont tenus de faire leur déclaration, pour sûreté du paiement du droit de
fret, dans les cas où il est dû ; c'est-à-dire, lorsque les étrangers ont pris dans un port du
royaume une cargaison pour Dunkerque, & qu'ils
n'ont pas acquitté à leur départ, le droit de fret,
ainsi que le prescrit la décision du conseil du 10
décembre 1756.

On a vu au mot DROGUERIES, que l'entrée
en est permise par Dunkerque ; mais, conformément à l'arrêt du conseil du 28 juin 1723, elles
doivent être mises en entrepôt dans la basse ville,
d'où elles ne peuvent être tirées qu'en prenant
acquit à caution, pour assurer leur arrivée dans
les cinq grosses fermes, si elles ont cette destination ; ou qu'en payant les droits, si elles entrent
dans la consommation de la Flandre.

Malgré un affranchissement aussi étendu, Dunkerque éprouva, en 1729, une atteinte dans sa
constitution privilégiée. La compagnie des Indes,
qui jouissoit alors du privilège exclusif de l'introduction & de la vente du café dans le royaume,
en fit saisir cinq cents trente-six balles qui y
avoient été apportées d'Alexandrie. La ville de
Dunkerque s'appuyoit avec raison, sur la faculté
dont elle jouissoit, de faire le commerce de toute
espèce de marchandises prohibées dans le royaume,
& sur le défaut de clause expresse dérogatoire à

ses privilèges, dans les règlemens généraux concernant la vente exclusive du café. Le crédit de
la compagnie des Indes fit décider la question en
sa faveur. La saisie fut déclarée valable, & le
privilège exclusif du commerce & de la vente du
café, confirmé à Dunkerque comme dans le reste
du royaume.

Quoique, suivant ce règlement, le café expédié pour Dunkerque, des ports du royaume, dût
être sujet au droit de consommation auquel cette
denrée est imposée, cependant, on a si bien
reconnu l'inconséquence de regarder Dunkerque,
tantôt dedans, tantôt hors le royaume, sur-tout
pour des marchandises & denrées coloniales, sur
le traitement desquelles l'article XII des lettres-
patentes de 1721 s'explique si formellement, en
ordonnant qu'elles seront réputées passer à l'é-
tranger, lorsqu'elles seront portées dans la haute
ville, qu'on a pris le sage parti de traiter le café
qui y est porté des autres ports, comme exporté
en pays étranger, & dès-lors affranchi de tous
droits.

La régie générale ne percevant, comme on l'a
dit, aucuns droits dans Dunkerque, il a été accordé
à cette ville des abonnemens annuels qui en tiennent lieu.

Le dernier arrêt du conseil, qui soit relatif à
ces abonnemens, est celui du 29 mai 1782, qui
fixe les sommes représentatives de chaque droit
dépendant de la régie générale, dans les termes
suivans.

« Le roi ayant, par des considérations parti-
» culières pour la ville de Dunkerque, jugé à
» propos de la distinguer de celles dont les abon-
» nemens sont fixés par arrêt cejourd'hui rendu
» au conseil, pour tenir lieu, dans la Flandre
» maritime, de la perception, tant en principal
» que sols pour livre, des droits de courtiers-
» jaugeurs, inspecteurs aux boissons & aux bou-
» cheries, & ceux réservés au profit de sa ma-
» jesté par l'édit d'avril 1768, ainsi que des sols
» pour livre pareillement perceptibles à son profit,
» en sus des octrois & autres droits dont jouissent
» les villes & administrations de ladite province ;
» & sa majesté voulant en conséquence déter-
» miner les sommes à payer de même à titre
» d'abonnement par l'administration municipale
» & la chambre de commerce de Dunkerque,
» par représentation desdites perceptions, comme
» aussi assurer le recouvrement des nouveaux sols
» pour livre, que ladite administration est tenue
» d'acquitter, en exécution de l'édit d'août 1781,
» en sus des sommes, tant principales qu'addi-
» tionnelles, qu'elle a jusqu'à présent payées
» au lieu de la perception effective dans la haute
» ville de Dunkerque, tant du droit sur les cuirs,
» établi par l'édit d'août 1759, & deux sols
» pour livre d'icelui, que des droits établis
» sur l'amidon & les papiers, cartons, par

» l'édit de février & la déclaration du premier
» mars 1771. Vu ledit arrêt, les conventions en
» date des 27 mars, 8 avril & 25 mai 1772,
» entre les magistrats de ladite ville & les cau-
» tions de Jean-Baptiste Fouache, au sujet du
» droit sur les cuirs & deux sols pour livre d'ice-
» lui; & la décision du conseil du 14 mai 1772,
» concernant les droits sur l'amidon, les papiers
» & cartons : ouï le rapport du sieur Joly de
» Fleury, conseiller d'Etat ordinaire, & au
» conseil royal des finances; le roi étant en son
» conseil, a ordonné & ordonne ce qui suit.

ARTICLE PREMIER.

» Les sommes à payer séparément par la ville
» de *Dunkerque*, pour tenir lieu des perceptions
» dont sa majesté a de même accordé l'abonne-
» ment aux autres villes de la Flandre maritime,
» seront & demeureront fixées ; savoir, pour le
» principal des droits de courtiers jaugeurs, ins-
» pecteurs aux boissons & aux boucheries, à dix-
» sept cents trente livres ; & pour les dix sols
» pour livre, à huit cents soixante-cinq livres,
» faisant lesdites deux sommes ensemble, celle
» totale de deux mille cinq cents quatre-vingt-
» quinze livres ; pour les droits réservés, douze
» mille livres en principal, & trois mille six
» cents livres pour les six sols pour livre seu-
» lement, par même modération qu'en faveur des
» autres villes de ladite province, faisant lesdites
» deux sommes ensemble, celle de quinze mille
» six cents livres ; & pour les sols pour livre
» du principal des octrois & droits dont jouit
» ladite ville, trente-deux mille trois cents cin-
» quante livres, sur le pied de la modération
» accordée par l'arrêt de ce jour aux autres villes
» de la même province.

ART. II.

» Lesdites sommes seront, par le trésorier ou
» receveur de ladite ville de *Dunkerque*, versées
» sans frais, en la caisse générale tenue à Lille
» par le préposé de Henri Clavel, tant que les-
» dits abonnemens subsisteront , & en ce cas,
» jusques & y compris l'année 1786 ; & sera le
» paiement annuel desdites sommes, effectué en
» quatre termes égaux de trois mois en trois
» mois, dont les deux premiers, qui se trou-
» veront échus le premier juillet prochain, se-
» ront acquittés dans la première quinzaine dudit
» mois, & ainsi de suite de quartier en quartier.

ART. III.

» Tant que ledit Clavel n'aura pas établi dans
» la haute ville de *Dunkerque* la perception effec-
» tive des droits à la fabrication des cuirs & de
» l'amidon, & de ceux sur les papiers & cartons

» à leur entrée en icelle, l'administration mu-
» nicipale de ladite ville sera tenue de verser
» chaque année à la caisse générale dudit Clavel,
» à Lille, en quatre paiemens égaux, de quar-
» tier en quartier, & d'avance, à compter du
» premier janvier 1782, les sommes ci-après ;
» savoir, à cause du droit sur les cuirs, trois
» mille cinq cents livres en principal, & dix-
» sept cents cinquante livres pour les dix sols
» pour livre, faisant lesdites deux sommes,
» celle totale de cinq mille deux cents cinquante
» livres ; à cause du droit sur l'amidon, quatre
» mille livres en principal, & deux mille livres
» pour les dix sols pour livre, faisant lesdites
» deux sommes, celle totale de six mille livres ;
» & à cause des droits sur les papiers & cartons,
» deux mille livres en principal, & mille livres
» pour les dix sols pour livre, faisant lesdites
» sommes, celle totale de trois mille livres.

ART. IV.

» La chambre de commerce de *Dunkerque* sera
» tenue également de payer à ladite caisse, aux
» mêmes époques, de la même maniere, & pour
» la même durée que celles prescrites par l'ar-
» ticle II du présent arrêt, la somme de six
» mille livres , pour tenir lieu des sols pour
» livre au profit du roi, en sus des droits &
» octrois que leve à son profit ladite chambre
» du commerce, en iceux non compris le droit
» de lestage dont elle jouit, & dont les sols pour
» livre continueront d'être perçus à l'effectif,
» par les préposés de Nicolas Salzard, adjudi-
» cataire de la ferme générale, & sera au sur-
» plus ledit édit du mois d'août 1781, exécuté
» selon sa forme & teneur à l'égard de ladite
» ville de *Dunkerque* : Enjoint sa majesté au sieur
» intendant & commissaire départi dans la gé-
» néralité de Lille, de tenir la main à ce qu'il
» soit exécuté selon sa forme & teneur, nonobs-
» tant opposition ou empêchemens quelconques,
» dont si aucuns interviennent, sa majesté réserve
» la connoissance à soi & à son conseil, icelle
» interdisant à toutes ses cours & juges.

» Fait au conseil d'Etat du roi, sa majesté
» y étant, tenu à Versailles le vingt-neuf mai
» mil sept cent quatre-vingt-deux. »

La ville de *Dunkerque*, par rapport aux droits
domaniaux, participe aux privilèges de la Flandre,
dont elle fait partie. Mais en 1743, il s'éleva
une contestation au sujet du droit d'aubaine, dont
le *Dictionnaire des domaines* rend le compte suivant.

Il s'agissoit des successions immobiliaires d'Hélene & Catherine Jausen, Angloises de nation,
qui, ayant épousé en Angleterre deux François,
étoient venues avec eux s'établir à *Dunkerque*
où elles étoient décédées.

refufoit d'abord de les faire jouir de la même condition que les fujets de l'Etat ?

Les exemples cités par le fous-fermier, pour démontrer que le droit d'aubaine avoit eu lieu à *Dunkerque*, poftérieurement à la date de fon affranchiffement, ne prouvoient rien, puifqu'ils ne portoient que fur le jugement d'un tribunal fubalterne, dont peut-être il n'avoit pas été fait appel, d'après la modicité des fucceffions conteftées ; & qui d'ailleurs ne pouvoit pas être pénétré des grands principes d'adminiftration qui embraffent tout l'Etat, & préparent fa félicité future par des difpofitions générales qu'il n'eft réfervé d'expliquer, qu'à l'efprit qui les a conçues.

Auffi, lorfque l'affaire eut été inftruite au parlement par les parties, au nombre defquelles intervinrent les préfident & confeillers de la chambre de commerce de *Dunkerque*, cette cour rendit l'arrêt du 6 mai 1751, dont l'exécution n'a reçu aucune atteinte.

» Faifant droit fur le tout, en tant que touche » les appels interjetés par Caffel, des ordon- » nances du bureau des finances, ayant aucu- » nement égard aux demandes dudit Caffel, & » des nommés Hiltin & Flagel, enfemble aux » interventions & demandes des préfidens & con- » feillers de la chambre de commerce, a mis » les appellations & ce dont a été appellé au » néant ; émandant, décharge lefdits Caffel, » Hilten & Flagel, des condamnations contre » eux prononcées ; ordonne que la déclaration du

» roi, du mois de novembre 1662, les édits & » déclarations du mois de février 1700, feront » exécutés felon leur forme & teneur ; ce faifant, » maintient & garde les marchands & négocians » étrangers qui viendront trafiquer, s'établir & » habiter dans la ville de *Dunkerque*, *dans le* » *droit de naturalité*, pour par eux jouir des » mêmes privilèges, prérogatives, exemptions & » avantages dont jouiffent les naturels fujets du » roi, foit qu'ils veuillent s'y établir ou habituer » pour toujours, foit qu'ils s'y établiffent feule- » ment pour leur trafic & négoce.

» En conféquence, déboute Colombat de toutes » fes demandes & prétentions fur les fucceffions » & biens d'Hélene & Catherine Jaufen ; dont » eft queftion ; le condamne à rendre & reftituer » ce qu'il a touchés, aux intérêts & en tous les » dépens envers toutes les parties ; même en » ceux faits les uns contre les autres. »

DUPLICATA, f. m. par lequel on défigne le double d'un compte, d'une quittance, d'un brevet, d'un arrêt.

Lorfqu'on fait faire par *duplicata* deux minutes du même acte, elles doivent être contrôlées toutes deux ; mais il n'eft dû qu'un feul droit de contrôle, en conformité de l'arrêt du confeil du 9 novembre 1700. Il en a été ordonné de même pour les teftamens, par décifion du confeil du 31 mars 1724.

Fin du Tome premier.

DUN

Catherine, qui avoit survécu, avoit recueilli la succession d'Hélene, & transmis tous ses biens au sieur Jean-Jacques de Cassel, son mari ; négociant à *Dunkerque*, & aux nommés Hilten & Flagel, ses héritiers, aussi domiciliés à *Dunkerque*.

Jacques Colombat, sous-fermier des domaines de Flandres, prétendit que ces successions étoient dévolues au roi. Le sieur de Cassel soutint que le droit d'aubaine n'avoit pas lieu à *Dunkerque*, & il intervint contre lui, au bureau des finances de Lille, un jugement par défaut, qui adjugea ces deux successions au roi.

Une demoiselle Jausen, veuve de Thomas Willis, angloise de nation, prétendit aussi, quoique étrangere, qu'elle pouvoit hériter de ses deux parentes décédées à *Dunkerque*, & exclure le fisc, le sieur de Cassel, & tous autres prétendans. Elle obtint même un jugement conforme à ces prétentions, à la même juridiction de Lille.

L'affaire portée au parlement de Paris, le sieur de Cassel craignit que la déclaration de 1662, accordant un affranchissement absolu à *Dunkerque*, ne fût pas un titre suffisant pour lui, d'autant qu'elle n'étoit pas enregistrée au parlement & que d'ailleurs l'exemption du droit d'aubaine n'y étoit pas nommément exprimée. Dans ces circonstances, il s'adressa au conseil, & demanda un arrêt en commandement, par lequel sa majesté ordonnant l'exécution de la déclaration de 1662, l'interpréteroit suivant ses intentions ; que sans s'arrêter aux poursuites & procédures qui pouvoient avoir été faites jusqu'alors, sous prétexte du droit d'aubaine, au sujet des successions mobiliaires & immobiliaires des étrangers, négocians & commerçans décédés à *Dunkerque*, contre leurs héritiers, successeurs, représentans ou ayans cause, régnicoles ou établis à *Dunkerque*, pour y faire le commerce, sa majesté les déclareroit nulles, & feroit défenses de ne plus troubler, sous prétexte du droit d'aubaine, les héritiers, successeurs ou ayans cause, régnicoles, même les négocians & commerçans étrangers qui sont venus, ou qui viendront dans la suite, s'habituer pour toujours, ou seulement pour leur trafic & négoce, à *Dunkerque*, dans la propriété, possession ou jouissance des successions mobiliaires & immobiliaires desdits marchands & négocians étrangers décédés, domiciliés à *Dunkerque*.

Le mémoire du sieur de Cassel fut communiqué au fermier, qui soutint que le droit d'aubaine avoit lieu en Flandre, & particuliérement à *Dunkerque*. Il cita le traité de paix de Cambray, du 3 août 1529, par lequel ce droit, alors exercé en France & en Flandre, n'a été aboli qu'entre les sujets de l'empereur Charles-Quint, aux pays-bas & ceux de la France, quant aux originaires des royaumes & pays dessus dits ; d'où il conclut, que ce droit étoit resté dans la forme à l'égard

des autres nations, & que par conséquent, il est un droit de la souveraineté en Flandre. Il ajouta, que les traités de Crépy, de 1544 ; de Cateau-Cambresis, en 1559 ; de Vervins, en 1598 ; des Pyrénées, en 1659 ; d'Aix-la-Chapelle, en 1668 ; de Nimégue, en 1698 ; de Riswich, en 1697, & d'Utrecht, en 1713, étoient relatifs à celui de Cambray, de 1529, & que Galland, dans son traité imprimé en 1644, avoit compris l'exercice du droit d'aubaine à *Dunkerque*, au nombre des droits dont jouissoient les comtes de Flandre, auxquels le roi Henri IV avoit succédé.

Pour prouver que c'étoit chose jugée dans la ville de *Dunkerque*, Colombat produisit un jugement du bureau des finances de Lille, du 17 mai 1715, pour la succession de Jean Blot, natif du Dannemarck, & un autre jugement du 24 décembre 1733, pour la succession de Pierre Autone, Vénitien, réclamé par deux Portugais, ses freres germains ; par lesquels jugemens les biens de ces particuliers dénommés, avoient été adjugés au roi à titre d'aubaine.

Enfin, ce sous-fermier ajouta, que si l'arrêt sollicité par le sieur de Cassel lui étoit accordé, il devoit être restreint aux effets mobiliaires, ainsi que l'ont été toutes les exemptions de cette espèce, soit dans quelques ports du royaume, soit pour les foires, soit en général pour les nations voisines ; & notamment celle accordée, en 1569, aux marchands étrangers fréquentant les foires de Lyon, qui, par arrêt du parlement du 4 février 1572, fut réduite aux effets mobiliaires, en ordonnant que l'exemption du droit d'aubaine n'auroit point lieu en faveur des héritiers non régnicoles, pour les héritages, ni pour les rentes, parce qu'elles sont réputées immeubles.

Sur le mémoire de Collombat, il intervint une décision du conseil du 26 novembre 1749, en ces termes. « Il n'y a pas lieu d'accorder au sieur » de Cassel l'arrêt qu'il demande. La déclaration de » 1662, non enregistrée, n'est point un titre valable » d'exemption d'aubaine. Il faut laisser juger l'affaire » au parlement de Paris, où elle est pendante, dans » l'état où elle est. Le fermier allègue, avec vrai- » semblance, que le droit d'aubaine a eu lieu à » *Dunkerque* depuis 1662. Si la ville de *Dunkerque* » juge à propos de demander au roi quelque titre » nouveau, on discutera sa demande. »

Il paroîtra sans doute étonnant que le conseil, dont les vues s'étoient manifestées d'une manière si positive en 1662, & qui étoient de procurer à *Dunkerque* un commerce animé, & une population nombreuse, en invitant les étrangers à venir s'y établir, eût adopté les raisonnemens spécieux du sous-fermier des domaines, qui ne consultoit que son intérêt & la jouissance. Comment pouvoit-il échapper, qu'en laissant subsister le droit d'aubaine dans un port franc, qu'on vouloit faire fleurir, c'étoit repousser les étrangers, puisqu'on leur